"十二五"普通高等教育本科国家级规划教材
中国高等教育学会医学教育专业委员会规划教材
全国高等医学院校教材

供基础、临床、预防、口腔医学类专业用

内 科 学
Medicine

主　编　王德炳
副主编　（按姓名汉语拼音排序）
　　　　崔书章　华　琦　纪立农　李为民
　　　　毛节明　王　辰　章友康

北京大学医学出版社

NEIKEXUE

图书在版编目（CIP）数据

内科学/王德炳主编. —北京：北京大学医学出版社，2011.9

ISBN 978-7-81116-817-4

Ⅰ. ①内… Ⅱ. ①王… Ⅲ. ①内科学—医学院校—教材 Ⅳ. ①R5

中国版本图书馆CIP数据核字（2010）第074972号

内科学

主　　编：王德炳
出版发行：北京大学医学出版社（电话：010-82802230）
地　　址：（100191）北京市海淀区学院路38号 北京大学医学部院内
网　　址：http://www.pumpress.com.cn
E - mail：booksale@bjmu.edu.cn
印　　刷：北京东方圣雅印刷有限公司
经　　销：新华书店
责任编辑：曹　霞　　责任校对：金彤文　　责任印制：张京生
开　　本：850mm×1168mm　1/16　印张：67.25　插页：4　字数：2080千字
版　　次：2012年1月第1版　2012年1月第1次印刷
书　　号：ISBN 978-7-81116-817-4
定　　价：99.00元

版权所有，违者必究

（凡属质量问题请与本社发行部联系退换）

编者名单
（按姓氏笔画排序）

于中麟	首都医科大学附属北京友谊医院	何 勤	昆明医学院第二临床学院
王 辰	北京医院 首都医科大学呼吸病学系 北京呼吸疾病研究所	吴 华	北京医院
		吴红花	北京大学第一医院
		寿松涛	天津医科大学总医院
王广发	北京大学第一医院	张 宏	北京大学第一医院
王旭东	首都医科大学附属北京同仁医院	张凤奎	中国医学科学院 协和医科大学血液学研究所
王邦茂	天津医科大学总医院		
王学红	青海大学附属医院	张志毅	哈尔滨医科大学附属第一医院
王海宁	北京大学第三医院	张俊清	北京大学第一医院
王艳荣	北京大学第三医院	张 钲	兰州大学第一医院
王甡民	北京市结核病胸部肿瘤研究所	李为民	哈尔滨医科大学附属第一医院
王德炳	北京大学人民医院	李龙芸	北京协和医院
毛节明	北京大学第三医院	李 悦	哈尔滨医科大学附属第一医院
牛 杰	北京大学第三医院	李海燕	北京大学第三医院
邓正照	北京大学第三医院	杨仁池	中国医学科学院 协和医科大学血液学研究所
韦 洮	北京大学人民医院		
付 研	首都医科大学附属北京同仁医院	杨建梅	北京大学第一医院
代华平	首都医科大学附属北京朝阳医院 北京呼吸疾病研究所	杨碧波	首都医科大学附属北京安贞医院
		肖 丹	首都医科大学附属北京朝阳医院 北京呼吸疾病研究所
卢桂芝	北京大学第一医院		
左 力	北京大学第一医院	肖文华	北京大学第三医院
刘 刚	北京大学第一医院	肖志坚	中国医学科学院 协和医科大学血液学研究所
刘文天	天津医科大学总医院		
刘国强	北京大学第三医院	苏秉忠	内蒙古医学院附属医院
刘梅林	北京大学第一医院	邱录贵	中国医学科学院 协和医科大学血液学研究所
刘 巍	哈尔滨医科大学附属第一医院		
华 琦	首都医科大学宣武医院	陆慰萱	北京协和医院
吕宗舜	天津医科大学总医院	陈旭岩	北京大学第一医院
孙永昌	首都医科大学附属北京同仁医院	陈宝元	天津医科大学总医院
朱 宇	北京大学人民医院	陈颖丽	北京大学人民医院
朱继红	北京大学人民医院	周翔海	北京大学人民医院
朱莉贞	北京市结核病胸部肿瘤研究所	林江涛	中日友好医院
纪立农	北京大学人民医院	郑法雷	北京协和医院
何权瀛	北京大学人民医院	姚婉贞	北京大学第三医院
何忠杰	解放军总医院第一附属医院	姜 葵	天津医科大学总医院

姜慧卿	河北医科大学第二医院	高燕明	北京大学第一医院
洪天配	北京大学第三医院	高蕾丽	北京大学人民医院
胡肇衡	北京大学人民医院	崔书章	天津医科大学总医院
赵建新	北京大学第一医院	曹　彬	首都医科大学附属北京朝阳医院
赵明辉	北京大学第一医院		北京呼吸疾病研究所
赵彦萍	哈尔滨医科大学附属第一医院	章友康	北京大学第一医院
郝玉书	中国医学科学院　协和医科大学血液学研究所	谌贻璞	首都医科大学附属北京安贞医院
		程　虹	首都医科大学附属北京安贞医院
柴艳芬	天津医科大学总医院	董爱梅	北京大学第一医院
格日力	青海大学医学院	蒋宝琦	北京大学人民医院
袁志明	天津医科大学总医院	韩学尧	北京大学人民医院
袁振芳	北京大学第一医院	詹庆元	首都医科大学附属北京朝阳医院
袁雅冬	河北医科大学第二医院		北京呼吸疾病研究所
郭立新	北京医院	端木宏谨	北京市结核病胸部肿瘤研究所
郭丽君	北京大学第三医院	翟振国	首都医科大学附属北京朝阳医院
高　芬	青海大学医学院		北京呼吸疾病研究所
高洪伟	北京大学第三医院	魏丽娟	北京协和医院
高　莹	北京大学第一医院		

全国高等医学院校临床专业本科教材编审委员会

主 任 委 员 王德炳

副主任委员（以姓氏拼音排序）

　　　　　　曹德品　程伯基　王　宪　线福华　毅　和　张文清

秘 书 长 陆银道

委　　　员（以姓氏拼音排序）

安　威	安云庆	蔡景一	蔡焯基	曹　凯
陈　力	陈锦英	崔　浩	崔光成	崔慧先
戴　红	付　丽	傅松滨	高秀来	格日力
谷鸿喜	韩德民	姬爱平	姜洪池	李　冲
李　飞	李　刚	李　松	李若瑜	廖秦平
刘艳霞	刘志宏	娄建石	卢思奇	马大庆
马明信	毛兰芝	乔国芬	申昆玲	宋诗铎
宋焱峰	孙保存	唐　方	唐朝枢	唐军民
童坦君	王　宇	王建华	王建中	王宁利
王荣福	王维民	王晓燕	王拥军	王子元
杨爱荣	杨昭徐	姚　智	袁聚祥	曾晓荣
张　雷	张建中	张金钟	张振涛	赵　光
郑建华	朱文玉			

序

在教育部教育改革、提倡教材多元化的精神指导下，北京大学医学部联合国内多家医学院校于2003年出版了第1版临床医学专业本科教材，受到了各医学院校师生的好评。为了反映最新的教学模式、教学内容和医学进展的最新成果，同时也是配合教育部"十一五"国家级规划教材建设的要求，2008年我们决定对原有的教材进行改版修订。

本次改版广泛收集了对上版教材的反馈意见，同时，在这次教材编写过程中，我们吸收了较多院校的富有专业知识和一线教学经验的老师参加编写，不仅希望使这套教材在质量上进一步提升，为更多的院校所使用，而且我们更希望通过教材这一"纽带"，增进校际间的沟通、交流和联系，为今后的进一步合作奠定基础。

第2版临床医学专业本科教材共32本，其中22本为教育部普通高等教育"十一五"国家级规划教材。教材内容与人才培养目标相一致，紧密结合执业医师资格考试大纲和研究生入学考试"西医综合"的考试要求，严格把握内容深浅度，突出"三基"（即基础理论、基本知识和基本技能），体现"五性"（即思想性、科学性、先进性、启发性和适用性），强调理论和实践相结合。

在继承和发扬原教材结构优点的基础上，修改不足之处，使新版教材更加层次分明、逻辑性强、结构严谨、文字简洁流畅。教材中增加了更多能够帮助学生理解和记忆的总结性图表，这原是国外优秀教材的最大特点，但在本版我国自己编写的教材中也得到了充分的体现。

除了内容新颖、具有特色以外，在体例、印刷和装帧方面，我们力求做到有启发性又引起学生的兴趣，使本套教材的内容和形式都双双跃上一个新的台阶。

在编写第2版教材时，一些曾担任第1版主编的老教授由于年事已高，此次不再担任主编，但他们对改版工作给予了高度的关注，并提出了很多宝贵的意见，对他们作出的贡献我们表示诚挚的感谢。

本套教材的出版凝聚了全体编者的心血，衷心希望她能在教材建设"百花齐放"的局面中再次脱颖而出，为我国的高等医学教育事业贡献一份力量。同时感谢北京大学医学出版社的大力支持，使本次改版能够顺利完成。

尽管本套教材的编者都是多年工作在教学第一线的教师，但基于现有的水平，书中难免存在不当之处，欢迎广大师生和读者批评指正。

王德炳

前　言

内科学作为临床学科的基础，是医学生进入临床学习时首先要学习的学科。内科学的诊断方法、治疗原则、临床思维为诊断疾病、探讨疾病的病因、发病机制、转归及预后打下了坚实的基础。即使未来医学生们有可能成为外科医生、妇产科医生、小儿科医生等其他专科医生，内科学也是这些学科的共同基础，因此，学习好内科学是非常重要的。

教材为教学活动的基础，因此要教好、学好内科学，一本内容严谨翔实、精炼明确的内科学教材必不可少。本着严谨求实、既要掌握基础知识又能反映最新医学进展的思想，北京大学医学出版社在全国遴选了上百名的专家、学者编撰了此书。在编者的反复推敲与修改后，本书终于出版，正可谓"宝剑锋从磨砺出，梅花香自苦寒来"。

本书的特点为：
1. 全书的整体架构仍是按照内科各临床专科来分篇撰写。
2. 教材内容与人才培养目标相一致，严格把握内容深浅度，突出"三基"（即基础理论、基本知识和基本技能），体现"五性"（即思想性、科学性、先进性、启发性和适用性），强调理论和实践相符合。
3. 随着医学科学的不断进度，教材的编撰也与时俱进。例如，在呼吸系统疾病的肺炎讲述中，不再采用传统按病原体分类肺炎的模式，而是将其分为"社区获得性肺炎"和"医院获得性肺炎"，反映了医学发展的新思路；又如，在心血管系统疾病中，加入了冠状动脉粥样硬化性心脏病的介入诊断与治疗，反映了医学发展的新技术。随着近年来对危重症医学的重视，本书还新增加了"危重症医学"一篇，体现了与时俱进的新面貌。

感谢本书上百名的作者，他们本着严谨负责的态度，为编撰好本书付出了大量的心血；感谢责任编辑曹霞对此书所付出的努力。在此向他们表示深深的感谢和致敬。本书各篇的负责人如下：绪论（王德炳教授）、呼吸系统疾病（王辰教授）、心血管系统疾病（毛节明教授）、消化系统疾病、血液系统疾病、危重病医学、理化因素所致疾病（崔书章教授）、泌尿系统疾病（章友康教授）、内分泌系统疾病及代谢疾病（纪立农教授）、风湿性疾病（李为民教授）。

由于医学的不断进步，编者能力所限，本书可能存在缺点和不足，敬请读者不吝指教，以利于我们不断进步。

本书主编
2011 年 10 月

目 录

第一篇 绪 论

第二篇 呼吸系统疾病

第一章 呼吸系统疾病概论 …………… 8
　【附】危重症医学概要 ………………… 14
第二章 急性上呼吸道感染和
　　　　气管-支气管感染性疾病 ……… 19
　第一节 急性上呼吸道感染 …………… 19
　第二节 流行性感冒 …………………… 20
　第三节 急性气管-支气管炎 ………… 23
第三章 肺炎 ……………………………… 25
　第一节 肺炎概论 ……………………… 25
　第二节 社区获得性肺炎 ……………… 30
　第三节 医院获得性肺炎 ……………… 33
　第四节 人感染高致病性禽流感 ……… 37
　第五节 SARS冠状病毒肺炎 ………… 40
第四章 支气管扩张症 …………………… 44
第五章 结核病 …………………………… 48
　第一节 肺结核 ………………………… 48
　第二节 结核性胸膜炎 ………………… 59
第六章 慢性阻塞性肺疾病 ……………… 61
第七章 支气管哮喘 ……………………… 74
第八章 肺血栓栓塞症 …………………… 88
第九章 肺动脉高压与肺源性心脏病 …… 97
　第一节 肺动脉高压的分类 …………… 97
　第二节 特发性肺动脉高压 …………… 98
　第三节 慢性肺源性心脏病 …………… 100
第十章 间质性肺疾病 …………………… 108
　第一节 概论 …………………………… 108
　第二节 特发性肺纤维化 ……………… 113
　第三节 结节病 ………………………… 119
　第四节 外源性过敏性肺泡炎 ………… 125
　第五节 其他间质性肺疾病 …………… 127
　　一、结缔组织疾病相关性间质性
　　　　肺疾病 …………………………… 127
　　二、药物诱发的间质性肺疾病 ……… 127
　　三、嗜酸粒细胞性肺炎 ……………… 127
　　四、硅沉着病 ………………………… 129
　　五、罕见间质性肺疾病 ……………… 129
第十一章 原发性支气管肺癌 …………… 131
第十二章 胸膜疾病 ……………………… 144
　第一节 胸腔积液 ……………………… 144
　　一、概论 ……………………………… 144
　　二、结核性胸膜炎 …………………… 146
　第二节 气胸 …………………………… 148
　第三节 胸膜肿瘤 ……………………… 151
第十三章 呼吸调节异常疾病 …………… 152
　第一节 睡眠呼吸暂停低通气综合征 …… 152
　　一、阻塞性睡眠呼吸暂停低通气
　　　　综合征 …………………………… 152
　　二、中枢性睡眠呼吸暂停综合征 …… 155
　第二节 其他类型呼吸调节异常疾病 …… 156
　　一、低通气综合征 …………………… 156
　　二、高通气综合征 …………………… 157
第十四章 呼吸衰竭与急性呼吸窘迫
　　　　　综合征 ………………………… 159
　第一节 呼吸衰竭 ……………………… 159
　第二节 急性肺损伤与急性呼吸窘迫
　　　　　综合征 ………………………… 165
第十五章 烟草或健康问题 ……………… 171

第三篇 循环系统疾病

第一章 总论 ……………………………… 178
第二章 心力衰竭 ………………………… 181
　第一节 慢性心力衰竭 ………………… 187
　第二节 急性心力衰竭 ………………… 202
第三章 心律失常 ………………………… 205
　第一节 概述 …………………………… 205

第二节 窦性心律失常 ………… 205
一、窦性心动过速 ………… 206
二、窦性心动过缓 ………… 206
三、窦性心律不齐 ………… 207
四、窦性停搏 ………… 207
五、窦房传导阻滞 ………… 207
六、病态窦房结综合征 ………… 208

第三节 房性心律失常 ………… 209
一、房性期前收缩 ………… 209
二、房性心动过速 ………… 210
三、心房颤动 ………… 211
四、心房扑动 ………… 212

第四节 房室交界区性心律失常 ………… 213
一、房室交界区性期前收缩 ………… 213
二、房室交界区性逸搏与心律 ………… 214
三、非阵发性交界性心动过速 ………… 214
四、阵发性室上性心动过速 ………… 215
五、预激综合征 ………… 218

第五节 室性心律失常 ………… 221
一、室性期前收缩 ………… 221
二、室性心动过速 ………… 222
三、心室扑动与心室颤动 ………… 226

第六节 心脏传导阻滞 ………… 226
一、房室传导阻滞 ………… 227
二、室内传导阻滞 ………… 229

第七节 抗心律失常药物 ………… 231

第八节 心律失常的特殊诊断及治疗 ………… 234
一、心电生理检查 ………… 234
二、射频消融治疗 ………… 235
三、心脏起搏治疗 ………… 236

第四章 先天性心血管疾病 ………… 238

第一节 成人常见先天性心血管病 ………… 238
一、心房间隔缺损 ………… 238
二、动脉导管未闭 ………… 239
三、心室间隔缺损 ………… 240
四、单纯肺动脉狭窄 ………… 242
五、法洛四联症 ………… 243
六、艾森门格综合征 ………… 244
七、主动脉缩窄 ………… 244
八、主动脉口狭窄 ………… 245
九、主动脉窦动脉瘤 ………… 246

第二节 先天性心血管病的介入治疗 ………… 247
一、经皮肺动脉瓣球囊扩张术 ………… 247
二、经皮主动脉瓣球囊扩张术 ………… 248
三、动脉导管未闭封堵术 ………… 248
四、房间隔缺损封堵术 ………… 249
五、室间隔缺损封堵术 ………… 249

第五章 高血压 ………… 251

第六章 动脉粥样硬化及冠状动脉性心脏病 ………… 267

第一节 动脉粥样硬化 ………… 267
第二节 心绞痛 ………… 272
第三节 心肌梗死 ………… 282
第四节 冠状动脉粥样硬化性心脏病的介入诊断及治疗 ………… 298
一、冠状动脉造影 ………… 298
二、冠状动脉介入治疗 ………… 300

第七章 心脏瓣膜病 ………… 304

第一节 主动脉瓣疾病 ………… 304
一、主动脉瓣狭窄 ………… 304
二、主动脉瓣关闭不全 ………… 308

第二节 二尖瓣疾病 ………… 312
一、二尖瓣狭窄 ………… 312
二、二尖瓣关闭不全 ………… 317

第三节 三尖瓣疾病 ………… 320
一、三尖瓣狭窄 ………… 320
二、三尖瓣关闭不全 ………… 322

第四节 肺动脉瓣疾病 ………… 323
一、肺动脉瓣狭窄 ………… 323
二、肺动脉瓣关闭不全 ………… 324

第五节 多瓣膜病 ………… 325
第六节 急性风湿热 ………… 326

第八章 感染性心内膜炎 ………… 328

第九章 心肌疾病 ………… 336

第一节 原发性心肌病 ………… 336
一、扩张型心肌病 ………… 336
二、肥厚型心肌病 ………… 340
三、限制型心肌病 ………… 343
四、致心律失常型右室心肌病 ………… 344

第二节 特异性心肌病 ………… 345
第三节 心肌炎 ………… 347

第十章 心包疾病 ………… 350

第一节 急性心包炎 ………… 350
第二节 缩窄性心包炎 ………… 353

第十一章 主动脉夹层 ………… 355

第十二章 心血管神经症 ………… 366

第四篇　消化系统疾病

第一章　总论 ……………………………… 370
第二章　食管疾病 ………………………… 377
　第一节　胃食管反流病 ………………… 377
　第二节　食管裂孔疝 …………………… 382
　第三节　食管癌 ………………………… 384
　第四节　贲门失弛缓症 ………………… 388
第三章　胃炎 ……………………………… 393
　第一节　急性胃炎 ……………………… 393
　第二节　慢性胃炎 ……………………… 394
　第三节　特殊类型胃炎 ………………… 398
　　一、感染性胃炎 ……………………… 398
　　二、化学性胃炎 ……………………… 399
　　三、巨大肥厚性胃炎 ………………… 399
　　四、其他 ……………………………… 399
第四章　消化性溃疡 ……………………… 401
第五章　胃癌 ……………………………… 413
第六章　炎症性肠病 ……………………… 421
　第一节　溃疡性结肠炎 ………………… 422
　第二节　克罗恩病 ……………………… 427
第七章　肠结核与结核性腹膜炎 ………… 432
　第一节　肠结核 ………………………… 432
　第二节　结核性腹膜炎 ………………… 435
第八章　大肠癌 …………………………… 440
第九章　功能性胃肠病 …………………… 443
　第一节　功能性消化不良 ……………… 444
　第二节　肠易激综合征 ………………… 446
　第三节　功能性便秘 …………………… 449
第十章　慢性肝炎 ………………………… 452
　第一节　慢性病毒性肝炎 ……………… 453
　　一、慢性乙型病毒性肝炎 …………… 453
　　二、慢性丙型病毒性肝炎 …………… 456
　第二节　自身免疫性肝炎 ……………… 457
第十一章　肝硬化 ………………………… 460
第十二章　原发性肝癌 …………………… 469
第十三章　肝性脑病 ……………………… 476
第十四章　胰腺炎 ………………………… 481
　第一节　急性胰腺炎 …………………… 481
　第二节　慢性胰腺炎 …………………… 490
第十五章　胰腺癌 ………………………… 496
第十六章　消化道出血 …………………… 500

第五篇　泌尿系统疾病

第一章　总论 ……………………………… 508
第二章　原发性肾小球疾病 ……………… 514
　第一节　概述 …………………………… 514
　第二节　急性肾小球肾炎 ……………… 517
　第三节　急进性肾小球肾炎 …………… 519
　第四节　慢性肾小球肾炎 ……………… 521
　第五节　无症状性血尿或（和）
　　　　　蛋白尿 ………………………… 523
　第六节　肾病综合征 …………………… 524
　第七节　IgA肾病 ………………………… 531
第三章　继发性肾小球疾病 ……………… 534
　第一节　狼疮性肾炎 …………………… 534
　第二节　糖尿病肾病 …………………… 537
　第三节　肾淀粉样变性病 ……………… 540
　第四节　过敏性紫癜肾炎 ……………… 543
　第五节　病毒相关性肾炎 ……………… 544
　　一、乙型肝炎病毒相关肾炎 ………… 544
　　二、丙型肝炎病毒相关性肾炎 ……… 545
　　三、肾综合征出血热肾损害 ………… 546
　　四、人类免疫缺陷病毒相关的
　　　　肾脏病 …………………………… 547
　第六节　恶性肿瘤相关性肾小球疾病 …… 547
第四章　间质性肾炎 ……………………… 550
　第一节　急性间质性肾炎 ……………… 550
　　一、药物过敏性急性间质肾炎 ……… 550
　　二、感染相关性急性间质肾炎 ……… 552
　　三、特发性急性间质肾炎 …………… 552
　第二节　慢性间质性肾炎 ……………… 553
　　一、慢性马兜铃酸肾病 ……………… 553
　　二、镇痛药肾病 ……………………… 555
第五章　肾小管酸中毒 …………………… 556
第六章　肾血管疾病 ……………………… 559
　第一节　高血压肾硬化症 ……………… 559
　　一、良性高血压肾硬化症 …………… 559
　　二、恶性高血压肾硬化症 …………… 561
　第二节　肾动脉狭窄 …………………… 563
　第三节　肾动脉栓塞及血栓形成 ……… 567
　第四节　肾静脉血栓形成 ……………… 567

第七章 遗传性肾脏疾病 …… 569
第一节 遗传性肾小球疾病 …… 570
一、Alport 综合征 …… 570
二、薄基底膜肾病 …… 571
三、指甲-髌骨综合征 …… 572
四、Fabry 病 …… 572
五、先天性肾病综合征 …… 573
第二节 遗传性肾小管疾病 …… 574
一、肾性 Fanconi 综合征 …… 574
二、遗传性肾小管酸中毒 …… 574
三、Bartter 综合征 …… 574
四、Gitelman 综合征 …… 575
五、Liddle 综合征 …… 575
六、Gordon 综合征 …… 575
第三节 遗传性囊肿性肾脏病 …… 575
一、常染色体显性遗传型多囊肾 …… 575
二、常染色体隐性遗传型多囊肾 …… 576

第八章 尿路感染 …… 578
第九章 急性肾衰竭和急性肾损伤 …… 584
第十章 慢性肾衰竭 …… 590
第十一章 肾脏替代治疗 …… 599

第六篇 血液系统疾病

第一章 总论 …… 610
第二章 贫血概论 …… 612
第三章 缺铁性贫血 …… 618
第四章 巨幼细胞贫血 …… 623
第五章 再生障碍性贫血 …… 628
第六章 溶血性贫血 …… 635
第一节 概述 …… 635
第二节 遗传性球形红细胞增多症 …… 644
第三节 红细胞葡萄糖-6-磷酸脱氢酶缺乏症 …… 645
第四节 血红蛋白病 …… 647
一、珠蛋白生成障碍性贫血 …… 648
二、异常血红蛋白病 …… 650
第五节 自身免疫性溶血性贫血 …… 651
一、温抗体型自身免疫性溶血性贫血 …… 652
二、冷抗体型自身免疫性溶血性贫血 …… 653
第六节 阵发性睡眠性血红蛋白尿 …… 654
第七章 中性粒细胞减少症和粒细胞缺乏症 …… 657
第八章 骨髓增生异常综合征 …… 661
第九章 白血病 …… 667
第一节 急性髓细胞白血病 …… 667
第二节 急性淋巴细胞白血病 …… 673
第三节 慢性粒细胞白血病 …… 678
第四节 慢性淋巴细胞白血病 …… 682
第十章 淋巴瘤 …… 685
第一节 霍奇金淋巴瘤 …… 685
第二节 非霍奇金淋巴瘤 …… 690
第十一章 多发性骨髓瘤 …… 698
第十二章 骨髓增殖性肿瘤 …… 702
第一节 真性红细胞增多症 …… 702
第二节 原发性血小板增多症 …… 705
第三节 原发性骨髓纤维化 …… 707
第十三章 出血性疾病概述 …… 710
第十四章 紫癜性疾病 …… 714
第一节 过敏性紫癜 …… 714
第二节 特发性血小板减少性紫癜 …… 715
第十五章 凝血障碍性疾病 …… 719
第一节 血友病 …… 719
第二节 血管性血友病 …… 721
第三节 维生素 K 依赖性凝血因子缺乏症 …… 722
第十六章 弥散性血管内凝血 …… 724
第十七章 血栓性疾病 …… 729
第十八章 输血和输血反应 …… 732
第十九章 造血干细胞移植 …… 737

第七篇 内分泌系统疾病及代谢疾病

第一章 总论 …… 746
第二章 垂体瘤 …… 750
【附】催乳素瘤 …… 752
第三章 巨人症和肢端肥大症 …… 754
第四章 腺垂体功能减退症 …… 757
第五章 生长激素缺乏性侏儒症 …… 761
第六章 尿崩症 …… 764
第七章 抗利尿激素分泌失调综合征 …… 768

| 第八章　单纯性甲状腺肿 …………………… 772
| 第九章　甲状腺功能亢进症 ………………… 775
| 　　　　Graves病 ………………………… 775
| 第十章　甲状腺功能减退症 ………………… 784
| 第十一章　甲状腺炎 ………………………… 787
| 　第一节　亚急性甲状腺炎 ………………… 787
| 　第二节　亚急性无痛性甲状腺炎 ………… 788
| 　第三节　慢性淋巴细胞性甲状腺炎 ……… 789
| 　第四节　产后甲状腺炎 …………………… 792
| 第十二章　甲状腺肿瘤 ……………………… 795
| 　第一节　甲状腺腺瘤 ……………………… 795
| 　第二节　甲状腺癌 ………………………… 796
| 第十三章　库欣综合征 ……………………… 800
| 第十四章　原发性醛固酮增多症 …………… 806
| 第十五章　肾上腺皮质功能减退症 ………… 810
| 第十六章　嗜铬细胞瘤 ……………………… 813

第十七章　原发性甲状旁腺功能亢进症 …… 817
第十八章　甲状旁腺功能减退症 …………… 823
第十九章　多发性内分泌腺瘤病 …………… 827
　第一节　多发性内分泌腺瘤病1型 ……… 827
　第二节　多发性内分泌腺瘤病2型 ……… 829
第二十章　伴瘤内分泌综合征 ……………… 831
第二十一章　糖尿病 ………………………… 833
　一、糖尿病酮症酸中毒 …………………… 839
　二、高血糖高渗状态 ……………………… 842
第二十二章　低血糖症 ……………………… 843
第二十三章　血脂异常和脂蛋白异常血症 … 845
第二十四章　肥胖症 ………………………… 853
第二十五章　痛风 …………………………… 856
　一、原发性高尿酸血症 …………………… 857
　二、继发性高尿酸血症 …………………… 858
第二十六章　骨质疏松症 …………………… 865

第八篇　风湿性疾病

第一章　总论 ………………………………… 872
第二章　类风湿关节炎 ……………………… 879
第三章　系统性红斑狼疮 …………………… 885
第四章　血清阴性脊柱关节病 ……………… 894
　第一节　概论 ……………………………… 894
　第二节　强直性脊柱炎 …………………… 895
　第三节　银屑病关节炎 …………………… 899
第五章　特发性炎症性肌病 ………………… 901
第六章　干燥综合征 ………………………… 906
第七章　血管炎病 …………………………… 910

　第一节　血管炎概论 ……………………… 910
　第二节　大动脉炎 ………………………… 912
　第三节　巨细胞动脉炎 …………………… 913
　第四节　结节性多动脉炎 ………………… 914
　第五节　显微镜下多血管炎 ……………… 916
　第六节　变应性肉芽肿血管炎 …………… 916
　第七节　韦格纳肉芽肿 …………………… 917
　第八节　贝赫切特病 ……………………… 918
第八章　系统性硬化病 ……………………… 921
第九章　骨关节炎 …………………………… 925

第九篇　危重病医学

第一章　总论 ………………………………… 932
第二章　水电解质和酸碱平衡代谢失常 …… 936
　第一节　水电解质代谢平衡调节 ………… 936
　第二节　水、钠代谢失常 ………………… 939
　　一、失水 ………………………………… 939
　　二、水过多 ……………………………… 942
　　三、钠代谢异常 ………………………… 942
　第三节　钾代谢失常 ……………………… 945
　　一、低钾血症 …………………………… 945
　　二、高钾血症 …………………………… 947

　第四节　酸碱平衡代谢失常 ……………… 948
　　一、酸碱平衡代谢调节及诊断 ………… 948
　　二、单纯性酸碱平衡代谢失常 ………… 950
　　三、混合性酸碱平衡代谢失常 ………… 958
第三章　休克综合征 ………………………… 959
第四章　多器官功能障碍综合征 …………… 972
第五章　心脏骤停与心肺脑复苏 …………… 981
　第一节　心脏骤停 ………………………… 981
　第二节　心肺脑复苏 ……………………… 985

第十篇 理化因素所致疾病

第一章 物理因素所致疾病 …… 994
第一节 中暑 …… 994
第二节 淹溺 …… 999
第三节 冻僵 …… 1002
第四节 高原病 …… 1005
急性高原病 …… 1005
一、急性高原反应 …… 1005
二、高原肺水肿 …… 1007
三、高原脑水肿 …… 1009
慢性高原病 …… 1011
一、慢性高原病 …… 1011
二、高原性肺动脉高压 …… 1013
第五节 电击伤 …… 1015

第二章 化学因素所致疾病 …… 1019
第一节 中毒概论 …… 1019
第二节 有机磷杀虫药中毒 …… 1026
第三节 急性一氧化碳中毒 …… 1031
第四节 镇静催眠药中毒 …… 1034
第五节 急性酒精中毒 …… 1039
第六节 毒蛇咬伤中毒 …… 1041
第七节 植物性食物中毒 …… 1045
一、毒蕈中毒 …… 1045
二、乌头碱类植物中毒 …… 1047
三、发芽马铃薯中毒 …… 1048
四、亚硝酸盐中毒 …… 1049

索引 …… 1051

第一篇 绪 论

（一）内科学是临床学科的基础

内科学（medicine）是最早的临床医学学科，人们对疾病的认识也是从内科学开始的。我国最早公元1529年在明朝《内科摘要》中已提到"内科"一词。随着学科的发展，内科又分为普通内科、呼吸内科、消化内科、心血管内科、血液内科、内分泌内科、肾内科等等，称之为亚科（三级学科）。

内科学是临床学科的基础，是医学生进入临床学习时首先要学的学科。内科学的诊断方法、治疗原则、临床思维为诊断疾病、探讨疾病的病因、发病机制、转归及预后打下了坚实的基础。即使未来医学生们有可能成为外科医生、妇产科医生、小儿科医生等其他专科医生，内科学也是这些学科的共同基础。因此，学习好内科学是非常重要的。

（二）内科学面临重大的改革和发展

1. **医学模式的转变**　医学模式是指人们用什么样的观点和方法来看待、研究和处理健康和疾病的问题，是对医学目的、健康、疾病、死亡等重大医学问题的总体观。

从19世纪到20世纪，随着医学生物技术的发展及科学实验研究的成果在医学上的应用，医学得到了很大的进步。人们以实验和事实为依据，从器官、细胞和分子水平来探索病因、发病机制以及防治措施；从生物学角度来理解疾病、健康等重大问题，即生物医学模式，这是医学的一大进步，使得医学得以快速发展。但这一模式的缺陷是把人看作生物，看作一个个体，对疾病和健康只看到生物因素的作用，只看到细胞、分子生物学的变化而忽视了心理、社会、环境等因素对疾病的影响，忽视了患者作为社会人与社会、群体之间的复杂关系。

1977年美国GL.Engel教授提出"生物-心理-社会"医学模式，代表了现代医学阶段的医学模式。这一医学模式是对生物医学模式的补充，更准确反映了对疾病的认识，在病因、发病机制、防治等方面除了考虑生物因素外，还考虑到了心理、社会、环境的影响。目前内科学对疾病的认识基本上还是停留在生物医学模式的医学观上，因此内科学的发展，要用生物-心理-社会的医学模式，来更新对疾病的认识，这样才能更客观、更全面地认识疾病发生、发展的规律，进一步提出防治措施，提高防治水平。

2. **学科的交叉与整合**　医学是自然科学、生物医学、社会人文学科的综合学科。临床医学分为内科、外科、妇产科、小儿科等。而内科本身又分为很多亚科（三级学科），如呼吸内科、心血管内科、消化内科……这种学科割裂的专业化倾向并不科学，忽视人的整体性，使专业医生的知识面过窄，易造成错误的诊断。目前学科整合的趋势很明显，如神经科学就包括神经学基础、神经内科学及神经外科；泌尿学就是肾内科及泌尿外科的整合；多数三级甲等医院成立心血管中心，即心内科及心外科的整合。

除此之外，20世纪80年代出现的循证医学（evidence based medicine）更是对临床流行病学与临床医学的整合。循证医学是遵循证据进行医学实践的科学，循证医学重点是在临床研究中采用前瞻性双盲对照及多中心研究的方法，系统地收集、整理大样本研究所获的客观证据作为医疗决策的基础。循证医学是医学史上的杰出成就，将彻底改变医学实践的模式。权威的杂志《柳叶刀》（Lancet）把循证医学比作医学实践中的基因组计划。循证医学将指导临床医生的诊治，为患者提供更合理的处理方案。很多疾病诊治指南也一定会在教科书中出现，但绝对不能因为有"指南"而忽视个体化。高明的医师能很好地把诊治原则和个体结合在一起，根据每个病人的不同情况确定诊治方案。

因此，内科学的发展方向应该在学科整合上下工夫，不仅是内科学各亚学科之间的整合，同时要和循证医学、人文社会科学密切结合。

（三）分子生物学和细胞生物学对内科学的促进和推动

内科学虽然是直接面对病人的临床学科，但其理论体系却是建立在基础医学之上的，而且时时与之保持紧密的联系。不论是病因学、诊断学还是治疗用药都以对生命本质的充分认识和对疾病现象的深刻理解为前提。21世纪分子生物学和细胞生物学的发展已经从上升期进入了加速期，其研究手段和研究内容也发生了较大的转变，而这种转变正在或即将对内科学产生多层面的影响，可以归纳为以下几个趋势：

1. 对基因与疾病的关系认识更加全面　虽然确定疾病易感基因一直是基础研究的一个难题，但对基因与疾病关系的全面认识必将是破解这一难题的最有效途径。在分子生物学兴起的最初阶段，常常以一维的方式看待遗传物质对个体表现型的控制，即 DNA→RNA→蛋白质，而且对这种控制所产生的个体差异性也主要集中在两个最直观的点：DNA 序列（尤其是基因序列）的差异和转录调控因子对启动子的调节。但研究的深入使我们看到了一个更为丰富立体的网络化和多层次控制体系。DNA 水平的研究已从基因序列扩展到那些基因之外的序列，它们是基因组中的主要组分。从进化的角度可以发现，从低等生物到高等生物，编码序列变化不大，而非编码序列在基因组中的比例却逐渐升高，序列也相对不保守，可能正是这些最初认为并不重要的序列是物种进化的源动力。已经有越来越多的证据表明那些有转座功能的非编码序列参与从转录到翻译的各个环节，并与疾病的发生有关。同时，DNA 水平的研究还出现了以表观遗传学为代表的新领域，它是指细胞能通过 DNA 甲基化水平、组蛋白和非组蛋白修饰及染色质重塑有序地调节基因表达而不涉及 DNA 序列的改变。而这种新兴领域的出现依托于一批新的技术手段，如：限制性标记基因组扫描（restriction landmark genome scanning, RLGS）、邻体分析（nearest-neighbour analysis, NNA）、染色质免疫共沉淀技术（chromatin immunoprecipitation）、染色质构象捕获（chromatin conformation capture）等，藉此发现组蛋白与 DNA 结合的紧密程度及染色质在核内的空间分布状态都会对表达产生影响。另外，RNA 水平的调节亦不局限于启动子与转录因子的相互作用，因为转录中和转录之后都有多种因素参与表达调控，如：反义 RNA 的表达抑制效应，mRNA 的替代剪接和编辑，小干扰 RNA 对 mRNA 的降解等。翻译过程也会受到微小 RNA 的抑制作用且这种现象可能与发育、分化的调节有关，有些小 RNA 还参与蛋白质功能和蛋白质定位的调节。由于上述重要的调节功能，这些小 RNA 已经成为近年来的研究热点领域。

已有研究通过吸入 siRNA 可阻止呼吸道合胞病毒感染；另外，对部分血液系统疾病患者特有的染色体断裂或易位的深入研究发现此类现象不仅与预后有关，而且根据断裂点相关序列开发的靶点药物真正实现了精确的针对性治疗，并取得良好疗效。这说明基础研究的深入必将带来内科学诊断、治疗和预防等各个环节的进步。

2. 高通量研究手段加快了分子生物学走向临床的步伐　一种生物学现象或疾病往往涉及多个环节、多个基因，但由于认识能力和技术手段的限制，最初的分子生物学研究往往只能局限在某一个或少数几个基因上。随着以 DNA 芯片为代表的高通量技术相继出现，我们可以同时筛选成百上千个目标。这样的技术成就了一系列生物大分子特征谱研究，包括蛋白质谱、核酸谱（cDNA 谱和 miRNA 谱）和糖谱。通过疾病组织与正常组织的对照可以获得一批与疾病发生有关的分子，以供进一步筛选和确认。这种研究的成果显然更能体现疾病发生过程的全貌，也更有希望揭示疾病的奥秘。目前此类研究已涉及不同类型心脏病患者心肌细胞的 miRNA 谱差异、肝硬化和非硬化性慢性肝病患者血清糖蛋白 N-糖链的差别以及类风湿性关节炎、干燥综合征等自身免疫性疾病的自身抗原和自身抗体筛选。

基因组中某一位点的单个碱基的差异被称为单核苷酸多态性（SNP），由于其分布密度高又可以用芯片检测已成为第三代遗传标记。染色体某一区域的相邻 SNP 位点倾向于以连锁群的方式遗传，这种连锁的 SNP 组合称为单体型（haplotype）。2002 年启动的国际人类单体型图（HapMap）计划旨在构建人类 DNA 序列多态位点的单体型图谱。目前最受推崇的基因定位方法就是利用分布在整个基因组中的遗传标记统计疾病表型是否与其中某个标记存在连锁不平衡（全基因组扫描）。可用芯片检测的 SNP 取代了用 PCR 和电泳检测的 STR，定位的速度将有飞跃式的提高。HapMap 的完成将使全基因组扫描搭上"高通量"的快车，为复杂疾病的基因定位提供一个强有力的工具。

3. 干细胞研究为治疗带来新希望　人体内大部分执行重要功能的细胞是不可再生的，当其功能因为各种原因衰竭时就只能以补充其产物的方式进行补救，比如糖尿病时要注射胰岛素。但这样的措施不仅繁琐而且无法替代细胞的整体功能，更无法接受精确的生理调控。人类干细胞系的建立并成功诱导其定向分化给这类细胞损伤性疾病的治疗提供了一个新思路。帕金森病、糖尿病、心肌损伤、肾衰竭患者可能因此项技术的突破而受益。目前，干细胞研究在临床应用最有效的是造血干细胞移植治疗造血系统恶性肿瘤，为根治白血病带来了希望。

（四）医师职业精神与医患沟通

医师职业精神与医患沟通，是近年医学领域重要的议题，也与医生的日常工作密切相关。

1. 医师职业精神的含义　医师职业精神（medical professionalism）[①]，是美国内科理事会基金会（ABIM）、美国内科医生学会-美国内科学会基金会（ACP-ASIM）和欧洲内科学联盟以《医师宪章》的方式于2002年向全世界公布的重要文献。之所以在全球范围内重申医师宣言，是在医学界面临着科技爆炸、市场力量介入医疗体系、医疗卫生实施中存在的问题、生物恐怖主义以及全球化所带来的压力的背景下提出的。宣言要求将"患者利益至上"、"尊重患者自主"和"公平公正"作为医师职业精神的三个基本原则，包括提高业务能力、对患者诚实、提高医疗质量等十个基本职责。

"新世纪的医师职业精神——医师宪章"的第一句话是：医师职业精神是医学与社会达成承诺的基础。医师职业精神是医学与社会之间订立的盟约，是整个医师行业向社会民众的承诺。我国在医师协会的支持下，开始了医师职业精神的宣传和推进，但其中的内涵，在我国还没有得到社会和医生行业群体的重视，也缺乏对它的深入理解。我国多倾向于从医生个人层面思考和解决问题，这在现在仍然是必要的，也是我们文化有侧重医生个人修养的传统优势，而职业精神更强调的是群体层面的理念。

当前，在专业技术至上、人文精神淡漠的情况下，重申医师职业精神，庄严承诺医师职业的三项基本原则具有重要意义。作为医学生，未来的医师，认真学习医师职业精神，关爱生命，关爱病人，培养良好医德医风，非常必要。

2. 医患沟通与沟通技巧

（1）医患沟通的伦理学基础：医患沟通看似很容易理解，但如果对职业精神、医患关系的本质缺乏深刻的认识，便不会取得医患沟通应有的效果。

医患之间到底是什么关系？教科书都会说"医患之间是平等关系、是契约关系、是信托关系"。一般都会把医患关系仅理解到个人层面的医生个人与患者个人之间的关系，很少想到，医师作为"集体契约"的一名成员，受社会委托而拥有专业知识和技能，目的就是为病人谋取利益，公开地向社会承诺担负起维护病人利益的责任。医生很少会想到，我作为医生，后面是一个行业群体，我的行为代表一个行业在社会中的形象。可以说，对医患关系的不同理解，决定了医患沟通的不同目的、方式和指向。

从理论上说，医患沟通，是实现"至患者利益于首位"的手段。正如知情同意，它已是医生耳熟能详的一个词。其实它既是一种理念，更是一种手段和措施。知情同意之所以越来越重要，是因为随着社会中人与人之间的交往方式的不同，医患关系的形态在不同的时期有不同的表现，但其本质是一致的。简单地说，在做医疗决定时，趋势是从医生自主，慢慢地走向患者自主、医患共同决策。究其原因，在于"以患者为本"的理念。在患者的知识水平、权利意识和整个社会的人际交往模式发生变化的情况下，如果通过使患者知情，然后患者自主选择方案的方式，更符合患者的利益，医师根据行业与社会订立的盟约，也应采取最能达到此目标的方式。医患沟通，从某个角度看，是医生行业整体的需求，是在医患信任不如我们所期望的情况下采取的手段，即医生不能再依靠以前完全医学家长主义的方式为病人服务了。

但真正做好医患沟通，需要医生对医患关系和职业精神有深入的理解。一名新西兰医师，曾分享了他在面对工作从头疼到头疼次数减少到头疼消失的经验："每周二下午，通常病人很多，我也很紧

[①] 也有译为医学专业精神。"医学专业精神"更贴近英文单词本身，是从这个行业角度来看问题；"医师职业精神"更侧重于强调从业人员，利于中国医师在概念上接受、践行和推广。

张。我对我的病人很尽心尽责,对他们的健康结果很负责。我解释病情、画图示、用隐喻法、用许多创意性的方式谈论可能发生的事情……我曾确信知情同意学说,我渴望与我的病人就疾病及我所建议的疗法进行讨论。问题是:'我认为他应进行手术时,如何能够使他/她同意?'周二下午我常常紧张性头疼,这已成为我生活中规律性的特征。"如果一个医生认为,沟通,就是把你希望让病人了解的东西让他理解了,然后同意你提出的建议,并认为这就是知情同意的话,那么这个医生的头疼是不会好的。这名新西兰医师提出,医师在能鼓励和帮助患者真正参与决定,病人在可以正确地询问、自如合理地运用其知情后的选择权的时候,他的头疼就渐渐好了。

医患沟通需要有强大的伦理学基础支撑。即沟通是手段,患者利益至上则是目的。如果把沟通的目的定位在"一定使病人按照自己的建议去做决定的话",即在已经设定了靶向的情况下,如果没有打在靶上,医生就会有不成功、失败之感。同时也应该看到,有的即便是打在了靶上,但患者并不一定痛快,患者可能有被"指引、控制"的感觉,这也不利于长远的医患关系的和谐和信任。究其原因,是因为医患沟通之箭,在离弦时就开始偏倚了。

(2) 如何正确看待和运用医患沟通技巧:医患沟通技巧本身不难掌握,但也是需要学习的。比如:见到你的患者时,要给予他坦诚友好的微笑;与患者要有目光接触;与患者交谈时,要面对着患者说话,而不是背着他讲;要学习传递坏消息;要让患者重复你给他讲的程序以确保他已明白,并对患者提出的问题以确定他是否真正理解;要提高倾听技能,积极、专心地倾听你的患者;要使用肢体语言和非语言方式的沟通方式来表达你对他的关心和体贴;门诊问诊时,不时抬头看看病人,避免重复提问;要注意和病人谈话时自己的高度,即尽量与病人一齐,以免病人仰视;和孩子说话要蹲下来。也包括尽量营造好的沟通谈话氛围,如注意房间的光线等。

现实中经常会发生一些医生通过沟通技巧的学习,来达到自己在没有技巧时达不到的目的。潜意识中,含有一种"看谁能把谁搞定"的意思。如果是这样,就偏离了医患关系的本质,偏离了沟通的伦理基础。此时的沟通技巧,只不过是个雕虫小技而已。

(3) 充分发挥医患沟通的作用,弘扬医师职业精神:充分发挥医患沟通的作用,能为医务人员和患者带来很多收益。尽管医学科学进步有目共睹,但医疗保健从来不是"发现问题、解决问题"那么简单。相反,它至少处于四个因素相互作用的复杂关系中:生理保健、认知保健(为患者提供完整的信息使其接受建议或照顾自己)、行为保健(患者能改善自己的生活习惯)和精神保健(调理与精神疾病相关的基本因素)。沟通的好坏,在很大程度上会影响医疗保健的这四个因素。

在我国,发挥医患沟通的作用,最直接的作用就是缓解医患紧张关系。通过减少到医务处的投诉,自然也就减少了医患的法律纠纷。另外,医患沟通还有促进患者的信任,增加治疗依从性而达到治疗的作用。

职业精神的概念和内涵是随时代的变化而与时俱进的。在回扣问题严重时,学界会主要从利益冲突的角度谈职业精神;在现在知情同意已经深入人心时,在医患关系紧张的当下,医患沟通,是医生促进医患和谐的重要的手段。客观地说,目前我国的医患关系,仍然是处于医师做主的情况较多,医患个人层面的信任还是存在的,并不如外界所宣传的那样。患者还是首先倾向于去信任他的医生,即便他可能内心不是真正的信任,但首先他会去建设好这个关系,希望表现出通过让医生帮助做决定的方式来展现他的信任——即便他可能在离开这家医院、这个医生之后会转向另一个医生、医院。我们医务人员应该把握我国的国情特点和目前医患关系转型时期的特点,运用伦理学理念和必要的手段方法,弘扬医师职业精神。

《大学》第一章提到:"大学之道,在明明德,在亲民,在止于至善。"用在这里是说,沟通之道,在于让患者在具体情境中真切感受到医生"置患者利益于首位"的理念,以真正赢得患者的信任,实现医生个体、群体在这个职业工作着中的伦理价值。只要理念和价值观是在正确的前提下,哪怕没有技巧,也会得到患者的理解和支持。在掌握了技巧之后,最后又忘了技巧,便成就了我们的至善境界。

(五) 如何学好内科学

1. 要明确学习目的　美国医学家 William Osler 指出："行医是一种以科学为基础的艺术，它是一种专业而非一种交易。它是一种使命，而非一种行业；从本质上来讲，医学是一种使命，一种社会使命，一种人性和情感的表达。"医学是神圣的、庄严的，也是最为复杂的、需要不断探索的学科。作为医生，他的使命就是要促进人类健康，关爱生命，关爱病人，医生的责任是重大的，要有明确的学习目的，要有强烈的求知愿望、刻苦钻研的精神和严谨求实的作风。

2. 学习知识与实践的统一　知识来源于实践，前人经过实践而总结出来的理论和知识是我们必须要认真学习的。只有认真读书，系统掌握内科学的全面知识才可能更好地实践，而通过实践巩固既有的知识，也可能发现新的东西，做到知行统一。医学是实践性很强的学科，也是最奥妙复杂的学科，有很多秘密还没有被发现，有很多现象还不能解释，因此需要我们勇于实践，努力探索，从而丰富我们的知识和理论。

3. 病人是我们的老师　目前医学教育改革有了很大发展，临床技能新技术也已经展开，如标准病人（SP）、模拟技术等。但一定要通过真正病人的见习和实习，包括采集病史、体格检查、床旁教学，以问题为基础的学习（PBL）才能获得真知。在临床学习中要处理好学习与服务的关系，通过服务而进行学习，要关爱病人，不能只爱病不爱病人。要学会和患者的沟通，要尊重病人的知情权、隐私权，要平等和公平地对待一切病人，要把病人的利益放在第一位。很多医学大家之所以成为大师、大家，他们都有很深的体会，病人是真正的老师，因此医学生学习内科学进入临床时，要牢记"病人是我们的老师"这个教导。

（王德炳）

第二篇 呼吸系统疾病

第一章 呼吸系统疾病概论

呼吸系统疾病是我国的常见病。据卫生部2008年的统计资料，呼吸系统疾病已成为我国城市医院和县医院第一位的住院疾病，分别占城市医院和县医院住院患者疾病构成的12.32%和16.60%。肺结核在我国的发病率居传染病的第二位，仅次于病毒性肝炎。据卫生部公布的2008年居民死因统计，不包括肺癌在内，呼吸系统疾病是我国城市居民的第四位死因，占11.9%；是农村居民的第三位死因，占16.9%。由于大气污染加重、吸烟人口居高不降、老年人口比例增加等因素影响，呼吸系统疾病对我国居民健康的影响将会更加严重。近年来的资料显示，肺癌、支气管哮喘等发病率不断增加；慢性阻塞性肺疾病（COPD）患者人数居高不下，近期对我国七个地区20 245人群调查，COPD患病率占40岁以上人群的8.2%；肺栓塞和间质性肺疾病已不再是"少见病"；医院获得性肺炎是医院内获得性感染的首位疾病和促使患者死亡的重要因素；肺结核总体发病率下降缓慢，结核分枝杆菌对抗结核药的耐药率增加。原有的呼吸系统疾病尚未得到很好控制，新的呼吸系统疾病又向我们提出了挑战。2002年底至2003年初夏我国部分省市发生严重急性呼吸综合征（severe acute respiratory syndrome，SARS）流行，短时期内造成内地5 327人罹患该病，348人死亡。纵观我国呼吸系统疾病的防治状况，可谓任重道远。

【呼吸系统疾病的相关因素】

1. 生物学因素　正常人的咽喉部寄殖着大量的微生物，当机体免疫功能或呼吸系统防御功能下降时，呼吸系统极易受到咽喉部寄殖微生物或环境中微生物的侵犯导致呼吸系统受损而发病。导致呼吸系统疾病的主要生物学因素是细菌，随着抗生素的广泛应用，病毒、支原体、衣原体、真菌导致的呼吸系统疾病逐渐增多，而寄生虫引起的呼吸系统疾病往往发生于某些特定人群。

2. 吸烟　吸烟是COPD最主要的危险因素，也是支气管肺癌的重要危险因素，一些间质性肺疾病的发生也与吸烟有关，吸烟还是哮喘发作的诱发因素。我国居民吸烟率高，大于15岁的人群吸烟率达36.7%，其中男性人群更是高达66.9%，烟草在呼吸系统疾病中的作用不可忽视。

3. 大气污染　呼吸道和肺直接与大气相通，大气中的各种微小颗粒随着空气进出呼吸道和肺，部分有害颗粒可以沉积在呼吸道和肺导致呼吸系统疾病。COPD、哮喘、肿瘤、肺尘埃沉着病等的发生或发作都与大气污染有关。

4. 个体因素　上述几种与呼吸系统疾病相关的因素是导致呼吸系统疾病的外因，个体因素是发生疾病的内因、外因与内因相互作用是疾病发生、发展的基础。许多呼吸系统疾病好发于某些易感人群，COPD、哮喘、肿瘤、肺栓塞、特发性肺动脉高压等的发病可能与个体易感基因有关。感染性疾病则多发于老年人或机体免疫力低下者。

【呼吸系统疾病的诊断方法】

周密详细的病史结合全面的体格检查是诊断呼吸系统疾病的先决条件，胸部影像学检查、肺功能测定和实验室检查等是确定呼吸系统疾病诊断的主要手段。肺接纳全身循环的血液，许多肺外疾病都可以累及肺，而呼吸系统疾病也可以其他系统的症状为首发表现。因此，诊断呼吸系统疾病时还应注意全面分析临床资料，切忌一叶障目。

（一）病史

呼吸系统是一个开放的系统，空气中的有害物质或刺激物可以直接或间接导致或诱发呼吸系统疾病。因此，在采集病史时应注意环境暴露史，职业接触史，可能诱发呼吸系统疾病的刺激物如粉尘、发霉的干草、花粉、挥发性刺激性气体等的吸入史，个人不良嗜好史如吸烟、吸毒、酗酒等。此外，还应注意采集是否有进食特殊食物和特殊用药史，如某些肺部寄生虫病与生食蟹类、蝲蛄、沼虾等有关，而博来霉素、胺碘酮可引起肺间质纤维化，血管紧张素转换酶抑制剂可以引起慢性咳嗽，β肾上腺素能受体阻滞剂可以诱发哮喘。现病史和既往史都是诊断呼吸系统疾病的重要线索，必须按照诊断学要求详细询问。

(二) 常见症状

1. 咳嗽 咳嗽 (cough) 是呼吸系统疾病最常见的症状，咳嗽对呼吸系统疾病的诊断虽非特异，但呼吸系统不同疾病的咳嗽各有其特点。上呼吸道疾病引起的咳嗽往往伴有咽喉部不适，咳嗽前没有深吸气，而下呼吸道和肺部疾病引起的咳嗽往往以深吸气开始。咳嗽的原因包括呼吸系统的炎症、肿瘤、吸入异物等，吸入大气中的各种刺激物如烟雾、有机化合物的蒸气、汽车尾气等也可引起短暂的咳嗽。

(1) 急性咳嗽 (病程<3周)：多见于气道或肺实质炎症性疾病，如急性喉炎、气管炎、支气管炎、肺炎，这些炎症性疾病常伴有发热，若同时伴有胸痛，则可能是肺炎，SARS引起的咳嗽常为干咳，全身症状较重。

(2) 亚急性咳嗽 (病程3~8周)：常见于感冒后咳嗽 (又称感染后咳嗽)、细菌性鼻窦炎、哮喘等。

(3) 慢性咳嗽 (病程>8周)：原因较多，通常可分为两类：一类为初查X线胸片有明确病变，如COPD、支气管扩张、间质性肺疾病、肺结核、肺癌等；另一类为X线胸片无明显异常，以咳嗽为主要或惟一症状者，即通常所说的不明原因慢性咳嗽 (简称慢性咳嗽)，多见于上气道咳嗽综合征 (upper airway cough syndrome, UACS) [既往称鼻后滴流综合征 (post-nasal drip syndrome)]、咳嗽变异型哮喘 (cough variant asthma, CVA)、胃食管反流病 (gastroesophageal reflux disease, GERD)、嗜酸粒细胞性支气管炎和血管紧张素转换酶抑制剂 (ACEI) 药物性咳嗽。

冬季发作的慢性反复咳嗽常见于COPD；体位改变加重的咳嗽常见于肺内空腔性疾病如肺脓肿、支气管扩张、空洞性肺结核；发作性干咳，尤其是在吸入刺激物后发作和夜间规律性发作者，可能是咳嗽变异型哮喘；高亢而持续的咳嗽可能是支气管肺癌；干咳伴逐渐加重的呼吸困难则考虑是间质性肺疾病。必须注意，呼吸系统以外的因素也可以引起咳嗽，如胃食管反流、心力衰竭、口服血管紧张素转换酶抑制剂等。详细了解咳嗽的发作特点、诱发因素、伴随症状、服药史等有助于确定咳嗽原因。

2. 咳痰 痰液量及其性状、气味对诊断和推测肺部感染的病原体有帮助。白色黏液痰多见于病毒、支原体或衣原体感染；黄色脓性痰或痰液由白色黏液状转为黄色脓性痰常提示细菌感染；铁锈样痰可能是肺炎链球菌感染；大量脓性痰常见于肺脓肿或支气管扩张；红棕色痰提示肺炎克雷伯杆菌感染；突然咳大量粉红色泡沫痰可能是肺水肿。痰量的增减反映感染的加重或缓解；但痰量由多突然减少而体温反而升高时，可能是支气管引流不畅所致。

3. 咯血 咯血常常是疾病较严重的征象，必须引起重视。咯血可见于气道疾病、肺实质疾病和肺血管疾病。痰中带血是肺结核、肺癌的常见症状。咯鲜血常见于肺结核、支气管扩张、肺曲菌病等疾病。支气管扩张和纤维空洞型肺结核可以形成支气管动脉瘤，动脉瘤破裂可出现大咯血。短时间的少量咯血可见于急性支气管炎、肺炎、肺栓塞等。非呼吸系统疾病如心血管疾病、血液病也可以引起咯血。

4. 呼吸困难 呼吸困难 (dyspnea) 按其病程分为急性、亚急性和慢性呼吸困难；按发生时相分为吸气性、呼气性、混合性呼吸困难。

明确呼吸困难的病程对于查找引起呼吸困难的原因具有重要意义。急性呼吸困难是指既往健康患者发生的气短，病程在数小时至数天之内。急性呼吸困难可见于气道疾病 (哮喘急性发作)、肺实质疾病 (肺水肿、肺炎)、肺血管疾病 (急性肺栓塞)、胸膜疾病 (气胸) 等。亚急性呼吸困难的病程持续数天至数周，见于原有气道疾病加重 (哮喘、COPD)；肺实质感染性或非感染性疾病如果进展缓慢，也表现为亚急性呼吸困难，如肺真菌感染、Wegener肉芽肿、嗜酸粒细胞性肺炎；此外，亚急性呼吸困难还见于神经肌肉病变（Guillain-Barré综合征）和胸膜疾病（胸腔积液）等。慢性呼吸困难可持续数月至数年，常见于慢性气道阻塞性疾病（如COPD和哮喘），慢性间质性肺疾病、睡眠呼吸暂停低通气综合征、慢性血栓栓塞性肺动脉高压、特发性肺动脉高压等亦常表现为慢性呼吸困难。COPD和哮喘的呼吸困难特点是交替出现症状的缓解和加重。夜间入睡后突然呼吸困难可见于睡眠呼吸暂停低通气综合征、急性左心衰竭等。

吸气性呼吸困难常见于上呼吸道及胸腔外气管阻塞，如喉头水肿、喉和气管炎症、肿瘤或异物等引起上气道狭窄，可出现喘鸣。呼气性呼吸困难见于外周小气道疾病，如哮喘、COPD等。

心功能不全、糖尿病酮症酸中毒、严重贫血等也可以引起呼吸困难，必须注意与呼吸系统疾病鉴别。

5. 胸痛　肺和脏层胸膜对痛觉不敏感，因此单纯肺内疾病不会引起胸痛。患者出现胸痛说明肺内病变已经累及壁层胸膜或病变原发于胸膜或胸壁。肺炎、肺结核、肺脓肿、支气管肺癌、肺栓塞等病变都可以累及胸膜引起胸痛，胸膜疾病包括各种病原体引起的胸膜炎、自发性气胸、胸膜肿瘤等。累及壁层胸膜的疾病引起的胸痛称为胸膜性胸痛，其特点是疼痛较剧烈，往往发生在呼吸活动幅度较大的两侧下胸部，深吸气、咳嗽时加重。引起胸痛的胸壁疾病包括肺癌侵犯胸部骨骼、胸廓创伤、肋骨骨折、肋软骨炎、带状疱疹等。引起胸痛的非呼吸系统疾病有食管疾病、冠心病、心包炎、腹部疾病等，但它们引起的胸痛往往同时伴有肺外表现。

（三）体检要点

呼吸系统疾病不但表现呼吸系统体征，也可以表现其他系统的体征，因此体检时既要重视胸部的体格检查，又要注意全身的体格检查，如眼、口唇、气管、颈静脉、骨关节、四肢及指（趾）等。胸廓和肺是两侧基本对称的器官，胸部体检时强调对比检查两侧体征，一些轻微的体征改变或某种病理状态下的体征如肺气肿并发局限性气胸，只有认真仔细对比两侧肺部体征时方能发现其异常。呼吸系统疾病的胸部体征可以正常或异常。各种肺部疾病的体征可以同病异征、同征异病、异病异征，依病变的性质、定位、范围而定。例如一些病变较轻的肺炎，望诊、触诊和叩诊可能正常，只有呼吸音性质、音调和强度的改变或出现啰音；而肺炎范围较大时，则望、触、叩、听诊均可发现异常，这就是同病异征。急性支气管炎、COPD、肺炎等不同呼吸系统疾病都可以出现湿啰音，即异病同征。一些呼吸系统疾病的体征则有相对特异性，如肺纤维化患者可以听到吸气相高调爆裂音（Velcro啰音），胸腔积液患者患侧胸部呼吸运动度和语颤减弱、叩诊实音、听诊呼吸音减弱或消失，气胸则表现患侧胸部语颤减弱、叩诊鼓音、听诊呼吸音减弱或消失，表现异病异征。

（四）实验室检查和其他检查

1. 血液检查　血常规检查对诊断呼吸系统感染有重要意义，细菌感染性疾病外周血白细胞计数可以升高，嗜中性粒细胞比例增加，有时伴有中毒颗粒，严重细菌感染可以出现核左移；病毒感染、支原体或衣原体感染白细胞计数和分类往往正常或降低，如新型冠状病毒（SARS-CoV）感染所致的SARS，其白细胞计数和淋巴细胞计数可以降低。嗜酸粒细胞增多提示过敏性疾病、曲菌或寄生虫感染。血清特异性抗体检测对诊断病毒、支原体或衣原体、军团菌和某些寄生虫感染有一定意义，但需注意采血与发病间隔时间对抗体检测结果有影响。一般而言，病原体感染机体10～14天后血清特异性抗体阳性率较高。不同病程的双份血清抗体滴度平行测定，若血清特异性抗体滴度随病程延长而升高则诊断意义更大。血清抗中性粒细胞胞浆抗体（ANCA）、血清肿瘤标志物检查阳性分别有助于系统性血管炎和支气管肺癌的诊断。

2. 痰液检查　痰液检查往往是确诊呼吸系统疾病的重要手段。收集痰标本时易混入唾液而影响痰液检查结果。一般认为，痰涂片每低倍镜视野下上皮细胞<10个、白细胞>25个为相对污染较少的痰液标本。痰液肿瘤细胞检查是诊断支气管肺癌简单而有效的方法，痰液中发现含铁血黄素巨噬细胞对诊断特发性肺含铁血黄素沉着症有意义。

3. 微生物检查　呼吸系统疾病微生物检查标本有痰液、血液、咽拭子、支气管肺泡灌洗液、支气管毛刷刷取物等。检测微生物可以是细菌（包括特异性感染的细菌）、真菌或病毒，检查方法包括各种标本涂片后特殊染色微生物检查、微生物培养和核酸检查。微生物检查是确定呼吸系统感染性疾病病原体和指导治疗的重要依据。由于痰液经口腔排出时易受到口腔寄殖菌的污染，细菌定性培养结果的意义受限，但若多次培养为同一种细菌则有较大意义。痰细菌培养和抗生素敏感试验对指导抗菌药物的选择有重大价值。痰细菌定量培养细菌菌落计数$\geqslant 10^7$ cfu/ml 可判为致病菌，$<10^7$ cfu/ml 但$>10^4$ cfu/ml 则可能为致病菌，$<10^4$ cfu/ml 则为口腔细菌污染。支气管镜下支气管肺泡灌洗液培养或双套管防污染毛刷采集标本培养可以显著减少口腔寄殖菌的污染，提高培养结果的可靠性。

4. 血气分析　血气分析对于呼吸系统疾病的诊疗非常重要。很多呼吸系统疾病都有血气分析结果的异常，血气分析是诊断某些呼吸系统疾病和/或判断其病情严重程度的主要依据，如COPD、哮喘、呼吸衰竭、急性呼吸窘迫综合征（acute respiratory distress syndrome，ARDS）、各种酸碱平衡失调等。有时血气分析还是鉴别诊断的重要依据之一，如肺炎和肺栓塞、细菌性肺炎和特发性间质性肺炎的鉴别等。此外，血气分析是制订呼吸支持治疗措施的主要依据，例如确定氧疗时的氧浓度、机械通气方式、机械通气的呼吸机参数等，都需要根据血气分析结果选择、设置和调整。

5. 影像学检查　影像学检查是诊断呼吸系统疾病不可或缺的手段。呼吸系统疾病诊断不明或治疗效果不佳时，应及时做影像学检查。影像学的诊断依赖于以影像特征推测病理改变和以影像所在部位推测病变所在组织器官，掌握胸部脏器的解剖和各种疾病的病理改变特点是做出正确影像学诊断的基础，影像学诊断还必须结合临床资料。

（1）胸部透视和X线平片：透视检查对患者身体损害大，保存资料困难，除了用于观察脏器的运动情况（如横膈活动度）或某些特殊情况（如观察病灶与毗邻脏器组织的关系、肺下积液检查）外，一般不作透视检查。胸部X线平片对于大部分肺部疾病可以做出正确的判断，结合阅读后前位片和侧位片有助于正确判断病灶的部位。

（2）胸部CT（computed tomography，CT）检查：CT在发现肺内细小的、纵隔后隐蔽区域的、密度较低的肺内病变及胸膜和纵隔内病变方面优于X线平片，是支气管肺癌分期的重要依据。高分辨率CT（high resolution CT，HRCT）能显示肺内微细结构和病变，对于诊断间质性肺疾病有重要意义，在诊断支气管扩张方面已经基本取代支气管造影。CT肺动脉造影能发现段水平甚至亚段水平的肺动脉血栓，其作用可以与肺动脉造影相媲美。

（3）胸部磁共振成像（magnetic resonance imaging，MRI）：在诊断血管、锁骨上窝区、纵隔、胸膜和胸壁病变等有其独特优势，但其诊断肺实质疾病的作用不如CT。

（4）胸部超声检查：常用于胸腔积液、胸膜肿瘤、纵隔肿瘤、贴近胸壁的肺疾病等辅助诊断，并可进行病灶定位和引导穿刺。

（5）放射性核素检查：能反映肺的功能改变，检查技术分肺通气显像和肺灌注显像，最常用于肺栓塞和肺切除术前肺功能评价。近年来还用于肺内血右向左分流、肺上皮通透性测定、呼吸道黏膜纤毛清除功能测定，正电子发射核素标记药物（^{18}F标记去氧葡萄糖）的正电子发射断层扫描（PET）在用于肺癌诊断和分期方面均有重要价值。

6. 肺功能测定　可以了解呼吸系统疾病对肺功能损害的性质和程度，是诊断和鉴别诊断COPD、间质性肺疾病、哮喘等疾病的重要依据。肺功能损害按照通气功能改变类型分为限制性、阻塞性和混合性通气功能障碍。限制性通气功能障碍见于肺组织顺应性下降的疾病，包括肺内疾病（如间质性肺疾病、结节病）和肺外疾病（如胸腔积液、胸膜肥厚、胸廓畸形、呼吸肌功能障碍）。阻塞性通气功能障碍多见于小气道疾病，如COPD、哮喘等。混合性通气功能主要见于一些支气管肺疾病的后期。限制性通气功能障碍和阻塞性通气功能障碍的肺功能改变特点见表2-1-1和图2-1-1。肺功能测定内容除了通气功能之外，还包括弥散功能、小气道功能测定、运动负荷试验以及呼吸中枢反应性测定等。弥散功能障碍最常见于间质性肺疾病。

表 2-1-1 限制性和阻塞性通气功能障碍肺功能改变特点

	TLC	RV	VC	FEV_1/FVC	MIP	MEP
阻塞性肺疾病	正常或↑	↑	正常或↓	↓	正常	正常
限制性肺疾病						
肺实质病	↓	↓	↓	正常或↑	正常	正常
肺外疾病	↓	正常或↓	↓	正常	正常或↓	正常或↓

注:TLC,肺总量;RV,残气量;VC,肺活量;FEV_1,第一秒用力呼气量;FVC,用力肺活量;MIP,最大吸气压;MEP,最大呼气压。

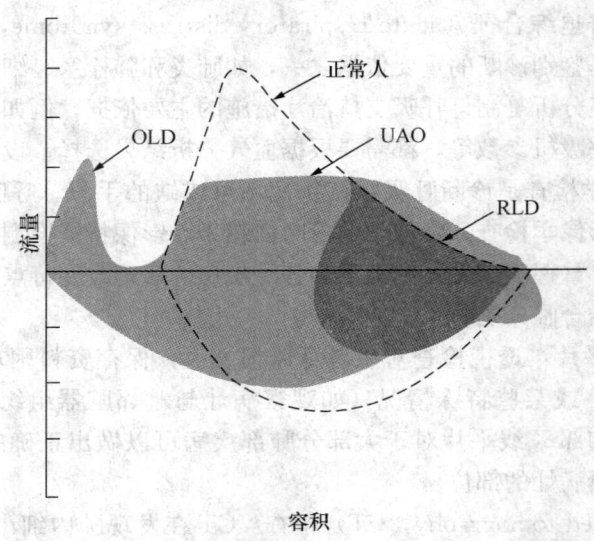

图 2-1-1 正常人、阻塞性肺疾病(OLD)、限制性肺疾病(RLD)和上气道阻塞(UAO)患者的流量-容积曲线

7.**抗原皮肤试验** 结核菌素试验对结核病的诊断有一定价值,有时也应用于其他疾病的鉴别诊断。

8.**内镜检查** 包括支气管镜、胸腔镜和纵隔镜检查,获取标本并可进行细胞学、病理学、微生物学、免疫学、分子生物学等检测。内镜既可用于胸部疾病的诊断,也可用于治疗。

随着支气管镜检查器械的研发和检查技术的进步,支气管镜及其引导的介入技术在呼吸系统疾病诊疗中的作用日显重要,广泛应用于支气管肺肿瘤、肺部感染、支气管结核、各种原因引起的肺不张、咯血、支气管狭窄、气管支气管腔内异物、弥漫性肺疾病、不明原因的慢性咳嗽等疾病的诊断和治疗,并应用于危重病人的气道管理。经支气管镜能直接窥视亚段支气管或更小支气管腔内的病变。检查技术包括支气管腔内病变组织的活检、刷检、支气管肺泡灌洗、经支气管肺活检和针吸活检等。

胸腔镜可分为诊断胸腔镜和电视辅助手术胸腔镜两大类,对诊断胸膜疾病、膈肌、纵隔和肺浅表病变具有重要价值,可以获取病变部位组织进行病理检查。通过胸腔镜可以进行胸膜粘连术和胸膜粘连带灼断术,治疗恶性胸腔积液、顽固性气胸。近年来还开展了通过电视辅助手术胸腔镜进行肺段或肺叶切除术。经胸腔镜活检或治疗比开胸手术活检或治疗创伤小,患者术后恢复快。

纵隔镜主要用于纵隔肿物的诊断。

9.**活体组织检查** 活体组织检查适用于其他检查方法不能确诊的肺内肿块、弥漫性肺疾病、胸膜疾病、纵隔疾病等,检查内容包括微生物学、病理学、免疫学等检查。活体组织检查的标本获取途径除上述内镜检查外,临床上常用经皮穿刺肺活检和开胸肺活检。经皮活检可以在X线透视、CT或超声引导下进行。经纤维支气管镜和经皮活检创伤小,诊断肺肿瘤和感染性疾病阳性率高,但由于获取组织标本小，对诊断弥漫性肺疾病价值有限，此时往往需经胸腔镜或开胸肺活检获取组织标本。

【呼吸系统疾病的治疗方法】

呼吸系统疾病治疗方法因病而异。但很多呼吸系统疾病有共同的病理生理改变，治疗方法有一定相似之处。

1. **氧疗** 相当多的呼吸系统疾病可发生低氧血症，需氧疗纠正。常用氧疗方式有鼻导管或鼻塞给氧、面罩（包括普通面罩和文丘里面罩）给氧和呼吸机给氧。不同疾病引起的低氧血症给氧方法不同，如COPD发生低氧血症并CO_2潴留时应给予低浓度氧，急性低氧血症可根据病情给予较高浓度氧。当病情较严重，鼻导管、鼻塞给氧或面罩给氧不能纠正低氧血症时，应给予机械通气（无创机械通气或气管插管机械通气）治疗。不管采用何种氧疗方式及方法，氧疗后应及时进行疗效评价，调整氧疗方法。必须明确，氧疗只是针对低氧血症的一种对症治疗方式，病因治疗才是治愈疾病的根本措施。

2. **病因治疗** 病因治疗是治疗疾病最有效的措施。对于感染性疾病，可以根据不同的病原体选择抗生素。呼吸系统感染性疾病的病原体主要有细菌、病毒、支原体、衣原体、真菌、寄生虫等。感染性疾病的病因治疗最好能根据药物敏感试验选择抗生素，在没有获得药物敏感试验结果之前则可以经验性选用抗生素。抗生素的选用不仅要参考药物敏感试验结果，还要考虑患者脏器功能状况和抗生素的药代动力学特点。轻症感染可选用一种抗生素，重症感染则往往需联合应用抗生素。联合应用抗生素一般选用两种抗生素，少数病情严重的患者可以联用三种抗生素，除了肺结核、混合感染等特殊情况之外，一般不联用四种或四种以上抗生素。抗生素治疗过程中不但要严密观察治疗效果，还要注意抗生素的毒副作用。

对于接触有害物质或刺激性物质引起的呼吸系统疾病如硅沉着病、外源性过敏性肺泡炎等，病因治疗主要是脱离发病环境。

3. **针对病理或病理生理的治疗** 一些病因不明无法进行病因治疗，或病因虽已明确但病因治疗难以迅速取得良好效果的疾病，以及呼吸系统疾病发展过程中发生的某些内环境紊乱（如水电解质紊乱、酸碱平衡失调、肺水肿）等，都可以针对病理或病理生理改变进行治疗。哮喘的治疗中针对支气管黏膜慢性变态反应性炎症的糖皮质激素治疗、肺栓塞或其他原因导致的肺动脉高压和原发性肺动脉高压使用血管扩张剂以减轻右心室后负荷、某些类型肺水肿的利尿剂治疗等都是呼吸系统疾病治疗中的常用方法。此外，针对气管支气管疾病导致气道狭窄时的一些介入治疗也属于针对病理改变的治疗方法。

4. **对症治疗** 对症治疗是呼吸系统疾病治疗的重要措施之一。主要的对症治疗措施包括镇咳、祛痰和平喘。咳嗽有助于机体清除气道内分泌物、异物或有害吸入物，以保持气道的通畅，从某种意义上来说，咳嗽是有益的。当咳嗽剧烈、影响患者生活或疾病恢复时可以适当应用镇咳药物。呼吸道痰液较多时，镇咳药有可能影响痰液的排出，应同时应用祛痰药物。平喘治疗须根据症状轻重缓急选择不同的药物，哮喘急性发作时，宜选用吸入型的短效β_2肾上腺素受体激动剂如沙丁胺醇气雾剂，夜间发作者可以选用长效平喘药物。

5. **康复治疗** 一些慢性呼吸系统疾病如COPD进行康复治疗以提高患者的生活质量。

【呼吸系统疾病防治进展和展望】

科学技术的进步促进了医学的发展。各种分子生物学技术、免疫学技术和电子技术以及生物医学工程技术的发展，为呼吸系统疾病的诊断和治疗提供了新的手段。呼吸系统疾病的基础研究为疾病的防治提供了理论依据，遵循循证医学原则的大样本随机对照试验（RCT）为制订呼吸系统疾病防治方案提供了更可靠的证据资料，国内外根据循证医学资料制订或修订了许多呼吸系统疾病的防治指南，使呼吸系统疾病的防治更加规范。

呼吸系统疾病的防治近年来取得了很大进展。哮喘发病机制的研究确立了糖皮质激素在哮喘治疗中的主导地位，规律吸入糖皮质激素取得了良好的效果，全球哮喘防治创议（GINA）方案和我国《支气管哮防治喘指南》的普及推广极大程度地规范了哮喘的治疗，哮喘之家、哮喘俱乐部、哮喘学校等健康教育组织在全国各地相继建立，增强了哮喘患者的防治意识。美国国立心、肺、血液研究所（NHLBI）和世界卫生组织每年对《慢性阻塞性肺疾病全球倡议》（GOLD）进行更新，强调 COPD 是肺对有害颗粒或气体的慢性炎症所导致的以不可逆气流受限为特征的、可防可治的疾病，明显的肺外影响因素和病情的严重程度相关。吸烟是 COPD 最常见的危险因素，降低烟草使用是预防和控制 COPD 最重要的措施。无创机械通气在 COPD 急性加重期的早期应用和有创无创序贯通气策略在 COPD 急性呼吸衰竭中的应用降低了患者的气管插管率和呼吸机相关肺炎发生率。随着 2001 年我国第一部《肺血栓栓塞症的诊断与治疗指南（草案）》的发布，国家"十五"科技攻关课题"肺栓塞规范化诊治方法研究"的启动，全国肺栓塞-深静脉血栓形成防治协作组的建立，DVT-PTE 的诊断意识与诊治水平迅速提高。2002 年美国胸科学会/欧洲呼吸学会的《特发性间质性肺炎分类的国际多学科共识》和我国《特发性肺（间质）纤维化诊断和治疗指南（草案）》规范了特发性间质性肺炎的分类诊断与治疗。社区获得性肺炎、医院获得性肺炎、肺结核、睡眠呼吸暂停低通气综合征等疾病的防治指南，对指导这些疾病的规范诊疗发挥了积极作用。肺保护性机械通气策略和新机械通气模式在急性肺损伤/急性呼吸窘迫综合征等疾病中的应用降低了这一严重呼吸衰竭的病死率。睡眠呼吸疾病防治工作已在全国各地开展，睡眠呼吸疾病检出率提高，无创机械通气治疗改善了患者的生活质量，睡眠呼吸疾病与其他系统疾病关系的研究改进了相关疾病的治疗。越来越多的呼吸科医师参与危重症医学的工作，对我国危重症医学的发展起到了积极推动作用。SARS 的出现给呼吸病学的发展带来了新的机遇和挑战。

展望呼吸系统疾病防治的未来，呼吸病学与危重症医学捆绑式发展成为现代呼吸病学的建设和发展模式，分子生物学、生物医学工程技术、介入肺脏病学等产生的新的诊断和治疗方式将在呼吸疾病的诊治中发挥更大的作用。在肯定呼吸系统疾病防治取得重大成绩的同时，也必须看到呼吸系统疾病防治中存在的问题，吸烟人群的增加及低龄化，COPD 患病率的上升，细菌耐药率的不断增高等都是呼吸病学所面临的严峻形势。同时，呼吸系统疾病的规范化诊治，控烟和治疗烟草依赖，SARS、人禽流感、甲型 H_1N_1 等急性呼吸道传染病的防治，睡眠呼吸医学和相关学科的紧密结合发展及危重症医学的学科建设等等，都有待于进一步研究和加强。随着学科建设的不断发展，呼吸病学必将为医学事业做出更大的贡献。

【附】危重症医学概要

一、危重症医学的发展简史

危重症医学（critical care medicine）是以患者脏器功能障碍的发病机制、诊断、监测和治疗为主要研究内容的一门临床学科。危重症医学是现代医学不可或缺的组成部分，其临床处理对象为危重但经救治后有可能好转或痊愈的患者，其临床基地为重症监护治疗病房（intensive care unit, ICU），其核心技术为脏器功能监测与脏器支持技术。ICU 内有专门接受过危重症医学训练的医务人员，配备有较为完备的医疗设施和仪器，对患者进行比在普通病房更为强化的监测和治疗，能够较为充分地体现当代医学水平，改善患者预后。

呼吸病学和危重症医学关系密切，两者互相渗透，互相促进，从业人员亦多有交叉。呼吸病学的发展采取与危重症医学的联合、协同或曰"捆绑式"发展战略已成为现代呼吸病学的重要发展模式。

现代危重症医学实践开始于 20 世纪 50 年代，通过采用机械通气技术、患者的集中监护和管理，使 1952 年在丹麦流行的脊髓灰质炎的病死率显著降低。20 世纪 50 年代美国建立了较为规范的 ICU。之后危重症医学迅速发展，并逐渐发展成为一门以 ICU 为其医疗、科研和教学基地，以连续脏器功能监测和评价、脏器支持治疗技术为其主要学术特色的，涉及多脏器、多系统，与其他学科领域存在广泛交叉融合的临床学科。

我国危重症医学起步较晚，始于 20 世纪 70 年代，近 10 年来取得了较大的进步，部分大型医院在 ICU 的建设以及危重症的医疗、科研及教学工作上接近甚至部分达到了国际先进水平。但我国危重症医学在总体水平、医疗资源的布局、人才的培养，以及管理人员和从业者的思想观念上都亟待进一步发展和提高。

二、重症监护治疗病房

ICU 是为适应危重症患者的强化医疗需要而集中必要的人员和设备所形成的医疗组织形式。它包括四个要素，即危重症患者、受过专门训练和富于经验的医护技术人员、完备的临床病理生理监测和抢救治疗设施以及严格科学的管理，其最终目的是尽可能地排除人员和设备因素对治疗的限制，最大程度地体现当代医学的治疗水平，使危重症的预后得以改善。

ICU可分为综合型ICU（GICU）或专科ICU，如内科ICU（MICU）、外科ICU（SICU）、呼吸ICU（RICU）等，以适应不同医疗机构、不同专科危重症患者的救治需要。冠心病监护病房（coronary care unit，CCU）或心脏监护病房（cardiac care unit）是ICU中的一个特例，主要用以治疗急性冠脉综合征、急性心力衰竭、严重心律失常等心血管系统严重疾病的患者。当心脏病患者出现多个系统和器官功能障碍时，一般转收至ICU。

（一）ICU的工作目的和收治范围

ICU的工作目的包括医疗、科学研究和教学三方面。其中医疗是工作的核心内容，科学研究是促进专业学术水平发展的基础，教学是培养临床医学人才和不断提高医护人员专业技术素养的保证。

ICU的收治对象主要是病情危重，出现1个或数个急性脏器功能不全或衰竭并呈进行性发展，经强化治疗后有可能好转或痊愈的患者。

常见的收治病种主要有：严重感染、严重创伤、多脏器功能障碍综合征（MODS）、COPD急性加重并发严重呼吸衰竭、严重支气管哮喘发作、大面积肺栓塞等。常见的脏器功能不全和衰竭包括：急性肺损伤（acute lung injury，ALI）或急性呼吸窘迫综合征（acute respiratory distress syndrome，ARDS），急性肾衰竭，休克，凝血纤溶系统功能异常，意识障碍等。

（二）ICU的主要监测和治疗手段

对病情的连续监测是ICU工作的重要特点。医护人员借助现代化的方法进行细致的床旁观察。床旁监护系统包括心电、呼吸、无创血压或有创血压、脉搏容积血氧饱和度、动脉血气分析、肺动脉/混合静脉血液气体分析、心输出量、吸入氧浓度、呼出气二氧化碳浓度、呼吸力学等监测装置。目前多趋向于采用组合式监护系统（component monitoring system）。通过现代监测系统和现代监测技术监测危重症患者的血流动力学、氧动力学、呼吸力学状态，以及时了解危重症患者的病情变化。其他手段包括床旁胸片、超声波检查，肝、肾、脑等重要脏器功能，营养状态、电解质、血糖、凝血纤溶状态、血红蛋白和红细胞压积、病原学等监测。

脏器支持治疗是ICU工作的重点内容。氧疗、清除气道分泌物、人工气道的建立与管理、有创或无创机械通气、体外膜氧合（ECMO）等呼吸支持技术是治疗急性呼吸衰竭的最主要手段；床旁血液净化技术是纠正严重内环境紊乱的有效措施，用于急性肾、肝衰竭和其他严重代谢异常；血管活性药物、主动脉内球囊反搏术（IABP）、人工心室辅助泵、电转复和起搏器的应用是循环支持的重要方法；维持水、电解质和酸碱平衡，精确地输液控制，给予合理的营养支持等也是强化治疗的重要组成部分。

（三）ICU的人员建制和组织管理

良好的人员素质和充足的人员配备是保证ICU工作得以顺利进行和水平不断提高的最重要因素。医护人员必须接受严格的危重症医学培训，方可胜任ICU的工作。ICU医生全面负责监护病房的医疗工作。为保证治疗的高效性，主任医师/副主任医师和主治医师应当相对固定，住院医师可以轮转，但轮转周期不宜短于半年。护理工作在ICU中占有极其重要的地位，相对于普通医疗部门，ICU护士的工作质量将更为直接地影响救治成功率。呼吸治疗师已成为一支专门的临床专业队伍，主要负责呼吸治疗，包括气道管理、物理治疗、呼吸机的使用及清洁消毒、调试等工作，对于提高呼吸治疗水平起到了一定的积极作用。

完善的组织管理是ICU工作得以协调运转、最大程度地提高工作质量和效率的必要保证。务必使ICU进入程序化的工作状态，对新收治患者的处理、各班工作内容、交接班、上级医师查房、仪器的管理、院内感染的监测与防控、科研教学工作等在组织管理上均应制度化。

（四）危重症医学中的伦理学

在ICU中，除了面临其他医疗场所面临的常见医学伦理问题外，由于其特定的环境和患者，相关的医学伦理学问题更为突出，并有其特别之处，经常直接影响诊疗决策。

当面临伦理学问题时，在处理上应遵循如下原则：①将患者的利益置于首位，充分尊重患者的意见；②在进行治疗决策时听取患者亲属发表意见，兼顾他们的利益；③注意医疗资源的合理分配；④保护医务人员的正当权益。

三、呼吸支持技术

（一）氧疗

通过增加吸入氧浓度来纠正患者缺氧状态的治疗方法即为氧气疗法（简称氧疗）。合理的氧疗可改善机体的氧合，减少呼吸做功，降低缺氧性肺动脉高压。具体内容可参见本篇第十四章呼吸衰竭。

(二) 人工气道的建立与管理

人工气道严格地讲应包括简易的人工气道,如口咽通气道 (oropharyngeal airway)、鼻咽通气道 (nasopharyngeal airway)、喉罩 (laryngeal mask airway);气管内插管;气管切开等三种主要方式。但临床上通常所提到的人工气道是指经口/鼻或气管切开等径路置入气管内导管所建立的下呼吸道与外界的气体通路。

人工气道的建立与管理是维持呼吸道通畅和保证有效而安全通气的前提,是关系到救治能否取得成功的重要环节。

1. 建立人工气道的目的
(1) 以正压通气进行呼吸支持治疗;
(2) 较好地清除下呼吸道的分泌物;
(3) 解除上呼吸道梗阻;
(4) 防止误吸;
(5) 为需要反复操作的气道内侵入性诊疗技术提供便捷的通道。

2. 建立人工气道的主要临床适应证
(1) 严重的呼吸衰竭经一般氧疗和无创通气无法阻止病情发展而需要进行有创正压通气;
(2) 气道分泌物多、排痰能力差,严重影响患者通气功能;
(3) 严重的多系统功能障碍、神经功能障碍或神经肌肉病变导致患者通气状态不稳定;
(4) 上呼吸道损伤、狭窄、阻塞严重影响通气功能;
(5) 意识障碍或口咽局部解剖和神经功能异常导致患者极易发生误吸;
(6) 各种全身麻醉手术,其中胸外科手术多需行分侧肺通气;
(7) 全肺灌洗。

3. 人工气道的管理
良好的气道管理可以避免和减少机械通气的相关发症,提高机械通气的疗效。气道管理的日常内容包括:
(1) 固定插管,防止脱落移位,详细记录插管外露的长度。
(2) 保持最佳气囊充气量;定时气囊放气,在拔管及气囊放气前,必须清除气囊上滞留物,以防止误吸、呛咳及窒息;对长期机械通气患者,注意观察气囊有无破损、漏气现象。
(3) 吸入气体的加温加湿:常用的方法包括蒸汽加温加湿、温湿交换器 (heat moisture exchanger,HME)、气管内直接滴入加湿、雾化吸入加湿等。要求吸入气体温度在 32~36℃,相对湿度 100%。
(4) 吸痰:建立人工气道后的患者,因会咽失去功能,咳嗽反射降低,使咳痰能力丧失。因此,人工吸痰成为清除气道内分泌物的重要方法,是气道管理中重要的技术之一。
(5) 注意环境消毒隔离。

(三) 机械通气技术

机械通气是在患者自然通气和/或氧合功能出现障碍时运用器械(主要是呼吸机)使患者恢复有效通气并改善氧合的方法。机械通气已成为临床医学中不可或缺的生命支持手段,极大地提高了对呼吸衰竭的治疗水平。

机械通气按基本工作原理的不同可分为正压通气和负压通气。正压通气是借助呼吸机提供的正压以克服气道阻力和呼吸系统的弹性阻力,从而达到辅助通气的目的。负压通气则是通过在患者胸腹部施加低于大气压的负压起到呼吸支持作用。在此仅对目前常用的正压通气技术进行介绍。

1. 实施机械通气的目的
(1) 改善通气,减少呼吸功耗;改善换气;提高氧输送量,改善组织氧合。
(2) 减少和防止肺损伤。
(3) 为治疗原发病争取时间,改善患者的预后。如果估计原发病的可逆程度小、预后很差,在决定是否实施行机械通气时应十分慎重。

2. 机械通气的应用指征
(1) 通气衰竭为主的疾病:COPD、支气管哮喘、重症肌无力、吉兰-巴雷综合征、胸廓畸形、胸部外伤或胸部手术后等所致呼吸衰竭,脑部炎症、外伤、肿瘤、脑血管意外、药物中毒等所致中枢性呼吸衰竭。
(2) 换气功能障碍为主的疾病:ARDS、肺炎、间质性肺疾病、肺栓塞等。
(3) 需强化气道管理者在建立人工气道后有时也需要机械通气。

随着机械通气技术的进步,其有效性与安全性大大提高,在出现致命性通气和/或氧合障碍时,机械通气无绝对禁忌证。相对禁忌证为严重气胸及纵隔气肿未行引流者。

3. **机械通气时机的把握** 如患者出现下述情况，应不失时机地进行机械通气治疗：呼吸衰竭经一般治疗无效或短时间内导致呼吸衰竭的病因或诱因难以纠正；呼吸形式恶化，如呼吸频率>35~40次/分或<6~8次/分，呼吸节律异常或自主呼吸微弱或消失；呼吸衰竭伴有意识障碍；PaO_2<50mmHg，尤其是吸氧后仍<50mmHg；$PaCO_2$进行性升高，pH动态下降等。

4. **常用通气模式**

(1) 控制通气（controlled mechanical ventilation，CMV）：呼吸机完全替代自主呼吸的通气方式，主要用于无自主呼吸或自主呼吸极微弱的患者。按控制目标的不同，又可分为容积控制通气（volume controlled ventilation，VCV）和压力控制通气（pressure controlled ventilation，PCV）。

在应用VCV时，呼吸机完全按预先设置的潮气量（VT）、通气频率（RR）和吸呼比（I/E）工作。

PCV预置压力控制水平和I/E及通气频率。吸气开始后，呼吸机提供的气流很快使气道压达到预置水平，之后送气速度减慢维持预置压力到吸气结束，转为呼气。与VCV相比，PCV的气道峰压较低，气体分布较好，有利于气体交换。但VT受呼吸系统顺应性及气道阻力等因素的影响。

(2) 辅助控制通气（assisted CMV，ACMV）：自主呼吸触发呼吸机送气后，呼吸机按预置参数（VT，RR，I/E）送气。患者无力触发或自主呼吸频率低于预置频率时，呼吸机以预置RR通气。当患者触发频率高于预设频率时则按照触发的频率送气。使用ACMV时患者只需触发呼吸机，而不必用力去将气体吸进通气管路，做功很少，有利于缓解呼吸肌疲劳。

(3) 同步间歇强制通气（synchronized intermittent mandatory ventilation，SIMV）：是指按预置频率同步间隙给予CMV，CMV之外的时间允许自主呼吸存在。如设置SIMV的频率为10次/分，每个呼吸周期是6秒，若每一CMV占3秒，在剩余的3秒内患者可自主呼吸。

SIMV的优点在于能确保最低水平的分钟通气量，下调SIMV的频率也常应用于撤机过程中。

(4) 压力支持通气（pressure support ventilation，PSV）：吸气努力触发呼吸机后，呼吸机提供一高速气流，使气道压很快达到预置的压力水平帮助患者克服呼吸系统阻力，当吸气流速降低到一定水平时转为呼气。呼吸机的触发、RR和吸气时间均由患者决定，因而有较好的人机协调性。VT与预置的压力支持水平、呼吸系统阻力和吸气努力的大小有关。当吸气努力大，而呼吸系统阻力较小时，相同的压力支持水平送入的VT较大。如自主呼吸能力较差或呼吸节律不稳定，易导致触发失败和通气不足。压力支持水平设置不当，可发生通气不足或过度。

通气模式相互组合：SIMV+PSV是最为常见的组合方式，在保证分钟通气量、减少呼吸功耗的同时，在较大程度上允许自主呼吸。

(5) 呼气末正压（positive end expiratory pressure，PEEP）：借助呼气管路中阻力阀等装置，使呼气结束时气道压力仍高于大气压，称之为PEEP。一定水平的PEEP，可使萎陷的肺泡重新开放，肺表面活性物质释放增加，肺水肿减轻，肺顺应性增加，气道阻力下降，呼吸功耗降低，通气改善。

(6) 持续气道正压（continuous positive airway pressure，CPAP）：气道压力在吸气相和呼气相都保持相同的正压水平即为CPAP。CPAP的生理学效应基本同PEEP。

5. **通气参数的调节** 通气参数的调节必须兼顾机械通气的目标，即在保证基本通气和氧合的前提下，尽量防止和减少呼吸机相关肺损伤的发生。

(1) 阻塞性通气功能障碍：由于患者气道阻力大和呼气受限，因而在参数设置时强调分钟通气量不宜过大，同时尽可能延长呼气时间。

(2) 无气道和肺病变的限制性通气功能障碍（如神经-肌肉疾病所致呼吸衰竭）：这类患者多为单纯的通气功能障碍，给予生理性参数设置（VT 6~8ml/kg，RR 12~20次/分，I/E 1:2）或较低的压力辅助水平即可获得满意的效果。

(3) 换气功能障碍：可通过高浓度吸氧，增加吸气时间（I/E>1:2，或者使用反比通气，即I/E>1:1）和应用较高水平的PEEP来改善换气功能。

6. **正压通气的并发症及防治** 正压通气的并发症主要与正压通气和建立有创的人工气道有关。

(1) 呼吸机所致肺损伤（ventilator induced lung injury，VILI）：包括容积伤、气压伤、剪切伤和生物伤；

(2) 血流动力学影响：胸腔内压力升高，心输出量减少，血压下降；

(3) 呼吸机相关肺炎（ventilator associated pneumonia，VAP）：VAP是指接受机械通气超过48小时的患者新发的肺炎。预防措施包括：医护人员在接触患者前后认真洗手以避免交叉感染；在进行气道管理时应尽量避免污染；有条件的单位可设置空气净化装置,以减少空气中病原对开放气道患者的污染;严格掌握广谱抗生素、糖皮质激素等药物的使用指征;对气道内分泌物进行定期培养,监测其病原及菌群变化,及时做出相应的治疗反应。近年来以无创正压通气辅助撤机可使部分患者提前撤离有创通气,已在相当程度上降低了VAP的发生率。

(4) 气管气囊压迫致气管-食管瘘。

7. **机械通气的撤离** 机械通气的撤离(weaning of mechanical ventilation,简称撤机)不等同于将呼吸机与人工气道断开(disconnection)或拔出人工气道(extubation),而是指在导致患者呼吸衰竭的原发病或诱因得到控制,患者的通气与换气功能得到改善后,逐渐地撤除机械通气对呼吸的支持,使患者恢复完全自主呼吸的过程。如何积极地创造撤机的条件,准确地把握开始撤机的时机和设计、实施一个平稳过渡的技术方案是撤离机械通气中的三个主要问题。

撤机前应基本去除呼吸衰竭病因,改善重要脏器功能,纠正水电解质酸碱失衡。可以以T型管、SIMV、PSV等方式逐渐撤机。

8. **无创正压通气**(non-invasive positive pressure ventilation,NIPPV) NIPPV无需建立有创人工气道,而是经鼻/面罩行机械通气,故NIPPV较有创通气更易为患者接受,VAP等与人工气道有关的严重并发症较少。

近年来,NIPPV已从传统的主要治疗阻塞性睡眠呼吸暂停低通气综合征(OSAHS),扩展为治疗多种急慢性呼吸衰竭。

具有双水平气道正压(bi-level positive airway pressure,BiPAP)功能的无创呼吸机在COPD急性加重早期、COPD的有创-无创序贯机械通气、急性心源性肺水肿等的治疗方面有良好效果。

实施NIPPV的必要条件:清醒能够合作;血流动力学稳定;不需要气管插管保护(无误吸、严重消化道出血、气道分泌物过多且排痰不利等情况);无影响使用鼻/面罩的面部创伤;能够耐受鼻/面罩。

四、系统性炎症反应综合征与多器官功能障碍综合征

1. **系统性炎症反应综合征**(systemic inflammatory response syndrome,SIRS) 是指机体对不同原因的严重打击或损伤所产生的系统性的炎症反应,并至少具有以下临床表现中的2项:①体温>38℃或<36℃;②心率>90次/分;③呼吸频率>20次/分或过度通气、$PaCO_2$<32mmHg;④血白细胞计数>12 000/mm^3 或<4 000/mm^3,或未成熟(杆状核)中性粒细胞比例>10%。

诱发SIRS的因素包括感染性和非感染性,其中常见的是感染性因素。

2. **感染中毒症**(sepsis) 是指继发于感染(指细菌、病毒、真菌等微生物侵入无菌的机体组织、体液或体腔的病理过程)的SIRS。感染中毒症发病率及病死率高,且近年有持续增长的趋势。

3. **严重感染中毒症**(severe sepsis) 伴有器官功能障碍、组织低灌注或低血压的感染中毒症。灌注不足的主要表现包括乳酸酸中毒、少尿或急性意识障碍等。

4. **感染中毒性休克**(septic shock) 为严重感染中毒症的一个亚型,是指虽然进行了充分的液体复苏治疗,但仍存在持续的低血压和组织灌注下降。在接受正性肌力药或缩血管药治疗后,患者可不表现低血压,但组织低灌注或器官功能障碍持续存在,患者仍处于休克状态。

5. **多脏器功能障碍综合征**(multiple organ dysfunction syndrome,MODS) MODS是SIRS发展的严重阶段,指机体在遭受严重感染、创伤、大面积烧伤等突然打击后,同时或先后出现2个或2个以上的器官功能障碍的综合征,肺为这一病理生理过程中最易受累及的器官,表现为ALI/ARDS。

6. **休克**(shock) 是由一种或多种原因诱发的组织灌注不足所导致的临床综合征。灌注不足使组织缺氧和营养物质供应障碍,导致细胞功能受损,诱发炎症因子的产生和释放,引起微循环的功能发生改变,进一步加重灌注障碍,形成恶性循环。

按照血流动力学改变特点休克分为:

(1) 低血容量性休克(hypovolemic shock):其基本机制为循环血容量的丢失,如失血性休克。

(2) 心源性休克(cardiogenic shock):其基本机制为心脏泵功能衰竭,如急性大面积心肌梗死所致休克。

(3) 分布性休克(distributive shock):其基本机制为血管收缩舒张调节功能异常,血容量重新分布导致相对性循环血容量不足,体循环阻力可降低、正常或增高。感染性休克、神经性休克、过敏性休克均属于此。

(4) 梗阻性休克(obstructive shock):其基本机制为血流受到机械性阻塞,如肺血栓栓塞症所致休克。

(王 辰 代华平)

第二章　急性上呼吸道感染和气管-支气管感染性疾病

第一节　急性上呼吸道感染

【概述】

急性上呼吸道感染（acute upper respiratory tract infection）是指鼻腔、咽或喉部急性炎症的概称。患者不分年龄、性别、职业和地区，全年皆可发病，冬春季节多发，可通过含有病毒的飞沫或被污染的用具传播，多数为散发性，但常在气候突变时流行。由于病毒的类型较多，人体对各种病毒感染后产生的免疫力较弱且短暂，并且无交叉免疫，同时在健康人群中存在病毒携带者，故一个人一年内可有多次发病。

急性上呼吸道感染约70%~80%由病毒引起，主要包括流感病毒（甲、乙、丙型）、副流感病毒、呼吸道合胞病毒、腺病毒、鼻病毒、埃可病毒、柯萨奇病毒、麻疹病毒、风疹病毒等。细菌感染可直接或继病毒感染之后发生，以溶血性链球菌为多见，其次为流感嗜血杆菌、肺炎链球菌和葡萄球菌等，偶见革兰阴性杆菌。其感染的主要表现为鼻炎、咽喉炎或扁桃体炎。

当有受凉、淋雨、过度疲劳等诱发因素，使全身或呼吸道局部防御功能降低时，原已存在于上呼吸道或从外界侵入的病毒或细菌可迅速繁殖，引起本病，尤其是老幼体弱或有慢性呼吸道疾病如鼻旁窦炎、扁桃体炎、慢性阻塞性肺疾病者，更易罹患本病。

本病不仅具有较强的传染性，而且可引起严重并发症，应积极防治。

【临床表现】

根据病因不同，临床表现可有不同的类型。

1. 普通感冒（common cold）　俗称"伤风"，又称急性鼻炎或上呼吸道卡他，以鼻咽部卡他症状为主要表现。成人多为鼻病毒引起，次为副流感病毒、呼吸道合胞病毒、埃可病毒、柯萨奇病毒等。起病较急，初期有咽干、咽痒或烧灼感，发病同时或数小时后，可有喷嚏、鼻塞、流清水样鼻涕，2~3天后变稠。可伴咽痛，有时由于耳咽管炎使听力减退，也可出现流泪、味觉迟钝、呼吸不畅、声嘶、少量咳嗽等。一般无发热及全身症状，或仅有低热、不适、轻度畏寒和头痛。检查可见鼻腔黏膜充血、水肿、有分泌物，咽部轻度充血。如无并发症，一般5~7天后痊愈。

2. 流行性感冒（influenza）　简称流感，是由流感性感冒病毒引起。潜伏期1~2天，最短数小时，最长3天。起病多急骤，症状变化很多，主要以全身中毒症状为主，呼吸道症状轻微或不明显。临床表现和轻重程度差异颇大，参见本章"流行性感冒"一节。

3. 以咽炎为主要表现的感染

（1）病毒性咽炎和喉炎：由鼻病毒、腺病毒、流感病毒、副流感病毒以及肠病毒、呼吸道合胞病毒等引起。临床特征为咽部发痒和灼热感，疼痛不持久，也不突出。当有吞咽疼痛时，常提示有链球菌感染，咳嗽少见。急性喉炎多为流感病毒、副流感病毒及腺病毒等引起，临床特征为声嘶、说话困难、咳嗽时疼痛，常有发热、咽炎或咳嗽。体检可见喉部水肿、充血，局部淋巴结轻度肿大和触痛，可闻及喘鸣音。

（2）疱疹性咽峡炎：常由柯萨奇病毒A引起，表现为明显咽痛、发热，病程约为1周。检查可见咽充血，软腭、悬雍垂、咽及扁桃体表面有灰白色疱疹及浅表溃疡，周围有红晕。多于夏季发病，多见于儿童，偶见于成人。

（3）咽结膜热：主要由腺病毒、柯萨奇病毒等引起。临床表现有发热、咽痛、畏光、流泪、咽及结合膜明显充血。病程4~6天，常发生于夏季，可经游泳传播，儿童多见。

（4）细菌性咽-扁桃体炎：多由溶血性链球菌引起，次为流感嗜血杆菌、肺炎链球菌、葡萄球菌等引起。起病急，明显咽痛、畏寒、发热、体温可达39℃以上。检查可见咽部明显充血，扁桃体肿大、充血，表面有黄色点状渗出物，颌下淋巴结肿大、压痛，肺部无异常体征。

【诊断要点】

根据病史、流行情况、鼻咽部发生的症状和体征，结合周围血象和胸部X线检查可作出临床诊断。进行细菌培养和病毒分离，或病毒血清学检查、免疫荧光法、酶联免疫吸附法、血凝抑制试验等，可能确定病因诊断。

1. 血象　病毒性感染，白细胞计数多为正常或偏低，淋巴细胞比例升高。细菌感染有白细胞计数和中性粒细胞增多以及核左移现象。

2. 病毒和病毒抗原的测定　视需要可采用免疫荧光法、酶联免疫吸附法、血清学诊断和病毒分离鉴定，以判断病毒的类型，区别病毒和细菌感染。细菌培养可判断细菌类型和进行药物敏感试验。

【鉴别诊断】

1. 过敏性鼻炎　临床表现类似于"伤风"，所不同者为起病急骤、鼻腔发痒、频繁喷嚏、流清水样鼻涕，发作与环境或气温突变有关，有时异常气味亦可引起发作，数分钟至1~2小时内缓解。检查可见鼻黏膜苍白、水肿，鼻分泌物可见嗜酸性粒细胞增多。

2. 急性传染病前驱症状　如麻疹、脊髓灰质炎、脑炎、严重急性呼吸综合征（SARS）等在患病初期也可有上呼吸道症状，在这些病的流行季节或流行区应密切观察，并进行必要的实验室检查，以资区别。

【治疗原则和方案】

上呼吸道病毒感染目前尚无特殊抗病毒药物，通常以对症处理、休息、忌烟、多饮水、保持室内空气流通、防治继发细菌感染为主。

1. 对症治疗　可选用含有解热镇痛、减少鼻咽充血和分泌物、镇咳的抗感冒复合剂或中成药，如对乙酰氨基酚、双酚伪麻片、美扑伪麻片、银翘解毒片等。

2. 支持治疗　休息、多饮水、注意营养，饮食要易于消化，特别在儿童和老年患者更应重视。密切观察和监测并发症，抗菌药物仅在明确或有充分证据提示继发细菌感染时才有应用指征。

3. 抗流感病毒药物治疗　参见流行性感冒一节。

4. 抗菌药物治疗　如有细菌感染，可根据病原菌选用敏感的抗菌药物。经验用药，常选青霉素、一代和二代头孢菌素、大环内酯类或氟喹诺酮类。

5. 中药治疗　亦可使用具有清热解毒和抗病毒作用的中药，有助于改善症状，缩短病程。

【预防】

重在预防，隔离传染源有助于避免传染。加强锻炼、增强体质、生活饮食规律、改善营养。避免受凉和过度劳累，有助于降低易感性，是预防上呼吸道感染最好的方法。年老体弱易感者应注意防护，上呼吸道感染流行时应戴口罩，避免在人多的公共场合出入。

第二节　流行性感冒

流行性感冒（influenza，简称流感）是由流行性流感病毒引起的急性呼吸道传染病。起病急，高热、头痛、乏力、眼结膜炎和全身肌肉酸痛等中毒症状明显，而呼吸道卡他症状轻微。主要通过接触及空气飞沫传播。发病有季节性，北方常发生在冬季，而南方多发生在冬夏两季，由于变异率高，人群普遍易感。发病率高，在全世界包括中国已引起多次爆发流行，严重危害人类生命安全。

【病原体】

流感病毒属正黏病毒科，为 RNA 病毒。病毒表面有一层脂质包膜，膜上有糖蛋白突起，由血凝素和神经氨酸酶构成。根据核蛋白抗原性不同，可将流感病毒分为甲、乙、丙三型，再根据血凝素和神经氨酸酶抗原性的差异，甲型流感病毒又可分为不同亚型。抗原变异是流感病毒独特和最显著的特征。甲型流感病毒极易发生变异，主要是血凝素 H 和神经氨酸酶 N 的变异。甲型流感病毒 H 有 15 种，N 有 9 种。根据抗原变异的大小，人体的原免疫力对变异了的新病毒可完全无效或部分无效，从而引起流感流行。乙型流感病毒也易发生变异，丙型流感病毒一般不发生变异。

甲型流感病毒常引起大流行，病情较重；乙型和丙型引起流行和散发，病情相对较轻。由于流感病毒抗原性变化较快，人类无法获得持久的免疫力。流感大流行时无明显季节性，散发流行以冬春季较多。患者以小儿与青年较多见。

【发病机制和病理】

流感病毒主要通过空气中的病毒颗粒人-人传播。流感病毒侵入呼吸道的纤毛柱状上皮细胞内进行复制，凭借神经氨酸酶的作用从细胞释放，再侵入其他柱状上皮细胞引起变性、坏死与脱落。并发肺炎时可有肺充血、水肿，肺泡内含有纤维蛋白和渗出液，呈现支气管肺炎改变。

【临床表现】

1. 单纯型 最为常见，先有畏寒或寒战、发热，继之全身不适，腰背发酸、四肢疼痛，头昏、头痛。部分患者可出现食欲不振、恶心、便秘等消化道症状。发热可高达 39～40℃，一般持续 2～3 天渐降。大部分患者有轻重不同的喷嚏、鼻塞、流涕、咽痛、干咳或伴有少量黏液痰，有时有胸骨后烧灼感、紧压感或疼痛。年老体弱的患者，症状消失后体力恢复慢，常感软弱无力、多汗，咳嗽可持续 1～2 周或更长。体格检查：患者可呈重病容，衰弱无力，面部潮红，皮肤上偶有类似麻疹、猩红热、荨麻疹样皮疹，软腭上有时有点状红斑，鼻咽部充血水肿。本型中较轻者，全身和呼吸道症状均不显著，病程仅 1～2 天，颇似一般感冒，单从临床表现，颇难确诊。

2. 肺炎型 本型常发生在两岁以下的小儿，或原有慢性基础疾患，如二尖瓣狭窄、肺源性心脏病、免疫力低下，以及孕妇、年老体弱者。其特点是：在发病后 24 小时内可出现高热、烦躁、呼吸困难、咳血痰和明显发绀。全肺可有呼吸音减低、湿啰音或哮鸣音，但无肺实变体征。X 线胸片可见双肺广泛小结节性浸润，近肺门处较多，肺周围较少。上述症状可进行性加重，抗菌药物无效。病程为 1 周至 1 个月余，大部分患者可逐渐恢复，也可因呼吸循环衰竭在 5～10 日内死亡。

3. 中毒型 较少见。肺部体征不明显，具有全身血管系统和神经系统损害，有时可有脑炎或脑膜炎表现。临床表现为高热不退，神志不清，成人常有谵妄，儿童可发生抽搐。少数患者由于血管神经系统紊乱或肾上腺出血，导致血压下降或休克。

4. 胃肠型 主要表现为恶心、呕吐和严重腹泻，病程约 2～3 日，可恢复迅速。

【实验室检查】

1. 外周血象 白细胞总数不高或减低，淋巴细胞相对增加。
2. 病毒分离 鼻咽分泌物或口腔含漱液分离出流感病毒。
3. 血清学检查 疾病初期和恢复期双份血清抗流感病毒抗体滴度由 4 倍或以上升高，有助于回顾性诊断。
4. 患者呼吸道上皮细胞查流感病毒抗原阳性。标本经敏感细胞过夜增殖 1 代后查流感病毒抗原阳性。快速鼻咽分泌物病毒 PCR 检查有助于其早期诊断。

【治疗】

流行性感冒的治疗要点包括：

1. 隔离。
2. 对疑似和确诊患者应进行隔离。
3. 对症治疗 可应用解热药、缓解鼻黏膜出血药、止咳祛痰药等。儿童忌用阿司匹林或含阿司匹林药物以及其他水杨酸制剂，因为此类药物与流感的肝和神经系统并发症（Reye综合征）相关，偶可致死。

4. 抗流感病毒治疗　现有抗流感病毒药物有两类：即离子通道 M_2 阻滞剂和神经氨酸酶抑制剂。其中 M_2 阻滞剂只对甲型流感病毒有效，治疗患者中约有30%可分离到耐药毒株，而神经氨酸酶抑制剂对甲、乙型流感病毒均有很好作用，耐药发生率低。

(1) 离子通道 M_2 阻滞剂：包括金刚烷胺（amantadine）和金刚乙胺（rimantadine）。

1) 用法和剂量：见表2-2-1。

2) 不良反应：金刚烷胺和金刚乙胺可引起中枢神经系统和胃肠道副反应。中枢神经系统副作用包括神经质、焦虑、注意力不集中和轻微头痛等，其中金刚烷胺较金刚乙胺的发生率高。胃肠道反应主要表现为恶心和呕吐，这些副作用一般较轻，停药后大多可迅速消失。

3) 肾功能不全患者的剂量调整：金刚烷胺的剂量在肌酐清除率≤50ml/min时酌情减少，并密切观察其副反应，必要时可停药，血液透析对金刚烷胺清除的影响不大。肌酐清除率<10ml/min时金刚乙胺推荐减为100mg/d。

表2-2-1　金刚烷胺和金刚乙胺用法和剂量

药名	年龄（岁）			
	1～9	10～12	13～64	≥65
金刚烷胺	5mg/（kg·d）（最高150mg/d）分2次	100mg 每天2次	100mg 每天2次	≤100mg/d
金刚乙胺	不推荐使用	不推荐使用	100mg 每天2次	100mg或200mg/d

(2) 神经氨酸酶抑制剂：目前有2个品种，即奥司他韦（oseltamivir）和扎那米韦（zanamivir）。我国目前只有奥司他韦被批准临床使用。

1) 用法和剂量：奥司他韦：成人75mg，每天2次，连服5天，应在症状出现2天内开始用药。儿童用法见表2-2-2，1岁以内不推荐使用。扎那米韦：6岁以上儿童及成人剂量均为每次吸入10mg，每天2次，连用5天，应在症状出现2天内开始用药。6岁以下儿童不推荐作用。

2) 不良反应：奥司他韦不良反应少，一般为恶心、呕吐等消化道症状，也有腹痛、头痛、头晕、失眠、咳嗽、乏力等不良反应的报道。扎那米韦吸入后最常见的不良反应有头痛、恶心、咽部不适、眩晕、鼻衄等。个别哮喘和慢性阻塞性肺疾病（COPD）患者使用后可出现支气管痉挛和肺功能恶化。

3) 肾功能不全的患者无需调整扎那米韦的吸入剂量。对肌酐清除率<30ml/min的患者，奥司他韦减量至75mg，每天1次。

表2-2-2　儿童奥司他韦用量（mg）

药名	体重（kg）			
	≤15	16～23	24～40	>40
奥司他韦	30	45	60	75

5. 支持治疗和预防并发症　注意休息、多饮水、增加营养，给予易于消化的饮食。维持水电解质平衡，密切观察、监测并预防并发症。呼吸衰竭时给予呼吸支持治疗。在有继发细菌感染时及时使用抗生素。

【预后】

与病毒毒力、自身免疫状况有关。年老体弱者易患肺炎而病死率较高。单纯型流感预后较好。

第三节 急性气管-支气管炎

急性气管-支气管炎（acute tracheobronchitis）是由生物、物理、化学刺激或过敏等因素引起的急性气管-支气管黏膜炎症。多为散发，无流行倾向，年老体弱者易感。临床症状主要为咳嗽和咳痰。常发生于寒冷季节或气候突变时。也可由急性上呼吸道感染迁延不愈所致。

【病因和发病机制】

（一）微生物

病原体与上呼吸道感染类似。常见的病毒为鼻病毒、腺病毒、流感病毒（甲型、乙型）、冠状病毒、单纯疱疹病毒、呼吸道合胞病毒和副流感病毒。常见细菌为流感嗜血杆菌、肺炎链球菌、卡他莫拉菌等，近年来衣原体和支原体感染明显增加，在病毒感染的基础上继发细菌感染亦较常见。

（二）物理、化学因素

冷空气、粉尘、刺激性气体或烟雾（如二氧化硫、二氧化氮、氨气、氯气等）的吸入，均可刺激气管-支气管黏膜引起急性损伤和炎症反应。

（三）过敏反应

常见的吸入致敏原包括花粉、有机粉尘、真菌孢子、动物毛皮排泄物；或对细菌蛋白质的过敏，钩虫、蛔虫的幼虫在肺内的移行均可引起气管-支气管急性炎症反应。

【病理】

气管、支气管黏膜充血水肿，有淋巴细胞和中性粒细胞浸润；同时可伴纤毛上皮细胞损伤，脱落；黏膜腺体肥大增生。合并细菌感染时，分泌物呈脓性。

【临床表现】

起病较急，通常全身症状较轻，可有发热。初为干咳或少量黏液痰，随后痰量增多，咳嗽加剧，偶伴血痰。咳嗽、咳痰可延续2~3周，如迁延不愈，反复发作可演变成慢性支气管炎。伴支气管痉挛时，可出现程度不等的胸闷、气促。

查体可无明显阳性表现。也可以在两肺听到散在干、湿啰音，部位不固定，咳嗽后可减少或消失。

【实验室和其他相关检查】

周围血白细胞计数可正常。由细菌感染引起者，可伴白细胞总数和中性粒细胞百分比升高，血沉加快。痰培养可发现致病菌。X线胸片检查大多为肺纹理增强，少数无异常发现。

【诊断与鉴别诊断】

根据病史、咳嗽和咳痰等呼吸道症状，两肺散在干、湿性啰音等体征，结合血象和X线胸片，可作出临床诊断。病毒和细菌检查有助于病因诊断，需与下列疾病相鉴别：

1. 流行性感冒　起病急骤，发热较高，全身中毒症状（如全身酸痛、头痛、乏力等）明显，呼吸道局部症状较轻。流行病史、分泌物病毒分离和血清学检查，有助于鉴别。

2. 急性上呼吸道感染　鼻咽部症状明显，咳嗽轻微，一般无痰。肺部无异常体征。胸部X线检查正常。

3. 其他　其他肺部疾病如支气管肺炎、肺结核、肺癌、肺脓肿、麻疹、百日咳等多种疾病可表现为类似的咳嗽咳痰表现，应详细检查，进行鉴别。

【治疗】

（一）对症治疗

咳嗽无痰或少痰，可用右美沙芬、喷托维林镇咳。咳嗽有痰而不易咳出，可选用盐酸氨溴索、溴己新、乙酰半胱氨酸、桃金娘油提取物化痰，也可雾化帮助祛痰。较为常用的是兼有止咳和化痰作用的棕色合剂，也可选用中成药止咳祛痰。发生支气管痉挛时，可用平喘药如茶碱类、β_2受体激动剂等。发热可用解热镇痛药对症处理。

(二) 抗菌药物治疗

有细菌感染证据时应及时使用。可以首选新大环内酯类、青霉素类,亦可选用第一代、第二代头孢菌素类或喹诺酮类等药物。多数患者口服抗菌药物即可,症状较重者可经肌肉注射或静脉滴注给药,少数患者需要根据病原体培养结果指导用药。

(三) 一般治疗

多休息,多饮水,避免劳累。

【预后】

多数患者预后良好,少数体质弱者可迁延不愈,应引起足够重视。

【预防】

增强体质,避免劳累,防止感冒。改善工作和生活环境,防止空气污染。注意清除鼻、咽、喉等部位的病灶。

(林江涛)

第三章 肺 炎

第一节 肺炎概论

肺炎（pneumonia）是危害人类健康的一种常见疾病。根据人口死因统计，肺炎占人口死因的第五位，大型医院 10%的急诊病人为肺炎患者，细菌性肺炎占人口死因的第五位，0.5%～5%的住院病人罹患肺炎，革兰阴性杆菌性肺炎的病死率可高达 50%以上。虽然青霉素等抗生素的发现对包括肺炎在内的感染性疾病有良好的疗效，但由于宿主及病原体的变异造成肺炎治疗越来越困难。

肺炎是指远端肺组织，包括终末气道、肺泡腔和肺间质的炎症。因为肺炎存在这些病理上的异常，才导致临床上的诸多表现。

【病因学】

肺炎的病因包括感染因素、理化因素及免疫和变态反应因素（见表 2-3-1）。认识这些因素对于临床鉴别诊断，拓宽诊断思路有重要意义。感染性因素是最多见的原因，特别是细菌性感染非常多见，临床通常所说的肺炎即指是由这类原因引起的。

近年来，肺炎的病原发生了明显变化。一是病原的多样化，过去病原主要为肺炎链球菌，目前呈现多样化趋势，因此对临床的诊断和治疗提出了新的挑战。二是革兰阴性杆菌性肺炎日益多见，同时耐甲氧西林的葡萄球菌感染也明显增加。三是原先认为不致病的微生物发现具有致病性，例如卡他莫拉菌过去认为不致病，但现在发现其具有致病性。四是出现了新的病原体，例如发现了嗜肺军团杆菌，以及 2003 年肆虐全球多个国家和地区的 SARS 冠状病毒。此外，细菌耐药已成为日益普遍的现象，尤其多见于医院获得性肺炎。

根据肺炎病原体获得地点不同，可将肺炎分为社区获得性肺炎和医院获得性肺炎。所谓社区获得性肺炎是指在医院以外的社区感染的肺炎。而医院获得性肺炎则是指进入医院 48 小时后发生的肺炎，其病原体多为医院内的病原体。进行这样的分类对指导临床治疗具有重要的意义。首先，从病原学方面两者具有显著差异，社区获得性肺炎第一位病原体为肺炎链球菌，其他病原包括支原体、流感嗜血杆菌、衣原体、军团菌等，多数病原体对抗菌药物敏感。而医院获得性肺炎，则以革兰阴性杆菌为主，包括铜绿假单胞菌、阴沟肠杆菌、不动杆菌、大肠埃希菌等。近年来葡萄球菌，特别是耐甲氧西林的表皮或金黄色葡萄球菌导致的医院获得性肺炎迅速增多，已成为非常重要的医院获得性感染的病原。医院获得性肺炎多数为耐药菌感染，常对多种抗菌药物耐药。社区获得性肺炎多数为健康人感染，其发病时症状多较明显，如治疗正确，临床疗效相对较好。而医院获得性肺炎多有慢性基础疾病，临床症状常为原发病所掩盖，临床疗效欠佳，预后较差。社区获得性肺炎和医院获得性肺炎的区别见表 2-3-2。

表 2-3-1　肺炎的病因

感染因素
　细菌
　　需氧 G^+ 球菌
　　需氧 G^- 杆菌
　　厌氧菌
　病毒
　真菌
　支原体
　衣原体
　立克次体
　原虫——肺吸虫
理化因素
　类脂性肺炎——牛奶吸入
　毒气
　毒物
　放射性肺炎
免疫和变态反应因素
　过敏性肺炎
　风湿性疾病

表 2-3-2 社区获得性肺炎与医院获得性肺炎的区别

社区获得性肺炎	医院获得性肺炎
发生于健康人	多有基础病
起病急	起病缓慢
症状典型	症状不典型
病变多局限	病变多在双下肺
多为致病菌感染	多为条件致病菌
以肺炎球菌等多见	以革兰阴性杆菌和葡萄球菌多见
对抗菌药物多敏感	耐药菌多
病程短	病程迁延
预后好	预后差

【发病机制】

病原大致通过以下途径侵入下呼吸道：

1. 口咽部污染分泌物的误吸 正常上呼吸道存在大量细菌，其中需氧菌为 $10^8/ml$，厌氧菌则为需氧菌的 10 倍。这些细菌通常不致病，鼻咽部感染、龋齿可导致致病菌数目增加。睡眠、昏迷、脑血管后遗症造成的假性球麻痹可以导致误吸。研究表明即使是健康人，也存在相当高的比例在睡眠中出现微误吸。这是导致细菌性肺炎的最主要途径。

2. 空气中细菌的吸入 主要见于结核菌、军团菌、病毒感染，这种侵入方式的前提是病原体能在空气中飘浮，形成气溶胶；此外还能耐受干燥、温度变化和紫外线。这种方式具有重要的临床意义，可导致爆发流行。另一种空气传播是通过近距离飞沫传播，可造成一定强度的传播。

3. 血行播散 这在金黄色葡萄球菌感染中多见。病原从其他部位的感染灶通过血液循环迁徙到肺，引起炎症。

4. 邻近组织感染直接侵入肺 例如支气管扩张合并肺炎。病原进入下呼吸道后，通过细支气管到达肺泡，在机体抵抗力降低时大量繁殖，引起炎症反应，导致吞噬细胞浸润和炎症介质释放，局部出现渗出性病变。吞噬细胞大量吞噬病原，并通过补体的调理作用将其消灭，最后病情缓解，一部分渗出物经咳嗽咳痰排出体外。

【易感因素】

我们生活的环境，充满了致病微生物，但并非每个人都患病，说明存在个体易感性的差异。主要的易感因素包括以下几个方面：

1. 酗酒 酗酒容易患肺炎球菌和克雷伯杆菌性肺炎，主要由于酒精可以减少白细胞向炎症部位的聚集并抑制杀菌物质的活性。另外，醉酒可以引起误吸。

2. 吸烟 正常支气管上皮有纤毛，上覆黏液毯，纤毛不断振动，把下呼吸道分泌物输送到大的支气管咳出。吸烟可以导致气道的慢性炎症，引起黏液纤毛清除功能低下。吸烟还可以导致肺泡低氧，引起肺泡内免疫细胞功能低下，难以杀灭病原微生物。

3. 免疫抑制剂及糖皮质激素 目前临床上广泛使用的这两类药物，可导致免疫功能低下，为病原体进入体内并大量繁殖提供了有利条件。

4. 麻醉药 外科手术中使用的麻醉药，可以损伤黏液纤毛屏障，抑制咳嗽反射，这些均导致呼吸道分泌物清除障碍。另外由于通气功能降低，导致空气中含病原微生物的漂浮颗粒容易在肺泡内沉积，增加了病原的感染机会。

5. 抗感染治疗 长期广谱的抗感染治疗可导致敏感菌被杀灭，造成耐药菌的优势生长，引起菌群失调，出现二重感染。

6. 局部解剖引流不畅 任何原因导致支气管受压或狭窄，均可引起分泌物引流不畅，大量分泌物在肺和支气管局部滞留，很容易引起感染。

7. **全身性疾患** 糖尿病、先天性或获得性免疫缺陷，可以影响人体的免疫功能。长期卧床，可导致咳嗽反射减弱、误吸及低通气，均是肺炎的易感因素。

【胸部影像学分类】

根据 X 线表现，从解剖上可以将肺炎分为以下三类，这一分类主要流行于 20~30 年前。胸部影像学的表现有助于临床进行病原学的大致推断。

1. **大叶性肺炎** 病变呈大叶分布，但近年来由于抗菌药物的广泛使用，发展为大叶的病变减少，常呈肺段分布。其特点为大叶或肺段分布，边界以叶间裂为界边缘较清楚。主要见于肺炎链球菌、肺炎克雷伯杆菌肺炎。

2. **小叶性肺炎** 以小叶分布为特点，呈现双肺散在的斑片状阴影，边缘模糊，可融合，以革兰阴性杆菌感染多见。

3. **间质性肺炎** 以间质炎症为主要，表现为间质纹理增粗，呈网状或结节状阴影，多见于病毒、肺孢子菌、支原体等病原引起的感染。

【病原学检查】

按照病原体对肺炎进行分类可以指导临床的治疗，判断预后。肺炎的治疗已越来越困难，一方面由于耐药菌的出现迫使我们选用更为高级的广谱抗生素，另一方面这些更高档的抗生素广泛应用又会诱导新的耐药。要走出这个恶性循环，必须针对病原体选择适当的抗生素进行治疗，减少耐药的发生。因此病原学检查就显得格外重要。常见的诊断方法包括以下几个方面：

1. **痰液** 应尽量在使用抗生素之前留痰。嘱病人先行漱口（通常清晨漱口 3 次），并指导或辅助病人深咳嗽，留取脓性痰送检，最好于 10 分钟之内接种培养。

（1）痰涂片：痰涂片是一种简单、快捷的诊断方法，具有以下优点，是其他方法不能代替的。

1）通过痰涂片可以知道痰液来自下呼吸道还是上呼吸道，从而判定留痰是否合格，便于对培养结果的解释。如果鳞状上皮细胞<10 个/低倍视野，白细胞>25 个/低倍视野，或二者比例<12.5，说明痰液主要来源于下呼吸道，为合格痰。

2）痰涂片进行革兰染色可初步将细菌分类，指导抗生素的选用。某些形态特点对某些细菌具有提示作用，例如见到有荚膜的革兰阳性双球菌提示为肺炎球菌，聚集在一起的革兰阳性球菌提示为葡萄球菌。

3）可发现特殊菌：通过抗酸染色可以发现结核菌、军团菌、真菌、肺孢子菌，小的多形性革兰阴性球杆菌提示为流感嗜血杆菌。

4）如果存在两种细菌，可通过痰涂片分辨何者为优势菌。

（2）痰培养：以合格痰标本接种于血琼脂平板和巧克力平板两种培养基，必要时加用选择性培养基或其他培养基。因有上呼吸道污染的可能，因此培养结果一定要结合临床判断痰培养结果。多次培养为同一菌且为纯培养价值较高。痰培养可以进行药物敏感试验，用以指导抗菌临床药物的选用。定量痰培养又助于区别定植或污染菌和感染菌，一般细菌浓度>10^7cfu/ml 则为致病菌，<10^4cfu/ml 则考虑污染菌或定植菌。

2. **胸水和血培养** 约 30% 肺炎患者可出现菌血症，10% 可出现胸水。因此对于有菌血症症状或胸水的患者应进行血或胸水的培养。由于来源于无菌部位特异性高，但应用范围有限。

3. **环甲膜穿刺** 经环状软骨和甲状软骨之间的环甲膜穿刺，吸取分泌物，可以避开口咽部的污染，培养的结果较为准确。分泌物少可注入生理盐水后进行吸引。本检查有一定假阴性率 1%，也可由于细菌在气管内的定植，约 21% 会出现假阳性。此检查有一定并发症，例如皮下气肿、局部出血等。

4. **经皮肺穿刺** 也为进行病原学诊断的方法之一，但由于可引起出血、气胸，甚至导致感染播散，引发脓胸，而且假阴性率较高，临床上不作为常规检查。

5. **可弯曲支气管镜** 通过可弯曲支气管采集下呼吸道标本，污染机会少，诊断的准确性高。可单纯吸取支气管分泌物，或进行支气管肺泡灌洗（bronchoalveolar lavage，BAL）收集肺泡灌洗液进行培养。由于支气管镜仍然要通过上呼吸道进入下呼吸道，因此支气管镜的外部和吸引通道仍然存在污染的可能，据统计支气管肺泡灌洗液 89% 的标本可能会受到污染。可采取如下的策略减少污染发生：①灌洗前避免支气管镜吸引；②采取仰卧位或轻度垂头仰卧；③弃掉开始收集的液体，仅留取灌洗后段收集的液体进行培养。支气管肺泡灌洗液定量培养意义更大。近年来越来越多地使用保护性样本刷、保护性肺灌洗等方法采集下呼吸道标本，可以避免上呼吸道分泌物的污染，敏感性和特异性均较高。采用保护性毛刷（protected specimen brush，PSB）取样，并进行定量培养，可区别呼吸道细菌定植和潜在的感染，以 10^3 cfu/ml 作为区分二者的截断值。对院内感染的诊断敏感性达 90%，特异性为 94.5%。联用 BAL、PSB 病原学诊断的敏感性和特异性均在 90% 以上。

6. **免疫学检查** 通过检查病原的抗原、抗体来确定病原学诊断。抗原在疾病的早期即可检出，可用于军团菌、流感嗜血杆菌等感染的诊断。抗体检测已用于一些病原的诊断，例如军团菌。抗体如果滴度很高或动态观察滴度逐渐增高有一定的诊断价值，但从感染至抗体产生需要约 2 周时间，因此难以早期诊断。另外某些病原之间血清抗体存在交叉反应。

7. **分子生物学技术** 通过检测病原的 DNA 或通过 PCR 技术将细菌的 DNA 片段扩增后进行检测，这类技术敏感性高、快速，如果标本留取、处理、检测过程中质量控制不佳，可能造成出现假阳性。PCR 现已用于军团菌、支原体的诊断。

【诊断】

根据患者出现咳嗽、咳痰、发热、胸痛等症状，查体可有肺实变体征、湿性啰音，胸片存在浸润影等可进行诊断。外周血 WBC 升高、中性粒细胞比例增加、核左移，不同病原体引起的肺炎 WBC 升高的程度不同，一般球菌感染 WBC 较高，杆菌感染可增高，但增高不明显。病毒感染一般 WBC 不增高，而且缺乏核左移，分类计数一般以淋巴细胞为主。

【鉴别诊断】

1. 肺炎应与多种疾病进行鉴别，主要包括以下疾病：

(1) 肺结核：多存在结核中毒症状，病程长，患者一般没有明显的高热、咳嗽、脓痰的症状。痰结核菌可呈阳性。继发性肺结核的好发部位以上叶的尖后段和下叶背段多见。

(2) 肺癌：阻塞性肺炎及肺炎型肺癌的表现可以非常类似于普通肺炎，对年龄大，有吸烟史，存在肺不张、肺门淋巴结肿大或炎症反复在同一部位出现或消退缓慢者应高度警惕肺癌的可能。气管镜取病理活检是主要的确诊手段，痰找瘤细胞可呈阳性。

(3) 肺栓塞：患者可有发生肺栓塞的高危因素和深静脉血栓的证据。主要表现呼吸困难、胸痛，可有咯血，部分患者也可出现发热，查体可有肺动脉第二音亢进。典型心电图可出现 P 波高尖、右束支传导阻滞、顺钟向转位、右室肥厚表现。超声心动图存在肺动脉高压，并可见到右室受累的表现，确诊有赖于肺通气/灌注扫描、CT 肺动脉造影、肺动脉造影来确诊。

(4) 急腹症：部分肺炎如果累及膈胸膜，出现腹痛，可类似急腹症的表现。经过仔细体检及胸片可以进行鉴别。

(5) 肺血管炎：可出现发热、咳嗽、咯血、白细胞增高，部分可表现为多系统损害，尤其是肾，常出现血尿。胸部影像可表现为斑片影、结节影、团块影或间质病变。严重者出现弥漫性肺泡出血，可造成双肺磨玻璃影或实变影，伴随红细胞、血红蛋白减少，肺灌洗液可找到含铁血黄素细胞。病理组织学检查及抗中性粒细胞胞浆抗体阳性有助于确诊。

(6) 药物导致肺损害：柳氮磺胺吡啶、苯妥英钠、呋喃妥因、胺碘酮及很多细胞毒药物（博来霉素、白消安等）可导致急性或慢性肺损害，造成肺纤维化，临床可伴有发热、咳嗽、呼吸困难等症状。患者有明确的用药历史、抗菌药物无效，结合胸部影像的特点有助于鉴别。

(7) 外源性过敏性肺泡炎：有机粉尘吸入后可导致出现呼吸困难、咳嗽，部分可出现发热、寒战，双肺可闻及湿性啰音。胸片表现为双侧斑片状浸润或结节状和/或网状阴影，临床与肺炎有时鉴别困难。此类疾病种类繁多，包括农民肺、嗜/饲鸽者肺、空调/湿化器肺等。仔细询问病史，明确有机粉尘暴露与临床症状的关系，对诊断具有重要价值。

（8）其他原因引起的肺炎：由于理化因素损伤也可出现肺炎的类似表现，原发性或继发性间质性肺病、嗜酸粒细胞肺浸润症也均应作为鉴别的疾病。

2. 不同病原导致的肺炎的鉴别　鉴别不同病原导致的肺炎是肺炎诊断中的一个难点，特别是病原学检查无结果或检查阴性时，更为困难。综合分析病原获得地点、患者的基础情况、临床表现、WBC计数及胸部影像学特点可以对病原学进行一定的推断。

【治疗原则】

（一）对症及支持治疗

应注意休息，避免劳累。加强营养，注意水电解质平衡。发热过高可考虑降温治疗，一般体温超过38.5℃，可采用药物或物理降温。对于咳嗽严重，而痰量不多者，可口服复方甘草片、苯丙哌林、美沙芬、可待因等镇咳药物。如果痰液稠厚难以咳出，应进行雾化吸入或口服沐舒坦等化痰药物。对于累及胸膜造成胸膜性胸痛的患者，可用可待因等止痛药物。有缺氧者应进行氧疗。

（二）抗菌药物治疗

是治疗细菌性肺炎的主要手段。应根据临床和实验室细菌学检查来选择抗菌药物进行治疗。选择抗菌药物时，应考虑肺炎病原学、以往使用抗菌药物的情况、病人的基础疾病、本地或本医院病原菌的耐药情况、药物不良反应、药物的体内分布等综合因素，合理使用。

【并发症及其处理】

1. 胸膜炎　大约30%的肺炎患者会出现胸水。胸水性质可以是无菌的，称为单纯肺炎旁胸膜腔积液，但是大约有5%的肺炎可以出现脓胸，即复杂性肺炎旁胸膜腔积液，其白细胞计数大于10×10^9/L，胸水培养可发现细菌。对于出现胸水的肺炎，均应尽可能抽取胸水进行检查。一方面进行胸水常规检查，确定胸水的性质是复杂性还是单纯性肺炎旁胸膜腔积液，以决定下一步的治疗。其二，可抽水进行病原学检查，以判断肺炎的病原。其三，如果胸水较多，或为复杂性肺炎旁胸膜腔积液时，应积极抽液并可局部用药。

2. 肺脓肿　严重肺炎时可由于细菌产生多种毒素的作用造成炎症部位发生坏死，引起肺脓肿。主要见于厌氧菌、金黄色葡萄球菌、肺炎克雷伯杆菌等病原菌，除进行抗菌药物治疗外，应进行局部治疗，参见肺脓肿章节。

3. 心包炎　罕见，大量可造成心脏压塞。应积极抽液治疗。

4. 机化性肺炎或延迟消散　在老年人可以出现肺炎吸收缓慢，留有纤维索条影。

5. 血行播散或败血症　对于病原体毒力强，或在免疫功能低下的患者可以出现感染的血行播散。

6. 心肌炎　由于细菌毒素作用，或病毒直接侵犯心脏，可以出现患者心肌的损害，导致心肌酶升高，出现心脏扩大、心动过速、奔马律、心律失常，甚至出现心力衰竭。应针对这些心脏并发症进行相应治疗。

7. 感染中毒性休克　由于细菌毒素作用，可出现休克。临床表现为末梢循环差、发绀、酸中毒、低血压，休克可导致其他脏器的功能障碍，导致死亡。感染中毒性休克治疗原则包括积极抗感染治疗、补充血容量，密切注意末梢循环、血压、心率、尿量，必要时应进行血流动力学监测，可使用血管活性药。如果病情重，全身中毒症状明显可使用肾上腺糖皮质激素。此外应维持水电解质平衡、纠正酸中毒，并防治心肺肾功能不全及DIC等继发损害。

8. 呼吸衰竭　病变范围广或发生急性呼吸窘迫综合征，可出现呼吸衰竭，多为Ⅰ型呼衰。应进行积极氧疗，严重者应及时进行机械通气治疗。

（王广发）

第二节 社区获得性肺炎

社区获得性肺炎（community acquired pneumonia，CAP）是指在医院外罹患的感染性肺部炎症，包括具有明确潜伏期的病原体感染而在入院后平均潜伏期内发病的肺炎。一般指发生在院前及住院48小时内发生的肺炎，其病原菌的获得主要来源于社区，也就是患者日常生活、工作的环境。由于这类肺炎其病原学上与医院获得性肺炎存在显著差别，治疗及预后也显著不同，因此目前在临床上常常按照病原获得地点的不同加以区分，以利于临床诊治。

【病原学】

由于病原体是由社区获得，因此 CAP 的病原学具有其特点：一般最为常见的病原菌为肺炎链球菌；其次为非典型病原菌，包括肺炎支原体、肺炎衣原体和嗜肺军团杆菌；少部分为流感嗜血杆菌、卡他莫拉菌、金黄色葡萄球菌及革兰阴性杆菌（肺炎克雷伯杆菌、大肠埃希菌、铜绿假单胞菌）等。在非典型病原菌的感染中，常常混合有其他细菌，尤其是肺炎链球菌的感染。病毒也是社区获得性肺炎的重要病原体，主要为甲型或乙型流感病毒、呼吸道合胞病毒、腺病毒等。病毒性肺炎在儿童更为多见。根据病情严重程度的不同，社区获得性肺炎的病原学有所差异。门诊治疗的 CAP 常见的病原为肺炎链球菌、支原体、流感嗜血杆菌、衣原体和病毒，需要住院的 CAP 主要病原为肺炎链球菌、支原体、衣原体、流感嗜血杆菌、军团菌等，需要入住重症监护室的 CAP 主要病原为肺炎链球菌、金黄色葡萄球菌、军团菌、革兰阴性杆菌及流感嗜血杆菌。随着抗菌药物使用的日益普遍和增多，造成细菌耐药逐渐增多，主要表现在肺炎链球菌对青霉素、大环内酯类等过去敏感药物的耐药率明显增加，流感嗜血杆菌、卡他莫拉菌等病原产 β 内酰胺酶的比率也逐渐增多。虽然社区来源的金黄色葡萄球菌耐药率并不高，但由于社区来源的对甲氧西林耐药的金黄色葡萄球菌（MRSA）可以产生杀白细胞毒素，其引起的肺炎非常危重，已日益引起人们的关注。

【诊断与治疗】

（一）诊断与病情严重程度的评价

社区获得性肺炎的诊断不难。首先应依据临床症状、体征，胸部影像浸润影及外周血白细胞变化确认肺炎；其次，再依据患者发病环境确定是院外或社区获得性肺炎。

为及时、恰当地治疗 CAP，目前多数指南主张对 CAP 的病情进行评价后来确定治疗的地点。有学者提出使用 CURB-65 评分体系对患者进行病情严重程度的评价，其根据是 CURB-65 评分可以预测患者的预后。如果临床评分为 0 分，其 30 天的病死率仅为 0.7%。而如果是 4 分和 5 分，则 30 天的病死率分别为 40% 和 57%。CURB-65 评分具体方法见表 2-3-3。如果 CAP 患者就诊时，CURB-65 评分为 0~1，则可以在门诊治疗。如果评分≥2，病死率显著增加，则需要住院治疗或在密切观察下居家治疗。如果患者存在肺炎的并发症，基础疾病发作，不能口服药物治疗，或多个评分指标处于临界状态，也可住院治疗。如果患者就诊时为重症肺炎，则应收住 ICU 治疗。重症肺炎的诊断标准见表 2-3-4。如果仅满足重症肺炎的 3 个次要条件，则也可收住 ICU 或在普通病房严密监护下进行治疗。

表 2-3-3 CURB-65 评分

神志障碍（confusion）：基于特定的智力测验或人物、空间或时间定向障碍
尿毒症（uremia）：尿素氮（BUN）水平>7mmol/L（20mg/dl）
呼吸频率（respiratory rate）：≥30 次/分
血压（blood pressure）：低血压：收缩压<90mmHg 或舒张压≤60mmHg
年龄（age）：≥65 岁

每满足一项加 1 分。

表 2-3-4　重症肺炎的诊断标准

主要标准
　　需要使用机械通气治疗
　　休克需要使用升压药物
次要标准
　　呼吸频率≥30 次/分
　　氧合指数（PaO_2/FiO_2）≤250
　　多叶浸润阴影
　　神志障碍或定向力异常
　　尿毒症（BUN≥20mg/dl）
　　WBC 计数<4 000/mm³
　　血小板计数<100 000/mm³
　　低体温（核心体温<36℃）
　　低血压需进行积极液体复苏

（二）病原学检查

门诊治疗的轻症患者不必常规进行病原学检查，但当初始经验性治疗失败或无效时则应进行病原学检查。住院治疗的患者应同时进行常规血培养和呼吸道标本的病原学检查，最好在使用抗菌药物治疗前。凡合并胸腔积液并能够进行穿刺者，均应进行诊断性胸腔穿刺，抽取胸腔积液行胸液常规、生物化学及细菌培养。有条件时，对重症患者、治疗失败者或存在胸腔积液的患者可检测尿中肺炎链球菌、军团菌抗原，以辅助病原学诊断。

（三）抗感染治疗

对于社区获得性肺炎应及早开始抗感染治疗，可以显著降低病死率，目前要求在确定诊断后 4 小时内即应给予抗感染治疗。而由于病原体检查需要一定时间，因此初始的抗菌药物治疗仅能根据经验去选择抗菌药物。CAP 抗菌药物的选择取决于 CAP 病原学的临床推断、特定病原的危险因素、所在地域细菌耐药的情况、某些耐药病原体的危险因素存在与否以及患者是否存在并发症。

目前国内外均根据患者病情、既往健康状况、病原学及病原耐药的流行病学研究制订了相应的指南。我国对于 CAP 治疗的建议见表 2-3-5。开始抗感染治疗后，一定要对疗效进行观察，开始治疗 48~72h 后应对病情进行评价。如果患者体温下降、呼吸道症状有改善则表明有效，而白细胞恢复和 X 线胸片病灶吸收一般较迟，不能作为早期判断疗效的主要依据。如果经过治疗患者血流动力学稳定、临床症状显著改善、有能力口服药物、胃肠道功能正常时则可将静脉用药改为相同或同类的口服药物，这种治疗方法称为序贯治疗。这样既可以保证患者得到进一步有效的治疗，又可减少静脉用药带来的不便及经济负担。

如果经过有效的治疗，患者基本情况稳定，没有其他需要进一步住院处理的临床问题，回家后有安全的继续治疗环境，并且可以口服治疗则可以出院治疗。具体的出院标准见表 2-3-6。治疗应持续至用药至少 5 天、退热后 48~72 小时、CAP 临床稳定的标准（见表 2-3-7）至少满足 6 项。对于起始治疗没有针对目标病原菌或存在肺外感染者则应延长疗程。

对于抗感染治疗后临床症状改善不明显，甚至出现病情恶化，则此时考虑为无反应肺炎。无反应肺炎的原因主要有以下几个方面原因：①感染因素：约占 40%，主要是由于耐药菌感染，例如耐药的肺炎链球菌、金黄色葡萄球菌、铜绿假单胞菌感染；也可是由于选择的抗菌药物未覆盖病原体，例如军团菌肺炎使用 β 内酰胺类治疗不会取得疗效；或是一些少见病原体感染，例如结核菌、真菌、奴卡菌、肺孢子菌等，使用一般抗感染药物无效。②非感染因素：约占 15%，主要是将其他非感染性疾病误诊为肺炎，包括肿瘤、肺出血、肺水肿、机化性肺炎、嗜酸粒细胞性肺炎、药物诱发肺浸润、血管炎等。③病因不明：约占 45% 的病例。如果出现无反应肺炎，首先应将抗感染药物升级，使其能够覆盖可能的病原菌。同时应积极进行辅助检查，进一步确定病原，并排除是否有其他疾病。

表 2-3-5　中华医学会呼吸病学会建议的 CAP 治疗方案

不同人群	常见病原体	初始经验性治疗的抗菌药物选择
青壮年、无基础疾病患者	肺炎链球菌、肺炎支原体、流感嗜血杆菌、肺炎衣原体等	①青霉素类（青霉素、阿莫西林等）；②多西环素（强力霉素）；③大环内酯类；④第一代或第二代头孢菌素；⑤呼吸喹诺酮类（如左旋氧氟沙星、莫普沙星等）
老年人或有基础疾病患者	肺炎链球菌、流感嗜血杆菌、需氧革兰阴性杆菌、金黄色葡萄球菌、卡他莫拉菌等	①第二代头孢菌素（头孢呋辛、头孢丙烯、头孢克洛等）单用或联合大环内酯类；②β-内酰胺类/β-内酰胺酶抑制剂（如阿莫西林/克拉维酸、氨苄西林/舒巴坦）单用或联合大环内酯类；③呼吸喹诺酮类
需入院治疗、但不必收住 ICU 的患者	肺炎链球菌、流感嗜血杆菌、混合感染（包括厌氧菌）、需氧革兰阴性杆菌、金黄色葡萄球菌、肺炎支原体、肺炎衣原体、呼吸道病毒等	①静脉注射第二代头孢菌素单用或联合静脉注射大环内酯类；②静脉注射呼吸喹诺酮类；③静脉注射 β-内酰胺类/β-内酰胺酶抑制剂（如阿莫西林/克拉维酸、氨苄西林/舒巴坦）单用或联合静脉注射大环内酯类；④头孢噻肟、头孢曲松单用或联合静脉注射大环内酯类
需入住 ICU 的重症患者		
A 组：无铜绿假单胞菌感染危险因素	肺炎链球菌、需氧革兰阴性杆菌、嗜肺军团菌、肺炎支原体、流感嗜血杆菌、金黄色葡萄球菌等	①头孢曲松或头孢噻肟联合静脉注射大环内酯类；②静脉注射呼吸喹诺酮类联合氨基糖苷类；③静脉注射 β-内酰胺类/β-内酰胺酶抑制剂（如阿莫西林/克拉维酸、氨苄西林/舒巴坦）联合静脉注射大环内酯类；④厄他培南联合静脉注射大环内酯类
B 组：有铜绿假单胞菌感染危险因素	A 组常见病原体＋铜绿假单胞菌	①具有抗假单胞菌活性的 β-内酰胺类抗生素（如头孢他啶、头孢吡肟、哌拉西林/他唑巴坦、头孢哌酮/舒巴坦、亚胺培南、美罗培南等）联合静脉注射大环内酯类，必要时还可同时联用氨基糖苷类；②具有抗假单胞菌活性的 β-内酰胺类抗生素联合静脉注射喹诺酮类；③静脉注射环丙沙星或左旋氧氟沙星联合氨基糖苷类

表 2-3-6　CAP 的出院标准

病情明显好转，同时满足以下 6 项标准（原有基础疾病可影响到以下标准判断者除外）：
1. 体温正常超过 24h
2. 平静时心率≤100 次/分
3. 平静时呼吸≤24 次/分
4. 收缩压≥90mmHg
5. 不吸氧情况下，动脉血氧饱和度正常
6. 可以接受口服药物治疗，无精神障碍等情况

表 2-3-7　CAP 临床稳定的判定标准

1. 体温≤37.8℃
2. 心率≤100 次/分
3. 呼吸频率≤24 次/分
4. 收缩压≥90mmHg
5. 吸入室内空气 SaO_2≥90% 或 PaO_2≥60mmHg
6. 能够口服进食
7. 神志正常

在积极抗感染治疗的同时应积极对症治疗，发生并发症时应进行相应的处理。重症患者应密切观察，必要时可进行机械通气治疗。

【预防】

应积极预防社区获得性肺炎。戒烟、戒酒可以有效减少肺炎的发生。接种肺炎链球菌疫苗和（或）流感疫苗可减少某些特定人群患肺炎的机会。建议对下列人员接种肺炎链球菌疫苗的人员：体弱的儿童和成年人；60岁以上老年人；反复发生上呼吸道感染（包括鼻窦炎、中耳炎）的儿童和成年人；具有肺、心、肝或肾慢性基础疾病者；糖尿病患者；癌症患者；镰状细胞性贫血患者；霍奇金病患者；免疫系统功能失常者；脾切除者；需要接受免疫抑制治疗者；长期居住在养老院或其他护理机构者。接种后，保护作用可以维持3年。3年后需要再次接种。对下列人员建议每年接种流感疫苗：60岁以上老年人；慢性病患者及体弱多病者；医疗卫生机构工作人员，特别是临床一线工作人员；小学生和幼儿园儿童；养老院、老年人护理中心、托幼机构的工作人员；服务行业从业人员，特别是出租汽车司机，民航、铁路、公路交通的司乘人员，商业及旅游服务的从业人员等；经常出差或到国内外旅行的人员。

（王广发）

第三节 医院获得性肺炎

医院获得性肺炎（hospital acquired pneumonia，HAP）是指患者入院时不存在，也不处于潜伏期，入院48小时或48小时后在医院发生的肺炎。由于从未插管的HAP患者取得细菌学资料既困难又不准确，现有资料大多来自对呼吸机相关性肺炎（VAP）的研究。HAP的诊断和治疗原则适用于医疗机构相关性肺炎（HCAP）。HCAP肺炎患者具有下列特点：本次感染前90天内因为急性病住院治疗，并且住院时间超过2天；住在养老院和康复机构中；本次感染前30天内接受过静脉抗生素、化疗或伤口护理；到医院或透析门诊定期接受血液透析。

【流行病学】

HAP在医院感染中占第二位，发生HAP后平均每例患者住院时间延长7~9天，花费增加5万美元。HAP的发生率大约是每1 000次住院发生5~10例，气管插管后HAP的发病率增加6~20倍。HAP占ICU感染总数的25%，占ICU抗生素使用量的50%。在ICU，近90%的HAP发生在机械通气过程中。在住院的早期发生VAP的危险性最高，据估计，在机械通气的前5天内，VAP是以每天增加3%的速度递增的，5~10天VAP的发生率以每天2%速度递增天，10天后以每天1%速度递增。这说明气管插管本身增加HAP感染的危险，随着无创机械通气应用的增多，HAP的发生也会下降。

发生HAP的时间是一个重要的流行病学参数。早期HAP指的是住院前4天内发生的肺炎，通常由敏感菌引起，预后好；晚期HAP指的是5天或5天以后发生的肺炎，致病菌常是多种抗生素耐药（MDR）的细菌，病死率高。HAP的病死率为30%~70%，但是大多数HAP患者死于基础病而不是死于HAP本身。VAP的归因病死率为33%~50%，病死率增加与菌血症、耐药菌（如铜绿假单胞菌、不动杆菌属）感染、内科疾病而不是外科疾病、不恰当抗生素治疗等因素相关。

【病原学】

在非免疫缺陷患者中，HAP、VAP和HCAP通常由细菌感染引起，可能为多种细菌的混合感染，由真菌和病毒感染引起的少见。常见的致病菌包括：需氧的革兰阴性杆菌，包括铜绿假单胞菌、大肠埃希菌、肺炎克雷伯杆菌和不动杆菌。金黄色葡萄球菌感染常在糖尿病、头部创伤和住在ICU的患者中发生。口咽部的定植菌（化脓链球菌、凝固酶阴性葡萄球菌、奈瑟菌属、棒状杆菌属）的过量生长可以造成免疫缺陷者和部分免疫正常患者的HAP。导致HAP的多重耐药菌病原菌的种类受到多种因素的影响，比如：住在哪家医院、有无基础病、是否接受过抗生素治疗、是外科病人还是内科病人，另外 MDR 菌还随着时间而改变。因此要了解 MDR 菌，强调当地实时的、动态的监测非常重要。没有插管的住院病人因为误吸可以引起厌氧菌 HAP，但是 VAP 中厌氧菌少见。

实际上，因为没有气管插管，HAP 和 HCAP 中的细菌病原学资料非常少，院内获得性肺炎的病原学主要来自对 VAP 的研究。但是，大多数作者都认为 HAP 和 VAP 病原学差别不大。主要的 MDR 菌包括：耐甲氧西林的金黄色葡萄球菌（MRSA）、铜绿假单胞菌、不动杆菌属和肺炎克雷伯杆菌。但确实某些致病菌，如 MRSA 和肺炎克雷伯杆菌更多见于 HAP；而铜绿假单胞菌、嗜麦芽窄食单胞菌、不动杆菌在 VAP 的病人中更多见。嗜肺军团菌 HAP 并不少见，特别在免疫缺陷的患者，比如：器官移植的受者、HIV 感染者、糖尿病、慢性肺病或终末期肺病等患者。如果嗜肺军团菌在医院供水系统中存在，或者该医院正在进行基础设施建设，发生嗜肺军团菌 HAP 的机会增加。

【发病机制】

HAP 的发生必须是宿主与微生物之间的平衡向有利于细菌定植和向下呼吸道侵袭的方向发展。HAP 感染的途径包括医疗器械和周围环境（水、空气、仪器），并且病原微生物可以在医护人员与病人之间传播。病人基础疾病的严重程度、手术、接受过抗生素和其他药物、气管插管等与 HAP 或 VAP 的发病有关。口咽部定植细菌的吸入和气管插管球囊上方积聚的细菌的吸入是细菌进入下呼吸道的主要途径。胃肠道和鼻窦作为口咽和气管定植菌储藏库的重要性仍有争议。吸入被污染的气溶胶和直接的接种并不是 HAP 感染的主要途径。血源性感染播散和胃肠道细菌的移位在 HAP 发病中作用不明显。

【临床表现】

1. 临床症状　HAP 多急性起病，发热、咳嗽、咳脓性痰为常见症状。部分患者机体反应弱咳嗽无力，甚至没有咳嗽。有的仅表现为精神减弱或呼吸频率增加。机械通气病人常表现为氧合下降或需要增大吸氧浓度。重症 HAP 可并发急性肺损伤或 ARDS、急性心力衰竭或肺栓塞等。

2. 体征　查体可有肺部湿啰音甚至肺实变体征，包括叩诊浊音、语颤和语音传导增强、支气管呼吸音。

【实验室和其他检查】

1. 实验室和胸部影像学检查　外周血白细胞总数一般 $\geqslant 10 \times 10^9/L$，中性粒细胞百分比 $\geqslant 80\%$。但是白细胞计数正常不能排除 HAP。降钙素原（procalcitonin，PCT）$\geqslant 0.25$ng/ml 可以作为 HAP 的辅助诊断手段。动脉血气分析显示患者有不同程度的低氧血症，重症患者氧合指数（PaO_2/FiO_2）低于 200。胸部影像学与入院时比较，显示新出现的点、片状阴影，肺实变不少见，可以合并胸腔积液。

2. 病原学检查　因为引起 HAP 的病原菌常常是多种抗生素耐药的细菌，所以确定病原对于选择敏感抗生素治疗十分重要。

【诊断】

HAP 的诊断包括两层含义，一是临床诊断；二是病原学诊断。

(一) 临床诊断

HAP 临床诊断没有"金标准"，诊断主要依赖于临床和影像学表现。可参考的诊断标准如下：

1. 标准一　影像学肺部新出现的浸润影加上下列一项临床表现：①发热（体温>38℃）；②外周血白细胞>$10 \times 10^9/L$；③脓性痰。这个标准敏感性高，但是特异性差（特别对于 VAP）。

2. 标准二　肺部浸润影加上述两项临床标准，诊断 HAP 的敏感性达 69%，特异性达 75%。因此，这个标准是目前最准确的临床诊断标准。

3. 临床肺炎评分（CPIS）　这是一种结合症状、影像学、生理学和细菌学的综合性评分系统，CPIS 超过 6 分诊断 HAP（表 2-3-8）。

表 2-3-8 临床肺炎评分（CPIS 评分）

CPIS 评分	0	1	2
气道分泌物	无	非脓性分泌物	脓性分泌物
胸片	无浸润	弥漫（或斑片）浸润	局限浸润（除外 CHF 和 ARDS）
体温（℃）	≥36.5 和 ≤38.4	≥38.5 和 ≤38.9	≥39 或 ≤36
白细胞（/mm^3）	≥4 000 和 ≤11 000	<4 000 或 >11 000	<4 000 或 >11 000＋杆状核≥50%
PaO_2/FiO_2	>240 或 ARDS		≤240，无 ARDS
气道吸出物细菌培养	≤1＋或没有生长	>1＋	>1＋，且同革兰染色结果一致

引自 Pugin J, et al. Am Rev Respir Dis, 1991：143，1121.
CPIS 总分＝六项评分的总和；ARDS＝急性呼吸窘迫综合征；CHF＝充血性心力衰竭

CPIS 的敏感性（77%）和特异性（42%）都不令人满意。CPIS 的诊断价值在于动态监测，如果低度怀疑 VAP 的患者，经过抗生素治疗 3 天后 CPIS 仍很低，可以比较安全的停用抗生素。

当上述临床表现一项都不存在时，发生 HAP 的可能性很小。但是如果并发 ARDS、难以解释的血流动力学不稳定，机械通气过程中血氧的下降，则要警惕 HAP 的可能。

当患者有发热、白细胞增高、脓性痰以及痰或支气管分泌物培养阳性，但是影像学没有新出现的浸润影，只能诊断院内获得性气管支气管炎，而不能诊断 HAP。气管支气管炎可以使患者 ICU 的住院时间和机械通气的时间延长，但是病死率并不增加。

（二）病原学诊断

与 VAP 相比较，HAP 的病原学诊断更困难，因为没有气管插管，HAP 患者较少行支气管镜检查。

HAP 病原学的诊断往往需要获得下呼吸道分泌物，从血培养或胸液培养中得到病原体的机会非常小。即使血培养阳性，致病菌也往往来自肺外的感染，而并非来自 HAP。对于 ICU 患者出现发热，怀疑有感染存在，但是下呼吸道分泌物培养阴性（近期未更换过抗生素），这通常提示 VAP 不存在，要寻找其他的感染来源。同样，VAP 患者如果某种耐药菌培养阴性，往往表明该菌不是真的致病菌。

很多实验室对于 HAP 的病原学诊断，是通过痰或气道分泌物的半定量培养获得。痰涂片革兰染色直接镜检，通过仔细检查多型核白细胞及细菌形态，并与细菌培养结果比较，可以提高 HAP 诊断的准确性。

下呼吸道分泌物的定量培养的目的是为了区别定植和感染，因此可以减少抗生素的过量使用，特别是那些低度怀疑 HAP 的患者。纤支镜支气管肺泡灌洗（BAL）诊断阈值为 10^4 cfu/ml，诊断 VAP 的敏感性为 73%±18%，特异性为 82%±19%。纤支镜保护性毛刷（PSB）的诊断阈值为 10^3 cfu/ml，诊断的敏感性和特异性分别为 66%±19% 和 90%±15%。至于选择哪种方法受医师专业知识、临床经验及仪器设备和费用的影响。

【鉴别诊断】

HAP 是医院内获得的感染性肺疾病，需要与一些非感染性疾病如充血性心力衰竭、肺不张、肺栓塞、药物性肺损害、肺出血或 ARDS 等相鉴别。此外，还需要与一些院外感染性疾病如导管相关性血流感染、鼻窦炎、胆囊炎或胆道感染等相鉴别。

【治疗】

包括抗感染治疗，呼吸支持治疗（包括吸氧和机械通气），对症支持（包括维持水、电解质平衡、营养支持治疗），以及痰液引流等。其中，抗感染治疗最为重要。

HAP 的经验性抗生素治疗，不仅需要适当（对可能的致病菌有体外活性），而且要迅速。延误治疗导致 HAP 病死率增加。另外，如果一开始抗生素选择不适当，等细菌学结果回报后调整抗生素，

表 2-3-9　MDR 菌感染的危险因素

90 天前抗生素治疗史
住院时间 5 天以上
当地 MDR 菌分离率高
存在 HCAP 危险：
- 本次感染前 90 天住院史（>2 天）
- 住养老院或康复医院
- 本次感染前 30 天接受静脉抗生素、化疗或伤口护理
- 定期到医院接受血液透析治疗

免疫缺陷或接受免疫抑制剂治疗

患者的病死率并不下降。开始经验性抗生素的选择一方面要根据当地病原学流行病学监测，另一方面要取决于有无 MDR 菌感染的危险（表 2-3-9）。没有 MDR 感染危险的 HAP 可以选择窄谱抗生素（表 2-3-10），反之则需要选择广谱抗生素（表 2-3-11），甚至多药联合使用。

临床上要想获得最佳的治疗效果，不但要选择合适的抗生素，而且要有合适的剂量和合适的给药方式。为此，必须了解常用抗生素的药代动力学和药效学。大多数的 β 内酰胺类抗生素肺组织浓度可以达到血浆浓度的一半，而氟喹诺酮和利奈唑胺的肺组织浓度可以达到甚至超过血浆药物浓度。氨基糖苷类和氟喹诺酮类是浓度依赖的杀菌剂，万古霉素和 β 内酰胺抗生素也是杀菌剂，但属于时间依赖抗生素。时间依赖性抗生素要求一天多次给药，甚至持续静脉点滴；而浓度依赖性抗生素则要求一天一次给药。

表 2-3-10　没有 MDR 菌感染危险的 HAP、VAP 经验性抗生素治疗

可能致病菌	推荐抗生素
甲氧西林敏感的葡萄球菌	头孢曲松
肺炎链球菌	或
流感嗜血杆菌	左氧氟沙星，莫西沙星，或环丙沙星
革兰阴性肠杆菌（不包括铜绿假单胞菌）	或
● 肠杆菌属	氨苄西林/舒巴坦
● 大肠埃希菌	或
● 克雷伯菌属	厄他培南
● 变形杆菌属	
● 黏质沙雷菌属	

表 2-3-11　需要覆盖 MDR 菌感染的 HAP、VAP 经验性抗生素治疗

可能致病菌	抗生素联合治疗
● 表 2-3-10 中的致病菌，加上 MDR 菌	有抗铜绿假单胞菌活性的头孢菌素（头孢他啶，头孢吡肟）
● 铜绿假单胞菌	或
● 肺炎克雷伯菌（产 ESBL）	有抗铜绿假单胞菌活性的碳青霉烯（亚胺培南，美罗培南）
● 不动杆菌属	或
● 耐甲氧西林的金黄色葡萄球菌	β 内酰胺类或 β 内酰胺酶抑制剂（哌拉西林/三唑巴坦）
● 嗜肺军团菌	加上
	有抗铜绿假单胞菌活性的氟喹诺酮类（环丙沙星，左氧氟沙星）
	或
	氨基苷类（阿米卡星，庆大霉素，妥布霉素）
	加上
	利奈唑胺，或万古霉素

ESBL：超广谱 β 内酰胺酶；MDR：多药耐药菌

气管内滴药和雾化吸入给药只在氨基糖苷类和多黏菌素 B 两类抗生素中有研究。虽然局部给药（妥布霉素）并不降低病死率，但是细菌清除率有所提高。雾化吸入抗生素的副反应可能会引起支气管痉挛。

抗感染治疗的疗程取决于感染的病原体、严重程度、基础疾病和临床治疗反应。一般疗程为 14 天，部分患者可缩短至 7～8 天。但是，免疫缺陷患者、初始抗感染治疗无效者、耐药菌感染者短疗程 HAP 复发风险高，疗程宜适当延长。

【预防】

气管插管和机械通气可以增加 HAP 的发病率 6～21 倍，如有可能应尽量避免。尽量减少机械通气的时间，减少镇静剂的使用，加快脱机能减少 HAP 的发生。使用经口的气管插管和经口的胃管可以减少鼻窦炎的发生，进而可能减少 HAP。保持气管插管气囊压力在 20cmH$_2$O 以上，对声门下方分泌物持续吸引，降低对咳嗽反射的抑制作用（限制镇静剂和麻醉剂的使用量）也可以降低 VAP 的发生。呼吸机管路内也有细菌的定植，要警惕呼吸机管路内的冷凝水反流，但是频繁更换管路并不能减少 VAP 的发生。

平卧位误吸的可能大，半卧位（45°）可以减少误吸，进而减少 HAP 的发生。

胃肠外营养可以增加静脉导管相关感染的危险、增加费用、小肠纤毛的丧失、肠道内细菌的移位，因此对于危重病人，肠内营养越早越好。但是肠内营养却是 HAP 的危险因素，早期肠内营养（插管后 1 天）比晚期（插管后 5 天）发生 VAP 的危险高。荟萃分析发现，与胃内肠营养相比，幽门后肠营养可以减少 ICU 相关 HAP 的发生。

口咽部细菌定植是 ICU 获得 HAP 的重要危险因素，因此口腔局部消毒（氯己定）可以降低某些患者 HAP 的发生。

选择性胃肠道清洁（SDD）也可以减少 HAP 的发生，但是如果当地医院耐药菌的比例比较高，SDD 的作用有限。因此，在某些病人短期使用抗生素可能有利，但是长期使用抗生素耐药菌感染的危险增加。

为预防消化道出血，ICU 医生常使用 H$_2$ 受体拮抗剂或制酸剂，但是二者都可以增加 HAP 的风险。与 H$_2$ 受体拮抗剂相比，使用硫糖铝导致 HAP 的风险性小一些，但是消化道出血的风险大一些。因此，在临床应用中要权衡利弊。

同种异体血的输注能降低患者的免疫功能，使感染的危险增加，因此输血，特别是输全血的适应证要严格把握。但如果去除白细胞，仅输红细胞发生感染的危险性下降。

血糖的控制非常重要，提倡积极使用胰岛素控制血糖在 80～110mg/dl 水平，这样可以降低菌血症、气管插管的时间和病死率。

（曹 彬）

第四节 人感染高致病性禽流感

人感染高致病性禽流感 A（H5N1）[avian influenza A/（H5N1），简称人禽流感]是人类在接触禽流感病毒 A/（H5N1）感染的病/死禽或暴露在被该病毒污染的环境后发生的感染。人禽流感临床往往以发热、咳嗽、咳痰等上呼吸道感染症状起病，逐渐出现呼吸困难并进行性加重，许多患者病情进展迅速至急性呼吸窘迫综合征（ARDS）甚至多器官功能衰竭。

据世界卫生组织（WHO）网站公布的数字，截至 2009 年 2 月 11 日，全球报道的确诊人禽流感病例共 407 例，死亡 254 例，病死率 62.4%。发生人禽流感最多的国家依次为：印度尼西亚、越南、埃及、中国和泰国。中国现已确诊人禽流感 38 例，死亡 25 例，病死率 65.8%。

【病因和发病机制】

禽 H5N1 亚型流感病毒是甲型流感病毒中的一员,在病毒学分类上属于正黏病毒科,甲型流感病毒属,H5N1 亚型毒株。

禽 H5N1 病毒颗粒呈球形,直径 80~120nm,病毒颗粒表面主要有两种蛋白质,一种称为血凝素(H),能凝集动物的红细胞;另一种称为神经氨酸酶(N),能使病毒颗粒从凝集的红细胞表面游离下来。至今发现的血凝素有 16 个亚型(H1~H16),神经氨酸酶有 9 个亚型(N1~N9),其中直接感染人的禽流感病毒除了 H5N1 外,还有 H7N1、H7N2、H7N3、H7N7 和 H9N2 亚型毒株。

流感病毒通过 HA 与宿主受体结合感染宿主,受体就是细胞膜上的糖蛋白。人流感病毒的特异受体是 α-2,6-糖苷唾液酸,禽流感病毒特异受体是 α-2,3-糖苷唾液酸。两种受体在不同种属间的分布不同。在马、禽类的上呼吸道和肺分布的主要是 α-2,3-糖苷唾液酸;猪呼吸道上皮细胞既有 α-2,6-糖苷唾液酸,也有 α-2,3-糖苷唾液酸。

人上呼吸道上皮细胞中主要分布 α-2,6-糖苷唾液酸,因此人不易感染禽流感,易感染人流感。但是人类的肺泡 II 型上皮细胞、肺泡巨噬细胞和部分支气管黏膜细胞也有 α-2,3-糖苷唾液酸分布,因此感染后病毒大量复制,造成弥漫性肺泡损伤。

传染源主要为患禽流感或携带禽流感病毒的鸡、鸭、鹅等家禽;野禽在禽流感的自然传播中扮演重要角色。传播途径主要经呼吸道传播,也可通过密切接触感染的禽类及其分泌物、排泄物、受病毒污染的物品或水,以及实验室直接接触病毒株被感染。目前尚无人与人之间传播的确切证据,但出现了聚集性病例。

【病理】

虽然人禽流感病死率很高,但是目前尸体解剖的数目有限。全球尸检共 6 例,其中 1 例为孕妇。几例尸检的结果均发现:肺为主要的病变器官,病理变化包括水肿、出血、弥漫性肺泡损伤、炎性渗出。肝出现广泛性中央小叶坏死、Kupffer 细胞活化、脂肪变性;肾淤血水肿、急性肾小管坏死;脾、淋巴结等淋巴组织萎缩、淋巴滤泡消失,阑尾淋巴组织也减少;骨髓组织萎缩,在中国香港地区的 3 例尸检中,可以观察到明显的嗜血细胞现象。

顾江教授等人对其中一例孕妇胎盘病理检查,发现细胞滋养层坏死灶、弥漫性绒毛膜炎、局灶性蜕膜炎;胎儿肺水肿,有少量散在的中性粒细胞。通过原位杂交技术,发现除了肺外,气管、淋巴结、肠道、脑等组织中均发现了病毒序列。因此。H5N1 禽流感病毒能够在肺外进行有效的复制。

【病理生理】

病毒受体学说较好地解释了人禽流感病毒 A(H5N1)感染以及感染后病理生理变化,但这方面的研究仍不完善。由于人类的禽流感病毒受体 α-2,3-糖苷唾液酸主要分布在下呼吸道,而肺泡 II 型上皮细胞是构成肺泡壁的主要细胞之一,病毒在其中大量复制,破坏肺泡 II 型上皮细胞转运离子和分泌表面活性物质的功能,抑制肺组织的修复,造成患者肺部的广泛病变。禽流感病毒受体还分布在人类其他组织和器官内,如血管内皮细胞,因此病毒侵袭血管内皮后,人禽流感患者也出现弥漫性小血管血栓和出血。脾组织中主要是 T 淋巴细胞,也表达禽流感病毒受体,人禽流感患者 T 淋巴细胞数量减少、淋巴组织显著萎缩。肾小球和部分肾小管细胞也表达禽流感病毒受体,尸体解剖也可发现肾存在急性肾小管坏死现象。

禽流感病毒介导的细胞因子失调和高细胞因子血症在人禽流感发病机制中占有重要地位。1997 年香港人禽流感尸检发现主要病理病变是嗜血综合征,细胞因子包括 IL-2 受体、IL-6 和 γ-干扰素水平升高。泰国研究发现:人禽流感患者外周血趋化因子干扰素诱导蛋白 10(IP-10)、γ-干扰素诱导的单核细胞因子(MIG)和单核细胞趋化蛋白-1(MCP-1)浓度远远高于普通流感患者。另一项研究表明:尸检肺组织中 TNF-α mRNA 和蛋白的表达均明显上调。这些细胞因子能介导血循环中的白细胞进入病变组织,活化和趋化单核细胞、T 细胞、中性粒细胞,从而导致炎症反应。

【临床表现】

1. 临床症状 人禽流感患者发病初期多表现"流感样症状"，包括发热、畏寒、周身不适，也可以出现流涕、鼻塞、咽痛、肌肉酸痛和全身不适。目前我国确诊病例均来自重症"不明原因肺炎"，无轻症患者。部分患者伴有纳差、恶心、呕吐、腹痛和腹泻等消化道症状。

患者常表现为高热不退，病情发展迅速，几乎所有患者都有肺炎表现，主要表现为咳嗽、咳痰、胸闷和呼吸困难。部分患者表现为急性肺损伤、急性呼吸窘迫综合征（ARDS）、肺出血、胸腔积液、多脏器衰竭、休克。有些患者可有头痛、头晕、烦躁、谵妄、抽搐等神经系统症状。

2. 体征 受累肺叶段区域实变体征，包括叩诊浊音、语颤和语音传导增强、吸气末细小水泡音及支气管呼吸音。病变广泛，可在双肺、多个肺叶闻及细小湿啰音。合并心力衰竭时，可以闻及舒张期奔马律。

3. 并发症 病情持续进展，可以发生呼吸衰竭、气胸、心力衰竭、继发耐药菌院内感染等。

【实验室和其他相关检查】

1. 实验室检查 外周血白细胞总数一般不高或降低。重症患者多有白细胞总数及淋巴细胞减少，并有血小板降低。大多数患者的红细胞和血红蛋白水平没有明显下降。40%~50%患者有蛋白尿和血尿。绝大多数患者出现多种酶学异常，一般呈轻中度升高，如谷丙转氨酶、谷草转氨酶、磷酸肌酸激酶、乳酸脱氢酶等。重症患者凝血酶原时间（PT）和部分凝血酶原激活时间（APTT）延长，血浆纤维蛋白原浓度下降。

2. 动脉血气分析 患者有不同程度的低氧血症，重症患者氧合指数（PaO_2/FiO_2）低于200。低血压、休克者伴有代谢性酸中毒。

3. 胸部影像学 早期肺内出现局限性片状阴影、肺实变或磨玻璃影。随病变进展，肺部影像变化快，肺部阴影从小片到大片，从局部到广泛，从单侧到双侧。半数患者合并单侧或双侧胸腔积液。病变最严重时，双肺可出现弥漫性实变阴影。病变吸收大约从2周开始，炎症病灶吸收较快，有些病例在疾病后期出现肺间质增生。肺内残留病灶可持续数月以上。

4. 细菌和真菌检查 对于怀疑继发细菌或真菌感染患者，取痰或下呼吸道标本进行革兰染色、抗酸染色、真菌涂片检查，并进行细菌、真菌、结核菌培养。

5. 人禽流感病毒检测 采集急性期和恢复期血清，进行红细胞凝集抑制试验或微量中和试验抗体。采集患者鼻咽分泌物、口腔含漱液、痰或气管吸出物，荧光定量PCR或反转录PCR法检测禽流感病毒亚型特异性H抗原核酸。从患者呼吸道标本中分离禽流感病毒。

【诊断】

1. 诊断 根据流行病学史、临床表现及实验室检查结果，可作出人禽流感A（H5N1）的诊断。

2. 流行病学史 发病前7d内，接触过病、死禽，或其分泌物，或暴露于其分泌物、分泌物污染的环境；发病前14d内，曾经到过活禽市场；发病前14d内，与人禽流感病例有过密切接触，包括共同生活、居住或护理过该患者；发病前14d内，在出现异常病、死禽的地区生活、居住、工作过；高危职业史：饲养、贩卖、屠宰、加工、诊治病死禽；可能暴露于禽流感病毒的实验室人员；未采取防护措施诊治、护理禽流感患者的医护人员。

3. 人禽流感诊断标准

(1) 医学观察病例：有流行病学史，1周内出现流感样症状者，需要进行7d的医学观察。

(2) 疑似病例：流行病学史＋无病原学证据的肺炎患者。

(3) 临床诊断病例：疑似病例＋下列之一者：①有共同接触史的人被确诊为禽流感，但无法进一步取得临床检验标本；②恢复期血清抗体检测阳性。

(4) 确诊病例：疑似病例＋下列之一者：①禽流感病毒核酸检测阳性；②恢复期和急性期双份血清禽流感病毒抗体4倍以上升高；③禽流感病毒培养阳性。

【鉴别诊断】

临床上应注意与流感、普通感冒、细菌性肺炎、严重急性呼吸综合征（SARS 冠状病毒肺炎）、传染性单核细胞增多症、巨细胞病毒感染、衣原体肺炎、支原体肺炎、军团菌病、肺炎型流行性出血热等疾病进行鉴别诊断。鉴别诊断主要依靠病原学检查。

【治疗】

1. 对症支持治疗　对症治疗可采用解热药、物理降温、止咳祛痰等。有肝肾功能损伤者，应该避免损害肝肾功能药物。维持水、电解质平衡，加强营养支持。保护胃黏膜功能，避免消化道出血。预防下肢深静脉血栓形成，必要时给予适当抗凝药物。

2. 抗病毒治疗

（1）神经氨酸酶抑制剂：最常用的是奥司他韦，目前仅有口服制剂，研究表明早期应用可以降低病死率，对于疑似病例在明确病原学之前就可以尽早应用。成年人用量为 75mg，2 次/日，疗程 5 天，最常可延长到 10 天。儿童根据体重酌情减量。即使诊断较晚，禽流感病毒仍在复制，仍可以使用奥司他韦抗病毒治疗。

（2）金刚烷胺和金刚乙胺：适用于敏感禽流感病毒感染的治疗，10～65 岁，100mg 2 次/日，疗程 5 天，65 岁以上适当减量；1～9 岁，5mg/（kg·d）（最大 150mg/d），分两次口服。一般不主张抗病毒联合治疗。

3. 糖皮质激素　治疗目的是抑制肺组织局部的炎症损伤，减轻全身炎症反应状态，防止肺纤维化。应用指征为：短期内肺部病变进展迅速，氧合指数<300，并有下降趋势；合并脓毒症伴肾上腺功能不全。使用剂量为氢化可的松 200mg/d，或甲泼尼龙 0.5～1mg/（kg·d），短期应用，一般治疗时间不超过 1 周。糖皮质激素大剂量、长疗程治疗不推荐。

4. 抗生素　对于已经高度怀疑或已经确诊为人禽流感 A（H5N1）感染，一般不推荐使用抗生素治疗；如果住院期间发生院内感染，则根据感染部位和病原菌选择合适的抗生素。

5. 抗病毒血浆治疗　我国已有采用康复期血浆治疗成功的病例报道，也有采用 H5N1 疫苗免疫健康志愿者血浆治疗的尝试。但其疗效尚需要进一步临床研究证实。

6. 氧疗和呼吸支持　当禽流感患者出现呼吸衰竭时，有效的氧疗是最重要的治疗环节。对于鼻导管或面罩吸氧者，如果吸氧流量≤5L/min（或吸氧浓度≤40%），脉搏容积血氧饱和度（SpO_2）<93%，或呼吸频率仍≥30 次/分，应考虑无创机械通气治疗。无创正压通气适用于神志清楚、气道通畅、人机配合好的患者。当患者意识不清，依从性差，试用无创通气治疗 2 小时后氧合没有明显改善，就需要考虑有创通气治疗。

（曹　彬）

第五节　SARS 冠状病毒肺炎

SARS 冠状病毒肺炎即传染性非典型肺炎（简称非典），世界卫生组织（WHO）将其命名为严重急性呼吸综合征（severe acute respiratory syndrome，SARS），它是由新型冠状病毒（coronavirus，SARS-CoV）引起的急性呼吸道传染病。2002—2004 年曾在我国及部分国家和地区流行。SARS 冠状病毒属冠状病毒科冠状病毒属。该病毒在室温 24℃ 下的尿液里至少可存活 10 天，在腹泻患者的痰液和粪便里能存活 5 天以上，在血液中可存活约 15 天，在塑料、玻璃、马赛克、金属、布料、复印纸等多种物体表面均可存活 2～3 天。对温度敏感，随温度升高抵抗力下降，37℃ 可存活 4 天，56℃ 加热 90 分钟、75℃ 加热 30 分钟能够灭活病毒。紫外线照射 60 分钟可杀死病毒。该病毒对有机溶剂敏感，乙醚 4℃ 条件下作用 24 小时可完全灭活病毒，75% 乙醇作用 5 分钟可使病毒失去活力，含氯的消毒剂作用 5 分钟可以灭活病毒。

【流行病学】

1. 传染源　SARS 患者是主要传染源。极少数患者在刚出现症状时即具有传染性。一般情况下传染性随病程逐渐增强，在发病的第 2 周最具传播力。通常认为症状明显的患者传染性较强，特别是持续高热、频繁咳嗽、出现 ARDS 时传染性较强，退热后传染性迅速下降。尚未发现潜伏期患者以及治愈出院者有传染他人的证据。某些携带或感染 SARS 冠状病毒的动物可能为人类最初感染病例的来源。

2. 传播途径　近距离呼吸道飞沫传播，即通过与患者近距离接触，吸入患者咳出的含有病毒颗粒的飞沫，是 SARS 病毒经空气传播的主要方式，是 SARS 病毒传播最重要的途径；气溶胶传播是经空气传播的另一种方式；被高度怀疑为严重流行疫区的医院和个别社区是爆发的传播途径之一；通过手接触传播是另一种重要的传播途径。目前尚不能排除经肠道传播的可能性。尚无经过血液途径、性途径和垂直传播的流行病学证据；尚无证据表明苍蝇、蚊子、蟑螂等媒介昆虫可以传播 SARS-CoV。

3. 易感人群　一般认为人群普遍易感，但儿童感染率较低，原因尚不清楚。SARS 症状期与患者的密切接触者是 SARS 的高危险人群。医护人员和患者家属与亲友在治疗、护理、陪护、探望患者时，同患者近距离接触次数多，接触时间长，如果防护措施不力，很容易感染 SARS。从事 SARS-CoV 相关实验室操作的工作人员和果子狸等野生动物饲养销售的人员，在一定条件下，也是可能被感染的高危人群。

4. 流行季节　本病突然发生，对其是否有季节性尚难定论。但我国广东省高峰在 2 月份，3 月份病例显著减少。北京地区 3 月份出现病例，4 月份达高峰，5 月份病例有减少的趋势。从本病的主要传播途径分析，似乎冬春季节发病较多。

【临床表现】

1. 潜伏期　SARS 的潜伏期通常限于 2 周之内，一般为 2～10 天。

2. 临床症状与体征　急性起病，患者在发病后 2～3 周内都可能处于进展状态。

SARS 主要有三类临床症状：

（1）发热及相关症状：常以发热为首发和主要症状，体温一般高于 38℃，常呈持续性高热，可伴有畏寒、肌肉酸痛、关节酸痛、头痛、乏力。在早期，使用退热药可有效；进入进展期，通常难以用退热药控制高热。使用糖皮质激素可对热型造成干扰。

（2）呼吸系统症状：主要表现为咳嗽，无痰或少痰，少数患者出现咽痛。可有胸闷，严重者逐渐出现呼吸加速、气促，甚至呼吸窘迫。常无上呼吸道卡他症状。呼吸困难和低氧血症多见于发病 6～12 天以后。

（3）其他方面症状：部分患者出现腹泻、恶心、呕吐等消化道症状。

SARS 患者的肺部体征常不明显，部分患者可闻及少许湿啰音，病情严重者可有肺实变体征。偶有局部叩浊、呼吸音减低等少量胸腔积液的体征。

3. 胸部影像学检查　影像检查是 SARS 临床综合诊断的主要组成部分，也是指导治疗的重要依据。SARS 的 X 线和 CT 基本影像表现为磨玻璃密度影像和肺实变影像。

病变初期肺部出现不同程度的片状、斑片状磨玻璃密度影，少数为肺实变影。阴影常为多发和/或双侧改变，并于发病过程中呈进展趋势，部分病例进展迅速，短期内融合成大片状阴影。如果早期 X 线胸片阴性，尚需每 1～2 天动态复查。若有条件，可安排胸部 CT 检查，有助于发现早期轻微病变或与心影和/或大血管影重合的病变。必须定期进行胸部 X 线影像学复查，以观察肺部病变的动态变化情况。

4. 实验室检查　多数患者白细胞计数在正常范围内，部分患者白细胞计数减低。大多数 SARS 患者淋巴细胞计数绝对值减少，呈逐步减低趋势，并有细胞形态学变化。

SARS 特异性的检测方法包括检测病毒 RNA，特异性抗原 N 蛋白，以及特异性抗体，但要注意结果的解释。早期快速诊断，可采集患者咽拭子和鼻咽拭子、痰液、下呼吸道标本等；上述标本也可用于分离病毒。

5. 临床分期

(1) 早期：为病初的1~7天。起病急，以发热为首发症状，体温一般高于38℃，半数以上的患者伴有头痛、关节肌肉酸痛、乏力等症状，部分患者可有干咳、胸痛、腹泻等症状，但少有上呼吸道卡他症状，肺部体征多不明显，部分患者可闻及少许湿啰音。X线胸片肺部阴影在发病第2天即可出现，平均在4天时出现，95%以上的患者在病程7天内出现肺部影像改变。

(2) 进展期：多发生在病程的8~14天，个别患者可更长。在此期，发热及感染中毒症状持续存在，肺部病变进行性加重，表现为胸闷、气促、呼吸困难，尤其在活动后明显。X线胸片检查肺部阴影发展迅速，且常为多叶病变。少数患者（10%~15%）出现ARDS而危及生命。

(3) 恢复期：进展期过后，体温逐渐下降，临床症状缓解，肺部病变开始吸收，多数患者经2周左右恢复，可达到出院标准，肺部阴影的吸收则需要较长的时间。少数重症患者可能在相当长的时间内遗留限制性通气功能障碍和肺弥散功能下降，但大多可在出院后2~3个月内逐渐恢复。

【诊断及鉴别诊断】

1. 诊断标准

(1) 医学观察病例：无SARS临床表现，但近2周内曾与SARS患者或SARS疑似患者接触者，列为医学隔离观察者。应接受医学隔离观察。

(2) 疑似病例：对于缺乏明确流行病学依据，但具备其他SARS支持证据者，可以作为疑似病例，需进一步进行流行病学追访，并安排病原学检查以求印证。对于有流行病学依据，有临床症状，但尚无肺部X线影像学变化者，也应作为疑似病例。对此类病例，需动态复查X线胸片或胸部CT，一旦肺部病变出现，在排除其他疾病的前提下，可以作出临床诊断。

(3) 临床诊断病例：对于有SARS流行病学依据、相应临床表现和肺部X线影像改变，并能排除其他疾病诊断者，可以作出SARS临床诊断。

(4) 确诊病例：在临床诊断病例的基础上，若分泌物SARS-CoV RNA检测阳性，或血清（或血浆）SARS-CoV特异性抗原N蛋白检测阳性，或血清SARS-CoV抗体阳转，或抗体滴度升高≥4倍，则可做出确定诊断。

2. 鉴别诊断要点　SARS主要表现为肺炎，因此主要应与具有肺炎表现的患者进行鉴别。但由于引起肺炎的病原众多，因此鉴别起来有时非常困难，需要从临床去认真排查。

(1) 与非病毒性肺炎的鉴别：包括细菌性肺炎、真菌性肺炎、支原体肺炎、衣原体肺炎、军团菌肺炎。这些肺炎虽然部分可呈现聚集性发病，但多缺乏明确的传染性，也与职业无明确关系，多数外周血白细胞不降低，也很少出现T淋巴细胞的减少。细菌性肺炎可以见到空洞，咳痰量可以较多，查体肺部啰音比较明显。

(2) 流感病毒肺炎：本病的传染性较SARS冠状病毒更强，患者多表现为卡他症状，可有淋巴结肿大。患者常可追溯到流感病例的接触史。多数患者并不发生明显的肺炎，仅少部分患者出现严重的肺炎，甚至出现严重的继发感染。

(3) 其他病毒性肺炎：包括腺病毒、鼻病毒、呼吸道合胞病毒等。这些病原引起的肺炎多各有其特点，例如腺病毒、呼吸道合胞病毒可出现明显细支气管炎表现，也可出现明显的呼吸困难。但这些感染在儿童多见，很少表现为明显的传染性，与职业也无明显关系。

(4) 非感染因素导致的肺炎：理化因素、自身免疫因素均可导致肺炎的表现，但各有其临床特点。需要认真地询问病史，结合体检及辅助检查可以帮助确诊。

(5) 其他需要鉴别的疾病还包括肺结核、肺部肿瘤、非感染性间质性肺疾病、肺水肿、肺不张、肺栓塞、肺血管炎、肺嗜酸粒细胞浸润症等。

【治疗】

临床上应以对症支持治疗和针对并发症的治疗为主。

1. 卧床休息，注意维持水、电解质平衡，避免用力和剧烈咳嗽。

2. 密切观察病情变化。一般早期给予持续鼻导管吸氧。根据病情需要，每天定时或持续监测脉搏容积血氧饱和度（SpO_2）。

3. 咳嗽、咳痰者，腹泻患者，有心、肝、肾等器官功能损害者，应给予相应治疗处理。

4. 发热超过 38.5℃者，或全身酸痛明显者，可使用解热镇痛药。高热者给予冰敷、酒精擦浴、降温毯等物理降温措施。儿童禁用水杨酸类解热镇痛药。

5. 定期复查血常规、尿常规、血电解质、肝肾功能、心肌酶谱、T 淋巴细胞亚群（有条件时）和 X 线胸片等。

6. 糖皮质激素的使用。应用指征为：①有严重中毒症状，高热 3 日不退；②48 小时内肺部阴影进展超过 50％；③有急性肺损伤或出现 ARDS。具备以上指征之一即可应用。

成人推荐剂量相当于甲泼尼龙 2～4mg/（kg·d），具体剂量可根据病情及个体差异进行调整。开始使用糖皮质激素时宜静脉给药，当临床表现改善或 X 线胸片显示肺内阴影有所吸收时，应及时减量、停用。一般每 3～5 天减量 1/2 至 1/3，不宜过大剂量或过长疗程。应同时应用制酸剂和胃黏膜保护剂，还应警惕骨缺血性改变和继发感染，包括细菌或/和真菌感染，以及原已稳定的结核病灶的复发和扩散。

7. 抗生素、抗病毒药物和增强免疫功能药物的使用。抗菌药物的应用目的主要为两个，一是用于对疑似患者的试验治疗，以帮助鉴别诊断；二是用于治疗和控制继发细菌、真菌感染。鉴于 SARS 常与社区获得性肺炎（CAP）相混淆，而后者常见的致病原为肺炎链球菌、支原体、流感嗜血杆菌等，在诊断不清时可选用喹诺酮类或 β-内酰胺类联合大环内酯类药物试验治疗。继发感染的致病原包括革兰阴性杆菌、耐药革兰阳性球菌、真菌及结核分枝杆菌，应有针对性地选用适当的抗菌药物。

目前尚未发现针对 SARS-CoV 的特异性药物。胸腺肽、干扰素、静脉用丙种球蛋白等非特异性免疫增强剂对 SARS 的疗效尚未肯定，不推荐常规使用。SARS 恢复期血清的临床疗效尚未被证实，对诊断明确的高危患者，可在严密观察下试用。

【应急处理】

1. 疫情报告　根据传染病法，本病属乙类传染病，但按甲类传染病处理。按照《突发公共卫生事件应急条例》、卫生部《突发公共卫生事件与传染病疫情监测信息报告管理办法》的有关规定，责任报告单位和责任疫情报告人发现 SARS 患者或疑似患者时，应于 2 小时内将传染病报告卡通过网络报告；未实行网络直报的责任报告单位应于 2 小时内以最快的通讯方式（电话、传真）向当地县级疾病预防控制机构报告，并于 2 小时内寄送出传染病报告卡。县级疾病预防控制机构收到无网络直报条件责任报告单位报送的传染病报告卡后，应于 2 小时内通过网络进行直报。

2. 患者隔离及医护人员防护　SARS 具有较强的传染性，为有效地预防交叉感染，发现可疑 SARS 患者后应立即就地呼吸道隔离。医务人员接触患者时，应佩戴 N95 口罩，并穿隔离衣、戴手套和防护眼镜。患者则应戴医用口罩。患者的排泄物和呕吐物应按照有关规定进行消毒。医院必须采取严格的消毒、隔离、防护措施，预防医务人员发生感染，控制医院感染的发生。有关消毒、隔离、防护的具体规定，见卫生部委托中华医院管理学会制订的《医院预防与控制非典型肺炎（SARS）医院感染的技术指南》。

3. 采样　当发现可疑非典型肺炎患者时，在隔离治疗患者同时需积极采集呼吸道分泌物、血清、尿便标本，密封放于专用冰箱等待转送有关部门进行检测。

4. 密切接触者的调查及隔离　发现患者后应进行积极的流行病学调查，找出患者的密切接触者进行居家隔离并进行医学观察。有发热症状者应送医院进行相应检查，必要时住院隔离。

（王广发）

第四章 支气管扩张症

支气管扩张症（bronchiectasis）是指中等大小的近端支气管由于管壁的肌肉和弹性成分的破坏导致其异常扩张，主要临床表现为慢性咳嗽、咳大量脓痰和/或反复咯血，常伴有不同程度的肺功能障碍。部分患者常无症状或仅在尸检时发现。自抗生素和疫苗问世以来，该病的发病率已有明显下降。但由于支气管扩张症病程迁延反复，仍是呼吸系统的常见病之一。

【病因及发病机制】

发病因素较多，直接或间接影响支气管壁防御功能的疾病均可导致支气管扩张。主要的发病因素为支气管-肺感染和支气管阻塞，两者相互影响，导致支气管扩张症的发生和发展。

1. 支气管-肺感染　支气管-肺组织感染是最常见原因，尤其是婴幼儿时期病毒、细菌感染，损害支气管壁各层组织，使支气管弹性减弱，从而导致支气管扩张。支气管内膜结核引起管腔狭窄、阻塞，也可导致支气管扩张。肺结核病灶愈合后的纤维组织牵张亦可引起支气管扩张。支气管-肺曲霉病亦可损害支气管壁组织，导致支气管近端的扩张。

2. 支气管阻塞　吸入异物，肿瘤和感染可引起管腔内阻塞。肺癌、结核和结节病等所致的肺门淋巴结肿大，可压迫支气管引起管腔阻塞，伴或不伴有肺不张，均可发生阻塞远端的支气管扩张。由于支气部分阻塞时形成活瓣作用，使得气体吸入容易而呼出困难，阻塞部位以下的支气管内压逐渐增高，造成管腔扩张；同时支气管阻塞导致肺不张，失去肺泡弹性组织的缓冲，增加受累气道周围的肺泡内压力，牵拉附近支气管，促进支气管扩张的发生。另一方面气道部分阻塞可引起支气管廓清功能减弱，易引起继发感染而破坏支气管管壁，导致本病。右中叶支气管细长，有内、外、前三组淋巴结围绕，常因非特异性或结核性淋巴结肿大而压迫支气管，引起右中叶不张和反复感染，称为右中叶综合征。

3. 先天性发育障碍和遗传因素　支气管先天性发育异常，如肺隔离症、支气管软化、支气管囊肿、软骨缺陷、支气管内畸胎瘤、巨大气管-支气管、异性支气管、气管-食管瘘等疾病，由于先天性支气管壁组织发育异常，常导致支气管扩张。遗传性疾病如纤毛不动综合征、囊性纤维化等亦可发生支气管扩张。

4. 全身性疾病　任何能引起炎症性支气管壁损害的疾病都能引起支气管扩张，如风湿性疾病，其中关系较密切的有类风湿性关节炎、干燥综合征、强直性脊柱炎、复发性多软骨炎、系统性红斑狼疮、马方综合征等。炎症性肠病、获得性免疫缺陷综合征（AIDS）、黄甲综合征（yellow nail syndrome, YNS）等疾病可同时伴有支气管扩张。支气管扩张亦与免疫系统缺陷有关，尤其是体液免疫缺陷者，患病危险明显增加。

【病理】

支气管扩张症通常发生于直径＞2mm中等大小的支气管，其下更小的支气管则形成瘢痕而闭塞。按形态学可分为柱状、囊状、囊柱型支气管扩张。支气管扩张可以是弥漫性发生于双侧肺脏的多个肺叶，亦可为局限性病灶。多见于引流不畅的支气管，如双肺下叶的后基底段是病变最常累及的部位，且左肺多于右肺，左舌叶支气管开口接近下叶背段，易受下叶感染波及，因此临床上常见到左下叶与舌叶支气管扩张同时存在。上叶支气管扩张通常发生在后段和尖段，通常原因是支气管内膜结核、肺曲霉菌病和囊性纤维化。与系统性疾病相关的支气管扩张可以发生在肺内的任何部位。

支气管扩张常伴支气管动脉的扩张、增生和扭曲，支气管动脉和肺动脉之间形成广泛的血管吻合支，由于支气管循环与气管-支气管的密切关系，它在咯血中扮演着重要角色，并且由于支气管及其小动脉承受着体循环的高压，有大出血的风险。

【临床表现】

病程多呈慢性经过，起病多在青少年，多数患者童年有麻疹、百日咳或支气管肺炎迁延不愈的病史，以后常有反复发作的下呼吸道感染。部分患者无病史。全身性疾病伴发者或有原发病变者具有基础疾病的临床表现。

（一）症状

1. 慢性咳嗽、脓痰　与体位变化有关，通常发生于早晨和晚上，体位变化时痰液在气道内流动而刺激气道黏膜引起咳嗽和咳痰，痰液为脓性或黏液脓性。咳痰的量和性状取决于病情轻重及是否合并感染。如果以24h的痰量作为评价疾病严重性的指标，可以将其分为轻、中和重度支气管扩张，其24h的痰量分别为<10ml、10～150ml和>150ml。当合并急性感染时，每天黄绿色脓痰量可达数百毫升，收集全日痰量并静置于玻璃瓶中，数小时后痰液可分离成四层：从上至下依次为黏液泡沫、脓液、混浊浆液和坏死沉淀组织，此为典型支气管扩张的痰液改变。

2. 反复咯血　多数患者有程度不等的咯血，从痰中带血到大咯血，有时咯血量与病情严重程度、病变范围不一致。所谓"干性支气管扩张"是以反复咯血为惟一症状，其病变多位于引流良好的区域如肺上叶。

3. 反复肺部感染　其特点是同一肺段反复发生肺炎并迁延不愈。由于支气管的持续性炎症反应，部分患者可出现可逆性的气流阻塞和气道高反应性，表现为喘息、呼吸困难等。

4. 慢性感染中毒症状　若反复继发感染，患者可有发热、乏力、食欲减退、消瘦和贫血等，儿童可影响生长发育。

（二）体征

早期或干性支气管扩张可无异常肺部体征，病变严重或继发感染时，在病变部位可闻及固定而持久的局限性湿啰音，有时可闻及哮鸣音。慢性支气管扩张全身营养状况较差、可伴有杵状指（趾）。出现肺气肿、肺心病等并发症时有相应体征。

【相关检查】

1. 一般检查　血常规检查：白细胞计数和分类升高提示支气管扩张患者存在急性细菌感染。痰培养及药敏试验可判断致病微生物，并对抗生素的选择具有重要的指导意义。

2. 影像学　对诊断具有重要意义。轻症患者胸部X线常无特殊发现，或仅有病变部位肺纹理增多。典型表现：柱状扩张为轨道征，囊状扩张为卷发样阴影，感染时阴影内出现液平面。胸部CT显示：柱状扩张管壁增厚，囊状扩张成串成簇的囊状改变（图2-4-1）。高分辨CT（HRCT）能更清晰地显示支气管管壁、管腔以及伴随的血管影，对常规CT不能发现的小的病变支气管显示较佳，较为准确地诊断支气管扩张的类型、程度、病变的范围。因此，HRCT是诊断支气管扩张最有效的检查方法，已基本取代支气管造影。

3. 支气管镜检查　可发现支气管扩张患者的出血部位或阻塞原因。此外，经保护性刷检和支气管肺泡灌洗检查对确定感染的病原学有重要价值。

4. 肺功能检查　支气管扩张的呼吸功能改变与病变的范围及性质有密切的关系。由于肺具有极大的通气储备能力，支气管扩张病变轻且局限时，肺功能测定可在正常范围。病变范围较大时，肺功能检查提示不同程度的阻塞性通气功能障碍。病变严重而广泛，且累及胸膜时，则出现混合性通气功能损害，可

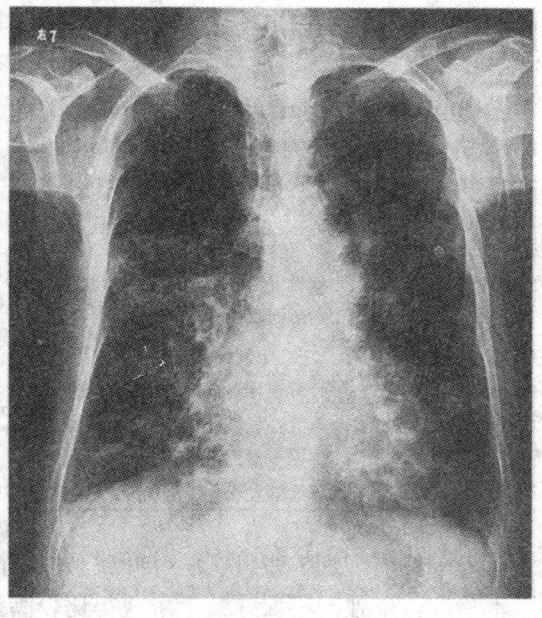

图 2-4-1　支气管扩张的CT表现

能伴有弥散功能障碍。研究证实,部分支气管扩张患者存在可逆性气流阻塞或气道高反应。由于通气/血流比率失衡、肺内分流以及肺泡弥散障碍导致低氧血症。当病变进一步发展最终发展为肺源性心脏病和右心衰竭。

【诊断及鉴别诊断】

根据慢性咳嗽、大量脓痰和/或反复咯血,肺部同一部位反复感染等病史,肺部可闻及固定而持久的局限性湿啰音及相关疾病的表现,一般可以作出初步诊断。尚需进行胸部影像学检查以明确诊断和判断病变的部位和程度。HRCT通常可确定诊断,对确定需手术治疗者的病变范围具有重要的价值。

支气管扩张是一种不可逆性的肺损害,其诊断需与具有可逆性特征的其他肺部疾病相鉴别,包括肺炎、支气管哮喘、慢性阻塞性肺疾病、肺不张、肺结核和肺脓肿等,还要与先天性肺囊肿、先天性支气管囊肿、弥漫性泛细支气管炎等疾病鉴别。

【治疗】

治疗原则为控制感染、促进痰液引流、必要时进行手术治疗。

(一) 内科治疗

治疗的目标是控制症状以及延缓疾病的进展。同时及时治疗原发病,以及对症支持疗法包括加强营养、纠正脱水和贫血等,缺氧患者应行氧疗。

1. 控制感染 是急性感染期的主要治疗措施。积极应用抗菌药物控制感染,尽可能根据痰培养及药敏试验结果选择抗菌药物。轻症者可选用口服药物,重症者可静脉使用抗菌药物。疗程以控制感染为宜,避免长期应用继发真菌感染。

2. 促进痰液引流 具有重要的治疗作用。支气管扩张患者排痰通畅时自感轻松,若痰液排出不畅,则胸闷不适,全身症状亦趋明显。痰液顺利排出可有效控制感染并缩短住院天数。

(1) 祛痰药物:可使痰液稀薄,便于排出,如蛋白分解酶制剂能使黏液糖蛋白裂解等,临床常用溴己新(bromhexine)8~16mg或氨溴索(ambroxol)30mg,3次/天。

(2) 支气管舒张剂:不仅可缓解气急等症状,亦有利于痰液的排出。支气管舒张剂的选用,请参阅慢性阻塞性肺疾病章节。

(3) 体位引流:是依靠重力作用促使各肺叶或肺段气道分泌物引流排出,以达到缓解症状目的。原则是将病变部位置于高位,使引流支气管的开口方向向下。引流前可以进行雾化,引流时辅以间歇做深呼吸后咳嗽、轻拍患部等护理,以提高效果。

(4) 支气管镜吸痰:经体位引流效果不佳者,可用支气管镜进行吸痰;支气管肺泡灌洗,可以清除管腔内的分泌物,局部注入抗菌药物以增强抗感染效果。

3. 咯血的处理 大量咯血可以引起窒息死亡,应紧急救治。急救原则主要是镇静,止血,使呼吸道通畅,预防窒息。少量至中等量咯血多以安慰患者、消除紧张、卧床休息为主,可用氨基乙酸、氨甲苯酸、酚磺乙胺、卡络柳钠等药物止血。大咯血时先用垂体后叶素5~10单位,溶于20ml生理盐水稀释,静脉缓慢推注10分钟以上,或以10~20单位加入5%葡萄糖液500ml,按0.1U/(kg·h)缓慢静脉滴注。垂体后叶素收缩小动脉,使肺循环血量减少而达到较好止血效果。高血压、冠状动脉粥样硬化性心脏病、心力衰竭患者和孕妇禁用。对支气管动脉破坏造成的大咯血可采用急诊支气管动脉栓塞术。大咯血时,若患者突然停止咯血,并出现呼吸急促、面色苍白、口唇发绀、烦躁不安时,常为咯血窒息,立即置患者取头低脚高位45℃俯卧位,同时拍击健侧背部,保持充分体位引流,尽快将积血块由气管排出,必要时可进行气管插管,经纤维支气管镜吸引或气管切开。

(二) 外科手术

对局限性支气管扩张可实施肺叶或肺段切除术,但双侧弥散性、进展性支气管扩张患者不适宜外科手术治疗,单独内科保守治疗可获得比较满意的效果。反复大咯血患者,在明确诊断并确定病变部位后进行手术治疗。对于终末期支气管扩张患者以及呼吸衰竭的患者可以考虑肺移植。

【预防】

针对麻疹和百日咳的儿童免疫有助于减少支气管扩张的发生。对支气管扩张患者主要是预防急性发作包括戒烟，每年定期接种流感疫苗和（或）肺炎疫苗，或使用一些免疫调节剂，以增强抵抗力，有助于减少呼吸道感染。

(袁雅冬)

第五章 结 核 病

结核病（tuberculosis）是由结核分枝杆菌（*mycobacterium tuberculosis*）引起的传染性疾病，人类与结核病的斗争经历了五个主要阶段：①结核杆菌被发现以前；②1882年发现结核杆菌；③19世纪20年代开始采用卡介苗接种；④1944年链霉素用于抗结核治疗，随后多种抗结核药问世，开始了结核病的化疗时代；⑤世界卫生组织（WHO）倡导控制结核病的短程督导化疗（DOTS），开创了控制结核病的新历程。

第一节 肺 结 核

肺结核病（pulmonary tuberculosis，pulmonary TB）是由结核分枝杆菌（*mycobacterium tuberculosis*）引起的传染性疾病，感染结核分枝杆菌后约有1/10的人在一生中有发生结核病的危险，人体许多脏器可以发生结核病，以肺结核最常见。

【流行病学】

（一）全球结核病流行状况

2001年世界卫生组织（WHO）估算全球有20亿人已受结核杆菌感染，每年有约6500万人受到结核病感染，全球结核病发病率每年平均增加0.4%。2006年估算全球结核病病例915万人，新涂阳病人410万，当年各国报告结核病新病例527万人，报告涂阳结核病新病例250万人。世界卫生组织认为2005年在世界范围内结核病发病率首次趋于平稳。

结核病是全世界由单一致病菌引致死亡数最多的疾病。全球80%的结核病人在22个结核病高负担国家。中国是结核病高负担国家之一，结核病人数居世界第二位。

（二）我国结核病流行状况

我国于1979年、1984/1985年、1990年和2000年进行了四次全国肺结核病流行病学抽样调查，其基本情况如下：

1. 肺结核患病情况

（1）活动性肺结核患病率、涂阳患病率、菌阳患病率：2000年全国结核病流行病学抽样调查结果显示，全国活动性肺结核患病率（the prevalence of active pulmonary TB）为367/10万，痰涂片阳性（涂阳）肺结核患病率（the prevalence of smear positive pulmonary TB）为122/10万，培养阳性（菌阳）肺结核患病率（the prevalence of bacteriological positive pulmonary TB）为160/10万。估算全国有活动性肺结核病人（active pulmonary TB patients）约450万名，其中涂阳肺结核病人（smear positive pulmonary TB patients）150万名，菌阳肺结核病人（bacteriological positive pulmonary TB patients）200万名。

（2）不同年龄、性别的肺结核患病率：除35岁年龄组的涂阳和菌阳肺结核患病率的男女性别无差异外，其余年龄组的活动性、涂阳和菌阳肺结核患病率，男性均高于女性，并随年龄的增长，肺结核患病率呈上升趋势，55岁以后明显上升，至75岁达到最高峰。

（3）不同地区的肺结核患病率：按照我国各省经济及地域的分布，分成东、中、西部三类地区。东部地区的肺结核病疫情比中、西部地区的低。

（4）城市、城镇、农村的肺结核患病率：我国人口80%居住在农村，结核病疫情最严重的地区也在农村。

2. 我国肺结核病患病趋势

（1）肺结核患病率下降缓慢：为了解肺结核病患病趋势，对历次调查患病率进行标准化处理，

1979年、1990年和2000年活动性肺结核标化患病率分别为796/10万、523/10万和300/10万，1979至2000年的年递降率为4.5%。2000年涂阳标准化患病率为97/10万，与1990年（134/10万）相比，下降幅度为27.6%，1990—2000年年递降率为3.2%。全国肺结核患病率呈缓慢下降的趋势。

(2) 实施结核病控制项目地区患病率下降明显：我国自1992年起在河北等13个省、市、自治区开展了结核病控制项目（tuberculosis control project），以发现和治疗涂阳肺结核病人作为主要的控制策略，对发现的涂阳肺结核病人实施免费短程督导化疗（directly observed treatment, short-course, DOTS），这些地区的涂阳患病率下降比非项目地区明显。

3. **肺结核病人耐药率** 392株结核分枝杆菌中，283株（72.2%）对异烟肼、链霉素、利福平、乙胺丁醇、对氨基水杨酸钠和磺胺硫脲等6种抗结核药全部敏感，对1种或1种以上药物耐药109株，总耐药率（drug resistance rate）为27.8%。其中初始耐药率（initial drug resistance rate）为18.6%，获得性耐药率（acquired drug resistance rate）为46.5%。利福平的耐药率由1984—1985年的13%增至2000年的16.6%，利福平的获得性耐药率由1984—1985年的15.9%至2000年增至29.5%。耐多药率（multiple drug resistance rate, MDR）为10.7%，其中初始耐多药率（initial MDR）为7.6%，获得性耐多药率（acquired MDR）为17.1%。

4. **结核病死亡率** 1999年结核病死亡回顾性调查，全结核死亡率（tuberculosis mortality）为9.8/10万，肺结核死亡率（pulmonary TB mortality）为8.8/10万，推算全国1999年死于结核病的人数约为13万人。与1983—1984年相比，15年间结核病死亡率年均递降率为8.1%。结核病死亡居各种死因顺位第9位。结核病死亡占各种传染病、寄生虫病死亡的65.1%，为其他各种传染病、寄生虫病死亡总和的2倍。

【病因和发病机制】

（一）结核杆菌

1882年Koch发现结核杆菌（*bacillus tuberculosis*）为结核病的病原菌。1896年Lehman和Neuman将其命名为结核分枝杆菌（*mycobacterium tuberculosis*）。分枝杆菌属是好氧、无运动能力、缓慢生长的杆菌，有分枝生长的倾向，一般不易着色，一旦着色后可抵抗酸酒精的脱色，故又称为抗酸杆菌。结核分枝杆菌对外界抵抗力较强，在阴湿处能生存5个月以上；但在阳光下曝晒2小时，5%～12%甲酚皂溶液接触2～12小时，70%酒精接触2分钟，或煮沸1分钟，即可被杀灭。最简便的灭菌方法是直接焚毁带有病菌的容器。结核分枝杆菌生长缓慢，增殖一代需10～20小时，生长成肉眼可见的菌落一般需4～6周，至少需2周。

结核分枝杆菌可分为人型（*M. tuberculopsis*）、牛型（*M. bovis*）等，人型为人类结核病的主要病原菌。

病灶中菌群常包括数种生长速度不同的结核分枝杆菌。A群：生长繁殖旺盛，存在于细胞外，致病力强，传染性大，多在疾病早期的活动性病灶内、空洞壁内或空洞内，易被抗结核药物所杀灭，尤以异烟肼效果最好，起主要杀菌作用，链霉素及利福平亦有效。B群：为细胞内菌，存在于巨噬细胞内，细菌得到酸性细胞质的保护能够生长，但繁殖缓慢。吡嗪酰胺在pH<5.5时，杀菌效果较好。C群：为偶尔繁殖菌，存在于干酪坏死灶内，生长环境对细菌不利，结核杆菌常呈休眠状态，偶尔发生短暂的生长繁殖，仅对少数药物如利福平敏感。B群与C群为顽固菌，暂时休眠，可能存活数月、数年，亦称"持续存活菌"，常为日后复发的根源。D群为休眠菌，病灶内有少量结核杆菌完全处于休眠状态，无致病力及传染性，药物对其无作用。上述按细菌生长繁殖分组对药物选择有重要指导意义。

在繁殖过程中，结核杆菌由于染色体基因突变而产生耐药性，耐药性是结核杆菌的重要生物学特性，耐药菌不断生长繁殖，终致菌群中以耐药菌为主（敏感菌被药物淘汰），抗结核药物即失效。结核杆菌发生耐药性有两种情况，一是由基因突变而出现的极少量天然耐药菌（自然变异），通常不致引起严重后果；另一种发生耐药性的机制是药物与结核杆菌接触后，有的细菌发生诱导变异，逐渐能适应在含药环境中继续生存（继发耐药）。在固体培养基中每毫升含异烟肼（INH）1μg/ml、链霉素（SM）10μg/ml、利福平（RFP）50μg/ml能生长的结核杆菌分别称为各药的耐药菌。耐INH菌株对动物的致病力显著减弱，耐SM菌的致病力一般不降低，耐RFP菌的致病力有不同程度降低，对RFP及INH同时耐药的结核杆菌，其致病力降低较单一耐INH者更显著。

临床上的分枝杆菌培养阳性中约有5%为非结核分枝杆菌（除结核分枝杆菌与麻风分枝杆菌以外的分枝杆菌），亦是抗酸杆菌，广泛存在于自然界；当机体免疫受损时，可引起肺内或肺外感染，其临床表现酷似结核病，但多数对抗结核药不敏感。

（二）感染途径

呼吸道感染是肺结核的主要感染途径，飞沫感染为最常见的方式。传染源主要是排菌的肺结核患者（尤其是痰涂片阳性未经治疗者）。小于10μm的微滴核可被吸入呼吸道，健康人因吸入患者咳嗽、打喷嚏时喷出的带菌飞沫而受感染。感染的次要途径是经消化道进入体内，饮用未经消毒的带有牛型结核分枝杆菌的牛乳，可能引起肠道结核感染。少量、毒力弱的结核杆菌多能被人体免疫防御机制所杀灭，仅当受大量、毒力强的结核杆菌侵袭而机体免疫力不足时才可导致发病。

（三）人体的反应性

1. 免疫与变态反应 人体对结核杆菌的自然免疫力（natural immunity）是非特异性的。接种卡介苗（Bacille Calmette-Guérin，BCG）或受结核杆菌感染后所获得的免疫力（acquired immunity）则具有特异性，能将入侵的结核杆菌杀死或严密包围，制止其扩散，使病灶愈合。结核病的免疫主要是细胞免疫，表现为淋巴细胞的致敏与吞噬细胞功能的增强。入侵的结核杆菌被吞噬细胞吞噬后经加工处理，将抗原信息传递给T淋巴细胞，使之致敏。当致敏的淋巴细胞再次接触结核杆菌时可释放出多种淋巴因子（包括趋化因子、巨噬细胞移动抑制因子、巨噬细胞激活因子等），使巨噬细胞聚集在细菌周围，吞噬并杀灭细菌，然后变成类上皮细胞及朗格汉斯巨细胞，形成结核结节，使病变局限化。

结核杆菌侵入人体后4～8周，身体组织对结核杆菌及其代谢产物所发生的敏感反应为变态反应，人体对结核杆菌及其代谢产物的此种细胞免疫反应属于Ⅳ型（迟发型）变态反应，与另一亚群T淋巴细胞释放的炎性介质、皮肤反应因子及淋巴细胞毒素等有关。局部可出现炎性渗出，甚至干酪坏死，常伴有发热、乏力及食欲减退等全身症状。此时如做结核菌素皮肤试验，可呈阳性反应，注射局部组织充血水肿，并有大量致敏的T淋巴细胞浸润。

免疫反应与变态反应常同时存在，如接种卡介苗后可产生免疫力，同时结核菌素反应（变态反应）亦转为阳性，但引起两者的抗原成分不同；两者的出现亦可能与机体不同T淋巴细胞亚群所产生的淋巴因子有关。免疫反应对人体起保护作用，而变态反应则通常伴有组织破坏。严重疾病、营养不良、HIV感染或使用免疫抑制药物，均可降低免疫力，变态反应也同时受到抑制，表现为结核菌素试验的反应减弱或无反应。当全身情况改善或停用抑制免疫的药物后，随着免疫与变态反应的恢复，结核菌素反应亦变为阳性。免疫反应与变态反应有时亦不尽平行，与人体复杂的内外环境、药物的影响，以及感染菌量及毒力等因素有关。总之，入侵结核杆菌的数量、毒力及人体免疫力、变态反应的高低，决定感染后结核病的发生、发展与转归，人体抵抗力处于劣势时，结核病常易于发展；反之，感染后不易发病，即使发病亦较轻，且易治愈。

2. 初感染与再感染 肺部首次（常为小儿）感染结核杆菌后（初感染），细菌被吞噬细胞携至肺门淋巴结（淋巴结肿大），并可全身播散（隐性菌血症），此时若机体免疫力低下，可能发展为全身性结核病。但在成人机体已有一定的免疫力，再感染结核杆菌后，多不引起局部淋巴结肿大，亦不易发生全身播散，而在再感染的局部发生剧烈组织反应，病灶多为渗出性，甚至干酪样坏死、液化而形成空洞。

（四）原发性与继发性肺结核

肺结核分原发性与继发性两大类。所谓原发性肺结核（primary complex），是指结核杆菌初次感染而在肺内形成原发性结节，并沿淋巴管扩散到附近的淋巴结。继发性肺结核通常发生在曾受过结核杆菌感染的成年人，此时人体对结核杆菌具有一定的免疫与变态反应，潜伏在肺内的结核杆菌重新活跃，病灶部位多在肺尖附近，一般不波及淋巴结，亦很少引起血行播散，但肺内局部病灶炎症反应剧烈，容易发生干酪样坏死及空洞，与原发性肺结核有所不同。

【病理】

（一）结核病的基本病理变化

结核病变的性质、范围，病理类型转变的可能性及速度与人体免疫力及变态反应性有关，也与结核杆菌入侵的数量及其毒力有密切关系，因此结核病的病理变化和发展过程相当复杂，结核患者的病变部位也不一定出现全部的基本病理变化。

1. 渗出为主的病变　表现为组织充血、浆液、中性白细胞和淋巴细胞浸润。早期渗出病变中有嗜中性粒细胞，以后逐渐被单核细胞（吞噬细胞）所代替。在大单核细胞内可见到吞入的结核杆菌，渗出性病变通常出现在结核炎症的早期或病灶恶化时，亦可见于浆膜结核。当病情好转时，渗出性病变可完全消散吸收。

2. 增殖性为主的病变　增殖性为主的病变是结核病病理形态的特异性改变，即结核结节（tubercles），是感染结核杆菌菌量少、毒力低，机体具有一定免疫力的表现。开始时可有一短暂的渗出阶段。当单核细胞吞噬并消化了结核杆菌后，菌体的磷脂成分使大单核细胞形态变大而扁平，类似上皮细胞，称"类上皮细胞"。类上皮细胞聚集成团，中央可出现朗格汉斯巨细胞，后者可将结核杆菌抗原的信息传递给淋巴细胞，在其外周常有较多的淋巴细胞，形成典型的结核结节，为结核病的特征性病变，"结核"也因此得名。结核结节中通常不易找到结核杆菌。增生为主的病变多发生在菌量少、人体细胞免疫占优势的情况下。

3. 变质为主的病变（干酪样坏死）　变质为主的病变（干酪样坏死）常发生于侵入结核杆菌菌量多，机体抵抗力低、变态反应强烈时，在渗出或增殖性病变的基础上，病变中结核杆菌破坏巨噬细胞后不断繁殖，使细胞混浊肿胀，发生脂肪变性，溶解碎裂，直至细胞坏死。炎症细胞死后释放蛋白溶解酶，使组织溶解坏死，形成凝固性坏死。因含多量脂质使病灶在肉眼观察下呈黄灰色，质松而脆，状似干酪，故名干酪样坏死，镜检可见一片凝固的、染成伊红色的、无结构的坏死组织。

上述三种病变可同时出现于一个病例的肺部病灶中，但通常以一种为主，如在渗出性及增生性病变的中央，可出现少量的干酪样坏死；而变质为主的病变，常同时伴有程度不同的渗出与结核结节的形成。

（二）结核病变的转归

结核病理改变的演变与机体全身免疫功能及肺局部免疫力的强弱有关。纤维化是免疫力强的表现，而形成空洞则常表示免疫力低下。

1. 病变愈合　主要表现为吸收、纤维化和钙化。当人体免疫力增强及使用抗结核药物治疗后，病灶可逐渐愈合，渗出性病灶通过单核-吞噬细胞系统的吞噬作用而吸收消散，甚至不留瘢痕；较小的干酪样坏死或增生性病变亦可经治疗后缩小、吸收，仅留下轻微纤维瘢痕；干酪样坏死病灶中，液化的干酪样坏死物部分可被吸收，部分由支气管排出后形成空洞，病灶在愈合过程中常伴有纤维组织增生，形成条索状瘢痕；干酪样病灶亦可因失水、吸收及钙盐沉着，形成钙化灶而愈合。

2. 结核病灶的播散及恶化　主要是病变扩大、空洞形成，并沿气管、血液循环与淋巴系统传播。人体初次感染结核杆菌时，结核杆菌可被细胞吞噬，经淋巴管带至肺门淋巴结，若坏死病灶侵蚀血管，结核杆菌可通过血循环，引起包括肺在内的全身粟粒性结核病。肺内结核杆菌亦可沿支气管播散，在肺内的其他部位形成新的结核病灶。吞入大量含结核杆菌的痰进入胃肠道，可引起腹部的原发综合征（primary complex）。肺结核可直接扩展至胸膜引起结核性胸膜炎（tuberculosis pleurisy）。

【临床表现】

肺结核发病缓慢、病程长、临床症状轻重不一，轻者可无症状，在健康体检时发现，但大多数病人有咳嗽、咳痰、咯血、发热、胸痛等肺结核病可疑症状。2000年调查活动性结核病人中，有肺结核症状者占85.8%，无肺结核症状占14.2%。涂阳病人中，有肺结核症状者占93.3%，无肺结核症状者占6.7%。在肺结核病人中，最常见的症状是咳嗽（94.2%）及咳痰（77.8%），以下依次为胸闷气短（45.6%）、低热（30.5%）、血痰（18.6%）、咯血（10.8%）及其他。

（一）临床症状

1. 全身症状 由于结核杆菌毒素和代谢产物对中枢神经系统的刺激而出现全身结核中毒症状。新发病者或处于稳定期的患者病情出现恶化时表现为发热、乏力、周身不适、困倦、食欲缺乏、消瘦、盗汗等。其中发热预示着肺结核病的活动和进展。热型和持续时间视肺结核类型而不同。急性血行播散性肺结核、表现为干酪性肺炎的浸润性肺结核、结核性胸膜炎往往以弛张热型为主；其余类型多以午后低热为主，从微热至高热不等，也可出现长期持续的弛张热和不规则热，发热程度较高、持续时间较长者，往往病变范围广泛、病情较重。重症患者可发展为厌食以至极度消瘦、体重下降，上述症状多随病情好转而消失。

2. 局部症状

（1）咳嗽、咳痰：疾病的初期表现轻咳、无痰或少量白色、灰白色黏液痰，伴继发感染时咳嗽加剧，咳大量黄色黏液痰、脓性痰。

（2）咯血：结核病灶进展、血管受侵或肺纤维组织被牵拉可造成咯血。咯血量依受累血管大小不同而表现为咯血痰、小量咯血和大咯血。动脉血管破裂的咯血量远比静脉血管破裂所致咯血量为多，肺结核空洞动脉瘤破裂可造成致命性大咯血，导致失血性休克，或因血块堵塞而窒息。反复咯血常可引起肺内病变的播散。

（3）气短和呼吸困难：重症肺结核患者常随肺部呼吸面积逐渐减损而出现程度不同的呼吸困难。

（4）胸痛：较多病人感胸背部不适或轻微隐痛，疼痛部位常较固定并与呼吸无关。

（二）体征

轻症患者缺乏明显的体征，重症患者视合并症不同可表现面容憔悴、苍白，痛苦面容或发绀、消瘦或水肿、皮肤微汗、潮湿等。较多患者伴有颈部、腋下、腹股沟等处一组或多组，单个或多个淋巴结增大，有或无粘连，除急性炎症期外一般无压痛。个别患者有肛瘘、皮肤瘘道和瘰疬等皮肤损伤。

胸部体征：早期病灶小或位于肺组织深部时多无异常体征，病变范围较大时，叩诊呈浊音。咳嗽或深吸气后，可听到捻发音或支气管肺泡呼吸音。在伴发感染或有支气管扩张时，在相应部位可闻及不同程度的湿性啰音。

由于肺组织纤维化和胸膜增厚，或因胸膜腔大量积气和积液，均可致胸廓变形，前者患侧胸廓塌陷，呼吸运动减弱；后者胸廓饱满，触诊语颤减弱或消失，积气者叩诊呈鼓音或过清音，少量积液时呼吸音减弱，中等量积液和大量积液时呼吸音消失。当出现液气胸时，将病人的胸部向两侧摇晃时可听到震水音。当以肺实变为主时则语颤增强；可闻及支气管肺泡呼吸音或干湿性啰音。如病变远离肺脏边缘或伴胸膜增厚者，上述呼吸音常较微弱。有巨大空洞但引流支气管通畅者，可于病变部位听到空瓮音。

肺结核活动性判定：肺结核有无活动性对治疗和管理十分重要。痰菌检查（涂片和培养）是判断肺结核是否活动的重要依据，近年来痰菌检查阳性率有所提高，疑诊肺结核但痰菌阴性者，应结合临床、X线表现及相关实验室检查综合判定。儿童特别是婴幼儿PPD（purified protein derivative, PPD）皮肤试验结果也可提供重要参考。一般来说胸片上凡有渗出性和渗出增生性病灶、干酪性肺炎、干酪灶和空洞（除外净化空洞）表明活动性征象；增生性病灶、纤维包裹紧密的干酪硬结灶和纤维钙化灶属非活动性病变。由于肺结核病变形态多样性和混合存在，易受读片误差的影响。X线片上称为非活动性的病变，应是达到最大限度吸收，常需与以往胸片相对比，进行动态观察才能确定。

【实验室和其他检查】

(一) 细菌学检查

结核病人的细菌学检查是发现传染源的主要途径和手段,是确定结核病诊断和化疗方案的重要依据,也是考核疗效、评价治疗效果的可靠标准。目前常用的细菌学检查方法主要包括:

1. 痰涂片镜检法 是最基本的细菌学检查方法。其特点是简单快速和价廉,当天出结果,但不分死菌和活菌;敏感性低,通常需5000~10000个菌/ml才能够得到阳性结果;特异性差,各种抗酸杆菌均可着色,需要通过进一步的实验确定是否为结核分枝杆菌。

2. 痰结核分枝杆菌常规培养法 是结核病确诊最可靠的方法,是获得纯培养物进行菌种鉴定、药物敏感性试验以及其他生物学研究的基础;也是鉴定死菌、活菌的可靠方法;但需2~8周才能报结果;各种分枝杆菌均可生长,经分枝杆菌菌种鉴定,可确定是否为结核分枝杆菌。

3. 药物敏感性实验 用于鉴定结核分枝杆菌对抗结核药物的敏感性水平,通常在痰结核菌培养阳性的基础上进行。

4. 分枝杆菌菌种鉴定 根据不同分枝杆菌的理化特性,以生物化学的方法为主,可以精确地鉴定分枝杆菌的不同菌种。

5. 痰结核分枝杆菌快速培养、药敏系统 该方法将阳性检出时间明显缩短,从常规培养的8周缩短到3~14天,且具有操作简单、自动化强、灵敏度高等优点,但仪器与试剂的价格昂贵,广泛的应用尚有难度。

6. 其他检查方法 由于现有结核病细菌学诊断技术存在的技术缺陷,寻找简便、快速、实用的实验室诊断方法是亟待解决的问题。

(二) 影像学检查

胸部X线检查可明确肺部病灶的部位、范围、形态、密度和有否有空洞。X线对各种性质病变的透过度不同,因此在X线胸片上可分辨出病灶的病理性质。

1. 肺结核的基本X线表现

(1) 渗出性病变:中央稍浓密、边缘模糊的云絮状或片絮状阴影。

(2) 增生性病变:边缘清晰、密度较高的斑点状、结节状、条索状阴影。

(3) 干酪性病变:密度较高、边缘较清晰的阴影,可呈颗粒状、结节状、团块状和大片实变状。

(4) 空洞:大小不等、单发或多发,有虫蚀样空洞、薄壁空洞、纤维厚壁空洞、干酪空洞等。

胸部X线检查的方法包括胸部透视、摄片、断层和CT检查等。CT检查有助于发现脊椎旁心脏后的较隐蔽的病变,特别是小于1cm的病灶以及胸膜边缘、肺尖部、肺门旁、心影后、气管内小病灶,也较易发现横膈面及被胸水遮盖的病灶,纵隔肿大的淋巴结和空洞。对与其他肺部疾病的鉴别CT检查有一定价值。

2. 不同类型肺结核的X线表现 由于结核病的病理变化复杂和机体对结核菌感染所产生的变态反应强烈程度的差别,肺结核病的X线表现呈多种形态,不同类型肺结核的X线表现不同,往往以一种性质的病变为主、各种性质病变混合存在。

(1) 原发性肺结核(primary complex,原发综合征):以肺部原发病灶、淋巴管炎和肺门淋巴结肿大为特征,统称原发综合征。

(2) 血行播散性肺结核(miliary tuberculosis,粟粒性结核病):以点状阴影为特征,依病程长短和播散结核菌次数不同而造成不同影像。急性播散性以大小相等、密度一致、分布均匀的粟粒状阴影为特点;亚急性播散性则以大小不等、分布不均、形态不一的点状阴影多见,并可有融合或空洞出现。

(3) 继发性肺结核:①呈现多肺野、多肺叶、多肺段分布,但多以两上肺尖后段或下叶尖段为主;②病变呈多形态表现,多以小叶性斑片影为主,其次为大叶性、肺段性浸润影、球形、点状、颗粒状、结节状和空洞为主的阴影;③病变性质依据病程不同而分别以渗出病变为主、干酪病变为主或增殖病变为主，并可伴发空洞；④当发生咯血、支气管淋巴结瘘或病变进展时，病变沿支气管向两下肺野播散；伴发糖尿病时，早期易发生病变融解和空洞形成。

3. 结核性胸膜炎（tuberculosis pleurisy）　胸膜受到结核菌感染后，即发生渗出性胸膜炎。此时胸膜表面除有纤维素性渗出外，并出现浆液渗出和结核结节的形成，渗出液逐渐增多，典型X线表现是沿胸壁自上而下、上窄下宽直至膈面的弧形阴影。积液量进一步增加时患侧全侧为致密阴影，纵隔向健侧移位。

（三）结核菌素试验

结核菌素（简称结素）试验是诊断结核感染的参考指标。

旧结素（old tuberculin，OT）是结核杆菌的代谢产物，主要含有结核蛋白。结素的纯蛋白衍化物（purified protein derivative，PPD）是由旧结素滤液中提取结核蛋白精制而成，为纯结素，不产生非特异性反应。国际上常用PPD-RT$_{23}$。我国从人型结核分枝杆菌制成PPD（PPD-C）及从卡介苗制成BCG-PPD，纯度均较好，已广泛用于临床诊断，皮内注射0.1ml（5TU）硬结平均直径≥5mm为阳性反应。

结素试验仍是结核病综合诊断中常用手段之一，有助于判断有无结核菌感染。结素试验阳性反应仅表示结核感染，并不一定现在患病。结素试验对婴幼儿的诊断价值较大，3岁以下若呈强阳性反应，常表示为活动性结核病，有必要进行治疗；2年内结素反应结果从＜10mm增加至10mm以上，并增加6mm以上时，可认为有新感染。

结素试验阴性反应除表示未受结核感染外，尚应考虑以下情况：结核菌感染后，但尚未产生变态反应，结素试验可呈阴性；应用糖皮质激素等免疫抑制药物，或营养不良、麻疹、百日咳等患者，结素反应亦可暂时消失；严重结核病及各种重危患者对结素无反应，或仅出现弱阳性，与人体免疫力及变态反应暂时受抑有关，待病情好转，可转为阳性反应。其他如淋巴细胞免疫系统缺陷（如白血病、淋巴瘤、结节病、艾滋病等）患者或年老体弱的结素反应亦常为阴性。

（四）其他检查

结核病患者血象通常无改变，严重病例常有继发贫血。急性粟粒性肺结核时白细胞总数减低或出现类白血病反应。血沉增快常见于活动性肺结核，但并无特异性诊断价值，血沉正常亦不能排除活动性肺结核。患者无痰或痰菌阴性而需与其他疾病鉴别时，用酶联免疫吸附试验（ELISA）检出患者血清中特异抗体，可能对肺外结核的诊断提供参考。纤维支气管镜检查对于发现支气管内膜结核、了解有无肿瘤、吸取分泌物、解除阻塞或做病原菌及脱落细胞检查，以及取活组织作病理检查等，均有重要诊断价值。浅表淋巴结活检，有助于结核病的鉴别诊断。

【诊断】

早期、正确地诊断发现肺结核特别是传染性肺结核病人是结核病防治和临床诊疗中最重要的一环，也是及时而有效地进行结核病治疗和预防、防止其传播的基础。肺结核病的诊断需通过病史（包括卡介苗接种史、用药史、结核病接触史）、临床表现、细菌学和影像学检查和其他实验检查结果综合分析而确立，其中细菌学和影像学检查是结核病诊断的主要依据。

2001年7月20日卫生部以我国卫生行业标准（WS196-2001）发布了结核病分类，将结核病分类为：①原发型肺结核；②血行播散型肺结核；③继发型肺结核；④结核性胸膜炎；⑤其他肺外结核。

各型结核病的诊断如下：

1. 原发性肺结核　为原发结核感染所致的临床病症，包括原发综合征及胸内淋巴结结核。多见于少年儿童，无症状或症状轻微，多有结核病家庭接触史。X线可见肺内原发病灶，引流淋巴管炎和肺门淋巴结肿大。

2. 血行播散型肺结核　包括急性血行播散型肺结核（急性粟粒型肺结核）及亚急性、慢性血行播散型肺结核。急性血行播散型肺结核起病急，持续高热，中毒症状严重，X线可见大小、密度和分布皆均匀的粟粒样结节阴影,结节直径 2mm 左右。亚急性、慢性血行播散型肺结核起病较缓,症状较轻,X 线可见大小不等、密度不同和分布不均的粟粒样或结节状阴影。

3. **继发性肺结核** 是肺结核中的一个主要类型,多发生于成人,病程长,易反复。X 线表现特点为多态性,好发于上叶尖后段和下叶背段。包括浸润性、纤维空洞及干酪性肺炎等。

4. **结核性胸膜炎** 临床上已排除其他原因引起的胸膜炎。包括结核性干性胸膜炎、结核性渗出性胸膜炎、结核性脓胸。

5. **其他肺外结核** 按部位及脏器命名,如骨关节结核、结核性脑膜炎、肾结核、肠结核等。

中华医学会结核病诊疗指南提出菌阴肺结核的定义为三次痰涂片及一次培养阴性的肺结核,其诊断标准为:①典型肺结核临床症状和胸部 X 线表现;②抗结核治疗有效;③临床可排除其他非结核性肺部疾患;④结核菌素(PPD 5TU)皮肤试验强阳性,血清抗结核抗体阳性;⑤痰结核菌 PCR 加探针检测阳性;⑥肺外组织病理检查证实结核病变;⑦BALF 检出分枝杆菌;⑧支气管或肺部组织病理检查证实结核性改变,存在肺部疾患,具备上述 1~6 中的三项或 7~8 条中任何一项可确诊。

【鉴别诊断】

肺结核的临床症状与呼吸系统其他疾病大同小异,X 线形态又呈多型性改变,因此在疾病的不同阶段均需注意与其他肺部疾病鉴别。

(一) **肺炎**

肺内主要表现为渗出性病变,X 线呈现大片渗出时应注意与各类细菌性和非细菌性肺炎鉴别;一般肺炎起病急,高热或伴寒战、气急,咳大量脓性黏液痰或铁锈色痰;X 线显示大片低密度云絮状阴影,抗生素治疗效果明显。肺结核发病缓慢、结核中毒症状明显,以咳灰白色黏液痰为主,X 线表现一个肺段或肺叶的密度不均的云絮状影像,可有空洞出现,痰菌阳性,抗结核治疗有效。

有轻度咳嗽、低热的支原体肺炎、病毒性肺炎与早期浸润型肺结核临床表现相似,如果经 2~3 周左右的抗感染或对症治疗无效时,则要考虑结核的可能。

(二) **肺脓肿**

伴有空洞的浸润型肺结核需与肺脓肿鉴别。后者多有高热、大量咳脓痰的临床病程,X 线显示空洞及周围炎症,洞内常有液平,白细胞总数增高,细菌学检查可有致病菌,抗生素治疗有效。前者空洞内多无液平,但痰结核菌阳性。

(三) **肺癌**

肺结核表现斑块状或球形阴影时需与肺癌鉴别。肺癌发病年龄多在 40 岁以上,有刺激性干咳和/或咳血痰病史,部分病人伴有持续加重胸痛,一般患者常无发热等结核中毒症状。X 线显示斑块状或球形阴影边缘常有切迹、毛刺。支气管狭窄可致肺不张,晚期波及纵隔和胸膜引起纵隔淋巴结肿大、胸腔积液。结合痰结核杆菌、癌细胞检查及纤维支气管镜、活检、肿瘤标记物检查等常能予以鉴别。肺结核与肺癌并存以及肺结核病变基础上发生瘢痕癌是值得重视的问题,临床上不能排除肺癌时、需行手术探查。

(四) **支气管扩张**

肺结核患者长期慢性咳嗽、反复不等量咯血时需与之进行鉴别;后者痰结核菌阴性,肺内多无明确病变、仅表现为肺纹理增粗。

(五) **其他疾病**

1. 支气管淋巴结结核应注意与结节病、淋巴瘤、组织细胞增生症、转移性恶性肿瘤和各种纵隔肿瘤鉴别。

2. 血行播散性肺结核在胸部出现典型 X 线变化前,应与伤寒及其他发热疾病鉴别,应定期行胸部 X 线摄片复查或行高清晰度薄层 CT 扫描(HRCT),可早期发现肺内病变。肺内出现病变后应注意与细支气管肺炎、细支气管肺泡癌、肺血吸虫病、肺孢子菌肺炎、肺真菌病、转移癌、结节病、尘肺、各种原因引起的肺间质性疾病相鉴别。

【并发症】

1. 原发感染后结核杆菌经淋巴血行播散至淋巴结、脑膜、骨和关节、泌尿生殖器等器官,当人体免疫功能低下、抵抗力减弱时,上述肺外器官可发生结核病。

2. 肺结核病灶反复恶化、纤维化导致局部继发性支气管扩张;胸内淋巴结肿大压迫支气管,支气管狭窄可致肺不张。

3. 胸膜下肺大泡破裂常可导致发生自发性气胸;靠近胸膜部位的结核干酪病灶或空洞破溃即引起结核性脓胸(tuberculosis empyema);结核性胸膜炎和自发性气胸(spontaneous pneumothorax)未及时治疗也可成为结核性脓胸。

4. 肺部病变进展恶化,呼吸面积严重损害减小可导致慢性肺源性心脏病,呼吸衰竭。

【伴发病】

1. 患有与结核病相关疾病者,如糖尿病、尘肺、各种免疫缺陷疾病和器官移植者,长期接受肾上腺皮质激素治疗或免疫抑制剂者易合并肺结核病。

2. 免疫力低下的肺结核病患者,可合并非结核分枝杆菌病。

3. 人类免疫缺陷病毒(HIV)感染者易感染结核杆菌,导致艾滋病的发生和加速死亡的进程。结核病患者感染 HIV 病毒后促使结核病变恶化,造成已愈合的结核病灶重新活动。

【预防】

结核病的预防以控制传染源即排菌肺结核病人为主,世界卫生组织推荐在全球实施结核病控制策略(directly observed treatment, short-course, DOTS)。

(一)结核病控制策略(DOTS)

1. 结核病控制策略的主要措施包括:①政府对国家控制结核病规划的政治承诺;②通过痰涂片显微镜检查发现传染性肺结核病人;③在直接观察督导下(至少治疗强化期),给予病人免费的、标准的短程化疗方案;④定期不间断地供应抗结核药物;⑤建立和维持一个对结核病控制规划(主要是病人发现、登记报告和治疗结核)的监测系统。

世界卫生组织报告 2005 年在世界范围内结核病发病率首次趋于平稳,新涂阳病人发现率比 2000 年增加了一倍,新涂阳病人治愈率达到了 77%。

2. 我国的结核病控制 1981 年起,我国制定与实施全国结核病防治规划。1992 年以来实施结核病控制项目(tuberculosis control project),在各级政府的重视和有关部门的支持下,以发现和治愈传染性肺结核病人为重点,对发现的传染性肺结核病人给予免费诊断、治疗并实行全程督导管理;建立健全登记报告制度和肺结核病人归口治疗管理制度;实行药品的统一采购和供应;开展大规模、多层次、持续有效的人员培训;各级督导员的督导保证了项目的成功实施,免费诊断并治疗了上百万传染性肺结核病患者,治愈率从 50% 提高到 90%。

我国结核病防治规划坚持"预防为主,防治结合"的方针,积极发现和治疗传染性肺结核病患者。全面实施现代结核病控制策略,落实肺结核病患者的归口管理和督导治疗。2006 年卫生部组织"全国结核病防治规划(2001—2010)"的中期评价,结果表明中国达到了到 2005 年"发现和治疗 200 万传染性肺结核病人"的中期目标。2005 年中国达到了全球的结核病控制目标,实现了 DOTS 覆盖率 100%;新涂阳病人发现率为 79%,新涂阳病人治愈率为 91%。2006 年和 2007 年全国病人发现率保持了 79%。

(二)卡介苗接种

卡介苗(Bacille Calmette-Guérin, BCG)接种是用人工方法,使未受结核杆菌感染的人体产生一次较轻微的、没有临床发病危险的原发感染,从而产生一定的特异性免疫力,是结核病预防和计划免疫工作内容之一。预防和减少儿童结核病,特别是结核性脑膜炎、血行播散性结核病的发生。主要的接种对象是新生儿,因新生儿健康等原因未能及时接种卡介苗或接种没有成功的婴幼儿可予以补种。

（三）化学预防治疗

对已感染结核杆菌的人，可进行预防发病的抗结核化疗。

1. 预防化疗的主要对象　①有与活动性肺结核、菌涂片阳性肺结核患者密切接触的儿童及青少年；②儿童及青少年结核菌素反应新阳转者；③成年人结素强阳性反应，有下述三种情况者：a. 伴有X线肺部病灶，结核病可能性较大；b. X线提示有非活动性结核病变；c. 同时患有与结核病相关疾病，如糖尿病、矽肺、肿瘤或长期服用肾上腺皮质激素和免疫抑制剂；④艾滋病毒感染合并结核菌感染。

2. 预防化疗方案　①异烟肼（H）每日0.3克，连续服用6～12个月；②异烟肼（H）每日0.3克，乙氨丁醇（E）每日0.75克连续服用6个月；③异烟肼（H）每日0.3克，利福喷汀（L）0.45～0.6g每周1次，连续6个月，或异烟肼每周2次，利福喷汀每周2次；④异烟肼（H）每日0.3克，利福喷汀（L）0.45～0.6克每周1次，连续12个月或更长。用于儿童时以上药物剂量按体重公斤用量酌减。

【治疗】

肺结核病的治疗包括化学治疗、外科治疗、免疫治疗等。而化学治疗是肺结核和肺外结核病的基本疗法。

（一）化疗的基本原则

以化疗为核心的结核病治疗的主要目的是杀灭结核菌、促使结核病治愈。虽然化疗可采用不同的治疗方案和治疗形式，但必须遵循"早期、联合、规律、全程、适量"的治疗原则。

早期治疗有利于药物的渗透吸收、利于抗结核药物发挥杀菌作用并与巨噬细胞吞噬大量的结核菌相协同，为彻底消灭结核杆菌创造条件；联合治疗是采用两种或两种以上的抗结核药物联合应用，使药物发挥协同作用并通过交叉的杀菌作用消灭各自的敏感菌，限制耐药菌的繁殖，有利于提高疗效和防止产生耐药性。

规律、全程、适量的用药方法，便于药物发挥最大杀菌和抑菌作用，并可避免因血药浓度过低而诱发产生耐药，也是降低失败率和复发率的重要措施。

近年来对多种药物耐药结核杆菌日渐增多，成为临床上的难治病例。任何药物联合错误、药物剂量不足、用药不规则、中断治疗或过早停药等，均可导致细菌耐药。避免与克服细菌耐药性的发生是结核病化学治疗成功的关键。

由于结核病的疗程长、必需实施有效的治疗管理才可确保化疗的成功，医务人员直接面视下的短程督导化疗（directly observed treatment，DOT）就是确保规律、联合、适量和不间断地实施规范化疗最终获得治愈的有力措施。

（二）主要抗结核药物

2002年起国家基本药物文本规定抗结核药物（含复合剂）共11种。包括异烟肼、链霉素、利福平、利福喷汀、乙胺丁醇、对氨基水杨酸钠、吡嗪酰胺、丙硫异烟胺、异烟肼利福平吡嗪酰胺、异烟肼利福平和异烟肼对氨基水杨酸钠。

异烟肼（isoniazid，INH，H）对细胞内或细胞外结核杆菌具有强大的杀菌力；利福平（rifampicin，RFP，R）具有广谱抗菌作用，可杀灭细胞内或细胞外，任何生长环境，生长状态的快速繁殖的菌群和缓慢生长以及偶尔繁殖发育的结核杆菌；利福喷汀（rifapentine，RFT，L）是利福类药物的衍生物，抗菌谱及对结核杆菌作用同利福平，其抗结核杆菌活性比利福平强2～10倍；吡嗪酰胺（pyrazinamide，PZA，Z）对酸性环境中缓慢生长的结核杆菌和吞噬细胞内的结核杆菌有较强的杀菌作用；链霉素（streptomycin，SM，S）为氨基糖苷类的广谱抗生素，具有较强的抗结核杆菌的作用；乙胺丁醇（ethambutol，EMB，E）、丙硫异烟胺（protionamide，1321TH，TH）对结核杆菌有较强的抑菌作用；对氨基水杨酸钠（sodium aminosalicylate，PAS）对结核杆菌有选择性的抑菌作用，仅作用于吞噬细胞外的结核杆菌；异烟肼对氨基水杨酸钠（isoniazid and sodium aminosalicylate， pasiniazide, Pa) 是由异烟肼和对氨基水杨酸组成的分子化合物主要用于复治结核病人。

对耐多药结核病的化疗尚可酌情选择下述药物：阿米卡星（AMK）、氧氟沙星（OFLX）、左氧氟沙星（LVFX）、卷曲霉素（CPM）、环丝氨酸（CS）片剂及利福布汀（RFB-B）等。

（三）化学疗法的应用

化疗方案的制订需依据患者是初治、复治或耐药情况的不同而异。所有的化疗方案均包括强化治疗和巩固治疗两个阶段，前者以 3～4 种药物联用 8～12 周，发挥尽快杀灭各种菌群保证治疗成功作用；后者以 2～3 种或 4 种药物联用发挥巩固强化阶段取得的疗效，巩固期用药一般为 4～6 个月，发挥继续杀灭残余菌群的作用。用药方式有全程每日用药，全程间歇用药和强化期每日用药，巩固期间歇用药三种形式。

初治肺结核选择异烟肼（H）、利福平（R）、乙氨丁醇（E）或链霉素（S）组成方案，强化期加吡嗪酰胺（Z）。复治病例和耐药病例需根据药物敏感试验结果同时更改两种药物组成新方案。肺外结核疗程一般需 12 个月（在以下方案中、药物名称前数字表示服药月数，右下方数字表示每周用药次数）。

表 2-5-1 抗结核药物剂量、用法和主要不良反应

药名	每日疗法 成人一日量（g） <50kg	每日疗法 成人一日量（g） ≥50kg	儿童 (mg/kg)	间歇疗法 成人（g） <50kg	间歇疗法 成人（g） ≥50kg	用法	主要不良反应
异烟肼 INH（H）	0.3	0.3	10～20	0.5	0.6	一次顿服	肝毒性，末梢神经炎
利福平 RFP（R）	0.45	0.6	10～20	0.6	0.6	空腹顿服	肝毒性，胃肠反应，过敏反应
利福喷汀 RFT（L）			#	0.45	0.6	空腹顿服	同利福平
利福布汀 RFB（B）	0.3	0.3				一次顿服	肝毒性，胃肠反应，过敏反应
吡嗪酰胺 PZA（Z）	1.5	1.5	20～25	2.0	2.0	顿服或分次	肝毒性，胃肠反应，痛风样关节炎
链霉素 SM（S）	0.75	0.75	15～25	0.75	0.75	肌注	听力障碍，眩晕，肾功能障碍，过敏反应
乙胺丁醇 EMB（E）*	0.75	1.0	15	1.0	1.25	一次顿服	视力障碍，视野缩小
丙硫异烟胺 PTH（TH）	0.6	0.6	#			顿服或分次	胃肠反应，口感金属味
对氨基水杨酸钠 PAS（P）	8.0	8.0				1 次静脉滴注	肝毒性、过敏反应
阿米卡星 AKM（AK）	0.4	0.4	#			肌注	同链霉素
氧氟沙星 OFLX（O）**	0.6	0.6				分 2～3 次服	胃肠反应，过敏反应
左氧氟沙星 LVFX（V）**	0.4	0.4				分 2 次服	同氧氟沙星
卷曲霉素 CPM©	1.0	1.0	#			肌注	同链霉素，钙钾代谢紊乱
环丝氨酸（CS）	0.5	0.5				分 2～3 次服	失眠，惊厥，精神障碍
异烟肼利福平吡嗪酰胺	4 片	5 片	#			4～5 片一次顿服	同异烟肼、利福平、吡嗪酰胺
异烟肼利福平	2 片	2 片	#			3 片一次顿服	同异烟肼、利福平

* 儿童慎用　** 儿童禁用　# 儿童用量按公斤体重酌减

1. 初治菌阳方案（含空洞、粟粒性肺结核） ①2HRZS（E）/4HR；②2HRZS（E）/4HRE；③2HRZS（E）/4H_3R_3；④2$H_3R_3Z_3S_3$（E_3）/4H_3R_3；⑤2异烟肼利福平吡嗪酰胺/4异烟肼利福平。治疗中如痰菌持续不能阴转，可适当延长疗程。血行播散性结核病需增加疗程至12个月。

2. 初治菌阴方案（除外有空洞、粟粒性肺结核病例） ①2HRZ/4HR；②2HRZ/4H_3R_3；③2$H_3R_3Z_3$/4H_3R_3。

3. 复治菌阳方案 ①2HRZES/6HRE；②2HRZES/6$H_3R_3E_3$；③2$H_3R_3Z_3E_3S_3$/6$H_3R_3E_3$；④2HRZES/1HRZE/5HRE；⑤3HRZEO/5$H_3L_1O_3$。

4. 耐多药结核病治疗方案 耐多药结核病（MDR-TB）对两种以上至少包括异烟肼和利福平耐药，需选择3种以上敏感药物组成新方案，强化期至少3~4个月，巩固期至少18~21个月，总疗程18~24个月。未获药敏试验结果前可参用以下方案：①3TH Z O S（KM/AK/CPM）/18 TH O；②3TH O E Z AK（SM/KM/CPM）/18TH O E（P）

5. 肺外结核病治疗方案 ①2HRZS（E）/10HRE；②3HRZS（E）/9HRE。

(四) 其他疗法

1. 外科治疗 化疗的进展使手术治疗病例显著减少，目前手术指征主要为：经规则化疗9~12个月痰菌仍为阳性的干酪性病灶、厚壁空洞、纤维空洞、再通的阻塞空洞；耐多药结核病（MDR-TB）化疗4个月痰菌未转阴；或只对疗效较差的药物敏感而对其他抗结核药物均已耐药，有手术适应证者；一侧毁损肺、支气管结核伴肺不张或肺化脓症；结核性脓胸或伴支气管胸膜瘘；非手术措施不能控制的大咯血；诊断不能排除肺癌或合并肺癌。

2. 免疫治疗 可作为肺结核化学治疗的辅助治疗，加用免疫治疗的患者免疫指标恢复快，胸部X线病变也好转较快。临床上常用于耐多药结核病、老年结核病和重症肺结核病。常用的制剂有母牛分枝杆菌菌苗、草分枝杆菌菌苗、卡介菌多糖核酸、转移因子、γ-干扰素及白介素-2等。

【预后】

继发性肺结核若能早期及时诊断，规范地进行化学治疗一般预后良好。初治肺结核若及时给予规律治疗可以达到90%以上的治愈率，2年的复发率不超过2%。复治肺结核经规范治疗治愈率可达80%以上，而耐多药肺结核（MDR-TB）预后较差。继发性肺结核预后还取决于患者有无并发症，以及患者免疫功能情况。合并糖尿病、矽肺及免疫功能明显受损者，均会对肺结核产生不利影响。

第二节 结核性胸膜炎

结核性胸膜炎（tuberculosis pleurisy）介于肺结核和肺外结核病之间，是由于结核杆菌直接感染，胸膜对结核分枝杆菌感染产生高度变态反应而发生炎症，为最常见的一种胸膜炎症性疾病。可发生于任何年龄，但多见于儿童和青少年。据国内228例胸腔积液病例报告，结核性胸膜炎占54.8%，因结核病而死亡者尸解有92%发现结核性胸膜病变。

(一) 临床表现和诊断

结核性胸膜炎按病理变化可分为干性胸膜炎和渗出性胸膜炎，其临床表现各异。

1. 干性胸膜炎 症状轻重不一，多数病人发病缓慢，没有或很少症状，常可自愈。少数病人起病较急，有畏寒，不同程度发热，干咳。主要症状是局限性针刺样胸痛，深呼吸及咳嗽时更甚。由于胸痛病人多不敢深吸气，呼吸急促而表浅，当炎症刺激胸膜迷走神经时可引起顽固性咳嗽。查体可见呼吸运动受限，局部压痛，呼吸音减低，听到胸膜摩擦音是特征性体征。

2. 渗出性胸膜炎 病变多为单侧，胸膜腔内有浆液性渗出液，偶见血性或脓性。起病多较急，有中度或高度发热、乏力、盗汗等结核中毒症状，发病初期多有刺激性咳嗽，痰量少，有胸痛，多为刺激性剧痛，随胸腔积液出现和增多，胸痛减弱或消失。如急性大量积液压迫肺组织和心脏、血管，患者可出现呼吸困难、端坐呼吸、发绀。查体患侧胸廓饱满、肋间隙增宽、呼吸运动减弱、气管纵隔向对侧移位，语颤减弱；叩诊呈浊音或实音；听诊呼吸音减弱或消失，由于接近胸腔积液的肺脏被压迫，在该部听诊可呈支气管呼吸音；积液吸收后若有胸膜粘连或增厚，则患侧胸廓塌陷，呼吸运动受限制，触诊语颤增强，叩诊轻度浊音，听诊呼吸音减弱。

(二) 治疗原则

1. 抗结核药物治疗疗程　一般为12个月，初治轻症患者可适当缩短疗程，但不短于9个月，有时需适当延长疗程。

2. 胸腔穿刺抽液　抽出胸腔积液可使肺复张，减少因纤维素沉着引起的胸膜增厚、粘连而改善呼吸功能。抽液量应根据胸腔积液量多少和患者耐受情况而定。少量积液一般不需抽液，或只做诊断性穿刺；中量以上积液应及早抽液，每周2～3次，每次抽出胸液量一般不宜超过1000ml，抽液不应过多过快，以免发生肺复张性肺水肿及循环衰竭。

3. 糖皮质激素治疗　急性结核性渗出性胸膜炎者中毒症状较严重，胸腔积液较多，可在化疗和抽液治疗的同时应用泼尼松治疗，每日30～40mg，分3～4次口服，待体温正常，全身中毒症状消除，胸液逐渐吸收后逐渐减量，一般疗程为4～6周，治疗时要注意激素的禁忌证和副作用。对胸膜炎已转为慢性者，不宜使用激素治疗。

（端木宏谨　王甦民　朱莉贞）

第六章 慢性阻塞性肺疾病

慢性阻塞性肺疾病（chronic obstructive pulmonary disease，COPD）由于其患病人数多、死亡率高、社会经济负担重，已成为一个重要的公共卫生问题。COPD目前居全球死亡原因的第四位，世界银行/世界卫生组织（WHO）公布，至2020年COPD将位居世界疾病经济负担的第五位。在我国，COPD同样是严重危害人民身体健康的呼吸系统疾病。近期对我国七个地区20 245人进行调查，COPD患病率占40岁以上人群的8.2%。

【定义】

COPD是一种具有气流受限特征的可以预防和治疗的疾病，气流受限不完全可逆、呈进行性发展，与肺部对香烟、烟雾等有害气体或有害颗粒的异常炎症反应有关。COPD主要累及肺，但也可引起全身（或称肺外）的不良效应。

肺功能检查对确定气流受限有重要意义。在吸入支气管舒张剂后，一秒钟用力呼气容积（FEV_1）/用力肺活量（FVC）<70%表明存在气流受限，并且不能完全逆转。慢性咳嗽、咳痰常先于气流受限许多年存在；但不是所有有咳嗽、咳痰症状的患者均会发展为COPD。部分患者可仅有不可逆气流受限改变而无慢性咳嗽、咳痰的症状。

COPD与慢性支气管炎和肺气肿密切相关，多数患者是由慢性支气管炎和肺气肿发展而来。通常，慢性支气管炎是指在除外慢性咳嗽的其他已知原因后，患者每年咳嗽、咳痰3个月以上，并持续2年者。肺气肿则指肺部终末细支气管远端气腔出现异常持久的扩张，并伴有肺泡壁和细支气管的破坏而无明显的肺纤维化。当慢性支气管炎、肺气肿患者肺功能检查出现气流受限并且不能完全可逆时，则诊断为COPD。如患者只有"慢性支气管炎"和（或）"肺气肿"，而无气流受限，则不能诊断为COPD。可将具有咳嗽、咳痰症状的慢性支气管炎视为COPD的高危者。

支气管哮喘及一些已知病因或具有特征病理表现的气流受限疾病，如支气管扩张症、肺结核纤维化病变、肺囊性纤维化、弥漫性泛细支气管炎以及闭塞性细支气管炎等，均不属于COPD。

【危险因素】

COPD的主要危险因素包括遗传与环境两个方面。比如同样吸烟的人，只有其中一些人发展为COPD，这是由于遗传易感性不同所致。

（一）基因

COPD是一种多基因疾病，已知的遗传因素为α_1-抗胰蛋白酶缺乏。α_1-抗胰蛋白酶是一种主要的血循环中蛋白酶的抑制剂。重度α_1-抗胰蛋白酶缺乏与非吸烟者的肺气肿形成有关。在我国α_1-抗胰蛋白酶缺乏引起的肺气肿迄今尚未见正式报道。在患有严重COPD的吸烟同胞中，已观察到气流阻塞具有显著的家族性风险，这提示遗传因素可能影响对本病的易感性。通过对遗传血统分析，已证实基因组中有数个区域可能含有COPD易感基因，包括染色体2q。遗传相关性研究已涉及COPD发病中一系列基因，包括转移生长因子β_1（TGF-β_1），微粒环氧化物水解酶1（MEPHX1），肿瘤坏死因子α（TNFα）。然而，这些遗传相关性研究的结果还很不一致，且影响COPD发病的功能性基因变异（除外α_1-抗胰蛋白酶缺乏）还没有被明确证实。

（二）环境因素

由于个体一生中可能暴露于一系列不同类型的可吸入颗粒，各种颗粒根据其大小和成分，致病风险各不同，总的风险取决于暴露的浓度和时间。烟草烟雾、职业性粉尘及化学物质（蒸汽、刺激剂、烟雾）是已知的可导致COPD的危险因素。

1. 吸烟　吸烟是目前最常见的导致COPD的危险因素。与非吸烟者相比，吸烟者出现呼吸道症状和肺功能异常的概率更高，每年 FEV_1 下降的速度更快，COPD 的死亡率更高。但并非所有的吸烟者均会发展成具有显著临床症状的 COPD，这提示遗传因素必定影响个体的患病风险。

被动吸烟也会致使出现呼吸道症状和 COPD，这是由于增加了肺的可吸入颗粒和气体负担所致。怀孕期间吸烟，可能会影响宫内胎儿肺的生长发育及免疫系统的形成，进而使胎儿面临日后患病的风险。

2. 职业粉尘与化学物质　当职业性粉尘及化学物质（烟雾、过敏原、有机与无机粉尘、化学物质）的浓度过大或接触时间过久，均可导致与吸烟无关的 COPD 发生。

3. 室内空气污染　木材、动物粪便、农作物残梗、煤炭，以及明火在通风功能不佳的火炉中燃烧，均可导致严重的室内空气污染，是导致 COPD 的一个很重要的危险因素。

4. 室外空气污染　城镇严重的空气污染对已有心肺疾病的个体很有害。城市中因燃烧石油造成的空气污染，主要源于机动车辆排放的尾气，与呼吸功能下降有关。然而，室外空气污染在 COPD 致病中的地位尚不明确。

（三）肺的生长与发育

肺的生长与妊娠、出生及童年时暴露史等有关。肺功能的最大测定值降低（通过肺功能仪测定），可识别出那些具有发展成为 COPD 的高危人群。在妊娠及童年时期，任何可影响肺生长的因素均具有潜在增加个体发生 COPD 的风险。

（四）感染

感染（细菌或病毒）在 COPD 的发生与疾病进展中起一定作用，细菌定植与气道炎症有关，并在急性发作中发挥重要作用。幼年时有严重的呼吸道感染史与成年时肺功能下降及呼吸道症状增加有关。

（五）社会经济状态

发生 COPD 的风险与社会经济状态呈负相关。这可能与低社会经济状态与暴露于室内及室外空气污染物、居室拥挤、营养状态差或其他因素有关。

【发病机制】

香烟、烟雾等慢性刺激物作用于气道，使气道发生异常炎症反应。氧化与抗氧化失衡和肺部的蛋白酶和抗蛋白酶失衡进一步加重 COPD 肺组织炎症，遗传因素可能参与其中。这些机制共同促进了 COPD 的发生（图 2-6-1）。

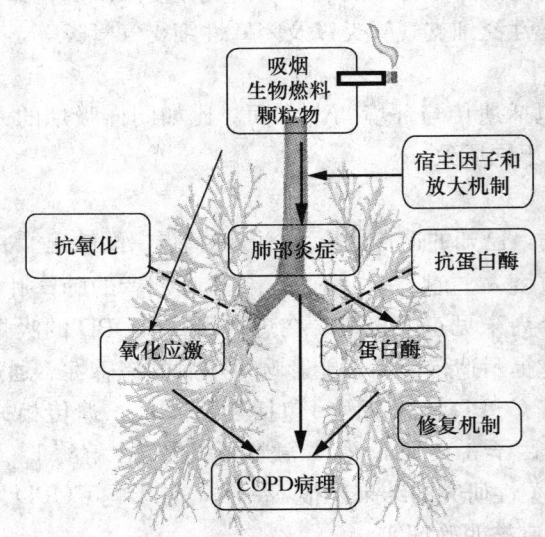

图 2-6-1　COPD 的发病机制

（一）炎症

COPD 表现为以中性粒细胞、肺巨噬细胞、淋巴细胞为主的炎症反应，这些细胞释放炎症介质，并与气道和肺实质的结构细胞相互作用。

COPD 以气道、肺实质和肺血管的慢性炎症为特征，在肺的不同部位有肺泡巨噬细胞、T 淋巴细胞（尤其是 CD^+8）和中性粒细胞增加，部分患者有嗜酸粒细胞增多。激活的炎症细胞释放多种介质，包括白三烯 B_4（LTB_4）、白介素 8（IL-8）、肿瘤坏死因子 α（TNF-α）和其他介质。这些介质能破坏肺的结构和（或）促进中性粒细胞炎症反应。吸入有害颗粒或气体可导致肺部炎症；吸烟能诱导炎症并直接损害肺；COPD 的各种危险因素都可产生类似的炎症过程，从而导致 COPD 的发生。表 2-6-1 显示了参与 COPD 的炎症介质。

表 2-6-1　参与 COPD 的炎症介质

趋化因子：
- 脂质介质：如白三烯 B_4（LTB_4）吸引中性粒细胞和 T 淋巴细胞
- 趋化因子：如白细胞介素 8（IL-8）吸引中性粒细胞和单核细胞
- 致炎因子：如肿瘤坏死因子-α（TNF-α）、IL-1β、IL-6 放大炎症反应，促进 COPD 部分全身炎症表现
- 生长因子：如转化生长因子-β（TGF-β）诱导小气道纤维化

（二）氧化应激

氧化应激是加重 COPD 炎症的重要机制。香烟烟雾和其他吸入颗粒能产生氧化物，由活化的炎症细胞如巨噬细胞和中性粒细胞释放。COPD 患者内源性抗氧化物产生下降。氧化应激对肺组织可造成一些不利的影响，包括激活炎症基因、使抗蛋白酶失活、刺激黏液高分泌，并增加血浆渗出。这些有害反应大多数是由过硝酸盐介导，通过超氧阴离子和一氧化氮的相互作用产生。而一氧化氮是由诱导型一氧化氮合酶产生，主要表达在 COPD 患者的外周气道和肺实质。氧化应激也能引起 COPD 患者肺组织组蛋白去乙酰酶活性下降，导致炎症基因表达增加，同时糖皮质激素的抗炎活性下降。

（三）蛋白酶和抗蛋白酶的失衡

COPD 患者肺组织中分解结缔组织的蛋白酶和对抗此作用的抗蛋白酶之间存在失衡。COPD 患者中炎症细胞和上皮细胞释放的几种蛋白酶表达增加，并存在相互作用。弹性蛋白是肺实质结缔组织的主要成分，蛋白酶引起弹性蛋白破坏，是导致肺气肿的重要原因，而肺气肿是不可逆的。

由于遗传因素或炎症细胞和介质的作用，肺内源性蛋白酶和抗蛋白酶失衡，为肺气肿形成的主要机制。

（四）自主神经系统功能紊乱

胆碱能神经张力增高也在 COPD 发病中起重要作用。参与的主要因素有：①迷走神经反射增强：由于气道的慢性非特异性炎症，使得分布于气道上皮细胞间及上皮细胞下的刺激性受体的活性阈值降低，对烟雾等化学机械性刺激的敏感性提高，通过迷走神经反射，使乙酰胆碱（Ach）释放增加。②突触前受体的功能异常：在胆碱能神经末梢存在一些对 Ach 释放起着负反馈抑制作用的受体，如组胺 H_3 受体、肾上腺素能 $β_2$ 受体、$α_2$ 受体及 M_2 受体，这些突触前受体的功能障碍，均导致 Ach 释放的增加。③抑制性非肾上腺素能非胆碱能（iNANC）神经功能障碍：iNANC 神经释放的血管活性肠肽（VIP）除能拮抗 Ach 所致的气道平滑肌痉挛外，还能抑制胆碱能神经传递，抑制 Ach 的释放。VIP 分泌减少或功能障碍均可导致 Ach 释放增加。④基础迷走神经张力作用增强：正常人在安静状态下，迷走神经持续发放一定的冲动，以维持气道一定的张力，给正常人抗胆碱能药物或肺移植时切断迷走神经均能引起支气管舒张，证实了基础迷走神经张力的存在。在 COPD 患者，由于气道黏膜充血水肿，黏液腺肥大，黏液栓塞，导致管腔狭窄，使迷走神经的基础张力明显增强。⑤副交感神经节后纤维所释放的 Ach 是通过靶细胞上 M 受体而发挥作用，COPD 患者存在 M 受体的数量或功能的异常，参与了胆碱能神经张力增高。

【病理】

COPD 特征性的病理学改变存在于中央气道、外周气道、肺实质和肺的血管系统。在中央气道（气管、支气管以及内径大于 2~4mm 的细支气管），表层上皮炎症细胞浸润，黏液分泌腺增大和杯状

细胞增多使黏液分泌增加。在外周气道（内径小于 2mm 的小支气管和细支气管）内，慢性炎症导致气道壁损伤和修复过程反复循环发生。修复过程导致气道壁结构重构，胶原含量增加及瘢痕组织形成，这些病理改变造成气腔狭窄，引起固定性气道阻塞。

COPD 患者典型的肺实质破坏表现为小叶中央型肺气肿，涉及呼吸性细支气管的扩张和破坏。病情较轻时，这些破坏常发生于肺的上部区域，但病情发展，可弥漫分布于全肺，并有肺毛细血管床的破坏。

COPD 肺血管的改变以血管壁的增厚为特征，这种增厚始于疾病的早期。内膜增厚是最早的结构改变，接着出现平滑肌增加和血管壁炎症细胞浸润。COPD 加重时，平滑肌、蛋白多糖和胶原的增多进一步使血管壁增厚。COPD 晚期继发肺心病时，部分患者可见多发性肺细小动脉原位血栓形成。

【病理生理】

在 COPD 肺部病理学改变的基础上出现相应 COPD 特征性病理生理学改变，包括黏液高分泌、纤毛功能失调、气流受限、肺过度充气、气体交换异常、肺动脉高压和肺心病以及全身的不良效应。黏液高分泌和纤毛功能失调导致慢性咳嗽及多痰。呼气气流受限，是 COPD 病理生理改变的标志，是疾病诊断的关键。主要由气道固定性阻塞及随之发生的气道阻力增加所致。

小气道炎症程度、纤维化和腔内渗出物与 FEV_1，FEV_1/FVC 降低相关，并且可能与 COPD 的特征性表现 FEV_1 进行性下降相关。外周气道阻塞使得在呼气时气体陷闭，导致过度充气。尽管肺气肿引起气体交换异常比引起 FEV_1 下降更为常见，但在呼气时能促进气体陷闭，尤其是当疾病发展到重度时，肺泡与小气道的支撑结构受到破坏。过度充气使吸气容积下降，导致功能残气量增加，尤其是在运动时，引起呼吸困难和运动能力受限。目前认为，过度充气在疾病早期即可出现，是引起劳力性呼吸困难的主要原因。作用在外周气道的支气管扩张剂能减轻气体陷闭，因此可降低肺容积，改善症状和运动能力。

随着 COPD 的进展，外周气道阻塞、肺实质破坏及肺血管的异常等减少了肺气体交换能力，产生低氧血症，以后可出现高碳酸血症。长期慢性缺氧可导致肺血管广泛收缩和肺动脉高压，常伴有血管内膜增生，某些血管发生纤维化和闭塞，造成肺循环的结构重塑。COPD 晚期出现的肺动脉高压是其重要的心血管并发症，并进而产生慢性肺源性心脏病及右心衰竭，提示预后不良。

COPD 的炎症反应不只局限于肺部，也可以导致全身不良效应。全身炎症表现为全身氧化负荷异常增高、循环血液中细胞因子浓度异常增高以及炎症细胞异常活化等。患者骨质疏松、抑郁、慢性贫血及心血管疾病风险增加。COPD 的全身不良效应具有重要的临床意义，它可加剧患者的活动能力受限，使生活质量下降，预后变差。

【临床表现】

（一）病史特征

①吸烟史：多有长期较大量的吸烟史。②职业性或环境有害物质接触史：如较长期粉尘、烟雾、有害颗粒或有害气体接触史。③家族史：COPD 有家族聚集倾向。④发病年龄及好发季节：多于中年以后发病，症状好发于秋冬寒冷季节，常有反复呼吸道感染及急性加重史。随病情进展，急性加重更加频繁。⑤慢性肺源性心脏病史：COPD 后期出现低氧血症和（或）高碳酸血症，可并发慢性肺源性心脏病和右心衰竭。

（二）症状

1. 慢性咳嗽　通常为首发症状。初起咳嗽呈间歇性，早晨较重，以后早晚或整日均有咳嗽，但夜间咳嗽并不显著。少数病例咳嗽不伴咳痰。也有部分病例虽有明显气流受限但无咳嗽症状。

2. 咳痰　咳嗽后通常咳少量黏液性痰，部分患者在清晨较多；合并感染时痰量增多，常有脓性痰。

3. 气短或呼吸困难　这是 COPD 的标志性症状，是使患者焦虑不安的主要原因，早期仅于劳力时出现，后逐渐加重，以致日常活动甚至休息时也感气短。

4. 喘息和胸闷　不是COPD的特异性症状。部分患者特别是重度患者有喘息；胸部紧闷感通常于劳力后发生，与呼吸费力、肋间肌等容性收缩有关。

5. 全身性症状　在疾病的临床过程中，特别在较重的患者，可能会发生全身性症状，如体重下降、食欲减退、外周肌肉萎缩和功能障碍、精神抑郁和（或）焦虑等。合并感染时可咳血痰或咯血。

（三）体征

COPD早期体征可不明显。随疾病进展，常有以下体征：①视诊及触诊：胸廓形态异常，包括胸部过度膨胀、前后径增大、剑突下胸骨下角（腹上角）增宽及腹部膨隆等；常见呼吸变浅，频率增快，辅助呼吸肌如斜角肌及胸锁乳突肌参加呼吸运动，重症可见胸腹矛盾运动；患者不时采用缩唇呼吸以增加呼出气量；呼吸困难加重时常采取前倾坐位，低氧血症者可出现黏膜及皮肤发绀，伴右心衰竭者可见下肢水肿、肝脏增大。②叩诊：由于肺过度充气使心浊音界缩小，肺肝界降低，肺叩诊可呈过度清音。③听诊：两肺呼吸音可减低，呼气延长，平静呼吸时可闻干性啰音，两肺底或其他肺野可闻及湿啰音；心音遥远，剑突部心音较清晰响亮。

【实验室检查】

（一）肺功能检查

肺功能检查尤其是通气功能检查是判断气流受限的客观指标，其重复性好，对COPD的诊断、严重度评价、疾病进展、预后及治疗反应等均有重要意义。气流受限是以第一秒用力呼气容积（FEV_1）和FEV_1与用力肺活量（FVC）之比（FEV_1/FVC）降低来确定的。FEV_1/FVC是COPD的一项敏感指标，可检出轻度气流受限。FEV_1占预计值的百分比是中、重度气流受限的良好指标，它变异性小，易于操作，应作为COPD肺功能检查的基本项目。吸入支气管舒张剂后FEV_1/FVC%＜70%者，可确定为不能完全可逆的气流受限。呼气峰流速（PEF）及最大呼气流量-容积曲线（MEFV）也可作为气流受限的参考指标，但COPD时PEF与FEV_1的相关性不够强，PEF有可能低估气流受限的程度。气流受限可导致肺过度充气，使肺总量（TLC）、功能残气量（FRC）和残气容积（RV）增高，肺活量（VC）减低。TLC增加不及RV增加的程度大，故RV/TLC增高。肺泡隔破坏及肺毛细血管床丧失可使弥散功能受损，一氧化碳弥散量（DLco）降低，DLco与肺泡通气量（VA）之比（DLco/VA）比单纯DLco更敏感。深吸气量（IC）是潮气量与补吸气量之和，IC/TLC是反映肺过度膨胀的指标，它在反映COPD呼吸困难程度甚至反映COPD生存率上具有意义。作为辅助检查，支气管舒张试验结果与基础FEV_1值及是否处于急性加重期和以往的治疗状态等有关，在不同时期检查结果可能不尽一致，因此要结合临床全面分析。但其在临床应用中仍有一定价值，因为：①有利于鉴别COPD与支气管哮喘，或二者同时存在；②可获知患者能达到的最佳肺功能状态；③与预后有更好的相关性；④可能预测患者对支气管舒张剂的治疗反应。

（二）胸部X线检查

X线检查对确定肺部并发症及与其他疾病（如肺间质纤维化、肺结核等）的鉴别有重要意义。COPD早期胸片可无明显变化，以后出现肺纹理增多、紊乱等非特征性改变；主要X线征为肺过度充气：肺容积增大，胸腔前后径增长，肋骨走向变平，肺野透亮度增高，横膈位置低平，心脏悬垂狭长，肺门血管纹理呈残根状，肺野外周血管纹理纤细稀少等，有时可见肺大疱形成。并发肺动脉高压和肺源性心脏病时，除右心增大的X线征外，还可有肺动脉圆锥膨隆，肺门血管影扩大及右下肺动脉增宽等。

（三）胸部CT检查

CT检查一般不作为常规检查。但是，在鉴别诊断时，CT检查有益，高分辨CT（HRCT）对辨别小叶中心型或全小叶型肺气肿及确定肺大疱的大小和数量，有很高的敏感性和特异性，对预计肺大疱切除或外科减容手术等的效果有一定价值。

（四）血气检查

当FEV_1＜40%预计值时或具有呼吸衰竭或右心衰竭的COPD患者，均应做血气检查。血气异常首先表现为轻、中度低氧血症。随疾病进展，低氧血症逐渐加重，并出现高碳酸血症。呼吸衰竭的血气诊断标准为海平面吸空气时动脉血氧分压（PaO_2）<8.0kPa（60mmHg）伴或不伴动脉血二氧化碳分压（$PaCO_2$）>6.7kPa（50mmHg）。

（五）其他实验室检查

COPD患者可见血红蛋白及红细胞增高或减低。并发感染时，痰涂片可见大量中性白细胞，痰培养可检出各种病原菌，常见者为肺炎链球菌、流感嗜血杆菌、卡他摩拉菌、肺炎克雷伯杆菌等。反复住院和行机械通气的患者可见不动杆菌和铜绿假单胞菌等。

【严重度分级】

COPD严重度分级是基于气流受限的程度。气流受限是诊断COPD的主要指标，也反映了病理改变的严重度。由于FEV_1下降与气流受限有很好的相关性，故FEV_1的变化是严重度分级的主要依据。此外，还应考虑临床症状及合并症的情况。临床严重度分为四级（表2-6-2）。

表2-6-2 COPD临床严重度分级

分级	特征
Ⅰ级：轻度	● $FEV_1/FVC<70\%$ ● $FEV_1≥80\%$ 预计值 ● 伴或不伴有慢性症状（咳嗽、咳痰）
Ⅱ级：中度	● $FEV_1/FVC<70\%$ ● $50\%≤FEV_1<80\%$ 预计值 ● 伴或不伴有慢性症状（咳嗽、咳痰、活动后呼吸困难）
Ⅲ级：重度	● $FEV_1/FVC<70\%$ ● $30\%≤FEV_1<50\%$ 预计值 ● 伴或不伴有慢性症状（咳嗽、咳痰、呼吸困难）
Ⅳ级：极重度	● $FEV_1/FVC<70\%$ ● $FEV_1<30\%$ 预计值或 $FEV_1<50\%$ 预计值伴慢性呼吸衰竭

1. Ⅰ级 轻度COPD：其特征为轻度气流受限，$FEV_1≥80\%$预计值，通常可伴有或不伴有咳嗽、咳痰。此时，患者本人可能还认识不到自己的肺功能是异常的。

2. Ⅱ级 中度COPD：其特征为气流受限进一步恶化，$50\%≤FEV_1<80\%$预计值，症状进展，出现气短，以运动后气短更为明显。此时，由于呼吸困难或疾病的加重，患者常去医院就诊。

3. Ⅲ级 重度COPD：其特征为气流受限进一步恶化（$30\%≤FEV_1<50\%$预计值），气短加剧，并且反复出现急性加重，影响患者的生活质量。

4. Ⅳ级 极重度COPD：为严重的气流受限（$FEV_1<30\%$预计值）或者合并有慢性呼吸衰竭。也可影响心脏，导致肺源性心脏病（右心功能不全）。此时，患者的生活质量明显下降，如果出现急性加重则可能有生命危险。

虽然$FEV_1\%$预计值可以反映COPD严重程度和健康状况，预测病死率，但FEV_1并不能完全反映COPD复杂的严重情况。除FEV_1以外，已证明体重指数（BMI）和呼吸困难分级在预测COPD生存率等方面有意义。

BMI等于体重（以kg为单位）除以身高的平方（以m^2为单位），BMI<21kg/m^2的COPD患者死亡率增加。

功能性呼吸困难分级：可用呼吸困难量表来评价：0级：除非剧烈活动，通常无明显呼吸困难；1级：当快走或上缓坡时有气短；2级：由于呼吸困难，比同龄人步行慢，或者以自己的速度在平地上行走时需要停下来呼吸；3级：在平地上步行100米或数分钟后需要停下来呼吸；4级：明显的呼吸困难而不能离开房屋或者当穿脱衣服时气短。

如果将 BMI 作为反映营养状况的指标，FEV_1 可作为反映气流阻塞（obstruction）的指标，呼吸困难（dyspnea）分级作为症状的指标，再加上 6 分钟步行距离作为运动耐力（exercise）的指标，将这四方面综合起来建立一个多因素分级系统（BODE），被认为可比 FEV_1 更好地反映 COPD 的预后。

生活质量评估：广泛应用于评价 COPD 患者的病情严重程度、药物治疗的疗效、非药物治疗的疗效（如肺康复治疗、手术）和急性发作的影响等。生活质量评估还可用于预测死亡风险，而与年龄、FEV_1 及体重指数无关。常用的生活质量评估方法有圣乔治呼吸问卷（SGRQ）和治疗结果研究（SF-36）等。

此外，COPD 急性加重次数也可作为 COPD 严重程度的一项监测指标。

COPD 病程可分为急性加重期与稳定期。COPD 急性加重期是指患者出现超越日常状况的持续恶化，并需改变基础 COPD 的常规用药者，通常在疾病过程中，患者短期内咳嗽、咳痰、气短和喘息加重，痰量增多，呈脓性或黏脓性，可伴发热等炎症明显加重的表现。稳定期则指患者咳嗽、咳痰、气短等症状稳定或症状轻微。

【诊断】

COPD 的诊断应根据临床表现、危险因素接触史、体征及实验室检查等资料，进行综合分析确定。

（一）病史

既往史和系统回顾：童年时期有无哮喘、变态反应性疾病、感染及其他呼吸道疾病史如结核病史；COPD 和呼吸系统疾病家族史；吸烟史（以包年计算）及职业、环境有害物质接触史等。

（二）症状

主要为慢性咳嗽，咳痰和/或呼吸困难，多于冬季发作或加重。

（三）肺功能检查

存在不完全可逆性气流受限是诊断 COPD 的必备条件，支气管舒张剂后 $FEV_1/FVC<70\%$ 可确定为不完全可逆性气流受限，它是诊断 COPD 的金标准。凡具有吸烟史，和/或环境职业污染接触史，和/或咳嗽、咳痰或呼吸困难史者，均应进行肺功能检查。COPD 早期轻度气流受限时可有或无临床症状，当吸入支气管扩张剂后 $FEV_1/FVC<70\%$，除外其他疾病后也可诊断为 COPD。

【鉴别诊断】

一些已知病因或具有特征病理表现的气流受限疾病，如支气管扩张症、肺结核纤维化病变、肺囊性纤维化、弥漫性泛细支气管炎以及闭塞性细支气管炎等，均不属于 COPD。

COPD 应与支气管哮喘、支气管扩张症、充血性心力衰竭、肺结核等鉴别（表 2-6-3、表 2-6-4）。

表 2-6-3 COPD 与哮喘的鉴别

	哮喘	COPD
起病年龄	儿童或其少年期	多于中年以后
症状	起伏大	缓慢进展、逐渐加重
	常伴过敏体质、过敏性鼻炎、湿疹和哮喘家族史	吸烟史，有害气体、颗粒接触史
气流受限	多为可逆，发生气道重塑者不能完全可逆	基本不可逆

与支气管哮喘的鉴别有时存在一定困难。COPD 多于中年后起病，哮喘则多在儿童或青少年期起病；COPD 症状缓慢进展，逐渐加重，哮喘则症状起伏大；COPD 多有长期吸烟史和（或）有害气体、颗粒接触史，哮喘则常伴过敏体质、过敏性鼻炎和/或湿疹等，部分患者有哮喘家族史；COPD 的气流受限基本为不可逆性，哮喘则多为可逆性。然而，部分病程长的哮喘患者已发生气道重塑，气流受限不能完全逆转；而少数 COPD 患者伴有气道高反应性，气流受限部分可逆。此时应根据临床及实验室所见全面分析，必要时作支气管舒张试验和/或最大呼气流量（PEF）昼夜变异率来进行鉴别。在一部分患者中，这两种疾病可重叠存在。

表 2-6-4 COPD 的鉴别诊断

诊断	鉴别诊断要点
COPD	中年发病；症状缓慢进展；多有长期吸烟史；活动后气促；大部分为不可逆性气流受限
支气管哮喘	早年发病（通常在儿童期）；每日症状变化快；夜间和清晨症状明显；也可有过敏性鼻炎和（或）湿疹史；部分伴有哮喘家族史；气流受限大多可逆
充血性心力衰竭	听诊肺基底部可闻细湿啰音；胸部 X 线片示心脏扩大、肺水肿；肺功能测定示限制性通气障碍（而非气流受限）
支气管扩张	大量脓痰；常伴有细菌感染；粗湿啰音、杵状指；胸片或 CT 示支气管扩张、管壁增厚
结核病	所有年龄均可发病；胸片示肺浸润性病灶或结节状空洞样改变；细菌学检查可确诊
闭塞性细支气管炎	发病年龄较轻、且不吸烟；可能有类风湿关节炎病史或烟雾接触史、CT 在呼气相显示低密度影
弥漫性泛细支气管炎	大多数为男性非吸烟者；几乎所有患者均有慢性鼻窦炎；胸部 X 线片和 HRCT 显示弥漫性小叶中央结节影和过度充气征

支气管哮喘主要症状为喘息、两肺广泛呼气相哮鸣音，多与接触变应原有关，对糖皮质激素治疗反应良好。虽然哮喘与 COPD 都是慢性气道炎症性疾病，但二者的发病机制不同。大多数哮喘患者的气流受限具有显著的可逆性，是其不同于 COPD 的一个关键特征；但是，部分哮喘患者随着病程延长，可出现较明显的气道重塑，导致气流受限的可逆性明显减小，临床很难与 COPD 相鉴别。COPD 和哮喘可以发生于同一位患者，由于二者都是呼吸系统最常见的疾病，因此这种概率并不低。

【治疗】

(一) 稳定期治疗

1. 教育与管理 通过教育与管理可以提高患者及有关人员对 COPD 的认识和自身处理疾病的能力，更好地配合治疗和加强预防措施，减少反复加重，维持病情稳定，提高生活质量。主要内容包括：①教育与督促患者戒烟；②使患者了解 COPD 的病理生理与临床基础知识；③掌握一般和某些特殊的治疗方法；④学会自我控制病情的技巧，如腹式呼吸及缩唇呼吸锻炼等；⑤了解赴医院就诊的时机；⑥社区医生定期随访管理。

2. 控制职业性或环境污染 避免或防止粉尘、烟雾及有害气体吸入。

3. 药物治疗 药物治疗用于预防和控制症状，减少急性加重的频率和严重程度，提高运动耐力和生活质量。根据疾病的严重程度，逐步增加治疗，如果没有出现明显的药物副作用或病情的恶化，应在同一水平维持长期的规律治疗。根据患者对治疗的反应及时调整治疗方案。

(1) 支气管舒张剂：支气管舒张剂可松弛支气管平滑肌、扩张支气管、缓解气流受限，是控制 COPD 症状的主要治疗措施。短期按需应用可缓解症状，长期规则应用可预防和减轻症状，增加运动耐力，但不能使所有患者的 FEV_1 得到改善。与口服药物相比，吸入剂副作用小，因此多首选吸入治疗。

主要的支气管舒张剂有 $β_2$ 激动剂、抗胆碱药及甲基黄嘌呤类，根据药物的作用及患者的治疗反应选用。定期用短效支气管舒张剂较为便宜，但不如长效制剂方便。不同作用机制与作用时间的药物联合可增强支气管舒张作用、减少副作用。$β_2$ 受体激动剂、抗胆碱药物和（或）茶碱联合应用，肺功能与健康状况可获进一步改善。

1) $β_2$ 受体激动剂：主要有沙丁胺醇、特布他林等，为短效定量雾化吸入剂，数分钟内开始起效，15～30min 达到峰值，持续疗效 4～5h，每次剂量 100～200μg（每喷 100μg），24h 不超过 8～12 喷。主要用于缓解症状，按需使用。福莫特罗（formoterol）为长效定量吸入剂，作用持续 12h 以上，与短效 $β_2$ 激动剂相比，更有效方便。福莫特罗吸入后 1～3min 起效，常用剂量为 4.5～9μg，每日 2 次。

2) 抗胆碱药：主要品种有异丙托溴铵（ipratropium）气雾剂，可阻断 M 胆碱受体。定量吸入时，开始作用时间比沙丁胺醇等短效 β_2 受体激动剂慢，但持续时间长，30~90min 达最大效果。维持 6~8h，剂量为 40~80μg（每喷 20μg），每天 3~4 次。该药副作用小，长期吸入可改善 COPD 患者健康状况。噻托溴铵（tiotropium bromide）选择性作用于 M_3 和 M_1 受体，为长效抗胆碱药，作用长达 24h 以上，吸入剂量为 18μg，每天 1 次。长期吸入可增加深吸气量（IC），减低呼气末肺容积（EELV），进而改善呼吸困难，提高运动耐力和生活质量，也可减少急性加重频率。

3）茶碱类药物：可解除气道平滑肌痉挛，在 COPD 应用广泛。另外，还有改善心搏血量、舒张全身和肺血管，增加水盐排出，兴奋中枢神经系统，改善呼吸肌功能以及某些抗炎作用等。但总的来看，在一般治疗量的血药浓度下，茶碱的其他多方面作用不很突出。缓释型或控释型茶碱每天 1 次或 2 次口服可达稳定的血浆浓度，对 COPD 有一定效果。茶碱血浓度监测对估计疗效和副作用有一定意义。血茶碱浓度>5mg/L 即有治疗作用；>15mg/L 时副作用明显增加。吸烟、饮酒、服用抗惊厥药、利福平等可引起肝酶受损并可缩短茶碱半衰期；老人、持续发热、心力衰竭和肝功能明显障碍者，及同时应用西咪替丁、大环内酯类药物（红霉素等）、氟喹诺酮类药物（环丙沙星等）和口服避孕药等都可能使茶碱血浓度增加。

(2) 糖皮质激素：COPD 稳定期长期应用糖皮质激素吸入治疗并不能阻止其 FEV_1 的降低趋势。长期规律地吸入糖皮质激素较适用于 FEV_1<50%预计值（Ⅲ级和Ⅳ级）并且有临床症状以及反复加重的 COPD 患者。这一治疗可减少急性加重频率，改善生活质量。联合吸入激素和 β_2 激动剂，比各自单用效果好，目前已有布地奈德/福莫特罗、氟地卡松/沙美特罗两种联合制剂。对 COPD 患者，不推荐长期口服糖皮质激素治疗。

(3) 其他药物

1）祛痰药（黏液溶解剂）：COPD 气道内可产生大量黏液分泌物，可促使继发感染，并影响气道通畅，应用祛痰药似乎有利于气道引流通畅，改善通气，但除少数有黏痰患者获效外，总体来说效果并不十分确切。常用药物有盐酸氨溴索（ambroxol）、乙酰半胱氨酸等。

2）抗氧化剂：COPD 气道炎症使氧化负荷加重，应用抗氧化剂如 N-乙酰半胱氨酸可降低疾病反复加重的频率。

3）免疫调节剂：对降低 COPD 急性加重的严重程度可能具有一定的作用。但尚未得到确证，不推荐作常规使用。

4）疫苗：流感疫苗可减少 COPD 患者的病情严重程度和死亡率，建议每年给予 1 次（秋季）或 2 次（秋、冬）。它含有死的或活的、无活性病毒，应每年根据预测的病毒种类制备。肺炎球菌疫苗含有 23 种肺炎球菌荚膜多糖，已在 COPD 患者中应用，但疗效尚缺乏有说服力的研究证实。

5）中医治疗：辨证施治是中医治疗的原则，对 COPD 的治疗亦应据此原则进行。实践中体验到某些中药具有祛痰、支气管舒张、免疫调节等作用，值得深入研究。

4. 氧疗 COPD 稳定期进行长期家庭氧疗（LTOT）对具有慢性呼吸衰竭的患者可提高生存率。对血流动力学、血液学特征、运动能力、肺生理和精神状态都会产生有益的影响。LTOT 应在Ⅳ级极重度的 COPD 患者中应用，具体指征是：①PaO_2≤7.3kPa（55mmHg）或动脉血氧饱和度（SaO_2）≤88%，有或没有高碳酸血症。②PaO_2 7.3~8.0kPa（55~60mmHg），或 SaO_2<89%，并有肺动脉高压、心脏衰竭所致水肿或红细胞增多症（红细胞比积>55%）。LTOT 一般是经鼻导管吸入氧气，流量 1.0~2.0L/min，吸氧持续时间>15h/d。长期氧疗的目的是使患者在海平面水平、静息状态下，达到 PaO_2≥60mmHg 和（或）使 SaO_2 升至 90%，这样才可维持重要器官的功能，保证周围组织的氧供。

5. 康复治疗 康复治疗可以使进行性气流受限、严重呼吸困难而很少活动的患者改善活动能力、提高生活质量，是 COPD 患者一项重要的治疗措施。它包括呼吸生理治疗、肌肉训练、营养支持、精神治疗与教育等多方面措施。在呼吸生理治疗方面包括帮助患者咳嗽，用力呼气以促进分泌物清除；使患者放松，进行缩唇呼吸以及避免快速浅表的呼吸以帮助克服急性呼吸困难等措施。在肌肉训练方面有全身性运动与呼吸肌锻炼，前者包括步行、登楼梯、踏车等，后者有腹式呼吸锻炼等。在营养支持方面，应要求达到理想的体重；同时避免过高碳水化合物饮食和过高热卡摄入，以免产生过多二氧化碳。

6. 外科治疗

(1) 肺大疱切除术：在有指征的患者，术后可减轻患者呼吸困难的程度并使肺功能得到改善。术前胸部 CT 检查、动脉血气分析及全面评价呼吸功能对于决定是否手术是非常重要的。

(2) 肺减容术：是通过切除部分肺组织，减少肺过度充气，改善呼吸肌做功，提高运动能力和健康状况，但不能延长患者的寿命。主要适用于上叶明显非均质肺气肿，康复训练后运动能力仍低的一部分病人，但其费用高，属于实验性姑息性外科的一种手术。不建议广泛应用。

(3) 肺移植术：对于选择合适的 COPD 晚期患者，肺移植术可改善生活质量，改善肺功能，但技术要求高，花费大，很难推广应用。

总之，稳定期 COPD 的处理原则应根据病情的严重程度不同，选择的治疗方法也有所不同，关于 COPD 分级治疗问题，表 2-6-5 可供参考。

表 2-6-5　稳定期 COPD 的推荐治疗方案

分级	Ⅰ级（轻度）	Ⅱ级（中度）	Ⅲ级（重度）	Ⅳ级（极重度）
特征	$FEV_1/FVC<70\%$ $FEV_1 \geq 80\%$ 有或无症状	$FEV_1/FVC<70\%$ $50\% \leq FEV_1 < 80\%$ 有或无症状	$FEV_1/FVC<70\%$ $30\% \leq FEV_1 < 50\%$ 有或无症状	$FEV_1/FVC<70\%$ $FEV_1<30\%$ 或 伴有慢性呼吸衰竭或右心衰竭
	避免危险因素；流感疫苗			
	按需使用短效支气管舒张剂			
		规律应用一种或多种长效支气管舒张剂		
		康复治疗		
			反复急性发作，可吸入糖皮质激素	
			如有呼吸衰竭，长期氧疗可考虑外科治疗	

(二) 急性加重期的治疗

1. 确定 COPD 急性加重的原因　引起 COPD 加重的最常见原因是气管-支气管感染，主要是病毒、细菌的感染。部分病例加重的原因难以确定，环境理化因素改变可能有作用。肺炎、充血性心力衰竭、心律失常、气胸、胸腔积液、肺血栓栓塞症等可引起酷似 COPD 急性发作的症状，需要仔细加以鉴别。

2. COPD 急性加重的诊断和严重性评价　COPD 加重的主要症状是气促加重，常伴有喘息、胸闷、咳嗽加剧、痰量增加、痰液颜色和（或）黏度改变以及发热等，此外亦可出现全身不适、失眠、嗜睡、疲乏抑郁和精神紊乱等症状。当患者出现运动耐力下降、发热和（或）胸部影像异常时可能为 COPD 加重的征兆。气促加重，咳嗽痰量增多及出现脓性痰常提示细菌感染。

与加重前的病史、症状、体征、肺功能测定、动脉血气检测和其他实验室检查指标进行比较，对判断 COPD 加重的严重度甚为重要。应特别注意了解本次病情加重或新症状出现的时间，气促、咳嗽的严重度和频度，痰量和痰液颜色，日常活动的受限程度，是否曾出现过水肿及其持续时间，既往加重时的情况和有无住院治疗，以及目前的治疗方案等。本次加重期肺功能和动脉血气结果与既往对比可提供极为重要的信息，这些指标的急性改变较其绝对值更为重要。对于严重的 COPD 患者，神志变化是病情恶化和危重的指标，一旦出现需及时送医院救治。是否出现辅助呼吸肌参与呼吸运动，胸腹矛盾呼吸、发绀、外周水肿、右心衰竭，血流动力学不稳定等征象亦有助于判定 COPD 加重的严重程度。

(1) 肺功能测定：加重期患者，常难以满意地完成肺功能检查。$FEV_1<1L$ 可提示严重发作。

(2) 动脉血气分析：在海平面呼吸空气条件下，$PaO_2<60mmHg$ 和（或）$SaO_2<90\%$，提示呼吸衰竭。如 $PaO_2<50mmHg$，$PaCO_2>70mmHg$，$pH<7.30$ 提示病情危重，需进行严密监护或入住ICU行无创或有创机械通气治疗。

(3) 胸部X线影像、心电图（ECG）检查：胸部X线影像有助于COPD加重与其他具有类似症状的疾病相鉴别。ECG对心律失常、心肌缺血及右心室肥厚的诊断有帮助。螺旋CT、血管造影和血浆D-二聚体检测对诊断COPD加重患者发生肺栓塞有重要作用，但核素通气灌注扫描对此诊断价值不大。低血压或高流量吸氧后 PaO_2 不能升至 60mmHg 以上可能提示肺栓塞的存在，如果临床上高度怀疑合并肺栓塞，则应同时处理COPD和肺栓塞。

(4) 其他实验室检查：血红细胞计数及红细胞压积有助于了解有无红细胞增多症或出血。部分患者血白细胞计数增高及中性粒细胞核左移可为气道感染提供佐证，但通常白细胞计数并无明显改变。

当COPD症状加重且有脓性痰者，应给予抗生素治疗。肺炎链球菌、流感嗜血杆菌及卡他莫拉菌是导致COPD加重最常见的病原菌。若患者对初始抗生素治疗反应不佳时，应进行痰培养及细菌药物敏感试验。此外，血液生化检查有助于确定引起COPD加重的其他因素，如电解质紊乱（低钠、低钾和低氯血症等），糖尿病危象或营养不良等，也可发现合并存在的代谢性酸碱失衡。

3. 院外治疗　对于COPD加重早期，病情较轻的患者可以在院外治疗，但需注意病情变化，及时决定送至医院治疗的时机。

COPD加重期的院外治疗包括适当增加以往所用支气管舒张剂的量及频度。若未曾使用抗胆碱药物，可以用异丙托溴铵或噻托溴铵吸入治疗，直至病情缓解。对更严重的病例，可给予数天较大剂量的雾化治疗，如沙丁胺醇 $2500\mu g$，异丙托溴铵 $500\mu g$，或沙丁胺醇 $1000\mu g$ 加异丙托溴铵 $250\sim500\mu g$ 雾化吸入，每日 2~4 次。

全身使用糖皮质激素对加重期治疗有益，可促进病情缓解和肺功能恢复。如患者的基础 FEV_1 <50%预计值，除支气管舒张剂外可考虑口服糖皮质激素，泼尼松龙，每日 30~40mg，连用 7~10 天。也可糖皮质激素联合长效 β_2 受体激动剂雾化吸入治疗。

COPD症状加重，特别是咳嗽痰量增多并呈脓性时应积极给予抗生素治疗。抗生素选择应依据患者肺功能及常见的致病菌结合患者所在地区致病菌及耐药流行情况，选择敏感抗生素。在院外治疗的COPD急性加重患者，通常病情都不很重。主要病原体多为流感嗜血杆菌、肺炎链球菌、卡他莫拉菌、病毒等。因此，除确诊为单纯病毒感染可不应用抗菌药物外，都应给予适当的抗菌药物。可选择以下药物：青霉素、β内酰胺类/酶抑制剂（阿莫西林/克拉维酸）、大环内酯类（阿奇霉素、克拉霉素、罗红霉素等），第一代或二代头孢菌素（头孢呋辛、头孢克洛）、多西环素、左氧氟沙星等，这些药物除青霉素外，可使用口服制剂，较重者注射给药。

4. 住院治疗　COPD急性加重病情严重者需住院治疗。COPD急性加重到医院就诊或住院治疗的指标为：①症状显著加剧，如突然出现的静息状况下呼吸困难；②出现新的体征或原有体征加重（如发绀、外周水肿）；③新近发生的心律失常；④有严重的伴随疾病；⑤初始治疗方案失败；⑥高龄COPD患者的急性加重；⑦诊断不明确；⑧院外治疗条件欠佳或治疗不力。

COPD急性加重收入重症监护治疗病房（ICU）的指征为：①严重呼吸困难且对初始治疗反应不佳；②精神障碍、嗜睡、昏迷；③经氧疗和无创正压通气（NIPPV）后，低氧血症（PaO_2 <50mmHg）仍持续或呈进行性恶化，和（或）高碳酸血症（$PaCO_2>70mmHg$）无缓解甚至恶化，和（或）严重呼吸性酸中毒（$pH<7.30$）无缓解，甚至恶化。

5. COPD加重期的主要治疗方案

1) 根据症状、血气分析结果、X线胸片等评估病情的严重程度。

2) 控制性氧疗：氧疗是COPD加重期住院患者的基础治疗。无严重合并症的COPD加重期患者氧疗后易达到满意的氧合水平（$PaO_2>60mmg$ 或 $SaO_2>90\%$）。但吸入氧浓度不宜过高，需注意可

能发生潜在的 CO_2 潴留及呼吸性酸中毒，给氧途径包括鼻导管或 Venturi 面罩，其中 Venturi 面罩更能精确地调节吸入氧浓度。氧疗 30min 后应复查动脉血气，以确认氧合满意，且未引起 CO_2 潴留及（或）呼吸性酸中毒。

3）抗生素治疗：COPD 急性加重多由细菌感染诱发，故抗生素治疗在 COPD 加重期治疗中具有重要地位。当患者呼吸困难加重，咳嗽伴有痰量增多及脓性痰时，应根据 COPD 严重程度及相应的细菌分层情况，结合当地常见的致病菌类型及耐药流行趋势和药敏情况尽早选择敏感抗生素。如对初始治疗方案反应欠佳，应及时根据细菌培养及药敏试验结果调整抗生素。通常 COPD Ⅰ级（轻度）或Ⅱ级（中度）患者病情加重时，主要致病菌多为肺炎链球菌、流感嗜血杆菌及卡他莫拉菌。属于 COPD Ⅲ级（重度）及Ⅳ级（极重度）患者病情急性加重，除以上常见细菌外，尚可有肠杆菌科细菌、铜绿假单胞菌及耐甲氧西林金黄色葡萄球菌等。发生铜绿假单胞菌的危险因素有：近期住院、频繁应用抗菌药物、以往有铜绿假单胞菌分离或寄植的历史等。需要根据细菌可能的分布采用适当的抗菌药物治疗（具体用药见表 2-6-6）。抗菌治疗应尽可能将细菌负荷降低到最低水平，以延长 COPD 急性加重的间隔时间。长期应用广谱抗生素和糖皮质激素易继发深部真菌感染，应密切观察真菌感染的临床征象并采用防治真菌感染措施。抗生素使用疗程一般情况下为 3~7 天，根据病情需要可适当延长。在我国，目前疗程往往偏长。

表 2-6-6 住院患者抗生素应用参考表

分组	病原微生物	抗生素
Ⅲ级及Ⅳ级 COPD 急性加重无铜绿假单胞菌感染危险因素	流感嗜血杆菌、肺炎链球菌、卡他莫拉菌、肺炎克雷伯杆菌、大肠埃希菌、肠杆菌属等	β内酰胺/酶抑制剂、第二代头孢菌素（头孢呋辛）、氟喹诺酮类（左氧氟沙星、莫西沙星、加替沙星）、第三代头孢菌素（头孢曲松、头孢噻肟）等
Ⅲ级及Ⅳ级 COPD 急性加重有铜绿假单胞菌感染危险因素	以上细菌及铜绿假单胞菌	第三代头孢菌素（头孢他啶）、头孢哌酮/舒巴坦、哌拉西林/他唑巴坦、亚胺培南、美洛培南等也可联合用氨基糖苷类、氟喹诺酮类（环丙沙星等）

4）支气管舒张剂：短效 β_2 受体激动剂较适用于 COPD 急性加重期的治疗。若效果不显著，建议加用抗胆碱能药物（为异丙托溴铵、噻托溴铵等）。对于 COPD 急性加重者，可考虑静脉滴注茶碱类药物。由于茶碱类药物血清浓度个体差异较大，治疗窗较窄，监测血清茶碱浓度对于评估疗效和避免副作用的发生都有一定意义。β_2 受体激动剂、抗胆碱能药物及茶碱类药物由于作用机制不同，药代及药动学特点不同且分别作用于不同大小的气道，所以应联合应用，可获得更大的支气管舒张作用。不良反应的报道亦不多。

5）糖皮质激素：COPD 急性加重期住院患者宜在应用支气管舒张剂基础上，口服或静脉滴注糖皮质激素，激素的剂量要权衡疗效及安全性，建议口服泼尼松 30~40mg/d，连续 7~10 天后逐渐减量停药。也可以静脉给予甲泼尼龙，40mg 每天一次，3~5 天后改为口服。延长给药时间不能增加疗效，相反会使副作用增加。

6）机械通气：可通过无创或有创方式给予机械通气，根据病情需要，可首选无创性机械通气。机械通气无论是无创或有创方式都只是生命支持的一种方式。在此基础下，通过有效药物治疗消除 COPD 急性加重的原因使急性呼吸衰竭得到逆转。进行机械通气病人应监测动脉血气。

①无创机械通气：COPD 急性加重期患者应用无创正压通气（NIPPV）可降低 $PaCO_2$，减轻呼吸困难，从而降低气管插管和有创呼吸机的使用率，缩短住院天数，降低患者死亡率。使用 NIPPV 要注意掌握合理的操作方法，提高患者依从性，避免漏气，从低压力开始逐渐增加辅助吸气压和采用有利于降低 $PaCO_2$ 的方法，从而提高 NIPPV 的效果。其应用指征见表 2-6-7。

表 2-6-7　NIPPV 在 COPD 急性加重期应用的适应证和禁忌证

适应证（至少符合其中 2 项）
中至重度呼吸困难，伴辅助呼吸肌参与呼吸并出现胸腹矛盾运动
中至重度酸中毒（pH 7.30～7.35）和高碳酸血症（$PaCO_2$ 45～60mmHg）
呼吸频率>25 次/分
禁忌证（符合下列条件之一）
呼吸抑制或停止
心血管系统功能不稳定（低血压、心律失常、心肌梗死）
嗜睡、神志障碍或不合作者
易误吸者（吞咽反射异常，严重上消化道出血）
痰液黏稠或有大量气道分泌物
近期曾行面部或胃食管手术
头面部外伤，固有的鼻咽部异常
极度肥胖
严重的胃肠胀气

②有创机械通气：在积极药物和 NIPPV 治疗下，患者呼吸衰竭仍进行性恶化，出现危及生命的酸碱异常和/或神志改变时宜用有创机械通气治疗。

有创机械通气在 COPD 急性加重期的具体应用指征见表 2-6-8。

表 2-6-8　有创机械通气在 COPD 急性加重期的应用指征

严重呼吸困难，辅助呼吸肌参与呼吸，并出现胸腹矛盾呼吸
呼吸频率>35 次/分
危及生命的低氧血症（PaO_2<40mmHg 或 PaO_2/FiO_2<200mmHg）
严重的呼吸性酸中毒（pH<7.25）及高碳酸血症
呼吸抑制或停止
嗜睡，神志障碍
严重心血管系统并发症（低血压、休克、心力衰竭）
其他并发症（代谢紊乱，脓毒血症，肺炎，肺血栓栓塞症，气压伤，大量胸腔积液）
NIPPV 治疗失败或存在 NIPPV 的使用禁忌证

在决定终末期 COPD 患者是否使用机械通气时，还需充分考虑到病情好转的可能性，患者自身及家属的意愿以及强化治疗的条件是否允许。

使用最广泛的三种通气模式包括辅助控制通气（A-CMV），压力支持通气（PSV）或同步间歇强制通气（SIMV）与 PSV 联合模式（SIMV＋PSV）。因 COPD 患者广泛存在内源性呼气末正压（PEEPi），为减少因 PEEPi 所致吸气功耗增加和人机不协调，可常规加用一适度水平（约为 PEEPi 的 70%～80%）的外源性呼气末正压（PEEP）。COPD 的撤机可能会遇到困难，需设计和实施周密方案。使用感染控制窗为切换点的有创—无创序贯通气已被证实为临床实用而有效的方法，常用来帮助 COPD 急性加重期患者早期撤离有创呼吸机治疗。

7）其他：在出入量和血电解质监测下适当补充液体和电解质；注意维持液体和电解质平衡；注意补充营养，对不能进食者需经胃肠补充要素饮食或予静脉高营养；对卧床、红细胞增多症或脱水的患者，无论是否有血栓栓塞性疾病史均需考虑使用肝素或低分子肝素；注意痰液引流，积极排痰治疗（如刺激咳嗽，叩击胸部，体位引流等方法）；识别并治疗伴随疾病（冠心病、糖尿病、高血压等）及合并症（休克、弥散性血管内凝血、上消化道出血、心功能不全等）。

（姚婉贞）

第七章 支气管哮喘

支气管哮喘（bronchial asthma，简称哮喘）是由嗜酸性粒细胞、肥大细胞和 T 淋巴细胞、中性粒细胞、平滑肌细胞、气道上皮细胞等和细胞组分参与的气道慢性炎症性疾病。这种慢性炎症使易感者对各种激发因子产生气道高反应性，并引起广泛性气道缩窄。常常出现广泛多变的可逆性气流受限，临床上表现反复发作性喘息、呼气性呼吸困难、胸闷或咳嗽等症状，常在夜间和（或）清晨发作、加剧，多数患者可自行缓解或经规范治疗缓解。不积极治疗或治疗不当也可导致气道重塑，发生气道不可逆性缩窄，因此合理的防治至关重要。

全球约有 1.6 亿哮喘患者，各国患病率为 1‰～13%，我国的患病率为 1%～4%。全国五大城市的资料显示 13～14 岁学生的哮喘发病率为 3‰～5‰。一般认为儿童发病率高于成人，成人男女患病率大致相同，约 40% 的患者有家族史。发达国家高于发展中国家，城市高于农村，此外近年来哮喘患病率有逐渐增高趋势，在发达国家尤为突出。

【病因和发病机制】

（一）病因

目前哮喘的病因尚未完全清楚，大多数认为与多基因遗传有关，受遗传因素和环境因素的综合作用。

许多调查资料表明，哮喘患者亲属中患病率高于群体患病率，并且亲缘关系越近，患病率越高；患者病情越严重，其亲属患病率也越高。哮喘患儿的双亲大多存在不同程度的气道高反应性。目前哮喘的相关基因尚未完全明确，有研究表明存在与气道高反应性、IgE 调节和特应性反应等相关基因，这些基因在哮喘的发病中起着重要作用。

环境因素中主要包括某些激发因素，包括吸入物，如尘螨、花粉、真菌、动物毛屑、二氧化硫、氨气等各种特异和非特异性吸入物；病毒、原虫、寄生虫等感染；食物，如鱼、虾蟹、蛋类、牛奶及某些食物添加剂等；药物，如普萘洛尔（心得安）、阿司匹林；气候变化、剧烈运动、妊娠、心理因素等，它们都可能是哮喘的激发因素。

（二）发病机制

哮喘的发病机制尚未完全清楚。多数人认为哮喘与变态反应、气道炎症、气道反应性升高及自主神经等因素相互作用有关。

1. 变态反应　当变应原进入具有特应性体质（易感者）的机体后，可刺激机体通过 T 淋巴细胞的传递，由 B 淋巴细胞合成特异性 IgE，并与肥大细胞和嗜碱性粒细胞表面的高亲和性的 IgE 受体（$Fc_\varepsilon R_1$）结合在一起。若变应原再次进入体内，可与结合在 $Fc_\varepsilon R$ 上的 IgE 交联，使该细胞合成并释放多种炎症介质，导致平滑肌收缩、黏液分泌增加、血管通透性增高和炎症细胞浸润等。炎症细胞在细胞因子的作用下又可分泌多种介质，使气道病变加重，炎症细胞浸润增加，从而产生各种临床症状。

根据变应原吸入后哮喘发生的时间，可分为速发型哮喘反应（IAR）、迟发型哮喘反应（LAR）和双相型哮喘反应（OAR）。IAR 几乎在吸入变应原的同时立即发生反应，15～30 分钟达高峰，2 小时后逐渐恢复正常。LAR 约 6 小时左右发病，持续时间长，可达数天，而且临床症状重，常呈持续性哮喘表现，肺功能损害严重且持久。LAR 的发病机制较复杂，不仅与 IgE 介导的肥大细胞脱颗粒有关，而且主要是由气道炎症所致。现在认为哮喘是一种涉及多种炎症细胞相互作用、许多介质和细胞因子参与的一种慢性炎症疾病。LAR 是由于慢性炎症反应的结果。

2. 气道炎症　气道慢性炎症被认为是哮喘的本质。不管哪一种类型的哮喘，哪一期的哮喘，都表现为多种炎症细胞特别是肥大细胞、嗜酸性粒细胞和 T 淋巴细胞等多种炎症细胞在气道的浸润和聚集。这些细胞相互作用可以分泌出 50 多种炎症介质和 25 种以上的细胞因子，这些介质、细胞因子与炎症细胞互相作用构成复杂的网络，使气道反应性增高，气道收缩，黏液分泌增加，血管渗出增多。已知肥大细胞、嗜酸性粒细胞、中性粒细胞、上皮细胞、巨噬细胞和内皮细胞都可产生炎症介质，根据介质产生的先后可分为快速释放型介质，如组胺，继发产生性介质，如前列腺素（PG）、白三烯（LT）、血小板活化因子（PAF）等。肥大细胞激发活化后，可释放出组胺、嗜酸性粒细胞趋化因子（ECF-A）、中性粒细胞趋化因子（NCF-A）、LT 等介质。肺泡巨噬细胞激发后可释放血栓素（TX）、PG、PAF 等介质。ECF-A 使嗜酸性粒细胞趋化，并诱发释放主要碱基蛋白（MBP）、嗜酸性粒细胞阳离子蛋白（ECP）、嗜酸性粒细胞过氧化酶（EPO）、嗜酸性粒细胞神经毒素（EDN）、PAF、LTC_4 等。这些介质均可加重气道反应性和炎症。其中 LTC_4、LTD_4 是很强的支气管收缩剂，并可使黏液分泌增多，血管通透性增加。LTB_4 能使中性粒细胞、嗜酸性粒细胞和单核细胞趋化、聚集并分泌介质等。气道的结构细胞（包括上皮细胞、成纤维细胞、平滑肌细胞）还可分泌内皮素-1（ET-1），各种生长因子促进气道的增殖和重构。此外，黏附分子（adhesion molecules，AMs）是一类能介导细胞间黏附的糖蛋白，由血管内皮及气道上皮细胞产生的黏附分子介导白细胞与内皮细胞的黏附和跨内皮转移至炎症部位，在哮喘的发病中起重要作用。

总之，哮喘的炎症反应是由多种炎症细胞、炎症介质和细胞因子参与的相互作用的结果，关系十分复杂，有待进一步研究。

3. 气道高反应性（airway hyperresponsiveness，AHR） 表现为气道对多种刺激因子出现过强或过早的收缩反应，是哮喘患者发生发展的一个重要因素。目前普遍认为气道炎症是导致气道高反应性的重要机制之一。当气道受到变应原或其他刺激后，由于多种炎症细胞、炎症介质和细胞因子的参与，气道上皮和上皮内神经的损害等而导致气道高反应性。AHR 常有家族倾向，受遗传因素的影响。AHR 为支气管哮喘患者的共同病理生理特征，然而出现 AHR 者并非都是支气管哮喘，如长期吸烟、接触臭氧、病毒性上呼吸道感染、慢性阻塞性肺疾病（COPD）、支气管扩张等也可出现 AHR。

4. 自主神经机制 自主神经因素也是哮喘发病的重要环节。支气管受复杂的自主神经支配，除胆碱能神经、肾上腺素能神经外，还有非肾上腺素能非胆碱能（NANC）神经系统。支气管哮喘发作与 β 肾上腺素受体功能低下和迷走神经张力亢进有关，并可能存在 α 肾上腺素神经的反应性增加。NANC 能释放舒张支气管平滑肌的神经介质如血管活性肠肽（VIP）、一氧化氮（NO），及收缩支气管平滑肌的介质如 P 物质、神经激肽，两者平衡失调，则可引起支气管平滑肌收缩。

有关哮喘发病机制总结于图 2-7-1。

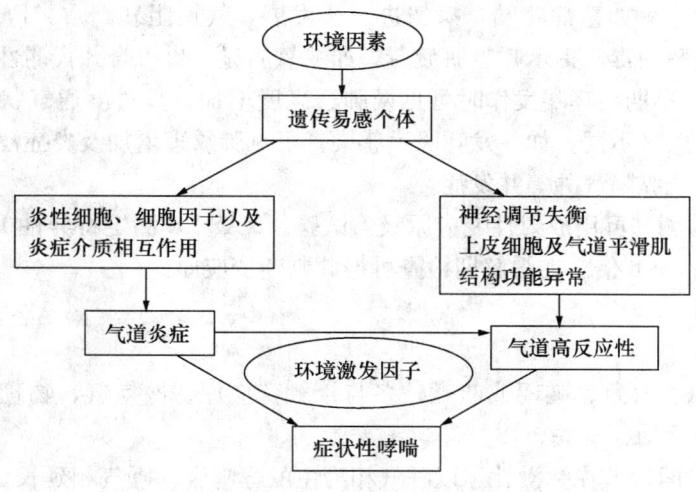

图 2-7-1 哮喘发病机制示意图

【病理】

疾病早期，肉眼观察解剖学上很少有器质性病变。随着疾病发展病理学变化逐渐明显。肉眼可见肺膨胀，肺柔软疏松有弹性，支气管及细支气管内含有黏稠痰液及黏液栓。支气管壁增厚，黏膜肿胀充血形成皱襞，黏液栓塞局部可出现肺不张。显微镜下可见气道上皮下有肥大细胞、肺泡巨噬细胞、嗜酸性粒细胞、淋巴细胞与中性粒细胞浸润。气道黏膜下组织水肿，微血管通透性增加，支气管内分泌物贮留，支气管平滑肌痉挛，纤毛上皮剥离，基底膜露出，杯状细胞增殖及支气管分泌物增加等病理改变。若哮喘长期反复发作，可发生气道重塑，表现为支气管平滑肌肌层肥厚，气道上皮细胞下纤维化等。

【临床表现】

1. 症状　典型者表现为发作性伴有哮鸣音的呼气性呼吸困难或发作性胸闷和咳嗽，严重者被迫采取坐位或呈端坐呼吸，干咳或咳大量白色泡沫痰，甚至出现发绀等；咳嗽变异型哮喘者仅表现为顽固性咳嗽。哮喘症状可在数分钟内发作，经数小时至数天，用支气管舒张药后或可自行缓解。许多患者多在夜间及清晨发作。不典型者可仅表现为胸闷和气憋。

2. 体征　胸部呈过度充气状态，呼气相延长，有广泛的哮鸣音。但轻度哮喘者可无哮鸣音，非常严重哮喘发作时，也可不出现哮鸣音。严重哮喘患者常出现心率增快、奇脉、胸腹反常运动和发绀。

【实验室和其他检查】

1. 血液检查　发作时可有嗜酸性粒细胞比率增高，但多不明显（很少>10%），如并发细菌性感染可有白细胞数增高，分类中性粒细胞比例增高。

2. 痰液检查　涂片在显微镜下可见较多嗜酸性粒细胞，可见嗜酸性粒细胞退化形成的尖棱结晶（Charcort-Leyden 结晶体）、黏液栓（Curschman 螺旋体）和透明的哮喘珠（Laennec 珠）。如合并呼吸道细菌感染，痰涂片革兰染色可见致病细菌，细菌培养有助于病原学诊断。

3. 呼吸功能检查　哮喘发作时有关呼气流速的全部指标均显著下降，1秒钟用力呼气容积（FEV_1）、1秒钟用力呼气容积占用力肺活量比值（$FEV_1/FVC\%$）、呼气流量峰值（PEF）均降低，缓解期可逐渐恢复。如果应用有效的支气管扩张药也可使上述指标好转。此外许多哮喘患者的 FEV_1、PEF 可呈现明显的昼夜波动，即夜间尤其是后半夜、清晨其 FEV_1、PEF 下降，之后逐渐升高，下午4~6时达到最高值。发作时用力肺活量减少，残气量、功能残气量和肺总量增加，残气量占肺总量百分比增高，但缓解期上述指标可逐渐恢复正常，可与肺气肿相鉴别。

4. 动脉血气分析　哮喘严重发作时可有缺氧，PaO_2 降低，由于过度通气可使 $PaCO_2$ 下降，pH 上升，表现呼吸性碱中毒。如重症哮喘，病情进一步发展，气道阻塞严重，$PaCO_2$ 由减低转为正常甚至升高，表现呼吸性酸中毒，提示呼吸肌疲劳。如缺氧明显，也可合并代谢性酸中毒。

5. 胸部X线检查　早期在哮喘发作时可见两肺透亮度增加，呈过度通气状态；但在缓解期可恢复正常，这点与肺气肿患者不同。如并发呼吸道感染，可见肺纹理增加及炎症浸润阴影。同时要注意是否存在肺不张、气胸或纵隔气肿等并发症。

6. 特异性变应原检测　可用放射性变应原吸附试验（RAST）测定特异性 IgE，过敏性哮喘患者血清 IgE 可较正常人高 2~6 倍。在缓解期检查可据此判断变应原。

【诊断与鉴别诊断】

（一）诊断标准

1. 反复发作的喘息、气急、胸闷或咳嗽，多与接触变应原、冷空气、物理、化学性刺激、病毒性上呼吸道感染、剧烈运动等有关。

2. 发作时在双肺可闻及散在弥漫性、以呼气相为主的哮鸣音，呼气相延长。

3. 上述症状可经治疗或自行缓解。

4. 症状不典型者（如无明显喘息和体征）至少应有下列三项指标中的一项阳性：①支气管激发

试验或运动试验阳性；②支气管舒张试验阳性（经吸入 β_2 肾上腺素受体激动剂后，FEV_1 增加 12% 以上，且 FEV_1 增加绝对值>200ml）；③呼气流量峰值（PEF）日内变异率或昼夜波动率≥20%。

5. 除外其他疾病所引起的喘息、胸闷和咳嗽。

（二）支气管哮喘的分期

根据临床表现，支气管哮喘可分为急性发作期（acute exacerbation）、慢性持续期（chronic persistent period）和缓解期（relievable period）。①哮喘急性发作是指气促、咳嗽、胸闷等症状突然发生，常有呼吸困难，以呼气流量降低为其特征，常因接触变应原等刺激物或治疗不当所致。②慢性持续期：每周均不同程度和（或）不同频度地出现哮喘症状。③缓解期系指经过治疗或未经治疗，症状、体征消失，肺功能恢复到急性发作前水平，并维持 4 周以上。

（三）病情严重程度分级

哮喘患者的病情严重程度分级应分为三个部分。

1. 治疗前哮喘病情严重程度的分级 包括新发生的哮喘患者和既往已诊断为哮喘而长时间未应用药物治疗者，见表 2-7-1。

表 2-7-1 治疗前哮喘病情严重程度的分级

分级	临床特点
间歇发作 （第 1 级）	症状＜每周 1 次 短暂发作 夜间哮喘症状≤每月 2 次 FEV_1≥80% 预计值或 PEF≥80% 个人最佳值，PEF 或 FEV_1 变异率＜20%
轻度持续 （第 2 级）	症状≥每周 1 次，但＜每天 1 次 发作可能影响活动和睡眠 夜间哮喘症状＞每月 2 次，但＜每周 1 次 FEV_1≥80% 预计值或 PEF≥80% 个人最佳值，PEF 或 FEV_1 变异率 20%～30%
中度持续 （第 3 级）	每日有症状 发作影响活动和睡眠 夜间哮喘症状≥每周 1 次 FEV_1 60%～79% 预计值或 PEF 为 60%～79% 个人最佳值，PEF 或 FEV_1 变异率＞30%
重度持续 （第 4 级）	每日有症状 频繁发作 经常出现夜间哮喘症状 体力活动受限 FEV_1＜60% 预计值或 PEF＜60% 个人最佳值，PEF 或 FEV_1 变异率＞30%

2. 治疗期间哮喘控制水平的评估 当患者已经处于规范化分级治疗期间，哮喘病情控制水平则应根据临床表现和目前每日治疗方案的级别综合判断。见表 2-7-2。

表 2-7-2 治疗期间哮喘控制水平分级

	完全控制（满足以下所有情况）	部分控制（任何 1 周出现以下任何 1 项特征）	未控制（在任何 1 周内）
日间症状	无（≤2 次/周）	＞2 次/周	出现 3 项或以上部分控制特征
活动受限	无	有	
夜间症状/憋醒	无	有	
需使用缓解药物次数	无（≤2 次/周）	＞2 次/周	
肺功能（PEF 或 FEV_1）	正常	任何 1 天＜正常预计值（或本人最佳值）的 80%	
急性发作	无	≥1 次/年	任何 1 周有 1 次

3. 哮喘急性发作时病情严重程度的分级　哮喘急性发作时，其程度轻重不一，病情加重可在数小时或数天内出现，偶尔可在数分钟内即危及生命，故应对病情作出正确评估，以便给予及时有效的紧急治疗。哮喘急性发作时病情严重程度的分级，见表2-7-3。

表 2-7-3　哮喘急性发作时病情严重程度的分级

临床特点	轻度	中度	重度	危重
气短	步行、上楼时	稍事活动	休息时	
体位	可平卧	喜坐位	端坐呼吸	
讲话方式	连续成句	单词	单字	不能讲话
精神状态	可有焦虑/尚安静	时有焦虑或烦躁	常有焦虑、烦躁	嗜睡或意识模糊
出汗	无	有	大汗淋漓	
呼吸频率	轻度增加	增加	常>30次/分	
辅助呼吸肌活动及三凹征	常无	可有	常有	胸腹矛盾运动
哮鸣音	散在，呼气末期	响亮、弥漫	响亮、弥漫	减弱、乃至无
脉率	<100次/分	100～120次/分	>120次/分	脉率变慢或不规则
奇脉	无，<10mmHg	可有，10～25mmHg	常有，>25mmHg	无，提示呼吸肌疲劳
使用β₂激动剂后 PEF 预计值或个人最佳值%	>80%	60%～80%	<60%或<100L/min 或作用时间<2小时	
PaO_2（吸空气）	正常	≥60mmHg	<60mmHg	
$PaCO_2$	<45mmHg	≤45mmHg	>45mmHg	
SaO_2（吸空气）	>95%	91%～95%	≤90%	
pH				降低

【鉴别诊断】

根据其典型发作症状，体征和既往发作史，哮喘诊断不难，有时需与下列疾病鉴别。

1. 心源性哮喘　见于急性左心衰竭，多因左心室排血不足或左心房排血受阻引起肺静脉或毛细血管压力增高，液体从毛细血管渗漏到肺间质和肺泡，产生肺水肿。多表现为夜间突然出现气急、端坐呼吸、发绀、烦躁不安、大汗淋漓、刺激性咳嗽、咳粉红色泡沫痰，坐起后呼吸困难可缓解。患者常有夜间憋醒的病史。发作与哮喘相似。但前者多有基础病，如高血压病、冠心病、风湿性二尖瓣狭窄和主动脉瓣的病变，双肺可闻及弥漫性哮鸣音、双肺底可闻及广泛的湿啰音，湿啰音部位可随体位变化而变化。查体心界向左扩大，心尖区可闻及奔马律和病理性杂音，心率增快，X线胸片示心脏增大、肺淤血、叶间裂增宽、可见Kerley B线，血液和痰液嗜酸性粒细胞不高，可与哮喘鉴别。急性左心衰竭者血中脑钠肽（BNP）水平常明显升高，常>500pq/ml，而哮喘发作时常<100pq/ml。若一时鉴别不清，可先用氨茶碱静脉注射，忌用吗啡和肾上腺素试验治疗。详见表2-7-4。

2. 慢性阻塞性肺病（COPD）　COPD多见于中老年，多有重度吸烟史，长期咳嗽、咳痰伴喘息，可闻及哮鸣音，合并肺气肿者常主诉为气短，活动后加重，查体示桶状胸，叩诊过清音，肺下界下移，呼吸音普遍减弱。肺功能示阻塞性通气功能障碍，与哮喘急性发作时肺过度充气不同，肺气肿者即使症状缓解肺功能仍不能恢复正常，即所谓气流受限为不完全可逆。肺气肿患者常有弥散功能降低，而支气管哮喘则极少会引起弥散功能降低，除非发生广泛痰栓。COPD每次急性发作与支气管感染有关，感染控制后症状缓解。秋冬加重，夏季缓解，与典型支气管哮喘病例不难区别。但与慢性哮喘及咳嗽变异型哮喘不易鉴别。某些病例慢性支气管炎和哮喘可以合并存在。但COPD患者进行支

气管舒张试验时其 FEV_1 改善率常常<10%，无个人过敏史，血液和痰液嗜酸性粒细胞计数不高。两者对于 β_2 激动剂、糖皮质激素治疗反应有明显差别。详见表2-7-5。

表2-7-4 支气管哮喘与急性左心衰竭鉴别要点

	支气管哮喘	急性左心衰竭
起病年龄	婴幼儿时期多	中老年人
病史	哮喘发作病史、其他过敏疾病史、家族史	高血压、冠心病、糖尿病、风心病以及多次心力衰竭史
发病季节	多有季节性	不明显
诱因	接触过敏原、上呼吸道感染、剧烈运动、吸入非特异性刺激物	感染、劳累、过量或过快输液
体征	呼气相延长，双肺弥漫性哮鸣音	双肺底湿啰音（可随体位变动而变化）、左心扩大、奔马律、心脏杂音
缓解办法	脱离过敏原、吸入平喘药	坐起，应用快速洋地黄、利尿剂、扩血管药物
心电图	可有一过性肺型P波	心律失常或房室扩大
超声心动图	正常	心脏解剖学上异常
BNP测定	<100pg/ml	多>500pg/ml

表2-7-5 支气管哮喘与慢性阻塞性肺病鉴别的要点

	支气管哮喘	COPD
起病年龄	多起病于婴幼儿时期	中老年
病史	哮喘反复发作、其他过敏性疾病史、家族史	长期吸烟史、冬春季反复发作咳嗽、咳痰或气短加重
发病诱因	接触过敏原、上呼吸道感染、剧烈运动等	上呼吸道感染，肺气肿可因体力活动诱发气短
起病方式	多突然发作	起病缓慢
发病季节	夏秋交替季节或晚秋	秋冬或冬春交季
症状	以喘息、呼吸困难、胸闷为主	咳嗽、咳痰为主，肺气肿患者表现为活动后气短
体征	双肺弥漫性哮鸣音	干啰音或散在湿啰音，合并肺气肿者可有肺气肿体征，且长期不消失
缓解规律	经治疗或自行缓解、缓解期可以与正常人一样	缓解速度缓慢，或缓解期仍有症状，肺气肿患者活动后气短，休息后即可缓解
外周血	嗜酸性粒细胞增高	发作期白细胞增多或中性粒细胞增高
痰检	大量嗜酸粒细胞	以中性粒细胞为主，痰培养可以检出致病菌
X线胸片	发作期可有过度充气征，缓解期可正常	合并肺气肿者可出现相应征象，且长期存在不消失
其他检查	过敏原皮试阳性，血清总IgE、特异性IgE水平升高	无或不明显
肺功能	支气管舒张试验阳性，PEF波动率>20%，DL_{CO} 多正常	支气管舒张试验阴性，PEF波动率<15%，合并肺气肿者 DL_{CO} 可降低，RV、TLC、RV/TLC%升高

3. **支气管肺癌** 肺癌引起的哮喘样症状见于下列几种情况：①管腔阻塞，癌肿腔内生长可引起支气管狭窄，导致气道阻塞产生喘鸣或类似哮喘样的呼吸困难，肺部可闻及喘鸣音，多局限于一个部位，而且吸气时更加明显；②类癌综合征，某些肿瘤生长过程中可产生5-羟色胺，引起支气管收缩，产生哮喘样的呼吸困难和颜面潮红；③淋巴管病变、支气管肺癌晚期，癌细胞沿淋巴管扩散，患者呼吸困难明显，肺部可闻及哮鸣音。以上表现易与支气管哮喘相混淆，但是支气管癌引起的哮喘样症状常无诱因，且发作性不明显，好发于吸烟的中老年男性，无过敏史，痰中带血，憋闷持续存在且进行性加重，应用平喘药无效，多次查痰可找到癌细胞，X线胸片、胸部CT、纤维支气管镜检查有助于

明确诊断，可与哮喘鉴别。此外，还需要注意与其他引起气道阻塞的疾病如气管异物、气管支气管内膜结核、复发性多软骨炎等进行鉴别。

4. 肺嗜酸粒细胞增多症　包括热带嗜酸粒细胞增多症、变应性支气管肺曲菌病（allergic bronchopulmonary aspergillosis，简称 ABPA）等。ABPA 以反复哮喘发作为特征，中年起病，男女之比为 1:2，临床表现与内源性哮喘相似，咳嗽常更突出，有些患者可咳出小痰栓和支气管管型，内含大量嗜酸细胞和（或）真菌菌丝，可有发热，咳出上述痰栓后喘息可缓解，体温下降。少数患者病前可有荨麻疹、紫癜、多发性关节炎。血中嗜酸粒细胞中度增高，血 IgE 水平升高和痰中嗜酸粒细胞明显增多。热带嗜酸粒细胞增多症，多发于东南亚和我国南部，男多于女，好发年龄 20～40 岁，常见症状为剧烈咳嗽，阵咳之后伴有不同程度的气急和哮喘样发作，胸闷、气短、乏力、厌食、发热。本病的发生与丝虫感染和过敏有密切关系，微丝蚴补体结合试验阳性、血中嗜酸粒细胞极度增多并伴有肺部为主的脏器浸润为其特征，可与哮喘鉴别。

此外还应注意与变态反应性肉芽肿，又称为 Churg-Strauss 综合征等鉴别，胸片或胸部 CT 显示为反复发生的一过性肺浸润影，中心性支气管扩张。

【并发症】

发作时可并发气胸、纵隔气肿、肺不张；长期反复发作者可合并呼吸道感染或合并慢性支气管炎、支气管扩张。

【治疗】

(一) 治疗目标

哮喘是一种对患者及其家庭和社会都有明显影响的慢性疾病。气道炎症是所有类型哮喘的共同病理特征，是临床症状和气道高反应性的基础，存在于哮喘的所有时段。虽然目前尚无根治方法，但以抑制气道炎症为主的适当治疗通常可以使病情得到良好控制。因此哮喘治疗的目标为：

1. 有效控制急性发作症状并尽可能减轻症状，以至无任何症状。
2. 防止哮喘加重。
3. 尽可能使肺功能维持在接近正常水平。
4. 保持正常活动（包括运动）能力。
5. 避免治疗哮喘药物的不良反应。
6. 防止发生不可逆性气流受限。
7. 防止哮喘死亡，降低哮喘死亡率。

(二) 哮喘控制的标准

1. 最少（最好没有）的慢性症状，包括夜间症状。
2. 哮喘发作次数减至最少。
3. 无需因哮喘去急诊就诊。
4. 最少（或最好不）需要使用短效 β_2 受体激动剂。
5. 没有活动（包括运动）限制。
6. PEF 昼夜变异率 <20%。
7. PEF 正常或接近正常。
8. 最少或没有药物不良反应。

(三) 治疗措施

1. 脱离变应原　如能找到引起哮喘发作的变应原或其他非特异刺激因素，应尽可能使患者脱离变应原的接触。这是治疗哮喘最有效的方法。

2. 药物治疗　治疗哮喘的药物可以分为控制药物和缓解药物。①控制药物：是指需要长期每天使用的药物。这些药物主要通过抗炎作用使哮喘维持临床控制，其中包括吸入糖皮质激素（ICS）、全身糖皮质激素、白三烯调节剂、长效 β_2 受体激动剂（须与 ICS 联合应用）、缓释茶碱、色苷酸钠、抗

IgE抗体及其他有助于减少全身性激素剂量的药物等；②缓解药物：是指按需使用的药物。这些药物通过迅速解除气道痉挛从而缓解哮喘症状，其中包括速效吸入β_2受体激动剂、全身糖皮质激素、吸入性抗胆碱能药物、短效茶碱及短效口服β_2受体激动剂等。

（1）糖皮质激素：糖皮质激素是最有效的抗变态反应炎症药物。其主要的作用机制包括干扰花生四烯酸代谢，减少白三烯和前列腺素的合成；抑制嗜酸性粒细胞的趋化和活化；抑制细胞因子的合成；减少微血管渗漏；增加细胞膜上β_2受体的合成等。给药途径包括吸入、口服和静脉应用等。

1）吸入给药：这类药物局部抗炎作用强；通过吸气过程给药，药物直接作用于呼吸道，所需剂量较小；通过消化道和呼吸道进入血液的药物大部分被肝灭活，因此全身性不良反应较少。口咽部局部的不良反应包括声音嘶哑、咽部不适和念珠菌感染。吸药后及时用清水含漱口咽部、选用干粉吸入剂或加用储雾罐可减少上述不良反应。吸入糖皮质激素后的全身不良反应的大小与所用药物剂量、药物的生物利用度、在肠道的吸收、肝脏首过代谢率及全身吸收药物的半衰期等因素有关。目前上市的药物中丙酸氟替卡松和布地奈德的全身不良反应较少。吸入型糖皮质激素是长期治疗持续性哮喘的首选药物。①气雾剂：目前临床上常用的糖皮质激素有3种。其剂量高低和互换关系见表2-7-6。②干粉吸入剂：包括二丙酸倍氯米松碟剂、布地奈德都保、丙酸氟替卡松碟剂等。一般而言，使用干粉吸入装置比普通定量气雾剂方便，吸入下呼吸道的药物量较多。糖皮质激素气雾剂和干粉吸入剂通常需连续、规律地吸入1周后方能奏效。③溶液：布地奈德溶液经以压缩空气或高流量氧气为动力的射流装置雾化吸入，对患者吸气配合的要求不高、起效较快，适用于哮喘急性发作时的治疗。

表2-7-6 常用吸入型糖皮质激素的剂量高低与互换关系

药物	低剂量（μg）	中剂量（μg）	高剂量（μg）
二丙酸倍氯米松	200~500	500~1000	>1000
布地奈德	200~400	400~800	>800
丙酸氟替卡松	100~250	250~500	>500

2）口服给药：急性发作病情较重的哮喘或重度持续哮喘吸入大剂量激素治疗无效的患者应早期口服糖皮质激素，以防病情恶化。一般使用半衰期较短的糖皮质激素，如泼尼松、泼尼松龙或甲泼尼龙等。对于糖皮质激素依赖型哮喘，可采用每日或隔日清晨顿服给药的方式，以减少外源性激素对脑垂体-肾上腺轴的抑制作用。泼尼松的维持剂量最好≤10mg/d。对于伴有结核病、寄生虫感染、骨质疏松、青光眼、糖尿病、严重忧郁或消化性溃疡的哮喘患者全身给予糖皮质激素治疗时应慎重，并应密切随访。

3）静脉用药：严重急性哮喘发作时应经静脉及时给予大剂量琥珀酸氢化可的松（400~1500mg/d）或甲泼尼龙（80~500mg/d）。无糖皮质激素依赖倾向者可在短期（3~5天）内停药；有激素依赖倾向者应延长给药时间，控制哮喘症状后改为口服给药，并逐步减少激素用量。地塞米松抗炎作用较强，但由于血浆和组织中半衰期长，对脑垂体-肾上腺轴的抑制时间长，故应尽量避免使用或不要长时间使用。

（2）β_2受体激动剂：通过对气道平滑肌和肥大细胞膜表面的β_2受体的兴奋，舒张气道平滑肌、减少肥大细胞和嗜碱性细胞脱颗粒和介质的释放、降低微血管的通透性、增加气道上皮纤毛的摆动等，缓解哮喘症状。种类较多，可分为短效（作用维持4~6h）和长效（维持12h）β_2受体激动剂。后者又可分为速效（数分钟起效）和缓慢起效（半小时起效）两种，具体分类见表2-7-7。

表 2-7-7　吸入 $β_2$ 受体激动剂的分类

起效时间	作用维持时间	
	短效	长效
速效	沙丁胺醇 特布他林 吡布特罗 非诺特罗 丙卡特罗	福莫特罗
慢效		沙美特罗

1）短效 $β_2$ 受体激动剂：常用的药物如沙丁胺醇（salbutamol）和特布他林（terbutalin）等。①吸入：可供吸入的短效 $β_2$ 受体激动剂包括气雾剂、干粉剂和溶液等。这类药物松弛气道平滑肌作用强、通常在数分钟内起效，疗效可维持数小时，是缓解轻至中度急性哮喘症状的首选药物，也可用于运动性哮喘的预防。如沙丁胺醇每次吸入 100~200μg 或特布他林 250~500μg，必要时每 20min 重复 1 次。1h 后疗效不满意者，应向医生咨询或去看急诊。这类药物应按需间歇使用，不宜长期、单一使用，也不宜过量应用，否则可引起骨骼肌震颤、低血钾、心律失常等严重不良反应。压力型定量手控气雾剂（pMDI）和干粉吸入装置吸入短效 $β_2$ 受体激动剂不适用于重度哮喘发作；其溶液（如沙丁胺醇、特布他林、非诺特罗溶液及其复方制剂）经雾化泵吸入适用于轻至重度哮喘发作。②口服：如沙丁胺醇、特布他林片等，通常在服药后 15~30min 起效，疗效维持 4~6h。用法：如沙丁胺醇片 2~4mg，特布他林 1.25~2.5mg，每天 3 次。使用虽较方便，但心悸、骨骼肌震颤等不良反应比吸入给药时明显。缓释剂型和控释剂型的平喘作用维持时间可达 8h，特布他林的前体药班布特罗的作用可维持 24h，可减少用药次数，适用于夜间哮喘的预防和治疗。长期、单一应用 $β_2$ 受体激动剂可造成细胞膜 $β_2$ 受体的向下调节，表现为临床耐药现象，故应予避免。③注射：虽然平喘作用较为迅速，但因全身不良反应的发生率较高，已较少使用。

2）长效 $β_2$ 受体激动剂：这类 $β_2$ 受体激动剂的分子结构中具有较长的侧链，因此具有较强的脂溶性和对 $β_2$ 受体较高的选择性。其舒张支气管平滑肌的作用可维持 12h 以上。目前在我国上市的吸入型长效 $β_2$ 受体激动剂有 2 种。

①沙美特罗（salmeterol）：经气雾剂或碟剂装置给药，给药后 30min 起效，平喘作用维持 12h 以上。推荐剂量 50μg，每天 2 次吸入。

②福莫特罗（formoterol）：经都保装置给药，给药后 3~5min 起效，平喘作用维持 8~12h 以上。平喘作用具有剂量依赖性，推荐剂量 4.5~9μg，每天 2 次吸入。

吸入长效 $β_2$ 受体激动剂适用于支气管哮喘（尤其是夜间哮喘和运动诱发哮喘）的预防和治疗。福莫特罗因起效迅速，可按需用于哮喘急性发作时的治疗。

近年来推荐联合吸入糖皮质激素和长效 $β_2$ 受体激动剂治疗哮喘。这两者具有协同的抗炎和平喘作用，可获得相当于（或优于）吸入加倍剂量的糖皮质激素时的疗效，并可增加患者的依从性、减少较大剂量糖皮质激素引起的不良反应，尤适合于中至重度持续哮喘患者的长期治疗。

(3) 茶碱：茶碱具有舒张支气管平滑肌作用，并具有强心、利尿、扩张冠状动脉、兴奋呼吸中枢和呼吸肌等作用。有研究资料显示，低浓度茶碱具有抗炎和免疫调节作用。

1）口服给药：包括氨茶碱和控（缓）释型茶碱，用于轻至中度哮喘发作和维持治疗。一般剂量为每日 6~10mg/kg。控（缓）释型茶碱口服后昼夜血药浓度平稳，平喘作用可维持 12~24h，尤适用于夜间哮喘症状的控制。茶碱与糖皮质激素和抗胆碱药物联合应用具有协同作用。但本品与 $β_2$ 受体激动剂联合应用时易于诱发心律失常，应慎用，并适当减少剂量。

2）静脉给药：氨茶碱加入葡萄糖溶液中，缓慢静脉注射［注射速度不宜超过 0.2mg/(kg·min)］或静脉滴注，适用于哮喘急性发作且近 24h 内未用过茶碱类药物的病人。负荷剂量为 4~6mg/kg，维持剂量为 0.6～0.8mg/（kg·h）。由于茶碱的"治疗窗"窄，易于引起心律失常、血压下降、甚至死亡，故应监测其血药浓度，及时调整浓度和滴速。茶碱有效、安全的血药浓度应在 6～15mg/L。影响氨茶碱代谢的因素较多，如患者同时患有肝脏疾患、充血性心力衰竭，或者合用西咪替丁或喹诺酮类、大环内酯类等药物时茶碱清除率下降，应注意酌情调整剂量。

多索茶碱的作用与氨茶碱相同，但不良反应较轻。双羟丙茶碱（喘定）的不良反应较少或较小，但其作用较弱。

（4）抗胆碱能药物：吸入抗胆碱能药物，如溴化异丙托品、溴化氧托品和溴化泰乌托品（tiotropium bromide）等，可阻断节后迷走神经传出支，通过降低迷走神经张力而舒张支气管平滑肌。其扩张支气管的作用比 β_2 受体激动剂弱，起效也较慢，但长期应用不易产生耐药，对老年人的疗效不低于年轻人。

本品有气雾剂和雾化溶液两种剂型。经 pMDI 吸入溴化异丙托品气雾剂，常用剂量为 40～80μg，每天 3～4 次；经雾化泵吸入溴化异丙托品溶液的常用剂量为 50～125μg，每天 3～4 次。溴化泰乌托品系新近上市的长效抗胆碱能药物，对 M_3 受体具有选择性抑制作用，仅需每天 1 次吸入给药。

本品与 β_2 受体激动剂联合应用具有协同、互补作用。本品对有吸烟史的老年哮喘患者较为适宜，但对妊娠早期妇女和患有青光眼或前列腺肥大的患者应慎用。

（5）白三烯调节剂：白三烯调节剂包括半胱氨酰白三烯受体拮抗剂和 5-脂氧化酶抑制剂，是一类新型治疗哮喘药物。目前在国内应用的主要是半胱氨酰白三烯受体拮抗剂。

1) 作用机制：半胱氨酰白三烯受体拮抗剂通过对气道平滑肌和其他细胞表面白三烯（$CysLT_1$）受体的拮抗，抑制肥大细胞和嗜酸粒细胞释放出的半胱氨酰白三烯的致喘和致炎作用，产生轻度支气管舒张和减轻变应原、运动和 SO_2 诱发的支气管痉挛等作用，并具有一定程度的抗炎作用。

2) 在哮喘治疗中的地位：本品可减轻哮喘症状、改善肺功能、减少哮喘的恶化。但其作用不如吸入型糖皮质激素，也不能取代糖皮质激素。作为联合治疗中的一种药物，本品可减少中至重度哮喘患者吸入糖皮质激素的剂量，并可提高吸入糖皮质激素治疗的临床疗效。本品服用方便。尤适用于阿司匹林哮喘患者，运动性哮喘及合并过敏性鼻炎的哮喘患者。

3) 不良反应：本品较为安全。虽然有文献报告接受这类药物治疗的患者可出现 Churg-Strauss 综合征，但其与白三烯调节剂的因果关系尚未肯定，可能与全身应用糖皮质激素剂量的减少或停药有关。

4) 用法与剂量：口服给药，孟鲁司特 10mg，每天 1 次。

（6）其他治疗哮喘药物

1) 色苷酸钠和奈多罗米钠（nedocromil sodium）：色苷酸钠和奈多罗米钠是一种非皮质激素类抗炎药，可抑制 IgE 介导的肥大细胞等炎症细胞中炎症介质的释放，并可选择性抑制巨噬细胞、嗜酸性粒细胞和单核细胞等炎症细胞介质的释放。这类药物适用于轻度持续哮喘的长期治疗，可预防变应原、运动、干冷空气和 SO_2 等诱发的气道阻塞，可减轻哮喘症状和病情加重。吸入这类药物后的不良反应很少。

2) 抗组胺药物：口服第二代抗组胺药物（H_1 受体拮抗剂）如酮替芬、氯雷他定、阿司咪唑、氮草司丁、特非那丁等具抗变态反应作用，其在支气管哮喘治疗中的作用较弱，可用于伴有过敏性鼻炎的哮喘患者的治疗，这类药物的不良反应主要是嗜睡。阿司咪唑和特非那丁可引起严重的心血管不良反应，应避免使用。

3) 其他口服抗变态反应药物：如曲尼司特（tranilast）、瑞吡司特（repirinast）等可应用于轻至中度哮喘的治疗，主要不良反应是嗜睡。

4) 可能减少口服激素剂量的药物：包括口服免疫调节剂（甲氨蝶呤、环孢素、金制剂等）、某些大环内酯类抗生素和静脉应用免疫球蛋白等。其疗效尚待进一步研究。

5) 变应原特异性免疫疗法（SIT）：该疗法通过皮下或舌下给予常见吸入变应原提取液（如螨、猫毛、豚草等），可减轻哮喘症状和气道高反应性。但对其远期疗效和安全性尚待进一步研究与评价。变应原制备的标准化工作也有待加强。哮喘患者应用此疗法期间必须在严格的环境控制和每日规律吸入糖皮质激素的前提下进行。

6) 抗IgE治疗：抗IgE单克隆抗体可应用于血清IgE水平增高的哮喘的治疗。目前它主要应用于经过ICS和LABA联合治疗后症状仍未控制的严重过敏性哮喘患者。目前尚未发现抗IgE治疗有明显毒副作用，但因该药临床使用的时间尚短，其远期疗效和安全性有待进一步观察。价格昂贵也是其临床应用受到限制。

7) 中药：可辨证施治，并酌情使用某些确有疗效的中（成）药。

3. 长期治疗方案的确定 哮喘治疗方案的选择既要考虑药物的疗效及其安全性，也要考虑患者的实际情况，如经济收入，当地药源情况，药物治疗可以酌情采取不同的给药途径，包括吸入、口服和肠道外途径（皮下、肌肉或静脉注射）。吸入给药的主要优点是可以将药物直接送入气道以提高疗效，避免或使全身不良反应减少到最低程度。制订哮喘治疗方案应以患者的病情严重程度为基础，根据其控制水平选择适当的治疗方案，其后根据病情控制变化不断调整治疗方案，在这个过程中一定要做好定期随访、检测患者的病情及用药依从性（表2-7-8）。

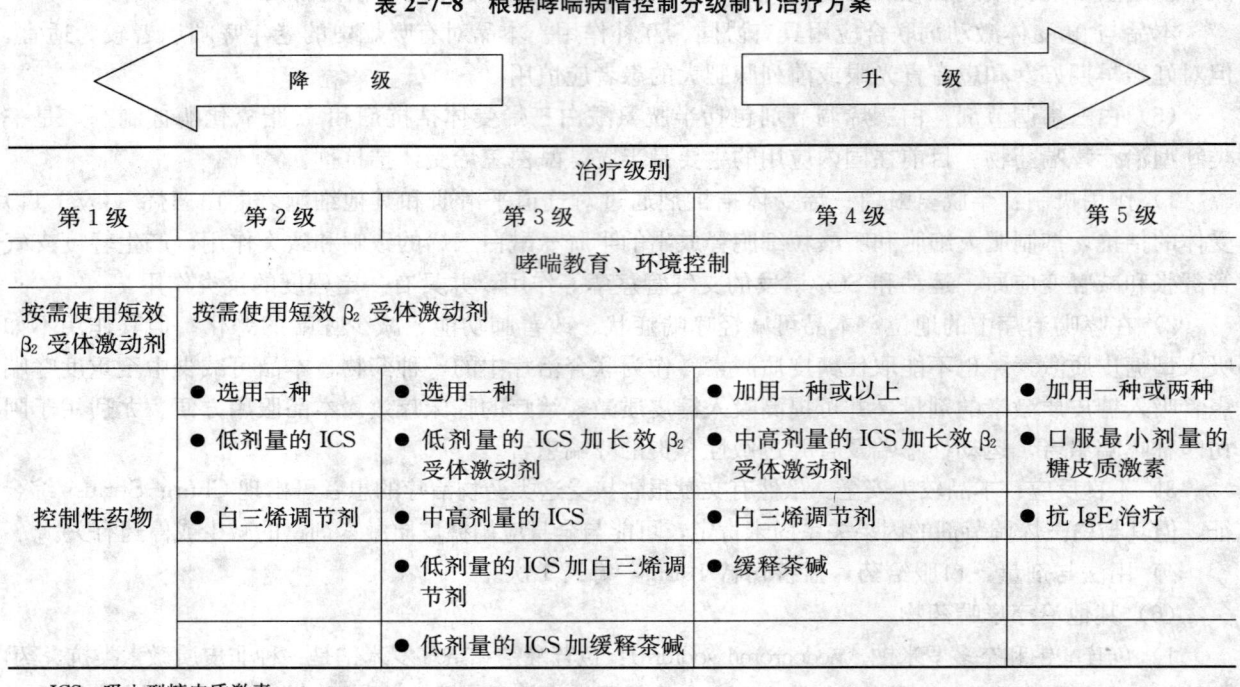

表2-7-8 根据哮喘病情控制分级制订治疗方案

	治疗级别				
	第1级	第2级	第3级	第4级	第5级
	哮喘教育、环境控制				
按需使用短效β_2受体激动剂	按需使用短效β_2受体激动剂				
控制性药物		● 选用一种 ● 低剂量的ICS ● 白三烯调节剂	● 选用一种 ● 低剂量的ICS加长效β_2受体激动剂 ● 中高剂量的ICS ● 低剂量的ICS加白三烯调节剂 ● 低剂量的ICS加缓释茶碱	● 加用一种或以上 ● 中高剂量的ICS加长效β_2受体激动剂 ● 白三烯调节剂 ● 缓释茶碱	● 加用一种或两种 ● 口服最小剂量的糖皮质激素 ● 抗IgE治疗

ICS：吸入型糖皮质激素

对以往未经规范治疗的初诊哮喘患者可选择第2步治疗方案，若哮喘患者病情较重，应直接选择第3步治疗方案。从第2步到第5步的治疗方案中都有不同的哮喘控制药物可供选择。而在每一步中缓解药物都应该按需使用，以迅速缓解哮喘症状。如果使用含有福莫特罗和布地奈德单一吸入装置进行联合治疗时，它可以作为控制和缓解药物应用。

如果使用该治疗方案不能够使哮喘得到控制，治疗方案应该升级治疗直至达到哮喘控制为止。当哮喘控制并维持至少3个月后，治疗方案可以降级。推荐的减量方案为：①单独吸入中-高剂量吸入激素者，将吸入激素剂量减少50%；②单独吸入低剂量吸入激素者，可改为每日1次用药；③吸入激素和长效β_2受体激动剂联合用药者，将吸入激素剂量减少50%，仍继续使用长效β_2受体激动剂联合治疗。当达到低剂量联合治疗时，可选择改为每日1次联合用药，或停用长效β_2受体激动剂单用吸入激素治疗。若患者使用最低剂量控制药物达到哮喘控制1年，并且哮喘症状不再发作，可考虑停用药物治疗。通常情况下，患者在初诊后1～3个月回访，以后每3个月随访一次。如出现哮喘发作时，应在2周至1个月内进行回访。

4. 急性发作期的治疗 哮喘急性发作的严重性决定其治疗方案，表2-7-8为根据检查时所确定的哮喘急性发作严重度的制定标准，各类别中的所有特征并不要求齐备。如果患者对起始治疗不满意，或症状恶化很快，或患者存在可能发生死亡的高危因素，应按下一个更为严重的级别治疗。哮喘急性发作的住院治疗见图 2-7-2。

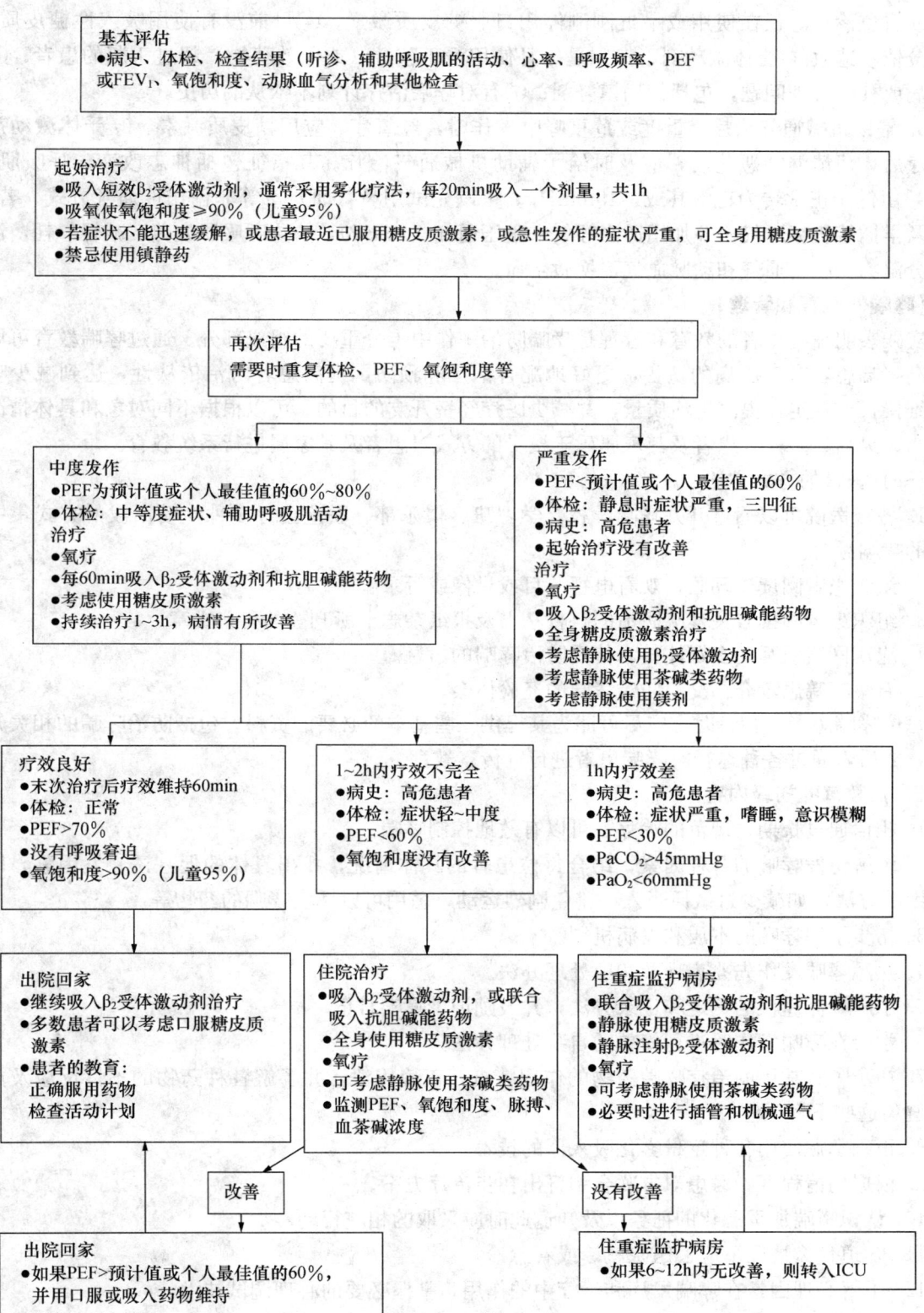

图 2-7-2 哮喘急性发作的住院治疗

对于具有哮喘相关死亡高危因素的患者，需要给予高度重视，这些患者应当尽早到医疗机构就诊。高危患者包括：①有需要插管和机械通气的濒于致死性哮喘的病史；②在过去 1 年中因为哮喘而住院或看急诊；③正在使用或最近刚刚停用口服糖皮质激素；④目前没有使用吸入性糖皮质激素；⑤过分依赖速效 β_2 受体激动剂，特别是每月使用沙丁胺醇（或等效药物）超过 1 瓶的患者；⑥有心理疾病或社会心理问题，包括使用镇静剂；⑦有对哮喘治疗计划不依从的历史。

5. 辅助机械通气治疗　重度或危重哮喘发作时，经氧疗，应用糖皮质激素、β_2 受体激动剂等药物治疗后，病情继续恶化者，应及时给予辅助机械通气治疗。其指征包括神志改变，呼吸肌疲劳，$PaCO_2$ 由低于正常转为正常甚或 $>45mmHg$。可以先试用鼻（面）罩等非创伤性通气方式，若无效，则应及早插管机械通气。并加用适当呼气末正压通气（PEEP），防止呼吸肌疲劳，减轻氧耗，清除呼吸道分泌物，改善通气和动脉血气，挽救生命。

【哮喘的教育和管理】

实践表明哮喘患者的教育和管理是哮喘防治工作中十分重要的组成部分。通过哮喘教育可以显著地提高哮喘患者对于疾病的认识，更好地配合治疗和预防，提高患者防治依从性，达到减少哮喘发作，维持长期稳定，提高生活质量，并减少医疗经费开支的目的。可以根据不同对象和具体情况，采用适当、灵活、多样、患者及其家属乐于接受的方式对患者及其家属进行系统教育。

（一）教育的方式方法

1. 各级医院可以通过开办哮喘学校、学习班、俱乐部、联谊会等多种生动活泼的方式集中进行系统的哮喘教育。
2. 组织患者阅读连环画，观看电视节目或录像或听录音带。
3. 组织患者阅读有关哮喘防治的科普丛书及报纸杂志上所刊登的科普文章。
4. 应用网络或互动多媒体技术传播防治哮喘的信息。
5. 召集哮喘患者介绍交流防治哮喘的经验体会。

每位哮喘患者在初诊时，应尽可能为其提供一些基本的必要的资料，包括防治哮喘的相关知识和技能，之后，通过各种途径对哮喘患者进行宣传、教育。

（二）教育的初级内容

1. 相信通过长期、规范的治疗，可以有效地控制哮喘。
2. 了解诱发哮喘的各种因素，结合每位患者的具体情况，找出具体的促（诱）发因素，以及避免诱因的方法，如减少过敏原吸入，避免剧烈运动，忌用可以诱发哮喘的药物等。
3. 初步了解哮喘的本质和发病机制。
4. 熟悉哮喘发作先兆表现及相应处理办法。
5. 了解峰流速仪的测定和记录方法，并鼓励记录哮喘日记。
6. 学会在哮喘发作时进行简单的自我处理办法。
7. 初步了解常用的治疗哮喘药物的作用特点、正确用法，并了解各种药物的不良反应及如何减少、避免这些不良反应。
8. 正确掌握使用各种定量雾化吸入器的技术。
9. 根据病情程度，医患双方联合制订出初步治疗方案。
10. 认识哮喘加重恶化的征象以及知道此时应采取的相应行动。
11. 知道什么情况下应去医院就诊或看急诊。
12. 了解心理因素在哮喘发病和治疗中的作用，掌握必要的心理调试技术。

（三）长期管理的内容

初步教育后应进一步采取一切必要措施对患者进行长期系统管理，定期强化有关哮喘规范治疗的内容，提高哮喘患者对哮喘的认识水平和防治哮喘的技能，重点是 MDI 吸入技术以及落实环境控制措施，定期评估病情和治疗效果。提高哮喘患者对医护人员的信任度，改善哮喘患者防治疾病的依从性。可将此过程归纳为图 2-7-3。

1. 患者教育，并使哮喘患者在治疗中与医师建立伙伴关系。
2. 根据临床症状和尽可能的肺功能测定评估和监测哮喘病情的严重程度。
3. 避免与危险因素的接触。
4. 建立个体化的儿童和成人的长期的治疗计划。
5. 建立个体化的控制哮喘加重的治疗计划。
6. 行定期的随访监护。

注意事项包括：

1. 哮喘教育过程中应当尽可能取得哮喘患者的家属以及朋友、领导、老师的支持。

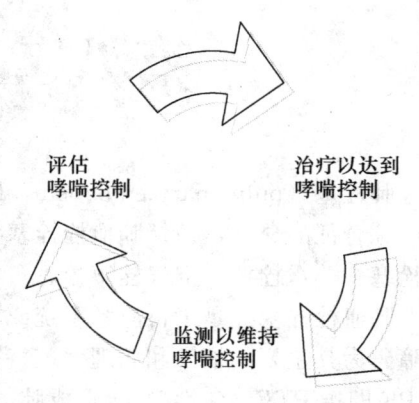

图 2-7-3 哮喘长期管理的循环模式图

2. 哮喘教育应当形式多样、讲求实效，尤其是应当与多种医疗实践结合在一起，将哮喘教育贯穿于一切医疗活力中。
3. 对于哮喘患者的教育要注意个体化，并且遵照循序渐进原则，多次强化，逐渐深入。
4. 医生的教育和提高是进行哮喘教育的基础，因此应当将医生继续教育纳入哮喘教育计划内，通过各种途径不断提高内科医生对于哮喘的认识水平，做好更新知识，提高他们对于哮喘教育重要性的认识，吸引鼓励更多的医生参与此项工作，并经常强化他们参与哮喘教育的意识。

（四）长期管理的目标

1. 使哮喘患者对防治措施具有良好的依从性。
2. 尽可能控制、消除有关症状，包括夜间无症状。
3. 预防、控制哮喘发作，使到医院就诊的次数达到最低限度。
4. 使肺功能尽可能接近正常水平。
5. 保证患者能参加正常活动，包括体育运动，将因病误工、误学时间减少到最低限度。
6. 少用或不用短效 β_2 受体激动剂也能控制病情。
7. 使药物不良反应发生率降至最低，最好是无不良反应。
8. 尽量使哮喘患者不发生不可逆性气道阻塞。
9. 减少哮喘患者发生猝死的概率。

【预后】

哮喘的转归和预后因人而异，与正确的治疗方案关系重大。儿童哮喘通过积极而规范的治疗，临床控制率可达 95％。轻症容易恢复，病情重、气道反应性增高明显，或伴有其他过敏性疾病者不易控制。若伴发慢性支气管炎易发展成 COPD、肺源性心脏病，预后不良。及时而足够疗程的糖皮质激素治疗，对预防哮喘发展成不可逆性气道阻塞有积极意义。

（何权瀛）

第八章　肺血栓栓塞症

肺栓塞（pulmonary embolism，PE）是以各种栓子阻塞肺动脉系统为其发病原因的一组疾病或临床综合征的总称，包括肺血栓栓塞症（pulmonary thromboembolism，PTE）、脂肪栓塞综合征、肿瘤栓塞、羊水栓塞、空气栓塞等。

肺血栓栓塞症是来自静脉系统或右心的血栓阻塞肺动脉或其分支所致的疾病，以肺循环和呼吸功能障碍为其主要的临床和病理生理特征。PTE 为 PE 最常见的类型，占 PE 中的绝大多数，通常所称的 PE 即指 PTE。急性 PTE 造成肺动脉较广泛阻塞时，可引起肺动脉高压，至一定程度导致右心失代偿、右心扩大，出现急性肺源性心脏病。

肺动脉发生栓塞后，若其支配区的肺组织因血流受阻或中断而发生坏死，称为肺梗死（pulmonary infarction，PI）。由于肺组织的多重供血与供氧机制，PTE 中仅约不足 15% 发生 PI。

引起 PTE 的血栓主要来源于深静脉血栓形成（deep venous thrombosis，DVT）。DVT 与 PTE 实质上为一种疾病过程在不同部位、不同阶段的表现，两者合称为静脉血栓栓塞症（venous thromboembolism，VTE）。

【流行病学】

PTE 和 DVT 已经构成了世界性的重要医疗保健问题，其发病率较高、病死率亦高。在欧美国家，VTE 一直被认为是一种常见疾病，发病率和病死率均很高。美国以往估计数字是每年有 600 000 例 VTE 发生，并且随着人口的高龄化其发病率增加。15 岁及 15 岁以上人群中 DVT 的年发病率为 0.61‰，60 岁以上人群中更呈迅速增加（每增加 10 岁危险性增加近一倍）。在美国社区人群中，每年每 10 000 人中大约有 7.1 人罹患此病。男性、非裔美国人的 VTE 发生率较高，而且随着年龄的增高而增加。未诊治的 PTE 患者，病死率高达 20%～30%，而且复发性 VTE 的发生率亦显著增加。

最近 Cohen AT 代表欧洲内科医学联合会（EFIM）公布了欧洲 VTE 评估联盟（VITAE）的研究报告，在欧盟 6 个主要的国家，症状性 VTE 的发生例数每年超过 100 万，其中有 37.01 万例死亡，29.59 万例 PTE 和 46.5 万例有记录的症状性 DVT。每年因 VTE 死亡的例数比因乳腺癌、前列腺癌、艾滋病和交通事故死亡的总和还要多。在这些死亡病例中，大约有 27 473 例（7%）在临死前能够被诊断；126 145 例（34%）表现为突发致死性 PTE，而 217 394 例（59%）直到死亡前仍未得到及时准确的诊断。

过去我国医学界曾将 PTE 视为"少见病"，但这种观念近年已发生彻底改变。虽然我国目前尚无准确的流行病学资料，但随着诊断意识和检查技术的提高，诊断例数已有显著增加。

来自国内 50 余家医院的近 10 年的初步统计资料，PTE 的诊断总例数增加了近 30 倍（2006 年和 1995 年比较），而其院内病死率由原来的 21.5% 下降到了 9.7%。参加全国肺栓塞-深静脉血栓形成防治协作组的 205 家医院在过去的几年中绝大部分医院所诊断的 PTE 病例数呈 3～10 倍以上的增长。国内对脑卒中患者 DVT 发病情况调查发现，DVT 总体发生率为 21.7%，其中缺血性脑卒中重度偏瘫患者 DVT 发生率为 40%。在骨科住院患者调查中，DVT 总体发生率为 25.5%～50%。

尽管如此，由于 PTE 的发病过程较为隐匿，症状亦缺乏特异性，确诊需特殊的检查技术，使 PTE 的检出率偏低，临床上仍存在较严重的漏诊和误诊现象，对此应当给予充分关注。

【危险因素】

DVT 和 PTE 具有共同的危险因素，即 VTE 的危险因素，包括任何可以导致静脉血液淤滞、静脉系统内皮损伤和血液高凝状态的因素。危险因素包括原发性和继发性两类（表 2-8-1）。

表 2-8-1　VTE 的危险因素（括号内数字为该人群中发生 VTE 的百分率）

原发性	继发性	
抗凝血酶缺乏	创伤/骨折	血小板异常
先天性异常纤维蛋白原血症	髋部骨折（50%～75%）	克罗恩病（Crohn's disease）
血栓调节因子（thrombomodulin）异常	脊髓损伤（50%～100%）	充血性心力衰竭（>12%）
高同型半胱氨酸血症	外科手术后	急性心肌梗死（5%～35%）
抗心磷脂抗体综合征	疝修补术（5%）	恶性肿瘤
（anticardiolipin antibody syndrome）	腹部大手术（15%～30%）	肿瘤静脉内化疗
纤溶酶原激活物抑制因子过量	冠脉搭桥术（3%～9%）	肥胖
凝血酶原 20210A 基因变异	脑卒中（30%～60%）	因各种原因的制动/长期卧床
Ⅻ因子缺乏	肾病综合征	长途航空或乘车旅行
Ⅴ因子 Leiden 突变	中心静脉插管	口服避孕药
纤溶酶原缺乏	慢性静脉功能不全	真性红细胞增多症
纤溶酶原不良血症	吸烟	巨球蛋白血症
蛋白 S 缺乏	妊娠/产褥期	植入人工假体
蛋白 C 缺乏	血液黏滞度增高	高龄

原发性危险因素由遗传变异引起，包括Ⅴ因子突变、蛋白 C 缺乏、蛋白 S 缺乏和抗凝血酶缺乏等，常以反复静脉血栓形成和栓塞为主要临床表现。如患者，特别是 40 岁以下的年轻患者无明显诱因或反复发生 DVT 和 PTE，或发病呈家族聚集倾向，应注意做相关原发性危险因素的检查。

继发性危险因素是指后天获得的易发生 DVT 和 PTE 的多种病理和病理生理改变。包括骨折、创伤、手术、恶性肿瘤和口服避孕药等。上述危险因素既可以单独存在，也可同时存在、协同作用。年龄是独立的危险因素，随着年龄的增长，DVT 和 PTE 的发病率逐渐增高。

临床上对于存在危险因素、特别是同时存在多种危险因素的病例，应加强预防和及时识别 DVT 和 PTE 的意识。对未发现明确危险因素的患者，应注意其中部分人存在隐藏的危险因素，如恶性肿瘤等。但即使积极地应用较完备的技术手段，临床上仍有相当比例的病例难以明确危险因素。

【病理和病理生理】

引起 PTE 的血栓可以来源于下腔静脉径路、上腔静脉径路或右心腔，其中大部分来源于下肢深静脉，特别是从腘静脉上端到髂静脉段的下肢近端深静脉（占 50%～90%）。盆腔静脉丛亦是血栓的重要来源。近年来，颈内和锁骨下静脉内插入、留置导管和静脉内化疗，使来源于上腔静脉径路的血栓较以前增多。右心腔来源的血栓所占比例较小（图 2-8-1）。

肺动脉的血栓栓塞既可以是单一部位的，也可以是多部位的。病理检查发现多部位或双侧性的血栓栓塞更为常见。一般认为栓塞更易发生于右侧和下肺叶。发生栓塞后有可能在栓塞局部继发血栓形成，参与发病过程。

栓子阻塞肺动脉及其分支达一定程度后，通过机械阻塞作用，加之神经体液因素和低氧所引起的肺动脉收缩，导致肺循环阻力增加、肺动脉高压；右心室后负荷增高，右心室壁张力增高，至一定程度引起急性肺源性心脏病，右心室扩大，可出现右心功能不全，回心血量减少，静脉系统淤血；右心扩大致室间隔左移，使左心室功能受损，导致心排血量下降，进而可引起体循环低血压或休克；主动脉内低血压和右心房压升高，使冠状动脉灌注压下降，心肌血流减少，特别是右心室内膜下心肌处于低灌注状态，加之 PTE 时心肌耗氧增加，可致心肌缺血，诱发心绞痛。

栓塞部位的肺血流减少，肺泡无效腔量增大；肺内血流重新分布，通气/血流比例失调；右心房压升高可引起功能性闭合的卵圆孔开放，产生心内右向左分流；神经体液因素可引起支气管痉挛；毛

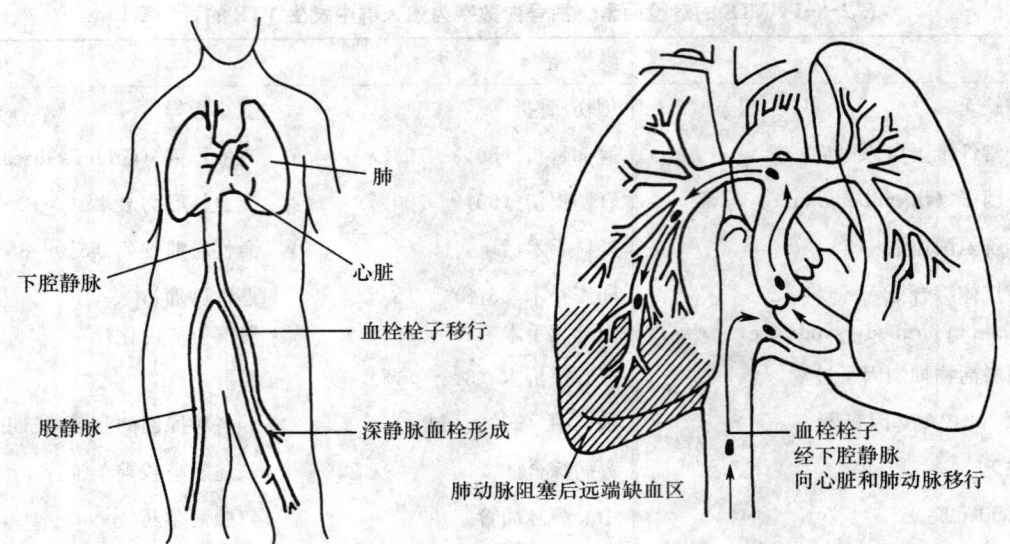

图 2-8-1 PTE 的发生机制

外周深静脉血栓形成后脱落,随静脉血流移行至肺动脉内,形成肺动脉内血栓栓塞

细血管通透性增高,间质和肺泡内液体增多或出血;栓塞部位肺泡表面活性物质分泌减少,肺泡萎陷,呼吸面积减小;肺顺应性下降,肺体积缩小并可出现肺不张;如累及胸膜,则可出现胸腔积液。以上因素导致呼吸功能不全,出现低氧血症,代偿性过度通气(低碳酸血症)或相对性低肺泡通气。

由于肺组织接受肺动脉、支气管动脉和肺泡内气体弥散等多重氧供,故 PTE 时很少出现肺梗死。如存在基础心肺疾病或病情严重,影响到肺组织的多重氧供,才有可能导致肺梗死。

PTE 所致病情的严重程度取决于以上机制的综合作用。栓子的大小和数量、多个栓子的递次栓塞间隔时间、是否同时存在其他心肺疾病、个体反应的差异及血栓溶解的快慢,对发病过程和预后有重要影响。

PTE 发生后,大部分患者的血栓在 30 天之内完全溶解,血流动力学及气体交换功能恢复正常;在少部分患者,血栓不能或不能完全溶解,残留附壁血栓,血栓逐渐机化,并肺动脉内膜慢性炎症和增厚,从而发展为慢性血栓栓塞性肺动脉高压(CTEPH),继而出现慢性肺源性心脏病,右心代偿性肥厚和右心衰竭。

【临床表现】

(一)症状

PTE 的症状多种多样,但均缺乏特异性。症状的严重程度亦有很大差别,可以从无症状、隐匿,到血流动力学不稳定,甚或发生猝死。

常见症状有:①不明原因的呼吸困难及气促,尤以活动后明显,为 PTE 最多见的症状;②胸痛,包括胸膜炎性胸痛或心绞痛样疼痛;③晕厥,可为 PTE 的唯一或首发症状;④烦躁不安、惊恐甚至濒死感;⑤咯血,常为小量咯血,大咯血少见;⑥咳嗽、心悸等。各病例可出现以上症状的不同组合。临床上有时出现所谓"三联征",即同时出现呼吸困难、胸痛及咯血,但仅见于约 20% 的患者。

(二)体征

1. 呼吸系统体征 呼吸急促最常见;发绀;肺部有时可闻及哮鸣音和(或)细湿啰音,肺野偶可闻及血管杂音;合并肺不张和胸腔积液时出现相应的体征。

2. 循环系统体征 心动过速;血压变化,严重时可出现血压下降甚至休克;颈静脉充盈或异常搏动;肺动脉瓣区第二心音(P_2)亢进或分裂,三尖瓣区收缩期杂音。

3. 其他 可伴发热,多为低热,少数患者有 38℃ 以上的发热。

(三) DVT 的症状与体征

在考虑 PTE 诊断的同时，必须注意是否存在 DVT，特别是下肢 DVT。其主要表现为患肢肿胀、周径增粗、疼痛或压痛、皮肤色素沉着，行走后患肢易疲劳或肿胀加重。但需注意，半数以上的下肢 DVT 患者无自觉症状和明显体征。

应测量双侧下肢的周径来评价其差别。进行大、小腿周径的测量点分别为髌骨上缘以上 15cm 处，髌骨下缘以下 10cm 处。双侧相差＞1cm 即考虑有临床意义。

【诊断】

PTE 的临床表现多样，有时隐匿，缺乏特异性，确诊需特殊检查。检出 PTE 的关键是提高诊断意识，对有疑似表现、特别是高危人群中出现疑似表现者，应及时安排相应检查。诊断程序一般包括疑诊、确诊、求因三个步骤。

(一) 根据临床情况疑诊 PTE (疑诊)

如患者出现上述临床症状、体征，特别是在存在前述危险因素的病例出现不明原因的呼吸困难、胸痛、晕厥、休克，或伴有单侧或双侧不对称性下肢肿胀、疼痛等，应进行如下检查：

1. 血浆 D-二聚体 (D-dimer) 敏感性高而特异性差，急性 PTE 时升高。若其含量低于 $500\mu g/L$，有重要的除外诊断价值。酶联免疫吸附法 (ELISA) 是较为可靠的检测方法。

2. 动脉血气分析 常表现为低氧血症、低碳酸血症，肺泡-动脉血氧分压差 $[P_{(A-a)}O_2]$ 增大，部分患者的血气结果可以正常。

3. 心电图 大多数病例表现有非特异性的心电图异常。最常见的改变为窦性心动过速。当有肺动脉及右心压力升高时，可出现 $V_1 \sim V_4$ 的 T 波倒置和 ST 段异常、$S_I Q_{III} T_{III}$ 征 (即 I 导联 S 波加深，III 导联出现 Q/q 波及 T 波倒置)、完全或不完全性右束支传导阻滞、肺型 P 波、电轴右偏及顺钟向转位等。对心电图改变，需做动态观察，注意与急性冠状动脉综合征相鉴别。

4. X 线胸片 可显示：①肺动脉阻塞征：区域性肺纹理变细、稀疏或消失，肺野透亮度增加；②肺动脉高压征及右心扩大征：右下肺动脉干增宽或伴截断征，肺动脉段膨隆以及右心室扩大；③肺组织继发改变：肺野局部片状阴影，尖端指向肺门的楔形阴影，肺不张或膨胀不全，有肺不张侧可见横膈抬高，有时合并少至中量胸腔积液。X 线胸片对鉴别其他胸部疾病有重要帮助。

5. 超声心动图 在提示诊断和除外其他心血管疾患方面有重要价值。对于严重的 PTE 病例，可以发现右心室壁局部运动幅度降低；右心室和 (或) 右心房扩大；室间隔左移和运动异常；近端肺动脉扩张；三尖瓣反流速度增快；下腔静脉扩张，吸气时不萎陷。若在右心房或右心室发现血栓，同时患者的临床表现符合 PTE，可做出诊断。超声检查偶可因发现肺动脉近端的血栓而直接确诊。若存在慢性血栓栓塞性肺动脉高压，可见右心室壁肥厚。

6. 下肢深静脉超声检查 下肢为 DVT 最多发部位，超声检查为诊断 DVT 最简便的方法，若阳性可以诊断 DVT，同时对 PTE 有重要提示意义。

(二) 对疑诊病例合理安排进一步检查，以明确 PTE 的诊断 (确诊)

在临床表现和初步检查提示 PTE 的情况下，应安排 PTE 的确诊检查，包括以下 4 项，其中 1 项阳性即可明确诊断。

1. CT 肺动脉造影 (computed tomographic pulmonary arteriography，CTPA) 和/或 CT 静脉造影 (CT venography，CTV) CTPA/CTV 与其他影像学比较，其最主要的优点在于不仅可以直接观察到栓子，而且可以观察到血管的形态和外周的变化，再加上具有无创性和高度精确性的特点，目前已经成为疑诊 PTE/DVT 患者的第一线影像学诊断工具。PTE 的直接征象为肺动脉内的低密度充盈缺损，部分或完全包围在不透光的血流之间 (轨道征)，或者呈完全充盈缺损，远端血管不显影 (敏感性为 53%～89%，特异性为 78%～100%)；间接征象包括肺野楔形密度增高影，条带状的高密度区或盘状肺不张，中心肺动脉扩张及远端血管分支减少或消失等。CT 对亚段 PTE 的诊断价值有限。CT 扫描还可以同时显示肺及肺外的其他胸部疾患 (图 2-8-2)。

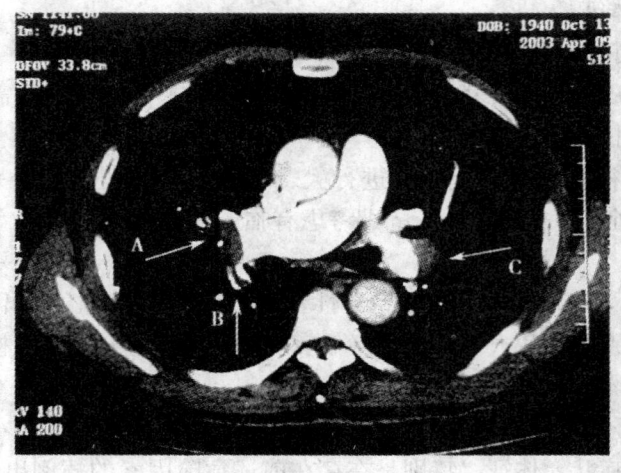

图 2-8-2 **PTE 的 CTPA 表现**
右肺动脉远端血栓（A）延续到右肺下叶背段动脉内（B）；
左肺动脉远端外侧壁附壁血栓（C）

2. **核素肺通气/灌注（V/Q）显像** 典型征象是肺段分布的肺灌注缺损，并与通气显像不匹配。一般可将 V/Q 显像结果分为三类：①高度可能，其征象为至少一个或更多叶段的局部灌注缺损，而该部位通气良好或 X 线胸片无异常；②正常或接近正常；③非诊断性异常，其征象介于高度可能与正常之间。若 V/Q 显像结果呈高度可能，对 PTE 诊断的特异性为 96% 基本具有确定诊断价值，除非临床可能性极低；V/Q 显像结果正常或接近正常结合临床低度可能性被确证肺栓塞的可能性小于 5%，可基本除外 PTE。而非诊断性异常结果则往往需要进行其他检查以确诊。对不能进行 CTPA 或对造影剂过敏患者可进行核素肺通气/灌注显像，对不能进行通气显像时可以进行单纯灌注显像，但需要结合 X 线胸片进行评估。V/Q 对周围性肺动脉的血栓或 CTEPH 的诊断比较有优势。

3. **磁共振成像肺动脉造影（MRPA）** 对段以上肺动脉内栓子诊断的敏感性和特异性均较高，避免了注射碘造影剂的缺点，与肺血管造影相比，患者更易于接受。适用于碘造影剂过敏的患者。

4. **肺动脉造影（pulmonary arteriography，PA）** 可以清楚显示 PTE 的直接征象如肺血管内造影剂充盈缺损，伴或不伴轨道征的血流阻断；间接征象如肺动脉内造影剂流动缓慢，局部低灌注，静脉回流延迟等。传统上被公认为 PTE 诊断的参比方法，诊断 PTE 的敏感性为 98%，特异性为 95%～98%。肺动脉造影是一种有创性检查，发生致命性或严重并发症的可能性分别为 0.1% 和 1.5%，因此有严格的应用指征，再加上较高的技术要求，在一定程度上限制了它的应用。肺动脉造影在 PTE 诊断中的"金标准"地位已经受到了近年来迅速发展的 CTPA 等无创确诊检查技术的挑战。目前，肺动脉造影仅在经无创检查不能确诊或拟行急性 PTE 介入治疗或 CTEPH 手术治疗时，为获得准确的解剖定位和血流动力学数据而进行。

（三）寻找 PTE 的成因和危险因素（求因）

1. **明确有无 DVT** 对某一病例只要疑诊 PTE，无论其是否有 DVT 症状，均应进行体检，并行深静脉超声、放射性核素或 X 线静脉造影、CT 静脉造影（CTV）、MRI 静脉造影（MRV）、肢体阻抗容积图（IPG）等检查，以帮助明确是否存在 DVT 及栓子的来源。

2. **寻找发生 DVT 和 PTE 的诱发因素** 如制动、创伤、肿瘤、长期口服避孕药等。同时要注意患者有无易发栓塞的倾向，尤其是对于 40 岁以下的患者，应做易栓症方面的检查。对年龄小于 50 岁的复发性 PTE 或有突出 VTE 家族史的患者，应考虑易栓症的可能性。对不明原因的 PTE 患者，应对隐源性肿瘤进行筛查。

【PTE 的临床分型】
(一) 急性肺血栓栓塞症

1. 大面积 PTE (massive PTE)　临床上以休克和低血压为主要表现,即体循环动脉收缩压 <90mmHg,或较基础值下降幅度≥40mmHg,持续 15min 以上。须除外新发生的心律失常、低血容量或感染中毒症等其他原因所致的血压下降。

2. 非大面积 PTE (non-massive PTE)　不符合以上大面积 PTE 的标准,即未出现休克和低血压的 PTE。

非大面积 PTE 中有一部分病例临床上出现右心功能不全,或超声心动图表现有右心室运动功能减弱(右心室前壁运动幅度<5mm),属次大面积 PTE (sub-massive PTE) 亚型。

(二) 慢性血栓栓塞性肺动脉高压 (CTEPH)

多可追溯到呈慢性、进行性发展的肺动脉高压的相关临床表现,后期出现右心衰竭;影像学检查证实肺动脉阻塞,经常呈多部位、较广泛的阻塞,可见肺动脉内贴血管壁、环绕或偏心分布、有钙化倾向的团块状物等慢性栓塞征象;常可发现 DVT 的存在;右心导管检查示静息肺动脉平均压≥25mmHg,活动后肺动脉平均压>30mmHg;超声心动图检查示右心室壁增厚(右心室游离壁厚度>5mm),符合慢性肺源性心脏病的诊断标准。

【鉴别诊断】

由于 PTE 的临床表现缺乏特异性,易与其他疾病相混淆,以至临床上漏诊与误诊率极高。做好 PTE 的鉴别诊断,对及时检出、诊断 PTE 有重要意义。

1. 冠状动脉粥样硬化性心脏病(冠心病)　一部分 PTE 患者因血流动力学变化,可出现冠状动脉供血不足,心肌缺氧,表现为胸闷、心绞痛样胸痛,心电图有心肌缺血样改变,易误诊为冠心病所致心绞痛或心肌梗死。冠心病有其自身发病特点,冠脉造影可见冠状动脉粥样硬化、管腔阻塞证据,心肌梗死时心电图和心肌酶水平有相应的特征性动态变化。需注意 PTE 与冠心病有时可合并存在。

2. 肺炎　当 PTE 有咳嗽、咯血、呼吸困难、胸膜炎样胸痛,出现肺不张、肺部阴影,尤其同时合并发热时,易被误诊为肺炎。肺炎有相应肺部和全身感染的表现,如咳脓性痰、寒战、高热、外周血白细胞显著增高、中性粒细胞比例增加等,抗菌治疗可获疗效。

3. 特发性肺动脉高压等非血栓栓塞性肺动脉高压　CTEPH 通常肺动脉压力高,出现右心肥厚和右心衰竭,需与特发性肺动脉高压相鉴别。CTPA 等检查显示 CTEPH 有肺动脉腔内阻塞的证据,放射性核素肺灌注扫描显示呈肺段分布的肺灌注缺损,而特发性肺动脉高压则无肺动脉腔内占位征,放射性核素肺灌注扫描正常或呈普遍放射性稀疏。CTEPH 亦需与其他类型肺动脉高压相鉴别。

4. 主动脉夹层　PTE 可表现胸痛,部分患者可出现休克,需与主动脉夹层相鉴别。后者多有高血压,疼痛较剧烈,胸片常显示纵隔增宽,心血管超声和胸部 CT 造影检查可见主动脉夹层征象。

5. 其他原因所致胸腔积液　PTE 患者可出现胸膜炎样胸痛,合并胸腔积液,需与结核、肺炎、肿瘤、心力衰竭等其他原因所致的胸腔积液相鉴别。其他疾病有其各自临床特点,胸水检查常有助于作出鉴别。

6. 其他原因所致晕厥　PTE 有晕厥时,需与迷走反射性、脑血管性晕厥及心律失常等其他原因所致的晕厥相鉴别。

7. 其他原因所致休克　PTE 所致的休克属心外梗阻性休克,表现为动脉血压低而静脉压升高,需与心源性、低血容量性、血容量重新分布性休克等相鉴别。

【治疗方案及原则】
(一) 一般处理与呼吸循环支持治疗

对高度疑诊或确诊 PTE 的患者,应进行严密监护,监测呼吸、心率、血压、静脉压、心电图及动脉血气的变化;卧床休息,保持大便通畅,避免用力,以免促进深静脉血栓脱落;可适当使用镇静、止痛、镇咳等相应的对症治疗。

采用经鼻导管或面罩吸氧，以纠正低氧血症。对于出现右心功能不全但血压正常者，可使用多巴酚丁胺和多巴胺；若出现血压下降，可增大剂量或使用其他血管加压药物，如去甲肾上腺素等。

(二) 抗凝治疗

为 PTE 和 DVT 的基本治疗方法，可以有效地防止血栓再形成和复发，为机体发挥自身的纤溶机制溶解血栓创造条件。抗凝血药物主要有普通肝素（UFH）、低分子肝素（LMWH）和华法林（warfarin）。抗血小板药物的抗凝作用不能满足 PTE 或 DVT 的抗凝要求。

临床疑诊 PTE 时，即可开始使用 UFH 或 LMWH 进行有效的抗凝治疗。

应用 UFH/LMWH 前应测定基础 APTT、PT 及血常规（含血小板计数、血红蛋白）；应注意是否存在抗凝的禁忌证，如活动性出血、凝血功能障碍、未予控制的严重高血压等。对于确诊的 PTE 病例，大部分禁忌证属相对禁忌证。

1. 普通肝素的推荐用法　予以 3 000~5 000IU 或按 80IU/kg 静注，继之以 18IU/（kg·h）持续静滴。在开始治疗后的最初 24 小时内每 4~6 小时测定 APTT，根据 APTT 调整剂量，尽快使 APTT 达到并维持于正常值的 1.5~2.5 倍。达稳定治疗水平后，改为每天测定 APTT 一次。肝素亦可用皮下注射方式给药。一般先予静注负荷量 3 000~5 000IU，然后按 250IU/kg 剂量每 12 小时皮下注射一次。调节注射剂量，使注射后 6~8 小时的 APTT 达到治疗水平。

因可能会引起肝素诱导的血小板减少症（HIT），在使用 UFH 的第 3~5 天必须复查血小板计数。若较长时间使用 UFH，尚应在第 7~10 天和 14 天复查。若出现血小板迅速或持续降低达 30% 以上，或血小板计数 $<100\times10^9/L$，应停用 UFH。

2. 低分子肝素的用法　低分子肝素是从普通肝素中提取的，分子量在 3~7KD。由于低分子肝素与细胞、血小板和蛋白的相互作用减少，而更多地与抗凝血酶结合，所以其血浆半衰期延长，发挥作用的时间延长。低分子肝素必须根据体重给药，具体剂量和用法见表 2-8-2。由于分子量低于 5.6kD 的肝素失去了抗 Ⅱa 活性，使用 LMWH 时不能依靠监测 APTT 来调整剂量，而应该监测血浆抗 Xa 因子活性（plasma anti-Xa activity）。鉴于低分子肝素有良好的量-效特点，对于大多数患者按体重给药是有效的，因此通常情况下不需要监测。但是对于过度肥胖者或孕妇宜监测血浆抗 Xa 因子活性并据以调整剂量。低分子肝素由肾代谢，当存在肾功能不全，特别肌酐清除率低于 30ml/min 时应慎用之。若应用，需减量并监测血浆抗 Xa 因子活性。

表 2-8-2　各种低分子肝素的用法

低分子肝素	商品名	剂量与用法
依诺肝素（Enoxaparin 钠）	克赛	1mg/kg，皮下注射，q12h 或 1.5mg/（kg·d），皮下注射，qd，单日用量不超过 180mg
那曲肝素（Nadroparin 钙）	速碧林	86 anti-Xa IU/kg，皮下注射，q12h × 10d. 或 171 anti-Xa IU/kg，皮下注射，qd，单次用量不超过 17 100IU
达肝素（Dalteparin）	法安明	100 anti-Xa IU/kg，皮下注射，bid 或 200 anti-Xa IU/kg，皮下注射，qd，单次剂量不超过 18 000IU
亭扎肝素（Tinzaparin）		175 anti-Xa IU/kg，皮下注射，qd

UFH 或 LMWH 须至少应用 5 天，直到临床情况平稳。对大面积 PTE 或髂股静脉血栓，UFH 或 LMWH 须用至 10 天或更长。

3. 华法林　在肝素开始应用后的第 1~3 天加用口服抗凝剂华法林，初始剂量为 3.0~5.0mg。由于华法林需要数天才能发挥全部作用，因此与肝素需至少重叠应用 4~5 天，当连续两天测定的国际标准化比率（INR）达到 2.5（2.0~3.0）时，或 PT 延长至正常值的 1.5~2.5 倍时，方可停止使用肝素，单独口服华法林治疗。应根据 INR 或 PT 调节华法林的剂量。

抗凝治疗的持续时间因人而异。一般口服华法林的疗程至少为 3~6 个月。部分病例的危险因素短期可以消除，例如服雌激素或临时制动，疗程可能为 3 个月即可；对于栓子来源不明的首发病例，需至少给予 6 个月的抗凝；对复发性 VTE、并发肺心病或危险因素长期存在者，抗凝治疗的时间应更为延长，达 12 个月或以上，甚至终生抗凝。

妊娠的前 3 个月和最后 6 周禁用华法林，可用肝素或低分子肝素治疗。产后和哺乳期妇女可以服用华法林。

华法林的主要并发症是出血。华法林所致出血可以用维生素 K 拮抗。华法林有可能引起血管性紫癜，导致皮肤坏死，多发生于治疗的前几周。

(三) 溶栓治疗

主要适用于大面积 PTE 病例。对于次大面积 PTE，若无禁忌证可考虑溶栓，但存在争议；对于血压和右心室运动功能均正常的病例，不宜溶栓。具体而言，对所有 PTE 患者，应进行快速的危险分层。对于明确存在血流动力学异常的患者，推荐溶栓治疗，除非存在出血的主要禁忌证。由于可能发生不可逆性的心源性休克，溶栓治疗应尽快实施。对于某些高危患者，即使无低血压，如经评估出血风险较小，仍建议给予溶栓治疗。是否采取溶栓治疗取决于临床医生对 PTE 的严重程度、患者预后及出血风险的评估。对于大部分合并 PTE 的患者，不推荐用溶栓治疗。

溶栓的时间窗一般定为 14 天以内，但若近期有新发 PTE 征象可适当延长。溶栓应尽可能在 PTE 确诊的前提下慎重进行。对有明确溶栓指征的病例宜尽早开始溶栓。

溶栓治疗的主要并发症为出血。最严重的是颅内出血，发生率为 1%～2%，发生者近半数死亡。用药前应充分评估出血的危险性，必要时应配血，做好输血准备。溶栓前宜留置外周静脉套管针，以方便溶栓中取血监测，避免反复穿刺血管。

溶栓治疗的绝对禁忌证有活动性内出血和近期自发性颅内出血。相对禁忌证有：2 周内的大手术、分娩、器官活检或不能以压迫止血部位的血管穿刺；2 个月内的缺血性脑卒中；10 天内的胃肠道出血；15 天内的严重创伤；1 个月内的神经外科或眼科手术；难于控制的重度高血压（收缩压＞180mmHg，舒张压＞110mmHg）；近期曾行心肺复苏；血小板计数＜$100×10^9$/L；妊娠；细菌性心内膜炎；严重肝、肾功能不全；糖尿病出血性视网膜病变等。对于致命性大面积 PTE，上述绝对禁忌证亦应被视为相对禁忌证。

常用的溶栓药物有尿激酶 (UK)、链激酶 (SK) 和重组组织型纤溶酶原激活剂 (rt-PA)。溶栓方案与剂量：①尿激酶：负荷量 4 400IU/kg，静注 10 分钟，随后以 2 200IU/(kg·h) 持续静滴 12 小时；另可考虑 2 小时溶栓方案：按 20 000IU/kg 剂量，持续静滴 2 小时。②链激酶：负荷量 250 000IU，静注 30 分钟，随后以 100 000IU/h 持续静滴 24 小时。链激酶具有抗原性，故用药前需肌注苯海拉明或地塞米松，以防止过敏反应。链激酶 6 个月内不宜再次使用。③rt-PA：50mg 持续静脉滴注 2 小时。国人研究资料发现，尿激酶和 rt-PA 均可用于国人急性 PTE 的溶栓治疗，但是，50mg rt-PA 即可达到较好的溶栓效果，而将其剂量增加至 100mg，溶栓疗效并未见增加，而不良反应增多。由此，推荐尿激酶 2h、尿激酶 12h 和 rt-PA 50mg 作为国人急性 PTE 的标准溶栓治疗方案。

使用尿激酶、链激酶溶栓时勿同时使用肝素治疗；但以 rt-PA 溶栓期间是否须停用肝素无特殊要求。

溶栓治疗结束后，应每 2～4 小时测定一次凝血酶原时间 (PT) 或活化部分凝血活酶时间 (APTT)，当其水平降至正常值的 2 倍时，即应启动规范的肝素治疗。

溶栓后应注意对临床及相关辅助检查情况进行动态观察，评估溶栓疗效。

(四) 肺动脉血栓摘除术

风险大，病死率高，需要较高的技术条件，仅适用于经积极的内科治疗无效的紧急情况，如致命性肺动脉主干或主要分支堵塞的大面积 PTE，或有溶栓禁忌证者。

(五) 肺动脉导管碎解和抽吸血栓

用导管碎解和抽吸肺动脉内巨大血栓，同时还可进行局部小剂量溶栓。适应证为肺动脉主干或主要分支的大面积 PTE,并存在以下情况者:溶栓和抗凝治疗禁忌;经溶栓或积极的内科治疗无效;缺乏手术条件。

(六)放置腔静脉滤器

为防止下肢深静脉大块血栓再次脱落阻塞肺动脉,可考虑放置下腔静脉滤器。对于上肢 DVT 病例,还可应用上腔静脉滤器。置入滤器后如无禁忌证,宜长期口服华法林抗凝,定期复查有无滤器上血栓形成。

(七)CTEPH 的治疗

若阻塞部位处于手术可及的肺动脉近端,且肺动脉平均压>30mmHg,肺血管阻力(PVR)>300$dyn^{-1} \cdot s^{-1} \cdot cm^{-5}$,超声心动图发现右心室肥厚,可考虑行肺动脉血栓内膜剥脱术(pulmonary thrombendarterectomy)。血栓栓塞阻塞的位置和程度是决定手术可行性的主要因素。Jamieson 等建议的手术适应证是:①平均肺动脉压在 30mmHg 以上、肺血管阻力 300 $dyne^{-1} \cdot sec^{-1} \cdot cm^{-5}$ 以上;②血栓位于手术可以到达的部位;③没有严重合并症等。术后要求长期口服华法林抗凝治疗,以防止肺动脉血栓再形成和抑制肺动脉高压进一步发展。根据 INR 调整剂量,保持 INR 为 2.0~3.0。对于存在抗磷脂抗体和其他易栓症患者,通常推荐目标为 INR 为 2.5~3.5。除非有足够的证据排除下肢 DVT,手术前均应常规安装下腔静脉滤器。

【预防】

对存在发生 DVT-PTE 危险因素的病例,宜根据临床情况采用相应的预防措施。主要方法为:①机械预防措施,包括加压弹力袜、下肢间歇序贯加压充气泵和腔静脉滤器;②药物预防措施,包括皮下注射小剂量肝素、低分子肝素和口服华法林。对重点高危人群,应根据病情轻重、年龄、是否合并其他危险因素等来评价患者的 VTE 风险,根据综合性的风险评价结果制订个体化预防治疗方案。药物预防是基础,但是对于有高度出血风险的患者,建议使用机械预防方法,直至出血风险下降。部分高危手术患者,包括大型恶性肿瘤手术,建议出院后继续使用低分子肝素预防性治疗。

(王 辰 翟振国)

第九章 肺动脉高压与肺源性心脏病

肺动脉高压（pulmonary hypertension，PH）是临床上最常见的肺循环疾病，病因复杂，可由多种心、肺或肺血管疾病引起，PH时肺血管阻力增大，右心负荷增大，最终导致右心衰竭。目前PH的诊断标准为：在海平面、静息状态下，右心导管测量所得的肺动脉平均压（means pulmonary artery pressure，mPAP）>25mmHg（mPAP 20～25mmHg为临界PH）或者运动状态下mPAP>30mmHg。此外诊断动脉型肺动脉高压（pulmonary artery hypertension，PAH），除满足上述标准，还应包括毛细血管楔压（pulmonary capillary wedge pressure，PCWP）或左心室舒张末压<15mmHg。超声心动图是筛查PH首选的检查方法，其拟诊PH的推荐标准为肺动脉收缩压≥40mmHg，PH的严重程度可参照纽约心功能分级标准分为Ⅰ～Ⅳ级。

第一节 肺动脉高压的分类

按照PH的病因、病理生理、治疗方法及预后特点，2009年世界卫生组织（WHO）将PH的分类修订为五大类（表2-9-1）。每一大类根据不同病因和病变部位又分为多个亚类。新分类方法更有利于PH的规范诊断、治疗和预防。

表2-9-1 WHO2009年肺动脉高压（PH）分类

1. 动脉型肺动脉高压（PAH）
 (1) 特发性肺动脉高压（IPAH）
 (2) 家族性肺动脉高压（FPAH）
 (3) 相关因素所致肺动脉高压
  结缔组织病
  先天性体-肺分流性心脏病
  门静脉高压
  HIV感染
  药物和毒物
  其他：甲状腺疾病，糖原累积症，Gaucher病，遗传性出血性毛细血管扩张症，血红蛋白病，骨髓增生异常综合征，脾切除后
 (4) 因肺静脉或毛细血管病变导致的肺动脉高压
  肺静脉闭塞病（PVOD）
  肺毛细血管瘤（PCH）
 (5) 新生儿持续性肺动脉高压
2. 左心疾病相关的肺动脉高压
 (1) 主要累及左心房或左心室的心脏疾病
 (2) 二尖瓣或主动脉瓣膜疾病
3. 呼吸系统疾病或缺氧相关的肺动脉高压
 (1) 慢性阻塞性肺疾病
 (2) 间质性肺疾病
 (3) 睡眠呼吸障碍
 (4) 肺泡低通气综合征
 (5) 慢性高原病
 (6) 发育异常

续表

4. 慢性血栓和（或）栓塞性疾病性肺动脉高压
  (1) 肺动脉近端血栓栓塞
  (2) 肺动脉远端血栓栓塞
  (3) 非血栓性肺栓塞［肿瘤、虫卵和（或）寄生虫、异物］
5. 其他原因导致的肺动脉高压
  结节病，肺朗格汉斯细胞组织细胞增生症，肺淋巴血管平滑肌瘤病，肺血管压迫（淋巴结肿大、肿瘤、纤维性纵隔炎）

PH 高危人群的筛查、早期诊断和规范治疗是提高疗效改善预后的关键，而动脉型肺动脉高压是 PH 中最严重的并具有潜在致命性，特别是 IPAH，缺乏病因治疗，因此应重视。

（陆慰萱）

第二节 特发性肺动脉高压

特发性肺动脉高压（idiopathic pulmonary artery hypertension，IPAH）是一种不明原因的肺动脉高压，过去被称为原发性肺动脉高压（primary pulmonary hypertension，PPH），在病理上主要表现为丛源性肺动脉病（plexagenic pulmonary artery disease），即动脉中层肥厚、向心或偏心性内膜增厚、丛状病变和原位血栓形成，肺小动脉管腔狭窄扭曲变形。

【流行病学】

IPAH 为少见病，发病率据国外统计资料显示为 15/100 万～35/100 万，而我国目前尚无确切数据。任何年龄均可发病，平均发病年龄为 37 岁，女:男＝1.7:1，多见于育龄妇女，预后很差，平均生存期约 2.8 年。

【病因与发病机制】

尚未完全清楚，目前认为主要与下列因素有关。

1. **肺血管内皮功能障碍** 肺血管收缩和舒张是由肺血管内皮分泌的收缩因子和舒张因子共同调控，前者主要是血栓素 A_2（TXA_2）和内皮素-1（ET-1），后者主要是前列环素（PGI_2）和一氧化氮（NO）。当内皮受损时，收缩因子增多，与舒张因子失去平衡，肺血管处于收缩状态。此外，内皮受损还导致抗凝和纤溶功能降低，纤维蛋白原含量增加，使肺动脉内形成原位血栓。

2. **血管壁平滑肌细胞钾离子（K^+）通道缺陷** 因电压依赖性钾离子通道（K_V）功能缺陷，K^+ 外流减少在细胞内积累，导致膜电位升高去极化，因 Ca^{2+} 进入细胞内，使肺动脉高度收缩、平滑肌细胞增殖。

3. **肺动脉重塑** 因肺动脉内皮细胞、平滑肌细胞凋亡减弱（与其增殖失去平衡）和胶原、弹性蛋白等细胞外基质的大量沉积，使血管壁重塑，管腔狭窄闭塞。

4. **遗传因素** 约 6% IPAH 患者属于家族性 PAH（FPAH），家系研究为常染色体显性遗传，约 50% 的 FPAH 和 20% 的 IPAH 的发病与骨形成蛋白 II 型受体（BMPR-II）基因突变有关。

【临床表现】

（一）症状

早期无症状，随着肺动脉压力的升高，在轻、中度体力活动时可出现不适。

1. **活动性呼吸困难** 常为首发症状，与心排血量减少、肺通气血流比值失调等因素有关。

2. **胸痛** 呈心绞痛样，常在活动时发生，与右心室负荷增加、耗氧量增多及冠状动脉供血减少有关。

3. 眩晕或晕厥　表明病情严重，与心排出量减少，脑组织供血突然减少有关。

4. 咯血　一般量较少。

其他少见症状还有因增粗的肺动脉压迫喉返神经引起的声音嘶哑（Ortner综合征），雷诺现象、咳嗽等。

（二）体征

主要是右心负荷增加、右室肥厚的征象（参见有关章节）。

【实验室及其他检查】

1. 心电图　不能直接反映肺动脉压的升高，可提示右心增大或肥厚。

2. 胸片、CT和血管增强造影　肺动脉扩大、右心增大改变提示肺动脉高压，有助于排除其他引起PH的疾病。

3. 超声心动图检查　能间接估测肺动脉压，是筛选和初步诊断PH便捷的无创检查方法，此外在排除心血管疾病引起的PH也有重要意义。

4. 肺功能测定　约20%患者有轻度限制性通气功能障碍和弥散功能障碍，部分重症患者残气量增加和最大通气量降低。对排除因气道或肺间质疾病引起的PH有重要价值。

5. 血气分析　早期正常，随疾病发展多数患者有低氧血症。

6. 放射性核素肺通气灌注扫描　是排除慢性血栓性肺动脉高压的重要手段，IPAH可呈灌注弥漫性稀疏或无异常改变。

7. 血液检查　进行自身抗体、肝功能和HIV等血清学检查，以排除结缔组织疾病、肝硬化和HIV感染等引起PH。

8. 多导睡眠呼吸监测　排除睡眠呼吸紊乱引起的PH有一定价值。

9. 右心导管　准确测量肺血管动力学状态，是直接测量肺动脉压力的唯一方法，IPAH血流动力学标准参见PAH标准。

10. 肺活检　仅在需要排除临床上难以诊断的某些PH病因如PCH、PVOD时应用。

11. 基因检查　对PAH患者可进行BMPR-II基因等遗传学检查

【诊断】

IPAH诊断应遵循以下四个步骤

1. 筛查　分别对高危人群、IPAH和FPAH家族的一级亲属，以及对临床表现疑诊PHN者进行超声心动图筛查。

2. 明确诊断　需进行右心导管、血流动力学检查。

3. 寻找病因　除外继发原因后才能诊断IPAH。

4. 严重程度评估　对PH进行功能分级。

【治疗】

（一）一般治疗

1. 健康教育　增强患者战胜疾病的信心，避免重体力活动及高原旅行，预防肺部感染和贫血，育龄妇女应避孕。

2. 吸氧　低氧血症患者可长期吸氧保证血氧饱和度大于90%。

3. 抗凝治疗　长期口服华法林，INR控制目标值在1.5～2.0。

4. 强心、利尿治疗　出现心力衰竭时可应用。

（二）靶向药物治疗

靶向药物具有扩张肺血管、抑制血管平滑肌增殖、减少血管重塑和抗血小板聚集作用，可根据PH功能分级选择以下药物单药或联合治疗，使患者症状及血流动力学指标改善、运动耐量提高和生存时间延长。

1. 钙离子通道阻滞剂　如地尔硫䓬（diltiazem）等，仅适用于急性肺血管扩张试验结果阳性的患者（约10%IPAH患者长期阳性），使用中应密切观察疗效和不良反应，根据病情调整至最大耐受剂量，禁忌在缺乏急性肺血管扩张试验的基础上使用本类药物。该类药物可应用于较早期IPAH患者。

2. 磷酸二酯酶抑制剂　如西地那非（sildenafil），可应用于PH功能Ⅱ～Ⅲ级患者。

3. 内皮素受体拮抗剂（ERA）　常用制剂为口服的非选择性ERA波生坦（bosentan），此外选择性ERA为安贝生坦（ambrisentan）和司他生坦（sitaxsentan），适用于PHN功能Ⅱ～Ⅲ级患者。

4. 前列环素及其类似物　依前列醇需持续静脉滴注，是PH功能Ⅳ级患者的首选药物；吸入制剂伊洛前列素（iloprost）、皮下注射制剂曲前列环素（treprostinil）以及口服制剂贝前列环素（beraprost）可用于PH功能Ⅲ～Ⅳ级患者。

（三）肺或心肺联合移植

对于药物或其他治疗后病情无改善或病情恶化的IPAH患者可考虑进行移植术。

（陆慰萱）

第三节　慢性肺源性心脏病

肺源性心脏病（cor pulmonale）简称肺心病，系指各种病因损伤肺的结构和功能，引起肺动脉高压，右心室肥厚和扩大，最后出现右心功能衰竭的一种心脏病。根据起病缓急和病程长短，可分为急性和慢性两类。前者主要的病理改变为右心室扩张，后者则以右心室肥厚为主。

急性肺源性心脏病（acute cor pulmonale）主要由于肺动脉压短时间内急剧升高，使肺循环受阻而引起右心室扩张和右心衰竭。最常见于严重的肺动脉栓塞（pulmonary embolism）。此外，高原性肺动脉高压也可以导致急性肺心病，当急进高原后，由于受高原低压低氧环境的影响，肺动脉剧烈收缩，压力急骤升高，导致急性肺水肿和右心室扩张或右心衰竭（参阅肺栓塞和高原肺水肿章节）。

慢性肺源性心脏病主要是由于胸廓、肺或肺动脉的慢性病变所致的肺循环阻力增加，肺动脉高压，进而引起右心室肥厚、扩大或心力衰竭的心脏病。本病发展缓慢，临床上除原有肺、胸疾病的各种症状体征外，主要是逐步出现肺、心功能不全以及其他器官损害的征象。

【流行病学】

肺心病在我国较为常见。我国在20世纪70年代的普查结果表明≥14岁人群肺心病平均患病率为0.41%～0.47%，90年代的统计资料显示≥15岁人群肺心病平均患病率为0.86%，患病率明显上升。本病在各种住院病人器质性心脏病的构成中，占5%～37%，许多地区慢性肺心病已由器质性心脏病的第二位上升到首位。患病年龄多在40岁以上，患病率随着年龄增长而增高。近年来，随着社会老龄化因素的影响，患病高峰年龄已由20世纪的50岁逐渐向60～70岁推移。急性发作以冬、春季多见。呼吸道感染为导致心、肺功能衰竭的主要诱因。

【病因】

慢性肺源性心脏病按病变发生的部位和功能变化，一般分为五大类：

1. 支气管、肺疾病　分为两类：①阻塞性疾病：以慢性支气管炎、支气管哮喘和支气管扩张等所致的慢性阻塞性肺病（chronic obstructive pulmonary disease，COPD）最为多见，约占80%～90%。②限制性疾病：如弥漫性肺间质纤维化、重症肺结核、硅沉着病、结节病和结缔组织病等。

2. 胸廓运动障碍性疾病　较少见，脊椎结核，严重的脊椎后、侧凸，风湿性脊柱炎，胸膜广泛粘连及胸廓成形术后造成的胸廓活动受限、肺受压，支气管扭曲或变形或纤维化等引起肺泡通气不足，肺血管收缩等使肺循环阻力增加，发展成肺心病。

3. 肺血管疾病　甚少见。如原发性肺动脉高压症、结节性多动脉炎、广泛或反复发生的多发性肺小动脉栓塞及肺小动脉炎，均可引起血管内膜增厚、管腔狭窄、阻塞，肺动脉高压，发展成肺心病。

4. **神经肌肉疾患** 少见。如脑炎、脊髓灰质炎、吉兰-巴雷综合征、重症肌无力和各种通气不良综合征。由于呼吸中枢的兴奋性降低，或神经肌肉的传递功能障碍，或呼吸肌麻痹导致肺泡通气不足。

5. 慢性高原病缺氧致肺血管长期收缩和重构也是肺心病的一种病因。

【发病机制】

慢性呼吸系统疾病发展到一定阶段，可以出现肺泡低氧和动脉血低氧血症。肺泡气 O_2 分压（PaO_2）下降可引起局部肺血管收缩和支气管舒张，以利于调整通气/血流比例，并保证肺静脉血的氧合作用，这是机体的一种正常保护性反应。但长期缺氧引起肺血管持续收缩，即可导致肺血管病理性改变，产生肺动脉高压。主要可概括为以下几个方面。

（一）肺动脉高压

1. **缺氧性肺动脉收缩** 其机制目前仍不清楚，新近的研究认为与以下因素有关。

（1）气体信号分子：目前为止发现的三种气体分子一氧化碳（CO）、一氧化氮（NO）和硫化氢（H_2S）都是气体小分子，可以自由通过细胞膜，都具有特定的细胞和分子作用的靶点，都有舒张血管、抑制血管平滑肌细胞增殖等多种生物学效应，对慢性低氧性肺血管结构重建（HPVR）起重要的调节作用，这些气体信号分子的表达下调在肺动脉高压的病理生理过程中发挥了重要作用。

（2）体液因素：缺氧、高碳酸血症、呼吸性酸中毒及肺部炎症等激活炎性细胞，使肺血管内皮受损，释放一系列血管活性物质或介质，作用于平滑肌细胞、成纤维细胞最后导致肺血管构型重建，发展为肺心病。目前研究较多和特别受人重视的血管活性物质是花生四烯酸代谢产物包括白三烯（LTB_4，C_4，D_4 及 E_4）、血栓素（TXA_2）、前列腺素$_{2\alpha}$、15-羟二十碳四烯酸（15-HETE）、前列环素（PGI_2）和前列腺素 E_1（PGE1），后二者为血管扩张剂，其余均有收缩血管的作用；内皮素（ET）、内皮源性舒张因子（EDRF）和收缩因子（EDCF）也在缺氧性肺血管收缩反应中发挥了重要作用，缺氧时 ET 和 EDCF 水平增加，EDRF 的生成减少。此外尚有组胺、血管紧张素、血小板激活因子和多种蛋白酶及相应的蛋白因子（基质金属蛋白酶系 MMPs、缺氧诱导因子 HIF-1、血管钠肽、CNP 等）参与缺氧性肺血管收缩反应。

（3）离子通道：包括钾离子通道和钙离子通道、钙库操控性通道等。目前认为与缺氧性肺血管收缩相关的离子通道主要是钾离子通道。它有三种类型：ATP 敏感钾通道、电压门控钾通道（Kv）和钙激活钾通道。目前以为：肺血管平滑肌细胞（PASMC）膜上的 Kv 控制膜电位，调节胞内游离钙离子浓度。实验表明急性缺氧时阻滞 Kv，引起胞膜去极化和胞内 Ca^{2+} 浓度升高，引起血管收缩；慢性缺氧时 Kv 的表达和电流均减少，胞内 Ca^{2+} 浓度升高，导致 PASMC 增殖。低氧血症也阻滞 ATP 依赖型钾离子通道，导致肺动脉血管平滑肌去极化而引起缺氧性肺血管收缩。此外钙离子通道、钙库操控性通道等在肺血管重构过程中也起重要作用。

（4）组织因素：缺氧可直接使肺血管平滑肌膜对 Ca^{2+} 通透性增高，使 Ca^{2+} 内流增加，肌肉兴奋-收缩偶联效应增强，引起肺血管收缩；肺泡气 CO_2 分压上升可引起局部肺血管收缩和支气管舒张。

（5）神经因素：缺氧和高碳酸血症刺激颈动脉窦和主动脉体化学感受器，反射性地引起交感神经兴奋，儿茶酚胺分泌增加，使肺动脉收缩。缺氧后存在肺血管肾上腺素能受体失衡，使肺血管的收缩占优势，也有助于肺动脉高压的形成。

2. **肺血管构型重建** 缺氧性肺动脉高压肺血管改变主要表现在 <$60\mu m$ 的无肌小动脉出现肌化，>$60\mu m$ 的肺小动脉中层增厚，内膜纤维增生以及弹力纤维和胶原纤维性基质增多，血管变硬，阻力增加。这种肺血管的结构改变叫做肺血管构型重建。其具体机制尚不清楚，目前认为与肺血管重建有密切关系的主要因素有：剪切力、炎症反应、慢性缺氧和血栓形成。这些因素单独或通过相互作用，共同参与肺血管重建过程。

3. **血液黏度增加和血栓形成** 缺氧引起红细胞增多，当细胞压积超过 55%～60% 时，血液黏稠度就明显增加，血流阻力随之增高，加重肺动脉高压。最近的研究发现慢性肺心病患者急性发作期有多发性细小动脉原位血栓的形成，发生率可达89%。血栓的形成可作为机械因素参与肺动脉高压的形成，同时肺循环中血小板激活，可以释放大量的生物活性物质：TXA_2、PDGF及花生四烯酸产物，引起肺血管收缩和细胞增殖，肺动脉高压的形成。

(二) 心脏病变

1. 右心功能改变　慢性胸肺疾患影响右心功能的机制主要为右心前后负荷增加。前负荷增加的因素有：低氧血症和高碳酸血症引起的心脏排血量增加，继发性红细胞增多使血容量增加，肾血流量减少，激活肾素-血管紧张素-醛固酮系统导致水钠潴留等。后负荷增加主要由肺动脉高压所致。右室在慢性压力负荷过重的情况下发挥其代偿功能，以克服肺血管升高的阻力而发生右心室肥厚。早期右心室尚能代偿，舒张末期压仍正常。随着病情的进展，特别是急性加重期，肺动脉压持续升高且严重，超过右心室的负荷，右心失代偿，导致右心室功能衰竭。

2. 左心功能改变　大多数尸检结果证明肺心病可累及左心。血流动力学检查发现左心射血分数下降，左心室功能曲线异常和左室舒张末压升高。其机制可能与缺氧、高碳酸血症、酸中毒、相对血流量增多等因素有关。左心功能不全的结果为肺静脉压力升高，从而加重了肺动脉高压和右心负荷。

(三) 其他重要器官的损害

各种慢性肺胸疾患所致的缺氧和酸碱平衡紊乱可使其他重要器官如脑、肝、肾、胃肠及内分泌系统、血液系统等发生病变，引起多器官功能障碍。

【病理】

1. 肺部基础疾病　我国慢性肺心病的肺部基础疾病81.8%为慢性阻塞性肺疾病所致，其病理改变参见本篇第六章。

2. 肺动脉病变　肺动脉内膜增厚，弹力纤维增多；中膜平滑肌增生肥大并向无肌小动脉延伸，非肌型小肺动脉发生平滑肌细胞增生；外膜胶原纤维增生，出现瘢痕。肺动脉管壁的构建改变以及肺血管内血栓形成等使肺动脉狭窄或闭塞，压力升高。此外，严重肺气肿时，肺泡间隔断裂，许多扩张和破裂的肺泡融合成肺大泡，使肺泡壁毛细血管毁损，血管床数目减少，当>70%时，即可引起肺动脉高压；严重的肺气肿、肺间质纤维化压迫血管使其变形、扭曲、血流阻力增大并发肺心病。

3. 心脏病变　大体解剖见右心肥大，右心室肌壁增厚，心腔扩大，肺动脉圆锥膨隆，心尖圆钝。显微镜下可见心肌纤维肥大，混浊肿胀，空泡变性，中性粒细胞浸润，间质水肿，局灶性肌溶解和纤维坏死。

【临床表现】

本病发展缓慢，临床上除原有肺、胸疾病的各种症状和体征外，主要是逐步出现肺、心功能衰竭以及其他器官损害的征象。往往表现为急性发作与缓解期的交替出现。按其功能的代偿期与失代偿期进行分述。

(一) 肺、心功能代偿期（包括缓解期）

此期心功能代偿良好，肺功能处于部分代偿阶段。患者常有慢性咳嗽、咳痰、活动后心悸、呼吸困难、发绀和劳动耐力下降等症状。体检可见肺气肿体征，如颈静脉充盈、桶状胸、肺部叩诊过清音、心浊音界缩小，肺下界下移；呼吸音减弱，偶有干、湿性啰音，心音遥远；肺动脉瓣区第二心音亢进常提示有肺动脉高压。三尖瓣区出现收缩期杂音或剑突下示心脏搏动，多提示有右心肥大。

(二) 肺、心功能失代偿期（包括急性加重期）

1. 呼吸衰竭　急性呼吸道感染为常见诱因。由于通气和换气功能进一步减退，故此期的主要表现为缺氧和二氧化碳潴留所引起的一系列症状。详见本篇第十四章呼吸衰竭。

2. 心力衰竭　以右心衰竭为主，表现为心悸、气短、发绀加重、颈静脉怒张、肝大，也可出现腹水、双下肢肿胀和心律失常。

【实验室及其他相关检查】

1. 血液检查

(1) 血常规和血液流变学：红细胞计数和血红蛋白常增高，合并呼吸道感染时白细胞计数增高；全血黏度、血浆黏度和血小板聚集率增高。

(2) 血气分析、酸碱平衡和电解质测定：COPD 所致的肺心病常发生 Ⅱ 型呼吸衰竭，肺血管病变、肺间质病变等引起者则多为 Ⅰ 型呼吸衰竭。肺心病合并呼吸衰竭时可出现各种类型酸碱失衡和电介质紊乱。

(3) 肝肾功能检查：在心力衰竭期，谷丙转氨酶和血浆尿素氮、肌酐、血及尿 β_2 微球蛋白（β_2-M）、血浆肾素活性（PRA）、血浆血管紧张素 Ⅱ 等含量增高。

2. 痰病原体培养和检出 近年来呼吸道感染病原菌菌谱在不断变迁，以 G^- 杆菌感染位居首位，其中以克雷伯杆菌、流感嗜血杆菌、铜绿假单胞菌、大肠埃希菌为主；G^+ 菌中耐甲氧西林金黄色葡萄球和肺炎链球菌也不少见；此外军团菌、非典型病原体（支原体、衣原体）、真菌、巨细胞病毒、肺孢子菌感染也成为肺心病患者急性呼吸道感染的重要病原。

3. X 线检查 除肺、胸基础疾病表现外，尚有肺动脉高压征，如右下肺动脉干扩张，横径≥15mm；其横径与气管横径之比值≥1.07；肺动脉段明显突出≥3mm，肺动脉高压显著时，中心肺动脉扩张，搏动增强而外周动脉骤然变细呈截断或鼠尾状。右心室增大征（图 2-9-1）表现为肺动脉圆锥部显著凸出，心尖上翘，右侧位心前间隙变小等。

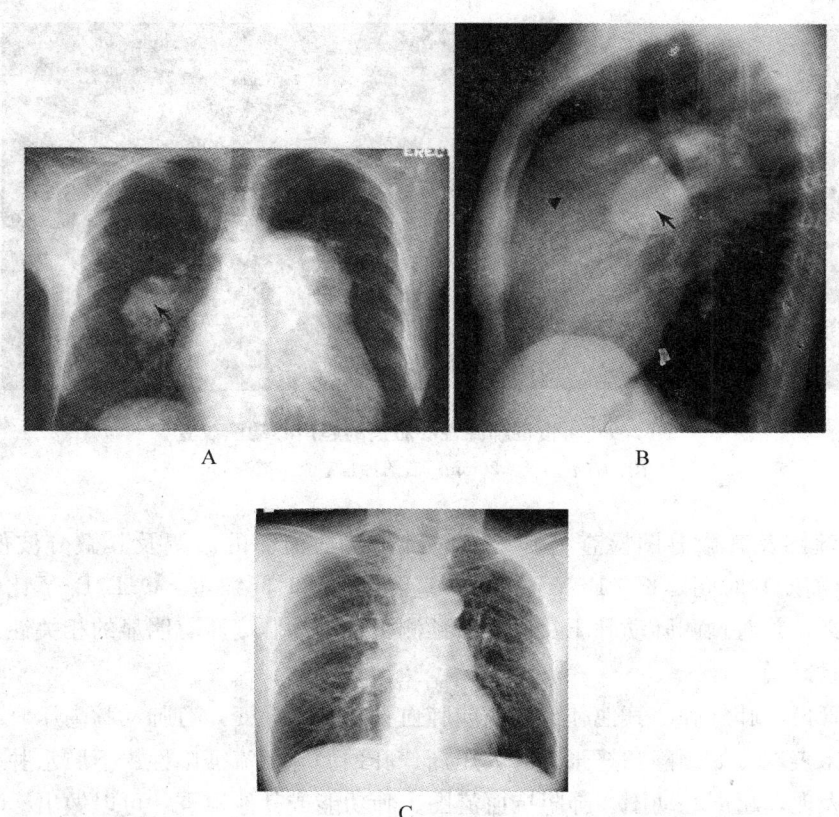

图 2-9-1 慢性肺源性心脏病 X 线胸片正位、右侧位

A，B：右下肺动脉瘤样扩张，鼠尾征；C：右肺下动脉增宽，肺动脉段凸出，心尖上凸

4. 心电图 阳性率为 60.1%~88.2%，右心房肥大及（或）右心室肥大是肺心病心电图的特征性改变。右心房肥大时可见肺型 P 波，即在 Ⅱ、Ⅲ、aVF 导联中 P 波高尖振幅≥2mm，顶角＜70°，平均电轴≥+90°。如 P 波振幅＞0.25mV，则诊断肺心病的敏感性和特异性均增高。右心室肥大的表

现有：电轴右偏，额面平均电轴≥+90°，重度顺钟向转位，$R_{V_1}+S_{V_5}≥1.05mV$，也可见右束支传导阻滞及低电压图形，在 V_1、V_2、甚至延至 V_3，可出现酷似陈旧性心肌梗死图形的 QS 波，应注意鉴别。典型肺心病心电图表现见图 2-9-2。

5. **超声心动图检查** 诊断符合率 60.6%～87%。主要表现有：右心室流出道内径增宽（≥30mm），右心室内径增大（≥20mm），右心室前壁厚度增加（>5.5mm），左、右心室内径的比值变小（<2），右肺动脉内径或肺动脉干及右心房增大等。此外用多普勒超声心动图按照改良柏努力公式（Bernoull）计算三尖瓣跨瓣压差，推算出右室及肺动脉压力，是迄今为止最为理想的定量检测肺动脉高压的无创性方法。

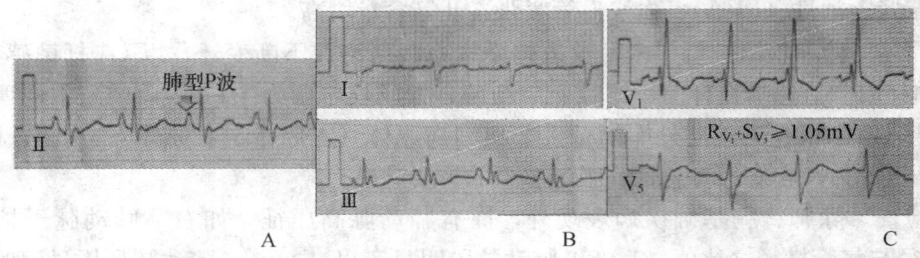

图 2-9-2 慢性肺源性心脏病的心电图改变
A：肺型 P 波；B：电轴右偏；C：$R_{V_1}+S_{V_5}≥1.05mV$，右束支传导阻滞 V_5 R/S<1

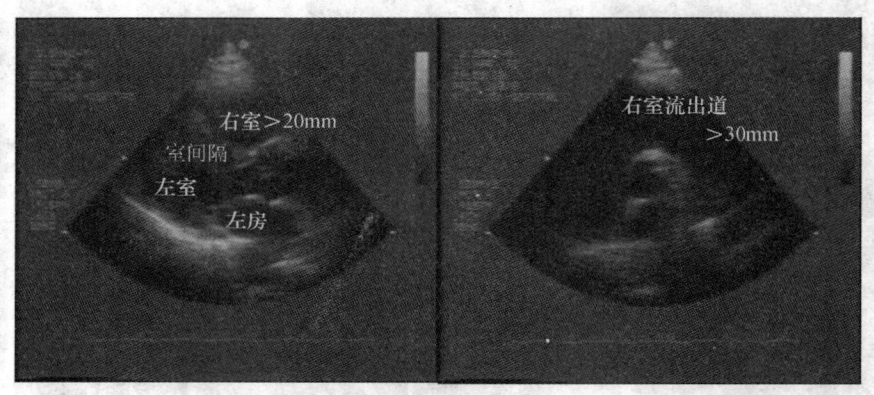

图 2-9-3 慢性肺源性心脏病的超声心动图改变
左图：右室内径≥20mm；右图：右室流出道≥30mm

6. **肺阻抗血流图及其微分图检查** 肺心病时肺阻抗血流图的波幅及其微分波值多降低，Q-B（相当于右室射血前期）时间延长，B-Y（相当右室射血期）时间缩短，Q-B/B-Y 比值增大，对诊断肺心病有参考意义，并对预测肺动脉压及运动后预测隐性肺动脉高压有明显的相关性。

【诊断及鉴别诊断】

有慢性支气管炎、肺气肿、其他肺胸疾病或肺血管等基础病变，有肺动脉高压、右心室增大或右心功能不全的临床表现，如颈静脉怒张、肝大压痛、肝颈静脉反流征阳性、下肢水肿等，并有肺心病的心电图、X 线表现，超声心动图、肺阻抗血流图、肺功能或其他检查，可以做出诊断。

本病须与下列疾病相鉴别：

1. **冠状动脉粥样硬化性心脏病（冠心病）** 肺心病与冠心病均多见于老年人，有许多相似之处，而且常有两病共存。冠心病有典型的心绞痛、心肌梗死的病史或心电图表现，若有左心衰竭的发作史、高血压病、高脂血症、糖尿病史更有助鉴别。肺心病合并冠心病时鉴别有较多的困难，应详细询问病史，体格检查和有关心、肺功能检查加以鉴别。

2. **风湿性心瓣膜病** 风湿性心脏病三尖瓣疾患应与肺心病相对三尖瓣关闭不全相鉴别。前者往往有风湿热等病史，其他瓣膜如二尖瓣、主动脉瓣常有病变，X线、心电图、超声心动图有特殊表现。

3. 原发性心肌病　本病多为全心增大，无慢性呼吸道疾病史，无肺动脉高压的X线表现等（详见第三篇第九章心肌病）。

【并发症】

1. 肺性脑病　由于呼吸功能衰竭所致缺氧、二氧化碳潴留而引起神经精神障碍综合征，是肺心病晚期严重的并发症之一。其发生率为30%左右，平均住院病死率约30%。肺性脑病的发生机制为低氧血症和高碳酸血症引起的脑水肿，临床表现除基础疾病外，以神经精神症状尤为突出。详见本篇第十四章呼吸衰竭。

2. 酸碱失衡及电解质紊乱　肺心病出现呼吸衰竭时，除常见的呼吸性酸中毒外，可发生错综复杂的各种不同类型的酸碱失衡。肺心病急性加重期因缺氧、肝肾衰竭和营养不良等出现呼吸性酸中毒合并代谢性酸中毒；使用利尿剂、皮质激素或补碱过量时可出现呼吸性酸中毒合并代谢性碱中毒；机械通气不当，CO_2排出过快可引起呼吸性碱中毒；肺心病晚期患者由于多脏器功能衰竭可并发三重性酸碱失衡（triple acid-base disturbance，TABD）。

肺心病急性加重期患者常出现水钠代谢异常，临床重要表现为双下肢水肿和低钠血症，其主要的诱因是呼吸衰竭。

3. 心律失常　多表现为房性期前收缩及阵发性室上性心动过速，其中以紊乱性房性心动过速最具特征性。可有心房扑动及心房颤动。少数病例由于急性严重心肌缺氧，可出现心室颤动以至心搏骤停。

4. 消化道出血　发生率5%~7%，病死率高达92.3%。呼吸衰竭和右心衰竭引起的低氧血症和循环血流淤滞，使胃肠黏膜细胞缺氧、糜烂、坏死，发生弥漫性渗血；高碳酸血症，使胃壁细胞内碳酸酐酶活性增加，氢离子释放增多，刺激肥大细胞释放组胺，胃壁细胞分泌更多的盐酸，产生应激性溃疡；心源性肝硬化引起的食管静脉曲张；胃酸增多引起反流性食管炎；使用氨茶碱、抗生素等引起药物性胃炎；DIC等均可引起消化道出血。消化道弥漫性渗血时，临床表现为腹胀、恶心、呕吐、吐咖啡色胃内容物或排出柏油样大便。如吐出大量鲜红色血液并伴有血红蛋白减低和血压下降，应考虑应激性溃疡或食管静脉破裂出血。

5. 肝肾损害　肾损害报道不一，发病率为0.9%~78.6%，病死率14.6%。发生机制主要因缺氧、酸中毒等因素使肾血管收缩，肾小球血流量降低以及代谢产物的毒性作用等所致。临床特征有少尿、无尿、血压升高、轻度水肿、血钾增高，代谢性酸中毒等。

肝损害发生率42.6%~60%。肺心病患者反复呼吸道感染，营养不良，右心衰竭使肝脏淤血，肝细胞变性、坏死，小叶中心退行性变，导致心源性肝硬化。心源性肝硬化的病程较长，大部分在10年以上，持续右心衰时间在6个月~3年。多发生在心脏损害严重的患者，腹水较严重，与右心衰的程度不成正比，肝明显肿大可逆性小，质地较硬，门脉高压的程度较轻，肝功能异常。78.6%的患者同时具有肾功能损害。

6. 休克　肺心病合并休克并不多见，约为7.4%，一旦发生预后险恶，病死率高达72%。肺心病合并休克主要为呼吸道严重感染引起的感染中毒性休克；消化道大量出血引起失血性休克；严重心力衰竭，心律失常或心肌损伤，心排血量减少可引起的心源性休克。

【治疗】

（一）急性加重期治疗

治疗原则是积极控制感染，通畅呼吸道，改善呼吸功能，纠正缺氧和二氧化碳潴留，控制呼吸和心力衰竭。

1. 控制感染　呼吸道感染是肺心病患者发生呼吸衰竭和心力衰竭的常见诱因，需积极予以控制。抗生素的应用应参考痰菌培养及药物敏感试验。无培养结果时，根据感染的环境及痰涂片选用抗生素。院外感染以革兰阳性菌占多数，应选用青霉素类、第一、二代头孢菌素；耐甲氧西林葡萄球菌

(MRSA)感染选用β内酰胺抗生素/酶抑制剂、万古霉素和替考拉宁。院内感染则以革兰阴性菌为主,常用的有氨基糖苷类、喹诺酮类及头孢第三代抗生素。支原体、衣原体、幽门螺杆菌、军团菌、L型细菌的感染首选大环内酯类抗生素或β内酰胺类+大环内酯类抗生素。真菌感染根据其类别选用氟康唑、伊曲康唑、两性霉素B、伏立康唑、卡泊芬净。病毒感染可选用病毒唑(利巴韦林、三氮唑核苷)、更昔洛韦、阿昔洛韦等。

2. 通畅呼吸道、纠正缺氧和二氧化碳潴留　参阅本篇第十四章呼吸衰竭。

3. 控制心力衰竭

(1) 降低肺动脉压:肺心病患者存在肺动脉高压,肺动脉高压的严重程度明显影响肺心病的病程和预后,故控制肺动脉高压是纠正心衰的重要环节。理想的血管扩张剂必须要有好的选择性,既能降低肺循环阻力,又能防止体循环阻力下降,血压下降。目前常用的有:

1) α受体阻滞剂:临床常用酚妥拉明等,但选择性差。新近研制的α_1-AR亚型选择性拮抗剂Urapidil可选择性地作用于肺循环降低肺动脉压,使肺血管阻力下降大于体循环,且对PaO_2无明显影响,为治疗肺动脉高压的一种有效药物。

2) 钙离子拮抗剂:通过抑制低氧性肺血管收缩降低肺动脉压。在钙离子拮抗剂中,硝苯地平的肺血管选择性和降压效果最佳,为目前临床常用药物。剂量为10mg,3次/天口服。或用长效制剂络活喜或非洛地平5mg,1次/天口服。

3) 血管紧张素转化酶抑制剂(ACEI)或血管紧张素受体拮抗剂(ARA):通过抑制血管紧张素Ⅱ在肺部的转化或拮抗其作用减低肺循环阻力。常用卡托普利12.5~25mg,3次/天口服。氯沙坦50mg,1次/天。但应注意的是此类药有引起咳嗽的副作用。

4) 茶碱类药物:近年来认识到茶碱类药物除可增加心肌收缩力外,还可降低肺循环阻力。常用氨茶碱每次0.25g或茶碱缓释胶囊0.2g,每天2次。

(2) 抗凝治疗:用肝素或低分子肝素,降低血液黏滞性,解除支气管痉挛,抗过敏,防止肺小动脉原位血栓形成。

(3) 利尿剂:有减轻右心负荷,消除水肿的作用。原则上宜选用作用轻,小剂量的利尿剂。如氢氯噻嗪25mg,或用保钾利尿剂氨苯蝶啶50mg,1~3次/天。重度而急需行利尿的病人可用呋塞米20mg,肌注或口服。尿量多时需注意补钾。

(4) 强心剂:肺心病人由于慢性缺氧及感染,对洋地黄类药物耐受性很低,疗效较差,易发生心律失常,应慎用。确需应用时剂量宜小,约为常规剂量的1/2或2/3量,同时选用作用快、排泄快的强心剂,如毒毛花苷K 0.125~0.25mg,或毛花苷C 0.2~0.4mg/次。用药前应注意纠正缺氧,防治低钾血症,以免发生药物毒性反应。

4. 营养支持疗法　营养不良是肺心病患者死亡的独立危险因素,因此应重视营养支持疗法,以增强患者的免疫功能,缓解呼吸肌疲劳。但应避免过多的摄入葡萄糖引起大量CO_2产生,加重呼吸衰竭。

5. 并发症的治疗见有关章节。

(二) 缓解期治疗

1. 呼吸肌锻炼　以增强呼吸肌肌力,提高潮气量,减少呼吸频率。

2. 家庭氧疗　长期吸入低浓度氧,可有效降低肺动脉压,改善脏器缺氧状况,延长患者存活时间。

3. 提高机体抵抗力,延长缓解期,减少急性发作次数。常用的有胸腺肽、转移因子、丙种球蛋白、干扰素和中药等。

【预后及预防】

肺心病常反复急性加重,随肺功能的损害病情逐渐加重,多数预后不良,病死率约在10%~15%,但经积极治疗可以延长寿命,提高病人生活质量。

预防主要是防治足以引起本病的支气管、肺和肺血管等疾病。

1. 积极采取各种措施（包括宣传，有效的戒烟等）提倡戒烟。
2. 积极防治原发病的诱发因素，如呼吸道感染、各种过敏原，有害气体的吸入，粉尘作业等的防护工作和个人卫生的宣教。
3. 开展多种形式的群众性体育活动和卫生宣教，提高人群的卫生知识，增强抗病能力。

（高 芬）

第十章 间质性肺疾病

第一节 概 论

【肺间质与间质性肺疾病的概念】

肺实质是指各级支气管和肺泡结构。肺间质是指肺内支持组织,包括组成支气管血管周围鞘,小叶间隔和脏层胸膜的结缔组织成分,以及位于肺泡壁之间的间质,即肺泡上皮基底膜与肺毛细血管基底膜之间的间质。肺泡间隔的结缔组织与邻近终末气道、小叶间隔的结缔组织相延续,可达肺门和胸膜。正常肺间质包括细胞成分、细胞外基质(extracellular matrix,ECM)和结缔组织纤维。细胞成分约占肺间质体积的75%,其中约30%~40%是间质细胞,主要包括成纤维细胞、肌成纤维细胞等,其余是炎症细胞及免疫活性细胞,包括单核巨噬细胞(约占90%)和淋巴细胞(约占10%)。细胞外基质包括基底膜和一些糖蛋白、纤维连接蛋白、层粘连蛋白及其他基质蛋白等。结缔组织纤维包括胶原纤维(约占70%),弹性纤维和网织纤维。

间质性肺疾病(interstitial lung disease,ILD)是一组以肺泡壁和肺泡腔具有不同形式和程度的炎症和纤维化为特征性病理改变,以进行性呼吸困难和X线胸片呈广泛分布的浸润影为主要临床表现的弥漫性肺疾病的总称。因为ILD不仅侵及间质,还累及到肺泡腔、外周气道和血管以及它们各自衬附的上皮和内皮细胞,因此又称为弥漫性实质性肺疾病(diffuse parenchymal lung disease,DPLD)。

【间质性肺疾病的分类】

间质性肺疾病包括200多种急性和慢性肺部疾病,其中大多数的病因还不明确,已知的原因有职业或环境暴露,药物毒性和结缔组织疾病等,因此临床上通常根据其病因和临床表现对其进行分类(表2-10-1)。2002年美国胸科学会/欧洲呼吸学会(ATS/ERS)将其简单分类为:①已知原因如药物、职业或环境暴露、结缔组织疾病等相关的ILD;②特发性间质性肺炎(IIP);③肉芽肿性肺疾病如结节病;④以及一组罕见的但具有特征性的临床影像和病理特征的ILD,图2-10-1。

表2-10-1 间质性肺疾病的临床分类

职业或环境因素相关
　吸入有机粉尘:外源性过敏性肺泡炎或过敏性肺炎
　吸入无机粉尘:石棉沉着病、硅沉着病、尘埃沉着病、铍病
　吸入有害气体/烟雾:二氧化硫、二氧化氮、二异氰甲苯、汞蒸汽等
药物或治疗相关
　药物:呋喃妥因、青霉胺、胺碘酮、博来霉素、甲氨蝶呤、苯妥因钠等
　放射线治疗
　高浓度氧疗
肺感染相关
　病毒、支原体/衣原体、细菌、真菌
结缔组织疾病相关
　系统性硬皮病、类风湿性关节炎、系统性红斑狼疮、多发性肌炎/皮肌炎、干燥综合征等
血管炎相关
　ANCA相关性血管炎:Wegener肉芽肿、Churg-Strauss综合征、显微镜下多血管炎
　其他:Goodpasture综合征、白塞病等
液体超负荷相关
　左心衰竭、肾衰竭、液体超负荷

续表

肿瘤相关
　癌性淋巴管炎、淋巴瘤、肺泡癌
遗传相关
　家族性纤维化性肺泡炎、结节性硬化病
　神经纤维瘤、脂沉积症、Hermansky-Pudlak 病
其他免疫疾病相关
　溃疡性结肠炎、慢性活动性肝炎、原发性胆汁性肝硬化、特发性血小板减少性紫癜
　脏器移植
特发性间质性肺炎
　特发性肺纤维化
　非特异性间质性肺炎
　隐源性机化性肺炎
　急性间质性肺炎
　呼吸性细支气管炎性间质性肺疾病
　脱屑性间质性肺炎
　淋巴细胞性间质性肺炎
结节病
其他少见 ILD
　慢性嗜酸粒细胞性肺炎
　肺淋巴管平滑肌瘤病
　肺朗格汉细胞组织细胞增生症
　肺泡蛋白沉积症
　肺泡微石症
　肺淀粉样变
　特发性肺含铁血黄素沉着症
　肺静脉闭塞病
　弥漫性肺出血综合征

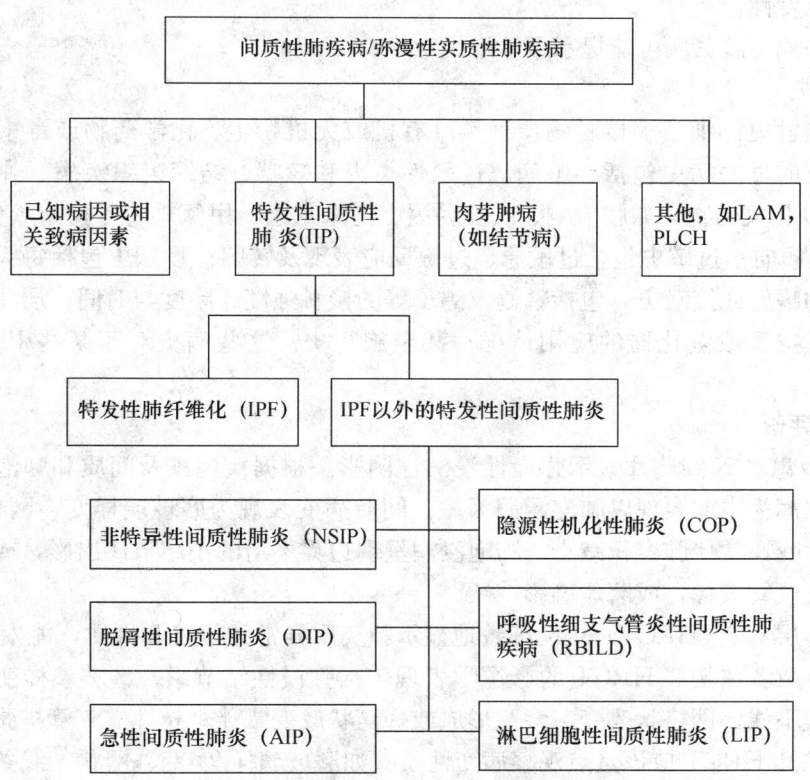

图 2-10-1　ILD 或 DPLD 的分类（ATS/ERS，2002）

【诊断】

临床诊断某一种ILD是一个动态的过程，需要临床、放射和病理科医生的密切合作，需要根据所获得的完整资料对先前的诊断进行验证或修订。

（一）临床表现

1. 症状

（1）呼吸困难：呼吸困难是ILD患者的最常见和主要症状。多数ILD早期，呼吸困难并不明显，仅在活动时出现，通常不引起重视。而当呼吸困难进行性发展到安静时也出现时，表明病情已经进展到比较严重阶段。

（2）咳嗽：常常表现持续性干咳，尤其常见于那些同时累及气道者。如果咳大量黏液痰要警惕弥漫性支气管肺泡癌的可能。

（3）咯血、喘鸣、胸痛等症状在间质性肺疾病不常见。

（4）全身症状：发热、盗汗、乏力、消瘦、关节肌肉疼痛、肿胀、口眼干燥等肺外表现对于诊断系统疾病如结缔组织疾病等具有提示作用。IPF很少有发热等全身症状。

2. 体征

（1）爆裂音或Velcro啰音：两肺可闻及吸气末细小的干性爆裂音或Velcro啰音是ILD的常见体征，尤其是IPF。爆裂音也可出现于胸部影像学正常者。因此，爆裂音对ILD缺乏诊断特异性。

（2）吸气性喘鸣（inspiratory squeaks）：有些细支气管炎患者可以在两肺闻及散在的吸气晚期的高调干啰音或吸气性喘鸣。

（3）杵状指：杵状指是ILD患者一个比较常见的晚期征象，通常提示严重的肺结构破坏和肺功能受损，多见于IPF。

（4）肺动脉高压和肺心病的体征：ILD进展到晚期，可以出现肺动脉高压和肺心病，进而表现发绀、呼吸急促、P_2亢进、下肢水肿等征象。但是，在一些结缔组织疾病尤其是系统性硬皮病中，肺动脉高压可以为原发性。

（5）关节肿胀或皮肤紧绷可能提示结缔组织疾病。

（二）相关病史

职业或环境接触史详细了解接触物质种类（有机或无机粉尘、化学药物或毒素等）、接触强度、频度和时间；重要的过去病史包括心脏病、过敏性鼻炎和哮喘、结缔组织疾病、肿瘤等；药物应用史，尤其一些ILD相关药物，如胺碘酮、呋喃妥因、博来霉素、甲氨蝶呤等；家族史应注意结节病、IPF等有家族聚集倾向；过敏史包括过敏原、过敏反应表现及转归；吸烟史包括每天吸烟支数、烟龄及戒烟时间；宠物嗜好或接触史，包括鹦鹉或鸽子等的接触强度、频度与时间；居住环境，包括温湿条件、室内装饰、空调或湿化器的应用情况；甚至旅行史。这些病史对于某些ILD具有病因提示作用。

（三）影像学评价

绝大多数ILD患者X线胸片显示弥漫性浸润性阴影。根据疾病累及间质和肺泡的比例不同，胸片或表现以间质浸润为主或表现以肺泡浸润为主。间质病变表现为磨玻璃样变、网格结节或小结节、网格以及蜂窝囊性变，常伴肺容积减小。肺泡浸润呈现边界不清的小结节渗出影，或融合成多发的斑片或片状实变伴支气管气像，或磨玻璃影。

胸部高分辨薄层CT（HRCT）更能细致地显示肺实质异常的程度和性质，能发现X线胸片不能显示的病变。ILD患者在胸部HRCT的影像学表现包括弥漫性结节影、磨玻璃样变、肺泡实变、小叶间隔增厚、胸膜下线、网格状改变、囊腔形成或蜂窝状改变常伴牵拉性支气管扩张或肺结构变形。

影像学检查尤其HRCT应该重点观察病变性质（如磨玻璃样/实变、网状、线条状、结节状、蜂窝或囊腔改变、牵拉性支气管扩张等）、病变分布范围和程度、有无肺门和纵隔淋巴结肿大以及有无胸膜病变。

(四) 肺功能

ILD 患者以限制性通气功能障碍和气体交换障碍为特征，限制性通气功能障碍表现肺容量包括肺总量（TLC）、肺活量（VC）和残气量（RV）均减少，肺顺应性降低。一秒钟用力呼气容积/用力肺活量（FEV_1/FVC）正常或增加。气体交换障碍表现一氧化碳弥散量（DL_{CO}）减少，（静息时或运动时）肺泡-动脉氧分压差［$P_{(A-a)}O_2$］增加和低氧血症。DL_{CO} 是静态参数中最敏感的指标，和肺容量的降低不成比例。运动肺功能试验极其敏感，能够发现轻微或早期的 ILD 病例，$P_{(A-a)}O_2$ 于运动后增加更明显。肺功能试验有助于判断肺损害的程度，如果肺功能有严重异常（如 VC 或 TLC 低于预计值的 60% 或 DL_{CO} 低于预计值的 40%），2 年的病死率将超过 50%。

(五) 实验室检查

应常规进行血常规和血嗜酸细胞计数、尿常规、肝肾功能、红细胞沉降率（ESR）、抗核抗体（ANA）和类风湿因子（RF）等检查。如果不能除外与结缔组织疾病相关，应测定自身抗体；如怀疑有血管炎，应测定抗中性粒细胞胞浆抗体（anti-neutrophil cytoplasmic antibodies，ANCA）和抗肾小球基底膜抗体；如果不能除外结节病，应测定血清中血管紧张素转化酶（ACE），以及血清钙和尿钙水平；如果病原体感染不能除外，应进行病原体检查尤其是巨细胞病毒（CMV）、肺孢子菌和结核杆菌等；如果肿瘤不能除外，应进行肿瘤相关检查如瘤细胞学检查。总之，这些检查对 ILD 的诊断没有特异性，但对 ILD 的病因或伴随疾病具有提示作用。

(六) 支气管镜检查

如果无创性检查不能做出明确诊断，又没有禁忌证，应该进行纤维支气管镜检查并进行经支气管肺活检（transbronchial lung biopsy，TBLB）或/和支气管肺泡灌洗液（bronchoalveolar lavage fluid，BALF）检查，以了解弥漫性肺部渗出性病变的性质。

由于 TBLB 不能准确取样或取样太小，因此 TBLB 通常不能对 ILD 做出确定诊断。然而，对于某些感染性疾病（如结核杆菌、真菌和肺孢子菌感染）、结节病、癌性淋巴管炎、肺泡蛋白沉积症和嗜酸粒细胞性肺炎，多数情况下 TBLB 能做出确定的诊断。对于 ILD 患者进行 TBLB 检查，通常要求进行多次多部位取材至少 4～6 块，才可能有相对较好的诊断产生率。

BALF 检查包括细胞计数与分类，淋巴细胞亚类的分析（表 2-10-2 和表 2-10-3），还要进行病原体检查和寻找肿瘤细胞。BALF 的微生物学和细胞学检查可以提供诊断资料。BAL 在非感染性疾病、非恶性肿瘤性间质性肺疾病的诊断和分期中的作用还没有得到证实。然而，许多间质性肺疾病都有特征性的细胞学分类改变，如结节病、外源性过敏性肺泡炎、NSIP 和 LIP 患者的 BALF 含有明显增多的淋巴细胞，特发性肺纤维化患者的 BALF 含有明显增多的中性粒细胞或嗜酸粒细胞，嗜酸粒细胞性肺炎患者的 BALF 中嗜酸粒细胞常大于 20%～40%。BALF 细胞分类也有助于疾病对治疗的反应和预后判断，淋巴细胞升高者对糖皮质激素的治疗反应好，存活时间长。

表 2-10-2　BALF 的正常细胞学检查结果

	健康非吸烟者	健康吸烟者
细胞总数（$\times 10^6$）	7±3	23±12
巨噬细胞（%）	>80	96±3
淋巴细胞（%）	≤15	≤7
中性粒细胞（%）	≤3	<2
嗜酸性粒细胞（%）	≤0.5	
嗜碱性粒细胞（%）	≤0.5	

引自：Costabel U. Atlas of bronchoalveolar lavage. London：Chapman and Hall，1998.

表 2-10-3　BALF 的正常淋巴细胞亚类

	健康非吸烟者	健康吸烟者
$CD3^+$ T 细胞（%）	63～83	63～83
$CD4^+$ T 细胞（%）	40～70	20～50
$CD8^+$ T 细胞（%）	20～40	30～70
CD4/CD8	1.1～3.5	0.5～1.5
Nk 细胞（$CD57^+$）（%）	2～14	1～11
$HLA-DR^+$（%）	<5	<5
IL_2R（$CD25^+$）（%）	<6	<6
B-细胞（$CD20^+$）（%）	<4	<4
朗格汉斯细胞（$CD1^+$）（%）（细胞总数）	<3	<4

引自：Costabel U. Atlas of bronchoalveolar lavage. London：Chapman and Hall，1998.

（七）外科肺活检

外科肺活检包括开胸肺活检（open lung biopsy，OLB）和电视辅助胸腔镜（video assisted thoracoscopy，VATS）肺活检。胸腔镜肺活检的损伤较开胸肺活检小，能缩短住院时间，因此在大多数病例被优先使用。

如果已经进行的检查（包括 TBLB）均无助于建立确定的诊断，如果检查的结果可能改变治疗手段，则需要进行外科肺活检。尤其对于 IIP，除了具有典型临床影像表现的 IPF 病例外，外科肺活检对于确定临床病理诊断是必要的。活检能够将大多数病例确定地分类为已知的病理类型（图 2-10-2），也能够确定或排除其他诊断，如结节病、淋巴瘤或提示职业病如硬金属疾病。

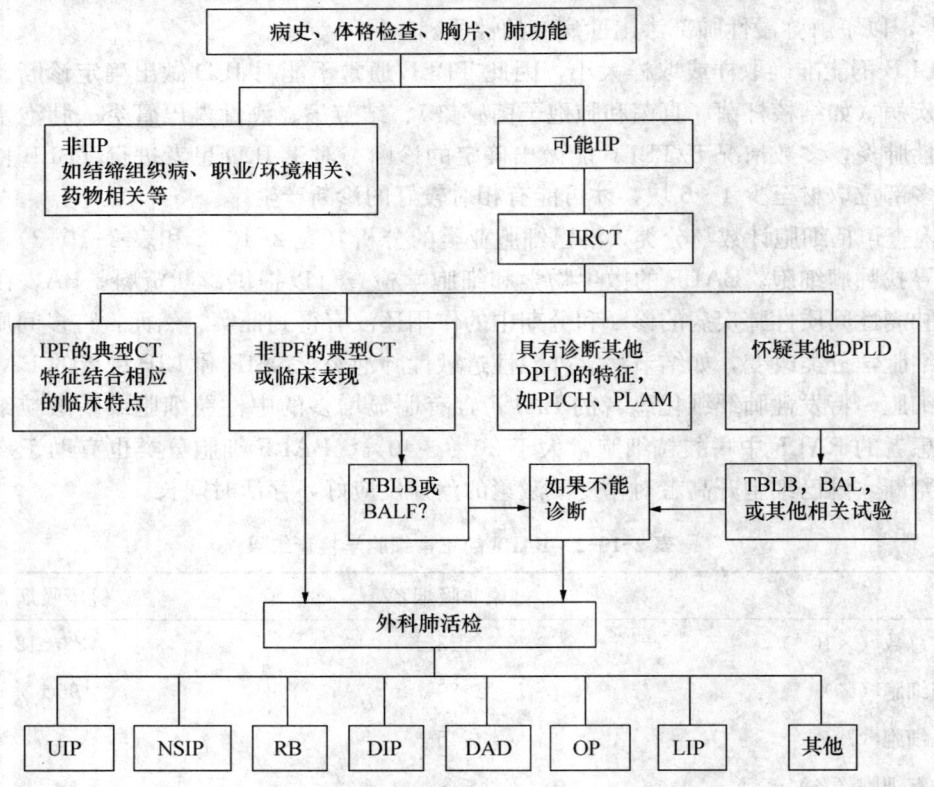

图 2-10-2　ILD 或 DPLD 的诊断程序

UIP：普通型间质性肺炎（usual interstitial pneumonia）；NSIP：非特异性间质性肺炎（nonspecific interstitial pneumonia）；RB：呼吸性细支气管炎（respiratory bronchiolitis）；DIP：脱屑性间质性肺炎（desquamative interstitial pneumonia）；DAD：弥漫性肺泡损伤（diffuse alveolar damage）；OP：机化性肺炎（organizing pneumonia）；LIP：淋巴细胞性间质性肺炎（lymphocytic interstitial pneumonia）

外科肺活检要求在表现明显炎症和轻度纤维化的病变处取材，要包括邻近病变部位的大体呈正常表现的肺组织，充气后样本组织直径 4cm，深度 1～1.5cm，避开在表现为严重的纤维化伴有蜂窝肺的病变最严重的部位取材，因为这些部位通常表现为非特异性改变的终末期纤维化。在一个以上的肺叶取材更有帮助。HRCT 扫描可以指导外科医生选择最佳的活检部位。

ILD 患者的诊断步骤概括如图 2-10-2：第一步确定是否为 ILD，这需要详细的病史、体格检查、X 线胸片和肺功能试验。第二步确定是否为 IIP，如果有相关的病因如结缔组织疾病、环境因素、药物等可查，则不可能是 IIP，而是非 IIP，具体诊断根据相关病因确定。如果无原因可查，则可能是 IIP，需要做胸部 HRCT。第三步进行 HRCT 诊断，决定是否需要外科肺活检，如果 HRCT 显示了 IPF 的特征性改变，结合相应的临床表现，可以建立临床肯定的 IPF 诊断，不需要进一步检查。如果 HRCT 显示了其他 ILD，如 PLCH、PLAM 等特征，也可建立临床确定诊断。第四步进行外科肺活检和病理诊断，如果 HRCT 没有典型的 IPF 征象，临床表现也不典型，则需要外科肺活检进行病理分型，确定是 UIP、NSIP、RB、DIP、DAD、OP 和 LIP 中的一种，还是非 IIP。对于一些临床和 CT 表现都不典型或怀疑其他 ILD，可以先进行 TBLB 或 BAL 或其他相关试验，如果仍不能确诊，则也需进行外科肺活检，确定病理分型和诊断。

第二节　特发性肺纤维化

特发性肺纤维化（idiopathic pulmonary fibrosis，IPF）或隐源性纤维化性肺泡炎（cryptogenic fibrosing alveolitis，CFA）是最常见的一种特发性间质性肺炎，是一种原因不明的慢性纤维化性间质性肺炎。它发生于肺，外科肺活检的组织病理学改变是普通型间质性肺炎（UIP）。最近一项关于 IPF 的流行病学研究资料显示 IPF 患病率高于以往的统计，且随着年龄的增大而增加，在 75 岁或 75 岁以上人群中分别是 64.7～227.2/10 万人口和 27.1～76.4/10 万人口。由此，估计美国 IPF 的患病率和年发病率是 14.0～42.7/10 万人口和 6.8～16.3/10 万人口。我国虽然缺乏相应的流行病学资料，但是临床实践中发现近年来 IPF 的病例呈明显增多的趋势。

【病理改变】

IPF 的病理类型是 UIP，UIP 型的主要组织学特征是病变主要累及胸膜下外周肺腺泡或小叶并呈斑片状分布。低倍镜下病变呈不均一性，表现为纤维化、蜂窝状改变、间质性炎症和正常肺组织并存。纤维化区显示出时相不均一性，致密的纤维瘢痕区伴散在的成纤维细胞灶。蜂窝状改变是由一些囊性纤维化的气腔组成，这些囊腔通常被覆细支气管上皮并充满黏蛋白。纤维化和蜂窝样变区常见平滑肌增生。间质的炎症常表现肺泡间隔轻度的淋巴细胞和浆细胞浸润，伴 II 型肺泡上皮细胞增生。炎症呈斑片状分布于胶原密集或蜂窝肺区，很少涉及正常的肺泡间隔。

【发病机制】

目前为止有关 IPF 的病因还不清楚。由于多半 IPF 患者有吸烟史，所以吸烟被认为是 IPF 的潜在危险因素。有几个研究提示了 IPF 与病毒感染（如 EB 病毒）的关系，但是并没有研究能证实病毒感染真的就是引起 IPF 的原因。家族性 IPF 病例的报道提示 IPF 存在一定的遗传易感性，但是还没有特定的遗传异常被证实。近来研究发现高达 87%～94% 的 IPF 患者都存在胃食管反流，但是两者之间的因果关系还不是十分清楚。其他危险因素包括慢性吸入、药物和环境暴露等。

IPF 的发病机制还不十分清楚。过去一直认为不管何种原因引起的纤维化性肺疾病，一个共同机制是炎症损伤肺，刺激纤维形成过度致肺纤维化和结构重建。基于对各型间质性肺炎的病理学知识和在此基础上产生的 IPF 的定义和 IIP 的分类，认为 IPF 的早期是肺泡炎，进而导致肺纤维化形成的这一传统观念已受到挑战。一方面 IPF 的病理类型是 UIP，而在 UIP 炎症成分很少，几乎没有证据证明 IPF 开始于炎症过程，或在 IPF 的早期阶段炎症更明显；另一方面临床研究并没有证实炎症活动标志与 IPF 的发病阶段和预后的相关性，而且抗炎症反应药物（如糖皮质激素、免疫抑制剂）的治疗效果差。因此,有理由认为炎症启动途径致肺纤维化的机制不是IPF的纤维化形成机制,但它可能代表着非IPF的特发性间质性肺炎的纤维化形成机制,因为它们有一个明显的早期肺泡炎阶段和后期纤维化阶段,早期炎症阶段使用糖皮质激素治疗通常产生良好的反应。

目前认为IPF起源于肺泡上皮反复发生微小损伤后的异常修复。不明原因致肺泡上皮损伤和激活,一方面启动凝血瀑布和组织修复反应;另一方面激活的上皮细胞表达细胞因子和生长因子,启动上皮细胞和成纤维细胞的交互反应,促进成纤维细胞移行到损伤处,并增生和变形为肌成纤维细胞,也自身转分化为肌成纤维细胞,形成成纤维细胞灶。肌成纤维细胞一方面刺激基底膜降解,肺泡上皮细胞凋亡,干扰上皮再生;另一方面增加纤维源性细胞因子,尤其是转化生长因子(TGF)-β的活性以及对它们的反应,产生大量的细胞外基质,也产生金属蛋白酶组织抑制剂TIMP,抑制胶原降解。同时上皮细胞受损,产生金属蛋白酶MMP-1(胶原酶)减少,这种MMPs/TIMPs的失衡使得细胞外基质过度沉积,肺实质结构损伤和纤维化囊腔形成。总之,肺损伤启动了一个复杂的上皮细胞、基质细胞、内皮细胞、炎症细胞、淋巴细胞以及它们释放的各种细胞因子相互作用的过程,最终导致成纤维细胞增生和过量胶原沉积,肺脏正常结构和功能丧失(图2-10-3)。

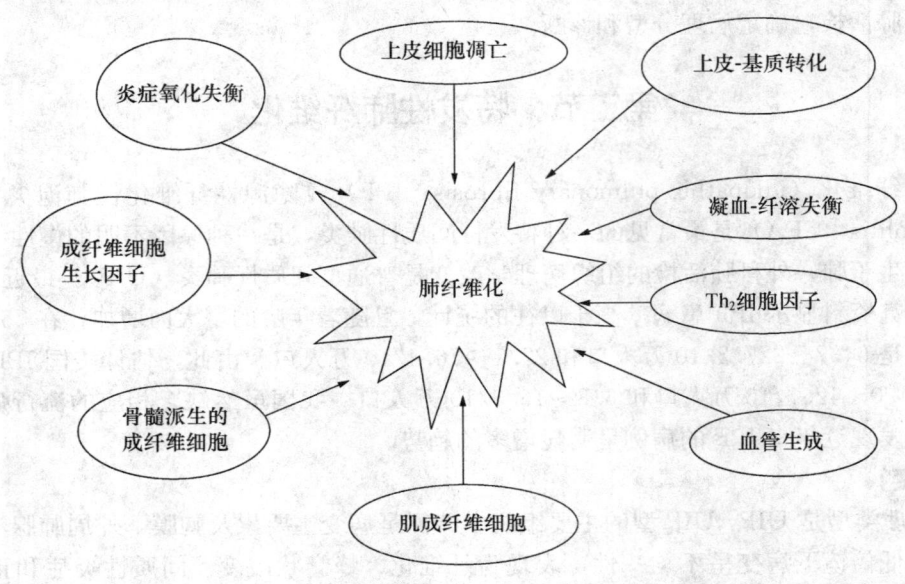

图2-10-3 肺纤维化的形成机制

【临床表现】

1. 人口学特征 多于50岁以后发病,男/女为1.5~2/1,75%有吸烟史。

2. 症状、体征 呼吸困难是最主要的症状,常表现活动后明显,渐进性加重。其次是干咳。全身症状少见,可以伴有全身不适、乏力和体重减轻等症状,但很少发热。起病隐匿,大部分患者在就诊前6个月已经出现症状。诊断后的中位生存期为2.5~3年。有些患者可以因为急性加重表现呼吸困难加重和肺功能迅速恶化。

25%~50%的患者可见杵状指,90%的患者胸部听诊可闻及吸气末细小的Velcro啰音,从双肺基底部,逐渐扩展到整个肺。在疾病晚期可出现明显发绀、肺动脉高压和右心功能不全征象。

【实验室及相关检查】

(一)影像学改变

IPF患者最常见的胸部影像学异常是双肺外带胸膜下网状或网结节状模糊影,基底部尤为明显,通常伴有蜂窝样变和下叶肺容积减低。5%~10%的IPF患者在首次就诊时的X线胸片表现正常。

IPF在HRCT的特征性表现呈以两肺外带胸膜下和基底部分布为主的斑片性网状或网结节模糊影,常伴有牵拉性支气管扩张和蜂窝肺样改变。无或只有局限性磨玻璃影。罕见胸水或纵隔淋巴结肿大。HRCT诊断UIP的特异性为90%，敏感性为78.5%（图2-10-4和彩图2-10-5）。

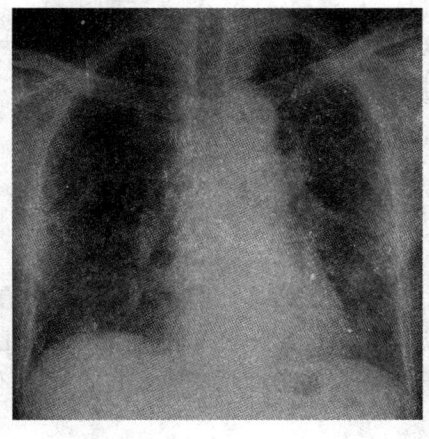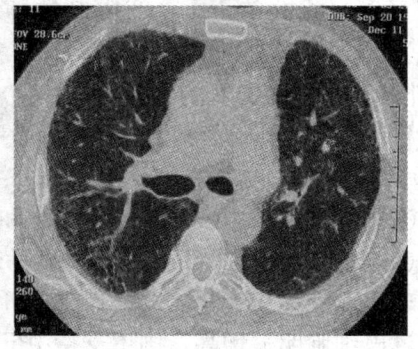

图 2-10-4　特发性肺纤维化的影像改变

A：胸片显示双肺弥漫网状影，胸膜下和基底部尤为明显；B：胸部HRCT显示两肺外带胸膜下分布为主的斑片性网状模糊影，伴有蜂窝状改变

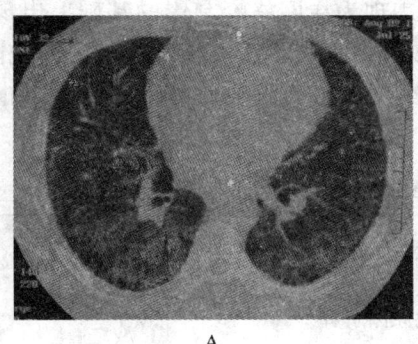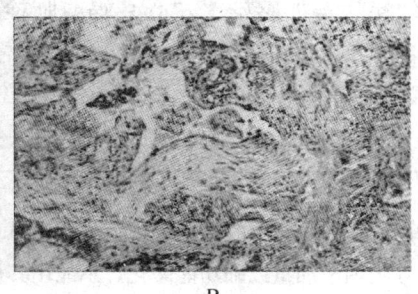

彩图 2-10-5　特发性肺纤维化的HRCT与病理改变

A：胸部HRCT显示两下肺外带胸膜下分布为主的网格蜂窝影，伴多发囊腔形成和牵拉性支气管扩张；B：组织病理学显示肺泡间隔增宽伴炎症细胞浸润和纤维组织增生，密集的纤维瘢痕区伴散在的成纤维细胞灶（HE×200）

（二）肺生理功能改变

大部分患者表现为限制性通气障碍，伴DL_{CO}减低或DL_{CO}/肺泡通气量（V_A）降低，静息状态下低氧血症。IPF早期静息肺功能可以正常或接近正常，但运动肺功能表现$P_{(A-a)}O_2$增加和氧分压降低。吸烟和已戒烟的IPF患者与不吸烟的患者相比，因合并慢性阻塞性肺疾病可能导致肺容量相对增高。

（三）血液化验

血液乳酸脱氢酶（LDH）、ESR、抗核抗体和类风湿因子可以轻度增高，但没有特异性。

（四）BALF/TBLB

BALF检查显示中性粒细胞和/或嗜酸性粒细胞增加，淋巴细胞增加不明显。TBLB因为取材太小，不可能做出UIP的病理诊断。因此BAL或TBLB主要的意义在于除外其他疾病，缩小鉴别诊断范围。

（五）外科肺活检

是IPF的主要确诊手段，对于临床或影像学不典型，诊断不清楚，没有手术禁忌证的患者应该考虑外科肺活检。IPF的组织病理类型是UIP（彩图2-10-5）。

【诊断】

(一) 有外科肺活检时 IPF 的诊断

IPF 的确定诊断标准包括：①外科取材活检证实病理类型是 UIP；②排除其他原因（如环境、药物和结缔组织疾病等）相关的 ILD；③限制性肺通气功能障碍与气体交换障碍；④特征性胸片或 HRCT 改变。

(二) 没有外科肺活检时 IPF 的诊断

如果没有外科肺活检的证据，IPF 的临床诊断须同时满足下面 4 个诊断主要标准和 3 个次要标准。

主要标准：①排除其他原因（如环境、药物和结缔组织疾病等）相关的 ILD；②有限制性肺通气功能障碍和/或气体交换障碍；③HRCT 主要显示以两肺外带胸膜下和基底部分布为主的网格状改变伴蜂窝肺，磨玻璃样改变不显著；④BALF 或 TBLB 检查未显示诊断其他疾病的特征（如 BALF 显示嗜酸性粒细胞或淋巴细胞明显增高，则不支持 IPF）。

次要标准：①年龄>50 岁；②不能解释的活动性呼吸困难；③隐匿起病，病程>3 个月；④两肺基底部吸气时有 Velcro 啰音。

(三) IPF 的急性加重

IPF 的急性加重没有统一的诊断标准，多数研究应用的诊断标准是：近 30 天内的呼吸困难加重；$FiO_2/PaO_2<225$ 或 PaO_2 下降大于 10mHg；影像学表现为在网格蜂窝影的基础上出现新的磨玻璃样异常；可除外其他疾病，如感染、左心衰竭或肺栓塞等。最近，由美国国立卫生研究院资助的"IPF 临床研究的国际合作项目"（IPFnet）的项目组在总结关于 IPF 急性加重的研究成果和经验的基础上，提出了新的诊断标准如表 2-10-4。

表 2-10-4 IPF 急性加重的诊断

诊断标准
● 过去或现在诊断 IPF[*]
● 近 30 天内出现呼吸困难加重或肺功能恶化，不能用其他原因解释
● HRCT 显示在与 UIP 相一致的网格或蜂窝肺的背景下出现了新的磨玻璃样改变[#]
● 气管内分泌物或支气管肺泡灌洗液检查无肺部感染的证据[※]
● 排除其他原因，如左心衰竭、肺栓塞、可证实的其他原因引起的急性肺损伤[§]

注：由于资料不全不符合上述 5 条标准者定义为可疑 IPF 急性加重

[*]：包括既往没有被诊断为 IPF，但是临床、影像和/或组织学变化符合 ATS/ERS 关于 IPF 的诊断标准者

[#]：如果没有过去的 HRCT，可以省略定性词"新"

[※]：病原学检查包括常见细菌，机会性病原体和常见病毒

[§]：急性肺损伤的原因包括感染中毒症、吸入、创伤、再灌注肺水肿、肺挫伤、脂肪栓塞、吸入损伤、心肺旁路、药物毒性、急性胰腺炎、输注血液制品、干细胞移植

【鉴别诊断】

IPF 的鉴别诊断首先通过病史、临床表现和相应检查和其他原因或疾病相关的 ILD 相鉴别。进一步还需要和其他类型的 IIP 进行鉴别（表 2-10-5）。

(一) 非特异性间质性肺炎

非特异性间质性肺炎（nonspecific interstitial pneumonia，NSIP）是肺活检组织学特征不符合 UIP、OP、DAD、DIP 或 LIP 的一种间质性肺炎类型。根据病理表现分为细胞型 NSIP 和纤维化型 NSIP，或两者兼而有之，病变时相均一，弥散。

特发性 NSIP 是 IIP 的常见类型，平均发病年龄 52 岁（26~73 岁），男/女约 1:2，慢性或亚急性起病，主要症状是呼吸困难（96%）和咳嗽（87%），其他如体重减轻 25%，发热 22%，关节痛 14%，关节炎 3%，杵状指 14%。胸部 CT/HRCT 主要表现双下肺分布为主的斑片或片状磨玻璃样

变，常伴网格样变，还可以伴牵拉性支气管扩张或蜂窝状改变，多见于纤维化型。支气管肺泡灌洗液的特点与UIP不同，大约50%的病例淋巴细胞比例增高。对糖皮质激素的反应和预后较好，5年生存率82.3%，10年生存率73.2%。

表 2-10-5 特发性间质性肺炎的临床、影像、病理及预后比较

临床、影像、病理诊断	IPF	NSIP	COP	DIP	RBILD	LIP	AIP
病程	慢性（>12个月）	亚急性/慢性（数月～数年）	亚急性（<3个月）	亚急性/慢性（数周～数月）吸烟者	慢性	慢性（>12个月）	急性（1～2周）
诊断频率	47%～64%	14%～36%	4%～12%	10%～17%		罕见	罕见（<2%）
发病年龄（岁）	65	50～55	55	40～50	40～50	40～50	50
男/女	3∶2	1∶1	1∶1	2∶1	2∶1	1∶5	1∶1
HRCT	外周、胸膜下、基底部明显	外周、胸膜下、基底部，对称	胸膜下、支气管周围	弥漫，外周、基底部明显	弥漫	弥漫，基底部明显	弥漫，两侧
	网格，蜂窝肺，牵拉性支气管/细支气管扩张，肺结构变形，局灶/微小磨玻璃影	磨玻璃影，可为网格，实变（不常见），偶见蜂窝肺，下叶容积缩小，胸膜下正常区域	肺泡腔实变常常多发，伴磨玻璃影；结节	磨玻璃影，伴网格	小叶中心结节，斑片磨玻璃影，支气管和细支气管壁增厚，常伴小叶中心型肺气肿	小叶中心结节，磨玻璃影，间隔和支气管血管增厚，薄壁囊腔	斑片实变，主要影响重力依赖区，斑片磨玻璃影，间或有正常小叶，支气管扩张，肺结构变形
组织学类型	UIP	NSIP	OP	DIP	RBILD	LIP	DAD
组织学特征	时相不一，斑片、胸膜下纤维化成纤维细胞灶	时相一致，轻到中度间质炎症	肺泡腔内机化，呈斑片分布，肺结构保持	肺泡腔巨噬细胞聚集，肺泡间隔炎症，增厚	轻度纤维化，黏膜下淋巴细胞渗出，斑片、细支气管中心分布，肺泡管内色素巨噬细胞聚集	密集的间质淋巴细胞渗出，Ⅱ型肺泡上皮增生，偶见淋巴滤泡	早期：时相一致肺泡间隔增厚，肺泡腔渗出，透明膜 后期：机化，纤维化
治疗	对激素或细胞毒制剂反应差	对激素反应较好	对激素反应好	戒烟/激素效果好	戒烟/激素效果好	对激素反应好	对激素的效果不清楚
预后	差，5年病死率50%～80%	中等，5年病死率<10%	好，很少死亡	好，5年病死率5%	好，5年病死率5%	中等	差，病死率>50%

（二）隐源性机化性肺炎

机化性肺炎是一种与多种病因相关的组织学类型。原因不明的机化性肺炎称为隐源性机化性肺炎（cryptogenic organizing pneumonia，COP）或特发性闭塞性细支气管炎伴机化性肺炎（bronchiolitis obliterans organizing pneumonia，BOOP）。病变呈小叶中心分布的斑片性表现，以肺泡管和肺泡腔内机化性肉芽组织栓子形成伴或不伴细支气管腔内息肉为特征。病变时相一致，背景的肺泡结构相对完整。

平均发病年龄55岁，多数亚急性起病，以呼吸困难或活动后气短伴持续性干咳或咳白痰为主要症状。发病前1～3个月多有类似亚急性呼吸道感染的前驱症状，如咳嗽、发热、寒战、出汗、全身不适、乏力和体重减轻。肺部听诊常表现局限性或较广泛的吸气时爆裂音，极少发现实变征象。杵状指罕见。常见红细胞沉降率、C反应蛋白和外周血中性粒细胞显著增加。胸部CT/HRCT为多发的斑片或片状实变影，实变区见支气管气像或轻度柱状支气管扩张。磨玻璃影见于大约60%的病例，通常与肺实变相伴随。病变可以游走。BALF检查常见淋巴细胞总数和比例增加（淋巴细胞的比值可高达40%），CD4/CD8比值减低。COP对糖皮质激素的治疗反应好，但合适的剂量和疗程尚不清楚。通常应用泼尼松，起始剂量0.75～1mg/（kg·d），依据治疗反应逐渐减量，疗程6～12个月。COP容易复发，但复发COP对激素治疗依然敏感。COP的预后好，中位存活10年以上，病死率为0～12%。

（三）急性间质性肺炎

急性间质性肺炎（AIP），即Hamman-Rich综合征（Hamman-Rich Syndrome），是一种发病原因未明的病情进展迅速的间质性肺炎。通常表现既往健康个体，于几天到几周内出现迅速发展的呼吸衰竭，病理呈弥漫性肺泡损伤（DAD）的急性和/或机化期。它的临床表现、影像学、病理生理及病理改变特点极类似感染中毒症和休克所致的急性呼吸窘迫综合征（ARDS），因此AIP也被认为是一种原因不明的ARDS，即特发性ARDS。对AIP目前尚无确切有效的治疗方法，病死率高达50%以上。

（四）呼吸性细支气管炎相关性间质性肺疾病

呼吸性细支气管炎相关性间质性肺疾病（respiratory bronchiolitis interstitial lung disease，RBILD）是与呼吸性细支气管炎病理学损伤有关的间质性肺疾病的临床诊断，以终末细支气管、呼吸性细支气管和邻近的肺泡腔聚集大量棕黄色色素沉着的巨噬细胞为特征，伴肺泡间隔轻度增宽或细支气管周围轻微纤维化。

RBILD通常发生于40～50岁吸烟者，男/女≈2/1，多仅有轻微咳嗽和呼吸困难，30%有爆裂音，杵状指罕见。胸部X线检查发现支气管肺纹理增重，或伴磨玻璃影。胸部CT/HRCT表现弥漫分布的细支气管中心性结节，磨玻璃影与过度充气的肺泡构成马赛克征。可见中央与外周气道的管壁增厚。肺功能通常显示DLco降低，气流轻度阻塞，肺容量正常。BALF以包含色素沉着的肺泡巨噬细胞为特征。某些患者经过戒烟和/或糖皮质激素治疗后，RBILD的CT表现可以恢复正常。因此，首选戒烟治疗，对症状明显的患者采用糖皮质激素治疗。

（五）脱屑性间质性肺炎

脱屑性间质性肺炎（desquamative interstitial pneumonia，DIP）是以弥漫均一的肺泡腔内大量巨噬细胞聚集为主要病变特点，伴轻或中度肺泡间隔增宽，很少形成成纤维细胞灶和蜂窝肺改变。由于与RBILD的病理学改变相似，绝大多数与吸烟有联系，因此许多人认为这种疾病代表RBILD的终末期。

DIP常于40～50岁的吸烟者中发病，男/女≈2/1，隐匿起病，主要表现呼吸困难或伴咳嗽，60%有爆裂音，40%有杵状指。胸部X线/CT表现主要是两肺基底部，胸膜下分布明显的磨玻璃变或伴网格影，与IPF的区别是磨玻璃样变突出，无蜂窝肺样改变。肺功能主要表现为限制性通气功能障碍，肺弥散功能障碍及低氧血症。BALF同RBILD，以含色素颗粒沉着的肺泡巨噬细胞增加为特征。DIP的预后总体较好，多数患者在戒烟和应用糖皮质激素治疗后病情缓解，10年生存率约为70%。

（六）淋巴细胞性间质性肺炎

淋巴细胞性间质性肺炎（lymphocytic interstitial pneumonia，LIP）定义为致密的间质淋巴浸润，包括淋巴细胞、浆细胞和组织细胞，伴Ⅱ型细胞增生和肺泡巨噬细胞轻度增加。LIP常与一些淋巴增殖性疾病如淋巴瘤，结缔组织疾病和免疫缺陷引起的继发性淋巴增殖有关，真正的特发性LIP发病率很低。特发性LIP的临床表现也很不清楚。多见于女性，可以出现在任何年龄段，但常于50岁时被诊断。起病缓慢，常于3年或更长的时间内出现逐渐加重的呼吸困难和咳嗽，全身症状罕见。特发性LIP极少进展为纤维化，没有杵状指、爆裂音以及IIP的生理学特征或表现轻微。胸片表现肺部浸润影主要分布在基底部和呈弥漫性改变伴蜂窝影。CT主要表现为磨玻璃影，或伴网格状影。BALF检查可见大量淋巴细胞。一旦LIP型的组织学诊断成立，临床医生应重新评价患者，是否具有与LIP相关的潜在疾病。糖皮质激素是使用最为广泛的药物，经过治疗大部分患者症状消失或改善，但对治疗是否会影响疾病的进程或显著影响肺生理学尚不清楚。偶尔可见自然缓解的病例。

【治疗】

1. 对症支持治疗　IPF至今没有有效的治疗方法。康复治疗、心理治疗以及针对低氧血症的氧疗等对于树立患者信心、减轻患者症状，改善生活质量具有非常重要的意义。

2. 糖皮质激素联合细胞毒性制剂　ATS/ERS以及中华医学会呼吸分会推荐方案如下：①糖皮质激素＋硫唑嘌呤或；②糖皮质激素＋环磷酰胺。泼尼松初始剂量为0.5mg/（kg·d），连续4周；第5周开始减量为0.25mg/（kg·d），连续8周；第13周减量为0.125mg/（kg·d），并维持治疗。硫唑嘌呤或环磷酰胺口服剂量为2mg/（kg·d），最大量150mg/d。通常以25～50mg为起始剂量，每1～2周增加25mg，直至每日最大剂量。治疗过程中，每3个月复查一次，如果没有严重并发症或副反应，联合治疗时间不应短于6个月。治疗6～12个月后，如果病情改善或稳定，则继续联合治疗。如果病情加重，应该停药或改用、合用其他药物。治疗满18个月后，是否继续治疗需根据临床反应和病人的耐受性而做决定。

疗效以符合下列2个或2个以上条件者为有效，否则无效：①症状减轻（咳嗽、呼吸困难）；②X线胸片/HRCT显示肺间质病变减轻；③肺功能改善（TLC或VC增加、DLco增加、PaO_2或SaO_2增加）。

然而，迄今为止没有研究证实该治疗方案能改善IPF患者的生存和预后，因此新近发表的英国胸科学会（BTS）指南已经不作推荐，但是认为在采用ATS/ERS建议的泼尼松与硫唑嘌呤联合治疗方案，或更小剂量的泼尼松（≤20mg/d）和/或硫唑嘌呤联合应用的基础上，同时应用N-乙酰半胱氨酸1800mg/d，分3次口服的方案是可行的。

3. 新型抗纤维化制剂　虽然干扰素（interferon）、吡非尼酮（pirfenidone）、内皮素受体抑制剂如波生坦（bosentan），TNF-α抑制剂或受体拮抗剂如依那西普（etanercept）等新型药物具有潜在的治疗作用，但还没有足够的临床试验证据证明这些药物可以改善IPF患者的生存与预后。鉴于IPF的治疗困难及新药的可能治疗作用，因此BTS指南建议如果可能，应推荐确诊的IPF患者参与高质量的临床治疗试验。

4. 肺移植　目前IPF肺移植的5年存活率超过50%，终末期IPF的惟一有效治疗方法是肺移植。因此，如果可能应该积极推荐确诊的IPF患者考虑肺移植。IPF患者的肺移植指征：组织病理学或放射影像学符合UIP的改变，具有下列任一表现者，DLco＜39%预计值；随访6个月内FVC下降幅度大于10%或DLco下降大于15%；6分钟步行试验SpO_2小于88%；HRCT的纤维化评分大于2。当组织学证实有NSIP改变时，符合下列任一条件者，DLco＜35%预计值；6个月内FVC下降幅度大于10%或更大，DLco下降15%。

第三节　结　节　病

结节病（sarcoidosis）是一种原因不明的多系统肉芽肿性疾病，主要侵犯肺和淋巴系统，其次是眼部和皮肤。

【流行病学】

结节病常见于中欧、美国和日本，少见于中美洲和南美洲、日本以外的亚洲国家及非洲。患病率从不足 1/100 000 到高于 50/100 000 都有报道，以斯堪的那维亚国家和美籍非洲人群的患病率最高。我国对结节病的认识相对较晚，自 1958 年报道首例以来，1982 年中华结核和呼吸系统疾病杂志编委会综合报道 129 例，近 10 年来随着我国对结节病的认识水平提高，结节病已经不再像过去那样少见。

结节病多发于中青年（<40岁），发病高峰年龄在 20~29 岁间，女性发病稍高于男性。斯堪的那维亚国家，德国和日本女性有第二个高峰，发病年龄大于 50 岁。结节病在美籍非洲人表现常常严重，而在白人常常无症状。结节性红斑通常是急性结节病和预后良好的表现，见于 18% 的芬兰和 30% 的英国结节病患者，很少见于美籍非洲人和日本人。相反，冻疮样狼疮是结节病的慢性表现，美籍非洲人较白人似乎有更高的出现率。ACCESS（a case-control etiologic study of sarcoidosis）研究发现肺外淋巴结肿大，肝、眼、皮肤（结节性红斑除外）、骨髓受累多见于美籍非洲人。异常钙代谢多见于白人，年龄大于 50 岁。结节性红斑更多见于妇女，无明显种族差异。胸外淋巴结肿大多见于小于 40 岁患者。

【病因与发病机制】

1. 遗传因素

(1) 家族遗传：结节病具有一定的家族聚集性。ACCESS 是迄今为止病例数最多的一项探讨结节病病因的病例对照研究，来自美国的种族、性别、年龄±5 岁和地区匹配的 706 对结节病和对照病例有 10 862 例一级亲属和 17 047 例二级亲属。结果显示家族中结节病在兄弟姐妹发病的相对危险度最高（$OR=5.8$, $95\%CI=2.1~15.9$），高于父母亲（$OR=3.8$, $95\%CI=1.2~11.3$）。结节病患者的一级亲属（兄妹或父母）中结节病的病例数比对照组高 5 倍。结节病患者的一级亲属和二级亲属的患病危险度增加提示遗传因素在结节病发病中的重要作用。

(2) 易感基因：人类白细胞相关抗原（HLA）表型与结节病的关系研究揭示遗传易感性可以解释不同人种和种族在临床表现和严重程度的异质性。在捷克和意大利，结节病的急性发病（包括 Löfgran 综合征）和预后良好与 *HLA-A1/B8/Cw7/DR3* 等位基因有关。在斯堪的那维亚，良好的预后以及较短的病程与 *HLA-DR17* 有关；相反，病程拖延与 *DR14* 和 *DR15* 有关。慢性结节病在日本人中与 *B13* 有关，在非洲裔美国人与 *BW15* 有关。结节病与第 6 染色体、*HLA* 区域和 *CCR5* 化学趋化因子受体基因多态性有关，与 *ACE* 基因多态性关系不明确，而与 TNF-α、TGF-β 或 IL-10 基因表达形式无关。最近的研究发现维生素 D 受体基因多态性及 B 等位基因是结节病发病的遗传危险因素。

总之，结节病的临床表型以及患病的种族差异提示有遗传因素的作用，家族和病例对照研究证实了结节病的遗传易感性。系列结节病的遗传易感基因研究证实与结节病表型关系最为密切的基因位于 6 号染色体的 MHC 区域。其他候选基因如细胞因子、化学趋化因子受体等均不具备可重复性，功能的有效性未能得到证实。因此，需要进一步开展结节病（包括家族结节病）的队列研究、精确定义结节病的临床表型以及发展新的技术以描绘出结节病的临床表型和遗传易感性的关系图谱。

2. 环境因素　一些病原体如 EB 病毒、伯氏疏螺旋体（Borrelia burgdorferi）、痤疮丙酸杆菌（Propionibacterium acne）、结核和其他分枝杆菌等作为结节病的可能病因没有被证实。至今为止没有感染性病因或其他因素被一直证明与结节病发病的关系。

3. 免疫机制　结节病以受累脏器，尤其是肺的非干酪样坏死性肉芽肿为病理特点，病变组织聚集大量激活的 Th1 型 $CD4^+$ T 细胞和巨噬细胞是其特征性免疫异常表现，这些细胞及其产生的细胞因子和其他介质共同促进肉芽肿形成。导致结节病肉芽肿形成的始动因素尚不明确。激活的肺泡巨噬细胞识别、加工、呈递结节病相关的抗原到 Th1 细胞，同时也释放白介素-12（IL-12）和 IL-18，IL-12 和 IL-18 诱导 Th1 型免疫反应并刺激肺 T 细胞激活，后者表达 IL-2 受体和 HLA-DR，并产生干扰素-γ（IFN-γ）和 IL-2，促进单核细胞/巨噬细胞进一步聚集在疾病活动部位。IFN-γ 激活巨噬细胞，促进巨噬细胞转化成巨细胞。肺泡巨噬细胞增加前炎性细胞因子 IL-1、IL-6 和 TNF-α 及化学趋化因子如 RANTES（regulated on activation, normal T cell expressed and secreted）的释放，促进肉芽肿形成和维持。

激活的巨噬细胞能够分泌各种纤维源性因子如转化生长因子（TGF-β）、血小板派生的生长因子（PDGF）、胰岛素样生长因子-1（IGF-1），促进成纤维细胞的增生、胶原的合成以及纤维化的形成。目前尚无研究能说明为什么仅有少数结节病患者肺部病变持续，并导致纤维化。从 Th1 型向 Th2 型的转换可能是疾病持续进展的重要因素。从 Th1 转换到 Th2 免疫反应，Th2 细胞释放 IL-4 刺激细胞外基质蛋白和化学趋化因子产生，促进成纤维细胞形成和肺纤维化。

虽然结节病的确切病因和发病机制尚不清楚，有待进一步研究，但是目前认为结节病是由于遗传易感者受特定的环境暴露刺激，导致受累脏器局部产生 Th1 型免疫反应所致。

【病理】

结节病的特征性病理改变是非干酪样上皮样细胞性肉芽肿，主要由高分化的单核吞噬细胞（上皮样细胞和巨细胞）和淋巴细胞组成。巨细胞可以有包涵体如舒曼小体（Schauman bodies）和星状小体（asteroid bodies）。肉芽肿的中心主要是 $CD4^+$ 淋巴细胞，而外周主要是 $CD8^+$ 淋巴细胞。结节病性肉芽肿结局或消散，或发展成纤维化，纤维化通常始于外周，向中心进展，导致完全纤维化和/或透明样变。结节病肉芽肿经常累及淋巴结（尤其胸内淋巴结）、肺、肝、脾和皮肤。在肺75%的肉芽肿沿淋巴管分布，接近或位于支气管血管鞘、胸膜下或小叶间隔，开胸肺活检或尸检发现半数以上累及血管。终末期结节病导致肺实质纤维化和蜂窝肺。

【临床表现】

结节病的临床过程表现多样，与起病的急缓和器官受累的不同以及肉芽肿的活动性有关，还与种族和地区有关。

(一) 急性结节病（Löfgren's syndrome）

表现为双肺门淋巴结肿大、关节炎和结节性红斑，常伴有发热、肌肉痛、不适。85%的患者于一年内自然缓解。

(二) 亚急性/慢性结节病

约50%的结节病无症状，体检或胸片偶尔发现。

1. 系统症状 约1/3患者可以有非特异性表现，如发热、体重减轻、无力、不适和盗汗。

2. 胸内结节病 90%以上的结节病可累及肺，其临床表现比较隐匿。30%～50%会出现咳嗽、胸痛或呼吸困难，罕见咯血。20%会出现气道高反应性或伴喘鸣音，不足20%有爆裂音，杵状指罕见。罕见胸水、胸膜增厚或钙化以及乳糜胸或气胸。

3. 胸外结节病

(1) 淋巴结：在30%～40%的患者能触及淋巴结肿大。最常受累的是颈、腋窝、肱骨内上髁、腹股沟淋巴结。肿大的淋巴结分散，可活动，无触痛，不形成溃疡和窦道。

(2) 皮肤：25%的结节病累及皮肤，表现为皮肤结节性红斑（多位于下肢伸侧，6～8周内消散）、冻疮样狼疮（lupus pernio）和皮下结节等（彩图2-10-6a）。

(3) 眼：11%～83%累及眼部，以葡萄膜炎最常见，急性前葡萄膜炎可自然缓解或糖皮质激素局部治疗缓解，慢性葡萄膜炎致青光眼、白内障和视力消失。其他眼部病变包括结膜滤泡、泪腺增大、角结膜干燥、泪囊炎和视网膜血管炎。

(4) 心脏：尸检发现30%累及心脏，但临床只发现5%，主要表现为心律失常、心脏衰竭或猝死。

(5) 肝：活检发现50%～80%累及肝，但临床只发现20%有肝大，30%有血清碱性磷酸酶和转氨酶增高。

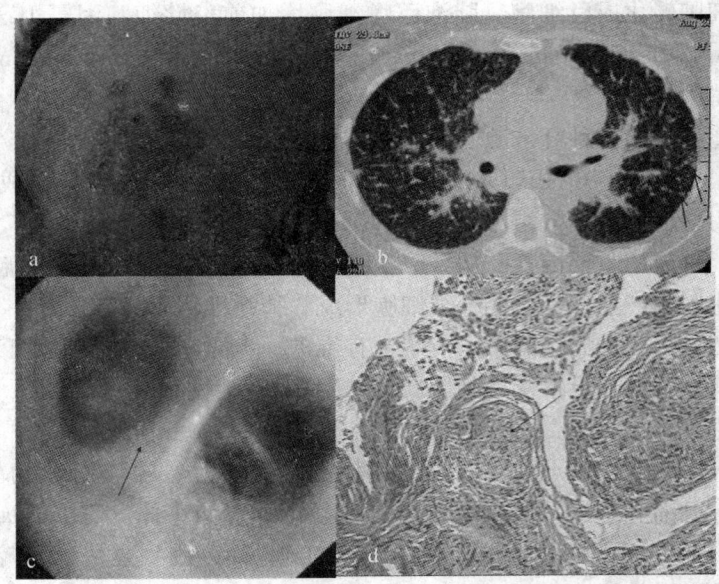

彩图 2-10-6 女性患者，36 岁，皮肤结节 16 个月，咳嗽、活动后气短 8 个月，诊断结节病
a：上肢伸侧皮肤结节；b：胸部 HRCT 显示许多微小结节沿淋巴管走行，位于支气管血管旁间质，小叶间隔和胸膜下。纵隔和肺门淋巴结肿大；c：纤维支气管镜检查显示支气管黏膜结节；d：TBLB 显示类上皮细胞组成的肉芽肿，无干酪样坏死，HE×100

（6）肌肉骨骼系统：25%～39%有关节疼痛，但关节畸形少见。关节受累可以是急性一过性，也可以为慢性持续性，肌肉受累并出现症状的较少。慢性肌病多发生于妇女，并可能是唯一表现。必要的滑液或肌肉活检可以发现非干酪性肉芽肿。骨囊肿只在有慢性皮肤病变时才出现。

（7）神经系统：临床上可识别有神经系统受累不足 10%，以脑基底部最常见。常见面神经麻痹、下丘脑和垂体病变。

（8）内分泌：2%～10%有高钙血症，高尿钙的发生率大约是其 3 倍。高钙血症与激活的巨噬细胞和肉芽肿使 $1,25-(OH)_2D_3$ 的产生调节障碍有关。持续的高血钙和高尿钙可以引起肾钙化、肾衰竭。

（9）其他系统：腮腺、胃肠道、血液、肾以及生殖系统等也可受累。

【辅助检查】

（一）影像学检查

1. 胸部 X 线检查 90%以上的患者表现 X 线胸片异常，胸片是提示诊断的敏感工具，双侧肺门淋巴结肿大（BHL）（具有或不具有右侧气管旁淋巴结肿大）是最常见的征象（图 2-10-7）。临床上通常根据后前位 X 线胸片对结节病进行分期（表 2-10-6），目前对这种分期尚存在争议。

表 2-10-6 结节病的胸部 X 线分期

分期	表现
0	无异常 X 线所见
Ⅰ	双侧肺门淋巴结肿大，无肺部浸润影
Ⅱ	双侧肺门淋巴结肿大，伴肺部网状、结节状或片状浸润影
Ⅲ	肺部网状、结节状或片状浸润影，无双侧肺门淋巴结肿大
Ⅳ	肺纤维化，蜂窝肺，肺大泡，肺气肿

2. 胸部 CT/HRCT　HRCT 的典型表现为沿着支气管血管束分布的微小结节和融合成球的肺泡渗出。其他异常表现有磨玻璃样变、索条带状影、蜂窝肺、牵拉性支气管扩张以及血管或支气管的扭曲或变形。病变多侵犯上叶，肺底部相对正常。可见气管前、气管旁、主动脉旁和隆突下区的淋巴结肿大（彩图 2-10-6b）。

3. ^{67}Ga 核素扫描　肉芽肿活性巨噬细胞摄取 ^{67}Ga 明显增加，肉芽肿性病变可被 ^{67}Ga 显示，除显示 Panda 和 Lamba 图像具有诊断意义外，通常无诊断特异性，但可以帮助判断结节病的活动性。

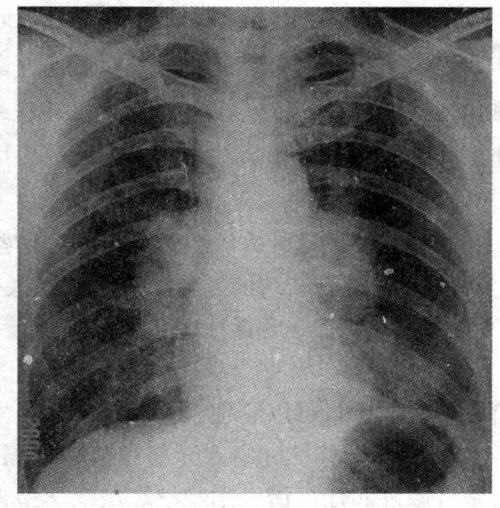

图 2-10-7　36 岁患者，体检胸片发现双侧肺门淋巴结肿大，诊断结节病 I 期

（二）肺功能试验

80% 以上的 I 期结节病患者的肺功能正常。II 期或 III 期结节病的肺功能异常者占 40%～70%，特征性变化是限制性通气功能障碍和弥散量降低及氧合障碍。约 1/3 以上的病人同时有气道阻塞。

（三）纤维支气管镜与支气管肺泡灌洗

支气管镜下可以见到因隆突下淋巴结肿大所致的气管隆突增宽，气管和支气管黏膜受累所致的黏膜结节（彩图 2-10-6c）。BALF 检查主要显示淋巴细胞增加，CD4$^+$/CD8$^+$ 的比值增加（>3.5）。结节病可以通过纤维支气管镜黏膜活检，经支气管肺活检（transbronchial lung biopsies，TBLB），经支气管淋巴结针吸活检（transbronchial needle aspiration biopsies，TBNA）得到诊断，这些检查的诊断产生率较高，风险很低，成为目前肺结节病的重要确诊手段，尤其是 TBLB（彩图 2-10-6d）。一般不需要纵隔镜或外科肺活检，除非经支气管镜活检或 BAL 也无法诊断。

（四）其他实验室检查

1. 常规实验室检查　约 1/3 患者有轻度贫血和全血细胞减少。2%～10% 患者有高钙血症，30% 患者有高尿钙症。另外，血清 γ-球蛋白、C 反应蛋白、红细胞沉降率和碱性磷酸酶也可以增加，但是无诊断特异性。

2. 血管紧张素转化酶（ACE）　40%～90% 的活动性结节病患者有血清 ACE 增高，但由其他疾病造成的假阳性将近 20%。

3. 可溶性白介素-2 受体（soluble interleukin-2 receptor，sIL-2R）　sIL-2R 反映 T 细胞的活动，结节病有肺外脏器受累时伴随着血清 sIL-2R 增高，提示血清 sIL-2R 可能是监测结节病活动和病情严重程度的指标。

4. 结核菌素试验　对 PPD5TU 的结核菌素皮肤试验无反应是结节病的特点，可以用来鉴别结核和结节病。

【诊断】

1. 有组织学证据的诊断标准　①相应的临床或胸部 X 线/胸部 CT 征象；②组织学检查显示非干酪样肉芽肿；③细菌和真菌检查阴性，除外了其他肉芽肿性疾病。

2. 如果无组织学证据，依据下列标准之一，足以建立结节病的临床诊断。

（1）有相应的临床或胸部 X 线/胸部 CT 征象，而且 BAL 检查显示 CD4$^+$/CD8$^+$>3.5，结节病的诊断多能成立。

（2）具有双肺门淋巴结肿大、关节炎和结节性红斑三联征表现，伴有发热、不适和肌肉痛，则可以诊断为 Löfgren 综合征，即急性结节病。

（3）^{67}Ga 扫描显示 Panda 征象（两侧肺门淋巴结和右侧气管旁淋巴结 ^{67}Ga 聚集显像）和 Lambda 征象（腮腺和泪腺 ^{67}Ga 聚集显像），可以诊断为结节病，但敏感性只有 13%～48%。

诊断结节病不仅要做到组织/细胞学证实,还要评估脏器累及范围与功能损害程度,判断疾病活性,以决定治疗与否。评价结节病活动性最好的方法是观察活动的情况,包括发作的方式,症状是否恶化或持续存在,皮肤损害的变化,并应结合胸片和肺功能的改变。血清 ACE 水平、^{67}Ga 扫描、胸部 HRCT 以及 BAL 中 CD_4^+/CD_8^+ 比值也可以用来反映疾病活动的情况。

【鉴别诊断】

有肺门淋巴结肿大者应该与下列疾病鉴别:

1. 肺门淋巴结结核 肺门淋巴结肿大一般为单侧性,有时可钙化,可见肺部原发灶。患者多在 20 岁以下,常有低度毒性症状,PPD 试验多为阳性。

2. 淋巴瘤 常见全身症状如发热、消瘦、贫血等,胸内淋巴结肿大多为单侧或双侧不对称肿大。借助组织学检查可以鉴别。

3. 肺门转移性肿瘤 肺部和肺外肿瘤转移至肺门或纵隔淋巴结多形成单侧或双侧不对称肿大,通常有原发病灶。借助细胞学和组织学检查可以鉴别。

4. 其他肉芽肿性疾病或弥漫性肺实质疾病 如外源性过敏性肺泡炎、铍肺、感染性(结核杆菌和真菌)、化学性因素所致肉芽肿应与结节病进行鉴别,通过临床病史及相关检查可以进行鉴别。晚期形成肺纤维化者还需要与特发性肺纤维化等进行鉴别。

【治疗】

(一)治疗原则

结节病的自然缓解率在 I 期是 55%~90%,II 期为 40%~70%,III 期为 10%~20%。因此,无症状和肺功能正常的 I 期、II 期和 III 期结节病患者,一般不需要特殊的治疗,但需要跟踪观察。

(二)治疗药物

1. 糖皮质激素 结节病采用全身糖皮质激素治疗的适应证包括生命或视力受到威胁的脏器受累,如心脏、中枢神经系统或眼部受累,持续性高钙血症,持续性肾功能不全,严重的肝功能障碍伴门脉高压或黄疸、脾大或脾功能亢进,严重的乏力和消瘦,皮肤损害或慢性肌病。肺结节病如果出现肺部症状,肺功能障碍严重或逐渐恶化,影像学表现加重时,则需要糖皮质激素治疗。通常采用泼尼松,初始剂量 0.5mg/(kg·d),连续 4 周,然后根据治疗反应每 4 周减量 5~10mg,逐渐减量为每天 5~10mg 后维持治疗,疗程 6~24 个月。停药后的复发率为 16%~74%。对于有复发倾向的患者,应该适当增加激素的剂量。吸入激素可以缓解支气管的症状,但对于肺结节病的治疗价值有限。

2. 替代治疗 其他免疫抑制剂或抗炎治疗对于结节病仅有有限的治疗作用,而且副作用比较大,因此只是限于激素治疗无效或有严重副作用的患者。硫唑嘌呤口服剂量为每天 100~150mg 或甲氨蝶呤口服剂量为每周 10~20mg,目前多选择后者。已酮可可碱、英夫利昔单抗(infliximab)等药物治疗的有效性与安全性值得进一步研究证实,目前不推荐常规应用。

3. 肺移植 肺移植是终末期肺结节病可以考虑的唯一有效的治疗方法。移植指征是活动耐力下降(NYHA 功能 III 或 IV 级),符合下列任一条:①静息状态下低氧血症;②肺动脉高压;③右房压增高,大于 15mmHg。

(三)跟踪观察

结节病 I 期随访的原则是每 6 个月复查 1 次,其他期每 3~6 个月复查 1 次,治疗停止后随访至少 3 年,尤其是对糖皮质激素治疗缓解的病人要加强随访复查。如果 X 线正常化达 3 年,才可以停止继续随访。严重的肺外病变需要长期随访。

【预后】

结节病的病程和预后变化很大,自发缓解率为 70%,慢性病程者仅占 10%~30%,病死率为 1%~5%,其中 75% 的死亡与进展期肺结节病有关,但是目前还没能确定重症慢性进展性结节病的预后判断指标。

第四节 外源性过敏性肺泡炎

外源性过敏性肺泡炎（extrinsic allergic alveolitis，EAA），也称过敏性肺炎（hypersensitivity pneumonitis），是指易感个体反复吸入有机粉尘抗原后诱发的一种主要通过细胞免疫和体液免疫反应介导的肺部炎症反应性疾病，以淋巴细胞渗出为主的慢性间质性肺炎，细胞性细支气管炎（气道中心炎症）和散在分布的非干酪样坏死性小肉芽肿为特征性病理改变。许多职业暴露可以引起 EAA，根据不同的职业接触和病因又有很多具体的疾病命名。农民肺是 EAA 的典型形式，是由吸入霉干草中的嗜热放线菌或热吸水链霉菌孢子所致。吸入含嗜热放线菌的蘑菇肥料引起蘑菇工人肺，吸入发霉甘蔗粉尘中的嗜热放线菌引起蔗尘肺，吸入含动物蛋白的羽毛和排泄物尘埃引起饲鸟者肺（如鸽子肺、鹦鹉肺），生活在有嗜热放线菌污染的空调或湿化器的环境引起空调器肺等。各种病因所致 EAA 的临床表现相同，可以是急性、亚急性或慢性。

【临床表现】

急性形式是最常见和具有特征的表现形式，一般在明确的职业粉尘或环境抗原接触后 4~8 小时出现畏寒、发热、全身不适伴胸闷、呼吸困难和咳嗽。两肺底部可闻及细湿啰音或细小爆裂音，偶闻哨鸣音。病情轻重与吸入抗原的量与暴露时间有关。如果脱离抗原接触，病情可于 24~48 小时内恢复。如果持续暴露，则接触和症状发作的关系可能不明显，反复急性发作导致几周或几个月内逐渐出现持续进行性发展的呼吸困难，伴体重减轻，表现为亚急性形式。

慢性形式是长期暴露于抗原导致急性或亚急性疾病反复发作后的结果。主要表现为进行性发展的呼吸困难伴咳嗽和咳痰及体重减轻。肺底部可以闻及吸气末细小爆裂音，少数有杵状指。晚期有发绀、肺动脉高压及右心功能不全征象。

【辅助检查】

1. X 线胸片 急性/亚急性形式主要表现以双侧中下肺野分布为主的斑片状或弥漫性磨玻璃样变，或伴网状或网结节影。也有很多病人的胸片无异常，或仅表现双肺纹理模糊。影像学的变化与症状的关系不明显。慢性形式主要表现以上、中肺野分布为主的结节、粗线条或网状影，疾病晚期还有肺容积减小、纵隔移位以及肺大疱形成。

2. 胸部 CT/HRCT 急性/亚急性形式主要显示弥漫性分布的边界不清的小结节影，呈小叶中心性和细支气管中心性分布。斑片性磨玻璃样变和肺泡过度充气交错形成马赛克（mosaic）征象。慢性形式主要表现小叶间隔和小叶内间质不规则增厚，蜂窝肺伴牵拉性支气管或细支气管扩张和肺大疱。间或混有斑片性磨玻璃样变。这种改变类似于 IPF，不同的是 EAA 的纤维化一般不影响肋膈角（彩图 2-10-8，彩图 2-10-9）。

3. 血液化验 外周血白细胞有一过性和轻度增高，血清 IgE 正常。血清特异性沉淀抗体（IgG）阳性也可见于无症状的抗原接触者，因此这种特异性抗体的存在只说明有过敏原接触史，并无诊断特异性。

4. 肺功能试验 疾病早期可能仅表现弥散功能障碍，$P_{(A-a)}DO_2$ 增加和运动时低氧血症，随着疾病进展出现限制性通气功能障碍。少数病人还有小气道阻塞和气道高反应性。

5. 支气管肺泡灌洗 BALF 中淋巴细胞明显增加，尤其是 $CD8^+$ T 细胞增加明显，导致 $CD4^+/CD8^+<1$ 或正常。在抗原吸入后的急性反应期，BALF 的中性粒细胞的比例可以呈中度增加，表现为一过性的中性粒细胞性肺泡炎。有时也可见肥大细胞增加。

【诊断与鉴别诊断】

根据明确的抗原接触史，典型的症状发作特点，胸部影像学和肺功能的特征性改变，BALF 检查显示明显增加的淋巴细胞和 $CD4^+/CD8^+<1$，可以做出明确的诊断。TBLB 取得的病理资料能进一步支持诊断，通常不需要开胸肺活检。表 2-10-8 列出了建立外源性过敏性肺泡炎的诊断标准，如果满足 4 个主要标准和 2 个次要标准或除外结节病、IPF 等，EAA 诊断可以确定。

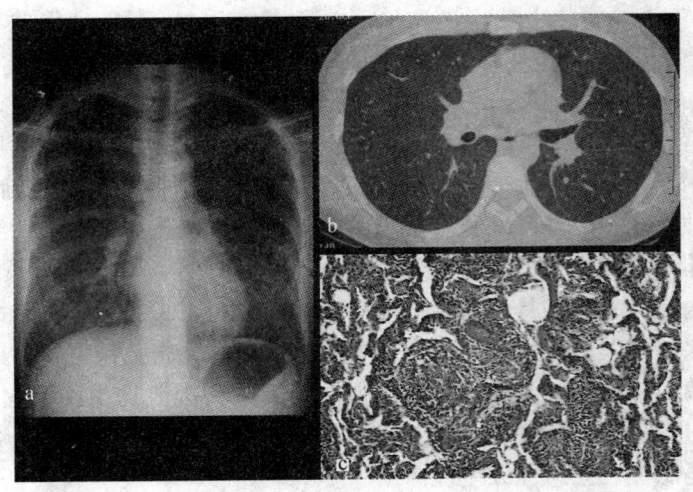

彩图2-10-8 女性患者,31岁,活动后呼吸困难1个月,家里养鸽子20只,诊断亚急性外源性过敏性肺泡炎

a:胸片显示双肺弥漫性分布的边界不清的结节影,中下叶肺病变更明显;b:胸部HRCT显示弥漫性分布的边界不清的模糊小结节影沿小叶中心和细支气管周围分布;c:TBLB显示肉芽肿和淋巴细胞性细支气管炎,HE×200

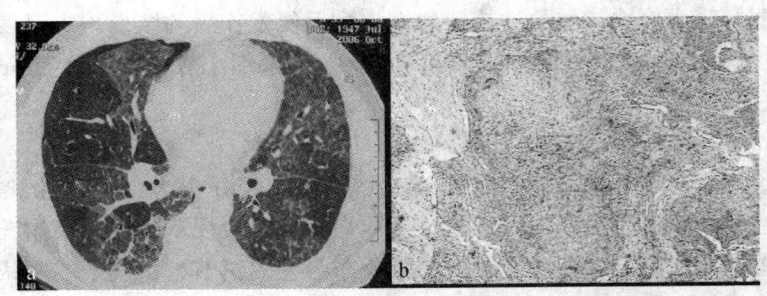

彩图2-10-9 男性患者,61岁,嗜养鸽子100只,共10年。出现活动后气短进行性加重3年,伴少许咳嗽。诊断慢性外源性过敏性肺泡炎

a:弥散分布的斑片磨玻璃样变伴小叶间隔增厚,气体陷闭征及小叶中心分布的小结节影;b:胸腔镜肺活检组织病理显示肉芽肿、细支气管炎和UIP样改变

表2-10-8 建立外源性过敏性肺泡炎的诊断标准

主要诊断标准	次要诊断标准
EAA相应的症状(发热、咳嗽、呼吸困难)	两肺底吸气末爆裂音
特异性抗原暴露(病史或血清沉淀抗体)	DLco降低
EAA相应的胸片或HRCT改变(细支气管中心结节,斑片磨玻璃影间或伴实变,气体陷闭形成的马赛克征象等)	低氧血症
BALF淋巴细胞增加,通常>40%(如果进行了BAL)	
相应的组织病理学变化(淋巴细胞渗出为主的间质性肺炎,细支气管炎,肉芽肿)(如果进行了活检)	
自然暴露刺激阳性反应(暴露于可疑环境后产生相应症状和实验室检查异常)或脱离抗原接触后病情改善	

急性 EAA 需要与感染性肺炎（病毒、支原体等）鉴别，另外也需要与职业性哮喘鉴别。慢性 EAA 需要各种其他原因所致的间质性肺炎、结节病和肺结核进行鉴别。

【治疗】

根本的治疗措施是脱离或避免抗原接触，改善作业卫生、室内通风和空气污染状况，降低职业或环境有机粉尘的吸入。单纯的轻微呼吸道症状在避免抗原接触后可以自发缓解，不必特殊治疗。但对于急性重症和慢性进展的患者则需要使用糖皮质激素，其近期疗效是肯定的，但是其远期疗效还没有能确定。急性重症伴有明显的肺部渗出和低氧血症，经验性使用泼尼松 0.5mg/（kg·d），1～2 周或直到影像学和肺功能明显改善后减量，疗程 4～6 周。亚急性减量至 10～15mg 后，维持治疗，疗程 3～6 个月。慢性，维持治疗时间可能需要更长。

第五节　其他间质性肺疾病

一、结缔组织疾病相关性间质性肺疾病

间质性肺疾病可以并发于任一种结缔组织疾病（connective tissue disease，CTD），但是最常见于类风湿关节炎（rheumatoid arthritis，RA）和系统性硬皮病（systemic sclerosis，SSC）。它们的临床表现、生理学、影像学和组织病理学特征类似于 IPF，但是与结缔组织疾病相关的肺纤维化病程相对缓慢。结缔组织疾病相关性间质性肺疾病（CTD-ILD）的活动状态或病程与 CTD 病的肺外或全身表现没有关系。即使无关节或全身症状，肺部病变也可能进展。

TBLB 和 BALF 检查虽然没有特异性，但是有助于证实 CTD-ILD 的诊断且除外其他疾病。因为对于诊断明确的 CTD 患者，如果有肺纤维化的典型临床表现和 HRCT 特征，相应的 BALF 和 TBLB 结果可以做出 CTD-ILD 的诊断，所以很少需要开胸肺活检。

CTD-ILD 患者伴严重的肺功能损害或临床症状加重，起始应用泼尼松 0.5～1mg/（kg·d），逐步减量至 5～10mg/d，维持治疗。经常需要联合应用环磷酰胺或硫唑嘌呤或其他免疫抑制剂，以预防疾病进展。

二、药物诱发的间质性肺疾病

药物诱发的肺损害包括：①慢性间质性肺炎；②过敏反应；③肺嗜酸性粒细胞渗出；④药物诱发的狼疮综合征；⑤弥漫性肺泡出血等。

引起 ILD 最常见的药物包括博来霉素、环磷酰胺和胺碘酮，其中一些制剂（如博来霉素和胺碘酮）还表现出剂量依赖关系。发病机制包括药物的直接毒性作用以及炎症与修复反应所致的间接损害。诊断依赖于：①药物使用与肺损害发生有严格的时相关系，除外其他可能引起肺脏损害的因素；②停药后肺损害减轻，再次用药后肺损害加重；③可能引起肺损害的药物是唯一使用的药物；④药物性肺损害的特征包括临床、影像和/或组织病理表现是以往这个药物曾经出现并报道过的。根据 Irey 的这一标准，药物与肺损害之间的关系可以分为肯定，很可能和可能三级。只有少数病例能够完全符合上述药物性肺损害的诊断标准，大多数只能是很可能和可能的病例。

如果及时停药，多数药物性肺损害是可逆的，或病变不再进展；如果肺部损害严重，可以根据其可能的组织病理学改变加用糖皮质激素；可疑的药物一般不提倡试验性再次给药，以免造成肺的进一步损害。

三、嗜酸粒细胞性肺炎

嗜酸粒细胞性肺炎通常以肺部嗜酸粒细胞浸润伴有或不伴有外周血嗜酸粒细胞增多为特征，是几种具有不同病因和病理学特点的疾病的共同表现。它既可以是已知原因（如某些真菌过敏、药物反应

表 2-10-9　嗜酸粒细胞性肺炎的分类

已知原因
　　变应性支气管肺曲菌病
　　寄生虫感染
　　药物反应
　　其他
不明原因
　　慢性嗜酸粒细胞性肺炎
　　Churg-Strass 综合征或变应性肉芽肿性血管炎
　　急性嗜酸粒细胞性肺炎

和寄生虫感染）引起的疾病，又可以是原因不明的疾病。按临床过程区分为急性嗜酸粒细胞性肺炎和慢性嗜酸粒细胞性肺炎，后者多局限于肺，但是和肉芽肿性血管炎相关的慢性嗜酸粒细胞性肺炎如 Churg-Strass 综合征常常累及多个组织器官。虽然关于嗜酸粒细胞性肺炎尚没有统一的分类，但是目前倾向于按病因分类，这样有利于因病施治（表 2-10-9）。

（一）吕弗勒综合征

吕弗勒综合征（Löffler's syndrome）又称单纯性肺嗜酸粒细胞增多症。其病因及发病机制尚不完全清楚，目前认为主要与寄生虫感染和药物过敏有关。表现为轻微的呼吸道和全身症状，外周血嗜酸粒细胞增多，胸部 X 线呈游走性浸润影。本病具有自限性，一般在 1 个月内可自愈。治疗上主要是去除病因，如驱虫，停用可疑过敏药物，对于症状明显或反复发作者可考虑应用糖皮质激素。

（二）热带型肺嗜酸粒细胞增多症

热带型肺嗜酸粒细胞增多症（tropical pulmonary eosinophilia）是丝虫感染后，微丝蚴寄宿在肺血管部位时刺激局部发生的过敏反应。因此，本病主要发生于丝虫病流行地区（如印度、斯里兰卡、东南亚、我国的江南地带等）。临床以持续的哮喘和咳嗽为主要症状，并于夜间加重。其他症状包括胸痛、咯血及全身症状如发热、无力和体重减轻。体征包括喘鸣音和/或爆裂音及一些肺外表现（如肝脾大、淋巴结肿大、胃肠道症状、肌肉疼痛、皮肤病变等）。外周血嗜酸粒细胞明显增多（大于 2×10^9/L），血清 IgE 增高和抗丝虫抗体的滴度增高。X 线胸片显示以双侧中下肺野分布为主的斑点状和网格结节样渗出影，边界不清，相互融合。肺功能主要表现为限制性通气功能障碍，气道阻塞不明显。治疗首选抗丝虫药乙胺嗪（海群生），按 6~8mg/（kg·d），分 3 次口服，治疗 10~14 天，症状通常于治疗 2 周内迅速消失。复发患者对再次治疗仍然敏感，但是疾病长期不愈可能导致不可逆的肺纤维化和病程迁延。

（三）变应性支气管肺曲菌病

变应性支气管肺曲菌病（allergic bronchopulmonary aspergillosis，ABPA）是嗜酸粒细胞性肺炎中比较常见的一种，主要是烟曲菌（也包括其他曲菌和念珠菌）刺激易感个体后，通过产生 I 和 III 型免疫反应而导致发病。病理改变特点为肺组织中有明显的嗜酸粒细胞渗出，支气管黏液样痰栓及支气管中心性肉芽肿形成导致支气管阻塞或支气管壁的进行性损害，从而出现近端支气管扩张。

ABPA 多发于中年女性，呈反复发作的哮喘伴咳嗽，咳出特征性的稠硬痰块或痰栓后症状缓解。胸片和胸部 CT 主要表现双侧肺部多发斑片或片状渗出影，呈游走性改变；支气管痰栓阻塞导致近端支气管扩张，阻塞远端出现肺不张和阻塞性肺炎，而形成"V"或"Y"型或葡萄状阴影。外周血嗜酸性粒细胞通常呈现中等度增高，达 20%~30% 或 (0.5~2)×10^9/L，也可更高。痰中嗜酸粒细胞增高和曲菌或念珠菌阳性，血清 IgE 明显增高（>2 000ng/ml），伴 IgG 增高。90% 病例的血清曲菌沉淀抗体阳性。曲菌皮肤针刺试验阳性。

诊断 ABPA 的主要条件包括哮喘、外周血嗜酸性粒细胞增多、肺部浸润影、血清曲菌特异性 IgE 或曲菌皮肤针刺试验阳性。次要条件包括血清曲菌特异性沉淀抗体阳性、血清总 IgE 增高和近端支气管扩张。

ABPA 的基本治疗是使用糖皮质激素。一般采用口服泼尼松，起始剂量为 0.5mg/（kg·d），当临床症状缓解，肺部阴影消失，血嗜酸粒细胞降低或血清 IgE 降低后，逐渐减量，疗程 3~6 个月。其他治疗包括控制哮喘和溶解清除痰栓治疗。抗真菌治疗（如伊曲康唑）的临床价值有待验证。

（四）慢性嗜酸粒细胞性肺炎

慢性嗜酸粒细胞性肺炎（CEP）的发病原因不明，最常发生于中年女性，通常于数周或数月内出现呼吸困难、咳嗽、发热、盗汗、体重减轻和喘鸣，呈亚急性或慢性病程。也有表现为迅速进展到严重呼吸衰竭的急性形式（急性嗜酸粒细胞性肺炎）。

X线胸片的典型表现有肺外带（胸膜下）的致密肺泡渗出影，中心带清晰，这种表现称作"肺水肿反转形状"（photographic negative of pulmonary edema），而且渗出性病变多位于上叶。80%的病人有外周血嗜酸粒细胞增多。血清IgE增高也常见。典型的肺功能改变为限制性通气功能障碍，经常伴气流阻塞、DLco降低和低氧血症。

如果患者有相应的临床和影像学特征，BALF嗜酸粒细胞大于40%，高度提示嗜酸粒细胞性肺炎。很少需要外科肺活检，因为根据症状、特征性的影像学改变以及BALF和TBLB可以做出诊断，但需除外其他原因引起的肺部嗜酸粒细胞增多。

治疗首选糖皮质激素，通常应用泼尼松，初始剂量0.5~1mg/（kg·d），连续2~4周后，依据治疗反应逐渐减量至10mg/d，维持治疗，总疗程6~12个月。具有复发倾向的病人可能需要使用小剂量泼尼松长期维持治疗。

四、硅沉着病

硅沉着病（silicosis）过去称矽肺，是由于长期吸入大量游离二氧化硅所引起的弥漫性结节性纤维化性肺疾病，它是尘肺中最常见、进展最快、危害最严重的一种类型。主要表现隐匿性进行性发展的呼吸困难伴咳嗽，限制性通气功能障碍和弥散功能障碍。X线胸片是诊断矽肺的主要方法，特征性地显示结节阴影（直径1~3mm）、网状阴影或/和大片融合病灶。其次为肺门改变、肺纹理改变和胸膜改变。因肺纤维化收缩使肺门上移，增粗的肺纹理呈垂柳状，并出现气管纵隔移位。肺门阴影密度增加，有时可见"蛋壳样钙化"的淋巴结。胸膜可以增厚、粘连或钙化。

根据患者详细的职业史和密切的二氧化硅粉尘接触史，结合相应的临床表现和X线胸片特点可以做出诊断。硅沉着病需要与急性粟粒性肺结核、结节病、肺泡癌、肺含铁血黄素沉着症以及肺泡微石症等相鉴别。

处理对策在于全面实行三级预防措施，做到及时预防、早期检测、早期处理、合理补救。目前尚无逆转纤维化病变的药物，多采用对症支持治疗以减轻症状。

五、罕见间质性肺疾病

（一）肺朗格汉斯细胞组织细胞增生症

成人的朗格汉斯细胞组织细胞增生症通常局限于肺，因此称作肺朗格汉斯细胞组织细胞增生症（PLCH）。病变以呈细支气管中心分布的朗格汉斯细胞渗出形成的肉芽肿性改变，并机化形成"星形"纤维化病灶，伴囊腔形成为病理改变特征。PLCH罕见，主要见于吸烟人群，常见症状是咳嗽和呼吸困难。X线胸片显示结节或网格结节样渗出性病变，常分布于肺上叶和中叶，肋膈角清晰，进展病例可见明显的蜂窝肺、纤维囊性变和气胸。HRCT特征性地表现多发的薄壁囊腔，囊腔可以融合形成直径超过2~3cm的肺大疱，细支气管周围结节（直径1~4mm）。主要涉及上叶肺的多发性囊腔和结节或BALF朗格汉斯细胞（OKT6或anti-CD1a抗体染色阳性）超过5%高度提示PLCH的诊断。确定诊断需要肺组织活检，外科肺活检优于TBLB。

因为疾病可能是自限性的，病程难以预计，2/3以上的病人在发病6~24个月内，病情稳定或改善。主要治疗是首先劝告病人戒烟。对于严重或进行性加重的病人，尽管已经戒烟，还需要应用糖皮质激素。

（二）肺淋巴管平滑肌瘤病

肺淋巴管平滑肌瘤病（PLAM）几乎只发生于育龄妇女，发病原因不明。病理学以肺泡壁、细支气管壁和血管壁的类平滑肌细胞（LAM细胞，HMB-45$^+$）呈弥漫性或结节性增生，导致局限性肺气肿或薄壁囊腔形成，最终导致广泛的蜂窝肺为特征。

临床上主要表现进行性加重的呼吸困难、咯血、反复出现的气胸和乳糜胸。肺功能呈现气流阻塞和气体交换障碍，有时伴有限制性通气功能障碍。典型的胸片是网格和囊腔样变。胸部HRCT特征性地显示薄壁囊腔（直径2～20mm）弥漫性分布于两侧肺。早期可能只有稀疏分布的囊腔，随疾病进展，囊腔数目增多，并融合形成不规则囊腔。LAM与PLCH在CT上的主要区别是PLCH一般不影响肋膈角，囊腔壁更厚，疾病早期有更多的结节。

对于PLAM尚无有效的治疗方法。目前临床上还在使用的孕激素治疗并没有研究证实有效。近来研究显示免疫抑制剂西罗莫司（雷帕霉素）具有潜在的治疗效果，但还需要多中心临床试验验证。终末期PLAM可以考虑肺移植。

（三）肺泡蛋白沉积症

肺泡蛋白沉积症（PAP）以肺泡腔内积聚大量的磷脂蛋白、类表面活性物质为特征。通常表现隐匿性呼吸困难和咳嗽，偶有咳痰。肺部闻及吸气性爆裂音。X线胸片显示两侧弥漫性的肺泡渗出，分布于肺门周围，形成"蝴蝶"样图案。经常是广泛的肺部渗出与轻微的临床症状不相符合。胸部HRCT特征性地表现：①磨玻璃影与正常肺组织截然分开，形成"地图"样图案；②小叶间隔和小叶内间隔增厚，形成多边形或"不规则石块面路"样图案；③大片实变影，伴支气管气像，实变周围是磨玻璃影。特征性生理功能改变是肺内分流导致的严重低氧血症。80％的病人有血清乳酸脱氢酶增高。BALF回收液特征性地表现奶白色，稠厚且不透明，静置后沉淀分层，BALF细胞或TBLB组织的过碘酸雪夫（PAS）染色阳性和阿辛蓝染色阴性可以证实诊断。

1/3的病人可以自行缓解。对于有明显呼吸功能障碍的患者，全肺灌洗是首选和有效的治疗。全肺灌洗可使75％～95％患者的病情改善，但约1/3可复发，需要再次灌洗。

（四）特发性肺含铁血黄素沉着症

特发性肺含铁血黄素沉着症（IPH）的发病原因不明，多发生于儿童和青少年，以反复发作的弥漫性肺泡内出血，导致咯血、呼吸困难和缺铁性贫血为临床特点。胸部X线的典型表现是两肺中、下肺野弥漫性分布的边缘不清的斑点状阴影。当肺内出血停止，肺泡渗出影吸收并演变成弥漫性网织结节影。过程反复导致肺纤维化形成。大约半数病人的外周血嗜酸性粒细胞轻度增高和冷凝集试验阳性。

诊断主要根据发复的咯血、肺内弥漫分布的边缘不清的斑点状阴影及继发的缺铁性贫血做出初步诊断。常规进行BAL检查可确诊有无肺泡出血，尤其是对有无隐匿性出血。BALF检查发现游离红细胞或含吞噬红细胞的肺泡巨噬细胞提示近期肺泡出血，查找到许多含铁血黄素巨噬细胞提示远期肺泡出血。同时也应该常规检测循环自身免疫抗体（如anti-GBM、ANCA、ANA、RF等）以除外其他原因所致的弥漫性肺泡内出血。

一般而言，IPH的临床过程比较轻，尤其在成年人，25％可以自行缓解。但是广泛肺泡内出血也可导致死亡。治疗以支持治疗为主。糖皮质激素联合硫唑嘌呤或环磷酰胺治疗对于改善急性加重期的预后和预防反复出血有益，但是尚无确定的疗效判断指征。

（代华平）

第十一章 原发性支气管肺癌

肺癌（lung cancer）为原发于气管、支气管及肺的恶性肿瘤。因绝大多数均起源于各级支气管黏膜上皮，源于支气管腺体或肺泡上皮细胞者较少，因而肺癌实为原发性支气管源性癌（primary bronchogenic carcinoma），包括鳞癌、腺癌、小细胞癌和大细胞癌几种主要类型。

【流行病学】

肺癌在19世纪还属于少见的肿瘤，常常作为个案在文献中报道。但现在已经是世界范围内常见的肿瘤，无论是男性还是女性，肺癌均已成为癌症死亡的主要原因。

2006年报告，每年全世界新增肺癌病例达150万，每年死亡病例超过120万，病死率为90%。2007年美国肺癌的新发病例估计有213 380例（男性114 760例，女性98 620例），死亡160 390例（男性89 510例，女性70 880例）。我国2005年肺癌的新发病例估计约有500 000例（男性约330 000例，女性约170 000例）。肺癌的病死率在城市已居肿瘤死亡首位，达60万，尤其是青年和女性人群发病率和死亡率迅速增长。预计2025年肺癌每年死亡数将达100万。非小细胞肺癌（NSCLC）占全部肺癌的80%~85%，小细胞肺癌（SCLC）占15%~20%。多数患者确诊时已属晚期，因此化疗仍是肺癌的主要治疗方法。治疗后中位生存期仅8~10个月，5年生存率仅10%~15%，以铂为基础的联合化疗失败后，再次治疗的中位生存期仅为5~7个月。

【病因】

肺癌的病因复杂，研究表明其发生与下列因素有关：

（一）吸烟

吸烟是肺癌的主要危险因素，90%以上的肺癌由主动吸烟或被动吸"二手"烟所致。随着每天吸烟支数及吸烟年数的增多，患肺癌的危险增加，除主动吸烟的危害以外，被动吸烟患肺癌的相关危险也增加。有证据表明，和吸烟者生活在一起的人群罹患肺癌的风险上升20%~30%，而且不吸烟者对烟草中有害物质的刺激反应更大于吸烟者。烟雾中含有数千种化学成分，多数对人体有害，如苯并芘、烟焦油、亚硝胺、一氧化碳、尼古丁、放射性物质和刺激性化合物等，其致癌毒性最大的为NNN-亚硝尼古丁、NNK-4甲基亚硝胺-1-（3吡啶基）-1-丁酮。尼古丁还有高度成瘾性。吸烟增加所有组织类型肺癌的发病风险，但似乎对鳞癌作用最强，其次是小细胞癌和腺癌。腺癌与吸烟的关系随时间的发展而越来越密切，在许多西方国家腺癌已成为最常见的类型。一旦患肺癌后应建议患者戒烟。降低肺癌的死亡率需要采取有效的公共卫生措施，深入贯彻卫生保健研究和质量机构（AHRQ）指南，以发现、劝告和治疗尼古丁成瘾者。每个公民都应该被告知吸烟和暴露于烟雾环境对健康危害严重，可导致成瘾，并可威胁生命。政府急需采取恰当及有效的措施，如立法、行政、管理或其他手段以保护所有公民免于烟草的危害。目前全球烟民数目高达13亿人，中国有吸烟者3.5亿，约占世界吸烟者总数的1/3，每年约有100万人死于吸烟相关的疾病。为此，我国政府提出了在今后25年的总体目标，应将我国的烟民总数减少1.1亿。所以，不论从个人利害还是从公共道德来讲，进行禁烟宣传教育、提倡戒烟和禁止青少年吸烟已是当务之急。

（二）职业因素

某些职业的劳动环境中可能有导致或促进肺癌发生、发展的致癌物质。已确认的致癌物质有：

1. 氡气　氡气是镭的衰变产物，具有放射性，是肺癌发病的第二大原因。这种同位素的衰变可以产生一些释放α粒子的物质，这些物质可破坏细胞，从而增加细胞恶变的可能。

2. 石棉　石棉是一种已知的致癌的无机化合物，它可以分裂为空气传播的碎片。暴露于空气中的石棉纤维会增加人们尤其是吸烟人群罹患肺癌的危险。据估计3%~4%的肺癌发病是由于暴露于石棉，可能是人类肺癌中最常见的职业因素。

3. 其他已确认的致癌物质　有铬、镍、铍、煤烟、煤焦油、芥子气、异丙油、二氯甲基醚及电离辐射（44.6%为医疗照射）和微波辐射等。这些因素可使肺癌发生危险性增加3～30倍。从接触致癌物到发生肺癌的时间与暴露程度有关，通常超过10年，平均16～17年。

（三）大气污染

大气污染与肺癌的死亡率有关。城市空气中的致癌物质明显高于农村，因城市中工业燃料燃烧后及大量机动车排出的废气中具有3,4-苯并芘、甲基胆蒽类环烃化合物、SO_2、NO_2和飘尘等，这些物质均具有致癌的作用。在污染严重的大城市中，居民每日吸入空气中的苯并芘量可超过20支纸烟的含量，并可增加纸烟的致癌作用。

（四）室内微小环境的污染

女性肺癌的发病与室内空气污染有关，如厨房小环境内的煤焦油、煤烟、烹调的油烟等污染；香烟烟雾；室内氡气、氡子气等均可成为女性肺癌的危险因素。

（五）慢性肺部疾病

包括反复发作的肺部感染、肺结核继发瘢痕形成、慢性支气管炎等与肺癌的危险度有显著关系；结节病及间质性肺纤维化患者中，肺癌的相对危险度也较高。

（六）营养状况

维生素E、B_2的缺乏及不足在肺癌病人中较为突出。食物中长期缺乏维生素A、β胡萝卜素和微量元素（锌、硒）等亦易发生肺癌。

（七）遗传因素

遗传因素与肺癌的关系已越来越受到重视。重度吸烟者中只有少量（1/8左右）发生肺癌，说明还有其他因素起作用，而在非吸烟人群中，有肺癌家族史者比无家族史者发生肺癌的危险性高2～3倍，提示遗传因素起一定作用。目前在肺癌的遗传学多态性和肺癌危险性的研究已经识别了大量的关于异型生物代谢、DNA修复和可能的尼古丁成瘾的候选基因，但由于存在种族、组织类型、暴露和其他宿主生活方式等不同，到目前为止肺癌遗传易感因素的预测还不能达到个体的水平，但已成为肿瘤学及生物医学领域的研究热点，为肺癌的预防和预警提供重要的方向。

【分子生物学】

随着分子生物学及基因学的研究和发展，对肺癌的发生过程中一系列分子生物学的异常有了进一步的了解。

1. 对肺肿瘤细胞的生长信号传导通路异常有了进一步了解。表皮生长因子受体（epidermal growth factor receptor, EGFR）家族及其配体广泛表达于多种肿瘤细胞中。在NSCLC中，EGFR表达率高达30%～80%，它是一种糖蛋白受体，定位于细胞膜上，当配体EGF、TGF-α和泛调节素与受体的胞外部分结合后，受体胞内部分的酪氨酸残基CP磷酸化，使EGFR激活，形成二聚体，进而激活下游Ras-Raf1-MAPK和PI3K或CDC42信号的传导至细胞核内，介导DNA合成、肿瘤细胞增殖、血管生成、细胞周期G1至S期失控、肿瘤转移、复发及对抗肿瘤的治疗等。当基因重组或mRNA异常剪切可致EGFR突变，使PI3K信号传导持续激活。

2. 原癌基因活化及抑癌基因负调控失调，如原癌基因 *K-RAS* 突变、*MYC*、*JUN* 和 *FOS* 对疾病发展均有重要作用。抑癌基因负调控失败时，*P53* 失活或突变。SCLC中约75%有 *P53* 失活，NSCLC为50%。其他抑癌基因有 RB 和 *P16* 等，当抑癌基因失活时，可表现为染色体杂合体缺失（LDH）。*P16* 基因失活除LDH缺失及突变外，还有启动子的高甲基化。

3. 肿瘤细胞逃脱凋亡、端粒酶活性增高，从而使肿瘤细胞获得无限增殖以及肿瘤组织脉管形成，促进了肿瘤的新生血管网的形成，使肿瘤快速生长、局部侵袭和远处转移。

肺癌发生是一个多步骤的过程。影响肿瘤细胞生长、分化，DNA损伤、修复及肿瘤细胞存活的基因变异是非常复杂。

【病理和分类】

(一) 解剖学部位分类

1. 中央型肺癌　发生于段支气管至主支气管的肺癌称为中央型，约占 3/4，以鳞状上皮癌和小细胞癌多见。

2. 周围型肺癌　发生于段支气管以下的肺癌称为周围型，约占 1/4，以腺癌较为多见。

(二) 组织学分类（见表 2-11-1）

表 2-11-1　肺癌的组织学分类

类型	小细胞癌（SCLC）	非小细胞癌（NSCLC）			
		鳞癌	腺癌	腺鳞癌	大细胞癌
临床特点	在肺癌中发生率 17.8%，多见于男性，以 40～50 岁多发，恶性度最高	发生率 29.4%，老年男性多见，与吸烟关系密切	发生率最高，达 31.5%，多见于女性		发生率 9.2%
生长部位	中央型，周边型少见	中央型	3/4 以上为周围型	中央型	多数为周围型
生长方式	沿管壁黏膜下层浸润性生长，引起管腔狭窄，一般不形成多发性肿块，倍增时间最短（33 天），生长迅速	多数起源于段和亚段支气管黏膜，在支气管内形成肿块，阻塞管腔，易发生肺不张或阻塞性肺炎	来自小支气管的黏液腺体，生长缓慢。常发生在原先肺有损伤的区域	沿管壁生长	为上皮肿瘤，腔内浸润
转移	早期即发生血行和淋巴转移，初诊时 60%～88% 的病人已全身转移。最常见的胸外转移是：肝、骨髓、肾上腺、中枢神经系统、骨以及后腹膜	血行转移发生较晚，局部浸润及淋巴转移	早期可侵犯血管及淋巴管，引起远处转移。多数累及胸膜	早期淋巴或血行转移	早期淋巴或血行转移
大体病理	肿瘤质地软、灰白、有黏液样变性，出血和坏死多见	易发生中央坏死和形成空洞	癌组织内有明显的纤维化、瘢痕及炭末沉着，有时称瘢痕癌。也有认为肿瘤引起局部梗死，结缔组织增生，而致瘢痕形成		
光镜下特点	多种细胞形态，如淋巴样、燕麦样、梭形；胞质少，核深染，分裂象多见，核仁明显	癌细胞呈多形性，胞质丰富，核畸形，染色深，呈癌巢，内可见角化现象，有细胞间桥。多数中分化或分化差，分化好的常有角化珠，分化差的无角化。变异型呈梭形，均分化差	癌细胞为立方状或柱状，形态不规则，核大、染色深、核仁明显，可分为：腺泡性、乳头状、微乳头状、细支气管肺泡癌、实性黏液细胞癌及变异型等	有明确的腺癌和鳞癌组织结构，两种成分混杂，或分别独立存在于同一肿块内	瘤细胞大，形态多样，核大深染，核仁明显，胞质丰富，有黏液形成，细胞呈双向分化，80% 腺样分化，10% 鳞样分化，与鳞癌和腺癌难于区分
电镜下特点	癌细胞无基质，桥粒少或无，胞质有神经内分泌颗粒	细胞间有桥粒连接，张力微丝附着，胞质内有散在成束的张力微丝。分化差的桥粒及张力微丝少。少数癌细胞含有神经内分泌颗粒	癌细胞有微腔，由复合体及指突连接。胞质内高尔基器发达，有分泌颗粒、黏液颗粒、板层小体存在	电镜下本型发生率可达 49%，多数鳞癌可能属于本型	
放化疗	敏感	中度敏感，5 年生存率较高	较敏感	敏感	较不敏感

【临床表现】

多数肺癌就诊时已有症状，仅5%无症状。肺癌初次就诊症状多样，常见症状如下：

（一）原发肿瘤引起的症状

1. 咳嗽　为最常见的症状。早期表现为刺激性咳嗽，极易被误认为是呼吸道感染。当中央气道内肿物引起气道狭窄，咳嗽为持续性，呈高音调的金属音。当气管内肿瘤增大，影响到气道引流，可继发肺部感染，痰量增多，呈黏液脓性。肺泡癌病人常有的特点为咳大量黏液痰，有些病人每日可达2000ml黏液痰。

2. 咯血　由于癌组织血管丰富，易发生组织坏死，因此约21%以上病人有咯血或间断血痰，有时仅有1~2次，不易引起患者重视。如侵蚀大血管，可引起大咯血。

3. 其他　由于肿瘤造成较大气道的阻塞，病人可出现不同程度的阻塞症状，如喘鸣、胸闷、气促、胸痛和发热等。如由肿瘤坏死引起的发热，称为"癌性热"，抗感染治疗无效。

（二）肿瘤局部蔓延引起的症状和体征

1. 胸痛　肿瘤位于胸膜附近时，可表现为隐痛、钝痛，随呼吸、咳嗽时加重。侵犯肋骨、脊柱时，疼痛持续而明显，往往与呼吸、咳嗽无关。肩部或胸背部持续疼痛、常提示上肺叶内侧近纵隔处有肺癌外侵的可能。

2. 呼吸困难　肿瘤压迫大气道，可出现吸气性呼吸困难。

3. 吞咽困难　为肿瘤侵犯或压迫食管，有时伴支气管-食管瘘及肺部感染。

4. 声音嘶哑　肿瘤直接压迫，或转移至纵隔淋巴结后压迫喉返神经（多见左侧）使声带麻痹，可导致声音嘶哑。

5. 上腔静脉阻塞综合征　肿瘤直接侵犯或纵隔转移淋巴结压迫上腔静脉，使上腔静脉回流受阻，产生胸壁静脉曲张和上肢、颈面部水肿。严重者皮肤呈暗紫色，眼结膜充血，视力模糊，头晕及头痛。

6. Horner综合征　肺上沟癌（Pancoast's tumor）是一种位于肺尖部的肺癌。肿瘤侵犯或压迫颈交感神经，引起患侧眼睑下垂、瞳孔缩小、眼球内陷，同侧额部与胸壁无汗或少汗，感觉异常。

7. 臂丛神经压迫征　肿瘤压迫臂丛神经可致同侧自腋下向上肢内侧放射性、烧灼样疼痛。

（三）肿瘤远处转移引起的症状和体征

1. 中枢神经系统转移，常有颅内压增高的征象，如头痛、呕吐等，还可表现眩晕、共济失调、复视、性格改变、癫痫发作，或一侧肢体无力，甚至半身不遂等神经系统症状。出现背痛、下肢无力、膀胱或肠道功能失调，应高度怀疑脊髓束受压迫。

2. 肝转移时，可表现食欲减退，肝区疼痛、肝大、黄疸和腹腔积液等。

3. 骨转移时，表现为局部疼痛及压痛，常见骨转移部位如肋骨、脊椎骨、骨盆及四肢长骨。

此外，皮下可出现转移性结节，多位于躯干及头部。常见锁骨上窝及胸锁乳突肌附着处的后下方及颈淋巴结转移，淋巴结可以逐渐增大、增多及融合。

（四）肺癌的胸外表现

某些肺癌病人可出现一些少见的症状或体征，这些表现不是肿瘤的直接作用或转移引起的，它可出现于肺癌发现之前或之后，也可同时发生。这类症状和体征表现于胸部以外的脏器，故称为肺癌的胸外表现。多为肺癌细胞产生的某些特殊激素、抗原、酶或代谢产物所引起的临床表现。

1. 异位内分泌综合征　系指肿瘤细胞分泌一些具有生物活性的多肽或肽类激素，如促肾上腺皮质激素、甲状旁腺素、降钙素、5-羟色胺、胰岛素原样物质、抗利尿激素、生长激素释放因子（CRF）、血管活性多肽（VIP）等，从而使肺癌患者表现出特殊的内分泌障碍。

(1) 抗利尿激素分泌异常综合征（SIADH）：已证明SIADH与恶性肿瘤有关，最常见于SCLC，发生率达7%~12%。临床表现为低钠血症及中枢神经系统紊乱，如厌食、恶心、呕吐及嗜睡。严重者可引起脑水肿、人格变化、意识模糊及昏迷，甚至癫痫发作及呼吸停止。SIADH症状可出现于肺癌症状前2～3个月，或肺癌症状出现后12～16个月，或同时出现。其发病主要是由于肿瘤细胞分泌ADH异常增多，使肾远曲小管及集合管抑制钠吸收，促使水再吸收，使渗透压、水容量及尿浓缩功能改变。诊断要点：①持续性低钠血症，血清钠低于120mmol/L；②血浆渗透压下降；③尿呈反常的高渗压；④尿钠浓度增高；⑤内生肌酐清除率和肾小管滤过率正常；⑥临床失水及水肿；⑦垂体肾上腺和甲状腺功能正常；⑧限水摄入可纠正低钠血症；⑨水负荷试验提示排泄障碍。经肺癌原发病治疗88% SIADH症状缓解，当肺癌复发时，SIADH也可能复发。其他治疗包括如限制水的摄入，必要时输入3%高渗盐水，口服醋酸去氧皮质酮（DOCA）20mg/d或9-氟可的松。

(2) 异位促肾上腺皮质激素综合征（异位ACTH）：15%～20%的库欣综合征病人是由异位ACTH或促皮质素释放激素（CRH）产生的，常见于小细胞癌和支气管类癌。多数病人因肺癌恶化迅速，因此不易见到库欣综合征，仅表现为体重减轻、水肿、近端肌无力和高血压，有时可产生低钾性碱中毒和葡萄糖耐量试验阳性。确定本病主要是测定24小时尿中皮质醇的含量增高、大剂量地塞米松抑制试验阳性，当ACTH水平>275μmol/24h，应考虑异位ACTH。若肿瘤不能切除，为抑制肾上腺皮质激素，可口服甲基二吡啶基丙酮2～6g/d，再加服氨鲁米特或米托坦。

(3) 其他：分泌促性腺激素可引起男性乳腺发育，常伴有肥大骨关节病。因5-羟色胺分泌过多可引起的类癌综合征，表现为哮喘样支气管痉挛、皮肤潮红、水样腹泻、阵发性心动过速等，多见于燕麦细胞癌及腺癌。

2. 肌肉与骨骼改变 杵状指（趾）常常是肺癌早期的唯一症状，常见于鳞癌、腺癌及小细胞癌，男女均可发生，多数出现于肺癌确诊前，少数在确诊后发生。经化疗或手术后94.4%好转。

肥大性肺性骨关节病（HPO）是对称性关节痛，以踝关节、膝、腕及肘关节受累最常见。长骨X线检查显示胫腓骨有新生骨形成或骨膜增生，核素显像骨膜表面摄取量增高，推测可能与体液抗原有关。也有报告推测由于瘤体分泌生长激素（PTH）、长效甲状腺刺激物（LATS）、血管扩张物质等有关。经化疗及手术HPO可好转，复发时症状又可出现。

3. 神经副癌综合征 目前推测其发生与自身免疫机制有关，包括感觉性、感觉运动性及自主性脑脊髓炎等。脑脊髓炎症状又包括痴呆（边缘性脑炎）、小脑变性和脊髓炎，多见于SCLC，神经症状往往先于恶性肿瘤诊断前数月至几年出现。小细胞肺癌并神经副癌综合征者常有自身抗体产生，如抗神经细胞核抗体（ANNA-1）及抗Hu抗体（anti-Hu-antibody）等。

肌无力综合征（Lambert-Eaton myasthenic syndrome，LEMS）多见于SCLC，与神经终末部位的乙酰胆碱释放缺陷有关。异型电压依赖性钙通道及抗VGCC抗体也参与发病。临床上表现为类似肌无力症状，即随意肌力减退，早期侵犯骨盆带肌群及下肢近端肌群；反复运动后肌力可得到暂时性改善；70%以上的病例对新斯的明试验反应欠佳；肌电图低频反复刺激显示动作电位波幅递减，而高频刺激时可引起暂时性波幅增高，该特点可与真正的肌无力征区别。

4. 其他副癌综合征

(1) 深静脉血栓、肺动脉栓塞：与恶性肿瘤关系密切。对于既往健康者，出现原因不明的深静脉血栓或肺动脉栓塞时，应警惕隐匿性恶性肿瘤的可能，均应做胸部X线或CT检查，如无异常应定期随访。

(2) 多发性肌炎及皮肌炎：症状常出现于肺癌确诊前，故对有皮肌炎的病人也应寻找隐匿性恶性肿瘤。

(3) 硬皮病：与恶性肿瘤的共同发病率为3%～7%。肺癌大多发生于患硬皮病10年之后，常见于腺癌或肺泡癌。引起腺癌的原因推断可能是硬皮病使肺组织纤维化及接受免疫抑制剂治疗有关。

【实验室和其他相关检查】

(一) 胸部X线检查

胸部X线检查是发现支气管肺癌的最基本的方法。通过正、侧位胸片，可发现块状影或可疑病灶，配合体层摄片，可明确病灶部位。但在诊断早期肺癌时，极易发生漏诊和误诊，因此凡有可疑肺癌症状的病人，应进一步行胸部 CT 检查。

1. 中央型肺癌的 X 线征象　肿瘤发生于总支气管、叶和段支气管。

（1）直接 X 线征象：多为一侧肺门旁有类圆形阴影，边缘毛糙，有分叶或切迹等表现，肿块与肺不张、阻塞性肺炎并存时，可呈现反"S"形 X 线征象、支气管造影可见支气管壁不规则增厚、狭窄、中断或腔内肿物。

（2）间接 X 线征象：由于肿块在气管内生长，可使支气管完全或部分阻塞，可形成局限性肺气肿、肺不张、阻塞性肺炎和继发肺脓肿等征象。

2. 周围型肺癌的 X 线特征　肿瘤发生于段以下支气管。早期常呈现局限性小斑片状阴影，也可呈结节状、球形（直径≤2cm）、网状阴影。肿块周边可有毛刺、切迹和分叶、常有胸膜被牵拉，也称胸膜皱缩征。动态观察可见肿块逐渐增大，引流的肺门淋巴结肿大、胸腔积液、肋骨被侵犯等。如发生癌性空洞，多呈偏心性，内壁不规则，凹凸不平，应与肺脓肿和肺结核空洞相鉴别。

3. 细支气管肺泡癌的 X 线特征　可表现为肺部孤立结节阴影、肺炎型或双肺弥漫性小结节型，后者颇似血型播散型肺结核，部分病灶发展缓慢，可经历数年无变化，易被误诊为浸润型或粟粒型肺结核、肺炎和间质性肺炎。

（二）电子计算机体层扫描（CT）

胸部 CT 具有更高的分辨能力，可发现更小的和一些特殊部位（如位于心脏后、脊柱旁沟和在肺尖、膈面以下部位）的病灶，能显示肺门及纵隔肿大的淋巴结，有助于肺癌的临床分期。螺旋式 CT 连续扫描速度快，对比介质容积小，可更好地进行图像三位重建，可显示直径小于 5mm 的小结节、中央气管内和第 6～7 级支气管及小血管，可明确病灶与周围气道和血管的关系。低剂量 CT（low-dose spiral CT，LDCT）可在 20～30 秒内通过一两次屏气扫描整个胸部，消除了呼吸相不一致的层面不连续，避免了漏诊和重复扫描，减少心脏和大血管搏动产生的伪影，能精确显示肺内小结节的细微结构和边缘特征。其放射剂量小，是传统 CT 的 1/6，对于肺内孤立性小结节，可行追踪，高度疑似肺内病灶时，宜 2～3 个月复查一次，如保持稳定，延至 6 个月复查，如两年病灶一直稳定，证明良性病变可能大。但也有肺内孤立性小结节，追踪两年余，影像无改变，手术切除后病理证实为肺泡癌。

（三）磁共振（MRI）

MRI 在明确肿瘤与大血管之间的关系，分辨肺门淋巴结或血管阴影方面优于 CT，但它对肺内的病灶分辨率不如 CT 高。

（四）痰脱落细胞学检查

痰脱落细胞检查为诊断肺癌的重要诊断方法之一。要提高痰检阳性率，必须得到气管深部咳出的痰，方法为：晨起清水漱口 3 次，去除口腔杂物后做 2～3 次深呼吸，再用力咳嗽，将肺内深部痰咳出，遗弃第一口痰，留下 2、3、4 口痰做标本并及时送检，保持标本新鲜，送检达 6 次以上。痰脱落细胞检查的阳性率可达 80% 左右，其中中心型肺癌较高。如配合免疫组化检查，其阳性率可进一步提高。20 世纪 90 年代发展的液基细胞学与计算机辅助细胞学诊断系统应用，可使痰细胞学检出的阳性率达 97.1%，提高了诊断的精确度。

（五）支气管镜检查

是诊断肺癌的主要方法，对于中央型肺癌，刷检加活检的阳性率可达 90% 左右。对于周围性肺癌，可在荧光屏透视指导下行经支气管镜肺活检（TBLB）或支气管肺泡灌洗（BAL）等检查。目前已开展通过支气管镜对隆突、纵隔及肺门区域淋巴结或肿物进行穿刺针吸及活组织检查，即经支气管针吸活检（transbronchial needle aspiration，TBNA），将有利于肺癌诊断及分期，阳性率 65.1%，未发现假阳性，安全性良好。支气管内镜超声引导下的穿刺及活检（EBUS-TBNA）已被证实对患者纵隔病变的分期和诊断有意义，具有更高的敏感性和特异性，无并发症，是了解纵隔是否异常的最好方法，尤其适用左侧纵隔病变者。自发荧光支气管镜（the lung imaging fluorescence endoscope,

LIFE），可分辨出支气管黏膜的原位癌和癌前期病变，以便进行活检，提高了早期诊断的阳性率，也有助于更好地选择手术切除范围。

（六）病理学检查

在透视、胸部 CT 或 B 超引导下采用细针经胸壁穿刺进行肺部病灶活检；经纵隔镜或胸腔镜活检；锁骨上肿大淋巴结和胸膜活检等取得病变部位组织，进行病理学检查，对支气管肺癌的诊断具有重要意义。

（七）核素闪烁显像

1. 骨 γ 闪烁显像　可以了解有无骨转移，其敏感性、特异性和准确性分别为 91％、88％ 和 89％。若采用核素标记促生长素抑制素类似物（somatotatin analogues）显像更有助于小细胞癌的分期诊断。

2. 正电子发射断层显像（positron emission tomography，PET）　通过跟踪正电子核素标记的化合物在体内生理和生化的变化，能无创性地从体外显示人体内部组织与器官的功能，并作出定量分析。如采用 ^{18}F 脱氧葡萄糖（18-fluorodexyglucose，FDG）为示踪元素，更利于肺癌的早期诊断，了解疾病的转移、复发、分期及准确的疗效评定。其诊断敏感性和特异性分别为 93.6％ 和 80％。应警惕 PET 假阳性或假阴性。PET 假阳性的情况包括：①术后或放疗后 1 个月或更长时间内不应行 PET 检查，因组织创伤所致的改变难以确定放射性浓聚的性质。②一些慢性炎症如结核、肉芽肿、炎症、曲霉菌病等可出现假阳性。PET 假阴性的情况包括：代谢相对较低的肿瘤，如类癌、肺泡细胞癌或直径＜5mm 病灶易造成假阴性。有 10％ 隐匿性转移灶未能见检出。

（八）肺癌标志物检查

肿瘤标志物来源于肿瘤细胞的代谢产物、分化紊乱的细胞基因产物、肿瘤细胞坏死崩解释放进入血液循环的物质及肿瘤宿主细胞的细胞反应性产物等。肿瘤标志物对肿瘤的诊断、转移复发的监测、疗效判断、预后估计等有重要意义。但迄今尚无一种可靠的血清癌标志物用于诊断或普查肺癌。常用的肿瘤标志物有癌胚抗原（CEA），组织多肽抗原（TPA），鳞状细胞癌相关抗原（SCCAg）、细胞角蛋白 21-1（Cyfra21-1），糖类抗原包括 125（CA125）、153（CA153）、19-9（CA19-9）、242（CA242）、50（CA50）及 724（CA724）等，以及神经元特异性烯醇化酶（NSE）。NSE 在小细胞及神经母细胞瘤中常有异常过量表达，对小细胞癌的敏感性为 80％，特异性为 80％～90％。

（九）纵隔镜检查

CT 扫描在评估肺癌累及纵隔淋巴结的范围上存在一定的局限性，当 CT 显示阴性时，开胸手术仍有 16％ 为 N_2 阳性的淋巴结，胸 CT 诊断 N_2 淋巴结敏感性和特异性分别为 69％ 和 71％，如 CT＋纵隔镜可分别达 89％ 和 71％。因此，纵隔镜检查被认为是肺癌诊断评估金标准，特别是影像学不能确切排除纵隔受累时。

（十）胸腔镜检查

目前 EVIS 细径电子内科胸腔镜（LTF-240 型）操作简易、方便、安全度大，适宜内科医师操作。胸腔积液患者当使用常规方法无法确诊时，需行胸腔镜检查。必要时可在胸腔镜下进行胸膜粘连术治疗。

（十一）开胸手术探查

若经上述多项检查仍未能明确诊断，而又高度怀疑肺癌时，可考虑行开胸手术探查。

【诊断】

凡 40 岁以上，长期吸烟、患有慢性呼吸道疾病、具有肿瘤家族史及致癌职业接触史者，有下列临床表现应考虑肺癌的可能：①刺激性咳嗽 2～3 周而抗炎、镇咳治疗无效；②原有慢性呼吸道疾病，近来咳嗽性质改变者；③近 2～3 个月持续痰中带血而无其他原因可解释者；④同一部位、反复发作的肺炎；⑤原因不明的肺脓肿，无毒性症状，无大量脓痰，无异物吸入史，抗感染治疗疗效不佳；⑥原因不明的四肢关节疼痛及杵状指（趾）；⑦X 线显示局限性肺气肿或段、叶性肺不张；⑧肺部孤立性圆形病灶和单侧性肺门阴影增大者;⑨原有肺结核病灶经正规抗结核治疗无效,病灶增大,或其他部位有新病灶出现者;⑩无中毒症状的血性、进行性增多的胸腔积液患者等。

根据上述肺癌的临床表现和应用合理的检查方法,80%～90%的肺癌病人是可以明确诊断的。

【鉴别诊断】

1. 肺结核 肺癌和肺结核的诊断极易相互混淆。如肺门淋巴结结核、肺尖浸润病灶、肺不张、结核球、空洞形成、粟粒样病变、胸腔积液等各种结核病变,都可酷似肺癌。肺门淋巴结结核,更易与中央型肺癌相混淆。

(1) 肺门淋巴结结核:多见于儿童或老年,常伴有低热、盗汗等结核中毒症状,结合菌素试验多呈强阳性,抗结核治疗有效。支气管镜及 TBNA 将有助诊断,如仍不能确诊,可行纵隔镜、胸腔镜检查或开胸肺组织检查以明确。

(2) 肺结核球:需与周围型肺癌相鉴别。以下影像学特点在鉴别方面有重要意义:①结节或肿块的形态:肺癌结节多数有分叶,良性肿物多数分叶较浅。②边缘特征:肺癌结节多数边缘清楚而不规则,周边毛糙或呈毛刺。良性肿瘤及肉芽肿炎性病变仅 11.5% 有上述表现。③结节内部结构:<2cm 的肺癌结节密度偏低及不均匀。偏心性钙化也见于肺癌。④支气管及血管受累情况:如结节邻近支气管有截断、阻塞狭窄、管壁局部增厚及血管受侵,恶性可能大。如结节相邻支气管扩张与狭窄相间出现,结核可能大。⑤淋巴结广泛受累以恶性为主。⑥胸膜凹陷征提示为肺癌。⑦CT 值:CT 值在结节定性诊断中价值不一。目前一般利用增强扫描 CT 值净增数,即 ΔCT 值来评估,恶性结节 ΔCT 值为 30.23Hu,良性结节增强不明显。

(3) 急性粟粒型肺结核:需与弥漫性肺泡癌相鉴别。粟粒型肺结核胸片上表现粟粒结节大小及密度相等,分布均匀。常伴有发热等全身中毒症状,而肺泡癌两肺多为大小不等,分布不均的结节状播散病灶,且有进行性呼吸困难加重。

2. 肺炎 癌性阻塞性肺炎的临床表现与肺炎相似。肺炎抗菌药物治疗疗效好,病灶吸收快而完全,而癌性阻塞性肺炎吸收较缓慢,反复发作,X 线显示以肺段及肺叶样改变,或炎症吸收后出现块状阴影,经支气管镜检查和痰脱落细胞学检查等鉴别。

3. 肺脓肿 原发性肺脓肿起病急,中毒症状明显,有大量脓性痰,胸片上空洞壁厚,内有液平,周围有炎症改变。癌性空洞多无明显中毒症状,空洞呈偏心性,壁厚,内壁凹凸不平,支气管镜检查和痰脱落细胞检查有助于诊断。

4. 结核性渗出性胸膜炎 应与癌性胸腔积液相鉴别。

【临床分期】

支气管肺癌的临床分期可较准确地估计病情,对制订合理的治疗方案和估计预后有很大帮助。美国联合癌症分类委员会(AJCC)和国际抗癌联盟(UICC)2002 年制订的 NSCLC TNM 分期见表 2-11-2,表 2-11-3。

小细胞肺癌(SCLC)的分期:采用美国退伍军人医院的 VALG 分期,分为局限期(LD)和广泛期(ED)。局限期(LD)病变局限于一侧胸腔,并可被单个可耐受的放射野包括在内;广泛期(ED)为超过局限期的病变范围。国内肺癌常用的局限期定义为病变局限于一侧胸腔、纵隔,前斜角肌及锁骨上淋巴结,但不能有明显上腔静脉压迫、声带麻痹和胸腔积液。NCCN 指南将同侧恶性胸腔积液及心包积液归属于广泛期。对局限期 SCLC 应进一步按 TNM 分期,以决定能否有手术指征。

【治疗】

为了提高肺癌的治愈率、病人的生活质量及延长病人的生存,依据肿瘤的病理类型、临床分期及机体的状况采用综合合理的治疗,早期非小细胞肺癌(NSCLC)首选手术治疗,辅以化疗和放疗。Ⅰ期手术切缘阴性者,其 5 年生存率为 40% 以上。完全切除术后,5 年生存率Ⅰ$_A$ 期为 67%、Ⅰ$_B$ 期为 57%、Ⅱ$_A$ 期为 55%、Ⅱ$_B$ 期为 39%。小细胞肺癌(SCLC)多数选用化疗加放疗,早期患者可加手术治疗。

表 2-11-2 2002 年 AJCC/UICC 修订的 TNM 定义

原发肿瘤（T）

T_X：原发肿瘤不能评价；或痰、支气管冲洗液找到癌细胞，但影像学或支气管镜无可视肿瘤

T_0：无原发肿瘤的证据

T_{is}：原位癌

T_1：肿瘤最大径≤3cm，周围为肺或脏层胸膜所包绕，支气管镜下肿瘤侵犯没有超出叶支气管*（即未累及主支气管）

T_2：肿瘤大小或范围符合以下任何一项：
 肿瘤最大径＞3cm
 累及脏层胸膜
 扩展到肺门引起的肺不张或阻塞性肺炎，但不累及全肺
 支气管镜下，肿瘤累及主支气管，但距隆突≥2cm

T_3：任何大小的肿瘤已直接侵犯了下述结构之一者
 胸壁（包括肺上沟瘤）、膈肌、纵隔胸膜、心包
 肿瘤位于距隆突 2cm 以内的主支气管，但尚未累及隆突
 全肺的肺不张或阻塞性炎症

T_4：任何大小的肿瘤已直接侵犯了下述结构之一者
 纵隔、心脏、大血管、气管、食管、椎体、隆突；或同一叶内出现多个病灶或恶性胸水**；原发肿瘤同一叶内出现单个或多个的卫星结节

区域淋巴结（N）

N_X：区域淋巴结不能评价

N_0：没有区域淋巴结转移

N_1：转移至同侧支气管周围淋巴结和/或同侧肺门淋巴结和肺内淋巴结包括原发肿瘤的直接侵犯

N_2：转移至同侧纵隔和/或隆突下淋巴结

N_3：转移至对侧纵隔、对侧肺门淋巴结，同侧或对侧斜角肌或锁骨上淋巴结

远处转移（M）

M_X：远处转移不能评价

M_0：没有远处转移

M_1：有远处转移***

 * 任何大小的表浅肿瘤，只要局限于支气管壁，即使累及主支气管，也定义为 T_1
 ** 大多数肺癌患者的胸腔积液由肿瘤引起。但是有极少数患者的胸腔积液细胞学检查呈阴性。胸液为非血性，亦非渗出液。这些患者应接受电视辅助胸腔镜（VATS）和胸膜活检进一步评估。如综合考虑这些因素并结合临床确定积液与肿瘤无关时，积液将不作为分期依据，患者仍按 T_1、T_2 或 T_3 分期
 *** M_1 包括同侧或对侧非原发性肿瘤所在叶的其他肺叶出现的转移性的癌性结节

表 2-11-3 TNM 与临床分期的关系

分期	TNM	分期	TNM
0 期	原位癌	ⅢA 期	$T_{1\sim3}$，N_2，M_0
ⅠA	T_1，N_0，M_0		T_3，N_1，M_0
ⅠB 期	T_2，N_0，M_0	ⅢB 期	T_4，任何 N，M_0
ⅡA 期	T_1，N_1，M_0		任何 T，N_3，M_0
ⅡB 期	T_2，N_1，M_0	Ⅳ期	任何 T，任何 N，M_1
	T_3，N_0，M_0		

 * 隐匿性癌 T_X，N_0，M_0 不涉及分期

(一) 非小细胞肺癌 (NSCLC) 的治疗

1. 手术治疗 Ⅰ期和Ⅱ期（$T_{1\sim2}N_1$）的早期患者主要选择手术治疗达到根治目的，术中应对纵隔肺门淋巴结清扫及标记分组。当病灶局限，未侵犯对侧及高位纵隔淋巴结时，可行肺叶、肺段、楔形、双肺叶及袖状切除术。术后Ⅰ期患者切缘阴性者可选择观察。有高危特征（低分化癌、脉管受侵、楔形切除术、肿瘤靠近切缘）的患者进行辅助化疗。如切缘阳性需选择再次手术切除或化疗或放疗。术后Ⅱ期患者切缘阴性也需进行辅助化疗；切缘阳性者（$T_{1\sim2}N_1$）可选择再手术切除术，加辅助化疗或同步化放疗+化疗巩固；伴有高危因素者，如纵隔淋巴结清扫不彻底、多个肺门淋巴结阳性、淋巴结包膜外有侵犯、肿瘤靠近切缘等，应接受化放疗+化疗巩固。

ⅢA期（$T_{1\sim3}N_2$）患者当病灶已累及同侧纵隔淋巴结或胸壁，及Pancoast瘤未侵及椎体和交感神经节时，术前评估为可手术切除肿瘤，可术前先行新辅助化疗后手术，或手术后再行辅助化疗。术中可试行肿瘤切除加纵隔淋巴结清扫或胸壁重建。

Ⅳ期肺癌患者当肺部原发病灶按分期原则为Ⅰ、Ⅱ期，但同时伴有1个孤立性转移结节，如位于脑、肾上腺、对侧肺或同侧肺叶，该转移结节初步评估可行手术切除或放疗控制时，肺原发病灶仍应考虑手术切除，这样有可能延长患者的生存期。

2. 化学药物治疗（简称化疗）

（1）晚期NSCLC，包括ⅢB伴胸腔、心包积液及Ⅳ期肺癌或复发的NSCLC患者，均以姑息性化疗为主。要求PS评分0~2，PS较好的老年患者亦应给予适当治疗，PS较差的任何患者都不能从化疗中获益。化疗方案首选两药联合方案，三药联合方案无进一步优势。在未接受过治疗、PS评分0~1、无咯血史、非鳞癌、无脑转移、目前未进行抗凝治疗的NSCLC患者中可以加用贝伐珠单抗。NSCLC的一线化疗方案见表2-11-4。

（2）NSCLC的二线治疗：在一线治疗期间或之后疾病进展的患者，单药多西他赛、培美曲塞或酪氨酸激酶抑制剂厄洛替尼和吉非替尼可作为二线药物。见表2-11-5。

（3）NSCLC的三线治疗：已证实就生存期而言，厄洛替尼优于最佳支持治疗；对于未用过酪氨酸激酶抑制剂的患者，吉非替尼也可作为三线治疗。

3. 放射治疗 放射线对癌细胞有杀伤作用。放射治疗（简称放疗）可分为根治性和姑息性两种，根治性放疗用于Ⅰ期和Ⅱ期NSCLC患者。如由于医学原因不能接受外科治疗，体力状态较好和预计生存期较长，应接受根治性放疗±化疗。肿瘤最长径<5cm、淋巴结阴性、外周型病灶的患者可以考虑接受立体定向全身放疗（stereotaxis body radiotherapy, SBRT）。姑息性放疗目的在于抑制肿瘤的发展，延迟肿瘤扩散和化解症状，如对肺癌引起的顽固性咳嗽、咯血、肺不张、上腔静脉阻塞综合征有肯定疗效，也可缓解骨转移性疼痛和脑转移引起的症状。术后放疗详见手术治疗部分。常见的放疗毒副反应有白细胞减少、放射性肺炎、放射性肺纤维化和放射性食管炎等。对全身情况太差，有严重心、肺、肝、肾功能不全者应列为禁忌。接受根治性放疗或放化疗的患者，应尽量避免放疗中断或减少放疗剂量，除非具有高度且不可处理的毒性反应，如三度食管炎和血液学毒性。

4. 分子靶向治疗 肿瘤靶向治疗是针对参与肿瘤发生发展过程的细胞信号传导和其他生物学途径的治疗手段，其作用的靶点可以是细胞表面的生长因子受体或细胞内信号传导通路中重要的酶或蛋白质。随着靶向治疗的出现，对于肿瘤的治疗已远远超出了传统的化疗。目前分子靶向药物的主要类型有两种，即小分子酪氨酸激酶抑制剂及单克隆抗体。小分子酪氨酸激酶抑制剂又分单靶点如吉非替尼（IRESSA，易瑞沙）及厄洛替尼（Tarceva，特罗凯）；多靶点为舒尼替尼、索拉菲尼等。它们主要作用于肿瘤细胞内表皮生长因子受体（epidermal growth factor receptor, EGFR）ATP结合位点，抑制受体酪氨酸激酶（RTK）磷酸化，并可作用于多种类型的RTK。单克隆抗体主要作用于肿瘤细胞外生长因子（配体）或生长因子受体，为大分子蛋白质，如贝伐单抗和西妥昔单抗（爱必妥）。研究最多的是EGFR酪氨酸激酶阻断剂（EGFR tyrosine kinase inhibitor, EGFR-TKI）单药吉非替尼

表 2-11-4　NSCLC一线化学治疗方案

化疗方案	剂量（mg/m^2）*	用药时间	时间及周期
EP			
依托泊苷	100~125	d1~3	Q21d×4
顺铂	75	d1	
NP			
长春瑞滨	25	d1, d8	(Q21d~Q28d)×4
顺铂	80	d1	
NP+恩度			
长春瑞滨	25	d1, d8	(Q21d~Q28d)×4
顺铂	80	d1	
恩度	7.5mg（3~4h）	d1~d14	
PT/PC			
紫杉醇	135~175（3h）	d1	Q21d×4
顺铂	75	d2	
（或卡铂）	AUC=5~6	d1	
PC+贝伐单抗			
紫杉醇	135~175（3h）	d1	Q21d×4，疗程结束后，贝伐单抗每21天维持至疾病进展
卡铂	AUC=5~6	d1	
贝伐单抗	15mg/kg（4h）	d1	Q21d×4
GP/GC			
吉西他滨	1250	d1, d8	
顺铂	75	d2	
（或卡铂）	AUC=5~6	d1	Q21d×4
DP/DC			
多西他赛	75	d1	
顺铂	75	d1	
（或卡铂）	AUC=5~6	d1	Q21d×4
培美曲塞+顺铂			
培美曲塞	500	d1	
顺铂	75	d1	Q28d×4
CPT11/DDP			
伊立替康	60	d1, d8, d15	
顺铂	60	d1	Q21d×4
GV			
吉西他滨	500	d1, d8	
长春瑞滨	20~25	d1, d8	Q21d×4
GD			
吉西他滨	800~1000	d1, d8	
多西他赛	35~40	d1, d8	

*所有化疗药物均为静脉滴注。

表 2-11-5　NSCLC 二线化疗方案

化疗方案	剂量（mg/m²）	用药时间	时间及周期
多西他赛*	75	d1	Q21d×4
培美曲塞*	1000	d1	Q21d×4
厄洛替尼△	150mg/d	（至疾病进展或不能耐受）	
吉非替尼△	250mg/d	（至疾病进展或不能耐受	

* 静脉滴注；△ 口服

和厄洛替尼，在临床上已广泛用于 NSCLC 的二、三线治疗。血管内皮生长因子受体（vascular endothelial growth factor receptor，VEGFR）阻断剂目前研究较多的是阻断 VEGF 及其受体的单抗-贝伐单抗（bevacizumab）和抑制 VEGFR 和 EGFR 信号系统的酪氨酸激酶阻断剂-ZD6474（vandetanib）。贝伐单抗主要与化疗联合用于晚期 NSCLC 的一线治疗，可提高非鳞癌的 NSCLC 的疗效（27%）及中位生存期（12.5 个月）。ZD6474 的临床应用尚在研究中，有可能以单药或联合多西他赛作为 NSCLC 的二线治疗。

在应用 EGFR-TKI 治疗中，分子生物学及基因学的研究已发现凡有 KRAS 突变患者应用 EGFR-TKI 或单抗 EGFR-TKI，尤其是与化疗联合使用可加速肿瘤生长，造成治疗的主动伤害。

国际多中心吉非替尼一线治疗研究已证实，当患者的肿瘤不具有 EGFR 点突变时，疗效明显低于化疗，仅有 1.1% 的有效率，而有 EGFR 点突变者有效率达 80% 以上。上述研究仅刚起步，为提高 NSCLC 的靶向治疗效果，国内也应作为一热点进行研究。

（二）小细胞肺癌（SCLC）的治疗

目前 SCLC 的综合治疗方案中化疗是最基础的治疗方法。

1. SCLC 手术治疗适应证　病变局限于单个或单侧肺叶；一般情况较好；无系统脏器功能受损表现；PET/CT 代谢/影像未显示有转移灶，属真正 SCLC 早期（TNM IA 和 IB）的患者。推荐行术前新辅助化疗后才手术，手术后再辅助化疗 4～6 周期；有淋巴结转移，应进行放化联合。

2. 局限期 SCLC（LD-SCLC）　目前化疗方案为 EP：(DDP+VP-16)×4 周期，为 LD-SCLC 的金标准治疗方案，并在化疗第一或第二周期时开始放疗。联合治疗达到完全缓解后，可考虑预防性脑放疗。

3. 广泛期 SCLC（ED-SCLC）　姑息性化疗为主要手段，一线及二线化疗见表 2-11-6。

表 2-11-6　ED-SCLC 化疗方案

	方案	周期
一线化疗*	DDP 60mg/m²，d1 VP-16 120mg/m²，d1～3	Q21d×（4～6）
	DDP 60mg/m²，d1 CPT-11 60mg/m²，d1～3	Q28d×（4～6）
	CBP AUC=5，d1 VP-16 100～120mg/m²，d1～5	Q28d×（4～6）
二线化疗	托泊替康 1.25～1.5mg/m² d1 iv>30 分钟	Q21d×（4～6）
	托泊替康 4mg/m² d1 iv	每周 1 次 12 小时连续

* 均为静脉滴注

在 ED-SCLC 中放疗不是常规治疗方法，仅当患者有局部并发症时才考虑姑息放疗，如有严重的疼痛、气道阻塞及咯血等。

（三）姑息治疗

大多数肺癌病人在明确诊断前已为局部晚期或有远处转移，失去手术根治机会，而全身化疗或放疗毒副反应大，对于全身情况差及老年晚期患者，耐受性极差，应主要以减轻和治疗癌症相关症状和体征，使肺癌患者都能充分接受无痛苦治疗，从而减轻症状，提高生活质量，延长生命。肺癌晚期的主要症状 SCLC 和 NSCLC 的症状相似，并且是多样化的：心理上（焦虑和抑郁），一般症状（疲倦、精神衰弱、食欲减低和失眠），胸部症状（气短、咳嗽、咯血等）及疼痛、恶病质等。姑息治疗主要针对上述症状给以药物治疗或心理干预，从而改善生活质量，延长生存。

（四）生物反应调节剂治疗

免疫生物治疗已成为肿瘤治疗的重要部分，如小剂量干扰素（2×10^6 U）每周 3 次间歇疗法。白细胞介素 2（IL-2）、肿瘤坏死因子（TNF）、集落刺激因子（CSF）等在肺癌的治疗中能增加机体对化疗、放疗的耐受性，提高疗效。

（五）中医药治疗

祖国医学有许多单方、配方在肺癌的治疗中可以与西药治疗协同作用，减少病人对放疗、化疗的反应，提高机体抗病能力，在巩固疗效，促进、恢复机体功能中起到辅助作用。

【预后和预防】

（一）预后

总体上说，支气管肺癌的预后很差，主要取决于能否早期诊断和及早综合治疗。长期存活的 SCLC 和 NSCLC 病人有发生第二种原发性肺癌的危险，故应积极预防干预。

（二）预防

主要的预防措施包括两个方面：

1. 减少或避免在生产和生活环境中含有致癌物质污染的空气和粉尘吸入。广泛宣传吸烟的危害、大力提倡戒烟（尤其是避免年轻人开始吸烟）、公共场所禁止吸烟，以及通过增加对香烟制品的收税来减少烟民等，是已经被许多国家和地区证明行之有效的预防肺癌的措施。大约 30％烟民的戒烟取得了成功，内科医生的积极宣教戒烟将能发挥重要的作用。

2. 加强劳动保护，积极开展防癌宣传教育。

3. 对高危人群进行重点普查，早期发现、早期诊断和早期治疗肺癌。

4. 化学预防可能有效。如视黄酸衍生物、类胡萝卜素、维生素 E、C 及干扰生长因子因素转导变异的药物等的预防肺癌作用目前正在研究中。

（李龙芸　魏丽娟）

第十二章 胸膜疾病

胸膜围衬在肺、纵隔、横膈和胸壁内面，形成一潜在的胸膜腔。包绕在肺表面的称为脏层胸膜，覆盖胸壁内面、纵隔和横膈的称为壁层胸膜。胸膜易受多种疾病累及，胸膜本身的疾病（如炎症和肿瘤）或全身性疾病累及胸膜，均可引起胸腔积液；胸膜腔内进入气体可引起气胸。

第一节 胸腔积液

在正常情况下，胸膜腔内含有极少量的液体（5~15ml），呼吸运动时在胸膜之间起润滑作用，其产生和吸收处于动态平衡，转运率每日可超过1 000ml。任何病理原因导致胸腔内液体产生过多或吸收减少时，即出现胸腔积液（pleural effusion）。

一、概论

【形成机制】

健康人胸膜腔内压力为负压，呼吸时平均为-5cmH_2O。胸膜为半透膜，大分子如白蛋白在胸液中的含量明显低于血浆，胶体渗透压约为8cmH_2O，而体循环和肺循环血管中的胶体渗透压则高达34cmH_2O。壁层胸膜由体循环供血，毛细血管静水压较高（30cmH_2O），而脏层胸膜由肺循环供血，静水压较低（11cmH_2O）。上述不同压力作用的最终结果是，液体由壁层胸膜进入胸膜腔，并从脏层胸膜以相等的速度被吸收。胸膜毛细血管内静水压增高，胶体渗透压降低，毛细血管壁通透性增加，或血管、食管损伤，都可引起胸腔积液。

胸膜壁层淋巴管是淋巴回流、防止胸液积聚的主要途径，胸液中的蛋白质也通过淋巴管返回循环血浆。淋巴回流障碍是胸腔积液产生的重要机制之一。

【临床表现】

胸腔积液本身引起的症状主要是胸闷和呼吸困难，积液量少时多不明显，500ml以上时可感胸闷，大量积液时呼吸困难明显。根据胸液量的不同，体征可表现为患侧胸壁运动受限，气管向健侧移位，局部叩诊浊音，触觉和听觉语颤减低，呼吸音减低，闻及胸膜摩擦音等。不同的疾病尚有不同的临床表现，如结核性胸膜炎和肺炎引起的胸腔积液，可有发热和胸痛，胸痛尤以早期明显，为吸气性。肿瘤则多表现有低热和恶液质。结缔组织病常有其他系统的症状和体征。

【诊断】

胸腔积液的诊断过程包括：①明确有无胸腔积液；②明确胸腔积液是渗出液还是漏出液；③明确胸腔积液的病因。

1. 明确有无胸腔积液　积液量较大（300ml以上）时，查体可提示胸腔积液的存在。X线检查是发现胸腔积液的重要手段，300~500ml积液在X线下仅表现为肋膈角变钝。积液更多时，则显示典型的积液影，即向外侧、向上的弧形上缘的阴影。平卧时积液散开，使整个肺野透亮度减低。大量积液时显示整个患侧胸腔阴暗，纵隔被推向健侧。液气胸时积液上可见液面。

B超对发现胸腔积液及其定位很有帮助，特别是在积液量较少或积液包裹时，B超定位可提高胸腔穿刺的准确性和安全性。CT检查可鉴别胸腔积液和胸膜增厚，同时可发现X线检查不易检出的肺内病变、纵隔和气管旁淋巴结，对胸腔积液的病因诊断极有价值。胸腔穿刺抽出液体，可确定胸腔积液的存在。

2. 渗出液和漏出液的鉴别诊断　根据胸腔积液发生的机制不同，可将胸腔积液分为漏出液和渗出液。因毛细血管内静水压增高，或胶体渗透压减低出现的积液一般为漏出液；因各种疾病引起毛细血管壁通透性增加、淋巴引流障碍或创伤引起的，一般为渗出液。正确区分漏出液和渗出液对于明确胸腔积液的病因极为重要，有鉴别诊断价值的指标见表2-12-1。

表 2-12-1　漏出液和渗出液的鉴别诊断指标

指标	漏出液	渗出液
外观	清澈、透明	草黄色或血性，浑浊
比重	<1.018	>1.018
黏蛋白试验	阳性	阴性
白细胞数	$<500\times10^6/L$	$>500\times10^6/L$
蛋白定量	<30 g/L	>30 g/L
LDH	<200 U/L	>200 U/L

需指出的是，上述判定漏出液和渗出液的各项指标并不是绝对的，其中以蛋白定量和LDH敏感性和特异性较高。LDH>200 U/L基本上可以确诊渗出液，但LDH<200U/L并不能排除渗出液。临床上应同时测定血清蛋白和LDH，以各自胸液中的含量计算比值，可提高敏感性。如胸液蛋白/血清蛋白>0.5，或胸液LDH/血清LDH>0.6，可诊断为渗出液。

3. 胸腔积液的病因诊断　漏出液的常见病因根据胸液产生的机制不同，可分为两大类：由毛细血管内静水压增高引起者，以充血性心力衰竭最常见，其他还有缩窄性心包炎、上腔静脉阻塞等；由毛细血管内胶体渗透压降低引起者包括低蛋白血症、肝硬化、肾病综合征等。

渗出液的病因繁杂，可分为以下几大类。感染性疾病中以结核病和肺炎常见，肿瘤疾病多为胸膜转移癌。风湿免疫性疾病如类风湿关节炎、系统性红斑狼疮、皮肌炎等累及胸膜亦较常见。肺栓塞、腹部疾病、胸腹部手术、胸导管阻塞、尿毒症、药物反应等都可分别引起渗出液、血胸、乳糜胸等。胸腔积液的常见病因及部分少见病因见表2-12-2。

表 2-12-2　胸腔积液的病因

漏出液	渗出液
充血性心力衰竭	感染性疾病
肝硬化	结核病，细菌、真菌、病毒、寄生虫等感染
肾病综合征	肿瘤
低蛋白血症	胸膜转移癌，胸膜间皮瘤
腹膜透析	肺血栓栓塞症
上腔静脉阻塞综合征	胃肠道疾病
黏液水肿	胰腺炎、食管破裂、腹腔脓肿
肺血栓栓塞症	风湿免疫性疾病
	类风湿关节炎、系统性红斑狼疮等
	药物
	呋喃坦丁、胺碘酮、IL-2等
	石棉暴露
	手术后
	腹部手术、冠状动脉搭桥术
	乳糜胸
	血胸
	尿毒症胸膜炎
	结节病
	心肌梗死后（Dressler综合征）
	心脏损伤后综合征
	黄甲综合征（yellow nail syndrome）
	Meigs综合征

渗出液的病因，应通过详细询问病史、认真查体和相关的辅助检查综合诊断。胸液分析对部分病例可明确诊断，但在很多情况下只能提示诊断。多次进行胸液分析，可提高诊断的阳性率，其中常用的诊断指标见表2-12-3。如果怀疑结核或肿瘤，而多次胸液分析又不能确诊时，应进行经皮胸膜活检组织学检查，病理发现肉芽肿或癌组织，可确诊结核或肿瘤。仍不能确诊者，可考虑胸腔镜下胸膜活检，阳性率可达90%以上。

表 2-12-3 常用的胸液检查指标及其诊断意义

检查指标	异常值	疾病
红细胞计数	>10万/mm³	恶性肿瘤、创伤、肺栓塞
白细胞	>1万/mm³	细菌（不包括结核菌）感染
中性粒细胞	>50%	急性胸膜炎
淋巴细胞	>90%	结核、恶性肿瘤
嗜酸性粒细胞	>10%	石棉性胸膜炎、气胸、感染恢复期
间皮细胞	无	结核
病原体染色或培养	阳性	感染（结核、细菌、真菌、寄生虫等）
癌细胞	阳性	恶性肿瘤
腺苷脱氨酶（ADA）	>45U/L	结核
葡萄糖	<60mg/dl	脓胸、结核、恶性肿瘤、类风湿关节炎
pH值	<7.20	感染、恶性肿瘤、食管破裂
淀粉酶（胸液/血清）>1.0		胰腺炎
癌胚抗原（CEA）	>10μg/L	恶性肿瘤
三酰甘油	>4.52mmol/L	乳糜胸

【治疗原则】

胸腔积液的治疗应以治疗原发病为主。漏出液常在病因纠正后自行消退，如积液量较大，有明显呼吸困难时，胸穿抽液有助于缓解症状。渗出性胸膜炎以结核、肺炎和肿瘤最常见，治疗原则有所不同。

1. 结核性胸膜炎　在正规抗结核治疗的基础上，配合胸穿抽液治疗（参见后文）。

2. 肺炎旁胸腔积液（parapneumonic effusion）和脓胸（empyema）　细菌性肺炎伴发少量胸腔积液常见，经抗感染治疗后，可自行消退，不需胸穿抽液或特别治疗。在少数情况下，胸腔积液量较大，需与早期的结核性胸膜炎相鉴别。治疗须在抗感染的基础上，积极胸穿抽液，必要时行闭式引流。如治疗不及时，细菌在胸膜腔内繁殖，肺炎旁积液可发展成脓胸。脓胸的治疗包括全身抗感染、胸腔引流和胸腔内局部冲洗和使用抗生素。慢性脓胸出现胸膜增厚、胸廓塌陷、肺功能障碍时，可考虑外科手术治疗。

3. 恶性胸腔积液　恶性肿瘤出现胸腔积液时已属晚期，多不宜手术治疗，预后不良。胸穿抽液可暂时缓解症状。胸膜腔内注入滑石粉或四环素实行胸膜粘连术，可防止胸液形成，为姑息疗法。全身化疗、胸腔内局部化疗或局部放疗，在部分病例可有一定疗效。

二、结核性胸膜炎

结核性胸膜炎（tuberculous pleuritis）是以胸腔积液为主要表现的最常见的疾病之一。它是机体处于高度过敏状态，结核菌素和蛋白成分引起的反应性胸膜炎症，是结核分枝杆菌感染累及胸膜的结果。结核菌到达胸膜的途径有：①结核分枝杆菌通过淋巴管侵及胸膜；②胸膜邻近的结核灶破溃，结核菌或其产物直接进入胸膜腔；③急性或亚急性血行播散。病变早期为胸膜充血，白细胞浸润，炎症细胞以淋巴细胞占优势。胸膜表面有纤维素渗出，随之浆液形成，胸膜常有结核结节。

【临床表现】

一般认为结核性胸腔积液是一种慢性疾病，但疾病早期可呈急性过程。大多数病人以干咳、胸痛和发热为首发症状。胸痛随呼吸、咳嗽加重，此因胸膜相互贴近摩擦所致，称为"干性胸膜炎"。随着胸液增加，胸痛消失，称为"渗出性胸膜炎"。发热多为低热，但也有体温达39.0℃以上者，特别在年轻患者。病程稍长，可出现盗汗、乏力、食欲减退等结核中毒症状。胸液量较大时有胸闷和呼吸困难。X线检查多表现为一侧胸腔的中等量积液，但个别也有双侧积液。肺内常见不到明显的结核病灶。CT检查有时可发现肺实质内微小的结核病变。结核菌素（PPD）试验多为阳性，但不少病例早期可为阴性，8周内重复试验一般都会转为阳性。病情早期，血中WBC总数可轻度升高，以中性粒细胞为主，此后WBC总数多转为正常。血沉多增快。

【胸液分析】

结核性胸液通常为浆液性或浆液血性，多为草黄色，透明或微浊，呈毛玻璃状。少数可为深黄色、浅红色或血性。比重、蛋白定量和LDH测量，符合渗出液特征。胸液涂片或培养发现结核杆菌是唯一的确诊手段，但涂片的阳性率极低（不足10%），结核分枝杆菌培养阳性率稍高（20%左右），但需时长，对早期诊断没有实用价值。因此，临床上大多数结核性胸膜炎的诊断是通过结合临床表现，对胸液进行综合分析做出的。一般来说，结核性胸液的白细胞中50%以上是成熟的淋巴细胞，分类计数成熟淋巴细胞占80%以上，则强烈提示结核或恶性肿瘤。间皮细胞少见，如果在分类计数中占5%以上，则结核的可能性很小。腺苷脱氨酶（ADA）升高（>45U/L）是结核性胸液的一个重要特征，只有极个别脓胸和类风湿关节炎患者胸液中ADA大于此值。

【诊断与鉴别诊断】

年龄、病史、症状和体征对诊断都有重要参考价值。年轻病人胸膜炎以结核性为常见，如有上述典型症状和胸液特点，诊断不难。如果胸液为渗出液，分类计数以淋巴细胞为主，ADA明显升高，是诊断结核的有力证据。ADA水平越高，特异性亦越高，如>70U/L，其敏感性和特异性均大于95%。在诊断困难病例，经皮胸膜活检对确诊有重要帮助。活检发现肉芽肿是结核的重要依据，阳性率60%左右。尽管真菌感染、结节病、类风湿关节炎也可出现肉芽肿性胸膜炎，但临床少见。

结核性胸腔积液最重要的是与恶性胸腔积液鉴别。特别是在中年以上患者，胸液分析没有发现结核杆菌，ADA没有明显升高时，须与肿瘤鉴别。大量血性积液，抽液后又迅速增长者，要慎重考虑恶性肿瘤的可能。胸液细胞学检查，找到瘤细胞是最有效的确诊方法，反复检查可提高阳性率。经皮胸膜活检亦可发现肿瘤组织，但阳性率不及细胞学检查。肿瘤标记物以CEA特异性较高，对诊断有提示作用。在疑难病例，可考虑行胸腔镜检查或开胸胸膜活检。仔细询问病史和查体、胸部X线和CT检查寻找肺内病变、痰细胞学检查、支气管镜检查、寻找肺外肿瘤病灶等，对恶性积液的诊断都有重要意义。

结核性胸膜炎的急性期应与细菌性肺炎鉴别，特别是当肺炎伴发胸腔积液时。肺炎多表现为高热、咳嗽、咳痰（特别是黄脓痰）明显，血WBC明显升高，X线检查可发现渗出性病灶。如伴发胸腔积液，胸液细胞数明显升高，分类以中性粒细胞为主。但需注意的是，早期的结核性胸膜炎也可以中性粒细胞为主。抗感染治疗有显效也有助于鉴别。

风湿免疫性疾病引起的胸腔积液，也可以淋巴细胞为主，有时需与结核性胸膜炎鉴别。胸液中抗核抗体（ANA）滴度增高、类风湿因子（RF）阳性、补体减少等可提示诊断。确诊还需有相应的全身多系统症状和体征，以及血清免疫指标等。

早期结核性胸膜炎胸痛明显，X线检查胸腔积液不明显时，还应注意与流行性胸痛和肋间神经痛鉴别。

【治疗】

结核性胸膜炎的治疗目的在于治疗和预防后发的活动性结核；解除症状和防止胸膜粘连。首先应及时给予积极的抗结核治疗，药物选择及疗程与其他肺结核相同（参阅第五章肺结核）。

少量胸液一般不需抽液治疗，抗结核治疗后可自行消退。中等量以上积液应积极抽液，减轻症状，防止胸膜粘连和胸膜增厚。一般每周可抽液2～3次，直到积液不易抽出时。每次抽液量不宜超过1000ml。积液少或形成包裹时，B超有助于确定穿刺部位，提高穿刺成功率和减少并发症。胸穿的并发症有胸膜反应，表现为头晕、出汗、面色苍白、心悸、脉细、四肢发凉，此时应立即停止抽液，患者平卧，必要时皮下注射0.1%肾上腺素0.5ml，密切观察血压，注意休克的发生。另一个需注意的问题是，抽液不宜过多过快，否则可导致胸膜腔内压力骤减，发生复张性肺水肿（见"气胸"一节）。

积液量大、全身中毒症状明显者，在合理抗结核治疗的同时，可考虑试用糖皮质激素（如泼尼松30mg/d），以加快胸液吸收，减少胸膜粘连的发生。

第二节 气 胸

胸膜腔是一个不含空气的密闭的潜在性腔隙，任何原因使胸膜破损，空气进入胸膜腔，即形成气胸（pneumothorax）。气胸可分为自发性气胸（spontaneous pneumothorax）和外伤性气胸（traumatic pneumothorax），前者无外伤史或无明显原因；后者可由胸部创伤引起，如累及肺、支气管或食管的钝伤或穿透伤。医源性气胸（诊断或治疗措施所致）也可看作是外伤性气胸。自发性气胸又可再分为特发性和继发性。特发性气胸发生在健康人，继发性气胸则发生在有基础肺病的患者。本节主要论述自发性气胸。

【临床类型】

特发性自发性气胸（简称特发性气胸）最多见于20～40岁的瘦长型男性。胸膜腔内压在肺尖最低（负压最大），而负压的大小又与肺的高度相关。个头较高的人，其肺泡受到的平均膨胀压要大。长期如此，在有相应遗传倾向的体形较高的人，这种现象可导致胸膜下小疱（bleb）形成。特发性气胸的原因，最常见是肺尖的胸膜下小疱或肺大疱（bullae）破裂。特发性气胸的复发率较高，大约为25%，多发生在第一次发病后2年内。

继发性自发性气胸（简称继发性气胸）比特发性气胸严重，因为患者有基础肺病。发病年龄比特发性气胸大15～20岁。继发性气胸与许多肺部疾病相关，慢性阻塞性肺病（COPD）是最常见的原因。其他疾病包括哮喘、肺结核、肺炎（如金黄色葡萄球菌肺炎）、肺脓肿、肺癌、尘肺、肺间质纤维化等。

根据脏层胸膜破口的情况以及气胸对胸腔内压力的影响，将自发性气胸分为以下三种类型：

1. 闭合性（单纯性）气胸 气胸发生后脏层胸膜破口自行闭合，不再有空气漏入胸膜腔。胸膜腔内测压显示压力增高，但在抽气后压力下降，不再升高。胸膜腔内残余气体将自行吸收，压力可维持负压，肺逐渐复张。

2. 张力性（高压性）气胸 如果胸膜腔内压力在呼气和吸气时都高于大气压，则说明存在张力性气胸（tension pneumothorax）。其发生机制是胸膜破口形成活瓣状阻塞，吸气时胸膜腔内为负压，空气进入胸膜腔；呼气时胸膜腔内为正压，活瓣关闭，气体不能再经破口返回呼吸道而排出体外。其结果是胸膜腔内气体愈积愈多，形成高压，使肺受压。胸膜腔内测压显示压力明显升高，抽气至负压后，很快又恢复正压。

3. 交通性（开放性）气胸 胸膜破口持续开启，形成支气管胸膜瘘，吸气和呼气时，空气自由进出胸膜腔。胸膜腔内压力在0上下波动，抽气后观察数分钟，压力并不降低。多见于有基础肺病如COPD患者。

【临床表现】

气胸的主要症状是胸痛和呼吸困难。胸痛通常为急性,为胸膜性疼痛。咳嗽、咯血、端坐呼吸亦可出现。个别病人无明显症状。

特发性气胸多在休息时发生,但在部分病人,可有如持重物、屏气、剧烈运动等诱因。呼吸困难和胸痛可在发病后 24 小时内缓解。继发性气胸症状多较严重,呼吸困难症状与气胸程度可不呈比例。

少量气胸(20%以下)体检可无异常发现。气胸量较大时表现为患侧胸廓饱满,运动度减小,触觉语颤消失,叩诊过清音,呼吸音减低或消失。严重的心动过速、低血压、发绀或气管移位,提示张力性气胸可能。

动脉血气通常表现为低氧血症,因过度通气,多伴低碳酸血症。在有基础肺病患者,可出现严重的低氧血症和二氧化碳潴留。

X 线检查是诊断气胸的重要方法,可显示肺被气胸压迫、萎陷的程度,肺内病变情况以及有无胸膜粘连、胸腔积液和纵隔移位等。典型的气胸征为无肺纹理的均匀透亮区的胸膜腔积气带,其内侧为呈弧形的线状肺压缩边缘。胸部 CT 可清楚显示胸腔积气的位置,尤其对于发现胸膜下小疱和肺大疱,明确气胸的原因很有意义。

【诊断和鉴别诊断】

突发一侧胸痛,伴有呼吸困难,查体发现气胸体征,可做出初步诊断。X 线显示气胸征是确诊依据。病情危重不容许做 X 线检查时,可在患侧气胸积气征最明显处试行胸腔穿刺,如测压为正压且抽出气体,说明有气胸存在。抽气后观察胸膜腔内压力变化,可判断气胸类型。

自发性气胸有时酷似其他呼吸和心血管疾病,需予以鉴别。

1. 哮喘和 COPD 均表现有呼吸困难,体征亦有相似之处。但这两种疾病多有长期发作史,仔细询问病史,可资鉴别。X 线检查哮喘和 COPD 均可表现有肺容积增大的过度充气征或肺气肿征,需与气胸征鉴别。有时哮喘和 COPD 患者突发呼吸困难加重,应考虑并发气胸的可能,应及时行 X 线检查鉴别。

2. 急性心肌梗死 有急起胸痛、胸闷甚至呼吸困难、休克等表现,但多有高血压、冠心病病史。心电图和 X 线检查可鉴别。

3. 肺栓塞 突发胸痛和呼吸困难与气胸的临床表现相似。常伴发热、咯血、血白细胞升高,有栓子来源的基础病。血 D-二聚体升高有助于快速鉴别。X 线检查无气胸征。

4. 肺大疱 位于肺周边部位的肺大疱有时在 X 线下易被误为气胸。肺大疱为圆形或卵圆形透光区,其边缘看不到发线状气胸线。肺大疱向周围膨胀,将肺压向肺尖区、肋膈角和心膈角,与气胸征不同。

5. 急性胸膜炎 结核或肺炎引起的急性胸膜炎可有突发胸痛和胸闷,常伴发热和其他感染表现。X 线检查可鉴别。

6. 其他 急腹症、肋软骨炎出现明显胸痛症状者,亦须与气胸鉴别。

【治疗】

(一)一般处理

所有气胸病人均应卧床休息,限制活动。肺压缩在 20%以下、呼吸困难不明显时不需抽气,气体可在 2~3 周内自行吸收,但应动态观察积气量的变化。吸氧可提高血氧分压,还可能有促进气胸吸收的作用。必要时给予镇咳等对症治疗。有感染时,应视情况给予相应的抗生素。

(二)排气治疗

排气减压,促进肺尽早复张是气胸急症处理的关键。肺压缩超过 20%的闭合性气胸,尤其在肺功能不好的基础肺病病人,抽气是解除呼吸困难的首要措施。可每日或隔日抽气一次,每次不超过 1000ml,直至肺大部分复张。张力性气胸和闭合性气胸应积极抽气,必要时进行持续胸腔闭式引流。

1. 简易法 一般用 50~100ml 注射器和普通针头进行抽气。情况紧急,特别在张力性气胸,没有相应设备时，可用橡皮指套扎在针头的尾部，指套末端剪一小裂缝，针头插入胸膜腔，借助呼气胸腔压升高将气体从指套排出，而吸气时为负压，指套裂缝闭合，空气不能进入胸腔。

2. 气胸箱抽气　可观察抽气前后胸腔内的压力，判断气胸类型，同时记录抽气量。多适用于闭合性气胸。

3. 水封瓶闭式引流正压排气　将灭菌胶管（排气管）插入胸腔，固定后，另端连接于水封瓶的玻璃管上，管口在水平面下 1~2cm，使胸腔内压力保持在 1~2cmH$_2$O 以下，如胸腔内积气超过此正压，气体便通过导管排出。闭式引流后水封瓶中不再有气泡逸出，且玻璃管中液面上升随呼吸自然波动，说明肺破口已愈合，漏气停止，继续观察 1~2 天无变化，钳子夹排气管再观察 24 小时，病情稳定，X 线检查肺已复张，即可拔管。有时虽没有气泡冒出水面，但病人气急未缓解，可能是导管不够通畅；或玻璃管内液面不波动，提示管内堵塞，或排气管口贴近胸壁或复张的肺，可转动方向或用生理盐水冲洗，必要时更换插管。

4. 持续负压排气　闭式引流持续 1 周以上，气泡仍逸出，说明破口未愈合，应加用负压吸引，以利肺复张和破口愈合。为了防止负压过大，对肺造成损伤，一般采用调压瓶，使负压不超过 -8~-12cmH$_2$O。持续负压吸引 2~3 天，绝大多数病例肺可复张。

（三）胸膜粘连术

复发性气胸可考虑胸膜粘连术（pleurodesis）治疗。通过胸膜腔插管或在胸腔镜直视下，注入硬化剂（如滑石粉、四环素、50% 葡萄糖等），产生无菌性炎症，胸膜广泛粘连，闭锁胸膜腔，防止气胸复发。术前应用负压吸引闭式引流，使肺完全复张。为避免药物引起的胸痛，先注入适当利多卡因，让患者转动体位，使胸膜充分麻醉，15~20 分钟后注入粘连剂。嘱患者反复转动体位，让药液均匀涂布在胸膜表面。如一次无效，可重复注药。观察 2~3 天，经 X 线检查证实气胸消失，可拔除引流管。

（四）外科治疗

经内科积极治疗 3 个月以上，破口不愈合，肺未复张者（慢性气胸）；交通性气胸保守治疗无效者；复发性气胸（约 1/3 气胸 2~3 年内可同侧复发）保守治疗无效者和血气胸，均需外科手术治疗。手术方法包括大疱切除、折叠缝合、瘢痕切除、壁层胸膜部分切除、甚至肺叶或全肺切除。

（五）并发症治疗

1. 纵隔气肿和皮下气肿　高压气胸抽气或安装闭式引流后，气体可沿针孔或切口进入胸壁皮下，引起皮下气肿。严重者可蔓延至腹壁和上肢皮下。气体进入肺间质，经血管鞘、肺门进入纵隔，可引起纵隔气肿。X 线检查可见到皮下和纵隔旁透明带。症状和体征包括胸骨后疼痛，呼吸困难和发绀，血压减低，心浊音界缩小或消失，心音遥远。气胸经有效治疗后，胸腔内气体排除减压，纵隔和皮下气肿可自行吸收。纵隔气肿压力过高，产生压迫症状时，可作胸骨上窝穿刺或切开排气。

2. 脓气胸　由金黄色葡萄球菌、肺炎克雷白杆菌、铜绿假单胞菌、结核杆菌以及厌氧菌引起的肺炎、肺脓肿及干酪性肺炎，可并发脓气胸。常有支气管胸膜瘘形成。除积极给予相应的抗菌治疗外，还应根据病情考虑手术治疗。

3. 复张性肺水肿　如果肺快速复张，可出现单侧肺水肿。个别情况下，可发展为双侧，需插管和机械通气治疗。其原因可能是在肺复张的过程中，机械力损伤肺毛细血管，通透性增加。临床表现为咳嗽、气急、咯大量泡沫样痰、双肺满布湿啰音、PaO_2 下降，X 线示肺水肿征。治疗上应立即吸氧，酌情使用糖皮质激素和利尿剂，注意水电解质平衡。如患者度过最初的 48 小时，病情一般可完全恢复。

【预后】

特发性气胸复发率较高，单纯观察者 30%~40%，抽气治疗者 25%~40%，插管引流者 25%~30%，胸膜粘连术 10%~25%，手术治疗 0.6%~2%。继发性气胸的预后取决于原发病的性质、肺功能状态和有无并发症。

第三节 胸膜肿瘤

　　胸膜肿瘤最常见的是胸膜转移癌。原发性胸膜肿瘤少见，主要是胸膜间皮瘤。胸膜转移癌临床上常以胸腔积液就诊。胸液分析表现为渗出液，以淋巴细胞为主，找到瘤细胞可确诊。闭式胸膜活检或胸腔镜下胸膜活检是确立诊断的重要手段。胸膜转移癌常见的原发灶包括肺、胃肠道、乳腺、前列腺、卵巢等。

　　胸膜间皮瘤的确切病因仍不清楚，但其发病与石棉接触密切相关。胸膜间皮瘤可分为孤立型和弥漫型；前者多为良性，恶性少见；后者多为恶性。良性孤立型多无症状或体征，常因体格检查或其他原因行X线检查发现。恶性胸膜间皮瘤的主要症状包括胸痛和胸腔积液导致的呼吸困难，查体可发现胸腔积液征，有的可见胸壁肿块。胸液分析为渗出液，可见到恶性间皮细胞，但与转移癌不易鉴别，因此病理学诊断往往需要胸膜活检。胸腔镜下胸膜活检可取得较大块组织，且创伤性相对小，已取代开胸活检。

　　孤立型无论是良性还是恶性，均应手术治疗，多能治愈。弥漫型恶性间皮瘤预后极差，目前尚无统一的治疗方案，可选择放疗或化疗。胸膜固定或粘连术等姑息治疗可暂时缓解呼吸困难症状。

（孙永昌）

第十三章 呼吸调节异常疾病

第一节 睡眠呼吸暂停低通气综合征

睡眠呼吸暂停/低通气综合征（sleep apnea hypopnea syndrome，SAHS），是上气道阻塞和/或中枢性呼吸抑制引起的以睡眠中反复出现的伴或不伴有鼾声的低通气或呼吸暂停及日间嗜睡等临床症状为特点的综合征。其对机体的主要危害是间歇性睡眠低氧血症和睡眠结构的破坏，极易合并心脑血管等多系统、多器官疾病，严重者可发生睡眠猝死。本病是一种常见的、具有一定潜在危险性和严重危害人们健康和生命的疾病，近年来引起了国内外社会和临床医学界的高度重视。

临床上睡眠呼吸暂停综合征分为阻塞性、中枢性和混合性三种类型，其中阻塞性的发病率远高于中枢性，而阻塞性患者中多数存在中枢性成分或部分受中枢性因素的影响。

一、阻塞性睡眠呼吸暂停低通气综合征

阻塞性睡眠呼吸暂停低通气综合征（obstructive sleep apnea hypopnea syndrome，OSAHS）为上气道不同水平的狭窄引起睡眠中反复打鼾伴低通气和/或呼吸暂停，以晨起头痛、日间嗜睡等为主要症状的综合征。间歇性睡眠低氧血症、高碳酸血症和睡眠结构的破坏是该综合征主要的病理学改变。患者多同时存在呼吸、心脑血管、精神神经、血液和内分泌等多系统的合并症。

【流行病学】

阻塞性睡眠呼吸暂停低通气综合征的平均患病率为1.6%~5%。其中患病率最高者为15%，最低者为1.4%，近年报道患病率有增长趋势。患者多在40岁以上，患病率男性高于女性，女性绝经期后患者的患病率明显增加。

【病因】

OSAHS发生的主要原因是上气道的狭窄和阻塞，上气道是指由鼻孔至声带段的呼吸通道。上气道任何部位的狭窄都可以引起OSAHS，但是多数患者阻塞的部位发生在咽部。咽部又分为鼻咽、口咽和喉咽三个不同部位，狭窄和阻塞可发生在其中一个或多个部位，咽腔的塌陷部位会随睡眠分期和体位不同而发生变化。鼻腔的肿物，鼻甲肥大，鼻中隔偏曲，扁桃体肥大，巨舌，软腭松弛、肥厚和下垂及小下颌等颌面结构异常都是发病的直接原因，遗传因素也与发病有关。中老年男性、绝经期后的女性、肥胖者、甲状腺功能低下和肢端肥大症患者等都是OSAHS发生的高危人群。

【临床表现】

OSAHS患者多为40岁以上的男性和绝经期后的女性。肥胖或短颈及双下颌者多见。典型的临床表现为睡眠中打鼾和反复发生的呼吸暂停、肢体抽动和睡眠的中断。重者可发生睡眠中憋醒、尿床和神志丧失，少数患者会因为致命性低氧血症引发猝死。晨起疲乏无力、头痛和不同程度的日间嗜睡，常因白天嗜睡而发生恶性的交通和生产事故。尚可出现智力和记忆力的减退，抑郁、性格的改变及性欲减低。患者多同时伴有高血压、特别是夜间和晨起血压升高、冠心病、脑血管疾病、代谢综合征等多系统合并症。

【实验室检查】

多导睡眠图的监测（PSG）是睡眠呼吸暂停患者必要的实验室检查，患者需要在睡眠实验室进行包括脑电、眼电、心电、肌电、胸腹运动、呼吸流速和血氧饱和度等多个指标至少7个小时的监测。在没有条件的地方，仅包括呼吸流速、血氧饱和度等3~5个指标简易的睡眠监测也可以对诊断有重

要意义。

呼吸暂停是指每次呼吸中断的时间大于 10 秒；低通气指呼吸的气流或胸腹呼吸运动的幅度减少 50%，时间大于 10 秒，同时伴有血氧饱和度下降等于或大于 4%。PSG 报告的呼吸暂停和低通气指数（apnea hypopnea index，AHI）大于每小时 5 次，或整夜 7 小时睡眠超过 30 次即可作为实验室诊断标准。

OSAHS 的病情分级：AHI 为 5～15、夜间最低血氧饱和度在 85%～89% 间为轻度；AHI 为 16～30、夜间最低血氧饱和度在 80%～84% 间为中度；AHI 为 30 以上、夜间最低血氧饱和度在 80% 以下为重度。当最低血氧饱和度与 AHI 分级不一致时服从于 AHI 分级。

根据 Epworth 嗜睡量表（表 2-13-1）评分标准对患者日间嗜睡的程度做出判断，评分大于 9 视为异常，并作为诊断 OSAHS 标准之一。

表 2-13-1　Epworth 嗜睡量表

在以下情况下有无瞌睡的可能性：从不（0）很少（1）有时（2）经常（3）
坐着阅读时
看电视时
在公共场所不活动时（如开会）
长时间坐车不休息（1 小时以上）
坐着与人谈话
饭后休息（未饮酒）
开车等信号灯时
下午静卧休息时

【诊断和鉴别诊断】

根据打鼾及目击者提供的睡眠中反复发生呼吸暂停的病史，中年以上肥胖、短颈、晨起头痛、日间嗜睡者，口咽开口狭窄和局部充血水肿可初步考虑 OSAHS 的存在。AHI 大于或等于每小时 5 次，或整夜 7 小时睡眠超过 30 次。加上日间嗜睡评分大于 9，可以确定临床诊断。

阻塞性和中枢性睡眠呼吸暂停综合征的鉴别包括病因鉴别和实验室检测的鉴别。胸腹运动或食管压力的监测可明确诊断，OSAHS 者呈胸腹矛盾呼吸、伴有食管负压的增加；中枢性呼吸暂停者胸腹运动消失，食管压力不变或变化幅度减弱。本病还需要与上气道阻力综合征、发作性睡眠病和原发性睡眠增多症等进行鉴别。可进行多次睡眠潜伏期监测的检查，协助鉴别诊断。同时还要与日间嗜睡的其他疾病相鉴别。发作性睡病是以日间嗜睡、与情感变化相关的猝倒、睡眠瘫痪和睡眠幻觉为主要特征疾病，PSG 监测 REM 睡眠期的过早出现是诊断的有利证据。

【并发症】

阻塞性睡眠呼吸暂停引起夜间睡眠中反复发生的低氧血症和/或高碳酸血症及睡眠结构的紊乱对人体的多个系统和器官可造成不同程度的损害。

1. 高血压　流行病学调查显示 OSAHS 与高血压发生有密切的相关关系，至少 30% 的高血压患者伴有 OSAHS，OSAHS 患者中 45%～48% 同时患有高血压，且高血压的程度与呼吸暂停的严重程度相关。OSAHS 是独立于年龄、肥胖、吸烟等因素之外的高血压危险因素。OSAHS 患者即使清醒时血压正常，其 24 小时的平均血压也会高于正常。间歇性低氧血症和高碳酸血症引起交感神经兴奋性增强是 OSAHS 患者发生高血压的主要病理生理基础。研究认为 OSAHS 患者夜间频繁的觉醒对外周感受器的刺激比低氧更重要，同样是刺激交感神经兴奋性增强和血压升高的重要因素。OSAHS 患者的日间高血压的形成与血管壁的变化和日间交感神经的兴奋性持续增强有关。

2. 日间嗜睡　日间嗜睡是 OSAHS 的最为常见的临床症状或合并症，特别是中重度患者，患者的嗜睡是无法克服和不可抗拒的。嗜睡的严重程度不尽相同，轻者只是觉得日间疲劳、没精神、早晨不愿意起床。重者可在开会、看书和坐车时打盹，严重者甚至可在开汽车或骑自行车时打瞌睡而发生交通事故，其原因为睡眠结构的破坏和夜间觉醒次数的增多。

3. 心脑血管疾病　①OSAHS是造成冠状动脉供血障碍的重要危险因素。25%的OSAHS患者睡眠中血氧饱和度下降时出现ST段下移及T波低平。OSAHS患者冠心病的发病率是非OSAHS患者的2倍。②交感神经兴奋引起的血管活性物质的增加和血小板活化水平的升高对缺血性脑卒中的发生起到重要作用。OSAHS不但会增高脑血管意外的发病率，而且会增加其死亡率。调查指出53%的脑血管意外的患者伴有OSAHS，其中35%在睡眠中发病。反复发生的睡眠低氧会引起低氧性红细胞增多和血液黏度增高，易发生血液高凝状态。呼吸暂停发生时心搏出量锐减和缺氧引起的脑血管收缩等因素都构成了缺血性脑血管意外发生的足够条件。③近50%的OSAHS患者睡眠中可出现心律失常，心律失常的发生多伴有低氧血症，且多发生在REM时相。当血氧下降到一定程度时，严重的心律失常可发生睡眠猝死。

4. 肺动脉高压和肺心病　OSAHS患者肺动脉高压的发生率为17%～42%，合并慢性阻塞性肺部疾病（COPD）者高达60%～79%。而肺动脉高压是OSAHS患者发展为肺心病的主要病理学基础。尽管相当一部分OSAS患者伴有COPD，多数研究认为OSAHS是造成肺动脉高压的独立因素。同时高碳酸血症诱发肺血管收缩及对肺动脉压力的影响也是肯定的。

5. 胃食管反流病　观察发现OSAHS患者合并胃食管反流病的发生率在59%～70%。OSAHS可以引起和加重胃食管反流，反流又会加重OSAHS，两者互相影响和加重病情。呼吸暂停发生时胸腔压力的极度下降，和胸腔与腹腔间压力差的增加是形成OSAHS患者胃食管反流病发生的主要机制。

6. 心理和行为异常　56%的OSAHS患者出现抑郁，29%的患者有突发的猜疑、嫉妒等行为。且随年龄的增加OSAHS和抑郁症呈同步增加，治疗OSAHS可使精神症状明显缓解。另外对于病情严重者还可以出现红细胞增多症、缺氧性胰岛素抵抗及夜尿增多、蛋白尿等肾损害。

【治疗】

一般说来戒烟、减肥、睡前禁饮酒与禁服镇静安眠药、改卧位为侧位睡眠等措施，对OSAHS均可收到一定的治疗效果。

(一) 非手术治疗

1. 持续正压气道通气装置（continuous positive airway pressure，CPAP）的治疗　自1981年Sullivan等成功地应用CPAP治疗OSAHS至今，世界上至少有上千万OSAS患者每天在接受这种治疗。CPAP是一个可以产生压力的小气泵，它与鼻腔相连接使上气道保持一定的压力（通常为5～18cmH$_2$O），可有效地防止睡眠过程中上气道的塌陷。以此来维持上气道的通畅，达到治疗的目的。目前CPAP的设计已从单一的压力型改为双相压力型（BIPAP），即呼气与吸气时相给予不同的压力，使之更符合自然的生理过程，更易于被患者接受。近年临床应用的带有反馈系统的自动CPAP（Auto-CPAP），只在患者发生气道闭合时和需要的时候工作。CPAP的治疗不但可以防止睡眠中的气道塌陷，长期使用还可以使中枢神经系统对呼吸的调节功能得到改善。CPAP是目前治疗OSAHS的主要手段和第一选择。

2. 药物治疗　药物对OSAHS的治疗效果尚不十分肯定。血管收缩剂，如麻黄素可以减低上气道组织黏膜的充血水肿，继之降低上气道的阻力改善症状。神经呼吸兴奋剂，如安宫黄体酮可增加通气，减少呼吸暂停的次数。普罗替林等对减少REM睡眠有效，随之可减少REM间期的呼吸暂停和重度低氧的发生。

3. 口腔矫治器　是一种防止睡眠中上气道闭合的口腔装置。通过牵拉下颌前伸，使舌根及上气道前壁前移来完成这一功能的，其对轻中度OSAHS患者有较好的疗效。该治疗可以减少AHI的次数，提高睡眠平均和最低血氧饱和度的水平、改善睡眠质量。由于矫治器制作简单、使用方便、价格低廉非常适合在我国推广应用。

（二）手术治疗

手术是治疗 OSAHS 的重要手段，但非首选。其中以悬雍垂软腭咽成形术（UPPP）最为普遍。

1. 悬雍垂软腭咽成形术（UPPP） 是 OSAHS 手术治疗最常选的术式。手术需切除扁桃体、部分扁桃体前后弓及部分软腭后缘（包括悬雍垂）。使口鼻咽的入口径线增加，防止睡眠时上气道的阻塞，严格选择适应证对预后是非常重要的。

2. 气管切开和气管造口术 对严重的 OSAHS 患者，睡眠中氧饱和度低于 50%、伴严重的心律失常、肺感染并发心力衰竭，气管切开可谓"救命措施"。部分患者经造口术后，长期保留造口亦取得良好的治疗效果。

3. 下颌骨前移"舌骨悬吊术" 适用于 UPPP 手术失败、舌根与后咽壁间气道狭小者。手术的目的是将舌骨悬吊于前上位置，解除舌根对上气道的阻塞。由于手术难度大、适应证严格、目前尚未广泛开展。

4. 激光和射频消融术已经作为手术治疗的一部分被临床采用，其临床疗效、特别是远期临床疗效仍在观察中。

二、中枢性睡眠呼吸暂停综合征

中枢性睡眠呼吸暂停综合征（central sleep apnea syndrome，CSAS）是指因中枢呼吸驱动异常引起的以睡眠中反复出现的低通气和/或呼吸暂停为特征的一组征候群，是一种睡眠中发生的中枢性间断性无呼吸状态。临床表现为睡眠中反复不断发生的不伴打鼾的通气量降低和呼吸中断和晨起头痛、日间嗜睡等症状。严重者可以发生呼吸衰竭、肺动脉高压、右心衰竭和红细胞增多症等。

【病因】

CSAS 的病因主要与中枢神经系统疾病特别是脑干和中脑疾病或病变有关，同时外周的因素如鼻腔阻塞和心力衰竭等因素也会导致 CSAS 的发生。

【发病机制】

CSAS 的发病机制可能与睡眠中的呼吸驱动异常、睡眠中体内与呼吸相关的二氧化碳水平、充血性心力衰竭、上气道解剖学结构异常和中枢神经系统疾病有关。

【临床表现】

CSAS 患者睡眠中可有不同程度，不伴有鼾声的呼吸暂停。由于呼吸暂停不伴有任何声音，故很少被他人发现。患者有相当比例的心力衰竭患者，可能有阵发性夜间呼吸困难、频繁的夜间觉醒症状，也可以出现典型的陈-施呼吸。患者可因频繁的觉醒导致睡眠质量差和不同程度的失眠，可有精神抑郁。严重者可发生呼吸衰竭和红细胞增多症、肺动脉高压和右心衰竭等。

【诊断和鉴别诊断】

被目击有睡眠中不伴有鼾声的呼吸暂停，日间可有嗜睡、头痛或失眠等症状。睡眠监测发现间断出现不伴胸腹呼吸运动的呼吸中断或低通气现象，或同时伴有动脉血二氧化碳分压的升高，REM 睡眠症状进一步加重。因此睡眠经皮二氧化碳监测对中枢性睡眠呼吸暂停的诊断是很有帮助的，但临床应用并不广泛。睡眠中不伴打鼾的 AHI 大于 5 次/小时或一夜 7 小时监测大于 30 次即可成立诊断。这里的低通气和呼吸暂停的标准与阻塞性睡眠呼吸暂停的标准相同。临床上确立 CSAS 诊断需要与各种原因形成的低通气综合征进行鉴别，如肥胖低通气综合征等。

【治疗】

1. 原发病的治疗 中枢神经系统疾病的治疗、充血性心力衰竭和鼻腔阻塞等的治疗。

2. 通气治疗 包括膈肌起搏、胸外负压通气等。CPAP 是通气治疗的一种，可解除鼻腔阻塞引起的中枢性呼吸暂停、增加睡眠通气量、通过提高体内二氧化碳水平减少中枢性呼吸暂停。对继发于充血性心力衰竭的患者 CPAP 的治疗可以改善患者夜间睡眠质量及日间的心功能。

3. 药物治疗和氧疗　目前尚无理想的药物可供选择，乙酰唑胺、纳洛酮和氨茶碱等有一定治疗作用，氧疗对中枢性呼吸暂停患者有一定疗效。

第二节　其他类型呼吸调节异常疾病

一、低通气综合征

低通气综合征（hypoventilation syndrome）是由多种原因造成的通气量降低、肺泡通气不足，致使动脉血二氧化碳分压高于 45mmHg 即可称为低通气综合征，但具有临床意义的低通气二氧化碳分压多在 50～80mmHg。由于高碳酸血症和不同程度的低氧血症同时存在，临床表现多为晨起头痛、睡眠质量差、日间嗜睡和疲乏无力等，严重者会出现晕厥、红细胞增多症、肺动脉高压和充血性心力衰竭。

【病因和发病机制】

病因包括代谢性呼吸控制系统、呼吸神经肌肉系统和通气的器官的异常。①人体的呼吸活动是由代谢性和行为性两个系统来控制的，其中代谢性控制系统对于低通气的发生更为重要。与呼吸相关的外周和中枢性化学感受器和脑干呼吸神经元的病变或功能低下会引起呼吸驱动减弱，如颈动脉体损伤、脊髓灰质炎、脑炎和脑干梗死、出血和脑干脊髓退行性变等。②脊髓和外周神经与呼吸肌肉的病变会造成呼吸神经肌肉系统的活动减弱，如高位颈椎损伤、运动神经疾病和外周神经炎、重症肌无力、慢性肌病和肌肉萎缩等。③另外胸壁和气道的病变也可以引起低通气，如胸廓畸形、胸膜肥厚、强直性脊柱炎和肥胖等限制性通气因素和咽喉气管狭窄、阻塞性睡眠呼吸暂停综合征、慢性阻塞性肺部疾病等阻塞性通气因素。

【病理生理】

任何原因引发的低通气综合征，动脉血的二氧化碳升高和呼吸性酸中毒发生都是以肺泡通气减低和肺泡二氧化碳分压增高为基础。肺泡二氧化碳分压的增高会降低肺泡的氧分压，而出现低氧血症。长期严重的低氧刺激红细胞生成素增加，可出现继发性红细胞增多症。慢性低氧血症和高碳酸血症的同时存在还可以引起肺动脉高压、右心室肥厚和充血性心力衰竭。

【临床表现】

1. 症状和体征　早期患者可无任何症状，病情进展多数患者可没有明确的临床症状，或只有在睡眠中出现动脉血二氧化碳的增高。可出现晨起头痛、睡眠质量差、日间嗜睡、疲乏无力及智力下降等。病情严重者还会出现活动后呼吸困难，以至于在安静情况下亦感呼吸困难、晕厥、意识障碍，可伴有红细胞增多症、肺动脉高压及充血性心力衰竭等，严重者可造成死亡。

2. 实验室检查

(1) 动脉血气分析：pH 下降、动脉氧分压降低和二氧化碳分压增高大于 45mmHg，同时伴肺泡动脉氧压差的异常增大。

(2) 膈肌肌电图检查：用来判断膈肌收缩状态，检查可以发现膈肌收缩活动减低。

(3) 睡眠监测：监测可见睡眠低通气和中枢性睡眠呼吸暂停的出现。

(4) 肺功能：可出现流速容量指标减低、气道阻力和顺应性增加。可见高二氧化碳和低氧的通气反应测定和呼吸驱动测定（$P_{0.1}$）减低和最大吸气和最大呼气压减低。具体病变部位的确定需要参考表 2-13-2。

【诊断和鉴别诊断】

诊断要靠临床症状和必要的实验室检查，诊断分为两个步骤：第一确定低通气综合征的诊断及病情严重程度，动脉血气 pH 降低、二氧化碳分压高于 45mmHg 是必需的。第二为病因诊断，确定病因的解剖部位，是在代谢性呼吸控制系统、呼吸神经肌肉系统还是通气器官本身。睡眠状态呼吸主要由代谢控制系统支配，同时睡眠状态使低通气加重，更易于确定低通气综合征的诊断，尤其对呼吸代谢控制系统异常者。

表 2-13-2 低通气综合征定位病变解剖部位鉴别诊断

病变部位	高CO_2、低氧通气反应、$P_{0.1}$膈肌电图	睡眠监测	PI_{MAX} PE_{MAX}	流速容量指标	气道阻力顺应性	肺泡动脉氧压差
代谢呼吸控制系统（化学感受器、脑干调节神经元）	均降低	低通气加重/中枢性呼吸暂停	正常	正常	正常	正常
神经肌肉系统（脑干运动神经元、脊髓、呼吸神经肌肉）	均降低	低通气加重/中枢性呼吸暂停	减低	减低	正常	正常
通气器官（胸壁、气道）	通气反应减低，余项正常	不定	正常	不正常	不正常	增高

PImax：最大吸气压；PEmax：最大呼气压

【治疗】

需要根据不同的病因进行针对性的治疗，要适当地纠正因呼吸性酸中毒过度代偿引起的代谢性碱中毒。给氧是非常必要的治疗，但是可以加重二氧化碳的潴留和伴随的神经系统症状，因此需酌情给予并在有监测的条件下进行。

对呼吸驱动减弱伴神经肌肉疾病患者可给予机械通气治疗，多数患者只需在睡眠时治疗、特别严重者需 24 小时治疗。对中枢驱动作用减低而外周神经肌肉正常者膈肌起搏有较好疗效。对呼吸相关神经肌肉疾病者需要通过鼻罩和气管切开进行间歇正压通气治疗。对只在夜间需要治疗者 CPAP 疗效肯定，对胸壁限制性低通气和慢性阻塞性肺部疾病患者的气道阻塞性低通气都可以进行辅助性通气治疗。

二、高通气综合征

高通气综合征（hyperventilation syndrome）指因呼吸调节功能异常导致非生理性过度通气，致使动脉血二氧化碳降低于 35mmHg，同时伴有呼吸困难、心悸、头晕、麻木等症状的一组临床征候群。患者年龄多在 20～40 岁，女性发病率高于男性。

【发病机制及病理生理】

高通气综合征的主要病理学基础是呼吸控制机制的异常，包括呼吸驱动作用的增强和动脉血二氧化碳负反馈调节作用的逆转，过度通气引起的体内二氧化碳降低非但不会抑制呼吸反而增强通气。过度通气使二氧化碳过多的呼出、动脉血二氧化碳迅速下降，出现低碳酸血症和呼吸性碱中毒。体内碱性环境使氧离曲线左移、造成组织缺氧，血清游离钙离子减低，心脑血管收缩并引起相应的脏器缺血和一系列有关的临床症状。

【临床表现】

临床表现多为慢性过程伴急性过度通气发作，急性发作时间在 10～60 分钟、多数发作可自然缓解。表现为非运动性呼吸困难，常在休息状态感觉气短和憋气，同时伴有四肢和唇部麻木。查体可见呼吸频率加快、呼吸节律不齐、呼吸音增强。胸部不适、胸痛（持续钝痛）、心悸甚至出现濒死感，但心脏相关检查均正常。严重的呼吸性碱中毒还可出现头晕、视物模糊、晕厥及焦虑和恐惧感。睡眠中可以出现周期性和间歇性呼吸和中枢性睡眠呼吸暂停。部分病人有胃肠功能紊乱、乏力、失眠、多汗和注意力不集中等症状。

【诊断和鉴别诊断】

诊断前需要充分地排除其他器质性疾病，询问是否有精神紧张、过度劳累和精神创伤等诱因。急性发作期动脉血二氧化碳分压低于 35mmHg、pH 增高，一般不伴有低氧血症。由于急性期时间短暂，多数患者处于慢性过程，因此血气正常者不能作为排除诊断。过度通气激发实验阳性对诊断的确立有重要临床意义，具体做法是：嘱患者以最大的努力做深快呼吸 3 分钟，后转为平静呼吸。立即询问患者的感觉，如出现典型的呼吸系统和循环系统的症状为阳性。

同时要注意与器质性疾病伴发的高通气状态做鉴别，如发热、充血性心力衰竭、代谢性酸中毒、肺炎、肺栓塞。也要和神经功能性疾病相鉴别，此类疾病患者的高通气在睡眠中消失。

【治疗】

急性发作期采用面罩等措施进行重复呼吸和吸入低浓度的二氧化碳，以提高体内二氧化碳水平、尽快缓解症状。焦虑者可进行有针对性心理疏导和适当的应用镇静剂，同时训练患者腹式呼吸、缓慢呼吸，可收到一定疗效。

（陈宝元）

第十四章 呼吸衰竭与急性呼吸窘迫综合征

第一节 呼吸衰竭

呼吸衰竭（respiratory failure）是指各种原因引起的肺通气和（或）换气功能严重障碍，以致在静息状态下亦不能维持足够的气体交换，导致低氧血症伴（或不伴）高碳酸血症，进而引起一系列病理生理改变和相应临床表现的综合征。其临床表现缺乏特异性，明确诊断有赖于动脉血气分析：在海平面、静息状态、呼吸空气条件下，动脉血氧分压（PaO_2）<60mmHg，伴或不伴二氧化碳分压（$PaCO_2$）>50mmHg，并排除心内解剖分流和原发于心排出量降低等因素，可诊为呼吸衰竭。

【病因】

完整的呼吸过程由相互衔接并同时进行的外呼吸、气体运输和内呼吸三个环节来完成。参与外呼吸即肺通气和肺换气的任何一个环节的严重病变，都可导致呼吸衰竭。

1. 气道阻塞性病变　气管-支气管的炎症、痉挛、肿瘤、异物、纤维化瘢痕，如慢性阻塞性肺疾病（COPD）、重症哮喘等引起气道阻塞和肺通气不足，或伴有通气/血流比例失调，导致缺氧和 CO_2 潴留，发生呼吸衰竭。

2. 肺组织病变　各种累及肺泡和（或）肺间质的病变，如肺炎、肺气肿、严重肺结核、弥漫性肺纤维化、肺水肿、硅沉着病等，均致肺泡减少、有效弥散面积减少、肺顺应性减低、通气/血流比例失调，导致缺氧或合并 CO_2 潴留。

3. 肺血管疾病　肺栓塞、肺血管炎等可引起通气/血流比例失调，或部分静脉血未经过氧合直接流入肺静脉，导致呼吸衰竭。

4. 胸廓与胸膜病变　胸部外伤造成连枷胸、严重的自发性或外伤性气胸、脊柱畸形、大量胸腔积液或伴有胸膜肥厚与粘连、强直性脊柱炎、类风湿性脊柱炎等，均可影响胸廓活动和肺扩张，造成通气减少及吸入气体分布不均，导致呼吸衰竭。

5. 神经肌肉疾病　脑血管疾病、颅脑外伤、脑炎以及镇静催眠剂中毒，可直接或间接抑制呼吸中枢。脊髓颈段或高位胸段损伤（肿瘤或外伤）、脊髓灰质炎、多发性神经炎、重症肌无力、有机磷中毒、破伤风以及严重的钾代谢紊乱，均可累及呼吸肌，造成呼吸肌无力、疲劳、麻痹，导致呼吸动力下降而引起肺通气不足。

【分类】

在临床实践中，通常按动脉血气分析、发病急缓及病理生理的改变进行分类。

（一）按照动脉血气分析分类

1. Ⅰ型呼吸衰竭　即缺氧性呼吸衰竭，血气分析特点是 PaO_2<60mmHg，$PaCO_2$ 降低或正常。主要见于肺换气障碍（通气/血流比例失调、弥散功能损害和肺动-静脉分流）疾病，如严重肺部感染性疾病、间质性肺疾病、急性肺栓塞等。

2. Ⅱ型呼吸衰竭　即高碳酸性呼吸衰竭，血气分析特点是 PaO_2<60mmHg，同时伴有 $PaCO_2$>50mmHg。系肺泡通气不足所致。单纯通气不足，低氧血症和高碳酸血症的程度是平行的，若伴有换气功能障碍，则低氧血症更为严重，如 COPD。

(二）按照发病急缓分类

1. 急性呼吸衰竭 由于某些突发的致病因素，如严重肺疾患、创伤、休克、电击、急性气道阻塞等，使肺通气和（或）换气功能迅速出现严重障碍，在短时间内引起呼吸衰竭。因机体不能很快代偿，若不及时抢救，会危及患者生命。

2. 慢性呼吸衰竭 指一些慢性疾病，如COPD、肺结核、间质性肺疾病、神经肌肉病变等，其中以COPD最常见，造成呼吸功能的损害逐渐加重，经过较长时间发展为呼吸衰竭。早期虽有低氧血症或伴高碳酸血症，但机体通过代偿适应，生理功能障碍和代谢紊乱较轻，仍保持一定的生活活动能力，动脉血气分析pH在正常范围（7.35～7.45）。另一种临床较常见的情况是在慢性呼吸衰竭的基础上，因合并呼吸系统感染、气道痉挛或并发气胸等情况，病情急性加重，在短时间内出现PaO_2显著下降和$PaCO_2$显著升高，称为慢性呼吸衰竭急性加重，其病理生理学改变和临床情况兼有急性呼吸衰竭的特点。

（三）按照发病机制分类

可分为通气性呼吸衰竭和换气性呼吸衰竭，也可分为泵衰竭（pump failure）和肺衰竭（lung failure）。驱动或制约呼吸运动的中枢神经系统、外周神经系统、神经肌肉组织（包括神经-肌肉接头和呼吸肌）以及胸廓统称为呼吸泵，这些部位的功能障碍引起的呼吸衰竭称为泵衰竭。通常泵衰竭主要引起通气功能障碍，表现为Ⅱ型呼吸衰竭。肺组织、气道阻塞和肺血管病变造成的呼吸衰竭，称为肺衰竭。肺组织和肺血管病变常引起换气功能障碍，表现为Ⅰ型呼吸衰竭。严重的气道阻塞性疾病（如COPD）影响通气功能，造成Ⅱ型呼吸衰竭。

【发病机制和病理生理】

（一）低氧血症和高碳酸血症的发生机制

各种病因通过引起肺泡通气不足、弥散障碍、肺泡通气/血流比例失调、肺内动-静脉解剖分流增加和氧耗量增加五个主要机制，使通气和（或）换气过程发生障碍，导致呼吸衰竭。临床上单一机制引起的呼吸衰竭很少见，往往是多种机制并存或随着病情的发展先后参与发挥作用。

1. 肺通气不足（hypoventilation） 正常成人在静息状态下有效肺泡通气量约为4L/min，才能维持正常的肺泡氧分压（PaO_2）和二氧化碳分压（$PaCO_2$）。肺泡通气量减少会引起PaO_2下降和$PaCO_2$上升，从而引起缺氧和CO_2潴留。呼吸空气条件下，$PaCO_2$与肺泡通气量（V_A）和CO_2产生量（VCO_2）的关系可用下列公式反映：$PaCO_2 = 0.863 \times VCO_2 / V_A$。若$VCO_2$是常数，$V_A$与$PaCO_2$呈反比关系。$V_A$和$PaCO_2$与肺泡通气量的关系见图2-14-1。

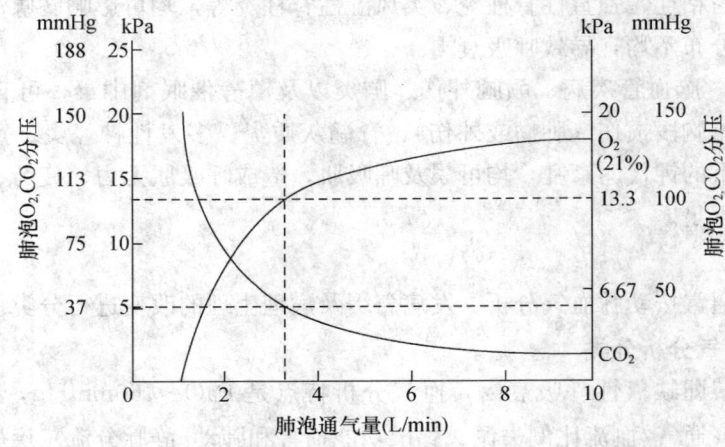

图2-14-1 肺泡氧和二氧化碳分压与肺泡通气量的关系

2. 弥散障碍（diffusion abnormality） 系指O_2、CO_2等气体通过肺泡膜进行交换的物理弥散过程发生障碍。气体弥散的速度取决于肺泡膜两侧气体分压差、气体弥散系数、肺泡膜的弥散面积、厚度和通透性，同时气体弥散量还受血液与肺泡接触时间以及心排出量、血红蛋白含量、通气/血流比例的影响。静息状态时，流经肺泡壁毛细血管的血液与肺泡接触的时间约为0.72s，而O_2完成气体交换的时间为0.25～0.3s，CO_2则只需0.13s，并且O_2的弥散能力仅为CO_2的1/20，故在弥散障碍时，通常以低氧血症为主。

3. 通气/血流比例失调（ventilation-perfusion mismatch） 血液流经肺泡时，能否保证得到充足的O_2和充分地排出CO_2，使血液动脉化，除需有正常的肺通气功能和良好的肺泡膜弥散功能外，还取决于肺泡通气量与血流量之间的正常比例。正常成人静息状态下，通气/血流比值约为0.8。肺泡通气/血流比值失调有下述两种主要形式：①部分肺泡通气不足：肺部病变如肺泡萎陷、肺炎、肺不张、肺水肿等引起病变部位的肺泡通气不足，通气/血流比值减小，部分未经氧合或未经充分氧合的静脉血（肺动脉血）通过肺泡的毛细血管或短路流入动脉血（肺静脉血）中，故又称肺动-静脉样分流或功能性分流（functional shunt）。②部分肺泡血流不足：肺血管病变如肺栓塞引起栓塞部位血流减少，通气/血流比值增大，肺泡通气不能被充分利用，又称为死腔样通气（dead space-like ventilation）。通气/血流比例失调通常仅导致低氧血症，而无CO_2潴留。其原因主要是：①动脉与混合静脉血的氧分压差为59mmHg，比CO_2分压差5.9mmHg大10倍；②氧离曲线呈S形，正常肺泡毛细血管血氧饱和度已处于曲线的平台段，无法携带更多的氧以代偿低PaO_2区的血氧含量下降。而CO_2解离曲线在生理范围内呈直线，有利于通气良好区对通气不足区的代偿，排出足够的CO_2，不至于出现CO_2潴留。然而，严重的通气/血流比例失调亦可导致CO_2潴留。

4. 肺内动-静脉解剖分流增加 肺动脉内的静脉血未经氧合直接流入肺静脉，导致PaO_2降低，是通气/血流比例失调的特例。在这种情况下，提高吸氧浓度并不能提高分流静脉血的血氧分压。分流量越大，吸氧后提高动脉血氧分压的效果越差；若分流量超过30%，吸氧并不能明显提高PaO_2，常见于肺动-静脉瘘。

5. 氧耗量增加 发热、寒战、呼吸困难和抽搐均增加氧耗量。寒战时耗氧量可达500ml/min；严重哮喘时，随着呼吸功的增加，用于呼吸的氧耗量可达到正常的十几倍。氧耗量增加，肺泡氧分压下降，正常人借助增加通气量以防止缺氧。故氧耗量增加的患者，若同时伴有通气功能障碍，则会出现严重的低氧血症。

(二) 低氧血症和高碳酸血症对机体的影响

呼吸衰竭时发生的低氧血症和高碳酸血症，能够影响全身各系统器官的代谢、功能甚至使组织结构发生变化。通常先引起各系统器官的功能和代谢发生一系列代偿适应反应，以改善组织的供氧，调节酸碱平衡和适应改变了的内环境。当呼吸衰竭进入严重阶段时，则出现代偿不全，表现为各系统器官严重的功能和代谢紊乱直至衰竭。

1. 对中枢神经系统的影响 脑组织耗氧量大，约占全身耗氧量的1/5～1/4。中枢皮质神经元细胞对缺氧最为敏感。通常完全停止供氧4～5分钟即可引起不可逆的脑损害。对中枢神经影响的程度与缺氧的程度和发生速度有关。当PaO_2降至60mmHg时，可以出现注意力不集中、智力和视力轻度减退；当PaO_2迅速降至40～50mmHg以下时，会引起一系列神经精神症状，如头痛、不安、定向与记忆力障碍、精神错乱、嗜睡；低于30mmHg时，神志丧失乃至昏迷；PaO_2低于20mmHg时，只需数分钟即可造成神经细胞不可逆性损伤。

CO_2潴留使脑脊液H^+浓度增加，影响脑细胞代谢，降低脑细胞兴奋性，抑制皮质活动；但轻度的CO_2增加，对皮质下层刺激加强，间接引起皮质兴奋。CO_2潴留可引起头痛、头晕、烦躁不安、言语不清、精神错乱、扑翼样震颤、嗜睡、昏迷、抽搐和呼吸抑制，这种由缺氧和CO_2潴留导致的神经精神障碍症候群称为肺性脑病（pulmonary encephalopathy），又称CO_2麻醉（carbon dioxide narcosis）。肺性脑病早期，往往有失眠、兴奋、烦躁不安等症状。除上述神经精神症状外，患者还可表现出木僵、视力障碍、球结膜水肿及发绀等。肺性脑病的发病机制尚未完全阐明，但目前认为低氧血症、CO_2潴留和酸中毒三个因素共同损伤脑血管和脑细胞是最根本的发病机制。

缺氧和CO_2潴留均会使脑血管扩张，血流阻力降低，血流量增加以代偿脑缺氧。缺氧和酸中毒还能损伤血管内皮细胞使其通透性增高，导致脑间质水肿；缺氧使红细胞ATP生成减少，造成Na^+-K^+泵功能障碍，引起细胞内Na^+及水增多，形成脑细胞水肿。以上情况均可引起脑组织充血、水肿和颅内压增高，压迫脑血管，进一步加重脑缺血、缺氧，形成恶性循环，严重时出现脑疝。另外，神经细胞内的酸中毒可引起抑制性神经递质 γ-氨基丁酸生成增多，加重中枢神经系统的功能和代谢障碍，也成为肺性脑病以及缺氧、休克等病理生理改变难以恢复的原因。

2. 对循环系统的影响　一定程度的PaO_2降低和$PaCO_2$升高，可以引起反射性心率加快、心肌收缩力增强，使心排出量增加；缺氧和CO_2潴留时，交感神经兴奋引起皮肤和腹腔器官血管收缩，而冠状血管主要受局部代谢产物的影响而扩张，血流量增加。严重的缺氧和CO_2潴留可直接抑制心血管中枢，造成心脏活动受抑和血管扩张、血压下降和心律失常等严重后果。心肌对缺氧十分敏感，早期轻度缺氧即在心电图上显示出来。急性严重缺氧可导致心室颤动或心脏骤停。长期慢性缺氧可导致心肌纤维化、心肌硬化。在呼吸衰竭的发病过程中，缺氧、肺动脉高压以及心肌受损等多种病理变化导致肺源性心脏病（cor pulmonale）。

3. 对呼吸系统的影响　呼吸衰竭患者的呼吸变化受到PaO_2降低和$PaCO_2$升高所引起的反射活动及原发疾病的影响，因此实际的呼吸活动需要视诸多因素综合而定。

低氧血症对呼吸的影响远较CO_2潴留的影响为小。低PaO_2（<60mmHg）作用于颈动脉体和主动脉体化学感受器，可反射性兴奋呼吸中枢，增强呼吸运动，甚至出现呼吸窘迫。当缺氧程度缓慢加重时，这种反射性兴奋呼吸中枢的作用迟钝。缺氧对呼吸中枢的直接作用是抑制作用，当$PaO_2<30mmHg$时，此作用可大于反射性兴奋作用而使呼吸抑制。

CO_2是强有力的呼吸中枢兴奋剂，$PaCO_2$急骤升高，呼吸加深加快；长时间严重的CO_2潴留，会造成中枢化学感受器对CO_2的刺激作用发生适应；当$PaCO_2>80mmHg$时，会对呼吸中枢产生抑制和麻醉效应，此时呼吸运动主要靠PaO_2降低对外周化学感受器的刺激作用得以维持。因此对这种患者进行氧疗时，如吸入高浓度氧，由于解除了低氧对呼吸的刺激作用，可造成呼吸抑制，应注意避免。

4. 对肾功能的影响　呼吸衰竭的患者常常合并肾功能不全，若及时治疗，随着外呼吸功能的好转，肾功能可以恢复。

5. 对消化系统的影响　呼吸衰竭的患者常合并消化道功能障碍，表现为消化不良、食欲不振，甚至出现胃肠黏膜糜烂、坏死、溃疡和出血。缺氧可直接或间接损害肝细胞使谷丙转氨酶上升，若缺氧能够得到及时纠正，肝功能可逐渐恢复正常。

6. 对酸碱平衡和电解质的影响　严重缺氧可抑制细胞能量代谢的中间过程，如三羧酸循环、氧化磷酸化作用和有关酶的活动，导致能量产生减少，乳酸和无机磷产生增多引起代谢性酸中毒。由于能量不足，体内转运离子的钠泵功能障碍，使细胞内K^+转移至血液，而Na^+和H^+进入细胞，造成细胞内酸中毒和高钾血症。代谢性酸中毒产生的固定酸与缓冲系统中的HCO_3^-起作用，产生H_2CO_3，使组织CO_2分压增高。

pH值取决于HCO_3^-与H_2CO_3的比值，前者靠肾脏调节（需1~3天），而H_2CO_3的调节靠呼吸（仅需数小时）。急性呼吸衰竭时CO_2潴留可使pH迅速下降，如与代谢性酸中毒同时存在时，可因严重酸中毒引起血压下降、心律失常，乃至心脏停搏。而慢性呼吸衰竭时因CO_2潴留发展缓慢，肾减少HCO_3^-排出，不至于使pH明显降低。因血中主要阴离子HCO_3^-和Cl^-之和相对恒定（电中性原理），当HCO_3^-增加时Cl^-相应降低，产生低氯血症。

【临床表现】

呼吸衰竭的临床表现主要是低氧血症所致的呼吸困难和多器官功能障碍。

1. 呼吸困难（dyspnea）　是呼吸衰竭最早出现的症状。多数患者有明显的呼吸困难，可表现为频率、节律和幅度的改变。较早表现为呼吸频率增快，病情加重时出现呼吸困难，辅助呼吸肌活动加强，如三凹征。中枢性疾病或中枢神经抑制性药物所致的呼吸衰竭，表现为呼吸节律改变，如陈-施呼吸（Cheyne-Stokes respiration）、比奥呼吸（Biot's respiration）等。

2. 发绀 是缺氧的典型表现。当动脉血氧饱和度低于90%时，可在口唇、指甲出现发绀；另应注意，因发绀的程度与还原型血红蛋白含量相关，所以红细胞增多者发绀更明显，贫血者则发绀不明显或不出现；严重休克等原因引起末梢循环障碍的患者，即使动脉血氧分压尚正常，也可出现发绀，称作外周性发绀。而真正由于动脉血氧饱和度降低引起的发绀，称作中央性发绀。发绀还受皮肤色素及心功能的影响。

3. 精神神经症状 急性缺氧可出现精神错乱、躁狂、昏迷、抽搐等症状。

4. 循环系统表现 多数患者有心动过速；严重低氧血症、酸中毒可引起心肌损害，亦可引起周围循环衰竭、血压下降、心律失常、心搏停止。

5. 消化和泌尿系统表现 严重呼吸衰竭对肝、肾功能都有影响，部分病例可出现谷丙转氨酶与血浆尿素氮升高；个别病例可出现尿蛋白、红细胞和管型。因胃肠道黏膜屏障功能损伤，导致胃肠道黏膜充血水肿、糜烂渗血或应激性溃疡，引起上消化道出血。

【诊断】

除原发疾病和低氧血症及 CO_2 潴留导致的临床表现外，呼吸衰竭的诊断主要依靠血气分析。而结合肺功能、胸部影像学和纤维支气管镜等检查对于明确呼吸衰竭的原因至为重要。

1. 动脉血气分析（arterial blood gas analysis） 对于判断呼吸衰竭和酸碱失衡的严重程度及指导治疗具有重要意义。pH可反映机体的代偿状况，有助于对急性或慢性呼吸衰竭加以鉴别。当 $PaCO_2$ 升高、pH正常时，称为代偿性呼吸性酸中毒；若 $PaCO_2$ 升高、pH<7.35，则称为失代偿性呼吸性酸中毒。需要指出，由于血气受年龄、海拔高度、氧疗等多种因素的影响，在具体分析时一定要结合临床表现。

2. 肺功能检测 尽管在某些重症患者，肺功能检测受到限制，但通过肺功能的检测能判断通气功能障碍的性质（阻塞性、限制性或混合性）及是否合并有换气功能障碍，并对通气和换气功能障碍的严重程度进行判断。而呼吸肌功能测试能够提示呼吸肌无力的原因和严重程度。

3. 胸部影像学检查 包括普通X线胸片、胸部CT和放射性核素肺通气/灌注扫描、肺血管造影等。

4. 纤维支气管镜检查 对于明确气道情况和取得病因学证据具有重要意义。

【治疗】

呼吸衰竭总的治疗原则是：加强呼吸支持，包括保持呼吸道通畅、纠正缺氧和改善通气等；呼吸衰竭病因和诱发因素的治疗；加强一般支持治疗和对其他重要脏器功能的监测与支持。

（一）保持呼吸道通畅

对任何类型的呼吸衰竭，保持呼吸道通畅是最基本、最重要的治疗措施。气道不畅使呼吸阻力增加，呼吸功消耗增多，会加重呼吸肌疲劳；气道阻塞致分泌物排出困难将加重感染，同时也可能发生肺不张，使气体交换面积减少；气道如发生急性完全阻塞，会发生窒息，在短时间内导致患者死亡。

保持气道通畅的方法主要有：①若患者昏迷应使其处于仰卧位，头后仰，托起下颌并将口打开；②清除气道内分泌物及异物；③若以上方法不能奏效，必要时应建立人工气道。人工气道的建立一般有三种方法，即简便人工气道、气管插管及气管切开，后二者属气管内导管。简便人工气道主要有口咽通气道、鼻咽通气道和喉罩，是气管内导管的临时替代方式，在病情危重不具备插管条件时应用，待病情允许后再行气管插管或切开。气管内导管是重建呼吸通道最可靠的方法。

若患者有支气管痉挛，需积极使用支气管扩张药物，可选用 $β_2$ 肾上腺素能受体激动剂、抗胆碱药、糖皮质激素或茶碱类药物等。

（二）氧疗

通过增加吸入氧浓度来纠正患者缺氧状态的治疗方法即为氧疗。对于低氧血症和呼吸衰竭患者，应给予氧疗。

1. **吸氧浓度** 确定吸氧浓度的原则是保证 PaO_2 迅速提高到 60mmHg 或脉搏容积血氧饱和度 (SpO_2) 达 90% 以上的前提下,尽量减低吸氧浓度。

(1) 不伴 CO_2 潴留的低氧血症:此时患者的主要问题为氧合功能障碍,而通气功能基本正常。可予较高浓度吸氧 (≥35%),使 PaO_2 提高到 60mmHg 或 SaO_2 达 90% 以上。

(2) 伴明显 CO_2 潴留的低氧血症:对低氧血症伴有明显 CO_2 潴留者,应予低浓度 (<35%) 持续吸氧,控制 PaO_2 于 60mmHg 或 SaO_2 于 90% 或略高。

2. **氧疗装置**

(1) 鼻导管或鼻塞:主要优点为简单、方便;不影响患者咳痰、进食。缺点为氧浓度不恒定,易受患者呼吸的影响;高流量时对局部黏膜有刺激,氧流量不能大于 7L/min。吸入氧浓度与氧流量的关系:吸入氧浓度 (%) =21+4×氧流量 (L/min)。

(2) 面罩:主要包括简单面罩、带储气囊无重复呼吸面罩和文丘里 (Venturi) 面罩,主要优点为吸氧浓度相对稳定,可按需调节,该药对于鼻黏膜刺激小,缺点为在一定程度上影响患者咳痰、进食。

(3) 机械通气:对于重症呼吸衰竭,机械通气是目前临床最有效的氧疗手段。

(4) 其他方式:如高压氧疗、氦-氧混合气吸入等,仅在一些特殊性情况下使用。

(三) 增加通气量、改善 CO_2 潴留

1. **呼吸兴奋剂** 呼吸兴奋剂的使用原则:必须保持气道通畅,否则会促发呼吸肌疲劳,并进而加重 CO_2 潴留;脑缺氧、水肿未纠正而出现频繁抽搐者慎用;患者的呼吸肌功能基本正常;不可突然停药。主要适用于以中枢抑制为主、通气量不足引起呼吸衰竭,对以肺换气功能障碍为主所导致的呼吸衰竭患者不宜使用。常用的药物有尼可刹米和洛贝林,用量过大可引起不良反应。近年来这两种药物在西方国家几乎已被淘汰,取而代之的有多沙普仑 (doxapram) 等。

2. **机械通气 (mechanical ventilation)** 当机体出现严重的通气和 (或) 换气功能障碍时,以人工辅助通气装置 (呼吸机) 来改善通气和 (或) 换气功能,即为机械通气。呼吸衰竭时应用机械通气能维持必要的肺泡通气量,降低 $PaCO_2$;改善肺的气体交换效能;使呼吸肌得以休息,有利于恢复呼吸肌功能。

机械通气只是一种脏器功能的支持手段,其临床价值在于为诊治导致呼吸衰竭的原发病争取时间,对原发病本身并无直接治疗作用。对于导致呼吸衰竭的原发病不可治疗或终末期患者 (如晚期肿瘤、严重多脏器衰竭等),即使接受机械通气治疗,其预后也很差。加之机械通气本身具有相当的副作用和需要支付高昂的医疗费用,故在决定给患者应用机械通气前应全面考虑。

在出现较为严重的呼吸功能障碍时,就应考虑机械通气。如果机械通气时机过晚,患者会因严重低氧和 CO_2 潴留而出现多脏器受损,机械通气的疗效显著降低,因此机械通气宜早实施。符合下述条件应实施机械通气:经积极治疗后病情恶化;意识障碍;呼吸形式严重异常,如呼吸频率>35~40次/分或<6~8次/分,或呼吸节律异常,或自主呼吸微弱或消失;血气分析提示严重通气和/或氧合障碍:PaO_2<50mmHg,尤其是充分氧疗后仍<50mmHg;$PaCO_2$ 进行性升高,pH 动态下降。

机械通气的主要并发症包括:通气过度,造成呼吸性碱中毒;通气不足,加重原有的呼吸性酸中毒和低氧血症;血压下降、心输出量下降、脉搏增快等循环功能障碍;气道压力过高或潮气量过大可致气压伤,如间质性气肿、皮下气肿、纵隔气肿或气胸等;人工气道长期存在,可并发呼吸机相关肺炎 (ventilator associated pneumonia, VAP)、气囊压迫致气管-食管瘘等。

近年来,无创正压通气 (non-invasive positive pressure ventilation, NIPPV) 在 COPD 急性加重早期、COPD 的有创-无创序贯通气、急性心源性肺水肿、免疫力低下患者和术后预防呼吸衰竭等的治疗方面有良好效果。经鼻/面罩行无创正压通气,无需建立有创人工气道,简便易行,与机械通气相关的严重并发症的发生率低。但患者应具备以下基本条件:①清醒能够合作;②血流动力学稳定;

③不需要气管插管保护（即患者无误吸、严重消化道出血、气道分泌物过多且排痰不利等情况）；④无影响使用鼻/面罩的面部创伤；⑤能够耐受鼻/面罩。具有双水平气道正压（bi-level positive airway pressure，BiPAP）功能的无创呼吸机性能可靠，操作简单，在临床较为常用。

（四）病因治疗

如前所述，引起急性呼吸衰竭的原发疾病多种多样，在解决呼吸衰竭本身造成危害的前提下，针对不同病因采取适当的治疗措施十分必要，也是治疗呼吸衰竭的根本所在。

（五）一般支持疗法

电解质紊乱和酸碱平衡失调的存在，可以进一步加重呼吸系统乃至其他系统器官的功能障碍，并可干扰呼吸衰竭的治疗效果，因此应及时加以纠正。加强液体管理，防止血容量不足和液体负荷过大，保证红细胞压积在一定水平，对于维持氧输送能力和防止肺水过多具有重要意义。呼吸衰竭患者由于摄入不足或代谢失衡，往往存在营养不良，需保证充足的营养及热量供给。

（六）其他重要脏器功能的监测与支持

呼吸衰竭往往会累及其他重要脏器，因此应及时将重症患者转入ICU，加强对重要脏器功能的监测与支持，预防和治疗肺动脉高压、肺源性心脏病、肺性脑病、肾功能不全、消化道功能障碍和弥散性血管内凝血（DIC）等。特别要注意防治多器官功能障碍综合征（MODS）。

第二节 急性肺损伤与急性呼吸窘迫综合征

急性肺损伤（acute lung injury，ALI）/急性呼吸窘迫综合征（acute respiratory distress syndrome，ARDS）是指由心源性以外的各种肺内、外致病因素导致的急性、进行性呼吸衰竭。其主要病理特征为由于肺微血管通透性增高而导致的肺泡渗出液中富含蛋白质的肺水肿及透明膜形成，可伴有肺间质纤维化。病理生理改变以肺容积减少、肺顺应性降低和严重通气/血流比例失调为主。临床表现为呼吸窘迫和顽固性低氧血症，肺部影像学表现为非均一性的渗出性病变。

ALI和ARDS为同一疾病过程的两个阶段，ALI代表早期和病情相对较轻的阶段，而ARDS代表后期病情较严重的阶段，55%的ALI在3天内会进展成为ARDS。ALI概念的提出主要有三个意义：①强调了ARDS的发病是一个动态过程。致病因子通过直接损伤，或通过机体炎症反应过程中细胞和相应介质间接损伤肺毛细血管内皮和肺泡上皮，形成ALI，逐渐发展为典型的ARDS。②可在ALI阶段进行早期治疗，提高临床疗效。③按不同发展阶段对患者进行分类（严重性分级），有利于判断临床疗效。

在第二次世界大战的伤员中，人们首次认识了急性呼吸窘迫综合征，当时被称为"创伤性湿肺"。自从1967年Lancet杂志发表了一篇关于12名ARDS患者的描述性报道以来，ARDS受到了重视。1972年开始将这种综合征称为成人呼吸窘迫综合征（adult respiratory distress syndrome，ARDS），以便与新生儿的呼吸窘迫综合征相区别。然而多年的临床实践表明，该综合征绝不仅限于成人，已有大量儿童和青少年患病的报道，故已将这种呼吸衰竭按其发病特点正式改称为急性呼吸窘迫综合征，其英文缩写"ARDS"中的"A"代表"急性的"（acute）。

【病因和发病机制】

（一）病因

引起ALI/ARDS的原因或高危因素很多，可以分为肺内因素（直接因素）和肺外因素（间接因素）。肺内因素是指对肺的直接损伤，包括：①化学性因素，如吸入毒气、烟尘、胃内容物及氧中毒等；②物理性因素，如肺挫伤、放射性损伤等；③生物性因素，如重症肺炎。肺外因素包括严重休克、感染中毒症、严重非胸部创伤、大面积烧伤、大量输血、急性胰腺炎、药物或麻醉品中毒等（表2-14-1）。

表 2-14-1 急性肺损伤和急性呼吸窘迫综合征的高危因素

肺内因素	吸入性肺损伤（胃内容物、烟雾、可卡因、腐蚀性气体）
	肺炎（细菌、病毒、真菌）
	溺水
	高原性肺水肿
	肺挫伤
	放射性肺损伤
肺外因素	神经系统病变（蛛网膜下腔出血、创伤、缺氧、癫痫、颅内压升高）
	革兰阳性或阴性细菌引起的感染中毒症
	休克
	非胸部创伤
	烧伤
	急性胰腺炎
	尿毒症
	糖尿病酮症酸中毒
	白细胞凝集反应
	弥散性血管内凝血（DIC）
	大量输血
	体外循环
	药物中毒（镇痛药、抗肿瘤药、噻嗪类利尿药、阿司匹林）
	肺栓塞（血栓、脂肪、空气栓塞）
	妊娠并发症
	肿瘤扩散

在导致直接肺损伤的原因中，国外报道胃内容物吸入占首位，而国内以重症肺炎为主要原因。若同时存在一种以上的危险因素，对 ALI/ARDS 的发生具有叠加作用。

（二）发病机制

急性肺损伤的发病机制尚未完全阐明。除有些致病因素对肺泡膜的直接损伤外，更重要的是多种炎症细胞（巨噬细胞、中性粒细胞、血小板）及其释放的炎性介质和细胞因子间接介导的肺炎症反应，最终引起肺泡膜损伤、通透性增加和微血栓形成；并可造成肺泡上皮损伤，表面活性物质减少或消失，加重肺水肿和肺不张，从而引起肺的氧合功能障碍，导致顽固性低氧血症。

目前参与 ALI/ARDS 发病过程的细胞学与分子生物学机制，尚有待深入研究。中性粒细胞在肺内聚集、激活，并通过"呼吸爆发"释放氧自由基、蛋白酶和炎性介质，以及巨噬细胞、肺毛细血管内皮细胞的参与是 ALI/ARDS 发病的重要细胞学机制。生理情况下，衰老的中性粒细胞以凋亡的形式被吞噬细胞清除，但目前研究发现，很多导致 ALI 发生的因素能够延迟中性粒细胞凋亡，使中性粒细胞持续发挥作用，引起过度和失控的炎症反应，因此促进中性粒细胞凋亡有可能成为 ALI/ARDS 颇具希望的治疗手段之一。除中性粒细胞外，巨噬细胞及血管内皮细胞可分泌肿瘤坏死因子-α（tumor necrosis factor-α，TNF-α）、白细胞介素-1（interleukin-1，IL-1）等炎性介质，对启动早期炎症反应与维持炎症反应起重要作用。

肺内炎性介质和抗炎介质的平衡失调，是 ALI/ARDS 发生、发展的关键环节。除炎性介质增加外，还有 IL-4、IL-10、IL-13 等抗炎介质释放不足。新近研究表明，体内一些神经肽/激素也在

ALI、ARDS 中具有一定的抗炎作用，如胆囊收缩素（cholecystokinin，CCK）、血管活性肠肽（vasoactive intestinal peptide，VIP）和生长激素等。因此加强对体内保护性机制的研究，实现炎性介质与抗炎介质的平衡亦十分重要。

随着系统性炎症反应综合征（systemic inflammatory response syndrome，SIRS）和代偿性抗炎症反应综合征（compensatory anti-inflammatory response syndrome，CARS）概念的提出，使人们对炎症这一基本病理生理过程的认识更为深刻。SIRS 即指机体失控的自我持续放大和自我破坏的炎症反应；CARS 是指与 SIRS 同时启动的一系列内源性抗炎介质和抗炎性内分泌激素引起的抗炎反应。如果 SIRS 和 CARS 在病变发展过程中出现平衡失调，则会导致 MODS。目前人们已经逐渐认识到 ALI/ARDS 是 MODS 发生时最早或最常出现的器官表现。

【病理】

ARDS 的主要病理改变是肺广泛性充血水肿和肺泡内透明膜形成。病理过程可分为三个阶段：渗出期、增生期和纤维化期，三个阶段常重叠存在。ARDS 肺组织的大体表现为肺呈暗红或暗紫红的肝样变，可见水肿、出血，重量明显增加，切面有液体渗出，故有"湿肺"之称。显微镜下可见肺微血管充血、出血、微血栓形成，肺间质和肺泡内有富含蛋白质的水肿液及炎症细胞浸润。约经 72 小时后，由凝结的血浆蛋白、细胞碎片、纤维素及残余的肺表面活性物质混合形成透明膜，伴灶性或大片肺泡萎陷。可见 I 型肺泡上皮受损坏死。经 1～3 周以后，逐渐过渡到增生期和纤维化期。可见 II 型肺泡上皮、成纤维细胞增生和胶原沉积。部分肺泡的透明膜经吸收消散而修复，亦可有部分形成纤维化。ARDS 患者容易合并肺部继发感染，可形成肺小脓肿等炎症改变。

【病理生理】

由于肺毛细血管内皮细胞和肺泡上皮细胞损伤，肺泡膜通透性增加，引起肺间质和肺泡水肿；肺表面活性物质减少，导致小气道陷闭和肺泡萎陷不张。通过 CT 观察发现，ALI/ARDS 肺形态改变具有两个特点，一是肺水肿和肺不张在肺内呈"不均一"分布，即在重力依赖区（dependent regions，仰卧位时靠近背部的肺区）以肺水肿和肺不张为主，通气功能极差，而在非重力依赖区（non-dependent regions，仰卧位时靠近胸前壁的肺区）的肺泡通气功能基本正常；二是由于肺水肿和肺泡萎陷，使功能残气量和有效参与气体交换的肺泡数量减少，因而称 ALI/ARDS 肺为"婴儿肺"（baby lung）或"小肺"（small lung）。上述病理和肺形态改变引起严重通气/血流比例失调、肺内分流和弥散障碍，造成顽固性低氧血症和呼吸窘迫。呼吸窘迫的发生机制主要有：①低氧血症刺激颈动脉体和主动脉体化学感受器，反射性刺激呼吸中枢，产生过度通气；②肺充血、水肿刺激毛细血管旁 J 感受器，反射性使呼吸加深、加快，导致呼吸窘迫。由于呼吸的代偿，$PaCO_2$ 最初可以表现降低或正常。极端严重者，由于肺通气量减少以及呼吸窘迫加重呼吸肌疲劳，可发生高碳酸血症。

【临床表现】

ALI/ARDS 多于原发病起病后 5 天内发生，约半数发生于 24 小时内。除原发病的相应症状和体征外，最早出现的症状是呼吸加快，并呈进行性加重的呼吸困难、发绀，常伴有烦躁、焦虑、出汗等。其呼吸困难的特点是呼吸深快、费力，患者常感到胸廓紧束、严重憋气，即呼吸窘迫，不能用通常的吸氧疗法改善，亦不能用其他原发心肺疾病（如气胸、肺气肿、肺不张、肺炎、心力衰竭）解释。早期体征可无异常，或仅在双肺闻及少量细湿啰音；后期多可闻及水泡音，可有管状呼吸音。

【实验室及其他检查】

(一) 胸部影像学检查

1. X 线胸片　早期可无异常，或呈轻度间质改变，表现为边缘模糊的肺纹理增多。继之出现斑片状以至融合成大片状的浸润阴影，两肺广泛的渗出和实变，在胸片上表现为典型的"白肺"（white lung）。其演变过程符合肺水肿的特点，快速多变；后期可出现肺间质纤维化的改变。

2. 胸部 CT　清楚地显示肺间质和肺泡病变呈不均一性分布，即病变主要累及重力依赖区（下垂部位），具有通气功能的肺泡明显减少，而在晚期则出现肺纤维化的改变，但不呈现明显的重力依赖

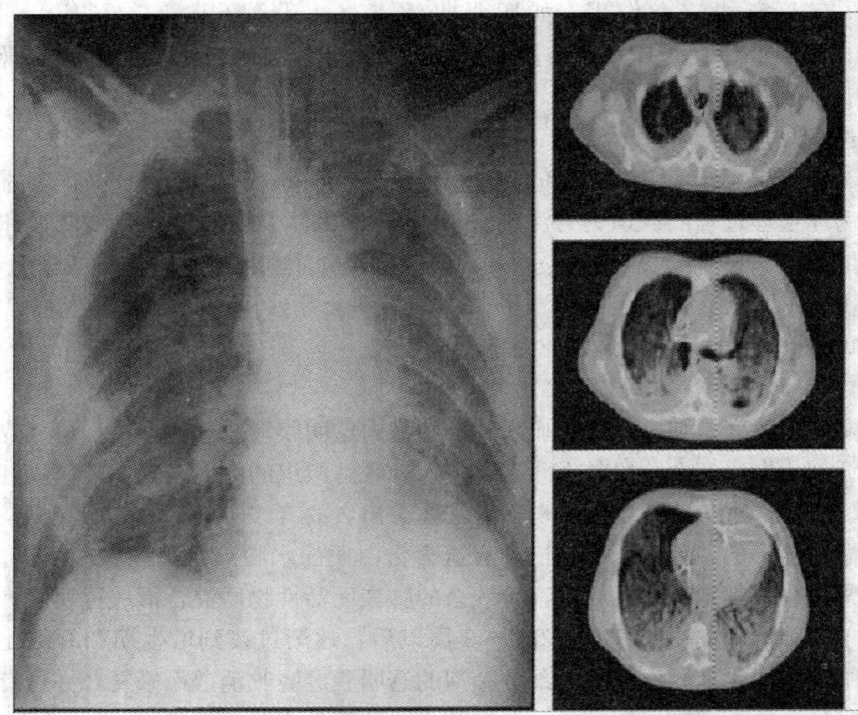

图 2-14-2　ARDS 患者的胸部影像学改变
X 线胸片显示两肺广泛斑片浸润影；CT 显示病变主要累及重力依赖区（下垂部位）性分布（图 2-14-2）。

（二）动脉血气分析

典型的改变为 PaO_2 降低，$PaCO_2$ 降低，pH 升高。根据动脉血气分析和吸入氧浓度可计算肺氧合功能指标，如肺泡-动脉氧分压差 $[P_{(A-a)}O_2]$、肺内分流（Q_S/Q_T）、呼吸指数 $[P_{(A-a)}O_2/PaO_2]$、PaO_2/FiO_2 等指标，对建立诊断、严重性分级和疗效评价等均有重要意义。

目前在临床上以 PaO_2/FiO_2 最为常用。其具体计算方法为 PaO_2 的 mmHg 值除以吸入氧比例（FiO_2，吸入氧的分数值），如某位患者在吸入 40% 氧（吸入氧比例为 0.4）的条件下，PaO_2 为 80mmHg，则 PaO_2/FiO_2 为 $80 \div 0.4 = 200$。PaO_2/FiO_2 降低是诊断 ARDS 的必要条件。正常值为 400~500，在 ALI 时≤300，ARDS 时≤200。

在早期，由于过度通气而出现呼碱，pH 可高于正常，$PaCO_2$ 低于正常。在后期，如果出现呼吸肌疲劳或合并代酸，则 pH 可低于正常，甚至出现 $PaCO_2$ 高于正常。

（三）床边肺功能监测

ARDS 时肺顺应性降低，死腔通气量比例（V_D/V_T）增加，但无呼气流速受限。顺应性的改变，对严重性评价和疗效判断有一定的意义。

（四）心脏超声和 Swan-Ganz 导管检查

有助于明确心脏情况和指导治疗。通过置入 Swan-Ganz 导管可测定肺动脉楔压（PAWP），这是反映左心房压较可靠的指标。PAWP 一般<12mmHg，若>18mmHg 则支持左心衰竭的诊断。

【诊断】

中华医学会呼吸病学分会 1999 年制订的诊断标准如下：

1. 有 ALI/ARDS 的高危因素。
2. 急性起病、呼吸频数和（或）呼吸窘迫。
3. 低氧血症：ALI 时动脉血氧分压（PaO_2）/吸入氧分数值（FiO_2）≤300；ARDS 时 PaO_2/FiO_2≤200。

4. 胸部 X 线检查显示两肺浸润阴影。

5. PAWP≤18mmHg 或临床上能除外心源性肺水肿。

同时符合以上 5 项条件者，可以诊断 ALI 或 ARDS。

【鉴别诊断】

上述 ARDS 的诊断标准并非特异性的，建立诊断时必须排除大片肺不张、自发性气胸、上气道阻塞、急性肺栓塞和心源性肺水肿等。通常能通过详细询问病史、体检和 X 线胸片等作出鉴别。心源性肺水肿患者卧位时呼吸困难加重，咳粉红色泡沫样痰，肺湿啰音多在肺底部，对强心、利尿等治疗效果较好；鉴别困难时，可通过测定 PAWP、超声心动图检测心室功能等作出判断并指导此后的治疗。

【治疗】

治疗原则与一般急性呼吸衰竭相同。主要治疗措施包括：积极治疗原发病，氧疗，机械通气以及调节液体平衡等。

（一）原发病的治疗

是治疗 ALI/ARDS 首要原则和基础，应积极寻找原发病灶并予以彻底治疗。感染是导致 ALI/ARDS 的常见原因，也是 ALI/ARDS 的首位高危因素；而 ALI/ARDS 又易并发感染，所以对于所有患者都应怀疑感染的可能，除非有明确的其他导致 ALI/ARDS 的原因存在。治疗上宜选择广谱抗生素。

（二）纠正缺氧

采取有效措施，尽快提高 PaO_2。一般需高浓度给氧，使 $PaO_2 \geq 60mmHg$ 或 $SaO_2 \geq 90\%$。轻症者可使用面罩给氧，但多数患者需使用机械通气。

（三）机械通气

尽管 ARDS 机械通气的指征尚无统一的标准，多数学者认为一旦诊断为 ARDS，应尽早进行机械通气。ALI 阶段的患者可试用无创正压通气，无效或病情加重时尽快气管插管或切开行有创机械通气。机械通气的目的是提供充分的通气和氧合，以支持器官功能。如前所述，由于 ARDS 肺病变具有"不均一性"和"小肺"的特点，当采用较大潮气量通气时，气体容易进入顺应性较好、位于非重力依赖区的肺泡，使这些肺泡过度扩张，造成肺泡上皮和血管内皮损伤，加重肺损伤；而萎陷的肺泡在通气过程中仍维持于萎陷状态，在局部扩张肺泡和萎陷肺泡之间产生剪切力，也可引起严重肺损伤。因此 ARDS 机械通气的关键在于：复张萎陷的肺泡并使其维持在开放状态，以增加肺容积和改善氧合，同时避免肺泡随呼吸周期反复开闭所造成的损伤。目前，ARDS 的机械通气推荐采用肺保护性通气策略，主要措施包括给予合适水平的呼气末正压（PEEP）和小潮气量。

1. PEEP 的调节 适当水平的 PEEP 可使萎陷的小气道和肺泡再开放，防止肺泡随呼吸周期反复开闭，使呼气末肺容量增加，并可减轻肺损伤和肺泡水肿，从而改善肺泡弥散功能和通气/血流比例，减少肺内分流，达到改善氧合和肺顺应性的目的。但 PEEP 可增加胸内正压，减少回心血量，从而降低心排出量，并有加重肺损伤的潜在危险。因此在应用 PEEP 时应注意：①对血容量不足的患者，应补充足够的血容量以代偿回心血量的不足；同时不能过量，以免加重肺水肿。②从低水平开始，先用 $5cmH_2O$，逐渐增加至合适的水平，争取维持 PaO_2 大于 60mmHg 而 FiO_2 小于 0.6。一般 PEEP 水平为 $8 \sim 18cmH_2O$。

2. 小潮气量 ARDS 机械通气采用小潮气量，即 $6 \sim 8ml/kg$，旨在将吸气平台压控制在 $30 \sim 35cmH_2O$ 以下，防止肺泡过度扩张。为保证小潮气量，可允许一定程度的 CO_2 潴留和呼吸性酸中毒（pH $7.25 \sim 7.30$）。酸中毒严重时需适当补碱。

迄今为止，对 ARDS 患者机械通气时如何选择通气模式尚无统一的标准，压力控制通气可以保证气道吸气压不超过预设水平，在避免呼吸机相关肺损伤，因而较容量控制通气更常用。其他可选的通气模式包括双相气道正压通气、反比通气、压力释放通气等，并可联用肺复张法（recruitment maneuver)、俯卧位通气等以进一步改善氧合。

（四）液体管理

为减轻肺水肿，应合理限制液体入量，以可允许的较低循环容量来维持有效循环，保持肺于相对"干"的状态。在血压稳定和保证组织器官灌注前提下，液体出入量宜轻度负平衡，可使用利尿药促进水肿的消退。关于补液性质尚存在争议，由于毛细血管通透性增加，胶体物质可渗至肺间质，所以在ARDS早期，除非有低蛋白血症，不宜输注胶体液。对于创伤出血多者，最好输新鲜血；用库存1周以上的血时，应加用微过滤器，以免发生微栓塞而加重ARDS。

（五）营养支持与监护

ARDS时机体处于高代谢状态，应补充足够的营养。静脉营养可引起感染和血栓形成等并发症，应提倡全胃肠营养，不仅可避免静脉营养的不足，而且能够保护胃肠黏膜，防止肠道菌群异位。ARDS患者应收住ICU，动态监测呼吸、循环、水电解质、酸碱平衡及其他重要脏器的功能，以便及时调整治疗方案。

（六）其他治疗

糖皮质激素、表面活性物质、鱼油和一氧化氮等在ALI/ARDS中的治疗价值尚不确定。

【预后】

ALI/ARDS总体病死率在30%~70%，与其原发病和严重程度有关。由感染中毒症（sepsis）、合并骨髓移植或条件致病菌引起的肺炎预后极差，因创伤发生ARDS的患者与内科因素所致ARDS的患者相比，前者预后较好。老年患者（年龄超过60岁）预后不佳。单纯由于呼吸衰竭导致的死亡仅占所有死亡患者的16%，而49%的患者死于MODS。存活者大部分能完全恢复，部分遗留肺纤维化，但多不影响生活质量。

（詹庆元　王　辰）

第十五章 烟草或健康问题

吸烟是人类健康的杀手。烟草（tabacco）是唯一一种可导致半数经常使用者死亡的合法消费品。目前全世界吸烟者总人数超过十亿，约占世界人口的四分之一。每年烟草使用导致全球五百多万人死亡。然而，由于烟草价格低廉，推广有力，且公众对其危害认识不足，以及抵制烟草使用的政策不到位等因素，使得烟草的使用在全世界范围内都十分普遍。烟草对健康的危害一般要在开始吸烟数年甚至数十年之后方才显现出来。正因为如此，当今全球烟草使用日益流行，但烟草相关疾病和死亡的流行才初显端倪。如果当前的发展趋势继续下去，到2030年，由于烟草使用导致的年死亡人数将超过800万；到本世纪末，烟草将夺去十亿人的生命，而且据估计，其中3/4以上都会集中在中低收入国家。中国是世界上吸烟人口最多的国家，烟民约占世界吸烟人口的1/3，是世界上最大的烟草生产国、消费国以及受害国，每年死于烟草相关疾病的人数为100万；如果目前吸烟状况得不到有效控制，与此相关的死亡2025年将增至200万，2050年将升至300万。

世界卫生组织（WHO）统计的世界上八种最主要的致死性疾病，包括缺血性心血管病、脑血管病、下呼吸道感染、慢性阻塞性肺疾病、艾滋病、腹泻性疾病、结核和肺癌，除艾滋病和腹泻性疾病和吸烟无关外，其余六种都和吸烟有关。吸烟可引发肺、喉、肾、膀胱、胃、结肠、口腔和食管等部位的肿瘤，以及白血病、慢性支气管炎、慢性阻塞性肺病、缺血性心脏病、脑卒中、流产、早产、出生缺陷、不孕等其他疾病，给人们带来了巨大的痛苦和严重的生产力损失。

【控烟有效策略】

为提供一个由各缔约方在国家、区域和全球各级实施烟草控制措施的框架，以便使烟草使用和接触烟草烟雾持续大幅度下降，从而保护当代和后代免受烟草消费和接触烟草烟雾对健康、社会、环境和经济造成的破坏性影响，世界卫生组织制订了《烟草控制框架公约》，并于2003年5月第56届世界卫生大会通过。这是一项国际条约，亦是一部国际法律文书，目的在于在全世界减少与烟草有关的死亡和疾病。该公约于2004年11月29日达到了40个缔约方并于2005年2月27日生效，目前已有164个缔约国。公约在2005年10月11日获得中国政府的批准并于2006年1月9日在华正式生效。这些缔约方，包括中国在内的国家，均接受公约约束，应按照在公约中概述的条款实施烟草控制措施。

《烟草控制框架公约》的指导原则为：①宜使人人了解烟草消费和接触烟草烟雾造成的健康后果、成瘾性和致命威胁，并宜在适当的政府级别考虑有效的立法、实施、行政或其他措施，以保护所有人免于接触烟草烟雾。②在国家、区域和国际层面需要强有力的政治承诺以制订和支持多部门的综合措施和协调一致的应对行动，考虑：a. 需采取措施防止所有人接触烟草烟雾；b. 需采取措施防止初吸，促进和支持戒烟以及减少任何形式的烟草制品消费；c. 需采取措施促进土著居民和社区参与制定、实施和评价在社会和文化方面与其需求和观念相适应的烟草控制规划；以及d. 需采取措施，在制定烟草控制战略时考虑不同性别的风险。③结合当地文化、社会、经济、政治和法律因素开展国际合作，尤其是技术转让、知识和经济援助以及提供相关专长，制定和实施有效烟草控制规划，是本公约的一个重要组成部分。④在国家、区域和全球各级采取多部门综合措施和对策以减少所有烟草制品的消费至关重要，以便根据公共卫生原则防止由烟草消费和接触烟草烟雾引起的疾病、过早丧失功能和死亡的发生。⑤各缔约方在其管辖范围内明确与责任相关的事项是烟草综合控制的重要部分。⑥宜在国家制定的可持续发展战略框架下认识和强调技术和财政援助的重要性，以便帮助发展中国家缔约方和经济转轨国家缔约方因烟草控制规划而使其生计受到严重影响的烟草种植者和工人进行经济过渡。⑦为了实现本公约及其议定书的目标，民间社会的参与是必要的。

为了协助各缔约国实现对公约承诺，世界卫生组织提出 MPOWER 系列政策，其中包括六项十分重要且有效的烟草控制政策，分别是：提高烟草税率和价格，禁止烟草广告、促销和赞助，保护人们不受二手烟危害，警告所有人烟草的危害，为希望戒烟者提供帮助，以及仔细监测烟草流行和预防政策的情况。这些政策都经过了实践的检验，证实可降低烟草的使用。

国际成功控烟经验已经证明医生队伍是烟草控制的重要力量。推进控烟是医务人员的天职，卫生工作者应该成为控烟的表率，帮助人们戒除烟草使用更是卫生工作者的职责。对于社会各个人群，医生具有最大的潜力帮助抵制烟草。烟草是医生职业生涯中面对的最大的可干预的致病因素，因为医生具有权威的地位；医生具有在临床环境中以一对一的方式提出建议的特殊机会；医生在健康方面的建议比任何人都令人信服；医生行医是人们最易于接受对健康的建议的时候；医生经常会给吸烟的病人看病；医生可以根据病人的健康状况和家族史给予个性化的建议。

医生帮助降低烟草危害最直接的方法就是帮助患者戒烟。研究显示，没有接受治疗的吸烟者每年戒烟的平均比例大约为 2%，而临床医生简洁的建议就会使戒烟 6 个月或 6 个月以上的人员增加 2%。医生劝导戒烟的效果与医生劝导的程度或努力度成正比，3 分钟以下的简短咨询建议可使成效增加 30%，3~10 分钟的简短咨询建议可使之增加 60%，10 分钟以上的详细咨询建议可使之增加 130%，如果再加上护理人员的协助，效果会更佳。医生是帮助吸烟者戒烟的最佳人选，当患者就医时，一个能以身作则拒绝烟草的医生给患者提出的不要再吸烟的简单忠告，就可能完全改变患者以后的吸烟行为。这样的忠告比任何其他人的劝告及任何其他形式的宣传教育都要有效得多。医生要帮助每个吸烟者朝着戒掉最后一支烟的目标努力，在临床工作中每次至少解决吸烟者戒烟中的一点问题。

被誉为中国"控烟之父"的翁心植院士早在 1998 年就开始呼吁呼吸专业医生要在我国控烟运动中起带头和榜样作用。北京朝阳医院、北京呼吸疾病研究所、WHO 烟草或健康合作中心多年来致力于烟草控制工作，如 1996 年在中国设立了第一家戒烟门诊，2004 年设立了中国第一条戒烟热线，2005 年成为卫生部创建无烟医院的试点单位，2007 年出台中国首部临床戒烟指南，开始组建医生控烟网络，2008 年开展关于烟草依赖治疗的国家级继续医学教育项目，呼吁和动员医生参与到烟草控制工作中。"作为一个医生不掌握控烟内容，知识体系是不完整的"。"呼吸科如果不设戒烟门诊，就不是完善的呼吸科"。这些话已经在业内广泛推广。中华医学会呼吸病学分会还专门设立了烟草或健康学组。不仅呼吸领域，肿瘤科医生发布了烟草控制方面的北京宣言、心血管医生亦发布了控烟宣言、精神科医生等多学科的顶级专家均意识到了烟害的严重并开始行动，中国医务界控烟意识已经开始苏醒。

【烟草依赖烟草依赖】

烟草依赖（tabacco dependence）是一种慢性高复发性疾病，世界卫生组织已将其列入国际疾病分类（ICD-10，F17.2），确认烟草是目前对人类健康的最大威胁，但同时又是一个可以预防和治疗的主要死因。具有烟草依赖的吸烟者通常情况下需要反复干预和多次努力才能实现有效戒断。目前大约 19.8% 的美国成年人吸烟，吸烟率已少于 60 年代的一半，目前已戒烟的人数超过现在吸烟者。成果的取得与有效的治疗、医生的参与、多种控烟措施的实行以及政府的支持有关。

烟草依赖又称尼古丁依赖，特点为无法克制的尼古丁觅求冲动，以及强迫性地、连续地使用尼古丁，以体验其带来的欣快感和愉悦感，并避免可能产生的戒断症状。吸烟成瘾的实质就是尼古丁依赖。对于大多数的吸烟者，使用烟草都有可能产生依赖，这种依赖与使用鸦片、安非他明和可卡因引起的药物依赖雷同。

尼古丁是 1828 年首次从烟草中提取出的一种生物碱，原来被认为是烟草中特有的化学成分，近来研究发现，某些植物尤其是茄科植物体内也可以合成尼古丁。尼古丁极易由口腔、胃肠、呼吸道黏膜吸收。吸入的尼古丁 90% 在肺部吸收，其中 1/4 在几秒钟内即进入大脑。尼古丁对人体最显著的作用是对交感神经的影响，可引起呼吸兴奋、血压升高；可使吸烟者自觉喜悦、敏捷、脑力增强、减轻焦虑和抑制食欲。大剂量尼古丁可对自主神经系统、骨骼肌运动终板胆碱能受体及中枢神经系统产生抑制作用，导致呼吸肌麻痹、意识障碍等。长期吸入可导致机体活力下降，记忆力减退，工作效率低下，甚至造成多种器官受累的综合病变。尼古丁的最大危害就在于成瘾性，吸烟者一旦成瘾，每30~40分钟就需要吸一支烟，以维持大脑尼古丁稳定水平，当达不到这一水平时吸烟者就会感到烦躁、不适、恶心、头痛并渴望补充尼古丁，感觉似乎与鸦片毒品无异。

尼古丁依赖具有药物成瘾的全部特征。WHO专家委员会将药物成瘾正式定义为："由于反复使用某种药物所引起的一种周期性或慢性中毒状态"，具有以下特征：①有一种不可抗拒的力量强制性地驱使人们使用该药物，并不择手段去获得它；②有加大剂量的趋势；③对该药的效应产生精神依赖并一般都产生躯体依赖；④对个人和社会都产生危害。所谓躯体依赖，又称生理依赖，即反复使用依赖特性药物，一旦停止用药，将发生一系列具有特征性的、令人难以忍受的症状与体征。吸烟者戒烟后出现烦躁不安、易怒、焦虑、情绪低落、注意力不集中、失眠、心率降低、食欲增加等均为停止吸烟后的戒断症状。精神依赖，又称心理依赖，俗称"心瘾"，表现为对药物的强烈渴求。用药后出现欣快感和松弛宁静感，可以满足心理需要，停药后会产生难以忍受的痛苦和折磨，只得继续使用药物。

烟草依赖的确切机制尚不清楚。从烟草中反复摄取尼古丁会导致大脑的神经通路发生变化，从而在戒烟时会产生强烈的吸烟欲望，这种欲望会削弱甚至摧毁戒烟的决心。有证据显示吸烟成瘾与 $\alpha_4\beta_2$ 尼古丁乙酰胆碱受体上调和多巴胺能通路发生功能性改变有关。

烟草依赖的原因与社会环境、心理因素和遗传因素都有密切的关系，而且互为因果。社会因素方面：烟草制作成为卷烟以后，成为了一种容易获得的消费品。由于烟草的价格便宜，随着经济收入的增加，人们可获得性进一步提高，成为烟草滥用的重要原因。家庭中父母的行为往往是子女模仿的目标，研究表明，生活在父母吸烟家庭中的孩子，长大后吸烟率高于不吸烟家庭的子女。同伴影响和社会压力，使缺乏自信和生活能力的青少年容易成为吸烟者，把吸烟和独立使用成瘾物质当作成熟的标志；吸毒者多数也是在同伴的影响下，开始从吸烟走上吸毒道路的。心理因素方面：Eysenck的研究发现吸烟者外向性格居多，且外向程度与吸烟量成正比。我国的另一项研究也发现，有神经质倾向的个体吸烟率较高。另外，烟草依赖还与遗传因素有关，吸烟开始、持续、依赖、吸烟量以及戒烟行为均受遗传因素的影响。

烟草依赖为害于无形，致害于长远，可导致多系统损害。目前已有有效方法帮助吸烟者摆脱烟草依赖。关于戒烟的简短建议、药物治疗、戒烟咨询包括戒烟热线都是有效的方法，临床医生要将对烟草使用和依赖的治疗整合到日常临床实践中去。

【戒烟药物治疗】

2008年5月，美国公共卫生署颁布的有关烟草使用和依赖治疗的新版临床实践指南在八千多篇文献总结的基础上推荐七种能够可靠增加长期烟草戒断效果的一线临床戒烟用药，包括五种尼古丁替代疗法（nicotine replacement therapy，NRT）的戒烟药，具体为尼古丁咀嚼胶、尼古丁吸入剂、尼古丁口含片、尼古丁鼻喷剂和尼古丁贴剂，两种非尼古丁类戒烟药为盐酸安非他酮缓释片和伐尼克兰。指南推荐还推荐了两种二线戒烟药物为可乐定和去甲替林，目前在临床上很少应用。现将一线戒烟药物分别简要介绍如下：

1. 尼古丁替代疗法　NRT药物通过向人体提供尼古丁以达到代替或部分代替从烟草中获得的尼古丁，从而减轻尼古丁戒断症状，如注意力不集中、焦虑、易怒、情绪低落等。NRT安全，符合成本效益，虽然并不能完全消除戒断症状，但减轻了戒烟过程中的不适。证据表明NRT疗法主要对于每天吸烟十支及以上的人群效果显著。个人预期的停止吸烟的难度基于他们对尼古丁的依赖程度而非吸烟支数，需依尼古丁依赖程度决定是否安排使用NRT。NRT用于辅助戒烟安全有效，大约可使长期戒烟的可能性加倍。下面介绍的五种不同的NRT产品以不同方式提供尼古丁，目前尚无证据表明彼此疗效上的差别，药物选择应遵从戒烟者意愿。吸烟者经常由于未能使用足量的NRT类药物，从而不能达到最佳治疗效果。NRT疗程应持续8~12周，而少数吸烟者可能需要治疗更长时间（5%可能需要继续疗程长达一年)。长期的 NRT 治疗无安全问题。心肌梗死后近期(2 周内)、严重心律失常、不稳定心绞痛患者慎用。妊娠期吸烟者应鼓励其通过非药物的方式戒烟。下面五种不同的 NRT 产品能否帮助怀孕期烟草依赖者戒烟尚无定论,对于哺乳期患者是否有效尚未进行评估。

(1) 尼古丁咀嚼胶:美国食品与药品管理局(FDA)于 1984 年批准尼古丁咀嚼胶上市,1995 年批准为非处方药。剂型有 2 毫克/片和 4 毫克/片。尼古丁咀嚼胶是一种有效的戒烟药物,推荐吸烟者使用的证据等级为 A(有好的有力的证据支持)。应根据患者对尼古丁依赖程度来选择咀嚼胶的规格。尼古丁依赖程度低者使用 2 毫克规格咀嚼胶。尼古丁依赖程度高者,应该使用 4 毫克规格咀嚼胶,推荐的证据等级为 B(有一般的合理证据支持,但可能存在极小的不符与不确定之处)。咀嚼技巧:为预防尼古丁戒断症状,或有吸烟欲望时,可使用一片咀嚼胶。开始时应缓慢咀嚼,然后将咀嚼胶置于颊和牙龈之间,间断咀嚼,使尼古丁可以通过口腔黏膜充分吸收,30 分钟后所有尼古丁会从咀嚼胶中释放出来。强烈咀嚼可使尼古丁被吞咽进入胃中,尼古丁被分解而失去作用,并可引起不适。在开始使用的 6 周内,吸烟者应每隔 1~2 小时使用一片,大部分吸烟者每天需用 8~12 片合适剂量的咀嚼胶,每天最大剂量不超过 24 片。疗程长短因人而异,临床经验显示一个疗程至少需要 12 周。为达到尼古丁的最大吸收量,应在使用咀嚼胶前 15 分钟内避免饮用酸性饮料如咖啡、果汁和无醇饮料。使用咀嚼胶的同时避免进食或者饮用非白水类饮料。常见的副作用包括恶心、下颌关节酸痛、消化不良、打嗝等。这些副作用通常是轻微、短暂的,患者若使用正确的咀嚼方法可以避免和减轻。

(2) 尼古丁吸入剂:尼古丁吸入剂是一种有效的戒烟药物,推荐吸烟者使用的证据等级为 A。尼古丁吸入剂在一些国家是处方药,目前国内无该类药物。每支吸入剂含 4 毫克尼古丁,可以吸 80 次。推荐一天使用 6~16 支吸入剂。治疗疗程推荐至少为 6 个月。在治疗的最后 3 个月嘱患者逐渐减少用量。规律使用吸入剂并且每日最少使用 6 支可以达到较好效果。国外报道约 40% 的患者在使用后会出现口腔和咽喉的刺激症状。咳嗽(32%)及鼻炎(23%)也较为常见。副作用往往轻微,并常在连续使用后会症状减轻。尼古丁吸入剂实际上并不是真正的吸入肺内的药物,而主要是通过沉淀于口咽部从黏膜吸收入人体,不易成瘾,使用安全。

(3) 尼古丁口含片:尼古丁口含片是一种有效的戒烟药物,推荐吸烟者使用的证据等级为 B。尼古丁口含片在一些国家是非处方药,有 2 毫克/片和 4 毫克/片两种剂型,目前国内无该类药物。推荐晨起 30 分钟以上吸第一支烟的吸烟者使用 2 毫克剂型,而晨起 30 分钟内吸第一支烟的吸烟者使用 4 毫克剂型。一般来说,在开始治疗的 6 周内应每隔 1~2 小时使用 1 片含片,每日最少用量为 9 片,第 7~9 周减量为每隔 2~4 小时使用一片,第 10~12 周减量为 4~8 小时 1 片,使用疗程至少 12 周,每日剂量不超过 20 片。使用时含片应在口腔内溶解,不能咀嚼或吞咽。酸性饮料(如咖啡、果汁或无醇饮料)可干扰尼古丁在黏膜的吸收,所以在使用含片前 15 分钟或使用中应该避免进食或饮用非白水类饮料。

(4) 尼古丁鼻喷剂:尼古丁鼻喷剂是一种有效的戒烟药物,推荐吸烟者使用的证据等级为 A。尼古丁鼻喷剂在一些国家是处方药,目前国内无该类药物。具体用法是:当吸烟者有吸烟欲望时,头稍微后仰,将制剂喷入鼻孔,尼古丁可通过鼻黏膜吸收。通常鼻喷剂的初始剂量为每小时喷 1~2 次(每喷 1 次约 0.05 毫升,含尼古丁 0.5 毫克,两个鼻孔总量 1 毫克),根据症状的缓解程度可适当增加剂量。最高剂量为每天喷 80 次(大约半瓶),最佳剂量为每天至少喷 16 次。推荐疗程为 3~6 个月。使用时需注意喷鼻时不要用鼻吸气或吞咽。副作用包括鼻部刺激感、打喷嚏、咳嗽、流眼泪等。有严重气道高反应的疾病患者禁用。

(5) 尼古丁贴片:尼古丁贴片是一种有效的戒烟药物,推荐吸烟者使用的证据等级为 A。尼古丁贴片使用时需选取躯干或四肢的清洁、干燥、无毛、没有伤口的部位,撕去保护纸后迅速将之粘贴到相应的部位,同时紧压 10~20 秒,以确保贴的牢固。不同的剂量规格保留时间不一。目前主要有 16 小时和 24 小时两种类型。规定的保留时间过后,撕下旧的贴片,在粘新贴片时要更换不同的部位。标准疗程一般为 12 周,某些戒烟者为了避免复吸可能需要治疗更长的时间。不同剂量的贴片可用于不同的推荐给药方案。临床医生应根据患者的特点(如以前的用药经验、吸烟量和尼古丁依赖程度等）个体化用药。尼古丁贴片目前在一些国家既可通过非处方购买也可通过处方购买。另外，研究表明，长疗程或高剂量尼古丁贴片治疗并未优于常规疗程（6～14周）和常规剂量（14～25毫克）的尼古丁贴片戒烟效果。部分患者使用尼古丁贴片后会出现皮肤反应，往往较轻可以耐受，国外报道仅有小于5%的患者由于皮肤反应不得不终止治疗。其他副作用包括失眠和/或多梦等。对于有睡眠障碍的患者可嘱患者在睡觉前将贴片撕去，或者使用16小时剂型。

2. 盐酸安非他酮（缓释剂） 是第一种可有效戒烟的非尼古丁戒烟药物，1997年被用于戒烟，推荐吸烟者使用的证据等级为A。盐酸安非他酮是一种具有多巴胺能和去甲肾上腺素能的抗抑郁剂，作用机制可能包括抑制多巴胺及去甲肾上腺素的重摄取以及阻断尼古丁乙酰胆碱受体。盐酸安非他酮是口服药，剂量为150毫克/片，至少在戒烟前1周开始服用，疗程为7～12周。副作用有口干、易激惹、失眠、头痛和眩晕等。癫痫患者、厌食症或不正常食欲旺盛者、现服用含有安非他酮成分药物者、或在近14天内服用过单胺氧化酶抑制剂者禁用。对于尼古丁严重依赖的吸烟者，联合应用NRT可使戒烟效果增加。盐酸安非他酮为处方药，长期（>5个月）戒烟率为安慰剂组的两倍。

3. 伐尼克兰 是一种新型非尼古丁戒烟药物，在2006年已被美国FDA批准上市用于烟草依赖的治疗，推荐吸烟者使用的证据等级为A。伐尼克兰对神经元中$\alpha_4\beta_2$尼古丁-乙酰胆碱受体具有高度亲和力及选择性，是尼古丁-乙酰胆碱受体的部分激动剂，同时具有激动及拮抗的双重调节作用。伐尼克兰与受体高亲和力结合发挥激动剂的作用，刺激受体释放多巴胺，有助于缓解停止吸烟后对烟草的渴求和各种戒断症状；同时，它的拮抗特性可以阻止尼古丁与受体的结合，减少吸烟的快感，降低对吸烟的期待，从而减少复吸的可能性。伐尼克兰有0.5毫克和1毫克两种剂型，在戒烟日之前1～2周开始治疗，疗程12周，也可以再治疗12周，同时考虑减量。FDA推荐的伐尼克兰使用剂量为2毫克/日（1毫克每日两次）。然而有证据表明1mg/d也是有效的。Meta分析结果显示，与安慰剂组相比，使用伐尼克兰组长期戒烟率明显提高，1mg/d组提高约2倍左右，2mg/d组提高约3倍左右。在近期一项由中国、新加坡和泰国共15个中心参加的临床试验中，伐尼克兰戒烟疗效显著优于安慰剂，主要疗效终点第9～12周（包括第12周）经CO测量证实的4周持续戒烟率，伐尼克兰治疗组（50.3%）显著高于安慰剂组（31.6%）（$P=0.0003$）。关键次要疗效指标从第9周到第24周的持续戒断率和从第9周到第24周的长期戒烟率以及其他次要疗效指标在伐尼克兰组和安慰剂组之间的差异有统计学意义。伐尼克兰常见的不良反应为消化道症状和神经系统症状，恶心最常见，但大多数为轻至中度反应，只有3%的患者因恶心而停止治疗，大多数患者均可耐受使用。由于伐尼克兰几乎以原形从尿液排泄出人体，因此在严重肾功能不全的患者（肌酐清除率<30ml/min）应慎重使用。伐尼克兰为处方药，由于它有部分的尼古丁拮抗作用，因此不推荐与NRT药物联合使用。

4. 联合使用一线药物 已被证实是一种有效的戒烟治疗，可提高戒断率。有效的联合药物治疗包括：①长程尼古丁贴片（>14周）+其他NRT药物（如咀嚼胶和鼻喷剂）；②尼古丁贴片+尼古丁吸入剂；③尼古丁贴片+盐酸安非他酮（证据等级为A）。

总之，在戒烟治疗的过程中，NRT、盐酸安非他酮和伐尼克兰是通常使用的药物。考虑到戒烟的健康获益，这些药物是能够挽救生命的治疗手段，配合行为干预疗法会提高戒烟成功率。烟草使用常常被错误地视为单纯的个人选择，然而事实并非如此。在充分认识到了烟草使用的健康危害后，多数吸烟者都有意戒烟，却往往因为尼古丁的成瘾性而难以戒除。理想的情况下，尼古丁成瘾的药物治疗应与劝导和咨询措施同时使用。烟草使用和依赖的治疗比其他常用的临床预防措施如乳房X线照相、肠癌筛查、巴氏早期癌变探查试验、轻到中度高血压的治疗以及高血脂的治疗更符合成本效益，而且适应人群广泛，临床医生应当鼓励每一位有戒烟意愿的吸烟者接受戒烟咨询和药物治疗。目前我们已有一些可使烟草依赖者摆脱成瘾甚至永久戒除的有效治疗方法。至今为止还没有任何其他临床干预措施像干预吸烟那样，能够如此有效地减少疾病的发生、防止死亡和提高生活质量。

（肖 丹 王 辰）

参考文献

[1] Goldman L, Ausiello D. Cecil Textbook of Medicine. 23rded. Philadelphia: WB Saunders, 2007.

[2] Fauci AS, Braunwald E, Kasper DL, et al. Harrison's Principles of Internal Medicine. 17th ed. New York: McGraw-Hill, 2007.

[3] 陆再英, 钟南山主编. 内科学. 第7版. 北京: 人民卫生出版社, 2008.

[4] Mason RJ, Broaddus VC, Murray JF, Nadel JA. Textbook of Respiratory Medicine. 4th ed. Philadelphia: Elsevier Saunders, 2005.

[5] 中华医学会呼吸病学分会. 流行性感冒临床诊断和治疗指南（草案）. 中华结核和呼吸杂志. 2002, 25 (2): 5-7.

[6] American Thoracic Society Documents. Guidelines for the management of adults with hospital-acquired, ventilator-associated, and healthcare-associated pneumonia. Am J Respir Crit Care Med, 2005, 171: 388-416.

[7] Torbicki A, Perrier A, Konstantinides S, et al. Task force for the diagnosis and management of acute pulmonary embolism of the European society of cardiology. Guidelines on the diagnosis and management of acute pulmonary embolism: the task force for the diagnosis and management of acute pulmonary embolism of the European Society of Cardiology (ESC). Eur Heart J, 2008, 29 (18): 2276-315.

[8] 世界卫生组织烟草或健康合作中心, 中国疾病预防控制中心控烟办公室, 中国控制吸烟协会医院控烟专业委员会. 2007年版中国临床戒烟指南（试行本）. 北京: 人民卫生出版社, 2007.

第三篇　循环系统疾病

第一章 总 论

心血管医学（cardiovascular medicine）亦称心脏病学（cardiology）。随着社会经济文明发展的进程不断发展，现代心脏病学对人们健康、家庭稳定、社会经济之重要意义尤受关注。心血管系统通过血液循环提供全身各脏器组织氧气和营养物质，递送各种神经内分泌因子、生物活性物质、各类受体介质等，并传送代谢产物，维持人体正常代谢活动的运行。心血管系统疾病可累及心脏或血管，包括冠状血管、心肌组织、心瓣膜，或脑动脉、肾动脉等全身动静脉以及微循环，影响血液循环与代谢及各脏器组织物质能量供需的平衡，干扰甚至损伤人体内环境的稳定或各项功能活动。心血管病（cardiovascular disease，CVD）是危害人们健康，甚至是引起致死、致残等严重后果的常见疾病。

【流行病学】

尽管据称在古埃及木乃伊身体中已发现有动脉粥样硬化的印迹，然直至100多年前，全球心血管死亡占各种原因的死亡还不足10%。而现今这一比例已迅速增加到30%，其中高收入国家为40%，中低收入国家为28%。WHO资料显示2000年全球约1700万人死于心血管病，占各种原因死亡的1/3，其中80%发生于经济欠发达国家。估计至2020年这一数字将增至2500万，其中1900万将发生在发展中国家。另据世行统计2001年心血管死亡在高收入国家占各种原因死亡的38.5%，在东亚为30.6%。在美国有资料指出2003年心血管死亡率为每10万人口310人，占全部死亡数的40%，全年约有100万人死于心血管病，其中约1/4为猝死。在中国，心血管死亡亦已成为各种原因死亡的主要因素，2002年全国因心血管病死亡的人数达240万，估计至2030年这一数据将增加至900万。

我国心血管病各病种的流行情况分析显示，50年来已发生了很大变化，这与我国整体社会经济发展及人们生活条件的改善有关，与发达国家已发生的情形有相似之处，也是随工业化、城市化以及生活方式的改变而变化，是"流行病学（时代）变迁"（the epidemiologic transition）的重要内容。在内科住院患者中，心血管病的比例自50年前的10%左右增加至现今的25%。心血管疾病住院常见病排序50年前为风湿性心脏病（风心病）、高血压心脏病（高心病）、肺源性心脏病（肺心病）、冠状动脉粥样硬化性心脏病（冠心病）、先天性心脏病（先心病）与梅毒性心脏病（梅心病），现今则为冠心病、高心病、风心病、心肌疾病、先心病与肺心病。我国心血管病患者病种构成变化中可见冠心病、高心病有较快增多，风心病较以往明显减少，肺心病仍较多见。这些变化与心血管病的人群患病率及其在人口总死亡中的构成百分比的增加相平行。

【心脏病学中的临床决策】

现代心脏病学进展迅速，有关疾病诊疗的医学信息数量浩大、更新快捷，疾病临床表现个体差异多种多样，使临床决策过程愈趋复杂。各类临床指南为心血管病临床决策提供了重要依据，而面对临床实践中具体患者时仍显得不够准确。好多情形下临床医师决策过程需经深思熟虑并与患者及家属进行沟通协调，而不少临床事件却要求医师急迫地做出决断。一般来说，心血管病临床决策目标在改善患者的存活和生存质量，并使之免于致残且逐渐得以康复，而有时仅限于对症处置以减轻患者之病痛，整个决策过程更需关注其社会经济、心理及伦理各个方面，并积极协调以达到合理适度的预期效果。

【心血管病的诊断】

心血管病临床诊断应列出病因、病理解剖、病理生理状况，凡呈现心功能不全、心脏增大、心脏杂音（器质性，尤其是舒张期杂音）、严重心律失常或心肌受损之证据者均应考虑有器质性心脏病存在。器质性心脏病的临床诊断可举例如下：风湿性心脏病（病因诊断），二尖瓣狭窄、主动脉瓣关闭不全（病理解剖诊断），心脏扩大（病理解剖诊断），心房纤颤（病理生理诊断），心功能Ⅲ级

（NYHA 分级）（病理生理诊断）等。

心血管病的诊断主要依据仔细、详尽的病史采集（history taking）、体格检查（physical examination）、胸部 X 线摄片（chest X-ray film）、心电图（electrocardiogram，ECG）和恰当的实验室检查（lab tests），并将所获资料经综合分析作出临床诊断，亦即 Dr. Watkins Proctor Harvey（1918—2007）有关心脏病、心血管疾病诊断的"五指法则"（the five-finger approach to evaluation），并认为临床医师日常所面对的大部分患者之临床诊断可在床旁或诊室做出，这亦是"医学之乐趣"（the fun of medicine）所在。

心血管病常见症状有心悸、气短、胸痛、乏力、头晕，还有咳嗽、咯血、水肿、少尿、发绀、晕厥、抽搐、恶心、呕吐等，应与其他系统疾病出现的相应症状作仔细鉴别。

心血管病主要体征有：心脏增大而致心尖搏动弥散、抬举或移位；三音心律尤应区别反映心肌顺应性减退之第四心音或提示左室收缩功能不良的第三心音，或者奔马律（Gallop rhythm）；异常的附加音如收缩期咯喇音、喷射音，紧跟第二心音的开瓣音；各种心脏病病理性杂音如主动脉瓣反流性杂音为舒张期叹气样杂音，二尖瓣反流心尖部全收缩期吹风样杂音，区别器质性或相对性二尖部狭窄的心尖部舒张期隆隆样杂音，区别冠心病乳头肌功能不全引起的收缩期杂音与心肌梗死并发室间隔穿孔所致的左向右分流相关的杂音；识别典型或不典型的心包摩擦音。还应注意有无心律或脉搏的异常，周围动脉的血管性杂音，淤血性肝大或搏动，下肢可凹性水肿等。这些体征的检出对心血管病的诊断，尤其是心脏瓣膜病、冠心病、先心病、心包炎（积液）、心力衰竭等诊断有重要价值。临床上怀疑感染性心内膜炎应注意检查皮肤黏膜的瘀斑、指腹 Osler 结节、手掌与足底 Janeway 脓栓病变、脾大等体征。杵状指（趾）或发绀表明先心病存在右向左分流（发绀型或 Eisenmenger 综合征）。

实验室检查除血、尿常规化验外，多种生化、微生物和免疫学检查有助于诊断，如动脉粥样硬化征血清脂质检查、超敏 C 反应蛋白对了解粥样斑块稳定性，血浆纤维蛋白原水平对了解血液高凝倾向，D-二聚体对判定体内纤溶过程，肌酸激酶同工酶（CK-MB）及肌钙蛋白（cTnI、cTnT）对了解急性心肌梗死都有意义。此外，血沉、ASO 及 C 反应蛋白对风湿活动的判定有重要价值。

心脏 X 线摄片检查对判定心脏各房室大小及肺血流改变是最基本的常规检查。

心电图常规 18 导联记录，尤其是症状发作与缓解时的变化有助于判定心肌缺血的存在。24 小时动态心电图检查（Holter）对心律失常、ST-T 改变的识别很有价值。运动负荷心电图（如 Treadmill test）试验可诱发心肌缺血之 ST-T 改变、血压改变或心肌缺血症状的出现有助于诊断冠心病。24 小时动态血压检查（ABPM）对高血压的诊断，血压曲线类型，治疗达标的识别判定均有重要价值。

超声检查周围动脉（如颈动脉、股动脉、髂动脉等）发现其内、中膜（颈动脉正常厚度 IMT <0.9mm）增厚、粥样斑块可明确为动脉粥样硬化的征象。超声心动图（echocardiogram）有 M 型、二维、三维重建等，有经胸（TTE）、经食管（TEE）超声心动图，对心脏各腔室大小、室壁厚度、心功能（收缩与舒张）、节段性室壁运动异常，各瓣膜的形态结构与功能等测定均有无创、可重复、简便易行的特点。更可行实时声学造影了解心肌灌注状况，超声多普勒血流检查可了解瓣口血流状况、有无反流或压力阶差存在。

【心血管病的治疗】

心血管病临床治疗目标在于改善患者生活质量，其干预措施包括药物治疗需安全有效且证据充分。近些年在心血管病防治领域，许多前瞻性、多中心、随机、双盲、对照研究以病死率为主要终点事件的大系列临床试验结果对某些药物或治疗提供了清晰的客观评价，作为循证医学的重要内容，充实了相关疾病防治指南的制订、修改及公布，对临床实践具有重要指导意义。临床医师在繁重纷杂的日常医疗活动中，基于其丰富的医学知识与执业经验，以及对各项临床指南（clinical practice guidelines）的透彻理解，并深入观察了解其所面对患者个体的具体病情之确切特点，经审慎权衡并反复推敲给出相应的医嘱或处方，在取得患者充分配合以期获取优化医疗并达到良好的预后。

各临床指南所依据的循证医学证据级别分为 A、B、C 三级。A 级证据（level of evidence A）指有多项随机临床试验（multiple randomized trials）或荟萃分析（meta-analysis）为依据；B级证据（level of evidence B）指单个临床试验或非随机化试验为依据；C级证据（level of evidence C）基于专家共识、病例研讨或医疗规范。

在对心血管病患者进行诊治过程中，为获取快捷良好的诊疗效果，需不断对诊疗措施进行调整并对所获资料进行解释，权衡风险获益比、评价效费关系，充分尊重并优先告知病患方，获取充分的知情同意。患者的治疗包括病因、病理方面的治疗与相关脏器功能的调整以及整体远期的康复。心血管疾病的防治包括规范的内科药物治疗与各种非药物治疗，更应重视实施治疗性生活方式改变（therapeutic lifestyle changes，TLC）、各种心血管危险因素（CV risk factors）的控制并达标，尤其需要关注每项治疗效果并防范不良反应。在药物治疗决策中需注重权衡风险与获益比、评价效费关系，重视药物作用的变异，包括充分了解药物动力学（pharmacokinetics）与药效学（pharmacodynamics），了解药物的治疗窗（therapeutic window），掌握适宜的药物剂量，注意药物相互作用的影响，以期获致良好满意的效果。重视患者的康复进程与安排，注重调整人体各项代偿能力，从患者精神心理与躯体状况给予全面关护，把握患者器质性疾病的根治与相关重要脏器功能的恢复，延缓并逆转疾病的进展，以期获取尽可能满意的近期及远期转归，改善预后。

【心血管医学进展】

近100多年来，心脏病学（cardiology）发展迅速、成就惊人。人们较为熟知的重大技术进步如Wilhelm Conrad Roentgen（1845—1923）于1895年11月8日发现X线；Willem Eingtoven（1860—1927）在1902年首次应用心电图记录仪于临床，该机陈列于英国Edinbürgh大学Edward Schafer生理实验室；Werner Forssmann医生（1904—1979）于1929年25岁时首次在自己身上成功完成右心导管术并摄下首张心导管检查（cardiac catheterization）的X线记录；Mason Sones医生（1918—1985）于1958年在美国Cleveland Clinic完成选择性冠状动脉造影术；Melvin Judkins（1922—1985）与Kurt Amplatz（1925—）两医生用穿刺法行冠脉造影术并沿用至今；Andreas Grüntzig（1939—1985）医生于1977年在瑞士苏黎世成功完成临床首例冠状动脉PTCA术；此后冠状动脉支架术于1987年应用于临床，开创了介入心脏病学（interventional cardiology）的新局面。现今冠心病患者接受冠脉介入治疗的病例数在美国约每年150万，全球在300万例以上。

Eugene Braunwald博士（1929—），著名的内科学教授，权威的心脏病学专家（Brigham and Women's Hospital & Massachusetts General Hospital，Harvard Medical Sehool，H. U.）精心编著的 Harrison's Advances in Cardiology，是对深入认识心血管病的发病机制以及循环医学的最新进展，对扩展视野增进志趣均十分有益。Harrison's Online几乎每周更新，必要时日日奉献（www.harrisonsonline.com）。Braunwald教授在1989年提出"心血管事件链"，让我们关注疾病的起始与进程并加以防控。当今分子医学、分子影像学向精细深入发展使我们对疾病本质的认识更为清晰。变化时刻发生，20世纪80年代前治疗心力衰竭患者禁用的β受体阻滞剂，现已成为与ACEI一起从神经内分泌机制治疗心功能不全并改善预后的重要药物。cTn识别心肌坏死、BNP诊断心力衰竭已成为临床日常检验项目的内容。另外，Cardiac Micro-PET Imaging可检测出存活的心肌移植细胞Cardiomyoblasts所在的断层部位。钆延迟增强心血管磁共振扫描（late Gd-enhanced CMR scan）可检测出心内膜下心肌梗死的部位与范围，相信不久亦会在临床得以广泛应用。实际上，我们临床医师更加需要从整体把握诊疗活动的各个环节，并以"上医治未病"作为毕生的追求。

（蒋宝琦）

第二章 心力衰竭

心力衰竭（heart failure）是由于任何原因的初始心肌损伤（如心肌梗死、心肌病、血流动力负荷过重、炎症等）引起心肌结构和功能变化，最后导致心室泵血和/或充盈功能低下，不能满足机体组织代谢需要的临床综合征。心力衰竭以肺循环和（或）体循环淤血以及组织血液灌注不足为主要特征，最终损害了患者的工作能力和生活质量。此外，许多典型的症状和体征不直接来自于衰竭的心脏，而是来自于远隔的组织和器官，这些组织和器官功能障碍，不能单纯用灌注压降低来解释。心力衰竭曾被认为始发于左心室射血分数降低的基础上，但是流行病学研究显示，约50%患者发生于正常射血分数基础上。流行病学研究显示，左心室收缩和舒张功能显著异常的患者可能并没有症状，即无症状心力衰竭。心力衰竭是一种进行性病变，一旦发生，即使没有新的心肌损害，临床亦处于稳定阶段，仍可自身不断发展。

【病因】

（一）基本病因

引起心力衰竭的原因很多，在病理生理方面，以原发性心肌损害及心肌收缩期或舒张期负荷过重为主，影响心脏的泵血功能。如果病因持续存在，则各种心脏病最终发展为心力衰竭。

1. 原发性心肌损害

（1）心肌病变：心肌梗死、心肌炎以及各种心肌病（扩张型心肌病、肥厚型和限制型心肌病等），引起心肌细胞变性坏死、心肌纤维化，使心肌舒张功能下降。

（2）心肌原发或继发性代谢障碍：糖尿病心肌病最常见。维生素B_1缺乏、硒缺乏、某些毒素沉积等引起心肌能量代谢障碍，导致心肌损害。

2. 心室负荷过重

（1）压力负荷（后负荷）过重：左室或右室流出道狭窄（主动脉或肺动脉狭窄），高血压病或肺动脉高压，肺源性心脏病、肺栓塞及肺阻塞性疾病时，心脏后负荷过重，引起心脏舒缩功能障碍。

（2）容量负荷（前负荷）过重：瓣膜关闭不全（如主、肺动脉瓣关闭不全），心内或大血管间反流（房间隔、室间隔缺损，动脉导管未闭，动静脉瘘等），高动力循环状态（甲状腺功能亢进、慢性贫血、脚气病、妊娠与分娩等），使回心血量增多，心室舒张期容量增加，前负荷增加，引起心肌收缩功能障碍。一般都先发生心肌肥厚、心肌重构等代偿适应性变化，此时心功能可长期处于相对正常状态，当转化为失代偿时，则出现心力衰竭。

（二）心力衰竭的诱因

（1）感染：任何原因的感染都可诱发心力衰竭。可能与感染引起的发热、心动过速、低氧血症和机体代谢率增加，加重心脏的血流动力学负荷有关。最常见的是呼吸道感染，泌尿系统感染、感染性心内膜炎、风湿热也是常见原因。

（2）心律失常：快速性心律失常减少心室充盈时间，增加心肌耗氧，加重原有心肌损害，最常见的是心房颤动。心动过缓降低患者的心排血量。房室收缩不协调、室内传导阻滞等都会损伤心肌功能，降低心排血量。

（3）肺栓塞：长期卧床、低心排血量、房颤的患者易发生盆腔和下肢静脉血栓。肺栓塞可以升高肺动脉压，加重和诱发右心衰竭。

（4）体力、饮食、环境和情绪变化：过度体力劳动、钠盐摄入过多，饮酒过量、停服治疗心力衰竭的药物、吸食毒品、居住环境温度的急剧变化、情绪过于激动（兴奋、暴怒、悲痛）等也会诱发心力衰竭。

(5) 药物作用：抑制心肌收缩力的药物，如：β受体阻滞剂、钙通道阻滞剂、抗心律失常药物、麻醉药、抗肿瘤药物等。引起水钠潴留的药物，包括肾上腺皮质激素、雌激素、洋地黄中毒等。

(6) 高心排血量状态：甲状腺功能亢进、贫血等加重心脏负荷和心肌耗氧，患者需要提高心排血量来满足组织的需求。

(7) 妊娠分娩：孕妇在妊娠期间血容量增加，心率加快，机体处于高动力循环状态，分娩时子宫收缩使回心血量明显增加，加上分娩时用力，均增加耗氧量，加重心脏负荷。

(8) 其他：如输液（尤其是含钠液体）、输血过多过快；不恰当地停用利尿药物；高血压急性加重或停用降压药；急、慢性肾衰竭；在心肌缺血基础上发生急性心肌梗死；有基础心脏病的患者在应激状态下（外伤，外科手术等）。

【病理生理】

在心力衰竭发生和发展过程中，体内出现一系列代偿性活动，使心血管系统的功能维持于相对正常状态。在一定时期内，这些代偿性活动可以使心功能维持在正常范围，当代偿状态转化为失代偿时，就出现了心力衰竭。

(一) Frank-Starling 机制

根据 Frank-Starling 机制，增加前负荷可以使心排血量增加。心脏的前负荷在心室顺应性不变的情况下，主要取决于心室舒张末期容积。心力衰竭时由于神经体液的调节，钠水潴留和容量血管的收缩，使静脉回心血量增加，引起心室舒张末期容积增加和心肌纤维长度增加，心搏量相应地增加。实际工作中常用左室舒张末期压力（亦称充盈压）来反映前负荷。前负荷不足或过度都可以引起心排血量下降，这一过程可以用心室收缩功能曲线来反映。充盈压在 12~15mmHg 是人体最适前负荷，在此区间心搏量随前负荷增加而增加。一般情况下，左室充盈压在 5~6mmHg，表明心室具有较强的储备。与此同时心搏量的增加是有一定限度的，当左室舒张末期压力达到 15~18mmHg 时，Frank-Starling 机制达最大效应，此时心搏量不再增加，甚至反而降低。图 3-2-1 为左心室收缩功能曲线。

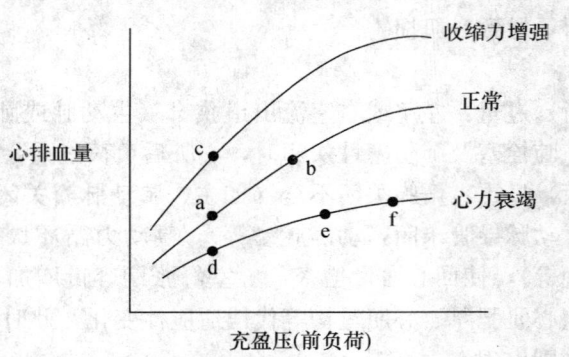

图 3-2-1　左心室收缩功能曲线

不同血流动力学背景下 Frank-Starling 曲线。在正常情况下，随着前负荷的增加，心排血量增加（点 a→点 b）。心脏收缩能力增强（例如应用正性肌力药），在相同的前负荷下，心排血量增加（点 a→点 c）。同样，心脏收缩能力减弱（例如心力衰竭），在相同前负荷下，心排血量降低（点 a→点 d）。如果要维持相同的心排血量，需要增加前负荷（点 a→点 e）。而进一步增加前负荷（点 a→点 f），心排血量只有微弱增加

(二) 心肌肥厚

长期压力负荷加重时，可使心肌发生肥厚。心肌肥厚早期出现线粒体合成增多，满足肥大心肌对氧的需求，继之出现心肌纤维增多，心肌细胞增粗，但是细胞核及线粒体的增大增多的速度及程度落后于心肌纤维的增多，逐渐满足不了心肌细胞的需求，最终因能量不足而发生坏死。在此过程中，心肌细胞数量并不增加。

单位重量肥大心肌的收缩性是降低的，但由于整个心脏的重量增加，所以心脏总的收缩力增强，因此肥大心脏可以在相当长的时间内处于功能稳定状态，使每搏输出量和每分输出量维持在适应机体

需要的水平，患者在相当长的时间内不会出现心力衰竭的症状。若病因持续，上述各种代偿仍不足以克服心功能障碍，则心输出量将显著减少且出现心力衰竭临床症状，此时心脏发展到失代偿状态。

（三）神经体液机制

1. **交感-肾上腺素能系统（SAS）活性升高** 心力衰竭患者的交感神经系统活动加强，体力活动增加时，循环中去甲肾上腺素含量较正常人显著增多；24小时尿中去甲肾上腺素排出量也显著高于正常人。通过心交感神经和肾上腺髓质释放儿茶酚胺增加，使心率加快、外周小动脉紧张性增加、回心血量增加、兴奋β肾上腺素能受体增加心肌收缩力以提高心排血量。刺激肾素释放激活肾素-血管紧张素（RAS）系统、兴奋α₁受体，促进心肌细胞生长等。但是，长期过度激活将使β肾上腺素能受体基因表达下调，受体数目和反应性下降。参见图3-2-2。

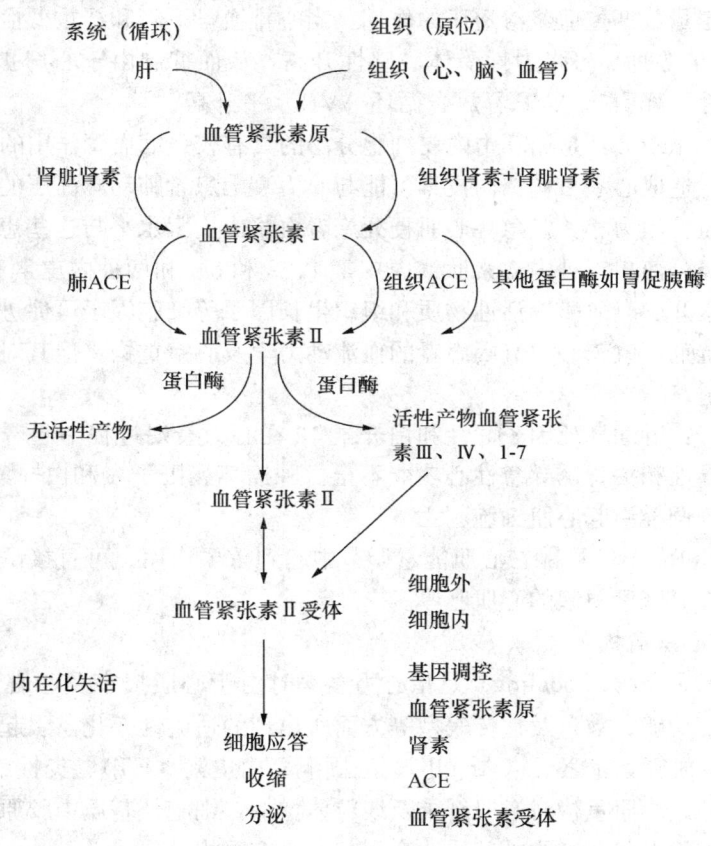

图3-2-2 肾素-血管紧张素系统的系统和组织成分

在心肌、血管、肾和脑等组织中，具有不依赖循环血管紧张素系统生成血管紧张素Ⅱ的功能。组织水平生成的血管紧张素Ⅱ可能在心力衰竭病理生理中具有重要作用。ACE：血管紧张素转换酶

2. **肾素-血管紧张素-醛固酮系统（RAAS）激活** 心排血量降低，肾血流量减少，肾素-血管紧张素-醛固酮系统（RAAS）激活，使心肌收缩力增强，增加外周循环阻力，调节血液再分配，保证心、脑等重要脏器的血液供应，相应的非重要脏器的血液供应减少。但是长期活性升高却有不利作用。外周血管阻力增加和钠、水潴留加重心脏前、后负荷而进一步抑制左室功能。血管紧张素Ⅱ直接作用调整心肌结构和功能，同时促进体外细胞凋亡。醛固酮可引起血管及心肌肥厚和纤维化，造成血管顺应性下降和左室舒张功能不全。这些因素长期存在，将进一步加重患者的心力衰竭，加速心源性死亡。

3. **心力衰竭时各种体液因子的变化**

（1）钠尿素（natriuretic peptide）：包括心钠素（ANP）、脑钠素（BNP）、C钠素（CNP）。ANP

主要存在于右心房，在心房扩张压增高时分泌，具有舒张血管、排钠利尿、拮抗 RAAS、肾上腺素和精氨酸加压素（AVP）水钠潴留作用。BNP 主要存在于心室肌，作用机制不清，具有较强利钠排尿、拮抗 RAAS、舒张血管作用。CNP 主要存在于血管，可能具有 RAS 系统类似的调控作用。

正常人心房主要表达 ANP，而 BNP 和 CNP 的含量低。心力衰竭时心房中 ANP 没有变化，而 BNP 和 CNP 含量分别增加 10 倍和 2~3 倍。正常时心室肌 ANP 表达较少，心力衰竭时 ANP、BNP 和 CNP 显著增加，且与心力衰竭严重程度呈正相关。血浆 BNP 可用于鉴别心源性和肺源性呼吸困难，BNP 正常者，基本可除外心源性呼吸困难。BNP 的 N 末端片段，N-pro-BNP（脑钠肽前体）比 BNP 稳定，半衰期更长，其浓度可反映短暂时间内新合成的 BNP，能够提供更可靠信息。

(2) 精氨酸加压素（arginine vasopressin，AVP）：是一种垂体激素，由下丘脑分泌，具有缩血管、抗利尿、增加血容量、调控血浆渗透压的作用。当心排血量下降和严重低血压引起组织灌注不足时，AVP 分泌增加。正常时心房张力性受体敏感性升高，从而抑制由于心房扩张而引起的 AVP 释放；心力衰竭时敏感性下降引起 AVP 释放，循环 AVP 水平升高。

(3) 内皮素（endothelin）：是循环中内皮细胞分泌的具有较强缩血管作用的肽类物质。内皮素还可引起心肌细胞肥大，造成心室重构。内皮素可能与心力衰竭患者肺动脉高压的调控有关，因其血浆浓度与肺动脉压、肺血管阻力相关。急性心肌梗死患者血浆内皮素水平与这些患者的心功能 Killip 分级程度相关。目前已经分离出三种内皮素肽（内皮素 1、2 和 3）和两种内皮素亚型（A 和 B）。去甲肾上腺素、血管紧张素 Ⅱ、凝血酶等活性物质和组织生长因子等细胞因子可促进内皮素分泌。目前已有研究显示内皮素拮抗剂可改善心力衰竭患者的血流动力学及心室重构，但其对于疾病进展和生存率的长期获益还没有报道。

(4) 炎性细胞因子：肿瘤坏死因子 α 性和白介素 1β 在心力衰竭过程中起着重要作用。肿瘤坏死因子 α 水平与心率变异性相关，诱导急性心功能不全。肿瘤坏死因子 α 和白介素 1β 引起体外心肌细胞肥大，可能通过 NO 调控引起心肌细胞凋亡。

(5) 一氧化氮（NO）：NO 可能在心肌能量调节中起到重要作用，可直接诱导心肌细胞凋亡，调控去甲肾上腺素和血管紧张素引起的心肌肥厚。

（四）心肌损害和心室重构

心肌重构（myocardium remodeling）是指心力衰竭时由于心肌损害及心脏负荷的改变，心肌及心肌间质在细胞结构、功能、数量及遗传表型等方面所出现的适应性变化。引起心脏重构的因素包括去甲肾上腺素（NE）、血管紧张素 Ⅱ（Ang Ⅱ）、醛固酮、内皮素（ET）、炎性细胞因子、氧化应激、心肌细胞机械性劳损等。心肌重构时心肌纤维及线粒体增加，细胞外基质中胶原蛋白质量和数量也有相应改变。由于心肌细胞形状和细胞外基质改变引起了心室重构。

心室重构（ventricular remodeling）是指在心肌损害及心脏负荷改变的基础上发生心室质量、容量、形状和组成成分的改变。压力超负荷引起收缩期室壁压力增高，导致心肌纤维中肌节的并联性增生，使心肌纤维变粗，室壁厚度增加，心腔无明显扩张，形成向心性肥大。长期的容量负荷增加，舒张期室壁张力增加可引起心肌纤维中肌节的串联性增生，心肌纤维长度增加，心室腔因而扩大，即发生离心性肥大。心室重构一定程度上增加心排血量，满足患者的需要，但是持续心肌重构引起心肌硬度变化、心室顺应性改变，使心室舒张功能减退，逐步促进心力衰竭的发展（图 3-2-3）。

（五）舒张功能不全

心室舒张功能不全的机制主要分为两种。

1. **心肌的主动松弛功能异常** 在心肌缺血、低氧血症等能量代谢障碍时，肌浆网钙泵摄取 Ca^{2+} 的能力下降，钠钙交换体 Ca^{2+} 的亲和力下降，心肌细胞内钙超载，同时肌球-肌动蛋白复合体解离障碍等引起心肌不能有效松弛从而影响舒张功能。如冠心病存在明显心肌缺血时，在出现收缩功能障碍之前就已经存在舒张功能不全。

2. **心肌的顺应性降低** 心室顺应性指心室在单位压力变化下引起容积的改变，与心室僵硬度呈

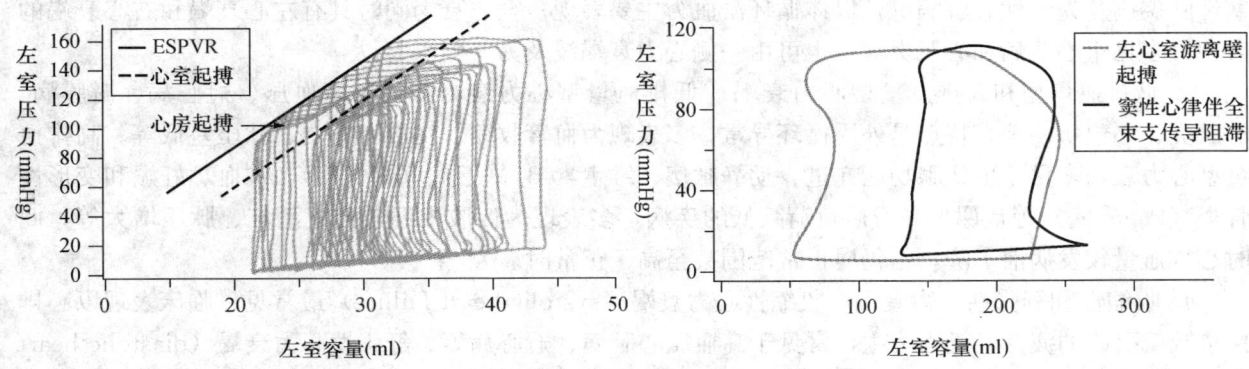

图 3-2-3 左图，短暂阻塞腔静脉后实验动物的左心室压力-容积环

左上角说明左心室收缩末期压力-容量关系（ESPVR）。心房起搏产生正常左心室激动，心室起搏导致左心室激动和收缩不同步，ESPVR 曲线平行左移。右图，使用传统导管技术，记录了一个扩张型心肌病患者的无规卷曲左心室压力-容积环，该患者由于左束支传导阻滞导致非同步左心室激动。左心室游离壁起搏可减轻收缩不同步，导致左心室压力-容积点左移。

反比。长期的压力负荷增高，引起心肌纤维增加导致心肌肥厚，同时心肌纤维化本身、心肌胶原含量增加、心肌缺血和水肿及间质增生都可引起心肌僵硬，即心肌顺应性降低。心肌顺应性降低，心室的扩张充盈受限，心排血量下降，当左室舒张末期的压力进一步增高时，出现肺淤血、肺动脉高压、肺水肿等左心衰竭的症状和体征。主要见于高血压及肥厚性心肌病，此时收缩功能多正常（图 3-2-4）。

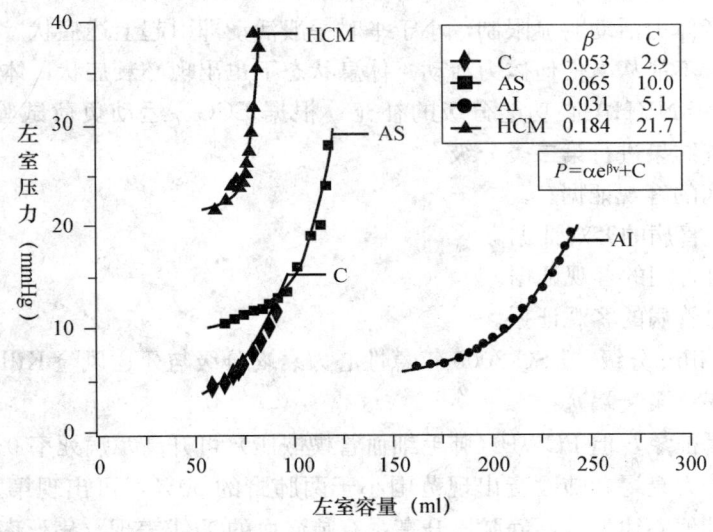

图 3-2-4 对照组（C）和主动脉瓣狭窄（AS）、主动脉瓣反流（AI）及肥厚型心肌病（HCM）患者舒张期左心室压力-容积曲线

患者因为舒张僵硬度的升高，HCM 平行上移，AS 小幅上移。心腔僵硬度常数（β），在 HCM 为 0.184，AS 为 0.065，对照组为 0.053，但随着舒张充盈压微小提高，左心室舒张容积增大，AI 相关曲线右移（因为低舒张期心腔僵硬度）。这类患者 β 为 0.031

【心力衰竭分型】

1. **急性心力衰竭和慢性心力衰竭** 急性心力衰竭以左心衰竭最常见，多见于突然发生的大面积心肌梗死、心瓣膜破裂和严重心肌病等，发展迅速，心排血量急剧下降，常表现为急性肺水肿和心源性休克。慢性心力衰竭是一个缓慢发展的过程，常伴心室扩大或心肌肥厚、水肿、静脉淤血表现，常见于高血压、肺心病、冠心病、瓣膜病等。

2. **左心衰竭、右心衰竭和全心衰竭** 左心衰竭是由于左心室损伤或负荷过重导致心排血量降低，出现肺循环淤血，常见于高血压、冠心病、二尖瓣关闭不全等。右心衰竭多见于肺动脉高压、慢性阻塞性肺疾病及先天性心脏病等，以体循环淤血为主要表现；全心衰竭同时具有左心衰竭和右心衰竭的表现，多见于心肌病和心肌炎等，也可由一侧心力衰竭波及另一侧引起。

3. 低排血量型和高排血量型心力衰竭 低排血量型心力衰竭多见于高血压、冠心病、瓣膜病、心肌炎、心包疾病等，特点是外周循环异常，多表现为血管收缩、发冷、苍白、脉压差低等。高排血量型心力衰竭多见于甲状腺功能亢进、动静脉瘘、维生素 B_1 缺乏病（脚气病）、贫血、妊娠和变形性骨炎（Paget 病）等代谢增高或后负荷减低的疾病，多表现为四肢皮温较高、潮红、脉压增大等，此时心排血量较发病前下降，但仍属正常范围甚至高于正常时。

4. 收缩性和舒张性心力衰竭 收缩性心力衰竭（systolic heart failure）最常见，临床表现以心排血量减低引起的疲劳、乏力为主，常见于高血压心脏病、冠心病等。舒张性心力衰竭（diastolic heart failure）是指心脏不能正常地舒张和充盈，临床表现以充盈压增高为主，常见于二尖瓣或三尖瓣狭窄、缩窄性心包炎等。

【心功能的判定和分级】

(一) 心功能分级

1. 美国纽约心脏病学会（NYHA）心功能分级

Ⅰ级：患者患有心脏病，但活动量不受限制，平时一般活动不引起疲乏、心悸、呼吸困难或心绞痛。

Ⅱ级：心脏病患者的体力活动受到轻度限制，休息时无自觉症状，但平时一般活动下可出现疲乏、心悸、呼吸困难或心绞痛。

Ⅲ级：心脏病患者体力活动明显限制，小于平时一般活动即引起上述症状。

Ⅳ级：心脏病患者不能从事任何体力活动。休息状态下也出现心衰症状，体力活动后加重。

2. AHA 对 1928 年 NYHA 心功能分级的补充 根据 ECG、运动负荷试验、X 线、心脏彩超、放射学显像等客观检查结果进行第二类分级。

A级：无心血管病的客观证据。

B级：有轻度心血管病的客观证据。

C级：有中度心血管病的客观证据。

D级：有重度心血管病的客观证据。

3. ESC 2005 年 Killip 分级 ESC 2005 年急性心力衰竭分级与死亡风险 Killip 分级：只适用于急性心肌梗死的心力衰竭（泵衰竭）。

Ⅰ级：无心力衰竭征象，但 PCWP（肺毛细血管楔嵌压）可升高，病死率 0~5%。

Ⅱ级：轻至中度心力衰竭，肺啰音出现范围小于两肺野的 50%，可出现第三心音、奔马律、持续性窦性心动过速或其他心律失常，静脉压升高，有肺淤血的 X 线表现，病死率 10%~20%。

Ⅲ级：重度心力衰竭，肺啰音出现范围大于两肺的 50%，可出现急性肺水肿，病死率 35%~40%。

Ⅳ级：出现心源性休克，尿量少于每小时 20ml，皮肤湿冷，呼吸加速，脉率大于 100 次/分，病死率 85%~95%。

Ⅴ级：出现心源性休克及急性肺水肿，病死率极高。

4. ACC/AHA 心功能分级 2001 年及 2005 年 ACC/AHA 慢性收缩性心力衰竭诊断治疗指南，从心力衰竭的危险因素、易患人群到难治性心力衰竭，分成 A、B、C、D 四个阶段。这种阶段分期法与 NYHA 分级是两种不同概念。该方法对心衰患者进行可靠的客观、系统性分期，并根据阶段的不同，采取相应处理，也提供了心衰从"防"到"治"的全面概念。

阶段 A：心衰高危、易患人群，无心衰症状，左室功能正常。

阶段 B：无症状，但已发展成器质性、结构性心脏病，左室功能不正常。

阶段 C：病人以前或目前有气促、液体潴留等心衰症状及体征，有基础的结构性心脏病。

阶段 D：顽固性心衰，可能需用心脏移植等治疗或临终关怀。

(二) 六分钟步行试验

六分钟步行试验是一种运动试验，方法简单易行：在平坦的地面划出一段长达 30.5 米（100 英尺）的直线距离，两端各置一椅作为标志。患者在其间往返走动，步履缓急由患者根据自己的体能决定。在旁监测人员每 2 分钟报时一次，并记录患者可能发生的气促、胸痛等不适。如患者体力难支可暂时休息或中止试验。6 分钟后试验结束，监护人员统计患者步行距离进行结果评估。测定 6 分钟的步行距离，如 6 分钟步行距离<300 米，提示预后不良。6 分钟步行距离<150 米为重度心力衰竭；150～450 米为中重度心力衰竭；>450 米为轻度心力衰竭。本试验除用以评价心脏的储备功能外，常用以评价心力衰竭治疗的疗效。

第一节 慢性心力衰竭

慢性心力衰竭（chronic heart failure）是各种心血管疾病发展的最后阶段，已成为世界范围内主要公共卫生问题。流行病学资料显示，心力衰竭患病率高，致残、死率高，医疗费用更高。据 2007 年 ESC 最新统计，欧洲 47 个国家近 10 亿人口中，心力衰竭患者约占 5%。美国心力衰竭患者约 500 万，每年新增病例超过 50 万。我国心力衰竭患者住院数量占同期心血管疾病 20%，但死亡数量却占到 40%，心力衰竭的生存率甚至低于许多恶性肿瘤。我国现有心衰患者 400 万之多，每年医疗费用近 100 亿元，随着人口老龄化进程，发病率和医疗费用还将继续攀升。这不但给患者造成巨大身心痛苦，而且给家庭和社会带来沉重经济负担。

【临床表现】

(一) 左心衰竭

主要表现为肺循环淤血和心排血量减低。

1. 症状

(1) 呼吸困难：是心力衰竭最常见的表现，随着病情加重而进展。

1) 劳力性呼吸困难：呼吸困难开始仅在剧烈活动和体力劳动后出现，随着左室衰竭进展，在较轻的体力劳动，甚至是休息时也会出现呼吸困难。

2) 夜间阵发性呼吸困难：多在夜间睡眠时发生，患者因气闷、气急而惊醒，伴焦虑和窒息感，迅速坐起和喘气。常伴哮鸣音，称为心源性哮喘。采取坐位后 10 分钟到 1 小时可自行缓解。其发生机制与平卧时肺循环充血，睡眠时迷走神经张力增高，小支气管收缩，膈肌抬高和肺活量减少有关。

3) 端坐呼吸：心力衰竭晚期的患者在平卧位时出现呼吸困难，轻者高枕、半卧位可减轻或缓解，严重者需要全天保持坐位，甚至需要双腿下垂。其发生机制是平卧时来自腹部及下肢的血液重新分配，胸腔血液过多而造成肺毛细血管流体静脉压增高。

4) 急性肺水肿（acute pulmonary edema）：由心源性哮喘发展而来，表现为极度呼吸困难、肺底啰音、咳粉红色泡沫痰等。如不及时治疗，可致患者死亡。

(2) 咳嗽、咳痰、咯血：常于夜间发生，多为白色泡沫痰，偶有痰中带血丝，由于肺泡和支气管黏膜淤血所致。急性肺水肿时呈粉红色泡沫痰。

(3) 疲倦、乏力、体力下降：与心排血量下降引起骨骼肌等组织器官灌注不足有关。

(4) 泌尿系症状：心力衰竭早期就可出现夜尿，与平卧时血液重新分配，肾血管收缩减弱，尿量增加有关。心力衰竭加重时出现少尿，与心排血量下降后肾血流减少有关。

(5) 脑部症状：严重心衰患者，尤其是有脑动脉硬化，脑供血不足等脑血管疾病者可出现头痛、精神错乱、失眠、记忆力减退、焦虑等症状。

2. 体征

(1) 原有心脏病体征。

(2) 一般体征：可于活动后出现呼吸困难，晚期的患者可有发绀、黄疸、恶病质等。由于血流量减少出现四肢苍白、发凉、指（趾）端发绀。

(3) 心脏体征：最常见的是左心室增大。心率加快，心尖区及其内侧可闻及舒张期奔马律，P_2 亢进（心功能代偿恢复后可减弱或消失）。

(4) 外周血管体征：可有交替脉，其产生是由于心力衰竭时左室射出的每搏量的交替，心功能恢复后消失。

(5) 肺部体征：心力衰竭患者在两肺底可闻及湿啰音，与肺静脉压和肺毛细血管压力增高引起液体漏入肺泡有关。急性肺水肿的患者可闻及双肺满布粗大湿啰音，伴哮鸣音。干啰音和喘鸣音见于支气管充血。

（二）右心衰竭

右心衰竭是各种心血管疾病引起右心舒缩功能障碍导致的一系列临床综合征。多继发于左心衰竭，单纯右心衰竭少见。主要临床表现为：液体潴留，运动耐量下降或疲劳，房性、室性心律失常。

1. 症状

(1) 呼吸困难：由于不存在肺淤血，所以呼吸困难常较轻。继发于左心衰竭基础上的右心衰竭由于右心室射血量减少，肺淤血减轻，呼吸困难反而较单纯左心衰竭减轻。

(2) 消化道症状：肝脏和胃淤血引起厌食、恶心、呕吐、消化不良、腹胀、呃逆等。淤血引起肝脏增大，牵拉肝包膜引起右上腹不适、疼痛。长期肝脏淤血可以引起黄疸、肝硬化。

(3) 泌尿系症状：肾脏淤血可引起夜尿、少尿、蛋白尿、血尿、管型尿、肾功能减退等。

2. 体征

(1) 原有的心脏病体征。

(2) 心脏体征：胸骨左缘可闻及舒张期奔马律。心脏右室增大，可伴心前区抬举样搏动，可有三尖瓣相对性关闭不全，此时三尖瓣区可有收缩期吹风性杂音。

(3) 静脉充盈：当患者半卧位或坐位时可见颈外静脉充盈，右侧多见。压迫患者肝区或右上腹时，由于静脉回流增加，可见到颈外静脉充盈加剧或怒张，称肝颈静脉反流征。有助于与其他原因引起的肝大相鉴别。

(4) 肝大和压痛：常在水肿出现之前。急性期肝大多于肋缘下可触及，质软、压痛明显。长期肝脏淤血可导致肝硬化，出现黄疸，肝脏触诊质硬，压痛多不明显，此时多有肝功改变，腹水形成。

(5) 胸腔积液和腹水：胸膜静脉压升高导致静脉回流受阻体液漏出到胸膜腔，引起胸腔积液，多为双侧，单侧多见于右侧。肝静脉和腹膜静脉压力升高引起腹水。

(6) 水肿：心力衰竭引起的水肿多为对称、可凹陷，常从肢体下垂的部位开始，能起床活动的患者常出现于双足、踝部和胫前部，卧床患者多见于骶部。长期水肿的部位可见皮肤色素沉着、变硬等皮肤营养代谢障碍的表现。

（三）全心衰竭

某些心肌病、心肌炎和贫血等使左、右心同时受损可引起全心衰竭，也可在一侧心力衰竭基础上引起另一侧发病，同时出现左心衰竭与右心衰竭的症状和体征。但是在左心衰竭基础之上出现右心衰竭，肺淤血减轻，呼吸困难多较单纯左心衰竭时减轻。

【实验室和其他检查】

（一）实验室检查

1. 血液检查　心力衰竭患者多有贫血，继发感染时可有白细胞升高，血沉可增快。

2. 尿常规及肾功能检查　多有蛋白尿和高比重尿，肌酐和尿素氮常增高。可有细胞管型和少量红细胞。药物治疗过程中可能引起肾功进一步恶化，所以应定期检测肾功能。

3. 肝功能检查　谷草转氨酶（AST）、谷丙转氨酶（ALT）、乳酸脱氢酶（LDH）常升高，心力衰竭加重时，各种肝酶都可进一步升高。血清胆红素多有升高。在心力衰竭较重者，多有低蛋白血症。

4. 电解质检查 在重度心力衰竭患者常伴有水、电解质紊乱。最常见的是低钠血症，亦可伴有低钾血症、低磷血症和低镁血症等。电解质紊乱可进一步加重患者病情，影响预后，所以应定期检测。

5. 甲状腺功能检查 甲亢可能引起房颤。甲减可以引起心肌损伤，出现心包积液、心动过缓等。

6. 其他 ①怀疑有病毒性心肌炎，可检查病毒学和抗肌球蛋白质抗体。②血浆脑钠肽（BNP）检查：BNP来源于心室，与左室功能不良程度成正比。心衰患者心室肌分泌BNP增加。由心力衰竭引起呼吸困难的患者大多数BNP在400pg/ml以上。BNP<100pg/ml时不支持心衰的诊断；BNP在100~400pg/ml之间时应考虑由肺栓塞、慢性阻塞性肺部疾病、心衰代偿期等引起。正常人血浆中的BNP和N-pro-BNP浓度相当，而左室功能障碍的患者，血浆N-pro-BNP浓度大约是BNP的4倍。

(二) 其他检查

1. 胸部X线片 通过心脏的大小和形状来发现原发心脏病，可见心脏房室肥大、心包积液、胸腔积液等。肺淤血时可见肺门增大，边缘模糊，肺纹理增多。间质性肺水肿可见肺门血管影增粗，模糊不清，出现Kerley线（最常见的是B线），加重时可见双肺斑片状影，甚至"蝶翼状"阴影（图3-2-5）。

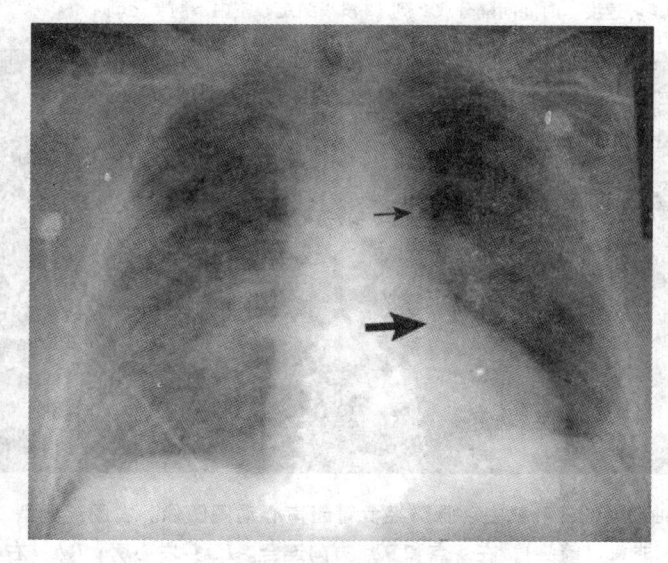

图3-2-5 急性肺水肿患者
双侧肺门充盈，右侧有典型的肺水肿表现。在降主动脉内（小箭头）顶部可见射线穿不透的主动脉内反搏球囊，其下方可见扩张的球囊（大箭头）。

2. 心电图 心电图无特征性改变，但可以提供基础心脏病的信息。可能发现心律失常，如束支传导阻滞，房颤，室性早搏等。可以发现低血钾引起的T波低平伴U波增高、洋地黄中毒时典型的ST-T"勺状"改变等心衰诱发和加重因素。必要时可作24小时动态心电图。

3. 超声心动图 包括二维超声、M型超声、多普勒超声和超声造影，是最重要的无创性检查，是目前公认的识别无症状心衰和诊断症状性心衰最为有用的工具。可实时观察心脏和大血管的形态结构及心脏收缩舒张功能和瓣膜活动，显示心血管内血流状态。可以发现某些先心病、瓣膜病和心包积液；评价心脏收缩舒张功能；测定射血分数；观察房室壁的运动等（见彩图3-2-6、图3-2-7）。

4. 核素心室造影及核素心肌灌注显像 核素心室造影可测量射血分数、左室容积、左室功能的压力-容积分析等，能较早发现左室舒张功能异常。放射性核素显像可以评价心肌血流、心肌代谢和心室功能，如评价左室功能、心肌缺血范围及心力衰竭与冠状动脉的关系等（见图3-2-8，图3-2-9）。

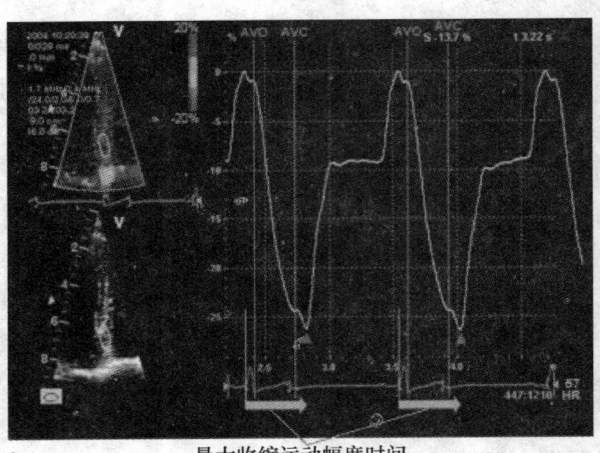 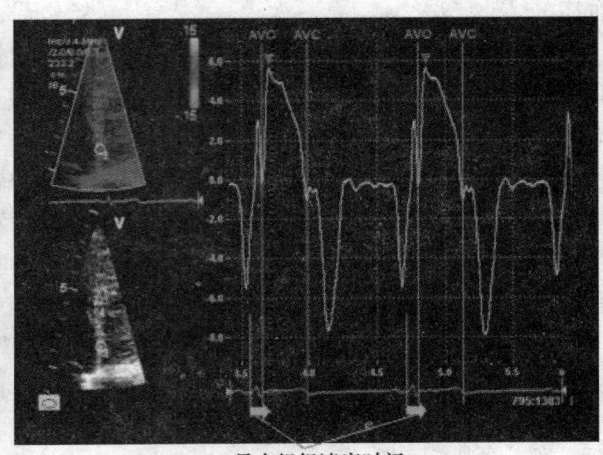

a　　　　最大收缩运动幅度时间　　　　　　　　　　b　　　　最大组织速度时间

彩图 3-2-6　通过组织速度和运动幅度显像，测量心室内的不同步运动

a. 心尖四腔心切面记录的室间隔基节运动幅度。最大收缩运动幅度时间从 QRS 波起点测量到最大负值包括收缩期后的缩减术。当心肌缩减最大时，负性的运动幅度达到高峰。b. 记录室间隔基节组织速度。最大收缩速度是射血期间的正性波。最大组织速度时间从 QRS 波起点测量到正峰速度。时间间隔分成 2 到 12 段以测定心室内不同步运动

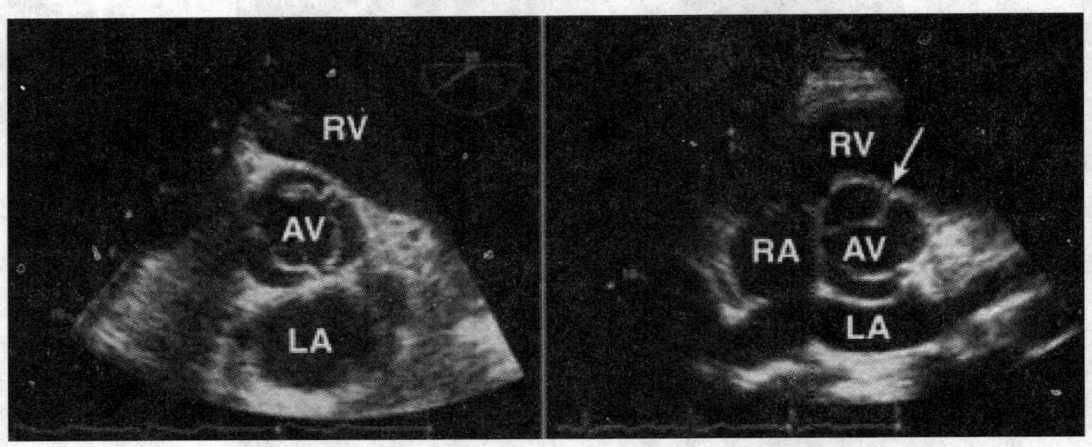

图 3-2-7a　左图：横轴切面的三叶式主动脉瓣经食管超声心动图图像。右图：典型二叶式主动脉经胸超声图像，左右尖融合形成脊（箭头），在 4 点和 9 点方向连合。LA：左心房；RA：右心房；RV：右心室

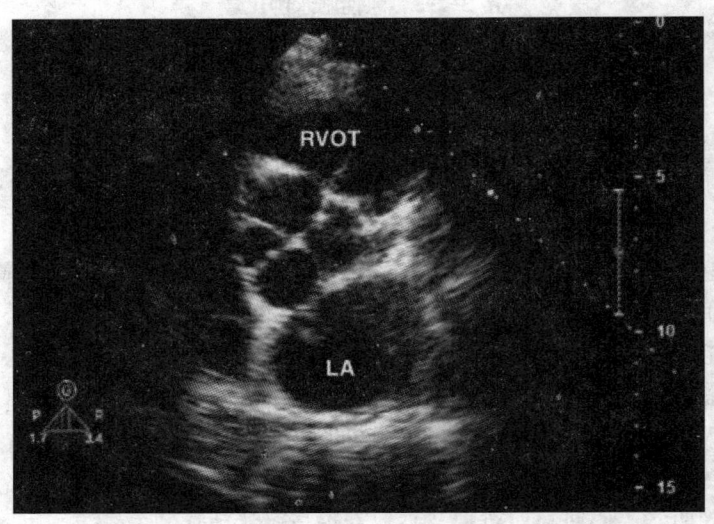

图 3-2-7b　四叶式主动脉瓣经胸超声心动图图像
LA：左心房；RVOT：右心室流出道

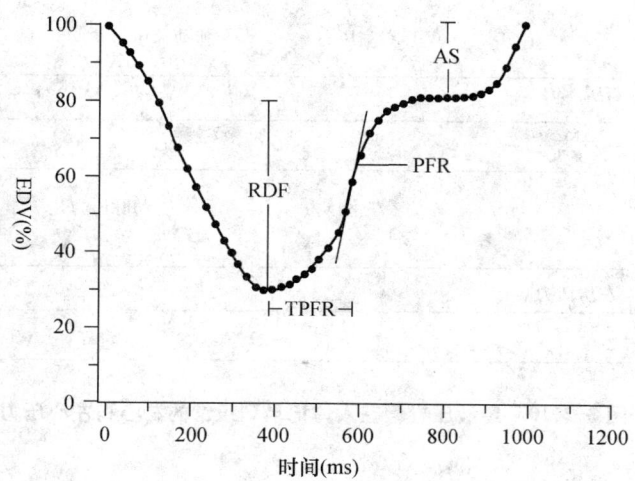

图 3-2-8　放射核素心室造影收缩和舒张时相定量分析

x 轴代表一个平均心动周期的时间，y 轴代表左室兴奋区内的计数活性。以舒张末期容量百分数（EDV 百分数）表示。时间放射性曲线表示心动周期心室内相对容量改变，在此高时间分辨率的例子，每点代表 20ms。分析曲线充盈部分计算得到各舒张功能指数，包括快速充盈峰值（PFR）、收缩末期至峰充盈的时间（TPFR），对总每搏容量内快速舒张充盈（RDF）和心房收缩（AS）所占的比值

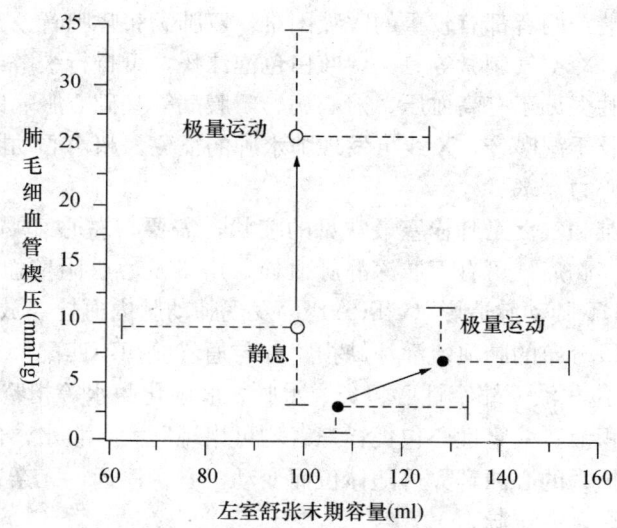

图 3-2-9　放射性核素心室造影评估运动时的舒张末期容量（EDV）变化

正常人（实心点）运动时（前负荷储备增加）EDV 增加，而肺毛细血管楔压（PCW）仅轻度改变。相反，收缩功能保持的心力衰竭患者（空心点）运动后尽管 PCW 有很大增加以致伴有气短的症状，但 EVD 没有变化

5. 肺功检查　肺功异常本身对确诊心力衰竭无直接意义，但是可用于排除肺源性疾病引起的呼吸困难，用于鉴别诊断。

6. 心导管检查　①右心导管检查：最常用的是球囊漂浮导管，可测量肺动脉、肺毛细血管楔压、心排血量等。②左心导管检查和冠脉造影技术：可测定左室收缩舒张末期压力、心排血量、分流量、反流量、冠脉血流量等，判断瓣膜狭窄程度。③冠状动脉血管内超声：是一种将冠脉造影与超声相结合的一种技术。可以反映血管壁和管腔变化，用来判断斑块的特性、鉴别血栓性质、难以到达区域的血管狭窄程度、支架治疗后血管内膜增生程度等（见图 3-2-10）。

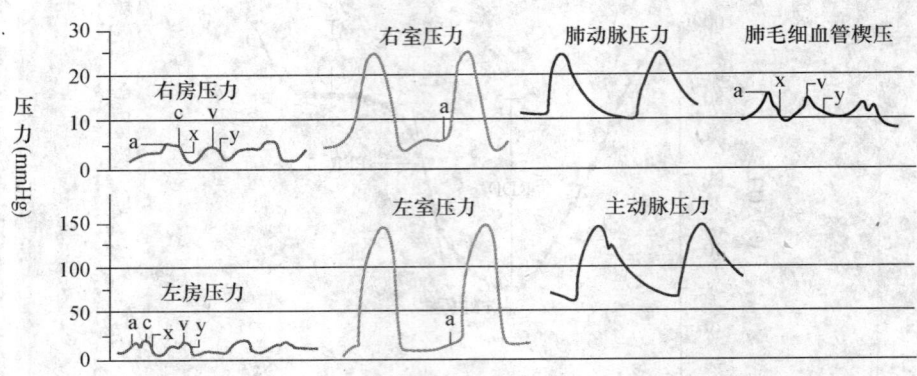

图 3-2-10 经液压导管在人体记录到正常的右心和左心压力

【诊断和鉴别诊断】

（一）诊断

首先应该明确是否能诊断心力衰竭，查找引起心力衰竭的病因，明确心力衰竭的严重程度。根据病史、临床表现及客观检查作出诊断。左心衰竭引起肺循环淤血和心排血量减低的症状和体征，右心衰竭体循环淤血的症状、体征仍是临床上重要的诊断依据。BNP 的测定对心衰的诊断有重要价值。

（二）鉴别诊断

1. 左心衰竭应与某些肺部疾病相鉴别。

（1）急性肺水肿与哮喘：两者都有较重的呼吸困难，双肺满布哮鸣音。支气管哮喘患者多有相似的发作史，与接触变应原、冷空气刺激等有关，咳白色泡沫痰，可自行缓解或治疗后缓解，非发作期体检可无异常。急性肺水肿多见于有高血压、冠心病、瓣膜病等基础心脏病的老年患者，咳粉红色泡沫痰，除哮鸣音外还可闻及干湿啰音，X 线可发现肺水肿的征象，超声心动图多有收缩或舒张功能改变，射血分数降低等提示心力衰竭。

（2）肺栓塞：呼吸困难和气促是肺栓塞最常见的症状，需要与左心衰竭引起的呼吸困难相鉴别。肺栓塞患者同时存在咯血、胸痛，可有下肢深静脉血栓、房颤及心脏附壁血栓等病史。血浆 D-二聚体在急性肺栓塞时升高。CT 肺动脉造影（CTPA）可发现肺动脉内血栓。放射性核素肺通气/血流灌注扫描，典型征象是呈肺段分布的肺血流灌注缺损，并与通气显像不匹配。

2. 右心衰竭需要与心包积液、缩窄性心包炎、水肿、肝硬化腹水等相鉴别。

（1）右心衰竭与心包积液、缩窄性心包炎：三者均可出现肝大、腹水，但右心衰竭多伴有心脏杂音或肺气肿；心包积液时扩大的心浊音界可随体位而变动，心音遥远，无杂音，有奇脉；缩窄性心包炎心界不大或稍大，无杂音，有奇脉。

（2）腹水：右心衰竭晚期可以出现腹水，应与肝硬化、低蛋白血症、盆腔疾病引起的腹水相鉴别。肝硬化腹水患者，多有乙肝、丙肝或药物性肝病等病史，但是其与心力衰竭患者腹水不同在于无颈静脉怒张及肝颈静脉回流征。

（3）水肿：下肢水肿可在静脉曲张、静脉炎、肾脏或肝脏疾病、淋巴回流障碍、月经前后出现。肾性水肿多从眼睑、颜面开始逐渐波及全身，常发展迅速，多伴有肾脏病变，如可出现严重的蛋白尿、管型尿、血肌酐明显升高。肝源性水肿多有肝功改变和门脉高压表现，如蜘蛛痣、腹壁静脉曲张、脾功能亢进等。

【治疗】

（一）心力衰竭治疗的评估

1. 临床状况的评估

（1）数十年来，临床一直沿用 NYHA 心功能分级作为评价心力衰竭治疗后症状变化的标准。

（2）6min 步行试验作为心力衰竭患者运动耐力的客观指标，也可评价药物治疗效果。

2. 疾病进展的评估

(1) 死亡率：死亡率是临床预后的主要指标。大规模临床试验设计以存活率来评价治疗效果已对临床实践产生重要影响。但是，死亡率并不能完全评价疾病进展，很多心力衰竭患者虽然存活但症状却恶化，需要反复多次住院，且需要强化和昂贵的治疗。因此，需结合疾病进展情况来进行综合评定。

(2) 评价疾病进展包括以下方面：①死亡；②猝死；③症状恶化（NYHA心功能分级加重）；④因心力衰竭加重而需要增加药物的剂量或者增加新药治疗；⑤因心力衰竭或其他原因需住院治疗，其中住院事件在临床和经济效益方面最具意义。

（二）心力衰竭的一般治疗

1. 去除或缓解基本病因　所有心力衰竭患者都应对导致心力衰竭的基本病因进行评价。凡有原发性瓣膜病合并心力衰竭NYHA心功能Ⅱ级及以上，主动脉瓣疾病伴有晕厥、心绞痛者均应给予手术修补或置换瓣膜。缺血性心肌病心力衰竭者伴心绞痛，左室功能低下但证实有存活心肌者，冠状动脉血管重建术可望改善其心脏功能。其他如甲状腺功能亢进治疗，室壁瘤手术矫正等均应注意。

2. 去除诱发因素　控制感染，治疗心律失常，特别是心房颤动合并快速心室律；纠正贫血、电解质紊乱；注意是否并发肺梗死等。

3. 改善生活方式，降低新发心脏损害的危险性　如戒烟、戒酒，肥胖患者应减轻体重。控制高血压、高血脂、糖尿病。饮食宜低脂、低盐，重度心力衰竭患者应限制入水量，应每日称体重以早期发现液体潴留。

应鼓励心力衰竭患者作动态运动，以避免去适应状态。重度心力衰竭患者，可在床边小坐，其他不同程度的心力衰竭患者，可每日多次小量步行，每次3~5min；心力衰竭稳定，心功能较好者，可在专业人员监护下进行症状限制性有氧运动，如步行，每周3~5次，每次20~30min。但避免作等长运动。在呼吸道疾病流行季节，可给予流感、肺炎球菌疫苗等预防感染。

4. 密切观察病情演变及定期随访　应特别了解患者对饮食及药物治疗的顺从性，药物的不良反应等，及时发现病情恶化并采取措施。

5. 注意避免应用的药物　非甾体类抗炎药物如吲哚美辛（消炎痛）、Ⅰ类抗心律失常药以及大多数钙拮抗剂均应避免应用。

（三）瓣膜性心脏病心力衰竭的治疗

在瓣膜性心脏病患者，主要问题是瓣膜本身有机械性损害，而任何内科治疗或药物均不能消除或缓解该机械性损害。研究表明，单纯的心肌细胞牵拉刺激就可促发心肌重塑，因而治疗瓣膜性心脏病的关键就是修复瓣膜损害。

国际上较为一致的意见是：所有有症状的瓣膜心脏病心力衰竭（NYHA心功能Ⅱ级及以上），及重度主动脉瓣病变伴晕厥、心绞痛者，均须进行介入治疗或手术置换瓣膜，可提高长期存活率。而迄今为止，应用诸如ACE抑制剂、β受体阻滞剂、醛固酮受体拮抗剂等神经内分泌拮抗剂治疗慢性收缩性心力衰竭的长期临床试验，均未将瓣膜性心脏病心力衰竭患者纳入其中，因此尚无证据表明，上述治疗可改变瓣膜性心脏病心力衰竭的自然病程或提高其存活率，更不能用来替代已有肯定疗效的介入或手术治疗。ACE抑制剂具有扩血管作用，应慎用于瓣膜狭窄患者，以免前负荷过度降低致心输出量减少，引起低血压、晕厥等。主动脉狭窄亦应避免应用β受体阻滞剂等负性肌力药物。二尖瓣狭窄患者，左心室并无压力负荷或容量负荷过重，因此没有任何特殊的内科治疗。β受体阻滞剂仅适用于心房颤动并快速心室率或有窦性心动过速时。

血管扩张剂包括ACE抑制剂主要适用于慢性主动脉瓣关闭不全患者，以减轻后负荷，增加前向心排血量、减少反流。可应用于以下情况：①有症状的重度主动脉瓣关闭不全者，因其他心脏疾病或非心脏因素而不能手术者。②重度心力衰竭者，在换瓣手术之前短期治疗以改善血流动力学异常，此时不能应用负性肌力药。③无症状主动脉瓣关闭不全，已有左室扩大，而收缩功能正常，可长期应用，以延长代偿期。④已行手术置换瓣膜，但仍有持续左室收缩功能异常者。

无症状慢性二尖瓣关闭不全患者，LVEF 正常时，并无后负荷增加。因此，应用降低后负荷的药物使患者处于低后负荷状态，是否有利尚不清楚。血管扩张剂仅适用于伴高血压的无症状性、左室功能正常的 MR 患者。有症状的二尖瓣关闭不全患者则适于手术治疗。

(四) 心力衰竭的药物治疗

1. 肯定为标准治疗的药物

(1) 利尿剂：心力衰竭治疗中利尿剂起关键作用，这是因为：①与任何其他心力衰竭治疗药物比较，利尿剂能更快地缓解心力衰竭症状，使得肺水肿和外周水肿在数小时或数天内消退；相反，洋地黄、ACE 抑制剂或 β 受体阻滞剂可能需数周或数月方能显效。②利尿剂是惟一能最充分控制心力衰竭液体潴留的药物。③利尿剂的合理使用是其他治疗心力衰竭药物取得成功的关键因素。如利尿剂用量不足造成液体潴留，将降低 ACE 抑制剂的治疗作用、增加使用 β 受体阻滞剂的危险性。另外，不恰当地大剂量使用利尿剂会导致血容量不足，增加 ACE 抑制剂和血管扩张剂等发生低血压的危险及 ACE 抑制剂和 Ang Ⅱ 受体阻滞剂 (ARB) 出现肾功能不全等的危险。这充分说明，恰当使用利尿剂应被看作是有效治疗心力衰竭的基石。

1) 临床应用

①利尿剂治疗的适应证：所有心力衰竭者，有液体潴留证据或先前有过液体潴留者，均应给予利尿剂。NYHA 心功能Ⅰ级者一般不需应用利尿剂。然而即使应用利尿剂后，心力衰竭症状得到控制，临床状态稳定，仍不能将利尿剂作为惟一治疗。利尿剂一般应与 ACE 抑制剂和 β 受体阻滞剂联用。

②利尿剂的起始使用和维持：通常从小剂量开始，如呋塞米每日 20mg；氢氯噻嗪每日 25mg，并逐渐增加剂量直到尿量增加，体重每日减轻 0.5～1.0kg。利尿剂应用目的是控制心力衰竭液体潴留，一旦病情控制（肺部啰音消失，水肿消退，体重稳定），即可以最小有效剂量长期维持，一般需无限期使用。在长期维持期间，应根据液体潴留情况随时调整药物剂量。每日体重变化是最可靠的监测利尿剂效果和调整剂量的指标。在利尿剂治疗同时，应适当限制钠盐摄入量。

③制剂选择：仅有轻度液体潴留、肾功能正常的心力衰竭患者，可选噻嗪类，尤其适用于伴高血压的心力衰竭患者。氢氯噻嗪 100mg/d 已达到最大有效效应（剂量效应曲线已达平台期），再增量亦无效。有显著液体潴留，特别是伴有肾功能受损时，宜选用袢利尿剂，如呋塞米、托拉塞米等。呋塞米剂量与效应呈线性关系，故剂量不受限制。

④对利尿剂的反应和利尿剂抵抗：对利尿剂的治疗反应取决于药物浓度和进入尿液时间过程。轻度心力衰竭患者，即使小剂量利尿剂也反应良好，因为利尿剂从肠道吸收快，到达肾小管的速度也快。但是随着心力衰竭进展，肠管水肿或小肠低灌注可导致药物吸收延迟，且由于肾血流和肾功能减低，药物转运受到损害。因而当心力衰竭进展恶化时，常需加大利尿剂剂量。最终再大剂量亦无反应，即出现利尿剂抵抗。此时可用以下方法进行克服：①静脉应用利尿剂：如呋塞米持续静点（1～5mg/h）；②2 种或 2 种以上利尿剂联用；③应用增加肾血流量的药物：如短期应用小剂量多巴胺或多巴酚丁胺 2～5μg/(kg·min)。非甾体类吲哚美辛能抑制多数利尿剂的利钠作用，特别是袢利尿剂，且促进利尿剂致氮质血症倾向，应该避免使用。

2) 不良作用

①电解质丢失：利尿剂可引起低钾、低镁血症而诱发心律失常。当肾素-血管紧张素-醛固酮系统高度激活时，易于发生低钾、低镁血症。并用 ACE 抑制剂，给予保钾利尿剂，特别是醛固酮受体拮抗剂（如螺内酯）常能预防钾、镁的丢失，较之补充钾盐、镁盐更有效，且易于耐受。RALES (randomized aldactone evaluation study) 研究表明，小剂量螺内酯（25mg/d）与 ACE 抑制剂以及袢利尿剂合用是安全的。出现低钠血症时，应注意区别缺钠性低钠血症和稀释性低钠血症，因两者治疗原则并不相同。缺钠性低钠血症发生于大量利尿后，属容量减少性低钠血症。可有直立性低血压，尿少而比重高，治疗应予补充钠盐。稀释性低钠血症又称难治性水肿，见于心力衰竭进行性恶化者。此

时钠、水有潴留，而水潴留多于钠潴留，故属高容量性低钠血症。患者尿少、比重偏低，治疗应严格限制入水量，并按利尿剂抵抗处理。

②神经内分泌激活：利尿剂的使用可激活内源性神经内分泌，特别是肾素-血管紧张素系统（RAS）。虽然血管紧张素Ⅱ（AngⅡ）水平升高有助于支持血容量不足时的血压和肾功能，但神经内分泌的短期激活会增加电解质丢失的发生率和严重程度；长期激活则会促进疾病发展，除非患者同时接受神经内分泌拮抗剂治疗。因而，利尿剂应与ACE抑制剂以及β受体阻滞剂联合应用。

③低血压和氮质血症：过量应用利尿剂可降低血压和损害肾功能，但低血压和氮质血症也可能是心力衰竭恶化表现。在后一种情况下，如减少利尿剂用量可使病情加剧。心力衰竭者如无液体潴留，低血压和氮质血症可能与容量少有关。该种患者如血压和肾功能的变化显著或产生症状，则应该减小利尿剂用量。但如果患者有持续液体潴留，则低血压和氮质血症有可能是心力衰竭恶化和外周有效灌注量降低的表现，应继续维持所用利尿剂，并短期使用能增加终末器官灌注的药物，如多巴胺或多巴酚丁胺。

(2) 血管紧张素转换酶（ACE）抑制剂：ACE抑制剂治疗慢性心力衰竭主要通过两个机制：①抑制RAS；②作用于激肽酶Ⅱ，抑制缓激肽降解，提高心肌组织局部缓激肽水平。

1) 临床应用

适应证：

①所有左心室收缩功能不全（LVEF<40%）患者，均可用ACE抑制剂，除非有禁忌证或者不能耐受；无症状左室收缩功能不全（NYHA心功能Ⅰ级）患者亦应该使用，可以预防和延缓发生心力衰竭；伴有体液潴留者应该与利尿剂合用。

②适用于慢性心力衰竭患者的长期治疗，不能用于抢救急性心力衰竭或难治性心力衰竭正在静脉用药者，只有长期治疗才可能降低其病死率。为达到长期治疗目的，医生和患者都应该了解和坚信：症状改善往往出现于治疗后数周至数月，即使症状改善不显著，ACE抑制剂仍可减少疾病进展危险性。ACE抑制剂治疗早期可能出现一些不良反应，但一般不会影响其长期应用。

禁忌证或须慎用ACE抑制剂的情况：

①对ACE抑制剂曾有致命性不良反应者，如曾有血管神经性水肿、无尿性肾衰竭或妊娠妇女，绝对禁忌ACE抑制剂。

②以下情况须慎用：双侧肾动脉狭窄；血肌酐水平显著升高[>225.2μmol/L（3mg/dl）]；高血钾症（>5.5mmol/L）；低血压（收缩压<90mmHg），低血压需经其他处理，待血流动力学稳定以后再决定是否用ACE抑制剂。

应用方法：

①起始剂量和递增方法：治疗前应注意利尿剂是否已维持最合适剂量。因液体潴留可减弱ACE抑制剂疗效；而容量不足又加剧ACE抑制剂的不良反应。ACE抑制剂应用基本原则是从很小剂量起始，逐渐递增，直至达到目标剂量。一般每隔3~7d倍增1次剂量。剂量调整快慢取决于每个患者的临床状况。有低血压史、低钠血症、糖尿病、氮质血症以及服用保钾利尿剂者，递增速度宜慢。ACE抑制剂的耐受性约90%。

②目标剂量和最大耐受剂量：在上述的随机对照临床试验中，ACE抑制剂剂量不是根据患者治疗反应而定，而是达到规定的目标剂量。临床上小剂量应用现象十分普遍，认为小剂量也同样有效且更好，这其实是一种误解。研究表明，大剂量较小剂量对血流动力学、神经内分泌、症状和预后能产生更大作用，因此应该尽量将剂量增加到目标剂量或最大耐受剂量。

③维持应用：一旦剂量调整到目标剂量或最大耐受量，应终生使用。ACE抑制剂良好治疗反应通常到1~2个月或更长时间才显示，但即使症状改善不明显，仍应长期维持治疗，以减少死亡或住院危险性。停用ACE抑制剂可能导致临床状况恶化，应予避免。

④不同类型ACE抑制剂效果和选择：目前已有证据表明，ACE抑制剂治疗慢性收缩性心力衰竭是一类药物的效应，各种ACE抑制剂对心力衰竭患者的症状、死亡率或疾病进展均无差别。各种

ACE 抑制剂药理学的差别,如组织选择性、结合部位、短效或长效等,对临床影响不大。因此在临床实践中,各种 ACE 抑制剂均可应用。

2) 不良反应

①低血压:很常见,在治疗开始或增加剂量时易发生。RAS 激活明显者,发生早期低血压反应可能性最大,这些患者往往有显著低钠血症(<130mmol/L)或新近明显或快速利尿。防止方法:a. 在密切观察下,坚持以最小剂量起始。b. 首先停用利尿剂 1~2d,以减少患者对 RAS 依赖性。首剂给药如果出现症状性低血压,重复给予同样剂量时,不一定也会出现症状,只要无明显的体液潴留现象,可减少利尿剂剂量或略增加盐的摄入以减少对 RAS 依赖性。多数患者经适当处理后仍适合应用 ACE 抑制剂长期治疗。

②肾功能恶化:肾脏灌注减少时,肾小球滤过率明显依赖于 AngⅡ介导出球小动脉收缩的患者,如 NYHA 心功能Ⅳ级或低钠血症患者易致肾功能恶化。ACE 抑制剂使用后肌酐显著升高 [>44.2μmol/L(0.5mg/dl)]者严重心力衰竭较轻、中度心力衰竭者多见。伴肾动脉狭窄或合用非甾体类抗炎制剂者更易发生。减少利尿剂剂量,肾功能通常会改善,不需要停用 ACE 抑制剂。如因液体潴留而不能减少利尿剂剂量者,权衡利弊以"容忍"轻、中度氮质血症,维持 ACE 抑制剂治疗为宜。服药后 1 周左右,应检查肾功能,尔后继续监测,如血清肌酐增高>225.2μmol/L(3mg/dl)应停用 ACE 抑制剂。

③高血钾:ACE 抑制剂阻止醛固酮合成而减少钾的丢失,心力衰竭患者可能发生高钾血症,严重者可引起心脏传导阻滞。肾功能恶化、补钾、使用保钾利尿剂,尤其合并糖尿病时易发生高钾血症。ACE 抑制剂应用后 1 周应复查血钾,如血钾≥5.5mmol/L,应停用 ACE 抑制剂。

④咳嗽:ACE 抑制剂引起的咳嗽特点为干咳,见于治疗开始的几个月内,要注意排除其他原因尤其是肺部淤血所致的咳嗽。停药后咳嗽消失,再用干咳重现,高度提示 ACE 抑制剂是引起咳嗽的原因。咳嗽不严重可以耐受者,应鼓励继续用 ACE 抑制剂。如持续咳嗽,影响正常生活,可考虑停用,并改用 AngⅡ受体阻滞剂。

⑤血管性水肿:血管性水肿较为罕见(<1%),但可出现声带水肿,危险性较大,应予注意。多见于首次用药或治疗最初 24 小时内。由于可能是致命性的,因此临床上一旦疑为血管神经性水肿,患者应终生避免应用所有 ACE 抑制剂。

总之,ACE 抑制剂目前已确定为治疗慢性收缩性心力衰竭的基石。所谓标准治疗或常规治疗是 ACE 抑制剂单用或加用利尿剂,NYHA 心功能Ⅱ、Ⅲ级患者加用 β 受体阻滞剂,地高辛可合用亦可不用。

(3) β 受体阻滞剂:目前有证据用于心力衰竭的 β 受体阻滞剂有选择性 $β_1$ 受体阻滞剂,如美托洛尔、比索洛尔;兼有 $β_1$、$β_2$ 和 $α_1$ 受体阻滞作用的制剂,如卡维地洛、右新洛尔。迄今为止已有 20 个以上随机对照试验,超过 10000 例心力衰竭患者应用 β 受体阻滞剂治疗。所有入选者均是收缩功能障碍(LVEF<45%),NYHA 心功能分级主要是Ⅱ、Ⅲ级的患者。结果均显示,长期治疗慢性心力衰竭,能改善临床症状、左室功能,降低死亡率和住院率。这些研究都是在应用 ACE 抑制剂和利尿剂基础上加用 β 受体阻滞剂。

1) 临床应用

适应证:所有 NYHA 心功能Ⅱ、Ⅲ级患者,如病情稳定,LVEF<40%者,均必须应用 β 受体阻滞剂,除非有禁忌证或不能耐受。上述患者应尽早开始应用 β 受体阻滞剂,不要等到其他疗法无效时才用,因患者可能在延迟用药期间死亡。而 β 受体阻滞剂如能早期应用,有可能防止死亡。应在 ACE 抑制剂和利尿剂的基础上加用 β 受体阻滞剂,洋地黄亦可应用。病情不稳定者,或 NYHA 心功能Ⅳ级的心力衰竭患者,一般不用 β 受体阻滞剂。但 NYHA 心功能Ⅳ级者,如病情已稳定,无液体潴留,体重恒定,不需要静脉用药者,可考虑在严密监护下,由专科医师指导应用。

β 受体阻滞剂是作用强大的负性肌力药,治疗初期对心功能有抑制作用,但长期治疗(≥3 个月)

则一致改善心功能，LVEF 增加。因此，β 受体阻滞剂只适用于慢性心力衰竭的长期治疗，绝对不能作为"抢救"治疗应用于急性失代偿性心力衰竭，难治性心力衰竭需要静脉应用正性肌力药和因大量液体潴留需强力利尿者。

虽然 β 受体阻滞剂能掩盖低血糖症状，但有资料表明糖尿病患者获益更多，所以心力衰竭伴糖尿病者仍可继续应用。

医师应向患者交代：①症状改善常在治疗 2～3 个月后才出现。②即使临床症状未能改善，β 受体阻滞剂仍能减少疾病进展风险。③不良反应可在治疗早期就发生，但一般并不妨碍其长期治疗。

禁忌证：支气管痉挛性疾病、心动过缓（心率<60 次/分）、二度及以上房室传导阻滞（除非已安装起搏器）均不能应用。

2）临床应用注意点：①需从极低剂量开始，如美托洛尔缓释片 12.5mg 每天 1 次，比索洛尔 1.25mg 每天 1 次，卡维地洛 3.125mg 每天 2 次。如果患者能耐受前一剂量，可每隔 2～4 周将剂量加倍，如前一较低剂量出现不良反应，可延迟加量直至不良反应消失。如此谨慎用药，则 β 受体阻滞剂的早期不良反应一般均不需停药。临床试验 β 受体阻滞剂的耐受性为 85%～90%。②起始治疗前、治疗期间必须体重恒定，已无明显液体潴留，利尿剂维持在最合适剂量。如患者有体液不足，易产生低血压；如有液体潴留，则有增加心力衰竭恶化危险。③如何确定最大剂量：确定 β 受体阻滞剂治疗心力衰竭的剂量，原则与 ACE 抑制剂相同，并不按患者的治疗反应来定，应增加到事先设定的靶剂量。如患者不能耐受靶剂量，亦可用较低剂量，即最大耐受量。临床试验表明高剂量优于低剂量，但低剂量仍能降低死亡率，因此如不能耐受高剂量，低剂量仍应维持应用。目标剂量如何确定，目前尚不明确，可参考临床试验所用的最大剂量。因国人缺少相关资料，且 β 受体阻滞剂个体差异大，因此治疗宜个体化，以达到最大耐受量。但清醒静息心率不宜<55 次/分。一旦达到目标剂量或最大耐受量，一般长期维持并不困难。应该避免突然撤药，以防引起病情显著恶化。如在 β 受体阻滞剂用药期间，心力衰竭有轻或中度加重，应首先调整利尿剂和 ACE 抑制用量，以达到临床稳定。如病情恶化需静脉用药，可将 β 受体阻滞剂暂时减量或停用，病情稳定后再加量或继续应用。如需静脉应用正性肌力药，磷酸二酯酶抑制剂较 β 受体激动剂更合适，因后者的作用可被 β 受体阻滞剂所拮抗。④必须监测以下情况：低血压，特别是有 α 受体阻滞作用者易于发生。一般在首剂或加量 24～48h 内发生。通常重复用药后则可自动消失。为减少低血压危险，可将 ACE 抑制剂或血管扩张剂减量或与 β 受体阻滞剂在每日不同时间应用，以后再恢复 ACE 抑制剂用量。一般情况下，不主张将利尿剂减量，因防止引起液体潴留，除非上述措施无效。液体潴留与心力衰竭：常在起始治疗 3～5d 后体重增加，如果不予处理，1～2 周后常致心力衰竭恶化，因此，应要求患者每日称体重，如有增加，应立即增加利尿剂用量，直至体重恢复到治疗前水平。心动过缓和房室传导阻滞：低剂量 β 受体阻滞剂不易发生这类不良反应，但在增量过程中，危险性亦逐渐增加。如心率<55 次/分或出现二、三度房室传导阻滞，应将 β 受体阻滞剂减量或停用。此外，医生应注意药物相互作用可能性。

β 受体阻滞剂制剂的选择：临床试验表明，选择性 β_1 受体阻滞剂与非选择性 β 兼 α_1 受体阻滞剂同样可降低心力衰竭的死亡率和罹患率。两种制剂究竟何者更优，目前虽有一些临床试验，但样本量偏小，力度不够，所采用的是血流动力学等替代终点等，因而尚不足以定论。目前意见是：选择性 β_1 受体阻滞剂美托洛尔、比索洛尔和非选择性 β 受体兼 α_1 受体阻滞剂卡维地洛均可用于慢性心力衰竭患者。

(4) 洋地黄制剂

1) 临床应用：洋地黄制剂在心力衰竭治疗中的作用：地高辛是一种有效、安全、使用方便、价格低廉的心力衰竭治疗的辅助药物。鉴于地高辛对心力衰竭死亡率的下降没有作用，不存在推迟使用会影响存活率可能性，因此地高辛早期应用并非必要。建议先使用能减少死亡和住院危险的药物（ACE 抑制剂和 β 受体阻滞剂），如果症状仍持续存在，则加用地高辛。

患者的选择：地高辛被推荐应用于改善心力衰竭患者的临床状况，应与利尿剂、某种 ACE 抑制剂和β受体阻滞剂联合应用。对于已开始使用ACE抑制剂或β受体阻滞剂的治疗，但症状改善欠佳，应及早使用地高辛。如果可以确定患者对ACE抑制剂或β受体阻滞剂的反应性良好，并足以控制症状，此时可停用地高辛。如患者仅使用地高辛，则应该加用ACE抑制剂或β受体阻滞剂。尽管β受体阻滞剂对于控制运动时心室率增加可能较为有效，但地高辛更适于心力衰竭伴有快速心室率的心房颤动患者。

地高辛不能用于窦房阻滞、二度或高度房室传导阻滞无永久起搏器保护患者。与能抑制窦房结或房室结功能的药物（如胺碘酮、β受体阻滞剂）合用时，尽管患者常可耐受地高辛治疗，但须谨慎。

一般而言，急性心力衰竭并非地高辛的应用指征，除非伴快速心室率的心房颤动。急性心力衰竭应使用其他合适治疗措施（常为静脉给药），地高辛仅可作为长期治疗措施的开始阶段而发挥部分作用。

不推荐地高辛用于无症状的左室收缩功能障碍（NYHA心功能Ⅰ级）治疗，因为治疗此类患者的惟一理由是预防心力衰竭发展，然而尚无证据表明地高辛对这类患者有益。

地高辛使用方法：目前多采用自开始即用固定维持量给药方法，即维持量疗法，0.125～0.25mg/d；对于70岁以上或肾功能受损者，地高辛宜用小剂量（0.125mg）每日1次或隔日1次。必要时，如为控制心房颤动心室率，可采用较大剂量（0.375～0.50mg/d），但不宜作为窦性心律心力衰竭患者的治疗剂量，而且在同时应用β受体阻滞剂情况下一般并不需要。

虽有学者提倡使用地高辛血清浓度测定，指导地高辛剂量的选择，但是尚无证据表明所测得血清地高辛浓度可以反映地高辛的剂量是否恰当。地高辛放射免疫测定法主要用于帮助判断洋地黄中毒而非疗效评估。血清地高辛浓度与治疗作用之间并无联系，而且尚不清楚在心力衰竭的治疗中，大剂量地高辛是否比小剂量更为有效。

2) 不良反应：地高辛的主要不良反应包括：①心律失常（期前收缩、折返性心律失常和传导阻滞）。②胃肠道症状（厌食、恶心和呕吐）。③神经精神症状（视觉异常、定向力障碍、昏睡及精神错乱）。这些不良反应常出现在血清地高辛浓度>2.0ng/ml时，但也可见于地高辛浓度较低时。无中毒者和中毒者血清地高辛浓度间有明显重叠现象，特别在低血钾、低血镁、甲状腺功能低下时。奎尼丁、维拉帕米、普鲁卡因酰胺、胺碘酮、丙吡胺、普罗帕酮等与地高辛合用时，可使血清的地高辛浓度增加，从而增加洋地黄中毒的发生率，此时地高辛宜减量。

2. 其他治疗心力衰竭的药物

(1) 醛固酮拮抗剂

1) 临床试验结果：RALES (randomized aldactone evaluation study)研究共入选了1 663例缺血性或非缺血性心肌病伴有重度心力衰竭（近期或目前为NYHA心功能Ⅳ级）患者，在常规治疗基础上，随机加用安慰剂或螺内酯（最大剂量25mg/d），平均应用24个月，试验的一级终点是总死亡率。结果总死亡率降低27%，因心力衰竭住院率降低36%，任何原因引起的死亡或住院的复合终点降低22%（$P<0.0002$）。由于上述结果，资料和安全监测委员会建议提前结束试验。螺内酯耐受性良好，仅8%~9%患者有男性乳房增生症。

2) 临床应用建议：根据上述结果建议：对近期或目前为NYHA心功能Ⅳ级心力衰竭者，可考虑应用小剂量的螺内酯20mg/d。至于醛固酮拮抗剂在轻、中度心力衰竭的有效性和安全性则尚有待确定。

(2) 血管紧张素Ⅱ受体阻滞剂（ARB）

临床应用建议：

1) ARB治疗心力衰竭有效，但其效应是否相当于或是优于ACE抑制剂尚无定论，当前仍不宜以ARB取代ACE抑制剂广泛用于心力衰竭治疗。未应用过ACE抑制剂和能耐受ACE抑制剂的心力衰竭患者，仍以ACE抑制剂为首选。

2) ARB可用于不能耐受ACE抑制剂不良反应的心力衰竭患者，如有咳嗽、血管性水肿时，

ARB和ACE抑制剂相同，亦可引起低血压、高血钾及肾功能恶化，应用时仍需小心。

3）心力衰竭患者对β受体阻滞剂有禁忌证时，可合用ARB与ACE抑制剂。

（3）钙拮抗剂：钙拮抗剂（CCB）是一类特殊血管扩张剂，其作用在于扩张全身和冠状动脉循环的阻力型动脉血管。CCB在理论上应可改善心脏做功和缓解心肌缺血，但对照的临床研究未能证实这些可能的有益作用。临床上应用钙拮抗剂未改善心力衰竭患者症状或提高其运动耐量，短期和长期使用这类药物治疗可导致严重不良心血管反应。

尽管所有钙拮抗剂都对心力衰竭可能有不良作用，但它们的药理作用不尽相同。有些钙拮抗剂更选择性地作用于周围血管，对心脏的抑制可能相对较轻，如：苯磺酸氨氯地平（目前美国FDA惟一批准用于伴心力衰竭的高血压患者）；而另一些则可能直接对抗在心力衰竭进展中可能起作用的分子机制。这些药理学差异在心力衰竭患者的临床意义仍有待明确。

临床应用建议：由于缺乏支持钙拮抗剂有效性的证据，这类药物不宜用于治疗心力衰竭。评价较新的钙拮抗剂的大规模临床试验未提供令人信服的证据，未显示长期应用这些药物可改善心力衰竭的症状或提高生存率。鉴于对安全性的考虑，在心力衰竭患者，即使用于治疗这些患者的高血压或心绞痛，也应避免使用大多数的钙拮抗剂。在现有可提供临床应用的钙拮抗剂中，临床试验仅对氨氯地平和非洛地平有长期应用安全性的资料，有令人信服的证据表明氨氯地平对存活率无不利影响，但并不能提高生存率。

（4）环腺苷酸依赖性正性肌力药的静脉应用：环腺苷酸（cAMP）依赖性正性肌力药包括：①β肾上腺素能受体激动剂：如多巴酚丁胺；②磷酸二酯酶抑制剂，如米力农。这两种药物均通过提高细胞内cAMP水平而增加心肌收缩力，而且兼有外周血管扩张作用，短期应用均有良好的血流动力学效应。然而长期口服时，不仅不能改善症状或临床情况，反而可增加死亡率。

临床应用建议：由于缺乏cAMP依赖性正性肌力药有效的证据，以及考虑到药物的毒性，不主张对慢性心力衰竭患者长期、间歇静脉滴注此类正性肌力药。对心脏移植前的终末期心力衰竭、心脏手术后心肌抑制所致的急性心力衰竭，以及难治性心力衰竭可考虑短期支持应用3～5d。推荐使用剂量：多巴酚丁胺2～5μg/（kg·min）；米力农：50μg/kg负荷量，继以0.375～0.75μg/（kg·min）维持。

（五）心力衰竭时的抗凝、抗血小板治疗

心力衰竭时，扩张且低动力的心腔，以及促凝因子活性增高，可能会导致较高的血栓栓塞事件危险。临床试验提示，心力衰竭时的血栓栓塞事件年发生率在1‰～3‰。至今尚无心力衰竭患者华法林或其他抗血栓药物对预防血栓栓塞事件的对照研究，几项回顾性分析也未能达成一致意见。有关心力衰竭时的抗凝治疗可参照下列原则：

1. 心力衰竭伴房颤及心力衰竭有血栓栓塞史的患者必须长期抗凝治疗，可常规方法口服华法林，并调整剂量使国际标准化比值保持在2～3之间。

2. 极低的LVEF值、左室室壁瘤、显著心腔扩大、心腔内有血栓存在，这些指标在评估血栓栓塞危险中的意义尚未阐明，也缺乏长期抗凝效果评价。但有些医生对上述情况仍给予抗凝治疗以预防可能发生的血栓栓塞事件。

3. 抗血小板治疗常用于心力衰竭以预防冠状动脉事件，对心力衰竭本身的适应证尚未建立。

（六）心力衰竭的氧气治疗

慢性心力衰竭并非氧气治疗的适应证，重度心力衰竭患者氧疗可能会使血流动力学恶化，但对心力衰竭伴严重睡眠低氧血症患者，夜间给氧可减少Cheyne-Stokes呼吸和低氧血症的发生。

（七）心力衰竭治疗建议概要

不同心功能分级心力衰竭患者的治疗选择如下：

NYHA心功能Ⅰ级：控制危险因素；ACE抑制剂。

NYHA心功能Ⅱ级：ACE抑制剂；利尿剂；β受体阻滞剂；地高辛用或不用。

NYHA 心功能Ⅲ级：ACE 抑制剂；利尿剂；β 受体阻滞剂；地高辛。

NYHA 心功能Ⅳ级：ACE 抑制剂；利尿剂；地高辛；醛固酮受体拮抗剂；病情稳定者，谨慎选用 β 受体阻滞剂。

（八）心力衰竭的非药物治疗

1. 主动脉内气囊反搏（IABP） 是应用最广泛且最有效的辅助循环之一。理论基础是 IABP 能够降低收缩期负荷、增加舒张期负荷。在 1996—2001 年间，全世界共有 22 000 多例 IABP 植入。IABP 通常用于各种外科手术和非手术时发生心源性休克或不稳定心绞痛。75% 的急性心肌梗死发生难治性心源性休克的患者通过 IABP 支持治疗可以改善。应用 IABP 的适应证见表 3-2-1，使用目的是稳定患者的血流动力学状态，使患者进一步接受血运重建（介入或外科手术）或使用持久耐用的心室辅助装置。对于手术中作为逐渐脱离体外循环的措施应用时，IABP 的目的是恢复暂时的可逆的心功能不全（见图 3-2-11）。

表 3-2-1 主动脉内气囊反搏适应证

心源性休克	与非外科血管重建术相关者
心脏手术后	心肌梗死伴血流动力学不稳定
与急性心肌梗死相关者	血管成形术高危患者
心肌梗死的机械并发症	左室功能严重不全
二尖瓣关闭不全	复杂冠状动脉病变
室间隔穿孔	心室辅助装置植入前稳定心脏移植受体
与冠状动脉旁路手术相关者	梗死后心绞痛
手术前插入	与缺血相关的室性心律失常
左室功能严重不全者	
与缺血有关的难以控制的心律失常	
手术后插入	
心脏手术后心源性休克	

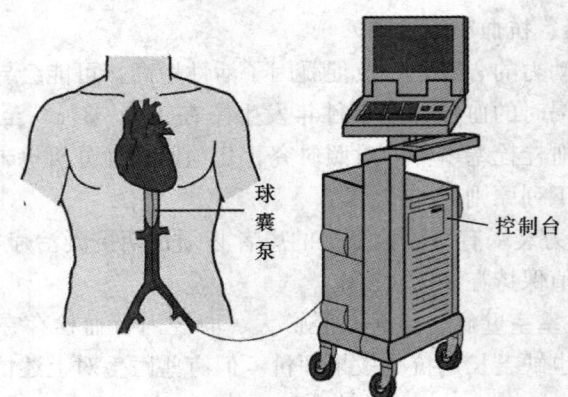

图 3-2-11 主动脉内球囊泵和控制台，显示降主动脉内的膨胀球囊

2. 心室辅助装置 心室辅助装置（VAD）的临床应用来源于手术室的使用经验。与 IABP 不同，VAD 在维持体循环时，通过减轻心脏负荷而达到减少心脏做功的作用。VAD 的种类繁多，按辅助部位分为右心、左心或双心室辅助；按辅助时间分为短期（<1 周）、长期和永久辅助装置；按辅助方式分为全体外式、随身携带式、需要经皮能量驱动的可植入或完全植入式装置；按产生的血流方式分为持续或搏动式血流装置（见图 3-2-12）。

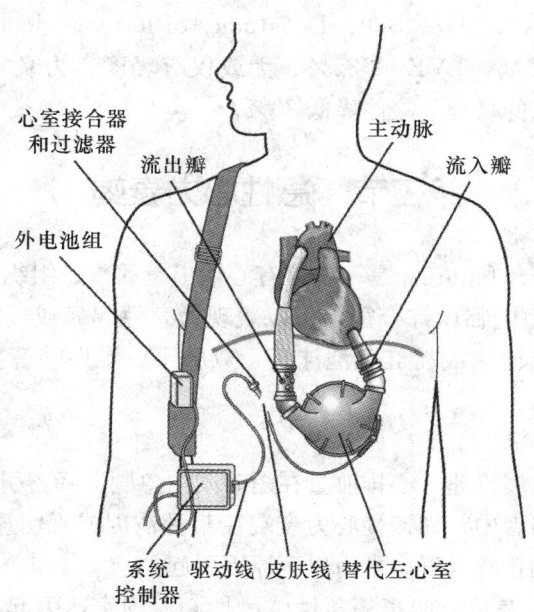

图 3-2-12 左心室辅助装置的部件
流入管插入左室顶端，流出管与升主动脉连接。血液从肺回流到左侧心脏，出左室顶端，穿过流出瓣进入假体泵。血液可以通过流出瓣积极地泵出进入升主动脉。泵可以放置在腹壁或是腹膜腔。经皮的驱动线携带有电子控制和电池组（图示中的一个小包，位于右侧）的电缆线和通气管，分别戴在肩膀的套和带子里

3. 心脏移植（cardiac transplantation） 心脏移植是不耐受药物治疗的末期心力衰竭治疗的金标准。移植术临床成就的稳固改善来源于仔细挑选接受者，更好的供体心脏处理以及 19 世纪 80 年代开始早期应用对免疫抑制反应和同种异体移植物排斥起到革命性作用的环孢素。

【预防】

1. 防止初始心肌损伤 冠状动脉疾病和高血压已逐渐上升成为心力衰竭的主要病因，积极控制血压、血糖、降脂和戒烟等治疗，可减少发生心力衰竭的危险性。4S（scandinavian simvastatin survival study）研究表明，降低胆固醇后，不仅使总死亡率降低 30%，而且发生心力衰竭的危险性亦降低 20%（$P=0.015$）。SHEP（systolic hypertension in the elderly program）研究表明，降低血压使卒中危险性降低 30%，心力衰竭危险性降低 49%（$P<0.001$），特别是以往有心肌梗死病史的患者，发生心力衰竭的危险性降低 81%（$P=0.002$）。HOPE（heart outcomes prevention evaluation study）研究显示，对心血管病的高危人群，不伴有心力衰竭或左室功能低下者应用雷米普利治疗，心血管事件复合危险性降低 22%，心力衰竭危险性亦降低 16%。除积极控制上述心血管危险因素外，控制 A 组 β 溶血性链球菌感染，预防风湿热和瓣膜性心脏病，戒除酗酒，以防止酒精中毒性心肌病等也是重要措施。

2. 防止心肌进一步损伤 急性心肌梗死期间，溶栓治疗或冠状动脉血管成形术，可使有效再灌注的心肌节段得以防止缺血性损伤。对近期从心肌梗死恢复的患者，应用神经内分泌拮抗剂（ACE 抑制剂或 β 受体阻滞剂）可降低再梗死或死亡的危险性，特别是心肌梗死伴有心力衰竭患者。ACE 抑制剂和 β 受体阻滞剂合并应用可有互补效益。急性心肌梗死无心力衰竭者，应用阿司匹林可降低再梗死的危险，从而有利于防止心力衰竭。

3. 防止心肌损伤后的恶化 已有左室功能不全的患者，不论是否伴有症状，应用 ACEI 均可防止发展成严重心力衰竭，有下列临床试验证实：SAVE（survival and ventricular enlargement study）试验、AIRE（acute infarction ramipril efficacy study）研究、TRAC（trandolapril cardiac evaluation）研究，均入选心肌梗死后患者，应用 ACEI 分别使总死亡率降低 19%、27% 和 22%；心力衰竭

发生的危险性降低 22%、23% 和 29%。SOLVD (studies of left ventricular dysfunction) 预防研究显示，观察缺血或非缺血性心脏病，LVEF≤35%、无或仅有轻度心力衰竭症状患者应用依那普利治疗，使因心力衰竭死亡和住院的复合危险性降低 20%。

第二节 急性心力衰竭

急性心力衰竭（acute heart failure）是一种伴有心输出量骤减、组织灌注减低、肺毛细血管楔压（PCWP）增加和急性组织充血的临床综合征，可以表现为急性起病或慢性心力衰竭急性发作。临床上以极度烦躁、气促，咳白色泡沫或粉红色泡沫痰，双肺干、湿性啰音为特点。以急性左心衰竭最常见。

【病因和发病机制】

急性心力衰竭起病急，发展迅速，心排血量在短时间内急剧下降，引起组织器官灌注不足。可以发生于有基础心脏病存在的患者中，如慢性心力衰竭在某种诱因或无明显诱因下情况下的急性发作。也可以出现在没有基础疾病的正常人群，常由以下原因引起：

1. 广泛的急性心肌梗死、急性心肌炎等急性弥漫性心肌损害，引起心脏收缩无力，左室排血量急速下降。

2. 严重的瓣膜病变（二尖瓣或三尖瓣狭窄等）、心室流出道梗阻、急性大动脉栓塞或急进型高血压等引起心脏压力负荷过重。腱索断裂、房室间隔破裂、输液过快或过多等引起心脏容量负荷过重。

3. 各种急性心律失常如室速、室颤、房颤或房扑、室上性心动过速或重度的心动过缓等引起心排血量减少。

4. 急性心脏压塞如急性心包积液、积血等限制心脏舒张。

由于以上原因的存在，心输出量急剧减少，机体代偿作用未得到发挥，同时肺静脉和肺毛细血管压力突然明显增高，大量浆液由毛细血管渗出至肺间质和肺泡内，发生急性肺水肿，严重者可出现心源性休克。

【临床表现】

急性肺水肿是急性左心衰最常见的表现。患者突然出现严重的呼吸困难、被迫坐起、面色苍白、口唇青紫、大汗淋漓、烦躁不安、有恐惧和濒死感觉，可咳出或自鼻、口涌出大量白色或粉红色泡沫样痰，严重者甚至咯血。存在慢性心力衰竭的患者可表现为呼吸困难的进行性或突然性加重。发作时心率、脉搏和呼吸增快，呼吸频率可达到 30~40 次/分。听诊早期双肺底可闻及少量湿啰音，晚期双肺满布干、湿啰音或哮鸣音，原心脏杂音常被肺内啰音掩盖而不易听出。心尖部可闻及第一心音减弱，频率快，同时有舒张早期第三心音而构成奔马律，肺动脉瓣第二心音亢进。X 线除原有心脏病的心脏形态改变以外，可见肺门血管模糊不清，肺纹理增粗，出现 Kerley's 线及以肺门为中心的蝶形阴影。超声心动图检查提示心腔扩大，室壁运动异常，射血分数下降等。血流动力学检查：肺毛细血管楔嵌压增高，合并休克时心排血量降低。严重者可出现心源性休克（cardiogenic shock）、晕厥甚至心脏骤停。

急性右心衰时，肝淤血引起的右上腹不适，常会被误诊为急性胆囊炎；胸腔积液引起气促，腹水引起腹胀；可见颈静脉怒张。

【诊断和鉴别诊断】

急性心力衰竭的诊断主要依据临床表现，同时辅以相应的实验室检查、胸片和超声心动图等，应与其他原因引起的肺水肿相鉴别。急性肺水肿与支气管哮喘的鉴别在前已述。其他原因引起的肺水肿，如化学物理因素引起的肺血管通透性改变及肺间质淋巴引流不畅等，根据病史、症状和体征不难鉴别。

【治疗】

新发的急性心力衰竭，以处理原发病为主，同时辅以药物对症治疗，必要时辅助机械装置和外科手术治疗。慢性心力衰竭急性发作时，以控制和消除诱发因素为主，治疗同慢性心力衰竭，给药途径以静脉为主。治疗流程图见图 3-2-13：

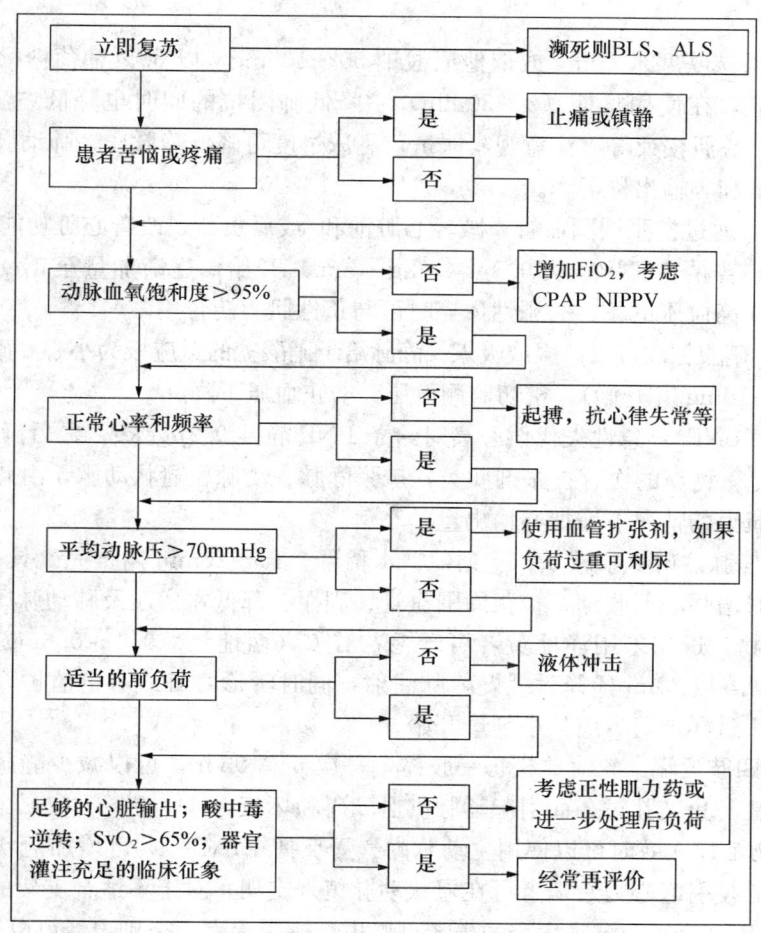

图 3-2-13　急性心力衰竭患者紧急处理规程

ALS：高级生命支持；BLS：基础生命支持；CPAP：持续肺泡内正压；
FiO_2：吸入氧分数；NIPPV：经鼻间歇正压通气；SvO_2：静脉血氧饱和度

1. **监测生命体征和血流动力学**　如呼吸、血压、脉搏和血氧饱和度。检查血常规、血气分析、血清电解质、肾功能、肝功能等。有些实验室检查需要动态观察，如电解质、肌酐、血糖等，随病情变化而调整监测的频率。必要时可以行有创检测，如中心静脉置管或肺动脉导管。检测结果有助于治疗及判断心力衰竭的预后。

2. **绝对卧床休息**　患者宜采取半卧位或坐位，两腿下垂以减少下肢静脉回流，降低心脏前负荷，同时由于坐位时横膈下降有利于增加肺活量，使痰容易咳出。

3. **吸氧**　积极纠正缺氧是治疗的关键环节。鼻导管或面罩输入高浓度（5～10 L/min）的氧气，湿化瓶中可以加入少量酒精（使其成为20%～25%的酒精溶液）及消泡剂以消除气道中的泡沫，在使用消泡剂的同时，应用吸引器吸取气道内分泌物，保持呼吸道畅通。面罩吸氧较鼻导管吸氧效果好。CPAP（持续气道正压通气）能够使肺复张，也可增加功能性残气量。提高肺顺应性，降低横膈活动幅度，减少膈肌运动，这样能够减少呼吸做功，由此减少机体代谢需求量。NIPPV（无创性正压机械通气）是一种需要呼吸机的机械通气方法。气管插管机械通气常用于急性心力衰竭所致的呼吸肌疲劳。

4. 镇静　首选吗啡 3~5mg 静脉注射。建立静脉通道后，立即给予吗啡注射或 5~10mg 皮下注射，必要时还可以每 15 分钟重复应用一次，共 2~3 次。吗啡能够镇静，减少躁动带来的额外心脏负担，扩张静脉，减少回心血量，也能使动脉轻度扩张，减轻左室后负荷，增加心排血量，并降低心率。吗啡慎用于老年、神志不清、休克和已有呼吸抑制的患者，这些患者可改为哌替啶 50~100mg 肌肉注射。

5. 快速利尿　首选呋塞米 40mg 或依他尼酸钠 50~100mg（以 50% 葡萄糖稀释）静脉注射。呋塞米有扩张血管效应，在使用早期（5~30min）它降低肺阻抗的同时也降低右房压和肺动脉楔压。慎用于低血压、急性心肌梗死等。注意观察尿量，利尿过度可降低静脉压、肺动脉楔压以及舒张期灌注，由此导致每搏量和心输出量下降。

6. 血管扩张剂　通过扩张周围血管，减轻心脏前和/或后负荷，改善心脏功能。

(1) 硝普钠：硝普钠（SNP）从 $0.3\mu g/(kg\cdot min)$ 开始，逐渐加量至 $1\mu g/(kg\cdot min)$ 再到 $5\mu g/(kg\cdot min)$。在高血压危象、心源性休克时可与正性肌力药合用。

(2) 硝酸甘油：硝酸甘油可以口服或吸入。静脉给予硝酸盐的量应极为小心（硝酸甘油从 $20\mu g/min$ 或硝酸异山梨酯 1~10mg/h 开始），密切监测血压，防止血压下降。

(3) 奈西立肽（BNP）：急性失代偿心衰时给予 BNP 静推 $0.2\mu g/kg$，之后静滴 $0.015~0.03\mu g/(kg\cdot min)$。BNP 是一种新的血管扩张剂肽类，扩张静脉、动脉、冠状动脉，由此降低前负荷和后负荷，在无直接正性肌力的情况下增加心输出量。

7. 氨茶碱　可静脉注射氨茶碱 0.25g 葡萄糖水稀释，15~20min 内推完。具有解除支气管痉挛，缓解呼吸困难，同时增强心肌收缩、扩张周围血管、利尿、降低左房压及肺动脉压等作用。

8. 洋地黄类药物　近期未用洋地黄者可予毛花苷 C（西地兰）0.4~0.6mg 或毒毛旋花子苷 K 0.6mg 以 5% 葡萄糖溶液 20ml 稀释后缓慢静脉注射，同时听诊心脏或心电监护，密切观察心率、心律和尿量等。近期用过洋地黄者应从小剂量开始。

9. 止血带结扎四肢近端　轮流放松每一肢体，每次 5~10min，可以减少静脉回心血量，减轻心脏负担，需密切关注防止结扎过久而引起动脉供血障碍和坏疽。

10. 其他　药物治疗无效时可以使用主动脉内气囊反搏（IABP），可增加冠状动脉灌注压和心排血量，对于由急性心梗引起心力衰竭者可在冠状动脉植入支架，对于不适合支架的患者可以进行冠状动脉旁路移植（CABA），对于瓣膜病变的患者可以进行瓣膜手术，个别患者可以进行心脏移植。

（李为民　刘　巍）

第三章 心律失常

由心脏的激动起源、传导、频率异常所导致的一组临床表现总称为心律失常（arrhythmia）。

第一节 概　　述

正常心脏的激动起源于窦房结（sinus node），窦房结按一定的频率和节奏发放冲动，并按一定的传导速度和顺序下传到心房、房室交界部、左右束支、浦肯野纤维，最后到达心室肌而使之除极。当激动的起源和频率、传导顺序及在心脏各部位传导速度中任何一环节发生异常，即可出现心律失常。按其发生原理，常见心律失常可分为冲动形成异常和冲动传导异常两大类。

【发病机制】

心律失常的发生机制包括冲动形成异常、冲动传导异常或两者兼而有之。

1. 冲动形成异常　窦房结、结间束、冠状窦口附近、房室结的远端和希氏束-浦肯野系统等处的心肌细胞均具有正常自律性。自主神经系统兴奋性改变或其内在病变，均可导致不适当的冲动发放。此外，原来无自律性的心肌细胞，如心房、心室肌细胞，也可在病理状态下出现异常自律性（automatic rhythmicity），诸如心肌缺血、药物、电解质紊乱、儿茶酚胺增多等可导致异常自律性的形成。

触发活动（triggered activity）是指在局部出现儿茶酚胺浓度增高、低血钾、高血钙及洋地黄中毒时，心房、心室与希氏束-浦肯野组织在动作电位后产生除极活动，被称为后除极（after depolarization）。若后除极的振幅增高并抵达阈值，便可引起反复激动。触发活动与自律性不同，但也可以导致持续性快速性心律失常。

2. 冲动传导异常　折返（reentry）是所有快速性心律失常中最常见的发生机制。产生折返的基本条件是：①心脏两个或多个部位的传导性和不应性各不相同，相互连接形成一个闭合环；②其中一条通道发生单向传导阻滞；③另一通道传导缓慢，使原先发生阻滞的通道有足够的时间恢复兴奋性；④原先阻滞的通道再次激动，从而完成一次折返激动。冲动在环内反复循环，产生持续而快速的心律失常。

程序刺激或快速起搏能诱发或终止折返性心律失常，但不能诱发或终止自律性增高而致的心动过速。触发活动引起的心律失常对超速起搏的反应是使心率加速。

冲动传导至某处心肌，如适逢生理性不应期，可形成生理性阻滞或干扰现象。如患者传导障碍不是由于生理性不应期所致，则构成病理性传导阻滞（pathological block）。

第二节　窦性心律失常

正常人心脏的起搏点位于窦房结，其正常起搏频率为60～100次/分。正常窦性心律的心电图表现为：P波在Ⅰ、Ⅱ、aVF、V_5导联为直立，aVR导联为倒置；PR间期为0.12～0.20秒（图3-3-1）。窦性心律的频率可因年龄、性别、体力活动等不同而有显著的差异。

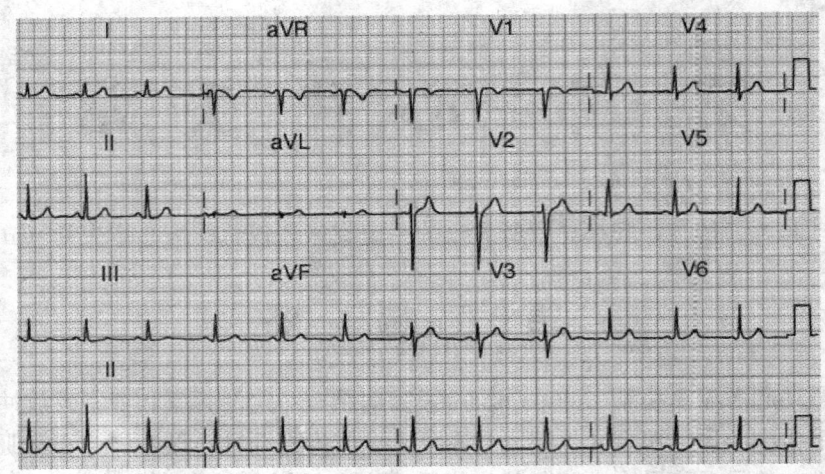

图 3-3-1 正常窦性心律

一、窦性心动过速

【心电图表现】

心电图符合窦性心律的特征,频率超过 100 次/分,一般小于 180 次/分,即可诊断为窦性心动过速(sinus tachycardia)。刺激迷走神经可使其频率逐渐减慢,停止刺激后又可加速(图 3-3-2)。

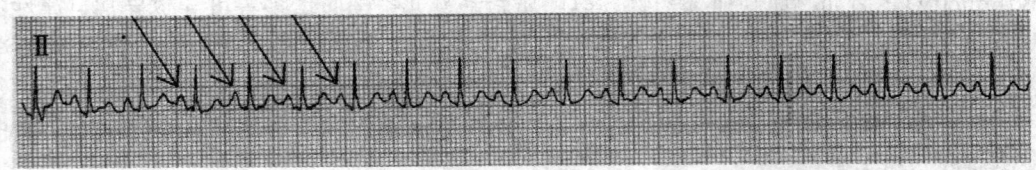

图 3-3-2 窦性心动过速(箭头所示为窦性 P 波)

【临床意义】

正常人可在吸烟、运动、饮茶或咖啡、饮酒、情绪激动等情况下出现窦性心动过速。病理状态可见于发热、甲状腺功能亢进、贫血、休克、心力衰竭等病症。应用肾上腺素、阿托品等药物亦可引起。

窦性心动过速一般不必治疗。治疗应针对原发疾病本身,同时去除诱发因素,如戒烟、避免饮酒、咖啡或其他刺激物,停用能使交感神经兴奋的药物,治疗心力衰竭,纠正贫血等。必要时可选用 β 受体阻滞剂,如普萘洛尔(propranolol)、美托洛尔(metoprolol)、阿替洛尔(atenolol)等可用于减慢心率。

二、窦性心动过缓

【心电图表现】

心电图表现符合窦性心律的特征,频率低于 60 次/分,一般在 40~59 次/分,即可诊断为窦性心动过缓(sinus bradycardia)。窦性心动过缓常伴有窦性心律不齐(图 3-3-3)。

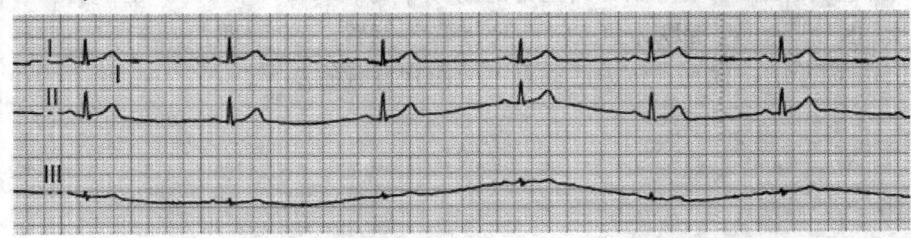

图 3-3-3 窦性心动过缓

【临床意义】

窦性心动过缓可见于正常健康青年人、运动员或睡眠状态。病理状态可见于窦房结病变、急性下壁心肌梗死、颅内疾患、严重缺氧、甲状腺功能减退、阻塞性黄疸等。应用减慢心率的药物（如洋地黄、β受体阻滞剂、拟胆碱药物、胺碘酮等）均可引起心动过缓。

无症状者无须治疗。若因心动过缓引起心排血量不足的症状，如头晕、眩晕等，则在针对病因、去除诱因的前提下，可应用阿托品（atropine）、异丙肾上腺素（isoproterenol）等治疗。如需长期用药者，应考虑安装人工心脏起搏器进行治疗。

三、窦性心律不齐

窦性心律不齐（sinus arrhythmia）是指窦性周期长短不一，在同一导联上，最长周期减去最短周期之差值超过 0.12 秒，或最长与最短周期之差除以最短周期超过 10%。窦性心律不齐是常见的心律失常，可视为正常变异。由于激动灶仍相对固定于窦房结内，故 P 波形态不变，PR 间期固定且超过 0.12 秒。有时起搏点可在窦房结内游走或伴有心房传导性改变，使 P 波形态稍有改变，但无逆行 P 波。

窦性心律不齐常见于年轻人，尤其是心率较慢或迷走神经张力增高时，如使用洋地黄或吗啡之后。窦性心律不齐常呈两种基本形式，其一是与呼吸相关，特点为心动周期于吸气时缩短，呼气时延长，其机制为吸气时反射性抑制迷走神经张力。屏住呼吸则可消除这种心动周期长短变化。其二与呼吸不相关，特点为心动周期呈周期性长短变化，但与呼吸无关，可能是洋地黄中毒的结果。窦性节律变异的消失可能是心脏性猝死的一个危险因素。窦性心律不齐亦可见于急性颅脑损伤的患者。

窦性心律不齐一般不必治疗，活动或药物致心率加快后可消失。对有心悸等症状者治疗方法与窦性心动过缓相似。

四、窦性停搏

窦性停搏（sinus pause or sinus arrest）是指窦房结不能产生冲动。心电图表现为在较正常 PP 间期显著长的间期内无 P 波发生，或 P 波与 QRS 波群均不出现，长的 PP 间期与基本的窦性 PP 间期无倍数关系。长时间的窦性停搏后，下位的潜在起搏点，如房室交界处或心室，可发出单个逸搏（escape beat）或逸搏性心律（escape beat rhythm）控制心室。过长时间的窦性停搏如无逸搏发生，可令患者出现眩晕、黑矇或短暂意识障碍，严重者可发生阿-斯综合征（Adams-Stokes syndrome）甚至死亡（图 3-3-4）。

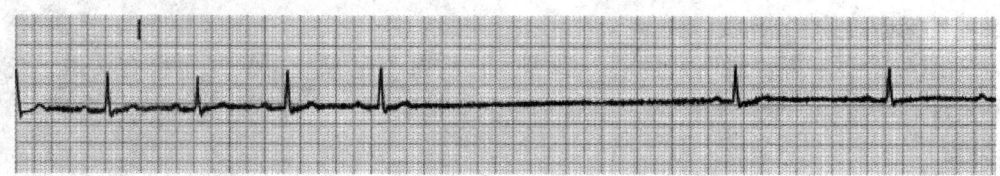

图 3-3-4 窦性停搏

迷走神经张力增高或颈动脉窦过敏均可发生窦性停搏。此外，急性心肌梗死、窦房结变性、脑血管意外等病变，应用洋地黄类药物、奎尼丁、钾盐、乙酰胆碱等药物也可引起窦性停搏。治疗可参照窦性心动过缓。

五、窦房传导阻滞

窦房传导阻滞（sinoatrial block）指窦房结冲动传导至心房时发生延缓或阻滞。迷走神经张力增高和颈动脉窦过敏、急性下壁心肌梗死、心肌病、洋地黄或奎尼丁中毒、高血钾等均可发生窦房传导阻滞。

由于体表心电图不能显示窦房结电活动，因而无法确立一度窦房传导阻滞的诊断。三度窦房传导阻滞与窦性停搏鉴别困难，特别当发生窦性心律不齐时。二度窦房传导阻滞分为两型：莫氏（Mobitz）Ⅰ型即文氏阻滞（Wenckebach block），表现为 PP 间期进行性缩短，直至出现一次长 PP 间期，该长 PP 间期短于基本 PP 间期的两倍，此型窦房传导阻滞应与窦性心律不齐鉴别；莫氏Ⅱ型阻滞时，长 PP 间期为基本 PP 间期的整倍数（图 3-3-5）。窦房传导阻滞后可出现逸搏或逸搏心律。

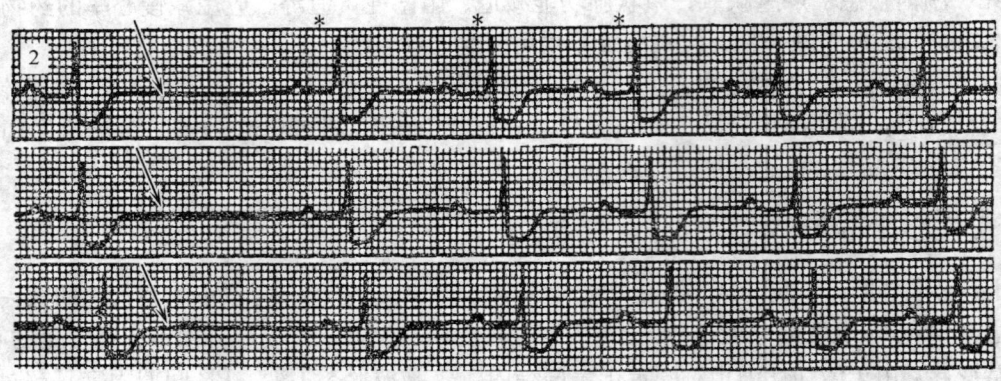

图 3-3-5 窦房阻滞（莫氏Ⅱ型）

77 岁，男性，慢性充血性心力衰竭正在接受洋地黄药物治疗，连续记录的Ⅱ导联心电图。箭头示窦性 P 波应该出现的位置。星号示伴有一度房室传导阻滞（PR 间期=0.28 秒）

窦房传导阻滞的治疗参照病态窦房结综合征。

六、病态窦房结综合征

病态窦房结综合征（sick sinus syndrome，SSS，简称病窦综合征）为窦房结及其周围组织病变所造成的起搏和冲动传出障碍，引起的一系列心律失常和临床表现。病窦综合征常同时合并心房自律性异常。

【病因】

导致窦房结及其周围组织病变的病因有：退行性变、淀粉样变性、脂肪变性、纤维化、甲状腺功能减退、感染等。窦房结动脉供血不足、某些抗心律失常药物、迷走神经张力过高等亦可导致窦房结功能减退。心房肌病变也可影响窦房结周边组织的冲动传导。

【临床表现】

1. 心律失常 主要表现为缓慢性心律失常，如显著窦性心动过缓（心率小于 50 次/分）、窦性停搏、窦房阻滞；亦可出现缓慢心律失常与快速异位心律失常的交替出现，如心房颤动、心房扑动、房性心动过速等，临床称为"快-慢综合征"。

2. 症状 取决于心室率快慢所致的心、脑等器官供血不足程度。常见症状有头晕、乏力、心绞痛等。严重窦性心动过缓、长时间停搏或阻滞时可发生晕厥。

【临床分型】

Ⅰ型：单纯窦房结病变。

①窦性心动过缓，心电图运动或阿托品试验后心率仍<90 次/分。

②窦性停搏。

③窦房阻滞。

Ⅱ型：Ⅰ型病窦综合征加上心房内传导阻滞（在Ⅰ型基础上加上"二尖瓣 P 波"或"肺型 P 波"）。

Ⅲ型：双结病变。

①一度房室传导阻滞加上窦性停搏或窦房阻滞。

②二度房室传导阻滞加上窦性停搏或窦房阻滞。

③窦性停搏或窦房阻滞>2 秒，不出现交界区逸搏。

④在严重窦性停搏或窦房阻滞基础上不出现结性逸搏而出现室性逸搏。

Ⅳ型：在双结病变基础上，又出现左或右束支传导阻滞或左前、左后分支阻滞。

Ⅴ型：快-慢综合征，Ⅱ型以上的病窦综合征易发生快-慢综合征。快为室上性心动过速、心房扑动、心房颤动；慢为窦性心动过缓，窦性停搏或窦房阻滞。

【心电生理与其他检查】

对于可疑为病窦综合征的患者，经上述检查仍未能确定诊断，下列试验将有助于诊断：

1. 固有心率（intrinsic heart rate）测定 其原理是：应用药物完全阻断自主神经系统对心脏的支配后，测定窦房结产生冲动的频率。方法是以普萘洛尔（0.2mg/kg）静注后10分钟，再以阿托品（0.04mg/kg）静注，然后检测心率。固有心率正常值可参照以下公式计算：118.1－（0.57×年龄）。病态窦房结综合征患者的固有心率低于正常值。

2. 窦房结恢复时间与窦房传导时间测定

（1）窦房结恢复时间（SNRT）：用高于窦性频率20～60次/分做超速起搏，使窦房结功能被抑制，持续1～2分钟后突然停止，从最后一个脉冲信号到恢复的第一个窦性P波的距离称为窦房结恢复时间（SNRT）。正常SNRT不应超过2 000ms，SNRT＞2 000ms可诊断病窦。矫正窦房结恢复时间（CSNRT）不应超过525ms。

（2）窦房传导时间（SACT）：正常值不应超过147ms，大于200ms可诊断病窦综合征。

【治疗】

无心动过缓相关的临床症状，则作临床观察，不必特殊治疗。如出现因心动过缓而发生心、脑等器官缺血表现，则应及时植入起搏器治疗。对快-慢综合征患者，单独应用各类抗快速心律失常的药物可能进一步加重心动过缓，应在植入心脏起搏器后再合并使用抗心律失常药物。

第三节 房性心律失常

一、房性期前收缩

房性期前收缩（atrial premature beats）可起源于窦房结以外心房的任何部位。正常成人进行24h心电监测，大约60%有房性期前收缩发生。各种器质性心脏病患者均可发生房性期前收缩，并经常是快速性房性心律失常出现的先兆。

【心电图表现】（图3-3-6）

1. 提前出现的P'-QRS-T，P波形态：起源于右房的期前收缩P波形态正常；左房期前收缩P波形态不正常；起源于心房下部期前收缩的P波可为逆行但P'R间期＞0.12s。

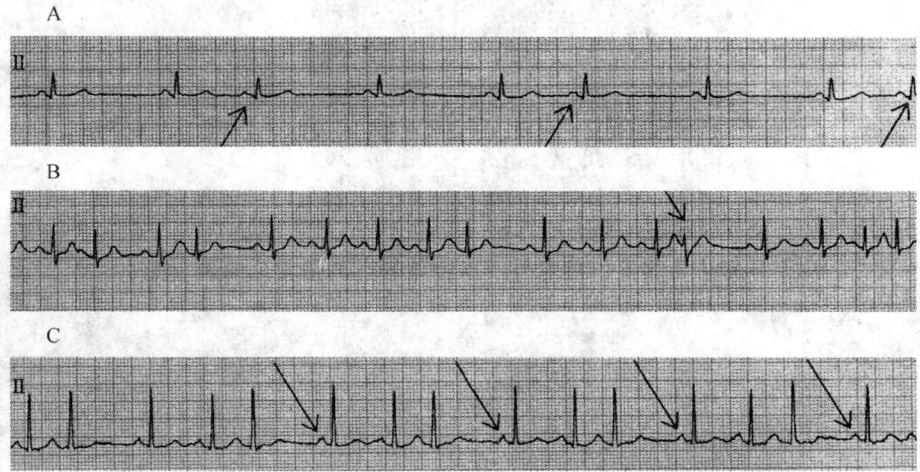

图3-3-6 房性期前收缩

三条Ⅱ导联心电图，箭头示A图：形态正常，提前出现的P波；B图：第三个房性期前收缩形态异常；C图：完全代偿间歇

2. P'R间期正常或轻度延长。

3. QRS一般正常,若出现宽大畸形的QRS波,则称为室内差异性传导。

4. 代偿间歇不完全,少数情况下窦房结周围存在着传入阻滞时代偿间歇完全。

5. 发生过早的房性期前收缩P波可重叠在前面的T波中,且不出现下传的QRS波,此现象称为房性期前收缩未下传。

【治疗】

房性期前收缩通常无需治疗。当有明显症状或因房性期前收缩触发室上性心动过速时,应给予治疗。吸烟、饮酒与咖啡均可诱发房性期前收缩,应劝导患者戒除或减量。治疗药物包括镇静药、β受体阻滞剂等,也可选用洋地黄或钙通道阻滞剂。

二、房性心动过速

房性心动过速（atrial tachycardia）简称房速,根据发生机制与心电图表现的不同,可分为自律性房性心动过速、折返性房性心动过速与紊乱性房性心动过速三种。临床以自律性房性心动过速为最常见,多伴发器质性心脏病,如冠心病、心肌病、肺心病等。折返性房性心动过速少见,而紊乱性房性心动过速常发生在肺心病、心力衰竭及洋地黄中毒、低血钾患者。

【临床表现】

房性心动过速多数表现为阵发性,少数为持续性,最长可持续数年。发作时心律常不恒定,第一心音强度可有变化。

【心电图特点】（图3-3-7）

P波频率增快,通常为150~240次/分,但P波之间的等电位线仍存在;P波形态可与窦性者不同,但在Ⅱ、Ⅲ、aVF导联通常直立,发生在低位右心房时可出现逆行P波;心房与心室可为1:1传导,但常出现不同程度的房室传导阻滞,以房室呈现2:1传导较为常见;刺激迷走神经不能终止心动过速的发作。心电生理检查特征为心房程序刺激通常不能诱发心动过速,心房激动顺序与窦性P波不同,心房超速起搏能抑制心动过速,但不能终止发作。

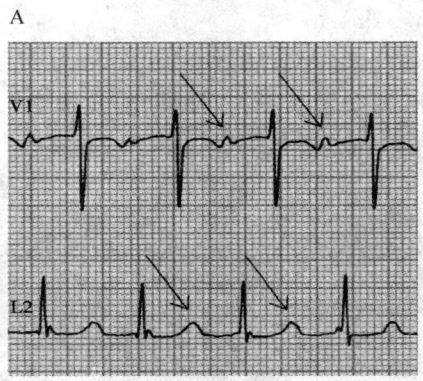

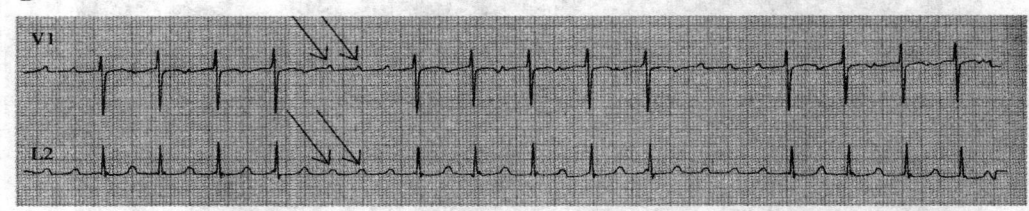

图3-3-7 房性心动过速

L2（Ⅱ导联）和V₁导联记录来自一位43岁患有特发性心肌病的女患者,以气短症状入院。箭头示入院时（A）和按压颈动脉窦时（B）L2和V₁导联中类似形态的P波

【治疗】

房性心动过速的心室率小于130次/分,且无血流动力学障碍,则无需紧急处理。如疑似为洋地黄中毒所致者,则应立即停用洋地黄,监测血钾浓度,给予口服或静脉补钾。如已有高血钾者,则可选用利多卡因、β受体阻滞剂。非洋地黄中毒所致者,应积极针对病因治疗。单纯应用Ⅰ类或Ⅱ类抗心律失常药物常效果不佳,维拉帕米或胺碘酮可能有效。射频消融治疗房性心动过速有效率可达80%以上。

三、心房颤动

心房颤动(atrial fibrillation)简称房颤,为最常见的心律失常之一。我国房颤的患病率约为0.77%,其中男性房颤患病率(0.9%)高于女性(0.7%),患病率有随年龄显著增加的趋势,80岁以上人群房颤患病率达7.5%。

房颤多发生于原有心脏器质性疾病的患者,如风湿性心脏瓣膜病、冠心病、心肌病、高血压病等。非心血管疾病中以甲状腺功能亢进最易伴发房颤。房颤亦可发生在无心脏病变的中青年,称为孤立性房颤。

【临床表现】

1. 症状 房颤临床症状的轻重取决于心室率的快慢。快速心室率(>150次/分)的房颤患者可出现心悸、气短、头晕、心绞痛发作,甚至诱发心力衰竭。缓慢心室率的房颤,患者可以不察觉其存在。房颤时心房有效收缩消失,心排血量减少可达25%或以上。

2. 栓塞 临床上房颤发生血栓栓塞的高危因素有:瓣膜性心脏病、高血压、糖尿病、充血性心力衰竭、既往血栓栓塞或一过性脑缺血病史、高龄(≥75岁),尤其是女性、冠心病、左心房扩大(>50mm)、左心室射血分数≤40%。体循环栓塞可以是房颤的首发表现。因房颤时心房丧失收缩力,失去排血功能,心房内血流缓慢、淤滞形成血栓。多数患者血栓发生在左心房或左心耳部,血栓脱落引起外周动脉栓塞,其中以脑栓塞最为常见。经食管超声心动图可发现左心房内的血栓形成。

3. 体征 心脏听诊心律绝对不规则、第一心音强弱不等、脉搏短绌为房颤的典型体检发现。其他可伴有原发心脏病的体征。

一旦房颤患者的心室律变得规则,应考虑以下可能:①恢复窦性心律;②转复为房性、房室交界区性或室性心动过速;③转复为固定的房室传导比率的心房扑动;④如心室率呈现为慢而规则(<60次/分),提示可能出现完全性房室传导阻滞。心电图检查有助于确立诊断。

【心电图表现】(图3-3-8)

1. P波消失,代之以小而不规则、形态与振幅均变化不定的基线颤动波(称为f波);频率约400~600次/分;

2. 心室节律极不规则,RR间期绝对不等,R波振幅也不相同。心室率通常在100~160次/分之间。

3. QRS波群形态通常正常,当心室率过快,发生室内差异性传导时,QRS波群增宽变形。

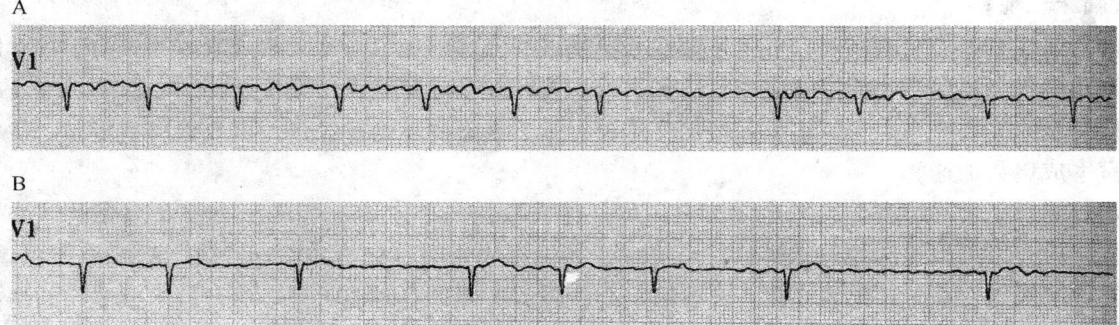

图3-3-8 心房颤动

2位心房颤动病人的V₁导联记录

【分型】

根据其发生特点,临床将房颤分为:①阵发性房颤(paroxysmal atrial fibrillation),指房颤无需治疗可以自行终止转复为窦性心律;②持续性房颤(persistent atrial fibrillation),指房颤不能自行终止,但经过人为干预可以转复;③永久性房颤(permanent atrial fibrillation),指采取任何措施都不能终止转复窦性心律的房颤。

【治疗】

房颤的治疗主要有以下五方面:

1. 转复心律治疗 阵发性房颤多能自行转复,对持续性房颤,如果患者心室率快不能耐受,出现心力衰竭、心绞痛、低血压等,应尽快转复,超过1年的持续性房颤转复心律的成功率不高。转复前应尽量去除房颤的诱因。超过48小时未能自行转复的持续房颤,在选择转复前需首先进行抗凝治疗2~3周,服用华法林使国际标准化比值(INR)维持在2~3,并应继续维持到转复后至少4周,以免发生心房内血栓脱落,形成血栓栓塞。转复前已确认心房内有血栓形成,则应列为转复禁忌。

转复方法有药物转复及直流电转复。电复律见效快、成功率高,但需要在全身麻醉条件下,采用同步直流电电击复律。常用电击能量为100~300J,从小能量开始。药物复律可选用Ⅰa、Ⅰc及Ⅲ类抗心律失常药物,目前最常用的是胺碘酮、普罗帕酮、索他洛尔等。伴有心功能不全的患者应首选胺碘酮。

2. 维持窦性心律和预防复发治疗 偶发房颤无需维持治疗。对复律后的患者需口服用药维持,预防复发。常用药物为胺碘酮维持量,亦可选用普罗帕酮、β受体阻滞剂等。

3. 控制过快的心室率 持续时间1年以上、经药物和电复律未能恢复窦律的持续性房颤患者,应采用药物控制心室率,以避免心室率过快、减轻症状、保护心功能。常用的药物为地高辛及β受体阻滞剂。地高辛0.125~0.25mg/d;β受体阻滞剂,如美托洛尔、阿替洛尔、比索洛尔等,必要时此两种药物可联合应用。此外,非二氢吡啶类钙通道阻滞剂,如维拉帕米、地尔硫䓬对控制房颤心室率也有效。治疗目的应使房颤患者安静时心室率保持在60~80次/分,一般运动时不大于100次/分。

4. 抗凝治疗 对临床上存有血栓栓塞高危因素的房颤患者,都应该接受长期抗凝治疗。首选药物为华法林,应使凝血酶原时间INR维持在2.0~3.0之间,并密切监测药物可能导致的出血并发症。不宜应用华法林的患者或不伴有血栓栓塞高危因素的患者,可服用阿司匹林(每日300mg)。

5. 导管消融治疗和外科迷宫手术 对房颤发作频繁、药物治疗无效者可施行导管消融术。目前导管消融术治疗阵发性房颤的成功率已达80%,对持续性房颤的治疗成功率也达50%以上。外科手术治疗房颤(如迷宫手术)也有新的进展,为房颤患者多增加了一种治疗的选择。

四、心房扑动

心房扑动(atrial flutter,AF)简称房扑,其发病率较房颤低,但病因与房颤相似。

【临床表现】

房扑往往有不稳定的倾向,可恢复窦性心律或进展为房颤,也可持续数月或数年。由于房扑时心房收缩功能仍得以保存,栓塞发生率较房颤为低。按摩颈动脉窦能突然减慢房扑的心室率,停止按摩后又恢复至原先心室率水平。运动、增加交感神经张力或降低迷走神经张力可改善房室传导,使房扑的心室率成倍数加速。

房扑的心室率不快者,患者全无察觉。房扑伴有极快的心室率,可诱发心绞痛与充血性心力衰竭。体格检查可见快速的颈静脉搏动。当房室传导比率固定时(如2:1、4:1),听诊心律可规整;当传导比率发生变动时,出现心律不齐,第一心音强弱不等,有时能听到心房音。未经治疗的房扑患者心室率通常为150次/分左右(房室2:1传导),亦可出现极快的心室率(房室1:1传导)。

【心电图检查】(图3-3-9)

心电图特征为:窦性P波消失,代之以节律匀齐的锯齿状扑动波(F波),频率240~450次/分,

RR间期可以匀齐（房室传导比例固定时），也可以不匀齐（房室传导比例不固定时）；QRS波形态正常，振幅基本一致。当出现室内差异传导或原先有束支传导阻滞时，QRS波群形态可异常。

传统上的房扑分为两型，Ⅰ型房扑心电图特点为：F波呈锯齿状，在Ⅱ、Ⅲ、aVF、V1导联最明显，常为负向，F波频率为240~350次/分，房扑可被快速心房刺激诱发或终止。Ⅱ型房扑的心电图特点为：F波在Ⅱ、Ⅲ、aVF导联为正向，其频率为350~450次/分，房扑不能被快速心房刺激终止。

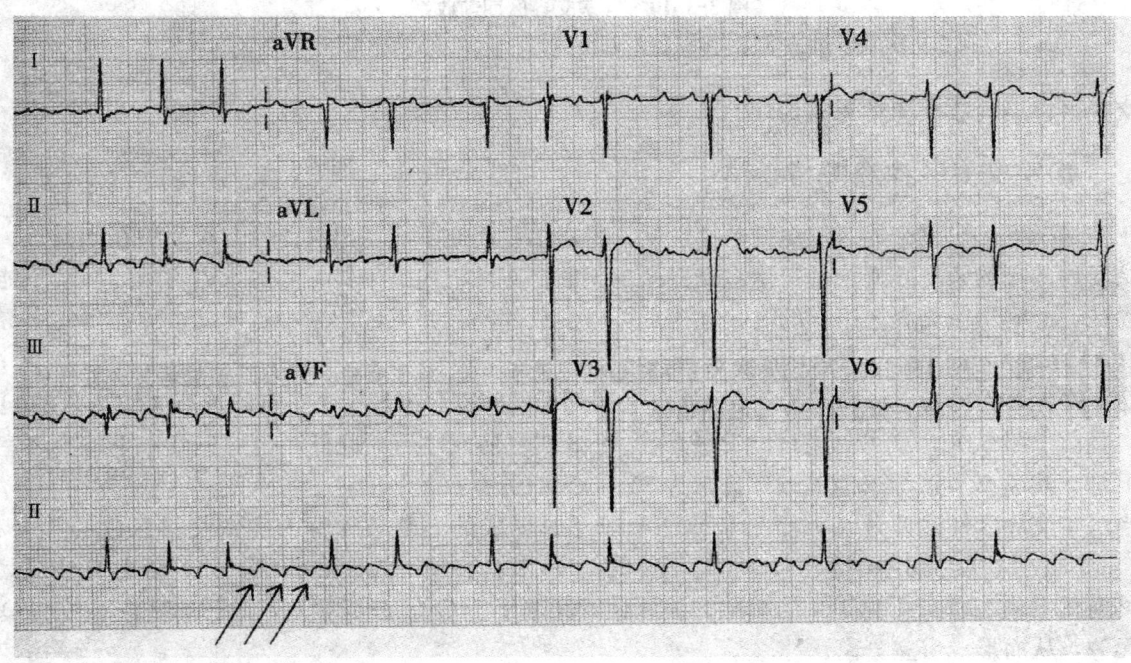

图3-3-9　心房扑动

12导联和Ⅱ导联心电记录于一位68岁的男患者，胆囊切除术后第1天，病人有长期的未认真治疗的高血压病史。箭头示Ⅱ导联典型的锯齿样波

【治疗】

房扑的治疗原则与房颤基本一致，首先应针对原发疾病进行治疗。

转复心律可采用药物、电复律，但最简便有效的方法是直流电复律。通常应用很低的电能（低于50J）便可成功将房扑转复为窦性心律。电极导管经食管或静脉对心房实施超速抑制可使少数典型房扑（Ⅰ型）转复窦性心律。

如上述方法无效或禁忌，亦可选择药物治疗，但疗效较差。转复房扑心律或维持心室率的药物选择与房颤治疗基本相同。射频消融术可根治典型的房扑，成功率达90%以上。

第四节　房室交界区性心律失常

一、房室交界区性期前收缩

房室交界区性期前收缩（premature atrioventricular junctional beats）简称交界区早搏。激动起源于房室交界区，可能为自律性增高，也可能为房室结折返所致。可作正向与逆向传导，心电图表现为提前发生的QRS波群，不伴有P波或伴有逆行P波。逆行P波可位于QRS波之前（PR间期<0.12s）或之后（RP间期<0.20s）。QRS波群形态正常，当发生室内差异性传导，QRS波群形态可有变化。交界区早搏一般伴有不完全性代偿间隙（图3-3-10）。

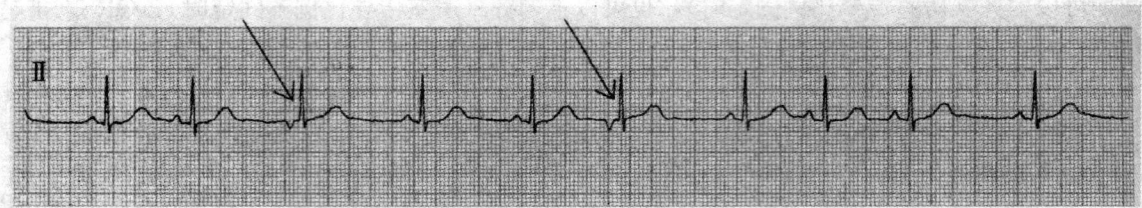

图 3-3-10 房室交界区期前收缩

在 II 导联上，由窦房结发生的 P 波与由房室交界部发生的 P 波（箭头所指）对比

交界区性期前收缩通常无需治疗。

二、房室交界区性逸搏与心律

正常情况下，房室交界区组织的自律性低于窦房结，因此不显示出自律性，称为潜在起搏点。当窦房结发放冲动的频率减慢，低于房室交界区组织的自律性；或由于传导障碍，窦房结的冲动不能抵达交界区，此时房室交界区组织的潜在起搏点可以发放冲动，并下传控制心室搏动，称为房室交界区逸搏（AV junctional escape beats）。

房室交界区逸搏心电图特点为：在正常 PP 间期长的间歇后出现一个正常或形态大致正常的 QRS 波群，其前 P 波缺失，或可见逆行性 P 波位于 QRS 波之前或之后。此外，也可见到未下传至心室的窦性 P 波。房室交界区性逸搏的频率通常为 35~60 次/分。

当房室交界区性逸搏连续发生三个或三个以上时形成的心脏节律称为房室交界区性心律（AV junctional rhythm）。心电图特点为：正常下传的 QRS 波群，频率为 35~60 次/分，可无 P 波或其前后可见逆行 P 波。部分可见正常的窦性 P 波，但其频率小于 QRS 波群频率，此时的窦性 P 波与 QRS 波群无关，从而形成房室分离。

房室交界区性逸搏或心律的出现，与迷走神经张力增高、显著的窦性心动过缓或房室传导阻滞有关，并作为防止心室停顿的生理性保护机制。

处理原则是设法提高窦房结的冲动发放频率，改善房室传导。必要时可给予起搏治疗。

三、非阵发性交界性心动过速

非阵发性交界性心动过速（nonparoxysmal atrioventricular junctional tachycardia）是一种相对良性的心律失常。其特点是频率为 70~120 次/分、心室律规则的窄 QRS 波心动过速，如心房活动由窦房结或异位心房起搏点控制，可发生房室分离（图 3-3-11）。其机制是高位交界区的自律性增高或触发活动。有典型的"温加速"（warm-up）和"冷减速"（cool-down）现象，即心动过速发作与终止时，心率逐渐变化，有别于阵发性心动过速，故称为"非阵发性"。此种心动过速不能被起搏方法所终止，因而与折返机制无关。

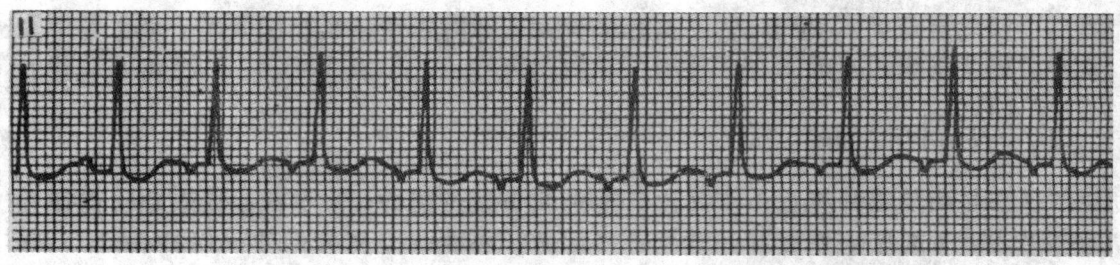

图 3-3-11 非阵发性交界性心动过速

心率 120 次/分，倒置的 P 波出现在 QRS 波前

非阵发性交界性心动过速可能是某种严重疾病的一个表现，如洋地黄中毒、心脏手术后、低钾血症或心肌缺血等，其他还有慢性阻塞性肺疾病伴缺氧、心肌炎等。治疗主要针对基本病因。本型心律失常通常能自行消失，假如患者耐受性良好，仅需密切观察和治疗原发疾病。已用洋地黄者应立即停药，且不应施行电复律。洋地黄中毒引起者，可给予钾盐、利多卡因或β受体阻滞剂治疗。其他患者可选用ⅠA、ⅠC与Ⅲ类（胺碘酮）药物治疗。

四、阵发性室上性心动过速

阵发性室上性心动过速（paroxysmal supraventricular tachycardia，PSVT）简称室上速，指阵发性、心室律规则、频率150～250次/分的心动过速，其发生及传导途径都位于或涉及心室水平以上。室上速的机制以折返激动占绝大多数。

广义的室上速其折返可以发生在窦房结、房室结与心房，分别称为窦房折返性心动过速、房室结内折返性心动过速与心房折返性心动过速。此外，利用隐匿性房室旁路逆行传导的房室折返性心动过速也属室上速的范畴。传统意义上的室上性心动过速仅指与房室交界区相关的折返性心动过速，包括房室结内折返性心动过速与利用隐匿性房室旁路的房室折返性心动过速，它们在全部室上速病例中约占90%以上。

（一）房室结内折返性心动过速（atrioventricular nodal reentrant tachycardia，AVNRT）

AVNRT是最常见的阵发性室上性心动过速类型。其发生的机制是，房室结内功能性地分为两条电生理特性不同的路径，简称双径：①快（β）径路可能是进入房室结的前中束传导纤维，位于Koch三角的顶端附近，其传导速度快而不应期长；②慢（α）径路是房室结本部靠后下的纤维，延伸至房室结致密体的下后方，并沿着三尖瓣环的间隔面延伸到冠状静脉窦水平或其稍上方，其传导速度缓慢而不应期短。正常情况下，窦性冲动同时经两条路径下传，经快径路下传的冲动首先到达希氏束，引起心室除极；经慢径下传的冲动到达房室结远端时，希氏束仍处于快径传导引起的不应期，因此不能继续下传激动心室，此时PR间期正常。当房性期前收缩发生于适当时间，下传时受阻于快径路（因其不应期较长），只能经慢路径前向传导至心室，由于传导缓慢，使原先处于不应期的快路径获得足够的时间恢复兴奋性，冲动经快路径返回心房，产生单次心房回波，若反复折返，便可形成心动过速。由于整个折返回路局限在房室结内，故称为房室结内折返性心动过速（图3-3-12）。

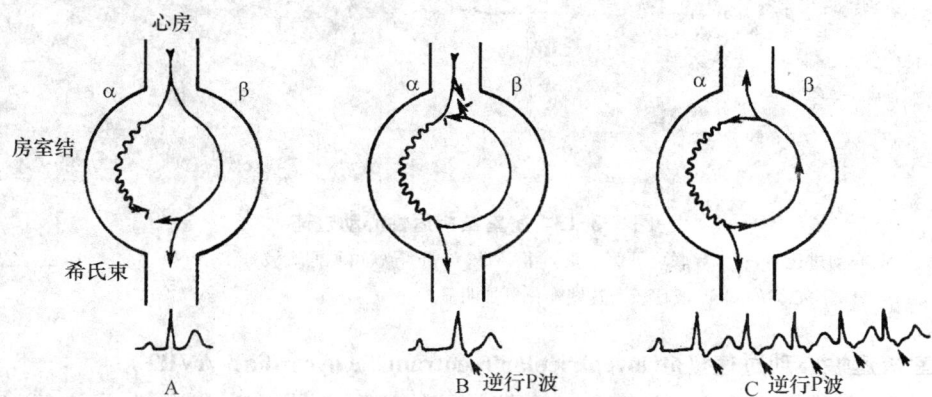

图3-3-12　房室结内折返模式图

A. 窦性冲动沿快（β）径路前传至心室，PR间期正常。冲动同时沿慢（α）径路前传，但因遭遇不应期而未能抵达希氏束；B. 房性期前收缩遭遇β径路不应期，由α径路缓慢传导至心室，PR间期延长。由于传导缓慢，β径路脱离不应期，冲动经β径路逆传回到心房，完成单次折返，产生一个心房回波；C. 心房回波再沿α径路前传，折返持续，引起房室结内折返性心动过速

【临床分型】

房室结内折返性心动过速有两种类型，95%属于上述这种经慢路径下传，快路径逆传的"慢-快"

型；此外还有一种经快路径下传，慢路径逆传的"快-慢"型，属少见类型。

【临床表现】

心动过速发作呈突然起始与突然终止，持续时间长短不一。症状包括心悸、胸闷、焦虑不安、头晕，少见晕厥、心绞痛、心力衰竭与休克。症状轻重取决于发作时心室率快慢以及持续时间，此外还与合并存在的其他心脏疾病的严重程度有关。体检心尖区第一心音强度恒定，心律绝对规则。

【心电图表现】

心电图表现为：①心率150～250次/分，节律规则；②QRS波群形态与时限均正常，但发生室内差异性传导或原有束支传导阻滞时，QRS波群形态异常；③P波为逆行性（Ⅱ、Ⅲ、aVF导联倒置），常埋藏于QRS波群内或位于其终末部分，逆传P波常在下壁导联呈假S波，在V_1导联呈假r'波。P波与QRS波群保持固定关系，RP间期常短于70ms；④起始突然，通常由一个房性期前收缩触发，其下传的PR间期显著延长（因冲动经慢径前传），随之引起心动过速发作（图3-3-13）。

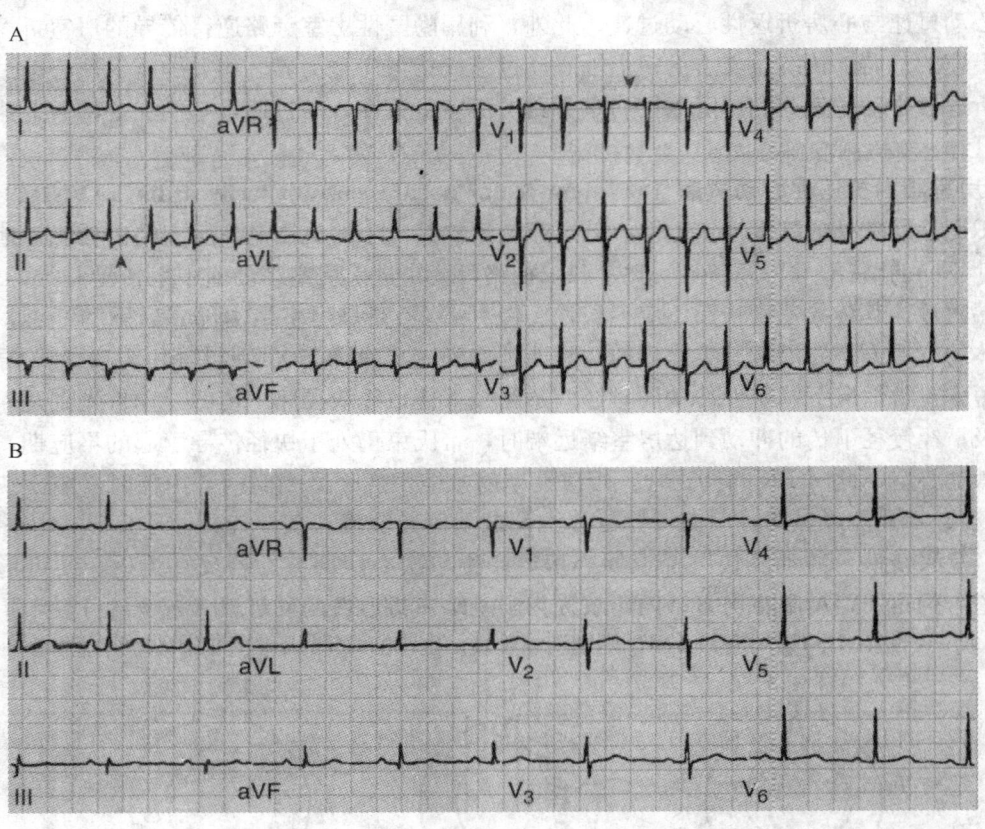

图3-3-13 房室结折返性心动过速

A. 心动过速时，V_1导联可见假r'波，Ⅱ、Ⅲ、aVF导联可见假S波

B. 与窦性心律的QRS波比较，这些变化更加明显

（二）房室折返性心动过速（atrioventricular reentrant tachycardia，AVRT）

AVRT也是阵发性室上性心动过速的一个较常见的类型（图3-3-14），其发生基础为房室旁路（参见预激综合征）。旁路多为房室沟内附加肌束（Kent束），心房、房室结、希氏束、心室、房室旁路构成了首尾相连的折返环路。旁路有两种类型，一种具有前传功能，称为"显性旁路"，在心电图上表现为预激图形；另一种仅有逆传功能，称为"隐匿性旁路"。

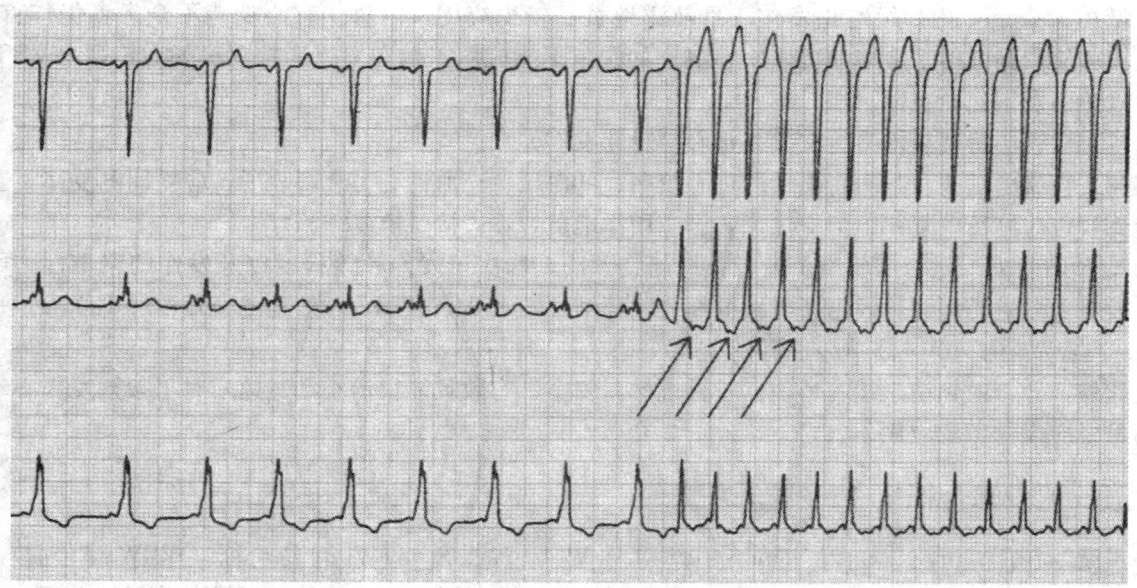

图 3-3-14　房室折返性心动过速

从上至下为 V_1、Ⅱ、V_5 导联同步记录由窦性心律转变为 AVRT 的心电图，箭头示Ⅱ导联可见清晰的逆行 P 波。

【临床分型】

根据激动经房室结的传导方向，AVRT 可分为两种类型：①顺传型（最常见，约占 95%），折返激动的传导是经房室结前传心室，经旁道逆传心房。心动过速时 QRS 形态与窦性心律时相同，除非伴有束支阻滞。②逆传型（少见类型，约占 5%），折返激动经旁道前传心室，经房室结逆传心房。心动过速为宽 QRS 形态。

【心电图表现】

前向型房室折返性心动过速的心电图特征为：①心率 150～240 次/分，大多在 200 次/分左右；②QRS 波群形态与时限均正常；③逆传 P 波位于 QRS 波群终结后，落在 ST 段或 T 波的起始部分，P 波在Ⅱ、Ⅲ、aVF 导联倒置，RP 间期≥70ms；④诱发初始 P-R 间期无跳跃性延长。

【治疗】

AVNRT 与 AVRT 的药物治疗相同。

1. 急性发作期

（1）兴奋迷走神经终止发作：对无器质性心脏病，血流动力学稳定的患者，可先尝试刺激迷走神经的方法。如颈动脉窦按摩（切莫双侧同时按摩）、Valsalva 动作（深吸气后屏气、再用力作呼气动作）、刺激咽部诱导恶心、将面部浸没于冰水内等方法可使部分患者的心动过速终止。

（2）腺苷：首选治疗药物为腺苷（6～12mg 快速静注），起效迅速，副作用为胸部压迫感、呼吸困难、面部潮红、窦性心动过缓、房室传导阻滞等。由于其半衰期短于 6s，副作用即使发生亦很快消失。

（3）钙通道阻滞剂：如腺苷无效可改静注维拉帕米（首次 5mg，无效时隔 10 分钟再注 5mg）或地尔硫䓬（0.25～0.35mg/kg）。如患者合并心力衰竭、低血压或为宽 QRS 波心动过速，尚未明确室上性心动过速诊断时，不应选用钙通道阻滞剂，宜选用腺苷静注。

（4）普罗帕酮：1～2mg/kg 静脉注射常可有效终止心动过速，但应避免用于合并器质性心脏病的患者。

（5）β受体阻滞剂：β受体阻滞剂也能有效终止心动过速，但应避免用于失代偿的心力衰竭、支气管哮喘患者。并以选用短效β受体阻滞剂如艾司洛尔 50～200μg/（kg·min）较为合适。

（6）洋地黄：静注洋地黄（如毛花苷 C 0.4～0.8mg 静注，以后每 2～4 小时 0.2～0.4mg，24 小时总量在 1.6mg 以内）可终止发作。目前洋地黄已较少应用，但对伴有心功能不全患者仍作首选。洋地黄可使旁路前传不应期缩短，使心室率加快，不能应用于曾经发生房扑、房颤逆传型 AVRT 患者，以免引发室速、室颤。

（7）食管心房调搏术常能有效终止心动过速发作。

（8）直流电复律：当患者出现严重心绞痛、低血压、充血性心力衰竭表现，应立即电复律。上述治疗无效也应施行电复律。但应注意，已应用洋地黄者不应接受电复律治疗。

2. 预防复发　是否需要给予患者长期药物预防，取决于发作频繁程度以及发作的严重性。可选用长效 β 受体阻滞剂、长效钙通道拮抗剂（缓释维拉帕米 240mg/d；长效地尔硫䓬 60～120mg，每日 2 次，或普罗帕酮 100～200mg，每日 3 次）。

此外，导管射频消融技术目前已十分成熟，安全、有效且能根治心动过速，对于频繁发作心动过速的患者应优先考虑应用。

五、预激综合征

预激综合征（preexcitation syndrome）又称 Wolf-Parkinson-White 综合征（WPW 综合征），是一种房室传导的异常现象，其窦性或心房的部分冲动经过特殊的旁道下传，提早激动部分心室，心电图呈现心室肌预激表现，临床上常伴有心动过速发作。

【病因】

预激综合征患者有其解剖学基础。在正常的房室传导组织之外，还存在由胚胎发育时遗留下来的一种具有前传功能的肌束，称为房室间旁路。此类旁路可见于房室环的任何部位，最常见的为 Kent 束，其次有房-希束，又称 James 束，为心房与房室结下部或希氏束相连；结束纤维，又称 Mahaim 束，为连接房室结远端与心室或房室束近端与室间隔的通路。这些肌束可使心房、房室结、希氏束、心室构成折返环路，并可呈现各自不同的心电图表现（图 3-3-15）。

预激综合征的人群发生率约为 1.5%，多数不伴有其他心脏疾病，但也可见于某些先天性或后天获得性心脏病，如心肌病、二尖瓣脱垂、三尖瓣下移等。

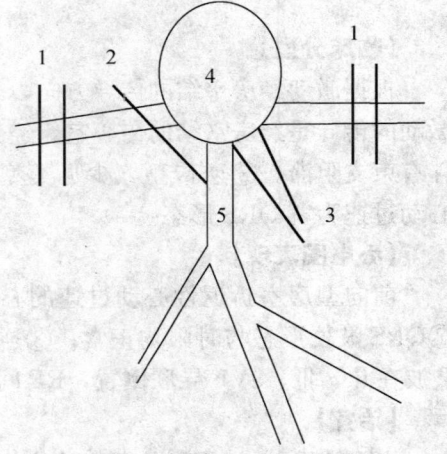

图 3-3-15　预激综合征模式图
1. Kent 束；2. 房-希束（James 束）；3. 结束纤维（Mahaim 束）；4. 房室结；5. 希氏束

【临床表现】

1. 症状　单纯预激综合征无任何症状，约有 1.8% 的患者因并发心动过速而被发现。主要并发室上性心动过速，其临床表现与一般室上速相似，为房室折返性心动过速。其次可并发房颤或房扑，心室率多在 200 次/分左右。如发生极快心室率（300 次/分）的持续房颤则可并发心力衰竭、休克，甚至诱发心室颤动。

2. 心电图表现　各旁路所致的预激综合征心电图表现不一。

（1）经由房室间旁路（Kent 束）：为典型的预激综合征心电图，其特点为：①PR 间期＜0.12 秒以内（实质上为 P-δ 间期）；②QRS 波时限延长＞0.12 秒；③QRS 波群起始部粗钝，可形成顿挫，称为预激波（delta 波，δ 波），QRS 波群终末部分正常；④伴有继发的 ST-T 改变，常与 QRS 波的主波方向相反。

此类预激综合征可根据心电图特点分为 A、B 两型。A 型为 QRS 波群主波在 V_1 至 V_5 导联上均为向上，提示预激发生在左心室或右心室后底部（图 3-3-16）；B 型为 QRS 波群主波在 V_1 导联为向下，V_5 导联为向上，提示预激发生在右心室前侧壁（图 3-3-17）。

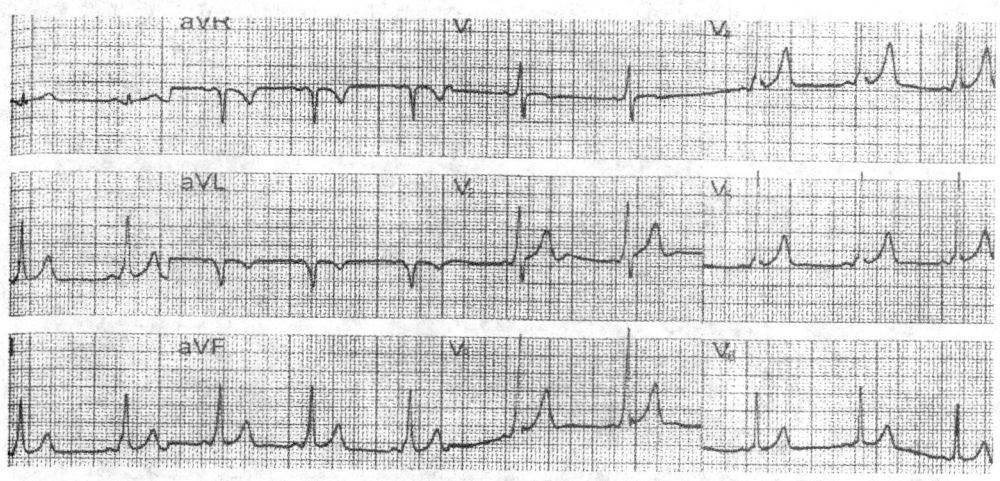

图 3-3-16 预激综合征 A 型

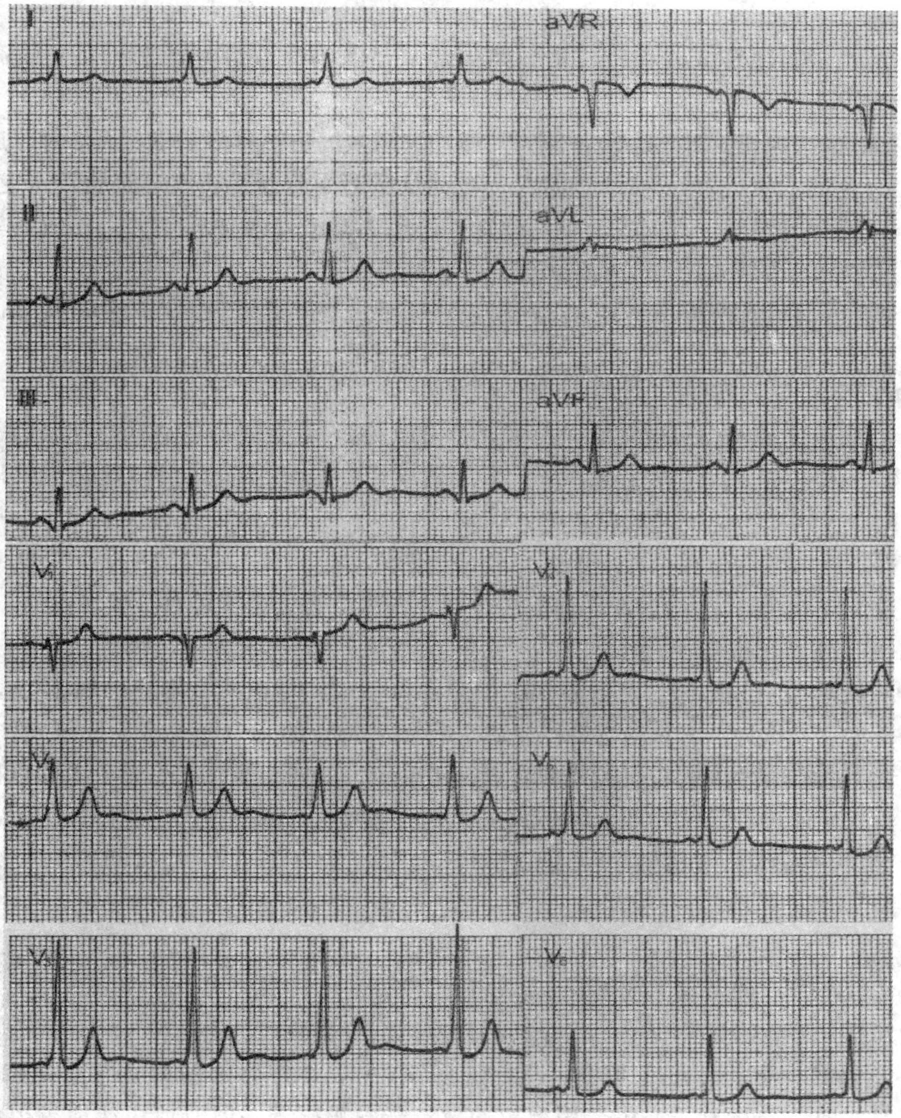

图 3-3-17 预激综合征 B 型

(2) 经由房-希束（James 束）：PR 间期<0.12 秒，常为 0.10 秒；QRS 波群形态、时限正常，无预激波；可无继发的 ST-T 改变。此类亦可称为短 PR 综合征或 L-G-L 综合征（Lown-Ganong-Levine 综合征）（图 3-3-18）。

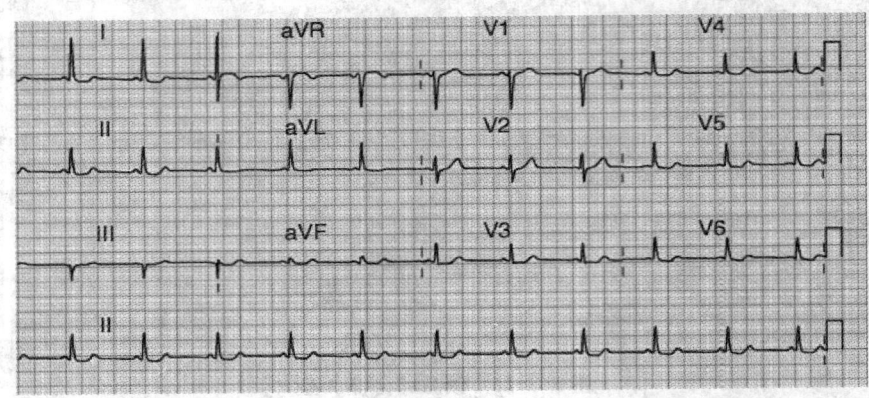

图 3-3-18　L-G-L 综合征

(3) 经由结束纤维（Mahaim 束）：PR 间期正常；QRS 波时限>0.12 秒；可见预激波；可伴有继发的 ST-T 改变。

预激综合征发生折返或折返性心动过速时其激动大多为经正常通路下传，而沿旁路逆传（顺向折返），因此心动过速的 QRS 波形态常为正常。当激动从旁路下传而沿正常通路逆传（逆向折返），则可出现 QRS 波异常呈预激状。此时发生的心动过速心电图 QRS 波宽大、畸形，极易与室性心动过速相混淆，应注意鉴别。

预激综合征患者可伴发房颤或房扑，此时冲动可由于房室交界区组织内的隐匿传导而大多经由旁路传至心室，导致极快的心室率（>200 次/分），QRS 波畸形，甚至诱发心室颤动。

【鉴别诊断】

1. 与室性心动过速鉴别　预激发生逆向折返时出现 QRS 宽大畸形的心动过速，需与室性心动过速作鉴别，其综合鉴别点为：①预激综合征大多无器质性心脏病，QRS 波虽然宽大畸形，但临床症状并不显著，因为此时房室之间是顺序收缩；②室性心动过速 QRS 波形态基本固定、规则，而预激综合征并发逆向折返多数发生在合并房颤时，故预激图形多变，RR 间期很不规则；③室性心动过速的频率很少超过 180 次/分；④患者发作前的心电图，预激综合征患者可有预激特点的心电图，如 PR 间期缩短、QRS 波增宽、delta 波等。

2. 与心肌梗死鉴别　预激综合征患者根据预激部位不同，可在某些导联出现 Q 波，易与心肌梗死相混淆。综合鉴别要点为：①预激综合征患者可有预激特点的心电图表现、反复发作心动过速史；②心肌梗死患者一般有心绞痛或心肌梗死的病史，年龄较大；③心肌梗死患者心电图可见有 ST-T 动态变化，而预激综合征患者无此表现；④心肌梗死患者可伴有心肌损伤标志物阳性。

3. 与束支传导阻滞鉴别　预激综合征患者 PR 间期小于 0.12 秒，此可与常见束支传导阻滞相鉴别。

【治疗】

就预激综合征本身，如患者无或偶有心动过速发作，症状轻微，可自行恢复，则无须治疗。如有心动过速频繁发作，症状明显，应给予治疗。治疗原则应根据激动折返途径不同而采取不同的方法。

1. 顺向折返途径　患者心动过速时，QRS 波形态正常，治疗原则基本上与一般室上性心动过速（AVNRT）一致，如首选腺苷，亦可选用维拉帕米、普罗帕酮等。但应慎用洋地黄类药物，因为洋地黄可缩短旁路的不应期而使心率加快。

2. 逆向折返途径　多发生在并发房颤或房扑患者，心电图示 QRS 波增宽。如患者伴有血压低、晕厥等症状，应首选同步直流电复律。亦可选用减慢旁路传导的药物，如普罗帕酮、胺碘酮、普鲁卡因酰胺等。此类患者应禁用洋地黄类、维拉帕米、利多卡因等药物，因为可导致房颤的心室率加快，甚至诱发心室颤动。

经导管对旁路行射频消融术可作为根治预激综合征患者心动过速的首选治疗方案。其成功率高，并发症及死亡率低，目前已基本取代了药物治疗。

如无条件行射频消融根治术者，预防心动过速的复发是预激综合征唯一的治疗手段。临床常用药物可选择：β受体阻滞剂、普罗帕酮、胺碘酮等。

第五节　室性心律失常

一、室性期前收缩

室性期前收缩（premature ventricular beats），这是一种最常见的心律失常。24小时动态心电图检查显示60%以上正常人可以出现。室性期前收缩可以发生于任何病因的心脏病患者，常见如冠心病、心肌病、心肌炎等，也可发生于无器质性心脏病患者。电解质紊乱、酸碱平衡失调、极度精神神经刺激、过量烟酒摄入、药物的副反应或中毒等都可诱发室性期前收缩。

【临床表现】

多数患者无特殊症状，常在查体时偶尔发现。有症状者可感心悸不适，有停跳感。当室性期前收缩发作频繁或呈二联律，导致心排血量减少，可出现头晕、胸闷、乏力等。如患者已有左室功能减退，室性期前收缩频繁发作可引起晕厥。室性期前收缩发作持续时间过长，可引起心绞痛与低血压。

听诊时，室性期前收缩之第一心音强度增强，第二心音减弱。室性期前收缩后常出现较长的停歇，桡动脉搏动减弱或消失。颈静脉可见正常或巨大的a波。

【心电图表现】（图3-3-19）

1. 提前发生的宽大畸形QRS波群，其前通常无相关P波，时限＞0.12秒，ST段与T波的方向与QRS波群主波方向相反，其后有完全代偿间歇，即包含室性期前收缩在内前后两个下传的窦性搏动之间期，等于两个窦性RR间期之和。

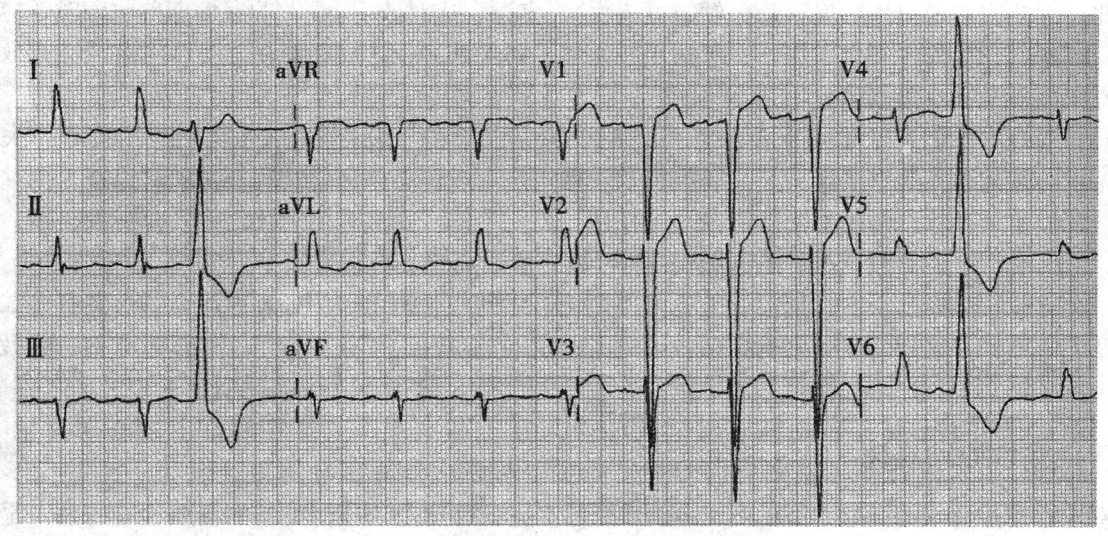

图3-3-19　室性期前收缩
同步记录的多个导联显示了典型的室性期前收缩，注意室性期前收缩只发生在第一组和第四组导联

2. 每一个窦性搏动后跟随一个室性期前收缩,并连续出现三个或三个以上周期,称为二联律;如每两个窦性搏动后出现一个室性期前收缩,并连续出现三个或三个以上周期,称为三联律;如此类推。如连续发生两个室性期前收缩称为成对室性期前收缩。如连续发生三个或以上室性期前收缩称为室性心动过速。

3. 同一导联内,室性期前收缩的配对间期及形态相同者,称为单形性室性期前收缩;配对间期相等而形态不同者称为多形性室性期前收缩;配对间期及形态均不一致的称为多源性室性期前收缩。如室性期前收缩发生于两个正常节律的窦性搏动之间,称为间位性室性期前收缩。

4. 室性并行心律（ventricular parasystole）：心室的异位起搏点规律地自行发放冲动,并能防止窦房结冲动入侵。其心电图表现为：①异位室性搏动与主导心律（多为窦性）搏动的配对间期不恒定；②长的两个异位搏动之间距,是最短的两个异位搏动间期的整倍数；③当主导心律（多为窦性）的冲动下传与心室异位起搏点的冲动几乎同时抵达心室,可产生室性融合波,其形态介于以上两种QRS波群形态之间。

【治疗】

室性期前收缩的治疗需首先了解患者有无器质性心脏病、期前收缩发生的频率、类型、患者的症状等资料,进行综合分析危险分层,制订相应的治疗措施。

1. 无器质性心脏病 有充分证据证明,不伴有器质性心脏病的患者,即使是频发的室性期前收缩,预后也是良好的,不支持对这些患者常规应用抗心律失常药物治疗。处理原则为：积极去除患者可能的诱发因素,如纠正电解质紊乱,尤其是低钾血症,处理药物毒副反应,避免应激因素等。对有精神紧张或焦虑的患者可酌情使用镇静剂。如无明显症状,不必使用药物治疗。对有心悸等症状者可选用小剂量β受体阻滞剂,常用药物有阿替洛尔、美托洛尔等。治疗以消除症状为目的,而不追求减少或消除室性期前收缩数目。对部分期前收缩数量多且心理压力过大的患者,可短期选用Ⅰb类（美西律）或Ⅰc类（普罗帕酮）抗心律失常药物。

2. 有器质性心脏病 有器质性心脏病的患者,特别是伴有急性心肌缺血、心功能不全等时,频发或复杂（多源、多形、成对）的室性期前收缩都可能直接导致严重的不良后果,应积极治疗。首先应治疗原发病,控制促发因素。

急性心肌缺血患者,如急性心肌梗死发病24小时内,频发性室性期前收缩常是致命性心室颤动的先兆。因此当患者出现频发（每分钟超过5次）、多源、成对或R on T的室性期前收缩时,应及时治疗。首选药物为静注利多卡因,亦可选用胺碘酮。如无禁忌证,早期静注β受体阻滞剂能有效减少室性心律失常及心室颤动的发生。

对有慢性心脏病变,如一般冠心病、心肌病等伴有室性期前收缩患者,是否应用抗心律失常药物,需权衡其利弊作综合考虑。大量研究提示长期应用Ⅰ类抗心律失常药物,虽然可以减少期前收缩的数量,但由于药物本身具有的致心律失常作用,因此不能减少患者的总死亡率及猝死发生率。目前认为,对此类患者应用胺碘酮、β受体阻滞剂可能有益。

二尖瓣脱垂患者发生室性期前收缩,可遵循无器质性心脏病患者的处理原则。如患者合并二尖瓣反流及心电图异常表现,发生室性期前收缩时有一定的危险性,可首先给予β受体阻滞剂,无效时始改用Ⅰ类药物。

二、室性心动过速

室性心动过速（ventricular tachycardia）简称室速,可发生于任何类型的器质性心脏病,最常见的为冠心病（急性心肌梗死、急性冠脉综合征）、心肌病,其次为心肌炎、心瓣膜病、二尖瓣脱垂、长QT综合征等。非心脏病所致的可见于电解质紊乱（高血钾症或低血钾症）、药物中毒等。偶可在无任何器质性心脏病患者发生。

【临床表现】

室性心动过速的临床症状轻重视发作时的持续时间长短、心室率的快慢、基础心脏病变及心功能的不同而异。发作时间短于 30 秒，并能自行终止的患者常仅有心悸感，可无特殊其他症状。发作的持续时间超过 30 秒，如发作时心室率不快（<120 次/分），无明显血流动力学障碍，则患者可出现头晕、心悸、胸闷、乏力等症状。对持续性室性心动过速发作时间超过 30 秒，心室率快，伴有明显血流动力学障碍者，则临床可出现低血压、晕厥、心绞痛、甚至休克等危急表现。若不及时终止，则极易转变为心室纤颤而死亡。

听诊心律可规则，亦可轻度不规则，心音强度可不等，有时可见颈静脉出现巨大 a 波，此为心房与心室几乎同时收缩所致。患者常伴有低血压，脉搏微弱，四肢末梢发凉等表现。

【心电图表现】

室性心动过速的心电图特征为（图 3-3-20）：

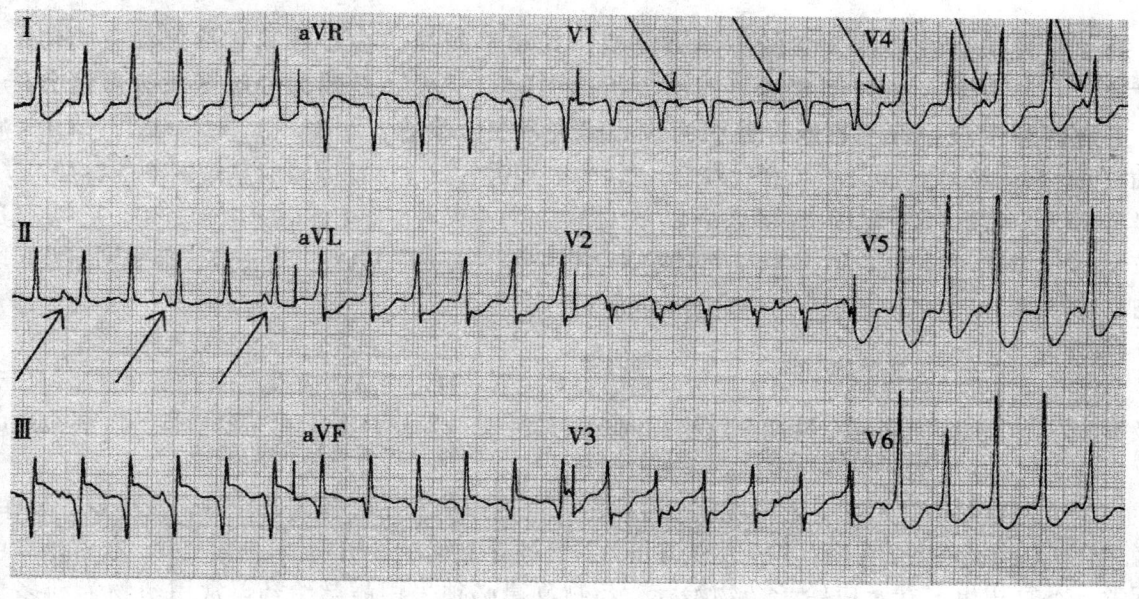

图 3-3-20　室性心动过速

患者，女，8 岁，病毒性心肌炎。箭头所指处为 P 波，其与 QRS 波群无固定关系。P 波仅在 Ⅱ，Ⅲ，V_1 至 V_4 导联上清晰可见（因年龄原因，QRS 波群时间略小于 0.12 秒）

1. 通常发作突然开始。
2. 连续出现的三个或三个以上的室性期前收缩。
3. 连续出现的宽大畸形的 QRS 波群，时限超过 0.12 秒；T 波方向与 QRS 波群方向相反。
4. RR 间隔稍有不匀齐，心室率通常为 140～220 次/分；也可低至 70 次/分，高达 240～250 次/分。
5. 可见房室分离，但房的频率慢，室的频率快。
6. 可见心室夺获与室性融合波。心室夺获与室性融合波的存在是确立室性心动过速诊断的最重要依据。

按室速发作时 QRS 波群的形态，可将室速区分为单形性室速和多形性室速。QRS 波群方向呈交替变换者称双向性室速。室速发作时少数室上性冲动可下传心室，产生心室夺获，表现为在 P 波之后，提前发生一次正常的 QRS 波群。室性融合波的 QRS 波群形态介于窦性与异位心室搏动之间。

室性心动过速与室上性心动过速伴有室内差异性传导的心电图表现十分相似，两者的临床意义与处理截然不同，具体鉴别要点见表 3-3-1：

表 3-3-1　室性心动过速与室上性心动过速伴有室内差异性传导的鉴别诊断

	室性心动过速	室上性心动过速伴有室内差异性传导
频率	140～220 次/分	150～240 次/分
RR 间期	略有不齐	绝对匀齐
QRS 形态	双相，多呈单相	多呈三相
心室夺获	有	无
室性融合波	有	无
QRS 波起始向量	与窦性不一致	与窦性一致
长-短周期系列	无	常有
发作前心电图	有室性早搏	有室上性早搏
食管心电图	P 波与 QRS 波分离	可见相关 P 波
刺激迷走神经	心率无变化	心率减慢或发作终止
临床症状	较重	较轻

下列心电图表现提示为室性心动过速：①室性融合波；②心室夺获；③房室分离；④QRS 波群电轴左偏，时限超过 0.14s；⑤QRS 波群形态，当表现为右束支传导阻滞时呈现以下的特征：V_1 导联呈单相或双相波（R＞R'）；V_6 导联呈 rS 或 QS；当呈左束支传导阻滞时：电轴右偏，V_1 导联负向波较 V_6 深；RV_1＞0.04s；V_6 导联呈 qR 或 QS；⑥全部心前导联 QRS 波群主波方向呈同向性，即全部向上或向下。

【治疗】

室性心动过速治疗原则是：首先要去除病因。对无器质性心脏病患者发生非持续性室速，如无症状及晕厥发作，治疗原则与室性期前收缩相同；持续性室速发作，无论有无器质性心脏病，均应治疗；有器质性心脏病的非持续性室速亦应考虑治疗。

1. 终止室速发作　无论有无器质性心脏病、无论发作为非持续性或持续性，只要室速发作时，患者伴有明显血流动力学障碍，均应尽快终止。首选最有效的方法为同步直流电复律。但洋地黄中毒引起者，不宜用电复律，应给予药物治疗。药物复律必须采用静脉给药，常用药物为利多卡因 100mg 静脉注射，可 5～10 分钟后重复上述剂量，一般推注总量不超过 300mg。此外胺碘酮静脉用药亦很有效，特别对有心力衰竭的患者，但对 QT 延长所致的室速禁用。β 受体阻滞剂，如美托洛尔 5～10mg 静注对终止室速有效，特别在急性缺血性心肌损伤时出现反复发作的室性心动过速。

对无器质性心脏病患者，发生持续性室速但无显著的血流动力学障碍者，应尽快明确原发病因或诱因并及时给予相应的治疗。针对室速可选用维拉帕米、普罗帕酮、β 受体阻滞剂等。

对有器质性心脏病患者发生非持续性室速常可能是严重心律失常的先兆，应积极寻找并控制及治疗诱因，如纠正心力衰竭、电解质紊乱、洋地黄中毒等。在这基础上，应用 β 受体阻滞剂、胺碘酮等对改善预后有一定效果。如发生持续性室速，虽然无明显血流动力学障碍，也极易引起心脏性猝死。必须及时终止室速（方法同上述）。

2. 预防复发　积极治疗导致室速的心脏病疾患及其诱因，如改善缺血心肌的供血、治疗心力衰竭、纠正低血钾、避免抗心律失常药物的致心律失常作用等。对无器质性心脏病患者，β 受体阻滞剂、非二氢吡啶类钙离子拮抗剂（维拉帕米、地尔硫䓬）、I C 类（普罗帕酮）及Ⅲ类（胺碘酮、索他洛尔）等抗心律失常药物对预防室速发作有一定作用。对有器质性心脏病患者，在排除可能诱发室速的诱因外，植入埋藏式心脏自动复律除颤器（ICD）是最佳的选择。无条件安置 ICD 者可给予胺碘酮，疗效不满意者可联合胺碘酮与 β 受体阻滞剂合用。目前除了 β 受体阻滞剂、胺碘酮以外，尚未能证实其他抗心律失常药物能降低心脏性猝死的发生率。应注意避免心动过缓及药物的负性肌力作用。

近年来开始用射频消融来治疗室速，但目前对特发性的室性心动过速射频消融治疗已获得较好的疗效。

【特殊类型的室性心动过速】

1. 加速性心室自主节律（accelerated idioventricular rhythm，AIVR） 又称非阵发性室性心动过速、加速性室性自搏心律、加速的心室自身性节律、室性自主性心动过速等，其发生机制与自律性增加有关。典型心电图特点为：①QRS 波群宽大畸形，时限≥0.12 秒，其前无相关的 P 波；②心室率为 60～110 次/分；③一般持续时间较短，常少于 30 个心动周期，发作起止缓慢；④因其频率接近窦性频率，易发生房室分离、心室夺获或室性融合波（图 3-3-21）。

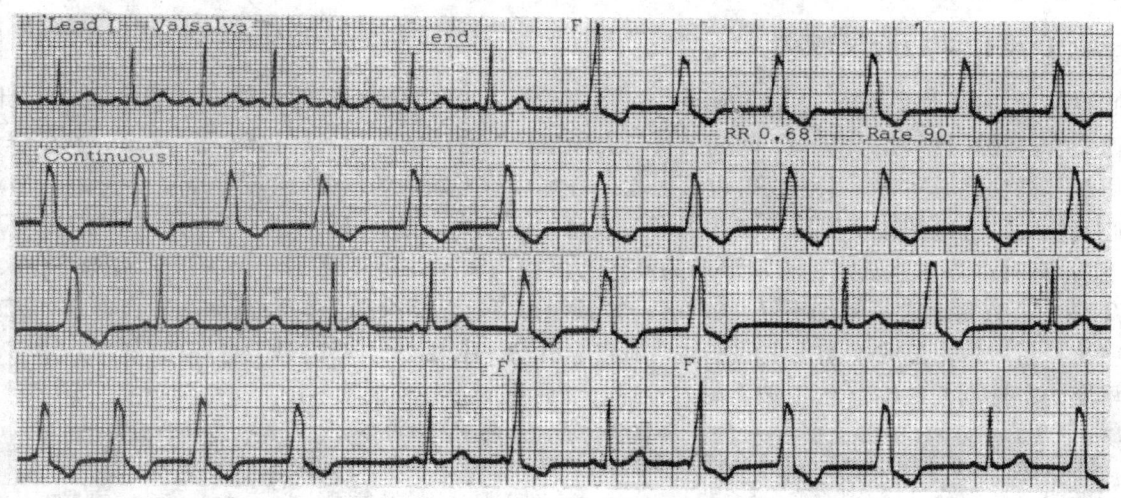

图 3-3-21　加速性室性自主心律
窦性心律缓慢时，可见连续的宽大畸形的 QRS 波群，加速性室性自主心律，可见融合波

临床上因其频率并不很快，故对血流动力学影响较小，因此多数患者自觉症状不明显。本型室速常发生于心脏病患者，特别是急性心肌梗死再灌注期间、心脏手术、心肌病、风湿热与洋地黄中毒，发作短暂或间歇。患者一般无症状，亦不影响预后。通常无需抗心律失常治疗。如由于房室分离扰乱房室收缩顺序，导致血流动力学障碍，应用阿托品加快窦性频率或心房起搏可消除本型室速。

2. 尖端扭转型室性心动过速（torsades de pointes，TdP） 尖端扭转是多形性室性心动过速的一个特殊类型（图 3-3-22），其心电图特点为：①发作时 QRS 波群的振幅与方向每隔 3～10 个心搏转至相反方向，宛如围绕等电位线连续扭转；②频率 200～250 次/分；③在长-短周期序列之后亦易引发尖端扭转型室速；④QT 间期通常超过 0.5 秒，U 波显著。当室性期前收缩发生在舒张晚期、落在前面 T 波的终末部可诱发室速，亦可进展为心室颤动和猝死。

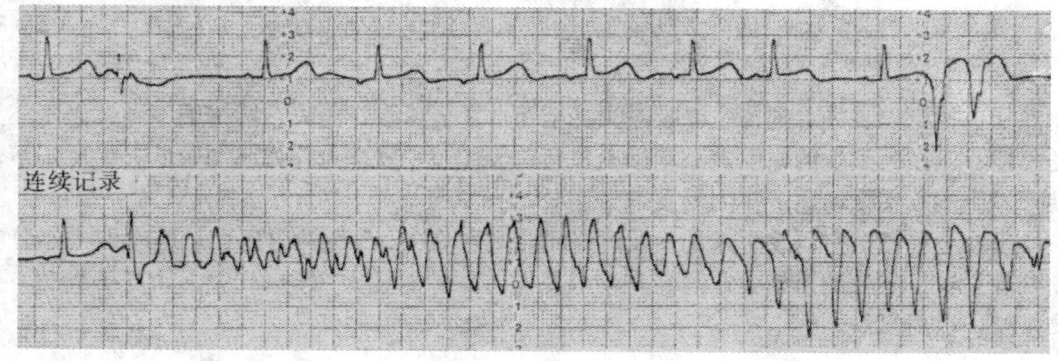

图 3-3-22　尖端扭转室性心动过速
一对连发的室性期前收缩后有一长间歇和一室上性 QRS 波群，其后跟随一室性 QRS 波群落于 T 波终末部，诱发尖端扭转型室性心动过速

本型室速的病因可为先天性、电解质紊乱（如低钾血症、低镁血症等）、应用 IA 或某些 IC 类药物、吩噻嗪和三环类抗抑郁药、颅内病变、心动过缓（特别是三度房室传导阻滞）等。治疗时应首先努力寻找和消除导致 QT 间期延长的病变和停用有关药物。IB 类抗心律失常药与静脉注射硫酸镁可予以试用。IA 类、IC 类以及Ⅲ类药物能使 QT 间期更加延长，故不应使用。对基础心率过慢者，可应用异丙肾上腺素、阿托品或临时性心脏起搏。先天性长 QT 间期综合征治疗应选用 β 受体阻滞剂、苯妥英，亦可施行心房、心室起搏治疗。药物治疗无效者，可考虑作颈胸交感神经切断术。

三、心室扑动与心室颤动

心室扑动与颤动（ventricular flutter and ventricular fibrillation）常见于缺血性心脏病。此外，抗心律失常药物，特别是引起 QT 间期延长与尖端扭转性室速的药物，严重缺氧、缺血、预激综合征合并房颤与极快的心室率、电击伤等也可引起。心室扑动与颤动为致命性心律失常。

心室扑动的心电图改变为呈正弦波图形，波幅大而规则，频率 150～300 次/分（通常在 200 次/分以上），有时难与室速鉴别。心室颤动的波形、振幅与频率均极不规则，无法识别 QRS 波群、ST 段与 T 波。心室颤动波振幅细小（<0.2mV），预示患者存活机会微小。心室颤动发作前往往先经历短暂室速，后者常由舒张晚期发生的室性期前收缩引发。急性心肌梗死的原发性心室颤动，通常由于舒张早期的室性期前收缩落在 T 波上触发室速，然后演变为心室颤动（图 3-3-23）。

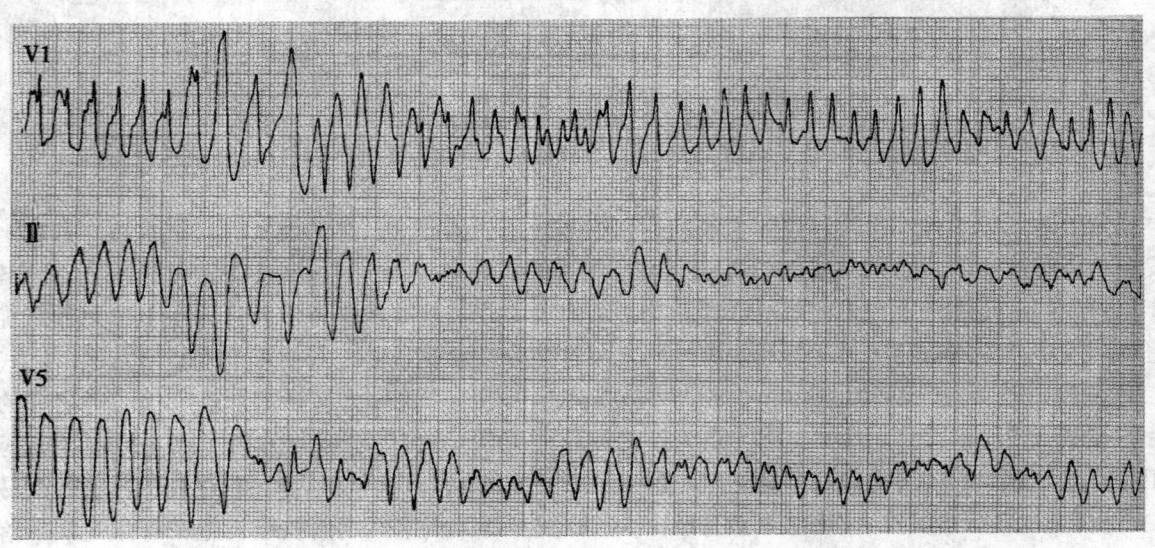

图 3-3-23 心室颤动

Ⅱ，V₁，V₅ 导联同步描记，取自一位 62 岁老年女性，其口服利尿剂治疗，表现为经历了一次晕厥发作后，在急诊室描记该心电图时，晕厥再次发作。患者血钾浓度为 2.3mmol/L

临床症状包括意识丧失、抽搐、呼吸停顿甚至死亡。听诊心音消失、脉搏触不到、血压亦无法测到。伴随急性心肌梗死发生的原发性心室颤动，预后较佳，复发率与猝死率均较低。相反，不伴随急性心肌梗死发生的心室颤动，一年内复发率高达 20%～30%。

心室扑动或心室颤动一旦发生，如不及时终止，则可在 3～5 分钟内死亡，应立即按心脏骤停的复苏原则处理。唯一有效的措施是非同步直流电复律，除颤能量为 200～400J。如复律成功，要继续给予药物维持，以免复发。

第六节 心脏传导阻滞

正常心脏电冲动自窦房结产生后经心脏传导系统下传，分别激动心房和心室肌发生机械收缩，当心脏传导系统发生病变时，导致冲动传导延迟甚至发生不下传称之为心脏传导阻滞，它可以发生在传导系统的任何部位。窦房结和心房间的传导阻滞已在窦性心律失常一节阐述。本节主要讨论房室传导阻滞和室内传导阻滞。

一、房室传导阻滞

房室传导阻滞（atrioventricular block）是指心房冲动在下传至房室结、希氏束及分支时出现的传导阻滞，根据阻滞的严重程度分为三度：一度阻滞表现为冲动传导延迟，但所有冲动均能下传至心室；二度阻滞表现为心房冲动不能完全下传至心室，又分为莫氏（Mobitz）Ⅰ型和Ⅱ型。Ⅰ型为阻滞逐渐加重直至一次冲动不下传，Ⅱ型为冲动传导时间恒定，间歇性冲动不下传；三度阻滞为完全性冲动不下传，亦称为完全性传导阻滞。所有各种程度的传导阻滞可以是一过性的，亦可以是永久性的。

【病因】

造成永久性房室传导阻滞的病因常见的是 Lev 病和 Lenegre 病，多见于老年人；而一度房室传导阻滞和二度Ⅰ型阻滞多见于正常人和年轻人，常由于迷走神经张力增高引起。其他导致传导阻滞的病因有：急性心肌梗死和心肌缺血、先天性心脏病、药物作用、电解质紊乱（高钾血症等）、心脏瓣膜钙化、浸润性疾病（淀粉样变、结节病、血色病等）、感染性或特发性心肌炎、心脏肿瘤、心脏外科手术或介入治疗、神经系统疾病等。

【临床表现】

1. 症状　一度房室传导阻滞可无症状，二度房室传导阻滞病人偶有心悸和心脏停搏感；高度阻滞和三度阻滞病人有明显的疲乏、头昏，可发生晕厥（Adams-Stokes 综合征），甚至可以发生猝死。

2. 体征　一度房室传导阻滞时第一心音明显减弱，主要由于房室传导延迟心室充盈时间延长；二度房室传导阻滞可以听到心律不齐，第一心音可强弱不等（二度Ⅰ型房室传导阻滞患者）；三度房室传导阻滞在心房收缩时遇到房室瓣关闭，颈部可以看到颈静脉收缩期搏动（巨大 a 波），听诊时可听到"大炮音"。

【心电图表现】

1. 一度房室传导阻滞　心房到心室的传导明显延长，PR 间期在成人大于 0.20 秒，儿童超过 0.18 秒，每一个 P 波均能下传到心室。大多数情况下 P 波和 QRS 波形态正常（图 3-3-24）。在心电生理检查时，心房至希氏束传导（AH）时间延长超过 150ms，提示在房室结发生阻滞；阻滞亦可以发生在希氏束及束支-浦肯野纤维内，如 QRS 可以出现增宽出现束支阻滞图形，心电生理则 HV 间期延长超过 55ms。

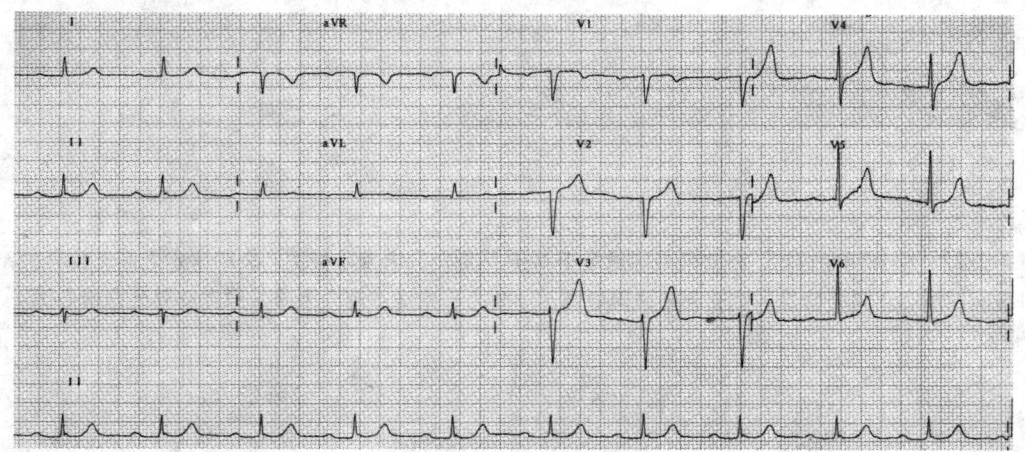

图 3-3-24　一度房室传导阻滞

P-R 间期 300ms，每个窦性 P 波形态均下传至心室，QRS 波形和间期正常

2. 二度房室传导阻滞　二度Ⅰ型房室传导阻滞（莫氏Ⅰ型）：①PR 间期逐渐延长，直至一个 P 波不下传；②PR 间期的延长表现为典型的"文氏传导"，RR 间期则逐渐缩短至 P 波不下传；③心室漏搏的 RR 间期小于两倍窦性 P 波下传的 RR 间期；④心室漏搏后的第一个 PR 间期正常或短于漏搏

前一个 PR 间期；⑤上述的心电改变呈周期性变化，QRS 波多为正常。房室传导的比例常呈 3：2、5：4，常见于迷走神经张力增高，很少发展成为三度房室传导阻滞（图 3-3-25）。

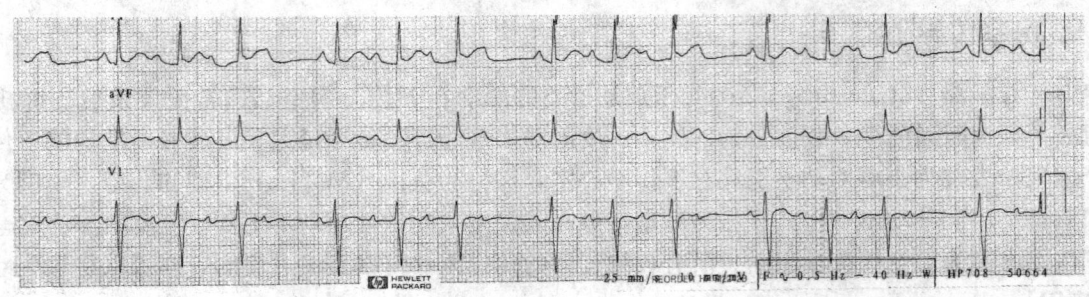

图 3-3-25　二度 I 型房室传导阻滞

每个长间期后第一个 PR 间期正常，第二、三个 PR 间期逐渐延长，第四个 P 波未下传，与 T 波融合，形成 4：3 下传；而 R-R 间期由长逐渐缩短；QRS 波形态时间均正常

二度 II 型房室传导阻滞（莫氏 II 型）：①PR 间期恒定，突然 P 波不下传；②P 波与 R 波的传导比例可呈 3：1 或 4：1，每一个下传的 QRS 波前有多个 P 波，下传的 PR 间期可以正常或延长（图 3-3-26）。二度 II 型房室传导阻滞部分可发展为三度房室阻滞。

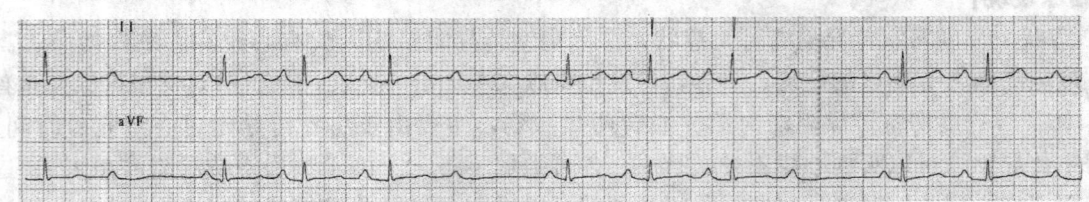

图 3-3-26　二度 II 型房室传导阻滞

PR 在正常范围 200ms，第 4 个 P 波不下传，QRS 波形态正常

3. 三度房室传导阻滞　①P 波和 QRS 波之间无固定关系；②P 波频率明显快于 QRS 波的频率；③QRS 波形态可以正常，频率 40～60 次/分，提示阻滞位置较高，在希氏束以上，心电生理检查每个 V 波前有 H 波（图 3-3-27）；频率低于 40 次/分，QRS 波常增宽，提示阻滞部位在希氏束以下分支或浦肯野纤维内，心电生理检查 V 波前无 H 波（图 3-3-28）。

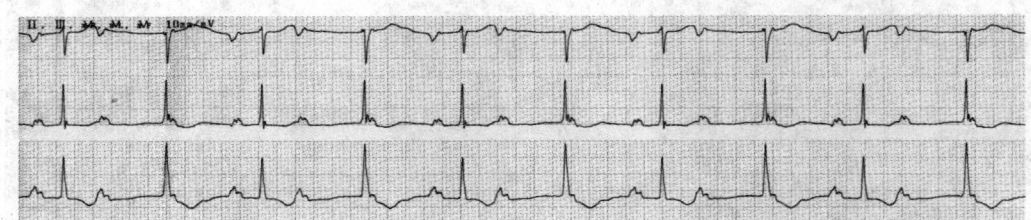

图 3-3-27　R-R 间期恒定，P-P 间期明显短于 R-R 间期，二者互不相关，表明房室之间无传导关系；QRS 间期形态正常证明是房室交界的逸搏心律，诊断为三度房室传导阻滞，房室交界区逸搏心律

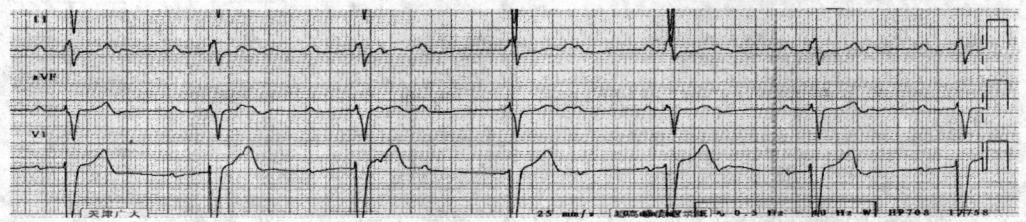

图 3-3-28　P-P 间期为 600ms，R-R 间期为 1 400ms，房室之间无传导关系，R 波明显增宽，形态异常为室性逸搏心律，诊断为三度房室传导阻滞，室性逸搏心律

【治疗】

一度房室传导阻滞和二度Ⅰ型房室传导阻滞不需要进行特殊的治疗，只需针对原发病因进行治疗。对于二度Ⅱ型和三度房室传导阻滞有症状者，特别是心室率较慢者需要植入心脏起搏器治疗（详细参见下节心脏起搏器的适应证）。

药物治疗只是对一过性病因和准备起搏治疗患者的过渡性治疗，长期疗效难以评估。主要的药物有阿托品 0.5~2.0mg 静脉注射，主要是解除迷走神经张力增高引起的房室结以上的阻滞；异丙肾上腺素 1~4μg/min 静脉滴注，也适用于高度和完全性房室传导阻滞，但不适用于缺血和心肌梗死所致的传导阻滞。对于严重血流动力学障碍、伴有晕厥的病人无一例外都应植入心脏起搏器，如病因可以恢复，则选用植入临时起搏器；对于病因不能恢复者或易复发者应植入永久心脏起搏器。

二、室内传导阻滞

心室的传导束从希氏束向下分为右束支、左束支，左束支又分为左前分支和左后分支，在这些水平发生的传导阻滞称为室内传导阻滞。室内传导阻滞单独不能导致心动过缓，但亦可存在多个束支阻滞发生完全房室传导阻滞。

【病因】

发生室内传导阻滞的常见病因为：慢性发病者常见于传导系统的退行性变、高血压病和心肌病；新发的室内传导阻滞多见于急性心肌梗死（多见左束支阻滞），而新发的右束支阻滞可见于急性肺栓塞。在正常人随年龄增长其发生率亦增加，但以右束支阻滞常见。

【临床表现】

单纯的室内传导阻滞不产生临床症状。在冠心病、心肌病和高血压病等发生左束支传导阻滞常预示预后不良，具有较高的充血性心力衰竭发生率。

【心电图表现】

1. 右束支传导阻滞　QRS 波时限≥0.12 秒；V_1 导联呈 rSR' 型，R' 波明显增宽，与其对应Ⅰ、aVL、V_5 导联为 qRS 型且 S 波增宽。不完全右束支阻滞的 QRS 波时限小于 0.12 秒（图 3-3-29）。

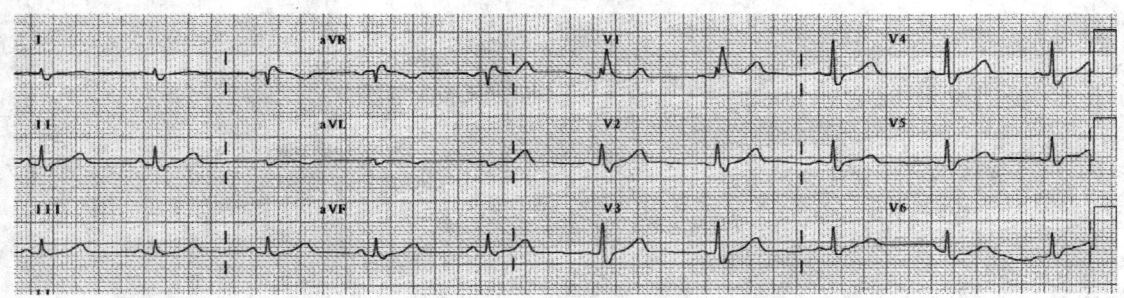

图 3-3-29　右束支传导阻滞

V_1 导联 rSR'，R' 波明显增宽，与其对应Ⅰ、V_5 导联为 qRS 型且 S 波增宽，QRS 时限 140ms 为完全右束支传导阻滞

2. 左束支传导阻滞　QRS 波时限大于 0.12 秒，V_1、V_2 导联为 QS 或 rS 型，而Ⅰ、aVL、V_5、V_6 导联为 R 波顶峰有顿挫；T 波与 QRS 波方向相反（图 3-3-30）。

3. 左前分支阻滞　额面 QRS 波电轴≥－45°，QRS 波时限正常；Ⅰ、aVL 导联呈 qR，Ⅱ、Ⅲ、aVF 呈 rS；V_5 导联 S 波加深（图 3-3-31）。

4. 左后分支阻滞　额面 QRS 波电轴右偏＋90°至＋120°，QRS 波时限正常；Ⅰ、aVL 呈 rS 型，Ⅱ、Ⅲ、aVF 呈 qR；V_5 无 S 波（图 3-3-32）。

5. 多束支阻滞　是指在室内的传导系统中二支或三支发生阻滞，其每一支可以发生不同程度的阻滞，也可交替出现，导致 QRS 波形发生较大的变化。双束支阻滞常见的有右束支阻滞合并左前分支阻滞，发生完全性阻滞的可能性较小；右束支合并左后分支阻滞较少见，但发生完全性阻滞的可能性较大。三束支阻滞在双束支阻滞合并另一分支一度阻滞或三支交替出现阻滞时可以明确诊断，如三支完全性阻滞表现为完全性房室传导阻滞（图3-3-33）。

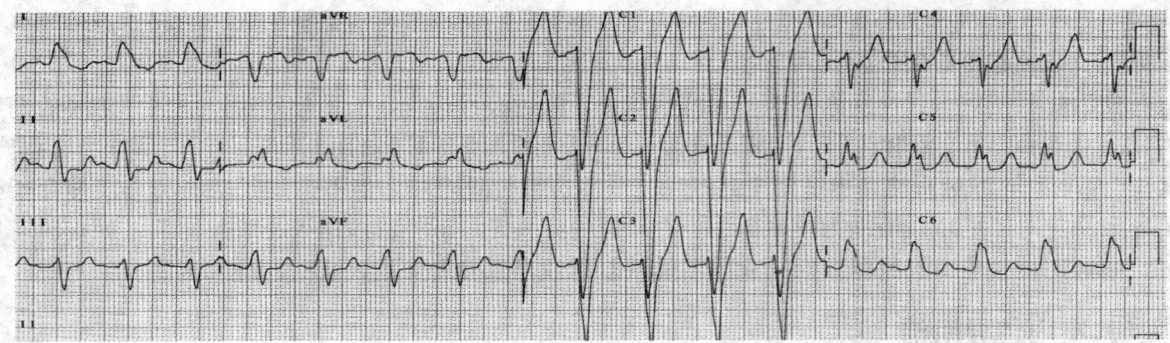

图 3-3-30　左束支传导阻滞

QRS时限160ms，$V_1 \sim V_3$呈Q波，Ⅰ、aVL、V_5、V_6为R波并在顶峰出现顿挫，此图为完全性左束支传导阻滞

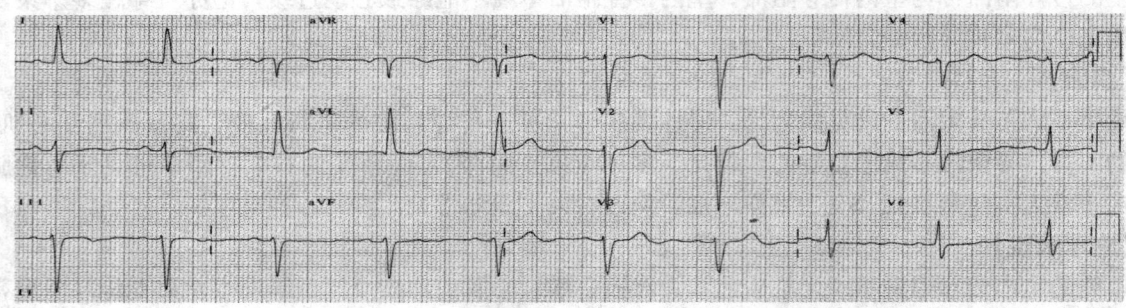

图 3-3-31　左前分支阻滞

电轴$-64°$，Ⅰ、AVL为R波，Ⅱ、Ⅲ、aVF为rS波，V_5导联可见明显的S波

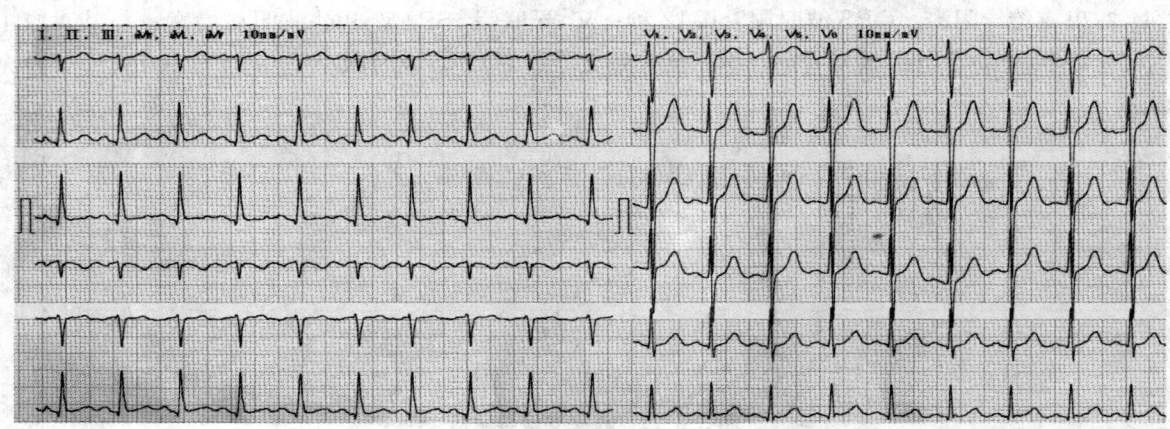

图 3-3-32　左后分支阻滞

额面电轴右偏$+106°$，QRS时限正常；Ⅰ、aVL呈rS，Ⅱ、Ⅲ、aVF呈qR；V_6无S波

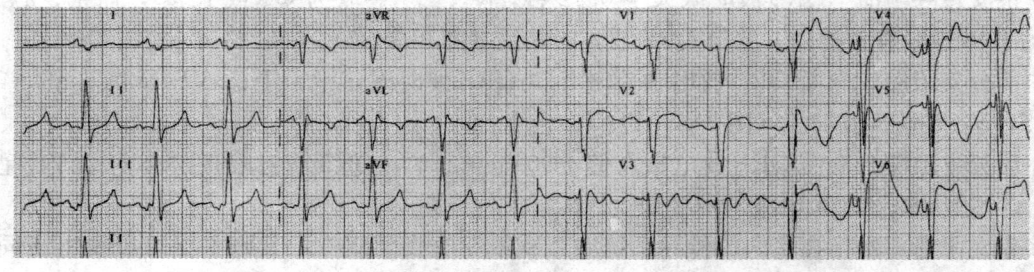

图 3-3-33　完全性室内传导阻滞

V_{1-3}为Q波并且时限130ms，但V_{5-6}、Ⅰ、aVL均无R波，不符合完全性左束支阻滞

【治疗】

单纯的分支阻滞无需特殊的治疗，只应积极治疗原发病。双束支和三束支阻滞易进展为完全性阻滞，应积极植入心脏起搏器进行预防。对左束支阻滞合并有充血性心力衰竭的患者可以施行心脏电同步化治疗，改善预后和降低死亡率。

第七节 抗心律失常药物

心律失常治疗的基础是药物治疗，目前临床上使用的抗心律失常药物主要通过以下机制起作用：①通过对心肌细胞的离子通道影响，直接影响心肌的除极和复极速度，延长或缩短心肌不应期；②影响自主神经的张力，通过对交感神经和迷走神经的影响而间接地影响心脏电活动。

（一）抗心律失常药物的分类

临床常用的抗心律失常药物分类是 Vaughan Williams 分类；它的基本原则是根据药物的电生理特性进行分类。常用分类为：

1. Ⅰ类 主要抑制细胞膜的快速 Na 通道，也阻滞 K 通道；细分为：

（1）ⅠA类：主要减慢 0 相期上升相（Vmax），并延长动作电位时相；常用的药物有奎尼丁、普鲁卡因酰胺、丙吡胺等。

（2）ⅠB类：此类药不减慢 Vmax，但缩短动作电位时相；常用的药物有利多卡因、美西律、苯妥因钠等。

（3）ⅠC类：主要作用减慢 Vmax，延长传导时间，但对不应期影响较小；常用的药物普罗帕酮、氟卡尼、莫雷西嗪等。

2. Ⅱ类 主要阻滞 β 肾上腺素受体，常用的药物有美托洛尔、阿替洛尔、比索洛尔、普萘洛尔等。

3. Ⅲ类 主要阻滞钾通道延长复极；常用药物有胺碘酮、索他洛尔、依布利特等。

4. Ⅳ类 主要作用于慢钙通道，常用药物有维拉帕米、地尔硫䓬等。

这个分类也并没有涵盖所有抗心律失常药物，如地高辛增加副交感神经活性、刺激毒毛苷 G（哇巴因）2 型受体，减慢心房率及房室传导；腺苷能抑制房室结，可造成一过性房室传导阻滞，用于终止室上性心动过速和心电生理检查；阿托品可以降低副交感神经的活性等。

（二）常用药物适应证和不良反应

1. 奎尼丁 ⅠA类药物，主要适应证是：转复房颤、房扑，以及复律后的窦性心律维持，治疗严重的室性心律失常。因不良反应较多，现已很少使用。

（1）剂量和用法：对房颤复律，通常采用在房颤心室率充分控制的基础上用 0.2g 试服观察 1~2 小时，如无不良反应则以奎尼丁 0.2g/次，每 6~8 小时一次，共 3~4 天；如心律转复则可以继续服用。维持剂量，0.2g/次，每日 1~2 次。

（2）不良反应：主要不良反应有胃肠道反应（恶心、呕吐、腹泻、腹痛等），中枢神经毒性反应（视物不清、听力减退）等，长期服用发生不良反应的概率增加；最为严重是药物使 QT 间期延长导致的尖端扭转型室速，也称为奎尼丁晕厥，多出现在服药 3~4 天以后，故应常规监测 QT 间期。当 QT 间期>500ms 时应停药，在合并低血钾时容易出现。

2. 普鲁卡因酰胺 ⅠA类药物，主要用于严重的室性心律失常、室上性心动过速、预激合并房颤旁路前传等。国内现已很少使用。

（1）剂量和用法：0.5g/次，口服，每 8 小时一次，治疗房、室性早搏或心动过速后的维持；对于室性心动过速或室上速可以采用静脉注射，50mg/次，缓慢静脉注射，间隔 5 分钟可反复进行，总量可以到 1000mg，维持剂量 2~6mg/min。

（2）不良反应：主要的不良反应为低血压和 QRS 波增宽，常在静脉注射时发生，收缩压低于

100mmHg 和 QRS 波增宽大于原 25% 时应停药；长期服用可以延长 QT 间期，也可以诱发狼疮样损害，停药可以恢复。

3. 利多卡因 I B 类药物，主要用于各类室性心律失常的治疗，特别是急性心肌梗死伴室性心律失常和心性猝死室性心律失常。

(1) 剂量和用法：只能静脉注射，负荷量为 1mg/kg，最大一般不超过 100mg/次，最大剂量 1 小时不超过 300mg，而后 1～4mg/min，静脉滴注维持。

(2) 不良反应：主要的副作用是与剂量相关的神经毒性表现，如疲倦、感觉异常、意识不清、昏迷等；也可以见到窦房结抑制、希氏束-浦肯野纤维传导阻滞。

4. 美西律 I B 类药物，常用口服制剂，主要用于室性心律失常，如室性早搏的治疗和预防。

(1) 剂量和用法：常用 150～200mg/次，每 8 小时一次，也可采用负荷量 400mg，而后 200mg/次，每 8 小时 1 次，24 小时总量不超过 1 200mg。

(2) 不良反应：消化道症状和神经系统反应，恶心、呕吐、震颤、运动失调等，与利多卡因合用可增加副作用；心脏的副作用主要是心动过缓、低血压、恶化心律失常作用。

5. 普罗帕酮 I C 类药物，主要用于室上性心动过速和室性心动过速、房性及室性早搏的治疗；也用于阵发性房颤的转复和预防，在我国使用广泛。

(1) 剂量和用法：常用剂量 150～200mg/次，每 6～8 小时一次，维持剂量每天 300～600mg。对于阵发性房颤，一次顿服 600mg 可成功转复率为 76%；对于阵发性室上速可以缓慢静脉注射 75～150mg/次（5～10 分钟内）。

(2) 不良反应：主要是轻微的消化道和神经症状，头晕、味觉障碍、恶心、腹泻等；心脏不良反应主要表现为负性肌力作用和致心律失常作用，不建议对心功能不全和器质性心脏病患者（特别是心肌梗死和心肌病）长期使用。

6. 莫雷西嗪 I C 类药物，主要用于各种早搏（室上性和室性），室性心动过速的预防、房颤的转复等。

(1) 剂量和用法：成人 150～300mg/次口服，每 8 小时一次，一日最大剂量 900mg。对于有肝肾功能损害的病人需减量。

(2) 不良反应：主要是消化道和神经症状，恶心、呕吐、腹泻、震颤、头昏、头痛等；对于心动过缓和传导障碍的应慎重使用，对未控制的心功能不全可以加重；在 CAST 试验中致心律失常作用为 3%～15%，增加心肌梗死后室性心律失常患者的早期死亡率。

7. β受体阻滞剂 为 Ⅱ 类药物，主要适用于交感神经张力增高引起的各种快速心律失常，如甲状腺功能亢进、嗜铬细胞瘤、运动和精神紧张所诱发等；各种心动过速的心室率控制。尤其适合用于心功能已控制的器质性心脏病和心肌梗死后室性和房性心律失常的长期治疗，有大量循证医学资料显示，β受体阻滞剂是唯一能降低心脏性猝死远期死亡率的药物。

(1) 剂量和用法：剂量与药物的种类、所选用的适应证、个人的耐受性有关，治疗剂量的差异变化较大。常用药物如美托洛尔 50～100mg/d，分 2 次服用；普萘洛尔 10～60mg，每 8 小时一次；比索洛尔 5～10mg/d，每天一次。其他详见高血压和冠心病章节。

(2) 不良反应：主要为加重或诱发支气管哮喘；可以加重外周血管病的间歇性跛行、雷诺病等；糖尿病患者可以诱发低血糖；心脏方面的不良反应为负性肌力作用，可加重心力衰竭、低血压、心动过缓，加重严重的房室传导阻滞，突然停药可能诱发心绞痛、心肌梗死、心律失常等。严重的阻塞性肺疾病、哮喘、急性心力衰竭、严重低血压及心动过缓、二度以上房室传导阻滞等患者禁用。

8. 胺碘酮 Ⅲ 类抗心律失常药物，具有多离子通道阻滞作用。适应证：广泛用于各种房性和室性早搏的治疗；各种室上性和室性心动过速的治疗和长期预防；心房颤动、心房扑动的转复及维持窦性心律等。

(1) 剂量和用法：剂量根据适应证变化。

1) 心房颤动/心房扑动的转复：<48 小时的新发房颤：首次 300mg/30 分钟静脉注射，后以 50～100mg/h 维持，心律转复后改用维持剂量。如 24 小时不转复则可改用 0.2g/次，每天 3 次共 1 周，0.2g/次，每天 2 次 1 周，持续维持剂量 0.2g/次，每天 1 次。

2) 对于超过 48 小时的房颤，应常规抗凝治疗后，0.2g/次，每天 3 次 1 周；0.2g/次，每天 2 次 1 周；0.2g/次，每天 1 次持续维持。药物转复不成功后使用电复律。

3) 治疗室性心动过速：150mg 缓慢静脉注射（10 分钟），如无效可间隔 15 分钟重复，复律后 0.5～1mg/每分钟维持，总剂量 24 小时不超过 2 200mg；如果不转复可以电复律，转复后口服维持同上。

（2）不良反应：短期服用副作用较小，长期服用主要是甲状腺功能减退或亢进、肺纤维化、肝功能损害、皮肤损害、角膜色素沉着等；心脏的副作用有心动过缓、QT 间期延长，在合并低血钾时易出现尖端扭转型室速；负性肌力作用较小，很少发生致心力衰竭作用。

9. 索他洛尔　属于Ⅲ类药物，主要作用于钾通道，适用于房颤和室性心律失常的预防。

（1）剂量和用法：口服，每 12 小时 40～80mg/次，无不良反应可逐渐加量至 80～160mg/次，每日剂量不宜超过 320mg。

（2）不良反应：有较高的致心律失常发生率并与剂量相关，导致新的室性心律失常和原有室性心律失常加重，不宜和其他可以延长 QT 间期的药物合用，应定期作心电图监测；此药物还具有负性肌力作用。

10. 维拉帕米　属于Ⅳ类抗心律失常药物，适用于房室折返性心动过速、房室结折返性心动过速、窦房折返性心动过速、束支折返性室性心动过速等；还可用于房颤/房扑时的心室率控制。

（1）剂量和用法：对于转复折返性心动过速，可每次 5～10mg 静脉缓慢注射，转复不成功可 30 分钟后重复一次；对于预防心动过速或减慢心室率可以 40～80mg/次，每 8 小时一次口服，但剂量需个体化调整。

（2）不良反应：主要为心脏的负性肌力作用，剂量过大或静脉注射易出现低血压、心动过缓和房室传导阻滞；由于射频消融对折返性心动过速的疗效较好，目前维拉帕米在临床上的使用明显减少。

11. 腺苷　首选用于房室折返、房室结折返心动过速的终止；在电生理检查时临时用于室速的鉴别。

（1）剂量和用法：6～12mg/次，快速静脉注射，儿童 0.1～0.3mg/kg；如果总量达 18mg 仍未能转复心动过速，则不应再使用。

（2）不良反应：在静脉注射后数秒内出现一过性低血压、心动过缓、房室传导阻滞、恶心、胸部压迫感等症状，常在数十秒内自行消失。

（三）抗心律失常药物的注意事项

1. 抗心律失常药物的作用和心律失常的机制的关系　虽然抗心律失常药物的作用机制在动物实验中可以较全面的对它的药理性能进行研究，如对心肌细胞离子通路的阻断等，但在临床上很难判断同一种早搏是哪一种细胞的电生理离子流出现变化。在药物治疗时可能几种不同类型的药物均有效。同一疾病在不同的时期心律失常机制也可出现改变，表现为同样药物治疗结果的差异。在药物治疗的时候应该考虑心律失常机制发生的复杂性和多变性，而不应按药物的机制生搬硬套把心律失常发生看成是不变的。应根据临床具体情况，考虑短期治疗和长期服药的差别，静脉注射和口服药物之间的差别，同一种心律失常在不同疾病状态下的差异等；还应考虑电解质对药物的影响和不同器官功能状况对药物的影响。心律失常的药物治疗不仅是治疗心律失常本身，而是应该改善病人的远期的生存率，不应把心律失常和原发疾病对立起来，需要结合各种情况合理地使用抗心律失常药物。

2. 抗心律失常药物的致心律失常作用　抗心律失常药物的致心律失常作用是指使用药物导致的原有心律失常加重或出现新的心律失常，通常是指治疗室性心律失常时导致室性心律失常加重或出现新的室性心律失常；它直接的后果是造成病人死亡率增加，有违治疗的初衷。药物的致心律失常作用和病人的个体差异、敏感性有关，也与使用药物的剂量相关，同时与病人的基础状态（心功能、心肌病变等）以及病人的电解质和其他合并用药有关。多种药物合并使用时更应注意药物的致心律失常作用。

3. 抗心律失常药物治疗的地位 近二十年来心律失常的电治疗取得了突飞猛进的发展，但治疗缓慢性心律失常的药物几十年来没有进展，而此类疾病的药物治疗早已被心脏起搏器治疗所取代，药物仅在急诊时临时使用。由于射频消融治疗具有可以根治快速型心律失常的疗效，已使得对阵发性室上速、I型房扑、特发性室速等不需药物治疗。从CAST试验的结果看，在心肌梗死后使用抗心律失常药物（特别是IC类药物）增加了用药期间和远期的死亡率，对传统的抗心律失常药物治疗观念产生了震动，心律失常的药物治疗更应该从属于病人整体的治疗，应该对心律失常的危险性和治疗的获益进行评估，抗心律失常的疗效不应只是减少和消除早搏和心动过速，而更应是改善病人的预后和降低死亡率。总体来讲，目前抗心律失常的药物在急诊和围术期突发心律失常的治疗中仍起到重要的作用；在长期房颤心率控制上和器质性心肌疾病（心肌病、心肌梗死等）伴室性心律失常的治疗和预防上，β受体阻滞剂有重要的作用，其他药物的使用需考虑药物长期的不良反应。

第八节 心律失常的特殊诊断及治疗

一、心电生理检查

【心电生理检查简介】

心电生理检查（electrophysiological study，EPS）是揭示心律失常机制的最重要手段，近二十年来取得了重大的进展，其不仅诠释了心律失常的发生机制，而且促进了心律失常电治疗的发展。它主要是将体表心电图、心腔内电图、程序刺激技术、新的心电三维标测技术相结合研究心律失常发生机制，与之相伴的射频消融术和治疗器的植入，共同组成了现代的介入心电生理学。通过心电生理检查可以解释早搏、心动过速的发生机制，并在消融治疗中得以证实。

【心电生理检查的适应证】

心电生理检查的目的是对窦房结、心房、房室结、希氏束-浦肯野纤维系统的电活动传导以及心脏电活动的相关结构进行研究；也对临床患者有心悸、黑矇、晕厥、低血压等症状怀疑有心律失常进行诊断和治疗。由于电生理的发展，大多数诊断可以用体表心电图来作出，目前心电生理检查很少单纯为诊断进行，而常结合治疗，如射频消融术等。

心电生理检查的主要适应证包括：心动过缓检查窦房结功能、房室传导功能等；心动过速研究其发生机制和类型；不明原因的晕厥和心悸检查其症状与心律失常的相关性；心电生理检查也用于评价心律失常的潜在风险和预后。

【心电生理检查要求】

1. 需要心电生理医生必须掌握心电生理学知识和经过心电生理的系统培训，同时具有心血管疾病专科医生的要求。

2. 设备要求 ①心血管X线造影机；②多导联生理记录仪，要求同时记录体表12导联、心内至少12导联；三维电标测系统；心脏程序刺激仪；③血压、氧饱和度等监测设备；④电生理检查药物和急救药物等；⑤工作人员放射线防护设备等。

【电生理检查】

1. 电生理电极的放置 常规放置多极标测导管（二极、四极、十极）于高位右心房（用于记录和心房刺激），希氏束（用于希氏束电位的记录），右室心尖（记录和刺激心室），冠状窦电极（用于记录左房和左室电位，确定房室之间的关系）。

2. 程序刺激 ①固定频率刺激（S1-S1）主要以固定的周长进行刺激，主要用于检查房室传导文氏点、2∶1阻滞点的测试；也可用于心动过速的诱发和终止；②早搏刺激（S1-S2）用短于基本周长的刺激亦为早搏（S2），也可使用多个早搏（每个刺激周长短于前一刺激的周长）S3、S4……主要用于不应期的评价、诱发和终止心动过速；③Ramps刺激，为多组的联合刺激，常使用一组刺激周长短于前一组刺激周长，数组设定递减至目标心率，用于心动过速的终止；④超速程序刺激以及高的频率发放刺激（周长多为10~60ms）常用于室颤的诱发。

【心电生理报告】

1. 基本的传导间期 在静息状态下，基础的心腔内电图与体表图结合分别出心房内传导时间（PA 10~45ms）、心房至希氏束传导时间（AH 55~130ms）、希氏束至心室间期（HV 30~55ms）、左右心房传导时间（P-LA 40~130ms）；在排除药物和迷走神经的作用，传导时间延长意味着传导阻滞。

2. 窦房结功能 目前主要测试窦房结恢复时间，以100~160次/分频率分级刺激右心房各60秒，突然停止刺激出现的最长间期（P-P或P-R间期）即为窦房结恢复时间，通常<1500ms，如果时间延长，考虑窦房结功能低下。

3. 心房 应对心房传导、不应期和心房刺激诱发房性、交界性、室性心动过速进行评价。

4. 房室结功能 通过心房S1-S1刺激和S1-S2刺激测定房室结的传导功能，通常文氏点为>130次/分，2∶1阻滞点>160次/分，随着刺激频率的增加，A-H时间逐渐延长；还应评价是否有双径路传导现象，表现为不应期的不同在S1-S2递减刺激时出现AV传导的突然跳跃延长，为房室结存在由快径传导突然改为不应期短的慢径传导；它是房室结折返心动过速的基础。

5. 希氏束-浦肯野系统 在心房刺激时，一般随刺激频率的增加HV间期不会延长阻滞，在心房起搏没达到文氏传导出现HV延长，是严重的传导阻滞，应植入起搏器。

6. 心室 主要评价能否诱发持续性单形性室速，可以采用多种刺激方式，必要时需使用异丙肾上腺素；心室起搏应评价是否存在室房逆传，在部分病人具有心室刺激经希氏束、房室结的逆向传导功能；但如果存在不经希氏束的室房逆传则为"偏心传导"，表明存在经房室旁路的传导，是房室折返心动过速的基础。

7. 心电生理的检查还应结合使用药物，提高心动过速的诱发成功率，常用阿托品、异丙肾上腺素；腺苷可以造成一过性房室结阻滞，是检查是否存在房室旁路传导的有效手段；现在的电生理检查常和消融治疗同时进行。

二、射频消融治疗

【射频消融的原理】

从20世纪80年代中期开始，射频作为消融的有效安全能源开始治疗心律失常，随后这项技术得到了突飞猛进的发展，90年代后在我国得以普及。它的主要原理是射频电流（300~750kHz）在经过导管头接触的组织时产生热效应，局部温度达到50℃以上时组织就产生脱水、干燥、凝固性坏死，从而达到破坏心肌组织结构终止心律失常发生的作用。目前还使用的其他能源包括冷冻、微波、激光和超声等，但应用最广泛安全的仍是射频消融（radio frequency ablation）。

【射频消融的适应证及疗效】

目前射频消融对折返性心动过速达到了较高的成功率，并且复发率很低，经典的射频消融适应证有：

1. 房室折返性心动过速，左侧成功率较高（95%~98%）；右侧成功率略低，仍达到95%以上。

2. 房室结折返心动过速，慢径路消融成功率98%~100%。

3. 典型的大环折返心房扑动，成功率达96%以上。

4. 特发型室性心动过速（右室流出道、左室流出道、左后分支室速、束支折返性室速等）都有95%以上的成功率。

5. 房性心动过速成功率差异较大（60%~90%），一般来说左房较右心房房速为低，器质性心脏病房速成功率较低，使用三维标测系统有助于提高成功率。

6. 病理性室速的射频消融成功率不确定。

7. 阵发性房颤的消融成功率已达80%以上，对持续性房颤的疗效也超过50%。

【并发症】

虽然射频消融经过二十年的发展已成为治疗快速性心律失常最为安全有效的手段，但在应用中根据消融术式的不同，并发症的发生也不相同，常见的并发症有：

1. 血管穿刺的并发症　与其他的介入操作相同，血管穿刺的并发症不容忽视，常见的有血管局部血肿、动静脉瘘、误穿锁骨下动脉等；由于冠状静脉窦大多从颈内静脉或锁骨下静脉路径进入，误穿动脉引起血肿会发生严重后果。

2. 射频消融中的并发症　其风险主要取决以及所采用的消融术式、消融导管的控制，以及消融部位与周围组织的关系等。常见的并发症有：

（1）房室旁路的消融：主要的并发症有心脏穿孔压塞、动静脉血栓、肺栓塞、脑栓塞等，间隔的旁路可能出现完全性房室传导阻滞。

（2）房室结改良术：慢径路消融房室传导阻滞发生率较低，而采用快径路消融时发生率增加。

（3）心房扑动和房性心动过速：主要是心脏穿孔压塞、心包积液等。

（4）室性心动过速消融可能发生传导阻滞、心脏压塞、动脉血栓塞等。

（5）房颤的消融可出现心脏压塞、左房食管瘘、膈肌麻痹等。

总的并发症发生率不足2%~3%，严重致死性的并发症<1%，只要能规范操作和仔细监测及时处理是可以预防严重的并发症的。

三、心脏起搏治疗

【起搏器简介】

从1958年第一台心脏起搏器（cardiac pacemaker）植入人体以来，随着医学、电子工程学、材料学的飞速发展，心脏起搏技术逐渐趋于完善，目前已广泛使用于各种缓慢性心律失常的治疗。近二十年来起搏器的功能更加生理化、智能化，在计算机技术的支持下可以优化起搏的各种种参数，大量的数据储存更加有利于起搏器的随访和故障判断。植入性心脏除颤器可以对恶性室性心律失常（室速、室扑、室颤等）进行有效的治疗，是预防心源性猝死的最佳治疗方法。心脏同步化三腔起搏器治疗（cardiac resynchronization therapy，CRT）对于心功能不全的治疗提供了有效的支持。

【起搏器的工作原理和植入】

心脏起搏器主要包括两部分：脉冲发生器（起搏器）和导线，而脉冲发生器是最为关键的部分。它为精密的电子仪器，主要有三方面的功能，其一是脉冲电流输出功能，输出的脉冲电流可以经过导线刺激心肌使其收缩；其二为心电活动可以经导线传入脉冲发生器，使它感知和调整输出的脉冲电流时间，从而保证自身心电和脉冲发生器相互冲突具有按需功能；其三是目前的起搏器都具有强大的信息储存功能，并能使分析和处理信息更加智能化。起搏器导线需要与心肌相连，对起搏器功能的发挥至关重要。

起搏器的植入主要经头静脉切开或锁骨下静脉穿刺送入电极导线，根据需要将导线固定于右心房耳部和/或固定于右心室；分别测试心肌的电参数（心房P波振幅>2.0mV，阈值电压<2.0V，电流<1.5mA，导线阻抗>400欧姆；心室R波振幅>4.5mV，阈值电压<1.0V，电流<1.0mA，导线阻抗>400欧姆）；三腔起搏器左室导线的植入需经冠状窦植入左室侧静脉，较为复杂。先进行冠状窦造影，选择靶静脉，后送入导引导丝，再沿导丝送入左室电极导线，测试参数（电压<3.0V，电流<2.0mA，以10V起搏无膈肌刺激）；理想的电参数是保证心脏起搏器正常工作和使用寿命的重要保证。起搏器的许多故障来自于导线系统，这也是植入的关键部分；达到标准后在胸大肌筋膜和皮下

脂肪之间做囊袋,连接导线和起搏器,将起搏器植入囊袋并分层缝合,术后可根据病人的基础心律程控起搏器的工作方式。

【起搏器功能与编码】

心脏起搏器的分类有多种方法,为了方便描述和统一识别,目前采用1985年北美心脏起搏电生理学会和英国心脏与起搏学会编制的编码(NBG编码)见表(3-3-2)。

表3-3-2 NBG编码

Ⅰ	Ⅱ	Ⅲ	Ⅳ	Ⅴ
起搏心腔	感知心腔	感知的反应方式	程控功能/频率反应	抗心律失常功能
V=心室	V=心室	T=触发	P=频率/输出可程控	S=除颤/电击
A=心房	A=心房	I=抑制	M=多参数程控	D=P+S
D=双腔	D=双腔	D=T+I	C=双向遥测	0=无
0=无	0=无	0=无	R=频率反应	
			O=无	

AAI代表心房起搏心房感知工作方式抑制起搏,VVI则代表心室起搏心室感知抑制起搏;目前的起搏器常包括多种工作方式去,根据心律失常情况可以多种方式相互转换。新型的特殊功能起搏器常根据其功能命名如ICD是(implantable cardio defibrillator)的缩写全称植入式心脏除颤器等。

【心脏起搏器的适应证】

起搏器的植入指证目前均采用美国(ACC/AHA)和我国的心电生理学会的指南,归纳有以下几方面:

1. 病态窦房结综合征有明确的症状相关的心动过缓,清醒时心率低于40次/分;
2. 获得性房室传导阻滞:伴有症状的三度或高度房室传导阻滞,以及有3秒以上心脏停搏或清醒时心率低于40次/分;
3. 手术或射频消融引起的房室传导阻滞(二度、三度);
4. 心肌梗死后逾期不能恢复的房室传导阻滞;
5. 间歇性的三度或高度房室传导阻滞,或间歇性的交替束支阻滞;
6. 由于长的心脏停搏所诱发的室性心律失常,或心动过速终止后非药物所致的心脏停搏;
7. 心功能NYHA Ⅲ、NYHA Ⅳ级,QRS间期大于120ms,LVEF<35%,完全性左束支传导阻滞的患者是植入三腔双室起搏的适应证;
8. 心源性猝死的幸存者和LVEF<40%,伴有恶性室性心律失常者是植入ICD的指征。

(张 钲 李为民)

第四章 先天性心血管疾病

先天性心血管疾病（congenital cardiovascular diseases）是指在患儿出生时即存有某些心血管系统的解剖或功能异常，其发生率约为所有存活出生婴儿的0.8%[不包括主动脉瓣双瓣畸形（bicuspid aortic valve）及二尖瓣脱垂（mitral valve prolapse）]，为儿科常见病。但部分患者可自然或经过治疗后存活到成人，甚至到老年，并需要与部分后天获得性心血管疾病作鉴别。本章对常见的先天性心血管疾病做简要的介绍。

目前认为先天性心血管疾病的主要病因为遗传因素、环境因素及两者联合因素。临床有两种分类方法：按临床上有无发绀表现分为无发绀类及发绀类；按心腔内有无血液分流分为无分流、左向右分流、右向左分流。

第一节 成人常见先天性心血管病

一、心房间隔缺损

心房间隔缺损（atrial septal defect，ASD）是最常见的成人先天性心血管疾病之一，发病率约占先天性心脏病的12%~22%，女性较男性更多见（女性：男性约为3：1）。

【病理解剖】

按解剖位置可分为：第一孔（原发孔）未闭型（ostium primum defects）、第二孔（继发孔）未闭型（ostium secundum defects）。临床多见的为第二孔未闭型，并常涉及卵圆孔（fossa ovalis），约占ASD中的76%，亦可伴发二尖瓣脱垂。第一孔未闭较少见，但常可累及房室交界区，伴发二尖瓣及三尖瓣瓣叶异常和高位室间隔缺损。此外，可有卵圆孔未闭、房间隔完全缺如等。

【病理生理】

正常成人左心房的压力大于右心房，血液可通过房间隔缺损处由左心房进入右心房，使右心容量负荷增加，肺血流量增多，长期可引起肺血管阻力增加，发生肺动脉高压，久而久之可导致右心功能不全。晚期ASD患者可因右心房压力超过左心房而出现血液由右心房向左心房分流，临床可出现发绀。

【临床表现】

1. 症状 ASD患者只要肺血管阻力维持正常，则可无任何症状，因此多数患者直至成年仍始终无症状。如缺损很小，左向右的血液分流量很少，对血流动力学不产生任何影响，则可终身无症状。ASD患者出现临床症状的病理基础是肺血管阻力增加及右心功能不全。早期主要症状为乏力、心悸、呼吸困难、活动耐量下降，晚期可表现为右心功能不全。心房颤动是最常见的心律失常，特别是在50岁以上的患者发生率更高，并常伴发三尖瓣关闭不全和右心功能不全。此外，可并发感染性心内膜炎、肺动脉栓塞，但不多见。晚期ASD患者可因不可逆的肺血管阻力增高而出现右向左分流，导致临床发生发绀，即艾森门格综合征（Eisenmenger's syndrome），但其发生率小于5%。

2. 主要体征 心前区膨隆并伴有抬举性搏动，此为继发于右心室扩大所致。第二心音亢进，并可呈固定的宽分裂（分裂间隙不受呼吸的影响），其机制是由于右心室容量负荷增加，致使右心室射血时间延长，肺动脉瓣关闭延后所致。胸骨左缘第二肋间可闻收缩期吹风样杂音，并在吸气后增强，但此杂音响度很少大于3/6级。部分患者可在三尖瓣区听到舒张期隆隆样杂音，常提示右心室扩张而导致三尖瓣相对狭窄。当存有右心功能不全时，可出现右心室奔马律。第一孔未闭型患者可在心尖部听到明显的收缩期杂音，提示有二尖瓣反流存在。

【相关检查】

1. 心电图　右束支传导阻滞（不完全性或完全性），右心室肥厚，右心房增大，电轴右偏。

2. X线胸片　肺动脉段明显突出，肺血增多，肺门血管影增大，如有大量分流可见肺门舞蹈征象，右心房室有不同程度的增大。如果同时出现左心房扩大征象，则有可能为ASD合并心房颤动患者或第一孔未闭型ASD患者。

3. 超声心动图　心房间隔回声中断，右心房及右心室扩大，多普勒超声及超声声学造影可显示有左向右分流存在。经食管超声心动图可获得更高的诊断阳性率。

4. 心导管检查　右心导管很容易从右心房进入左心房，右心房血液的平均血氧含量或血氧饱和度超过上、下腔静脉血液的平均血氧含量或血氧饱和度可诊断在心房水平存在左向右的分流。部分患者肺动脉压增高。

【诊断及鉴别诊断】

ASD的诊断可根据典型的心脏杂音、心电图、X线胸片征象，最主要的需根据超声心动图及超声多普勒结果可基本确诊。一般情况下，右心导管检查已不作为诊断ASD的常规项目。主要鉴别的疾病包括肺动脉瓣狭窄、肺静脉畸形引流、小型室间隔缺损等。

【治疗】

采用非手术介入治疗或手术修补缺损是根治ASD的唯一手段。通常ASD应在学龄前后行房间隔修补术，在青壮年早期进行房间隔修补可防止或恢复右心功能不全。对单纯ASD患者伴有血流动力学改变、房室增大均应行缺损修补治疗。但年龄在40岁以上，已出现右心房室增大或右心功能不全者，在进行房间隔修补术后，仍可存在部分右心功能不全的表现。已伴有严重肺动脉高压者采取手术修补应慎重。介入治疗详见有关章节。

【预后】

一般预后较好，平均寿命可达50岁以上。缺损大、出现重度肺动脉高压、右心功能不全者预后较差。第一孔（原发孔）未闭型ASD比第二孔（继发孔）未闭型ASD患者的预后差。心力衰竭、肺部感染、肺栓塞等是常见的死亡原因。

二、动脉导管未闭

动脉导管（ductus arteriosus）的生理性关闭一般发生在婴儿出生后几小时，而解剖上的闭合约发生在生后4~8周。动脉导管未闭（patent ductus arteriosus，PDA）多见于早产儿，女性常多于男性。

【病理解剖】

动脉导管多位于主动脉弓的降部与肺总动脉或左肺动脉之间，解剖上有管型、窗型、漏斗型等。

【病理生理】

由于动脉导管未闭，生后在主动脉与肺动脉之间存在持续性通路。患者血流动力学改变取决于导管的大小，即分流量的多少。如果导管小、分流量少，主动脉内血液经过未闭的动脉导管进入肺动脉，导致肺血流量增加。如导管大，主动脉内大量血流通过未闭的动脉导管进入肺动脉，然后再返回左心，明显增加了左心的负荷，可导致肺水肿或左心衰竭。长期肺血流量过多，可造成肺血管阻力增加，后期形成肺动脉高压。当肺动脉压大于主动脉压时，发生右向左分流，即艾森门格综合征（Eisenmenger's syndrome），临床上出现发绀。

【临床表现】

1. 症状　如未闭的动脉导管小，分流的血量少，无明显的血流动力学改变，则临床可长期无症状，直至后期出现左心功能不全的临床表现（心悸、气喘、活动后呼吸困难、咯血等）。如未闭的动脉导管大、分流量多，则可因为早期严重影响血流动力学而出现左心功能不全的临床表现。当存在右向左分流时，患者可发生发绀及右心衰竭。但 PDA 患者发生的发绀常表现为下肢明显比上肢严重，其机制为肺动脉的静脉血通过未闭的动脉导管进入主动脉弓的降部，因而较少影响头部及上肢。这种上下肢发绀明显有区别是 PDA 的特点。

PDA 常可并发感染性心内膜炎，这也是导致患者出现心力衰竭及死亡的主要原因之一。

2. 主要体征　PDA 特征性的体征是胸骨左缘第二肋间连续性机器样响亮的杂音，常伴有震颤；心尖部亦可有舒张期隆隆样杂音；儿童时期可因舒张期部分杂音不明显而呈现不连续性。如发生艾森门格综合征，杂音强度可减弱。叩诊左心室可扩大，外周血管征有水冲脉、毛细血管搏动、外周动脉枪击音、舒张压下降、脉压增大等。

3. 实验室检查

(1) 心电图：轻者心电图可正常；重者可呈现左心室肥厚、双心室肥厚、左心房肥大。

(2) X 线胸片：轻者胸片可无明显异常；重者可见肺血流增多，肺门血管影加重，搏动明显，肺动脉段凸起，主动脉影可正常或轻度增大。

(3) 超声心动图：显示左心房及左心室内径增大，主动脉降部与主肺动脉或左肺动脉之间有通路，多普勒超声显示有左向右的分流，二尖瓣活动幅度及速度增加。

(4) 心导管检查：右心导管检查常在接受手术治疗前进行。主要目的是测定肺动脉压力及肺血管阻力、了解分流情况、除外其他复杂畸形。必要时行逆行升主动脉造影。

【诊断及鉴别诊断】

PDA 的诊断可根据典型的心脏杂音，但最主要的是需根据超声心动图及超声多普勒结果可基本确诊。一般情况下，右心导管检查不作为诊断 PDA 的常规项目。临床主要应与可出现连续杂音的病变作鉴别，如主动脉窦瘤（Valsalva 窦瘤）破裂、主动脉瓣关闭不全合并室间隔缺损等。

【治疗】

发现有未闭的动脉导管存在，无论有无临床症状，年龄多大（可在 50 岁以下）都属于手术适应证，可行手术结扎或切断。近年来，经皮导管介入方法的发展，采用多种封堵器（如弹簧圈、封堵伞等）阻断未闭的动脉导管的成功率可在 90%以上。主要并发症是栓塞、心内膜炎、出血等。晚期患者因肺动脉压高于主动脉压而形成右向左分流时（即艾森门格综合征），则不宜再采取手术或介入封堵治疗。

【预后】

一般预后较好，早期手术后可痊愈。分流量较小的患者可长期无症状，但较大的未闭动脉导管又未经治疗可导致心力衰竭、艾森门格综合征等。此外，一旦发现存在未闭的动脉导管，则患者都有发生感染性心内膜炎的可能，需注意密切观察。

三、心室间隔缺损

心室间隔缺损（ventricular septal defect，VSD）是临床上常见的先天性心脏病。在正常的每 500 名新生儿中可有 1 名，但 50%以上在 3 岁以内自行关闭，个别甚至可在 8~10 岁时才关闭。VSD 可与其他先天性心脏畸形，如大血管转位、法洛四联症、动脉导管未闭、房间隔缺损、肺动脉瓣狭窄等畸形合并存在。

【病理解剖】

单纯 VSD 可根据缺损部位不同分类：

1. 膜部间隔缺损型　又称嵴下型，此型最常见，占 80%左右。缺损常呈椭圆形，小到数毫米，大到 3cm 以上；有时缺损周缘有完整的纤维环，有时下缘为肌肉。如缺损较小，则常在儿童时期自行关闭。此型常合并膜部间隔瘤。

2. 漏斗部间隔缺损型　又称嵴上型或高位室间隔缺损，占 20%左右。由于缺损直接位于肺动脉瓣下，有时位于右冠瓣中心部之下，或位于左、右冠瓣交界附近。主动脉右冠瓣常因缺乏瓣环支持而脱垂，导致主动脉瓣关闭不全。

3. **肌部间隔缺损型** 可位于室间隔肌部任何位置，包括流入道、流出道或右室小梁部位。缺损边缘为肌肉，缺损大小可从1mm至2cm以上。由于有多数肌小梁覆盖，常不易看清。发病率约2%左右。

4. **房室共道型** 此型缺损常同时伴有ASD、二尖瓣及三尖瓣瓣叶异常。

【病理生理】

患者血流动力学改变取决于室间隔缺损的位置及大小。如缺损较小，从左心室分流到右心室的血液流量少，右心室的大小及肺动脉血管的阻力均可保持正常。如缺损大，左向右分流量大，右心室可因容量负荷增加而扩大，肺血流量增加，久而久之使肺血管阻力上升，导致肺动脉高压，最终出现右向左分流的艾森门格综合征。

【临床表现】

1. **分型及症状** 根据缺损的大小，血流动力学影响程度，分为大、中、小型缺损。

（1）小型室间隔缺损：缺损面积<$0.5cm^2/m^2$（BSA），左右心室分流量较小，右心室及肺动脉压可保持正常。患者一般无症状。

（2）中型室间隔缺损：缺损面积$0.5\sim 1cm^2/m^2$（BSA），右心室内收缩期压力仍低于左心室，临床上一般不出现发绀。患者可有心悸、乏力、活动耐量下降等表现。部分成年患者晚期因右心室压力高于左心室而出现右向左分流，患者可在活动后或休息时出现发绀。

（3）大型室间隔缺损：由于缺损面积大，心腔内左向右分流量大，血流动力学影响严重，早期即可因右心室及肺动脉高压、继发肺血管阻塞等出现右向左分流。患者呈现发绀、心悸、呼吸困难、活动严重受限等表现，多数患者不能存活至成年。

对儿童来说可出现发育营养不良，易患上呼吸道感染等。

2. **主要体征** VSD的典型体征是胸骨左缘第3、4肋间可闻响亮而粗糙的全收缩期吹风样杂音，一般均伴有收缩期震颤；肺动脉瓣区第二心音亢进伴分裂；心尖部可闻舒张中期隆隆样杂音（由于二尖瓣相对狭窄所致）。出现严重肺动脉高压时，胸骨左缘收缩期杂音可减低，但P_2亢进仍存在。晚期发生艾森门格综合征时，患者可出现发绀。

【相关检查】

1. **心电图** 无特异性改变。缺损小者，ECG可正常。缺损大者可有ECG电轴右偏、不完全性或完全性右束支传导阻滞、左心室或双心室肥厚等。

2. **X线胸片** 小型室间隔缺损者胸片可无明显异常；中、大型室间隔缺损可见肺血流增多，肺门血管影加重，搏动明显，肺动脉段凸起，主动脉影可正常或较小，左右心室增大，心尖向上抬举。

3. **超声心动图** 心室间隔的回声在某部位中断、消失；左心室或双心室增大；多普勒超声心动图可见右心室收缩期有左向右的分流，并可推算跨间隔及（或）跨瓣压（肺动脉瓣）以及分流量。

4. **核磁共振显像** 横面MRI显像从肌部到膜部可显示缺损的所在及大小。

5. **心导管检查** 右心导管检查可发现在心室水平有左向右的分流，右心室、肺动脉血液的血氧含量明显增高，肺动脉血流量增多，肺动脉压升高。部分患者导管可通过缺损的室间隔进入左心室。目前右心导管一般不作为诊断的常规检查项目，但对疑有合并其他心血管畸形、需采用手术治疗患者常在术前行右心导管了解肺动脉压及分流量等情况。

【诊断及鉴别诊断】

VSD的诊断可根据典型的心脏杂音、X线胸片，最主要的可根据超声心动图及超声多普勒结果基本确诊。一般情况下，右心导管检查已不作为诊断VSD的常规项目。

鉴别诊断疾病主要为可在胸骨左缘第3、4肋间出现收缩期杂音的病变，如肥厚型心肌病、肺动脉瓣狭窄等。

【治疗】

一旦发现存在室间隔缺损,应进行缺损修补手术,一般在学龄前行缺损修补术。目前开展的经皮导管介入治疗,采用多种封堵器进行室间隔修补可获得极佳的疗效,但此项治疗手段需要严格掌握其适应证。晚期患者出现艾森门格综合征时,不宜采用手术治疗。

【预后】

一般预后较好,早期手术后可痊愈。缺损较小的患者可长期无症状,但远期对心功能的影响不能疏忽,应在适时采取手术治疗。较大的缺损又未经治疗可很快导致心力衰竭、艾森门格综合征等,则预后不佳。感染性心内膜炎是较常见的并发症,需注意密切预防。

四、单纯肺动脉狭窄

先天性单纯肺动脉狭窄(isolated pulmonic stenosis)约占成人先天性心脏病的25%,较常见。

【病理解剖】

可分四个类型:①瓣膜型狭窄:最常见,瓣叶多为三个,瓣膜增厚,在瓣膜交界处融合成圆锥状,中心可有不规则形小孔。②瓣下型狭窄:又称漏斗部型,较少见,可有右心室流出道肥厚或形成纤维环形隔膜。③瓣上型狭窄:又称动脉型,狭窄累及肺动脉干、左右肺动脉及其分支。④混合型狭窄:上述病理表现合并存在,如肺动脉瓣狭窄合并漏斗部狭窄。所有类型的狭窄都并发右心室肥厚。

【病理生理】

由于右室流出道狭窄,右心排血受阻,右心室压力增高,代偿性右心室壁肥厚,最终可导致右心室扩大、衰竭。

【临床表现】

1. 症状 患者的症状主要取决于狭窄的程度及右心室代偿功能。轻度狭窄者(一般右心室收缩压小于50mmHg)可长时间无症状;中度狭窄者(右心室收缩压大于50mmHg)可有劳累后气促、心悸、头晕、胸闷;重度狭窄者(右心室收缩压大于左心室收缩压)可出现胸痛、劳累后外周性发绀、昏厥甚至猝死。

2. 主要体征 心前区抬举性搏动(提示右心室肥大);瓣膜型狭窄患者在胸骨左缘第二肋间可闻收缩期粗糙的喷射性杂音,吸气时增强,可同时伴有震颤;第二心音分裂,P_2延迟并减弱;可有来自肺动脉瓣的收缩早期喀喇音,呼气时明显。瓣下型狭窄患者杂音最响部位可在胸骨左缘第三、四肋间,无收缩期喀喇音。瓣上型狭窄患者的杂音可向背部及两腋部传导。

【相关检查】

1. 心电图 轻者可正常;涉及右心负荷过重,可出现电轴右偏,右心室肥厚,可伴有不完全或完全右束支传导阻滞,部分可有右心房肥大。

2. X线胸片 右心室增大,心尖左移上翘;重度狭窄者,肺血明显减少;瓣膜型狭窄患者可见肺动脉段明显凸出,为肺动脉狭窄后扩张所致;瓣上型及瓣下型患者一般无肺动脉段凸出。

3. 超声心动图 显示右心室肥厚,肺动脉瓣增厚,右室流出道狭窄。应用多普勒技术可计算跨瓣或跨狭窄上下的压力阶差。

4. 心导管检查 右心室内压力增高,肺动脉压力减低,右心室与肺动脉形成明显的收缩压力阶差(一般大于10mmHg)。这种压力阶差的大小直接关系到患者选择治疗措施及预后。

【诊断及鉴别诊断】

根据典型的临床症状,特别是典型的心脏杂音,结合超声心动图检查,基本可确诊。心导管检查可明确诊断并直接判断决定治疗方案。鉴别诊断应考虑原发性肺动脉扩张、房间隔或室间隔缺损等。

【治疗】

轻度狭窄者可临床观察随访。当跨瓣压力阶差大于30mmHg时,应选择介入或手术治疗。

【预后】

轻者预后一般较好,重者可导致右心功能衰竭,但在接受有效的手术治疗后,预后良好。

五、法洛四联症

法洛四联症(tetralogy of Fallot)是一种最常见的发绀型先天性心脏病,约占先天性心脏病的10%。其发病是由于在胚胎发育第5~8周时,心球部近端吸收与消退发生障碍,导致心脏结构畸形。

【病理解剖】

法洛四联症的基本病理改变包括四部分:①室间隔缺损,主要位于膜周部、主动脉瓣下,上缘为漏斗部间隔,下缘达三尖瓣环;②肺动脉狭窄(右心室流出道梗阻),可发生在漏斗部、肺动脉瓣膜或两者并存;③主动脉骑跨,由于漏斗部间隔向右心室侧移位,主动脉也相应向右前移位;④右心室肥厚,除漏斗部肥厚为原发外,其他主要为继发性改变。

法洛四联症尚可并发其他类型畸形,如冠状动脉畸形、右位主动脉弓、房间隔缺损、外周肺静脉发育异常、左上腔静脉等。

【病理生理】

由于主动脉骑跨及肺动脉狭窄,右心室血液进入肺动脉困难,大量静脉血液从右心室排入主动脉内,造成外周发绀;右心室内压力增高,继发右心室肥厚。

【临床表现】

1. 症状 主要表现为发绀。发绀可出现在婴儿时期,随活动增加而加剧。发绀取决于右心室流出道梗阻的程度,如肺动脉狭窄较轻,右至左分流量少,则患者发绀可不明显(称 acyanotic Fallot 或 pink tetralogy)。患者一般发育差,活动受限,乏力,习惯下蹲位,头痛,严重者可发生昏厥、抽搐。右心功能衰竭、感染性心内膜炎及肺部感染是常见的并发症。脑栓塞、脑出血等并发症也常发生。

2. 主要体征 发绀明显、杵状指(趾)、心前区抬举性搏动、胸骨左缘第2、3肋间可闻收缩期喷射性杂音伴有震颤,响度与肺动脉狭窄程度成反比,肺动脉瓣区第二心音呈单一心音(P_2缺如)。在成年患者可存在主动脉反流。

【相关检查】

1. 血常规 外周血的血红蛋白、红细胞、血细胞压积均明显升高。
2. 心电图 电轴右偏、右心室肥厚。可见各种类型的心律失常,尤以室性心律失常多见。
3. X线胸片 右心增大,心尖上翘,约25%患者可呈现右位主动脉弓。肺血流减少,肺动脉段凹陷。
4. 超声心动图 显示主动脉根部扩大,位置前移并骑跨在有回声缺如的室间隔上,多普勒超声显示右心室至主动脉的分流。
5. 核磁共振显像 可明显显示室间隔缺损、肺动脉及右心室流出道狭窄、升主动脉骑跨、右心室肥厚。
6. 心导管检查 右心室收缩压增高,肺动脉压减低,心室水平处可见右向左的分流;心导管可能从右心室进入主动脉,并可见主动脉与右心室收缩压相似。拟行外科手术的患者可作此项检查,并根据可为手术方案的选择制订提供依据。

【诊断及鉴别诊断】

根据病史、临床症状、心脏杂音,特别是超声心动图、MRI等检查,诊断基本可以确定。但应与艾森门格综合征、右心室双出口等鉴别。

【治疗】

在婴幼儿期通过手术解除右心室流出道梗阻、修补室间隔缺损可获得一定的疗效。如已到成年,则手术的危险性大大增加。但如有机会仍应争取手术治疗。预防发生感染性心内膜炎十分重要。

【预后】

预后很差,多数患者在 20 岁以前死亡。感染性心内膜炎是最常见的并发症及导致死亡的原因之一。

六、艾森门格综合征

由于肺血管床面积的减少导致不可逆的持续性肺动脉高压,使原有在心内的左向右分流逆转为右向左分流,由此而产生的一组临床表现称为艾森门格综合征(Eisenmenger's syndrome)。

【病理】

由于长期的右心室负荷增加,肺动脉压增高,使肺小动脉壁增厚、内腔狭窄甚至闭塞,导致右心室及右心房压力增加。当右心腔的压力超过左心腔时,原有的自左向右的分流逆转为自右向左分流。多数患者可能具有较大的心室间隔缺损、动脉导管未闭或房间隔缺损等,但由房间隔缺损导致的较少,仅占 5% 以下。

【临床表现】

1. 发绀 在活动或劳累后加重是主要的临床表现,同时伴有气急、乏力、头晕等。室间隔缺损患者一般在 6~12 岁以后,甚至可在 20 岁以后出现发绀。动脉导管未闭患者发绀常以下半身较为明显。

2. 主要体征 发绀及杵状指(趾),心前区搏动明显(右心室扩大所致),肺动脉瓣区可闻收缩早期喀喇音(喷射音),原有左至右分流的杂音可减弱或消失,P_2 常亢进伴分裂,三尖瓣区可有收缩期反流性杂音。

【相关检查】

1. 心电图 电轴右偏、右心室肥厚,各种类型心律失常,以室性多见。
2. X 线胸片 可呈现原有先天性心脏疾患的表现,一般为右心扩大,肺动脉干及左右肺动脉均扩大。
3. 超声心动图 可呈现原有先天性心脏疾患的表现。
4. 心导管检查 因心导管检查对患者有风险,故一般不行此项检查。

【诊断】

根据临床表现、体检及超声心动图等,一般诊断无特殊困难。对已确诊有心内左向右分流的先天性心血管病患者,临床出现晚发的明显发绀者,应首先考虑本综合征诊断。

【治疗及预后】

由于本综合征是先天性心血管病的终末阶段,预后极差。除有条件考虑作心肺联合移植外,无其他特殊治疗。

七、主动脉缩窄

先天性主动脉缩窄(coarctation of the aorta)占先天性心脏病的 6%~10%,男性多于女性(约为 2:1),25% 的患者合并主动脉瓣两瓣畸形。

【病理解剖】

90% 以上的主动脉缩窄发生在左锁骨下动脉开口远端、动脉导管或韧带所在区域(峡部),也可发生在腹主动脉分叉部以上的任何一处主动脉。典型的主动脉缩窄为主动脉管腔局限性狭窄,病变处动脉管腔内为隔膜样结构。

【病理生理】

由于主动脉缩窄,导致主动脉内在缩窄部近端血压升高,而远端血压降低,组织供血减少。部分患者在缩窄部周边可见动脉血管侧支循环建立。左心室后负荷增加,致使左心室肥厚。

【临床表现】

1. 症状 患者可因上半身血压增高而出现头晕、头痛、失眠等不适。也可因下半身供血不足而出现下肢乏力、发凉、酸痛、麻木等症状。如长期不接受治疗,则在40岁以上的患者有2/3可出现心力衰竭。

2. 主要体征 多数患者出现上肢血压高于下肢,颈动脉搏动增强;下肢脉搏明显减弱,皮肤温度降低;左心室增大,心尖搏动增强,可呈抬举性;在主动脉缩窄区域(多数患者在左侧背部)可听到收缩期杂音,也可在中上腹部左侧、胸骨左缘听到收缩期杂音。伴有主动脉瓣两瓣畸形者还可出现相应的体征。

【相关检查】

1. 心电图 可正常,亦可出现左心室肥厚表现。

2. X线胸片 左心室扩大、升主动脉扩张;肋骨后段的下缘有被侵蚀现象(rib notching),尤以左侧多见,多由于动脉侧支循环所致。

3. CT及核磁共振显像 电子束CT(EBCT)或MRI在矢状面成像或图像三维重建都可以较直观地显示主动脉缩窄的部位及范围。

4. 心导管检查 主动脉血管造影对确诊主动脉缩窄意义很大。可发现缩窄部位及范围。通过导管可测出缩窄段前后的压力差,有利于判断缩窄的临床病理意义。

【诊断】

根据临床症状、典型体征,结合X胸片、CT或MRI影像,诊断基本可以确定。心导管检查可进一步确诊,部分患者并可直接采用介入的手段进行治疗。在成年患者,多数在发现上肢血压增高后,作为对原发性高血压鉴别诊断分析时加以确诊。

【治疗】

手术切除缩窄段动脉,移植人造血管可获较好疗效。部分缩窄段短的患者可在切除后直接作动脉吻合。术后发生再狭窄可采用介入的方法进行治疗,如采用球囊扩张或植入支架。

【预后】

成年患者寿命平均为40岁左右。常因发生心力衰竭、动脉破裂、脑血管以外、继发性高血压、感染性心内膜炎等并发症而死亡。

八、主动脉口狭窄

先天性主动脉口狭窄(aortic stenosis)又可称为先天性左心室流出道梗阻(congenital left ventricular outflow obstruction),一般可分为瓣膜型、瓣上型、瓣下型。瓣膜型多数继发于主动脉瓣两瓣畸形,此型较常见,发生率可占人群的2%左右,男性多于女性。瓣上型较少见,占先天性心脏病的0.1%左右,本类型患者有明显的家族发生倾向,在遗传学上作为一种常染色体显性遗传已被肯定,称为Williams综合征(主动脉瓣上狭窄、智力低下、眼距宽、牙齿异常、高血钙症、多发性周围肺动脉狭窄)。瓣下型也较少见,占先天性心脏病的0.5%左右。

【病理解剖】

可分三种类型:①瓣膜型:瓣膜发育不全,常呈主动脉瓣两瓣畸形,瓣膜增厚、融合成圆锥形,顶端仅有一小孔。②瓣上型:在升主动脉窦上段中膜变性、坏死、纤维组织增生,中膜增厚常并发内膜增厚,使升主动脉根部有向主动脉腔内突出的环。③瓣下型:可有两种类型,隔膜型——在主动脉瓣下方0.5~2cm范围有纤维组织隔膜形成;管型——在主动脉瓣下有肌性狭窄,可延伸约1~3cm范围。以上三种类型均并发左心室肥厚。

【病理生理】

由于左心室流出道狭窄,左心室排血受阻,心室内压力增高,但主动脉内压降低。

【临床表现】

1. 症状　个别患者可终生无临床症状，但多数患者可在 50～60 岁出现症状。主要表现为乏力、心悸、胸痛（可呈典型的心绞痛）、晕厥等，患者常可并发心力衰竭，甚至猝死，也可并发感染性心内膜炎。

2. 主要体征　颈动脉搏动减弱，心尖搏动明显，心脏向左下扩大；主动脉瓣区第二心音减低，可出现第二心音反常分裂；瓣膜型患者在胸骨右缘第二肋间可闻响亮粗糙的收缩期喷射样杂音，向颈动脉及心尖部放散，常可伴有震颤；有时在主动脉瓣听诊区可闻及收缩早期喀喇音。部分患者可有主动脉瓣关闭不全的反流性杂音，特别是曾伴发过感染性心内膜炎的患者。瓣膜下型患者的收缩期杂音可在胸骨左缘第三、四肋间。瓣膜上型的收缩期杂音位于胸骨右缘第一肋间，第二心音无特殊变化。伴有感染性心内膜炎患者可出现主动脉瓣关闭不全的临床表现。

【相关检查】

1. 心电图　早期可正常，晚期出现左心室肥厚。

2. X 线胸片　显示左心室增大，呈主动脉型。瓣膜型患者可有升主动脉扩张；瓣上型及瓣下型患者常无动脉扩张。

3. 超声心动图　左心室肥厚，瓣膜型可见主动脉瓣发育异常、两瓣畸形、瓣膜增厚、活动受限；瓣下型可见左心室流出道狭窄。多普勒超声心动图可估计瓣膜口前后的压差。

4. 心导管检查　左心室内收缩压明显增高，主动脉内收缩压减低，形成明显的压力阶差。

【诊断】

临床诊断主要依靠典型体征、超声心动图表现，结合病史、X 线胸片等可以确诊。心导管检查不作为诊断的常规。

【治疗】

瓣膜型患者，左心室与主动脉内压力阶差较小者，临床无或症状轻者，可观察，仅作对症处理；如狭窄较严重、症状明显、左心室与主动脉内压力阶差明显，可选择主动脉瓣球囊成形术（儿童或年青人、瓣膜无或轻度钙化者）或主动脉瓣置换术（中老年人、瓣膜有钙化者）。瓣上型及瓣下型均少见，采用手术切除瓣膜上纤维环或瓣膜下隔膜可有一定疗效。

【预后】

轻者预后较好，多数患者死于左心室衰竭或猝死。

九、主动脉窦动脉瘤

主动脉窦动脉瘤（aortic sinus aneurysm）是一种少见的先天性心血管畸形。本病多见于男性，男女之比约为 4∶1。

【病理解剖】

本病是由于主动脉窦壁中层发育缺陷，中层组织与纤维环分离而出现局部薄弱区，在血流压力冲击下逐渐向外呈瘤样膨出。随年龄增长瘤体逐渐增大，可突入心腔，瘤壁变薄以致破裂。主动脉瓣的三个瓣窦都可以发生，但以右冠窦最多见。

【病理生理】

本病在瘤体破裂前可无明显血流动力学改变，少数较大瘤体突入右心室可出现右心室流出道梗阻。一旦瘤体破裂，则根据破入的位置不一其病理生理改变亦不同。多数破入右心室导致急性主动脉-右心室水平的左向右分流。少数瘤体可破入心包，引起急性心脏压塞而死亡。

【临床表现】

1. 症状　瘤体未破裂一般无特殊临床症状，个别可有心悸、胸痛、右心室流出道狭窄的相应症状。瘤体破裂多发生于 20～40 岁左右，常有劳力过度、情绪激动、妊娠等诱因。突发破裂入右心室时可有类似急性心肌梗死样的胸痛、心悸、呼吸困难、咳嗽、发绀等，重者发生休克，继之出现右心衰竭。如破入心包则可即刻死亡。

2. 体征 瘤体破裂前可能有轻度主动脉瓣关闭不全、三尖瓣关闭不全的杂音。当瘤体破入右心室后，可闻及胸骨左缘3、4肋间连续、粗糙、响亮的机器样杂音，常伴有震颤。肺动脉瓣区第二心音亢进。颈静脉怒张、外周舒张压降低、脉压增大、出现水冲脉、毛细血管搏动。后期出现肝大、下肢水肿。

【相关检查】

1. 心电图 瘤体破裂后可出现双心室扩大、ST-T改变、房室传导阻滞等；部分可正常。

2. X线胸片 瘤体未破裂时可无明显变化。瘤体破裂后可出现肺动脉段凸出、肺淤血、左右心室扩大。

3. 超声心动图 瘤体未破裂时可见局部有瘤囊状物膨出。瘤体破裂后显示左右心室、心房扩大，可见瘤体破口。超声多普勒检查可发现心腔内有血液分流。

4. 心导管检查 在瘤体破入右心室后行右心导管检查可显示：右侧心腔及肺动脉压力增高，右心血氧检查提示左向右分流。行选择性升主动脉造影可显示病变的主动脉窦明显扩大，造影剂从瘤体破口进入右心室。

【诊断】

瘤体未破裂前难以诊断，偶在查体行超声心动图时被发现。瘤体破裂者，根据病史、临床症状及突发的典型杂音、体征，一般诊断并不困难。但其杂音尚需与动脉导管未闭、主肺动脉间隔缺损、室间隔缺损等作鉴别。

【治疗】

一旦确诊应立即手术治疗。

【预后】

一旦瘤体破裂，如能及时手术，则预后尚可。如不能及时手术，则多数在数周或数月后死于充血性心力衰竭。

第二节 先天性心血管病的介入治疗

一、经皮肺动脉瓣球囊扩张术（PBPV）

(一) 适应证

1. 明确适应证 典型肺动脉瓣狭窄，心输出量正常时经心导管检查跨肺动脉瓣压差＞50mmHg为介入指征。最佳年龄2～4岁，其余各年龄均可进行。

2. 相对适应证

(1) 典型肺动脉瓣狭窄，心电图示右心室大，右心室造影示肺动脉扩张、射流征存在，但经心导管检查跨肺动脉瓣压差＜50mmHg，＞35mmHg者。

(2) 重症新生儿肺动脉瓣狭窄。

(3) 重症肺动脉瓣狭窄伴心房水平右向左分流。

(4) 轻、中度发育不良型肺动脉瓣狭窄。

(5) 典型肺动脉瓣狭窄伴动脉导管未闭或房间隔缺损等先心病，可同时进行介入治疗。

以上相对适应证的选择需根据每一心血管中心介入性心导管术的经验、条件、人员、设备及病人情况而定。

(二) 禁忌证

1. 单纯性肺动脉瓣下漏斗部狭窄，但瓣膜正常者。

2. 重度发育不良型肺动脉瓣狭窄。

3. 伴重度三尖瓣反流需外科处理者。

(三) 疗效评价

球囊扩张术后重复肺动脉与右心室压力检测及右心室侧位造影。如果术后肺动脉与右心室（漏斗部）之间跨瓣压差≤25mmHg，右心室造影示肺动脉瓣狭窄已解除，为PBPV效果良好。一部分病人在PBPV后发现瓣口梗阻虽已解除，但由于发生反应性漏斗部狭窄，使右心室压力下降不满意，但连续曲线示肺动脉与漏斗部压差已解除，而漏斗部与右心室入口之间存在压力阶差，表明PBPV术有效。反应性漏斗部狭窄通常在6个月内恢复。

(四) 并发症

PBPV虽为安全而有效的治疗肺动脉瓣狭窄的非开胸方法，但仍有5%左右的并发症，总死亡率<0.5%，多见于新生儿、小婴儿及重症病例。常见并发症有：一过性血压下降；心律失常（包括心动过缓、传导阻滞、早搏及心动过速等）；血管损伤；三尖瓣腱索损伤致三尖瓣关闭不全；心脏穿孔及心脏压塞等。

二、经皮主动脉瓣球囊扩张术 (PBAV)

(一) 适应证

1. 明确适应证 典型主动脉瓣狭窄，心输出量正常时经导管检查跨主动脉瓣压差≥50mmHg，无或仅轻度主动脉瓣反流。

2. 相对适应证

(1) 重症新生儿主动脉瓣狭窄。

(2) 隔膜型主动脉瓣下狭窄。

(二) 禁忌证

1. 主动脉瓣狭窄伴中度以上主动脉瓣反流。

2. 发育不良型主动脉瓣狭窄。

3. 纤维肌性或管道样主动脉瓣下狭窄。

4. 单纯主动脉瓣上狭窄。

(三) 疗效评价

PBAV术后测跨瓣压差，并做升主动脉造影以评价主动脉瓣狭窄解除的程度及有否发生或加重主动脉瓣反流。PBAV后跨主动脉瓣压差下降50%以上；主动脉瓣口面积增大25%以上为效果良好。

(四) 并发症

除心导管术的并发症外，可发生较多严重的并发症。主要为穿刺处动脉大出血、动脉栓塞（尤其婴幼儿）、明显的主动脉瓣反流、严重心律失常（包括室性心动过速、室颤等）、心功能不全、左室及升主动脉穿孔、二尖瓣损伤等。

三、动脉导管未闭封堵术

(一) 适应证

1. Amplatzer法

(1) 左向右分流不合并需外科手术的心脏畸形的PDA；PDA最窄直径≥2.0mm；年龄通常≥6个月，体重≥4kg。

(2) 外科术后残余分流。

提示：≥14mm的PDA，其操作困难，成功率低，并发症多，应慎重。

2. 弹簧栓子法

(1) 左向右分流不合并需外科手术的心脏畸形的PDA。PDA最窄直径：单个Cook栓子≤2.0mm；单个pfm栓子≤3mm。年龄通常≥6个月，体重≥4kg。

(2) 外科术后残余分流。

(二) 禁忌证

1. Amplatzer 法

(1) 依赖 PDA 存在的心脏畸形。

(2) 严重肺动脉高压并已导致右向左分流。

(3) 败血症，封堵术前 1 个月内患有严重感染。

2. 弹簧栓子法

(1) 窗型 PDA。

(2) 余同上。

(三) 疗效评价

经主动脉弓降部造影观察，若封堵器或弹簧栓子位置恰当，无或仅有微-少量残余分流为效果良好。

(四) 并发症

除心导管检查及造影并发症外，溶血、封堵器脱落、左肺动脉及降主动脉狭窄等。

四、房间隔缺损封堵术

(一) 适应证

1. 年龄：通常≥3 岁。

2. 直径≥5mm，伴右心容量负荷增加，≤36mm 的继发孔型左向右分流 ASD。

3. 缺损边缘至冠状静脉窦，上、下腔静脉及肺静脉的距离≥5mm；至房室瓣≥7mm。

4. 房间隔的直径＞所选用封堵伞左房侧的直径。

5. 不合并必须外科手术的其他心脏畸形。

(二) 禁忌证

1. 原发孔型 ASD 及静脉窦型 ASD。

2. 心内膜炎及出血性疾患。

3. 封堵器安置处有血栓存在，导管插入处有静脉血栓形成。

4. 严重肺动脉高压导致右向左分流。

5. 伴有与 ASD 无关的严重心肌疾患或瓣膜疾病。

(三) 疗效评价

根据多普勒左向右分流信号判定，无左向右分流信号为效果佳；直径＜1mm 左向右分流信号为微量残余分流；直径 1~2mm 为少量残余分流。

(四) 并发症

除心导管术的并发症外，冠状动脉栓塞、脑栓塞、脑出血、股动静脉瘘、封堵器脱落、心律失常、头痛、对封堵器过敏、房室瓣穿孔反流、心脏穿孔、心脏压塞、主动脉-右心房瘘等。

五、室间隔缺损封堵术

(一) 适应证

1. 膜周部 VSD：①年龄：通常≥3 岁；②对心脏有血流动力学影响的单纯性 VSD；③VSD 上缘距主动脉右冠瓣≥2mm，无主动脉右冠瓣脱入 VSD 及主动脉瓣反流。

2. 肌部室缺，通常≥5mm。

3. 外科手术后残余分流。

4. 其他：心肌梗死或外伤后室缺虽非先天性，但其缺损仍可采用先心病 VSD 的封堵技术进行关闭术。

(二) 禁忌证

1. 活动性心内膜炎，心内有赘生物，或引起菌血症的其他感染。
2. 封堵器安置处有血栓存在，导管插入处有静脉血栓形成。
3. 缺损解剖位置不良，封堵器放置后影响主动脉瓣或房室瓣功能。
4. 重度肺动脉高压伴双向分流者。

(三) 疗效评价

封堵器安置后在经胸和/或经食管超声心动图（TTE/TEE）及左室造影下观察，效果良好：封堵器安置位置恰当；无或仅有微-少量分流；无明显主动脉瓣及房室瓣反流。

(四) 并发症

除心导管术并发症外，有心律失常（室性早搏、室性心动过速、束支传导阻滞及房室传导阻滞等）、封堵器脱落、栓塞、主动脉瓣或三尖瓣反流、残余分流、溶血、心脏及血管穿孔、神经系统并发症：头痛、中风等、局部血栓形成及周围血管栓塞等。

（毛节明）

第五章 高血压

【概述】

血管内血液对血管壁的侧压力称为血压（blood pressure，BP）。高血压（hypertension）是以体循环动脉血压增高为主要表现，由多基因遗传、环境及多种危险因素相互作用所致的临床综合征，可分为原发性及继发性两大类。在绝大多数患者中，高血压的病因不明，称之为原发性高血压或高血压病（primary hypertension，PH；或 essential hypertension，EH），占高血压患者的 90% 以上；在不足 10% 患者中，血压升高是某些疾病的一种临床表现，本身有明确而独立的病因，称为继发性高血压（secondary hypertension）。

地区、种族及年龄的不同，高血压发病率也不同，发达国家较发展中国家高，同一国家不同种族之间也有差异，城市高于农村，北方高于南方，高纬度（寒冷）地区高于低纬度（温暖）地区，高海拔地区高于低海拔地区；冬季患病率高于夏季；血压水平随年龄增加而增高，舒张压约在 55 岁达高峰，以后不再增高。女性更年期前患病率低于男性，更年期后高于男性；人均盐和饱和脂肪摄入越多，平均血压水平越高。经常大量饮酒者血压水平高于不饮或少饮者；患病率与人群肥胖程度和精神压力呈正相关，与体力活动水平呈负相关；直系亲属（尤其是父母及亲生子女之间）间血压有明显相关。

我国曾进行的 3 次大规模全国性高血压抽样调查结果显示，我国成年人高血压患病率（收缩压≥140mmHg 及/或舒张压≥90mmHg）1959 年为 5.1%，1979—1980 年为 7.7%，1991 年为 13.6%。2002 年卫生部组织的全国居民 27 万人营养与健康状况调查资料显示，我国 18 岁及以上居民高血压患病率为 18.8%，据此估计全国患病人数 1.6 亿，而我国人群高血压知晓率、治疗率和控制率仅分别为 30.2%、24.7% 和 6.1%。以上流行病学资料显示，近半个世纪来我国人群高血压患病率上升很快。其原因与我国经济发展、人民生活改善和生活节奏的加快带来的一系列不健康生活方式有关，包括膳食不平衡、吸烟和过量饮酒、缺乏体力活动和心理压力增加等。这些不良趋势，以及很低的人群高血压控制率，是我国人群高血压防治面临的严重挑战。

【病因和发病机制】

1. 病因　原发性高血压是遗传因素与环境因素长期相互作用的结果，超重、高盐膳食及中度以上饮酒等不良生活方式起着至关重要的作用。

（1）遗传和基因因素：原发性高血压有遗传和家族聚集倾向，可能与同一家族成员具有相同的基因结构、环境及生活习惯有关。北京市 1991 年高血压普查结果表明，父母一方有高血压者高血压患病率是无高血压家族史者的 1.5 倍，父母双方均有高血压者高血压患病率是无高血压家族史的 2~3 倍。以一级、二级亲属的资料分别计算原发性高血压的遗传度，前者为 70%±9.8%，后者为 57%±7.9%。研究孪生子发现，单卵孪生子间血压相关程度比双卵孪生子间更明显。

（2）超重和肥胖：我国正常成年人的体重指数为 $18.5 \sim 23.9 kg/m^2$，$24 \sim 27.9 kg/m^2$ 为超重，≥28 为肥胖；腹围男性≥85cm，女性≥80cm 提示为腹部脂肪聚集。我国 MONICA 方案研究发现，北方各省市高血压患病率明显高于南方，同时北方的平均体重指数也明显高于南方。中美心血管病流行病学合作研究结果显示，基线时体重指数增加 3，4 年内发生高血压的危险女性增加 57%，男性增加 50%。超重和肥胖导致高血压的发生可能与水钠潴留、交感神经与肾素-血管紧张素-醛固酮系统兴奋性增高及胰岛素抵抗有关。

（3）饮酒：饮酒量与血压之间存在剂量-反应关系，其机制可能为长期饮酒者的皮质激素水平升高，血儿茶酚胺水平上升；影响肾素-血管紧张素及血管加压素和醛固酮的作用；影响细胞膜的流动性、通透性，引起钠-钾泵活性异常及离子转运功能障碍，使细胞内钙离子浓度升高，外周血管阻力增加。中美心血管病流行病学合作研究结果表明，男性持续饮酒者比不饮酒者4年发生高血压的危险性增加40%。

(4) 膳食高钠、低钾及低钙：盐摄入与高血压患病率之间呈线性相关。中国人群食盐量高于西方国家。1979—1980年全国高血压普查结果显示，我国南方与北方高血压患病率有明显的差别，与食盐量不同有关。北方食盐摄入量平均每人每日12～18g，而广西、福建等地均在7～8g。如平均每人每日食盐量增加2g，则收缩压和舒张压均值增高2.0mmHg和1.2mmHg。高血压患者有盐敏感型和非敏感型，提示高钠饮食引起高血压的机制有遗传因素的参与。盐敏感者占高血压人群的30%～50%。

血清钾、尿钾及膳食摄入的钾与血压之间呈负相关；钾对血压的调节机制可能与抑制肾素-血管紧张素活性和交感神经系统的兴奋性、增强压力感受器的功能以及直接的促尿钠排泄作用等有关。目前我国人群膳食中钾摄入量普遍偏低，一般在2～3g/d，这也是我国高血压患病率高的重要原因之一。

钙离子参与血管平滑肌的收缩与舒张，同时低钙膳食可能促进钠的吸收。

高盐膳食是中国人群高血压发病的重要危险因素，而低钾、低钙的膳食结构又加重了钠对血压的不良影响。

(5) 精神压力：精神压力增加可导致血压升高。动物实验证明，一笼饲养多只老鼠比分笼饲养老鼠的血压高。紧张可使心率、血压、血浆肾上腺素和去甲肾上腺素水平升高。

2. 发病机制

(1) 肾素-血管紧张素-醛固酮系统（renin-angiotensin-aldosterone system，RAAS）：肾小球入球动脉球旁细胞分泌肾素，肾素作用于肝合成的血管紧张素原（angiotensinogen）而生成血管紧张素Ⅰ，血管紧张素Ⅰ再经肺循环中的血管紧张素转换酶（angiotensin converting enzyme，ACE）的作用转换为血管紧张素Ⅱ（angiotensin Ⅱ）。血管紧张素Ⅱ作用于血管紧张素Ⅱ的1型受体（angiotensin receptor），可使血管平滑肌收缩，外周阻力增加；刺激肾上腺皮质球状带，使醛固酮分泌增加，水钠潴留，血容量增加；交感活性增高，使去甲肾上腺素分泌增加，血管对儿茶酚胺反应性增强，导致血压升高。RAAS在高血压的发生和发展中占有十分重要的地位。肾灌注降低、肾小管内液钠浓度减少、血容量降低、低钾血症、精神紧张、寒冷、直立运动等均可激活肾素-血管紧张素-醛固酮系统。

(2) 中枢神经和交感神经系统：反复的过度紧张与精神刺激可以引起高血压。当大脑皮质兴奋与抑制过程失调时，皮质下血管运动中枢失去平衡，交感神经活性增高，释放去甲肾上腺素增多，致使外周血管阻力增高和血压上升；同时肾上腺髓质释放肾上腺素也增多，而血中肾上腺素水平的持续增高又使交感神经末梢去甲肾上腺素释放增多，从而进一步使血管阻力增加。其他神经递质如5-羟色胺、多巴胺等也可能参与这一过程。

(3) 血管内皮功能异常：血管内皮通过代谢、生成、激活和释放各种血管活性物质而在血液循环、心血管功能的调节中起极为重要的作用。内皮细胞生成舒张因子和收缩因子。舒张因子包括前列环素（PGI_2）、内皮依赖舒张因子（endothelium derived relaxing factor，EDRF）等，具有扩张血管和抑制血小板功能作用，收缩因子包括内皮素（endothelin，ET）、血管收缩因子（endothelium derived contracting factor，EDCF）、血管紧张素Ⅱ等，均有血管收缩作用，正常情况下，舒张因子与收缩因子的作用保持一定的平衡。

研究证实EDRF实际上为一氧化氮（nitric oxide，NO），由L-精氨酸通过NO合成酶（nitric oxide synthase，NOS）作用而生成。在内皮素的三种异构体中，内皮素-1（ET-1）是内皮细胞生成的唯一内皮素，是已知的最强烈的缩血管物质之一。

血压升高使血管壁剪切力和应力增加，可损害血管内皮及其功能，NO与PGI_2生成减少，而

ET-1与血栓素（TXA$_2$）释放增加，血管平滑肌细胞对舒张因子的反应减弱而对收缩因子的反应增强，导致血管舒张功能减弱、收缩功能增强。血管内皮功能损害可引起血管内皮的渗透性增加和平滑肌增生，使得单核细胞易于迁移，并伴有脂质的沉积和炎症因子的激活，最后形成粥样斑块。此外，血管内皮功能异常还表现为内皮的抗血栓形成能力明显减弱。因此内皮功能障碍可能还是高血压导致靶器官损害的重要因素。

（4）胰岛素抵抗：高血压常与腹部肥胖、血脂异常（三酰甘油升高、低密度脂蛋白胆固醇增高、高密度脂蛋白胆固醇降低）、胰岛素抵抗（伴或不伴糖耐量异常）并存，胰岛素抵抗由遗传因素和环境因素（如热量摄入过多）造成。它使外周组织（骨骼肌）的葡萄糖摄取受阻，影响糖原合成，引起胰岛素代偿性分泌增多，导致高胰岛素血症，致使肾小管钠再吸收增加；交感神经活性增高；调节离子转运的Na$^+$-K$^+$-ATP酶和Ca^{2+}-ATP酶活性降低，以及生长因子等因素作用下使血压升高。

【病理】

早期全身细、小动脉痉挛，日久血管壁缺氧，呈透明样变性。小动脉压力持续增高时，内膜纤维组织和弹力纤维增生，管腔变窄，加重缺血。血压长期升高可导致心、脑、肾、血管等靶器官损害。

1. 脑　脑小动脉硬化常见。如伴有血管痉挛或血栓形成，可造成脑软化，痉挛处远端血管壁可发生营养性坏死而形成微小动脉瘤，如破裂则引起脑出血。普遍而急剧的脑小动脉痉挛与硬化使毛细管壁缺血、通透性增高，导致急性脑水肿；慢性脑小动脉硬化、缺血，可致血管性痴呆。收缩压水平和脉压更大程度地决定脑卒中的危险性，收缩压每下降5～10mmHg或舒张压每下降2～5mmHg，脑卒中危险降低30%～40%。

2. 心脏　血压增高使左心室后负荷加重，导致左心室心肌肥厚，继而左心室腔扩大，病情进展可出现心力衰竭。持久的血压增高促进脂质在大、中动脉内膜的沉积而发生动脉粥样硬化，如合并冠状动脉粥样硬化，可使心肌缺血而加重上述心脏的变化。血压水平与主要冠心病事件（冠心病死亡或非致死性心肌梗死）之间呈正相关。有高血压史者心力衰竭的危险为正常血压者的6倍多。

3. 肾　肾细小动脉硬化。肾小球入球动脉玻璃样变性和纤维化，引起肾单位萎缩、消失，病变重者致肾衰竭。舒张压降低5mmHg，终末期肾病的危险约减少25%。

【病理生理】

血压的调节主要取决于心排血量和外周阻力。

平均动脉压＝心排血量×总外周阻力

心排血量受细胞外液容量、心率和心肌收缩力等各种因素的影响。

总外周阻力受交感神经系统的α受体（使血管收缩）和β受体（使血管扩张）、血管紧张素和儿茶酚胺（均使血管收缩）、前列腺素和缓激肽（bradykinin, BK）（均使血管扩张）等因素的影响。

当血压下降时，钠与水发生潴留，直到血容量增加和血压回升为止。如血压升高，则钠和水排出增加，使血容量缩减，心排血量减少，血压恢复正常。

当心排血量增加时，血压升高，从而刺激压力感受器，反射性引起外周血管扩张、心肌收缩力减弱，从而防止血压过度升高。心排血量恢复正常时，外周仍存在一定阻力，使血压维持在正常水平。

【临床表现】

高血压早期并无特异的临床症状，且血压的高低与症状的轻重并不成正比。当有靶器官损害时则有相应的临床表现，脑和眼受损表现为头痛、眩晕、视力下降、短暂性脑缺血发作、感觉及运动缺失；心脏表现为心悸、胸痛、胸闷、踝部水肿；肾受损表现为口渴、多尿、夜尿、血尿；外周血管受损则表现为肢端发冷、间歇性跛行等。

1. 病史采集　全面的病史采集极为重要，应包括：

（1）家族史：有无高血压、早发冠心病、脑卒中、血脂异常、糖尿病及肾病的家族史，有助于评估高血压病因及其他心血管病危险因素的存在。

（2）病程：发现高血压的时间、血压水平和既往血压水平以帮助高血压的诊断、分层；询问是否接受过抗高血压药物治疗及其疗效和副作用如何，以指导治疗方案的制订。

（3）症状：有无提示继发性高血压的症状；若有血尿、蛋白尿或尿频、尿急、尿痛、肾功能异常等，应高度怀疑肾实质疾病；若有消瘦、多汗、心悸、面色苍白或阵发性高血压等，应高度怀疑嗜铬细胞瘤。若有口干、夜尿多、双下肢乏力甚至软瘫、低血钾等，应高度怀疑原发性醛固酮增多症；若有向心性肥胖、满月脸、多毛、性功能紊乱，应高度怀疑库欣综合征（Cushing syndrome）或库欣病（Cushing diseases）。

（4）既往史：目前及既往有无冠心病、心力衰竭、脑血管病、外周血管病、糖尿病、血脂异常、痛风、肾疾病、支气管痉挛、性功能异常等症状或病史及其治疗情况，以助确定高血压病因、其他心血管病危险因素及制订适合的治疗方案。

（5）生活方式：仔细了解膳食中的脂肪、盐、酒精的摄入量，吸烟情况，体力活动量，询问成年后体重增加情况，目的是为评价高血压病的发病危险因素。

（6）用药史：有些药可能使血压升高或者干扰抗高血压药物药效（如口服避孕药、非固醇类抗炎药、甘草、可待因、安非他明等）。

（7）社会心理因素：详细了解可能影响高血压病程及疗效的个人心理、社会和环境因素，包括家庭情况、工作环境及文化程度。

2. 体格检查

仔细的体格检查包括正确测量血压和寻找继发性高血压及靶器官受损害的线索。

（1）血压测量：测量血压是诊断高血压和评估其严重程度的主要依据。目前评价血压水平的方法有：

1）诊所血压：诊所血压是目前诊断高血压和分级的标准方法。具体要求如下：①选择符合计量标准的水银柱血压计或者经国际标准（BHS 和 AAMI）检验合格的电子血压计，采用标准袖带（12~13cm 长，35cm 宽），当被测量者上臂较粗或较细时，应分别采用较大或较小的袖带进行测量；②被测量者至少安静休息 5 分钟，取坐位，上臂与心脏处在同一水平。首诊时应当测量双臂血压，以听诊方法测量时应以较高一侧的读数为准。对老人、糖尿病人或其他常有或疑似直立性低血压的病人，应加测站立位血压；③分别采用柯氏（Korotkoff）第Ⅰ音和第Ⅴ音（消失音）确定收缩压和舒张压。<12岁儿童、妊娠妇女、严重贫血、甲状腺功能亢进、主动脉瓣关闭不全及柯氏音不消失者，以柯氏音第Ⅳ时相（变音）定为舒张压；④应相隔 1~2 分钟重复测量，取 2 次读数的平均值记录。如果收缩压或舒张压的 2 次读数相差 5mmHg 以上，应再次测量，取 3 次读数的平均值记录。

2）自测血压：对于评估血压水平及严重程度、评价降压效应、改善治疗依从性、增强治疗的主动参与，自测血压具有独特的优点，且无白大衣效应，可重复性较好。目前，患者家庭自测血压在评价血压水平和指导降压治疗上已经成为诊所血压的重要补充。然而，对于精神焦虑或根据血压读数常自行改变治疗方案的患者，不建议自测血压。推荐使用符合国际标准的上臂式全自动或半自动电子血压计，正常上限参考值：135/85mmHg。

3）动态血压：动态血压监测（ambulatory blood pressure monitoring, ABPM）在临床上可用于诊断白大衣性高血压、隐蔽性高血压、顽固难治性高血压、发作性高血压或低血压，评估血压升高严重程度，但是目前主要仍用于临床研究，例如评估心血管调节机制、预后意义、新药或治疗方案疗效考核等，不能取代诊所血压测量。动态血压的正常值推荐以下国内参考标准：24 小时平均值<130/80mmHg，白昼平均值<135/85mmHg，夜间平均值<125/75mmHg。正常情况下，血压波动曲线如长柄勺状，夜间 2~3 时处于低谷，凌晨迅速上升，上午 6~8 时和下午 4~6 时出现两个高峰，夜间血压均值比白昼血压值低 10%~15%。

（2）测量身高和体重：计算体重指数（body mass index, BMI）BMI＝体重/身高^2 [kg/m^2]。

（3）心脏检查：检查心率、节律、心音、杂音及附加音，注意心脏大小。

（4）血管检查：检查颈部、腹部、背部脊肋角血管杂音，外周动脉如双侧肱动脉、桡动脉、股动脉、腘动脉及足背动脉搏动情况，注意有无四肢脉搏减弱或消失，有条件者测定踝-臂指数，以助确定或排除主动脉缩窄、大动脉炎、肾动脉狭窄等引起的继发性高血压。

(5) 眼底检查：评价高血压分级（Keith-Wagener 眼底分级法：Ⅰ级，视网膜动脉变细、反光增强；Ⅱ级，视网膜动脉狭窄、动静脉交叉压迫；Ⅲ级，上述血管病变基础上有眼底出血、棉絮状渗出；Ⅳ级，上述血管病变基础上出现视神经乳头水肿），老年人轻度视网膜病变大多无病理意义。

(6) 肺检查：注意有无啰音和支气管痉挛征象。

(7) 腹部检查：注意有无腹主动脉搏动、肾增大和其他肿块，有无上腹部或脊肋角处的血管杂音，以排除继发性高血压。

(8) 神经系统检查：注意有无并发或合并神经系统损害。

【实验室和其他检查】

1. 实验室检查　实验室检查应在开始治疗前进行，以确定是否有继发性因素、靶器官损害和其他危险因素的存在。常规检查项目包括：

(1) 全血细胞计数：注意有无贫血。

(2) 尿常规：注意有无血尿、蛋白尿、尿糖及镜检有无细胞以助确定或排除肾病、糖尿病及有无高血压肾损害。

(3) 生化检查：包括血钾、钠、尿素氮、肌酐、尿酸、空腹血糖、总胆固醇、三酰甘油等，以提示原发性醛固酮增多症、肾病或高血压肾损害、高尿酸血症或痛风、糖尿病、血脂异常的存在。

2. 心电图　可以诊断高血压患者是否合并左心室肥厚、左心房负荷过重、有无心律失常及心肌缺血表现。

3. X线胸片　心胸比率大于 0.5 提示心脏受累，多由于左心室扩大所致。主动脉夹层、胸主动脉和腹主动脉缩窄亦可从 X 线胸片中找到线索。

4. 超声　超声心动图可以更可靠地诊断左心室肥厚和扩张，较心电图敏感。还可以评价高血压患者的心脏收缩及舒张功能。如疑有颈动脉、股动脉及其他外周动脉和主动脉病变，应作血管超声检查；疑有继发性高血压和肾脏病变，应作肾上腺和肾脏的 B 超检查。

5. 动态血压监测（ambulatory blood pressure monitoring，ABPM）　用于诊断单纯诊所高血压（白大衣高血压）、发作性高血压或低血压，了解血压变异性和昼夜节律，判断高血压严重程度，指导降压治疗及评价降压药物疗效等。

【诊断和鉴别诊断】

2005 年中国高血压防治指南将血压分为正常、正常高值及高血压（表 3-5-1）。高血压定义为在未服用抗高血压药物的情况下，收缩压（systolic blood pressure，SBP）≥140mmHg 和/或舒张压（diastolic blood pressure，DBP）≥90mmHg。测量 3 次非同日血压均符合上述标准，即可诊断为高血压。患者既往有高血压史，目前正服抗高血压药，血压虽已低于 140/90mmHg，也应诊断为高血压。

表 3-5-1　血压水平的定义和分类（中国高血压防治指南，2005）

类别	收缩压（mmHg）	舒张压（mmHg）
正常血压	<120	<80
正常高值	120～139	80～89
高血压：	≥140	≥90
1级高血压（轻度）	140～159	90～99
2级高血压（中度）	160～179	100～109
3级高血压（重度）	≥180	≥110
单纯收缩期高血压	≥140	<90

若患者收缩压与舒张压分属不同的级别时，则以较高的分级为准。单纯收缩期高血压也可按照收缩压水平分为 1、2、3 级。

确诊高血压后同时必须进一步检查以排除继发性高血压，以下线索提示有继发性高血压的可能：①严重或顽固性高血压；②发病年龄轻；③原来控制良好的高血压突然恶化；④突然发病；⑤合并周围血管疾病。

引起继发性高血压的常见原因为：

1. **肾实质性高血压** 是最常见的继发性高血压的病因，尤以慢性肾小球肾炎最为常见。

（1）可疑对象的临床特点：①有急、慢性肾炎病史；②以面部为主的水肿；③对一般降压药物反应差；④贫血表现；⑤尿常规检查可见血尿、蛋白尿或颗粒管型等；⑥血清尿素氮及肌酐升高。

（2）有助于确定诊断的特殊检查：①双侧肾B超、电子计算机X线体层显像（CT）或磁共振显像（MRI）检查可显示双侧肾的形态改变及肾实质弥漫性病变；②静脉肾盂造影：可显示双侧肾形态及排泄功能；③放射性核素肾显像：可显示肾位置、形态、排泄功能及双侧肾血流分布情况；④肾活检：可显示肾病理变化。

2. **肾素瘤**

（1）可疑对象的临床特点：①多发生于30岁以下；②病程短，进展快，多呈恶性高血压表现；③低血钾；④夜尿增多，但多不出现周期性麻痹；⑤一般降压药物疗效差，而血管紧张素转换酶抑制剂疗效明显。

（2）有助于确定诊断的特殊检查：①血浆肾素活性（PRA）明显增高，且呈自动分泌状态；②分侧肾静脉取血查PRA，其比值大于1.5；③双肾CT、MRI可显示直径>1cm的瘤体，放射性核素肾显像也能显示一定的缺损区。

3. **肾血管性高血压** 是继发性高血压的第二位原因，动脉粥样硬化是老年人肾动脉狭窄的主要原因，大动脉炎是我国年轻人肾动脉狭窄的主要原因。

（1）可疑对象的临床特点：①30岁以前或50岁以后突然发生高血压；②病程短，进展快，药物难以控制，伴有肾功能恶化的趋势；③上腹部或肋脊角处闻及血管杂音；④用ACEI类药物治疗迅速出现肾功能恶化；⑤上腹部或腰部外伤后发生高血压。

（2）有助于确定诊断的特殊检查：①腹部多普勒血管超声可作为初筛方法；②肾动脉造影（包括MRI血管造影、CT血管造影及数字血管造影）；③分侧肾静脉取血查肾素活性（PRA）；④卡托普利试验。

4. **主动脉缩窄** 是一种以躯体上半部分高血压、下肢低血压为特征的阻塞性主动脉病变，阻塞部分多在主动脉峡部，相当于左锁骨下动脉起始的远端和动脉导管连接于降主动脉的水平。

（1）可疑对象的临床特点：①患者常有头昏、头痛，下肢乏力和寒冷感，运动后下肢疼痛；②上肢血压明显高于下肢；③肋间或腹部血管杂音。

（2）有助于确定诊断的特殊检查：主动脉多层CT或MRI可显示主动脉狭窄的位置、形态及与周围其他血管之间的关系。

5. **原发性醛固酮增多症** 病因为肾上腺皮质醛固酮瘤或增生所致的醛固酮分泌过多。

（1）可疑对象的临床特点：①长期高血压；②尿钾增多，低血钾，周期性麻痹；③夜尿多，口渴，乏力；④碱血症，手足搐搦。

（2）有助于确定诊断的特殊检查：①高醛固酮、低肾素、低血管紧张素Ⅱ血症；②激发试验仍然是高醛固酮、低肾素、低血管紧张素Ⅱ血症；③肾上腺B超、CT或MRI等检查有助于定位、鉴别腺瘤及增生；④螺内酯（安体舒通）试验阳性。

6. **嗜铬细胞瘤** 90%的嗜铬细胞瘤位于肾上腺髓质，右侧多于左侧。交感神经节和体内其他部位的嗜铬组织也可发生此病。肿瘤释放出大量儿茶酚胺，引起血压升高和代谢紊乱。

（1）可疑对象的临床特点：①阵发性血压增高伴高血压危象，或持续性高血压有阵发性加剧，或阵发性高血压与低血压交替；②阵发性高血压伴剧烈头痛、心悸、胸闷、心前区疼痛、恶心呕吐等症状，并有面色苍白、消瘦、出汗、四肢湿冷、心动过速或心律不齐，每次发作的症状极为相似；③多种诱因（如情绪激动、排尿、大便、弯腰、腹部触诊、创伤、注射给药、麻醉等）可引起严重的升压反应或高血压危象或休克。

（2）有助于确定诊断的特殊检查：①发作时血尿儿茶酚胺及其代谢产物香草基杏仁酸（VMA）测定显著增高；②肾上腺B超、CT、MRI等检查可显示肿瘤部位，或行 ^{131}I-MIBG核素显像；③腔静脉分段取血查儿茶酚胺；④如以上方法仍未能确定肿瘤的部位，不能除外异位嗜铬细胞瘤的可能性。

7. 皮质醇增多症　由于肾上腺皮质分泌过量皮质醇所致。

（1）可疑对象的临床特点：①向心性肥胖、满月脸、多血质外貌、毛发增多、皮肤紫纹、骨质疏松；②血糖升高；③对感染抵抗力减弱。

（2）有助于确定诊断的特殊检查：①尿游离皮质醇及尿17-羟皮质类固醇的测定；②血浆游离皮质醇和ACTH水平及其节律的测定；③小剂量地塞米松抑制试验；④大剂量地塞米松抑制试验及CRH兴奋试验鉴别病因；⑤蝶鞍区CT、MRI及肾上腺B超、CT或MRI等检查进行肿瘤定位，或行 ^{131}I-MIBG核素显像。

8. 睡眠呼吸暂停综合征　一种表现为睡眠期间上呼吸道反复发生的机械性阻塞而致的呼吸紊乱综合征。低氧血症、高碳酸血症及交感神经系统兴奋性增加是导致血压升高的主要因素。提示本症的线索有：白天嗜睡、打鼾、肥胖、睡眠时窒息、憋气、夜间频繁觉醒等。睡眠呼吸监测有助于确定诊断。

9. 药源性高血压　一些药物不仅可使血压正常者血压升高，也可使原有高血压加重，诱发高血压危象，或成为难治性高血压。引起高血压的常用药物有：①非甾体类抗炎药（NSAIDs），如阿司匹林、吲哚美辛（消炎痛）、布洛芬、安乃近及对乙酰氨基酚等；②女用口服避孕药，如炔诺酮、炔诺孕酮及其复方制剂；③肾上腺皮质激素，包括糖皮质激素，如氢化可的松、可的松及地塞米松，和盐皮质激素如去氢皮质酮等；④拟肾上腺素药物，如肾上腺素、去甲肾上腺素、异丙肾上腺素、间羟胺和麻黄碱等；⑤单胺氧化酶抑制剂；⑥三环类抗抑郁药；⑦环孢素和免疫抑制剂；⑧重组红细胞生成素；⑨其他如可卡因、甘草和某些中药等。

【高血压的危险度分层】

根据患者的血压水平、心血管危险因素的多少、靶器官损害的情况及有无相关临床疾病进行危险分层（表3-5-2）。危险分层预测10年中发生主要心脑血管事件的危险性，低危组低于15%，中危组15%～20%，高危组20%～30%，极高危组高达30%以上。

表3-5-2　按危险分层，量化地估计预后（中国高血压防治指南，2005）

其他危险因素和病史	血压（mmHg）		
	1级高血压 SBP140～159 或 DBP90～99	2级高血压 SBP160～179 或 DBP100～109	3级高血压 SBP≥180 或 DBP≥110
无其他危险因素	低危	中危	高危
1～2个危险因素	中危	中危	很高危
≥3个危险因素 靶器官损害或糖尿病	高危	高危	很高危
并存的临床情况	很高危	很高危	很高危

SBP：收缩压；DBP：舒张压

用以危险分层的血压标准为血压升高水平（1级、2级、3级）；其他危险因素为男性>55岁、女性>65岁；吸烟；糖尿病；早发心血管病家族史（男性<65岁，女性<55岁）；血胆固醇>5.72mmol/L（220mg/dl）；靶器官损害（左室肥厚、蛋白尿、血肌酐升高、X线或B超证实动脉粥样硬化斑块存在）；心脏疾病（心肌梗死、心绞痛、心力衰竭、冠脉血运重建）；脑血管疾病（脑出血、缺血性脑卒中、TIA发作);肾脏疾病(糖尿病肾病、高血压肾损害及肾功能不全);血管疾病(外周血管病、主动脉夹层);视网膜病变(出血、渗出、视乳头水肿)等。

2007年欧洲高血压诊疗指南强调总的心血管危险评估是制订治疗策略的依据。高危和极高危患者包括:①收缩压≥180mmHg和(或)舒张压≥110mmHg;②收缩压>160mmHg,但舒张压较低(<70mmHg);③糖尿病;④代谢综合征(MS);⑤≥3个心血管危险因素;⑥≥1个亚临床器官损害;⑦有明确的心血管或肾脏疾病。对于高危与极高危的患者应灵活调整启动降压治疗的阈值,尽早治疗,尽快达标,重视干预相关的危险因素和并存的临床情况,从而改善患者的预后。

【治疗】

2005年美国高血压学会(ASH)提出高血压是一个由许多病因引起的处于不断进展状态的心血管综合征,可导致心脏和血管的功能和结构改变。这种概念的更新来源于对心血管疾病危险评估的逐渐实施以及人们对循证医学的深入理解。例如,血压数值相同的情况下,如果伴随有心脏、脑、肾等靶器官损害,那么发生心血管疾病的危险较大;相反,如果不伴随器官损害,发生心脏病或卒中的危险就小。因此,对于不同的患者,应该根据其血压水平、危险因素、靶器官损害和相关疾病进行危险度分层,制订个体化的治疗方案和降压治疗的目标值。

1. 降压治疗的目标

(1) 将血压降至理想水平:所有高血压患者血压降至<140/90mmHg,老年高血压患者血压降至<150/90mmHg,如患者可以耐受,还应降至更低;糖尿病以及高危或极高危患者血压降至<130/80mmHg,慢性肾脏病尿蛋白≥1g/d时血压降至<125/75mmHg,并尽可能减少尿蛋白到最低水平。

(2) 逆转靶器官损害。

(3) 减少心血管事件及降低死亡率。

(4) 提高生活质量。

2. 非药物治疗 适合于各型高血压,尤其是对轻型者,单独非药物治疗措施可使血压有一定程度的下降。

(1) 限制钠摄入:以中度限制钠摄入为宜,WHO建议食盐量不超过6g/d为宜,而目前国人食盐摄入量多在10~15g/d,明显偏高。低钠饮食不仅能使血压有所下降,还有助于增强利尿剂的降压效应和减少利尿剂所致的钾丢失。

(2) 减轻体重:建议体重指数(kg/m^2)控制在24以下。减重对健康的利益是巨大的,如在人群中平均体重下降5~10kg,收缩压可下降5~20mmHg。高血压患者体重减少10%,则可使胰岛素抵抗、糖尿病、高脂血症和左心室壁肥厚得到改善。

(3) 运动:进行体育活动,如跑步、行走、游泳等。太极拳和其他传统自身锻炼的运动量较小,降压作用不明显,但使交感神经活性降低而受益。一般健康人适宜的运动负荷以人的每分钟最大心率的百分数表示,有效健身的心率应达到最大心率的60%~85%,最大心率=180(或170)一年龄。运动频度一般要求每周3~5次,每次持续20~60分钟即可,可根据运动者身体状况和所选择的运动种类以及气候条件等而定。血压明显升高者应适当限制运动。

(4) 戒烟限酒:吸烟是公认的心脑血管疾病发生的重要危险因素。尽管有研究表明非常少量饮酒可能减少冠心病发病的危险,但是饮酒和血压水平及高血压患病率之间却呈线性相关,大量饮酒可诱发心脑血管事件发作,因此不提倡用少量饮酒预防冠心病,提倡高血压患者最好戒酒。

(5) 保持心态平衡:长期精神压力和心情抑郁是引起高血压和降压治疗效果不佳的重要原因之一。对有精神压力和心理不平衡的人,应进行心理疏导和劝导;减轻精神压力和改变心态,积极参加社会和集体活动。

3. 药物治疗

(1) 降压药物的选择:降压治疗应采取以下原则:①采用较小的有效剂量以获得可能的疗效而使不良反应最小,如有效而不满意,可逐步增加剂量以获得最佳疗效;②为了有效地防止靶器官损害,要求每天 24 小时内血压稳定于目标范围内，最好使用一天一次给药而有持续 24 小时作用的药物；③为使降压效果增大而不增加不良反应，用低剂量单药治疗疗效不满意者可以采用两种或多种降压药物联合治疗。2 级以上高血压为达到目标血压常起始即需要降压药物联合治疗。

五类主要的降压药：利尿剂、β受体阻滞剂、钙通道阻滞剂、血管紧张素转换酶抑制剂、血管紧张素受体拮抗剂都可以作为降压治疗的起始用药和维持用药。多项高血压防治指南综合大量循证医学证据指出，降压治疗的最大益处主要来自血压降低本身，过分强调降压外获益及先用哪种药物是无益的，但也有证据支持某些药物作为初始治疗或联合治疗优于另外一些药物。高血压防治指南对主要降压药物临床选用进行了如下推荐（表 3-5-3，表 3-5-4）。

表 3-5-3 主要降压药物选用的临床参考（中国高血压防治指南，2005）

类别	适应证	禁忌证 强制性	可能
利尿药（噻嗪类）	充血性心力衰竭，老年高血压，单纯收缩期高血压	痛风	妊娠
利尿药（袢利尿药）	肾功能不全，充血性心力衰竭		
利尿药（抗醛固酮药）	充血性心力衰竭，心肌梗死后	肾衰竭，高血钾	
β受体阻滞剂	心绞痛，心肌梗死后，快速心律失常，充血性心力衰竭，妊娠	2～3 度房室传导阻滞，哮喘，慢性阻塞性肺病	周围血管病 糖耐量减低 经常运动者
钙通道阻滞剂（二氢吡啶）	老年高血压，周围血管病，妊娠，单纯收缩期高血压，心绞痛，颈动脉粥样硬化		快速心律失常，充血性心力衰竭
钙通道阻滞剂（维拉帕米，地尔硫䓬）	心绞痛，颈动脉粥样硬化，室上性心动过速	2～3 度房室传导阻滞，充血性心力衰竭	
血管紧张素转换酶抑制剂	充血性心力衰竭，心肌梗死后，左室功能不全，非糖尿病肾病	妊娠，高血钾 双侧肾动脉狭窄	
血管紧张素Ⅱ受体拮抗剂	1 型糖尿病肾病，蛋白尿 2 型糖尿病肾病，蛋白尿 糖尿病微量白蛋白尿，左室肥厚，ACEI 所致咳嗽	妊娠，高血钾 双侧肾动脉狭窄	
α受体阻滞剂	前列腺增生，高血脂	直立性低血压	充血性心力衰竭

1）利尿剂（diuretics）：美国预防、检测与治疗高血压全国联合委员会第七次报告（JNC7）建议，噻嗪类利尿剂应作为多数高血压患者的起始用药，如血压超过目标血压水平 20/10mmHg，应考虑选用 2 种药物作为初始治疗，其中一种通常为噻嗪类利尿剂。中国及欧洲高血压防治指南推荐噻嗪类利尿剂尤其适宜老年人及单纯收缩期高血压患者选用。痛风及低钾血症患者禁用，糖尿病、高脂血症、高尿酸血症患者慎用。小剂量可以避免对血糖、血脂、尿酸代谢的不利影响及低血钾、心律失常等不良反应。可能的作用机制为初期抑制肾小管对钠和水的再吸收利尿排钠，减少血容量，使心输出量降低而降压。持续用药数周后，血容量、体内钠总量和心输出量渐趋正常，主要通过血管平滑肌内钠离子含量降低，钠、钙离子交换减少，细胞内钙离子浓度降低，减弱小动脉平滑肌对去甲肾上腺素及血管紧张素Ⅱ等加压物质效应，从而使血管扩张而降压。常用量氢氯噻嗪 6.25～25mg/次，日服 1 次；吲哒帕胺（indapamide）0.625～2.5mg/次，日服 1 次。

袢利尿剂呋塞米（furosemide）的利钠排钾作用很强，主要用于高血压伴有肾功能不全、心力衰竭，或有钠潴留而噻嗪类利尿剂利钠作用不明显时，20～80mg/次，日服 1～2 次。

表 3-5-4　某些情况下优先选择的降压药物（参考欧洲高血压防治指南，2007）

亚临床器官损害	
左心室肥厚	ACEI、CCB、ARB
无症状动脉粥样硬化	CCB、ACEI
微量白蛋白尿	ACEI、ARB
肾功能不全	ACEI、ARB
临床事件	
卒中病史	任何降压药
心肌梗死病史	BB、ACEI、ARB
心绞痛	BB、CCB
心力衰竭	利尿剂、BB、ACEI、ARB、醛固酮拮抗剂
房颤	
复发性房颤	ARB、ACEI
持续性房颤	BB、非二氢吡啶类 CCB
快速型心律失常	BB
肾衰竭/蛋白尿	ACEI、ARB、袢利尿剂
外周动脉疾病	CCB
左心功能不全	ACEI
临床情况	
老年单纯收缩期高血压	利尿剂、CCB
代谢综合征	ACEI、ARB、CCB
糖尿病	ACEI、ARB
妊娠	CCB、甲基多巴、BB
黑人	利尿剂、CCB
青光眼	BB
ACEI 诱导的咳嗽	ARB

保钾利尿剂如阿米洛利、氨苯蝶啶、螺内酯有可能引起高血钾，在老年人和肾功能不全时更易发生，故多与排钾利尿剂联合应用。

2) β受体阻滞剂（beta blockers，BB）：β受体阻滞剂主要用于轻中度高血压，尤其是静息时心率较快（>80次/分）的中青年患者或合并劳力性心绞痛时。β受体阻滞剂特别适用于对高血压患者卒中和冠心病（包括心脏性猝死）的一级预防、心肌梗死后的二级预防，降低心律失常的发生率；高动力性高血压；伴有偏头痛、青光眼、意向震颤、窦性心动过速患者。β受体阻滞剂亦可用于心力衰竭，但其用法与用量与治疗高血压完全不同，应予以注意。

β受体阻滞剂虽可使α受体作用相对增强，周围血管阻力增加，不利于降压，但β受体被阻滞后心率降低，减轻心血管张力，抑制肾素释放并通过交感神经突触前膜阻滞使神经递质释放减少，从而使血压降低，对高动力状态疗效更佳。但因其潜在的负性变时变力作用可降低心排血量，周围阻力不变或增加，延长心脏传导，加重变异性心绞痛，影响肺功能，引起肢端循环障碍和胰岛素敏感性下降，并可能升高血中低密度脂蛋白和三酰甘油，影响糖耐量。随年龄增长人体内β受体数目减少，对β受体阻滞剂的敏感性降低，故对老年单纯收缩期高血压的降压效果不如对年轻高血压患者。心脏房室传导阻滞、哮喘患者禁用，慢性阻塞性肺病、周围血管病、胰岛素依赖性糖尿病患者慎用。β受体阻滞剂不宜与维拉帕米及地尔硫䓬合用。长期使用β受体阻滞剂的患者，应避免骤然停药，以免血压反跳发生"停药综合征"。

目前临床上应用的β受体阻滞剂有十余种，其中β_1选择性作用较强的有阿替洛尔（atenolol）、美托洛尔（metoprolol）及比索洛尔（bisoprolol）等，因对β_2受体阻滞作用不明显故而对支气管收缩和外周血管收缩作用较轻，比较适合于长期使用，剂量分别为阿替洛尔12.5~50mg/次，日服1~2次，美托洛尔25~100mg/次，日服1~2次及比索洛尔2.5~10mg/次，日服1次。

3）钙通道阻滞剂（calcium channel blocker，CCB）：钙通道阻滞剂主要是通过Ca^{2+}内流和细胞内Ca^{2+}移动的阻滞而影响心肌和平滑肌细胞收缩，使心肌收缩性降低，外周血管扩张，阻力降低，血压下降。

钙通道阻滞剂对糖代谢和脂代谢无不良影响，可用于各种类型的高血压，尤其老年人高血压或高血压合并冠心病心绞痛时。

主要不良反应为血管扩张所致的头痛、颜面潮红和踝部水肿，发生率不足10%，大多不需停药。短效或非二氢吡啶类钙通道阻滞剂有负性肌力作用，心功能不全，尤其是收缩功能不全者应慎用或不用；短效硝苯地平类可反射性心率增快，不宜用于心动过速者；维拉帕米及地尔硫䓬使心率减慢故不宜用于心动过缓、房室传导阻滞者，也不宜与β受体阻滞剂联用，以免导致严重心动过缓和心肌收缩力降低。

CCB可分为二氢吡啶类与非二氢吡啶类。二氢吡啶类主要包括硝苯地平（nifedipine）、尼群地平（nitrendipine）、尼卡地平（nicardipine）、尼莫地平（nimodipine）、非洛地平（felodipine）、氨氯地平（amlodipine）、拉西地平（lacidipine）等；非二氢吡啶类主要有维拉帕米（verapamil）、地尔硫䓬（diltiazem）。非洛地平、氨氯地平、拉西地平、硝苯地平控释片、维拉帕米缓释片等具有作用时间长，对外周血管作用较明显等优点。

硝苯地平片剂量5~10mg/次，日服3次；硝苯地平控释片30~60mg/次，日服1次；尼群地平10~30mg/次，日服2次；尼卡地平30~45mg/次，日服2次；尼莫地平30mg/次，日服2~3次；氨氯地平2.5~10mg/次，日服1次；非洛地平5~10mg/次，日服1次；拉西地平4~6mg/次，日服1次；维拉帕米片40~80mg/次，日服3次；地尔硫䓬30~60mg/次，日服3次；维拉帕米缓释片120~240mg/次，日服1次，或120mg/次，日服2次；地尔硫䓬缓解片90~180mg/次，日服1次。

4）血管紧张素转换酶抑制剂（angiotensin converting enzyme inhibitor，ACEI）：ACEI的作用机制为：①作用于肾素-血管紧张素系统，减少AngⅡ的生成，从而使血管舒张，对动、静脉均有舒张作用，降低外周血管阻力，扩张肾的出球小动脉，降低肾小球滤过压；抑制交感神经递质的释放；减少醛固酮和内皮素等缩血管活性物质的生成或释放，促进钠和水的排出；减弱或可逆转对心血管的促肥大和增生作用。以上均有利于缓解和防治高血压、心力衰竭和心血管的重构，从而对血管、心、脑及肾均有保护作用。②抑制了与ACE结构相同的激肽酶Ⅱ的活性，而后者是非特异性的酶，可促进缓激肽转变为无活性的肽类。因此使用ACEI类药物会造成缓激肽积聚。因缓激肽能促进前列环素PGI_2和PGE_2及NO生成，从而扩张血管而降压，同时也具有内皮保护、预防及逆转左室肥厚、防止动脉粥样硬化等作用。③抗氧化和抗自由基损伤作用，从而对抗自由基对心脏和血管的损伤，保护血管内皮细胞功能。

ACEI适用于各类原发性高血压，尤其是高血压合并冠心病、心力衰竭、糖尿病患者，以及肾移植后高血压等。ACEI的优点为对左心室肥厚逆转和改善胰岛素耐受者对胰岛素的敏感性作用较强。

ACEI长期用药，严重的不良反应罕见，患者一般耐受良好，对代谢无不良影响。但应注意在血浆肾素活性增高的患者，首剂ACEI可能引起低血压，对同时使用其他抗高血压药物或心衰患者应从小剂量开始；5%~20%的患者可出现干咳，一旦停药，几天内咳嗽消失。干咳可能为肺内缓激肽、P物质和/或前列腺素增多所致；在肾功能不全或同时服用保钾利尿剂、β受体阻滞剂、非甾体类抗炎药物、补钾的患者，有可能引起高血钾。偶见斑状丘疹、味觉障碍、中性白细胞减少、血管神经性水肿。

禁忌证为对本药过敏、双侧肾动脉狭窄、孤立性肾动脉狭窄、血液或骨髓疾患、活动性肝炎或肝病、高钾血症和严重肾功能损害、妊娠初期。

常用制剂有卡托普利（captopril）12.5～50mg/次，日服2次或3次；依那普利（enalapril）5～10mg/次，日服2次；培哚普利（perindopril）4～8mg/次，日服1次；贝那普利（benazeapril）5～20mg/次，日服1次；福辛普利（fosinopril）10～20mg/次，日服1次；西拉普利（cilazapril）2.5～5mg/次，日服1次等。

5）血管紧张素Ⅱ受体拮抗剂（angiotensin Ⅱ receptor blocker，ARB）：ACEI与ARB从不同水平阻断肾素-血管紧张素-醛固酮系统，其共同的降压机制有抑制循环和组织中的RAS，减少神经末梢去甲肾上腺素的释放、醛固酮分泌减少和/或肾血流量增加，以及减少内皮细胞生成内皮素等。ARB直接作用于血管紧张素Ⅱ的1型受体（AT1受体），拮抗AngⅡ的升压作用，因而阻断AngⅡ的血管收缩、水钠潴留及细胞增生的作用较ACEI更完全和彻底。虽然不能利用缓激肽的扩血管作用，但亦无缓激肽积聚所引起的干咳等副作用，故较ACEI有更好的耐受性，使不能坚持用药者显著减少。适应证和禁忌证与ACEI类似。目前主要用于有ACEI适应证又不能耐受其副作用的患者。

常用药物有缬沙坦（valsartan）80～160mg/次，日服1次；氯沙坦（losartan）25～100mg/次，日服1次；厄贝沙坦（irbesartan）75～300mg/次，日服1次；替米沙坦（telmisartan）20～80mg/次，日服1次。

6）α_1受体阻滞剂（alpha blockers）：选择性阻滞突触后α_1受体而引起周围血管阻力下降，产生降压效应，代表性制剂为哌唑嗪（prazosin），剂量0.5mg/次，日服2次，可逐渐加大至5mg/次。新型制剂为特拉唑嗪（terazosin）口服1mg/次，日服1次，随血压增加剂量，可达2～4mg/d；多沙唑嗪（doxazosin）1～4mg/次，日服1次，维持量2～4mg/d。由于α_1受体阻滞剂在降压治疗中总的获益和风险缺少明确的循证医学证据，新近颁布的高血压防治指南中减弱了其在降压治疗中的地位，尤其是在合并其他心血管疾病危险因素的老年患者中的一线用药地位。但此类药物有不影响脂类代谢的优点，对前列腺肥大也有良好作用。主要副作用为直立性低血压。

（2）联合用药：单一用药有效率对轻度高血压者仅为50%～60%，一般加大剂量可以提高降压疗效，但也加重不良反应，联合用药的目的是希望有药物协同治疗作用而相互抵消不良反应，固定的复方制剂虽不能调整个别药物的剂量，但使用方便，有利于提高治疗依从性。现有的临床试验结果支持以下类别降压药的组合（图3-5-1）：

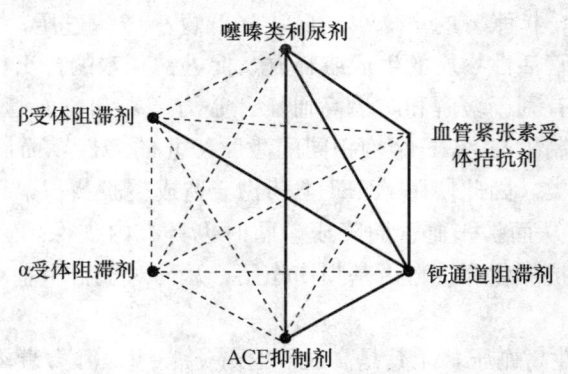

图3-5-1　不同种类降压药物的可能联合（欧洲高血压防治指南，2007）
图中结构表示经对照试验证实有益的药物组合，在一般高血压人群中优先选择的药物联合以实线标出

1）以利尿剂为基础的两药联合

①利尿剂加ACEI或ARB：利尿剂激活肾素-血管紧张素系统（RAS），可增强这两类药对RAS

的阻断作用。此外，ACEI或ARB还可防止由于利尿剂所致的电解质丢失如低钾、低镁等不良反应，与小剂量利尿剂合用是较好的配伍。

②利尿剂加CCB。

2) 以CCB为基础的两药合用

①CCB加ACEI或ARB：在扩血管方面，CCB有直接扩张动脉作用，而ACEI/ARB通过阻断RAS降低交感活性，扩张动/静脉，可产生协同降压作用。由于ACEI的扩张静脉作用，可消除二氢吡啶类CCB常见产生的踝部水肿副作用。两药在心、肾和血管保护上，以及在减少蛋白尿上亦均有协同作用。此外，ACEI可阻断CCB所致反射性交感神经张力增加和心率加快的不良反应。

②二氢吡啶类CCB加β受体阻滞剂：前者具有的扩张血管和轻度增加心输出量的作用，正好抵消β受体阻滞剂的缩血管及降低心输出量作用。两药对心率的相反作用可使患者心率不受影响。

3) 其他联合应用方法：如两种药物合用仍不能奏效，可考虑采用3种药物合用。例如ACEI/ARB+噻嗪类利尿剂+β受体阻滞剂，或CCB+ACEI/ARB+噻嗪类利尿剂均有较好的协同作用。

4) 可能不适当的降压组合：β受体阻滞剂和非二氢吡啶类CCB：由于两者对心脏收缩及传导有叠加抑制作用，故β受体阻滞剂和地尔硫䓬合用仅适用于无心衰及无房室传导阻滞的高血压病患者且合并心动过速，但又不宜大量服用β受体阻滞剂时；而β受体阻滞剂和维拉帕米在任何情况下均不宜合用。2007年欧洲高血压指南未推荐利尿剂+β受体阻滞剂、α受体阻滞剂+β受体阻滞剂、α受体阻滞剂+ACEI组合，这主要是考虑利尿剂和β受体阻滞剂在代谢异常和高危糖尿病患者应用对糖、脂代谢的不利影响，α受体阻滞剂在降压治疗中总的获益和风险尚不明确，未将其列为一线用药。

4. 难治性高血压及治疗 难治性高血压又称顽固性高血压，是指在改善生活方式和应用至少3种抗高血压药治疗的措施持续3个月以上，仍不能将血压控制在目标水平。可能的原因包括未查出的继发原因、降压治疗依从性差、仍在应用可能升高血压的药物（如口服避孕药、肾上腺类固醇类、可卡因、甘草、麻黄等）、改善生活方式失败（体重增加，重度饮酒）、容量负荷过重（利尿剂治疗不充分，进展性肾功能不全，高盐摄入）。如存在这些原因，应逐一矫正。

5. 特殊人群的降压治疗

(1) 老年高血压：老年人常合并多种心血管疾病危险因素及靶器官损害，需药物联合治疗，但初始剂量及随后的递增剂量应逐步进行，使血压平稳降低。只要能耐受，老年患者目标血压同年轻患者是一样的，即<140/90mmHg，2005年中国高血压防治指南指出有些老年人收缩压降至140mmHg较为困难，而舒张压降至70mmHg以下可能对冠脉灌注不利，因此建议老年人高血压收缩压目标值为150mmHg，如能耐受可进一步降低。五类主要的降压药物均适用于老年高血压，噻嗪类利尿剂、钙通道阻滞剂尤其适用于单纯收缩期高血压，合并前列腺肥大者可优先选用α受体阻滞剂。

(2) 高血压合并冠心病或心力衰竭：稳定型冠心病首选β受体阻滞剂、长效钙通道阻滞剂或ACEI；急性冠脉综合征患者首选β受体阻滞剂或ACEI；心梗后的患者，早期服用β受体阻滞剂、ACEI或ARB、醛固酮拮抗剂可以减少再发心肌梗死和死亡的发生。冠心病患者降压治疗时应考虑冠状动脉的灌注，冠脉血流灌注主要完成于心脏舒张期，舒张压过低（<70mmHg）可以影响心肌供血。高血压合并心力衰竭患者可以使用噻嗪类利尿剂或袢利尿剂，在充分利尿治疗的基础上使用β受体阻滞剂、ACEI、ARB和抗醛固酮药物。

(3) 高血压合并糖尿病：常需联合用药避免肾及心血管损害，降压的目标水平是<130/80mmHg，如果尿蛋白排泄量达到1g/d，血压控制应低于125/75mmHg。药物治疗应首选考虑RAAS阻断剂（ACEI或ARB），二者为治疗糖尿病高血压的一线用药，如需联合治疗，也应当以其中一种为基础。ACEI和ARB对肾有额外的保护作用，可以延缓糖尿病肾脏并发症的进展及减少蛋白尿，使用时应定期检查血钾和肾功能。

(4) 高血压合并肾脏损害：保护肾功能不全应严格控制血压（<130/80mmHg，如果尿蛋白>1g/d，则血压应低于125/75mmHg），并尽可能将尿蛋白水平降至正常。为达到降压目标，常常需要数种降压药物联合治疗（包括袢利尿剂）。为减少尿蛋白，常常需要使用 ARB、ACEI 或二者联合应用。慢性肾病降压治疗时还应注意过低的血压可能导致肾小球滤过压过低而发生肾功能恶化。

(5) 脑血管病：对于有过卒中和一过性脑缺血发作病史的患者，抗高血压治疗可以显著减少卒中再发的可能并能降低相关心脏高危事件的发生。降压治疗的益处在于血压降低本身，有效的单药治疗或合理的药物联合都可以应用。急性脑卒中为防止脑低灌注，不要急于降压，如血压过高，可慎重平稳降压，既往有高血压病史者使血压维持在 160～180/100～105mmHg 左右，既往无高血压者血压可维持在略高于发病前水平或 180/100mmHg 以下。除非血压急骤升高、对症处理无效，一般应在 1 周后才加用降压药。

(6) 妊娠高血压：指妊娠 20 周后，孕妇血压升高≥140/90mmHg，或血压较孕前或孕早期血压升高≥25/15mmHg，间隔 6 小时，至少 2 次测量。如合并蛋白尿及水肿称为妊娠高血压综合征。当血压升高>170/110mmHg 时，应积极降压，以防脑卒中及子痫发生，必须选择对胎儿安全的有效药物。静脉使用的拉贝洛尔、口服的甲基多巴、硝苯地平和肼苯达嗪可以作为急诊用药。ACEI 和 ARB 可能引起胎儿生长迟缓、新生儿肾衰竭、胎儿畸形等副作用。利尿剂可进一步减少血容量，使胎儿缺氧加重。先兆子痫妇女血容量减少，除非存在少尿情况，否则不宜使用利尿剂。

6. 相关危险因素的治疗

(1) 降脂治疗：高血压伴有血脂异常可增加心血管病发生危险。患有冠心病、外周动脉病、缺血性卒中病史或 2 型糖尿病的高血压患者均应考虑使用他汀类药物治疗，治疗目标是血清低密度脂蛋白胆固醇<2.5mmol/L（100mg/dl）。没有明显心血管疾病或糖尿病，但有较高心血管危险（10 年间发生事件的风险≥20%）的高血压患者，也应考虑行他汀类药物治疗。

(2) 抗血小板治疗：对于有心脏事件病史或心血管高危患者，抗血小板治疗可降低脑卒中和心肌梗死的危险。对高血压伴缺血性血管病或心血管高危因素者血压控制后可给予小剂量阿司匹林治疗。

(3) 控制血糖：高于正常的空腹血糖值或糖化血红蛋白（HbA1c）与心血管危险增高具有相关性。对于伴有糖尿病的高血压患者，有效的血糖控制非常重要，饮食和药物治疗的理想目标是空腹血糖≤6.1mmol/L 或 HbA1c≤6.5%。

【高血压危象】

1. 基本概念　高血压危象（hypertensive crises）是指短期内血压急剧升高并伴有一系列严重症状，需要快速降低动脉血压治疗的临床紧急情况。

高血压危象分为高血压急症（hypertensive emergencies）和高血压亚急症（hypertensive urgencies）。高血压急症是指高血压已危及或已进行性地损害终末脏器功能而必须立即进行降压治疗者，应使用静脉制剂快速降压治疗，在 30～60min 内将血压降低到安全水平（一般不立即降到正常值范围），但应注意急性脑血管病的降压治疗有其特殊性；高血压亚急症虽然其动脉血压在短期内有较明显增高，达到或超过 200/130mmHg，但患者无明显的临床症状加剧、无靶器官损害的证据或原有慢性器官损害未见明显加重，虽然也属于高血压危象但无需立即紧急降压治疗，可以在短期内（如 24～48h）用口服降压药使血压逐渐降低到相对安全的水平。

血压升高是否导致终末脏器损害取决于血压增高的幅度和速度。一般认为舒张压达到或超过 130mmHg 应属于高血压危象的范畴，但有些患者在更低的血压时就可出现脏器受损，有些慢性高血压患者却可以相对耐受更高的血压而短期内无明显的血管和脏器损害征象，因此是否需要立即降压不依赖于血压的绝对值，而取决于血压增高对靶器官的影响。

高血压急症包括急进性-恶性高血压伴视乳头水肿、高血压合并脑损害（如高血压脑病、缺血性脑卒中伴严重高血压、颅内出血、蛛网膜下腔出血等）、高血压合并心脏损害（如主动脉夹层、急性左心衰、急性冠脉综合征等）、高血压合并肾损害（如急性肾小球肾炎、急性肾功能不全、肾移植后的严重高血压等）、儿茶酚胺释放过多（如嗜铬细胞瘤危象、突然停用降压药引起的血压反跳等）、子痫、外科手术有关的重度高血压、严重的鼻衄等。

高血压亚急症包括无视乳头水肿和急性靶器官损害的急进性高血压、围术期高血压、妊娠高血压、近期血压明显升高，收缩压或舒张压任一项达到或超过200/120mmHg，有头痛头晕等症状而无急性靶器官损害。

2. 特殊类型高血压危象的诊断

（1）高血压脑病：血压突然上升，舒张压常高于120mmHg。常有过度劳累、紧张、精神打击等诱发因素。脑水肿和颅压高的症状包括：弥漫性头痛、恶心、呕吐、烦躁不安、视力模糊、黑矇、抽搐、意识障碍、昏迷。眼底变化包括：视网膜渗出、出血，视乳头水肿。有时可产生一过性偏瘫、失语、病理神经反射，需要与脑血管病鉴别。

（2）急进性或恶性高血压：多见于年轻男性，多有原发性或继发性高血压病史（也可以是新近发现的高血压）。血压在一段时间内（数周～数月）进行性增高，且"居高不下"，舒张压常高于130mmHg。视网膜有出血、渗出，视乳头水肿。有不同程度的心、脑、肾功能障碍。

3. 高血压危象的治疗　高血压急症在送往医院前应稳定病人情绪，有条件时可适当使用镇静药，如地西泮2.5～5mg口服；舌下含服降压药物。如病人没有生命危险和急性脏器衰竭，可经上述初步处理使血压降低、病情稳定后再送往医院。

高血压急症处理首先快速降压，应选用静脉制剂，常用的静脉治疗用降压药物、应用方法和剂量见表3-5-5。血压下降的幅度应掌握在1小时使平均动脉血压迅速下降，但不超过25%；在以后的2～6h内血压降至约160/100～110mmHg。血压过度降低可引起肾、脑或冠脉缺血。如果这样的血压水平可耐受且临床情况稳定，在以后24～48h逐步降低血压达到正常水平。但在急性主动脉夹层患者，第一步降压就应达到120/80mmHg以下；急性脑血管病患者的血压目标值应较其他情况高。达到降压目标后，应放慢降压速度，可开始加用口服降压药，减慢静脉给药的速度，逐渐将血压降低到正常或接近正常值范围。

表3-5-5　高血压危急症常用的静脉治疗药物

药物	常用方法	常用剂量范围 [μg/(kg·min)]	开始作用时间	常见副作用及补充说明
硝普钠	静脉点滴	0.25～10μg/(kg·min)	即刻	注意：遮光使用；连续使用一般不超过5天；严密监测下调节给药速度；副作用：恶心呕吐、头痛、眩晕、定向障碍、甲减、高铁血红蛋白、低血压、氰化物中毒等
硝酸甘油	静脉点滴	5～100μg/min	即刻	头痛、恶心、呕吐、药物耐受
乌拉地尔	静脉注射 静脉点滴	12.5～25mg/次 100～400μg/min	2～5min	一般先用12.5～25mg，静脉注射，根据需要5min后可重复一次，然后持续静脉滴注；副作用：直立性低血压、头痛、头晕、恶心、疲倦、皮疹、视力模糊
酚妥拉明	静脉点滴	2～8μg/(kg·min)	1～2min	可先用5～10mg加20ml液缓慢静脉注射，血压下降后改用静脉滴注维持；副作用：心悸、心率加快、直立性低血压
尼卡地平	静脉点滴	5～15mg/h	5～10min	心动过速、头痛、潮红
艾司洛尔	静脉注射 静脉点滴	250～500μg/(kg·min) 50～100μg/(kg·min)	1～2min	低血压，恶心
地尔硫䓬	静脉点滴	5～15μg/(kg·min)	15min	低血压，心动过缓
硫酸镁	静脉注射 肌内注射	1.0g/次（加液体20ml缓注） 2.5g/次		常用于子痫或先兆子痫 10%硫酸镁10ml加5%葡萄糖溶液20ml静脉注射 25%硫酸镁10ml肌内注射
呋塞米	静脉注射	20～80mg/次		常用于急性左心衰和伴有颅压高、脑水肿的情况，应注意血容量和水、电解质平衡

注：以上药物剂量及次数仅供参考，实际使用时详见有关药品说明书

重度高血压且症状明显者,暂时没有建立静脉通道或条件有限时可给予舌下含药降压,但含药降压只是暂时的缓解措施,应同时积极准备并加用静脉点滴制剂,使血压稳定在安全范围。

(1) 硝苯地平片:5~10mg/次,舌下含服,有明显的快速降压作用。方法简便,作用肯定。大约50%的病例出现不同程度的副作用,如剧烈头痛、心动过速、低血压、晕倒、诱发心绞痛等,作用时间短,剂量不易掌握,治疗后血压不易稳定,目前多数学者已不再推荐使用。

(2) 硝酸甘油片:0.6~1.2mg/次,舌下含服,3~5min 起效,舒张压可降低 10~20mmHg,收缩压可降低 10~30mmHg。作用比较肯定,但作用时间短暂,应使用其他药物配合。部分人用药后出现头痛、头胀等不适。极少数人含药后血压过度下降,出现头晕、心慌等症状。

(3) 卡托普利片:舌下单次剂量 12.5~50mg,约 5~15min 起效,可使收缩压和舒张压明显下降,作用可维持 3~6h。副作用少,偶见皮疹、味觉异常、低血压等。与其他 ACEI 相同,连续用药部分病人出现干咳。严重肾功能不全、肾动脉狭窄者禁用。

【预后】

除了血压水平,患者心血管病的危险因素、靶器官的损害、糖尿病及并存的临床情况均是影响预后的因素(表 3-5-6)。

表 3-5-6 影响预后的因素(中国高血压防治指南,2005)

心血管病的危险因素	靶器官的损害(TOD)	糖尿病	并存的临床情况(ACC)
收缩压和舒张压水平(1~3 级)	左心室肥厚	空腹血糖≥7.0mmol/L	脑血管病
男性>55 岁	心电图	(126mg/dl)	缺血性卒中
女性>65 岁	超声心动图:LVMI	餐后血糖≥11.1mmol/L	脑出血
吸烟	或 X 线	(200mg/dl)	短暂性脑缺血发作
血脂异常	动脉壁增厚		心脏疾病
TC≥5.7mmol/L(220mg/dl)	颈动脉超声 IMT≥0.9mm		心肌梗死史
或 LDL-C>3.6mmol/L	或动脉粥样硬化性斑块的		心绞痛
(140mg/dl)	超声表现		冠状动脉血运重建
或 HDL-C<1.0mmol/L	血清肌酐轻度升高		充血性心力衰竭
(40mg/dl)	男性115~133μmol/L		肾脏疾病
早发心血管病家族史	(1.3~1.5mg/dl)		糖尿病肾病
一级亲属,发病年龄<50 岁	女性107~124μmol/L		肾功能受损(血清肌酐)
腹型肥胖或肥胖	(1.2~1.4mg/dl)		男性>133μmol/L
腹型肥胖* WC 男性≥85cm	微量白蛋白尿		(1.5mg/dl)
女性≥80cm	尿白蛋白 30~300mg/24h		女性>124μmol/L
肥胖 BMI≥28kg/m²	白蛋白/肌酐比:		(1.4mg/dl)
缺乏体力活动	男性≥22mg/g		蛋白尿(>300mg/24h)
高敏 C 反应蛋白≥3mg/L	(2.5mg/mmol)		外周血管疾病
或 C 反应蛋白≥10mg/L	女性≥31mg/g		视网膜病变:出血或渗出,
	(3.5mg/mmol)		视乳头水肿

TC:总胆固醇;LDC-C:低密度脂蛋白胆固醇;HDL-C:高密度脂蛋白胆固醇;LVMI:左心室质量指数;IMT:颈动脉内膜中层厚度;BMI:体重指数;WC:腰围。* 为中国肥胖工作组标准

(华 琦)

第六章 动脉粥样硬化及冠状动脉性心脏病

第一节 动脉粥样硬化

【概述】

动脉硬化是指动脉增厚变硬失去弹性的一组疾病，以动脉粥样硬化（atherosclerosis，AS）最为常见，在临床上最为重要。AS主要侵犯中型以上动脉，如冠状动脉、脑动脉、肾动脉，还有主动脉等。冠状动脉性心脏病（coronary artery disease，CAD）是指常由冠状动脉粥样硬化管腔狭窄和/或功能异常如冠状动脉痉挛等导致局部心肌血流灌注不足、氧供需失衡、组织缺血缺氧、甚至坏死的心脏病，亦称冠状动脉粥样硬化性心脏病（coronary atherosclerotic heart disease），简称冠心病（coronary heart disease，CHD），统称缺血性心脏病（ischemic heart distase，IHD）。但IHD还包括非动脉粥样硬化原因所致者，如冠状动脉先天异常、冠状动脉肌桥、冠状动脉炎等引起的心肌缺血。另外，其他心血管疾病如重度主动脉瓣疾病（狭窄或关闭不全）、肥厚型心肌病、高血压等虽无冠状动脉病变阻塞亦可发生心肌缺血、甚至坏死，虽不属于冠心病范畴，却可与冠心病同时存在。

尽管古代已有动脉粥样硬化存留之印迹，但十分罕见。直至1900年，全球心血管病死亡人数仅占全部人口死亡数的10%以下。但近100年以来心血管疾病事件迅速增多，现今已高达30%，动脉粥样硬化性疾病在发达的高收入国家已成为死亡或过早致残的主要原因。

【病因】

动脉硬化，尤其是动脉粥样硬化（atherosclerosis，AS）的病因虽迄今为止尚未完全阐明，但对常见的冠状动脉粥样硬化所进行的众多相关研究已表明，动脉粥样硬化的病因与多种因素有关，即存在多种危险因素（risk factors，RFs）。根据目前对冠状动脉粥样硬化的认识，将相关的心血管主要危险因素，分列为以下四类：

第一类：已有明确证据对其实施干预即可明确降低心血管病、冠心病风险。这类危险因素有吸烟、升高的低密度脂蛋白胆固醇（low density lipoprotein cholesterol，LDL-C）[包括高胆固醇及饱和脂肪酸饮食]、高血压[包括左室肥厚]、糖尿病（diabetes mellitus，DM）[包括糖耐量低下（IGT）及代谢综合征（MetS）]等。

第二类：对其实施干预很可能降低心血管疾病、冠心病风险。这包括体力活动欠缺，三酰甘油（triglyceride，TG）升高，尤其餐后高三酰甘油血症、小而密低密度脂蛋白（small dense LDL）升高、肥胖（obese）及绝经期妇女（postmenopausal status）。

第三类：改变这类危险因素或许会降低相关风险，包括社会心理因素、经济状况、脂蛋白a（lipoprotein a）、同型半胱氨酸（homocysteine）升高、氧化应激（oxidative stress）、大量饮酒（alcohol consumption）等。

第四类：与心血管危险相关却无法改变的因素，如年龄、男性、早发心血管病（冠心病）家族史等。

概括起来心血管病包括冠心病（动脉粥样硬化）的危险因素，最重要的是吸烟、高脂血症、高血压、糖尿病及早发冠心病家族史。

1. 吸烟　吸烟者致死性冠心病的危险性可增加70%，非致死性冠心病与猝死的危险增高2～4

倍。烟制品中存在300~500多种化合物,均为对人体有危害的物质,主要有尼古丁、焦油及细菌内毒素三类,它们可损害动脉血管内皮功能,增加血中一氧化碳含量,促发血栓性事件。国人吸烟比不吸烟者冠心病的相对危险增高约2~3倍。

2. 血脂异常 国人血清胆固醇水平显著低于西方人。由于经济条件及饮食习惯的改变,血清胆固醇水平的升高,尤其是LDL-C水平的升高明显增加了冠心病和动脉粥样硬化的发病危险。国内的研究表明人群的血清胆固醇水平降低10%,可使冠心病死亡风险降低20%。近年国际上的研究更表明无论血脂(LDL-C)水平如何,凡发生急性冠脉综合征(acute coronary syndrome,ACS)应用他汀类(statins)进行干预均可明显获益。

3. 高血压 弗明汉研究表明,并发高血压比正常血压的冠心病死亡风险增加2倍,血压在210/120mmHg以上,冠心病死亡风险可增加近6倍。我国的研究亦表明确诊高血压者冠心病的相对危险增高2.6倍。

4. 糖尿病 可增加动脉粥样硬化性血管病,包括冠心病的危险。糖尿病患者的冠心病发病率与死亡风险比非糖尿病患者分别增高2~4倍。不少患者糖尿病的发现与确认是在因高血压或冠心病住院期间经规范检测才明确的。近年在中国长城心血管学术会议上发表的一项国内调查显示,冠心病患者同时存在糖代谢异常的比例超过60%。

5. 早发冠心病家族史 男性55岁之前、女性60岁之前发作急性冠脉事件(acute coronary events)是独立的危险因素,应给予足够的重视。

【发病机制】

十九世纪中叶Virchow与Rokitansky分别阐述了细胞增殖及血栓形成参与了动脉粥样化。近来动脉粥样硬化的血管生物学研究进展使人们对这一病理过程在Virchow病理学基础上有了进一步的了解。正常动脉壁由内膜、中膜、外膜三层构成,其结构与功能的完整在维系人体内环境稳定中具有重要的作用。动脉内膜内皮细胞有类肝素蛋白聚糖分子及抗凝血酶Ⅲ辅因子;内皮细胞表面血栓调节素经激活蛋白S与蛋白C可结合凝血酶起抗血栓作用;内皮细胞产生组织型与尿激酶型纤溶酶原激活剂可促使纤溶酶原变为纤溶酶,具有纤溶活性。动脉中膜动脉壁中层平滑肌细胞对肌性小动脉调节血流有重要作用。细胞外基质、内皮细胞基膜含有内皮祖细胞可帮助修复上皮脱落区,骨髓来源的平滑肌细胞在受损动脉可调整其定位于中膜或内膜。内皮祖细胞在循环中的数量存在个体差异。当存在心血管危险因素或动脉粥样硬化时,其内皮祖细胞数量减少,这与血管疾病的预后有一定关联。老龄使内皮祖细胞数量减少,内膜完整性修复能力差。平滑肌细胞可合成大量细胞外基质,在维系正常的血管内环境稳定、参与动脉粥样病变形成及合并症的发生均起重要作用,其增殖与迁移可致动脉粥样硬化内膜增厚及血管再狭窄,而平滑肌细胞死亡更可促使动脉粥样硬化斑块不稳定或血管重构、动脉瘤形成。动脉外膜(adventitia)富含胶原纤维,并有神经末梢,研究发现粥肿(atheroma)中有干细胞(mast cells)以及其在动脉瘤(aneurysm)形成中的作用值得重视。血管内皮生长因子(VEGF)可促进缺血部位侧支形成,即血管再生(angiogenesis),而自身血管再生,还有血管药物基因组学(vascular pharmacogenomics)、内皮祖细胞(endothelial progenitor cells,EPCs)的研究正在进行中。

动脉粥样硬化发病机制有多种学说,反映动脉粥样硬化进程的不同侧面,主要有内皮功能损伤、脂质异常浸润、炎症免疫反应及粥样血栓形成等先后或共同参与,构成动脉粥样化发病机制的重要内容,并形成不同阶段的病理特征。美国AHA(1985)将动脉粥样硬化病理进程分为六个阶段类别,其中脂纹(fatty streak)为动脉粥样硬化的初始形态改变,而粥肿(atheroma)为动脉粥样硬化斑块(atherosclerotic plaque)以及动脉粥样血栓形成、后期的纤维钙化斑块各有不同的临床特点。一般动脉粥样硬化形成粥肿,多在生命第二个十年侵犯主动脉,第三个十年侵犯冠状动脉,第四个十年侵犯脑动脉。动脉粥样化血栓可导致突发临床事件,如不稳定心绞痛、心肌梗死或卒中。

1. 脂纹 早期可出现于婴幼儿或童年以后,许多年可无任何临床表现。富含胆固醇、饱和脂肪酸的致动脉粥样化饮食使血脂升高，动脉壁单层内皮通透性增高，小的脂蛋白颗粒进入动脉内膜并堆聚于细胞间质，并经氧化修饰及糖基化生成各种细胞肽（cytokine）、化学肽（chemokine）如白介素（IL-8），白细胞黏附分子如血管细胞黏附分子（VCAM-I）与细胞间黏附分子（ICAM-I）的表达增加，白细胞堆聚迁移至内膜。单核细胞在单核细胞化学趋化蛋白（MCP-I）及巨噬细胞克隆刺激因子（M-CSF）作用下进入动脉壁。干扰素（interferon，IFN-γ）属T细胞化学趋化细胞肽家族。M-CSF可增加清道夫受体（scavenger receptor）表达，后者介导摄取经修饰的脂蛋白颗粒，形成泡沫样巨噬细胞（macrophage foam cells），产生许多细胞肽及效应分子（effector molecules）如超氧化阴离子（O_2^-）、基质金属蛋白酶（matrix metalloproteinases，MMPs）。平滑肌细胞自中层迁移至内膜并增殖；合成细胞外基质堆聚，促使动脉粥样硬化斑块增长，从脂纹进展形成纤维脂肪病变（fibro-fatty lesion）。血液湍流在动脉分叉部位的流体动力学改变可促使发生早期动脉粥样硬化病变的进展。相反，正常的层流则不易发生动脉粥样化早期病变并具有抗动脉粥样化的自稳态机制，即防护粥样化功能。从机制上，层流切应力可激活KLF2而起重要的调节内皮抗炎性能，它引起内皮一氧化氮合酶（eNOS）表达，并竞争性抑制核因子Kappa B（NFκB）功能，经由黏附分子（VCAM-1），纤组蛋白溶酶原激活物抑制剂（PAI-1）及组织因子（TF）介导而影响炎症通道。层流切应力影响凋亡信号调节激酶（ASK-1）活性，干预炎症原细胞肽如肿瘤坏死因子（TNF-α）作用而增强内皮抗炎功能。

2. 粥肿　动脉粥样硬化斑块（atherosclerotic plaque）形成病变进展的炎症免疫机制的研究进展提示饱含脂质的泡沫样巨噬细胞堆聚于动脉内膜形成动脉粥样硬化病变（atherosclerotic lesion），其产生的炎症介质如细胞肽、化学肽及血小板活化因子促进炎症反应致病变进展，与经修饰的脂蛋白、热休克蛋白、$β_2$糖蛋白Ib及感染因子，与巨噬细胞、上皮细胞、激活的T细胞分泌的大量细胞肽相互作用经免疫调节影响动脉粥样化进程。T helper细胞分二种，ThI细胞产生炎症原细胞肽，如干扰素（IFN-γ）、淋巴细胞毒素、CD40配体及肿瘤坏死因子（TNF-α），可激活血管壁细胞、改变粥样斑块生物学使失去稳定性并增加血栓倾向；Th2细胞产生细胞肽，如白介素（IL-10）可抑制动脉粥样化中炎症。带有CD8配体的T细胞表达fas配体可促使平滑肌细胞、上皮细胞及巨噬细胞发生细胞溶解、凋亡（apoptosis）而促使斑块进展，出现并发症。而带CD4、CD25的Treg淋巴细胞产生转化生长因子（TGF-β）与白介素（IL-10），后二者均有抗炎症作用。体液免疫对动脉粥样化进程起防护或促进效果要取决于环境条件。动脉粥样化粥肿（atheroma）早期事件主要涉及内皮功能改变及白细胞堆聚，进展形成复合斑块（complex plaque）包括平滑肌细胞自中层向内膜迁移，活化的巨噬细胞分泌平滑肌细胞化学趋化因子（SMC CAF）如血小板源生长因子（PDGF）。凝血酶作为有丝分裂原亦可促使平滑肌细胞迁移并堆聚于内膜，可致突发事件，细胞外基质与粥样化病变进展亦有关，间质胶原Ⅰ、Ⅲ型及多种糖蛋白，弹力纤维在斑块中堆聚促使平滑肌细胞不仅产生基质分子，还产生胶原，包括PDGF与TGF-β。在受损动脉壁，金属蛋白酶抑制剂（TIMPs）可延迟平滑肌细胞在内膜中堆聚。细胞外基质溶解在伴有病变进展的动脉重构中起作用，呈正性重构（positive remodeling）或代偿性扩张（compensatory enlargement）。粥样斑块病变中血管再生，可见血管再生肽在粥肿过度表达，包括成纤维细胞生长因子（FGF）、血管内皮生长因子（VEGF）、胎盘生长因子（PLGF）以及oncostatin M。粥样斑块中新生微血管可促使平滑肌细胞增殖及基质聚集，斑块脆性增加易破裂出血。血管再生之抑制剂可使病变进展受限制。某些平滑肌细胞可分泌诸如成骨蛋白的细胞肽、TGF-β而发生钙沉积，粥样斑块钙化。

3. 粥样血栓形成　是动脉粥样硬化病变临床突发急性事件的病理基础。冠心病突发心肌梗死的冠状动脉"罪犯病变"（culprit lesion）有半数其狭窄程度小于50%，狭窄超出60%者仅占15%，这在急性心肌梗死溶栓治疗的研究中得到证实。动脉粥样硬化斑块破裂可促发血栓形成，其中约2/3系斑块之纤维帽破裂（disruption of fibrous cap），另有1/4为病变处内膜糜烂（superficial erosion）。T细胞源细胞肽如干扰素（IFN-γ）抑制平滑肌细胞合成胶原，血小板颗粒释出介质如TGF-β与

PDGF可增加胶原合成而维护纤维帽结构。粥肿进展（advanced atheroma），其中巨噬细胞过度表达基质金属蛋白酶（MMPs）及促弹力组织解离的组织蛋白酶可裂解动脉壁细胞外基质之胶原与弹性蛋白。临床上导致突发致命性心肌梗死的易损性粥样斑块（vulnerable atherosclerotic plaque）具有三个形态特点：斑块纤维帽薄弱，其胶原蛋白合成减少、降解增加而易发生斑块破裂；T淋巴细胞表面炎症介质促使平滑肌细胞凋亡、数量减少，难以维系、修复纤维帽而易发生斑块破裂；巨噬细胞堆聚，大量脂质池核心，致使斑块纤维帽肩部因生物力学而发生破裂，为斑块破裂的好发部位。在代谢上，斑块核心活化的巨噬细胞生成细胞肽及基质降解酶，平滑肌细胞与巨噬细胞凋亡产生组织因子，形成斑块破裂后的微血管血栓。除粥肿斑块破裂外，粥样斑块进展发生上皮细胞脱落，血小板沉积，引起内膜表面糜烂（superficial erosion），亦可引发致命的临床事件，内皮细胞凋亡以及基质金属蛋白酶，如明胶酶可降解基膜之Ⅳ型纤维胶原而导致上皮细胞脱落。

事实上，粥样斑块破裂并非一定发生严重临床事件。在动脉粥样化进程中，许多的斑块破裂继之以血栓形成及愈合过程反复发生，使动脉粥样硬化病变不断进展，斑块长大，发生复杂的平滑肌细胞增殖、迁移，基质合成，通过血小板颗粒释出TGF-β与PDGF，刺激平滑肌细胞促使胶原合成，形成细胞稀少的纤维斑块，而血栓的产物可介导损伤愈合反应。当管腔狭窄超出60%，需求增加时血流增加受限，这类冠状动脉闭塞性病变在临床上属于稳定型心绞痛，在肢体动脉呈现间歇性跛行（claudication）。在长时间的粥样化病程进展中，不同时间发生的"危急"往往并没有明显的临床过程，直至病变进展至十分严重才被发现。

【临床表现】

因本病可累及全身体循环各大、中型动脉，既可多部位多处，亦可仅单一局限，各脏器受累之范围、程度及病期各有不同，故临床亦表现多样。

1. 冠状动脉　可仅见单一病灶，狭窄不显著，既无症状，亦无心肌缺血表现，多年似相安无事，然仍潜藏风险，视其相关危险因素及病情进展而异。可渐进发展或急骤突发冠脉事件，或因慢性心功能受累而引起相应病状。

2. 脑动脉　可出现与脑缺血相关的临床事件，表现为短暂性脑缺血发作（transient ischemic attack，TIA），甚或出现卒中（stroke），缺血性比出血性更为多见，可为腔隙性病灶，或大的脑梗死发作。严重慢性病程可引发认知障碍或性格改变等。

3. 肾动脉　临床并不罕见，可表现为难以控制或波动较大的高血压，中年以上者应警惕本征，患侧可能出现血管性杂音。严重者影响肾功能，如能及早发现并处置恰当预后甚好，少数发作肾动脉血栓栓死或梗死而致严重后果。

4. 肠系膜动脉　视病变范围及程度，影响脏器血供而致相应消化道症状，突发肠系膜动脉血栓栓塞可呈急腹症甚至肠坏死、休克等。

5. 四肢动脉　以下肢多见，可单侧起病，呈间隙性跛行（intermittent claudication），行走时间长或天冷季节发生下肢乏力、肌肉肿胀麻木甚至疼痛，休息可缓解，患侧足背动脉或腘动脉搏动减弱或消失。患侧股动脉或可闻及血管杂音。动脉管腔完全性闭塞或同时患糖尿病者易出现坏疽。累及上肢动脉可出现无脉征。

6. 主动脉　多无特殊临床表现。或可发现相应体征如心底部右侧浊音区增宽、主动脉瓣区第二心音亢进呈金属音调，听诊有收缩期杂音。血压升高以收缩压升高明显、脉压增宽。X线可见主动脉迂曲增宽，主动脉弓蛋壳样片状钙化影。动脉粥样硬化致主动脉发生正性重构形成主动脉瘤，以腹主动脉瘤较多见，可在体检时发现腹部搏动性肿块而就诊，或可闻及相应的血管性杂音。依主动脉瘤发生部位及压迫邻近组织、神经而出现不同症状，各种影像检查可帮助确诊。主动脉瘤可合并主动脉夹层甚或破裂致命，但不多见。

超声检查可发现动脉管壁内中膜厚度（如颈动脉IMT为0.9mm以内）改变或动脉粥样硬化斑块的存在，可帮助诊断。X线检查、CTA检查、数字减影血管造影可显示相应部位动脉管腔狭窄或瘤样改变。动脉粥样硬化征患者常可见脂质代谢异常，一般体检即可发现，应注意糖代谢有无改变，血压是否正常等并予以重视。

【诊断及鉴别诊断】

1. 诊断　本病早期因无明显症状而易被贻误诊断。中年以上，血脂升高或存在糖代谢异常、代谢综合征应警惕本病。周围动脉超声检查可作为窗口而明确动脉粥样硬化征的存在，更应警觉各重要脏器尤其心脑肾等有无受累之征象并安排必要的相关检查。

周围动脉超声检查发现其内中膜增厚或有粥样斑块存在即诊断周围动脉粥样硬化征。冠状动脉造影或冠脉 CT 或 CTA，心脏磁共振 CMRA 有助于诊断冠状动脉粥样硬化征，或依其临床改变可进一步诊断冠心病及其不同类型。

2. 鉴别诊断　冠心病应与其他原因如冠脉起源异常、冠状动脉炎引起者相鉴别；肾动脉狭窄年轻患者应与先天性肾动脉狭窄相鉴别，肾动脉粥样硬化致肾动脉狭窄引起的高血压应与其他原因引起的高血压相鉴别。周围动脉粥样硬化应与大动脉炎等相鉴别。脑动脉粥样硬化性卒中应与高血压或其他原因引起的脑卒中相鉴别。

【治疗】

1. 一般治疗　防治本病发生，避免出现动脉粥样硬化为一级预防应予以重视，一旦发生后应防止其并发症的出现，延缓或逆转其进程为二级预防应强调，出现并发症应积极治疗，更需防治相关脏器功能障碍；改善预后及生活质量为三级预防更不能忽视。疾病早期患者往往不受重视，直至出现严重并发症又极易丧失信心，应耐心调动本人积极性，配合及时的合理治疗，人体自身有极强的代偿能力，需患者主动参与、长期坚持。实施治疗性生活方式改变（therapeutic lifestyle changes，TLCs）包括积极控制各项危险因素，尤其应戒烟，控制体重，积极控制治疗高血压、糖尿病、高脂血症等。

$$体重指数（BMI）=\frac{体重（kg）}{身高 \times 身高（m^2）}$$

BMI 健康范围在 18.5 至 25；25 至 30 为超重，30 以上为肥胖，肥胖是一种慢性病。应避免发胖或适度减重。日常估算正常体重=身高（cm）-110 可供参考。

饮食切忌过饱，宜多进食植物性蛋白，少食动物性蛋白，减少动物内脏等含高胆固醇或饱和脂肪酸的食物，菜蔬水果尽可能多样、新鲜。适度安排体力活动，依习惯、年龄、性别、有无疾病或脏器功能障碍程度以及时节气象等进行锻炼或康复、保健活动。提倡步行，中青年每天计步 8 000 至 10 000 步，老年体弱者适当计量或减缓步速，不宜"风雨无阻或限时定量"，而需有适当的弹性安排。中年前后工作难免有压力，应尽可能主动安排、避免长时期过度操劳，保持乐观开朗，注重劳逸结合、适当休整等生活节奏。发现本病及相关疾病需积极治疗并达到标准要求，提高生活质量。治疗应重视规范有效，切忌道听途说或随意用药。

2. 药物治疗　主要针对促成动脉粥样硬化发病的相关心血管危险因素给予必要的规范化药物治疗，许多情况下需长期坚持甚至终生用药。

（1）调脂药物：他汀类（Statins）即 β-羟基-β 甲基-戊二酸单酰辅酶 A（HMG-CoA）还原酶抑制剂，可竞争性抑制 HMG-CoA 还原酶作用，抑制胆固醇的合成，促进 LDL 受体表达而降低血清 LDL-C 含量。他汀类药物还有抗炎稳定动脉粥样硬化斑块的作用。应监测 CK、ALT 等并注意乏力、肌痛等不适，避免发生肝功能损害、肌肉溶解、肾功能损害等严重不良反应。一般在开始服药 2~3 周至 1~2 个月期间更应警惕注意有无 ALT、CK 升高，但发生率很低，大多停药即可恢复。常用制剂有阿托伐他汀（atorvastatin）10~20mg qd；辛伐他汀（simvastatin）20~40mg qn；氟伐他汀（fluvastatin）40mg qn；普伐他汀（pravastatin）40mg qn。贝特类如非诺贝特（fenofibrate）200mg qd。

（2）抗血小板药物：抗血小板聚集与黏附，防止血栓事件。阿司匹林（aspirin）100mg qd，抑制 TXA_2 生成，较少影响 PGI_2 的合成而起抗血小板作用。一般 1 周左右达稳态，必要时予负荷量

300mg 顿（嚼）服。氯吡格雷（clopidogrel）75mg qd，可与阿司匹林合用。双嘧达莫（dipyridamole）50mg tid，可使血小板内 cAMP 增高，抑制钙离子活性而起作用，可与阿司匹林合用，本品对外周血管疾患效果较好。

3. 非药物治疗

(1) 介入治疗：尤其是冠状动脉、肾动脉等因动脉粥样硬化狭窄或闭塞的患者可行急症或择期介入支架术，以恢复血流，减少脏器损伤，改善脏器功能。

(2) 外科治疗：对冠状动脉、肾功能、周围动脉行血运重建旁路手术以恢复或改善动脉供血。

【预后】

本病征随病变累及脏器不同、病变范围与程度、发病急骤或快速进展与否、受累器官功能受损情况及有无侧支循环以及并发症等有不同的预后，心脑肾等动脉粥样硬化病变导致心肌梗死，脑卒中，肾衰竭者，预后不良，甚至可发生猝死等意外。

（蒋宝琦）

第二节 心 绞 痛

心绞痛（angina pectoris）是由心肌缺血引起的胸部不适或压迫感，常因劳累而诱发，往往伴有心肌功能障碍，但无心肌坏死。英国医生 William Heberden（1710—1801）在1772年首次描述了心绞痛。

【病因及发病机制】

心绞痛是慢性冠状动脉性心脏病（chronic coronary artery disease，CAD）的常见临床类型，是在冠状动脉粥样斑块引起的固定性狭窄基础上，当劳累或精神负荷增加导致一过性心肌缺血、缺氧的临床综合征。冠状动脉粥样斑块导致冠状动脉管腔狭窄，冠状动脉张力改变发生冠状动脉痉挛，还有存在其他冠状动脉异常或某些非冠状动脉心脏病均可导致冠脉供血减少，相应部位心肌血流灌注不足。当负荷下心肌氧耗增加即可发生心肌氧供需失衡、心肌缺血缺氧，在临床上出现心绞痛症状，或伴有一定的心肌功能异常，但没有心肌坏死发生。正常情况下，心肌氧需求（MVO_2）主要由心率、心肌收缩力、心肌张力（stress）所决定，亦即三重乘积：心率（HR）×收缩压（SBP）×射血前时限（PET），左室射血前时限（preejection time，PET）为心室等容收缩时限，与左室内压上升速率（dp/dt）及体循环阻力（SVR）有关，可影响心肌氧耗。在临床上常使用所谓二重乘积（HR×SBP）可较简便地反映心肌氧耗水平。心肌细胞可摄取冠状动脉血氧含量的75%以供心肌能量代谢的需求，比身体其他组织摄取氧能力高3～5倍。当心肌氧需求进一步增多时只能通过冠状动脉血流量的增加来达成。冠状动脉血流增加50%可满足心肌氧需求增高2倍。一般情况下冠状动脉循环有很大贮备，运动负荷下冠状动脉扩张，冠状动脉血流量可增至静息态的5倍（理论上冠状动脉的绝对血流贮备4～8倍）。当冠状动脉狭窄程度为50%，冠状动脉血流贮备可增加4倍；当狭窄达70%，贮备增加不足2倍；而狭窄一旦超出90%，冠状动脉血流贮备几近耗尽。此时，如果给予药物扩张心脏表面冠状动脉反而会使冠状动脉狭窄远段灌注压力降低从而发生心内膜下缺血，即"透壁窃血"现象（transmural steal phenomenon）。尤其当有左心室肥厚存在时，冠状动脉血流贮备可相应地减少近50%，而且可因其时左室舒张末压升高而使灌注压进一步降低。冠状动脉造影显示冠状动脉狭窄<50%，心肌在静息态或负荷下一般均可满足代谢对血氧的需求，一般无心肌缺血发生，临床亦无心绞痛发作；当狭窄达70%，静息状态下心肌代谢氧状态供需仍可平衡，负荷下状态可发生心肌缺血，或发作心绞痛；当狭窄超出90%，无论静息状态或负荷状态下均可出现心肌缺血、缺氧，常有心绞痛发作，冠状动脉造影可能显示侧支血流形成或启动心肌组织其他保护性机制以免发生严重后果。

慢性稳定型冠心病心绞病患者，择期冠状动脉造影显示单支、双支或三支病变（以管腔直径狭窄

＞70％计）分别各占 25％，左主干病变约占 10％，其余 15％的患者无显著狭窄。冠脉内超声（IVUS）与冠脉造影（CAG）共同判定资料提示单凭 CAG 可低估冠心病的严重性，包括冠状动脉病变狭窄程度以及粥样硬化病变稳定性，无创冠脉 CTA 检查可能弥补上述不足而用于临床。在心肌缺血发生时，体内一系列保护性反应机制减少了心肌损伤程度，从而改变了心绞痛的某些临床过程。在无侧支循环存在的情况下，缺血小于 20 分钟，心肌损伤是可逆的；缺血达 1 小时，心内膜下心肌出现坏死；缺血 1~3 小时，坏死向中层心肌进展；缺血超出 3~6 小时，心肌坏死几乎可累及全层。在严重的心肌缺血发生之前若有短暂的缺血发作为先导，可因急性心肌缺血预适应（acute preconditioning）的发生而获保护并减轻相应的心肌功能损害程度。另外延迟的心肌缺血预适应（delayed preconditioning）、心肌缺血后适应可使保护效应延长达数天。若急性心肌缺血发生持续 15 分钟，当缺血解除后功能受累的顿抑心肌（stunned myocardium）其受损功能约 6 小时可逐渐恢复。短暂的冬眠心肌（short-term hibernation）可在情况改善后数小时至 1 周得到恢复。而慢性冬眠心肌（chronic hibernation）可在慢性严重缺血条件下延长心肌存活的可能。心绞痛的临床过程多种多样不能不说是与上述机制有关联的。

心绞痛发生的具体机制及其神经通路尚未完全明确。一般认为由心肌缺血诱发的心绞痛系缺血的刺激激发了心脏对化学敏感或机械感受的相应受体，并释放如腺苷、缓激肽等物质，沿自主神经传入纤维的感觉末梢，再连接上行的胸交感第五神经节及脊髓胸段第五神经根远端的上行纤维，冲动沿脊髓上传至丘脑达皮层而被感知。在脊髓内心脏交感传入冲动可聚集随躯体胸部结构而形成心脏疼痛之基础，并反映在胸骨后部位。心脏迷走传入纤维与脊丘传导纤维受刺激而反映在颈、颌部。而当有自主神经病变时，上传信号受阻可使丘脑至额叶皮层信号不能传输而成为临床隐匿性缺血（silent ischemia）的重要原因。临床隐匿性缺血发作常与有症状的缺血即心绞痛发作相伴存在。

非动脉粥样硬化引起的冠状动脉性心脏病如先天性冠状动脉起源异常、冠状血管瘘、冠脉肌桥、冠状动脉炎、冠状动脉夹层均可引起心肌缺血发作，再如纵隔放射损伤、感染性心内膜炎、多种结缔组织病等。Cocaine 亦可引起心绞痛、心肌梗死甚至心脏性猝死。

【临床表现】

（一）症状

心绞痛以发作性前胸闷痛不适为主要临床表现，有如下特点：

1. 部位　多在中上段胸骨后，可波及心前区，一般有手掌或握拳般大小范围，很少横贯全胸且界限不甚清楚。常可放射至左上臂，多涉及左肩、腕、指之尺侧部位。亦有局限于咽喉、前颈或下颌部位甚至类似"牙痛"发作。亦可放射至右上臂或双臂外侧。不典型的部位如上腹或后背部位呈压迫堵胀感，但并不常见。一般心绞痛在反复发作时部位较固定，很少超出下颌之上或在脐以下，罕见可放射至下肢。

2. 性质　Heberden 首次描述为焦虑状窒息感。胸部闷痛呈压榨感，或呈压迫、紧束、沉闷或烧灼感，往往比较模糊，一般非针刺或刀割样尖锐。有时感到严重不适，甚至有濒死的恐惧感。发作时常不自觉地停止当时正在进行的活动，直至症状缓解。

3. 诱因　症状发作常由体力活动或情绪激动诱发，如愤怒、焦急、过度兴奋或悲伤、饱餐、上坡或寒冷中行走、吸烟、排便用力等。疼痛往往发作于劳累或情绪变动当时，亦偶在返家后才发作。典型的心绞痛可在同样条件下反复发生，但有时晨起首次劳力活动诱发而经休息缓解后，相同活动量甚至更大劳力活动时却无症状，称之为"首过"（first-effort）或"热身"（warm-up）现象，可能与自主神经节律变化晨间痛阈较低有关。

4. 持续时间　疼痛出现后常逐渐加重，一般每次可持续 3~5 分钟，症状逐渐消退。心绞痛可数日或数周发作一次，偶尔 1~2 年内仅发作 2~3 次，亦可一日内多次发作。若疼痛持续数小时、数天或仅仅数秒钟者一般不属于心绞痛的典型表现。

5. 缓解方式　在诱发症状的活动停止后，或舌下含化硝酸甘油片均可在数分钟内迅即缓解。

老年或糖尿病患者症状亦不典型。心绞痛如果表现为发作性全身明显乏力，或伴虚汗、头晕者往往提示心肌缺血严重或病情不稳定。

有时病人症状发作时并无明显疼痛，仅表现为与劳力负荷相关的发作性头晕、乏力、发作性呼吸困难、气短，称之为心绞痛等同症状（angina equivalent），与严重心肌缺血导致心输出量下降、主要脏器灌注减少或者缺血导致心室充盈压升高、肺淤血的发生有关，应予识别并加以重视。

部分慢性冠状动脉性心脏病患者可表现为无症状性心肌缺血（asymptomatic or silent myocardial ischemia）。无症状性心肌缺血呈慢性过程，与慢性稳定型心绞痛有共同的病理基础，均由动脉粥样硬化引起。一般可由运动负荷试验或 Holter 连续心电监测检出。对无临床表现的无症状性心肌缺血，冠脉造影亦可发现冠脉不同程度的阻塞，尸检甚至可发现有未被觉察的心肌梗死的瘢痕（镜下）存在，伴或不伴有侧支循环形成。

（二）体征

无症状发作时一般无异常体征。心绞痛发作时常见心率增快，血压升高，神情焦虑。严重者皮肤湿冷或有汗，甚至可出现低血压。有时可发现第四或第三心音，反映缺血心肌顺应性减退或心肌收缩功能降低。部分患者症状发作时心尖部发现暂时的收缩期杂音，与乳头肌缺血、功能失调有关。偶尔可发现第二心音逆分裂或呈现交替脉。

【实验室和其他检查】

（一）心脏 X 线检查

慢性稳定型冠心病，尤其是当静息心电图正常者，胸部 X 线摄片一般无异常发现，而心影增大或肺充血可见于缺血性心肌病、冠状动脉病变较严重或有高血压、陈旧性心肌梗死或有瓣膜病等其他心脏病的共存。

（二）心电图检查

是发现心肌缺血、明确心绞痛诊断的最常用方法。不同时间多次心电图记录、心绞痛发作当时与症状缓解后心电图记录进行比较更有意义。

1. 静息心电图　约半数患者在正常范围，有时可见非特异性 ST-T 改变，或存在陈旧性心肌梗死的心电图改变。亦可有房室或束支传导阻滞、室性或房性期前收缩等心律失常。不同时间、不同情况下记录的静息心电图即使有 ST 段轻微改变亦应加以重视。

2. 心绞痛发作时心电图　绝大多数心绞痛患者当症状发作时可记录到暂时性心肌缺血引起心电图 ST 段移位改变。心内膜下心肌容易发生缺血，常可记录到 ST 段压低 0.1mV（1mm）或以上，发作缓解后即可恢复。有时可出现 T 波倒置的改变。亦有平时静息心电图示 T 波倒置而当症状发作时 T 波变为直立（即所谓"伪改善"，假性正常化），这种 T 波的"伪改善"在低危人群并不能作为诊断依据，而对明确诊断为冠心病的患者则一般是心肌缺血所致。另外，运动时心率大于 120 次/分，心电图出现 U 波倒置对冠心病具有特异性，但并不敏感。另外，在 R 波为主的导联，即使在 T 波直立，当 ST 水平段延长，直立 T 波的升降两肢对称亦应警惕早期冠心病存在的可能。在症状发作当时心电图记录示相应导联 ST 段抬高，ST-T 夹角消失，心绞痛缓解后 ST-T 恢复正常，提示变异性心绞痛（冠状动脉痉挛）或亦可能存在重度狭窄的冠脉病变。运动试验中出现此种变化的概率仅为 1% 左右，有时冠脉痉挛与狭窄同时存在，若发作频繁，甚至一天内有多次发作属不稳定表现应予重视。

3. 心电图负荷试验　心电图运动负荷试验临床最常应用，运动可增加心肌氧耗、诱发心肌缺血，并出现相应的心电图改变。运动负荷主要有活动平板运动试验（treadmill exercise test，TMET）和蹬车试验（bicycle ergometry），其运动强度可逐步分期升级，以前者较为常用。国内外常用的是以达到按年龄预计最大心率（HRmax＝220－年岁，标准差为±10），而最大预测心率的 85%～90% 为次极量运动试验，目前国内常用的是后者。运动前、中、后监测并记录心电图，包括运动前平卧位，站立后及运动即刻、2 分钟、4 分钟、6 分钟、8 分钟重复记录，并间断记录血压数值。运动停止后即刻并每 2 分钟重复记录心电图直至心率恢复至运动前水平，实际应用中亦应注意心电图 ST-T 改变记录直至其恢复。典型者心电图改变以 ST 段水平型或下斜型压低≥0.1mV（J 点后 60~80ms）持续 2 分钟为运动试验阳性标准。运动中出现心绞痛、步态不稳、室性心动过速（连发 3 次或以上室性期前收缩）或血压下降等均应立即停止运动，监测血压、心率及心电图改变，并由医师给予及时必要的处理。凡心肌梗死急性期、不稳定型心绞痛、心力衰竭、心肌炎、重度主动脉瓣狭窄、严重高血压、严重心律失常或急性疾病等患者均列为禁忌。运动试验对冠心病诊断的敏感性与特异性各为 70% 左右。对冠心病可能很大者仅凭阴性结果并不能完全排除诊断，对冠心病可能很小者单一的阳性结果并不能作为肯定诊断的依据。因此在临床上不能单凭运动心电图负荷试验阳性或阴性作为诊断或排除冠心病的依据。运动试验的并发症有心肌梗死、卒中、心搏骤停，甚至死亡。死亡风险为万分之一，心搏骤停风险为万分之二。运动试验阳性的无症状病人，心脏事件的相对风险升高，但绝对心脏事件（死亡、心肌梗死）一般为每年 1%。凡运动试验中收缩压达不到 120mmHg 或低于运动前血压水平超出 10mmHg，ST 段压低≥2mm，呈下斜型，ST 改变范围超出 5 个导联，持续≥5 分钟，运动量＜5METS，或者运动中出现 ST 段抬高、较早出现心绞痛发作或出现 30 秒以上持续性或有症状性室性心动过速均提示预后不良，存在冠状动脉多支病变的可能比较大，应及时处置。

4. 心电图连续动态监测　应用磁带或数字记录器连续记录 24 小时动态心电图监测（ambulatory ECG monitoring，AECG，Holter），常用 3 导联或 12 导联记录，应用分析软件通过计算机回放分析，并打印出综合报告，包括多选段心电图记录。主要用于分析各种心律失常的性质、类别与数量，以及评估药物治疗效果。亦可发现心电图缺血性 ST-T 改变及其与症状发作的相关性，包括变化的范围与持续时间，对已明确诊断冠心病的患者，判断其心绞痛症状发作或无症状性心肌缺血的检出有重要价值。对临床上疑为冠心病者亦有参考价值，但以此作为诊断依据需十分慎重，现今应用 12 导联的记录分析系统较之以往双导联或 3 导联者可提供更多的诊断信息。

（三）心脏超声检查

二维超声心动图可探测到缺血区节段性室壁运动异常。负荷超声检查（stress echocardiography）与心肌造影灌注成像负荷试验（myocardial contrast perfusion imaging stress testing）以及组织多普勒成像（tissue doppler imaging，TDI）若发现负荷下新的节段性室壁运动（regional wall motion）异常，LVEF 减低，EDV 增加均表明心肌缺血存在的可能，并可提示相应的缺血部位，药物负荷（如多巴胺）超声检查更可判定心肌存活状况。超声负荷与灌注成像或核素 SPECT MPI 有相似的敏感性（均为 85%）及特异性（分别为 88%、81%）。有条件应用床旁超声检查可提供即时的重要信息以供临床决策参考，但一般不易满足此类安排。

（四）放射性核素检查

放射性核素成像（radionuclide imaging）对稳定性胸痛发作疑为冠心病患者，放射性核素成像检查有助于明确冠心病心肌缺血的诊断，并判定其远期预后及不良转归的风险。

心肌灌注成像（myocardial perfusion imaging，MPI），若心肌缺血范围超出 10%，随缺血区域增大，其心血管事件（包括心脏性死亡与非致死性心肌梗死）危险亦加大。血运重建（revascularization）较药物治疗（medical therapy）有更大获益并能减少死亡风险。

单光子发射计算机断层心肌灌注成像（single photon emission computed tomography myocardial perfusion imaging，SPECT MPI）用以了解心室收缩功能（LVEF）与节段性室壁运动（regional wall motion）有无异常。同位素示踪物 ^{201}TL（铊）（20 世纪 70 年代，$T_{1/2}$ 73 小时），或 ^{99m}Tc（锝）（20 世纪 90 年代，$T_{1/2}$ 6 小时），亦可二者合用。锝在运动高峰可获取高质量心肌灌注成像，铊依其重分布可获运动负荷前 4 小时及运动后 24 小时成像。静息时若显示心肌灌注缺损主要见于心肌梗死瘢痕部位，运动后心肌缺血区可出现明显灌注缺损，延迟成像可恢复灌注。负荷心肌灌注成像（stress SPECT MPI）较运动心电图检查（exercise ECG）敏感性（分别为 88% 及 72%）、特异性（分别为 68% 及 77%）有优点，尤其对左束支传导阻滞、左室肥厚、洋地黄药物应用的患者，前者更具优势。2003 年 ACC/AHA/ASNC 指出运动核素成像（exercise SPECT MPI）检出冠心病的敏感性为87%，排除的特异性为73%；药物核素成像的敏感性为89%，特异性为75%，与运动心电图试验相似。

正电子发射断层心肌显像（positron-emission tomography，PET）能判断心肌灌注与代谢改变，可了解心肌供血及组织活力。心肌灌注示踪物^{18}FDG与药物负荷核素成像一起对冠心病的诊断，病变严重程度的判定有很好的价值。葡萄糖/血流配比失常，能量代谢从脂肪酸、乳酸转向葡萄糖提示有缺血心肌、局部有缺血性冬眠心肌的存在。

（五）心脏磁共振检查

心脏磁共振成像（cardiac magnetic resonance imaging，CMR成像）在临床应用可了解心肌存活状况以预测血运重建后心功能可能恢复的程度，与PET相类似。钆延迟增强心脏磁共振成像可准确检出Q波及非Q波心肌梗死，具有高敏感性（而SPECT不能检出），亦可检出PCI后的微梗死，CMR药物负荷心肌灌注成像能较准确测定左心室功能。未来CMR CA不仅可检测动脉粥样斑块及易损性以预测血管事件，更可了解心外膜表面冠状动脉中近段或桥血管的狭窄状况，或冠脉先天异常等，值得期待。

（六）冠状动脉造影

冠状动脉造影（coronary arteriography）自Sones 1959年首次实施以来，迄今仍是诊断动脉粥样硬化狭窄病变是否存在以及缺血性心脏病患者选择治疗方法，如内科强化药物治疗、经皮冠脉介入治疗或外科冠脉旁路手术的金标准。

冠脉造影的主要指征为：①无症状性心肌缺血或稳定型心绞痛CCSⅢ级与Ⅳ级（分级参见本节后文），无创性检查高危患者或心源性猝死复苏存活合并室速患者；②不稳定心绞痛药物治疗趋稳定或疗效欠佳，无创性检查高危患者或疑为Prinzmetal变异型心绞痛患者；③血运重建介入术后急性或亚急性闭塞或复发心绞痛，无创性检查高危患者；④心肌梗死后自发性心绞痛，轻微活动即诱发心肌缺血患者，有急性二尖瓣反流、室间隔穿孔或室壁瘤（真性或假性）患者或血流动力学持续不稳定者；⑤非特异性胸痛而无创性检查高危患者。

冠脉造影的相对禁忌证包括不明原因的发热、未经治疗的感染、重度贫血、严重电解质紊乱、严重活动性出血、造影剂过敏、新发生的脑卒中。其他如急性肾衰竭、失代偿性心力衰竭、严重凝血障碍、感染性心内膜炎等也属于相对禁忌证。冠脉造影合并症有死亡（0.11%）、心肌梗死（0.05%）、脑血管意外（0.07%）、心律失常（0.38%）、血管性并发症（0.43%）、对比剂反应（0.37%）等，总计主要并发症发生率约1.7%。

（七）血管内超声检查与光学相干断层检查（光聚断层）

血管内超声（intravascular ultrasonography，IVUS）是在心导管技术基础上应用超声检查技术以显示冠脉内腔及管壁结构的影像特征。光学相干断层（optical coherence tomography，OCT）检查具有4～10μm高分辨率以识别粥样斑块特点及纤维帽的厚度，有助于评估介入治疗之远期后果。IVUS射频反散射信号分析显示"虚拟组织学"可了解ACS之粥样斑块脂质核心成分及纤维帽组成或钙化等改变。

【诊断】

（一）心绞痛的临床诊断

主要依据心绞痛发作的病史、心肌缺血的客观证据包括心电图缺血性ST-T的发作性改变。具有动脉粥样硬化的客观征象和/或存在一种或多种心血管危险因素，无其他可导致心肌缺血的特殊病因则冠心病的病因诊断即可确立。心绞痛症状对诊断十分重要，典型的心绞痛症状分析对明确诊断有重要价值。临床表现不典型，包括疼痛发作不典型或仅有与心肌缺血相关的其他表现，以及无症状性心肌缺血则常需依靠心电图记录或其他辅助检查方法以协助诊断。总之，仔细认真了解分析心前区不适及相关症状可使多数心绞痛明确诊断，过分依赖各种辅助检查往往会导致诊治上的贻误并造成非必要的经济负担或心理影响。

一般具有典型症状发作病史及心电图缺血性 ST-T 变化证据者，其患病的可能性在 85% 以上，而症状与心电图表现均不典型者，仍有 5% 患冠心病的可能。心绞痛症状典型且存在发作性心肌缺血的心电图改变患者，如发现周围动脉出现粥样硬化征象（周围动脉超声检查）或存在心血管危险因素（如吸烟、高血压、糖尿病或高脂血症等）的心绞痛患者其病因应考虑为冠心病。

心电图负荷试验，常用活动平板运动试验（treadmill exercise test，TET），其阳性结果，尤其对男性，结合其他临床资料对心绞痛诊断是十分有助的，并可检出高危患者，相对费用亦较低，应更多在临床应用。24 小时动态心电图连续检测发现 ST-T 改变，仅依此诊断本病需谨慎，对已经明确诊断冠心病的患者可据此了解心肌缺血总负荷，12 导联 Holter 可提供更丰富的信息。诊断确有困难或高危不稳定的患者必要时可考虑冠状动脉造影，或选择超声心动图、放射性核素成像（SPECT MPI，PET）、冠脉 CT（EBCT，MSCT，CTA）、心脏磁共振等检查，但费用均较高昂。心绞痛患者多由冠心病引起，动脉粥样硬化为主要原因，临床亦应注意其他病因鉴别。对冠心病心绞痛患者应作分型并根据其病理特征与病生理特点作出临床决策，采用相应治疗，进行心脏事件、危险评估与预后判别。

（二）心绞痛的分型

1. 稳定型心绞痛（stable angina pectoris）　是慢性冠状动脉心脏病最常见的类型，表现为与劳力密切相关，又称为劳力型心绞痛。发病的诱因与劳力相关，其每次发作的强度、性质、部位、持续时间、缓解方式基本相同，可稳定数个月或更长时间保持不变。

2. 不稳定型心绞痛（unstable angina pectoris）　是急性冠脉综合征的主要类型之一。包括：

（1）初发劳力型心绞痛（recent onset angina pectoris）：既往无相关病史，在近期 1～2 个月内发生的劳力型心绞痛；或既往有劳力型心绞痛但已数月以上时间不发作，近期再次发生。本型心绞痛有逐渐加重的可能性。

（2）恶化劳力型心绞痛（accelerated angina pectoris）：原有的稳定型心绞痛在近期 1～2 个月出现发作频繁、程度加重、持续时间延长、诱发强度的阈值降低、硝酸甘油缓解效果不佳等表现。此型易发展为急性心肌梗死或猝死。

（3）自发型心绞痛（spontaneous angina pectoris）：常在静息时（称为静息型心绞痛）或卧床睡眠时（称为卧位型心绞痛）发病，不易为硝酸甘油所缓解。此型发生可能与夜间血压低、未被临床发现的左心室衰竭、冠脉远端灌注不足有关。本型也可能发展为急性心肌梗死。

（4）变异型心绞痛（prinzmetal variant angina pectoris）：由于冠状动脉痉挛所导致的心绞痛，且发作多在半夜或凌晨、心电图显示 ST 段抬高，而运动或增加心肌耗氧的情况下较少发生。冠脉痉挛可发生在有粥样硬化基础上的冠脉，也可发生在正常冠状动脉上。此型有较高的发生急性心肌梗死的概率。

（5）心肌梗死后心绞痛（post infarction angina pectoris）：发生在急性心肌梗死后 1 个月内的心绞痛。提示可能发生再梗死或为多支冠状动脉病变。

3. 心绞痛严重度分级

（1）慢性稳定型心绞痛严重度分级：依照加拿大心血管协会（CCS）1972 年制订的分级标准，分为四级：

Ⅰ级：一般活动不受限，当体力活动时间长、强度大或速度快时发作心绞痛；

Ⅱ级：一般活动受限，餐后、冷风或应激时易发作；

Ⅲ级：日常活动明显受限，平常步速平地行走一站地或登一层以上楼梯即可发作；

Ⅳ级：轻微活动甚或休息时仍可有心绞痛发作。

（2）不稳定型心绞痛分级：

依其心绞痛发作严重程度分为三级（Braunwald，1989）：

Ⅰ级：新近发作严重的心绞痛或恶化劳力性心绞痛（无静息心绞痛发作）；

Ⅱ级：近1个月内有静息心绞痛发作，但48小时并无发作（静息型心绞痛，亚急性发作）；

Ⅲ级：48小时内发作静息型心绞痛（急性发作）。

(三) 急性冠脉综合征

急性冠脉综合征（acute coronary syndrome，ACS）包括ST抬高型心肌梗死（STE MI）和非ST抬高型急性冠脉综合征（NSTE ACS）。后者包括不稳定心绞痛与非ST抬高型心肌梗死（UA/NSTE MI）。心脏性猝死（sudden cardiac death，SCD）亦列入ACS之范畴。不稳定型心绞痛与稳定型心绞痛不同，其疼痛可在轻微活动甚至在安静时发作，时限持续可超出20分钟，且疼痛较剧，多新发于1个月内，呈进行性加剧，发作时间延长且更为频繁，约有半数可检出心脏标记物（cTn及CK-MB）升高等心肌坏死的标志，则可诊断为非ST抬高心肌梗死（NSTE MI）。NSTE ACS的病理生理包括不稳定斑块（具有富含脂质的核心及薄弱的纤维帽）破裂或糜烂并存非闭塞性血栓；冠状动脉痉挛；狭窄进展快速加剧；炎症以及贫血等继发因素。这类急性冠脉事件，包括NSTE ACS及STE MI均在冠状动脉粥样硬化病变基础上合并不同程度的血栓形成，病理上近年称之为冠脉粥样化血栓，其病理生理涉及粥样斑块破裂附加血栓形成，一般为富于血小板的白色血栓。事实上在急性冠脉综合征（ACS）其症状反复发作不仅是由罪犯病变引起，而更有多处易损斑块存在，患者有超敏C反应蛋白（hs CRP）升高。而ST抬高型心肌梗死（STE MI）系不稳定斑块破裂并红色血栓性冠脉完全闭塞。

(四) 无症状性心肌缺血

无症状性或隐匿性心肌缺血（asymptomatic or silent myocardial ischemia）可分为三型，Ⅰ型为完全没有症状的阻塞性冠心病，病变可能较严重，平素从无任何类型的心绞痛（稳定型、不稳定型或变异型）发作，甚至发生过心肌梗死亦可无症状，可能患者缺乏心绞痛预警系统。Ⅱ型以往发生过心肌梗死。Ⅲ型出现于不同类型心绞痛患者，其心肌缺血总负荷包括症状性或无症状性二者同时存在，临床更多见。动态心电图Holter监测对检出无症状性心肌缺血十分有价值，稳定型心绞痛治疗满意的患者大约1/3仍存在无症状性心肌缺血，临床上仅凭症状往往会低估心肌缺血的发作频度。实际上约92%的心肌缺血发作是隐匿的，60%~70%在发作前有明显的心肌氧需增加，而心率及血压昼夜节律变化与无症状性心肌缺血事件增多相平行。在CAD患者Holter监测有85%的缺血发作并无症状，但有65%的心绞痛发作却未见ST段下移。

稳定型冠心病的急性缺血事件中，约15%为劳力性心绞痛，28%有ST段下移，41%有可逆性核素心肌灌注缺损。心绞痛经治疗的患者中约1/3仍有隐匿性心肌缺血，糖尿病患者多见，易出现在清晨。无症状性ST改变发生于夜间往往提示冠心病多支病变甚或左主干病变。无症状心肌缺血的机制可能与自主神经传入信号以及内啡肽释放的改变、抗炎细胞肽等因素有关。存在Ⅰ型无症状性心肌缺血者其心脏性死亡风险可增大4~5倍。在Ⅲ型有不同转归，同时存在无症状心肌缺血者表明严重复杂冠脉病变或不稳定斑块甚或血栓形成，针对心肌缺血的早期血运重建可改善病人预后。

【鉴别诊断】

(一) 急性心肌梗死

疼痛的性质及部位与心绞痛相似，但更剧烈，持续时间长，一般在20分钟至半小时以上，甚至数小时不缓解。可伴大汗淋漓，恶心呕吐、低血压、休克、心律失常或心力衰竭，舌下含用硝酸甘油不能缓解。心电图呈现急性ST抬高心肌梗死（ST段弓背向上抬高，T波高耸与之融合呈单向曲线，可有Q波，其他导联可见ST-T对应改变）或急性非ST型抬高心肌梗死（ST段下移或T波倒置，无Q波形成），并有动态演变进程。实验室检查示心脏标志物（cTn、CK-MB）增高。

(二) 心脏X综合征 (cardiac X syndrome)

临床典型劳力性心绞痛，心电图可见缺血性ST-T改变，约20%患者心电图运动负荷试验阳性，但冠状动脉造影正常。因发病机制并不十分清楚而称为心脏X综合征，并不属于冠心病范畴。研究表明心脏X综合征可能存在冠脉微血管病变，包括微血管功能障碍，心肌代谢异常，或对生理介质的反应性异常等，迄今未有定论。在冠状动脉造影人群中约占10%，女性较多见。一般预后良好，但需注意积极控制危险因素。心脏X综合征患者存在血管内皮功能障碍、微血管功能障碍或痉挛，其心绞痛发作与心肌缺血有关。IVUS发现心脏X综合征患者可以是正常冠脉，也可存在冠状动脉内膜增厚或粥样斑块但无明显狭窄，有些可发现节段性心肌灌注缺陷（SPECT，PET）。心脏磁共振心肌灌注显像（CMR MPI）发现心内膜下心肌灌注异常可能与心脏X综合征相关。另有无明确心肌缺血证据而与痛阈改变有关者，称敏感心综合征（sensitive heart syndrome），可能与交感、副交感神经系统调节失衡有关。心脏X综合征患者约2/3有不同程度的心理障碍。

（三）心脏神经症

患者常诉胸痛，往往为尖锐性疼痛，如刺痛、触电样，位于左乳下胸部并常有部位变动，与疲劳或心情有关，历时数秒，亦可持续数小时或数日，阴雨天易发作，表现为大出气或叹息样呼吸，自觉衰弱无力等。含用硝酸甘油无效或10多分钟才"见效"。心电图可见非特异性ST-T改变，部分患者普萘洛尔试验可使之转为正常。多见于中青年女性。可并存头昏、失眠和血压、心率波动、心悸不适等自主神经功能失调表现。

（四）其他疾病

引起的心绞痛样发作可见于严重主动脉瓣狭窄或关闭不全、梅毒性主动脉炎、肥厚型心肌病、严重贫血、肾功能不全等。二尖瓣脱垂（mitral valve prolapse，MVP）所引起的胸痛，可听到心尖部喀喇音（click）或收缩期杂音（二尖瓣脱垂致反流）；急性心包炎（acute pericarditis）引起的疼痛为浆膜性疼痛，深呼吸、咳嗽可使之加剧，体检心前区心包摩擦音、心电图与超声心动图检查有助诊断。肋间神经痛、肋软骨炎（TieTze综合征）系性质尖锐之刺痛或灼痛，多为持续性，用力呼吸、转动体位可使疼痛加重，可有限局性触压痛。反流性食管炎、食管裂孔疝、急性胆囊炎、胆石症、颈椎病、带状疱疹、肺炎、气胸、肺栓塞等均应注意鉴别，以免遗漏或误诊。仔细讯问病史，认真全面体检，结合心电图及相关实验室检查等可明确诊断。

【治疗】

防治动脉粥样硬化重在预防，治疗心绞痛的原则包括识别并处理可促发或加剧心绞痛的伴发疾患；积极控制冠心病的危险因素；实施治疗性生活方式改变（TLC）；强化规范药物治疗；血运重建（revascularization）包括内科冠心病介入治疗（percutaneous coronary intervention，PCI）或外科冠状动脉旁路手术（coronary artery bypass graft，CABG）等。以上治疗应全面分析综合考虑，以改善冠状动脉血流供应并降低心肌对血氧的需求，避免心肌组织代谢过程氧的供需失衡，并恢复心肌组织或心脏功能所受的影响。

内科药物治疗已有循证医学证据表明能明显降低慢性冠心病死亡风险的有三类：阿司匹林（acetyl salicylic acid，ASA，aspirin）；ACE抑制剂；他汀类（statins）。ASA 75mg qd可减少33%主要心血管事件风险。必要时可用氯吡格雷75mg qd替代，或二者联合应用。ACE抑制剂可降低20%心血管死亡心肌梗死及心脏猝死的风险。服用他汀类药物，无论原血脂水平如何均可降低心血管疾病死亡风险。β受体阻滞剂、长效钙通道阻滞剂及硝酸酯类可改善症状并增加运动耐量，对改善生存尚需更多证据。对有心肌梗死既往史并存在左心功能障碍的患者，资料显示ACE抑制剂与β受体阻滞剂可减少死亡或再次梗死的发生，无论有无心绞痛发作，均应与ASA及他汀类药物联合应用。

（一）一般治疗

应向患者详细说明冠心病患者个体风险是难以准确预测的，并强调规范防治的重要性与必要性，尽可能地取得患者合作，对诊治方案保持良好的依从性，增加医患双方的信任与信心，积极解释心血管危险因素的危害，戒烟并控制高血压、血脂异常、糖尿病到达标水平。此外对肥胖、痛风等的防控均应予以重视。实施治疗性生活方式改变（TLC）包括合理饮食、规律生活、充分休息、避免过劳，适当安排体力活动步行等。

积极检出并纠正可能存在的贫血、甲亢、肥胖、发热、感染、心动过速；积极治疗可能存在的胆系疾患、溃疡病、食管疾病、颈椎病等。治疗冠心病合并之心功能不全、二尖瓣反流等。

(二) 药物治疗

1. 硝酸盐类 (nitrates)　自 Bruden (1867年) 首次提及使用亚硝酸异戊酯 (amyl nitrite) 可舒张血管平滑肌，有机硝酸盐类沿用至今。它能扩张动静脉，以扩张静脉为主，主要降低心室前负荷，不增加左心室 dp/dt，减低室壁张力及减少心肌需氧。它能扩张冠状动脉及其狭窄段，减低冠状循环阻力，改善冠脉血流重新分配，增加心内膜下以及缺血部位心肌的灌注，减轻心电图 ST 压低程度，提高运动耐量，用于抗心绞痛。硝酸盐类进入血管平滑肌细胞转化生成反应性一氧化氮 (NO)，可松弛平滑肌，并有抗血小板聚集效应。硝酸甘油 (nitroglycerin) 作用于内皮一氧化氮合酶，可逆转神经内分泌的激活，其扩血管作用，系经钙离子并激活钾通道，长时间应用因氧自由基会损害一氧化氮内皮依赖性扩血管作用而产生依赖。故临床应用硝酸盐制剂应有 12 小时的留空时间，血管紧张素受体拮抗剂可能会改变耐受的发生。另外，硝酸盐类应注意停药"反跳"；其与西地那非 (sildenafil) 合用可出现严重持久的低血压甚至危及生命。硝酸甘油舌下片每次 0.5mg，必要时含化以缓解心绞痛发作或用于预防症状发作，1～2 分钟起效。作用持续半小时，应注意头胀、面红、心悸等副反应，偶有低血压，个别有心动过缓，与其扩血管作用有关。硝酸甘油缓释片口服 2.5～6.5mg，每天 2～3 次，另有皮肤贴片或喷雾剂。二硝酸异山梨酯 (isosorbide dinitrate) 5～20mg，每天 2～3 次口服，常按 8am, 1pm 与 6pm 服用，留有 10～12 小时空置时间可防止发生耐受。其缓释片 50mg 或 80mg，每天 1 次或 2 次。5-单硝酸异山梨酯 (isosorbide-5-mononitrate) 20mg/次，每天 2 次，服后 0.5～2 小时达峰作用，半衰期 4～6 小时，其缓释片如依姆多 (imdur)、异乐定 (elantan) 等，每天一次口服。

2. β受体阻滞剂　β受体阻滞剂阻断交感儿茶酚胺类对肾上腺 β 受体的刺激作用，减缓心率、降低血压，减低心肌收缩力和氧耗量，缓解心绞痛的发作，可增加冠脉血流灌注，减轻活动引起的血压升高，从而减少心肌缺血，减少心绞痛发作频度，并升高痛阈。可直接阻滞交感刺激而发挥抗心律失常作用。常用制剂有美托洛尔 (metoprolol) 25～50mg bid 至 qid，美托洛尔缓释制剂 (metoprolol zok) 每次 23.75～95mg qd；比索洛尔 (bisoprolol) 每次 2.5～5mg qd；阿替洛尔 (atenolol) 每次 12.5～50mg qd。β受体阻滞剂为治疗冠心病、心绞痛的一线用药。

应用 β 受体阻滞剂的注意事项：①β受体阻滞剂与硝酸酯类使用有协同作用，起始应小剂量，注意首剂效应，避免直立性低血压的发生。②若必须停药时宜逐渐减量。如突然停药可诱发心绞痛发作，甚至心肌梗死。③严重低血压、支气管哮喘发作、高度房室传导阻滞或严重窦性心动过缓均不宜应用。

3. 钙通道阻滞剂　钙通道阻滞剂是一组经电压敏感性 L 型钙通道的非竞争性阻滞而抑制钙离子进入心肌与平滑肌细胞慢通道，抑制心肌细胞兴奋-收缩偶联中钙的利用，并解除冠状动脉痉挛，抑制心肌收缩，减少心肌氧耗，扩张冠状动脉，改善心肌尤其是心内膜部位的血供；扩张周围血管，降低血压，减轻心脏后负荷，并有抗血小板聚集，改善心肌微循环作用。常用制剂有第一代钙通道阻滞剂如硝苯地平缓释片 (nifedipine/SR) 30～60mg qd；地尔硫䓬 (diltiazem/SR) 90mg bid；维拉帕米 (verapamil/SR) 180～240mg qd。

4. 其他药物　曲美他嗪 (trimetazidine) 为经代谢途径抗心绞痛制剂，系 3-KAT 抑制剂，通过抑制脂肪酸代谢，提高葡萄糖氧化代谢效率，改善缺氧条件下的氧供需平衡从而起到减少心肌缺血发作，对患者血流动力学并无影响。口服 20mg, tid，餐后服用。

雷诺嗪 (ranolazine) 可用于稳定型心绞痛，与 β 受体阻滞剂或钙通道阻滞剂联用。本药为哌嗪衍生物，经由抑制钠电流、减少缺血心肌细胞钙离子超载，维护组织 ATP 水平，减轻心肌不可逆损伤程度。其代谢途径通过细胞色素 P-450，主要为 CYP 3A4，小部分经 CYP 2D6。其缓释制剂半衰期 7 小时。与他汀类联合应用时本药浓度升高 2 倍，肾功能损害时本药浓度升高 50%，可使地高辛浓度增大 1.5 倍。口服 500～1 000mg, bid。

尼可地尔（nicorandil）为烟酰胺酯，扩张冠状动脉及周围阻力血管，为 ATP 敏感性钾通道激动剂，扩张体静脉及冠状血管，减轻心肌前后负荷，增加冠脉血流量，起心脏保护作用。临床上可减低心脏性死亡及心肌梗死风险以及因心绞痛住院的需求。

（三）非药物治疗

增强型体外反搏（enhanced external counterpulsation，EECP）可减低心脏排血阻力并改善重要脏器如冠状动脉的血流灌注，起到抗心绞痛作用。

冠心病血运重建，包括内科经皮冠状动脉介入治疗及外科冠状动脉旁路术。经皮冠状动脉介入治疗包括经皮腔内冠状动脉成形术（percutaneous transluminal coronary angioplasty，PTCA）与冠状动脉支架术（coronary stenting），已发展形成介入心脏病学（interventional cardiology）。外科冠状动脉旁路手术于 1964 年由 DeBakey 等首次开展，除以自身大隐静脉作为旁路移植材料外，还有内乳动脉（IMA）旁路手术。先后发展有脱离体外循环旁路手术（off-pump CABG，即 OP CAB），微创旁路手术（minimally invasive direct CABG，MID CAB），全内镜下机械手辅助旁路手术（totally endoscopic robotically assisted CABG，TE CAB）等。目前冠状动脉旁路手术的住院死亡率为 0.9%，2 年死亡率约 2.2%。

（四）预防

中年以上有一种或多种心血管危险因素，如吸烟、高血压、血脂异常、糖代谢异常、代谢综合征等，应注意加以控制以防止动脉粥样硬化的发生发展。如发现颈动脉内中膜厚度（IMT）$\geqslant 0.9$mm，或动脉粥样硬化斑块，或其他部位周围动脉存在粥样硬化征，应警惕有无心、脑、肾动脉粥样硬化表现并加以防范。确定的冠心病患者更应重视危险因素的控制并达到目标水平，避免诱因或用药物防止心绞痛发作，改善心肌缺血，稳定粥样硬化斑块，延缓病变进展，防止心肌梗死的发生。合理、有效地选用药物，如阿司匹林、他汀类等，监测血压、血脂、血糖等水平并使其达标。患有冠心病、心绞痛或心肌梗死的病人更应全面规范防止合并症的发生，尽可能防止心功能恶化、致残甚至致死的严重后果。以上人群均应注重实施治疗性生活方式改变（TLC），戒烟、限酒，多进食植物蛋白，少进食动物蛋白，减少饱和脂肪酸的摄入，代之以不饱和脂肪酸；注意饮食菜蔬的多样化；循序渐进、恰当安排、适度运动有助于促进有氧代谢效率、增进冠脉侧支循环血流，提高运动耐量，减轻体重、控制腹型肥胖等有助于控制心血管危险因素。尽可能帮助病人恢复常态生活工作活动状况，提高生活质量。

【预后】

近二十年稳定型心绞痛每年死亡率已从 4% 降至 1.7%~3%；多数患者可生存许多年，但有发生急性心肌梗死甚至心脏性猝死的危险。依弗明汉心脏研究（1948—1988 年）的资料显示，冠心病首次临床表现为心绞痛占 30%~50%，稳定与不稳定者各半；首次即突发心肌梗死占 30%~50%，当即被诊断识别的仅半数；而首次发病即为心脏性猝死的达 15% 左右。不稳定型心绞痛 30 天病死率为 1.7%，非 ST 抬高型心肌梗死与 ST 抬高型心肌梗死各为 5.1%，而远期预后（死亡与非致死性心肌梗死主要心血管事件）无论 UA/NSTE MI 均比 STE MI 更差。这与前者高龄、冠脉多支病变及心肌梗死既往史、并存 DM、肾功能损害更为多见有关。预后不良的因素包括：高龄（75 岁以上）、左室功能不全（LVEF<40%）；冠脉狭窄部位与程度：左主干病变>50% 狭窄，年病死率可达 30%，其次相继为三支、两支、单支病变，左前降支较左旋支、右冠脉病变预后差，冠脉粥样斑块病变不稳定者预后亦差。另外，糖尿病、显著肥胖、周围动脉粥样硬化征，脑卒中或心肌梗死既往史均能明显增加冠脉事件风险并影响预后。

（蒋宝琦）

第三节 心肌梗死

心肌梗死（myocardial infarction，MI）是由冠状动脉血供急剧减少或中断所致的相应供血区域心肌的急性缺血性坏死。在临床上，以类似于心绞痛样的缺血性胸痛、心电图持续的 ST 段抬高为特征性表现，绝大部分患者有典型的心肌细胞坏死生化标志物的增高和进一步进展为 Q 波心肌梗死，通常称为急性 ST 抬高型心肌梗死（ST-elevated myocardial infarction，STEMI）。相反，把无心电图 ST 抬高表现的心肌梗死，称为非 ST 抬高型心肌梗死（non-ST-elevated myocardial infarction，NSTEMI）。急性 ST 抬高型和非 ST 型抬高心肌梗死与不稳定型心绞痛、冠心病猝死统称为急性冠状动脉综合征（acute coronary syndrome，ACS）（图 3-6-1）。

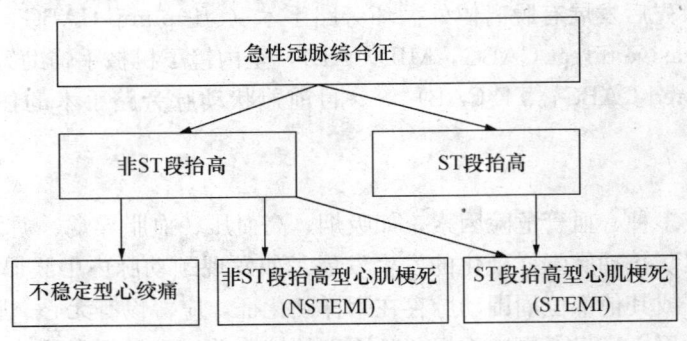

图 3-6-1　ACS 分型与转化

ACS 的确切发病率很难估计，人群调查研究显示 50% 的可疑 ACS 患者在发病后的 1 个月内死亡，其中一半死于发病后 1 小时以内。在美国，每年有近 200 万例因 ACS 就诊或入住 CCU，其中约 40 万例为 STEMI，160 万例是非 ST 抬高型 ACS。在我国，自 20 世纪 90 年代以来，ACS 和 STEMI 住院病例也有逐年增加趋势，WHO 预计 2025—2030 年，中国冠心病的发病率将达高峰。

【病因和发病机制】

几乎所有的心肌梗死都是由冠状动脉粥样硬化斑块破裂伴有大量血栓形成导致冠脉管腔突然闭塞或濒临闭塞所致，即属于动脉粥样硬化血栓性疾病。非粥样硬化性冠状动脉疾病（冠状动脉栓塞、炎症、先天性畸形、痉挛和冠状动脉口阻塞等）和其他原因所致的心肌梗死仅占本病的一小部分。

冠状动脉粥样硬化斑块破裂的风险取决于斑块的组成成分、易损性和斑块体积大小。缓慢进展成高度狭窄甚或完全闭塞，通常并不引起急性心肌梗死（acute myocardial infarction，AMI），约 75% 的梗死相关病变是那些仅使冠脉管腔轻或中度狭窄的斑块，甚至个别病例可发生在造影正常的管腔基础上。易于发生破裂的斑块通常具有很薄的纤维帽和大的脂质池，管壁外向重构，这类斑块被称为不稳定或易损斑块。斑块破裂的机制尚不十分明确，炎症反应发挥了重要的作用。破裂的斑块内含有大量的淋巴和吞噬细胞，ACS 患者血中 C 反应蛋白（C-reactive protein，CRP）和白介素-6（interleukin-6，IL-6）等炎症标志物水平与 ACS 患者的临床过程和预后相关。破裂斑块促发血小板活化和积聚，凝血酶生成和血栓形成，使冠状动脉血流突然减少或中断（见图 3-6-2）。如果血流能快速恢复（<20 分钟）则不导致心肌坏死，临床表现为不稳定型心绞痛。如果血流在 20 分钟内没有恢复，则会导致相应供血区域的心肌坏死，即 AMI。

交感神经张力增高可使管腔内压力和管壁张力变化及心动过速会使冠状动脉剪切力增加，促发斑块破裂。与此相关的因素有重体力活动、情绪激动、饱餐、寒冷、休克或失血等状态，AMI 易发生在晨 6 时至 12 时之间，冬季多发，也与此期间交感神经兴奋有关。

并发严重心律失常、休克或心力衰竭时，因冠状动脉血流量进一步减少，会使梗死面积扩大。

【病理】

(一) 冠状动脉病变

冠状动脉有弥散性粥样硬化,梗死相关动脉斑块常伴有血栓和管腔完全闭塞,STEMI 时超过 90% 梗死相关动脉完全闭塞,约 75% 管腔内可见血栓;NSTEMI 时仅 25% 左右的梗死相关血管完全闭塞,管腔内血栓的检出率不到 50%。组织学常显示斑块破裂或溃疡。血栓多位于斑块或邻近斑块处,含有丰富的血小板、纤维蛋白(白血栓)及红细胞和白细胞(红血栓)。早期的血栓常常较小,主要由血小板组成,通常并不导致管腔完全闭塞。常见的梗死相关动脉与相应的心肌梗死部位依次为:

1. 左冠状动脉前降支闭塞,引起左心室前壁、心尖部、高侧壁、前间隔和二尖瓣前乳头肌梗死。

2. 右冠状动脉闭塞,引起左心室膈面(右冠状动脉占优势时)、后间隔和右心室梗死,并可累及窦房结和房室结。

3. 左冠状动脉回旋支闭塞,引起左心室下侧壁、膈面(左冠状动脉占优势时)和左心房梗死,可能累及房室结。

4. 左冠状动脉主干闭塞,引起左心室广泛梗死。

个别心肌梗死患者,冠状动脉无粥样硬化病变。

(二) 心肌病变

病理学检查将心肌梗死分为两种类型:

1. ST 段抬高型心肌梗死 通常由冠状动脉突然完全闭塞所致,心电图上有 ST 段抬高。约 75% 的 STEMI 的心肌坏死累及心室壁的全层,心电图上出现病理性 Q 波,因此过去也称透壁性心肌梗死或 Q 波心肌梗死。

2. 非 ST 段抬高心肌梗死 常在冠状动脉严重狭窄但管腔尚未完全闭塞时发生,心肌坏死仅累及心室壁的内 1/3 或全层的一半,心电图上有 ST 段降低和或 T 波倒置,而无病理性 Q 波形成,因此过去称之心内膜下心肌梗死或非 Q 波心肌梗死。STEMI 经有效地再灌注治疗也可导致非 Q 波心肌梗死(见图 3-6-2)。

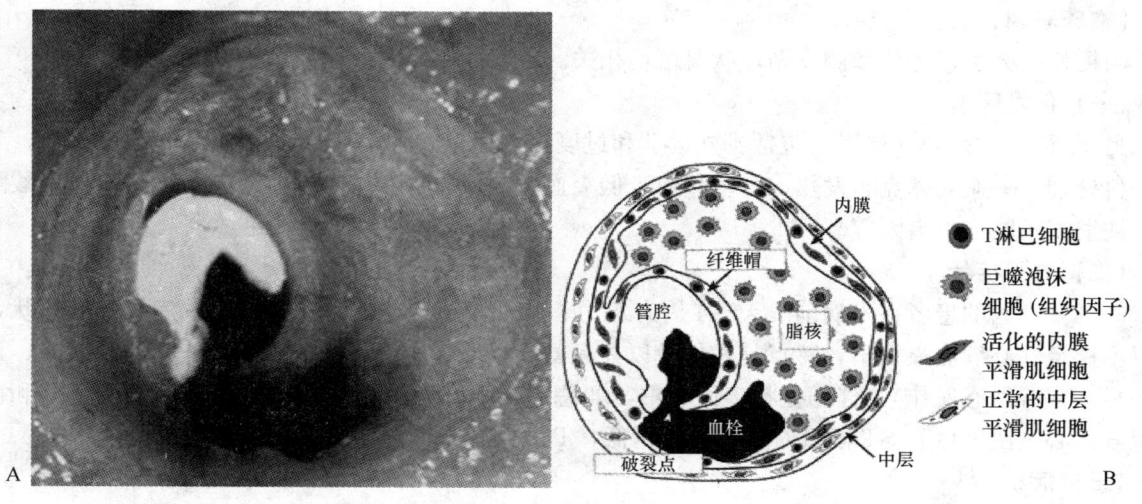

图 3-6-2 冠状动脉斑块破裂血栓形成 (A. 冠状动脉标本的肉眼观 B. 模式图)

冠状动脉闭塞 20~30 分钟,心肌损伤通常为可逆性的,随时间推移坏死的心肌量逐渐增加,6~12 小时后心肌坏死过程接近完成。2~6 小时之间受累心肌边缘有波浪状纤维形成,6 小时至梗死后 3 天,心肌呈凝固性坏死、间质充血、水肿、中性粒细胞浸润。此后心肌纤维溶解,被巨噬细胞吞噬并逐渐纤维化,直到梗死后 6 周坏死区域完全被致密的纤维瘢痕取代,称为陈旧性心肌梗死(old myocardial infarction,OMI)或愈合性心肌梗死。心肌坏死和愈合过程中,在心室压力和重构的作用下,坏死心室壁向外膨出，可产生心脏破裂（心室游离壁破裂、室间隔穿孔或乳头肌断裂）或逐渐形成心室壁瘤。

【病理生理】

如果有足够量的心肌受累，可诱发心室舒张和收缩功能障碍，产生一系列的血流动力学变化，如心室壁运动不协调、心肌收缩力减弱和顺应性降低，使室腔内压力上升和下降的峰速度（dp/dt和－dp/dt）降低，导致左心室舒张末期压力增高、舒张和收缩末期容积增多，射血分数减低，心搏出量和每搏量及动脉血压下降，可伴有心率加快和或心律失常。研究证实当梗死仅累及 8% 的左心室壁时就可有顺应性的降低；当异常收缩的心室壁节段超过 15% 时，则可使射血分数减低、舒张末期压力和容积增高；异常收缩的心室壁节段超过 25% 时，则有临床心力衰竭发生；异常收缩的心室壁节段超过 40% 时，常导致心源性休克。心室重构以心室大小、形状和室壁厚度的变化为特征，这一过程可影响心室功能和预后。影响重构过程的两个重要因素是心室负荷状态和梗死相关动脉开放，增高的心室压力使室壁张力增加和促发梗死扩展，而开放的梗死相关动脉会促进瘢痕形成和增加梗死区域的组织膨胀程度，降低梗死扩展和心室扩张的危险。梗死区域室壁伸展变薄而不伴有额外心肌坏死被定义为梗死扩展。有梗死扩展的 AMI 患者多伴有较高的死亡率和心力衰竭、心室壁瘤等并发症率，心脏破裂被认为是严重梗死扩展的后果。心室扩张通常指非梗死部分的室壁肥厚，常伴有心室容积的增加，是维持心室功能的一种代偿机制。然而心室扩张也常伴有心肌不同步复极，促发致命性室性心律失常。右心室梗死常表现为右心房压力增高、心搏出量减低和血压下降等右心衰竭的血流动力学变化。

AMI 引起的心力衰竭称为泵衰竭，按 Force 血流动力学法分为：

Ⅰ级：无肺淤血、水肿及周围循环灌注不足，心排血指数（cardiac index，CI）＞2.2L/（min·m²），肺毛细血管嵌压（pulmonary wedge capillary pressure，PWCP）＜18mmHg；

Ⅱ级：有肺淤血、水肿，无周围循环灌注不足，CI＞2.2L/（min·m²），PWCP＞18mmHg；

Ⅲ级：无肺淤血、水肿，有周围循环灌注不足，CI＜2.2L/（min·m²），PWCP＜18mmHg；

Ⅳ级：有肺淤血、水肿及周围循环灌注不足，CI＜2.2L/（min·m²），PWCP＞18mmHg。

【临床表现】

与梗死的大小、部位和侧支循环状况密切相关。

（一）促发因素

见于近一半的 AMI 患者，包括剧烈运动和过度情绪激动、原有心绞痛恶化或静态心绞痛、非心脏外科处理、失血或休克、发热、心动过速、低氧血症、低血糖、变异性心绞痛、突然撤离硝酸酯环境、注射麦角胺或可卡因等。

（二）先驱症状

50%～81% 的患者在发病前 1 天～4 周有乏力、胸部不适、心悸、烦躁、心绞痛等先驱症状，其中以不稳定性心绞痛最突出，特点是发作较以往频繁、性质较剧、持续较久、硝酸甘油疗效差、诱因不明显（常有静态发作）。伴随症状多而严重，如恶心、呕吐、大汗和心动过速或心功能不全和血压下降等。心电图上可有 ST 段暂时性抬高或压低，T 波倒置或增高（假性正常化）。

（三）症状

1. 胸痛　类似于心绞痛，但多在清晨 6 时～12 时发病，程度更重，持续更久，硝酸甘油疗效差。典型者应为突发的胸部紧缩或胸骨后撕裂、压榨样疼痛，常常向胸前、颈部、左肩和左上肢放射。患者多有恐惧、烦躁不安、濒死感、大汗、恶心、呕吐、呼吸困难等主诉，休息和硝酸甘油不能缓解症状，持续时间超过 10～20 分钟或几小时不等。近 20% 的 AMI 患者无典型的胸痛，即所谓 "无痛性心肌梗死"，多见于糖尿病患者。少部分特别是老年患者缺乏典型胸痛，直至心肌梗死诱发心功能不全而以心力衰竭就诊。部分患者疼痛位于上腹部，被误诊为急性胃炎、胰腺炎、胆石症等。部分患者疼痛放射至下颌、颈部、背部上方，常常导致误诊。AMI 的其他不典型表现还有：仅有心绞痛样的胸痛，没有程度加重和时间延长；类似于卒中和脑缺血的中枢神经系统表现；焦虑和神经质；突发躁狂症和精神病；晕厥；极度虚弱；急性消化不良和系统栓塞。

2. 其他症状　发热，由坏死物质吸收所引起，一般发生在梗死后24～48小时，程度与梗死范围呈正相关，体温在38℃左右，很少超过39℃，持续约1周。恶心、呕吐、上腹胀痛多见于下壁心肌梗死，由坏死组织刺激迷走神经反射或Bezold-Jarisch反射对左心室感受器的刺激所致，也可是吗啡作用的结果。虚弱乏力、头晕、心悸、出冷汗等也是心肌梗死早期的常见症状。

（四）体征

1. 一般表现　忧伤、焦虑、表情痛苦、皮肤苍白、多汗。与心绞痛不同，患者可坐卧不安以寻求使自己舒适的体位。合并左心衰竭和或心源性休克时，可有呼吸困难和咳粉红色泡沫状血痰，四肢末梢湿冷、发绀等。

2. 心率和血压　心率增快或减慢或心律不齐。大多数无并发症的AMI患者发病时血压正常；部分患者发病早期血压可超过160/90mmHg，部分先前有高血压病的患者发病后血压可降至正常；大面积心肌梗死患者的血压常降低或脉压差缩小；心源性休克时收缩压低于90mmHg伴有周围循环灌注不足。50%以上的下壁心肌梗死患者有低血压和或心动过缓，而近一半的前壁心肌梗死患者有血压增高和或心动过速。

3. 胸部体征　有左心衰竭或左心室顺应性降低的患者常有肺部湿啰音。

Killip根据肺部湿啰音的严重程度提出了AMI的预后分级：

Ⅰ级：无肺部啰音和第三心音；

Ⅱ级：肺部啰音在1/2肺野以下，有或无第三心音；

Ⅲ级：肺部啰音超过1/2肺野并伴有肺水肿；

Ⅳ级：有心源性休克。

近年来大规模的临床研究结果提示，这种分级对判断患者的晚期预后仍有实用价值。

4. 心脏体征　大多数AMI患者心尖波动正常；左房收缩增强时心尖部可触及收缩期前搏动，与第四心音相一致；有左心室功能不全时，胸骨左缘3～5肋间可触及舒张早期外向搏动；先前有心脏扩大或左心室肥厚者常有心尖搏动向左下移位，直径范围5～10cm。第一心音常减弱甚或消失，偶可闻及第二心音逆分裂。心尖部或胸骨左缘常可闻及第四心音，反映心功能不全和或心室顺应性降低；大面积心肌梗死严重心功能不全者心尖部可出现第三心音。乳头肌功能不全或断裂时，心尖部可闻及粗糙的收缩期杂音或伴有收缩中晚期喀喇音；室间隔穿孔时该杂音位于胸骨左缘3～5肋间；来自三尖瓣的收缩期杂音也常在胸骨左缘下端被听到。大面积透壁性心肌梗死的患者发病2～3天后心前区可出现心包摩擦音。右心室梗死时颈静脉多有明显怒张，搏动增强；循环血容量不足时颈静脉扁平。颈动脉搏动减弱提示搏出量降低；而二尖瓣关闭不全或室间隔穿孔时，颈动脉搏动明显增强。

【实验室和其他检查】

（一）心电图

系列心电图检查对于心肌梗死的早期诊断和定位以及发现心律失常有重要的临床意义。就诊10分钟内应完成第一份12导联心电图检查，诊断不明确时，间隔10～30分钟重复心电图检查。

1. STEMI典型的心电图表现　最初面向梗死区域的导联出现对称的高尖T波，即超急期变化；几分钟后高尖T波即与抬高的ST段融合成弓背向上的单向曲线，背向梗死区域的导联ST段下移，几小时至数天内ST段开始回落，同时出现病理性Q波，即Q波时限>0.04ms，振幅>1/3R波，为急性期变化；ST段在数小时至两周内回到等电位线，T波变为平坦或倒置，即亚急性期变化；随后数周至数月T波倒置可进一步加深或变浅，甚或直立，为慢性期变化（图3-6-3）。

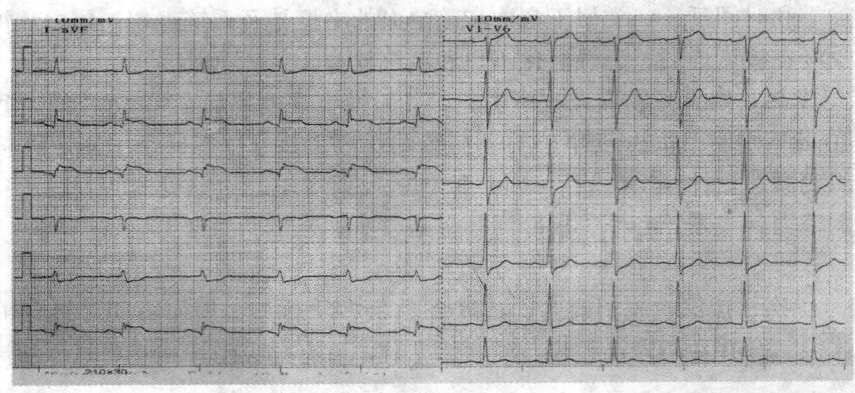

图 3-6-3（A） STEMI 心电图及演变过程

（急性下壁、后壁心肌梗死。Ⅱ、Ⅲ、aVF 导联 Q 波形成，ST 段抬高，T 波与 ST 段形成单向曲线；V_2 导联 R 波增高，ST 段下降，T 波直立）

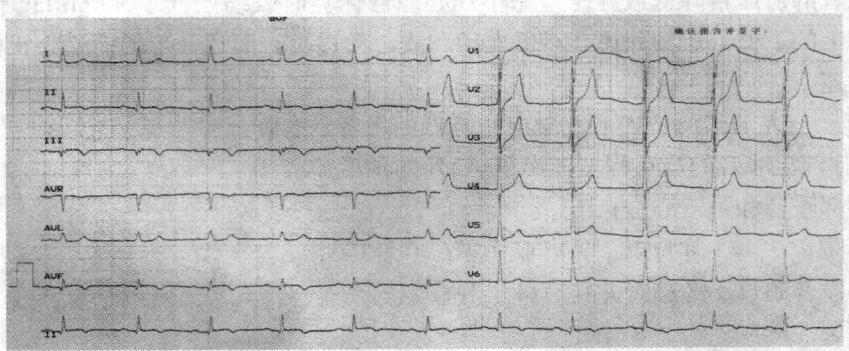

图 3-6-3（B） STEMI 心电图及演变过程

（急性下壁、后壁心肌梗死演变期。Ⅱ、Ⅲ、aVF 导联 Q 波形成，ST 段恢复至等电线，T 波倒置；V_2 导联 R 波增高，ST 段恢复，T 波直立）

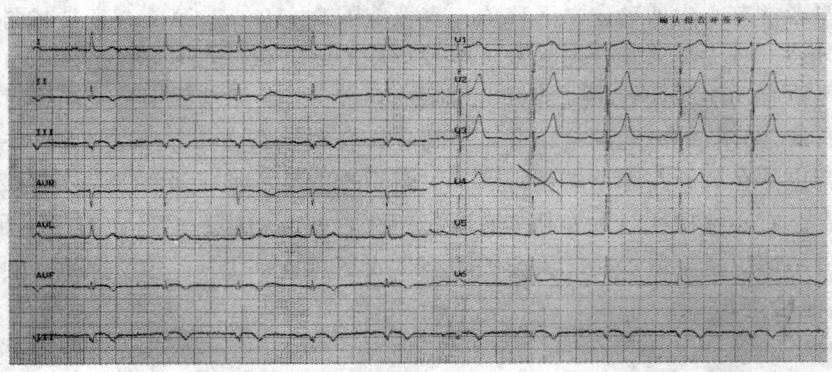

图 3-6-3（C） STEMI 心电图及演变过程

（急性下壁、后壁心肌梗死演变期。Ⅱ、Ⅲ、aVF 导联 Q 波形成，ST 段恢复至等电线，T 波倒置加深，形成冠状 T）

2. NSTEMI 的心电图表现　梗死区域或广泛导联 ST 段压低和或 T 波倒置，而无病理性 Q 波形成（图 3-6-4）。

3. 其他心电图表现　可有各种心律失常。特别是新出现的左束支传导阻滞（left bundle branch block，LBBB）伴有胸部不适，应高度怀疑心肌梗死。

4. 心电图心肌梗死的定位和定范围诊断　心电图可帮助诊断 STEMI 的部位和范围（表 3-6-1）。

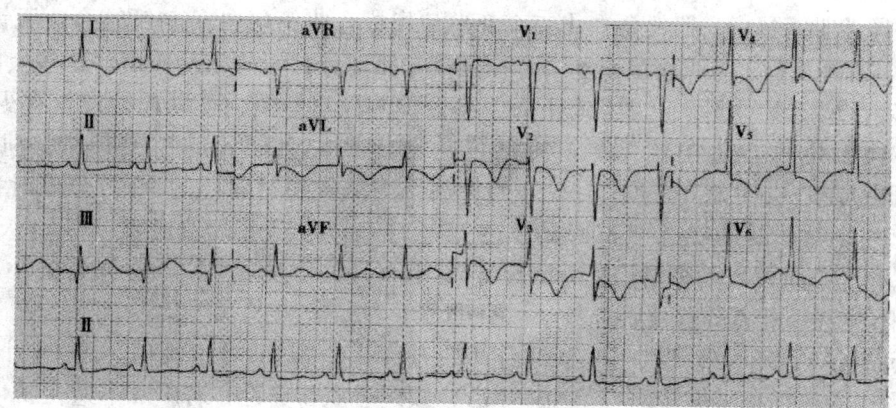

图 3-6-4　NSTEMI 心电图

表 3-6-1　心肌梗死部位和范围与心电图导联的变化

导联	前间壁	前壁	前侧壁	广泛前壁	高侧壁	下壁	下侧壁	后壁	右心室
I			+		+				
II						+	+		
III						+	+		
aVR									
aVL			+		+				
aVF									
V_1	+			+					
V_2	+			+					
V_3	+	+		+					
V_4		+		+					
V_5		+	+	+			+		
V_6			+						
V_7			+					+	
V_8							+	+	
V_9							+	+	
V_3R									+
V_4R									+

（二）心肌坏死血浆生化标志物检查

心肌坏死释放心肌细胞内特异性生化物质进入外周血循环，通过系列定性或定量检测这些心肌坏死生化标志物，可帮助心肌梗死特别是不典型心肌梗死的诊断，并有助于判断心肌梗死的预后。

1. 肌酸激酶（CK）及同工酶（CK-MB）　CK 在心肌梗死 4~8 小时后开始升高，48~72 小时内恢复正常。峰值时间约在梗死 24 小时，成功再灌注治疗可使其峰值时间提前。除心肌坏死外，肌病、酒精中毒、糖尿病、横纹肌瘤、剧烈运动或肌内注射和肺栓塞等疾病，CK 水平也可有不同程度升高。CK-MB 是相对心脏特异的同工酶，采用酶免疫测定法可在梗死 4 小时后准确测定 CK-MB 含量，当 CK-MB/CK 比值超过 10% 时更有助于心肌梗死的诊断。CK-MB 峰值约在 16~24 小时，3~4 天降至正常，其峰值的高低与心肌坏死的面积和预后有关。

2. **心脏特异性肌钙蛋白** 肌钙蛋白由三个亚单位组成，肌钙蛋白C与钙结合，肌钙蛋白T与原肌球蛋白结合，肌钙蛋白I与肌动蛋白丝结合抑制其与肌球蛋白间的相互作用。这些蛋白可通过特异性抗体技术被定性或定量检测。正常状态下血中不能检测到这些蛋白，因此即使仅有少量心肌坏死，心脏肌钙蛋白检测也可产生阳性结果，这已成重新定义心肌梗死的重要标准。肌钙蛋白T和I（cTnT和cTnI）在心肌梗死3～4小时后开始升高，当测值超过对照的99百分位时提示有心肌坏死，在梗死后10小时诊断的敏感性和特异性达95%～99%。cTnI增高持续7～10天，cTnT持续10～14天，有利于心肌梗死的晚期诊断。测定cTnI和cTnT可发现CK-MB正常的小量梗死或微梗死病例，测值阳性与否或高低有预后意义。

3. **肌红蛋白（MYO）** 梗死1～4小时后开始升高，6～7小时达峰值，约24小时恢复正常。MYO测定有利于心肌梗死早期诊断，但由于MYO缺乏心肌特异性，若胸部不适在4～8小时而无心肌梗死典型心电图表现时，不能仅依靠MYO阳性来诊断心肌梗死。尿中MYO的快速增高是判断成功再灌注的有用指标。MYO也有评价心肌梗死的预后意义。

4. **乳酸脱氢酶（LDH）** 心肌梗死24～48小时后开始增高，3～6天达峰值，8～14天恢复正常。

5. **天门冬酸氨基转移酶（AST）** 心肌梗死6～12小时后开始升高，24～48小时达高峰，3～6天恢复正常。

可用于心肌梗死诊断的生化标志物还有心脏脂肪酸结合蛋白（hFABP）、糖原磷酸化酶同工酶BB（GPBB）、肌球蛋白轻链和重链（MLC和MHC），前两者有利于心肌梗死的早期诊断，而后者扩大了诊断的时间窗口。

注意：没有cTnT和cTnI增高的患者没有发生心肌梗死；cTnT和cTnI增高而CK-MB正常的患者有"微梗死"，恶性事件风险略增加；cTnT和cTnI及CK-MB均增高时提示发生大量心肌坏死，恶性事件风险明显增加。再灌注治疗不应等待心肌坏死标志物检测结果。

（三）其他实验室检查

血白细胞在发病后2小时开始升高，2～4天达峰值，一般不超过$(12～15)×10^9/L$，大面积心肌梗死时，偶可达$20×10^9/L$，可伴有单核细胞比例增加。研究发现白细胞及单核细胞显著增高与心肌梗死预后有关。血沉（ESR）增快在发病后4～5天达高峰，可持续几周，增快的数值与梗死大小和预后无关。血糖、炎症标志物（如CRP、IL-6等）也有不同程度升高，并与心肌梗死预后有关。

（四）超声心动图

适用于有心肌梗死症状而心电图不能诊断的患者。二维和M型超声可评价室壁运动异常的范围和程度及左心室功能，结合多普勒技术能准确评价瓣膜反流、室间隔穿孔等机械并发症。同时，超声检查有助于发现主动脉夹层、肺栓塞、心包病变等。但是，严重心肌缺血和陈旧性心肌梗死也有节段性室壁运动异常，因此仅有室壁运动异常不能确诊急性心肌梗死，而没有室壁运动异常可排除急性心肌梗死诊断。

（五）放射性核素检查

不适用于急性期患者。急性期过后，同位素心肌显像和或血池扫描技术可评价梗死部位和范围及心脏功能。单光子发射计算机断层（SPECT）和正电子发射计算机断层技术可进一步观察心肌的代谢变化和评价心肌的存活性。

（六）核磁共振检查

不仅可确定梗死的部位和范围，还能评价梗死和非梗死组织的灌注程度及心肌的再灌注状态。此项检查不适用于急性期患者。

（七）冠状动脉造影

特别适用于临床诊断有困难的AMI患者（LBBB、既往冠状动脉旁路移植术、NSTEMI）。全面评价冠状动脉解剖和受累心肌范围，确定梗死相关动脉（图3-6-5）。结合左心室造影可准确评价心室功能，及时发现机械并发症。

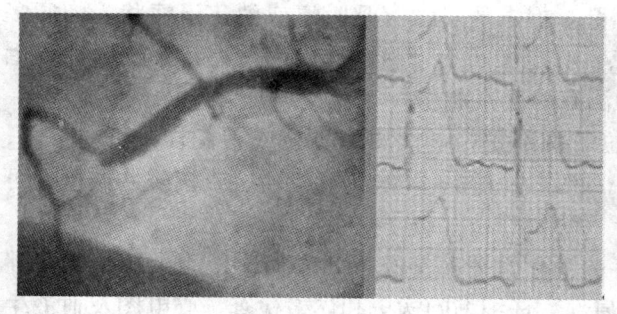 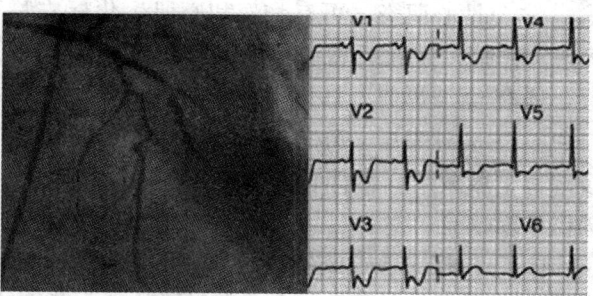

图 3-6-5 STEMI 和 NSTEMI 的心电图及冠状动脉造影结果
（左图为 STEMI 梗死相关右冠脉和心电图；右图为 NSTEMI 梗死相关左冠脉和心电图）

【诊断与鉴别诊断】

（一）诊断

世界卫生组织（WHO）关于 AMI 的诊断标准需至少包括三项临床表现中的两项：①缺血性胸痛超过 30 分钟；②典型心电图表现并呈动态演变或新出现 LBBB；③血浆心肌坏死生化标志物升高与回落。Alpert 等人从预后角度出发，突出了心肌坏死标志物的意义，于 2000 年提出了 21 世纪心肌梗死的新定义（表 3-6-2）。

表 3-6-2 急性心肌梗死的诊断标准

生化标志物增高加下列一或多项	心肌梗死的病理学表现	心肌梗死典型症状加下列一项	处理致心肌坏死
心肌缺血典型症状 心电图 Q 波 心电图上 ST 段抬高或压低	不需其他表现	心电图上 ST 段抬高 心肌生化标志物增高	心肌生化标志物升高超过处理前水平，可伴有或不伴有症状或心电图表现

2008 欧洲心脏协会《STEMI 防治指南》关于急性心肌梗死早期诊断的建议见表 3-6-3：

表 3-6-3 STEMI 早期诊断建议（ESC，2008）

胸痛或不适病史
持续 ST 段抬高或（怀疑）新出现的 LBBB；常需要重复心电图检测
心肌坏死标志物升高（CK-MB，cTnT/cTnI），但再灌注治疗不应等待其检测结果
二维超声心动图可排除大面积急性心肌缺血和胸痛或不适的其他原因

STEMI 的危险分层：循证医学研究提示高龄、高 Killip 分级、心率增快、收缩压降低、前壁心肌梗死是 AMI 早期死亡的独立危险因素。其他与预后有关的因素还包括先前心梗病史、身高、体重、糖尿病、发病就诊时间和吸烟状态等。

（二）鉴别诊断

1. 心绞痛 胸痛部位、性质与心肌梗死类似，常在劳累、情绪激动、受寒、进食或饱餐后发作，持续时间 1~5 分钟，通常<15 分钟，硝酸甘油效果显著。心电图可有暂时性 ST 段或 T 波变化。与心肌梗死最关键的区别是无心肌坏死生化标志物的增高。

2. 急性心包炎 多为心前区锐痛，呈刀割样，随呼吸或咳嗽加剧。疼痛除放射到肩部和颈部外，斜方肌脊部放射为其特点。临床上症状常与发热同时出现，早期可闻及心包摩擦音。典型的心电图表现是除 aVR 导联外，各导联 ST 段弓背向下抬高，T 波倒置，无异常 Q 波形成。

3. 急性肺动脉栓塞 可突发胸痛、呼吸困难或休克，胸痛常位于胸部两侧，性质似胸膜炎样疼痛。严重的肺栓塞多伴有低氧血症表现。也可有右心负荷急剧增高的表现如肺动脉二音亢进、颈静脉充盈、肝大、下肢水肿等。典型心电图为Ⅰ导联 S 波加深，Ⅲ导联 Q 波明显和 T 波倒置。

4. **急性心肌炎** 可有胸痛和心肌生化标志物增高，但发病前常有呼吸道或消化道症状，胸痛多表现为隐痛，生化标志物增高缺乏典型的时限特点。心电图可有 ST 段压低或抬高，T 波低平或倒置，偶有 Q 波形成。病毒学和或病毒特异性抗体检测有助于鉴别。

5. **主动脉夹层** 疼痛程度开始即达高峰，常位于胸部正中，性质似撕裂或刀割样，可向背部、腹部和下肢放射，常伴有一或多部位动脉波动消失。超声心动图、X 线计算机断层或核磁共振检查可提供诊断信息。

6. **急腹症** 急性胰腺炎、急性胆囊炎、胆石症或消化性溃疡穿孔等，疼痛多位于上腹部，可伴有恶心、呕吐和大汗或休克，有时可放射至背部或肩部。仔细询问病史和体格检查、心电图及血液生化指标检查可协助诊断。

【治疗】

治疗 AMI 应强调争分夺秒，时间等于生命。治疗原则是挽救濒死的心肌，防止梗死扩大，缩小心肌缺血范围，保护心脏功能，预防和及时处理并发症。

(一) 一般处理

1. **休息和监测** 对所有拟诊 AMI 病人，应卧床休息 12～24 小时，避免 Valsavas 运动，保持大便通畅。行心电图、血压、呼吸和血氧饱和度监测。建立静脉通道。

2. **给氧** 并发肺淤血或动脉血氧饱和度<90% 是给氧治疗的最佳适应证，2～4L/min 经面罩或鼻导管给予，必要时应用机械辅助通气。

3. **缓解疼痛** 迅速给予止痛剂，如吗啡 4～8mg 静脉注射，间隔 5～15 分钟重复，有时需多达 25～30mg 方能止痛，但应注意吗啡引起的呕吐、血压降低和呼吸抑制等副作用，必要时可静脉注射甲氧氯普胺 5～10mg。对极度烦躁、焦虑患者可应用镇静剂。非甾体抗炎药物不作为止痛药物应用。

4. **硝酸甘油** 突发缺血样胸痛的病人，首先应予硝酸甘油 0.6mg 舌下含服，间隔 5 分钟重复，总量不超过 1.8mg。AMI 并发心力衰竭、大面积前壁梗死、持续性缺血或高血压的患者可静脉给予硝酸甘油治疗。对无低血压、心动过缓或心动过速的 AMI 患者也可静脉应用硝酸甘油 24～48 小时。收缩压<90mmHg 或较基线降低超过 30mmHg，心率<50 次/分或>100 次/分的患者禁用。

5. **阿托品** 用于心动过缓伴心输出量不足或周围循环灌注不良的患者；频发室性早搏或吗啡引起的恶心、呕吐也可用阿托品 (atropine)，0.5mg 静脉注射，5～10 分钟重复，总量不超过 2.5mg。

6. **β肾上腺素能受体阻滞剂** 对没有禁忌证的病人，特别是有交感神经兴奋性增高所致的心动过速和或高血压或心律失常时，美托洛尔 (metoprolol) 5mg 静脉注射，间隔 5～10 分钟重复至总量 15mg，随后口服。对发病 12 小时后入院且不伴交感神经过度兴奋的病人，可直接使用口服制剂，美托洛尔 12.5～50mg，每天 2～3 次；阿替洛尔 (atenolol) 6.25～25mg，每天 2～3 次，比索洛尔 (bisoprolol) 1.25～5.0mg，每天 1 次。

7. **血管紧张素转换酶 (angiotensin converting enzyme，ACE) 抑制剂** ACE 抑制剂能抑制心室重构，改善血流动力学和减轻肺淤血。因此，所有 AMI 患者都应尽早接受 ACE 抑制剂。治疗可在发病后第一天开始，常用药物有卡托普利 (captopril) 12.5～25mg，每天 3～4 次。收缩压低于 90mmHg 或有过敏史者禁用。不能耐受 ACE 抑制剂的病人，可尝试用血管紧张素受体拮抗剂 (angiotensin receptor block，ARB) 替代。

(二) 再灌注治疗

再灌注治疗即用药物或机械 (percutaneous coronary intervention，PCI) 方法使梗死相关动脉恢复血流灌注，并进而恢复心肌水平再灌注，以达缩小梗死面积，保护心脏功能，减少并发症和增加运动耐量和改善生活质量的目的。适合于发病 12 小时内，持续 ST 段抬高或怀疑新出现的 LBBB 患者。对那些发病超过 12 小时但临床和心电图仍有持续缺血表现的患者也可考虑再灌注治疗。再灌注治疗策略和流程（图 3-6-6）。

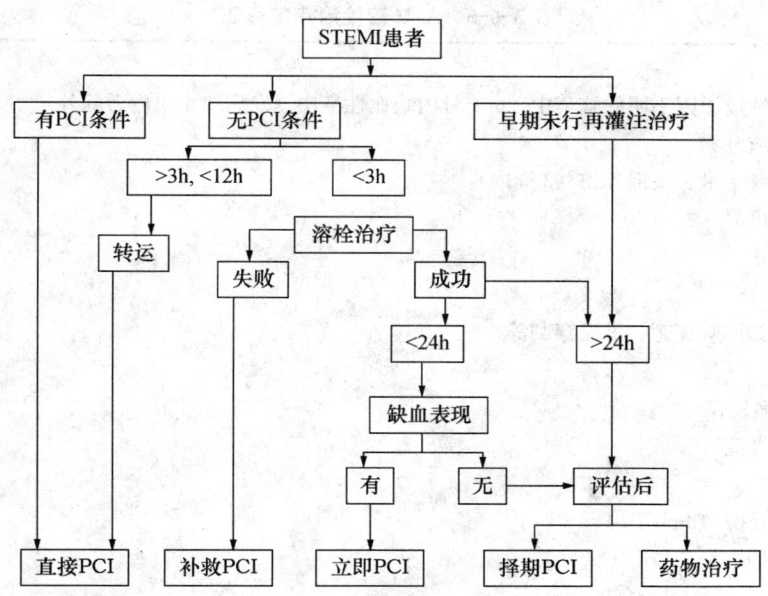

图 3-6-6 急性心肌梗死再灌注治疗策略及流程

1. 溶栓治疗 自从 1986 年 GISSI 研究证实静脉使用链激酶明显降低发病 6 小时内的 AMI 病人的死亡率以来,溶栓治疗已成为 AMI 的标准治疗。

(1) 适应证与禁忌证:根据 AHA/ACC、ESC 和我国的《急性心肌梗死诊断和治疗指南》,AMI 溶栓治疗的适应证见表 3-6-4。溶栓治疗可使 AMI 的死亡率降低达 22%,对前壁心肌梗死、伴有 LBBB、低血压(收缩压<100mmHg)或心率增快(>100 次/分)的患者治疗意义更大。越早溶栓,病死率越低。GUSTO-1 提示,AMI 发病后 2~6 小时内,溶栓治疗每提前 1 小时,死亡率降低 1%。现有试验结果证实,胸痛发作后 12 小时内溶栓可降低死亡率,发病 12~24 小时溶栓死亡率无明显降低。<55 岁患者溶栓后病死率下降 26%,年龄>75 岁的病人病死率仅下降 4%。糖尿病患者溶栓后病死率下降 21%,有糖尿病视网膜病变的患者,也可从溶栓治疗中明显获益。近年来临床试验和注册研究证实,院前开始溶栓治疗较住院后再给药进一步降低 STEMI 的早期死亡率可达 17%,发病 2 小时内接受溶栓治疗死亡率降低最明显,与直接 PCI 结果类似。

表 3-6-4 急性心肌梗死溶栓治疗的适应证

---

1. 缺血性胸痛持续 30 分钟以上
2. 心电图变化
   两个或两个以上相邻导联 ST 段抬高(胸导联≥0.2mV,肢导联≥0.1mV)
   新或推测新出现的 LBBB
   V_2~V_3 导联 ST 段压低伴 R 波增高提示后壁心肌梗死
3. 症状发生的时间
   <3 小时,意义最大,"门-针"时间应<30 分钟;"门-球囊"时间>90 分钟时首选
   3~12 小时,意义减少,但若缺血性胸痛持续仍有价值
   12~24 小时,除非胸痛持续伴广泛 ST 段抬高,否则无意义
4. 年龄
   <75 岁,意义肯定
   >75 岁,意义减小

溶栓治疗的禁忌证见表 3-6-5。溶栓治疗最严重的并发症是颅内出血,发生率约 0.5%。既往有脑出血史、不能控制的高血压、体重小于 70kg 和年龄大于 65 岁的患者,脑出血的风险明显增加。

表 3-6-5　AMI 溶栓治疗禁忌证

绝对禁忌证
　既往任何时间出血性或原因不明的脑卒中，6 个月内缺血性卒中（发病 3 小时内者除外）
　中枢神经系统创伤或肿物
　新近大的创伤、外科手术、头部外伤（3 周内）
　近 1 个月内消化道出血
　已知的血液系统疾病
　主动脉夹层
　非可压迫的穿刺（如肝脏穿刺、淋巴穿刺等）

相对禁忌证
　6 个月内短暂脑缺血发作
　口服抗凝药物治疗期间
　妊娠或产后 1 周内
　顽固性高血压（>180/110mmHg）
　严重肝病
　感染性心内膜炎
　活动性消化性溃疡
　创伤性心肺复苏或较长时间（>10min）的心肺复苏

(2) 溶栓药物和选择：第一代药物包括尿激酶（urokinase，UK）和链激酶（streptokinase，SK），不具有纤维蛋白选择性。第二代的代表药物是重组组织型纤溶酶原激活剂（rtpA），具有纤维蛋白选择性。第三代药物为 tpA 的变异体 [reteplase（rpA）、lanoteplase（npA）和 tenecteplase（TNK-tpA）] 及葡激酶（SAK），主要特点是半衰期长，适合静脉推注。常用的溶栓药物和用法见表 3-6-6。

表 3-6-6　常用的溶栓药物和用法

项目	UK	SK	t-PA	rPA	n-PA	TNK-tPA	SAK
半衰期（min）	14~20	23~29	4~8	15	26~32	20	6
纤维蛋白特异性	−	−	++	+	++	+++	++++
抗原性	−	+	−	−	−	−	+
剂量	150万U/30min	150万U/60min	15mg, i.v, 30min, 之后 0.5mg/kg, 60min, 总量 100mg	2×10U，间隔30分钟静推	120kU/kg 单次静推	0.5mg/kg 单次推注	20~30mg/30min
肝素治疗	+	+	+	+	+	+	+
90 分钟 TIMI Ⅲ级（%）	28	29	54	60	55~60	63~66	
颅内出血发生率（%）		0.3	0.87	0.91	1.13	0.93	
主要临床试验	TUCC	GUSTO	GUSTO-Ⅲ	GUSTO-Ⅲ INJECT	InTIME-Ⅱ	ASSENT-2 TIMI-10A TIMI-10B	STAR CAPTORS

根据 GUSTO 研究，与 SK 相比，tPA 等纤维蛋白选择性溶栓剂可导致 1% 的死亡率明显降低，特别是在年龄 <70 岁症状发生 4 小时以内的前壁心肌梗死患者中，这一差别更显著，而在高龄患者

发病超过4小时的非前壁心肌梗死，溶栓药物之间的差别很小。第三代溶栓剂除给药方便外，疗效并不优于tpA。

(3) 再通标准和临床评价指标

1) 冠状动脉造影：是判断溶栓治疗后血管开通的金指标。通常观察溶栓开始后60~90分钟梗死相关动脉再灌注程度，血流灌注TIMI Ⅱ~Ⅲ级，判定为再通。

TIMI (thrombolysis in myocardial infarction, TIMI) 分级：

0级：表示无再灌注或闭塞远端无血流；

Ⅰ级：表示造影剂部分通过闭塞部位，但不能完全显影冠状动脉；

Ⅱ级：表示造影剂能完全显影冠状动脉远端，但造影剂进入及清除的速度缓慢；

Ⅲ级：表示完全再灌注，造影剂在冠状动脉内完全迅速充盈及清除。

再灌注达TIMI Ⅲ级的病人在减少梗死面积、降低短期及长期病死率方面优于TIMI Ⅱ级的病人。

2) 临床评价再通的标准

①溶栓后2小时内胸痛明显减轻或消失；

②给药后60~90分钟内心电图ST段在抬高最明显的导联迅速下降≥50%；

③溶栓后2~3小时内出现再灌注心律失常，如加速的室性自主心律，下壁梗死新出现的窦性心动过缓或房室传导阻滞和或低血压等；

④酶峰前移，即CK-MB峰值提前至距发病后14小时以内或CK提前至16小时以内。

具备任意2条（1和3组合除外）可作为临床再通标准。

(4) 溶栓治疗的优点和限制：静脉溶栓简便易行，适用于各级医院，适应证一经确定，可即刻用药，甚至可在救护车上进行。在降低死亡率、预防左心衰竭或恶性心律失常、减少室间隔穿孔和乳头肌功能失调及心源性休克上均有显著的优势。然而，溶栓治疗梗死相关动脉再通率为60%~80%，TIMI Ⅲ级仅31.5%~63.2%，且不能治疗不稳定斑块或严重残余狭窄，缺血复发或再闭塞率达15%~25%；禁忌证使许多病人，特别是老年（40%）不能接受溶栓治疗；伴心源性休克的病人溶栓结果较差；自静脉用药到血管开放有一定的时间延迟（>45min）；无创性再灌注指标缺乏特异性。

2. PCI治疗 在有条件的医院（即导管室每年完成PCI手术≥200例或术者每年手术量70例以上），医院具有急诊冠状动脉旁路搭桥术（coronary artery bypass grafting, CABG）的能力，"门-球囊"时间在60~90min内，PCI可作为溶栓治疗的替代疗法。与溶栓相比，PCI的再通率超过95%，TIMI Ⅲ级血流恢复率超过90%，而颅内出血或脑卒中的发生率极低（0.7%）；在住院死亡率、再梗死或其他缺血事件复发率等方面均明显低于溶栓治疗。

(1) 直接PCI (primary PCI)：即对STEMI患者不予药物溶栓而直接采用球囊扩张和或支架置入的方法开放梗死相关血管（见图3-6-7）。所有发病12小时内，特别是发病3小时以上的STEMI患者，或发病超过12小时但临床和心电图缺血持续的患者都应接受直接PCI；对发病36小时内，并发心源性休克，年龄<75岁，PCI应在休克后18h内进行；对于发病12小时内伴有严重心功能障碍Kilipp≥Ⅲ级的病人也应尽早PCI。发病在12~24小时临床不稳定的患者也可给予PCI，但对发病超过24小时临床稳定且梗死相关动脉完全闭塞的患者不主张早期PCI。自患者与急救机构确定救治联系到首次球囊充气时间应控制在90分钟内，该时间在所有患者不应超过120分钟。除心源性休克患者外，直接PCI只干预梗死相关血管。

PCI是可行和安全的，与传统治疗相比能明显降低再梗死、心力衰竭的发生，并有降低死亡的趋势。特别适合于溶栓后出现心源性休克且年龄小于75岁、严重充血性心力衰竭和或肺水肿（Kilipp心功能Ⅲ）、血流动力学不稳定的室性心律失常患者；对年龄大于75岁的休克患者、有大面积前壁或下壁伴右室或广泛胸前导联ST压低的患者也多主张进行补救性PCI (rescue PCI) 治疗。

(2) 晚期PCI (late PCI)：即对接受或未接受溶栓治疗的患者在发病24小时后进行的PCI。对发

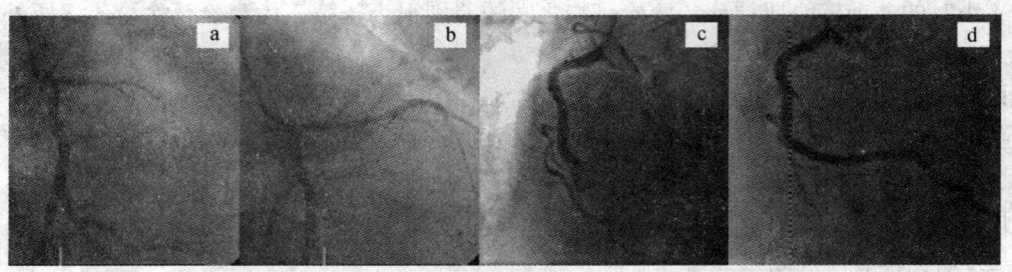

图 3-6-7 STEMI 直接 PCI 治疗冠脉造影图像

(a 和 c 梗死相关前降支和右冠脉完全闭塞; b 和 d 直接 PCI 术后管腔开放)

病已超过 24 小时梗死相关血管已开放但有影响血流动力学的严重狭窄病变可考虑 PCI 处理, 但对病情稳定无缺血证据、发病 24 小时以上梗死相关血管仍闭塞、有 1 支或 2 支血管病变患者的 STEMI 患者, 不建议常规给予 PCI 治疗。OAT (occluded artery trail, OAT) 研究发现这类患者不能从 PCI 治疗中获益。

3. 急诊冠状动脉旁路搭桥术 AMI 溶栓禁忌或失败、PCI 失败或冠状动脉解剖不适合 PCI, 病人有大面积心肌梗死伴心源性休克或血流动力学不稳定或出现机械性并发症, 可考虑急诊冠状动脉旁路搭桥术 (coronary artery bypass graft, CABG)。

(三) 抗凝治疗

抗凝治疗是处理 ACS 的重要组成部分, 包括抗血小板和抗凝血酶两部分, 是再灌注治疗的重要辅助手段。

1. 抗血小板药物

(1) 阿司匹林 (aspirin): 所有 STEMI 和其他 ACS 患者都应尽快接受阿司匹林治疗, 首剂应选用非肠溶剂型 150~325mg 嚼服, 以后 75~150mg/d 维持治疗。已知对阿司匹林过敏或不能耐受、活动性消化道出血、凝血功能障碍和严重肝病的患者可用替代抗血小板药物。ISIS-2 研究显示, 单用阿司匹林可以降低 STEMI 患者 35 天死亡率达 23%; 与链激酶合用, 降低死亡率达 42%, 并可减少冠状动脉再闭塞或复发性缺血事件。

(2) 氯吡格雷 (clopidogrel): 所有 STEMI 和其他 ACS 患者都应在阿司匹林基础上加用氯吡格雷, 阿司匹林禁忌时可作为替代药物。年龄小于 75 岁接受溶栓或未接受再灌注治疗的患者, 可顿服负荷剂量 300mg, 随后 75mg/d 维持; 年龄大于 75 岁可直接使用维持剂量 75mg/d; PCI 再灌注治疗的患者负荷剂量 300mg, 可考虑 600mg, 随后 75mg/d 维持。推荐用药时间至少 14 天, 可延长至 1 年。CLARITY 和 COMMIT 研究显示阿司匹林基础上加用氯吡格雷的溶栓治疗患者, 有明显低的心血管原因死亡率、再梗死和缺血复发率, 再次血运重建率降低 20%, 出血风险并没有增加。

(3) 血小板膜糖蛋白 (GP) Ⅱb/Ⅲa 受体拮抗剂: 目前临床使用的血小板 GPⅡb/Ⅲa 受体拮抗剂有以下 3 种: ①阿昔单抗 (abciximab, ReoPro): 是一种血小板 GPⅡb/Ⅲa 受体的单克隆抗体的 Fab 片段。②依替非巴肽 (eptifibatide, integrilin): 是一种环状七肽。③替罗非班 (tirofiban): 是一种小分子非肽化合物。直接 PCI 联用阿昔单抗可改善组织再灌注程度, 0.25mg/kg 静脉注射, 随后 0.125μg/kg (最大 10μg/min) 静脉输注 12 小时。然而, 在阿司匹林、600mg 氯吡格雷和肝素的基础上, PCI 术前启用大剂量替罗非班, 尽管可以改善心电图 ST 段的恢复程度, 但并不伴有更多的血管开放和临床净获益。

2. 抗凝药物 STEMI 的患者无论有无再灌注治疗都应接受抗凝药物。循证医学证实有效的药物包括肝素 (unfractionated heparin, UFH)、低分子肝素 (low-molecular-weight heparin, LMWH) 和磺达肝素 (fondaparinux)、比伐芦定 (bivalirudin) 等直接凝血酶抑制剂也可在 PCI 时应用, 但目前不推荐与溶栓药物合用。STEMI 抗凝治疗方案见表 3-6-7。

表 3-6-7 STEMI 抗凝治疗方案

直接 PCI 患者	肝素：100U/kg i.v.（使用 GPⅡb/Ⅲa 受体抑制剂时 60U/kg）；若术中用活化凝血酶时间（activated clotting time，ACT）指导肝素用量，ACT 应维持在 250~350s（用 GPⅡb/Ⅲa 受体抑制剂时 200~250s），直至处理结束。
溶栓患者	比伐芦定：0.75mg/kg i.v.，随后 1.75mg/(kg·h) 静脉输注，通常维持至手术终止。 依诺肝素：年龄<75 岁，肌苷男性≤2.5mg/ml 或 221μmol/L，女性≤2mg/ml 或 177μmol/L，30mg i.v.，15min 后 1mg/kg s.c. 12h 一次直至出院，最多 8 天，最初两次剂量不应超过 100mg；年龄>75 岁，直接 s.c.，剂量 0.75mg/kg，最大剂量 75mg；肌苷清除率<30ml/min 的各年龄患者，只用 s.c. 剂量，24h 一次。 肝素：60U/kg i.v.（最大 4000U），随后 12U/kg（最大 1000U）静脉输注 24~48h，aPTT 目标值 50~70s，用药后 3、6、12、24h 监测。 磺达肝素：2.5mg i.v.，随后 2.5mg s.c.，每天一次，可用药 8 天或至出院。用药患者肌苷应不超过 3mg/ml 或 265μmol/L。
无再灌注治疗患者	磺达肝素、依诺肝素、肝素用法同药物溶栓。

i.v. 静脉注射；s.c. 皮下注射

（四）NSTEMI 的治疗

NSTEMI 患者通常并没有梗死相关动脉的完全闭塞，因此溶栓治疗不但不能使这些病人获得满意效果，反而会增加其死亡率。内科治疗与 STEMI 类似，抗凝治疗尤为关键。对中高危患者推荐早期介入治疗。如对顽固心绞痛或复发性严重心肌缺血、心力衰竭或血流动力学不稳定和危及生命的心律失常患者主张在就诊 24h 内给予介入治疗。其他中高危患者，如合并糖尿病、肾功不全 [GFR<60ml/(min·1.73m²)]、LVEF<40%、早期梗死后心绞痛、既往 PCI 或 CABG 病史者推荐在 72h 内给予介入治疗。临床研究证实高危患者早期有创治疗能明显改善心肌缺血，一些研究提示有创治疗能降低死亡和再梗死风险。

（五）后期处理

1. 出院及出院前处理　没有并发症的心肌梗死可在发病后 4~7 天出院。出院前应对病人进行危险分层。有缺血复发或左室功能降低的病人应及时行心脏导管考虑血管重建治疗。其他病人可在梗死后 5~7 天或 2~3 周后接受次极量或症状限制的心电图运动试验，结果明显异常的病人应进行心脏导管检查；轻度异常的病人接受影像学张力试验确定需心脏导管检查和血管重建治疗的病人。发病 48 小时后有室性心动过速或心室颤动的病人应接受心脏电生理检查。

2. 二级预防　调节生活方式，包括戒烟、控制体重和增加活动。控制高血压和糖尿病。重视调脂治疗，如使用他汀类降脂药物使低密度脂蛋白胆固醇（LDL-C）在 100mg/dl 以下（极高危病人 LDL-C 可降至 70~80mg/dl 以下），来自饱和脂肪酸的热量应占总热量的 7% 以下，胆固醇摄入量在 200mg/dl 以下。长期阿司匹林抗血小板可使再梗死、卒中和心血管死亡风险降低 25%。ACE 抑制剂适用于所有 AMI 病人和伴有严重心功能异常的病人，ACE 抑制剂治疗 3~5 年可改善生存率。没有禁忌证时，所有 AMI 病人应尽早接受 β 受体阻滞剂，治疗维持 2~3 年。有心房颤动、心室附壁血栓或大面积前壁心肌梗死、血栓性脑血管病史者应接受抗凝治疗。

【并发症和治疗】

（一）心律失常和传导异常

大多数的心律失常是缺血过程的直接后果，梗死后早期更易发生，电解质异常、低氧血症和某些药物可作为诱因。当心律失常引起血流动力学不稳定、诱发或加重心肌缺血或为更恶性心律失常的先兆时应积极有效地治疗。

1. 室性心律失常　室性早搏或成对出现、短阵非持续性室性心动过速，多见于围梗死期，抗心律失常药可常有良好的效果。频发的室性早搏并不能预示更恶性心律失常的发生，多不需治疗。加速性室性自主心律（心率 60～125 次/分，也称缓慢室性心动过速）常发生在成功地再灌注之后，多也不需特殊治疗。心室颤动或血流动力学不稳定的室性心动过速多见于梗死 48 小时内，应立即电转复（200～360J），随后静脉给予抗心律失常药物，如利多卡因 0.5～0.75mg/kg；胺碘酮（amiodarone）150mg 静脉推注，必要时 10～30min 后重复，随后 1mg/min 静脉维持输注，6 小时后 0.5mg/min，持续 6～24 小时。交感神经兴奋性增高（如心率快、血压高）的患者应用 β 受体阻滞剂效果较好。持续血流动力学稳定的室性心动过速（心率<150 次/分）可首先用抗心律失常药物，无效时行同步电转复治疗。此外应注意治疗电解质紊乱、酸碱平衡失调和心肌缺血。发生在心肌梗死后期的恶性心律失常提示近远期预后更差。

2. 室上性心律失常 发生率几乎占 AMI 病例的 1/3，心房颤动占半数。心房颤动伴快速的心室率（心率>100 次/分）时可加重缺血诱发梗死面积扩大和促发血流动力学不稳定，理想的处理是电转复，初始能量 50～100J。没有血流动力学障碍的心房颤动应以控制心室率为目的，如 β 受体阻滞剂，美托洛尔（metoprolol）5mg 静脉注射，间隔 5～10 分钟重复至总量 15mg，随后口服。没有心功能不全时，维拉帕米（verapamil）和地尔硫䓬（diltiazem）静脉应用也有减慢心室率的作用。有心功能不全时洋地黄类药物是较理想的选择制剂。胺碘酮对心房颤动转复、防止复发或控制心室率都是很好的选择，维持量 200mg/d。

3. 缓慢性心律失常 窦性心动过缓可由迷走神经过度兴奋或药物诱发，也可是窦房结功能失调或心房缺血的表现，若不伴有血流动力学障碍和或恶性室性逸搏节律，只需严密观察。静脉阿托品可使心率提高在 60 次/分以上；临床很少需要临时起搏治疗。房室结缺血可导致一度和二度Ⅰ型（Mobitz Ⅰ）房室传导阻滞，多见于下壁心肌梗死患者，一般不影响生存率。二度Ⅱ型（Mobitz Ⅱ）房室传导阻滞只见于不到 1% 的 AMI 患者，通常是广泛前壁心肌梗死希氏束-浦肯野纤维系统受损的结果，易发展成三度房室传导阻滞，是经静脉或体外临时起搏治疗的适应证。5%～15% 的 AMI 患者可伴发三度房室传导阻滞。下壁心肌梗死有三度房室传导阻滞时，多有稳定的逸搏心律，倾向是暂时性的（几天）；前壁心肌梗死有三度房室传导阻滞时，浦肯野纤维系统通常受累，常有不稳定的室性逸搏心律，死亡率高。分支传导阻滞的发生率 5%～10%。单纯的左前分支、左后分支、右束支传导阻滞不需要特殊治疗。新出现的双支（左束支阻滞或右束支阻滞伴左前或左后分支阻滞）常需要临时起搏治疗。心肌梗死急性期心律失常和传导异常的处理见表 3-6-8。

表 3-6-8 心肌梗死急性期心律失常和传导异常的处理

临床状态	治疗措施
血流动力学不稳定的室性心动过速、心室颤动	电复律
血流动力学不稳定、对电复律反应差的持续单型室性心动过速	静脉注射胺碘酮、利多卡因或索托洛尔 药物疗效差时可行经静脉导管超速起搏
反复有症状的非持续性单型性室性心动过速	静脉胺碘酮、索托洛尔或其他 β 受体阻滞剂
多型性室性心动过速	基线 QT 正常，静脉索托洛尔或其他 β 受体阻滞剂、胺碘酮、利多卡因；基线 QT 延长，纠正电解质、考虑镁剂、超速起搏、异丙基肾上腺素或利多卡因，推荐急诊冠脉造影
心房颤动控制心室率	静脉 β 受体阻滞剂或非二氢吡啶钙通道阻滞剂（地尔硫䓬、维拉帕米）；静脉胺碘酮减慢快速心室率，改善左室功能；严重左心功能不全或心力衰竭时，静脉使用洋地黄 严重血流动力学障碍，药物治疗无效时可考虑电转复
伴低血压和或心力衰竭的窦性心动过缓、二度Ⅱ型（Mobitz Ⅱ）或三度房室传导阻滞	静脉阿托品，无效时经静脉临时起搏

（二）低血压和泵衰竭

AMI 可伴有血流动力学障碍，表现为低血压和或泵衰竭。有创性血流动力学监测有助于这些并发症的正确诊断和治疗（见表 3-6-9）。单纯低血压应排除低血容量或药物的作用，补充容量（维持左室充盈压在 18mmHg）常可使血压很快回升。肺淤血提示预后较差。单纯的肺淤血需利尿剂和或血管扩张剂（硝普钠、硝酸甘油）治疗，无禁忌证时应给予 ACEI 或 ABR；伴有低血压的肺淤血需联合使用变力制剂（多巴胺、多巴酚酊胺）和血管扩张剂。机械或无创通气支持有助于氧饱和度维持在 90% 以上。Killpp Ⅲ级以上患者可考虑 IABP 辅助循环支持。

表 3-6-9 不同临床状态的血流动力学表现

临床状态	腔室压力（mmHg）				CI
	RA	RV	PA	PCW	
正常	0~6	25/0~6	25/0~12	6~12	≥2.5
AMI 无 LVF	0~6	25/0~6	30/12~18	≤18	≥2.5
AMI 伴 LVF	0~6	30~40/0~6	30~40/18~25	>18	<2.0
双室衰竭	>6	50~60/>6	50~60/25	18~25	<2.0
右室梗死	12~20	30/12~20	30/12	≤12	<2.0
心包填塞	12~16	25/12~16	25/12~16	12~16	<2.0
肺栓塞	12~20	50~60/12~16	50~60/12	<12	<2.0

AMI：急性心肌梗死；LVF：左心衰竭；RA：右心房；RV：右心室；PA：肺动脉；PCW：肺毛细血管嵌顿压；CI：心排血指数

（三）心源性休克

心源性休克是 AMI 泵衰竭最严重的临床表现，由大量存活心肌丢失所致，发生率约 7%。诱发因素包括严重心律失常、机械并发症或电解质失调等。临床特征为收缩期血压<90mmHg、PCWP>20mmHg、CI<1.8L/（min·m²）；周围组织器官灌注不足（发绀、皮肤湿冷、尿少、酸中毒）。漂浮球囊导管（Swan-Ganz）可用于诊断和指导治疗，常需要维持 PCWP 在 15mmHg 上下，以保证 CI 在 2.0L/（min·m²）。多巴胺和多巴酚丁胺等变力制剂和血管扩张剂治疗死亡率超过 70%，急诊血管重建治疗（PCI 或 CABG）可使死亡率降至 20%~50%，IABP 有助于病人血流动力学状态的稳定。个别病例需要左室辅助设备作为病情稳定或外科的桥梁。溶栓治疗疗效较差，主要是由于灌注压降低导致冠状动脉内药物浓度不足所致。

（四）右室梗死

下壁心肌梗死常伴有右室梗死，单纯右室梗死很少见。临床表现血压降低、PCWP 正常或降低、肘静脉压和右侧心腔压力增高，个别并发休克。心电图上右胸前导联 ST 段抬高（V_4R 导联 ST 段抬高>0.1mV）强烈提示右室梗死的诊断。当下壁心肌梗死合并严重的低血压或心输出量降低、心电图 V_{1-3} 导联 ST 抬高也应考虑右室梗死的诊断。鉴别诊断需考虑急性心包炎、心脏压塞和肺栓塞。没有左心衰竭存在时，补充容量（3~6L/24h）和多巴胺等变力制剂可有效纠正低血压，疗效差时可考虑 IABP。不合并左心衰竭时尽量避免使用血管扩张剂及利尿剂。血流动力学监测有指导合理治疗的作用。右室梗死易并发心房颤动，应及时纠正以维持心房收缩对右室的充盈作用。

（五）机械并发症

机械性并发症多发生在梗死后 3~5 天，有较高的死亡率，占 AMI 死亡病例的 15%。乳头肌功能失调或断裂发生率约 50%，后内侧乳头肌比前侧乳头肌更易受累，通常多见于下壁心肌梗死患者。突然出现的急性二尖瓣关闭不全常诱发急性肺水肿，心尖部可闻及收缩中晚期喀喇音和粗糙的全收缩期杂音。超声心动图可提供正确诊断。室间隔穿孔在溶栓治疗时代发生率约 0.2%，多见于高龄、侧支循环差、高血压的前壁心肌梗死患者，胸骨左缘可闻及新出现的粗糙的收缩期杂音，有时难以与乳头肌断裂鉴别，右室和肺动脉血氧含量增高和多普勒超声心动图跨间隔异常血流频谱有助于室间隔穿孔的诊断。这两种并发症可导致心源性休克。治疗包括变力制剂、血管扩张剂和 IABP，根据对治疗反映的状况决定紧急或择期行外科修补治疗。文献报告内科治疗的死亡率约 90%，外科死亡率约 50%。心脏破裂多见于高龄大面积前壁心肌梗死患者，急性破裂时病人常出现急性心脏压塞，表现突然循环崩溃和心肌电机械脱偶联（电机械分离），对复苏无反应而迅速死亡。亚急性破裂患者占游离壁破裂的 25%，破口处由血栓等组织附着，临床表现类似与再梗死，有胸痛再发和 ST 段抬高，更多时候以突然血流动力学恶化，有暂时或持续低血压。超声心动图能发现心包积血和心脏压塞征象。一经诊断应尽快外科手术。

（六）心室壁瘤

有真性和假性心室壁瘤。真性心室壁瘤是由梗死区域室壁逐渐变薄和外向扩张所致，瘤体有较宽的基部与心室腔相通，瘤壁含有某些心肌成分，是心室重构过程的表现，不易发生破裂。假性心室壁瘤是由小的心室游离壁破裂被心包、血肿和机化的血栓包裹，在心腔血流动力学的作用下，该区域逐渐外向扩张，并以窄的颈部与心腔相通，瘤壁没有心肌组织，有潜在破裂的危险。心室壁瘤可导致心脏扩大、心力衰竭、心律失常和血栓栓塞。心电图 ST 段持续抬高和超声心动图、同位素血池扫描及左心室造影检查可确定诊断。早期再灌注和 ACEI 治疗有限制心室壁瘤形成的作用，抗凝治疗可降低栓塞事件的风险。假性和大的真性心室壁瘤可考虑外科治疗。

（七）心肌梗死后综合征

发生率约 25%，多发生在梗死 3~5 天至数周内，表现为心包炎、胸膜炎或肺炎，有发热和胸痛，偶有关节肿痛，实验室检查有白细胞增高和血沉增快，可能为机体对坏死物质的过敏性反应。大剂量阿司匹林是理想的选择。梗死后第 1 个月内应尽量避免糖皮质激素和非甾体类抗炎药物的应用。

（郭丽君）

第四节　冠状动脉粥样硬化性心脏病的介入诊断及治疗

一、冠状动脉造影

冠状动脉造影（coronary angiography，CAG）又称为选择性冠状动脉造影，是应用特殊的造影导管，在 X 线引导下，经外周动脉（常用为股动脉、肱动脉、桡动脉）穿刺插入，沿动脉逆行送至左右冠状动脉开口部，并经导管向冠状动脉内注入造影剂使其显影并记录连续动态图像。1958 年 Sones 首次通过切开肱动脉插入导管完成了第一例冠脉造影，1967 年 Judkins 用穿刺股动脉方法送入导管完成冠脉造影，使这项技术更为安全完善，并迅速得到推广应用。我国自 1973 年起开展此项检查，并在 20 世纪 90 年代后得到飞跃发展。由于冠脉造影可完整地显示冠状动脉的图像，尤其是近年来计算机图像处理技术的日益更新，使冠脉造影能获取更多、更全面的信息，已成为冠心病及其他相关心脏血管疾病诊断的重要手段。

冠状动脉造影也是冠脉介入治疗的基础。近 20 年来，随着冠状动脉疾病介入治疗技术的不断发展，冠脉造影已从单纯的诊断功能发展到为各种介入治疗提供关键性的信息，对决定冠心病患者治疗方案、介入路径、器材选择、疗效判定、术后处理及预后估计等均起到重要作用。

【冠状动脉造影适应证】

随着冠状动脉疾病诊治技术不断发展，冠脉造影的适应证也在相应扩大和调整。1987 年 ACC/AHA 制订了较为全面的选择性冠脉造影适应证，具体见表 3-6-10：

表 3-6-10　冠状动脉造影适应证

A. 无症状的患者
 1. 非侵入性检查发现高危冠心病的根据，如左主干病变、多支血管病变、左室功能受损
 2. 患者的职业对其他人的安全有影响，如飞行员、汽车司机、消防队员、警察等
 3. 可疑冠心病患者复苏成功后
B. 有症状的患者
 1. 药物、PTCA、溶栓或搭桥手术治疗效果不好的患者
 2. 不稳定型心绞痛
 3. 变异型心绞痛
 4. 心绞痛合并下列情况者：
  ①非侵入性检查发现高危冠心病的根据
  ②同时有心肌梗死、高血压的历史和心电图 ST-T 改变
  ③不能耐受药物治疗
  ④基于职业和生活习惯的考虑
  ⑤反复不明原因的肺水肿
 5. 有心绞痛或非侵入性检查发现心肌缺血证据的患者在施行血管手术前
 6. 心肺复苏成功，但没有急性心肌梗死的患者
C. 不典型胸痛
 1. 心电图和核素负荷试验提示高危冠脉病变
 2. 怀疑冠脉痉挛
 3. 伴有左心功能不全的症状或征象
D. 急性心肌梗死恢复期
 1. 休息或轻微活动后出现心绞痛
 2. 左心功能不全，特别是伴有反复心肌缺血或明显的室性心律失常
 3. 非侵入性检查发现心肌缺血证据
 4. 非 Q 波心肌梗死
E. 瓣膜疾病
 1. 欲施行瓣膜手术，胸部不适，心电图提示冠心病
 2. >35 岁的男性患者，绝经后的女性患者欲施行瓣膜手术
F. 先天性心脏病
 1. 有冠心病症状或征象的患者
 2. 怀疑冠脉畸形
 3. >40 岁的男性患者，绝经后的女性患者欲施行根治手术
G. 其他情况
 1. 主动脉病
 2. 无明显原因的、收缩功能正常的左心衰竭
 3. >35 岁的男子或绝经后的女性肥厚型心肌病患者伴心绞痛，药物治疗无效欲施行手术

近年来对冠状动脉造影的适应证可归纳为三部分：用于诊断目的、用于治疗目的、用于评价目的。

（一）用于诊断目的

1. 不典型胸痛，临床上难以确定诊断。如胸痛综合征、上腹部症状（如胃、食管症状），需与心绞痛鉴别者。

2. 有典型的缺血性心绞痛症状，心电图、平板运动试验、心肌断层显像等无创性检查有心肌缺血征象者。

3. 不明原因的心脏扩大、心律失常、心功能不全者。

4. 原发性心搏骤停经心肺复苏者。

5. 心电图示左、右束支传导阻滞，T 波低平、倒置或高耸，非特异性 ST-T 改变者。

6. 冠状动脉腔内成形术［经皮冠状动脉腔内成形术（PCI）、激光、旋切、旋磨、支架植入术等］或主动脉-冠状动脉旁路移植术（CABG）后反复发作的不能控制的心绞痛。

7. 无症状但怀疑有冠心病，而准确诊断对就业（如飞机驾驶员、高空作业）或保险事业非常重要者。

(二) 用于治疗目的

1. 临床上已明确诊断冠心病，欲行 PCI 和 CABG 者。
2. 急性心肌梗死出现下列情况时，应考虑急诊冠状动脉造影：
   (1) 发病 6 小时以内的急性心肌梗死或发病在 6 小时以上仍有持续性胸痛者，拟行急诊 PCI 术者。
   (2) 急性心肌梗死并发室间隔穿孔或乳头肌断裂，导致心源性休克或急性泵衰竭，经过积极内科治疗病情仍无法控制者，需行急诊手术治疗。
   (3) 梗死后心绞痛：经过积极内科治疗不能控制者，包括经药物静脉溶栓治疗再通或未通而反复胸痛者。
3. 对急性心肌梗死后无症状者也应进行冠状动脉造影，明确梗死相关血管血流情况，如果梗死相关血管血流为 TIMI 血流 0～Ⅱ级，应进行 PCI 处理。
4. 陈旧性心肌梗死
   (1) 新近发生心绞痛经内科积极药物治疗效果不佳，推测新的冠状动脉血管发生狭窄需行 PCI 或 CABG 术。
   (2) 陈旧性心肌梗死并发室壁瘤：对心肌梗死后无创性检查（如超声心动图，放射核素心室造影及磁共振等）提示室壁瘤，临床上有心功能减低，严重心律失常及心绞痛，应进行冠状动脉及左心室造影，明确瘤体部位大小，以便决定手术方案。
5. PCI 及 CABG 后心绞痛复发，药物治疗不能控制，需考虑进一步血运重建治疗者。
6. 瓣膜病患者欲行换瓣术前，年龄在 45 岁以上，在人工瓣膜置换术前应进行冠状动脉造影，以除外合并存在的冠状动脉狭窄病变。
7. 先天性心脏病患者，个别临床上有心肌缺血表现者。
8. 肥厚性梗阻型心肌病，年龄在 45 岁以上，有胸痛症状，欲行化学消融术或外科手术治疗前。
9. 其他非心血管疾病患者，在行胸腔大手术前需排除冠心病者。

(三) 用于评价目的

1. 用于血管重建术后心脏功能、冠脉循环血流恢复或侧支循环建立情况评价。
2. 用于急性心肌梗死溶栓、PCI 或 CABG 术、心脏移植术等治疗后转归与预后的评价。
3. 作为科研工作的评价。

【冠状动脉造影禁忌证】

对冠状动脉造影来说，无绝对的绝对禁忌证。绝对禁忌证只能是对意识清醒、精神正常、有民事行为能力和责任能力的人拒绝接受冠脉造影者。

相对禁忌证包括：
1. 未控制的严重充血性心力衰竭或急性左心衰竭。
2. 严重的肾功能不全伴少尿或无尿（已行透析或准备行透析治疗者除外）。
3. 活动性出血或严重的出血倾向及凝血功能障碍者。
4. 急性心肌炎或心内膜炎。
5. 尚未控制的严重感染性疾病伴发热者。
6. 严重的含碘造影剂过敏者。
7. 严重的躯体疾病已到晚期，极度衰竭患者，冠状动脉造影或 PCI 手术已没有任何治疗意义者。

二、冠状动脉介入治疗

【概述】

经皮冠状动脉介入治疗（percutaneous coronary intervention，PCI）是一种通过经皮穿刺的心导管技术，应用特殊的器材，如球囊导管、支架、旋磨导管、旋切导管等，将狭窄或闭塞的冠状动脉管腔获得开放，从而改善心肌供血，挽救濒死的心肌，缓解临床症状，提高心脏功能的治疗方法。

1977年9月，Gruentzig应用球囊导管完成了世界上首例经皮冠状动脉球囊扩张术，开创了冠心病介入治疗的新纪元。30年来，随着对介入治疗临床的开展，介入器材的不断改进、创新，对介入治疗理论机制、并发症探讨及预后判断的研究逐步深入，冠心病的介入治疗已经从单纯作为一项治疗手段发展成为系统的心血管介入治疗学，大大丰富和充实了临床心血管领域的理论与实践内容。

早期冠状动脉介入治疗的主要手段是经皮冠状动脉球囊成形术（percutaneous transluminal coronary angioplasty，PTCA），通过经皮穿刺患者外周动脉，将特制的球囊导管沿动脉逆行送入冠状动脉狭窄部，并进行扩张，使其管腔直径增加，保持血流通畅。手术成功率可达90%以上，但术后近期并发症（如冠状动脉夹层、急性冠状动脉闭塞等）严重威胁患者生命安全；术后3~6个月发生扩张血管再狭窄率可达40%以上，影响PTCA的远期疗效。为了防治早期血管闭塞及后期再狭窄，人们采用了多种措施，如激光冠状动脉成型术、冠状动脉旋切术、冠状动脉旋磨术等手术，还应用放射性同位素、药物灌注球囊、切割球囊等器材，虽然可部分防治并发症，但对降低再狭窄率都未见明显效果。20世纪90年代出现了冠状动脉内金属支架植入（stent），明显降低了PTCA后急性冠状动脉闭塞的并发症，提高了PTCA手术的安全性，但术后半年血管的再狭窄率仍可达30%~40%。90年代末，临床上开始应用药物洗脱支架（drug eluting stent），即在金属支架上附有药物涂层（如雷帕霉素、紫杉醇等），利用药物在血管局部缓慢释放，抑制血管内皮及平滑肌的增生，防止支架内再狭窄，并取得了可喜的疗效，使PCI术后的再狭窄率下降至10%以内，改善了患者的预后。冠状动脉内药物支架的应用开创了介入治疗的新阶段。

根据中华医学会心血管病学分会、中华心血管病杂志编委会2009年公布的"经皮冠状动脉介入治疗指南"，将PCI一般指征、围术期的药物使用、并发症等简述如下：

推荐类别及证据水平表达：

Ⅰ类：已证实和（或）一致公认有益、有用和有效的操作或治疗，推荐使用。

Ⅱ类：有用/有效的证据尚有矛盾或存在不同观点的操作和治疗。

Ⅱa类：证据/观点倾向于有用/有效，应用这些操作或治疗是合理的。

Ⅱb类：证据/观点尚不能充分证明有用/有效，可以考虑应用。

Ⅲ类：已证实和（或）一致公认无用和（或）无效，并对一些病例可能有害的操作或治疗，不推荐使用。

证据水平A：资料来源于多项随机临床试验或荟萃分析。

证据水平B：资料来源于单项随机临床试验或多项非随机对照研究。

证据水平C：仅为专家共识意见和（或）小规模、回顾性研究。注册研究。

【PCI的指征】

1. 慢性稳定型冠心病PCI推荐指征（表3-6-11）

表3-6-11 慢性稳定型冠心病PCI推荐指征

指征	推荐类别	证据水平
有较大范围心肌缺血的客观证据	Ⅰ	A
自体冠状动脉的原发病变常规置入支架	Ⅰ	A
静脉旁路血管的原发病变常规置入支架	Ⅰ	A
慢性完全闭塞病变	Ⅱa	C
外科手术高风险患者	Ⅱa	B
多支血管病变，无糖尿病，病变适合PCI	Ⅱa	B
多支血管病变，合并糖尿病	Ⅱb	C
经选择的无保护左主干病变	Ⅱb	B

2. 非 ST 段抬高急性冠脉综合征 PCI 推荐指征（见表 3-6-12）

表 3-6-12　非 ST 段抬高急性冠脉综合征 PCI 推荐指征

指征	推荐类别	证据水平
对极高危患者行紧急 PCI（2 小时内）	Ⅱa	B
对中、高危患者行早期 PCI（72 小时内）	Ⅰ	A
对低危患者不推荐常规 PCI	Ⅲ	C
对 PCI 患者常规支架置入	Ⅰ	C

极高危患者（符合以下 1 项或多项）：①严重胸痛持续时间长，无明显间歇或＞30min，濒临 MI 表现。②心肌生物指标志物显著升高和（或）心电图示 ST 段显著压低（≥2mm）持续不恢复或范围扩大。③有明显血流动力学变化，严重低血压，心力衰竭或心源性休克表现。④严重恶性心律失常，室性心动过速、心室颤动。

中、高危患者（符合以下 1 项或多项）：①心肌生物指标志物升高。②心电图有 ST 段压低（＜2mm）。③强化抗缺血治疗 24h 内反复发作胸痛。④有 MI 史。⑤造影显示冠状动脉狭窄病史。⑥PCI 后或 CABG 后。⑦左心射血分数 LVEF＜40%。⑧糖尿病。⑨肾功能不全（肾小球滤过率＜60ml/mim）。

3. 急性 ST 段抬高心肌梗死（STEMI）PCI 推荐指征

(1) STEMI 患者直接 PCI 推荐指征（表 3-6-13）

表 3-6-13　STEMI 患者直接 PCI 推荐指征

指征	推荐类别	证据水平
所有 STEMI 发病 12h 内，D-to-B 时间 90 分钟内，能由有经验的术者和团队操作	Ⅰ	A
溶栓禁忌证患者	Ⅰ	C
发病＞3h 的患者更趋首选 PCI	Ⅰ	C
心源性休克，年龄＜75 岁，MI 发病＜36h，休克＜18h	Ⅰ	B
心源性休克，年龄＞75 岁，MI 发病＜36h，休克＜18h，权衡利弊后可考虑 PCI	Ⅱa	B
发病 12～24h，仍有缺血证据，或有心功能障碍或血流动力学不稳定或严重心律失常	Ⅱa	C
患者血流动力学稳定，不推荐直接 PCI 干预非梗死相关动脉	Ⅲ	C
发病＞12h 无症状，血流动力学和心电稳定患者不推荐直接 PCI	Ⅲ	C
常规支架置入	Ⅰ	A

(2) STEMI 补救性 PCI 推荐指征（表 3-6-14）

表 3-6-14　STEMI 补救性 PCI 推荐指征

指征	推荐类别	证据水平
溶栓 45～60min 后仍有持续心肌缺血症状或表现	Ⅰ	B
合并心源性休克，年龄＜75 岁，MI 发病＜36h，休克＜18h	Ⅰ	B
发病＜12h，合并心力衰竭或肺水肿	Ⅰ	B
心源性休克，年龄＞75 岁，MI 发病＜36h，休克＜18h，权衡利弊后可考虑补救 PCI	Ⅱa	B
血流动力学或心电不稳定	Ⅱa	C

【PCI 围术期用药】

(一) 抗血小板药物

1. 阿司匹林 术前已长期口服者，应在 PCI 术前服用 100～300mg。既往未服用者，PCI 术前至少 2 小时前（最好 24h 前）服用 300mg。PCI 术后对无禁忌者，口服 100～300mg/d。置入普通支架者，至少 1 个月；置入药物支架者，应服用 3 个月。之后以 100mg/d 长期服用。对阿司匹林有禁忌者，可用氯吡格雷替代。

2. 氯吡格雷 术前 6h 或更早应给予 300mg 负荷剂量，对急性心肌梗死患者可在 PCI 术前 6h 内口服 600mg。术后对置入普通支架者，按 75mg/d，至少 1 个月，最好 12 个月；对置入药物支架者，术后按 75mg/d 口服至少 12 个月。

(二) 抗凝药物

1. 普通肝素 对行 PCI 手术中，应该使用普通肝素，特别对有严重肾功能不全者（肌酐清除率＜30ml/min）优先选用。

2. 低分子肝素 对不稳定型心绞痛或 NSTEMI 患者早期保守治疗或延迟 PCI 者应采用低分子肝素。如在 PCI 术前已经用低分子肝素的患者在行 PCI 术时建议继续使用。不推荐普通肝素于低分子肝素混合应用。严重肾功能障碍者（肌酐清除率＜30ml/min），期低分子肝素用量需减少 50%。

3. 他汀类调脂药 对冠状动脉行 PCI 术的患者应长期服用调脂药物，使其血脂达标（LDL-C＜2.6mmol/L，极高危患者＜2.08mmol/L）。

4. 其他药物 ACEI、β受体阻滞剂、钙通道阻滞剂等根据病情酌情使用。维持血压、血糖在正常水平。

【PCI 并发症】

PCI 术后主要并发症有：

1. 急性冠状动脉闭塞 主要时由于冠状动脉夹层、痉挛、血栓形成所致。可应用支架置入避免夹层导致的急性闭塞；给予血小板糖蛋白Ⅱb/Ⅲa 受体拮抗剂有助于预防急性血栓。

2. 慢血流或无复流 多见于急性心肌梗死、血栓性病变、大隐静脉旁路血管等 PCI 术。处理可用冠脉内注射硝酸甘油、腺苷、地尔硫䓬等。

3. 冠状动脉穿孔 可引起心包积血、心脏压塞。穿孔小，出血量少，则在中和肝素后可自行堵闭；穿孔大，出血量多，应及时做心包穿刺引流，必要时紧急外科手术。

4. 支架内血栓形成 根据血栓发生时间，可分为：急性（发生在 PCI 术后 24h 内）、亚急性（发生于 PCI 术后 24h～30d）、晚期（发生于 PCI 术后 30 天～1 年）、极晚期（发生于 PCI 术后 1 年以后）。支架内血栓形成后临床可出现严重心脏事件（急性心肌梗死、猝死等）。一旦出现血栓形成应立即行 PCI，采用血栓抽吸、球囊扩张、再次支架置入，或应用血小板糖蛋白Ⅱb/Ⅲa 受体拮抗剂。PCI 术后严格规范进行抗血小板治疗是预防支架内血栓的主要措施。

5. 周围血管并发症 主要为穿刺部位血管（股动脉、桡动脉等）闭塞、出血、局部血肿形成、假性动脉瘤、动静脉瘘、骨筋膜室综合征等。重点在于预防，必要时采用外科方法处理。

（毛节明）

第七章 心脏瓣膜病

心脏瓣膜病（valvular heart disease，VHD）是由于炎症、黏液样变性、退行性改变、先天性畸形、缺血性坏死、创伤等原因引起的单个或多个瓣膜结构（包括瓣叶、瓣环、腱索或乳头肌）的功能或结构异常，导致瓣口狭窄和（或）关闭不全。心室和主动脉、肺动脉根部严重扩张也可产生相应房室瓣和半月瓣的相对性关闭不全。二尖瓣最常受累，其次为主动脉瓣。

风湿性心脏病（rheumatic heart disease，RHD）简称风心病，是风湿性炎症过程所致的瓣膜损害，主要累及 40 岁以下人群。我国风心病的人群患病率在 20 世纪 70 年代成人为 1.9‰～2.9‰，儿童为 0.4‰～2.7‰，80 年代分别为 1.99‰ 和 0.25‰，目前患病率已逐渐下降。但随着人口老龄化进程的加速，老年心脏瓣膜病发病率迅速上升，瓣膜黏液样变性和老年人的瓣膜钙化日益增多，已成为威胁人类健康的重要心血管疾病。心脏瓣膜病的主要病因如表 3-7-1 所示。

表 3-7-1 心脏瓣膜病的主要病因

主动脉狭窄	主动脉反流	二尖瓣狭窄	二尖瓣反流		三尖瓣反流
			慢性	急性	
二叶式主动脉瓣	二叶式主动脉瓣	风湿性	二尖瓣脱垂	心内膜炎	功能性
风湿性	心内膜炎		左心室扩张	乳头肌功能障碍	三尖瓣脱垂
退行性	主动脉根部扩张		风湿性	乳头肌或腱索断裂	心内膜炎
	风湿性		心内膜炎	人工瓣膜功能障碍	

第一节 主动脉瓣疾病

一、主动脉瓣狭窄

【病因】

主动脉瓣狭窄（aortic stenosis，AS）分为先天性与后天获得性。最常见的先天性畸形为二叶式主动脉瓣，发生率为 1%～2%，瓣膜口明显的狭窄通常发生在中年，这是由于多年的瓣膜处湍流造成了瓣叶损伤、增厚及钙化。后天获得性主动脉瓣狭窄的常见病因有风心病和退行性老年钙化性主动脉瓣狭窄，前者多由于瓣叶连接处融合所致，且通常合并有关闭不全和二尖瓣损害；后者常见于 65 岁以上的老年患者，发生率男性高于女性。其他少见病因有大的赘生物阻塞瓣口，如真菌性感染性心内膜炎和系统性红斑狼疮；类风湿关节炎伴瓣叶结节样增厚等。

【病理】

风湿性炎症导致瓣膜交界处粘连融合，瓣叶纤维化、僵硬、钙化和挛缩畸形，因而瓣口狭窄。先天性二叶瓣畸形出生时多无交界处融合和狭窄。以后由于畸形所致湍流对瓣叶的长期创伤引起纤维化和钙化，约 1/3 于成年期形成椭圆或窄缝形狭窄瓣口。退行性老年钙化性主动脉瓣狭窄瓣叶边缘较整齐，多无瓣叶间的粘连，瓣叶主动脉面有钙化结节或赘生物限制瓣叶活动，常伴有瓣环钙化。

【病理生理】

正常成人主动脉瓣口面积在 $3.0～4.0cm^2$，依据血流动力学和自然病程可将主动脉瓣狭窄分为：轻度（瓣口 $>1.5cm^2$）、中度（瓣口 $1.0～1.5cm^2$）和重度（瓣口 $<1.0cm^2$）。当瓣口面积减少至正常的一半时，收缩期仍无明显跨瓣压差。主动脉瓣口面积降到正常的 1/4 以下时才出现显著的血流动力

学异常改变。当瓣口≤1.0cm² 时，左心室收缩压明显升高，主要通过进行性室壁向心性肥厚代偿，从而产生并保持一个高的跨瓣压力阶差，以维持正常收缩期室壁应力和左心室心排血量。当狭窄严重但心输出量正常时，平均跨瓣压一般＞50mmHg。而左心室肥厚也导致舒张期室壁僵硬、顺应性降低、左心室舒张末压进行性升高，因而使左心房的后负荷增加、左心房代偿性肥厚。肥厚的左心房在舒张末期强力收缩有助于左心室的充盈，使左心室舒张末容量增加，以维持有效的心搏出量。同时，左心房的有力收缩使肺静脉和肺毛细血管免于持续的血管内压力增高、心肌缺血和纤维化等导致的左心室功能衰竭。

严重主动脉瓣狭窄引起心肌缺血。其机制为：①左心室壁肥厚、心室收缩压升高和射血时间延长，增加心肌氧耗；②左心室肥厚，心肌毛细血管密度相对减少；③舒张期心腔内压力增高，压迫心内膜下冠状动脉；④左心室舒张末压升高致舒张期主动脉-左心室压差降低，减少冠状动脉灌注压。后二者减少冠状动脉血流。运动增加心肌工作和氧耗，心肌缺血加重。

【临床表现】

（一）症状

劳力性呼吸困难、心绞痛和晕厥为典型主动脉狭窄的三联症。患者多在疾病晚期才出现症状，有些中度主动脉瓣狭窄的病人可出现症状，而有些重度狭窄的病人却无症状。多数患者在出现心脏症状后死亡，3%～5%的病人可在无症状期猝死。

1. 呼吸困难　劳力性呼吸困难为晚期肺淤血引起的常见首发症状，见于90%的症状患者。随着心肌顺应性的减低以及左室肥厚造成的舒张功能异常，可以导致阵发性夜间呼吸困难、端坐呼吸和急性肺水肿。收缩功能异常通常发生在疾病的晚期，呼吸困难也是收缩功能异常的标志。

2. 心绞痛　占有症状患者的50%～70%。常由运动诱发，休息后缓解。即使不存在冠状动脉病变，也可发生心绞痛；主要是由于心肌肥厚造成需氧量增加、左心室舒张期压力的增高导致冠状动脉血流减少引起心肌缺血所致，极少数可由瓣膜的附着物栓塞冠状动脉引起。此外，部分患者同时患冠心病，使心肌缺血进一步加重。

3. 晕厥或接近晕厥　较心绞痛少见，占有症状患者的15%～30%。多发生于直立、运动中或运动后即刻，少数在休息时发生；运动时外周血管扩张，狭窄的主动脉瓣口输出的血流不足以维持动脉血压；休息时晕厥可由于心律失常（心房颤动、房室阻滞或心室颤动）导致心排血量骤减所致。以上原因均可引起体循环动脉压下降，脑循环灌注压降低，诱发脑供血不全而产生脑缺血症状。

（二）体征

患者的体征随主动脉瓣狭窄的程度、心搏量、左室功能及瓣膜硬化和钙化程度而有不同表现。由于左心室肥厚、扩大使左室心尖搏动相对局限、持续有力，并向左下移位。心底部常出现主动脉收缩期震颤。严重主动脉瓣狭窄的患者，同时触诊心尖部和颈动脉可发现颈动脉搏动在强度上减弱并延迟（细迟脉），老年人也可由于其他血管疾病引起细脉及迟脉，而不是由明显的主动脉瓣狭窄而引起。心底部可闻及收缩期喷射性杂音，为吹风样、粗糙、递增-递减型，在胸骨右缘第2肋间或左缘第3肋间最响，向颈动脉、胸骨下缘和心尖区传导。年轻患者收缩期射血引发收缩期杂音，但随着主动脉瓣狭窄的加重，常会消失。老年钙化性主动脉瓣狭窄患者，心底部杂音粗糙，高调成分传导至心尖区，呈低调的音乐样鸽鸣样杂音，在心尖区最响。通常，狭窄越重、杂音越长，杂音的高峰在收缩期内越晚出现。杂音的强度随着搏出量的减少而降低，并随每搏血量的不同而改变；长舒张期之后，如在期前收缩后的长代偿期间之后或心房颤动的长心动周期时，心搏量增加，杂音增强。可闻及孤立的第二心音，严重狭窄者呈逆分裂；此与主动脉瓣活动性下降，左心室射血时间延长，肺动脉压力过高，P_2亢进，第二心音主动脉瓣成分减弱或缺如。肥厚的左心室强力收缩产生第四心音（S_4），见于80%～90%有重度主动脉瓣狭窄的成年患者。先天性主动脉瓣狭窄或瓣叶活动尚好者，可在胸骨右、左缘和心尖区听到主动脉瓣喷射音，不随呼吸改变，如瓣叶钙化僵硬，喷射音消失。此外，轻度的主动脉反流可导致舒张早期杂音。

(三) 其他

晚期收缩压和脉压均下降。但在轻度主动脉瓣狭窄合并主动脉瓣关闭不全的患者以及动脉床顺应性差的老年患者中，收缩压和脉压可正常，甚至升高。

【实验室和其他检查】

1. X线检查　一般心脏正常或轻度扩大，伴左心缘和心尖圆钝。严重主动脉瓣狭窄患者的胸片也可正常，合并有反流或左室衰竭时可出现心脏中度或明显扩大，呈心脏左下扩大。狭窄后的升主动脉根部扩张为常见征象。侧位透视下可见主动脉瓣钙化。晚期可有肺淤血征象。

2. 心电图　左心室肥厚伴 ST-T 继发性改变，R 波为主的导联 QRS 波群电压升高，伴 ST 段下降和 T 波倒置。可有房室传导阻滞、室内传导阻滞（左束支传导阻滞或左前分支阻滞）、心房颤动或室性心律失常。

3. 超声心动图　是确诊、评价和随访主动脉瓣狭窄病人和选择合适手术适应证的最重要的检查方法，主动脉瓣开口的正常范围为 1.6～2.6cm。M 型和二维超声心动图显示有助于显示瓣叶数目、大小、增厚、钙化、收缩期呈圆拱状的活动度、交界处融合、瓣口大小和形状、瓣环大小等，如二叶瓣、主动脉瓣瓣缘回声增强、瓣叶变形、僵硬、瓣叶开放幅度或瓣口面积减小、左室增大、室壁增厚等，可明确狭窄的病因。连续多普勒于主动脉瓣口探及收缩期高速单峰血流频谱，频谱充填。测定主动脉瓣的最大血流速度，可计算出平均和峰跨膜压差以及瓣口面积，所得结果与心导管检查相关良好。当平均跨瓣压差>50mmHg 或主动脉瓣口面积<0.8cm^2，通常作为界定出现临床症状和严重狭窄的临界指标，也是临床采取非药物方法治疗如主动脉瓣置换术的参考标准。

4. 心导管检查　主要目的是术前评价主动脉瓣狭窄病人是否合并冠状动脉疾病。选择性冠状动脉造影术用于诊断冠状动脉病变的部位、程度和性质。所有拟行主动脉瓣膜手术的 35 岁或 35 岁以上病人和 35 岁以下有心绞痛病史或有 2 个或更多早期的冠状动脉疾病高危因素的病人都应做此项检查。有症状的主动脉瓣狭窄患者，无创检查不能明确狭窄程度或无创检查结果与临床表现不一致时，应行心导管术评价血流动力学。左心导管检查和造影可以测量主动脉瓣口面积、狭窄程度及主动脉与左心室之间的压力阶差。严重主动脉瓣狭窄患者当左室功能正常时，跨瓣压通常高于 50mmHg，峰压差通常>70mmHg。在左室收缩功能下降时，尽管严重的狭窄仍存在，但平均的跨瓣压差会降低。

5. 其他实验室检查　核磁共振成像、高速螺旋CT、放射性核素显像都能测量出左室射血分数和结构等。核磁共振成像能够清楚地显示出主动脉瓣狭窄的心脏结构和血流影像，可评价心脏左室容量、功能和体积。

【诊断和鉴别诊断】

有典型主动脉狭窄杂音时较易诊断，合并多瓣膜损害者多为风心病。单纯主动脉瓣狭窄，年龄<15 岁者，以单叶瓣畸形多见；16～65 岁者，以先天性二尖瓣钙化可能性大；>65 岁者，以退行性老年钙化病变多见。

主动脉瓣狭窄的杂音如传导至胸骨左下缘或心尖区时，应与二尖瓣关闭不全、三尖瓣关闭不全或室间隔缺损的全收缩期杂音区别。

其他左心室流出道梗阻疾病如先天性主动脉瓣上狭窄的杂音在右锁骨下最响，杂音和震颤明显传导至胸骨右上缘和右颈动脉，喷射音少见。约半数患者右颈动脉和肱动脉的搏动和收缩压大于左侧；先天性主动脉瓣下狭窄者常合并轻度主动脉瓣关闭不全，无喷射音，非单一性第二心音；梗阻性肥厚型心肌病有收缩期二尖瓣前叶前移，导致左心室流出道梗阻，产生收缩中期或晚期喷射性杂音，胸骨左缘最响，不向颈部传导。确诊有赖于超声心动图。

【并发症】

1. 心律失常　部分患者可发生心房颤动，使左心房压升高和心排血量明显减少，致严重低血压、晕厥或肺水肿。主动脉瓣钙化侵及传导系统可致房室阻滞；左心室肥厚、心内膜下心肌缺血或冠状动脉栓塞可致室性心律失常。

2. **猝死** 多发生在之前有症状者。

3. **感染性心内膜炎** 少见。年轻人的较轻瓣膜畸形较老年人的钙化性瓣膜狭窄发生感染性心内膜炎的可能性大。

4. **体循环栓塞** 少见。栓子可来自钙化性狭窄瓣膜的钙质或增厚的二叶瓣的微血栓。

5. **心力衰竭** 左心衰竭后，自然病程明显缩短，因此终末期右心衰竭少见。

6. **胃肠道出血** 见于严重主动脉瓣狭窄者，原因不明，部分可能是由于血管发育不良、血管畸形所致，多见于老年患者，出血多为隐匿和慢性。

【治疗】

(一) 非手术治疗

目标：确定主动脉瓣狭窄程度，为有手术指征的患者选择合理手术时间。

治疗措施：①预防感染性心内膜炎，风心病患者应预防风湿活动。②无症状的轻度狭窄患者每1~2年复查一次胸部 X 线、心电图和超声心动图。中、重度狭窄的患者应避免剧烈体力活动，以免诱发心绞痛甚至引起猝死，每6~12个月复查一次。③应积极转复新发的心房颤动并治疗其他可导致症状或血流动力学后果的心律失常。④心绞痛时可试用硝酸酯类药物。⑤限制钠盐摄入，心力衰竭者可用洋地黄类药物和利尿剂。过度利尿引起低血容量可导致左心室舒张末压降低和心排血量减少，发生直立性低血压。禁用作用于小动脉的血管扩张剂。药物治疗不能改变主动脉瓣狭窄的机械性梗阻，仅部分地改善症状。

(二) 外科治疗

有症状的主动脉瓣狭窄、重度主动脉瓣狭窄（瓣口面积<0.75cm^2 或平均跨瓣压差>50mmHg），合并冠心病患者行冠状动脉旁路移植术（coronary artery bypass graft，CABG）、重度主动脉瓣狭窄患者行主动脉、其他瓣膜手术时，重度主动脉瓣狭窄伴左室收缩功能不全（射血分数<50%）时应行主动脉瓣置换术，中度主动脉瓣狭窄患者行 CABG 或主动脉、其他瓣膜手术时可行主动脉瓣置换术。去除梗阻会使临床症状及血流动力学得到明显改善。严重左心室功能不全、高龄、合并主动脉瓣关闭不全或冠心病，可能增加手术和术后晚期死亡风险，但不是手术禁忌证。手术死亡率≤5%，术后的远期预后优于二尖瓣疾病和主动脉瓣关闭不全的换瓣患者。

儿童和青少年的非钙化性先天性主动脉瓣严重狭窄，甚至包括无症状者，可在直视下行瓣膜交界处分离术。

(三) 经皮球囊主动脉瓣成形术

使用球囊导管扩张狭窄的主动脉瓣，使狭窄粘连的瓣膜及交界处撕裂和/或分离，从而使瓣膜口面积增大。对年轻的没有钙化的主动脉狭窄患者治疗有效，但不宜用于成年的有钙化的主动脉狭窄患者。手术即时效果明显如术后跨瓣压的下降，但术后瓣口面积很少大于 1.0cm^2。严重并发症的发生率大于 10%，6 个月内再狭窄率为 30%，再狭窄和临床症状的加重常发生于 6~12 个月。

适应证：①典型主动脉瓣狭窄，心输出量正常时经导管检查跨主动脉瓣压差≥50mmHg，无或轻度主动脉瓣反流者；②先天性或后天性主动脉瓣狭窄，有明显主动脉瓣狭窄的临床症状而不宜行主动脉瓣置换术者；③重症新生儿主动脉瓣狭窄，合并左心衰竭；④隔膜型主动脉瓣下狭窄；⑤老年人钙化性主动脉瓣狭窄合并冠心病者；⑥经血管造影、超声心动图示主动脉瓣叶缘粘连、增厚、活动尚佳，瓣叶无重度钙化。合并主动脉瓣关闭不全时，应为中度以下。

禁忌证：①合并中、重度主动脉瓣关闭不全；②合并严重左心衰竭、室性心律失常；③发育不良型主动脉瓣狭窄；④纤维肌性或管道样主动脉瓣下狭窄；⑤单纯主动脉瓣上狭窄；⑥有风湿活动的主动脉瓣狭窄；⑦合并严重的冠状动脉病变或其他瓣膜病需行外科手术；⑧有出血倾向者，下腔静脉或下肢静脉严重畸形等不宜施行心导管术者。

(四) 经皮主动脉瓣置换术

2002 年成功开展了首例人体经皮主动脉瓣置换术。此后，Cribier 等于 2004 年及 2006 年报道了

42例重度主动脉瓣狭窄患者经皮主动脉瓣置换术的疗效，获得了良好的治疗效果。目前经皮主动脉瓣置换术有两种手术方式，一种为经股静脉插管的前向途径（antegrade），通过穿刺房间隔到达主动脉瓣位置，这种方法手术成功率虽高但操作复杂，要求操作者必须有较高的心导管技术。另一种方法为经股动脉插管的逆向途径（retrograde），操作虽然简单但手术成功率低。尽管手术即刻效果显著（主动脉瓣面积显著增加，跨瓣压力阶差显著下降），术后左室射血分数明显改善，但由于人工瓣膜都存在不同程度的反流，其远期效果还有待更多的临床研究进一步证实。

【预后】

可多年无症状。但大部分患者的狭窄进行性加重，一旦出现症状，病情恶化，除非施行外科矫正手术，预后都很不好。从出现症状起，平均存活率心衰患者为两年，晕厥患者为三年，心绞痛患者为五年；死亡原因为左心衰竭（70%）、猝死（15%）和感染性心内膜炎（5%）。因此，症状的发展为主动脉瓣狭窄自然病程的临界点。严重主动脉瓣狭窄的患者可以猝死，但是很少会预先毫无症状，无症状患者的猝死率低于每年1%。退行性钙化性狭窄的患者主动脉瓣狭窄的进展快于先天性和风湿性患者，人工瓣膜置换术后的患者预后明显改善。

二、主动脉瓣关闭不全

【病因】

主动脉瓣关闭不全（aortic incompetence，AI）可发生于原发的瓣叶疾病及/或主动脉根部疾病。瓣叶的畸形可见于风心病、先天性畸形、心内膜炎、瓣叶退化或二叶式主动脉瓣等。主动脉根部的病变为根部环形的扩张，从而导致瓣叶闭合不全和/或脱垂。急性主动脉反流的原因包括感染性心内膜炎所致主动脉瓣瓣膜穿孔或瓣周脓肿，外伤性主动脉瓣叶、主动脉根部和瓣叶支持结构破损或瓣叶急性脱垂，主动脉夹层血肿使主动脉瓣环扩大、人工瓣膜的急性功能失调等。

【病理】

风心病由于瓣叶纤维化、增厚和缩短，影响舒张期瓣叶边缘对合。常因瓣膜交界处融合伴不同程度狭窄，并常合并二尖瓣损害。

感染性心内膜炎由于感染性赘生物致瓣叶破损或穿孔，瓣叶因乳头肌、瓣环受损脱垂或赘生物介于瓣叶间妨碍其闭合引起关闭不全。即使感染被控制，瓣叶纤维化和挛缩可继续。

二叶主动脉瓣占单纯性主动脉瓣关闭不全的1/4。儿童期出现关闭不全多由于一叶边缘有缺口或大而长的叶垂入左心室，成人期多由于进行性瓣叶纤维化挛缩或继发于感染性心内膜炎引起的关闭不全。

主动脉瓣黏液样变性致瓣叶舒张期脱垂入左心室。强直性脊柱炎瓣叶基底部和远端边缘增厚伴瓣叶缩短，升主动脉弥漫性扩张。梅毒性主动脉炎致主动脉根部扩张，30%发生主动脉瓣关闭不全。

主动脉夹层血肿使主动脉瓣环扩大；一个瓣叶被夹层血肿压迫向下；瓣环或瓣叶被夹层血肿撕裂，通常发生于Marfan综合征、特发性升主动脉扩张、高血压或妊娠。

【病理生理】

主动脉瓣机械性反流导致主动脉内血流于舒张期流回左室，造成的左心室舒张末期容量负荷增加（即左室前负荷增加），由此而产生一系列病理变化，同时也为该疾病提供了血流动力学的主要代偿机制。左室舒张期压力-容量的异常改变是主动脉瓣反流的主要病理基础。

左心室在舒张期需要接受左心房充盈血流及主动脉反回的血流，对过度增加的容量负荷通过心肌肥厚、心室扩张来维持正常的有效前向血流和全身血液供应。随着主动脉瓣病变的进展，反流量不断增加，左心室的代偿不能维持正常的左心室充盈压时，左心室舒张末压增加，则发生心肌细胞不可逆的损害，导致进一步的左心室收缩功能受损、扩张；肺动脉、右心室及右心房压也相应增高和有效心输出量下降。

急性严重主动脉瓣反流时，突然增加的血流使正常的左心室不能代偿突然增加的容量负荷，导致左心室舒张压急剧上升,左心房压增高,导致前向血流的减少。虽然心率代偿性增加,但并不能维持有效心输出量。

【临床表现】

(一) 症状

严重的慢性主动脉瓣反流,左心室的代偿可使患者在很长时间内没有症状。症状主要和左心室充盈压的升高有关,表现为左心衰竭,包括活动后气促、端坐呼吸、夜间阵发性呼吸困难等。许多患者都有胸部或头部强烈的搏动感,是由于高动力循环所造成的。有效心输出量降低时,患者的主要症状为乏力、体位性头晕。重度主动脉瓣反流可引起晕厥甚至猝死。由于左心室充盈压升高以及冠脉灌注压降低,主动脉瓣反流患者中20%有心绞痛发作,但并不一定有冠状动脉病变。

急性严重的主动脉瓣反流时,通常会有进行性加重的血流动力学改变,除非反流程度很轻,多数患者立即出现不同程度的急性左心衰竭或难治性肺水肿的表现,主要为呼吸困难和乏力。

(二) 体征

1. 血管 严重主动脉瓣反流患者,由于部分血液在舒张期返回到左心室,导致收缩压升高,舒张压降低,脉压增大,出现外周血管征。常见的有随心脏搏动的点头征(De Musser征)、颈动脉和桡动脉触及水冲脉(快速冲击又快速回落)、股动脉枪击音(Traube征)、听诊器轻压股动脉闻及双期杂音(Duroziez征)和毛细血管搏动征(Quincke征)等(表3-7-2)。主动脉根部扩大者,在胸骨旁右第2、3肋间可触及收缩期搏动。

表3-7-2 主动脉瓣反流的周围血管征

Corrigan脉搏	显著增强的颈动脉搏动,呈大起大落状
De Musset征	点头征,随心搏出现自然的点头动作
Muller征	随心搏悬雍垂搏动
Quincke征	毛细血管征,轻按指甲床,其颜色呈红白交替,为毛细血管搏动
Durozier征	用听诊器胸件轻压股动脉听到的连续性血管杂音
Traube征	枪击音,见于四肢动脉,短促如开枪音,为收缩期高速血流冲击听诊器胸件产生的血管音
Hill征	腘动脉袖带血压大于肱动脉60mmHg以上

2. 心脏 心尖搏动显著,并向左下移位,常弥散而有力。第一心音减弱,由于收缩期前二尖瓣部分关闭引起。第二心音多为单一音,其主动脉瓣成分减弱或缺如,但梅毒性主动脉炎时常亢进。由于通过主动脉瓣前向血流的增加,心底部可闻及收缩期喷射音。由于舒张早期左心室快速充盈增加,心尖部常有第三心音,可为第三心音奔马律,与左心室扩大或心力衰竭有关。特征性的主动脉瓣反流杂音为胸骨左缘第三肋间闻及舒张期高调递减性杂音,呈叹气样或泼水样,患者坐位或前倾位和深呼吸时在胸骨左缘听得最清楚;主动脉根部病变的病人,于胸骨右缘第二肋间更易闻及。杂音为音乐性时,提示瓣叶脱垂、撕裂或穿孔。主动脉瓣损害所致者,杂音在胸骨左中下缘明显;升主动脉扩张引起者,杂音在胸骨右上缘更清楚,向胸骨左缘传导。老年人的杂音有时在心尖部最响。心底部常闻及主动脉瓣收缩期喷射性杂音,较粗糙,强度2/6~4/6级,可伴有震颤,与左心室心搏量增加和主动脉根部扩大有关。心尖部可闻及低调舒张期杂音(Austin-Flint杂音),后者可能与二尖瓣受主动脉瓣反流的冲击产生相对狭窄有关。

3. 严重的急性主动脉瓣反流患者的体征 血压低、面色苍白,四肢凉,脉搏细速,脉压可正常或降低,可无明显周围血管征。双肺可闻及对称性湿性啰音;心尖搏动正常,闻及主动脉听诊区舒张期杂音,第一心音减弱(二尖瓣提前关闭)和第三心音奔马律(左室壁顺应性降低)。由于舒张期主动脉和左室之间的压力很快即达到平衡,急性主动脉瓣反流的杂音呈低调且持续时间短。

【实验室和其他检查】

(一) X线检查

1. 急性主动脉瓣反流　心脏大小正常,常有肺淤血或肺水肿征,如肺纹理增粗、走行紊乱,双侧肺门对称性增大呈蝴蝶状,可见叶间胸膜水肿增厚影,如左肺中部的水平裂影和左肺下部的 Kerley B 线。

2. 慢性主动脉瓣反流　左心室增大,后前位片示左心室影向左、向下扩大,表现为心胸比增大,侧位片左心室影向后方扩大,心后间隙减少或消失。升主动脉继发性扩张,并可累及整个主动脉弓。严重的瘤样扩张提示为 Marfan 综合征或中层囊性坏死,升主动脉钙化者应除外梅毒。左心衰竭时有肺淤血征。

(二) 心电图

左心室容量负荷增加、左心室肥大(以左心室高电压为主,V_5、V_6 导联 R 波显著增大)为主。急性者常有窦性心动过速和非特异性 ST-T 改变。慢性者常有左心室肥厚表现。可有房室传导阻滞或左、右束支阻滞。

(三) 超声心动图

对于监测主动脉瓣病变进展、选择手术时机有重要价值。彩色超声多普勒血流显像检查是确诊急性主动脉瓣反流的最简便有效的方法,可在主动脉的心室侧探及全舒张期反流束,能准确提供反流程度、左室大小、功能、主动脉扩张、主动脉瓣瓣叶的形态和运动情况和左房大小及主动脉瓣赘生物等诸多参数。若主动脉瓣叶发现赘生物,则可证实存在感染性心内膜炎。M 型超声可显示舒张期二尖瓣前叶高频颤动,主动脉瓣瓣缘回声增强,关闭可见裂隙,左心室增大,升主动脉增宽。主动脉瓣舒张期纤细扑动为瓣叶破裂的特征。二维超声可显示瓣膜和主动脉根部的形态改变,有助于确定病因。三维和经食管超声心动图可用来补充经胸壁二维超声检查的不足,以评估瓣叶、主动脉根部和瓣环的结构,有利于主动脉夹层和感染性心内膜炎的诊断。

(四) 磁共振显像

能全面评估主动脉瓣反流疾病,是新的临床无创性检查方法,作用同超声心动图,但准确性更好。但设备价格昂贵、使用不方便,不容易普及。

(五) 心导管检查

当无创检查不能准确判断病情或与临床表现不一致时,建议对主动脉瓣反流患者行心导管术。在主动脉根部行血管造影并测量左心室压力,以评估反流程度、左心室功能或主动脉根部大小。有冠心病危险因素的患者,建议行冠状动脉造影。

【诊断和鉴别诊断】

典型主动脉瓣关闭不全的舒张期杂音伴周围血管征为诊断提供重要依据,超声心动图对评估主动脉瓣反流的存在和严重程度、确定病因、判断肺动脉高压的程度有特殊价值。由主动脉根部撕裂造成的主动脉反流需要立即明确诊断并进行治疗,应行食管超声或核磁共振显像检查。如果诊断仍不明确,应行心导管检查、冠脉造影和主动脉造影。

出现胸骨左缘明显的主动脉瓣舒张早期杂音时,应与 Graham Steell 杂音鉴别。后者见于严重肺动脉高压伴肺动脉扩张所致肺动脉关闭不全,常有肺动脉高压体征,如胸骨左缘抬举样搏动、第二心音肺动脉瓣成分增强等。急性主动脉瓣反流由于常常没有相应的体征而危险被低估,应引起注意。

【并发症】

感染性心内膜炎、室性心律失常及心力衰竭较常见;心脏性猝死较少见,多见于左室严重扩大(左室舒张末期内径大于或等于 80mm) 的无症状患者。

【治疗】

(一) 急性主动脉瓣关闭不全

急性主动脉瓣反流由于舒张期容量迅速增加而左室不能相应的代偿性扩张,导致血流动力学的不稳定，有效前向血流减少，左心室及左心房的压力急剧升高，引起肺淤血、肺水肿，室性心律失常，电机械分离或循环衰竭，死亡率极高。外科治疗（人工瓣膜置换术或主动脉瓣修复术）为根本治疗措施。

内科治疗一般为术前准备过渡措施，目的在于降低肺静脉压，增加心排血量，稳定血流动力学。可以试用血管扩张剂和利尿剂降低前后负荷、改善肺淤血、减少反流量和增加排血量。血流动力学不稳定者，酌情使用利尿剂、正性肌力药物和升压药物，应尽快手术。禁用主动脉内气囊反搏术。β受体阻滞剂慎用，因为它会抑制代偿性心率加快。由主动脉根部撕裂造成的急性主动脉瓣反流需要立即外科手术治疗。真菌性心内膜炎所致者无论反流轻重，均需早日手术。活动性感染性心内膜炎所致的主动脉瓣反流应尽量在7～10天进行强有力的抗生素治疗后再手术。极少数患者若药物可完全控制病情且心功能代偿良好，手术可延缓。

（二）慢性主动脉瓣关闭不全

1. 内科治疗

(1) 轻度主动脉瓣反流不需要特殊治疗，建议避免重体力劳动和竞技运动。

(2) 无症状的轻度或中度反流者，应限制重体力活动，并每1～2年随访，应包括超声心动图检查。

(3) 中到重度主动脉瓣反流患者可给予二氢吡啶类钙通道阻滞剂及/或血管紧张素转换酶抑制剂，以降低左心室负荷，延缓心肌损害的进程。对于主动脉瓣关闭不全伴左室明显扩大（左心室舒张末期直径大于65mm）的患者，即使没有症状也应长期应用，以延长无症状和心功能正常期。

(4) 严重主动脉瓣关闭不全和左心室扩大者，无论症状有无，均可使用洋地黄类药物改善心功能。

(5) 心力衰竭时应用血管扩张药（尤其是血管紧张素转换酶抑制剂）、利尿剂和洋地黄类药物；舒张压＞90mmHg者应用降压药；心绞痛时可试用硝酸酯类药物。

(6) 主动脉瓣关闭不全患者耐受心律失常的能力极差，应积极纠正心房颤动和缓慢心律失常。

(7) 所有患者都需要采取预防感染性心内膜炎的措施，风心病患者应预防风湿活动；梅毒性主动脉炎应予以青霉素治疗；积极控制感染。

2. 手术治疗　瓣膜置换术应在左心室功能出现不可逆性损害前进行，应基于临床心功能状态和射血分数决定是否进行手术。应选择手术治疗的情况为：

(1) 有症状的严重主动脉瓣反流患者，无论左心室收缩功能是否正常；

(2) 无症状的慢性严重主动脉瓣反流患者，静息状态存在左心室收缩功能不全（射血分数≤50%）；

(3) 慢性严重主动脉瓣反流患者，同时行CABG或主动脉或其他瓣膜外科手术；

(4) 无症状的严重主动脉瓣反流患者，如果左心室收缩功能正常（射血分数＞50%），但有严重左心室扩张（舒张末内径＞70mm或收缩末内经＞55mm）。研究表明左心室收缩末期直径大于50mm或射血分数＜50%的患者，手术会增加危险。中到重度主动脉瓣反流患者应定期应用非侵入手段监测，以发现左心室失代偿的早期迹象。

手术禁忌证为：LVEF≤15%～20%，LVEDD≥80mm或LVEDVI≥300ml/m^2。

对于左室射血分数下降时间＜14个月的患者，瓣膜置换术对心功能常有明显的改善作用。若左室功能障碍存在很长时间，心肌已发生永久的损害，虽然不是手术的禁忌，但远期预后很差。无症状（呼吸困难或心绞痛）和左心室功能正常的严重反流不需手术，但需密切随访。主动脉瓣置换术后应当进行严密的随访来判断瓣膜功能和左室功能，术后存活者大部分临床状况明显改善，心脏大小和左心室重量减少，左心室功能有所恢复，但恢复程度不如主动脉瓣狭窄者大，术后远期存活率也低于后者。

【预后】

急性重度主动脉瓣关闭不全如不及时手术治疗,常死于左心衰竭。慢性者无症状期长。轻度主动脉瓣反流的病人如果病情稳定,预期寿命可正常。最大危险是出现感染性心内膜炎和其他瓣膜损害。中度主动脉瓣反流病人如病情稳定,预期寿命接近正常人,若病情进展,10年死亡率为15%。有收缩功能不全的患者出现症状的比例每年≥25%。重度者经确诊后内科治疗5年存活率75%,10年存活率50%。症状出现后,病情迅速恶化,心绞痛者年死亡率>10%,心衰患者年死亡率>20%。

第二节 二尖瓣疾病

一、二尖瓣狭窄

【病因】

二尖瓣狭窄(mitral stenosis,MS)的主要病因为风湿热,2/3的患者为女性,约半数患者无急性风湿热史,但多有反复链球菌扁桃体炎或咽峡炎史。单纯二尖瓣狭窄占风心病的25%,二尖瓣狭窄伴有二尖瓣关闭不全占40%,主动脉瓣常同时受累。

二尖瓣狭窄的少见病因有先天性畸形、老年人二尖瓣环钙化及结缔组织疾病等。

【病理】

风湿性二尖瓣狭窄,在病程早期瓣叶本身病变较轻,弹性尚可,病变主要在二尖瓣叶交界处,呈纤维性增厚、粘连,使瓣孔狭窄。病程后期,瓣叶本身纤维增厚或钙化沉积,伴瓣膜下腱索和乳头肌粘连、缩短,整个瓣膜僵硬而呈漏斗状狭窄,瓣口常呈"鱼口"状。

慢性二尖瓣狭窄可导致左心房扩大及其所致的左主支气管升高,左心房壁钙化、附壁血栓形成,肺血管壁增厚,右室肥厚和扩张等病变,合并心房颤动时血栓发生率增高。

【病理生理】

正常成人的二尖瓣口面积为$4.0 \sim 6.0 cm^2$,瓣口面积缩小至$1.5 \sim 2.0 cm^2$为轻度狭窄;$1 \sim 1.5 cm^2$为中度狭窄;$<1 cm^2$为重度狭窄。大于$1.5 cm^2$的瓣口通常不会出现静息时的症状。随着二尖瓣狭窄加重,跨二尖瓣压力为了维持进入左心室的血流量而相应增加。重度二尖瓣狭窄,尽管跨二尖瓣压升高,但左心室的血流量不能进一步增加。

二尖瓣狭窄最早出现的血流动力学改变是左心房射入左心室的血流受阻而导致的左心房压力升高。随着左房压力升高,肺静脉和肺毛细血管压升高,出现肺循环淤血而产生症状。当肺毛细血管压力超过25mmHg时可出现急性肺水肿。后期可形成肺动脉高压,导致右心室扩张和右心室衰竭,继发三尖瓣狭窄和肺动脉瓣关闭不全。二尖瓣狭窄本身进展缓慢,在第一次发作肺水肿或夜间阵发性呼吸困难出现后,至终末期心衰尚有很长的时间,肺血管阻力的升高在症状及病理生理过程中起着重要作用。

二尖瓣狭窄主要累及左心房和右心室,单纯二尖瓣狭窄,左心室一般不扩大。二尖瓣在轻到中度狭窄时,左心室的充盈压通常为正常或减低,随着狭窄逐渐加重,左心室充盈异常,每搏输出量减低。

【临床表现】

(一)症状

二尖瓣狭窄的主要症状是呼吸困难、咯血和咳嗽。血栓栓塞性事件有时可以作为二尖瓣狭窄的首发症状,它与二尖瓣的狭窄程度、心输出量、左房大小、心衰症状的存在与否无关。

1.呼吸困难 为最常见的早期症状。多数患者先出现劳力性呼吸困难,随狭窄加重,出现阵发性夜间呼吸困难和静息时呼吸困难、端坐呼吸;在劳累、精神紧张、呼吸道感染、快速心房颤动或妊娠等情况下,可诱发急性肺水肿。随着病情进展,出现下肢水肿、尿少等右心衰竭症状时,呼吸困难可减轻。

2. 咯血 见于以下几种情况：①扩张的支气管静脉破裂致突然咯大量鲜血，见于早期肺血管弹性功能尚好时；②阵发性夜间呼吸困难或咳嗽时的血性痰或痰中带血；③急性肺水肿时咳大量粉红色泡沫状痰；④体静脉血栓或右房内血栓脱落导致肺梗死而咯血，为稠胶样暗红色血痰。

3. 咳嗽 多在冬季发生。平卧时干咳可能与支气管黏膜淤血水肿致支气管炎或左心房增大压迫左主支气管有关。

4. 声嘶和吞咽困难 较罕见，是扩张的左心房和肺动脉压迫左喉返神经或食管所致。

（二）体征

重度二尖瓣狭窄常有"二尖瓣面容"，双颧发红。心尖部触及舒张期震颤。叩诊心界呈梨形，于第三肋间向左扩大。心尖部可闻及舒张中晚期隆隆样杂音，呈递增性，左侧卧位、呼吸末及活动后杂音更明显；心尖部第一心音亢进；可闻及二尖瓣开瓣音（OS），为紧跟第二心音后的高调附加音，在胸骨左缘第3～4肋间至心尖内上方最清楚。开瓣音提示瓣叶柔顺、活动度好。如瓣叶钙化僵硬，活动性能差，则第一心音减弱，开瓣音消失。

心尖部舒张期隆隆样杂音、拍击性第一心音亢进和二尖瓣开瓣音，是二尖瓣狭窄的特有体征。

肺动脉高压时，胸骨左下缘可扪及右心室收缩期抬举样搏动，第二心音的肺动脉瓣成分亢进及右心奔马律。由于肺动脉扩张，在胸骨左上缘可闻及短的收缩期喷射性杂音和递减型高调叹气样舒张早期杂音（称为Graham-Steell杂音）。右心室扩大伴三尖瓣关闭不全时，胸骨左缘第4～5肋间有全收缩期吹风样杂音，吸气时增强。

左房血栓脱落造成的体循环栓塞，可发生于无房颤的患者。长期严重的二尖瓣狭窄，可造成右心房室压力增高，右心衰竭，体循环淤血引起双下肢水肿、少尿甚至出现门脉高压的相关体征。

【实验室和其他检查】

1. X线检查 正位胸片可见左心缘变直，肺动脉段隆起，左心房增大，心脏右缘常可见到"双房影"，可见间质性肺水肿（如Kerley B线）。严重者由于左心房和右心室扩大、肺动脉干突出、主动脉结缩小，心影呈梨形，称"二尖瓣型心"。左前斜位可见食管后移有左心房压迹。

2. 心电图 左房增大时，P波增宽（>0.12秒）伴有切迹呈双峰样，称"二尖瓣型P波"；肺动脉高压时，QRS波群示电轴右偏和右心室肥厚；后期常有心房颤动。

3. 超声心动图 超声心动图可为二尖瓣狭窄的诊断和心功能评估提供定性和定量的客观依据。

M型超声心动图可显示瓣叶增厚，EF斜率降低，A峰消失，呈"城墙样"改变，前后叶同向运动（图3-7-1）。二维超声心动图对二尖瓣狭窄程度和瓣膜形态进行评估，显示舒张期前叶呈"鱼钩

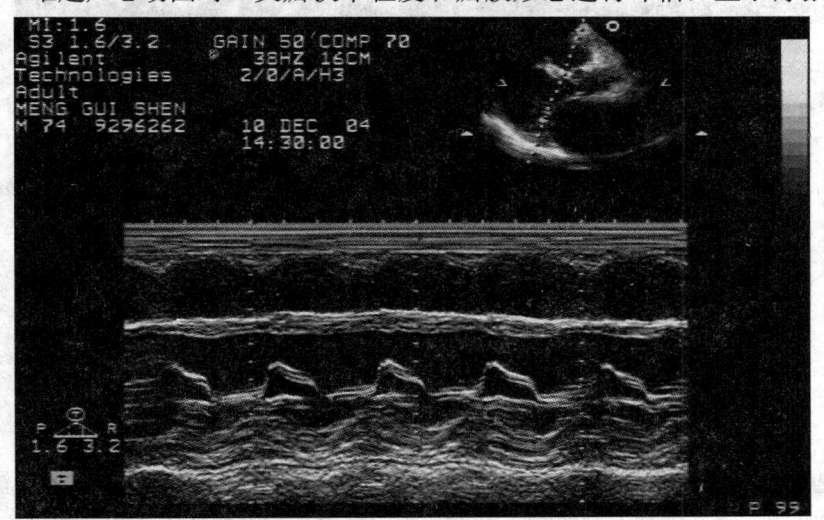

图3-7-1 风湿性心脏病二尖瓣狭窄

M型超声心动图显示二尖瓣前后叶增厚，同向运动，前叶曲线"城墙样"改变

样"（图3-7-2），后叶活动度减少，交界处粘连融合，瓣叶增厚，瓣口面积缩小呈"鱼嘴样"（图3-7-3）。左心房、右心室扩大，左心房内可有血栓回声。彩色多普勒超声示二尖瓣狭窄舒张期湍流频谱，分别于左心室内探及源于二尖瓣口的全舒张期红彩射流信号及高速正向湍流频谱，可评估二尖瓣压力阶差和肺动脉压力等血流动力学情况。经食管超声心动图有利于左心耳及左心房附壁血栓的检出并对拟行二尖瓣球囊成形术患者二尖瓣反流程度的评估。当经胸超声心动图无法提供令人满意的资料时，经食管超声可更准确评估二尖瓣瓣膜解剖形态和血流动力学状态。

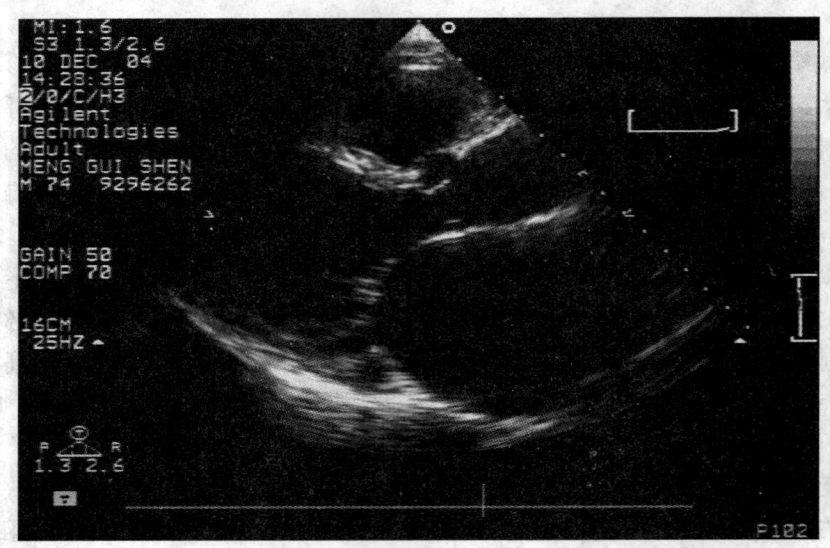

图 3-7-2　风湿性心脏病二尖瓣狭窄

二维超声心动图左室长轴切面显示二尖瓣前叶瓣尖回声增强，于舒张期开放受限，呈"鱼钩样"改变，左心房增大

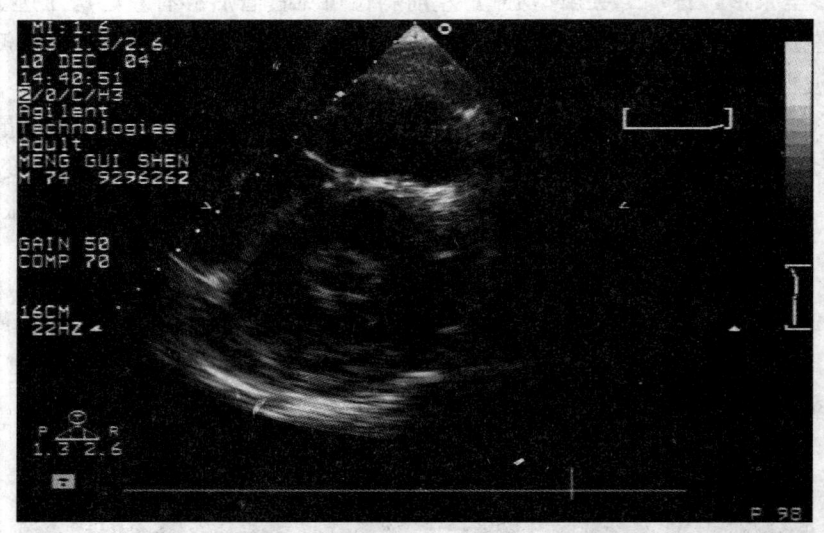

图 3-7-3　风湿性心脏病二尖瓣狭窄

二维超声心动图左室短轴切面显示二尖瓣叶瓣缘回声增强，于舒张期开放受限，瓣口面积缩小呈"鱼嘴样"

4. 心导管检查　二尖瓣狭窄患者一般不必进行心导管检查。当超声心动图测定二尖瓣口面积及血流动力学数据与患者的临床症状、体征不一致时，可进行心导管检查，以判断狭窄程度和血流动力学情况。

【诊断和鉴别诊断】

根据心尖部舒张期隆隆样杂音，超声心动图检查结果可确诊。

心尖部舒张期隆隆样杂音应与以下疾病鉴别：

1. 经二尖瓣口的血流量及流速增加所致的相对性二尖瓣狭窄，如严重二尖瓣反流、大量左至右分流的先天性心脏病（如室间隔缺损、动脉导管未闭）和高动力循环（如甲状腺功能亢进症、贫血）时，心尖部可有短促的隆隆样舒张中期杂音。

2. Austin-Flint 杂音：见于严重主动脉瓣关闭不全，由于主动脉瓣舒张反流血液冲击二尖瓣叶所致。

3. 急性风湿性心脏炎时，由于左心室扩大，相对性二尖瓣狭窄产生的杂音（Carey-Coombs 杂音），是活动性二尖瓣炎的体征，容易与二尖瓣狭窄相混淆，但此杂音高调、柔和、易变，炎症控制后消失，借助超声心动图可确诊。

4. 左房黏液瘤，部分阻塞二尖瓣口时引起类似二尖瓣狭窄的表现。但其舒张期杂音与体位改变明显相关，无开瓣音而有肿瘤扑落音。超声心动图示左心房内云雾样光团的特征表现，可予以鉴别。

【并发症】

1. 心房颤动　为最常见的心律失常并发症。有症状的患者中 30%～40% 有房颤。可为首次呼吸困难发作的诱因和患者体力活动明显受限的原因。常先有房性期前收缩，继而阵发性心房扑动和颤动，之后转为慢性心房颤动。心率加快可导致舒张期充盈缩短，跨瓣压差和左心房压增大，在房颤的患者尤为显著。舒张晚期心房收缩功能丧失，使左心室的充盈更加下降，可使心排血量减少 20%。二尖瓣狭窄患者发生心房颤动时，可突发严重呼吸困难，甚至急性肺水肿。此时应尽快控制心房颤动的心室率或恢复窦性心律。心房颤动的发生率随左房增大和年龄增长而增加。

2. 急性肺水肿　为重度二尖瓣狭窄的严重并发症。患者突然出现重度呼吸困难和发绀，不能平卧，咳粉红色泡沫状痰，双肺满布干湿性啰音。如不及时救治，可能致死。

3. 血栓栓塞　20% 的患者可发生体循环栓塞。心房颤动、左心房增大、栓塞史或心排血量明显降低为体循环栓塞的危险因素。80% 的体循环栓塞患者有心房颤动，2/3 的体循环栓塞为脑动脉栓塞，其余依次为外周动脉和内脏（脾、肾和肠系膜）动脉栓塞。1/4 的体循环栓塞为反复发作和多部位的多发栓塞。偶尔左心房带蒂球状血栓或游离漂浮球状血栓可突然阻塞二尖瓣口，导致猝死。心房颤动和右心衰竭时，可在右心房形成附壁血栓，导致肺栓塞。

4. 右心衰竭　为晚期常见的并发症。常并发三尖瓣关闭不全，可有难治性腹水。右心衰竭时，右心排血量明显减少，肺循环血量减少，左心房压下降，加之肺泡和肺毛细血管壁增厚，呼吸困难可有所减轻，发生急性肺水肿和大咯血的危险减少，但心排血量明显降低。

5. 感染性心内膜炎　较少见，在瓣叶明显钙化或心房颤动患者更少发生。

6. 肺部感染　常见，多与肺淤血并存。

【治疗】

(一) 一般治疗

二尖瓣狭窄患者治疗的关键在于二尖瓣血流的机械性受阻，药物治疗仅能针对加重症状的诱因发挥作用。

1. 预防风湿活动　应长期甚至终身应用苄星青霉素 G（benzathine penicillin）（根据年龄和体重选择剂量 60～120 万 U），每 4 周肌注一次。

2. 预防感染性心内膜炎　应根据感染性心内膜炎的发病机制、流行病学和微生物学特点。草绿色链球菌感染是自身瓣膜心内膜炎和晚期人工瓣膜心内膜炎的最常见原因，拔牙和其他涉及口腔和上呼吸道的操作易感染草绿色链球菌；生殖泌尿道和消化道的操作可能诱发肠球菌性心内膜炎。在进行上述操作时应注意预防细菌的感染，使用适合的抗生素。

3. 无症状者避免剧烈体力活动，定期（6～12 个月）复查。

4. 呼吸困难者应减少体力活动，限制钠盐摄入，口服利尿剂，避免和控制诱发急性肺水肿的因素，如急性感染、贫血等。

(二) 并发症的处理

1. **大量咯血** 应取坐位, 用镇静剂, 静脉注射利尿剂, 以降低肺静脉压。

2. **急性肺水肿** 处理原则与急性左心衰竭所致的肺水肿相似, 但因二尖瓣狭窄合并急性肺水肿的基础是左心房衰竭, 因此在处理上有所不同: ①避免使用以扩张小动脉为主、减轻心脏后负荷的血管扩张药物, 应选用扩张静脉系统、减轻心脏前负荷为主的硝酸酯类药物; ②正性肌力药物对二尖瓣狭窄的肺水肿无益, 仅在心房颤动伴快速心室率时可使用洋地黄制剂以减慢心室率。

3. **心房颤动** 主要包括控制心室率, 必要时可用药物或电复律; 抗凝治疗预防血栓栓塞。

控制心室率可用静脉洋地黄、β 受体阻滞剂及非二氢吡啶类钙通道阻滞剂。如血流动力学不稳定, 出现肺水肿、休克、心绞痛或晕厥时, 应立即行电复律, 并应注意在转复后长期应用华法林抗凝。如复律失败, 应尽快用药物减慢心室率。

慢性心房颤动: ①如心房颤动病程<1 年, 左心房直径<60mm, 无高度或完全性房室传导阻滞和病态窦房结综合征, 可行电复律或药物转复。成功恢复窦性心律后需长期口服抗心律失常药物, 预防或减少复发。复律之前 3 周和成功复律之后 4 周需用抗凝药物(华法林)预防血栓栓塞。②如患者不宜复律或复律失败, 或复律后不能维持窦性心律而心室率快, 则可口服地高辛, 每日 0.125~0.25mg, 控制休息时的心室率在 60~80 次/分钟左右, 日常活动时的心率在 90 次/分钟左右。如心室率控制不满意, 可加用地尔硫䓬、维拉帕米或 β 受体阻滞剂。③如无禁忌证, 应长期服用华法林, 预防血栓栓塞。

4. **预防栓塞** 二尖瓣狭窄患者体循环栓塞率在 10%~20%, 取决于年龄、有无房颤、既往有无栓塞史。大约 1/3 的栓塞发生于房颤开始 1 个月内, 2/3 发生于 1 年之内。栓塞发生率与二尖瓣狭窄程度、心输出量、左房大小、症状无关。栓塞可以是二尖瓣狭窄的首发症状。对已发生过栓塞的患者, 再发率可高达 15%~40%。除慢性心房颤动外, 有栓塞史或超声检查示有左心房附壁血栓者, 无论有无心房颤动, 只要无抗凝禁忌证, 均应长期使用华法林。

5. **右心衰竭** 限制钠盐摄入, 应用利尿剂和地高辛。

(三) 介入和手术治疗

中到重度的二尖瓣狭窄患者症状进行性加重时, 应考虑应用介入或手术方法扩大瓣口面积, 减轻狭窄。如出现明显肺动脉高压, 即使症状轻, 也应及早干预。

1. **经皮球囊二尖瓣成形术** (percutaneous balloon mitral valvuloplasty, PBMV) 为缓解单纯二尖瓣狭窄的首选方法, 其并发症发生率低、症状改善明显。将带球囊的导管从股静脉经房间隔穿刺放至二尖瓣处, 进行球囊扩张, 分离融合的瓣叶。适应证如下:

(1) 中、重度二尖瓣狭窄患者, 有症状(心功能Ⅱ~Ⅲ级), 或无症状但伴肺动脉高压。

(2) 瓣膜形态合适(瓣叶柔韧性尚可, 无明显钙化和瓣膜下结构病变)。

(3) 无左心房血栓或中、重度二尖瓣反流。

(4) 近期无风湿活动或感染性心内膜炎。

(5) 高龄、伴有严重心、肺、肾、肿瘤等疾病不宜进行外科手术、妊娠以及外科分离术后再狭窄的患者。

二尖瓣球囊扩张术的相对禁忌证是: 左房血栓和严重的二尖瓣反流(3~4 级)。在术前可以用经食管超声除外左心耳及左房血栓。发现血栓者, 应进行 3 个月的华法林抗凝。对食管超声检查提示有左房血栓的患者, 如因全身情况不佳, 外科手术风险增大, 也可以在积极抗凝治疗后再次行食管超声检查, 如果血栓消失仍可进行 PBMV 治疗。

通常, 严重并发症少见。主要并发症有: 严重二尖瓣关闭不全(2%~5%)、体循环栓塞(0~2.1%)和左心房穿孔所致的心脏压塞(0.2%~5.9%), 手术死亡率<0.5%。

2. **直视二尖瓣成形(分离)术** 适用于中、重度二尖瓣狭窄, 瓣膜形态不适合经皮球囊二尖瓣成形术, 或左心房内有血栓的患者。在体外循环下, 直视分离融合的交界处、腱索和乳头肌, 去除瓣叶的钙化斑，清除左心房内血栓。较闭式分离术解除瓣口狭窄的程度大。由于瓣膜成形术保留了自体瓣膜和瓣下结构的完整、术后血流动力学改善好、手术死亡率低（<2%）、术后并发症少，无须终生抗凝。

3. 人工瓣膜置换术　若二尖瓣狭窄存在严重瓣叶和瓣下结构钙化、畸形，或合并明显二尖瓣关闭不全或主动脉瓣病变者，则不宜行经皮球囊二尖瓣成形术或二尖瓣分离术，应施行二尖瓣置换术。手术应选择在有症状而无肺动脉高压时进行。严重肺动脉高压增加手术风险，但非手术禁忌，术后多有肺动脉高压减轻。人工瓣膜置换术手术死亡率（3%~8%），术后并发症均高于分离术。术后存活者心功能可较好恢复。

【预后】

二尖瓣狭窄通常进展缓慢，为终生性疾病。从风湿热到出现症状可经过20~40年。一旦出现症状，进展速度就大大加快。症状严重者10年存活率仅为15%，有严重的肺动脉高压时存活率<3%。未经治疗的二尖瓣狭窄患者60%~70%会出现心衰症状。体循环血栓发生率为20%~30%，肺循环血栓发生率为1%~5%。手术治疗极大地提高了患者的生活质量和存活率。

二、二尖瓣关闭不全

【病因】

二尖瓣关闭不全（mitral incompetence，MI）可由于二尖瓣装置（瓣叶、瓣环、腱索及乳头肌）中任何部分的异常造成。

急性二尖瓣关闭不全的常见的原因有腱索断裂、感染性心内膜炎损伤瓣叶或致腱索断裂、急性心肌梗死致乳头肌急性缺血、坏死或断裂、创伤性二尖瓣结构或人工瓣膜损坏等。

慢性二尖瓣关闭不全最常见的原因是风湿性心脏病及二尖瓣脱垂，其他原因有冠心病乳头肌功能不全、腱索断裂、老年退行性改变所致的二尖瓣环和环下部钙化、感染性心内膜炎及左心室显著扩大所致的相对性二尖瓣关闭不全等。

【病理】

风湿性心脏病二尖瓣关闭不全引起二尖瓣叶、腱索和乳头肌纤维化、增厚、僵硬和缩短，心室收缩时二尖瓣叶不能紧密闭合；常合并有二尖瓣狭窄和（或）主动脉瓣病变。

二尖瓣脱垂是最常见的先天性瓣膜疾病，在人群中发病率为4%~5%，女性多于男性。二尖瓣脱垂是一种常染色体显性遗传病伴有不同的外显率。一级亲属的患病率为30%~50%。由于收缩期中二尖瓣叶脱垂入左心房，引起瓣膜关闭不全。病理改变为瓣叶的海绵层有过多的黏液样物质，并侵犯纤维层，使瓣叶松弛、冗长和脱垂。腱索细长，瓣环扩大，二者亦有黏液样变性。大多数患者除二尖瓣脱垂外，无其他异常发现。部分二尖瓣脱垂为其他遗传性结缔组织病（如Marfan综合征、系统性红斑狼疮）的临床表现。

冠心病左心室乳头肌或其基底的左心室心肌慢性缺血或梗死后纤维化，使乳头肌功能失常，引起收缩期瓣叶脱垂入左心房（乳头肌收缩无力）或被牵拉向下（乳头肌挛缩或室壁矛盾运动）所致。

二尖瓣环和环下部钙化为退行性改变，多见于老年女性。

感染性心内膜炎时赘生物破坏瓣叶边缘，瓣叶穿孔或炎症愈合后瓣叶挛缩畸形引起二尖瓣关闭不全。

【病理生理】

急性的二尖瓣反流因左心房不能代偿性扩张，致使左心房及肺静脉压力骤然上升导致肺淤血。此外，搏出量及心输出量的减低会导致全身血管阻力的代偿性增加，进一步增加了二尖瓣反流的严重程度。患者通常表现为突发的肺水肿及心源性休克。由于左心室和左心房内压很快达到平衡，故二尖瓣反流的杂音此时为柔和的低调的收缩早期杂音。

二尖瓣关闭不全时，左心室收缩时部分血液反流入左心房，增加左心房负荷，同时左心室负荷增大。慢性关闭不全时，增加的容量被喷射到低压力的左心房，从而左心室壁应力及压力可以保持正常，如果左心房能够适应增加的容量而充分扩张，则左心房和肺静脉的压力也会保持正常。随着二尖瓣反流的进展，导致左心室代偿性肥大、扩张，舒张期充盈压升高，左心室收缩功能减低。后期，持续严重的过度容量负荷导致左心衰竭，左心房压、肺静脉压和左心室舒张末压明显上升，导致肺淤血、肺动脉高压和右心衰竭发生。

【临床表现】

(一) 症状

急性二尖瓣关闭不全伴轻度二尖瓣反流，可仅有轻微的劳力性呼吸困难；严重反流（如乳头肌断裂）则很快发生急性左心衰竭，甚至出现急性肺水肿或心源性休克。

慢性二尖瓣关闭不全伴轻度反流的患者多无自觉临床症状；严重反流时，由于体循环的供血减少，首发症状常为乏力、易疲倦，呼吸困难出现较晚。风湿性二尖瓣关闭不全的病程发展缓慢，可长期无明显症状；一旦出现临床症状，则提示左心室代偿功能衰减，病情即可迅速恶化（与二尖瓣狭窄相反）；急性肺水肿、咯血均较二尖瓣狭窄少见。若二尖瓣反流不积极治疗，可发生肺动脉高压及左心衰竭。

(二) 体征

急性二尖瓣关闭不全：心尖搏动呈高动力型，第二心音肺动脉瓣成分亢进；心尖部可闻及第三心音、第四心音和短促的舒张期隆隆样杂音。心尖部反流性杂音于第二心音前终止，呈低调、递减型，而非全收缩期杂音，可不如慢性者响。

慢性二尖瓣关闭不全：左心室增大时心界向左下移位。心尖搏动呈高动力型。风心病重度二尖瓣关闭不全时，第一心音减弱。二尖瓣脱垂或冠心病时第一心音常可正常。由于左心室射血时间缩短，第二心音提前，心音分裂增宽。二尖瓣脱垂时可有收缩中期喀喇音。典型的二尖瓣反流杂音为心尖部全收缩期吹风样杂音，向左腋部、左肩胛下区及背部放散；后叶异常时，杂音向胸骨左缘和心底部传导。杂音的强度与左心室收缩力的强弱有关，与关闭不全的程度不一定成正比。冠心病乳头肌功能失常时可有收缩早、中、晚期或全收缩期杂音；腱索断裂时杂音可似海鸥鸣或乐音性。严重反流时可出现心尖部第三心音和短促的舒张期隆隆样杂音。

【实验室和其他检查】

1. X线检查　急性二尖瓣关闭不全早期出现明显肺淤血征，心影可不增大或左心房轻度增大。慢性重度反流可见左心房、左心室增大，左心衰竭时可见肺淤血和间质性肺水肿征。二尖瓣环钙化在左侧位或右前斜位可见致密而粗的C形阴影。

2. 心电图　急性二尖瓣关闭不全常见窦性心动过速。轻度二尖瓣关闭不全可不呈现异常心电图征象。中等度以上关闭不全和病程较长者则显示左心房扩大、左心室肥厚和非特异性ST-T改变，少数有右心室肥厚征象，常有心房颤动。

3. 超声心动图　二维超声可显示二尖瓣结构的形态特征（瓣叶和瓣下结构增厚、融合、缩短和钙化，瓣叶冗长、脱垂，连枷样瓣叶，瓣环扩大或钙化，赘生物等），有助于明确病因。M型超声示前叶曲线EF斜率加快，左心房、左心室及右心室增大。彩色多普勒血流显像、脉冲或连续波多普勒超声可于二尖瓣心房侧和左心房内探及收缩期蓝彩反流束及高速射流频谱，此征象诊断二尖瓣关闭不全的特异性和敏感性接近100%，且可半定量测量反流程度。若经胸超声心动图不能提供反流程度、明确诊断反流机制和（或）左心室功能时，建议行经食管超声心动图。拟进行外科治疗的严重二尖瓣反流患者，推荐术前行经食管超声心动图检查以明确二尖瓣的解剖结构，评估修复术的可行性并指导修复。

4. 心导管检查　左心室造影可显示左心房室大小、左心室充盈压及压力阶差、左室收缩功能、收缩期造影剂反流入左心房的量及有效射血量，以及冠状动脉的解剖形态。

需行心导管检查的适应证为：①无创检查不能明确二尖瓣反流程度、左室功能或是否需要手术时，应行左心室造影和血流动力学测定；②无创检查评估肺动脉压与二尖瓣反流严重程度不一致时，应行血流动力学检测；③临床表现和无创检查评价二尖瓣反流的严重程度不一致时，应行左心室造影和血流动力学测定；④有冠心病危险因素的患者，行二尖瓣修复术或置换术前，应行冠状动脉造影。

【诊断与鉴别诊断】

如突然发生呼吸困难，心尖部新出现的收缩期杂音，X线心影不大而肺淤血明显和有病因可寻（如二尖瓣脱垂、感染性心内膜炎、急性心肌梗死、创伤和人工瓣膜置换术后），应考虑诊断急性二尖瓣关闭不全。慢性二尖瓣关闭不全多为心尖部有典型杂音伴左心房、左心室增大，超声心动图有助于确诊。

由于心尖部杂音可向胸骨左缘传导，应注意与以下情况鉴别：

1. 三尖瓣关闭不全　为全收缩期杂音，在胸骨左缘第4、5肋间最清楚，右心室显著扩大时可传导至心尖部，但不向左腋下传导。杂音在吸气时增强，常伴颈静脉收缩期搏动和肝收缩搏动。

2. 室间隔缺损　为全收缩期杂音，在胸骨左缘第4肋间最清楚，不向腋下传导，常伴胸骨旁收缩期震颤。

3. 主、肺动脉瓣狭窄　血流通过狭窄的左或右心室流出道时，产生胸骨左缘收缩期喷射性杂音。杂音自收缩中期开始，于第二心音前终止，呈吹风样和递减型。主动脉狭窄的杂音位于胸骨右缘第2肋间；肺动脉瓣狭窄的杂音位于胸骨左缘第2肋间；肥厚型梗阻型心肌病的杂音位于胸骨左缘第3、4肋间。

【并发症】

二尖瓣关闭不全的并发症常有心房颤动，感染性心内膜炎较二尖瓣狭窄常见，体循环栓塞较二尖瓣狭窄少见，急性者早期出现心力衰竭，慢性者晚期发生。

二尖瓣脱垂的并发症包括：感染性心内膜炎、脑栓塞、心律失常、猝死、腱索断裂、严重二尖瓣关闭不全和心力衰竭。

【治疗】

（一）急性二尖瓣关闭不全

治疗目的是减少反流量，增加前向血流，减轻肺淤血。外科治疗为根本措施，应根据病因、病变性质、反流程度和对药物治疗的反应，采取紧急、择期或选择性手术（人工瓣膜置换术或修复术）。内科治疗一般为术前过渡措施，尽可能在床旁血流动力学监测下进行。血压正常的患者可使用硝普钠或乌拉地尔。有低血压的患者不应单独使用扩血管药，可与多巴酚丁胺合用。主动脉球囊反搏术可以增加前向血流和平均动脉压，减轻反流量和左室充盈压，可暂时稳定外科手术前患者的血流动力学。静注利尿剂可降低前负荷。部分患者经药物治疗后症状完全控制，进入慢性代偿期。

（二）慢性二尖瓣关闭不全

1. 内科治疗

（1）预防感染性心内膜炎；风心病需预防风湿活动。

（2）代偿期慢性二尖瓣反流可应用血管扩张药，如血管紧张素转换酶抑制剂等减轻心脏后负荷，并定期随访。

（3）单纯二尖瓣关闭不全的左心室充盈大多在舒张早、中期，除因心房颤动导致心功能显著恶化的少数情况需恢复窦性心律外，多数只需满意控制心室率。慢性心房颤动、有体循环栓塞史、左心房有血栓者，应长期抗凝治疗。

（4）心力衰竭者，应限制钠盐摄入，使用血管紧张素转换酶抑制剂、利尿剂和洋地黄。

2. 外科治疗　为恢复瓣膜关闭完整性的根本措施，应在发生不可逆的左心室功能不全之前施行，否则手术预后不佳。超声测量的左室收缩末内径可以作为决定何时手术的因素。收缩末内径较射血分数更不易受负荷的影响，在<45mm时才能保证术后的左室功能。如果患者出现症状，即使左室功能正常也应该立即手术。

手术方法：

(1) 二尖瓣修复术：疗效优于替换手术，应该尽力提倡，无论从近远期的死亡率、避免长期抗凝、免于感染性心内膜炎与栓塞等方面均更具优势。作用持久，保留了二尖瓣装置，有助于维持正常的左心室形态及功能，术后发生感染性心内膜炎和血栓栓塞少，对于大多数窦性心律的患者不需长期抗凝，可避免许多潜在的由二尖瓣置换术造成的并发症。适应证为非风湿性、非感染性和非缺血性病因者，如二尖瓣脱垂、腱索断裂和瓣环扩张等。手术死亡率1%~2%。与换瓣相比，较早和较晚期均可考虑手术，但若瓣叶严重钙化或由于乳头肌疾病，心内膜炎而造成的瓣叶断裂，则不适合瓣膜修补术。若LVEF≤15%~20%时为手术禁忌。

(2) 人工瓣膜置换术：用于无法进行二尖瓣修复术的患者。已确诊的二尖瓣反流患者应当每年监测左心室的大小及功能，以便在心肌发生不可逆损害前行手术治疗。有症状者，应在左心室收缩末容量指数（LVESVL）≥50ml/m^2、LVEF<50%和平均肺动脉压>20mmHg之前或当左心室收缩末期内径（LVESD）=45mm、LVESVL=50ml/m^{2}时行手术治疗。近年来对于二尖瓣关闭不全为主、瓣膜钙化及腱索缩短不明显、左心室明显扩大、术前心功能较差者建议应用保留瓣下结构的二尖瓣替换术。若超声心动图检查左心室舒张末期直径大于70mm、收缩末期直径大于45mm且左室射血分数属于正常低限或低于正常的患者，即使行二尖瓣置换术，预后也可能不好。严重左心室功能障碍（LVEF≤30%）或左心室重度扩张［左心室舒张末内径（LVEDD）≥80mm，左心室舒张末容量指数（LVEDVI）≥300ml/m^2］，已不宜换瓣。

术后存活者多数症状和心功能改善，心脏大小和左心室重量减少。手术治疗较内科治疗明显改善存活率，但效果较单纯二尖瓣狭窄或以狭窄为主者差。慢性二尖瓣反流患者术前发生房颤是术后长期生存率下降的独立预测因素。

3. 介入治疗　经皮二尖瓣置换/修补术。Feldman等于2005年报道对27例二尖瓣反流患者经皮二尖瓣修补术的疗效，该研究中手术成功者24例。随访6个月时，有13例患者的二尖瓣反流仍维持在2级以下。该研究证实了经皮二尖瓣修补术应用于临床的可行性。近年来，经皮二尖瓣置换术治疗严重二尖瓣关闭不全患者也取得了初步疗效。但此类技术尚未在临床广泛应用，仍处于研究探索阶段。

【预后】

由各种乳头肌，腱索及瓣叶的异常造成的急性严重二尖瓣反流伴血流动力学不稳定者危及生命，如不及时手术干预，死亡率极高。慢性重度二尖瓣关闭不全确诊后内科治疗5年存活率80%，10年存活率60%。单纯二尖瓣脱垂无明显反流，无收缩期杂音者大多预后良好；年龄>50岁，有明显收缩期杂音和二尖瓣反流，瓣叶冗长增厚，左心房、左心室增大者预后较差。

第三节　三尖瓣疾病

一、三尖瓣狭窄

【病因】

三尖瓣狭窄（tricuspid stenosis，TS）最常见的病因为风心病，少见的原因是先天性三尖瓣闭锁、右心房肿瘤和三尖瓣赘生物等。风湿性三尖瓣狭窄很少单独存在，通常合并二尖瓣疾病和/或主动脉瓣疾病。如同时伴有二尖瓣病变，则多为二尖瓣狭窄。三尖瓣狭窄的发生率女性多于男性，呈慢性发展过程。

【病理及病理生理】

三尖瓣狭窄作为风湿热的后遗症，病理变化和二尖瓣狭窄相似，即瓣膜纤维化增厚、粘连和挛缩，瓣尖边缘融合，形成一个有固定中央孔的隔膜。病变也可累及腱索和乳头肌。但三尖瓣病变的程度和范围较二尖瓣为轻，瓣膜下融合很少见，且很少有钙质沉积。

三尖瓣狭窄致右心房与右心室之间出现舒张期压力阶差。血流动力学表现为舒张期跨三尖瓣压差于运动和吸气时升高，呼气时降低。平均舒张期压差>1.9mmHg 提示三尖瓣狭窄；>5mmHg 时，可使右心房平均压升高导致体循环淤血，出现颈静脉怒张、肝大、腹水和水肿。右心室容量减少而使心排血量减少。

【临床表现】

三尖瓣狭窄症状常常因被并存的疾病所掩盖而被遗漏，一旦出现症状，提示病变已到中晚期。患者通常表现为右心衰竭的症状及体征。如疲劳、腹胀、水肿、尿少，可并发心房颤动和肺栓塞。三尖瓣狭窄时，周围静脉水肿严重，而肺淤血的症状（呼吸困难）较轻，与三尖瓣狭窄减少了血流进入肺循环有关。

在多数情况下，三尖瓣病变早期仅根据病史难以诊断，仔细的体格检查可提供一些线索。查体可见颈静脉怒张、搏动；胸骨左下缘可触及舒张期震颤，可闻及三尖瓣开瓣音；胸骨左下缘（或剑突下）可闻及紧随开瓣音后的高调隆隆样舒张中晚期杂音，吸气时杂音增强，称 Carvallo's 征，系吸气时静脉回流增加，从而使通过狭窄的三尖瓣口血流增多所致；呼气时或 Valsalva 动作屏气期杂音减弱。肝大伴有与心房收缩同时出现的收缩期前搏动、腹水和全身水肿。

【实验室和其他检查】

1. X 线检查　右心房明显扩大，下腔静脉和奇静脉扩张所造成的以右心为主的心脏扩大，肺血管影显著减少。正位胸片右心缘可见右心房和上腔静脉突出，右心房缘距中线的最大距离常>5cm。

2. 心电图　单纯三尖瓣狭窄为右房扩大的特征性 P 波，V_1 导联 P 波高尖，无右心室肥厚。如有右心室肥厚表明合并二尖瓣狭窄和肺动脉高压，且可出现右束支传导阻滞。常见并发心房纤颤。

3. 超声心动图　三尖瓣叶增厚，前叶曲线"城墙样"改变，前后叶同向运动，开放受限，瓣口缩小。右心房大，下腔静脉增宽。彩色多普勒血流显像及多普勒超声于三尖瓣口及右心室内分别探及源于三尖瓣口的全舒张期五彩射流信号及湍流频谱。单纯性三尖瓣狭窄右心房明显增大，但右心室不扩大。

4. 心导管检查　可同步测定右心房和右心室压以了解跨瓣压差，但一般不作为常规检查手段。

【诊断与鉴别诊断】

有典型体征，体循环淤血而肺淤血较轻，可诊断三尖瓣狭窄。

风心病二尖瓣狭窄患者，如剑突处或胸骨左下缘有随吸气增强的舒张期隆隆样杂音，无明显右心室扩大和肺淤血，提示同时存在三尖瓣狭窄。

房间隔缺损如左至右分流量大，通过三尖瓣的血流增多，可在三尖瓣区听到第三心音后短促的舒张中期隆隆样杂音。超声心动图或右心导管术可予以鉴别。

【治疗】

（一）内科治疗

目的在于减轻右心衰竭的症状和体征。应严格限制钠盐摄入；利尿剂可降低右心房压力，消除体循环淤血、继发于水钠潴留引起的症状和体征，较长时期及较大剂量的应用利尿剂可减轻肝脏淤血，降低手术风险。心房颤动时使用洋地黄类药物控制心室率。

（二）外科手术

治疗包括三尖瓣修补、结构重建、瓣膜交界处分离术或人工瓣膜置换术。三尖瓣狭窄很少需要进行外科手术治疗，但严重三尖瓣狭窄者必须采用手术治疗。如症状明显，右心房-右心室的舒张期压力阶差（跨三尖瓣压差）>5mmHg 或三尖瓣口面积<2.0cm^2 时，应手术治疗。风心病可作瓣膜交界处分离术；瓣膜严重钙化、僵硬和血栓形成者，可考虑行人工瓣膜置换术；由于右室压力低，血流慢，三尖瓣机械瓣的血栓发生率高，最好选用生物瓣，以减少血栓栓塞的高度风险性。三尖瓣置换术死亡率高于二尖瓣或主动脉瓣者 2~3 倍。

经皮球囊导管三尖瓣成形术或分离术容易做,但如何选择适应证以及是否能获得良好手术效果尚无结论。

二、三尖瓣关闭不全

【病因】

三尖瓣关闭不全（tricuspid incompetence，TI）多为功能性，通常继发于右心室收缩压增高或肺动脉高压所致的右心室和三尖瓣环的扩张、瓣叶闭合不良所致，而三尖瓣本身的结构正常。多继发于各种心脏和肺血管疾病，如原发性肺动脉高压、二尖瓣病变、先天性心血管病（肺动脉瓣狭窄、艾森门格综合征）、肺心病、VVI起搏器术后等导致右心室或三尖瓣环扩张等。

器质性三尖瓣关闭不全少见，包括三尖瓣下移畸形（Ebstein畸形）、风心病、三尖瓣脱垂、感染性心内膜炎、冠心病、类癌综合征、心内膜心肌纤维化等。

【病理及病理生理】

风湿性心脏病一般可引起三尖瓣瓣叶和/或腱索的瘢痕而限制瓣叶活动，心脏收缩时瓣叶闭合不良，导致三尖瓣反流，往往合并狭窄。此外，瓣膜和腱索的黏液样变性可引起三尖瓣脱垂伴反流。

若无肺动脉高压，三尖瓣反流能被很好耐受。血流动力学改变：三尖瓣关闭不全时收缩期血液由右室同时射向肺动脉和右心房，右心房因血流量增加而增大。右心房内反流的血液及上、下腔静脉回流的血液一同进入右心室，使右心室前负荷增加，导致右心室扩大。严重三尖瓣关闭不全时发生右心衰竭。

【临床表现】

症状与三尖瓣狭窄相似。由于单独的三尖瓣关闭不全很少见，故以原发病的症状为主。无肺动脉高压的三尖瓣关闭不全的症状相对较轻。肺动脉高压并存时，心输出量降低，右心衰竭症状明显，表现为疲乏、腹胀等。当病情进展时，所并存的二尖瓣病变引起的肺淤血可减轻，但虚弱、乏力及右心衰竭症状却变得明显。

查体可见颈静脉怒张伴明显的收缩期搏动，吸气时增强，反流严重者伴颈静脉收缩期震颤，并有明显的V波。心界向左扩大，剑突下有明显心脏搏动；心前区有抬举样搏动；心尖区第一心音常减弱，伴肺动脉高压者P_2亢进，心功能不全时胸骨左下缘常可闻及右心室第三心音奔马律。沿胸骨左缘可闻及高调、吹风样全收缩期杂音，在胸骨左下缘或剑突区最响，右心室显著扩大占据心尖区时，在心尖区最明显。吸气或抬高下肢时静脉血液回流增加，杂音可增强，此特点有助于同二尖瓣反流杂音或通过主动脉流出道产生的杂音相鉴别，当右心衰竭出现，心搏量不能进一步增强时，此现象消失。三尖瓣脱垂有收缩期咯喇音。若急性三尖瓣反流，杂音往往为收缩早期杂音。肝淤血很常见，且经常伴随着可触及的收缩期搏动。右心衰竭者有体循环淤血征。

并发症包括心房颤动和肺栓塞。

【实验室及其他检查】

1. X线检查 可见右心房、右心室明显增大。右房压升高者，可见奇静脉扩张、胸腔积液及腹水引起的横膈上抬。透视时可看到右房收缩期搏动。全心扩大、无肺淤血和肺动脉高压应该考虑三尖瓣病变或者心包积液。巨大右房提示Ebstein畸形。

2. 心电图 常见右心房、右心室肥大，完全性右束支传导阻滞和心房颤动。

3. 超声心动图 示三尖瓣前叶曲线EF斜率加快，右心房及右心室增大、上下腔静脉增宽及搏动；三尖瓣活动振幅增大，收缩期前后瓣与隔瓣不能完全闭合。室间隔与左室后壁同向运动。二维超声心动图可以区别左心的原发性疾病和右心室病变，功能性和器质性的三尖瓣关闭不全。彩色多普勒血流显像及脉冲多普勒于右心房内分别探及源于三尖瓣口的全收缩期蓝彩反流信号及反流频谱，反流束起自三尖瓣环，延伸入右房腔。在轻度反流时，反流束呈细条状。在重度反流时，反流束呈喷泉状。通过反流速度和频谱面积可估计三尖瓣反流的严重程度、右心室收缩压以及三尖瓣开放速率。部分正常人彩色多普勒超声也可以发现轻度的三尖瓣反流。三尖瓣反流程度分为三级：Ⅰ级：反流束占部分右心房；Ⅱ级：反流束达右心房后壁；Ⅲ级：反流束进入腔静脉。

4. 右心室造影　不作为常规检查手段，有助于确定三尖瓣反流及其程度。

【诊断与鉴别诊断】

典型患者根据上述特征易于诊断不难。

需与右心房、右心室增大的疾病相鉴别：房间隔缺损、主动脉窦瘤破裂、肺静脉畸形引流等。结合多普勒超声心动图检查容易鉴别。

【治疗】

应根据原发病的性质和心力衰竭的严重程度决定治疗方案。功能性三尖瓣关闭不全治疗的关键是针对原发病以及减轻右心衰竭的症状和体征。

（一）内科治疗

肺动脉高压及右心功能障碍相关的三尖瓣反流，可通过治疗潜在的病因而得到显著改善。有严重二尖瓣狭窄和肺动脉高压的患者如果出现右室扩张和三尖瓣反流，治疗二尖瓣狭窄可以缓解继发的肺动脉高压和改善三尖瓣反流程度。右心衰竭者应限制钠盐摄入，用利尿剂、洋地类药物和血管扩张药，控制心房颤动的心室率。

（二）外科治疗

三尖瓣关闭不全的手术更需慎重，必须明确三尖瓣关闭不全是功能性或是器质性的原因。无肺动脉高压的三尖瓣关闭不全不需手术治疗。重度三尖瓣反流伴二尖瓣疾病需行二尖瓣手术的患者，三尖瓣修复术可使其获益；有症状的原发性重度三尖瓣反流患者，可行瓣环成形术或瓣环成形术；当三尖瓣不能修补时，可行瓣膜置换术。继发性或瓣叶畸形导致重度三尖瓣反流的患者，不宜行或瓣膜修复术，可行三尖瓣置换术。近年来主张对中等度以上的三尖瓣关闭不全，尤其是器质性关闭不全，在其他瓣膜手术完成后，同期施行三尖瓣修复术，以期得到较满意的效果。

第四节　肺动脉瓣疾病

一、肺动脉瓣狭窄

【病因】

肺动脉瓣狭窄（pulmonary valve stenosis，PS）95%以上是由于先天性疾病所致，约占所有先天性心脏病的8%~10%，分为瓣上、瓣膜、瓣下狭窄，但先天性肺动脉瓣狭窄通常为瓣膜病变。单纯性先天性肺动脉瓣狭窄是成人最常见的先天性肺动脉瓣疾病。法洛四联症由于二叶瓣形肺动脉瓣而引起肺动脉瓣狭窄。后天性瓣膜异常如风湿性、类癌性，而心脏肿瘤或Valsalva窦瘤产生的右心室流出道梗阻引起假性肺动脉瓣狭窄相对少见。

【病理生理】

肺动脉瓣膜狭窄时，瓣膜增厚，瓣叶融合成圆顶状，瓣膜不能充分开放；造成右心室收缩期排血受阻，导致右室压力超负荷，使右室肥厚，最后可发生右心衰竭；跨瓣压力阶差越高，狭窄越重，右心衰竭的临床表现出现越早。此外，肺动脉可有狭窄后扩张，由于肺动脉内血流减少，使肺动脉压力降低。

【临床表现】

症状常为隐匿性，可被伴随疾病的症状所掩盖。轻中度狭窄可无症状，只在重体力劳动时可出现心悸、气促等症状。重度狭窄时，运动耐力降低，日常体力劳动可引起呼吸困难、心悸、乏力、胸闷、咳嗽、偶有胸痛或晕厥。后期可出现右心衰竭相关症状。

肺动脉瓣膜狭窄较重者，儿童和青少年可见心前区隆起伴胸骨旁抬举性搏动；胸骨左缘第二、三肋间可触及收缩期震颤；胸骨左缘第二、三肋间可闻及粗糙响亮呈喷射性的收缩期杂音，向左锁骨下区传导；P_2 减弱并 S_2 分裂，吸气更加明显；持久发绀可伴发杵状指（趾）。晚期出现右心衰竭体征。

【辅助检查】

1. 心电图　可有右房室肥大、电轴右偏和右束支传导阻滞。轻中度肺动脉瓣狭窄的心电图一般正常。

2. X线检查　右心房、右心室扩大，肺动脉狭窄后扩张。肺血少、肺野清晰。

3. 超声心动图　右室前壁增厚和/或右室腔扩大。主肺动脉增宽（狭窄后扩张），肺动脉瓣叶增厚，开放受限，呈圆顶状。彩色多普勒血流可见自肺动脉瓣口收缩期花色射流束，射流束在主肺动脉内形成喷泉状。多普勒可以测量肺动脉瓣跨瓣压差和肺动脉瓣口面积；经胸超声心动图不能确定肺动脉狭窄的部位时可经食管超声心动图检查。

【鉴别诊断】

肺动脉瓣狭窄与肺动脉高压和肺循环血流增多疾病鉴别：肺动脉高压时无收缩期高速射流，后两者肺动脉瓣无改变。结合超声心动图可鉴别。

【治疗】

（一）介入治疗

轻度狭窄（跨瓣压差≤40mmHg）无需治疗；有症状的中度狭窄（跨瓣压差 41～79mmHg）及重度狭窄（跨瓣压差≥80mmHg）可采用经皮球囊肺动脉瓣成形术（percutaneous balloon pulmonary valvuloplasty，PBPV），其治愈率达 98%，是最安全、手术效果最佳的介入性手术。PBPV 是治疗儿童与成年人单纯肺动脉瓣狭窄的首选方法，最佳年龄为 2～4 岁，其余各年龄均可进行。

（二）外科手术治疗

瓣膜无弹性的肺动脉瓣狭窄球囊瓣膜成形术效果差，需要行猪生物瓣置换术或肺动脉瓣同种移植。仅在严重的肺动脉瓣关闭不全或右心室容量负荷进行性加重者致顽固性右室衰竭时，可施行人工心脏瓣膜置换术。

（三）内科治疗

用于改善晚期重症病例右心衰竭的症状，可予以强心、利尿剂等治疗。

二、肺动脉瓣关闭不全

【病因】

肺动脉瓣关闭不全（pulmonary valve incompetence，PI）多为继发于肺动脉高压的肺动脉干根部扩张，引起瓣环扩大，见于风湿性二尖瓣疾病、艾森曼格综合征等。少见病因包括特发性和 Marfan 综合征的肺动脉扩张。原发性肺动脉瓣损害极少见，如可发生于感染性心内膜炎、肺动脉瓣狭窄或法洛四联症术后、类癌综合征和风心病等。

【病理及病理生理】

功能性关闭不全的瓣膜无形态改变。感染性心内膜炎者瓣膜增厚，可见团块状赘生物回声。

由于肺动脉反流发生在低压、低阻的肺循环，故血流动力学改变通常不重。如无肺动脉高压者，则单纯肺动脉瓣关闭不全引起的右心室容量过度负荷可多年无症状；如有肺动脉高压存在，出现急性反流或反流程度严重者，病情发展较快，加速右心室衰竭发生。

【临床表现】

1. 症状　多与原发疾病相关。在多数情况下，症状继发于右心室衰竭。

2. 体征　胸骨左缘第 2 肋间触及肺动脉收缩期搏动，可伴有收缩或舒张期震颤。胸骨左下缘扪及右心室高动力性收缩期搏动。肺动脉高压时，第二心音肺动脉瓣成分增强。右心室心搏量增多，射血时间延长，第二心音呈宽分裂。右心室搏血量增多使已扩大的肺动脉突然扩张产生收缩期喷射音，其后有收缩期喷射性杂音，在胸骨左缘第 2 肋间最明显。胸骨左缘第 4 肋间常有第三和第四心音，吸气时增强。继发于肺动脉高压者，胸骨左缘第 2~4 肋间有第二心音后立即开始的舒张早期叹气样高调递减型杂音，吸气时增强，称为 Graham-Steell 杂音。若无肺动脉高压，杂音呈舒张晚期低调杂音。

【实验室及其他检查】

1. X 线检查　伴肺动脉高压时，可见肺动脉段及肺门阴影尤其是右下肺动脉影增大。肺动脉段凸出，右心室增大。
2. 心电图　可有右心房、右心室肥大，电轴右偏和右束支传导阻滞。
3. 超声心动图　对确诊肺动脉瓣关闭不全有重要价值。多普勒超声技术可精确确定有无肺动脉瓣关闭不全和反流程度，也能发现肺动脉高压、右心房、右心室肥大及并存的瓣膜病变；二维超声心动图有助于明确病因。

【鉴别诊断】

肺动脉瓣关闭不全的 Graham-Steell 杂音有时难与主动脉瓣关闭不全的舒张早期杂音区别，但后者无周围血管征，可行彩色多普勒超声心动图帮助与之鉴别。

【治疗】

肺动脉瓣关闭不全很少需要特殊治疗。继发于肺动脉高压的肺动脉瓣关闭不全者，治疗其原发疾病常能改善反流，如缓解二尖瓣狭窄的梗阻。

多针对引起肺动脉高压的潜在原因。仅在严重的肺动脉瓣关闭不全或右心室容量负荷进行性加重者致顽固性右室衰竭时，才考虑对该瓣膜进行手术治疗。

第五节　多瓣膜病

多瓣膜病（multivalvular heart disease）在风湿性心脏病患者中常见，三尖瓣反流和肺动脉瓣反流多是其他瓣膜损害的结果。从临床上很难评估出每个瓣膜损害的严重程度，有必要在任何择期手术前行左心及右心导管术，以仔细评估瓣膜功能。很少有资料能客观地指导联合瓣膜病的治疗。每个病例都应该单独考虑，治疗取决于每个受损瓣膜对血流动力学和左室功能影响的程度以及药物治疗和手术相比所得的收益。双瓣膜置换术较单瓣膜置换术有较高的手术死亡率及远期死亡率。

慢性获得性心脏瓣膜病的典型症状、体征、心电图、胸片和超声心动图表现如表 3-7-3 所示。

表 3-7-3　心脏瓣膜病的典型症状、体征、心电图、胸片和超声心动图表现

	症状	体格检查	心电图	胸片	超声心动图
主动脉瓣狭窄	呼吸困难、心绞痛、晕厥	心尖搏动持久而局限。A_2 减低，S_2 单一或逆分裂，可听到并触及 S_4 奔马律，收缩期喷射性杂音，迟脉	左心室肥厚；常有左束支传导阻滞、房颤或室性心律失常	左心室轻度增大，升主动脉根部狭窄后扩张，主动脉瓣钙化	主动脉瓣瓣缘回声增强，瓣叶变形、僵硬，瓣口面积减小，左心室大，室壁厚。瓣口探及收缩期高速血流频谱，频谱充填
主动脉瓣反流	头部强烈搏动感、左心衰竭、直立性头晕、晕厥	脉压增大，颈动脉搏动呈双峰，周围血管征。左心室搏动弥散而有力，向左下方移位。S_1 减弱，S_3 奔马律常见。舒张期递减杂音	左心室肥厚，常合并窄深的 Q 波	左心室及主动脉扩张	主动脉瓣瓣缘回声增强，关闭有裂隙。二尖瓣前叶舒张期高频颤动。左室增大，升主动脉增宽。左室流出道内全舒张期高速反流频谱，频谱充填

续表

	症状	体格检查	心电图	胸片	超声心动图
二尖瓣狭窄	呼吸困难，咯血，咳嗽，声嘶，晚期发生右心衰竭	"二尖瓣面容"。S_1亢进开瓣音（OS），若瓣膜严重钙化，S_1不亢进，心尖区有低调的隆隆样舒张中晚期杂音，肺动脉高压的体征，体循环水肿	"二尖瓣型P波"，P波宽度大于0.12秒伴切迹，常合并房颤。若出现肺动脉高压，则出现电轴右偏，右心室肥厚	左房右室大，右心缘双房影，食管受压向后移位，左主支气管抬高。右心缘直。肺动脉扩张肺静脉充血	二尖瓣叶增厚，瓣尖显著。前叶曲线EF斜率减慢，前后叶同向运动，瓣口缩小。左房右室大，左房内可有血栓回声。左室内探及源于二尖瓣口的全舒张期五彩射流信号及高速正向湍流频谱
二尖瓣反流	运动后疲劳及呼吸困难，晚期肺动脉高压及左心衰竭	左心室搏动呈高血流动力学，S_3宽分裂，心尖部全收缩期杂音	左心房增大，左心室肥厚，常有房颤	左心房、左心室扩大，肺静脉充血	二尖瓣叶和瓣下结构增厚、融合、缩短及钙化。左房内探及源于二尖瓣口的全收缩期五彩反流信号及高速反流频谱
二尖瓣脱垂	若有二尖瓣反流，症状同上	一个或多个收缩期咯喇音，通常在收缩中期，后紧跟收缩晚期的杂音患者常又高又瘦，漏斗胸，直背综合征	通常正常，偶尔在下壁导联ST段压低和/或T波改变	同瓣膜反流程度有关系	二尖瓣叶冗长，可呈连枷样，收缩期向左房内膨出。CD段下降，收缩中晚期或全收缩期呈"吊床样"改变。反流频谱可起始于收缩中晚期
三尖瓣狭窄	右心衰竭症状，如疲劳，腹部膨隆，体循环水肿	颈静脉怒张。若为窦律，颈静脉扩张出现明显的a波，胸骨左缘的三尖瓣开瓣音及舒张期杂音可被同时存在的二尖瓣杂音所掩盖。吸气时三尖瓣开瓣音及隆隆样杂音增强	右心房异常房颤常见	右心房增大	右房大，下腔静脉宽。三尖瓣口及右室内探及全舒张期射流信号及湍流频谱
三尖瓣反流	右心衰竭症状，如疲劳，腹部膨隆，体循环淤血征	颈静脉扩张，胸骨左缘收缩期杂音，吸气时加重，舒张期流量性隆隆样杂音。吸气时右心室第三心音增强。肝脏增大伴收缩期震颤	右心房异常发现常同引起三尖瓣反流原因有关	右心房右心室扩张，异常发现常同引起三尖瓣反流的原因有关	三尖瓣前叶曲线EF斜率加快。右房右室大。室间隔与左室后壁同向运动。右房内探及源于三尖瓣口的全收缩期蓝彩反流信号及反流频谱

* 体格检查的体征受瓣膜功能失常的严重程度和慢性程度的影响。

第六节 急性风湿热

风湿性心脏病起源于急性风湿热，是心脏瓣膜病的主要病因。

急性风湿热（acute rheumatic fever，ARF）是由于A型溶血性链球菌感染所致，其病因可能是继发于链球菌感染后的异常免疫反应。急性风湿热通常发生在4～9岁的孩子中，男女发生比率相似。

急性风湿热典型表现是心脏弥漫性的炎症，即全心炎。渗出性心包炎很常见，它可造成纤维化并且使心包腔消失。缩窄性心包炎很少见。心肌通常会出现淋巴细胞浸润，且有局灶性的坏死。心肌典型的组织学改变是出现 Aschoff 小体。心瓣膜炎典型表现为瓣叶的边缘出现疣状损害，由浸润的细胞和纤维蛋白所构成。二尖瓣最常受累，其次为主动脉瓣，三尖瓣和肺动脉瓣受累较少。心瓣膜炎可出现一个新的关闭不全杂音，可以多年不出现主动脉狭窄及二尖瓣狭窄，直到纤维化逐渐限制了瓣叶的活动。

急性风湿热通常表现为在链球菌性咽炎后2~4周出现的急性发热性疾病。由于不能通过实验室检查来确诊急性风湿热，所以建立一个基于症状及体格检查的诊断标准（修订的Johns诊断标准）。当近期确诊有过链球菌性咽炎后出现两个主要标准或者一个主要标准及两个次要标准，即可诊断急性风湿热（表3-7-4）。

一旦确诊需用规律的青霉素治疗来根除链球菌的感染。水杨酸制剂对于发热及关节有疗效。

风湿热反复发作很常见，特别是在初次发作后的前5~10年期间。预防性治疗应贯穿这段时间，对于易患链球菌感染的患者（医疗工作者，幼教工作者及新兵），预防时间应为10年。有明显的风湿性心脏病的患者有很高的复发率，应长期接受预防性治疗（表3-7-5）。

表 3-7-4　修订的 Jones 诊断标准

主要表现
 心肌炎
 多关节炎
 舞蹈病
 环形红斑
 皮下结节

次要表现
 临床表现
  关节痛
  发热
 实验室检查
  急性期反应物质增加
  红细胞沉降率增加
  C-反应蛋白升高
  * P-R 间期延长

支持先前 A 组链球菌感染的证据
 咽拭子培养或快速链球菌试验阳性，链球菌抗体滴度升高

* 正常高限 P-R 间期：3~12 岁：0.16秒；12~14 岁：0.18秒；>17 岁：0.20秒

表 3-7-5　风湿热的预防

药物	剂量	用药方式	一级预防	二级预防
苄星青霉素	120万单位（>27kg） 60万单位（<27kg）	肌内注射	1次	21天
青霉素 V	儿童：250mg 成人：500mg	口服	10天，每日3~4次 10天，每日3次	每日2次
阿奇霉素	12.5mg/（kg·d）	口服	5天，每日1次	不推荐
头孢氨苄	15~20mg/kg	口服	10天，每日2次	不推荐
红霉素	20mg/kg（最大量500mg）	口服	不推荐	每日2次

（刘梅林　华　琦）

第八章　感染性心内膜炎

感染性心内膜炎（infective endocarditis，IE）是一种心内膜表面感染微生物的疾病，伴赘生物形成。特征性病变（即赘生物）是由血小板和纤维素组成的大小不等、形态各异的团块；含丰富的病原微生物和中等量的炎性细胞。最常累及心脏瓣膜，也可发生于心脏间隔缺损部位、瓣膜腱索或室壁心内膜上。根据病程，感染性心内膜炎可分为急性和亚急性。急性者由毒力较强的病原体感染所致。全身中毒症状严重，病情进展迅速，多在发病后数天至数周内死亡。亚急性者多由中等毒力的病原体感染所致，起病潜隐，中毒症状较少，进展相对缓慢，病程常超过数周及数月，很少引起迁移性感染。随着抗生素的广泛应用，典型的感染性心内膜炎已较少见。此外，根据发病人群及基础疾病，感染性心内膜炎又分为自体瓣膜心内膜炎（native valve endocarditis，NVE）、人工瓣膜心内膜炎（prosthetic valve endocarditis，PVE）和静脉药瘾者心内膜炎（endocarditis in intravenous drug abusers）。

【流行病学特征和易感因素】

在欧洲和美国，感染性心内膜炎的发病率分别为 5.9/10 万和 11.2/10 万。男性发病高于女性，男女比例为 2.5：1.6。发病的平均年龄在抗生素前时代为 30～40 岁，最近 10 年为 47～69 岁。二尖瓣脱垂是易患感染性心内膜炎最常见的心血管疾病。在已知有二尖瓣脱垂的人群中，感染性心内膜炎的发病率大约为每年 100/10 万；在年龄大于 45 岁的男性中，发病危险可能更高一些。二尖瓣脱垂病人发生感染性心内膜炎的危险因素包括存在二尖瓣反流或二尖瓣瓣叶增厚。但在发展中国家，风湿性心脏病仍然是易患感染性心内膜炎最常见的基础疾病。

1%～5%的 IE 为人工瓣膜心内膜炎，人工瓣膜置换术者每年患病率为 0.3%～0.6%，对于机械瓣膜和生物瓣膜哪个更易致 IE 尚未有定论。在人工瓣膜置换术后的前 2 个月是致病的高峰期，主要病原菌为表皮葡萄球菌和金黄色葡萄球菌。2 个月后的 PVE 以链球菌感染为最常见。

静脉药瘾者 IE 多见于年轻男性（平均年龄 30～40 岁）。大多累及正常心瓣膜，三尖瓣受累占 50%以上，其次为主动脉瓣占 25%，二尖瓣占 20%，少数病人同时有左右心瓣膜受累。60%～80%病人发病前无瓣膜病变。致病菌最常来源于皮肤，主要为金黄色葡萄球菌，其次有铜绿假单胞菌和真菌等。

医院内获得性 IE 呈不断增长趋势，优势致病菌是葡萄球菌和肠球菌，通常与导管或外科操作有关。另一个医源性 IE 的危险因素是血液透析。在透析人群种，血液透析者 IE 的发生率是腹膜透析者的 2～3 倍，50%以上的致病菌为金黄色葡萄球菌。

与感染性心内膜炎发病率增高相关的其他情况包括：口腔卫生差、长期进行血液透析和患有糖尿病。感染人类免疫缺陷病毒（HIV）可能独立增加感染性心内膜炎的危险。在这些病人中，金黄色葡萄球菌是最常见的致病菌，在 HIV 疾病晚期病人中死亡率较高。

【微生物学特征】

许多不同种类的细菌、真菌、分枝杆菌、立克次体、衣原体及病毒等均可引起自体瓣膜心内膜炎。寄居于口腔和上呼吸道的链球菌、葡萄球菌、肠球菌和革兰阴性杆菌是主要的病原菌。其中链球菌和葡萄球菌占所有病原菌 80%以上。在最近的系列研究中，葡萄球菌尤其是金黄色葡萄球菌已经超过草绿色链球菌成为最常引起感染性心内膜炎的病因。急性者主要由金黄色葡萄球菌引起，少数由肺炎球菌、淋球菌、A 族链球菌和流感杆菌所致。急性感染性心内膜炎可发生于正常瓣膜。亚急性者以草绿色链球菌常见，为 D 族链球菌（牛链球菌和肠链球菌），表皮葡萄球菌和其他细菌较少见。

【发病机制】

亚急性细菌性心内膜炎主要发生在有器质性心脏病的患者，最常见为心脏瓣膜病，尤其是二尖瓣和主动脉瓣；其次为先天性心脏病，如室间隔缺损、动脉导管未闭、法洛四联症和主动脉缩窄。完整的心内膜有防御感染的作用。若瓣膜表面的内皮受到损伤，止血机制被激活，引起血小板和纤维素的沉积，这种沉积物称为非细菌性血栓性心内膜炎，是细菌黏附而激发感染性心内膜炎的部位。非细菌性血栓性心内膜炎形成过程中两个主要机制是：内皮损伤和高凝状态。三种血流动力学条件可损伤内膜而激发非细菌性血栓性心内膜炎：①高速喷射冲击心脏或大血管内膜，致局部损伤，如二尖瓣反流面对的左心房壁，主动脉反流面对的二尖瓣前叶有关的腱索和乳头肌，未闭动脉导管射流面对的肺动脉壁的内皮损伤，均易导致感染性心内膜炎。②血液从高压腔室流向低压腔室。赘生物常位于血流从高压腔经病变瓣膜口或先天性缺损至低压腔产生高速射流和湍流的下游，如二尖瓣关闭不全的瓣叶心房面，主动脉瓣关闭不全的瓣叶心室面和室间隔缺损的右室间隔部位，这些部位血流压力下降和内膜灌注减少，可能有利于微生物的沉积和生长。③血液高速流经狭窄的瓣口。瓣膜狭窄时发生感染性心内膜炎较关闭不全少见。

非细菌性血栓性心内膜炎发展为细菌性心内膜炎的必备条件是血中细菌持续存在，并在内膜上繁殖，还与抗宿主的防御能力有关。各种感染或细菌寄居的皮肤黏膜损伤（如手术、器械操作等）常导致暂时性菌血症，以口腔黏膜，特别是牙龈感染或创伤最为常见。口腔组织损伤常导致草绿色链球菌菌血症，葡萄球菌菌血症见于皮肤感染。细菌黏附于非细菌性血栓性心内膜炎或内皮后，持续存在和繁殖导致了复杂的血流动力学过程，感染的赘生物通过血小板-纤维素聚集而增大，细菌进入血流和赘生物碎片引起栓子。这种循环的持续性导致临床细菌性心内膜炎的发生。

【病理生理】

感染性心内膜炎的临床表现主要由以下原因引起：

1. 心内感染的局部破坏作用　赘生物导致瓣叶变形或穿孔、腱索断裂和心脏腔室间穿孔均可引起进行性充血性心力衰竭；大的赘生物尤其在二尖瓣者，可引起功能性瓣膜狭窄和血流动力学紊乱；感染的局部扩散，可形成瓣周组织脓肿，导致化脓性心包炎、乳头肌断裂及室间隔穿孔，累及传导系统表现为各种心律失常。

2. 赘生物脱落导致栓塞或感染　11%～43%的病人临床上有赘生物碎片栓塞。动脉栓塞导致组织器官梗死，偶可形成脓肿，脓毒性栓子栓塞动脉血管壁的滋养血管引起动脉管壁坏死，感染性栓子也可直接破坏动脉壁。赘生物脱落还可形成细菌性动脉瘤。从而引起一系列临床症状。

3. 持续菌血症期的远处血源性种植　感染性心内膜炎病人可导致迁移性感染，一般在抗生素治疗之前发生，但临床表现则较迟，任何器官或组织都可受到血源性感染。迁移性脓肿常较小，呈粟粒状。这些感染可能成为复发的病灶。

4. 免疫系统激活　持续菌血症可激活细胞和体液介导的免疫系统，免疫复合物与补体沉积于肾小球基底膜导致弥漫性或局灶性肾小球肾炎，局部免疫复合物沉积引起风湿样表现和一些外周表现。如Osler结节。此外，脾大、微血管炎等均为免疫系统被激活的表现。

【临床表现】

（一）症状

发热是感染性心内膜炎最常见的症状和体征，常伴寒战，但在充血性心力衰竭、极度衰弱、慢性肝肾衰竭、先前用过抗微生物药物或由毒力较低病原体引起的感染性心内膜炎的病人中，可能没有发热或很轻。其他常见症状包括纳差、体重减轻、疲乏和盗汗。

（二）体征

1. 心脏杂音　80%～85%的自体瓣膜心内膜炎有心脏杂音，急性者比亚急性者更易出现杂音强度和性质的变化，或出现新杂音（尤以主动脉瓣关闭不全多见），腱索断裂或瓣膜穿孔是感染性心内膜炎出现新杂音的重要原因，常提示预后不良。三尖瓣感染者不易闻及杂音的变化。

2. 周围体征　常见外周表现：①甲下线形出血：常在指甲或趾甲下见到，在头2～3天通常为红色线性，以后为褐色；②Roch斑：为视网膜的卵圆形出血斑，中心呈白色，多见于亚急性患者；

③Osler结节：是有压痛的皮下结节，经常在指（趾）垫或鱼际处，常见于亚急性患者；④Janeway病变：是无压痛的红斑性、出血性或脓疱性病变，经常在手掌或足底处，主要见于急性患者。由于抗生素的广泛应用，外周表现现已不多见。

3. 贫血 50%～70%的患者可出现进行性贫血，多表现为正常细胞、正常色素性贫血，无网织红细胞增生。多为轻中度贫血，后期可达重度贫血，主要由于感染抑制骨髓所致。

4. 脾大 见于15%～50%的感染性心内膜炎患者，急性者少见，多见于长期的亚急性感染性心内膜炎。

5. 骨关节和肌肉疼痛 较常见，约1/2亚急性者可出现骨骼及关节压痛，其特点是孤立的单关节疼痛和不对称性单侧肌肉疼，可出现于病程的早期，抗生素治疗数周才渐消失。骨关节肌肉疼痛可由骨膜炎，关节炎或骨膜出血等引起，也可由局部血管栓塞所致。晚期可以发现杵状指（趾），占10%～20%。

【临床特点】

（一）急性感染性心内膜炎

常继发于其他部位的感染，为全身感染的一部分，有时伴有其他器官的转移性化脓病灶，通常发生于正常心脏。全身毒血症症状明显，表现为高热、寒战、虚弱等，病情进行性加重，在短期内出现高调心脏杂音或原有杂音性质迅速改变，常迅速发展为急性充血性心力衰竭导致死亡。脱落的带菌栓子可引起多发性栓塞和转移性脓肿，包括心肌脓肿、脑脓肿和化脓性脑膜炎；若栓子来自感染的右侧心腔，可引起肺炎、肺动脉栓塞和肺脓肿。皮肤可有多形态瘀斑和紫癜样出血性损害。静脉注射毒品者发生的右心心内膜炎，也多呈急性发作。

（二）亚急性感染性心内膜炎

多发生于风湿性心瓣膜病及某些先天性心脏病。多起病缓慢，患者发热不规则，多有进行性贫血，可有皮肤瘀点、瘀斑，Janeway结节、Osler结节、杵状指（趾）等，也可出现新的心脏杂音或原有杂音突然加重。临床表现的个体差别很大。少数以并发症的表现起病，如血栓栓塞、不能解释的卒中、心瓣膜病进行性加重、出现顽固性心力衰竭、肾小球肾炎和手术后出现心脏杂音等。

【并发症】

1. 心脏并发症 充血性心力衰竭对感染性心内膜炎的预后有重大影响。在感染性心内膜炎病人中，导致发生充血性心力衰竭的常见原因是感染引起的瓣膜损害。罕见情况下，赘生物碎片的栓子可引起急性心肌梗死和继发性充血性心力衰竭。主动脉瓣感染比二尖瓣感染更常伴发充血性心力衰竭。

感染性心内膜炎扩展到瓣膜环以外预示着死亡率升高、更常发生充血性心力衰竭和需要心脏手术。感染扩展到心隔内可导致房室束、束支或束支分支的传导阻滞。Valsalva窦真菌性动脉瘤的腐蚀可引起心包炎、心包积血和心脏压塞，或形成穿透到右室或左室的瘘管。心包炎也可作为冠状动脉栓塞所致心肌梗死的并发症而发生。

2. 全身性栓塞 全身性栓塞是感染性心内膜炎的常见并发症，但临床能诊断出的栓塞仅有15%～35%。最常累及脑、脾、肾、肝和髂动脉或肠系膜动脉。急性者较亚急性者多见，较大赘生物栓塞发生率高。三尖瓣赘生物脱落可引起肺栓塞，甚至发展到肺坏死、脓气胸等。

3. 神经系统 在感染性心内膜炎中，约65%的栓塞事件累及中枢神经系统，在感染性心内膜炎的所有病人中，20%～40%发生神经系统并发症。在有发热和瓣膜性心脏病基础的病人中发生卒中，提示有感染性心内膜炎可能。在有感染性心内膜炎的病人中，栓塞事件的发生率在开始有效的抗生素治疗后迅速下降，从治疗第1周期间的每天13例/1000病人降至治疗2周后的每天1.2例/1000病人以下。5%的感染性心内膜炎病人可发生颅内出血。中毒性脑病可有脑膜刺激征。脑脓肿多为微小病灶，大脓肿少见。化脓性脑膜炎不常见。后三种情况主要见于急性患者，尤其是金黄色葡萄球菌心内膜炎。

4. 细菌性动脉瘤 由赘生物形成的感染性血栓阻塞动脉滋养血管或血管内腔，引起感染在内膜和血管壁内的蔓延，导致真菌性动脉瘤，占2%～10%。动脉分叉点有利于栓子嵌塞，是真菌性动脉瘤的最常见部位。有颅内真菌性动脉瘤病人的临床表现非常变化不定。一些颅内动脉瘤在破裂前缓慢渗漏，产生头痛和轻微脑膜刺激表现，而在另一些病人中，在突发颅内出血之前，没有临床可识别的先兆表现。

5. **肾损害** 多数感染性心内膜炎患者有肾损害，主要表现为肾梗死、局灶性或弥漫性肾小球肾炎、肾衰竭、肾脓肿等。临床多见于急性感染性心内膜炎患者。

6. **长期发热** 在病原体毒力较低的病人中，与感染性心内膜炎相关的发热经常在开始合适抗微生物治疗后2～3天内消失。在治疗第2周末，90%病人开始退热。持续发热（14天以上）的最常见原因是感染扩展到瓣膜以外（经常有心肌脓肿）、转移性局灶感染、药物过敏（特别是发热消失后又复发者）、医院内感染或其他住院并发症（如肺栓塞）。

【实验室检查】

（一）血培养

是诊断感染性心内膜炎最重要的方法。在近期未接受过抗生素治疗的患者，血培养阳性率可高达95%～100%，多数阳性结果出现在用药前第一次采集的标本。急性者应在入院后3小时内，每隔1小时采血一次，共3次后开始治疗。未治疗的亚急性患者，应在第一天间隔1小时采血一次，共3次。若次日未见细菌生长，重复采血3次后开始抗生素治疗。已用过抗生素者，停药2～7天后采血。值得一提的是，心内膜炎病人菌血症是持续的，不需在体温升高时采血培养。动脉和静脉血培养的阳性率相同，每次采血均需做需氧和厌氧培养，至少培养3周，并周期性做革兰染色涂片和次代培养。必要时培养基需补充特殊营养或采用特殊培养技术。在按严格标准诊断为感染性心内膜炎并且最近没有接受过抗生素治疗的病人中，可能只有5%～7%病人的血培养中没有细菌生长。

（二）免疫学检查

亚急性者刺激机体体液免疫系统，产生特异性及非特异性抗体，40%～50%的类风湿因子阳性，γ球蛋白亦增加。80%患者出现循环免疫复合物，弥漫性肾小球肾炎可伴有循环免疫复合物升高和低补体血症。所有免疫学改变在病原菌被清除后才能恢复正常。

（三）血、尿常规检查

70%～90%的亚急性感染者有正常细胞色素性贫血，白细胞计数正常或轻度升高，分类计数轻度左移。血小板减少仅见于少数病人。急性感染者常有白细胞显著增高和明显核左移。即使肾功能正常，50%的病人有蛋白尿和镜检血尿，肉眼血尿提示肾梗死。红细胞管型和大量蛋白尿提示弥漫性肾小球肾炎。

几乎所有感染性心内膜炎的病人血沉都升高，但伴心力衰竭、肾衰竭和DIC者除外。

（四）超声心动图

经胸超声心动图检查快速无创，对赘生物有极好的特异性（98%）。对临床上疑似有感染性心内膜炎的患者，应立即行经胸超声心动图检查，检出赘生物的总体敏感性约为60%～70%。经食管超声心动图检查（TEE）可使检出直径<5mm的赘生物，敏感性增加到75%～95%。因此对临床上高度怀疑有感染性心内膜炎且经胸超声心动图检查阴性的患者，应行TEE检查。如TEE检查为阴性的，但仍高度可疑IE，则应在48小时之后，7天之内重复行TEE检查。

【诊断和鉴别诊断】

感染性心内膜炎的诊断需要结合临床、实验室和超声心动图的资料。有明显瓣膜性心脏病病人出现不能解释的长期发热、贫血或年轻病人有不能解释的卒中或蛛网膜下腔出血，需考虑感染性心内膜炎的诊断。

阳性血培养和超声心动图检出赘生物对明确诊断有重要价值，感染性心内膜炎的诊断标准见表3-8-1。

表 3-8-1 感染性心膜炎的诊断标准（Duke 标准）

主要标准

1. 血培养阳性

两次分开的血培养有感染性心内膜炎的典型细菌：草绿色链球菌、牛链球菌、HACEK 型或社团获得性金黄色葡萄球菌或肠球菌

或持续的血培养阳性，与感染性心内膜炎相一致的致病微生物，血培养抽取时间相隔 12 小时以上，或所有 3 次、4 次或 4 次以上的多数血培养阳性，首次与最后一次抽取时间至少相隔 1 小时以上

2. 心内膜受累的依据

超声心动图示振动的心内团块，处于瓣膜或支持结构上或在反流喷射路线上或在植入的材料上，而缺乏其他的解剖学解释；或脓肿；或新出现的人工瓣膜部分裂开；或新出现的瓣膜反流

次要标准

1. 基础疾病和易患人群：存在发生感染性心内膜炎的基础心脏疾病或为静脉滥用药物者（如静脉吸毒）
2. 发热：体温≥38.0℃
3. 栓塞：主要动脉栓塞、化脓性肺栓塞、霉菌性动脉瘤、颅内出血、结膜出血、Janeway 损害
4. 免疫学现象：肾小球肾炎、Osler 结节、Roth 斑，类风湿因子阳性
5. 细菌学依据：血培养阳性但不符合上述主要标准，或与感染性心内膜炎一致的活动性细菌感染的血清学证据
6. 超声心动图：有感染性心内膜炎的表现，但未达主要标准

诊断标准：具有两项主要标准，或一项主要标准加三项次要标准，或五项次要标准，可诊断为感染性心内膜炎。

在感染性心内膜炎病人中，有持续性菌血症或发热、反复栓塞、心脏传导阻滞、充血性心力衰竭或新出现的病理性杂音，可能都提示感染在瓣膜周围扩展。对于确定感染性心内膜炎的瓣膜周围扩展和是否存在心肌脓肿，经食管超声心动图检查比经胸超声心动图检查更为敏感。

本病临床表现涉及全身多脏器，既多样化，又缺乏特异性，需与之鉴别的疾病较多。亚急性者应与急性风湿热、系统性红斑狼疮、左房黏液瘤、腹腔内感染、结核病等鉴别。急性者应与金黄色葡萄球菌、淋球菌、肺炎球菌和革兰阴性杆菌败血症相鉴别。

【治疗】

治疗原则是消除致病微生物，减少并发症，降低死亡率，防止复发。治疗中应全面考虑致病菌微生物、药物毒性、合并症处理及支持疗法等因素。

（一）抗生素的选择

用药原则是早期使用杀菌药，足够剂量，静脉用药，疗程要足够长。测定青霉素的最小抑菌浓度（MIC）是确定链球菌感染的最佳治疗所必需的。感染性心内膜炎抗生素治疗方案见表 3-8-2。

（二）药物浓度监测

庆大霉素血药浓度应小于 0.1mg/L，以避免肾毒性或耳毒性。万古霉素的血药浓度维持在致病菌的最小抑菌浓度的 2~4 倍时达最佳治疗效果。万古霉素的血药浓度至少应为 10~15mg/L。如果病人的肾功能正常，每周检测一次血药浓度，如果合用氨基糖苷类抗生素每周检测 2~3 次万古霉素的血药浓度。

（三）抗凝治疗

至今尚未显示抗凝治疗能预防感染性心内膜炎的栓子形成，但却可能增加脑出血的危险。自然瓣膜心内膜炎的抗凝治疗，限于有与感染性心内膜炎相分离的其他明确指征的病人（如合并肺栓塞或深静脉血栓形成）。对于需要长期口服抗凝药物治疗的人造心脏瓣膜的病人，一旦确诊感染性心内膜炎，应停止口服抗凝药物，改用肝素抗凝治疗。但是，如存在中枢神经系统栓塞伴出血，暂时停止抗凝治疗是合适的。

表 3-8-2　链球菌所致的自体瓣膜和人工瓣膜感染性心内膜炎抗生素治疗方案

方案 A：NVE 对青霉素完全敏感（MIC≤0.1mg/L）

● 患者≤65 岁；血肌酐正常水平	青霉素 G（12~20）百万 U/24h，静脉注射，分成 4~6 次/日，连用 4 周，并加用庆大霉素 3mg/（kg·24h），静脉注射（最大剂量 240mg/d），分成 2~3 次/日，连用 2 周
● 同上情况，同时没有并发症；对临床治疗反应迅速	青霉素 G（12~20）百万 U/24h，静脉注射，分成 4~6 次/日，连用 2~4 周，住院 7 天治疗后门诊治疗
● 患者≥65 岁，和/或血肌酐水平增高或对青霉素过敏	根据肾功能调整青霉素剂量，连续 4 周；或头孢曲松 2g/24h，静脉注射，每日 1 次，连续 4 周[1]
● 对青霉素和头孢菌过敏的患者	万古霉素 30mg/（kg·24h），静脉注射，分成每日 2 次，连续 4 周

方案 B：青霉素较敏感（MIC 0.1~0.5mg/L）或 PVE

青霉素 G（20~24）百万 U/24h，静脉注射，分成 4~6 次/日，或[1]头孢曲松 2g/24h，静脉注射，每日 1 次，连续 4 周，加用庆大霉素 3mg/（kg·24h），静脉注射分成 2~3 次/日，连用 2 周[2]，之后再给予 2 周头孢曲松 2g/24h，静脉注射

方案 C：青霉素耐药；MIC≥0.5mg/L

高度青霉素或头孢曲松耐药（HLR）（MIC>8mg/L）和庆大霉素高度耐药（MIC>500mg/L）或万古霉素或替考拉宁（MIC≥4mg/L）耐药极少见于链球菌族，在这种情况下，加做敏感性试验并且与临床微生物学家进行紧密合作

[1] 尤其是青霉素过敏的患者
[2] 也可选用奈替米星 2~3mg/kg，1 次/日（血清峰值水平<16mg/L）

表 3-8-3　肠球菌、对青霉素耐药的链球菌所致感染性心内膜炎的抗生素治疗方案

青霉素 MIC≤8mg/L；且庆大霉素 MIC<500mg/L	青霉素 G（16~20）百万 U/24h，静脉注射，4~6 次/日，加用庆大霉素 3mg/（kg·24h），静脉注射，2 次/日，连用 4 周
青霉素过敏患者合并青霉素/庆大霉素敏感的肠球菌感染	万古霉素 30mg/（kg·24h），静脉注射，2 次/日，加用庆大霉素（剂量见上），连续 6 周
青霉素耐药菌属 MIC>8mg/L[1]	万古霉素+庆大霉素（剂量见上），连续 6 周
万古霉素耐药菌属包括对万古霉低度耐药（MIC 4~16mg/L）或对庆大霉素高度耐药	经验丰富的微生物学家的帮助是必需的。如果抗生素治疗失败，应早期进行瓣膜置换

[1] 在对耐药肠球菌治疗中，使用恶唑烷酮可能是另一选择，但在决定使用前，应当先听取相关微生物研究中心的建议

表 3-8-4　葡萄球菌所致感染性心内膜炎的抗生素治疗方案

方案 A　NVE

MSSA 青霉素不过敏	苯唑西林 8~12g/24h，静脉注射，3~4 次/日，至少 4 周，加用庆大霉素 3mg/（kg·24h）（最大剂量 240mg/d），静脉注射，2~3 次/日，用于最初治疗的 3~5 天
MSSA 青霉素过敏	万古霉素 30mg/（kg·24h），静脉注射，2 次/日，4~6 周，加用庆大霉素 3mg/（kg·24h）（最大剂量 240mg/d），静脉注射，2~3 次/日，用于最初治疗的 3~5 天
MRSA	万古霉素 30mg/（kg·24h），静脉注射，2 次/日，6 周

方案 B　PVE

MSSA	苯唑西林 8~12g/24h，静脉注射，3~4 次/日，加用利福平 900mg/24h，静脉注射，3 次/日，6~8 周，加用庆大霉素 3mg/（kg·24h）（最大剂量 240mg/d），静脉注射，2~3 次/日，用于最初治疗的前 2 周
MRSA CONS	万古霉素 30mg/（kg·24h），静脉注射，2 次/日，6 周，加用利福平 900mg/24h，静脉注射，3 次/日，加用庆大霉素 3mg/（kg·24h）（最大剂量 240mg/d），静脉注射，2~3 次/日，6~8 周

MSSA：甲氧西林敏感性金黄色葡萄球菌
MRSA：耐甲氧西林葡萄球菌
CONS：凝固酶阴性葡萄球菌

表 3-8-5 血培养阴性或不能明确病原体且需紧急治疗的感染性心内膜炎的抗生素治疗方案

NVE				
万古霉素	15mg/kg（最大剂量 2g/d）	静脉注射	Q12h[1]	4~6周
加庆大霉素	1.0mg/kg	静脉注射	Q8h	2周
PVE				
万古霉素	15mg/kg	静脉注射	Q12h	4~6周
加利福平	300~450mg	口服	Q8h	4~6周
加庆大霉素	1.0mg/kg	静脉注射	Q8h	2周

[1]可以加用氨基青霉素

正在接受抗凝治疗的金黄色葡萄球菌感染的人造瓣膜心内膜炎病人，特别容易发生中枢神经系统出血。在这种病人中，疾病的急性期一般应停止抗凝治疗。

（四）手术治疗

自体瓣膜心内膜炎患者行紧急瓣膜手术指征：①急性主动脉瓣反流引起的心力衰竭；②急性二尖瓣反流引起的心力衰竭；③尽管合理抗生素治疗，仍持续发热和菌血症超过 8 天；④脓肿表现，假性动脉瘤，异常通路，如瘘或一个或多个瓣膜破裂，心脏传导异常，心肌炎或其他提示局部扩散的检查（局部未控制的感染）；⑤抗生素通常不能治愈的微生物（例如霉菌、布鲁菌、柯克斯体属），或有高潜在性的、能迅速破坏心肌结构的微生物感染。

二尖瓣上的赘生物＞10mm，或尽管应用抗生素，但赘生物增大，应尽早考虑行紧急瓣膜手术。右侧心脏的感染性心内膜炎预后较左侧好。三尖瓣上的赘生物＞20mm，又反复发生肺栓塞的患者，瓣膜手术治疗是必需的。

人工瓣膜心内膜炎患者手术指征：①人工瓣膜置换术后 12 月内发生的 PVE；②晚期的 PVE 合并人工瓣膜功能失调，包括有意义的瓣周漏或阻塞、持续血培养阳性、脓肿形成、心脏传导异常、大的赘生物，特别是金黄色葡萄球菌感染的人工瓣膜心内膜炎。

抗生素治疗至少应持续至瓣膜手术后的 7~15 天。

【预后】

自然瓣膜及人造瓣膜两者的总死亡率仍然高达 20%~25%，死亡主要由中枢神经系统栓塞事件和血流动力学恶化所致。在静脉药瘾患者中发生右侧心内膜炎的死亡率一般较低，约为 10%。未治疗的急性患者几乎均在 4 周内死亡，亚急性患者的自然史一般≥6 个月，但个体差异很大。心力衰竭为最重要的预后不良因素，自身瓣膜心内膜炎患者（非吸毒成瘾者）经药物或药物联合手术治疗后出院，5 年的长期存活率约为 88%，10 年为 81%，自身瓣膜心内膜炎病人外科治疗的 5 年存活率约为 70%~80%，人工瓣膜心内膜炎病人外科治疗的 4~6 年存活率为 50%~82%。心内膜炎的复发通常在停止抗微生物治疗后 2 个月内发生。

【预防】

2008 年 8 月美国心脏病学会/美国心脏学会（ACC/AHA）更新了关于感染性心内膜炎的预防建议，为临床实践提供了最新依据。既往人们认为导致感染性心内膜炎发生的菌血症常常是在牙科、泌尿道和消化道的侵入性操作后产生的，而在这些操作前后预防性应用抗生素可以有效防止感染性心内膜炎的发生。但研究发现感染性心内膜炎与经常暴露于与日常活动相关的菌血症更有关系，而不是源于牙科、胃肠道、泌尿生殖道操作所致的菌血症。预防性使用抗生素仅仅能对极少部分患者发生感染性心内膜炎起保护作用，且抗生素相关的副作用可能超过其给患者带来的获益。保持良好的口腔健康和卫生可降低日常活动引发的菌血症，比牙科治疗前预防性应用抗生素来降低感染性心内膜炎风险更为重要。

此指南的核心建议是对于可能出现感染性心内膜炎不良预后的高危患者，在进行所有涉及牙龈组织、牙根尖周或穿破口腔黏膜的牙科操作时,给予预防措施是合理的。

高危患者包括:①有人工心脏瓣膜或应用人工材料进行瓣膜修复的患者;②既往有感染性心内膜炎病史者;③特定的先天性心脏病患者:包括未修补的发绀型先心病、先天性心脏缺损患者用人工材料或装置经手术或介入方式进行完全修补术后 6 个月内、先天性心脏病术后在补片或者假体位置或临近位置有残余缺损;④心脏移植后发生瓣膜病变者。

特别提醒即使患者合并以上心脏基础疾病,对不伴活动性感染的患者,如进行不穿透黏膜的非牙科操作(例如经食管超声心动图、诊断性支气管镜、食管胃镜或结肠镜),不推荐预防性应用抗生素来降低感染性心内膜炎。

当患者属于指南推荐的预防使用抗生素情况时,推荐在术前单次使用合理的抗生素,抗生素选择方案见表 3-8-6。如果因为各种原因术前未应用抗生素时,可以在术后 2 小时使用合理的抗生素一次。

表 3-8-6 感染性心内膜炎推荐预防性应用的抗生素种类和剂量

临床情况	药物选择	在操作前 30~60 分钟使用	
		成人	儿童
口服	阿莫西林	2g	50mg/kg
不能口服时	氨苄西林	2g im 或 iv	50mg/kg im 或 iv
	或头孢唑啉或头孢曲松	1g im 或 iv	50mg/kg im 或 iv
当对口服青霉素或氨苄西林过敏时	头孢氨苄	2g	50mg/kg
	或克林霉素	600mg	20mg/kg
	或阿奇霉素或克拉霉素	500mg	15mg/kg
当对口服青霉素或氨苄西林过敏且不能口服时	头孢唑啉或头孢曲松	1g im 或 iv	50mg/kg im 或 iv
	或克林霉素	600mg im 或 iv	20mg/kg im 或 iv

im:肌肉注射;iv:静脉注射

(李海燕)

第九章 心肌疾病

　　心肌病（cardiomyopathy）是指除心脏瓣膜病、冠状动脉粥样硬化性心脏病、高血压心脏病、肺源性心脏病和先天性心血管疾病等以外的以心肌病变为主要表现的一组疾病。1995年世界卫生组织和国际心脏病学会（WHO/ISFC）工作组将心肌病定义为伴心功能障碍的心肌疾病，分为原发性心肌病和继发性心肌病。原发性心肌病包括扩张型心肌病、肥厚型心肌病、限制型心肌病、致心律失常型右室心肌病和未定型心肌病。近年随着病因学和发病学研究的深入，尤其是分子生物学领域的进展，部分心肌病病因已明确，并发现新的类型。2006年美国心脏学会（AHA）将心肌病定义为由各种原因通常是遗传所致，临床表现多样，具有心脏结构和/或电活动异常的心肌疾病。沿用原发性和继发性分类，但原发性心肌病指限于心肌或主要累及心肌的疾病，继发性心肌病指心肌病是全身性疾病的一部分。并将原发性心肌病分为遗传性、获得性和混合性，把心脏结构正常的原发性电紊乱和Lenegre病也归入心肌病，摒弃未定型心肌病。2008年欧洲心脏病学会（ESC）定义心肌病为非冠状动脉疾病、高血压、瓣膜病和先天性心脏缺陷导致的心肌结构和功能异常的心肌疾病。摒弃原发性和继发性心肌病分类，按形态功能将心肌病分为扩张型、肥厚型、限制型、致心律失常型和未定型五种类型，各型再分为家族性/遗传性和非家族性/非遗传性。我国心肌病诊断与治疗建议工作组2007年制订的《心肌病诊断与治疗建议》仍推荐将原发性心肌病分为扩张型、肥厚型、致心律失常型、限制型和未定型五类，有明显遗传背景的WPW综合征，长、短QT综合征和Brugada综合征等离子通道病暂不纳入原发性心肌病。心肌炎是以心肌炎症为主的心肌疾病，与心肌病关系密切，因此亦将其放入本章论述。

第一节　原发性心肌病

一、扩张型心肌病

　　扩张型心肌病（dilated cardiomyopathy，DCM）以左心室、右心室或双侧心室腔扩大和心脏收缩功能障碍为特征，常伴心力衰竭和心律失常，病死率较高。我国扩张型心肌病发病率为19/10万，可见于各年龄段，以30~50岁为高发，男性多于女性（2.5：1），近年发病率呈上升趋势。

【病因和发病机制】

　　病因可为特发性、家族遗传性、感染/免疫性、酒精/中毒性等。30%~50%扩张型心肌病有基因突变和家族遗传背景，现已找出22个致病基因，可以常染色体显性、常染色体隐性、线粒体和X连锁等方式遗传。近十余年研究证实，持续病毒感染致心肌细胞损害及免疫介导心肌损伤是扩张型心肌病重要发病原因和机制。

【病理】

　　心脏普遍增大，以左心室扩大为著，心室壁可有一定程度增厚，心肌苍白松弛，可伴钙化，附壁血栓多见于心尖部，瓣膜及冠状动脉多正常。光镜下可见心肌细胞不同程度肥大、变性，间质纤维化和少量炎性细胞浸润（彩图3-9-1）。电镜下可见肌纤维溶解、断裂，线粒体肿胀和嵴断裂。

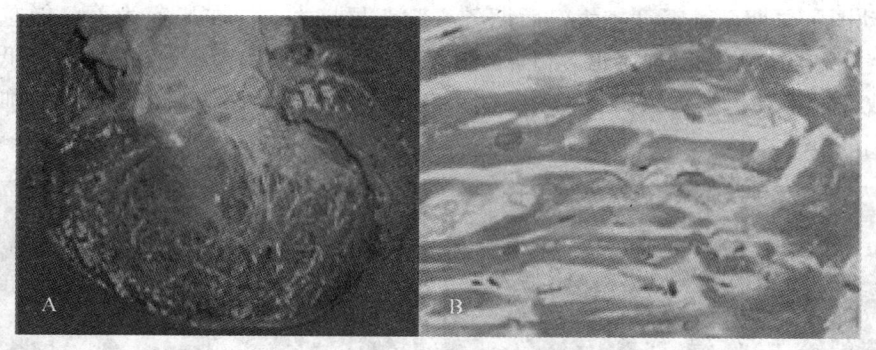

彩图 3-9-1　扩张型心肌病病理
A. 肉眼观：心室明显扩大，乳头肌扁平，肉柱呈多层交织架桥状，心尖部变薄，整个心脏呈球形。B. 光镜下：心肌纤维呈不均匀肥大，细胞核增大、浓染和畸形，间质纤维化

【临床表现】

起病缓慢，可分为三个阶段：①早期：为无症状期，仅有心脏结构改变，心电图可见非特异性变化，超声心动图示心脏扩大、收缩功能损害，无心力衰竭临床表现，体格检查可正常。②中期：为有症状期，出现疲劳、乏力、气促和心悸等症状，有肝大、腹水及周围水肿等心力衰竭表现，可闻及奔马律。超声心动图示心脏进一步扩大和左心室射血分数明显降低。③晚期：出现顽固性充血性心力衰竭，常合并各种心律失常，部分患者发生栓塞或猝死。超声心动图示心脏显著扩大，左心室射血分数严重降低。体格检查有心脏明显增大、奔马律、肺循环和体循环淤血表现。

【实验室及其他检查】

1. 心电图　可见 P 波增高或双峰，QRS 低电压，多数导联 ST 段压低，T 波低平或倒置，少数患者有病理性 Q 波。常见室性心律失常、心房颤动、房室传导阻滞和束支传导阻滞等。

2. X 线检查　心影增大，心胸比大于 0.5（图 3-9-2），可见肺淤血和胸腔积液。

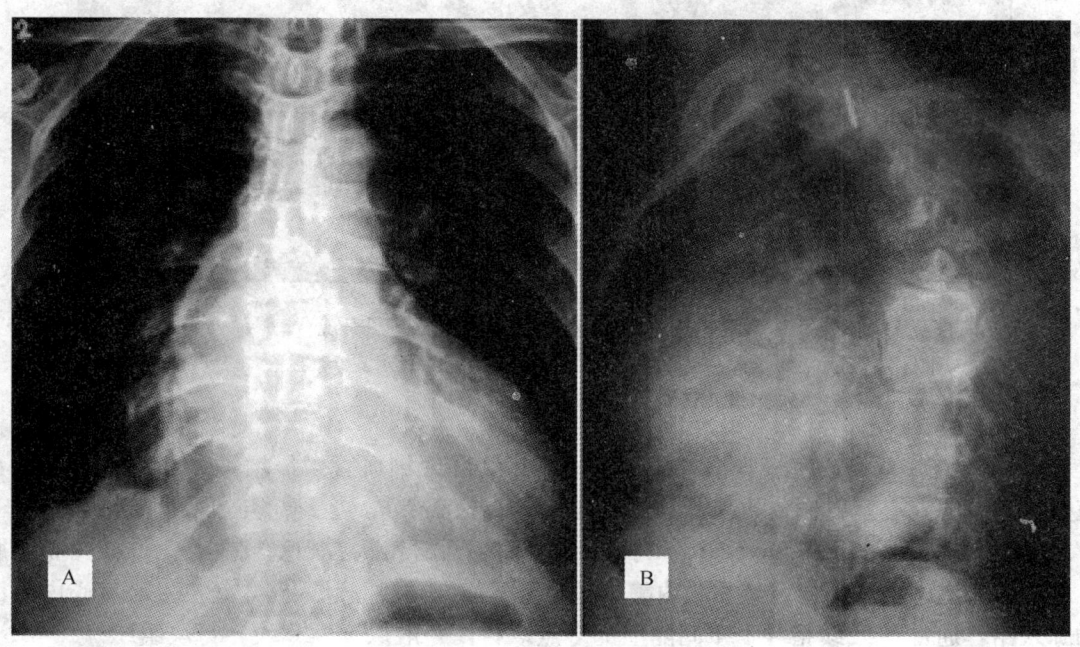

图 3-9-2　扩张型心肌病 X 线表现
心脏呈普大型，双侧心室增大，以左心室为著。(A. 正位片 B. 左前斜位片)

3. 超声心动图 早期心脏轻度扩大,后期各心腔明显扩大,以左心室为著,伴左心室流出道增宽。室壁运动普遍减弱,收缩功能降低。舒张期二尖瓣口血流减少,瓣膜活动幅度降低,其运动曲线呈"钻石样"改变。瓣环扩大导致瓣膜相对关闭不全,常合并二、三尖瓣反流。附壁血栓多见于左心室心尖部(彩图3-9-3)。

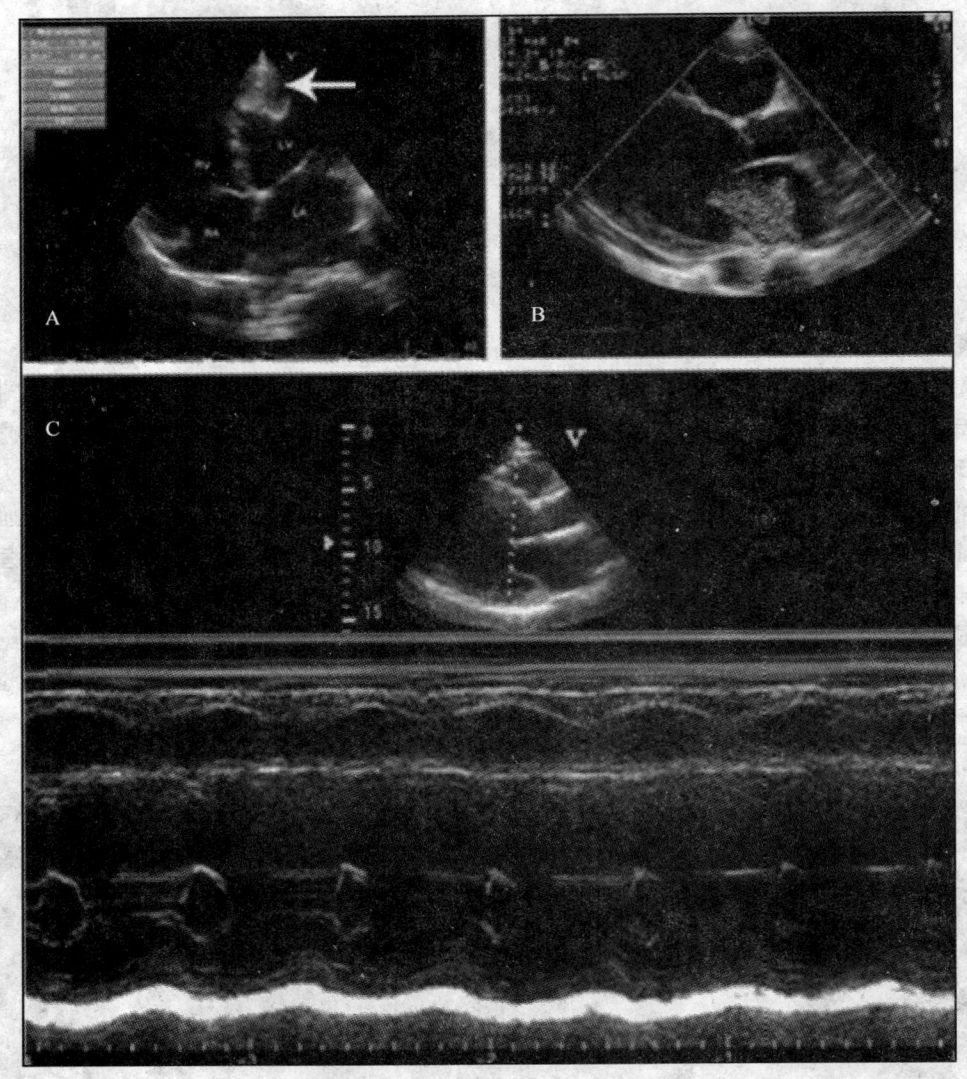

彩图3-9-3 扩张型心肌病超声心动图表现

A. 二维超声:各心腔均增大,左心室心尖部血栓形成(箭头所示)。B. 彩色多普勒:二尖瓣反流。C. M型超声:二尖瓣活动幅度降低,活动曲线呈"钻石样"改变

4. 心导管检查 双侧心室舒张末期压、左心房压和肺毛细血管楔压增高。心室造影可见心腔扩大,室壁运动减弱,心室射血分数减低。冠状动脉造影多无异常,有助于与冠心病鉴别。

5. 心内膜心肌活检(endomyocardial biopsy) 使用活检钳从右心室或左心室取心内膜心肌组织标本。经皮右心室心内膜活检可经右颈内静脉、锁骨下静脉或股静脉入路,经皮左心室心内膜活检可经股动脉入路,通常在X线指导下于间隔上部多点取材,一般取5~10块,每块组织(1~2)mm³。病理组织学检查示心肌细胞肥大、变性和间质纤维化。对扩张型心肌病诊断虽缺乏特异性,但有助于与特异性心肌疾病和急性心肌炎鉴别。

6. 放射性核素检查 核素心血池扫描可见舒张末期及收缩末期左心室容积增大,左心室射血分数降低。核素心肌扫描可见室壁运动弥漫性减弱,可见散在灶性放射性减低。

7. 免疫学检查 酶联免疫吸附实验检测抗心肌线粒体 ADP/ATP 载体抗体、抗肌球蛋白重链抗体、抗 β_1 受体抗体和抗 M_2 胆碱能受体抗体有助于扩张型心肌病检出。

【诊断及鉴别诊断】

缺乏特异性诊断标准，根据 1995 年 WHO/ISFC 心肌病定义，以左侧或双侧心室扩大和心室收缩功能受损为特征的患者可诊断为扩张型心肌病。在进行扩张型心肌病诊断时需排除其他引起心肌损伤的疾病，如高血压、冠心病、心脏瓣膜病、先天性心脏病及酒精性心肌病、心动过速性心肌病等。通过病史和辅助检查可明确病因者，应注明病因诊断。家族性扩张型心肌病（familial dilated cardiomyopathy）诊断标准为：一个家系中包括先证者在内有≥2 个成员达扩张型心肌病诊断标准，或一级亲属中有年龄<35 岁不明原因猝死者。本病需与风湿性心瓣膜病等鉴别。

【治疗】

治疗目标：控制心力衰竭和心律失常，缓解心肌免疫损伤，提高患者生存率和生存质量。

1. 心力衰竭 早期阶段可采用 β 受体阻滞剂和血管紧张素转化酶抑制剂（ACEI），减少心肌损害并延缓病情发展。中期阶段有液体潴留者应限制钠盐摄入，并合理使用利尿剂，利尿剂常从小剂量开始，如氢氯噻嗪每日 25mg 或呋塞米每日 20mg，逐渐增加剂量至尿量增加，每日体重减轻 0.5～1kg。ACEI 能够改善心力衰竭时血流动力学状态和神经激素的异常激活，所有无禁忌证者应积极使用，不能耐受者可使用血管紧张素受体拮抗剂（ARB）。近年发现心力衰竭时交感神经系统过度激活，心肌 β_1 受体密度下调，长期使用 β 受体阻滞剂可使心肌 β_1 受体上调，改善心脏功能和预后。病情稳定后，患者应从小剂量开始使用 β 受体阻滞剂，能耐受者每 2～4 周剂量加倍，直至达目标剂量或最大耐受量（清晨静息心率 55～60 次/分），尤其适用于心率快、伴室性心律失常和抗 β_1 受体阳性患者。本病较易发生洋地黄中毒，应用剂量宜偏小，地高辛（digoxin）基本剂量为 0.125mg/d。晚期阶段在应用利尿剂、ACEI/ARB 和地高辛等药物基础上，可短期（3～5 天）应用非洋地黄类正性肌力药物，如多巴酚丁胺（dobutamine）或米力农（milrinone）等，以改善症状度过危险期。对重症晚期患者，左心室射血分数<35%，NYHA 心功能Ⅲ～Ⅳ级，QRS 宽度≥0.12 秒，提示心室收缩不同步者，可行心脏再同步化治疗（cardiac resynchronization therapy，CRT），通过双心室同步起搏改善心脏功能。

2. 栓塞、心律失常和猝死防治 有栓塞风险且无应用阿司匹林禁忌证者宜长期口服阿司匹林，已有附壁血栓形成和发生栓塞者需长期抗栓治疗，如华法林等，使国际标准化凝血酶原时间比值（international normalized ratio，INR）保持于 2～2.5。控制诱发室性心律失常的可逆因素，如纠正心力衰竭、降低室壁张力、纠正低钾、低镁和预防洋地黄及其他药物毒副作用等，有助于防止猝死发生。胺碘酮（amiodarone）等药物对猝死防治有一定作用。植入型心律转复除颤器（implantable cardioverter defibrillator，ICD）自 1980 年问世以来，已成为临床治疗持续性和致死性室性心律失常的重要手段之一，具有支持性起搏、抗心动过速起搏、低能量心脏电转复和高能量电除颤作用，对药物治疗不能控制的严重室性心律失常，左心室射血分数<30%，临床状态较好，预期可获较理想预后患者可考虑置入 ICD。

3. 改善心肌代谢 辅酶 Q_{10}（coefficient Q_{10}）是心肌细胞呼吸链中的必需酶，参与氧化磷酸化及能量生成，具有改善心肌能量代谢、稳定细胞膜和抗自由基作用。

4. 中医药治疗 鉴于持续病毒感染和免疫损伤对扩张型心肌病发生、发展的重要作用，黄芪等具抗病毒和调节免疫作用的中药可用于扩张型心肌病治疗，有报道生脉饮、真武汤等中药可改善扩张型心肌病患者心脏功能。

5. 外科治疗 长期严重心力衰竭、内科治疗无效的终末期扩张型心肌病患者可考虑同种原位心脏移植治疗，等待期可行左心机械辅助循环或左心室成形术。

6. 免疫学治疗、细胞移植和基因治疗等仍处于探索阶段。

【预后】

致病因素对扩张型心肌病的预后起决定性作用,发生心力衰竭者,5年死亡率为35%,10年死亡率高达70%。

二、肥厚型心肌病

肥厚型心肌病(hypertrophic cardiomyopathy,HCM)是以左心室和/或右心室肥厚(常为非对称性),心室腔变小,左心室充盈受阻和舒张期顺应性下降为特征的心肌病。我国患病率为180/10万,30~50岁多见,是青年猝死的常见原因。

【病因】

属常染色体显性遗传病,50%患者有家族史,由心肌肌小节蛋白基因突变所致,已证实15个基因及400余种突变与肥厚型心肌病有关。内分泌紊乱尤其是儿茶酚胺分泌增多、原癌基因表达异常和钙调节异常为肥厚型心肌病的促进因子。

【病理】

特征性表现为非对称性室间隔肥厚,也可见均匀肥厚型、心尖肥厚型、左心室前侧壁肥厚型、左心室后壁肥厚型和右心室肥厚型等类型。二尖瓣前叶可出现纤维性增厚。光镜下见心肌细胞肥大,肌束排列紊乱构成独特漩涡状,局限性或弥漫性间质纤维化。心肌壁内冠状动脉管壁增厚,管腔变小,心外膜冠状动脉多无异常。电镜下见肌纤维排列紊乱,线粒体肿胀,溶酶体增多(彩图3-9-4)。2003年美国心脏病学会/欧洲心脏病学会(ACC/ESC)专家共识将肥厚型心肌病分为:①梗阻性肥厚型心肌病,安静时左心室腔与主动脉瓣下压力阶差≥30mmHg。②隐匿梗阻性肥厚型心肌病,安静时压力阶差<30mmHg,负荷运动时压力阶差≥30mmHg。③非梗阻性肥厚型心肌病,安静和负荷运动时压力阶差均<30mmHg。

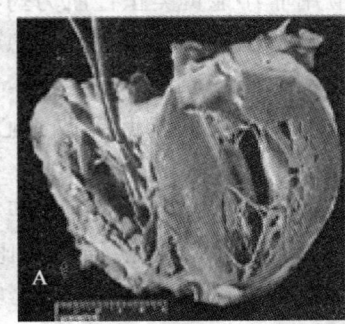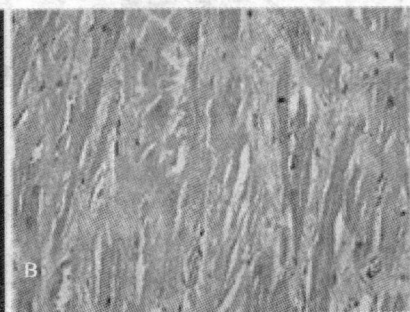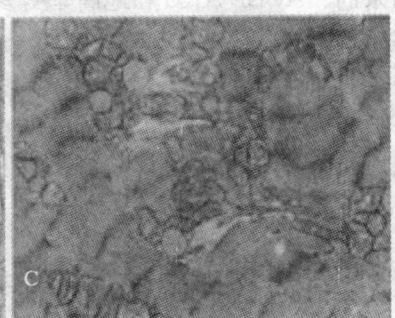

彩图3-9-4 肥厚型心肌病病理

A. 肉眼观:心脏重量明显增加,室间隔和左心室壁显著肥厚,左心室心腔狭小。B. 光镜下:心肌纤维显著肥大,排列紊乱,心肌细胞核大深染可呈多形性畸形,心肌间质胶原纤维增生。C. 电镜:心肌细胞明显变形,细胞核增大,肌原纤维排列紊乱,线粒体肿胀、增生,溶酶体增多

【临床表现】

依据肥厚类型不同,临床表现差异较大。半数患者无自觉症状,常见症状有呼吸困难、胸闷、心悸和胸痛,重症者可出现恶性心律失常、心力衰竭和猝死。流出道梗阻患者运动时交感神经兴奋,肥厚心肌收缩力增强,加重流出道梗阻,心排血量降低,可出现黑矇甚至晕厥。猝死可为首发症状,也是肥厚型心肌病的主要死亡原因。肥厚型心肌病发生猝死高危预测因素见表3-9-1。

表 3-9-1　肥厚型心肌病猝死高危因素

主要危险因素	心脏骤停（心室颤动）存活者
	自发性持续性室性心动过速
	未成年猝死家族史
	晕厥史
	运动后血压反应异常，收缩压不升高或反而降低，运动前至运动最大负荷点血压峰值差<20mmHg
	左心室壁或室间隔厚度≥30mm
	左心室流出道压力阶差>50mmHg
次要危险因素	非持续性室性心动过速、心房颤动
	家族性肥厚型心肌病恶性基因型（如 α-MHC、cTnT 和 cTnI 某些突变位点）

非梗阻性肥厚型心肌病患者体征常不明显，可闻及第三心音和第四心音。因室间隔不对称肥厚使左心室流出道狭窄，形成流出道压力阶差，于胸骨左缘中下段或心尖区内侧闻及粗糙的递增递减型收缩期喷射性杂音，可伴震颤。压力阶差较大时由于漏斗效应，吸引二尖瓣前叶收缩期前移（systolic anterior motion，SAM）贴近室间隔，导致二尖瓣关闭不全，于心尖及腋窝部可闻及全收缩期吹风样杂音，同时进一步加重流出道梗阻，甚至于收缩晚期完全阻挡流出道。心肌收缩力、左心室容量和射血速度改变均可影响杂音响度，应用β受体阻滞剂、取下蹲位和下肢被动性抬高等使心肌收缩力降低或左心室容量增加，可使杂音减轻；反之应用强心药物、含服硝酸甘油、Valsalva 动作或取站立位使心肌收缩力增强或使左心室容量减少，使杂音增强。

【实验室和其他检查】

1. 心电图　常见左心室肥厚和 ST-T 改变。部分患者在Ⅱ、Ⅲ、aVF、V_4~V_6 导联可见深而不宽的异常 Q 波（<0.04 秒），相应导联 T 波直立，有助于与心肌梗死相鉴别。心尖肥厚型心肌病心电图表现为左心室高电压伴左胸导联 ST 段压低和以 V_3、V_4 导联为轴心的胸前导联巨大倒置 T 波（见图 3-9-5）。动态心电图可见室性期前收缩、阵发性室性心动过速、阵发性室上性心动过速和心房颤动等心律失常。

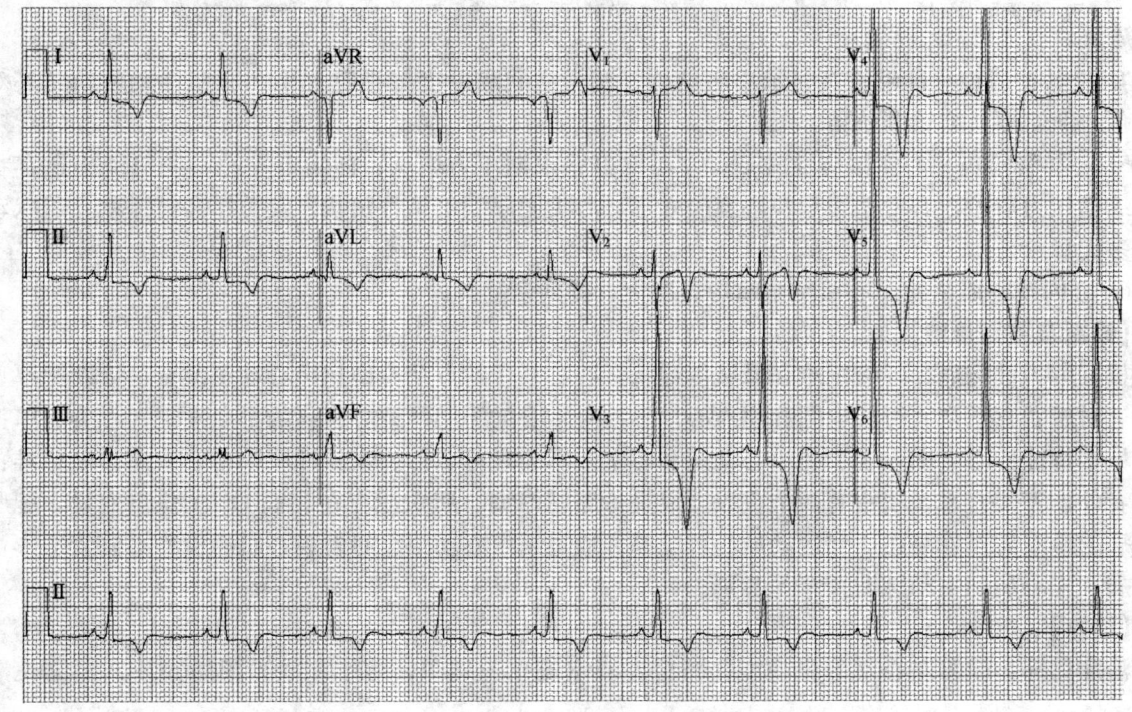

图 3-9-5　左心室高电压伴巨大倒置 T 波（心尖肥厚型心肌病）

2. X线检查 心影正常或轻度增大,出现心力衰竭者心影明显增大,可见肺淤血。

3. 超声心动图 是诊断肥厚型心肌病的主要方法,典型改变有:①室间隔显著肥厚≥15mm,室间隔厚度/左心室游离壁厚度≥1.3~1.5;②二尖瓣前叶收缩期前移贴近室间隔;③左心室流出道狭窄;④主动脉瓣收缩中期部分性关闭。心尖肥厚型心肌病于左心室长轴切面见心尖室间隔和左心室后下壁明显肥厚,可达20~30mm。多普勒超声可评估流出道高速血流、二尖瓣反流、左心室流出道压力阶差和左心室顺应性(彩图3-9-6)。

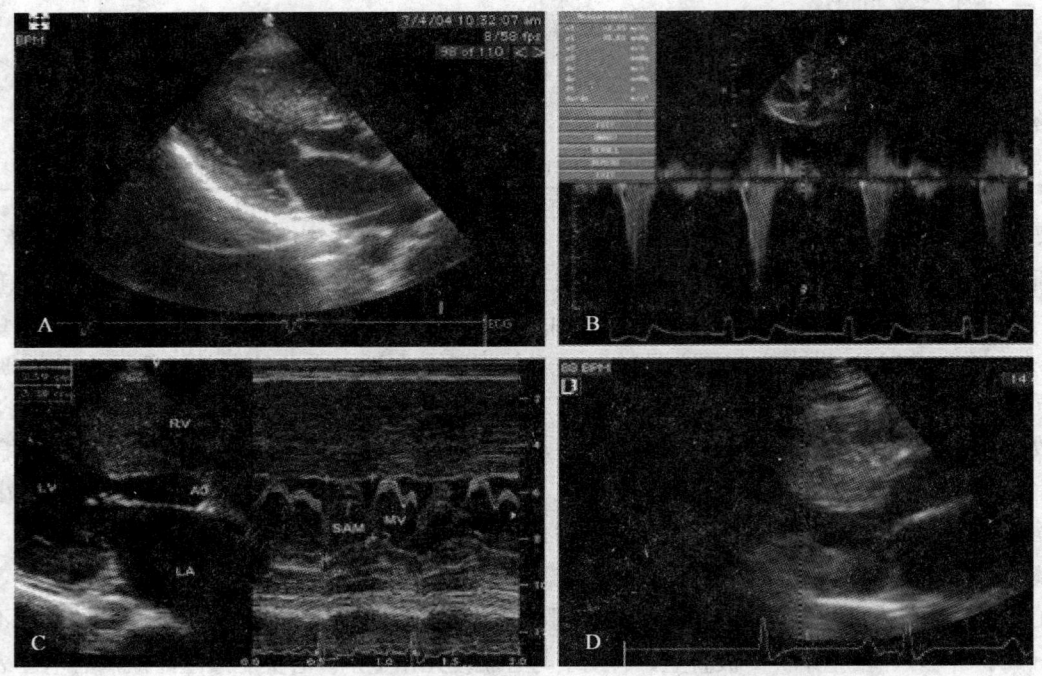

彩图3-9-6 肥厚型心肌病超声心动图

A. 二维超声:室间隔非对称性肥厚。B. 多普勒超声:左心室流出道血流加速,频谱形态似匕首状。C. M型超声:室间隔明显增厚,二尖瓣收缩期前移,形成SAM征。D. 二维超声:二尖瓣前叶收缩期前移贴近流出道

4. 磁共振成像 能够直观显示心脏结构,测量室间隔厚度、心腔大小和心肌活动度,尤其对特殊部位心肌肥厚具有诊断价值。

5. 心导管检查 心室顺应性减低,左心室舒张末期压力增高,梗阻者左心室腔与流出道存在显著收缩期压力阶差,心室造影示左心室腔变形,心尖肥厚型可呈香蕉状、犬舌样和纺锤状。冠状动脉造影多无异常。

6. 心内膜心肌活检 心肌细胞畸形、肥大,排列紊乱。

【诊断及鉴别诊断】

根据劳力性胸痛、呼吸困难和晕厥等症状,心脏杂音特点及典型超声心动图改变可诊断肥厚型心肌病。对患者直系亲属行心电图和超声心动图检查,有助于肥厚型心肌病的早期发现。心尖肥厚型心肌病根据特征性心电图表现、超声心动图和心室造影表现可确诊。家族性肥厚型心肌病诊断标准:除先证者外,三代直系亲属中有两个或以上成员诊断肥厚型心肌病或存在相同DNA位点变异。肥厚型心肌病的诊断需排除高血压和运动员心脏肥厚。通过超声心动图、心内膜心肌活检和心血管造影可与冠心病、先心病和主动脉瓣狭窄等鉴别。

【治疗】

治疗目标:改善左心室舒张功能,减轻左心室流出道梗阻,缓解症状,预防猝死,提高长期生存率。

对患者进行生活指导,避免剧烈运动、持重和屏气。流出道梗阻者避免使用增强心肌收缩力和减

少心脏容量负荷的药物（如洋地黄、硝酸类制剂和利尿剂等），以免加重左心室流出道梗阻。药物治疗常用β受体阻滞剂和钙通道阻滞剂，β受体阻滞剂减慢心率并降低心肌收缩力，使舒张期充盈时间延长，室壁张力降低，改善胸痛和劳力性呼吸困难，并具有抗心律失常作用，可从小剂量开始，根据心室率和流出道压力差水平逐渐调整到最大耐受剂量，无明显不良反应者应坚持服药，避免突然停药。钙通道阻滞剂能够选择性抑制细胞膜钙内流，降低细胞膜钙结合力和细胞内钙利用度，降低左心室收缩力，改善心室顺应性和心室流出道梗阻，首选维拉帕米和地尔硫䓬，由于钙通道阻滞剂具血管扩张作用，严重流出道梗阻患者用药初期需严密观察。有报道丙吡胺100～150mg每日4次治疗流出道梗阻优于β受体阻滞剂。

14%～16%肥厚型心肌病患者随年龄增长逐渐出现扩张型心肌病症状和体征，称肥厚型心肌病的扩张型心肌病相（HCM with DCM like features），此时按扩张型心肌病伴心力衰竭治疗。

静息状态下流出道梗阻或负荷运动时左心室流出道压力阶差≥50mmHg，伴严重活动受限（NYHA心功能Ⅲ～Ⅳ级）、劳力性呼吸困难、胸痛、晕厥且内科治疗无效者，可考虑行室间隔化学消融术或外科手术治疗。经皮室间隔心肌化学消融术通过导管向左冠状动脉前降支的间隔支内注入无水酒精，引起可控制的室间隔上部心肌梗死，扩大左心室流出道，降低压力阶差。外科手术方法包括室间隔部分心肌切除术和室间隔心肌剥离扩大术等。双腔心脏起搏也可用于治疗梗阻性肥厚型心肌病，通过改变心室激动顺序使远离肥厚间隔的心室肌提前激动和收缩，而肥厚的室间隔上段收缩相对滞后，减轻流出道梗阻。

【预后】

年病死率2%～4%，多为猝死，儿童和有晕厥史成年人预后较差。

三、限制型心肌病

限制型心肌病（restrictive cardiomyopathy）以单侧或双侧心室充盈受限和舒张期容量减少为特征。收缩功能和室壁厚度正常或接近正常，可见间质纤维增生。多见于热带及温带地区，我国仅有散发病例，多数年龄在15～50岁，男女比为3:1。

【病因】

未明，可能与非化脓性感染、体液免疫异常、过敏反应和营养代谢不良等有关，家族性为常染色体显性遗传。心脏淀粉样变性是继发性限制型心肌病最常见原因。

【病理】

早期可见心内膜下心肌排列紊乱和间质纤维化，其后心内膜逐渐增厚变硬，外观呈珍珠白色，常先累及心尖部，逐渐向心室流出道蔓延，可见附壁血栓。心室顺应性下降，心房扩张，可伴二尖瓣、三尖瓣关闭不全，冠状动脉常无受累。

【临床表现】

常以发热、倦怠为初始症状，随病情进展逐渐出现心悸、呼吸困难、水肿、颈静脉怒张、肝肿大和腹水等心力衰竭症状和体征，表现类似于缩窄性心包炎。根据心力衰竭表现，可分为左心室型、右心室型和混合型，左心室型出现左心功能不全表现，右心室型和混合型则以右心功能不全表现为主。可出现栓塞和猝死，血压常偏低，脉压小，可闻及第三心音奔马律，二尖瓣和三尖瓣区可闻及反流性杂音。

【实验室和其他检查】

1. 心电图　非特异性ST-T改变，部分患者可见低电压和病理性Q波，可出现各种类型心律失常，心房颤动多见。

2. 胸部X线　心影正常或轻度增大，可见肺淤血表现，偶见心内膜钙化影。

3. 超声心动图　心室腔缩小或正常，心房扩大，心室壁可增厚，可见附壁血栓形成，房室瓣可有增厚变形，约30%患者伴心包积液。

4. **心导管检查** 舒张期刚开始时心室压力快速下降，其后压力迅速回升至平台状态，这种骤降后又呈现高原波的压力变化称为"平方根"征，此种血流动力学表现也见于缩窄性心包炎患者。左心室充盈压常高于右心室充盈压 5mmHg 以上，肺动脉压常超过 50mmHg，右室舒张末压＜1/3 右室收缩压。左心室造影可见心室腔偏小和心尖部钝角化。

5. **磁共振成像** 心内膜增厚，内膜面凹凸不平，可见钙化灶，有助于与缩窄性心包炎鉴别。

6. **心内膜心肌活检** 可见心内膜增厚和心内膜下心肌纤维化，对限制型心肌病诊断及与心内膜弹性纤维增生症等鉴别有重要意义。

【诊断及鉴别诊断】

早期诊断较困难，对心力衰竭无心室扩大，而有心房扩大患者应考虑本病诊断。主要与缩窄性心包炎相鉴别（见表 3-9-2）。心肌活检可用于原发性和继发性限制型心肌病鉴别。

表 3-9-2 限制型心肌病与缩窄性心包炎鉴别

	限制型心肌病	缩窄性心包炎
心脏听诊	二尖瓣和三尖瓣关闭不全杂音，S_3 奔马律	心包叩击音
X 线胸片	心内膜钙化（少见）	心包钙化，肺纹理减少
超声心动图	心内膜增厚，左心室腔缩小，左心房扩大，房室瓣反流，有时出现室壁和瓣膜增厚（淀粉样变性）	心包增厚、钙化，室间隔运动异常，左心室缩小，心房通常不扩大
	二尖瓣及三尖瓣充盈呈限制型，受呼吸影响不明显	二尖瓣及三尖瓣呈限制型充盈模式，随呼吸明显改变
	二尖瓣环组织速度（Em）＜8cm/s	二尖瓣环组织速度（Em）＞8cm/s
CT/MRI	心内膜增厚、钙化，心包无异常	心包增厚、钙化
心导管检查		
RVSP	＞50mmHg	＜50mmHg
RVEDP/RVSP	＜1/3	≥1/3
LVEDP 与 RVEDP 差值	＞5mmHg	＜5mmHg
心肌活检	心内膜增厚，间质纤维化	正常或非特异性心肌肥大及纤维化

RVSP：右心室收缩压，RVEDP：右心室舒张末压，LVEDP：左心室舒张末压。

【治疗】

缺乏特异性治疗方法，以对症治疗为主。心力衰竭对常规治疗反应欠佳，常表现为难治性心力衰竭，糖皮质激素治疗常无效，利尿剂可降低心脏前负荷，减轻肺循环和体循环淤血，降低心室充盈压，改善症状。伴快速心房颤动或心力衰竭者可小剂量应用洋地黄，伴附壁血栓或曾发生栓塞者应尽早使用华法林等抗栓药物。严重心内膜心肌纤维化者可行心内膜剥脱术，也可考虑心脏移植。

【预后】

预后不良，呈进行性加重，心力衰竭为主要死因。

四、致心律失常型右室心肌病

致心律失常型右室心肌病（arrhythmogenic right ventricular cardiomyopathy，ARVC）又称致心律失常型右室发育不良或右室心肌病，是指右心室心肌被纤维脂肪组织进行性替代的心肌病。早期呈区域性，晚期累及整个右心室，甚至部分左心室和心房，常伴右心室起源的折返性室性心动过速，可致猝死。青年常见，男女之比约为 2.7 : 1。

【病因和发病机制】

家族性发病占 30%~50%，已证实 9 种常染色体显性遗传和 5 种基因突变与致心律失常性右室心肌病有关。炎症反应也是重要发病机制之一。

【病理】

右心室心肌被脂肪或纤维脂肪组织替代，主要累及流出道、心尖和前下壁，约2/3患者可见散在或弥漫性炎性细胞浸润，病变部位心肌变薄、膨隆或瘤样扩张。

【临床表现】

临床表现与右心室病变范围有关，主要表现为右心室扩大、室性心律失常和难治性右心衰竭。约半数患者有不同程度心悸，1/3患者发生过晕厥，猝死多见于年轻患者。可分为三种类型：①心律失常型：右心室折返性室性心动过速多见，可反复发生黑矇或晕厥症状，也可以猝死首发。②右心衰竭型：常见于右心室广泛受累者，伴体循环淤血表现。③无症状型：仅X线示右心室扩大。

主要体征为右心室增大，可闻及第二心音分裂、第三心音和相对性三尖瓣关闭不全引起的反流性杂音。

【实验室和其他检查】

1. 心电图 ①完全或不完全右束支传导阻滞。②无右束支传导阻滞患者右胸导联（$V_1 \sim V_3$）QRS>110ms。③右胸导联QRS波群终末部分出现epsilon波。④平均信号心电图示晚电位异常。⑤右胸导联出现与右束支传导阻滞无关的倒置T波（>12岁者）。⑥频发室早伴室性心动过速，室速多呈左束支传导阻滞图形。⑦多形性室速、病态窦房结综合征、房室传导阻滞及室上性心动过速也较常见。

2. 心脏影像学检查 胸片可见右心室扩张和肺血减少。超声心动图示右心室扩大、收缩功能减低、室壁变薄、局部膨隆或囊状突出，可见附壁血栓。磁共振显像提示右室心肌变薄，脂肪浸润。右心室造影可见弥漫或局限性膨隆、室壁运动障碍和肌小梁肥大。

3. 电生理检查 右心室激动传导速度减慢，病灶部位尤甚，传导速度不均促进折返性室性心律失常反复发生。电生理检测可用于标志室速部位，指导药物选择或射频消融治疗。

4. 心内膜心肌活检 右心室局部或全部心肌减少、缺如，被脂肪或纤维脂肪组织替代，可见炎性细胞浸润。因取材部位受限，活检阴性不能排除本病，鉴于右室心肌菲薄，不宜常规使用。

【诊断及鉴别诊断】

对反复心悸和晕厥患者，根据右心室扩大，反复发作室性心律失常和室速心电图表现为左束支传导阻滞图形，结合心脏影像学检查和电生理检查表现可确诊，不典型者可行心内膜心肌活检，但假阳性率较高。需与特发性右室流出道室性心动过速和Uhl畸形鉴别，起源于右心室流出道的特发性室性心动过速多数预后良好，12导联心电图、信号平均心电图和超声心动图均正常。Uhl畸形为真性先天畸形，右心室心肌完全缺如，心室壁极薄，仅存心内膜和心外膜，婴幼儿多见，常早年死于充血性心力衰竭。

【治疗】

抗心律失常可选用β受体阻滞剂和胺碘酮，可选用ACEI类药物。射频消融治疗ARVC室性心动过速成功率低，复发率高，且由于室壁菲薄故不作首选。室性心动过速反复发作或伴晕厥的高危患者，可置入ICD，重症患者可考虑心脏移植。出现心房颤动、明显心室扩张或室壁瘤时应抗栓治疗。

第二节 特异性心肌病

特异性心肌病（specific cardiomyopathies）即继发性心肌病，指与特异性心脏病或特异性系统性疾病有关的心肌疾病。多数特异性心肌病伴心室扩大和各种类型心律失常，临床表现类似扩张型心肌病。糖原累积病表现与肥厚型心肌病相似，淀粉样变性心肌病类似于限制型心肌病。本节介绍几种常见特异性心肌病。

1. 酒精性心肌病 酒精性心肌病（alcoholic cardiomyopathy）多见于30~55岁男性，有十年以上大量饮酒史者。目前发病机制尚未完全清楚,与酒精及其代谢产物的直接毒害作用(干扰钙离子循环、线粒体氧化作用、心肌蛋白和脂类合成及信号传导等)和营养不良(维生素 B_1 缺乏)等有关。病理改变与扩张型心肌病相似,心室扩张,以左心为著,可见心肌细胞退行性变,线粒体变性,间质水肿和纤维化等。早期表现为酒后心悸、气短,后期出现心力衰竭和心律失常。体格检查可见心脏扩大、窦性心动过速、舒张压升高和脉压减小,可闻及二尖瓣收缩期杂音和奔马律。诊断标准:①长期大量饮酒史(WHO 标准:女性>40g/d,男性>80g/d,饮酒 5 年以上)。②临床显示心脏扩大和心力衰竭临床表现。③既往无其他心脏病病史。④早期发现并戒酒 6 个月后心肌病临床表现改善。与扩张型心肌病鉴别主要根据长期大量饮酒史。治疗关键在于早期诊断和立即戒酒,补充维生素 B_1 和镁、辅酶 Q_{10} 和曲美他嗪可改善心肌细胞能量代谢。

2. 围生期心肌病 围生期心肌病(peripartum cardiomyopathy)指在妊娠末期或产后 5 个月内首次发生的,累及心肌为主的心肌疾病。多发生在 30 岁左右的经产妇,每 1300~1400 次分娩中发生 1 例。病因未明,近年认为可能与病毒感染和自身免疫等有关。临床表现为呼吸困难、血痰、水肿等与扩张型心肌病相似。治疗与其他心脏病引起的心力衰竭相似,需注意药物对胎儿的影响及妊娠对药代动力学的影响。本病患者血液呈高凝状态,可持续至分娩后 4~6 周,栓塞发生率高,需抗栓治疗。多数患者经治疗后心脏大小可逐步恢复正常,少数遗留心脏扩大,需采取避孕或绝育措施避免复发。

3. 药物性心肌病 药物性心肌病(drug-induced cardiomyopathy)指接受某些药物治疗的患者。因药物对心肌毒性作用引起心肌损害,产生心肌肥厚和/或心脏扩大的心肌病变。常见于应用抗肿瘤药物、抗精神病药物和抗寄生虫药物者,重症患者表现与扩张型心肌病相似。其诊断主要依据用药史,用药前无心脏病证据,用药后出现心脏扩大、心功能不全和心律失常,且能排除其他原因所致者。确诊为药物性心肌病后应立即停用有关药物,针对心功能不全和心律失常采取相应治疗措施,可应用辅酶 Q_{10} 等改善心肌代谢药物。

4. 缺血性心肌病 虽然有专家认为不应使用缺血性心肌病(ischemic cardiomyopathy)这一术语,心肌病分类也不包括这一名称,但近年因冠状动脉系统病变所致的心肌功能障碍发病率逐渐升高,不得不引起临床工作者重视。其临床表现类似于扩张型心肌病,常伴心绞痛和/或心肌梗死病史。心脏超声可见室壁运动呈节段性减弱或消失,室壁局限性变薄。放射性核素检查可见按冠状动脉分布的节段性灌注减低或缺损。冠状动脉造影有助于判断冠状动脉病变情况。

诊断主要依据:①冠状动脉病变证据。②超声心动图示局部室壁运动异常、心脏扩大和收缩功能减低。③ECT 心肌显像示环状面积大于 40%的缺损。存活心肌多少是决定治疗策略和判断预后的重要依据。常用存活心肌评价方法包括:①^{18}F 脱氧葡萄糖(^{18}F-FDG)正电子发射体层扫描(PET)检测血流灌注缺损区心肌是否有代谢活性判断心肌存活。^{99m}Tc 心肌灌注显像结合硝酸甘油试验或硝酸甘油加小剂量多巴胺试验估计心肌存活。②药物负荷超声心动图通过使用增强心肌收缩力药物,观察心内膜运动和收缩期室壁增厚率判断存活心肌。③MRI 可综合利用形态、运动及对比增强等多种技术检测心肌活性,具有较好的空间分辨率和可重复性。

治疗原则为改善心肌供血,纠正心功能不全,防治心源性猝死。如有大量存活心肌应积极行冠状动脉血运重建治疗,如经皮冠状动脉介入治疗或外科搭桥手术。血管新生治疗和干细胞移植治疗仍处于探索阶段。

5. 糖尿病性心肌病(diabetes mellitus cardiomyopathy) 胰岛素在心肌能量代谢调节中发挥重要作用,慢性胰岛素缺乏和(或)抵抗使心肌葡萄糖利用显著降低,而以脂肪酸代谢供能为主,使心肌耗氧量增加,导致细胞代谢紊乱。病理组织学主要表现为心肌微血管病变和血管周边间质纤维化。临床表现早期类似限制型心肌病,后期与扩张型心肌病相近。诊断标准:①已确诊糖尿病患者出现心力衰竭表现。②无心脏扩大但存在舒张功能障碍或心脏扩大伴收缩功能障碍。③心内膜心肌活检示心肌微血管病变及糖原染色(PAS 染色)阳性。④有其他微血管病变表现。⑤不能用高血压病、冠心病、瓣膜病或其他心脏疾病解释的心肌疾病。治疗以控制糖尿病和改善微血管病变为主,首选胰岛素

(insulin)控制血糖,可选用曲美他嗪(trimetazidine)改善心肌能量代谢。

6. 克山病　1935年在我国黑龙江省克山县首次发现,故命名为克山病(keshan disease),有学者认为是扩张型心肌病的一种类型。病因尚未完全阐明,可能与病区生物地球化学因素(如硒缺乏、膳食营养等)和生物致病因子如肠道病毒感染、真菌毒素等有关。病理改变及临床表现与扩张型心肌病相似,急性发病者类似于急性重症心肌炎。根据流行病学特点(流行地区、流行季节和人群发病情况),结合临床表现,且能排除其他疾病者应考虑克山病。急性克山病早期可应用大量维生素C治疗,5~10g维生素C加入50%葡萄糖溶液20~40ml静脉注射,24小时总量15~30g。心力衰竭者可选用正性肌力药、ACEI或ARB、利尿剂和血管扩张剂等。休克者可使用血管活性药物,对烦躁不安者可试用亚冬眠疗法。部分心律失常在心脏功能改善后可恢复,频发室性早搏首选利多卡因静脉注射,严重心动过缓者可安置人工起搏器。慢性克山病治疗主要是控制心力衰竭和心律失常。急性克山病死亡率高,慢性者可突然恶化、死亡,得益于各地防治工作开展,现发病率及死亡率明显降低。

第三节　心　肌　炎

心肌炎(myocarditis)指心肌局灶性或弥漫性炎症病变,可分为感染性和非感染性。感染性心肌炎由细菌、病毒、螺旋体、立克次体、霉菌、原虫和蠕虫等引起。非感染性心肌炎常由过敏、变态反应、理化因素或药物所致。其中病毒性心肌炎最常见,呈全球性分布,发展中国家居多,各年龄均可发病,儿童和40岁以下成年人多见。

【病因和发病机制】

30余种病毒可致病,如柯萨奇病毒、埃可病毒、巨细胞病毒、流感病毒、肝炎病毒、腺病毒、人类免疫缺陷病毒、风疹病毒、脑炎病毒和单纯疱疹病毒等,以柯萨奇病毒所致者最常见。发病机制为:①急性或持续性病毒感染所致直接心肌损害;②病毒介导免疫损伤,以T细胞免疫为主;③多种致炎细胞因子和一氧化氮等介导的心肌损害和微血管损伤等。

【病理】

病理改变缺乏特异性,心肌苍白无光泽,急性者可见局灶性出血点。心肌损伤为主者可见心肌细胞坏死、变性和肿胀,间质损害为主者可见心肌纤维间及血管周围结缔组织炎细胞浸润(见彩图3-9-7),累及瓣膜时可见赘生物,偶见附壁血栓和心包积液。

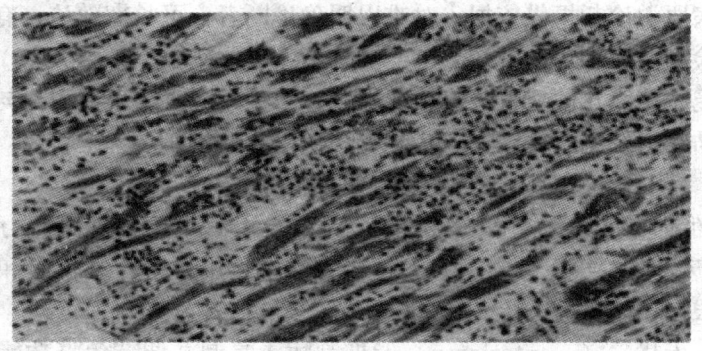

彩图3-9-7　病毒性心肌炎病理表现
心肌间质可见炎细胞浸润,以单核细胞和淋巴细胞为主,多位于间质及小血管周围或心肌纤维变性、坏死处

【临床表现】

50%以上患者在发病前1~3周有上呼吸道或消化道病毒感染前驱症状。根据病变范围、感染病毒类型和机体状态,临床表现差异很大。轻者无自觉症状,重者可出现严重心律失常、心源性休克、心力衰竭甚至猝死,可分为五型:

1. 亚临床型 病毒感染后无自觉症状，心电图示 ST-T 改变、房性期前收缩和室性期前收缩，数周后心电图改变消失或遗留心律失常。
2. 轻症自限型 病毒感染 1～3 周后出现轻度心前区不适、心悸，无心脏扩大及心力衰竭表现。心电图示 ST-T 改变、各种早搏，CK-MB 和心脏肌钙蛋白 T 或 I 升高，经治疗可逐渐恢复。
3. 隐匿进展型 病毒感染后有一过性心肌炎表现，数年后心脏逐渐扩大，表现为扩张型心肌病。
4. 急性重症型 病毒感染后 1～2 周内出现胸痛、心悸和气短等症状，伴心动过速、室性奔马律、心力衰竭甚至心源性休克。病情凶险，可于数日内因泵衰竭或严重心律失常死亡。
5. 猝死型 多于活动中猝死，死前无心脏病表现，尸检证实急性病毒性心肌炎。

【实验室和其他检查】

1. 实验室检查 血清 CK-MB、心脏肌钙蛋白 T、心脏肌钙蛋白 I、乳酸脱氢酶和谷草转氨酶升高，血沉增快，C 反应蛋白增高，外周血白细胞增多。
2. 病毒学检查 以下情况提示病毒感染：①急性期从心内膜、心肌、心包或心包穿刺液中检测出病毒、病毒基因片段或病毒蛋白抗原。②病毒抗体：第二份血清同型病毒抗体滴度较第一份血清升高 4 倍（2 份血清间隔＞2 周）或一次高达 1：640。③病毒特异性 IgM≥1：320。血中肠道病毒核酸阳性更支持近期病毒感染。
3. 心电图 对心肌炎诊断敏感性高，但特异性低，可见 ST-T 改变及多种心律失常，严重心肌损害时可出现病理性 Q 波。
4. 胸部 X 线 1/4 患者心脏不同程度扩大，可见肺淤血或肺水肿征象。
5. 超声心动图 正常或不同程度的心脏扩大及室壁运动减弱，可见附壁血栓。
6. 磁共振成像 可清晰显示心脏解剖结构和急性炎症心肌水肿情况。磁共振心肌显像可见病变区心肌对比增强。
7. 心内膜活检 心肌间质炎性细胞浸润伴心肌细胞坏死和/或心肌细胞变性，可用取得心肌行基因探针原位杂交及原位 RT-PCR 以明确病因。

【诊断及鉴别诊断】

检查结果缺乏特异性，确诊较困难，目前主要依靠患者前驱感染症状、心脏相关表现、心肌损伤、心电图异常以及病原学检查结果进行判定。如伴阿-斯综合征发作、心力衰竭、心源性休克、心肌心包炎、持续性室性心动过速或急性肾衰竭伴低血压等一项或多项表现，可诊断为重症病毒性心肌炎。病原学检查可为病原学诊断提供依据，对难以明确诊断者，可长期随访，有条件时可做心内膜心肌活检，行病毒基因检测及病理学检查。

诊断时应除外 β 受体功能亢进、甲状腺功能亢进、二尖瓣脱垂综合征，并与风湿性心肌炎、中毒性心肌炎、冠心病、结缔组织病、代谢性疾病和克山病等相鉴别。

【治疗】

1. 一般治疗 急性期应卧床休息，一般卧床 2 周，3 个月内不参加重体力活动，严重心律失常和/或心力衰竭者需卧床 4 周，6 个月内不参加重体力活动，进食富含维生素和蛋白质的食物，出现心功不全者需吸氧并限制钠盐摄入。
2. 抗病毒治疗 α 干扰素（α-interferon）能抑制病毒复制并调节免疫功能。黄芪等中药也具有保护心肌、抗病毒和调节免疫作用。细菌感染是病毒性心肌炎的条件因子，病毒感染后易合并细菌感染，早期可酌情使用抗生素。
3. 心肌保护治疗 维生素 C 能够清除体内过多氧自由基，防止脂质过氧化引起的心肌损伤。辅酶 Q_{10} 是心肌细胞呼吸链中的必需酶，具有稳定细胞膜、改善心肌能量代谢作用。曲美他嗪也能够改善心肌能量代谢。
4. 免疫抑制治疗 急性期出现严重并发症如严重心律失常、心源性休克、心力衰竭者或证实由免疫反应致心肌损伤者可短期应用糖皮质激素。

5. 对症治疗　心力衰竭者首选利尿剂和血管扩张剂。因心肌受损，洋地黄制剂应选用作用快且排泄快的制剂，小剂量应用。心律失常在急性期多见，炎症恢复后多数可自行缓解，治疗原则同其他原因所致心律失常，需注意心肌弥漫性损伤时对药物中毒和各种不良反应更敏感。完全性房室传导阻滞者可安装临时起搏器，短期应用糖皮质激素如地塞米松 10mg 每日一次静滴，3～7 天不能恢复者需安装永久心脏起搏器。

【预后及预防】

本病预后与患者免疫状态、心肌损伤程度和范围、有无内环境紊乱、继发感染以及治疗是否及时恰当有关。多数患者经适当治疗后康复，少数可遗留心律失常，极少数因急性心力衰竭、严重心律失常或心源性休克死亡。一般成人临床表现较新生儿和儿童轻，孕妇和婴幼儿病情较凶险。柯萨奇 B 组病毒持续感染合并心肌损伤者可发展为扩张型心肌病。

（李为民　李　悦）

第十章 心包疾病

人的心包由脏层和壁层组成。脏层和壁层之间为心包腔，呈封闭的纤维囊袋。心包腔内正常含有30~50ml的液体，起润滑作用。

心包疾病分为急性心包炎、慢性心包积液、渗出-缩窄性心包炎、慢性缩窄性心包炎等。国内统计资料显示心包疾患占住院心脏疾患的1.5%~5.9%。

第一节 急性心包炎

急性心包炎（acute pericarditis）是由心包的壁层和脏层急性炎症引起。

【病因】

大多数心包炎的病因不清楚，但许多病例被认为与病毒感染有关。另外，各种病原体感染、药物、心脏损伤及系统疾病等都可引起心包炎（见表3-10-1）。

表3-10-1 心包炎病因分类

特发性心包炎
病毒性感染[柯萨奇病毒B、艾可病毒（人肠道孤病毒）、腺病毒、乙型肝炎病毒、HIV等]
真菌性（组织胞浆菌病、网状内皮细胞真菌病）
结核病
急性细菌性感染（化脓性）
急性心肌梗死
心肌梗死后综合征
心脏手术后综合征
放射性损伤
心脏介入检查并发症
肿瘤（肺或乳腺癌转移、肉瘤、白血病、淋巴瘤及黑色素瘤）
尿毒症
自身免疫性疾病（系统性红斑狼疮、类风湿关节炎及硬皮病）
药物反应/高敏综合征（普鲁卡因酰胺、肼屈嗪）
抗凝治疗
黏液腺瘤
乳糜性心包积液
主动脉夹层动脉瘤

【病理】

急性心包炎的病理改变取决于不同的病因。大多数表现为心包脏层和壁层的充血、微血管增生、白细胞浸润及纤维蛋白渗出、沉积等。病变初为急性纤维蛋白性心包炎，无明显液体渗出。随后可出现心包积液（pericardial effusion），形成急性渗出性心包炎。积液一般在数周或数月内吸收。可发生心包脏、壁层的粘连，增厚或缩窄。急性心包炎累及心外膜下心肌较广泛时则称为心包心肌炎。另外，心包炎还可累及纵隔、横膈和胸膜。

【临床表现】

（一）症状

1. 胸痛　为病变初期纤维蛋白性心包炎的主要症状。典型的表现为胸骨后胸膜性疼痛。它通常起病急，尖锐，咳嗽或深呼吸可使疼痛加重，立位或身体前倾位时该胸痛可缓解。部分胸痛可在心前区呈压榨样，向上腹部或颈部、左肩部放射。应与心绞痛作鉴别。临床上急性非特异性心包炎及感染性心包炎患者常可见典型胸痛，而慢性的结核性心包炎、肿瘤性心包炎等常无胸痛症状或不明显。

2. 呼吸困难　是心包积液时最突出的症状。由于存在持续的胸腔内压力而产生相邻结构，如食管、气管及肺受压，继而出现呼吸困难、干咳、声音嘶哑及吞咽困难等症状。严重患者可出现端坐呼吸、呼吸浅促等心脏压塞表现。

（二）体征

1. 心包摩擦音　为纤维蛋白性心包炎的典型体征。多位于心前区，以胸骨左缘第3、第4肋间最为明显，前倾坐位时容易听到。该摩擦音呈表浅、搔刮样，典型者随心脏跳动周期而成三相部分（心室收缩期、心室舒张早期及心房收缩期）。有时仅能听到一相或两相部分，且呈间断性或有强度变化。由于摩擦音的性质具有多变性，因此未闻及摩擦音并不能排除心包炎的诊断。如心包内有一定量的液体渗出后，原有的心包摩擦音可消失，且心音低钝，胸痛消失。

2. 心包积液体征　少量心包积液的物理检查常是正常的。如果液体量大，则心界叩诊向两侧扩大，心尖搏动减弱或消失，心音遥远而低钝。大量积液时左肺受压可使呼吸音减低，肩胛下角可闻及管状呼吸音（Ewart征）。脉压变小、可出现奇脉、颈静脉怒张、肝大、下肢水肿及腹水等。少数病例可在其胸骨左缘第3、第4肋间闻及心包叩击音。

【实验室和其他检查】

（一）心电图

急性心包炎的心电图变化是由心包下心肌的炎症所引起。最早的心电图表现为窦性心动过速；广泛导联出现弓背向下的ST段抬高，该ST段抬高无镜像ST段的压低。相邻心房肌的受损可引起PR段的压低；极少有病理性Q波。ST段在数小时到数天内恢复至等电位线，随后伴有广泛的T波倒置，数天到数周后心电图逐步恢复正常。如果形成慢性心包炎，则一部分病人的T波异常可持续存在。急性心包炎一般不发生持续性房性或室性心律失常。

大量心包积液者的QRS波群可呈明显低电压或呈电交替现象。电交替现象是由于心脏在心包内摆动而导致心电轴规律改变所致。

（二）超声心动图

是诊断心包积液的最有价值的方法之一。它可以估测积液量的多少及其部位，评估积液对血流动力学的影响。但无心包积液并不能排除心包炎的诊断。

（三）X线检查

纤维蛋白性心包炎者心影可正常。渗出性心包炎者则表现为心影向两侧增大，心脏搏动减弱或消失。但是如果成人心包液体量少于250ml、儿童少于150ml时，则X线难以检测出其积液。肺部无明显充血现象而心影显著增大是心包积液的有力证据，可资与心力衰竭相鉴别。

（四）实验室检查

用于对心包炎特异病因的诊断。包括结核菌素皮肤试验、甲状腺和肾功能检测、抗核抗体、补体水平、类风湿因子及人类免疫缺陷病毒血清学检测。红细胞沉降率增快或白细胞计数增加提示急性感染，但对病原学诊断无帮助。病毒血清学检查一般阳性率低，也并不能改变治疗方案。

（五）心包穿刺

可证实心包积液的存在、明确液体的性质（浆液性或渗出性）、生物学和生化特征（细菌、真菌或肿瘤细胞等）、解除心脏压塞等，必要时可在心包腔内注入抗生素或化疗药。心包穿刺的主要指征为心脏压塞和不明病因的渗出性心包炎。

(六) 心包活检

较少应用。主要用于明确诊断。

【诊断和鉴别诊断】

根据临床表现、心电图、X 线、超声心动图等检查，可作出心包炎的诊断。结合不同的临床表现特征、心包积液或心包活检等资料，可作出相应的病因学诊断。

临床常见的心包炎病因类型诊断为：

1. **急性非特异性心包炎** 发病前数日常有上呼吸道感染、发热，胸痛常剧烈，心包摩擦音明显，外周血白细胞正常或增高，心包积液量常较少。但应在排除其他引起急性纤维蛋白性心包炎的疾病之后方可诊断。此类型心包炎常可反复发作。部分患者可从心包积液中分离出病毒或病毒抗体滴度增高，则可诊断为病毒性心包炎。

2. **急性感染性心包炎** 常见：①结核性心包炎，多伴有原发结核病灶、发热、盗汗、体重减轻等结核全身症状，胸痛常不明显，可有心包摩擦音，伴中到大量心包积液，可为血性积液。结核菌素试验阳性，心包积液或心包活检有助于确诊。②化脓性心包炎常可发现原发感染病灶或伴有败血症表现，患者常高热、胸痛、心包摩擦音，心包积液量较多，为脓性，外周血白细胞明显增高，血培养可呈阳性。

3. **肿瘤性心包炎** 为原发于心包或转移的肿瘤（常见为肺癌、乳腺癌、淋巴瘤、白血病等）所致，一般无发热，无胸痛，伴大量心包积液，常为血性，可导致心脏压塞。积液的病理细胞学检查发现肿瘤细胞可确诊。

4. **尿毒症性心包炎** 约 1/3 的慢性尿毒症患者可出现心包炎，胸痛较少，常可闻及心包摩擦音，积液量可中至大量，有时出现心脏压塞。

5. **心脏损伤后综合征** 多在心脏手术、心肌梗死、心脏创伤等心脏受损后发生，可有低热、胸痛，部分可闻及心包摩擦音，心包积液量一般为少到中量，性质常为浆液性。此类型心包炎常可反复发作。如发生在急性心肌梗死后 1～2 周，称为 Dressler 综合征。

【治疗及预后】

急性心包炎的治疗主要针对于病因和减轻疼痛。对于大多数特发性或病毒性心包炎患者，水杨酸盐或非甾体类抗炎药物能减轻胸疼，抑制心包炎症。在极少的情况下，如反复发作的心包炎，则需要短期应用类固醇类激素（常用泼尼松 40～60mg/d，1～3 周左右）以减轻症状，但病因明确且可治的心包炎除外。应避免使用抗凝药物，以防止发生心包出血。顽固性复发性心包炎伴胸痛者可考虑行心包切除术。

大量心包积液伴有心脏压塞表现者的治疗参见下文"心脏压塞"。

心脏压塞

当心包内快速或大量积液，压力增加，导致心脏受压，心室充盈减少，出现静脉压升高、每搏量下降及血压降低等表现，称为心脏压塞（pericardial tamponade）。

【病理生理】

心包积液对血流动力学的影响取决于积液量的多少、积液的渗出速度和心包的扩展特性。在正常状态下，心包可容纳 80～100ml 液体的快速渗出而无心包腔内压力的显著升高。如果液体渗出速度慢，即使液体量大，心包也有足够的时间充分扩展使心包内压力维持正常。在渗液速度过快或液体量过大的情况下，一旦心包内压力开始升高，即使很少的液量增加也可导致严重的血流动力学紊乱。

【临床表现】

当心脏压塞呈缓慢出现时，病人主要表现为呼吸困难和乏力。相反，急性心脏压塞患者则通常表现为心源性休克症状。物理检查可发现有动脉压下降、心动过速（以维持心输出量）、颈静脉怒张（右心室舒张压增高）和奇脉（即吸气时收缩压下降 10mmHg 以上）。奇脉是心脏压塞的特征。正常情况下，吸气时心包内压力降低，因此右心室充盈增加。该结果并不影响左心室的充盈。在心脏压塞的情况下，心包积液限制了右心室的扩张，其结果使室间隔凸向左心室以满足右心室充盈量的增加，这进一步阻碍了左心室的充盈。导致心搏量下降及收缩压降低。但是，心脏压塞伴有明显的低血压者也可以测不到奇脉。另外，其他疾病，尤其是慢性阻塞性肺病或哮喘也可以出现奇脉。

【诊断】

心脏压塞的诊断有赖于临床的症状与体征。超声心动图是一项有用的诊断工具，尤其是在评价血流动力学状态时其作用更为突出。由于右心房和右心室属于薄壁、低压腔室，因此极易受到心包腔内压力的影响。当心包内压力超过右侧腔室充盈压时，右心房室即可出现塌陷现象。如果积液位于后侧，左心房也可以发生类似的塌陷。

典型心脏压塞的心导管检查结果为心房和心室的舒张压升高并相等。如果同时检测心包内压力，显示心包腔内压力升高并与心房和心室充盈压相等。

【治疗】

心脏压塞伴有血流动力学障碍是临床心血管急症，应立即给予心包穿刺引流。其他的抢救措施包括输入生理盐水或输血进行扩容。当正在做引流准备时，有必要给予缩血管药以稳定病情。如果心包积液量大而又非局限性（包裹性），行剑突下心包穿刺引流术常可迅速而有效地解除心脏压塞，恢复稳定的血流动力学状态。如果是局限性或复发性心包积液，有必要行外科手术构建心包窗进行引流。应对心包内液体和心包组织进行检查，以明确病因（感染或恶性病变）。

第二节 缩窄性心包炎

【病因】

缩窄性心包炎（constrictive pericarditis）是由于心包炎症导致心包进行性瘢痕形成而引起，临床较为少见，常在急性心包炎后 1 年内形成，少数可长达数年。其最常见的病因为结核性心包炎，其次为化脓性心包炎、非特异性心包炎、心脏手术，少见为放射性心包炎、心包肿瘤等。

【病理生理】

典型心包炎所致的心包瘢痕常是包绕性的，它限制了各房室的舒张和充盈，由于心室容量增加受限而致心室在舒张中、晚期的压力突然升高呈高原平台型，其结果导致心室舒张期充盈减少，使心搏量下降。为维持心输出量，心率加快；同时上、下静脉回流受阻而导致静脉压明显升高，出现颈静脉怒张、肝大、腹水、下肢水肿等。

【临床表现】

（一）症状

轻到中度缩窄性心包炎患者（静脉压升高 10~15mmHg）一般表现为右心衰竭的症状，如下肢水肿、腹胀和因肝脏淤血而导致的右上腹疼痛。当病情加重和静脉压超过 20mmHg 时，即出现明显的劳力型呼吸困难、咳嗽及端坐呼吸等。如果心输出量下降，病人可出现乏力或肌肉无力的症状。

（二）体征

体检查可发现颈静脉怒张且吸气时更明显，称为 Kussmaul 征。这是由于在缩窄性心包炎的情况下，吸气时的胸腔内负压并不能传递到心包腔内，结果右心房和右心室不能容纳增加了的静脉回流量，因此颈静脉更加扩张。虽然心脏压塞或限制型心肌病患者的颈静脉压也升高，但 Kussmaul 征不常见。这是由于在吸气时，虽有一定的限制性，但胸腔负压仍可以传递到心包腔内，使右心室的充盈量增加。基于同样的原因，吸气并不能增加右心室的充盈，所以缩窄性心包炎常无奇脉存在。

其他的表现包括右心衰的体征，如肝肿大、腹水和周围性水肿。

心脏听诊可在胸骨左缘闻及舒张早期附加音（心包叩击音）。心包叩击音是由于舒张早期快速充盈突然终止而致。脉搏细弱、外周动脉收缩压降低，脉压变小。

【辅助检查】

胸部 X 线显示心影缩小或正常，心缘变直，上腔静脉扩张等。由结核病所致的缩窄性心包炎且病史较长者，胸片可见有心包的环行钙化。超声心动图可见心包增厚、室壁活动减弱或受限、室间隔矛盾运动等。CT 和 MR 能检测心包厚度，明确缩窄的原因。近来发现经食管超声心动图在测量心包厚度方面与 CT 的检测结果有着良好的一致性。

大多数缩窄性心包炎需行右心导管以明确诊断。典型的表现包括心房与心室舒张末压升高并相等。心房压力检测常可见显著的 Y 切迹，它是心房舒张早期快速排空所致。左右心室的舒张早期压力下降，随后由于心包的无顺应性导致充盈进一步受损而使舒张中、晚期压力迅速升高并呈平台样（"平方根"样符号）。与限制性心肌病相比，左、右心室舒张压曲线几乎重叠，运动或容量负荷也不能分开之。

【诊断与鉴别诊断】

典型的缩窄性心包炎可根据病史、临床表现、辅助检查明确诊断。右心导管行血流动力学检查有助于确诊。

临床常需与肝硬化、右心衰竭、结核性腹膜炎等鉴别。但根据各种疾病的各自特点其鉴别不很困难。本病与限制型心肌病的临床表现十分相近，鉴别有一定难度，但通过血流动力学检查、CT 或 MR 等可以鉴别。必要时需作心包或心肌活检来做鉴别。

渗出-缩窄性心包炎（effusive-constrictive pericarditis）是缩窄性心包炎的一种变异。其特点是心包脏层瘢痕形成及心包渗液限制了心肌舒张。病人通常表现为心脏压塞的症状和体征。但当心包穿刺抽液使心包内压力降为零时，心房和心室舒张压仍居高不下且相等。另外，血流动力学检查显示缩窄性心包炎的波形更典型，心房压力曲线形成显著的 Y 降支和心室舒张期切迹-高原波形（dip-plateau）。

【治疗】

限盐和利尿剂可有效治疗轻度缩窄性心包炎。但对大多数有症状的病人（包括渗出-缩窄性心包炎）应选择手术切除心包（心包切除术），但手术的死亡率较高。术后约 90% 的病人的症状得到了改善。术前心脏功能严重受损（心功能Ⅲ或Ⅳ级）或心包未完全切除的病人，术后的预后极差。

（牛 杰　毛节明）

第十一章 主动脉夹层

主动脉夹层（aortic dissection）是由于主动脉内膜撕裂后血液经内膜破口进入动脉壁，使中膜剥离并沿主动脉长轴方向扩展，以致主动脉管腔被剥离的隔膜分隔为真假两腔的一种病理改变（图3-11-1），通常为急性过程。该病于1761年为Morgagni首先报道，1820年由Laennec命名为主动脉夹层动脉瘤（aortic dissection aneurysm）。20世纪70年代以后，人们将具有主动脉壁中膜剥离特征的主动脉夹层与主动脉壁结构基本完整的主动脉瘤区分开来。无论主动脉是否扩张，主动脉原发疾病表现为内膜撕裂和中膜剥离即为主动脉夹层。主动脉夹层基础上发生的主动脉扩张称假性动脉瘤（pseudoaneurysm）。主动脉壁结构完整的节段性主动脉扩张称为真性主动脉瘤（aortic aneurysm）。在真性主动脉瘤的基础上可发生血管壁撕裂形成主动脉夹层。

2000年美国流行病学调查资料显示主动脉夹层的发病率约为2.9/100 000，每年约7 000例。男性发病率远高于女性，二者之比约为（2~5）:1。我国尚缺乏这方面的大样本统计资料。另外，主动脉夹层起病急、进展快和早期死亡率极高，是一种十分凶险的灾难性心血管疾病。许多患者在主动脉夹层确诊前即已死亡。因此，主动脉夹层发病率会明显被低估。

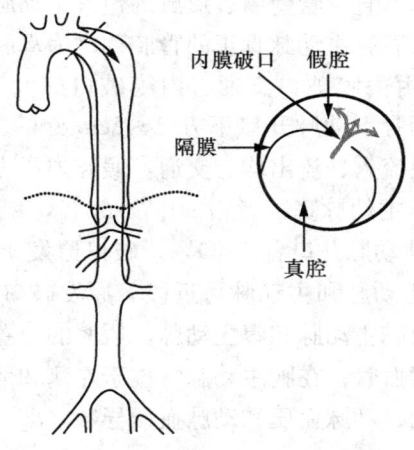

图3-11-1 主动脉夹层发生原理示意图

左图为DeBakey Ⅲ型主动脉夹层，主动脉内膜破口位于胸主动脉起始部，血液经破口进入主动脉壁，沿血管长轴剥离胸主动脉至腹主动脉。右图为主动脉内膜破口处血管横断面，血流经破口进入主动脉壁中膜后主要沿主动脉长轴剥离主动脉壁，同时沿主动脉壁周径剥离主动脉壁，假腔呈吞噬状包绕并压缩真腔

【病因和发病机制】

主动脉夹层可由多种因素引起，确切的发病机制尚不清楚。经典理论认为，在主动脉中膜病变的基础上，血压升高时血流对血管壁横向剪切力增大，引起主动脉内膜撕裂，血液在血压的驱动下由内膜破口进入动脉壁，主要沿血管纵轴剥离动主动脉壁中膜从而形成主动脉夹层。因此，主动脉壁中膜病变、血压升高和内膜撕裂是主动脉夹层发病的三个要素。

1. 主动脉壁中膜病变　中膜的病变可使主动脉壁各层之间附着力减弱，中膜对内膜的支撑减弱，内膜抵抗血流的横向剪切力的能力也明显降低，容易发生内膜破裂和诱发夹层。主动脉中膜病变可以是获得性或先天性疾病所致。最常见的获得性疾病如高血压和动脉粥样硬化造成主动脉壁损伤，中膜弹力纤维退行性变。先天性疾病中的马方综合征（Marfan's syndrome）患者主动脉壁中膜黏液样变和弹力层断裂，埃-当综合征（Ehler-Danlos' syndrome）的主动脉中膜囊性坏死也是形成主动脉壁中膜结构和功能异常的常见原因。近年研究认为，无论先天性还是获得性动脉壁中膜退行性变的根本原因是结缔组织遗传缺陷,相关的基因研究成为热点。

2. **高血压** 高血压被认为是与主动脉夹层高度相关的最主要疾病。血压升高,尤其是突然急剧升高时,血流对动脉壁的横向剪切力增加,可导致血管内膜撕裂和中膜剥离。高血压还会加速已发生夹层的血管壁破坏,导致血管破裂和猝死。血压变化应力最大的地方是血管转弯迫使血流改变方向的部位,如升主动脉、主动脉弓和胸主动脉起始段,也是主动脉夹层内膜破口常发生的部位。

3. **内膜撕裂** 内膜撕裂曾被认为是血液进入血管壁内引发夹层的首要条件。主动脉内膜自身病变、应力环境改变和中膜对内膜附着的支撑条件变化等原因均可导致内膜撕裂,血液在血压的驱动下进入动脉壁中膜使之剥离。

4. **其他原因** 主动脉中膜自身滋养血管破裂产生壁内血肿可能是引起部分主动脉夹层的原因之一。主动脉管腔内血液流动产生的纵向和横向应力使得壁内血肿沿血管轴纵向和血管周径横向蔓延发展,形成主动脉夹层样病变。同时,壁内血肿的张力和管腔内血流的横向剪切力还可能使壁内血肿处内膜撕裂而致夹层。外伤、外科手术、动脉血管内介入诊治操作等均可致动脉血管损伤、撕裂和夹层形成。另外,梅毒、心内膜炎、系统性红斑狼疮、多发性结节性动脉炎和某些药物致主动脉壁中膜囊性变性偶可致主动脉夹层。

【病理】

主动脉夹层急性期的主要病理表现为内膜撕裂和血流进入动脉壁,在动脉压力的驱动下进行性地剥离主动脉壁中膜。中膜剥离的方向主要是由破口顺血流方向剥离,也有部分向近心端逆向剥离。内膜撕裂的破口常与主动脉管腔长轴垂直。管壁撕裂形成的包含主动脉壁内层结构的瓣片状隔膜漂浮于血管腔内,将管腔分隔为真腔和假腔。主动脉真正的管腔称之为真腔,中膜剥离所致动脉血管壁内腔隙称之为假腔,真、假腔之间经由内膜破口交通。内膜破口好发于应力较大的部位,如升主动脉(60%)、主动脉弓(10%)和左锁骨下动脉开口下方2~5cm处的胸主动脉起始部(30%)。如果隔膜上有多个破口,使得假腔内血液流入、流出均有交通,假腔内压力下降,可减缓中膜剥离速度。原发于升主动脉的破口逆行剥离累及主动脉窦部者占90%~95%,累及主动脉瓣交界引起主动脉瓣关闭不全者占60%~75%,累及冠状动脉开口者占60%。破口原发于升主动脉的主动脉夹层可波及主动脉全程,仅15%左右局限在升主动脉和主动脉弓近段。原发破口位于左锁骨下动脉开口以远的主动脉夹层多表现为顺行剥离,累及胸主动脉和腹主动脉。假腔的位置在升主动脉多位于右前方;在主动脉弓部多位于头侧,常累及头臂血管;在胸主动脉常位于左侧和前壁。夹层侵入中膜的深度和剥离的范围都与主动脉中膜变性的范围、动脉血压和动脉血压导数(dp/dt)有关。

【病理生理】

主动脉夹层主要导致主动脉破裂、主动脉瓣关闭不全、器官血液供应障碍和左心室后负荷升高的几个方面的病理生理改变。

1. **主动脉破裂** 夹层撕裂后的主动脉壁变薄,承受压力的能力差,容易破裂发生大出血,迅速导致失血性休克和生命器官压迫而危及生命。约80%的急性主动脉夹层死于主动脉破裂,以起病48小时以内为著。慢性主动脉夹层40%~50%死于主动脉破裂。升主动脉夹层破裂出血常流向心包腔,迅速导致急性心脏压塞而即刻致死;主动脉弓部夹层破裂引起纵隔血肿;胸主动脉夹层破裂可致左侧胸腔大量积血;腹主动脉夹层破裂造成腹膜后血肿。如果动脉壁剥离形成的隔膜远端发生破裂,假腔破入真腔内,假腔和真腔血液流入和流出均形成交通,假腔内压力下降,则病情趋向稳定甚至假腔"自然愈合"。

2. **主动脉瓣关闭不全** 一是夹层累积主动脉瓣交界并使其从原来的位置剥离,引起瓣膜脱垂。二是夹层逆向剥离累及无冠瓣窦和右冠瓣窦,使主动脉瓣环变形而造成瓣膜关闭不全。严重的主动脉瓣反流可引发急性左心衰竭。

3. **器官血液供应障碍** 夹层通常在主动脉管壁内螺旋状行走,沿途累及主动脉所发出的分支血管开口而影响相应器官供血。如冠状动脉、头臂血管、肋间动脉、腹腔动脉、肠系膜动脉、肾动脉和髂动脉。严重缺血可致器官坏死和器官功能衰竭。

4. 主动脉夹层时真腔受压变小，近心端血压顽固性升高。尤其是 DeBakey Ⅰ型和Ⅱ型夹层累及升主动脉，使得左心室射血阻力过高，可直接导致和加重左心衰竭。此时的左心室后负荷升高不能以药物调节，只能手术治疗，消除夹层、恢复真腔和解除主动脉梗阻。

【临床分型】

临床常用的主动脉夹层分型方法有 DeBakey 分型法和 Stanford 分型法，DeBakey 分型法主要根据主动脉内膜破口的位置将主动脉夹层分为三型。Stanford 分型法则根据夹层累及的范围将其分为 A、B 两型。具体分型方法见表 3-11-1、图 3-11-2。

表 3-11-1　主动脉夹层的常用分型方法

分型	病变特点
DeBakey	
Ⅰ型	原发破口位于升主动脉或主动脉弓部，夹层累及升主动脉、主动脉弓、胸主动脉及其远端
Ⅱ型	原发破口位于升主动脉，夹层累及升主动脉和部分主动脉弓近段
Ⅲ型	原发破口位于左锁骨下动脉开口远端，向远端扩展，罕见逆行扩展至主动脉弓和升主动脉
Stanford	
A 型	夹层累及升主动脉，无论其远端位于何处
B 型	夹层累及左锁骨下动脉开口以远的主动脉

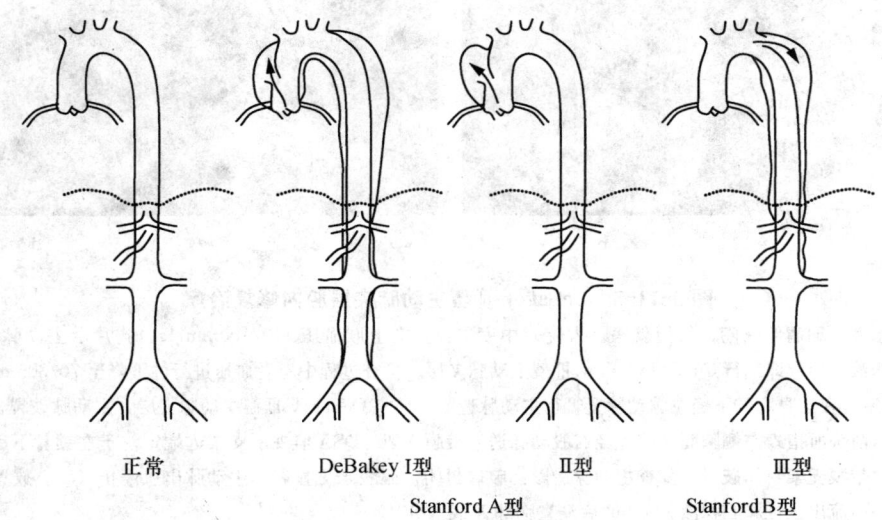

图 3-11-2　主动脉夹层分型示意图

DeBakey Ⅰ型主动脉夹层内膜破口位于升主动脉，向远心端剥离可达髂动脉甚至股动脉，向近心端逆向剥离可破坏冠状动脉开口和主动脉瓣（右冠瓣脱垂）。DeBakey Ⅱ型主动脉夹层破口位于升主动脉，病变仅限于升主动脉和部分主动脉弓近段；向近心端逆向剥离可破坏冠状动脉开口和主动脉瓣（右冠瓣脱垂）。DeBakey Ⅲ型主动脉夹层破口位于胸主动脉起始部，剥离可达髂动脉甚至股动脉。Stanford 分型法的 A 型主动脉夹层包括 DeBakey Ⅰ型和Ⅱ型主动脉夹层，Stanford B 型主动脉夹层相当于 DeBakey Ⅲ型主动脉夹层

【临床表现】

（一）症状

疼痛为急性主动脉夹层最常见的症状（占 90% 以上）。疼痛特点为突发的、持续性、性质呈剧烈锐痛、撕裂样、刀割样，难以忍受。常伴迷走神经兴奋表现，如烦躁不安、大汗淋漓、恶心呕吐和晕厥。疼痛的部位与夹层发生的位置密切相关，可随夹层的扩展沿其走行逐步向其他部位放射。

DeBakey Ⅱ型夹层的疼痛90%局限在胸前部，或者最痛处在胸前部。疼痛局限于肩胛间区或最痛位于肩胛间区提示胸主动脉受累，如疼痛向腰部、腹部和下肢延展，极可能为DeBakey Ⅰ或Ⅲ型夹层。颈、喉、颌面部的疼痛提示夹层累及升主动脉和主动脉弓。急性主动脉夹层的疼痛不易被止痛药物缓解。疼痛的缓解和减轻可能说明真假腔之间的隔膜远端破裂，进入假腔的血液重新流入真腔，假腔内压力下降，夹层撕裂停止或延缓。疼痛持续不能缓解或反复加重者预后不好。

夹层致主动脉破裂时可出现失血表现（如口渴和烦躁等）和相应的局部受累症状。升主动脉破裂时血液进入心包腔引起急性心脏压塞，多在数分钟内死亡。胸主动脉破裂造成大量左侧胸腔积血（图3-11-3a）时可出现左侧胸痛和呼吸困难。腹主动脉破裂后血液进入腹膜后间隙形成腹膜后血肿，引起腰痛、腹痛和腹胀等症状。

当主动脉根部被夹层撕裂时可出现主动脉瓣关闭不全的症状。轻度主动脉关闭不全可无明显症状或被疼痛症状掩盖。中度以上主动脉瓣关闭不全时可出现心悸、气短等症状。严重者可有呼吸困难、咳粉红色泡沫痰和不能平卧等急性左心衰竭表现。

夹层撕裂扩展过程中损伤主动脉沿途分支导致相应器官缺血症状。冠状动脉开口受累出现冠状动脉供血不足时，可表现为心绞痛、急性心肌梗死、心律失常和心搏骤停。撕裂右冠状动脉开口的机会较左冠状动脉开口多。头臂血管受累时引起脑供血障碍，出现晕厥、昏迷和偏瘫等。肋间动脉受累可致脊髓损伤而表现为截瘫。腹腔动脉供血障碍可引起腹痛、腹胀、肠麻痹和肠坏死。肾动脉受累时可出现肾衰竭症状。

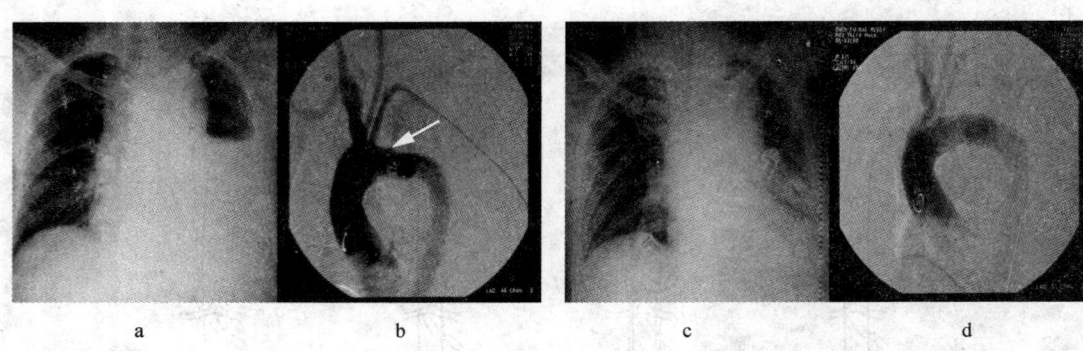

图 3-11-3　DeBakey Ⅲ型主动脉夹层腔内修复治疗

老年男性患者，胸痛伴胸闷、气短就医。入院时中度贫血，右上肢血压170/100mmHg。胸片示主动脉结增宽，左侧胸腔积液（a）。即刻行CT示DeBakey Ⅲ型主动脉夹层。检查过程中患者血压进行性下降至70/30mmHg，转运至DAS室，在全身麻醉下经左肱动脉置管行主动脉造影。证实DeBakey Ⅲ型主动脉夹层，主动脉破裂，血液经破口喷入（箭头所指）左侧胸腔（b）。经右股动脉送入带膜支架，DSA监视下支架远端定位于左锁骨下动脉开口左缘，释放带膜支架封闭破口。复查主动脉造影：破口封闭，假腔未见显影，主动脉出血停止（d）。放置左侧胸腔引流管，引流出血性胸腔积液2000ml后复查胸部X线（c）

（二）体征

由于主动脉夹层的影响范围广，体征通常涉及多器官系统而且缺乏特征性。因此，怀疑急性主动脉夹层时，应就以下几个方面进行细致全面的体格检查。

1. 血压与脉搏　除主动脉破裂大量失血外，多数患者虽有烦躁不安、大汗淋漓、面色苍白和四肢末梢湿冷等休克样表现，但血压却正常或升高。夹层伴有主动脉瓣反流时可出现脉压增大及水冲脉等。夹层波及无名动脉时右上肢血压低于左上肢；波及左锁骨下动脉时，左上肢血压低于右上肢，并均有脉搏细弱。夹层累及胸主动脉、腹主动脉或髂动脉时，下肢血压可降低，足背动脉搏动减弱甚至消失，严重时可伴有下肢缺血征象。脉搏细速、心音减弱伴血压下降常提示急性心脏压塞或急性心肌供血障碍导致的心排血量降低。当急性主动脉夹层患者血压下降时，在高度警惕心脏压塞和动脉破裂的同时也要注意除外夹层累及或血肿压迫相应肢体动脉血管导致的"假性低血压"，注意对比四肢血压以免误导治疗。

2. 心脏体征　急性主动脉夹层时的剧烈疼痛、紧张和出血会使心率加快。常可在胸骨左缘第二、三肋间和胸骨右缘第二肋间闻及2～3/6级收缩期杂音。合并主动脉瓣关闭不全时，可在胸骨左缘第三肋间闻及舒张期杂音，同时主动脉瓣第二心音减弱。心包积液和积血时表现心浊音界扩大和心音减弱。

3. 胸部体征　夹层破裂出血时可出现左侧胸腔积液或血胸体征，双肺细湿啰音提示急性左心衰竭。

4. 腹部体征　夹层累及腹主动脉时，腹主动脉走行区可有明显压痛。腹腔动脉和肠系膜上动脉供血障碍时出现肠麻痹甚至肠坏死，表现为腹部膨隆、叩诊鼓音、肌紧张、广泛压痛、反跳痛和肠鸣音减弱。腹主动脉破裂出现腹膜后血肿时表现为左侧腰背部膨隆、瘀斑和明显压痛。

5. 神经系统体征　6%～19%的急性主动脉夹层患者出现脑供血障碍可表现为淡漠、嗜睡、昏迷和偏瘫等。脊髓供血障碍表现为下肢肌力减弱甚至截瘫。喉返神经受压可致声音嘶哑。压迫颈交感神经节可出现Horner综合征。

慢性夹层的临床表现主要为夹层部位主动脉增粗和压迫症状，如喉返神经受压时声音嘶哑、膈神经受压时膈肌麻痹、食管受压致哽噎感和吞咽困难、气管受压时呼吸困难和左主支气管受压时左肺反复感染等。DeBakey Ⅰ型和Ⅱ型慢性夹层可有主动脉瓣关闭不全的临床表现。

【实验室和其他检查】

1. 心电图　单纯急性主动脉夹层患者心电图大多正常。如果夹层累及冠状动脉开口引起心肌供血障碍，心电图可出现心肌缺血或心肌梗死的改变。

2. 胸部X线　DeBakey Ⅰ型和Ⅱ型急性夹层患者心影增大提示心包积液。合并中度以上主动脉瓣关闭不全和急性左心衰竭时，可见左心室扩大、双肺门影增大和双肺密度增高甚至急性肺水肿征象。DeBakey Ⅰ型和Ⅲ型急性夹层可出现左侧胸腔积液，有大量积液时应高度怀疑主动脉破裂（图3-11-3a）。DeBakey Ⅰ型和Ⅲ型慢性夹层可出现主动脉结扩大和主动脉弓增宽。慢性主动脉夹层后负荷增高引起左心室肥厚和主动脉瓣反流导致左心室扩大在胸部X线检查中均可表现为心影扩大。

3. 血液检查　多有白细胞计数轻度增高。如果有出血或血性渗出则会出现贫血，重度贫血或贫血突然加重提示主动脉破裂。腹腔器官供血障碍时，出现相应转氨酶、肌酐和淀粉酶增高。

4. 超声心动图　超声心动图是及时判断急性主动脉夹层是否累及升主动脉、有无主动脉瓣反流和心包积液的最有效手段。DeBakey Ⅰ型和Ⅱ型夹层可探及分隔升主动脉真假腔的隔膜，隔膜随血流摆动，并可见内膜破口和进入假腔的血流。主动脉瓣关闭不全时可判明反流程度和对左心室的影响（彩图3-11-4）。经食管超声心动图（TEE）还可观察到主动脉弓远段和胸主动脉受累情况。但由于TEE对患者具有一定刺激，可能诱发血压升高和血管破裂，故对重症急性主动脉夹层患者慎用。

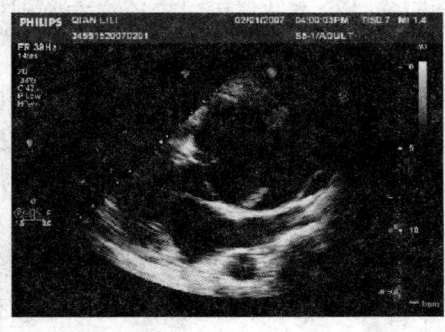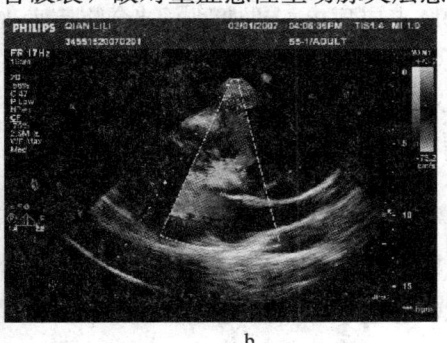

彩图3-11-4　主动脉夹层的经胸超声心动图改变

马方综合征，DeBakey Ⅰ型急性主动脉夹层患者。a. 胸骨旁长轴，主动脉瓣窦（AS）明显扩大，左心房（LA）受压变小。主动脉后壁可见内膜撕裂（D），无冠瓣脱垂（N）。b. 彩色多普勒显示主动脉瓣严重反流

5. **血管超声** 可及时发现主动脉、头颈部血管、腹腔血管和四肢血管病变,如明确动脉夹层、撕裂的内膜碎片、血肿压迫和血流变化等。还可观察动脉血管病变对周围组织、器官和局部血流的影响。经颅多普勒对颅内血管尤其是椎基底动脉交通情况的判断有利于制订完善的脑保护措施。

6. **CT检查** 计算机断层扫描血管造影(CTA)是急性主动脉夹层的首选诊断技术之一。主动脉夹层的典型CT表现为被隔膜分隔的真假腔,真腔较小且CT值高,假腔较大但CT值低于真腔,假腔通常呈"吞噬状"包绕真腔(图3-11-5)。同时CT可发现内膜破口、血管壁钙化、附壁血栓、心包腔及胸腔积液、分支血管受累情况和是否合并血管畸形,如主动脉缩窄等。

7. **磁共振成像(MRI)** MRI与CT检查相似,但MRI可从横断面、矢状面、冠状面和左前斜位等多切面成像,无需注射对比剂,这对于已出现早期急性肾功能损伤患者的肾功能保护有特殊意义。MRI对主动脉夹层诊断的敏感性和特异性均高达98%。其主要缺点是不适用于体内有心脏起搏器和金属植入物者,另外对冠状动脉和主动脉瓣显示不甚满意。

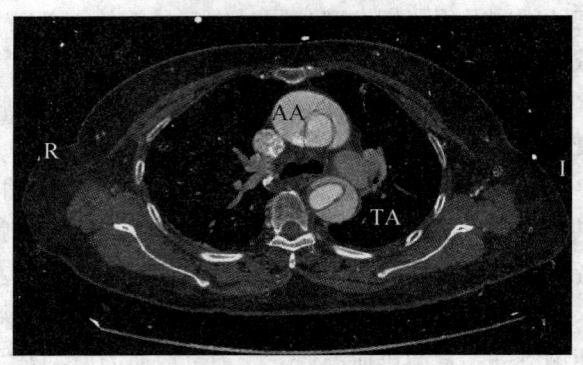

图3-11-5 主动脉夹层的CT影像
DeBakey I 型主动脉夹层,破口位于升主动脉起始部,夹层剥离远端至髂动脉。图中可见,升主动脉(AA)真腔受压缩小,造影剂密度较高,假腔显影密度稍低,呈吞噬状包绕于真腔前方偏右;胸主动脉(TA)真腔受压变形和缩小,假腔呈吞噬状包绕于真腔左侧

8. **数字减影血管造影术(DSA)** DSA最突出的优点是可直观动态地显示血管病变和血流,清楚地显示内膜破口、夹层部位、范围、假腔血流和主动脉分支受累情况(图3-11-3b)。不足之处是DSA为有创检查,可能加重夹层撕裂和诱发血管破裂。但DeBakey III型夹层腔内修复治疗时的内膜破口定位以及带膜支架的定位和释放监控均依赖于DSA技术。

【诊断和鉴别诊断】

由于急性主动脉夹层起病急骤、进展迅速和预后凶险,诊断过程要求针对性强、简洁和准确。主动脉夹层的诊断要点为确定内膜破口的位置、累及的范围,确立主动脉夹层的类型。同时应明确器官受累情况和可能发生的风险,为治疗提供依据。除典型马方综合征外,主动脉夹层的病因诊断通常较困难。应仔细询问病史和家族史,可能导致夹层的相关疾病均应得到重视。主动脉夹层诊断的直接依据是影像学检查结果,CT、MRI和DSA等影像学检查务必包括主动脉全程、各分支血管如头臂血管、腋动脉、髂动脉和股动脉。主动脉夹层诊断确立后还要对生命器官的供血、结构和功能进行评价,以便于制订治疗方案和判断预后。

急性主动脉夹层病史如果典型,结合临床表现和影像学检查结果可以确诊。在鉴别诊断方面常因主要症状不典型需注意与以下疾病鉴别:

1. **急性心肌梗死** 尽管主动脉夹层引起的急性心肌梗死只占临床急性心肌梗死的1%~2%,但DeBakey I 型和 II 型急性主动脉夹层并发冠状动脉开口受累的机会可达60%,通常累及右冠状动脉开口,导致急性下壁心肌梗死。急性心肌梗死常混淆和掩盖夹层的症状,导致诊断和治疗方向上的错误。在冠状动脉造影、溶栓和介入治疗前,应常规进行超声心动图检查。冠状动脉造影术中首先行升主动脉造影对除外主动脉夹层的重要性是不言而喻的。在此还要强调,即便对于危重的急性主动脉夹层患者,冠状动脉造影也不是绝对禁忌。术前明确冠状动脉情况对夹层的治疗仍然十分有益。

2. **急性心包炎** 急性心包炎可表现为剧烈撕裂样和刀割样胸痛、躁动不安、面色苍白、大汗,而且疼痛对一般镇痛药物反应不好,症状与急性主动脉夹层十分相似。表现为剧烈疼痛的急性心包炎通常无明显心包积液,超声心动图检查很难发现心包疾病的确切依据。鉴别要点是主动脉夹层的影像学依据。

3. **急性肺栓塞** 静脉栓子脱落进入肺动脉分支引起肺栓塞时,患者表现为胸痛和胸腔积液。但肺栓塞的胸痛与呼吸动作有关系，可伴呼吸困难。CTA可协助鉴别主动脉夹层和肺栓塞。肺通气灌注扫描也可帮助确定肺栓塞。

4. 急性左心衰竭　急性主动脉夹层伴主动脉瓣关闭不全、主动脉真腔受压变小、血压升高和心肌缺血均可导致和加重急性左心衰竭。此时急性左心衰竭对药物治疗的反应不好，只能酌情考虑手术矫治。DeBakey Ⅰ型和Ⅱ型夹层突发急性左心衰竭应及时了解主动脉瓣结构和功能，并明确有无急性心肌缺血。

5. 下肢动脉栓塞　急性主动脉夹层合并四肢缺血的确诊不困难。但进入慢性期的DeBakey Ⅰ型和Ⅲ型夹层也可能累及髂动脉甚至股动脉，导致下肢缺血。此时如草率进行溶栓和导管取栓不仅不能解决问题而且十分危险。当遇到下肢动脉缺血病人时，只要有鉴别主动脉夹层的意识，通过病史、症状、体征和辅助检查完全可以确认主动脉夹层。

6. 急腹症　主动脉夹层本身就可以是急腹症的原因。急性主动脉夹层引起的腹部症状很容易使我们意识到主动脉夹层累及腹主动脉分支的可能性。但隐匿的慢性主动脉夹层导致的腹腔器官供血突然受损时的腹部表现与其他原因引起的急腹症的鉴别容易被忽视。注意了解患者相关病史和进行针对性影像学检查可明确诊断。

【治疗】

主动脉夹层的治疗目的在于阻止主动脉夹层的进展，以避免器官供血障碍加重和主动脉破裂。在急性主动脉夹层治疗过程中首先是以控制血压和疼痛为主的急救治疗。无论急性或慢性主动脉夹层，DeBakey Ⅰ型和Ⅱ型夹层都可能导致心脏压塞、主动脉瓣反流和冠状动脉开口受累，需要及时控制病情进展，手术治疗效果明显优于其他治疗方法。DeBakey Ⅲ型夹层外科手术治疗的出血、截瘫发生率和死亡率较高，多倾向选择主动脉腔内修复。对于病变稳定、不具备动脉腔内修复条件和拒绝动脉腔内修复治疗的DeBakey Ⅲ型夹层患者，内科保守治疗也可取得较好效果（表3-11-2）。

表3-11-2　主动脉夹层外科手术、腔内修复和内科保守治疗的指征

手术治疗指征
1. DeBakey Ⅰ型和Ⅱ型急性主动脉夹层首选手术治疗
2. DeBakey Ⅲ型急性主动脉夹层在不具备主动脉腔内修复条件和伴下列情况时需手术治疗
　①生命器官损害进行性加重
　②主动脉破裂或接近破裂（主动脉囊状瘤样扩张）
　③中度以上主动脉瓣反流
　④夹层逆行剥离至升主动脉
　⑤Marfan综合征的主动脉夹层
　⑥主动脉腔内修复治疗失败

主动脉腔内修复
DeBakey Ⅲ型主动脉夹层首选主动脉腔内修复

药物治疗指征
1. 不能进行或拒绝主动脉腔内修复和外科手术的DeBakey Ⅲ型主动脉夹层
2. 拒绝手术治疗的稳定的孤立的主动脉弓夹层（少见）
3. 不能进行或拒绝外科手术和主动脉腔内修复的稳定慢性主动脉夹层（起病后两周以上无并发症）

（一）药物治疗

一旦怀疑急性主动脉夹层，应将病人送入监护室卧床休息，建立可以快速扩充容量和给药的静脉通路，严密监测生命体征和血流动力学变化。有效的内科药物治疗是主动脉夹层接受外科手术治疗和血管腔内修复治疗的保障。内科药物治疗的基本原则是：镇痛、镇静、控制血压和降低左心室收缩力（dp/dt）。无论最终决定选择哪种方法治疗，在确认主动脉夹层得到有效控制之前均应遵守这些治疗原则。

在主动脉夹层救治过程中会涉及有创动脉测压和动脉采血检查，操作前应仔细检查判明肢体动脉

受累情况，尤其是腋动脉、桡动脉和股动脉。升主动脉夹层患者累及冠状动脉，导致急性左心衰时切忌盲目安放主动脉内球囊反搏（IABP）。

1. 镇痛与镇静　疼痛是急性主动脉夹层最常见和最难以忍受的症状，既反映病情不稳定，也可使病人情绪失控和躁动不安而使血压进一步升高，增加主动脉破裂的风险。镇静、镇痛是急性主动脉夹层首先应该启动的治疗。由于急性夹层的疼痛剧烈，对普通止痛药物的反应不好，常用哌替啶100mg 或吗啡 5～10mg 静脉注射，必要时酌情重复。使用过程中注意观察患者意识、呼吸和血压变化，以防止药物副作用导致意外。当药物用量过大而且止痛效果不好时，可考虑加深镇静甚至全身麻醉，气管插管呼吸机辅助呼吸。

2. 控制血压　急性主动脉夹层患者血压过高时，一般选择起效快、效果稳定和作用消除快的静脉降压药物，如硝普钠（nitroprusside sodium）以 20μg/min 左右的速度起始持续静脉滴注，根据血压调整静脉输注速度，以控制收缩压在 100～110mmHg 为宜。长期高血压患者降压时应注意神志和尿量变化，防止出现重要脏器血液灌注不足。

慢性期可用口服降压药物维持治疗，用药原则同高血压治疗，注意保持大便通畅和纠正水电解之紊乱。单独使用硝普钠可使动脉血压 dp/dt 增加，常需结合 β 受体阻滞剂和非二氢吡啶类钙通道阻滞剂治疗。

3. 降低左心室收缩力与 dp/dt　dp/dt 主要与心肌收缩力相关。临床常用于降低心肌收缩力的药物有 β 受体阻滞剂和非二氢吡啶类钙通道阻滞剂。β 受体阻滞剂如普萘洛尔（propranolol）0.5～1mg 于 3～5 分钟内缓慢静脉注射至出现理想效果，最大首次剂量不超过 10mg，维持期用量为每 4～6 小时静脉补充 2～6mg 普萘洛尔，根据心率、血压调整，给药速度不超过 1mg/min。对于伴有慢性阻塞性肺部疾病的患者，可采用美托洛尔（metoprolol）5mg 缓慢静脉注射，必要时间隔 5～10min 重复一次，达负荷剂量（15mg）后改为 25～100mg 口服，每日两次。阿替洛尔（atenolol）也用于降低左心室收缩力，12.5～25mg 口服，每日两次。使用 β 受体阻滞剂时注意观察心率和血压变化，麻醉和深度镇静时剂量减半。非二氢吡啶类钙通道阻滞剂盐酸维拉帕米 5～10mg 静脉注射，每 6～8 小时一次也可取得很好疗效，日总量控制在 50～100mg。

4. 心脏压塞的处理　急性主动脉夹层患者出现心脏压塞迹象时，惟一应该争取的是尽快手术，此时心包穿刺常会加速病人循环衰竭死亡。因此，当心脏压塞伴显著低血压或电机械分离时，紧急心包穿刺则是被迫无奈的选择。

（二）主动脉腔内修复

适用于 DeBakey Ⅲ 型夹层治疗（图 3-11-3，图 3-11-6）。在 X 线透视监视下将带膜支架的近心端定位于左锁骨下动脉开口左缘，胸主动脉真腔内释放相应大小的带膜支架。利用带膜支架覆盖近端内膜破口，阻止血液进入假腔，隔绝真假腔之间血液交通，并通过支架的展开使撕裂的动脉内膜复位，恢复真腔内径，缩小假腔和促使假腔内血栓形成。成年人常用的带膜支架的直径选择范围在 30～42mm 之间，长度在 100～140mm 之间。支架太长有可能过多覆盖肋间动脉导致脊髓缺血。主动脉腔内修复治疗 DeBakey Ⅲ 型夹层具有创伤小和术后恢复快的优点，效果明显优于外科手术和单纯药物治疗。通常认为主动脉腔内修复治疗 DeBakey Ⅲ 急性夹层的最佳时机是在夹层发生后两周左右。此时的动脉血管壁水肿吸收好转，对带膜支架膨胀的承受力较好。但有破裂出血迹象时不能等待，应及时处理。在下列情况不能盲目进行腔内修复治疗：①内膜撕裂严重，表现为多腔或真腔不连贯，影像学检查不能确定真腔；②主动脉弓与胸主动脉起始成直角；③输送路径不能满足带膜支架输送要求；④主动脉壁和隔膜严重钙化僵硬；⑤主动脉弓或升主动脉受累，主动脉瓣中度以上反流；⑥原发破口离左锁骨下动脉开口左缘距离≤1cm。

主动脉腔内修复治疗的主要并发症有：①支架开放不良，折叠成角；②支架移位；③支架内漏；④主动脉损伤；⑤支架内附壁血栓致管壁增厚和血管狭窄；⑥误堵塞头臂血管；⑦支架植入假腔；⑧感染。出现严重并发症时需外科手术治疗。

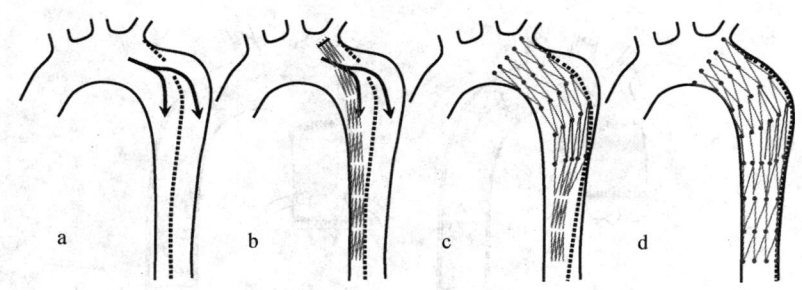

图 3-11-6 主动脉夹层腔内修复治疗原理
a. DeBakey Ⅲ型主动脉夹层，虚线代表夹层隔膜，虚线右侧为假腔，左侧为真腔，箭头示血液可经破口流入假腔；
b. 经股动脉送入带膜支架输送装置，DSA监视下将支架远端定位线定位于左锁骨下动脉开口左缘；c. 逐渐释放带膜支架，已释放出的带膜支架节段自然张开；d. 带膜支架完全释放，自然张开封闭破口，使内膜复位并缩小假腔

（三）外科治疗

外科手术治疗主动脉夹层是目前最直接和最彻底的临床治疗手段，也是主动脉夹层治疗的最后一道防线。尽管不少文献提出对病变血管进行各种修补和加强的手术方案，但目前公认的手术方法还是以人工血管置换为主。DeBakey Ⅰ型和Ⅱ型夹层不论急性或慢性均应首选手术治疗。DeBakey Ⅲ型夹层手术置换胸主动脉的出血和脊髓缺血并发症发生率较高，多倾向于首选主动脉腔内修复治疗。

相对于其他心血管外科手术而言，主动脉夹层外科手术的主要问题还是创伤和风险都较大。尽管如此，由于急性夹层本身的高危险性和随时间推移而急剧升高的死亡率迫使我们不能犹豫。出现下列情况时应急诊手术：①有主动脉破裂征象（大量胸腔积液、心包积液和失血性休克）；②有主动脉破裂倾向者（药物治疗不能控制高血压，疼痛不能缓解，主动脉直径短期内迅速增大）；③有重要器官供血障碍。文献报道，急性主动脉夹层手术前拖延时间较长时的术前死亡率大于20%，而及时手术的术前死亡率小于3%。

主动脉外科手术采用全身麻醉气管插管，静脉-吸入复合麻醉。在麻醉过程中确保血流动力学平稳，切忌血压过高导致吻合口撕裂出血。手术过程中麻醉、体外循环密切配合做好器官保护，尤其是深低温停循环期间的脑保护和其他生命器官的保护。

体外循环是心血管外科手术中的循环支持平台，负责将静脉血液引出体外经氧合器完成氧合、排除二氧化碳和经变温系统调节温度后注入体循环动脉系统。DeBakey Ⅱ型夹层常在中低温体外循环下进行。DeBakey Ⅰ型夹层则需在深低温停循环下手术。深低温（鼻咽温15~18℃）停循环手术中需要加强器官保护，尤其是脑保护。当鼻咽温度降至15℃时脑组织对停循环耐受时间可达60分钟。其他用于强化脑保护手段有深低温停循环期间选择性脑灌注和药物（激素和脱水剂），可提高脑细胞对缺血缺氧的耐受性。

DeBakey Ⅰ型夹层病变累及范围广，常在全身麻醉气管插管和深低温停循环下行升主动脉加全弓置换和象鼻手术（图3-11-7a）。所谓全弓置换是以带四分支的人工血管置换主动脉弓全部，人工血管的三个分支依次分别与无名动脉、左颈总动脉及左锁骨下动脉吻合，重建头臂血管供血，一个分支用于深低温停循环结束后体外循环灌注。象鼻（elephant trunk）手术的含义为以一段适当口径（与胸主动脉内径相适应），长度为10~15cm的人工血管置于胸主动脉真腔内，其近端和胸主动脉近端一同缝接于置换主动脉弓的四分支人工血管远端，将血流直接引入胸主动脉真腔，起到隔离夹层假腔和加强局部血管壁的作用。同时，象鼻人工血管在血流充盈力作用下扩张，使夹层隔膜复位而缩小甚至消除夹层假腔。我国学者率先使用自行膨胀的支架人工血管替代人工血管植入胸降主动脉，明显地改善了手术效果。

DeBakey Ⅰ型夹层累及主动脉瓣窦时，需加行主动脉瓣和主动脉根部置换手术，经典术式为Bentall手术加全弓置换加象鼻手术（图3-11-7b）。

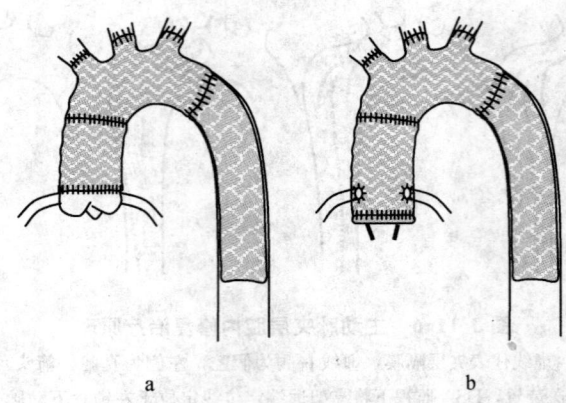

图 3-11-7 DeBakey Ⅰ型夹层手术治疗示意图

a. 升主动脉＋全主动脉弓置换＋象鼻手术。以人工血管置换升主动脉窦管交界上方至主动脉弓起始部之升主动脉全程。带分支人工血管置换主动脉弓，胸主动脉内植入人工血管（象鼻），胸主动脉近端和象鼻人工血管近端一同与分支人工血管远端吻合。弓部分支人工血管各分支依次与无名动脉、左颈总动脉和左锁骨下动脉吻合。分支人工血管近端与升主动脉人工血管远端吻合。b. Bentall 手术＋全主动脉弓置换＋象鼻手术，带主动脉瓣人工血管置换主动脉瓣和升主动脉，将冠状动脉开口移植于带主动脉瓣人工血管的根部。全弓置换和象鼻手术同图 a

DeBakey Ⅱ型夹层病变通常局限在升主动脉，手术通常在全身麻醉气管插管，中低温体外循环下完成。DeBakey Ⅱ型夹层手术相对较简单，单纯升主动脉病变者仅需置换升主动脉即可（图 3-11-8a）。当病变累及主动脉瓣窦时可行 Bentall 手术（图 3-11-8b），手术内容包括主动脉瓣置换、主动脉根部及升主动脉置换和冠状动脉移植。有时术中探查发现升主动脉远端或主动脉弓近端血管受累，建议加行部分主动脉弓置换以避免术后出血和主动脉弓撕裂形成夹层。

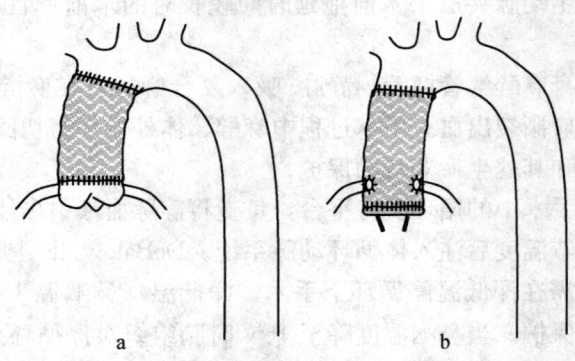

图 3-11-8 DeBakey Ⅲ型主动脉夹层手术治疗示意图

a. 升主动脉置换手术示意图，以人工血管置换主动脉窦管交界上方至主动脉弓起始部升主动脉；b. Bentall 手术示意图，带主动脉瓣人工血管置换主动脉瓣和升主动脉，将冠状动脉开口移植于带主动脉瓣人工血管的根部

DeBakey Ⅲ型夹层胸主动脉置换手术在全身麻醉双腔气管插管和静脉-吸入复合麻醉下，经左侧第四肋间后外侧切口实施。术中采用单肺通气，以协助术野暴露。如果血管病变节段较长或病变复杂，预计术中胸主动脉阻断操作时间超过 60 分钟，可采用股动脉-股静脉插管体外循环转流、股动脉-左心房插管转流或近端主动脉-股动脉插管转流保证脊髓、腹腔器官及下肢血液循环。如果血管壁条件许可，通常置换左锁骨下动脉开口远端 1cm 至第五、六肋间水平之间的胸主动脉。所置换胸主动脉上的第 1～5 对肋间动脉开口逐一缝闭。超过第六肋间后可能会影响脊髓供血，术中将包含第 6～12 对肋间动脉的主动脉片与人工血管侧窗吻合，以维持脊髓供血。

DeBakey Ⅰ型和Ⅲ型夹层累及腹主动脉是十分常见的问题。其中腹主动脉段夹层单独发生破裂的风险相对较小，主要是维持器官血流，需要同期手术置换胸、腹主动脉的情况不多见。而且同期置换胸、腹主动脉的手术难度和风险都很大，故通常先行升主动脉、主动脉弓和象鼻手术或胸主动脉置

换，酌情考虑二期手术修复腹主动脉。

其他用于治疗 DeBakey Ⅲ型夹层的手术有主动脉内膜开窗术。当主动脉假腔的压力过高，导致真腔压迫和重要器官供血不全时，于主动脉夹层隔膜远端开窗，使假腔内压下降，改善脏器供血。

主动脉夹层外科手术的主要并发症为：①大出血是主动脉外科手术后最常见而且最危险的并发症，是手术后早期死亡的主要原因；②神经系统并发症如昏迷、苏醒延迟、定向力障碍、抽搐、偏瘫或截瘫等，常因为颈动脉系统和脊髓动脉供血障碍所致，也可因为术中脑保护不好引起；③主动脉夹层术后并发的急性肾衰竭通常为肾前性，也可因停循环时间和体外循环时间过长，血红蛋白尿和骨骼肌坏死的肌红蛋白尿导致的肾衰竭；④深低温停循环和体外循环时间过长的肺损伤常表现为Ⅱ型呼吸衰竭；⑤喉返神经损伤；⑥吻合口狭窄造成头臂血管供血不足和血栓形成；⑦由于大量人工材料植入并与血液直接接触，术后感染应引起高度重视。

主动脉夹层术后重点注意事项有：①注意四肢血压比较和防治高血压；②注意观察尿量与保护肾功能；③定期检查神经系统功能；④合并瓣膜置换时注意凝血功能调整。

【预后】

主动脉夹层的自然预后极差，如未经过治疗，急性主动脉夹层约33%在24小时内死亡，50%在48小时内死亡，80%在1周内死亡。约75%死于主动脉破裂。DeBakey Ⅰ型和Ⅱ型急性夹层未经治疗时的1个月生存率约为8%，而DeBakey Ⅲ型急性夹层未经治疗时的1个月生存率则可达75%。治疗由此可见，及时准确的诊断对于急性夹层的治疗是十分重要的。

随着医学的发展，主动脉夹层外科手术治疗和腔内修复治疗效果取得了明显的改善，绝大多数主动脉夹层患者选择了这些方法进行治疗。DeBakey Ⅰ型和Ⅱ型夹层外科手术治疗死亡率为：20世纪90年代中期国外报道急性夹层手术死亡率10%~25%，慢性夹层手术死亡率为10%~15%。稍晚期我国阜外医院的报道急性夹层手术死亡率为6.8%，慢性夹层手术死亡率为1.1%，显著低于国外报道。主动脉腔内修复治疗DeBakey Ⅲ型夹层的历史不长，还不便于确认其远期疗效。但近期疗效十分肯定，近年来国内外文献报道手术死亡率极低。因此，手术和腔内修复治疗效果总体反映了当今主动脉夹层临床治疗的预后。

主动脉夹层术后随访结果发现其5年生存率可高达75%~82%。晚期并发症有主动脉瓣反流、夹层复发、动脉瘤形成和破裂。术后两年内每6个月定期随访复查，尤其是CTA和MRI检查是十分必要的。药物治疗严格控制血压和dp/dt有益于病人的长期生存。

（杨碧波）

第十二章 心血管神经症

心血管神经症（cardiovascular neurosis）是一种以心血管系统症状为主要表现的临床综合征，而临床和病理上均无器质性心血管病变的证据，是属于功能性神经症的一种类型。

【病因和发病机制】

本病确切的病因尚不清楚。多数认为与神经类型、体质、性格、心理、人文及外周自然环境、遗传因素等有关。患者神经类型为弱型，常抑郁、焦虑、忧愁，也可能出现神经精神的大起大伏，具有不稳定性；性格常内向、孤僻，对外周事物关心不足，但对自身的生活、健康特别关注；有一定的家族倾向。长期的精神紧张、工作生活压力过大、突发强烈精神刺激等外部因素可能诱发或促使患者发病。某些躯体疾病、内分泌功能失调、交感与副交感神经平衡失调与发病有密切的相关性。

【临床表现】

多数为中、青年，年龄在20～50岁，女性多于男性，尤其是更年期女性更常见。

临床表现的特点是：主诉多、变化快，主观症状多但无客观证据，除具有心血管症状外，常涉及多系统或器官，难以相互关联。患者常有长时间、多种药物或手段治疗，但效果不佳。

（一）症状

1. 心悸 自觉心脏搏动增强，常在疲劳、紧张时加重，部分患者可有心动过速、心动过缓或期前收缩。

2. 胸闷 为最常见症状，常自诉空气不足，愿开窗或到户外。常通过叹气样呼吸或深呼吸动作可缓解或减轻症状。部分患者因过度换气而出现眩晕、四肢麻木、搐搦等呼吸性碱中毒表现。

3. 胸痛 常在休息、疲劳或情绪激动后发生，部位不固定，多数在心前区，且患者可明确指出疼痛部位。性质呈刺痛、跳痛、刀割样痛，持续时间长短不一，但一般都较长。也可为长期持续隐痛。疼痛发作时多数不影响活动，硝酸甘油无效或数十分钟后症状缓解。

4. 自主神经功能紊乱症状 多数患者常伴有乏力、多汗、手足出汗发凉、头晕、多梦、失眠、食欲下降、四肢发麻、便秘或腹泻等，个别患者可有低热。

（二）体征

多数患者没有相关的有病理性阳性意义的体征，常有心动过速或心动过缓、心音增强、偶发期前收缩、血压轻度升高、腱反射活跃、轻度体温升高等，但此类体征不能解释患者主诉的症状。

（三）实验室检查

心电图多数正常，个别可有窦性心律不齐、过速或过缓，Ⅱ、Ⅲ、aVF导联可伴有轻度非特异性ST-T改变，此类改变常长期存在，部分患者普萘洛尔（心得安）试验可逆转此类改变。其他检查，如X线检查、超声心动图、心脏核素、血液常规及生化检查均无特异性阳性发现。

【诊断及鉴别诊断】

根据上述临床症状，伴以体征及相应实验室检查的阴性结果，作出本病的初步诊断并不困难。由于此类患者常伴有焦虑、抑郁，对疾病存有疑虑甚至恐惧，因此对此病的诊断要特别慎重，避免将本病误诊为器质性心脏病，以增加患者不必要的痛苦。但也必须在排除器质性心脏病后才能作出最终诊断。

此外，在考虑患者为本病时，必须参考患者的社会、人文、生活、家庭等多种外部因素综合分析。

鉴别诊断：

1. 心绞痛 多数心血管神经症患者具有类似冠心病心绞痛的症状，但冠心病心绞痛患者多数有高血压、糖尿病、高血脂、吸烟等危险因素，心绞痛发作有明确的诱因，如体力劳动、运动等，发作时患者相对安静，疼痛部位较固定，持续时间一般不超过3～5分钟，口含硝酸甘油可在数分钟内缓解症状，心电图可有一过性缺血性 ST-T 改变，运动心电图可呈阳性。必要时作心肌核素、冠脉 CT 或冠状动脉造影可以鉴别。

2. 甲状腺功能亢进症　由于甲亢患者常有心悸、气短、胸闷等症状，需与其鉴别。但甲亢患者具有甲状腺肿大、颈部血管杂音、怕热、消瘦等典型甲亢表现，鉴别不困难。血清 T_3、T_4 测定可做出明确诊断。

3. 心肌炎　患者可有心悸、心动过速、胸闷等症状，与心血管神经症鉴别的主要点为心肌炎患者可出现心律失常、心音减弱、奔马律，严重者有心脏扩大、心力衰竭等表现。心肌损伤标志物（+），病原学检查，例如血清病毒中和抗体滴定度，有辅助诊断价值。

4. 二尖瓣脱垂综合征　二尖瓣脱垂可以有很多症状酷似心脏神经官能症，但在二尖瓣脱垂常可听到收缩期喀喇音和收缩期杂音，超声心动图检查常可做出明确诊断。

【治疗】

心血管神经症的治疗原则是以心理治疗为主，药物治疗为辅。

医护人员必须对病人抱有真挚的感情，关怀和体贴患者，要取得患者的信任和合作。耐心作好患者的解释工作，使其了解本病的性质，并相信无器质性心血管病存在，解除其顾虑。应与家属密切配合，去除与患者发病相关的各种不良因素，改善生活和工作环境。

积极鼓励患者合理安排生活及工作，加强劳逸结合，适当参与体育、文娱活动，调整心态，增强自信心。

酌情给予镇静剂、抗焦虑或抗抑郁药物。伴有早搏、心动过速等高动力循环状态患者可选用 β 受体阻滞剂。症状严重的更年期或绝经期妇女患者，可给予短期雌激素替代治疗，以缓解临床症状。

（毛节明）

参考文献

[1] 陈灏珠，林果为主编. 实用内科学. 第 13 版. 北京：人民卫生出版社，2009.

[2] 陆再英，钟南山主编. 内科学. 第 7 版. 北京：人民卫生出版社，2008.

[3] 王海燕主编. 内科学. 第 1 版. 北京：北京大学医学出版社，2005.

[4] 陈灏珠主编. 实用心脏病学. 第 4 版. 上海：上海科学技术出版社，2007.

[5] 陈文彬，潘祥林主编. 诊断学. 第 7 版. 北京：人民卫生出版社，2009.

[6] Eric J Topol. 霍勇、王伟民、高炜主译. 介入心脏病学. 第 5 版. 北京：北京大学医学出版社，2010.

[7] Braunward E, Libby P, Kasper D. L. et al. Heart Diseases: the textbook of cardiovascular medicine. 8th ed. Philadelphia: WB Saunders, 2008.

[8] Fauci A. S., Braunward E, Kasper D. L. et al, Harrison's Principle of Internal Medicine, 17th ed. Mc Grow, Hill, 2008.

[9] 中华医学会心血管分会等. 急性心力衰竭诊断和治疗指南. 中华心血管杂志，2010，38（3）：195-208.

[10] 中华医学会心血管分会等. 慢性心力衰竭诊断和治疗指南. 中华心血管杂志，2007，35（12）：1076-1095.

[11] 中华医学会心血管分会等. 中国高血压防治指南（2009 基层版）. 中华高血压杂志，2010，18（1）：11-30.

[12] 中华医学会心血管分会等. 慢性稳定性心绞痛诊断治疗指南. 中华心血管杂志，2007，35（3）：195-206.

[13] 中华医学会心血管分会等. 急性心肌梗死诊断和治疗指南. 中华心血管杂志，2001，29（12）：195-208.

[14] 中华医学会心血管分会等. 不稳定性心绞痛和非 ST 段抬高心肌梗死诊断和治疗指南. 中华心血管杂志，2007，35（4）：295-304.

[15] 中华医学会心血管分会等. 经皮冠状动脉介入治疗指南（2009）. 中华心血管杂志，2009，37（1）：4-25.

[16] 中华医学会心血管分会等. 心肌病诊断和治疗建议. 中华心血管杂志，2007，35（1）：5-16.

[17] 中国成人血脂异常防治指南制订联合委员会. 中国成人血脂异常防治指南. 中华心血管杂志，2007，35（5）：390-419.

[18] 中华医学会心血管分会等. 胺碘酮抗心律失常治疗应用指南（2008）. 中华心血管杂志，2008，36（9）：769-777.

[19] ACC/AHA 2008 guideline update on valvuar heart disease: focused update on infective endocarditis: a report of the ACC/AHA task force on practice guidelines: endorsed by the Society of Cardiovascular Anesthesiologists, Society for Cardiovascular Angiography and Interventions, and Society of Thoracic Surgeons. Circulation, 2008, 118 (8): 887-896.

第四篇　消化系统疾病

第一章 总　　论

消化系统疾病包括食管、胃、肠、肝、胆、胰和腹膜等器官的器质性和功能性疾病。临床上十分常见，几乎每人一生中都会罹患某种消化系统疾病。特别是消化系统恶性肿瘤患病率较高，据我国卫生部门统计，消化系统恶性肿瘤患者死亡人数占全身所有恶性肿瘤患者的70%以上，其中，肝、胃、食管和大肠恶性肿瘤的死亡率均居前五位。消化系统疾病严重影响着我国人民身体健康和生活质量，给社会造成了极大负担。

近30年来，随着科学技术发展，对消化系统疾病的病因、发病机制、诊断方法和治疗方法的研究已取得飞速进步；消化内镜诊断和治疗技术的发展，在临床上发挥了越来越大的作用；H_2受体拮抗剂和质子泵抑制剂的应用，以及幽门螺杆菌（H. pylori）致病作用的发现，使消化性溃疡的治疗发生了革命性变化；消化系统恶性肿瘤的早期诊断及临床筛查逐渐程序化提高了患者的生存率；功能性胃肠病的罗马分类标准得到了建立和应用；胃食管反流病、Barrett食管以及与食管腺癌发生的关系日益受到重视；胃肠激素和胃肠动力学的研究已为消化系统疾病的诊断和治疗提供新方法；乙型病毒性肝炎疫苗的应用和抑制肝炎病毒复制药物的应用降低了人群HBsAg阳性率和慢性乙型病毒性肝炎患者肝硬化和原发性肝癌的患病率；肝移植在国内已开展较普遍，一年生存率达80%。生命科学的基础研究成果带来了消化系统疾病诊断和治疗革命。

【消化系统结构及功能特点】

（一）消化系统结构特点

整个消化道为中空器官，管壁的基本结构分为四层：黏膜层、黏膜下层、肌层和浆膜或外膜层。

食管长约20~25cm，自门齿至食管上端约15cm，至贲门口长约40cm。胃食管连接区（EGJ）是食管最重要和最复杂的区域，齿状线（Z线）为粉红色食管鳞状上皮与红色胃黏膜柱状上皮连接处，食管下括约肌（lower esophageal sphincter, LES）为贲门处肌肉变厚处，此处功能异常与反流性食管炎及贲门失弛缓症的发病有重要联系。食管无浆膜，只有纤维结缔组织构成的外膜。

胃呈囊袋状，胃底和胃体部黏膜迂曲，上皮为单层柱状上皮，含有分泌黏液的黏液细胞，分泌胃酸和内因子的壁细胞，分泌胃蛋白酶的主细胞，以及主要分布在胃窦处分泌胃泌素的G细胞等。胃角为胃溃疡的高发部位。

小肠为长约5m的弯曲管道，十二指肠约25cm，空肠约2m，回肠约3m。小肠表面皱襞有很多微绒毛，其表面积总共近似足球场大小，细胞更新较快。绒毛和肠腺上皮主要有以下几种细胞：吸收细胞、杯状细胞、Paneth细胞、各种内分泌细胞和丛状细胞等。黏膜下层有复杂的淋巴管网、动静脉网和神经节细胞与神经纤维组成的黏膜下神经丛。内环肌和外纵肌间有肌间神经丛。

大肠长约1.5m，包括阑尾、盲肠、升结肠、横结肠、降结肠、乙状结肠、直肠和肛门内壁皱襞少较光滑，无绒毛。表面上皮由吸收细胞和杯状细胞组成，仅盲肠和升结肠有少量Paneth细胞。单层柱状上皮在肛门括约肌处移行为皮肤鳞状上皮。黏膜下结构与小肠相同。环行肌和纵行肌之间有丰富的肌间神经丛。除横结肠和乙状结肠外，其余肠壁均无完整的浆膜包裹。结肠癌多发在直肠和乙状结肠，肠结核和克罗恩病多发生在回盲部或回肠末段。

肝是体内最大的器官，重量达1200~1500g，占体重的1/50，是代谢、转化和免疫功能的重要器官。肝血运丰富，达1500ml/min，其中75%血供来自门静脉，25%来自肝动脉。而肝癌血供有70%~80%来自肝动脉，临床上肝动脉栓塞治疗，使栓塞后肿瘤发生坏死，而对正常肝组织影响较小。

肝小叶是肝实质内肝功能单位。肝小叶内肝细胞排列成肝细胞板（肝板），以中央静脉为中心呈放射状排列，肝板之间为血窦。肝小叶周围的一层环形肝板为界板。相邻肝小叶间的三角形或椭圆形区域为汇管区，主要由小叶间静脉、动脉和胆管组成，此外还有小淋巴管和神经纤维穿行。肝腺泡的概念不同于肝小叶，以汇管区的三联管各发出一支终末管道为中轴，两端以中央静脉为界。血流从肝腺泡的小叶间动静脉终末枝向腺泡周缘的中央静脉流动，胆汁则从腺泡周缘向小叶间胆管流动。据血液供应多少分为1、2、3带：1带相当肝小叶周围带，供氧最丰富，再生能力和抗损害能力较强；3带位于中央静脉一侧，血供最差，是药物代谢解毒的重要场所，最易受缺氧及药物的损伤；1带和3带之间为2带。

肝内的非实质细胞包括：①肝窦内皮细胞：位于在肝窦血流和Disse腔之间，胞浆中有许多网孔，蛋白质等自由地由肝窦流入Disse腔进行物质交换，一旦病理情况使网孔闭塞，内皮细胞形成连续的基底膜，Disse腔变狭窄，发生肝窦毛细血管化，则肝窦通透性下降，肝功受损，肝内血流阻力增加；②Kupffer细胞：为肝内巨噬细胞，能清除细菌、病毒、内毒素，并能分泌TNF-α等多种细胞因子；③肝星形细胞：即储脂细胞或Ito细胞，激活后产生多种细胞因子并合成胶原，使肝纤维化。④Pit细胞：是肝窦内的自然杀伤细胞，能抵御肿瘤、清除肝细胞内病毒。

胆道系统可分为胆囊、胆囊管、肝管、肝总管、胆总管和胆胰管壶腹。肝内胆汁经肝内胆小管逐渐汇集到较粗的胆管，再经左右肝管流入肝总管，经胆囊管、胆囊颈进入胆囊，加以浓缩，生理需要时胆囊收缩，胆汁再经胆囊颈、胆囊管进入胆总管，与胰胆管汇合经胆胰管壶腹进入十二指肠。根据胆总管与胰腺、十二指肠间的关系，可将胆总管分为十二指肠上部、十二指肠后部、胰腺部和十二指肠部。

胰腺为扁长的三角形器官，长约12~20cm，宽3~4cm，位于上腹部和左季肋部的腹膜后，无真正的包膜。分为胰头、胰颈、胰体和胰尾部，各部间无具体界限，头部位于腹中线右侧，体尾在腹中线左侧直至脾门，下缘相当腹中线脐上5cm处，除非有肿大，体检不易触摸到，故临床诊断困难。组织学上胰腺由外分泌部分和内分泌部分组成：外分泌部分主要由腺泡和导管系统组成，腺泡合成、贮存和分泌消化酶，后者经胰腺导管输送入肠管；内分泌细胞分泌多种激素。

（二）消化系统功能特点

1. 消化吸收功能　食物进入消化道经研磨，在胃肠道和胰腺的酶类和胆汁作用下分解为小分子物质，再经肠黏膜将营养物质吸收，经门静脉入肝加工、贮存或利用，达到维持人体生命之能量需要。

2. 运动功能　消化道在胃肠道神经和内分泌功能作用下呈协调性推进管腔内食物移动，营养物质被吸收后，食物残渣经直肠肛门排出。胃肠道运动功能受神经系统、肠神经系统和内分泌系统多重调节。自主神经接受中枢神经调控，而肠神经系统独立行使功能，仅部分受中枢反射途径起作用，故肠神经系统又称为肠之脑。胃肠多肽类物质，如胃动素等也影响胃肠运动。

3. 分泌功能　消化系统的分泌功能包括外分泌和内分泌功能，在消化系统的消化、吸收和运动功能中起重要作用。外分泌功能主要包括胃、肠和胰腺分泌的各种消化酶，肝分泌的胆汁，胃分泌的胃酸和内因子等。消化道和胰腺还有大量内分泌细胞，分泌多种小分子多肽类物质，以内分泌形式调节自身和远处靶器官功能，这类物质统称为脑肠肽。

4. 免疫功能　消化道两端与外界相通，每日食进大量含抗原、细菌及有毒物质，但胃肠道可通过其黏膜表面生理结构和胃肠道免疫体系来抵御外来有害物质对机体的损害。肠道集合淋巴结（Peyer结）、上皮内淋巴细胞和黏膜固有层淋巴细胞等构成了胃肠道免疫体系，这些免疫细胞有胃肠肽受体，也接受脑肠肽的影响和调节。肝Kupffer细胞在吞噬来自肠道抗原、细菌及有毒物质方面也起着重要作用，Pit细胞还有抵御肿瘤细胞的作用。

5. 代谢功能　肝是人体最重要的代谢器官，是人体最大"化工厂"。糖、蛋白质、脂肪、维生素、胆红素和体内产生的有毒物质等均通过肝复杂的促酶反应进行分解、合成、结合、转运或排泄，以维持机体日常生命活动。

【消化系统常见疾病的临床特点】

消化系统疾病较多，病因复杂，在临床工作中，习惯将消化系统疾病分为器质性疾病和功能性疾病两类。器质性疾病包括炎症、溃疡、肿瘤、外伤、血管病变、先天性和遗传性疾病等；功能性疾病病因未明，与神经精神因素较密切。随着社会发展，科学技术进步，消化系统疾病谱正逐渐发生变化，如消化性溃疡患病率逐渐减少，克罗恩病、炎症性肠病、胃食管反流病和功能性胃肠病等疾病的患病率有增加趋势；胃癌患病率有减少趋势，而结肠癌、食管腺癌和胰腺癌有增加趋势。

消化系统器官分布于胸腔、腹腔和盆腔，与许多其他系统器官相邻，故疾病的表现往往特异性不强，如消化系统疾病不仅可表现为消化系统本身的症状或体征，也可表现为其他系或全身性症状或体征，而其他系统疾病也会出现消化系统疾病的表现。因此，认真细致收集临床资料，结合实验室辅助检查，进行全面分析综合，方能对消化系统疾病做出正确诊断。本节概述消化系统各器官的主要疾病和临床特点。

（一）**食管疾病**

主要疾病主要有胃食管反流病、食管裂孔疝、食管癌、贲门失弛缓症、贲门撕裂综合征（Mallory-Weiss 综合征）及门静脉高压症导致的食管静脉曲张等。主要症状有烧心、反酸、胸骨后疼痛、反食、嗳气、吞咽困难、呕血、异物感、声音嘶哑、咽喉部疼痛不适、哮喘和慢性咳嗽等。食管疾病体征多不明显。

（二）**胃、十二指肠疾病**

主要疾病有急性胃炎、慢性胃炎、消化性溃疡、功能性消化不良、胃癌、胃黏膜相关淋巴样组织（mucosa-associated lymphoid tissue，MALT）淋巴瘤、胃黏膜下恒径动脉破裂（Dieulafoy 病）和十二指肠炎等，主要症状有上腹疼痛、恶心、呕吐、呕血、黑便、胀满不适、早饱和厌食等。主要体征有上腹部压痛、上腹部包块和振水音等。

（三）**小肠疾病**

主要疾病有急性肠炎、克罗恩病、肠结核、肠血管畸形和发育不良、急性出血坏死性肠炎、蛋白丢失性肠病、小肠梗阻、小肠良恶性肿瘤、肠扭转、肠套叠等。主要症状有脐周痛、腹胀、腹泻、糊状或水性便、果酱样便、大便含不消化食物等。主要体征有腹部压痛、反跳痛和肿块等。

（四）**大肠疾病**

主要疾病有痢疾、肠易激综合征、溃疡性结肠炎、阑尾炎、结肠癌、结肠息肉、功能性便秘等。主要症状有一侧或双侧腹痛、腹泻、便秘、腹泻与便秘交替、黏液脓血便、便血、里急后重和发热等。主要体征有腹部压痛和腹部肿块等。

（五）**肝脏疾病**

主要疾病有各型病毒性肝炎、脂肪肝、自身免疫性肝炎、原发性胆汁性肝硬化、肝硬化、肝脓肿、原发性和转移性肝癌、肝性脑病、肝囊肿、肝血管瘤、Budd-Chiari 综合征、Wilson 病、血色病等。常见症状有肝区不适或疼痛、食欲不振、乏力。主要体征有肝大、肝区压痛或叩痛、黄疸，以及门静脉高压症的体征，如脾大、腹水和腹壁静脉曲张等。

（六）**胆道疾病**

主要胆道疾病有胆囊炎、胆石症、胆管癌、胆道蛔虫症、胆囊癌、胆管癌、胆囊良性肿瘤、先天性胆管扩张症、原发性硬化性胆管炎等。主要症状有右上腹疼痛、恶心、呕吐、发热。主要体征有黄疸、胆囊区触痛和叩痛等。

（七）**胰腺疾病**

主要疾病有急性胰腺炎、慢性胰腺炎、胰腺癌、胰腺内分泌肿瘤等。主要症状有上腹疼痛、腹泻，以及胰腺分泌障碍导致的代谢紊乱。主要体征有上腹部包块、压痛和反跳痛、黄疸和无痛性胆囊肿大等。

(八) 腹膜、肠系膜疾病

主要疾病有原发性或继发性腹膜炎、肠系膜淋巴结炎、结核性腹膜炎、腹膜原发或转移肿瘤、肠系膜缺血性疾病、网膜扭转和网膜囊肿等。主要表现有腹痛、腹部压痛和反跳痛、腹壁肌紧张和腹壁柔韧感等。

【消化系统疾病实验室和辅助检查】

(一) 实验室检查

常规血液检查可反映是否存在脾功能亢进、贫血、感染等；尿常规可反映肝疾病、糖尿病、胆道梗阻等；大便常规能反映肠道感染、寄生虫，潜血可反映消化道出血、恶性肿瘤等；肝功能检查是一组综合分析资料，ALT、AST可反映肝细胞受损程度，胆红素可反映肝细胞功能和胆道有无梗阻，白蛋白可反映肝脏合成功能；靛青绿试验可反映肝摄取及清除功能；淀粉酶、脂肪酶可反映胰腺炎症；血清病毒性肝炎标志物检查可确定病毒性肝炎类型；体腔液体检测有利于鉴别感染、肿瘤、结核。分子生物学在诊断方面的应用也日益广泛，可检测各种病原学微生物、先天性疾病基因和肿瘤基因。此外，还有胃分泌功能、壁细胞抗体、小肠和胰腺分泌功能试验等。人体功能极为复杂，难以通过实验室某项指标完全确定，临床医生必须进行综合分析，才能做出评价。

病理组织学检查能对疾病做出最终诊断，常用的有消化道黏膜、肝、胰腺和腹膜活检等组织学检查。

(二) 超声检查

超声诊断成像原理是利用超声波在人体不同组织中传播的特性和差异。对腹腔实质性器官的占位性疾病诊断准确率高，可重复检查，无损伤，并可指导穿刺治疗。主要用于显示肝、胆、胰和脾的大小和形态的改变；肝内恶性肿瘤、囊肿、脓肿、血管瘤、包虫病的部位和大小；胆囊和胆道的结石、息肉和肿瘤；胰腺的肿瘤、囊肿，胰管的扩张和梗阻部位；腹水定量、腹腔内血管和淋巴结等情况；胃肠道内的较大肿物等。

(三) 内镜检查

内镜检查已有200多年历史，已从硬式内镜、半曲式内镜和光导纤维内镜发展到电子内镜。胃镜、十二指肠镜、小肠镜和结肠镜，可用于观察消化道管腔黏膜炎症、溃疡、肿瘤、血管异常等，并可取活检行组织病理学检查。内镜下逆行性胰胆管造影检查（ERCP）可间接显示胆胰管系统的结构和疾病。胆道镜和胰管镜经十二指肠分别进入胆道和胰管内，观察胆胰系统病变。腹腔镜可观察肝、脾、腹膜网膜病变。此外，超声内镜、放大内镜、色素内镜、红外线内镜、荧光内镜、彩色多普勒内镜、胶囊内镜等新技术的应用极大地提高了消化内镜的诊断价值。超声内镜检查（endoscopic ultrasonography，EUS）是内镜检查术和腔内超声的结合，既可在直视下观察消化道黏膜病变，又可通过超声了解消化道管壁结构、黏膜下病变的性质和大小，以及与周围器官的关系。超声穿刺内镜在内镜头端的超声探头实时超声监控下，使用专用穿刺针准确穿刺至消化道壁内及壁外的靶组织，然后通过穿刺针抽吸病变组织进行细胞病理学检查、注射药物和放置引流管治疗胰腺囊肿等疾病的一项技术。用于消化道管壁内疾病、纵隔、肺和胰腺部位病变的病理诊断及治疗。

胶囊内镜检查仅需吞服药丸大小胶囊内镜，后者在消化道内移动并不断传送出消化道黏膜图片，具有无痛苦优点，适合于小肠病变的观察。放大内镜和色素内镜和电子色素内镜的应用提高内镜分辨率和观察效果，可发现消化道肿瘤的癌前病变和早期微小病变。

仿真内镜（virtual endoscopy）是将螺旋CT和MRI容积数据经计算机处理后获得的类似于内镜检查的体内管腔的三维或动态影像，对内镜难以到达的小肠检查尤其有价值。

(四) X线检查

消化系统X线检查仍然是诊断胃肠道疾病的重要方法。腹部平片方法简单，并能在短时间内做出诊断，是诊断腹部空腔器官穿孔和肠梗阻的首选方法。腹部透视检查可观察膈肌运动和胃肠蠕动。消化道钡剂造影检查可观察消化道蠕动情况和腔内病变。造影检查主要有以下几种：①钡剂造影检查：消化道疾病造影检查主要用钡剂作为对比剂，钡剂造影检查可显示消化道内腔病变，气钡双对比造影法可显示胃肠道的细微结构。②口服胆囊造影和静脉胆系造影的诊断价值有限，目前已很少应用。③经皮肝穿刺胆管造影检查主要用于诊断胆道梗阻的部位、原因并可同时进行引流。④内镜逆行胰胆管造影检查是在十二指肠镜下将导管经十二指肠乳头插入胆总管和胰管内注射对比剂，对诊断胰腺和胆管病变有较大价值。⑤腹腔动脉造影对诊断肝占位病变和胃肠道血管病变有较大价值。数字减影血管造影技术（DSA）除可较好地显示血管造影的动脉期外，还可显示实质期和静脉期血流动力学变化。由于 DSA 的背景减影，其图像质量比传统血管造影清晰。

(五) X 线计算机断层显像 (CT)

CT 比 X 线平片具有更好的分辨力，而且断层影像可避免重叠投影对诊断信息带来的丢失，比 X 线平片检查更精细、全面和准确。腹腔器官 CT 检查不仅可用于肿瘤、囊肿、脓肿和结石等的诊断，还可了解肿瘤有无外侵及其程度，同周围器官及组织间的关系，有无淋巴结转移和远处器官转移等。此外，对脂肪肝、肝硬化、胰腺炎等也有重要诊断价值。CT 检查方法有：不用增强扫描和造影扫描的平扫 CT；扫描前由静脉注入碘对比剂后所进行的对比增强 CT，可以增加病变组织与正常组织间的密度差异，更准确地对疾病做出诊断；造影 CT 指先作器官或结构的造影，然后再行扫描；螺旋扫描 CT 有成像时间快、连续性容积扫描和采样等优点，已被广泛应用。

(六) 磁共振显像

磁共振显像（magnetic resonance imaging，MRI）与其他影像技术相比有许多优点：无电离辐射；能清楚显示解剖结构和病变形态；能进行轴、冠、矢状位以及任何倾斜方位的层面的多方位成像；多参数成像，通过分别获取 T1 加权像（T1 weighted image）、T2 加权像（T2 weighted image）、质子密度加权像（proton density weighted image）等，取得组织之间、组织与病变之间的信号对比；还能进行功能、组织化学和生物化学方面的研究。MR 胆胰管造影（MRCP）能够无损伤地显示胆道系统，不用对比剂，多方位图像，可用于不适于作 ERCP 的患者，已逐渐成为胆道系统检查主要手段之一。磁共振血管造影（MRA）可用于测量血流速度和方向，已广泛应用于大、中血管病变的诊断。MR 门静脉造影对诊断肝硬化门静脉高压所致门静脉海绵样变及评价分流术后血管是否通畅效果极佳，可代替有创性门静脉造影。从静脉注入顺磁性物质如超顺磁性氧化铁对比剂后行 MRI 造影增强检查，可提高 MRI 的诊断价值。

(七) 核素检查

消化系统放射性核素检查是将放射性核素标记在某种药物或食物上，经静脉或口服到达消化系统的靶器官，来反映靶器官的形态和功能变化。消化系统放射性核素检查主要有尿素呼气试验、脂肪酸呼气试验、胃食管反流和十二指肠胃食管反流的测定、胃排空测定、胃黏膜异位（如 Barrett 食管、Meckel 憩室）判定、消化道出血部位的确定、肝占位性病变的定位和定性诊断。肝胆系统的动态显像，可了解肝排泄功能、胆道通畅程度和胆囊浓聚胆汁功能的变化。

正电子射线断层检查（positron emission computerized tomography，PET）是一种无创性探测生命元素的生理、生化代谢的显像技术。所使用的放射性元素，如 ^{11}C、^{14}O、^{13}N、^{18}F 等都是人体重要组成成分，它们所标记的化合物并不改变生命大分子的代谢特性。此外，由于这些放射性核素半衰期非常短，使用较大剂量可获取高质量影像而辐射量仍很低，主要用于阐明消化系统器官功能变化，及肿瘤的定位、分级、分期、疗效监测和指导治疗。PET 对肿瘤检查的敏感性高于单光子发射计算机断层扫描（SPECT）。用于肿瘤显像的显像剂有很多种，如 ^{18}氟-脱氧葡萄糖（^{18}F-FDG）、^{11}C-胆碱、^{11}C-蛋氨酸、^{11}C-酪氨酸、^{11}C-胸腺嘧啶和 ^{11}C-乙酸等。其中以 ^{18}F-FDG 最常用，它提供的是靶组织的糖代谢信息。

(八) 功能检查

消化系统功能检查主要包括消化系统器官的吸收、分泌和运动功能检查。

1. 分泌功能检查 胃酸分泌测定是测定基础状态和五肽胃泌素刺激后胃壁细胞的胃酸分泌量，

对消化性溃疡、Zollinger-Ellison 综合征的诊断和鉴别诊断有重要价值。胃泌素、血管活性肠肽和胰泌素等胃肠激素的测定主要用于消化系统内分泌肿瘤的诊断。测定胰腺外分泌功能的试验有血清中各种胰酶测定、胰泌素试验、Lundh 标准餐试验、N-苯甲酸-L-酪氨酸-对氨基苯甲酸（BT-PABA）试验等。

2. 吸收功能检查　测定小肠吸收功能的试验有粪便脂肪测定、维生素 B_{12} 吸收试验、D-木糖吸收试验等。

3. 运动功能检查　对胃肠道运动障碍性疾病的诊断有较高价值。常用方法有：食管、胃、胆道、直肠肛门压力测定；食管排空、胃排空和胃肠通过时间测定；食管和胃内 pH 和胆汁动态测定；胃电图、直肠电和盆底肌电图检查等。

（九）剖腹探查

对通过各种检查仍不能确诊而又怀疑腹腔器官有器质性疾病时可考虑剖腹探查。

临床上诊断方法甚多，应根据患者的临床表现和初步诊断制订不同检查计划，其原则为由简单至复杂，由一般常用至特殊，由无创至有创，由价廉至昂贵。

【消化系统疾病的防治】

消化系统不同部位和不同疾病的病因、发病机制、病理生理变化和预后不完全相同，治疗方法亦不尽相同，但也有较多的共同处理原则。由于许多疾病的病因仍不十分清楚，尚缺乏特殊治疗方法，因此，消化系统疾病的治疗多为综合治疗。必须认识到，随着科学技术的发展和对消化系统疾病的认识不断深入，其治疗原则和方法也在不断发展。

（一）饮食和营养

消化系统主要是完成对食物的摄取、消化、吸收、代谢和排泄功能，当其发生疾病时，必然影响上述功能的完成。因此，饮食和营养在消化系统疾病治疗中占相当重要地位。当消化系统的功能减退或障碍时，适当控制饮食可减轻消化系统的负担。肝硬化大量腹水和严重水肿时，应适当控制水、钠摄入，肝昏迷时应严格限制蛋白质的摄入。当发生严重呕吐、胃肠道完全梗阻、消化道大出血、严重胆胰疾病时和进行消化道疾病外科手术和内镜治疗后，短期完全禁食或胃肠减压是必需的。

由于消化系统疾病本身可使营养物质摄入不足或吸收不良，再加上限制饮食或完全禁食、禁水，必然会导致全身营养障碍和水、电解质和酸碱平衡紊乱，故营养支持疗法相当重要。注意给予高营养而易消化吸收的食物，必要时静脉补液及补充营养物质，有时甚至需要全胃肠外营养。

（二）精神心理治疗

大多数功能性胃肠病和某些器质性消化系统疾病在疾病的发生和发展过程中，精神因素占有重要地位。应激、紧张、劳累、生活规律紊乱等可诱发或加重功能性胃肠病和部分器质性消化系统疾病，而患有严重的消化系统器质性疾病的患者，常常伴有不同程度的心理障碍。因此，精神心理治疗在消化系统疾病的治疗中相当重要。向患者和家属耐心解释病情，介绍疾病有关知识，消除紧张心理，树立治疗疾病的信心可使多数功能性胃肠病患者的病情部分或完全缓解。必要时给心理治疗和适当使用镇静剂等，还要教育患者注意劳逸结合、合理安排作息生活。

（三）对症治疗

不同的消化系疾病可有一种或几种不同程度的突出症状，严重时令患者难以忍受或加剧病情发展，如腹痛、恶心、呕吐、上腹部胀满、腹泻和便秘等。因此，在特效治疗开始前或同时，应予以对症治疗，以达到缓解症状、提高生活质量或阻止病情发展的目的。解痉药、镇痛药、止吐药、止泻药、通便药是常用的对症治疗药物。但应尽量在明确诊断和权衡利弊后酌情使用，否则会掩盖或加重病情。

（四）病因治疗

对已明确病因的消化系统疾病应首先予以病因治疗。细菌感染引起的胃肠道、胆道和腹膜等部位的严重的炎症性疾病，应予以抗生素治疗。已经明确幽门螺杆菌为消化性溃疡和胃黏膜相关性淋巴样组织淋巴瘤的主要病因,对幽门螺杆菌相关的消化性溃疡和胃黏膜相关性淋巴样组织淋巴瘤均应进行根除幽门螺杆菌的治疗。对肠结核和结核性腹膜炎患者应予以充分抗结核治疗。戒酒是治疗酒精性肝病的根本方法。慢性乙型和丙型肝炎的各种抗病毒治疗措施亦属于病因治疗。

对病因未明而主要发生机制已明确的某些消化系统疾病的治疗,应针对疾病的主要发生机制,阻断病情发展,促进病情缓解、改善症状和预防并发症的发生。如抑酸药物或促胃肠动力药治疗胃食管反流病,抑酸药或黏膜保护剂治疗消化性溃疡,抑制炎症反应的药物治疗炎症性肠病,降低血氨的药物治疗肝性脑病。

(五) 内镜治疗

内镜治疗已成为许多消化系统疾病治疗的重要方法,部分或完全替代外科手术治疗。常用的内镜治疗方法有胃肠道息肉电凝电切治疗,胃内异物钳取,黏膜下肿物切除,消化道早期肿瘤的内镜黏膜切除,胃肠道出血的内镜治疗,消化道良、恶性狭窄扩张,内镜下支架置放,经内镜胃造瘘,食管静脉曲张圈套结扎,食管静脉曲张硬化剂和胃底静脉曲张的黏合剂注射,反流性食管炎的胃镜贲门缝合治疗,内镜下十二指肠乳头括约肌切开和引流,内镜下胆管取石和支架等。在超声穿刺内镜引导下胰腺囊肿内引流、胰腺癌腹腔神经节阻断等技术已广泛开展。此外,经腹腔镜贲门胃底成形术、胆囊切除和胃肠道早期肿瘤切除等微创治疗已在国内广泛开展。

(六) 介入治疗

超声和X线引导介入治疗也成为部分消化系统疾病治疗的主要方法。常用方法有肝穿刺注射酒精治疗肝囊肿和肝癌,经皮经肝穿刺胆管引流和放置支架治疗梗阻性黄疸,肝动脉插管栓塞治疗肝癌,脾栓塞和经颈静脉肝内门体静脉支架分流术(TIPS)治疗门静脉高压症。

(七) 手术治疗

对内科药物治疗无效或出现严重并发症的疾病,或不适宜行内镜和介入治疗的疾病,外科手术仍然是主要手段。如肿瘤切除、穿孔修补、器质性梗阻切除、内科治疗无效的消化道出血的止血、门静脉高压症的断流或分流和晚期肝病的肝移植等。

(八) 生物治疗

随着生物科学的发展,应用生物来源的制剂或调节人体生物反应的制剂已用来治疗某些消化系统疾病。干扰素、白介素-2、胸腺肽、核苷酸类似物等抗病毒制剂已成为治疗慢性乙型肝炎和慢性丙型肝炎的主要方法。应用抗肿瘤坏死因子α(TNF-α)抗体治疗克罗恩病已取得较好疗效,主要制剂英利昔单抗(infliximab)为小鼠抗TNF-α单克隆嵌合抗体,CD P571为人源性抗TNF-α单克隆抗体,其中英利昔单抗已应用于临床。干扰素、白介素-2、胸腺肽、肿瘤坏死因子等细胞因子和淋巴因子激活的杀伤细胞(LAK细胞)、肿瘤浸润淋巴细胞(TIL细胞)、激活的杀伤性吞噬细胞等免疫效应淋巴细胞已广泛用于辅助治疗消化系统恶性肿瘤。单克隆抗体导向治疗和基因治疗仍处于探索中。

(王邦茂)

第二章 食管疾病

第一节 胃食管反流病

胃食管反流病（gastroesophageal reflux disease，GERD）是一种常见病，是指胃十二指肠内容物反流入食管引起不适症状和（或）并发症的一种疾病，典型症状有烧心和反流，严重者可引起食管炎，甚至咽、喉、气道等食管以外的组织损伤。由于 GERD 与反流相关，因此又称反流性食管炎（reflux esophagitis，RE）。

GERD 可分为以下 3 种类型：非糜烂性反流病（non-erosive reflux disease，NERD），糜烂性食管炎（erosive esophagitis，EE）和 Barrett 食管（Barrett esophagus，BE）。NERD 系指存在与反流相关的不适症状，但内镜下未见食管黏膜破损和 BE。当 NERD 患者的症状与酸反流明显相关，而酸暴露时间正常时，又被称为酸敏感性食管（acid-sensitive esophagus）。EE 系指内镜下可见食管远端黏膜破损。BE 系指食管远端的鳞状上皮被化生的单层柱状上皮所替代，伴或不伴肠上皮化生。

在 GERD 的三种疾病形式中，NERD 最为常见，EE 可合并食管狭窄、溃疡和消化道出血，BE 有可能发展为食管腺癌。目前这三种形式之间是相互独立或相互关联尚存在争议。

胃食管反流病十分常见，西欧和北美 GERD 患病率［至少每周一次烧心和（或）反流］为 10%~20%。我国一项流行病学调查显示，北京和上海地区人群 GERD 的患病率为 5.77%，EE 为 1.92%，发病随增龄而增加，40~60 岁为高峰发病年龄，男女比例约为（2~3）:1。

【病因和发病机制】

正常人可发生生理性胃食管反流，与一过性食管下括约肌松弛（transient lower esophageal sphincter relaxation，TLESR）有关，多发生在进餐后前 3 个小时，持续时间短（24 小时酸反流次数<50 次，24 小时 pH<4 总时间少于 1 小时），不损害食管黏膜，无酸反流症状。病理性胃食管反流指过多的胃十二指肠内容物反流入食管，主要与食管抗反流机制减弱有关。GERD 的主要发病机制是食管抗反流机制减弱和反流物对食管以及食管外组织的损害共同作用结果。

（一）食管抗反流机制减弱

食管抗反流机制主要包括食管抗反流屏障，食管廓清功能和食管黏膜防御功能。

1. **食管抗反流屏障结构和功能异常** 食管抗反流屏障主要由食管下括约肌（LES）、膈肌脚、膈食管韧带和 His 角等组成，其中 LES 功能状态最主要。

LES 是一种特殊平滑肌，构成食管胃连接部的高压带，静息时 LES 压力为 10~30mmHg，能防止胃十二指肠内容物反流到食管。吞咽时，LES 松弛，使食物通过进入胃腔。LES 压力减低或 TLESR 导致胃食管反流的发生。LES 由神经和体液机制调节。如乙酰胆碱、α 肾上腺素受体激动剂、胃泌素、蛙皮素和 P 物质等可增加 LES 压力，而胆囊收缩素、促胰泌素、胰高血糖素和血管活性肠肽等可使 LES 压力减低。此外，某些食物（如巧克力、咖啡、乙醇和高脂肪）、某些药物（如抗胆碱能药物、钙通道阻滞剂、硝酸酯类药物、多巴胺受体激动剂、β 受体激动剂、茶碱类药物、含孕酮的避孕药和安定类药物等）、腹内压增高（如妊娠、腹水、呕吐）和胃内压增高（胃扩张、胃排空延缓）等均可使 LES 压力减低或 TLESR 时间延长，诱发胃食管反流。

膈肌脚纤维组织环绕食管下端，膈食管韧带使食管下端附着于横膈，当其因先天性或后天性原因萎缩或松弛时，食管裂孔松弛增宽，甚至形成食管裂孔疝（hiatus hernia）。食管裂孔疝患者多伴有病理性胃食管反流，而反流性食管炎患者也可能合并有食管裂孔疝。但是，无论是否存在食管裂孔疝，只要 LES 功能正常，患者就不会出现症状。His 角为食管与胃底之间的 70°～80°锐角，从胃腔内观察，此锐角形成活瓣，被称为 Gubaroff 瓣。当胃内压升高时，此瓣可关闭贲门，达到抗反流作用。若 His 角变钝，则抗反流作用减低。

2. 食管廓清功能异常　食管廓清功能是指食管对反流物清除的能力。大多数反流物可被食管推进性蠕动清除，而剩余的酸性物质被唾液中的碳酸氢盐中和，反流物本身的重力作用亦有利于食管廓清。研究发现，GERD 患者食管廓清功能大多异常，廓清时间较健康人延长 2～3 倍。GERD 患者多有食管运动功能失调，但这种现象是反流的原因还是结果，尚未定论。吸烟、高龄、用抗胆碱能药物和干燥综合征可使唾液分泌减少，食管廓清功能减低。夜间睡眠时，反流物失去本身的重力作用，使食管廓清延迟，而抬高头位可减少 GERD 患者夜间反流持续时间。

3. 食管黏膜防御能力减低　食管黏膜防御能力由其解剖结构及其生理功能共同组成。上皮表面黏液层、亲水层和 HCO_3^- 对反流物起中和作用；上皮表层细胞、棘细胞和基底细胞层组成第二道防线，新生上皮细胞可迅速修复黏膜微小损伤；细胞内 HCO_3^- 可中和经由细胞膜和细胞间连接进入的 H^+，再以 H_2O 和 CO_2 的形式移至细胞外；细胞间隙内的 HCO_3^- 亦能防止酸引起的细胞坏死；黏膜血液供应组成上皮后防御功能。研究发现，GERD 患者的食管上皮细胞增生和修复能力较低，特别是老年 GERD 患者更明显。

(二) 反流物对食管和食管外组织的损害

反流物中以胃酸和胃蛋白酶对食管黏膜损害最大。当反流物 pH<2 时，食管上皮蛋白质即可变性，酸暴露的程度与食管黏膜损害的严重性明显相关。胃蛋白酶亦对食管黏膜有损害作用，而且高浓度 H^+ 又可增加胃蛋白酶的活性。近年来研究发现，GERD 患者常有十二指肠液和胃酸混合性反流，在 Barrett 食管患者中更常见。这种混合性反流物对食管黏膜的危害作用更大，胆酸能促使黏膜对 H^+ 的吸收，而非结合胆盐和胰蛋白酶在没有酸的情况下亦可造成食管黏膜损害。当食管上皮反复、长时间暴露于胃酸、胃蛋白酶、胆盐和胰酶中时，食管黏膜发生充血、水肿、糜烂、溃疡，甚至 Barrett 食管。

过多胃食管反流还可导致慢性咽喉部炎症、牙齿酸蚀、哮喘和吸入性肺炎等食管外损害。

【病理】

不同阶段和病变程度的反流性食管炎的病理形态学特征不同。一般将本病分为早期（轻微病变期）、中期（炎症进展及糜烂形成期）和晚期（溃疡形成及炎症增生期）。反流性食管炎早期病变最具特征性，中晚期病变则难与其他类型食管炎相鉴别。①轻微病变期反流性食管炎病理诊断标准：基底细胞增生，其厚度超过黏膜上皮厚度的 15%（正常厚度约为 10%）；固有膜乳头延长，占上皮层厚度的 2/3 以上（正常小于 2/3）。②炎症进展及糜烂形成期：沿食管长轴形成条状糜烂区，也可出现片状糜烂区。组织学检查可见病变区域上皮坏死脱落，形成浅表性上皮缺损；覆盖炎性纤维素膜，其下可见中性粒细胞、淋巴细胞、浆细胞浸润；炎症改变主要限于黏膜肌层以上；还可见到浅表部位毛细血管和纤维母细胞增生，或肉芽组织。③溃疡形成及炎症增生期：食管溃疡呈孤立性、环行性。组织学改变：溃疡经黏膜层、黏膜下层向深层扩展。溃疡表面为渗出性纤维素性物，其下为坏死组织，再下有新生毛细血管、纤维母细胞增生、慢性炎细胞或混有数量不等的嗜中性粒细胞构成的肉芽组织，底部为肉芽组织形成的瘢痕组织。

【临床表现】

GERD 的症状多种多样、轻重不一，既有食管症状，也有食管以外的症状。与反流相关的症状称为反流症状群。典型和常见的反流症状为烧心和反流，其他少见或不典型的相关症状包括以下一种或多种，如上腹痛、胸痛、嗳气、腹胀、上腹不适、咽部异物感、吞咽痛、吞咽困难等，此外还有食管外症状，如慢性咳嗽、咽喉炎、哮喘等。

1. 烧心（heartburn）　指胸骨后或剑突下烧灼感，是 GERD 最常出现的症状，占 58%～86%。常发生于餐后 30～60 分钟，进食酸性食物、粗糙食物、酒、咖啡、甜食等均易引起发作。进食后仰卧位、弯腰、用力亦可诱发。病史长的患者，食管黏膜因慢性炎症而增厚，烧心症状反会减轻。

2. 反流（regurgitation） 指胃内容物在无恶心和不用力的情况下向咽部或口腔方向流动的感觉。酸性胃内容物反流到咽喉及口腔，严重者可表现为吐酸。伴随有十二指肠胃食管反流时，反流物可含有胆汁，此时患者可有口苦。

3. 胸骨后痛（retrosternal pain） 发生于胸骨后、剑突下或上腹部剧烈刺痛，可放射到肩、背、上肢、颈、下颌等部位。机制未明，通常由烧心发展而来，可能与酸性反流物刺激食管黏膜神经末梢有关。如伴随反流症状不明显时，易与心绞痛相混淆。

4. 吞咽困难（dysphagia） 近半数患者有吞咽困难症状。早期患者可能为食管炎症引起的食管痉挛所致，病史长的患者则可能由食管溃疡性炎症所遗留的瘢痕狭窄引起，此时烧心和反酸症状可因食管腔狭窄而减轻。

5. 哮喘（asthma） 哮喘与 GERD 密切相关，互为因果。约半数以上支气管哮喘患者同时存在胃食管反流病。已经证实，胃食管反流可导致支气管哮喘，发生机制可能与胃酸刺激咽喉部和食管下段化学感受器，导致喉头和支气管痉挛有关。支气管哮喘亦可诱发和加重 GERD，可能与支气管痉挛时肺过度充气、膈肌下降和使用支气管解痉剂等原因导致 LES 功能降低有关。GERD 合并支气管哮喘的临床特点为哮喘发作无季节性，多发生于夜间，可同时合并其他胃食管反流症状和慢性咳嗽，可被抗反流药物部分或完全缓解，动态食管 pH 监测可发现胃食管反流先于哮喘发生。成人发生的内源性哮喘和呼吸睡眠暂停、婴幼儿反复发作的哮喘和肺炎均可能与 GERD 有关，严重的胃食管反流导致的误吸也可能引起"儿童猝死综合征"。

6. 其他症状 长期咽部不适、疼痛和异物感，声音嘶哑，牙齿酸蚀，多涎和口臭等食管外表现可能与胃食管反流有关。此外 GERD 患者可同时伴发有轻重不等的嗳气、上腹部不适、胀满等上消化道症状。

【并发症】

1. 出血（hemorrhage） 严重 GERD 患者可因食管黏膜广泛糜烂和溃疡导致轻重不等的消化道出血。轻者表现为粪隐血实验阳性、黑便、慢性缺铁性贫血或偶发少量呕血。严重者可发生大量呕血和失血性休克。

2. 食管狭窄（esophageal stenosis） 严重反流性食管炎可因食管黏膜糜烂、溃疡使纤维组织增生和瘢痕形成，最终导致食管狭窄。食管裂孔疝并发的反流性食管炎常并发食管狭窄，多发生在食管下段。患者随吞咽困难加重，而反酸和烧心症状逐渐减轻。

【实验室和其他检查】

(一) 上消化道内镜检查

由于我国是胃癌和食管癌高发国家，因此已广泛开展内镜检查。对拟诊患者一般先行内镜检查，特别是症状发生频繁、程度严重、伴有报警征象或有肿瘤家族史的患者，或患者自身希望行内镜检查时。上消化道内镜检查有助于确定有无反流性食管炎以及有无合并症和并发症，如食管裂孔疝、食管炎性狭窄、食管癌等，有助于 NERD 的诊断。与先行诊断性治疗相比，先行内镜检查能有效缩短诊断时间。研究证实有反流症状的 GERD 患者可能间断性地出现食管黏膜破损，大多数患者反流性食管炎的严重程度在 20 年内不会加重。GERD 有多种内镜分级标准如 Savary-Miller 分级法、Johnson 分级法等。中华医学会消化内镜分会推荐的内镜分级（2000 年）标准如下：0 级：食管黏膜正常（可有组织学改变）；Ⅰ级：食管黏膜点状或条状发红、糜烂，但无融合现象；Ⅱ级：黏膜有条状发红、糜烂，并有融合，但非全周性；Ⅲ级：病变广泛，黏膜发红、糜烂，融合呈全周性或＞75%，或溃疡。

(二) 胃食管反流证据的检查

1. X 线片和放射性核素检查 传统的食管钡餐检查（barium meal examination）将胃食管影像学和动力学结合起来，可显示有无黏膜病变、狭窄、食管裂孔疝等，并显示有无钡剂的胃食管反流，因而对诊断有互补作用，但敏感性较低。放射性核素胃食管反流检查能定量显示胃内放射性核素标记的液体反流，胃食管交界处屏障功能低下时较易出现阳性结果，但阳性率不高，应用不普遍。

2. 24小时食管pH监测（ambulatory esophageal pH monitoring） 24小时食管pH监测的意义在于证实反流存在与否。24小时食管pH监测能详细显示酸反流、昼夜酸反流规律、酸反流与症状的关系以及患者对治疗的反应，使治疗个体化。其对EE的阳性率＞80%，对NERD的阳性率为50%～75%。鉴于目前国内食管pH监测仪的应用仍不够普遍，一致主张在内镜检查和PPI试验后仍不能确定是否存在反流时应用24小时食管pH监测。

（三）食管测压

食管测压不直接反映胃食管反流，但能反映胃食管交界处的屏障功能。在GERD诊断中，食管测压除帮助食管pH电极定位、术前评估食管功能和预测手术疗效外，还能预测抗反流治疗的疗效和是否需长期维持治疗。因而，食管测压能帮助评估食管功能，尤其是对治疗困难者。

（四）食管胆汁反流测定

部分GERD患者的发病有非酸性反流物质因素参与，特别是与胆汁反流相关。可通过检测胆红素以反映是否存在胆汁反流及其程度。但多数十二指肠内容物反流与胃内容物反流同时存在，且抑酸治疗后症状有所缓解，因此胆汁反流检测的应用有一定局限性。

（五）酸滴注试验

酸滴注试验（bernstein test）主要用来鉴别非典型症状是否由于酸反流引起。将鼻胃管经鼻孔进入35cm，先向食管内滴注盐水，速度120滴/分钟，共15分钟，再滴注0.1mol盐酸共30分钟。如果酸滴注过程中，患者出现酸反流症状则改换盐水。滴酸时出现症状，滴盐水时缓解者为阳性。该试验现已很少应用。

【诊断与鉴别诊断】

根据GERD症状群作出诊断：①有典型的烧心和反流症状，且无幽门梗阻或消化道梗阻的证据，临床上可考虑为GERD。②有食管外症状，又有反流症状，可考虑是反流相关或可能相关的食管外症状，如反流相关的咳嗽、哮喘。③如仅有食管外症状，但无典型的烧心和反流症状，尚不能诊断为GERD。宜进一步了解食管外症状发生的时间、与进餐和体位的关系以及其他诱因。需注意有无重叠症状（如同时有GERD和肠易激综合征或功能性消化不良）、焦虑、抑郁状态、睡眠障碍等。

诊断性治疗：对拟诊患者或疑有反流相关食管外症状的患者，尤其是上消化道内镜检查阴性时，可采用诊断性治疗。质子泵抑制剂（PPI）诊断性治疗（PPI试验）已被证实是行之有效的方法。建议服用标准剂量PPI，一日2次，疗程1～2周。服药后如症状明显改善，则支持酸相关GERD的诊断；如症状改善不明显，则可能有酸以外的因素参与或不支持诊断。PPI试验不仅有助于诊断GERD，同时还启动了治疗。其本质在于PPI阳性与否充分强调了症状与酸之间的关系，是反流相关的检查。PPI阴性有以下几种可能：①抑酸不充分；②存在酸以外因素诱发的症状；③症状不是反流引起的。PPI试验具有方便、可行、无创和敏感性高的优点，缺点是特异性较低。

以胸痛为主要表现者，应与心源性和其他非心源性胸痛鉴别。对诊断或怀疑为心绞痛患者，应用扩张冠状血管药物后胸痛加剧或疗效不佳者，应考虑为GERD或心绞痛合并GERD之可能。动态心电图和食管pH检测、食管滴酸试验和抑酸药治疗性试验可以鉴别。

以吞咽困难为主要表现者，应与食管癌、贲门失弛缓症、胡桃夹食管、弥漫性食管痉挛和纵隔肿瘤等鉴别。X线和内镜检查、食管压力测定可以鉴别。

内镜检查有食管炎时，应注意与感染性食管炎和药物性食管炎鉴别。

【治疗】

GERD治疗的目标为治愈食管炎，缓解症状，提高生活质量，预防并发症。治疗包括以下几方面的内容。

（一）一般治疗

改变生活方式：抬高床头、睡前3h不再进食、避免高脂肪食物、戒烟、戒酒、减肥等生活方式的改变可能使部分GERD患者从中受益，但这些改变对于多数患者而言并不足以控制症状。此外应避免使用影响LES压力的药物，如避免或慎用抗胆碱能药物、钙通道阻滞剂、硝酸酯类药物、多巴胺受体激动剂、β受体激动剂、茶碱类药物、含孕酮的避孕药和安定类药物等。必须使用上述药物时，应加用抗反流药物治疗。

（二）药物治疗

1. 抗酸药 碱性抗酸药可中和胃酸、缓解症状，用于轻症患者和间歇发作患者的临时缓解症状。常用药物有氢氧化铝、铝碳酸镁等。

2. 抑酸药物治疗 抑制胃酸分泌是目前治疗GERD的基本方法。抑制胃酸的药物包括H_2受体拮抗剂（H_2-receptor antagonist，H_2RA）和质子泵抑制剂（proton pump inhibitor，PPI）等。

H_2受体拮抗剂可抑制胃酸分泌减少酸反流，应用4～6周后大部分患者出现药物抵抗，长期疗效不佳，适用于轻、中症患者的初始治疗和短期缓解症状。常用药物西咪替丁（cimetidine）、雷尼替丁（ranitidine）、法莫替丁（famotidine）等。PPI治疗GERD的疗效已在世界各国得到认可，其抑制胃酸分泌作用强，用于症状或食管炎较重的患者。

基于PPI在疗效和症状缓解速度上的优势，治疗EE应首选标准剂量的PPI。部分患者症状控制不满意时可加大剂量。常用药物有奥美拉唑（omeprazole）、兰索拉唑（lansoprazole）、泮托拉唑（pantoprazole）、雷贝拉唑（rabeprazole）和埃索美拉唑（esomeprazole）等。PPI治疗EE 4周和8周时的内镜下愈合率分别为80%和90%左右。对于NERD患者，应用PPI治疗的时限尚未明确，但已有研究资料显示其疗程应大于4周。

GERD的食管外症状，如反流性咽喉炎等，应用PPI治疗对大部分患者有一定疗效。

3. 促胃肠动力药 可增加LES压力、改善食管蠕动功能、促进胃排空，达到减少胃食管反流的目的。主要适用于轻、中度胃食管反流病患者，为抑酸药物的辅助用药。常用药物有多潘立酮（domperidone）、莫沙必利（mosapride）、伊托必利（itopride）等。

抑制胃酸分泌的药物和促胃肠动力药可有效缓解症状，治愈食管炎，但停药后6～12个月内，有54%～89%患者复发。GERD是一种慢性疾病，从控制症状、预防并发症的角度而言，GERD需要维持治疗。以PPI标准剂量维持治疗，随访半年后80%以上的患者仍可维持正常。

按需治疗是间歇治疗的一种，即只在症状出现时服用药物，持续使用至症状缓解。

（三）抗反流手术治疗

抗反流手术治疗主要适应于：①不能忍受长期服药者；②有严重并发症者；③引起严重呼吸道疾病者。手术方式包括Nissen胃底折叠术，Belsey Mark IV修补术和Hill胃后固定修复术以及近年来开展经腹腔镜胃底折叠术（laparoscopic Nissen fundoplication）。

抗反流手术在缓解症状和愈合食管炎方面的疗效与药物治疗相当。手术并发症发生率和病死率与外科医师的经验和技术水平密切相关。术后常见的并发症包括腹胀、吞咽困难等，相当一部分患者（11%～60%）术后仍需规则用药。抗反流手术并不能降低食管腺癌的风险。

内镜下介入治疗的抗反流方法由于远期效果不理想，目前已很少开展。

伴有异型增生和黏膜内癌BE患者，排除淋巴结转移后，可考虑内镜切除术。

（四）并发症的治疗

1. 出血 反流性食管炎合并小量慢性出血一般无须特殊处理，合并大量出血时按消化道大出血处理（参见本篇第三章第十节）。

2. 食管狭窄 合并瘢痕性食管狭窄伴明显吞咽困难者，可行内镜直视下扩张治疗，术后应继续用抗反流药物维持治疗或改用抗反流手术治疗。

第二节 食管裂孔疝

食管由后纵隔通过膈肌后部的裂孔进入腹腔,该孔称为食管裂孔。胃贲门部及食管腹段或腹腔器官经食管裂孔突入胸腔,称为食管裂孔疝(hiatus hernia),为膈疝中最常见的一种。轻者无任何症状或症状轻微,重者可出现不同程度的胃食管反流症状和心、肺、纵隔压迫症状。

本病在西方国家较为常见,患病率高达15%~22%,好发年龄在50岁以上,70岁以上者发生率高达69%。男女患病率相似或女性稍多见。我国尚无确切流行病学资料,随着临床医师对本病认识的提高和内镜检查的普及,检出率也在逐渐提高。

【病因和发病机制】

正常情况下,膈食管膜包绕食管下段,并将其与膈食管裂孔连接。膈食管上、下韧带和胃膈韧带也参与食管下段和食管胃连接处与膈食管裂孔的固定。防止食管胃连接部和其他腹腔器官疝入胸腔。

食管裂孔疝的原因主要为膈食管裂孔增宽和腹内压增高。膈食管裂孔增宽与先天性膈肌发育不全和后天性膈食管裂孔周围组织萎缩、韧带松弛有关。肥胖、妊娠后期、大量腹水、慢性便秘、腹腔内巨大肿瘤、剧烈咳嗽和呕吐等诱因可增加腹内压而诱发食管裂孔疝。此外,脊椎前弯,以及食管炎症、溃疡、肿瘤浸润和手术引起的食管缩短也可造成食管裂孔疝。

【分类】

食管裂孔疝常分为以下三种(图4-2-1):

1. 滑动型裂孔疝(sliding hernia) 占80%~90%,为胃食管连接部和胃的上部通过膈食管裂孔向上进入后纵隔。裂孔较大时,部分结肠和大网膜也可进入胸腔。常于平卧时出现,站立时消失,多有胃食管反流症状。

2. 食管旁裂孔疝(paraesophageal hernia) 占5%~20%,胃体和胃窦经食管左前方通过食管裂孔进入胸腔,但胃食管连接部仍在膈下。可引起胸内堵塞感和酷似心绞痛样胸痛,若造成嵌顿可引起食管、胃黏膜糜烂、溃疡和出血,甚至穿孔。

3. 混合型裂孔疝(mixed hernia) 不到5%,系指两者同时存在。若疝囊过大,可发生部分或完全阻塞,可出现慢性或急性梗阻症状,如上腹痛、呕吐、甚至出血。若占据胸腔大部位置可伴发心肺功能障碍。

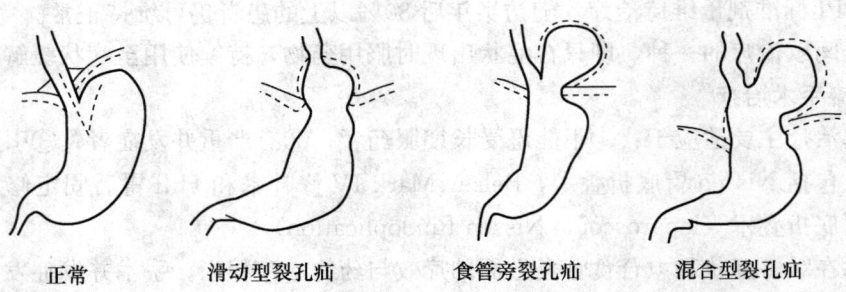

正常　　　滑动型裂孔疝　　　食管旁裂孔疝　　　混合型裂孔疝

图4-2-1 食管裂孔疝分型

【临床表现】

食管裂孔疝轻者可无任何症状,或症状轻微,重者可出现不同程度的胃食管反流症状和心、肺、纵隔压迫的症状。症状轻重与疝囊大小无关,其临床症状是由于胃食管反流或疝的并发症引起。滑动型裂孔疝很少引起症状,只当合并病理性反流时才出现特殊症状;食管旁疝可以引起症状而无反流,症状是由并发症引起。食管旁疝患者的临床表现因疝内容不同而异。疝入胸腔的内脏挤压肺并占据胸腔的一部分,可引起饭后咳嗽和呼吸困难。如并发疝内容物梗阻、绞窄、坏死或穿孔,则患者有休克和胃肠梗阻症状,严重者常可致死。

（一）胃食管反流的症状

主要由胃内容物反流至食管和口腔所致。

1. 胸骨后烧灼感和疼痛　为最常见的症状，多见于滑动型食管裂孔疝患者。多位于胸骨后、剑突下或两季肋区，疼痛可放射至颈部、背部、左右臂部。烧灼感可为轻微的烧灼不适，或为强烈的疼痛。因为症状多在饱食后发生，酷似心绞痛样胸痛。使腹内压增加的因素如平卧、弯腰、咳嗽、饱食、用力排便等可诱发或加重疼痛。站立、半卧位、散步、呕吐食物后疼痛可减轻，或自行缓解。

2. 反酸和反食　较常见，酸性胃液和未完全消化的食物反流到口腔，常伴有胃灼热或疼痛。

3. 吞咽困难　伴发食管炎症、糜烂及溃疡者，可出现吞咽困难。食管炎伴食管痉挛和食管狭窄，或巨大食管旁疝压迫食管者，可发生明显吞咽困难。

4. 出血　多由食管炎、食管溃疡等并发症所致。疝嵌顿、扭转，以及合并胃、十二指肠溃疡者亦可发生大出血。

（二）心、肺、纵隔压迫症状

部分患者可有心前区痛、胸闷及心前区紧束感等心脏表现，且本病亦可诱发和加重心绞痛。巨大的裂孔疝可压迫心、肺和纵隔而产生气急、心悸、咳嗽、发绀等症状。

（三）体征

在巨大食管裂孔疝者的胸部可叩出不规则鼓音区与浊音区。饮水后或振动时，胸部可听到肠鸣音及振水音。

【并发症】

常见者为反流性食管炎及食管狭窄和缩短。巨大疝囊扭转、嵌顿或绞窄时，可出现梗阻、急性胃扩张、坏死和穿孔等严重并发症。此外，食管裂孔疝患者常合并消化性溃疡、慢性胆囊炎、胆石症和肠憩室。

【实验室和其他检查】

1. 胸片　立位可见与心影重叠的膨出胃泡，侧位像更清晰。

2. 食管钡餐检查　检查时需采取抬腿腹部加压法、卧位转换体位法、憋气加压法等辅助方法和多次重复检查方法以提高检出率。滑动型裂孔疝可出现膈上疝囊，疝囊内出现胃黏膜影，食管胃环（B环）的出现和A环（相当于食管前庭上缘的肌性收缩环）升高、收缩等征象。食管旁裂孔疝时贲门仍然位于膈下，胃的一部分于食管的左前方进入膈上。混合型裂孔疝时胃底和贲门均通过增宽的裂孔进入胸腔，且疝囊较大。

3. 内镜检查　不作为本病的确诊方法。下列特点提示食管裂孔疝的诊断：贲门口松弛宽大；齿状线上移；齿状线处境界不清，胃黏膜充血、水肿、糜烂、溃疡；呈现反流性食管炎的表现；内镜在胃底反转时可见疝囊。

【诊断】

凡年龄较大、肥胖、慢性便秘等患者出现不同程度的胃食管反流症状或心、肺、纵隔压迫症状时，应警惕本病。结合胸片、食管钡餐造影、内镜等检查方法可明确诊断。

【治疗】

无症状患者无需治疗。出现症状的患者，可根据病情采取下列方法治疗。

（一）内科治疗

首先要解除患者对心绞痛或食管癌的疑虑。进食无刺激性、低脂肪饮食，进食要缓慢，少食多餐，禁烟、酒和咖啡。避免增加腹内压的因素，如便秘、呕吐、咳嗽，肥胖者应减轻体重。胃食管反流症状严重者，卧位时床头应抬高20cm以上，避免餐后卧床。药物治疗可用抗酸剂、促动力药和抑酸剂等。

（二）外科治疗

外科治疗的目的为修复膈食管裂孔、切除疝囊和控制症状。手术适应证有：严重食管炎、反复出血经内科治疗无效者；食管狭窄行扩张治疗无效者；疝囊巨大、反复嵌顿而产生心、肺、纵隔压迫症状者；食管旁型裂孔疝；反复性喉炎、咽炎和吸入性肺炎者。此外，食管旁型裂孔疝并发致命性并发症时应立即手术治疗。

手术方法包括膈食管裂孔修补、食管贲门固定和胃底折叠成形。近年开展经腹腔镜或内镜的手术治疗，侵袭性小，安全性高，但远期效果尚待最后确定。

第三节 食 管 癌

食管癌（carcinoma of the esophagus）是原发于食管上皮的恶性肿瘤，早期无明显症状，进行性吞咽困难为其中晚期最典型的临床表现。食管癌是人类较常见的恶性肿瘤，以鳞状上皮癌（squamous carcinoma）多见，少数为食管腺癌（adenocarcinoma）。

【流行病学】

食管癌是全球第九大常见恶性肿瘤，特别在发展中国家。食管癌患病率地区性差异最大，高发地区和低发地区患病率相差可达60倍。高发地区包括亚洲、东南非洲和法国北部。在高发区以鳞癌多见，但在非高发区以腺癌最常见。全世界每年有20余万人死于食管癌，其中我国每年15万余例，是目前世界上食管癌死亡率最高的国家之一，年平均死亡率为15.21/10万。据2005年我国恶性肿瘤死亡率资料，食管癌仅次于肺癌、胃癌和肝癌，列第四位。食管腺癌患病率近年有增加趋势，食管癌患病率的增加可能是由于胃食管反流病（GERD）的增加。流行病学调查结果表明食管癌的流行病学有下列特点：

我国食管癌的主要高发区位于河南林县等地区。男女比例大约为2:1。通常35岁以下的人少见，35岁以上人群则随年龄增加而死亡率也随之升高，35~54岁组死亡率为17.92/10万，55~74岁组上升为114.63/10万，75岁以上人群死亡率高达183.78/10万。食管癌具有阳性家族史和家族聚集性的特点。

【病因和发病机制】

食管癌的确切病因目前尚不完全清楚。目前认为食管癌的发病因素极为复杂，具有多种多样的病因：

（一）饮食与营养因素

研究表明，长期进食粗糙、质硬、辣椒、蒜、醋、过烫等刺激性食物，进食过快，饮用浓茶、烈酒、吸烟等可能与食管癌的发生有关。膳食中缺乏动物蛋白质、脂肪、新鲜蔬菜、水果等，或者营养不平衡，维生素A、C、E、核黄素、烟酸摄入不足亦与食管癌发生有关。食物、饮水和土壤内的元素钼、铜、硼、锌、镁和铁含量较低，可能与食管癌的发生间接相关。纵观世界食管癌高发区，大都在土地贫瘠、营养较差的贫困地区。

（二）慢性食管疾病

慢性食管病变，如贲门失弛缓症、反流性食管炎、食管憩室、食管裂孔疝等患者的食管癌患病率较高，可能与食管黏膜长期受刺激和损害有关，这些损害引起食管上皮的异型增生。一般认为Barrett食管是食管腺癌的主要癌前病变，其食管腺癌的发生率较正常人高30~125倍。

（三）亚硝胺类化合物和真菌毒素

亚硝胺（nitrosamine）是被公认的化学致癌物，其前体包括硝酸盐、亚硝酸盐、二级或三级铵等，普遍存在于高发区的粮食和饮水中，含量显著较高，且与当地食管癌和食管上皮重度不典型增生的患病率呈正相关。这些物质在胃内酸性条件下，特别是在维生素C摄入不足时，胺类和亚硝酸盐易合成亚硝胺。国内已成功用甲苯亚硝胺和二乙基亚硝胺诱发大鼠的食管癌。并证实亚硝胺能诱发人食管鳞状上皮癌。

各种霉变食物不仅产生真菌毒素，而且会促进亚硝胺的合成。实验证实这些化学致癌物质具有致食管癌作用。

(四) 遗传因素

食管癌的发病常表现家族性聚集现象。在我国高发地区，本病有阳性家族史者达25%~50%，其中父系最高，母系次之，旁系最低。食管癌高发家族的外周血淋巴细胞染色体畸变率较高，可能是决定高发区的食管癌易感性的遗传因素。食管癌的移民流行病学调查也说明遗传与食管癌有一定的关系，如河南省林县食管癌高发区的人们迁移到山西黎城县低发区定居2~3代后，食管癌死亡率仍然高于当地居民5.7~8.6倍；移居到美国的中国移民，食管癌死亡率第一代男性为美国白种人的2.94倍，第二代为1.91倍。同样，从低发区移居高发区的人群，则低于高发区的当地人。

(五) 人类乳头状病毒感染

一些研究发现人类乳头状病毒 (human papilloma virus，HPV) 感染与食管上皮不典型增生有关，而后者则与食管癌有一定关系。部分研究显示食管癌患者的食管上皮细胞内检测到乳头状病毒，但确切的关系有待进一步研究。

总之，诸多研究表明，环境和遗传等多种因素引起食管癌的发生，可能涉及分子水平的癌基因激活和抑癌基因失活等多种机制。遗传因素作用使正常食管上皮细胞在出生前即发生 Rb、$p53$ 等抑癌基因的杂合丢失。出生后，由于行为、环境等因素使抑癌基因的另一等位基因失去功能，使细胞中的原癌基因 $H\text{-}ras$、$C\text{-}myc$、$hsl\text{-}1$、$Inl\text{-}2$ 等激活，最终导致食管上皮细胞发生癌变。

【病理】

食管癌的病变部位以中段居多，下段次之，上段最少。部分食管下段癌为 Barrett 癌或贲门胃底癌，至中晚期则其发生部位和组织来源无法鉴别，故又称食管贲门癌。组织发生学认为上皮细胞中、重度不典型增生可发展为原位癌，故目前认为食管上皮重度不典型增生是食管癌的癌前病变。

(一) 临床病理分期

食管癌的临床病理分期，对治疗方案的选择和治疗效果的评估有重要意义。1976年全国食管癌工作会议制订的临床病理分期标准见表4-2-1。

表4-2-1 食管癌临床病理分期

分期	病变长度	病变范围	转移情况
早期 0	不规则	限于黏膜层（原位癌）	无转移
I	<3cm	侵入黏膜下层（早期浸润）	无转移
中期 II	3~5cm	侵入部分肌层	无转移
III	>5cm	侵透肌层或外侵	局部淋巴结转移
晚期 IV	>5cm	明显外侵	局部淋巴结或器官转移

自20世纪80年代中期普及内镜下喷洒 Lugol's 碘液和临床病理肯定了内镜下黏膜切除术 (EMR) 治疗早期癌的根治效果以来，早期癌的概念已发生了变化，即早期食管癌是指癌组织浸润仅限于黏膜层和黏膜下层，尚未侵及食管壁的肌层，而且无淋巴转移。日本食管疾患研究会1992年制订早期食管癌的临床病理分类（图4-2-2）。

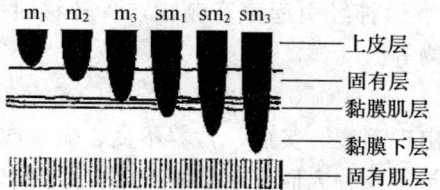

图4-2-2 早期食管癌分类示意图（日本食管疾患研究会临床病型分类研讨会提案）

m：黏膜癌　sm：黏膜下癌

虽然，随着影像学的发展包括食管内镜超声（EUS）的应用，使术前分期准确性有一定提高，但是，术后病理分期仍是金标准。患者的预后与初诊时的临床分期相关。

（二）病理形态分型

早期食管癌肉眼分型为：①隐伏型（充血型）；②糜烂型；③斑块型；④乳头型。其中以斑块型为最多见，占早期食管癌的 1/2 左右，此型癌细胞分化较好。糜烂型占 1/3 左右，癌细胞的分化较差。隐伏型病变最早，均为原位癌，但仅占早期食管癌的 1/10 左右。乳头型病变较晚，虽癌细胞分化一般较好，但手术所见属原位癌者较少见。

中、晚期食管癌的病理形态通常分为髓质型、蕈伞型、溃疡型、缩窄型、腔内型。此外尚有少数病例的病理形态不能明确分型，称为未定型。临床上髓质型多见，恶性程度最高。

（三）组织学分类

食管癌中 90% 以上是鳞状细胞癌。少数为腺癌，起源于 Barrett 食管或食管异位胃黏膜的柱状上皮。有时鳞状细胞癌与腺癌发生在同一癌灶中称为鳞腺癌。极少数为恶性度较高、进展快的未分化小细胞癌。

（四）扩散与转移

早、中期食管癌主要为壁内扩散。因食管无浆膜层，容易直接侵犯周围邻近器官。上段食管癌可侵犯喉、气管等颈部器官，中段食管癌常累及支气管、肺门、奇静脉、胸导管和胸主动脉等处。下段食管癌可浸润至肺下静脉、心包、膈肌和贲门。食管癌主要通过淋巴管转移。晚期可通过血行转移至肺、肝、肾、骨、肾上腺、脑、脊柱等处。食管癌种植转移较少见。

【临床表现】

（一）早期症状

早期食管癌可无症状或症状不明显，部分患者因上腹部其他疾病行胃镜检查时发现。多数患者主要表现为胸骨后不适、烧灼感或疼痛，进食时有停滞感或轻度哽噎感，并于进食干、硬、粗糙食物或刺激性食物时明显。下段食管癌可出现剑突下或上腹部不适，呃逆（hiccup）和嗳气（belching）等。

（二）中晚期症状

1. 吞咽困难（dysphagia）　为食管癌的特征性症状，起初症状较轻，呈间歇性，随着病变的发展，吞咽困难呈持续性和进行性加重。

2. 食物反流（regurgitation）和呕吐（vomiting）　由于食管癌的浸润使狭窄近端食管发生扩张，食物及分泌物潴留，常出现食物反流和呕吐症状，反流和呕吐物包括未消化食物、黏液、血液和脱落的坏死组织等，带有腐臭味。

3. 胸骨后疼痛（retrosternal pain）　表现为吞咽时胸骨后或肩背等区域间歇性或持续性钝痛、灼痛甚至撕裂痛，系由进食刺激了食管糜烂、溃疡的癌灶所致。持续性剧烈疼痛常常提示食管癌已向周围扩散，系食管周围炎、癌性深溃疡、脊柱转移等原因所致。食管下段或贲门部肿瘤引起的疼痛可以发生在上腹部。

4. 出血（hemorrhage）　食管癌侵破血管可出现呕血和黑便，以溃疡型多见。肿瘤外侵至胸主动脉可造成致死性大出血。

5. 其他症状　肿瘤外侵压迫喉返神经引起声音嘶哑，骨转移时引起局部疼痛，食管气管瘘出现进食后呛咳、呼吸困难和咳出食物等。

（三）体征

早期体征可缺如。晚期则可出现消瘦、贫血、营养不良、失水或恶病质等体征。当癌转移时，可触及肿大而坚硬的颈部浅表淋巴结，或肿大而有结节的肝等。并可出现纵隔脓肿、肺脓肿和心包炎等对应的体征。

【实验室和其他检查】
(一) 内镜检查

内镜检查（endoscopy）可直接观察病灶的形态，并可在直视下作活组织病理学检查。早期食管癌镜下表现为：①黏膜颜色改变；②黏膜增厚，透明度改变，血管结构紊乱；③黏膜形态改变，出现粗糙、糜烂、斑块或结节。可结合食管黏膜染色法，提高检出率。Lugol 碘液可使含糖原的正常鳞状细胞着棕褐色，癌组织黏膜则不着色，重度不典型增生或溃疡黏膜也可着色浅或不着色。食管癌的预后取决于早期诊断，内镜医师对高危人群应行常规碘染色，方能筛查出早期癌。

(二) 食管钡餐检查

气钡双重对比造影能更清晰显示食管的黏膜相，有利于发现某些早期食管癌。早期食管癌 X 线钡餐造影的征象有：黏膜皱襞增粗，迂曲如虚线状中断，或食管边缘毛刺状；小充盈缺损；小溃疡龛影；局限性管壁僵硬或有钡剂滞留。中、晚期病例可见病变处管腔不规则狭窄、充盈缺损、管壁蠕动消失、黏膜紊乱、软组织影以及腔内型的巨大充盈缺损而管腔变宽，其近端有轻至中度的扩张和钡剂潴留。

(三) 食管 CT 扫描检查

CT 扫描难以发现早期食管癌。如食管壁厚度＞5mm，与周围器官分界模糊，管腔狭窄表示有食管病变存在。CT 扫描可充分显示食管癌病灶大小，肿瘤外侵范围及程度，与邻近纵隔器官的关系，有助于确定外科手术方式，放疗的靶区及放疗计划。

(四) 超声内镜检查

超声内镜检查（ultrasonic endoscope）能显示食管癌的壁内外浸润深度、异常肿大的淋巴结以及明确肿瘤病灶与周围器官间的相互关系。

【诊断与鉴别诊断】

具有典型表现的病例诊断并不困难，但往往已到中晚期。凡年龄在 45 岁以上（高发区 40 岁以上），出现与进食有关的胸骨后不适、疼痛或吞咽困难者，应考虑本病，需及时行食管吞钡检查，内镜和活检病理检查，明确诊断。食管 CT 和超声内镜检查以明确病变范围和与邻近组织器官的关系，指导制订治疗方案。

此外，应与贲门失弛缓症、反流性食管炎及其并发症、食管克罗恩病、食管结核、食管良性肿瘤、食管内异物滞留以及主动脉瘤、胸内甲状腺、纵隔原发或转移性肿瘤等食管周围器官病变相鉴别。

某些全身性疾病如糖尿病、皮肌炎、硬皮病和强直性肌营养不良等疾病也可引起吞咽困难，应注意鉴别。

【治疗】

根据食管癌的病变部位、病变长度、病变浸润范围等的不同，可选择外科手术治疗、放射治疗、化学抗癌药物治疗和内镜治疗等方法。中、晚期主张采用多种方式联合应用的综合疗法。

(一) 内镜治疗

1. 早期食管癌内镜治疗　内镜治疗早期食管癌除必要的设备和技术条件之外，治疗前还必须了解病灶范围、侵及深度及有无淋巴转移。色素内镜有助于病灶范围的辨认，超声内镜检查有助于病灶深度及淋巴转移情况的判断，同时还应结合患者的全身情况进行综合分析抉择。适应证：①＜2cm 的 0-Ⅰ型、0-Ⅱa 型、＜4cm 0-Ⅱb 型癌灶；＜1cm 之 0-Ⅱc 型高分化型癌；＜0.5cm 的未分化型癌，皆指无黏膜肌层受累者。②病理证实为重度不典型增生或反复检查为重度不典型增生，或肉眼疑为癌变病灶者。③无法耐受外科手术的患者，包括高龄、体弱、重要脏器合并严重疾病者。④拒绝开胸开腹手术者。

内镜治疗方法有：①内镜下黏膜切除术（endoscopic mucosal resection，EMR）：经内镜直接切除病变黏膜，术后严格检查有无癌灶残留，如有癌灶残留应中转外科手术。②破坏病灶法：这类方法包括氩血浆凝固法（argon plasma coagulation）、微波法、激光法及光动力学等法，这些方法主要是通过物理或化学的手段使癌组织凝固变性或坏死以达到治疗目的，但是不能保留标本验证癌灶治疗是否彻底。早期癌内镜治疗5年生存率与外科手术相同，但患者所受的创伤小，治疗后生活质量高。

2. 晚期食管癌内镜治疗　对晚期食管癌食管梗阻患者，可采用内镜下放置食管支架治疗，以达到缓解梗阻、延长生存期的目的。

（二）外科治疗

目前外科手术切除仍是治疗食管癌的主要方法，我国食管癌的外科手术切除率已达80%～90%。手术策略的选择包括术前分期、根治性切除和姑息性治疗。手术治疗的目的是尽可能达到R0切除（显微镜下达到完全切除）。手术适应证包括：①无食管周围外侵、无远处淋巴结和器官转移者；②尚无局部明显外侵或远处转移征象的放疗无效或复发病例；③年龄未超过70岁者。超过70岁者应考虑患者生理年龄，病变长度与治疗预后关系并不密切，仅作参考指标。对于术前评估不能完全根治的晚期患者，应尽量避免姑息手术治疗，而采取非手术的综合治疗模式。长期生存取决于患者初诊时的分期，Ⅰ期、Ⅱ期和Ⅲ期患者有潜在切除的可能。如患者伴有其他器质性疾病，包括严重心脏病和肺部疾病，一般认为没有手术指征，而应行姑息介入治疗。

（三）放射治疗

主要适应于不能手术切除、有手术禁忌证或拒绝手术的食管癌患者。一般采用^{60}钴放射治疗。食管腔内近距离放射治疗，合用免疫增强剂能提高放射治疗的效果。单纯放疗只用于不能接受化疗或作为姑息治疗，随机临床试验没有显示术前或术后单纯放疗能够延长生存期。

（四）化学治疗

适用于无法手术的晚期食管癌或食管癌手术后患者。食管癌对化疗药物敏感性低，单独用药疗效很差，主张联合化疗，但总的化疗效果仍不令人满意。不推荐术前化疗作为标准治疗手段。建议对术后分期>$T_3N_0M_0$的患者给予辅助放疗、化疗。

（五）联合放化疗

单纯手术切除的长期生存率较低，目前食管癌多采取多学科综合治疗。目前比较术前联合放化疗和单纯手术的随机临床试验的研究结果存在争议，有研究表明术前联合放化疗与单纯手术相比能明显提高3年生存率、降低局部复发率并使肿瘤降期，但术后死亡率明显升高。

（六）中医中药治疗

中医中药治疗多与上述治疗方法配合治疗，提高疗效。

【预后】

随着我国对本病高发区的普查以及临床筛查的开展，为早期发现、早期诊断与早期手术创造了条件。在手术和放射治疗方面积累了丰富经验，预后显著改善。术后5年生存率为25%～30%，但早期食管癌手术治疗5年生存率可达90%以上。症状出现后未经治疗的食管癌患者常因饥饿消耗在一年内死亡。内镜放置食管支架治疗可改善进食，延长生存期，提高生存质量。上段食管癌、病变长度超过5cm、癌细胞分化程度差及已有转移者，预后不良。

【预防】

我国在许多食管癌高发区已建立了防治基地，进行肿瘤一级预防（病因学预防）和二级预防（早查、早诊、早治），包括：粮食防霉去毒，改变不良的传统饮食习惯；降低亚硝胺含量，适当应用漂白粉降低饮水中亚硝胺含量，常服用维生素C减少胃内亚硝胺形成，施用钼酸铵肥料避免蔬菜中亚硝酸盐的积聚；对高危人群定期实施检查，积极治疗反流性食管炎、食管裂孔疝、Barrett食管等。

第四节　贲门失弛缓症

贲门失弛缓症（achalasia）是一种食管动力紊乱性疾病，以食管体部正常蠕动消失及LES在吞咽时松弛障碍为特征。临床上表现为吞咽困难、反食、胸骨后不适或疼痛。一般认为本病少见，发生率为0.5～1/10万人，也有报道高达7.9～12.6/10万人，有逐渐上升的趋势。男女发病比例似无差别，任何年龄均可发病，多见于20～50岁。欧洲和北美洲多见，我国目前仍缺乏本病的流行病学资料。

【病因】

贲门失弛缓症的病因未明。发病机制包括神经源性、肌源性和先天性学说三类，可能与遗传、感染、自身免疫以及环境因素等有关，以上因素导致了食管壁内支配平滑肌松弛的肌间神经丛抑制性神经元，尤其是一氧化氮（NO）神经缺失或缺乏，而胆碱能神经保存完整，引起食管下括约肌（LES）压力增高和松弛障碍。目前人们广泛接受的是神经源性学说。可能与下列因素有关：①病毒感染：有人认为与病毒感染有关，但用电子显微镜观察迷走神经和食管壁内神经丛，未发现病毒颗粒。流行病学调查也未提示有病毒感染的证据。②遗传因素：偶有同一家族有多人患病或孪生子同患本病的报道，但本病的发生与遗传因素的关系仍未肯定。③神经精神因素：部分患者在发病前有神经精神因素的诱因，但尚无确切证据表明与神经精神因素有明确关系。

【病理和病理生理】

食管壁内肌间神经丛（myenteric nerve plexus）变性，神经节细胞减少，且与病程相关，病史超过十年者，神经节细胞几乎完全消失。电子显微镜发现肌间神经结构异常，如髓鞘变性、轴索膜剥脱等。尸检发现迷走神经干或脑干背侧运动神经核的细胞有碎片样变性，甚至发生溶解。超声内镜和手术可见食管下括约肌增厚，但可能是继发于神经病变的结果。

食管括约肌松弛障碍和食管缺乏吞咽后推进性蠕动是贲门失弛缓症的主要病理生理特征。此外，贲门失弛缓症患者还存在有胃、十二指肠、Oddi括约肌和胆囊运动异常，如胃液体排空早期明显加速。这些病理生理改变的机制尚不完全清楚，可能与如下几方面有关：①迷走神经中枢及其到达食管壁内神经支配径路损伤，而食管平滑肌无明显异常。②食管非肾上腺能非胆碱能抑制性神经元受累，VIP能和一氧化氮（NO）神经纤维减少，LES压力增加，松弛困难。③LES对内源性胃肠激素反应异常，如LES对内源性胃泌素反应高度敏感，以及胰高糖素、胆囊收缩素和胰泌素可使正常人LES松弛，但使本病患者LES收缩。

【临床表现】

贲门失弛缓症患者病程缓慢，经数月或数年后逐渐加重，或早期呈间歇性，后期呈持续性。少数患者，在严重神经精神刺激后犯病。

1. 吞咽困难（dysphagia） 几乎全部患者皆有不同程度的吞咽困难，此为贲门失弛缓症患者最突出的症状。早期呈间歇性，后期进行性加重。轻者可连续进食，仅感胸骨后不适或吞咽时间延长，且进食液体食物和固体食物均感困难。通常液体吞咽困难者占60%，固体吞咽困难者占98%。很少有食管癌的从固体到流食到液体的规律性吞咽困难的发病过程。采取某些体位改变可帮助进食，如挺胸、伸背、双臂抬高等姿势。

2. 反食（regurgitation）或呕吐 多数患者有反食症状，为潴留于食管腔内的食物反流所致。常发生在进食过程中或进食后不久。轻者偶尔发生，重者每餐均有反食。反流物含黏液及食物，不含胃酸，可呈腐败异味。患者有时不能平卧，或夜间反流导致突然憋醒和呛咳。

3. 胸骨后疼痛（retrosternal pain） 半数患者可有胸骨后疼痛。多发生在进食过程中，持续时间约数分钟不等，呈隐痛或剧痛，有时放射到颈部和背部，酷似心绞痛，服用硝酸甘油后可缓解。胸痛的原因可能与食管黏膜炎症、食管体部高度扩张和食管高幅度同步性收缩有关。

4. 食管外表现（extraesophageal manifestations） 部分患者可出现烧心症状，多发生于疾病早期和吞咽困难以前。患者可有呛咳、声音嘶哑、气促、咽喉疼痛、口臭等食管外症状。严重患者和病程较长者可有消瘦和营养不良。

【并发症】

1. 食管炎（esophagitis） 大量食物和分泌物潴留在食管内，刺激食管黏膜充血、水肿、糜烂，甚至溃疡或瘢痕形成。有时为霉菌性食管炎。

2. 食管癌（carcinoma of esophagus） 有2%~7%贲门失弛缓症患者合并食管癌，多为鳞状细胞癌。食管癌的发生与食管内潴留物慢性刺激，黏膜炎症和细胞异型增生有关。因贲门失弛缓症患者并发食管癌时无特异性症状，故对病史超过十年的患者，或症状进行性加重者应注意定期复查胃镜，警惕癌变的可能性。

3. 吸入性肺炎（aspiration pneumonia；inhalation pneumonia） 为贲门失弛缓症的常见并发症，甚至可出现肺脓肿、肺不张、胸腔积液。发生原因与患者睡眠或平卧时食管内潴留物反流入呼吸道所致。

【实验室和其他检查】

（一）X线检查

早期患者胸部X线平片检查无异常表现；食管扩张时，胸片显示纵隔增宽，纵隔旁阴影，食管扩张严重时，食管内有液平面；有时胸片有肺部并发症征象。

（二）食管钡餐检查

可观察食管运动状态，显示食管形态改变。食管充盈钡剂后，食管呈同步性异常收缩，LES不随吞咽出现松弛，而是间断开放，少许钡剂靠重力作用缓慢流入胃内。食管远端明显扩张，食管下端呈漏斗状狭窄，边缘光滑，亦称为"鸟嘴样"改变（图4-2-3）。食管扩张程度分为3度：Ⅰ度：食管扩张直径<3.5cm；Ⅱ度：扩张直径为3.5~6.0cm；Ⅲ度：扩张直径>6.0cm。严重食管扩张时，食管弯曲、延长，甚至扭曲呈乙状结肠样改变。

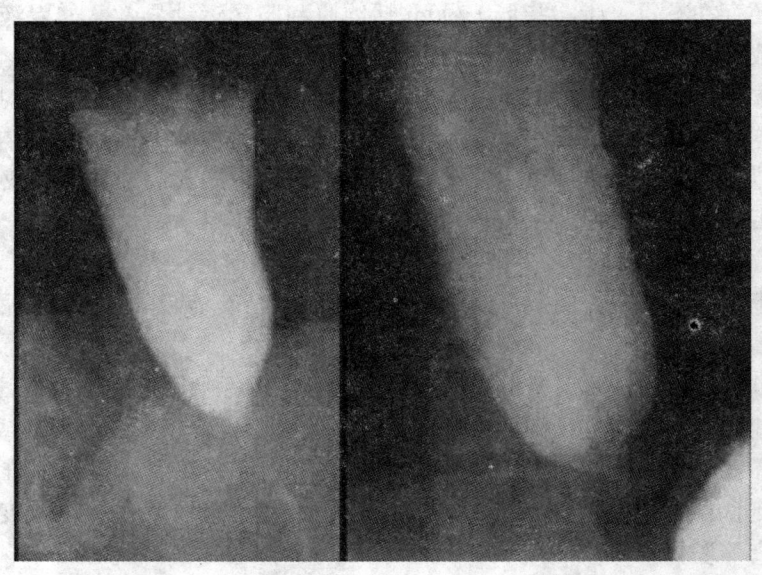

图4-2-3 X线检查可见食管下段呈对称漏斗状狭窄，边缘光滑呈鸟嘴样改变

（三）内镜检查

目的在于排除食管贲门肿瘤，了解有无并发症。内镜可见食管内腔扩张；食管腔扭曲变长；食管壁正常蠕动消失，管壁有多个细小收缩运动，或有多个同步收缩环；有大量食物残渣及黏液滞留，或有腐败异味溢出；食管黏膜苍白、水肿、糜烂、溃疡，或有霉菌性食管炎表现；贲门口狭窄，充气不能扩张，但用力时胃镜可通过贲门；狭窄部黏膜光滑。内镜超声检查时，可见固有肌层肥厚的低回声带。

（四）食管压力测定

对本病的确诊有重要价值。食管压力测定（esophageal pressure）可显示吞咽后LES松弛障碍，

LES静息压力正常或增高，LES长度大于正常，食管体部无蠕动性收缩而出现非传导性低幅波，食管上括约肌功能正常。

（五）食管通过时间测定

用放射性核素标记液体或固体食物，体外连续测定食管部位放射性曲线，计算食物通过食管的时间和百分比。贲门失弛缓症患者的食管中下段通过时间明显延长。

（六）钡剂食管排空指数测定

口服200％硫酸钡50ml后即刻和15分钟后食管前后位摄片，比较钡剂面积变化，计算钡剂食管排空指数（esophageal emptying index）。

（七）超声检查

正常贲门经腹部B超纵断面呈倒置漏斗状影像，短轴为"靶环征"结构。贲门失弛缓症患者由于LES压力升高，贲门闭锁，下段食管明显扩张、延长、迂曲并伴有食物潴留，有利于经腹B超检查。贲门失弛缓症患者腹段和下胸段食管明显扩张，而下段食管呈鼠尾状对称性狭窄，外观呈鸟嘴样、圆锥状改变。B超检查可以探测到贲门与食管腔的层次结构以及与腔外器官的关系，动态观察贲门及食管动力学状态，有利于与贲门癌和食管癌相鉴别。

（八）超声内镜检查

该检查可以获得消化道壁和邻近脏器的高分辨率图像，在鉴别由肿瘤引起的假贲门失弛缓症与原发性贲门失弛缓症具有很高的价值。

【诊断与鉴别诊断】

对有吞咽困难、反食和胸骨后疼痛的典型症状和病史患者，应怀疑本病。结合食管钡餐、内镜和食管压力测定等辅助检查可明确诊断。早期患者食管扩张不明显时，内镜和X线检查可能漏诊。

贲门失弛缓症患者主要应与贲门胃底癌鉴别，后者多为高龄患者，有进行性吞咽困难，内镜检查和组织病理学检查可明确诊断。此外，淀粉样变性、锥虫病、慢性特发性假性肠梗阻、硬皮病、迷走神经切断术后等可有类似贲门失弛缓症的表现，但这些疾病多有原发病的病史和食管外表现。

【治疗】

贲门失弛缓症目前仍无特效疗法。治疗目的主要是降低LES压力，缓解症状和防治并发症。

（一）药物

1. **硝酸盐类药物** 可间接松弛LES，促进食管排空，缓解症状。常用的药物有硝酸甘油或硝酸异山梨酯（消心痛），餐前舌下含服，无不良反应后加量维持。

2. **钙离子通道阻滞剂** 抑制钙离子内流，松弛LES。常用药物为硝苯地平（nifedipine），饭前舌下含服。其他钙离子通道阻滞剂如维拉帕米等，亦可以试用。

3. **抗胆碱药物** 能阻断M胆碱能受体，松弛食管平滑肌，但松弛LES作用欠佳。常用药物有阿托品、普鲁本辛等，长期应用不良反应较多。

（二）贲门肌层内注射肉毒素

肉毒素A（botulinum toxin A）由肉毒杆菌产生，具有抑制神经末梢接点处乙酰胆碱释放的作用，阻断神经冲动传导，致使LES松弛和麻痹。近期治疗效果良好，无明显副作用及并发症（彩图4-2-4）。远期疗效仍需观察。

（三）扩张疗法

通过强力扩张LES，使该部位环形肌部分撕裂，减低LES压力，改善食管排空，缓解症状。早期采用探条扩张，近年来多采用球囊扩张法治疗（彩图4-2-5）。疗效与扩张器的直径、压力和扩张持续时间有关。球囊扩张疗法的优点为方法简单，重复有效。缺点有扩张时患者胸痛明显，球囊直径过大有穿孔之危险。反复多次扩张可致肌间纤维化及黏膜损伤，若行2～3次效果不显时应考虑手术疗法。

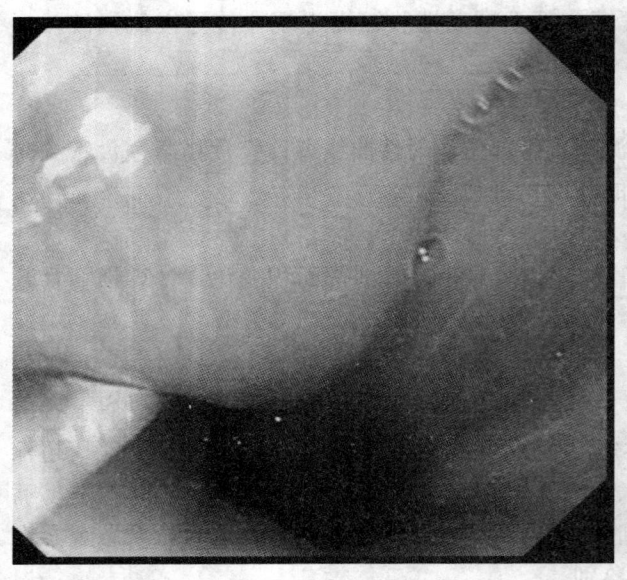
彩图 4-2-4　贲门失弛缓内镜下肉毒碱注射治疗

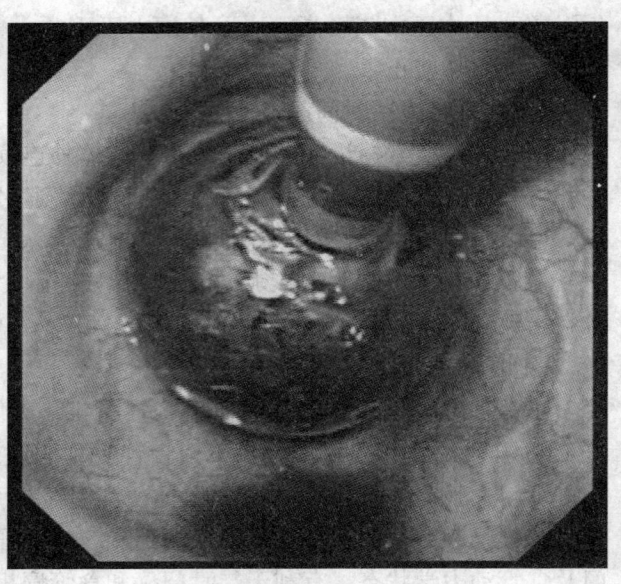
彩图 4-2-5　贲门失弛缓球囊扩张

(四) 手术治疗

手术以解除吞咽困难和防止反流为主要目的。适应于上述治疗无效，又无手术禁忌证的患者。手术治疗方法有外科直视或经腹腔镜或胸腔镜行括约肌切开术，以及括约肌切开加胃底折叠术。后者可避免单纯括约肌切开术后发生的胃食管反流。

【预后】

本病预后良好，不影响寿命。但发生严重并发症，或治疗时出现严重并发症者影响患者预后。

(于中麟)

第三章 胃 炎

胃炎（gastritis）指由任何病因引起的胃黏膜的炎症性病变，常伴有上皮损伤和细胞再生。按照临床发病缓急和病程长短，可将胃炎分为急性胃炎（acute gastritis）和慢性胃炎（chronic gastritis）。另外尚有其他特殊类型胃炎（special forms of gastritis）。

第一节 急 性 胃 炎

急性胃炎是指由多种病因引起的急性胃黏膜炎症。临床上急性起病，常表现为上腹部不适、腹痛等症状，严重者可有呕血、黑粪。其病变深度一般局限于黏膜层，严重时可累及黏膜下层、肌层，甚至浆膜层。内镜检查可见胃黏膜充血、水肿、出血、糜烂，可伴有浅表溃疡形成，病理组织学特征为胃黏膜固有层可见中性粒细胞为主的炎症细胞浸润。急性胃炎主要包括：①急性幽门螺杆菌（*Helicobacter pylori*，*H. pylori*）感染引起的急性胃炎：健康志愿者吞服幽门螺杆菌混悬液后，其临床表现、内镜所见及胃黏膜病理组织学均显示急性胃炎的特征。如不予治疗，幽门螺杆菌感染可长期存在并发展为慢性胃炎（详见本章第二节）。②其他细菌、真菌、病毒引起的急性感染性胃炎：常见的病原体有肺炎球菌、链球菌、伤寒杆菌、嗜盐杆菌、巨细胞病毒、疱疹病毒及葡萄球菌外毒素、肉毒杆菌毒素、沙门菌属内毒素等。由于胃酸的强力抑菌作用，一般人很少患除幽门螺杆菌以外的感染性胃炎。但当机体免疫力下降时，可发生各种病原体所致急性感染性胃炎（详见本章第三节）。③急性糜烂出血性胃炎（acute erosive-hemorrhagic gastritis）：这是一种由各种病因引起的，以胃黏膜多发性糜烂为特征的急性胃黏膜病变，常伴有胃黏膜出血，可伴有一过性浅溃疡形成。有些情况，如应激、酒精等可造成胃黏膜糜烂或出血，而胃黏膜炎症反应缺如或很轻，严格来说应称之为胃病（gastropathy），但在临床习惯上仍将其归属于胃炎范畴中。急性糜烂出血性胃炎临床常见。

【病因和发病机制】

引起急性糜烂出血性胃炎的常见病因多样，主要包括：

1. 药物　最常见的是服用非甾体类抗炎药（non-steroidal anti-inflammatory drug，NSAID）如阿司匹林、吲哚美辛（消炎痛）等。其机制主要是抑制环氧合酶（cyclooxygenase，COX）活性，阻碍前列腺素合成，削弱后者对胃黏膜的保护作用，造成胃黏膜糜烂、出血。其他如离子型铁剂、氯化钾、抗生素、抗肿瘤药等均可直接损伤胃黏膜上皮。某些抗肿瘤药如氟尿嘧啶通过对快速分裂的细胞如胃肠道黏膜细胞产生明显的细胞毒作用而损伤黏膜层。

2. 应激　急性应激可由严重创伤、大手术、大面积烧伤、脑血管意外、严重感染、休克、多器官功能衰竭甚至精神心身因素引起。急性应激所致急性胃炎的主要损害是胃黏膜糜烂和出血，严重者可发生急性溃疡并大量出血，其中烧伤所致者称为 Curling 溃疡，中枢神经系统病变所致的称为 Cushing 溃疡。虽然急性应激引起急性糜烂出血性胃炎的确切发病机制尚未明了，但一般认为急性应激时所致的胃黏膜缺血和胃腔中 H^+ 反弥散进入胃黏膜是主要发病因素，反流入胃的胆汁和胰液也可参与发病。严重应激时机体的代偿功能不足以维持胃黏膜微循环的正常运行，造成黏膜缺血、缺氧和碳酸氢盐分泌减少，局部前列腺素合成不足、上皮再生能力减弱，由此造成黏膜屏障破坏和 H^+ 反弥散使黏膜内 pH 下降，进一步损伤血管和黏膜，引起糜烂和出血。

3. 乙醇 乙醇具有亲脂性和脂溶性，高浓度乙醇可直接损伤胃黏膜上皮细胞，破坏胃黏膜屏障，造成黏膜充血、水肿、糜烂、出血。

上述各种因素还可能导致增加十二指肠液反流入胃腔，其中胆汁中的胆盐、溶血卵磷脂、磷脂酶 A、胰酶等可破坏胃黏膜屏障，引起黏膜充血、水肿、糜烂。

【临床表现】

急性胃炎常见上腹不适、腹痛、腹胀、恶心、呕吐和食欲减退。急性应激或摄入非甾体类抗炎药所致的急性糜烂出血性胃炎患者可以突发呕血和（或）黑粪为首发症状。在所有上消化道出血的病例中，急性糜烂出血性胃炎所致者占 10%～25%，是上消化道出血的常见病因之一，仅次于消化性溃疡。感染引起的急性胃炎，可伴有发热、腹泻，重者可出现脱水。体格检查大多数病例仅有上腹或脐周压痛，肠鸣音亢进。重者可出现急腹症，甚至休克。有近期服用非甾体类抗炎药史，严重疾病状态或大量饮酒患者，如发生呕血和（或）黑粪，应考虑急性糜烂出血性胃炎。

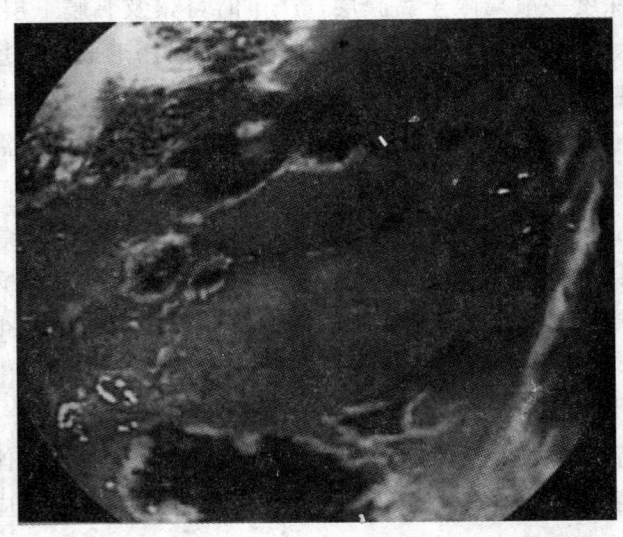

彩图 4-3-1 急性糜烂出血性胃炎

【诊断】

确诊有赖于急诊胃镜检查。胃镜表现为胃黏膜局限性或弥漫性充血、水肿、糜烂、表面覆有炎性渗出物，有的病例可见浅溃疡形成。出血者，在黏膜散在点、片状糜烂基础上有新鲜出血或黑色血痂（彩图 4-3-1），同时可见黏膜下出血表现，胃液呈咖啡色或鲜红色。上述病变（特别是 NASID 或乙醇引起者）可在短期内消失，强调内镜检查宜在出血发生后 24～48 小时内进行。

【治疗】

应针对原发病和病因采取防治措施。对有上述严重原发病而怀疑有急性胃黏膜损害可能者，可预防性给予 H_2 受体拮抗剂（H_2 receptor antagonist，H_2RA）或质子泵抑制剂（proton pump inhibitor，PPI），或具有黏膜保护作用的硫糖铝作为预防措施。对感染引起者，选用有效抗菌药进行治疗。Hp 感染引起的急性胃炎临床上很少见到，一经诊断即应积极治疗，因其很少能自愈，绝大多数转为慢性感染。理化因素引起者立即祛除病因，如嗜酒者应戒酒，服用非甾体类抗炎药类药者亦应立即中止服药，并用抑制胃酸分泌药治疗。如不能停药应同时服用抑制胃酸分泌药，以预防胃黏膜损伤发生。有胃黏膜糜烂、出血者，可用抑制胃酸分泌药或胃黏膜保护药治疗。大出血应采取综合治疗措施积极抢救。表现为腹痛、恶心、呕吐者进行对症处理，脱水者应补充水和电解质。

第二节 慢 性 胃 炎

慢性胃炎是指由各种病因引起的胃黏膜慢性炎症。

【分类】

慢性胃炎的分类方法很多，我国 2006 年 9 月达成的中国慢性胃炎共识意见中采纳了国际上新悉尼系统（Update Sydney System）的分类方法，根据病理组织学改变和病变在胃的分布部位，结合可能病因，将慢性胃炎分为非萎缩性（non-atrophic）、萎缩性（atrophic）和特殊类型（special forms）三大类。慢性非萎缩性胃炎是指不伴有胃黏膜萎缩性改变、胃黏膜层见以淋巴细胞和浆细胞为主的慢性炎症细胞浸润的慢性胃炎。胃黏膜萎缩是指胃固有腺体减少，组织学上有两种类型：①化生性萎缩：胃固有腺体被肠化生（intestinal metaplasia）或假幽门化生腺体替代；②非化生性萎缩：胃黏膜层固有腺体被纤维组织或纤维肌性组织替代或炎性细胞浸润引起固有腺体数量减少。特殊类型胃炎的分类与病因和病理有关，包括化学性、放射性、淋巴细胞性、肉芽肿性、嗜酸细胞性以及其他感染性疾病等，详见本章第三节。

根据内镜下慢性胃炎分布部位，可分为胃窦炎、胃体炎、全胃炎胃窦为主或全胃炎胃体为主。幽门螺杆菌感染首先发生胃窦胃炎，然后逐渐扩展为全胃炎；自身免疫引起的慢性胃炎主要表现胃体胃炎。

【病因和发病机制】

1. **幽门螺杆菌感染**　幽门螺杆菌作为慢性胃炎主要病因依据：①绝大多数慢性活动性胃炎患者胃黏膜中可检出幽门螺杆菌；②幽门螺杆菌在胃内的分布与胃内炎症分布一致；③根除幽门螺杆菌后胃黏膜炎症消退；④从志愿者和动物模型中可复制出幽门螺杆菌感染性胃炎。

幽门螺杆菌的鞭毛具有动力作用，能在胃内穿过黏液层移向胃黏膜黏附定居。幽门螺杆菌分泌的黏附素可使其贴紧上皮细胞，释放尿素酶分解尿素产生氨，保持菌体周围中性环境，利于在胃黏膜表面定植（图4-3-2）。幽门螺杆菌产生的毒素蛋白，如空泡毒素A（vacuolating cytotoxin，VacA）、细胞毒素相关基因A（cytotoxin associating gene，cagA）蛋白、酶（黏液酶、脂酶和磷脂酶A）及代谢产生的氨等直接损伤胃黏膜上皮细胞。尚能诱导上皮细胞释放细胞因子，诱发炎症反应损伤胃黏膜。幽门螺杆菌通过抗原诱导宿主产生自身抗体或通过交叉抗原反应机制损伤胃黏膜。

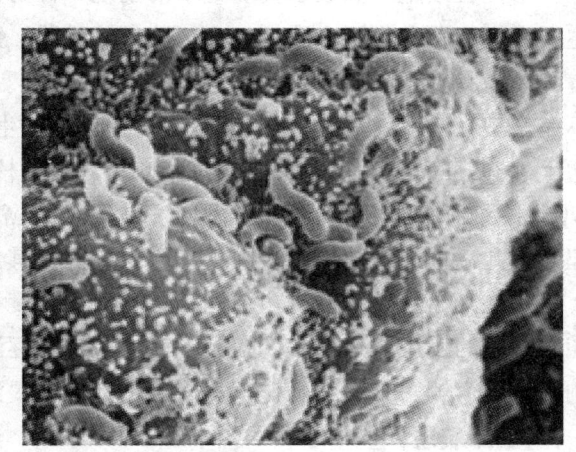

图4-3-2　胃窦表面上皮细胞之间见数条幽门螺杆菌（扫描电镜×8 000）

2. **自身免疫**　自身免疫性胃炎以富含壁细胞的胃体黏膜萎缩为主，患者的血清和胃液中可检出自身抗体如壁细胞抗体（parietal cell antibody，PCA），伴有恶性贫血者还可以检测出内因子抗体（intrinsic factor antibody，IFA）。

PCA存在于患者的血液和胃液中，其相应抗原为壁细胞分泌小管微绒毛膜上的质子泵H^+-K^+ ATP酶。在恶性贫血患者血PCA检出率为55%～95%，不伴恶性贫血的萎缩性胃炎为11%～62.5%，也可见与少数健康人。在其他自身免疫性疾病中（如甲状腺疾病、结缔组织病、1型糖尿病、慢性肾上腺皮质功能减退等），PCA的阳性率也很高。

IFA分为Ⅰ型抗体（阻滞抗体）和Ⅱ型抗体（结合抗体）2种，前者与内因子结合，可阻止内因子与维生素B_{12}结合，效价高、作用强；后者和内因子-维生素B_{12}复合物结合后阻止其与回肠黏膜上的受体结合。胃液中的IFA与恶性贫血的发病有关，而血IFA的存在不能决定有无维生素B_{12}吸收障碍。

自身抗体的存在使壁细胞数量减少或消失，胃泌酸腺区黏膜变薄，胃酸分泌减少甚至缺如；内因子分泌减少和（或）功能丧失，引起维生素B_{12}吸收不良，发生恶性贫血。

3. **饮食和环境因素**　流行病学研究显示，饮食中高盐和缺乏新鲜蔬菜水果与胃黏膜萎缩、肠化生以及胃癌的发生密切相关。理化、生物因子长期反复损伤胃黏膜，可造成炎症持续不愈。如摄食粗糙、过热、过咸和刺激性食物，酗酒，服用非甾体类抗炎药、铁剂、氯化钾等损伤胃黏膜药物。

4. 其他 由于幽门括约肌功能不全，十二指肠内容物大量反流入胃，其内的胆汁、胰液和肠液可减弱胃黏膜屏障功能，使胃黏膜遭受消化液的作用，产生炎症、糜烂和出血等变化。胆汁反流性胃炎主要发生于胃窦部。吸烟也可影响幽门括约肌功能，引起十二指肠液反流。

慢性胃炎的患病率随着人群的年龄增加，除幽门螺杆菌感染因素外，还与老年人胃黏膜退行性变、血供不足致黏膜营养不良、分泌功能低下，以及黏液屏障功能减退等因素有关。

一些慢性全身疾病，如慢性右心功能不全、肝硬化门静脉高压、慢性肾功能不全等可使胃黏膜易于受损产生慢性胃炎。

【病理】

慢性胃炎的过程是胃黏膜损伤与修复的慢性过程，主要组织病理学变化有炎症、萎缩和肠化生。慢性胃炎时，黏膜层炎症细胞浸润以淋巴细胞和浆细胞为主，可有少量的中性粒细胞和嗜酸性粒细胞。中性粒细胞浸润表示炎症处于活动期，称为慢性活动性胃炎。慢性炎症过程中出现胃黏膜萎缩，主要表现为胃黏膜固有腺体（幽门腺或泌酸腺）数量减少甚至消失。萎缩常伴有肠化生，表现为胃固有腺体为肠腺样腺体所替代（AB-PAS 和 HID 黏液染色可将肠化生分为小肠型和大肠型，完全型和不完全型）。慢性胃炎进一步发展，胃上皮或化生的肠上皮在再生过程中发生发育异常，可形成异型增生（dysplasia），表现为细胞的异型性（细胞核增大失去极性，有丝分裂增多）和腺体结构的紊乱（增生的细胞拥挤、分层）。异型增生是胃癌的癌前病变。由于大多数慢性胃炎由幽门螺杆菌感染引起，因此病理组织学检查多发现幽门螺杆菌，其主要见于黏液层和胃黏膜上皮表面以及胃小凹间。

病变开始呈灶性发生，不同部位的严重程度可以不一致，所以胃镜诊断与病理诊断有时不一致。随着病变的发展，灶性病变扩大，联合成片，逐渐向近端发展。一般讲胃窦部病变重于胃体部，小弯侧重于大弯侧。萎缩和肠化严重时，炎症细胞浸润反而减少。

【临床表现】

临床表现与胃炎的程度及内镜所见、组织病理学改变无肯定的相关性。多数患者无明显症状，部分可有消化不良的表现：上腹饱胀不适、无规律疼痛、嗳气、反酸、烧灼感、食欲不振、恶心、呕吐等，少数可有上消化道出血。自身免疫性胃炎可出现明显厌食、体重减轻。恶性贫血者有衰弱、疲软、神情淡漠和四肢感觉异常。体征多不明显，可有贫血、舌炎、上腹部轻压痛，和周围神经病变体征。

【实验室和其他检查】

(一) 胃镜检查

胃镜检查并同时行活组织病理学检查是慢性胃炎的最可靠的诊断方法。

非萎缩性胃炎内镜下可见红斑（点状、片状和条状）、黏膜粗糙不平、出血点（斑）、黏膜水肿、渗出等基本表现（彩图 4-3-3）。内镜下萎缩性胃炎（彩图 4-3-4）有两种类型，即单纯萎缩性胃炎和萎缩性胃炎伴增生。单纯萎缩性胃炎主要表现为黏膜红白相间，以白为主，皱襞变平甚至消失，血管显露；萎缩性胃炎伴增生主要表现为黏膜呈颗粒或结节状。内镜下非萎缩性胃炎和萎缩性胃炎都可以伴有糜烂（平坦或隆起）、出血、胆汁反流。由于内镜所见与活组织检查的病理表现不尽一致，因此诊断时应两者结合。为保证诊断的准确性及对慢性胃炎进行分类，活组织检查宜在多部位取材且标本要够大、够深（到黏膜肌层），取材多少示病变情况和需要，一般 2～3 块，胃窦小弯、大弯、胃角及胃体下部小弯是常用的取材部位。

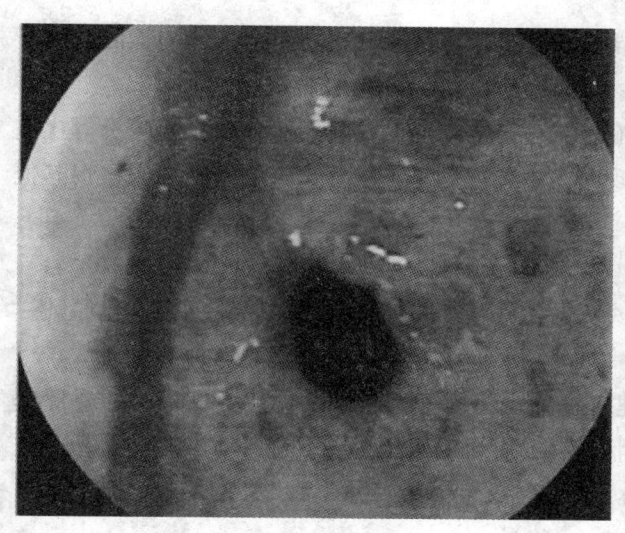
彩图 4-3-3 慢性非萎缩性胃炎

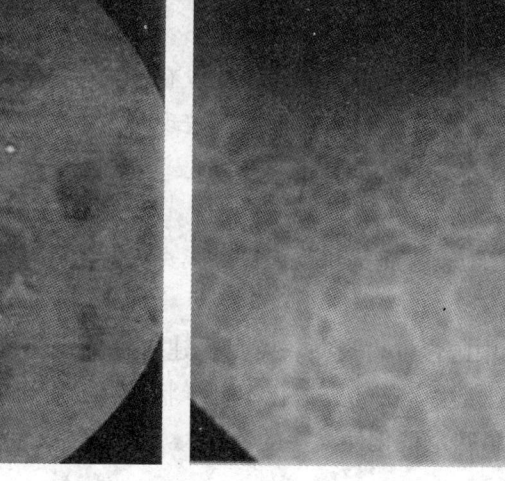
彩图 4-3-4 慢性萎缩性胃炎

(二) 幽门螺杆菌检测

活组织病理学检查同时可检测幽门螺杆菌，也可以另取1块活组织进行快速尿素酶检测。有关检查方法详见第四章消化性溃疡。

(三) 自身抗体检测

自身免疫性胃炎时，血清 PCA 常呈阳性（约为90%），血清 IFA 阳性率比 PCA 低（约为75%），如胃液中检测到 IFA，对恶性贫血的诊断帮助很大。

(四) 胃液分析

非萎缩性胃炎胃酸分泌正常或增高；萎缩性胃炎主要位于胃窦时，胃酸分泌可正常或增高，如 G 细胞大量破坏则胃酸降低；胃体部萎缩性胃炎胃酸分泌较少，严重者可无酸。

(五) 血清胃泌素 G17、胃蛋白酶原Ⅰ和Ⅱ测定

在慢性胃炎中，胃体萎缩者血清胃泌素 G17 水平显著升高，胃蛋白酶原Ⅰ或胃蛋白酶原Ⅰ/Ⅱ比值降低；胃窦萎缩者血清胃泌素 G17 水平降低，胃蛋白酶原Ⅰ或胃蛋白酶原Ⅰ/Ⅱ比值正常；全胃萎缩者则两者均降低。检测血清胃泌素 G17 以及胃蛋白酶原Ⅰ和Ⅱ有助于判断有无胃黏膜萎缩和萎缩部位。

(六) 血清维生素 B_{12} 浓度测定

正常人空腹血清维生素 B_{12} 浓度为 300~900ng/L，低于 200ng/L 定义为维生素 B_{12} 缺乏。维生素 B_{12} 吸收有赖于内因子和末端回肠黏膜的完整性。正常时胃底腺每小时约分泌 3 000 单位内因子，胃体萎缩性胃炎时内因子分泌减少或缺如。当内因子分泌量降低到<200 单位/小时以下时，将发生维生素 B_{12} 吸收障碍。IFA 阻碍内因子与维生素 B_{12} 结合（Ⅰ型抗体）或阻碍内因子-维生素 B_{12} 复合物与回肠黏膜受体的结合（Ⅱ型抗体），导致维生素 B_{12} 吸收障碍。回盲部疾患时也出现维生素 B_{12} 吸收障碍。

(七) 维生素 B_{12} 吸收 (Schilling) 试验

在使体内维生素 B_{12} 库饱和后，口服 ^{58}Co-维生素 B_{12} 和 ^{57}Co-维生素 B_{12} 内因子复合物，同时收集 24 小时尿液，分别测定尿中 ^{58}Co 和 ^{57}Co 的排除率。正常时二者的排除率均>10%。^{58}Co 排出率低于 10%，而 ^{57}Co 排出率正常，说明维生素 B_{12} 缺乏由内因子缺乏引起；二者均降低，则提示维生素 B_{12} 缺乏是由于患者体内有内因子抗体（Ⅱ型抗体）或回盲部病变所致。

【诊断与鉴别诊断】

确诊主要依赖于胃镜检查和胃黏膜活组织病理学检查。幽门螺杆菌和血清自身抗体的检测有助于确定病因。怀疑有恶性贫血时，应做血清维生素 B_{12} 浓度测定和维生素 B_{12} 吸收试验。

需要注意的是，由于慢性胃炎患者临床表现没有特异性，需要与溃疡病、胆囊炎、胰腺炎等疾病鉴别，尤其是老年患者出现厌食、贫血、消瘦等表现时，不要仅满足于慢性胃炎的诊断，应警惕其他病变，特别需要排除肿瘤。

【治疗】

慢性胃炎的治疗目的是缓解症状和改善胃黏膜炎症。治疗应尽可能针对病因，遵循个体化原则。

（一）根除幽门螺杆菌

1. 适应证　2006年中国慢性胃炎共识意见，建议根除幽门螺杆菌特别适用于：①伴有胃黏膜糜烂、萎缩及肠化生、异型增生者；②有消化不良症状者；③有胃癌家族史者。

2. 治疗方案　参见第四章消化性溃疡的治疗。

（二）对症治疗

根据胃镜发现和患者症状给予相应治疗。

1. 有胃黏膜糜烂或以烧心、反酸、上腹饥饿样痛等症状为主者，根据病情或症状严重程度给予抑酸或抗酸药。

2. 有腹胀、早饱等胃动力障碍症状者，可用多潘立酮、伊托必利、莫沙必利等促胃肠动力药治疗。

3. 有胆汁反流者，可用铝碳酸镁、氢氧化铝凝胶等药物吸附，并加用促胃肠动力药以减少反流。

4. 服用非甾体抗炎药者应停止服用，并加用抗酸药、米索前列醇及硫糖铝治疗。

5. 有明显精神因素的慢性胃炎伴消化不良症状患者，常规治疗无效或疗效差者可合并应用抗抑郁药、镇静药治疗，同时应予耐心解释或心理治疗。

（三）恶性贫血治疗

终生需用维生素 B_{12} 补充治疗。

（四）异型增生的治疗

轻度异型增生给予上述积极治疗，并嘱患者定期随访；重度异型增生宜给予预防性手术，目前多采用内镜下胃黏膜切除术。

【预后】

绝大多数非萎缩性胃炎经积极的治疗可获痊愈，萎缩性胃炎经根除幽门螺杆菌后可延缓发展或在一定程度上使病程逆转。极少数中、重度萎缩性胃炎经长期的演变可发展成胃癌。15%～20%的幽门螺杆菌相关性胃炎可发生消化性溃疡，以胃窦胃炎为主者易发生十二指肠溃疡，多灶性萎缩者易发生胃溃疡。

第三节　特殊类型胃炎

一、感染性胃炎

一般人多为幽门螺杆菌感染所致的感染性胃炎，但当机体免疫力低下时，可发生各种细菌、真菌和病毒所引起的感染性胃炎。其中急性化脓性胃炎（acute purulent gastritis）病情最为凶险，该病又称蜂窝组织炎性胃炎，多发生于免疫力低下，且有身体其他部位感染灶的患者，致病菌通过血液循环播散到胃。有时胃部手术、胃息肉切除术可为其诱因。致病菌多为溶血性链球菌，有时也可由肺炎球菌、葡萄球菌、铜绿假单胞菌、大肠埃希菌、炭疽杆菌、产气荚膜梭状芽胞杆菌引起。炎症主要累及黏膜下层，也可穿透肌层达浆膜层，甚至穿孔致化脓性腹膜炎。起病急骤，患者有剧烈的上腹痛、恶性、呕吐，有时呕吐物中可见坏死的胃黏膜组织，伴有寒战、高热，发生穿孔时则有急性化脓性腹膜炎的症状和体征。超声、CT 检查，可见胃壁增厚。由产气荚膜杆菌引起者，胃壁内可见由气泡形成的低密度改变，腹平片可见胃腔内大量积气。本病凶险，死亡率高。一经确诊，应立即给予大剂量广谱抗生素治疗。无效时，需行胃切除术。

二、化学性胃炎

胆汁反流、长期服用非甾体类抗炎药或其他对胃黏膜损害的物质，可引起以胃小凹增生为主且炎症细胞浸润很少为特征的反应性胃黏膜病变。胃大部切除术后，在残胃和吻合口黏膜可发生慢性炎症，行 Billroth Ⅱ 式手术后较 Ⅰ 式更易发生。病因与含胆汁、胰酶的十二指肠液长期大量反流入胃、胃窦切除后胃泌素的细胞营养作用减弱有关。患者可有上腹痛、烧灼感及胆汁反流等症状。胃镜检查显示近吻合口处黏膜充血、水肿、糜烂、少数黏膜呈结节状隆起。常见胆汁反流。部分病史长者（多在 10 年以上）可在残胃炎的基础上发生残胃癌。治疗可选用多潘立酮、西沙必利、硫糖铝、铝碳酸镁等药物。术后 10 年以上者应定期行胃镜随访。

三、巨大肥厚性胃炎

巨大肥厚性胃炎（giant hypertrophic gastritis）本病的特点是胃体黏膜皱襞肥厚巨大。包括 Ménétriér 病和肥厚性高酸分泌性胃病（hypertrophic hypersecretory gastropathy）两个综合征。

1. Ménétriér 病 又名胃黏膜巨肥症。特点为胃底、胃体黏膜皱襞巨大，迂曲呈脑回状，有的呈结节状或息肉状隆起，皱襞上可有糜烂或溃疡。组织学显示胃小凹增生、延长，伴明显囊性扩张。黏液细胞增生，主细胞和壁细胞减少。黏膜层增厚，炎症细胞浸润不明显。临床特点为胃黏液分泌增多，胃酸分泌减少，血浆蛋白经增生的胃黏膜漏入胃腔，造成低蛋白血症和水肿。

本病多见于 30~50 岁男性，病因不明。近来发现幽门螺杆菌感染与其有一定关系，根除幽门螺杆菌可使病变改善。

本病无特效治疗。有报道用抗胆碱药和 H_2 受体拮抗剂可减少蛋白质丢失，但效果不肯定。如蛋白质丢失严重，其他方法不能控制时，需行全胃切除。

2. 肥厚性高酸分泌性胃病 特点为胃黏膜皱襞肥厚，有蛋白质经胃腔丢失，但胃酸分泌增多，常合并十二指肠溃疡。组织学显示，胃体黏膜全层肥厚，壁细胞和主细胞显著增多。

四、其他

如疣状胃炎、嗜酸细胞性胃炎、淋巴细胞性胃炎、非感染性肉芽肿性胃炎、放射性胃炎、充血性胃病等。其中疣状胃炎又称痘疮样胃炎（varioliform gastritis）或慢性糜烂性胃炎（chronic erosive gastritis），胃镜下表现为在胃体或胃窦部黏膜皱襞或皱襞间有散在分布的结节状病灶，呈圆形或椭圆形，直径多小于 10mm，高约 1~3mm，隆起的中央顶端稍显凹陷、伴或不伴有浅糜烂。组织学显示：中心凹陷处上皮细胞坏死、脱落，形成糜烂或浅溃疡，表面有嗜中性粒细胞和纤维素渗出，固有膜内有不同程度的淋巴细胞、浆细胞和嗜中性粒细胞浸润。至修复期，渗出物已脱落，表面上皮、小凹上皮及颈腺明显增生，小凹加深、弯曲、分支，可见肠化生。增生的上皮和腺体形状不规则，腺管密集，并可呈异型增生改变。固有膜中有大量的淋巴细胞和浆细胞浸润，并可见淋巴滤泡形成。病程可持续数月，或长期存在。患者可有上腹痛、恶心、呕吐等非特异性症状。本病病因不明，近年研究发现可能与幽门螺杆菌感染有关，根除幽门螺杆菌可使病变好转。本病治疗无特殊，有症状者可对症治疗。

（吕宗舜　姜　葵）

第四章 消化性溃疡

消化性溃疡（peptic ulcer）简称溃疡病，主要指发生于胃和十二指肠的慢性溃疡，因其形成与胃酸、胃蛋白酶的消化作用有关而得名。本病可发生在胃肠道能接触到酸性胃液的任何部位，如食管下端、胃、十二指肠、胃-空肠吻合术后的空肠和具有异位胃黏膜的 Meckel 憩室等。但以胃、十二指肠最为多见，约占 98%，故一般所谓的消化性溃疡，实指胃溃疡（gastric ulcer，GU）和十二指肠溃疡（duodenal ulcer，DU）。溃疡的黏膜缺损深度超过黏膜肌层，不同于糜烂。

消化性溃疡是常见病，呈世界性分布，患病率逐步上升。溃疡病可发生在不同的年龄，十二指肠溃疡多见于青壮年，胃溃疡则多见于中老年。男性患病率高于女性。

【病因和发病机制】

消化性溃疡是由多种病因所致的异质性疾病，即患者之间的病因、发病机制可能并不相同，只是临床表现相似而已。胃、十二指肠黏膜经常处于多种损伤因素（包括胃酸、胃蛋白酶、微生物、胆盐、酒精、药物和其他有害物质）的侵袭之下，但胃、十二指肠黏膜具有一系列防御和修复机制，包括黏液/碳酸氢盐屏障、黏膜屏障、黏膜血流量、细胞更新、前列腺素和表皮生长因子等，所以在正常情况下，胃、十二指肠黏膜能够抵御侵袭因素的损害作用，维护黏膜的完整性。目前认为，消化性溃疡的发生是由于对胃、十二指肠黏膜有损害作用的侵袭因素（aggressive factors）与黏膜自身防御/修复因素（defensive/repairing factors）之间失去平衡的结果。这种失平衡可能是由于侵袭因素增强，亦可能是防御/修复因素减弱，或两者兼之。胃溃疡和十二指肠溃疡在发病机制上有不同之处，前者主要是防御/修复因素减弱，后者则主要是侵袭因素增强。现将这些病因及其导致溃疡发生的机制分述如下：

（一）幽门螺杆菌感染

近年来的大量研究证明，幽门螺杆菌（*Helicobacter pylori*，*H. pylori*）感染是消化性溃疡的主要病因。

1. **消化性溃疡患者中幽门螺杆菌感染率高** 十二指肠溃疡患者的幽门螺杆菌感染率为 90%～100%，胃溃疡为 80%～100%。在排除服用非甾体类抗炎药和其他可引起溃疡病的因素后，与幽门螺杆菌无关的十二指肠溃疡仅占 0.3%。幽门螺杆菌感染者中发生消化性溃疡的危险性亦显著增加。有研究显示，随访 10～20 年，幽门螺杆菌感染者有 10%～15%发生十二指肠溃疡，发生十二指肠溃疡的危险性是非感染者的 9 倍以上；另一项报告，随访 18 年，幽门螺杆菌感染者有 19%发生了胃溃疡，显著高于不伴幽门螺杆菌感染者（4%）。

2. **根除幽门螺杆菌可促进溃疡病愈合和显著降低溃疡病的复发率** ①仅根除幽门螺杆菌而无抗酸分泌作用的治疗方案可有效愈合溃疡；②用常规抗酸分泌药疗效不理想的所谓难治性溃疡（refractory ulcer），在有效根除幽门螺杆菌治疗后，得到痊愈；③应用高疗效根除幽门螺杆菌方案治疗 1 周，随后不再给予抗溃疡治疗，疗程结束后 4 周复查，溃疡愈合率高于或等于应用常规抗酸分泌药连续治疗 4～6 周的愈合率；④根除幽门螺杆菌可使十二指肠溃疡、胃溃疡的年复发率降至 5%以下，显著低于常规抗酸分泌药治疗后溃疡病的年复发率（50%～70%）。

3. **幽门螺杆菌感染使黏膜侵袭因素与防御因素之间失平衡** 幽门螺杆菌特异性地定植于胃部和有胃化生的十二指肠黏膜，诱发炎症和免疫反应，损害了局部黏膜的防御/修复机制，如感染产生的一些低分子蛋白可趋化和激活炎症细胞，后者释放多种细胞因子和有毒性的氧自由基造成黏膜损伤；幽门螺杆菌的某些组分抗原与胃黏膜某些细胞成分相似，激发机体产生抗体与宿主胃黏膜细胞成分起交叉反应，导致胃黏膜细胞损伤。另一方面，幽门螺杆菌感染还可引起高胃泌素（gastrin）血症，进而使胃酸分泌增加，增强了侵袭因素。其可能机制为：①幽门螺杆菌感染引起的炎症和组织损伤使胃窦黏膜中 D 细胞数量减少，影响生长抑素（somatostatin, SS）生成，使后者对 G 细胞释放胃泌素的抑制作用减弱；②幽门螺杆菌尿素酶水解尿素产生的氨使局部胃窦黏膜 pH 值升高，破坏了胃酸对 G 细胞释放胃泌素的负反馈抑制（negative feedback inhibition）。这两方面的协同作用造成了溃疡的形成。

4. 幽门螺杆菌感染引起消化性溃疡的机制尚未完全阐明，现有多种假说，如胃上皮化生学说、胃泌素-胃酸学说、介质冲洗学说、免疫损伤学说、酸假说、"漏屋顶"学说（"the leaking roof" theory）等，上述学说从各自不同的角度揭示了幽门螺杆菌感染时溃疡病发生的一部分机制，但尚难以满意地解释溃疡病发生的全部过程。目前比较普遍接受的一种假说试图将幽门螺杆菌、宿主和环境 3 个因素在十二指肠溃疡发病中的作用统一起来。胃窦部幽门螺杆菌感染、遗传因素等引起高胃酸分泌，高胃酸直接损伤上皮或引起继发炎症使十二指肠黏膜发生胃化生，为幽门螺杆菌在十二指肠黏膜定植创造条件。十二指肠幽门螺杆菌感染加重了局部炎症（十二指肠炎），炎症又促进胃化生。这一恶性循环使十二指肠黏膜持续处于炎症和损伤状态，局部碳酸氢盐分泌减少，削弱了十二指肠黏膜的防御因素。而幽门螺杆菌感染所致的高胃泌素血症刺激胃酸分泌，增强了侵袭因素。侵袭因素的增强和防御因素的削弱导致溃疡形成。

对幽门螺杆菌引起胃溃疡的发病机制研究较少，一般认为是幽门螺杆菌感染引起胃黏膜炎症削弱了胃黏膜的屏障功能，胃溃疡好发于非泌酸区与泌酸区交界处的非泌酸区侧，反映了胃酸对屏障受损的胃黏膜的侵蚀作用。

（二）非甾体类抗炎药

有些药物对胃十二指肠黏膜具有损伤作用，其中以非甾体类抗炎药（non-steroidal anti-inflammatory drug, NSAID）最为显著。长期服用非甾体类抗炎药的患者中，有 10%～30% 可发生溃疡病，其中以胃溃疡更为多见。服用非甾体类抗炎药者发生胃溃疡和十二指肠溃疡的危险性比不服药者分别高 3.2 和 2.7 倍。危险性的大小除与服用的非甾体类抗炎药种类、剂量大小和疗程长短有关外，还与患者年龄（>60 岁）、既往患（溃疡）病情况、幽门螺杆菌感染、吸烟、同时应用抗凝药物、肾上腺皮质激素等因素有关。此外，服用非甾体类抗炎药还可妨碍溃疡愈合、增加溃疡复发率和出血、穿孔等并发症的发生率。

非甾体类抗炎药损伤胃十二指肠黏膜的机制包括直接局部作用和系统作用两方面，而以后者为主。阿司匹林和绝大多数非甾体类抗炎药的 pKa 为 3～5，在 pH<2.0 的胃液中呈脂溶性的非离子状态，可透过细胞膜弥散入细胞内产生毒性损伤作用。非甾体类抗炎药的系统作用为抑制环氧合酶（cyclooxygenase, COX）而起作用。COX 是花生四烯酸合成前列腺素的关键限速酶，COX 有两种异构体，即结构型 COX-1 和诱生型 COX-2。COX-1 在组织中恒量表达，催化生理性前列腺素合成而参与机体生理功能调节；COX-2 主要在病理情况下由炎症刺激诱导产生，促进炎症部位前列腺素的合成。传统的非甾体类抗炎药如阿司匹林、吲哚美辛等旨在抑制 COX-2 而减轻炎症反应，但特异性差，同时抑制了 COX-1，使肠道黏膜中具有细胞保护作用的内源性前列腺素（prostaglandin, PG）合成减少，从而削弱胃十二指肠黏膜对胃酸/胃蛋白酶的防御作用。

非甾体类抗炎药和幽门螺杆菌是引起消化性溃疡发病的两个独立因素，至于两者是否有协同作用尚无定论。

（三）胃酸和胃蛋白酶

胃酸（acid）和胃蛋白酶（pepsin）是胃液的主要成分，消化性溃疡最终形成是由于胃酸、胃蛋白酶的消化作用所致，胃酸和胃蛋白酶的存在是溃疡病发生的决定因素。胃蛋白酶是主细胞分泌的胃蛋白酶原（pepsinogen）经盐酸激活转变而来，它能降解蛋白质分子，所以对黏膜有侵袭作用。胃蛋白酶的生物活性取决于胃液 pH，这是因为不但胃蛋白酶原激活需要盐酸，而且胃蛋白酶活性也是 pH 依赖性的，当胃液 pH>4 时，胃蛋白酶就失去活性。由于胃蛋白酶的活性受到胃酸制约，因而在探讨消化性溃疡发病机制和治疗措施时，主要考虑胃酸的作用。

十二指肠溃疡患者的平均基础酸排量（basal acid output，BAO）和五肽胃泌素等刺激后的最大酸排量（maximal acid output，MAO）可大于正常人，但十二指肠溃疡患者的最大酸排量变异范围很大，与正常人之间有明显重叠，仅20%～50%患者高于正常。十二指肠溃疡患者胃酸分泌增多，主要与下列因素有关：①壁细胞总数（parietal cell mass，PCM）增多：胃酸分泌量与壁细胞总数相平行，壁细胞总数少于10亿个、最大酸排量低于10mmol/h者甚少发生十二指肠溃疡。十二指肠溃疡患者的平均壁细胞总数可达正常人之1.5～2倍。壁细胞数量增加可能是遗传因素和/或是高胃泌素血症长期刺激的结果；②壁细胞对刺激物敏感性增强：十二指肠溃疡患者对食物或五肽胃泌素刺激后的胃酸分泌多大于正常人，这可能是患者壁细胞上胃泌素受体亲和力增加或体内对胃泌素刺激胃酸分泌有抑制作用的物质如生长抑素减少所致；③胃酸分泌的正常反馈抑制机制发生缺陷：正常人胃窦部G细胞分泌胃泌素受胃液pH负反馈调节，当胃窦部pH降至2.5以下时，G细胞分泌胃泌素的功能就受到抑制。此外，当食糜进入十二指肠后，胃酸和食糜刺激十二指肠和小肠黏膜释放胰泌素（secretin）、胆囊收缩素（cholecystokinin）、肠抑胃肽（gastric inhibitory peptide，GIP）和血管活性肠肽（vasoactive intestinal peptide，VIP）等，这些激素具有抑制胃酸分泌的作用。所以正常情况下，胃酸分泌具有自身调节作用。部分十二指肠溃疡患者的这一反馈抑制机制存在缺陷，遗传、幽门螺杆菌、感染等因素可能与之有关；④迷走神经张力增高：迷走神经释放乙酰胆碱，后者兼有直接刺激壁细胞分泌盐酸和刺激G细胞分泌胃泌素的作用。

胃溃疡患者基础和刺激后的胃酸排出量多属正常或甚至低于正常，仅发生于幽门前区或伴有十二指肠溃疡的胃溃疡患者胃酸排出量可高于正常。

（四）其他因素

1. **吸烟** 吸烟者消化性溃疡发生率比不吸烟者高，吸烟影响溃疡愈合，促进溃疡复发和增加溃疡并发症发生率。

2. **饮食** 酒、浓茶、咖啡和某些饮料能刺激胃酸分泌，摄入后易产生消化不良症状，但尚无充分证据表明长期饮用会增加溃疡发生的危险性。饮食中纤维水平可能在溃疡病发生中起一定作用，高纤维膳食人群中，溃疡病患病率低于吃精制的低纤维食物者。食物中必需脂肪酸缺乏也被认为与溃疡病发生相关。有报道，必需脂肪酸摄入增多者消化性溃疡患病率下降，其原因可能为增加胃十二指肠黏膜中前列腺素前体成分而促进前列腺素合成。高盐饮食可增加胃溃疡发生的危险性，这与高浓度盐损伤胃黏膜有关。

3. **遗传因素** 遗传因素对消化性溃疡发病其有一定作用。如单卵双胞胎发生溃疡的一致性高于双卵双胞胎；在一些罕见的遗传综合征中（如多内分泌腺瘤病Ⅰ型、系统性肥大细胞增多症等），消化性溃疡为其临床表现的一部分。但也有一些不同意见。

4. **胃十二指肠运动异常** 部分十二指肠溃疡患者存在胃排空加快和十二指肠逆蠕动减弱。前者特别表现为液体排空，胃液排空加快使十二指肠球部的酸负荷量增大；后者造成十二指肠降段的碱性液体不能有效地中和近端十二指肠腔内的酸性物质，使十二指肠球部的pH低于正常，黏膜易遭损伤。在胃溃疡，部分患者则存在胃排空延缓和十二指肠-胃反流。前者使胃窦部张力增高，刺激胃窦黏膜中的G细胞分泌胃泌素，进而增加胃酸分泌；后者主要由于胃窦-十二指肠运动协调及幽门括约肌功能障碍所致，反流液中的胆汁、胰液和溶血卵磷脂对胃黏膜有损伤作用。

5. **应激和心理因素** 长期精神紧张、焦虑或情绪波动的人易患消化性溃疡；十二指肠溃疡愈合后在遭受精神应激时，溃疡容易复发或发生并发症；战争期间，本病发生率升高。上述事实提示，精神、心理因素对消化性溃疡特别是十二指肠溃疡的发生有明显影响。在应激状态下，胃的分泌和运动功能增强，增加胃酸排出量和加速胃排空，同时由于交感神经兴奋而使胃十二指肠血管收缩，黏膜血流量下降，削弱了黏膜自身的防御功能。

【病理】

十二指肠溃疡多发生在球部，前壁比较常见。胃溃疡可发生于胃的任何部位，但以胃角和胃窦小弯侧为多见，其余按顺序排列为胃体、胃底。组织学上，胃溃疡大多发生在幽门腺区（胃窦）与泌酸腺区（胃体）交界处的幽门腺区一侧，幽门腺区黏膜可随年龄增长而扩大（假幽门腺化生和/或肠化生），结果使其与泌酸腺区黏膜之交界线上移，故老年患者胃溃疡的部位多较高。溃疡大多是单发，少数可有2个或2个以上溃疡并存，称为多发性溃疡（multiple ulcers）。在十二指肠球部前后壁或胃小弯两侧相对应部位同时发生的溃疡称为对吻溃疡（kissing ulcers）。典型的溃疡呈圆形或椭圆形，但亦有呈不规则形或线形者。十二指肠溃疡的直径一般<1.5cm，胃溃疡的直径一般<2cm。溃疡可有不同的深度，浅者仅超过黏膜肌层，深者可穿透肌层甚至浆膜层，引起穿孔。

显微镜下观察，溃疡的基底部可分为4层：①急性炎性渗出物，由白细胞、红细胞和纤维蛋白所组成；②嗜酸性坏死层，为无组织结构的坏死物；③肉芽组织，内含丰富的血管；④瘢痕组织，由致密的胶原纤维组成。急性期，溃疡底部和边缘很少有结缔组织；进入慢性期时，则有较多的纤维组织，溃疡时间越久，纤维组织越多；溃疡愈合时，急性反应消失，溃疡边缘上皮细胞增生向中心移植，覆盖溃疡面（黏膜重建），其下的肉芽组织转变为瘢痕。瘢痕收缩使周围黏膜皱襞向其集中，可使十二指肠球部变形。

【临床表现】

消化性溃疡有以下一些特点：①慢性过程呈反复发作；②发作呈周期性，多见于秋冬和冬春之交；③发作时上腹痛呈节律性。

（一）疼痛

上腹部疼痛是本病的主要症状，可为钝痛、灼痛或胀痛，轻者能忍受，有时呈饥饿痛。无痛性溃疡见于老年人溃疡、维持治疗中复发的溃疡及非甾体类抗炎药相关性溃疡。疼痛部位多位于上腹中部、偏左或偏右；胃体上部和贲门下部溃疡的疼痛可出现在左上腹部或左前胸下部；胃或十二指肠后壁的溃疡，可出现后背部疼痛。溃疡疼痛部位大致反映溃疡病灶所在的位置。节律性疼痛是消化性溃疡的特征性之一，十二指肠溃疡的疼痛常在两餐之间发生，持续至下餐进食或服用抗酸剂后缓解；胃溃疡的疼痛出现较早，多在餐后1h内出现，经1~2h后逐渐缓解，直至下餐进食后再复现上述节律。十二指肠溃疡患者常在睡眠中痛醒；而胃溃疡较少发生夜间疼痛。随着病情发展，有些患者可出现症状改变，此时要警惕并发症的发生。如疼痛失去过去的节律变为恒定而持续，不能为进餐或抗酸剂所缓解，且开始放射至背部时，可提示有穿透性溃疡发生；突然发生上腹剧痛迅速延及全腹时应考虑有急性穿孔。

消化性溃疡除上腹疼痛外，尚可有反酸、嗳气、烧心、上腹饱胀、恶心、呕吐、食欲减退等消化不良症状，部分症状可能与伴随的慢性胃炎有关。病程较长者可因疼痛或其他消化不良症状影响摄食而出现体重减轻；但亦有少数十二指肠溃疡患者因进食可暂时减轻疼痛，频繁进食而使体重增加。

（二）体征

活动性溃疡剑突下可有局限压痛点，缓解时无明显体征。

（三）并发症

1. **上消化道出血** 上消化道出血是消化性溃疡最常见的并发症。20%~30%的溃疡病患者曾有出血史，十二指肠溃疡并发出血的发生率比胃溃疡高，十二指肠球部后壁溃疡和球后溃疡更易发生出血。

2. **穿孔** 溃疡病灶向深部发展穿透浆膜层则并发穿孔（perforation），十二指肠溃疡的穿孔并发率高于胃溃疡。穿孔后可引起三种后果：①溃破入腹腔引起急性腹膜炎（游离穿孔）；②溃疡穿孔至并受阻于毗邻实质性器官如肝、胰、脾等（穿透性溃疡）；③溃疡穿孔入空腔器官形成瘘管。

3. **幽门梗阻** 约2%的消化性溃疡患者患有幽门梗阻（pylorus obstruction），其中80%以上由十二指肠溃疡引起，余者为幽门管溃疡或幽门前区溃疡。幽门梗阻引起胃内容物滞留，表现为上腹部饱胀不适和呕吐，空腹胃内振水音和胃蠕动波是其典型体征。上腹饱胀以餐后为甚，呕吐后可减轻，呕吐物量多，内含发酵宿食，呈酸臭味。患者因不能进食和反复呕吐而逐渐出现体弱、脱水和低氯低钾性碱中毒等临床表现。

4. 癌变　我国胃溃疡癌变概率为1%～7%。对长期慢性胃溃疡病史、年龄在45岁以上、溃疡顽固不愈者应提高警惕。

【特殊类型的消化性溃疡】

(一) 复合性溃疡

复合性溃疡（complex ulcer）指胃和十二指肠同时发生的溃疡，检出率约占全部消化性溃疡的5%。十二指肠溃疡往往先于胃溃疡出现，其机制可能为十二指肠溃疡造成胃排空延缓、胃窦部张力增高，导致胃酸分泌增多，进而形成胃溃疡。复合性溃疡幽门梗阻的发生率较单独胃溃疡或十二指肠溃疡为高。

(二) 幽门管溃疡

幽门管溃疡（pyloric channel ulcer）幽门管位于胃远端，与十二指肠交界，长约2cm。幽门管溃疡病理生理与十二指肠溃疡相近，胃酸一般增多，但常缺乏典型溃疡的周期性和节律性疼痛，餐后上腹痛显著，对抗酸药反应差，容易出现呕吐或幽门梗阻，穿孔或出血等并发症也较多。

(三) 球后溃疡

球后溃疡（postbulbar ulcer）指发生于十二指肠球部以下的溃疡，约占十二指肠溃疡的10%，多发生于十二指肠乳头的近端，X线和胃镜检查易漏诊。球后溃疡多具有十二指肠球部溃疡的临床特点，但症状较重且夜间疼痛和背部放射痛更为多见，对药物治疗反应较差，较易并发出血。球后溃疡超越十二指肠第二段或者多发时，需与胃泌素瘤相鉴别。

(四) 巨大溃疡

巨大溃疡（giant ulcer）指直径>2cm的溃疡。巨大胃溃疡需与胃癌相鉴别；巨大十二指肠溃疡的部位常位于后壁，有时也可在球后，疼痛通常较为剧烈，可放散到背部。巨大溃疡愈合较慢、易于复发，且容易发生出血、穿孔等并发症，位于十二指肠者还容易发生狭窄和梗阻。

(五) 无症状性溃疡

无症状性溃疡（silent ulcer）15%～35%消化性溃疡患者可无任何症状。这部分患者多在发生出血、穿孔等并发症，或因其他疾病作内镜、X线钡餐检查时始被发现。这类消化性溃疡多见于老年人溃疡、用H_2受体拮抗剂维持治疗中复发的溃疡和非甾体类抗炎药相关性溃疡，后两者分别占各自的50%和30%以上。

(六) 老年消化性溃疡

有报道老年人中胃溃疡的患病率等于或多于十二指肠溃疡；且位于胃体上部或高位的溃疡以及胃巨大溃疡较多见。老年人溃疡病临床表现多不典型，无症状或症状不明显者比率较高，疼痛多无规律，食欲不振、恶心、呕吐、体重减轻、贫血等症状较突出，此时需与胃癌相鉴别。

【实验室和其他检查】

(一) 血液学检查

1. 血常规　单纯消化性溃疡血常规无改变，当合并出血、幽门梗阻时可有不同程度的贫血。

2. 血清胃泌素测定　消化性溃疡时血清促胃液素可较正常人稍升高，但诊断意义不大，故不应列为常规检查。有下列情况者可考虑检测患者的血清胃泌素：①消化性溃疡出现并发症；②消化性溃疡伴原因不明的腹泻或伴高钙血症；③消化性溃疡有家族史；④消化性溃疡伴有胃、十二指肠及空肠的巨大皱襞；⑤多发性溃疡或溃疡位于少见部位；⑥规则治疗溃疡不愈合；⑦常规手术治疗后溃疡复发。

(二) 粪潜血试验

经3天素食后测粪潜血阳性，提示溃疡有活动性，随着溃疡的愈合，粪潜血消失。活动性溃疡经积极治疗后多在1~2周内转阴。连续检查粪潜血，可作为判定治疗效果的指标。

(三) 胃液分析

胃溃疡患者胃酸分泌正常或低于正常，部分十二指肠溃疡患者增多，但与正常人有很大重叠，故胃液分析对消化性溃疡诊断和鉴别诊断价值不大。目前胃液分析主要用于胃泌素瘤的辅助诊断和了解溃疡病的手术效果。

(四) 幽门螺杆菌检测

根据第三次全国幽门螺杆菌感染若干问题共识报告，将幽门螺杆菌感染的诊断方法、诊断标准、根除标准分述如下：

1. 幽门螺杆菌感染的诊断方法 幽门螺杆菌感染的诊断已成为消化性溃疡的常规检测项目，其方法有多种，根据原理可分为侵入性和非侵入性两类方法。侵入性方法依赖胃镜活检，包括快速尿素酶试验（rapid urease test，RUT）、胃黏膜直接涂片染色镜检、胃黏膜组织切片染色镜检（如WS银染、改良Giemsa染色、甲苯氨蓝染色、免疫组化染色）、细菌培养、基因检测方法［如聚合酶链反应（PCR）、寡核苷酸探针杂交等］、免疫快速尿素酶试验（IRUT）。而非侵入性检测方法不依赖内镜检查，包括 ^{13}C 或 ^{14}C 尿素呼气试验（urea breath test，UBT）、粪便幽门螺杆菌抗原（H. pylori stool antigen，HpSA）检测（依检测抗体分为单抗和多抗两类）、血清和分泌物（唾液、尿液等）抗体检测、基因芯片和蛋白芯片检测等，患者依从性较好。临床常用幽门螺杆菌诊断方法的敏感性和特异性见表4-4-1。

表 4-4-1 常用幽门螺杆菌检测方法的敏感性和特异性

检测项目	敏感性（%）*	特异性（%）*
细菌培养	70~92	100
组织切片染色	93~99	95~99
RUT	88~98	88~98
UBT	90~99	89~99
HpSA	89~96	87~94
血清 H. pylori 抗体	88~99	86~99

*因技术方法、试剂和仪器不同，结果可有差异

2. 幽门螺杆菌感染的诊断标准 以下方法检查结果阳性者可诊断幽门螺杆菌现症感染：①胃黏膜组织RUT、组织切片染色、幽门螺杆菌培养三项中任一项阳性；② ^{13}C-或 ^{14}C-UBT 阳性；③HpSA 检测（单克隆法）阳性；④血清幽门螺杆菌抗体检测阳性提示曾经感染（幽门螺杆菌根除后，抗体滴度在5~6个月后降至正常），从未治疗者可视为现症感染。

3. 幽门螺杆菌感染的根除标准 首选推荐非侵入性方法，在根除治疗结束至少4周后进行，符合下述三项之一者可判断幽门螺杆菌根除：① ^{13}C-或 ^{14}C-UBT 阴性；②HpSA 检测（单克隆法）阴性；③基于胃窦、胃体两个部位取材的 RUT 均阴性。

4. X线钡餐检查 现多采用气钡双对比造影技术和低张造影技术检查胃和十二指肠。消化性溃疡的X线征象有直接和间接两种，钡斑和龛影是消化性溃疡的直接征象，为钡剂充填于溃疡凹陷处所形成的形状恒定的致密影，是诊断本病的可靠依据。钡斑是溃疡的正面观，常呈边缘清晰光滑、密度均匀的圆形或类圆形白色斑块；龛影是溃疡的切线位观，常呈边缘清晰光滑、密度均匀的乳头状、小丘状、长方形或小锥形的白色致密影，凸出于胃或十二指肠腔内壁轮廓之外（图4-4-1）。间接征象是由于溃疡及其周围的炎症、水肿、纤维化或伴随的疾患所致的一系列征象，包括黏膜集中、皱襞增粗紊乱、局部痉挛、激惹、十二指肠球部畸形等，间接征象不能作为消化性溃疡的诊断依据。X线

钡餐检查诊断溃疡病的敏感性在80%左右，如临床高度怀疑溃疡病，即使X线钡餐检查为阴性也不能完全排除，应进一步行内镜检查。

5. **胃镜检查** 内镜检查是诊断消化性溃疡的最可靠、最准确的方法。内镜检查不仅可对胃十二指肠黏膜直接观察，还可在直视下活检作病理检查，进行鉴别诊断。与X线钡餐检查相比，胃镜检查有较多的优越性。例如，当溃疡太小或太表浅时，钡餐检查就难发现；钡餐检查发现的十二指肠球部畸形可有多种解释；活动性上消化道出血是钡餐检查的禁忌证，但内镜检查可确定其来源和性质，并可行内镜下止血治疗；钡餐检查或内镜下看似良性的胃溃疡中，大约5%实际上是恶性的，反之少部分看似恶性的溃疡，事实证明是良性的，不取活检难以鉴别。内镜下溃疡可分为活动期、愈合期和瘢痕期，每一期又分为1和2两个阶段：

（1）活动期（active stage，A）：为急性期，即发病的最初阶段（彩图4-4-2）。表现为溃疡基底部覆有白色或黄白色厚苔，周边黏膜充血、水肿明显与正常组织界限模糊（A_1）；或溃疡基底苔变薄，周边黏膜充血、水肿减轻，四周出现红色再生上皮及轻度的皱襞集中现象（A_2）。

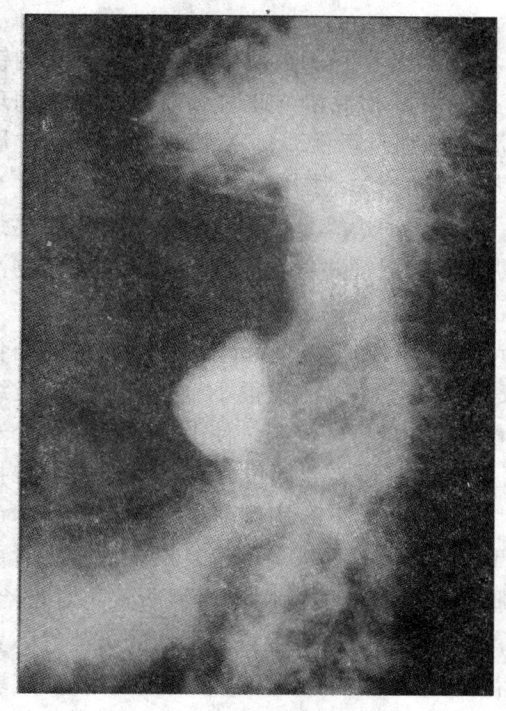

图 4-4-1　胃溃疡钡餐检查

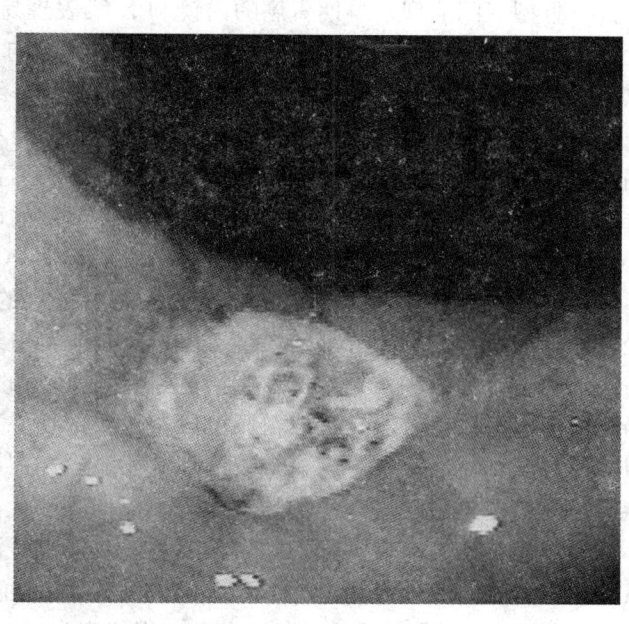

彩图 4-4-2　胃角溃疡

（2）愈合期（healing stage，H）：此期为溃疡的愈合阶段。表现为溃疡缩小、深度变浅，苔更薄而清洁，急性炎症表现消失，四周再生上皮所形成的红晕更加明显，黏膜皱襞向溃疡集中（H_1）；或溃疡面进一步缩小、几乎为再生上皮所覆盖，黏膜皱襞更加向溃疡集中（H_2）。

（3）瘢痕期（scar stage，S）：此期溃疡愈合。表现为溃疡基底部的白苔完全消失，疮面愈合为修复的再生上皮覆盖呈红色瘢痕（S_1）；或修复的再生上皮进一步增加、变厚，最后转变为白色瘢痕（S_2）。

【诊断与鉴别诊断】

（一）诊断

病史分析很重要，典型的周期性和节律性上腹部疼痛是诊断消化性溃疡的主要线索。但必须注意，相当部分消化性溃疡患者的上腹疼痛常不典型，更有一部分患者可无症状，因而单纯依靠病史难以作出可靠诊断。确诊主要依靠X线钡餐检查和/或内镜检查，同时尚需排除有关疾病，全面综合分析。

(二) 鉴别诊断

本病主要临床表现为上腹疼痛，所以需与其他有上腹疼痛症状的疾病鉴别。

1. **功能性消化不良**（functional dyspepsia，FD） 指有上腹痛、餐后腹胀、嗳气、反酸、恶心和食欲减退等消化不良的症状而无溃疡及其他器质性疾病（如肝胆系病）者。检查可完全正常或只有轻度胃炎。有些患者的临床表现酷似消化性溃疡。与消化溃疡病的鉴别有赖于 X 线和胃镜检查。

2. **十二指肠炎**（duodenitis） 常有上腹痛及反酸、嗳气、恶心、呕吐等消化不良症状，有些临床表现可酷似十二指肠溃疡，如空腹痛、进食或口服抗酸药可使之缓解。伴有糜烂者，可发生上消化道出血，有时甚至大量出血。X 线钡餐检查对本病诊断的阳性率不高，且常因十二指肠球部激惹、痉挛、变形、皱襞变粗等现象误诊为十二指肠溃疡，故主要靠内镜检查予以诊断、鉴别。

3. **慢性胆囊炎**（chronic cholecystitis）**和胆石症**（gallstone disease） 对有疼痛（位于右上腹，向背部放射，与进食油腻有关）、发热、黄疸的典型病例不难与消化性溃疡作出鉴别。不典型病例常表现为消化不良，需借助 B 型超声检查、口服胆囊造影或内镜下逆行胆管造影（endoscopic retrograde cholangiography）检查予以鉴别。

4. **胃癌**（gastric carcinoma） 胃溃疡与胃癌很难从症状上作出鉴别，必须依赖钡餐检查和内镜检查。Ⅲ型（凹陷型）早期胃癌的内镜和 X 线表现易与胃良性溃疡相混淆，此时必需行活组织病理检查。胃癌如属晚期，则钡餐和内镜检查一般容易与良性溃疡鉴别。恶性溃疡 X 线钡餐检查示龛影位于胃腔轮廓之内，边缘不整齐，周围胃壁强直、呈结节状，蠕动消失范围广，向溃疡聚集的皱襞有融合中断现象；内镜下恶性溃疡形状不规则，底凹凸不平，苔污秽，边缘呈结节状隆起。特别需要强调的是：对于怀疑恶性溃疡而一次活检阴性者，必须在短期内复查胃镜并再次活检；强力抑酸药物治疗后，溃疡缩小或部分愈合不是判断良、恶性溃疡的可靠依据，对胃溃疡患者要加强随访。

5. **胃泌素瘤**（gastrinoma） 亦称卓-艾综合征（Zollinger-Ellison syndrome），是以严重的消化性溃疡、高胃酸分泌、胰腺非 β 胰岛细胞瘤为特色的临床综合征。肿瘤往往很小（<1m），生长缓慢，半数为恶性。肿瘤分泌的大量胃泌素可刺激胃壁细胞增生和大量胃酸分泌，使上消化道经常处于高酸环境下，除了在常见部位发生溃疡外，约 25% 的溃疡可发生在不典型部位（食管下段、十二指肠降段、水平段、升段、甚或空肠上段及胃大部切除后的吻合口），15% 的病例溃疡呈多发性。本病溃疡易并发出血、穿孔，内科常规治疗常无显效，在胃大部切除后，溃疡极易迅速复发。部分患者可伴有腹泻，这是由于进入小肠的大量胃酸损伤黏膜上皮细胞、影响胰脂酶活性等原因所致。对难治、不典型部位、多发、胃大部切除后迅速复发或伴有腹泻的消化性溃疡，应警惕胃泌素瘤的可能性。胃液分析（BAO>15mmol/h，BAO/MAO>60%）、血清胃泌素测定（常>500pg/ml）和激发试验（胰泌素试验或钙输注试验）阳性有助于胃泌素瘤的定性诊断，超声检查（包括超声内镜检查）、CT、MRI、选择性血管造影术等有助于胃泌素瘤的定位诊断。

【治疗】

治疗目的在于消除病因、缓解症状、促进愈合、防止复发和避免并发症。消化性溃疡在不同的患者病因不尽相同，发病机制亦各异，所以对每一病例应具体分析其致病因素及病理生理，给予适当的处理。

(一) 一般治疗

患者生活要规律，劳逸结合，避免过度劳累和精神紧张。活动期溃疡可适当休息。进餐要定时、避免辛辣、过咸食物，戒烟、酒，少饮浓茶、咖啡等饮料。禁用非甾体类抗炎药、糖皮质激素和利舍平等。

(二) 药物治疗

药物治疗是消化性溃疡治疗的主体。因为溃疡病的发生是由于侵袭因素与防御因素之间失去平衡的结果，故药物治疗主要是围绕消除、减弱攻击因素和增强防御因素两方面进行。

1. **根除幽门螺杆菌** 幽门螺杆菌感染是侵袭因素的主要组分。目前国际上对幽门螺杆菌相关性溃疡的处理已达成共识，即不论溃疡初发或复发，不论活动或静止，不论有无并发症史，均应该抗幽门螺杆菌治疗。

（1）治疗方案：药物对幽门螺杆菌的治疗效果受如下因素的影响：①幽门螺杆菌对药物的敏感性；②药物在胃低 pH 环境中的活性；③药物能否穿透黏液层到达细菌；④幽门螺杆菌对该药物产生耐药性。体外药敏试验，幽门螺杆菌对 50～60 种以上的药物敏感，然而体内证实真正敏感的药物仅有四环素、阿莫西林、克拉霉素、甲硝唑、替硝唑、呋喃唑酮、喹诺酮类、庆大霉素及铋制剂等，且上述药物单独应用时幽门螺杆菌根除率均在 20% 以下，远不能令人满意。多种药物联合可提高根除率。目前常用的联合治疗方案包括三联疗法和四联疗法。三联疗法有：①PPI＋两种抗菌素；②铋制剂＋两种抗菌素；③雷尼替丁枸橼酸铋（ranitidine bismuth citrate，RBC）＋两种抗菌素；④H_2RA＋两种抗菌素。四联疗法为 PPI＋铋制剂＋两种抗菌素。第三次全国幽门螺杆菌感染若干问题共识报告将幽门螺杆菌根除治疗方案分为一线治疗、补救治疗或再次治疗及个体化治疗。三联疗法是目前首选的幽门螺杆菌根除一线治疗方案，四联疗法常作为三联疗法治疗失败后的补救治疗措施，但为提高幽门螺杆菌根除率，避免继发耐药，可以将四联疗法作为一线治疗方案。PPI 的剂量一般为雷贝拉唑 20mg/d，奥美拉唑 40mg/d，埃索美拉唑 40mg/d，兰索拉唑 60mg/d，潘托拉唑 80mg/d；铋制剂多用胶体次枸橼酸铋 480mg/d；常用的抗菌素有克拉霉素 500～1000mg/d，四环素 1000mg/d，阿莫西林 2000mg/d，甲硝唑 800mg/d，替硝唑 1000mg/d，呋喃唑酮 200mg/d。上述剂量分两次服，疗程为 7～14 天。对于甲硝唑或克拉霉素耐药者应用喹诺酮类药如左氧氟沙星（500mg/d）或莫西沙星作为补救治疗或再次治疗可取得较好的疗效。对于幽门螺杆菌根除治疗多次失败的患者，考虑"个体化治疗"，分析其失败原因，有条件者根据药敏试验结果选择有效抗生素；也可考虑停药一段时间（2～3 个月或半年），使细菌恢复原来的活跃状态，以便提高下一次治疗的幽门螺杆菌根除率。

（2）根除幽门螺杆菌治疗结束后的继续抗溃疡治疗：溃疡面积不很大时，单一抗幽门螺杆菌治疗 1～2 周就可使活动性溃疡有效愈合。若溃疡面积较大、抗幽门螺杆菌治疗结束时患者症状未缓解或近期有出血等并发症史，应考虑在抗幽门螺杆菌治疗结束后继续给予一个常规疗程的抗溃疡治疗（如十二指肠溃疡患者给予 PPI 常规剂量、每日 1 次、总疗程 2～4 周，或 H_2RA 常规剂量、疗程 4～6 周；胃溃疡患者给予 PPI 常规剂量、每日 1 次、总疗程 4～6 周，或 H_2RA 常规剂量、疗程 6～8 周）。

（3）抗幽门螺杆菌治疗后复查：抗幽门螺杆菌治疗后，确定幽门螺杆菌是否根除的试验应在治疗完成后至少 4 周后进行，且在检查前停用 PPI 或铋剂 2 周，否则会出现假阴性。可以采用非侵入性的 ^{13}C-UBT 或 ^{14}C-UBT，也可以通过胃镜在检查溃疡是否愈合的同时取活检做尿素酶及/或组织学检查。因胃溃疡有潜在恶变的危险，原则上应在治疗后适当时间作胃镜和幽门螺杆菌复查。

2. 抗酸治疗　胃酸是侵袭因素的又一重要组分，抗酸治疗可有效地缓解疼痛并愈合溃疡。抗酸治疗包括应用碱性抗酸药中和胃酸和抗胃酸分泌治疗两个方面。

（1）碱性抗酸药：可以中和胃酸，对缓解溃疡疼痛症状有较好效果，但要促使溃疡愈合则需大剂量、多次服用才能奏效。多次服药的不便和长期服用大剂量抗酸剂可能带来的副反应限制了其应用。目前已很少单一应用碱性抗酸剂来治疗溃疡，多作为加强止痛的辅助治疗。

（2）抗胃酸分泌治疗：壁细胞分泌盐酸有三个主要环节：①乙酰胆碱、胃泌素和组胺各自与其位于壁细胞膜上的相应受体结合而引起壁细胞内 cAMP 和游离钙增加；②壁细胞在 cAMP 和钙离子介导下生成氢离子；③存在于壁细胞分泌小管和囊泡内的 H^+-K^+-ATP 酶（质子泵）将氢离子从壁细胞内转移到胃腔。抗胃酸分泌治疗药物均根据上述过程设计而成，如胆碱能受体拮抗剂（阿托品、颠茄、哌仑西平）、胃泌素受体拮抗剂（丙谷胺）、组胺 H_2 受体拮抗剂（H_2RA）和质子泵抑制剂（PPI）等。抗胆碱能药物和丙谷胺治疗溃疡疗效不够理想，已很少用于治疗溃疡，现临床应用主要为后两种。

1）H_2RA：常用的有西咪替丁（cimetidine）、雷尼替丁（ranitidine）、法莫替丁（famotidine）等，其抑制胃酸分泌的作用按顺序逐渐加强（表 4-4-2）。对溃疡病的疗效，十二指肠溃疡用药 4 周和胃溃疡用药 6 周的愈合率分别为 55%～70% 和 50%～70%，腹痛症状多在用药 1 周内缓解。H_2RA 的副反应一般很少，总的发生率小于 3%，主要有乏力、头痛、嗜睡、定向障碍和腹泻，血 WBC 减少和 ALT 升高，西咪替丁可出现男性性功能障碍。几种 H_2 受体拮抗剂抑酸作用的比较见表 4-4-2。

表 4-4-2 几种 H_2 受体拮抗剂（H_2RA）抑酸作用的比较

药物	抑酸相对强度	抑酸等效计量（mg）	每日常用计量（mg）	维持剂量（mg）
西咪替丁	1	600～800	800QN（400bid）	400QN
雷尼替丁	4～10	150	300QN（150bid）	150QN
法莫替丁	20～50	20	40QN（20bid）	20QN

QN：每晚一次，bid：每日两次。

2）PPI：作用于壁细胞胃酸分泌终末步骤中的关键酶 H^+-K^+-ATP 酶，使其不可逆地失去活性，导致壁细胞内氢离子不能转移至胃腔中而抑制胃酸分泌。待新的 H^+-K^+-ATP 酶生成时，壁细胞才恢复泌酸功能。PPI 抑制胃酸分泌作用比 H_2RA 更强，且作用持久。目前用于临床的 PPI 有奥美拉唑、兰索拉唑、潘托拉唑、雷贝拉唑和埃索美拉唑。常用剂量分别为奥美拉唑 20mg/d、兰索拉唑 30mg/d、潘托拉唑 40mg/d、雷贝拉唑 10mg/d 和埃索美拉唑 20mg/d。对溃疡病的疗效，奥美拉唑用药 2 周、4 周的十二指肠溃疡愈合率分别为 66%～85% 和 82%～100%，用药 4 周、8 周的胃溃疡愈合率为 59%～81% 和 84%～96%，上腹痛消失时间平均为 2 天。其余 PPI 的疗效与奥美拉唑相近。PPI 的副反应较少，表现为恶心、腹胀、腹泻、便秘、皮疹，血 ALT、胆红素和胃泌素升高。

3. 保护胃黏膜治疗　为增强防御因素的措施。黏膜保护剂目前应用的主要有硫糖铝（sucralfate）、胶体次枸橼酸铋（colloidal bismuth subcitrate, CBS）和前列腺素（prostaglandin, PG）类药物米索前列醇（misoprostol）等，新的黏膜保护剂还在不断推出之中。这些药物治疗 4～8 周的溃疡愈合率与 H_2RA 相似。硫糖铝抗溃疡作用的机制主要与其黏附覆盖在溃疡面上阻止胃酸、胃蛋白酶继续侵蚀溃疡面、促进内源性前列腺素合成、改善黏膜血流和刺激表皮生长因子分泌等有关。硫糖铝副作用小，便秘是其主要不良反应。CBS 除了具有硫糖铝类似的作用机制外，尚有较强的抗幽门螺杆菌作用。短期服用 CBS 者除了舌发黑外，很少出现不良反应；为避免铋在体内过量积蓄，不宜连续长期服用。米索前列醇具有抑制胃酸分泌、增加胃十二指肠黏膜黏液/碳酸氢盐分泌和增加黏膜血流的作用。腹泻是其主要不良反应，前列腺素可引起子宫收缩，孕妇忌服。

4. 非甾体类抗炎药溃疡治疗和预防　停用非甾体类抗炎药，加以常规抗溃疡方案进行治疗。如果病情需要继续服用，应选用对胃肠道黏膜损害较小的药物，如高选择性 COX-2 抑制剂塞来昔布，并选用最小剂量。同时给予 PPI 进行治疗，而此时常规剂量的 H_2RA 疗效较低。米索前列醇可预防非甾体类抗炎药诱发的胃溃疡和十二指肠溃疡，PPI 亦能起到很好的预防作用，但常规剂量的 H_2RA 和硫糖铝效果不佳。

5. 溃疡复发的预防

(1) 根除幽门螺杆菌：在幽门螺杆菌被发现之前，溃疡病被认为是一种复发性疾病。应用抑制胃酸分泌的药物可以使溃疡愈合，但一旦停止治疗，溃疡很快复发；虽然维持治疗可明显降低溃疡的复发率，但不能改变溃疡病的自然病程，停止维持治疗溃疡同样会复发，故以往的观点认为消化性溃疡是一种不可治愈的疾病。幽门螺杆菌的发现是消化性溃疡病因学和治疗学上的一次革命。根除幽门螺杆菌后，溃疡的复发率降至 5% 以下，甚至有研究显示根除 1 年后无一例复发。所以确定有无幽门螺杆菌感染非常重要，根除幽门螺杆菌是预防溃疡复发的主要措施。需要指出的是，幽门螺杆菌感染"根除"后，或初次检测阴性者，仍有阳性可能。出现这种情况大多是由于：①检测当时未排除干扰因素，幽门螺杆菌暂时受到抑制而未能检出，或由于检测方法不够可靠；②幽门螺杆菌再感染。幽门螺杆菌真正根除后成人的再感染率很低，为每年 1%～3%。

(2) 应用非甾体类抗炎药、吸烟、饮酒、进食刺激性食品、生活不规律及精神应激等危险因素应尽量除去。

(3) 维持治疗（maintenance therapy）

1) 维持治疗适应证：①不能停用非甾体类抗炎药的溃疡患者，无论幽门螺杆菌阳性还是阴性；②幽门螺杆菌阴性溃疡；③幽门螺杆菌相关性溃疡但幽门螺杆菌感染未能根除；④幽门螺杆菌根除后的部分患者，包括根除幽门螺杆菌后溃疡复发、有严重出血、穿孔等并发症史、高龄或伴随其他严重疾病的患者等。

2) 维持治疗方案

①间歇维持治疗：溃疡愈合后立即停药，嘱患者戒烟、酒，注意自我保护，有复发时再进行4～8周正规的抗溃疡治疗。

②症状性自我控制疗法（symptomatic self control，SSC）：出现典型溃疡疼痛症状时，立即自我服用全量抗溃疡药物，至疼痛消失后停药。

③短期维持治疗：溃疡愈合后，用 H_2RA 或 PPI 进行 1～2 年的维持治疗后停药，有复发再正规治疗。

④长期维持治疗：维持治疗进行 5～6 年，也有主张无限期长期应用者。

3) 维持治疗所用药物及方法：一般多用 H_2RA，方法为标准剂量的半量睡前顿服，如西咪替丁 400mg/晚、雷尼替丁 150mg/晚、法莫替丁 20mg/晚。也有用奥美拉唑 10mg/d 或 20mg/d，或兰索拉唑 30mg/d，每周 2～3 次口服作为维持治疗。

（三）外科手术指征

由于内科治疗的进展，目前外科治疗仅限于极少数有并发症者。手术适应证为：①大量出血经内科紧急处理无效时；②急性穿孔；③瘢痕性幽门梗阻；④胃溃疡疑有癌变；⑤严格内科治疗无效的顽固性溃疡。

（四）消化性溃疡治疗思路

包括三个方面：①根除幽门螺杆菌；②抑制胃酸；③保护胃黏膜。对胃镜或X线检查诊断明确的十二指肠溃疡或胃溃疡，首先要区分有无幽门螺杆菌感染。如果幽门螺杆菌阳性，则应首先抗幽门螺杆菌治疗，必要时在抗幽门螺杆菌治疗结束后再给予 2～4 周抗酸分泌治疗。对幽门螺杆菌阴性的溃疡包括非甾体类抗炎药相关性溃疡，可按过去的常规治疗，即服任何一种 H_2RA 或 PPI，十二指肠溃疡疗程为 4～6 周，胃溃疡为 6～8 周。也可用黏膜保护剂替代抗酸分泌剂治疗胃溃疡。是否进行维持治疗，应综合考虑作出决定（图4-4-3）。

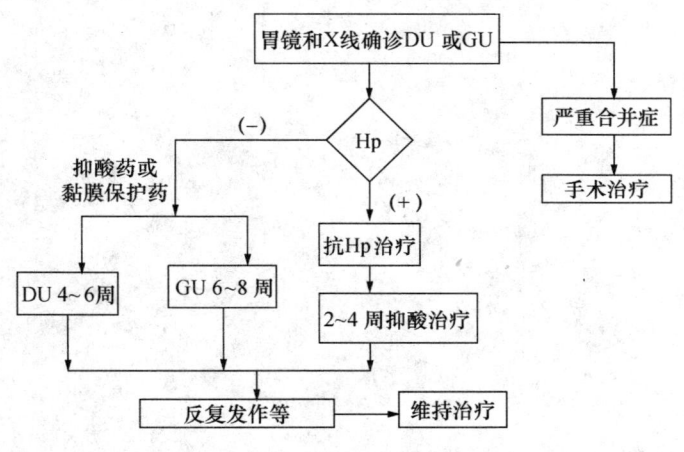

图 4-4-3 消化性溃疡治疗思路

【预后】

由于内科有效治疗的发展，预后远较过去为佳，已使消化性溃疡的死亡率显著下降至1‰以下。30岁以下患者的病死率几乎等于零；年长患者的死亡主要由于并发症，特别是大出血和急性穿孔。

（吕宗舜　姜　葵）

第五章 胃 癌

胃癌（gastric cancer）又称胃腺癌（gastric adenocarcinoma），是起源于胃黏膜上皮的恶性肿瘤，约占胃恶性肿瘤的95%以上，是最常见的消化道恶性肿瘤。胃癌也是世界范围内最常见的恶性肿瘤之一，据2000年资料统计，全球每年新发胃癌87万例，占所有新发癌症病例的9%，仅次于肺癌、乳腺癌和肠癌之后，居第四位。每年约有64万人因胃癌死亡，居癌症死因的第二位。

在不同国家、地区和种族间，胃癌发病情况有明显差别。日本、中国、俄罗斯、南美及东欧等为高发区，而北美、西欧、澳大利亚及新西兰等为低发区，有色人种比白种人易罹患本病。国际癌症研究中心（IARC）1996年的一项调查结果显示，男性胃癌的患病率在美国白人中最低，约7.5/10万，而日本的部分高发区达到了95.5/10万，胃癌的年死亡率在日本为39/10万，斯里兰卡为3.7/10万，即胃癌的高、低发区之间患病率及死亡率均可相差10倍以上。胃癌的男女性别间患病率也存在差异，男性患病率约为女性的2倍，以非贲门部胃癌较常见，男女性别比约为2：1；贲门部胃癌有更高的男女性别比，在美国白人中这一比例接近6：1。胃癌以中老年居多，在40~60岁间者约占2/3。

在我国不同地区，胃癌发病情况差异较大。青海、宁夏、甘肃及东北等地区最高，贵州、广东、广西、湖南、四川等患病率最低。

自20世纪60年代以来，胃癌全球总患病率有所下降，在美国、日本等一些国家下降明显，我国胃癌患病率也呈下降趋势，但胃癌死亡率下降并不明显。

【病因和发病机制】

胃癌的病因尚未完全阐明，目前认为胃癌的发生是一个多步骤、多因素进行性发展的过程，主要包括以下几方面：

（一）幽门螺杆菌感染

研究显示，幽门螺杆菌（helicobacter pylori，Hp）感染与胃癌密切相关。1994年WHO下属的国际癌肿研究机构将幽门螺杆菌列为胃癌的Ⅰ类致癌原。现有的研究结果包括：①前瞻性流行病学研究提示，幽门螺杆菌感染与胃癌有共同的流行病学特点，胃癌高发区人群幽门螺杆菌感染率高，幽门螺杆菌抗体阳性人群发生胃癌的危险性高于阴性人群，幽门螺杆菌使胃癌发病危险性增加2.8~6倍；②幽门螺杆菌感染导致胃黏膜损伤，并使炎症慢性化，有可能成为一种内源性致突变原；幽门螺杆菌可以还原亚硝酸盐，N-亚硝基化合物是公认的致癌物，可损伤胃黏膜上皮细胞DNA，诱发基因突变；此外，幽门螺杆菌感染还可引起胃黏膜上皮细胞增殖和凋亡水平失衡，胃黏膜中氧自由基产生增加，损伤细胞DNA，诱发基因突变。Correa提出胃癌发病多阶段模式（慢性浅表性胃炎→萎缩性胃炎→肠化/异型增生→胃癌）；③1998年日本学者用幽门螺杆菌感染的蒙古沙鼠成功诱发胃癌。目前认为，幽门螺杆菌感染是人类胃癌发病的重要因素，但仅有幽门螺杆菌感染还不足以引起胃癌，尚须有其他因素的参与。

（二）环境和饮食因素

研究发现，从胃癌高发区国家向低发区国家的移民，第一代仍保持着胃癌高患病率，第二代显著下降，第三代发生胃癌的危险性已接近当地居民。由此提示环境因素与胃癌发病相关。一些环境因素，如水土中含硝酸盐过多、微量元素比例失调、火山岩地带或化学污染等，可直接或间接通过饮食途径与胃癌发病相关。饮食品种及饮食习惯的改变也可影响胃癌的发生。饮食因素通过以下方式起作用：①食物本身是致癌物；②是致癌物的载体；③含有致癌物的前体；④含有致癌物的促进因子；⑤缺少对致癌物的抑制因子；⑥食物在制作过程中形成致癌物。

流行病学调查显示，处于低社会经济水平，吸烟及饮酒过度，少食新鲜菜及水果，经常食用霉变、腌制、熏烤等食物,过多摄入食盐,饮食不规律、喜烫食、硬食等均可增加胃癌发生的危险性。

(三) 遗传因素

遗传因素对胃癌的发病亦很重要。胃癌有家族性,可发生于同卵双胞胎,患者亲属中胃癌的患病率较对照组高 2~3 倍,浸润型胃癌有更高的家族发病倾向。一般认为遗传因素使患者对致癌物质更为敏感而易患癌。有报道显示,某些类型的 HLA 个体和白细胞介素-1β 基因多态性与幽门螺杆菌感染后容易发生萎缩性胃炎相关。

(四) 胃癌的癌前状态

观察发现胃癌很少直接从正常胃黏膜上皮发生,而大多发生于原有病理变化的基础上。癌前状态包括癌前病变(precancerous lesion)和癌前疾病(precancerous disease)两类。胃癌的癌前病变指一些易发生癌变的胃黏膜病理组织学变化,包括肠化生(intestinal metaplasia)和不典型增生(dysplasia);癌前疾病则是指与胃癌相关的胃良性疾病,有发生胃癌的危险性。胃癌的癌前疾病有:①萎缩性胃炎(atrophic gastritis):中、重度萎缩性胃炎的胃癌年发生危险性(annual risk)为 0.5%~1%,胃癌的发生率与其病史的长短、病变的严重程度有关;②慢性胃溃疡(chronic gastric ulcer):溃疡边缘黏膜反复损伤、修复,增加细胞恶变的危险性,恶变率为 1%~5%;③残胃:手术后胃可发生残胃癌(stump gastric cancer)。一般在术后 10~15 年发生,患病率为 1%~5%,与胃酸减少、胆汁反流等因素有关,Billroth Ⅱ 式术后的残胃癌变率较 Billroth Ⅰ 式术后高;④胃息肉(gastric polyp):增生性(或炎症性)息肉癌变率很低,仅 1% 左右,腺瘤性息肉癌变率 6%~75%,以直径 >2cm 息肉癌变率为高;⑤巨大胃黏膜肥厚症(Ménétriér 病):与癌的关系目前尚存在争议,报道的癌变率为 10%~13%。

综上所述,胃癌的病因和发病机制非常复杂,但一般认为胃癌的发生是外在致癌因素与机体内在因素协同作用的结果。在正常情况下,胃黏膜上皮细胞的增殖和凋亡之间保持动态平衡。这种平衡的维持有赖于癌基因、抑癌基因及一些生长因子的共同调控。此外,环氧合酶-2(cyclooxygenase-2,COX-2)在胃癌发生过程中亦有重要作用。与胃癌发生相关的癌基因包括:*ras* 基因、*bcl-2*;抑癌基因包括:野生型 *P53*、*APC*、*DCC*、*MCC* 等;生长因子包括:表皮生长因子(EGF)、转化生长因子(TGF)等。这种平衡一旦破坏,即癌基因被激活,抑癌基因被抑制,生长因子参与及 DNA 微卫星不稳定,使胃上皮细胞过度增殖又不能启动凋亡信号,即可能逐渐进展为胃癌。多种因素会影响上述调控体系,共同参与胃癌的发生。

【病理】

根据国内以往的统计,胃癌的好发部位依患病率高低依次为胃窦(58%)、胃底(20%)、胃体(15%),约 7% 累及全胃或大部分胃。近年来胃窦部癌患病率下降而贲门癌的比例有所上升。

(一) 分期

胃癌按其浸润胃壁的深度可分为早期胃癌和进展期胃癌。

1. 早期胃癌   早期胃癌(early gastric cancer)系指癌组织局限于黏膜层或已累及黏膜下层者,不论其有无淋巴结转移(侵及黏膜下层者中 11%~40% 有局部淋巴结转移)。癌组织局限于黏膜内者称为黏膜内癌,侵至黏膜下层者称黏膜下层癌。一般早期胃癌的最大径不超过 5cm,≤0.5cm 者称微小胃癌(micro-gastric carcinoma),0.6~1cm 者称小胃癌(small gastric carcinoma)。点状癌(pin-point carcinoma)又称"一点癌",系指胃黏膜活检为癌,但在手术切除标本上找不到癌组织,此解释为因癌灶太小因而在活检时已被夹除。

有些早期胃癌沿黏膜大面积扩散,病变广泛而表浅,肿瘤的面积明显大于浸润深度,称为浅表扩散型早期胃癌(early gastric cancer of superficial spreading type)。具体形态特点参见本章内镜检查。

2. 进展期胃癌   进展期胃癌(advanced gastric cancer)又称中晚期胃癌,深度超过黏膜下层,已侵入肌层者称中期,侵及浆膜或浆膜外者称晚期胃癌。大体形态特点见本章内镜检查。

(二) 分型

胃癌的分型方法众多，广泛应用的是按癌的组织结构和细胞形态分型。我国目前多采用1990年WHO分类法：①腺癌：包括乳头状腺癌、管状腺癌、黏液腺癌，再根据分化程度又分为高分化、中分化与低分化3种；②未分化癌；③黏液细胞癌（即印戒细胞癌）；④特殊类型癌：包括腺鳞癌、鳞状细胞癌、绒癌、癌肉瘤、神经内分泌癌和类癌等。Lauren按肿瘤起源将之分成肠型（intestinal type）和弥散型（diffuse type）。前者源于肠腺化生黏膜，肿瘤含管状腺体，占53%，分化较好；弥散型又称胃型，源于黏膜上皮细胞，与肠腺化生无关，无腺体结构，呈散在分布，分化较差，占33%。Ming按胃癌生长方式将胃癌分成膨胀型（expanding type）和浸润型（infiltrating type）。前者癌细胞间有黏附分子，以团块形式生长，预后较好，相当于上述肠型；后者癌细胞以分散形式向纵深扩散，预后较差，相当于上述弥漫型。

(三) 转移

转移（metastasis）胃癌的扩散通过以下四个途径：

1. **直接蔓延** 沿胃壁各层向周围扩散，一旦穿透浆膜层，可蔓延至邻近的器官，如胰腺、肝脏、横结肠和大网膜等。

2. **淋巴转移** 是胃癌最常见的转移方式。肿瘤沿黏膜下层的淋巴管转移至肿瘤附近的淋巴结，进一步转移至脾门、肝总动脉旁及胃左动脉旁等处的第二站淋巴结，最后可转移至腹主动脉旁、胰十二指肠后及肝门的第三站淋巴结。有时可沿胸腔淋巴管转移至锁骨上和/或腋窝淋巴结。转移到左锁骨上淋巴结又称Virchow淋巴结。第三站淋巴结和远处淋巴结受侵犯时肿瘤很难根治。

3. **血行播散** 通过血流最常转移至肝，其次是肺、腹膜、肾上腺、肾、骨髓和脑等器官。

4. **种植转移** 当胃的浆膜层被侵犯后，瘤细胞可脱落，种植于腹膜及其他腹腔器官。种植于腹膜形成癌性腹膜炎（peritonitis carcinomatous）；种植于盆腔的直肠前窝在直肠周围形成一结节状板样肿块；种植于卵巢，称为Krukenberg瘤。

【临床表现】

胃癌早期多数患者无任何症状，有症状者亦非特异性。随着肿瘤的发展，影响胃的功能时才出现明显症状，其主要症状为上腹痛、食欲减退、消瘦和上消化道出血等。

上腹痛是胃癌最常见的症状，出现较早，可急可缓，也可呈节律性溃疡样痛，开始给予对症治疗可获得暂时缓解，最后疼痛持续而不能缓解，此时往往已是病变的中、晚期。食欲减退也可作为胃癌的首发症状早期出现。早饱（satiety）指患者虽有饥饿感，稍进食即感饱胀不适，是胃壁受累的表现，皮革胃时这种症状尤为突出。患者常因餐后出现上腹饱胀、嗳气而自动限制饮食，体重逐渐减轻。

发生并发症或转移时可出现相应的临床表现：贲门癌累及食管下端时可出现咽下困难；胃窦癌引起幽门梗阻可有恶心、呕吐；伴有出血时可出现黑粪或呕血；肝及腹膜转移时则有腹胀，常因胃肠功能紊乱或腹水所致；剧烈而持续性上腹痛放射至背部时表示肿瘤已侵及胰腺；转移至肺可有咳嗽和呼吸困难；转移至骨骼时，会有骨骼剧痛。

胃癌早期常无明显体征，上腹部深压痛常是唯一值得注意的体征。后期可在上腹部触及包块，质地较硬，稍可移动。有幽门梗阻者可出现自左向右的蠕动波和振水音。有远处转移可出现肝脏肿大伴结节、腹水、Virchow淋巴结、直肠前窝肿块、卵巢肿块、左腋前淋巴结肿大（irish node）、脐周小结（Sister Mary Joseph node）等。

少部分患者可出现副癌综合征（paraneoplastic syndrome），包括内分泌代谢综合征（异位TSH综合征、异位ACTH综合征、异位ADH综合征）、神经肌肉综合征（多发性肌炎、皮肌炎、癌性肌病、癌性周围神经病）、皮肤综合征（黑棘皮病、肢端角化症）、血液病综合征（微血管病性溶血性贫血、粒细胞增多症、血小板增多症）、反复发作性血栓性静脉炎（Trousseau征）和肾病综合征等，有时可在胃癌被察觉前出现。

【实验室和其他检查】

(一) 血液学检查

1. 血常规 长期慢性失血或营养缺乏可引起贫血，多数为缺铁性贫血，也可见巨幼细胞性贫血，微血管病变引起的溶血性贫血也有报道。

2. 胃癌相关抗原 胃癌患者血清中癌胚抗原（CEA）阳性率40%～50%，CA19-9仅40%左右，敏感性低，但可观察治疗效果、监测复发和判断预后；有报道胎儿硫糖蛋白阳性率为93%，但与病程及预后的关系尚不清楚；利用胃癌细胞单克隆抗体检测患者血液中相应胃癌抗原是一种有希望的早期检测手段。使用免疫PCR方法检测，胃癌患者的阳性反应率可达83%，而胃良性病如慢性萎缩性胃炎的阳性率不超过10%。

(二) 粪潜血试验

常呈持续阳性，检测方便，有辅助诊断意义。

(三) 胃液分析

进展期胃癌可累及泌酸区呈无酸或低胃酸分泌。此种低胃酸分泌状况可与正常人者重叠，诊断意义不大，不列为常规检查。

(四) CT检查

CT检查对胃癌的诊断价值包括：①测定胃壁的厚度，正常胃壁厚度2～5mm，胃癌表现为局限性或广泛性胃壁增厚，常超过10mm。尚可显示胃腔狭窄、软组织肿块的影像；②显示邻近器官如肝、胰腺、脾、胆囊、结肠和肾上腺等，可以判断胃癌蔓延、转移的范围。

(五) X线钡餐检查

目前仍是诊断胃癌的重要方法之一。可以观察胃轮廓变化、蠕动情况、黏膜形状及胃排空情况。蕈伞型胃癌主要为凸向腔内的不规则充盈缺损。浸润型癌主要表现为胃壁僵硬、蠕动消失、胃腔狭窄、黏膜皱襞消失、钡剂排出缓慢，全胃受累则呈"革袋状胃"。溃疡型癌主要表现为胃轮廓内的龛影，龛影直径常在2.5cm以上，边缘不整齐，有时呈半月形，周围黏膜皱襞有中断现象，蠕动消失。常规胃钡餐检查误诊率可达20%～30%，对早期胃癌更难于发现。近来应用气钡双重对比法、压迫法和低张造影技术，并采用高密度钡粉，能更清楚地显示黏膜结构，有利于发现微小病变。早期胃癌的X线下表现为：①隆起型：为一局限性充盈缺损，基底较宽，表面粗糙呈不规则的颗粒状；②糜烂型：低张、气钡双重对比照片可见到黏膜上有异常钡剂附着或黏膜皱襞出现不规则外形；③凹陷型：为浅表的龛影或低洼，边缘不规则，呈锯齿状，基底部颗粒状，周围黏膜有突然狭窄、截断或杆状增粗。

(六) 胃镜检查

目前胃镜是诊断胃癌的最有效方法，大多数患者通过胃镜和活组织检查可以确诊。

1. 早期胃癌 主要经由胃镜发现，对病变仅限于黏膜或黏膜下层的浅表型早期胃癌则不易得出正确诊断，首次肉眼诊断的正确率仅为67.65%左右，正确选择取材部位进行活检是关键。利用某些染料对组织进行染色，可清楚显示病变，使活检取材更精确，提高诊断的准确率——即所谓的色素内镜检查。对于胃癌常使用美蓝染色法，在内镜下喷0.5%美蓝，有病变处将着色，从而指导活检部位。目前已有放大内镜应用于临床，能更仔细观察微细病变，提高早期胃癌的诊断率。

其内镜下分型目前多采用1962年日本内镜学会首先提出的分型（图4-5-1）：

Ⅰ型（隆起型）：病变隆起呈小息肉状，基宽无蒂，隆起的高度为胃黏膜高度的2倍以上，肿物常大于2cm，约占早期胃癌的15%。

Ⅱ型（浅表型）：分3个亚型，占75%。

Ⅱa型（浅表隆起型）：病变稍高出黏膜面，高度不超过0.5cm，面积小，表面平整。

Ⅱb型（浅表平坦型）：病变与黏膜等平，表面粗糙呈细颗粒状。

Ⅱc型（浅表凹陷型）：最常见，浅洼病变底面粗糙不平，可见聚合黏膜皱襞的中断或融合。

Ⅲ型（凹陷型）：约占早期胃癌的10%，黏膜溃烂比Ⅱc者深，但不超过黏膜下层，周围聚合皱襞有中断、融合或变形成杵状。

以上各型又可组合成不同的混合型，如Ⅱa+Ⅱb、Ⅱc+Ⅱa、Ⅱb+Ⅱc、Ⅱc+Ⅲ和Ⅲ+Ⅱc等。

2. 进展期胃癌 进展期胃癌的胃镜诊断并不困难，表现为凹凸不平、表面污秽的肿块，常见渗血及溃烂。有的表现为不规则较大溃疡，其底部为秽苔所覆盖，溃疡边缘常呈结节状浸润样隆起，病变处蠕动差。大体形态类型仍沿用Borrmann提出的分类法（图4-5-2），该分类与组织学类型及预后的联系较密切，目前被广泛采用。

Ⅰ型：又称息肉型或蕈伞型，肿瘤呈结节状，向胃腔内隆起生长，边界清楚。此型不多，占3%~5%。

Ⅱ型：又称溃疡型，单个或多个溃疡，边缘隆起，形成堤坎状，边界较清楚。此型常见，占30%~40%。

Ⅲ型：又称溃疡浸润型，隆起而有结节状的边缘向周围浸润，与正常黏膜无清晰的分界。此型最常见，约占半数。

图4-5-1 早期胃癌分类示意图
Ⅰ型：隆起型；Ⅱ型：表浅型；Ⅱa：表浅隆起型；Ⅱb：表浅平坦型；Ⅱc：表浅凹陷型；Ⅲ型：溃疡型

Ⅳ型：又称弥漫浸润型，癌组织发生于黏膜表层之下，在胃壁内向四周弥漫浸润扩散，同时伴有纤维组织增生，此型少见。病变如累及胃窦，可造成狭窄；如累及全胃，可使整个胃壁增厚，变硬，称为皮革胃（linitis plastica）。该型占10%左右。

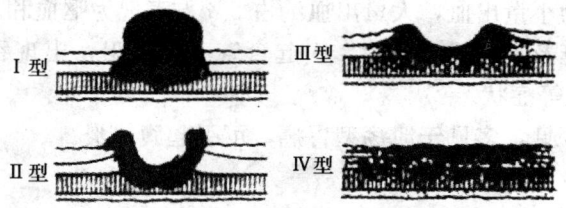

图4-5-2 进展期胃癌大体形态Borrmann分型法示意图
Ⅰ型：息肉型；Ⅱ型：溃疡型；Ⅲ型：溃疡浸润型；Ⅳ型：弥漫浸润型

（七）超声内镜检查

超声内镜（endoscopic ultrasonography，EUS）是在胃镜的前端装上超声探头或经活检孔导入微型超声探头，既可直接观察胃肠黏膜，又可利用超声检查胃壁各层受侵犯的情况及胃外邻近器官及淋巴结有无转移，对肿瘤侵犯深度的判断准确率可达90%，这样能扩大胃镜检查范围，更全面地了解胃癌的形态、大小、侵犯深度和转移范围。有助于发现黏膜下肿瘤及设计治疗方案和判断预后。此外，超声内镜还可以引导对淋巴结的针吸活检，进一步明确肿瘤性质。

【诊断】

诊断主要依赖X线钡餐检查和胃镜加活组织检查，必要时辅以超声胃镜和CT检查。早期胃癌多数无任何症状，有症状者亦非特异性，故诊断较为困难，而早期诊断是根治胃癌的前提。为尽早地发现胃癌，对有下列情况之一者，应及早或定期进行胃镜检查：①无胃病史，近期内出现上腹饱胀、不适、黑粪、呕血、消瘦者；②胃病患者，近期症状加重者；③胃溃疡患者经两个月正规治疗，效果不佳者；④拟诊为良性溃疡，但五肽胃泌素刺激试验显示胃酸缺乏者；⑤患有慢性萎缩性胃炎，伴肠化及不典型增生者；⑥X线检查发现胃息肉大于2cm者；⑦有胃切除术史10年以上者；⑧有胃癌家族史者。

对上述患者应仔细进行全面检查，尤其进行 X 线钡餐、内镜及活检等，有时需反复进行，以便及时得到确诊。

【鉴别诊断】

1. 良性胃溃疡（见第四章消化性溃疡）。
2. 胃息肉　与隆起型胃癌表现有相似之处，但其病程长，发展慢，表面光滑，多有蒂或有亚蒂。X 线钡餐及胃镜可鉴别。应注意息肉恶变的可能，可通过活组织检查判断。
3. 巨大胃黏膜肥厚症　表现为胃底胃体黏膜皱襞巨大，有的呈节结状或融合性息肉状隆起，皱襞嵴上可有糜烂或溃疡，易与浸润型胃癌相混淆。但其胃壁柔软可以扩展，在 X 线或胃镜检查下，肥厚的胃壁当胃腔充盈时可以展平、变薄。
4. 疣状胃炎　表现为圆形或椭圆形痘疹样隆起，直径多小于 10mm，高 1～3mm，中央有凹陷糜烂，多数散在分布于胃窦或胃体的大弯侧。当其单发并形状不规则时，易与 Ⅱa 型早期胃癌相混淆。活组织检查可鉴别。
5. 黏膜下层或肌层病变　平滑肌瘤、平滑肌肉瘤、迷走胰腺等形成的隆起性病变与胃癌相似。但它们的位置深在，胃黏膜本身多不受侵犯，黏膜外观正常，表面完整。通过活组织检查或 EUS 可确定性质。
6. 胃恶性淋巴瘤　在内镜下的表现可见有肥大及水肿的黏膜皱襞，多发大小不等的息肉样或结节状隆起伴有糜烂及浅表溃疡形成；溃疡多呈不连续性，地图状分布，深浅不一，底较平，边缘增厚。弥漫性病变虽范围广泛，但胃壁少有僵硬，管腔不狭窄，以上病变可同时并存。有时溃疡型的淋巴瘤也可暂时性愈合而与胃溃疡病难以区别，对可疑恶性淋巴瘤者，应在溃疡边缘内侧，以适当的深度多部位活检或 EUS 检查。

【并发症】

1. 出血　大多数病例为小量出血，大量出血约占 5%。表现为呕血和/或黑粪，偶为首发症状。
2. 梗阻　胃底部胃癌延及贲门或食管时，引起食管下端梗阻，出现吞咽困难；邻近幽门的肿瘤可导致幽门梗阻，出现呕吐等症状。
3. 穿孔　较良性溃疡少见，多见于溃疡型胃癌，可引起腹膜炎。

【治疗】

（一）手术治疗

外科手术切除加区域淋巴结清扫治疗是目前治疗胃癌的主要方法，也是唯一有可能治愈胃癌的手段。胃切除范围可分为近端胃切除、远端胃切除及全胃切除。目前国内普遍将 D_2 手术作为进展期胃癌淋巴结清扫的标准手术。手术效果取决于胃癌的分期、浸润的深度和扩散范围。手术的方式包括根治性切除手术和姑息性手术。对早期胃癌伴有或不伴有局部淋巴结转移，进展期胃癌如未累及重要脏器和未有远处转移，均可行根治性胃切除术；姑息性手术适用于已有远处转移或局部病变有广泛浸润累及重要器官者，包括各种短路手术和姑息性切除术，对有梗阻的患者，术后有 50% 的人症状缓解。因此，即使是进展期胃癌，如果无手术禁忌证或远处转移，应尽可能手术切除。

（二）内镜下治疗

早期胃癌可行内镜根治术治疗，包括黏膜剥离活检术、圈套息肉样切除术、高频电、激光灼除或微波局部凝固术等。由于早期胃癌可有局部淋巴结转移，故不如手术可靠，需对切除的癌变息肉进行病理检查，根据浸润程度追加手术治疗。

晚期癌不能手术者亦可在内镜下作激光、微波或局部注射抗肿瘤药、无水乙醇及免疫增强剂等治疗。对有食管下端梗阻者可在内镜下放置支架，重建通道，改善生活质量。

（三）化学治疗

在胃癌治疗中，抗癌药物主要用于辅助手术治疗（辅助化疗），在术前、术中及术后应用以抑制癌细胞扩散和杀灭残存的癌细胞，以提高手术的效果。一般早期胃癌无淋巴结转移者术后不予化疗，进展期胃癌术后应给予化疗。对不能施行手术的晚期胃癌，如一般情况许可，应给予联合化疗，尽可能延缓病情发展。胃癌对化疗并不敏感，化疗失败与癌细胞对化疗药物产生耐药性或多耐药性（multi-drug resistance，MDR）有关。肿瘤MDR，即指肿瘤细胞对某一化疗药物产生耐药性后，对其他化学结构及机理不同的化疗药物也产生交叉耐药性，这一问题严重制约了对肿瘤的化疗效果。根据其化疗的目的和与手术的关系，可分为下面三类：

1. 术前化疗即新辅助化疗（neoadjuvant chemotherapy） 可使肿瘤缩小，增加手术根治及治愈机会。但有如下问题：耐药克隆的较早出现；增加术后并发症的发生率；使得术后病理分期不够明确，需要完全依赖临床分期；一部分患者可能会接受过度治疗；无法在治疗前区分出那些对治疗不敏感的患者从而不能避免不必要的治疗延误。

2. 术后辅助化疗（adjuvant chemotherapy） 主要包括静脉化疗，腹腔内化疗，持续性腹腔温热灌注和淋巴靶向化疗等。化疗对于进展期胃癌的中位生存时间仍然小于9个月。

3. 姑息性化疗（palliative chemotherapy） 是指晚期胃癌不能治愈的治疗，以改善生活质量及延长寿命为目标。

胃癌的常用化疗药物有抗代谢药如氟尿嘧啶（5-FU）、羟基脲（hydroxyurea，HU）、卡培他滨（capecitabine，CAPE）；烷化剂如奥沙利铂（oxaliplatin，OXA）、顺氯氨铂（cisplatin，CDDP）、卡氮芥（carmustine，BCNU）；抗生素类如丝裂霉素（mitomycin，MMC）、阿霉素（adriamycin，ADM）；植物生物碱如羟基喜树碱（hydroxycamptothecin，HCPT）、紫杉醇（paclitaxel，PCT）、多希紫杉醇（docetaxel，DCT）；亚硝脲类（CCNU、MeCCNU）和依托泊苷（etoposide，VP-16）等。上述药物单用效果差，适当联合可提高疗效。一些临床Ⅲ期试验显示出紫杉类药物在晚期胃癌中的应用前景。联合应用方案繁多，目前尚无统一的配伍。

（四）其他疗法

放射治疗、中药治疗及生物治疗均可作为辅助治疗。胃癌是一种对放射线较为抗拒的腺癌，加之胃的相邻脏器和组织，如肾、大肠、小肠和脊髓，对放射线的耐受性低，从而决定了放射治疗只能作为胃癌外科治疗的辅助治疗手段。胃癌的主要放射治疗方案有术前放疗、术中放疗、术后放疗。生长抑素类似物及COX-2抑制剂能抑制胃癌生长，其对人类胃癌的治疗尚需进一步的研究证明。随着肿瘤基因研究的进展，基因治疗将有可能成为胃癌治疗的新途径。

【预后】

进展期胃癌如不给予干预治疗，一般从出现症状到死亡，平均生存时间约1年。胃癌根治术后5年生存率与胃癌的分期相关。早期胃癌预后佳，术后5年生存率可达90%以上，其中只累及黏膜层者术后5年存活率可达95%以上，如已累及黏膜下层，因常有局部淋巴结转移，预后稍差，5年存活率约80%；侵及肌层者，术后5年生存率为50%～60%，深达浆膜或浆膜外者预后不良，术后5年生存率不到20%。有远处转移的病例，5年生存率为0。肠型胃癌而以肿块形式出现者切除率高，皮革胃预后很差。

【预防】

由于胃癌病因未明，故缺乏有效的一级预防（病因预防）。根据流行病学调查，改变食物贮藏方法，多吃新鲜蔬菜、水果、肉类和乳品，少吃腌熏食品，防止高盐饮食，可以降低胃癌发病。尽管幽门螺杆菌感染被认为与胃癌的发生有一定关系，但胃癌的发生除幽门螺杆菌之外尚有其他危险因素，包括宿主和环境因素。由于对幽门螺杆菌在世界不同地区胃癌的发生中究竟起多大作用，尚不清楚，且有关根除幽门螺杆菌作为胃癌干预性措施的研究尚未有结果。因此，尽管根据推理可认为根除幽门螺杆菌有可能预防胃癌，但鉴于上述原因，更鉴于我国的经济条件以及不同地区胃癌患病率的差异，目前认为对有胃癌发生的高危因素如中-重度萎缩性胃炎、中-重度肠型化生、异型增生癌前病变者、有胃癌家族史者应予根除幽门螺杆菌治疗。积极治疗与胃癌发病有关的疾病，尤其对高危人群需定期随访。

二级预防的重点是早期诊断及治疗。日本内镜普查的工作开展较好，早期胃癌诊断率较高。我国人口众多，全面普查可行性小，但在胃癌高发地区建立防治网对高危人群定期普查，以利早期发现，是一个可行的办法。

(王学红)

第六章　炎症性肠病

炎症性肠病（inflammatory bowel disease，IBD）是一组侵袭胃肠道的病因不明的慢性炎症性疾病。它包括具有类似发病机制和临床表现的两种疾病，溃疡性结肠炎（ulcerative colitis，UC）和克罗恩病（Crohn's disease，CD）。

炎症性肠病在世界各国均有流行，但在美国、英国及北欧地区最常见，在东欧、亚洲和南美较少见，近年来在发展中国家患病率有逐步增加的趋势。白种人患病率较黑种人多，犹太人的发病较非犹太人明显增高。我国的患病率较欧美国家低，但近年来增加趋势较猛，UC 和 CD 患病率分别达 11.6/10 万和 1.4/10 万。本病可见于任何年龄，但以 20～40 岁最多见，男女患病率相等。

【病因和发病机制】

（一）免疫因素

患者可以有抗结肠细胞和肠道细菌抗原的抗体，并且补体 C3，C3～C9，CH50 等也增多。有报道溃疡性结肠炎患者血清中抗结肠抗体和抗淋巴细胞抗体阳性者分别为 48.4% 和 41%。无论何种抗原激发，活化的固有膜 T 淋巴细胞参与了 IBD 的发病过程。免疫复合物和一些具有炎性介导活性和免疫调节活性的细胞因子如肿瘤坏死因子（tumor necrosis factors，TNF）和白介素（interleukin，IL）等也引起组织的破坏与炎症性病变，参与了溃疡性结肠炎和胃肠外并发症如关节炎、皮肌炎和血管炎的发病过程。在小鼠中，当敲除 IL-2、IL-10 和转化生长因子-β（transforming growth factor-β_1，TGF-β_1）基因或某些 T 淋巴细胞受体突变时即可产生溃疡性结肠炎，所以一般认为溃疡性结肠炎患者是一些促发因素的易感者，其肠黏膜免疫炎症反应受激发而亢进。克罗恩病患者的体液免疫和细胞免疫均有异常：①半数以上患者血中可检测到抗结肠抗体、循环免疫复合体（CIC）及补体 C2、C4 升高；②组织淋巴细胞具有毒性，能杀伤正常结肠上皮细胞。切除病变的肠段后，细胞毒作用亦随之消失。巨噬细胞也有协同 T 细胞和抗体介导的细胞毒作用，攻击靶细胞而损害组织；③某些细胞因子如 IL-2，γ-干扰素和 TNF 以及反应性氧代谢产物如一氧化氮等也与发病有关。

（二）遗传因素

本病患病率在种族间有明显差异，白种人患病率是黑种人的 3 倍，犹太人是非犹太 3～5 倍，常为家族性，单卵双胎可同患本病。近 15% IBD 患者有一级亲属患病，一级亲属患病率是普通人群的 30～100 倍。患者伴强直性脊椎炎，属 HLA-B_{27} 者高达 50%～90%。在动物中用转基因方法导入与人自身免疫病有关的 HLA-B_{27} 基因，成功地制造出与人溃疡性结肠炎相似的模型。这些资料为遗传因素与本病的关系提供了新的证据。溃疡性结肠炎患者 HLA-DR_2 和 HLA-B_5-DR_2 较正常人明显增多。根据单卵性和双卵性双胎的调查，单卵性双胎共患克罗恩病远高于双卵性双胎。对克罗恩病家族成员 DNA 扫描结果发现，克罗恩患者的 16 染色体上存在明显相关的区域。一个称为 NOD_2 的相关基因（也称 CARD15）位于 16 号染色体上，编码一个胞浆内蛋白，它调节核内因子-kB 的活化和肥大细胞的凋亡。克罗恩病患者更容易出现 NOD_2 基因的突变。但是，克罗恩病仍表现为多基因遗传病发病规律，在一定环境因素作用下由于遗传易感性而发病。

（三）感染

目前在患者的病变部位未能检出与发病直接相关的特定的微生物。但是，动物在无菌环境中饲养时，不会发生肠道炎症。某些微生物及其毒素能引起与溃疡性结肠炎相类似的肠道炎症，因此提示微生物感染可能与溃疡性结肠炎有关。近年来的一个重要的观点认为 IBD 是针对自身正常肠道菌丛的异常反应引起的。IBD 可能存在对正常菌丛的免疫耐受缺陷。应用聚合酶链反应（polymerase chain reaction，PCR）方法发现 2/3 克罗恩病患者存在副结核分枝杆菌（mycobacterium paratuberculosis，

MP），应用抗副结核分枝杆菌治疗疗效不显著。此菌也存在于正常人的肠壁，因此不肯定本病与副结核分枝杆菌感染的关系，可能与诱导复发有关。应用透射电镜、免疫组化及分子生物学方法在部分克罗恩患者中发现麻疹病毒的存在，是否与本病发病有关尚待研究。

（四）环境因素

80％以上溃疡性结肠炎患者为非吸烟者，而80％克罗恩病为吸烟者。吸烟可能改变其表型，保护患者免患溃疡性结肠炎，但增加了患克罗恩病的危险。

第一节 溃疡性结肠炎

溃疡性结肠炎或称慢性非特异性溃疡性结肠炎，是一种原因不明的直肠和结肠炎症性疾病。病变主要是在大肠黏膜及黏膜下层，以溃疡为主，多累及直肠和远端结肠，但可向近端扩展，遍及整个大肠。主要症状有腹泻、脓血便、腹痛和里急后重。病程漫长，病情轻重不一，常反复发作。

【病理】

病变主要位于直肠和乙状结肠，可延伸到降结肠，甚至整个结肠。如累及末端回肠，则称为"倒灌性回肠炎"（backwash ileitis）。炎症主要位于黏膜层，亦可累及黏膜下层，但在重型和暴发型，肠壁全层均可受累。病灶呈均匀和连续分布，病灶之间无正常黏膜。

结肠黏膜早期呈充血、水肿、出血、颗粒状等改变，黏膜脆弱，触之易出血。此后黏膜形成椭圆形浅小溃疡，先沿结肠的纵轴发展，继而融合成为广泛不规则的大片溃疡。病变最早发生于肠腺基底部的隐窝。隐窝上皮损伤，中性粒细胞侵入而形成隐窝脓肿（crypt abscesses）。许多细小脓肿连接起来，炎症和坏死的范围扩大，就产生溃疡。组织病理检查可见到肠腺隐窝脓肿和溃疡，其边缘有炎性细胞浸润，以淋巴细胞与浆细胞为主，杯状细胞减少。在急性发作期或继发感染时，可见大量中性粒细胞浸润。病变肠壁固有层血管增多，伴有出血和血栓形成。在修复过程中，有肉芽增生、上皮再生和纤维瘢痕形成。慢性期黏膜萎缩，黏膜下层瘢痕化。溃疡愈合时形成大量瘢痕，可导致结肠缩短或肠腔狭窄。后期常引起假性息肉（pseudopolyps），甚至癌变。此外，尚有溃疡穿孔引起腹膜炎、结肠或直肠周围脓肿、瘘管形成等。

【临床表现】

一般起病缓慢，少数急骤发病。病情轻重不一。好反复发作，发作的诱因有精神刺激、过度疲劳、饮食失调、继发感染等。

（一）消化系统表现

1. 腹泻　为最主要的症状，粪中含血、脓和黏液。较轻者每日2~4次，严重者可达10~30次。这是由于结肠黏膜充血、水肿、出血和溃疡所造成。病变位于直肠或乙状结肠者，除有腹泻、便血外，偶尔反有便秘，为病变直肠排空功能障碍所致。

2. 腹痛　疼痛常为阵发性、痉挛性绞痛，局限于左下腹或下腹部。疼痛后可有便意，排便后疼痛可暂时缓解。若并发中毒性巨结肠或炎症波及腹膜，有持续剧烈的腹痛。

3. 其他症状　有上腹饱胀不适、嗳气、恶心、呕吐等。有里急后重感，多因直肠炎症刺激所致。

4. 体征　病变范围广泛的活动期患者，可有腹肌紧张，左下腹或全腹部压痛，伴有肠鸣音亢进，常可触及如硬管状的降结肠或乙状结肠，提示肠壁增厚，难与结肠痉挛相鉴别。中毒性巨结肠（toxic megacolon）者常有腹胀，上腹部明显膨隆，压痛、反跳痛、肠鸣音减弱。轻型或缓解期的患者可无阳性体征。直肠指检常有触痛，肛门括约肌常有痉挛。

（二）消化道外表现

中、重型患者急性期多出现低度到中度发热，高热多提示有合并症或见于急性暴发型。重症患者可出现高热、寒战等全身毒血症。因水、电解质、维生素和蛋白质等从肠道丢失以及厌食，可导致体重减轻和体力下降。

皮肤、黏膜表现有结节性红斑、多形性红斑、口疮性溃疡、坏疽性脓皮病。眼损害有结膜炎、虹膜睫状体炎、前葡萄膜炎等。游走性关节炎，偶尔有强直性脊椎炎。脂肪肝、慢性活动性肝炎、坏死后性肝硬化、胆管周围炎、硬化性胆管炎。

【临床分型】
按本病的病程、程度、范围及病期进行综合分析。
（一）按病程经过可分为4个类型
①慢性复发型：多见，本型病变范围小，症状较轻，往往有缓解期，但易复发，预后好；②慢性持续型：病变范围广，症状持续半年以上；③急性暴发型：起病急骤，少见，腹部和全身症状严重，易发生大出血和其他并发症，如中毒性巨结肠、肠梗阻以及肠穿孔等；④初发型：指首次发病者，无既往病史。除暴发型外，以上各类型可互相转化。

（二）按病情严重程度又可分为以下3级
1. 轻型 最常见，常仅累及直肠和结肠的远端部分，但也有全部结肠受累而临床上表现为轻型者，起病缓慢，腹泻轻，大便次数每日4次以下，粪便多成形，血、脓和黏液较少，腹痛程度较轻，全身症状和体征少。
2. 中型 介于轻型和重型之间，但可在任何时候发展为重型，甚至发生中毒性巨结肠和结肠穿孔。
3. 重型 起病急骤，有显著的腹泻、大便次数6次以上，便血、贫血、发热、心动过速、厌食和体重减轻，甚至发生失水和虚脱等毒血症征象，常有严重腹痛、腹胀、满腹压痛，可发展成中毒性巨结肠，血白细胞增多、血沉加速、低白蛋白血症。

表 4-6-1 溃疡性结肠炎分型

分型	腹泻次数	便血	发烧	贫血	血沉	白蛋白
轻型	<4	轻或无	无	轻或无	正常	正常
中型	介于二者之间					
重型	≥6	明显	T>37.5℃	<100g/L	>30mm/h	<30g/L

（三）病变范围
可分为直肠炎、直肠和乙状结肠炎、左半结肠炎、右半结肠炎、区域性结肠炎以及全结肠炎。

（四）病态分期
可分为活动期和缓解期。用疾病活动指数（DAI），如 Sutherland DAI（也称 Mayo DAI）显示疾病活动度，0：黏膜正常；1：轻度脆性增加；2：中度脆性增加；3：渗出、自发性出血。

【并发症】
1. 中毒性巨结肠与溃疡穿孔 为本病严重的并发症，见于急性暴发型或重症患者，多累及横结肠或全部结肠。溃疡深而广泛，结肠全层受累，黏膜下及肌层的血管、神经均受损，致结肠张力消失。受累结肠大量充气，致腹部膨隆，肠鸣减弱或消失，全腹部压痛。在结肠扩张基础上易引起肠穿孔并发急性弥漫性腹膜炎。抗胆碱能药、鸦片酊等抑制肠运动药物、低钾、钡灌肠可诱发或使中毒性巨结肠加重。
2. 结肠和肛周疾病 有肛裂、直肠脱垂、脓肿、瘘管形成等，但远低于克罗恩病。
3. 结肠大量出血
4. 直肠、结肠癌变 病程越长、范围越广、癌变越多。据估计，病程20年者癌变率约7%，25年者癌变率为7%～14%，35年者癌变率可高达30%。
5. 结肠狭窄和肠梗阻 在修复过程中，大量纤维组织形成的瘢痕可引起结肠狭窄和肠梗阻，多见于结肠远端。

【实验室和其他检查】
（一）血液学检查
1. 血红蛋白在轻度病例多正常或轻度下降，中、重型病例有轻度或中度下降，主要由失血和缺铁引起，常发生低血色性、小细胞性贫血，也可与溶血有关。急性期常有中性粒细胞增多。

2. 在严重病例，常有明显的电解质紊乱，尤以低血钾为突出，活动期患者血沉常增速。

3. 严重或病情持续发作者可有血清白蛋白下降，凝血酶原时间延长。

(二) 粪便检查

常见血、脓和黏液，涂片镜检见许多红、白细胞或脓细胞。新鲜粪便找溶组织阿米巴原虫阴性，致病菌如痢疾杆菌、沙门菌和真菌培养阴性。

(三) 内镜及活检

内镜检查对本病诊断有重要价值，但在急性期重型患者应暂缓进行，以防穿孔。一般用结肠镜作全结肠检查，必要时作回肠末段检查。本病呈连续分布，绝大多数从肛端直肠开始逆行向上扩展（彩图 4-6-1）。

内镜下病变特点：①黏膜充血水肿，易脆、出血及有脓性分泌物，常见黏膜粗糙，呈细颗粒状；②病变明显处糜烂或为形状不规则大小深浅不同的溃疡，覆盖有黄白色或血性渗出物；③结肠袋变浅、变钝或消失，有假息肉形成及桥形黏膜等。

活组织病理检查显示，活动期：①固有膜内弥漫性慢性炎细胞和中性粒细胞浸润；②隐窝炎症或脓肿形成，黏膜糜烂溃疡；③隐窝上皮增生，杯状细胞减少；④可见黏膜表层糜烂，溃疡形成，肉芽组织增生。

缓解期：①中性粒细胞消失，慢性炎性细胞减少；②隐窝大小形态不规则，排列紊乱；③上皮与黏膜肌层间隙增大；④潘氏细胞化生。

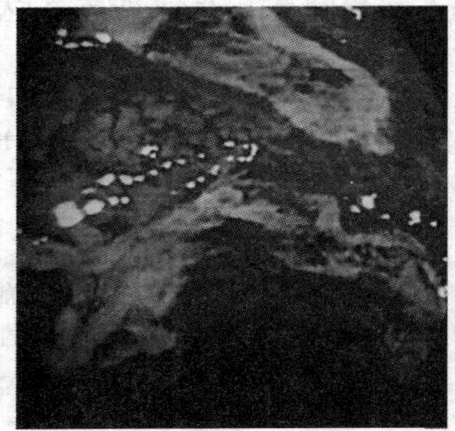

彩图 4-6-1 UC 早期肠镜图像

(四) X 线检查

低张气钡双重结肠造影，则可更清晰地显示病变细节：①黏膜粗乱及（或）颗粒样改变；②肠管边缘呈锯齿样或毛刺样肠壁多发性小充盈缺损；③肠管短缩，袋囊消失呈铅管样等。钡餐检查有利于了解整个胃肠道的情况，特别是小肠有无病变。重型及暴发型患者不宜作钡灌肠检查，以免加重病情或诱发中毒性巨结肠（图 4-6-2，图 4-6-3）。

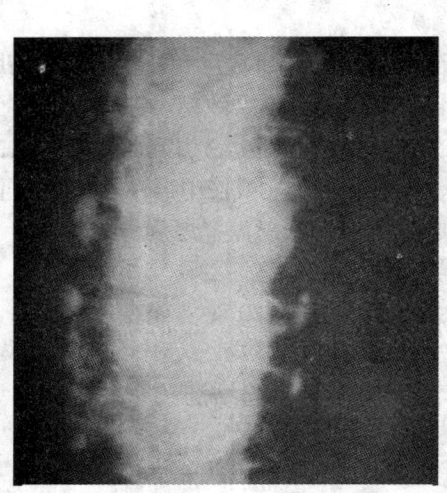

图 4-6-2 UC 早期 X 线征：结肠外廓小刺或锯齿形阴影

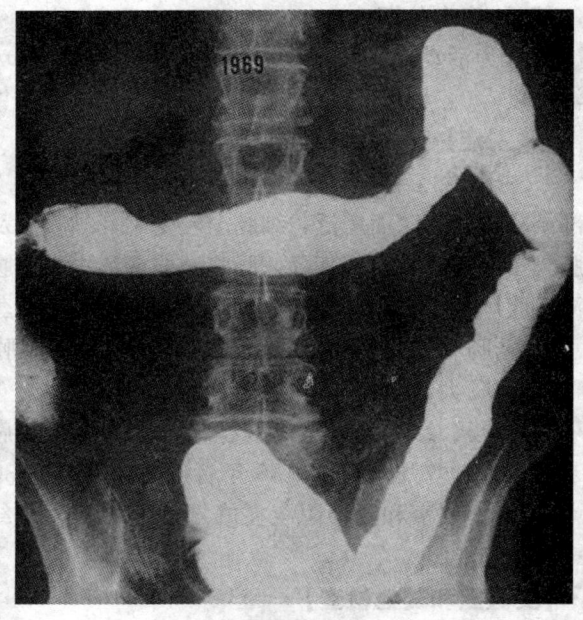

图 4-6-3 UC 晚期 X 线征：结肠袋形消失、管壁强直呈水管状

【诊断与鉴别诊断】

(一) 诊断

本病的主要诊断依据包括慢性腹泻，粪中有血、脓和黏液，以及腹痛，不同程度的全身症状和反复发作的趋势。多次粪检无病原体发现。内镜检查和 X 线钡剂灌肠显示结肠炎病变，伴有溃疡形成以及病理学检查和手术切除结肠标本。一个完整的诊断应包括临床类型、严重程度、病变范围及病态分期。诊断标准强调在排除细菌性痢疾、阿米巴痢疾、慢性血吸虫病、肠结核等感染性结肠炎及结肠克罗恩病、缺血性结肠炎、放射性结肠炎等疾病的基础上进行诊断。①根据临床表现和结肠镜检查 3 项中之 1 项及黏膜活检可肯定诊断；②根据临床表现和钡灌肠检查 3 项中之 1 项可诊断本病；③临床表现不典型而有典型的结肠镜或钡灌肠改变者可以拟诊为本病；④临床表现典型而结肠镜和钡灌肠检查并无典型改变，应列为疑诊随访；⑤初发病例、临床表现与结肠镜改变均不典型者，暂不诊断溃疡性结肠炎，可随访 3~6 个月。

(二) 鉴别诊断

1. 慢性细菌性痢疾　常有急性细菌性痢疾史，以粪便、直肠拭子或内镜检查时所取得的渗出物进行培养，可分离出痢疾杆菌。

2. 慢性阿米巴肠病　病变以近端结肠为主，溃疡的边缘为潜行性，介于溃疡之间的结肠黏膜正常。粪便中可找到溶组织阿米巴包囊或滋养体，用抗阿米巴药物治疗有效。

3. 血吸虫病　有流行区疫水接触史，粪便可检出血吸虫卵或孵化毛蚴阳性。内镜下见到黏膜下黄色颗粒等典型病变，直肠黏膜活组织压片低倍镜检可找到虫卵。此外，可有肝、脾大，血中嗜酸性粒细胞增多等其他临床表现，以及在有效的抗血吸虫病治疗后症状好转。

4. 结肠癌　X 线检查显示病变部位有黏膜破坏，肠壁僵硬，充盈缺损，肠腔狭窄等肿瘤征象。直肠指诊可能触及肿块，内镜检查和活组织检查可予以鉴别。

5. 肠道激惹综合征　粪中可有大量黏液，但无脓血。X 线和结肠镜检查仅有结肠痉挛等改变，而无别的炎症病变可见。除肠道症状外，患者往往有明显的神经官能症表现。

6. 克罗恩病　可发生于自食管到肛门的任何胃肠道部位，但以末端回肠和右半结肠最为多见。其临床表现可类似溃疡性结肠炎。鉴别要点见表 4-6-2。

表 4-6-2　溃疡性结肠炎和克罗恩病的鉴别要点

溃疡性结肠炎	克罗恩病
腹泻、脓血便多见	脓血便少见
下腹部痉挛性疼痛、排便后缓解	持续右下腹痛，排便后不缓解
无腹部包块	常有右下腹包块
仅累及结肠，偶累及回肠	可累及全消化道，主要是结肠和小肠
黏膜病变	病变累及全层肠壁
以直肠开始的连续性病变	病变不连续，跳跃性分布
瘘管形成少见	瘘管形成多见
肠镜可见纵行及匍行溃疡，周围黏膜鹅卵石样改变	浅溃疡，黏膜弥漫性充血水肿

7. 其他　尚应与溃疡性肠结核、结肠息肉、结肠憩室炎、放射性结肠炎、伪膜性结肠炎等鉴别。

【治疗】

主要采用内科治疗，根据患者的不同情况，病情轻重，有无并发症以及病期不同，采取不同的治疗方案。

(一) 一般治疗

1. **休息** 在急性发作期或病情严重时均应卧床休息，一般病例也应适当休息，注意劳逸结合。

2. **饮食和营养** 以柔软、易消化、富于营养、有足够热量为原则，宜少量多餐，补充多种维生素。在急性发作期与暴发型病例，饮食应限于无渣半流质，避免冷饮、水果、多纤维素的蔬菜及其他刺激性食物。由于部分患者对牛乳蛋白过敏和缺乏乳糖酶，应忌食牛乳和乳制品。

3. **治疗贫血** 可按病情给予输血、口服铁剂或肌肉注射右旋糖酐铁，有时需要补充叶酸。

4. **补液** 当急性发作，特别是暴发型，患者常有严重失水、电解质紊乱，尤其是低血钾，应予及时纠正。

5. **静脉营养** 对下列情况需考虑给予胃肠外营养（parenteral nutrition treatment，PNT）：①病变长期活动，明显消瘦，且需要肠管休息者；②病情严重，伴低蛋白血症及毒血症；③肠梗阻；④肠瘘；⑤手术前后；⑥大面积肠切除所致的短肠综合征。可采用锁骨下静脉或颈静脉插管输注高渗葡萄糖溶液、血浆、白蛋白、氨基酸和脂肪乳等。

腹痛或腹泻次数较多者可谨慎试用抗胆碱能药物、止泻药如复方苯乙哌啶或洛哌丁胺，但要注意大剂量有引起中毒性巨结肠的危险。

(二) 药物治疗

糖皮质激素、氨基水杨酸为目前控制本病有效的药物。

1. **糖皮质激素** 对溃疡性结肠炎有较好的疗效。基本的治疗机制主要是非特异性的抗炎作用，降低毛细血管通透性，稳定细胞及溶酶体膜，调节免疫功能，减少白三烯、前列腺素和血栓素等炎性介质生成，具有抗炎、抗毒等作用。糖皮质激素治疗可通过 3 种给药途径，即静脉滴注、口服以及保留灌肠。根据病情不同采取不同的方式。

2. **氨基水杨制剂** 柳氮磺胺吡啶（SASP）由两个部分组成，磺胺吡啶和 5-氨基水杨酸（5-ASA）。该药口服后大部分到达结肠，经细菌分解为 5-氨基水杨酸和磺胺吡啶。5-氨基水杨酸是主要的治疗成分。其作用机制目前尚不完全清楚，可能是一种综合作用：①通过抑制环氧化物来阻断前列腺素的合成，从而控制炎症；②清除氧自由基以减轻炎症反应；③抑制免疫细胞的免疫反应。副作用分为两类，一类是药物过量引起的毒性反应，有头痛、恶心、呕吐以及可逆性男性不育等。另一类副作用属于过敏反应，有皮疹、发烧、粒细胞减少、自身免疫性溶血等。柳氮磺胺吡啶治疗剂量为 4～6g/d，分 4 次口服，用药 3～4 周病情缓解后可减量使用 3～4 周，然后改维持量 2g/d，分次口服，维持 1～2 年。现有多种 5-氨基水杨酸新制型，旨在减少 5-氨基水杨酸的吸收，提高到达结肠的药物浓度，其疗效与柳氮磺胺吡啶相当。常用的口服药物：①美沙拉嗪（mesalamine）：为丙烯酸树脂膜包裹的 5-氨基水杨酸微粒压片，在 pH>6 时溶解，使 5-氨基水杨酸在末端回肠及结肠中缓慢释放；②Pentasa：以高分子材料乙基纤维素为包膜，是另一种缓慢释放形式的 5-氨基水杨酸；③奥沙拉嗪（olsalazine）：其结构中由重氮键取代磺胺吡啶，并结合两分子 5-氨基水杨酸，药物到达结肠后在肠道细菌的重氮还原酶作用下，破坏重氮键分解出 5-氨基水杨酸，因此该药在结肠中产生很高浓度的 5-氨基水杨酸，疗效确切；另外，采用 5-氨基水杨酸肛栓剂或灌肠用药，也可提高直肠和远端结肠内的药物浓度，并维持较长时间，明显提高了疗效，而全身不良反应轻微，且发生率明显降低。其不良反应主要为肛门刺激症状。肛栓剂用法为每次 1 支塞入肛门内，每天 2～3 次，对阿司匹林过敏者避免使用。5-氨基水杨酸药物疗效与柳氮磺胺吡啶相似，但副作用明显减少，适用对柳氮磺胺吡啶不耐受者以及对磺胺药过敏者。

3. **免疫抑制剂** 硫唑嘌呤（azathioprine，Aza）和 6-巯基嘌呤（6-mercaptopurine，6-MP）是最常用的免疫抑制剂。硫唑嘌呤在体内分解为巯嘌呤而发挥免疫抑制作用，主要是抑制一种特殊并存活较长的 T 细胞亚群增殖和活化。一般用药后需 3～4 个月才能发挥较好的治疗作用，用于对激素反应不良治疗效果不佳或对激素依赖的慢性活动性病例，发挥药效后，逐步减少激素的用量，不适合急性发病的患者。

4. 环孢素A 能有效地治疗重症或需要直肠、结肠切除的溃疡性结肠炎患者。它是通过阻断淋巴细胞活化而发挥作用。在静脉注射大剂量糖皮质激素7～10天无效后加用环孢素A，并与硫唑嘌呤合用有助于提高反应。如果连续静脉注射环孢素A，60%～80%重型患者可免除肠切除。

5. 抗肿瘤坏死因子抗体 英夫利昔单抗（infliximab）是一种鼠-人抗TNF-α抗体，在难治性溃疡性结肠炎以及中-重型克罗恩病及其相关的肠瘘的治疗中有效。其作用与结合游离的TNF-α或使表面结合TNF-α的淋巴细胞和巨噬细胞分解有关。

(1) 活动期治疗：①轻型：柳氮磺胺吡啶（SASP）3～6g/d，美沙拉嗪2～4g/d，巴柳氮4～6g/或奥沙拉嗪2g/d，分3～4次口服，直肠炎症患者可用栓剂，如无效且病变部位较低者，可改用氢化可的松琥珀酸钠50～100mg，保留灌肠，1～2次/天。如灌肠效果不好，或病变范围较广者，改为口服泼尼松或泼尼松龙30～40mg/d。②中型：一般口服泼尼松或泼尼松龙40mg/d，大多于2～3周后可见效，症状控制后再逐渐减量。③重型：大剂量皮质激素治疗，一般静脉滴注氢化可的松琥珀酸钠300mg/d或甲泼尼龙48mg/d，7～14天后改为口服泼尼松60mg/d。

(2) 维持巩固期：应用糖皮质激素见效后应维持1～2周再逐渐减量，开始时每7～10天减2.5～5mg，到每天20mg后，每2周减2.5～5mg。在减量过程中一旦复发，应尽快提高糖皮质激素的用量。除初发病例、轻症远段结肠炎患者可停药观察外，所有的患者均应当维持治疗。用5-氨基水杨酸为主要维持治疗药物或免疫抑制剂6-巯基嘌呤或硫唑嘌呤可用于上述药物不能维持或对激素依赖者。5-氨基水杨酸和免疫抑制剂维持治疗均无效者考虑英夫利昔单抗或手术治疗。

(三) 外科治疗

多数患者经上述治疗可望病情获得缓解，少数需要外科处理，手术的指征为：①肠穿孔或濒临穿孔；②大量或反复严重出血；③肠狭窄并发肠梗阻；④癌变或多发性息肉；⑤并发中毒性巨结肠，内科治疗无效；⑥结肠周围脓肿或瘘管形成。手术方式有多种，有单纯回肠造瘘术，部分结肠切除至全结肠切除术等，对患者选用何种方式，应根据病变性质、范围、病情及患者全身情况作出决定。

【预后】

虽病程可漫长，有多次缓解和复发，不容易彻底治愈，但大部分患者的预后良好，尤其轻型病例经治疗后病情可长期缓解。少数暴发型者，病情凶险，而治疗后自往往也有好转可能，但并发中毒性巨结肠时，预后特别严重。20岁以下或60岁以上者，病情较重，病死率较高。并发结肠穿孔或大出血，病死率高达50%。病程冗长、病变广泛的活动性病例有并发结肠癌的危险性。

第二节 克罗恩病

克罗恩病又称局限性肠炎、节段性肠炎和肉芽肿性肠炎，是一种原因不明的肠道炎症性疾病。克罗恩病在整个胃肠道的任何部位均可发生，但好发于末端回肠和右半结肠。以腹痛、腹泻、肠梗阻、瘘管形成为主要症状，且有发热、营养障碍等肠外表现。病程多迁延，常有反复，不易根治。

【病理】

克罗恩病是贯穿肠壁各层的增殖性炎症，并侵犯肠系膜和局部淋巴结。病变主要累及小肠（主要为末端回肠）和右半结肠，二者同时累及的占40%。病变在口腔、食管、胃及十二指肠者较少见。本病的病变呈节段、跳跃式分布，与正常肠段相互间隔，界限清晰，呈跳跃区（skip area）的特征。急性期以全层肠壁水肿、炎症性改变为主。慢性期肠壁增厚、僵硬，受累肠管外形呈管状，肠管狭窄上端则肠管扩张。典型病理变化有：①溃疡：早期浅小溃疡，后成纵行或横行的溃疡，深入肠壁的纵行溃疡形成较为典型的裂沟，沿肠系膜侧分布，肠壁可有脓肿；②卵石状结节：由于黏膜下层水肿和细胞浸润形成的小岛突起，加上溃疡愈合后纤维化和瘢痕的收缩，使黏膜表面似鹅卵石状（cobblestone appearance）；③非干酪样肉芽肿：在肠壁以及淋巴结的非干酪样肉芽肿由类上皮细胞组成，常伴郎格汉斯细胞，但无干酪样变，有别于结核病；④瘘管和脓肿：肠壁的裂沟实质上是贯穿性溃疡，使肠管与肠管、肠管与脏器或组织（如膀胱、阴道、肠系膜或腹膜后组织等）之间发生粘连和脓肿，并形成内瘘管。病变如穿透肠壁，经腹壁或肛门周围组织而通向体外，即形成外瘘管。

【临床表现】

起病缓慢，病程常在数月至数年以上。活动期和缓解期长短不一，相互交替出现，反复发作中呈渐进性进展。少数急性起病，可有高热、毒血症状和急腹症表现。整个病程短促，腹部症状严重，多有严重并发症。偶有以肛门旁周围脓肿、瘘管形成或关节痛等肠外表现为首发症状者，腹部症状反而不明显。

（一）消化系统表现

1. 腹泻　主要是由于病变肠段炎症渗出，蠕动增加及继发性吸收不良引起。多数每日大便 2~6 次，常无脓血或黏液，大便呈糊状。如直肠受累，会有里急后重感。

2. 腹痛　多位于右下腹或脐周，与末端回肠病变有关。餐后腹痛加重，常与胃肠反射有关。肠黏膜下炎症刺激痛觉感受器，使肌层收缩，肠壁被牵拉而剧痛。浆膜受累、肠周围脓肿、肠粘连和肠梗阻、肠穿孔和急性腹膜炎以及中毒性巨结肠等均导致腹痛。

3. 腹部包块　约 1/3 病例出现腹部包块，以右下腹和脐周多见。肠粘连、肠壁和肠系膜增厚、肠系膜淋巴结肿大、内瘘形成以及腹腔内脓肿等均可引起腹部包块。易与腹腔内结核和肿瘤等混淆。

（二）全身表现

1. 发热　活动性肠道炎症及组织破坏后毒素吸收等均能引起发热。一般为低热到中度热，常间歇出现。急性重症病例或伴有化脓性并发症时，多可出现高热、寒战等毒血症状。

2. 营养障碍　可出现纳差、乏力、消瘦、贫血、低蛋白血症。

（三）肠外表现

可以出现关节炎、口腔溃疡、结节性红斑、坏疽性脓皮病、炎症性眼病、慢性活动性肝炎、脂肪肝、胆石病、硬化性胆管炎和胆管周围炎、血栓性静脉炎、强直性脊椎炎、血管炎、白塞病、淀粉样变性、骨质疏松和杵状指等。年幼时患病者可有生长受阻表现。

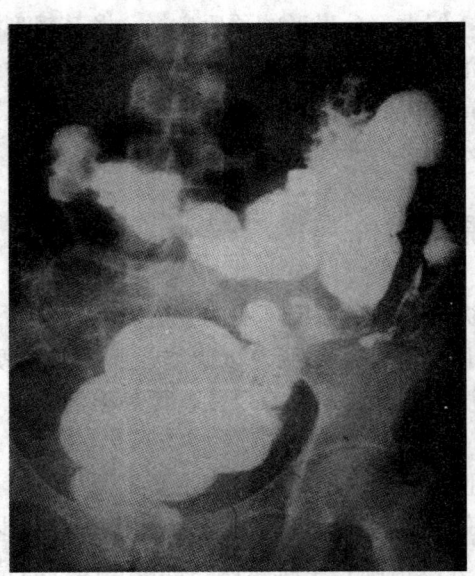

图 4-6-4　瘘管形成，由降结肠到左半结肠软组织的瘘管

【并发症】

40% 以上病例有程度不等的肠梗阻，且可反复发生，急性肠穿孔占 10%~40%。中毒性巨结肠和癌变少见。由于胆盐在肠道内吸收障碍而出现胆结石。脂肪吸收不良，肠内草酸盐吸收过多，而出现肾结石。肛门区和直肠病变如瘘管、肛门周围脓肿及肛裂见于部分患者。瘘管形成是克罗恩病临床特征之一（图 4-6-4），往往作为与溃疡性结肠炎的鉴别依据。内瘘形成可致腹泻加重及营养不良，以及粪便污染造成的继发感染。外瘘以及通向膀胱和阴道的内瘘，可见粪便和气体的排出。

【实验室和其他检查】

1. 血常规检查　白细胞常增高。红细胞及血红蛋白有不同程度的降低，与失血、骨髓抑制以及铁、叶酸和维生素 B_{12} 等吸收减少有关。

2. 粪便检查　可见红、白细胞。隐血试验可阳性。有吸收不良综合征者粪脂含量增加并有相应吸收功能改变。

3. 血生化检查　血白蛋白降低。血清钾、钠、钙、镁下降。血沉增快。

4. X 线检查　胃肠钡餐造影能了解末端回肠或其他小肠的病变和范围。钡剂灌肠有助于结肠病变。表现有肠道炎性病变，如裂隙状溃疡（longitudinal fissures ulcer）、鹅卵石状黏膜、单发或多发性狭窄、瘘管形成等，病变呈节段性分布。因病变肠段激惹及痉挛，钡剂快速通过此肠段，称为跳跃征（skip lesion）；因肠腔严重狭窄，钡剂迅速通过遗留细线样影像，称为线样征。CT检查对确定是否有肠壁增厚及相互分隔的肠袢有帮助，而且对腹腔内脓肿进行鉴别。

5. 内镜及活检　肠镜检查和黏膜活检有助于发现微小和各期病变，如黏膜充血、水肿、纵行或裂隙样溃疡、肠腔狭窄、假息肉形成以及鹅卵石状的黏膜，病变呈跳跃式分布。病变处多部位深活检有时可以在黏膜固有层发现非干酪样坏死肉芽肿或大量淋巴细胞聚集。超声内镜有助于确定病变范围和深度，发现腹腔内肿块和脓肿（彩图4-6-5）。

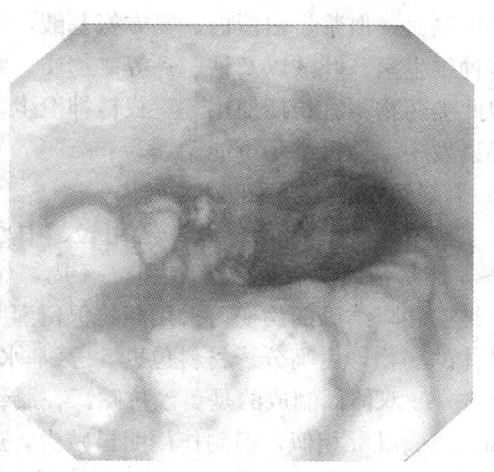

彩图4-6-5　内镜见肠管纵行溃疡

【诊断与鉴别诊断】

(一) 诊断

诊断本病时应排除其他肠道感染病变、血管性病变和肿瘤等，如细菌性痢疾、阿米巴痢疾、肠结核、血吸虫病，以及结肠癌、小肠淋巴瘤、肉瘤、类癌、慢性肠道真菌感染、肠型白塞病。诊断标准包括：①临床表现；②影像学检查；③肠镜检查；④黏膜组织学检查；⑤手术切除标本病理检查等5个项目综合应用，强调排除以上诊断后可按下列标准诊断：①具备上述临床表现如慢性腹泻、腹痛及腹部包块，并有肠梗阻、瘘管和肛门周围病变，安排进一步检查；②同时具备1和2或3特征者，临床可拟诊为本病；③如再加上4或5项，病理发现非干酪样肉芽肿与其他1项典型表现或无肉芽肿而具备上述3项典型组织学改变者，可以确诊；④初发病例，临床与影像或内镜及活检改变难以确诊时，应随访观察3~6个月。诊断内容应包括临床类型、严重程度（活动性、严重度）、病变范围、肠外表现和并发症。WHO诊断标准供参考，但由于这些条件在临床上难以满足，使该诊断标准应用受限。

(二) 鉴别诊断

1. 肠结核　肠结核多继发于开放性肺结核；病变主要涉及回盲部，有时累及邻近结肠，但不节段性分布；瘘管及肛门直肠周围病变少见；结核菌素试验阳性等有助于与克罗恩病鉴别，如鉴别仍有困难，建议先行抗结核诊断性治疗4~8周，以观后效。有手术指征可以手术探查，病变段与肠系膜淋巴结病理组织学发现干酪样坏死肉芽肿可获确诊。

2. 小肠恶性淋巴瘤　原发性小肠恶性淋巴瘤往往较长时间局限在小肠和或邻近肠系膜淋巴结，部分患者肿瘤可以呈多灶性分布，此时与克罗恩病鉴别有一定的困难。如X线检查见小肠结肠同时受累、节段性分布、裂隙状溃疡、鹅卵石征、瘘管形成等有利于克罗恩病的诊断；如X线检查见肠段内广泛侵蚀、呈较大的指压痕或充盈缺损，B型超声或CT检查肠壁明显增厚，腹腔淋巴结肿大较多支持小肠恶性淋巴瘤诊断。小肠恶性淋巴瘤一般进展较快。必要时手术探查可以获病理确诊。

3. 溃疡性结肠炎　详见溃疡性结肠炎章节。

4. 急性阑尾炎　腹泻较少，常出现转移性右下腹痛，压痛局限于麦氏点，血象白细胞计数增高更为显著，可资鉴别，有时需要剖腹探查才能明确诊断。

5. 其他　白塞病、缺血性结肠炎、显微镜下结肠炎、放射性结肠炎、药物性肠病、嗜酸性粒细胞肠炎、恶性淋巴瘤、结肠癌等需要考虑。

【治疗】

(一) 一般治疗

一般支持疗法和对症治疗十分重要，加强营养、纠正代谢紊乱、改善贫血和低白蛋白血症。必要时可输血、血浆、白蛋白、复方氨基酸，部分或完全胃肠外营养和要素饮食（全胃肠内营养），补充多种维生素、叶酸以及铁、钙等矿物质。解痉、止痛、止泻和控制继发感染等药也有助于症状缓解，但此类药物不宜长期使用。重视精神卫生，给予合理的指导和鼓励。慎用阿托品等抗胆碱能药物，警惕诱发中毒性巨结肠可能。

（二）氨基水杨酸制剂

柳氮磺胺吡啶（SASP）适用轻、中型的患者，成人常用剂量 4～6g/d，分 3～4 次口服。用药 3～4 周病情缓解后可减量使用 3～4 周，然后改维持量 2g/d，分次口服，维持 1～2 年。对直肠、乙状结肠和降结肠的病变可采用药物保留灌肠或栓剂，1 支/次，1～2 次/d。美沙拉嗪是 5-氨基水杨酸单体的药物，由高分子材料包裹 5-氨基水杨酸微粒，使其在回肠和结肠直接发挥作用。用偶氮键结合 5-AS 双体而制成的是奥沙拉嗪，在肠细菌作用下释出 5-氨基水杨酸。5-氨基水杨酸制剂疗效与柳氮磺胺吡啶相似，但副作用明显减少，适用对柳氮磺胺吡啶不耐受者。

（三）糖皮质激素

仍是控制病情活动最有效药物，皮质激素的作用为稳定溶酶体酶，减少毛细血管通透性，抑制细胞免疫反应，适用于中、重型患者。口服泼尼松或泼尼松龙 40mg/d，症状控制后再逐渐减量。重型患者用大剂量激素治疗，一般静脉滴注氢化可的松琥珀酸钠 300mg/d 或泼尼松龙 48mg/d，7～14 天后改为泼尼松口服 40～60mg/d。应用糖皮质激素见效后应逐渐减量，一般维持剂量为 5～15mg/d，2～3 个月后逐步减量停药。在减量过程中一旦复发，应尽快提高糖皮质激素的用量。在激素减量过程中，为减少其副作用并控制复发，可加用柳氮磺胺吡啶、5-氨基水杨酸或免疫抑制剂。对直肠、乙状结肠和降结肠的病变可采用药物保留灌肠如氢化可的松琥珀酸钠 100mg 加生理盐水 100ml，每晚 1 次；也可用柳氮磺胺吡啶、5-氨基水杨酸栓剂灌肠。口服在肠道局部起作用的激素——布地奈德（budesonide）也可有效控制疾病活动，而副反应明显减少。使用该药 8 周及 16 周缓解率分别为 60% 和 62%，显著高于安慰剂组，继续使用可延长缓解期，但延长使用至 6～9 个月后其维持缓解的作用不再优于安慰剂。

（四）免疫抑制剂

硫唑嘌呤和 6-巯嘌呤能竞争抑制嘌呤核糖核苷酸的生物合成。硫唑嘌呤在体内代谢为 6-巯嘌呤，对难治性克罗恩病有诱导缓解，促进瘘管闭合并减少激素用量的作用。它起效慢，需 3～6 个月，疗程为 1～2 年。硫唑嘌呤常用剂量为 2mg/(kg·d) 而 6-MP 为 1.5mg/(kg·d)，如同时应用别嘌呤醇，剂量可减半。副作用有胰腺炎、骨髓抑制、肝损伤和白细胞减少，停药后可恢复正常。甲氨蝶呤适用于对硫唑嘌呤和 6-巯基嘌呤无效的病例。环孢素 A 其疗效目前认为仅适用于作为对激素治疗无效的严重病例的短期治疗，以争取时间让其他起作用慢而毒性较小的免疫抑制剂发挥作用。

（五）抗生素

目前抗菌药多用于有合并症的病例，或与糖皮质激素或 5-氨基水杨酸合用。甲硝唑 10～15mg/(kg·d)，维持剂量为 100～200mg/d，治疗 6 个月无效可停药。环丙沙星或克拉霉素对其也有效。

（六）抗肿瘤坏死因子（TNF-α）抗体

英夫利昔单抗对中-重型克罗恩病及其相关的肠瘘的治疗中有效。注射英夫利昔单抗（5mg/kg，每 8 周或按需要制订疗程）可使近 2/3 中等度患者症状明显缓解，但长期反应的比率较低。有 56% 治疗者出现抗核抗体及 34% 出现抗双链 DNA 抗体，临床可表现为药源性狼疮、非霍奇金淋巴瘤和类风湿关节炎。英夫利昔单抗治疗使结核和其他细菌感染的危险性增加，特别是合并使用免疫抑制剂者，还可能加重已经存在的充血性心力衰竭。目前尚无证据表明恶性肿瘤患病率增加，但仍需避免用于有肿瘤病史的患者。

1. 活动期的治疗

（1）回结肠型：轻度可以用足量的 5-ASA 或 SASP，中度应用糖皮质激素（也可用布地耐德）与抗生素，不推荐 5-ASA。重度者与溃疡性结肠炎相同，多需要加用硫唑嘌呤或 6-巯嘌呤。有条件者可使用英夫利昔单抗。

（2）结肠型：轻、中度可以选用 5-ASA 或 SASP。重度者与溃疡性结肠炎治疗相同。

（3）小肠型：轻度回肠病变可以用足量控释 5-ASA；广泛性小肠病变可以营养治疗为主；中-重度患者使用糖皮质激素和抗生素，推荐加用硫唑嘌呤或 6-巯嘌呤，不能耐受者可以改为甲氨蝶呤。营养支持治疗作为重要辅助治疗措施。上述治疗无效，考虑使用英夫利昔单抗。

（4）其他情况：肛门瘘管用抗生素为第一线的治疗。硫唑嘌呤或 6-巯嘌呤、英夫利昔对活动性病变有良效，或用脓肿引流、皮下置管，也可以考虑英夫利昔单抗与手术。

2. 缓解期的治疗　强调戒烟。轻度者可以 5-ASA 维持治疗，加用硫唑嘌呤或 6-巯嘌呤，不能耐受者可以改用小剂量甲氨蝶呤或英夫利昔单抗，一般为 3~5 年甚至更长。

3. 外科手术　尽管多数患者最终需要手术治疗，但手术复发率高，因此宜以内科治疗为基础，尽量推迟手术时机。手术指征包括有：①内科治疗效果不佳，仍有肠梗阻而持续腹痛者，或一般情况未见改善者；②有严重药物不良反应；③合并瘘管、严重肛门周围病变或腹内严重化脓性病灶者；④疑有癌变者。

（刘文天）

第七章 肠结核与结核性腹膜炎

第一节 肠 结 核

肠结核（intestinal tuberculosis）是结核分枝杆菌侵犯肠道引起的慢性特异性感染。近年来尽管结核病的患病率下降，但 HIV 感染率上升，在此基础上的结核感染率有所增加，肠结核仍然是临床上较为常见的疾病。发病年龄多为青壮年，女性多于男性，为 1.85：1。

【病因和发病机制】

肠结核主要由人型结核分枝杆菌（mycobacterium tuberculosis）引起，饮用未经消毒的带菌牛奶或乳制品，也可发生牛型结核分枝杆菌肠结核。结核分枝杆菌侵犯肠道主要是经口感染，患者多有开放性肺结核或喉结核，因经常咽下含结核分枝杆菌的痰液而引起本病；或经常与开放性肺结核患者共餐，忽视了餐具消毒隔离措施，而受染发病。

由于结核分枝杆菌系抗酸菌，在胃内受胃酸影响不大，可顺利到达回盲部，而引起肠道结核病变。回盲部容易发生肠结核，其原因与以下因素有关：①正常生理情况下肠内容物在回盲部停留时间较久，肠内容物中的结核分枝杆菌与该段肠黏膜接触机会增加；②回盲部有丰富的淋巴组织，而结核分枝杆菌容易侵犯淋巴组织。

肠结核也可由血行播散所致，是全身结核病的一部分，常见于粟粒型肺结核；或由腹腔内或/和盆腔内结核病灶（如结核性腹膜炎、女性生殖器结核）直接蔓延引起。结核病的发病是人体和结核分枝杆菌相互作用的结果。经上述途径而获得感染仅是致病的条件，只有当入侵的结核分枝杆菌数量较多、毒力较强时，并且有人体免疫功能低下、肠功能紊乱引起局部抵抗力减弱时才会发病。

【病理】

肠结核主要位于回盲部，其他部位依次为升结肠、空肠、横结肠、降结肠、阑尾、十二指肠和乙状结肠等处，少数见于直肠。亦有胃结核和食管结核的报道。

肠结核的病理特征主要是肠壁和局部淋巴结的炎症和纤维组织增生。病理类型随人体对结核分枝杆菌的免疫力与过敏反应的情况而定。如果机体过敏反应强，病变则以渗出性改变为主；当细菌数量多、毒力大，可有血管内血栓形成、集合淋巴结（Peyer patches）、淋巴结炎症、干酪样坏死和溃疡形成，称为溃疡型肠结核。若机体免疫状态良好，感染较轻则表现为肉芽组织增生、纤维化，发展成为增生型肠结核。局部淋巴结常有干酪样坏死，但黏膜肉芽肿组织中并不常见。

早期肠结核仅见回盲部黏膜充血、水肿、糜烂、渗出或霜斑样白苔等一般炎症性改变，其实质为黏膜结核。光镜下可见黏膜层内上皮样细胞、朗格汉斯细胞及周围淋巴细胞包绕的结核结节。

1. 溃疡型肠结核（ulcerative form） 早期病变肠壁的集合淋巴结和孤立淋巴滤泡呈充血、水肿和白细胞浸润等渗出性病变，进一步发展为干酪样坏死。坏死组织脱落后形成溃疡，其边缘不规则，深浅不一，常绕肠管周径环行扩展。溃疡有时可深达肌层或浆膜层，并累及周围腹膜或邻近肠系膜淋巴结，引起局限性结核性腹膜炎或肠系膜淋巴结结核。病变进展可发生慢性穿孔形成腹腔脓肿或肠瘘。由于溃疡边缘和基底部常有闭塞性动脉炎，故较少引起消化道出血。

2. 增生型肠结核（hypertrophic form） 病变多局限于盲肠，有时可累及升结肠近段或回肠末段，多由溃疡型转变而来。在病变修复过程中，有大量纤维组织增生和结核肉芽肿形成，使肠壁局限性增厚、变硬和收缩变形；并可有瘤样肿块突入肠腔造成狭窄，为增殖性狭窄；溃疡愈合后的瘢痕形成使病变肠管环形瘢痕狭窄。瘢痕狭窄与增殖狭窄可同时存在，为肠梗阻的主要原因，其狭窄上部肠腔多呈扩张。

3. 溃疡增生型肠结核（ulcerohypertrophic form） 临床上溃疡型和增生型病变常同时并存，亦称为混合型肠结核，其病理所见为溃疡型和增生型肠结核的综合表现。

【临床表现】

肠结核多起病缓慢，病程较长，缺乏特异性症状和体征。患者可伴有活动性肺结核，其临床表现可被遮盖或忽略。因此，活动性肺结核患者如出现明显消化道症状应警惕肠结核存在的可能性。

（一）症状

1. 腹痛与腹胀　腹痛为本病的主要症状。疼痛常位于右下腹，此与肠结核好发于回盲部有关。可伴有上腹或脐周疼痛，系回盲部病变引起的牵涉痛或小肠结核所致。疼痛性质一般为隐痛或钝痛。进餐后常加重，排便后可有不同程度缓解。增生性肠结核若出现不完全性肠梗阻，可表现为持续性腹痛，阵发性加剧，伴肠鸣音活跃，排气后缓解。腹痛发作时常伴有腹泻。腹胀是本病的早期症状，以午后为著，常伴有消化不良、食欲减退、恶心和呕吐。

2. 腹泻与便秘　腹泻是溃疡型肠结核的主要临床表现之一。腹泻常与腹痛相伴随，系病变肠管炎症和溃疡，使肠蠕动加速，肠排空过快所致。每日排便2～4次不等，粪便多呈糊样，一般不含黏液脓血，无里急后重，多在清晨排泄，故有"五更泻"之称。增生型肠结核多以便秘为主要表现，大便呈羊粪状，隔数日再有腹泻，便秘与腹泻交替出现，此与胃肠功能紊乱有关。

3. 结核中毒症状和肠外结核表现　溃疡型肠结核常有结核中毒症状，轻重不一，表现为午后低热、不规则发热、弛张热或稽留型高热，常伴有盗汗。患者倦怠、消瘦、苍白、乏力，随病程发展而出现维生素缺乏、营养不良性水肿等表现。此外，可有肠外结核特别是活动性肺结核的临床表现。增生型肠结核病程较长，全身情况较好，无发热或仅有低热，多不伴活动性肺结核或其他肠外结核的表现。

（二）体征

本病常有右下腹部及脐周压痛，系由于病变肠管炎症所致。右下腹可触及肿块，一般比较固定，质地中等，伴有轻度或中度压痛，多见于增生型肠结核。溃疡型肠结核并发局限性腹膜炎时，病变肠段和周围组织粘连，或伴有肠系膜淋巴结结核，也可出现腹部肿块。发生肠梗阻、肠穿孔和局限性腹膜炎等并发症时，可出现相关体征，如肠型、蠕动波、肠鸣音亢进、局部压痛及反跳痛等。

【实验室和其他检查】

（一）实验室检查

溃疡型肠结核可有轻至中度贫血，无并发症的患者白细胞计数一般正常。血沉多明显增快，并可作为估计结核病活动程度的指标之一。

溃疡型肠结核的粪便多为糊样，一般不混有黏液脓血，显微镜下可见少量脓细胞与红细胞，大便潜血可阳性。粪便浓缩检查结核杆菌阳性而痰液检查阴性者有助于肠结核的诊断。

肠结核伴有肺结核者痰结核杆菌可以阳性。结核菌素或纯蛋白衍生物（purified protein derivative，PPD）试验呈强阳性者对本病的诊断有帮助。

（二）X 线检查

X 线胃肠气钡双重对比造影或钡剂灌肠检查对肠结核的诊断具有重要意义。可疑肠梗阻患者钡餐检查应慎重，应在解除肠梗阻后进行。

溃疡型肠结核在钡剂透视检查时，病变肠腔段很难完全充盈呈激惹征象，即排空很快，充盈不佳，而病变上、下肠段则钡剂充盈良好，称为 X 线钡影跳跃征象（stierlin sign）。病变肠段如能充盈，可见肠壁溃疡、黏膜皱襞粗乱、肠壁边缘不规则，有时呈锯齿状。增生型肠结核则见黏膜紊乱、肠壁增厚、黏膜呈结节状充盈缺损，亦可见肠腔变窄、肠段缩短变形和回肠盲肠正常角度丧失（图 4-7-1）。溃疡型病变穿破肠壁可见局部脓肿或瘘管形成影像。

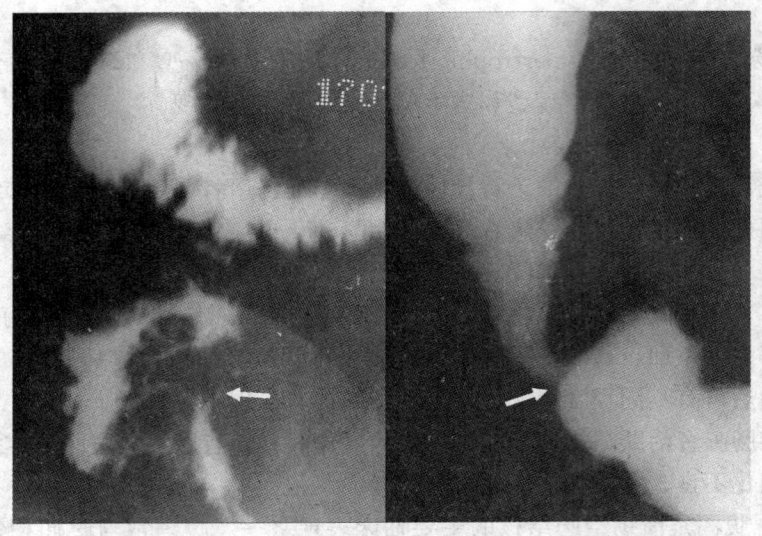

图 4-7-1 回盲部结核（左图箭头示充盈缺损，右图箭头示肠管狭窄）

（三）结肠镜检查

可直接观察全结肠和回肠末段，并可对病变部位行活组织检查，病理组织学显示有干酪样坏死性肉芽肿或找到结核杆菌则可明确诊断。肠结核病变主要位于回盲部，内镜下可见病变肠壁黏膜充血、水肿、糜烂和纤维素样渗出；回盲瓣变形，可附有霜斑样白苔。有溃疡形成时，多呈环状溃疡、溃疡边缘呈鼠咬状，溃疡间黏膜正常，具有一定特征性。可有肠腔变窄、大小及形态各异的炎性息肉等。

【诊断与鉴别诊断】

如有下列表现应考虑本病：①青壮年患者有肠外结核，特别是活动性肺结核；②有腹痛、腹泻、便秘等消化道症状，并伴有发热、盗汗等全身症状者；③右下腹压痛，肿块伴或不伴压痛，或出现原因不明肠梗阻者；④X线钡餐检查发现回盲部有激惹、肠腔狭窄、肠段缩短变形等征象；⑤结核菌素或PPD试验强阳性；⑥结肠镜及活检病理组织学检查有助诊断和鉴别诊断。对高度怀疑肠结核的患者，如抗结核治疗（2～6周）有效，可作出肠结核的临床诊断。增生型肠结核常诊断困难，有时需剖腹探查才能明确诊断。

肠结核需要与以下疾病相鉴别：

1. 克罗恩（Crohn）病 本病临床表现与X线及内镜发现酷似肠结核，须仔细鉴别。鉴别要点：①克罗恩病不伴有肺结核或其他肠外结核证据；②病程比肠结核更长，有缓解与复发趋势；③X线发现病变以回肠末段为主，可有其他肠段受累，并呈节段性分布；④瘘管等并发症比肠结核更为常见；⑤抗结核药物治疗无效；⑥临床鉴别诊断有困难而需剖腹探查者，手术切除标本有肉芽肿性病变而无干酪样坏死，无结核证据，亦无结核杆菌发现。

2. 右侧结肠癌 本病较肠结核发病年龄大，常在40岁以上，无肠外结核证据。一般无发热、盗汗等结核中毒症状，而消瘦、贫血、乏力等全身症状反较明显。病程呈进行性发展。X线检查主要有钡剂充盈缺损，病变范围较局限，不累及回肠。纤维结肠镜和组织病理学检查可确诊。

3. 阿米巴病或血吸虫病性肉芽肿 病变累及盲肠或回盲部者与肠结核表现相似，但既往有相应病原体的感染史，脓血便常见。粪便常规或孵化检查可发现相关病原体，结肠镜检查有助于鉴别诊断，相应的特效药物治疗效果明显。

4. 溃疡性结肠炎合并逆行性回肠炎 本病以脓血便为主，而肠结核极少见。腹痛较轻，以脐周、左下腹为主。本病如累及回肠者，其病变必累及整个结肠，并且以乙状结肠、直肠最为严重，乙状结肠镜或直肠镜检查可以鉴别。

5. 其他 以腹痛、腹泻为主要表现者应与肠恶性淋巴瘤鉴别。发热需与伤寒等长期发热性疾病鉴别。另外还需与非典型分支杆菌（多见于艾滋病患者）、性病性淋巴肉芽肿、梅毒侵犯肠道和肠放线菌病等鉴别。

【并发症】

1. 肠梗阻　是本病最常见的并发症，主要发生在增生型肠结核，梗阻多呈慢性进行性，以不完全性肠梗阻多见，有时患者以此表现为首发症状就诊，甚至术后才能确诊。少数可发展为完全性梗阻。

2. 肠穿孔　主要为慢性穿孔，可与周围肠管、腹膜粘连，在腹腔内形成局限性脓肿，破溃后形成肠瘘。急性穿孔者较少见，常发生在梗阻近段极度扩张的肠曲，严重者可因肠穿孔并发腹膜炎或感染性休克而致死。

3. 肠出血　溃疡型肠结核可有脓血便，易误诊为痢疾，但无里急后重。个别患者有肠出血，一般出血量不多，多表现为大便潜血阳性。

【治疗】

肠结核治疗的目的是消除症状、改善全身情况、促使病灶愈合及防治并发症。肠结核早期病变是可逆的，因此，应争取早期发现、早期治疗，如合并有肠外活动性结核更应彻底治疗。如果病程已至后期，即使给予合理、规范的抗结核药物治疗，也难完全避免并发症的发生。

1. 休息与营养　休息与营养可增强患者的抵抗力，是基础治疗。尤其是有结核中毒症状的活动性肠结核患者须卧床休息，积极改善营养，必要时给予静脉内营养治疗，以尽快改善全身营养状况。

2. 抗结核药物治疗　是本病治疗的关键。关于结核化疗的原则以及抗结核药物的选择、用法、疗程同活动性肺结核。

3. 对症治疗　腹痛可用阿托品或其他抗胆碱能药物。摄入不足或腹泻严重者应注意纠正水、电解质与酸碱平衡紊乱。有不完全性肠梗阻的患者，需进行胃肠减压，以缓解梗阻近段肠曲的膨胀与潴留。

4. 手术治疗　适应证包括：①完全性肠梗阻；②不完全性肠梗阻经内科治疗无效；③急性肠穿孔或慢性肠穿孔粪瘘经内科治疗而未能闭合者；④肠道大出血经积极抢救不能止血者。

【预后】

本病预后取决于早期诊断与及时治疗。病变处于渗出性病变阶段时，合理治疗可以痊愈，预后良好。合理、联合、足量与足够疗程应用抗结核药物，并进行全程监督保证患者的依从性，对患者的预后起重要作用。

【预防】

当发生肠外结核特别是肺结核时，应早期诊断、积极治疗，尽快使痰菌转阴。加强结核病的卫生宣传教育，肺结核患者不可吞咽痰液，应饮用灭菌牛奶。

第二节　结核性腹膜炎

结核性腹膜炎（tuberculous peritonitis）是由结核杆菌引起的慢性弥漫性腹膜感染。系目前临床上最常见的慢性腹膜炎，约占结核病的5%。本病可发生于任何年龄，以20～40岁青壮年多见，女性多于男性，男女之比约为1：2。

【病因和发病机制】

本病由结核杆菌感染腹膜引起，主要继发于肺结核或体内其他部位结核病。结核杆菌感染腹膜的途径以腹腔内的结核病灶直接蔓延为主，约占5/6的患者，常见的原发病灶有肠结核、肠系膜淋巴结结核和输卵管结核等。有时腹腔内干酪样坏死病灶破溃，可引起急性弥漫性腹膜炎。少数患者由血行播散所致，如粟粒型肺结核或原发感染。患者常被发现有活动性肺结核、关节、骨或睾丸结核，并伴发多发性结核性浆膜炎等。

【病理】

根据本病的病理解剖学特点可将其分为渗出型、粘连型和干酪型。在疾病发展过程中，可有上述二种或三种类型并存，称为混合型。临床上以前两型为多见。

1. 渗出型 腹膜充血、水肿，表面覆以纤维蛋白渗出物，有许多黄白色或灰白色细小结核结节，或融合成较大的结节或斑块。腹腔内有程度不等的浆液性纤维蛋白渗出液，腹水为草黄色，有时可为淡血性，偶见乳糜性腹水。慢性患者中结核结节增大，纤维组织增多，腹膜可显著增厚。

2. 粘连型 有大量纤维组织增生，腹膜、肠系膜明显增厚。因有纤维蛋白沉积，使肠系膜、肠系膜淋巴结及肠管间发生粘连，形成包块，由于包块压迫或粘连束缚肠管，可引起慢性肠梗阻。大网膜也增厚变硬，卷缩成团块。腹腔常因广泛粘连而闭塞，严重时许多内脏紧密错综粘连在一起，不易分离。本型常由渗出型在腹水吸收后逐渐形成，但也可因起病隐袭，病变发展缓慢，病理变化始终以粘连为主。

3. 干酪型 以干酪样坏死病变为主，肠曲、大网膜、肠系膜或腹腔内其他脏器之间相互粘连，分隔成很多小房，小房内有混浊或脓性积液。因此，亦称小房型。同时有干酪样坏死的肠系膜淋巴结参与其中，形成结核性脓肿。有时小房可向肠曲、阴道或腹腔穿破而形成内瘘或瘘管。本型多由渗出型或粘连型演变而来，病情较重，并发症常见。

【临床表现】

本病随原发病灶、感染途径、病理类型及机体反应性的不同，临床表现各异。一般起病缓慢，主要症状为发热、腹胀与不同程度的腹痛。少数急性发作，以骤起高热或急性腹痛为主要表现，可被误诊为急腹症而行急诊手术。有时患者起病隐袭或无明显症状，往往因其他腹部疾患于外科手术时才被发现。因此，结核性腹膜炎的临床表现多种多样。

（一）症状

1. 全身症状 结核毒血症常见，主要表现为发热和盗汗，尤以低热与中度发热最多见，渗出型和干酪型患者则常有弛张热。少数患者可呈稽留热，高热时可达40℃，伴有明显毒血症，常见于渗出型、干酪型，或伴有粟粒型肺结核、干酪型肺炎等严重结核病的患者。但热退后常对机体食欲等无明显影响。晚期患者常有消瘦、贫血、营养不良、水肿、口角炎和维生素A缺乏症等。

2. 消化道症状

（1）腹痛：是常见症状之一，约占2/3的患者。以持续性隐痛或钝痛为多见，也可呈阵发性腹痛，少数可始终没有腹痛。疼痛多位于脐周或下腹部，有时有全腹痛。腹痛除由腹膜炎本身引起外，常与伴有的活动性肠结核、肠系膜淋巴结结核或盆腔结核有关；当并发不完全性肠梗阻时，常有阵发性腹痛。偶可表现为急腹症，系因肠系膜淋巴结结核或腹腔内其他结核的干酪样坏死病灶溃破入腹腔所致，也可由肠结核急性穿孔引起。

（2）腹泻：亦常见，一般每日不超过3~4次，粪便多呈糊状。主要由腹膜炎引起的肠功能紊乱所致，也可能由伴有的溃疡型肠结核或由干酪样坏死病变引起的肠管内瘘等引起。由于胃肠功能紊乱，可引起患者腹泻与便秘交替现象。

患者常有腹胀感，系由于结核病毒血症或腹膜炎伴有肠功能紊乱所致，不一定有腹水。

（二）体征

1. 腹壁柔韧感（dough kneading sensation） 临床上常描写为揉面感，系腹膜慢性炎症与增厚、腹壁肌张力增高、腹壁与腹内脏器粘连引起的腹壁触诊感觉，常见于典型的粘连型腹膜炎。但腹壁柔韧感并非是结核性腹膜炎粘连型的特征性体征，血性腹水或腹腔肿瘤时也可出现此体征。

2. 腹部压痛 一般压痛轻微，少数压痛严重，且有反跳痛，常见于干酪型结核性腹膜炎。

3. 腹水 在临床检查中少量腹水常不易被察觉，一般腹水量超出1000ml时，经仔细检查可发现移动性浊音。渗出型结核性腹膜炎以少量至中量腹水者多见，为其常见临床表现。

4. 腹部肿块 多见于粘连型与干酪型患者，常位于脐周，也可位于其他部位。腹部肿块多由增厚的大网膜、肿大的肠系膜淋巴结、粘连成团的肠曲、干酪样淋巴结积聚而成，其大小不一，边缘不整，表面不平，有时呈结节状，压之疼痛，可误诊为肿瘤或肿大的内脏。

(三) 并发症

本病在发展过程中，可引起多种并发症，主要有：

1. 肠梗阻 多发生于粘连型结核性腹膜炎，可表现为慢性不完全性肠梗阻，也可为急性完全性肠梗阻。
2. 肠穿孔 较为常见，可与肠梗阻并存。
3. 肠瘘 常见于本病晚期，一般多见于干酪型，多位于脐部或下腹部。
4. 化脓性腹膜炎 多由干酪性小房继发化脓性感染引起，表现为腹腔局限性脓肿形成。

【实验室和其他检查】

(一) 血象、血沉与结核菌素试验

本病常有轻、中度贫血，后者多见于病程较长兼有活动性病变或并发症的患者。白细胞计数多正常或稍微增高，有腹腔结核病灶急性扩散或干酪型患者，白细胞计数较高。

血沉可作为活动性病变的简易指标，病变活动时常增快，病变趋于静止后逐渐恢复正常。

结核菌素或 PPD 试验呈强阳性者对诊断本病有帮助，但在粟粒型肺结核或重症患者反而可呈阴性。

(二) 腹水检查

对鉴别腹水性质有重要价值。腹水常为草黄色渗出液，静置后自然凝固，少数呈混浊或淡血色，偶见乳糜状者，比重一般超过 1.018，蛋白质含量 >30g/L，白细胞计数 $>0.5\times10^9$/L，以淋巴细胞或单核细胞为主。但有时因低蛋白血症，腹水蛋白质含量减少，可近似漏出液，此时检测血清/腹水蛋白比值有助诊断，同时须结合全面资料进行分析。

其他腹水检查项目有腹水葡萄糖 <3.4mmol/L、pH<7.35，提示细菌感染。腹水腺苷脱氨酶（adenosine deaminase，ADA）活性明显增高时，有助于结核性腹膜炎的诊断，其敏感度为 80%，特异度与准确度达 90%，但肝硬化并发结核性腹膜炎时腹水 ADA 可呈假阴性。

腹水细菌培养一般为阴性，腹水浓缩找结核杆菌的阳性机会很少，结核杆菌培养的阳性率亦低，腹水动物接种阳性率则可达 50% 以上，但费时较长。用 PCR 法直接测定腹水中的结核杆菌 DNA 具有快速、敏感等特点，但该技术需要严格的质量控制。

腹水细胞病理学检查的目的是排除癌性腹水，宜作为常规检查。

(三) 腹部 B 型超声检查

少量腹水需靠 B 型超声发现，并可提示穿刺抽腹水的准确位置。局限性腹水可在超声引导下穿刺抽取腹水送实验室检查，同时对腹部包块性质的鉴别有一定帮助。

(四) X 线检查

腹部 X 线平片检查，有散在钙化影时提示肠系膜淋巴结结核钙化。胃肠 X 线气钡双重对比造影检查可发现肠粘连、肠结核、腹水、肠瘘和肠腔外肿块等征象，对诊断本病有一定帮助。胸部 X 线片显示活动性肺结核或肺结核钙化灶及硬结影像者，都有助于结核性腹膜炎的诊断。必要时可行腹部 CT 检查，对诊断有一定帮助。

(五) 腹腔镜检查

对腹水诊断不清，疑为本病而无广泛腹膜粘连者进行本检查，85% 的患者经肉眼可以初步诊断。可发现典型的结核病变如腹膜、肠系膜、肠管浆膜面等脏层和壁层腹膜散在黄白色粟粒结节（直径 <5mm）、相邻脏器粘连等。慢性者腹膜增厚，腹膜、网膜和内脏表面有散在或集聚的灰白色结节，浆膜失去正常光泽，混浊粗糙。直视下活组织病理学检查有 85% 以上可发现干酪样肉芽肿，从而获得确诊。

【诊断与鉴别诊断】

(一) 诊断

结核性腹膜炎的诊断依据有：①青壮年尤其是女性患者，伴有肺结核或腹膜外结核病史；②不明原因发热2周以上，伴有腹痛、腹胀、消瘦、乏力和纳差等症状；③腹壁柔韧感，伴或不伴腹水、腹部肿块等体征；④腹部B型超声检查发现有不规则小液平，腹腔穿刺可获得草黄色渗出液，且ADA明显增高；⑤X线胃肠钡餐及腹部平片检查有肠粘连、肠梗阻、散在钙化点等征象；⑥腹腔镜检查及腹膜活检有确诊价值；⑦结核菌素皮肤试验呈强阳性。

典型患者可作出临床诊断，予抗结核治疗（2周以上）有效可确诊。不典型患者，主要是有游离腹水的患者，行腹腔镜检查并作活检，符合结核改变可确诊。有广泛腹膜粘连者腹腔镜检查属禁忌，需结合B型超声、CT等检查排除腹腔肿瘤和非特异性感染，有手术指征者可剖腹探察。

(二) 鉴别诊断

1. 以腹水为主要表现者

(1) 腹腔恶性肿瘤：包括腹膜转移癌、恶性淋巴瘤、腹膜间皮瘤等。原发性腹膜恶性间皮瘤很少见。腹膜转移癌多由胃、肝、胰或卵巢等脏器的癌肿播散所致。临床时有肿瘤原发灶相当隐蔽而已有广泛腹膜转移的患者，此时与结核性腹水鉴别相当困难。癌性腹水生长迅速，多为血性，腹水脱落细胞学检查常阳性，如腹水找到癌细胞，腹膜转移癌可确诊。同时应进行B型超声、CT或内镜等检查寻找原发癌灶。对腹水细胞学检查阴性者，可进行腹腔镜检查以明确诊断。

(2) 肝硬化腹水：肝硬化中、晚期，特别是上消化道出血后常出现腹水。腹水为漏出液且伴有门脉高压及肝功减退的表现。肝硬化腹水合并结核性腹膜炎时，因结核性腹膜炎的临床表现不典型且腹水接近漏出液，则鉴别诊断有一定困难。若患者腹水白细胞计数增高且以单核细胞为主，特别是有肺结核病史或密切接触史或伴其他器官结核病灶者，应注意肝硬化合并结核性腹膜炎的可能，必要时行腹腔镜检查。

(3) 其他疾病引起的腹水：如风湿性疾病、梅格斯（Meigs）综合征和Budd-Chiari综合征等常引起腹水。腹水顽固不消者应与缩窄性心包炎、慢性胰源性腹水等鉴别。

2. 以腹部包块为主要表现者　干酪型结核性腹膜炎时，B型超声检查可见包块为非实质性，穿刺见干酪样坏死物，鉴别较易。粘连型发病年青、病程长而一般情况较好、包块质地不甚硬，提示结核性腹膜炎的可能性大，结合其他检查一般可鉴别，必要时需行剖腹探查确诊。有时应与胃癌、肝癌、结肠癌和卵巢癌等进行鉴别。

3. 以发热为主要表现者　结核性腹膜炎有时表现以发热为主、白细胞计数偏低，而其腹部体征不明显，也有因合并粟粒型肺结核而肝脾大者，需与伤寒及其他原因引起的发热相鉴别。

4. 以腹痛为主要表现者　结核性腹膜炎可因干酪样坏死灶溃破而引起急性腹膜炎，或因肠梗阻而发生急性腹痛。此时应与常见外科急腹症，如急性阑尾炎、急性胆囊炎、胆石症和非结核性肠梗阻等鉴别。注意询问结核病史、寻找腹膜外结核病灶、分析有否结核毒血症等，可避免误诊。某些疾病，特别是小肠Crohn病常以慢性腹痛、腹泻、发热和消瘦等为主要表现，临床酷似本病，必须仔细寻找结核证据，才有助于鉴别诊断。

【治疗】

本病治疗的关键是及早给予规律、全程、适量、联合抗结核药物治疗，避免复发和防止并发症。治疗中注意休息和营养，以调整全身情况和抗病能力。

(一) 一般治疗

发热期间，应绝对卧床休息，注意营养，必要时给予肠外营养。

(二) 抗结核化学药物治疗

抗结核治疗中应注意以下几方面：

1. 鉴于本病常继发于体内其他结核病，多数患者已接受过抗结核药物治疗。因此，在选择药物时要加以考虑，并制订合理的联合用药方案。

2. 抗结核药对本病的疗效略低于肠结核。因此，用药及疗程应予加强或适当延长。

3. 渗出型患者由于腹水和症状消失需要较长时间，患者可能会自行停药，而导致复发。因此，必须强调全程，督导化疗，提高患者的依从性。

4. 对粘连型和干酪型患者，由于大量纤维增生，药物不易进入病灶达到有效浓度，病变不易控制。固应联合应用抗结核化疗药物，并适当延长疗程。

5. 腹水型结核性腹膜炎经积极抗结核治疗后，可以放腹水、在应用有效抗结核药物治疗的基础上，亦可加用糖皮质激素，从而加速腹水吸收、减少肠粘连及肠梗阻的发生。

(三) **手术治疗**

适应证包括：①并发完全性、急性肠梗阻，或有不完全性肠梗阻经内科治疗而未见好转者；②肠穿孔引起急性腹膜炎，或局限性化脓性腹膜炎，且抗生素治疗而未见好转者；③肠瘘经加强营养与抗结核化疗而未能闭合者；④与腹腔内肿瘤鉴别确有困难时，可行剖腹探查。

【预防】

对肺、肠、肠系膜淋巴结和输卵管等结核病的早期诊断与积极治疗，是预防本病的重要措施。

(姜慧卿)

第八章 大肠癌

大肠癌包括结肠癌和直肠癌，是胃肠道中常见的恶性肿瘤。其患病率在世界不同地区差异很大，北美洲、大洋洲最高，欧洲居中，亚非地区较低。近20年来，世界大多数国家大肠癌患病率呈上升趋势。我国大肠癌发病上升趋势也十分的明显，以40~50岁年龄组患病率最高。

【病因和发病机制】

发病机制目前尚不完全清楚，目前认为是环境因素与遗传因素综合作用的结果。

(一) 饮食与环境

饮食因素在大肠癌发病中有重要作用。在大肠癌高发地区，人均进食脂肪量明显增多。流行病学调查发现，在患病率低的日本居民移居欧美后患病率上升，至第二代与当地的居民患病率相似。经常进食高蛋白、高脂肪者，肠中厌氧菌较多，能将胆酸分解成为不饱和多环烃，这是一种致癌物，再加上纤维素类食物摄入量少，粪便贮留过久，致癌物质聚集，极易导致大肠癌。

(二) 大肠腺瘤

大肠腺瘤是最重要的癌前期病变，80%以上的大肠癌由大肠腺瘤演变而来。从腺瘤演变为大肠癌一般需要5年的时间。根据腺瘤中绒毛状成分所占比例，可以分为管状腺瘤性、混合性腺瘤和绒毛状腺瘤，其中绒毛状腺瘤的癌变率为40%~50%。

(三) 大肠慢性炎症

大肠癌的发生与慢性炎症有关，溃疡性结肠炎患者结肠癌发生率比正常人高5~10倍。日本血吸虫病、慢性细菌性痢疾、慢性阿米巴肠病及克罗恩病患者发生大肠癌的比率均较同龄对照人群高。文献报道，胆囊切除术后患者大肠癌发生率增高，与大肠内次级胆酸增加有关。

(四) 遗传因素

从遗传学的观点可以将大肠癌分为遗传性（家族性）和非遗传性（散发性）。目前已有两种遗传性易患大肠癌的综合征被确定：一为家族性大肠腺瘤病，另一类为遗传性非息肉性大肠癌。

【病理】

大肠癌好发部位是直肠和乙状结肠，占75%~80%，其次为盲肠、升结肠、结肠肝曲、降结肠、横结肠及结肠脾曲。

1. 病理形态　分为早期大肠癌和进展期大肠癌，前者局限于大肠黏膜及黏膜下，后者已侵入固有肌层。

2. 组织分类　有管状腺癌、乳头状腺癌、黏液腺癌、印戒细胞癌、未分化癌、腺鳞癌、鳞状细胞癌等，以管状腺癌最多见，占67%。

3. 临床病理分期　主要的采用的是Dukes分期，分期如下：A期：大肠癌病灶局限于黏膜或黏膜下层。B_1期：病变超过肌层，未达浆膜层，无淋巴结转移。B_2期：病变穿透肠壁全层，无淋巴结转移。C_1：有区域淋巴结转移，但肠系膜血管旁淋巴结尚无转移。C_2：肠系膜血管旁淋巴结有转移。D期：有远处转移。

4. 转移途径　本病的转移途径包括直接蔓延、淋巴转移和血行播散。

【临床表现】

在消化道肿瘤中，大肠癌的发病仅次于胃癌和食管癌而位居第三。发病年龄多在40岁以上，男性多于女性。结肠癌在早期阶段没有明显特征，随着病情的逐步发展，会出现以下症状：

1. 排便习惯与粪便的改变　结肠癌起病隐匿，早期仅见粪便隐血阳性，逐步发展为血便、痢疾样脓血便，里急后重，有时呈顽固性便秘，大便形状变细，或糊状大便，或腹泻与便秘交替，这些改变成为结肠癌的突出表现。

2. 腹痛　常有不同程度的腹痛，由病变部位糜烂、坏死和继发性感染引起，如发生在右侧则会产生右腹部钝痛，有时出现餐后腹痛。左侧结肠癌常并发肠梗阻，时有腹部绞痛，伴有腹胀、肠鸣音亢进等。

3. 腹部肿块　多见于右腹部，是右侧结肠癌的表现之一，提示已到中晚期，肿块表面可有结节感，一般可以推动，但到肿瘤晚期时则固定。

4. 全身情况　患者常出现进行性贫血、低热、进行性消瘦、恶液质、肝大、水肿、黄疸和腹水等表现。

【实验室和其他检查】

(一) 血液学及粪便检查

结肠癌患者粪便常见出血，粪便常规显微镜检查可见许多红细胞，也可出现粪便潜血试验阳性。由于患者慢性失血和缺铁，常引起血红蛋白浓度不同程度下降，出现小细胞低血色素性贫血。

(二) 结肠镜检查

大肠癌可通过结肠镜检查诊断。结肠镜检查能较早发现肿瘤，能直接观察直肠和结肠病变部位、大小及浸润范围，并经组织活检可以确定诊断。

(三) X 线钡剂灌肠

应用气钡双重造影技术，可以清楚地显示黏膜破坏、肠壁僵硬、结肠充盈缺损、肠壁狭窄等病变。

(四) 其他检查方法

CT 及 MRI 检查对于了解肿瘤肠外浸润及淋巴结或肝脏转移有重要意义。超声结肠镜的检查可以了解大肠癌在肠壁的浸润深度及周围淋巴结转移情况，对肿瘤的分期具有重要意义。血清癌胚抗原 (CEA) 对于大肠癌诊断没有特异性，但多次观察其动态变化，对于大肠癌的预后判断及检测术后复发具有一定的意义。

【诊断与鉴别诊断】

(一) 诊断

结肠癌患者大多在中年以后发病，其年龄中位数为 45 岁，约有 5% 患者年龄在 30 岁以下。结肠癌的临床表现随其病灶大小、所在部位及病理类型而有所不同。不少早期结肠癌患者在临床上可毫无症状，但随着病程的发展和病灶不断增大，可以产生一系列结肠癌的常见症状，诸如大便次数增多、大便带血和黏液、腹痛、腹泻或便秘、肠梗阻以及全身乏力、体重减轻和贫血等症状。

(二) 鉴别诊断

右侧结肠癌应当与阑尾脓肿、肠结核、血吸虫病肉芽肿、慢性阿米巴肠病及克罗恩病相鉴别。左侧结肠癌应与血吸虫病、慢性细菌性痢疾、溃疡性结肠炎、结肠息肉、结肠憩室炎等疾病进行鉴别诊断。直肠癌应与子宫颈癌、骨盆底部转移癌、粪便嵌塞等相区别。

【治疗】

(一) 手术治疗

广泛根治性手术，包括病变上、下端部分正常肠曲及该区域的肠系膜和淋巴结切除是根治结肠及直肠癌最有效的方法。

(二) 化学药物治疗

大肠癌根治术后仍有约 50% 病例复发和转移，这可能是术前未能发现病灶或术中未能将病变完全切除，因此可以在术前进行化疗或术后进行化疗。对大肠较有效的化疗药物包括 5-氟尿嘧啶 (5-Fu) 或丝裂霉素 C 及表阿霉素等。5-氟尿嘧啶与甲酰四氢叶酸联合用药可能提高疗效、改善患者的生存。将伊利替康或奥沙力铂加入这一到联合方案中可以提高对中晚期大肠治疗的疗效。

(三) 放射治疗

术前放射治疗可以使肿瘤缩小，提高切除率，减少区域淋巴结转移，减少术中癌细胞播散及局部复发。单纯放射治疗适用于晚期直肠癌患者，有止痛、止血和可能延长生命的作用。

(四) 内镜下治疗

对于早期黏膜层癌可以进行内镜下肿瘤黏膜切除，不能进行手术治疗的中晚期病例，可通过内镜下放置金属支架预防肠腔的狭窄和梗阻。

【预后】

大肠癌的预后较好。结肠癌根治手术后5年、10年生存率达到50%以上，直肠癌的5年、10年生存率达到40%以上。很多因素影响大肠癌的预后。分化较差的黏液腺癌预后较差，结肠癌比直肠癌预后好，直肠癌位置越低，局部复发率越高。诊断时临床分期以及能否手术切除，是否积极治疗对预后均有影响。

（刘文天）

第九章 功能性胃肠病

功能性胃肠病（functional gastrointestinal disorders，FGIDs）是指在临床上无明显器质性病变和生物化学异常的一组慢性或复发性胃肠道症候群。这类疾病按解剖部位进行分类，以症状学作为诊断依据。FGIDs 在临床上极其常见，严重影响患者的生活质量。

【分类】

FGIDs 种类较多，并涉及多个脏器，临床表现多种多样，目前应用的罗马Ⅲ分类体系如下：成人 FGIDs 分为 6 大类：食管（A 类）、胃十二指肠（B 类）、肠道（C 类）、功能性腹痛综合征（D 类）、胆道（E 类）和肛门直肠（F 类）。儿童根据年龄分为新生儿或幼儿（G 类）和儿童或青少年（H 类），然后根据症状的模式或症状定位区域进一步分类。每一部位分类都包括数种疾病，各具有相对特异性的临床表现（表 4-9-1）。

表 4-9-1 罗马Ⅲ功能性胃肠病分类系统

A. 功能性食管病（functional esophageal disorders）
  A1. 功能性烧心（functional heartburn）
  A2. 源自食管的功能性胸痛（functional chest pain of presumed esophageal origin）
  A3. 功能性吞咽困难（functional dysphagia）
  A4. 癔球症（globus）
B. 功能性胃十二指肠病（functional gastroduodenal disorders）
  B1. 功能性消化不良（functional dyspepsia）
    B1a. 餐后不适综合征（postprandial distress syndrome）
    B1b. 上腹痛综合征（epigastric pain syndrome）
  B2. 嗳气症（belching disorders）
    B2a. 吞气症（aerophagia）
    B2b. 非特异性嗳气过度（unspecified excessive belching）
  B3. 恶心和呕吐症（nausea and vomiting disorders）
    B3a. 慢性特发性恶心（chronic idiopathic nausea）
    B3b. 功能性呕吐（functional vomiting）
    B3c. 周期性呕吐综合征（cyclic vomiting syndrome）
  B4. 成人反刍综合征（rumination syndrome in adults）
C. 功能性肠病（functional bowel disorders）
  C1. 肠易激综合征（irritable bowel syndrome）
  C2. 功能性腹胀（functional bloating）
  C3. 功能性便秘（functional constipation）
  C4. 功能性腹泻（functional diarrhea）
  C5. 非特异性功能性肠病（unspecified functional bowel disorder）
D. 功能性腹痛综合征（functional abdominal pain syndrome）
E. 功能性胆囊和 Oddi 括约肌障碍 [functional gallbladder and Sphincter of Oddi (SO) disorders]
  E1. 胆囊功能障碍（functional gallbladder disorder）
  E2. 胆道 Oddi 括约肌功能障碍（functional biliary SO disorder）
  E3. 胰腺 Oddi 括约肌功能障碍（functional pancreatic SO disorder）

续表

F. 功能性肛门直肠病（functional anorectal disorders）
 F1. 功能性大便失禁（functional fecal incontinence）
 F2. 功能性肛门直肠疼痛（functional anorectal pain）
 F2a. 慢性肛门痛（chronic proctalgia）
 F2a1. 肛提肌综合征（levator ani syndrome）
 F2a2. 非特异性功能性肛门直肠疼痛（unspecified functional anorectal pain）
 F2b. 痉挛性肛部痛（proctalgia fugax）
 F3. 功能性排便障碍（functional defecation disorders）
 F3a. 非协同排便（dyssynergic defecation）
 F3b. 排便推进力不足（inadequate defecatory propulsion）
G. 新生儿和幼儿功能性病
H. 儿童和青少年功能性病

【病因和发病机制】

FGIDs 的发病机制尚不完全清楚，可能与多种因素相互作用有关。①胃肠运动功能紊乱：胃肠运动功能紊乱可导致恶心、呕吐、腹泻和腹痛等症状，而情绪和环境因素又可导致胃肠运动功能紊乱。但是，胃肠运动功能紊乱仅与部分症状有关，不能解释 FGIDs 的所有症状。②内脏感觉过敏：胃肠道腔内球囊扩张试验发现部分 FGIDs 患者的疼痛阈值减低，这种异常感觉可能是由于胃肠道黏膜和肌间神经丛中的受体敏感性发生改变而产生。③炎症反应：胃肠道黏膜或神经丛受到炎症刺激后，可导致其运动功能改变，如 1/3 肠易激综合征患者有急性肠道感染病史，半数功能性消化不良患者有幽门螺杆菌感染病史。④肠道菌群失调：研究发现细菌增殖过度可能在一部分肠易激综合征患者中起作用，且用双歧杆菌治疗后肠易激综合征症状得以改善。⑤大脑与胃肠功能相互影响：高级神经中枢受到刺激后可通过神经系统影响胃肠道的感觉、运动和分泌等功能，而胃肠道受到刺激后也可影响高级神经中枢的痛觉、情绪和行为变化。动物实验发现，焦虑可减少小肠移行性运动复合波（MMC）的频率，而结肠自发性收缩可诱发大脑痛觉和情感中枢附近区域的电活动。⑥脑肠肽：部分脑肠肽，如 5-羟色胺、脑啡肽、P 物质、降钙素基因相关肽和胆囊收缩素等及其受体同时存在于大脑和胃肠道，这些脑肠肽可同时影响胃肠道和大脑的功能。⑦心理社会因素：心理压力可影响正常人的胃肠道功能，产生胃肠道症状，但对 FGIDs 患者的胃肠道功能影响更为明显。部分患者常有严重的心理障碍，而 FGIDs 又可加重患者的心理障碍。⑧遗传易感性：遗传因素可能使一部分人易于罹患 FGIDs。

总之，遗传和环境因素可影响患者的社会心理活动和胃肠道的感觉及运动功能，导致 FGIDs 的各种临床表现，而心理社会因素刺激、胃肠道功能异常和 FGIDs 的发生及发展又相互影响。

【诊断和处理原则】

建立 FGIDs 的诊断必须注意下列事项：①FGIDs 的诊断必须除外器质性疾病。②某种 FGIDs 可独立存在，也可与其他一种或几种 FGIDs 同时并存。③诊断前存在症状至少 6 个月，并且近 3 个月有症状。④FGIDs 患者可伴有不同程度心理社会因素异常，但其诊断和分类不包括社会心理标准。

FGIDs 的处理以对症治疗为主，遵循综合治疗和个体化治疗的原则。

第一节 功能性消化不良

消化不良（dyspepsia）是指一组表现为上腹部疼痛或烧灼感、餐后上腹饱胀和早饱感的症候群，可伴食欲不振、嗳气、恶心或呕吐等。消化不良从病因上可分为器质性消化不良（organic dyspepsia, OD）和功能性消化不良。如上述症状起源于上腹部，不能用明确的器质性病变和生物化学异常解释，即为功能性消化不良（functional dyspepsia, FD）。消化不良在临床上十分常见，19%～41%欧美人有消化不良症状，中年人群可达78%。FD的诊断标准既往不统一，目前尚无人群患病率的准确数据。

【病因和发病机制】

FD的病因和发病机制尚不清楚，可能与多种因素有关：①FD患者有上消化道肌电活动和运动功能异常，如胃电活动、近端胃和胃窦运动、幽门十二指肠协调性和消化间期Ⅲ相胃肠运动异常等，部分患者胃固体和液体排空速率均延缓。②内脏感觉过敏可能是FD的发生机制之一，如FD患者的胃感知容量仅200~400ml，明显低于正常人的600ml感知容量；而直接将盐酸滴注到十二指肠可复制出上腹部疼痛的症状。③精神和应激因素与FD的发生有较密切关系，如FD患者的焦虑、抑郁和疑病积分明显高于正常人。④虽然FD患者基础胃酸分泌在正常范围，但刺激可引起酸分泌增加；临床上患者的酸相关症状，如空腹时上腹部不适或疼痛、进食后减轻以及抑酸治疗有效均提示其症状与胃酸分泌相关。⑤幽门螺杆菌感染与FD的关系尚存争议。

【临床表现】

本病起病缓慢，部分患者有饮食和精神因素等诱因。症状缺乏特异性，主要有上腹痛、餐后饱胀、早饱感、上腹烧灼感等，常以一种或几种症状为主。症状呈持续性或反复发作，开始常不被患者重视，可间歇一段时间无任何症状。

1. 上腹痛 为常见症状之一，64%~85%患者有此症状，可伴有或不伴有其他上腹部症状。疼痛多位于胸骨剑突下与脐水平线以上、两侧锁骨中线之间区域，呈间歇性或持续性隐痛，持续时间不定。多数患者无明显规律，部分患者表现为夜间痛或饥饿痛，可被进餐或口服抗酸药缓解。部分患者无明显上腹痛，而主观感觉有上腹部不舒服，有时患者难以用确切的语言描述。

2. 餐后饱胀 食物长时间存留于胃内引起的不适感，常于餐后出现或加剧，空腹时部分缓解，或缓解不明显。患者常因上腹胀满而食欲减退。

3. 早饱感 指进食少许食物即感胃部饱满，而导致进食量较平时明显减少或停止进食。

4. 上腹烧灼感 胸骨剑突下与脐水平线以上、两侧锁骨中线之间区域的灼热感。

5. 神经精神症状 部分患者因伴有焦虑、抑郁、疑病、失眠、头痛、注意力不集中等神经精神症状而严重影响生活质量。

体格检查一般无明显体征。少数上腹部疼痛和不适较为明显的患者在上腹部可有局限性压痛。症状严重的患者因营养物质摄入不足而导致体重下降和消瘦。

【临床分型】

根据FD患者的主要症状特点及其与症状相关的病理生理学机制，罗马Ⅲ标准将FD分为2个亚型，即餐后不适综合征（postprandial distress syndrome，PDS）和上腹痛综合征（epigastric pain syndrome，EPS）。临床上两个亚型常有重叠。

【实验室和其他检查】

实验室检查结果对FD无特异性诊断价值，主要用于除外消化系统器质性疾病和全身性疾病。如血、粪常规，粪潜血试验，血肿瘤标记物，肝胆胰超声检查，消化道内镜检查等以除外消化系统器质性疾病。血糖，肝、肾、甲状腺功能检查以除外全身性疾病。胃排空测定、胃电图检查、胃肠道压力测定、胃肠道感觉阈值测定和心理状态评估可了解FD患者的消化道病理生理改变，并可辅助指导治疗。对经验性治疗或常规治疗无效的FD患者可行幽门螺杆菌检查。

【诊断与鉴别诊断】

（一）诊断

FD的症状不具备特异性。询问病史时需了解：①消化不良症状及其程度和频度；②症状的发生与进餐的关系，有无夜间出现症状以及症状与体位、排便的关系；③进食量有无改变，有无体重下降以及营养状况变化；④患者的进食行为、心理状态以及是否影响生活质量；⑤有无重叠症状，如烧心、反酸、腹泻或便秘等；⑥引起消化不良的可能病因，注意有无警报征象。如患者伴有消瘦、贫血、频繁呕吐、呕血或黑粪、吞咽困难、黄疸、上腹包块、年龄≥40 岁的初诊患者、有肿瘤家族史等"报警症状和体征",应选择有关的实验室检查方法以除外消化性溃疡、肿瘤和肝胆胰等消化系统器质性疾病,并除外糖尿病、肾脏疾病、结缔组织疾病和精神病等全身性疾病。如不伴有明显的"报警症状和体征"可先予经验性治疗 2～4 周观察疗效,并注意寻找隐蔽的器质性疾病。

诊断标准如下（罗马Ⅲ标准）：①必须具有餐后饱胀、早饱、上腹痛、上腹烧灼感中的一项或多项症状;②除外引起上述症状的器质性疾病;③存在症状至少 6 个月,并且近 3 个月有症状。

（二）鉴别诊断

有明显反酸、烧心症状,胃镜检查无反流性食管炎的患者已归为非糜烂性胃食管反流病（NERD）。如果患者以上腹部（胸骨剑突下与脐水平线以上、两侧锁骨中线之间的区域）的灼热感为主,仍属于 FD。

部分溃疡已完全愈合的消化性溃疡患者在根除幽门螺杆菌后仍有上腹痛等症状,应属于 FD 的范畴。

当患者既有 FD 的症状又有肠易激综合征的症状时,应考虑 FD 合并肠易激综合征。

【治疗】

FD 的治疗目的在于迅速缓解症状,提高患者的生活质量,去除诱因,恢复正常生理功能,预防复发。应遵循综合治疗和个体化治疗原则。

（一）一般治疗

帮助患者认识、理解病情。指导其改善生活方式、调整饮食结构和习惯,避免吸烟、饮酒、进食刺激性食物和服用非甾体类抗炎药物。

（二）心理治疗

寻找并避免可能的心理刺激诱因,耐心解释病情,帮助患者消除"恐癌"心理,建立治疗疾病的信心是成功治疗 FD 的关键。

（三）药物治疗

1. 抑酸药　主要适用于以上腹痛、烧灼感为主要症状的患者。可选用 H_2 受体拮抗剂或质子泵抑制剂两大类。

2. 抗酸剂　如氢氧化铝、铝碳酸镁等可减轻症状,但疗效不如抑酸剂。

3. 促动力药　可明显改善与进餐相关的上腹部症状,如上腹饱胀、早饱等。可选多潘立酮（domperidone）、莫沙必利（mosapride）、伊托必利（Itopride）或马来酸曲美布汀（trimebutine）等。红霉素为大环内酯类抗生素,有促进胃肠动力的作用,因其胃肠道副反应明显作为促动力剂在临床应用受限。

上述治疗无效时可两类药物合用,或试用胃黏膜保护剂如硫糖铝（sucralfate）等。

4. 助消化药　消化酶和微生态制剂可作为治疗消化不良的辅助用药。

5. 根除幽门螺杆菌治疗　根除幽门螺杆菌可使部分 FD 患者的症状得到长期改善,对幽门螺杆菌感染的患者在上述治疗无效时,可试用根除幽门螺杆菌的药物。

6. 抗抑郁和抗焦虑药物　对抑酸剂和促动力剂治疗无效、且伴有明显精神心理障碍的患者可选择三环类抗抑郁药或 5-HT 再摄取抑制剂（SSRI）。心理治疗也可能对这类患者有益。

【预后】

大部分 FD 的患者经治疗病情好转和稳定,预后良好,少数患者病情持续难愈,影响生活质量。

第二节　肠易激综合征

肠易激综合征（irritable bowel syndrome, IBS）是指一组以伴有大便次数与性状异常的腹部不适或腹痛为主要症状的功能性肠病,症状持续存在或反复发作,经检查除外可引起这些症状的器质性疾病。本病十分常见，我国一组报道大约8.7%普通人群有IBS症状，西方国家高达10%~20%。发病年龄多在20~50岁，以女性为主。

【病因和发病机制】

IBS的发病因素尚不完全清楚。目前认为可能与下列因素有关：①精神因素：IBS患者多存在焦虑、抑郁、恐惧等精神心理异常，甚至有神经质、癔症、妄想、对抗等精神病学异常，且易发生精神疾病；精神状态改变可诱发IBS的症状产生或复发，抗抑郁治疗可部分缓解IBS患者的症状。②应激事件：应激事件可诱发或加重半数以上IBS患者的症状；半数患者首次发病前有明确的应激事件病史，如突发意外事件、恐癌症、家庭纠纷、暴力事件、亲属病故或环境改变等负性事件。③食物不耐受：部分患者进食某些食物后诱发或加重IBS症状，可能与患者耐受性差、过敏、菌群失调或食物产气有关（对某些食物吸收不良例外）。④肠道感染和菌群失调：部分IBS患者在起病前曾有细菌性痢疾等肠道感染病史，部分患者有明显肠道菌群失调。

IBS的病理生理学改变主要是胃肠动力学异常和内脏感觉异常。①胃肠动力学异常：结肠电生理研究显示，以便秘和腹痛为主要表现的IBS患者3次/分钟的慢波频率明显增加，以腹泻为主的患者结肠高幅收缩波明显增加。核素显像技术显示，以腹泻为主要表现者，口-盲通过时间较正常人明显缩短，而便秘患者则延长。肛门直肠压力测定发现IBS患者肛门直肠静息压减低，抑制能力和顺应性下降。②内脏感觉敏感性增高：大量研究普遍观察到，患者对胃肠道充盈扩张较易感到腹痛，即疼痛阈值减低，敏感性增加。另外，回肠推进蠕动波增加可使60%IBS患者产生腹痛。③中枢神经系统感知异常：功能性磁共振研究表明，IBS患者对直肠气囊扩张刺激所引起大脑反应区与正常人有所不同。④脑-肠轴调节异常：中枢神经系统对肠道传入信号的处理及对肠神经系统的调节异常可能与IBS的症状有关。

【临床表现】

起病隐匿，部分患者有劳累、紧张、应激、精神刺激、急性肠道感染或全身感染疾病等诱因。症状反复发作或慢性迁延，病程可达数年，病情时轻时重，不随病程延长而变化。一般健康情况无明显改变，症状常和其他FGIDs有重叠。

1. 腹部不适或腹痛　几乎所有的IBS患者都有腹部不适或腹痛症状，常发生在排便前，部分患者于餐后明显，睡眠中少有腹痛发生。大多数患者于排便或排气后缓解，女性月经期下腹部疼痛可加重。腹痛可呈局限性、游走性、或定位模糊，但多以左下腹、右下腹和下腹部多见。疼痛性质呈钝痛和胀痛，也可呈绞痛、锐痛或刀割样痛，多数患者能够忍受。疼痛为阵发性，每次持续时间不等，多为数分钟至数十分钟。腹痛的原因可能与患者对肠胀气的敏感性增加或与肠痉挛有关。

2. 粪便次数或性状异常　表现为腹泻、便秘、或腹泻与便秘交替，多与腹痛或腹部不适有关。腹泻每日多为3~5次，常发生在腹痛后，受凉或紧张可诱发，极少数患者可于睡眠中因腹泻致醒。排便前有急于排便的急迫感，排便后有排不尽感。粪便多呈稀糊状或稀水样，多带大量黏液，部分患者为软便或成形便。

便秘时大便干结、量少，常有排便费力、排便困难或排便不尽感。粪便呈羊粪状、细杆状或栗状，表面可带有黏液。排便次数减少，常每周少于3次，甚至1~2周排便一次。

部分患者有便秘与腹泻交替现象，便秘与腹泻交替的频率和时间因人而异，其中部分患者在腹泻与便秘交替后转变为持续腹泻或持续便秘，也有部分便秘患者因使用导泻剂后出现腹泻，或使用止泻剂后出现便秘。

3. 其他消化道症状　患者可能还有腹胀等症状。

4. 全身症状　部分患者有失眠、焦虑、抑郁、心慌、手心潮热等症状。

5. 体征　多无明显体征。腹痛部位可有局部压痛，无反跳痛和肌紧张。部分患者可触及腊肠样肠管，腹痛时明显，左下腹多见。直肠指检时肛门痉挛、张力较高。腹部听诊可有肠鸣音亢进。

【临床分型】

在未用止泻剂或者轻泻药的情况下，根据粪便性状将 IBS 分为 4 种亚型：①便秘型（IBS-C）：至少 25% 的排便为硬粪或干球粪，且松散（糊状）粪或水样粪＜25%；②腹泻型（IBS-D）：至少 25% 的排便为松散（糊状）粪或水样粪，且硬粪或干球粪＜25%；③混合型（IBS-M）：至少 25% 的排便为松散（糊状）粪或水样粪，且硬粪或干球粪＞25%；④不定型（IBS-U）：粪便性状不符合上述 IBS-C、D 或 M 中的任一标准。

【实验室和其他检查】

实验室检查的目的在于除外消化道器质性疾病和全身性疾病，如血、粪常规，粪潜血试验，粪虫卵检查，血沉，血糖，肝、肾、甲状腺功能检查，肝胆胰超声检查，消化道 X 线影像学和内镜检查等。

X 线钡灌肠检查和结肠镜检查可除外结肠器质性疾病，又可发现支持 IBS 诊断的一些证据，如 X 线钡灌肠检查时有结肠痉挛、结肠袋加深、结肠运动加快或延迟。结肠镜检查可见肠管易激和痉挛、肠腔黏液增多等表现。肛门直肠压力测定、胃肠道通过时间测定、排粪造影检查、结肠放置球囊扩张试验可帮助了解胃肠道运动功能的病理生理改变类型和机制。

【诊断与鉴别诊断】

(一) 诊断

目前采用罗马Ⅲ诊断标准，即诊断前反复发作腹痛或腹部不适至少 6 个月，最近 3 个月内每月发作至少 3 天，伴有以下 2 项或 2 项以上症状即可建立肠易激综合征的诊断：①排便后症状改善；②发作时伴有排便频率的改变；③伴随有粪便性状变化。

下列症状未列入诊断标准，但支持 IBS 的诊断：①排便频率异常（每周排便少于 3 次，或每日排便多于 3 次）；②粪便性状异常（干球粪或硬粪，或糊状粪、稀水粪）；③排便费力；④排便急迫感；⑤排便不尽感；⑥黏液便；⑦腹部胀气或胀满。

诊断应建立在排除器质性疾病的基础上。应详细地询问病史和进行系统的体格检查，当发现警报征象，如发热、体重下降、便血或黑粪、贫血、腹部包块等症状或体征时，应进一步检查以明确排除器质性疾病。新近出现症状的患者或症状逐步加重、近期症状与以往发作形式不同、有结直肠癌家族史、年龄≥40 岁的患者，应常规行结肠镜或钡灌肠 X 线检查。

(二) 鉴别诊断

1. 腹痛的鉴别　餐后明显上腹部疼痛者，应与消化性溃疡、胆道和胰腺疾病鉴别；下腹部疼痛伴排尿异常者应与泌尿系疾病鉴别；IBS 患者月经期下腹部疼痛可加重，应与慢性盆腔炎鉴别。

2. 腹泻的鉴别　以腹泻为主伴失眠、心慌、手心潮热者应与甲状腺功能亢进鉴别；以黏液便为主时，应与溃疡性结肠炎鉴别；腹泻次数较多伴上腹部疼痛时应与慢性胰腺炎鉴别。

3. 便秘的鉴别　功能性便秘与以便秘为主的肠易激综合征的鉴别主要是前者仅有便秘症状，而无 IBS 的其他症状。

【治疗】

治疗目的主要为消除患者顾虑，改善症状，提高生活质量。治疗原则是建立良好的医患关系，根据主要症状类型对症治疗和根据症状严重程度分级治疗，注意个体化治疗与综合治疗相结合。

(一) 一般治疗

寻找可能的诱因，充分解释病情，进行必要的客观检查均可增强患者的治疗信心、消除患者的紧张心情。劳累、紧张者应适当休息，调整生活规律。对伴有焦虑或抑郁症状的患者，应鼓励积极参加社会交往和从事力所能及的活动，以转移患者过度关注自己疾病的注意力。饮食应强调个体化原则，避免大量饮酒、咖啡因、高脂饮食、过度饮食和不能耐受的食物等。增加膳食纤维主要用于 IBS-C 患者。

（二）药物治疗

1. **抗胆碱能药** 对减轻腹痛和排便急迫有益，因副作用较多，不宜首选和长期使用。常用的药物有颠茄、阿托品、普鲁本辛等。

2. **钙离子通道阻滞剂** 可解除胃肠道平滑肌痉挛，抑制餐后结肠运动，对腹痛、腹泻和便秘等症状部分有效。常用药物有硝苯地平、匹维溴胺（pinaverium bromide）等。

3. **离子通道调节剂** 马来酸曲美布汀（trimebutine）具有较好的安全性。

4. **肠道动力感觉调节药** $5-HT_3$ 受体拮抗剂可改善严重 IBS-D 患者的腹痛及减少大便次数；$5-HT_4$ 受体激动剂或部分激动剂能促进消化道传输，增加排便频率。

5. **止泻药** 轻者可选用吸附剂，如双八面体蒙脱石、洛哌丁胺（loperamide）等可改善腹泻，需注意便秘、腹胀等不良反应。消旋卡多曲（racecadotril）为脑啡肽酶的专效抑制剂，可阻止脑啡肽分解达到减少肠道内水和电解质的过量分泌的作用。

6. **导泻药** 主要用于以便秘为主要症状者。常用容积性泻药如欧车前制剂，渗透性轻泻剂如聚乙二醇、乳果糖或山梨醇。

7. **微生态制剂** 活菌制剂可纠正肠道菌群失调，对腹泻和腹胀等症状有效。

8. **抗抑郁药** 对有明显抑郁症状者或经上述治疗无效者可试用。

（三）其他治疗

包括心理疗法、生物反馈等。

【预后】

肠易激综合征病程缓慢，易复发，但预后良好。

第三节 功能性便秘

功能性便秘（functional constipation）是一种由非器质性病因引起的表现为排便次数减少、排便困难或排便不尽感等症状的功能性肠病。便秘是一种常见的症状，病因包括功能性便秘、便秘型肠易激综合征、全身性和肠道器质性疾病等。一般认为，便秘的患病率随年龄增长而增加，女性多于男性。

【病因和发病机制】

功能性便秘的病因尚不清楚。不良排便习惯、饮食中纤维摄入量不足和精神心理因素与功能性便秘可能有关。

根据引起便秘的肠道动力和肛门直肠功能改变的特点可将功能性便秘分为 3 型：慢传输型便秘、出口梗阻型便秘和混合型便秘。

胃肠通过时间测定发现，部分功能性便秘患者结肠通过时间缓慢，其中大部分为全结肠通过均缓慢，部分患者为升结肠通过缓慢或降结肠通过缓慢。电生理检查发现，此型患者空腹和餐后结肠推进性电活动明显减低，甚至少数患者 24 小时无餐后结肠推进性电活动。乙状结肠压力测定发现其顺应性减低，肠壁对肠内容物的最大耐受压减低。

出口梗阻者原因较多，如直肠乙状结肠连接处过度收缩、肛门直肠运动异常、肛门直肠解剖异常或直肠排便敏感性减低等。部分患者既有结肠通过时间缓慢，又有出口梗阻。

部分功能性便秘患者结肠通过时间正常，其原因可能与直肠对排便感受阈值增加有关，并与精神因素有关。

【临床表现】

功能性便秘患者往往病史较长，甚至持续终生，主要有下列表现：

1. **自然便次减少** 少于 3 次/周，自然排便间隔时间延长，并可逐渐加重，甚至 1~2 周也无自然排便。

2. 粪便干结　多见于慢通过型便秘和混合型便秘，粪便坚硬呈羊粪状。

3. 排便困难　可分为两种情形：一种为粪便干结，呈板栗状或羊粪状，难以排出；另一种为粪便并不干结，但排出困难，往往提示为出口梗阻型便秘。

4. 伴发症状　常伴发腹胀、腹痛、恶心、纳差、下腹或会阴坠胀、排尿困难、头疼等，部分患者还可以有心情烦躁、神经质甚至自杀倾向。

5. 体征　无明显体征发现，严重便秘者可在左下腹部扪及腊肠样肠管，排便后缩小或消失。

【实验室和其他检查】

血生化检查、常规超声检查或结肠镜检查主要用于除外全身或消化道器质性疾病。对年龄＞40岁、伴有警报征象者应进行必要的实验室、影像学和结肠镜检查，以明确便秘是否为器质性疾病所致。警报征象包括便血、大便隐血阳性、贫血、消瘦、腹部包块、明显腹痛、有结直肠息肉史以及结直肠肿瘤家族史。

肠道动力及肛门直肠功能的检测有利于功能性便秘发生机制的研究并可指导治疗。

1. 结肠通过时间测定　口服不透 X 线标志物后定时拍摄腹部 X 线平片追踪标志物在结肠中的运行情况，是慢性功能性便秘分型的重要依据之一。

2. 排粪造影　可动态观察肛门直肠的解剖结构异常和动力学变化。

3. 肛门直肠测压　检查肛门内外括约肌、盆底肌、直肠功能状态及其相互协调情况。

4. 盆底肌肌电图　用于监测与排便相关的盆底肌群的电活动情况。

【诊断】

功能性便秘诊断标准（罗马Ⅲ标准）：排除器质性疾病，诊断前症状出现至少 6 个月，且近 3 个月具有以下两项或两项以上症状：①至少 25% 的排便感到费力；②至少 25% 的排便为干球粪或硬粪；③至少 25% 的排便有不尽感；④至少 25% 的排便有肛门直肠梗阻感或阻塞感；⑤至少 25% 的排便需要手法帮助（如用手指助便、盆底支持）；⑥排便＜3 次/周。不使用泻药时很少出现稀便，以及不符合 IBS 诊断标准。

【治疗】

慢性功能性便秘治疗目的是恢复或维持患者正常排便功能，改善患者生活质量。

（一）一般治疗

改善饮食结构，增加粗纤维摄入量，重复多餐可促进患者的结肠通过，从而改善便秘症状。适当体育锻炼，如跑步、游泳、仰卧起坐等可增强腹肌力量和加大肺活量，有助于改善便秘症状。

（二）药物治疗

1. 缓泻剂　常用的缓泻剂有乳果糖、山梨醇和聚乙二醇（PEG4000）等。乳果糖可使肠道呈弱酸性环境减少氨吸收，尤适用于合并有肝功能不全、肝硬化的患者。PEG4000 是一种不被肠道细菌降解，也不被人体吸收的聚合物，可用作渗透性缓泻剂。等渗 PEG4000 电解质溶液可增加慢性便秘患者的大便次数，加快结肠通过时间，无腹部痉挛或腹胀等副作用，有较广泛的临床应用前景。刺激性泻剂包括表面活性剂、二苯甲烷衍生物、蓖麻酸（12-羟基油酸）和蒽醌衍生物等，具有抑制肠腔水分吸收、增加水分分泌和促进肠道运动的作用，但不宜长期应用。中草药泻剂有泻叶（含蒽醌衍生物）、波希鼠李皮、芦荟和大黄等，这些草药以原形到达结肠，然后在肠道细菌的作用下转化成有活性的成分。常见的副作用包括：过敏反应、电解质丢失及结肠黑变病等。后者与长期使用泻剂导致肠上皮细胞凋亡有关。

2. 促胃肠动力药　莫沙必利（mosapride）、伊托必利（itopride）可促进肠道运动，辅助治疗轻、中度便秘。

（三）饮食疗法

主要指增加饮食中纤维素含量和饮水量。对结肠通过时间缓慢和时间正常者有一定作用。必要时可通过膳食纤维制剂补充，膳食纤维制剂包括麦麸、甲基纤维素等。

(四) 生物反馈训练法

对部分直肠肛门、盆底肌功能紊乱者有效。

(五) 外科治疗

适用于对药物治疗无效的顽固性慢通过型便秘或结肠无力的患者。对肛门直肠、盆底功能正常和小肠动力正常的慢通过型功能性便秘可行结肠次全切除术，但功能性便秘患者少有发展到结肠无力而需手术治疗，故病例选择一定要慎重。

【预后】

功能性便秘对生存时间和全身健康影响不大，但影响生活质量。

(王邦茂)

第十章 慢性肝炎

慢性肝炎（chronic hepatitis）系指各种原因引起的肝组织炎症和坏死持续 6 个月以上者。常见原因为病毒、药物和自身免疫异常等。临床表现轻重不一，轻型可无进展或进展缓慢，而重型慢性肝炎表现为肝纤维化，甚至发展为肝硬化和肝衰竭。慢性肝炎的临床表现、实验室检查结果与肝脏病理组织学变化常不一致，仅根据临床表现与实验室检查结果不能判断其严重程度和预后。因此，依据病因及组织病理学表现对慢性肝炎进行分类非常重要。

【分类】

（一）病因学分类

现主张尽量按病因对肝炎命名，如慢性乙型病毒性肝炎和自身免疫性肝炎等。

1. 慢性病毒性肝炎（chronic viral hepatitis） 乙型、丙型肝炎病毒感染可引起慢性肝炎；丁型肝炎病毒需依附 HBsAg 而存活，当丁型肝炎病毒与急性或慢性乙型肝炎病毒共同感染（coinfection）或重叠感染（superinfection）时，可导致暴发性肝炎（fulminant hepatitis）或急性肝衰竭（acute hepatic failure）。

2. 自身免疫性肝炎（autoimmune hepatitis） 按照血清自身抗体的不同，常分为 3 个亚型。

3. 药物相关性肝炎 诸多药物和毒物可引起慢性肝炎，如异烟肼、甲基多巴、双醋酚汀、苯妥英钠、对乙酰氨基酚、胺碘酮、磺胺类和阿司匹林等。

4. 酒精性肝炎（alcoholic hepatitis） 长期大量酗酒可导致慢性肝炎。

5. 遗传和代谢障碍 血色病（hereditary hemochromatosis）、肝豆状核变性（Wilson's disease）和 α-抗胰蛋白酶缺乏等可表现为慢性肝炎。

6. 隐源性肝炎（cryptogenic hepatitis） 到目前为止病因不详。

（二）病理学分类

由于慢性肝炎肝脏病理组织学改变与疾病的严重程度和预后显著相关，因此，组织病理学检查和分类备受重视。慢性肝炎时肝脏不同程度的肝细胞坏死及炎症，主要表现在汇管区、汇管区周围及肝小叶。病变严重时可有肝实质塌陷，肝小叶结构破坏、纤维化及结节再生，进而发展为肝硬化。病理学上曾经长期使用的慢性活动性肝炎（chronic active hepatitis，CAH）、慢性迁延性肝炎（chronic persistant hepatitis，CPH）及慢性小叶性肝炎（chronic lobular hepatitis，CLH）等名称不再应用，代之以组织学活动指数（histologic activity index，HAI）和肝纤维化程度对其分级（grade）和分期（stage），对桥样坏死和碎屑样坏死同样重视（表 4-10-1，表 4-10-2，表 4-10-3）。

表 4-10-1 慢性肝炎 HAI 积分法内容及积分范围

组织学表现	积分
1. 伴或不伴桥样坏死的汇管区周围坏死	0~10
2. 小叶内变性及灶性坏死	0~4
3. 汇管区炎症	0~4
4. 纤维化	0~4

注：1~3 项反映炎症病变程度，用于炎症的分级，第 4 项纤维化则用于分期

表 4-10-2 慢性肝炎的炎症活动度分级

分级（G）	汇管区及周围	小叶内	HAI 积分（1~3 项）
0	无炎症	无炎症	0
1	汇管区炎症	变性及少数坏死灶	1~3
2	轻度碎屑样坏死	变性，点、灶状坏死或嗜酸性小体	4~8
3	中度碎屑样坏死	变性、坏死重，或见桥样坏死	9~12
4	重度碎屑样坏死	桥样坏死范围广，累及多个小叶，小叶结构失常	13~18

表 4-10-3 慢性肝炎的纤维化程度分期

分期（S）	纤维化程度	HAI 积分（前 4 项）
0	无纤维化	0
1	汇管区扩大，纤维化	1
2	汇管区周围纤维化或纤维隔形成，小叶结构保留	2
3	纤维隔伴小叶结构紊乱，无肝硬化	3
4	肝硬化	4

根据慢性肝炎的分期和分级可将其分为轻度、中度和重度慢性肝炎。轻度慢性肝炎为 $G_{1\sim2}$，$S_{0\sim2}$；中度慢性肝炎为 G_3，$S_{2\sim3}$；重度慢性肝炎为 G_4，$S_{3\sim4}$。

第一节 慢性病毒性肝炎

慢性病毒性肝炎（chronic virus hepatitis）系指乙型、丙型或乙型重叠丁型肝炎病毒感染所致的慢性肝炎。甲型肝炎病毒（HAV）、戊型肝炎病毒（HDV）、巨细胞病毒（cytomegalovirus）和 Epstein-Barr 病毒急性感染并不演变为慢性病毒性肝炎。

一、慢性乙型病毒性肝炎

慢性病毒性肝炎中的大部分为慢性乙型肝炎。世界上约有 3.5 亿人有乙型肝炎病毒（hepatitis B virus，HBV）感染，我国约为 1.7 亿人，其中约有 10% 为慢性乙型肝炎患者。乙型肝炎病毒已经成为慢性肝炎、肝硬化和肝癌的主要病因。

【发病机制】

HBV 感染机体后可以出现不同结局，主要由宿主与病毒间的相互作用决定的。其中抗病毒细胞免疫功能的强弱，可能决定了急性自限性感染或慢性感染。因此，HBV 欲能长期持续存在于宿主机体，首先必须逃避免疫系统监视，造成免疫耐受的环境。免疫耐受是乙型肝炎慢性化的最主要机制。乙型肝炎病毒感染后的慢性化机制涉及病毒和机体免疫两个方面。

（一）慢性化的病毒因素

①HBV 基因突变，如 HBV 基因突变导致个别氨基酸残基的突变，使 HBsAg 的空间结构和免疫原性发生改变，逃避机体免疫系统对其清除效应。HBV 前-C 区是 HBeAg 合成的必要基因，突变为终止密码后血清 HBeAg 呈阴性，但可加重肝损害并致慢性化；②当 HBV-DNA 发生整合时，整合的 DNA 片段虽无复制能力，但仍可激发特异性细胞毒 T 细胞（Tc）介导的、其他 T 细胞（Th、Ts 等）及体液因子调节的免疫病理损伤。

（二）慢性化的宿主因素

慢性化与感染者的年龄、性别、种族、HLA 表型以及机体免疫功能状态密切相关：①与感染时机体的免疫系统成熟程度有关：宫内感染或围生期感染时，由于胎儿及新生儿的免疫系统尚未成熟，HBeAg 极有可能作为耐受原，通过血胎屏障进入胎儿体内诱导免疫耐受，多数成为 HBsAg 携带者；而年长儿童或成人感染后主要表现为急性肝炎，转变为慢性者不足 10%；②肝细胞表面有主要组织相容性复合体（major histocompatibility complex，MHC）的表达：其中Ⅱ类 MHC 具有抗原递呈作用，MHC 抗原表达不足，Tc 就不能全部、彻底清除病毒；③机体内某些组织和器官因受微管屏障保护，淋巴细胞无法浸润。某些类型细胞因不表达相应Ⅰ、Ⅱ类 MHC 分子，无法参与免疫应答，因此称为"免疫优势部位"（immunologically privileged sites）。这些部位（如肠系膜淋巴结和脾等）即使感染病毒，免疫系统也无法识别，更难以清除。HBV 感染后主要通过机体对病毒的免疫应答反应而导致肝细胞的损害。

由于 HBV 抗原持续存在，机体产生相应的抗体，循环中免疫复合物（CIC）不断形成，沉积于器官小血管和毛细血管壁，激活补体并使炎症细胞趋化，可以引起关节炎、血管炎和肾小球肾炎等肝外表现。

【病理】

根据慢性乙型肝炎的组织学分级、分期标准和病变轻重可以将其分为：

1. 轻度炎症（$G_{1\sim2}$，$S_{0\sim2}$） 表现为汇管区炎症，有中等量淋巴细胞和浆细胞浸润，肝小叶保持完整，小叶内可有轻度肝细胞变性、点状坏死和嗜酸性小体形成。

2. 中度炎症（G_3，$S_{2\sim3}$） 可见汇管区及小叶边缘炎症明显，有大量淋巴细胞和浆细胞浸润，炎症浸润至肝门静脉周围，使肝界板破坏，侵入肝小叶，称碎屑样坏死（piecemeal necrosis）。肝细胞可有嗜酸性变、气球样变和嗜酸性小体形成等改变。小叶受累的范围和程度不均匀，常呈灶性分布。结缔组织增生，一般无明显的再生结节。

3. 重度炎症（G_4，$S_{3\sim4}$） 肝细胞坏死可融合成带状，使汇管区与中央静脉、两个汇管区或两个中央静脉之间连接起来，称为桥样坏死（bridging necrosis）。此病变易发展成为肝硬化。

在非活动性肝炎或缓解期，炎症消退，但不完全，汇管区可残留轻度炎症反应，肝细胞坏死轻微，肝小叶界板不规整，小叶结构未完全恢复，汇管区及小叶内遗留纤维组织。

【临床表现】

起病多隐匿，表现可从无症状到肝衰竭。疲劳仍为主要症状，可有消化道症状和肝功能减退等表现。

轻度患者症状不明显。常见症状为乏力、食欲减退、厌油腻、右上腹隐痛不适。可有巩膜黄染、蜘蛛痣（spider angioma）及肝掌（liver palm）。肝脏轻度肿大，质地中等或充实感，有压痛及叩击痛，多有脾脏肿大。ALT 轻度升高，经休息、治疗后可降至正常，但可复发。

中度患者症状有乏力、食欲减退、腹胀、稀便等。可有肝病面容、黄疸、蜘蛛痣和肝掌。肝、脾常肿大，质地韧。ALT 和 AST 反复或持续升高。部分患者临床表现不明显而发展为肝硬化。

重度患者除肝炎症状和体征加重外，出现黄疸加深、腹水、下肢水肿、出血倾向及肝性脑病。

肝外表现可有多种皮肤病变、关节炎、胸膜炎、膜性或膜增生性肾小球肾炎、结肠直肠炎、血管炎和血细胞减少等。少数患者可出现肝源性糖尿病、自身免疫性甲状腺炎、甲状腺功能亢进或减退等。

【实验室和其他检查】

（一）肝功能检查

肝功能异常程度随慢性肝炎病情起伏而变化，但不能反映肝脏组织学病理学改变。活动期血清转氨酶和胆红素升高，血清白蛋白降低，球蛋白升高，凝血酶原时间延长，血清碱性磷酸酶（ALP）和 γ-谷氨酰转移酶（GGT）有不同程度升高。吲哚菁绿（ICG）排泄试验明显潴留。

（二）免疫学检查

1. 肝炎病毒标志物检测 对诊断、评估病情及指导治疗有重要意义。HBeAg、HBV-DNA 阳性提示存在 HBV-DNA 复制；活动期抗 HBc-IgM 可阳性；HBeAg 阴性、抗-HBe 阳性、HBV-DNA 阳性可能存在 HBV 前 C 区变异；HBV-DNA 和 HBeAg 于治疗后转阴，并出现抗-HBe 提示抗病毒治疗有效。

2. 免疫球蛋白常增高，活动期患者肝特异性蛋白（liver-specific protein），LSP 抗体、肝细胞膜（liver membrane，LM）抗体、类风湿因子可阳性。偶尔有低滴度的自身抗体，如抗核抗体（ANA）等。总补体和 C3 常降低，CIC 可升高，Ts 细胞及自然杀伤细胞（NK）细胞活力下降。

【诊断与鉴别诊断】

根据病原学、临床表现和肝功能等检查综合分析而确定诊断。肝穿刺组织病理学检查可为判断病因、炎症活动度及纤维化程度提供依据。病理分级、分期有助于判断疗效和预后。

本病应与急性病毒性肝炎、慢性丙型病毒性肝炎、酒精性肝炎、自身免疫性肝炎、药物性肝炎和肝硬化等鉴别。

【治疗】

对慢性乙型肝炎的治疗应根据 HBV 的复制情况、疾病的自然史和抗病毒治疗的效果和副作用等因素权衡利弊。治疗的目标是持续抑制 HBV 复制，延缓肝病进展。抗病毒及调节宿主免疫功能是治疗的关键。

（一）一般治疗和病情监测

活动期住院治疗，卧床休息。给予多种维生素，严禁饮酒，妇女应避免妊娠。定期对患者进行病毒学、肝功能和肝脏影像学检查，以发现早期肝硬化和肝癌。

（二）抗病毒治疗

疗效评价指标为 ALT 恢复正常、HBV DNA 水平降低、HBeAg 消失伴或不伴 HBeAb 阳性、肝组织改善。目前没有一种联合治疗方案取得的持续应答率高于单药治疗。

1. HBeAg 阳性慢性乙型肝炎　治疗适应证为：①ALT 升高 2 倍以上或者肝活检有中/重度肝炎、并且 HBV DNA$>1\times10^4$ IU/ml 者；或伴有黄疸、ALT 突然升高者；②ALT 持续正常或轻微增高（$<2\times$ULN）通常不采取治疗，但后者必须随访；肝活检有中度/重度坏死性炎症，或重度肝纤维化者需治疗；③ALT$>2\times$ULN 以上的儿童，如果 ALT 持续升高超过 6 个月者。

初始治疗可采用以下抗病毒药，普通干扰素（IFN）、聚乙二醇干扰素（Peg IFN）、拉米夫定、阿德福韦酯、恩替卡韦、替比夫定。

2. HBeAg 阴性慢性乙型肝炎　治疗适应证：①HBV DNA$>1\times10^4$ IU/ml，并且 ALT$>2\times$ULN 者；②HBV DNA 在（$1\times10^3\sim1\times10^4$）IU/ml 水平，ALT 在正常边界或者轻微升高的患者，肝活检有中度或重度炎症，或重度肝纤维化者。

初始治疗最好选用 Peg-IFNα、阿德福韦酯、恩替卡韦和替比夫定，其次选用 IFNα 和拉米夫定。既往对 IFN 或 Peg-IFNα 治疗无应答的患者，可采用核苷酸类药物治疗。

3. 疗程　HBeAg 阴性患者疗程应该在 1 年以上，此类患者即使 HBV DNA 被抑制至检测水平以下 1 年以上，仍易复发，因此较 HBeAg 阳性患者疗程要长。HBeAg 阴性患者如果 HBsAg 确定被清除可以停止治疗。HBeAg 阳性患者应用核苷酸类药物治疗，应持续至 HBeAg 发生血清转换，并且出现抗-HBe 后再至少持续治疗 6~12 个月。代偿性肝硬化患者 HBeAg 阳性如果发生血清转换后，再巩固治疗至少 6~12 个月后可考虑停止治疗；失代偿性肝硬化和肝移植后肝炎复发患者推荐终生治疗。

4. 胸腺肽 α_1（$T\alpha_1$）　是免疫增强剂，可激活 Th_1 介导的免疫应答，促进 IFN、IL-2 的释放，增强 IL-2 与 IL-2 受体的结合，激活 Tc 和 NK 等发挥抗病毒作用。此外，尚可增强干扰素的治疗效果。常用剂量 1.6mg，皮下注射，每周 2 次，连续应用 6 个月。治疗结束后 12 个月时应答率为 40%，与干扰素联合应用可提高应答率。

（三）护肝药物

常用的保护肝细胞、减少炎症和改善肝功能的药物有甘草酸类制剂、还原型谷胱甘肽、水飞蓟宾（silibinin，水飞蓟素）和熊去氧胆酸等。

（四）中医中药

辨证治疗对改善症状及肝功能有较好疗效，对病毒的作用尚未肯定。

【预后】

取决于病毒和宿主两方面诸多因素，合理治疗可改变其病程。轻度患者预后较好，中度以上者预后差。多数患者呈慢性进行性发展，随着病情进展而逐渐演变为肝硬化或肝衰竭。

二、慢性丙型病毒性肝炎

【病因和发病机制】

丙型肝炎病毒（HCV）主要通过血液传播，如输血和血液制品，经破损的皮肤和黏膜传播；其次为性传播与母婴传播。部分 HCV 感染者的传播途径不明。多种因素可以影响宿主与病毒间的相互作用，本病的主要发病机制为免疫介导和 HCV 直接损伤所致的肝细胞毒效应。机体免疫通过 $CD4^+$ T 细胞促进免疫反应清除病毒，若病毒逃避机体免疫攻击，可在宿主体内持续复制并引起肝细胞损伤。

【病理】

组织病理学改变与慢性乙型病毒性肝炎基本相同，主要表现为汇管区炎症细胞浸润及淋巴样细胞聚集和点灶样肝细胞。胆小管损伤和肝脂肪变明显；部分有肝组织纤维化，严重的亦可有桥样坏死，并进展至肝硬化。

【临床表现】

临床上仅少数患者能自行清除 HCV，多数表现为慢性持续感染。多数急性感染患者无症状或症状轻微，直到出现并发症时才发现本病。常见表现为非特异性症状，如疲劳、食欲减退和上腹不适等。出现黄疸、腹水、体重下降和腹痛等则存在慢性肝炎的并发症。

HCV 感染的肝外表现较 HBV 感染多见，如关节炎、巩膜结合膜干燥症、扁平苔藓、灶性淋巴细胞性涎腺炎、原发性混合性冷球蛋白血症和系膜毛细血管性肾小球肾炎等。

【实验室和其他检查】

抗 HCV 和 HCV-RNA 阳性，转氨酶持续或反复增高。可出现类风湿因子、抗核抗体、抗甲状腺球蛋白抗体及抗肝肾微粒体抗体。

【诊断与鉴别诊断】

主要根据抗 HCV 和 HCV-RNA 测定，排除其他病毒和导致肝病的原因，结合临床和肝功能等检查综合分析而确定诊断。肝穿刺病理组织学检查可为判断病原、病因、炎症活动度及纤维化程度提供依据。

【治疗】

抗 HCV 治疗的目标应该是持续病毒学应答（sustained virological response，SVR），以改善和减轻肝损伤，阻止进展为肝硬化、肝衰竭和肝癌，并提高生活质量。

1. 干扰素（IFN） 干扰素有抗病毒、抗增殖以及免疫调节功能。已证实 IFNα 能有效抑制 HBV 复制并有助于肝病减轻，为治疗本病的首选药物。主要适应证为血清 ALT 持续升高（大于正常范围上限的 1.5 倍）、HCV-RNA 阳性、肝活检显示中等度以上炎症和坏死者。干扰素包括普通 IFNα、复合 IFN 和聚乙二醇（PEG）化干扰素 α（PEG-IFNα）。PEG-IFNα 具有给药方便和持续抑制病毒等优点，疗效与 IFNα 相似或较其略好。

2. 干扰素-利巴韦林联合疗法 利巴韦林（病毒唑，ribavirin）是口服鸟苷类似物，具有广泛抗 DNA 和 RNA 病毒作用，且可以抑制病毒依赖性 RNA 聚合酶。两者联合用于干扰素治疗无应答者，可提高疗效。干扰素与利巴韦林联合成为目前治疗慢性丙型肝炎的最佳方案,治疗48周,持续病毒学应答可达60%以上。

【预后】

HCV感染患者极易发生慢性化病程,85%的患者有病毒血症,60%左右发展为慢性肝病,10%～20%的患者于20年后发展为肝硬化。

第二节 自身免疫性肝炎

自身免疫性肝炎(autoimmune hepatitis,AIH)是一种以自身免疫反应为基础、以高丙种球蛋白血症、高血清自身抗体和汇管区炎症为特征的疾病。以前曾称为自身免疫性肝病和自身免疫性慢性活动性肝炎。

本病在西方国家患病率较高,西欧的年患病率为0.69/10万;在北美的慢性肝病患者中,AIH占11%～23%。我国及东南亚国家较少见。女性多见。

【病因和发病机制】

AIH的病因目前尚不十分清楚,但遗传易感性被认为是其主要发病因素,而病毒感染、药物和环境则可能是在遗传基础上的促发因素。

(一) 遗传素质

目前认为遗传素质与AIH发病有关。AIH的遗传易感性主要与编码人类白细胞抗原(HLA)等位基因的多态性有关。HLA-DR3和DR4是AIH独立的危险因素。Ⅰ型AIH患者52%有HLA-DR3,42%有HLA-DR4。HLA-B8与HLA-DR3联系密切,见于37%的患者。有HLA-B8者发病年龄偏小、肝组织有活动性炎症并容易复发。HLA表型可影响AIH的临床表现和特点。

(二) 免疫反应

体液免疫和细胞免疫反应均参与AIH的自身免疫损伤过程。①体液免疫反应:抑制性T细胞(Ts)功能缺陷可导致B细胞功能失调,继而产生针对肝细胞膜的自身抗体IgG,在肝细胞膜表面形成抗原抗体复合物。启动抗体依赖性细胞介导的细胞毒反应,从而造成自身免疫性肝炎。②细胞免疫反应:肝肾微粒体抗体可识别肝细胞表面表达的细胞色素单氧化酶P450ⅡD6和去唾液酸糖蛋白受体等特异性自身抗原。自身靶抗原激活$CD4^+$淋巴细胞,该细胞释放细胞因子促进$CD8^+$ Tc的克隆性扩增,通过抗体依赖性细胞介导的细胞毒效应使肝细胞损伤。

【病理】

AIH主要表现为汇管区中、重度碎屑样和桥样坏死和大量浆细胞浸润,伴或不伴小叶性肝炎。无胆管损害、脂肪变、肉芽肿、铜和铁沉积等病变。但这些组织学表现无特异性,与慢性病毒性肝炎、药物性肝炎难以鉴别。

【临床表现】

本病多见于40岁左右的女性,但男性及任何年龄均可发病。起病多缓慢,病程一般超过6个月。症状轻重不一,主要表现为乏力、程度不等的黄疸、上腹不适、食欲减退和发热。轻者可无症状,约有1/4患者类似急性病毒性肝炎表现。体重减轻和严重瘙痒不明显。

肝、脾肿大常见,未进展为肝硬化时脾肿大亦可存在。AIH晚期可有腹水、牙龈和鼻出血、蜘蛛痣和女性患者闭经。疾病晚期可有肝硬化并发症的表现。发展为肝硬化的比例因不同AIH亚型而异。

疾病活动期可伴有肝外表现,如类风湿性关节炎、自身免疫性甲状腺炎、Grave病、溃疡性结肠炎和Cushing综合征样表现等。

【实验室和其他检查】

(一) 肝功能

血清 ALT、AST 常超过正常范上限 5 倍以上。血清胆红素、碱性磷酸酶升高，凝血酶原时间延长。

(二) 免疫学

血清中出现多种自身抗体，如平滑肌抗体（smooth muscle antibody，SMA）、抗核抗体（anti-nuclear antibody，ANA）、抗肌动蛋白抗体（anti-actin antibody）、抗-LKMl、抗-ASGPR、肝细胞浆Ⅰ型（liver cytosol type 1，anti-LC1）抗体、可溶性肝抗原抗体（soluble liver antigen，anti-SLA）和肝胰抗体（liver/pancreas，anti-LP）等。抗-ASGPR 是 AIH 患者的器官特异性自身抗体，对 AIH 诊断具有重要价值，同时对观察、评估疗效有重要意义。

血清球蛋白增高属于多克隆性，但 IgG 显著增高，γ 球蛋白常高于正常范围上限的 1.5 倍。

【诊断与鉴别诊断】

AIH 的诊断应该具备以下 3 项：肝组织汇管区炎症（periportal hepatitis），高 γ 球蛋白血症（hypergammaglobulinemia），高血清自身抗体（autoantibodies）。同时排除以下情况：①无病毒感染标志，如巨细胞病毒（CMV）、EB 病毒和肝炎病毒感染；②无遗传性疾病、酗酒、药物性肝损伤及输注血液制品史；③无胆道损伤、铜沉积、铁沉积或肉芽肿等提示其他原因的组织学变化。

本病需与病毒性肝炎、原发性胆汁性肝硬化（PBC）、原发性硬化性胆管炎（PSC）、系统性红斑狼疮（SLE）和肝豆状核变性（Wilson 病）等鉴别。但是 AIH 可以同时具有病毒感染、PBC 或 PSC 的特点，此时称为重叠综合征（overlap syndrome）。血清自身抗体检测是主要鉴别依据。

AIH 与慢性肝炎的鉴别值得重视，主要与选择治疗方案有关。不适当地应用干扰素（IFN）治疗可使 AIH 恶化，而盲目应用免疫抑制剂又可加重病毒血症。肝炎病毒，特别是 HCV 感染常激发机体出现自身免疫现象，有时尚促发潜在的自身免疫病。

慢性肝炎患者血清中可以存在多种自身抗体如 ANA 或 SMA，但抗体效价明显低于 AIH，无一例 SMA 和 ANA 同时存在者。病理组织学上 AIH 为汇管区、界板、实质的炎症，淋巴细胞和浆细胞浸润；慢性丙型病毒性肝炎表现为汇管区淋巴样聚集和脂肪变。

AIH 患者可能有既往病毒感染、病毒感染假阳性或病毒感染真阳性的血清学表现，前两者应按自身免疫性肝炎治疗。但是当慢性乙型或丙型肝炎患者 ANA 或 SMA 阳性时，欲实施合理治疗应考虑到病毒和免疫两方面的因素。

【临床分型】

根据血清免疫学标志物可将 AIH 分为三型。

Ⅰ型：最常见，占全部 AIH 的 80% 左右。以血清中出现 SMA 或/和 ANA 为特征。部分患者有抗肌动蛋白抗体，其中多聚 F-肌动蛋白抗体具有高度特异性。70% 的患者为 40 岁以下的女性。17% 合并有自身免疫性甲状腺炎、Grave 病、类风湿性关节炎或溃疡性结肠炎等肝外自身免疫性疾病。此型对免疫抑制剂治疗反应较好，仅 25% 发展为肝硬化。

Ⅱ型：仅占 AIH 的 4%。以血清中出现抗 LKMl 为特征。Ⅱ型 AIH 又根据 HCV 阳性情况分为 2 个亚型，即Ⅱa 及Ⅱb。Ⅱa 型 HCV 阴性，以年轻女性多见，AST 明显升高，抗-LKM1 滴度高，抗 P450ⅡD6 和抗-LC1 抗体阳性，对糖皮质激素治疗反应好。Ⅱb 型 HCV 阳性，多为老年男性，AST 稍高，抗-LKM1 滴度低，需抗病毒治疗。本型临床表现更具有侵袭性，出现暴发性肝炎和发展为肝硬化的概率高。西欧（法国和德国）高发，在儿童（2~14 岁）中多见。合并肝外免疫性疾病多见，如白斑、胰岛素依赖性糖尿病和自身免疫性甲状腺炎等。

Ⅲ型：多见于 30~50 岁的女性，以抗-SLA 和抗-LP 阳性为特征，抗-LKMl 阴性，但 SMA 可阳性。主要见于年轻女性患者。临床表现及对激素治疗的反应与Ⅰ型 AIH 类似。

【治疗】

AIH 的治疗主要依据肝组织病理学的炎症程度，临床表现和肝功能改变可作为参考指标。

（一）药物治疗

1. 适应证　①绝对适应证：肝细胞炎症所致的丧失生活能力的症状；AST≥10 倍正常范围上限，或 AST≥5 倍伴 γ-球蛋白≥2 倍正常范围上限；肝组织有桥样坏死或多小叶坏死。②相对适应证：中度症状或疾病有进展；AST 3～10 倍正常范围上限，或 AST≥5 倍伴 γ-球蛋白＜2 倍正常范围上限；肝组织有汇管区炎症。

2. 治疗方案　主要应用免疫抑制剂，以糖皮质激素为首选药物；亦可小剂量糖皮质激素与硫唑嘌呤联合应用，以减少激素的不良反应。一般用泼尼松龙，开始剂量为 30～60mg/d，病情持续改善后，逐渐减至维持量，每日 5～10mg，直至病情缓解。泼尼松龙与硫唑嘌呤联合应用时，开始剂量硫唑嘌呤 1mg/（kg·d），病情缓解后减至维持量。

其他免疫抑制剂如环孢素 A、FK506、Brequinar 和雷帕霉素（rapamycin）疗效不确定，可用于激素无效或因激素不良反应而停药者，但应注意药物的副作用。熊去氧胆酸具有去除脂溶性胆盐、免疫调节和肝细胞保护作用，亦可试用。多价不饱和卵磷脂与泼尼松龙联合治疗 AIH 已初获成功，但其确切疗效尚需评估。

3. 终止治疗指征　临床、生化和组织学表现均有明显缓解；出现药物毒性反应；疾病恶化或死亡导致治疗失败；不完全效应，延长治疗后（＞3 年）AIH 的异常表现仍未消除。

4. 治疗效果　单独应用泼尼松龙或与硫唑嘌呤联合，3 年内可使 65% 重度 AIH 患者获得临床、生化和组织学缓解。

（1）缓解（remission）：是指症状消失、肝脏组织学改善、血清转氨酶恢复至正常。组织学改善迟后于临床和生化改变 3～6 个月，因此有必要行肝活组织检查以确定组织学缓解，防止过早停药。无论何时需要终止治疗，都应逐渐减量以至停药。

（2）复发（relapse）：指治疗药物在减量过程中或停药后症状重新出现，血清 AST 上升至正常范围上限的 3 倍以上；或肝活检组织再次出现汇管区炎症改变。一般 6 个月内复发率为 50%，3 年内复发率高达 70%～86%。对复发患者可重新治疗再次诱导缓解，但多次复发易发展为肝硬化甚至肝衰竭。此类患者宜改变治疗方案，小剂量泼尼松龙或硫唑嘌呤无限期治疗是一种可供选用的治疗方案。

（3）治疗失败（treatment failure）：指按照治疗方案进行治疗的过程中，患者出现临床、生化或组织学恶化。但若组织学炎症活动改善，而患者发展为肝硬化不属于治疗失败。如确能除外病毒、药物、酒精等其他因素，可选用大剂量泼尼松（60mg/d）或泼尼松联合大剂量硫唑嘌呤方案。75% 的患者 2 年内可获得临床和生化改善，但组织学缓解率仅为 20%。应用大剂量糖皮质激素应注意不良反应。此类患者应用环孢素治疗有成功的报道，但停药后易复发。

5. 药物毒性　13% 的患者因药物毒性被迫停药。其主要原因有肥胖或容貌改变；伴脊柱压缩的骨质疏松症，糖尿病和消化性溃疡等。治疗应该个体化，将药物剂量调整至能控制 AIH 表现且能防止副作用加重的最低水平。

（二）肝移植术

治疗失败的患者适宜接受肝移植（transplantation of liver），术后 5 年生存率可达 92%，而且肝移植术后患者复发极少。

【预后】

AIH 的预后差异较大，并与 HLA 表型有关。按照 AIH 的自然病程，自发缓解率为 22%，5 年生存率为 50%，10 年生存率仅为 25%。早期诊断和合理的免疫抑制剂治疗可获得持续缓解，延长生存期，但多数患者最终仍发展为肝硬化。免疫抑制剂和肝移植是影响 AIH 预后的重要原因。

（姜慧卿）

第十一章 肝 硬 化

肝硬化（hepatic cirrhosis）是由各种病因引起的慢性进行性肝病。在广泛肝细胞变性、坏死的基础上发生肝细胞再生和细胞外间质增生，以肝组织弥漫性纤维化、再生结节和假小叶形成为其病理组织学特征。临床上主要表现有肝功能损害和门静脉高压，常累及多器官系统，发生消化道出血和肝性脑病等并发症。

肝硬化是一种常见病，年患病率17.1/10万。在我国和南亚地区占内科总住院人数的4.3%~14.2%。主要累及21~50岁男性。

【病因和发病机制】

（一）病因

1. 病毒性肝炎（viral hepatitis） 乙型、丙型和丁型病毒感染所致的肝炎，常经过慢性肝炎阶段逐渐发展为肝硬化，而甲型和戊型病毒性肝炎则不会。在我国慢性乙型肝炎是肝硬化的主要原因。若乙型和丙型肝炎病毒重叠感染常加速肝硬化的发展。

2. 慢性酒精中毒 是欧美国家肝硬化的最常见原因，但近年来我国此类患者有所增加。长期大量饮酒，如男性每日摄入乙醇量60~80g或女性20~40g超过10年，则可发展为严重肝病。乙醇及其氧化代谢产物乙醛对肝脏具有直接毒性作用；经脂质过氧化、免疫反应和细胞因子释放作用于肝星状细胞（hepatic stellate cell，HSC）等合成大量胶原。后者沉积于肝脏而发生纤维化，进而发展为肝硬化。

3. 非酒精性脂肪性肝炎（nonalcoholic steatohepatitis，NASH） 常见于代谢综合征（metabolism syndrome）患者，全胃肠外营养、药物和营养不良的患者亦可发病，20%以上的患者可发展为肝硬化。

4. 胆汁淤积（cholestasis） 肝内胆管或肝外胆管胆汁淤积持续存在时，可发展为原发性胆汁性肝硬化（primary biliary cirrhosis，PBC）或继发性胆汁性肝硬化。主要是由于胆酸和胆红素的长期刺激引起汇管区周围炎，从而导致肝细胞变性、坏死和纤维组织增生所致。

5. 循环障碍（disturbance of circulaton） 慢性充血性心力衰竭（chronic congestive heart failure）、肝静脉阻塞（Budd-Chiari综合征）和缩窄性心包炎等可使肝静脉淤血、肝窦内压增高。肝小叶中心区肝细胞长期淤血缺氧、变性坏死和纤维组织增生，最终发展为心源性肝硬化（cardiac cirrhosis）。

6. 毒物或药物 长期服用某些损肝性药物，如异烟肼、硫氧嘧啶、双醋酚汀、甲基多巴、辛可芬、氯丙嗪和四环素；或反复接触某些毒物如四氯化碳、磷、砷制剂等均可引起中毒性肝损害，发展为肝硬化。

7. 代谢和遗传性疾病 由于遗传或先天性酶缺陷，使某些物质发生代谢障碍，致其代谢产物沉积于肝，引起肝细胞坏死和纤维组织增生，从而发生肝硬化。如肝豆状核变性（Wilson病）系因人常染色体隐性遗传缺陷，致铜代谢障碍，使铜离子在肝脏沉积引起的肝硬化；血色病（Hemochromatosis）是由于铁代谢障碍，血红蛋白在肝内异常沉着所致；$α_1$-抗胰蛋白酶缺乏症和半乳糖血症亦可有肝硬化表现。

8. 血吸虫病 长期或反复感染血吸虫者，血吸虫卵沉积在门脉区，造成肝内血管阻塞。肝脏细胞分泌成纤维细胞刺激因子，刺激纤维组织增生，从而引起肉芽肿性炎症或肝纤维化。本病肝细胞无明显坏死或再生，肝小叶结构常完整，故又称血吸虫病性肝纤维化。

9. 免疫紊乱 自身免疫性肝炎最终可发展为肝硬化。

10. 隐源性肝硬化（cryptogenic cirrhosis） 系指发病原因一时难以肯定者，占肝硬化的 5%～10%。

临床上导致肝硬化的病因常为多重因素。长期营养缺乏，特别是蛋白质和 B 族维生素严重摄入不足，可致脂肪肝和肝细胞坏死。但临床营养缺乏很难达到导致肝硬化的程度，而更大的可能是营养缺乏降低了肝脏对损肝因子的抵抗力。

（二）发病机制

各种病因导致肝脏损害，出现大量肝细胞变性和坏死。受损的肝实质细胞，特别是枯否（Kupffer）细胞分泌释放细胞因子，激活静息状态的 HSC 和其他肝组织细胞，从而合成大量细胞外间质，且对其降解减少，导致纤维组织增生。

肝细胞变性、坏死，肝小叶纤维支架塌陷，残存肝细胞再生形成不规则结节状细胞团，即再生结节。纤维组织增生，特别是 I、III 型胶原大量沉积于肝组织，发生肝纤维化；进而在汇管区-汇管区或汇管区-肝小叶中央静脉间形成纤维束和纤维间隔，分割残留肝小叶、包绕再生结节，出现肝硬化的典型病理改变——假小叶。

胶原沉积于 Disse 腔，形成肝窦基底膜样物，出现"肝窦毛细血管化"，使肝内血管阻力增加，肝窦内压力升高，为门静脉高压的形成提供了结构基础。肝窦毛细血管化和肝内血液分流，使肝细胞与肝窦血液间营养物质和代谢物质交换障碍，肝细胞发生缺血、缺氧、变性坏死和功能障碍；生物转化作用亦减弱。

肝窦毛细血管化；肝内血管受压闭塞、扭曲、血管床缩小；假小叶内异常的血液循环；肝内门静脉、肝静脉和肝动脉小支三者间失去正常关系，血流比例失调，相互出现交通吻合支等，使肝内血液循环严重障碍。构成了门静脉高压症和肝功能不全的病理生理学基础。

【病理】

（一）肝

大体观察，肝常呈不同程度的缩小变形，质地变硬、重量减轻，表面有弥漫性大小不等的结节。切面可见圆形或近圆形的岛屿状结节。结节间有灰白色结缔组织间隔。组织学典型表现为假小叶形成，肝细胞常有浊肿变性、坏死和再生。汇管区纤维结缔组织增生、炎性细胞浸润和假胆管形成。

根据结节状态，肝硬化可分为 3 型。

1. 小结节性肝硬化 最为常见。肝包膜增厚，表面高低不平，呈弥漫细颗粒状，颗粒大小相仿，直径一般<3mm，纤维间隔较细，假小叶大小亦一致。酒精性和瘀血性肝硬化常属此型。

2. 大结节性肝硬化 由大量肝实质细胞坏死引起，结节粗大不均，直径>3mm，最大可达 5cm。结节由多个小叶构成，假小叶大小不等，纤维间隔较宽而不均。慢性乙型和丙型肝炎肝硬化、Wilson 病多属此型。

3. 大小结节混合性肝硬化 为上述两型的混合型，大结节与小结节比例相同。α_1-AT 缺乏症属此型，有些乙型肝炎肝硬化亦可表现为此型。

（二）脾

系因门静脉压增高，脾长期慢性淤血，脾髓增殖和大量结缔组织增生所致。脾不同程度肿大，光镜下脾窦扩张、网状细胞增生，并有吞噬红细胞现象。

（三）胃肠道

长期门静脉高压可致胃肠黏膜血管病变，表现为食管、胃、小肠和大肠黏膜下毛细血管和小静脉膨胀、静脉曲张而淤血。若胃黏膜淤血、水肿和糜烂呈马赛克（mosaic 征）或蛇皮状改变，则称为门静脉高压性胃病（portal hypertensive gastropathy，PHG）。临床表现为慢性炎症和消化性溃疡，常引起消化道黏膜慢性出血。

（四）肾

慢性乙型肝炎肝硬化，可因 HBV 抗原-抗体循环免疫复合物（CIC）肾沉积，激发免疫性损伤，造成膜增殖性肾小球肾炎及肾小球硬化。

（五）内分泌腺

睾丸或卵巢、甲状腺和肾上腺皮质等内分泌腺常有萎缩和退行性变。

【病理生理】

（一）门静脉高压

正常情况下肝窦阻力很低，门静脉压力在 5～10mmHg，当肝窦阻力增加，门静脉压力持续升高超过 10mmHg 则称为门静脉高压（portal hypertension）。

1. 发病机制　门静脉压力与流入门静脉的血流量及血流流出时遇到的血管阻力有关，用公式表示为：门静脉压力差（ΔP）＝流入血流量（Q）×流出阻力（R）。因此，流入血流量增加或/和血流流出阻力增大均可致门静脉压力增高。血流流出阻力增加多为始动因素，血流量增加对维持门静脉高压起重要作用。

（1）门静脉阻力增加：阻力增加因素可以是机械性不可逆性或功能性可逆性。肝窦毛细血管化致肝窦顺应性降低、窦内压力升高；Disse 间隙胶原沉积、增大的肝细胞和再生结节压迫肝窦、肝静脉系统导致肝窦及其流出道受阻。窦周 HSC 可以调节肝窦血流、影响肝血流阻力，从而调节肝血流量。HSC 对肝窦血流的影响受血管活性物质的调节，如肝硬化时内皮素可致 HSC 内钙离子增加和细胞收缩。

（2）门静脉血流量增加：可以维持或促进门静脉高压的发展，内脏小动脉扩张使血流量增加，从而形成内脏高动力循环状态。其特征为体循环血管阻力和血压降低、心脏指数增加和脉压差增大。血管扩张可能与血循环舒血管物质增多、缩血管物质相对减少，以及血管对内源性缩血管物质反应性降低有关。

2. 门腔侧支循环形成的解剖部位及后果

（1）侧支循环形成：门静脉与下腔静脉之间存在众多交通支，由于门静脉系统缺乏瓣膜，右心系统与腹腔内脏之间任何部位血流阻力增高，均可导致阻塞部位肠侧血管内压力升高。按照阻力增加的部位可以分为窦前、肝窦和窦后，肝硬化多为肝窦性门静脉高压。门静脉高压时，门-腔间交通支开放，静脉扩张和迂曲。此时门静脉内血液可绕过肝脏，经侧支直接回右心房。临床上有三条重要侧支开放：

1）食管下段和胃底静脉曲张：位于食管的鳞状上皮与胃的连接部，系门静脉系的胃冠状静脉和腔静脉系的食管静脉、肋间静脉和奇静脉开放。主要接受脾门静脉血液，通过胃左静脉和胃短静脉、食管静脉回流到奇静脉，入上腔静脉。此部位门-腔静脉间距离最近，压力差最大，最直接受门静脉高压的影响，从而易发生静脉曲张。食管黏膜下静脉缺乏结缔组织支撑，一旦发生静脉曲张多突入食管腔内。当门静脉压力＞12mmHg 时，易发生食管静脉曲张破裂出血。

2）腹壁静脉曲张：门静脉高压时脐静脉重新开放，与副脐静脉、腹壁静脉等连接，通过腹壁上、下静脉回流，形成脐周和腹壁静脉曲张。脐静脉起源于肝内门静脉左支，因此肝外门静脉阻塞时无脐静脉开放，亦无腹壁静脉曲张。

3）痔静脉曲张：位于肛门的鳞状上皮与肠道的连接部。系肠系膜下静脉属支的直肠上静脉与腔静脉系的直肠中、下静脉吻合，形成肛管直肠黏膜下静脉曲张，此部位破裂则发生便血。

此外，胃与左肾静脉、肝与膈、脾与肾韧带、腹部器官与腹膜后组织间的静脉，也可相互连接，腹膜后腔静脉常与左肾静脉形成交通支。

（2）侧支循环形成的后果

1）消化道出血（gastrointestinal hemorrhage）：是侧支循环开放和形成的严重后果。可因食管胃底静脉或肛门直肠静脉曲张破裂发生上消化道出血或便血。其他少见部位有十二指肠、回肠、盲肠或自发性腹腔静脉破裂出血，但后者多有腹部穿刺或手术史。

2）肝功能不全和肝性脑病（hepatic encephalopathy）：门体分流后肝细胞营养来源减少，肝细胞变性、坏死增加；肝脏物质代谢障碍，合成机体必需物质减退；生物转化功能减退，不能有效清除体内毒性代谢物质。从而发生内毒素血症、加重高动力循环并引起肝性脑病。

3）门静脉高压胃肠道淤血、胃肠黏膜水肿可引起胃肠道消化、吸收和分泌功能紊乱。产生食欲减退、腹泻、消化吸收和营养不良等后果。

（二）腹水发生的机制

正常人体液进入腹腔，并由腹膜毛细血管和毛细淋巴管回流入血循环，两者保持动态平衡。如果腹腔内液体的产生速度超过吸收速度，则形成腹水。肝硬化腹水的发生机制是多因素共同作用的结果。

1. 血浆胶体渗透压降低　血浆胶体渗透压具有促使腹腔内液体回吸收入腹膜毛细血管和毛细淋巴管的作用，它主要取决于分子量较小的血浆白蛋白的浓度。当血浆白蛋白浓度低于 25~30g/L 时，毛细血管内液体则漏入腹腔或组织间隙，出现腹水或水肿。低蛋白血症的原因有肝细胞损伤白蛋白合成减少，蛋白质摄入不足、吸收障碍及尿中丢失蛋白等。

2. 门静脉压力增高　正常肝窦前与肝窦后阻力比为 50∶1，肝窦内的静水压很低，约为 2mmHg（0.27kPa）且无明显的静水压梯度。而正常毛细血管前后阻力比为 4∶1，毛细血管内静水压高达 20mmHg（2.67kPa）。因此，肝窦内压的微小变化将导致肝窦内静水压梯度的明显改变，而对肝窦内压影响最大的首推窦后阻力。肝硬化患者肝窦内压力增高，液体由肝窦内漏出进入组织间隙或腹腔，形成腹水。

3. 肝脏淋巴液外漏及回流受阻　正常肝窦壁很薄，仅衬有一层不连续的内皮细胞，且没有基底膜。因此，可使白蛋白自由出入。肝硬化时肝窦内压增高，淋巴液的生成量超出正常的 20 倍，肝淋巴管和胸导管不能有效回收淋巴液进入血循环，过量的淋巴液由肝被膜进入腹腔，形成腹水。

4. 钠水潴留　肝硬化广泛血管扩张致有效循环血容量减少，反射性刺激交感神经系统（SNS）和肾素-血管紧张素-醛固酮系统（RAAS），醛固酮作用于远曲小管，导致肾钠重吸收；抗利尿激素分泌，作用于集合管致自由水清除率降低、水潴留；晚期肾小球钠滤过减少，导致钠水潴留并维持门静脉高压。

【临床表现】

肝硬化起病隐匿，早期可无特异性临床表现。根据有无腹水和门静脉高压等人为地将其分为肝功能代偿期和失代偿期，但在临床上两期界限有时难以界定。

（一）代偿期

食欲减退、乏力、腹胀不适和腹泻等。上述症状因劳累或其他疾病而诱发，适当休息或治疗后可缓解。体征多不明显，可有肝脾轻度肿大，质地偏硬。

（二）失代偿期

1. 全身表现　乏力、体重减轻、发热（多为不规则低热，一般不超过 38℃）、食欲不振或厌食、出血倾向、内分泌紊乱（男性性欲减退、睾丸萎缩、毛发脱落和乳房发育等；女性患者则表现为月经失调、闭经不孕等）。

2. 门静脉高压症　肝硬化侧支循环形成、脾大和腹水是门静脉高压症的三大临床特征。

（1）侧支循环形成

1）食管下段和胃底静脉曲张：曲张静脉有红色征时，常因进食粗糙、刺激性食物或腹内压力突然增高，而致曲张静脉破裂出血。表现有呕血、黑便，甚至失血性休克。

2）腹壁静脉曲张：脐周和腹壁可见迂曲静脉，以脐为中心向腹壁上、下两侧延伸，血流方向与正常门静脉血流方向一致，对肝硬化具有诊断价值。

3）痔静脉扩张：当腹内压增高、大便干燥时可破裂，发生不同程度的出血，表现为鲜红色血液覆着在大便表面，不与大便混合，大便块内的颜色仍正常。

（2）腹水：2/3 以上的失代偿期患者有腹水。晚期大量腹水时腹部膨隆、腹壁绷紧发亮，状如蛙腹，常伴有双下肢水肿。肝硬化腹水患者常伴胸水，其性质与腹水相同，称为肝性胸水。

(3) 脾大与脾功能亢进：脾因长期淤血而肿大，多为轻、中度肿大。脾具有隔离和破坏血细胞的作用，脾肿大常伴有末梢血白细胞、血小板和红细胞减少，称之为脾功能亢进。其中血小板破坏最明显。

3. 肝脏体征　一般肝脏质地坚硬，边缘较薄，表面可触及结节或颗粒状感。早期肝大，表面平滑；晚期缩小，肋下不易触及，剑突下常可触及。

(三) 并发症

1. 消化道出血　为肝硬化门静脉高压常见的致命性并发症。常见原因有两种，一为腔静脉系统的鳞状上皮与门静脉系统的胃肠道连接部静脉曲张破裂出血，如食管胃底静脉曲张或痔静脉破裂出血；另有门静脉高压性胃病所致的消化道出血。表现为突发呕血或/和黑粪，甚至出血性休克或诱发肝性脑病，病死率高。

2. 肝性脑病 (hepatic encephalopathy, HE)　是本病最严重的并发症，亦是最常见的死亡原因（详见本篇第十三章）。

3. 感染　肝硬化患者抵抗力低下，常并发细菌感染，如肺炎、胆道感染、胃肠道感染、败血症和自发性细菌性腹膜炎 (spontaneous bacterial peritonitis, SBP) 等。其中住院肝硬化腹水患者有10%～30%可发生SBP。

4. 肝肾综合征 (hepatorenal syndrome, HRS)　系晚期肝硬化腹水并发循环衰竭时发生的一种进行性、功能性肾衰竭，主要发生于肝硬化腹水、急性肝衰竭或急性酒精性肝炎患者。其特点有肝衰竭、循环功能不全、交感神经系统和肾素-血管紧张素系统过度激活。严重的肾血管收缩导致肾小球滤过率降低。

临床上按照HRS的病情进展、严重程度和预后等，HRS可分为1型与2型。1型HRS临床表现为急进性肾衰竭，可以是自发性的，但多由诱发因素，特别是自发性细菌性腹膜炎 (SBP) 所致。患者2周内血肌酐升高超过正常上限的2倍，除表现肾衰竭之外，常伴有肝功能和循环功能恶化、低血压和内源性缩血管系统激活，甚至发生肝性脑病，预后极差。2型HRS表现为稳定、缓慢进展的中度肾衰竭，循环功能不全，突出表现为难治性腹水。

HRS的诊断仍然是排除性诊断，首先应排除其他原因所致的肾衰竭，诸如血容量不足所致的肾前性氮质血症、尿路梗阻和器质性急性与慢性肾衰竭。同时具备如下条件：①肝硬化伴有腹水；②血肌酐≥133 μmol/L (1.5mg/dl)；③在应用白蛋白扩张血容量并停用利尿剂至少2天后，血肌酐无改善，不能降至133μmol/L以下，白蛋白推荐剂量为1g/(kg·d)，最大可达100g/d；④无休克的临床表现；⑤近期未使用肾毒性药物；⑥不存在肾实质性疾病，如尿蛋白>500mg/d、镜下血尿（>50个红细胞/高倍视野）和/或肾超声检查的异常表现。

5. 原发性肝癌　多发生于大结节性或大小结节混合性肝硬化基础上。当并发原发性肝癌时肝常迅速增大，出现肝肿块、肝区疼痛或血性腹水。

6. 门静脉系统血栓形成　肝硬化患者门静脉系统手术后和腹腔感染可诱发急性门静脉血栓形成，严重时发生肠系膜血栓形成。患者迅速出现腹水、腹痛和脾大。彩色多普勒超声检查可诊断，门静脉造影可以确诊。

7. 电解质和酸碱平衡紊乱

(1) 低钠血症：表现为水肿，肌张力降低，少尿，尿钠减少及神经精神症状等。血钠浓度<125mmol/L时，表明肝细胞衰竭、预后不佳。原因有：①长期钠摄入不足，细胞内低渗，细胞外钠内流，出现原发性低血钠；②丢失过多，如大量利尿、放腹水和腹泻；③抗利尿激素活性增加，水潴留超过钠潴留，导致稀释性低钠。

(2) 低钾、低氯血症与代谢性碱中毒：患者摄入不足、呕吐、腹泻、长期应用利尿剂和高渗性葡萄糖溶液，以及继发性醛固酮增多等使血钾、血氯降低，出现低钾、低氯性碱中毒，并可诱发肝性脑病。

8. 肝肺综合征 (hepatopulmonary syndrome, HPS) 是指肝硬化患者发生肺血管扩张、肺部气体交换障碍，临床出现低氧血症及与此相关临床表现的综合征。常表现为肝病、肺血管扩张及严重低氧血症三联征。由于门体分流及肝对肺扩血管活性物质灭能减退，导致肺血管阻力降低，出现肺内血管扩张。肺泡与血管内血液气体交换障碍，肺内动静脉分流，通气/血流比值失调，血红蛋白氧合障碍，导致低氧血症，肺泡-动脉血氧梯度增大。

【实验室和其他检查】

（一）实验室检查

代偿期肝硬化实验室检查多正常或有轻度异常，失代偿期患者可出现明显异常。

1. 血常规　失代偿期由于营养不良、出血、脾功能亢进可致不同程度的贫血；脾功能亢进时白细胞和血小板计数减少；感染时白细胞可升高。

2. 尿常规　一般在正常范围，有黄疸时可出现胆红素，并有尿胆原增加，合并乙肝相关性肾炎时尿蛋白阳性。有时可见到管型和血尿。

3. 粪常规　消化道出血时出现黑粪，少量出血时大便潜血试验阳性。

4. 肝功能试验　肝硬化活动时谷丙转氨酶（ALT）和谷草转氨酶（AST）升高，肝细胞受损时ALT升高明显，肝细胞坏死时线粒体AST释放增加；酒精性肝病AST/ALT≥2。胆汁淤积时GGT和ALP升高明显。胆红素持续升高预后不良。

肝是白蛋白合成的唯一场所，故血清白蛋白水平可反映肝脏的储备功能。失代偿期白蛋白合成减少，球蛋白升高，白蛋白/球蛋白比值降低。凝血酶原时间是反映肝脏储备功能的重要预后指标，肝细胞功能衰竭时凝血酶原时间显著延长，且维生素K不易纠正。

血清Ⅲ型前胶原氨基末端肽（PⅢP）、透明质酸、Ⅳ型胶原和层粘连蛋白反映胶原代谢情况，其中后两者与肝纤维化的相关性较好。

吲哚菁绿（ICG）和氨基比林清除试验可以反映肝脏的储备功能。

5. 免疫功能检查　肝硬化时细胞免疫功能减低而体液免疫功能亢进。患者T淋巴细胞数低于正常，如CD3、CD4和CD8细胞均有降低；免疫球蛋白增高，IgG增高最明显。

部分患者可出现非特异性自身抗体，如抗核抗体、抗平滑肌抗体、抗线粒体抗体等。

病毒感染所致的肝硬化，应检测甲、乙、丙、丁、戊型肝炎病毒标志物以及CMV、EB病毒抗体，以明确病因和有无重叠感染。

（二）腹水检查

一般为漏出液，腹水检查的目的主要是探明有无腹水感染、癌变、感染的性质等。

（三）影像学检查

食管静脉曲张时上消化道气钡双重对比造影显示食管虫蚀样或蚯蚓状充盈缺损，纵行黏膜皱襞增宽；胃底静脉曲张时可见菊花样充盈缺损。但灵敏度较胃镜检查低。CT检查显示晚期肝硬化肝右叶萎缩，左叶增大、肝叶比例失调，肝裂增宽，肝表面不规则，脾脏增大和腹水等（图4-11-1）。

超声显像除可显示肝、脾形态外，若门静脉主干内径＞13mm，脾静脉内径＞8mm，提示门静脉高压；超声多普勒检查可测量门静脉血流速度、方向和血流量。MRA 磁共振血管造影能清楚地显示门静脉系统血管情况。

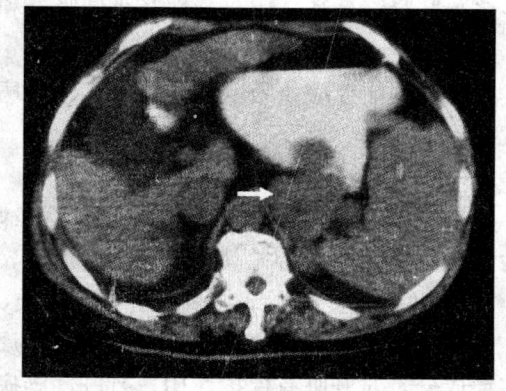

图4-11-1　肝硬化（图中箭头所指为曲张静脉团）

(四) 内镜检查

可直接观察静脉曲张的部位和程度,预测出血,是识别食管静脉曲张的金标准,在食管充气状态下看到曲张静脉则可诊断门静脉高压。其出血危险征象有:①静脉曲张Ⅲ级以上、直径≥5mm者;②静脉呈紫蓝色;③红色征,如红肿斑、樱桃红斑、血泡样斑等。食管胃底交界处静脉曲张、红色征和肝衰竭患者出血发生率高。

(五) 肝穿刺活组织病理学检查

有假小叶形成时可确诊为肝硬化,对早期肝硬化确诊和明确病因有重要价值。

(六) 腹腔镜检查

可直接观察肝脏表面形态、边缘及脾脏情况。直视下病变处穿刺活组织检查,对鉴别肝硬化、慢性肝炎和原发性肝癌有重要价值。

【诊断与鉴别诊断】

(一) 诊断

主要条件如下:①有 HBV 或 HCV 感染、酗酒等相关病史;②肝功能损害表现为血清白蛋白降低,凝血酶原时间延长;③门静脉高压表现为侧支循环的建立和开放、脾大和腹水;④肝脏质地变硬、肝病面容、蜘蛛痣、肝掌和毛细血管扩张;⑤肝穿刺活体组织检查见假小叶形成。有②和③两项或⑤一项可诊断为肝硬化,结合第①项可以作出病因诊断。

(二) 鉴别诊断

1. **肝脾肿大** 与慢性肝炎、原发性肝癌、代谢性疾病和血液病相鉴别。必要时行肝穿活组织检查。

2. **腹水** 应确定腹水的程度和性质,并与其他原因引起的腹水相鉴别。肝硬化腹水为漏出液,合并 SBP 时为渗出液,以中性粒细胞增多为主。若有临床表现,腹水白细胞$>0.5\times10^9$/L 或中性粒细胞$>0.25\times10^9$/L,则可诊断 SBP。结核性腹膜炎为渗出液伴有腹水腺苷脱氨酶(adenosine deaminase, ADA)增高。肿瘤性腹水介于渗出液和漏出液之间,腹水找到肿瘤细胞可以确诊。诊断困难者腹腔镜检查,常可明确诊断。

3. **肝硬化并发症的鉴别诊断**

(1) 上消化道出血:生命体征稳定后,行急症内镜检查可以明确出血部位和原因。鉴别静脉曲张性或门静脉高压胃病出血,并能识别肿瘤和其他原因所致的出血。

(2) 感染:肝硬化患者发热时需明确有无感染以及感染的部位和病原,如肺部、胆道、泌尿道及腹水感染等。

(3) 肝性脑病:特别是昏迷时应与低血糖、尿毒症、糖尿病酮症酸中毒和药物中毒等鉴别。

(4) 肝肾综合征:应与慢性肾小球肾炎和急性肾小管坏死等鉴别。

【治疗】

肝硬化的治疗应该采取综合措施。针对病因治疗是基础,早期以抗肝纤维化为主,晚期主要针对并发症治疗。

(一) 一般治疗

1. **休息** 代偿期肝硬化患者,一般不强调卧床休息,可适当减少活动,劳逸结合,以不感到疲劳为宜;失代偿期患者尤其是出现并发症者,应以卧床休息为主。

2. **饮食** 饮食以高维生素、适量蛋白质、低脂肪和易于消化食品为佳。做到定时定量、合理饮食。多吃新鲜水果、蔬菜;适量吃些河鱼、瘦肉、鸡蛋和豆制品;香菇、木耳、蘑菇等真菌类食品含有多糖成分,对肝脏有保护作用。有肝性脑病先兆时,应限制蛋白质摄入。应低盐饮食,发生腹水时应严格限盐。禁食硬质食物、戒酒,避免应用损肝药物。

3. **支持治疗** 失代偿期患者多有消化道症状,宜静脉输注高渗葡萄糖液补充热量,并加入维生素 C、胰岛素和门冬氨酸钾镁等;注意维持水、电解质和酸碱平衡;严重营养不良者可输注白蛋白或新鲜血。

（二）药物治疗

目前尚无特效药逆转肝硬化，可应用消化酶类药物助消化。病毒性肝炎肝硬化，如仍有病毒复制，可酌情抗病毒治疗。

活血化瘀、软坚散结中药，如丹参、桃仁提取物、虫草菌丝以及以丹参和黄芪为主的复方可用于早期肝硬化的抗纤维化治疗。

（三）腹水的治疗

目的是减少腹水和预防复发。在一般治疗的基础上，以利尿剂的应用为主。

1. **限制钠水摄入** 体内细胞外液的潴留量与钠摄入和尿钠排泄平衡相关。钠排泄低于钠摄入时，腹水增加；反之亦然。腹水患者应无盐或低盐饮食，每日摄入钠盐500～800mg（相当于氯化钠1.2～2.0g）；腹水减退后，仍需限制钠摄入，防止腹水复发。低钠血症（<125mmol/L）患者应限制水摄入<1L/d。轻、中度腹水在限钠饮食和卧床休息后可产生自发性利尿，腹水自行消退。

2. **利尿剂** 螺内酯（spironolactone），开始剂量为100mg/d，根据利尿反应每4～5天增加80mg，最大剂量400mg/d，勿间断用药。襻利尿剂呋塞米（furosemide），起始剂量20mg/d，可增加到160mg/d；亦可应用氨苯蝶啶和氢氯噻嗪。后者均为排钾利尿剂，因此单独使用时应注意补钾。

一般掌握在无周围水肿者每天体重减轻0.5kg，伴有周围水肿体重减轻1kg。

3. **提高血浆胶体渗透压** 在足量热量支持的基础上，定期少量、多次静脉输注新鲜血或白蛋白，对改善机体一般状况、肝功能恢复、提高血浆渗透压和促进腹水的消退等有帮助。

4. **排放腹水加输注白蛋白** 对肝硬化难治性腹水，可采用排放腹水加输注白蛋白的方法。每周排放腹水3次，每次4～5L。按照排放1L腹水静脉输注白蛋白4～6g的比例输注，以维持有效血容量，防止血液循环紊乱。此方法对Child-Pugh A、B级患者效果佳，可缩短住院时间，减少并发症。应配合利尿药物治疗使排放腹水后的体重保持稳定。

5. **腹水浓缩回输术** 腹水浓缩系在严格无菌操作下，采用透析、超滤和吸附原理，清除腹水中的水分和小分子物质，从而达到腹水浓缩、回收腹水中白蛋白的目的，浓缩后的腹水经外周静脉回输入血循环。

6. **腹腔-颈内静脉转流术** 又称LeVeen转流术。采用装有单向阀门的硅管，一端留置于腹腔，硅管另端自腹壁皮下朝向头颈，插入颈内静脉，利用腹-胸腔压力差，将腹水引向上腔静脉。

腹水回输术和LeVeen转流术是治疗难治性腹水和肝肾综合征的较好方法。可迅速消除腹水、避免自身蛋白丢失、改善肾功能、增加利尿效果、纠正机体内环境紊乱状态、改善营养状态和生存质量。但应注意感染性或癌性腹水不可回输。不良反应和并发症有发热反应、凝血机制异常、食管胃底静脉曲张破裂出血、心力衰竭以及LeVeen转流术的硅管堵塞等。

7. **经颈静脉肝内门体分流术**（transjugular intrahepatic portosystemic shunt，TIPS） 是通过介入放射学技术在肝内的门静脉与肝静脉的主要分支间建立分流通道。此方法能有效降低门静脉压力，创伤小，安全性高，适用于食管静脉曲张大出血和难治性腹水，但易诱发肝性脑病和加重肝功能损害。

（四）门静脉高压症的手术治疗

治疗目的是降低门静脉压力和消除脾功能亢进。术式有各种分流术、断流术和脾切除术。手术疗效与肝功能状态、机体一般状况、并发症和手术时机的选择等有关。

（五）并发症的治疗

1. **上消化道出血** 应采取急救措施和监护，迅速补充有效血容量，纠正失血性休克并采用有效止血措施。药物止血是治疗的基础，常用药物有垂体后叶素、生长抑素及其衍生物奥曲肽；长期服用普萘洛尔和单硝酸异山梨酯等降门脉压力药物有助于预防再发出血。三腔双囊管压迫止血术仍不失为紧急情况下的止血措施。也可行紧急内镜下止血，措施有内镜下曲张静脉硬化术、套扎术和组织黏合胶注射术等。同时，要注意预防肝性脑病、肝肾综合征、感染和再发生出血。

2. 自发性细菌性腹膜炎　并发自发性腹膜炎和败血症后，应早期、足量和联合应用抗菌药物。

3. 肝肾综合征　目前无特效疗法，一旦发生肝肾综合征，内科治疗效果很差。在积极改善肝功能的前提下，可采取以下措施：①预防和消除诱发肝肾衰竭的因素，如迅速控制上消化道大出血、感染、电解质紊乱，避免不适当的排放腹水和利尿，避免应用损害肾功能的药物等；②血管收缩剂联合静脉输注白蛋白，如应用特利加压素的同时联合静脉输注白蛋白，对 1 型 HRS 治疗有效；③经颈静脉肝内门体分流术（TIPS），有助于 HRS 患者肾功能恢复，消除难治性腹水，提高 1 型 HRS 的生存率；④体外白蛋白透析（extracorporeal albumin dialysis，ECAD），是一种安全有效的体外肝功能支持手段，该治疗在保持血流动力学稳定的情况下，能够有效地清除肝毒素，治疗肝性脑病并降低颅内压；⑤最有效的治疗方法是肝移植。

（六）肝移植术

是治疗终末期肝硬化唯一有效的方法。

【预后】

肝硬化的预后与病因、病变类型、肝功能代偿程度以及有无并发症而有所不同。酒精性肝硬化、淤血性肝硬化和胆汁性肝硬化，在消除病因及积极处理原发疾病后，病变可趋静止，相对地较病毒性肝硬化预后为好。Child-Pugh 分级（表 4-11-1）有助于判断预后，1 年生存率 Child-Pugh A 级＞95%，B 级 75%～95%，C 级为 50%～80%。死亡原因常为肝性脑病、上消化道出血、继发感染和肝肾综合征，但肝移植可以明显影响本病预后。

表 4-11-1　肝硬化 Child-Pugh 分级标准

临床生化指标	1 分	2 分	3 分
肝性脑病（级）	无	Ⅰ～Ⅱ	Ⅲ～Ⅳ
腹水	无	易消退	难消退
胆红素（μmol/L）	＜34	34～51	＞51
白蛋白（g/L）	＞35	28～35	≤28
凝血酶原时间延长（秒）	≤4	4～6	≥6

PBC 或 PSC 患者：胆红素（μmol/L）＜68 计 1 分，68～170 计 2 分，＞170 计 3 分。Child-Pugh 总分：A 级 5～6 分，B 级 7～9 分，C 级≥10 分。

（姜慧卿）

第十二章 原发性肝癌

原发性肝癌（primary carcinoma of the liver）是指起源于肝细胞或肝内胆管细胞的恶性肿瘤（简称肝癌）。我国2005年统计肝癌的死亡率为26.26/10万，居全身恶性肿瘤第二位，仅低于肺癌，在消化系统恶性肿瘤居第一位，每年有9~11万人死于肝癌，占全世界肝癌死亡病例数的45%。沿海地区肝癌死亡率高于内地，东南和东北地区高于西北、华北和西南地区，其中广西扶绥、江苏启东、浙江嵊泗和福建同安等地肝癌死亡率均大于30/10万。在国外，以非洲撒哈拉大沙漠以南和东南亚地区为高，北欧和北美则患病率较低。本病多见中年男性，男女之比为（2~5）:1。

【病因和发病机制】
肝癌的病因和发病机制尚不完全清楚，目前认为与下列多种因素有关。

（一）病毒性肝炎
流行病学研究显示乙型肝炎病毒感染（HBV）与肝细胞癌的发生有关，如HBsAg阳性率高的地区肝癌患病率高，90%的肝癌患者有HBV感染背景。但必须指出，虽然HBV是人类已知的仅次于烟草的第二种致癌因素，且与肝细胞癌的相关性高达80%，但HBV并非肝癌的惟一原因。

丙型肝炎病毒（HCV）为单股正链RNA病毒，其感染后导致慢性肝炎、肝硬化和肝癌的作用远较HBV严重，HCV感染后50%~80%患者发展为慢性肝炎。研究显示HCV感染可能与肝癌有关。

（二）肝硬化
50%~90%的肝癌患者合并肝硬化（cirrhosis of liver）。慢性病毒性肝炎或酒精性肝炎时，肝细胞反复坏死、增生，最后可能发生不典型增生和癌变。一般认为血吸虫性肝纤维化、胆汁性和淤血性肝硬化与肝癌的发生无关。

（三）黄曲霉菌毒素
流行病学和动物实验显示黄曲霉菌毒素（aflatoxin）与肝癌有关：肝癌高发地区主要位于温暖潮湿的东南亚、非洲南部和我国东南沿海地区，温暖潮湿地区的食物易受黄曲霉菌污染产生黄曲霉菌毒素；人群黄曲霉菌毒素摄入量与肝癌的患病率和死亡率相关；动物实验发现，用1.75mg/kg黄曲霉菌毒素喂饲大鼠18个月后，有2/3大鼠发生肝癌；黄曲霉菌毒素可与DNA结合，抑制DNA、RNA和蛋白质的合成。

（四）藻类毒素
肝癌高发地区污染的沟塘水中蓝绿藻产生的藻类毒素可能与肝癌发生有关。

（五）化学致癌剂
化学致癌剂如亚硝胺类、偶氮芥类、有机氯农药等均可能与肝癌有关。

（六）其他
华支睾吸虫感染刺激胆管上皮增生可能为原发性肝内胆管细胞癌原因之一。某些微量元素缺乏特别是硒缺乏与肝癌有关，补充硒可减少启东鸭肝癌的发生。长期辐射亦可能是导致肝癌危险因素之一。

【病理】
（一）大体形态分型
按全国肝癌病理协作组将肝癌分为：①块状型：此型最常见，占74%，肿块直径超过5cm以上，若超过10cm者为巨块型。肿块可为单块状、多块状或融合块状，肿块边缘清楚，可有假包膜形成，肝硬化程度较轻，或不伴肝硬化。②结节型：占22%，肿瘤直径大于3cm且小于5cm，呈圆形或椭圆形，结节可呈单结节、多结节和融合结节，常伴有明显肝硬化。③弥漫型：占2.2%，肿瘤直径

0.5~1cm，遍布全肝，常伴肝硬化，易与肝硬化结节混淆。④小癌型：孤立肿瘤结节直径小于3cm，或两个结节最大直径总和小于3cm，若≤1cm时又被称为微小肝癌。

（二）组织学分型

肝细胞型肝癌占4/5，胆管细胞型肝癌约占1/5，混合型较少见。

（三）组织分化程度

根据肝癌细胞形态和排列特点分为四级：Ⅰ级：占1.4%，癌细胞形态与正常细胞相似，分裂象少见，细胞排列呈细梁状。Ⅱ级：占65.8%，癌细胞轻度异型，分裂象多见，细胞排列呈粗梁状。Ⅲ级：占29.2%，癌细胞明显异型，出现瘤巨细胞。Ⅳ级：占3.6%，癌细胞呈梭形或多形成瘤巨细胞或小细胞。

（四）肝癌转移

肝癌的生长和转移与肿瘤的生物学特征、大小和机体免疫功能有关。一般认为肝癌细胞分化较差、恶性度高、包膜不完整者易发生转移。按转移发生频率依次有肝内血行转移、门静脉癌栓形成、淋巴结转移、局部蔓延、肝静脉癌栓形成、侵犯胆道和周围播散。肝内血行转移发生最早，癌细胞经血窦、门静脉分支或肝静脉分支在肝内播散。肝外转移最常见的部位为肺，其他依次为骨骼、肾上腺、肾等。淋巴结转移以肝门淋巴结最为常见，此外也可转移到胰头周围、主动脉旁、胃旁、支气管旁等淋巴结。此外，肝癌细胞可种植到腹膜和卵巢。

【临床表现】

原发性肝癌起病隐匿，亚临床肝癌患者无任何症状和体征，多经甲胎蛋白（AFP）和超声显像普查发现。随病情发展，进展为临床肝癌，此时患者多因肝区疼痛、食欲减退、乏力和消瘦等症状就诊。晚期可出现黄疸、转移灶症状和恶性肿瘤的全身性表现。

（一）症状

1. **肝区疼痛** 肝癌肿块增大牵拉肝包膜导致肝区疼痛，80%的临床肝癌患者以肝区疼痛为首发症状就诊。疼痛多为间歇性或持续性胀痛或钝痛，常因咳嗽、体位变化而加重，晚期表现为非麻醉药不能缓解的剧烈疼痛。右叶肝癌患者疼痛常位于右季肋部上腹，易被诊为胆道疾病。左叶肿瘤患者常表现为上腹部或胃部疼痛。肝膈顶部肿瘤或侵犯膈肌时可产生右肩背部放射性疼痛。突发性剧烈上腹部疼痛伴腹膜刺激征或休克时，应考虑肝癌结节破裂出血。

2. **消化道症状** 肝区疼痛出现之前，患者可有食欲减退、上腹胀满、恶心、呕吐或腹泻症状，因无特异性易被患者忽略。大多数肝癌合并有肝硬化，或者随着肿瘤增大肝功能明显减退，肝硬化症状加重，如乏力、厌食、鼻出血、牙龈出血、消化道出血和内分泌功能紊乱等症状。

3. **转移灶症状** 肿瘤转移之处出现相应症状，有时成为肝癌的首发症状而就诊。肺部转移症状包括咳嗽、咯血、胸痛或胸水的表现。骨转移可引起局部疼痛或病理性骨折。颅内转移可出现对应的定位表现和颅内高压的表现。

4. **恶性肿瘤的全身症状** 晚期出现发热、进行性消瘦、营养不良、恶液质等。

5. **伴癌综合征**（paraneoplastic syndrome） 指肝癌细胞分泌某些异位激素或生理活性物质，导致各系统出现特殊表现，如自发性低血糖、红细胞增多症、高纤维蛋白原血症、高胆固醇血症、高钙血症、高血小板血症和类癌综合征等。

（二）体征

1. **肝大** 肝大呈进行性，肿大的肝脏质地坚硬、边缘不规则、表面结节状或有包块。肝区有明显压痛或叩击痛。

2. **肝血管杂音** 较少见，巨大肿瘤时可出现，与肿块压迫肝动脉或腹腔动脉有关。

3. **肝硬化的体征** 合并有肝硬化者可有黄疸、蜘蛛痣、肝掌、肝病面容、皮下出血点和男性乳房发育等肝硬化肝功能减退的体征。腹壁静脉怒张、脾肿大和顽固性腹水等肝硬化门静脉高压症的体征在合并有肝硬化的患者更加明显。

根据病情特点分为三型：①单纯型：无明显肝硬化的表现和化验结果；②硬化型：有明显肝硬化的表现和化验结果；③炎症型：病情发展迅速，并伴有癌性高热或谷丙转氨酶（ALT）升高一倍以上。

（三）并发症

1. 肝性脑病　20%～35%的终末期患者死于本症。
2. 上消化道出血　肝癌患者因凝血功能障碍、食管胃底曲张静脉破裂或食管胃黏膜糜烂而反复出现不同程度的上消化道出血，最终约15%肝癌患者死于本症。
3. 肝癌结节破裂出血　发生率8%～15%。患者表现为肝区剧痛、腹膜刺激征阳性和休克的体征，严重者可死亡。腹腔穿刺时出现明显的血性腹水。
4. 继发感染　晚期患者因全身衰竭，放射治疗和化学治疗导致免疫功能减低，可并发呼吸道、肠道、泌尿道和腹腔等部位的细菌或真菌感染。
5. 肝肾综合征　部分患者晚期可并发肝肾综合征。

【实验室和其他检查】

（一）肝癌标记物检查

1. 甲胎蛋白（AFP）　AFP有591个氨基酸残基，含4%的碳水化合物，主要由胎肝合成，出生后1年内降至正常成人水平（<20μg/L），肝细胞癌阳性率为70%～90%，是诊断肝细胞癌特异性最强的标志物。此外，AFP还被广泛用于肝癌的早期诊断、鉴别诊断、评价疗效和提示预后。AFP普查可在症状出现前6～12个月发现亚临床肝癌。孕妇、急慢性肝炎、肝硬化、生殖胚胎肿瘤和其他某些胚胎发生时上皮来源器官（胃、肺、胆囊、胰腺等）的恶性肿瘤患者AFP亦可升高，但升高程度不如肝癌明显。肝癌手术切除后AFP降至正常的患者5年生存率较高。AFP的浓度与肝癌肿块的大小呈正相关，浓度高者生存期短。

应用亲和层析和电泳技术可将血清AFP分为扁豆凝集素（LCA）结合型和LCA非结合型，87.2%肝癌患者血清LCA非结合型AFP占总量的比值大于25%，良性肝病患者血清LCA非结合型AFP则低于25%。20%～45%的慢性活动性肝炎和肝硬化患者AFP常随血清ALT同步低浓度升高，但多低于200μg/L，且在1～2个月内随病情好转随着ALT降低而降低。若ALT正常，AFP低浓度升高持续2个月以上，应注意亚临床肝癌存在。

2. γ-谷氨酰转移酶同工酶Ⅱ（GGT_2）　用聚丙烯酰胺凝胶电泳可将血清γ-谷氨酰转移酶（γ-GT）分出9～13同工酶条带，其中GGT_2在原发性和继发性肝癌的阳性率为90%，特异性达97.1%，良性肝病和肝外肿瘤阳性率分别为3.1%和2.2%。小肝癌GGT_2阳性率为78.6%。GGT_2虽不能鉴别原发性肝癌和继发性肝癌，但对区分良恶性肝病和肝外肿瘤是否有肝转移有较大价值。

3. 异常凝血酶原（APT）　肝癌细胞微粒体内维生素K依赖性羧化体系功能障碍，不能使凝血酶原前体N端谷氨酸残基羧化，释放出谷氨酸羧化不全的无生理活性的异常凝血酶原。用放免法测定APT，以≥250μg/L为阳性，则肝细胞癌患者的阳性率为67%，而良性肝病和继发性肝癌仅少数呈阳性。

4. α-L-岩藻糖苷酶（AFU）　肝细胞癌的血清AFU活性升高，诊断敏感性为75%，特异性为90%。在AFP阴性肝癌及小肝癌，AFU的阳性率均在70%以上。

5. 其他　酸性同工铁蛋白（AIF）、醛缩酶同工酶A（ALD-A）、5'-核苷酸磷酸二酯酶同工酶Ⅴ（5'-NDPV）等在肝癌时增高，阳性率均在70%以上，特异性强，AFP阴性时也升高。碱性磷酸酶同工酶Ⅰ（ALP-Ⅰ）几乎仅见于肝细胞癌，特异性强，但阳性率低，仅24.8%。M_2型丙酮酸激酶（M_2-PyK）可反映肝细胞癌的分化程度，分化越差浓度越高。

（二）影像学检查

1. 超声显像　可显示直径大于2cm的肿瘤，肿瘤呈实质性暗区或光团，较大的肝癌因中心坏死、液化，而出现液性暗区。超声显像为简便易行的诊断原发性肝癌的影像学检查方法，可显示肿瘤大小、形状、位置和与血管的关系，有无肝静脉和门静脉癌栓等，并可引导肝穿刺组织活检和局部治疗。结合 AFP 检查，可用于肝癌筛查。

2. 电子计算机 X 线体层显像检查（computer tomography, CT） 可显示直径大于 2cm 的肿瘤。平扫显示肿瘤病灶为较正常肝实质密度相对为低的低密度区，也可为等密度或高密度病灶区。静脉注射含碘造影剂增强扫描可提高肝癌小病灶检出率。螺旋 CT 对小病灶的敏感性高于常规 CT。CT 结合肝动脉造影（CT arteriography, CTA）对 1cm 以下小病灶检出率高于 80%，是目前诊断小肝癌最敏感的技术。

3. 肝血管造影检查 肝癌的特征性表现包括在动脉期肿瘤区有紊乱的、形似球形分布的、管腔大小不一的肿瘤血管。在毛细血管期有均匀或不均匀的团块状高密度肿瘤染色。其他表现有动脉血管拉直、扭曲和移位，肿瘤包绕动脉，动静脉瘘等。超选择性肝动脉造影和数字减影肝血管造影（DSA）能显示直径在 0.5~1cm 的癌结节。

4. 磁共振显像（magnetic resonance image, MRI） 可显示肿瘤的脂肪变性、肿瘤包膜、肿瘤侵犯门静脉和肝静脉、肿瘤内出血坏死、肿瘤纤维间隔形成和子结节等表现。对显示子结节和癌栓有重要价值，对 ≤2cm 的小肝癌的检出率为 81.6%。

5. 放射性核素显像 传统的肝脏放射性核素显像对肝癌的早期诊断价值不大。正电子发射型计算机断层扫描（positron emission computed tomography, PET）是一种无创性探测生命元素生理和生化代谢的显像技术。PET 利用为人体重要组成元素的 ^{18}F、^{11}C、^{15}O 和 ^{13}N 等放射性核素标记的化合物（如 ^{18}F 脱氧葡萄糖、^{13}N 氨等）进行组织器官的代谢分析，可发现早期肝癌。

（三）肝穿刺活体组织检查

超声和 CT 引导的细针肝穿刺肿瘤结节活检可安全、准确地获取肿瘤组织用于病理学诊断，特别适宜于非侵入性方法不能确诊者。

【诊断与鉴别诊断】

（一）诊断

肝癌诊断标准（2001 年第八届全国肝癌学术会议制订）：

1. AFP≥400μg/L，能排除妊娠、生殖系胚胎源性肿瘤、活动性肝病及转移性肝癌，并能触及肿大、坚硬及有大结节状肿块的肝脏或影像学检查有肝癌特征的占位性病变者。

2. AFP<400μg/L，能排除妊娠、生殖系胚胎源性肿瘤活动性肝病及转移性肝癌，并有两种影像学检查有肝癌特征的占位性病变；或有两种肝癌标志物（DCP、GGT_2、AFU 及 CA19-9 等）阳性及一种影像学检查有肝癌特征的占位性病变者。

3. 有肝癌的临床表现并有肯定的肝外转移病灶（包括肉眼可见的血性腹水或在其中发现癌细胞）并能排除转移性肝癌者。

（二）鉴别诊断

1. 继发性肝癌 鉴别的关键在于寻找肝外原发癌。继发性肝癌有下列特点：病情发展相对缓慢，AFP 多阴性，肝内病灶多呈大小均一的多结节状，几乎无明显肝硬化表现。鉴别困难时，可行肝活检组织检查明确诊断。

2. 肝硬化 原发性肝癌多发生在肝硬化基础上，大结节或大小结节混合性肝硬化的影像学表现与肝癌鉴别比较困难，但肝硬化患者 AFP 多无明显增加，或仅轻微增加。密切观察病情，反复监测 AFP，必要时肝活检组织学检查可以鉴别。

3. 活动性肝病 AFP 和 ALT 动态曲线平行或同步升高，或 ALT 持续增高至正常的数倍，则活动性肝病的可能性大。AFP 和 ALT 二者曲线分离，AFP 升高而 ALT 正常或由高降低，则应多考虑原发性肝癌。

4. 肝脓肿 肝脓肿有发热、白细胞增多等炎性反应，脓肿相应部位的胸壁常有局限性水肿、压痛及右上腹肌紧张等改变。超声波多次检查可发现脓肿的液平面或液性暗区，但肝癌液性坏死亦可出现液平面，应注意鉴别，必要时可在压痛点作细针穿刺。抗阿米巴和抗细菌试验治疗为较好的鉴别方法。

5. 肝内良性占位性病变 与肝内血管瘤、多囊肝、包虫病、脂肪瘤等良性占位性病变的鉴别主要依靠 AFP 测定、超声、CT、MRI 及肝血管造影检查。

【治疗】

早期肝切除术是治疗肝癌最有效的根治性手段。对具体患者治疗方法的选择应考虑肿瘤的大小和部位，是否转移，肝功能状况和心、肺、肾等重要脏器的功能等因素。对不能耐受外科手术的患者，可综合应用多种措施控制症状和延长生存期。对终末期患者应对症治疗和控制并发症。对肝癌患者综合多模式治疗优于单一治疗，应制订最佳的个体化治疗方案。

(一) 外科手术切除

早期肝癌多为小肝癌，可一期切除者应及时行根治性切除。在我国，肝癌患者多伴肝硬化，为最大限度地保留正常肝组织并有利于术后恢复可行不规则性局部根治性切除肝肿瘤，从而提高肝癌切除率，降低手术死亡率，其远期疗效也与规则性切除相仿。为减少切除术后复发，术中须重视无瘤原则，减少医源性扩散，尽力保证足量切缘，彻底清除肿瘤和癌栓。肝癌根治性切除术后均应定期复查，采取综合干预治疗清除残癌或预防复发，这是提高肝癌疗效的重要手段。对于姑息性切除的患者，术后均应及时积极抗肿瘤治疗，控制肿瘤的生长，进一步延长患者带瘤生存时间。

(二) 非切除性外科治疗

对肿瘤较大包膜已不完整及有多个结节的肝癌，或有手术指征但术中不能完全切除的肝癌病灶可行非切除的姑息性外科治疗或非手术治疗（以肝动脉化疗栓塞为首选），达到延长患者生命的目的。主要方法有术中局部微波、激光、液氮冷冻等物理疗法，注射无水酒精，肝动脉插管化疗，肝动脉结扎和门静脉分支结扎等方法。对于姑息性切除的患者，术后均应积极及时抗肿瘤治疗，延长患者带瘤生存时间。对于不能切除的患者，宜积极采取各种治疗方法的综合治疗，争取肿瘤缩小后获得二期切除或提高生活质量、延长生命。对于切除术后复发的肝癌，凡有条件者应积极争取再手术切除，而病灶较深、多发、肝功能差的患者可采用非手术治疗。

(三) 肝血管栓塞和化疗药物栓塞治疗

肝癌细胞的血液供应 90% 来自肝动脉，将其栓塞或同时注射化疗药物可使肿瘤细胞坏死，而对正常肝细胞损伤较小，这种方法分别称为肝动脉插管栓塞疗法（transcatheter arterial embolization，TAE）和化疗药物栓塞治疗（transcatheter arterial chemoembolization，TACE）。主要适用于不能切除的肝癌，特别是以右叶为主或多发病灶或术后复发而不能手术切除者。如同时配合经超声引导肝内门静脉分支栓塞疗法（portal vein embolization，PVE）阻断来自门静脉的肝癌病灶周边血管，可达到完全阻断肿瘤血供的目的。凡不能切除的肝癌患者尚无明显腹水、黄疸、严重肝功能失代偿和其他脏器禁忌证时均可选用，对门静脉主干有癌栓者宜慎用。每 4~6 周重复一次，经 2~5 次治疗肿瘤明显缩小后，可行手术切除。肝癌根治性切除术后 TACE 可进一步清除肝内可能残存的肝癌细胞，降低复发高峰期的复发率。但 TACE 对门静脉癌栓和播散卫星灶的疗效有限，无法阻断肝癌发生，难以控制病灶转移，需与其他治疗方法联合应用，以期在肝癌切除术后充分调动机体的生物学抗肿瘤机制，消灭残存的肿瘤细胞，并进一步阻断肝癌的复发。对于姑息性切除术后残癌或根治性切除术后复发不能再切除的病例，TACE 仍是首选的治疗方法之一。常用的栓塞剂有碘化油和明胶海绵碎片，其他栓塞剂有不锈钢圈和含有化疗药物的微球或胶囊。

(四) 局部消融治疗

目前肝癌微创治疗主要是指影像引导下的非手术局部消融治疗（瘤内注射、射频消融、微波固化、激光热疗、高强度聚焦超声、氩氦刀冷冻治疗等）。适用于肿瘤直径 5cm 以下、病灶一般不超过 3 个、肿瘤位于肝门部大血管附近、全身情况较差或切除术后复发不能耐受手术的患者。其中无水乙醇注射（PEI）已在临床广泛应用，适用于肿瘤位于肝门部大血管附近、全身情况较差或切除术后复发不能耐受手术的患者。但应注意注射后纤维间隔影响均匀弥散，治疗不易彻底。射频消融治疗（RFA）和微波固化治疗对于无门静脉癌栓或肝外转移的小肝癌通过综合方法扩大消融范围可提高疗效，亦可与肝动脉栓塞联合应用治疗大肝癌。但治疗靠近胆囊、膈肌或大血管周围的肿瘤需慎重。超声引导下经皮穿刺瘤内注射或消融治疗安全性高、副反应轻，对于直径3cm以下、病灶数<3个、无门静脉癌栓或肝外转移的肝癌，肿瘤完全坏死率可达90%以上，其疗效接近手术切除，而对患者的损伤远低于手术治疗。

（五）分子靶向治疗

针对肿瘤的靶向治疗具有高特异性、疗效显著、基本不损伤正常组织的优点。目前肝癌分子靶向治疗主要包括细胞周期调控和基因治疗（反义癌基因寡核苷酸、抑癌基因和基因-病毒治疗）、新生血管生成抑制剂、生长因子及受体抑制剂、信号转导通路抑制剂、单克隆抗体等方面。

（六）抗肿瘤药物治疗

主要适应于不能手术切除的肝癌和肝癌转移灶的局部和全身化疗。对有明显黄疸、腹水、恶病质和其他脏器严重衰竭者不宜使用。常用于治疗原发性肝癌的药物有5-氟尿嘧啶（5-FU）、阿霉素或表柔比星、丝裂霉素和顺铂等。用药方法常以联合用药为主，单一用药效果较差。抗肿瘤药物的治疗途径主要以肝动脉灌注疗法为主，其他途径有静脉注射、口服、腹腔内给药和肿瘤内给药。常配合手术治疗、放射治疗、生物治疗和肝动脉栓塞治疗。

（七）生物和免疫治疗

生物和免疫治疗的目的在于调节和提高机体免疫功能来抑制和杀伤肝癌细胞，主要用于手术、放射和化疗等其他方法的配合治疗。常用的方法有白细胞介素-2（IL-2）、干扰素（IFN）、肿瘤坏死因子（TNF）、免疫核糖核酸、转移因子、卡介苗、短小棒状杆菌、左旋咪唑等。基因疗法和肿瘤疫苗是近年来研究的热点。

（八）放射治疗

肝癌细胞对放射治疗不甚敏感，传统方法效果不够满意。随着三维适形放疗和调强适形放疗等技术逐渐成熟，为放疗在肝癌治疗中的应用提供了新的机会，同时合并化疗和生物免疫治疗等方法可提高疗效。对于全身情况较好，肝功能基本正常的局限性肿瘤（主要位于右肝），部分病例可获根治。对肿瘤范围较大或已有肝外转移者，姑息性放射治疗可改善症状或相对延长生存期。已有肝性脑病、消化道出血、肝癌结节破裂出血和明显黄疸或腹水者放射治疗无益。当前肝癌放疗适应证：①不能进行手术切除的单个病灶；②手术后有残留病灶；③需要局部处理的并发症（梗阻引起的黄疸、腹水），对有临床症状需短期缓解的患者采用大分割治疗剂量；④肝细胞癌伴癌栓、淋巴结转移、肾上腺转移、骨转移。放射性肝损伤的诱因包括：肝脏基础病变重（Child B级或C级）、正常肝组织照射体积过大、剂量过大等。所致免疫抑制有可能促进肿瘤播散。预防是关键，照射剂量需限制在耐受范围内。常用外放射的能源有^{60}钴、深部X线和直线加速器等。

近年来已试用于临床的内放射方法有经肝动脉插管灌注或超声引导直接癌灶注入^{90}Y微球、^{131}I碘化油、^{192}In和^{32}P等。

（九）中医药治疗

中药与化疗、放疗合用时可调动机体免疫功能、改善症状、减轻化疗及放疗的毒副反应，从而提高疗效。

（十）肝移植

目前认为对肝功能失代偿的小肝癌或受肿瘤位置限制不能切除的小肝癌实行肝移植是理想的治疗方法。但静脉癌栓、肝内播散或肝外器官转移者应列为禁忌。

【预后】

主要取决于早期诊断和早期治疗。小肝癌手术切除后5年生存率可达60%~70%。部分不能切除的肝癌可经缩小后切除。中晚期肝癌经积极综合治疗生存期可明显延长。肿瘤体积小、包膜完整、机体免疫功能好、无明显肝硬化者和转移者预后较好。

【预防】

积极预防病毒性肝炎和肝硬化，防止食物和饮用水污染。

（王邦茂）

第十三章 肝性脑病

肝性脑病（hepatic encephalopathy，HE）是由严重的肝功能失调或障碍引起、以代谢紊乱为基础、以神经和精神症状为主要表现的中枢神经系统功能紊乱综合征。

【分型与命名】

按基础疾病不同将肝性脑病分为三种主要类型：

1. A型　为急性肝衰竭相关的HE，不包括慢性肝病伴发的急性HE。

2. B型　为严重门体分流但不伴有明确肝病，需肝活组织检查提示肝组织学正常。此型少见且不易明确诊断。

3. C型　为慢性肝病或肝硬化基础上发生HE，不论其临床表现是否急性。又分成3层次亚型：发作性HE（诱因型、自发型和复发型）、持续性HE（轻型、重型、治疗依赖型）和轻微HE。对复发型的定义是1年内有2次以上HE发作；持续性HE中轻型和重型的差异在于前者为HE Ⅰ级，而后者为Ⅱ～Ⅳ级；轻微HE即亚临床HE。

【病因和发病机制】

（一）病因

主要病因有各种原因引起的重症肝炎和失代偿期肝硬化、原发性肝癌晚期、门-腔吻合术后、妊娠期急性脂肪肝、严重胆道感染、门静脉血栓形成以及任何慢性肝病的终末期。临床上半数以上肝性脑病（多为慢性肝病）患者有明显诱因，常见诱因为上消化道出血、使用大量排钾利尿剂、大量排放腹水、电解质紊乱、高蛋白质饮食、使用镇静剂及麻醉剂、应激、感染、便秘、大量输注库存血等。

（二）发病机制

关于HE的发病机制目前主要有如下假说：

1. 神经毒素　氨是促发HE最主要的神经毒素。虽然肾和肌肉均可产氨，但消化道是氨产生的主要部位，当其被吸收后通过门静脉进入体循环。肠道氨来源于：①谷氨酰胺在肠上皮细胞代谢后产生（谷氨酰胺$\longrightarrow NH_3$＋谷氨酸）；②肠道细菌对含氮物质（摄入的蛋白质及分泌的尿素）的分解（尿素$\longrightarrow NH_3 + CO_2$）。氨以非离子型氨（$NH_3$）和离子型氨（$NH_4^+$）两种形式存在，两者的互相转化受pH梯度影响（$NH_3 + H^+ \rightleftharpoons NH_4^+$）。氨在肠道的吸收主要以$NH_3$弥散入肠黏膜，当结肠内pH＞6时，$NH_3$大量弥散入血；pH＜6时，则$NH_3$从血液转至肠腔，随粪排泄。健康的肝脏可将门静脉输入的氨转变为尿素和谷氨酰胺，使之极少进入体循环。肝衰竭时，肝对氨的代谢能力明显减退；当有门体分流存在时，肠道的氨不经肝代谢而直接进入体循环，血氨增高。前述的许多诱因均可致氨的生成和吸收增加，使血氨更进一步增高。

氨在HE中的致病作用是基于以下两个事实：①90%的HE患者动脉血氨明显升高；②降低血氨的措施对部分HE患者有效。游离的NH_3有毒性，且能透过血脑屏障。氨对脑功能的影响是多方面的：①干扰脑细胞三羧酸循环，使大脑细胞的能量供应不足；②增加了脑对中性氨基酸如酪氨酸、苯丙氨酸、色氨酸的摄取，这些物质对脑功能具有抑制作用（见下述）；③脑星形胶质细胞含有谷氨酰胺合成酶，可促进氨与谷氨酸合成为谷氨酰胺，当脑内氨浓度增加，星形胶质细胞合成的谷氨酰胺增加。谷氨酰胺是一种很强的细胞内渗透剂，其增加不仅导致星形胶质细胞而且也使神经元细胞肿胀，这是HE时脑水肿发生的重要原因；④氨还可直接干扰神经的电活动。

2. 神经递质的变化

（1）γ-氨基丁酸/苯二氮䓬（GABA/BZ）神经递质：大脑神经元表面GABA受体与BZ受体及巴比妥受体紧密相连，组成GABA/BZ复合体，共同调节氯离子通道。复合体中任何一个受体被激活均可促使氯离子内流而使神经传导被抑制。过去认为，大脑抑制性神经递质 GABA/BZ 的增加是导致 HE 的重要原因。近年的大量实验表明，脑内 GABA/BZ 的浓度在 HE 时并没有改变，但在氨的作用下，脑星形胶质细胞 BZ 受体表达上调。临床上，肝衰竭患者对苯二氮䓬类镇静药及巴比妥类安眠药极为敏感，而 BZ 拮抗剂如氟马西尼对部分肝性脑病患者具有苏醒作用，支持这一假说。

（2）假性神经递质：神经冲动的传导是通过递质来完成的。神经递质分兴奋和抑制两类，正常时两者保持生理平衡。兴奋性神经递质有儿茶酚胺中的多巴胺和去甲肾上腺素、乙酰胆碱、谷氨酸和门冬氨酸等。食物中的芳香族氨基酸如酪氨酸、苯丙氨酸等经肠菌脱羧酶的作用分别转变为酪胺和苯乙胺。若肝对酪胺和苯乙胺的清除发生障碍，此两种胺可进入脑组织，在脑内经 β 羟化酶的作用分别形成 β-羟酪胺和苯乙醇胺。后两者的化学结构与正常的神经递质去甲肾上腺素相似，但不能传递神经冲动或作用很弱，因此称为假性神经递质。当假性神经递质被脑细胞摄取并取代了突触中的正常递质，则神经传导发生障碍。

（3）色氨酸：正常情况下色氨酸与白蛋白结合不易通过血脑屏障，肝病时白蛋白合成降低，加之血浆中其他物质对白蛋白的竞争性结合造成游离的色氨酸增多，游离的色氨酸可通过血脑屏障，在大脑中代谢生成 5-羟色胺（5-HT）及 5-羟吲哚乙酸（5-HITT），二者都是抑制性神经递质，参与肝性脑病的发生，与早期睡眠方式及日夜节律改变有关。

【病理】

急性肝性脑病时脑组织无明显异常，约 1/3 患者可有脑水肿。慢性肝性脑病患者可出现大脑皮质变薄，皮质深部片状坏死，神经细胞及其神经纤维消失，而皮质下组织的星形细胞肥大和增多。

【临床表现】

急性肝性脑病常见于暴发性病毒性肝炎，患者在起病数日内即进入昏迷，甚至死亡，昏迷前可无明显前驱症状。慢性肝性脑病的临床表现取决于原有肝病的性质、肝细胞损害程度和诱因。

慢性肝性脑病早期无任何肝性脑病的临床表现，常规神经精神系统检查亦无异常发现，但特殊智力定量检查和诱发电位检查可有异常发现，此期肝性脑病亦称为轻微 HE 或亚临床 HE。

随后出现程度不同的神经系统表现和脑电图改变。当肝功能仍有代偿能力时，消除诱因或适当治疗，患者神志可以恢复，但易反复发作。终末期患者昏迷逐渐加深，最后死亡。临床上将肝性脑病分为四期（级）：

一期（前驱期）：以轻度性格改变和行为失常为主。表现为欣快激动或淡漠少语，衣冠不整，随处便溺，行为失态，常常思维紊乱，出现怪癖幼稚行动。患者应答尚准确，但有时吐词不清，且较缓慢。体检可发现扑翼样震颤（即肝震颤：令患者双臂前伸，手指分开时，出现双手向外侧偏斜，掌指关节、腕关节，甚至肘和肩关节有快速、不规则的扑翼样震颤）。脑电图多数正常。此期历时数天至数周，有时症状不明显，易被忽略，有时因行为异常酷似精神分裂症而被误诊。

二期（昏迷前期）：前驱期症状进一步加重，以意识模糊、错乱和睡眠障碍为主。定向力、理解力和计算力减退，对时间、地点和人的概念混乱，言语不清，书写障碍，举止反常。常有睡眠时间倒错，甚至有幻觉、恐惧和狂躁出现。扑翼样震颤存在，可查出腱反射亢进、肌张力增高、踝阵挛和 Babinski 征阳性等，脑电图表现异常。

三期（昏睡期）：以昏睡和精神错乱为主。大部分时间呈昏睡状态，但可唤醒，醒时尚可回答问话。扑翼样震颤仍存在，锥体束征呈阳性，脑电图有异常表现。

四期（昏迷期）：神志完全丧失，不能唤醒。浅昏迷时，对疼痛刺激有反应，腱反射亢进，肌张力增加，扑翼样震颤无法引出。深昏迷时，各种反射消失，肌张力降低，瞳孔散大，脑电图明显异常。

临床上，上述各期前后可有重叠，且随病情发展或好转而进级或退级。此外，部分患者由于神经系统不同部分器质性损害，出现智能减退、吐词不清、震颤、共济失调、锥体束征或截瘫。部分症状可经治疗好转，部分则持续存在。

肝功能损害严重的肝性脑病患者常有明显黄疸、出血倾向和肝臭,甚至并发各种感染、肝肾综合征和脑水肿等。

【实验室和其他检查】

不同病因的肝性脑病患者除有原发病的实验室检查结果异常外,下列检查有利于肝性脑病的诊断:

(一) 血氨

正常人空腹静脉血氨为 $40\sim70\mu g/dl$。慢性肝性脑病患者多有血氨升高,急性肝性脑病时,血氨多正常。

(二) 血浆氨基酸测定

血浆支链氨基酸(缬氨酸、亮氨酸、异亮氨酸)浓度减低,芳香氨基酸(苯丙氨酸、酪氨酸和色氨酸)浓度升高,两者比值下降。

(三) 脑脊液检查

为非常规检查,严重肝病时有一定危险。脑脊液常规和压力均正常,谷氨酰胺、谷氨酸和色氨酸浓度增高。急性肝衰竭因脑水肿,脑脊液压力可增高。

(四) 脑电图检查

脑电图的演变与病情严重程度一致,并可判断治疗效果。前驱期多数患者脑电图基本正常,为 α 波($8\sim13$ 次/秒),昏迷前期和昏睡期脑电图变为 θ 波($4\sim7$ 次/秒),并出现高波幅 δ 波($1\sim5$ 次/秒),昏迷期大脑两侧同时出现高波幅 δ 波。肝性脑病的脑电图变化并非特异,尿毒症、高碳酸血症、低血糖和维生素 B_{12} 缺乏亦可出现类似变化。

(五) 感觉诱发电位

指刺激某一特定部位的感受器时,可体外记录到中枢神经系统对应部位的同步放电反应。常用的方法有视觉诱发电位(VEP)、听觉诱发电位(AEP)和躯体诱发电位(SEP)等,其中 SEP 对亚临床肝性脑病的诊断价值较大。

(六) 智力测验

对轻微 HE 有较大诊断价值。常用方法有加减计算试验、数字连接试验和书写试验等。

【诊断与鉴别诊断】

(一) 诊断

肝性脑病的主要诊断依据为:①有严重的肝病病史或广泛门体侧支循环存在;②有性格改变、精神错乱、行为异常、昏睡或昏迷的表现;③有过量氨摄入,水、电解质代谢紊乱或使用麻醉镇静药病史等肝性脑病的诱因;④明显肝功能损害或血氨增高。由于轻微 HE 患者的生存质量下降和存在发生事故的危险,其诊断受到了日益的重视。对于轻微 HE 诊断的标准为:患者存在能引起 HE 的疾病如肝硬化或先天性门体分流;临床检查精神状态正常,无明显的肝性脑病症状,神经心理测试与神经生理测试两者之一异常者可诊断为轻微 HE。

根据患者的性格、行为改变,精神、神志变化,扑翼样震颤和脑电图的改变可对肝性脑病患者进行分期。对慢性肝病患者进行智力检查和诱发电位检查可发现轻微 HE。

(二) 鉴别诊断

诊断 HE 需除外其他疾病可能。

1. 以精神症状为惟一突出表现的 HE 易误诊为精神分裂症。

2. HE 还应与糖尿病、低血糖、尿毒症、脑血管意外、脑部感染和镇静剂过量等疾病引起的昏迷相鉴别。

3. HE 应与酒精性震颤性谵妄鉴别,后者可急性起病,也可逐渐发生,主要特征有震颤、精神错乱及幻觉。此外,还有坐立不安、焦虑、失眠、语言滔滔不绝等,而无嗜睡和注意力不集中等现象,且震颤较肝性脑病的肝震颤粗大和快速。

【治疗】

肝性脑病的治疗目的为促进意识恢复。因有多因素参与发病，目前尚无特效治疗方法，故以综合治疗措施为主。

（一）一般治疗和饮食治疗

早期识别并治疗轻微HE可避免发生机械操作事故和驾驶各种交通工具时发生交通事故。对前驱期和昏迷前期有性格改变、精神错乱、行为异常的患者，应予监护，防止意外情况发生。昏迷患者应监测生命体征，保持气道通畅。有脑水肿和颅内高压者，静脉输注高渗葡萄糖、甘露醇或脱水药等。

减少饮食中蛋白质摄入对肝性脑病患者防治有益。

1. 急性HE　首日禁食蛋白质食物，但短期（4d）禁食不必要。

2. 慢性HE　①蛋白质加双糖饮食可增强机体对蛋白质的耐受；②植物和奶制品蛋白可提供更高热量，前者还可提供大量纤维素，有利于维护结肠正常菌群及酸化肠道；③蛋白质摄入量为每天1～1.5g/kg；④主张口服支链氨基酸制剂；⑤醋酸锌220mg/次，口服，2次/日；该药可减少二价阳离子的吸收。实验证明每日进食40～80g植物蛋白对轻型肝性脑病有利。补充足够的碳水化合物有利于防止组织蛋白质分解，促进氨与谷氨酸结合生成谷氨酰胺而降低血氨。碳水化合物量每日按1200～1600kcal热量计算，不能进食者可经鼻胃管注入或静脉注入。同时注意补充足量维生素类和微量元素。

（二）消除诱因

寻找并及时控制各种可能的诱因在肝性脑病的治疗中有着极其重要的地位。肝硬化患者往往在上消化道出血后迅速发生肝性脑病，故应及时通过药物和内镜治疗等措施控制消化道出血，并通过胃内吸引、肠道清洗等方法清除消化道内残存血液，以减少氨和有毒物质的产生和吸收。失代偿期肝硬化患者常因水肿、少尿、大量腹水而应用大量的快速排钾利尿剂和排放腹水导致低钾碱中毒而诱发肝性脑病，故应停止使用快速排钾利尿剂和放腹水，并纠正电解质和酸碱平衡失调。若发现患者有呼吸道、泌尿道和腹腔等部位感染，应选用适当的抗生素控制感染。当患者出现狂躁不安或抽搐时，禁用副醛、水合氯醛、哌替啶、吗啡及其衍生物和速效巴比妥类药物，可减量使用异丙嗪、氯苯那敏和东莨菪碱等镇静药物。

（三）减少肠道内毒物的生成和吸收

1. 导泻和灌肠　清除消化道内的蛋白质或残存血液，减少氨的产生和吸收。方法有口服或鼻饲硫酸镁20g导泻和用生理盐水或弱酸性溶液（如加入食醋或1‰乳酸液）灌肠。

2. 非吸收抗生素　对肝性脑病的疗效不十分肯定。新霉素长期服用应定期查肾功能，每年查听力；疗效不佳者可合用乳果糖，也可合用甲硝唑。幽门螺旋杆菌（Hp）分泌尿素酶可分解尿素产氨，已有Hp感染的肝性脑病患者经抗Hp治疗后症状好转的报道。

3. 口服乳果糖及其类似物　此类药物在结肠被乳酸杆菌和大肠埃希菌分解成乳酸和醋酸，可酸化肠腔减少氨的形成和吸收，促进乳酸杆菌繁殖，抑制产氨细菌生长，有轻微导泻作用而利于氨和其他有毒物质排泄，故对肝性脑病有治疗作用。常用的药物和剂量为乳果糖30ml，每日3次口服，或300ml乳果糖加700ml盐水，分1～2次灌肠，保留1小时，每日4～6次。乳梨糖30～45g，分3次口服。

4. 调整肠道菌群　服用不产生尿素酶的有益菌，如乳酸杆菌、肠球菌、双歧杆菌、酪酸杆菌等，可抑制产生尿素酶的细菌生长，酸化肠道，防止氨和其他有毒物质吸收。

5. 肠道尿素酶抑制剂　抑制肠道细菌尿素酶，减少尿素分解成氨，降低血氨浓度。常用药物有乙酰氧肟酸和辛酰氧肟酸，剂量为600～1600mg，分4次口服。

（四）降低血氨的药物

1. L-鸟氨酸-L-门冬氨酸　鸟氨酸是鸟氨酸循环的重要基质，并能增加氨基甲酰磷酸合成酶和鸟氨酸氨基甲酰转移酶活性，可促进尿素合成。门冬氨酸能促进谷氨酰胺合成酶的活性，促进脑、肝、肾利用氨合成谷氨酸和谷氨酰胺，降低血氨。用于急、慢性 HE 的治疗，疗效满意。每日 20g，静脉滴注。

2. 其他药物 如精氨酸、鸟氨酸-α-酮戊二酸、谷氨酸钠、谷氨酸钾、苯甲酸钠和苯乙酸钠等，实际作用有限，临床应用不多。

降低血氨的药物交替使用较单用效果好，对慢性门体分流的肝性脑病疗效好于急性肝性脑病疗。

（五）影响神经传导的药物

1. GABA/BZ 受体拮抗剂 氟马西尼（flumazenil）为 BZ 受体拮抗剂，0.5~1mg 静脉推注，可改善肝性脑病的症状。

2. 补充支链氨基酸 口服或静脉缓慢注入支链氨基酸可纠正氨基酸代谢紊乱和恢复正氮平衡，抑制大脑中假性神经递质的形成。但对门体分流性脑病的疗效尚有争议。

3. 溴隐亭（30mg，3 次/天） 可用于慢性 HE 对其他治疗无反应者，但可引起催乳素增高。

4. 纠正假性神经递质 多巴胺的前体左旋多巴可通过血脑屏障进入脑组织，经多巴胺脱羧酶产生多巴胺，纠正假性神经递质。但疗效尚未肯定，近年来报告较少。方法为 200~600mg 加入葡萄糖液静脉滴注。口服每日 2~6g，分 2~4 次。也可加入生理盐水中保留灌肠。

（六）调控脏器循环

通过超声或血管造影，已证实部分患者可能有自发性门-体短路，包括脾-肾或胃-肾短路，从而形成自发性脑病。临床上可用放射技术（如使用油剂）阻断门-体侧支循环。结果尚未见静脉曲张出血的并发症，但经验不多。故仅应用于经其他治疗无效者，且应在有经验的医院进行。

（七）人工肝

人工肝治疗目的是等待急性肝衰竭患者肝细胞再生和慢性肝性脑病患者肝移植。传统人工肝疗效较差，现有将血液透析滤过、血浆交换、活性炭吸附等方法与肝酶类、肝细胞成分、肝组织片和培养的肝细胞等生物材料结合组成的混合型人工肝系统。该系统具有肝脏的特异解毒功能，参与糖、脂和蛋白质代谢，可清除毒性物质和中间代谢产物，有生物合成和转化功能，能分泌某些促进肝细胞生长的活性物质。

（八）肝移植

随着供肝保存方法和肝移植手术技术进步和抗免疫排斥抑制药的发展，肝移植将成为治疗肝性脑病的常规方法之一。

【预后】

急性肝衰竭所致肝性脑病预后差。有明显诱因的肝硬化患者，发生肝性脑病预后较好。

【预防】

积极防治肝病，对已有肝病的患者应避免所有的肝性脑病诱发因素。密切观察严重肝性脑病患者的病情，及时发现并治疗轻微肝性脑病或前驱期肝性脑病。

（王邦茂）

第十四章 胰腺炎

第一节 急性胰腺炎

急性胰腺炎（acute pancreatitis，AP）是胰酶在胰腺内被激活后引起胰腺组织自身消化的化学性炎症。发病较急，表现为上腹剧痛伴呕吐，伴有发热及血淀粉酶升高。根据病理组织学检查，可分为急性水肿型和坏死型胰腺炎，但由于临床上对急性胰腺炎较少进行病理学检查。2002年泰国曼谷世界胃肠病大会统一了急性胰腺炎的分级命名法：病变程度轻，以胰腺水肿为主，临床多见，病情常呈自限性，预后良好，称为轻症急性胰腺炎（mild acute pancreatitis，MAP）；少数重者胰腺出血坏死，常继发感染、腹膜炎和休克等多种并发症，病死率高，称为重症急性胰腺炎（severe acute pancreatitis，SAP）；重症急性胰腺炎中病情极其凶险者称为暴发性胰腺炎（fulminate acute pancreatitis，FAP）。

急性胰腺炎是临床常见的急腹症之一，其患病率各国报道差异较大，5～50/10万人不等，男性多于女性。在过去的30年中，急性胰腺炎的患病率呈逐渐上升趋势，可能与影像诊断技术的提高有一定关系。近年来，随着急性胰腺炎基础和临床研究的共同进展，急性胰腺炎的病死率和并发症发生率均呈明显下降。

【病因和发病机制】

引起急性胰腺炎病因有许多，存在地区差异。常见的病因有胆道疾病、饮酒、暴饮暴食等。在西方国家，酗酒是急、慢性胰腺炎的主要病因之一，而在我国此病因占次要地位，不过近年来有逐渐增加的趋势。

（一）胆道疾病

大约80%正常人群，胰和胆总管在进入十二指肠降段前先形成一共同通道，开口于十二指肠壶腹部，结石嵌顿、蛔虫堵塞或胆道感染引起Oddi括约肌痉挛造成壶腹部梗阻，将会导致急性胆源性胰腺炎（acute biliary pancreatitis，ABP）与上行胆管炎，即"共同通道学说"（common channel hypothesis）。其发生原因有以下可能：①胆石或蛔虫嵌顿于壶腹部，或发生炎症、水肿和痉挛，均可导致胆汁通过共同通道逆流入胰管，激活胰酶；②胆石排泄过程中，Oddi括约肌发生麻痹性弛缓，引起十二指肠内容物，主要是胆汁，反流入胰管并激活胰酶；③胆汁中的毒性物质，包括游离胆汁酸、细菌毒素、非结合胆红素和溶血卵磷脂等直接损害胰腺。近年来"胆道微结石"已经成为急性胰腺炎病因的研究热点，一般来说，胆道微结石是指直径<3mm的胆固醇结晶、胆红素钙颗粒和碳酸钙颗粒，其发病机制不明，考虑可能与微结石或胆固醇结晶通过Vater壶腹时的一过性压迫有关。临床常规检查难以发现，易误诊为特发性胰腺炎。行内镜下逆行胰胆管造影（endoscopic retrograde cholangio pancreatography，ERCP）检查取胆汁作镜检可以确定诊断。研究表明，既往诊断特发性胰腺炎的患者中约2/3有"胆道微结石"，即隐匿性胆石症。此外部分患者可无阳性病变而仅表现为Oddi括约肌功能障碍（sphincter of Oddi dysfunction，SOD），ERCP下行Oddi括约肌压力测定是确诊的唯一方法。

（二）大量饮酒及暴饮暴食

酒精能刺激胰液和胰酶分泌，引起乳头水肿和Oddi括约肌痉挛，使胰管内压力上升。长期饮酒使胰液内蛋白质含量增高，甚至发生蛋白质栓子，导致胰管阻塞。暴饮暴食使大量食糜短时间内进入十二指肠，引起乳头水肿和Oddi括约肌痉挛，同时刺激大量胰液与胆汁分泌，由于胰液和胆汁排泄不畅，引发急性胰腺炎。

(三) 胰管阻塞

胰管结石或蛔虫、壶腹部结石、胰管炎性狭窄及肿瘤等均可阻塞胰管，部分或完全性阻断胰液外流，当胰液分泌旺盛时胰管内压力增高，使胰管小分支和胰腺泡破裂，胰液与消化酶渗入间质，引起急性胰腺炎。胰腺分裂症（系胰腺胚胎发育异常）时，多因副胰管经狭小的副乳头引流大部分胰腺的胰液，因其相对狭窄而引流不畅。

(四) 十二指肠乳头周围的病变

穿透性十二指肠溃疡、乳头周围的憩室、息肉、炎性狭窄、Vater壶腹水肿及炎症等，可导致十二指肠腔内压力增高、十二指肠液反流，诱发急性胰腺炎。

(五) 外伤与手术

外伤或手术可直接损伤胰腺组织和胰管，引起胰腺水肿、胰管梗阻或血供障碍。低血容量性休克可使胰腺血液灌注不足，或有微血栓形成。ERCP检查时注射造影剂压力过高、反复插管损伤乳头以及造影剂对胰腺组织的毒性作用，可引起胰腺损伤，出现暂时性高淀粉酶血症或急性胰腺炎。

(六) 感染

严重感染引起急性胰腺炎并不少见，细菌感染引起严重败血症，可导致急性化脓性胰腺炎。病毒感染如急性腮腺炎、柯萨奇病毒感染时可发生急性胰腺炎，传染性单核细胞增多症及病毒性肝炎也可并发急性胰腺炎。

(七) 药物

与急性胰腺炎发病有关的药物多达50余种，包括利尿剂、糖皮质激素和其他免疫抑制剂、口服避孕药等，其中最易导致急性胰腺炎的是硫唑嘌呤和巯基嘌呤。这些药物引起急性胰腺炎，可能是由于它们损伤胰腺组织、促进胰液与胰酶分泌，使胰液的黏稠度增加或胰管排泄不畅所致，多发生在服药最初2个月内，与剂量不一定相关。

(八) 内分泌与代谢

甲状旁腺功能亢进、维生素D过多等导致血钙升高，使胰管钙化，胰液中钙浓度升高可促进胰蛋白酶原转化为胰蛋白酶。孕妇易并发急性胰腺炎，可能与腹腔内压力增高，增加胰管阻力有关，多发生在妊娠中晚期，但90%的患者合并胆石症。高脂蛋白血症，特别是家族性高脂血症Ⅰ型和Ⅴ型，因胰液内脂质沉着或来自胰腺外脂肪栓塞而引起急性胰腺炎。糖尿病昏迷和尿毒症也偶可发生急性胰腺炎。

(九) 其他

动脉粥样硬化等血管病变可导致胰腺梗死、缺血性坏死，肾移植后可发生急性胰腺炎。家族性遗传性急性胰腺炎常在一个家族中有多人发病且发病年龄早，胰腺炎易反复发作。尽管急性胰腺炎的病因很多，多数病例可找到致病因素，但仍有5%~25%的急性胰腺炎病因不明，其发病表现与胆源性或酒精性胰腺炎并无区别，但始终未能查到发病原因，称之为特发性胰腺炎。随着诊断技术的不断完善，现已证实许多特发性胰腺炎实际上存在着胆道微结石或Oddi括约肌功能障碍。

急性胰腺炎的发生机制较为复杂，胰酶的激活、炎症介质和细胞因子的释放、血循环紊乱以及细菌感染等多种因素均参与急性胰腺炎的发生发展。总结起来可归纳为以下几点：

1. **胰酶异常激活** 胰腺主要分泌淀粉酶、蛋白酶和脂肪酶等。在胰腺内，淀粉酶、脂肪酶及核糖酶为活性酶，其余大多数酶以酶原形式存在，并且与细胞质隔离，同时血清中还存在胰酶抑制物，从而防止胰酶对胰腺本身发生消化作用。一旦胰酶在胰腺内被激活，即对胰腺本身起消化作用。其中以胰蛋白酶作用最强，除激活自身以外，它还激活其他胰酶，其中胰腺磷脂酶A、脂肪酶、弹力纤维酶、血管舒缓素和缓激肽在其中发挥主要作用。磷脂酶A被激活后，可水解细胞膜的卵磷脂，生成脂肪酸和溶血卵磷脂，后者使细胞崩解，胞内大量胰酶释出，加重炎症，同时产生血栓素A_2，它能强烈收缩血管，导致组织血循环障碍。脂肪酶可导致脂肪坏死，甚至波及胰腺周围组织。弹力纤维酶消化弹力纤维，使胰腺血管受损，导致出血。血管舒缓素使激肽酶原变为缓激肽和胰激肽，导致血管舒张和通透性增加，引起微循环障碍，最终导致休克。

2. 炎症介质和细胞因子　近年来研究提示，在急性胰腺炎的发生发展过程中，炎症介质和细胞因子起重要的介导作用。其中白介素、肿瘤坏死因子、转移生长因子、血小板活化因子、核转录因子 κB（NF-κB）以及补体系统等均已证实参与急性胰腺炎的组织损伤反应。部分患者可表现为"全身炎症反应综合征"，即为急性胰腺炎时活化的细胞因子、炎症细胞、补体系统等所致的炎症级联反应。

3. 胰腺微循环障碍　重症胰腺炎时血管通透性增加、胰腺血流减少、血管内血栓形成及中性粒细胞-内皮细胞相互作用等在多脏器功能衰竭中起重要作用。缺血-再灌注损伤被认为是急性胰腺炎时的一种潜在性损伤因素。

4. 细胞凋亡　急性胰腺炎时多种基因被激活以调控胰腺腺泡细胞凋亡，尤其在轻症急性胰腺炎时。

5. 肠道细菌易位和"二次打击"学说　重症急性胰腺炎时细胞免疫功能减退、肠道血管通透性增加以及肠道动力障碍、菌群失衡等诸多因素导致肠屏障功能受损、肠道细菌易位以及继发感染，感染又进一步促进细胞因子和炎症介质的释放从而形成"二次打击"。

【病理】

通常将其分为急性水肿型和出血坏死型两种。

（一）急性水肿型

约占 90%，表现为整个胰腺肿大、质地结实，胰腺周围组织可有少量脂肪坏死。组织学检查可见胰腺间质充血、水肿和炎细胞浸润，可见散在的点状脂肪坏死，有少量腺泡坏死，血管变化常不明显，无明显胰腺实质坏死和出血。

（二）急性坏死型

较少见，基本病变为：①胰腺实质坏死；②血管损害引起水肿、出血和血栓形成；③脂肪坏死；④坏死灶周围炎性细胞浸润；⑤可见钙皂，呈大小不等、稍隆起如象牙色斑点或斑块，散落于大网膜和胰腺上。病程稍长者可有脓肿、假性囊肿（pseudocyst）和瘘管形成。由于胰液外溢和血管损害，部分病例可伴有腹水、胸水和心包积液，并易继发细菌感染。发生急性呼吸窘迫综合征时可出现肺水肿、肺出血和肺透明膜形成。也可见肾小球病变、肾小管坏死、脂肪栓塞和弥散性血管内凝血等病理变化。

【临床表现】

急性胰腺炎常在饱食、脂餐或饮酒后发生，部分患者无诱因可查。急性胰腺炎的临床表现取决于其病因、病理类型和治疗是否及时。水肿型急性胰腺炎症状较轻，3~5 天可缓解。坏死型病情重，可呈暴发性经过，甚至猝死。

（一）症状

1. 腹痛　为主要症状和首发表现，多突然发作，常于饱餐和饮酒后发生。轻重不一，呈上腹钝痛、绞痛、钻痛或刀割痛，常持续性伴阵发性加剧，不能为一般胃肠解痉药缓解，进食可加剧。疼痛部位通常在中上腹部，其次在上腹偏右或左上腹，并向腰背部放射。疼痛在弯腰或坐起前倾时减轻。病情轻者，腹痛 3~5 天即可缓解。重症者病情发展较快，腹痛延续较长，由于渗出液扩散，可引起全腹痛。极少数年老体弱患者可无腹痛或者极轻微。腹痛的主要机制为：胰腺急性水肿、炎症刺激和牵拉其包膜上的神经末梢；胰腺的炎性渗出液和胰液外溢刺激腹膜和腹膜后组织；炎症累及肠道导致肠胀气和肠麻痹；胰管阻塞或伴有胆囊炎、胆石症引起疼痛。

2. 恶心、呕吐及腹胀　多数患者有恶心、呕吐及腹胀。呕吐物常为胃内容物，可含有胆汁，甚至血性物。呕吐后腹痛并不减轻。酒精性胰腺炎者的呕吐常于腹痛时出现，胆源性胰腺炎者的呕吐常在腹痛发生之后。腹胀系由于肠内气体积聚、大量液体渗出以及炎症反应等因素导致，与疾病的严重程度呈正相关，大部分患者 3~5 天内好转，重症患者通常腹胀明显，或并发麻痹性肠梗阻。若腹胀症状不缓解，则易诱发感染和肠屏障功能衰竭。

3. 黄疸　黄疸系胰头水肿压迫胆总管所引起，但大多数情况下是由胆总管结石和胆道感染所致。起病后1~2周出现黄疸者多由胰腺假性囊肿压迫胆总管所致，少数患者后期可并发肝损害而出现肝细胞性黄疸。

4. 发热　多为中等度以上发热，少数为高热，一般持续3~5天。发热持续一周以上或逐日升高，白细胞升高者提示合并感染，如胰腺脓肿、腹膜炎或胆道感染。

5. 低血压和休克　重症胰腺炎常发生，患者烦躁不安、皮肤苍白、湿冷等。有极少数休克可突然发生，甚至发生猝死，主要原因为有效血容量不足、缓激肽类物质致周围血管扩张、并发消化道出血等。

6. 水、电解质、酸碱平衡及代谢紊乱　患者多有轻重不等的脱水、低血钾，呕吐频繁者可有代谢性碱中毒。重症者尚有明显脱水与代谢性酸中毒，低钙血症（<2mmol/L），部分伴血糖增高，偶可发生糖尿病酮症酸中毒或高渗性昏迷。

7. 胸水、腹水　合并胸腹水者几乎均为重症急性胰腺炎，胸腹水系炎症过程中胰腺和腹膜液体渗漏所致，淋巴管阻塞或引流不畅可能也起一定作用。胰性胸腹水中淀粉酶含量甚高，可以与其他原因的胸腹水相区别。

(二) 体征

轻症急性胰腺炎患者腹部体征较轻，往往与主诉腹痛程度不十分相符，伴上腹深压痛、腹胀、肠鸣音减少，无肌紧张和反跳痛；重症急性胰腺炎患者可出现急性腹膜炎体征，常有腹肌紧张、压痛、反跳痛，常位于左上腹以及左腰部，多数因肠麻痹而有明显腹胀，肠鸣音减弱或消失，也可出现腹水征。合并胰腺脓肿或囊肿时，上腹部有时可扪及伴明显压痛的腹块。重症急性胰腺炎时腹腔内出血，可出现血性腹水的征象，患者脐周皮肤出现青紫色，称为Cullen征，当血液通过腹膜后间隙渗入后腹壁，可使左腰部皮肤呈现青紫色，称为Grey-Turner征。

(三) 并发症

轻症急性胰腺炎很少有并发症发生，而重症急性胰腺炎则常出现多种并发症。

1. 局部并发症

(1) 急性液体积聚（acute fluid collections）：见于急性胰腺炎早期，大量富含胰酶的液体在胰腺周围积聚，无肉芽组织或纤维组织壁形成，系由胰腺渗出引起，可分为局限性或弥漫性。多见于重症急性胰腺炎者，大多数经过治疗可自行消退，少数发展为胰腺囊肿或假性囊肿。

(2) 胰腺坏死（pancreatic necrosis）：为胰腺实质弥漫或局灶性破坏，同时伴有胰腺周围脂肪组织坏死。初期为无菌性坏死，随着病情的进展可能会合并感染。CT引导下细针抽吸细菌学检查可确诊。

(3) 胰腺脓肿（pancreatic abscess）：起病2~3周后，因胰腺及胰周坏死继发感染而出现高热、腹痛、上腹肿块和中毒症状，白细胞计数持续升高，应考虑胰腺或胰腺周围脓肿。

(4) 胰腺假性囊肿（pseudocyst）：常发生于重症患者，多在发病3~4周后形成，系胰液和液化的坏死组织在胰腺或其周围被包裹而形成。多位于胰体尾部，大小由几毫米至几十厘米，囊壁无上皮组织，仅见坏死、肉芽、纤维组织。囊肿位于腹中部或左上腹，可累及邻近器官，如胆总管、脾、胃、十二指肠、肾和血管而引起压迫症状。假性囊肿破裂，可引起胰源性腹水。

2. 全身并发症　重症胰腺炎常并发不同程度的多器官衰竭（multiple organ failure, MOF）。

【实验室与其他检查】

(一) 白细胞计数

白细胞在（10~25）×10^9/L之间，严重病例可出现核左移现象，偶尔出现类白血病反应。白细胞升高多于数日内恢复，若病程第2周仍有白细胞升高，则提示合并感染或并发胰腺脓肿。

(二) 淀粉酶测定

血清淀粉酶增高见于90%以上的患者，因而血、尿淀粉酶增高是诊断急性胰腺炎最常用的指标。在症状发作6~8小时后血清淀粉酶开始升高，18~24小时到达高峰，3~5天后恢复正常。一般超过正常3~4倍，大于500U/L即可确诊。临床上测定的血清淀粉酶是胰腺型和唾液型的总和。测定胰腺型淀粉酶，诊断的特异性更大，具有实际的意义。尿淀粉酶增高稍晚，一般在发病后12~24小时，下降也较慢，可持续1~2周，超过1 000U/L时，具有诊断价值，但尿淀粉酶值易受患者尿量的影响。胸腹水中淀粉酶显著增高可作为急性胰腺炎的诊断依据，但胃肠穿孔时也可有胸水和腹水淀粉酶增高。

以淀粉酶诊断急性胰腺炎时需考虑以下几个问题：①淀粉酶高低并不一定反映病情轻重；②增高的淀粉酶突然降低，并与症状不相符时，常为重症急性胰腺炎预后凶险的重要依据；③其他急腹症如消化性溃疡穿孔、胆石症、胆囊炎、肠梗阻等都可有血清淀粉酶升高，但一般不超过正常值的2倍。

(三) 血清脂肪酶

急性胰腺炎时，胰腺分泌的脂肪酶也向外周释放，故血清脂肪酶同淀粉酶一样也相应地增高。脂肪酶增高晚于淀粉酶，一般在发病后72~96小时始达顶峰，持续5~10天后恢复到正常。对于就诊较晚的急性胰腺炎有诊断价值。脂肪酶仅由胰腺分泌，不受腮腺疾病影响，对胰腺炎诊断的特异性高于淀粉酶。

(四) C-反应蛋白 (CRP)

CRP是组织损伤和炎症的非特异性标志物，有助于评估监测急性胰腺炎的严重性。在胰腺坏死时CRP明显升高，重症急性胰腺炎时常>150mg/L，诊断正确率可达95%，被认为是目前评价重症急性胰腺炎严重性的"金标准"。

(五) 血清胰蛋白酶

正常人及非胰腺病的患者平均为400ng/ml，急性胰腺炎时增高10~40倍。

(六) 血清正铁血白蛋白

出血坏死型胰腺炎时，腹腔内出血，红细胞破坏释放的血红素，在脂肪酸和弹力蛋白酶作用下转变为正铁血红素，再与白蛋白结合成正铁血白蛋白 (methemalbumin, MHA)。MHA可作为鉴别急性水肿型和坏死型胰腺炎的指标之一。最早在发病后12小时内即可阳性，常在4~6天达高峰，以后逐渐下降。但腹腔内其他原因引起的出血和坏死病变，正铁血白蛋白也可阳性。

(七) 其他

①血清钙：急性胰腺炎时常有血清钙的轻度下降，多发生在发病第2~3天以后，与胰高糖素、甲状腺降钙素及甲状旁腺素的分泌改变有关。重症急性胰腺炎由于脂水解所释放的脂肪酸与钙结合而成钙皂沉淀，也使血钙降低。暂时性低钙血症 (<2mmol/L) 常见于重症急性胰腺炎，低血钙程度与临床严重程度平行，若血钙低于1.5mmol/L提示预后不良。②血糖：暂时轻度的升高，出现于疾病早期。高血糖由于胰高糖素的代偿性分泌增加和胰岛细胞破坏、胰岛素分泌不足所致。空腹血糖持续超过10mmol/L，则反映广泛的胰腺坏死和预后不良。③血清胆红素：高胆红素血症约见于10%急性胰腺炎患者，多为暂时性轻度升高，可于发病后4~7天恢复至正常，系由于胰头水肿所致。如血清总胆红素浓度很高，则说明胰腺炎患者伴有胆总管阻塞。此外，血白蛋白降低则预后不良。急性胰腺炎还可以出现高三酰甘油血症。这种情况可能是病因或是后果，后者在急性期过后可恢复正常。

(八) 影像学检查

1. **X线检查**　胸片可以见到胸腔积液、横膈抬高、肺不张等表现。腹平片可见横结肠明显充气，十二指肠或小肠节段性麻痹性扩张或结肠切割征表现。

2. **体表超声波检查**　对诊断和鉴别水肿型和坏死型急性胰腺炎有一定帮助。对急性胰腺炎是否合并胆系结石亦有价值，但因患者腹胀常影响其观察。在急性水肿型胰腺炎，胰腺呈均匀性肿大，而在坏死型，则组织回声不均匀、减弱，胰腺周围组织由于受累，其回声亦不正常。

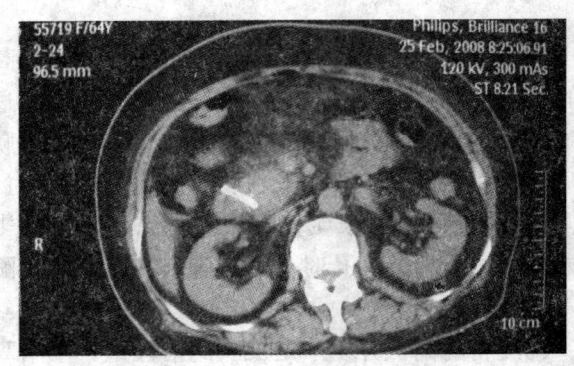

图 4-14-1　ERCP 术后并发急性胰腺炎
放置鼻胆引流管，胰周广泛渗出，肾前筋膜增厚

3. CT　CT 根据胰腺组织的影像改变进行分级，可显示急性胰腺炎的严重程度，附近器官是否累及，鉴别轻症和重症胰腺炎。轻症可见胰腺非特异性增大和增厚，胰周围边缘不规则。重症可见肾周围区消失，网膜囊和网膜脂肪变性，密度增厚，胸腹膜腔积液。增强 CT 是诊断胰腺坏死的最佳方法，也是目前重症急性胰腺炎预后的一种判断标准。疑有坏死合并感染者可行 CT 引导下穿刺（CT 改变如图 4-14-1 所示）。

在发病的 24～48 小时之内胰腺坏死在 CT 扫描上可能还不能完全反映出来，因此 CT 扫描最好在发病 72 小时进行，除非患者病情危重而急需手术。

表 4-14-1　急性胰腺炎的 CT 诊断分级

级别	得分	CT 表现
A	0	胰腺及胰周间隙正常
B	1	局灶性或弥漫性胰腺肿大或不均匀（包括轮廓不规则、密度不均匀、胰管扩张、局限性积液）
C	2	胰腺病变＋胰周脂肪模糊或条状影
D	3	胰腺病变＋单个边界不清的积液
E	4	胰腺病变＋多个边界不清的积液或胰腺内或胰周积气

表 4-14-2　CT 坏死分数

坏死范围	得分	CT 表现
无坏死	0	胰腺均匀强化
1/3	2	无强化区占整个胰腺体积的 1/3 以下
1/2	4	无强化区占整个胰腺体积的 1/3～1/2
＞1/2	6	无强化区占整个胰腺体积的 1/2 以上

CT 严重指数（CTSI）＝CT 分级积分＋坏死积分（1 级 0～3 分，2 级 4～6 分，3 级 7～10 分）

4. 核磁共振（MRI）　对于急性胰腺炎的诊断并不优于 CT，但磁共振胆管胰腺造影术（MRCP）则可以显示胰胆管狭窄或结石。

5. 逆行胰胆管造影（ERCP）　可以了解胆道系统有无结石、狭窄等异常，同时可了解胰管情况。ERCP 下介入治疗尚能解除急性胆源性胰腺炎的梗阻因素，缓解病情，降低重症急性胰腺炎的患病率和病死率。此外 ERCP 是诊断胆道微结石和 Oddi 括约肌功能障碍的重要方法。

6. 超声内镜（EUS）　近年来应用 EUS 诊断急性胰腺炎的研究取得一定进展，EUS 消除了肠道内气体对胆管远端的干扰，弥补了普通超声检查的不足，对结石及胆管扩张均较为敏感。

【诊断及鉴别诊断】

急性胰腺炎多数临床症状无特异性、体征不典型，需结合实验室及影像学检查方能确诊。

（一）临床诊断标准

1. 急性上腹痛伴有腹部压痛或腹膜刺激征。
2. 血、尿或腹水中淀粉酶升高。
3. 影像学检查，胰腺及其周围有急性胰腺炎的异常所见。

上述 3 项中符合包括第①项在内的两项，并排除其他急腹症者即可确诊。

（二）诊断内容

1. 病因诊断　首先从常见病因着手，确定系胆源性或非胆源性胰腺炎，如为非胆源性胰腺炎，再根据实验室检查进一步确定病因。

胆源性急性胰腺炎诊断标准：腹部超声或CT发现结石，或下列3项中的2项不正常：碱性磷酸酶（ALP）＞125U/L、谷丙转氨酶（ALT）＞75U/L、总胆红素（TBIL）＞2.3mg/dl。

2. 病情诊断　根据不同的评估方法确定是轻症还是重症急性胰腺炎，其诊断流程见图4-14-2。

（1）轻症急性胰腺炎：患者全身状态良好，无脏器功能衰竭的临床表现，无明显腹膜炎体征和严重代谢紊乱，预后良好。

（2）重症急性胰腺炎：除具备轻症急性胰腺炎的诊断标准，且具有局部并发症（胰腺坏死、假性囊肿、脓肿）和（或）器官衰竭。由于重症胰腺炎病情发展险恶且复杂，国内外提出多种评分系统用于病情严重性及预后的预测，其中关键是在发病48小时或72小时内密切监测病情和实验室检查的变化，综合评判。

患者有以下表现应拟诊重症：①全腹剧痛、腹肌强直、有腹膜刺激症状；②烦躁不安、四肢厥冷、皮肤呈斑点状等休克症状；③血钙显著降低到2mmol/L以下；④有高淀粉酶活性的腹水；⑤与病情不相符合的血、尿淀粉酶突然下降；⑥肠鸣音显著降低，肠胀气等麻痹性肠梗阻表现；⑦Grey-Turner征或Cullen征；⑧正铁血白蛋白阳性；⑨肢体出现脂肪坏死；⑩消化道大量出血；⑪空腹血糖＞11.2mmol/L（无糖尿病史者）。

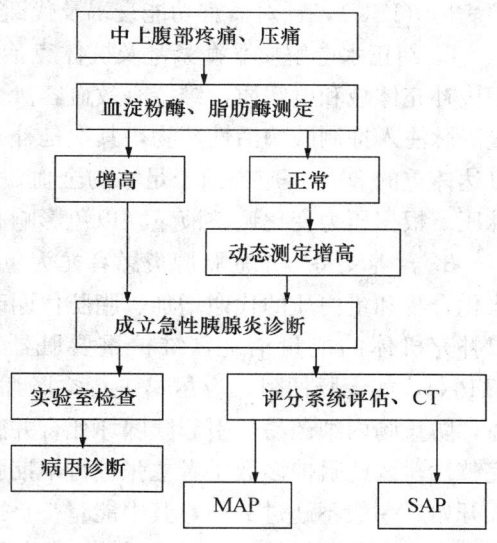

图4-14-2　急性胰腺炎诊断流程

（三）鉴别诊断

1. 消化性溃疡穿孔　有较典型的溃疡病史，穿孔前常有溃疡频繁发作史，腹痛突然加重，呈持续刀割样中上腹痛，以后迅速波及全腹，腹肌紧张，有明显的压痛和反跳痛，肝浊音界消失，X线透视见膈下有游离气体等可资鉴别。

2. 胆石病和急性胆囊炎　常有胆绞痛史，疼痛位于右上腹，常放射到右肩部，Murphy征阳性，血及尿淀粉酶轻度升高。B超及X线胆道造影可明确诊断。

3. 急性肠梗阻　腹痛为阵发性，伴有腹胀、呕吐、肠鸣音亢进、有气过水声、无排气，可见肠型。腹部X线可见液气平面。

4. 心肌梗死　有冠心病史，突然发病，有时疼痛限于上腹部。心电图显示心肌梗死图像，血清心肌酶升高。血尿淀粉酶正常。

5. 急性肠系膜动脉栓塞　多见于老年人，常有冠心病、高血压病史，起病急，腹胀、腹痛、便血、血性腹水、休克及腹膜刺激征，血、尿淀粉酶轻度升高，常低于500单位。腹腔动脉造影可确诊。

6. 左侧肺炎及左侧胸膜炎　亦可表现为上腹部疼痛，血、尿淀粉酶不增高，胸片可见肺炎或胸膜炎征象。

7. 其他　尚需排除急性胃肠炎、高位阑尾穿孔、肾绞痛、异位妊娠破裂等疾病。

【治疗】

急性胰腺炎的治疗，应根据病情轻重、有否并发症以及伴随原发胆道疾病等选择治疗方法。原则上是尽量减少胰腺的自身消化作用，即通过禁食、营养支持和应用胰酶抑制剂等减少胰酶分泌，并且防止继发感染和治疗原发性胆道疾病。轻症急性胰腺炎病情较轻，内科保守治疗3～5天多可治愈；重症急性胰腺炎病情凶险，往往需要监护、营养支持、介入及外科手术等综合治疗措施。

(一) 内科治疗

1. **监护** 严密监测生命体征,记录尿量,动态观察腹部体征,定时检查白细胞计数,血、尿淀粉酶,血、尿常规,肝肾功能,血气分析,电解质、及血糖、血脂等。重症者如有条件应转入重症监护病房(ICU),针对器官功能衰竭及代谢紊乱采取相应的措施。

2. **纠正水电解质平衡紊乱及抗休克治疗** 因为禁食、呕吐和胃肠减压,丢失水分和电解质,应积极补充体液和电解质,维持有效血容量。出现休克为预后不良之兆,应积极抢救。一般主张早期大量静脉注入抑制胰酶活性药物,其次是补充血容量,因为炎症和坏死常可丢失大量血浆或全血,多者可达体重的30%,应当给予足够的全血、血浆、白蛋白,至休克控制为止。输液同时要监测中心静脉压,根据压力变化调整液量,以免影响心肺功能。长期禁食的患者需注意补充维生素制剂。

3. **营养支持** 重症胰腺炎患者尤为重要。急性胰腺炎时常有全身性高代谢反应、能量消耗、碳水化合物和蛋白质的代谢增加、脂肪代谢改变等。营养支持治疗的目的是提供足够的能量和蛋白质,以补充机体的能量消耗,维护重要脏器功能,同时抑制胰液分泌。早期一般采用全胃肠外营养(TPN),如无肠梗阻,应尽早进行空肠插管,过渡到肠内营养(EN)。营养支持可增强肠道黏膜屏障,防止肠内细菌易位引起胰腺坏死合并感染。由于肠内营养更有利于改善肠道黏膜细胞结构功能的完整性,因此目前多数学者主张进行早期肠内营养(EEN)。肠外营养常于术后2~5天或禁食7~10天开始,一般不超过2周,其中能量50%~60%来自糖,20%~30%来自脂肪,15%~20%来自蛋白质。肠内营养最早可于发病后72小时开始,常用的高能要素合剂有百普素250~500g/d。谷氨酰胺制剂有保护肠道黏膜屏障作用,可酌情加用。

4. **抑制胰腺外分泌** 胰腺分泌旺盛与急性胰腺炎的发病关系密切,因此抑制胰腺分泌在治疗急性胰腺炎是非常关键的一个环节。

(1) 禁食与胃肠减压:进食后胃酸分泌增多,胃酸可使促胰液素分泌增加,进而刺激胰腺分泌,因此患者应停止进食,轻症者禁食1~2天,然后进少量清淡流食,忌食脂肪、刺激性食物,1周左右可进食低脂普食。重症患者需严格控制饮食,直至腹痛减轻或消失,腹胀减轻或消失,肠蠕动恢复或部分恢复时,可考虑开放饮食,早期以碳水化合物为主,逐步过渡到低脂饮食,不应以淀粉酶活性高低作为开放饮食的必要条件。持续胃肠减压尤其适用于腹痛、腹胀、呕吐严重者,可减少胃酸刺激十二指肠引起的胰液分泌,并能防治麻痹性肠梗阻,时间一般1周左右。

(2) 抗胆碱能药物:如阿托品、山莨菪碱,既可减少胃酸分泌,又减少胰液分泌,但合并肠麻痹及高热者不宜使用。

(3) H_2受体拮抗剂和质子泵抑制剂:均可以减少胃酸分泌,从而减少胃酸对胰腺分泌的刺激。兼有预防应激性溃疡的作用。常用药物有西咪替丁、奥美拉唑、泮托拉唑等。

(4) 生长抑素类药物:能抑制促胰液素分泌,从而减少胰液分泌,抑制胰酶合成,降低Oddi括约肌的基础压力,尚能抑制胃泌素、胃酸与胃蛋白酶的释放,减少内脏血流及促进肠道水与电解质的吸收。虽疗效尚未最后确定,但目前国内学者多推荐尽早使用。使用方法:天然生长抑素(somatostatin)施它宁,首剂250μg静脉推注,继以250μg/h持续静滴。停药指征为临床症状改善,腹痛消失和/或血清淀粉酶活性降至正常。生长抑素类似物奥曲肽(octreotide)为人工合成的生长抑素八肽衍生物,首剂推注0.1mg,继以25~50μg/h维持。

5. **抑制胰酶活性** 仅用于重症胰腺炎的早期,但疗效尚有待于证实。常用药物有抑肽酶(aprotinin),可抑制蛋白酶、血管舒缓素、糜蛋白酶及血清素,20万~50万U/d,分2次溶于葡萄糖液静脉滴入。加贝酯(Foy)可抑制蛋白酶、血管舒缓素、凝血酶原、弹力纤维酶等,根据病情,开始每日可给100~300mg溶于500~1500ml葡萄糖盐水,2~3日后病情好转,逐渐减量,100mg/d,疗程7~10天,副作用可有低血压、静脉炎、皮疹等。氟尿嘧啶(5-Fu)抑制DNA和RNA合成,阻断新胰酶颗粒的合成,500mg/d,加入500ml 5%葡萄糖液中静脉点滴。

6. **镇静与止痛** 疼痛为本病的主要症状。疼痛剧烈不但影响病情恢复,甚至影响心功能,因而必须尽早控制。可用地西泮和哌替啶,达到镇静与止痛作用。每次哌替啶 50~100mg 肌肉注射,每 4~6 小时一次。吗啡可导致 Oddi 括约肌收缩,不宜应用。

7. 抗生素　轻症急性胰腺炎属无菌性炎症,抗生素并非必要。但在我国,胰腺炎发生常与胆道疾病有关,故临床上习惯使用;重症急性胰腺炎可继发细菌感染,使病情加重,及时、合理地治疗感染对预后较为重要,因而必须使用抗生素。抗生素选用应考虑:对肠道易位细菌(大肠埃希菌、假单胞菌、金葡菌等)敏感、且对胰腺有较好渗透性的抗生素,以喹诺酮类或亚胺培南为佳,并联合应用对厌氧菌有效的药物如甲硝唑,病程后期应密切注意真菌感染,必要时行经验性抗真菌治疗,并进行血液及体液标本真菌培养。

8. 多脏器功能衰竭的处理　ARDS 时应监测血气,合理补液,及时给予湿化氧气吸入,酌情给予肾上腺糖皮质激素,必要时使用机械通气。急性肾衰竭可给予呋塞米,合理补充血容量,补液原则为"量出为入",纠正高钾血症、代谢性酸中毒等代谢紊乱,必要时予以血液透析。胰岛功能障碍引起高血糖,应予以胰岛素治疗。胰性脑病目前尚无特异性治疗,神经营养药物的作用还有待于进一步临床验证。

(二) 内镜下治疗

内镜下 Oddi 括约肌切开术(EST)及(或)放置鼻胆管引流(ENBD)适用于胆源性胰腺炎合并胆道梗阻或胆道感染者。重症急性胆源性胰腺炎发病后 24~72 小时内,是内镜介入治疗的最佳时机,早期内镜治疗,及时解除了胆胰管梗阻,使胆胰管内压力迅速下降,从而阻断重症急性胰腺炎的病理过程,使胰腺和全身病理损害逆转,同时也减少了有关并发症的发生。轻症患者目前多主张在急性发作后进行治疗。胰腺假性囊肿直径<6cm、无临床症状的可不予处理;直径>6cm、有压迫症状或经过 6 个月仍不吸收、无合并感染者可行内镜引流术,常用术式为胰管支架引流及经胃或十二指肠囊肿穿刺引流术。

(三) 中医中药

对急性胰腺炎有一定疗效。常用的中药复方有:柴芍承气汤,主要成分为:柴胡、白芍、黄芩、枳实、厚朴、玄明粉(冲)、大黄(后下)等,随症加减;清胰汤,主要成分:柴胡、黄芩、木香、白芍、延胡索、胡黄连、芒硝、大黄(后下)等。单味生大黄亦可用于急性胰腺炎,可促进肠道动力,减轻肠壁水肿,常用方法为生大黄每次 10~15g,开水浸泡后从胃管注入,每日 1 次或 2 次。

(四) 外科治疗

1. 腹腔灌洗　通过腹腔灌洗可清除腹腔内细菌、内毒素、胰酶、炎性因子等,减少这些物质进入血循环后对全身脏器的损害。

2. 手术治疗　包括引流术、胰腺坏死组织清除术以及胰腺切除术等。手术适应证为:①胰腺坏死合并感染:在严密监测下考虑手术治疗,行坏死组织清除及引流术。②胰腺脓肿:可选择手术引流或经皮穿刺引流。③胰腺假性囊肿:视情况选择手术治疗、经皮穿刺引流或内镜治疗。④胆道梗阻或感染:无条件进行 EST 时予手术解除梗阻。⑤诊断未明确,疑有腹腔脏器穿孔或肠坏死者行剖腹探查术。

【预后】

水肿型预后较好,常在 1 周内恢复。出血坏死型者病情重且凶险、预后差,局部坏死者病死率在 20%~30% 以上,弥漫坏死者病死率高达 50%~80%。经积极抢救幸免于死者,多遗留不同程度的胰功能不全,极少数演变为慢性胰腺炎。影响预后的因素包括:年龄大、低血压、低白蛋白、低氧血症、低血钙及各种并发症。

【预防】

积极治疗胆道疾病、戒酒及避免暴饮暴食。

第二节 慢性胰腺炎

慢性胰腺炎（chronic pancreatitis，CP）是指由各种不同原因所致的胰腺局部、阶段性或弥漫性的慢性进展性炎症，胰腺出现不同程度的胰岛细胞萎缩或消失，广泛性纤维化，胰导管内结石形成或弥漫性钙化，常有假性囊肿形成，导致胰腺组织和（或）胰腺功能不可逆的损害。临床症状无特异性，可表现为反复发作性或持续性腹痛、腹泻或脂肪泻、消瘦、黄疸、腹部包块和糖尿病等。

慢性胰腺炎患病率的地区差异较大，在西方国家的患病率为10~15/10万，年患病率为4~7/10万。我国的患病率虽低于西方国家，但呈上升趋势，北京协和医院住院患者中慢性胰腺炎所占的百分率显示，近10年内该院住院患者中慢性胰腺炎的患病率较20世纪50~70年代增加近10倍。我国慢性胰腺炎多见于中年男性，以30~60岁居多，平均年龄46.6岁，男：女为2.6：1，与西方国家基本相似。

【病因和发病机制】

慢性胰腺炎的病因在国外以慢性酒精中毒为主，其次为营养不良等。而国内以胆道疾病为常见原因。腹部外伤、代谢异常、内分泌障碍、高钙血症、高脂血症、血管病变、血色病、肝脏疾病、遗传性因素、免疫功能异常等也可引起本病。少数患者的病因不明，称为特发性慢性胰腺炎。

（一）胆道系统疾病

在我国的慢性胰腺炎患者中，胆道疾病为最常见的病因，约占慢性胰腺炎的半数。引起慢性胰腺炎的胆道疾病以胆道结石为主，其次为急慢性胆囊炎、胆道蛔虫症、胆胰壶腹括约肌痉挛或功能障碍等。其发生机制可能为：胆石排出过程或胆石嵌顿引起胆胰共同开口处狭窄、梗阻或炎性水肿、痉挛，胰液流出不畅，引发胰腺炎症，反复发作，则导致慢性胰腺炎。

（二）酒精

慢性胰腺炎发生的危险性与摄入酒精的量及时间明显相关，长期酗酒引起慢性胰腺炎大约需10年以上，平均每天40~80g酒精。关于酒精性慢性胰腺炎的发病机制，大多数学者认同蛋白质分泌过多导致梗阻与坏死-纤维化的学说。酒精及其代谢产物直接使胰液中脂质微粒体酶的分泌以及脂肪酶降解增加；并使脂质微粒体可以和胰液混合，激活胰蛋白酶原为胰蛋白酶，导致组织损伤。长期饮酒可刺激胰腺分泌，形成胰管内蛋白栓子（protein plugs）阻塞胰管并且直接损伤胰腺腺泡，引起炎症和纤维化。

（三）胰腺分裂症

是胰腺发育过程中主、副胰管未融合的先天性发育不全。狭窄的副胰管引流胰头部大部分胰液，导致胰液引流不畅而发生胰腺炎。

（四）热带性胰腺炎

见于南美、中非、印度尼西亚等热带国家，好发于儿童或青少年，常伴糖尿病和钙化，其病因未明，可能与低脂肪、低蛋白饮食，硒、铜等微量元素缺乏，维生素A、维生素B等不足有关。

（五）遗传性胰腺炎

遗传性慢性胰腺炎占总患病率的1‰~2‰，较少见。遗传性慢性胰腺炎属于显性遗传病，发病年龄早，一般20岁前发病，胰腺钙化明显。

（六）代谢因素

甲状旁腺功能亢进以及其他原因引起的高钙血症患者可发生慢性胰腺炎。其机制可能为长期高钙血症引起胰钙分泌增加，胰管内钙沉积以及体液内钙大量弥散入胰液内，导致胰腺损害。高脂血症可引起急性胰腺炎，反复发作亦可引起慢性胰腺炎。

（七）免疫疾病相关的慢性胰腺炎

自身免疫病作为慢性胰腺炎的病因之一已逐渐引起人们的注意，系统性红斑狼疮、干燥综合征、原发性胆管炎、原发性胆汁性肝硬化均可并发慢性胰腺炎，其原因与自身免疫性疾病常有的小血管内皮损害及血管内栓塞有关。

（八）其他因素

急性胰腺炎、腹部外伤可致胰腺损伤或囊肿形成；上腹部手术，如胆道、胃肠手术后，可致肝胰壶腹括约肌痉挛、狭窄、胰腺损伤或供血不良；胰血管病变如动脉硬化、血栓形成等，可导致胰腺组织血液供应障碍，胰腺附近脏器病变和胃十二指肠后壁穿透性溃疡均可引起胰腺组织坏死和慢性炎症。

（九）特发性慢性胰腺炎

占 10%～30%，是指那些原因不明的慢性胰腺炎，此型慢性胰腺炎常根据发病年龄、病程、胰腺钙化和胰腺内、外分泌功能不全等特点分为早发与迟发型。其中早发型是指发病年龄较早，平均年龄为 19 岁，病程长，发作时疼痛严重，随着病程发展，出现胰腺钙化和胰腺内、外分泌功能下降。

慢性胰腺炎的发病机制尚未阐明。1996 年 Whitcomb 等发现，遗传性慢性胰腺炎是由于第 7 号染色体长臂（7q3.5）上的阳离子糜蛋白酶原基因突变；阳离子糜蛋白酶原所起的作用是水解食物中含有赖-精氨酸残基的蛋白质，同时它在激活或灭活其他消化酶的过程中起着关键的作用。相继研究又发现在特发性和酒精性慢性胰腺炎中存在着囊性纤维化跨膜调节因子（cystic fibrosis trans-membrane conductance regulator，CFTR）基因的突变，以及在特发性慢性胰腺炎中可见到 Kazal Ⅰ 型丝氨酸蛋白酶抑制因子（serine protease inhibitor, Kazal type 1，SPINK1）基因的突变。SPINK1 是在胰腺腺泡中合成的含 56 个氨基酸的多肽，它与糜蛋白酶原同时合成并与糜蛋白酶原共同包裹在酶原颗粒中。因此 SPINK1 可以抑制腺泡中激活的酶原，起到保护腺泡的作用，是胰腺腺泡的第一道内在防御线。然而，分子生物学的研究仅仅为人类深入了解慢性胰腺炎的发病机制提供了新的视角，揭示其机制仍有待大量研究结果。

【病理】

慢性胰腺炎病理变化的范围和程度很大。炎症可局限于胰腺小叶，也可累及整个胰腺。发病早期，胰腺常因水肿、脂肪坏死和出血而肿大。后期，则整个胰腺变细、变硬或呈不规则结节样硬化，有弥漫性纤维组织增生和钙质沉着，并可有大小不等的假性囊肿、胰管扩张以及胰管内碳酸钙结石，胰腺小叶大小不一，结构模糊。最后整个胰实质破坏、纤维化及萎缩。显微镜下可见程度不等的纤维化与炎症替代腺泡和胰岛组织，腺泡和胰岛组织萎缩、消失，间质有淋巴细胞、浆细胞浸润，与腺泡相比，胰岛破坏较轻，偶有小脓肿。腺管有多发性狭窄和囊性扩张，管内有结石、钙化和蛋白栓。胰管阻塞区可见局灶性水肿、炎症和坏死，也可合并假性囊肿。上述病理过程具有不可逆性、进行性的特点。

1988 年马赛-罗马国际会议，根据慢性胰腺炎病理变化可分为慢性钙化性胰腺炎、慢性梗阻性胰腺炎和慢性炎症性胰腺炎。

【临床表现】

慢性胰腺炎的病程常超过数年，临床表现为无症状期与症状轻重不等的发作期交替出现，也可无明显症状而发展为胰腺功能不全的表现。典型病例可出现五联征：腹痛、胰腺钙化、胰腺假性囊肿、脂肪泻和糖尿病。慢性胰腺炎可发生于任何年龄，多见于 40 岁以上的成人，且以男性为多，既往史常有胆道疾患、长期饮酒、急性胰腺炎或溃疡病等病史。

（一）症状

1. 腹痛 是最常见症状，见于 60%～90% 的患者。疼痛程度各不相同，间断发作，可变为持续性。多呈隐痛或钝痛，局限于上腹部，可放射左、右季肋下或背部，疼痛发作频率和持续时间不一。无痛期间，上腹部常持续不适或隐痛。患者取坐位、膝屈曲时疼痛可有所缓解，但当躺下或进食时则疼痛加剧。腹痛的发病机制可能与胰管梗阻、狭窄等原因所致的胰管内高压有关，其次是胰腺本身的炎症（合并急性胰腺炎或病灶周围炎等）、胰腺缺血、假性囊肿以及合并的神经炎症也可以引起疼痛。

起病5~8年后，部分患者腹痛可减轻或消失，但此时往往出现胰腺实质钙化、脂肪泻和糖尿病。

2. **胰腺功能不全的表现** 轻到中度慢性胰腺炎患者仅有食欲减退、腹胀等消化不良症状，后期可出现吸收不良综合征和糖尿病的表现。当脂肪酶的排泄量降到正常的10%以下时，患者出现脂肪泻，胰蛋白酶的排泄低于正常的10%以下时粪便中蛋白大量丢失，患者排出大量恶臭有油脂的粪便。由于害怕疼痛而进食很少，体重减轻明显，常伴有维生素A、D、E、K缺乏症，如夜盲症、皮肤粗糙，肌肉无力和出血倾向等，少数患者有低蛋白血症，出现全身水肿。约半数的慢性胰腺炎患者可因胰腺内分泌功能不全发生糖尿病。

3. **其他** 肿大的胰腺假性囊肿可压迫胃、十二指肠、胆总管或门静脉，可产生上消化道梗阻、阻塞性黄疸或门静脉高压等表现。有些慢性胰腺炎可发生皮下脂肪坏死，骨髓脂肪坏死，关节炎等，并可出现精神症状。

（二）体征

腹部压痛与腹痛不相称，多数仅有轻度压痛。急性发作时，上腹部可有明显压痛。如有胰腺假性囊肿形成时则于左上腹或脐上可触及肿块，并可伴有压痛和肌紧张，如假性胰腺囊肿压迫脾静脉，则于脐上偏左处可闻及血管杂音。当胰头肿大和纤维化肿块及胰腺囊肿压迫胆总管，可出现黄疸。少数患者可出现腹水和胸水、多为顽固性非血性，腹水内蛋白质含量常大于25g/L，炎性细胞较少，腹水淀粉酶显著增高。

【并发症】

1. **胰源性糖尿病** 疾病早期由于胰岛素分泌减少而致不同程度的糖耐量降低，随着病情进展，最终约1/4~1/3患者可发生胰岛功能不全出现临床糖尿病。因此对于慢性胰腺炎患者应注意随访糖耐量试验，做到早期诊断与控制糖尿病。

2. **消化道出血** 慢性胰腺炎的纤维性变或胰腺假性囊肿的压迫，可使脾静脉受压或血栓形成而导致脾增大及胃底静脉曲张，曲张静脉破裂则发生消化道出血。消化道出血亦可因胰腺假性囊肿壁的大血管或动脉瘤被消化酶侵蚀破坏而产生，甚至可发生假性囊肿腔内出血或胆道出血。由于胰腺分泌碳酸氢盐减少，慢性胰腺炎可并发消化性溃疡，严重时可合并出血。

3. **胰腺假性囊肿形成** 慢性胰腺炎在发展过程中可有假性囊肿形成，多见于慢性复发性胰腺炎。囊肿的体积大小不等，大者甚至可占据整个腹部，常误诊为腹水。囊肿内液多清澈或微混，含有高浓度的淀粉酶。由于胰腺组织内大量白蛋白向囊肿漏出，故在囊肿形成过程中血清白蛋白浓度常急剧下降。

4. **胰腺癌** 约4%的患者在20年内并发胰腺癌。

【实验室与其他检查】

（一）常规实验室检查

慢性胰腺炎急性发作期血白细胞可升高。粪便中可见含有未消化的脂肪和肌纤维。胰腺纤维化压迫胆总管可导致不同程度的胆汁淤积，血清结合胆红素、胆汁酸和碱性磷酸酶升高。

（二）血淀粉酶

慢性胰腺炎急性发作时，血淀粉酶可一过性增高。测定血清淀粉酶同工酶（Pam）可反映慢性胰腺炎时的胰功能不全，血清血淀粉酶同工酶明显降低。

（三）胰腺外分泌功能试验

慢性胰腺炎时有80%~90%患者胰外分泌功能异常。

1. **直接刺激试验** 胰泌素可刺激胰腺泡分泌胰液和碳酸氢钠。静脉注射1U/kg胰泌素，其后收集十二指肠内容物，测定胰液分泌量及碳酸氢钠的浓度。慢性胰腺炎患者80分钟内胰液分泌量<2ml/kg（正常>2ml/kg），碳酸氢钠浓度<90mmol/L（正常>90mmol/L）。试验敏感性为75%~90%。

2. **间接刺激试验** ①Lundh试验：实验性进餐刺激胰腺外分泌功能，其后收集十二指肠内容物，检测胰蛋白酶浓度。餐后十二指肠液中胰蛋白酶浓度<6U/L 为胰功能不全。②胰功肽试验（N-苯甲酰-L-酪氨酰对氨基苯甲酸，BT-PABA）：原理是胰分泌的糜蛋白酶能分解 BT-PABA 而释出 PABA，后者经小肠吸收后从尿中排出。根据尿中 PABA 排出率可反映胰腺泡功能。口服 BT-PABA 500mg 后，收集 6 小时内全部尿液，正常人 6 小时尿中 PABA 回收率>60%，慢性胰腺炎回收率<50%。

（四）吸收功能试验

1. 粪便（72 小时）脂肪检查　慢性胰腺炎患者因胰酶分泌不足，粪便中性脂肪、肌纤维和氮含量增高。予 80g 脂肪的食物后，72 小时粪便的脂肪排泄量，正常人平均应<6g/d。

2. 维生素 B_{12} 吸收试验　应用 ^{58}Co 维生素 B_{12} 吸收试验显示不正常时，口服碳酸氢钠和胰酶片后被纠正者，提示维生素 B_{12} 吸收障碍与胰分泌不足有关。

（五）胰腺内分泌功能测定

1. 血清胆囊收缩素（CCK）　因胰腺外分泌减少，对 CCK 反馈抑制作用减弱。正常为 30～300pg/ml，慢性胰腺炎者可高达 8 000pg/ml。

2. 血浆胰多肽（pancreatic polypeptide，PP）　PP 由胰腺 PP 细胞分泌，空腹血浓度正常为 8～313pmol/L，餐后血浆 PP 迅速升高。慢性胰腺炎患者血浆 PP 水平明显下降。

3. 血浆胰岛素　患者空腹血浆胰岛素水平大多正常，但口服葡萄糖或甲苯磺丁脲（D_{860}）、静脉注入胰高血糖素后胰岛素水平不上升，反映胰腺内胰岛素储备减少。

（六）影像学检查

1. X 线检查　腹部平片观察腰椎 1～3 左侧胰腺区钙化，有助于本病的诊断。

2. 体表超声波检查　可见胰腺弥漫性肿大，实质密度不均匀，胰管有不规则扩张及管壁回声增强。结石及钙化时，可见光团及声影；有囊肿时可见液性暗区。但早期也可无异常表现。

3. CT 检查　可见胰腺弥漫性增大或缩小，边缘不清，密度不均，胰管扩张或粗细不均。胰腺钙化或结石影。如见胰腺有边界清楚的低密度区则提示胰腺假性囊肿的存在。

4. ERCP　是诊断慢性胰腺炎的"金标准"。可显示主胰管口径增大，边缘不规则，呈串珠状改变。有时可见胰管不规则狭窄或中断，胰管小分支囊性扩张，胰管内有结石和胰腺钙化。其敏感性和特异性分别达到 90% 和 100%。日本胰脏学会推荐的慢性胰腺炎 ERCP 诊断标准为：①多发性、非一致的分支胰管不规整扩张；②主胰管由于胰石、非阳性胰腺结石及蛋白栓等导致胰管中断或狭窄时，乳头侧主胰管或分支胰管不规则扩张。

5. MRCP　利用胆液和胰液将胆胰管造影，是一种无创、简便的检查方法，所见征象同 ERCP，能清楚显示胆管和胰管情况，缺点是不能直接显示结石，适用于 ERCP 检查有禁忌证或检查失败的患者。

6. 超声内镜（EUS）　是无创、无需造影剂即可显示胰胆系统的检查手段，在显示主胰管病变方面，效果基本与 ERCP 相同；对于胰腺实质病变的判断优于 ERCP。日本提出慢性胰腺炎的 EUS 诊断标准为：①胰腺结石；②胰管扩张（>3mm）合并以下一项异常即可确诊：a. 胰管壁不规则，或表现为断续的高回声线条；b. 胰管与胰腺囊肿交通；c. 胰腺缩小或局限性增大。异常征象：胰管扩张（>3mm）；胰腺囊肿。参考征象：①胰腺萎缩或局限性肿大；②胰实质显示粗大强化回声；③胰腺边缘或胰管壁不规则及高回声。

7. 经超声或超声内镜引导或手术探查做细针穿刺活检，或经 ERCP 收集胰管分泌液作细胞学染色检查　对慢性胰腺炎和胰腺癌的鉴别有重要价值。

【诊断与鉴别诊断】

当患者有胆道疾病及长期饮酒史，出现持续性上腹痛、体重减轻等应疑及本病，但慢性胰腺炎主要依据临床表现，结合实验检查及影像学检查后才能确诊（图 4-14-3）。

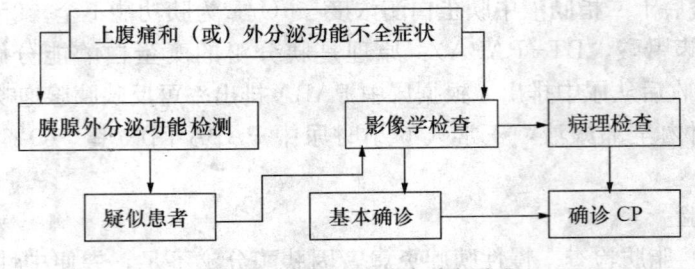

图 4-14-3 慢性胰腺炎诊断流程

2005 年南京慢性胰腺炎指南的诊断标准如下：
1. 有典型慢性胰腺炎的症状体征以及外分泌功能不全的临床表现；
2. 胰腺组织病理学检查符合慢性胰腺炎；
3. ERCP、EUS 等影像学检查有典型慢性胰腺炎特征，除外胰腺癌；
4. 有胰腺外分泌功能不全的依据。

上述标准中①为诊断所必须，①+②可基本诊断，①+③可列为疑诊。病理检查阳性即可确诊。

慢性胰腺炎主要是与胰腺癌鉴别，二者鉴别甚为困难，其临床表现、胰功能检查和影像学检查十分相似，但一些检查如胰腺组织穿刺、胰液细胞学检查、胰液乳铁蛋白测定和肿瘤标志物 CA19-9 等对鉴别诊断具有重要参考价值。此外慢性胰腺炎尚需与消化性溃疡、肠系膜血管栓塞等疾病鉴别，根据典型的临床症状和影像学检查结果，鉴别一般不难。

【治疗】

慢性胰腺炎的治疗常采用综合措施，包括病因治疗、控制症状和治疗并发症。由于临床表现和病程经过的差异，治疗方法应个体化。

（一）内科治疗

通过内科治疗达到缓解或减少疼痛、防止复发和补充胰腺内外分泌功能不足，治疗由于消化、吸收不良所导致的营养障碍，必要时可考虑静脉营养支持疗法。

1. 一般治疗　发作期间应给予高热量、高蛋白饮食，严格限制脂肪摄入，避免饱食。对于长期腹泻的患者，应注意补充脂溶性维生素及维生素 B_{12}、叶酸。营养不良者应注意补充营养、铁剂、钙剂及多种微量元素。严重吸收不良应考虑要素饮食或全胃肠外营养。合并糖尿病时控制糖的摄入，监测血糖水平，由于慢性胰腺炎时常伴有胰高血糖素的缺乏，应用胰岛素常诱发低血糖发生，因此尽量给予口服降糖药物替代胰岛素。

2. 病因治疗　有胆囊炎、胆石症者应处理胆道疾病；酒精性慢性胰腺炎者应戒酒；纠正存在的营养不良、吸烟和动脉硬化等发病因素。伴有高脂血症者应当控制血脂水平在正常以下。

3. 止痛治疗　酒精性胰腺炎患者戒酒后约有半数疼痛可缓解；合理的饮食控制可减少胰酶分泌，有利于减轻疼痛；应用止痛剂时，尽量先应用小剂量非成瘾性止痛药，配合使用胰酶制剂和 H_2 受体阻滞剂可有效的缓解疼痛；生长抑素及其类似物能抑制胰液分泌，持续性疼痛时可酌情应用；对顽固性腹痛，进行腹腔神经丛阻滞以及内镜治疗包括 Oddi 括约肌切开、胰管内支架引流及清除蛋白栓子或结石。

4. 替代补充治疗　胰外分泌功能不全时，常规应用胰酶制剂替代治疗，目前推荐使用的是肠溶型、微粒型、高脂酶含量及不含胆酸的药物。

（二）内镜治疗

目的为解除胰管梗阻，缓解由胰管梗阻、胰管内高压引发的临床症状。治疗方式包括：①胰管括约肌切开（EPS）和胰管扩张；②胰管支架；③内镜下取石术；④胰腺假性囊肿内镜下引流术；⑤超声内镜下腹腔神经节阻滞术等。

(三) 外科治疗

凡慢性胰腺炎患者经内科治疗 3~6 个月疗效不显著者，宜考虑早期手术。手术指征为：①内科治疗不能缓解腹痛，发生营养不良者；②胰腺假性囊肿形成或出现脓肿者；③不能除外胰腺癌者；④瘘管形成者；⑤胰腺肿大压迫胆总管发生阻塞性黄疸者；⑥有脾静脉血栓形成和门脉高压症引起出血者。手术方式可采用：①胰切除术；②胰管减压及引流术；③迷走神经、腹腔神经节切除术；④针对胆道疾病和门静脉高压的手术，目的是减轻疼痛，促进胰液流向肠道，预防门脉高压的并发症。

【预后】

慢性胰腺炎是一种病程长、病情复杂、并发症多，难于根治的疾病。预后一般不良。大多死于并发症。

【预防】

积极治疗胆道疾病、禁服含酒精饮料、服用胰酶制剂、控制糖尿病和补充营养等，患者应长期避免过多的脂肪食物，而宜低脂肪、高蛋白和高碳水化合物饮食。

（苏秉忠）

第十五章 胰 腺 癌

胰腺癌（pancreatic carcinoma）是主要起源于胰腺外分泌腺的恶性肿瘤，是一种最常见的胰腺肿瘤。近年来，胰腺癌的患病率在国内外有明显增高的趋势。发病年龄以45～65岁最为多见。其早期诊断十分困难，治疗效果也不理想，死亡率很高，据统计，5年生存率仅2%～10%。主要临床表现为腹痛、食欲不振、消瘦和黄疸。

胰腺癌的患病率有明显的地区差异，在发达国家和工业化程度较高的国家其患病率较高，而非洲和亚洲某些国家的患病率较低。我国尚缺乏大规模的流行病学资料，根据1990—1992年的人口普查结果，我国胰腺癌的调整死亡率为1.3/10万，男性多于女性，城市高于农村。

【病因和发病机制】

胰腺癌的发病原因与发病机制迄今尚未阐明，一般认为可能是多种因素长期共同作用的结果。流行病学调查资料提示患病率增高与吸烟、饮酒、饮咖啡、某些化学致癌物、内分泌代谢紊乱及遗传等因素有关。

1. 吸烟　吸烟者胰腺癌的患病率比不吸烟者高2.5～3倍，且发病的平均年龄提前10年或15年，每天吸烟10支或15支以上者发生胰腺癌的危险性增加3倍。烟草中含有30多种致癌物质，尤其是亚硝胺类代谢产物经胆汁分泌进入胆道，再反流入胰管，激活 ras 等致癌基因，诱发胰腺癌的发生。

2. 饮食　食物贮存和烹饪不当、饮食过度及过量脂肪摄入均可增加胰腺癌发病的相对危险度。胰腺癌发生也可能与长期大量饮酒有关。有报道，每日饮咖啡3杯以上者胰腺癌发病危险增加3倍。

3. 环境因素　职业及环境因素中，基因毒性化合物通过吸收或吸收后进一步代谢可造成基因突变而使胰腺细胞转化、增加胰腺DNA的合成及原癌基因的激活而致癌。长期接触某些金属、石棉、β-萘酸胺、联苯胺、甲基胆蒽等化学制剂者，胰腺癌的患病率明显增加。

4. 遗传因素　7%～8%的胰腺癌患者有直系亲属胰腺癌发病史，提示胰腺癌发病与遗传因素有关。胰腺癌有家庭聚集现象，也可发生于患有其他遗传综合征的人群中。

5. 其他　此外，慢性胰腺炎、糖尿病可能也与胰腺癌发病有一定关系。

【病理】

胰腺癌可发生于胰腺的任何部位，胰头癌约占60%，胰体尾癌约占20%，弥漫性癌约占10%，还有少数部位不明。癌肿增大后，胰腺的外形改变，可在胰头部或体尾部有局限性肿块，瘤块与其周围的胰腺组织分界不十分清楚，在切面上胰腺癌肿多呈灰白或黄白色，形态不规则，还可见有红色或棕红色的出血斑点或坏死灶。胰腺癌多数起源于导管上皮细胞，因此胰腺腺癌最为常见，其中又以来自胰腺的一、二级大胰管上皮细胞的腺癌占多数，少数可来自胰腺的小胰管上皮细胞。来自大、中、小胰管的胰腺癌，因其质地坚硬，称为硬癌。起源于胰腺腺泡细胞的胰腺癌较少见，癌瘤质地柔软，称为髓样癌。其他如腺样鳞状细胞癌、胰腺囊腺癌、胰岛细胞癌甚少见。

胰腺癌由于其生长较快，加之胰腺血管、淋巴管甚丰富，又无包膜，往往早期发生转移，胰体尾癌较胰头癌转移更广泛。肿瘤可直接向胰周侵犯，或经淋巴管和（或）血管向远近器官组织转移，其中最常侵犯到胆总管、十二指肠、肝、胃、横结肠及上腹部大血管。此外，胰腺癌还可沿神经鞘向外转移，侵犯邻近神经如十二指肠、胰腺和胆囊壁神经。胰体癌压迫和侵蚀腹腔神经丛，引起持续剧烈的背痛。胰头癌常转移至幽门下淋巴结，也可累及胃、肝、肠系膜和主动脉周围，甚至纵隔及支气管周围淋巴结，亦可沿肝镰状韧带的淋巴管而转移至锁骨上淋巴结。血行转移时经门静脉转移至肝为最常见，癌细胞可从肝静脉侵入肺部，再经体循环转移至骨、肾、肾上腺等器官或其他组织。

【临床表现】

胰腺癌的临床表现取决于癌瘤的部位、病程早晚、有无转移以及邻近器官累及的情况。起病隐匿，早期无特殊表现，可诉上腹不适、食欲减退、乏力等，数月后出现明显症状时，已进入晚期。临床特点是整个病程短、病情发展快和迅速恶化。

（一）症状

1. 腹痛　约半数以上患者有腹痛，起初多较轻，后逐渐加重。腹痛的部位较深，不易精确定位，一般在上腹部或脐上，胰头癌位于右上腹，胰体尾癌位于左上腹，有时也可涉及全腹，常为持续性进行性加剧的钝痛或钻痛，可有阵发性绞痛，餐后加剧，用解痉止痛药难以奏效，常需用麻醉药，甚至成瘾。典型表现为腹痛在仰卧时加重，夜间尤为明显，曲弯腰坐位、俯跪位或卧位可缓解。后期病例常有腰背疼痛，有时呈束带样。

2. 黄疸　是胰腺癌，特别是胰头癌的重要症状。胰头癌侵犯和压迫胆总管下端引起梗阻性黄疸，出现小便深黄及陶土样大便。胰体尾癌在波及胰头时才出现黄疸。有些胰腺癌晚期患者，黄疸是由胰腺癌肝转移所致。

3. 体重减轻　在消化道肿瘤中胰腺癌造成的体重下降最为突出，以胰尾癌较多。其主要原因是肿瘤消耗、食欲不振、胰腺外分泌功能不良、焦虑和失眠等。

4. 消化道症状　胰腺外分泌功能不良，以及肿瘤阻塞胆总管下端及胰腺导管，胆汁和胰液不能进入十二指肠，必然会影响食欲，常有消化不良和食欲不振，有时伴有恶心、呕吐。由于经常进食不足，约10%患者有严重便秘。晚期患者可出现腹泻、脂肪泻。胰腺癌侵犯邻近的十二指肠或胃可发生上消化道出血，表现为呕血、黑便或仅大便潜血阳性，偶见脾静脉或门静脉因肿瘤侵犯而栓塞，继发门静脉高压症，导致食管胃底静脉曲张破裂大出血。

5. 其他

（1）糖尿病：少数患者起病初表现为糖尿病症状，长期患糖尿病的患者近来病情加重，或原来长期能控制病情的治疗措施变为无效，出现持续性腹痛，说明有可能在原有糖尿病的基础上又发生了胰腺癌。

（2）血栓性静脉炎：晚期胰腺癌患者出现游走性血栓性静脉炎或动脉血栓形成。如有下肢深静脉血栓形成时可引起患侧下肢水肿。

（3）精神症状：部分胰腺癌患者可出现焦虑、急躁、抑郁、个性改变等精神症状，可能由于胰腺癌患者多有顽固性腹痛、不能安睡以及不能进食等症状，容易对精神和情绪产生影响。

（二）体征

早期一般无明显体征，中晚期出现典型体征有消瘦、黄疸、上腹压痛及腹部包块。因胆汁淤积，在黄疸出现时，肝脏肿大、质硬、表面光滑，可触及肿大胆囊，呈囊状，表面光滑无压痛，称为Courvoisier征，是诊断胰腺癌的重要体征。腹部包块多属晚期体征，其形态不规则，大小不一，质坚固定，可有明显压痛。腹部包块多见于胰体尾部癌，当包块压迫腹主动脉或脾动脉时，可在脐周或左上腹听到吹风样血管杂音。晚期患者可有腹水，多因腹膜转移所致，少数患者可触及锁骨上淋巴结肿大或直肠指检触及盆腔转移癌。

【实验室和其他检查】

（一）血液、尿和粪便常规检查

梗阻性黄疸和肝脏受损时，血清胆红素进行性升高，以结合性胆红素为主。血清碱性磷酸酶、γ-GT、LDH、亮氨酸氨基肽酶（LAP）、及5'-核苷酸酶等升高。胰管梗阻或并发胰腺炎时，血清淀粉酶和脂肪酶可升高。糖耐量试验异常和空腹血糖升高，尿糖及尿胆红素阳性。粪便中可见脂肪滴或潜血阳性。缩胆囊素-胰酶泌素（CCK-PZ）和胰泌素试验时，十二指肠引流液的淀粉酶值和碳酸氢盐浓度均显著减低。

(二) 肿瘤标志物检测

为筛选出无症状的早期患者，胰腺癌肿瘤标志物的研究近年有较大进展。但尚无一种理想筛选早期胰腺癌的肿瘤标记物。目前认为糖抗原CA199联合检测可提高对于胰腺癌诊断的特异性与准确性。癌胚抗原（CEA）是由结肠腺癌提取的肿瘤相关抗原，在消化道癌肿如结肠癌、胰腺癌、胃癌等均可增高，CEA诊断胰腺癌的敏感性和特异性均不高，但与CA199配合对肿瘤的鉴别意义较大。粪便、血液和胰液中突变K-ras基因的检测为胰腺癌的诊断提供了新的辅助性检查手段，但其临床价值仍有待进一步研究与证实。

(三) 影像学检查

1. X线检查

(1) 钡餐造影：采用低张十二指肠造影对胰腺癌的诊断有意义，胰腺癌可影响邻近的空腔器官，使之移位或受到侵犯，最常见到的是十二指肠曲增宽和十二指肠降段内侧的倒"3"形。

(2) 经十二指肠逆行胰胆管造影（ERCP）：经十二指肠镜从壶腹开口处插入导管作ERCP，对胰腺癌的诊断率为85%～90%，可较早地发现胰腺癌，尤其对胆道下端和胰管阻塞者有较大的临床意义，可与壶腹周围癌进行鉴别。ERCP表现可分为阻塞型、局部狭窄型、进行性狭窄型及异常分支型等。插管造影主要显示：胰胆管受压以及主胰管充盈缺损、移位、瘤腔形成，胰管阻塞、突然变细或中断，断端变钝或呈鼠尾状、杯口状，狭窄处管壁僵硬、不规则的部位和范围等，直接收集胰液做细胞学检查及壶腹部活检做病理检查，可提高诊断率，必要时可同时放置胆道内支架，引流减轻黄疸为手术做准备，少数病例在ERCP检查后可发生注射性急性胰腺炎和胰胆管感染。

(3) 选择性动脉造影：经腹主动脉插管入肠系膜上动脉、肝动脉、脾动脉作选择性造影，对显示胰体尾癌可能比B超和CT更有效，能显示胰腺肿块和血管受压移位征象，对于小胰癌（<2cm）诊断准确性可达88%，有助于判断病变范围和手术切除的可能性。主要表现为胰内或胰周动脉、静脉形态的变异，包括血管壁呈锯齿状改变、狭窄、成角现象，即移位、中断和阻塞等。

(4) 经皮肝穿刺胆道造影（PTC）：可显示胆总管下端梗阻的情况，确定梗阻的部位、程度并与结石鉴别。如肝内胆管有增粗，在B超引导下，穿刺成功率在90%以上，可用于ERCP插管失败或术前插管引流以减轻黄疸。

2. CT 能较清晰地观察胰腺的位置、轮廓、肿瘤等表现。CT对胰腺癌的诊断率达75%～88%，可显示大于2cm的肿瘤。主要表现为局部肿块，胰腺部分或胰腺外形轮廓异常扩大，胰腺周围脂肪层消失，胰头部肿块，邻近的体、尾部水肿，由于癌肿坏死或胰管阻塞而继发囊样扩张，局部可呈局灶性密度减低区。

3. 核磁共振（MRI） 胰腺癌的MRI显示T_1值的不规则图像，在瘤体中心T_1值更高，如同时有胆管阻塞，则认为是胰腺癌的特异性表现。MRCP利用胆液和胰液将胆胰管造影，是一种无创、简便的检查方法，所见征象同ERCP，能清楚显示胆管和胰管情况。但缺点是无法了解壶腹等病变，亦不能放置胆道内支架引流减轻黄疸为手术做准备。

4. 体表超声波检查 表现为局限性肿大或分叶状改变，轮廓不规则，边缘不清晰，一般均向外突出或周围呈伪足样伸展，为无回声或较低回声区，内部回声常呈不规则、不均匀分布。超声波检查可显示直径>2cm的胰腺肿瘤，如胰头部直径大于4cm，常提示有占位性病变。

5. 超声内镜（EUS） 超声胃镜在胃内检查，可见胃后壁外有局限性低回声区，边缘凹凸不规整，内部回声不均匀。超声腹腔镜的探头可置于肝左叶与胃小弯处或直接通过小网膜置于胰腺表面探查，结合腹腔镜在网膜腔内直接观察胰腺或胰腺的间接征象，并行穿刺活检，胰腺癌检出率将近100%，因此对胰腺癌尤其是早期胰腺癌的诊断有较大的价值，并能对手术切除的可能性作出一定的判断。

(四) 腹腔镜

在腹腔镜直视下，正常胰腺表面呈黄白色，光滑平整，呈分叶状结构。腹腔镜不能直视胰头，胰头癌只能根据间接征象作出诊断，其间接征象为胆囊增大、绿色肝、胃窦部大弯侧有不规则的块状隆起及变形、右胃网膜动静脉及胰十二指肠上动脉曲张和肝脏及腹腔转移等改变。胰腺体、尾部癌的直接征象为胰腺肿块表面有不整齐的小血管增生，伴血管中断、狭窄和质地坚硬等方面的改变，间接征象为胃冠状静脉和胃大网膜静脉曲张，网膜血管走行紊乱，绿色肝及胆囊增大等。

（五）胰腺组织学和细胞学检查

在B超、CT、十二指肠镜下或超声胃镜导引下进行细针穿刺，吸取组织标本，经病理检查后作出诊断。十二指肠镜下作胰管插管收集胰液或行胰胆管细胞刷检，进行细胞学检查，是一种可靠的诊断方法。

【诊断与鉴别诊断】

胰腺癌早期诊断困难，当出现明显症状时已属晚期。为早期诊断，应重视以下临床表现：①起病模糊，诱因不明；②上腹不适，但不能确切指明部位；③腹部不适与饮食关系不密切；④上腹痛无周期性，进行性加重，逐步转为隐痛、胀痛和腰背痛；⑤伴有乏力和进行性消瘦；⑥不能解释的糖尿病。一般此类患者应先做B超检查，进一步可进行CT或MRI检查，可以更清楚地显示胰腺形态，并通过ERCP、超声胃镜、选择性动脉造影明确病变部位、范围及估计手术切除的可能性。亦可在B超和CT引导下，作细针穿刺细胞学检查，如诊断仍不明确，应考虑手术探查，争取手术切除肿瘤。

慢性胰腺炎与胰腺癌的鉴别较困难。慢性胰腺炎呈慢性病程，有反复的急性发作史，腹泻（脂肪泻）较显著，黄疸少见，无明显进行性加重及恶化，腹平片、B超以及CT可见胰腺部位有钙化点，有助于慢性胰腺炎诊断。但有时在术中慢性胰腺炎的胰腺亦可坚硬如石，或呈结节样改变，若剖腹探查时鉴别仍有困难，可行细针穿刺或胰腺活组织检查加以鉴别。Vater壶腹癌、胆总管癌和胰头癌三者的解剖位置邻近，三者发生的癌肿均可出现梗阻性黄疸，应注意鉴别。

【治疗】

胰腺癌的治疗仍以争取手术根治为主。不能手术根治者常作姑息性手术或放射治疗、化学治疗。

（一）外科治疗

早期手术切除是治疗胰腺癌最有效的措施，但已有临床症状、经过检查确诊者多属晚期，手术切除率只有10%～20%。常用术式为胰头十二指肠切除术、胰体尾切除术和全胰腺切除术，手术技术复杂、并发症多、死亡率高、5年存活率低。对不能耐受手术的患者可行姑息性胆肠、胃肠吻合术。疼痛明显者可行腹腔神经丛封闭治疗。介入下肿瘤局部灌注化疗可有效减轻症状，延长生存期。

（二）化学治疗

胰腺癌对化疗反应欠佳，对手术不能切除的晚期肿瘤，可以试用。目前公认的对胰腺癌有较好疗效的抗癌药物为健泽（吉西他滨），其他常用的化疗药物有紫杉醇、5-氟尿嘧啶（5-FU）、卡莫司汀（卡氮芥）、洛莫司汀（环己亚硝脲，CCNU）、链脲霉素、甲氨蝶呤等，常用方案有FAM、CF等，但疗效均较差。

（三）放射治疗

随着放射治疗技术的不断改进，放射治疗的疗效有明显提高，对延长生存期有一定的作用，止痛效果较明显。可进行术中、术后放疗，佐以化疗。对无手术条件的患者可作高剂量局部照射及放射性核素局部植入照射等。术前放疗可使切除困难的肿瘤局限化，提高胰腺癌的切除率。

（四）免疫治疗

常用的抗肿瘤免疫抑制药有左旋咪唑、胸腺肽以及转移因子等。

（五）支持治疗

对晚期胰腺癌及术后者均十分重要，可选用静脉高营养和氨基酸液输注。为改善营养状况，可给予多种维生素。胰酶片、中链脂肪酸的应用可减轻脂肪泻。

【预后】

胰腺癌预后较差，在症状出现后的平均寿命约一年，扩大根治术治疗的年存活率为4%，近年来采用全胰切除术，生存期有所延长。

（苏秉忠）

第十六章 消化道出血

消化道出血（gastrointestinal hemorrhage）是临床上常见的综合征。习惯上将 Treitz 韧带以上消化道包括食管、胃、十二指肠、胰胆和胃-空肠吻合术后空肠部位的出血称为上消化道出血（upper gastrointestinal hemorrhage）。Treitz 韧带以下的消化道出血称为下消化道出血（lower gastrointestinal hemorrhage）。上消化道出血占消化道出血的 85%～90%。根据出血时间和出血量一般将上消化道出血分为：①慢性隐性出血：仅用化验方法证实粪便潜血阳性而无明显临床表现；②慢性显性出血：有呕血和/或黑粪而无循环障碍的表现；③急性大出血：一般指在数小时内呕血和/或黑便量超过 1 000ml 以上，并伴有周围循环障碍的表现，死亡率可高达 8%～13.7%。下消化道出血主要表现为便血，其出血量不等，小量便血可为鲜血或兼有脓血黏液等成分，或与粪便相混，或附着于粪便表面。急性大量便血可致休克，约占下消化道出血患者 10%。

【病因】

上消化道出血原因包括炎症、溃疡性疾病、门静脉高压、肿瘤、损伤、全身性疾病等。国内资料显示急性上消化道出血最常见的原因是消化性溃疡，占 40%～50%，其中十二指肠溃疡较胃溃疡多见。其他依次为急性胃黏膜病变、食管胃底静脉曲张破裂出血、胃肿瘤等。下消化道出血原因有恶性肿瘤、肠息肉、肠道炎症性病变和其他疾病。国内文献报告，75.2% 下消化道出血的原因为肠道肿瘤，其中恶性肿瘤占 53.4%，肠息肉占 21.8%。其他原因有溃疡性结肠炎和克罗恩病等。

（一）上消化道出血疾病

1. 食管疾病　主要包括反流性食管炎、食管溃疡、腐蚀性食管炎、感染性食管炎、食管憩室炎、食管肿瘤、食管裂孔疝、食管贲门黏膜撕裂综合征（Mallory-Weiss 综合征）、食管内化学或物理损伤等。

2. 胃部疾病　常见原因包括急性糜烂出血性胃炎、胃溃疡、胃肿瘤、胃黏膜下恒径动脉破裂出血（Dieulafoy 病）等。

3. 十二指肠疾病　主要有十二指肠溃疡、十二指肠炎、憩室炎等。

4. 门静脉高压

（1）肝硬化：包括病毒性肝炎所致肝硬化、酒精性肝硬化、药物性肝硬化、瘀血性肝硬化和肝豆状核变性及血色病引起的肝硬化等。

（2）门静脉阻塞：门静脉炎、门静脉血栓形成、门静脉癌栓或肿瘤压迫等。

（3）肝静脉阻塞：如 Budd-Chiari 综合征。

（4）肝占位性病变：肝癌、肝血管瘤、肝脓肿（liver abscess）和肝囊肿等。

5. 上消化道周围器官疾病

（1）胆道出血：胆石症、胆道蛔虫病、胆囊炎、化脓性胆管炎、胆管癌、医源性胆道损伤等。

（2）胰腺疾病：急慢性胰腺炎、胰腺癌、胰腺假性囊肿、胰腺脓肿等。

（3）纵隔脓肿病变：纵隔脓肿、主动脉瘤破入上消化道等。

（二）下消化道出血疾病

1. 恶性肿瘤　主要为大肠癌，其他尚有恶性淋巴瘤、平滑肌肉瘤、纤维肉瘤、脂肪肉瘤、小肠腺癌和转移癌等。

2. 肠息肉　大多为腺瘤样息肉、家族性肠息肉病、Gardner 综合征、Turcot 综合征、Peutz-Jeghers 综合征和遗传性幼年息肉病等。

3. 肠道炎症性病变　溃疡性结肠炎、克罗恩病、放射性肠炎、急性坏死性小肠炎、肠结核和痢疾等。

4. 其他疾病　包括憩室、痔、肛裂、肠道血管发育不良等，后者可分为血管扩张型、动静脉畸形型和毛细血管扩张症型血管发育不良。

（三）引起消化道出血的系统疾病

1. 血液病　血小板减少性紫癜、白血病、血友病、再生障碍性贫血、DIC等。
2. 急性感染　脓毒症、流行性出血热、钩端螺旋体病、重症肝炎等。
3. 脏器衰竭　尿毒症、呼吸衰竭、肝衰竭等。
4. 结缔组织病　系统性红斑狼疮、皮肌炎、结节性多动脉炎等。
5. 应激相关性胃黏膜损　如Curling溃疡和Cushing溃疡。

【诊断】

（一）病史

既往病史对判断出血的原因有参考价值。如出血前有服用水杨酸类或其他非甾体类抗炎药者，应考虑可能为急性糜烂出血性胃炎或消化性溃疡所致；酗酒或其他原因导致剧烈呕吐后大量呕血者，需考虑有食管贲门黏膜撕裂综合征的可能；有慢性、周期性和节律性上腹部疼痛病史或有可靠的消化性溃疡病既往史者，应考虑消化性溃疡出血；有慢性肝病病史者，应考虑有肝硬化食管胃底静脉曲张破裂出血的可能性；胃大部切除术后发生的消化道出血者应考虑有吻合口炎症或溃疡、残胃癌的可能；对高龄患者，或伴有吞咽困难者，或有长期慢性失血病史者应考虑有食管或胃内新生物；对长期反复便血者应考虑结肠息肉或结肠憩室等；粪便混有脓血和黏液患者不可忽略有直肠癌的可能性；家族性结肠息肉病、Meckel憩室引起的便血多见于儿童和青少年；炎症性肠病、结肠癌引起的便血多见于中年患者等。仔细了解病史对诊断和治疗消化道出血有较大帮助，对急性消化道出血患者病史不清者，需结合症状、体征和实验室其他诊断结果做出诊断。

（二）症状和体征

1. 呕血和黑便　通常幽门以下的病变出血时仅有黑便。幽门以上出血除黑便外，多伴有呕血。但还与出血量多少有关，幽门以下的部位如短期内出血量较大，血液反流到胃内，可引起恶心、呕吐，甚至呕血。幽门以上的小量出血，可仅有黑便。呕吐物的颜色与出血量多少和血液在胃内滞留时间长短有关，如食管静脉曲张破裂出血量大时，血液在胃内滞留时间短，则大便呈暗红色血块或鲜血。相反，如血液在胃内滞留时间长，经胃酸作用转化为正铁血红素，则呈咖啡色或黑褐色。粪便的颜色主要取决于血液在肠道内停留的时间长短。上消化道内血液通过肠道时，经过肠道细菌的作用，血液中的铁变成硫化铁，故排出的粪便呈黑色。但大量的上消化道出血时，肠蠕动亢进，患者可排出暗红色粪便，甚至鲜红色血便。

2. 便血　一般粪便为鲜红色，但还取决于出血部位、出血量和速度。病变位置越低、出血量越大、出血速度越快，大便颜色越鲜红。低位小肠或右半结肠出血量较少、而且速度慢、在肠道停留时间长（超过14h）时，粪便也可呈黑色。

3. 低血容量和失血性休克　长期慢性失血时可无低血容量和休克，但可有失血性贫血的相关表现。急性失血量小于400ml时，由于肝脾贮血和组织液补充，不出现循环容量减少的临床症状。若出血量达全身血容量的15%时，可出现头晕、晕厥、软弱无力、口渴、虚汗、肢体发凉、心率增快、低血压等症状。若出血量达到全身血容量30%~35%时即发生休克，表现为烦躁不安或神志不清、面色苍白、四肢湿冷、呼吸困难、心率增快、脉搏细而弱、血压下降。若短时间内大量出血处理不及时，患者很快死亡。

4. 发热　中等量以上出血时，患者可在24h内开始发热，体温多在38.5℃以下，持续时间不等。发热原因仍不十分清楚，可能与循环血量减少和周围循环衰竭导致体温调节中枢功能紊乱等因素有关。

5. 原发病体征　上消化道出血后，许多原发病的体征变得不甚明显，如脾大明显缩小，肝掌和蜘蛛痣不再明显，溃疡病疼痛或局部压痛减轻。此外，活动性消化道出血时肠鸣音常活跃。下腹部肿块则提示结肠肿瘤。

（三）出血性质和程度判断

上消化道出血首先应与鼻腔、口腔出血吞下后引起黑便鉴别；口服铋剂、活性炭、铁剂也可引起黑便。此外需与咯血鉴别，咯血时血液呈鲜红色，或痰中带血丝，或血中有气泡和痰液，常呈碱性，患者有呼吸道病史和呼吸道症状。

1. 上、下消化道出血的鉴别　下消化道出血量较少时，或血液在肠腔内滞留时间较长时，粪便颜色可较深，易被误认为是上消化道出血。大量上消化道出血时，粪便可成暗红或鲜红色。下消化道出血仅有便血，而无呕血，粪便鲜红、暗红或有血块，患者常有下腹部疼痛、排便异常或便血史，患者排便时有中、下腹部不适或下坠等伴随症状。

2. 出血量估计　粪便潜血（occult blood，OB）试验阳性表示出血量大于 5ml；黑便时表示出血量大于 50ml；短时间内出血量在 250ml 以上时可以引起呕血；急性失血量小于 400ml 时多无明显临床症状；若失血量大于 500ml 可有临床症状；出血量超过 700ml 时，可出现眩晕、无力、口渴、出汗、心慌等症状；若出血量达到 1500ml 时，即可发生休克。上述方法仅为参考，出血量的估计必须考虑到出血的速度、胃内食物和肠道内粪便的影响，以及患者对出血量估计的准确性。此外，患者血红蛋白、红细胞计数和红细胞比容也可部分反映失血量，但受出血前有无贫血的影响，上述参数变化在急性出血后 3~4h 后才能反映出来。

3. 出血是否停止的判断　判断出血是否停止对病因诊断、治疗方法选择、疗效判断和估计预后有重要意义。排便次数影响出血后黑便的持续时间，如每日排便一次，约 3d 后粪便色泽恢复正常，仅根据黑便的有无来判断出血停止与否是不可靠的。发现有下列迹象者，应认为有继续出血或有再出血：①反复呕血、便血，或者呕血、黑便和便血停止后再次出现；②胃管内持续或再次引流出鲜血或咖啡样物；③肠鸣音活跃或亢进；④在充分补充血容量后，外周循环状况未见明显改善，或者虽有好转又再次恶化，或中心静脉压再次降低；⑤患者血红蛋白、红细胞计数和红细胞比容继续下降；⑥在肾功能正常和循环容量正常情况下，血尿素氮继续或再次升高。

（四）病因诊断

出血病因和部位的判断有利于及时有效治疗，并估计预后。通过仔细询问病史、了解症状和出血方式和详细查体，约对半数患者的出血原因可作出判断。再结合实验室检查，绝大部分出血患者可明确病因。

1. 胃食管反流病（gastroesophageal reflux disease，GERD）　临床上 GERD 十分常见，其中反流性食管炎占胃镜检查总数的 5%~7%。胃十二指肠内容物反流到食管，引起食管黏膜充血、糜烂，甚至发生食管溃疡。患者可有小量出血，也可发生大出血。患者多伴有反酸、烧心、胸骨后疼痛或吞咽困难等症状。食管测压可发现食管下段括约肌压力减低，食管动态 pH 监测有明显胃食管反流，胃镜检查可见食管黏膜充血、糜烂、溃疡和出血。

2. 食管癌　晚期患者可有小量消化道出血，少数患者可有大出血。80% 患者年龄在 50 岁以上，常有吞咽困难、消瘦等症状。食管吞钡和胃镜下活检可明确诊断。

3. 食管贲门黏膜撕裂综合征　患者多有饮酒、暴饮暴食和剧烈呕吐病史。表现为呕血或呕吐物带有血块。急症内镜检查在食管贲门连接处黏膜有单个或多个纵行裂伤，伤口在 0.5~2cm 不等。基底部有渗血和血痂，周边有水肿。

4. 急性胃黏膜病变　患者有摄入非甾体类抗炎药、糖皮质激素、乙醇等损伤胃黏膜药物的病史，或有脓毒症、大面积烧伤、创伤、颅脑疾病等诱因。早期胃镜检查可见胃体或胃底黏膜多发性出血病灶，或溃疡。

5. 胃癌　中年以上患者有进行性上腹痛、出血和贫血，或者失血与贫血不成比例时应考虑到胃癌。早期可无明显症状，出血量也不大，中晚期可发生大出血。胃镜和组织学检查可确诊。

6. 胃、十二指肠溃疡　消化道出血患者，若是青壮年患者，有慢性、周期性及节律性上腹部疼痛病史，有进食或服用制酸药可缓解的特点时，应考虑到消化性溃疡。15%～35%消化性溃疡病患者可无任何症状，多以消化道出血为首发症状。胃镜检查可见胃或十二指肠溃疡，病理活检可除外恶性病变。X线钡餐见到龛影是慢性溃疡的征象。

7. 食管胃底静脉曲张破裂　患者有明确肝硬化、肝癌病史，有肝病面容、蜘蛛痣、肝掌、腹壁静脉曲张、腹水和脾肿大等时易于诊断。部分患者消化道出血前并无明显肝硬化病史，出血后肝掌和蜘蛛痣等体征又变得不甚明显，同时脾明显缩小或不能扪及，如无辅助检查常不利于肝硬化的病因诊断，肝功能化验、B超和急症胃镜检查可明确诊断。有食管胃底静脉曲张的患者发生上消化道出血时，其原因可能为曲张静脉破裂出血，也可能为食管下段黏膜糜烂、急性胃黏膜糜烂、消化性溃疡或其他少见原因出血。急症内镜（24～48h内）检查发现仅有24%～41%患者为食管胃底静脉曲张破裂出血，45%～76%为非食管胃底静脉曲张出血，特别以食管下段贲门黏膜糜烂出血为多见。食管胃底静脉曲张破裂出血时，多以呕血为主，呈鲜红色，量大，甚至呈喷射状。急症内镜检查时见破裂处出血呈喷射状、水滴状或不间断溢出。出血量大小，取决于裂口的大小和门静脉压高低。食管下段贲门黏膜糜烂出血一般量较少，有咖啡状呕吐物或仅有黑便或暗红色血便。急症内镜检查可见散在黏膜糜烂、出血。若三腔二囊管压迫止血有效，则符合食管胃底静脉曲张破裂出血或食管下段贲门黏膜糜烂出血诊断。

8. 胆道出血（hemobilia）　肝内、胆道和胰腺的出血，经胆总管进入肠腔。出血量较大时，胆道内可形成血凝块，此时可伴有黄疸和胆绞痛，继发感染则可出现发热。因此，临床上对原因不明的上消化道出血伴有黄疸、胆绞痛者，应考虑到胆道出血。十二指肠镜检查可见有血液自壶腹部溢出。

9. 直肠、结肠癌　早期直肠癌出血量少，血液附着粪便表面，易误诊为肛裂或痔。晚期病变时粪便变细，并有频繁便意、里急后重等直肠刺激征。指肛检查是重要诊断手段。左半结肠癌症状出现较早，可有排便习惯改变，粪便呈黏液血便，右半结肠癌症状出现较晚。结肠癌晚期可在腹部扪及包块，并有肠梗阻症状。结肠镜检查有利于观察病变部位和范围，活检可获得病理学证据。

10. 炎症性肠病（inflammatory bowel disease，IBD）　炎症性肠病的主要诊断依据为腹痛、腹泻、黏液脓血便、反复发作的病史，肠镜检查和病理学检查有利于诊断。

11. 血管发育不良（angiodysplasia）　血管扩张型血管发育不良老年人常见，反复间断大量出血，小肠X线造影常不易发现病变。动脉造影或放射性核素检查有诊断价值，病变多位于肠系膜附着部位对侧的盲肠和升结肠边缘。动静脉畸形型血管发育不良小肠多见，多发生于中青年。毛细血管扩张症型血管发育不良内镜检查易漏诊，血管造影可见微小染色区，多需放大摄影。

【实验室和其他检查】
（一）粪便检查
慢性隐性消化道出血仅潜血试验阳性，但检查前需禁食动物血、肝、瘦肉和绿叶蔬菜等3～4天。大量出血时粪便外观呈黑褐色，甚至鲜红色，镜检有较多的红细胞。下消化道出血时，粪便有大量红细胞。有炎症、溃疡或结肠癌时，粪便镜检有大量黏液和脓细胞。大量白细胞和吞噬细胞对细菌性痢疾有诊断价值。发现阿米巴滋养体可诊断阿米巴病。

（二）血常规
出血早期白细胞计数多轻度或中度增高。若出血后白细胞计数增高不明显，或白细胞及血小板计数降低时，有助于肝硬化诊断。

（三）血生化检查
上消化道出血后数小时内血尿素氮即可增加，于24～48h内达到高峰，持续时间不等，与出血时间长短有关。氮质血症发生的原因是上消化道大量出血后，血液蛋白质分解产物在肠道吸收所致，即肠源性氮质血症。此外，由于失血性休克使患者肾小球滤过率（GFR）和肾排泄功能减低发生肾前性氮质血症，也可发生肾性氮质血症。各项肝功能异常对肝硬化诊断有帮助。

(四) 鼻胃管检查

插入鼻胃管逐段抽取消化液观察有无血迹，对仅有黑便的活动性出血有定位诊断价值。

(五) 吞线试验

吞入长度约 200cm 的棉线，一端固定在患者的颊部，另一端系有金属小球，借助重力可经幽门进入肠道，留置 8~10h 后取出。检查有无血迹，可以大致估计出血的部位。

(六) X 线钡剂造影检查

上消化道出血患者进行 X 线钡剂造影检查，对常见出血病变如食管静脉曲张、胃十二指肠溃疡、胃癌等有诊断价值。小肠和大肠钡剂造影对观察肿瘤、憩室有重要价值，对浅表病变或血管畸形往往诊断价值不大。腹部按压可引起或加重出血，一般主张出血停止 3 天后可谨慎操作。

(七) 内镜检查

内镜检查时消化道出血定位、定性诊断的首选方法，其诊断正确率达 80%~90%，可解决 90% 以上消化道出血的病因诊断。在上消化道出血后 24~48 小时内进行急症胃镜检查，可检出 90% 以上出血灶。一般主张出血后尽早检查，检查的时间越早，阳性发现率越高。对大出血后胃内有较多残留血液者，或有活动性出血时，要反复冲洗胃腔寻找出血灶。经反复冲洗后仍残留有大小不等、不易移动的新鲜凝血块处往往是出血部位。急性下消化道大出血时，因肠道大量积血或粪便影响视野，往往不易成功，一般需要清洁肠道或暂时止血后进行肠镜检查，有利于发现病变。术中经腹部在肠腔可疑出血灶附近切口进入肠镜有利于发现病灶，但也应反复冲洗肠腔，向上到达胃腔或向下到达肛门逐段检查，外科医师配合在肠管壁外面细致观察，搜寻可疑出血灶。

双气囊内镜（double-balloon enteroscopy，DBE）和胶囊内镜（capsule endoscopy，CE）是目前能完成全小肠检查的两项检查，对诊断小肠出血具有重要的临床价值。DBE 是在传统的推进式小肠镜的前端和外套管远端各加用一个气囊，通过两个气囊交替固定小肠管，使小肠镜和外套管交替前进，从而完成整个小肠的检查。它可经口或经肛门插入。DBE 的应用使消化内镜对消化道的检查拓展至深部小肠。除了具有检查范围广的优势外，还具有图像清晰、操作可控制、能取活检和进行多种内镜下干预和治疗等功能，对小肠出血的诊断率在 60% 以上。胶囊内镜被吞服后，可以借助胃肠自身蠕动通过消化道，并自然排出体外。在它穿行期间，"胶囊"将间断定时向体外发射消化道图片。胶囊内镜的不足之处在于检查不可控、图像随机摄取、不能有目的地重点检查病变部位、其清晰度及视野有限、无法进行组织活检。

(八) 仿真内镜技术

仿真内镜（virtual endoscopy，VE）技术是应用 MRI、螺旋 CT 薄层无间隔扫描获得数据资料后，采用特殊的计算机软件包对空腔脏器内表面进行三维重建，并用导航技术对空腔脏器的内腔进行漫游观察，同时配以人工伪彩，模拟光学纤维内镜效果的一种新方法。仿真内镜检查能从不同的角度观察胃肠腔内、胃壁或肠壁及其毗邻结构的情况，由于其检查无创、迅速方便，较内镜易于被患者接受。但仿真内镜不能诊断表现为黏膜充血水肿的炎性病变；扁平及早期的病变不易发现（尤其直径小于 5mm 的病变）；对管腔狭窄病变敏感性高，但假阳性率亦高。对结肠内的粪块与肿物不能区分。

(九) 放射性核素检查

适用于年老体弱而不能耐受创伤性检查的患者，或经其他有关检查而未有异常发现的慢性或间歇性消化道出血患者。放射性同位素 ^{99m}Tc 标记的红细胞经静脉注射后随血流到达出血部位，并溢出血管外，在局部呈现出一个异常的放射性浓聚区。一般静脉注射后 1h 内出血灶阳性发现率可达 85% 左右。出血量少、慢性渗血或间歇性出血时，容易漏诊。

(十) 选择性腹腔动脉造影

造影目的在于直接发现出血病变，如血管瘤、动静脉畸形（arteriovenous malformation）、肿瘤、溃疡、胆道出血和 Mallory-Weiss 综合征等。对出血部位进行定位诊断时，要求出血速度需在 0.2~2ml/min 以上。造影剂局部溢出血管外为定位诊断阳性。对可疑上消化道出血时，应分别行腹腔动脉和肠系膜上动脉造影。如怀疑十二指肠出血,可行胃十二指肠动脉造影。如怀疑胃底和胃小弯出血时,可行胃左动脉造影。在可疑肝内胆管出血时,可行肝总动脉和肝固有动脉造影。对小肠和右半结肠出血,可行肠系膜上动脉造影。左半结肠、乙状结肠和直肠出血需行肠系膜下动脉造影。

【治疗】

消化道出血处理的基本原则包括防治失血性休克,控制出血和根治病因。病因不同,治疗方法也不同。

(一) 内科治疗

1. 一般措施 患者宜采取平卧位,抬高下肢,以保证回心血量。动态监测呼吸、脉搏、血压、尿量等体征变化,必要时吸氧。注意观察鼻胃管内引流物颜色变化。大量出血患者应立即禁食。非大量出血的消化性溃疡患者应尽早进食以中和胃酸,维持营养,促进肠蠕动,加强胃内积血排空缓解恶心和呕吐。

2. 治疗失血性休克 对低血容量患者应立即建立补液通道补充液体,对大出血的患者应及早行静脉切开或锁骨下静脉穿刺建立快速补液通道,保证有效循环血容量。出现低血容量性休克又无输血条件者,可先输注代血浆、平衡液或葡萄糖盐水。有条件后,立即输入全血。对血压过低而又不能及时补充血容量者,或积极补充血容量后血压仍不能维持者,可应用血管收缩药物维持重要器官血液灌注。

3. 局部用药 对食管、胃和十二指肠病变出血可局部应用止血药。常用方法有口服凝血酶、8mg%去甲肾上腺素冰盐水和5%孟氏液等。

4. 抑制胃酸分泌 胃内酸度和胃蛋白酶活性可影响凝血功能,抑制胃酸分泌和胃蛋白酶活性对控制和预防食管、胃和十二指肠出血有重要意义。实验证实,当胃内pH>6时,血小板聚集和体液诱导的止血作用才能有效发挥。pH<5时,胃蛋白酶迅速将新形成的血凝块消化。常用方法为静脉注射H_2受体拮抗剂(如西咪替丁、雷尼替丁和法莫替丁等)和质子泵抑制剂(如奥美拉唑、埃索美拉唑、雷贝拉唑和兰索拉唑等)。西米替丁200mg,每6h静脉注射一次,2h后胃内pH可达4.3,在4h、6h、8h、12h后,胃内pH分别为5.3、6.6、5.8、6。静脉注射奥美拉唑20mg、40mg和60mg后15h、19h和21h,胃液pH仍可大于4。

5. 降低门静脉压力 降低门静脉压力的药物有血管加压素(vasopressin)、垂体后叶素(pituitrin)、三甘氨酰赖氨酸加压素、生长抑素(somatostatin),以及硝酸甘油(nitroglycerin)与血管加压素合用等。

(1) 血管加压素和垂体后叶素:用药方法有:①血管加压素10~20U加入20ml葡萄糖或盐水中静脉缓慢滴入,有时可发生窦性心动过缓、窦房阻滞、急性心梗、门静脉血栓形成等并发症,此种方法目前临床上已很少应用。②血管加压素0.5~1.0U/min速度经腹腔动脉造影导管直接灌注,20min后重复造影,出现动脉收缩后以0.2~0.4U/min速度维持12~24h,以后递减剂量。灌注期间要专人监护,注意发生并发症。③血管加压素0.2~0.4U/min持续小剂量静脉滴注,持续应用24h以上,出血停止后,逐步减量。本方法简便易行,疗效可靠,治疗副作用少,易被患者接受。用血管加压素0.3U/min滴注后,门静脉压减低36%,肝静脉楔嵌压减低50.6%,门静脉血流量减低54.3%,平均动脉血压无变化。垂体后叶素剂量和用法与血管加压素相同,但可引起子宫收缩,故孕妇禁用。血管加压素(或垂体后叶素)与硝酸甘油(舌下含化或静脉滴注)联合应用可增强疗效,减低副作用。

(2) 三甘氨酰赖氨酸加压素:有缩内脏血管作用,对心脏血管影响小。一次注射作用可持续10h,首剂2mg,以后每4h注射1mg,总量10mg。

(3) 生长抑素及其衍生物:14肽生长抑素$t_{1/2}$较短,仅2~3min。人工合成的8肽生长抑素(奥曲肽)$t_{1/2}$达90min,在肝硬化的患者中可长达4h。生长抑素及其衍生物可使内脏血流减少和门脉压降低,对全身血流动力学影响不大。治疗上消化道出血时常用方法多为连续静脉滴注,时间2~5天不等。奥曲肽50~100μg静脉推注,再以25~50$\mu g/h$的速度维持。14肽生长抑素250μg静脉推注,再以 250μg/h 治疗。

6. **促进凝血和抗纤溶药物** 补充凝血因子如静脉注入纤维蛋白原和凝血酶原复合物对凝血功能异常引起出血者有明显疗效。抗血纤溶芳酸和 6-氨基己酸有对抗或抑制纤维蛋白溶解的作用。

7. **三腔二囊管压迫止血** 三腔二囊管压迫胃底和食管黏膜下静脉，而达到止血目的。随着药物和内镜止血技术进步，气囊压迫已不再是首选止血措施。

(二) 内镜治疗

内镜治疗目前已成为治疗消化道出血的主要方法，包括局部喷洒止血药（如凝血酶、8mg％去甲肾上腺素冰盐水、5％孟氏液等），局部物理方法止血（如激光、热探头、高频电凝、微波、射频、氩离子凝固等），局部注射硬化剂（如 5％鱼肝油酸钠、1％～1.5％十四烷基磺酸钠、95％酒精、0.5％～1％乙氧硬化醇、油酸氨基乙醇、凝血酶或立止血等），局部注射组织黏合剂（如 N-丁基-2 氰基丙烯酸盐、α-氰基丙烯酸正丁酯），金属止血夹，食管曲张静脉圈套结扎和尼龙绳结扎等。

(三) 放射介入治疗

介入治疗消化道出血一般在内镜无法确定出血部位和患者条件不允许行内镜检查时进行。对上消化道动脉性大出血行介入治疗主要方法有经导管灌注血管收缩剂，经导管行超选择性动脉栓塞，经皮经肝曲张静脉栓塞和经颈静脉肝内门腔分流术（transjugular intrahepatic portosystemic stent shunt, TIPSS）。利用经导管灌注血管加压素可控制下消化道动脉性大出血。

(四) 手术治疗

经内科、内镜治疗或放射介入治疗无效的消化道出血，应采取外科手术治疗。

【预后】

死亡率高低与患者年龄、原发病性质和出血程度有关。治疗条件和抢救及时与否也是影响患者死亡率的重要因素。一般认为急性胃黏膜病变死亡率与病因有关，十二指肠溃疡出血平均死亡率为 1％～7％，胃溃疡为 7％～13％，肝硬化食管静脉曲张出血死亡率高达 22％～63％。随着治疗技术进步，消化道出血患者的预后正逐步改善。

（王邦茂）

参考文献

[1] 陈灏珠. 实用内科学. 第 12 版. 北京：人民卫生出版社，2005.

[2] 萧树东，许国铭. 中华胃肠病学（第 1 版）. 北京：人民卫生出版社，2008.

[3] 中华医学会消化病学分会. 慢性胰腺炎诊治指南. 现代消化及介入诊疗，2007，12 (3)：204-206.

[4] 中华医学会消化病学分会胃肠动力学组. 肠易激综合征诊断和治疗的共识意见. 中华消化杂志，2008，28 (1)：38-40.

[5] 胃食管反流病治疗共识意见（2007 西安）. 中华消化杂志，2007，10：689-690.

[6] Gotoda T. Endoscopic resection of early gastric cancer. Gastric Cancer, 2007, 10 (1): 1-11.

[7] Stenson WF. Inflammatory bowel disease. //Cecil Medicine. 23rd edition. Saunder Elsevier, Philadelphia, 2008, 1042-1049.

[8] Tack J, Talley NJ, Camilleri M, et al. Functional Gastroduodenal Disorders. Gastroenterology, 2006, 130 (5): 1466-1479.

[9] Asian pacific association for the study of the liver (APASL) hepatitis C working party. Asian pacific association for the study of the liver consensus statements on the diagnosis, management and treatment of hepatitis C virus infection. J Gastroenterol Hepatol 2007, 22 (5): 615-633.

[10] Salerno F, Gerbes A, Gines P, et al. Diagnosis, prevention and treatment of hepatorenal syndrome in cirrhosis. Gut, 2007, 56 (9): 1310-1318.

[11] Stenson WF. Inflammatory bowel disease. //Cecil Medicine 23rd edition. Sounder Elsevier. Philadelphia, 2008, 1473-1477.

第五篇　泌尿系统疾病

第一章 总 论

肾脏是体内一个重要器官，它具有如下两项十分重要的生理功能：第一，排泄功能：血浆经肾小球滤过后形成原尿，原尿流经肾小管时，再经过肾小管重吸收及排泌加工后最终形成尿液，排出体外。肾脏通过尿液排出体内代谢废物，维持机体内环境平衡，包括水、电解质及酸碱平衡。第二，内分泌功能：肾脏还具有重要的内分泌功能，如肾小球入球小动脉壁上的球旁细胞分泌肾素，调节体内肾素-血管紧张素-醛固酮系统；肾间质小管周毛细血管内皮细胞及成纤维细胞分泌红细胞生成素，调节红细胞生成；近端肾小管上皮细胞内的 1α 羟化酶能催化 25-羟维生素 D_3 转化为具有生物活性的 1,25-二羟维生素 D_3，调节机体钙磷代谢。所以，肾脏病疾病时上述两方面功能都将出现异常表现。

【慢性肾脏病】

（一）概念

美国肾脏病基金会 2002 年制订的《K/DOQI 慢性肾脏病临床实践指南》中将慢性肾脏病（chronic kidney disease，CKD）的诊断标准规定如下：①肾脏损伤（血、尿成分异常，或影像学检查异常，或病理学检查异常）≥3 个月，有或无肾小球滤过率异常；②肾小球滤过率低于 60ml/（min·$1.73m^2$）≥3 个月，有或无肾脏损伤证据。上述两条中，有一条肯定存在即能诊断 CKD。目前这一标准已被各国普遍采用。

（二）分期

《K/DOQI 慢性肾脏病临床实践指南》将 CKD 分成如下 5 期（表 5-1-1）：

表 5-1-1 慢性肾脏病的分期

分期	特点	GFR [ml/（min·$1.73m^2$）]
第 1 期	肾损伤，GFR 正常或升高	≥90
第 2 期	肾损伤，GFR 轻度下降	60~89
第 3 期	GFR 中度下降	30~59
第 4 期	GFR 重度下降	15~29
第 5 期	肾衰竭	<15 或透析

GFR：肾小球滤过率

据此分期，GFR<15ml/（min·$1.73m^2$）时，进入慢性肾衰竭。

（三）分类

1. 根据病变部位分类 CKD 发展至严重阶段时，肾组织各部位都将受累。但是，仍可根据病初受累的主要部位进行如下分类：①肾小球疾病：如各种原发性及继发性肾小球肾炎，为最常见肾脏病。②肾小管疾病：如急性肾小管坏死，肾小管酸中毒及 Fanconi 综合征等。③肾间质疾病：由于肾间质疾病常同时累及肾小管，因此又称为肾小管-间质疾病，如急性及慢性间质性肾炎。④肾血管病：又可分为大血管疾病如肾动脉狭窄、肾动脉栓塞或血栓、肾静脉血栓等；小血管疾病如高血压小动脉性肾硬化症等；微血管疾病如溶血性尿毒症综合征等。

2. 根据疾病病因分类 据病因首先可分为感染性疾病（微生物直接侵入泌尿系统导致的疾病，如肾盂肾炎）及非感染性疾病（发病与微生物感染无关，或有关但非感染直接侵入泌尿系统致病，大多数内科肾脏病属于此列）。后者又可进一步分类为：①遗传性肾脏病：由遗传因素致病，如 Alport 综合征、薄基底膜肾病、多囊肾等；②继发性肾脏病：由全身系统性疾病累及肾脏致病，如狼疮性肾炎、紫癜性肾炎、糖尿病肾病、高血压小动脉性肾硬化症等；③原发性肾脏病：病因不十分清楚，如各种原发性肾小球肾炎。

【急性肾损伤】

国际急性肾损伤工作网 2005 年制订了有关急性肾损伤（acute kidney injury，AKI）的诊断标准及分期，具体如下：

（一）概念

肾功能在 48 小时内急剧下降，达到如下标准：血清肌酐绝对值上升≥0.3mg/dl（26.5μmol/L）或上升百分率≥50%（达到或超过基线的 1.5 倍），或尿量减少达＜0.5ml/（kg·h）超过 6 小时。

（二）分期

国际急性肾损伤工作网将 AKI 分成如下 3 期（表 5-1-2）：

表 5-1-2　急性肾损伤的分期

分期	血清肌酐	尿量
第 1 期	上升≥0.3mg/dl（26.5μmol/L），或增加到基线的 1.5～2.0 倍	＜0.5ml/（kg·h）超过 6 小时
第 2 期	增加到基线的 2.0～3.0 倍	＜0.5ml/（kg·h）超过 12 小时
第 3 期	增加到基线的 3.0 倍以上，或≥4mg/dl（354μmol/L）且急性上升＞0.5mg/dl（44.2μmol/L）	＜0.5ml/（kg·h）达 24 小时或无尿达 12 小时

注：血清肌酐和（或）尿量达到上述标准即可诊断

国际急性肾损害工作网认为，AKI 这一概念能够更好地反映急性肾衰竭的全过程（第 1 期为危险期；第 2 期为损害期；第 3 期才为衰竭期），它将有利于对肾脏的急性损伤进行早期诊断及治疗，从而提高疗效改善病人预后。AKI 的上述标准及分期现已在各国逐渐推广应用。

【肾脏疾病相关检查】

无论 CKD 或 AKI，在诊断前都必须对病人进行详细检查，包括问诊、体格检查及必要的辅助检查，然后根据所获资料进行综合分析才能做出正确诊断。常用的辅助检查如下：

（一）尿化验

包括尿常规、尿蛋白定量、尿红细胞形态检查（帮助鉴别肾小球源性血尿及非肾小球源性血尿）、尿酶检查（反映肾小管上皮细胞损伤）及尿细菌学检查等。正确留取尿标本十分重要，如做尿常规及尿酶化验的女病人一定要先清洗会阴，避免白带污染；做尿红细胞形态检查一定要留取新鲜尿，并及时镜检；做尿细菌学培养最好能从耻骨联合上行膀胱穿刺留取尿标本。

（二）肾功能

1. 肾小球滤过功能检查　包括肌酐清除率、血清肌酐及尿素氮，其中肌酐清除率最敏感，其减退一半以上时血清肌酐及尿素氮才升高。另外，测定血清 β_2 微球蛋白或胱蛋白酶抑制物（cystatin C）也能反映肾小球滤过功能，且敏感度能与肌酐清除率媲美。必要时还能利用核素直接测定肾小球滤过率，此检测不但准确可靠，而且还能分别了解两肾功能。

2. 近端肾小管功能检查　临床常用尿 α_1 微球蛋白、β_2 微球蛋白或视黄醇结合蛋白测定来反映近端肾小管重吸收功能。

3. 远端肾小管功能检查　临床常用禁水 12 小时尿渗透压来检测远端肾小管重吸收功能（浓缩功能）。

4. 肾小管酸化功能检查　包括检测尿 pH 值、碳酸氢离子（反映近端肾小管重吸收功能）、可滴定酸及铵（反映远端肾小管排泌功能）。

（三）血液生化检查

诊断肾脏疾病还常需做血液生化检查，例如，血清总蛋白、白蛋白及蛋白电泳等蛋白质检查；血清胆固醇，三酰甘油，高密度、低密度及极低密度脂蛋白胆固醇等血脂检查；血清钾，钠，氯，钙，磷等电解质检查；以及血气分析等。

（四）血清免疫学检查

血清免疫学检查对肾脏病诊断也很重要，例如血清免疫球蛋白，补体 C3，以及各种特异性自身抗体等。

（五）影像学检查

包括超声检查、核素扫描检查、X 线检查（如腹部平片，静脉或逆行肾盂造影，选择性肾动脉或肾静脉造影等）、CT 检查（如 CT 肾扫描，CT 肾动脉或肾静脉造影等）及磁共振检查（如磁共振肾动脉或肾静脉造影）等，对检查肾脏大小及结构，检查肾脏动、静脉，及除外泌尿外科疾病（如良性或恶性占位病变，尿路结石及梗阻，尿路畸形等）都很有意义。

（六）病理组织学检查

肾活检（临床多用经皮肾穿刺活检）取材做病理组织学检查对许多肾实质疾病确诊极为重要。肾组织病理检查应包括：①光学显微镜检查：除做苏木素伊红（HE）染色，还应做许多特殊染色，包括过碘酸雪夫（PAS）染色、六胺银（PASM）染色及 Masson 染色等。②免疫荧光或免疫组织化学检查：检测肾组织上有无免疫球蛋白 IgG、IgA、IgM，补体 C3、C1q 及纤维蛋白相关抗原（FRA）沉积。③电子显微镜检查：用透射电镜观察肾组织超微结构及电子致密物等。

【肾脏疾病诊断】

常包括如下内容的诊断：

（一）疾病诊断

肾脏疾病的诊断包括：①临床诊断，即根据病史、体检、实验室及影像学检查资料做出的疾病诊断。②病理诊断，即以光学显微镜检查为基础，结合免疫荧光（或免疫组化）及电子显微镜检查结果做出的疾病诊断。③免疫病理诊断，是依据免疫荧光（或免疫组化）检查的特殊表现做出的疾病诊断，此诊断仅适用于某些肾小球疾病如 IgA 肾病等。所以，有的病人患一个肾脏病却可能获得"三个诊断"（实际上是三个不同范畴的诊断），例如临床诊断为无症状性血尿，病理诊断为局灶增生性肾小球肾炎，而免疫病理诊断为 IgA 肾病。

对于肾实质疾病，尤其临床确诊困难者，应提倡及时做肾穿刺病理检查，并组织临床-病理讨论（临床医师报告临床相关资料，病理医师显示全部病理检查结果，然后共同讨论疾病诊断），如此才能显著提高肾脏病的诊断及治疗水平。

（二）肾功能诊断

在做出疾病诊断基础上，还应对肾功能状态作出判断，例如 CKD 几期？或 AKI 几期？这对已出现肾功能损害者，显得尤为必要。

（三）病因诊断

对某些肾脏病，除进行上述诊断外，还应该做出病因诊断。例如"急性肾小管坏死，毒蘑菇中毒引起"；又如"急性过敏间质性肾炎，磺胺过敏引起"。实际上，许多继发性肾脏病的诊断已包含了病因内容，如"糖尿病肾病"、"高血压小动脉性肾硬化症"、"狼疮性肾炎"等。

【肾脏疾病治疗】

治疗肾脏病一定要调动两个积极性，即医务人员积极性及病人积极性。调动病人积极性相当重要，包括：做好病人思想工作，使其树立与疾病做斗争的信心；将相关疾病知识交给病人，使其主动地配合各种治疗。因此医务人员需要不断地主动与病人、病人亲属以及其相关人员进行交流、沟通。

肾脏病的治疗包括一般治疗（饮食治疗及体力活动安排）、主要治疗（针对病因及发病机制的治疗）、对症治疗（消除或减轻主要症状的治疗）及血液净化治疗（进行血液透析、腹膜透析等治疗），这些治疗应根据病人具体情况酌情选用。下面将对几项治疗作一介绍。

（一）饮食治疗

肾脏病病人的饮食治疗十分重要，它包括：

1. **食盐入量** 水肿及高血压病人均应严格限制食盐入量，水肿病人应限盐至3g/d以下，无水肿的高血压病人应限盐至4～6g/d，否则将十分影响利尿消肿及降压治疗疗效。对水肿及体腔积液不是非常严重的病人，只应限盐而不应盲目限制液体入量。

2. **蛋白质入量** 肾病综合征病人可进正常蛋白质饮食，即1g/（kg·d），也可在充分保证热量情况下限制蛋白质入量至0.8g/（kg·d）；肾功能不全病人（如CKD病人从进入第3期起）应在充分保证热量情况下进低蛋白饮食，限制蛋白质入量至0.6g/（kg·d）。上述治疗，既能减少尿蛋白排泄，延缓肾病进展，又不会引起负氮平衡。

3. **热量** 正如前述，在限制蛋白质入量或进低蛋白饮食时，一定要充分保证热量，应达到125.5～146.4kJ/（kg·d）[30～35kcal/（kg·d）]，这是不导致负氮平衡的关键。

（二）主要治疗
即针对病因及发病机制的治疗。

1. **免疫抑制治疗** 许多肾小球疾病及肾小管间质疾病均为免疫介导性炎症疾病，因此免疫抑制治疗常为主要治疗手段。常用的免疫抑制药物有肾上腺糖皮质激素（常用泼尼松或泼尼松龙，重症病人尚可用甲泼尼龙冲击治疗）、细胞毒药物（常用环磷酰胺）、环孢素及吗替麦考酚酯等。

2. **抗感染治疗** 微生物直接侵犯泌尿系统导致的疾病（如肾盂肾炎），或发病与微生物感染相关的肾脏疾病（如肾综合征出血热、感染性心内膜炎肾损害等），只要活动性感染仍存在，就要针对相关病原体积极进行治疗。

另外，在应用免疫抑制剂治疗肾病时，由于免疫抑制很容易继发各种微生物感染，这些感染反过来都能加重肾病，因此也必须对它们积极防治。

（三）对症治疗
肾病常出现蛋白尿、血尿、水肿、高血压等症状，肾衰竭时还常出现肾性贫血，均需治疗。

1. **减少尿蛋白** 现在主要采用血管紧张素转化酶抑制剂（ACEI）或血管紧张素Ⅱ受体阻滞剂（ARB）治疗，它们可通过血压依赖性及非血压依赖性效应来减少尿蛋白排泄，所以有、无高血压的患者均可应用。尿蛋白量较多时，它们减少尿蛋白的效果往往更明显。

2. **利尿消肿** 一般以噻嗪类利尿剂（如氢氯噻嗪）与潴钾利尿剂（如氨苯蝶啶或螺内酯）联用作为基础治疗；效差时改用强效的袢利尿剂（如呋塞米、布美他尼或托拉塞米）治疗；如果患者血浆白蛋白减少、胶体渗透压减低导致有效血容量不足时，还必须先静脉输注低分子右旋糖酐或706代血浆（即分子量为25～45kd的羟乙基淀粉）扩容后再给袢利尿剂才能获得较好效果。

难治性肾病综合征用上述药物治疗未获得利尿效果，且水肿及体腔积液十分严重时，也可临时用血液净化技术进行超滤脱水，去除体内潴留的水分。

3. **降低高血压** 治疗高血压现代多主张：若非血压极高需迅速降压，都应首选长效降压药；不宜单药大剂量应用，推荐多种降压药常规剂量下配伍。这些原则同样适用于肾实质性高血压。肾实质性高血压可供参考的降压药物配伍流程如下：首先选用ACEI或ARB联合小剂量利尿剂（血清肌酐值<160μmol/L时用噻嗪类利尿剂，>160μmol/L时袢利尿剂）和（或）钙离子通道阻滞剂（包括双氢吡啶类及非双氢吡啶类）进行治疗；如此联合治疗降压疗效仍差时，心率快者可再加β受体阻滞剂或α及β受体阻滞剂治疗，心率慢者则将非双氢吡啶类钙离子通道阻滞剂改为双氢吡啶类钙离子通道阻滞剂；如果降压疗效还不满意，则最后加α受体阻滞剂或其他第二线降压药（中枢降压药或血管扩张药等）。

循证医学资料显示，血压要降达130/80mmHg以下才能有效保护肾脏，所以这是必须达到的降血压目标值。如果可能，对于尿蛋白>1g/d的患者将血压降达125/75mmHg以下，肾脏保护作用可能更好。

4. **纠正肾性贫血** 治疗肾性贫血的主要药物为基因重组人红细胞生成素，用药时需配合给予铁剂（包括静脉铁剂）及叶酸。机体缺铁往往是红细胞生成素疗效不佳的最常见原因。肾性贫血的治疗目标值是血红蛋白达 110~120g/L，而不应＞130g/L。已有循证医学证据显示，血红蛋白＞130g/L 的患者心血管不良事件发生率及死亡率均显著增加。

这里必须强调一下，内科疾病范畴的肾小球源性血尿是由其发病机制决定的，至今无任何药物能对症消除此类血尿，因此不应滥用止血药治疗。

（四）血液净化治疗

血液净化治疗包括血液透析、腹膜透析、单纯超滤、血液滤过、血液灌流、血浆置换、免疫吸附及连续性肾脏替代治疗（continuously renal replacement therapy，CRRT）等，用以清除血循环中的代谢废物、抗体及免疫复合物、异常血浆成分，以及蓄积于体内的水分、药物或毒物等。

在肾内科它主要应用于如下疾病的治疗：

1. 肾衰竭治疗　急性及慢性肾衰竭病人均应进行血液净化治疗，可据病情选择血液透析、腹膜透析、单纯超滤、血液滤过或 CRRT 等治疗，以清除体内蓄积的代谢废物和水分，矫正水、电解质及酸碱平衡。急性肾衰竭病人可以此维持生命，赢得治疗基础疾病时间，争取疾病恢复；慢性肾衰竭病人可长期靠此维持生命，或通过透析改善机体状况后进行肾移植。

2. 清除致病因子治疗

（1）免疫介导性肾脏病：如抗肾小球基底膜抗体导致的Ⅰ型急进性肾炎或 Goodpasture 综合征，应用血浆置换或免疫吸附治疗去除致病抗体，可促进疾病缓解。又如抗中性粒细胞胞浆抗体导致小血管炎引起肾损伤及肺出血时，应用血浆置换或免疫吸附治疗去除致病抗体，不但能减轻肾损伤，而且能迅速制止大咯血。

（2）恶性浆细胞病：可以应用血浆置换治疗清除多发性骨髓瘤病人血液中的单克隆免疫球蛋白及轻链蛋白，清除华氏巨球蛋白血症病人血循环中异常巨球蛋白，改善血液高黏滞状态，促进肾功能恢复。另外，多发性骨髓瘤病人出现高钙血症时，还能应用血液透析降低血钙，防治高钙性肾病发生。

（3）毒物肾损害：如毒蕈中毒引起肾及多器官损害时，及时进行血液灌流和（或）血浆置换排除毒素，能促进疾病恢复。

当然，正如前述，体内出现顽固性水钠潴留时，也能临时应用血液净化技术超滤脱水消肿，并改善心功能。

【回眸与展望】

20世纪后半世纪肾脏疾病的诊断与治疗水平得到了很大提高。在 1950 年 Perez-Ara 及 1951 年 Iverson 和 Brun 首先报道肾穿刺活检技术后，肾脏活体组织病理检查在世界范围逐渐推广，并从单纯的光学显微镜检查，发展到光学显微镜（包括组织特殊染色检查）、免疫荧光（或免疫组化）与电子显微镜相结合的检查，显著提高了肾脏疾病诊断水平。

20 世纪 70 年代免疫学检查技术（如放射免疫分析、酶联免疫吸附试验及免疫印迹试验等），与 20 世纪 80 年代分子生物学检查技术（如分子杂交及聚合酶链反应等）的迅速发展，及其在肾脏病领域中的应用，使得肾脏病的科研和诊断水平上了一个新台阶。

在药物治疗上，1949 年开始应用盐酸氮芥、1950 年开始应用肾上腺糖皮质激素治疗肾病综合征，从此开辟了免疫抑制剂治疗免疫介导性肾脏病的新纪元。此后，新的糖皮质激素衍生物及新的细胞毒药物不断涌现，更提高了免疫抑制治疗的疗效，减少了副作用。此后，20 世纪 80 年代初环孢素及 20 世纪末吗替麦考酚酯又先后从器官移植抗免疫排斥治疗，扩展到内科肾脏病治疗，更增加了免疫抑制治疗的手段。目前，新的免疫抑制剂还在不断涌现。

肾衰竭病人必须依靠肾脏替代治疗才能存活。1950 年 Odel 等首先将腹膜透析应用于临床治疗肾衰竭（当时不少是急性肾衰竭）并获得成功，其后腹膜透析液、透析管路及透析技术一直在不断改进。同样，从 20 世纪 50 年代起血液透析技术也开始应用于临床治疗肾衰竭（包括战伤所致急性肾衰竭）。之后血液透析器（特别是透析膜）、透析机及透析技术也一直在不断发展。正如前述，血液净化治疗发展至今天，已不再仅是腹膜透析及血液透析两项技术了，它已发展成了一套完整的治疗体系；

而且，血液净化治疗适应证也不再仅限于肾衰竭，它还能通过清除多种致病因子对某些疾病（包括肾脏疾病及非肾脏疾病）发挥重要治疗作用。

回首往事，我们能够清楚看见，在 20 世纪的后半个世纪中肾脏病学确实获得了飞速发展，但是又必须清楚地意识到，至今它在诊断和治疗上仍存在很大不足。现在诊断的某些肾脏病如 IgA 肾病，实际上并不是一个病，而是临床表现、病理类型、发病机制、治疗方案和预后都十分不同的一组疾病，要想对这组异质性疾病中的每个疾病分别进行更准确的诊断，单靠当前的传统检查方法无法解决。在治疗上，由于对许多肾脏病的发病机制尚未完全明了，同时临床上能选用于治疗的药物及手段也比较有限，长久以来治疗上重大突破较少，所以，今后我们必须继续努力。

21 世纪是生命科学的世纪。生命科学领域的基础研究近年发展很快，基因组学、蛋白质组学及代谢组学研究已逐渐普及，它们在肾脏病学领域的应用和推广，不但可能增添新的更敏感和准确的疾病诊断方法，而且还必将帮助我们更深入地了解肾脏病的发病机制，开阔疾病治疗思路。同样，近些年在基因治疗、干细胞治疗及异种器官移植等方面，研究也在不断深入，未来它们的成功及其在肾脏病学领域中的应用，也必将会为肾脏病治疗提供更多更有效的手段，乃至在某些方面出现革命性突破。这正是我们的期望。

（谌贻璞）

第二章 原发性肾小球疾病

第一节 概　述

肾小球疾病是病因、发病机制、临床表现、病理改变、病程和预后不尽相同的主要累及双肾肾小球的一组疾病。可分原发性、继发性和遗传性；原发性肾小球疾病常病因不明，继发性肾小球疾病系指全身性疾病造成的肾小球损害，遗传性肾小球疾病为遗传所致。原发性肾小球疾病，占肾小球疾病的大多数，仍是目前我国引起慢性肾衰竭最主要的原因。

【原发性肾小球疾病分类】

（一）原发性肾小球疾病的临床分类

1. 急性肾小球肾炎（acute glomerulonephritis）。
2. 急进性肾小球肾炎（rapidly progressive glomerulonephritis，RPGN）。
3. 慢性肾小球肾炎（chronic glomerulonephritis）。
4. 无症状性血尿或（和）蛋白尿（隐匿性肾小球肾炎）（asymptomatic hematuria and/ or proteinuria，latent glomerulonephritis）。
5. 肾病综合征（nephrotic syndrome，NS）。

（二）原发性肾小球疾病的病理分类（1995年世界卫生组织制订）

1. 轻微性肾小球病变（minor glomerular abnormalities）　包括微小病变肾病（minimal change disease，MCD）。
2. 局灶性节段性病变（focal segmental lesions）　包括局灶节段性肾小球硬化（focal segmental glomerulosclerosis，FSGS）。
3. 弥漫性肾小球肾炎（diffuse glomerulonephritis），包括：
(1) 膜性肾病（membranous nephropathy，MN）
(2) 增生性肾炎（proliferative glomerulonephritis）：①系膜增生性肾小球肾炎（mesangial proliferative glomerulonephritis）；②毛细血管内增生性肾小球肾炎（endocapillary proliferative glomerulonephritis）；③系膜毛细血管性肾小球肾炎（mesangiocapillary glomerulonephritis）；④新月体性和坏死性肾小球肾炎（crescentic and necrotizing glomerulonephritis）。
(3) 硬化性肾小球肾炎（sclerosing glomerulonephritis）
4. 未分类的肾小球肾炎（unclassified glomerulonephritis）　临床和病理类型之间有一定联系，但多数不能一一对应，同一病理类型可呈现不同的临床表现，而相同的临床表现可来自不同的病理类型，它们都是疾病诊断的重要组成。另外，1995年世界卫生组织的病理分类中，IgA肾病（参见有关章节）被归入系统性疾病引起的肾小球肾炎中有些不妥，目前多数专家认为还应归入原发性肾小球疾病为好，但其病理类型多样。

【发病机制】

多数肾小球肾炎是免疫介导性炎症疾病。一般认为，免疫机制是肾小球病的始发机制，在此基础上炎症介质（如补体、细胞因子、活性氧等）参与下，最后导致肾小球损伤和产生临床症状。在慢性进展过程中也有非免疫非炎症机制参与。

遗传因素在肾小球肾炎的易感性、疾病的严重性和治疗反应上的重要性，近年来已受到关注。此外，自身免疫导致或参与各种肾炎的证据也引起了广泛重视。

(一) 免疫反应

体液免疫主要指循环免疫复合物 (circulating immune complex, CIC) 和原位免疫复合物 (in situs immune complex, in situs IC) 在肾炎发病机制中的作用已得到公认,细胞免疫在某些类型肾炎中的重要作用也得到肯定。

1. 体液免疫　可通过下列两种方式形成肾小球内免疫复合物 (IC)。

(1) 循环免疫复合物沉积:某些外源性抗原(如致肾炎链球菌的某些成分)或内源性抗原(如天然 DNA)可刺激机体产生相应抗体,在血循环中形成 CIC, CIC 在某些情况下沉积或为肾小球所捕捉,并激活炎症介质后导致肾炎产生。多个抗原、抗体分子 ($>Ag_2Ab_2$) 交叉连接所构成的网络样 IC,单核-巨噬细胞系统吞噬功能和(或)肾小球系膜清除功能降低及补体成分或功能缺陷等原因使 CIC 易沉积于肾小球而致病。一般认为肾小球系膜区和(或)内皮下 IC 常为 CIC 的发病机制,多数系膜增生性肾炎属循环免疫复合物性肾炎。

(2) 原位免疫复合物形成:系指血循环中游离抗体(或抗原)与肾小球固有抗原(如肾小球基底膜抗原或脏层上皮细胞糖蛋白)或已种植于肾小球的外源性抗原(或抗体)相结合,在肾脏局部形成 IC,并导致肾炎。一般认为肾小球基底膜 (GBM) 上皮细胞侧 IC 主要是由于原位 IC 发病机制,膜性肾病和急进性肾炎Ⅰ型,即抗肾小球基底膜型肾炎(抗原为自身的肾小球基底膜成分)均被认为是典型的原位免疫复合物性肾炎。

原位 IC 形成或 CIC 沉积所致的肾小球免疫复合物,如为被单核-巨噬细胞、局部浸润的中性粒细胞吞噬,或肾小球系膜细胞所清除,病变则多可恢复。若肾小球内 IC 持续存在或继续沉积和形成,则可导致病变持续和进展。

2. 细胞免疫　微小病变型肾病肾小球内无 IC 证据,但研究显示患者淋巴细胞在体外培养可释放血管通透性因子。急进性肾小球肾炎早期肾小球内常可发现较多的单核细胞。近年来有肾炎动物模型提供了细胞免疫证据,故细胞免疫在某些类型的肾炎发病机制中的重要作用得到认可。但细胞免疫可否直接诱发肾炎,长期以来一直未得到肯定回答,其主要原因有:①缺乏为大家公认的应用致敏的 T 细胞传输诱发的肾小球肾炎模型;②用单克隆抗体检查人类多数不同类型肾小球肾炎的肾小球,往往不能发现或仅有数量甚微、一过性的 T 淋巴细胞。

(二) 炎症反应

临床及实验研究显示始发的免疫反应需引起炎症反应,才能导致肾小球损伤及其临床症状。炎症介导系统可分成炎症细胞和炎症介质两大类,炎症细胞可产生炎症介质,炎症介质又可趋化、激活炎症细胞,各种炎症介质间又相互促进或制约,形成一个十分复杂的网络关系。

1. 炎症细胞　主要包括单核-巨噬细胞、中性粒细胞、嗜酸性粒细胞及血小板等。炎症细胞可产生多种炎症介质,造成肾小球炎症病变。近年来,人们进一步认识到肾小球固有细胞(如系膜细胞、内皮细胞和上皮细胞)具有多种免疫球蛋白和炎症介质受体,能分泌多种炎症介质和细胞外基质,它们在肾小球免疫介导性炎症中并非单纯的无辜受害者,而有时是主动参加者,肾小球细胞自分泌、旁分泌在肾小球病发生、发展中具有重要意义。

2. 炎症介质　近年来,一系列具有重要致炎作用的炎症介质被认识,并已证实在肾炎发病机制的重要作用(表 5-2-1)。炎症介质可通过收缩或舒张血管影响肾脏局部的血流动力学,可分别作用于肾小球及间质小管等不同细胞,可促进(或抑制)细胞的增殖,促进细胞的自分泌、旁分泌,并可促进细胞分泌细胞外基质 (ECM) 或抑制 ECM 的分解,从而介导炎症损伤及其硬化病变。

3. 非免疫机制的作用　免疫介导性炎症在肾小球病致病中起主要作用和(或)启动作用,在慢性进展过程中则存在着非免疫机制参与,有时成为病变持续、恶化的重要因素。剩余的健存肾单位可产生血流动力学改变,促进肾小球硬化。另外,大量蛋白尿可作为一个独立的致病因素参与肾的病变过程。此外,高脂血症是加重肾小球损伤的重要因素之一。

表 5-2-1 与肾炎相关的炎症介质

血管活性肽
    内皮素、心房肽、血管紧张素Ⅱ、缓激肽等
生长因子和细胞因子
    生长因子：表皮生长因子（EGF）、血小板源性生长因子（PDGF）、转化生长因子（TGF）、成纤维细胞生长因子（FGF）等
    白细胞介素（IL）类：以 IL-1、IL-6 致炎作用最强
    其他细胞因子：肿瘤坏死因子（TNF）、干扰素（IFN）
趋化因子
    单核细胞趋化因子 1（MCP1）等
生物活性酯
    前列腺素类：环氧化酶产物（PGI_2，PGE_2，PGF_{2a}，TXA_2），脂氧化酶产物（白三烯）
    血小板活化因子（PAF）
血管活性胺
    组胺、5-羟色胺等
补体
    C3a（过敏毒素作用），C5a（中性粒细胞趋化作用），C5b-9（膜攻击复合物）等
酶类
    各种中性蛋白酶、胶原酶
凝血及纤溶系统因子
    凝血酶、组织纤溶酶原激活物（tPA）、纤溶酶原激活物抑制剂-1（PAI-1）等
细胞黏附分子
    选择素家族（selectins）、钙黏素（cadherins）、免疫球蛋白超家族[细胞间黏附分子（ICAM）、血管细胞黏附分子（VCAM）等]、整合素（integrins）等
活性氧
    超氧阴离子等
活性氮
    一氧化氮（NO）

【临床表现】

1. **蛋白尿** 正常的肾小球滤过膜允许分子量<2万~4万（单位 dalton）的蛋白质顺利通过，因此，经肾小球滤过的原尿中主要为小分子蛋白（如溶菌酶、$β_2$ 微球蛋白、轻链蛋白等），白蛋白（分子量 6.8万）及分子量更大的免疫球蛋白较少。原尿中 95% 以上的蛋白质被近曲小管所重吸收，故正常人终尿中蛋白质含量低，其中约一半蛋白质成分来自远曲小管和髓袢升支分泌的 Tamm-Horsfall 蛋白及其他尿道蛋白，另一半蛋白质成分为白蛋白、免疫球蛋白、轻链、$β_2$ 微球蛋白和多种酶等血浆蛋白。正常人尿蛋白质含量低，尿常规定性阴性。当成人尿蛋白质超过 150mg/d，尿蛋白定性阳性，称为蛋白尿。

根据形成机制不同，蛋白尿可以分为：①肾小球性蛋白尿：由于肾小球滤过屏障异常引起的蛋白尿，见于多种肾小球疾病，其特点是肾病水平蛋白尿较常见，成分以白蛋白等中大分子为主。②肾小管性蛋白尿：由于肾小管病变，重吸收蛋白的能力下降，使得正常时从肾小球滤过的小分子蛋白没能有效地被肾小管重吸收，从而出现的蛋白尿称为肾小管性蛋白尿，一般蛋白量<2g/d。③溢出性蛋白尿：血液循环中存在大量的可以从肾小球自由滤过的小分子蛋白质，超过了肾小管的重吸收极限，从而出现的蛋白尿。见于多发性骨髓瘤时的轻链尿，横纹肌溶解时的肌红蛋白尿，血管内溶血时的血红蛋白尿。④组织性蛋白尿：见于肾盂肾炎、尿路肿瘤时，向尿液中分泌蛋白质而产生的蛋白尿。尿蛋白一般<0.5g/d，很少>1g/d。

肾小球滤过膜由肾小球毛细血管内皮细胞、基底膜和脏层上皮细胞构成，滤过膜屏障作用包括：①分子屏障：肾小球滤过膜仅允许一定大小的分子通过；②电荷屏障：内皮及上皮细胞膜含涎蛋白，而基底膜含硫酸类肝素，共同组成了肾小球滤过膜带负性电荷，通过同性电荷相斥原理，阻止含负电荷的血浆蛋白（如白蛋白）滤过。上述任一屏障的损伤均可引起蛋白尿，肾小球性蛋白尿常以白蛋白为主。光镜下肾小球结构正常的 MCD 患者大量蛋白尿（白蛋白为主）主要为电荷屏障损伤所致；当分子屏障被破坏时，尿中可出现除外白蛋白以外更大分子的血浆蛋白，如免疫球蛋白、C3 等，则提示肾小球滤过膜有较严重的结构损伤。

2. 血尿　离心后尿沉渣镜检每高倍视野红细胞超过 3 个为血尿，IL 尿含 1ml 血即呈现肉眼血尿。肾小球源性血尿常，可呈镜下或肉眼血尿，无血块或血丝，也可伴蛋白尿、管型尿。如伴较大量蛋白尿和（或）管型尿（特别是红细胞管型），提示肾小球源性血尿。

可用以下两项检查帮助区分血尿来源：①新鲜尿沉渣相差显微镜检查。变形红细胞血尿为肾小球源性，均一形态正常红细胞尿为非肾小球源性。②尿红细胞容积分布曲线。肾小球源性血尿常呈非对称曲线，其峰值红细胞容积小于静脉峰值红细胞容积；非肾小球源性血尿常呈对称性曲线，其峰值红细胞容积大于静脉峰值红细胞容积。

肾小球源性血尿产生的主要原因为肾小球基底膜（GBM）断裂，红细胞通过该裂缝时受血管内压力挤出时受损，受损的红细胞其后通过肾小管各段又受不同渗透压和 pH 作用，呈现变形红细胞血尿，红细胞容积变小，甚至破裂。

3. 水肿　肾性水肿的基本病理生理改变为水钠潴留。肾小球病时水肿可基本分为两大类：①肾病性水肿：主要由于长期、大量蛋白尿造成血浆蛋白过低，血浆胶体渗透压降低，液体从血管内渗入组织间隙，产生水肿；此外，部分患者因有效血容量减少，刺激肾素-血管紧张素-醛固酮活性增加和抗利尿激素分泌增加等，可进一步加重水钠潴留、加重水肿。近年的研究提示，某些原发于肾内的钠、水潴留因素在肾病性水肿上起一定作用，这种作用与血浆肾素-血管紧张素-醛固酮水平无关。②肾炎性水肿：主要是由于肾小球滤过率下降，而肾小管重吸收功能基本正常造成"球-管失衡"和肾小球滤过分数（肾小球滤过率/肾血浆流量）下降、导致水钠潴留。肾炎性水肿时，血容量常为扩张，伴肾素-血管紧张素-醛固酮活性抑制、抗利尿激素分泌减少，因高血压、毛细血管通透性增加等因素而使水肿持续和加重。肾病性水肿组织间隙蛋白含量低，水肿多从下肢部位开始；而肾炎性水肿（如急性肾小球肾炎）组织间隙蛋白含量高，水肿多从眼睑、颜面部开始。

4. 高血压　肾小球病常伴高血压，慢性肾衰竭患者 90% 出现高血压。持续存在的高血压会加速肾功能恶化。肾小球病高血压的发生机制：①钠、水潴留：由于各种因素导致钠、水潴留，使血容量增加，引起容量依赖性高血压；②肾素分泌增多：肾实质缺血刺激肾素-血管紧张素分泌增加，小动脉收缩，外周阻力增加，引起肾素依赖性高血压；③肾实质损害后肾内降压物质分泌减少：肾内激肽释放酶-激肽生成减少，前列腺素等生成减少，也是肾性高血压的原因之一。肾小球病所致的高血压多数为容量依赖型，少数为肾素依赖型。但两型高血压常混合存在，有时很难截然分开。

5. 肾功能损害　急进性肾小球肾炎常导致急性肾衰竭，部分急性肾小球肾炎患者可有一过性肾功能损害，慢性肾小球肾炎及蛋白尿控制不好的肾病综合征患者随着病程进展至晚期常发展为慢性肾衰竭。

第二节　急性肾小球肾炎

急性肾小球肾炎（acute glomerulonephritis）简称急性肾炎（AGN），是以急性肾炎综合征为主要临床表现的一组原发性肾小球肾炎。其特点为急性起病，血尿、蛋白尿、水肿和高血压，可伴一过性氮质血症，具有自愈倾向。多见于链球菌感染后，而其他细菌、病毒及寄生虫感染亦可引起。本节主要介绍链球菌感染后急性肾小球肾炎。

【病因和发病机制】

本病常因 β-溶血性链球菌"致肾炎菌株"感染所致，常见于上呼吸道感染、猩红热、皮肤感染等链球菌感染后。感染的严重程度与急性肾炎的发生和病变轻重并不完全一致。本病主要是由感染所诱发的免疫反应引起，链球菌的致病抗原从前认为是胞壁上的 M 蛋白，而现在认为胞浆成分（内链素）或分泌蛋白（外毒素 B 及其酶原前体）可能为主要致病抗原，导致免疫反应后可通过循环免疫复合物沉积于肾小球致病，或种植于肾小球的抗原与循环中的特异抗体相结合形成原位免疫复合物。免疫复合物激活补体，导致肾小球内皮及系膜细胞增生，并吸引中性粒细胞及单核细胞浸润，导致肾脏病变。

【病理】

为毛细血管内增生性肾小球肾炎。其特征是光镜下内皮、系膜细胞弥漫增生，中性粒细胞浸润；免疫荧光可见 IgG 及 C3 呈粗颗粒状沿毛细血管壁、系膜区沉积（呈"满天星"样）；电镜可见肾小球上皮细胞下有驼峰状大块电子致密物沉积（图 5-2-1）。

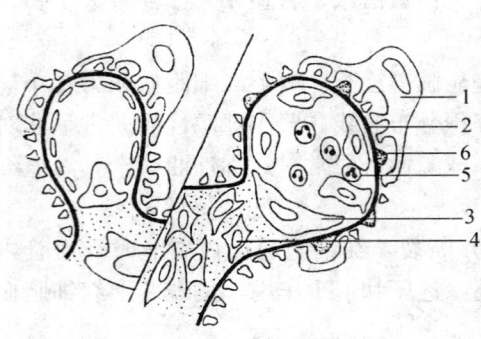

图 5-2-1 毛细血管内增生性肾小球肾炎
左：正常肾小球 右：病变肾小球
1. 上皮细胞；2. 基底膜；3. 内皮细胞；4. 系膜细胞；5. 中性粒细胞；6. 免疫复合物

【临床表现和实验室检查】

急性肾炎多见于儿童、男性。通常于前驱感染后 1~3 周起病，潜伏期相当于致病抗原初次免疫后诱导机体产生免疫复合物所需的时间，呼吸道感染者的潜伏期较皮肤感染者短。本病起病较急，病情轻重不一，轻者呈亚临床型（仅有尿常规异常）；典型者呈急性肾炎综合征表现，重症者可发生急性肾衰竭。本病大多预后良好，常可在数月内临床自愈。

本病典型者具有以下表现：

1. 尿异常 几乎全部患者均有肾小球源性血尿，约 30% 患者可有肉眼血尿，常为起病首发症状和患者就诊原因。可伴有轻、中度蛋白尿，约 20% 患者呈肾病综合征范围的蛋白尿。尿沉渣除红细胞外，早期尚可见白细胞和上皮细胞增多，并可有颗粒管型和红细胞管型等。

2. 水肿 80% 以上患者发生水肿，常为起病的初发表现，典型表现为晨起眼睑水肿或伴有下肢轻度可凹性水肿，少数严重者可波及全身。

3. 高血压 约 80% 患者出现一过性轻、中度高血压，常与其钠水潴留有关，利尿后血压可逐渐恢复正常。少数患者可出现严重高血压，甚至高血压脑病。

4. 肾功能异常 患者起病早期可因肾小球滤过率下降、钠水潴留而尿量减少，少数患者甚至少尿（<400ml/d）。肾功能可一过性受损，表现为轻度氮质血症。多于 1~2 周后尿量渐增，肾功能于利尿后数日可逐渐恢复正常。仅有极少数患者可表现为急性肾衰竭，易与急进性肾炎混淆。

5. 充血性心力衰竭 常发生在急性期，水钠严重潴留和高血压为主要诱因，需紧急处理。老年患者发生率较高（可达 40%），儿童患者少见（<5%）。

6. 免疫学检查异常 一过性血清补体 C3 下降：多于起病 2 周后下降，8 周内渐恢复正常，对诊断本病意义很大（有别于狼疮性肾炎随疾病活动的波动性下降和系膜毛细血管性肾小球肾炎的持续性下降）。患者血清抗链球菌溶血素"O"滴度可升高，提示近期内曾有过链球菌感染。

【诊断和鉴别诊断】

根据链球菌感染后 1~3 周潜伏期、肾炎综合征表现、一过性血清 C3 下降，可临床诊断本病。若肾小球滤过率进行性下降或病情于 2 个月未见好转应及时肾活检确诊。应与以下疾病鉴别：

1. 以急性肾炎综合征起病的肾小球疾病

(1) 其他病原体感染后急性肾炎：许多细菌、病毒及寄生虫感染均可引起急性肾炎。目前较常见于多种病毒（如水痘-带状疱疹病毒、EB 病毒、流感病毒等）感染极期或感染后 3～5 天发病，病毒感染后急性肾炎多数临床表现较轻，常不伴血清补体降低，少有水肿和高血压，肾功能一般正常，临床过程自限。

(2) 系膜毛细血管性肾小球肾炎：临床上除表现急性肾炎综合征外，常伴肾病综合征表现，病变常持续。50%～70%患者有持续性低补体血症，8 周内不恢复。

(3) 系膜增生性肾小球肾炎（IgA 肾病及非 IgA 系膜增生性肾小球肾炎）：部分患者有前驱感染可呈现急性肾炎综合征，患者血清 C3 一般正常，病情无自愈倾向。IgA 肾病患者疾病潜伏期短，可在感染后数小时至数日内出现肉眼血尿，血尿可反复发作，部分患者血清 IgA 升高。

2. **急进性肾小球肾炎** 起病与急性肾炎相似，但肾功能进行性恶化。重症急性肾炎呈现急性肾衰竭者与该病相鉴别困难时，应及时做肾活检以明确。

3. **全身系统性疾病肾脏受累** 狼疮性肾炎、过敏性紫癜肾炎、细菌性心内膜炎肾损害、原发性冷球蛋白血症肾损害、血管炎肾损害等均可呈现急性肾炎综合征表现；根据其他系统受累的典型临床表现和实验室检查，可资鉴别。

【治疗】

本病治疗以休息及对症治疗为主。急性肾衰竭病例应予以透析，待其自然恢复。本病为自限性疾病，不宜应用糖皮质激素及细胞毒药物。

(一) 一般治疗

急性期应卧床休息，待肉眼血尿消失、水肿消退及血压恢复正常后逐步增加活动量。急性期应予低盐（每日 3g 以下）饮食。肾功能正常者不需限制蛋白质入量，但氮质血症时应限制蛋白质摄入，并以优质动物蛋白为主。明显少尿的急性肾衰竭者需限制液体入量。

(二) 治疗感染灶

若感染存在，应予相应治疗。

(三) 对症治疗

包括利尿消肿、降血压，预防心脑合并症。休息、低盐和利尿后高血压控制仍不满意时，可加用其他降压药物。

(四) 透析治疗

少数发生急性肾衰竭而有透析指征时（参见本篇第九章），应及时透析帮助患者度过急性期。

(五) 中医辩证施治

【预后】

绝大多数患者于 1～4 周内出现利尿、消肿、降压，尿化验也常随之好转。少量镜下血尿及微量尿蛋白有时可迁延半年至一年才消失。仅有<1%的患者可因急性肾衰竭救治不当而死亡，且多为高龄患者。

第三节　急进性肾小球肾炎

急进性肾小球肾炎（rapidly progressive glomerulonephritis，RPGN）是以临床表现为急性肾炎综合征、肾功能急剧恶化、病理检查证实为新月体性肾小球肾炎的一组原发性肾小球肾炎。

【病因和发病机制】

本病是由多种原因所致的一组疾病，包括：①原发性急进性肾小球肾炎；②继发于全身性疾病（如系统性红斑狼疮肾炎）的急进性肾小球肾炎；③在原发性肾小球疾病（如系膜毛细血管性肾小球肾炎）的基础上形成广泛新月体，即病理类型转化而来的新月体肾小球肾炎。本文着重讨论原发性急进性肾小球肾炎（以下简称急进性肾炎）。

RPGN 根据免疫病理可分为三型，其病因及发病机制各不相同：①Ⅰ型又称抗肾小球基底膜型，由于抗肾小球基底膜抗体与肾小球基底膜（GBM）抗原相结合激活补体而致病。②Ⅱ型又称免疫复合物型，因肾小球内循环免疫复合物的沉积或原位免疫复合物形成，激活补体而致病。③Ⅲ型为少免疫复合物型，肾小球内无或仅微量免疫球蛋白沉积。现已证实约70%该型患者为原发性小血管炎肾损害，血清抗中性粒细胞胞浆抗体（ANCA）阳性。

RPGN的诱发因素包括吸烟、吸毒等。与感染的关系尚未明确。接触某些有机化学溶剂、碳氢化合物如汽油，与Ⅰ型RPGN发病有较密切的关系。某些药物如丙硫氧嘧啶（PTU）可引起Ⅲ型RPGN。

【病理】

病理类型为新月体性肾小球肾炎，我国的诊断标准为50%的肾小球有大新月体形成（占肾小囊面积50%以上），病变早期为细胞新月体，后期为纤维新月体（图5-2-2）。另外，Ⅱ型常伴有肾小球内皮细胞和系膜细胞增生，Ⅲ型常可见肾小球节段性纤维素样坏死。免疫病理学检查是分型的主要依据，Ⅰ型IgG及C3呈线样沿肾小球毛细血管壁分布；Ⅱ型IgG及C3呈颗粒状沉积于系膜区及毛细血管壁；Ⅲ型肾小球内无或仅有微量免疫沉积物。电镜下Ⅱ型可见电子致密物在系膜区和内皮下沉积，Ⅰ型和Ⅲ型无电子致密物。

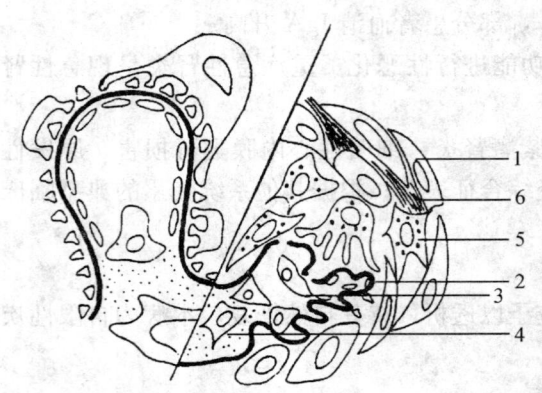

图5-2-2 新月体性肾小球肾炎
左：正常肾小球 右：病变肾小球
1. 上皮细胞；2. 基底膜；3. 内皮细胞；4. 系膜细胞；5. 单核细胞；6. 纤维素

【临床表现和实验室检查】

我国以Ⅱ型多见，Ⅰ型好发于青、中年患者，Ⅱ型及Ⅲ型常见于中、老年患者，男性居多。

患者可有前驱呼吸道感染，起病多较急，病情急骤进展。以急性肾炎综合征、多早期出现少尿或无尿、进行性肾功能恶化至出现尿毒症为其临床特征。患者常伴有中度贫血。Ⅱ型患者约半数可伴肾病综合征，Ⅲ型患者常有不明原因的发热、乏力、关节痛或咯血等系统性血管炎的表现。

免疫学检查异常主要有抗GBM抗体阳性（Ⅰ型）、血循环免疫复合物（Ⅱ型）、ANCA阳性（Ⅲ型）。

【诊断和鉴别诊断】

凡急性肾炎综合征伴肾功能急剧恶化，无论是否已达到少尿性急性肾衰竭，应疑及本病并及时进行肾活检。若病理证实为新月体性肾小球肾炎，根据临床和实验室检查能除外系统性疾病，诊断可成立。

原发性急进性肾炎应与下列疾病鉴别：

1. 引起少尿性急性肾衰竭的非肾小球病

（1）急性肾小管坏死：常有明确的肾缺血（如休克、脱水）或肾毒性药物（如肾毒性抗生素）或肾小管堵塞（如血管内溶血）等诱因，临床上以肾小管损害为主（尿钠增加、低比重尿及低渗透压尿），一般无急性肾炎综合征表现。

（2）急性过敏性间质性肾炎：常有明确的用药史，部分患者有药物过敏反应（低热、皮疹等）、血和尿嗜酸性粒细胞增加等，可资鉴别，必要时依靠肾活检确诊。

2. 引起急进性肾炎综合征的其他肾小球病

（1）继发性急进性肾炎：系统性红斑狼疮肾炎、过敏性紫癜肾炎等均可引起新月体性肾小球肾炎，依据系统受累的临床表现和实验室特异检查，鉴别诊断一般不难。肺出血-肾炎综合征（Goodpasture综合征）的疾病本质很可能与Ⅰ型新月体肾炎一样，但既往习惯于把肺肾同时受累的称为Goodpasture综合征，仅有新月体性肾炎的称为Ⅰ型RPGN，目前也可统称为抗GBM病。

（2）原发性肾小球病：有的病理改变并无新月体形成，但病变较重和（或）持续，临床上可呈现急进性肾炎综合征,如重症毛细血管内增生性肾小球肾炎或重症系膜毛细血管性肾小球肾炎等。临床上鉴别常较为困难,需作肾活检协助诊断。

【治疗】

包括针对急性免疫介导性炎症病变的强化治疗以及针对肾脏病变后果(如钠水潴留、高血压、尿毒症及感染等)的对症治疗两方面。尤其强调在早期作出病因诊断和在免疫病理分型的基础上尽快进行强化治疗。

(一)强化疗法

1. 血浆置换 应用血浆置换机分离患者的血浆和血细胞,弃去血浆以等量正常人的血浆(或白蛋白)和患者血细胞重新输入体内。通常每日或隔日1次,每次置换血浆2~4L,直到血清抗体(如抗GBM抗体、ANCA)或免疫复合物转阴,病情好转,一般需置换6~10次。该疗法需配合糖皮质激素[口服泼尼松1mg/(kg·d),2~3个月后渐减]及细胞毒药物[环磷酰胺2~3mg/(kg·d)口服,累积量一般不超过8~10g],以防止继续产生致病抗体。该疗法主要适用于Ⅰ型;对于原发性小血管炎所致急进性肾炎(Ⅲ型)伴有威胁生命的肺出血作用较为肯定、迅速,应首选。

2. 甲泼尼龙冲击伴环磷酰胺治疗 为强化治疗之一。甲泼尼龙0.5~1.0g溶于5%葡萄糖中静脉点滴,每日或隔日1次,3次为一疗程。必要时间隔3~5天可进行下一疗程,一般不超过3个疗程。甲泼尼龙冲击疗法也需辅以泼尼松及环磷酰胺常规口服治疗,方法同前。近年有人用环磷酰胺冲击疗法(0.8~1g溶于5%葡萄糖静脉点滴,每月1次),替代常规口服,可减少环磷酰胺的毒副作用,其确切优缺点和疗效尚待进一步总结。该疗法主要适用Ⅱ型、Ⅲ型,Ⅰ型疗效较差。用甲泼尼龙冲击治疗时,应注意继发感染和钠、水潴留等不良反应。

(二)替代治疗

凡急性肾衰竭已达透析指征者(见本篇第九章),应及时透析。对强化治疗无效的晚期病例或肾功能已无法逆转者,则有赖于长期维持透析。肾移植应在病情静止半年(Ⅰ型、Ⅲ型患者血中抗GBM抗体、ANCA需转阴)后进行。对钠水潴留、高血压及感染等需积极采取相应的治疗措施。

【预后】

影响患者预后的主要因素有:①免疫病理类型:Ⅲ型近期疗效相对较好,Ⅰ型差,Ⅱ型居中;②强化治疗是否及时:临床无少尿、血肌酐<530μmol/L,病理尚未显示广泛不可逆病变(纤维性新月体、肾小球硬化或间质纤维化)时,即开始治疗者预后较好,否则预后差;③老年患者预后相对较差。

第四节 慢性肾小球肾炎

慢性肾小球肾炎(chronic glomerulonephritis)简称慢性肾炎,系指以蛋白尿、血尿、高血压、水肿为基本临床表现,起病方式各有不同,病情迁延,病变缓慢进展,可有不同程度的肾功能减退,具有肾功能恶化倾向和最终将发展为慢性肾衰竭的一组肾小球病。由于本组疾病的病理类型及病期不同,主要临床表现可各不相同,疾病表现呈多样化。

【病因和发病机制】

仅有少数慢性肾炎是由急性肾炎发展所致(直接迁延或临床痊愈若干年后再现),大部分慢性肾炎的发病机制是免疫介导炎症。另外,非免疫、非炎症机制在疾病发展过程中起重要作用,如健存肾单位长期代偿处于血流高灌注、高滤过和高跨膜压的"三高"状态,久之导致健存肾小球硬化。

【病理】

病理类型多样,常见的有系膜增生性肾小球肾炎(包括IgA和非IgA系膜增生性肾小球肾炎)、系膜毛细血管性肾小球肾炎、膜性肾病及局灶节段性肾小球硬化等,其中少数非IgA系膜增生性肾小球肾炎可由毛细血管内增生性肾小球肾炎(临床上急性肾炎)转化而来。

病变进展至后期，所有上述病理类型均可转化为程度不等的肾小球硬化，伴肾小管萎缩、肾间质纤维化，相应肾单位的肾小管萎缩、肾间质纤维化。疾病晚期肾体积缩小、肾皮质变薄，病理类型均可转化为硬化性肾小球肾炎。称为硬化性肾小球肾炎。

【临床表现和实验室检查】

慢性肾炎可发生于任何年龄，但以青中年为主，男性多见。多数起病缓慢、隐袭。临床表现呈多样性，蛋白尿、血尿、高血压、水肿为其基本临床表现，可有不同程度肾功能减退，病情时轻时重、迁延，渐进性发展为慢性肾衰竭。实验室检查多为轻度尿异常，尿蛋白常在 1~3g/d，尿沉渣镜检红细胞可增多，可见管型。血压可正常或轻度升高。肾功能正常或轻度受损（肌酐清除率下降或轻度氮质血症），这种情况可持续数年，甚至数十年，肾功能逐渐恶化并出现相应的临床表现（如贫血、血压增高等），进入尿毒症。有的患者除上述慢性肾炎的一般表现外，血压（特别是舒张压）持续性中等以上程度升高，患者可有眼底出血、渗出，甚至视乳头水肿，如血压控制不好，肾功能恶化较快，预后较差。另外，部分患者因感染、劳累呈急性发作，或用肾毒性药物后病情急骤恶化，经及时去除诱因和适当治疗后病情可一定程度缓解，但也可能由此而进入不可逆慢性肾衰竭。多数慢性肾炎患者肾功能呈慢性渐进性损害，病理类型为决定肾功能进展快慢的重要因素（如系膜毛细血管性肾小球肾炎进展较快，膜性肾病进展常较慢），但也与是否合理治疗相关。

【诊断和鉴别诊断】

凡尿化验异常（蛋白尿、血尿、管型尿）、水肿及高血压病史达一年以上，无论有无肾功能损害均应考虑此病，在除外继发性肾小球肾炎及遗传性肾小球肾炎后，临床上可诊断为慢性肾炎。

慢性肾炎主要应与下列疾病鉴别：

1. 继发性肾小球疾病 如狼疮性肾炎、过敏性紫癜肾炎、糖尿病肾病等，依据相应的系统表现及实验室检查，一般不难鉴别。

2. Alport综合征 常起病于青少年，患者有眼（球型晶状体等）、耳（高频神经性耳聋）、肾（血尿，轻、中度蛋白尿及进行性肾功能损害）异常，并有阳性家族史（多为性连锁显性遗传）。

3. 其他原发性肾小球病 ①无症状性血尿和/或蛋白尿（隐匿性肾小球肾炎）：尿蛋白<1g/d，无水肿、高血压和肾功能减退。②急性肾炎：有的慢性肾炎起病时较急，很像急性肾炎，但大多没有急性肾炎的特征表现：前驱感染距肾炎1~3周、一过性补体C3下降、自愈倾向，有助于鉴别。

4. 原发性高血压肾损害 呈血压明显增高的慢性肾炎需与原发性高血压继发肾损害（即良性小动脉性肾硬化症）鉴别，后者先有较长期高血压，其后再出现肾损害，尿改变轻微（微量至轻度蛋白尿，可有镜下血尿及管型），常有高血压的其他靶器官（心、脑）并发症。

5. 慢性肾盂肾炎 多有反复发作的泌尿系感染史、并有影像学及肾功能异常者（见有关章节），尿沉渣中常有白细胞，尿细菌学检查阳性可资区别。

【治疗】

应以防止或延缓肾功能恶化、防治严重合并症为主要目的。可采用下列综合治疗措施。

（一）积极控制高血压和减少尿蛋白

高血压和尿蛋白是加速肾小球硬化、促进肾功能恶化的重要因素，积极控制高血压和减少尿蛋白是两个重要的环节。高血压的治疗目标：蛋白尿≥1g/d，血压应控制在125/75mmHg以下；尿蛋白<1g/d，血压控制到130/80mmHg以下。尿蛋白应争取减至最低。

慢性肾炎常有钠水潴留引起容量依赖性高血压，故高血压患者应限盐（NaCl<6g/d）；可选用噻嗪类利尿剂，如氢氯噻嗪12.5~25mg/d。Ccr<30ml/min时，噻嗪类无效应改用袢利尿剂，但一般不宜过多、长久使用。

多年研究证实，ACEI或ARB除具有降低血压作用外，还有减少尿蛋白和延缓肾功能恶化的肾脏保护作用，为慢性肾炎治疗高血压和/或减少尿蛋白的首选药物。通常要达到减少尿蛋白的目的，应用剂量常需高于常规的降压剂量。肾功能不全患者应用ACEI或ARB要防止高血钾，血肌酐大于

264μmol/L（3mg/dl）时务必在严密观察下谨慎使用。少数患者应用 ACEI 有持续性干咳的副作用。掌握好适应证和应用方法，监测血肌酐、血钾，防止严重副作用尤为重要。具体用药：贝那普利10～20mg，每日 1～2 次服用；氯沙坦 50mg，每日 1～2 次服用。

此外，还可联合或选用 β 受体阻滞剂，如美托洛尔 12.5～25mg，每日 2 次服用；钙离子通道阻滞剂，如硝苯地平控释片 30mg，每日 1～2 次服用；氨氯地平 5～10mg，每日 1～2 次服用。

（二）限制食物中蛋白及磷入量

肾功能不全氮质血症患者应限制蛋白及磷的入量，采用优质低蛋白饮食或加用必需氨基酸或 α-酮酸。

（三）糖皮质激素和细胞毒药物

鉴于慢性肾炎包括多种疾病，故此类药物是否应用，宜区别对待。但患者肾功能正常或仅轻度受损，肾脏体积正常，病理类型较轻（如轻度系膜增生性 IgA 肾病、早期膜性肾病等），尿蛋白较多，如无禁忌者可试用，无效者逐步撤去。

（四）抗凝、纤溶及血小板解聚药物

这类药物可抑制纤维蛋白形成、血小板聚集，降低补体活性，但疗效不肯定。

（五）避免加重肾损害的因素

感染、劳累、妊娠及肾毒性药物（如氨基糖苷类抗生素、含马兜铃酸中药等）均可能损伤肾脏，导致肾功能恶化，应予以避免。

【预后】

慢性肾炎病情迁延，缓慢进展，最终将至慢性肾衰竭。其进展速度个体差异很大，病理类型为重要因素，但也与是否重视保护肾脏、治疗是否恰当及是否避免恶化因素有关。

第五节 无症状性血尿或（和）蛋白尿

无症状性血尿或（和）蛋白尿（asymptomatic hematuria and/ or proteinuria）既往国内称为隐匿型肾小球肾炎（latent glomerulonephritis），系指无水肿、高血压及肾功能损害，而仅表现为肾小球源性血尿或（和）蛋白尿的一组肾小球疾病。病理类型多见于轻微病变、系膜增生性肾炎、膜性肾病及 IgA 肾病等。

本组疾病可由多种病理类型的原发性肾小球病所致，但病理改变多较轻。如可见于轻微病变性肾小球肾炎（肾小球中仅有节段性系膜细胞及基质增生）、轻度系膜增生性肾小球肾炎及局灶性节段性肾小球肾炎（局灶性肾小球病，病变肾小球内节段性内皮及系膜细胞增生）等病理类型。根据免疫病理表现，又可将系膜增生性肾小球肾炎分为 IgA 肾病和非 IgA 系膜增生性肾小球肾炎。

对单纯性血尿患者（仅有血尿而无蛋白尿），需作相差显微镜尿红细胞形态检查和（或）尿红细胞容积分布曲线测定，以鉴别血尿来源。此外，应除外由于尿路疾病（如尿路结石、肿瘤或炎症）所致血尿。确属变形性尿红细胞的肾小球源性血尿，又无水肿、高血压及肾功能减退时，即应考虑此病。以反复发作的单纯性血尿为表现者多为 IgA 肾病。诊断本病前还必须小心除外其他肾小球病的可能，如：系统性疾病（狼疮肾炎、过敏性紫癜肾炎等）、Alport 综合征早期、薄基底膜肾病（参见本篇相关章节）及非典型的急性肾炎恢复期等。应依据临床表现、家族史和实验室检查予以鉴别，必要时需依赖肾活检方能确诊。

对无症状蛋白尿患者，需做尿蛋白定量和尿蛋白电泳以区分蛋白尿性质，必要时应作尿本周蛋白检查或尿蛋白免疫电泳。只有确定为肾小球性蛋白尿，且患者无水肿、高血压及肾功能减退时，才能考虑本病诊断。在作出诊断前还必须排除功能性蛋白尿（仅发生于剧烈运动、发热或寒冷时）、体位性蛋白尿（见于青少年，直立时脊柱前凸所致，卧床后蛋白尿消失）等生理性蛋白尿，也需小心排除其他原发性或继发性肾小球病（如糖尿病肾病、肾淀粉样变等）的早期或恢复期。必要时需肾活检确诊。

尿蛋白定量<1.0g/d，以白蛋白为主，而无血尿者，称为单纯性蛋白尿，一般预后良好，很少发生肾功能损害。但近年的研究显示，有小部分蛋白尿在 0.5~1.0g/d 的患者，肾活检病理改变并不轻微，应引起重视。

血尿伴蛋白尿患者的病情及预后一般较单纯性血尿患者稍重。

无症状性血尿或（和）蛋白尿无需特殊疗法。但应采取以下措施：①对患者应定期（至少每 3~6 个月 1 次）检查，监测尿沉渣、尿蛋白、肾功能和血压的变化，女性患者在妊娠前及其过程中更需加强监测；②保护肾功能、避免肾损伤的因素（参见本章第三节）；③对反复发作的慢性扁桃体炎与血尿、蛋白尿发作密切相关者，可待急性期过后行扁桃体摘除术；④可用中医药辨证施治。

无症状性血尿或（和）蛋白尿可长期迁延，也可呈间歇性或时而轻微时而稍重，大多数患者的肾功能可长期维持正常。但少数患者疾病转归可表现为自动痊愈或尿蛋白渐多、出现高血压和肾功能减退转变成慢性肾炎。

第六节　肾病综合征

肾病综合征（nephrotic syndrome，NS）诊断标准是：①尿蛋白大于 3.5g/d；②血浆白蛋白低于 30g/L；③水肿；④高脂血症。其中①②两项为诊断所必需。

【病因】

分为原发性、继发性和遗传性三大类，原发性 NS 属于原发性肾小球疾病，有多种病理类型构成（表 5-2-2）。

表 5-2-2　肾病综合征的分类和常见病因

分类	儿童	青少年	中老年
原发性	微小病变型肾病	系膜增生性肾小球肾炎 微小病变肾病 局灶性节段性肾小球硬化 系膜毛细血管性肾小球肾炎	膜性肾病
继发性	过敏性紫癜肾炎 乙型肝炎病毒相关性肾炎 系统性红斑狼疮肾炎	系统性红斑狼疮肾炎 过敏性紫癜肾炎 乙型肝炎病毒相关性肾炎	糖尿病肾病 肾淀粉样变性 骨髓瘤性肾病 淋巴瘤或实体肿瘤性肾病

【病理生理】

（一）大量蛋白尿

在正常生理情况下，肾小球滤过膜具有分子屏障及电荷屏障，当这些屏障作用受损时，致使原尿中蛋白含量增多，当远超过近曲小管回吸收量时，形成大量蛋白尿。在此基础上，凡增加肾小球内压力及导致高灌注、高滤过的因素（如高血压、高蛋白饮食或大量输注血浆蛋白）均可加重尿蛋白的排出。

（二）血浆蛋白变化

NS 时大量白蛋白从尿中丢失，促进白蛋白肝脏代偿性合成和肾小管分解的增加。当肝脏白蛋白合成增加不足以克服丢失和分解时，则出现低白蛋白血症。此外，NS 患者因胃肠道黏膜水肿导致饮食减退、蛋白质摄入不足、吸收不良或丢失，也是加重低白蛋白血症的原因。

除外血浆白蛋白减少外，血浆的某些免疫球蛋白（如 IgG）和补体成分、抗凝及纤溶因子、金属结合蛋白及内分泌素结合蛋白也可减少，尤其是大量蛋白尿，肾小球病理损伤严重和非选择性蛋白尿时更为显著。患者易产生感染、高凝、微量元素缺乏、内分泌紊乱和免疫功能低下等并发症。

（三）水肿

肾病性水肿发生机制详见本篇第二章。NS 时低白蛋白血症、血浆胶体渗透压下降，使水分从血管腔内进入组织间隙，是造成 NS 水肿的基本原因。近年的研究表明，约 50% 患者血容量正常或增加，血浆肾素水平正常或下降，提示某些原发于肾内钠、水潴留因素在 NS 水肿发生机制中起一定作用。

（四）高脂血症

高胆固醇和（或）高三酰甘油血症、血清中 LDL、VLDL 和脂蛋白（a）浓度增加，常与低蛋白血症并存。其发生机制与肝脏合成脂蛋白增加和脂蛋白分解减弱相关，目前认为后者可能是高脂血症更为重要的原因。

【病理类型及其临床特征】

引起原发性 NS 的肾小球病主要病理类型有微小病变型肾病、系膜增生性肾小球肾炎、系膜毛细血管性肾小球肾炎、膜性肾病及局灶性节段性肾小球硬化。它们的病理及临床特征如下：

（一）微小病变型肾病（MCD）

光镜下肾小球基本正常，近曲小管上皮细胞可见脂肪变性。免疫病理检查阴性，特征性改变和本病的主要诊断依据为电镜下有广泛的肾小球脏层上皮细胞足突融合（见图 5-2-3）。

微小病变型肾病占儿童原发性 NS 的 80%~90%，成人原发性 NS 为 10%~20%。本病男性多于女性，儿童高发，成人发病率降低，但 60 岁后发病率又呈现一小高峰。典型的临床表现为 NS，急性起病，15% 左右患者伴有镜下血尿，一般无持续性高血压及肾功能减退。可因严重钠水潴留导致一过性高血压和肾功能损害。

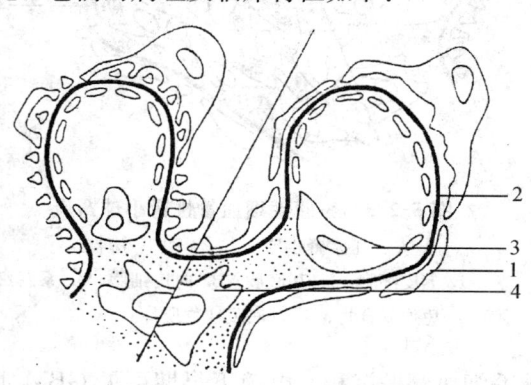

图 5-2-3 微小病变型肾病
左：正常肾小球　右：病变肾小球
1. 上皮细胞足突融合；2. 基底膜（GBM）；
3. 内皮细胞；4. 系膜细胞

90% 的病人对糖皮质激素治疗敏感，治疗后两周左右开始利尿，尿蛋白可在数周内迅速减少至阴性，血浆白蛋白逐渐恢复正常水平，最终可达临床完全缓解。但本病复发率高达 60%，若反复发作或长期大量蛋白尿未得到控制，本病可能转变为系膜增生性肾小球肾炎，进而转变为局灶性节段性肾小球硬化。一般认为，成人的治疗缓解率和缓解后复发率均较儿童低。

（二）系膜增生性肾小球肾炎

光镜下可见肾小球系膜细胞和系膜基质弥漫增生。免疫病理检查可将本组疾病分为 IgA 肾病及非 IgA 系膜增生性肾小球肾炎。前者以 IgA 沉积为主，后者以 IgG 或 IgM 沉积为主，均常伴有 C3 于肾小球系膜区、或伴毛细血管壁呈颗粒样沉积。电镜下在系膜区可见到电子致密物（图 5-2-4）。

本病男性多于女性，好发于青少年。约 50% 患者有前驱感染，可于上呼吸道感染后急性起病，甚至表现为急性肾炎综合征。部分患者为隐匿起病。本组疾病中，非 IgA 系膜增生性肾小球肾炎者约 50% 患者表现为 NS，约 70% 患者伴有血尿；而 IgA 肾病者几乎均有血尿，约 15% 出现 NS。随肾脏病变程度由轻至重，肾功能不全及高血压的发生率逐渐增加。

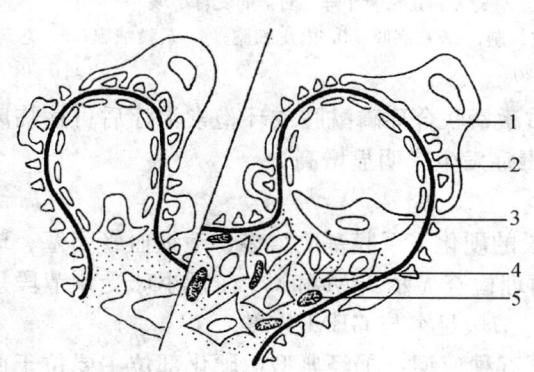

图 5-2-4 系膜增生性肾小球肾炎
左：正常肾小球　右：病变肾小球
1. 上皮细胞；2. 基底膜；3. 内皮细胞；4. 系膜细胞；5. 免疫复合物

本组疾病呈 NS 者，对糖皮质激素及细胞毒药物的治疗反应与其病理改变轻重相关，轻者疗效好，重者疗效差。

(三) 系膜毛细血管性肾小球肾炎

光镜下较常见的病理改变为系膜细胞和系膜基质弥漫重度增生，可插入到肾小球基底膜（GBM）和内皮细胞之间，使毛细血管袢呈"双轨征"。免疫病理检查常见 IgG 和 C3 呈颗粒状系膜区及毛细血管壁沉积。电镜下系膜区和内皮下可见电子致密物沉积（图 5-2-5）。

该病理类型占我国原发性 NS 的 10%。男性多于女性，好发于青壮年。1/3~1/4 患者常在上呼吸道感染后，表现为急性肾炎综合征；50%~60%患者表现为 NS，几乎所有患者均伴有血尿，其中少数为发作性肉眼血尿。肾功能损害、高血压及贫血出现早，病情多持续进展。50%~70%病例的血清 C3 持续降低，对提示本病有重要意义。

本病所致 NS 治疗困难，糖皮质激素及细胞毒药物治疗可能仅对部分儿童有效，成人疗效差。病变进展较快，发病 10 年后约有 50%的病例将进展至慢性肾衰竭。

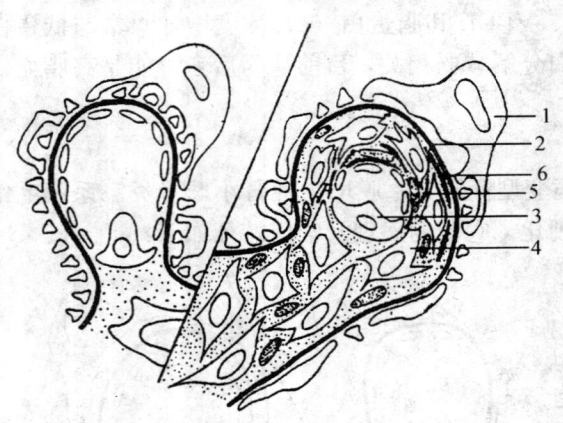

图 5-2-5　系膜毛细血管性肾小球肾炎
左：正常肾小球　右：病变肾小球
1. 上皮细胞；2. 基底膜；3. 内皮细胞；4. 系膜细胞；5. 免疫复合物；6. 基底膜样物质

(四) 膜性肾病 (MN)

光镜下可见肾小球基底膜增厚、钉突形成（嗜银染色）。免疫病理显示 IgG 和 C3 呈细颗粒状沿肾小球毛细血管壁沉积。电镜下早期可见 GBM 上皮侧有排列整齐的电子致密物，常伴有广泛足突融合（见图 5-2-6）。

本病是构成成人原发性 NS 的主要类型之一，约为 20%。男性多于女性，好发于中老年。通常起病隐匿，约 80%表现为 NS，约 30%可伴有镜下血尿，一般无肉眼血尿。常在发病 5~10 年后逐渐出现肾功能损害。本病极易发生血栓栓塞并发症，肾静脉血栓发生率可高达 40%~50%。

约 25%患者可自发缓解，但约 40%患者缓慢进展，15 年内进展为终末期肾衰竭。但我国、日本的研究显示，10 年肾脏存活率为 80%~

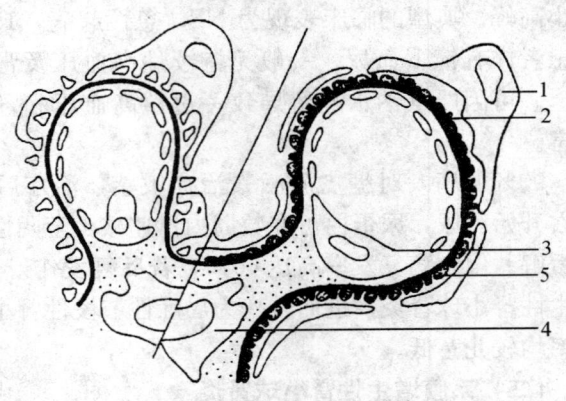

图 5-2-6　膜性肾病
左：正常肾小球　右：病变肾小球
1. 上皮细胞；2. 基底膜；3. 内皮细胞；4. 系膜细胞；5. 免疫复合物

90%，预后较西方国家相对好。约 70%NS 患者经糖皮质激素联合环磷酰胺或环孢素治疗后可达临床缓解（包括完全缓解和部分缓解），NS 不缓解者未来尿毒症发生率明显增高。

(五) 局灶性节段性肾小球硬化 (FSGS)

光镜下可见病变呈局灶、节段分布，表现为受累节段的硬化（系膜基质增多、毛细血管闭塞、球囊粘连等），相应的肾小管萎缩、肾间质纤维化。免疫病理检查显示 IgM 和 C3 在肾小球受累节段呈团块状沉积。电镜下可见肾小球上皮细胞足突广泛消失、节段足突与 GBM 分离。

根据硬化部位及细胞增殖的特点，FSGS 可分为以下五种亚型：①经典型：硬化部位主要位于血管极周围的毛细血管袢；②塌陷型：外周毛细血管袢皱缩、塌陷，呈节段或球性分布，显著的足细胞增生肥大和空泡变性；③顶端型：硬化部位主要位于尿极；④细胞型：局灶性系膜细胞和内皮细胞增生同时可有足细胞增生、肥大和空泡变性；⑤非特殊型：无法归属上述亚型，硬化可发生于任何部位，常有系膜细胞及基质增生。其中非特殊型最为常见，约占半数以上。

该病理类型占我国原发性 NS 的 5%～10%。好发于青少年男性，多为隐匿起病。大量蛋白尿及 NS 为其主要临床特点（可达 50%～75%），约 3/4 患者伴有血尿，部分可见肉眼血尿。本病确诊时患者约半数有高血压和约 30% 有肾功能减退。

多数顶端型 FSGS 糖皮质激素治疗有效，预后良好，类似于 MCD。塌陷型治疗反应差，进展快，多于两年内进入终末期肾衰竭。其余各型的预后介于两者之间。过去认为 FSGS 对糖皮质激素治疗效果很差，近年的研究表明 50% 患者治疗有效，只是起效较慢，平均缓解期为 4 个月。NS 能否缓解与预后密切相关，缓解者预后好，不缓解者 10 年内超过半数病人进入终末期肾衰竭。

【并发症】

1. 感染　与蛋白质营养不良、免疫功能紊乱及应用糖皮质激素治疗有关。感染是 NS 的常见并发症，由于应用糖皮质激素，其临床征象常不明显，若治疗不及时或不彻底，感染仍是导致 NS 复发和疗效不佳的主要原因之一，甚至造成死亡，应予以高度重视。

2. 血栓、栓塞并发症　由于血液浓缩（有效血容量减少）及高脂血症造成血液黏稠度增加。此外，因某些蛋白质从尿中丢失，及肝代偿性合成蛋白增加，引起机体凝血、抗凝和纤溶系统失衡；加之 NS 时血小板功能亢进、应用利尿剂和糖皮质激素等均进一步加重高凝状态。因此，NS 容易发生血栓、栓塞并发症，MN 的发生率最高，其中以肾静脉血栓最为常见（发生率为 10%～50%，其中 3/4 病例因慢性形成，临床并无症状）；此外，肺血管血栓、栓塞，下肢静脉、下腔静脉、冠状血管血栓和脑血管血栓也不少见。血栓、栓塞并发症是直接影响 NS 治疗效果和预后的重要原因。

3. 急性肾衰竭　NS 患者可因有效血容量不足而致肾血流量下降，诱发肾前性氮质血症。经扩容、利尿后可得到恢复。少数病例可出现急性肾衰竭，尤以微小病变型肾病者居多，发生多无明显诱因，表现为少尿甚或无尿，扩容利尿无效。肾活检病理检查显示肾小球病变轻微，肾间质弥漫重度水肿，肾小管可为正常、或部分细胞变性、坏死，肾小管腔内有大量蛋白管型。该急性肾衰竭的机制不明。

4. 蛋白质及脂肪代谢紊乱　长期低蛋白血症可导致营养不良、小儿生长发育迟缓；免疫球蛋白减少造成机体免疫力低下、易致感染；金属结合蛋白丢失可使微量元素（铁、铜、锌等）缺乏；内分泌素结合蛋白不足可诱发内分泌紊乱（如低 T_3 综合征等）；药物结合蛋白减少可能影响某些药物的药代动力学（使血浆游离药物浓度增加、排泄加速），影响药物疗效。高脂血症增加血液黏稠度，促进血栓、栓塞并发症的发生，还将增加心血管系统并发症，并可促进肾小球硬化和肾小管-间质病变的发生，促进肾脏病变的慢性进展。

【诊断和鉴别诊断】

诊断包括三个方面：①确诊 NS；②确认病因：必须首先除外继发性病因和遗传性疾病（表 5-2-2），才能诊断为原发性 NS；最好能进行肾活检，作出病理诊断；③判定有无并发症。

需进行鉴别诊断的继发性 NS 病因主要包括以下疾病：

1. 过敏性紫癜肾炎　好发于青少年，有典型的皮肤紫癜，可伴关节痛、腹痛及黑便，多在皮疹出现后 1～4 周左右出现血尿和（或）蛋白尿，典型皮疹有助于鉴别诊断。

2. 系统性红斑狼疮　好发于青少年和中年女性，依据多系统受损的临床表现和免疫学检查可检出多种自身抗体，一般不难明确诊断。

3. 乙型肝炎病毒相关性肾炎　多见于儿童及青少年，以蛋白尿或 NS 为主要临床表现，常见的病理类型为膜性肾病，其次为系膜毛细血管性肾小球肾炎等。国内依据以下三点进行诊断：①血清 HBV 抗原阳性；②患肾小球肾炎，并可除外狼疮性肾炎等继发性肾小球肾炎；③肾活检切片中找到 HBV 抗原。我国为乙型肝炎高发区，对有乙型肝炎病人、儿童及青少年蛋白尿或 NS 患者，尤其为膜性肾病，应认真排除之。

4. 糖尿病肾病　好发于中老年，NS 常见于病程 10 年以上的糖尿病患者。早期可发现尿微量白蛋白排出增加，以后逐渐发展成大量蛋白尿、NS。糖尿病病史及特征性眼底改变有助于鉴别诊断。

5. **肾淀粉样变性** 好发于中老年，肾淀粉样变性是全身多器官受累的一部分。原发性淀粉样变性主要累及心、肾、消化道（包括舌）、皮肤和神经；继发性淀粉样变性常继发于慢性化脓性感染、结核、恶性肿瘤等疾病，主要累及肾、肝和脾等器官。肾受累时体积增大，常呈 NS。肾淀粉样变性常需肾活检确诊。

6. **骨髓瘤性肾病** 好发于中老年，男性多见，患者可有多发性骨髓瘤的特征性临床表现，如骨痛、血清单株球蛋白增高、蛋白电泳 M 带及尿本周蛋白阳性，骨髓象显示浆细胞异常增生（占有核细胞的 15% 以上），并伴有质的改变。多发性骨髓瘤累及肾小球时可出现 NS。上述骨髓瘤特征性表现有利于鉴别诊断。

【治疗】

（一）一般治疗

凡有严重水肿、低蛋白血症者需卧床休息。水肿消失、一般情况好转后，可起床活动。

给予正常量 0.8～1.0g/（kg·d）的优质蛋白（富含必需氨基酸的动物蛋白）饮食。热量要保证充分，每日每公斤体重不应少于 30～35kcal。尽管患者丢失大量尿蛋白，但由于高蛋白饮食会增加肾小球高滤过，加重蛋白尿并促进肾脏病变进展，故目前一般不再主张应用。

水肿时应低盐（<3g/d）饮食。为减轻高脂血症，应少进富含饱和脂肪酸（动物油脂）的饮食，而多吃富含多聚不饱和脂肪酸（如植物油、鱼油）及富含可溶性纤维（如燕麦、米糠及豆类）的饮食。

（二）对症治疗

1. **利尿消肿**

（1）噻嗪类利尿剂：主要作用于髓袢升支厚壁段和远曲小管前段，通过抑制钠和氯的重吸收，增加钾的排泄而利尿。常用氢氯噻嗪 25mg，每日 3 次口服。长期服用应防止低钾、低钠血症。

（2）潴钾利尿剂：主要作用于远曲小管后段，排钠、排氯，但潴钾，适用于低钾血症的患者。单独使用时利尿作用不显著，可与噻嗪类利尿剂合用。常用氨苯喋啶 50mg，每日 3 次，或醛固酮拮抗剂螺内酯 20mg，每日 3 次。长期服用需防止高钾血症，对肾功能不全患者应慎用。

（3）袢利尿剂：主要作用于髓袢升支，对钠、氯和钾的重吸收具有强力的抑制作用。常用呋塞米（速尿）20～120mg/d，或布美他尼（丁尿胺）1～5mg/d（同等剂量时作用较呋塞米强 40 倍），分次口服或静脉注射。在渗透性利尿药物应用后随即给药效果更好。应用袢利尿剂时需谨防低钠血症及低钾、低氯血症性碱中毒发生。

（4）渗透性利尿剂：通过一过性提高血浆胶体渗透压，可使组织中水分回吸收入血。此外，它们又经过肾小球滤过，造成肾小管内液的高渗状态，减少水、钠的重吸收而利尿。常用不含钠的右旋糖酐 40（低分子右旋糖酐）或淀粉代血浆（706 代血浆）（分子量均为 2.5 万～4.5 万），250～500ml 静脉点滴，隔日 1 次。随后加用袢利尿剂可增强利尿效果。但对少尿（尿量<400ml/d）患者应慎用此类药物，因其易与肾小管分泌的 Tamm-Horsfall 蛋白和肾小球滤过的白蛋白一起形成管型，阻塞肾小管，并由于其高渗作用导致肾小管上皮细胞变性、坏死，诱发"渗透性肾病"，导致急性肾衰竭。

（5）提高血浆胶体渗透性压：血浆或血浆白蛋白等静脉输注均可提高血浆胶体渗透压，促进组织中水分回吸收并利尿，如接着用呋塞米 60～120mg 加于葡萄糖溶液中缓慢静脉滴注，有时能获得良好的利尿效果。但由于输入的蛋白均将于 24～48 小时内由尿中排出，可引起肾小球高滤过及肾小管高代谢造成肾小球脏层及肾小管上皮细胞损伤、促进肾间质纤维化，轻者影响糖皮质激素疗效，延迟疾病缓解，重者可损害肾功能。故应严格掌握适应证，对严重低蛋白血症、高度水肿而又少尿（尿量<400ml/d）的 NS 患者，在必需利尿的情况下方可考虑使用，但也要避免过频过多。心力衰竭患者应慎用。

对 NS 患者利尿治疗的原则是不宜过快过猛，以免造成血容量不足、加重血液高黏倾向，诱发血栓、栓塞并发症。

2. 减少尿蛋白 持续性大量蛋白尿本身可导致肾小球高滤过、加重肾小管-间质损伤、促进肾小球硬化,是影响肾小球病预后的重要因素。已证实减少尿蛋白可以有效延缓肾功能的恶化。

血管紧张素转换酶抑制剂(ACEI)(如贝那普利)或血管紧张素Ⅱ受体拮抗剂(ARB)(如氯沙坦),除可有效控制高血压外,均可通过降低肾小球内压和直接影响肾小球基底膜对大分子的通透性,有不依赖于降低全身血压的减少尿蛋白作用。用 ACEI 或 ARB 降尿蛋白时,所用剂量一般应比常规降压剂量大,才能获得良好疗效。

(三)主要治疗——抑制免疫与炎症反应

1. 糖皮质激素(简称激素) 可能是通过抑制炎症反应、抑制免疫反应、抑制醛固酮和抗利尿激素分泌,影响肾小球基底膜通透性等综合作用而发挥其利尿、消除尿蛋白的疗效。使用原则和方案一般是:①起始足量:常用药物为泼尼松 1mg/(kg·d),口服 8 周,必要时可延长至 12 周;②缓慢减药:足量治疗后每 2~3 周减原用量的 10%,当减至 20mg/d 左右时症状易反复,应更加缓慢减量;③长期维持:最后以最小有效剂量(10mg/d)再维持 3~6 个月左右。激素可采取全日量顿服或在维持用药期间两日量隔日一次顿服,以减轻激素的副作用。水肿严重、有肝功能损害或泼尼松疗效不佳时,可更换为泼尼松龙(等剂量)口服或静脉滴注。地塞米松半衰期长,副作用大,现已少用。

根据患者对糖皮质激素的治疗反应,可将其分为"激素敏感型"(用药 8~12 周内 NS 缓解)、"激素依赖型"(激素减药到一定程度即复发)和"激素抵抗型"(激素治疗无效)三类,其各自的进一步治疗有所区别。

长期应用激素的患者可出现感染、药物性糖尿病、骨质疏松等副作用,少数病例还可能发生股骨头无菌性缺血性坏死,需加强监测,及时处理。

2. 细胞毒药物 这类药物可用于"激素依赖型"或"激素抵抗型"的患者,协同激素治疗。若无激素禁忌,一般不作为首选或单独治疗用药。

环磷酰胺是国内外最常用的细胞毒药物,在体内被肝细胞微粒体羟化,产生有烷化作用的代谢产物而具有较强的免疫抑制作用。应用剂量为每日每公斤体重 2mg,分 2 次口服;或 200mg,隔日静脉注射。累积量达 6~8g 后停药。主要副作用为骨髓抑制及中毒性肝损害,并可出现性腺抑制(尤其男性)、脱发、胃肠道反应及出血性膀胱炎。

3. 环孢素 能选择性抑制 T 辅助细胞及 T 细胞毒效应细胞,常用于治疗激素及细胞毒药物无效的难治性 NS。常用量为每日每公斤体重 3~5mg,分两次空服口服,服药期间需监测并维持其血浓度谷值为 100~200ng/ml。服药 2~3 个月后缓慢减量,疗程半年至一年。副作用有肝肾毒性、高血压、高尿酸血症、多毛及牙龈增生等。停药后易复发。

4. 麦考酚吗乙酯(mycophenolate mofetil,MMF) 在体内代谢为霉酚酸,后者为次黄嘌呤单核苷酸脱氢酶抑制剂,抑制鸟嘌呤核苷酸的经典合成途径,故而选择性抑制 T、B 淋巴细胞增殖及抗体形成达到治疗目的。常用量为 1.5~2g/d,分 2 次口服,共用 3~6 个月,减量维持半年。已广泛用于肾移植后排异反应,副作用相对小。近年一些报道表明,该药对部分难治性 NS 有效,尽管尚缺乏大宗病例的前瞻对照研究结果,但已受到重视。因其价格较高,目前仍作为二线用药。已有偶见严重贫血和个例应用后导致严重感染(多见于肾功能损伤者)的报道,应引起足够重视。

应用激素及细胞毒药物治疗 NS 可有多种方案,原则上应以增强疗效的同时最大限度地减少副作用为宜。对于是否应用激素治疗、疗程长短以及应否使用细胞毒药物等应结合患者肾小球病的病理类型、年龄、肾功能和有否相对禁忌证等情况不同而区别对待,制订个体化治疗方案。近年来根据循证医学(evidence-based medicine,EBM)的研究结果,针对不同的病理类型,提出的相应治疗方案为:

1. 微小病变型肾病 常对激素治疗敏感,初治者可单用激素治疗。因感染、劳累而短期复发者去除诱因后不缓解可再使用激素,疗效差或反复发作者应并用细胞毒药物,力争达到完全缓解并减少复发。

2. 膜性肾病 根据循证医学已有以下共识：①单用激素无效，必须激素联合烷化剂（常用环磷酰胺、瘤可宁）治疗。效果不佳的患者可试用小剂量环孢素，一般用药应在半年以上；也可与激素联合应用。②早期膜性肾病疗效相对较好；若肾功能严重恶化，血肌酐>354μmol/L 或肾活检示严重间质纤维化则不应给予上述治疗。③激素联合烷化剂治疗的对象主要为有病变进展高危因素的患者，如严重、持续性 NS，肾功能恶化和肾小管间质较重的可逆性病变等，应给予治疗。反之，则提议可先密切观察 6 个月，控制血压和用 ACEI 或（和）ARB 降尿蛋白，等待自发缓解，病情无好转再接受上述治疗。另外，膜性肾病易发生血栓、栓塞等并发症，应予以积极防治。

3. 局灶节段性肾小球硬化 既往认为本病治疗效果不好，循证医学表明部分患者（30%～50%）激素有效，但显效较慢，建议足量激素治疗[1mg/(kg·d)]应延长至 3～4 个月；上述足量激素用至 6 个月后无效，才能称之为激素抵抗。激素效果不佳者可试用环孢素。

4. 系膜毛细血管性肾小球肾炎 本病疗效差，长期足量激素治疗可延缓部分儿童患者的肾功能恶化。对于成年患者，目前没有激素和细胞药物治疗有效的证据。临床研究仅发现口服 6～12 个月的阿司匹林（325mg/d）和/或双嘧达莫（50～100mg，每日 3 次）可以减少尿蛋白，但对延缓肾功能恶化无作用。

5. IgA 肾病 参见本章第七节"IgA 肾病"。

尽管上述循证医学的研究结果绝大部分来自西方国家，但值得从中借鉴并结合我们自己的经验进一步实践，再加以科学地总结分析。

(四) 中医药治疗

单纯中医、中药治疗 NS 疗效出现较缓慢，一般主张与激素及细胞毒药物联合应用。

1. 辨证施治 NS 患者多被辨证为脾肾两虚，可给予健脾补肾利水的方剂（如真武汤）治疗。

2. 拮抗激素及细胞毒药物的副作用 久用大剂量激素常出现阴虚内热或湿热，给予滋阴降火或清热祛湿的方剂，可减轻激素副作用；激素减量过程中辅以中药温补脾肾方剂，常可减少病情反跳、巩固疗效；应用细胞毒药物时配合补益脾肾及调理脾胃的中药，可减轻骨髓抑制及胃肠反应的副作用。

3. 雷公藤多苷 10～20mg，每日 3 次口服，有降尿蛋白作用，可配合激素应用。国内研究显示该药具有抑制免疫、保护和修复足细胞损伤和抑制肾小球系膜细胞增生的作用，并能改善肾小球滤过膜通透性。主要副作用为性腺抑制、肝功能损害、外周血白细胞减少和胃肠道反应等，及时停药后常可恢复。本药因有上述副作用，应用时要小心监护。

(五) 并发症防治

NS 的并发症是影响患者长期预后的重要因素，应积极防治。

1. 感染 通常在激素治疗时无需应用抗生素预防感染，否则不但达不到预防目的，反而可能诱发真菌二重感染。免疫增强剂（如胸腺肽、转移因子及左旋咪唑等）能否预防感染尚不完全肯定。一旦发现感染，应及时选用对致病菌敏感、强效且无肾毒性的抗生素积极治疗，有明确感染灶者应尽快去除。严重感染难控制时应考虑减少或停用激素，但需视患者具体情况决定。

2. 血栓及栓塞并发症 一般认为，当血浆白蛋白蛋白低于 20g/L 时，提示存在高凝状态，即应开始预防性抗凝治疗。可给予肝素钠 1 875～3 750U 皮下注射，每 6 小时 1 次（或可选用低分子肝素），维持凝血时间于正常一倍；也可服用华法林或其他香豆素类药物，维持凝血酶原时间于正常水平的一倍。抗凝同时可辅以抗血小板药，如双嘧达莫 300～400mg/d，分 3～4 次服，或阿司匹林40～300mg/d 口服。对已发生血栓、栓塞者应尽早（6 小时内效果最佳，但 3 天内仍可望有效）给予尿激酶或链激酶全身或局部溶栓，同时配合抗凝治疗，抗凝药一般应持续应用半年以上。抗凝及溶栓治疗时均应避免药物过量导致出血。

3. 急性肾衰竭 NS 并发急性肾衰竭如处理不当可危及生命，若及时给予正确处理，大多数患者可望恢复。可采取以下措施：①袢利尿剂：对袢利尿剂仍有效者应予以较大剂量，以冲刷阻塞的肾小管管型；②血液透析：利尿无效，并已达到透析指征者，应给血液透析以维持生命，并在补充血浆制品后适当脱水，以减轻肾间质水肿；③原发病治疗：因其病理类型多为微小病变型肾病，应予以积极治疗；④碱化尿液：可口服碳酸氢钠碱化尿液，以减少管型形成。

4. 蛋白质及脂肪代谢紊乱　在 NS 缓解前常难以完全纠正代谢紊乱，但应调整饮食中蛋白和脂肪的量和结构（如前所述），力争将代谢紊乱的影响减少到最低限度。目前，不少药物可用于治疗蛋白质及脂肪代谢紊乱。如：ACEI 及血管紧张素 Ⅱ 受体拮抗剂均可减少尿蛋白；有研究提示，中药黄芪（30～60g/d 煎服）可促进肝脏白蛋白合成，并可能兼有减轻高脂血症的作用。降脂药物可选择降胆固醇为主的羟甲戊二酸单酰辅酶 A（HMG-CoA）还原酶抑制剂，如洛伐他汀（lovastatin）等他汀类药物；或降三酰甘油为主的氯贝丁酯类，如非诺贝特（fenofibrate）等。NS 缓解后高脂血症可自然缓解，则无需再继续药物治疗。

【预后】

NS 预后的个体差异很大。决定预后的主要因素包括：①病理类型：一般说来，微小病变型肾病和轻度系膜增生性肾小球肾炎的预后好。微小病变型肾病治疗缓解率高，但缓解后易复发。早期膜性肾病仍有较高的治疗缓解率，晚期虽难以达到治疗缓解，但病情多数进展缓慢，发生肾衰竭较晚。系膜毛细血管性肾小球肾炎及重度系膜增生性肾小球肾炎疗效不佳，预后差，较快进入慢性肾衰竭。影响局灶节段性肾小球硬化预后的最主要因素是尿蛋白程度和对治疗反应，自然病程中非 NS 患者 10 年肾存活率为 90％，NS 患者为 50％；而 NS 对激素治疗缓解者 10 年肾存活率达 90％以上，无效者仅为 40％。②临床因素：大量蛋白尿、高血压和高血脂均可促进肾小球硬化，上述因素如长期得不到控制，则成为预后不良的重要因素。③存在反复感染、血栓栓塞并发症者常影响预后。

第七节　IgA 肾病

IgA 肾病（IgA nephropathy）是一种常见的原发性肾小球疾病，以肾脏免疫病理显示 IgA 为主的免疫复合物沉积在肾小球系膜区为特征。IgA 肾病是肾小球源性血尿最常见的病因。亚太地区（中国、日本、东南亚和澳大利亚等）、欧洲、北美洲该病分别占原发性肾小球疾病的 40％～50％、20％、8％～12％。IgA 肾病是我国最常见的肾小球疾病，并成为终末期肾脏病（ESRD）重要的病因之一。

【发病机制】

不少 IgA 肾病患者常在呼吸道或消化道感染后发病或出现肉眼血尿，故以往强调黏膜免疫与 IgA 肾病发病机制相关。近年研究证实，肾小球系膜区沉积的 IgA 免疫复合物（IgAIC）或多聚 IgA 为 IgA_1，类似于血清型 IgA，提示为骨髓源性 IgA。还发现 IgA 肾病患者血清中 IgA_1 的绞链区存在糖基化缺陷，这种结构异常的 IgA_1 不易与肝细胞结合和被清除，导致血循环浓度增高，并有自发聚合倾向形成多聚 IgA_1，或与抗结构异常 IgA_1 的自身抗体形成 IgA_1 免疫复合物，进而沉积在肾小球系膜区，诱导系膜细胞分泌炎症因子、活化补体，导致 IgA 肾病病理改变和临床症状。

【病理】

IgA 肾病病理变化多种多样，可涉及增生性肾小球肾炎几乎所有的病理类型，病变程度可轻重不一，主要病理类型为系膜增生性肾小球肾炎。此外，可呈现轻微病变性肾小球肾炎、局灶增生性肾小球肾炎、毛细血管内增生性肾小球肾炎、系膜毛细血管性肾小球肾炎、新月体性肾小球肾炎、局灶性节段性肾小球硬化和增生硬化性肾小球肾炎等多种类型。

免疫荧光以 IgA 为主呈颗粒样或团块样在系膜区或伴毛细血管壁分布，常伴有 C3 沉积，一般无 C1q、C4 沉积。也可有 IgG、IgM 相似于 IgA 的分布，但强度较弱。

电镜下可见电子致密物主要沉积于系膜区，有时呈巨大团块样，具有重要辅助诊断价值。

【临床表现】

可包括原发性肾小球病的各种临床表现,但几乎所有患者均有血尿。

好发于青少年,男性多见。起病前多有感染,常为上呼吸道感染(咽炎、扁桃体炎),其次为消化道、肺部和泌尿道感染。部分患者常在上呼吸道感染后(24~72小时,偶可更短)出现突发性肉眼血尿,持续数小时至数日。肉眼血尿发作后,尿红细胞可消失,也可转为镜下血尿;少数患者肉眼血尿可反复发作。更常见的另一类患者起病隐匿,主要表现为无症状性尿异常,常在体检时偶然发生,呈持续性或间发性镜下血尿,可伴或不伴轻度蛋白尿;其中少数患者病程中可有间发性肉眼血尿。IgA 肾病是原发性肾小球病中呈现单纯性血尿的最常见病理类型,占 60%~70%。

上述典型病例呈伴或不伴轻度蛋白尿的无症状血尿,无水肿、高血压和肾功能减退,临床称之为无症状性血尿或(和)蛋白尿(也称隐匿性肾炎)(参见本章第五节),占 IgA 肾病发病时的 60%~70%。

10%~15% 患者呈现血尿、蛋白尿、高血压、尿量减少、轻度水肿等急性肾炎综合征的表现。

国内报道 IgA 肾病呈现肾病综合征者较国外明显高,为 10%~20%。治疗反应及预后与病理改变程度有关。

少数 IgA 肾病患者(<5%)可合并急性肾衰竭(ARF),部分患者伴肉眼血尿发作,常有严重腰痛,肾活检可显示广泛的红细胞管型和急性肾小管损伤,肾小球病变较轻,上述患者 ARF 常可恢复;部分呈弥漫性新月体形成或伴肾小球毛细血管襻坏死者肾功能进行性恶化,则应积极治疗,并常需透析配合。

IgA 肾病早期高血压并不常见(<5%~10%),随着病程延长高血压发生率增高,年龄超过 40 岁 IgA 肾病患者高血压发生率为 30%~40%。部分 IgA 肾病患者可呈恶性高血压,为继发性肾实质性恶性高血压的最常见的病因之一,并常可引起 ARF。

10 年和 20 年分别有 10%~20% 和 20%~40% 的 IgA 肾病患者进入尿毒症,也可粗略估计从 IgA 肾病诊断确立后每年有 1%~2% 患者发展为尿毒症。IgA 肾病已成为终末期肾脏病(ESRD)重要的病因之一。

【实验室检查】

尿沉渣检查常显示尿红细胞增多,相差显微镜显示变形红细胞为主,提示肾小球源性血尿,但有时可见到混合性血尿。尿蛋白可阴性,少数患者呈大量蛋白尿(>3.5g/d)。多次查血 IgA,升高者可达 30%~50%。

【诊断与鉴别诊断】

本病诊断依靠肾活检标本的免疫病理学检查,即肾小球系膜区或伴毛细血管壁 IgA 为主的免疫球蛋白呈颗粒样或团块样沉积。诊断 IgA 肾病时,必须排除肝硬化、过敏性紫癜等所致继发性 IgA 沉积的疾病后方可成立。

【鉴别诊断】

(一)链球菌感染后急性肾小球肾炎

应与呈现急性肾炎综合征的 IgA 肾病相鉴别,前者潜伏期长,有自愈倾向;后者潜伏期短,病情反复,并结合实验室检查(如血 IgA、C3、ASO)可资区别。

(二)薄基底膜肾病

常为持续性镜下血尿,常有阳性血尿家族史,肾脏免疫病理显示 IgA 阴性,电镜下弥漫性肾小球基底膜变薄。一般不难鉴别。

(三)继发性 IgA 沉积为主的肾小球病

1. **过敏性紫癜肾炎** 肾脏病理及免疫病理与 IgA 肾病相同,但前者常有典型的肾外表现,如皮肤紫癜、关节肿痛、腹痛和黑便等,可鉴别。

2. **慢性酒精性肝硬化** 50%~90% 的酒精性肝硬化患者肾组织可显示以 IgA 为主的免疫球蛋白

沉积，但仅很少数患者有肾脏受累的临床表现。与 IgA 肾病鉴别主要依据肝硬化存在。

【治疗与预后】

IgA 肾病是肾脏免疫病理相同，但临床表现、病理改变和预后变异甚大的原发性肾小球病，其治疗则应根据不同的临床、病理综合给予合理治疗。

（一）治疗的一般原则

1. 控制感染　积极治疗口咽部（咽炎，扁桃体炎，龋齿）、上颌窦感染灶，对减少肉眼血尿反复发作可能有益。对 IgA 肾病患者合并呼吸道或其他黏膜感染时，可常规抗生素治疗 1～2 周，注意避免使用肾脏毒性药物。扁桃体反复感染使尿检异常加剧者，应考虑行扁桃体摘除术。

2. 控制高血压　控制高血压是 IgA 肾病长期治疗的基础。血管紧张素转换酶抑制剂（ACEI）或血管紧张素Ⅰ受体拮抗剂（ARB）为首选降压药物。少数患者 ACEI/ARB 不能控制至目标血压时，亦可选用钙离子通道阻滞剂、利尿剂、或 β 受体阻滞剂及中枢性降压药等联合治疗。降压药应用同时，适当限制钠盐摄入，可改善和增强抗高血压药物的作用。

3. IgA 肾病终末期肾衰竭　需行肾脏替代治疗，即血液透析、腹膜透析或肾移植治疗，同时治疗慢性肾衰竭的各种并发症。

4. 其他　如尽量避免感染、感冒，避免过度劳累，避免肾损伤药物的应用等。

（二）**IgA 肾病的循证医学治疗原则**

近年来随着循证医学的进展，根据循证医学证据制订 IgA 肾病治疗方案的观念越来越受到广大医师的重视。基于目前循证医学研究的成果，对于 IgA 肾病治疗中常用的有关 ACEI/ARB、激素、免疫抑制的治疗原则推荐如下：

1. ACEI/ARB 可作为 IgA 肾病的基础治疗。对于低危组病人，即尿蛋白<1g/d、肾功能正常时，ACEI/ARB 为 IgA 肾病的首选治疗；当 ACEI/ARB 不能控制尿蛋白或出现肾功能进展时，则考虑加用激素或细胞毒药物。

2. 肾病综合征、病理类型轻的病人应首选激素治疗，其临床缓解率较高；对于相对高危组病人，即尿蛋白定量 1.0～3.5g/d、肾功能正常的病人，激素及 ACEI/ARB 类药物均有减少尿蛋白、保护肾功能的作用。

3. 进展性 IgA 肾病、病理以活动性病变为主、血肌酐不超过 250μmol/L 的病人，激素联合免疫抑制药物能延缓肾功能进展的速度，但对于联合药物的种类、剂量、疗程及其不良反应还需要更多的循证医学证据；而病理以慢性病变为主，激素和/或细胞毒可能对延缓肾功能的进展有利，但毒副作用应予以足够重视。

4. 血管炎和新月体性 IgA 肾病，即表现为急进性肾炎的 IgA 肾病，强化的免疫治疗、激素联合细胞毒药物可改善病理、稳定肾功能。

近年的部分研究显示，富含长链 ω-3 多聚不饱和脂肪酸的鱼油，服用 6 个月～2 年有延缓 IgA 肾病肾功能恶化和减少尿蛋白的作用，但尚待更多研究进一步验证。

（章友康　刘　刚）

第三章 继发性肾小球疾病

第一节 狼疮性肾炎

【概述】

系统性红斑狼疮（SLE）是我国最常见的自身免疫性疾病。其突出特点为患者产生多种自身抗体并通过免疫复合物等途径造成全身多系统受累。

狼疮性肾炎（lupus nephritis，LN）是SLE严重的并发症。30%～50%的SLE早期患者临床上就有肾脏受累。过去几十年来病理类型较重的狼疮性肾炎的预后已有很大改善，这主要归功于糖皮质激素（以下简称激素）和免疫抑制剂的合理应用，不仅使病情得到缓解，同时使治疗相关的并发症减少；另外，支持治疗和肾脏替代治疗技术的进步，对减少短期和长期并发症，提高患者生存率均做出了贡献。

【病因及发病机制】

SLE病因不清，目前认为遗传因素与环境因素相互作用，使患者免疫反应异常，导致了SLE的发生。遗传因素包括补体成分缺乏以及部分人类白细胞抗原（HLA）如DR2和DR3与SLE相关；研究证实生理水平的雌激素可促进SLE患者B淋巴细胞增生和T淋巴细胞活化；环境因素包括感染、紫外线照射以及部分可导致狼疮样病变的药物如肼屈嗪、苯妥英钠、普鲁卡因酰胺和青霉胺等。

近些年来关于细胞凋亡、抗双链DNA（ds-DNA）抗体、核小体、细胞因子研究的进展较多。细胞凋亡有助于清除机体具有自身免疫性的淋巴细胞。目前在狼疮动物模型MRL/lpr鼠中已发现Fas介导的细胞凋亡通路存在缺陷。而人类的外周血淋巴细胞表现为凋亡增加，但巨噬细胞对凋亡细胞的吞噬清除存在缺陷，凋亡细胞产生大量物质（如核小体），可诱发自身抗体的产生。

自身抗体与肾小球的结合与狼疮性肾炎的发生和病情活动有关。部分自身抗体与肾小球的结合可能由核小体介导，狼疮性肾炎患者血清中与核小体结合的免疫球蛋白具有抗ds-DNA抗体的活性。核小体是组蛋白和DNA的复合体，核小体和细胞内的碎片在凋亡细胞的表面可形成气泡样抗原结构。研究表明在肾脏沉积的免疫复合物有可能是原位形成，而不一定是既往认为的循环免疫复合物沉积。因此，核小体可能间接介导了抗DNA抗体和肾小球基底膜及其他组织抗原如硫酸类肝素相结合。此外，近年研究显示抗DNA抗体可直接和肾小球系膜细胞结合并影响细胞功能，而且狼疮性肾炎患者血清和组织中不仅存在针对细胞核的自身抗体，也存在针对胞浆和细胞膜的各种自身抗体，但其临床意义及其在发病机制中的作用有待进一步研究。

【病理】

狼疮性肾炎患者肾脏病变的活动情况并不一定与临床系统病情相平行。肾活检可为临床治疗提供有价值的信息，狼疮性肾炎活动的证据本身就是肾活检的适应证，例如血尿、蛋白尿增加或肾功能下降等。但应注意的是，狼疮性肾炎患者肾活检的目的在于确定肾脏病理分型和肾脏病变的活动度和慢性化评分，以利于指导治疗和判断预后。肾活检免疫荧光可见多种免疫球蛋白和补体成分在肾小球沉积，称为"满堂亮"，是狼疮性肾炎的病理学特点之一。结合免疫荧光和光镜检查中肾小球固有细胞增生、肾小球基底膜病变以及炎症细胞浸润的情况可分为不同的病理类型。

狼疮性肾炎的病理分型经历了20多年的演变，国际肾脏病学会（ISN）和肾脏病理学会（PRS）修订了狼疮性肾炎的病理组织学分类并在2003年发表了新的标准（表5-3-1），已得到国际上普遍认可。

新分类方法特别强调了活动性病变（A）、非活动性和硬化性病变（C）及混合型病变（A/C）；在Ⅳ型狼疮性肾炎中，除了弥漫球性病变（G），尚有弥漫节段性病变（S）；Ⅴ型狼疮性肾炎中，可明确列出混合的类型，如Ⅱ+Ⅴ，Ⅲ+Ⅴ，Ⅳ+Ⅴ等。Ⅵ型狼疮性肾炎中，球性硬化的肾小球必须超过90%，显示组织破坏已不能逆转。

肾脏病理的活动度和慢性化程度与狼疮性肾炎的严重程度，病变的可逆性及对治疗的反应十分重要，因此有人提出了活动度和慢性化的评分方法（表5-3-2）。

表5-3-1 狼疮性肾炎的病理学分型（ISN/RPS，2003）

型别	名称
Ⅰ型	轻微系膜性狼疮性肾炎
Ⅱ型	系膜增生性狼疮性肾炎
Ⅲ型	局灶性狼疮性肾炎
Ⅳ型	弥漫性狼疮性肾炎
Ⅴ型	膜性狼疮性肾炎
Ⅵ型	严重硬化型狼疮性肾炎

表5-3-2 狼疮性肾炎肾活检标本活动度和慢性化评分

活动度指标	慢性化指标
细胞增生	肾小球硬化
核碎裂和坏死	肾小管萎缩
细胞（细胞纤维）性新月体	纤维性新月体
铁丝圈（白金耳）/透明血栓	间质纤维化
白细胞浸润	
间质炎症细胞浸润	

每项的评分从0到3。"核碎裂和坏死"和"细胞性新月体"每项乘2。活动度的最高分是24，慢性化的最高分是12

狼疮性肾炎的病理类型不但可以互相重叠，也可随着疾病活动性和治疗的变化互相转变。例如，病变较轻的Ⅱ型，未经治疗可转变为较严重的Ⅳ型；而Ⅳ型经过治疗也可转化为Ⅱ或Ⅲ型。病理类型的转变一般伴随相应的血清学和临床表现的变化，部分患者需要重复肾活检以指导进一步的治疗。

【临床表现】

大多数SLE患者肾脏受累出现在病程早期。狼疮性肾炎患者的年龄和性别分布与SLE基本一致，多见于青年女性。但男性SLE患者狼疮性肾炎发生率高，病情重。狼疮性肾炎是SLE诸多的临床表现之一，也可在起病时是唯一有受累表现的脏器。偶见狼疮性肾炎出现在抗ds-DNA抗体阳性等免疫学异常之前，存在典型的肾脏病理表现。

血尿、蛋白尿和/或肾病综合征是狼疮性肾炎常见的表现，约1/4表现为肾病综合征范畴的蛋白尿。部分患者可发生急性肾损伤表现为血肌酐升高。其他与狼疮性肾炎相关的临床表现还包括高血压、水电解质和酸碱平衡紊乱和高血脂。狼疮性肾炎也可出现明显的远端和近端肾小管功能异常，如肾小管酸中毒。

狼疮性肾炎患者常同时具有SLE的其他表现，如发热、浆膜炎、淋巴结病、贫血（可能是溶血性贫血）、血小板减少或神经系统异常等。

【实验室检查】

尿液分析可发现SLE患者肾脏受累，但与肾脏病理学改变无明显相关性。除Ⅰ型狼疮性肾炎，其他的病理类型均可有蛋白尿。大量蛋白尿常见于重度增生型和/或膜型狼疮性肾炎。镜下血尿特异性不强，但是红细胞管型常见于严重的增生型狼疮性肾炎。

75%的增生型狼疮性肾炎患者的血清中可检测到抗ds-DNA抗体。补体的活性及其下降的程度与病变活动相关。患者复发时，通常先表现为抗ds-DNA抗体升高，然后出现C3水平下降。但应注意单纯的膜型狼疮肾炎往往与血清学的病情活动指标无明显相关。

肾脏超声检查可测量肾脏大小和皮质厚度以判断可否进行肾活检。本病可发生肾静脉血栓加重蛋白尿和损伤肾功能，特别是在膜型狼疮或存在狼疮抗凝物质时易发生肾静脉血栓。多普勒超声是诊断肾静脉血栓方便敏感的方法。可疑病例可应用核磁共振血管造影或肾静脉造影确诊。

【诊断及鉴别诊断】

狼疮性性肾炎属于临床诊断。临床上首先应符合 SLE 的分类诊断标准，目前多应用 1997 年美国风湿病学学会（ACR）修订的标准（详见第八章第三节）。其中 4 条符合即可诊断 SLE。出现肾脏受累的表现即可诊断狼疮性肾炎。

肾活检可进一步明确病理类型并判断病变的活动性和慢性化指标以指导治疗方案的制订和对长期预后的评估。有时肾脏病理符合典型的狼疮性肾炎，但临床上不能满足分类诊断标准，如能够除外其他可能的继发性疾病，则应密切观察，随着病情进展部分患者可能发展为典型的 SLE。

狼疮性肾炎患者肾功能突然恶化时，不仅应考虑到本病转型、病变活动等因素，也应考虑到在本病发展及治疗过程中引起急性肾小管坏死及急性间质性肾炎的可能性，如药物治疗、溶血、感染和脱水等。必要时应及时作肾活检，以明确可能的恶化因素，再予以有针对性的治疗。

狼疮性肾炎需要与其他自身免疫性疾病引起的肾损害相鉴别，如抗中性粒细胞胞浆抗体（ANCA）相关小血管炎。该病多发生于中老年人，无明显性别差异，亦表现为多系统受累。肺受累多表现为肺出血；肾脏受累除表现为血尿和蛋白尿外，多可发生急性肾损伤甚至急进性肾炎。患者血清 ANCA 阳性，肾活检多为少免疫沉积性新月体肾炎。

此外，狼疮性肾炎应与常见的低补体血症性肾小球肾炎相鉴别，主要包括急性链球菌感染后肾小球肾炎、冷球蛋白血症和膜增殖性肾炎等。补体的变化特点等有助于鉴别。

【治疗】

狼疮性肾炎的治疗原则应包括免疫抑制治疗和支持治疗。支持治疗包括严格控制高血压和高脂血症，其他防治慢性肾脏病（CKD）的治疗手段，如纠正贫血及改善钙磷代谢、适时使用 ACEI 和 ARB 等措施对狼疮性肾炎一样适用。

免疫抑制疗法是治疗狼疮性肾炎的关键。其治疗的强度应根据临床表现、血清学检查结果及肾脏病理学活动性确定。免疫抑制疗法包括激素和免疫抑制剂或细胞毒药物。

（一）不同病理类型的免疫抑制治疗

1. **系膜增生型和局灶增生型狼疮性肾炎** 系膜增生型（Ⅱ型）蛋白尿明显的患者，可给予中等量激素（如泼尼松龙 30～40mg/d）治疗。激素减量可根据临床和血清学活动情况决定。局灶增生型（ⅢA 和 ⅢA/C）也可应用中等剂量的激素，但可联合应用细胞毒药物如环磷酰胺或硫唑嘌呤。

2. **活动性弥漫性狼疮性肾炎** 活动性弥漫增生性狼疮性肾炎（Ⅳ-G/A 或者 Ⅳ-G/A/C）的治疗可分成两个阶段，诱导治疗和维持缓解治疗。诱导治疗阶段持续 3～6 个月，应联合激素和免疫抑制剂或者细胞毒类药物。随着疾病活动的缓解，维持缓解阶段激素应尽可能维持在较小的有效剂量，同时应用毒性相对较小的药物来代替强效但毒性较高的免疫抑制剂。维持缓解阶段使用免疫抑制剂的目标是防止疾病的复发和防止肾功能恶化，同时尽量减少药物的副作用。

诱导治疗目前公认且有循证医学证据的方案是泼尼松联合环磷酰胺，二者联合能更好地保护肾功能，获得更长的缓解。泼尼松起始剂量为 0.8～1mg/（kg·d），4～6 周开始减量，6 个月后减量到 7.5～10mg/d。对于激素的使用应强调"足量、快减"，充分发挥其在疾病活动期快速起效的正作用，也要尽量减少其带来的副作用。环磷酰胺可静脉注射或口服。口服环磷酰胺的剂量多为 2mg/（kg·d），一般应用 3～6 个月。每月静脉使用环磷酰胺研究结果表明比每日口服副作用小，而长期的肾脏预后相似。故目前国内多在诱导治疗阶段静脉应用环磷酰胺每个月 0.6～1.0g，维持 6 个月。

如果肾脏病理有多数细胞性新月体形成，甚至达到新月体肾炎的诊断标准，则可按照新月体肾炎采用强化免疫抑制疗法，例如泼尼松龙冲击疗法。详见本篇第二章。

经过以上治疗若患者在半年内病情得到控制，治疗即进入维持缓解阶段。此阶段泼尼松维持在 5～10mg/d，免疫抑制剂可选用静脉环磷酰胺 0.6～1.0g，每 3 个月一次，维持 1～1.5 年左右，之后可换用硫唑嘌呤 1～2mg/（kg·d）或吗替麦考酚酯（MMF）1.0～1.5g/d。一般多维持 2 年以上。

3. **膜型狼疮性肾炎** 当增生型和膜型狼疮肾炎共同发生时，应根据增生性病变的情况制订治疗方案。对于单纯膜型狼疮性肾炎，目前也建议激素联合免疫抑制剂治疗。单纯膜型狼疮性肾炎的临床缓解率不如弥漫增生性狼疮性肾炎。因膜型狼疮肾炎易于发生血栓栓塞性合并症，因此应予密切观察，必要时可予溶栓和抗凝疗法。

（二）新的治疗方法

尽管激素联合环磷酰胺显著减少了狼疮性肾炎患者终末期肾病（ESRD）的发生率并极大地改善了患者的长期生存率，但该经典的治疗方案也可带来严重并发症，如感染、生殖系统损伤及肿瘤等。此外，高达44%的患者在使用静脉环磷酰胺的5年内复发，5%～15%的弥漫增生型狼疮性肾炎对环磷酰胺无效，30%～50%的患者在诱导治疗5年后血肌酐水平倍增或进入ESRD。因此如何更合理地使用免疫抑制剂已成为广大临床医生面临的新挑战。

近年来一些新的特异性较高的免疫抑制剂为临床医生提供了更多的选择。其中包括吗替麦考酚酯、来氟米特（leflunomide）和他克莫司（tacrolimus，FK506）。其中吗替麦考酚酯已有前瞻、随机对照研究证实其与环磷酰胺疗效相仿，且在诱导治疗和维持缓解治疗阶段均有效。近年来国内的一项针对增生性狼疮性肾炎诱导治疗的多中心、前瞻对照研究结果显示来氟米特的近期疗效和副作用亦与环磷酰胺相仿。但上述药物仍有待大宗病例的循证医学研究证实其疗效与长期使用的安全性。

由于淋巴细胞功能异常是SLE发生的关键环节。通过抑制甚至清除B细胞的生物制剂也被用于治疗SLE和狼疮性肾炎。如Rituximab是一种人源化（嵌合鼠/人）的单克隆抗CD20抗体，由于CD20是B细胞表面的特异性抗原，故该生物制剂可与CD20结合，从而特异性地抑制并清除B淋巴细胞，使之不能进一步产生自身抗体。虽已有Rituximab成功治疗狼疮性肾炎的个例报道，但应用其治疗狼疮性肾炎的多中心、前瞻随机对照研究正在进行中。

造血干细胞移植（HSCT）也已经成功用于治疗SLE，但有待进一步规范。

狼疮性肾炎治疗的最终目标是防止狼疮性肾炎复发，保护肾功能，尽可能减少并发症，促进患者的恢复。为达到上述目标，诱导缓解阶段应力争达到完全缓解，维持缓解期应坚持长期治疗，并随时警惕治疗药物的副作用。

【狼疮性肾炎的预后】

狼疮性肾炎患者的预后已经得到显著改善。20世纪60年代报告的5年生存率只有70%，而近年报告的10年生存率已超过90%。随着生存率的提高，患者的长期并发症，生活质量及康复得到重视。早期诊断和合理的治疗对获得良好的长期预后十分重要。

第二节 糖尿病肾病

【概述】

糖尿病肾病（diabetic nephropathy，DN）是糖尿病患者最重要的合并症之一。糖尿病肾病是西方国家终末期肾脏病的首位病因，我国的发病率亦呈上升趋势，目前已成为终末期肾脏病的第二位原因，仅次于各种肾小球肾炎。由于其存在复杂的代谢紊乱，一旦发展到终末期肾脏病，往往比其他肾脏疾病的治疗更加棘手，因此及时防治对于延缓糖尿病肾病的进展意义重大。

【病因及发病机制】

糖尿病肾病病因和发病机制不清。目前认为系多因素参与，在一定的遗传背景以及部分危险因素的共同作用下致病。

1. 遗传因素　男性发生糖尿病肾病的比例较女性为高；来自美国的研究发现在相同的生活环境下，非洲及墨西哥裔较白人易发生糖尿病肾病；同一种族中，某些家族易患糖尿病肾病，凡此种种均提示遗传因素存在。1型糖尿病中有40%～50%发生微量白蛋白尿，2型糖尿病在观察期间有20%～30%发生糖尿病肾病，均提示遗传因素可能起重要作用。

2. 肾脏血流动力学异常 糖尿病肾病早期就可观察到肾脏血流动力学异常，表现为肾小球高灌注和高滤过。表现在肾血流量和肾小球滤过率（GFR）升高，且增加蛋白质摄入后升高的程度更显著。肾小球高灌注和高滤过对肾脏病的进展有重大影响，当 GFR 持续>150ml/min 时，几乎最终都出现微量白蛋白尿；此外，在过高 GFR 的病例中，肾脏病进展的速度和严重程度均与 GFR 上升的程度正相关。导致肾小球高灌注和高滤过的机制尚未完全阐明，目前认为与多种因素引起的入球小动脉扩张相关。这些因素包括：①激素水平异常：如生长激素、胰岛素样生长因子Ⅰ（IGF-I）、心钠素（ANP）、内皮素以及一氧化氮（NO）和前列腺素系统的异常；②代谢性因素：如高糖激活醛糖还原酶，使山梨醇产生过多，造成 Na^+-K^+-ATP 酶活力下降以及氧化还原反应平衡失调，导致入球小动脉对缩血管物质的反应下降；③管球反馈失常：糖尿病肾病时，虽然 GFR 上升，但滤过液在近端肾小管被重吸收过多，因此实际上到达致密斑的滤过液相对较少，从而促使入球小动脉经常处在扩张状态。高滤过造成肾小球内跨毛细血管压过高则可损害肾小球毛细血管襻并激活肾小球内肾素-血管紧张素系统（RAS）。

3. 高血糖造成的代谢异常 血糖过高主要通过肾脏血流动力学改变以及代谢异常引致肾脏损害，其中代谢异常导致肾脏损害的机制主要包括：①肾组织局部糖代谢紊乱，可通过非酶糖基化形成糖基化终末代谢产物（AGES）；②多元醇通路的激活；③二酰基甘油-蛋白激酶 C 途径的激活；和④己糖胺通路代谢异常。上述代谢异常除参与早期高滤过，更为重要的是促进肾小球基底膜（GBM）增厚和细胞外基质蓄积；增加肾小球毛细血管通透性和促进细胞增殖。

4. 高血压 几乎任何糖尿病肾病均伴有高血压，在 1 型糖尿病肾病高血压与微量白蛋白尿平行发生，而在 2 型中则常在糖尿病肾病发生前出现。血压控制情况与糖尿病肾病发展密切相关。

5. 血管活性物质代谢异常 糖尿病肾病的发生发展过程中有多种血管活性物质的代谢异常。其中包括 RAS、内皮素、前列腺素族和生长因子等代谢异常。

【病理】

糖尿病肾病属于临床诊断，一般不需要肾活检来确诊。但其肾脏病理具有特征性的病理学表现。

光镜检查：微量蛋白尿期可见肾小球肥大，GBM 轻度增厚，系膜轻度增生。进展期可见 GBM 弥漫增厚，系膜基质增生，少量系膜细胞增生。由于病变肾小球的系膜基质重度增生和糖基化的蛋白分子进行性积聚，形成结节状硬化，该结节在 PASM 染色下呈同心圆状排列，称 Kimmelstiel-Wilson 结节（K-W 结节），主要位于肾小球毛细血管襻中心区，常与微血管瘤相邻，并挤压毛细血管腔，称为结节性糖尿病肾小球硬化症。病变进展期还可位于包曼囊内侧均质蜡样或玻璃样，形如泪滴状，称之为球囊滴（capsular drop）；位于 GBM 和内皮细胞之间的肾小球毛细血管襻纤维素样帽状病变，称之纤维蛋白帽（fibrin cap），与球囊滴样病变均属于渗出性病变，严重时可导致毛细血管腔狭窄或肾小囊粘连。

糖尿病肾病中肾小动脉和细动脉硬化的发生率极高，最终出现球性硬化和荒废。由于荒废的肾小球系膜基质明显增多，所以其体积并不缩小，甚至增大；相应的肾小管上皮细胞空泡变性、肾小管萎缩，肾间质小圆形细胞浸润和纤维化。

免疫荧光检查可见 IgG 沿 GBM 线状沉积，尤以 1 型糖尿病肾病常见。由于白蛋白也沿 GBM 细线状沉积，说明线样的 IgG 是因血管通透性增加所致的非特异性沉积。

电镜检查主要表现为 GBM 均质性增厚和系膜基质增多；无电子致密物沉积，可见足细胞足突广泛融合。

【临床表现和疾病分期】

糖尿病肾病是糖尿病全身微血管病性合并症之一，因此发生糖尿病肾病时也往往同时合并其他器官或系统的微血管病，如糖尿病视网膜病变和外周神经病变。1 型糖尿病患者发生糖尿病肾病多在起病 10～15 年左右，而 2 型糖尿病患者发生糖尿病肾病的时间则短，与年龄大、同时合并较多其他基础疾病有关。

根据糖尿病肾病的病程和病理生理演变过程，Mogensen 曾建议把糖尿病肾病分为以下五期：①肾小球高滤过和肾脏肥大期：这种初期改变与高血糖水平一致，血糖控制后可以得到部分缓解。本期没有病理组织学损伤。②正常白蛋白尿期：GFR 高出正常水平。肾脏病理表现为 GBM 增厚，系膜区基质增多，运动后尿白蛋白排出率（UAE）升高（>20μg/min），休息后恢复正常。如果在这一期能良好的控制血糖，病人可以长期稳定处于该期。③早期糖尿病肾病期：又称"持续微量白蛋白尿期"，GFR 开始下降到正常。肾脏病理出现肾小球结节样病变和小动脉玻璃样变。UAE 持续升高至 20~200μg/min 从而出现微量白蛋白尿。本期患者血压升高。经 ACEI 或 ARB 类药物治疗，可减少尿白蛋白排出，延缓肾脏病进展。④临床糖尿病肾病期：病理上出现典型的 K-W 结节。持续性大量白蛋白尿（UAE>200μg/min）或蛋白尿大于 500mg/d，约 30% 患者可出现肾病综合征，GFR 持续下降。该期的特点是尿蛋白不随 GFR 下降而减少。病人一旦进入此期，病情往往进行性发展，如不积极加以控制，GFR 将平均每月下降 1ml/min。⑤终末期肾衰竭：GFR<10ml/min。尿蛋白量因肾小球硬化而减少。尿毒症症状明显，需要透析治疗。

以上分期主要基于 1 型糖尿病肾病，2 型糖尿病肾病则不明显。

蛋白尿与糖尿病肾病进展关系密切。微量白蛋白尿不仅表示肾小球滤过屏障障碍，同时还表示全身血管内皮功能障碍，并发现其与心血管并发症密切相关。

糖尿病肾病的肾病综合征与一般原发性肾小球疾病相比，其水肿程度常更明显，同时常伴有严重高血压。由于本病肾小球内毛细血管跨膜压高，加之肾小球滤过膜蛋白屏障功能严重损害，因此部分终末期肾衰竭患者亦可有大量蛋白尿。

【诊断和鉴别诊断】

糖尿病患者临床上出现肾脏损害应考虑糖尿病肾病，家族中有肾脏病者、明显高血压、胰岛素抵抗、GFR 明显过高或伴严重高血压者为发生糖尿病肾病的高危因素。微量白蛋白尿是诊断糖尿病肾病的标志。微量白蛋白尿指 UAE 持续升高 20~200μg/min，或 24h 尿白蛋白 30~300mg 或尿白蛋白：肌酐比值 30~300μg/mg。

由于微量白蛋白尿是临床诊断早期糖尿病肾病的主要线索，目前美国糖尿病协会建议对于 1 型糖尿病患者，起病 5 年后就要进行尿微量白蛋白的筛查；而对于 2 型糖尿病则应在确诊糖尿病时同时检查。一次检查阳性，还不能确诊为持续微量白蛋白尿，需要在 3~6 个月内重复检查，如果 3 次检查中 2 次阳性，则可确诊；如为阴性，则应每年检查一次。

微量白蛋白尿还与糖尿病的其他多种并发症有关，包括高血压、高脂血症、动脉粥样硬化和心血管并发症等。因此出现微量白蛋白尿不一定就代表发生了糖尿病肾病，其出现以后是否必然进展到明显蛋白尿发生慢性肾衰竭尚存在争议。在几个较大系列的长期观察中发现有微量白蛋白尿的糖尿病患者，10 年中仅有 30%~45% 转为临床显性蛋白尿，另有 30% 微量白蛋白尿消失，这在 2 型糖尿病中更明显。因此应多次检查、连续随访才可判定。

明显蛋白尿（>500mg/d）或肾病综合征等均提示肾脏病变明显，在 1 型糖尿病中，凡有蛋白尿同时合并视网膜病变，特别是青春期后的患者，几乎可以确定为糖尿病肾病。但 2 型糖尿病则不然。

伴有蛋白尿的糖尿病患者，在诊断糖尿病肾病之前必须仔细排除其他可能引起蛋白尿的原因，尤其对于不能明确发病时间的 2 型糖尿病患者。临床上出现下列情况应考虑糖尿病合并了其他肾脏病：①有明显蛋白尿但无明显视网膜病变；②急性肾损伤；③肾炎性血尿，尿沉渣以畸形红细胞为主或有红细胞管型；④不伴高血压的肾病综合征；⑤短期内蛋白尿明显增加等。出现上述情况应考虑肾活检以除外其他原因的肾小球病。

【治疗】

糖尿病肾病治疗依不同病期而异，临床上主要针对以下几方面：

1. 控制血糖 HbA1C 尽量应控制在 7.0% 以下。严格控制血糖可部分改善异常的肾血流动力学；至少在 1 型糖尿病可以延缓微量白蛋白尿的出现；减少已有微量白蛋白尿者转变为明显临床蛋白尿。

2. 控制血压 糖尿病肾病中高血压不仅常见,同时是导致糖尿病肾病发生和发展重要因素。降压药物首选血管紧张素转化酶抑制剂(ACEI)或血管紧张素受体拮抗剂(ARB)。该类药物具有改善肾内血流动力学、减少尿蛋白排出,抑制系膜细胞、成纤维细胞和巨噬细胞活性,改善滤过膜通透性等药理作用。即使全身血压正常的情况下也可产生肾脏保护功能,且不依赖于降压后血流动力学改善。ACEI 的副作用主要有高钾血症、肾功能减退和干咳等。降压的靶目标在伴有蛋白尿者为 130/80mmHg。β 受体阻滞剂和利尿剂因其潜在的糖脂代谢紊乱作用不主张纳入一线用药,除非合并心动过速或明显水肿。钙离子通道阻滞剂(CCB)在糖尿病肾病患者中的肾脏保护功能尚不明确,但地尔硫䓬类的作用似乎优于双氢吡啶类,后者并不推荐单独用于糖尿病肾病患者。

3. 饮食疗法 高蛋白饮食加重肾小球高灌注、高滤过,因此主张以优质蛋白为原则。蛋白质摄入应以高生物效价的动物蛋白为主,早期即应限制蛋白质摄入量至 0.8g/(kg·d),对已有大量蛋白尿和肾衰竭的病人可降低至 0.6g/(kg·d)。中晚期肾功能损伤患者,宜补充 α-酮酸。另外,有人建议以鱼、鸡肉等部分代替肉类,并加用多不饱和脂肪酸。此外,也不必过分限制植物蛋白如大豆蛋白的摄入。

4. 终末期肾脏病的替代治疗 进入终末期肾衰竭者可行肾脏替代治疗,但其预后较非糖尿病者为差。

糖尿病肾病患者本身的糖尿病并发症多见,尿毒症症状出现较早,应适当放宽肾脏替代治疗的指征。一般内生肌酐清除率降至 10~15ml/min 或伴有明显胃肠道症状、高血压和心力衰竭不易控制者即可进入维持性透析。血液透析与腹膜透析的长期生存率相近,前者利于血糖控制、透析充分性较好,但动静脉内瘘难建立,透析过程中易发生心脑血管意外;后者常选用持续不卧床腹膜透析(CAPD),其优点在于短期内利于保护残存肾功能,因不必应用抗凝剂故在已有心脑血管意外的患者也可施行。但以葡萄糖作为渗透溶质使患者的血糖水平难以控制。

5. 器官移植 对终末期糖尿病肾病的患者,肾移植是目前最有效的治疗方法,在美国约占肾移植病人的 20%。近年来尸体肾移植的 5 年存活率为 79%,活体肾移植为 91%,而接受透析者其 5 年存活率仅 43%。活体肾特别是亲属供肾者的存活率明显高于尸体肾移植。但糖尿病肾病患者移植肾存活率仍比非糖尿病患者低 10%。单纯肾移植并不能防止糖尿病肾病再发生,也不能改善其他的糖尿病合并症。

胰肾双器官联合移植有可能使患者糖化血红蛋白和血肌酐水平恢复正常,并改善其他糖尿病合并症,因此病人的生活质量优于单纯肾移植者。

第三节 肾淀粉样变性病

【概述】

淀粉样变性病(amyloidosis)是一种系统性疾病,为淀粉样物质沉积于全身不同脏器所致,沉积于肾脏者称肾淀粉样变性病(renal amyloidosis)。肾脏是淀粉样变性病最常见的受累器官之一,大量蛋白尿和肾病综合征是其主要临床表现,晚期肾功能可迅速恶化导致终末期肾衰竭,预后差。肾淀粉样变性病并不少见,有临床研究显示,老年患者(>60 岁)中临床上初步推测为原发性肾病综合征,经肾活检和详尽的其他检查,10%~20% 被明确诊断为肾淀粉样变性病。它是老年非糖尿病继发性肾病综合征中常见的病因之一。

【病因及发病机制】

形成淀粉样物质的病因多样,其发病机制也不尽相同。

淀粉样蛋白是一类特殊蛋白,其结构成分呈多样性,目前已知至少有 25 种。不同结构成分具有不同的理化特性和不同的亲组织性,由可溶性蛋白转变为不溶性并聚合形成纤维样物质沉积于细胞外基质,从而形成不同组织和器官的淀粉样变性病。常见并与肾脏受累较为密切的淀粉样蛋白包括以下四种。

1. AL蛋白　主要见于常见的原发性淀粉样变性病，部分与多发性骨髓瘤并发。AL蛋白来自免疫球蛋白轻链氨基端可变区，可为λ或κ轻链，但以λ轻链居多。推测可能为浆细胞产生异常轻链片段或者轻链被巨噬细胞不正常裂解所致。

2. AA蛋白　主要见于继发性淀粉样变性病，常见于自身免疫性疾病（如类风湿性关节炎）、慢性感染和炎症（如慢性化脓性感染、肉芽肿性感染特别是结核、炎症性肠病）。AA蛋白的前体为一种急性时相反应物——血清淀粉样蛋白A（SAA），虽微量存在于正常人血清，但在感染或炎症反应时可增加100~1000倍。源于白细胞的丝氨酸蛋白酶可裂解SAA形成AA蛋白，持续沉积于组织则形成继发性淀粉样变性病。

此外，家族性地中海热等遗传性疾病也可因特定基因突变造成AA淀粉样变。

3. $A\beta_2M$蛋白　其蛋白前体为β_2微球蛋白，临床上称之为血透相关性淀粉样变性病。$A\beta_2M$蛋白为晚期糖基化终末产物修饰的β_2微球蛋白。$A\beta_2M$蛋白可沉积于患者的关节、肌肉、内脏和滑膜等多种组织中，常呈现腕管综合征，见于长期维持性血液透析患者。

4. 家族性淀粉样变性病　又称家族遗传性淀粉样变性病。根据临床主要受累器官分为神经病变型、肾脏病变型和心肌病变型。其相应的淀粉样蛋白为其前体突变所致，如纤维蛋白原A-α链、溶菌酶和载脂蛋白A-II等。

【病理】

肾淀粉样变性病肾脏体积通常增大，但也可正常大小，后期可缩小。

光镜：早期肾小球系膜区呈无细胞性增宽，进而逐步发展为GBM增厚、血管腔闭塞，形成无结构的淀粉样物质团块。沉积物刚果红染色成砖红色，偏振光下呈苹果绿色双折光。小动脉壁为淀粉样蛋白常见的沉积部位，肾间质、偶尔肾小管基底膜也可有淀粉样物质沉积。

免疫荧光：常规的免疫球蛋白和补体成分有时可呈非特异性阳性，一般无特殊诊断价值。临床上常用抗AA蛋白、抗κ或λ轻链、抗$A\beta_2$微球蛋白抗血清来协助诊断相应的淀粉样变性病。

电镜具有重要的诊断价值。可见特征性细纤维丝样结构，直径为8~10nm，僵硬无分支、呈紊乱无规律排列。常见于肾小球系膜区、GBM、小血管壁和肾间质。在病变早期，有时难以用刚果红染色证实，电镜超微观察则成为最重要的病理学诊断依据。

【临床表现】

多发于50岁以上，男性多见。淀粉样蛋白可沉积在不同的器官从而引起不同的临床表现。肾淀粉样变性病既可有肾脏受累的表现，也有肾外表现。

1. 肾脏受累表现　肾淀粉样变性病的临床表现一般可分为四个阶段：临床前期、蛋白尿、肾病综合征和肾衰竭。

蛋白尿是该病常见的早期临床表现，25%~40%表现为肾病综合征。部分病例轻度蛋白尿可持续数年，少数可达10余年。患者一旦出现肾病综合征则发展迅速，平均存活时间仅为19个月，预后差。部分肾病综合征患者可合并肾静脉血栓，可加速肾功能恶化，偶可导致急性肾衰竭。部分患者可有镜下血尿，出现明显血尿者应排除膀胱和输尿管的淀粉样变性病。

该病患者高血压发生率较低，有时甚至表现为体位性低血压。推测与淀粉样病变所致周围神经病变和/或自主神经病变有关。

2. 肾外表现

（1）AL型淀粉样变性病：常累及多系统。心脏受累可引起限制性心肌病；胃肠道受累可引起胃肠动力学异常，也可发生消化道出血；约1/4患者肝大；部分病人出现巨舌；周围神经受累多为感觉性多发性神经病，自主神经病变可引起体位性低血压和排汗障碍；皮肤受累可表现为淤血（斑）和皮下结节。

（2）AA型淀粉样变性病：胃肠道受累仅次于肾脏，表现为腹泻、便秘和消化不良。

(3) 血透相关性淀粉样变性病：主要见于长期维持性血透患者，尤其是透析时间长达 5~10 年的患者。透析龄达 10 年、15 年约有 65%、100% 的患者发生该合并症。患者主要临床表现包括腕管综合征和淀粉样关节炎，肾脏受累少见、程度轻。

【诊断与鉴别诊断】

肾脏是淀粉样变性病最常见和易早期受累的器官。老年患者表现为大量蛋白尿甚至肾病综合征，特别是合并心脏和胃肠道受累者，或者既往有慢性感染或炎症性疾病者均应考虑到肾淀粉样变性病，必要时应进行肾活检证实。

肾脏病理学检查是诊断淀粉样变性病最可靠的手段之一。检出的阳性率可达 85%~95%，在已知组织活检中阳性率最高。肾淀粉样变性病的诊断依据为光镜下肾小球内嗜伊红的均质无结构的团块状沉积，刚果红染色阳色；电镜下在肾小球系膜区、GBM 和血管壁等部位可见 8~10nm 不分支、杂乱排列的细纤维丝样物质。

区别 AA 型和 AL 型淀粉样变性病除根据病史和临床表现外，肾组织免疫荧光或免疫组化可资区别。同样，鉴别不同成分的淀粉样变性病，也可应用不同成分的相应抗体予以鉴定。此外，AL 型淀粉样变性病属浆细胞病，应用血/尿免疫固定电泳其单克隆轻链的检出阳性率可高达约 80%。

该病需与轻链沉积病、纤维样肾小球病、冷球蛋白血症、血栓性微血管病、恶性高血压、移植性肾小球病、免疫触须样肾小球病等相鉴别，肾淀粉样变性病刚果红染色阳性，而余者均阴性是重要的鉴别依据。此外，纤维丝的直径、形状、分布部位、范围和各自的临床及实验室检查特点等均有助于鉴别。

【治疗】

在支持治疗和对症治疗的基础上，肾淀粉样变性病患者的特殊治疗包括药物治疗和自体干细胞移植。终末期肾衰竭患者需接受肾脏替代疗法。

(一) 药物治疗

1. 原发性肾淀粉样变性病 应用烷化剂等抗肿瘤药物抑制单克隆浆细胞株过度增殖和轻链的产生是目前治疗原发性 AL 型淀粉样变性病的主要方法。应用美法仑 [melphalan, 0.15mg/(kg·d)] 和泼尼松 [0.8mg/(kg·d)] ×7 天，每 6 周 1 次 (持续 2 年) 是最常用的治疗方案。但仅约 28% 的患者对治疗有反应，表现为血或尿单克隆轻链消失或减少≥50%，或尿蛋白减少≥50%，肾功能维持稳定或有改善。

2. 继发性肾淀粉样变性病 主要针对原发病治疗，有效控制感染和炎症，常可使继发性淀粉样变停止发展或好转，减少尿蛋白，延缓肾功能恶化。

3. 家族性地中海热 (AA 型淀粉样变性病) 应用秋水仙碱 (1~2mg/d) 有较肯定的疗效。其可阻止蛋白尿产生，甚至偶尔可逆转肾病综合征和阻止肾功能恶化。

4. 血透相关性淀粉样变性病 选用生物相容性较好的高通量膜有助于增加 β_2 微球蛋白的清除。

(二) 自体干细胞移植

大剂量美法仑联合自体干细胞移植主要用于治疗 AL 型淀粉样变性病。该疗法血液和器官的反应率可达 62% 和 44%，其平均生存时间达到 42 个月，5 年和 10 年生存率分别达到 36% 和 15%，显示出良好的治疗前景。随着严格入选标准的制定，该治疗方法的生存率和安全性必将进一步改善。

(三) 肾脏替代治疗

血液透析和腹膜透析是肾淀粉样变性病终末期肾衰竭患者维持生命和提高生活质量的有效措施，但较同龄非糖尿病的其他终末期肾衰竭患者的存活率低约 20%。血液透析应特别注意心脏合并症 (充血性心力衰竭、室性心律失常等) 和低血压，前者可能与淀粉样变性病累及心脏有关，常为致死原因；后者除神经系统调节紊乱外，也可能与病变累及肾上腺相关，血液透析中低血压发生率甚高，部分作者建议肾上腺受累所致低血压者应加用肾上腺皮质激素。腹膜透析对血流动力学影响少，理论上可增加轻链蛋白的排出，似有一定优越性，然而至今尚无循证医学证据。

【预后】

肾淀粉样变性病因目前尚无特殊有效的治疗方法，预后不良。原发性 AL 型淀粉样变性病患者平均存活时间少于 2 年，而多发性骨髓瘤相关者平均存活时间仅为 5 个月；心脏受累所致心力衰竭、心律失常、猝死是原发性 AL 型淀粉样变性病患者主要死亡原因。继发性 AA 型淀粉样变性病患者存活时间一般长于前者，但血肌酐升高和血浆白蛋白的下降是预后不良的重要指标，其主要的死亡原因是肾衰竭及其透析相关合并症，而非心脏合并症。

虽然原发性 AL 型淀粉样变性病的药物化疗效果不够令人满意；但自体干细胞移植疗法给患者带来了新的治疗前景。

第四节 过敏性紫癜肾炎

【概述】

过敏性紫癜（Henöch-Schonlein purpura，HSP）属于系统性小血管炎，主要侵犯皮肤、胃肠道、关节和肾脏。过敏性紫癜肾炎病理特点为含有 IgA 的免疫复合物沉积于受累脏器的小血管并引起炎症反应。该病好发于儿童，可占儿童肾小球肾炎患者的 15%。但也发生于成人，男性略多。

【病因及发病机制】

约 1/4 患者有过敏史，部分患者再次接触过敏原或遇冷后可复发。该病多发于冬季，约 1/3 患者有前驱感染史，但未能证明与链球菌感染相关。

本病为免疫复合物性系统性小血管炎。患者血清中可测得含有 IgA 的循环免疫复合物，肾脏和其他受累脏器也有 IgA 沉积。推测本病为 IgA 免疫复合物致病，但抗原成分尚不确切。免疫复合物中的 IgA 分子主要为多聚 IgA_1，通过旁路途径活化补体。HSP 和 IgA 肾病的关系仍未明确，但多认为二者具有相同的发病机制。近年来研究发现血清 IgA_1 分子铰链区糖基化异常可能在 HSP 和 IgA 肾病中发挥了同样的作用。糖基化异常的 IgA_1 分子易于自身聚合，不易被肝脏从正常代谢途径所清除，从而沉积到肾脏致病。

【临床和病理表现】

HSP 的经典四联征包括皮肤、胃肠道、关节和肾脏受累，但临床上并非均有四联征。发病时，患者可有非特异性症状包括发烧、不适和乏力。

皮疹多发生于四肢，也可见于臀部和躯干。多为略高于皮面的出血性斑点，皮疹可成批出现，也可融合成片。25%~90% 的患者胃肠道受累，表现为腹部绞痛，黑便和鲜血便。关节受累多发生于踝关节和膝关节。40%~60% 的患者尿检异常，多为镜下血尿和蛋白尿，近半数患者表现为肾病综合征。

HSP 患者急性期近半数患者血清 IgA 升高，但 IgA 升高与临床表现的严重程度和病程无关。

HSP 患者肾活检光镜检查与 IgA 肾病类似，主要表现为系膜增生性肾小球肾炎，并可伴不同程度的局灶毛细血管襻纤维素样坏死和新月体形成。光镜下有时可见系膜区和/或毛细血管襻嗜复红蛋白沉积。肾小球外血管炎不常见。

免疫荧光检查为 IgA 呈颗粒样在系膜区，也可沿毛细血管襻沉积，可伴有 IgG、IgM 和 C3。患者病变处和非病变处皮肤活检均可见到 IgA 及补体 C3 沿小血管壁沉积，肠道血管炎病变处也可见到 IgA 沉积。

电镜检查可见系膜区，有时在副系膜区和内皮下电子致密物，免疫电镜证实其为 IgA 和 IgG。

【诊断和鉴别诊断】

本病诊断依赖于典型的临床表现，如皮肤、关节、胃肠道和肾脏受累以及 IgA 沉积为主的系膜增生性肾小球肾炎。

与 IgA 肾病的鉴别取决于临床表现如典型的皮疹。其他临床上出现皮疹和急性肾炎综合征的疾病还包括原发性 ANCA 相关小血管炎肾损害,该病除 ANCA 阳性外,临床可有更多脏器受累如肺、眼、耳和鼻等,其肾脏病理多为寡免疫沉积性局灶纤维素样坏死或新月体性肾小球肾炎。其他还应与狼疮性肾炎和冷球蛋白血症肾损害相鉴别,狼疮性肾炎的诊断首先应满足临床分类诊断标准,其肾脏病理可见多种免疫球蛋白和补体成分沉积而表现为典型的"满堂亮"现象;冷球蛋白血症性血管炎可在血清中发现冷球蛋白,肾脏病理特别是电镜检查有时可见典型的冷球蛋白结晶以资鉴别。

【治疗和预后】

对于多数临床表现轻微、一过性尿检异常者,无需特殊治疗而短期内自行好转。糖皮质激素对缓解腹部症状和关节受累有效,但对肾脏病疗效欠佳。临床表现较重、特别是肾活检表现为较多新月体形成的患者还可应用糖皮质激素联合环磷酰胺等细胞毒药物或免疫抑制剂,严重者甚至可采用甲泼尼龙冲击疗法和血浆置换。

临床过程中应注意控制高血压。慢性肾脏病患者常用的血管紧张素转换酶抑制剂(ACEI)及其受体拮抗剂(ARB),既可降低血压,也可减少蛋白尿和保护肾功能。

对多数患者而言,本病属自限性疾病。95%的儿童和 90%的成人可完全缓解,但部分患者可复发。儿童患者的短期和长期预后相对良好。但成人预后相对较差,特别是年龄大、以急性肾炎综合征起病或表现为持续性肾病综合征者预后较差。肾脏病理改变的程度往往是决定预后的关键因素,是否存在新月体以及新月体的多少可影响长期预后。

第五节 病毒相关性肾炎

多种病毒感染可引起肾脏病。本节主要介绍常见的乙型肝炎病毒(hepatitis B virus,HBV)相关肾炎、丙型肝炎病毒(hepatitis C virus,HCV)相关肾炎、流行性出血热(epidemic hemorrhagic fever,EHF)和人类免疫缺陷病毒(human immunodeficiency virus,HIV)相关肾病。

一、乙型肝炎病毒相关肾炎

乙型肝炎病毒(HBV)属于 DNA 病毒。我国是 HBV 相关肾炎高发国家,但是随着新生儿计划免疫的实施,相信今后 HBV 感染人群以及 HBV 相关肾炎也必将随之减少。

【发病机制】

HBV 相关肾炎主要表现为膜性肾病及膜增生性肾炎。一般认为膜性肾病是由于小分子的 HBe 抗原先种植于肾小球毛细血管襻的上皮下,带阳性电荷的抗 HBe 抗体再与预先种植在上皮下的 HBe 抗原相结合而引起的原位免疫复合物性肾炎所致;膜增生性肾炎则是由于大分子的表面抗原(HBsAg)及其免疫复合物经由循环免疫复合物性肾炎的机制在肾小球毛细血管襻内皮下沉积所致。

【临床和病理表现】

HBV 相关肾炎多见于儿童及青少年。30 岁以下的膜性肾病中,73.1%在肾组织中可检出 HBV 抗原,而 50 岁以上者则只有 33.3%,男性占明显优势。其临床表现与相同病理类型的原发性肾小球肾炎相似。但 HBV 相关的膜性肾病尚有如下特点:部分患者可以有血尿,乃至肉眼血尿;发病初期血清补体 C3、C4 及 C1q 降低,循环免疫复合物增多且证实其中含 HBsAg 和 HBeAg。

组织病理学上,HBV 相关肾炎与相应类型的原发性肾小球肾炎表现也相似。但 HBV 相关的膜性肾病也有其特点。光镜下除可见弥漫性肾小球基底膜增厚及钉突外,增厚的基底膜还常呈链环状,并伴有明显的系膜细胞和基质增生;免疫荧光检查除了 IgG 及 C3 呈颗粒样沉积外,也常有 IgM、IgA 及 C1q 沉积于毛细血管壁和系膜区;电镜检查可见大块电子致密物呈多部位分布,见于上皮下、基底膜内、内皮下及系膜区。根据上述表现,有人认为这种 HBV 相关的膜性肾病在某些方面既具有特发性膜性肾病,又具有系膜增生性肾炎的病理特点,也有作者称之为非典型膜性肾病。

【诊断】

目前国际上对HBV相关肾炎并无统一的诊断标准。参照1989年北京座谈会的意见，建议国内试用下列三条对HBV相关肾炎进行诊断：①血清HBV抗原阳性；②膜性肾病或膜增生性肾炎，并除外狼疮性肾炎等继发性肾小球疾病；③肾组织切片上找到HBV抗原。其中，第③点为最基本条件，缺此不能诊断。

【治疗和预防】

HBV相关肾炎的治疗原则是：①降低尿蛋白；②防治再发；③保护肾功能及延缓肾脏病进展。

由于HBV相关肾炎为HBV所致，因此有HBV病毒活动复制的证据时应积极抗病毒治疗（详见第四篇第十章）。HBV病毒复制阴转后，部分HBV相关肾炎患者蛋白尿也可减轻甚至阴转。

有人试用糖皮质激素联合免疫抑制剂治疗HBV相关肾炎，在减少尿蛋白上虽有时可获得短期效果，但多数无效。而免疫抑制治疗可延迟HBV中和抗体的产生，促进HBV-DNA复制而加重病情。只有严重低蛋白血症和大量蛋白尿时，且病毒复制指标阴性时才可应用免疫抑制剂。用药时需要监测HBV复制指标。

预防远重于治疗，全面乙型肝炎疫苗接种是根本的预防方法。

二、丙型肝炎病毒相关性肾炎

丙型肝炎病毒（HCV）属于单链RNA病毒。有三种不同类型的肾小球肾炎与HCV感染相关：冷球蛋白血症性肾炎、膜增生性肾炎和膜性肾病。

【发病机制】

HCV的受体为CD81分子。病毒感染B淋巴细胞可刺激其克隆扩增和克隆选择，早期可分泌多克隆的IgM类风湿因子，晚期则分泌单克隆IgMκ类风湿因子。大量类风湿因子在循环中具有冷球蛋白的特性。

冷球蛋白分为三种类型。Ⅰ型指淋巴增殖性疾病产生的单克隆抗体；Ⅱ型指具有类风湿因子活性的单克隆IgM，可与多克隆的IgG相结合；Ⅲ型指可与多克隆IgG相结合的多克隆IgM抗体。通常所称混合性冷球蛋白血症即指Ⅱ型和Ⅲ型。目前发现Ⅱ型中95%、Ⅲ型中30%～50%与HCV相关。

B淋巴细胞活化产生大量非中和抗体和病毒的不断复制可形成大量免疫复合物，而免疫复合物或冷球蛋白在肾小球毛细血管内皮下沉积并激活补体系统则可以引起肾小球的损伤。另一种假设是HCV感染产生的自身抗体如单克隆IgMκ也可能与肾小球的成分如纤粘连蛋白结合。

HCV感染相关的肾损害也并不一定均为冷球蛋白血症所致。HCV相关的膜增生性肾炎也可为免疫复合物介导，由HCV抗原和相应抗体组成，但该免疫球蛋白并非单克隆IgMκ类风湿因子。少数HCV感染的患者其肾脏病理表现为膜性肾病，但其与HCV的相关性还有待进一步证实。

【病理】

冷球蛋白血症性肾损害与膜增生性肾炎类似，但存在明确的不同：①肾小球内细胞增生较严重，主要为内皮细胞和单核细胞；②约1/3患者肾小球毛细血管腔内血栓形成；③肾小球基底膜增厚和双轨征较突出；④约1/3可见小动脉和中等动脉的肉芽肿性血管炎；⑤电镜内皮下沉积物与冷沉淀物的超微结构一致。

冷球蛋白血症性肾损害免疫荧光检查可见IgM、IgG和C3在毛细血管襻沉积，也可在毛细血管内血栓上沉积。

部分HCV感染的患者肾脏病理表现为膜增生性肾小球肾炎和膜性肾病。

【临床表现】

混合性冷球蛋白血症类似于系统性血管炎，呈现慢性反复发作的临床过程。本病多发于50～70岁，表现为多系统受累。约70%皮肤受累，表现为皮肤紫癜、荨麻疹，严重者遇冷四肢发凉，可发生指（趾）疼痛甚至坏疽；约50%有关节痛；周围神经受累可表现为多发单神经炎；可有口眼干燥而类似干燥综合征、涎腺炎；肺部受累可变为肺间质纤维化等。临床上约20%的患者同时存在肝脏疾病，但转氨酶升高者可达75%。

肾损害多表现为蛋白尿、血尿和轻到中度肾功能不全，约20%表现为肾病综合征。急性肾损伤多与肾小球毛细血管管腔内大量血栓形成或血管炎有关。

实验室检查主要有血清冷球蛋白阳性、类风湿因子阳性和低补体血症。

【诊断和鉴别诊断】

临床上出现皮肤紫癜、关节痛、类风湿因子阳性和低补体血症应考虑到冷球蛋白血症的可能性。如能检测到冷球蛋白特别是能进一步分型则显著减少鉴别诊断的范围。Ⅱ型和Ⅲ型冷球蛋白血症者应尽快寻找HCV感染的证据。血清抗HCV抗体和HCV-RNA的检测有助于确诊。

鉴别诊断应除外ANCA相关小血管炎，血清ANCA阳性有助于鉴别诊断。此外，狼疮性肾炎和过敏性紫癜肾炎均有其特异性临床和病理学特征可资鉴别。应引起注意的是由于HCV感染与HIV感染途径类似，且HIV也可引起肾损害，因此疑诊HCV相关肾炎的患者还应除外HIV感染。

【治疗】

治疗HCV感染最为重要。在HCV相关肝炎的治疗中，α-干扰素治疗在半数患者中获得了成功，但多数患者在停药后复发。近年来的研究证明α-干扰素联合利巴韦林可以进一步改善HCV相关冷球蛋白血症性肾炎的疗效。

冷球蛋白血症性肾损害的传统治疗方法包括糖皮质激素、免疫抑制剂和血浆置换。其适应证包括严重肾脏损害、指（趾）坏疽和严重的神经病变。但治疗均缺乏高质量的循证医学证据。

三、肾综合征出血热肾损害

【病因和发病机制】

肾综合征出血热（hemorrhagic fever with renal syndrome，HFRS）是一类以鼠类为主要传染源，由汉坦病毒（hantavirus）感染引起的急性自然疫源性疾病，又称流行性出血热（epidemic hemorrhagic fever，EHF）。该病毒为RNA病毒，储存宿主和传染源为啮齿类动物，我国为黑线姬鼠和褐家鼠。动物感染后，病毒可随其尿、粪、唾液及血液排出体外，人可经呼吸道、消化道或皮肤接触污染物被感染。肾损害常见，多表现为急性肾小管坏死。

肾综合征出血热肾损害的发病机制主要为肾供血障碍。由于血浆大量外渗造成低血容量、低血压，肾血流灌注差而导致肾小球滤过率下降；近一半患者可发生程度不等的DIC，低血压休克和DIC导致肾血管微血栓形成，造成肾实质细胞缺血性坏死。肾受累的其他机制还包括免疫损伤以及肾间质出血和水肿对肾小管造成的压迫。

【病理】

大体解剖可见肾增大，肾脂肪囊水肿、出血，皮质苍白，髓质充血、出血。

光镜下小血管内皮细胞肿胀，管壁纤维素样坏死，管腔内微血栓形成，血管周围单核细胞浸润；肾髓质间质水肿、出血及炎症细胞浸润，病程后期可有轻度纤维化。肾小管上皮细胞变性，严重者肾小管广泛坏死，其管腔内有较多红细胞和管型，肾小球病变轻微。

免疫荧光有时见免疫球蛋白和补体成分在肾小球、肾小管和肾血管沉积，意义有待明确。

【临床表现】

肾综合征出血热的突出表现是发热、出血和肾损害。该病潜伏期1~2周，典型者可经历发热期、低血压期、少尿期、多尿期及恢复期等五个阶段，全程一般4~6周。早期的特征性表现包括全身中毒症状称为"三痛"：头痛、腰痛和眼眶痛；以及毛细血管的中毒症状称为"三红"：颜面、颈部和上胸部皮肤显著充血、潮红，似醉酒貌。

肾综合征出血热肾损害轻重不一，但始终贯穿疾病始终。①发热期：3~5天即可出现尿蛋白，可伴有镜下血尿，开始有肾小球滤过功能和肾小管功能受损。②低血压期及少尿期：为疾病的极期，病人可出现少尿无尿，重症患者可出现肾病综合征范围的蛋白尿，尿沉渣可有红白细胞和管型，严重者可出现肉眼血尿；肾小球和肾小管功能受损，严重者可达尿毒症。③多尿期：患者尿量增多，然后进入恢复期，多数患者病情逐渐缓解。

【诊断】

该病确诊需要特异性血清抗体或病毒抗原的检查。血清中抗汉坦病毒特异性 IgM 抗体在发病第 2 天即可阳性，1 周左右达高峰，而 IgG 抗体出现较晚。IgM 抗体阳性或 IgG 抗体 1 周后滴度上升 4 倍或 4 倍以上具有诊断价值。

【治疗原则和预防策略】

肾综合征出血热需采取综合治疗。其基本原则是早发现、早休息、早治疗和就近治疗。多数患者可自发缓解。

肾损害本身是肾综合征出血热的一个组成部分，通过对本病的积极治疗，如疾病早期的抗病毒治疗，免疫调节治疗和对出血、休克和 DIC 的积极防治，本身就可减轻肾损害、减少急性肾损伤的发生。对于已经发生的急性损伤还应注意积极防治急性肾小管坏死，矫正水、电解质和酸碱平衡紊乱，必要时行透析治疗。

肾综合征出血热的预防措施包括防鼠和灭鼠，加强疫情监测。我国应用灭活疫苗的 5 年平均现场保护率达到 90% 以上，可以有效控制疫情。

四、人类免疫缺陷病毒相关的肾脏病

获得性免疫缺陷综合征（acquired immunodeficiency syndrome，AIDS）即艾滋病是由人类免疫缺陷病毒（human immunodeficiency virus，HIV）引起的传染病。

HIV 阳性者可发生多种肾小球疾病，其中一种特殊的硬化型肾小球病据认为与该病毒感染相关，被称为 HIV 相关肾病（HIV associated nephropathy，HIVAN）。

HIVAN 多发于黑人，为成年黑人中继糖尿病和高血压后引起终末期肾衰竭的第三位原因。临床上主要表现为蛋白尿、肾病综合征和肾功能不全，部分患者可有高血压。肾脏 B 超多回声较强，可能与肾小管和肾间质的病变相关，但即使达到严重肾衰竭阶段，其肾脏体积仍不小。

肾脏病理上 HIVAN 特指塌陷型局灶节段肾小球硬化症（FSGS），其突出的特点是肾小球明显肥大，肿胀的足细胞聚集在塌陷的肾小球毛细血管襻周围。肾小管常严重扩张成微囊样，内含蛋白管型。免疫荧光检查可见 IgM 和 C3 沉积，但电镜下未见电子致密物沉积。HIVAN 患者肾活检组织中肾小球和血管内皮细胞可见大量包涵体，呈现管网状结构。

近年来应用原位杂交技术在部分 HIVAN 患者的肾脏上皮细胞中检测到 HIV-1 的 RNA。同样在肾小管上皮细胞、肾小球上皮细胞和肾间质的白细胞中均检测到了 HIV-1 的 DNA。肾小球上皮细胞有可能成为 HIV 的储藏池，而肾小管上皮细胞感染 HIV 后则可能有助于病毒复制。

HIVAN 确诊后如无任何治疗多在 1 年内进展至终末期肾衰竭。目前 HIVAN 的治疗包括抗病毒治疗、ACEI 或 ARB 降尿蛋白。应用糖皮质激素或环孢素等免疫抑制治疗应权衡利弊。目前尚无前瞻、随机对照研究来确定 HIVAN 的治疗方案。针对肾脏病理上病变较轻、蛋白尿相对较少和肾功能轻度受损的 HIVAN 患者而言，抗病毒治疗是迄今为止最有效的方法。

第六节　恶性肿瘤相关性肾小球疾病

【概述】

恶性肿瘤引起的肾损害包括肿瘤直接侵犯肾脏所致肾损害、免疫机制所致肾脏损害、高尿酸血症和高钙血症等肿瘤代谢异常和治疗所引起的肾损害。其中免疫机制所致肾脏损害又称为副肿瘤性肾小球病（paraneoplastic glomerulopathy）或肿瘤相关性肾小球疾病（glomerular lesions associated with neoplasia)。本节重点介绍免疫机制所致的肿瘤相关性肾小球疾病。

多种恶性肿瘤可引起肾损害。其中包括白血病、淋巴瘤和各种实体肿瘤。1922年Galloway首先报道了霍奇金淋巴瘤合并肾病综合征。此后，各种恶性肿瘤伴发肾损害的报道日渐增多，但多数仅限于个例报道。2003年Birkeland等报道了对1958例肾活检病人进行的研究，尽管患者在肾活检时均已除外了恶性肿瘤，经过随访4年后84例（4%）病人被确诊恶性肿瘤，其中27例（33.8%）确诊时间在肾活检后的1年之内。上述资料显示肿瘤相关性肾损害并不少见。肿瘤可在肾损害之前、肾损害同时或肾损害之后被确诊。

【发病机制】

目前认为肿瘤相关性肾小球疾病的发病机制与下列因素有关。

1. 肿瘤抗原-抗体复合物介导　肿瘤相关性抗原刺激机体产生抗肿瘤抗体，抗原抗体形成的免疫复合物沉积于肾小球，经激活补体系统而致病。例如胃癌患者的肾组织中可有癌胚抗原（CEA）和抗CEA抗体形成的免疫复合物沉积。

2. 病毒抗原-抗体复合物介导　部分患者的肾小球病和肿瘤分别是由某些病毒慢性感染所致。如乙型肝炎病毒、丙型肝炎病毒、巨细胞病毒、EB病毒、HIV和细小病毒B19等慢性感染具有致癌作用可引发恶性肿瘤；同时，病毒慢性感染后，病毒抗原-抗体复合物在肾小球沉积激活补体系统可导致肾小球疾病。

3. 肿瘤产生或诱发自身抗体　浆细胞病如Castleman病的肿瘤细胞本身可产生自身抗体而导致肾病。产生的自身抗体包括抗中性粒细胞胞浆抗体（ANCA）、抗肾小球基底膜（GBM）抗体和抗核抗体等，自身抗体可以通过不同机制导致肾小球疾病。此外，肿瘤组织也可以表达自身抗原如DNA，使体内产生抗DNA抗体并形成免疫复合物而引起肾损害。

4. 冷球蛋白血症肾损害　慢性淋巴细胞白血病的肿瘤细胞可分泌大量免疫球蛋白而形成混合性（Ⅱ型和Ⅲ型）冷球蛋白血症。多发性骨髓瘤的肿瘤细胞可分泌单克隆的免疫球蛋白产生Ⅰ型的冷球蛋白血症。冷球蛋白沉积肾而可导致肾损害。

5. 特殊蛋白沉积性肾损害　多发性骨髓瘤等浆细胞病可产生单克隆免疫球蛋白轻链或者轻链的片段，后者沉积在肾可导致轻链沉积病以及肾淀粉样变性病，少数患者可发生免疫触须样肾小球病。

6. 细胞免疫异常致病　淋巴系统肿瘤如慢性淋巴细胞白血病可出现T辅助细胞/T抑制细胞比例异常，导致T细胞免疫功能紊乱；霍奇金淋巴瘤的T辅助淋巴细胞（Th）分化异常，可表现为Th2/Th1比例失调，出现Th1细胞介导的迟发型细胞免疫功能缺陷。上述细胞免疫异常可释放多种细胞因子导致肾小球通透性增加，而引起蛋白尿，甚至肾病综合征。

【临床与病理表现】

肿瘤相关性肾小球疾病可表现为多种不同的肾脏病理类型，因此其临床表现也多种多样，但多数呈大量蛋白尿或肾病综合征，也可有血尿和轻度肾功能异常，表现为急进性肾炎者相对较少。常见的肾脏病理类型如下：

1. 膜性肾病　是实体肿瘤肾损害最常见的病理类型，可见于44%~69%的实体肿瘤。其中以肺癌和胃肠道肿瘤最为常见。与特发性膜性肾病相比，实体肿瘤继发的膜性肾病以50岁以上男性多见，表现为肾病综合征；40%~45%的患者其肾损害在肿瘤确诊之前出现，40%与肿瘤同时确诊，另外15%~20%在肿瘤确诊后出现；绝大多数患者两种疾病发生的间隔在1年以内。肾脏病理表现基本与特发性膜性肾病相同，免疫学检查有时可见肿瘤抗原-抗体免疫复合物沉积于肾小球基底膜上皮下，少数病人免疫复合物可沉积于内皮下和系膜区。肾脏病的症状随肿瘤的有效治疗而缓解，随着肿瘤的复发而加重。

2. IgA肾病　60岁以上的IgA肾病患者应该除外肿瘤相关性肾病。文献报道可见于小细胞型肺癌和肾癌。在少数IgA肾病患者的肿瘤和肾小球中尚可见到IgA和肾癌相关抗原-VHL（von Hippel-Lindau）蛋白的沉积。多数患者表现为无症状性血尿和/或蛋白尿，约半数病人在术后2~3个月尿检可恢复正常。

3. 微小病变肾病　是淋巴瘤相关肾小球病最常见的病理类型，也可见于白血病，但实体肿瘤较少见。临床表现为肾病综合征，多数病人的肾功能正常。肿瘤缓解后，蛋白尿可好转甚至消失。

4. 膜增生性肾炎　常见于慢性淋巴细胞性白血病和非霍奇金淋巴瘤。约50%的病人肾脏病和白血病表现同时出现，而40%出现于淋巴瘤确诊之前。多数患者表现为肾病综合征合并肾炎综合征，部分患者可有不同程度的肾功能异常。经过有效的化疗后，多数病人的肾脏表现可获缓解。

5. 新月体性肾炎　7%~9%的新月体性肾炎可能为实体肿瘤肾损害。其临床和病理表现与特发性新月体肾炎相似，部分病人可出现ANCA相关小血管炎和抗GBM病的相应表现，及时治疗可使半数病人的肾脏病缓解。

6. 其他病理类型　肾淀粉样变性病等异常蛋白沉积病可见于血液系统恶性肿瘤。溶血性尿毒症综合征-血栓性血小板减少性紫癜（HUS-TTP）可见于少数实体肿瘤患者。

【诊断和鉴别诊断】

对于已经确诊的肿瘤患者出现的肾小球疾病，应考虑到相应的肿瘤相关性肾小球疾病。对于肾小球疾病患者，在下列情况下应排查肿瘤：①50岁以上的肾病患者，特别是肾病综合征患者；②临床有浅表淋巴结肿大或胸（腹）腔淋巴结肿大者；③水肿但体重下降者；④体检发现有肿物者；⑤膜性肾病；⑥血清冷球蛋白阳性或有单克隆M蛋白。

确诊肿瘤相关性肾小球疾病，须满足如下3个标准：①肾脏病随着肿瘤的有效治疗而缓解；②肿瘤复发后肾病复发或加重；③证实肾组织上有肿瘤抗原和/或抗体阳性。

【治疗原则】

肿瘤相关性肾小球疾病病因明确，应以治疗相关肿瘤为主，治疗肾病为辅。多数病人在肿瘤治愈或缓解后，肾病可逐渐好转甚至完全缓解。

应注意预防肿瘤治疗过程中发生的肾损伤，如应积极防治高尿酸血症和高钙血症所引起的肾损伤，还应注意防治化疗药物引起的肾损伤。对于呈肾病综合征表现者，可参考相应治疗措施；对于表现为肾衰竭者，可给予相应保护肾功能、适时安排肾脏替代治疗。

（赵明辉）

第四章 间质性肾炎

间质性肾炎包括急性间质性肾炎（acute interstitial nephritis，AIN）及慢性间质性肾炎（chronic interstitial nephritis，CIN），前者主要呈现肾间质炎细胞浸润及水肿，后者主要表现肾间质纤维化。肾间质性病变不同程度地累及肾小管，临床上早期即出现肾小管功能受损表现，因此间质性肾炎又常被称为肾小管间质性肾炎（tubulointerstitial nephritis）。

第一节 急性间质性肾炎

急性间质性肾炎是导致急性肾衰竭（acute renal failure，ARF）的重要疾病之一，国外报道 AIN 占 ARF 病例的 5%～27%，据笔者所在单位（卫生部中日友好医院）2003～2007 年统计资料显示 AIN 约占 ARF 住院病例的 26%。因此对此病应该高度重视。

急性间质性肾炎可根据病因分为如下 3 类，将分别做一叙述。

一、药物过敏性急性间质肾炎

药物过敏性 AIN，顾名思义肾炎系由药物过敏引起，在 AIN 中最常见。

【病因及发病机制】

许多药物都可引起过敏性 AIN，其中由抗微生物药（尤其是青霉素类抗生素、头孢菌素类抗生素及磺胺类药）及非甾类抗炎药（包括 COX-2 抑制剂）引起者最常见。

药物过敏性 AIN 的发病与机体免疫反应相关。一般认为，致病药物（半抗原）进入体内后，能与血清蛋白或细胞蛋白（载体）结合，从而形成具有免疫原性的完全抗原，诱发机体免疫反应致病。

人体可以通过不同的免疫反应导致药物过敏性 AIN，其中主要为细胞免疫反应（迟发型，即Ⅳ型超敏反应），但是某些药物也可以通过体液免疫反应致病，如甲氧西林（methicillin，又称甲氧苯青霉素及新青霉素Ⅰ）过敏导致的 AIN，即为细胞毒型超敏反应（即Ⅱ型超敏反应）。

非甾类抗炎药在引起过敏性 AIN 的同时，有时还能诱发肾小球微小病变病，后者发病可能也与 T 细胞功能紊乱相关。

【病理】

光学显微镜检查可见肾间质弥漫性淋巴细胞及单核细胞浸润，伴轻重不等的嗜酸性及嗜中性粒细胞浸润及水肿，并偶见肾间质肉芽肿。肾小管上皮细胞呈退行性变，有时可见肾小管炎（间质炎症细胞侵入肾小管壁及管腔），肾小球及肾血管正常。免疫荧光检查一般均阴性，唯有由甲氧西林诱发抗肾小管基底膜抗体致病者，可见 IgG 及 C3 沿肾小管基底膜呈线样沉积。电子显微镜检查能进一步证实光镜所见，当非甾类抗炎药同时诱发肾小球微小病变病时，还能见到肾小球脏层上皮细胞足突广泛消失。

【临床表现和实验室检查】

主要有如下表现：①全身过敏表现：常见药疹、药物热及外周血嗜酸性粒细胞增多，有时还可见关节痛或淋巴结肿大。但是，由非甾类抗炎药致病者全身过敏表现常不明显。②尿化验异常：常出现无菌性白细胞尿（可伴白细胞管型，早期还可发现嗜酸性粒细胞尿）、血尿及蛋白尿。蛋白尿多呈轻度。但是，当非甾类抗炎药同时引起肾小球微小病变病时，病人即可出现大量蛋白尿（>3.5g/d），以及肾病综合征。③肾功能损害：常出现少尿或非少尿性 ARF，并常因肾小管功能损害出现肾性糖尿、低比重及低渗透压尿。另外，出现 ARF 时，超声等影像学检查还常可发现患者双肾增大。

【诊断及鉴别诊断】

1. 诊断　典型病例常具备如下特点：①近期用药史；②药物过敏表现，常呈药疹、药物热及外周血嗜酸性粒细胞增多；③尿检异常，常表现为无菌性白细胞尿、血尿及轻度蛋白尿；④肾功能急剧坏转，常呈少尿或非少尿性 ARF，并常伴肾性糖尿及低渗透压尿。一般认为上述表现中前两条，再加上后两条中任何一条，即可以临床诊断本病。

但是，临床实践发现，不少药物过敏性 AIN 病例是呈非典型表现（尤其是由非甾类抗炎药致病者），它们缺乏关键的第②条，即临床无药物过敏表现，从而给诊断造成很大困难。这些非典型病例的确诊必须依靠肾穿刺活检病理检查，只有病理表现符合药物过敏性 AIN 时，诊断才能成立。

2. 鉴别诊断　应与下列疾病进行鉴别。

(1) 与引起急性肾衰竭的其他疾病鉴别：药物过敏性 AIN 与肾前性或肾后性 ARF 鉴别，以及与肾性 ARF 中的急进性肾小球肾炎鉴别均不困难，在此不作讨论。临床上，药物过敏性 AIN 有时需与药物所致急性肾小管坏死鉴别，两者临床表现及疾病过程都有十分相似之处，鉴别要点如下（表 5-4-1）：

表 5-4-1　药物过敏性急性间质性肾炎与药物所致急性肾小管坏死的鉴别诊断

	药物过敏性急性间质性肾炎	药物所致急性肾小管坏死
药物	常无肾毒性，发病与药物剂量无关	具有肾毒性，剂量大易于发病
全身表现	常有药物过敏表现	无药物过敏表现
尿化验	尿蛋白量不多，但是由非甾类抗炎药引起者有时可出现大量蛋白尿；易出现肾性尿糖；常有无菌性白细胞尿	尿蛋白量不多；很少出现肾性尿糖；不出现无菌性白细胞尿

(2) 与感染相关性 AIN 及特发性 AIN 鉴别：下文将详细介绍感染相关性 AIN 及特发性 AIN，此处先将他们间的鉴别要点列表作一简要讨论（表 5-4-2），有时这三者的鉴别将十分困难。

表 5-4-2　药物过敏性、感染相关性及特发性急性间质性肾炎的鉴别

		药物过敏性	感染相关性	特发性
发病诱因		药物	感染	不明
临床表现：	全身过敏表现	常有	无	无
	眼色素膜炎	无	可出现	常出现
化验检查：	高 γ 球蛋白血症	少见	少见	多见
	血嗜酸性粒细胞增多	多见	常无	常无
	嗜酸性粒细胞尿	可见	常无	常无
病理检查：	肾间质嗜酸性粒细胞浸润	多见	少见	少见
	肉芽肿	肾间质可见	少见	骨髓或淋巴结可见
自发缓解		停止用药后	感染控制后	不详

【治疗】

1. 去除过敏原　应及时停用致敏药物。轻症病例停用致敏药物后，AIN 即能自发缓解。

2. 糖皮质激素　由于部分本病患者在停用致敏药物后，疾病能自发缓解，所以有无必要在疾病早期就应用糖皮质激素（以下简称激素）一直存在着争论。2008 年 González 等报道了他们的多中心回顾性研究，发现与未用激素治疗组比较，激素治疗可以避免发生肾间质纤维化及帮助肾功能的恢复，因此他们主张在本病确诊后就立即应用激素治疗。

一般常用泼尼松口服治疗，起始量不必太大，每日 30～40mg，用药不必过久，疾病好转后即逐

渐减量，共服 2~3 个月。

3. **细胞毒药物** 大多数病例并无应用细胞毒药物的必要，但是如果开始治疗偏晚，疾病有迁延倾向，尤其单用激素疗效欠佳时，仍可考虑并用细胞毒药物。常用环磷酰胺口服，累积量达 6g 停药。

4. **血浆置换** 只有甲氧西林诱发抗肾小管基膜抗体导致的 AIN，才需要采用血浆置换治疗，及时清除致病抗体。目前甲氧西林现已被停止作药用。

5. **透析治疗** ARF 呈高分解状态时应及时进行透析；非高分解状态具有下列指征之一时，也应予透析治疗（血液透析或腹膜透析）：①无尿或少尿超过 2 天；②血清肌酐＞442μmol/L（5mg/dl）；③血清尿素氮＞21mmol/L（60mg/dl）；④二氧化碳结合力＜13mmol/L；⑤血清钾＞6.5mmol/L；⑥有肺水肿或脑水肿先兆；⑦尿毒症症状极重。通过透析可维持生命，以赢得治疗时间争取疾病缓解。

【预后】

如能及时治疗，大多数药物过敏性 AIN 预后良好，肾小球功能（血清肌酐及尿素氮）常先恢复正常，数月内肾小管功能（如远端肾小管浓缩功能）亦能逐渐完全恢复正常。

但是，治疗偏晚的重症病例，尤其是老年人，疾病常难痊愈，肾功能可遗留不同程度的永久性损害。

二、感染相关性急性间质肾炎

感染相关性 AIN 概念比较混乱，有作者将细菌直接感染肾导致的肾间质化脓性炎症（如急性肾盂肾炎、肾间质内有多形核白细胞浸润及微脓肿形成），也划归此病范畴。但是，不少作者不同意这种分类，认为感染相关性 AIN 应该仅限于系统感染引起的 AIN。本文将采用后一观点。

能引起感染相关性 AIN 的微生物甚多，包括细菌、病毒、螺旋体、支原体、衣原体、立克次体及寄生虫等。从前细菌感染引起的 AIN 较多，但是随着抗生素的广泛应用，现在已经少见。近代病毒感染相关性 AIN 发病率在显著上升，应予以关注。

感染相关性 AIN 的发病机制不十分清楚，相当一部分患者很可能是感染诱发机体免疫反应（主要是细胞免疫反应）致病，但是病毒感染也可能通过直接细胞病变效应（direct cytopathic effects）致病。

感染相关性 AIN 的临床及病理表现与药物过敏性 AIN 十分相似，但是也存在一些差别，例如患者无全身过敏表现，常无血嗜酸性粒细胞增多及嗜酸性粒细胞尿，肾间质中嗜酸性粒细胞浸润较少见等，详见表 5-4-2。诊断此病除了要有明确的系统感染史（病原学或血清学检查证实）和临床及病理表现符合 AIN 外，尚必须除外药物过敏性 AIN。病毒感染所致 AIN 有时能在肾小管上皮细胞中见到病毒包涵体（viral inclusion bodies），甚至发现病毒抗原（免疫荧光或免疫组化检查）或（和）病毒基因（病毒 DNA 或 RNA，原位杂交检查），这些对证实 AIN 的病因很有意义。

对感染相关性 AIN 治疗，首先要积极控制感染，随着感染控制 AIN 病情常随之好转。但是某些重症病例，感染控制后肾功能仍不见明显恢复，对这些病例是否应予激素治疗认识尚未统一。不过，临床上已经见到某些患者加用激素治疗确能加速疾病恢复。另外，重症 ARF 病例达到透析指征时，应及时给予透析，否则可能因此死亡。

三、特发性急性间质肾炎

特发性 AIN 系指临床及病理呈典型 AIN 表现，但是全面检查却不能确定致病病因者。

特发性 AIN 的临床及病理表现与药物过敏性 AIN 也十分相似，但是存在如下不同：①患者无全身过敏表现，常无血嗜酸粒细胞增多及嗜酸粒细胞尿，肾间质中嗜酸粒细胞浸润较少见；②出现 ARF 较少且较轻（常为非少尿型 ARF）；③常出现高γ球蛋白血症，并常伴色素膜炎（可先于、同时或后于肾病出现）及骨髓或淋巴结肉芽肿（表 5-4-2）。

尽管特发性 AIN 具有上述特点，但是这些特点并非特发性 AIN 特有，例如高 γ 球蛋白血症也可出现于药物过敏性 AIN，而色素膜炎在某些感染相关性 AIN 也能见到。所以，诊断特发性 AIN 必须依靠除外法，即在病理确定 AIN 后，再作全面检查除外药物过敏、感染相关及全身系统疾病继发的 AIN，方可诊断。

根据特发性 AIN 的表现（高 γ 球蛋白血症，伴随出现色素膜炎等），可以认为此病也是由免疫反应引起，故临床可用激素治疗。多数病人单用激素治疗就常能获得显著疗效，病情很快恢复。

第二节 慢性间质性肾炎

慢性间质性肾炎（CIN）是一组病因及发病机制不尽相同、临床呈现轻度蛋白尿、肾小管功能损害及慢性肾衰竭、病理表现为肾间质纤维化及肾小管萎缩的肾脏疾病。该病约占全部慢性肾衰竭病例的 15%～30%。

CIN 可由许多致病因素引起，包括下列理化物质：①西药：如镇痛药，环孢素，他克莫司、顺铂、碳酸锂等；②中药：如含马兜铃酸成分的关木通、广防己、青木香等；③重金属：如铅，镉，锗，汞，铀等；④放射线。本节准备仅详细讨论两个药物引起的 CIN，即慢性马兜铃酸肾病及镇痛药肾病。

一、慢性马兜铃酸肾病

【病因】

马兜铃酸（aristolochic acid，AA）是马兜铃科马兜铃属植物所含的共同成分，它具有很强的肾毒性及致癌性。我国有许多中草药均含有 AA，例如关木通、广防己、青木香、马兜铃、天仙藤、朱砂莲、寻骨风等（前三种药已于 2003 年及 2004 年被国家食品药品监督管理局取消了用药资格），所以国内的慢性马兜铃酸肾病（chronic aristolochic acid nephropathy，CAAN）主要是长期小量服用含上述中草药的制剂引起。

欧洲巴尔干地区曾有一个十分困扰当地居民的地方性肾病——巴尔干肾病，病因始终不清。直至最近才查明它也是由 AA 引起。当地生长一种名为铁线莲马兜铃的植物，其种子含有 AA，在小麦收割时此种子混进麦粒中，然后与麦粒一同加工成面粉，当地居民长期食用这种面粉做成的面包而患病。所以，巴尔干肾病实际上就是 CAAN。

【发病机制】

在大鼠体内进行的 AA 药代动力学实验显示，AA 能长时间地滞留于肾，这可能是它容易导致肾及泌尿系病变的一个重要原因。

现将 AA 导致相关肾损害的机制作一简要讨论。

1. **肾间质纤维化** AA 肾毒性作用的靶细胞主要为肾小管上皮细胞及肾间质成纤维细胞。

现已证实 AA 能刺激肾小管上皮细胞分泌转化生长因子 $β_1$（$TGFβ_1$）、结缔组织生长因子（GTGF）、金属蛋白酶 1 组织抑制物（TIMP-1）及纤溶酶原激活物抑制物 1（PAI-1）等活性物质，并通过旁分泌途径作用于肾间质成纤维细胞。$TGFβ_1$ 及 GTGF 能促使后者合成细胞外基质，而 $TGFβ_1$、TIMP-1 及 PAI-1 又能抑制细胞外基质降解，故而导致肾间质纤维化。AA 还能诱导肾小管上皮细胞向肌成纤维细胞转分化，并使其移行至肾间质。肌成纤维细胞在肾间质中大量分泌细胞外基质，进一步促进了纤维化发生。

另外，现已知肾间质成纤维细胞除能被肾小管上皮细胞分泌的上述细胞因子活化外，也能直接被 AA 作用而活化，而参与肾间质纤维化致病。

2. **泌尿系统癌症** AA 的致癌作用可能与如下机制相关：①AA 直接损伤细胞 DNA，导致基因突变致癌；②AA 在体内与 DNA 形成 AA-DNA 加合物，由此加合物致癌。

【病理】

光学显微镜检查可见肾间质多灶状或大片状纤维化，偶伴小灶状淋巴及单核细胞浸润，肾小管呈多灶状或大片状萎缩或消失，部分基底膜裸露；肾小球可出现缺血性皱缩或硬化；小动脉管壁增厚，管腔变窄。免疫荧光检查阴性。电子显微镜检查可见肾间质大量束状胶原纤维，肾小管基底膜增厚、分层，部分肾小球缺血性皱缩、硬化。所以，寡细胞性肾间质纤维化为本病最主要的病理特点。

【临床表现和实验室检查】

患者有较长期间断小量服用含 AA 的中药史（主要指国内患者）或食用含 AA 的食物史（主要指巴尔干肾病患者），病变隐袭进展，逐渐出现肾小管功能损害（如远端肾小管浓缩功能损害，病人出现夜尿多及低渗透压尿；以及近端肾小管重吸收功能损害，出现肾性糖尿或范可尼综合征；而且还能出现远、近端肾小管酸中毒）及肾小球功能损害（初期仅有肌酐清除率下降，而后失代偿血清肌酐增高）。与肾小球功能损害相比肾小管功能损害常常出现早而重，数年后逐渐进入终末肾衰竭。

病人尿蛋白一般不多（1g/d 左右），沉渣中有或无少量变形红细胞及管型，无白细胞。肾性贫血出现早（与合成红细胞生成素的肾间质细胞早被毁坏相关），并常出现肾性高血压（尤其在出现肾功能不全后），不出现水肿。晚期病例超声检查双肾缩小，且两肾大小常不一致。

CAAN 常并发尿路上皮细胞癌症（包括肾盂、输尿管及膀胱癌等），对此必须高度警惕。凡 CAAN 患者出现明显的镜下血尿（多数至满视野红细胞）或肉眼血尿（常伴血丝或血块），相差显微镜检查为均一红细胞血尿时，即应及时转泌尿外科做癌症相应检查。

【诊断与鉴别诊断】

1. 诊断 本病诊断要点为：①较长期间断小量服用（或食用）过含 AA 的中药（或食物）。②尿化验蛋白不多（1g/d 左右），有或无少量变形红细胞及管型。③逐渐出现肾小管功能损害（夜尿多及低渗透压尿，肾性糖尿）及肾小球功能损害（肌酐清除率下降及血清肌酐升高）。④贫血出现较早。⑤超声检查双肾缩小且常不对称。⑥肾穿刺病理检查呈现寡细胞性肾间质纤维化，伴肾小球缺血性及肾小管萎缩，部分肾小管基底膜裸露。

2. 鉴别诊断 应与如下慢性肾脏病鉴别。

（1）慢性肾炎：病人尿蛋白量常较多，有时（如 IgA 肾病）尿中红细胞也多（为变形红细胞血尿），常出现不同程度水肿；肾小球功能损害（肌酐清除率下降）在先，而后逐渐出现肾小管功能损害（夜尿增多，尿渗透压减低），极少出现肾性尿糖；超声检查晚期病例双肾对称性缩小；肾穿刺病理检查以肾小球病变（增生、硬化）为主，肾小球病变重时伴肾小管（萎缩）及肾间质（灶状炎细胞浸润、纤维化）病变。上述特点可与 CAAN 鉴别。

（2）高血压肾硬化症：病人有长期高血压史，高血压持续约 10 年才出现肾损害，常伴高血压眼底病变和（或）心、脑血管并发症；尿化验与 CAAN 相似，但是不出现肾性尿糖；肾功能损害也与 CAAN 相似，但是进展很慢，且不出现范可尼综合征及肾小管酸中毒；病人贫血出现晚；超声检查晚期病例双肾为对称性缩小；肾穿刺病理检查以小动脉壁增厚（入球小动脉玻璃样变，小叶间动脉及弓状动脉肌内膜增厚）及缺血性肾小球病变（缺血性皱缩及硬化）为主。这些特点也与 CAAN 不同。

【治疗】

1. 药物治疗 CAAN 目前并无成熟的药物治疗方案。在疾病较早时期可以试用如下药物治疗，以期延缓肾间质纤维化进展。

（1）糖皮质激素：激素具有强大的抑制细胞因子（如 TGF-β_1 等）作用，能发挥抗纤维化效应，所以临床上已试用于 CAAN 治疗。20 世纪 90 年代已有小样本的前瞻、对照临床观察，初步显示有效。但是，目前尚缺足够的循证医学证据能对此药具体治疗方案（适应证、药量及疗程）作出推荐。另外，治疗时需注意药物副作用。

（2）血管紧张素转换酶抑制剂（ACEI）或（和）血管紧张素 AT1 受体阻断剂（ARB）：从理论上讲，这两类药能够通过拮抗血管紧张素Ⅱ而减少肾组织细胞外基质蓄积（减少生成并增加降解），故临床已经应用。但是至今尚无大规模前瞻、随机、对照临床试验对它们治疗CAAN的疗效进行验证。肾功能不全患者用此类药时应警惕高钾血症发生可能。

（3）中药：许多中药及方剂对器官纤维化具有明显拮抗作用，因此用中药防治CAAN可能具有良好前景。不过迄今中药治疗的研究还主要停留于实验室阶段（包括动物模型实验），需要今后大规模临床试验验证。

2. 肾脏替代治疗　CAAN病人的肾脏替代治疗指征同其他慢性肾脏病导致的终末肾衰竭一样，当血清肌酐≥707μmol/L或（和）肌酐清除率≤10ml/min时即应开始进行，包括维持性透析（包括血液透析及腹膜透析）或肾移植。由于CAAN并发泌尿系统癌症的概率很高，故西方国家学者主张，进行肾移植时要预防性切除患者双肾及输尿管，不过这种手术创伤大，会增加病人痛苦和风险，国内尚未普遍接受。

另外，假若患者继发出现肾小管酸中毒、高血压、肾性贫血及甲状旁腺功能亢进症时，均应予相应处理，此处不再详述。

二、镇痛药肾病

镇痛药肾病（analgesic nephropathy）多发生于澳大利亚及某些欧洲国家，女性多于男性。病人有长期服用镇痛药史，并常为几种镇痛药混合服用，肾损害发生时服药累积量常已达2~3公斤。本病发病机制尚不清楚，可能与药物毒性作用相关。

镇痛药肾病的主要病变为慢性间质性肾炎及肾乳头坏死。慢性间质性肾炎的主要病理表现为肾间质纤维化、肾小管萎缩及肾间质单个核细胞浸润，肾小球常呈缺血性皱缩或硬化。临床主要呈现轻度蛋白尿（尿蛋白量常<1g/d）、无菌性白细胞尿、远端肾小管功能障碍（夜尿多，尿比重及渗透压低，部分病人还出现远端肾小管酸中毒）及缓慢进展的肾小球功能损害。患者还经常出现高血压及贫血。B超检查可见双肾萎缩，肾表面凹凸不平呈花瓣形。

如果作大体解剖检查，能发现差不多所有患者都存在程度不同的肾乳头坏死，坏死乳头经常脱落，但也可存留于原位，而后发生钙化。如果坏死的肾乳头脱落入尿路，病人会出现肉眼血尿（为均一红细胞血尿），伴血丝及血块，并可在尿中发现坏死肾乳头（通过病理检查证实）。若血块或坏死组织嵌顿输尿管，还能诱发肾绞痛，甚至急性肾衰竭。

此外，大约10%的镇痛药肾病患者还能伴发泌尿系统（肾盂、输尿管或膀胱）上皮细胞癌。

根据服用镇痛药史及典型的临床、病理表现确诊本病不难。怀疑并发肾乳头坏死或尿路癌症时，相应的影像学及病理学检查能够帮助诊断。

此病应以预防为主，避免滥服镇痛药是关键。疾病发生后，常只能进行对症处理（纠正水、电解质及酸碱平衡紊乱，控制高血压及贫血等）。疾病晚期进入终末肾衰竭时，应予患者透析（血液或腹膜透析）或肾移植治疗维持生命。

（谌贻璞）

第五章 肾小管酸中毒

肾小管酸中毒（renal tubular acidosis，RTA）是阴离子间隙正常（10~15mmol/L）的高氯血症性代谢性酸中毒。它是一种常见的临床综合征，是肾小管-间质疾病常见的重要表现之一。

RTA 和尿毒症性酸中毒都有代谢性酸中毒的共同特点，即血浆碳酸氢根离子明显降低，二氧化碳分压基本正常；但 RTA 阴离子间隙正常，而后者则阴离子间隙增高。

【病因】

RTA 既可继发于各种肾疾病，也可继发于多种非肾疾病或有毒物质的毒性作用。除各种病因引起的急性、慢性间质性肾炎外，也可见于慢性肾小球肾炎、肾病综合征、结缔组织病、糖尿病、高血压病、慢性肝病（包括肝硬化）、马兜铃酸肾病、移植肾慢性肾病、某些遗传性疾病等。RTA 多为后天获得性，先天性 RTA 则相对少见；但在小儿患者中，需对遗传性疾病仔细检查，防止漏诊。少数 RTA 病因不明，称为"原发性 RTA"。

【发病机制】

RTA 是因肾小管泌酸功能障碍或/和碳酸氢根重吸收障碍所引起的代谢性酸中毒。对不同类型的 RTA 来说，其发病机制有所不同。

近端型（即Ⅱ型）RTA 的发生，主要由于近端小管 HCO_3^- 重吸收障碍所致。近端小管上皮细胞受损引起的近端小管 Na^+-$3HCO_3^-$ 联合转运障碍、Na^+-H^+ 反向转运障碍等因素，均可引起 HCO_3^- 重吸收显著减少和滤过 HCO_3^- 排泄分数（$FE_{HCO_3^-}$）增高，致血浆 HCO_3^- 显著下降。

远端型（即Ⅰ型和Ⅳ型）RTA 的发生，主要与远端小管质子泵（H^+ 泵，H^+-ATP 酶）功能障碍、远端小管电位差降低（电压依赖型 RTA）或保持 pH 梯度的能力降低以及远端小管 Cl^- 回漏等因素有关。由于远端小管分泌 H^+ 减少，尿内 NH_4^+、可滴定酸（TA）的排出也会减少。Ⅰ型 RTA 一般均伴有远端小管细胞内 H^+-K^+-ATP 酶活性下降，故 Na^+-H^+ 交换减少，Na^+-K^+ 交换增强，尿钾排出增多，常引起低钾血症。

Ⅳ型 RTA 的发生机制，除了和Ⅰ型 RTA 相似的原因外，同时还与醛固酮不足或/和远端小管、集合管对醛固酮反应降低或抵抗（醛固酮受体障碍）等因素有关。

【主要临床分型】

目前一般将 RTA 分为四种类型，即远端型（经典Ⅰ型，DRTA）、近端型（Ⅱ型，PRTA）、混合型（Ⅲ型）和高钾血症型（Ⅳ型），以下对各型 RTA 的临床表现、实验室检查特点及诊断分别加以介绍（表 5-5-1）。RTA 的临床表现多种多样，多数是慢性的，也有少数是短暂性的；代谢性酸中毒可很明显（完全性 RTA），也可不明显（不完全性 RTA）。

远端 RTA（包括Ⅰ型和Ⅳ型 RTA）最为常见，占 RTA 患者的大多数。近端肾小管酸中毒（即Ⅱ型 RTA），约占 RTA 患者的 20%，其中绝大多数（约 98%）患者伴有范可尼综合征（Fanconi Syndrome, FS）。据国外报告，RTA 中以Ⅳ型最为常见，据北京协和医院 1988~1991 年的资料，Ⅰ型、Ⅳ型 RTA 均较常见，其发生率分别占 RTA 的第一、第二位。

【临床表现】

各型 RTA 患者一般多有乏力、食欲降低等症状，轻者可症状不明显，重者可出现全身多系统症状。实验室检查可见血 HCO_3^- <21mmol/L，阴离子间隙正常（10~15mmol/L）。一般多有低钾血症（<3.6mmol/L），但Ⅳ型 RTA 则伴高钾血症（>5.5mmol/L）；Ⅱ型 RTA 多有低磷血症（<0.8mmol/L）。

表 5-5-1 各类肾小管酸中毒的临床特点

	Ⅰ型	Ⅱ型	Ⅲ型	Ⅳ型
血清 Cl^-	升高	升高	升高	升高
血浆 HCO_3^-	降低	降低	降低	降低
血浆 pH	可有下降	可有下降	可有下降	可有下降
血 K^+	正常或下降	正常或下降	正常或下降	常有升高
尿 pH	>5.5	可变	>5.5	可变
$FE_{HCO_3^-}$	<3%~5%	一般>10% 轻型>5%	一般>5%	<5%
(U-B) P_{CO_2} (mmHg)	<20	>20	<20	<20
尿 NH_4^+	可有下降	正常	可有下降	可有下降
尿可滴定酸	可下降	正常	可下降	可下降
尿净酸	可下降	正常	可下降	可下降
尿 Ca (mmol/l)	可增多	正常	可增多	减少
血醛固酮	一般正常	一般正常	一般正常	降低
其他	可伴肾结石	常伴范可尼综合征	可伴肾结石	常伴肾功不全

1. Ⅰ型 RTA 一般尿 pH>5.5。尿、血 P_{CO_2} 差值 (U-$B_{P_{CO_2}}$) <20mmHg (2.67kPa)。滤过 HCO_3^- 排泄分数 ($FE_{HCO_3^-}$) 一般正常或轻度增加。有时还可伴有尿钙、磷排出增多，尿路结石、肾性骨病和继发性甲状旁腺机能亢进等也不少见。

2. Ⅱ型 RTA Ⅱ型 RTA 是一种"有阈性"RTA，即近端小管 HCO_3^- 重吸功能降低有一定范围（"阈值"），在严重酸中毒（如血浆 HCO_3^-<10mmol/L）时，尿 HCO_3^- 排泄很少，故尿 pH 值可<5.5；只有在酸中毒相对较轻时（如血浆 $HCO_3^->10$mmol/L 以上）时，才出现尿 pH>5.5。HCO_3^- 排泄分数>5%，同时 (U-B)$_{P_{CO_2}}$>20mmHg。

Ⅱ型 RTA 一般均同时伴有即范可尼综合征（FS），"孤立性"Ⅱ型 RTA 与"单纯性"范可尼综合征均十分少见。FS 主要表现为肾性糖尿（肾糖阈降低，尿糖排出增多，血糖往往正常）、磷酸盐尿（尿磷酸盐排出增多，常伴有低磷血症）、尿酸尿（尿尿酸排出增多，常伴有低尿酸血症）、氨基酸尿（以层析方法检测，氨基酸尿定性阳性）等异常。在范可尼综合征的几种表现中，以肾性糖尿最为常见，故应当注意将肾性糖尿与糖尿病相鉴别。如果患者不完全具备 FS 的上述几种表现，则称为"不完全性 FS"。该型 RTA 患者多有低磷血症；而代谢性酸中毒又往往伴有负钙平衡，因而一般钙、磷缺乏同时存在，故更加易于发生肾性骨营养不良，尤以骨软化多见。

3. Ⅲ型 RTA 此型 RTA 也称混合型 RTA，兼有Ⅰ型和Ⅱ型 RTA 的特点，即远端 RTA 伴 HCO_3^- 尿 ($FE_{HCO_3^-}$ 5%~10%)。该型 RTA 在临床并无特殊重要性。也有的学者认为，Ⅲ型 RTA 可以看作Ⅰ型 RTA 的一种特殊表现。

4. Ⅳ型 RTA 直到 20 世纪 70 年代后期，该型 RTA 的独立性才被人们所逐步认识。其主要特点是：一般伴有高钾血症，常伴有低醛固酮血症，或肾小管对醛固酮反应减低（此时称为假性醛固酮缺乏症）。U-$B_{P_{CO_2}}$<20mmHg (2.7kPa)，$FE_{HCO_3^-}$ 正常或轻度增高。尿 pH 可>5.5，也可<5.5，即当酸中毒明显时，尿 H^+ 排出可大致正常，故该型也属于有阈性 RTA。该型 RTA 在中老年患者中发病相对较多，部分患者可伴有轻度肾功能不全。

【诊断与鉴别诊断】

RTA 的诊断依据是：①高氯血症代谢性酸中毒，血 HCO_3^-<21mmol/L，阴离子间隙正常。

②排除高氯血症代谢性酸中毒的其他原因,如腹泻、中重度肾衰竭(GFR<25ml/min,血肌酐>350μmol/L)。③必要时可同时测动脉血气分析、尿液气体分析(尿HCO_3^-,$U_{P_{CO_2}}$),以计算滤过HCO_3^-排泄分数($FE_{HCO_3^-}$)和尿、血PCO_2差值[(U-B)P_{CO_2}]。如$FE_{HCO_3^-}$>5%或(U-$B_{P_{CO_2}}$)<20mmHg(2.67kPa),则符合RTA的诊断。在作出诊断时,需根据病史、查体和实验室检查结果等作综合分析。

RTA的诊断步骤:①在询问病史、查体的基础上,查动脉血气分析、血电解质、肾小球滤过功能等,如血HCO_3^-<21mmol/L,阴离子间隙正常,初步诊断RTA。②如有低钾血症,但不伴有范可尼综合征,则可初步诊断为Ⅰ型RTA;如U-$B_{P_{CO_2}}$<20mmHg,则可确诊。③如有低钾血症,并伴有范可尼综合征,则可初步诊断为Ⅱ型RTA;如$FE_{HCO_3^-}$>5%(重度患者常>15%),且(U-B)P_{CO_2}>20mmHg,则可确诊。④如有高钾血症,则检查血浆肾素-醛固酮的活性或水平;如醛固酮水平降低,则Ⅳ型RTA诊断成立。

鉴别诊断要点:①与腹泻、中重度肾衰竭鉴别;②与Bartter综合征、Gilterman综合征、Liddle综合征等鉴别;这些综合征虽然也有低钾血症,但均不存在代谢性酸中毒和高氯血症(而常常有代谢性碱中毒和低氯血症)。

【并发症】

肾小管酸中毒的常见并发症有:电解质(钾、钠、钙、磷等)紊乱、肾结石、肾性骨病(包括骨软化、纤维性骨炎等)、继发性甲旁亢、急性或慢性肾功能不全、肾性贫血、肾性尿崩症、发育障碍、营养不良、肌肉萎缩等。

【治疗与预后】

(一)原发病的治疗

原发病的控制或完全缓解,是RTA治疗的决定性因素之一。如果慢性肾小球肾炎、间质性肾炎、糖尿病等原发病及时得以控制,则很多病人RTA的症状可完全控制或明显好转。

(二)对症治疗

主要是纠正代谢性酸中毒及电解质紊乱;并注意及时控制其并发症。

1. 碱性药物 应用碳酸氢钠或枸橼酸钠补充碱不足。对严重酸中毒患者,应静脉给予碳酸氢钠滴注,病情稳定后再改口服碱性药物。Ⅰ型RTA常伴有尿枸橼酸盐排出增多,故可给予苏氏合剂(Shohl Solution),即枸橼酸钠-枸橼酸合剂(以枸橼酸钠98克+枸橼酸140克+蒸馏水1000ml配制而成)口服。应用该合剂,不仅可补充碱不足,而且可减少肾结石的发生。但如出现明显肾功不全,则尿枸橼酸盐排出减少,此时以应用碳酸氢钠为好。

2. 补充矿物质 如有低钾血症、低磷血症或负钙平衡等存在,应予补充相应的电解质,及其他对症处理。补钾以口服枸橼酸钾为好,但重症低钾患者应静脉补充葡萄糖氯化钾溶液。对低磷血症患者,需补充无机磷缓冲液(Na_2HPO_4 73.1g+KH_2PO_4 6.48g+H_2O 1000ml配制而成),每次10~20ml口服,3~5次/日。对有明显负钙平衡或骨病的患者,应予补钙(一般元素钙300~600mg/d),可口服碳酸钙或醋酸钙、枸橼酸钙等。这些患者一般也需要补充活性维生素D,即骨化三醇(0.25~0.5μg/d),或阿尔法骨化醇(0.25~0.5μg/d)。少数患者存在低镁血症,可口服镁制剂(如门冬氨酸钾镁)。

3. 调节水的摄入量 对多尿病人,每昼夜水的入量一般不多于(或少于)每昼夜尿量,以控制多尿症状。对低蛋白血症、水肿高血压病人,应当限制水、钠入量。

4. 纠正高钾血症 对Ⅳ型RTA高钾血症病人,可给予呋塞米(速尿,20~60mg/d),或布美他尼(丁尿胺,1~6mg/d),或双氢氯塞嗪(双氢克尿塞,25~75mg/d),以增加尿钾排出。应用聚苯乙酸磺酸钠或聚苯乙酸磺酸钙口服,每次5~10克,3次/日,以增加肠道钾排出。

(郑法雷)

第六章 肾血管疾病

第一节 高血压肾硬化症

高血压肾硬化症（hypertensive nephrosclerosis）是持续性系统高血压造成的靶器官肾损伤，又称为小动脉性肾硬化症（arteriolar nephrosclerosis）。此病在美国终末期肾脏病（ESRD）患者中占24%，是仅次于糖尿病肾病的第二位疾病。我国1999年统计，在ESRD透析病人中此病约占9.6%，仅低于原发性肾小球肾炎及糖尿病肾病，位居第三。目前全世界及我国的高血压发病率还在逐年增长，因此高血压肾硬化症的发病率也必将居高不下，对此必须充分重视。

高血压肾硬化症可由良性及恶性高血压引起，前者称为良性高血压肾硬化症（benign hypertensive nephrosclerosis），后者称为恶性高血压肾硬化症（malignant hypertensive nephrosclerosis）。

一、良性高血压肾硬化症

【病因及发病机制】

本病由长期未控制好的良性高血压引起，发病与系统性高血压时肾血管自动调节机制受损相关。首先，肾小球前小动脉过度收缩，久之导致管壁增厚、管腔狭窄，诱发缺血性肾实质病变，包括肾小球缺血性硬化；而后，残存肾单位入球小动脉扩张，系统高血压传入肾小球诱发高压、高灌注及高滤过（所谓"三高"），使残存肾小球逐渐发生局灶节段性肾小球硬化（FSGS）。这两种机制共同作用，致使健存肾单位数越来越少，最后患者进入终末期肾病（ESRD）。而且，高血压肾损害一旦发生，它又将反过来加重系统高血压，再加重肾损害，形成恶性循环。

近年才对高血压肾损害的后一机制——继发FSGS逐渐加深认识，但是仍需作如下说明：①在良性高血压肾硬化症的发病过程中，早期损害仍主要为缺血性肾损害，后期才可能继发FSGS；②在良性高血压肾硬化症患者中，继发FSGS的发生率与人种密切相关，有报道白种人发生率低，黑种人较高。我国尚无统计资料，一般认为国人发生率也低。

【病理】

良性高血压持续5～10年，即可能出现肾小动脉硬化，包括入球小动脉玻璃样变和小叶间动脉及弓状动脉肌内膜增厚。小动脉管腔因此变窄，供血减少，进而继发缺血性肾实质损伤，包括肾小球缺血性皱缩及硬化。在缺血致使健存肾单位逐渐减少时，残存肾单位将进行代偿，肾小球出现肥大，久之便可能发生局灶节段性肾小球硬化。肾小球出现缺血性硬化或局灶节段性硬化时，其相应的肾小管就会萎缩，肾间质就会出现灶状炎性细胞浸润及纤维化。

【临床表现和实验室检查】

由于肾小管对缺血敏感，因此临床上常首先呈现肾小管浓缩功能障碍表现（夜尿多、低比重及低渗透压尿）。当肾小球发生缺血病变后，尿化验开始出现异常（轻度蛋白尿，尿蛋白定量在1g/d左右，并可有少量变形红细胞及管型），肾小球功能逐渐出现损害（肌酐清除率先下降，而后血清肌酐增高），直至最后进入ESRD。但是，与慢性肾小球肾炎等疾病比较，本病肾功能损害进展速度较慢，肾性贫血出现较晚且较轻。

某些患者在病理出现继发性局灶节段性肾小球硬化后，临床即能出现大量蛋白尿（≥3.5g/d）。但是，正如前述，它仅应该出现在高血压肾损害后期，患者已长时间呈现上述缺血性肾损害之后。另外，文献报道，它较易发生于出生时低体重者、老年人、肥胖及糖尿病患者。

高血压患者出现肾损害时，常已伴随出现高血压眼底病变及心、脑并发症。

【诊断及鉴别诊断】

1. 诊断 高血压肾硬化症目前尚无统一诊断标准，一般可根据如下要点进行诊断：①出现肾损害前已有 5～10 年以上的持续性高血压病史；②肾损害进展缓慢，远端肾小管浓缩功能损伤早于肾小球功能损伤出现；③多数病例蛋白尿轻（1g/d 左右），后期少数病例可出现大量蛋白尿（>3.5g/d），尿沉渣镜检有形成分少（少数变形红细胞及管型）；④常伴随高血压视网膜病变；⑤能除外原发性和其他继发肾疾病。临床诊断困难时应做肾穿刺病理检查，典型的肾组织学病变对确诊很有帮助。既往仅依据病人临床实验室资料进行诊断，易造成过度诊断（将慢性肾脏病继发高血压等病均误诊为本病），必须注意。

2. 鉴别诊断

(1) 慢性肾小球肾炎继发高血压：若病史十分清楚则鉴别并无困难，慢性肾小球肾炎患者尿异常在前，高血压在后；而良性高血压肾硬化症患者高血压常先于肾损害 5～10 年以上。可是病史不清，尤其已有肾功能不全的病例，鉴别常较困难。表 5-6-1 列举的鉴别要点可供参考。

表 5-6-1 良性高血压肾硬化症与慢性肾炎继发高血压的鉴别

	良性高血压肾硬化症	慢性肾炎继发高血压
高血压家族史	常阳性	阴性
年龄	中、老年	青、中年
尿化验	尿蛋白轻，少数患者后期尿蛋白增多，尿中红细胞及管型少	尿蛋白较多，尿中红细胞及管型常明显
水肿	无	常见
肾功能损害	肾小管功能（如尿渗透压测定）异常在先	肾小球功能（如肌酐清除率测定）损伤在先
眼底改变	高血压眼底改变（小动脉硬化为主）	肾炎眼底改变（渗出性病变为主）
肾性贫血	出现较晚，较轻	较明显
病程进展	较慢	较快
预后	多死于高血压心、脑并发症	多死于尿毒症

临床及实验室资料鉴别困难时，肾穿刺病理检查有助于确诊。良性高血压肾硬化症的主要病理表现为肾小球前小动脉硬化及缺血性肾实质病变，如果已有 FSGS，也是在上述病变基础上伴随出现。而慢性肾炎则主要呈现其相应病理类型（包括 FSGS）的病变，并无（或无明显的）肾脏小动脉硬化及缺血性肾实质病变。

(2) 动脉粥样硬化性肾动脉狭窄（atherosclerotic renal artery stenosis，ARAS）：此病常见于中老年患者，可呈现高血压（肾血管性高血压）及肾损害（缺血性肾脏病），故需与良性高血压肾硬化症鉴别。鉴别要点如下：①良性高血压肾硬化症需高血压持续 5～10 年以上才出现肾损害，而 ARAS 无此规律。②ARAS 患者的血压常很高，不用抗肾素-血管紧张素药物难以控制，但是用药量一旦偏大，又会导致血压剧降和（或）出现急性肾损害，良性高血压肾硬化症常无此特点。③ARAS 患者腹部有时可闻及收缩期或双期杂音，而良性高血压肾硬化症无。④B 超测量肾大小及核素检查肾小球滤过率，ARAS 患者常两肾不对称（因为肾动脉粥样硬化症常两侧轻重不一），而良性高血压肾硬化症两肾一致。⑤选择性肾动脉造影能证实 ARAS 存在，而良性高血压肾硬化症并无肾动脉狭窄。⑥必要时可做肾穿刺病理检查，两者都存在肾实质缺血性病变，但是 ARAS 并无肾小球前小动脉硬化表现。

【预防及治疗】

（一）预防

本病应重在预防，即必须尽早治疗及控制系统高血压。这就必须明确如下3个问题：①何时开始降血压治疗？已早有循证医学证据显示，血压正常偏高（135/85mmHg）时，肾损害发生的风险即已增加，因此应该从此时即控制血压，当然这时应以非药物治疗（如减肥、戒烟、限盐、限酒、增加体力活动及保持乐观情绪等）为主。②高血压应降到什么水平？现已明确无心、脑、肾并发症，也不伴随糖尿病的高血压患者，至少应将血压降达140/90mmHg以下，能够耐受者应降得更低，如此才能有效保护靶器官。③应选用什么样的降压药？正如前述，肾小球前小动脉过度收缩，肾血管阻力增加，是高血压肾损害的早期病理生理学基础。因此欲预防高血压肾损害发生，即应选用能扩张肾脏小动脉，减低肾血管阻力的降压药治疗。现代常用的降压药，例如血管紧张素转换酶抑制剂（ACEI），血管紧张素AT1受体阻断剂（ARB）、钙离子通道阻滞剂（CCB）、β受体阻滞剂及α受体阻滞剂对肾小动脉均具有扩张作用，符合这一要求。利尿药对肾血管阻力可能具有双向作用，用药早期由于利尿排钠，细胞外容量下降，肾血管可能收缩，但长期治疗后肾血管阻力仍将下降，因此也可以应用。

（二）治疗

良性高血压肾硬化症发生后，毁坏的肾小球已无法恢复，故治疗目标应主要放在保护呈现"三高"的残存肾小球上。所以，这时系统高血压的治疗方案即可参考肾实质性高血压的治疗进行。如果良性高血压肾硬化症已导致肾功能不全，还应参照肾功能不全非透析疗法处理；若已进入ESRD，则应进行维持性透析或肾移植。

此处拟对降血压目标值及降压药物应用强调几句：①降血压目标值：现代高血压治疗指南明确指出，凡高血压伴随糖尿病，或已出现心、脑、肾并发症时，血压即应降得更低，至少达130/80mmHg。但是，也不是降得越低越好，在已有心、脑血管并发症的患者，血压过低有可能增加心、脑血管事件及死亡率。②降压药物的应用：高血压治疗指南同时指出，高血压患者伴随糖尿病，或已出现心、脑、肾靶器官损害时，即属于高危及非常高危人群，这些人群从治疗开始即应联合用药，而且常需联用3种或更多药物血压才能下降达标。治疗良性高血压肾硬化症，往往首先选用ACEI或ARB与小剂量利尿药或（和）CCB联合治疗，疗效仍不理想时再逐渐联用其他降压药物。

二、恶性高血压肾硬化症

【病因及发病机制】

本病由恶性高血压引起。急剧升高的重度高血压将通过如下机制致病：①损伤肾小动脉内皮及肾小球毛细血管，导致小动脉壁及肾小球纤维素样坏死和血栓形成。②刺激有丝分裂因子（mitogenic factors）及移动因子（migration factors）分泌，诱导肾小动脉壁中层平滑肌细胞增生、分化，形成肌内膜细胞并移行至内膜，导致严重肌内膜增厚。

【病理】

包括肾小动脉病变及肾实质病变两方面，简述如下：

1. 肾小动脉病变 恶性高血压主要侵犯肾小球前小动脉，但是病变性质与良性高血压肾硬化症十分不同。恶性高血压的主要病变是：①入球小动脉至弓状动脉管壁纤维素样坏死，伴血栓形成，管壁坏死组织最终将被胶原取代而纤维化，管壁明显增厚。②小叶间动脉和弓状动脉严重肌内膜增厚，血管切面呈"洋葱皮"样外观，管腔高度狭窄乃至闭塞。

2. 肾实质损害 恶性高血压病人出现肾实质损害时，肾小球可能呈现两种病变：①缺血性病变：与良性高血压肾硬化症所见相同，导致肾小球缺血性皱缩及硬化。②节段坏死增生性病变：受累肾小球出现节段性纤维素样坏死，毛细血管腔血栓，系膜细胞增生，以及肾小囊新月体形成，这些病变在良性高血压肾硬化症时见不到。恶性高血压时这两种肾小球病变进展都十分迅速，将很快导致肾小球荒废，并继发肾小管萎缩及肾间质纤维化。

【临床表现和实验室检查】

恶性高血压常发生在中、重度良性高血压基础上，发生率为1％～4％，但偶尔也能发生于原来血压正常者。

近年文献报道63％～90％的恶性高血压患者可出现肾损害，即恶性高血压肾硬化症。临床上病人呈现血尿（可出现肉眼血尿）、蛋白尿（可呈现大量蛋白尿）、管型尿（红细胞管型及颗粒管型），及无菌性白细胞尿，肾功能进行性恶化，常于发病数周至数月后出现少尿，进入ESRD。因此，恶性高血压的肾损害进展迅速，也呈"恶性"经过。化验血浆肾素、血管紧张素及醛固酮水平常明显增高，由于醛固酮增多，尿钾排泄增加，可出现低钾血症。

恶性高血压需要紧急救治，否则患者常因心、脑并发症，或肾衰竭死亡。

【诊断及鉴别诊断】

1. 诊断　具备如下两条即可诊断恶性高血压：①血压迅速升高，舒张压超过130mmHg；②眼底病变呈现出血、渗出（眼底Ⅲ级病变）或（和）视神经乳头水肿（眼底Ⅳ级病变）。如果恶性高血压病人出现尿化验异常及肾功能进行性损害即应诊断恶性高血压肾硬化症。

2. 鉴别诊断　原发性恶性高血压肾硬化症应与下列疾病鉴别：

（1）慢性肾炎继发恶性高血压：如果慢性肾炎病人病史清楚，两者鉴别并不困难。但是病史不清者，常需肾穿刺病理检查鉴别。原发性恶性高血压肾硬化症常呈如下典型病理表现：入球小动脉至弓状动脉管壁纤维素样坏死，小叶间动脉及弓状动脉"洋葱皮样"肌内膜增厚，肾小球纤维素样坏死、微血栓及新月体形成，以及肾小球缺血性硬化；而慢性肾炎继发恶性高血压时，上述典型表现并不常见，小动脉病变常较轻，慢性肾炎病理改变（肾小球增生硬化、肾小管萎缩及肾间质纤维化）却明显。临床上慢性肾炎继发恶性高血压远比原发性恶性高血压肾硬化症常见，尤其IgA肾病引起者。

（2）急进性肾小球肾炎：两者都有血尿、蛋白尿、高血压，并均能出现少尿性急性肾衰竭，故有时需要鉴别。恶性高血压肾硬化症与急进性肾炎的鉴别要点已列入表5-6-2。

表5-6-2　恶性高血压肾硬化症与急进性肾炎的鉴别

	恶性高血压肾硬化症	急进性肾炎
高血压病史	绝大多数有	一般无
血压上升速度	急骤	较缓
高血压严重度	重度，舒张压＞130mmHg	中度
眼底变化	高血压眼底病变Ⅲ级或Ⅳ级	肾炎眼底改变
心、脑并发症	常见	少有
大量蛋白尿	少有	Ⅱ、Ⅲ型常见
肾病综合征	一般无	Ⅱ、Ⅲ型常见
肾组织病理检查	恶性高血压小动脉及肾实质病变	新月体肾炎

【预防及治疗】

（一）预防

恶性高血压多发生在中、重度良性高血压基础上，因此积极治疗良性高血压使其血压达标，就是预防恶性高血压及其肾损害的关键。事实上，近年由于防治高血压知识的普及和治疗高血压新药的涌现，良性高血压常常已能被有效控制，恶性高血压及其肾损害的发病率已显著下降。

（二）治疗

现将恶性高血压及其肾损害的治疗要点分述如下：

1. 恶性高血压的治疗　恶性高血压是内科急症，必须及时救治，而救治的关键是迅速降低高血压。为有效降低血压，治疗初常需静脉点滴给药，而后再口服降压药（尤其是拮抗肾素-血管紧张素的药物）巩固疗效。但是，血压也不宜下降过快、过低，以免影响肾灌注，加重肾缺血。一般推荐如下方案：在治疗初 2~3h，将血压降达 160~170mmHg/100~110mmHg，或使平均动脉压下降最大幅度不超过 20%~25%；而后，在 24h 至数日内，继续逐步将舒张压降到 90mmHg 水平。

2. **恶性高血压肾硬化症的治疗** 治疗恶性高血压就能保护肾，血压下降后肾功能也常能获得不同程度恢复。如果患者尿量减少出现水钠潴留，则应适当加用袢利尿剂，但需避免诱发血容量不足，以免进一步激活肾素-血管紧张素-醛固酮系统升高血压。病人若已出现肾功能不全，则应按肾功能不全非透析疗法处理；若已进入 ESRD，则应给予肾替代治疗。

第二节 肾动脉狭窄

【病因】

肾动脉狭窄（renal artery stenosis）可由多种疾病引起，其中最主要为动脉粥样硬化（atherosclerosis）及纤维肌性发育不全（fibromuscular displasia）。在我国及亚洲，肾动脉狭窄还可由大动脉炎（aortoarteritis，又称高安病 Takayasu disease）导致。动脉粥样硬化所致肾动脉狭窄最常见，文献报道，在进行干预治疗的肾动脉狭窄病例中其占 75%~84%或更高。

【发病机制】

肾动脉狭窄可引起肾血管性高血压（renovascular hypertension）或（和）缺血性肾脏病（ischemic nephropathy），现将它们的发病机制分别作一简述。

1. **肾血管性高血压** 动物试验显示：①"两肾一夹"模型（在动物双肾中，钳夹一侧肾动脉导致形成高血压）是典型的肾素依赖性高血压。肾缺血致使肾素-血管紧张素-醛固酮系统（RAAS）活化，血管紧张素Ⅱ刺激血管收缩诱发高血压。尽管醛固酮能够引起水钠潴留，但是此时对侧健肾能通过压力-排钠机制代偿性地将水钠排出，而使患者血容量保持正常。②"一肾一夹"模型（先切除动物一肾，再将残肾肾动脉钳夹致成高血压）却是容积依赖性高血压。由于无对侧健肾代偿性排泄水钠，故而血容量逐渐增加诱发高血压。同时，高血容量能反馈抑制肾素分泌，致使患者血浆肾素及血管紧张素Ⅱ水平恢复正常，甚至降低。

人类单侧肾动脉狭窄与"两肾一夹"模型情况相同，也是典型的肾素依赖性高血压。但是，双侧肾动脉狭窄却与"一肾一夹"模型不完全一致。因为人类双侧肾动脉狭窄并不可能完全对称进展，常是一先一后发生，故疾病早期情况类似于"两肾一夹"模型，以高肾素因素致病为主，而后对侧肾动脉狭窄发生及加重，才逐渐过渡到"一肾一夹"模型状态，高容积致病因素渐明显。因此，人类的双侧肾动脉狭窄很可能在相当长时间内，是高肾素及高容积两因素同时致病。

2. **缺血性肾脏病** 肾脏血液灌注减少超过其自身调节能力（如肾内血流重新分布，减少肾小球滤过及肾小管重吸收以减少氧消耗）时，就能导致肾组织损伤，包括肾小球缺血性皱缩、硬化，肾小管萎缩，及肾间质炎症和纤维化。

【病理】

肾动脉粥样硬化常伴全身动脉粥样硬化病（如冠心病、脑卒中、外周动脉粥样硬化等），粥样硬化斑块常位于肾动脉开口处（它可能是主动脉粥样硬化斑块向肾动脉的直接延伸）或近端 1/3 段。

纤维肌性发育不全最常侵犯血管壁中层，但也可侵犯内膜层、外层或多层同时受累，主要病理改变为纤维组织异常增生。中层纤维肌性发育不全常使动脉呈"串珠样"外观（动脉壁形成一串环状狭窄，而狭窄环之间动脉呈瘤样扩张）。该病变常发生在肾动脉中段或其分支处，偶尔身体其他部位动脉如颈动脉也可伴发纤维肌性发育不全。

大动脉炎常全身多处动脉受累，肾动脉是常受累部位之一。病变常累及动脉全层，呈广泛纤维组织增生，致管腔严重狭窄。肾动脉各段均可累及，但开口处病变往往更重。

【临床表现】

肾动脉粥样硬化常发生于老年人，虽然有的病例仅呈现肾血管性高血压或缺血性肾脏病，但是多数情况下两者并存；肾动脉纤维肌性发育不全常见于青年，女性居多，一般仅呈现肾血管性高血压，唯严重内膜层纤维肌性发育不全才能发生缺血性肾脏病；大动脉炎也以年轻女性为主，往往肾血管性高血压及缺血性肾脏病同时存在。

轻度肾动脉狭窄可毫无临床症状，仅重度肾动脉狭窄（超过70%～75%管腔）才能引起肾血管性高血压或（和）缺血性肾病，下面分别做一介绍：

1. **肾血管性高血压** 常呈如下特点：血压正常者（特别是年轻女性）出现高血压后即迅速进展；原有高血压的中、老年病人血压近期迅速恶化，舒张压明显升高，乃至出现恶性高血压（舒张压超过130mmHg，眼底呈高血压3或4期改变）；不应用抗RAAS药物如ACEI、ARB或β受体阻滞剂，高血压常无法控制。此外，约15%的本病患者因血浆醛固酮增多可出现低钾血症。单侧肾动脉狭窄所致肾血管性高血压，长久不能很好控制时，还能引起对侧肾损害（良性高血压肾硬化症）。

2. **缺血性肾病** 可伴或不伴肾血管性高血压。肾脏病变主要表现为肾功能缓慢进行性减退，由于肾小管对缺血敏感，故其功能减退常在先（出现夜尿多，尿比重及渗透压减低等远端肾小管浓缩功能障碍表现），而后肾小球功能才受损（患者肾小球滤过率下降，进而血清肌酐增高）。患者尿化验变化轻微（轻度蛋白尿，常<1g/d，少量红细胞及管型）。

肾动脉狭窄患者还可呈现如下表现：①反复发作急性肺水肿，此肺水肿能瞬间发生并迅速消退，被称为"闪现肺水肿"（flash pulmonary edema）。这与动脉血压迅速上升，左心功能受损相关。②应用抗RAAS药物后血清肌酐异常升高，（超过用药前肌酐值的30%即异常），甚至诱发急性肾衰竭。此与阻断血管紧张素Ⅱ作用，致使出球小动脉扩张，肾小球滤过压迅速下降相关。及时停药可使此升高的血清肌酐回复至基线。③体检时于腹部或腰部可闻及血管杂音（高调、粗糙收缩期或双期杂音）。

【实验室和其他检查】

诊断肾动脉狭窄主要依靠以下5项检查，前两项检查仅为初筛检查，后3项检查才为主要诊断手段，尤其经皮经腔插管肾动脉造影常被认作诊断"金指标"。

1. **超声检查** 能准确测定双肾大小，肾动脉狭窄患者肾体积常渐进缩小，单侧狭窄或两侧狭窄程度不一致时，两肾体积常不对称。彩色多普勒超声检查还能观察肾动脉主干及肾内血流变化，提供肾动脉狭窄的间接信息。对于有经验的检查者来说，该检查假阳性率并不高，但是假阴性率却可达10%～20%。此外，肥胖、肠胀气及患者不会憋气都能使肾动脉显像差，影响检查结果。近年有学者应用含微泡的半乳糖悬液造影剂做检查，增加了血流信号清晰度，能一定程度提高检查准确性。

2. **放射性核素检查** 仅做核素肾显像意义不大，阳性率极低。需做卡托普利肾闪烁显像试验（服卡托普利25～50mg，比较服药前后肾显像结果）。这项检查与超声检查一样，只能提供肾动脉狭窄的间接信息，并有较高的假阳性及假阴性率，因此也只能作为初筛试验。值得注意的是，肾功能不全患者血清肌酐>177μmol/L（2mg/dl）时，此项检查结果将十分不准，此时不宜应用。另外，在做检查前至少应停用ACEI、ARB、β受体阻滞剂及利尿剂1周，否则试验结果不准。

3. **螺旋CT血管造影** 此检查能清楚显示肾动脉及肾实质影像，并可三维成像，对诊断肾动脉狭窄敏感性及特异性均高（可高达95%以上），不过该检查显示的肾动脉狭窄程度有夸张，故不能用它来判断血管狭窄程度。另外，螺旋CT血管造影需用较大量的碘造影剂，对肾可能造成一定损害，故血清肌酐>221μmol/L（2.5mg/dl）的肾功能不全患者或碘过敏者均不宜应用。

4. **磁共振血管造影** 用钆造影剂进行的磁共振血管造影，显像特点与螺旋CT血管造影相当，唯它对远端肾动脉及分支狭窄的显像略差。原认为钆造影剂无毒性，肾功能不全病人应用无顾忌。但是，近年发现钆造影剂同样具有肾毒性（尤其对已有肾功能损害者），其肾损害发生率不低于碘造影剂。而且对于肾功能不全患者，它还可能诱发严重的肾源性纤维性皮肤病（nephrogenic fibrosing dermopathy，皮肤出现严重纤维化，致关节挛缩畸形及残废），甚至肾源性系统纤维化（nephrogenic

systemic fibrosis，除皮肤外内脏也受侵犯，出现多脏器纤维化及死亡）。这是由于肾功能不全时钆造影剂在体内潴留，致使有毒的钆离子（Gd^{3+}）从造影剂螯合物中游离出来，沉积于上述组织致病。所以，现在认为肾功能不全病人同样要慎用（肌酐清除率为30～60ml/min时）或禁用（肌酐清除率<30ml/min时禁用）钆造影剂。另外，磁共振检查不适于体内有金属物质的患者（如已安装金属血管支架者），这也需注意。

5. 肾动脉血管造影　用经皮经动脉腔插管行主动脉-肾动脉造影（此造影不能不做，否则肾动脉开口处的粥样硬化斑等病变将可能遗漏）及选择性肾动脉造影，能准确显示肾动脉狭窄部位、范围、程度及侧支循环形成情况，是肾动脉狭窄诊断的"金指标"。但是，但是该检查是有创性检查并需用碘造影剂，故仍有应用局限性。插管检查可能致成假性动脉瘤、血肿、胆固醇结晶栓塞等并发症，发生率虽不高，但后果严重，故操作必须规范。另外，为避免碘造影剂肾损害发生，宜选用非离子化造影剂，用量要少（其造影剂用量可远比做螺旋CT用量小），并在造影前后做水化处理（输注生理盐水或碳酸氢钠溶液等）。这些并发症较易发生于高血压、动脉粥样硬化及肾功能不全病人，对这些病人检查要格外小心。

在诊断肾动脉狭窄上，美国心脏病学学会（ACC）及美国心脏协会（AHA）2006年制订的《外周动脉疾病病人治疗指南》，对上述各项检查作了如下推荐：推荐将彩色多普勒超声检查、螺旋CT血管造影及磁共振血管造影作为筛查试验（循证医学B级水平证据）；推荐将插管肾动脉造影作为确诊检查（B级水平证据）；不推荐用卡托普利肾闪烁显像检查作为筛查试验（C级水平证据）。上述意见可供参考。

除上述5项检查外，表现为肾血管性高血压并准备行血管重建术治疗者，还应检验外周血血浆肾素活性（PRA），并做卡托普利试验（服卡托普利25～50mg，测定服药前及服药1小时后外周血PRA，服药后PRA明显增高为阳性），有条件时更应行两肾肾静脉血PRA测定（分别插管至两侧肾静脉取血化验，两侧PRA差别大为阳性），它们在一定程度上能帮助预测血管重建术后降血压效果。

【诊断及鉴别诊断】

1. 诊断　当临床怀疑肾血管性高血压或（和）缺血性肾脏病时，即应做肾动脉狭窄的相关检查。对高度疑诊者，或已有肾功能不全不宜进行螺旋CT血管造影及磁共振血管造影者，可以直接做经皮经腔插管主动脉-肾动脉造影及选择性肾动脉造影。但是一般病人，仍宜先作初筛检查（如彩色多普勒超声检查、螺旋CT血管造影及磁共振血管造影），高度疑诊后再行经皮经腔插管肾动脉造影。

2. 鉴别诊断

（1）肾血管性高血压的鉴别：肾血管性高血压应与其他病因引起的高肾素性高血压鉴别，如重度原发性或肾实质性高血压、尤其已导致恶性高血压时，鉴别关键是影像学检查（尤其是插管肾动脉造影检查有无肾动脉或其分支狭窄）。

（2）缺血性肾脏病的鉴别：本病应与良性高血压肾硬化症鉴别。两者均有高血压（当缺血性肾病伴肾血管性高血压时），两者的缺血性肾实质损害表现相似（轻度蛋白尿、镜下血尿及管型尿，肾小管浓缩功能受损早，肾小球功能不全出现晚，疾病进展缓慢，肾性贫血发生晚且轻），但是，表5-6-3中资料仍可供两病鉴别。

表5-6-3　缺血性肾病与良性高血压肾硬化症鉴别

	缺血性肾病	良性高血压肾硬化症
高血压	有或无，出现肾损害与高血压病史长短无关	有，一般5～10年以上才出现肾损害临床表现
伴随表现	肾动脉粥样硬化常伴其他部位动脉硬化；大动脉炎常伴其他部位动脉狭窄	常伴高血压眼底改变，甚至超声心动检查异常
双肾B超检查	两肾大小常不等	两肾大小相等
放射性核素检查	两侧肾功能常不一致	两侧肾功能一致
肾动脉影像学检查*	发现肾动脉或其分支狭窄	无肾动脉狭窄

注：* 包括螺旋CT血管造影，磁共振血管造影及经皮经腔插管肾动脉造影

【治疗】

（一）治疗方法

针对肾动脉狭窄所致肾血管性高血压及缺血性肾病，目前主要存在如下3种治疗：

1. 药物治疗　主要是降血压治疗，钙离子通道阻滞剂是治疗肾血管性高血压安全有效的药物，也可联合应用其他降压药物。近10余年由于抗RAAS药物，尤其是ACEI及ARB类药物大量涌现，控制肾血管性高血压的效果已明显改善。但是，正如前述，这类药对肾小球出球小动脉的扩张作用比对入球小动脉强，故能导致肾小球滤过率下降，已有肾动脉狭窄缺血的肾，即可能由此诱发血清肌酐异常升高（即超过用药前基础水平的30%）。这种情况在双侧肾动脉狭窄时更易发生。所以对肾动脉狭窄患者应用ACEI或ARB时，必须从小剂量开始，无明显副作用再逐渐加量。用药期间一定要密切监测血压及血清肌酐，血压不宜降得过低（一般认为将达140/90mmHg以下即可），而血清肌酐出现异常增高就应及时停药（停药后多数患者血清肌酐能恢复至原来水平）。另外，对于已有肾功能不全的患者，还应警惕高钾血症发生。

单侧肾动脉狭窄所致高血压是肾素依赖性高血压，用抗RAAS药物治疗效佳；双侧肾动脉狭窄高血压初期，正如前述，在相当一段时间内它是高肾素及高容积两因素同时致病，所以此时用抗RAAS药物治疗仍可能获得一定疗效；只有双侧肾动脉狭窄的高血压后期（已持续3～5年），仅高容积因素致病时，应用抗RAAS药物将无效。

当然，动脉粥样硬化病人还需据情给予调脂及抗血小板药物治疗，活动性大动脉炎病人还常需予以类固醇激素及免疫抑制剂治疗。

2. 经皮经腔肾血管成形术（PTRA）治疗　常做经皮肾动脉腔内球囊扩张术，此尤适用于纤维肌性发育不全患者；但是大动脉炎及动脉粥样硬化病人（尤其动脉粥样硬化斑块在肾动脉开口处时）扩张术后常发生再狭窄，致治疗失败，故这些患者在扩张术后宜放置血管支架。3%～10%的PTRA患者可能出现手术并发症，如内膜撕裂、血栓形成及胆固醇结晶栓塞等，应小心避免。

3. 外科血管重建治疗　包括动脉内膜切除、旁路搭桥及自身肾移植等，以使病肾重新获得血供。可能的并发症包括出血、血栓形成、胆固醇结晶栓塞及急性肾衰竭等。

（二）治疗方法的选择

如何选择上述治疗，目前尚缺乏良好的循证医学证据及共识，但是下列意见可供参考：

1. 肾血管性高血压　近10年，已有数个大样本临床观察对比了药物治疗及PTRA的远期疗效，这些观察发现两种治疗在控制血压及病人存活上并无明显差异，因此现在不少学者主张只有对药物治疗抵抗的患者才行PTRA（或PTRA加血管支架）。但是，肾动脉纤维肌性发育不全的患者例外，因为PTRA常能使他们的肾血管性高血压完全治愈，所以对这类患者仍应首选PTRA治疗。

2. 缺血性肾脏病　现在缺血性肾脏病治疗的资料主要来动脉粥样硬化性肾动脉狭窄。为防止病人肾功能进一步损害，当肾动脉狭窄程度达到70%～75%时，即应适时地考虑进行PTRA并放置血管支架治疗的必要性。但是如果病变已发展至如下情况，血管重建治疗对挽救肾功能即可能已无意义：①血清肌酐>265μmol/L；②肾长径<8cm；③彩色多普勒超声检测肾内血流阻力指数>0.80。必须指出，决定血管重建术后肾功能疗效的指标，并不是肾动脉狭窄程度，而是肾实质不可逆性病变（纤维化）轻重。综合文献资料，行PTRA及支架治疗后，约27%病人肾功能可能改善，约52%病人肾功能稳定，19%～25%病人肾功能继续恶化。

药物治疗虽常能有效控制肾血管性高血压，但对制止肾动脉狭窄及缺血性肾病进展却无效。因此对缺血性肾脏病而言，只有失去PTRA治疗机会时，才单独应用药物对症处理。

另外，不管是肾血管性高血压或者缺血性肾病，应用外科血管重建治疗的主要适应证为：PTRA禁忌（如合并动脉瘤）、估计PTRA疗效不好（如严重肾动脉开口处狭窄）及PTRA治疗失败（如再狭窄）。文献显示，PTRA（或PTRA加支架）与外科手术血管重建在保护肾功能远期疗效上并无显著差异。

第三节　肾动脉栓塞及血栓形成

【病因及发病机制】

肾动脉栓塞（renal artery embolism）的栓子主要来源于心脏（如心房纤颤或心肌梗死后附壁血栓、换瓣术后血栓、心内膜炎、心房黏液瘤等），但也能来源于心脏外（如脂肪栓子、肿瘤栓子等）。

肾动脉血栓（renal artery thrombosis）可在肾动脉病变（如粥样硬化、炎症、动脉瘤等）或血液病变（凝固性增高）基础上发生，但更常见于动脉壁创伤（如经皮经腔肾动脉球囊扩张术）引起。

这两种病均可导致急性缺血性肾损害或肾梗死而损伤肾。

【临床表现】

肾动脉栓塞及肾动脉血栓均不常见，前者易发生于左肾动脉（它与主动脉形成锐角，栓子易进入），后者两肾都能发生。临床上，它们是否出现症状及症状轻重，都将取决于肾动脉阻塞程度及范围。不过绝大多数肾动脉栓塞或血栓患者均有明显症状，包括患侧腰（腹）剧痛、脊肋角叩痛、蛋白尿及血尿（镜下或肉眼血尿）。约60%患者可因肾缺血释放肾素而出现高血压。肾动脉主干或大分支完全阻塞时会诱发肾梗死，此时除上述症状外，患者尚能出现发热、外周血白细胞增多、血清乳酸脱氢酶、转氨酶、肌酸磷酸激酶及碱性磷酸酶增高等全身表现。双侧肾或孤立肾肾动脉严重阻塞时，患者将发生少尿或性无尿性急性肾衰竭。

【诊断】

最直接可靠的诊断手段是经皮经腔插管选择性肾动脉造影。CT血管造影及磁共振血管造影也已被广泛应用。曾常用放射性核素肾显影检查，但是具有不少假阳性和假阴性结果，必须注意。

【治疗】

肾动脉栓塞或血栓形成应尽早治疗，包括经皮经腔肾动脉插管局部灌注纤溶酶原激活剂溶栓，全身抗凝，及必要时行外科手术取栓等。

肾动脉栓塞病例还应寻找栓子来源，给予相应治疗，以防再栓塞发生。

第四节　肾静脉血栓形成

【病因及发病机制】

肾静脉血栓（renal vein thrombosis，RVT）在成人主要见于下列情况：①血液高凝状态（如肾病综合征、妊娠）；②肾静脉受压，血流淤滞（如肿瘤、血肿压迫）；③肾静脉血管壁受损（如肿瘤侵犯、外科手术或外伤）。临床上以肾病综合征并发RVT最常见，据统计20%～50%的肾病综合征病人（尤其膜性肾病患者）常并发RVT。

【临床表现】

RVT的临床表现取决于被阻塞静脉大小、血栓形成快慢、血流阻断程度及有无侧支循环形成等，约3/4肾病综合征病人并发的RVT（尤其在较小分支时）并无临床症状。急性RVT的典型临床表现如下：①患侧腰胁痛或腹痛；②尿异常，出现血尿（镜下或肉眼血尿）及蛋白尿（原有蛋白尿增多）；③肾功能异常，双侧或左肾肾静脉主干大血栓可致急性肾衰竭；④病肾增大（影像学检查证实）。慢性RVT有时还可引起肾小管功能异常，呈现肾性糖尿等。另外，肾静脉血栓常可脱落引起肺栓塞。

【诊断】

彩色多普勒超声能作为RVT的初筛检查。确诊RVT需要靠选择性肾静脉造影，如果发现静脉腔内充盈缺损或静脉分支不显影即可确诊。近年，CT静脉造影及磁共振静脉造影也被广泛应用，对RVT（尤其静脉主干血栓）诊断的敏感性及特异性也很高。

【治疗】

历史上治疗 RTV 主要靠外科手术，取血栓或肾摘除，现均已少用。现代 RVT 确诊后，即应尽早进行溶栓（肾动脉插管局部给药或全身给药）及抗凝治疗。如果 RVT 栓子反复脱落导致肺栓塞时，也可于下腔静脉安置滤网。

（谌贻璞　程　虹）

第七章 遗传性肾脏疾病

遗传性肾脏疾病占全部肾脏疾病的 10%~15%。终末期肾衰竭患者中，10% 以上的患者是由于遗传或与遗传相关的肾脏疾病所致。随着现代医学遗传学和分子遗传学的迅速发展，人类对于遗传性疾病的认识逐步深入，遗传性肾脏疾病亦越来越受到人们的重视。

根据遗传物质结构和功能改变的不同，遗传性疾病可分为基因异常、染色体异常和体细胞异常遗传病三大类（见表 5-7-1）。遗传性肾脏疾病种类繁多，分类常不一致，难以一一列举。本章重点介绍单基因遗传性肾脏疾病，即符合垂直传递、先天性和家族性特点的经典遗传性肾脏疾病。结合病变部位和临床特点，可分为遗传性肾小球疾病、肾小管疾病、囊性疾病及染色体异常性疾病。目前大多数遗传性肾脏疾病的发病机制尚未完全阐明，有些遗传性肾脏病，尤其是大多数遗传性肾小管疾病和染色体异常所致肾脏疾病，肾脏病变多为全身性疾病的一部分表现，常在儿童期发病。本章重点介绍临床较常见的，并且近年已明确染色体定位的成人遗传性肾小球疾病、肾小管疾病和囊肿性肾脏疾病。

表 5-7-1 遗传性疾病的分类及常见遗传性肾脏疾病举例

分类	特征	常见的遗传性肾脏疾病举例
基因异常疾病	疾病涉及一对等位基因，呈明显的孟德尔遗传方式	
单基因病	1. 常染色体显性：致病基因位于常染色体，在杂合状态即表现症状或疾病并连续传递。杂合子可有不同的表型，如：完全显性、半显性、共显性、延迟显性等	肾小球疾病 Alport 综合征 薄基底膜肾病
	2. 常染色体隐性遗传：致病基因位于常染色体，杂合状态不表现症状或疾病，纯合状态才发病，疾病无连续传递的现象	先天性肾病综合征 指甲-髌骨综合征 Fabry 病等
	3. X 连锁显性遗传：致病基因位于 X 染色体，杂合状态下表现出症状或疾病，家系中女性患者多，男性患者的女儿全发病，儿子全正常，有连续传递的现象	肾小管疾病 Bartter 综合征 Liddle 综合征
	4. X 连锁隐性遗传：致病基因位于 X 染色体，女性杂合状态不发病，纯合状态才发病。家系中男患者远多于女性，直系血缘中有隔代传递现象	特发性 Fanconi 综合征 囊性疾病 成人型多囊肾
	5. Y 连锁遗传：致病基因位于 Y 染色体，只有男性发病	婴儿型多囊肾 髓质囊性病等
多基因病	多对基因与环境因素共同作用，遗传方式复杂，常不符合孟德尔遗传方式，有两种情况： 1. 主效基因及其他基因与环境因子共同作用 2. 多种微效基因共同参与并与环境因子共同作用	IgA 肾病 （除外部分家族聚集发病的患者） 糖尿病肾病 高血压肾病 系统性红斑狼疮肾炎等
染色体异常疾病	生殖细胞或受精卵早期发育过程中，整条染色体或染色体节段数目及结构异常，涉及多个基因结构或数量的改变所产生的复杂的临床综合征，多伴有身体其他部位的发育畸形	肾不发育 肾发育不良 异位肾 马蹄肾等
体细胞遗传病	遗传物质的改变发生在体细胞内。一般不向后代传递，但随细胞增生产生同样遗传物质改变的子细胞	主要见于肿瘤，如 Wilms 瘤等，肾脏病中较少见

第一节 遗传性肾小球疾病

在儿童期,大量遗传性疾病可累及肾小球。而在成人期,累及肾小球的遗传性疾病中 Alport 综合征最常见,其次为薄基底膜肾病。指甲-髌骨综合征、Fabry 病等虽多于儿童期起病,但部分轻症患者可成活至成年,且大多数成年患者多已进入终末肾衰期。近年在一些原发性肾小球疾病中呈家族聚集性发病的家系中,定位了相应的致病基因位点,并确定这些位点与疾病伴随,在家族成员中垂直传递,符合经典遗传性疾病的特点,如家族性肾病综合征及家族性 IgA 肾病即属于此范畴。

一、Alport 综合征

【遗传方式】

Alport 综合征(Alport syndrome)是一种具有遗传异质性的疾病,现已证实存在三种遗传方式,即:X 连锁显性遗传、常染色体隐性遗传和常染色体显性遗传,其中 X 连锁显性遗传最常见,占 80%~85%,因 COL4A5 基因突变或 COL4A5 和 COL4A6 两个基因突变所致。此种遗传型 Alport 综合征男女均可患病,但男性较女性患者病情重;男性患者的女儿都将发病,儿子都正常,即没有父传子现象;而女性患者的子女,无论男女都将有 1/2 发病。常染色体隐性遗传型占 Alport 综合征的 14%~15%,因 COL4A3 或 COL4A4 基因突变所致。其遗传学特点为:患儿双亲无病,但为携带者;患儿同胞中,1/4 发病,男女发病机会相等;患者子女多不发病。常染色体显性遗传型 Alport 综合征非常少见,目前仅有几篇报道表明该遗传型 Alport 综合征有 COL4A3 或 COL4A4 基因的突变。其遗传学特征为患儿双亲之一也是患者,患儿同胞中 1/2 发病,男女患病机会均等。Alport 综合征的发生率约为 1/5 000,占终末期肾病患者的 0.2%~5%,肾移植患者的 2.3%,是导致终末肾衰竭的常见遗传性肾脏疾病(仅次于成人型多囊肾病)。

【临床表现】

Alport 综合征是最常见的遗传性肾小球疾病,主要累及肾、耳及眼,以血尿、进行性肾功能减退、感音神经性耳聋及眼部病变为临床特点。血尿为本病最突出的肾受累表现,并常为首发症状,可为肉眼或镜下血尿(变形红细胞血尿);蛋白尿多见于男性患者,肾病综合征偶见。肾功能随年龄呈慢性、进行性损害,多于 20~30 岁进入终末期肾衰竭。高血压及贫血多伴慢性肾衰竭而出现。肾外表现主要是感音神经性耳聋(占全部患者的 30%~50%)和眼部病变(占全部患者 10%~20%)。早期感音神经性耳聋常为高频区听力障碍,不影响谈话和交流而常被忽视,需做纯音测听检查。眼部病变可表现为近视、斜视、眼球震颤、角膜色素沉着、圆锥形角膜及眼底病变等,眼裂隙灯检查能发现特征性前圆锥形晶状体病。

【病理】

肾活检病理检查中,光学显微镜检查常无明确的具有诊断意义的病理指标,最具诊断意义的是电镜检查,典型病变者电镜下肾小球基底膜(GBM)致密层薄厚不均,并有分层、断裂。但在疾病早期(如儿童患者)及基因携带者,有时电镜下仅表现为 GBM 弥漫变薄,需与薄基底膜肾病(见后述)鉴别。此外,免疫荧光方法检测患者肾小球基底膜(GBM)和皮肤基底膜(EBM)Ⅳ型胶原 α 链的表达,Alport 综合征患者呈阴性反应,部分基因携带者仅节段性浅染,此项检查有助于明确诊断和确定遗传型。

【诊断】

诊断应包括临床-病理-基因三个方面:①阳性家族史(绝大多数为 X 连锁显性遗传);②临床呈现肾病(血尿及慢性进行性肾损害)合并或不合并耳病变(高频性感音性神经性耳聋)、眼病变(前圆锥形晶状体病等);③肾组织电镜检查示 GBM 广泛薄厚不均、断裂、分层并存;④免疫荧光检查示 GBM 及 EBM Ⅳ型胶原 α 链的表达缺陷。一般认为具备上述条件中的 3 项即能诊断 Alport 综合征。

【诊断思路】

Alport 综合征的诊断依据是临床表现、阳性家族史以及电镜下肾组织的特征性病理变化。因此，对于血尿、伴或不伴蛋白尿、肾功能进行性减退的患者，要详细询问家族史并进行电测听和眼部检查，肾活检组织电镜检查显示 GBM 增厚伴有分层样变化可以确诊；对于确诊患者需要进一步进行肾或皮肤活检组织的 IV 型胶原染色，可辅助明确患者家系的遗传方式：①X 连锁遗传：α_3（IV）、α_4（IV）和 α_5（IV）链在 GBM、小管基底膜和包氏囊均消失，α_5（IV）链在皮肤基底膜消失；②常染色体隐性遗传型：α_3（IV）和 α_4（IV）链在 GBM、小管基底膜和包氏囊消失，α_5（IV）链在 GBM 消失，但仍存在于小管基底膜、包氏囊和皮肤基底膜；最终在上述基础上还可以进行 IV 型胶原不同 α 链的基因分析，可进一步确定基因携带者和进行产前诊断。

【鉴别诊断】

Alport 综合征的鉴别诊断主要需与遗传性肾小球疾病和家族聚集性肾小球疾病相鉴别，如薄基底膜肾病、指甲-髌骨综合征以及家族聚集性 IgA 肾病、家族聚集性局灶节段性肾小球硬化症（FSGS）等鉴别。

【治疗及预后】

Alport 综合征为基因突变所致，目前尚无特效治疗。病人应避免劳累、感染，禁用肾毒性药物。保护 Alport 综合征患者肾功能、延缓慢性肾脏病进展的药物干预治疗（如血管紧张素转换酶抑制剂、环孢素等），因缺少严格的临床对照研究以及病例数相对较少，疗效尚无定论。若已发生肾功能不全，应限制蛋白质入量，积极控制高血压，按照慢性肾脏病治疗原则处理；若进入终末期肾衰竭，则应透析或肾移植替代治疗。少数肾移植病人，能产生抗 GBM 抗体，进而发生移植肾抗 GBM 肾炎，致使移植失败。该抗体多发生于移植后 1 年内，故应密切追踪。

二、薄基底膜肾病

【遗传方式】

薄基底膜肾病（thin basement membrane nephropathy，TBMN）发病与 IV 型胶原基因突变相关，大多数符合常染色体显性遗传，致病基因为编码 IV 胶原 α_3/α_4 链的基因 *COL4A3/COL4A4*（该基因位于 2q35-37），也有部分患者符合 X 连锁显性遗传。近年的研究表明 TBMN 具有明显的基因型和表型遗传异质性。本病的发病率为 3%～10%，多见于中青年，女性多见，男女比为 1：（2～3）。

【临床表现】

薄基底膜肾病是以肾小球源性血尿为唯一或主要临床表现的一种遗传性肾小球疾病。绝大多数患者肾功能可长期维持在正常范围，预后良好，以往曾称为良性家族性血尿。持续性镜下血尿（变形红细胞尿）为 TBMN 患者主要的临床表现，上呼吸道感染或剧烈运动后可呈现肉眼血尿。成人患者 45%～60% 合并轻度蛋白尿，以蛋白尿为主要表现者偶见。患者通常血压正常，肾功能长期维持在正常范围。无眼、耳病变。

【病理】

TBMN 患者肾活检病理的光镜检查基本正常，常规免疫荧光检查亦不具有诊断意义的病理学指标，但患者 GBM 或 EBM IV 型胶原 α 链的荧光染色及分布正常，与正常人没有差别。最具诊断意义的是电镜下均一性、弥漫性 GBM 变薄，为该病唯一的或最重要的病理特征。

【诊断】

电镜观察肾组织超微结构的改变是 TBMN 诊断的关键。凡家族性单纯血尿或合并轻度蛋白尿，无进行性肾功能减退，肾活检光镜、免疫荧光检查无异常，电镜下弥漫 GBM 变薄者，诊断即可成立。

【鉴别诊断】

本病主要应与 Alport 综合征鉴别。两者主要的不同点为 Alport 综合征患者肾功能进行性减退，常合并眼、耳病变，电镜下 GBM 的改变不均一。

【治疗及预后】

该病预后良好，对于仅表现为血尿、血压正常、肾功能正常的病人，无需特殊药物治疗，定期监测血压和肾功能。避免过劳、剧烈运动和上呼吸道感染可减少肉眼血尿发作。对少数有高血压病人应予以降压治疗。

三、指甲-髌骨综合征

【遗传方式】

指甲-髌骨综合征（Nail-Patella syndrome，NPS）是一种常染色体显性遗传的疾病，其致病基因位于 9q34，是 *LMX1B* 基因编码的蛋白异常所致，*LMX1B* 基因编码的蛋白对Ⅳ型胶原的表达有重要的调节作用，*LMX1B* 功能发生改变，影响了基底膜的正常发育。

【临床表现】

对称性地累及指甲、骨骼、眼及肾。指甲和骨骼表现为：三角形的新月体是 NPS 的特征性指甲变化，无甲症，指甲发育不良，指甲纵行劈裂，匙状甲，指甲变薄易碎也可见到。指甲发育异常出生时即存在，但是易被忽略。髌骨发育不良易引起髌骨反复脱位，膝盖疼痛及功能不良。NPS 患者也可合并其他骨骼受累，最常见的是骨盆、肘及足。肾受累表现：肾是 NPS 所累及的重要脏器。不同的家系间，甚至同一家系内部肾受累的发生率及症状的严重程度有很大的差异。肾受累者占 30%～50%，多在儿童期出现无症状蛋白尿或镜下血尿（蛋白尿比较常见，血尿少见），慢性进展，逐渐出现高血压及肾功能损害，30 岁左右进入终末期肾衰竭。2%～15% 的患者发展到终末期肾病。

【病理】

光镜下变化不特异。电镜表现有诊断意义，肾小球基底膜节段性增厚，增厚的区域有电子致密物沉积，致密层有不规则的胶原纤维束沉积，沉积的严重程度与肾的临床表现不平行。

【诊断】

指甲发育异常，髌骨发育不良或无发育是诊断 NPS 的基本条件。家族史结合典型的指甲关节的表现，可诊断该疾病。对有尿检异常的患者进行肾活检有助于诊断，但是必须依靠电镜检查。

【治疗及预后】

该病无针对性的治疗方法。髌骨发育不良引起的临床症状可考虑手术治疗。肾受累进展缓慢，可对症处理，终末期肾衰竭的患者可考虑透析或肾移植。

四、Fabry 病

【遗传方式】

Fabry 病是一种累及全身的遗传性的代谢缺陷。致病基因位于 Xq21-22，绝大部分患者是因编码 α-半乳糖苷酶 A 的基因 GLA 变异或缺陷，导致糖脂质代谢紊乱所致。因此 Fabry 病是 X 连锁的遗传性疾病。α-糖苷酶 A 参与鞘糖脂的分解代谢，当该酶出现缺陷时，组织和血浆中会出现鞘糖脂的堆积。随着鞘糖脂的堆积增多，逐渐遍布全身的器官组织，导致多系统的症状，肾是常见的受累器官。

【临床表现】

典型的临床症状多见于男性患者，携带 *Gal* 基因突变的女性杂合子可终身无症状，或 40 岁以后出现症状，症状较轻，但是可遗传给儿子。

首发症状多为周期性发作的疼痛，发生在手、足、关节、肌肉和腹部。典型症状发生于手掌和足底，表现为感觉异常或烧灼感，发热、温度变化等可诱发。每次发作可持续几分钟到几天不等。皮肤血管角质瘤为常见的皮肤表现，多见于腰部及坐浴区，暗红色或紫黑色皮疹。皮肤血管角质瘤高度提示 Fabry 病。裂隙灯检查角膜，可见放射状分布的灰色或棕色沉积，但不影响视力。神经系统受累最常见听力下降和前庭功能障碍，可有血栓形成引起的惊厥、失语及偏瘫。心脏受累表现为传导异常、瓣膜病和左心室衰竭。

肾受累出现症状的时间约在 30 岁，主要表现为轻到中度蛋白尿（0.5~2g/24h），可有肾病综合征范围的蛋白尿，多在 40~50 岁出现高血压和终末期肾衰竭。肾衰竭较常见于男性患者，女性杂合子也不少见。

【病理】

光镜下肾小球足细胞和小血管内皮细胞高度肿胀和泡沫状，随着疾病进展，可出现局灶性节段性肾小球硬化或球性硬化，电镜下可见足细胞内大量髓样小体为其特征性改变。

【诊断】

家族史阳性的患者容易诊断。家族史阴性的患者较易误诊。疑似患者应进行 α-糖苷酶 A 活性的检查，男性患者血浆和白细胞的 α-糖苷酶 A 活性通常较低。无症状的女性杂合子血浆 α-糖苷酶 A 活性可接近正常。Gal 基因突变检测可帮助诊断。皮肤、肾或结膜等组织活检可帮助诊断。

【治疗】

包括对症治疗和酶替代治疗。对于疼痛明显的患者普通的镇痛药或非甾体类抗炎药常无效，抗惊厥类镇痛药（如苯妥英类的药物）可部分缓解疼痛。出现大量蛋白尿可考虑使用 ACEI 类药物。有高血压的患者应控制血压。终末期肾衰竭患者可考虑透析或肾移植，但是应同时给予酶替代治疗，以保护移植肾。目前有两种酶可用于 α-糖苷酶 A 的替代治疗。酶的替代治疗应尽早开始，可减少鞘糖脂沉积带来的脏器损害，改善生活质量。

五、先天性肾病综合征

先天性肾病综合征（congenital nephrotic syndrome，CNS）是由一组疾病构成，主要的临床特点是出生后即出现肾病综合征。肾病综合征发生时间和严重程度，在不同的疾病间差异很大。除了先天性肾病综合征芬兰型和非芬兰型（均为常染色体隐性遗传）以外，目前的研究表明家族性肾病综合征至少有三个致病基因，分别为 NPHS1（其基因产物命名为 Nephrin，位于 19q13）、NPHS2（其基因产物命名为 Podocin，位于 1q25-31）及位于 11q21-22 区域目前尚未命名的基因。以往多根据肾病综合征发生的早晚及严重程度进行分型。随着不断发现引起先天性肾病综合征致病基因，更多学者倾向于根据致病基因进行分型。

（一）先天性肾病综合征芬兰型

该疾病致病基因为 NPHS1（19q13.1），编码的 nephrin 是肾小球上皮细胞足突之间裂隙膜的重要组成部分。在芬兰，94% 的 NPHS1 的基因突变为 Fin-主要型和 Fin-次要型。这两种突变可使 nephrin 表达缺失，引起严重的临床症状。携带这两种突变的患儿接受肾移植后，20% 会产生 nephrin 的抗体，再次出现大量蛋白尿。

【临床表现】

属常染色体隐性遗传，芬兰人群中最常见，亚洲人少见。患儿在子宫内即出现症状，新生儿低体重，出生后不久即出现严重的肾病综合征，迅速发展为肾小球硬化，激素和免疫抑制剂无效，新生儿多于产后 6 个月内死于严重的并发症。

【病理表现】

电镜下肾脏病理表现为弥漫的足突融合，裂隙膜缺失。

【诊断和治疗】

临床症状典型易鉴别，也可通过基因诊断与其他的新生儿肾病综合征鉴别。给予充分的支持治疗，可延长生命，但通常 3~8 岁内进展为终末期肾衰竭。唯一有效的治疗方式是肾移植。

(二) 先天性肾病综合征——常染色体隐性遗传的激素抵抗型

该疾病为常染色体隐性遗传,目前公认的致病基因为 *NPHS2* (1q25-32),编码 podocin,与 Nephrin 共同构成裂隙膜的主要成分。

【临床表现和治疗】

多在 3 个月到 5 岁时出现肾病综合征,肾脏病理早期为微小病变样改变,随后可出现局灶节段性肾小球硬化。类固醇激素治疗无效,出现症状后,迅速进展到终末期肾衰竭,需肾脏替代治疗,肾移植后很少复发。对具有该型临床特点的患儿应进行 Podocin 的突变筛查,可避免过度治疗。

(三) Denys-Drash 综合征 (DDS)

先天性肾病综合征合并男性假两性畸形 (XY) 和 Wilms' 瘤,表型为女性的婴儿合并 DDS 的情况也有报道。该综合征与 *WT1* (11p13) 基因突变有关,患者几乎均为突变杂合子,*WT1* 基因定位于编码一种转录因子,该转录因子在肾脏和性腺的发育中起关键作用。肾的症状多在出生后或几个月内发生,特征性的改变为系膜区硬化。到目前为止,肾移植是唯一有效的治疗手段。

第二节 遗传性肾小管疾病

遗传性肾小管疾病种类繁多,大多数由参与肾小管分泌、排泄、代谢等功能的多种酶类、离子通道转运蛋白、细胞受体等的基因异常所致,通常表现为各种临床综合征,因绝大多数为隐性遗传,临床少见或罕见。本节对主要的遗传性肾小管疾病综合征简述如下:

一、肾性 Fanconi 综合征

为近端肾小管多种功能异常性疾病。临床表现为近端肾小管磷酸盐、葡萄糖、氨基酸及碳酸氢盐丢失过多、电解质紊乱及其引起的各种代谢性继发症,如:代谢性酸中毒、低磷血症、低钙血症、低钾血症等,有时伴有肾小管性蛋白尿、多尿、佝偻病、骨质疏松及生长发育迟缓,肾小球功能一般正常或与酸中毒不平行。肾性 Fanconi 综合征有遗传性和获得性两种类型,而遗传性 Fanconi 综合征又可分为特发性(近端肾小管直接受累)和继发性(毒性代谢产物蓄积)两种形式。这类疾病目前尚未有效治疗方法,需饮食及对症治疗。

二、遗传性肾小管酸中毒

肾小管酸中毒 (renal tubular acidosis,RTA) 是一个临床综合征,共同的表现为阴离子间隙正常的高氯性代谢性酸中毒。遗传性近端肾小管酸中毒主要的遗传缺陷为Ⅱ型碳酸酐酶失活突变,多为常染色体隐性遗传。由于该酶在近端和远端肾小管均存在,除碳酸氢钠重吸收障碍外,一些与钠重吸收相关的物质重吸收也受影响。其主要临床表现为骨硬化、肾小管酸中毒、大脑钙化及严重的精神迟缓。肾小管酸中毒常伴低血钾,亦可伴有 Fanconi 综合征。尚无有效治疗药物,对症补钾及纠正酸中毒可改善症状。

遗传性远端肾小管酸中毒有常染色体显性和隐性遗传两种形式,前者是由于编码 Cl^-/HCO_3^- 交换子的基因 *AE1* (位于 17q21-22) 突变,后者是由于编码 H^+-ATP 酶 β_1 亚单位的基因 *ATP6B1* (位于 2cen-13) 突变。常染色体显性遗传者,临床表现较轻,由于肾结石发作而偶然发现。常染色体隐性遗传者婴幼儿期即起病,症状有呕吐、腹水、肾结石或肾钙化、佝偻病,且常有生长迟缓。患者同时伴有感音神经性耳聋。血清 HCO_3^- 及 K^+ 明显降低。无有效的治疗方法,多为纠正代谢异常,改善症状。

三、Bartter 综合征

为常染色体隐性遗传,致病基因有明显异质性,至少有三个基因突变所致:Bartter 综合征Ⅰ型

是由编码 Na^+-K^+-$2Cl^-$ 复合转运蛋白的 *NKCC2* 基因（位于 15q15-21）突变致病；Bartter 综合征 II 型是由编码肾脏 K^+ 通道的 *ROMK* 基因（位于 11q24）突变致病；Bartter 综合征 III 型是由编码肾脏 Cl^- 通道的 *CLCNKB* 基因（位于 1p36）突变致病。主要表现为低钾性碱中毒、高肾素高醛固酮血症而血压正常，以及肾小球旁器增生肥大。治疗药物包括补钾、非甾体类消炎药、血管转换酶抑制剂或血管紧张素 II 受体拮抗剂，单独或联合应用常可收到较好效果。

四、Gitelman 综合征

Gitelman 综合征曾被认为是 Bartter 综合征的一个亚型，为常染色体隐性遗传，致病基因为远曲小管上噻嗪类利尿剂敏感的 Na^+-Cl^- 协同转运子（NCCT）。Gitelman 综合征患者的发病通常在 20 岁以后，特征表现为代谢性碱中毒、低钾血症、低血镁和低尿钙，尿液浓缩功能轻度受损，血浆肾素、醛固酮水平升高而血压正常或偏低。也可表现为间歇性的疲乏，肌无力，痉挛等，无或仅轻度生长发育迟缓；还可发生软骨钙质沉着症，多由低镁血症引起。

治疗：终身服用氯化镁，如果仍有低钾可间断补钾或使用螺内酯。

五、Liddle 综合征

Liddle 综合征为常染色体显性遗传病，因远端肾小管及皮、髓交界处集合管上皮细胞 Na^+ 通道（ENaC）β-（SCNN1B，位于 16p13-12）或 γ-（SCNN1G，位于 16p13-12）亚单位基因突变致病。主要特点为家族性的容量依赖性高血压，低血钾碱中毒、血浆肾素-血管紧张素-醛固酮减低。

治疗：无法根治，由于钠的回吸收明显增多，容量增加，因此治疗的目标是减少钠水潴留，补钾。首先限制钠的摄入，合并使用阿米洛利或氨苯蝶啶，抑制 Na^+ 的重吸收，从而减少 K^+ 的排出。不同家系对阿米洛利或氨苯蝶啶的反应性不同。部分患者可同时使用噻嗪类利尿剂或呋塞米，醛固酮受体拮抗剂螺内酯无效。血压控制不佳，可在使用阿米洛利或氨苯蝶啶基础上加用血管扩张剂或 β 受体阻滞剂。

六、Gordon 综合征

Gordon 综合征是常染色体显性遗传疾病，已知的致病基因为丝氨酸-苏氨酸激酶家族的两个成员 *WNK4* 和 *WNK1* 突变所致，这些突变使得它们对远曲小管上噻嗪类利尿剂敏感的 Na^+-Cl^- 协同转运子（NCCT）的抑制减弱，引起钠和氯的回吸收增加。特征表现为高血压、高血钾、高氯性代谢性酸中毒，而肾小球滤过率正常，血浆醛固酮和肾素水平正常或者偏低，又被归为假性醛固酮减少症 II 型（PHA II）。尿钙排出增加，骨密度往往偏低，均与 Gitelman 综合征恰恰相反，但血镁水平一般在正常范围。由于长期的酸中毒影响生长发育，患者往往身材矮小。治疗：主要使用噻嗪类利尿剂，能够有效纠正高容量状态和电解质紊乱，并维持正常生长发育。

第三节 遗传性囊肿性肾脏病

囊肿性肾脏病（cystic kidney disease）是指在肾出现单个或多个内含液体的囊肿的一大组疾病，随着医学影像学的不断发展和广泛应用，囊肿性肾脏病的检出率日益增多，逐渐成为日常临床肾脏病中的常见病之一。遗传性囊肿性肾脏疾病最常见的为成人型多囊肾病，较少见为婴儿型多囊肾、髓质囊性病、结节性硬化症等。

一、常染色体显性遗传型多囊肾

常染色体显性遗传型多囊肾（autosomal dominant polycystic kidney disease，ADPKD）是最常见的遗传性肾脏病，发病率为 1/500～1/1 000，多数病人到成年才出现症状，故又称为成人型多囊肾

(adult polycystic kidney disease，APKD)。60 岁以上的患者 50% 进入终末期肾衰竭（ESRD），占 ESRD 病因的 10% 左右。目前已经发现并确定有两个多囊肾基因，分别为 PKD1（定位于 16p13.3）和 PKD2（4q21-23），它们的蛋白产物被命名为多囊蛋白-1（Polycystin-1）和多囊蛋白-2（Polycystin-2）。其中，由 *PKD1* 基因突变所致的多囊肾约占 85%，由 *PKD2* 基因突变所致的多囊肾约占 15%，另有不足 1% 的多囊肾为非 *PKD1* 或非 *PKD2* 基因相关，表明至少还有 *PKD3* 基因的存在。

【临床表现】

成人型多囊肾为多系统受累的疾病，除累及肾外，ADPKD 还可引起肝、胰、脾、卵巢等脏器的囊肿以及心瓣膜病和脑动脉瘤等。肾是其主要受累器官，表现为：肾肿大，可大于正常的 5～10 倍，肾内密布大、小不一的囊肿；腰、腹局部不适，隐痛；镜下或肉眼血尿（常呈发作性）、轻度蛋白尿（<1g/d）和白细胞尿；高血压及肾功能损害。肾外表现：常见有多囊肝、胰腺囊肿、脾囊肿、结肠憩室、颅内动脉瘤、心瓣膜异常（二尖瓣脱垂或三尖瓣脱垂、主动脉关闭不全等）。常见并发症为尿路和囊肿感染、肾结石和肾内钙化和囊肿癌变。

【诊断要点】

双侧肾肿大、尿异常、高血压、肾功能损害及阳性家族史即可作出临床诊断。B 超、CT 等影像学检查示肾脏及多器官囊肿性病是重要的辅助诊断依据。

ADPKD 的基因诊断主要用于发现 ADPKD 患者直系亲属中尚无临床表现（症状前）或婴儿出生前（产前）的患者和遗传咨询。基因诊断主要有两种方式：基因连锁分析和直接突变基因检测。由于 *PKD1* 及 *PKD2* 基因大而且无热点突变，致使直接突变基因测序较为困难，目前主要采用家系成员的基因连锁分析：根据存在于 *PKD1/PKD2* 基因内部和侧翼的遗传标记（如单核苷酸多态性、微卫星 DNA、串联重复序列等），使用限制性片段长度多态性分析，明确家系成员中的致病基因携带者。需要进行家系连锁分析的 ADPKD 家系，必须提供至少有两代人、至少两个以上的 ADPKD 患者和至少有两个>30 岁的正常人的外周血 DNA 标本才能进行，如若进行产前诊断则必须在妊娠前即完成和明确该家系成员的致病基因连锁分析。依靠分子诊断方法确定 ADPKD 致病基因的携带者，对提高人口素质及优生优育有重要意义，但目前尚未在临床广泛应用。

ADPKD 患者诊断明确后，应对患者的肾功能、肾外受累情况和并发症进行评估，明确有无需要外科干预的并发症，如：囊肿出血、感染、结石所致的剧烈腰痛，囊肿出血破入后腹膜引起的大出血，反复发作及迁延不愈的囊肿感染，危及生命的颅内动脉瘤（直径大于 10mm）等；其次要对患者家系进行细致的家族史调查和遗传咨询，有条件者应对 ADPKD 家系成员进行基因诊断，达到症状前和产前诊断。

【治疗及预后】

ADPKD 是基因突变导致的遗传性疾病，目前尚无有效的干预措施。近年来一些旨在抑制囊肿生长的药物，如：血管加压素 2 受体（V2R）拮抗剂托伐坦（tolvaptan），生长抑素（somatostatin），雷帕霉素（rapamycin）等正在进行Ⅲ期临床试验，疗效和副作用尚未明确。目前 ADPKD 的治疗重点在于治疗并发症，缓解症状，保护肾功能。治疗主要包括对症及并发症的治疗，如：避免剧烈活动和腹部创伤，以防止囊肿破裂；避免肾损害药物；控制高血压，此为保护肾功能、延缓肾衰竭进展的重要措施；积极防治尿路感染和结石等。慢性肾功能不全及终末期肾衰竭的治疗同非 ADPKD 患者。此外，症前和产前的基因诊断对于患者的遗传咨询、提高患者的生活质量及优生、优育具有重要意义。

二、常染色体隐性遗传型多囊肾

常染色体隐性遗传型多囊肾（autosomal recessive polycystic kidney disease，ARPKD）临床较罕见，发病率为 1/（6 000～12 000），一般在婴儿期即有明显的临床表现，故又称为婴儿型多囊肾（infantile polycystic kidney disease，infantile PKD），95% 的患者由位于 6q12 的 *PKHD1* 基因变异所

致。由于父母双方均携带 ARPKD 的遗传基因才有可能使子女发病，因此家族史常不明确。

【诊断要点】

主要依靠临床表现，常染色体隐性遗传规律和影像学检查。超声检查表现为两肾增大，轮廓模糊，皮髓质回声增强，集合系统界限不清。因成人型多囊肾（ADPKD）在婴幼儿时亦可出现囊肿，伴发高血压和肾功能不全（27%），故需与 ARPKD 相鉴别。二者鉴别主要依靠遗传基因分析、家系遗传规律分析，以及超声、CT 乃至肝活体组织检查。

【治疗及预后】

支持和对症治疗。多数患者死于肾衰竭或肝脏合并症。

此外，相对较常见的遗传性囊性疾病还有：髓质囊性病（medullary cystic disease，MCD）属常染色体显性遗传，主要见于成人，一般在 60~70 岁前并无肾衰竭表现。幼年肾单位肾痨（juvenile nephronophthisis）系常染色体隐性遗传，多见于 4~10 岁儿童；Bourneville 病，又名结节性硬化症（tuberous sclerosis），为常染色体显性遗传性疾病，发病以儿童居多。Lindau 综合征，又名 Hippl-Lindau 综合征，为常染色体显性遗传性疾病，临床表现多以神经系统症状最常见，偶尔因肾囊肿数目比较多需要与 ADPKD 相鉴别。

（张　宏）

第八章 尿路感染

尿路感染（urinary tract infection，UTI）是由病原微生物侵犯泌尿系统，并在尿路黏膜生长、繁殖，引起尿路急性或慢性炎症。尿路感染是临床常见病和多发病，可发生在任何年龄阶段，女性发生率高于男性。尿路感染临床表现变异较大，从无症状的菌尿、膀胱炎到典型的急性、慢性肾盂肾炎，也可发生严重并发症如脓毒血症、感染中毒性休克等。经积极的抗感染治疗，多数可以痊愈。少数伴有基础疾病者可反复发作，或导致肾功能不全。

【临床分类】

根据尿路感染的部位不同，可分为上尿路感染和下尿路感染。前者主要指肾盂肾炎，后者主要指膀胱炎。尿路感染又可分为急性和慢性尿路感染。

根据有无临床症状，分为有症状的尿路感染和无症状菌尿。患者的尿细菌培养为阳性但无临床表现，称为无症状菌尿。

根据有无尿路功能上或解剖上的异常，还可分为复杂性和非复杂性尿路感染。伴有尿路梗阻、尿流不畅、尿路先天性畸形、尿路结石、膀胱输尿管反流等所致的尿路感染，称为复杂性尿路感染。

根据尿路感染是初次发作还是反复发作，可分为初发性尿路感染和复发性尿路感染。6个月内发作≥2次，或1年内发作≥3次，为复发性尿路感染。

【流行病学】

尿路感染是女性最常见的细菌感染性疾病。根据流行病学资料显示普通人群的尿路感染发生率为0.91%，成年女性患病率为3.0%～4.5%，妊娠期妇女患病率更高，约为10.2%，而65岁以上老年女性则增至15%～20%。约50%的女性一生中有过尿路感染史。

50岁以下的成年男性很少发生UTI，而65岁以上男性患病率逐渐增加接近女性。长期卧床的老年女性和男性发病率可高达53%和37%。老年人尿路感染的发病率仅次于呼吸道感染。留置尿管相关性尿路感染是最常见的院内获得性感染。

【致病菌】

细菌、真菌、病毒、衣原体、支原体、寄生虫等都可以引起尿路感染。其中最主要致病菌株为革兰阴性杆菌（约95%以上），大肠埃希菌感染最为常见，约占总数的80%～90%，其次为变形杆菌、克雷伯杆菌属、铜绿假单胞菌等；约5%为革兰阳性细菌引起，如肠球菌（包括粪肠球菌、屎肠球菌）、链球菌、葡萄球菌等。

大肠埃希菌感染最常见于初发的、非复杂性的、无症状菌尿患者。而住院期间获得的尿路感染、复杂性、复发性尿路感染、尿路器械操作后的感染，则以肠球菌属、变形杆菌、克雷伯杆菌和铜绿假单胞菌感染为主。

长期卧床、留置导尿管、体质衰弱的老年患者还可由各种非尿路致病菌或条件致病菌导致严重UTI；此外，长期应用抗生素、糖皮质激素、合并糖尿病患者，真菌性尿路感染亦不少见。

【发病机制】

1. 感染途径

（1）上行感染：通常整个尿路黏膜是无菌的，仅在尿道口周围存在细菌。致病菌从尿道口上行至膀胱、输尿管和肾盂，引起膀胱炎或肾盂肾炎。约95%的尿路感染是通过此种途径感染的。

（2）血行感染：细菌从体内感染病灶侵入血流，引起菌血症或败血症，进入血中的细菌经血循环到达肾，引起肾盂肾炎或肾脓肿。血源感染的主要致病菌是金黄色葡萄球菌、沙门菌、铜绿假单胞菌及念珠菌。此种感染途径仅占尿路感染的3%以下。

(3) 经淋巴管感染：极少部分患者因结肠炎、阑尾炎和盆腔器官感染，细菌通过淋巴管侵入肾。

(4) 直接感染：外伤及肾周围脏器感染，病原菌直接侵入，引起感染。

2. 尿路的防御机制　正常情况下机体对细菌侵入尿路有一系列防卫机制：①排尿将细菌冲出体外。排尿可以清除侵入尿路大约99%的细菌。②膀胱黏膜的天然防御机制。尿路上皮细胞可产生杀菌分子，如正常膀胱壁的酸性糖胺聚糖是一种非特异的抗黏附因子，可阻止细菌的局部黏附。③尿路上皮细胞可分泌Tamm-Horsfall黏蛋白，保护尿路黏膜。④膀胱黏膜可分泌抗体IgG及IgA，对抗细菌入侵。⑤尿液的低pH、高浓度尿素和有机酸、尿液的过度低渗或高渗，不利于细菌生长。⑥女性阴道的正常菌群，如乳酸杆菌维持阴道的酸性环境，可减少大肠埃希菌寄居。男性前列腺液具有抗革兰阴性肠道细菌作用。⑦尿道括约肌的天然屏障作用。

3. 易感因素

(1) 尿路梗阻：当患者存在尿路结石、肿瘤、狭窄、畸形、前列腺肥大、多囊肾或腹腔及盆腔内肿瘤压迫尿路，致尿流不畅，细菌不易被冲洗清除；当发生肾盂积水或膀胱内残余尿增多时，更利于细菌的生存及繁殖，而发生感染。

(2) 膀胱输尿管反流：正常情况下排尿期膀胱输尿管瓣膜的完整性可以阻止尿液从膀胱逆行至输尿管和肾盂。当存在反流时，膀胱内的细菌逆行至肾盂，引起肾盂肾炎。

(3) 尿路器械操作：任何尿路有创性操作均可增加尿路感染的风险。当膀胱镜、逆行肾盂造影检查或导尿时，不仅易将尿道口周围细菌带入后尿道和膀胱，还会造成尿路黏膜损伤，很易发生尿路感染。有报道单次导尿后，尿路感染的发生率为1%~2%，留置导尿管3天以上，尿路感染的发生率超过90%。

(4) 机体抵抗力差：老年患者、伴有糖尿病、慢性肾疾病、肝硬化、晚期肿瘤、体质虚弱、久病卧床，营养不良或长期应用免疫抑制剂、抗生素者，使机体免疫功能下降，防御能力进一步减低。

(5) 性别、年龄因素：女性患者由于尿路的解剖特点，尿道短而宽，且距离细菌较多的阴道口及肛门较近；女性月经期，经血对尿道口刺激及经血是细菌的良好培养基；在性生活时，女性尿道口受压，细菌经尿道口被挤入膀胱；妊娠是尿路感染的重要诱因。妊娠时黄体素分泌增加，使输尿管平滑肌松弛和蠕动缓慢；妊娠期尿液化学成分变化，有利于细菌的生长；妊娠子宫压迫输尿管，致尿流不畅。更年期后，尿道黏膜萎缩，分泌有机酸减少，局部抗菌能力减弱，导致女性绝经期后更易发生尿路感染，因此女性存在三个尿路感染高发阶段：新婚蜜月期，妊娠期，绝经期。

男性患者存在包茎、细菌性前列腺炎时，易发生尿路感染。

老年男性前列腺肥大或前列腺液分泌减少，老年女性膀胱颈梗阻，致排尿不畅，膀胱内残余尿增多及尿潴留，利于细菌繁殖。老年患者膀胱无力或排尿反射障碍，神经性膀胱、逼尿肌收缩差，膀胱内高压，使膀胱壁毛细血管血流减少，对感染的抵抗力减弱。

4. 细菌致病力　大肠埃希菌的菌体抗原（O抗原）和荚膜抗原（K抗原）与细菌毒力有关。O抗原主要成分为脂多糖，具有细胞毒性与免疫原性，可引起机体的炎症反应。K抗原可以通过抑制吞噬作用和补体的杀菌作用与细菌毒力直接相关。富含K抗原的大肠埃希菌易于引起肾盂肾炎，在70%的致病菌中分离到K抗原，这类菌株具有致病特性，如黏附、血清抵抗、溶血素作用等。

菌毛是细菌表面的细丝状细胞器。菌毛内含黏附素，致病菌借助黏附素与尿道上皮表面特殊的受体结合。如果这种黏附被甘露糖阻断，为1型菌毛（甘露糖敏感），否则为2型菌毛（甘露糖抵抗）。1型菌毛主要分布于革兰阴性杆菌，与急性单纯性膀胱炎发病相关。2型菌毛也称-P菌毛，与肾盂肾炎的发生密切相关。2型菌毛或肾盂肾炎相关菌毛，是大肠埃希菌最具毒力的因素之一，可与尿路上皮组织、肾脏和肠道糖脂受体结合，尿路上皮细胞上P菌毛大肠埃希菌受体越多，越易发生肾盂肾炎。

【病理】

急性膀胱炎时，膀胱黏膜充血、潮红、上皮细胞肿胀，黏膜下组织充血、水肿、白细胞浸润，重症者膀胱黏膜可有点状或片状出血，及黏膜溃疡。

急性肾盂肾炎时，可侵犯单侧或双侧肾。肉眼见肾盂肾盏黏膜充血、水肿，表面有脓性分泌物，黏膜下有小脓肿，在肾乳头处可见大小不一的楔形炎症病灶。显微镜下见肾小管腔内有脓性分泌物，肾小管上皮细胞肿胀、坏死、脱落。间质内有炎细胞浸润和小脓肿形成。炎症严重时可有广泛性出血。小的炎症病灶可完全愈合，较大病灶愈合后可留下瘢痕。

慢性肾盂肾炎双侧肾病变常不一致，肾脏体积缩小，表面不光滑，有肾盂肾盏粘连、变形，肾乳头瘢痕形成，肾小管萎缩及肾间质淋巴-单核细胞浸润等慢性炎症表现。

【临床表现】

尿路感染的典型临床表现是尿路刺激症状。如尿频、尿急、尿痛、或尿道灼热感，可伴有肉眼血尿。尿频是指排尿次数明显增多，而每次尿量不多；因尿不净感导致尿意频数。尿急是指有尿意就必须尽快排尿，常因控制不住而尿液流出。尿痛是指排尿时或排尿后尿道疼痛感，或烧灼感。部分典型患者自诉排尿时疼痛而不敢排尿。

1. 急性单纯性膀胱炎　常见于健康年轻女性。多为上行感染所致，常突然起病，主要表现为尿频、尿急、尿痛，可伴有下腹部不适感及耻骨联合上压痛。一般不伴发热及全身表现。通常有白细胞尿，约30%有血尿，偶有肉眼血尿。

2. 反复发作性膀胱炎　膀胱炎反复发作，多数为重新感染，少数为复发。重新感染指在正规抗感染治疗细菌消失后，停止治疗6周后，由不同致病菌引起的再次感染。复发是指治疗后细菌消失，停药6周内再发，致病菌与上次相同。

3. 急性肾盂肾炎　急性起病，患者常表现为明显的全身症状和肾局部症状。全身症状有发冷、寒战、发烧，可伴恶心，食欲不振，疲乏无力。肾局部症状为腰痛，下腹部疼痛，可有尿频、尿急和尿痛，即尿路刺激症状，病变严重者可出现肉眼血尿和尿混浊。体征：体温多在38℃以上，有肾区叩击痛和肋脊角压痛。化验：血白细胞总数升高，血沉增快，血培养可阳性。尿常规有大量白（脓）细胞，可见白细胞管型。

4. 无症状菌尿　患者可无尿路刺激症状，或任何全身自觉症状；偶然尿检时发现异常；2次清洁中段尿培养细菌学阳性，且细菌菌株相同。多见于糖尿病、妊娠期、老年女性、肾移植受者、留置导尿管者等。致病菌以大肠埃希菌多见。

5. 慢性肾盂肾炎　常有尿路感染反复发作史多年。临床表现不典型，尿路刺激症状不著。急性发病时可有典型的急性肾盂肾炎表现，晚期可伴肾功能不全，表现为乏力、腰酸、高血压、水肿、夜尿增多等。当肾盂肾炎同时有下列情况之一者，可诊断为慢性肾盂肾炎：①在静脉肾盂造影影像上可见肾盂肾盏变形、缩窄；②B超检查示肾脏外形凹凸不平，且两肾大小不等；③肾小管功能持续性损害，如尿酶排泄增加、肾小管性蛋白尿、肾浓缩功能减退等。

【并发症】

1. 肾脓肿和肾周围脓肿　急性肾盂肾炎未治疗或进一步扩散，可发展为肾脓肿和肾周围脓肿。以往见于金黄色葡萄球菌血行感染者，目前多见于有糖尿病、尿路梗阻等复杂性尿路感染者。

2. 肾乳头坏死　是指肾乳头及邻近髓质缺血性坏死。表现为高烧、剧烈腰痛、血尿、有坏死组织从尿中排出。约50%的肾乳头坏死发生在糖尿病患者，滥用镇痛剂、梗阻性肾病也可发生。

3. 革兰阴性杆菌败血症　多见于复杂性尿路感染、高龄、体质虚弱者，病情急剧、凶猛，寒战、高热、休克，预后差。

【实验室和其他检查】

1. 尿常规

（1）肉眼观察：尿路感染时，尿色可混浊，可有腐败气味，偶见肉眼血尿。

（2）白细胞尿：尿液离心后尿沉渣检查白细胞≥5个/HP，是诊断尿路感染的敏感指标。急性期尿白细胞显著增多，慢性期可持续有少量白细胞。尿中如有白细胞管型，支持肾盂肾炎诊断。

(3) 血尿：少部分患者有较明显的镜下血尿，极少数（<5%）可有肉眼血尿。

(4) 蛋白尿：急性肾盂肾炎、高热时可有少量蛋白尿，症状缓解后蛋白尿消失。慢性肾盂肾炎，可有持续少量蛋白尿。

(5) 尿比重（specific gravity of urine，简称SG）：急性病变一般无变化，慢性肾盂肾炎患者可出现肾小管功能受损，尿比重降低，尿渗透压降低，尿浓缩稀释试验异常。

2. 尿细菌学检查

(1) 清洁中段尿培养：晨起憋尿6小时以上，将尿道口周围消毒，取中段尿液20ml送细菌定量培养。如杆菌菌落计数≥10^5/ml，即有意义。若菌落计数为10^4～10^5/ml，需行两次尿培养，如为相同菌株，即使无尿路刺激症状，也可诊断。球菌菌落计数≥10^3/ml，有诊断意义。

(2) 膀胱穿刺尿液培养：患者憋尿约6小时后，在耻骨联合上1cm处，常规消毒局麻，穿刺针垂直进入膀胱，抽取尿液20～30ml送培养。如有细菌生长，即可确诊。

(3) 直接涂片镜检：快速诊断细菌尿的方法。取新鲜清洁中段尿液10ml，离心后取沉淀物涂片，若显微镜下每个视野可见1个以上的细菌，表示存在菌尿。

(4) 尿亚硝酸盐还原试验：革兰阴性杆菌可使尿液内硝酸还原为亚硝酸盐，如大肠埃希菌感染时，尿亚硝酸盐呈阳性反应。

3. 血常规　急性肾盂肾炎时可伴白细胞总数及中性粒细胞升高。慢性肾盂肾炎肾功能异常时，可发生贫血。急性膀胱炎常无上述改变。

4. 肾功能　慢性肾盂肾炎患者可出现肾小管功能减退，表现为小分子蛋白尿、尿酶增多，尿液浓缩试验异常，晚期可出现肾小球滤过功能异常，血清肌酐。

5. 影像学检查　影像学检查如B超、X线腹平片、静脉肾盂造影（intravenous pyelography，IVP）、排尿期膀胱输尿管反流造影、逆行性肾盂造影等，目的是为了解尿路情况，及时发现有无尿路结石、梗阻、反流、畸形等导致尿路感染反复发作的因素。尿路感染急性期不宜作静脉肾盂造影，可作B超检查。对于反复发作的尿路感染或急性尿路感染治疗7～10天无效的女性应行IVP。男性患者无论首发还是复发，在排除前列腺炎和前列腺肥大之后均应行尿路X线检查以排除尿路解剖和功能上的异常。

慢性肾盂肾炎晚期可呈现双肾大小不一，表面凹凸不平，皮质髓质分界不清。

【诊断及鉴别诊断】

典型的尿路感染结合临床表现、白细胞尿、尿细菌学检查不难诊断。

1. 诊断标准　①正确留取清洁中段尿（尿液停留在膀胱4～6h以上），进行细菌定量培养，菌落计数>10^5/ml。②尿细菌培养菌落计数在10^4～10^5/ml，重复尿培养，如为相同菌株，结合临床症状，可以确诊。如仍有疑问，可行膀胱穿刺留取尿液标本，以明确诊断。

当女性有明显尿频、尿急、尿痛，尿白细胞增多，尿细菌定量培养≥10^2/ml，并为常见致病菌时，可拟诊为尿路感染。

2. 确定尿路感染部位　下尿路感染和部分上尿路感染患者都可以有尿路刺激症状，但上尿路感染常伴有明显的全身症状，如发热、恶心、呕吐，体检有肋脊角压痛、肾区叩击痛等症状；此外，尿沉渣可以检出白细胞管型，血白细胞升高等均有助于上尿路感染的定位。

3. 鉴别诊断

(1) 全身感染性疾病：上尿路感染急性期时，发热、寒战等全身症状明显，而尿路刺激症状不明显时，易误诊为流感、疟疾、脓毒症、伤寒等，通过详细询问病史，仔细体格检查，进行尿常规、尿细菌学检查，不难鉴别。

(2) 肾结核：尿路刺激症状较明显，病情呈进行性进展，可伴全身中毒症状，低热、盗汗、食欲减退、贫血、消瘦等，多有肾外结核病史。一般抗生素治疗无效。尿沉渣检查持续有白细胞和红细胞，尿沉渣涂片直接找抗酸杆菌，或尿结核菌培养，结核菌素试验（PPD），肾影像学检查等，可以

(3) 无菌性尿频-排尿不适综合征（又称尿道综合征）：有明显的尿路刺激症状，但尿沉渣镜检正常，尿细菌学检查阴性。病因不明，可能与尿路局部刺激、损伤、过敏有关。少部分患者可能与焦虑性神经官能症有关，也可能是衣原体等非细菌感染造成。

【治疗】

(一) 一般治疗

急性期注意休息，多饮水，勤排尿。发热者给予易消化、高热量、富含维生素饮食。膀胱刺激征和血尿明显者，可口服碳酸氢钠片 1g，每日 3 次，以碱化尿液、缓解症状、抑制细菌生长、避免形成血凝块，对应用磺胺类抗生素者还可以增强药物的抗菌活性并避免尿路结晶形成。尿路感染反复发作者应积极寻找病因，及时祛除诱发因素。女性病人应在性生活后排尿，以减少尿道感染机会。

(二) 抗感染治疗

用药原则：尿路感染的治疗目的是缓解症状，清除病原体，预防与治疗全身脓毒症，预防并发症。应根据尿液细菌学结果选用敏感的抗生素，较少产生细菌耐药性。无病原学结果之前，一般首选对革兰阴性杆菌有效的抗生素，应用经肾排泄的抗生素，在泌尿系统可获得较高药物浓度，并且副作用小，肾毒性小。

常用抗生素：常用的抗生素有喹诺酮类、β内酰胺类（头孢霉素类和青霉素类）、磺胺类，头孢类和氨基糖苷类。具体用药种类、剂量、方法、疗程应根据尿细菌培养结果及病情选用。

1. 急性膀胱炎　可首选喹诺酮类、磺胺类、头孢类抗生素口服。

(1) 单剂抗菌疗法：适用于首次发作、非复杂性下尿路感染。一次大剂量口服抗生素，方法简便，费用低，对绝大多数患者有效，副作用少，极少产生耐药菌株。

(2) 3 天抗菌疗法：适用于多次发作的、非复杂性的下尿路感染，可减少复发。3 天疗法疗效及复发率均优于单剂疗法。

2. 反复发作性膀胱炎　首先除外尿道梗阻及结构异常，进行影像学检查。急性发作期给予敏感抗生素 14 天，待尿常规恢复正常，尿培养阴性，改为维持剂量，即在每晚睡前排空膀胱，之后服用一个剂量的抗生素，每种药连用 2 周，再换用另一种药物，共用 6 周。也可采用低剂量长期抑菌治疗，如呋喃妥因 50mg、氧氟沙星 100mg，或复方磺胺甲噁唑半片，通常使用半年，预防复发。

3. 急性肾盂肾炎　病情较轻者可在门诊口服药物治疗，疗程 10～14d。常用药物有喹诺酮类（如氧氟沙星 0.2g，每日 2 次；环丙沙星 0.25g，每日 2 次）、半合成青霉素类（如阿莫西林 0.5g，每日 3 次）、头孢菌素类（如头孢呋辛 0.25g，每日 2 次）等。治疗 14 天后，通常 90% 可治愈。如尿菌仍阳性，应参考药敏试验选用有效抗生素继续治疗 4～6 周。

严重感染全身中毒症状明显者：通常治疗分两个阶段，初始静脉给药，迅速控制菌血症及脓毒血症的发生并缓解症状，继而口服用药以继续清除病原体，巩固疗效和防止复发，总疗程 2～6 周。根据病情及尿细菌学结果，静脉用药可选择氨苄西林、羟氨苄西林、头孢菌素（第二代、第三代）、氨基糖苷类、阿莫西林-克拉维酸钾、哌拉西林-他唑巴坦、氟喹诺酮类、莫西沙星、碳青霉烯类等抗生素。复杂性肾盂肾炎易发生革兰阴性杆菌脓毒血症，应联合两种或两种以上抗生素治疗。在治疗 2 周后做尿细菌培养，如仍持续发热，尿菌阳性，应注意肾盂肾炎并发症的可能，如肾盂积脓、肾周脓肿和败血症等。

4. 导管相关尿路感染　留置导尿管可使尿道周围革兰阴性杆菌或尿袋内繁殖的细菌进入尿道，发生尿路感染。特别是老年女性、糖尿病、机体抵抗力低下的患者。预防方法：尽量避免使用尿管，尽早拔除尿管。插导尿管时应严格无菌操作。无菌密闭系统，避免开放。保持尿袋在膀胱水平以下，防止尿液逆流。发生尿路感染应及时拔除或更换尿管。

5. 无症状细菌尿　对于健康或老年妇女，无复杂尿路情况者，无症状菌尿不需要治疗。对于有复杂因素的、合并糖尿病、多囊肾病、中性粒细胞减少、准备尿路器械操作、妊娠期、小儿、肾移植术后的无症状菌尿，应给予相应治疗。

6. 老年尿路感染　老年女性、绝经期后，反复发作尿路感染，或无症状性菌尿，应考虑应用小剂量雌激素替代治疗（阴道激素软膏或口服），以修复泌尿生殖道萎缩的黏膜，利于阴道乳酸杆菌的再生，降低阴道 pH 值，减少阴道内肠道菌群的繁殖，可预防尿路感染的再发。

老年男性尿路感染多伴有前列腺炎前列腺肥大、前列腺炎或存在尿路的复杂因素较易发生尿路感染。但许多抗生素较难通过前列腺上皮进入前列腺组织，因此应给予 4~6 周，甚至 12 周强化抗炎治疗。此外，应除外前列腺结石致前列腺液引流不畅、前列腺肥大致膀胱尿潴留等不利因素。必要时应手术解除引起梗阻或/和感染的前列腺。

【预防】

1. 坚持每日多饮水、多排尿，以冲洗膀胱和尿道。
2. 注意会阴部清洁，以减少尿道口周围细菌群。女性在月经期、妊娠期、产褥期尤应注意。男性如有包茎或包皮过长，应注意清洁或矫治。
3. 尽量减少尿道器械操作，必要时严格无菌操作。如已有尿路感染，先控制感染，后进行尿道器械操作。以往有尿路感染史或尿路异常者，在操作前后 48h 宜服用抗生素预防感染。
4. 必须留置尿管时，在最初 3 天给予抗生素，可以延迟尿路感染的发生。
5. 与性生活有关的尿感，应于性交后立即排尿，并口服一次常用量抗生素；
6. 膀胱-输尿管反流者，要"二次排尿"，即每次排尿后数分钟，再排尿一次。

（吴　华）

第九章 急性肾衰竭和急性肾损伤

急性肾衰竭（acute renal failure，ARF）是指肾小球滤过率突然或持续下降，引起氮质废物体内储留，水、电解质和酸碱平衡紊乱，所导致各系统并发症的临床综合征。肾功能下降可发生在原来无肾脏病的患者，也可发生在原已稳定的慢性肾脏病患者，突然肾功能急剧恶化。

2005年9月急性肾损伤（acute kidney injury，AKI）网络（AKIN）对AKI的诊断及分级标准进行了修订，将AKI定义（诊断标准）为：肾功能（肾小球滤过功能）突然（48小时以内）下降，表现为血肌酐绝对值增加≥0.3mg/dl（≥26.5μmol/l），或者增加≥50%（达到基线值的1.5倍），或者尿量<0.5ml/（kg·h）持续超过6小时（排除梗阻性肾病或脱水状态）。AKIN专家组将AKI分为1、2、3期。具体分期诊断标准见表5-9-1，可供临床医师在诊治危重症ARF时参考。AKI概念的提出与诊断分期，对危重症ARF的早期诊断与早期干预，改善患者预后，均有其积极意义。

表5-9-1 AKIN关于AKI的分级诊断标准

分期	Scr标准	尿量
1期 （危险期）	增加≥26.5μmol/L（0.3mg/dl） 或增至基线的150%～200%（1.5～2倍）	<0.5ml/（kg·h） 时间>6小时
2期 （损伤期）	增至基线的200%～300%（2～3倍）	<0.5ml/（kg·h） 时间>12小时
3期 （衰竭期）	增至基线的300%以上（>3倍） 或Scr≥354μmol/l（4mg/dl）， 且急性增加≥44.2μmol/l（0.5mg/dl）	<0.5ml/（kg·h） 时间>24小时 或 无尿12小时

【病因和分类】

急性肾衰竭的病因多种多样，可分为肾前性、肾性和肾后性三类。肾前性急性肾衰竭的常见病因包括血容量减少（如各种原因的液体丢失和出血）、有效动脉血容量减少、低心排血量、肾内血流动力学改变（包括肾脏血管收缩、扩张失衡）和肾动脉机械性阻塞等。肾后性急性肾衰竭的病因主要是急性尿路梗阻。肾性急性肾衰竭是指肾实质损伤，常见的是肾缺血或肾毒性物质损伤肾小管上皮细胞［如急性肾小管坏死（ATN）］，也包括肾小球疾病、肾血管病和间质病变所伴有的肾功能急剧下降。随着发病人群及其所处的环境不同，ATN的病因有多种多样，ATN常有感染、导致有效循环容量下降或血压下降的各种因素、各种肾毒性药物等诱因，ATN发生的易感人群包括存在基础肾脏病、高血压、糖尿病、心血管疾病和高龄患者。本章重点叙述急性肾小管坏死。

【发病机制】

肾前性ARF和缺血性急性肾小管坏死可发生在一个相同的连续的病理生理过程中，多由肾灌注不良引起，早期是由于肾灌注减少导致血流动力学改变介导的肾小球滤过率降低，如果能及时纠正不利因素，则可逆转血流动力学损害，会使肾功能迅速恢复。但严重或持续低灌注时可发生肾小管上皮细胞明显损伤，即使纠正了低灌注也难以改善这些病变，造成缺血性急性肾小管坏死。无论ATN的病因如何，其发病机制的主要环节均相似，目前认为ATN致肾小球滤过率下降的机制主要有以下几个方面：

1. 肾血流动力学改变　主要特点是出现肾内血管收缩，肾血浆流量下降、肾内血流重新分布，表现为肾皮质血流量减少和肾髓质淤血，这些变化主要影响肾脏皮髓质交界区的血流和供氧，尤其对耗氧量较大的近曲小管直段和髓襻升支厚壁段影响显著。肾内血管收缩是ATN的始动和持续的进展因素，主要原因有：①血管内皮细胞功能紊乱：缩血管与舒血管生物活性因子的产生及作用失衡，使得肾局部自动调节功能丧失、肾内血管持续收缩，从而缺血性损害持续进展。由内皮细胞产生的内皮素和一氧化氮的正常平衡被破坏，是引起肾内血管持续收缩的主要机制。另外肾内舒血管性物质（如PGI_2、PGE_2）合成减少，缩血管性物质（血栓素A_2）产生过多也部分参与了其过程。②交感神经过度兴奋。③肾内肾素-血管紧张素系统兴奋：动物研究发现缺血后肾脏局部血管紧张素Ⅱ水平可明显增高，提示可能是缺血性ATN时GFR下降的机制之一。④管-球反馈过强，造成肾血流及肾小球滤过率进一步下降。

2. **肾小管上皮细胞损伤**　肾组织的缺血、缺氧和中毒导致肾小管上皮细胞的代谢及生化紊乱，肾小管上皮结构和功能受到损伤，表现为：①细胞内三磷酸腺苷耗竭，Na^+-K^+-ATP酶活力下降，使细胞内Na^+、Cl^-浓度上升，K^+浓度下降，细胞肿胀；②细胞内游离钙离子超载由于Ca^{2+}-ATP酶、Na^+-K^+-ATP酶活性受抑制，胞膜对钙离子通透性增加，因此细胞外Ca^{2+}向细胞内转移增多，使胞浆中Ca^{2+}浓度明显上升，线粒体肿胀，能量代谢失常；③细胞生化紊乱，细胞膜上的多种磷脂酶因能量代谢障碍而大量释放，可直接对细胞造成毒性影响，并且影响线粒体的功能，加重细胞代谢异常，促使氧化代谢产物在细胞内堆积，加重脂质过氧化反应所造成的细胞损伤；④细胞内酸中毒，由于缺氧和中毒使ATP生成减少，其结果是促进糖无氧酵解增强，造成肾小管上皮细胞内酸中毒，严重酸中毒可加重缺血细胞损伤，使细胞失去正常功能。

3. **肾小管上皮脱落、管腔中管型形成**　脱落细胞间互相黏合或与正常上皮细胞黏在一起，在管腔内与Tamm-Horsfall蛋白共同形成细胞管型，造成肾小管阻塞，管腔阻塞造成压力过高，一方面直接导致肾小囊内压力增高，使肾小球滤过率下降，另一方面肾小球滤过液的反漏，通过受损的肾小管上皮细胞或肾小管基底膜漏出，引起肾间质水肿，进一步降低了肾小球滤过率，加重肾小管间质缺血和功能损害。

【病理】

由于病因和病变的严重程度不同，病理改变可有显著差异，肉眼可见肾体积增大，切面可见肾皮质增厚、苍白，肾髓质淤血呈紫红色。肾小球无明显病变。肾小管上皮细胞常见重度空泡和/或颗粒变性，细胞扁平、管腔扩张，在上述严重变性的背景下，可见弥漫性或灶状细胞崩解、脱落，部分肾小管腔内细胞碎片或颗粒管型堵塞，有的细胞完全脱落消失，仅余肾小管基底膜，称裸基底膜形成，有的则可见肾小管基底膜断裂。肾间质弥漫水肿，伴有灶状淋巴和单核细胞浸润。电镜下可见损伤的肾小管上皮细胞线粒体和内质网肿胀，溶酶体增多、吞噬空泡增多、微绒毛脱落。后期或恢复期，肾小管上皮细胞出现再生现象：细胞扁平，细胞核染色质增粗浓染，排列紊乱。如基底膜完整存在，则肾小管上皮细胞可迅速再生，否则上皮细胞不能再生。

【临床表现】

ATN是急性肾衰竭最常见的类型，ATN患者的临床表现及肾衰竭的程度与其肾脏低灌注的程度和持续时间有关。目前多根据临床过程可分为起始期、持续期和恢复期。

1. **起始期**　此期患者常遭受一些已知ATN的病因，如低血压、缺血、脓毒症和肾毒素等。但尚未发生明显的肾实质损伤，可能处于急性肾衰竭高危阶段或损伤阶段。起始期的长短依病因和程度的不同而不同，通常为数小时~数天，此时肾病变常为可逆性，但随着肾小管上皮发生明显损伤，GFR突然下降，可出现容量过多，并出现电解质和酸碱平衡紊乱的症状和体征，则进入持续期。

2. **持续期**　此期已处于损伤阶段或衰竭阶段，一般为1~2周，也可更长时间。肾小球滤过率保持在低水平，许多患者可出现少尿（<400ml/d），部分甚至无尿（<100ml/d）。但也有些患者可没有少尿，尿量在400ml/d以上，称非少尿型急性肾损伤，该类患者多数预后相对较好。然而，不论尿量是否减少，随着肾功能减退，临床上常出现一系列尿毒症的临床表现。

（1）消化系统：常见的症状有食欲减退、恶心、呕吐、腹胀、腹泻等，严重者可发生消化道出血。

(2) 呼吸系统：除感染的并发症外，因容量负荷过多，可出现呼吸困难、咳嗽、憋气、胸痛等症状。

(3) 心血管系统：包括高血压、心律失常、低血压、心肌病变、充血性心力衰竭的表现等。急性左心衰竭是持续期 ATN 患者常见的死亡原因。

(4) 神经系统：可出现意识障碍、躁动、谵妄、抽搐、昏迷等尿毒症脑病症状。

(5) 血液系统：可表现为轻中度贫血，并可有出血倾向。

(6) 水、电解质和酸碱平衡紊乱：可表现为：①代谢性酸中毒：主要是因为非挥发性酸性代谢产物排泄减少，肾小管泌酸产氨和保存碳酸氢钠的能力下降等原因所致。如合并高分解代谢状态，使体内酸性代谢产物明显增多；高分解状态主要见于伴有广泛组织创伤、烧伤、严重感染、败血症等所致的重症 ATN 患者，组织分解代谢极度旺盛。②高钾血症：除肾排钾减少外，酸中毒、组织分解过快也是主要原因；另外，输入陈旧血等医源性因素均可加重高钾血症。高钾血症有时表现隐匿，有时出现恶心、呕吐、四肢麻木等感觉异常及心率减慢，严重者可出现神经系统表现，如血钾浓度在 6mmol/L 以上时，心电图可显示高尖 T 波，随血钾进一步升高可出现严重的心律失常，直至心室颤动。高钾对心肌毒性作用还受体内钠、钙浓度和酸碱平衡的影响，当存在低钠、低钙血症或酸中毒时，高钾血症导致的临床症状更为严重，易诱发各种心律失常。高钾血症是 ATN 起病 1 周内常见的死亡原因，及时诊断、正确处理至关重要。③水钠平衡紊乱：持续期 ATN 患者由于 GFR 下降及易出现体内水钠潴留，如水过多、大量应用利尿剂则可引起低钠血症。此外还可有低钙、高磷血症。

(7) 感染：感染是 ATN 常见的并发症，可见于 30%～70% 的患者，是其主要的死亡原因之一，常见的感染部位包括肺部、尿路、腹腔及手术部位。在 ATN 同时或在疾病发展过程中还可合并多个脏器衰竭，患者死亡率可高达 70%。

3. 恢复期　肾小管细胞再生、修复，肾小管完整性恢复。GFR 逐渐恢复正常或接近正常，此期尿量呈进行性增加，少尿或无尿患者尿量进入 500ml/d 即进入恢复期。部分患者出现多尿，尿量超过 2500ml/d，通常持续 1～3 周，继而再恢复正常。多尿期有时由于排钾过多或使用排钾利尿剂、摄入减少等造成低血钾，如血清钾<3.0mmol/L 时患者可出现疲乏、恶心呕吐、腹胀、肠蠕动减弱或消失，严重者出现呼吸肌麻痹、定向力障碍及嗜睡、昏迷。心电图可见 T 波宽而低、Q-T 间期延长、出现 U 波，甚至出现心室颤动、心脏骤停，因此应予以重视。肾小管重吸收功能的恢复较肾小球滤过功能恢复迟缓且滞后，多数肾小管功能完全恢复需 3 个月以上，少数患者可遗留不同程度的肾结构和功能损伤。

【实验室和其他检查】

1. 血液检查　有轻、中度贫血。血肌酐和尿素氮进行性上升，如合并高分解代谢及横纹肌溶解引起者上升速度较快，可出现高钾血症（大于 5.5mmol/L）。血 pH 值常低于 7.35，HCO_3^- 水平多呈轻中度降低。血钠浓度正常或偏低，可有血钙降低、血磷升高。

2. 尿液检查　①尿量变化：少尿或无尿常提示 ATN。②尿常规检查：外观多混浊、尿色深。尿蛋白多为（－～＋），常以中、小分子蛋白为主。尿沉渣可见肾小管上皮细胞、上皮细胞管型和颗粒管型，并可见少许红白细胞等，尿比重常在 1.015 以下。③尿渗透压低于 350mOsm/kg，尿与血渗透浓度之比低于 1.1。由于肾小管对钠重吸收减少，尿钠增高，多在 20～60mmol/L；尿肌酐与血肌酐之比降低，常低于 20；尿尿素氮与血尿素氮之比降低，常低于 3；肾衰竭指数常大于 1；钠排泄分数常大于 1。应注意在输液、使用利尿剂或高渗药物前进行尿液检查，否则会影响结果。

3. 影像学检查　以 B 型超声检查最为常用，急性肾衰竭时肾体积常增大、肾皮质可增厚，而慢性肾衰竭时肾体积常缩小、肾皮质变薄。此外超声检查还有助于鉴别是否存在肾后性梗阻，上尿路梗阻时可见双侧输尿管上段扩张或双侧肾盂积水，下尿路梗阻时可见膀胱尿潴留。腹部 X 线平片、静脉或逆行肾盂造影、CT 或磁共振成像等通常有助于寻找可疑尿路梗阻的确切原因。

4. 肾活检　是重要的诊断手段，对临床表现典型的 ATN 患者一般无需做肾活检。对于临床表现符合 ATN，但少尿期超过 2 周或病因不明，且肾功能 3~6 周仍不能恢复者，临床考虑存在其他导致急性肾损伤的严重肾实质疾病，均应尽早进行肾活检，以便早期明确病因诊断。

【诊断与鉴别诊断】

ARF 的诊断依据为：GFR 在短时间内（数小时至数日）下降 50% 以上或血肌酐上升超过 50% 即可诊断。如果尿量<400ml/d，则为少尿型 ARF；如果无少尿，则为非少尿型 ARF。根据原发病因，GFR 进行性下降，结合相应临床表现和实验室检查，ARF 的诊断一般不难做出。

在鉴别诊断方面，首先应排除慢性肾功能不全基础上的急性肾衰竭，其次除外肾前性和肾后性；确定为肾实质性后，尚应鉴别肾小管、肾小球、肾血管或肾间质病变引起的急性肾衰竭。多种引起 ARF 的病因或疾病均需与 ATN 鉴别。

（一）**ATN 与肾前性氮质血症鉴别**

1. 补液试验 发病前有血容量不足、液体丢失、休克、交感神经过度兴奋或有心脏、肝脏疾病基础，体检发现皮肤、黏膜干燥、低血压、颈静脉充盈不明显，应首先考虑肾前性少尿，可试用输液（5% 葡萄糖 200~250ml）和注射利尿剂（呋塞米 40~100mg），仔细观察输液后循环系统负荷情况。如果已补足血容量，血压恢复正常、尿量增加，氮质血症改善，则支持肾前性的诊断。低血压时间过长，特别在老年人伴心功能不全及补液后无尿量增多者应怀疑过长时间的肾前性氮质血症已过渡为 ATN。

2. 尿液诊断指标检查（表 5-9-2）

表 5-9-2 肾前性氮质血症和急性肾小管坏死的尿液诊断指标

诊断指标	肾前性氮质血症	急性肾小管坏死
尿比重	>1.020	<1.012
尿渗透压 [mOsm/(kg·H_2O)]	>500	<350
尿钠浓度（mmol/L）	<20	>40
尿肌酐/血肌酐	>40	<20
尿尿素氮/血尿素氮	>8	<3
血尿素氮/血肌酐	>20	<10~15
肾衰竭指数*	<1	>1
钠排泄分数**	<1	>2
尿沉渣	透明管型	棕色颗粒管型

* 肾衰竭指数＝尿钠/（尿肌酐/血肌酐）

** 钠排泄分数（%）＝（尿钠/血肌酐）/（血钠/尿肌酐）×100

（二）**ATN 与肾后性尿路梗阻鉴别**

有导致尿路梗阻的原发病如结石、肿瘤、前列腺肥大史；突然发生尿量减少或与无尿交替；患者自觉肾绞痛、胁腹部或下腹部疼痛；肾区有叩击痛；如膀胱出口处梗阻，则膀胱区因积尿而膨胀，叩诊呈浊音；尿常规无明显改变。超声显像和 X 线检查可帮助诊断。

（三）**ATN 与肾小球或肾微血管疾病鉴别**

重症急性肾小球肾炎，急进性肾炎，继发性肾病如狼疮性肾炎、紫癜性肾炎等和肾病综合征大量蛋白尿期亦可引起特发性急性肾损伤。另外有部分是由小血管炎，溶血性尿毒症综合征及恶性高血压所致。根据病史、实验室检查和肾活检可帮助鉴别。

（四）**ATN 与急性间质性肾炎鉴别**

根据近期用药史，出现发热、皮疹、淋巴结肿大及关节酸痛、血嗜酸性粒细胞增多等临床表现，尿化验异常并有肾小管及肾小球功能损伤可做鉴别。肾活检有助于确诊。

（五）ATN与肾血管阻塞鉴别

双侧肾或孤立肾肾动脉栓塞或静脉血栓形成均可引起急性肾损伤，临床上较罕见，可表现为严重腰痛、血尿和无尿等。血管造影能明确诊断。

【治疗】

急性肾衰竭的治疗包括以下方面：

（一）积极控制原发病因、去除加重急性肾损伤的可逆因素

急性肾衰竭首先要纠正可逆的病因。对于各种严重外伤、心力衰竭、急性失血等都应进行相应的治疗，包括扩容、纠正血容量不足、休克和控制感染等。停用影响肾灌注和肾毒性药物。注意调整药物剂量，如有可能监测血清药物浓度。

（二）维持机体的水、电解质和酸碱平衡

1. 维持体液平衡 在少尿期，患者容易出现水负荷过多，极易导致肺水肿。严重者还可出现脑水肿。应密切观察患者的体重、血压和心肺症状与体征变化，严格计算患者24小时液体出入量。补液时遵循"量出为入"的原则。每日补液量＝显性失液量＋不显性失液量－内生水量。限水过度或补液不足可能加重肾缺血性损伤，补液过多则可能导致急性肺水肿或脑水肿。衡量补液量适中的指标是：皮下无水肿或脱水征象；每日体重不增加，若每日超过0.5kg或以上，提示体液过多；血清钠浓度正常；中心静脉压在6~10cm H_2O 之间，若高于12cm H_2O 提示液体过多；胸部X片未显示肺充血征象；心率快、血压升高、呼吸急促，若无感染征象，应怀疑体液过多。如出现急性心力衰竭则最有效的治疗措施是尽早进行透析治疗。

2. 纠正高钾血症 当血钾超过6.0mmol/L，应密切监测心率和心电图，并给予紧急处理：10%葡萄糖酸钙10~20ml，2~5min内缓慢静注，以拮抗钾离子对心肌的作用；11.2%乳酸钠100~200ml静脉注射，伴代谢性酸中毒者可给5%的碳酸氢钠100~200ml静脉滴注，提高血pH值同时促进钾离子向细胞内流；25%葡萄糖200ml加普通胰岛素16~20U，静脉滴注，可促进糖原合成，也可使钾离子向细胞内移动；应用口服降钾树脂类药物或呋塞米等排钾利尿剂可促进尿钾排泄。如以上措施无效，应尽快做血液透析或腹膜透析。

3. 纠正代谢性酸中毒 如 HCO_3^- 低于15mmol/L，可根据情况选用5%碳酸氢钠100~250ml静脉点滴，对于严重酸中毒患者，应立即开始透析治疗。

4. 其他电解质紊乱 如果体重增加，钠应限制，若钠正常，水不应限制。如出现定向力障碍、抽搐、昏迷等水中毒症状，可予以高渗盐水滴注或透析治疗。对于无症状性低钙血症，不需要处理。纠正酸中毒后，常因血中游离钙浓度降低，导致手足抽搐，可给予10%葡萄糖酸钙10~20ml稀释后静脉注射。

（三）控制感染

一旦出现感染迹象，应积极使用有效抗生素治疗，可根据细菌培养和药物敏感试验选用对肾无毒性或毒性低的药物，并按eGFR调整剂量。

（四）血液净化治疗

血液净化在急性肾衰竭的救治中起到关键的作用，常用模式有血液透析、血液滤过和腹膜透析三大基本类型。对纠正氮质血症、心力衰竭、严重酸中毒及脑病等症状均有较好的效果，近年来连续性肾脏替代治疗（CRRT）的应用，使其死亡率大大下降。

（五）恢复期的治疗

多尿期开始时由于肾功能尚未完全恢复，仍应注意维持水、电解质和酸碱平衡，控制氮质血症，治疗原发病和防止各种并发症。大量利尿后要防止脱水及电解质的丢失，要及时补充。根据肾功能恢复情况逐渐减少透析次数至停止透析。

【预防】

积极治疗原发病，及时发现导致 ATN 的危险因素并加以祛除，是防治急性肾衰竭的关键。急性透析质量倡议（Acute Dialysis Quality Initiative，ADQI）小组临床建议和指南如下：①尽可能避免使用肾毒性药物；②早期积极补充液体可减轻肌红蛋白尿的肾毒性；③需要使用造影剂时，高危患者应使用非离子等渗造影剂，静脉输入等张液体降低造影剂肾病的发生率；④危重患者预防 ARF 时胶体溶液并不优于晶体溶液；⑤及时有效的 ICU 复苏可降低 ARF 的发生率。

（韦 洮）

第十章 慢性肾衰竭

【定义、病因和发病机制】

(一) 慢性肾脏病和慢性肾衰竭定义和分期

各种原因引起的慢性肾脏结构和功能障碍（肾脏损伤病史＞3个月），包括肾小球滤过率（GFR）正常和不正常的病理损伤、血液或尿液成分异常，及影像学检查异常，或不明原因的GFR下降（＜60ml/min）超过3个月，称为慢性肾脏病（chronic kidney diseases，CKD）。而慢性肾衰竭（chronic renal failure，CRF）则是指慢性肾脏病引起的GFR下降和肾脏其他功能损害，及由此产生的代谢紊乱和临床症状组成的综合征，简称慢性肾衰。

根据1992年黄山会议座谈会纪要，慢性肾衰竭可分为以下四个阶段：①肾功能代偿期；②肾功能失代偿期；③肾衰竭期（尿毒症前期）；④尿毒症期（表5-10-1）。

近来美国肾脏病基金会K/DOQI专家组对慢性肾脏病（CKD）的分期方法提出了新的建议（表5-10-2）。该分期方法将GFR≥90ml/min且伴有肾病的患者视为1期CKD，其目的是为了加强对早期CKD的认知和早期防治。

表5-10-1 我国CRF的分期方法

CRF分期	肌酐清除率（Ccr）(ml/min)	血肌酐（Scr）(μmol/L)	(mg/dl)	说明
肾功能代偿期	50~80	133~177	1.5~2.0	大致相当于CKD2期
肾功能失代偿期	20~49	186~442	2.1~5.0	大致相当于CKD3期
肾衰竭期	10~19	451~707	5.1~7.9	大致相当于CKD4期
尿毒症期	＜10	≥707	≥8.0	大致相当于CKD5期

注：血肌酐的单位互换系数为0.0113或88.5。如：133μmol/L=133×0.0113=1.50mg/dl，1.5mg/dl=1.5×88.5=133μmol/L

表5-10-2 美国肾脏病基金会K/DOQI专家组对CKD和CRF分期的建议

分期	特征	GFR (ml/min)	说明
1	已有肾病 GFR正常	≥90	GFR无异常，重点诊治原发病；减慢CKD进展
2	GFR轻度降低	60~89	重点减慢CKD进展；降低心血管病危险
3	GFR中度降低	30~59	减慢CKD进展；评估、治疗并发症
4	GFR重度降低	15~29	综合治疗；治疗并发症
5	ESRD（肾衰竭）	＜15	如GFR 6~10ml/min并有明显尿毒症，需进行透析治疗（糖尿病肾病可适当提前安排透析）

(二) 慢性肾衰竭的病因

慢性肾衰竭的病因主要有原发性肾小球肾炎、高血压肾小动脉硬化、糖尿病肾病、继发性肾小球肾炎、肾小管间质病变（慢性肾盂肾炎、慢性尿酸性肾病、梗阻性肾病、药物性肾病等）、缺血性肾病（ischemic nephropathy）、遗传性肾病（如多囊肾、遗传性肾炎）等。在发达国家，糖尿病肾病、高血压肾小动脉硬化已成为慢性肾衰竭的主要病因（如在美国，糖尿病肾病、高血压肾小动脉硬化在各种病因中分别占第一位和第二位）；在我国，这两种疾病在CRF各种病因中仍位居原发性肾小球肾炎之后，但近年也有明显增高趋势。

（三）慢性肾衰竭的患病率

慢性肾脏病（CKD）的已经成为世界各国所面临的重要公共卫生问题之一。据有关发达国家统计，近30余年来，CKD的患病率有上升趋势。据有关统计，美国成人（总数约2亿）CKD的患病率已高达11.3%。据我国部分报告，CKD的患病率约为10%，其确切患病率尚待进一步调查。

据有关国家统计，慢性肾衰竭透析患者的5年生存率为70%～85%，10年生存率为35%～55%。近20年来慢性肾衰竭的死亡率已有明显下降，但它在人类主要死亡原因中仍占第五位至第九位，可见CRF是人类生存的重要威胁之一。

（四）慢性肾衰竭易患的危险因素

慢性肾脏病的易患因素主要有：年龄（如老年）、CKD家族史（包括遗传性和非遗传性肾病）、糖尿病、高血压、肥胖-代谢综合征、高蛋白饮食、高脂血症、高尿酸血症、自身免疫性疾病、泌尿系感染或全身感染、肝炎病毒（如乙型或丙型肝炎病毒）感染、泌尿系结石、尿路梗阻、泌尿系或全身肿瘤、应用肾毒性药物史、心血管病、贫血、吸烟、出生时低体重等。其他危险因素有环境污染、经济水平低、医保水平低、教育水平低等。

（五）慢性肾衰竭进展的危险因素

从总体上讲，CRF病情进展的特点具有"两重性"。即病情进展有时较缓慢，也有时在短期内急剧加重；病程进展既有"不可逆"的一面，某些阶段中（主要在早中期）也有"可逆"的一面，因而早中期治疗仍有某些机会。

1. **进行性发展的危险因素** CRF病程进行性发展的危险因素主要包括：高血压、糖尿病、蛋白尿、感染、低白蛋白血症、贫血、高尿酸血症、高蛋白饮食、肾毒性药物、双肾体积小于正常、食盐摄入过多、高脂血症、吸烟、肥胖等。也有些报告提示，某些尿毒症毒素水平增高、高同型半胱氨酸血症、心血管病、严重营养不良等，也可能在CKD的病程进展中起较重要作用。

2. **急剧加重的危险因素** 在CRF病程的某一阶段，肾功可能出现急剧恶化，有时可进展至终末期，甚至威胁患者生命。CRF急性恶化的危险因素主要有：累及肾脏的疾病（如原发性肾小球肾炎、高血压病、糖尿病、缺血性肾病等）复发或加重、血容量不足（低血压、脱水、大出血或休克等）、肾脏局部血供急剧减少（如肾动脉狭窄患者应用ACEI、ARB等药物）、未能控制的严重高血压、肾毒性药物致肾损伤、泌尿道梗阻、严重感染等；其他危险因素还有高钙血症，高凝/高黏滞状态，严重肝功不全等。在上述因素中，因血容量不足（低血压、脱水等）或肾脏局部血供急剧减少致残余肾单位低灌注、低滤过状态，是导致肾功能急剧恶化的主要原因之一。

（六）慢性肾衰竭的发病机制

1. **慢性肾衰竭进展的发生机制** 关于CRF进展机制的研究，学者们陆续续提出了一些学说，近年来关于某些细胞因子和生长因子在CRF进展中的作用，也有新的认识。

（1）肾单位高滤过：有关研究认为，CRF时残余肾单位肾小球出现高灌注和高滤过状态是导致肾小球硬化和残余肾单位进一步丧失的重要原因之一。由于高滤过的存在，可促进系膜细胞增殖和基质的增加，导致微动脉瘤的形成、内皮细胞损伤和血小板集聚增强、炎性细胞浸润、系膜细胞凋亡等，因而肾小球硬化不断发展。

（2）肾单位高代谢：CRF时残余肾单位肾小管代谢亢进是肾小管萎缩、间质纤维化和肾单位进行性损害的重要原因之一。高代谢所致肾小管氧消耗增加和氧自由基增多，小管内液Fe^{2+}的生成和代谢性酸中毒所引起补体旁路（C3途径）的激活和膜攻击复合物（C5b-9）的形成，均可造成肾小管-间质损伤。

（3）肾组织上皮细胞表型转化的作用：近年研究表明，肾小管或肾小球上皮细胞及肾小球系膜细胞的表型转化，在肾组织纤维化过程中起着重要作用。据报告，在某些生长因子（如TGFβ）的诱导下，肾间质成纤维细胞、肾小管上皮细胞均可转变为肌成纤维细胞（myofibroblast，MyoF）。此外，少量报告提示，足突细胞或包曼囊上皮细胞转分化为 MyoF，在局灶节段性肾小球硬化或新月体肾炎患者肾小球损伤的过程中起重要作用。

（4）肾组织固有细胞凋亡或损伤：有些研究发现，在多种慢性肾病动物模型中，均发现肾组织固有细胞凋亡增多与肾小球硬化、小管萎缩、间质纤维化有密切关系，提示细胞凋亡可能在 CRF 进展中起某种作用。

（5）某些细胞因子-生长因子的作用：近年研究表明，CRF 动物肾组织内某些生长因子（如 TGFβ、单个核细胞趋化蛋白-1、血管紧张素Ⅱ、内皮素-1 等），均参与肾小球和小管间质的损伤过程，并在促进细胞外基质增多中起重要作用。例如，CRF 动物肾组织内血管紧张素Ⅱ/醛固酮过多，均可促进肾小球系膜、肾间质的细胞外基质（ECM）增多。某些降解细胞外基质的蛋白酶如基质金属蛋白酶（MMP）表达的下调，金属蛋白酶组织抑制物（TIMP）、纤溶酶原激活抑制物（PAI-I）等表达的上调，在肾小球硬化和肾间质纤维化的发生与发展中也有其重要作用。

2. 尿毒症症状的发生机制　目前一般认为，尿毒症的症状及体内各系统损害的原因，主要与尿毒症毒素（uremic toxins）的毒性作用有关，同时也与多种体液因子或营养素的缺乏有关。

（1）尿毒症毒素的作用：据报告，尿毒症病人体液内约有 200 多种物质的浓度高于正常，但可能具有尿毒症毒性作用的物质约有 50 余种。尿毒症毒素可分为小分子［MW<500 道尔顿（D）］、中分子（MW500～5 000D）和大分子（MW>5 000D）三类。小分子毒性物质以尿素的量最多，占"非蛋白氮"的 80% 或更多，其他如胍类（甲基胍、琥珀胍酸等）、各种胺类、酚类等，也占有其重要地位。中分子物质主要与尿毒症脑病、某些内分泌紊乱、细胞免疫低下等可能有关。甲状旁腺素激素（PTH）属于中分子物质一类，可引起肾性骨营养不良等继发性甲旁亢的一系列表现。大分子物质如核糖核酸酶（RNase）、$β_2$-微球蛋白（$β_2$-MG）等也具有某些毒性。糖基化 $β_2$-MG 与尿毒症骨病、透析相关的继发性淀粉样变的发病有关。

近年文献报告的具有潜在的尿毒症毒素作用的某些物质，如不对称二甲氨酸（ADMA）、晚期糖基化终产物（AGEs）和终末氧化蛋白产物（AOPP）等，也已引起人们的重视。

（2）体液因子的缺乏：肾脏是分泌激素和调节物质代谢的重要器官之一。慢性肾衰竭时主要由肾脏分泌的某些激素如红细胞生成素（EPO）、骨化三醇［$1,25(OH)_2D_3$］的缺乏，可分别引起血液系统和骨骼系统的病变。$1,25(OH)_2D_3$ 的缺乏可引起钙吸收、利用障碍和骨代谢障碍，进而导致继发性甲旁亢和骨营养不良（肾性骨病）。红细胞生成素（EPO）不足则可引起红细胞系统生成障碍，主要表现为红系统祖细胞集落形成单位（CFU）的大量凋亡及分裂、增殖障碍，导致肾性贫血。某些"血管保护性蛋白"（如胎球蛋白 A、基质 Gla 蛋白、骨形成蛋白-7）缺乏可引起的血管钙化。

（3）营养素的缺乏：尿毒症时某些营养素的缺乏或不能有效利用，也可能与临床某些症状有关，如蛋白质和某些氨基酸、热量、水溶性维生素（如 B 族等）、微量元素（如铁、锌、硒等），可引起营养不良、消化道症状、免疫功能降低等。又如，缺铁或/和蛋白质的缺乏，可使肾性贫血加重。L-肉碱缺乏可致肾衰竭病人乏力、纳差、贫血加重。

【慢性肾衰的主要代谢紊乱】

CRF 病人常有蛋白质、糖、脂肪、维生素和各种电解质、矿物质代谢紊乱以及酸碱平衡失调，其中尤以蛋白质代谢紊乱最为突出。

1. 蛋白质的代谢紊乱　一般表现为蛋白质代谢产物蓄积（氮质血症），也可有血清白蛋白水平下降、血浆和组织必需氨基酸水平下降、某些非必需氨基酸水平增高等。上述代谢紊乱主要与蛋白质分解增多或/和合成减少、负氮平衡、肾排出障碍等因素有关。

2. 热量和其他营养素的代谢紊乱　糖代谢异常主要表现为糖耐量减低和低血糖症两种情况，前者多见，后者少见。糖耐量低减主要与胰高血糖素升高、胰岛素受体障碍等因素有关，可表现为空腹血糖水平或餐后血糖水平升高，但一般较少出现自觉症状。慢性肾衰竭患者中高脂血症相当常见，其中多数病人表现为轻到中度高三酰甘油血症，少数病人表现为轻度高胆固醇血症，或二者兼有；有些患者血浆极低密度脂蛋白（VLDL）、脂蛋白a[LP（a）]水平升高，高密度脂蛋白（HDL）水平降低。

CRF病人维生素代谢紊乱相当常见，如血清维生素A水平增高、维生素B_6及叶酸缺乏等，常与饮食摄入不足、某些酶活性下降有关。

3. 代谢性酸中毒　　CRF病人常有酸碱平衡失调，其中尤以代谢性酸中毒最为常见。在部分轻中度慢性肾衰竭（GFR>25ml/min，或血肌酐<350μmol/L）患者中，主要是以肾小管-间质损伤为主的患者，由于肾小管分泌氢离子的功能缺陷或肾小管HCO_3^-的重吸收能力下降，因而可发生正常阴离子间隙的高氯血症性代谢性酸中毒，即肾小管性酸中毒。如GFR<25ml/min（血肌酐>350μmol/L），某些酸性代谢产物因肾的排泄障碍而潴留，可发生高氯血症性（或正氯血症性）高阴离子间隙性代谢性酸中毒，即"尿毒症性酸中毒"。如HCO_3^-<15mmol/L，则患者可有明显症状，如虚弱无力、食欲不振、呕吐、呼吸深长，严重者可血压下降、心力衰竭或神志障碍。

4. 水、电解质代谢紊乱

（1）水钠代谢紊乱：水钠平衡紊乱主要表现为水钠潴留，有时也可表现为低血容量和低钠血症。肾功能不全时，肾脏对钠负荷过多或容量过多，适应能力逐渐下降。水钠潴留可表现为不同程度的皮下水肿或/和体腔积液，这在临床相当常见；此时易出现血压升高、左心功能不全和脑水肿。低血容量主要表现为低血压和脱水。

低钠血症的原因，既可因缺钠引起（真性低钠血症），也可因水过多或其他因素所引起（假性低钠血症），而以后者更为多见，两者临床情况与处理完全不同，故应注意鉴别。

（2）钾代谢紊乱：当GFR降至20~25mg/min或更低时，肾排钾能力逐渐下降，此时易于出现高钾血症；尤其当钾摄入过多、酸中毒、感染、创伤、消化道出血等情况发生时，更易出现高钾血症。严重高钾血症（血清钾>6.5mmol/L）有一定危险。有时也可出现低钾血症，主要与钾摄入不足、胃肠道丢失过多、应用排钾利尿剂等因素有关。

（3）钙磷代谢紊乱：主要表现为钙缺乏和磷过多。在肾衰竭的早期，血钙、磷仍能维持在正常范围，且通常不引起临床症状。钙缺乏主要与钙摄入不足、活性维生素D缺乏、高磷血症、代谢性酸中毒等多种因素有关，明显钙缺乏时可出现低钙血症。当肾小球滤过率下降、尿内排出减少，血磷浓度逐渐升高，只在肾衰竭的中、晚期（GFR<20ml/min）时才会出现高磷血症。

（4）镁代谢紊乱：当GFR<20ml/min时，由于肾排镁减少，常有轻度高镁血症。患者常无任何症状。然而，仍不宜使用含镁的药物，如含镁的抗酸药、泻药等。低镁血症也偶可出现，与镁摄入不足或过多应用利尿剂有关。

【临床表现】

在CRF的不同阶段，其临床表现也各不相同。在代偿期和失代偿早期，病人可以无任何症状，或仅有乏力、腰酸、夜尿增多等轻度不适；少数病人可有食欲减退、代谢性酸中毒及轻度贫血。CRF中期以后，上述症状更趋明显，进入尿毒症期以后则进一步加重，有的可出现急性心衰、严重高钾血症、消化道出血、中枢神经系统障碍等，此时可有生命危险。

1. 消化系统表现　　胃肠道症状十分常见，主要表现有食欲不振、恶心、呕吐、口腔有尿味。胃与十二指肠的炎症、溃疡、出血较常见，其发生率比正常人明显增高；出血多是由于胃肠黏膜糜烂或消化性溃疡引起，尤以前者为最常见。结肠的炎症、溃疡、出血较少见。部分患者可伴有胰腺病变（炎症或纤维化）。透析患者的病毒性肝炎抗原血症（乙型、丙型）的患病率较高，在肾移植后，这些患者发生慢性肝炎和肝硬化较常见。

2. 血液系统表现　　CRF病人血液系统异常主要表现为肾性贫血和出血倾向。大多数患者一般均有轻、中度贫血，其原因主要由于红细胞生成素缺乏，故称为肾性贫血；如同时伴有缺铁、营养不良、出血等因素，可加重贫血程度。晚期CRF病人有出血倾向，其原因多与血小板功能降低或凝血因子Ⅷ缺乏有关；轻者仅有皮下或黏膜出血点、瘀斑，重者则可发生胃肠道出血、脑出血等。

3. **呼吸系统症状** 体液过多或酸中毒时均可出现气短、气促，严重酸中毒可致呼吸深长。体液过多、心功能不全可引起肺水肿或胸腔积液。部分重症患者可伴有尿毒症肺水肿、尿毒症胸膜炎、尿毒症肺钙化等。尿毒症肺水肿主要是由尿毒症毒素诱发的肺泡毛细血管渗透性增加、肺充血所引起，此时肺部X线检查可出现"蝴蝶翼"征，及时利尿或透析可迅速改善上述症状。在各系统感染中，以肺部感染（肺炎、支气管炎、肺结核等）最多见。

4. **心血管系统表现** 心血管病变是CKD患者患者的主要并发症之一和最常见的死因。临床研究发现，尿毒症患者心血管不良事件及动脉粥样硬化性心血管病比普通人群高15～20倍。终末期肾病阶段，心血管病的死亡率占死因的45%～60%。在美国，普通人群中心血管病的年死亡率是0.27%，而血透病人则高达9.5%，为前者的35倍。

（1）心力衰竭：心力衰竭是尿毒症患者最常见死亡原因。随着肾功能的不断恶化，心衰的患病率明显增加，至尿毒症期可达65%～70%。其原因大都与水钠潴留、高血压、贫血、尿毒症心肌病等有关。绝大部分患者有不同程度的高血压，高血压多是由于钠水潴留、肾素-血管紧张素增高或/和某些舒张血管紧张的因子不足所致。贫血和血透用的内瘘，可引起心高搏出量状态，加重左心室负荷和左心室肥厚。急性左心衰竭时可出现阵发性呼吸困难、不能平卧、肺水肿等症状；体检时可发现心界增大、心率增快、双肺啰音等，但一般无明显发绀存在。

（2）动脉粥样硬化和血管钙化：血液透析患者的病变程度比透析前患者为重，动脉粥样硬化往往进展更为迅速。除冠心病外，脑动脉和全身周围动脉亦同样发生动脉粥样硬化。近年发现，由于高磷血症、钙磷分布异常和"血管保护性蛋白"（如胎球蛋白A）缺乏，可引起血管钙化。

（3）心肌与心包病变：尿毒症性心肌病主要与代谢废物的潴留和贫血等因素有关。部分病人可伴有各种心律失常的出现，与心肌损伤、缺氧、电解质紊乱等因素有关。心包积液在CRF病人中也相当常见，其原因多与尿毒症毒素蓄积、低蛋白血症、心力衰竭等因素有关，少数情况下也可能与感染、出血等因素有关。轻者可无症状，重者则可有心音低钝、遥远、少数情况下还可有心脏压塞。

5. **神经肌肉系统症状** 早期症状可有失眠、注意力不集中、记忆力减退等。尿毒症时常有反应淡漠、谵妄、惊厥、幻觉、嗜睡、昏迷、精神异常等。周围神经病变也很常见，感觉神经障碍尤为显著，多以下肢远端为甚，最常见的是肢端袜套样分布的感觉减低、肢体麻木、烧灼感或疼痛感、深反射迟钝；也可有神经肌肉兴奋性增加，如肌肉震颤、痉挛、不宁腿综合征以及肌萎缩、肌无力等。初透析患者有时可发生透析失衡综合征，主要是血尿素氮等物质降低过快，导致细胞内、外液间渗透压失衡，引起颅内压增加和脑水肿，可出现恶心、呕吐、头痛，重者可出现惊厥。

6. **骨骼病变** 低钙血症、高磷血症、活性维生素D缺乏等可诱发继发性甲状旁腺功能亢进（简称甲旁亢）；上述因素又导致肾性骨营养不良（即肾性骨病），包括纤维囊性骨炎（高周转性骨病）、骨软化症（低周转性骨病）、骨生成不良、骨质疏松症及混合性骨病。在透析前患者中骨骼X线发现异常者约35%，但出现骨痛、行走不便和自发性骨折相当少见（<10%）。而骨活体组织检查（骨活检）约90%可发现异常，故早期诊断要依靠骨活检。

纤维囊性骨炎主要由于甲状旁腺素（PTH）过高引起，其破骨细胞过度活跃，引起骨盐溶化，骨质重吸收增加，骨的胶原基质破坏，而代以纤维组织，严重者可发生骨骼囊样缺损。肾性骨软化症（小儿为"肾性佝偻病"）主要由于骨化三醇不足或铝中毒引起的骨组织钙化障碍，骨组织钙化慢于胶原基质的形成，导致未钙化骨组织过分堆积，X线检查可见骨骼变形，以脊柱和骨盆表现较突出。长期透析可引起生成不良性骨病，该病可能是由于过量使用骨化三醇和钙剂，外源性钙使血PTH浓度降低，使其不足以维持骨的再生。

透析相关性淀粉样变骨病（DRA）只发生于透析多年以后，可能是由于β_2微球蛋白淀粉样变沉积于骨所致，X线片在腕骨和股骨头有囊肿性变，可发生自发性股骨颈骨折。

7. **内分泌功能紊乱** 主要表现有：①肾脏本身内分泌功能紊乱：如1,25(OH)$_2$维生素D$_3$、红细胞生成素不足和肾内肾素-血管紧张素Ⅱ过多；②下丘脑-垂体内分泌功能紊乱：如催乳素、促黑色素激素（MSH）、促黄体生成激素（FSH）、促卵泡激素（LH）、促肾上腺皮质激素（ACTH）等水平增高；③外周内分泌腺功能紊乱：大多数病人均有继发性甲旁亢（血PTH升高）、胰岛素受体障碍、胰高血糖素升高等。约1/4病人有轻度甲状腺素水平降低。

8. 其他　有些病人可伴有皮肤症状，如色素沉着、钙沉着、瘙痒、出汗困难、溃疡等。部分病人可有性腺功能减退，表现为性腺成熟障碍或萎缩、性欲低下、闭经、不育等，可能与血清性激素水平异常、尿毒症毒素作用、某些营养素（如锌）缺乏等因素有关。

【实验室检查和其他检查】

常用的实验室检查项目包括尿常规、肾功能、24小时尿蛋白定量、血糖、血尿酸、血脂以及血电解质（K，Na，Cl，Ca，P，Mg等）、动脉血液气体分析、肾影像学检查等。

检查肾小球滤过功能的主要方法有：检测血清肌酐（Scr）、肌酐清除率（Ccr）、同位素法测GFR等。我国Ccr正常值为：（90±10）ml/min。对不同人群来说，其Scr、Ccr值可能有显著差别，临床医师需正确判断。血清尿素氮（BUN）测定常作为肾功能的辅助指标，但应当注意排除高蛋白饮食、脱水、低血容量、胃肠道出血、创伤、服用某些药物（例如四环素、西咪替丁等）等因素引起的单纯BUN升高，避免将肾前性因素或高分解因素所致的BUN升高误认为GFR降低。

影像学检查：一般只需做B型超声检查，以除外结石、肾结核、肾囊性疾病等。某些特殊情况下，可能需做同位素肾图、静脉肾盂造影、肾CT和核磁共振（MRI）检查等。肾图检查对急、慢性肾衰的鉴别诊断有帮助。如肾图结果表现为双肾血管段、分泌段、排泄功能均很差，则一般提示有CRF存在；如肾图表现为双肾血管段较好，排泄功能很差，呈"梗阻型"（抛物线状），则一般提示可能有急性肾衰存在。

【诊断与鉴别诊断】

（一）诊断要点

1. 慢性肾脏病史超过3个月，并同时伴GFR下降（Ccr<60ml/min）或血肌酐上升（>133μmol/L）。
2. 在GFR下降过程中出现与肾衰竭相关的各种代谢紊乱和临床症状。

以上二条中，第一条是诊断的主要依据，但对老年人CRF的诊断，尤其是GFR下降（Ccr<60ml/min）应当谨慎；如第二条同时具备，则诊断依据更为充分。

（二）鉴别诊断

主要需将CRF与急性肾衰、肾前性氮质血症进行鉴别。与急性肾衰的鉴别，多数情况下并不困难，有时根据患者的病史即可作出鉴别诊断。在患者病史欠详时，可借助影像学检查（如B超、CT等）结果进行分析，如双肾明显缩小，则支持CRF的诊断；或根据肾图检查结果进行鉴别。肾前性氮质血症在有效血容量补足48～72h后肾前性氮质血症患者肾功能即可恢复，而CRF则肾功能难以恢复。

（三）慢性肾衰急性加重或伴发急性肾衰

如果慢性肾衰较轻，而急性肾衰相对突出，且其病程发展符合急性肾衰演变过程，则可称为"慢性肾衰合并急性肾衰"（acute on chronic renal failure），其处理原则基本上与急性肾衰相同。如果慢性肾衰本身已相对较重，或其病程加重过程未能反映急性肾衰演变特点，则一般称之为"慢性肾衰急性加重"（acute progression of CRF）。

【并发症】

慢性肾衰的常见并发症主要有水钠潴留、高钾血症、高血压、心力衰竭、心包炎、贫血、出血、感染、肾性骨病、中枢和周围神经病变等。其中急性左心衰、重度高钾血症、尿毒症脑病、尿毒症性心包炎、重症感染、急性出血（消化道出血、脑出血）等严重并发症，常常对患者生命造成威胁。

【预防与治疗】

为了明确CRF不同阶段的防治目标，提出三级预防的概念很有必要。所谓一级预防（primary prevention），又称初级预防，是指对已有的肾脏疾患或可能引起肾损害的疾患（如糖尿病、高血压病等）进行及时有效的治疗，防止 CRF 的发生。二级预防（secondary prevention），是指对已有轻、中度 CRF 的病人及时进行治疗，延缓、停止或逆转 CRF 的进展，防止尿毒症的发生（下面将重点阐述）。第三级预防（tertiary prevention），是指对尿毒症病人及早采取治疗措施，防止尿毒症的某些严重并发症的发生，提高病人生存率和生活质量。

（一）慢性肾衰的一级预防

要实现一级预防的目标，就需在全体居民中通过健康检查或疾病普查，早期发现各种肾脏疾病或可能引起肾损害的常见病（高血压、糖尿病等），并及时进行有效治疗。因此，肾脏专科医师、内科医师乃至全科医师，都需仔细询问病史和查体，重视肾功能的检查，努力做到早期诊断，防止漏诊。预防开始得越早，患者的健康与劳动力得到保护的程度就越高，个人、家庭和社会的损失就越小。

（二）慢性肾衰二级预防的对策和措施

二级预防的基本对策主要有：坚持病因治疗，长期、有效地控制基础肾脏病；避免或消除 CRF 急剧恶化的某些危险因素；阻断或抑制肾单位损害进行性发展的各种危险因素，控制或减慢肾小球硬化及肾间质纤维化进展的速度，保护健存肾单位。对患者血压、血糖、尿蛋白定量、GFR 下降幅度等指标，都应当控制在比较"理想范围"（表 5-10-3）。

表 5-10-3　CKD-CRF 患者血压、蛋白尿、血糖、HbA_{1C}、GFR 或 Scr 变化的治疗目标

项目	目标
血压	
CKD 第 1~4 期（GFR≥15ml/min）	
尿蛋白＞1g/24h 或糖尿病肾病	＜125/75mmHg
尿蛋白＜1g/24h	＜135/85mmHg
CKD 第 5 期（GFR＜15ml/min）	＜140/90mmHg
血糖（糖尿病患者，mg/dl）	空腹 90~130，睡前 110~150
HbA_{1C}（糖尿病患者）	＜7%
蛋白尿	＜0.3g/24h
GFR 下降速度	每个月＜0.3ml/min（每年＜4ml/min）

1. 坚持病因治疗　防治基础肾脏病，主要是指防治 CRF 的各种病因，如高血压肾病、糖尿病肾病、原发或继发性肾小球肾炎、间质性肾炎、缺血性肾病等；同时要控制引起肾损害的原发病（如糖尿病、高血压病、自身免疫性疾病等）。例如，对原发或继发性肾小球肾炎中有适应证和无禁忌证者，需坚持应用糖皮质激素或/和免疫抑制药，目的在于保护肾功能、降低尿蛋白；特别是大量蛋白尿或肾病综合征者，一般应规律、足量应用糖皮质激素类药物，必要时可联合应用免疫抑制药。

2. 控制 CRF 进展的危险因素　持续、有效地控制高血压，保证降压达标，对保护心、肾等靶器官具有重要作用，是延缓 CRF 进展的主要措施之一。透析前 CRF（GFR≥10ml/min）患者的血压，一般应当控制在 130/80mmHg 以下。

将患者蛋白尿控制在＜0.3g/24h，或明显减轻白蛋白尿，可延缓 CRF 病程进展，并改善患者长期预后，提高生存率。血管紧张素转化酶抑制剂（ACEI）和血管紧张素受体 1 拮抗剂（ARB）等具有独特的减轻蛋白尿的作用。

应用低蛋白、低磷饮食，或加用必需氨基酸或 α-酮酸（EAA/α-KA），可能具有减轻肾小球高滤过和肾小管高代谢的作用，对延缓 CRF 进展有效。积极纠正贫血、高尿酸血症、高脂血症、肥胖，减少尿毒症毒素蓄积、应用他汀类降脂药、戒烟等，对肾功能均有一定保护作用。

3. 纠正 CRF 急剧恶化的危险因素　在 CRF 病程的某一阶段，肾功可能出现急剧恶化，甚至进展至终末期。因此，努力避免 CRF 急剧恶化危险因素的发生，及时发现这些危险因素，积极、有效地进行处理，往往可以使恶化的肾功能呈可逆性变化。例如，积极纠正血容量不足（低血压、脱水等）或肾局部血供急剧减少（如中重度肾动脉狭窄），有时可使急剧下降的 GFR 恢复到病情恶化以前的水平。但如诊治延误，或这种急剧恶化极为严重，则肾衰竭的加重也可能呈不可逆性发展。

（三）CRF 营养治疗

营养疗法在提高 CRF 患者生活质量、改善预后方面，发挥重要作用。CRF 病人蛋白摄入量一般为 $0.6\sim0.8g/(kg\cdot d)$，饮食中动物蛋白与植物蛋白（包括大豆蛋白）应保持合理比例，一般两者各占一半左右；对蛋白摄入量限制较严格 $[0.6g/(kg\cdot d)$ 左右 $]$ 的病人，动物蛋白可占 $50\%\sim60\%$。

如有条件，在低蛋白饮食 $[0.4\sim0.6g/(kg\cdot d)]$ 的基础上，可同时补充适量 $[0.1\sim0.2g/(kg\cdot d)]$ 的必需氨基酸或/和 α-酮酸，此时饮食中动物蛋白与植物蛋白的比例可不必限制。α-酮酸疗法的优点在于：α-酮酸与 NH_2 生成必需氨基酸，有助于尿素氮的再利用；由于 α-酮酸制剂中含有钙盐，对纠正钙磷代谢紊乱、减轻继发性甲旁亢也有一定疗效。病人必须摄入足量热卡，一般为 $30\sim35kcal/(kg\cdot d)$（$125.6\sim146.5kJ/kg$）。

（四）CRF 的药物治疗

大体来说，CRF 药物治疗的目的包括：①缓解 CRF 症状，减轻或消除患者痛苦，提高生活质量；②延缓 CRF 病程的进展，防止其进行性加重；③防治并发症，提高生存率。

1. 纠正酸中毒和水、电解质紊乱

（1）纠正代谢性中毒：代谢性酸中毒的处理，主要为口服碳酸氢钠（$NaHCO_3$），轻者 $1.5\sim3.0g/d$ 即可，中、重度患者 $3\sim15g/d$。中、重度患者必要时可静脉输入，可将纠正酸中毒所需之 $NaHCO_3$ 总量分 $3\sim6$ 次给予，在 72 小时或更长时间后基本纠正酸中毒。对有明显心力衰竭患者，要防止 $NaHCO_3$ 输入总量过多，输入速度宜慢，以免使心脏负荷加重甚至心衰加重；也可根据患者情况同时口服或注射呋塞米（速尿）$20\sim200mg/d$，以增加尿量，防止钠潴留。

（2）水钠紊乱的防治：适当限制钠摄入量，一般 NaCl 摄入量应不超过 $6\sim8g/d$。有明显水肿、高血压者，钠摄入量一般为 $2\sim3g/d$（NaCl 摄入量 $5\sim7g/d$），个别严重病例可限制为 $1\sim2g/d$（NaCl $2.5\sim5g$）。也可根据需要应用襻利尿剂（呋塞米、布美他尼等），噻嗪类利尿剂及贮钾利尿剂对 CRF 病人（$Scr>220\mu mol/L$）疗效甚差，不宜应用。对急性心衰严重肺水肿者，需及时给予血液透析或持续性血液滤过（CAVH 或 CVVH），以免延误治疗时机。

对慢性肾衰患者轻、中度低钠血症，一般不必积极处理，而应分析其不同原因，只对真性缺钠者谨慎地进行补充钠盐。对严重缺钠的低钠血症者，也应有步骤地逐渐纠正低钠状态。

（3）高钾血症的防治：当 $GFR<25ml/min$（或 $Scr>3.5\sim4mg/dl$）时，钾摄入量一般不超过 $1500\sim2000mg/d$。当 $GFR<10ml/min$ 或血清钾水平 $>5.5mmol/L$ 时，则应更严格地限制钾摄入，一般应不超过 $1000mg/d$。在限制钾摄入的同时，还应注意及时纠正酸中毒，并适当应用利尿剂（呋塞米、布美他尼等），增加尿钾排出，以有效防止高钾血症发生。

对已有高钾血症的患者，除限制钾摄入外，还应采取以下各项措施：①积极纠正酸中毒，必要时（血钾$>6mmol/L$）可静脉静滴碳酸氢钠 $10\sim25g$。②给予襻利尿剂：最好静脉或肌肉注射呋塞米 $40\sim80mg$（或布美他尼 $2\sim4mg$），必要时将剂量增至 $100\sim200mg/次$，静脉注射。③应用葡萄糖-胰岛素溶液输入（葡萄糖 $4\sim6g$，加胰岛素 1 单位）。④口服降钾树脂：降钾树脂剂量一般 $5\sim20g/次$，每日 3 次；其中以聚苯乙烯磺酸钙更为适用，因为离子交换过程中只释放离钙，不释放出钠，不致增加钠负荷。⑤对严重高钾血症（血钾$>6.5mmol/L$），且伴有少尿、利尿效果欠佳者，应及时给予血液透析治疗。

2. 高血压的治疗 对高血压进行及时、合理的治疗，不仅是为了控制高血压的某些症状，而且是为了积极主动地保护靶器官（心、肾、脑等）。血管紧张素转化酶抑制剂（ACEI）、血管紧张素 II 受体 1 拮抗剂（ARB）、钙离子通道阻滞剂、襻利尿剂、β-受体阻滞剂、血管扩张剂等均可应用，以 ACEI、ARB、钙离子通道阻滞剂的应用较为广泛。透析前 CRF 患者的血压应 $<130/80mmHg$，维持

透析患者血压一般不超过 140/90mmHg 即可。

3. **贫血的治疗和红细胞生成刺激剂（ESA）的应用** 当血红蛋白（Hb）<110g/L 或红细胞压积（Hct）<33% 时，应检查贫血原因。如有缺铁，应予补铁治疗，必要时可应用红细胞生成刺激素（ESA）治疗，包括人类重组红细胞生成素（rHuEPO），直至 Hb 上升至 110~120g/L。对 ESA 疗效欠佳者，应针对不同原因调整治疗方案。rHuEPO 剂量一般开始用量为每周 50~120U/kg，分 2~3 次注射（2 000~3 000U/次，每周 2~3 次），皮下或静脉注射；以皮下注射更为理想，既可达到较好疗效，又可节约用量 1/4~1/3。对透析前慢性肾衰患者来说，目前趋向于小剂量疗法（2 000~3 000U，每周 1~2 次），疗效佳，副作用小。

4. **低钙血症、高磷血症和肾性骨病的治疗** 当 GFR<50ml/min 后，即应适当限制磷摄入量（<800~1 000mg/d）。当 GFR<30ml/min 时，在限制磷摄入的同时，需应用磷结合剂口服，以碳酸钙、枸橼酸钙较好。$CaCO_3$ 口服一般每次 0.5~2g，每日 3 次，餐中服用。对明显高磷血症（血清磷水平>7mg/dl）或血清 Ca、P 乘积>65（mg^2/dl^2）者，则应暂停应用钙剂，以防转移性钙化的加重。此时可考虑短期服用氢氧化铝制剂（10~30ml/次，每日 3 次）或司维拉姆，待 Ca、P 乘积<65（mg^2/dl^2）时，再服用钙剂。

对明显低钙血症患者，可口服 $1,25(OH)_2D_3$（钙三醇）0.25μg/d；连服 2~4 周后，如血钙水平和症状无改善，可将用量增加至 0.5μg/d。治疗中均需要监测血 Ca、P、PTH 浓度，使透析前 CRF 患者血 iPTH 保持在 35~110pg/ml；使透析患者血钙磷乘积<55mg^2/dl^2（4.52$mmol^2/L^2$），血 PTH 保持在 150~300 pg/ml。

5. **防治感染** 平时应注意防止感冒，预防各种病原体的感染。抗生素的选择和应用原则，与一般感染相同，剂量要调整。在疗效相近的情况下，应选用肾毒性最小的药物。

6. **高脂血症的治疗** 透析前 CRF 患者与一般高血脂者治疗原则相同，应积极治疗。但对维持透析患者，高脂血症的标准宜放宽，如血胆固醇水平保持在 250~300mg/dl，血中三酰甘油水平保持在 150~200mg/dl 为好。

7. **口服吸附疗法和导泻疗法** 口服吸附疗法（口服氧化淀粉或活性炭制剂）、导泻疗法（口服大黄制剂）、结肠透析等，均可利用胃肠道途径增加尿毒症毒素的排出。上述疗法主要应用于透析前 CRF 患者，对减轻患者氮质血症起到一定辅助作用，但不能依赖这些疗法作为治疗尿毒症的主要手段。

8. **其他** ①糖尿病肾衰竭患者随着 GFR 下降，必须相应调整胰岛素用量，一般应逐渐减少；②高尿酸血症通常不需要治疗，但如有痛风，则予以别嘌醇 0.1g，每日口服 1~2 次治疗；③皮肤瘙痒：外用乳化油剂，口服抗组胺药物，控制高磷血症及强化透析，对部分患者有效。

（五）尿毒症期的替代治疗

替代治疗包括透析治疗（血液透析、腹膜透析）和肾移植，详见本篇第十一章。当 CRF 患者 GFR 为 6~10ml/min（血肌酐>707μmol/L）并有明显尿毒症临床表现，经治疗不能缓解时，则应让患者作好思想准备，进行透析或其他替代治疗。糖尿病肾病可适当提前（GFR 10~15ml/min）替代治疗。

（郑法雷）

第十一章 肾脏替代治疗

各种慢性肾脏病（chronic kidney disease，CKD）逐渐进展，《肾脏病预后质量指南》（kidney disease outcome quality initiative，KDOQI）将CKD分为5期。随着肾功能丧失，患者逐渐出现水潴留、贫血、钙磷代谢紊乱、代谢性酸中毒等并发症，需要生活方式调整、饮食治疗和药物治疗。其中部分患者进展到终末期肾脏病（end stage renal disease，ESRD），上述治疗方法已经不能有效改善上述异常，需要肾脏替代治疗（renal replacement therapy，RRT）维持患者生命。

根据美国肾脏病数据系统报告，美国2006年肾脏替代治疗的发病率是每百万人口360例，同年的患病率是每百万人口1626例。除部分地区外，我国当前还没有完善的肾脏替代治疗的发病和患病情况的统计数据。

当前主要有三种有效的肾脏替代治疗方式，分别是血液透析（hemodialysis，HD）、腹膜透析（peritoneal dialysis，PD）和肾脏移植。另外，HD和PD也被成功用于急性肾衰竭（acute renal failure，ARF）的救治。另外还有一种RRT方式称为连续性肾脏替代治疗（continuous renal replacement therapy，CRRT），为危重ARF的救治提供了重要手段。本章介绍RRT指证，并对几种常用RRT方式进行简单介绍。

【肾脏替代治疗指征】

（一）慢性肾衰竭的肾脏替代治疗指征

由于CKD是一个逐步进展的过程，很难确定开始给患者实施RRT的日期，除非患者出现肾功能的陡然下降。因此当前还缺乏开始RRT治疗的绝对指征，也没有可以遵循的循证医学依据。但下面的三个方面对判断开始RRT时机是有帮助的。

1. 肾小球滤过率（glomerular filtration rate，GFR） GFR降低是开始肾脏替代治疗的指征之一，但具体降低到多少开始RRT，并没有循证医学证据。KDOQI建议当GFR下降到小于$10.5ml/(min·1.73m^2)$时应当开始透析治疗，除非在这种情况下患者的尿量能维持正常，无水肿、体重稳定、标准化蛋白氮出现率（nPNA，用于代表每日蛋白摄入量）不小于$0.8g/(kg·d)$，并且没有尿毒症症状和体征。

2. 营养状况 营养不良虽经积极非透析治疗，但营养不良不能纠正，应开始RRT。KDOQI指出："患有慢性肾衰竭，还没有进行维持性透析的患者，如果使用各种有效的方法试图改善蛋白质和能量摄入的不足，而蛋白质-能量营养不良（protein energy malnutrition，PEM）仍然不断发展或持续存在，并且除了营养摄入不足以外，没有其他明显的导致营养不良的原因时，建议开始维持性透析或肾脏移植治疗。"

当非透析疗法无效，患者的营养状况持续恶化时，即使未达到GFR或Kt/V_{urea}标准，也建议开始RRT。尽管还没有公认的可以反映患者营养状况的金标准，但下面指标提示营养状况恶化：①半年内无水肿体重下降超过6%或降低到标准体重的90%以下；②血清白蛋白下降超过3g/L，或低于40g/L，而没有急性感染或炎症的诱因；③主观整体评分（subjective global assessment，SGA）下降1分或以上。

3. 其他指征 当非透析疗法不能纠正下述异常时，也应当开始RRT。有的情况需要紧急透析，以挽救患者生命：①难以纠正的恶心、呕吐等胃肠道症状；②严重水潴留导致难以控制的高血压、肺水肿；③严重代谢性酸中毒（pH<7.2或碳酸氢根<13mmoL/L）；④尿毒症脑病（恍惚、嗜睡、昏迷、抽搐等）；⑤严重高钾血症（血清钾>6.5mmoL/L）。

（二）ARF的肾脏替代治疗指征

慢性肾衰竭的RRT目的是维持患者生命，并为肾移植创造条件。与此不同，ARF的透析目的是清除过多的水分及毒素、维持酸碱平衡,以及为用药及营养治疗创造条件,从而提高急性肾损伤恢复机会,并避免出现多脏器功能衰竭和死亡。目前认为一旦急性肾损伤确诊,又无禁忌证时,应尽早进行血液净化治疗,以期降低病死率。

像慢性肾衰竭一样,当患者出现严重水潴留、脑病、高血钾、代谢性酸中毒时,应当紧急透析。如果是非高分解代谢型急性肾损伤,少尿3天或无尿2天以上,或肌酐≥442μmoL/L,或尿素氮≥21.4mmoL/L,应当开始RRT。急性肾损伤患者往往存在高分解状态,高分解状态时血清毒素蓄积较快,很快达到致命水平,因此对于存在高分解代谢的急性肾损伤,应尽早开始RRT。下面指标提示患者存在高分解状态:①每日尿素氮上升≥14.3mmol/L;②肌酐上升≥177μmol/L;③血钾上升>1mmoL/L;④碳酸氢根下降≥2mmoL/L。

【血液透析】

(一)不同血液净化方式的原理

1. 普通血液透析 血液透析治疗的中心部件是透析器,透析器被半透膜分隔成两个腔,血液和透析液在不同的腔内逆向流动,通过半透膜以弥散和对流的方式进行溶质交换。图5-11-1简要概括了血液透析清除代谢废物和水分、纠正电解质紊乱和代谢性酸中毒的原理。

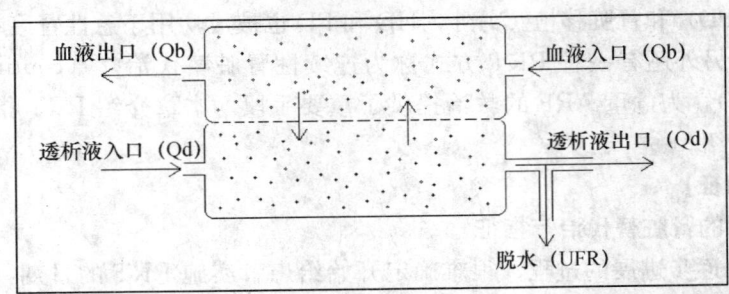

图5-11-1 血液透析原理示意图

弥散指溶质从半透膜一侧液区进入另一侧液区的物理过程,是血液透析清除毒素的基本原理,其驱动力是溶质在两个液区之间的浓度梯度。小分子量(分子量<300Da)的物质,例如尿素和肌酐等,自浓度高的血液侧向浓度低的透析液侧弥散,并随透析液的流动被清除;而机体所需要的某些物质,如钙离子及缓冲碱(如碳酸氢盐),可自浓度高的透析液侧向浓度低的血液侧弥散。通过弥散,机体代谢产生的小分子代谢废物被清除,机体需要的物质被补充。弥散效能与溶质分子量大小有关,还与半透膜性质有关,因此可根据临床需要选择合适的透析器。另外,弥散效能还与透析液流速和血流速有关,较高的流速可保持相对较大的血液侧和透析液侧溶质浓度差,从而维持较高的溶质交换效率。

2. 血液滤过 对流指溶质随着液体从半透膜一侧进入另一侧的过程,是血液透析毒素清除的另一种机制。普通血液透析时,由于脱水(UFR)较低,通过对流清除的毒素很少;另外,普通透析使用的透析器的半透膜孔径较小,较大分子量的毒素不能成功弥散,因此,引入了血液滤过(hemofiltration, HF)的治疗模式。血液滤过时,流入滤过器的血流速度(Qb)与流出滤过器的血流速度(Qb)相同,同时向血液中以一定速度输注置换液(RFR),透析液流出速度为RFR+UFR,这样透析过程中,血液中的溶质将随着液体的流动进入透析液侧而被清除(图5-11-2)。血液滤过器半透膜孔径较大,对中分子毒素清除能力好于普通血液透析。

3. 血液透析滤过 血液透析滤过(hemodiafiltration, HDF)结合了普通透析和血液滤过的优点,充分利用了弥散和对流的原理,其工作原理见图5-11-3。

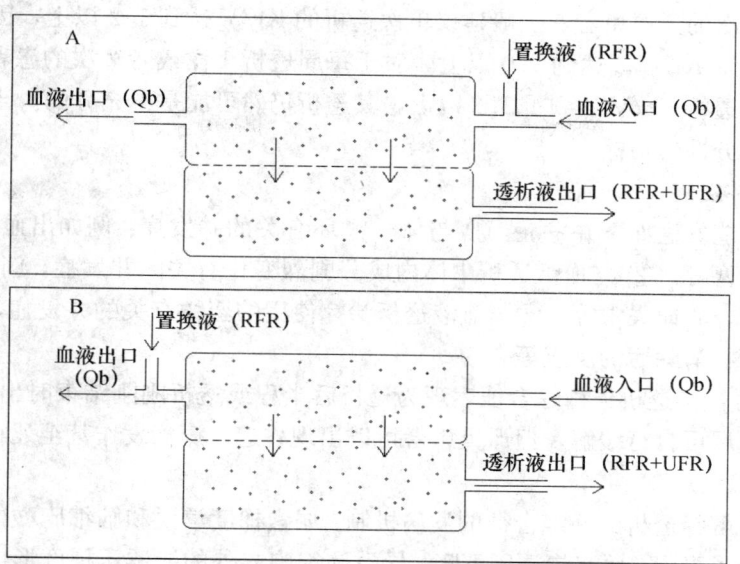

图 5-11-2 血液滤过原理示意图
A, 前稀释血液滤过; B, 后稀释血液滤过

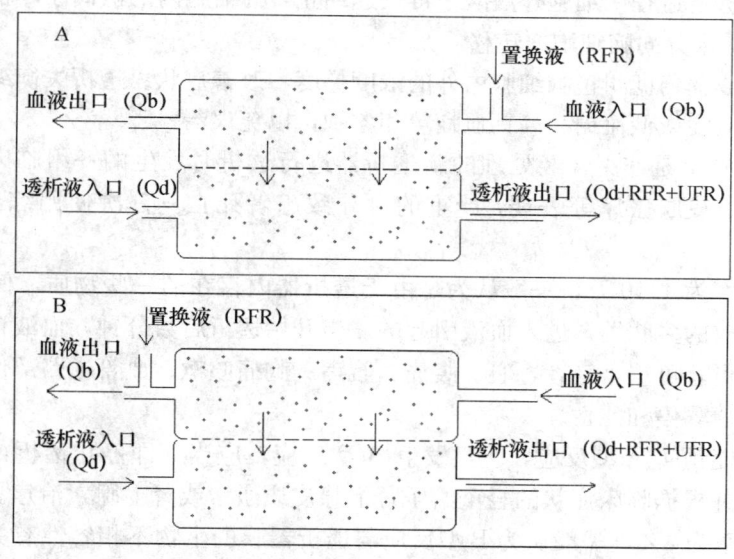

图 5-11-3 血液透析滤过原理示意图
A, 前稀释血液透析滤过; B, 后稀释血液透析滤过

(二) 血液透析处方和透析过程中的监测

血液透析过程需要建立体外循环,自血管通路将血液从患者引出并引入透析器或滤过器。血液在透析器或滤过器净化后再送回患者体内。需要根据患者病情制订合适的透析处方,包括选择合适的透析器、每次治疗时间和每周治疗次数、血流速和透析液流速、抗凝剂剂量和使用方法、脱水速度、透析液配方和温度以及透析过程中需要使用的药物。合适的透析处方是保证透析过程顺利地无症状完成并达到透析充分的基础。

透析过程中需要定时记录患者的症状和体征。为了保证透析过程的安全,透析机可以对多种透析参数进行监测,包括实时记录体外循环动脉端压力、静脉端压力、透析液电导度和透析液温度,并能发现透析膜破裂和空气进入血液。当这些参数超过设定的安全范围时,透析机发出声光报警,提示工作人员应及时解决。

对于每周透析三次的无尿患者，一般建议单次透析的 Kt/V 达到 1.2 以上，因为只有达到了这个剂量才能保证每周的总 Kt/V_{urea} 达到 2.0 以上。对于每周透析 1 次或者 2 次的患者，如果患者没有残余肾功能，即使每次透析 Kt/V 达到了 1.2 以上，其透析仍然可能是不充分的。当前还没有公认的评价中分子毒素清除充分性的指标。

（三）血液透析并发症

血液透析治疗可能发生如下并发症：① 与体外循环有关的并发症：例如出血、首次使用综合征、内毒素血症、空气栓塞等。② 与血液透析中体内成分剧烈变化有关的并发症，例如高血压和低血压、失衡综合征、低血糖、心律失常等。③ 与血液透析治疗使用的药物有关的并发症，例如药物过敏、肝素引起的出血以及药物清除后的反应等。

1. **透析失衡综合征** 透析失衡综合征表现为透析后半程或透析刚刚结束时出现头痛、恶心呕吐、高血压，一般数小时后可自行缓解，但严重患者可以出现昏迷、癫痫发作甚至死亡。往往发生在新进入透析的患者。

目前有两个学说解释透析失衡综合征的发病机制：尿素梯度学说和脑细胞酸中毒学说。血液透析快速清除尿素等小分子毒素，血浆渗透压下降，导致脑细胞内外的渗透压梯度形成，水分向脑细胞内转移，引起脑细胞水肿以及相关的临床症状，例如头痛、恶心呕吐、高血压等。血液透析过程中尿素的快速清除可能是导致这种水分转移的重要原因。还有的研究认为，血液透析过程中的脑水肿可能和脑细胞酸中毒有关。透析过程中细胞外液酸中毒快速纠正，脑细胞内的氢离子不能及时排出，导致脑细胞内外的 pH 梯度，水分向脑细胞内转移。

可使用高渗盐水或葡萄糖纠正脑细胞内外的浓度梯度，改善症状。透析失衡综合征必须和脑出血或硬膜下血肿、低钠血症或低血糖、高钙血症等相鉴别，以免误治。

2. **首次使用综合征** 是使用未经处理的新透析器进行透析时发生的一组临床症候群，可以有胸痛、背痛、呼吸困难、皮肤瘙痒等表现，严重的可导致患者死亡。首次使用综合征可分为 A 型和 B 型。

A 型反应的发生率为 4/10 万，一般认为是由于透析器内存在的一些物质，例如透析器消毒剂环氧乙烷或细菌死亡释放的多肽类，进入血液引起的，当开始透析后数分钟，血液自透析器进入身体后很快发生。临床表现可轻可重，轻者恶心、腹痛、腹泻、胸痛咳嗽、血管通路部位瘙痒，重者呼吸困难、低血压、甚至心搏骤停和死亡。

充分冲洗透析器能预防 A 型反应，一旦发生 A 型反应，应当立即停止透析，透析器外面的血液不能回输患者体内，并根据临床症状的轻重给予肾上腺皮质激素或肾上腺素治疗。

B 型反应的发生率为 4%，一般认为 B 型反应与透析器膜的生物不相容性有关，透析器膜表面的羟基可激活补体的旁路途径，导致补体激活，白细胞活化滞留在肺血管床，导致末梢血白细胞一过性下降。临床表现胸背痛、呼吸困难、恶心呕吐和低血压。B 型反应与 A 型的主要区别有两点：①A 型者于开始透析后数分钟内发生，B 型者往往在透析开始后 15~30 分钟发生；②随着透析的进程，B 型者症状可逐步改善。选择使用生物相容性好的透析器，并在透析前充分冲洗，可预防首次使用综合征的发生。

3. **低血压** 血压与血容量、心输出量和末梢血管阻力有关。血液透析中低血压的发生率为 20%~30%。发生低血压的原因主要有：①血容量过度下降：如果干体重设置过低或透析间期体重增长过多，透析脱水时组织间隙的水分就不能及时再充盈进入血液，是导致透析中低血压的重要原因。透析中溶质快速清除，血液和组织间液渗透压低于细胞内渗透压，水分进入细胞内，也可导致血容量下降。②血管张力下降：可由低钙透析液、醋酸盐透析液和高温透析液等引起。动脉张力下降直接引起血压下降；静脉张力下降导致静脉扩张，回心血量下降，心脏排血量减少。③透析中心脏收缩和舒张功能异常，可由低钙透析液或醋酸盐透析液等引起。

4. **高血压** 50%~80% 的血液透析患者存在高血压，可以分为透析间期高血压和透析中高血压。

透析间期高血压往往和患者的容量负荷过重有关。在血液透析过程中，随着脱水和血容量减少，血压应相应下降，但部分患者出现矛盾性血压升高。透析中血压升高与血管张力增加或心肌收缩力加强有关。以下因素可以引起透析中的高血压：①失衡综合征：往往出现于透析后半程或透析刚刚结束后。②脱水可能导致血液中某些缩血管活性物质浓度增加，例如肾素-血管紧张素系统、交感神经系统等，引起血管收缩，血压升高。③高钙透析液：不但会增加动脉血管张力，还能增加心肌收缩力，最终导致血压升高。④低钾或无钾透析液：可以直接引起血管张力增加。⑤降压药物的清除：正在使用抗高血压药物的患者，血液透析可能降低抗高血压药物的有效血药浓度。

【腹膜透析】

腹膜透析（peritoneal dialysis，PD）是将配制好的透析液灌入腹腔，利用腹膜的弥散和超滤作用，将体内蓄积的代谢废物排出以维持水、电解质和酸碱平衡的疗法。此法已用于临床40年之久，与血液透析比较具有操作简单，不需要特殊设备，易于家庭开展，且对患者血流动力学影响小，可适用于老年、有心血管疾病患者。

(一) 腹膜透析原理

成人腹膜表面积大约为 $(1.5～2)\ m^2$，80%～90%为脏层腹膜。脏层腹膜和壁层腹膜形成密闭的腹腔，灌入腹腔的透析液与脏层腹膜下的毛细血管内流动的血液发生溶质和液体转运。这个交换需要跨越6层障碍，即毛细血管内壁水膜、毛细血管内皮细胞、毛细血管基底膜、间质、间皮细胞和脏层腹膜表面的水膜，其中毛细血管是主要的转运障碍，间质也被证明是重要的转运障碍之一。在进一步讨论腹膜透析转运的原理之前，需要先了解20年来出现的两个关于腹膜透析转运的基本模型，即三孔模型（three pole model）和分布模型（distributed model）。三孔模型认为，溶质和水的转运是通过腹膜毛细血管不同大小的孔分别进行的。最小的孔称为超孔（ultra pore），直径4～6埃（1埃等于一亿分之一厘米），为内皮细胞水通道，仅转运水，不转运溶质；稍大的孔称小孔（small pore），直径40～60埃，为内皮细胞裂隙，同时转运水和溶质；最大的孔称为大孔（large pore），直径100～200埃，也是内皮细胞裂隙，数量较少，与大分子物质（例如白蛋白）转运有关。腹膜透析脱水量的一半来自超孔，另一半来自小孔，由于超孔不转运溶质，因此腹透超滤液的溶质浓度一定低于其血清溶质浓度。分布模型认为，不同的患者具有不同的腹膜转运特性的根本原因不是因为不同患者的腹膜面积不同，而是因为间皮细胞下的毛细血管的量和深度不同。毛细血管丰富的患者具有较好的转运特性，因此引入有效腹膜面积的概念。

腹膜透析的主要目的是清除水分和毒素，主要通过三种方式：弥散、对流和重吸收。

(二) 腹膜透析并发症

1. 腹膜炎（peritonitis） 腹膜炎是腹膜透析的重要并发症，可导致技术失败，甚至死亡。2006年"维持性腹膜透析专家协作组"制订了腹膜炎的诊断标准，具备以下3项中的2项可诊断腹膜炎：①腹痛、腹透流出液混浊，伴或不伴发热。②腹透流出液中WBC计数>100/ml，中性粒细胞>50%。③腹透流出液中培养有病原微生物的生长。在用药治疗前应先进行腹水常规、涂片革兰染色和细菌培养和药物敏感试验。不应等待结果回报，而应当尽快采取经验治疗以取得较好的效果，减少技术失败。化验结果回报后，再根据药物敏感试验换用合适的抗生素。大多数腹膜炎治疗3～5天可见效，应继续治疗至2～3周。如果治疗1周无效，应考虑拔除腹膜透析管。

2. 机械性并发症（mechanical complications） 由于腹腔压力增加，大约10%的腹膜透析患者发生疝。没有症状的疝，不需要特殊处理，但需要教给患者，一旦出现急性疼痛需要立即就医；有慢性症状的疝或者巨大疝，需要择期手术处理。减少每次灌入腹腔透析液量可预防疝的发生。

腹透管周围漏液，通常发生于腹膜透析开始的几周内。通常减少每次灌入的液量可以预防管周漏液的发生，或者暂时改为血液透析数周后重新开始腹膜透析。最好的解决办法是，植入腹膜透析管4周后再正式使用。

开始腹膜透析的数周，腹透液也可以漏入胸腔，称为膈漏。膈漏往往是先天性膈肌发育问题，液体往往漏入右侧胸腔。如通过休息、减少腹透液量并不能解决问题，病人仍需坚持腹透治疗，则应先手术修补膈漏，否则应转为血液透析。

其他机械性并发症包括腹胀、背痛、食管反流等。通过减少腹透液量可改善症状，患者能逐渐适应。

3. 包裹性腹膜硬化（encapsulating peritoneal sclerosis，EPS） EPS的发病机制不明，但已知其发生与透析龄有关。透析10年的患病率为6%，15年以上者高达20%。表现为腹膜硬化，包裹小肠，导致小肠狭窄和梗阻，并可有系统性炎症的表现，例如低烧、C反应蛋白升高等。

早年的治疗主要集中在支持治疗和手术解除梗阻。近年有人试用肾上腺皮质激素获得成功，但这种治疗的益处还没有被随机对照试验证实。

4. 代谢异常 由于大量的葡萄糖吸收导致高糖血症和高脂血症。由于系统炎症和白蛋白自腹透液丢失导致低白蛋白血症。像其他ESRD一样，腹膜透析患者同样存在需要处理的低钙血症和高磷血症。相比血液透析患者，腹膜透析患者的高磷血症似乎较易控制，这可能与腹膜透析的持续性的特点有关。

(三) 血液透析和腹膜透析的选择

对于大多数患者，血液透析和腹膜透析均是有效的肾脏替代治疗方式，可根据患者的意愿选择使用。对一种透析方式有禁忌证者可选择另外一种；当一种治疗方式失败时可转换到另外一种方式。

血液透析绝对禁忌证很少，但并非所有患者都适用于血液透析。因此，下列情况可作为相对禁忌证：①年龄超过70岁或4岁以下儿童。②恶性肿瘤、老年性痴呆、脑血管病等生命不能长久维持的患者。③慢性肝脏病变，休克或心血管功能不能耐受体外循环者。④严重出血危险者。⑤患者有精神异常不能合作，或家属不同意者。

腹膜透析绝对禁忌也很少，但下述情况者不宜腹膜透析：①近期腹部手术，有腹腔引流。②高度肠梗阻或结肠造瘘、粪瘘者。③膈疝。④局限性腹膜炎及广泛腹膜粘连。⑤腹腔内有弥漫性恶性肿瘤或病变性质不清者。⑥严重肺部病变伴呼吸困难。⑦妊娠。

【持续肾脏替代治疗】

连续性肾脏替代疗法（continuous renal replacement therapy, CRRT）是在间歇性透析（intermittent hemodialysis, IHD）的基础上发展起来的，CRRT是指所有缓慢、连续清除水和溶质的治疗方式。CRRT与IHD相比具有以下优点：①血流动力学稳定：在IHD治疗中溶质和水分迅速变化，导致血浆渗透压骤然下降，血流动力学不稳定，加重或诱发急性肺水肿、脑水肿。因此，原有严重心功能不全、休克或严重低氧血症患者不能耐受IHD。CRRT则连续缓慢地清除水和溶质，更符合血流动力学的稳定性，适用于不能耐受IHD的患者。②提供充分的营养支持：IHD并不能满意控制氮质水平和水贮留状态，需限制蛋白质、水分等摄入，对于危重及处于分解代谢状态需要大量营养支持的患者，CRRT能满足大量液体的摄入，保证营养支持。

除了治疗急性肾衰竭，CRRT通常被用于治疗不能耐受IHD的危重患者。①由于CRRT能清除炎症介质的优点，故被用于治疗败血症和多脏器功能障碍。②由于血流动力学稳定的特点，CRRT常被用于治疗心肌本身损害导致的充血性心力衰竭，通过脱水治疗，可改善充血性心力衰竭，为治疗原发的心脏病赢得时间。③由于高效清除溶质的代谢废物的特点，CRRT被用于治疗高分解型急性肾衰竭，例如挤压综合征，2008年四川地震的医疗救治过程中，CRRT发挥了重要作用。④CRRT还被用于临时治疗肝衰竭、药物蓄积中毒和伴有多脏器功能障碍的急性肾衰竭。

【肾脏移植】

自50多年前第一例肾移植至今，肾移植技术日渐成熟。尤其是近20年来，随着免疫抑制剂的广泛使用，尸体肾移植的一年存活率超过了90%。

(一) 肾移植的禁忌证

肾移植的绝对禁忌证较少，除了活动感染、恶性肿瘤、持续凝血异常和患者拒绝，肾移植始终是

ESRD患者第一选择。但受到可用肾源的限制，大部分患者需要接受透析治疗。①儿童或老龄、肥胖、前次肾移植失败、糖尿病和心脏病等因素可能预示肾移植预后不良，但不是肾移植的绝对禁忌。②系统性疾病导致的ESRD，如果肾移植后其系统性疾病不能有效控制，则移植肾可再次病变，例如肾淀粉样变性病、糖尿病肾病、原发性草酸盐血症、风湿性疾病导致的肾损害等。③遗传性肾病中的多囊肾的肾移植几乎没有特别问题，而Alport综合征不同，由于此征患者肾小球基底膜的Ⅳ型胶原α5链表达缺陷，部分患者可针对移植肾中相应成分产生抗体，形成抗肾小球基底膜病。④几乎所有类型的慢性肾炎导致的ESRD，肾移植后都有复发的报道，总体复发率10%左右，但因慢性肾炎复发导致的移植失败率不足3%。

另一个问题是活体供肾的禁忌证，制定这些禁忌证一则是为了保证肾移植成功，二则是为了保证供者的身体健康，见表5-11-1。

表 5-11-1 供肾者的排除标准

年龄<18 或>65~70 岁
明显的躯体疾病（如心血管/肺部疾病，近期恶性肿瘤）
血栓或血栓栓塞史
肥胖（超过理想体重30%）
高血压（>140/90mmHg 或需要服药）
慢性肾脏病
糖尿病（糖耐量检测或糖化血红蛋白异常）
供肾尿路或血管结构异常
严重感染
乙型肝炎
热缺血时间过长
急性肾衰竭
静脉吸毒者

（二）肾移植术前准备

除非原有的肾脏是潜在的病灶，一般不需要移植前切除。由于免疫抑制剂的广泛使用，移植前输血对减少急性排斥反应的效果显得也不那么明显了。

肾移植术前最重要的准备就是配型。由于移植肾供体和肾移植受体间存在着抗原差异，这是肾移植后排斥反应的发生基础，排斥反应的发生、性质和程度直接影响着移植肾的存活。在人类与移植后排斥反应有关的主要有红细胞ABO血型抗原系统和人类白细胞抗原系统（简称HLA）。为了避免或减少肾移植后发生排斥反应的可能，取得肾移植的成功和使移植肾长期存活，肾移植前必须进行包括血型、淋巴细胞毒试验、人类白细胞抗原（HLA）系统和群体反应性抗体（PRA）等在内的多种检查。

（三）肾移植术后免疫抑制剂的使用

随着免疫抑制在肾移植术后的使用，以及新型免疫抑制剂不断出现，肾移植的成功率得到了极大的改善。肾移植的标准免疫抑制治疗方案包括基础抗排斥治疗和采用大剂量甲泼尼龙、单克隆抗体或多克隆抗血清如抗淋巴细胞球蛋白（antilymphocyteglobulin，ALG）和抗胸腺细胞球蛋白（antithymocyte globulin，ATG）进行的短疗程抗排斥治疗。基础治疗涉及了多种药物，根据免疫抑制剂作用的环节分为：转录抑制剂（环孢素，他克莫司），核苷合成抑制剂［硫唑嘌呤、麦考酚酸（MPA），例如麦考酚酸酯或ERL-080肠溶制剂］，生长因子信号转导抑制剂［西罗莫司（sirolimus）或依维莫司（everolimus）］。目前标准的抗慢性排斥方案包括：钙调磷酸酶（calcineurin）抑制剂，抗增殖药物和糖皮质激素。钙调磷酸酶抑制剂可采用环孢素或他克莫司；抗增殖药物通常选用麦考酚酸、西罗莫司或者依维莫司；糖皮质激素通常既用在诱导期也用在维持治疗期。在没有发生移植肾功能延迟恢复的情况下，环孢素或他克莫司开始剂量为每天的维持用量即可。由于免疫抑制治疗的副作用，理想的治疗方案应是尽量减少免疫抑制剂剂量至既能有效地预防或抑制排斥反应，又能最大程度地减少免疫抑制剂引起的不良反应。

在急性排斥的治疗中，最为实用的方法是最先给予一个疗程的静脉甲泼尼龙治疗，如果症状不好转，且肾活检证实确实存在可逆的急性排斥（肾小管炎伴间质单核细胞浸润或者伴急性炎症性内皮细胞浸润的血管内膜炎），可考虑给予OKT3或者多克隆抗T细胞抗体。

(四) 肾移植后的并发症

1. **移植肾的急性肾衰竭** 移植肾可因多种原因出现急性肾衰竭，见表5-11-2。急性肾小管坏死很大程度上跟热缺血或冷缺血时间过长有关。临床表现为在手术后12~24小时内出现少尿或无尿，使用钙调磷酸酶抑制剂的病例中常见。

表5-11-2 移植肾急性肾衰竭病因

肾前性
血容量不足
动脉狭窄或血栓栓塞
静脉血栓
肾性
急性肾小管坏死
超急排斥/加速性排斥反应
急性排斥
肾毒性
肾后性
输尿管梗阻
尿液渗漏
囊性淋巴管瘤
血肿

移植物排异可分为超急排异、加速排异、急性排异和慢性排异。①超急排异较为罕见，与受者具有预先形成的抗体有关。这些抗体可能为反复输血或多次妊娠以及之前接受过移植的结果。超急排异的临床表现为血管吻合完成后打开血管夹即刻出现肾脏功能衰竭，肾脏起初变硬，然后迅速青紫、出现花斑和坏死。肾活检标本中见到肾小球和肾小管周围毛细血管内出现中性粒细胞能够确诊。②加速排异出现在术后第二天或第三天，先前存在抗HLA抗体的患者易出现，曾有过移植经历的患者也是危险人群，临床表现与超急排异类似。③急性排异一般出现于术后1~4周。典型的临床表现为肾脏肿胀、有触痛并且出现少尿和血清肌酐的升高，可伴随显著的发热。急性排异的发生时段与急性环孢素或他可莫司肾毒性损伤的时段常常重叠，且临床表现相似，有时鉴别诊断困难，需要借助影像学检查、尿有形成分和生化分析、血药浓度监测和移植肾肾活检协助鉴别诊断。④慢性排异被认为是没有被控制的反复出现的急性排异或缓慢进展的炎症反应的结果，可以发生在移植后的数周之内或此后的任何时间。主要临床表现为进行性的氮质血症、蛋白尿和高血压。免疫和非免疫的因素被认为参与了慢性排异的发病机制，包括抗体介导的组织破坏，以及由于肾单位减少导致的肾小球高压和高滤过进而引起肾小球进行性硬化。

2. **移植肾肾炎** 可分为复发性肾小球肾炎、新生性肾小球肾炎（或原发性肾小球肾炎）和携入性肾小球肾炎。①移植后复发性肾炎的复发率每种病理类型有很大差异，总体为8%~18%。所有类型的肾小球肾炎在移植肾均可复发，IgA肾病、膜增生性肾小球肾炎、局灶性硬化性肾小球肾炎、过敏性紫癜性肾炎、膜性肾病、溶血性尿毒症、抗基底膜肾小球肾炎等有较高的复发率。由原肾疾病的复发导致移植肾功能丧失约占复发性肾炎总体的2%。②移植后新发性或原发性肾小球肾炎与一般人群肾炎病理类型构成比不同，膜性肾病相对较多，原因不明。③携入性肾小球肾炎是指植入的供体肾脏已有肾炎，通过移植携入受体后发生的移植肾肾炎。即使是无蛋白尿的"正常人"也可能在组织学上有肾炎表现。肾移植后携入性肾炎可造成早期的移植肾功能延迟恢复。目前关于携入性肾炎绝大多数都是IgA肾病。

(五) 展望

血液透析、腹膜透析和肾移植是相互补充的三种肾脏替代治疗方式。与透析治疗相比，成功的肾移植可以使患者获得更好的生活质量。四十余年以来，肾脏移植取得了令人瞩目的进展。虽然移植物和患者存活率逐年提高，但移植物功能下降速度仍然嫌快，长期使用免疫抑制剂带来的并发症仍然嫌多。

(左　力)

参考文献

[1] K/DOQI. Clinical Practice Guidelines for Chronic Kidney Disease: Evaluation, Classification, and Stratification. Am J Kidney Dis, 2002, 39 (Suppl 1): S1-S266.

[2] Mehta RL, Kellum JA, Shah SV, et al. Acute kidney injury network: report of an initiative to improve outcome in acute kidney injury. Critical Care, 2007, 11 (2): 31.

[3] Falk RJ, Jennette JC, Nachman PH. Primary Glomerular Disease. // Brenner BM. The Kidney. 7th ed. Vol I. Philadelphia: Saunders, 2004: 1293-1380.

[4] Appel GB, Radhakrisnan J, D'Agati V. Secondary Glomerular Disease. // Brenner BM, ed. Brenner & Rector's The Kidney. 8th ed. Philadelphia: Saunders, 2008: 1067-1146.

[5] 陈德茂. 系统性红斑狼疮性肾炎. // 王海燕主编. 肾脏病学. 第3版. 北京: 人民卫生出版社, 2008: 1321-1342.

[6] 谌贻璞. 马兜铃酸肾病. // 谌贻璞主编. 肾内科学. 北京: 人民卫生出版社. 2008: 132-149.

[7] Laing CM, Unwin RJ. Renal tubular acidosis. J Nephrol, 2006, 19 (Suppl 9): S46-52.

[8] Nolan CR, Linas SL. Malignant hypertension and other hypertensive crises. // Schrier RW, ed. Diseases of the kidney & urinary tract. 8th ed, Vol II. Philadelphia: Lippincott Williams & Wilkins, 2007: 1370-1436.

[9] Nicolle LE, Bradley S, Colgan R et al. Infectious Diseases Society of America guidelines for the diagnosis and treatment of asymptomatic bacteriuria in adults. Clin Infect Dis, 2005, 40 (5): 643-654.

[10] Uchino S, Bellomo R, Goldsmith D, et al. An assessment of the RIFLE creatinine for acute renal failure in hospital patients, Crit Care Med, 2006, 34: 1913-1917.

[11] 郑法雷. 慢性肾衰进展的机制和防治对策. // 郑法雷, 章友康, 陈香美, 谌贻璞主编. 肾脏病临床与进展. 北京: 人民军医出版社出版, 2005: 268-278.

[12] Foundation NK. K/DOQI clinical practice guidelines for chronic kidney disease: evaluation, classification, and stratification. Am J Kidney Dis, 2002, 39: S1-266.

第六篇　血液系统疾病

第一章 总 论

【血液和造血组织】

血液是循环于心脏、血管、血窦系统的混悬液体，它由两部分组成。一个部分是有形成分，即各类血细胞，包括红细胞（red blood cell）、白细胞（white blood cell）和血小板（platelet）。其中白细胞是粒细胞（granulocyte）、淋巴细胞（lymphocyte）和单核细胞（monocyte）的异质性群体，执行着不同的功能。另一个组成部分是流体成分，即血浆，含有各类蛋白质，以及经血液转输的各种细胞因子、激素、酶和微量元素等。正常情况下，红细胞、粒细胞、单核细胞、B淋巴细胞和血小板由骨髓产生，T淋巴细胞则由胸腺产生。另外，淋巴结、脾和淋巴组织是淋巴细胞活化、增殖、转化的场所。所有以上这些与血细胞生成、发育、分化、成熟有关的组织器官统称为造血组织。

【胚胎和胎儿时期造血】

在胚胎的囊胚期卵黄囊开始造血，有胚胎多功能干细胞分化成多功能造血干细胞（hematopoietic stem cell，HSC）。妊娠第5周，HSC由囊胚迁徙至胚胎肝脏，1周后胚胎开始造血，逐渐取代卵黄囊造血。妊娠第2～8个月胎肝成为主要造血场所，一直延续到胎儿出生前。在胎肝造血期间，一些胎肝HSC也迁徙至胎儿脾脏，脾脏也同时造血。妊娠第8～10周，HSC迁徙至骨髓，骨髓造血开始，但仅为次要造血场所。妊娠中期骨髓造血功能逐渐增强，至妊娠末期成为主要造血场所。胎儿出生后，骨髓是唯一的造血组织，肝、脾造血完全停止。但某些特殊刺激下，胎儿期的造血组织可以恢复造血。

【出生后成人期的造血】

出生后胸腺、脾、淋巴结及淋巴组织主要作为免疫器官组织行使功能，因此骨髓是唯一的真正意义上的造血组织。血细胞由骨髓多功能造血HSC生成。多功能HSC重要生物学特性：其一是具有自我复制能力，能够分裂成为与自身生物学特性完全相同的两个细胞；其二是能够向下分化为单一功能的定向干细胞。后者只能沿着所定向的系别增殖、发育直至成熟为该系别的终末血细胞。正常情况下，多功能HSC多处于静息状态，不进入细胞周期，仅有少数进行自我复制，同时复制后的姊妹细胞向下分化为定向干细胞。因此既能保证造血，又能维持多功能HSC池的恒定。

到目前为止，现有的形态学手段还不能辨别极早期的造血干祖细胞，但可以用体外集落形成、免疫学标志等方法加以检测。定向干祖细胞发育为各该系别的前体细胞后，开始显露可辨识的形态学特征。从此以后，根据其发育成熟的程度，将其划分为原始、幼稚和成熟阶段，再结合系别加以命名，籍此建立血细胞形态学检测的共同语言。

正常情况下，只有成熟血细胞才能从骨髓进入血循环，因此血液中看不到形态学上可以辨识的不成熟血细胞。

各类成熟血细胞都有一定的寿命，在血循环中逐渐衰老，最终被破坏和清除。而骨髓则不断向血循环中补充新生血细胞，形成微妙的动态平衡，维持循环中血细胞数量的基本稳定。

【血液病的范围和分类】

概括说来，血液病是指由于原发性造血组织或血细胞异常所致的一切疾病。但某些特殊病理情况，虽然病变原发部位在骨髓或血液，但诊断和治疗却主要不是依赖血液学手段，如败血症和骨髓炎，一般不纳入血液病的范围。另有一些病理情况，虽然其原发异常不在造血组织或血细胞，但却以血液学异常为突出表现，如慢性病贫血、瓣膜置换所致机械性溶血性贫血等，则又被纳入血液病的范围。

由于血液和造血组织缺乏明确的解剖学定型结构，因此血液病不能像其他系统疾病那样，按照解剖学定位进行分类。近年来，多数作者采用以血细胞系别作为分类的基础，将血液病分为红细胞疾病、白细胞疾病和止血与血栓性疾病。更有少数作者将造血组织和淋巴组织（包括浆细胞）的恶性疾病，单列为一个血液病大类。

【血液病的特点与诊断】

血液病的常见症状和体征都与血细胞的数量、功能或者行为异常有关。如红细胞减少所引起的贫血及其相关症状和体征；白细胞减少或功能异常所引起的发热和反复感染；血小板减少或功能异常或止血机制异常所引起的出血倾向和活动性出血；血细胞异常增殖所引起的脾、肝、淋巴结等器官的肿大等。这些症状和体征高度提示血液病的可能性。但在另一方面，上述这些症状和体征是很多血液病的共有表现，对于具体病种的鉴别意义相对较弱。因此，主要临床表现具有提示性而较少特异性，是血液病的特点之一。其次，由于很多血液病的临床表现相同或相似，如种类繁多的贫血，尤其是各类溶血性贫血、各类白血病、各类止血机制异常、各类淋巴瘤和淋巴增殖性疾患、各类浆细胞疾病等，鉴别诊断和最后确诊必须依赖各种实验室检测指标和特殊实验。因此，实验室检查在血液病的诊断中占有十分突出的地位，是血液病的又一个特点。再次，由于绝大多数血液病都没有实体性占位结构，因此血液病的治疗基本上是采用各类内科治疗手段。除脾切除术对少数血液病有一定治疗作用外，外科手术在血液病的治疗中受到极大限制，这也是血液病的特点之一。

因此，在血液病的诊断治疗中，除普通内科的基本技能而外，必须加强血液病专科临床实验室的建设，建立包括细胞形态学、病理组织学、细胞遗传学、免疫学、生物化学、分子生物学等方面的必备检测项目，并学习相关的理论知识。

【血液病的重要治疗】

1. 支持和对症治疗　如定期输注血液或血液成分、造血因子的应用、感染和出血等合并症的有效防治等，对于某些血液病患者保证生活质量或保证强化治疗的实施仍是十分重要的基本治疗。

2. 化学药物治疗　是血液病的基本治疗方法，尤其是对于各类恶性血液病联合化疗仍是目前的首选治疗。

3. 造血干细胞移植（HSCT）　包括自体骨髓或外周血 HSCT、异基因骨髓或外周血 HSCT、脐血 HSCT、非清髓性 HSCT 等，是某些血液病的唯一可能治疗的手段。近年来，也在探索适应 HSCT 的新的血液病种。

4. 免疫抑制或免疫调节治疗　低强度免疫抑制治疗对自身免疫性血液病有一定的疗效。近年来环孢素、干扰素已用于治疗一些血液病并取得疗效。抗淋巴细胞球蛋白治疗重型再生障碍性贫血有效，现并已开发出用于治疗 B 细胞肿瘤的单克隆抗体制剂。

5. 基因治疗　很多遗传性血液病的基因缺陷已得到阐明。某些获得性基因突变在各该血液病发病中的作用也已得到证实。基因治疗当是根治这些血液病的理想治疗手段。虽然目前在这方面尚未取得重大的突破，但随着目的基因的克隆、转染、表达等技术的不断进步，基因治疗将会成功地用于某些血液病的治疗。

（郝玉书）

第二章 贫血概论

贫血（anemia）是指全身循环血液中红细胞容量（red cell mass）低于正常的病理状态。鉴于红细胞容量的测定较为复杂费时，临床上通常以测定血液红细胞浓度来判定贫血的有无及程度。当外周血单位体积内血红蛋白量、红细胞数和/或红细胞比容低于正常时即称为贫血，其中以血红蛋白浓度最为精确可靠且重复性好。正常人红细胞浓度与年龄、性别、居住地海拔高度及某些生理状况如妊娠等有关。在我国非高原地区，成人男性血红蛋白量低于120g/L，红细胞计数少于$4.0×10^{12}/L$或红细胞比容低于0.40；成人女性血红蛋白量低于110g/L，红细胞计数少于$3.5×10^{12}/L$或红细胞比容低于0.40；孕妇血红蛋白量低于100g/L，可诊为贫血。某些病理状况下，血浆容量改变明显，此时单以红细胞浓度指标判定贫血易引起误诊或漏诊。贫血不是一种特定的疾病，而是多种不同疾病共有的症状。

【发病机制】

红细胞的生成是骨髓多能造血干细胞不断向红系祖细胞、原红细胞、早幼红细胞、中幼红细胞、晚幼红细胞及网织红细胞增殖、分化成熟的过程，并受神经、体液因素，特别是促红细胞生成素的调节。在成人，红骨髓是红细胞生成的唯一场所，具有强大的储备能力，当机体需要时，其最大可以正常6～8倍的速度产生红细胞。循环血液中红细胞的寿命为100～120天，衰老红细胞被单核-巨噬系统所吞噬、破坏。生理状况下，红细胞生成及释放与红细胞的破坏或丢失呈动态平衡，维持循环血液中红细胞容量的相对稳定。任何原因使红细胞的生成减少、释放障碍，或破坏增加、丢失过多，或二者兼而有之，都能使这种平衡紊乱，导致贫血。理化因子、生物毒素、免疫因素等损害骨髓多能造血干细胞或骨髓造血微环境，致使红髓脂肪化，造血功能减低以至衰竭，表现全血细胞减少，临床称为再生障碍性贫血；上述致病因素，特别是免疫因素的作用如限于红系造血祖细胞，致使骨髓红系生成明显减少称为纯红细胞再生障碍性贫血；细胞造血原料缺乏，如缺铁影响血红蛋白的合成，可导致缺铁性贫血；叶酸和维生素B_{12}是DNA合成必需的物质，缺乏导致巨幼红细胞贫血；红细胞本身缺陷或红细胞外在因素使红细胞破坏增加，而骨髓造血不足以代偿，发生溶血性贫血；除原发于造血组织的异常引起贫血外，感染以及多种慢性全身性疾患也可直接或间接地引起贫血，称为继发性贫血；骨髓纤维化或骨髓受异常细胞浸润引致的贫血称为骨髓病性贫血；各种原因所致失血引起的贫血，称失血性贫血。很多情况下贫血的发生是多因素以不同机制作用的结果。

【临床表现】

贫血的临床表现可分为原发病本身表现和贫血相关症状两部分。原发病表现因疾病本身不同而异，贫血仅是原发病全身表现的一部分。有时原发病症状、体征非常突出，以至于贫血未能受到应有的重视；有时贫血可为首发症状甚至突出症状，而原发病症状不明显，表现为不明原因贫血。随着对贫血病因的追查，常可发现更为严重的基础疾病。

贫血表现的病理生理基础是血液携氧能力减低，其表现取决于各器官和组织的缺氧程度和对缺氧的代偿和适应能力。贫血的临床表现与以下五因素有关：血液携氧能力减低；全血容量改变；上述两种情况的发生速率；呼吸循环系统代偿能力以及引起贫血的原发病。如贫血发生、进展迅猛，伴有血容量明显改变，特别是发生于年老体弱或有心肺疾病者，患者临床症状明显，甚至发生循环衰竭；相反，若贫血起病缓慢，由于红细胞内2,3二磷酸甘油酸（2,3-DPG）浓度增加，氧离曲线右移，血红蛋白与氧的亲和力降低，使单位血红蛋白在组织中释放氧增多以代偿贫血，因而部分患者即使贫血相当严重也可无明显症状。贫血的相关症状、体征表现为：

1. 软弱无力　疲乏困倦、活动耐力减退是最常见和最早出现的症状。

2. 皮肤黏膜苍白 皮肤、黏膜、睑结膜、口唇及甲床颜色苍白是最常见的客观体征。苍白的程度除受贫血严重程度影响外，还与患者的皮肤色泽、表皮厚度、皮内毛细血管的舒缩状态以及皮下组织水分的多寡等有关。

3. 呼吸、循环系统 在许多轻度贫血患者，呼吸及循环系统症状仅在体力活动或情绪激动时出现。随着贫血加重，即使轻微活动甚至休息时也可感到乏力、心悸及气短。呼吸频率及呼吸深度增加，心率及脉搏加快，脉压差增大，循环时间缩短，心输出量增加。心尖部和/或心底部可出现柔和的收缩期吹风样杂音。心电图以 ST 段压低、T 波低平或倒置最常见。长期的严重贫血可引起贫血性心脏病，心脏扩大，劳累、感染等易诱发心力衰竭。

4. 中枢神经系统 头晕、头痛、嗜睡、眼花、耳鸣、记忆力减退和注意力不集中等为常见症状。贫血严重或发生急骤者可出现晕厥或意识障碍。恶性贫血常伴有周围神经炎和脊髓退行性变。

5. 消化系统 由于消化道黏膜缺氧，消化液分泌减少以及胃肠蠕动失调出现食欲不振、腹胀、恶心呕吐和便秘。舌炎和舌乳头萎缩常见于巨幼红细胞贫血，缺铁性贫血可出现咽下困难。

6. 泌尿生殖系统 贫血严重者可出现夜尿增多、低比重尿和轻度蛋白尿。女性患者月经增多或继发性闭经均常见。男女均有性欲减退。

7. 其他 严重贫血患者基础代谢率可增高，常出现低热，如体温超过 38.3℃ 应注意查找感染、肿瘤等其他原因；部分患者可出现下肢轻度水肿；急性失血性贫血可表现为休克及 DIC 等；慢性贫血患者伤口愈合缓慢。

【分类】

贫血可按多种方法进行分类，每种方法都有其优点，但没有一种完美无缺。临床上常需联合应用不同的分类方法，方能完整准确地诊断贫血。常用的分类方法是按照红细胞动力学，根据贫血病因和发病机理分类和根据红细胞指数进行的形态学分类。

(一) 按贫血发病机制分类

1. 红细胞生成减少

(1) 骨髓造血功能障碍：如各种原因致使红髓减少引起的再生障碍性贫血、红系造血祖细胞缺乏引起的纯红细胞再障、各种类型的恶性血液病以及其他组织系统肿瘤细胞骨髓浸润、骨髓纤维化、肾疾患、内分泌异常、感染以及慢性病引起的贫血等。

(2) 造血物质缺乏：缺铁、叶酸、维生素 B_{12} 缺乏导致血红蛋白、DNA 合成减少，可相应地引起缺铁性贫血和巨幼细胞贫血。另外，缺乏维生素 B_1、B_2、B_6、C 或缺乏烟酸、泛酸及蛋白质等均可影响红细胞生成，导致贫血。

2. 红细胞破坏过多 由于红细胞本身存在缺陷，或某些红细胞外在因素，或以上两种因素同时存在，致使红细胞寿命明显缩短，红细胞过度破坏而骨髓造血功能不足以代偿，导致遗传性或获得性溶血性贫血。

3. 失血 如创伤、消化道大出血引起的急性失血性贫血和长期少量消化道出血、痔疮出血、月经过多等引起的慢性贫血等。

红细胞破坏过多和慢性失血也经常伴有或表现为造血原料缺乏。

(二) 细胞形态学分类

红细胞指数包括红细胞平均体积 (mean corpuscular volume，MCV)、红细胞平均血红蛋白含量 (mean corpuscular hemoglobin，MCH) 和红细胞平均血红蛋白浓度 (mean corpuscular hemoglobin concentration，MCHC)，其中 MCV 和 MCHC 价值较大。根据红细胞指数将贫血分为下列三种类型，参见表 6-2-1。

表 6-2-1 贫血的形态学分类

类型	MCV (fl)	MCH (pg)	MCHC (%)	常见疾病
大细胞性贫血	>94	>32	31~35	叶酸、维生素 B_{12} 缺乏引起的巨幼细胞贫血，某些溶血性贫血，肝病、内分泌疾病引起的贫血，某些骨髓增生异常综合征的贫血等
正细胞性贫血	80~94	26~32	31~35	急性失血性贫血，再生障碍性贫血，某些溶血性贫血，内分泌疾病、肝肾疾病引起的贫血，以及骨髓肿瘤细胞浸润引起的贫血等
小细胞性贫血	<80	<26	<31	缺铁性贫血，地中海贫血，血红蛋白病，铁粒幼细胞性贫血以及某些慢性病贫血等

分类的目的是提供可能的线索，依此设计诊断途径，选择合理检查项目，以最终明确贫血病因。按发病机制分类可以对贫血发生的直接原因和病理生理过程有所说明，但有些贫血发生机制复杂，并非单一，甚至难以确定其发生机制，只能按照主要原因和机制进行分类，因此有其局限性；形态学分类能对大细胞性贫血和小细胞性贫血提供重要的诊断线索，但对于正细胞性贫血的诊断帮助不大。另外，有时红细胞大小不等很明显而电子血细胞分析仪测得的 MCV 仍可在正常范围内，因此以红细胞指数为基础的形态学分类不能代替对血涂片的观察。

【实验室和其他检查】

贫血的实验室检查包括血液学检查和非血液学检查两方面。

网织红细胞计数、红细胞指数、血涂片检查和骨髓检查是最基本的血液学检查。骨髓红系造血可通过外周血网织红细胞计数简单估计。网织红细胞增多提示骨髓红细胞生成加速，见于失血性贫血、溶血性贫血和某些治疗有效的贫血；网织红细胞正常或减少则表明骨髓红细胞造血功能低下，如再生障碍性贫血等。网织红细胞计数可以占红细胞的%表示，此时需采用红细胞压积进行校正，该校正值称为网织红细胞指数，即网织红细胞指数=网织红细胞%×实测红细胞压积/正常红细胞压积。网织红细胞计数也可以单位循环血液中的绝对值表示，即网织红细胞绝对值=网织红细胞%×单位容积红细胞数量，该值可由电子细胞计数仪直接给出，方便获得，并且以此来评价骨髓红系造血也更为合理。正常情况下，网织红细胞在外周血中存留 1 天后即进入成熟红细胞阶段；贫血时在促红细胞生成素催动下，骨髓中网织红细胞过早释放入外周血，这些网织红细胞则在循环中需 2~4 天方能成为成熟红细胞。因此，在评价红系造血时将网织红细胞在循环中的寿命因素考虑在内，以上述网织红细胞计数值除以 2 则更为准确。

红细胞指数测定可对贫血进行细胞形态学分类，并提示相应的疾病。血涂片检查极有价值，除红细胞大小、血红蛋白含量变化外尚能提示其形态和结构异常。异形红细胞增多本身不具特异性诊断价值，但却能提供重要诊断线索。如多染性红细胞及嗜碱性点彩红细胞增多提示骨髓造血旺盛；红细胞中心浅染过度提示低色素性贫血；靶形红细胞增多应注意珠蛋白生成异常性贫血；球形、椭圆形、镰形红细胞增多提示相应的遗传性红细胞膜或血红蛋白异常；异形红细胞、红细胞碎片见于严重感染和微血管病性溶血性贫血；泪滴形红细胞增多见于骨髓纤维化；幼红、幼粒细胞增多提示溶血性贫血及骨髓病性贫血；红细胞缗钱样排列提示多发性骨髓瘤和巨球蛋白血症等。

除红细胞外，还应注意贫血是否伴有白细胞、血小板数量及形态改变。单纯红细胞减少可见于失血性贫血、大多数溶血性贫血、造血原料缺乏所致贫血、纯红细胞再生障碍性贫血、铁粒幼细胞贫血、5q-综合征骨髓增生异常综合征、肾性贫血、慢性病贫血和某些继发性贫血等。贫血伴有白细胞或血小板减少可见于阵发性睡眠性血红蛋白尿症、血小板减少性紫癜继发缺铁性贫血、Evan's 综合征、少数巨幼细胞性贫血、继发性贫血和某些恶性血液病等。全血细胞减少可见于再生障碍性贫血、骨髓增生异常综合征、阵发性睡眠性血红蛋白尿症、急性白血病、骨髓纤维化症、多发性骨髓瘤、某些侵袭性恶性淋巴瘤、少数巨幼细胞性贫血和某些继发性贫血等。贫血伴白细胞增多则可见于各种类型白血病、骨髓纤维化症、急性失血性贫血以及某些药物治疗中的贫血，如接受糖皮质激素治疗的自身免疫性溶血性贫血等。外周血涂片中出现不成熟细胞主要见于白血病、骨髓纤维化和骨髓增生异常综合征等，出现巨核细胞碎片或小巨核细胞见于骨髓纤维化症或骨髓增生异常综合征，出现中性粒细胞分叶过多见于巨幼细胞性贫血，颗粒淋巴细胞增多见于大颗粒淋巴细胞白血病等。

骨髓细胞学检查是进行贫血类型判定和病因诊断的重要手段。取材良好的标本可以反映骨髓造血活跃程度、各系细胞的比例和形态以及某些特殊细胞，对于恶性血液病伴发的贫血、骨髓增生异常综合征、巨幼细胞性贫血、骨髓转移瘤等常具重要提示或诊断价值。无异常细胞成分和特殊细胞形态学改变时，参考骨髓红系细胞造血活跃程度也有助于贫血的诊断。骨髓增生减低或重度减低可见于再生障碍性贫血、阵发性睡眠性血红蛋白尿症、低增生性骨髓增生异常综合征、骨髓纤维化症、骨髓转移瘤等，为更好分析细胞形态和评价造血衰竭程度，这些患者最好应加做胸骨骨髓穿刺涂片检查；骨髓增生活跃或明显活跃，红系细胞比例明显增高见于溶血性贫血、铁粒幼细胞贫血、缺铁性贫血、骨髓增生异常综合征、急性失血性贫血、脾功能亢进等；骨髓增生活跃或明显活跃，红系细胞比例明显减低可见于纯红细胞再生障碍性贫血、肾性贫血、急性造血停滞和少数骨髓增生异常综合征等。骨髓检查应包括铁染色，有时尚需骨髓组织活检（骨髓细胞形态学和组织病理学检查在贫血性疾病诊断和鉴别诊断的意义参见本书相关章节）。

非血液学检查的应用主要是为查明贫血的病因，一般包括尿、便、体液、血液生化、血清学检查、脏器功能、X线、内镜等。

采取何种检查项目应根据病情合理选择。通常病史能提示失血性贫血及某些继发性贫血。慢性失血性贫血，男性应注意消化系统检查，特别应除外消化道肿瘤；女性除消化系统以外，还应注意妇科疾病的检查。黄疸、血清间接胆红素增高、网织红细胞增加强烈提示溶血性贫血，应相应地进行溶血性贫血的病因诊断，如Ham试验、Coombs试验、红细胞渗透脆性试验等。小细胞低色素贫血提示铁缺乏、铁代谢异常或血红蛋白合成异常，可行血清铁、总铁结合力、铁蛋白及骨髓铁染色检查等。大细胞贫血则多为叶酸、维生素B_{12}缺乏，除饮食习惯外，还应注意消化系统疾病检查、血清叶酸、维生素B_{12}浓度及内因子抗体测定等。骨髓造血机能减退和正细胞性贫血涵盖疾病较多，一些诊断较易，如典型白血病；一些则颇费周折。

【诊断】

根据血红蛋白量，贫血可分为轻度（血红蛋白120～91g/L）、中度（血红蛋白90～61g/L）、重度（血红蛋白60～31g/L）和极重度（血红蛋白<30g/L）。贫血的诊断包括两部分内容：①确定贫血的有无、程度及类型；②查明贫血的原因或原发病。

一般情况下，通过检查血液红细胞浓度能够准确地判定贫血的有无及程度。对位于正常值下限的轻度贫血有时则难以诊断，老年男性更是如此。动态观察血红蛋白浓度变化对贫血诊断极有价值，如短期内下降超过10%，即使检查值仍在正常范围内，也应引起足够重视。另外，有时血红蛋白浓度下降和红细胞计数减少不成比例，大细胞贫血时红细胞计数减少血红蛋白可正常，相反小细胞贫血时血红蛋白浓度下降而红细胞计数可正常。

贫血的病因诊断至为重要。继发性贫血患者或多或少地表现原发病特征，通过详细、全面了解病史，仔细、系统的查体，选择合适的实验室辅助检查，结合血液学检查，常能得出贫血的病因诊断。原发于造血与血液系统疾病的贫血，尽管其病因诊断更多地依赖于血液学和骨髓细胞形态学检查，但病史、查体仍具重要价值，如偏食提示营养性贫血，黄疸提示溶血性贫血，感染、出血、骨痛提示恶性血液病等。有时贫血病因复杂、隐蔽，需进行某些特殊检查，或限于条件而进行治疗性试验。在未明确病因诊断前切忌乱投药，否则徒增诊断困难，延误患者。

（一）病史

病史常可提供重要的诊断线索。自幼发病或曾有严重的新生儿黄疸病史，常提示先天性或遗传性贫血，如 Fanconi 贫血、Diamond-Blackfan 贫血、珠蛋白生成障碍性贫血、先天性红细胞生成异常性贫血、G6PD 缺乏症等。儿童、青少年贫血应追问体质、智力发育史。以往健康的成年人出现贫血多提示为获得性贫血，如获得性再生障碍性贫血、自身免疫性溶血性贫血等，少数轻型先天性贫血如轻型遗传性球形细胞增多症等也可到成年、甚至老年才出现贫血。家族史有助于对遗传性贫血的诊断，应特别注意贫血、发作性黄疸、脾大、出血性疾病史；某些贫血性疾病在我国有一定的地域分布特征，尤其珠蛋白生成障碍性贫血、血红蛋白病和某些红细胞酶病在我国主要发生于南方诸省，北方患者少见，因此询问患者祖籍有助于某些贫血，尤其溶血性贫血的诊断。

急性失血引起的贫血病史短暂，出血部位、脏器多数情况下容易判断。如外伤出血、急性上消化道出血、异位妊娠盆腔出血等，局部症状突出，常伴有血流动力学异常改变，多需外科、妇科等相关科室诊治。溶血性贫血可有黄疸、尿色加深，急性血管内溶血可有酱油色尿，部分溶血性贫血患者还可有慢性胆囊炎、胆结石病史。

应特别注意详细询问贫血发生得快慢，是进行性加重抑或呈波动性。多数情况下急性白血病、急性再生障碍性贫血、急性血管内溶血等贫血发生急，而缺铁性贫血、某些溶血性贫血等则呈慢性发展；恶性血液病、重症再生障碍性贫血等常为进行性贫血加重，缺铁性贫血、某些溶血性贫血病程迁延，常由感染、应激等某些因素诱发加重，特别是某些溶血性贫血病程中可有明显的发作性加重与自发缓解交替的特点。营养不良、偏食、不良饮食习惯、慢性失血或消化系统疾病史等常由造血原料缺乏导致贫血，应详细询问有无出血史、黑便，女性患者特别应注意询问月经、生育史；巨幼细胞性贫血可有口舌灼痛、反复口腔黏膜溃疡、口角糜烂，缺铁性贫血可有吞咽时胸骨后疼痛或异嗜癖。恶性血液病、骨髓造血衰竭、骨髓纤维化、脾功能亢进以及微血管病性溶血性贫血等，除贫血外，患者还可伴有明显的出血倾向和反复感染。急性白血病、多发性骨髓瘤、骨髓转移瘤等患者可有骨、关节疼痛。另外尚需询问有无化学毒物、放射性物质密切接触史，有无特殊药物服用史，有无提示慢性感染、炎症、肝肾疾患、恶性肿瘤、胶原性疾病、内分泌功能紊乱等的症状。询问既往的诊疗纪录和检验结果，尽可能详细了解曾用抗贫血药物治疗史，尤其是铁剂、叶酸和维生素 B_{12}、糖皮质激素给药剂量、给药途径、疗程和疗效反应等。

（二）体格检查

应系统地进行查体，特别注意有无皮肤、黏膜出血及黄疸，淋巴结、肝、脾大，骨骼压痛等。阳性体征可提供诊断线索，如贫血伴高血压、眼睑水肿提示可能为肾性贫血；匙状指常见于慢性缺铁性贫血；舌炎、舌乳头萎缩、口角糜烂多见于营养性巨幼细胞贫血；脊髓侧后束变性体征好发于恶性贫血；黄疸、脾大常见于溶血性贫血和某些类型恶性淋巴瘤；出血、骨骼压痛、肝脾淋巴结大常见于恶性血液病；巨脾常见于骨髓增殖性疾病等。

【治疗】

（一）病因治疗

病因治疗是贫血治疗的重要原则，也是最根本、最合理的治疗方法。多数情况下原发病比贫血本身更为严重，因而其治疗也更为重要。随着原发病改善，贫血常可获缓解。应避免未明确病因前盲目进行贫血治疗，这样不仅不能有效地改善贫血，即使改善也易复发，甚至掩盖更为重要的原发病，丧失得以治疗或根治的机会。有时贫血病因难以确定或虽已查明但现有疗法难以奏效，而患者贫血症状明显，或急性大量失血，首先改善贫血状况进行抗贫血治疗甚至输血也是可行的。

（二）输血

输血（blood transfusion）是一种重要的治疗措施，能迅速减轻甚至完全纠正贫血，如急性大量失血时输血对恢复有效血容量、改善贫血极为重要。更多的时候输血仅是为减轻贫血症状而采取的一种替代疗法，轻、中度贫血一般不需输血，重度贫血或短期内分娩及急需手术者可考虑输血。除急性失血性贫血需输全血外，应尽量选用成分输血，如老年人、伴有充血性心力衰竭或冠心病者最好输注浓缩红细胞；阵发性睡眠性血红蛋白尿或自身免疫性溶血性贫血患者输血更应慎重，如必须，则最好输注洗涤红细胞。反复输血除可引起血色病外还能抑制骨髓造血。另外，输血还可能传染某些疾病，如病毒性肝炎、艾滋病等，故应权衡利弊，严格掌握指征。

(三) 药物治疗

治疗贫血的药物各有其不同的药理作用和临床应用适应证，应根据贫血发生的原因和病理机制加以选择，针对性要强，反对滥用多种所谓的升血药。

铁剂主要用于治疗缺铁性贫血，常用者有硫酸亚铁、右旋糖酐铁和山梨醇枸橼酸铁，一般只需口服制剂，少数情况下需用铁注射剂。体内储存铁过多可影响重要脏器功能，因此非缺铁性贫血患者不应进行铁剂治疗。

叶酸、维生素 B_{12} 对营养性巨幼细胞贫血有效。叶酸缺乏是引起巨幼细胞贫血的最常见原因，口服治疗能很快显效。维生素 B_{12} 缺乏相对少见，几乎都与胃肠手术和胃肠功能紊乱有关，口服给药疗效差，应肌肉注射。叶酸、维生素 B_{12} 对其他贫血治疗无效，不应滥用。

糖皮质激素和免疫抑制剂如泼尼松、环磷酰胺等对自身免疫性溶血性贫血有良好疗效，在部分阵发性睡眠性血红蛋白尿患者能使溶血减轻。环孢素 A、抗胸腺细胞球蛋白、抗淋巴细胞球蛋白治疗对重症再生障碍性贫血有时能获良效。

雄激素增加端粒酶活性，减缓端粒缩短，还可通过刺激肾产生更多的促红细胞生成素和增强幼红细胞对促红细胞生成素的效应而增加红细胞的生成。可用于多种骨髓造血机能低下的患者，也可用于肿瘤化疗引起的骨髓抑制性贫血。雄激素治疗贫血起效较慢，通常最少应经 3～4 个月正规治疗贫血无改善方可认为无效。

基因重组促红细胞生成素对肾性贫血疗效较好，尚可用于慢性病贫血、骨髓增生异常综合征等。

(四) 脾切除

脾是产生抗体的重要器官也是破坏红细胞的重要场所。自身免疫性溶血性贫血切脾后约半数可获缓解。遗传性球形红细胞增多症切脾后尽管红细胞缺陷依然存在，但贫血可完全得以纠正。脾功能亢进行脾切除后也可使贫血改善。

(五) 造血干细胞移植

造血干细胞移植用于治疗贫血主要适应证是急性再生障碍性贫血，也可用于阵发性睡眠性血红蛋白尿和海洋性贫血。干细胞移植治疗急性再生障碍性贫血的首要条件是有合适的供者，应尽量选择 HLA 完全相合的同胞供者。考虑进行移植的患者最好不输或少输血液制品。患者年龄一般不应超过 40 岁，如患者有正常的同卵双胎供者，则移植不受年龄影响。造血干细胞移植技术、设备要求高，费用昂贵且有发生多种早期、晚期并发症的可能，应慎重实施。

(六) 基因治疗

将外源基因导入靶细胞，可以纠正、补偿或抑制某种异常或缺陷基因，达到治疗目的。遗传性贫血可望通过该疗法得以缓解。

(张凤奎)

第三章　缺铁性贫血

铁是人体生理必需的微量元素，它是血红素分子的核心部分，细胞中多种酶也都含有铁。因而，铁除参与血红蛋白的合成外，还参与体内其他的生物化学过程。机体铁缺乏（iron deficiency）可分为三个阶段，即贮存铁缺乏（iron depletion, ID）、缺铁性红细胞生成（iron deficient erythropoiesis, IDE）和缺铁性贫血（iron deficient anemia, IDA），三者统称为铁缺乏症。IDA是由于体内贮存铁（包括骨髓、肝、脾及其他组织内）消耗殆尽，不能满足正常红细胞生成的需要而发生的贫血。典型病例表现为小细胞低色素性贫血。体内贮存铁（storage iron）已被用尽尚未出现贫血之前的阶段称为缺铁。

IDA是最常见的贫血，普遍存在于世界各国，尤好发于育龄妇女、婴幼儿和儿童。在钩虫病流行地区，IDA多见且严重。尽管该病的发生与经济及卫生状况有关，缺铁与IDA在发展中国家和发达国家中均较为多见。

【铁的代谢】

（一）铁的分布

从生理功能角度可将体内的铁大致分成两部分：①功能状态铁，包括血红蛋白、肌红蛋白、酶、辅因子等所含铁，以及血浆转铁蛋白和乳铁蛋白等结合的铁。②贮存铁，以铁蛋白和含铁血黄素形式贮存于单核-巨噬细胞系统中。这部分铁暂时不参与生理功能，当机体需要时，可向功能状态铁转化。

正常成年男性体内铁的总量为50～55mg/kg，女性为35～40mg/kg，体内铁主要是在血红蛋白，少部分在肌红蛋白中。血浆中与转铁蛋白结合的运输铁仅约3mg。细胞中各种酶所含的铁不到10mg，但功能极为重要。其余的为贮存铁，正常男性的贮存铁约为1000mg，女性仅为100～400mg。

（二）铁的需要量

正常人对铁的需要量因年龄、性别和生理状态不同而有差别。正常成年男子和绝经后妇女，每天摄取的铁仅需补充每天丧失的微量铁就已足够。生长发育时期的婴儿、儿童、青少年和育龄妇女，铁的需要量相对要大。

正常人体每天生成红细胞所需的铁为20～25mg，大部分来自衰老的红细胞破坏后释放的铁，每天从食物中摄取1～1.5mg的铁即可维持体内铁的平衡，孕妇和哺乳的妇女每日铁的需要量为2～4mg。

（三）铁的来源和吸收

正常情况下体内铁源自食物。多数食物都含有少量的铁，含量较丰富者有海带、发菜、紫菜、木耳、香菇以及动物的肝、肉、血、豆类等。蔬菜、水果含铁较少，乳含铁量极低。非生理情况下，铁可来自输血和药用铁。

肉类食品中的肌红蛋白或血红蛋白中的正铁血红素可以完整的分子直接被吸收，然后分解为游离铁，铁的吸收率为10%～25%；植物中的铁吸收率仅为1%，这是因为植物铁多为三价的胶状氢氧化铁，需要在胃和十二指肠内还原成二价的亚铁或与铁螯合物结合后才易被吸收，否则容易与植物中的植酸、丹宁酸等结合成不溶解的铁复合物，不容易被吸收。维生素C及其他还原剂能使高铁还原成亚铁；酸性胃液能防止铁离子变成不溶于水的铁复合物。十二指肠和空肠上部铁吸收效率最高，铁离子与肠黏膜细胞内的去铁铁蛋白结合而被吸收。体内铁贮存量的多少对铁的吸收有影响。当贮存量多时，幼红细胞上的转铁蛋白受体减少，血浆铁的转运率降低，铁的吸收减少。铁贮存量减少时则相反，幼红细胞上的转铁蛋白受体增多，铁的吸收增多。缺铁时铁的吸收率可增至正常人的3～4倍。小肠上皮细胞能调节铁的吸收，大量口服铁剂时，小肠失去吸收铁的调节能力，铁可被动地弥散进入肠黏膜细胞,发生急性铁中毒。

(四) 铁的运输

血浆铁须经铜蓝蛋白氧化成高铁后,始与转铁蛋白结合,被运到骨髓和其他组织中。转铁蛋白是一种 β_1 球蛋白,主要由肝合成。一分子转铁蛋白有两个结合三价铁的位点,正常人血浆转铁蛋白浓度 2.5~3g/L。正常情况下仅以其总量的 1/3 与铁结合,结合的铁就是血清铁含量,称为血清铁 (serum iron, SI),其余 2/3 未与铁结合的转铁蛋白也具有与铁结合的能力,在体外加上一定量的铁可使其成饱和状态,所加铁量称为未饱和铁结合力。SI 与未饱和铁结合力之和称为总铁结合力 (total iron-binding capacity, TIBC)。SI 与 TIBC 的百分比值称为血清转铁蛋白饱和度 (transferrin saturation)。带铁的转铁蛋白在幼红细胞表面与转铁蛋白受体结合,通过胞饮作用进入细胞内。在细胞内铁与转铁蛋白分离,再还原成二价铁,在线粒体上与原卟啉、珠蛋白结合成血红蛋白。

(五) 铁的再利用和排泄

正常情况下,每天约有 1% 的红细胞被破坏,释出的血红蛋白和其他含铁化合物经代谢分解,其中的铁并不被排出体外,而是进入体内铁代谢池,重新利用。因此,每日铁丢失量非常小,成年男性一般不超过 1mg,生育期妇女平均约 2mg。平时铁丧失或排泄的途径主要通过肠黏膜和皮肤脱落的细胞,铁的吸收和排泄保持动态平衡。妇女通过月经、妊娠和哺乳可丧失较多的铁。一次正常月经失铁约 17mg,一次正常妊娠失铁约 700mg,平均每天失铁 2.5mg。病理情况下,失铁的主要原因是失血。

(六) 铁的贮存

体内贮存铁正常情况下很少动用。当铁丢失增多,超过从食物中摄入量时或当机体对铁的需要量增加而肠道吸收不能满足时,贮存铁可被动用。当红细胞破坏增多,超过新生红细胞,或进入体内的铁超过机体所需利用的铁,多余的铁进入储存池,因而贮存铁增多。

储存铁有铁蛋白和含铁血黄素两种形式。含铁血黄素是铁蛋白部分变性、部分去蛋白的降解物。

【病因和发病机制】

在正常情况下铁的吸收和排泄维持动态平衡,这种平衡主要通过控制铁的吸收量来达到。任何原因使铁的摄入减少、需要增加或丢失增多,使这种平衡紊乱,即可引起缺铁,甚至 IDA。

(一) 摄入不足及需铁量增加

人工喂养儿以含铁量低的牛奶、米、面为主要饮食,未及时添加辅食,可引起缺铁。早产儿、孪生儿和原有 IDA 孕妇生产的新生儿,体内贮存铁较少,更易发生 IDA。经济贫困,动物食品摄入少、偏食,以及不适当减肥等,均可致铁的摄入减少。

正常成年人每天需铁量 1~2mg,生长期婴幼儿、青少年和月经期、妊娠期、哺乳期妇女需铁量增加,如摄入不足更易发生缺铁。

(二) 铁吸收不良

萎缩性胃炎 (atrophic gastritis) 的胃酸缺乏,炎性肠病、胃肠道功能紊乱、胃大部切除术及胃空肠吻合术后,均可影响正常的铁吸收。妊娠期胃酸减少和胃肠功能紊乱也使铁吸收减少。某些药物如抗酸药、H_2 受体拮抗剂,也可抑制铁的吸收。

(三) 慢性失血

慢性失血占缺铁原因的首位。体内总铁量的 2/3 存在于血红蛋白中,故反复多次失血可显著消耗铁贮存。消化道慢性失血或妇女月经过多是慢性失血最常见的原因。如消化性溃疡、消化道肿瘤、钩虫病、食管胃底静脉曲张、痔出血及子宫肌瘤、功能性子宫出血、慢性血小板减少性紫癜阴道出血等。此外,反复发作的血管内溶血,也可因血红蛋白由尿中排出而致缺铁。

【临床表现】

IDA 的症状由铁缺乏、贫血及发生 IDA 的基础病引起,临床表现主要与贫血程度和起病缓急有关。IDA 基础病有时隐匿,表现不明显,有时则症状、体征突出,因疾病不同表现各异。贮存铁缺乏和缺铁性红细胞生成阶段患者可无明显症状，或可出现月经过多、容易疲劳、脱发、指甲脆薄等。实验室检查血清铁正常低限，贮存铁减低，血红蛋白正常。铁剂治疗，效果良好。铁缺乏进一步加重，则发展为IDA。

缺铁性贫血多数起病缓慢，患者常能较好地适应，早期可没有任何症状。随着骨髓幼红细胞可利用铁缺乏，各种细胞含铁酶也渐减少。此时血清铁明显降低，表现缺铁性贫血的典型症状。常见症状有头晕、乏力、易倦、心悸、面色苍白、活动时心悸气短，重度贫血可出现眩晕和晕厥。由于细胞内含铁的氧化还原酶活性减低，出现口腔炎、舌炎、舌乳头萎缩、口角皲裂、慢性胃炎和胃酸缺乏等。儿童、青少年尚可发育迟缓、体力下降、智商低、容易兴奋、注意力不集中、烦躁、易怒。严重病例可引起吞咽困难（Plummer-Vinson综合征）。缺铁所致外胚叶营养障碍表现为皮肤干燥、毛发无泽、指甲扁平不整、薄脆易裂及反甲等，少数患者出现异食癖。

【实验室和其他检查】
（一）血象
典型血象为小细胞低色素性贫血，血红蛋白比红细胞减少更明显。外周血涂片成熟红细胞体积小、形态大小不一，中心淡染区扩大。低色素红细胞比例增加。网织红细胞大多正常或有轻度增多，网织红细胞血红蛋白（reticulocyte haemoglobin content）含量减低。白细胞和血小板计数一般无明显变化。

（二）骨髓象
骨髓增生活跃，幼红细胞比例增高，以中、晚幼红细胞为主。幼红细胞体积较小，胞浆少，边缘不规则。易见幼红细胞分裂象。粒细胞系和巨核细胞系多无明显变化。骨髓涂片铁染色，铁粒幼红细胞减少，细胞外铁减少或缺失。

（三）生化检查
血清铁浓度常降至 10.7μmol/L（60μg/dl）以下，转铁蛋白饱和度 15% 以下，总铁结合力（TIBC）增高，>64.4μmol/L（360μg/dl），血清铁蛋白（serum ferritin，SF）浓度降低至 10～20μg/L 以下。红细胞锌原卟啉（zinc protoporphyrin，ZPP）增高。

【诊断与鉴别诊断】
（一）诊断
根据病史、症状、小细胞低色素性贫血，血清铁降低、总铁结合力增高，以及骨髓细胞外铁消失，诊断一般不难。尤为重要的是，必须辨清铁缺乏的原因。临床上用于 IDA 诊断的实验检查方法可分为筛查试验和确证试验，试验检查及其分类、特点见表 6-3-1。

表 6-3-1 缺铁性贫血试验检查方法

	优势	缺陷
筛查试验		
1. 血红蛋白	廉价，普及	不敏感，不特异
2. 转铁蛋白饱和度	廉价，方法标准化	不特异，变异大
3. 平均红细胞血红蛋白含量	普及，方法标准化	不特异，晚期指标
4. 锌原卟啉	简便，廉价	不易自动化，受金属铅影响
5. 网织红细胞血红蛋白含量	早期指标，稳定	未普及，经验少
确证试验		
1. 血清铁蛋白	定量方法，标准化，反映机体铁贮存	受炎症和肝病影响
2. 血清转铁蛋白受体	定量方法，反映组织铁缺乏，不受炎症影响	未标准化，受 Epo 治疗影响
3. 骨髓铁染色	特异性高，方法标准化	有创，费用高，误差大

所有患者均最好应明确诊断。但在某些容易发生缺铁性贫血的高危患者，如婴儿、青春期女性、育龄妇女，若除贫血外无其他异常状况，则口服铁剂试验性治疗诊断也是合理的，且非常方便。补充铁剂7~10天后患者网织红细胞明显上升常作为符合IDA诊断的依据。

根据铁缺乏程度，铁缺乏症诊断标准如下：

1. 贮存铁缺乏（符合以下任何一条即可诊断）
(1) 血清铁蛋白<14μg/L。
(2) 骨髓铁染色显示骨髓小粒可染铁消失。

2. 缺铁性红细胞生成　符合贮存铁缺乏的诊断标准，再符合以下任何一条者即可诊断。
(1) 转铁蛋白饱和度<0.15。
(2) 红细胞游离原卟啉>0.9μmol/L (50μg/dl)。
(3) 骨髓小粒可染铁消失，铁粒幼红细胞<15%。

3. IDA　除符合缺铁性红细胞生成诊断标准外，出现小细胞低色素性贫血，血红蛋白<120g/L（男）或110g/L（女）。

（二）鉴别诊断

主要与其他小细胞性贫血（microcytic anemia）相鉴别。

1. 慢性病贫血（anemia of chronic disease，ACD）　常伴有肿瘤或感染疾病。血清铁降低，总铁结合力正常或降低，转铁蛋白饱和度正常或稍减低，血清铁蛋白增高，骨髓铁粒幼红细胞减少，细胞外铁增加。

2. 珠蛋白生成障碍性贫血　常有家族史，患者可有特殊面容。血片中可见多数靶形红细胞，血红蛋白电泳常有异常。血清铁及骨髓细胞外铁增多。

3. 铁粒幼红细胞性贫血（sideroblastic anemia）　主要由于先天或后天获得性血红素合成障碍，致使铁失利用。血清铁升高，总铁结合力减低，铁蛋白及骨髓中铁粒幼红细胞或环形铁粒幼细胞增多。

【治疗】

（一）病因治疗

应尽可能地除去导致铁缺乏的病因，如改善饮食习惯，控制慢性失血，生长期儿童、孕妇、哺乳期妇女适当增加含铁量较多的食物等。

（二）补充铁剂

铁剂的补充以口服制剂为首选，安全且疗效可靠。目前常用的有硫酸亚铁（ferrous sulphate）、葡萄糖酸亚铁（ferrous gluconate）、右旋糖酐铁（iron dextran）和富马酸亚铁（ferrous fumarate）等。多数患者耐受较好，少数可有恶心、上腹不适，常发生于服药后的1~2小时。口服铁剂的下消化道不良反应少见，个别患者可有便秘或腹泻等。口服铁剂治疗最好从小量开始，餐后服用，以减少药物对胃肠道的刺激。为增加铁的吸收，可同时服用维生素C，禁忌饮茶。治疗4~5天后网织红细胞逐渐上升，7~12天达高峰，以后逐渐下降。血红蛋白1~2周后开始上升，2个月左右恢复正常。血红蛋白完全正常后，仍需继续补充铁剂3~6个月。

注射铁剂不良反应主要为注射局部疼痛及引流区淋巴结疼痛，有时也可非常严重，甚至发生致命性的过敏反应，故须严格掌握适应证。一般只有在以下几种条件下方采用注射铁剂：①失血量较大，口服铁剂不能补偿丢失铁量。胃肠道及子宫出血最为常见，有时也可见于出凝血异常、长期抗凝治疗及血液透析患者。②胃肠道疾患，口服铁剂吸收不良。常见于萎缩性胃炎、抗酸治疗及胃大部切除等。③患者不能耐受或不能坚持口服铁剂治疗。目前临床常用注射铁剂有三种，右旋糖酐铁、葡萄糖酸铁和蔗糖铁。进行注射铁剂治疗前应先根据患者贫血程度计算需要补充的药物剂量。每提高10g/L血红蛋白，约需右旋糖酐铁300mg。若使患者血红蛋白达到150g/L，并补充部分贮存铁，则需右旋糖酐铁用药总量（mg）=300×（150-患者血红蛋白g/L）/10+500mg。首次注射50mg，如无不良反应,以后每天注射100mg,直到注射达总量。

【预后】

IDA本身一般并不严重,经过治疗常能很快纠正贫血。该病的预后更主要地取决于基础病的性质。

(张凤奎)

第四章 巨幼细胞贫血

叶酸和维生素 B_{12} 是脱氧核糖核酸（DNA）合成过程中的重要辅酶。这两种维生素缺乏均可导致 DNA 合成障碍。由于幼红细胞 DNA 合成速度减慢，细胞处于 DNA 合成期的时间延长，而胞浆内 RNA 和蛋白质合成不受影响，RNA 与 DNA 的比例失调，结果形成的细胞体积大、细胞核相对幼稚，即巨幼细胞。巨幼红细胞大部分在骨髓内未及成熟便被破坏，即红细胞无效生成，同样的情况也可发生于粒系细胞和巨核细胞，结果导致贫血和白细胞、血小板减少。当叶酸、维生素 B_{12} 缺乏或其他原因引起 DNA 合成障碍，使红细胞的生成减少，不足以代偿红细胞衰老、死亡时即可发生贫血，称为巨幼细胞贫血（megaloblastic anemia，MA）。外周血红细胞平均体积（MCV）和平均血红蛋白含量（MCH）高于正常，骨髓幼红细胞巨幼变为此类贫血的共同特点。

在我国，巨幼细胞贫血以营养性占绝大多数，因叶酸缺乏所致的巨幼细胞贫血散见于各地，维生素 B_{12} 缺乏所致者少见；由内因子缺乏导致的巨幼细胞贫血称为恶性贫血（pernicious anemia），主要发生于北欧白种人，在我国罕见。本节主要介绍营养性巨幼细胞贫血。

【叶酸和维生素 B_{12} 的代谢】

叶酸亦称蝶酰谷氨酸，由蝶啶、对氨基苯甲酸和 L-谷氨酸三部分组成，属水溶性 B 族维生素，性质极不稳定，易被光及热分解破坏。绿叶植物、蔬菜、水果、酵母和动物肝肾富含叶酸。人体不能合成叶酸，必须从食物中摄取。食物中的叶酸为多谷氨酸盐与蝶酰结合的化合物，溶解度较低，需先经小肠分泌的谷氨酰胺羧基肽酶分解为单谷氨酸盐后，才能被吸收。人工合成叶酸平均口服生物利用度则可高达 80%。在肠道吸收过程中，叶酸转化为 5′-甲基四氢叶酸。叶酸吸收后主要贮存在肝细胞内。正常人体内叶酸的贮存量为 5~10mg，每天需要量 50~200μg，消耗较大。如果食物中缺乏叶酸，约 4 个月时间即可将贮存的叶酸消耗殆尽。叶酸及其代谢产物主要从尿中排泄，胆汁及粪便中也可有少量叶酸排出。

维生素 B_{12} 又名氰钴胺，属水溶性 B 族维生素。动物的肝、肾、心、肌肉组织及蛋类、乳制品中维生素 B_{12} 含量丰富，蔬菜中含量极少。人体不能合成，结肠内细菌合成的维生素 B_{12} 不能被吸收利用而从粪便中排出。因此，人类维生素 B_{12} 来源完全依赖食物。食物在胃内消化时释出维生素 B_{12}，后者与 R-蛋白结合，当到达十二指肠后经胰酶消化，与胃壁细胞分泌的内因子（intrinsic factor）结合，形成维生素 B_{12}-内因子复合物，可防止维生素 B_{12} 被破坏并促使其被回肠黏膜吸收。维生素 B_{12}-内因子复合物与回肠细胞受体结合，通过胞饮作用吸收进入细胞。维生素 B_{12} 吸收后，随血循环由转钴蛋白 Ⅱ（transcobalamin Ⅱ）转送到各组织被代谢、利用。正常情况下，食物中约 70% 维生素 B_{12} 可被吸收，内因子缺乏时维生素 B_{12} 吸收不到 2%。体内大部分维生素 B_{12} 贮存在肝细胞内，成年人体内维生素 B_{12} 贮存量为 2~5mg，每天需要量仅为 2~5μg。维生素 B_{12} 排泄极少。因此，如体内维生素 B_{12} 贮存量正常，即使长期不再摄入，估计也需 3~6 年才会出现缺乏。

【病因和发病机制】

叶酸缺乏的原因有：①摄入不足：多与偏食、婴儿喂养不当，以及食物烹煮过度有关，是叶酸缺乏最主要的原因。乙醇影响叶酸代谢，长期酗酒，尤其伴有肝硬化者更易发生叶酸缺乏。②需要量增加：见于儿童，尤其生长发育快速的婴幼儿及妇女妊娠期、甲状腺功能亢进、恶性肿瘤、慢性溶血、骨髓增殖性疾病等。③肠道吸收不良：慢性腹泻，包括乳糜泻、热带口炎性腹泻、麦胶性肠病，以及肠道肿瘤、短肠综合征等。④利用障碍：叶酸拮抗物，如甲氨蝶呤、乙胺嘧啶等都是二氢叶酸还原酶抑制剂，导致叶酸利用障碍。

维生素 B_{12} 每天生理需要量很少，因摄入减少而维生素 B_{12} 缺乏导致贫血者非常少见。事实上，维

生素 B_{12} 缺乏几乎都与长期胃肠道疾患或功能紊乱有关。①内因子缺乏：主要见于恶性贫血。抗内因子抗体类型有两种：Ⅰ型阻止维生素 B_{12} 和内因子结合，为阻断抗体；Ⅱ型能与内因子或维生素 B_{12}-内因子复合物结合，阻止维生素 B_{12} 吸收，为结合抗体。内因子缺乏还可见于慢性萎缩性胃炎、全胃切除或胃大部切除术后。②肠黏膜吸收功能障碍：小肠部分切除、节段性肠炎、肠道放射损伤、乳糜泻、空肠憩室、热带口炎性腹泻等。③细菌、寄生虫感染，夺取维生素 B_{12}，如短二叶裂头绦虫病、盲袢综合征等。④其他：如先天性转钴蛋白Ⅱ缺乏，影响维生素 B_{12} 血浆转运和细胞内的转变、利用。

叶酸在叶酸还原酶作用下还原成二氢叶酸，然后由二氢叶酸还原酶催化而成为四氢叶酸。四氢叶酸和维生素 B_{12} 都是 DNA 合成过程中重要的辅酶。在 DNA 合成途径中，脱氧尿嘧啶核苷（dUMP）转变成脱氧胸腺嘧啶核苷（dTMP）所需的甲基由亚甲基四氢叶酸提供。叶酸缺乏影响这一生化反应的进行，导致 DNA 合成障碍。维生素 B_{12} 在使高半胱氨酸转变成甲硫氨酸的过程中，促使甲基四氢叶酸去甲基，转变成四氢叶酸、亚甲基四氢叶酸，并能促使甲基四氢叶酸进入细胞内。因此，维生素 B_{12} 缺乏时从甲基四氢叶酸转变成四氢叶酸、亚甲基四氢叶酸的量减少，还可使进入细胞内的甲基四氢叶酸减少，其导致的血液学改变与叶酸缺乏者相同。另外，维生素 B_{12} 缺乏影响甲基丙二酰辅酶 A 向琥珀酰辅酶 A 转变，结果血中甲基丙二酰辅酶 A 大量堆积，影响神经髓鞘形成，损伤神经系统。叶酸与维生素 B_{12} 参与 DNA 合成作用见图 6-4-1。

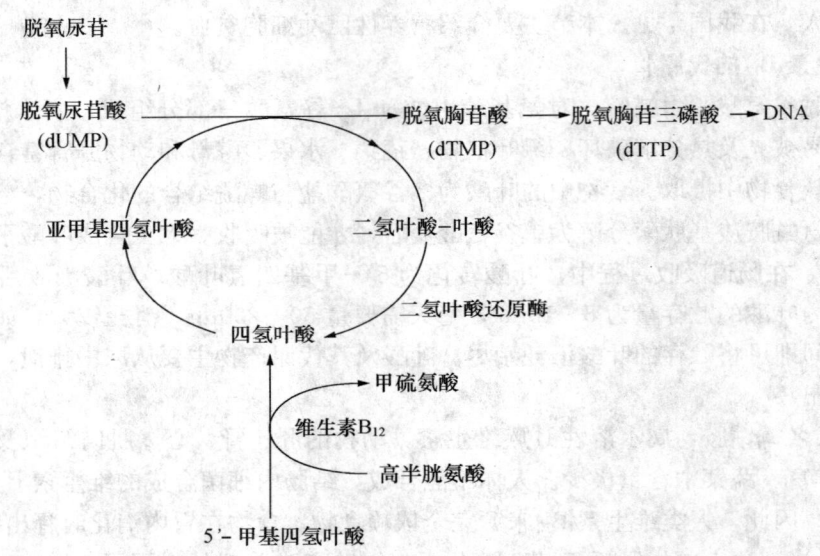

图 6-4-1　叶酸与维生素 B_{12} 代谢的相互关系及对 DNA 合成的影响

【临床表现】

维生素 B_{12} 缺乏者起病大多缓慢。叶酸缺乏常呈亚急性过程。临床表现为：

(一) 贫血

中度至重度贫血。患者常面色苍黄，毛发早白、稀疏，干枯无光泽。除一般慢性贫血的症状，如乏力、头晕、活动时心悸、气短外，部分患者可出现轻度黄疸。贫血严重者可出现心脏扩大及心脏杂音，甚至心功能不全。少数患者出现皮肤紫癜。

(二) 消化道症状

舌痛、舌面光滑、舌乳头高度萎缩，舌质绛红如生牛肉。口角糜烂、口腔溃疡常见，常反复发作。患者常诉食欲不振、腹胀、便秘或腹泻。部分患者明显消瘦，体重减轻，或可苍白虚胖，稍显水肿。儿童患者可伴有肝、脾大。

(三) 神经系统症状

见于维生素 B_{12} 缺乏者。典型者表现为四肢发麻，站立、行走不稳，软弱无力，共济失调。还可出现括约肌功能失调，健忘，易激动，甚至精神失常。查体深感觉减退以至消失，腱反射早期亢进，之后减退或消失。Babinski征及其他锥体束征可呈阳性。有时神经系统症状可于贫血之前出现。这些表现与末梢神经变性、脊髓亚急性侧索、后索联合变性和脑组织损害有关，尤其在恶性贫血更为常见。单纯叶酸缺乏不引起上述这些表现。

【实验室和其他检查】

（一）血象

贫血大多较严重，属大细胞性贫血，MCV>100fl，MCH也常升高，MCHC正常。红细胞数的减少较血红蛋白减低更为显著，早期血红蛋白量可在正常范围内而红细胞数量已经减少。白细胞和/或血小板可轻度减少，网织红细胞正常、减低或轻度升高。血涂片中红细胞大小不等十分显著，以大卵圆形红细胞为主，红细胞中血红蛋白充盈较好，中心淡染区不明显。可见有核红细胞、嗜碱性点彩细胞、Howell-Jolly小体等。白细胞总数偏低，中性粒细胞减少，形态异变，胞体大，核染色质疏松，核分叶过多，呈核右移，多者可达6~8叶。血小板可减少，偶见巨大血小板。

（二）骨髓象

骨髓增生明显活跃，红系细胞比例增高，粒细胞：红细胞比例下降。红系细胞以早幼红细胞和原始红细胞增多为主，各期幼红细胞均呈巨幼变，明显核浆发育不平衡，细胞核发育明显落后于胞浆。原始及早幼巨幼红细胞胞体大，直径可达28~35μm。胞浆深蓝色，染色质粗颗粒状，疏松。幼红细胞有丝分裂常见。粒系细胞也可呈"巨幼变"，细胞体积增大，可见巨中、晚幼粒细胞和巨杆状核粒细胞。巨核细胞数量减少或正常，体积多增大，细胞核分叶明显增多，或分离为多个独立小核，胞浆颗粒可减少。血小板体积较大，颗粒松散。骨髓细胞外铁增多。

（三）生化检查

血清间接胆红素可稍增高，血清叶酸及维生素B_{12}水平均可下降，分别低于6.8nmol/L及74pmol/L。红细胞叶酸测定能较准确反映体内叶酸储备，受短时期叶酸摄入影响较小，用于叶酸缺乏巨幼红细胞贫血诊断更准确。血清铁及转铁蛋白饱和度正常或高于正常。

如果怀疑恶性贫血，还应进行胃液分析和内因子抗体测定，如内因子抗体阳性，还应作维生素B_{12}吸收试验（Schilling test）证实。

【诊断与鉴别诊断】

诊断巨幼细胞贫血最重要的线索之一为大细胞性贫血，很多因素和疾病可导致外周血大细胞增多，须仔细询问病史、查体及必要实验检查加以鉴别（表6-4-1）。

叶酸和维生素B_{12}缺乏性贫血诊断一般不难。根据病史及临床表现，血象为大细胞性贫血，嗜中性粒细胞分叶过多就应考虑有巨幼细胞贫血的可能，进一步骨髓细胞学检查，表现典型的"巨幼变"或检查血清叶酸、维生素B_{12}水平，可肯定诊断。

巨幼细胞贫血诊断成立后，尚需进一步明确是叶酸缺乏还是维生素B_{12}缺乏。通常根据病史、查体，结合血清叶酸、维生素B_{12}水平测定，鉴别不难（表6-4-2）。多数情况下叶酸和维生素B_{12}缺乏的病因有所不同，仔细病史询问常能大体推测。维生素B_{12}缺乏所致巨幼细胞贫血不一定均有神经系统症状，故没有这些症状并不能排除维生素B_{12}缺乏之可能；如表现脊髓联合变性症状、体征，一般提示贫血与维生素B_{12}缺乏有关，而非叶酸缺乏所致；有时叶酸缺乏可同时伴发维生素B_1缺乏，出现末梢神经异常表现，与维生素B_{12}缺乏的神经系统异常虽不同但较难分辨。因而，明确叶酸缺乏还是维生素B_{12}缺乏还需依赖生化检查和治疗性试验结果。

表 6-4-1 常见可引起大细胞贫血的原因

药物
   抗肿瘤药，抗病毒药，降糖药，抗生素，利尿药，抗痉挛药等
酒精中毒
网织红细胞增高
肝脏疾病
甲状腺功能减退
叶酸、维生素 B_{12} 缺乏
多发性骨髓瘤
骨髓增生异常综合征
再生障碍性贫血
急性白血病

表 6-4-2 叶酸与维生素 B_{12} 缺乏所致巨幼细胞贫血的鉴别

	叶酸缺乏	维生素 B_{12} 缺乏
常见病因	营养不良、偏食、婴幼儿、妊娠、溶血性贫血、骨髓增殖性肿瘤、影响叶酸代谢药物、慢性感染等	慢性胃肠道疾病、胃肠道手术后
神经系统症状、体征	少见	较多见
血清叶酸测定	减低，<6.8nmol/L（3ng/ml）	正常，13.62~45.40nmol/L（6~20ng/ml）
血清维生素 B_{12} 测定	正常，148.0~666pmol/L（200~900pg/ml）	减低，<74pmol/L（100pg/ml）
治疗性试验（叶酸 200μg/d，连续 10 天）	临床症状好转，网织红细胞增多，血象及骨髓象好转	无效应
维生素 B_{12} 1μg/d，肌注，连续 10 天	无效应	临床症状好转，网织红细胞增多，血象及骨髓象好转

营养性巨幼细胞贫血尚需与其他血液学表现相似疾患鉴别：

骨髓增生异常综合征常见于老年患者，也可呈大细胞贫血，骨髓红系增生，有核红细胞巨幼样变，尤其在原始细胞不明显增多的中、低危患者与营养性巨幼细胞贫血很难仅凭病史、查体和一般血液学检查鉴别。但骨髓增生异常综合征患者常没有叶酸和维生素 B_{12} 缺乏相关病史支持，可伴有克隆性染色体异常，补充叶酸和维生素 B_{12} 后临床及血液学无改善，血清学检查叶酸和维生素 B_{12} 水平无降低等可资鉴别。

未经充分治疗的营养性巨幼细胞贫血患者，如外周血网织红细胞已经开始升高，仍有贫血和黄疸尚未完全消退，此时骨髓细胞形态学特征已不明显，如不仔细询问病史，可误诊为溶血性贫血。

某些慢性溶血性贫血患者，因骨髓长期代偿性增生旺盛，造血原料需要增多，可伴发叶酸缺乏，此时患者外周血网织红细胞可不明显增高，骨髓无效造血明显。需仔细询问病史，与单纯营养性巨幼细胞贫血区分。

婴幼儿营养性巨幼细胞贫血尚需警惕与先天性红细胞生成异常性贫血鉴别。后者也可呈大细胞贫血，骨髓红系细胞增生，幼红细胞核染色质疏松呈海绵样，形态与巨幼红细胞非常相似。但先天性红细胞生成异常性贫血常伴其他先天躯体畸形，骨髓细胞形态异常多限于红系细胞，粒细胞和巨核细胞形态改变不明显。光镜下骨髓可见典型的核间桥幼红细胞或双核幼红细胞明显增多，透射电镜检查则更具特异性，红细胞核异染质凝聚、核孔增大呈"瑞士奶酪样"，或可双层膜结构改变。

【治疗】

(一) 病因治疗

应针对原发疾病进行治疗,例如纠正偏食习惯和治疗相关疾病。

(二) 营养知识教育

平衡饮食,纠正不良烹调习惯,老年人牙齿疾患及脱落应及时诊治修补。

(三) 药物治疗

补充叶酸或维生素 B_{12}。

1. 叶酸缺乏　叶酸 5~10mg,口服,每天 3 次。一般用药后患者首先感觉症状减轻,食欲好转。用药 7~10 天,网织红细胞比例明显升高,常大于 10%。随着网织红细胞比例下降,血红蛋白开始升高。治疗 2 个月左右血象、骨髓象可完全恢复正常。胃肠道吸收不良导致叶酸缺乏者,如基础病不能短期改善或治愈,也可肌肉注射四氢叶酸钙 5~10mg,每天 1 次,直至血红蛋白恢复正常。如患者同时有维生素 B_{12} 缺乏,不宜单用叶酸治疗,否则会加重维生素 B_{12} 缺乏的症状。

2. 维生素 B_{12} 缺乏　维生素 B_{12} 应肌肉注射给药,500μg,每周 1~2 次,直到血红蛋白恢复正常。恶性贫血或全胃切除的患者需长期维持治疗(每月注射 1 次)。治疗反应与叶酸缺乏者相同。患者神经系统症状好转相对缓慢,如治疗前神经系统症状严重,则虽经有效治疗,症状也常不易完全消失。

【预后】

预后良好。经治疗,绝大多数患者临床症状短时间内即可明显好转,血液学改善。神经系统症状恢复较慢,严重者常不能完全恢复正常。恶性贫血患者需终生维持治疗。

(张凤奎)

第五章 再生障碍性贫血

再生障碍性贫血（再障）(aplastic anemia, AA)是一组由不同病因引起的骨髓造血组织显著减少，导致造血功能衰竭的临床综合征。典型的外周血检查改变为红细胞、粒细胞和血小板均明显减少，即全血细胞减少。患者临床表现严重贫血、出血和感染。

中国医学科学院血液学研究所分析33 553例血液病初诊病例，其中AA 4227例，占各类血液病的12.6%，说明AA在我国是一种较为常见的血液病。流行病学资料显示，我国再障年患病率为7.4/100万，与日本、韩国等东方国家再障患病率相近，是西方国家再障年患病率2/100万的2~3倍。患者以青壮年为多，男性多于女性。

【病因和发病机制】

（一）病因

由于化学、物理或生物因素对骨髓的毒性作用所引起的AA称为继发性（或症状性）再障。最常见的病因是药物和某些化学物质的中毒或过敏，其次是各种形式的电离辐射，生物因素和免疫反应相对少见。约半数以上的病例病因不明，为原发性（或特发性）AA。其中部分病例可能属于继发性，只是由于病因较为隐蔽，难以识别而已。

1. 药物　其中最重要者是氯霉素。氯霉素与AA发病有密切的相关性，其实际危险性为1/20 000~30 000，比未接触者高10~20倍。发病前一年或半年内有服用氯（合）霉素史者，发生再障的危险性分别为对照组的6倍或33倍。临床有两种类型：①可逆性骨髓抑制：主要是红系造血受抑，血红蛋白、网织红细胞减少，血清铁增高，幼稚红细胞浆及核中出现空泡，线粒体中可染铁积聚。铁动力学研究证明患者存在血红素及血红蛋白合成受抑。②不可逆性AA：起病隐袭，于接触氯霉素后数周~数月发生再障且与药物剂量、用药时间及给药途径无关。氯霉素可能影响骨髓造血祖细胞的增殖和成熟，线粒体内蛋白合成受损，并抑制CFU-GM生长。更为确切的解释是氯霉素可引起染色体的空泡化，损伤干细胞的基因结构而导致AA。也有人提出氯霉素相关性AA患者或家属骨髓细胞对该药的抑制作用异常敏感。尽管氯霉素早已退出临床应用，近年流行病学研究结果表明再障发病却并未减少。另外，其他一些药物应用也可能引起AA，参见表6-5-1。

2. 苯　在工业生产和日常生活中，人们与苯及其衍生物有广泛的接触机会。苯具有挥发性，易被吸入人体。严重苯中毒可致AA，可在接触苯数周至数年后发生，说明个体间苯中毒的易感性差异较大。20世纪初已发现苯及其衍生物（如三硝基甲苯、六氯化苯等）对骨髓具有毒性作用，其毒性作用主要由各种分解产物所引起，尤其是P-苯基奎宁可显著抑制细胞RNA及DNA的合成，并导致染色体异常。

3. 肝炎病毒　病毒性肝炎患者AA的发生率为0.05%~0.9%，在AA患者中的构成比为3.2%~23.9%。绝大多数肝炎相关AA由血清学阴性肝炎引起，骨髓造血衰竭与肝炎同时发生，或在急性肝炎起病后6个月内发生。部分患者造血衰竭也可继发于丙型肝炎(hepatitis C)或乙型肝炎(hepatitis B)。AA的发生与肝炎病毒对造血干细胞的直接抑制作用有关，病毒介导的自身免疫异常或产生抗干细胞抗体、病毒损伤骨髓微环境、肝脏解毒功能减退等，在发病过程中也起一定作用。

4. 放射线　接受放射线导致骨髓衰竭具有剂量依赖性。造血组织对放射线较敏感，致死或亚致死剂量的全身照射可发生致死性的急性再生障碍贫血(acute aplastic anemia, AAA)，而极少引起慢性再生障碍贫血(chronic aplastic anemia, CAA)。大剂量局部照射可引起骨髓微环境严重损伤。长期接触小剂量照射的患者可发生CAA。放射线主要作用于细胞内的大分子，影响DNA的合成，其生物效应是抑制或延缓细胞增殖。无论全身照射或局部照射均可损伤造血干细胞及微环境而导致骨髓衰竭。

5. 其他 长期未经治疗的严重贫血、慢性肾炎、胰腺炎、垂体前叶功能低下等有时也可引起本病，自身免疫可能是部分患者发病的机制。

表 6-5-1 可引起再障的药物及化学物质

（一）剂量大时均可引起骨髓抑制
  1. 化学毒物：苯、三硝基甲苯、无机砷等
  2. 细胞毒药物：甲氨蝶呤、6 巯嘌呤、马利兰、苯丙酸氮芥、氮芥、环磷酰胺、柔红霉素、阿糖胞苷等
（二）治疗剂量（药物）或一般接触引起骨髓抑制
  1. 抗微生物药：氯（合）霉素、有机砷、四环素、异烟肼、链霉素、两性霉素 B、磺胺类药等
  2. 止痛或抗风湿药：保泰松、美沙酮、吲哚美辛、秋水仙碱、阿司匹林等
  3. 抗惊厥药：苯妥英钠、三甲双酮等
  4. 抗甲状腺药：卡比马唑、甲巯咪唑等
  5. 抗糖尿病药：甲苯磺丁脲、氯磺丙脲等
  6. 镇静安定药：氯丙嗪、利眠宁等
  7. 抗疟药：米帕林、氯喹等
  8. 其他药物：乙酰唑胺、四氯化碳、金盐、铋、汞化合物、甲氰咪胍等
  9. 杀虫剂：滴滴涕、氯丹、六六六、有机磷农药等
  10. 其他：染发剂等

（二）发病机制

AA 发病机制迄今尚未完全阐明，不同患者发病机制可能不完全相同，目前认为与以下几方面有关。

1. 造血干细胞（hemopoietic stem cell）内在增殖能力缺陷 是 AA 主要发病机制。表现在两方面，即造血干细胞数量减少和功能降低。荧光活化细胞分选术（FACS）检测发现，AA 患者骨髓造血干/祖细胞数量明显低于正常人。X-连锁基因造血克隆性分析发现部分 AA 骨髓呈单克隆造血，反映造血干细胞池的耗竭。有研究证实 AA 患者造血干/祖细胞，尤其是 BFU-E，对 Epo、Epo＋IL-3 及 Epo＋SCF 反应性明显降低，甚至无反应。AA 患者骨髓 $CD34^+$ 细胞接种到经过照射的正常基质细胞上进行长期培养，粒-巨噬细胞集落（CFU-GM）产率、爆式红系集落（BFU-E）产率也均显著减低。

2. 异常免疫反应损伤造血干细胞 体外实验证明，再障患者 T 淋巴细胞（主要是 $CD8^+$ T 细胞亚群）与造血功能衰竭密切相关，激活 T 淋巴细胞可抑制自身及异体祖细胞集落形成。AA 患者血清 γ 干扰素（interferon-γ，IFN-γ）、α 肿瘤坏死因子（tumor necrosis factor，TNF-α）及白细胞介素-2（interleukin-2，IL-2）等造血负调控因子水平多增高。患者骨髓细胞中 IFN-γ 基因表达增强，个别 AA 患者体内可检测到抑制自身造血祖细胞生长的抗体。临床上 AA 患者经免疫抑制治疗后其自身造血功能可能得到改善。免疫治疗有效的患者，体内 IFN-γ 明显减少。体外以抗体中和内源性 IFN-γ 或 IFN-α 后可使患者骨髓 CFU-GM 产率成倍恢复。AA 患者多种淋巴因子异常也说明其发病与免疫机制有一定关系。这些都表明免疫异常是某些 AA 发病因素之一。

3. 骨髓造血微环境（hematopoietic microenviroment，HME）异常 HME 包括基质细胞及其分泌的细胞因子，起支持造血细胞增殖及促进各种细胞生长发育的作用。目前虽尚无充分证据表明再障患者骨髓基质缺陷，但发现再障骨髓成纤维细胞集落形成单位（CFU-F）和基质细胞集落刺激活性（CSA）降低。研究表明，再障骨髓基质细胞生成目前已知的造血生长因子（hemopoietic growth factor，HGF）并无异常，血及尿中促红细胞生成素（erythropoietin，Epo）、粒-巨噬细胞集落刺激因子（granulocyte-macrophage colony-stimulating factor，GM-CSF）、粒细胞集落刺激因子（granulocyte colony-stimulating factor，G-CSF）及巨噬细胞集落刺激因子（macrophage colony-stimulating fac-

tor, M-CSF) 水平增高。另外，临床单独应用造血细胞因子治疗 AA 只能一过性升高外周血细胞计数，并不能改变疾病的自然病程，部分则根本无效。目前认为 HME 异常不是 AA 的始因，但这种异常可加重病情。

4. **遗传因素**　再障常有 HLA-DR2 型抗原连锁倾向，再障 HLA-DR1501、HLA-DR1502 型抗原显著多见，并且与免疫抑制治疗疗效和环孢素依赖有关。细胞因子单核苷酸多态性研究也表明再障发生具有遗传易感因素。另外，某些典型的"获得性再障"患者存在端粒酶基因异常，其血液学表现正常的家族成员白细胞端粒检测也较正常人明显缩短，造血祖细胞增殖能力明显降低。

近年，更多学者认为再障是一以骨髓造血组织为靶的器官特异性自身免疫性疾病。造血干祖细胞受到生物因素、化学因素影响，或自身 DNA 不稳定，表达新的抗原决定簇，被自身 T 淋巴细胞所识别，淋巴细胞继而增殖、释放白细胞介素-2（IL-2）、肿瘤坏死因子（TNF）和 γ-干扰素（IFN-γ）等淋巴因子，致使造血干/祖细胞 Fas 受体表达增加，通过 Fas 途径凋亡增加，最终导致造血干/祖细胞数量明显减少，造血衰竭。

【病理】

全身红骨髓总容量减少，长骨或扁骨内红骨髓甚至完全缺如。组织学改变为各部位骨髓普遍增生减低，有核细胞明显减少，而代以脂肪髓。脂肪细胞间散在少量淋巴细胞及浆细胞，造血细胞少见。不同患者病变程度很不一致，各部位骨髓改变也不相同。病情较急和严重的病例，骨髓损害发展迅速而广泛，常波及长骨、扁平骨及短骨，骨髓增生多普遍性重度减低。病情较轻和慢性的病例，骨髓变化呈"向心性"渐进发展，先累及髂骨而后脊椎及胸骨，骨髓增生减低，但常不均一，约半数患者残存增生灶。儿童患者可出现髓外造血，主要在脾、淋巴结和肝脏，但程度甚弱。

除骨髓损伤外，淋巴组织、肾上腺、睾丸也有萎缩。反复感染以及长期多次输血者脾脏可轻度肿大。

【临床表现】

再障临床表现主要为贫血、出血和感染。临床表现的轻重取决于血红蛋白、白细胞、血小板减少的程度，不同临床类型之间有很大差异。

1. **急性再障**　特点为起病急、进展迅速、病程短，贫血进行性加重，有明显乏力、头晕、心悸等症状。出血和感染常见而且严重，除皮肤、黏膜（口腔、鼻腔、齿龈、球结膜）等体表出血外，常有深部和脏器出血，如便血、尿血、阴道出血、眼底出血及颅内出血，后者常危及患者生命。半数以上病例起病时即有感染，以口咽部感染、肺炎、皮肤疖肿、肠道感染、尿路感染较常见。严重者可发生脓毒症（sepsis）。致病菌以大肠埃希菌、铜绿假单胞菌、金黄色葡萄球菌多见。感染往往加重出血，常导致患者死亡。

2. **慢性再障**　起病缓、病程进展慢、病程长。贫血为首发和主要表现，可有乏力、头晕、心悸等症状。出血一般较轻，多为皮肤、黏膜等体表出血，深部出血少见。病程中可有轻度感染，以呼吸道感染多见，较易得到控制；如感染重并持续高热，往往导致骨髓衰竭加重而转变为重型再障，则表现与 AAA 相同。长期存活的慢性再障如贫血重，可并发贫血性心脏病，或长期依赖输血继发血色病。

【实验室和其他检查】

（一）血象

全血细胞减少为最主要的特点。少数病例早期可仅有一系或两系细胞减少，多为血小板减少，或血小板和中性粒细胞减少。贫血程度差别较大，可为轻度贫血，也可为重度甚至极重度贫血，与病程长短和造血衰竭严重程度有关，多为正细胞正色素性贫血。红细胞形态无明显异常。经校正后的网织红细胞比例减少，网织红细胞绝对值明显减少。白细胞分类中性粒细胞比例明显减低，淋巴细胞比例相对增高。血小板数量减少，出血时间延长，血管脆性增加，血块回缩不良。

（二）骨髓象

骨髓穿刺涂片肉眼观察，再障骨髓油滴增多，多需较长时间干燥。镜下可见骨髓有核细胞明显减少，一片荒凉。三系造血细胞明显减少，较早阶段细胞少见，非造血细胞（包括淋巴细胞、浆细胞、肥大细胞、网状细胞）相对增多，巨核细胞减少或缺如。骨髓小粒空虚，非造血细胞增多，有时仅呈网状细胞支架，其间散在分布淋巴细胞和浆细胞，造血细胞完全缺如。骨髓造血细胞，尤其粒细胞和巨核细胞形态多无异常改变，偶尔幼红细胞可轻度巨幼样改变。

急性再障多部位骨髓增生减低，长骨及胸骨均呈典型再障改变，骨髓涂片有核细胞减少也更为显著，淋巴细胞比例明显增高，常在60%～70%以上；多数骨髓小粒造血细胞缺如，较少有残存造血灶。慢性再障骨髓三系造血细胞明显减少，非造血细胞增加，骨髓脂肪化明显，尤其病史较长者更是如此。胸骨常有较多残存造血细胞，长骨骨髓也可有散在增生灶，如穿刺遇增生灶，可呈增生活跃骨髓，红系代偿性增生，多为晚幼红细胞增多，巨核细胞仍减少。

（三）骨髓活检

骨髓组织呈黄白色，增生减低，主要为脂肪细胞、淋巴细胞和其他非造血细胞。上述细胞比例大于50%，并可见骨髓间质水肿和出血。

（四）造血干/祖细胞体外集落培养

粒、单核系祖细胞（CFU-GM）、红系祖细胞（BFU-E、CFU-E）及巨核系祖细胞（CFU-Meg）均减少。急性再障成纤维祖细胞（CFU-F）亦减少，慢性再障半数正常，半数减少。急性再障造血生长因子无明显增高。慢性再障血清粒细胞或粒、巨噬细胞集落刺激因子（G/GM-CSF）增加，患者尿及血浆EPO水平显著增高，可达正常的500～1000倍。再障骨髓及外周血中性粒细胞碱性磷酸酶（neutrophil alkaline phosphatase，N-ALP）显著增高，病情改善后N-ALP可恢复正常。

【诊断与鉴别诊断】

（一）诊断

凡有严重贫血，特别是全血细胞减少而脾不肿大，均应考虑AA的可能。本病的诊断主要依据全血细胞减少，网织红细胞减少，骨髓检查造血机能低下，一般无肝、脾、淋巴结肿大。

1987年粒细胞减少与再障国际研究组提出诊断再障需有骨髓造血红髓容量减少，无其他骨髓疾患的形态学特征，并且外周血符合以下三点中至少两点：①Hgb<100g/L；②PLT<$50×10^9$/L；③中性粒细胞<$1.5×10^9$/L。

我国现行再障诊断标准：

1. 全血细胞减少，网织红细胞绝对值减少。
2. 一般无脾大。
3. 骨髓至少一个部位增生减低或重度减低。
4. 能除外其他引起全血细胞减少的疾病，如阵发性睡眠性血红蛋白尿症（paroxysmal nocturnal hemoglobinuria，PNH）、骨髓增生异常综合征（myelodysplastic syndrome，MDS）、急性造血停滞、骨髓纤维化（myelofibrosis，MF）、急性白血病（acute leukemia）等。
5. 一般抗贫血药物治疗无效。

典型病例诊断并无困难，对少数不典型病例，可借助观察病态造血、骨髓活检、造血祖细胞培养、溶血试验、染色体、癌基因、核素骨髓扫描等检查加以鉴别。

（二）鉴别诊断

主要应与以下疾病鉴别。

1. **先天性骨髓造血衰竭** 临床最常见范可尼贫血（Fanconi anemia，FA）和先天角化不良（dyskeratosis congenita，DC）。多在儿童期或年轻成人阶段即表现血细胞减少，常伴有其他躯体畸形，如桡骨缺失、并指、皮肤色素沉着、内脏转位、多囊肾等。多呈常染色体隐性遗传，故有时家族中可有同类患者。患者骨髓造血衰竭血液学表现与慢性再障相似，可呈大细胞贫血，胎儿血红蛋白增高，除血液学改变外患者肿瘤易感性也增高。范可尼贫血细胞遗传学不稳定,染色体自发断裂增多或二环氧丁烷(DEB)、丝裂霉素(MMC)诱发断裂明显增多。先天角化不良典型者具有皮肤色素沉着、口腔黏膜白斑和指(趾)甲角化不良三联征,鉴别不难。

2. 阵发性睡眠性血红蛋白尿症(PNH) 与经典型PNH鉴别不难,与PNH不发作型鉴别较困难,主要依靠实验室检查加以区分。PNH出血、感染均较少、较轻,网织红细胞绝对值大于正常,骨髓多增生活跃,幼红细胞增生较明显,含铁血黄素尿试验(Ruos)可为阳性,酸化血清溶血试验(Ham)和蛇毒试验(CoF)多阳性,红细胞微量补体敏感试验可检出PNH红细胞,N-ALP减少,血浆及红细胞胆碱酯酶明显减少。鉴别再障与PNH目前更可靠的方法为流式细胞术检测血细胞锚联蛋白CD55和CD59表达,再障患者血细胞CD55和CD59表达正常,而PNH患者CD55和CD59表达阴性血细胞增多。

3. 骨髓增生异常综合征(MDS) MDS以血细胞发育异常形态学改变为特征,外周血常显示红细胞大小不均,易见巨大红细胞及有核红细胞、单核细胞增多,可见幼稚粒细胞和畸形血小板。骨髓增生多活跃,有2系或3系血细胞发育异常,巨幼样及多核红细胞较常见,中幼粒增多,核浆发育不平衡,可见核异常或分叶过多。巨核细胞不少,淋巴样小巨核多见,组化显示有核红细胞糖原(PAS)阳性,环状铁粒幼红细胞增多,小巨核酶标阳性。进一步可依据骨髓活检、白血病祖细胞培养(CFU-L)、染色体、癌基因等检查加以鉴别。再障与低增生MDS,尤其低增生MDS中的难治性贫血(RA)鉴别较困难,除上述检查外,对这些患者还可通过包括MDS常见细胞遗传学异常在内的荧光探针进行原位杂交(FISH)以助鉴别。

4. 急性造血功能停滞 常由微小病毒B_{19}感染,多发生于儿童,原有溶血性贫血基础病。起病多伴发热,贫血重,进展快,网织红细胞极度减少,或可缺如,粒细胞减少、血小板减少多不明显,出血较轻。骨髓增生多活跃,两系或三系减少,以红系减少为著,片尾可见巨大原始红细胞;病情有自限性,不需特殊治疗,2~6周可恢复,呈急性纯红细胞再生障碍性贫血(pure red cell aplasia, PRCA)表现,称一过性再障危象(transient aplastic crisis, TAC)应与急性再障区分。

【分型】

确定诊断后,出于治疗和预后判定的目的,常根据临床表现、血细胞计数及骨髓造血状况进一步分为急性再障(亦称重型再障Ⅰ型)和慢性再障。慢性再障病程中如病情变化,临床表现、血象及骨髓象与急性再障相同,称重型再障Ⅱ型。

急性再障诊断标准:

1. 临床表现 发病急,进行性贫血,常伴严重感染,内脏出血。

2. 血象 除血红蛋白下降较快外,尚须具备以下三项中至少两项:

(1) 网织红细胞<1%,绝对值<15×10^9/L。

(2) 白细胞明显减少,中性粒细胞绝对值<0.5×10^9/L。

(3) 血小板<20×10^9/L。

3. 骨髓象 多部位增生减低,三系造血细胞明显减少,非造血细胞增多。如增生活跃有淋巴细胞增多。骨髓小粒空虚,主要为非造血细胞。

符合上述标准者诊为急性再障或重型再障Ⅱ型,否则诊为慢性再障。

国际上则普遍采用Camitta和Bacigalupo再障严重程度分型,将再障分为非重型、重型和极重型三型。其中重型再障(SAA)须符合:

1. 骨髓细胞增生程度<正常的25%;如<正常的50%,则造血细胞应<30%;

2. 符合以下3项中至少2项:

(1) 中性粒细胞 <0.5×10^9/L

(2) 血小板 <20×10^9/L

(3) 网织红细胞绝对值<20×10^9/L

若符合SAA标准,并且患者外周血中性粒细胞<$0.2×10^9/L$,则称极重型再障(VSAA)。诊断再障明确,按上述标准不符合VSAA,也不符合SAA的再障,为非重型再障(NSAA)。

【治疗】

再障患者均应尽早脱离可能对骨髓造血功能有毒性作用的物质接触。重症患者尚应支持治疗并保护性隔离,以减少出血和感染,同时尽早开始针对造血衰竭进行治疗。

(一)祛除病因

在周围环境中凡有可能引起骨髓损害的物质均应除去、避免接触。对骨髓造血有抑制作用的药物尽量避免使用。

(二)支持治疗

教育患者不到人员纷杂的公共场所,避免交叉感染。注意个人卫生,保持口腔和会阴部清洁干爽。一旦发生感染,治疗应积极,选用对病原体有效而无造血功能损害的药物。

输血是一个重要的支持治疗措施,血红蛋白低于80g/L,有明显贫血症状者应予输血。以输入浓缩红细胞为佳,尽量少输全血。中性粒细胞<$0.5×10^9/L$者,应采取保护性隔离并作好皮肤护理和口腔护理,应用重组人粒细胞集落刺激因子(G-CSF)对升高白细胞计数可有作用。接受免疫抑制剂治疗时需服用肠道不吸收抗生素,进无菌饮食。如有感染发生,需及时作细菌培养(包括厌氧、需氧、真菌)和药敏试验,并给予足量广谱抗生素。血小板减低时,出血往往较重,易发生危及生命的内脏出血,需输血小板,使血小板保持在$20×10^9/L$以上。

(三)恢复或重建骨髓造血

是否采取该项治疗,以及如何进行治疗须根据患者疾病严重程度、年龄以及有否HLA相合同胞供者确定。

1. 非重型再障治疗　非重型再障可自发缓解、较长时间病情稳定或进展为重型再生障碍性贫血。对于该型患者的治疗国外一般仅予以密切观察,只有疾病进展,需要血制品输注支持或进展为重型再障时才开始予以免疫抑制治疗或造血干细胞移植。国内多采用雄性激素或(和)环孢素A早期治疗干预。鉴于2/3患者疾病短时间内进展,似乎提示对于非重型再障早期治疗干预更具有合理性。

(1)雄激素:是一类甾体化合物或类固醇,代表化合物是睾酮。雄激素按其作用可分为两大类:①17β-羟基酯类,如丙酸睾酮、长效睾酮等,雄性化作用较强,生物效应较长,必须肌注;②17α-烷基衍生物类,如康力龙、达那唑等,以同化作用为主,可口服。雄激素可使端粒酶活性增加,还可刺激肾产生Epo,促进红系造血,一般口服雄激素4周后,Epo分泌可达高峰。雄激素还能刺激粒细胞、巨噬细胞产生GM-CSF,促进粒系造血。丙酸睾酮,成人50～100mg肌注,每日一次。康力龙,每日6～8mg口服。如果有效,常于治疗开始后2～3个月网织红细胞计数上升,随后血红蛋白上升。如果治疗3～4个月无效,可认为无效,应考虑换用其他药物。雄激素长期应用的副作用有:①男性化作用,常见有痤疮、声音嘶哑、毛发增多、性欲增加、排卵和精子生成受抑制,妇女常有闭经,老年男性易致前列腺肥大。②肝功损害,以17α-烷基衍生物类明显,常有转氨酶增高,血清碱性磷酸酶增高及肝内阻塞性黄疸。儿童用药可加速生长及骨的成熟,使骨骺早期融合,需与肾上腺皮质激素合用。钠储留及轻度水肿不少见。

(2)环孢素A(CsA):骨髓造血严重衰竭或雄激素治疗无效的慢性再障可联合CsA治疗。

2. 重型和极重型再障的治疗　SAA和VSAA的治疗方法主要有异基因造血干细胞移植和免疫抑制治疗。

(1)异基因造血干细胞移植(allogeneic hematopoietic stem cell transplantation, allo-HSCT):年轻患者SAA/VSAA首选allo-HSCT。移植时机最好在起病不久,未经输血,尚未发生感染时。患者年龄一般不超过40岁,骨髓通常采自HLA相合的同胞供者。移植成功则可望完全治愈再障。由于进行骨髓移植所需技术和设备条件较高,费用昂贵,具有早期感染、不能植活、移植排斥、急性移植物抗宿主病(aGVHD)和慢性移植物抗宿主病(cGVHD)、远期实体瘤发生率增高等风险,特别是 HLA 相合骨髓供者来源受限，欧美发达国家也仅 1/3 患者接受该项治疗，我国则更少。

（2）免疫抑制治疗：SAA／VSAA 标准的免疫抑制治疗为抗淋巴细胞球蛋白/抗胸腺细胞球蛋白（ALG/ATG）联合环孢素 A（CsA）方案。用于 40 岁以上重型再障患者，或无条件进行造血干细胞移植的年轻患者。ALG/ATG 治疗期间患者应住隔离病室，口服肠道不吸收抗生素，间断输血小板，常规给予肾上腺糖皮质激素及抗过敏药。ALG/ATG 的剂量因制剂不同而异，静脉缓慢输注，疗程多为 4～5 天。ALG/ATG 治疗过程中常见的副作用有类过敏反应、出血加重、关节痛、毛细血管渗漏综合征等，多轻微，可预防及经治疗加以控制。环孢素 A 对造血组织无毒性，有很强的免疫抑制作用，选择性作用于 T 细胞，抑制细胞因子合成和释放，抑制细胞毒性 T 细胞的激活，但并不增加感染机会。治疗多以 3mg/（kg·d）起始，然后根据血药浓度监测调整用药剂量，多数患者用药剂量为 3～12mg/（kg·d），可维持谷值血药浓度 200～400ng/ml。CsA 疗程至少 6 个月以上，获得疗效血液学参数稳定后可逐渐减量，直至最小维持量或完全停药，总疗程至少 1 年以上。CsA 副作用主要为肾毒性，其次为消化道反应，多毛、色素沉着、齿龈增生等。

免疫抑制治疗有效率可达 75% 左右。目前缺乏有效的实验室指标预测免疫抑制治疗效果，20%～30% 患者免疫抑制治疗无效，获得疗效的患者也可能复发，多与环孢素 A 减量过快、停药过早有关，部分患者发生晚期克隆性血液学异常，包括骨髓增生异常综合征（MDS）、急性髓系白血病（AML）和阵发性睡眠性血红蛋白尿症（PNH）等。无效和复发患者可进行二次免疫抑制治疗，或 HLA 相合无关供者造血干细胞移植等。

异基因造血干细胞移植和免疫抑制治疗二者的选择除考虑近期疗效、早期死亡率以及要求的支持治疗外，更应着眼于生存率、远期疗效和生存质量。骨髓移植重建造血恢复快，血液学反应完全，长生存率高且稳定，患者生存质量好。近年支持治疗改善，移植排斥和 aGVHD 也得到较好控制，移植更加安全，为年龄＜30 岁重型和极重型再障（SAA／VSAA）患者的首选治疗。强烈免疫抑制治疗（IST）短期疗效与骨髓移植相当，获得治疗反应所需时间长，多数患者在强烈免疫抑制治疗后 2～3 个月才开始出现治疗反应，并且支持治疗同样要求较高，近 30% 患者治疗反应不完全，只是脱离输血和血小板，62% 治疗反应者需长期环孢素 A（CsA）维持治疗，长生存率受复发和晚期克隆性血液学异常影响无平台期。目前两种治疗方法的选择主要基于大系列回顾性临床资料分析结果，年龄＜30 岁、无特殊禁忌证、有 HLA 相合同胞供者的 SAA/VSAA 患者应首选造血干细胞移植治疗；无 HLA 相合同胞供者或年龄＞40 岁者则首选 IST，同时启动 HLA 相合无关供者筛选；年龄 30～40 岁者，一线治疗采用造血干细胞移植或 IST 患者获益大致相同，结合 HLA 相合供者有无、病情、经济状况及患者意愿酌情选择。

【预后】

再障的预后与骨髓衰竭程度、年龄、并发症的有无、治疗的早晚，以及治疗方法密切相关。急性患者如不积极治疗多于起病后数月至 1 年内死亡，预后很差。最常见的死亡原因是感染和颅内出血。由于造血干细胞移植和免疫抑制治疗的应用，急性再障的长期生存率达到 70% 左右。慢性再障经治疗后，多数患者症状减轻，病情稳定，外周血仍有血细胞减少，或维持正常值低限。少数患者可完全治愈。

【预防】

1. 在工农业生产中，严格执行劳动卫生安全防护措施，遵守操作规程，防止有害物质污染周围环境。

2. 加强药品和毒物的管理，防止滥用对造血系统有害的药物。如必须应用，应加强观察血象，及时调整。

3. 对家用溶剂、染发剂等的毒性要加强宣教工作，以引起足够重视。

（张凤奎）

第六章 溶血性贫血

第一节 概述

生理状况下,血循环中红细胞存活 100~120 天,每天约 1% 左右更新。体内红细胞生成与红细胞破坏呈动态平衡。任何原因使红细胞生成减少、释放障碍,或破坏增加、丢失过多,或二者兼而有之,都能使这种平衡紊乱导致贫血。溶血性贫血(hemolytic anemia)就是指主要由于红细胞寿命缩短,破坏增加,骨髓造血功能不足以代偿红细胞的耗损而发生的贫血。正常骨髓具有强大造血储备能力,应急状态时,其造血能力可为正常情况时的 6~8 倍。各种原因致使红细胞寿命缩短、破坏增加,而机体通过造血代偿机制未发生贫血时,称代偿性溶血状态(compensated hemolytic state)。

【分类】

溶血性贫血分类方法不同。按照病因分为遗传性和获得性两大类;按照引起红细胞寿命缩短的原因分为红细胞内在缺陷和红细胞外部因素两类;按照溶血场所分为血管内和血管外溶血;按照发生速度分为急性和慢性溶血等。根据红细胞寿命缩短原因分类能更好地反映疾病本质(表 6-6-1),较为实用。红细胞内在缺陷时,易被破坏。除阵发性睡眠性血红蛋白尿症为获得性红细胞膜缺陷外,其他红细胞内在缺陷所致溶血性贫血都为先天性。绝大多数红细胞外部因素所致溶血性贫血为后天获得性。获得性溶血性贫血可以根据引起溶血的原因进一步分类为免疫性溶血性贫血和非免疫性溶血性贫血。红细胞内在缺陷引起的溶血可由红细胞外部因素诱发或加重。

表 6-6-1 根据红细胞寿命缩短原因分类

一、红细胞内在缺陷
    (一)红细胞膜异常
        遗传性球形红细胞增多症
        遗传性椭圆形细胞增多症
        遗传性口形红细胞增多症
        遗传性带刺红细胞增多症
        卵磷脂胆固醇酰基转移酶(LCAT)缺乏症
        高磷脂酰胆碱溶血性贫血
        Rh_{null} 病
        McLeod 表型
        阵发性睡眠性血红蛋白尿症
    (二)红细胞酶异常
      1. 红细胞无氧糖酵解途径中酶缺陷
        丙酮酸激酶缺乏症
        磷酸葡糖异构酶缺乏症
        磷酸果糖激酶缺乏症
        磷酸丙糖异构酶缺乏症
        己糖激酶缺乏症
        磷酸甘油酸激酶缺乏症
        醛缩酶缺乏症
        二磷酸甘油酸变位酶缺乏症

续表

  2. 磷酸己糖旁路及谷胱苷肽代谢中的酶缺陷
    葡萄糖-6-磷酸脱氢酶缺乏症（G6PD）
    谷氨酰胺-半胱氨酸合成酶缺乏症
    谷胱苷肽合成酶缺乏症
    谷胱苷肽还原酶缺乏症
  3. 核苷酸代谢中酶异常
    嘧啶 5'-核苷酸酶缺乏症
    腺苷脱氨酶过多
    腺苷三磷酸酶缺乏症
    腺苷酸激酶缺乏症
 （三）血红蛋白中珠蛋白链缺陷
  1. 结构异常
    异常血红蛋白病：镰形细胞性贫血、血红蛋白 C、D、E 等的纯合子状态，不稳定血红蛋白病等
  2. 合成减少
    珠蛋白生成障碍性贫血（地中海贫血）：β 地中海贫血、血红蛋白 H 病等

二、红细胞外在因素所致
 （一）免疫性溶血性贫血
  1. 温反应抗体型自身免疫性溶血性贫血
    特发性
    继发性或症状性
    药物诱发的免疫性溶血性贫血
  2. 冷反应抗体型自身免疫性溶血性贫血
    冷凝集素病
    阵发性冷性血红蛋白尿
  3. 血型不相容性输血
  4. 新生儿同种免疫溶血病
  5. 器官移植及造血干细胞移植相关的溶血
 （二）机械性损伤
  1. 微血管性溶血性贫血
    溶血尿毒症综合征
    血栓性血小板减少性紫癜
    弥散性血管内凝血
  2. 创伤性心源性溶血性贫血
    行军性血红蛋白尿
 （三）化学物及药物所致溶血性贫血
    苯、铅、砷化物、磺胺类药物等
 （四）物理因素所致溶血性贫血
    大面积烧伤
 （五）生物因素所致溶血性贫血
    疟疾、梭状芽胞杆菌、溶血性链球菌等感染、溶血性蛇毒、毒蕈中毒等
 （六）脾功能亢进
 （七）低磷血症
 （八）肝病的畸形红细胞贫血
 （九）新生儿维生素 E 缺乏症

【溶血机制】

血循环中红细胞不断遭到机械性损伤,但仍能保持其完整性,与下列因素有关:①正常红细胞呈双凹盘形,可塑性强,通过狭小微循环管道也不受损伤。红细胞的这种特性有赖于细胞膜结构、功能、红细胞酶、能量代谢及血红蛋白结构正常;②血液酸碱度正常,酸性环境下红细胞易被破坏;③单核-巨噬细胞系统功能必须正常,如脾功能亢进症时红细胞破坏增多;④血液中不存在红细胞凝集素或抗体等。

(一)红细胞膜异常

红细胞膜具有保护血红蛋白抵抗毒性及机械性破坏作用,并有选择性物质、能量交换和代谢调节等功能。红细胞膜的完整性与红细胞内酶和能量代谢特别是 ATP 含量有关。红细胞膜上补体调节蛋白的明显减少或缺失主要与获得性锚蛋白合成异常有关。衰变加速因子(CD55)和膜反应性溶解抑制物(CD59)缺失对补体级联激活在红细胞膜上最终形成膜攻击复合物(MAC)的抑制作用丧失,红细胞破坏。

红细胞膜异常包括:①红细胞膜稳定性和细胞变形性减低,如遗传性椭圆形红细胞增多症;②红细胞膜改变易于巨噬细胞识别和清除,如自身免疫性溶血性贫血;③红细胞膜完整性破坏,如红细胞受机械损伤等。此时红细胞脆弱易损,或易被单核巨噬细胞系统识别而吞噬、破坏。

(二)红细胞酶和能量代谢异常

成熟红细胞没有线粒体,其 ATP 来源只能通过无氧糖酵解和磷酸己糖旁路两种途径产生。参与上述两种途径的酶较多,如丙酮酸激酶、己糖激酶、G6PD 和谷胱甘肽还原酶等。上述酶缺陷,即可引起红细胞能量代谢异常而致溶血。

(三)血红蛋白异常

如地中海贫血综合征,由于过多的 α 链、β 链或 γ 链在红细胞内聚集和沉淀,不稳定血红蛋白病由于其珠蛋白容易被氧化变性沉淀,使红细胞硬度增加,难以通过狭窄的脾脏微循环,从而被阻留破坏。

(四)机械因素

大面积烧伤,可使红细胞变为球形并易被破坏或为单核-巨噬细胞系统破坏。人工心脏瓣膜、人造血管等可对红细胞产生机械性损害。如小血管内纤维蛋白沉着,循环红细胞黏附在纤维蛋白表面时,血流不断冲击引起红细胞破裂;红细胞通过变窄血管时,也可受到机械损伤,变形、破坏。这种贫血称为微血管病性溶血性贫血。

(五)化学物的损害

苯肼、铅、砷等可直接破坏红细胞膜蛋白和脂类,使膜溶解破裂。某些细菌毒素和蛇毒,也可直接破坏红细胞膜。

(六)单核-巨噬细胞系统功能亢进

脾功能亢进时,对红细胞的阻留和吞噬功能增强引起溶血。

【溶血场所】

红细胞破坏可发生于血管内或血管外。血管内溶血是指红细胞在血循环中破裂,红细胞的内容物血红蛋白直接被释放入血浆中。血管外溶血则是指红细胞在肝、脾内被单核-巨噬细胞系统细胞所吞噬破坏。

(一)血管外溶血

红细胞主要在脾、肝和骨髓被破坏。脾具有识别、破坏和清除衰老红细胞和异常红细胞的功能,甚至极轻微改变的异常红细胞亦可被脾识别、破坏和清除。血循环中的异常红细胞进入脾后能被识别或阻留而被吞噬、破坏、清除。肝脏和骨髓对显著异常和衰老的红细胞亦有破坏和清除的作用。肝识别异常红细胞的能力不及脾精细,但由于流经肝脏的血液量大,结果肝脏能破坏和清除更多改变显著的异常红细胞。

红细胞被单核-巨噬细胞系统细胞吞噬、破坏后，血红蛋白分解成珠蛋白和血红素。珠蛋白降解为氨基酸，供机体再利用。血红素被氧化释出铁和一氧化碳，形成胆绿素。释放的铁可再利用，部分一氧化碳通过肺呼吸排出。胆绿素在胞液胆绿素还原酶催化下，变成胆红素。胆红素运送至肝脏与葡萄糖醛酸结合，能溶解于水，与凡登白试验中的 Ehrlich 双氢试剂起反应，称为直接胆红素。未与葡萄糖醛酸结合的胆红素不发生此反应，须加甲醇后方起反应，称间接胆红素。胆红素葡萄糖醛酸复合物经胆汁排入小肠，分解为尿胆原。尿胆原部分随粪便排出体外，部分可被重吸收进入血液，其中部分重新进入肝脏代谢，部分则由尿液排出体外（图 6-6-1）。当大量血管外溶血时，肝如果来不及把胆红素迅速与葡萄糖醛酸结合，由于未结合的胆红素水溶性很低，难以从尿中排出，结果血浆中间接胆红素增多，发生黄疸（溶血性黄疸），这在肝功能不全时尤为明显。粪和尿内尿胆原的排泄量也均增多。

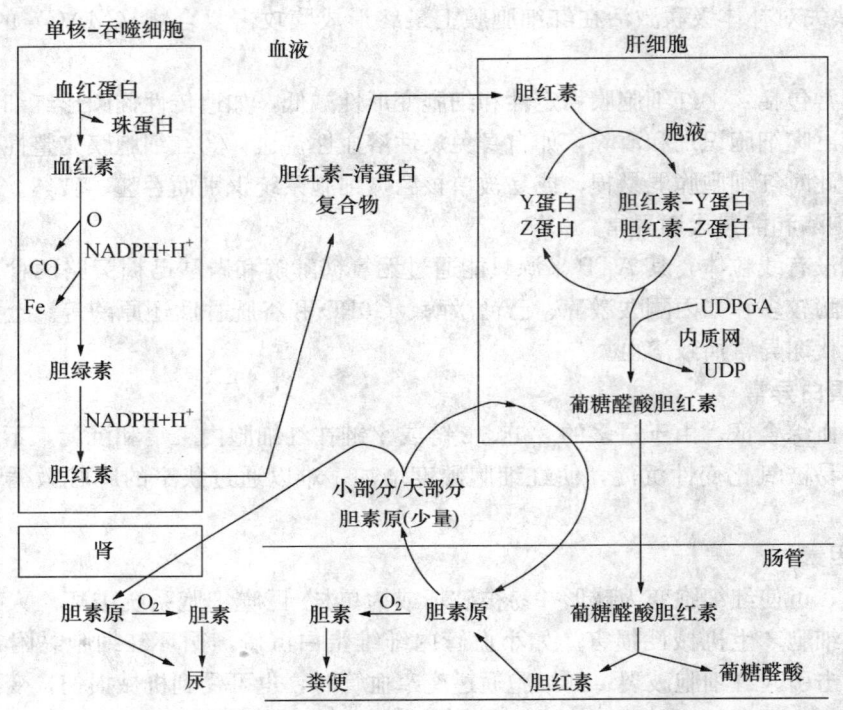

图 6-6-1　血红蛋白经单核-巨噬细胞系统和肝脏代谢途径

血管外溶血多见于遗传性溶血性贫血。某些获得性溶血性贫血也以血管外溶血为主。骨髓内生成的红细胞在未释放进入循环血中之前即行破坏，称为原位溶血或无效性红细胞生成，属血管外溶血。

血管外溶血一般起病较慢，脾常大，多无血红蛋白尿，脾切除可能有效。

（二）血管内溶血

红细胞膜的结构完整性在循环血中即遭受严重破坏，红细胞内容物直接释入循环血液。释入血浆的血红蛋白很快与血浆中的结合珠蛋白（haptoglobin）结合，由于其分子较大，不能通过肾排泄。结合珠蛋白-血红蛋白复合物呈现出新的抗原决定簇，能被单核细胞/巨噬细胞表面的血红蛋白清除受体（CD163）所识别并高亲和力结合。结果结合珠蛋白-血红蛋白复合物被内吞、降解，经肝作用最终变成胆红素。

当血浆结合珠蛋白完全耗竭，游离血红蛋白中亚铁血红素可被氧化为高铁血红素并由血红蛋白分子中释出，高铁血红素可与血浆中一种糖蛋白-血结素（hemopexin）高亲和力结合，被肝脏摄取，经过一系列酶促反应而降解。其他的高铁血红素与血浆中白蛋白结合成高铁血红素白蛋白，也被肝脏摄取降解；高铁血红蛋白呈褐色，高铁血红素白蛋白呈棕色，两者在血浆中可以掩盖游离血红蛋白的红色。

血浆清除血红蛋白能力达饱和后,血浆中未结合的血红蛋白和血红素水平增高,由于分子较小,二者皆可由肾小球滤过,出现于尿内,使尿色加深。

血红蛋白中分解出的铁以铁蛋白和含铁血黄素的形式贮积于肾小管上皮细胞内,以后随着肾小管上皮细胞脱落而自尿排出体外。以尿沉渣作亚铁氰化钾染色,可见到上皮细胞内有蓝色的含铁血黄素颗粒。含铁血黄素尿常出现于慢性血管内溶血如阵发性睡眠性血红蛋白尿症及创伤性心源性溶血性贫血等。血管内溶血血红蛋白代谢途径见图6-6-2。

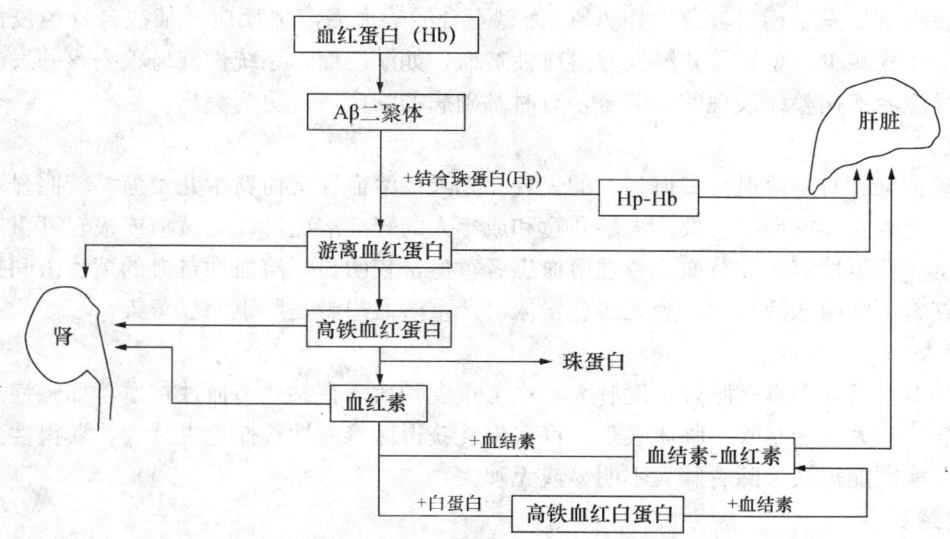

图6-6-2 血管内溶血血红蛋白代谢途径

正常情况下,在上皮细胞内精氨酸(arginine)和氧经一氧化氮合成酶(NOS)作用生成一氧化氮(NO)和瓜氨酸(citrulline)。NO作用于血管壁,维持平滑肌处于松弛状态,抑制血小板活化和聚集,具有调节血管平滑肌张力和血小板激活作用。血管内游离的氧合血红蛋白与NO亲和力非常高,能快速且不可逆地与之结合,每一分子血红蛋白可与4个NO分子反应并将其灭活。NO减少则鸟苷酸环化酶活化减少,由三磷酸鸟苷(GTP)生成环磷酸鸟苷(cGMP)也减少。cGMP减少导致平滑肌张力调解异常和血小板活化、聚集,促进血栓形成。大量血管内溶血时,内皮细胞产生的NO可被血红蛋白即刻消耗,致使不能通过弥散作用于血管平滑肌细胞,则平滑肌张力增高,患者出现高血压、胃肠道平滑肌收缩、阴茎勃起障碍及血栓形成。另外,红细胞破坏释放出红细胞精氨酸酶,将精氨酸转化为鸟氨酸,从而耗竭精氨酸,使NO合成减少,进一步加重血浆NO的耗竭。

血管内溶血多见于获得性溶血性贫血如阵发性睡眠性血红蛋白尿症(PNH)、血型不符输血反应、冷抗体型自身免疫性溶血性贫血、微血管病性溶血性贫血,以及药物、化学毒物、烧伤、感染、低渗液所致急性溶血。G6PD缺乏所致急性溶血(如蚕豆病、伯氨喹啉型药物性溶血性贫血)也属于血管内溶血。血管内溶血起病一般较急,呈急性经过,全身症状常较明显,如寒战、高热等,贫血和黄疸重,脾脏多不肿大或肿大不明显,常有血红蛋白血症和血红蛋白尿;慢性血管内溶血则常有含铁血黄素尿,脾切除无效。

血管内和血管外溶血常不能截然划分,两者可以并存。

【骨髓代偿性造血增生】

溶血患者除贫血和血红蛋白代谢产物增多外,还表现有骨髓红细胞系统代偿性增生。骨髓中红细胞系统增生特别活跃,粒红比例降低,甚至倒置。红细胞生成速度加快,释放速度亦加快,将未成熟的红细胞也释放到血循环中,外周血网织红细胞明显增加,并常出现有核红细胞、嗜多色红细胞增多以及其他异常红细胞,或可见细胞核残余物(Howell-Jolly bodies,豪-焦小体)和纺锤体残留物(Cabot's rings,卡波环)等。另外,儿童慢性溶血患者可有髓外造血。严重的慢性溶血性贫血如果发生在婴幼儿期，由于骨髓增生，可出现骨髓腔扩大，骨骼变形，呈特殊面容。

【临床表现】

（一）贫血

不同个体，贫血严重程度差别较大。某些先天性溶血发病年龄小，贫血严重或伴有明显的新生儿黄疸病史。先天性溶血性贫血常呈轻、中度贫血。地中海贫血和血红蛋白病流行地区和一些红细胞酶病高发地区，轻症患者也可通过家系调查和普查早期诊断。获得性溶血性贫血患者也可缓慢发生贫血，但多数患者贫血发生相对较急，如 ABO 血型不合的输血后溶血反应、某些自身免疫性溶血性贫血、血栓性血小板减少性紫癜等。继发性溶血性贫血，如淋巴瘤、系统性红斑狼疮等并发的溶血性贫血，贫血只是患者疾病整体表现的一部分，有时基础病的临床表现更为突出。

（二）黄疸

轻度巩膜黄染有时是溶血性贫血唯一的表现。先天性溶血性贫血新生儿黄疸多较明显，胆红素水平明显升高，常需光疗或血浆置换。大龄儿童和成年人的轻症溶血可以无黄疸或极轻度巩膜黄染，常不易引起注意。获得性溶血性贫血或急性溶血患者黄疸常较明显。溶血性贫血的黄疸由间接胆红素增高引起，胆红素不能由尿液排出，为无胆色素尿。严重溶血患者皮肤也明显黄染。

（三）脾大

先天性溶血性贫血多有脾脏轻中度肿大，也可重度肿大。在某些溶血性贫血，如轻症遗传性球形红细胞增多症，脾大可能是唯一临床表现。许多慢性获得性溶血性贫血也常脾大。获得性急性溶血性贫血病史短、病因能很快去除者脾大不明显或无脾大。

（四）胆结石

慢性溶血性贫血病史较长者可出现慢性胆囊炎、胆结石，患者表现相应症状和体征，如上腹不适、腹痛、墨菲征阳性等。有时胆结石胆道阻塞加重患者黄疸，并使其表现不典型。

（五）下肢溃疡

见于双侧小腿中下部和外踝，呈慢性、复发性，不易愈合。

（六）骨骼异常

儿童严重溶血性贫血骨髓红系代偿性增生旺盛出现骨骼形态改变，以颅骨改变尤为明显，呈塔形（tower-shaped），即所谓地中海面容。

（七）其他表现

先天性溶血性贫血常可有阳性家族史，儿童严重溶血性贫血可影响发育。病史长或需反复输血支持者可继发血色病。某些类型溶血性贫血尚可伴有出血和血栓形成等，如阵发性睡眠性血红蛋白尿、Evan's 综合征等。

溶血性贫血临床表现尚与溶血的缓急、程度和场所有关。慢性溶血性贫血也可于疾病过程中由某些诱因促发急性溶血。

1. 急性溶血或慢性溶血急性发作 起病急骤，突然寒战、高热、头痛、乏力、腰背及四肢疼痛、烦躁，亦可出现恶心、呕吐、腹痛和腹泻等胃肠症状。由于溶血迅速或主要在血管内溶血，可出现血红蛋白尿。贫血严重者可致昏迷、休克和心功能不全。溶血产物引起肾小管细胞缺血、坏死和血红蛋白沉积于肾小管，及休克等，可致急性肾衰竭。黄疸和贫血多较明显。

2. 慢性溶血 起病缓慢，症状轻微，贫血较轻。多在感染、妊娠或其他应激状态时出现贫血。黄疸多不明显，常有肝脾大。慢性溶血长期高胆红素血可并发胆石症和肝损害。

在慢性溶血过程中，发生感染（尤其是微小病毒 B_{19} 感染）等引起急性骨髓衰竭，贫血急剧加重，网织红细胞由明显增高转而极度减少或缺如，或出现全血细胞减少，称为一过性再生障碍危象（transient aplastic crisis，TAC）。通常白细胞计数和血小板计数正常，有时也减少或明显减少。有时骨髓中可见巨大原红细胞。再障危象急性期以多聚酶链式反应（PCR）法在患者血清中可检出人类微小病毒 B_{19}，而血清中出现微小病毒 B_{19} 特异性 IgM 提示患者近期该病毒感染，以后特异性 IgM 抗体逐渐为特异性 IgG 抗体取代，并持续数年。

【实验室和其他检查】

溶血性贫血的实验室检查包括红细胞破坏增加和代偿性红细胞造血旺盛两大方面。诊断溶血性贫血，再选用特异性实验方法确定溶血性贫血类型。

（一）红细胞破坏增加

1. 血清胆红素　溶血性贫血主要是间接胆红素增高，直接胆红素正常，尿胆红素不增多。

2. 血清乳酸脱氢酶　溶血性贫血时血清乳酸脱氢酶水平增高，可能与红细胞破坏时该酶由细胞释出有关。血清乳酸脱氢酶水平增高并非溶血性贫血特有，伴有组织损伤的其他疾患也可血清乳酸脱氢酶升高。

3. 血清结合珠蛋白　结合珠蛋白由肝脏间质细胞合成，其血浆清除半衰期为 3.5～5 天。在血管内，结合珠蛋白可与血红蛋白不可逆性结合，形成非共价复合物。此时其半衰期明显缩短至 9～30 分钟。血管内溶血与血管外溶血都可伴有该蛋白的耗竭。伴有骨髓无效造血的其他疾病也可出现结合珠蛋白减低。

4. 红细胞寿命　红细胞寿命测定是确定溶血性贫血最直接的指标，但测定方法繁琐、耗时，很少采用。

5. 一氧化碳生成　溶血性贫血时内源性一氧化碳增加为正常 2～10 倍。内源性一氧化碳生成分析可精确估算血红素代谢情况。

6. 血浆游离血红蛋白　正常人血浆游离血红蛋白<1mg/dl。绝大多数遗传性溶血性贫血血浆血红蛋白水平正常；严重获得性免疫性溶血性贫血血浆游离血红蛋白浓度可升高，有时可达 100mg/dl。血管内溶血者，血浆游离血红蛋白浓度常超过 1 000mg/dl。

7. 血红蛋白尿　游离血红蛋白可经肾小球滤出。血浆游离血红蛋白超过珠蛋白结合能力，经肾小球滤出形成血红蛋白尿，尿色呈茶色或酱油色。血红蛋白尿经尿潜血试验和分光镜检查证实。

8. 含铁血黄素尿　游离血红蛋白经肾小球滤过后被近曲小管细胞重吸收，沉积于肾小管上皮细胞内分解为铁蛋白和含铁血黄素，后者经尿排出即出现含铁血黄素尿，有助于血管内溶血诊断。

9. 高铁血红素白蛋白血　是血管内溶血的诊断指标。血浆存在高铁血红素白蛋白时，血清呈金黄色或棕色。可用分光光度计或用醋酸纤维薄膜电泳法测定血清结合珠蛋白时同时测出。

10. 尿铁含量　正常尿铁含量<0.1mg/d。血管内溶血时增至 3～11mg/d。尿铁含量检测主要用于监测去铁治疗效果，较少用于溶血性贫血诊断。

（二）红细胞代偿性生成加速

急性溶血 3～6 天后和所有的慢性溶血均表现有红细胞加速生成的实验室证据，这些反映红细胞加速生成的证据同样也见于失血及造血原料缺乏性贫血补充相应原料后。

1. 骨髓红细胞系统代偿性增生　骨髓涂片突出表现为红细胞系统增生，有丝分裂象多见，有核红细胞比例明显增加，粒红比例降低甚至倒置。慢性溶血患者，体内叶酸储存耗竭后，骨髓象可有类似巨幼细胞贫血的表现，长期有血红蛋白尿者失铁多，可伴有缺铁的形态学改变。

2. 网织红细胞增多　网织红细胞计数是最方便，也是最常用的反映骨髓红系造血功能的参数。溶血性贫血时网织红细胞比例增高，多为 5%～20%，急性溶血甚至可高达 50%～70%。如以网织红细胞绝对值计算，溶血性贫血时其绝对值常>100×10^9/L。

以百分率计算网织红细胞常不能正确反映骨髓红系统造血状态，还需加以校正。也可以网织红细胞%乘红细胞计数值，求网织红细胞绝对值。由于外周血中的网织红细胞数量除取决于骨髓红系造血旺盛程度外，还与网织红细胞从骨髓向外周血释放的早晚和快慢有关，释放越早越快，血中的网织红细胞越多。因此将释放因素加以考虑，进行二次校正获得的外周血网织红细胞值更能真实反映骨髓红系造血状况。贫血越重，年轻红细胞从骨髓中释出越早，在外周血中成熟所需要的时间越长。一般以在外周血中成熟时间为 2 天对溶血性贫血的网织红细胞进行二次校正。

3. 红细胞形态改变　溶血性贫血时红细胞生成代偿性增加，外周血出现有核红细胞和带有核残余物的红细胞（如胞内有包涵体如豪-焦小体），成熟红细胞大小不等、形状不一，出现嗜多色红细胞和嗜碱性点彩红细胞。溶血性贫血常伴有中性粒细胞和血小板计数增多，急性溶血时更为明显。长期有血红蛋白尿者失铁多，红细胞可有中心淡染区扩大等缺铁表现。

4. 红细胞糖化血红蛋白及肌酸含量的测定　红细胞越年轻，糖化血红蛋白含量越低，反映骨髓红系增生旺盛，红细胞的生成释放加快，是溶血的一个间接参考依据。

红细胞内的肌酸与有核红细胞发育过程中蛋白质合成的供能机制有关，红细胞越年轻，肌酸含量越高。红细胞肌酸含量增高也有助于溶血的诊断。

（三）用于诊断特定溶血性贫血的实验检查

1. 红细胞形态异常　光学显微镜红细胞形态检查用于溶血性疾病的诊断最为简便实用，某些特殊形态异常的检出常能提示诊断或明显缩小疾病诊断范围，这在遗传性红细胞膜病和血红蛋白病诊断表现尤为突出。外周血红细胞形态及对溶血性贫血的提示意义见表6-6-2。

表6-6-2　外周血红细胞形态及对溶血性贫血的提示意义

异常红细胞形态	临床意义
球形红细胞	遗传性球形红细胞增多症、温抗体型自身免疫性溶血性贫血、烧伤、低磷血症、新生儿溶血症、某些化学品中毒等
椭圆形红细胞	遗传性椭圆形红细胞增多症
口形红细胞	遗传性口形红细胞增多症、酒精肝病
靶形红细胞	地中海贫血、血红蛋白C、D、E病，阻塞性黄疸、脾切除后
镰状红细胞	镰状细胞贫血
棘刺红细胞	B脂蛋白缺乏症、肝硬化
咬缺红细胞（水泡红细胞）	红细胞G6PD缺乏症
破碎红细胞	微血管性溶血病、机械创伤性溶血
锯齿状红细胞	尿毒症、脾切除术后，微血管病性溶血病，丙酮酸激酶（PK）缺乏
HbH小体（β_4包涵体）	血红蛋白H病
红细胞凝集	冷凝集素综合征

2. 抗人球蛋白试验　也称Coombs试验，用于诊断免疫性溶血性贫血，阳性表明红细胞膜上有自身抗体或/和补体。此试验分直接试验和间接试验两部分。直接试验阳性，表示红细胞表面有自身抗体或/和补体。间接Coombs试验阳性，表明患者血清中有较多自身抗体。多数自身免疫性溶血性贫血患者直接Coombs试验阳性，2%～5%患者由于红细胞膜上自身抗体量较少也可出现阴性结果。高度怀疑免疫性溶血性贫血而直接抗人球蛋白试验阴性者，还可采用一些更为敏感的分析方法检测红细胞膜结合抗体，如补体固定抗球蛋白消耗分析、酶联抗球蛋白试验（ELAT）、同位素标记抗IgG以及流式细胞术法等。

3. 红细胞渗透脆性试验、酸化甘油溶血试验和EMA结合试验　红细胞渗透脆性增加见于遗传性球形红细胞增多症，也可见于免疫性溶血性贫血和其他溶血性贫血。孵育后的红细胞渗透脆性试验诊断遗传性球形红细胞增多症更加敏感。

酸化甘油溶血试验（AGLT）是通过红细胞在一定浓度甘油试剂中溶解速度的不同而导致溶解率在50%的时间不同（AGLT50）作为遗传性球形红细胞增多症的筛选试验。AGLT50时间缩短还见于自身免疫性溶血性贫血、遗传性胎儿血红蛋白持续、丙酮酸激酶缺乏、严重G6PD缺乏、妊娠妇女、透析治疗中的慢性肾衰竭和骨髓增生异常综合征。

流式细胞术进行曙红-5-马来酰亚胺（EMA）结合试验，遗传性球形红细胞增多症 EMA 标记红细胞荧光强度减低。该方法用于诊断遗传性球形红细胞增多症敏感性 92.7%，特异性 99.1%。

4. 外周血细胞 CD55、CD59 检测　以往诊断阵发性睡眠性血红蛋白尿症的实验检查依赖于酸溶血试验（Ham 试验）、热溶血试验、糖水溶血试验以及补体敏感试验等，试验多不敏感或出现假阳性，不同实验室间也难以标准化统一。流式细胞术检测外周血红细胞、粒细胞 CD55、CD59 表达是目前最敏感、最可靠的 PNH 检查诊断指标，不仅能准确提示 PNH 细胞克隆大小，还能量化锚联蛋白缺失程度，检测方法方便快速，已取代上述的传统检查。

荧光标记灭活毒素气溶素（fluorescentlabeled inactive toxin aerolysin，FLAER）与细胞膜锚蛋白结合更特异、更敏感，用于诊断 PNH 优于 CD59 表达检测。

另外，怀疑下列疾病时可采用相应试验检查：

1. 血红蛋白病　可做血红蛋白电泳，抗碱血红蛋白测定，不稳定血红蛋白测定，血红蛋白肽链鉴定，血红蛋白结构分析等。随着生物化学和分子生物学技术的进步，现在还可以对血红蛋白病进行基因分析，做产前诊断。

2. G6PD 缺乏　可做高铁血红蛋白还原试验，GSH 稳定试验，Heinz 小体生成试验，测定红细胞内 G6PD 活性及理化特性。

3. 冷热溶血试验（Donath-Landsteiner 试验）　用于诊断阵发性冷性血红蛋白尿症。

4. 红细胞酶缺乏　丙酮酸激酶的活性测定、嘧啶 5′核苷酸酶测定等。

5. 包涵体生成试验　主要用于检测血红蛋白病。在不稳定血红蛋白病，包涵体生成试验也可呈阳性，但孵育时间要在 24 小时才会出现。

6. 热变性试验和异丙醇试验　主要用于检测不稳定血红蛋白病。血红蛋白 H 病亦可呈阳性。

7. 碱变性试验和血红蛋白电泳　用于诊断地中海贫血综合征和其他血红蛋白病。

【诊断】

溶血性贫血的诊断可分两步进行。首先确定是否为溶血性贫血，然后确定是哪一种溶血性贫血或是什么原因引起的。

（一）确定是否溶血性贫血

诊断溶血性贫血最直接、最可靠的证据是确定红细胞寿命缩短，但临床并不适用。目前多以测定红细胞破坏过多和代偿性红细胞造血增加指标推定红细胞寿命缩短，诊断溶血。这些检测指标多不特异，受影响因素较多，应用时应谨慎解释，以免漏诊和误诊。

贫血和网织红细胞增高是提示溶血性贫血简便而重要的线索。慢性溶血性贫血患者除表现有红细胞破坏过多的临床与实验室证据外，骨髓代偿性红细胞生成加速的各种表现常也较为典型，诊断不难。而在急性溶血发生后的前 2 天内，代偿性红细胞造血增加的征象缺如或不明显。因而，如患者贫血发生急骤、血红蛋白快速下降，在除外失血性贫血和血液稀释后尽管网织红细胞不明显增高也应考虑溶血性贫血。如患者同时有血红蛋白尿和其他血管内溶血临床、实验室证据，诊断多也不难。

失血性贫血和造血原料缺乏所致贫血，补充造血原料后不久贫血尚未纠正，骨髓红系有效造血已明显增加，此时也可同时表现贫血和网织红细胞增多，详细询问病史、查体容易识别。营养性巨幼细胞贫血骨髓红系无效造血较为明显，红细胞原位溶血增多，患者出现轻度巩膜黄染，在经叶酸、维生素 B_{12} 治疗后短时间内可同时表现有贫血、黄疸和网织红细胞增多，应与溶血性贫血鉴别。

无效性红细胞生成导致的贫血也常伴有黄疸和骨髓红系明显增生，但外周血网织红细胞绝对值不增高，网织红细胞百分比正常或可增高，但增高不明显，与患者贫血程度和骨髓红系增生程度不成比例。尤其容易误诊为溶血性贫血的情况见于体腔或组织内出血。与溶血性贫血鉴别依赖于仔细病史询问和全身查体，找出基础疾病和出血部位。

（二）确定是何种溶血性贫血

确定溶血性贫血后尚需根据病史、查体、外周血细胞参数分析及血涂片形态观察，结合直接抗人球蛋白试验进行过筛分析，将患者分为五类，然后再根据不同类别中患者个体情况选择进行适当检测方法，得出结论，并最终明确诊断。

经过上述系统的检查仍不能确定是何种溶血性贫血或溶血原因，则患者很可能是某些少见的红细胞酶缺乏，但确诊需进行特殊分析，十分困难。

1. 有明显感染、化学毒物接触、服用某些药物、大面积烧伤等病史者，诊断基本上已经很明显。

2. 抗人球蛋白试验阳性　表示自体免疫溶血性贫血，可进一步作①血清免疫学试验以明确抗体的性质（温抗体、冷抗体，免疫球蛋白类型、亚类和补体），②查明原发病的性质，例如系统性红斑狼疮、恶性淋巴瘤等。

3. 抗人球蛋白试验阴性而血片中出现球形细胞　考虑遗传性球形细胞增多症，进一步作红细胞在 37C 温育后的渗透脆性试验及酸化甘油溶血试验等。家族中如发现有同样疾病患者有助于诊断，但家族史阴性并不排除本病的诊断。

4. 红细胞形态有特殊改变者　例如：靶形细胞，提示海洋性贫血、血红蛋白 E 病、血红蛋白 C 病等，进一步作血红蛋白电泳、血红蛋白碱变性试验、血红蛋白 H 包涵物检查等。家族调查亦有助于诊断。椭圆形细胞，提示遗传性椭圆形细胞增多症。盔形或碎裂细胞，表示机械性溶血性贫血，进一步查明原发性疾病。镰形细胞，表示镰形细胞性贫血，可进一步作镰变试验、血红蛋白电泳等。

5. 红细胞形态无异常，抗人球蛋白试验阴性。这一类中还有多种溶血性贫血，常需进一步作一些特异性或筛选试验，例如：

(1) 流式细胞术检测外周血细胞 CD55 和 CD59 表达，或酸化血清溶血试验用于诊断或除外阵发性睡眠性血红蛋白尿症。

(2) 异丙醇试验及（或）热变性试验，阳性结果表示不稳定血红蛋白。

(3) 高铁血红蛋白还原试验或荧光点试验，阳性结果表示 G6PD 缺乏。

(4) 丙酮酸激酶活性测定、G6PD 酶活性测定、嘧啶 5′核苷酸酶测定，如活性降低至正常以下，可确诊为相应红细胞酶缺乏。

【鉴别诊断】

另外，某些先天性胆红素代谢异常和其他血液系统疾患也需与溶血性贫血鉴别（表 6-6-3）。偶尔，某些伴发疾病或异常可使溶血性贫血表现不典型，尤其当这些因素影响到骨髓红系造血，网织红细胞可增高不明显或不增高，甚至减少或缺如，易漏诊溶血性贫血，须注意识别。

表 6-6-3　易误诊为溶血性贫血的疾病及状况

同时具有贫血和网织红细胞增高
　　出血
　　造血原料缺乏性贫血治疗恢复期
　　骨髓造血衰竭恢复期
同时具有贫血和黄疸
　　无效性红细胞生成（原位溶血）
　　体腔或组织内出血
黄疸无贫血
　　胆红素结合缺陷
　　Crigler-Najjar 综合征
　　Gilbert 综合征
骨髓浸润
　　骨髓纤维化
　　骨髓转移瘤
肌红蛋白血症

【治疗】

溶血性贫血是一大类庞杂而性质不同的疾病，其治疗方法不能一概而论，详见各疾病相应章节。

第二节　遗传性球形红细胞增多症

遗传性球形红细胞增多症（hereditary spherocytosis）也称先天性溶血性黄疸，是一种红细胞膜异常的遗传性贫血。以外周血中球形细胞明显增多和红细胞渗透脆性（erythrocyte osmotic fragility）增加为主要特征。患者有不同程度黄疸和脾大，脾切除后贫血可得以纠正。

【病因和发病机制】

本病为常染色体显性遗传（autosomal dominant inheritance）。基本缺陷是红细胞膜支架蛋白成分异常，结果导致红细胞形态和功能不正常。红细胞增厚、直径缩小，接近球形，表面积与容积比减小，可塑性减退。细胞膜对 Na^+ 通透性增加，Na^+ 内流增多，细胞需要消耗更多的 ATP 以加速钠的排出。结果红细胞内糖及 ATP 均消耗过多。ATP 缺乏，还使细胞膜上 Ca^{2+}-Mg^{2+}-ATP 酶活性减低，大量 Ca^{2+} 沉积在膜上，使膜的可塑性进一步降低。球形红细胞可塑性减低，难以通过脾索与脾窦微循环，滞留在脾内，处于氧、糖和 pH 均较低的环境，易于破坏溶解。本病患者脾功能正常，之所以破坏大量红细胞完全是红细胞本身存在缺陷之故。

【临床表现】

临床主要表现为贫血、黄疸和脾大。症状常于幼年甚至新生儿期即可出现，但不少患者骨髓造血代偿良好，可不表现贫血或贫血极轻微，至成年后才因贫血加重或巩膜黄染检查得以确诊。疾病过程中可因感染等原因出现贫血和黄疸多次加重。患者临床症状轻重不一，差别非常显著。几乎所有患者均有轻、中度脾大，较多并发胆结石。青少年者可伴生长迟缓。

部分患者病程中并发微小病毒感染，表现为急性造血功能停滞，患者贫血明显加重、网织红细胞减少，严重时全血细胞减少。病程呈自限性，一般持续 7~14 天。

【实验室检查】

贫血程度轻重不一。MCV 正常或稍低，MCHC 轻度升高。白细胞和血小板正常。血片中球形红细胞增多，是本病重要的实验室特征，一般>10%。细胞直径较小，圆形，深染，中心淡染区消失。网织红细胞增高，常达 5%~20%。红细胞渗透脆性增高，0.5%NaCl 浓度时已开始溶血。酸化甘油溶血试验阳性，Coombs 试验阴性，骨髓红系细胞比例增高。

【诊断和鉴别诊断】

根据贫血、黄疸、脾大，网织红细胞增高，球形细胞增多大于 10%，红细胞渗透脆性增高等临床特征，同时伴有家族史者，诊断容易确立。有时家族中其他患者病情非常轻，无贫血，容易被忽视；或者确实无阳性家族史，但临床和实验室检查符合，可能为患者本身出现了新的基因突变，也可诊断。

该病特别是无阳性家族史者，应与自身免疫性溶血性贫血（autoimmune hemolytic anemia）所致的继发性球形细胞增多相鉴别，后者 Coombs 试验阳性。

【治疗】

轻症患者可无需治疗。贫血严重或脾大明显引起症状者可行脾切除术，对本病有显著疗效。术后数天黄疸及贫血即可改善，但患者染色体异常遗传性质未变，红细胞先天缺陷依然存在。幼儿患者可适当延迟切脾治疗时间。

第三节　红细胞葡萄糖-6-磷酸脱氢酶缺乏症

遗传性缺陷可导致红细胞内磷酸己糖旁路多种酶的缺乏，其中临床上最重要的是葡萄糖-6-磷酸脱氢酶（G6PD）缺乏（glucose-6-phosphate dehydrogenase deficiency）。据估计全世界有约 2 亿人患 G6PD 缺乏症。地中海地区、东南亚，印度和太平洋美拉尼西亚等地的民族和非洲、美洲黑人中的发病率最高。我国南方如云南、广东、广西、贵州、四川等地的各民族这种缺陷较为多见，在某些地区阳性率甚至高达 10% 以上。淮河流域以北比较少见。G6PD 缺乏症可根据临床表现和溶血发作诱因分为为五种不同的类型，即先天性非球形细胞溶血性贫血（hereditary nonspherocytic hemolytic anemia）Ⅱ型、新生儿黄疸（neonatal icterus）、感染性溶血性贫血（infection-induced hemolysis）、蚕豆病（favism）和药物性溶血性贫血（drug-induced hemolysis）。

【病因和发病机制】

该症是一种伴性不完全显性遗传性疾病。G6PD 基因位于 X 染色体上。男性患者从其母亲遗传到不正常的 G6PD 基因。这种遗传特征在半合子（hemizygote）的男性和纯合子（homozygote）的女性中能完全表现出来，杂合子女性的表现轻重很不一致，她们部分红细胞所含 G6PD 活性正常，部分所含 G6PD 活性减低。这两种细胞的比例在各个患者中可以相差很大，G6PD 酶平均活性可以接近正常，轻度减低，也可显著减低。女性杂合子总的溶血程度比半合子男性轻，大多数杂合子女性无溶血。纯合子女性可以发病，但很少见。

G6PD 有许多变异型，目前已发现的有 220 余种，还不断有新的变异型出现。我国发现的 G6PD 变异型已有十余种。各种变异型酶活性不同，约半数其酶活力与正常无异且无临床表现。活力缺乏的变异，其酶活力缺乏的程度也不一致。

正常红细胞在受到氧化剂的损害作用下，通过磷酸己糖旁路代谢过程的加速，可产生更多新生的 NADPH 以保持还原型谷胱甘肽（GSH）高浓度，从而防止红细胞膜及血红蛋白中疏基被氧化。G6PD 缺乏者红细胞内不能产生足够的 GSH，结果疏基被氧化，血红蛋白变性，形成变性珠蛋白小体（Heinz 小体），自发沉淀，附着于红细胞膜的内面，红细胞膜僵硬，可塑性减低，终于被过早破坏。

【临床表现】

绝大多数 G6PD 缺乏者平时没有任何症状，但在某些特殊情况下如氧化剂药物、蚕豆等接触后或发生感染时，可以迅速发生严重的溶血性贫血。极少数患者因酶活性缺乏严重可以经常有慢性溶血性贫血（chronic hemolytic anemia）。根据临床特点，G6PD 缺乏症可分成下列几种类型。

（一）先天性非球形细胞溶血性贫血（Ⅱ型）

患者自婴幼儿时期起即有轻至中度慢性贫血，可因服药或感染而加重，脾常肿大。血片中无球形细胞，红细胞渗透脆性试验（erythrocyte osmotic fragility test）正常。G6PD 酶活性很低或显著不稳定。脾切除一般无效。

（二）新生儿黄疸

有 G6PD 缺乏的新生儿可发生溶血性贫血伴黄疸，症状可因注射水溶性维生素 K 或接触樟脑丸而加重。症状大多出现于出生 24 小时后，须与新生儿同种免疫溶血病鉴别。如处理不当可发生核黄疸，造成严重后果。

（三）感染性溶血性贫血

细菌或病毒感染均能使 G6PD 缺乏者发生溶血性贫血。患者大多为婴儿及儿童，贫血一般较轻。

（四）蚕豆病

由于进食蚕豆引起的溶血性贫血。患者以儿童居多，成人亦可发生，但较少见，男性多于女性。患者 G6PD 活力约为正常值的 10% 以下。发病时间大多在初夏蚕豆成熟时。起病急骤，进食新鲜蚕豆后数小时至几天内突发急性溶血性贫血，严重程度与进食蚕豆量无关。

本病由蚕豆中何种物质诱发尚无定论，发病机制也有待阐明。首先并非所有 G6PD 者都会发生蚕豆病，再者并非每次吃蚕豆患者均发生溶血，并且病情轻重与进食蚕豆量无明显关系。故本病除 G6PD 缺乏是必要条件外，溶血的发生可能还有其他机制参与。

（五）药物相关性溶血性贫血

也称伯氨喹啉型溶血性贫血。可引起溶血的药物或毒物有：①抗疟药，如伯氨喹啉、扑疟喹啉、氯喹、米帕林、奎宁等；②磺胺类药，如磺胺、柳氮磺胺吡啶等；③呋喃类药；④止痛药，如非那西丁、阿司匹林等；⑤维生素 K（水溶性）、萘（樟脑丸）、美蓝、对氨水杨酸、异烟肼、氯霉素、苯妥英钠等。

患者 G6PD 活力为正常值的 10%～60%，溶血程度与酶缺陷程度以及摄入药物的剂量大小有关。症状典型的患者在上述药物接触后 1～3 天内突然发生急性溶血。病情轻者仅有尿色加深，重者可发生血红蛋白尿，贫血进展很快，出现轻度黄疸。溶血大多有自限性，2～3天后症状即开始好转，20～30天后血象恢复正常。之所以溶血能自限是因为溶血后骨髓代偿性红细胞增生，新生红细胞的G6PD含量接近正常之故。即使不袪除药物或毒物继续接触，其临床过程也如此。用药剂量增大或反复、持续用药，患者可发生二次溶血或慢性溶血性贫血。

【实验室检查】

除先天性非球形细胞溶血性贫血外，患者平时无贫血。红细胞形态及渗透脆性试验均正常。外周血活细胞甲紫染色可见Heinz小体，溶血发作后常难以找到。发生溶血时，患者实验室检查除有一般溶血性贫血特征外，尚可有G6PD缺乏NADPH产量减少相关的实验室检查阳性。

(一) 高铁血红蛋白还原试验

缺乏G6PD的红细胞产生NADPH不足，当试管中加入还原剂美蓝时高铁血红蛋白的还原少于正常。此试验亦简单易行，微量法尤其适用于普查工作，是当前我国应用较广的试验。其缺点是可有假阳性反应。

(二) 荧光点试验

NADPH在长波紫外光照射下能显示荧光。G6PD减少时，红细胞在紫外光照射下荧光出现延迟，强度减弱或不显。此试验操作简便，采血量少，特异性较高。

(三) 四唑氮蓝 (NBT) 试验

NADPH通过吩嗪二甲酯硫酸盐的递氢作用，使浅黄色的NBT还原成紫色的甲臜。缺乏G6PD活性的红细胞由于NADPH生成不足，NBT还原为甲臜减少。此试验结果可靠，用于G6PD缺乏普查尤为适宜。

(四) G6PD活性测定

最为可靠，是最主要的诊断依据。

以上各试验对半合子男性和纯合子女性的诊断最有价值，对杂合子女性稍差，部分不能查出。在溶血发作时或发作后几天，由于大量低G6PD活性的老年红细胞已破坏，而未被破坏的年轻红细胞和新生的网织红细胞的G6PD酶活性正常或接近正常，故所得的试验结果可以完全正常，造成诊断上的困难。故在溶血发作3～4个月后应重复试验，此时网织红细胞计数已降至正常，G6PD缺乏应当更容易表现出来。

【诊断】

遇有服药或进食新鲜蚕豆后突然发生急性溶血性贫血患者均应考虑有G6PD缺乏的可能，特别在我国南方，溶血性贫血结合G6PD活性减低可以确诊。然后根据临床表现和溶血发作诱因进一步做出分型诊断。

【治疗】

本病多数有自限倾向。如果溶血和贫血很轻，一般不需特殊治疗。但如果溶血、贫血严重则需输血，适当补充液体，保持尿量，防止发生急性肾衰竭。在本病高发地区特别要注意供血者是否亦有G6PD缺乏；如供血者亦有此缺陷，则输入的红细胞又可发生溶血，加重病情。溶血发作时即使引起溶血的氧化剂药物继续接触，往往也并不影响病情的迅速好转。如果病情需要继续应用此药治疗，则不必停药。但最好以非氧化剂药物代替。

第四节 血红蛋白病

血红蛋白由珠蛋白和血红素结合而成。珠蛋白有两种肽链，一种是α链，由141个氨基酸残基构成，另一种是非α链（β、γ及δ链），各有146个氨基酸残基。各种肽链有固定氨基酸排列顺序。每一条肽链和一个血红素连接，构成一个血红蛋白单体。人类血红蛋白由2对（4条）血红蛋白单体聚合而成。正常人出生后有三种血红蛋白：①血红蛋白A（HbA）：由一对α链和一对β链组成

($\alpha_2\beta_2$)，为成人主要的血红蛋白，占总量的95%以上。新生儿期含量仅占10%~40%，以后迅速增加，1岁以前达成人水平；②血红蛋白A_2（HbA_2）：由一对α链和一对δ链（$\alpha_2\delta_2$）组成，初生时含量<1%，1岁以后达成人水平，占血红蛋白的2%~3%；③胎儿血红蛋白（HbF）：也称抗碱血红蛋白。由一对α链及一对γ链（$\alpha_2\gamma_2$）组成，是胎儿第4个月起至出生后4个月的主要血红蛋白成分，初生时高达70%~90%，此后进行性下降，1岁前降至成人水平，不超过2%。

血红蛋白病为常染色体显性遗传病，少数也可为自发突变。遗传性血红蛋白异常包括珠蛋白肽链合成障碍即地中海贫血和珠蛋白分子结构异常即异常血红蛋白病（hemoglobinopathy）两大类。

一、珠蛋白生成障碍性贫血

本病是由于一种或几种正常珠蛋白肽链合成部分或全部缺如而引起的遗传性溶血性疾病，俗称地中海贫血（Mediterranean anemia）或海洋性贫血（thalassemia）。本病是遍及世界最常见的一种遗传性疾病，尤以地中海区域、中东地区、印度次大陆以及东南亚最多见，我国自然科学名词审定委员会建议称为珠蛋白生成障碍性贫血。在我国本病以西南和华南一带为高发区，常见于苗、瑶、黎、壮等少数民族，其次为长江以南各地，北方少见。根据累及基因和珠蛋白生成障碍，本病分为α珠蛋白生成障碍性贫血和β珠蛋白生成障碍性贫血。

【发病机制】

珠蛋白生成障碍性贫血呈常染色体不完全显性遗传。本病的分子病理学基础是一种或几种珠蛋白基因的缺陷或缺失，相应珠蛋白链合成减少或缺乏，珠蛋白链比例失衡，造成正常血红蛋白合成减少和出现病理性肽链聚合体或包涵体，引起一系列病理生理变化及其相应临床表现。因涉及珠蛋白基因的缺失及其结构的多种突变，故本组疾病呈高度异质性。

α珠蛋白生成障碍性贫血为α基因缺失或缺陷所致。α基因定位在16号染色体，正常人每条16号染色体上各有2个控制α肽链合成的基因，共有4个α基因。在α珠蛋白生成障碍性贫血，因α基因受累形式或受累基因数不同造成多种表型。α链合成障碍使含有此链的血红蛋白（HbA、HbA_2、和HbF）生成减少。在胎儿期和新生儿期导致γ链过剩，在成人造成β链过剩。过剩的γ链和β链可聚合成Hb Bart's（γ_4）和HbH（β_4）。这两种血红蛋白对氧有高度亲和力。含有此类血红蛋白的红细胞不能为组织充分供氧，造成组织缺氧。

β珠蛋白生成障碍性贫血分子病理学基础主要是影响β链调节和表达的基因发生突变，β链mRNA减少或失活，造成β链合成部分障碍（β^+）或完全缺失（β^0）。由于β链缺乏不能组合成HbA，导致贫血；γ链和δ链代偿性增加，使HbF（$\alpha_2\gamma_2$）和HbA2（$\alpha_2\delta_2$）增高，成为主要的血红蛋白成分，HbF氧亲和力高，将加重组织缺氧。大量过剩的α链自聚为不稳定聚合体，在红细胞内沉淀形成包涵体，造成红细胞僵硬和膜损伤导致溶血。含包涵体的幼红细胞在骨髓内大量破坏引起原位溶血。

【临床表现】

（一）α珠蛋白生成障碍性贫血

分为四型，临床表现与α基因缺失及表达程度相关。

1. 静止型携带者亦称α珠蛋白生成障碍性贫血2型　患者无任何临床表现。患者1个α基因受累，不贫血，MCV和MCHC可轻度降低，不出现H包涵体。HbF正常，HbA_2稍低。双亲任一方可为α珠蛋白生成障碍性贫血。患者出生时Hb Bart's占1%~2%，3个月后即消失，此后再也查不出异常血红蛋白。成人期极难诊断，须借助珠蛋白基因分析诊断。

2. 标准型α珠蛋白生成障碍性贫血（轻型或1型α珠蛋白生成障碍性贫血）　患者2个α基因受累，无临床症状和阳性体征，患者多在家系调查时被发现，双亲任一方可为α珠蛋白生成障碍性贫血。血红蛋白在正常范围或轻微降低，多在100~120g/L。红细胞数量增多，常在5.0×10^{12}/L以上，红细胞指数MCV和MCHC降低，呈低色素性小细胞增多。HbF正常，HbA_2稍低。患者可有轻度红细胞形态变化,红细胞渗透脆性轻度降低,血红蛋白电泳无异常发现。新生儿期 Bart's >5% 有助于本病诊断,几个月后即消失,血红蛋白电泳正常。成人期亮甲酚蓝孵育后红细胞内偶见少量 H 包涵体。

3. 血红蛋白 H 病（HbH 病） 是 α 珠蛋白生成障碍性贫血的重型,为 3 个 α 基因受累的遗传病,双亲均可为 α 珠蛋白生成障碍性贫血,多见于东南亚国家和我国南方。此型特点为新生儿期血中 Bart's 达 10%～40%,成人期 HbH 占 5%～30%。HbA 合成减少导致小细胞低色素贫血;HbH 氧亲和力强,为 HbA 的 10 倍,不能有效地向组织释氧;并且,HbH 容易氧化形成包涵体,损害红细胞膜,引起溶血。临床表现为轻至中度贫血。患儿出生时情况良好,生后 1 年出现贫血和脾大。约 1/3 患者因红系造血扩张造成骨骼改变。妊娠、感染和接触氧化性药物可加重贫血和黄疸。患者成熟红细胞小细胞低色素明显,靶形细胞可见,多少不一,红细胞渗透脆性降低,网织红细胞增高,亮甲酚蓝温育后可见大量 H 包涵体。血红蛋白电泳 HbH 增高,向阳极方向移动,泳速快于 HbA。

4. 红蛋白 Bart's 胎儿水肿综合征（hydrops fetalis with Hb Bart） 4 个 α 基因全部缺失,是 α 珠蛋白生成障碍性贫血的最严重的类型,双亲均为 α 珠蛋白生成障碍性贫血。α 珠蛋白生成完全受抑,胎儿期的 γ 肽链聚合成 Hb Bart's,氧亲和力极高,不能有效供氧。胎儿多在妊娠 30～40 周时宫内死亡。如非死胎,娩出婴儿呈发育不良、明显苍白、全身水肿伴腹水、心肺窘迫症状严重、肝脾显著肿大。患儿多在出生后数小时内因严重缺氧而死亡。血片中可见破碎红细胞以及靶细胞、有核红细胞、网织红细胞增多。血红蛋白电泳分析 Hb Bart's 可占 80%～100%,有少量 HbH。含 α 链的血红蛋白 HbA、HbA_2、HbF 缺如。

（二）β 珠蛋白生成障碍性贫血

1. 轻型 本型临床上最为常见。患者一般无临床表现或有轻度贫血,常在妊娠、无关疾病检查或体检时发现。体征可有轻度黄疸、肝脾大和下肢溃疡。血清胆红素正常或轻度增高。血片中可见红细胞大小不匀、浅染、畸形,少量靶形细胞,呈小细胞低色素性。检测 HbA_2 升高大于 3.5%,HbF 正常或轻度增加,但不超过 5%。其父或母为 β 珠蛋白生成障碍性贫血杂合子。

2. 中间型 临床表现与重型者类似,但程度较轻。患者可生存至成年并有正常性发育。患者血红蛋白 60～70g/L,病情稳定时不必输血。本病实验室检查发现与重症者相似,相对为轻。HbF 浓度 10% 左右。

3. 重型（Cooley 贫血） 本病临床上仅占很少比例。患儿出生时表现正常,数月至 1 年左右发病,出现进行性贫血、苍白、黄疸及肝脾大,尤以脾大为显著。患儿发育不良,智力迟钝,性成熟障碍,骨质疏松甚至发生病理性骨折;因骨骼改变造成特殊面容:额部隆起,鼻梁凹陷,眼距增宽。病程中可发生无菌性心包炎,长期反复输血者可导致铁过载,继发血色病。患者可并发胆石症和下肢溃疡。血红蛋白低于 60g/L,呈小细胞低色素性贫血。血片靶形红细胞在 10%～35%,并可见幼稚红细胞,网织红细胞可高达 15%。骨髓涂片红系细胞极度增生,骨髓细胞外铁及内铁增多,甲紫染色骨髓幼红细胞内可见 α 链聚集而成的包涵体。HbF 高达 30%～90%,HbA 多低于 40% 甚至缺如。红细胞渗透脆性明显减低。X 线检查见颅骨板层增厚,皮质变薄,骨小梁条纹清晰,由内板向外放射,似"发刺"样图像。本病预后不良,患儿多在 5 岁左右死亡,少数患者依赖输血能存活至 20～30 岁,也多终因心脏铁过载死亡。

【治疗】

主要是对症治疗。血红蛋白 >75g/L 的轻或中症患者发育无明显障碍,一般不需长期输血治疗。应积极防治诱发溶血的因素如感染等。重症患者需长期输血治疗。目前有人主张高输血甚至超输血疗法,将血红蛋白水平维持在 100g/L 或 120g/L 以上。其优点是不仅能保证患者的身体发育和生活质量,而且能抑制自身过度的红系造血,防止骨骼病理性改变造成的畸形。长期输血造成的铁负荷过重是本病最主要的死亡原因,提倡在器官发生不可逆改变前及早开始去铁治疗。最常用的铁螯合剂是去铁胺,持续静脉输注或皮下注射去铁效果优于肌肉注射。常用剂量 20～25mg/（kg·d）,每月 4～6

次。该药毒性低，可长期应用。另外，去铁铜和 ICL-670 也有较好疗效，口服给药患者依从性改善。去铁治疗可使患者心源性死亡减少，生存期延长。

脾切除术的适应证为输血需求量逐渐增加，每年输血量≥200ml/kg；脾功能亢进和巨脾引起压迫症状并且年龄在 5 岁以上。异基因造血干细胞移植治疗重型珠蛋白生成障碍性贫血属于根治措施，已有较多成功报道。5-杂氮胞苷可促进 γ 链合成，与剩余的 α 链构成 Hb F，国外试用于重型 β 珠蛋白生成障碍性贫血治疗，取得了网织红细胞和血红蛋白浓度升高的效果。基因治疗尚未广泛开展，仍处于临床研究阶段。

二、异常血红蛋白病

异常血红蛋白病是因为珠蛋白链氨基酸序列发生改变导致其功能和理化性质异常的一组结构性血红蛋白病。迄今已发现近 700 种变异型血红蛋白，其中绝大部分为单个氨基酸替代，很少一部分为双氨基酸替代、缺失、插入、融合及链延伸所致。我国异常血红蛋白病的发病率约为 0.29%，已发现 70 余种变异型血红蛋白，分布于几十个民族。多数异常血红蛋白不伴功能异常，仅 1/5 异常血红蛋白有生理功能改变，并表现临床症状。异常血红蛋白病可根据功能特点或结构变化加以分类。异常血红蛋白理化性质改变，可表现为溶解性降低形成聚集体（如血红蛋白 S）、氧亲和力变化、形成不稳定血红蛋白或高铁血红蛋白等。

（一）镰状细胞贫血

主要见于非洲和非洲裔黑人。血红蛋白 S（HbS）的变异是 β 肽链第 6 位谷氨酸被缬氨酸替代，其遗传学基础是 β 基因第 6 编码子的胸腺嘧啶替换为腺嘌呤（即 GTG→GAG）。本病属常染色体显性遗传，纯合子状态的患者红细胞内 HbS 浓度 80% 以上，临床症状明显。HbS 的氧亲和力降低，脱氧 HbS 易于形成螺旋状多聚体，使红细胞变形为镰状，称为镰变。镰状细胞膜僵硬，变形性降低，在循环内易被淤滞而破坏，发生血管内溶血；镰状细胞被单核-巨噬细胞系统识别和捕获，发生血管外溶血。患者在刚出生时，因 HbF 比例高，镰变现象不明显，3～4 个月后才出现贫血及黄疸，6 个月后可见肝、脾大，发育较差。因镰状细胞在微循环内淤滞，造成血管阻塞及受累组织器官的功能障碍，临床上表现为急性发生的骨痛、胸痛和（或）腹痛、血尿等，称为血管阻塞"危象"，可在疾病过程中反复出现，造成患者生长发育障碍。病程中可出现溶血危象和严重感染，从而危及生命。杂合子患者红细胞内 HbS 浓度 30% 以下，平时无贫血及相关临床表现，称为镰状细胞特征。体外重亚硫酸镰变试验有助诊断，确诊依靠血红蛋白电泳发现 HbS。本病治疗主要是对症处理，预防"危象"发生，防止感染和缺氧以及输血支持等。研究发现 HbF 可抑制 HbS 的聚集，羟基脲有激活 HbF 合成的作用，临床试验取得了初步效果。异基因骨髓移植治疗本病已有多例成功的报道。某些双重杂合子状态可同时伴有 HbS 及另一种异常血红蛋白，如血红蛋白 SC（HbSC）、HbSE、HbSD 等，临床表现可与本病相似，统称为镰变综合征（sickling syndrome）。

（二）不稳定血红蛋白病

目前发现的不稳定血红蛋白病（unstable hemoglobin disorder）约有 200 余种，但发病率低，有临床意义者不足半数。此类变异型血红蛋白是突变涉及血红素囊构象或 αβ 二聚体结合部位的氨基酸替代，导致血红蛋白主体空间构象改变，受累肽链不能折叠，最终发生珠蛋白变性和沉淀，形成胞内包涵体，称为海因小体（Heinz body）。海因小体附着于细胞膜，造成细胞变形性降低和膜通透性增加，易于在脾内破坏。不稳定血红蛋白病溶血程度变化较大，贫血轻重不一。急性发作可发生溶血危象，多伴发于发热性疾病。实验室检查异常血红蛋白电泳检出率不高，仅少数能与 HbA 电泳条带分开从而被检测到。海因小体生成试验、热变性试验和异丙醇沉淀试验阳性有助于诊断。本病应与红细胞 G6PD 缺乏症及其他血红蛋白病鉴别。治疗取决于溶血程度，轻症患者除非发生溶血危象，平时不需要治疗。重症患者可能需要长期输血支持。脾切除术仅对某些特定变异型有效。脾切除后可见海因小体数量增加。患者应避免使用磺胺类及其他具有氧化作用的药物，同时应强调防治感染。

(三) 血红蛋白 M 病

至今已发现 7 种高铁血红蛋白变异型，其中 6 种是血红素囊部位的组氨酸由酪氨酸替代，酪氨酸的酚基与血红素铁共价结合，使铁处于稳定的氧化高铁状态。本病为常染色体显性遗传，发病率很低，患者均为杂合子型，高铁血红蛋白一般不超过 30%。溶血多不明显，临床主要特征是发绀，累及 α 链者自出生时即有发绀，累及 β 链者在出生后 3～6 个月才出现发绀，而累及 γ 链者仅生后 1 周呈现短暂发绀，一般不需治疗。累及 β 链者应注意避免使用氧化性药物，以防促发溶血。检查可见异常血红蛋白吸收光谱，高铁血红蛋白增高；适当条件下血红蛋白电泳，如中性 pH 琼脂凝胶电泳可识别 HbM。本病应与获得性高铁血红蛋白血症和还原型辅酶Ⅰ(NADH)——高铁血红蛋白还原酶缺乏所致的先天性高铁血红蛋白症相鉴别。

(四) 氧亲和力异常血红蛋白病

多呈常染色体显性遗传。氧亲和力异常血红蛋白血病包括氧亲和力升高和降低两类。此种血红蛋白病不造成溶血。低亲和力血红蛋白病患者氧解离曲线右移，组织氧合正常。发绀而动脉氧张力正常提示有本病之可能，应进一步检查。临床特征主要是发绀，无其他症状，亦不需要治疗。高亲和力血红蛋白的氧解离曲线左移，可引起组织缺氧。约 30% 的患者发生代偿性红细胞增多症，但白细胞和血小板均不增多，可有阳性家族史，需与真性红细胞增多症鉴别。各种方法检查发现异常血红蛋白是确诊的依据。

(五) 其他

包括 HbE、HbC、HbD-Punjab 等。杂合子不发病，纯合子可有轻度溶血性贫血和脾大。HbE 多见于东南亚地区，是我国最常见的异常血红蛋白病，广东和云南省报道最多。患者表现为轻度溶血性贫血。贫血呈小细胞低色素性，靶形红细胞增多（25%～75%）。血红蛋白电泳 HbE 可高达 90%。HbE 对氧化剂不稳定，异丙醇试验多呈阳性，热变性试验也轻度阳性，部分患者海因小体的生成率略高。

第五节 自身免疫性溶血性贫血

自身免疫性溶血性贫血（autoimmune hemolytic anemia，AIHA）系因免疫功能紊乱产生红细胞自身抗体，引起红细胞破坏加速发生贫血。抗人球蛋白试验（Coombs test）常呈阳性。

根据病因可分为：①原发性或特发性 AIHA，病因未明；②继发性或症状性 AIHA，主要见于造血系统肿瘤如慢性淋巴细胞白血病（chronic lymphocytic leukemia，CLL）、淋巴瘤（lymphoma）、骨髓瘤（myeloma）等；结缔组织病如系统性红斑狼疮（systemic lupus erythematosus，SLE）、类风湿关节炎（rheumatoid arthritis，RA）等；感染性疾病，特别是儿童病毒感染；免疫缺陷性疾病如低丙种球蛋白血症（agammaglobulinemia）及免疫缺陷综合征（immunodeficiency syndrome）；胃肠系统疾病如溃疡性结肠炎等；良性肿瘤如卵巢皮样囊肿等。

根据抗体血清学性质不同，可分为温抗体型和冷抗体型两种。

1. **温抗体型 AIHA** 自身抗体在 37℃ 时最活跃，主要是 IgG，少数为 IgM，为不完全抗体。

2. **冷抗体型 AIHA** 冷抗体在 2～4℃ 时最活跃，主要是 IgM（冷凝集素），较多见于冷凝集素综合征（cold agglutinin syndrome，CAS），是完全抗体，可直接在血循环发生红细胞凝集反应。引起阵发性冷性血红蛋白尿（paroxysmal cold hemoglobinuria）的抗体（冷热溶血素）为 IgG，也属于冷抗体。冷凝集素综合征可继发于支原体肺炎及传染性单核细胞增多症；阵发性冷性血红蛋白尿可继发于病毒或梅毒感染。

本病发生机制尚未阐明，抗自身红细胞抗体的产生可能与红细胞膜的抗原性发生改变和免疫机能紊乱有关，近年多强调免疫功能异常在发病中的作用。不论原发抑或继发，临床均以温抗体型多见。

一、温抗体型自身免疫性溶血性贫血

【病因和发病机制】

温抗体型自身免疫性溶血性贫血（warm antibody autoimmune hemolytic anemia）见于不同年龄组，成人多见，无性别差异。有遗传易感性，偶见同一家族中有数名患者。多数患者为继发性，少数为原发性。通常患者红细胞正常。究竟是红细胞发生某种细微抗原性改变或正常免疫反应对自身某些成分发生交叉免疫反应，或免疫功能紊乱不能识别正常自身组织，尚不清楚。本病患者红细胞表面及血清存在温抗体，可以是 IgG 加补体 C3，也可是单纯 IgG 或单纯补体 C3。抗体吸附于红细胞表面，但不能凝聚红细胞，因此被称为"不完全抗体"。吸附有 IgG 的红细胞在单核-巨噬细胞系统内为吞噬细胞所识别、破坏。如仅部分膜被吞噬，则成为球形细胞，通过脾脏时破坏。如果膜上同时存在 IgG 和补体 C3，可加速脾内致敏红细胞破坏。溶血严重，也可同时有少量血管内溶血。如果仅有补体 C3 附着，红细胞多在肝内破坏，溶血并不严重。

【临床表现】

起病缓慢，病情轻重不一。轻者可无症状，仅 Coombs 试验阳性。多数患者临床表现慢性溶血贫血、虚弱、头昏、面色苍白，有轻、中度黄疸。脾轻、中度肿大，质较硬，无压痛。肝大，质地中等，无触痛。急性病毒感染时可促发起病，多见于小儿，成年人少见。起病急骤，寒战、高热、腰背痛、呕吐、腹泻、烦躁或昏迷。少数患者可出现血红蛋白尿。

【实验室检查】

贫血程度不一，病情较重者血红蛋白常在 70g/L 以下，甚至 30g/L 以下。贫血为正细胞正色素性，周围血片可见球形细胞及数量不等的幼红细胞。网织红细胞显著增高，一般为 10%～30%，个别高达 50%。白细胞常增多，中性粒细胞核左移，有时出现类白血病反应（leukemoid reaction）。多数患者血小板数正常，10%～20% 患者血小板减少，称为 Evan's 综合征（Evan's syndrome）。溶血和血小板减少两者发生可先后不一。骨髓幼红细胞比例增加。

直接 Coombs 试验是测定吸附在红细胞膜上不完全抗体和（或）补体的较敏感方法，为诊断 AIHA 的重要指标。用正常人血清免疫家兔，取得抗人球蛋白血清。抗人球蛋白抗体是完全、多价抗体，与不完全抗体 Fc 段相结合起搭桥作用，最后导致致敏红细胞相互凝集。分别以人的 IgG 或 C3 免疫家兔，可获得各自较为特异的抗血清。间接抗人球蛋白试验测定血清中游离的不完全抗体。多数患者直接抗人球蛋白试验阳性。间接抗人球蛋白试验阴性或阳性，阴性并不意味着血清中不存在抗体，只是通常的间接实验方法不够敏感而已。

【诊断】

对于不明原因的溶血性贫血（hemolytic anemia）均应考虑 AIHA 的可能，重要诊断依据是 Coombs 试验阳性。结合发病情况及冷凝集素效价正常，可诊断为温抗体型 AIHA。有的患者 Coombs 试验阴性，但临床表现较符合，糖皮质激素或切脾有效，除外其他溶血性贫血后可诊断为 Coombs 试验阴性 AIHA。AIHA 诊断明确后应进一步确定是原发抑或继发。

本病外周血可出现小球形红细胞，红细胞渗透脆性增高，需与遗传性球形细胞增多症鉴别。后者常有家族史，脾大明显，红细胞渗透脆性显著增高，重要是 Coombs 试验阴性。

【治疗】

（一）病因治疗

继发性 AIHA 患者，应去除诱因，治疗原发病。

（二）糖皮质激素

为治疗温抗体型 AIHA 的主要药。贫血明显者，开始用足量。泼尼松 1～1.5mg/（kg·d），分次口服。约 1 周后红细胞迅即上升，经 2～3 周待病情好转后逐渐减量直到最小维持量或完全停药。如治疗 3 周无效，或治疗有效但至少需泼尼松 15mg/d 才能维持血象缓解者，应改用其他疗法。

(三) 脾切除

脾是产生抗体的器官，又是致敏红细胞破坏的主要场所。脾切除适应证为：①大剂量糖皮质激素治疗无效；或②虽有效但需用较大剂量维持才能控制溶血者，③有糖皮质激素治疗禁忌证。如术前能用同位素等方法证实红细胞主要在脾破坏，则手术效果更好。间接抗人球蛋白试验阴性，或抗体为IgG型者，切脾疗效较好。如术后复发或切脾无效，可再用糖皮质激素或免疫抑制剂治疗，部分患者仍可有效。

(四) 免疫抑制剂

一般不作为治疗本病的首选药物。在糖皮质激素和脾切除都无效，或需较大剂量泼尼松量才能维持缓解者，可考虑采用本疗法。硫唑嘌呤每次50mg，每天2～3次口服；6-巯基嘌呤每次50mg，每天1～2次口服；环磷酰胺每次25mg，每天3～4次口服；瘤可宁每次2mg，每天2～3次口服。疗程不少于3个月，治疗期间必须密切观察血象变化并注意预防感染。免疫抑制剂可与糖皮质激素联合应用，病情缓解后，先减量、停用糖皮质激素。

(五) 输血

应尽量避免。如贫血严重，患者缺氧症状明显仍应给予输血。应选用ABO血型相同红细胞，以供者红细胞与病人血清温育后做Coombs试验，选用反应最少的供者红细胞。输血过程中应密切观察，速度要慢，一旦有溶血反应加重，立即停止输血。

(六) 其他疗法

大剂量丙种球蛋白静脉注射、环孢素、血浆置换术都可取得疗效，重症或难治性患者可采用，但作用不持久，有待进一步观察。

二、冷抗体型自身免疫性溶血性贫血

冷抗体型自身免疫性溶血性贫血（cold antibody autoimmune hemolytic anemia）主要包括冷凝集素病（cold agglutinin disease，CAD）和阵发性冷性血红蛋白尿症（paroxysmal cold hemoglobinuria，PCH）。

(一) 冷凝集素病

【发病机制】

冷凝集素几乎均为IgM，低温条件下可使红细胞发生凝聚，与红细胞表面抗原最适结合温度为4～18℃。单克隆冷凝集素通常是病理性的，与克隆性B淋巴细胞增殖有关，表现为慢性冷凝集素病。

冷凝集素多针对红细胞I/i抗原发生作用，在低温条件下引起红细胞凝聚。当血液温度升高时，冷凝集素与抗原解离，凝聚红细胞解聚。CAD病情严重与否主要取决于冷凝集素与红细胞抗原反应的热幅。

【临床表现】

约10%自身免疫性溶血性贫血为冷凝集素病，多发生于中老年。临床表现为：①轻中度慢性溶血性贫血；②寒冷环境下四肢末梢和体表暴露部位血液淤滞。患者慢性轻度贫血、乏力、气短、虚弱，尿色加深。寒冷环境下，指（趾）端、鼻尖、耳轮和其他皮肤暴露之处可表现青紫，麻木微痛，温暖后上述症状很快消失。体检可见面色苍白，巩膜轻度黄疸，肝、脾和淋巴结肿大不明显。

支原体肺炎和传染性单核细胞增多症并发急性冷凝集素病，可发生于儿童和中青年。一般发生在感染即将痊愈时，起病较急，溶血较重，病程呈自限性。

【实验室检查】

室温下抗凝血很快发生自动凝聚较为常见，以4℃时最为明显，加热至37℃后解聚。贫血多为轻、中度，白细胞和血小板正常。胆红素轻度增高，网织红细胞增多。外周血红细胞形态改变不明显。骨髓红系细胞比例增高。

直接抗人球蛋白试验（Coombs试验）阳性，呈C3阳性型，IgG阴性。冷凝集素试验滴度明增高,继发于慢性B淋巴细胞增殖性疾病者,冷凝集素呈单克隆性,几乎均为IgM-κ型。感染后冷凝集素病冷凝集素为多克隆性,滴度增高不明显。

【诊断】

室温下抗凝血很快发生自动凝聚是冷凝集素病特征性表现,并常由此提示诊断。获得性溶血性贫血如Coombs试验呈C3抗体阳性而IgG抗体阴性,均应考虑冷凝集素病。

根据临床表现、直接Coombs试验及冷凝集素试验常能明确是否冷凝集素病。冷凝集素病诊断需具备:①获得性溶血性贫血;②直接Coombs试验阳性,C3型;③直接Coombs试验IgG抗体阴性;④冷凝集素试验30℃阳性;和⑤4℃冷凝集素滴度≥256。

【治疗】

冷凝集素病治疗取决于病情轻重、抗体的血清学特性以及有否基础病及其特征,疗效多不肯定。注意保暖,避免寒冷环境暴露是最简单和有效方法。糖皮质激素疗效不肯定。氟达拉滨对部分患者有效。脾切除无效。

感染后急性冷凝集素病病情呈一过性,可自发缓解,预后良好。

(二) 阵发性冷性血红蛋白尿

阵发性冷性血红蛋白尿症(PCH)主要发生于儿童,极为少见。引起PCH的自身抗体为IgG型溶血素(hemolysin),又称为Donath-Landsteiner抗体(D-L抗体),是一双向性溶血素,先在低温条件下致敏红细胞,接近37℃时完成补体激活,导致溶血。

患者发生PCH前1~2周常有感染病史,典型表现是急性血管内溶血。患者有发热、黄疸、面色苍白,尿色加深,呈红褐色。常伴腹痛和下肢疼痛。严重溶血可致急性肾衰竭。急性阵发性冷性血红蛋白尿症呈自限性,通常持续2~3周。

患者中重度贫血、网织红细胞增多,白细胞增多,血小板正常或增多。血涂片可见球形红细胞、红细胞大小不匀、异形红细胞、嗜多色红细胞等。血液中胆红素增多,可出现血红蛋白尿。抗人球蛋白试验阴性。骨髓红系细胞比例增高或正常。

本病的确诊试验是Donath-Landsteiner试验(D-L试验)。

目前本病尚无特异性治疗方法,通常采取支持对症治疗,避免暴露寒冷环境。

第六节 阵发性睡眠性血红蛋白尿

阵发性睡眠性血红蛋白尿(paroxysmal nocturnal hemoglobinuria, PNH)是因红细胞膜获得性缺陷对激活补体(complement)异常敏感导致的慢性血管内溶血(chronic intravascular hemolysis)。多在睡眠时出现间歇性血红蛋白尿(hemoglobinuria)。

【病因和发病机制】

PNH是一种获得性、克隆性造血干细胞(hematopoietic stem cell)疾病,基本异常是红细胞缺陷,使红细胞对正常血清补体异常敏感发生溶血。光学显微镜检查不能发现这种膜异常,但电子显微镜下可见红细胞膜存在陷窝和隆起。体外用补体结合抗体的方法可将患者红细胞分为两群:一群对补体不敏感,为正常红细胞;另一群是对补体敏感的PNH细胞,较正常红细胞能固定更多的补体C1和C3,并且备解素能够加强补体C3与这种异常红细胞的结合。

PNH细胞的溶解破坏主要是通过补体旁路系统(alternative pathway)激活发生。细菌内毒素、低离子强度及低PH等,在镁离子参与下活化补体C3,激活补体旁路系统,导致补体敏感型红细胞溶解。补体敏感型红细胞数量及所占比例多少与患者溶血程度及发作频度相关。

目前认识到由于造血干细胞基因突变,导致红细胞膜上某些糖基磷脂酰肌醇(glycosylphosphatidylinositol, GPI)锚连蛋白的缺乏是PNH发生的重要原因。其中以衰变加速因子(decay accelerating factor, DAF, CD55)和膜反应溶解抑制蛋白(membrane inhibitor of reactive lysis, MIRL,

CD59）缺乏最重要。DAF作用于C3转化酶，抑制补体激活；MIRL更为重要，可以阻止膜攻击复合物的形成。这两种膜蛋白的缺失使补体激活和膜攻击复合物的形成更加容易，导致这种缺陷红细胞的破坏。PNH患者的GPI锚连膜蛋白部分或全部丧失可发生在红细胞、粒细胞、单核细胞及淋巴细胞上，也说明PNH是一种造血干细胞疾病。

【临床表现】

起病缓慢，多数患者发病年龄在20~40岁。半数以上患者首发贫血，部分病例有血红蛋白尿，少数有轻微出血。

多数患者在病程不同时期可发生血红蛋白尿，尿液呈酱油色或浓茶色。血红蛋白尿一般在早晨较重，下午较轻，常与睡眠有关。伴乏力、腰背酸胀、发热等。感染、月经、输血、手术、情绪波动、饮酒、疲劳或某些药物等都可诱发血红蛋白尿发作。临床根据血红蛋白尿发作情况将本病分为频发、偶发和不发作三组。在频发组，患者血红蛋白尿反复发作，每月1~4次，甚至连续发作。偶发组患者每1~2个月发作一次，间歇期可长达半年以上。不发作组患者病程中从无血红蛋白尿发作。

几乎所有患者都有不同程度贫血。黄疸常见于频发组，在不发作组可始终不出现。溶血频繁、病史较长者可并发胆石症。半数患者肝轻度肿大，脾大者占25%左右。由于中性粒细胞减少及功能缺陷患者常合并感染，以呼吸道和泌尿生殖道感染较为多见。少数因血小板减少出现皮肤黏膜出血。有时可发生静脉栓塞和血栓形成，但国人较少见。

【实验室检查】

（一）血象

呈不同程度贫血，多数较严重，属正细胞正色素型贫血，也可为大细胞或小细胞贫血。网织红细胞多数升高。粒细胞通常减少，主要为中性粒细胞减少，中性粒细胞碱性磷酸酶积分（N-ALP）明显降低。血小板常轻度减少。约半数患者表现为全血细胞减少（pancytopenia）。

（二）尿液

血红蛋白尿发作时尿隐血试验阳性，可有轻度蛋白尿。几乎所有患者尿含铁血黄素（Rous试验）呈持续阳性。

（三）骨髓象

幼红细胞比例增高。频发患者可因由尿液丧失铁过多导致贮铁（storage iron）减少，骨髓细胞外铁和铁粒幼细胞减少。

（四）细胞膜抗原检查

红细胞、粒细胞CD55和CD59阴性表达细胞增多。其他血管内溶血的实验室检查可阳性。

（五）特异性血清学试验

1. 酸溶血试验（Ham试验）　特异性高，可有假阴性，是PNH的确诊试验。将ABO同型正常人血清酸化至pH6.4~6.6与患者红细胞混合37℃孵育30分钟，患者红细胞溶血而正常人红细胞无溶血。对结果可疑病例，延长孵育时间至2~3小时，或在血清中加入一定量的备解素，可增加试验的敏感性。

2. 蔗糖溶血试验　低离子强度溶液能够激活补体，PNH患者红细胞被溶解破坏，而正常红细胞不发生溶解。本试验敏感性高，但特异性差，一般用作初筛试验。

3. 热溶血试验　患者红细胞在自身血清中（含补体）于37℃孵育6~24小时，由于葡萄糖分解，使血清酸化，导致溶血。本法特异性差，仅用作初筛试验。

4. 蛇毒因子溶血试验　蛇毒因子能通过补体旁路系统，使补体敏感的红细胞发生溶血。本试验特异性强，敏感性优于酸溶血试验。

【诊断和鉴别诊断】

凡是溶血性贫血均应考虑PNH的可能，如患者有与睡眠相关的血红蛋白尿发作更应高度怀疑。酸溶血试验、蛇毒因子溶血试验阳性有诊断价值，蔗糖溶血试验、热溶血试验阳性有辅助诊断。流式细胞术检测血细胞锚连蛋白缺失是确诊PNH的最好方法。本病应与自身免疫性溶血性贫血，尤其是阵发性冷性血红蛋白尿（paroxysmal cold hemoglobinuria）或冷凝集素综合征（cold agglutinin syndrome，CAS）鉴别。伴有全血细胞减少时注意与再生障碍性贫血鉴别。约25%患者临床及实验室检查符合再生障碍性贫血诊断，多见于血红蛋白尿不发作组患者，可诊断为PNH-AA综合征。

【治疗】

无特效治疗方法，主要对症及支持疗法，避免感染等诱发因素。

(一) 支持治疗

输血能提高血红蛋白，但可使溶血加重，必须严格掌握适应证。目前主张采用洗涤红细胞输注。急性溶血时，静脉滴注5%碳酸氢钠溶液碱化尿液。补足液体摄入，保持每日尿量2 000毫升左右，防止肾衰。

(二) 糖皮质激素及补体抗体

可使少数患者溶血减轻。一般仅短期应用。近年使用补体C5抗体，可抑制膜攻击复合物形成，减轻补体对PNH细胞破坏，纠正贫血或减少输血依赖。

(三) 雄激素

能刺激红细胞生成，减少输血次数。但不能改变红细胞缺陷。

(四) 铁剂

缺铁严重者，予小剂量补铁。但铁剂可诱发血红蛋白尿，应慎用，如有溶血时，停用。

(五) 骨髓移植

PNH是干细胞疾病，骨髓衰竭时，可行异基因骨髓移植（allo-BMT）。

【预后】

病程漫长，时轻时重。若能防止严重并发症，中数存活期约10年。死亡原因有严重贫血、重要器官的血栓形成、出血或感染等。少数患者可转化为急性白血病、再生障碍性贫血、骨髓纤维化。

（张凤奎）

第七章 中性粒细胞减少症和粒细胞缺乏症

中性粒细胞减少症（neutropenia）是外周血中性粒细胞绝对值计数（白细胞总数×中性粒细胞百分比）<10岁的儿童低于 $1.5\times10^9/L$，10~14岁儿童低于 $1.8\times10^9/L$，成人低于 $2.0\times10^9/L$。当粒细胞严重减少，低于 $0.5\times10^9/L$ 时，称为粒细胞缺乏症（agranulocytosis）。

【病因和发病机制】

不同病因通过粒细胞生成减少或无效生成、粒细胞破坏过多或粒细胞寿命缩短、粒细胞分布异常或综合前三种机制，引起中性粒细胞减少。

（一）作用于骨髓

1. 骨髓损伤　①药物：包括细胞毒性和非细胞毒性药物；②放射线；③化学物质：如苯、DDT、二硝基苯酚、砷酸、铋、一氧化氮等；④某些先天性和遗传性中性粒细胞减少：如 Kostmann 综合征、Cartilage-Hair Hypoplasia 综合征、Shwachman-Diamond 综合征、Chédiak-Higashi 综合征等；⑤免疫性疾患：如系统性红斑狼疮、类风湿性关节炎等；⑥感染：细菌性感染，如伤寒、副伤寒、布鲁菌病、粟粒性结核；病毒感染，如肝炎、艾滋病等；⑦血液病：如骨髓转移瘤、骨髓纤维化、淋巴瘤、白细胞减少的白血病、再生障碍性贫血、多发性骨髓瘤、恶性组织细胞增生症等。

2. 成熟障碍　①获得性：如叶酸缺乏、维生素 B_{12} 缺乏、恶性贫血、严重的缺铁性贫血等；②恶性和其他克隆性疾病：如骨髓增生异常综合征、阵发性睡眠性血红蛋白尿症等。

（二）作用于外周血

1. 中性粒细胞从循环池转换至边缘池（假性中性粒细胞减少）　①遗传性良性假性中性粒细胞减少症；②获得性：如严重的细菌感染，恶性营养不良病，疟疾等。

2. 血管内扣留　如由补体介导的白细胞凝集素所致的肺内扣留、脾功能亢进所致的脾内扣留等。

（三）作用于血管外

1. 利用增多　如严重的细菌、真菌、病毒或立克次体感染、过敏性疾患等。

2. 破坏增多　如脾功能亢进等。

【临床表现】

（一）慢性特发性中性粒细胞减少症

慢性特发性中性粒细胞减少症（chronic idiopathic neutropenia）可见于儿童和成人，包括家族性（严重）中性粒细胞减少症、家族性良性中性粒细胞减少症、婴幼儿慢性良性中性粒细胞减少症、成人慢性特发性中性粒细胞减少症等。骨髓增生正常或选择性中性粒细胞增生低下，大部分患者有幼稚粒细胞与成熟粒细胞比值增高，即无效粒细胞生成。红细胞、网织红细胞、淋巴细胞和血小板计数正常，单核细胞和免疫球蛋白水平正常或增高，常无染色体核型异常。感染较轻或不发生感染，本病为自限性，多数患者一年内自行缓解，少数可持续多年。

（二）免疫性中性粒细胞减少症

1. 同种免疫新生儿中性粒细胞减少症（alloimmune neonatal neutropenia）　是由于胎儿携带从父亲遗传来的中性粒细胞特异性抗原的中性粒细胞进入母体内，由于其父母的不相容，因而致使其母体内产生抗中性粒细胞的 IgG 抗体，自母体通过胎盘再进入胎儿体内，从而引起胎儿或新生儿白细胞发生凝集，形成暂时性中性粒细胞减少症。其发生率为 1/2 000。

骨髓增生活跃，伴有"成熟停滞"，主要是中幼、晚幼或杆状核粒细胞，中性粒细胞中度至重度减少,可降至 $1.0×10^9/L$ 以下,30%患儿有单核细胞增多(可高达 $12.5×10^9/L$),偶尔嗜酸粒细胞轻度升高。由于外周血中母亲 IgG 的半衰期为 7 周,因此儿童的中性粒细胞减少常常在 2 个月后恢复正常。有的无症状,有的可死于细菌感染或败血症。

2. 自身免疫性中性粒细胞减少症（autoimmune neutropenia）　由于中性粒细胞自身抗体使中性粒细胞生成和中性粒细胞破坏加速所致。其血象和骨髓象与慢性特发性中性粒细胞减少症极为相似,有时难以区分,中性粒细胞抗体检测为两者鉴别的主要依据。

3. 自身免疫性疾患相关性中性粒细胞减少

(1) 系统性红斑狼疮：约 60% 的系统性红斑狼疮患者白细胞总数为 $(2\sim5)×10^9/L$,白细胞分类计数正常或中性粒细胞百分率减低至 10%～40%。骨髓增生程度和细胞分化成熟常正常。由于中性粒细胞减少所致的感染发生率较低。

(2) 类风湿关节炎：中性粒细胞减少的发生率<3%。

(3) 其他伴有自身免疫紊乱的疾病：如霍奇金病、免疫性肝炎、胸腺瘤、低丙种球蛋白血症等。

(三) 感染性中性粒细胞减少症

急性和慢性细菌、病毒、原虫、立克次体感染可导致中性粒细胞减少症。

(四) 周期性中性粒细胞减少症

本病以周期性严重中性粒细胞减少为特征,可发生于任何年龄,但多见于儿童,男女均可受累。病因尚不清楚,约 1/3 的患者有家族史,呈常染色体显性遗传。成人常与大颗粒淋巴细胞克隆性增殖有关。每 15～35 天（平均 21 天）发作一次。发作期白细胞总数特别是中性粒细胞显著减少,白细胞常在 $(2\sim4)×10^9/L$ 之间,中性粒细胞<10%,有的患者血小板数也同时减少。临床表现为畏寒、发热、咽痛,部分患者有关节痛,脾及淋巴结肿大,持续 3～6 天。骨髓示粒细胞系统成熟障碍,中幼粒细胞阶段以下的粒细胞缺少。间歇期一般情况良好,血象和骨髓象可恢复至正常。此病病程绵长,可持续 1～35 年,儿童患者于青春期后长逐渐减轻。

(五) 药物诱导的中性粒细胞减少症

根据其临床特点和发病机制大致可分为三类：

1. 药物中毒性粒细胞减少症　多见于足量或长期应用各类抗癌药物、抗甲状腺药、氯霉素等。这类粒细胞减少与药物累积的剂量成正比,与个体对药物感受性关系相对较小。

2. 药物过敏性粒细胞减少症　由于个体对药物感受性不同所致,常在出现粒细胞减少的同时,还伴有皮疹、哮喘、血管神经性水肿等过敏现象,引起过敏性粒细胞减少的药物有抗甲状腺药、抗癫痫药、抗结核药、抗高血压药、抗糖尿病药、利尿药、某些抗生素等。

3. 药物免疫性粒细胞减少症　第一类以氨基比林为代表,该类药物被认为是一种半抗原,当进入人体后,首先与人体白细胞蛋白结合形成全抗原,进而使机体对这种抗原产生能引起粒细胞凝集的抗体 IgG 或 IgM,对粒细胞的破坏常需该药的持续存在,这些患者只有在药物存在的情况下方可在体外检测到抗中性粒细胞抗体；另一类以奎宁为代表,一旦免疫复合物形成后其对粒细胞的破坏就不再需要该药物的存在,因而即使药物不再存在仍常可检测到抗体。粒细胞减少多发生在用药后 5 周,最长可达 7 周,但也可在数小时内发病。骨髓在病的极期红系和巨核系正常,粒系减少,浆细胞等非造血细胞多见。血象特点是白细胞减少,粒细胞减少或缺乏,单核细胞、淋巴细胞,红细胞及血小板一般无明显改变。临床表现主要是乏力、易疲劳,严重者可出现寒战、发热、咽痛、骨痛等。

【诊断】

首先应确定疾病的严重程度及该患者是否有发热、败血症等,若严重中性粒细胞减少伴败血症者则应立即给予静脉经验性抗生素治疗并进行细菌学检查,然后是进行病因学诊断：

(一) 病史

重点了解下列方面：①理化等因素接触史：是否接触某些化学物质、放射性物质及服药史；②既往史：有无多次粒细胞减少的发作,其规律性,以便考虑有无周期性粒细胞减少症；③发病年龄及家族史，以除外遗传方面的中性粒细胞减少症。

（二）某些临床特点有助于病因诊断

如若粒细胞减少原因是由于严重感染所致，粒细胞降至 $(0.5\sim1.0)\times10^9/L$ 以下，则临床上有高热、畏寒等症；如由于某些慢性病毒性肝炎所致，患者有乏力、纳差、恶心等表现；头痛、头晕、精神萎靡、记忆力减退，多为慢性苯中毒所致。

（三）除外可以引起中性粒细胞减少的全身性疾病

如疑为结缔组织病或由于免疫机制异常所引起的中性粒细胞减少，则应检测狼疮细胞、抗核抗体、白细胞凝集试验等。

（四）骨髓象检查

可了解粒细胞的增殖及成熟情况，有时还可明确有无肿瘤细胞转移。

（五）骨髓粒细胞储存池测定

测定骨髓粒细胞储存池的常用方法是注射从沙门菌中提取的纯脂多糖或伤寒疫苗，根据白细胞上升情况来判断骨髓之储备功能。

（六）边缘池粒细胞测定

皮下注射肾上腺素 0.3 毫克后 20 分钟，如白细胞较原水平升高 100%，则提示边缘池粒细胞数较正常增多，如无脾大，则白细胞减少的原因可能是为靠边缘池粒细胞异常增多所致。

（七）粒细胞动力学及寿命测定

可用 $DF^{32}P$ 标记的粒细胞进行测定，是了解中性粒细胞转换的最可靠的指标。

【治疗】

中性粒细胞减少症的治疗主要是病因治疗，如停用可疑药物，停止接触可疑毒物，针对导致中性粒细胞减少的各种原发性疾病的治疗等。

中性粒细胞减少的主要表现是感染：中性粒细胞数 $(1.0\sim1.8)\times10^9/L$ 的患者感染发生的可能性小，$(0.5\sim1.0)\times10^9/L$ 者居中，$<0.5\times10^9/L$ 的患者可能性最大。此外，感染发生的频率和严重程度与中性粒细胞减少的原因及病程有关，一般来说，由于中性粒细胞生成减少疾病，如继发于细胞毒药物、骨髓放疗或早期造血祖细胞内在缺陷等所引起的中性粒细胞减少症患者比其他原因所致的患者其感染发生的概率更大；中性粒细胞减少的同时伴有单核细胞减少、淋巴细胞减少，低丙种球蛋白血症的患者比仅只有单纯性中性粒细胞减少症患者感染更为严重。因此，中性粒细胞减少症的治疗应因人而异，因病因而异。

（一）升中性粒细胞数的治疗

1. 促白细胞生成药　目前在临床上应用很多的如维生素 B_6、维生素 B_4、利血生、肌苷、脱氧核苷酸、雄激素、碳酸锂等，但均缺乏肯定和持久的疗效。因此，初治患者可选用 1~2 种，每 4~6 周更换一组，直到有效，若连续数个月仍不见效者，不必再继续使用。

2. 免疫抑制剂治疗　如糖皮质激素、硫唑嘌呤、环磷酰胺、大剂量丙种球蛋白输注等，对部分患者，如抗中性粒细胞抗体阳性或由细胞毒 T 细胞介导的骨髓衰竭患者等有效。

3. 集落刺激因子治疗　主要有 rhG-CSF $[2\sim5\mu g/(kg\cdot d)]$ 皮下注射和 rhGM-CSF $[3\sim10\mu g/(kg\cdot d)]$ 皮下注射。治疗不仅通过促进骨髓内粒细胞生成和释放而使中性粒细胞数升高，而且可以激活成熟中性粒细胞，从而使其吞噬功能增强而有利于感染的控制。

（二）造血干细胞移植

除导致中性粒细胞减少的某些血液病，如再生障碍性贫血、骨髓增生异常综合征、阵发性睡眠性血红蛋白尿、淋巴瘤等成功地用造血干细胞移植治疗外，先天性中性粒细胞减少症也有治疗成功的报道。由于异基因造血干细胞移植的治疗相关死亡率高，因此应权衡利弊，绝对掌握好选择该治疗的适应证。

(三) 感染性中性粒细胞减少症患者的治疗

如果中性粒细胞减少症患者仅只有发热而无脓毒血症表现者，一般可在门诊治疗以避免医院内继发感染。对于严重中性粒细胞减少患者（特别是粒细胞缺乏患者）出现发热时，应以内科急诊患者对待，立即收入院治疗，有条件时应予逆向隔离。在进行皮肤、咽喉、血、尿、大便等部位的病菌培养检查后，立即给予经验性广谱抗生素治疗。若病原菌明确患者，应根据药敏试验改用针对性窄谱抗生素。若未发现病原菌，但经治疗后病情得以控制者在病情治愈后仍应继续给予口服抗生素7～14天。若未发现病原菌，且经前述处理3天后病情无好转，对病情较轻者可停用经验性抗生素治疗，再次进行病原菌培养，若病情较重者应在原有治疗基础上加用抗真菌药，如两性霉素B等。对于严重感染患者，还可给予中性粒细胞输注，由于中性粒细胞在外周血和组织中的生存期短，因此至少每天1次，连续3天方可起效。

（肖志坚）

第八章 骨髓增生异常综合征

骨髓增生异常综合征（myelodysplastic syndromes，MDS）是一组异质性克隆性造血干细胞疾病，其生物学特征是髓系细胞（粒系、红系、巨核系）一系或多系发育异常（或称病态造血，disordered maturation or myelodysplasia）和无效造血，可以伴有原始细胞增多。临床和血液学特征是外周血细胞一系或多系减少，骨髓有核细胞常增多且形态异常，可伴有原始细胞增多，转化为急性髓系白血病（acute myeloid leukemia，AML）的危险性明显增高。

【发病机制】

关于 MDS 的发病机制，近年来研究结果的积累，得到的线索有所增加，但确切机制仍未明了。MDS 的发生和进展是一个多步骤过程。由于环境、职业或生活中的毒害因素或自发性突变，在易感个体中造成造血干、祖细胞的初始变故，这种受损的干、祖细胞一方面逐渐对正常干、祖细胞形成生长或存活优势，成为单克隆造血，伴有基因组不稳定性，易于发生继发性细胞遗传学异常。另一方面诱发免疫反应，导致 T 细胞介导的自身免疫骨髓抑制，进一步损害造血细胞的增殖和成熟。持续性自身免疫性攻击诱发单个核细胞和基质细胞过多产生肿瘤坏死因子 α（tumor necrosis factor α，TNF-α）、γ 干扰素（interferon γ，INF-γ）等细胞因子（cytokine），后者诱发造血细胞过度凋亡（apoptosis）导致无效造血。过度的增殖和凋亡导致端粒过度缩短，后者进一步加剧基因组不稳定性，继发 MDS 常见的 5q-、7q-、20q- 等染色体异常。同时有其相应抑癌基因（tumor suppressor gene）如 p53、p15INK4B 的灭活，从而造成细胞周期失控和更加剧基因组不稳定性，终至转化为 MDS 后 AML。

【临床表现】

MDS 一般起病较缓，往往在起病数周甚至数月后方始就诊。患者的症状和体征主要是各类血细胞减少的反应。低危患者以顽固性贫血的相关表现为主，出血与感染并发症较为少见。一般无肝、脾、淋巴结大。高危患者则除贫血表现以外还可有出血和感染并发症。

【实验室和其他检查】

（一）病态造血的形态学特点

1. 红细胞生成异常（dyserythropoiesis）　外周血中大红细胞增多，红细胞大小不匀，可见到巨大红细胞（直径>2个红细胞）、异形红细胞、点彩红细胞，可出现有核红细胞。骨髓中幼红细胞巨幼样变，幼红细胞可有多核、核形不规则、核分叶、核出芽、核碎裂、核间桥、Howell-Jolly 小体，早期细胞胞浆可有小突起，或环状铁粒幼红细胞>15%红系细胞。成熟红细胞形态改变同外周血。

2. 粒细胞生成异常（dysgranulopoiesis）　外周血中中性粒细胞颗粒减少或缺如，胞浆持续偏于嗜碱，个体小，分叶少，假性 Pelger-Hüet 样核异常，或核分叶多（hypersegmentation）。骨髓中出现异型原粒细胞（Ⅰ型，Ⅱ型），幼粒细胞核浆发育不平行，嗜天青颗粒粗大，消退延迟，中性颗粒减少或缺如；幼粒细胞巨型变，可见环形核幼粒细胞。成熟粒细胞形态改变同外周血。异型原粒细胞形态特征如下：Ⅰ型的形态特征与正常原粒细胞基本相同，但大小可有较大差异，核形可稍不规则，核仁明显，胞浆中无颗粒。Ⅱ型的形态特征同Ⅰ型，但胞浆中有少数（<20个）嗜天青颗粒。

3. 巨核细胞生成异常（dysmegakaryocytopoiesis）　外周血中可见到巨大血小板。骨髓中出现小巨核细胞（细胞面积<800μm²），包括淋巴细胞样小巨核细胞，小圆核（1~3个核）小巨核细胞，或有多个小核的大巨核细胞。一般的巨核细胞也常有核分叶明显和胞浆颗粒减少的改变。淋巴细胞样小巨核细胞形态特征如下：类圆形，直径 5~8μm，核浆比大，核染色质浓聚，结构不清，无核仁，胞浆极少，强嗜碱性，常有不规则的毛状或小泡状突起，无颗粒或颗粒极少。

（二）血象

全血细胞减少是 MDS 患者最普遍也是最基本的表现。少数患者在病程早期可表现为贫血和白细胞或血小板减少。极少数患者可无贫血而只有白细胞和/或血小板减少。但随着病程进展，绝大多数都发展为全血细胞减少。MDS 患者各类细胞可有发育异常的形态改变。外周血可出现少数原始细胞，不成熟粒细胞或有核红细胞。

（三）骨髓

1. 穿刺液涂片　有核细胞增生程度增高或正常，原始细胞百分比正常或增高，红系细胞百分比明显增高，巨核细胞数目正常或增多，淋巴细胞百分比减低。红、粒、巨核系细胞有明确的发育异常的形态改变，常至少累及两系。

2. 活组织切片　其特点为：①造血组织面积增大（＞50%）或正常；②造血细胞定位紊乱：红系细胞和巨核细胞不分布在中央窦周围，而分布在骨小梁旁区或小梁表面，粒系细胞不分布于骨小梁表面而分布在小梁间中心区，并有聚集成簇的现象；③（粒系）不成熟前体细胞异常定位（abnormal localization of immature precursors，ALIP）现象：原粒细胞和早幼粒细胞在小梁间中心区形成集丛（3～5 个细胞）或集簇（＞5 个细胞），每张骨髓切片上都能看到至少 3 个集丛和/或集簇为 ALIP（＋）；④基质改变：血窦壁变性、破裂，间质水肿，骨改建活动增强，网状纤维增多等。

（四）染色体核型分析

MDS 患者骨髓细胞染色体核型异常发生率很高，以 -5、-7、$+8$、$5q^-$、$7q^-$、$11q^-$、$12q^-$、$20q^-$ 较为多见。MDS 患者有无染色体异常以及异常的类型对于诊断分型、评估预后和治疗决策都具有极为重要的意义。因此，染色体核型分析检查必须列为 MDS 常规检测项目之一。如常规染色体核型分析失败，应至少包括 5q31、CEP7、7q31、CEP8、20q、CEPY 和 p53 等探针在内的荧光原位杂交（FISH）检测。

（五）骨髓细胞体外培养

大多数 MDS 患者骨髓细胞红系爆式集落形成单位（BFU-E）、红系集落形成单位（CFU-E）、巨核细胞集落形成单位（CFU-Mk）、粒、红、单核、巨噬细胞集落形成单位（CFU-GEMM）集落均明显减少或全无生长。粒、红细胞集落形成单位（CFU-GM）的生长有以下几种情况：①集落产率正常；②集落减少或全无生长；③集落减少而集簇明显增多；④集落产率正常甚或增多，伴有集落内细胞分化成熟障碍，成为原始细胞集落。

（六）生化

MDS 患者可有血清铁、转铁蛋白和铁蛋白水平增高，血清乳酸脱氢酶活力增高，血清尿酸水平增高，血清免疫球蛋白异常，红细胞血红蛋白 F 含量增高等。这些都属非特异性改变，对于诊断无重要价值，但对于评估患者病情有参考价值。

【诊断与鉴别诊断】

已经有骨髓原始细胞增多的 MDS 诊断一般不难。骨髓原始细胞不增多的 MDS 则有时难以确诊，必要时需寻求血细胞形态学以外的依据。对于诊断困难的病例，以下的实验室检查结果有助于确诊：①骨髓组织切片显示造血细胞空间定位紊乱，或 ALIP（＋）；②有非随机性 $-5/5q^-$、$-7/7q^-$、$+8$、$20q^-$ 等 MDS 常见的核型异常；③采用 Ras、fms、KIT D816V 和 V617F Jak2 等基因突变检测，用 $CD34^+/CD133^+$ 细胞组群用基因芯片进行基因表达档案（GEF）分析，以及用流式细胞术免疫表型分析等方法寻找单克隆造血的证据。

MDS 患者确诊后，应进一步进行分型诊断，MDS 的分型诊断标准有：

（一）FAB 分型标准

法、美、英（FAB）协作组于 1982 年提出此标准（表 6-8-1），现已被 WHO MDS 分型标准取代。

表 6-8-1　FAB 协作组的 MDS 分型标准 (1982)

亚型	原始细胞 (%) 骨髓	原始细胞 (%) 外周血	骨髓中环形铁粒幼红细胞 (%)*	外周血中单核细胞 (×10⁹/L)	Auer 小体#
难治性贫血 (RA)	<5	<1	<15	不定	-
RA 伴有环状铁粒幼红细胞 (RARS)	<5	<1	>15	不定	-
RA 伴有原始细胞过多 (RAEB)	5~20	1~5	不定	<1	-
转化中的 RAEB (RAEB-t)	20~30	>5	不定	<1	+
慢性粒单核细胞白血病 (CMML)	5~20	1~5	不定	>1	-

* 占红系细胞的%。# 见到 Auer 小体，即使其他条件不符合，亦诊断为 RAEB-t。

（二）世界卫生组织（WHO）MDS 分型标准

WHO 于 2001 年颁布此标准（表 6-8-2），现已为国际上普遍采用。2008 年在此基础上又进行了修订。

表 6-8-2　WHO 的 MDS 分型标准 (2001)

亚型	外周血	骨髓
难治性贫血 (RA)	贫血 无原始细胞或罕见	仅有红系发育异常* 原始细胞<5% 环状铁粒幼红细胞<15%△
难治性贫血伴有环状铁粒幼红细胞 (RARS)	贫血 无原始细胞或罕见	仅有红系发育异常* 环状铁粒幼红细胞≥15%△ 原始细胞<5%
难治性血细胞减少伴有多系发育异常 (RCMD)	血细胞减少（两系减少或全血细胞减少） 无原始细胞或罕见 无 Auer 小体 单核细胞<1×10⁹/L	髓系中≥2 个系别中发育异常的细胞≥10% 原始细胞<5% 无 Auer 小体 环状铁粒幼红细胞<15%△
难治性血细胞减少伴有多系发育异常和环状铁粒幼红细胞 (RCMD-RS)	同 RCMD	除环状铁粒幼红细胞>15%△外，余同 RCMD
难治性贫血伴有原始细胞过多-Ⅰ (RAEB-Ⅰ)	血细胞减少 原始细胞<5% 无 Auer 小体 单核细胞<1×10⁹/L	1 系或多系发育异常 原始细胞 5%~9% 无 Auer 小体
难治性贫血伴有原始细胞过多-Ⅱ (RAEB-Ⅱ)	血细胞减少 原始细胞 5%~19% 有或无 Auer 小体 单核细胞<1×10⁹/L	原始细胞 10%~19% 余同 RAEB-Ⅰ
MDS 不能分类 (MDS-U)	血细胞减少 无原始细胞或罕见 无 Auer 小体	粒系或巨核系 1 系发育异常 原始细胞<5% 无 Auer 小体
MDS 伴有单纯 del (5q) (5q-S)	贫血 原始细胞<5% 血小板数正常或增高	巨核细胞数正常或增加伴有核分叶减少 原始细胞<5% 无 Auer 小体 单纯 del (5q)

* 表中发育异常的定义是有发育异常形态学表现的细胞占该系细胞的 10% 或以上
△ 指占红系细胞的%

血细胞发育异常的形态改变是MDS的基本特征，但不少疾患也可出现程度不等的类似改变，如营养缺乏性疾患（缺乏维生素B_{12}、叶酸、维生素B_6等）、先天性红细胞生成异常性贫血（CDA）、骨髓增殖性肿瘤、原发性血小板减少性紫癜、阵发性睡眠性血红蛋白尿、一些其他溶血性疾患、再生障碍性贫血治疗好转期、某些恶性肿瘤、骨髓转移瘤、某些感染（结核病、人类免疫缺陷性病毒感染等）、某些结缔组织病、苯、铅中毒等，MDS的诊断需能排除这些疾患。

【治疗】

MDS患者选择治疗方案的基本原则是个体化：对于大多数病程平稳、主要表现顽固性血细胞减少，而基本上没有恶性表征的患者，治疗目标则应是提高血细胞数量和保持较好的生活质量；对于有明确白血病基本表征的患者，治疗目标是杀灭恶性克隆，恢复正常造血功能。在给一个确诊的MDS患者做治疗决策时，主要考虑以下三点：①患者的国际预后积分系统（IPSS）危度分组见表6-8-3；②患者的年龄；③患者的体能状况。现今MDS的治疗选择主要有：①单纯支持治疗；②刺激正常残存造血干/祖细胞和/或改善病态造血克隆的造血效率和；③根除病态造血克隆并恢复正常造血。

表6-8-3 MDS的国际预后积分系统（IPSS）

预后变量	标准	积分
骨髓原始细胞	<5%	0
	5%~10%	0.5
	11%~20%	1.5
	21%~30%	2.0
染色体核型	好［正常，-Y, del (5q), del (20q)］	0
	中度（其余异常）	0.5
	差［复杂（≥3个异常）或7号染色体异常］	1.0
血细胞减少*	没有或1系	0
	2系或3系	0.5

注：* 中性粒细胞$<1.5\times10^9/L$，血红蛋白<100g/L，血小板$<100\times10^9/L$

预后分组：低危，0分；中危-Ⅰ，0.5~1.0分；中危-Ⅱ，1.5~2.0分；高危，≥2.5分

(一) 支持治疗

1. 红细胞输注和去铁治疗　现今尚无确定是否需要红细胞输注的血红蛋白值界定值，主要根据贫血相关症状的临床判断，一般来说，当血红蛋白<80g/L时应考虑红细胞输注。

IPSS低危或中危-Ⅰ MDS患者，预计生存期较长、已累计输红细胞输注量≥25U（约5g铁）或血清铁蛋白>1000μg/L应考虑采用去铁治疗：①去铁胺（desferrioxamine）：20~40mg/（kg·d），皮下输注12小时，或1g/d，皮下注射，5~7天/周，至铁蛋白浓度<1000μg/L；当铁蛋白浓度<2000μg/L后，去铁胺剂量不要超过25mg/（kg·d）；②Deferasirox（ICL670, Exjade）：20~30mg/（kg·d），口服。

2. 血小板输注　慢性血小板减少患者只需观察而不必进行预防性血小板输注，血小板计数$10\times10^9/L$为预防性血小板输注的指征，当有发热、感染时应提高到$20\times10^9/L$。

3. 感染的处理　中性粒细胞减少的MDS患者尚无证据支持常规给予预防性抗细菌或真菌药物。严重中性粒细胞减少患者可以考虑预防性小剂量G-CSF治疗以维持中性粒细胞计数$>1\times10^9/L$。有明确感染灶时采用静脉抗生素治疗。

4. 造血生长因子　疗效较肯定的方案为重组人红细胞生成素（rHuEpo）±粒细胞集落刺激因子（G-CSF）。有贫血症状、不需或红细胞输注量每月少于2单位及血清EPO水平<200U/L的IPSS低危和中危-Ⅰ患者应首先单独用rHuEpo, 10 000U/d，连用6周，无效者可再用6周或加用G-CSF。rHuEpo+G-CSF可作为有贫血症状、红细胞输注量每月少于2单位及血清EPO水平<500U/L的

RAS 患者的首选治疗。G-CSF 用量按从 75μg/d→150μg/d→300μg/d 每周递增，使白细胞计数维持在 (6~10)×10⁹/L。有效患者，在达到最佳疗效后，G-CSF 用量减为每周三次，rHuEpo 间隔 4 周调整一次用量，改为每周 5 天→4 天→3 天至维持最佳疗效的最低用量。单独使用 rHuEpo 20% 左右的患者可脱离或减少输血，或红细胞和血红蛋白有所升高，白细胞和血小板数基本上无改变。rHuEpo + G-CSF 红系有效率可达 40%~50%，每月 RBC 输注量和患者血清 EPO 水平是 2 个主要的疗效预测因素，已有研究证实每月 RBC 输注量<2U 且血清 EPO 水平<500U/L 的患者有效率可达 74%，而每月 RBC 输注量≥2U 或血清 EPO 水平>500U/L 的患者有效率为 23%，而每月 RBC 输注量>2U 且血清 EPO 水平>500U/L 的患者有效率仅为 7%。

（二）免疫抑制剂和免疫调节剂治疗

由于有证据表明某些 MDS 患者有免疫功能异常，近几年有作者试用免疫抑制剂治疗 MDS，如环孢素 A（CSA）[3mg/(kg·d)]，抗胸腺细胞球蛋白（ATG）[40mg/(kg·d)×4d]，和免疫调节剂，如沙利度胺（thalidomide）（开始剂量 100mg/d，睡前顿服，渐增量至 400mg/d），取得一定疗效。现认为需进行治疗的低危或中危-Ⅰ患者，如果不适合进行化疗或造血干细胞移植（HSCT），应接受一疗程 ATG 或 CSA 治疗，特别是那些 HLA-DRB1-15 阳性、骨髓增生减低、染色体核型正常、IPSS 低危度组、存在有阵发性睡眠性血红蛋白尿克隆的患者和红细胞输注时间<2 年且需要治疗的患者。

来那度胺是沙利度胺的类似物，来那度胺治疗伴单纯 5q31.1⁻ 异常或 5q31.1⁻ 异常伴有额外染色体异常的 MDS 患者脱离输血率分别为 69% 和 49%，获得血液学疗效的患者中有 76% 的患者同时获得了细胞遗传学疗效（核型异常细胞比例减少≥50%），其中 55% 的患者达完全缓解（CR）。来那度胺已是 5q⁻ 伴或不伴额外细胞遗传学异常且依赖输血的低危和中危-1 MDS 患者首选治疗，推荐治疗方案为 10mg/d，根据血象调整剂量。

（三）单药化疗

目前用于 MDS 治疗的药物有阿扎胞苷（azacytidine）和地西他滨（decitabine）。阿扎胞苷和地西他滨为 DNA 甲基转移酶抑制剂，可逆转 DNA 过度甲基化使因过度甲基化而致缄默的基因重新表达。IPSS 中危-Ⅱ/高危患者，特别是有克隆性染色体异常患者，年龄<75 岁但不适合 HSCT 化疗者应采用阿扎胞苷 [75mg/(m²·d)，皮下注射，连用 7d，4 周为一疗程，至少 4 个疗程] 或地西他滨（15mg/m²，持续静脉滴注 3h 以上，8h 1 次，连用 3d，6 周为一疗程；或 20mg/m²，持续静脉滴注 1h 以上，每天 1 次，连用 5d，4 周为一疗程，至少 4 个疗程）治疗。

（四）AML 方案化疗

MDS 强烈联合化疗的指征，应综合患者的年龄、体能状况和 IPSS 危度加以确定。现今多数作者倾向于年龄≤60~65 岁，确诊后时间不长，体能状况良好，IPSS 中危-Ⅱ和高危的 MDS 患者可选择强烈联合化疗。由于 MDS 与 AML 的相关性，一般采用治疗 AML 的化疗方案。

（五）造血干细胞移植

1. 异体造血干细胞移植（allo-HSCT） allo-HSCT 是目前唯一可能治愈 MDS 的手段。供体的选择仍以 HLA 匹配的同胞供体为主，其他依次为 HLA 匹配的无关供体，HLA 部分匹配的家庭成员供体及自体移植物，同基因供体则极为少见。预处理方案主要有 BU-Cy 方案 [BU 4mg/(kg·d)×4 天，Cy 60mg/(kg·d)×2 天] 和 CY/TBI（CY 120mg/kg + TBI 10~15.75Gy）。植物抗宿主病（GVHD）的预防一般采用甲氨蝶呤（MTX）+环孢素（CSA）方案：MTX 10mg/(m²·d)，iv，第 1，8，15，22，29 天（或第 1，3，6，11 天）；CSA 1.5mg/(kg·d)，iv，q12h，从移植前 1 天开始直至能口服时改为 6.25mg/kg，q12h，口服至移植后 50 天，以后每周减至 5% 至 6 个月时停用。

当前对于 MDS 患者 allo-HSCT 的倾向性意见：年龄<50 岁，有 HLA 相合供者的 IPSS 高危和中危-Ⅱ患者，应争取尽早施行 allo-HSCT；而有同样条件的 IPSS 低危和中危-Ⅰ患者，由于其相对良性的自然病程，则应慎重权衡利弊，严格掌握治疗指征，Cutler 等的研究结果表明 IPSS 低危/中

危-Ⅰ患者在出现新的染色体异常、进行性加重的血细胞减少以及进展为更高IPSS危度时施行HSCT可获最大总体生存。

2. **自体造血干细胞移植（auto-SCT）** 已经证明MDS患者经强烈化疗获得完全缓解后，其外周血中可以收获到多克隆性可能是正常的干祖细胞。这一发现为MDS患者施行auto-HSCT提供了理论依据。auto-SCT治疗MDS仍处于探索阶段，无合适供体或不适于做allo-HSCT的高危MDS患者，auto-SCT可以选择作为强烈化疗获缓解后的强化治疗手段。

（肖志坚）

第九章 白血病

白血病（leukemia）是造血组织的恶性肿瘤性疾患，与白血病发生有关的可能原因包括病毒、电离辐射、细胞毒性药物和苯。白血病可分为急性和慢性两大类。该分类法最初是以预期寿命为依据的，目前则是按照细胞成熟的程度来划分的。急性白血病细胞的组成主要是未分化（常为原始细胞）的细胞，而慢性白血病则是较成熟的细胞。急性白血病（AL）可分为急性髓细胞白血病（acute myeloid leukemia，AML）和急性淋巴细胞白血病（acute lymphoblastic leukemia，ALL）两大类。慢性白血病（CL）主要包括慢性粒细胞白血病（chronic myelogenous leukemia，CML）和慢性淋巴细胞白血病（chronic lymphoblastic leukemia，CLL）。

第一节 急性髓细胞白血病

急性髓细胞白血病（acute myeloid leukemia，AML）是包括粒细胞系、单核细胞系、红细胞系及巨核细胞系急性白血病的总称，我国年患病率为1.85/10万，占白血病的58.7%。

【临床表现】

AML主要临床表现有贫血、发热、出血、器官和组织浸润。急性早幼粒细胞白血病由于易并发弥散性血管内凝血（disseminated intravascular coagulation，DIC）而出现全身广泛性出血。急性粒-单核细胞白血病和急性单核细胞白血病时常由于白血病细胞浸润而表现为牙龈增生、肿胀，可出现蓝灰色斑丘疹或皮肤粒细胞肉瘤，局部皮肤隆起、变硬，呈紫蓝色皮肤结节。

【实验室和其他检查】

（一）血象

多数患者在确诊时有不同程度的贫血，严重者血红蛋白低于50g/L，甚至30g/L以下，红细胞数也相应减少。贫血一般属于正细胞正色素性，少数患者如红白血病或在接受治疗后可为大细胞性，个别患者网织红细胞数可增加，甚至达10%。90%以上患者有血小板数减少，约1/3患者血小板数低于$50×10^9$/L，严重者可低于$10×10^9$/L。极少数患者血小板数可正常，甚至增加。白细胞数常增高，多在（30~50）$×10^9$/L，少数可高达$100×10^9$/L以上，1/3左右的患者白细胞数低于$5.0×10^9$/L。当白细胞计数≥$100×10^9$/L时称高白细胞白血病。血涂片中可出现数量不等的原始及幼稚细胞，有时还可见到有核红细胞。

（二）骨髓

有核细胞增生明显或极度活跃，少数可呈增生活跃或减低，增生减低者骨髓可有纤维化或脂肪化。原始或幼稚髓系细胞大量增生，比例明显增加。红细胞系统通常都减少，红白血病时各阶段有核红细胞可增多，且常伴有形态异常。巨核细胞可显著减少，少数患者也可正常或增多。骨髓中各阶段细胞除比例有变化外，细胞还应存在质的异常。白血病细胞形态特点有：①胞体大小不均，胞核增大，胞浆量减少；②核形态不规则，常有折叠或分叶，核染色质较正常细胞粗糙及核仁大；③核和浆发育不平衡，通常胞核的发育落后于胞浆；④胞浆中易见空泡，出现Auer小体等。Auer小体不见于急性淋巴细胞白血病，Auer小体有助于急性髓细胞白血病与急性淋巴细胞白血病的鉴别。

FAB（法国、美国、英国）白血病分型协作组主要根据骨髓细胞形态将急性髓细胞白血病分为M_0~M_7共八型：

1. M_0（急性髓细胞白血病微分化型） 原始细胞≥30%（有核细胞计数，ANC），原始细胞形态在光镜下类似急性淋巴细胞白血病L_2型细胞，胞浆大多透亮，无嗜天青颗粒及Auer小体，核仁明显，苏丹黑 B（Sudan black B，SBB）/髓过氧化酶（myeloperoxidase，MPO）阴性或阳性率<3%，淋系标志（如 CD3、CD79a、CD22 等）阴性，而 CD7 和 TdT 可呈阳性，超微结构水平 POX 或髓系特异性 McAb（MPO、CD13、CD33）中至少一个呈阳性，大部分患者表达幼稚细胞标志 CD34 和 HLA-DR，P^{170} 亦常呈阳性。

2. M_1（急性粒细胞白血病未分化型，acute myeloid leukemia without maturation） 骨髓中原始粒细胞（Ⅰ型+Ⅱ型）≥90%（ANC），其中至少有 3% 原始细胞髓过氧化酶或苏丹黑 B 染色阳性，早幼粒细胞及其以下各阶段细胞<10%。Ⅰ型原始细胞无颗粒，染色质疏松，核浆比例高，常有明显的核仁；Ⅱ型原始细胞形态与Ⅰ型原始细胞基本相同，但胞浆中有少许嗜天青颗粒，核浆比例相对较低，Ⅱ型原始细胞如果胞核已经偏位、出现高尔基区、染色质凝集则为早幼粒细胞。

3. M_2（急性粒细胞白血病部分分化型，acute myeloid leukemia with maturation） 骨髓中原始粒细胞≥30% 但<90%（ANC），单核细胞<20%，早幼粒及其以下各阶段细胞>10%。

M_{2b}：是我国在 M_2 亚型中新增的一个亚型。M_{2b} 型骨髓中原始粒细胞及早幼粒细胞比例增多，但以异常形态的"中性中幼粒细胞"为主（>30%）。此类细胞有明显的核浆发育不平衡和巨幼样变，核的发育落后于胞浆，胞浆中易见空泡，分化差者核的凹陷处有一很小的橙黄色区，分化良好者胞浆粉红色区增大。此型相当于国际上的 t（8；21）AML。不符合 M_{2b} 特点的 M_2 型，改称为 M_{2a} 型。

4. M_3（急性早幼粒细胞白血病，acute promyelocytic leukemia） 骨髓中以异常多颗粒早幼粒细胞增生为主，≥30%（ANC），多数>50%，且细胞形态较一致。细胞核形态可不规则，胞浆有时有内外两区，外区中无颗粒，内区中有大小不均的颗粒。

5. M_4（急性粒-单核细胞白血病，acute myelomonocytic leukemia） 骨髓中原始粒、单核细胞≥30%（ANC），各阶段粒细胞占 30%~79%，各阶段单核细胞≥20%。

M_4Eo：除具有上述 M_4 特点外，骨髓中嗜酸粒细胞比例增多，≥5%。形态学上除胞浆中有典型的嗜酸颗粒外，可夹杂大的嗜碱颗粒。

6. M_5（急性单核细胞白血病，acute monoblastic and monocytic leukemia） 分为两种亚型：

M_{5a}（急性单核细胞白血病未分化型）：骨髓中原始单核细胞≥80%（ANC）。

M_{5b}（急性单核细胞白血病部分分化型）：骨髓中原始、幼稚单核细胞≥30%（ANC），但原始单核细胞<80%。

7. M_6（急性红白血病，acute erythroid leukemia） 骨髓中红细胞系统≥50%，且伴有形态学异常，表现为核染色质呈巨幼样变，核不均等分裂、奇数核或多核，核碎裂等，骨髓中原始粒细胞（或原始、幼稚单核细胞）≥30%（非红系细胞计数，NEC）。NEC 是指从 ANC 中除去红系细胞、浆细胞、淋巴细胞、肥大细胞和巨噬细胞。

8. M_7（急性巨核细胞白血病，acute megakaryoblastic leukemia） 骨髓中原始巨核细胞≥30%。此型的原始细胞单凭形态学很难确认，需做电镜血小板过氧化物酶（PPO）染色，或血小板糖蛋白 GPⅢa（CD61）和 GPⅡb/Ⅲa 复合物（CD41）单克隆抗体加以证实。骨髓干抽时则需病理活检用免疫酶标技术证实有原始巨核细胞增多。

（三）细胞化学

主要用于形态学鉴别各亚型白血病。常见白血病的细胞化学反应见表 6-9-1。

（四）免疫学表型

急性髓细胞白血病的诊断主要还是依据光镜细胞形态学和细胞化学染色，免疫表型分析主要用于根据以上两项尚不能确定其是否属急性髓系白血病和难以确定其亚型（如 M_0、M_7）的患者。AML 各亚型的免疫表型特征见表 6-9-2。

表 6-9-1 常见 AL 的细胞化学鉴别

	急性淋巴细胞白血病	急性粒细胞白血病	急性单核细胞白血病
过氧化物酶（MPO）	（-）	分化差的原始细胞 （-）～（+） 分化好的原始细胞 （+）～（+++）	（-）～（+）
糖原染色（PAS）	（+）成块或颗粒状	（-）或（+），弥漫性淡红色	（-）或（+），弥漫性淡红色或颗粒状
非特异性酯酶（NEC）	（-）	（-）或（+），NaF 抑制<50%	（+），NaF 抑制≥50%
中性粒细胞碱性磷酸酶（NAP）	增加	减少或（-）	正常或增加

表 6-9-2 AML 各亚型细胞表面抗原表达特征

亚型	常表达抗原	注释
M_0	DR、CD13、CD33、CD34、CD7+/-、TdT-/+	
M_1	DR、CD13、CD33、CD34、CD15、CD1b-/+	部分患者可表达 CD11b、CD117+/-
M_2	DR、CD13、CD33、CD34、CD15-/+、CD117+/-	t（8；21）+患者常表达 CD56 和 CD19
M_3	DR-、CD13、CD15、CD33、CD34-/+	CD9+、M3v 常表达 CD2
M_4	DR、CD11b、CD3、CD14+/-、CD15、CD33、CD34-/+	弱表达 CD4、M_4 Eo CD2 常阳性
M_5	DR、CD11b、CD13+/-、CD14+/-、CD15、CD33、CD34-/+	
M_6	DR+/-CD13-/+CD33+/-CD34+/-	红系白血病 CD36 和血型糖蛋白 A 阳性、不表达 CD45
M_7	DR+/-、CD33+/-、CD34、CD36、CD41、CD42a、CD42b、CD61	CD9 常阳性

（五）染色体核型与分子生物学

约 70% 原发性初诊 AML 患者有染色体异常，一些非随机染色体改变与一些具有独特形态学和临床特点的急性髓细胞白血病密切相关，常见的染色体异常及相关的基因改变见表 6-9-3。

表 6-9-3 AML 常见染色体和基因改变

分型诊断	染色体核型	基因
M_1	t（9；22）(q34；q11)	BCR-ABL
	inv（3）(q21；q26)	Evi1-MDS1
M_2	t（8；21）(q22；q22)	AML1-ETO
	t（6；9）(p21～22；q34)	DEK-CAN
M_3	t（15；17）(q22；q12)	PML-RARα
	t（11；17）(q23；q21)	PLZF/RARα
	t（5；17）(q32；q21)	NPM/RARα
	t（11；17）(q13；q21)	NuMA/RARα
M_4 Eo	t（16；16）(p13；q22)	CBFB-MYH11
	inv/del（16）(q22)	CBFB-MYH11
M_4/M_5	t（8；16）(p11.2；p13.3)	MOZ/CBF
M_5	t/del（11）(q23)	MLL

【诊断与鉴别诊断】

根据临床表现、血象和骨髓象特点，诊断一般不难。由于白血病类型不同，治疗方案及预后亦不尽相同，因此诊断成立后，应进一步分型。

世界卫生组织（WHO）急性髓系白血病分型（2001）（表6-9-4）与FAB分型的主要区别有：①诊断标准改为原始细胞≥20%；②将t（8；21）（q22；q22）/AML-ETO，t（15；17）（q22；q11~12）及其变异型，t（16；16）（p23；q11）或inv（16）(p13；q22）/ CBFB-MYH11，11q23（MLL）异常等有细胞/分子遗传学特征的AML归类为有重现性细胞遗传学异常的AML；③将伴多系发育异常的AML（有或无MDS病史）和治疗/职业相关AML单独列出；④不能按上述②③分型的AML根据形态和免疫分型诊断为M_0~M_2、M_4~M_7［不包括原来的M_2/t（8；21）、M_3和M_4Eo］或急性嗜碱粒细胞白血病（acute basophilic leukemia）、急性全髓增生症伴骨髓纤维化（acute panmyelosis with myelofibrosis）、急性双表型白血病。2008年在此基础上又进行了修订。

白细胞减少或全血细胞减少患者，可能需与粒细胞缺乏或再生障碍性贫血相鉴别，但根据血象（包括浓缩血涂片）和骨髓象，鉴别诊断一般并不困难。在粒细胞缺乏恢复过程的早期，骨髓象可能很像AML，但随着恢复的继续进行就不像了。结核病（特别是无反应性结核病）、癌伴骨髓转移等引起的类白血病反应也需与AML进行鉴别。

表6-9-4 AML WHO分类（2001）

伴有重现性遗传学异常AML
　AML伴有t（8；21）（q22；q22），（AML1/ETO）
　AML伴有骨髓异常嗜酸粒细胞和inv（16）（p13q22）或t（16；16）(p13；q22），（CBFβ/MYHII）
　APL伴有t（15；17）（q22；q12），（PML/RARα）及其变异型
　AML伴有11q23（MLL）异常

伴有多系发育异常AML
　继发于MDS或MDS/MPD
　无先期MDS或MDS/MPD，但髓系的2个或2个以上系别中发育异常的细胞至少占该系的50%

治疗相关性AML和MDS
　烷化剂相关型
　拓扑异构酶2抑制剂相关型（某些可为淋巴细胞型）
　其他

不另作分类的AML
　具体分为：
　微分化AML（M_0）
　无成熟迹象AML（M_1）
　有成熟迹象AML（M_2）
　急性粒单核细胞白血病（M_4）
　急性原始单核细胞/急性单核细胞白血病（M_{5a}/M_{5b}）
　急性红白血病（红系/粒单系/纯红系白血病）（M_{6a}/M_{6b}）
　急性巨核细胞白血病（M_7）
　急性嗜碱粒细胞白血病（ABL）
　急性全髓增殖症伴有骨髓纤维化
　粒细胞肉瘤
　急性双表型白血病

【治疗】

(一) 支持治疗

1. 高白细胞的处理 对于白细胞数较高（>$50×10^9$/L）的患者，治疗前可用羟基脲 2～3g/d，连用 2～3 天，然后再进行正规化疗，以避免由于化疗时大量白血病细胞破坏而诱发 DIC。同时用别嘌呤醇 300～600mg/d，碳酸氢钠 1.5g/d，分 3 次口服，用以预防高尿酸血症。发生尿酸性肾病时，应予适量补液，并用 5% 碳酸氢钠 250～500ml/d，使尿液碱化。

2. 感染的防治 感染是白血病患者最常见的合并症，占白血病死亡原因的第一位，一旦发生感染常来势凶猛，进展迅速，尤其是 G^- 杆菌感染。因此及时地对感染进行恰当处理至关重要。在取送各种病原菌培养后，须立即给予经验性治疗，待病原体明确后，再换用敏感抗生素。在中性粒细胞绝对值低于 $1.0×10^9$/L 时可预防性给予口服抗细菌和真菌药物。

3. 纠正贫血 轻度贫血一般无需处理，重度贫血时输血便很有必要。输血的量和次数通常以维持血红蛋白在 80g/L 以上即可。单纯纠正贫血可输注浓集红细胞；对因多次输血体内已产生白细胞抗体，以致常发生输血反应的患者，可输洗涤红细胞。

4. 出血合并症预防及治疗 在血小板输注发展前，出血同感染一样是急性白血病患者的主要死亡原因，约 15% 的死亡是直接由出血引起的。引起出血的主要原因有：①血小板减少；②白血病细胞大量增殖或化疗时被破坏，胞浆内的促凝物释放入血，激活外源性凝血系统，导致 DIC；③白血病细胞在血管内积聚停滞，损伤小动、静脉内皮，甚至浸润血管壁的肌层，使血管脆性增加，引起血管损伤，导致局部严重出血；④药物。

通常血小板<$15×10^9$/L 时，出血时间延长，而血小板<$10×10^9$/L 时，应及时输注血小板，输注量一般掌握在 5～7U/m²。当患者有发热、感染、凝血异常及活动性出血时，应作预防性血小板输注，以维持血小板数>$20×10^9$/L。在凝血因子缺乏及发生 DIC 时，需用补充疗法来治疗，输冷冻沉淀物，补充凝血因子、纤维蛋白原等。如缺少抗凝血酶Ⅲ和凝血酶，可输新鲜冷冻血浆。局部出血，如发生消化道出血时，在补充血小板及凝血因子的同时，可给予云南白药、止血粉等口服及补充维生素 K，月经过多可用丙酸睾酮、苯甲酸雌二醇等，亦可用酚磺乙胺。

5. 营养支持 化疗和放疗常使患者出现食欲下降、恶心呕吐及引起肠胃功能紊乱，应注意补充营养，维持水、电解质平衡，应进食高蛋白、高热量、易消化食物，必要时经静脉补充营养。

(二) 化学治疗

1. 诱导缓解治疗（remission-induction therapy） 目前，蒽环类药（主要是柔红霉素，daunorubicin，DNR）联合阿糖胞苷（cytosine arabinoside，AraC），即 DA3+7 方案是国际最通用的 AML 诱导缓解方案。一般用法为 DNR，45～60mg/（m²·d）×3 天，AraC，100～200mg/（m²·d）×7 天，完全缓解（complete remission，CR）率 60%～85%。我国 AML 诱导缓解治疗常用三尖杉酯类生物碱，如三尖杉酯碱（harringtonine，HT）和高三尖杉酯碱（homoharringtonine，HHT），常用量为 2.5～3mg/（m²·d）×（5～7）天。HA 方案（HHT 联合 AraC）总 CR 率与 DA 相比无显著差别。

2. 缓解后治疗 当 AML 达 CR 后为了清除微小残留病减少复发必须进行诱导缓解后治疗。诱导缓解治疗策略包括强化巩固治疗、大剂量化疗、放/化疗联合自身（Auto-）/异基因（Allo-）SCT，或小剂量维持治疗。缓解后巩固治疗的合适剂量、方案和疗程数仍不确定。异基因 SCT 比化疗或自体 SCT 可显著减低复发率已得到了肯定，但总体生存（OS）并未得到显著改善，此外患者获 CR 后在接受 Allo-SCT 前是否需要进行巩固治疗以进一步提高疗效、Auto-SCT 在 AML 治疗中的地位及那些患者适合进行 Auto-SCT 等诸多问题尚待回答。现在主要根据患者染色体核型来制订诱导缓解后治疗策略：①预后好组 [t（8；21），inv（16）/t（16；16）]，不主张在初次缓解时进行 SCT，但需接受 2 个以上的含大剂量 AraC 的巩固治疗；②预后中间组 [染色体核型正常、+8、t（9；11）或其他非预后差组染色体核型异常]，接受 2 个以上的含大剂量 AraC 的巩固治疗或 HLA 匹配的同胞供体 SCT 或自体 SCT；③预后差组［复杂染色体核型异常，-7/7q⁻，-5/5q⁻，t (9；11) 以外的其他 11 号染色体异常，t (3；3)，inv (3)，t (6；9)，t (9；22)］，HLA 匹配的同胞供体或无关供体 SCT。现有资料表明接受强化巩固治疗患者再接受维持治疗并无益处。

3. **难治和复发 AML 的治疗** 按目前 AML 治疗水平，仍有 10%～30% 的患者对一线标准诱导方案无效，40%～80% 已经获得 CR 的患者还要复发。

难治 (refractory) 和复发 (relapsed) AML 对再治疗的耐药程度和治疗反应是各不相同的，取决于疾病本身的性质，复发的性质、时机和次数，尤其是初次缓解（CR_1）期的长短。凡一线方案充分治疗无效，CR 后 6 个月内复发，或复发后经再治疗不能达到二次缓解（CR_2）的患者属于高度耐药的 AML。各国学者提出了难治性 AML 的各种判断标准，其中德国 AMLCG 协作组提出的四项标准最为通用，即：①标准诱导方案化疗 2 疗程不缓解；②CR1 后 6 个月内复发；③CR1 6 个月后复发，用原诱导方案再治疗无效；④二次和多次复发。因诱导化疗剂量不足导致治疗无效者，可能对标准剂量方案依然敏感，并能获得缓解，这类病例不属于难治性 AML。

为克服临床耐药，难治和复发 AML 的治疗原则是：①使用与一线治疗无交叉耐药的其他药物组成的新方案；②使用大剂量（HD）、中剂量（ID）AraC；③应用耐药逆转剂；④造血干细胞移植。

HD、ID AraC 为主的各种联合方案是难治和复发 AML 最常用的救治方案。通常与 HD、ID AraC 联合使用的药物有 MTZ、Ida、VP-16、m-AMSA 和左旋门冬酰胺酶（L-asparaginase，L-asp）等，CR 率 30%～70%，但中位无病生存（disease free survival, DFS）期一般<6 个月，3 年生存率仅 7%。MTZ+HD、ID AraC±VP16 是近年探索较多疗效相对较好的难治，复发 AML 治疗方案，CR 率大都在 50% 以上，对 CR1<6 个月的早期复发者也有较好疗效。

难治和复发 AML 的非 HD AraC 治疗方案有两类：一类是标准剂量 AraC 联合 MTZ±VP16，m-AMSA 或 Ida 等；另一类不含 AraC，如 VP16 联合 MTZ，m-AMSA，阿克拉霉素或阿扎胞苷等。两者 CR 率大都≤50%，缓解期更短。其他治疗还有卡铂（carboplatin），2-氯脱氧腺苷（2-chloro-deoxyadenosine，2-CdA）等。

由于难治和复发 AML 单用化疗的远期效果都很差，一般主张对年龄<55 岁，有合适供者的原发难治患者和 CR_1<1～2 年的复发病例采用异基因造血干细胞移植。

4. **急性早幼粒细胞白血病的治疗** 约 70% 的急性早幼粒细胞白血病（APL）现已可望达到治愈。当患者细胞形态学检查怀疑 APL 诊断时应按急症处理，立即给予患者服用全反式维甲酸（ATRA）45mg/(m^2·d)，如果有出凝血检查异常或有致死性出血症状，则应予输新鲜冰冻血浆和/或纤维蛋白以及血小板，维持纤维蛋白和血小板在 1.5g/L 和 $50×10^9$/L 以上，进行常规染色体核型、FISH、RT-PCR 检查以进一步确诊。在用 ATRA 进行诱导治疗应同时加用蒽环类为基础的化疗药物（Ida，DNR）。当临床怀疑维甲酸综合征时 ATRA 可减量或暂时停用，并立即加用地塞米松（10mg，Q12h×3d，然后减量）。达骨髓 CR（CRm）后应进行 2～3 个以蒽环类化疗药物为基础的巩固化疗，在结束巩固治疗后用敏感度在 10^{-4} 以上 RT-PCR 方法进行 PML-RARα 融合基因检测，如转阴性则采用 ATRA 与小剂量化疗（MTX+6-MP）交替维持治疗 2～3 年，获 CRm 后头 2 年应每 3 个月检测一次 PML-RARα 融合基因，在随后的 2～3 年每 3～6 个月检测一次 PML-RARα 融合基因。如果患者连续 2 次骨髓标本 PML-RARα 融合基因阳性，则改用其他治疗，如三氧化二砷（Sn_2O_3）、抗CD33 抗体或考虑 SCT。是否采用 ATRA+Sn_2O_3 进行诱导治疗、巩固治疗是否不需要联合 AraC 以及如需联用 AraC 是采用常规剂量还是大剂量等问题尚待进一步回答。

【预后】

目前比较肯定的预后因素有患者的发病年龄、初诊时白细胞数、有无此前 MDS 病史、是否继发性白血病、达缓解时间和细胞遗传学特征等。年龄<45 岁者 CR 率较高，缓解生存时间较长，<15 岁预后更好，但<2 岁和>60 岁的患者由于常合并其他高危因素，预后多差。白血病发病前经历过 MDS 或骨髓增殖性肿瘤（myeloproliferative neoplasma，MPN）阶段，或曾有化、放疗史的继发性白血病，初诊时外周血白细胞数增高（>100×10^9/L），原始细胞百分比高，合并明显的髓外和中枢神经系统浸润，这些因素既不利于获取CR，即便获得缓解也容易复发，有碍于延长生存。与其他因素相比，染色体核型异常可能是最重要和独立的预后因素：有t（8；21）、t（15；17）和inv/del（16）的AML患者预后最好，缓解率高且生存期长；-5、5q⁻、-7、7q⁻和11q23及3q26异常常见于有MDS病史和治疗相关白血病患者，治疗反应差，或早期复发多；+8、复杂的染色体异常、t（9；22）和t（6；9）预后常较差，超二倍体也是不良预后特征；正常核型预后较好，但利用分子学技术可在部分正常核型患者中发现分子学改变（白血病融合基因），其预后意义与相应的染色体核型异常相同。

第二节 急性淋巴细胞白血病

急性淋巴细胞白血病（acute lymphoblastic leukemia，ALL）是一种起源于单个B或T淋巴祖细胞的恶性克隆性疾病。ALL约占所有白血病的12%，约60%患者发病年龄小于20岁。

【临床表现】

起病可为隐袭性或急性，患者可有发热，贫血相关的症状如乏力、嗜睡，肢体、关节疼痛和走路困难，约1/3患者有出血症状。常见阳性体征有面色苍白、皮肤黏膜瘀斑、骨骼压痛，肝、脾、淋巴结肿大等，约15%患者有纵隔肿块及由此导致的上腔静脉综合征或上纵隔综合征的临床表现。中枢神经系统白血病（central nervous system leukemia，CNS-L）主要见于儿童，临床上轻者表现为头痛、头晕，重者有呕吐、颈项强直，甚至抽搐、昏迷。

【实验室和其他检查】

（一）血象

约60%患者起病时血红蛋白低于100g/L，患者血红蛋白水平与年龄呈反比，年龄越小贫血程度越重。白细胞（0.1~1500）×10^9/L[平均（10~12）×10^9/L]，其中高白细胞（>100×10^9/L）患者占10%~16%，20%~40%患者有中性粒细胞缺乏（<0.5×10^9/L），90%以上患者外周血中可见原始淋巴细胞。血小板计数常减少[平均（48~52）×10^9/L]，偶有血小板计数增高（>400×10^9/L）者。

（二）骨髓

骨髓常增生明显活跃或极度活跃，红系细胞明显减少，巨核细胞明显减少或缺如，骨髓分类计数以原始淋巴细胞为主，细胞体积相对较小，胞浆量少，常为天蓝色，核圆，染色质粗而凝集，核仁不明显。部分患者原始淋巴细胞体积较大，胞浆量中等，核仁明显。B细胞ALL其原始细胞形态规则，胞浆强嗜碱性，胞浆中可见大小不等的空泡，核仁明显。FAB（法国、美国、英国）白血病分型协作组主要根据骨髓细胞形态将急性淋巴细胞白血病分为L₁、L₂、L₃等三型（表6-9-5）。

表6-9-5 急性淋巴细胞白血病各亚型细胞特征

项目	L₁	L₂	L₃
细胞大小	小细胞为主	大细胞为主，可大小不一	大细胞为主，大小一致
核染色质	较粗，结构一致	较疏松，结构不一致	细点状，均匀一致
核形	规则偶有凹陷或折叠	不规则，凹陷和折叠常见	较规则
核仁	不见或小而不清楚	1~多个，大而清楚	1~多个，大而清楚，呈小泡状
胞浆量	少	不定，常较多	较多
胞浆嗜碱性	轻或中度	不定，有的可深染	常深染
胞浆空泡	不定	不定	常明显，呈蜂窝状

（三）细胞化学染色

单凭细胞形态急性淋巴细胞白血病有时很难与急性髓细胞白血病区分，细胞化学染色有助于二者的鉴别。与 AML 不同，ALL 白血病细胞髓过氧化酶（myeloperoxidase，MPO）、苏丹黑 B（Sudan black B，SBB）和非特异性酯酶（nonspecific esterase，NSE）染色为阴性，过碘酸-碱性复红（periodic acid-schiff，PAS）染色 70% 以上呈阳性且阳性物质呈块或粗颗粒状，约 70% 的 T-ALL 患者酸性磷酸酶染色阳性。

（四）免疫学表型

对 L_1 与 L_2 型 ALL 研究证实：①未能证明二者有不同的预后意义；②已经证明具有预后意义的参数或指标，如 t（9；22）和一些免疫表型，兼可见于两者；③有一些 ALL 不易区分为 L_1 或 L_2；④形态鉴别重复性差，不得不制订积分系统。此外，随着免疫表型分析在临床上的普遍应用，ALL 的形态学分型已基本废弃，免疫学表型分析已成为 ALL 的诊断、分型、判断预后及制订治疗策略的主要依据（表 6-9-6）。

表 6-9-6　急性淋巴细胞白血病的免疫学亚型

亚型	表型特点	发生率（%）	
		儿童	成人
B 系	$CD19^+$，$CD22^+$，$CD79a^+$		
	$cIg^\pm$，$sIg\mu^-$，$HLA\text{-}DR^+$		
Pre-pre-B	$CD10^-$	5	11
Early pre-B	$CD10^+$	63	52
Pre-B	$CD10^\pm$，cIg^+	16	9
B 细胞	$CD19^+$，$Cd22^+$，$CD79a^+$，	3	4
	CIg^+，$sIg\mu^+$，$sIg\kappa^+$ 或 $sIg\lambda^+$		
T 系	$CD7^+$，$cCD3^+$		
T 细胞	$CD2^+$，$CD1^\pm$，$CD4^\pm$，$CD8^\pm$，	12	18
	$HLA\text{-}DR^-$，$TdT^\pm$		
Pre-T	$CD2^-$，$CD1^-$，$CD4^-$，$CD8^-$，	1	6
	$HLA\text{-}DR^\pm$，TdT^+		

（五）染色体核型与分子生物学

60%~70% ALL 患者起病时有染色体核型改变。ALL 白血病细胞二倍体或近二倍体非常普遍，其中以第 21、6、18、14、4 和 10 号染色体二倍体最多见。随着高分辨技术的进展，大多数过去认为是正常（二倍体）的白血病细胞都存在染色体数量异常（假二倍体）。约 40% 以上的儿童和 16%~23% 成人 ALL 白血病细胞为多倍体细胞（50 个以上染色体），其中以 pre-pre-B-ALL 多见。少数 ALL 白血病细胞为低二倍体细胞，其染色体缺失主要发生在第 7、20 号染色体。近单倍体的 ALL 相对少见。ALL 患者常见染色体易位及相关受累基因见表 6-9-7。

（六）生化

大部分患者血清乳酸脱氢酶水平增高，高白细胞患者血清尿酸水平增高，约 1/3 患者血清免疫球蛋白（主要是 IgA 和 IgM）水平中度减低。轻度凝血异常可见于 3%~5% 患者，主要是 T 细胞 ALL 患者。

出现中枢神经系统白血病时，脑脊液压力增高，白细胞数增高（$>0.01\times10^9/L$），蛋白质增多（$>450mg/L$），而糖定量减少。涂片中可找到白血病细胞。

表 6-9-7 急性淋巴细胞白血病常见染色体易位及相关受累基因

免疫学表型	染色体易位	受累基因	发生率（%） 儿童	发生率（%） 成人
early pre-B	t（12；21）(p13；q22)	TEL-AML1	20～25	<1
	t（9；22）(q34；q11.2)	BCR-ABL	3～4	20～30
	t（5；14）(q31；q32)	IL3/IGH	<1	<1
	t（4；11）(q21；q23)	MLL-AF4	2	3～5
	t（17；19）(q22；p13.3)	E2A-HLF	<1	<1
	t（11；19）(q23；p13.3)	MLL-ENL	1	<1
pre-B	t（1；19）(q23；p13.3)	E2A-PBX1	5～6	3
B 细胞	t（8；14）(q24.1；q23)	MYC/IGH	2～3	3～4
	t（2；8）(p12；q24.1)	IGκ/MYC	<1	<1
	t（8；22）(q24.1；q11)	MYC/IGL	<1	<1
T 细胞	t（8；14）(q24.1；q11.2)	MYC/TCRα	<1	<1
	t（7；19）(q35；p13)	TCRβ/LYL1	<1	<1
	t（1；7）(p32；q35)	TAL1/TCRβ	<1	<1
	t（1；14）(p32；q11.2)	TAL1/TCRδ	0.5	～20
	t（7；9）(q35；q32)	TCRβ/TAL2	<1	<1
	t（11；14）(p15；q11.2)	RHOM1/TCRδ	<1	<1
	t（11；14）(p13；q11.2)	RHOM2/TCRδ	1	5～7
	t（7；11）(q35；p13)	TCRβ/RHOM2	<1	<1
	t（10；14）(q24；q11.2)	HOX11/TCRδ	<1	3～7
	t（7；10）(q35；q24)	TCRβ/HOX11	<1	<1

【诊断与鉴别诊断】

根据临床表现、血象和骨髓象结合细胞组织化学染色和免疫表型分析，一般不难确定诊断和分型。对有骨髓纤维化及骨髓坏死的患者必须进行骨髓活检并结合病理切片的免疫组织化学染色才可确定诊断。

世界卫生组织（WHO）急性淋巴细胞白血病分型（表 6-9-8）与 FAB 分型的主要区别有：①将 ALL 并入相应淋巴瘤，但仍可保留白血病名称；②ALL 与淋巴母细胞淋巴瘤是同一疾病的不同临床表现，故应并入淋巴母细胞淋巴瘤；③不再使用 L_1、L_2、L_3 分型；④ALL 改称为前体 T 淋巴细胞白血病，前体 B 淋巴细胞白血病和 Burkitt 细胞白血病；⑤分型中应注明 t（9；22）(q34；q11)/BCR-ABL，11q23 异常/MLL，t（1；19）(q23；p13)/E2A-PBX1，t（12；21）(p12；q22)/ETV-CBFα。WHO第四版（2008）在第三版（2001）基础上进行了修订，具体参见第十章。

需与急性淋巴细胞白血病进行鉴别的是传染性单核细胞增多症和其他病毒感染，特别是那些伴有血小板减少或溶血性贫血的患者。检测到不典型淋巴细胞或有 EB 病毒感染的血清学证据有助于二者的鉴别。百日咳或副百日咳患者可有显著的淋巴细胞增高，但淋巴细胞为成熟淋巴细胞而非原始淋巴细胞。儿童患者还需与实体瘤（如神经母细胞瘤、横纹肌肉瘤及视网膜神经胶质瘤）骨髓转移相鉴别。

表 6-9-8　急性淋巴细胞白血病的 WHO 分型（2001）

分型	细胞遗传学	分子生物学
急性前体 B 细胞白血病	t（9；22）(q34；q11)	BCR/ABL
	t（v；11q23）	AF4/MLL 重排
	t（1；19）(q23；p13)	PBX1/TCF3（E2A）
	t（12；21）(p12；q22)	ETV6（TEL）/RUNX1（AML）
	染色体数目＞50	
急性前体 T 细胞白血病	t（1；7）(p32；q35)	TAL1/TCRB
	t（1；14）(p32；q11)	TAL1/TCRA
	t（1；14）(p34；q11)	LCK/TCRD
	t（7；7）(p15；q11)	TCRG
	t（7；9）(q34～35；q32)	TCRB/TAL2
	t（7；11）(q35；p13)	TCRB/LOM2
	t（7；14）(q34～35；q11)	TCRB/TCRD
	t（7；19）(q34～35；p13)	TCRB/LYL1
	t（8；14）(q24；q11)	MYC/TCRA
	del（9p），t（9p）	CDKN2A
	t（10；14）(q24；q11)	HOX11/TCRA
	t（11；14）(p13；q21)	LOM2/TCRA
	t（11；14）(p15；q21)	LOM1/TCRA
	inv（14）(q11；q32)	TCRA/IGH
	inv（14）(q11；q32)	TCRA/TCL1
	t（14；14）(q11；q32)	TCRA/IGH
Burkitt 细胞白血病	t（8；14）(q24；q32)	MYC/IGH
	t（2；8）(p12；q24)	IGK/MYC
	t（8；22）(q24；q11)	MYC/IGL

【治疗】

(一) 支持治疗

主要包括纠正贫血、血小板减少及出凝血等血液学异常，控制感染及处理高白细胞症和高尿酸血症等，其处理原则基本同急性髓系白血病。

(二) 化疗

化疗分两个阶段：第一阶段是诱导缓解治疗，目的是迅速、大量减少体内白血病细胞负荷，恢复正常造血，使之达到缓解；第二阶段的缓解后治疗（包括巩固强化治疗、维持治疗和 CNSL 防治等），目的是消灭体内残存白血病，阻止耐药细胞群的发生，以预防复发，延长生存。

1. **诱导缓解治疗**　ALL 诱导治疗通常采用 VCR（长春新碱）、波尼松和蒽环类（主要是 DNR）为主的常规诱导缓解方案，上述三药方案基础上还可加用门冬酰胺酶（L-asp）和/或环磷酰胺（Cy）（T-ALL 亦可加用 AraC），治疗周期一般为 4～6 周。

伯基特 ALL 治疗上有其特殊之处，由于伯基特淋巴细胞的高增殖性，细胞倍增时间较短（25 小时左右），对化疗相对敏感，常在化疗后的 24～48 小时内发生"肿瘤溶解综合征"。伯基特 ALL 的现代治疗新策略为：① 先期给予低剂量的化疗以避免"肿瘤溶解综合征"的发生；② 早期多药联合大剂量化疗，如 HD-CTX、HD-MTX、HD-AraC，以及蒽环类药物、VP-16 等，短期强化治疗（约 6~8 个月）后无需维持治疗；③ 早期强烈的中枢系统白血病（CNS）的防治：多采用三药联合鞘内注射（MTX+AraC+地塞米松）联合大剂量化疗（如 HD-MTX、HD-AraC 等）及颅脑照射（仍强调照射剂量为 24Gy）；④ 首次达完全缓解（CR）患者一般不采用造血干细胞移植。依据这一新的治疗策略，最近几个大的临床系列 CR 约 70%，5 年无病生存率约 50%。

单用格列卫（600~800mg/d）治疗 Ph 染色体/BCR-ABL 融合基因阳性的 ALL 其 CR 率约 60%，中位生存期和 OS 期仅为 2.2 个月和 4.9 个月。现一般主张采用格列卫联合化疗（如 Hyper-CVAD），但最佳组合尚未明确。

2. 缓解后治疗 ALL 最适宜的缓解后治疗方法、治疗时间仍未确定，现一般采用按预后分组的缓解后治疗策略：① 成熟 B-ALL 不主张 CR_1 期进行 SCT，推荐使用以 HD-MTX（1~8g/m^2）和 HD-CTX（每次 1 200mg/m^2）等为主的特殊短程治疗方案；② 预后良好组也不主张 CR_1 期进行 SCT，T-ALL 应使用常规方案加 Cy 和 AraC；③ 预后中间组的 DFS 呈异质性，其中某些病例可选择 SCT；④ 预后不良组应于 CR_1 期选择 SCT。

除成熟 B-ALL 以外的 ALL 一般主张维持治疗，但其合适的药物组合、用药剂量和维持时间尚无定论，常用方案是 6-MP，75~100mg/（m^2·d）和每周 MTX 20mg/m^2，需历时 2~3 年，其间可加用原诱导方案作定期再强化治疗。白血病"庇护所"（如中枢神经系统、睾丸、卵巢、眼眶等）治疗也是 ALL 诱导缓解后治疗的一个重要环节，其中主要是中枢神经系统白血病（CNSL）的预防。CNSL 预防方法主要有：① 大剂量全身化疗，如 HD-MTX 和 HD AraC；② 鞘内注射化疗：常用 MTX（10~12mg/m^2）或 MTX+AraC（30~50mg/m^2）+地塞米松三联用药，每 3 天鞘内注射 1 次，共 4~6 次，以后每 2 个月 1 次，连续治疗 2 年；③ 放射治疗：放射部位为单纯头颅或头颅加脊髓，总剂量 1800cGy，分 12~15 次完成，放疗一般与鞘内注射联合应用。

3. 庇护所白血病防治 白血病"庇护所"是指常规化疗时药物难以渗入并达到有效杀伤浓度的体内盲区部位。包括中枢神经系统（CNS）、睾丸、卵巢、眼眶等。

CNS 是白血病的主要庇护所。成人 ALL 初诊时中枢神经系统白血病（CNSL）发生率<10%。在有效防治措施应用之前，成人 ALL CNSL 复发率达 21%~50%，儿童高达 50%~75%，一旦出现复发，即使在 CNSL 被有效治疗控制之后，随之而来的往往是全身骨髓复发，其治疗更加困难，因此 CNSL 预防性治疗格外重要。发生 CNSL 的高危因素主要有：T^-、B^- ALL，外周血高白细胞数，白血病细胞增殖指数增高，血清 LDH 和碱性磷酸酶活性增高等。

CNSL 预防性治疗方法：① 鞘内化疗：应于白血病缓解后尽早开始，常用 MTX 10~12mg/m^2（或 AraC 30~50mg/m^2），每 3 天鞘内注射 1 次，共 4~6 次，以后每 2 个月 1 次，连续治疗 2 年，用 MTX、AraC（剂量同上）加地塞米松三联鞘注，效果更好；② 放射治疗：一般在缓解后巩固化疗期进行，放射部位为单纯头颅或头颅加脊髓，总剂量标危组 1800cGy，高危组 2400cGy（若发生 CNSL 时，治疗剂量亦为 2400cGy），分 12~15 次完成；③ 大剂量（high dose，HD）全身化疗：常用的有 HD MTX 每次 2~3g/m^2，或 HD AraC 每次 1~3g/m^2，大剂量化疗对睾丸白血病也有防治作用。上述方法单用对 CNSL 防治效果较差，现提倡鞘内注射化疗加全身大剂量化疗，或加放疗，但颅脑放疗因可导致患者（尤其是儿童）生长停滞，智商低下和继发脑肿瘤，已逐渐少用，且一般切忌在颅脑放疗后再用 HD MTX，以免引起脑损害。

5%~10%长期生存（诊断后 3 年以上）男性患者可发生睾丸浸润，生存愈久发生率愈高，且多累及双侧睾丸，可据临床表现和睾丸穿刺活检确诊。治疗以放疗为主，总剂量应在 2 000cGy 以上。成人剂量超过 400~600cGy 即可引起持久的精子缺乏，儿童超过 2 000cGy 可导致睾丸激素水平降低，青春期延迟。皮质激素对睾丸白血病也有预防治疗作用。

4. 难治和复发 ALL 的治疗 目前成人 ALL 的长期 DFS 为 25%~50%，因此还有半数以上的病例，或对一线治疗无效，或经短暂缓解后仍要复发，这称之为难治和复发 ALL。

难治和复发成人 ALL 挽救治疗的疗效现在都不理想。治疗方案包括 VCR、糖皮质激素加蒽环类等，HD MTX 联合 L-asp 以及使用含 HD AraC 的联合方案[加蒽环类、氟达拉滨（fludarabine）]，CR 率 30%～83%，中位缓解和生存时间为 2～3 个月至 1 年。

【预后因素】

与 ALL 相关的预后因素很多，目前确立和较为公认的预后因素有以下各项。

1. 年龄 是主要预后因素之一。发病时年龄为 1～10 岁预后最好，<1 岁的婴儿生存最差。成人随年龄增长缓解率逐渐下降（15～25 岁为 92%，25～60 岁 77%，>60 岁 55%），缓解、生存时间更依次明显缩短。

2. 白细胞数 对各年龄组患者的缓解率、缓解生存时间都是最重要的决定因素。诊断时白细胞和原始细胞数与缓解时间呈线性负相关，白细胞 $<10×10^9/L$ 疗效最好，$>50×10^9/L$ 预后多差，$>100×10^9/L$ 则更差。

3. 达缓解时间 对缓解时间长短有重要、独立的预后意义。诱导治疗 14 天内达 CR 的患者有更多机会获得长期缓解；治疗>4～6 周才逐渐达到 CR 者，CR 期一般较短。

4. 髓外浸润 无论儿童、成人，初诊时出现 CNSL，通常 CR 率低，复发率高，生存短。

5. 免疫学亚型 早期前 B-ALL 各年龄组患者通常预后较好。20%～30% 的 pre-B-ALL 伴 t(1；19) 异常和 Cyμ+，是 pre-B-ALL 不良预后主要决定因素。B-ALL 不常见，仅占 ALL<5%，形态属 L_3 型，对常规化疗反应差，CNSL 发生率高，生存时间短，目前采用新的强烈短程方案，使疗效显著改观。T-ALL 对常规方案化疗确实 CR 率低，生存差，但自使用新的强烈治疗后，缓解率和生存率显著提高，疗效甚至超过 ALL 任何其他免疫亚型，T-ALL 也随之成为预后良好的重要标志。

6. 细胞遗传学标记 无论儿童、成人，超二倍体Ⅱ组（染色体>50 个，儿童多见）比亚二倍体、假二倍体（成人多见）预后要好；成人亚二倍体预后很差，但成人超二倍体Ⅰ组（染色体 47～50 个）也不比亚二倍体更好；儿童超二倍体Ⅰ组与正常核型的预后相似；少见的近四倍体核型（染色体 82～94 个）预后多差。

t(9；22)(Ph 染色体)+和/或 BCR-ABL+ 是成人 ALL 最不良的预后因素之一。11q23 异常，尤其其中的 t(4；11)(q21；q23) 是婴儿 ALL 最常见的细胞遗传学异常，成人比>1 岁儿童亦较多见。t(4；11) 易位和 MLL 基因重排与 ALL 的恶劣转归有关，多数患者难获缓解，少数 CR 者也常在 1 年内复发。t(11；19) 的预后特征与 t(4；11) 相类似。t(1，19) 治疗失败危险高，生存短。t(8；14) 及其变异型 t(2；8)、t(8；22) 是成熟 B-ALL 的染色体标志，主要见于 L_3（Burkitt）型，过去用常规化疗 CR 率低，长生存少见，采用新治疗后预后显著改观。t(12；21) 儿童多见，是预后良好因素。

涉及 14q11-13 的染色体易位如 t(10；14).t(11；14) 等多见于 T-ALL，常规化疗预后多好。

第三节 慢性粒细胞白血病

慢性粒细胞白血病（chronic myelogenous leukemia，CML）是一种以外周血中性粒细胞增高并出现各阶段幼稚粒细胞、嗜碱粒细胞增高和脾大为特征、起源于多能造血干细胞的克隆性疾病。本病开始为持续时间较长的慢性期（chronic phase，CP）进而进入时间较短的加速期（accelerate phase，AP）最终演变为急变期（blastic phase，BP）。白血病细胞有特征性 t(9；22)(q^{34}；q^{11}) 染色体易位形成 Ph 染色体。CML 的年患病率约为 1/100 000 人口，占成人白血病的 15%～20%，男性：女性约为 1.4：1。

【临床表现】

常见表现有容易感到疲劳、劳动力减低、厌食、腹部不适和胃部饱胀、体重减轻和大量出汗，但这些症状均为非特异性，发展缓慢。查体时常见面色苍白，就诊时约90%的患者有脾大、胸骨压痛，特别是胸骨下段压痛很常见。

少见症状有高代谢症状（低热、盗汗、体重减轻等），急性痛风性关节炎。由于脾梗死或脾周围炎可致左上腹和左肩胛区疼痛，高组胺血症可致荨麻疹，亦可发生由于中性粒细胞皮肤血管浸润引起的急性发热性中性粒细胞性皮肤病（Sweet综合征）。

约15%患者由于高白细胞数（WBC计数超过$300×10^9/L$）可引起肺、中枢神经系统、某些特殊感觉器官和阴茎等循环血管内血流受阻，出现相应的症状和体征，如呼吸急促、呼吸困难、发绀、头晕、语言不清、谵妄、昏迷、视物模糊、复视、耳鸣、听力减退或阴茎异常勃起。

【实验室和其他检查】

(一) 血象

白细胞计数明显增高，约半数患者$>100×10^9/L$，涂片中主要是粒系细胞，而且可见各阶段不成熟粒细胞，但以中幼粒细胞及其以下各阶段细胞为主，嗜酸和嗜碱粒细胞常增高，淋巴细胞百分率显著降低。早期患者一般无贫血，较晚期患者多有贫血。初诊时约50%的患者有血小板计数增高，有些患者在病程中血小板$>1000×10^9/L$。

(二) 骨髓

骨髓常为极度增生，粒系：红系为（10∶1）～（30∶1），红系百分率显著减低，嗜碱、嗜酸粒细胞常增高，巨核细胞数常增高。骨髓活检病理切片银染常示网状纤维增生。90%以上的患者中性粒细胞碱性磷酸酶活性减低或缺如。

(三) 细胞遗传学和分子生物学改变

Ph染色体［t（9；22）（q34；q11）］为CML的特征性染色体改变，位于9q34的 *c-abl* 基因易位于22号染色体与位于22q11的 *bcr* 基因形成BCR-ABL融合基因。迄今CML患者中已发现有3个bcr断裂点丛集区，分别为M-bcr、m-bcr、u-bcr，和6种BCR-ABL融合转录方式；与M-bcr相应的有b2a2、b3a2、b2a3，其编码蛋白为p210，与m-bcr相应的有ela2，其编码蛋白为p190，与u-bcr相应的有e19a2，其编码蛋白为p230。

(四) 血液生化

尿酸水平常为正常人的2～3倍，血清维生素B_{12}水平约为正常人10倍，维生素B_{12}结合蛋白常增高，血清乳酸脱氢酶也常增高，在病程中可出现高钙血症和低钾血症。

【诊断与鉴别诊断】

典型的CML伴有脾大，外周血白细胞数增高，可见各阶段幼稚粒细胞，嗜酸和嗜碱粒细胞增高。骨髓增生明显或极度活跃，以粒细胞增生为主，中性晚幼及杆状核粒细胞明显增生，嗜酸和/或嗜碱粒细胞亦增多，巨核细胞系常增生。中性粒细胞碱性磷酸酶积分（alkaline phosphatase，ALP）减低。细胞遗传学检查有Ph染色体或应用分子生物学方法检测出 *BCR-ABL* 基因重排或融合，诊断并不困难。

慢粒白血病的整个病程分为三个期：慢性期、加速期和急变期。各期诊断标准如下。

(一) 慢性期

1. 脾大，可有发热、乏力、厌食、体重减轻等症状。
2. 血象　白细胞显著增高（$>30×10^9/L$），以中幼、晚幼及杆状核粒细胞为主，原始细胞<10%，嗜酸、嗜碱粒细胞增多，可见少量有核红细胞。
3. 骨髓象　骨髓增生明显至极度活跃，以粒系增生为主，中、晚幼及杆状核粒细胞增多，原始细胞<10%。
4. 中性粒细胞NAP积分显著降低或阴性。
5. Ph染色体阳性和/或 *BCR/ABL* 融合基因阳性。
6. CFU-GM集落或集簇明显增加。

(二) 加速期

有以下一项或一项以上即可诊断。

1. 外周血或骨髓中原始细胞 10%~19%。
2. 外周血嗜碱粒细胞≥20%。
3. 与治疗无关的持续性血小板减少（<100×10^9/L 或治疗无效的持续性血小板增多>1 000×10^9/L）。
4. 进行性脾大和白细胞增多，治疗无效。
5. 克隆演化的细胞遗传学证据（即出现 CML 慢性期初诊时没有的额外遗传学异常）。
6. 成片成簇的巨核细胞增殖，伴有显著的网硬蛋白增多或胶原纤维化，和/或明显的粒细胞发育异常等应考虑提示 CML 加速期，这些表现尚未经过大系列临床研究分析，因而尚未明确它们是否为 CML 加速期的独立诊断标准，但它们常与上列的一项或一项以上特征同时出现。

(三) 急变期

具下列之一者，可考虑为急变期。

1. 原始细胞在外周血或骨髓中≥20%。
2. 有髓外原始细胞浸润。
3. 骨髓活检可见大片灶状或簇状分布的原始细胞。

CML 主要需与由感染、炎症或转移瘤等引起的反应性白细胞增高或类白血病反应鉴别诊断。ALP 减低和有 t（9；22）/BCR-ABL 是鉴别此两者的主要手段。CML 还应与慢性中性粒细胞白血病（chronic neutrophilic leukemia, CNL）相鉴别，后者 ALP 积分正常或增高，外周血嗜碱粒细胞不增高，可有脾大，但常为轻至中度增大。

【治疗】

CML 的疗效判断包括血液学缓解、细胞遗传学缓解（即 Ph+细胞消失率）和分子生物学缓解（即 BCR-ABL 融合基因转阴率），由于此三种不同的缓解程度与 CML 患者的生存期显著相关，因此现代 CML 治疗的主要目的是如何提高后两者的缓解率，争取患者获得长期无病生存。

1. **常规治疗** CML 就诊时常有高尿酸症，因此，治疗前应予别嘌呤醇，300mg/d，口服，并充分补液以维持尿量；如果患者有大量细胞溶解的危险因素，则别嘌呤醇给药量及给药次数均应增加，并应维持尿量在 150ml/h。由于别嘌呤醇可出现过敏性皮炎，因此在白细胞数下降至正常、脾大明显缩小、无明显高尿酸血症后应停用。

2. **格列卫（Glivec）** 亦称 STI-571（signal transduction inhibitor-571，STI-571），是一种 *BCR-ABL* 融合基因酪氨酸激酶的竞争性抑制剂。格列卫现已替代干扰素成为各期 CML 患者的首选药物治疗。

CML 慢性期格列卫的推荐剂量为 400mg/d，如出现以下情况则考虑将剂量从 400mg/d 加至 600mg/d，或从 600mg/d 加至 800mg/d：①疾病进展；②3 个月后仍未获得完全血液学缓解；③6 个月仍未获得主要细胞遗传学缓解；④12 个月仍未获得完全细胞遗传学缓解；⑤先前已获得的血液学或细胞遗传学缓解丧失。干扰素和 STI571 国际随机研究（IRIS）的研究结果表明格列卫治疗 54 个月时累积获得的最佳骨髓完全缓解率和完全细胞遗传学缓解率分别为 92%和 86%。

格列卫治疗一个主要问题是耐药。原发性血液学耐药发生率约为 5%，慢性期 CML 患者更常见的是细胞遗传学耐药，其发生率约为 15%。格列卫耐药的机制主要有 *BCR-ABL* 依赖性耐药（即所谓"继发性耐药"，主要是 *BCR-ABL* 激酶区突变，占耐药患者的 50%~90%，其次是 *BCR-ABL* 过表达，约占耐药患者的 10%）和 *BCR-ABL* 非依赖性耐药（即所谓"原发性耐药"，慢性期患者发生率约为 5%，急变期患者为 30%~50%）。克服格列卫耐药的主要策略有：加大格列卫用药剂量（800mg/d）、使用新的 ABL 抑制剂（Nilotinib，400mg，po，bid；Dasatinib，70mg，po，bid）等。

格列卫治疗的主要副作用有骨髓抑制、恶心、肌肉痉挛、骨骼疼痛、关节痛、皮疹、腹泻、水肿、体液潴留和肝功能受损等。

3. 异基因造血干细胞移植　异基因造血干细胞移植（Allo-HSCT）是可望治愈 CML 的手段。影响疗效的因素有患者年龄、疾病阶段和诊断至移植的时间，移植前治疗、预处理方案等。无关供体 Allo-HSCT 患者年龄大于 50 岁则生存期短，而 HLA 匹配的同胞供体 Allo-HSCT 年龄影响相对较小。诊断至移植的时在 1～2 年的疗效好于超过 2 年。CP 移植的存活率比在 AP 或 BP 好，且复发率低。CP、AP、BP 进行 HLA 匹配的同胞供体 Allo-HSCT 移植后 5 年存活率分别为 75%、40% 和 10%。BMT 前接受过白消安治疗的患者疗效较羟基脲差。IFN-α 治疗对 BMT 治疗疗效影响尚有争议。移植前使用格列卫对移植死亡率和复发危险的影响尚不明确，此前有研究提示移植前使用格列卫可增加移植相关毒性，特别是肝毒性，但最近有研究证实移植前使用格列卫对移植的结果并无影响。预处理方案 Cy+TBI 和 BUS+Cy 二者疗效相似，CP 期接受 HLA 匹配的同胞供体 Allo-HSCT 患者 5 年生存率在 70% 以上。Allo-BMT 的主要移植相关死亡原因是移植物抗宿主病（GVHD）。尽管 Allo-BMT 治疗 CML 取得了满意的效果，但仅有 20%～25% 的患者有 HLA 匹配的同胞供体。近年来，随着用分子生物学手段进行 HLA 高分辨配型，以及新型免疫抑制剂的临床应用，无关供体（包括脐带血干细胞）Allo-HSCT 治疗 CML 的疗效得到了显著的改观，年龄 50 岁以下在确诊后 1 年内接受移植的慢性期患者，5 年生存率已超过 70%，与 HLA 匹配的同胞供体移植的疗效已无差别。

格列卫治疗 3 个月未达血液学缓解或达血液学缓解后复发、治疗 6 个月无细胞遗传学疗效、治疗 12 个月仅获轻微细胞遗传学缓解或无细胞遗传学疗效，如果出现上述情况应考虑 HSCT。

4. 其他治疗

（1）干扰素：在格列卫面世之前干扰素是慢性期 CML 的首选治疗药物，现已调整为二线用药，那些不能耐受格列卫、Dasatinib 和 Nilotinib 的患者才选用干扰素。IFN 治疗 CML 取得了一些共识：①持续用药比间歇用药好，大剂量比小剂量疗效好，IFN 的起始剂量应为 3～5MU/（m²·d），2～3 周后剂量增至 9～12MU/d，或达到获显著血液学疗效［即 WBC 计数（2～4）×10⁹/L，血小板计数接近 50×10⁹/L］的最大耐受量及患者出现毒性症状需要减少剂量，可望获细胞遗传学缓解的最短时间为 6 个月，一般用至病情进展或出现不可耐受的药物毒性；②几个大系列 IFN 治疗 CML 随机对照临床试验和"荟萃分析"的结果研究结果均证实与马利兰和羟基脲等传统治疗 CML 的化疗药物相比，INF 可明显延长慢性期 CML 患者生存期；③IFN 联合其他化疗药物，如小剂量阿糖胞苷 [20mg/（m²·d）]，疗效优于单用 IFN。

（2）马利兰：是第一个广泛应用于 CML 治疗的化疗药物，其疗效于 1968 年经随机比较得以肯定。常用剂量为 4～6mg/d，口服。由于该药有明显的后效应，因此当白细胞计数下降至 30×10⁹/L 左右应减量或停药。大部分患者需维持治疗，维持剂量可降至 2mg，口服，2 次/周，约 95% 的慢性期患者有效，白细胞计数下降、脾缩小、红细胞压积升高、一般状况恢复正常。马利兰治疗常不能使 Ph 染色体消失，马利兰治疗的目的是控制慢性期，减少死亡率。该药的主要不良反应有严重骨髓抑制、皮肤色素沉着、男子乳房发育类似肾上腺皮质功能不全综合征和肺纤维化。

（3）羟基脲：1993 年通过随机对照系列比较证实羟基脲（HU）优于马利兰（BUS），其中位生存期 HU 组明显好于 BUS 组（分别为 58 个月和 45 个月），5 年生存率分别为 44% 和 32%。依白细胞计数，起始剂量为 1～4g/d，口服；当白细胞下降至 20×10⁹/L 时改为 1～2g/d，维持量为 0.5～2.0g/d；当白细胞计数下降至 5×10⁹/L 时应暂停。羟基脲的不良反应轻，可有皮疹、骨髓细胞巨幼变、大红细胞增多、月经量增多、秃发等，但骨髓抑制少，没有发生肺纤维化者。部分患者 Ph 染色体阳性率可减低。

5. 急变期的治疗　急性髓系细胞变患者采用 AML 治疗方案（如以大剂量 AraC 为基础的方案 FLAG-Ida 等）的 CR 率 20%～30%，且完全缓解期仅几周或几个月。25%～35% 的急变患者为急淋变或双表型白血病变，尽管采用 Hyper-CVAD 方案约 60% 的患者可获 CR，但其总生存率亦仅为 4～6 个月。格列卫（800mg/d）可使 50%～70% 的患者获完全血液学缓解，但其中位生存期亦只有 7～

10个月。造血干细胞移植 3 年 DFS 可达 15%~20%。

【预后】

CML 中位生存期为 39~47 个月。5 年生存率 25%~50%，个别可生存 10~20 年。

第四节 慢性淋巴细胞白血病

慢性淋巴细胞白血病 (chronic lymphocytic leukemia, CLL) 是一种小淋巴细胞在骨髓、淋巴结、血液、脾和肝等器官中克隆性增殖的恶性疾病。

【临床表现】

本病较多见于老年男性，起病缓慢，患者可无症状，不少病例是因其他疾病检查血常规而被发现。首发症状以倦怠、不适等最常见。腹部不适、饱胀感等也较常见。约 80% 患者有淋巴结肿大，以颈部、锁骨上和腋窝最常见，其次为腹股沟和肱骨上髁。一般为中度肿大，表面光滑，中等硬度，无压痛或粘连。纵隔淋巴结肿大可压迫气管引起刺激性咳嗽或反复发生肺部感染等，也可压迫上腔静脉引起上腔静脉综合征。腹膜后淋巴结肿大可导致下背痛、下肢水肿，也可引起输尿管梗阻而反复发生肾盂肾炎，甚至发生肾功能损害、尿毒症。50%~75% 患者有轻至中度脾大，多出现于淋巴结肿大之后，脾梗死不如慢性粒细胞白血病常见。肝大较前两者少见，疾病晚期可明显肿大，伴肝功能损害、黄疸、右上腹疼痛、低蛋白血症，血清碱性磷酸酶、谷丙转氨酶和乳酸脱氢酶水平升高。并发自身免疫性溶血者可继发胆色素结石及相关病症。

50% 病例有皮肤损害。皮损可分为两类：一类为非特异性皮损，包括瘙痒、痒疹、多形性红斑样荨麻疹、皮肤出血及带状疱疹、脱屑等，可能由于肿瘤毒性或变态反应所致。另一类是特异性皮损，为白血病细胞浸润所致，呈红褐色扁平斑块或结节，有的为红皮病样皮疹，周身皮肤弥漫性潮红，脱屑，或在弥漫性潮红的基础上出现瘙痒性丘疹。

由于患者免疫功能低下，常并发细菌感染，皮肤和呼吸道感染多见，重者可出现蜂窝织炎、心内膜炎、泌尿系感染、败血症等，亦可为病毒或真菌感染。

【实验室和其他检查】

(一) 血象

白细胞计数增高，一般为 $(30 \sim 200) \times 10^9 /L$，分类计数以成熟淋巴细胞（占 80%~90%）为主。大部分患者白血病细胞为小淋巴细胞，少数患者淋巴细胞形态异常，胞体较大，不成熟，胞核可见深切迹（Reider 细胞），此时应注意与淋巴瘤相鉴别。多数患者血片中常见"涂抹细胞"（"篮细胞"），其原因不明。偶可见到原始淋巴细胞。贫血和血小板减少为晚期表现，除由于白血病细胞浸润骨髓外，本病易并发自身免疫溶血性贫血及血小板减少症，还可能由脾功能亢进引起。

(二) 骨髓象

骨髓增生明显至极度活跃，主要是淋巴细胞，50% 以上为小淋巴细胞，可有相当数量比例的大淋巴细胞，原始淋巴细胞和幼稚淋巴细胞少见；红系减少，合并溶血时，幼红细胞比例可增高；疾病晚期可有巨核细胞数减少。骨髓活检示淋巴细胞呈弥漫性、间质性或局灶性浸润，在后两种情况下常保留有残余的正常造血。

(三) 免疫表型

特征性免疫表型为 SmIg+/-，CD5+，CD23+，FMC7-，CD22+/-。

(四) 染色体

约 50% 患者可有克隆性染色体核型异常，以 12 号染色体三体最常见，其他较常见的有 13q- 和 14 号染色体异常。

(五) 生化

50%~75% 有低丙种球蛋白血症，生存时间长者尤为多见。低丙种球蛋白血症的程度与临床分期有关，晚期患者几乎均可发生。15%～35%患者可有自身免疫溶血性贫血（autoimmune hemolytic anemia），Coombs试验阳性，部分患者由于有抗血小板或中性粒细胞的自身抗体而导致血小板和中性粒细胞减少，有的可发生纯红细胞再生障碍（pure red cell aplasia）。

【诊断与鉴别诊断】

(一) 诊断标准

1. 国际CLL协作组制订的诊断标准

(1) 外周血淋巴细胞绝对值持续超过$10×10^9/L$，绝大多数为成熟淋巴细胞。

(2) 骨髓涂片中淋巴细胞占有核细胞的30%以上。

(3) 大多数外周血淋巴细胞呈B细胞标志。

第①项加第②项或第③项，可诊断CLL；若淋巴细胞绝对值增高不足$10×10^9/L$，则需同时具备第②和③项，才能诊断CLL。

2. 美国国立癌症研究所（NCI）CLL工作组修订诊断标准

(1) 外周血淋巴细胞至少大于$5.0×10^9/L$，形态为成熟淋巴细胞。

(2) 骨髓涂片中淋巴细胞占有核细胞的30%以上。

(3) 大多数外周血淋巴细胞呈B细胞表型（CD19+，CD20+，CD24+）而且CD5+；膜表面Ig呈弱表达，并只表达单一轻链（κ或λ）。

(二) 分期和分型

CLL的分期以Rai分期系统和Binet分期系统应用较广。

1. Rai分期系统　0期：仅有外周血和骨髓中淋巴细胞增多；Ⅰ期：淋巴细胞增多和淋巴结肿大；Ⅱ期：淋巴细胞增多合并肝或/和脾大；Ⅲ期：淋巴细胞增多和贫血（血红蛋白<110g/L）；Ⅳ期：淋巴细胞增多和血小板减少（$<100×10^9/L$）。

1987年Rai将上述分期系统进行修改：分为低危组（0期）；中危组（Ⅰ和Ⅱ期）；高危组（Ⅲ和Ⅳ期）。

2. Binet分期系统　A期：血红蛋白≥100g/L，血小板≥$100×10^9/L$，小于3个淋巴区受累（淋巴区：颈部、腋下、腹股沟淋巴结、脾和肝）；B期：血红蛋白≥100g/L，血小板≥$100×10^9/L$，≥3个部位的淋巴结受累；C期：血红蛋白<100g/L和/或血小板<$100×10^9/L$（不论累及部位多少）。

国际CLL协作组建议将上述两种分期系统结合起来，分为：A（0期），A（Ⅰ期），A（Ⅱ期）；B（Ⅰ期），B（Ⅱ期）；C（Ⅲ期），C（Ⅳ期）。

FAB协作组将CLL分为两型：典型CLL和混合型CLL。混合型CLL从形态学角度又可分为两型：①大小淋巴细胞混合存在：大淋巴细胞胞浆丰富，弱嗜碱性，核染色质致密，无明显核仁，幼淋巴细胞小于11%；②CLL-PLL：外周血幼淋巴细胞占11%～54%，其临床特点介于CLL和PLL之间。脾大和淋巴结肿大常见，二者不呈比例。骨髓活检可见转化灶或小淋巴细胞与幼淋巴细胞混合存在。CLL-PLL与CLL向PLL转化的鉴别需结合病史。

本病应与各种慢性淋巴细胞增殖性疾病相鉴别，有淋巴结肿大者应与各种淋巴瘤、结核性淋巴结炎和其他炎症所引起的淋巴结肿大相鉴别。此外，本病还应与传染性单核细胞增多症和传染性淋巴细胞增多症鉴别。

【治疗】

(一) 治疗指征

美国NCI的CLL工作组在其修改后的《CLL诊治指南》中提出满足下列条件者不需治疗：Binet A期，无弥漫性骨髓浸润；Hb≥130g/L；外周血淋巴细胞<$30×10^9/L$；淋巴细胞倍增时间>12个月。法国CLL协作组对早期CLL的远期随访结果也支持这种观点。

治疗指征：①有骨髓衰竭（贫血和/或血小板减少）的新发病例；②有全身症状者（发热、盗汗和/或体重减轻>10%）和/或外周血淋巴细胞>$250×10^9/L$，淋巴结肿大和/或巨脾；③病情进展，从A期进展到B或C期，或从B期进展到C期；④有自身免疫溶血性贫血或糖皮质激素治疗无效的血小板减少;⑤淋巴细胞倍增时间<6个月;⑥发生 PLL 或 Richter 转化者。

(二) 单一药物治疗

1. 瘤可宁 (chlorambucil) 常用剂量为 0.1mg/ (kg·d) 或 3mg/ (m²·d),或 0.7mg/ (kg·d) ×4天,每月一次。淋巴细胞绝对值降低一半,肿大的淋巴结和脾脏体积缩小一半时,剂量减半。

2. 环磷酰胺 (cyclophosphamide) 剂量为 1～2mg/ (kg·d),口服,或 1000～1500mg,口服或静脉滴注,每 2～3 周一次。与瘤可宁疗效相似,但不良反应较前者大。

3. 联合化疗 (combination chemotherapy) 主要用于高危 CLL 患者,已报道的方案中仅下述两种疗效较好:

COP (环磷酰胺,300～400mg/m²,口服,1～5 天;长春新碱 1～2mg/m²,静注,第 1 天;泼尼松 40mg/m²,口服,1～5 天)。每 3～4 周重复一次,有效率 75%。

CHOP (COP 加阿霉素 25mg/m²,静滴,第 1 天),有效率 77%。

4. 核苷类似物 氟达拉滨 (fludarabine) 是目前对 CLL 最有效的药物。常用剂量为 25～30mg/ (m²·d) ×5 天,每月一次,共 4～6 个月。主要不良反应为骨髓抑制,轻微或可逆性神经功能失调 (周围神经炎、肌无力和听力丧失) 和免疫抑制,尤其是重度和持续性 CD4⁺淋巴细胞减少。脱氧助间型霉素 (deoxycoformycin, DCF) 的推荐剂量为每周 4mg/m²,每隔 2 周用 3 周。2-氯脱氧腺苷 (2-chloro-deoxyadenosine, 2-CDA) 的推荐剂量为 0.1mg/ (kg·d) ×7 天,每月一次。

5. 放射疗法 (radiotherapy) 目前仅限于姑息性治疗时的局部照射,如巨脾导致疼痛或脾功能亢进,且对化疗无效或不适宜行脾切除术者,或淋巴结肿大对化疗无效时。

6. 并发症的治疗 感染占 CLL 死因的 60%,低丙种球蛋白血症是导致细菌感染的主要原因。除及时给予抗生素外,静脉给予 IgG (400mg/kg,1 次/3 周) 可明显减少细菌感染的发生率。泼尼松对自身免疫所致的溶血性贫血、血小板减少、粒细胞减少等有效,无效者可行脾切除术。

【预后】

Rai 分期中的低危组生存期与正常人无明显差别,中危组的中数生存期为 7 年,高危组则小于 2 年半。有异常核型者中数生存期为 7.7 年,正常核型者为 15 年;单一核型异常者好于复杂核型者;单一核型异常中,13q 异常者中数生存期与正常核型者无差别,12 号染色体三体者预后较差,14q 异常者更差。50 岁以前发病者预后较好,骨髓中淋巴细胞呈结节性或间质型浸润预后好于弥漫性浸润者;淋巴细胞倍增时间>12 个月者预后较好。

(肖志坚)

第十章 淋巴瘤

淋巴瘤（lymphoma）是原发于淋巴结和淋巴组织的免疫系统恶性肿瘤，大部分起源于B淋巴细胞，少数起源于T淋巴细胞或自然杀伤（natural killer，NK）细胞。根据临床和病理特点不同，淋巴瘤分为霍奇金淋巴瘤（Hodgkin lymphoma，HL）和非霍奇金淋巴瘤（non Hodgkin lymphoma，NHL）两大类。淋巴瘤可发生在身体的任何部位，淋巴结、咽淋巴环、脾及骨髓最易受到累及。无痛性进行性淋巴结肿大是淋巴瘤最常见的临床表现，常同时有发热、消瘦、盗汗等全身症状。由于病变部位和范围不同，淋巴瘤的表现多种多样。

【流行病学】

淋巴瘤是常见的血液系统肿瘤，全球范围内占所有恶性肿瘤的3%，但在不同国家的发病率差别较大。从发展变化趋势来看，HL趋于稳定，而NHL呈上升趋势。在美国，在2008年估计8 220例新诊断的HL病例，1 350例HL患者死亡。在2007年估计有63 190例新诊断的NHL病例，将有18 600例患者死亡。

我国淋巴瘤总患病率低于欧美国家，男性为1.39/10万，女性为0.84/10万，男性患病率高于女性。我国淋巴瘤死亡率为1.5/10万，排在恶性肿瘤死亡的第11~13位。相比较于西方国家，我国淋巴瘤更多是预后不良的亚型，表现在NHL比例高而HD相对少见，T细胞淋巴瘤比例高于西方国家。

【病因】

淋巴瘤的病因尚未完全明确，流行病学研究显示许多危险因素与淋巴瘤的发生密切相关，包括单核苷酸多态性（SNP）、病毒及其他病原体感染、免疫抑制、生活方式等。其中最引人注目的是病毒感染和免疫抑制。

1. 病毒感染　淋巴瘤的病毒发病学说颇受重视。Epstein-Barr病毒（EBV）与多种淋巴瘤相关，如Burkitt淋巴瘤、霍奇金淋巴瘤、鼻型结外NK/T细胞淋巴瘤、移植后淋巴增殖性疾病、原发中枢神经系统淋巴瘤、AIDS相关淋巴瘤和脓胸相关淋巴瘤，其中关系最明确的是Burkitt淋巴瘤和鼻型结外NK/T细胞淋巴瘤。反转录病毒人类T细胞白血病/淋巴瘤病毒（HTLV）是成人T细胞白血病/淋巴瘤（ATLL）的病毒病因。丙肝病毒感染与脾边缘区淋巴瘤、人类疱疹病毒8（HHV-8）与原发渗出淋巴瘤和多中心Castleman病具有明显的相关性。

2. 其他病原体感染　发生在胃的黏膜相关淋巴组织（MALT）淋巴瘤与幽门螺杆菌（Helicobacter pylori，简称H. pylori）感染关系密切，幽门螺杆菌阳性的早期MALT淋巴瘤可通过消除幽门螺杆菌获得缓解。近年来发现鹦鹉热衣原体与眼眶MALT淋巴瘤、伯氏疏螺旋体与皮肤型MALT淋巴瘤、空肠弯曲杆菌与免疫增生性小肠疾病（IPSID）有关。

3. 原发或继发免疫缺陷　某些先天原发免疫缺陷综合征，如共济失调性毛细血管扩张症、Wiscott-Aldreich综合征、Chediak-Hig综合征常发生恶性淋巴瘤。继发于人类免疫缺陷病毒（HIV）感染的获得性免疫缺陷以及长期应用免疫抑制剂导致的持续免疫抑制状态也可以使得淋巴细胞增生性疾病的发生率明显上升。

第一节　霍奇金淋巴瘤

霍奇金淋巴瘤（Hodgkin lymphoma，HL）是人类最早认识的一类淋巴瘤，至今已有170多年的历史。1832年由英国伦敦的病理医师托马斯·霍奇金首次对7例淋巴结和脾肿大的病例进行了描述。

1865年Wilks进一步描述了这类疾病的临床特征，并将之命名为霍奇金病（Hodgkin disease，HD）。Sternberg（1898年）和Reed（1902年）首先对组织切片中独特的瘤巨细胞进行了描述，即Reed-Sternberg细胞（Reed-Sternberg cell，RS细胞）。RS细胞不存在于正常的淋巴组织中，免疫表型也不同于任何造血系统细胞，使得霍奇金淋巴瘤成为血液系统恶性疾病中最令人费解的疾病之一，对其细胞来源和疾病本质一直存在争议。现在已经明确，绝大多数霍奇金淋巴瘤起源于B细胞，极少数起源于T细胞。

霍奇金淋巴瘤具有一些共同特点：①多发病于年轻人；②好发于淋巴结，尤其是颈部淋巴结，诊断时常为典型的局部病变，原发于淋巴结外的霍奇金淋巴瘤极其少见；③组织学特点为肿瘤性巨细胞仅占少数，大部分细胞是小淋巴细胞、浆细胞、嗜酸性粒细胞、成纤维细胞和组织细胞等反应性细胞；④T细胞排列形成"玫瑰花结"样结构环绕肿瘤细胞。

【病理分型】

霍奇金淋巴瘤曾被认为是单一疾病，近30年的生物学和临床研究发现霍奇金淋巴瘤包括两大类疾病——结节性淋巴细胞为主型霍奇金淋巴瘤（nodular lymphocyte predominant Hodgkin lymphoma，NLPHL）和经典的霍奇金淋巴瘤（classical Hodgkin lymphoma，CHL）。这两种疾病类型的临床特征、生物学行为、病理形态、免疫表型和反应性背景方面均存在差异。

1. 结节性淋巴细胞为主型霍奇金淋巴瘤　一般呈结节状生长，淋巴结结构完全或部分被结节或结节样的病变取代，细胞成分主要为小淋巴细胞、组织细胞、上皮样组织细胞，肿瘤细胞掺杂其中。NLPHL的肿瘤细胞称之为LP细胞（lymphocyte predominant cell），既往曾称之为L&H细胞（lymphocytic and/or histiocytic cell），细胞体积较大，细胞质疏松，细胞核常扭曲折叠或呈多叶，甚至呈"爆米花"样，故又称为"爆米花"细胞（popcorn cell）。典型免疫表型为$CD20^+$、$CD79a^+$、$BCL-6^+$、$CD45^+$、$CD15^-$、$CD30^-$。NLPHL呈惰性临床病程，对治疗反应好，预后较佳。

2. 经典霍奇金淋巴瘤　根据RS细胞形态特点和反应性细胞的组成，经典霍奇金淋巴瘤可以分为富于淋巴细胞的经典霍奇金淋巴瘤（LRCHL）、结节硬化型经典霍奇金淋巴瘤（NSHL）、混合细胞型经典霍奇金淋巴瘤（MCHL）、淋巴细胞消减型经典霍奇金淋巴瘤（LDHL）四种类型（表6-10-1）。四个亚型的临床特点各异，RS细胞形态和反应性细胞各有特点，但它们具有相同的免疫表型和共同的分子病理机制。CHL的肿瘤细胞包括单核的霍奇金（H）细胞和多核的Reed-Sternbeg（RS）细胞，总称为HRS细胞。典型RS细胞是一种胞浆丰富微嗜碱性或双色性的巨细胞，直径为15~45μm，有两个形态相似的核或分叶状核，核大，圆形或椭圆形，核膜清楚，染色质淡，每一个核叶有一个嗜酸性大核仁，周围有空晕，状如"鹰眼"。两个细胞核形态相似，彼此对称，因此有"镜影细胞"之称。这种细胞非常具有特征性，因此有"诊断性RS细胞"之称。在病理组织中发现RS细胞是诊断霍奇金淋巴瘤的重要指标，但不是唯一指标，"反应性背景"同样非常重要。因为类似于RS细胞形态的细胞也可见于其他肿瘤，如间变大细胞淋巴瘤、恶性黑色素瘤、精原细胞癌等，而这些疾病都不具备反应性背景。除典型RS细胞外，具有上述形态特征的单核RS细胞称之为霍奇金细胞（Hodgkin cell），结节硬化型经典霍奇金淋巴瘤中RS细胞由于变形、浆浓缩，两细胞核之间似有间隙，称之为腔隙性RS细胞。典型RS免疫表型为$CD30^+$、$CD15^+$、$CD20^-$、$CD79a^-$、$PAX5^+$。80%的CHL可以通过现代放疗和化疗手段得到治愈，组织学类型对于预后的影响已经不再明显。

【细胞起源和病理发病机制】

霍奇金淋巴瘤的肿瘤组织中大部分为反应性细胞，获取肿瘤细胞的难度较大，因此对于霍奇金淋巴瘤的细胞来源和发病机制一直存在争论。结合新的研究技术如单细胞纤维切割、巢式PCR、分子克隆等发现，全部NLPHL和98%的CHL来源于B细胞，只有极少数CHL来源于外周T细胞。LP细胞在肿瘤克隆扩增过程中常常出现体细胞突变，因此推断其可能来源于生发中心的中心母细胞分化阶段B细胞。HRS细胞均带有克隆和突变的免疫球蛋白基因重排，因此推测其来源于生发中心分化阶段中的成熟B细胞（图6-10-1）。凋亡逃逸是发病的中心环节，但具体的发病机制目前尚不十分清楚。EBV 及其表达蛋白 LMP1 在 CHL 的发病中起一定作用。

表 6-10-1　WHO（2008）淋巴造血组织肿瘤分类：霍奇金淋巴瘤

	病理组织学特点	临床特点
结节性淋巴细胞为主型霍奇金淋巴瘤（NLPHL）	结节浸润，反应细胞为小淋巴细胞、组织细胞、上皮样组织细胞。肿瘤细胞为 LP 细胞或称"爆米花"细胞	病变局限，发展缓慢，预后较好
经典霍奇金淋巴瘤		
（1）富于淋巴细胞的经典霍奇金淋巴瘤（LRCHL）	结节浸润，反应细胞为小淋巴细胞，缺乏中性及嗜酸性粒细胞，可见典型 RS 细胞	诊断时多为 Ann Arbor Ⅰ～Ⅱ期，全身症状轻微，预后与 NLPHL 类似
（2）结节硬化型经典霍奇金淋巴瘤（NSCHL）	交织的胶原纤维将浸润细胞分隔成明显结节，小淋巴细胞、浆细胞、中性及嗜酸性粒细胞等反应细胞多见。RS 细胞较大呈腔隙型，称为"陷窝细胞"	纵隔肿块多见，诊断时多为 Ann Arbor Ⅱ 期
（3）混合细胞型经典霍奇金淋巴瘤（MCCHL）	典型 RS 细胞多见，反应细胞组成在不同病例变化较大，组织细胞、浆细胞、中性及嗜酸性粒细胞多见	多侵犯外周淋巴结，较少累及纵隔，全身症状明显
（4）淋巴细胞消减型经典霍奇金淋巴瘤（LDCHL）	淋巴成分减少，HRS 细胞相对多见	诊断时多为 Ann Arbor Ⅲ～Ⅳ期，全身症状明显

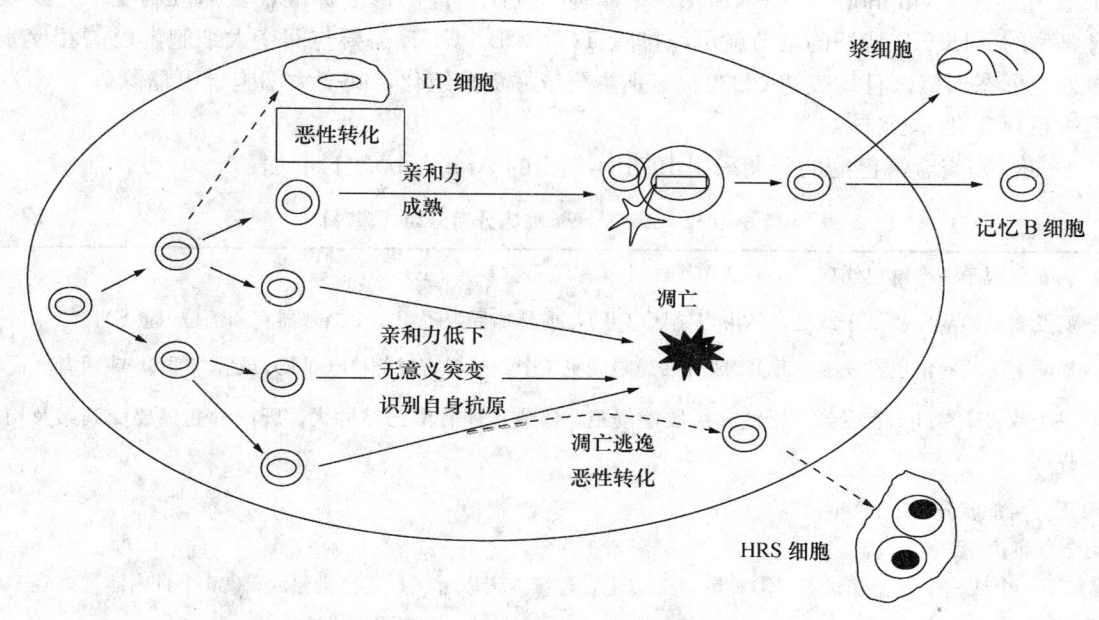

图 6-10-1　霍奇金淋巴瘤的发病机制模式图

HRS 细胞异常分泌大量细胞因子和趋化因子，如 IL-5、IL-6、IL-13、TNF 和 GM-CSF，导致病变组织中存在大量炎症反应细胞，炎症反应细胞反过来又支持 HRS 细胞的生长。两者形成复杂的信号网络，在经典霍奇金淋巴瘤的发病中起重要作用。

【临床表现】

1. NLPHL　NLPHL 占所有霍奇金淋巴瘤的 5%，多发病于男性，发病年龄 30～50 岁。绝大多数 NLPHL 仅表现为局部淋巴结肿大，多侵犯颈部、腋窝和腹股沟的淋巴结，很少累及纵隔、脾和骨髓。

2. CHL　CHL占所有霍奇金淋巴瘤的95%，发病呈双峰状，第一个峰值出现在15~35岁年龄段，第二峰值在55岁以上。大多数CHL主要表现为1~2个淋巴结区的淋巴结肿大，颈部和锁骨上淋巴结肿大最常见，其次为纵隔、腋窝和主动脉周围淋巴结，很少累及肠系膜淋巴结、滑车淋巴结等非中轴部位淋巴结。受累部位在各个亚型之间有所差别，纵隔淋巴结肿大最常见于结节硬化型CHL，腹部和脾脏受累最常见于混合细胞型CHL。纵隔淋巴结肿大，可致咳嗽、胸闷、气促、肺不张和上腔静脉压迫症等。霍奇金淋巴瘤的病变往往从一个或一组淋巴结开始，沿淋巴结引流方向逐渐向远处扩散。40%的患者有全身症状，主要为发热、盗汗、体重减轻，其次为皮肤瘙痒和疲乏。

【诊断和分期】

1. 诊断　霍奇金淋巴瘤的诊断依靠病理检查，在淋巴结正常结构部分或完全消失的基础上，诊断性LP细胞和HRS细胞出现在一个合适的反应性背景中是诊断霍奇金淋巴瘤的主要依据。免疫组化有重要的诊断价值，经典霍奇金淋巴瘤的免疫表型检查应该包括CD3、CD15、CD20、CD30、CD45，结节性淋巴细胞为主性霍奇金淋巴瘤应该包括CD3、CD15、CD20、CD21、CD30、CD57。

浅表淋巴结B超、胸腹部CT检查可以发现体检时触诊的遗漏、纵隔淋巴结肿大和腹腔病变。正电子发射计算机断层显像（positron emission tomography，PET）是以解剖形态方式进行功能、代谢和受体显像的技术。PET/CT将CT与PET融为一体，由CT提供病灶的精确解剖定位，而PET提供病灶详尽的功能与代谢等分子信息，同时反映病灶的形态结构和病理生理变化，不但能对肿瘤进行早期诊断和鉴别诊断，而且可以对肿瘤进行分期和再分期，指导和确定肿瘤的治疗方案、评价疗效。

2. 鉴别诊断　霍奇金淋巴瘤应与其他淋巴结肿大疾病鉴别，如慢性淋巴结炎、淋巴结结核、结节病、淋巴结转移癌等，诊断需要依靠淋巴结活检病理。NLPHL需要与富含T细胞的B细胞淋巴瘤（T cell rich B cell lymphoma，TCRBCL）相鉴别，按照目前的诊断标准，在弥散病变中只要找到一个具有典型的NLPHL特征的结节就可以排除TCRBCL。CHL需要与间变大细胞淋巴瘤相鉴别，两者肿瘤细胞形态形似，且均表达CD30。鉴别主要依靠免疫组化，间变大细胞淋巴瘤除表达CD30外，还表达一系列T细胞标志。

3. 分期　霍奇金淋巴瘤的分期采用1971年提出的Ann Arbor分期（表6-10-2）。

表6-10-2　Ann Arbor临床分期分期（1971）

Ⅰ期：病变仅限于一个淋巴结区（Ⅰ）或单个结外器官局部受累（ⅠE）

Ⅱ期：病变累及横隔同侧2个或更多的淋巴结区（Ⅱ），或外加局限侵犯1个结外器官和部位（ⅡE）

Ⅲ期：横隔上下均有淋巴结病变（Ⅲ），或外加局限侵犯1个结外器官或部位（ⅢE）或脾（ⅢS）或两者（ⅢES）

Ⅳ期：一个或多个结外器官受到广泛性或播散性侵犯，伴或不伴有淋巴结肿大。肝或骨髓只要受到累及均属于Ⅳ期

按照有无全身症状分为A、B两组：

A：无全身症状

B：有如下一个或一个以上症状者：①发热38℃以上，连续3天以上，且无感染原因；②6个月内体重减轻10%以上；③盗汗

【治疗】

1. 经典霍奇金淋巴瘤的治疗　在过去的数十年里，CHL的治疗取得了长足进步，80%的患者可以通过现代的治疗措施得到治愈。目前，治疗相关的远期并发症是进一步提高疗效的主要障碍。主要的治疗相关晚期毒性包括二次肿瘤（特别是肺癌、乳腺癌等实体肿瘤）和心血管疾病（心功能不全和冠心病等）。如何在维持或进一步提高疗效的基础上尽量降低治疗相关毒性是CHL治疗努力的方向。

(1) 治疗原则：①治愈是所有类型CHL的治疗目标；②根据临床分期和预后因素选择治疗方案，进行个体化治疗；③治疗过程中，应定期评价疗效，调整治疗。④放疗仍然是有效的治疗手段，

采取放疗和化疗综合治疗模式，尽量减少放疗剂量和缩小受照射面积；⑤ABVD和Stanford V化疗方案已经取代MOPP成为CHL的一线治疗方案，高危患者可以选择提高剂量的BEACOPP方案。

（2）根据危险因素调整的治疗策略：美国国家癌症综合网（National Comprehensive Cancer Network，NCCN）推荐的预后不良因素包括：①巨大肿块：巨大纵隔肿块（＞胸腔横径的1/3）或任何部位肿块大于10cm；②B症状或血沉≥50mm/h；③病变受累≥3个区域；④结外受累≥2个部位。

无上述不良预后因素的Ⅰ～Ⅱ期CHL：①ABVD方案化疗4疗程后，应用PET/CT进行疗效评估，取得完全缓解者，予30Gy受累野放射治疗（involved-field radiotherapy，IFRT）；或②Stanford V方案化疗2疗程，应用PET/CT进行疗效评估，取得完全缓解者，给予30Gy受累野放射治疗。

有上述预后不良因素的Ⅰ～Ⅱ期CHL：①ABVD方案化疗4疗程后，应用PET/CT进行疗效评估，取得完全缓解或部分缓解者，再予ABVD方案化疗2疗程，化疗结束后予30Gy受累野放射治疗；或②Stanford V方案化疗3疗程，应用PET/CT进行疗效评估，化疗后肿块大于5cm和PET仍然阳性部位，给予36Gy放射治疗，放疗最好在3周内完成。

表6-10-3 霍奇金淋巴瘤的主要化疗方案

方案	药物	剂量	时间	每周期天数
ABVD	阿霉素（ADM）	25mg/m²	第1、15天 Ⅳ	28天
	博莱霉素（BLM）	10mg/m²	第1、15天 Ⅳ	
	长春新碱（VCR）	6mg/m²	第1、15天 Ⅳ	
	达卡巴嗪（DTIC）	375mg/m²	第1、15天 Ⅳ	
Stanford V	氮芥（HN₂）	6mg/m²	第1天 Ⅳ	28天
	阿霉素（ADM）	25mg/m²	第1、15天 Ⅳ	
	长春碱（VLB）	6mg/m²（年龄≥50岁，第3周期为4mg/m²）	第1、15天 Ⅳ	
	长春新碱（VCR）	1.4mg/m²（单次剂量≤2mg，年龄≥50岁，第3周期为1mg/m²）	第8、22天 Ⅳ	
	博莱霉素（BLM）	5mg/m²	第8、22天 Ⅳ	
	依托泊苷（VP-16）	60mg/m²	第15、16天 Ⅳ	
	泼尼松（PDN）	40mg/m²（第10周末起隔日递减）	第1～10天 Ⅳ	
增加剂量的BEACOPP	博莱霉素（BLM）	10mg/m²	第8天	21天
	依托泊苷（VP-16）	200mg/m²	第1～3天	
	阿霉素（ADM）	35mg/m²	第1天	
	环磷酰胺（CTX）	1200mg/m²	第1天	
	长春新碱（VCR）	1.4mg/m²	第8天	
	丙卡巴肼（PCB）	100mg/m²	第1～7天	
	泼尼松（PDN）	40mg/m²	第1～14天	
	第8天起应用G-CSF至WBC恢复正常			

Ⅲ～Ⅳ期CHL的治疗：①ABVD方案化疗4疗程后，应用PET/CT进行疗效评估，取得完全缓解或部分缓解者，再予ABVD方案化疗2疗程，伴有巨大肿块的患者需要进行巩固性放疗；或②Stanford V方案化疗3疗程，应用PET/CT进行疗效评估，化疗结束后3周内进行巩固放疗，照射部位为原发肿块大于5cm处或存在结节病变的脾，剂量为36Gy；或③每3周进行一次增加剂量的

BEACOPP方案化疗，第4疗程化疗后和完成所有8疗程化疗后，应用PET/CT进行疗效评估，原发部位大于5cm处行30Gy照射治疗，PET/CT仍然阳性部位行40Gy放射治疗。

2. 结节性淋巴细胞为主型霍奇金淋巴瘤的治疗　结节性淋巴细胞为主型霍奇金淋巴瘤表现为惰性的临床病程，远期疗效好，90%患者生存10年以上。NCCN推荐30~36Gy受累野的单独放射治疗作为ⅠA~ⅡA期患者的治疗选择，ⅠB~ⅡB期患者可在化疗治疗后给予受累野放疗。Ⅲ~Ⅳ期患者可予化疗联合或不联合放射治疗。化疗方案可以选择ABVD、CHOP、EPOCH、CVP或者单独使用抗CD20单克隆抗体。

第二节　非霍奇金淋巴瘤

1846年Virchow从白血病中分出一种称为淋巴瘤（lymphoma）或淋巴肉瘤（lymphosarcoma）的疾病，1871年Billrothy又将此病称为恶性淋巴瘤（malignant lymphoma）。现在将此种疾病称之为非霍奇金淋巴瘤（non-Hodgkin lymphoma，NHL）。NHL是一组常见的血液系统恶性肿瘤，占所有淋巴瘤的85%。NHL是一组高度异质性的疾病，由不同病理亚型、恶性程度不同的疾病组成。大部分非霍奇金淋巴瘤起源于B细胞，10%左右起源于T细胞，NK细胞淋巴瘤比较罕见。NHL是免疫细胞克隆性扩增引起的肿瘤，广义上的NHL还包括来源于淋巴前体细胞和终末分化阶段的肿瘤，即白血病和浆细胞肿瘤。

【病理分型】

长期以来，对NHL分类一直存在争议，各个研究组织曾提出许多分类，如Rappaport分类、Kiel分类、Lukes-Colins分类、WF分类等，但均未被广泛接受。2001年在欧美淋巴瘤分型修订方案（revised European American lymphoma classification，REAL分型）基础上制订的WHO淋巴造血组织肿瘤分类把各型淋巴瘤视为独立的疾病实体，综合形态学、免疫表型、遗传学和临床特点予以定义，是第一个在国际上被广泛接受的淋巴瘤分类，为淋巴瘤的标准化和交流提供了平台。WHO分类的一个重要特点是不断吸收新的信息予以定期更新，2008年WHO对于淋巴瘤的分类在原版基础上进行了修订（表6-10-4和表6-10-5）。

表6-10-4　WHO第四版（2008）淋巴肿瘤分类——B细胞淋巴瘤

前体细胞肿瘤

　B细胞淋巴母细胞白血病/淋巴瘤（B-ALL）

成熟B细胞肿瘤

　慢性淋巴细胞白血病/小淋巴细胞淋巴瘤（CLL/SLL）

　B-幼淋巴细胞白血病（B-PLL）

　脾边缘区B细胞淋巴瘤（SMZL）

　毛细胞白血病（HCL）

　脾B细胞淋巴瘤/白血病，不能分类

　淋巴浆细胞性淋巴瘤（LPL）

　重链病

　浆细胞肿瘤（PCM）

　黏膜相关淋巴组织型结外边缘区B细胞淋巴瘤（MALT-MZL）

　淋巴结边缘区B细胞淋巴瘤（MZL）

　滤泡性淋巴瘤（FL）

续表

皮肤原发滤泡中心淋巴瘤
套细胞淋巴瘤（MCL）
弥漫大B细胞淋巴瘤（DLBCL）
弥漫大B细胞淋巴瘤，非特指型
富于T细胞/组织细胞大B细胞淋巴瘤
原发中枢神经系统弥漫大B细胞淋巴瘤
原发皮肤大B细胞淋巴瘤，腿型
老年人EBV阳性弥漫大B细胞淋巴瘤
慢性炎症相关性弥漫大B细胞淋巴瘤
淋巴瘤样肉芽肿
原发纵隔（胸腺）大B细胞淋巴瘤
血管内大B细胞淋巴瘤
ALK阳性大B细胞淋巴瘤
浆母细胞性大B细胞淋巴瘤
起源于HHV8相关多中心性Castleman病的大B细胞淋巴瘤
原发渗出性淋巴瘤（PEL）
Burkitt淋巴瘤（BL）
介于DLBCL和Burkitt淋巴瘤之间的不能分类的B细胞淋巴瘤
介于DLBCL和霍奇金淋巴瘤之间的不能分类的B细胞淋巴瘤

表6-10-5　WHO第四版（2008）淋巴肿瘤分类——T细胞淋巴瘤

前体细胞肿瘤
T细胞淋巴母细胞白血病/淋巴瘤（T-ALL）
成熟T/NK细胞肿瘤
T幼淋巴细胞白血病（T-PLL）
T大颗粒淋巴细胞白血病（T-LGL）
慢性NK细胞淋巴增殖性疾病
侵袭性NK细胞白血病（ANKCL）
儿童EBV阳性T淋巴细胞增殖性疾病
儿童系统性EBV阳性T淋巴细胞增殖性疾病
痘疮样水痘病样淋巴瘤
成人T细胞白血病/淋巴瘤（ATCL）
结外NK/T细胞淋巴瘤，鼻型（NK/TCL）
肠型T细胞淋巴瘤（ITCL）
肝脾T细胞淋巴瘤
皮下脂膜炎样T细胞淋巴瘤
蕈样霉菌病（MF）

Sézary综合征（SS）
原发皮肤CD30$^+$T淋巴细胞增殖性疾病
原发皮肤外周T细胞淋巴瘤，少见类型
原发皮肤γδT细胞淋巴瘤
原发皮肤侵袭性嗜表皮性CD8$^+$细胞毒T细胞淋巴瘤
原发皮肤小/中CD4$^+$T细胞淋巴瘤
外周T细胞淋巴瘤，非特指型（PTCL，NOS）
血管免疫母细胞性T细胞淋巴瘤（AITCL）
ALK阳性间变大细胞淋巴瘤（ALCL，ALK+）
ALK阴性间变大细胞淋巴瘤（ALCL，ALK-）

WHO分类将NHL按照细胞来源（B细胞、T细胞和NK细胞）分类，并各自再分为来源于前体淋巴细胞的淋巴瘤及来源于成熟淋巴细胞的淋巴瘤。该分类还基于免疫学表型和遗传学特征进一步完善，有助于针对特定类型淋巴瘤确定有效的治疗。成熟B细胞淋巴瘤与其对应的不同分化发育阶段正常淋巴细胞具有许多相同之处，正常淋巴细胞分化发育阶段是其分类和命名的基础。T细胞淋巴瘤目前大多依靠临床特征进行分类。

WHO（2008）分型方案中常见的非霍奇金淋巴瘤的亚型包括以下几种。

1. 成熟B细胞淋巴瘤

（1）慢性淋巴细胞白血病/小细胞淋巴瘤：慢性淋巴细胞白血病/小细胞淋巴瘤（chronic lymphocytic leukemia/small lymphocytic lymphoma，CLL/SLL）是同一种疾病的不同表现，临床表现以淋巴结病变为主者为SLL，主要为骨髓和白血病受累时称之为CLL，部分病例可兼有两者特征。CLL/SLL为一种低度恶性的小细胞淋巴瘤，特征为成熟的小淋巴细胞在外周血、骨髓、淋巴结和脾脏累积。典型的免疫表型为CD19$^+$、CD20$^+$、CD5$^+$、CD23$^+$、CD10$^-$、CyclinD1$^-$、FMC7$^-$或弱表达、CD79b$^-$或弱表达。应注意鉴别CLL/SLL和套细胞淋巴瘤，因为两者都是CD5$^+$B细胞淋巴瘤，CyclinD1是鉴别两者的决定性因素。

（2）滤泡性淋巴瘤：滤泡性淋巴瘤（FL）是一种常见的淋巴瘤类型，在全世界范围占所有成人NHL的20%。滤泡性淋巴瘤来源于生发中心的中心细胞和中心母细胞，典型免疫表型CD20$^+$、CD10$^+$、bcl-2$^+$、CD5$^-$、CD43$^-$、CyclinD1$^-$。90%的病例伴有染色体易位t（14；18），将bcl-2基因与免疫球蛋白重链基因座并置，使bcl-2表达失调。滤泡性淋巴瘤属于惰性淋巴瘤，病程长，但难以治愈。

（3）边缘区淋巴瘤：边缘区淋巴瘤（marginal zone lymphoma，MZL）起源于边缘区B细胞，根据发病部位可分为黏膜相关淋巴组织型结外边缘区B细胞淋巴瘤（MALT-MZL）、淋巴结边缘区B细胞淋巴瘤（NMZL）和脾边缘区B细胞淋巴瘤（SMZL）。SMZL易侵犯脾和骨髓，NMZL主要发生在淋巴结，MALT-MZL又分为发生于胃部和非胃部的，后者可发生于肺、甲状腺、唾液腺、乳腺和眼周部位等。边缘区淋巴瘤缺乏非常特异的表面标记，表达全B细胞抗原（CD19、CD20、CD79a），但CD10$^-$、CD5$^-$、CD23$^-$。边缘区淋巴瘤一般呈现惰性的临床病程。发生于胃的MALT淋巴瘤与幽门螺杆菌（Helicobacter pylori，简称H. pylori）感染关系密切，幽门螺杆菌阳性的早期MALT淋巴瘤可通过消除幽门螺杆菌获得缓解。

（4）套细胞淋巴瘤：套细胞淋巴瘤（mantle cell lymphoma，MCL）起源于套区的B细胞，特征性免疫表型为CD5$^+$、CD20$^+$、CD23$^-$、CD43$^+$、CyclinD1$^+$。MCL具有特征性的染色体异常t（11；14）（q13；q32），这一易位将处于11号染色体的细胞周期蛋白D1（CyclinD1）置于14号染色体免疫球蛋白重链转录增强子的控制之下，从而导致 CyclinD1 的高表达。套细胞淋巴瘤属于侵袭性淋巴瘤，易累及骨髓和胃肠道，且常处于白血病阶段。疾病发展迅速，对治疗反应不敏感，预后较差。

(5) 弥漫大 B 细胞淋巴瘤 (diffuse large B-cell lymphoma, DLBCL)：是成人最常见的非霍奇金淋巴瘤 (NHL)，约占所有 NHL 的 30%。DLBCL 是一组异质性疾病，包括多种亚型，组织学、遗传学和临床表现均具有异质性。典型免疫表型为 $CD20^+$、$CD45^+$、$CD3^-$。DLBCL 属于中度恶性淋巴瘤，化疗和单克隆抗体规范治疗可以使 55% 左右的患者获得长期生存，通过预后因素判断患者预后进行分层治疗策略，是 DLBCL 疗效提高的关键。

(6) 伯基特淋巴瘤 (Burkitt lymphoma, BL)：是罕见的高度侵袭性 B 细胞淋巴瘤，易侵犯结外部位或表现为急性白血病。可分为地方性、散发性和免疫缺陷相关性。所有患者均有 MYC 基因的易位，常见的为 t (8; 14) (q24; q32)。典型的免疫表型为 sIg^+、$CD10^+$、$CD19^+$、$CD20^+$、$CD22^+$、TdT^-、$Ki-67^+$ (100%)、$bcl-2^-$、$bcl-6^+$。BL 起病急，预后差，短疗程强烈化疗可以改善疗效。肿瘤细胞倍增时间短，增殖指数高，初次治疗应注意预防肿瘤溶解综合征。

2. 外周 T 细胞淋巴瘤 (peripheral T-cell lymphoma, PTCL) 是一组异质性的淋巴细胞异常增殖性疾病，来自于胸腺后成熟 T 细胞。在全球范围内，PTCL 约占所有非霍奇金淋巴瘤的 10%，但存在明显的地域差异，亚洲发生率要高于欧美。外周 T 细胞淋巴瘤被分成 3 组：白血病为主型、结内为主型和结外为主型。结内为主型比较常见，包括 3 个亚型：血管免疫母细胞性 T 细胞淋巴瘤、间变大细胞淋巴瘤、外周 T 细胞淋巴瘤-非特指型。大多数 PTCL 疗效差，5 年总生存率小于 30%。

(1) 血管免疫母细胞淋巴瘤：血管免疫母细胞性 T 细胞淋巴瘤 (angioimmunoblastic T-cell lymphoma, AILT) 主要见于老年人，表现为广泛淋巴结肿大，常伴有肝或脾大、高丙种球蛋白血症、皮疹、发热和自身免疫异常。病理特征为明显的高内皮小静脉和滤泡树突细胞增生。肿瘤细胞起源于生发中心 T 辅助细胞，典型免疫表型为 $CD3^+$、$CD2^+$、$CD10^+$、$CXCL-13^+$。

(2) 系统性间变大细胞淋巴瘤：间变大细胞淋巴瘤 (anaplastic large cell lymphoma, ALCL) 肿瘤细胞体积较大，胞浆丰富，含有呈马蹄形或者肾形的细胞核，并特征性表达 CD30。系统性 ALCL 根据有无间变淋巴瘤激酶 (ALK) 基因的重排分为 ALK 阳性的系统性 ALCL 和 ALK 阴性的系统性 ALCL 两种疾病。前者预后明显优于后者。

(3) 外周 T 细胞淋巴瘤，非特指型：不少外周 T 细胞淋巴瘤因其特殊的侵犯部位及/或临床病理特点，已被分别命名归类。凡无法归入这些归入这些特殊类型的外周 T 细胞淋巴瘤，称之为外周 T 细胞淋巴瘤-非特指型 (PTCL-not otherwise specified, PTCL-NOS)。主要累及全身淋巴结，病程呈侵袭性，预后较差。

(4) 结外鼻型：NK/T 细胞淋巴瘤：结外鼻型 NK 细胞淋巴瘤 (extranodal NK/T-cell lymphoma, ENKL) 曾称之为中线致死性肉芽肿和血管中心性淋巴瘤，绝大多数来源于成熟 NK 细胞，少数来源于细胞毒 T 细胞。多分布于亚洲、南美洲，欧美国家少见。最常见侵袭部位为鼻腔，其次为皮肤和消化道。典型免疫表型为 $CD2^+$、$CD56^+$、$sCD3^-$、$CD3\varepsilon^+$。ENKL 是一种侵袭性淋巴瘤，预后不佳。放疗在早期患者的治疗中占有重要地位，化疗为Ⅲ和Ⅳ期患者主要治疗手段。

(5) 蕈样霉菌病：蕈样霉菌病 (mycosis fungoides, MF) 也称为蕈样肉芽肿，是最常见原发于皮肤淋巴瘤。起源于成熟 T 辅助细胞，常见的免疫表型为 $CD2^+$，$CD3^+$，$CD4^+$，$CD5^+$，$CD45RO^+$，$CD8^-$、$CD30^-$。典型的临床发展过程可分为红斑期、斑块期和肿瘤期。蕈样霉菌病表现为惰性临床病程，预后较佳。

【临床表现】

非霍奇金淋巴瘤可发生于身体任何部位，临床表现多样。相对霍奇金淋巴瘤而言，非霍奇金淋巴瘤结外侵犯更多见，肿瘤扩散呈不连续性。非霍奇金淋巴瘤的临床表现可大体分为肿块的局部表现和全身症状，部分亚型尚有自身免疫异常的表现。

1. **全身症状** 发热、消瘦、盗汗等全身症状多见于晚期,全身瘙痒很少见。
2. **淋巴结肿大** 全身各处淋巴结均可累及,无痛性颈部和锁骨上淋巴结进行性肿大为首发表现者较 HL 少。肿大淋巴结可压迫邻近器官,引起相应症状。
3. **淋巴结外受累** 非霍奇金淋巴瘤常发生结外累及,并引起相应症状。不同亚型累及部位有一定的器官特异性。鼻型结外 NK/T 细胞淋巴瘤易侵犯鼻腔,蕈样霉菌病发病于皮肤,地方性伯基特淋巴瘤易累及颌骨,肝脾 T 细胞淋巴瘤易侵犯肝脏和脾,侵袭性 NK 细胞白血病累及全身各个器官。血管免疫母细胞淋巴瘤、边缘区淋巴瘤和 T 细胞大颗粒淋巴细胞白血病容易伴发自身免疫性疾病。

【诊断和分期】

淋巴结活检病理是确诊的主要依据,对于所有的非霍奇金淋巴瘤病例,在治疗前必须做出准确的病理诊断。推荐采取淋巴结切取活检术,不推荐粗针和细针穿刺活检。除滤泡性淋巴瘤以外,发生于淋巴结的恶性肿瘤,淋巴结的正常结构部分或全部消失,整个淋巴结呈弥漫性,为不同分化程度的淋巴细胞所取代。非霍奇金淋巴瘤的细胞形态,除部分 T 细胞淋巴瘤外,大部分是类似于不同分化阶段的淋巴细胞,而且往往均一的以一种类型肿瘤细胞为优势。但由于淋巴瘤细胞大小、形态、生长方式均具有多样性,淋巴结结构紊乱破坏难以辨清,淋巴结细胞增生十分活跃,肿瘤细胞和反应细胞混杂在一起难以分辨,因此单纯依靠细胞形态有时难以明确诊断。必须结合病理形态、免疫组化、染色体易位和基因重排等综合信息进行诊断分型。

免疫组织化学染色不但可以确定肿瘤细胞来源于 B 细胞、T 细胞或 NK 细胞,而且可以辅助确定肿瘤对应的淋巴细胞分化阶段,对病理诊断是重要的补充。B 细胞淋巴瘤比较特异的表面抗原包括 CD19、CD20、CD22。来自于生发中心的淋巴瘤表达 CD10。T 细胞淋巴瘤特异的表面抗原是膜表面 CD3(sCD3)。NK 细胞尚缺乏可应用于临床的特异的表面标志,CD16 和 CD56 只具有相对特异性。

90% 的 NHL 可发现染色体异常,特别是免疫球蛋白(Ig)基因或 T 细胞受体(TCR)与细胞增殖调控基因的易位(表 6-10-6)。应用荧光原位杂交(FISH)方法检测具有特异细胞遗传学异常的淋巴瘤,具有直观、快速、敏感性高和方便灵活的特点,而且不必获得分裂中期细胞,可以极大地提高诊断的精确性。

淋巴瘤的完整诊断离不开临床特点,其中包括患者年龄、病程进展速度、组织器官浸润等。因此,为了对患者进行准确诊断和临床分期,评估治疗风险,尚需进行下述检查:①全身体格检查,尤其注意淋巴结区域和肝脾大小;②实验室检查,包括全血细胞计数、肝肾功能、血清乳酸脱氢酶、乙型肝炎相关检测;③影像学检查,胸、腹、盆腔的 CT 检查;④骨髓检查:骨髓受累是重要的预后因素,建议所有患者均进行骨髓活检和骨髓穿刺检查;⑤心脏超声检查。

非霍奇金淋巴瘤的诊断参考 Ann Arbor 分期(表 6-10-2)。

表 6-10-6 常见非霍奇金淋巴瘤的遗传学异常

淋巴瘤类型	遗传学异常	阳性率
滤泡性淋巴瘤(FL)	t(14;18)(q32;q21)/ bcl-2	90%
套细胞淋巴瘤(MCL)	t(11;14)(q13;q32)/ CyclinD1	100%
伯基特淋巴瘤(BL)	t(8;14)(q24;q32)/ myc	100%
	t(2;8)(p12;q24)	
	t(8;22)(q24;p11)	
黏膜相关淋巴组织型结外边缘区 B 细胞淋巴瘤(MALT)	t(11;18)(q21;q21)/ MALT1	25%~50%
间变大细胞淋巴瘤(ALCL)	t(2;5)(p23;q35)/ ALK	50%
	t(1;2)(q25;p23)	

【治疗】

非霍奇金淋巴瘤是一组疾病而非一种疾病,治疗必须个体化,即按照组织学类型、免疫学表型、分子遗传学特点、临床分期以及患者的个体情况进行治疗。非霍奇金淋巴瘤不是沿淋巴结区依次转移，而是跳跃性播散且有较多结外侵犯，这种多中心发生的倾向是非霍奇金淋巴瘤的临床分期价值和扩野照射的治疗作用不如霍奇金淋巴瘤，决定了其治疗策略以化疗为主。

1. B细胞淋巴瘤的治疗

（1）惰性淋巴瘤：常见的惰性B细胞淋巴瘤包括小细胞淋巴瘤/慢性淋巴细胞白血病、边缘区淋巴瘤、滤泡性淋巴瘤。惰性淋巴瘤病情发展缓慢，但是对药物治疗反应差，不易取得缓解。因此对于惰性淋巴瘤必须根据患者年龄、疾病范围、合并症和治疗目标进行高度个体化治疗，充分衡量治疗利弊。以滤泡性淋巴瘤为例介绍惰性B细胞淋巴瘤的治疗（图6-10-2）。

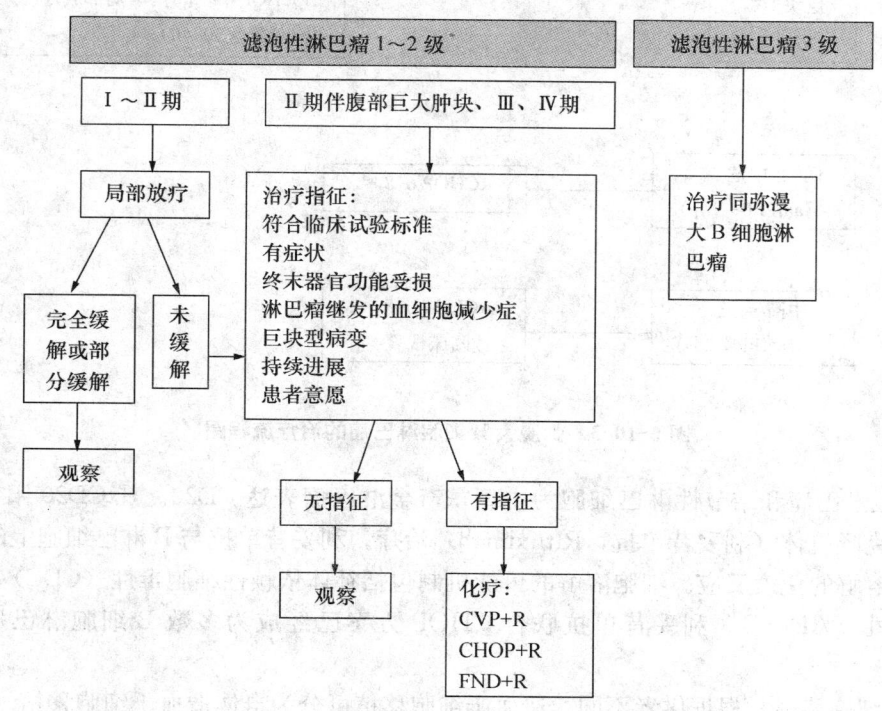

图6-10-2 滤泡性淋巴瘤的治疗流程图

（2）侵袭性淋巴瘤：常见的侵袭性B细胞淋巴瘤包括套细胞淋巴瘤、弥漫大B细胞淋巴瘤和Burkitt淋巴瘤。侵袭性淋巴瘤的特点为疾病发展迅速，但有治愈可能。因此侵袭性淋巴瘤诊断明确后应立即开始治疗，不论分期均应视为全身性疾病，以化疗为主，对化疗残留肿块、局部巨大肿块或中枢神经系统累及可行局部放射治疗作为化疗补充。为获得最佳治疗效果，减少治疗毒性，应按照危险度进行分层治疗。以弥漫大B细胞淋巴瘤为例介绍侵袭性B细胞淋巴瘤的治疗（图6-10-3）。

2. T细胞淋巴瘤的治疗 除T细胞大颗粒淋巴细胞白血病、皮肤T细胞淋巴瘤（CTCL）等少数T细胞淋巴瘤具有较长的自然病程，以及ALK阳性间变大细胞淋巴瘤（ALCL）化疗疗效较好外，大多数外周T细胞淋巴瘤属于侵袭性淋巴瘤，5年总生存率（OS）小于30%。常见类型包括结外鼻型NK/T细胞淋巴瘤、血管免疫母细胞性T细胞淋巴瘤、间变大细胞淋巴瘤和外周T细胞淋巴瘤，非特指型。由于发病率比较低，地区分布差异大，T细胞淋巴瘤的最佳治疗方案尚未确立。目前已经明确CHOP方案不适合用于T细胞淋巴瘤的治疗，增加化疗剂量或者联合造血干细胞是否能够改善疗效目前尚无定论。NCCN推荐所有T细胞淋巴瘤患者进入临床试验治疗。

3. 生物治疗 生物治疗通过调节抗肿瘤免疫反应或者干预肿瘤的生物学行为（生长、分化、凋亡、转移、血管生成等）达到抗肿瘤目的。在淋巴瘤领域得到广泛应用的是单克隆抗体治疗。大部分

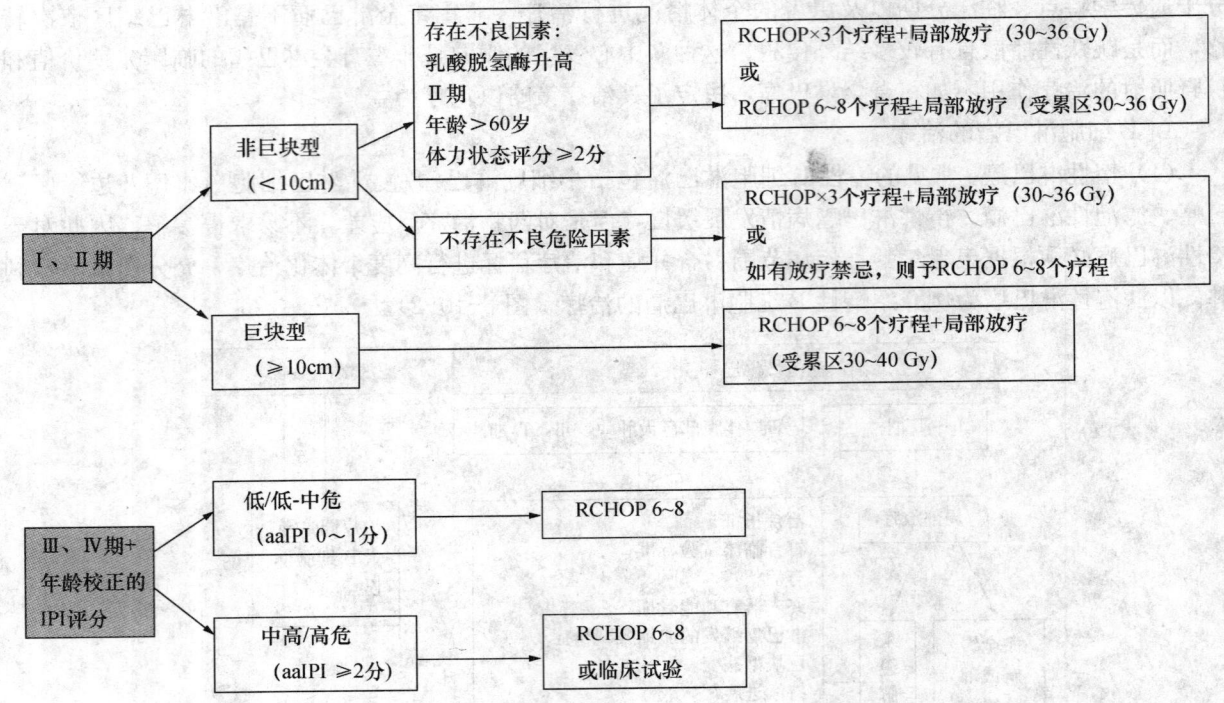

图 6-10-3 弥漫大 B 细胞淋巴瘤的治疗流程图

B 细胞非霍奇金淋巴瘤和结节性淋巴细胞为主型霍奇金淋巴瘤表达 CD20。凡 CD20 阳性的淋巴瘤均可用抗 C20 单克隆抗体（利妥昔单抗，Rituximab）治疗，利妥昔单抗与 B 淋巴细胞上的 CD20 结合，并引发 B 细胞溶解的免疫反应。细胞溶解的可能机制包括补体依赖性细胞毒性（CDC）和抗体依赖性细胞的细胞毒性（ADCC）。利妥昔单抗联合 CHOP 方案已经成为多数 B 细胞淋巴瘤治疗的标准方案。

4. 造血干细胞移植　根据供者不同，造血干细胞移植可分为自体造血干细胞移植（ASCT）和异基因造血干细胞移植移植（Allo-SCT）。大剂量化疗联合 ASCT 是对化疗敏感的复发侵袭性淋巴瘤的标准治疗方式，也可以显著提高伴有高危预后不良因素的初治侵袭性淋巴瘤的疗效，但是否可以提高惰性 NHL 的疗效尚无定论。Allo-SCT 的移植相关死亡率较高，限制了其应用，但部分高度预后不良的淋巴瘤亚型，如肝脾 T 细胞淋巴瘤，Allo-SCT 是唯一的治愈手段。

【预后】

NHL 是一组高度异质性的疾病，即使同种类型的淋巴瘤，对于治疗的反应和生存期也有较大差别。因此必须按照患者的预后因素进行危险度评估，对患者进行个体化治疗。1993 年 Shipp 等提出的国际预后指数（international prognostic index，IPI）对于侵袭性 NHL 具有较好的预后判断作用（表 6-10-7）。随着对 NHL 生物学特征的研究不断深入，NHL 预后的判断已经不再局限于临床特征，而是深入到了分子和基因水平。例如应用基因芯片技术可以把弥漫大 B 细胞淋巴瘤分为预后明显不同的两组：生发中心型和非生发中心型。研究 NHL 基因和蛋白表达水平的差异，将揭示 NHL 预后差别的根本原因，进而影响 NHL 的治疗模式。

表 6-10-7 国际预后指数（IPI）

预后因素*	危险程度	
年龄＞60岁	低危组	0或1分
血清乳酸脱氢酶大于正常	低/中危组	2分
一般状况评分（ECOG）≥2	中/高危组	3分
临床分期（Ann Arbor）Ⅲ或Ⅳ期	高危组	4或5分
结外受累部位＞1个		

注：每项危险因素为1分

表 6-10-8 非霍奇金淋巴瘤常用联合化疗方案

方案	药物	剂量	时间	每周期天数
RCHOP	Ritumib	375mg/m²	第1天 Ⅳ	21天
	环磷酰胺（CTX）	750mg/m²	第1天 Ⅳ	
	阿霉素（ADM）	50mg/m²	第1天 Ⅳ	
	长春新碱（VCR）	1.4mg/m²	第1天 Ⅳ	
	泼尼松（PDN）	100mg/m²	第1天 Ⅳ	
ESHAP	依托泊苷（VP1-6）	40mg/m²	第1~4天 Ⅳ	21天
	甲泼尼龙（MP）	500mg/m²	第1~4天 Ⅳ	
	阿糖胞苷（Ara-C）	2g/m²	第5天 Ⅳ	
	顺铂（DDP）	25mg/m²	第1~4天 Ⅳ	
FC	氟达拉滨（FLU）	25mg/m²	第1天 Ⅳ	21天
	环磷酰胺（CTX）	600mg/m²	第1天 Ⅳ	
FND	氟达拉滨（FLU）	25mg/m²	第1~3天 Ⅳ	28天
	米托蒽醌（MIT）	10mg/m²	第1天 Ⅳ	
	地塞米松（DXM）	20mg	第1~5天 Ⅳ/PO	
MINE	异环磷酰胺（IFO）	1.33g/m²	第1~3天 Ⅳ 美司那解救	21天
	米托蒽醌（MIT）	8mg/m²	第1天 Ⅳ	
	依托泊苷（VP1-6）	65mg/m²	第1~3天 Ⅳ	
mini-BEAM	卡莫司汀（BCNU）	60g/m²	第1天 Ⅳ	28~42天
	依托泊苷（VP1-6）	75mg/m²	第2~5天 Ⅳ	
	阿糖胞苷（Ara-C）	100mg/m²	第2~5天 Ⅳ q12h	
	美法仑（MEL）	30mg/m²	第6天 PO	

（邱录贵）

第十一章　多发性骨髓瘤

多发性骨髓瘤（multiple myeloma）是最常见的一种浆细胞病，其表现为骨髓中恶性浆细胞多灶性增生，外周血和（或）尿中出现单克隆免疫球蛋白或其片段（即M蛋白），并伴有骨质破坏、贫血和肾功能不全等。多发性骨髓瘤是一种老年疾病，我国中位发病年龄为55岁。多发性骨髓瘤占血液系统恶性肿瘤发病率的10%，仅次于淋巴瘤，是血液系统第二大肿瘤。

【病因和发病机制】

（一）病因

确切病因不详，可能与以下因素有关：

1. 辐射　长期低剂量接触放射线者多发性骨髓瘤的发病率增高。广岛、长崎核爆炸幸存者中发病者较多。

2. 职业及环境　长时间接触除草剂、杀虫剂、金属粉末或铅、砷、镉等烟尘、橡胶及其制品或某些化学物质（如苯以及染发剂等）者可能会增加多发性骨髓瘤的发病。

3. 遗传因素　流行病学调查发现，美国黑人多发性骨髓瘤发病率是白人的2倍。多发性骨髓瘤患者的一级亲属罹患多发性骨髓瘤的风险增加3～6倍。提示遗传因素可能参与多发性骨髓瘤发病。

4. 感染因素　病毒尤其是人类8型疱疹病毒（HHV-8）感染、慢性炎症、自身免疫或过敏性疾病可能会增加患多发性骨髓瘤风险。

（二）发病机制

多发性骨髓瘤的恶性细胞是源于生发中心B细胞的浆母细胞或浆细胞。与其他恶性肿瘤一样，多发性骨髓瘤的发生也是一个涉及多种"内"、"外"因素的复杂病理生理过程。

根据多发性骨髓瘤细胞和分子遗传学研究表明，其发生有两个分子病理途径：一是非超二倍体途径另一个是超二倍体途径。早期遗传学事件包括以下四个：生发中心B细胞在类别转换和体细胞高频突变时发生的免疫球蛋白重链异位、累及3、5、7、9等染色体的超二倍体、13号染色体的缺失和Cyclin D调节异常。K-或N-RAS突变、$FGFR3$突变、继发性MYC异位、$P53$失活等继发性事件推动肿瘤的继续进展并最终获得"永生化"。

骨髓微环境在MM的发生、发展中同样具有重要地位。体内外试验表明，白细胞介素-6（IL-6）是MM细胞生长的主要细胞因子。MM患者骨髓中显著增高的IL-6不仅参与MM细胞的增殖分化，同时还与正常免疫功能抑制和溶骨性病变相关。骨髓中多种基质成分参与MM骨病的发生、发展。MM患者骨髓中血管新生程度与病严重程度呈正相关。

【临床表现】

1. 骨痛　是MM常见症状，也是影响患者生活质量的主要因素之一。骨痛开始为一过性、轻微、短暂而局限，并逐渐加重。突然加重时，应警惕发生病理性骨折。

2. 贫血与出血　多为轻度贫血，随着疾病进展贫血逐渐加重。一般出血不明显，其原因为血小板、凝血因子减少或功能障碍和高黏滞血症等。

3. 肾功能不全　患者出现蛋白尿、管型尿或血尿，肾功能损伤多为渐进性。急性肾小管梗阻时可导致急性肾衰竭。合并淀粉样变性时可表现为肾病综合征。

4. 高黏滞综合征　出现头昏、眼花、视力障碍和手足麻木的患者，是由于血液中免疫球蛋白增多导致黏滞度增高和组织淤血缺氧所致。

5. 免疫功能低下　主要由于患者正常免疫球蛋白合成受抑制，反复出现细菌或病毒感染。

6. 高钙血症　由于骨质破坏使血钙增高，严重时引起头痛、呕吐、心律失常，甚至死亡。

7. 继发性淀粉样变性　视受累部位不同而表现不同，如心肌病、肾病综合征、感觉障碍、自主神经功能紊乱、皮肤增厚或肿胀等。当 MM 患者出现多器官损害或一些非 MM 特有的症状或体征时，应警惕淀粉样变发生。

8. 其他　浆细胞可侵犯多种组织或器官（如甲状腺、淋巴结、胸腺、心包、肝、皮肤、睾丸和神经系统等），从而引起相应器官肿大或功能异常。

【实验室和其他检查】

（一）血象

多为正细胞正色素性贫血。血片中可见到成熟红细胞呈缗钱状排列，血片中偶可见到浆细胞，但不超过 20%。

（二）骨髓象

骨髓中浆细胞含量 >10%。浆细胞形态呈多样性，可以是成熟浆细胞或原幼浆细胞。有时异型性明显：细胞外形不规则、胞浆染色不均匀、巨大的浆细胞伴核形不规则、葡萄状细胞或火焰状细胞等。

（三）免疫球蛋白的定量

可以发现血液中某一种免疫球蛋白水平显著增高（M 蛋白），同时其他免疫球蛋白水平下降。且 24 小时尿蛋白定量或尿轻链定量水平显著增高。

（四）免疫球蛋白定性

目的在于证明异常增高的免疫球蛋白为单克隆性，这是鉴别良、恶性免疫球蛋白增高的重要依据。

1. 蛋白电泳　血清或尿的蛋白电泳可见一基底窄而高耸的单峰。多数在 γ 区，也可在 β 区或 α_2 区。

2. 免疫固定电泳　患者血清中的单克隆免疫球蛋白与电泳条带中特异性抗血清结合，通过染色形成清晰的浓集条带，从而对单克隆免疫球蛋白进行分类。

3. 血浆游离轻链定量　是目前敏感性最高的定性、定量检测 M 蛋白的方法。

（五）影像学检测

最常用的是 X 光平片，用于检测 MM 骨病的部位和严重程度。X 线下表现包括：骨质疏松、溶骨性病变、病理性骨折和骨质硬化。CT 和 MRI 检测有利于早期病变的发现。

（六）本周蛋白检测

半数患者尿中可检测出一种加热至 45~60℃时凝固、继续加热时重新溶解的蛋白质称为本周蛋白。其本质为超出了肾脏重吸收能力的过多的免疫球蛋白轻链。

（七）其他

血生化检测可以发现 MM 患者球蛋白、β_2-微球蛋白（β_2-MG）、IL-6、尿酸、C 反应蛋白（CRP）水平增高，白蛋白降低等。采用常规染色体检测、多聚酶链反应（PCR）、免疫荧光原位杂交（FISH）等方法可以检测出 MM 合并 IgH 重排、t（4;14）、del（13q14）、del（17p）等异常。

【诊断与鉴别诊断】

（一）诊断

MM 诊断标准具体内容包括：主要标准：骨髓中浆细胞 >30%；组织活检为浆细胞瘤；M 蛋白：血清 IgG>35g/L、IgA>20g/L、尿本周蛋白 >1g/24h；次要标准：①骨髓中浆细胞 10%~30%；②血清中 M 蛋白增高但未达到上述水平；③溶骨性病变；④正常免疫球蛋白下降 50%：IgG<6g/L，IgA<1g/L，IgM<0.5g/L。凡具有至少 1 项主要标准和 1 项次要标准或 3 项次要标准（必须包括 1、2）可确诊 MM。

临床变异型分为冒烟型骨髓瘤（smoking myeloma，SMM）、惰性骨髓瘤（indolentmyeloma，IMM）、浆细胞白血病（plasma cell leukemia，PCL）和不分泌型骨髓瘤。SMM 诊断标准：无 MM

临床症状（溶骨病变、贫血、肾功能损害、高钙血症）；骨髓中浆细胞 10%～30%；血清中 M 蛋白达到 MM 水平。IMM 诊断标准：骨髓中浆细胞>30% 或活检证实为浆细胞瘤；血清中 IgG<70g/L，IgA<50g/L；溶骨病变≤3 处且无压缩性骨折；无贫血、高钙血症和肌苷增高。PCL 诊断标准：外周血浆细胞>20% 或绝对值>2.0×10^9/L，其中有 MM 病史者为继发性，否则为原发性。不分泌型 MM：符合 MM 诊断标准；血清和尿中无单克隆免疫球蛋白。其中浆细胞中免疫球蛋白阴性者为不合成型，阳性者为合成不分泌型。

根据免疫球蛋白的不同，MM 分为 IgG 型、IgA 型、IgD 型、IgE 型、IgM 型、双克隆或多克隆型和不分泌型等。

目前最新的 MM 分期标准为国际分期系统（ISS）（表 6-11-1）。

表 6-11-1 国际分期系统（international staging system，ISS）

	分期依据	中位生存期
Ⅰ期	血清 β_2-MG<3.5mg/L 且白蛋白>35g/L	62 个月
Ⅱ期	介于Ⅰ期与Ⅲ期间	44 个月
Ⅲ期	血清 β_2-MG>3.5mg/L	29 个月

（二）鉴别诊断

老年患者出现不明原因的骨痛、肾功能不全、贫血时，应该考虑到本病的可能性。

1. 反应性浆细胞增多症　慢性感染如结核、伤寒以及自身免疫性疾病时骨髓中浆细胞含量和血清免疫球蛋白水平可增高，但免疫球蛋白定性为多克隆性。

2. 伴有单克隆性免疫球蛋白增多的疾病　除了 MM 外，许多淋巴瘤如慢性淋巴细胞白血病、弥漫大 B 细胞淋巴瘤、淋巴浆细胞淋巴瘤也有单克隆性免疫球蛋白增多，但各有不同的临床特点。流式细胞仪检测肿瘤细胞表面分子以及细胞遗传学检测可以鉴别。

【治疗】

（一）治疗策略

虽然目前 MM 仍无法根治，但随着造血干细胞移植（HSCT）的开展以及以沙利度胺（thalidomide，商品名：反应停）、硼替佐米（bortezomib，商品名：万珂）为代表的新型药物的应用 MM 的疗效获得了显著提高。对于年轻患者（65 岁以下）应该采取包括（自体甚至异基因）HSCT 在内的强化治疗以追求最佳的缓解质量；而对于老年患者（65 岁以上）以改善生活质量为目标。上述两组患者在条件许可的情况下均应优先考虑应用含新型药物如沙利度胺、硼替佐米的方案，并高度重视并发症（如骨髓瘤骨病）的预防与治疗。

（二）适合 HSCT 患者的治疗

HSCT 前诱导治疗避免长期应用烷化剂如马法兰、环磷酰胺（CTX）的方案以免影响干细胞动员，可选择的方案包括 VAD、DT、BD 等。标准的外周血干细胞动员方案是大剂量 CTX 联合粒细胞集落刺激因子（G-CSF）。预处理采用大剂量马法兰。对于第一次移植没有达到非常好的部分缓解的患者可以考虑第二次自体 HSCT，两次移植间隔不超过半年。对于部分高度预后不良 [如存在 t（4；14）、del（13q14），高 β_2-MG 水平] 的年轻患者（45 岁以下）可采用自体 HSCT 联合减剂量异基因 HSCT，希望利用移植物抗骨髓瘤（GVM）作用来达到彻底清除肿瘤细胞的目的。

（三）不适合 HSCT 患者的治疗

这部分患者无法承受大剂量化疗（尤其是大剂量糖皮质激素）的毒副反应，MP 方案在相当长的一段时间内是这部分患者标准治疗方案，以 M$_2$ 方案为代表的多药联合方案的远期疗效也并不优于 MP 方案。MP 方案与沙利度胺、硼替佐米等联合构成的 MPT、VMP 等方案在显著提高疗效的同时，毒副反应无明显增加。尤其是 MPT 方案具有与 VAD 方案接近的疗效而且具有经济、方便等优点，目前是不适合 HSCT 患者的首选治疗方案。

（四）骨病的治疗

骨病的治疗方法包括双磷酸盐类药物、局部放疗、外科手术等。双膦酸盐能够明显减轻 MM 相关骨病患者的症状，改善生活质量。常用药物包括帕米磷酸：60~90mg，静脉输注，持续 2~4h 以上，每个月 1 次；唑来膦酸：4mg，静脉输注，持续 15min，每个月 1 次。

表 6-11-2 骨髓瘤常用联合治疗方案

方案	药物	一般剂量	用法	说明
MPT	美法仑（马法兰）	4mg/（m²·d）	口服共 7 天	每 4 周重复一次，至少半年
	泼尼松	40mg/（m²·d）	口服共 7 天	
	沙利度胺	100mg/d	每天一次，连续半年	
VAD	长春新碱	0.4mg/d	静脉滴注共 4 天	每 4 周重复给药
	阿霉素	10mg/d	静脉滴注共 4 天	
	地塞米松	40mg/d	口服，1~4 天，9~12 天，17~20 天	
DT-PACE	地塞米松	40mg/d	口服，1~4 天	
	沙利度胺	100mg/d	口服，连续	
	顺铂	10mg（m²·d）	静脉滴注共 4 天	
	阿霉素	10mg/d	静脉滴注共 4 天	
	环磷酰胺	400mg/d	静脉滴注共 4 天	
	VP16	40mg/（m²·d）	静脉滴注共 4 天	

【预后】

MM 是一种高度异质性的疾病，生存期从数月至数年不等。ISS 是目前最常用的预后判断体系（参见表 6-11-1）。

（邱录贵）

第十二章 骨髓增殖性肿瘤

骨髓增殖性肿瘤（myeloproliferative neoplasms，MPNs），此前称骨髓增殖性疾病（myeloproliferative disorders，MPDs），是一组起源于多能造血干细胞阶段、一系或多系骨髓细胞克隆性持续增殖的疾病，包括：慢性粒细胞白血病（chronic myelogenous leukemia，CML）、真性红细胞增多症（polycythemia vera，PV）、原发性血小板增多症（essential thrombocythemia，ET）和原发性骨髓纤维化（primary myelofibrosis，PMF）。本组疾病的共同特点是：①克隆性增殖的细胞主要表现为增殖能力的异常增加，而发育成熟为终末细胞的能力无严重受损；②各病除有其本系造血细胞增多外，还可有其他一系或多系造血细胞增多，如真性红细胞增多症可伴有粒细胞和/或血小板增多；③各疾病间可相互转化，如真性红细胞增多症可转变为骨髓纤维化症；④均可出现高尿酸血症、痛风、肾结石等核蛋白破坏增高和消瘦、乏力、低热等代谢亢进的表现。

第一节 真性红细胞增多症

真性红细胞增多症（polycythemia vera，PV）是一种以红细胞、粒细胞和巨核细胞不受控制的增殖为特征的造血干细胞疾病。其临床特征是红细胞增多、中性粒细胞增多、血小板增多和脾大，至病程晚期常发展为进行性骨髓纤维化、贫血和不断进展的脾大等与特发性骨髓纤维化相似的综合征。

【临床表现】

1. 首发症状 常为隐袭性起病，主要见于60~70岁人群，首发症状有头痛、多血质、瘙痒、血栓形成和胃肠道出血，但部分患者是在常规检查时发现血细胞计数异常而确诊，约30%患者有临床症状，依次为头痛、乏力、瘙痒、头晕和盗汗。

2. 栓塞和出血 在起病的头10年中，40%~60%患者可出现栓塞并发症，且在此阶段，每年患病率均等，严重的栓塞并发症有脑血管意外、心肌梗死、深部静脉栓塞（如肝静脉栓塞）以及肺栓塞，约1/4患者有出血和瘀斑，但常不严重。有的患者发生下肢动脉栓塞出现肢端坏疽。

3. 皮肤 约40%患者有皮肤瘙痒，用热水洗澡常可使之加重，有些患者可因严重的皮肤瘙痒而影响其生活质量，原因不明，可能与皮肤中肥大细胞数量增多和组胺水平增高有关。

4. 肠道 门静脉高压和食管静脉曲张较常见，PV患者消化性溃疡比正常人群高5倍。

5. 心血管 心血管症状包括心绞痛、心肌梗死和心力衰竭。

6. 神经系统 神经系统症状如头晕较常见，舞蹈病和POEMS综合征、继发于髓外造血的脊管压迫亦有报道。

7. 其他 由于核酸转运增多从而导致骨髓细胞高度增殖，常可使血尿酸浓度增高，因此痛风亦较常见。Sweat综合征亦有数例报道。手术中或术后75%以上的病情未获控制的PV患者可出现出血和栓塞合并症。此外，已有研究证实PV患者淋巴瘤发生率较高。MDS作为PV的并发症已日渐引起人们的关注，如：①标准治疗后迅速脾大；②无明显骨髓纤维组织增生；③骨髓极度活跃伴髓系、红系和巨核系三系增生异常；④外周血单核细胞计数$>1\times10^9$/L和⑤增生异常的髓系细胞极度浸润肝脾的患者提示可能出现MDS。

【实验室和其他检查】

（一）血象

外周血主要表现为红细胞计数、红细胞比容、红细胞容量和血红蛋白值增高，红细胞压积男性$>$60%，女性$>$55%患者常为红细胞容量绝对值增高，因此，这些患者可以不做红细胞容量检查。约

50%患者同时有白细胞和血小板增高。早期患者红细胞常表现为缺铁的形态特征，为小细胞低色素，晚期常为骨髓纤维化特征，可有显著的大、小不均和泪滴状红细胞。晚期患者可见中、晚幼粒细胞，约2/3患者可出现嗜碱性粒细胞增高，外周血涂片中常可见巨大血小板。

（二）骨髓
骨髓检查常为三系高度增生。骨髓病理可有网状纤维增生。

（三）生化
约70%患者中性粒细胞碱性磷酸酶水平，40%患者血清维生素B_{12}浓度增高，70%患者血清维生素B_{12}结合蛋白增高，大部分患者尿酸和组胺水平增高，动脉PO_2常较正常人低。全血黏度常增高。血清红细胞生成素水平减低或为正常低值。

（四）出凝血检查
凝血酶原时间（prothrombin time，PT）、活化部分凝血活酶时间（activated partial thromboplastin time，aPTT）和纤维蛋白原正常，血小板计数$>1\,000\times10^9/L$的患者可出现类似Ⅱ型血管性血友病（von Willebrand's disease，VWD）的获得性VWD，表现为出血时间（bleeding time，BT）延长，ⅧC：VWF正常，瑞斯托霉素辅助因子活性减低，大的VWF多聚体数减低或缺如。部分患者有抗凝血酶Ⅲ，蛋白C和蛋白S缺乏。

（五）染色体
约40%患者有染色体核型异常，初诊时常见异常有del（20）（q^{11}）、+8和+9，这些异常可见于PV病程的始终，对临床表现和病程影响很少，可能与疾病本身有关。目前认为与PV可能相关的染色体异常还有del（1）（p^{11}）、del（3）（p^{11}；p^{14}）、t（1；6）（q^{11}；p^{21}）和t（1；9）（q^{19}；q^{14}）。

【诊断与鉴别诊断】

诊断PV的最主要依据是红细胞增多、白细胞增高、血小板增多和脾大，大部分患者在就诊时仅有上述特征中的两条或三条，部分患者甚至仅有红细胞增多，偶尔只有血小板增多或白细胞增多或脾大，因此有时PV诊断很难以确立。

PV诊断标准为：

（一）主要标准
1. 男性Hb>18.5g/L，女性Hb>16.5g/L，或其他红细胞容积增高的证据（血红蛋白或HCT大于按年龄、性别和居住海拔高度测定方法特异参考范围百分度的第99位，或如果血红蛋白比在无缺铁情况下的基础值肯定且持续增高至少20g/L的前提下男性Hb>17g/L，女性Hb>15g/L）。
2. 有JAK2V→F突变或其他功能相似的突变如JAK2第12外显子突变。

（二）次要标准
1. 骨髓活检示按患者年龄来说为高度增生，三系生长（全髓造血）以红系、粒系和巨核细胞增生为主。
2. 血清EPO水平低于正常参考值水平。
3. 骨髓细胞体外培养有内源性红系集落形成。

符合2条主要标准和1条次要标准或第1条主要标准和2条次要标准则可诊断PV。

PV与继发性红细胞增多症和相对性红细胞增多症的鉴别诊断要点见表6-12-1。

【治疗】

PV常常维持在多血症期达数年之久，此后进入"耗竭"期。

（一）多血症期
多血症期患者的治疗目的是通过减少血细胞以改善症状，降低栓塞和出血并发症。有些患者通过周期性静脉放血而使红细胞计数和红细胞比容得到控制，而血小板和白细胞数需通过给予骨髓抑制性药物方可得到控制，大部分患者需同时进行上述两种治疗。

表 6-12-1 PV、继发性红细胞增多症和相对性红细胞增多症的典型实验指标

指标	PV	继发性红细胞增多症	相对性红细胞增多症
脾大	有	无	无
白细胞增多	有	无	无
血小板增多	有	无	无
肾上腺素诱导的血小板第一波异常	有	无	无
红细胞容积	增高	增高	正常
动脉血氧饱和度	正常	减低/正常	正常
血清维生素 B_{12}	增高	正常	正常
中性粒细胞碱性磷酸酶	增高	正常	正常
骨髓	全髓高度增生	红系高度增生	正常
EPO 水平	减低	增高	正常
自发性 CFU-E 生长	有	无	无

1. 静脉放血 一般来说，间隔 2～4 天静脉放血 450～500ml，可使红细胞比容降到正常或接近正常值，HCT 大于 64% 患者放血间隔期应更短，体重低于 50kg 的患者每次放血量应减少，对于有心血管疾患的患者放血应采用少量多次的原则。静脉放血可使诸如头痛等症状得到改善，但不能降低血小板和白细胞数，对皮肤瘙痒和痛风等症状亦无效。对于年龄小于 50 岁且无栓塞病史患者可采用该方法。

2. 骨髓抑制药物治疗 PV 采用骨髓抑制药物治疗的适应证有：①血小板计数高于（800～1 000）× 10^9/L；②有栓塞和出血并发症；③静脉放血治疗需求每月超过一次；④严重皮肤瘙痒。

(1) 羟基脲：起始剂量为 30mg/（kg·d），口服，一周后改为 5～20mg/（kg·d），需维持给药，联合静脉放血治疗可降低栓塞并发症。

(2) 马利兰：每天给予 2～4mg，几周后常可使白细胞计数下降至正常，停药后血细胞计数维持正常几个月至几年不等，在一大系列研究中显示马利兰治疗患者中位首次缓解期为 4 年。由于超量给药可致严重骨髓抑制，因此，每天用量不宜超过 4mg。

(3) ^{32}P：静脉给予 ^{32}P 2～4mCi 后常可使疾病得到很好的控制，间隔 6～8 周后可依首剂疗效再次给予。^{32}P 治疗最大的不良反应是高风险发生治疗相关性白血病/骨髓增生异常综合征及肿瘤，^{32}P 治疗患者 10 年时白血病/骨髓增生异常综合征风险率为 10%，肿瘤发生风险率为 15%，20 年时发生白血病/骨髓增生异常综合征风险率可增高至 30%。

(4) 干扰素：最近研究表明干扰素是治疗 PV 的有效药物。用药 6～12 个月后，70% 患者的红细胞容积可获控制，约 20% 的患者获部分缓解，10% 无效。用药量为（9～25）× 10^6U/周，分三次皮下注射，此外尚可使血小板计数、皮肤瘙痒和脾大得到显著改善。

(5) 双溴丙哌嗪：主要用于合并有血栓和出血的持续血小板增多的 PV 患者，有效率约为 70%，起始剂量为 0.5～1mg，口服，4 次/天，维持量为 2.5mg/d，起效时间为 17～25 天。由于本药可以通过胎盘，因此孕妇禁用，该药对控制红细胞增多和 PV 相关的全身症状无效。

3. 对症处理 皮肤瘙痒采用静脉放血/骨髓抑制药物常无效，由于洗澡可使之加重，因此可告诫患者减少洗澡次数，采用补骨脂素和紫外线照射可使皮肤瘙痒得到缓解，阿司匹林和塞庚啶亦有效，但抗组胺药物无效。由于栓塞是 PV 患者死亡的主要原因，因此，可给予阿司匹林和双嘧达莫口服预防。

(二) 终末期

此期患者可出现贫血，显著骨髓纤维化和显著的脾大，血小板计数可增高、正常或减少，白细胞计数可显著增高伴外周血中出现幼稚粒细胞。由于脾照射无效，采用马利兰、羟基脲化疗可使血小板计数显著减少，因此周期性输血治疗就成了唯一的治疗方法。

【预后】

PV是一种慢性病，确诊后生存期一般为10～20年。

PVSG研究发现单独静脉放血患者的中位生存期为13.9年；^{32}P治疗患者为11.8年，瘤可宁治疗患者为8.9年。约31%的患者死于栓塞，19%的患者死于白血病，15%死于其他肿瘤，5%死于出血或终末期。

第二节　原发性血小板增多症

原发性血小板增多症（essential thrombcythemia，ET）是一种主要累及巨核细胞系的克隆性骨髓增殖性肿瘤，本病的主要特征是外周血持续血小板增高，骨髓中大型、成熟巨核细胞数增多，临床表现为栓塞和/或出血。

【临床表现】

本病主要见于50～70岁人群，确诊中位年龄为60岁，约20%患者年龄小于40岁，男女均可发病，男：女约（1～2）：1。随着自动血小板计数技术的广泛应用，无症状患者、儿童和青年病例比例逐年增高。1/4～1/3患者确诊时无明显症状，其余患者主诉常为"血管舒缩"症状或血栓、出血并发症。与其他骨髓增生性疾病相比，高代谢症状如发热、盗汗和体重减轻相对少见。查体主要表现为轻度脾大，可见于约40%患者，但ET患者的主要临床表现和致死原因是本病的出血和栓塞并发症。

1. 出血　初诊时约50%患者以出血为主要临床表现，可表现为自发性出血，或轻度创伤特别是手术后出血不止，皮肤黏膜出血最为常见，其次为反复胃肠道出血、牙龈出血，关节肌肉出血和瘀斑少见。

2. 栓塞并发症　确诊时20%～50%患者可存在有栓塞，可累及全身各部位的动脉和静脉，动脉栓塞比静脉栓塞更为常见，常见动脉栓塞部位为脑血管、外周血管和冠状动脉。最典型的动脉损伤是由于血小板栓子和/或局部血小板聚集引起微血管阻塞导致手指和/或脚趾局部缺血，有时合并坏疽前改变或短暂性脑缺血症状；有时大的脑血管阻塞而表现为脑卒中。以脚趾/手指疼痛、烧灼感和红肿为特征的所谓红斑性肢痛病是其另一典型表现。妊娠妇女可出现多发性胎盘梗死导致胎盘功能不全，而出现反复自发性流产、胎儿发育迟缓、早产儿或胎盘早期剥离。静脉栓塞常见为下肢深部静脉栓塞，门静脉、肝脏静脉栓塞亦有报道。

【实验室和其他检查】

(一) 血象

外周血的主要特征是显著的血小板计数增高，常高于$1\,000\times10^9/L$，最低$\geqslant 600\times10^9/L$。约50%患者有白细胞数增高，但很少高于$40\times10^9/L$。红细胞常为低色素和大细胞。约25%患者外周血可见幼稚粒细胞（中、晚幼粒细胞和有核红细胞），约1/3患者可有轻度嗜酸和嗜碱粒细胞增高。

(二) 骨髓

骨髓涂片及活检病理切片的主要特征是极度反应性巨核细胞增生，主要为多个核巨核细胞并常见巨核细胞呈簇分布，约25%患者有网状纤维增生，但胶原纤维增生很少见。

(三) 生化

中性粒细胞碱性磷酸酶正常/增高，维生素B_{12}、尿酸水平常增高。血清铁蛋白水平正常。

（四）出凝血检查

10%～20%患者出血时间延长，血小板聚集试验常显示异常，表现为肾上腺素、ADP和胶原诱导的聚集较正常人明显减低。在那些血小板计数高于 $1\,000×10^9/L$ 的患者中可出现获得性VWD，这些患者表现为出血时间延长，ⅧC：VWF正常，瑞斯托霉素辅助因子活性减低，大的VWF多聚体数减低或缺如。

【诊断与鉴别诊断】

诊断需符合以下四条标准：

1. 持续性血小板计数 $≥450×10^9/L$。

2. 骨髓活检示巨核细胞高度增生，主要呈大型大的成熟巨核细胞数增多，粒系或红系无显著增生或左移。

3. 不能满足真性红细胞增多症、慢性粒细胞白血病（BCR-ABL融合基因阴性）、慢性特发性骨髓纤维化、骨髓增生异常综合征（无粒系和红系病态造血）或其他髓系肿瘤的WHO诊断标准。

4. 有JAK2V→F突变或其他克隆性标志，或没有一个克隆性标志，无已知反应性血小板增多的证据（如铁缺乏、脾切除术后、外科手术、感染、炎症、结缔组织病、转移瘤、淋巴细胞增殖性疾病等）。

ET应与反应性血小板增多〔常见原因有急性失血，恶性肿瘤（如癌、霍奇金病和非霍奇金病）〕，慢性炎症性疾病（如类风湿关节炎、溃疡性结肠炎、科隆病），急性炎症，手术后，脾切除和脾功能低下，药物抑制后的骨髓恢复期，运动，药物反应，缺铁和POEMS综合征及继发于其他MPD的血小板增多相鉴别。

【治疗】

本病的治疗主要包括出血、缺血和栓塞并发症的紧急处理和血小板计数的长期控制。

1. 出血的治疗　在开始有关检查以前，输注正常血小板为最有效的治疗措施，血小板单采是降低血小板数的快速方法，但对那些致命性出血的患者疗效不佳。最有效的药物治疗是羟基脲，2～4g/d，用药3～4天后根据患者血小板计数、体重和年龄再调整剂量，一般减至1g/d。

2. 缺血/栓塞的治疗　应立即给予抗凝剂，首选阿司匹林300mg/d，同时采用血小板单采迅速降低血小板数，亦可选用口服羟基脲。

3. 血小板数的长期控制　由于出血和栓塞是导致本病患者死亡的主要原因，而长期控制血小板数的主要目的是预防并发症，因此，在选择治疗时首先应对患者出现出血和血管并发症的风险作出正确评价，出血常与高血小板计数相关，但大部分回顾性分析表明血小板计数高低与栓塞发生无关，一般认为血小板数超过 $(1\,000～1\,500)×10^9/L$ 是开始治疗的最好指征。

（1）羟基脲：起始剂量为（15～20）mg/（kg·d），一般8周内80%的患者其血小板计数可降低至 $500×10^9/L$ 以下，然后给予适当的维持剂量治疗。约15%的患者因核糖核酸还原酶的获得而使该药的敏感性减低，或基因扩增使核糖核酸还原酶显著增高而导致治疗失败。单用羟基脲治疗4～8年后患者的白血病发生率为5%～10%。

（2）干扰素：起始剂量为300万U/d，皮下注射，有效率为90%，达完全缓解时间约为3个月。维持剂量为300万U/次，3～4次/周。

（3）双溴丙哌嗪：起始剂量为0.7～1mg/（kg·d），达完全缓解时间为0.5～5个月不等，必须进行维持治疗，剂量为14～39mg/d。

（4）其他：包括马利兰、^{32}P、瘤可宁、马尔法兰等，由于长期应用这些药物可并发白血病，因此现已极少应用。

【预后】

主要死亡原因是栓塞和出血。少部分患者在病程中可转化成其他类型的MPD。ET的白血病转化率约3%～10%，主要见于用 ^{32}P 或烷化剂治疗的患者，未予化疗的患者极少见。ET患者的生存期与正常年龄组无明显差别。

第三节 原发性骨髓纤维化

原发性骨髓纤维化（primary myelofibrosis，PMF）又称特发性骨髓纤维化（idiopathic myelofibrosis，IMF），是一种以：①脾大；②外周血中可见幼稚粒细胞和有核红细胞；③出现泪滴样红细胞；④骨髓纤维增生为特征的慢性骨髓增殖性肿瘤。

【临床表现】

发病时平均年龄为60岁，男女患病率无差别。约30%患者在起病时无自觉症状或有乏力、体重减轻、盗汗等及脾肿大引起的腹胀感，严重者可有骨痛（特别是下肢骨痛）、发热、贫血、出血等。63%～100%患者有脾大，40%～80%患者有肝大。脾大与脾血流增加、肝内血流阻力增高及脾髓外造血等因素有关。肾上腺、肾被膜下和淋巴结等部位的髓外造血灶，有时伴有高度纤维化而形成纤维造血性髓外肿瘤。此外，纤维造血性髓外肿瘤还可见于肠、乳腺、肺、纵隔、肠系膜、皮肤、滑膜、胸膜和下尿道。

颅内或硬膜外腔髓外造血可致严重的神经系统并发症，如硬膜下出血、谵妄、颅压增高、视神经水肿、昏迷、运动神经和感觉神经受损以及肢体瘫痪等。PMF患者由于脾门静脉血流量显著增高和肝血管顺应性减低可导致严重的门静脉高压、腹水、食管和胃静脉曲张、胃肠道出血和肝性脑病。

【实验室和其他检查】

（一）血象

大部分患者表现为正细胞、正色素性贫血，成熟红细胞形态表现为大小不均，多形性红细胞和泪滴状红细胞，网织红细胞计数常轻度增高，外周血可见有核红细胞，约50%的患者白细胞计数增高，大部分患者常<30×10^9/L，可见幼稚粒细胞，成熟中性粒细胞可表现为分叶过多，获得性Pelger-Hüet异常。1/3患者血小板计数增高，外周血涂片可见巨大血小板。约10%的患者表现为全血细胞减少。

（二）骨髓

骨髓穿刺常为"干抽"，骨髓活检病理切片常为增生，红系细胞数正常或增高，粒系和巨核系高度增生，HE染色常表现为胶原纤维增生，银染表现为网状纤维增生，约一半患者为极度网状纤维增生。巨核细胞以巨大巨核细胞、小巨核细胞、多分叶巨核细胞和裸核巨核细胞为主。粒系细胞可见多分叶核细胞，获得性Pelger-Hüet异常、核碎片及核浆发育不平衡。

（三）生化

约75%患者中性粒细胞碱性磷酸酶增高，25%患者减低，血清尿酸、乳酸脱氢酸、胆红质常增高，白蛋白、胆固醇、高密度脂蛋白浓度减低，可以有低钙血症或高钙血症。血小板显著增高的患者可有出血时间延长和聚集试验异常。

（四）染色体

常见染色体核型异常为del12（q13q21）和20q-，累及1、5、7、9、13、20或21号染色体异常亦可见。

【诊断与鉴别诊断】

PMF的诊断需符合3条主要标准和2条次要标准：

（一）主要标准

1. 有巨核细胞增生和异型巨核细胞，常常伴有网状纤维或胶原纤维，或无显著的网状纤维增多，巨核细胞改变必须伴有以粒细胞增生且常有红细胞造血减低为特征的骨髓增生程度增高（如纤维化前的细胞期）。

2. 不能满足真性红细胞增多症、慢性粒细胞白血病（BCR-ABL融合基因阴性）、骨髓增生异综合征（无粒系和红系病态造血）或其他髓系肿瘤的 WHO 诊断标准。

3. 有 JAK2V→F 突变或其他克隆性标志（如 MPL515W→L/K），或没有一个克隆性标志，无由于炎症或其他肿瘤性疾病的骨髓纤维化证据（如继发于感染，自身免疫病或其他慢性炎症性疾病，毛细胞白血病或其他淋巴组织肿瘤，转移瘤，中毒性骨髓病等）。

（二）次要标准

1. 幼粒幼红血象。
2. 血清乳酸脱氢酶水平增高。
3. 贫血。
4. 可触及的脾大。

CML 患者随着病情的演进，常可出现明显的骨髓纤维化，甚至有些患者在初诊时即可有骨髓纤维组织的显著增高，Ph 染色体或 BCR-ABL 融合基因表达仅见于 CML，是鉴别两者的金指标。

伴两系或三系血细胞减少的 PMF 患者还应与 MDS 进行鉴别，骨髓纤维组织增生和显著的脾大有助于 PMF 的诊断。此外，介于 PV 与 PMF 的转化型骨髓增殖性肿瘤（MPN）和 PV 后骨髓纤维化患者，具有脾大、骨髓纤维化、血小板多形性、碱性磷酸酶增高的毛细胞白血病，伴全血细胞减少、严重骨髓纤维化、幼粒幼红血象、红细胞多形性的恶性淋巴瘤、肥大细胞病、骨髓转移瘤、系统性红斑狼疮和其他免疫性疾病、分枝杆菌和真菌感染等，有时与 PMF 难以鉴别，因此，应仔细全面分析临床病史、症状和体征，再结合不同疾病特异的有关实验室检查方可作出正确诊断。但骨髓纤维化主要依据骨髓活检病理诊断。

【治疗】

PMF 是一种不可治愈的疾病。治疗策略仍然主要是支持治疗，治疗的主要目的是改善症状，如贫血、脾大、血小板减少和全血细胞减少，目前的治疗几乎对生存期无明显改善。

（一）雄激素和糖皮质激素

雄激素可使 1/3～1/2 患者的贫血得到改善，糖皮质激素可使 1/3 严重贫血或血小板减少的患者得到改善，因此伴贫血和/或血小板减少的患者初治时可联合雄激素（司坦唑醇，6mg/d 或达那唑 200mg，口服，q6h 或 q8h）和糖皮质激素（泼尼松，40mg/d）治疗，至少 3 个月。如果疗效好，雄激素继续使用，糖皮质激素逐渐减量。

（二）化疗

马利兰及其他烷化剂、6-TG、羟基脲使部分患者的脾和肝大缩小，盗汗、体重减轻等症状得到改善，可使血红蛋白增高，血小板计数、骨髓纤维含量减低。马利兰的起始剂量为 2～3mg/d，口服，约相隔三周调整一次剂量。羟基脲用量为每次 20～30mg/kg，每周 2～3 次或 1.5g，每天一次。

（三）干扰素

常用剂量为 $3.5×10^6$ 单位，每周 3 次，疗程至少为 12 个月。

（四）脾切除

1. 临床手术指征　①疼痛性脾大；②需要大量输血或合并难治性溶血性贫血；③严重的血小板减少；④门脉高压。

2. 手术禁忌证　①活动性肝炎；②严重肺及心血管病；③血小板计数较高者。由于脾内梗阻所致的门静脉高压患者应采用脾肾分流术而不应采用脾腔分流术。切脾的死亡率为 7%～15%，手术期并发症有出血、膈下血肿、膈下脓肿、胰尾受损、胰腺瘘、门静脉残端瘘等；晚期并发症有肝大、髓外造血性肿瘤等。

（五）放射治疗

其临床应用指征有：①严重的脾区疼痛（脾梗死）；②显著的脾肿大而有切脾禁忌证；③由腹膜髓样化生所致的腹水；④局部严重骨骼疼痛；⑤髓外纤维造血性肿瘤。可取得明显缩脾效果的照射，剂量为 200～300cGy，分 10～15 次分次照射，局部照射 50～200cGy 后即可使脾区疼痛明显缓解。

(六)造血干细胞移植

异基因骨髓移植是迄今唯一可望治愈 PMF 的方法,预后较差的年轻患者若有合适的相关供体可选择造血干细胞移植治疗。

(肖志坚)

第十三章 出血性疾病概述

出血性疾病（hemorrhagic disease）是一类止血机制异常所致疾病统称。本章简要介绍正常止血机制、抗凝和纤维蛋白溶解机制，重点介绍出血性疾病分类、诊断和治疗。

【正常止血机制】

有三种因素（血管壁、血小板和凝血因子）参与人体正常止血过程。以上三种因素在人体止血过程中相互作用和协同。

（一）血管机制

血管受损时，局部血管收缩，破损伤口缩小或闭合。血管收缩通过神经反射及多种介质，如内皮素（endothelin）、血栓素 A2（thromboxane A2，TXA2）和五羟色胺等调控完成。在止血过程中，血管内皮除释放血管收缩介质内皮素外，血管内皮细胞还可以合成和释放血管舒张介质（如花生四烯酸、一氧化氮等）。此外，血管内皮细胞还可以在止血的不同阶段释放具有促凝、抗凝或纤维蛋白溶解作用的物质。

（二）血小板机制

血管受损时，血小板与胶原纤维接触，并黏着于胶原纤维，这一过程称为黏附。同时，血小板形态改变，形成长伪足，脱颗粒并释放出 ADP，使血小板相互连接，此过程称为聚集。血小板脱颗粒过程称为分泌或释放。在止血过程中，血小板形成血栓、通过花生四烯酸代谢形成血栓素 A2 等具有强烈收缩血管和诱导血小板聚集的介质、释放血小板第 3 因子直接参与凝血反应、活化血小板在前激肽释放酶（prekallikrein，PK）和高分子量激肽原（high molecular weight kininogen，HK）存在条件下，直接激活凝血因子Ⅺ和Ⅻ。

（三）凝血机制

参与人体凝血过程的凝血因子有 13 个，11 个以罗马数字表示（Ⅰ～Ⅲ、Ⅴ、Ⅶ～ⅩⅢ），加上前激肽释放酶和高分子量激肽原，活化形式加"a"表示。整个凝血过程分为三个阶段：凝血活酶生成、凝血酶生成和纤维蛋白形成。经典凝血瀑布学说（coagulation cascade hypothesis）将凝血过程分为内源、外源性途径。发现组织因子途径抑制物（tissue factor pathway inhibitor，TFPI）更新了凝血瀑布学说，即血管损伤后，在损伤处组织因子与因子Ⅶ结合形成Ⅶa：TF 复合物，激活因子 X，启动凝血反应，生成因子 Xa 和凝血酶。外源性凝血途径不足以维持正常止血功能，需要Ⅷa：TF 复合物激活因子Ⅸ，新生成凝血酶激活因子Ⅺ、Ⅴ和Ⅷ等，反复生成因子 Xa 和凝血酶，使凝血反应不断巩固和加强，Ⅷa：TF 复合物及 Xa 被 TFPI 抑制，使凝血反应正常进行（图 6-13-1）。

【抗凝和纤维蛋白溶解机制】

除止血机制外，人体还存在完善的抗凝和纤维蛋白溶解机制。体内凝血和抗凝、纤维蛋白形成和纤溶维持着动态平衡，以保持血流通畅。

（一）抗凝因子和抗凝途径

抗凝因子包括抗凝血酶Ⅲ（antithrombin Ⅲ）、蛋白 C（protein C）系统、组织因子途径抑制物、肝素、肝素辅因子Ⅱ（heparin cofactor Ⅱ，HC-Ⅱ）、α_2-巨球蛋白、α_1-抗胰蛋白酶、C1 抑制物和蛋白酶连接素Ⅰ（protease nexin Ⅰ）等。机体抗凝途径主要有三条：

1. 肝素-抗凝血酶Ⅲ途径　是抑制凝血反应多数活化凝血因子（因子Ⅻa 和Ⅶa 除外，主要抑制物为 C1 抑制物和组织因子途径抑制物）的主要途径。

2. 蛋白 C 途径　该途径主要灭活Ⅷa 和Ⅴa。在凝血过程中，Ⅷa 和Ⅴa 是 Xa 和凝血酶形成的限速因子。

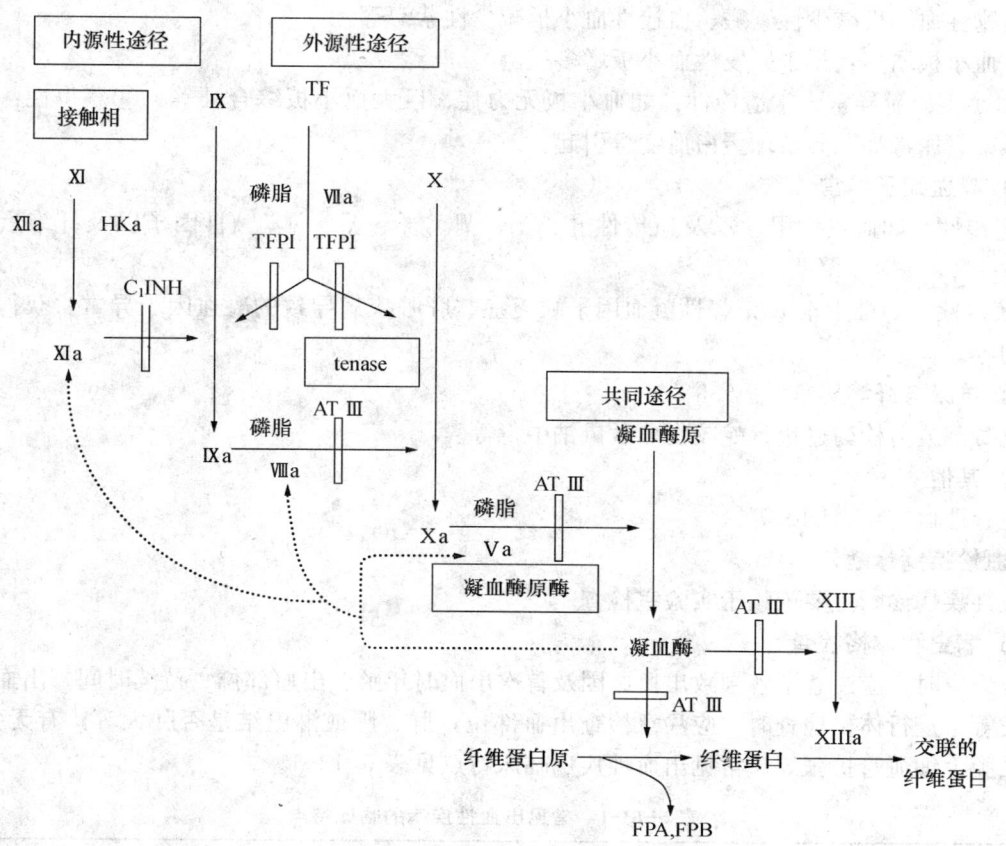

图 6-13-1 凝血过程的瀑布学说示意图

3. 组织因子途径抑制物途径 组织因子途径抑制物与因子 Xa、$VIIa$ 和 TF 在 Ca^{2+} 参与下形成四联复合物从而抑制外源凝血途径的活性。

(二) 纤溶系统

在形成血栓过程中，机体主要是通过血栓局部激活纤溶酶原-纤溶酶系统（即通常所谓的纤溶系统）防止血栓过度形成。纤溶系统主要功能是清除沉积于血管壁的纤维蛋白、溶解血凝块、维持血流通畅。纤溶系统主要由纤溶酶原、组织型纤溶酶原激活剂（tissue-type plasminogen activator，t-PA）、尿激酶型纤溶酶原激活剂（urokinase-type plasminogen activator，u-PA）、纤溶酶原激活剂抑制物-1（plasminogen activator inhibitor-1，PAI-1）、PAI-2 和 α_2-抗纤溶酶组成。

纤溶系统通过两条途径激活：①内源性途径：因子Ⅻ被激活后，Ⅻa 使前激肽释放酶转化为激肽释放酶，后者使纤溶酶原转变为纤溶酶，启动纤溶过程；②外源性途径：血管内皮及组织受损后，组织型纤溶酶原激活剂或尿型纤溶酶原激活剂释放入血流，裂解纤溶酶原使之转变为纤溶酶，启动纤溶过程。纤溶酶作用于纤维蛋白（原），使之降解为小分子多肽 A、B、C、D 及一系列碎片，称为纤维蛋白（原）降解产物（FDP）。

【出血性疾病分类】

按病因和发病机制，出血性疾病分为以下几类。

(一) 血管壁异常

1. 先天性或遗传性 如遗传性出血性毛细血管扩张症等。
2. 获得性 如过敏性紫癜、维生素 C 缺乏症、机械性紫癜、老年性紫癜和体位性紫癜等。

(二) 血小板异常

1. 血小板数量异常

(1) 血小板减少：生成减少见于再生障碍性贫血、白血病等；破坏过多，如特发性血小板减少性紫癜、药物性血小板减少性紫癜、血栓性血小板减少性紫癜等。

(2) 血小板增多：见于原发性血小板增多症。

2. 血小板质量异常　①遗传性：如血小板无力症、巨大血小板综合征等；②获得性：由抗血小板药、感染、尿毒症、异常球蛋白血症等引起。

(三) 凝血因子异常

1. 遗传性　如血友病甲、乙及遗传性Ⅱ、Ⅴ、Ⅶ、Ⅹ、Ⅺ、Ⅻ、ⅩⅢ因子以及纤维蛋白原缺乏症等。

2. 获得性　如维生素K依赖性凝血因子缺乏症、肝脏疾病导致的凝血因子异常、获得性凝血因子抑制物等。

(四) 抗凝与纤溶异常

如抗凝剂或溶栓药过量、蛇咬伤、敌鼠钠中毒等。

(五) 其他

如血管性血友病、DIC等。

【出血性疾病诊断】

出血性疾病诊断主要依赖于实验室检查。

(一) 病史和体格检查

采集病史时，应注意了解导致出血原因及首次出血时年龄、出血部位、持续时间、出血频度及有无家族史等。进行体格检查时，应注意检查出血部位，肝、脾或淋巴结是否肿大等，有无关节畸形、皮肤或黏膜毛细血管扩张等。常见出血性疾病临床特点见表6-13-1。

表6-13-1　常见出血性疾病的临床特点

	血管性疾病	血小板疾病	凝血异常性疾病
性别	女性多见	女性多见	男性相对多见
阳性家族史	较少见	少见	多见
皮肤紫癜	常见	多见	少见
关节腔出血	罕见	罕见	多见
内脏出血	偶见	常见	常见
眼底出血	罕见	常见	少见
月经过多	少见	多见	多见
创伤后出血不止	少见	可见	多见

(二) 实验室检查

1. 筛选试验　包括毛细血管脆性试验、血小板计数、出血时间 (bleeding time, BT)、凝血时间 (coagulation time, CT)、部分激活的凝血活酶时间 (activated partial thromboplastin time, APTT)、凝血酶原时间 (prothrombin time, PT)、凝血酶时间 (thrombin time, TT) 等。

2. 确诊实验

(1) 血管异常：包括毛细血管镜检查和vWF测定等。

(2) 血小板异常：血小板黏附和聚集试验等。

(3) 凝血异常：包括各种凝血因子抗原及活性测定、凝血活酶生成及纠正试验、凝血酶原碎片1+2 (F1+2) 和纤维蛋白肽A (fibrin peptide A, FPA) 测定等。

(4) 抗凝异常：包括抗凝血酶Ⅲ抗原及活性或凝血酶-抗凝血酶复合物 (thrombin-antithrombin complex, TAT)、蛋白C及相关因子活性和狼疮抗凝物测定。

(5) 纤溶异常：包括鱼精蛋白副凝 (3P) 试验、FDP、D-二聚体 (D-dimer)、纤溶酶原测定。

3. **特殊试验** 对某些遗传性疾病及少见的出血性疾病，在上述实验基础上，还需进行一些特殊检查确定诊断。如蛋白质结构分析、氨基酸测序、基因分析及免疫病理学检查等。常用出、凝血实验对出血性疾病诊断意义见表 6-13-2。

表 6-13-2　常见出血性疾病的实验室鉴别

	血管性疾病	血小板疾病	凝血异常性疾病		
			凝固异常	纤溶亢进	抗凝物增多
BT	±	±	±	—	—
CT	—	±	+	+	+
毛细血管脆性试验	+	±	—	—	—
血小板计数	—	±	—	—	—
血块回缩试验	—	+	—	—	—
PT	—	—	±	—	±
APTT	—	—	+	+	+
TT	—	—	±	+	+
纤维蛋白原	—	—	±	—	—
FDP	—	—	—	+	—
纤溶酶原	—	—	—	—	—

【出血性疾病治疗】

（一）病因防治

主要适用于获得性出血性疾病。

1. **防治基础疾病** 如控制感染，积极治疗肝、胆疾病，抑制变态反应等。

2. **避免使用加重出血的药物** 如阿司匹林、复方阿司匹林（解热止痛片，APC）、保泰松、吲哚美辛、噻氯匹定等抗血小板药。

（二）止血治疗

1. **补充血小板和（或）相关凝血因子** 在紧急情况下，输入含全部凝血因子的新鲜血浆或新鲜冰冻血浆。亦可据病情补充血小板悬液、纤维蛋白原、凝血酶原复合物、冷沉淀物、因子Ⅷ复合物等。

2. **止血药** ①增加毛细血管致密度，如安络血、芦丁、维生素 C 及糖皮质激素等；②合成凝血因子药，如维生素 K_1、K_3 等；③抗纤溶药，如 6 氨基己酸、止血环酸和止血芳酸等；④促进凝血因子释放的药，如 1-去氨基-8-D-精氨酸加压素（1-deamino-8-D-argrinine vasopressin，DDAVP）；⑤局部止血药，如凝血酶和明胶海绵等。

3. **局部处理** 如局部加压包扎、固定和手术结扎局部血管等措施。

（三）其他

抗凝及抗血小板药、血浆置换和手术治疗（如脾切除）等。

（杨仁池）

第十四章 紫癜性疾病

紫癜（purpura）性疾病约占出血性疾病总数的 1/3，包括血管性紫癜（vascular purpura）和血小板性紫癜（thrombocytic purpura）。前者由血管壁结构或功能异常所致，多见于内皮细胞或内皮下基底膜及胶原纤维等内皮下组织的病变，如遗传性出血性毛细血管扩张症、获得性的过敏性紫癜、单纯性紫癜、老年性紫癜、感染性紫癜、坏血病等。血小板性紫癜由血小板疾病所致，如血小板减少，包括再生障碍性贫血、白血病、脾功能亢进、免疫性血小板减少性紫癜和血栓性血小板减少性紫癜等；血小板功能异常，包括血小板病、血小板无力症、原发性血小板增多症以及尿毒症、异常球蛋白血症、阿司匹林和双嘧达莫等引起的继发性血小板功能异常。临床上以皮肤、黏膜出血为主要表现。

第一节 过敏性紫癜

过敏性紫癜（allergic purpura）是较常见的血管变态反应性疾病。本病多见于 2~10 岁的儿童，发病高峰在 3~7 岁，是儿童常见的一种血管炎（vasculitis）。男孩多见，成年人则无性别差异。

【病因】

本病诱发因素有感染、毒素、昆虫咬伤、补体成分 C2 缺乏、家族性地中海热以及恶性肿瘤等。尚无确凿证据表明上述因素与本病发生有关。遗传因素可能与本病有关：有 DRB*01、DRB*11、DQA*0301 位点的患者容易罹患本病，而有 DRB*07 位点者不易患本病。

【发病机制】

上述因素引起抗原抗体复合物反应，此复合物沉积于血管壁或肾小球基底膜上，并激活补体，损害毛细血管、小动脉，引起广泛毛细血管炎，甚至出现坏死性小动脉炎，使血管壁通透性和脆性增高，导致皮下组织、黏膜及内脏器官出血、水肿。胃肠道及关节炎可有类似病变。肾脏病变多为局灶性轻型肾炎，严重者可有肾小球毛细血管灶性坏死或全肾受累。有学者认为，本病属速发型变态反应，大量 IgE 吸附在肥大细胞上，后者释放的生物活性物质引起上述损害。

【临床表现】

起病前 1~3 周有上呼吸道感染，以皮肤紫癜最常见，少数病例在紫癜前有关节痛、腹痛、腰痛、血尿或黑便等。通常根据病变累及部位所出现的临床表现分为以下类型。

（一）单纯型

最常见，以毛细血管和小动脉无菌性炎症为特征，血管壁可有灶性坏死及血小板血栓形成。大多以皮肤反复出现瘀点、瘀斑为主要表现，最多见于下肢及臀部，对称分布、分批出现，瘀点大小不等，呈紫红色，可融合成片或略高出皮肤表面，呈出血性丘疹或小型荨麻疹，可伴有轻微痒感。严重者可融合成大血泡，中心呈出血性坏死。瘀点、瘀斑可在数日内逐渐消退，也可反复出现，少数病例可伴眼睑、口唇、手、足等局限性血管性水肿。

（二）腹型（Henoch 型紫癜）

主要表现为腹痛，位于脐周围或下腹部，常呈阵发性绞痛或持续性钝痛，可伴有恶心、呕吐、腹泻、便血。由于浆液血性分泌物渗入肠壁，致黏膜下水肿、出血，引起肠不规则蠕动可致肠套叠。本型症状若发生在皮肤紫癜之前易误诊为急腹症。

（三）关节型（Schönlein 型紫癜）

以关节肿胀、疼痛为主，多见于膝、踝等大关节，关节腔可以积液，但不化脓。疼痛反复发作，呈游走性，可伴红、肿及活动障碍，一般在数月内消退，积液吸收后不留畸形。若发生在紫癜之前易误诊为风湿性关节炎。

（四）肾型

称为紫癜性肾炎，多见于少年，常在紫癜出现后1周内发生，偶有延至7～8周者。表现为蛋白尿、血尿、管型尿，有时伴有水肿，一般在数周内恢复，也有反复发作，迁延数月者。少数甚至病变累及整个肾而发展为慢性肾炎或肾病综合征，个别发生尿毒症。

（五）混合型和少见类型

以上类型临床表现中如有两种以上同时存在称为混合型，其中同时有腹型和关节型症状者称为Henoch-Schönlein型紫癜。其他如病变累及中枢神经系统、呼吸系统等可出现相应症状，少数可有视神经萎缩，巩膜炎或结膜、视网膜出血。

【实验室检查】

白细胞计数大多正常，伴感染时可增高，有寄生虫感染者嗜酸性粒细胞可增多，失血过多可伴贫血。部分病人束臂实验阳性，血小板计数、出血时间及凝血各项实验均正常。

【诊断和鉴别诊断】

典型皮肤紫癜结合血小板计数及凝血实验阴性结果诊断并不困难，但若以腹痛、关节痛或尿改变为首发症状者需与急腹症、风湿病及肾炎相鉴别。

【治疗】

（一）病因防治

尽可能寻找及祛除病因和致病因素：消除病灶，驱除肠道寄生虫，避免再次接触或服用可疑的致敏药物及食物。

（二）一般治疗

1. 抗组胺类药物如异丙嗪、苯海拉明、氯苯那敏等。
2. 增加毛细血管抗力、降低渗透性及脆性，可用维生素C、芦丁。
3. 腹痛可用解痉剂如阿托品等。

（三）糖皮质激素

可抑制抗原-抗体反应，改善毛细血管通透性，减轻血管炎和组织水肿，改善腹痛和关节痛等症状，但不能改善病程，对肾病变疗效不明显，也不能预防肾炎并发症的发生。

（四）免疫抑制剂

以上疗效不佳及严重肾病者，可用免疫抑制剂（如硫唑嘌呤、环磷酰胺）等，也可与糖皮质激素合用。

【病程和预后】

成年人和儿童患者的预后一样。本病无并发症者一般预后良好，累及肾脏者大多预后较差。

第二节 特发性血小板减少性紫癜

特发性血小板减少性紫癜（idiopathic thrombocytopenic purpura，ITP）是一种原因不明的获得性出血性疾病，以血小板减少、骨髓巨核细胞数正常或增加，以及缺乏任何原因包括外源的或继发性因素为特征。根据病程长短可以分为急性（小于6个月者）和慢性（超过6个月者）两种类型。

【病因和发病机制】

有关ITP的病因目前尚无定论，儿童ITP多数与病毒感染有关。成人ITP的病因不明。目前ITP的发病机制公认与免疫有关，已经发现的免疫异常包括：免疫耐受丧失，T细胞、B细胞、NK细胞以及调节T细胞的数量或功能异常。

血小板相关免疫球蛋白（platelet associated immunoglobulin，PAIgG、PAIgM、PAIgA）：绝大多数ITP患者PAIgG和/或PAIgM升高，其中IgG最常见（92%），IgM也常见（42%），有时IgA

升高 (9%)。此外，也发现 30%～70% 的患者血小板相关的补体成分 C3、C4 及它们的衍生物水平升高。但检测 PAIg 及补体的特异性一直有争议。

血小板生成与破坏：脾脏是产生抗体的主要部位，ITP 患者骨髓淋巴细胞也能产生血小板特异的 IgG 自身抗体。脾脏是破坏血小板的主要场所。脾脏不仅产生抗血小板抗体和巨噬细胞，而且提供血小板与抗体相结合的环境。约有 1/3 的血小板储存在脾脏。此外，肝脏、骨髓、淋巴结可能也是血小板阻留的场所。

尽管普遍认为 ITP 患者血小板减少是由免疫破坏增多引起，其血小板生成增多，寿命缩短。但近年有作者发现本病患者巨核细胞相关 IgG（MAIgG）明显升高，可能抑制巨核细胞造血。此外，血小板受体激动的临床应用也证明许多患者同时存在血小板生成障碍。

细胞免疫机制：ITP 患者 T 淋巴细胞极化异常，提示 T 细胞功能缺陷。

【临床表现】

成人 ITP 主要发生于 20～40 岁成人，但各年龄阶段均可发病，女性发病率是男性的 3 倍，很少有前驱感染史。儿童 ITP 好发于冬、春两季，与病毒感染的高峰季节一致。包括风疹、麻疹、水痘、病原体不明的呼吸道感染和疫苗接种等，以非特异性呼吸道感染最常见，通常诊断为流感、咽炎等。男女发病机会均等。80% 的患者在感染发生后 1～3 周起病。但也可短至 2 天，长者可达 6 周。

主要症状为皮肤和黏膜出血。紫癜及瘀斑可发生在任何部位，但最常见于下肢及上肢的远端。皮肤有较明显的小出血点、紫癜和瘀斑，分布不均，通常首发于四肢，以后扩展至躯干。黏膜出血表现为鼻衄，牙龈出血，口腔、舌黏膜血泡，常有消化道、泌尿生殖系出血。结合膜下出血相当多见，少数有视网膜出血。一般情况下，出血程度与血小板减少的程度一致。发生自发严重出血者的血小板水平一般在 $10 \times 10^9/L$ 以下，通常低于 $4 \times 10^9/L$。

ITP 患者颅内出血很少见，但在急性发作期血小板明显减少时仍可发生，因此，在急性发作期应密切注意神经系统症状及体征。

【实验室检查】

(一) 血小板计数

一般在 $(5～75) \times 10^9/L$。由于血小板减少，故出血时间延长，血块收缩不佳，束臂试验阳性。血小板大小及形态异常，外周血中血小板直径可达 $3～4\mu m$，但若发现如红细胞大小的巨大血小板明显增多，应考虑有先天性血小板减少的可能。如果出现贫血，一般为失血引起，多为正细胞贫血；若出血严重且持续时间长，可表现为缺铁性贫血；偶尔严重出血时可发生网织红细胞增多。白细胞分类及计数一般正常。

(二) 骨髓检查

除了由于失血引起的幼红细胞增多外，主要为巨核系有改变。骨髓巨核细胞一般明显增多，有时正常，较突出的变化是巨核细胞的核浆成熟不平衡，胞浆中颗粒较少，嗜碱性较强，产生血小板的巨核细胞明显减少或缺乏，胞浆中可出现空泡。

(三) 血小板抗体

绝大多数 ITP 患者 PAIgG 和/或 PAIgM 升高，有时 IgA 升高。

【诊断与鉴别诊断】

(一) 诊断

全国第五届血栓与止血学术会议修订的 ITP 诊断标准如下：

1. 多次实验室检查血小板计数减少。
2. 脾脏不肿大或仅轻度肿大。
3. 骨髓检查巨核细胞数增多或正常，有成熟障碍。
4. 以下 5 项中应具有其中一项

(1) 泼尼松治疗有效。

(2) 切脾治疗有效。
(3) PAIg 增多。
(4) PAC3 增多。
(5) 血小板寿命缩短。

5. 排除继发性血小板减少症。

(二) 鉴别诊断

本病必须与各种继发性血小板减少性紫癜鉴别：如各种自身免疫性疾病、药物、HIV 感染等所致血小板减少。其他可表现为单纯血小板减少的疾病还有各种感染、MDS、慢性 DIC 等。此外，还应与各种先天性血小板减少症鉴别。

【治疗】

(一) 治疗方案

成人 ITP 自发完全及持久性缓解者<10%。成人 ITP 的治疗应根据病情采取不同方法，血小板数超过 30×10^9/L 而无症状的患者，不需要治疗。儿童 ITP 患者症状相对较轻，多数能在数周内自发缓解，可以不给予治疗，对出血较重者应酌情给予治疗。

1. 紧急处理 对于有脑出血或其他严重出血并发症者，应紧急输注大剂量静脉丙种球蛋白 (intravenous immunoglobulin, IVIg)，剂量为 0.4~1.0g/kg [400mg/(kg·d)×5d] 或 (和) 输注新鲜血小板悬液。对于无泌尿道出血者可使用 6-氨基己酸，但应密切观察有无血栓性并发症。

2. 常规治疗

(1) 糖皮质激素：主要适用于血小板数小于 30×10^9/L 并有严重出血或有出血危险者。首选泼尼松，剂量为 1mg/(kg·d)，70%~90% 的患者有较好的临床效果，但持续完全缓解者仅约 25%。达到缓解后，可以将泼尼松减量至最小维持量，维持 3~4 周后可考虑停药。如果停药后复发，重新使用糖皮质激素治疗仍可有效。泼尼松治疗 4 周仍无效者，必须迅速减量直至停药，维持治疗不宜超过 6 个月。

糖皮质激素治疗 ITP 的机制可能是：①抑制单核-巨噬细胞系统（尤其是脾）吞噬和破坏被抗体包被的血小板，使血小板生存时间延长；②减少抗血小板抗体的形成；③降低抗体对巨核细胞产生血小板的影响；④抑制抗原-抗体反应并可使结合的抗体游离；⑤可改善毛细血管脆性。

不良反应包括 Cushing 面貌、血压升高、水钠潴留、胃酸过多、骨质疏松、骨坏死、精神不安、血钾降低和血糖升高等，应引起重视。

(2) 脾切除术：为本病最有效的治疗方法，完全缓解率为 60%~80%。对糖皮质激素无效或依赖者、出血症状顽固或危及生命（如颅内出血）者宜尽早进行脾切除术。4 岁以下儿童一般不主张施行脾切除术，4 岁以上的儿童如有必要，也应在确诊 ITP 12 个月后才能考虑。约 10% 的脾切除无效或复发的患者是由于有副脾的存在，所以，在手术中若发现副脾应一并切除。

作用机制：①消除了抗体包被的血小板破坏的主要场所；②消除了抗血小板抗体产生的主要场所。

3. 慢性难治性 ITP 的治疗 慢性难治性 ITP 的治疗是一个非常棘手的难题，至今尚无理想的治疗手段。

(1) 硫唑嘌呤：通常为 150mg/d 或 1~2mg/(kg·d)，平均见效时间为 4 个月。副作用很少，但对于长期使用者应警惕诱发恶性肿瘤。

(2) 环磷酰胺 (cyclophosphamide, CTX)：2~4mg/(kg·d)，口服，用药 2 个月左右起效，需维持 6 个月左右。不良反应包括血小板生成受抑，使出血加重，白细胞减少，肝炎，出血性膀胱炎，继发性肿瘤等。

(3) 长春新碱 (vincristine, VCR)：0.02mg/(kg·d)（总量 1~2mg），每周一次，静脉注射；另一种方法是持续缓慢滴注，剂量与上述相同，输注 6~8 小时。如果用药 4~6 周无效，不必继续用药。VCR 的主要不良反应包括脱发、周围神经病。

（4）达那唑（danazol）：400～800mg/d，持续 2 个月以上，有效者一般在用药 2～6 周后血小板数开始升高，6～10 周达高峰。达那唑需逐步减量，以维持安全止血水平的血小板数为宜。停药后大多数患者复发。达那唑与泼尼松有协同作用，与泼尼松合用可减少泼尼松用量，尤其适用于需较大量泼尼松维持治疗的患者。

其作用机制尚不完全清楚，可能与其减少单核巨噬细胞 Fc 受体的表达，调整 T 细胞免疫功能，降低抗体的产生有关。不良反应包括体重增加、疲倦、肌痛、食欲减退、脱发等。

（5）IVIg：常用剂量为 IVIg 2g/kg 分 2 天或 5 天输注，不良反应轻微。其作用机制是：①可使体内 IgG 明显升高，增加了血清 IgG 对 Fc 受体的竞争，使巨噬细胞上的 Fc 受体被 IgG 裂解的 Fc 片段所饱和，因而阻碍了单核-巨噬细胞系统对血小板的破坏；②能抑制自身抗体的产生，也减少单核-巨噬细胞系统对血小板的破坏；③抑制自身抗体与血小板的结合。

（6）其他：近年来，也有报道表明霉酚酸酯、抗 CD20 单克隆抗体、α-干扰素、环孢素、秋水酰碱、联合化疗以及大剂量地塞米松等治疗难治性 ITP 有效。

【病程及预后】

儿童 ITP 多可自发缓解，半数患者在 6 周内血小板计数恢复正常。儿童 ITP 属良性疾病，少数重度血小板减少患者可并发颅内出血而死亡，死亡率不到 1%。目前没有证据证明药物治疗能阻止儿童 ITP 向慢性 ITP 发展。具有下列因素的患者，易转为慢性：①发病前没有感染病史；②血小板呈中等减少；③PAIg 较低者。成人 ITP 自发缓解者很少。约 1/3 的患者对糖皮质激素及脾切除无效，这些患者常常迁延不愈，约 5% 的患者可死于颅内出血。另外，老年 ITP 患者发生严重出血的概率更高。

（杨仁池）

第十五章 凝血障碍性疾病

凝血障碍性疾病是凝血因子缺乏或功能异常所致的出血性疾病。凝血障碍性疾病大致可分为先天性和获得性两类。前者与生俱来，多为单一性凝血因子缺损，如血友病等；后者发病于出生后，常存在明显的基础疾病，多为复合性凝血因子减少，如肝病性出血等。

第一节 血友病

【概述】

血友病（hemophilia）是一种 X 染色体连锁的隐性遗传性疾病，可分为血友病甲和血友病乙两种。前者为凝血因子Ⅷ（FⅧ）质或量的异常所致，后者系凝血因子Ⅸ（FⅨ）质或量的异常所致。由于两者临床表现较为相似，且遗传方式相同，故本节一并阐述。

【流行病学】

目前认为血友病的发病率为 15~20/10 万男性人口，没有地区和种族差异，其中血友病甲占 85%，血友病乙占 15% 左右。一些国家或地区报道的患病率较低，可能是由于部分轻型患者漏诊所致。

【病因和发病机制】

如前所述，血友病是一种 X 染色体连锁的隐性遗传性疾病，一般情况下女性为携带者，男性显病。但有以下几种情况之一者，女性可患血友病：血友病携带者不含致病基因的 X 染色体失活；血友病患者与血友病携带者结婚后，其纯合子女性后代；Turner 综合征；无家族史的女性一条 X 染色体失活，另一条 X 染色体发生与血友病相同的突变。现已证明血友病甲是由于 FⅧ 基因突变使 FⅧ 水平降低或功能下降所致，FⅧ 蛋白量或质的异常均可导致 FⅧ 活性降低。FⅧ 定位于 X 染色体长臂（Xq28），长 186kb，由 26 个外显子和 25 个内含子组成。迄今已发现的 FⅧ 基因突变类型有点突变、插入、小片段或大片段缺失和倒位等，其中内含子 22 倒位约见于 42% 的重型血友病甲（其中近端倒位占 35%，远端倒位占 7%），而重型约占血友病甲的 40%。因此，可以说，20%~25% 的血友病甲患者有相同的基因突变，即内含子 22 倒位。血友病乙是由于 FⅨ 基因突变使 FⅨ 水平降低或功能下降所致。FⅨ 也定位于 X 染色体长臂（Xq26qter），长约 34kb，由 8 个外显子和 7 个内含子组成。

【临床表现和分型】

根据 FⅧ 或 FⅨ 的活性水平可将血友病分为 3 型：重型（<1%）、中间型（1%~5%）和轻型（5%~25%）。有人提出除上述 3 型外，还应增加亚临床型（25%~45%）。

出血的严重程度依凝血因子活性缺乏的程度而异，轻型患者一般很少出血，只有在大的损伤或手术后才发生；重型患者则自幼即有出血，身体的任何部位都可出血；中间型患者出血的严重程度介于轻型和重型之间。外伤或手术后延迟性出血是血友病的一种特征。

关节出血是血友病患者最常见的出血，约占所有出血的 75%。经常受累的关节依次为膝关节＞肘关节＞踝关节＞肩关节＞髋关节＞腕关节。反复出血可导致关节软骨的广泛破坏、滑膜增生和其他邻近骨骼和组织的反应性改变，关节变形，骨质疏松，关节腔变窄，最终可能发生关节强直，肌肉萎缩和软组织挛缩。

血肿也是血友病常见的出血体征之一，包括皮下血肿、肌肉血肿、腹膜后血肿、咽部和咽后部血肿等。血肿压迫局部组织和器官可导致相应的病理改变如肌肉挛缩、神经麻痹、肌肉萎缩、气道堵塞和肾盂积水等。有些患者如果得不到及时治疗还可以形成假肿瘤。

此外，胃肠道和泌尿道出血也是血友病患者较常见的出血症状。拔牙后出血不止也是本病的特点之一。

【实验室检查】

1. 血小板计数正常，束臂试验阴性，凝血酶原时间（PT）、凝血酶时间（TT）、出血时间等正常；血块回缩试验正常，纤维蛋白原定量正常。

2. 重型血友病患者凝血时间延长，激活的部分凝血活酶时间（APTT）延长；轻型血友病患者APTT仅轻度延长或为正常低限。

3. 易凝血活酶生成纠正试验可用于鉴别血友病的类型：血友病甲能被正常新鲜及吸附血浆纠正；血友病乙能被正常血清纠正，但不能被吸附血浆纠正。

4. 确诊血友病则有赖于F$_{VIII}$：C、F$_{VIII}$：Ag、F$_{IX}$：C、F$_{IX}$：Ag以及vWF：Ag的测定。血友病甲F$_{VIII}$：C减低或极低，F$_{VIII}$：Ag正常或减少，vWF：Ag正常，F$_{VIII}$：C/vWF：Ag明显降低。血友病乙F$_{IX}$：C减低或缺乏，F$_{IX}$：Ag正常或减少。

【诊断和鉴别诊断】

血友病的诊断有赖于临床表现、家族史和实验室检查，必须指出约1/3的患者无家族史。有下列情况之一者为肯定的携带者：血友病患者的女儿；有几个儿子患血友病的母亲；有一个儿子血友病且其母系亲属中也有人患血友病的女性。本病主要应与血管性血友病鉴别，参见本章第二节。

【治疗】

总的原则是及时治疗。

（一）替代治疗

是血友病最有效的治疗手段，其目的是将患者血浆因子VIII或因子IX水平提高至止血水平。血友病甲的替代治疗可选用新鲜血浆、新鲜冰冻血浆、冷沉淀、因子VIII浓制剂和重组因子VIII等。每输注1U/kg体重的因子VIII可使体内因子VIII水平提高2%，因子VIII在体内的半衰期约8~12小时，要使体内因子VIII保持在一定水平需每8~12小时输注一次。血友病乙的替代治疗可选用新鲜血浆、新鲜冰冻血浆、凝血酶原复合物、因子IX浓制剂和重组因子IX等。每输注1U/kg体重的因子IX可使体内因子IX水平提高1%，因子IX在体内的半衰期约为24小时，要使体内因子IX保持在一定水平需每天输注一次。

（二）1-去氨基-8-D-精氨酸加压素（DDAVP）

该药是一种人工合成的抗利尿激素的类似物，有抗利尿作用和增加血浆内因子VIII水平的作用，静脉注射后可使F$_{VIII}$：C和vWF：Ag增加2~3倍。适用于轻型血友病甲和血友病甲的携带者。每次剂量一般为0.3μg/kg体重，用50ml生理盐水稀释后静脉滴注。因该药有激活纤溶系统的作用，需同时合用氨甲环酸或6-氨基己酸。每12小时一次，2~5天为一疗程。

（三）其他药物治疗

1. 抗纤溶药物　可保护已形成的血凝块不被溶解，在拔牙时与替代治疗合用可明显减少血浆或因子浓制剂的用量，但有血尿时不宜应用，以免导致尿路堵塞。常用药物有6-氨基己酸、止血芳酸等。

2. 糖皮质激素　对控制血尿、加速急性关节出血的吸收、减少局部炎症反应等有辅助作用。

（四）因子VIII抑制物的治疗

10%~20%的血友病甲患者可因长期输注凝血因子而产生因子VIII抑制物，此时再输注常规剂量的因子VIII将无效甚至加重出血，应输注超高剂量的因子VIII或改用猪因子VIII浓制剂、激活的凝血酶原复合物和重组因子VII等，同时需采用免疫抑制剂如泼尼松、环磷酰胺等，必要时可进行血浆置换。

（五）血友病患者的手术问题

原则上血友病患者应尽量避免各种手术，如必须手术时应进行充分的替代治疗，并且应在血液病专科医生的配合下进行。

【预防】

血友病患者应避免肌肉注射和外伤。禁服阿司匹林或其他非甾体类解热镇痛药以及所有可能影响血小板聚集的药物。注意口腔卫生，防止龋齿。

第二节 血管性血友病

【概述】

血管性血友病（von Willebrand disease，vWD）是一种具有复杂的止血功能缺陷的出血性疾病。本病呈常染色体显性或隐性遗传。

【流行病学】

vWD 的发病率各家报道不一，英国约为 4/10 万，瑞士约为 7/10 万，瑞典约为 10/10 万。一般认为本病在遗传性出血性疾病中居首位，但也有人认为本病较血友病少见，究其原因，可能是由于绝大多数 1 型 vWD（1 型约占所有 vWD 的 70%）未能得到诊断所致。我国的发病率尚不清楚。

【病因和发病机制】

已知 vWD 是由于 vWF 基因突变致 vWF 量或质的异常所致，不同型别的发病机理各不相同。1 型是由于 vWF 部分缺乏所致，2 型是由于 vWF 质的异常所致，3 型是由于 vWF 完全缺乏所致，2N 型是由于 vWF 与因子Ⅷ结合缺陷所致（表 6-15-1）。vWF 是一种多聚体，主要由内皮细胞和巨核细胞合成，其大小取决于亚单位的重复数。vWF 有两方面的功能：一是在血浆中作为因子Ⅷ的载体，vWF 与因子Ⅷ在血浆中以非共价键的形式相结合，使因子Ⅷ不被降解；一是作为一种黏附分子，促进血小板与血管内皮下组织的黏附，并且在血小板聚集在受损的血管表面时也起重要作用。vWF 的基因位于第 12 号染色体短臂末端（12p12-12pter），长约 178kb，有 52 个外显子和 51 个内含子。在 22 号染色体上（22q11-q13）有一个 vWF 的假基因，长约 21~29kb，相当于 vWF 的 12 个外显子（外显子 23~34）和内含子，该基因为无功能转录本。

【临床表现】

大多数 vWD 患者都有出血倾向，以皮肤黏膜出血为主，如鼻衄、牙龈出血等。女性患者常有月经过多。vWD 患者的出血轻重不一，2N 型和 3 型患者可有自发性关节和肌肉出血。其余各型则出血不严重，而且均为皮肤或黏膜出血，其中多数 1 型患者仅在外伤或手术后才有出血。

【实验室检查】

(一) 出血时间测定

出血时间延长是本病的特点之一，特别是 2 型和 3 型患者均延长，1 型患者变异较大。

(二) 确诊试验

包括 vWF 抗原（von Willebrand factor antigen，vWF：Ag）测定、瑞斯脱霉素辅因子活性（von Willebrand factor ristocetin cofactor，vWF：RCo）测定、瑞斯脱霉素诱导的血小板聚集（ristocetin induced platelet aggregation，RIPA）以及 vWF 多聚体（multimer）分析等（表 6-15-1）。

【诊断】

vWD 的诊断有赖于临床特点和实验室检查。由于 vWD 的异质性很强，目前仅在少数家系中发现了 vWF 基因的突变位点，因此，迄今为止，vWD 的诊断仍以表型诊断为主，根据遗传方式和血浆以及血小板中 vWF 的异常来区分不同类型的 vWD（表 6-15-1）。

【鉴别诊断】

本病应与血友病甲鉴别，参见本章第一节。此外，本病还应与各种血小板功能障碍性疾病鉴别。

【治疗】

本病的治疗指征有严重鼻衄、月经过多、反复胃肠道出血等严重出血以及需要手术时。治疗方案的选择取决于患者的类型和严重程度。

表 6-15-1　vWD 的各种类型及其特点

	1	2A	2B	2M	2N	3	血小板型
遗传方式	常显	常显	常显	常显	常隐	常隐	常显
出血时间	延长	延长	延长	延长	正常	延长	延长
交叉免疫电泳	正常	异常	异常	异常	正常	常异常	异常
vWF：Ag	减低	低或正常	低或正常	低或正常	多正常	缺如	低或正常
FⅧ：C	减低	低或正常	低或正常	低或正常	显著减低	显著减低	低或正常
vWF：RCoF	减低	减低	减低	减低	多正常	减低	减低
RIPA	减低	减低	增加	减低	多正常	无	增加
血浆 vWF 多聚体结构	正常	异常	异常	正常	正常	无	正常
血小板 vWF 多聚体结构	正常	异常	正常	正常	正常	缺如	正常
DDAVP 治疗反应	多聚体增加	中多聚体增加	致血小板减少	多聚体增加	多聚体增加	无反应	致血小板减少

(一) DDAVP

DDAVP 可使 vWF 从体内贮存部位释放至血浆，适用于 1 型和 2 型（2B 型除外）患者。剂量一般为 0.3μg/kg 体重，用 50ml 生理盐水稀释后静脉滴注。注射后 30 分钟内可使血浆因子Ⅷ和 vWF 水平升高 3～5 倍。根据类型和出血的严重程度可每 8～12 小时重复一次，但应注意绝大多数患者在反复使用后疗效会进行性降低。由于患者对 DDAVP 的反应不一，因此在手术前应进行一次试验性治疗以了解其反应类型。此药可引起水潴留和暂时性面色潮红等不良反应，故应注意出入量平衡，输注速度不宜过快。

(二) 替代治疗

3 型患者由于血浆和组织中贮存的 vWF 和Ⅷ：C 均严重减少，故进行替代治疗是目前唯一可行的治疗措施。对于 1 型和 2 型患者有严重创伤或需接受大手术时也应进行替代治疗。可供使用的制剂有新鲜血浆、冷沉淀或因子Ⅷ浓制剂等。目前一般认为 1U 因子Ⅷ中含 1UvWF，因此，大手术时按 50～100IU/kg，每天或隔天一次，使Ⅷ：C 提高至 50IU/dl 以上，持续 10 天；小手术时按 30～80IU/kg，每天或隔天一次，使Ⅷ：C 提高至 50IU/dl 以上，持续 5 天；拔牙时可给予单剂因子Ⅷ浓缩物 30～80IU/kg，使Ⅷ：C 提高至 50IU/dl 以上，持续 6 小时；自发性或外伤后出血时可给予单剂因子Ⅷ浓制剂 20～40IU/kg。

(三) 其他

纤溶抑制剂（如 6-氨基己酸等）可减轻黏膜出血，可用于月经过多或拔牙时。口服避孕药对月经过多有明显疗效。

第三节　维生素 K 依赖性凝血因子缺乏症

人体内生成的与维生素 K 密切相关的凝血因子，主要有 FⅩ、FⅨ、FⅦ、凝血酶原及其调节蛋白 PC、PS 等，称为维生素 K 依赖性凝血因子。生理条件下，上述因子在肝内合成过程中，其 N 端的谷氨酸残基需进行加羧基化反应，此反应需羧基化酶的催化，维生素 K_1 则是该酶促反应不可缺少的辅酶。维生素K缺乏时，肝只能合成凝血活性低或无活性的未羧基化相应蛋白质，导致凝血障碍。

维生素K依赖性凝血因子缺乏症是一种获得性、复合性出血性疾病。存在引起维生素K缺乏的基础疾病、出血倾向、维生素K依赖性凝血因子缺乏或减少为其特征。

【病因和发病机制】

依赖维生素K的凝血因子（vitamine K dependent coagulation factor）包括Ⅱ、Ⅶ、Ⅸ和Ⅹ以及蛋白C（PC）和蛋白S（PS），这几种因子均在肝脏内合成，在各自的氨基末端有10个谷氨酸残基必须经过γ羧基化才能使这些因子具有凝血活性，而维生素K是此酶促反应的不可缺少的辅酶。此外，作为羧化酶的辅酶，维生素K必须以还原形式存在，华法林可抑制维生素K的还原。因此，维生素K缺乏或接受华法林治疗均可导致血浆中出现异常的Ⅱ、Ⅶ、Ⅸ、Ⅹ、PC和PS（即谷氨酸残基缺乏羧基化），从而导致出血或血栓倾向。

这些因子的获得性缺乏可见于：①摄入不足：正常人一般不会发生维生素K的缺乏，在住院患者长期禁食时有可能由于摄入不足而导致维生素K的相对缺乏；②吸收不良：胆石症和胆管肿瘤导致胆管阻塞，或胆管手术后引流或胆管瘘管时可影响维生素K的吸收；肠瘘、慢性胰腺炎、小肠广泛切除、慢性肠炎、慢性腹泻等导致肠道吸收不良时也可导致维生素K吸收不良；③肝脏疾病：严重的肝脏疾病可伴有维生素K的摄入、吸收、代谢和利用等的障碍，从而使肝细胞不能合成正常的依赖维生素K的凝血因子；④口服维生素K拮抗剂：如香豆素类拮抗剂，由于其分子结构与维生素K类似，故在体内以竞争性抑制的方式阻断维生素K的还原反应，从而干扰依赖维生素K的凝血因子的羧基化；⑤早产儿或母亲在围生期接受口服抗凝剂、抗癫痫药物或抗结核药物：前者是由于早产儿肝脏合成依赖维生素K的凝血因子的功能尚不完备；⑥其他：极少数淀粉样变性的患者可发生凝血因子Ⅹ缺乏；部分肾病综合征和Gaucher病患者可发生凝血因子Ⅸ缺乏。

【临床表现】

出血症状轻重不一，取决于原发病的性质和凝血因子缺乏的程度。一般表现为皮肤或黏膜的自发性出血，也可有内脏出血、月经过多或手术及外伤后出血不止等。新生儿出血最常见于出生后2～3天，以胃肠道出血多见，脐带结扎处可渗血不止，严重时还可发生颅内出血。蛋白C异常的新生儿可出现皮肤瘀斑甚至坏死。

【实验室检查】

主要表现为PT延长，部分患者可有APTT延长，严重者可有TT延长。PT纠正试验和蝰蛇毒时间有助于鉴别患者究竟缺乏何种因子。若应用各因子相应的抗体，测定均正常。

【鉴别诊断】

本病主要应与DIC和肝脏疾病鉴别，后两者除PT延长外，血小板数可降低，纤维蛋白原和凝血因子Ⅴ、Ⅷ也可降低，本病则不然。

【治疗】

本病治疗主要是原发病的治疗和补充维生素K，一次皮下注射或肌肉注射维生素K_1 5～10mg常可使PT在12～24小时内恢复正常。长期吸收不良应每周肌肉注射维生素K_1 10mg；新生儿出血症的患儿出血时，应肌肉注射维生素K_1 10～20mg，每天一次，连续3～4天。由于新生儿肝脏的羧基化酶或还原酶等合成系统尚不成熟，因而通常需要输注新鲜冰冻血浆。口服拮抗剂过多导致出血时，应尽早输注凝血酶原复合物（PCC），或新鲜冰冻血浆（fresh frozen plasma, FFP），同时也可补充维生素K_1。

（杨仁池）

第十六章 弥散性血管内凝血

弥散性血管内凝血（disseminated intravascular coagulation，DIC）是一种获得性凝血障碍综合征，表现为凝血因子消耗、纤维蛋白溶解系统的激活、微血栓形成和出血倾向，这几种情况可同时或序贯发生。

【病因】

许多因素均可诱发 DIC，归纳起来大致有以下几方面：

（一）感染

各种细菌、病毒、原虫、螺旋体和真菌等感染均可诱发 DIC。

（二）产科意外

如羊水栓塞、胎盘早剥、死胎综合征等，其中以羊水栓塞为最常见。

（三）外科手术和创伤

如大面积烧伤、毒蛇咬伤、颅脑外伤、挤压综合征等。

（四）恶性肿瘤

各种实体瘤和血液系统恶性肿瘤，尤其是急性早幼粒细胞白血病，均可引起 DIC。

（五）其他

溶血反应、脂肪栓塞、急性坏死性胰腺炎、急性出血性坏死性肠炎、急性血管炎、糖尿病酸中毒、低氧血症、急性肝衰竭、晚期肝硬化、中暑、急性肾小管坏死、肾病综合征等。

【发病机制】

DIC 发病机制因病因或原发病不同而不尽相同，大致可归为两大类，即内皮损伤和组织损伤，但最终结果都是形成凝血酶或纤溶酶，导致体内产生大量凝血或纤溶活性物质（图 6-16-1）。凝血酶与纤溶酶之间的平衡决定了 DIC 患者的临床表现，若以生成凝血酶为主，则患者表现为血栓形成、器官缺血和出血；若以生成纤溶酶为主，则患者主要表现为出血。

【分期与分型】

（一）分期

根据 DIC 的病理生理变化过程可将 DIC 分为以下三期：高凝血期、消耗性低凝血期和继发性纤溶期。

1. 高凝血期　为 DIC 发病的早期，凝血因子相继被激活，大量凝血酶形成，在其作用下纤维蛋白原肽 A（FPA）和 B（FPB）被切除，形成可溶性纤维蛋白单体，后者相互聚合，在因子 XIII_a 作用下交联，在微血管内沉积形成微血栓。

2. 消耗性低凝血期　由于体内大量血栓形成，消耗了纤维蛋白原以及因子 Ⅶ、Ⅷ、Ⅴ、Ⅹ、Ⅻ 等，导致这些因子浓度不断下降，此时即所谓消耗性低凝血期。

3. 继发性纤溶期　微血栓大量沉积在小血管，刺激血管内皮细胞通过 t-PA 的释放，以及 XII_a 与凝血酶和激肽释放酶的作用而激活纤溶系统。纤溶系统被激活后，大量纤溶酶除降解纤维蛋白（原）生成 FDP 以外，还能水解各种凝血因子使之进一步减少，此即所谓继发性纤溶期。

必须指出，在临床实践中，DIC 患者往往各期相互交叉，并无明显界限。此外，根据机体的代偿功能状况，DIC 还可分为过度代偿期、代偿期和失代偿期。

（二）临床分型

根据患者不同的临床表现，DIC 可分为急性型和慢性型两种。

1. 急性型　起病急骤，病情凶险，出血症状较明显且严重。多见于严重感染、羊水栓塞、溶血

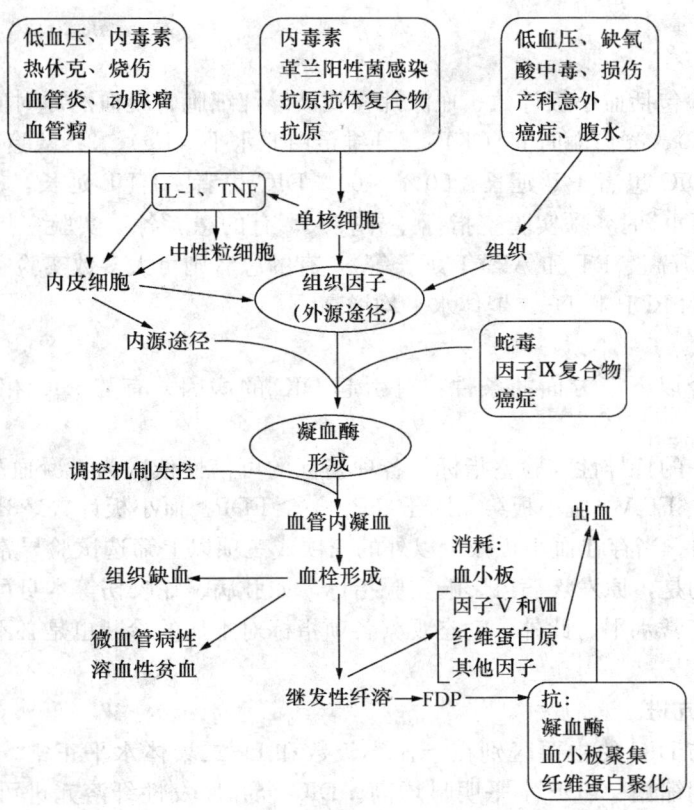

图 6-16-1　DIC 主要触发途径及其后果

性输血反应、大面积烧伤等。

2. 慢性型　此型还包括过去所谓的"亚急性 DIC"。起病缓慢，病程较长，可持续数周以上，临床表现以血栓为多见，早期出血不严重。多见于肿瘤转移、死胎潴留、巨大海绵窦性血管瘤等。

【临床表现】

DIC 患者临床表现与基础疾病有关。以凝血障碍为主者可只表现为血栓形成，而以纤溶为主者则可以出血为主。早期高凝期，凝血被激活，各种器官发生微血栓，临床表现以微血栓形成为主，中期消耗性低凝期及晚期继发纤溶期临床则以出血为主。

(一) 出血

急性 DIC 常表现为多部位出血，如大片皮肤瘀斑或血肿、阴道出血不止、手术伤口渗血不止或血液不凝固、注射部位持续渗血等。严重病例可有胃肠道、肺、CNS 或泌尿道出血。慢性 DIC 常表现为轻微皮肤或黏膜出血。

(二) 血栓形成

较常见的有肾、肺、肾上腺或皮肤，其他可见于胃肠道、肝脏、脑、胰腺和心脏等，栓塞症状取决于受累器官和受累程度。如肾脏受累时可有腰痛、血尿、蛋白尿、少尿，乃至急性肾衰竭；肺栓塞可致呼吸困难、发绀、ARDS 等；肾上腺受累可发生休克；脑组织受累可表现为神志模糊、嗜睡、昏迷等。慢性 DIC 患者血栓症状较出血多见。

(三) 休克

DIC 本身及其原发病均可导致休克。急性 DIC 休克发生率为 42%～83%，表现为一过性或持久性血压下降。

(四) 溶血

常较轻微，微血管病性溶血性贫血除有贫血和溶血的症状外，血涂片中还可见到畸形或破碎的红细胞。

【实验室检查】

常采用的筛选实验包括血小板计数、血涂片查找破碎红细胞、凝血酶原时间（PT）、激活的部分凝血活酶时间（APTT）、凝血酶时间（TT）、纤维蛋白原水平（Fg）、3P试验、FDP和D-二聚体水平测定。50%～70% DIC患者PT延长，50%～60% DIC患者APTT延长，80%～100% DIC患者FDP水平增高，慢性DIC时各项实验室指标差异较大，有的患者各项实验室指标均异常（如血小板减少、Fg降低、FDP升高、PT和APTT延长等），有的患者则可大多数实验室指标均正常。一般情况下，慢性DIC患者的FDP和D-二聚体水平均增高。

【诊断】

DIC诊断必须符合以下三方面的条件：有引起DIC的病因；有与DIC相关的临床表现；支持DIC的实验室指标。

DIC诊断缺乏单一的特异性实验室指标。各项指标的可信性依次为：凝血酶原片段1+2（F_{1+2}）＞D-二聚体＞AT-Ⅲ＞FPA＞血小板第4因子（PF_4）＞FDP＞血小板计数＞3P试验＞TT＞Fg＞PT＞APTT＞爬虫酶时间。当存在血小板减少以外的三项或三项以上筛选试验异常时，多数情况下可诊断为DIC。必须指出的是，原发疾病可影响实验指标，如肝病、蛇咬伤等本身可发生凝血异常；而妊娠期凝血因子可超过正常水平。此外，动态观察各项指标对本病的诊断也是必不可少的。

【鉴别诊断】

（一）原发性纤溶亢进

原发性纤溶亢进与DIC的主要区别在于血小板数和D-二聚体水平正常，同时血块溶解时间缩短、优球蛋白溶解时间缩短、FDP水平明显增高。DIC合并原发性纤溶亢进可见于急性早幼粒细胞白血病、中暑、转移性前列腺癌和羊水栓塞等。

（二）严重肝脏疾病出血

由于肝脏是维生素K依赖性凝血因子（Ⅱ、Ⅶ、Ⅸ、Ⅹ）合成的场所，因此，严重肝病患者常有这几种凝血因子缺乏，实验室指标中以PT延长最为明显。肝病所致出血与DIC鉴别见表6-16-1。

表6-16-1 DIC与肝病所致出血的实验室指标比较

指标	肝病	DIC 慢性	DIC 急性
PT	延长	正常或缩短	延长
APTT	延长	正常或缩短	延长
TT	延长	正常、延长或缩短	延长
Fg	降低	增高、正常或降低	降低
FⅧ：C	正常或增高	正常或增高	降低
纤维蛋白单体	±	+	++++
FPA	±	+	++++
FDP/D-二聚体	±	++	++++
优球蛋白溶解时间	正常	正常或缩短	缩短
AT-Ⅲ	降低	正常	降低
血小板计数	轻度降低	正常或轻度降低	降低
红细胞碎片	无	±	+

（三）血栓性血小板减少性紫癜

典型血栓性血小板减少性紫癜（thrombotic thrombocytopenic purpura，TTP）患者临床上有所

谓的五联征：发热、血小板减少、微血管病性溶血性贫血、肾损害、中枢神经系统症状。DIC 和 TTP 在临床上有时很难鉴别，一般情况下，DIC 没有严重的溶血性贫血和一过性多变性的神经精神症状，但有严重出血、血小板减少、凝血因子减少、继发性纤溶亢进的证据（表 6-16-2）。

表 6-16-2 TTP 与 DIC 的实验室指标比较

	TTP	DIC
APTT	正常	正常或延长
PT	正常	延长
TT	正常或延长	延长
Fg	正常或增多	减少
FDP	—	＋
3P 试验	—	＋
血小板计数	减少	减少
破碎红细胞	明显	少

（四）原发性抗磷脂综合征

慢性 DIC 应注意与原发性抗磷脂综合征（antiphospholipid syndrome，APS）鉴别。

【处理】

（一）治疗原则

目前关于 DIC 的治疗意见不一致，在 DIC 治疗过程中应注意以下几点：

1. 治疗必须个体化。
2. 应加强对病因及原发病治疗　原发病的治疗是 DIC 治疗的一项根本措施，对原发病不能控制往往是治疗失败的主要原因。
3. 应加强支持治疗。
4. 肝素　关于肝素的使用意见尚不统一。一般认为，对以栓塞症状为主的 DIC 患者应争取早用，防止病情加重。如果原发病能很快控制时不宜使用肝素，若 DIC 是由于脑外伤所致或因其他原因使患者发生中枢神经系统出血的危险性增加时，应用肝素必须慎重。在原发病不易控制时，肝素可能不得不应用较长时间以等待原发病得到控制。

（二）治疗方案

1. 原发病的治疗　去除诱因是治疗 DIC 的成败的关键所在，如对于诱因为脓毒病的患者应用广谱抗生素控制感染。
2. 替代治疗　替代治疗的主要目的是补充纤维蛋白原。DIC 患者凝血因子和血小板被大量消耗，这是导致出血的主要原因。临床上首选新鲜血浆或新鲜冰冻血浆来补充凝血因子。此外，还可输注冷沉淀或凝血酶原复合物等。每单位冷沉淀约含 250mg 纤维蛋白原，一般而言，输入 3g 纤维蛋白原可使成年人血浆纤维蛋白原水平升高 1.0g/L。DIC 患者血浆纤维蛋白原至少应维持在 1.0~1.5g/L。必须指出，在 DIC 诱因去除前，上述措施可能使病情恶化。因此，应同时使用小剂量肝素，一般每补充 200ml 血浆应同时输入肝素 10~20mg（5~10U 肝素/ml 血浆），以防止血栓形成。急性 DIC 患者若有出血或血小板数低于 50×10^9/L，应补充血小板。
3. 肝素　关于肝素的适宜剂量仍有争论，目前一般认为肝素用量不宜过大，以 70~140U/kg，静脉滴注，每 4 小时一次；或 15~20U/(kg·h) 持续静脉滴注为宜。但对于羊水栓塞合并有肺血管阻塞者，应首先给予 5 000U 的肝素冲击，继以 1 000U/h 的肝素持续静脉滴注，以防止凝血酶过度生成。使用肝素时应密切观察各项化验指标，凝血时间应控制在 20~30min，APTT 维持在正常值的 1~2.5 倍。肝素作用依赖 AT-Ⅲ，而 DIC 患者多有 AT-Ⅲ 消耗性降低，因此，若使用肝素未达到预期的抗凝效果时,应考虑补充 AT-Ⅲ 浓制剂或新鲜血浆而不能单纯增加肝素用量。肝素治疗有效时,血浆纤维蛋白原的含量于治疗后 1~3d 恢复,FDP 降低。若肝素过量,应立即停用肝素,并以硫酸鱼精蛋白中和体内过量的肝素。鱼精蛋白 1mg 可中和肝素 1mg,每次输入鱼精蛋白的剂量不宜超过 50mg。由于低分子量肝素对因子 Xa 抑制作用远大于对凝血酶的抑制,DIC 发生几乎都是首先形成 Xa,然后形成凝血酶;而低分子量肝素对 Xa 抑制作用的强于普通肝素。因此,在临床实践中应尽量选用低分子量肝素。

4. 抗纤溶药物　仅限于继发性纤溶期,一般选用 EACA,冲击剂量为 4~6g,然后每 1~2h 给予 1g,总共一般不超过 48h,以免引起血栓形成。

5. 其他　近年新开发出一些治疗 DIC 的新制剂如 AT-Ⅲ、重组水蛭素、TFPI 等。

【预后】

急性和慢性 DIC 预后迥异。急性 DIC 病死率为 50%~80%,慢性 DIC 患者预后可因原发疾病不同而异,但较急性 DIC 为好。无论急、慢性 DIC,尽早去除诱因是改善预后的关键。

(杨仁池)

第十七章 血栓性疾病

血栓形成（thrombosis）是指在一定条件下，血液有形成分在血管或心脏内膜局部形成血栓的过程。根据组成成分可将血栓分为血小板血栓、白色血栓、红色血栓和混合血栓等。心血管系统的任何部位（动脉、静脉、心脏、毛细血管等）都可形成血栓，动脉血栓主要由血小板凝集块和纤维蛋白细丝组成；静脉血栓主要由红细胞和大量纤维蛋白和少量血小板形成。

血栓栓塞（thromboembolism）是血栓由形成部位脱落，在随血流移动的过程中，部分或全部堵塞某些血管，引起相应器官或系统缺血、缺氧、坏死及淤血、水肿的病理现象。以上两种病理过程所引起的疾病即为血栓性疾病。

【病因与发病机制】

血栓性疾病可由先天性及获得性原因所致，其发病率及死亡率远高于出血性疾病。血栓形成的原因较多，绝大多数病例是由复合因素引起，其中血管壁损伤、血小板被激活、凝血功能亢进、抗凝血功能减退、血流状态的变化等是血栓形成的基本因素。

（一）血管内皮损伤

当血管壁病变如动脉硬化、外伤、细菌和病毒感染、内毒素及免疫复合物等，使血管内皮受损，激活凝血因子，从而促进血栓形成。

（二）血小板的作用

当血管内皮损伤时血小板在局部发生黏附、聚集并释放内源性 ADP、5-羟色胺、血小板 4 因子（PF_4）、β-血小板球蛋白（β-TG）及血小板颗粒膜蛋白等活性物质，促进血小板聚集和血管收缩，同时血小板膜的花生四烯酸转化为 TAX_2 进一步使血小板聚集、血管收缩，促使血栓形成。

（三）血流状态

血管腔内有任何血流障碍情况如：血管局部狭窄、分叉、动脉瘤和静脉曲张等可引起血流速度改变和湍流形成。以上情况均可使血液成分在局部淤积，形成血栓。

（四）高凝状态

高凝状态是指血液凝固性增高，是一种病理状态，可能是血栓形成的主要病理基础和潜在的危险因素之一。主要原因是血管内皮损伤，激活了内源性凝血途径，组织损伤过细胞破坏使组织因子进入血循环直接激活外源性凝血途径。抗凝因素如抗凝血酶Ⅲ、蛋白 C、蛋白 S、纤溶酶原等遗传性缺陷，异常纤维蛋白原血症均可形成血栓，临床称为易栓症。

【临床表现】

血栓形成的主要病变是血管闭塞、血流受阻引起相关的血管支配组织缺血、缺氧甚至坏死而产生相应组织、器官功能障碍的症状。根据血栓形成的部位、大小、速度及侧支循环建立的情况等，可有不同的临床表现。

（一）静脉血栓形成

较多见，通常出现于腘静脉、股静脉及髂静脉。可表现为下肢水肿、疼痛、皮肤颜色改变。血栓脱落可随血流进入肺动脉，引起肺栓塞。

（二）动脉血栓形成

常见的有心肌缺血、梗死、脑动脉血栓、肠系膜动脉栓塞及肢体动脉血栓；可表现为心绞痛、偏瘫、意识障碍、肢端疼痛及肢体缺血性坏死等。血栓脱落可随脉血流进入较小的动脉内引起栓塞。常见于脑、脾、肾等器官。若栓塞发生在冠状动脉或脑动脉分支，常可危及生命。

（三）微循环血栓形成

常见的有 DIC、溶血性尿毒症综合征、血栓性血小板减少性紫癜等。

【诊断】

本病的诊断首先应明确原发病及血栓形成的部位，通常采用血液学检查及影像学检查。

1. 血液学检查 包括血小板、凝血、抗凝及血液流变学检查，可早期发现高凝状态。但这些检查特异性不高，必须结合临床动态观察方能正确判断其意义。

2. 影像学检查 包括血管造影术、^{125}I-纤维蛋白原扫描、电阻抗体积描记法、多普勒超声检查等。

以上检查各有优缺点，可先选用 1~2 项作为初筛试验，如为阳性再行血管造影术。此外，电子计算机 X 线体层扫描（CT）及近年来使用的核磁共振法大大提高了诊断的准确性。

【治疗】

首先应治疗原发病。血栓性疾病防治的目的在于改善高凝状态、再疏通或重建血流通路，以防止组织缺血、坏死。一般认为 40 岁以上，近期手术时间超过半小时，或既往有心肌梗死、脑梗死、糖尿病微血管病变、妊娠高血压综合征及严重静脉曲张等均有较高血栓形成的危险性，这些患者手术后及长期卧床期间应采取预防血栓形成的措施，包括使用口服抗凝剂、小剂量肝素及抗血小板药物等。抗血栓治疗方法的选择与病期有密切关系，四肢动、静脉血栓形成不超过 48 小时者可以行手术取栓术。溶栓疗法也主要用于新近形成的急性动、静脉血栓。

（一）抗凝治疗

1. 肝素 肝素是 AT-Ⅲ 的辅因子，在血浆中肝素与 AT-Ⅲ 的 δ 氨基酸残基结合成复合物对凝血酶和因子 Xa 有强烈的抑制作用。血栓病的肝素治疗常规剂量为 24 小时 20 000~40 000U 持续静脉滴注。也有首次静脉推注 5 000U，以后每小时给 1 000U 者，可使肝素在短时间内达到有效浓度。小剂量可作为预防血栓形成，常用 5 000U 每 12 小时一次皮下注射，可不必做实验监测。近年来多推荐小剂量肝素。肝素治疗的疗程一般不超过 10 天。使用大剂量肝素时须逐渐减量后再停药。

2. 口服抗凝剂 主要是香豆素衍生物包括双香豆素、醋酸香豆素、华法林（苄丙酮香豆素），其主要作用是在肝脏微粒体内阻断维生素 K 环氧化物的还原作用，导致维生素 K 缺乏状态、抑制维生素 K 依赖因子的生物合成。其中以华法林应用最广，因华法林口服后约 3~9 小时血浓度最高，故首次剂量为 10~15mg 以后每日 5~10mg 使 PT 延长为对照的 1.5~2 倍或国际正常化比值（INR）= 2~3 为最佳治疗剂量。至少维持用药一周，一般剂量为每日 2~7.5mg。为迅速达抗凝效果临床上往往以肝素与口服抗凝剂合用 3~4 天后，停用肝素以华法林维持。

（二）抗血小板治疗

临床上常用的抗血小板药有：①阿司匹林：使花生四烯酸不能转化为内过氧化物，小剂量可抑制 TXA_2 形成，大剂量可同时抑制内皮细胞合成 PGI_2，每日用量 0.25~0.5g，可抑制 TAX_2 而不影响 PGI_2 的生成；②双嘧达莫：抑制血小板磷酸二酯酶，使 cAMP 增多，每日 0.1~0.2g。如与阿司匹林合用可提高疗效。③噻氯匹定：通过抑制血小板膜上纤维蛋白原受体，从而抑制血小板聚集，每日口服 250mg。④苯磺唑酮及苯磺保泰松：通过抑制环氧化酶活性，抑制血小板功能。

（三）溶栓疗法

主要使纤溶酶原转化为纤溶酶，后者可溶解血栓中已经形成的纤维蛋白，较抗凝法更为直接而有效。最好在血栓形成后 1~2 天内使用，急性病例可用 1~3 天，多至 1 周，临床使用较多的溶栓药有以下三种：

1. 尿激酶（urokinase） 是目前常用的溶栓药物，在体内半衰期约 12~20 分钟，首剂 4 000U/kg，静滴或缓慢静注，随之以 4 000U/h，持续静脉滴注，1~3 天为一个疗程。也可直接注射血栓所在部位或栓塞血管局部，对于早期血管再疏通有较高的成功率。其主要不良反应是出血，多发生在用药 3 天以上者。

2. **重组组织纤溶酶原激活物（rt-PA）** 在有纤维蛋白存在时，rt-PA 与纤溶酶原的亲和力明显增强，这使其纤溶作用主要发生在局部已形成的血栓上，很少并发全身出血。每日用量 10～100mg 静脉注射或血管局部灌注。静脉输入 100mg rt-PA 6 小时后，近 75% 患者血管再通，随后用肝素维持数天。

3. **链激酶（streptokinase）** 为非生理性物质，具抗原性，且用量大，不良反应大，目前临床应用正逐渐减少。

蛇毒制剂同我国的去纤酶、抗栓酶等是一组具有去纤维蛋白作用的药物，可降低纤维蛋白原的浓度，近几年用于临床取得相当疗效，但蛇毒制剂为异性蛋白可出现过敏反应，也可导致抗体形成而降低疗效。

（四）手术治疗与介入治疗

对重要脏器（如心、脑）新近形成的血栓或血栓栓塞（动脉血栓 6 小时，静脉血栓 6 天），可通过导管将溶栓药物注入局部，以溶解血栓，恢复正常血供。对陈旧性血栓经内科治疗效果不佳而侧支循环形成不良者，可考虑手术治疗，即手术取出血栓或切除栓塞血管段并重新吻合或行血管搭桥术。

（杨仁池）

第十八章 输血和输血反应

输血（transfusion）是将血液成分输入机体内的一种临床常用的治疗方法，对提高疗效、减少死亡具有重要意义。

输血的目的主要是通过补充血液成分的丢失、过多破坏或缺乏，以恢复和维持正常的血液功能。虽然输血是临床上重要的治疗方法之一，但输血可引起许多并发症，有的甚至是致命性的。因此，严格掌握输血适应证，严格执行输血相关的各项法律法规，是减少输血反应的必要保证。

【输血种类及临床应用】

输血可按血液的来源分为自体输血（autologous transfusion）和血型相同的同种异体输血（allogeneic transfusion）；按输血的成分可分为全血输注及成分输血。自体输血是指输入患者预先储存的或失血回收的血液，自体输血无输血反应，还可避免供受者间的感染、也节约了血源。同种异体输血是输入与患者同血型的他人提供的血液或血液成分。成分输血是指把全血用物理或化学的方法分离后，制成各种纯度较高、浓度较大的血液制品，如红细胞、血小板、血浆和血浆衍生物等，以供临床使用。成分输血疗法具有针对性强、效率高、减少输血反应和节约血源等优点，是现在倡导的输血形式，目前在临床上，成分输血几乎已取代全血输注。

（一）全血输注

全血指未经分离、加工含有血细胞及血浆中各种成分的血液。采集后加入抗凝保存液于 4℃ 保存。全血既有携氧能力又有扩张血容量效应，可用于失血量达全血容量 25% 以上的急性失血患者。全血在保存中，会发生血小板功能下降、凝血因子变性、红细胞 2,3-DPG 降低使 Hb 与氧的亲和力增高等变化；且全血中含有多种具有抗原性的细胞及蛋白成分，多次输注后可能产生同种异基因抗体，使以后输血或器官移植发生困难。因此，应尽量避免输注全血，提倡输注成分血。

（二）红细胞输注

临床上约 80% 以上的输血为需要红细胞。红细胞制品是全血经沉降法或离心法移去血浆层，去除或不去除白细胞与血小板层制备。主要有下列成分：

1. 浓缩红细胞 为最常用的血液制品，血细胞比容为 70%±5%。主要用于贫血患者，慢性贫血患者当 Hb<60～70g/L 时，可使心、肝、肾等重要脏器发生功能障碍，是输注浓缩红细胞的主要适应证。

2. 洗涤红细胞 是用生理盐水反复洗涤浓缩红细胞，去除了血浆及大部分的白细胞和血小板制成。主要用于某些溶血性贫血的输注，如自身免疫性溶血性贫血、阵发性睡眠性血红蛋白尿等。但因洗涤过程在开放系统中进行，因此洗涤红细胞必须在 24 小时内输注。

3. 少白细胞的红细胞 是用过滤或沉淀的方法将浓缩红细胞中的白细胞除去 90% 以上制成。用于多次输血患者，以避免巨细胞病毒感染或因白细胞抗体引起的发热性输血反应。

4. 冰冻红细胞 是将浓缩红细胞冷冻于 -80℃ 以下，可保存 3～10 年。主要用于稀有血型红细胞的保存备用。

（三）血小板输注

全血用离心法或血细胞分离机单采法制备而成。血小板减少症是出血的危险因素，为减少因血小板减少而发生的出血常需要输注血小板。预防性输注的血小板阈值是 $10\times10^9/L$，但对于有合并症、出血高风险的重症患者，输注血小板阈值应适当提高。进行有创性操作，血小板应达到 $50\times10^9/L$ 以上。经过多次输血的患者可能产生针对许多 HLA 和血小板特异性抗原的同种免疫性抗体，使患者血小板输注后血小板计数增加很少或不增加，出现无效性血小板输注。

(四) 白细胞输注

曾用于短期骨髓造血功能难以恢复，有中性粒细胞缺乏（$<0.5\times10^9$/L）、合并严重感染、强效抗感染药物治疗无效的患者。但白细胞的采集及保存均有困难，很难采集到足够数量的白细胞。而且，白细胞输注的临床研究没有明确的结果，白细胞输注的不良反应较多，如发热、急性肺损伤、同种抗体产生、输血相关的移植物抗宿主病等。因此，随着细胞因子的广泛应用，现临床上已很少使用白细胞输注。

(五) 血浆成分输注

1. **新鲜血浆和新鲜冰冻血浆** 新鲜血浆为采集全血后6小时内分离的血浆，含有血浆蛋白及全部的凝血因子。新鲜冰冻血浆为新鲜血浆在-20℃以下冰冻保存1年内的血浆，成分与新鲜血浆基本相同。主要用于补充凝血因子，亦可用于补充血容量、纠正低蛋白血症、体外循环及血浆置换等。

2. **冷沉淀** 是新鲜冰冻血浆在1℃～5℃条件下不溶解的白色沉淀物。主要含因子Ⅷ、纤维蛋白原、血管性血友病因子（von willebrand factor，vWF）、纤维连接蛋白、因子ⅩⅢ等。用于血友病A、血管性血友病、纤维蛋白原缺乏症及因子ⅩⅢ缺乏症等。

3. **凝血酶原复合物** 用健康人新鲜血浆提取制备，含凝血酶原、因子Ⅶ、Ⅸ、Ⅹ、Ⅺ。常用于肝病出血、血友病B及上述凝血因子缺乏所致的出血性疾病。

4. **白蛋白** 用乙型肝炎疫苗全程免疫后的健康人血浆制备。常用于血容量减少性休克、脑水肿、低蛋白血症等。

5. **抗血友病球蛋白（因子Ⅷ）** 是因子Ⅷ浓缩剂，1U相当于1ml新鲜血浆的因子Ⅷ含量。用于血友病A的替代治疗。

6. **静脉注射用免疫球蛋白** 用血浆免疫球蛋白纯化后制得，主要为IgG。常用于防治病毒感染、低球蛋白血症、特发性血小板减少性紫癜、自身免疫性溶血性贫血等免疫性疾病。

7. **纤维蛋白原** 用于低或无纤维蛋白原血症。

输血治疗应有明确的指征，临床上输血治疗的目的主要有三个方面：一是恢复和保持循环血量，防治休克，主要用于创伤、产后、手术等各种原因引起的大出血患者；二是补充或替代某种血液成分，如各种贫血、血小板减少、凝血因子缺乏、低白蛋白血症、低免疫球蛋白血症等；三是置换输血，以清除血液中的有害物质。

【输血程序】

输血程序包括：输血申请、受血者血样采集与送检、输血前检查、发血和输血等步骤。

(一) 输血申请

决定输血前经治医师应向患者或其家属说明输同种异体血的不良反应，征得患者或家属的同意，签署《输血治疗同意书》归入病历。无家属签字的无自主意识患者的紧急输血，应报医院职能部门或主管领导同意、备案，并记入病历。输血前由经治医师填写《临床输血申请单》，并由主治医师核准签字后送交输血科（血库）备血。

(二) 受血者血样采集、送检

确定输血后，医护人员持输血申请单和贴好标签的试管，当面核对患者姓名、性别、年龄、病案号、病室、床号、血型和诊断后采集血样。由医护人员或专门人员将受血者血样与输血申请单送交输血科（血库），双方进行逐项核对。

(三) 输血前检查

输血前检查是保证输血安全的必要措施之一。输血前受血者首先要做定型检查，以确定ABO和Rh血型。用标准的抗A、抗B、抗D血清测定受血者红细胞的ABO和Rh血型为正定型；反定型是用已知的A、B型红细胞和Rh阳性的O型红细胞测定受血者血清中的同种抗体。

定型后选择同型的ABO和Rh血型的血液与受血者进行交叉配血检查。与受血者做交叉配血的血液必须ABO相容，即没有患者所具有的同种抗体相应的抗原。交叉配血是用供者红细胞与受血者血清和供者血清与受血者红细胞进行反应，以排除因其他血型不合引起的溶血反应。交叉配血证实没有任何主要的不相容抗原存在时，此血液可用于该患者的输注。有交叉配血不合时，以及对有输血史、妊娠史或短期内需要接收多次输血者，应做抗体筛选试验。

输血科（血库）接到受血者血样与输血申请单后，逐项核对输血申请单、受血者和供血者血样，复查受血者和供血者 ABO 和 Rh（D）血型［急诊抢救患者紧急输血时 Rh（D）检查可除外］，正确无误时可进行交叉配血。操作完毕后复核，并填写配血试验结果。

（四）发血

配血合格后，由用血科室的医护人员到输血科（血库）取血，双方共同查对患者姓名、性别、病案号、病室、床号、血型、血液有效期及配血试验结果，以及保存血的外观等，准确无误时，双方共同签字后方可发出。血液发出后，受血者和供血者的血样保存于 2℃～6℃冰箱，至少 7 天，以便对输血不良反应追查原因。

（五）输血

输血前由两名医护人员核对交叉配血报告单及血袋标签各项内容，检查血袋有无破损渗漏，血液颜色是否正常，准确无误方可输血。输血时，由两名医护人员带病历共同到患者床旁核对患者姓名、性别、年龄、病案号、病室、床号、血型等，确认与配血报告相符，再次核对血液后，用符合标准的输血器进行输血。取回的血应尽快输用，不得自行储血。输用前将血袋内的成分轻轻混匀，避免剧烈震荡。血液内不得加入其他药物，如需稀释只能用静脉注射生理盐水。输血前后用静脉注射生理盐水冲洗输血管道。连续输用不同供血者的血液时，前一袋血输尽后，用静脉注射生理盐水冲洗输血器，再接下一袋血继续输注。输血过程中应先慢后快，再根据病情和年龄调整输注速度，并严密观察受血者有无输血反应。

输血完毕后，医护人员将输血记录单（交叉配血报告单）贴在病历中，并将血袋送回输血科（血库）至少保存一天。

【输血反应】

输血反应（transfusion reaction）是指在输血过程中或之后，受血者出现了不能用原发病解释，并与输血相关的异常表现或疾病。虽然严格执行了输血的相关法律和法规，输血前严格检验和复核，但输血反应仍有可能发生。所以，必须严格掌握输血的适应证，尽量避免不必要的输血，并依法输血，以减少输血反应。

输血反应按发生的机制可分为两大类：①免疫介导的输血反应，如发热反应、过敏反应、溶血性输血反应、输血后紫癜、输血相关的移植物抗宿主病等；②非免疫性输血反应，如细菌污染、输血传播疾病、大量输血反应、长期输血反应等。

（一）发热性非溶血性输血反应

发热性非溶血性输血反应是输血反应中最常见的。特征是畏寒、寒战、发热，体温可高达 39～41℃，持续数小时后体温下降。除外其他原因引起的发热后可诊断为此。其原因主要为同种免疫反应，即多次输血后，受血者产生抗白细胞和/或抗血小板的抗体，再次输血时发生抗原抗体反应。症状轻者可予以减慢输血速度观察处理。症状重者，应停止输血，物理或药物降温处理。反复输血者使用滤除白细胞的红细胞制品可减少这类发热反应的发生率。输血前使用异丙嗪可降低或减少发热反应。

（二）过敏反应

过敏反应亦是常见的输血反应。表现为皮肤瘙痒或荨麻疹，重者出现血管神经性水肿、喉头痉挛、支气管痉挛、呼吸困难、过敏性休克等。此类反应与输注成分中的血浆蛋白有关。常发生于有过敏体质、IgA 缺陷、多次输血后产生抗血清球蛋白抗体的患者中。根据患者病情的程度予减慢或停止输血，给予抗组胺药，肾上腺素皮下注射，应用糖皮质激素等。有喉头水肿及休克者，应积极抢救喉头水肿和过敏性休克。

（三）溶血性输血反应

溶血性输血反应是指输入的红细胞（少数为受血者的红细胞）在受血者体内发生异常破坏引起的反应。发生率低，但危险性大，尤其是急性溶血性输血反应，死亡率高。急性溶血性输血反应可表现为寒战、发热、气促、心悸、血红蛋白尿、腰背痛、血压下降等休克表现，急性溶血及导致红细胞破坏的免疫复合物可引起肾功能损害和急性肾衰竭，大量红细胞破坏释放出的内容物可激活凝血系统引起弥散性血管内凝血（disseminated intravascular coagulation，DIC）。急性溶血性输血反应主要见于血型不合的输血、受血者有溶血性疾病等。应立即停止输血，送标本进行血型及溶血的有关检查。保持静脉通道通畅，严密监测体温、脉搏、呼吸、血压、肝肾功能、水电解质平衡及凝血的各项指标，应用糖皮质激素、积极抢救休克、防治急性肾衰竭和弥散性血管内凝血等。慢性溶血性输血反应又称为延迟性溶血性输血反应，常发生于以前被红细胞同种抗原致敏过的患者中，表现为输血数日后出现黄疸、尿色深，网织红细胞可增高，直接Coombs试验可阳性。多数症状较轻，可不必特殊处理，重者处理基本同急性溶血性输血反应。

（四）输血后紫癜

是因同种异基因抗血小板抗体所致。表现为输血小板7～10天后出现与输血相关的血小板减少及皮肤紫癜，女性多见。再次输血小板可加重血小板减少及紫癜，应避免。泼尼松疗效不佳，静脉免疫球蛋白治疗可中和这些抗血小板抗体，或用血浆置换可清除这些抗体。

（五）输血相关的移植物抗宿主病

移植物抗宿主病（graft versus host disease，GVHD）是异基因造血干细胞移植常见的并发症，来自供者的淋巴细胞不能被有免疫缺陷的受者清除而在受者体内植入并增殖，与受者组织发生免疫反应，引起移植物抗宿主病。移植物抗宿主病由供者T淋巴细胞介导，它把宿主的HLA抗原视为异物，引发免疫反应。有免疫缺陷的受者（如接受放化疗、移植治疗及有免疫缺陷的患者）输注携有淋巴细胞的血液制品时，可能发生输血相关的移植物抗宿主病。此外，接受近亲新鲜血的免疫功能正常受血者也有可能发生输血相关的移植物抗宿主病。输血相关的移植物抗宿主病多出现在输血后3～30天。表现为高热、皮疹、腹泻、肝功能异常、骨髓发育不全和全血细胞减少等。输血相关的移植物抗宿主病对免疫抑制剂疗效差，死亡率高。应避免近亲输血，对于可能发生输血相关移植物抗宿主病的患者在输血前应用γ射线（15～30Gy）照射血液制品，可预防本病。

（六）细菌污染

输入细菌污染的血可引起细菌感染性疾病，虽然少见，但后果严重。在采血、运输、保存和输注的任一环节中，若无菌操作不当均可引起细菌污染。也可见于血小板浓缩液在室温下保存后输注。临床表现取决于细菌的种类、毒力及输入数量。轻者主要为发热。若输入大量含革兰阴性杆菌的血制品会引起严重反应，表现为寒战、高热、呕吐、腹痛、腹泻及内毒素所致的休克和弥散性血管内凝血，往往难以纠正。应立即停止输血，做病原微生物检查，积极强有力的抗感染和抗休克治疗。在采血、保存、运输和输注的各个环节中严格规范操作，可减少这类反应的发生。

（七）输血传播疾病

输血可以传播多种疾病，尤其是病毒感染，如病毒性肝炎、获得性免疫缺陷综合征、巨细胞病毒感染、EB病毒感染、人类T淋巴细胞病毒Ⅰ型感染等，亦可传播梅毒、疟疾等疾病。严格执行输血的各项法律和法规，使用高敏感性的检测方法，对血液制品进行病毒灭活处理等，可减少这类疾病的发生。

（八）大量输血后并发症

血液成分有较好的容量扩张效应，输血过快、过多可引起血容量负荷过重，导致心衰和肺水肿，尤其是原有心肺疾病、严重贫血、血浆蛋白过低或老年体弱的患者。预防应掌握输血的适应证，控制输血量及速度。对有此风险的患者一次输血量不宜超过300ml，并尽可能使用浓缩红细胞，以减轻容量负荷。此类患者输血时应监测输血量和输注速度，出现心衰和肺水肿时停止输血，取半卧位并吸氧，予以利尿药，必要时给予洋地黄类药物等进行相应的处理。

大量输注库存血还可能引起高钾血、空气栓塞、枸橼酸中毒所致的低钙血、血小板及凝血因子下降所致的出血综合征等，均应给予相应的治疗。

（九）铁超负荷

长期反复输血治疗的患者可能发生体内铁负荷过重，引起血色病。过多的铁沉积在内分泌腺（尤为甲状旁腺、垂体和胰腺）、心、肝等重要器官，引起这些器官的功能障碍。预防应严格掌握输血适应证，长期反复接受输血治疗的患者，有铁负荷过重时应用去铁胺等铁螯合剂治疗。

（何　勤）

第十九章　造血干细胞移植

造血干细胞移植（hematopoietic stem cell transplantation，HSCT）是给予大剂量放化疗或免疫抑制预处理，清除受体体内的肿瘤细胞、异常克隆细胞及去除异常的免疫状态，阻断发病机制，然后将自体或异体的造血干细胞移植给受体，重建受体的正常造血和免疫功能，从而达到治疗目的的一种治疗方法。

【分类及概况】

造血干细胞移植类型主要根据造血干细胞的来源、免疫遗传学和供受者的血缘关系等进行分类（表 6-19-1）。

表 6-19-1　造血干细胞移植分类

来源	免疫学	血缘关系
骨髓移植（BMT）	自体（Auto-）	血缘性
外周血干细胞移植（PBSCT）	同基因（Syn-）	非血缘性
脐血移植（UCBT）	异基因（Allo-）	
胎肝细胞移植（FLCT）	异种	

（一）骨髓移植、外周血干细胞移植和脐血移植

20 世纪 80 年代之前骨髓是造血干细胞的最主要来源。近 20 年来，随着 G-CSF 和 GM-CSF 等造血生长因子应用于临床动员外周血干细胞并利用血细胞分离机采集收获，解决了外周血干细胞（PBSC）的数量和采集等问题，PBSCT 得到迅猛发展。相比较同类型的 BMT，PBSCT 可能具有以下优点或潜在优势：①造血及免疫功能重建快；②避免采集骨髓时的麻醉及麻醉引起的意外，同时避免采髓穿刺给患者/供者带来的痛苦和一些后遗症，从而使采集干细胞更安全且易于接受；③受肿瘤细胞污染的机会可能较少；④移植后免疫功能的快速回复以及回输的大量 T 细胞、单核细胞（包括树突状细胞）和 NK 细胞，可能具有潜在的抗残留病优势。由于其具有的上述优点，近来特别是在自体移植领域，PBSC 已取代骨髓成为干细胞的主要来源。而对于 Allo-SCT，鉴于 PBSCT 后高慢性 GVHD 发生率的问题，应用 PBSC 取代骨髓进行移植还有待于观察。

脐血中富含造血干细胞，其来源广泛，采集对母婴无不良影响，同时其免疫细胞不成熟，对 HLA 匹配的要求较低，因而脐血已成为重要的第三中造血干细胞来源。1988 年 Gluckman 等首次采用脐血移植（umbilical cord blood transplantation，UCBT）治疗 Fanconi 贫血获得成功。随着世界多个脐血库的建立，UCBT 越来越受到重视。目前儿童 UCBT 临床疗效与骨髓移植相同；但由于脐血中造血干细胞数量有限，应用于成人患者受植入率和造血恢复速度等问题的影响，尚需进一步观察。胎肝细胞由于来源很少，临床移植已经基本不应用。

（二）自体和异基因造血干细胞移植

根据供受者之间造血干细胞的免疫学，造血干细胞移植主要分为自体和异基因造血干细胞移植。Allo-SCT 由于造血干细胞来自正常供者，具有良好的造血重建能力；其不存在肿瘤细胞污染，同时可通过由供受者之间免疫学差异介导的移植物抗肿瘤作用（graft versus tumor，GVT），进一步杀伤残留细胞，降低复发率。主要应用于 CML、MDS、高危/复发/难治急性白血病和淋巴瘤、难治性血液系统非恶性肿瘤和遗传性疾病等。但由于其供者需要与受者 HLA 匹配，供者来源受限；同时易发生 GVHD，移植并发症多，相关死亡率高，使其接受治疗的年龄也受到限制，通常同胞 HLA 匹配者年龄<50岁，而无血缘供者或半倍体相合亲缘供者移植多<40岁。

Auto-SCT 的造血干细胞来源于患者本人，不受 HLA 匹配的供者限制，无 GVHD，因此移植相关死亡率低于 Allo-SCT，其接受治疗的年龄也可适当放宽（<60~65 岁）。但其由于可能存在肿瘤细胞的污染并缺乏 GVT 效应，复发率高于 Allo-SCT。目前主要用于多发性骨髓瘤、对放化疗敏感的恶性淋巴瘤、急性白血病和某些实体瘤，以及严重自身免疫性疾病。

Allo-SCT 和 Auto-SCT 均具有各自的优缺点（表 6-19-2），临床治疗中应根据疾病类型、分期以及患者的自身特点进行选择。

表 6-19-2 异基因和自体造血干细胞移植的优缺点

	自体移植	异基因移植
干细胞来源	患者自身	正常供者
优点	1. 不受供者限制	1. 复发率低
	2. 患者年龄限制适当放宽	2. 长期无病生存率高
	3. 移植相关死亡率低	3. 适应证广泛
	4. 不发生 GVHD，移植并发症少	4. 治愈某些疾患的唯一方法
	5. 移植后生活质量高	5. 不需要冷冻和净化技术
	6. 我国易于开展	
存在问题	1. 缺乏 GVT 效应	1. 供者来源受限
	2. 复发率高	2. 患者年龄受限
	3. 造血干细胞需冷冻保存	3. 易发生 GVHD，移植并发症多
	4. 造血干细胞可能需净化处理	4. 移植相关死亡率高
		5. 需长期应用免疫抑制剂
		6. 长期存活者可能生活质量差

（三）亲缘和非血缘供者异基因造血干细胞移植

寻找 HLA 匹配的供者是目前限制 Allo-SCT 开展的主要因素。

由于 HLA 系统的多态性，供者的选择首先应在同胞中进行。然而按照遗传规律，在同胞中找到 HLA 基因型相合供者的概率只有 25%~30%。对于无相合同胞供者的患者，在直系亲属中找到 HLA 表型相同或仅 1 个位点不同的供者的概率不足 5%。因此，从无血缘人群中寻找 HLA 相合的供者进行移植，即非血缘供者造血干细胞移植（UD-HSCT）是解决该问题的有效途径。

然而在无血缘人群中找到 HLA 表型相同者的概率约 1/10 万，若种族不同找到的概率更低。解决无关供者来源需要建立大规模 HLA 配型自愿者骨髓捐献登记。目前全球无血缘关系骨髓供者资料库的配型登记自愿者已超过 1 000 万；并且随着全球网络化发展资料共享，60%~80% 需要 Allo-SCT 的患者可获得造血干细胞移植捐献。

既往影响 UD-HSCT 的主要因素是供受者之间主要或次要组织相容性抗原的差异，导致出现较高的移植物排斥、GVHD 和继发感染等并发症，移植相关死亡率较高，严重影响临床疗效。随着 HLA 分子基因型配型技术的日益完善和 HLA 等位基因的不断发现，同时对 GVHD 发病和防治研究的进展，对移植免疫耐受和免疫重建的深入认识，以及免疫抑制剂、抗感染预防/治疗和支持治疗的发展，目前 UD-HSCT 与同胞匹配供者 Allo-SCT 应用比例和临床疗效均已相当。

我国由于独生子女政策，建立无血缘关系骨髓供者资料库尤为重要。台湾慈济基金会的骨髓资料库现有自愿者近 32 万，已为大陆患者成功供髓移植 700 多例。中国红十字会于 1992 年发起成立中华骨髓库于近年来快速发展，截止至 2008 年底自愿者总计近 100 万人，提供进行移植患者 1 117 人。

脐血中富含造血干细胞，其来源广泛，采集方便，同时其免疫细胞不成熟，对 HLA 匹配的要求较低。随着脐血库的建立，作为实体库，脐血移植还具有查询和提供移植快速、及时等优点。因而脐血移植已成为无血缘供者 Allo-SCT 的另一个重要来源。

几乎所有的患者均有至少以为 HLA 半倍体相合的亲属供者，20 世纪 90 年代以来，半倍体相合供者移植取得了很大的进步。相比较 HLA 相合移植，半倍体相合移植面临植入失败率高、造血和免疫重建慢、GVHD 及严重 GVHD 发生率高、致死性感染和移植相关死亡率高等诸多问题，目前尚处于试验性治疗阶段。

（四）非清髓或减低剂量预处理的异基因造血干细胞移植

非清髓异基因造血干细胞移植（nonmyeloablative allogeneic stem cell transplantation，NST）或减低剂量（reduced-intensity conditioning，RIC）预处理 Allo-SCT 是在传统 Allo-SCT 基础上发展起来的新的移植方法。

传统的 Allo-SCT 采用大剂量全身照射（TBI）和化疗清髓性预处理，摧毁受者的造血和免疫系统，给供者细胞植入"腾出"空间，同时克服宿主抗移植物（HVG）和移植物抗宿主（GVH）反应，使供者细胞完全植入从而替代异常的宿主细胞并产生移植物抗肿瘤（GVT）效应。但其对血液和非血液系统脏器毒性大，移植风险高，并发症多且重，仅限于能较好耐受强烈治疗的相对年轻患者。

研究表明，异基因造血干细胞可通过 GVH 作用使骨髓腾出空间而植入。NST 或 RIC-Allo-SCT 减低预处理细胞毒强度，同时加强移植前后的免疫耐受处理，使供体细胞植入并与存活的宿主细胞形成稳定的混合性嵌合体，继而通过 GVH 效应继续清除宿主残留的细胞，最终达到稳定的混合或完全植活。此方案减低严重毒性发生率和近期非复发死亡率，为不适合清髓性预处理的老年或合并脏器毒性的患者提供了接受 Allo-SCT 的机会；但感染、GVHD 和原发病复发仍是影响疗效的最主要障碍，未显示出优于其他移植方案。

【治疗】

（一）适应证

目前造血干细胞移植广泛应用于恶性血液/淋巴肿瘤、非恶性难治性血液病、遗传性疾病、难治性自身免疫性疾病和某些实体瘤，特别是在恶性血液/淋巴肿瘤中，取得了较好的疗效。

（二）造血干细胞采集、处理和保存

1. **骨髓采集** Allo-SCT 供者采髓前需体检证明健康无传染病。自体骨髓采集的前提是血液系统恶性疾患已取得完全缓解或实体肿瘤未累及骨髓。采集骨髓前应准备一定数量的血液，供采集骨髓时补充血容量之用；正常供者应备份自身血。采集骨髓时严格无菌操作，对供（患）者行硬膜外麻醉或全身麻醉，在髂后必要时联合髂前上棘多点穿刺采集。采出的骨髓收集在含肝素抗凝的组织保养液如 1640 及 TC199 中，去除凝块、脂肪滴，以避免输注时引起栓塞。当供受者之间 ABO 血型主要不合时，需去除供者骨髓中的红细胞，方法如羟乙基淀粉去除或血细胞分离机分离。供受者之间 ABO 血型次要不合时，当供者体内抗体滴度＞1：256 时，则应去除供者骨髓中血浆；若滴度低于 1：256 则可不做处理。采髓总量 Allo-BMT 至少有核细胞计数 $3×10^8$/kg 受者体重；ABMT 视骨髓进行体外处理而异，不加处理者采集 $1×10^8$/kg 即可，而分离冻存或体外净化处理者需 $(2～3)×10^8$/kg。

2. **外周血干细胞采集** 正常状况下外周血中 HSC 含量很少，采集前应将 HSC 从骨髓动员到外周血中。动员的方案有三种：①单独使用造血生长因子如 G-CSF；②骨髓抑制性化疗；③骨髓抑制性化疗和造血生长因子联合应用。Allo-SCT 供者为健康者，动员仅采用造血生长因子，如 G-CSF 5～10μg/(kg·d)，第 5 天开始采集；根据动员后外周血干/祖细胞峰值分布，采集应在造血生长因子应用 4～7 天内完成。患者目前多采用骨髓抑制性化疗和造血生长因子联合应用动员。G-CSF 或 GM-CSF 5～8μg/(kg·d) 自化疗结束后第 1 天或第 5 天开始，连续应用至采集结束；外周血 WBC 或血小板快速恢复或 $CD34^+$ 细胞＞$20×10^6$/L 时采集。目前常用连续血流分离模式的

自动血细胞分离机采集,安全、副反应小;采集后可出现一过性 WBC 或血小板降低。由于分离出的产物中红细胞含量低,供受者间 ABO 血型不合时也无需处理。采集数量以有核细胞计数多为骨髓采集的 2~3 倍。

Allo-SCT 时采集的骨髓/外周血干细胞不需保存,采集、处理后即可输注。骨髓、外周血干细胞或脐血在 4℃ 保存不超过 60~72 小时。加入冷冻保护剂如 10% 二甲基亚砜(DMSO),程控降温置于液氮(-196℃)中可长期保存。

(三) 预处理

预处理(conditioning regimen)是输注 HSC 之前对患者进行的化疗和或放疗。其目的:①为移植细胞的植入腾出空间;②清除体内的瘤细胞或异常细胞;③破坏患者的免疫系统,使之无力排斥移植物。后者是 Allo-SCT 不同于 ASCT 的目的。预处理方案中主要考虑对瘤细胞的敏感性和髓外毒性两方面,根据疾病和患者基本状况设计,组合及剂量应注意放化疗的非血液限制性毒性和避免各脏器毒性的叠加。目前所用的预处理方案按对骨髓的清除作用强弱分为清髓性和非清髓性两类。

清髓性预处理是最常用的方案,又可分含全身照射(TBI)和不含 TBI 的方案。TBI 具有强烈的免疫抑制作用,且随着 TBI 剂量增加对造血系统恶性肿瘤细胞特别是淋巴肿瘤细胞的杀伤力显著增加;同时 TBI 和化疗间无交叉耐药性。照射总剂量和剂量率与 TBI 的毒性相关。由于 TBI 的近期和远期毒副作用均较大,以药物替代 TBI 的联合化疗预处理也得到广泛应用。TBI 以及最常用的替代药物白消安(Bu)联合大剂量环磷酰胺(Cy)组成的 Cy-TBI 和 BuCy2 方案迄今仍被认为是标准的经典预处理方案。

非清髓性预处理与清髓性预处理相比,放化疗细胞毒剂量较小,而联合一些免疫抑制作用强的药物。最佳的组合目前尚未确定,多数应用氟达拉滨,在其基础上联合 Cy±ATG 或减低剂量的 Bu/Mel/Ara-C 或小剂量 TBI。年龄较大或脏器功能欠佳不能耐受清髓性预处理的患者可用非清髓方案。此外还应考虑病种,应选择 GVT 作用明显者。由于发挥 GVT 效应需要长约 10~12 周的过程,故进展快的疾病和未缓解的急性白血病患者不宜采用。

(四) 造血干细胞回输和植入

正常供者的骨髓或外周血干细胞若室温保存应在采集后 6 小时内回输,若 4℃ 保存则不宜超过 24 小时。液氮冷冻保存的骨髓、外周血干细胞或脐血在 40℃ 水浴中 1 分钟内解冻后快速回输;因保养液中的 DMSO 在 0℃ 以上时对造血干细胞有毒性,快速输入体内后可被血液稀释,然后大部分从肺呼出。回输与预处理间隔的时间长短视所用化疗药物代谢的半衰期而异。输注使用的输血器应不带有滤网,以防止干细胞黏附。

干细胞植活的直接证据包括:①出现供者的性染色体、供者的 DNA 可变重复序列或 DNA 片段多态性分析与供者一致;②出现供者 HLA 抗原、红细胞抗原或同工酶;③受者血型转为供者血型。间接证据:①出现 GVHD;②原发病缓解。同基因或自体移植缺乏移植成功的直接证据,则造血恢复可认为移植成功。

随着细胞生物学免疫学分子生物学医疗工程设备等相关学科的发展,HSCT 适应证和方法不断扩展;同时由于抗生素免疫抑制剂造血生长因子等药物学的发展,降低了感染 GVHD 等相关并发症的移植相关死亡率,使得 HSCT 的疗效也明显改善。然而,影响 HSCT 疗效和选择的许多问题,如放化疗毒性肿瘤复发 GVHD 感染等相关并发症等,仍有待于研究和解决。

【并发症治疗和预防】

(一) 移植物抗宿主病

移植物抗宿主病(graft versus host disease, GVHD)是 Allo-SCT 后常见和主要的并发症,也是 Allo-SCT 后主要的死亡原因。供受者间组织相容性复合体抗原性的不同是发生 GVHD 的根本原因。

1. 急性 GVHD 急性 GVHD 发生于移植后 100 天之内,大多数在 30~40 天内发生,常与造血恢复相伴发生，且发生越早临床症状越重。急性 GVHD 的发生必须具备以下三个条件：①移植物中含有免疫活性细胞，即成熟的 T 细胞；②受者表达供者所没有的组织抗原，主要是白细胞抗原（HLA）；受者免疫系统不能产生有效的免疫反应破坏/排斥移植物。在急性 GVHD 的发生过程中，各种细胞因子起到关键作用；Ferrara 等提出的细胞因子风暴学说已被动物实验证实并为临床学者们接受。其过程主要分为受者组织损伤和细胞激活、供者 T 细胞被受者的异基因抗原激活、细胞毒作用和炎性反应等三个阶段。决定 Allo-SCT 后 GVHD 是否发生及发生程度的主要因素包括 HLA 匹配程度、移植 T 细胞的类型特性及数量、免疫细胞的抗原性等，同时供受者性别、年龄、预处理方案和 GVHD 预防方案等因素对其也有影响。

GVHD 可造成广泛的组织损伤，但急性 GVHD 的主要靶器官为皮肤、肝、胃肠道和造血/免疫系统。目前临床评估急性 GVHD 轻重程度多采用美国西雅图 Fred Hutchinson 肿瘤所 Glucksberg 等提出的分级/分度标准（表 6-19-3、表 6-19-4），主要依据皮肤、肝脏及胃肠道三方面症状的轻重。

表 6-19-3　急性 GVHD 的器官受损严重度

严重度	皮肤（体表%）	肝（胆红素 mg/dl）	肠道（腹泻 ml/d）
1+	皮疹<25%	2～3	>500ml 或持续恶心
2+	皮疹 25%～50%	3～6	>1000ml
3+	皮疹>50%	6～15	>1500ml
4+	全身皮疹伴大疱、大片脱屑	>15	严重腹泻，腹痛可伴肠梗阻

注：a. 皮肤皮疹面积按"九分法"或烧伤面积估算法计算
b. 血胆红素升高若有其他原因则下调 1 级
c. 腹泻量分级仅适用于成人，儿童标准分别为>10ml/kg、20ml/kg、30ml/kg；若有其他原因则下调 1 级
d. 持续恶心应有内镜活检组织学证据

表 6-19-4　急性 GVHD 的临床严重度分级

分级	皮肤	肝	肠道	ECOG 体能
1+	1-2+	0	0	无降低
2+	1-3+	或 1+	或 1+	轻度降低
3+	伴或不伴	或 2-3+	或 2-3+	中度降低
4+	2-4+	或 2-4+	或 2-4+	重度降低

针对急性 GVHD 的发病机制，预防主要通过对受者应用免疫抑制治疗和体内或体外去除移植物中的 T 细胞来实现。临床应用的免疫抑制药物主要有特异性的 T 细胞免疫抑制剂如环孢素 A（CsA）、他克莫司（FK506）、霉酚酸酯（MMF）等和非特异性的免疫抑制剂如糖皮质激素、甲氨蝶呤（MTX）等。CsA 联合短疗程 MTX 为 Allo-SCT 预防 GVHD 的经典方案。FK506 结构虽与 CsA 不同，但作用机制相似，临床应用中取代 CsA 也取得较满意的效果。西罗莫司（sirolimus，雷帕霉素，rapamycin）是一种较新的免疫抑制剂，作为 MTX 的替代品已用于临床。随着无血缘供者和半倍体相合供者 Allo-SCT 的开展，联合 MMF 或抗胸腺细胞球蛋白（ATG）或氟达拉滨（fludarabine）或 Campath-1（抗 CD52 单克隆抗体）等在预处理或预防 GVHD 方案中较广泛地应用，显示降低 GVHD 的发生率。另一方面，目前临床上主要应用 CD34$^+$ 细胞分选和 T 细胞抗体等方法去除移植物中的 T 细胞。已证实去除移植物中的 T 细胞有效预防急性 GVHD，但同时伴随影响细胞植入导致排斥率增高、免疫重建慢从而增高感染发生率和疾病复发率等副作用。近期发展的趋势在于研究去除 T 细胞中的某些亚群，以期达到既预防急性 GVHD，又保留 GVT 效应，使得排斥率和复发率不增高的目的。

对严重的急性 GVHD 目前仍缺乏满意的治疗，其临床转归取决于严重分级程度和对治疗的反应。

甲泼尼龙（MP）2mg/（kg·d）仍是治疗急性 GVHD 的首选药物，对于 2~4 级的急性 GVHD 完全反应率只有 25%~40%。对皮质激素无效或依赖的患者，二线治疗选择包括 MP（2~5mg/kg）、换用未预防使用的其他免疫抑制剂如 FK506/MMF/西罗莫司等，以及抗 IL-2 受体（CD25）或 TNFα 或 CD52 或 CD147 或 CD3 单克隆抗体、喷司他汀和 EP 等新型治疗。二线治疗虽可获得 35%~70% 的完全或部分反应率，但 6~12 个月的生存率仅约 30%，绝大多数患者死于 GVHD 复发或继发严重感染。近年来研究发现间充质干细胞（mesenchymal stem cell, MSC）具有显著的免疫抑制作用，作为实验性治疗应用于临床治疗严重或难治的急性 GVHD 已有报道取得良好的疗效，值得进一步研究和验证。

2. 慢性 GVHD　慢性 GVHD 发生于移植后 100 天之后，可由急性 GVHD 迁延而来，也可能发生于急性 GVHD 治愈后或之前无急性 GVHD 病史。慢性 GVHD 的发病机制尚不十分清楚，目前认为由自体 T 细胞同种或自身免疫反应在其中起到主导作用。预处理或急性 GVHD 等损伤了宿主的胸腺，自体反应性 T 细胞逃避了阴性选择，使得供者 CD4$^+$T 细胞发挥 Th2 免疫反应，辅助宿主 B 细胞合成自身抗体，于自身抗原结合后造成组织的损伤。

慢性 GVHD 常累及的器官有皮肤、肝、眼、口腔、肺、胃肠道和神经肌肉等，出现相应组织和器官的临床表现。根据病变范围将慢性 GVHD 分为局限性和广泛性。有以下 1 项或 2 项者为局限性：①局限性皮肤损害；②慢性 GVHD 引起的肝功能异常。有广泛皮肤损害或上述 2 项中任何 1 项再加上以下任何 1 项者为广泛性慢性 GVHD：①肝活检组织学存在明显的慢性活动性肝炎、桥接坏死或硬化；②眼干燥症；③活检示唾液腺或口腔黏膜受损；④其他任何靶器官受累。

慢性 GVHD 迄今无有效的预防方法，胸腺因子及免疫球蛋白均无效。广泛性慢性 GVHD 无自发改善的可能，治疗应尽早进行。泼尼松联合 CsA 是首选治疗，常用的二线药物有 FK506、MMF、西罗莫司、小剂量 MTX、沙利度胺、ATG、硫唑嘌呤、熊去氧胆酸、补骨脂加紫外线 A 照射（PUVA）、全淋巴结照射（TLI）、喷司他汀等。近来小样本报道应用抗 TNF 单克隆抗体（infliximab, 英夫利昔单抗）、抗 IL-2 受体（CD25）单克隆抗体（Dacliximab, 达昔单抗）和抗 CD20 单克隆抗体（rituximab, 利妥昔单抗）治疗广泛性慢性 GVHD 取得满意的疗效。

严重感染是慢性 GVHD 的主要死亡原因，尤其在免疫抑制治疗期间应注意感染的预防，加强支持治疗。

（二）出血性膀胱炎

移植后早期发生的出血性膀胱炎（hemorrhagic cystitis, HC）主要与大剂量环磷酰胺（CTX）有关，CTX 的代谢产物丙烯醛从肾排出对膀胱黏膜有毒性作用，引起黏膜充血、糜烂、溃疡和出血。迟发性 HC 发生于移植 30 天以后，除与预处理白消安（Bu）有关外，多与急性 GVHD 损伤膀胱黏膜或某些病毒特别是腺病毒感染相关。HC 的临床症状为血尿伴尿频、尿急、尿痛等刺激症状，中断尿培养细菌和真菌阴性。血尿程度可从镜下血尿到肉眼血尿，严重者血凝块阻塞尿道。

临床上 HC 应以预防为主，有效的预防措施应包含水化、强迫利尿、碱化尿液和应用巯乙磺酸钠结合丙烯醛从而减少其对黏膜上皮细胞的毒性。一旦发生 HC，主要治疗方法为加强利尿，碱化尿液，防止血块形成阻塞尿路；必要时辅以膀胱灌洗，多数可治愈。

（三）肝静脉闭塞病

肝静脉闭塞病（hepatic venous-occusive disease, HVOD）是造血干细胞移植后的一种严重肝脏并发症。其主要是由于放化疗的直接作用和细胞因子释放的间接作用损伤肝内小静脉和血窦内皮细胞，导致肝内小静脉和血窦非血栓形成纤维性闭塞，同时伴有小叶中心肝细胞损伤/坏死病理改变的疾病，临床上表现进行性痛性肝大、腹水和黄疸等综合征。基于其病理学基础，近来主张以肝窦隙阻塞综合征（sinusoidal obstruction syndrome, SOS）取代原有的名称 HVOD。SOS 一般发生于移植后 3 周内，诊断标准采用西雅图或巴尔的摩标准。西雅图诊断标准为：在移植 20 天内有以下 3 项中的 2 项：①黄疸（血清胆红素≥2mg/dl）；②肝大和右上腹疼痛；③腹水或不能解释的体重增加>2%。

而巴尔的摩的标准为移植后21天内出现血清胆红素≥2mg/dl，再加上以下3项中的2项：①肝大且常为疼痛性；②腹水；③体重增加＞5%。巴尔的摩诊断标准与组织学诊断符合率超过90%。

临床上SOS也应以预防为主。预防措施主要是减少高危患者发生的因素，如推迟肝炎或肝功能异常患者的移植，适当减少预处理Bu的剂量等。药物预防报道前列腺素E_1（PGE_1）、小剂量肝素、熊去氧胆酸和复方丹参注射液等可能有一定的作用。肝SOS一旦发病，主要的治疗为对症和支持治疗，尤其以维持水/电解质平衡最为重要。轻中度SOS多于发病15～20天好转，重症者死亡率超过90%，主要的死因为肝性脑病和肝肾综合征。PGE_1、小剂量肝素等治疗效果不佳。重组组织纤溶酶原激活剂（tPA）曾被看好为治疗肝SOS最有效的药物，但临床应用疗效不满意，且伴有发生致命性出血的危险。Defibrotide是一种多脱氧核苷酸，具有抗血栓、抗缺血和溶栓的作用，毒副作用小，已有报道临床应用治疗取得良好疗效。

（四）间质性肺炎

间质性肺炎（interstitial pneumonitis，IP）可分为感染性和特发性两种。找不到病原菌者为特发性IP，多发生于移植后早期，主要与预处理放化疗和免疫抑制剂等对肺组织的毒性损伤有关，特别是肺部放疗剂量或剂量率过大。巨细胞病毒（CMV）感染是感染性IP最常见的病因，其他致病原可见疱疹病毒、流感病毒、呼吸道合胞病毒、腺病毒、真菌和卡氏肺孢子虫等。临床表现多为干咳、少痰或无痰，逐渐发展为胸闷、憋气和呼吸急促，进而呼吸困难。诊断主要依靠临床表现、胸部影像学、肺功能检查、血气分析和病原学检测。两肺听诊常无干湿性啰音或可闻及干啰音，胸部影像学最常见双侧肺弥漫性间质性改变，肺功能呈限制性通气功能障碍或弥散功能低下，血气分析示低氧血症且常常早于临床明显症状和X线改变出现。纤维支气管镜检加肺泡灌洗有助于确定感染性IP的诊断，而检测血液CMV-PP65特异性抗原和DNA定量可早期发现CMV血症并及时干预治疗。

特发性IP的预防应注意控制肺部照射剂量＜8Gy并控制剂量率低于每分钟10cGy；同时GVHD的预防不宜长期使用MTX。应用复方新诺明有效预防卡氏肺孢子虫感染，阿昔洛韦预防疱疹病毒导致的IP。CMV-IP的预防策略主要有两种，一是预防性治疗，降低感染的发生率；二是通过检测血液CMV-PP65特异性抗原和DNA定量可早期发现CMV血症，给予"预清除"（pre-emptive）治疗。由于后者安全、可靠，明显降低治疗的副作用，已成为目前推荐的方法。

IP一旦发生，缺乏对病因快速有效、特异性高的药物治疗，死亡率高达60%～90%；因而预防比治疗更为重要。

（五）感染

造血干细胞移植患者存在多种易感因素，如①预处理放化疗损害胃肠道黏膜与呼吸道上皮屏障；②预处理破坏患者的造血和免疫功能；③长期中心静脉置管；④免疫抑制剂的长时间应用；⑤若并发GVHD进一步加重免疫功能损害等。因而在移植的各个时期均易发生感染，感染多由条件致病菌引起。严重感染是移植后死亡的最主要原因之一，Allo-SCT发生率显著高于ASCT，尤其是并发严重GVHD、加强免疫抑制治疗时。

感染的病原菌在移植后早期（1个月内）最常见的为细菌、真菌（特别是念珠菌）及单纯疱疹病毒；中期（移植后1～3个月）造血功能虽已基本恢复，但细胞和体液功能未恢复，感染仍多见，常见的病原体为CMV及其他病毒、细菌、真菌（特别是曲霉菌）和卡氏肺孢子虫；而在晚期（移植后3个月后），随着免疫功能的逐渐恢复，感染特别是严重感染明显减少，相对较多出现的是带状疱疹病毒和疱疹病毒。

一些措施如保护性隔离、胃肠道消毒除菌、加强护理及支持治疗、预防性应用抗生素等，对预防感染具有一定的效果。

移植中若体温超过38.0℃且除外其他原因，则首先应考虑感染的可能性。虽病原菌尚未明确，需立即给予经验性治疗。抗生素应选用高效、广谱的药物，多联合应用，且足量、足疗程。若广谱抗细菌治疗3天无效或体温正常后3～7天再次出现发热，应及时考虑真菌感染可能。在对患者经验性治疗的同时，需积极寻找病原菌，并根据病原体调整抗生素，以期达到"抢先"（pre-emptive）或目标治疗，提高抗感染治疗的疗效。

（邱录贵）

参考文献

[1] 张之南，杨天楹，郝玉书主编. 血液病学. 北京：人民卫生出版社，2003.
[2] Kaushansky K, Lichtman MA, Beutler E, et al. (eds). Williams Hematology, The McGraw Companies, Inc, 2010.
[3] 张之南，沈悌主编. 血液病诊断及疗效标准. 第3版. 北京：科学出版社，2007.
[4] Hoffman R, Benz EJ, Shattil SJ, et al. (eds). Hematology: Basic principles and practice, Philadelphia: Elsevier Inc., 2005.
[5] 杨仁池、王鸿利主编. 血友病. 上海：上海科学技术出版社，2007.
[6] 肖志坚主编. 血液病合理用药. 第2版. 北京：人民卫生出版社，2009.
[7] Swerdlow H, Campo E, Harris NL, et al. (eds). WHO Classification of Tumors of Haematopoietic and lymphoid Tissues. Switzerland: WHO Press, 2008.

第七篇 内分泌系统疾病及代谢疾病

第一章 总 论

【内分泌的概念和功能】

(一) 内分泌的基本概念

机体通过化学信使-激素（hormone）在机体内的传递和控制，精细地感知体内外环境的变化并产生适当的反应。这一过程需要内分泌系统（endocrine system）和神经系统协作完成。经典的激素是由内分泌腺体分泌，经血液循环到达靶组织并作用于靶细胞。经典的内分泌学是研究产生激素的腺体、激素的浓度及其受体的表达。除了内分泌腺体外，机体的多种细胞都可以分泌激素。许多激素可作用于分泌细胞邻近的细胞（旁分泌），或作用于分泌激素的细胞本身（自分泌）。

(二) 内分泌激素的分类

激素分为两大类，分别作用于两类受体。一类是氨基酸衍生物、肽类激素和大分子蛋白激素。除甲状腺激素作用于细胞内核受体外，这类激素作用于细胞膜受体。另一类是甾类激素，由胆固醇合成，通过与核受体结合发挥作用。

(三) 内分泌腺体和组织

经典的内分泌腺体包括：垂体、甲状腺、甲状旁腺、胰岛细胞、肾上腺和性腺。这些腺体通过激素、细胞因子、神经系统与机体的其他器官和组织产生联系，维持机体内环境的稳定。而下丘脑的神经分泌细胞是神经内分泌的核心部分，这些细胞释放的兴奋和抑制因子调节垂体各种激素的分泌。周围神经系统则调节肾上腺髓质儿茶酚胺的产生。

此外，胃肠道黏膜分泌胃泌素、胰泌素、胆囊收缩素等激素，肾小球旁细胞分泌肾素，心房细胞分泌心钠素（心房肽）。脂肪组织在近年来也被发现分泌多种激素如瘦素、脂联素等参与能量代谢和全身更复杂的生理调控过程。

(四) 激素的生理作用

激素对机体各个系统的组织和器官的生理活动都起着重要的作用。

1. 生长和发育　促进生长发育的激素主要包括生长激素、胰岛素样生长因子-1（IGF-1）和甲状腺激素。性激素则促进骨骺愈合。

2. 维持机体内环境的稳定　甲状腺激素调节基础代谢率，甲状旁腺激素调节钙、磷代谢，血管加压素通过作用于肾调节血浆渗透压，醛固酮调节血容量和血清钠、钾的浓度。胰岛素、胰高血糖素、生长激素、儿茶酚胺、糖皮质激素等密切调节糖、脂肪、蛋白质以及核酸的代谢。

3. 对生殖系统的影响　多种激素参与了机体从性别分化、青春期性成熟到妊娠和哺乳的过程。下丘脑-垂体-性腺轴在这一过程中起着重要的作用。

(五) 激素的反馈调节系统

1. 负反馈调节　在下丘脑-垂体-靶腺轴的调节模式中，下丘脑和垂体释放的激素促进靶腺激素分泌，负反馈模式则指靶腺分泌的甲状腺激素（T_3、T_4）抑制促甲状腺激素释放激素（TRH）和促甲状腺激素（TSH）分泌；皮质醇抑制促肾上腺皮质激素释放激素（CRH）和促肾上腺皮质激素（ACTH）分泌；性激素抑制促性腺激素释放激素（GnRH）和促性腺激素（LH/FSH）分泌。

2. 正反馈调节　未完全阐明，例如月经中期的雌激素刺激LH分泌高峰。

3. 周期和节律　激素的分泌存在周期和节律。例如，月经周期和昼夜周期。ACTH的分泌成节律性，清晨存在分泌高峰。GnRH、LH/FSH和GH均称脉冲式分泌。

4. 神经-内分泌-免疫网络　除了上面提到的中枢神经系统通过下丘脑释放各种兴奋和抑制因子调节垂体激素的释放，免疫系统和内分泌系统也相互作用。肾上腺产生的皮质醇具有免疫抑制作用。

细胞因子和白细胞介素可以作用于垂体、肾上腺等多个内分泌腺体。自身免疫缺陷可导致内分泌腺体疾病。

【内分泌疾病】

内分泌系统疾病按功能分为功能低下型和功能亢进型。其中功能低下型包括激素缺乏和激素抵抗。功能亢进型主要为激素过量造成。

(一) 功能低下

由于手术、感染、炎症、自身免疫、梗死或肿瘤浸润等原因导致内分泌腺体损伤，导致腺体分泌激素不足，腺体功能低下，激素缺乏。由于基因突变等原因激素、激素受体结构的改变可以导致激素不能发挥应有的生理作用，易表现为腺体功能低下。

(二) 功能亢进

内分泌功能亢进是由于激素过量，常见于内分泌细胞增生、肿瘤、自身免疫病和医源性激素过量应用。一些内分泌肿瘤表现为正常反馈调节作用受损；某些肿瘤，如产生 ACTH 的垂体瘤仍受反馈调节，但需高浓度皮质醇抑制 ACTH，因此临床表现为 ACTH 和内源性皮质醇分泌可以被大剂量地塞米松所抑制。

【常见的症状和体征】

(一) 消瘦

消瘦是指体重低于标准体重的 10% 以上，或体质指数 (body mass index，BMI) 低于 $18.5 kg/m^2$。内分泌疾病和精神因素引起的消瘦包括神经性厌食，各种原因引起的甲状腺毒症、糖尿病、原发性肾上腺皮质功能减退症，胰腺血管活性肠肽瘤和胰高糖素瘤等。

(二) 肥胖

肥胖 (obesity) 是体内脂肪过多的一种情况，通常用 BMI 或腰围表示，根据《亚太地区肥胖及其治疗的重新定义》(1999)，肥胖的诊断标准为 BMI≥25；Ⅰ度肥胖 BMI 25～29.9；Ⅱ度肥胖 BMI≥30。与肥胖有关内分泌疾病和情况包括：单纯性肥胖，皮质醇增多症，下丘脑综合征，胰岛素瘤，多囊卵巢综合征，甲状腺功能减退症，妊娠和绝经等。

(三) 身材高大

身材高大为身高超过同种族、同年龄、同性别平均值的 3 个标准差。常见的出现身材高大的内分泌系统疾病或情况包括：体质性身材高大，青春期提前，巨人症，性腺功能减退症，马方综合征 (Marfan's syndrome) 等。

(四) 身材矮小

一般认为身材矮小是身高低于同种族、同性别、同年龄均值的 3 个标准差以下。内分泌疾病和体质因素引起的身材矮小见于生长激素缺乏症，甲状腺功能减退症，佝偻病和体质性青春期延迟。

(五) 色素沉着

色素沉着 (pigmentation) 是各种原因引起的皮肤或黏膜色素量增加和颜色加深，如黑色素、含铁血黄素和胡萝卜素等。由内分泌代谢疾病引起的色素沉着包括促肾上腺皮质激素过多性疾病，甲状腺功能亢进症、血色病和卟啉病等。

(六) 多毛

多毛是指在同种族、同性别、同年龄情况下，相同部位的毛发较正常健康人增多、增粗或增长。女性多毛症 (hirsutism) 是指在女性的雄激素敏感部位有毛发过多，这些部位包括面部、胸部、腋窝、乳晕、臀部、大腿内侧和会阴部等。女性多毛症见于多囊卵巢综合征、卵巢肿瘤、皮质醇增多症、先天性肾上腺皮质增生、肢端肥大症、高催乳素血症。女性雄激素来源于卵巢和肾上腺，在正常情况下，女性循环睾酮来自于卵巢以及由卵巢和肾上腺所分泌的雄烯二酮在外围组织的转化，肾上腺是脱氢表雄酮及其硫酸盐的主要来源。女性多毛症多是由卵巢或肾上腺的病变所致，见于多囊卵巢综合征、分泌雄激素的卵巢肿瘤、皮质醇增多症、肾上腺肿瘤、异位 ACTH 综合征、先天性肾上腺皮质增生等。

(七) 毛发脱落

内分泌代谢性疾病所致毛发脱落包括腺垂体功能减退症，原发性甲状腺功能减退症，原发性肾上腺皮质功能减退症，甲状旁腺功能减退症等。

(八) 溢乳

溢乳（galactorrhea）定义为在非生理状态下，持续排放乳汁或乳样分泌物，女性病人需没有分娩或停止哺乳6个月以上。由内分泌疾病所致的溢乳常见于：垂体肿瘤（催乳素瘤最常见）、分泌PRL的异位肿瘤、分泌雌激素的肿瘤、多囊卵巢综合征和原发性肾上腺皮质功能减退症。

(九) 内分泌性水肿

水肿是由过量的液体聚积在组织间隙所致。由内分泌代谢疾病引起的水肿，称为内分泌性水肿，常见于垂体前叶功能减退症、皮质醇增多症、抗利尿激素分泌失调综合征、甲状腺功能减退症、甲状腺功能亢进症、原发性醛固酮增多症等。

(十) 高血压

高血压（hypertension）是指收缩压≥140mmHg，和（或）舒张压≥90mmHg。内分泌疾病所致的继发性高血压的常见原因包括：嗜铬细胞瘤、皮质醇增多症、原发性醛固酮增多症、Liddle综合征、肾素瘤、先天性肾上腺皮质增生、甲状腺功能减退症、甲状腺功能亢进症。

(十一) 低血压

低血压（hypotension）是指血压低于80/60mmHg，如在直立时3分钟内血压下降20/10mmHg称为体位性低血压。在内分泌疾病中引起低血压的常见疾病如原发性肾上腺皮质功能减退症、腺垂体功能减退症、嗜铬细胞瘤、糖尿病等。

(十二) 多尿

多尿（polyuria）指每日尿量超过3 000ml。引起的多尿的常见的内分泌代谢疾病包括糖尿病、尿崩症、原发性醛固酮增多症、原发性甲状旁腺功能亢进症和精神性多饮。

(十三) 多食、多饮

指大量摄入食物和水分。主要与下丘脑、垂体（尿崩症）、甲状腺（甲状腺功能亢进症）、肾小管疾病和糖尿病相关。

(十四) 怕热、心慌、多汗

主要与体内甲状腺激素水平增高相关（甲状腺毒症）。导致甲状腺激素水平增高的疾病常见于甲状腺功能亢进症、甲状腺炎。

(十五) 怕冷

主要与体内甲状腺激素水平减低相关。常见于甲状腺功能减退症。

(十六) 甲状腺肿和结节

甲状腺肿（goiter）可有多种表现，需要区分无痛性与有痛性、弥漫性与结节性、单结节与多结节、甲状腺功能正常与甲状腺功能异常等。引起甲状腺肿的常见原因为单纯性甲状腺肿、弥漫性甲状腺肿伴甲状腺功能亢进、亚急性甲状腺炎、慢性淋巴细胞性甲状腺炎、甲状腺肿瘤和结节性甲状腺肿等。

(十七) 电解质紊乱

与内分泌疾病相关的常见电解质紊乱包括钾、钠、氯和钙磷代谢紊乱。主要与垂体和肾上腺髓质疾病、肾小管疾病、甲状旁腺疾病、骨质疏松和糖尿病相关。

(十八) 生殖系统功能紊乱和性别发育障碍

内分泌疾病可以导致性别分化异常、性器官（生殖器和乳房）发育异常、性功能障碍（勃起障碍、月经异常、性欲异常）、不育。常见于下丘脑、垂体、肾上腺和性腺的疾病相关。

【内分泌疾病的诊断】

(一) 内分泌功能的评价

1. 内分泌功能评价　需结合患者有无激素缺乏或过量的临床表现，结合激素水平的测定及必要的功能试验进行评价。由于激素在血中的浓度很低，有些激素成周期性或脉冲式分泌，所以需在不同时期多次采血进行测定。此外，尿中游离激素水平有时比血中激素水平更为稳定。在采集标本时需注意患者是否处于基础状态。

2. 内分泌功能试验　功能试验包括刺激试验和抑制试验。刺激试验常用于功能低下的检查，是使用上级激素后，测定靶腺激素水平，了解靶腺对上级激素刺激的反应能力。抑制试验是使用靶腺激素后测定上级激素和内源性靶腺激素的水平了解是否存在内分泌功能亢进，及判断功能亢进是原发于靶腺还是继发于上级腺体的功能亢进。

(二) 内分泌疾病的诊断

1. 功能诊断　结合患者的临床表现，进行相应激素水平的实验室检查和功能试验，确定是否存在功能减退或功能亢进。

2. 定位诊断　内分泌疾病的病因有原发性和继发性两大类。原发性即由于功能异常部位本身的病变引起。继发性者即由于其他部位病变，例如上级腺体功能异常引起的靶腺功能异常。内分泌的功能试验、影像学检查如 X 线计算机断层扫描术（CT）、核磁共振影像（MRI）、超声检查及放射性核素扫描等以及有创的静脉导管分段取血等方法可进行定位诊断。

3. 病理诊断　许多内分泌疾病是由于分泌某种激素的腺瘤或增生引起的，结合某些自身抗体检测、某些部位的细针穿刺活检以及术后病理可以明确诊断。

【内分泌疾病的治疗】

(一) 功能缺乏的治疗

生理激素的替代治疗是最常采用的办法。

(二) 功能亢进的治疗

多见于内分泌腺体良性肿瘤或增生，通常采用手术切除肿瘤或药物降低激素水平的方法。

(纪立农)

第二章 垂体瘤

垂体瘤（pituitary tumors）是一组来自腺垂体、神经垂体或胚胎期颅咽管囊残余鳞状上皮细胞发生的肿瘤。自然人群垂体瘤的患病率在不同地区差异极大，最高可达1/1 000。垂体瘤的尸检检出率很高，为14%～25%。临床上有明显症状的垂体肿瘤约占颅内肿瘤的10%，以垂体腺瘤占大多数。因其他疾病行头颅影像检查时发现的肿瘤称为垂体意外瘤，临床上并不罕见，而垂体显像可在至少10%的正常个体中检出小的垂体病变。腺垂体的每一种分泌细胞或其原始干细胞均可发生肿瘤性病变，单一激素分泌增多最常见，但也可有多种激素同时增多。垂体瘤多为良性，罕见恶性；无家族史的散发病例多见，而有家族史（见于某些遗传综合征，如MEN1）的病例少见。根据肿瘤的大小可分为微腺瘤（<10mm）和大腺瘤（≥10mm）两种，根据肿瘤细胞起源可将垂体腺瘤进一步分类（见表7-2-1）。

表7-2-1 垂体腺瘤的分类

垂体腺瘤	激素产物	临床表现
催乳素瘤	PRL	性腺功能减退症、溢乳
生长激素瘤	GH	肢端低下症或巨人症
促肾上腺皮质激素瘤	ACTH	Cushing病
促甲状腺激素瘤	TSH	甲状腺毒症
促性腺激素瘤	LH、FSH或其亚单位	性腺功能低下
混合瘤	GH、PRL等	肢端肥大症、溢乳
α亚单位瘤	糖蛋白激素的α亚单位	肿瘤占位效应，高催乳素血症
无功能腺瘤	无或FSH、LH的亚单位	垂体功能不全，肿瘤占位效应

【发病机制】

尚未阐明。垂体腺几乎都是单克隆起源的，说明垂体自身异常在肿瘤发病中起重要作用。有家族史的垂体瘤主要由某个特异基因的突变所致，而在散发垂体瘤的发病中，常见癌肿中发现的癌基因或抑癌基因突变可能并不起重要作用。垂体瘤转化基因（pituitary tumour transforming gene，PTTG）是首个被发现的在垂体瘤中高表达的基因，可能在垂体瘤的发病机制上发挥重要作用。抑癌基因的低表达和细胞信号转导途径的异常在肿瘤发生中也有一定作用。另外，下丘脑功能紊乱使垂体细胞受到过度刺激，也促进了垂体肿瘤的形成。

【临床表现】

1. 肿瘤占位效应　头痛常见，因肿瘤向上生长牵拉鞍隔与周围硬脑膜所致。肿瘤穿破鞍隔后，疼痛可减轻或消失。如肿瘤侵入下丘脑、第三脑室，引起颅内压增高，头痛可加剧。破坏下丘脑也可导致尿崩症和下丘脑功能紊乱。肿瘤向鞍上扩展，压迫视交叉等可引起不同类型的视野缺损伴，最常见的视野缺损类型为双颞侧偏盲。肿瘤向蝶鞍两侧扩展压迫海绵窦时可引起海绵窦综合征（第Ⅲ、Ⅳ、Ⅴ及Ⅵ对脑神经损害），引起眼睑下垂、复视、麻木、感觉异常等症。肿瘤侵入蝶窦者可造成脑脊液鼻漏和鼻出血，肿瘤生长迅速者可因瘤内出血导致垂体卒中，出现严重头痛、视力急剧下降、颅内压升高甚至昏迷。

2. 内分泌激素分泌异常　包括激素分泌过多和分泌过少。有功能的垂体瘤分泌一种或多种激素，引起相应激素过多症候群。激素分泌过少则多因肿瘤占位压迫或损伤垂体，引起一种或多种垂体激素分泌减少，导致垂体前叶功能减退，其中继发性性腺功能减退出现最早，也最常见；其次为继发性甲状腺功能减退，肾上腺皮质功能减退出现得较晚，也较少见。神经垂体也常常受压，但很少引起尿崩症。垂体柄受压可影响垂体门脉循环，随门脉血流进入垂体的催乳素抑制因子（多巴胺）减少，血催乳素水平可升高。

3. **垂体卒中** 为垂体瘤突发瘤内出血、梗死、坏死，致瘤体膨大，引起的神经和内分泌症候群，发生率为5%~10%。轻者可仅有垂体功能减退表现，严重者除垂体功能减退外还可同时出现脑膜刺激征和鞍周结构受压症状（视野缺损伴视力减退、支配眼外肌的脑神经受累）。垂体卒中也可发于产后大出血或血管病变患者。CT或MRI可显示肿瘤内或蝶鞍的出血征象，伴有垂体柄偏移和垂体组织受压。严重的垂体卒中属内分泌急症，对无视力丧失、无意识减退的患者，可给予大剂量糖皮质激素保守治疗；有明显的或进行性的视力丧失或意识丧失的患者，则需给予糖皮质激素并紧急手术减压。

4. **伴有垂体瘤的遗传性综合征** 几种家族性综合征可伴有垂体瘤，多发性内分泌腺瘤（MEN）1型为一种常染色体显性遗传综合征，主要以甲状旁腺、胰岛和垂体腺瘤的遗传易感性为特征，约半数受累患者发生催乳素瘤。Carney综合征以多斑点的皮肤色素沉着、黏液瘤及包括睾丸、肾上腺和垂体腺瘤在内的内分泌肿瘤为特征。McCune-Albright综合征由多发性骨纤维性发育不良、皮肤色素斑以及许多内分泌疾病组成，其中包括垂体GH瘤、肾上腺腺瘤和假性性早熟。

【诊断】

垂体瘤的诊断需结合临床表现、影像学检查和实验室检查进行综合判断。神经系统检查、眼底检查、视野检查可对诊断提供重要依据。CT和MRI是诊断垂体瘤的重要手段，MRI为首选，可发现直径3mm的微腺瘤，亦能更好地显示肿瘤与周围组织的解剖关系。各种垂体激素或糖蛋白激素的α亚单位的实验室检测可提供重要参考，明确是否存在激素分泌功能。当某一激素水平有变化时应检测其靶腺激素的水平。当诊断尚有疑问时，可进行动态试验协助诊断。病理诊断为最终诊断。

【治疗】

垂体瘤的治疗目标为：①抑制激素过多分泌；②抑制肿瘤组织生长或摘除肿瘤；③恢复和保存垂体功能；④纠正视力和脑神经方面的缺陷；⑤防止肿瘤复发。

1. **手术治疗** 除催乳素瘤外，其他垂体瘤的首选治疗为手术治疗。经蝶窦术式是最常用术式，对肿瘤进行选择性摘除，适合于鞍内微腺瘤和向鞍上膨胀性生长及向海绵窦内发展的大腺瘤。并发症可有脑脊液鼻漏、视力丧失、脑膜炎或脓肿、眼球麻痹及腺垂体功能减退症，但发生率均较低，手术死亡率不超过2.5%。向鞍上侵袭性生长的巨大腺瘤要考虑开颅手术。

2. **放射治疗** 可选择常规外照射，也可选择直线加速器X-刀或γ-刀进行垂体定向反射治疗。起效相对较慢，通常作为向鞍上扩展的大腺瘤的术后辅助治疗。并发症包括恶心、虚弱、脱发、味觉和嗅觉丧失和垂体功能减退。放疗后10年内约50%的患者发生GH、ACTH、TSH和（或）促性腺激素分泌障碍，通常由于下丘脑损伤所致，需终身随访。

3. **药物治疗** 垂体瘤的药物治疗呈高度特异性，并取决于肿瘤的类型。多巴胺受体激动剂对催乳素瘤具有肯定疗效，常用的药物是溴隐亭。对于肢端肥大症和TSH分泌瘤，可用生长抑素类似物，偶尔亦可用多巴胺受体激动剂。ACTH分泌瘤和无功能性肿瘤，一般对药物治疗无反应。伴垂体功能减退者需行靶腺激素替代治疗。

4. **垂体意外瘤的处理** 有激素分泌功能的肿瘤手术或药物治疗，无功能瘤如有占位效应则考虑手术治疗，如无占位效应则可密切随访，定期行MRI、视野和垂体储备功能的检查，肿瘤增大或视野受损则手术治疗。

【附】催乳素瘤

【病因学及患病率】

催乳素（PRL）由催乳素细胞分泌，清晨7点左右达高峰，以后迅速下降，循环中的半衰期约为50分钟。催乳素受小丘脑分泌的催乳素抑制因子（多巴胺）张力性抑制调控，而妊娠、熟睡、运动、雌激素、TRH、阿片肽可刺激催乳素分泌。垂体的自身缺陷是催乳素瘤形成的起始原因，下丘脑调节功能紊乱仅起着允许和促进作用。催乳素瘤（prolactinoma）是最常见的垂体肿瘤，占全部垂体肿瘤的一半，人群中年发病率为3/100 000左右，微腺瘤的男女性发病率比例约为1：20，而大腺瘤的性别比率约为1：1。肿瘤大小一般与PRL浓度直接相关；浓度超过200μg/L者常常伴有大腺瘤。催乳素瘤（prolactinoma）多为良性，恶性罕见，且生长缓慢，仅有5%的微腺瘤远期进展为大腺瘤。在约30%的微腺瘤中，高催乳素血症可自行消退。

【临床表现】

催乳素过高时下丘脑多巴胺释出增多，直接抑制促性腺激素释放激素（GnRH）自神经末梢释放，导致垂体黄体生成素（LH）分泌降低，同时卵巢对LH反应性也降低。故患病妇女除溢乳外常表现闭经、不孕等性腺功能减退症状。继发性闭经最常见（79%），常和溢乳一起出现。溢乳一般表现为乳腺触摸性泌乳，单侧或双侧、持续或间断。有溢乳的患者血清PRL水平多在200μg/L以上。如果肿瘤扩展到鞍外，可出现视野缺损或其他肿块效应。男性患者常有阳痿、性欲减退、睾丸小、睾酮水平低、不育等性腺功能减退表现以及中枢神经压迫征象，如头痛和视力缺损，少部分患者可出现挤压后泌乳。

【诊断和鉴别诊断】

催乳素瘤的诊断依靠影像学检查（CT或MRI）和血清催乳素测定。正常女性催乳素水平为5～20μg/L，PRL水平≥100μg/L时，应考虑催乳素瘤的可能，PRL水平≥200μg/L时几乎可以确定诊断。PRL水平＜200μg/L可由微腺瘤、药物、甲状腺功能减退症或其他垂体肿瘤所致，应注意鉴别。PRL水平＜200μg/L时，如影像学提示大腺瘤，应考虑非催乳素肿瘤可能。PRL水平轻度升高应注意排除脉冲分泌高峰时（如早晨8点左右）取血和包括就医在内的各种应激等原因。高催乳素血症的病因学见表7-2-2。

表7-2-2 高催乳素血症的病因学

生理性高催乳素血症	病理性高催乳素血症
1. 妊娠、哺乳	1. 丘脑-垂体柄损伤
2. 胸壁刺激：胸部手术和带状疱疹	（1）肿瘤
3. 睡眠、应激	1）颅咽管瘤
药物引起的高催乳素血症	2）垂体瘤鞍上扩展
1. 多巴胺受体阻滞剂	3）脑膜瘤、转移瘤等
（1）酚噻嗪类：氯丙嗪、奋乃静	（2）空泡蝶鞍
（2）丁酰苯类：氟哌啶醇	（3）淋巴细胞性垂体炎
（3）硫杂蒽类	（4）伴垂体柄压迫的腺瘤
（4）灭吐灵	（5）肉芽肿
2. 多巴胺合成抑制剂：α-甲基多巴	（6）Rathke's囊肿
3. 儿茶酚胺耗竭剂：利舍平	（7）放射、外伤
4. 鸦片类	2. 垂体分泌过多
5. H_2受体拮抗剂：西咪替丁、雷尼替丁	PRL瘤、GH瘤
6. 丙咪嗪类：阿米替林、阿莫沙平	3. 系统性疾病
7. 5-羟色胺再摄取抑制剂：氟西汀	（1）甲状腺功能减退症
8. 钙通道阻滞剂	（2）慢性肾衰竭
维拉帕米：阻断多巴胺释放	（3）肝硬化
9. 激素类：雌激素类、抗雄激素类	（4）假孕、癫痫发作

注：睡眠相关高催乳素血症在醒后1小时之内恢复正常。

【治疗】

包括药物、手术和放射治疗，可单独或联合应用。由于微腺瘤很少进展成大腺瘤，故若无生育要求，可不治疗，随访即可，定期检查催乳素和MRI，但应仔细考量雌激素降低带来的危害，必要时行雌激素替代，并不增加肿瘤扩大的风险。10%左右的微腺瘤可能自发消退。

口服多巴胺受体激动剂（溴隐亭或卡麦角林）是治疗微催乳素瘤或大催乳素瘤患者的主要方法。溴隐亭可抑制PRL的分泌和合成，还可抑制催乳素细胞的增殖。溴隐亭可用于微催乳素瘤和大催乳素瘤的初始治疗，可使血清PRL水平迅速恢复正常，缩小肿瘤体积并恢复性腺功能。停药常可引起高催乳素血症复发和肿瘤再次扩大，伴有视力损害的危险。治疗从睡前小剂量溴隐亭（0.625~1.25mg）开始，逐渐增加剂量。大多数患者每日服用≤7.5mg（2.5mg，tid）可获成功控制。在PRL水平得到控制以后，应将溴隐亭减至最小的有效维持剂量。溴隐亭已经临床应用25年，没有致畸证据，可用于妊娠妇女。母亲血循环中溴隐亭对胎儿的影响甚微。对于微腺瘤，妊娠后可停用溴隐亭，出现肿瘤增大时可重新使用。大腺瘤患者妊娠期能否停用溴隐亭要根据肿瘤大小的变化而定，通常不宜停用。溴隐亭治疗无效者可换用卡麦角林，多能显效。卡麦角林为长效多巴胺受体激动剂，0.5~1.0mg，每周2次，单剂量后可有效地抑制PRL达14天以上。

由于手术治疗的复发率较高，故经蝶窦选择性垂体瘤摘除术主要用于对药物治疗不敏感及压迫症状较严重者。放射治疗的疗效差，易造成垂体功能减退，通常仅作为辅助治疗手段。

（高洪伟）

第三章 巨人症和肢端肥大症

巨人症（gigantism）和肢端肥大症（acromegaly）是由生长激素持久过度分泌所引起的内分泌代谢疾病，发生在青春期前、骨骺未融合者表现为巨人症；发生在青春期后、骨骺已融合者表现为肢端肥大症。

【病因学】

生长激素过度分泌的原因为分泌生长激素的垂体瘤（如垂体生长激素细胞瘤、混合性催乳素-生长激素细胞瘤）或垂体生长激素细胞增生，偶见于异位分泌生长激素的卵巢、肺部肿瘤和胰尾分泌生长激素释放激素（GHRH）的胸、腹部类癌。90%的生长激素（GH）瘤为大腺瘤。在国外，肢端肥大症好发年龄为40~60岁，国内则为20~29岁，发病率在两性间无差别。巨人症远较肢端肥大症少见。

【临床表现】

巨人症患者躯干、内脏生长过速，发展至10岁左右已有成人高大，最终身高可达210cm，性器官发育较早，性欲强烈。肢端肥大症患者起病甚缓慢，因身体的改变逐渐发生而未引起重视，直至有严重的器官及（或）代谢改变才被发现，半数患者病程在10年以上。患者的临床表现因性别、发病年龄、肿瘤大小、激素分泌等不同而异。

1. 骨骼和软组织　骨骼改变是肢端肥大症的主要特征。高GH血症发生于骨骺融合前者，长骨过度生长致身材高大，为巨人症；发生于骨骺融合后者，长骨不能延长，膜性骨的形成增加，致骨增宽、增厚。肢端骨性生长过度导致额隆起、手足尺寸增大、下颌骨增大伴下颌前突、下切牙间距增宽。过量GH致使面部、手足等部位的软组织肿胀、增厚，致鞋或手套尺码增大、戒指变紧、面部粗糙、鼻子大而丰满。面部的皮肤改变和骨骺改变共同形成肢端肥大症的特殊面容。其他常见的临床特征有多汗、声音深沉、油性皮肤、关节病、脊柱后凸、腕管综合征、近端肌无力和疲劳、黑棘皮症以及皮赘。

2. 糖代谢　肢端肥大症患者常伴有糖代谢异常，25%的患者发生糖尿病，35%~50%的患者有葡萄糖耐量减低。生长激素致糖代谢异常作用与其抗胰岛素作用有关。肢端肥大症也可与原发性糖尿病合并存在，尤其是当肢端肥大症治疗成功后糖尿病仍然存在时要想到这一可能。

3. 心血管系统　约30%的患者可发生冠心病、心肌病伴心律失常、左心室肥厚、舒张功能减低以及高血压，心血管病变是肢端肥大症患者的最主要死因之一。由于GH对碳水化合物及脂质代谢的作用，肢端肥大症患者过早有动脉粥样硬化。病期10年以上的患者可发生心肌梗死或心律失常。心脏扩大比其他全身脏器增大更明显，有学者称之为"特异性肢端肥大性心脏病"，机制不详。

4. 其他系统　可发生普遍性内脏肥大，包括心脏肥大、肾肥大、巨舌以及甲状腺增大。约60%的患者发生上气道阻塞伴睡眠呼吸暂停，与喉部气道软组织阻塞和中枢性睡眠功能障碍有关。肢端肥大症伴有结肠息肉和结肠恶性肿瘤的危险性增加；高达1/3的肢端肥大症患者被诊断有结肠息肉。长期肢端肥大症患者常诉耐力减低（约40%伴明显肌病），表现为轻度近端肌萎缩无力。外生殖器常肥大，在疾病早期，男性性欲可增强，但以后多逐渐减退，发展成阳痿。女性性欲减退、不孕、月经紊乱、闭经，部分病人有溢乳。性腺功能减退主要是垂体肿瘤压迫所致，促性腺激素的分泌减少。

5. GH瘤占位效应　大的GH瘤压迫正常垂体组织，患者可发生腺垂体功能减退症和（或）高PRL血症，女性患者常有闭经、溢乳，男性患者溢乳较少见。头痛、视力障碍等症在临床上也可见到。

【实验室检查】

1. GH测定 人GH呈脉冲式分泌，具有昼夜节律分泌特征，运动、应激使其高。肢端肥大症患者血GH基础值比正常人升高数倍至数十倍，但由于GH分泌的脉冲性，单次随机的血GH水平测定无助于诊断。尿GH测定能反映一段时间内的GH分泌量，而且与血IGF-1呈正相关。肢体肥大症患者24h或12h尿GH排泌量常较正常人高50~100倍。

2. 血IGF-1 是反映慢性GH过度分泌的最优指标，也可作为筛选和疾病活动性指标。

3. 口服葡萄糖抑制试验 是临床确诊肢端肥大症和巨人症最常用的试验，亦为目前判断各种药物、手术及放射治疗疗效的金标准。患者口服75g葡萄糖，分别于口服葡萄糖前30min，服葡萄糖后30min、60min、90min和120min采血测GH浓度。口服葡萄糖负荷后1~2小时内GH不能被抑制到<1μg/L可确定肢端肥大症。约20%的患者在口服葡萄糖后表现为反常性GH增高。

4. 其他激素 PRL增高见于25%的肢端肥大症患者，故应检测催乳素。由于垂体瘤常导致垂体功能低下，需进行各种垂体激素及其靶腺激素的测定。

【诊断】

肢端肥大症和巨人症的诊断并不困难，详细病史和体格检查是诊断的基本依据，实验室检查和影像学检查有助于明确诊断。

【治疗】

目的是去除肿瘤或抑制其生长、恢复正常的GH作用，减轻肢端肥大症的症状及代谢改变、预防肿瘤复发。治疗方法包括手术治疗、放射治疗和药物治疗。方案的选择取决于病情和客观条件。

1. 手术治疗 手术切除GH分泌腺瘤是最基本的治疗。经蝶窦手术切除，对于微腺瘤（治愈率约70%）和大腺瘤（治愈率<50%）来说，都是首选的主要治疗。瘤体切除后，软组织肿胀立即得到改善。GH水平在1小时内恢复正常，而IGF-1水平在3~4天内恢复正常。在约10%的患者中，肢端肥大症可能在术后数年复发；15%的患者可发生垂体功能减退症。

2. 药物治疗 生长抑素类似物是治疗肢端肥大症的最有效的药物。奥曲肽（octreotide）是人工合成的含8个氨基酸的生长抑素类似物，抑制GH的效力比天然的生长抑素强40倍。皮下注射给药，初始剂量为50μg tid，逐渐增至1500μg/d。可使70%的患者GH水平降至<5μg/L，约10%的患者对该类似物无反应。治疗数天至数周内，头痛和软组织肿胀迅速减轻。约40%的患者发生一定程度的垂体瘤体积缩小，但停止治疗后这一效应可被逆转。善得定-LAR（sandostatin-LAR）是长效的奥曲肽，注射30mg后，GH抑制作用长达6周；兰乐肽为一种缓释的生长抑素长效制剂，肌注30mg后，可抑制GH和IGF-I分泌过多长达10~14天。大多数患者对生长抑素类似物有良好的耐受性，不良反应有恶心、腹部不适、脂肪吸收异常、腹泻及胃肠胀气，但这些症状通常在2周内缓解。溴隐亭也常用于肢端肥大症，尤其是伴有PRL共分泌的患者的治疗，但通常需要大剂量（≥20mg/d）方可抑制GH分泌，且治疗效果一般。约20%的患者中GH水平可被抑制到<5μg/L，IGF-1水平恢复正常者仅为10%。

3. 放射治疗 外照射治疗或高能量立体定向技术可作为肢端肥大症的辅助治疗。放射治疗的优点是患者没有对长期治疗的依从性问题。随着时间的推移，瘤体缩小，GH水平下降。然而，50%的患者需要至少8年方可使GH水平降至<5μg/L；18年后约有90%的患者可达到这种亚最佳水平的GH下降。在达到最大的放射治疗益处之前，患者可能需要过渡性药物治疗数年。在治疗10年之内，大多数患者也可出现下丘脑-垂体损伤，导致促性腺激素、ACTH和（或）TSH的缺乏。

总之，对于分泌GH的微腺瘤来说，手术是首选的主要治疗。大腺瘤切除后GH分泌过多的发生率高，对于这类较大的肿瘤，通常需要辅助性药物治疗或以药物治疗为主，不能接受药物治疗或对药物治疗无反应的患者可行放射治疗。

【预后】

巨人症患者生长至高峰后开始逐渐衰退，出现精神不振，四肢无力，肌肉松弛，性欲减退，外生殖器萎缩，代谢率减低。一般早年夭折，平均寿命约 20 岁，因抵抗力差多死于继发感染。肢端肥大症患者总死亡率增加约 3 倍，主要因心脑血管疾病、恶性肿瘤、呼吸系统疾病以及靶腺功能衰竭所致。除非 GH 水平得到控制，否则生存期将平均缩短 10 年。

(高洪伟)

第四章 腺垂体功能减退症

腺垂体功能减退症（hypopituitarism）是不同病因引起的腺垂体全部或大部受损，导致一种或多种垂体激素分泌不足所致的临床综合征，表现为甲状腺、肾上腺、性腺等靶腺功能减退。产后腺垂体缺血坏死所致者称为希恩综合征（Sheehan syndrome），多由围生期大出血所致。儿童期发生腺垂体功能减退症则可影响生长发育而导致垂体性矮小症。

【病因和发病机制】

腺垂体功能减退症可原发于垂体本身病变，也可继发于丘脑病变或垂体门脉系统受压。

（一）垂体瘤

是成人最常见原因，腺瘤增大压迫正常垂体组织导致功能减退，功能性垂体瘤则可同时出现功能亢进和功能减退。垂体瘤占位效应也可同时存在。

（二）下丘脑病变

下丘脑或视交叉附近肿瘤、炎症、浸润性病变（转移癌、淋巴瘤、白血病）、肉芽肿（结节病）等，可直接破坏下丘脑的神经内分泌细胞，使释放激素分泌减少，导致垂体前叶功能减退。

（三）腺垂体坏死和萎缩

常见于产后大出血，因垂体-门脉系统缺血而导致垂体缺血坏死和纤维化。妊娠时垂体明显增生肥大，体积较孕前增长 2~3 倍，在急性缺血肿胀时极易损伤。神经垂体的血流供应不依赖于门脉系统，故产后大出血一般不伴有神经垂体坏死。

（四）鞍区手术、创伤或放射性损伤

垂体瘤摘除、放疗，或鼻咽癌等颅底和颈部放疗后均可引起本症，严重颅底骨折可损毁垂体柄，致门脉系统和下丘脑-垂体束受损，进而导致腺垂体和神经垂体功能减退症。

（五）感染和炎症

各种病毒性、结核性、化脓性脑膜炎或脑膜脑炎，以及流行性出血热、梅毒等均可引起下丘脑和垂体损伤。

（六）遗传性（先天性）腺垂体功能减退症

在腺垂体的胚胎发育过程中，某些垂体特异性转录因子的突变影响了垂体的发育，导致一种或多种垂体激素缺乏。如 *Pit-1* 基因显性突变引起 GH、PRL、TSH 缺乏，*PROP-1* 基因突变的患者可发生 GH、TSH、PRL、LH 和 FSH 缺乏。核转录因子 *HESX*、*PITX1*、*PITX2* 三个基因的任何一个发生突变均可导致一种或多种垂体激素的缺乏。

（七）淋巴细胞性垂体炎

为自身免疫性疾病，大多发生于妊娠或产后妇女，病理呈弥漫性淋巴细胞浸润，垂体功能减退症可为暂时性或永久性，病理诊断为金标准。单一垂体激素缺乏罕见，但已有报道，提示存在一种针对特异性细胞类型的选择性自身免疫过程。多数患者表现为进行性肿块效应症状群，如头痛、视力障碍等。糖皮质激素治疗有效，垂体功能是否能恢复则取决于损伤的程度。

（八）其他

空泡蝶鞍、动脉硬化可引起垂体梗死，颞动脉炎、海绵窦血栓常导致垂体缺血，糖尿病性血管病变引起缺血、坏死等。长期大剂量糖皮质激素治疗也可抑制相应垂体激素的分泌，突然停药可出现单一性垂体激素分泌不足的表现。

【临床表现】

本症的临床表现取决于各种垂体激素分泌功能减退的速度和相应靶腺萎缩的程度。腺垂体组织毁坏在 50% 以上时可出现临床症状；破坏至 75% 时症状明显；达 95% 以上时症状常较严重。促性腺激素和催乳素受累最早出现且较严重，其次为促甲状腺激素，然后可伴有促肾上腺皮质激素缺乏。生长激素缺乏在成人表现为胰岛素敏感性增加和低血糖，在儿童可引起侏儒症。垂体瘤或垂体炎引起者还可有占位表现。

腺垂体功能减退症的主要表现为各靶腺（性腺、甲状腺及肾上腺）功能减退。

（一）促性腺激素和催乳素分泌不足

产后无乳、乳腺萎缩、长期闭经和不育为本症的特征，性欲减退或消失。女性生殖器萎缩，宫体缩小，会阴部和阴部黏膜萎缩，常伴阴道炎，毛发常脱落，尤以腋毛、阴毛为明显；男性胡须稀少，伴阳痿，睾丸松软缩小，肌力减退。如发生在青春期前可有第二性征发育不全。

（二）促甲状腺激素分泌不足

属继发性甲状腺功能减退，但临床表现较原发性者轻。患者常诉畏寒，皮肤干燥而粗糙，较苍白、少光泽、少弹性、少汗等。

（三）促肾上腺皮质激素分泌不足

患者常有极度疲乏、体力软弱，有时可伴有厌食、恶心、呕吐、体重减轻、脉搏细弱、血压低等症状。重症病例有低血糖症发作，对外源性胰岛素的敏感性增加。由于促肾上腺皮质激素-β-促脂素（ACTH-β-LPH）中黑色素细胞刺激素（MSH）减少致肤色变浅，而原发性肾上腺皮质功能减退症则表现为皮肤色素沉着。

（四）生长激素分泌不足

在儿童可引起生长障碍（参见下章），在成人则表现为代谢的改变，包括无脂肪体重下降、体脂重量增加伴腹腔内脏器脂肪的选择性沉积、腰臀比增加。也可存在高脂血症、左心室功能不全、高血压以及血浆纤维蛋白原水平增高。骨骼矿物质含量减低，伴有相应的骨折发生率增加。

（五）垂体内或其附近肿瘤的压迫症状

最常见者为头痛和视神经交叉受损引起偏盲甚至失明等，有时有颅内压增高症状。

（六）垂体功能减退危象

在全垂体功能减退症基础上，各种应激，如感染、腹泻、呕吐、失水、饥饿、受寒、中暑、手术、外伤、麻醉、酗酒，以及在各种镇静安眠药、降血糖等药物作用下，常可诱发垂体危象（pituitary crisis）及昏迷，临床表现多样，可为高热型（>40℃）、低温型（<30℃）、低血糖型、循环衰竭型、水中毒型等，出现不同程度的循环系统、消化系统和神经精神系统的症状，如高热、休克、循环衰竭、低温、恶心、呕吐、低血糖、谵妄、神志不清、昏迷等。

【实验室检查】

可疑患者需进行垂体和靶腺激素测定。兴奋试验将有助于了解相应靶腺激素的储备及反应性，可明确病变部位（下丘脑或垂体）。

（一）下丘脑-垂体-性腺轴功能检查

测定血 FSH、LH、睾酮或雌二醇。GnRH 兴奋试验可协助定位诊断，兴奋后反应较弱或延迟提示病变在下丘脑，如无反应，提示为腺垂体功能减退症。

（二）下丘脑-垂体-甲状腺轴功能检查

T_3、T_4、FT_3、FT_4、TSH 均低于正常。疑为下丘脑病变所致时，需作 TRH 兴奋试验。

（三）下丘脑-垂体-肾上腺皮质轴功能检查

24 小时尿 17-羟基皮质类固醇和游离皮质醇以及血皮质醇均低于正常，血 ACTH 降低。CRH 兴奋试验有助于确定病变部位，垂体分泌 ACTH 功能正常者，静脉注射 CRH 1μg/kg 后，15min ACTH 可达高峰，ACTH 分泌功能减退患者的反应减退或无反应。

（四）下丘脑-垂体-生长激素轴功能检查

80%~100% 的患者 GH 储备降低。正常人 GH 的分泌呈脉冲式，有昼夜节律，且受年龄、饥饿、运动等因素的影响，故一次性测定血清GH水平并不能反映GH的储备能力。生长激素释放激素（GHRH）兴奋试验可进一步明确病变部位。胰岛素低血糖激发试验是诊断生长激素缺乏的金标准。

【诊断与鉴别诊断】

本病诊断主要根据临床表现结合实验室资料和影像学发现，但需与下列疾病鉴别。

1. 神经性厌食　多为年轻女性。主要表现为厌食、消瘦、精神抑郁、固执、性功能减退闭经或月经稀少，第二性征发育差，乳腺萎缩，阴毛、腋毛稀少，体重减弱、乏力、畏寒等症状。内分泌功能除性腺功能减退较明显外，其余的垂体功能正常。

2. Schmidt综合征等多个靶腺功能减退症　患者有皮肤色素加深和黏液体性水肿，而腺垂体功能减退症者往往皮肤色素变淡，黏液性水肿罕见，腺垂体激素升高有助于鉴别。

【治疗】

治疗应当首先针对病因治疗，肿瘤患者可通过手术、放疗或化疗等措施解除肿瘤压迫和破坏作用，缓解颅内高压症状。术前应当评估垂体功能，及时启动激素替代治疗，确保围术期安全。腺垂体功能减退症均采用口服靶腺激素替代治疗，可获满意疗效。GH缺乏者可同时给予GH。激素替代治疗必须因人而异，且为终生替代。

（一）糖皮质激素

应先给予甲状腺激素补充，以免诱发肾上腺危象。首选氢化可的松，也可用可的松、泼尼松等。剂量应个体化，较重病例每日氢化可的松30mg（相当于可的松37.5mg，泼尼松7.5mg），给药方法应模仿生理分泌，每日上午8时服全日量2/3，下午4时服1/3。如有感染等应激时，应加大剂量。

（二）甲状腺激素替代治疗

从小剂量开始，如左旋甲状腺素每日25μg起始，每2周增加25μg直至每日用量75～100μg。

（三）性激素

性激素替代可维持第二性征和性功能，育龄期妇女可采用人工月经周期治疗，必要时可用人绝经期促性腺激素（hMG）或人绒毛膜促性腺激素（hCG）以促进生育。如下丘脑疾病引起者还可用GnRH（脉冲式给药）和氯米芬，以促进排卵。男性患者可选择十一酸睾酮40mg，每日3次，也可用丙酸睾酮，每周2次，每次25～50mg，肌内注射，或用庚酸睾酮每2周肌内注射200mg，可改善性欲，促进第二性征发育。亦可联合应用hMG和hCG或LHRH，以促进生育。

（四）生长激素

儿童期生长激素缺乏症无论是严重缺乏还是部分缺乏，均考虑替代治疗。美国和欧洲已经批准生长激素用于治疗成人GHD，绝对适应证为严重生长激素缺乏的患者，即激发实验后峰值GH<3μg/L的个体。GH的剂量推荐从0.15～0.3mg/d的小剂量开始，60岁以上者最大不超过1mg/d，青春期后期的患者不超过2mg/d。IGF-1是评价疗效的最客观指标，GH治疗使IGF-1水平维持在同年龄同性别的正常水平内。治疗期间应当监测糖代谢，糖尿病患者应当调整降糖治疗；其他副作用包括水钠潴留，关节、肌肉酸痛以及对甲状腺功能的影响。尽管没有证据表明GH生理替代会增加肿瘤风险，但存在活动肿瘤患者禁用。

（五）垂体危象处理

1. 快速静脉注射　50%葡萄糖溶液40～60ml，继以10%葡萄糖生理盐水静脉滴注，以抢救低血糖症、失水等。

2. 液体中加入氢化可的松，每日200～300mg，以纠正肾上腺功能减退危象。

3. 有周围循环衰竭按休克原则治疗，存在感染者应积极抗感染治疗。

4. 低温者，可用热水浴疗法、电热毯等将患者体温回升至35℃以上，并开始用小剂量糖皮质激素和甲状腺激素治疗。

5. 高热者，用物理降温法，并及时去除诱发因素，慎用药物降温。

6. 水中毒者，可口服氢化可的松 40~80mg 或可的松 50~100mg 或泼尼松 10~25mg，以后每 6 小时用 1 次。不能口服者可予以氢化可的松 50~200mg，加入 50% 葡萄糖液 40ml，缓慢静脉注射。禁用或慎用吗啡等麻醉剂，巴比妥、氯丙嗪等中枢神经抑制剂及各种降血糖药物，以防止诱发昏迷。

（王海宁　高洪伟）

第五章 生长激素缺乏性侏儒症

生长激素缺乏性侏儒症（growth hormone deficiency，GHD），又称垂体性侏儒症（pituitary dwarfism），是指在青春期前起病，因生长激素释放激素（GHRH）-生长激素（GH）-胰岛素样生长因子（IGF-1）轴功能障碍而导致生长缓慢和身材矮小。按病因可为原发性、继发性以及生长激素不敏感综合征。原发性又分为遗传性和特发性；按病变部位可分为垂体性和下丘脑性两种；可为单一性GH缺乏，也可伴有腺垂体其他激素缺乏。患病率为1/4 000～1/10 000，多见于男性，男女之比为(3～4)：1。该病多数为散发性，少部分是家族性。

【病因和发病机制】

（一）遗传性生长激素缺乏性症

多数遗传性GHD为常染色体隐性遗传，少数为常染色体显性或伴性遗传，可表现为单一性GH缺乏，或为多发性垂体激素缺乏。GH-N基因缺陷可导致单纯GH缺乏，患儿在宫内即有生长障碍，体内GH完全缺乏，给予外源GH因产生GH抗体导致GH治疗无效。影响垂体发育的某些转录因子，如 Pit-1 和 PROP-1 的突变将导致多种腺垂体激素的联合缺乏，但在发病初期可仅表现为单一生长激素的缺乏。

（二）特发性生长激素缺乏症

因发病病因尚未阐明而称为特发性，患者多有围生期病变，包括难产、早产、严重窒息、发绀及抽搐等。GHRH兴奋试验可明确损伤的部位是在垂体或在下丘脑，约2/3病变部位在垂体水平之上。

（三）继发性生长激素缺乏症

垂体瘤、颅咽管瘤、神经纤维瘤等压迫下丘脑和垂体引发GHD，头颅创伤、鞍区放射治疗也可造成垂体和下丘脑损伤，颅内感染（脑炎、脑膜炎）、肉芽肿病变也可影响腺垂体和下丘脑功能而引起继发性生长激素缺乏症。

（四）生长激素不敏感综合征

由靶细胞对GH不敏感而引起的一种矮小症，以Laron综合征最常见。Laron综合征呈常染色体隐性遗传，GH抵抗多数由GH受体（GHR）基因突变所致，少数因受体后信号转导障碍所致。

【临床表现】

生长缓慢所致的身材矮小是本病最突出的特征。患儿出生时身高往往正常，出生后数月出现躯体生长迟缓，最早在出生后即可出现生长迟缓，也有10岁以后起病者。生长迟缓多因在2～3岁后与同龄儿身高差别显著而被发现。生长速度缓慢但并未停止，通常每年不超过4～5cm，8～10岁以后身高可较同龄正常儿童平均身高低三个标准差以上。骨龄延迟，长骨骨骺闭合较晚，成年时身高一般不超过130cm。

患者至青春期，第二性征仍不发育，男性生殖器幼稚，女性则为原发性闭经和乳房不发育。单一性GH缺乏者可出现性器官发育与第二性征，但往往延迟，如同时有促性腺激素缺乏，则一直保持性幼稚状态。成年后仍保持童年体形和外貌，但皮肤弹性减退而多皱，营养状态尚好。智力发育正常，但年长后常因身材矮小而出现心理障碍。

继发性生长激素缺乏性侏儒症患者可有原发病表现，例如鞍区肿瘤所致者可有局部受压和颅内压增高的表现，出现头痛、视力减退、视野缺损等症状。Laron综合征患者可表现为特征性外貌，如身材矮小、肥胖、前额突出、大眼睛、鞍鼻、头发稀少等。

【实验室检查】

GH呈脉冲分泌，随机血标本测定GH浓度对诊断无价值，最终诊断依靠GH激发试验，如胰岛素低血糖试验、GHRH兴奋试验、精氨酸兴奋试验、左旋多巴试验等，通常选择2～3项激发试验。血清IGF-1、IGFBP-3测定对本病诊断亦有一定帮助。

（一）胰岛素低血糖试验

最常采用，普通胰岛素0.1U/kg体重加入2ml生理盐水中一次静脉注射。血糖低于2.8mmol/L或比注射前血糖值降低50%以上为有效刺激。试验前、试验后30min、60min、90min采血测GH、血糖。刺激后GH峰值10μg/L以上时为正常反应，小于5μg/L为反应低下。

（二）GHRH兴奋试验

兴奋后血清GH峰值超过5μg/L者为下丘脑性GHD，低于5μg/L者为垂体性GHD。严重GH缺乏时，需多次注射才能启动垂体释放GH。

（三）IGF-1和IGFBP-3测定

可反映GH分泌状态，二者均降低提示GH缺乏，但单独测定IGF-1或IGFBP-3没有诊断价值。

【诊断与鉴别诊断】

（一）诊断

目前尚没有国际或国内统一的诊断标准，存在以下情况应进行相应检查明确诊断：①身高在同地区、同性别、同年龄正常儿童身高的-3 SD（标准差）以下者，应立即进行垂体功能检查和常规的病因筛查。②身高低于同性别、同年龄正常儿童身高2～3 SD者，应作常规的病因筛查，若未发现异常，应至少观察生长速度6个月。③生长速度低于同性别、同年龄正常儿童第3百分位数者，或每年生长速率<4cm，应进行病因检查。疾病确诊依靠GH激发试验，确诊后尚需进一步寻找致病原因，应行视野检查、头颅影像学检查等，以除外垂体瘤。

（二）鉴别诊断

1. 特发性身材矮小　身高小于同龄、同性别人群平均身高2个SD以上，且未发现系统性疾病、内分泌疾病、营养不良或染色体异常。GH测定或GH激发试验正常。该病涵盖了体质性身材矮小、青春期延迟及家族性身材矮小，约占全部身材矮小儿童的60%以上。其中，青春期发育延迟的患者一旦开始发育，骨骼即迅速生长，第二性征开始发育，最终可达正常身高和性成熟。

2. 全身性疾病所致的身材矮小　儿童期严重心脏、肝、肾、胃肠等脏器的慢性疾病以及各种慢性感染如结核、血吸虫病等，亦可引起生长发育迟缓而导致身材矮小。鉴别依据为原发病的表现。

3. 呆小病　胎儿或新生儿甲状腺功能减退症所致，可引起明显生长发育障碍伴智力低下，甲状腺功能检查可鉴别。

4. Turner综合征　女性表型、身材矮小、性器官发育不全，常有原发性闭经，伴有颈蹼、肘外翻等特征性先天性畸形，致病原因是缺失一个X性染色体，属于先天性性分化异常。血清GH水平不低，典型染色体核型为45，XO。

【治疗】

原发性GH缺乏症应予GH替代治疗以使患儿尽量达到正常身高，而继发性生长激素缺乏症则应针对原发病进行治疗。

（一）人生长激素

对GHD最理想的治疗是用GH替代治疗，早期应用可使生长发育恢复正常。治疗剂量为每周0.5～0.7U/kg，分6～7次于睡前30～60分钟皮下注射，可连续应用。初用时，身高增长速度可达每年10cm以上，以后疗效渐减。血循环中IGF-1、IGFBP-3是评价生长反应的重要指标。注射rh-GH的局部和全身不良反应极少，潜在危险性包括致糖耐量异常或致糖尿病作用、致甲状腺功能减退以及促有丝分裂作用，但致癌性并不确定。rhGH治疗后一般不产生GH抗体。

（二）生长激素释放激素

GHRH 1-44治疗仅应用于GH分泌障碍较轻的下丘脑性GHD患儿，24μg/kg，每晚睡前皮下注射，连续6个月，可使生长速度明显增加，疗效与rhGH相似。

（三）胰岛素样生长因子-1

IGF-1用于治疗GH不敏感综合征。每日皮下注射2次，每次40~80μg，生长速度每年可增加4cm以上。IGF-1有类胰岛素作用，可引发低血糖反应。

（四）同化激素

睾酮有促进蛋白质合成作用，GH缺乏症患者使用初期可显著增加身高，但因其促进骨骺闭合作用而致生长过早停止，最终身材仍矮小。人工合成的同化激素，如氧雄龙（oxandrolone）具有较强的促进蛋白质合成作用而雄激素作用较弱，骨龄增加不显著。

（五）其他下丘脑垂体激素

部分GHD患者可有多种垂体激素缺乏。若患儿对GH反应不理想，或血清T_4水平降至正常值以下，应补充甲状腺素。有肾上腺皮质功能减退者应长期补充可的松。

（王海宁　高洪伟）

第六章 尿崩症

尿崩症（diabete insipidus，DI）是由于下丘脑-神经垂体病变引起精氨酸加压素（arginine vasopressin，AVP）又称抗利尿激素（antidiuretic hormone，ADH）不同程度的缺乏，或由于多种病变引起肾对 AVP 敏感性缺陷，导致肾小管重吸收水的功能障碍的一组临床综合征。前者为中枢性尿崩症（CDI），后者为肾性尿崩症（NDI）。其临床特点是多尿、烦渴、低比重尿及低渗尿。CDI 常见于青壮年，男女之比为 2:1，遗传性 NDI 多见于儿童。

【病因和发病机制】

（一）中枢性尿崩症

任何导致 AVP 合成和释放受损的情况均可引起 CDI 的发生，其病因有原发性、继发性及遗传性三种。

1. 原发性　原因不明，占尿崩症的 30%～50%，部分患者在尸检时可发现下丘脑视上核和室旁核细胞明显减少或消失。

2. 继发性　①头颅外伤和下丘脑-垂体手术：是 CDI 的常见病因，其中以垂体术后一过性 CDI 最常见。如手术造成正中隆突以上的垂体柄受损，则可导致永久性 CDI。②肿瘤：尿崩症可能是蝶鞍上肿瘤最早的临床症状。原发性颅内肿瘤主要是咽鼓管瘤或松果体瘤，继发性肿瘤以肺癌或乳腺癌的颅内转移最常见。③肉芽肿：结节病、组织细胞增多症、类肉瘤、黄色瘤等。④感染性疾病：脑炎、脑膜炎、结核、梅毒等。⑤血管病变：动脉瘤、动脉栓塞等。⑥其他：自身免疫性疾病可引起 CDI，血清中存在抗 AVP 细胞抗体；妊娠后期和产褥期妇女可发生轻度尿崩症，与其血液中 AVP 降解酶增高有关。

3. 遗传性　可为 X 连锁隐性、常染色体显性或常染色体隐性遗传。X 连锁隐性遗传由女性传递，男性发病，杂合子女性可有尿浓缩力差，一般症状轻，可无明显的多饮、多尿。常染色体显性遗传可由于 AVP 前体基因突变或 AVP 载体蛋白基因突变所引起。已发现，一部分家族性 CDI 患者存在 AVP-NPⅡ基因突变，AVP 突变可引起前体折叠、加工、降解等方面的障碍，继而引起 AVP 神经元的损害。此外，Wolfram 综合征或称 DIDMOAD 综合征，临床表现包括尿崩症、糖尿病、视神经萎缩及耳聋，呈常染色体隐性遗传，常为家族性病例，患者自幼多尿，可能因为渗透性感受器的缺陷所致。

（二）肾性尿崩症

由于肾对 AVP 无反应或反应减弱所致，病因有遗传性和继发性两种。

1. 遗传性　90% 的 NDI 患者为 X 连锁遗传，其中至少 95% 可检测出 AVP 受体 2 型（AVPR2）基因突变；其余 10% 的患者为常染色体遗传，其突变基因为水通道蛋白 2（AQP2），其中 9% 为显性遗传，1% 为隐性遗传。

2. 继发性　①肾小管间质性病变：如慢性肾盂肾炎、阻塞性尿路疾病、肾小管性酸中毒、肾小管坏死、淀粉样变等。②代谢性疾病：如低钾血症、高钙血症等。③药物：如抗生素、抗真菌药、抗肿瘤药物、抗病毒药物等，其中碳酸锂可能因为使细胞 cAMP 生成障碍，干扰肾对水的重吸收而导致 NDI。

【临床表现】

（一）低渗性多尿

多尿为 DI 患者最显著的症状，CDI 患者一般起较急，日期明确。尿量超过 2 500ml/d ［或 50ml/（kg·d）］，并伴有烦渴和多饮。夜尿显著增多，尿量一般在 4L/d 以上。极少数可超过 10L/d，但也有报道可达 40L/d 者。尿比重为 1.001~1.005，尿渗透压为 50~200mOsm/L，明显低于血浆渗透压。长期多尿可导致膀胱容量增大，因此排尿次数有所减少。部分性尿崩症患者症状较轻，尿量为 2.5~5L/d，如限制水分摄入导致严重脱水时，尿比重可达 1.010~1.016，尿渗透压可超过血浆渗透压达 290~600mOsm/L。如果患者渴觉中枢未受累，饮水未受限制，则一般仅影响睡眠，体力软弱，不易危及生命。如果患者口渴感觉减退或消失，未能及时补充水分，可引起严重失水、血浆渗透压和血清钠水平明显升高，出现极度软弱、发热、精神症状，甚至死亡。一旦尿崩症合并腺垂体功能减退症时，尿崩症可减轻，糖皮质激素替代治疗后症状可再现或加重。

遗传性 NDI 常于婴幼儿期起病，多数有家族史。多以女性传递，男性发病。出生后即有多尿、多饮，如未及时发现，多因严重失水、高钠血症及高渗性昏迷而夭折。如能幸存，可有生长缓慢，成年后症状减轻或消失。因患者在婴儿期反复出现失水和高渗状态，可致智力迟钝和血管内皮受损，颅内和血管可有弥漫性钙化。

（二）原发病的临床表现

继发性尿崩症的患者还有原发病的症状和体征。

外伤性 CDI 的患者可表现为暂时性尿崩症和三相性尿崩症。三相性尿崩症可分为急性期、中间期及持续期。急性期表现为多尿，在损伤后发生，一般持续 4~5 天，主要是因为损伤引起神经元休克，不能释放 AVP 或释放无生物活性的前体物质。中间期表现为少尿和尿渗透压增高，由 AVP 从变性神经元中溢出，使循环中 AVP 突然增多所致。持续期表现为持续性多尿，出现时间不定，代表视上核和室旁核内大细胞神经元消失＞90%或垂体柄不可逆损伤＞85%。

妊娠期尿崩症（gestational diabetes insipidus, GDI）：是指在妊娠晚期出现，以多尿、低比重尿、烦渴、多饮、电解质紊乱为主要表现的一组症候群，多为一过性。在各种引起 GDI 的因素中，由胎盘分泌的血管加压素酶（vasopressin）的作用最为重要，它使 AVP 的降解增加，当人体内 AVP 降解与脑垂体代偿性 AVP 分泌增加之间的平衡被打乱，剩余的 AVP 水平不能维持足够的抗利尿活性，从而引起尿崩症。分娩后此酶的水平迅速下降，4 周后血浆中已经检测不到其活性。

【实验室检查】

1. 尿量　尿量超过 2500ml/d 称为多尿，尿崩症患者尿量多可达 4~20L/d，比重常在 1.005 以下，部分性尿崩症患者尿比重有时可达 1.010。

2. 血、尿渗透压　患者血渗透压正常或稍高（血渗透压正常值为 290~310mOsm/L），尿渗透压一般低于 300mOsm/L（尿渗透压正常值为 600~800mOsm/L），严重者可低于 60~70mOsm/L。

3. 血浆 AVP 测定　正常人血浆 AVP（随意饮水时）为 2.3~7.4 pmol/L（放射免疫法），禁水后明显升高。测血浆 AVP 水平能准确地对低渗多尿综合征进行鉴别：完全性 CDI 患者的血浆 AVP 浓度测不到；部分性 CDI 患者则低于正常范围；NDI 患者的血浆 AVP 水平升高或正常；精神性烦渴患者则在正常范围内或降低。

4. 禁水-加压素试验　比较禁水前后和应用 AVP 前后的尿渗透压变化。

（1）方法：禁水 6~16 h 不等（一般禁水 8 h，视病情轻重而定）。试验前测体重、血压、血浆渗透压及尿比重，以后每小时留尿测尿量、尿比重及尿渗透压。待尿渗透压达到高峰，连续两次尿渗透压之差＜30mOsm/L，且继续禁饮尿渗透压不再增加时，测定血浆渗透压，而后立即皮下注射加压素水剂 5U，再留取尿液测定 1~2 次尿量和尿渗透压。

（2）结果判定：正常人禁水后体重、血压及血浆渗透压变化不大（＜295mOsm/L），尿渗透压可大于 800mOsm/L，注射加压素后，尿渗透压升高不超过 9%。精神性烦渴者与正常人相似。完全性 CDI 患者，血浆渗透压峰值大于 300mOsm/L，尿渗透压低于血渗透压，注射加压素后尿渗透压升高超过 50%；部分性 CDI 患者，血浆渗透压峰值不高于 300mOsm/L，尿渗透压可稍超过血浆渗透压，注射后尿渗透压升高 9%~50%。NDI 患者在注射加压素后无反应。

本试验应在严密观察下进行，若患者在禁水后体重下降超过 3%~5%，或出现血压明显下降、烦躁等,应立即停止试验,并及时补充水分。

5. 高渗盐水试验　正常人静脉滴注高渗盐水后,血浆渗透压升高,AVP大量释放,尿量明显减少,尿比重增加。尿崩症患者滴注高渗盐水后,尿量不减少,尿比重不增加,但注射加压素后,尿量明显减少,尿比重明显升高。本试验对高血压和心脏病患者有一定危险,现已少用。

6. 其他　继发性CDI需测定视力、视野、蝶鞍摄片、头颅CT或MRI等,以明确病因。基因突变分析有助于明确遗传性DI的分子病因学。

【诊断和鉴别诊断】

(一) 诊断

凡有烦渴、多饮、多尿及低比重尿者应考虑本病,必要时可进行血尿渗透压测定和禁水-加压素试验,常可明确尿崩症的诊断,并有助于评估尿崩症的程度和分类。

1. CDI的诊断要点　①尿量多,可达8~10L/d或以上。②低渗尿,尿渗透压低于血浆渗透压,一般低于20mOsm/L;尿比重低,多在1.005以下。③饮水不足时,常有高钠血症,伴高尿酸血症,提示AVP缺乏,尿酸清除减少致血尿酸升高。④应用兴奋AVP释放的刺激试验(如禁水试验、高渗盐水试验等)不能使尿量减少,不能使尿比重和尿渗透压显著增高。⑤应用AVP治疗有明显的效果,尿量减少,尿比重和尿渗透压升高。

2. 部分性CDI的诊断条件　应包括:①至少2次禁饮后,尿比重达1.012~1.016;②禁水后尿渗透压达到峰值时的尿渗透压/血渗透压比值大于1,但小于1.5;③对加压素试验敏感。

3. NDI的诊断要点　①有家族史,或者患者母亲怀孕时羊水过多史,或可引起继发性NDI的原发性疾病史。②多出生后即有症状,婴儿期有尿布更换频繁、多饮、发育缓慢或不明原因发热,儿童和成年期有多尿、口渴、多饮等症状。③尿浓缩功能减低,每日尿量明显增加,比重<1.010,尿渗透压低,多低于300mOsm/L。④禁水-加压素试验一般无尿量减少、尿比重和尿渗压升高,尿渗透压/血渗透压比值<1。继发性NDI患者除了尿浓缩功能减退外,其他肾功能亦有损害。

(二) 鉴别诊断

应与下列以多尿为主要表现的疾病相鉴别。

1. 精神性烦渴　临床表现与尿崩症极为相似,但AVP并不缺乏,主要由于精神因素引起烦渴、多饮而导致多尿和低比重尿。症状可随情绪而波动,并伴有其他神经系统症状。禁水-加压素试验有助于两者的鉴别。

2. 糖尿病　有多尿、烦渴、多饮症状,但尿比重和尿渗压升高,且有血糖升高,尿糖阳性,容易鉴别。

3. 慢性肾脏疾病　尤其是肾小管疾病、低钾血症、高钙血症等,均可影响肾脏浓缩功能而引起多尿、口渴等症状,但有原发疾病相应的临床表现,且多尿的程度也较轻。

【治疗】

(一) 替代疗法

AVP替代治疗主要用于完全性CDI,部分性CDI在使用口服药疗效不佳的情况下也可用AVP替代治疗。

1. 加压素水剂　作用仅维持3~6h,皮下注射,每次5~10U,每日须多次注射,长期应用不方便。主要用于脑损伤或神经外科术后尿崩症的治疗。

2. 尿崩停粉剂　赖氨酸加压素是一种鼻腔喷雾剂,每次鼻吸20~50mg,每4~6h一次,长期应用可引起慢性鼻炎而影响吸收。

3. 鞣酸加压素　又名长效尿崩停(5U/ml),深部肌内注射,从0.1ml开始,可根据每日尿量逐步增加到0.5~0.7ml/次,注射一次可维持3~5天,注射前充分混匀,过量可引起水中毒。

4. DDAVP　1-脱氨-8-右旋-精氨酸血管加压素(DDAVP或desmopressin)是一种人工合成的AVP类似物。DDAVP增强了抗利尿作用,而缩血管作用只有AVP的1/400,抗利尿与升压作用之比为 4 000：1，作用时间 12～24h，是目前最理想的抗利尿剂。皮下注射 1～4μg 或鼻内给药 10～20μg，大多数患者能保持 12～24h 的抗利尿作用。口服制剂每片含 DDAVP 0.1mg 或 0.2mg，用量视病情而定。

（二）其他抗利尿药物

此类口服药物适用于部分性尿崩症。不宜用于孕妇和儿童患者。

1. 氯磺丙脲　该药可刺激垂体释放 AVP，并加强 AVP 的水重吸收作用，可增加肾小管 cAMP 的生成，但对 NDI 无效。每日剂量不超过 0.2g，早晨一次口服。可引起严重低血糖，也可引起水中毒，应加注意。

2. 氢氯噻嗪　每次 25mg，每日 2～3 次，可使尿量减少约一半。其作用机制可能是由于尿中排钠增加，体内缺钠，肾近曲小管水重吸收增加，到达远曲小管的原尿减少，因而尿量减少。长期服用可引起缺钾、高尿酸血症等，应适当补充钾盐。

3. 卡马西平　可刺激 AVP 释放，使尿量减少，但作用不及氯磺丙脲。每次 0.2g，每日 2～3 次。副作用有粒细胞减少症、肝损害、疲乏、眩晕等。

（三）病因治疗

对于继发性尿崩症患者，应尽量治疗其原发病，如不能根治者也可给予上述药物治疗。

【预后】

轻度脑损伤或感染引起的一过性尿崩症可完全恢复，原发性尿崩症通常为永久性，但在足够水分供应和抗利尿治疗下，通常可以基本维持正常生活。颅脑肿瘤或全身疾病所致的继发性尿崩症则预后不良。拟诊为原发性 CDI 的患者建议每半年进行一次垂体 MRI 检查，以除外继发疾病。

（肖文华　洪天配）

第七章 抗利尿激素分泌失调综合征

抗利尿激素分泌失调综合征（syndrome of inappropriate antidiuretic hormone secretion, SIADH）主要是指精氨酸血管加压素（arginine vasopressin, AVP）或称为抗利尿激素（antidiuretic hormone, ADH）在缺少正常生理性刺激（血浆渗透压升高、血容量降低或低血压）的情况下分泌增多，导致一组以低钠血症、低血浆渗性压、尿液浓缩和血容量正常为特征的疾病。SIADH 是引起住院病人低钠血症的常见原因。

【病因和发病机制】

引起 SIADH 的原因有多种，常分为恶性肿瘤、中枢神经系统疾病、肺部疾病、药物以及其他原因（表 7-7-1）。

表 7-7-1 引起抗利尿激素分泌失调综合征的原因

恶性肿瘤
　　肺部和纵隔：小细胞肺癌、间皮瘤、胸腺瘤
　　其他部位：鼻咽癌、胃肠道恶性肿瘤、胰腺恶性肿瘤、泌尿生殖恶性肿瘤、淋巴瘤、肉瘤
中枢神经系统疾病
　　感染：脑炎、脑膜炎、脑脓肿
　　出血和肿物：硬膜下血肿、蛛网膜下腔出血、脑肿瘤、脑积水
　　其他：头损伤、脊髓损害、多发性神经根炎、急性间歇性卟啉病、多发性硬化
肺部疾病
　　感染：肺炎（细菌性、病毒性、霉菌性）、肺脓肿、肺结核
　　其他：急性呼吸衰竭、慢性阻塞性肺病、正压通气
药物
　　刺激 AVP 释放或增强其作用的药物：选择性 5-羟色胺再摄取抑制剂、三环类抗抑郁药、卡马西平、酚噻嗪类、尼古丁
　　AVP 类似物：去氨加压素、催产素
其他原因
　　遗传性：功能获得性血管加压素 V_2 受体突变
　　特发性：特别是在老年人

（一）恶性肿瘤

恶性肿瘤是引起 SIADH 最常见的原因，且以小细胞肺癌最为常见，因此当出现用其他原因不能解释的 SIADH 时，应对可能的肺部肿瘤进行全面和深入的检查，而不是仅做胸部 X 线平片检查。有报告显示低钠血症可先于胸部 X 线影像表现数月。研究发现部分恶性肿瘤可以合成并不受调控地释放 AVP。

（二）中枢神经系统疾病

各种中枢神经系统疾病引起 SIADH 的可能原因是这些疾病通过影响 AVP 分泌的神经和体液因素，导致 AVP 的高分泌。

（三）肺部疾病

许多肺部疾病可引起 SIADH，除结核、急性肺炎和晚期慢性阻塞性肺病外，SIADH 多为偶发病例。出现 SIADH 时，肺部病变多较严重，常伴有呼吸困难或呼吸衰竭。机械通气可引起 AVP 不适当的分泌，可能与静脉回流减少有关。

（四）药物

药物可通过刺激 AVP 释放或激活肾血管加压素 V_2 受体而产生 SIADH，有些药物本身就具有 AVP 作用，并不是所有药物的作用机制都完全清楚，一些药物可能具有多种作用。

（五）其他原因

在遗传因素中，功能获得性血管加压素 V_2 受体突变可使 V_2 受体在缺乏 AVP 刺激的情况下具有内在活性，由 V_2 受体活化突变引起的 SIADH，血浆 AVP 水平是被抑制的，该病又称为肾性 SIADH。

从 AVP 不适当释放到引发 SIADH 是一个复杂的病生理过程，许多机制尚未阐明。基本过程是：首先，AVP 作用于集合管的血管加压素 V_2 受体，通过影响水通道蛋白-2（aquaporin-2），促进游离水的重吸收，使血容量增加，尿液浓缩，尿渗透压增加。如同时有水量摄入过多，可加重容量扩张，导致稀释性低钠血症和血浆渗透压下降。其次，细胞外液容量扩张以及低血浆渗透压可使水分向细胞内转移，导致细胞内液容量扩张和溶质稀释，机体代偿性的启动容量降低调节，在细胞外液，通过压力利尿和利钠因子的作用，使尿钠排泄增多（在稀释性低钠血症的基础上）。在细胞内液，通过牵张激活通路，增加电解质和其他溶质的排出，同时下调溶质的合成和摄取。最后，代偿的结果是细胞内外液容量基本恢复或有轻度扩张，而低钠血症的严重程度（由于钠的稀释与排泄）取决于患者所处的阶段以及细胞内外液间不同代偿过程的相对速度。

【临床表现】

除引起 SIADH 的原发疾病表现外，低钠血症主要表现为对中枢神经系统的影响，取决于低钠血症的严重程度、出现的速度以及细胞内外液渗透压的梯度。按低钠血症的严重程度，患者血钠大于 130mmol/L 时，一般无临床症状。当血钠在 125～130mmol/L 时，可以出现厌食、恶心、呕吐和腹痛。血钠降至 125～115mmol/L 时，表现为躁动、意识模糊、幻觉和不自主行为等。当血钠在 115mmol/L 以下时，患者可出现痉挛、昏迷，如不及时处理，可导致死亡。

上述情况的出现，受低钠血症发展速度的影响，如果血钠浓度快速下降，易在血钠水平较高时出现症状，如果是慢性低钠血症，即使是严重的低钠血症，也可表现为相对的无症状或症状轻微。低钠血症对中枢神经系统造成的主要病理损害是脑细胞水肿、颅压升高和脑疝。当血钠快速下降时，有效血浆渗透压的降低导致水分向脑细胞内转移，引起脑水肿，但对慢性低钠血症，脑细胞可以通过容量调整，避免或减轻脑水肿的产生。

【实验室检查】

（一）主要实验室检查

当有低钠血症，怀疑有 SIADH 时，为明确诊断，应做下列检查：

1. 血清钠与血浆渗透压。
2. 尿钠与尿渗透压。

（二）辅助实验室检查

辅助检查可以为诊断或鉴别诊断提供依据，包括下列内容：

1. 血尿酸。
2. 促甲状腺激素（TSH）、甲状腺激素、促肾上腺皮质激素（ACTH）和皮质醇。
3. 理论上讲测定 AVP 对诊断 SIADH 有重要意义，多数 SIADH 患者 AVP 是升高的（相对于较低的血浆渗透压），但有部分患者 AVP 并不升高，有时不易区别由于容量减少等非渗透性血流动力学刺激引起的 AVP 升高，此外，目前多数医院没有常规开展该项目检查，因此，测定 AVP 不作为诊断 SIADH 的必备条件。

【诊断与鉴别诊断】

（一）SIADH 诊断标准

1. 血浆渗透压降低于 280mmol/L，血清钠浓度低于 135mmol/L。

2. 相对于低渗状态，有不适当的尿液浓缩，尿渗透压大于 100mmol/L，尿渗透压不必超过血浆渗透压。

3. 患者处于正常的血容量，没有血容量不足或过多表现。

4. 在正常盐和水摄入的情况下，尿钠排泄增高，尿钠大于 40mmol/L。

5. 排除其他原因引起的正常容量性低血浆渗透压，如甲状腺功能减退症和肾上腺皮质功能减退症。

以上为诊断的必备条件，有助于诊断的辅助标准包括：①血尿酸小于 240μmol/L，血尿酸水平降低与容量扩张和 AVP 作用在肾脏 V_1 受体促进尿酸排泄有关。②输入 0.9% 生理盐水不能纠正低钠血症。③限制液体入量可改善低钠血症。④血 AVP 水平不适当升高。

（二）鉴别诊断

诊断 SIADH 时须排除其他原因所致的低钠血症和低血浆渗透压，由于 SIADH 的重要特征和诊断必备条件是正常容量性低钠血症。因此，根据细胞外液容量将低钠血症分为低容量性、正常容量性和高容量性有助于 SIADH 的鉴别诊断。此外，检测尿钠对判断低钠血症的原因有重要帮助，但应注意疾病不同阶段以及补钠、补液会影响尿钠结果分析（表 7-7-2）。

表 7-7-2 低钠血症的病因与鉴别

细胞外液容量	临床表现	原因	尿钠（mmol/L）	鉴别试验
低容量性	皮肤黏膜干燥	胃肠道丢失	尿钠<20	
	颈静脉扁平	利尿剂	尿钠>40	
	直立性低血压	Addison 病	尿钠>40	ACTH 增高，皮质醇减少
		失盐性肾病	尿钠>40	中心静脉压较低
		脑性盐耗综合征	尿钠常>120	
正常容量性		SIADH	尿钠>40	限水有利于纠正低钠血症
		甲状腺功能减退症	尿钠<20	甲状腺激素减少
		缺乏 ACTH	尿钠>40	ACTH 减少，皮质醇减少
高容量性	腹水	肝硬化	尿钠<20	
	肺水肿	心力衰竭	尿钠<20	
	外周水肿	肾病综合征	尿钠<20	
	颈静脉充盈			

1. **低容量性低钠血症** 多由于钠的丢失所致，如果尿钠减少表明可能存在肾外丢失，如胃肠道丢失。利尿剂是导致尿钠排泄增多的常见原因。Addison 病由于盐皮质激素缺乏，有水和尿钠排泄增多。失盐性肾病常由间质性肾炎、多囊性肾病等引起。脑性盐耗综合征（cerebral salt wasting syndrome, CSWS）是由于颅内出血、外伤或手术引起尿钠排泄过多，导致低容量性低钠血症。CSWS 发病机制不完全清楚，与交感神经反应和利钠因子的参与有关，常需要与 SIADH 鉴别，两者的鉴别要点是容量状态，CSWS 是低容量性，但有时轻度低容量与正常容量在临床上较难区分，持续监测中心静脉压和体重变化对两者的鉴别有一定帮助。

2. 在正常容量性低钠血症中，常需要与 SIADH 鉴别是由 ACTH 缺乏引起的肾上腺皮质功能减退症以及甲状腺功能减退症。皮质醇缺乏影响肾脏游离水的有效清除。此外，皮质醇缺乏使抑制 AVP 分泌的作用减弱。甲状腺激素缺乏通过影响肾脏游离水的清除，减少肾小球滤过率以及间接增加 AVP 分泌（非渗透性刺激）导致低钠血症。两者引起的低钠血症非常类似于 SIADH，神经外科手术或脑外伤不但容易导致 ACTH 和 TSH 缺乏，亦可引起 SIADH，因此要特别注意鉴别。

3. **高容量性低钠血症** 多由水的清除减少导致体内水的潴留和稀释性低钠血症所致，水的清除减少与原发疾病（如肝硬化、心力衰竭或肾病综合征）引起的有效动脉血容量减少有关，有效动脉血容量减少引起继发性醛固酮分泌增多和 AVP 分泌，醛固酮分泌增多可使尿钠排泄减少。根据原发疾病、高容量性和尿钠排泄减少有助于与 SIADH 的鉴别。

【治疗】

（一）病因治疗

治疗基础疾病，如切除恶性肿瘤，或停用有关药物可以完全消除 SIADH。

（二）低钠血症的治疗

1. SIADH 的治疗取决于低钠血症的严重程度、病程和中枢神经系统的症状。治疗需要考虑和平衡低钠的危险与纠正低钠所产生的脑桥和脑桥外脱髓鞘病变的危险。脱髓鞘病变引起的表现多在起始治疗后中枢神经系统症状有所改善的情况下出现，早期表现为昏睡和情感变化，进一步发展可致发音困难、四肢轻瘫。血钠越低，病程越长的患者出现脱髓鞘病的变的可能性越大。这与脑的容量调节引起细胞内的溶质丢失有关，溶质丢失损害了大脑对随后血浆渗透压增加对容量的缓冲能力。

2. 急性（起病在 48 小时内）严重低钠血症的患者中枢神经系统的症状多较严重，如惊厥、昏迷，而引起渗透性脱髓鞘病变的可能性相对较小，可给予静脉输注 3% 氯化钠溶液，目标是使血钠每小时上升速度在 1~2mmol/L，3% 氯化钠溶液每公斤体重每小时输注 1~2ml 可使血钠每小时上升 1~2mmol/L，一旦中枢神经系统症状得到控制，或血钠已达到较安全的 125mmol/L 以上水平，纠正速度就要减慢，头 24 小时内不要超过 8~10mmol/L。

3. 对于血钠水平在 125mmol/L 以下，起病时间不详或病程较长的患者，根据中枢神经系统症状严重程度确定血钠纠正速度，一般选择 3% 氯化钠溶液持续静脉输注，纠正速度不要过快，否则易引起渗透性脱髓鞘病变。对于无症状的慢性低钠血症患者主要通过严格限制液体入量以及摄入足够的蛋白和盐来缓慢增加血钠水平。

除重症患者外，限制液体入量是绝大部分 SIADH 患者的一线治疗，液体入量（包括输液、饮水和食物中的水）一般控制在每日 800~1 200ml，要小于水的不显性丢失和尿液排出量的总和。

4. 其他药物治疗

（1）利尿剂：对于急性或起病时间不详有中枢神经系统症状的患者，可考虑使用袢利尿剂，如呋塞米每次 20~40mg，该类药物有助于水的排泄，但也可引起尿钠的丢失，注意及时补盐。

（2）地美环素（demeclocycline）：对限水和补盐等治疗措施后 SIADH 仍难以控制者，可试用地美环素。该药可减小尿渗透压，增加血钠水平，起效需 2~5 天，部分患者无效，每日剂量范围 600~1 200mg，分 3 次口服，该药可致氮质血症和肾损害，停药后多数可恢复，治疗期间注意监测肾功能。

（3）血管加压素受体拮抗剂：近年来开发出一系列针对血管加压素受体的拮抗剂，该类药物从病生理机制上直接阻断导致 SIADH 发病的血管加压素 V_2 受体，抑制肾小管水的重吸收，而不影响溶质的排泄，因而具有显著的治疗优势。目前该类药物主要用于治疗轻中度低钠血症患者，对急性重症患者的疗效和安全性尚需要评估。

1）考尼伐坦（conivaptan）：为非选择性受体拮抗剂，作用于 AVP 的 V_1 和 V_2 受体，美国食品与药物管理局（FDA）分别于 2005 年和 2007 年批准用于治疗血容量正常和增加的低钠血症，该药为静脉用药。

2）托伐普坦（tolvaptan）：为选择性 V_2 受体拮抗剂，FDA 于 2009 年批准用于治疗血容量正常和增加的低钠血症，该药可口服，开始用药时应在医院内密切监测血钠情况，防止血钠上升过快或过高。

（邓正照）

第八章 单纯性甲状腺肿

甲状腺肿是指甲状腺体积增大，根据甲状腺的功能状态可将甲状腺肿分为非毒性甲状腺肿和毒性弥漫性及毒性结节性甲状腺肿。单纯性甲状腺肿（simple goiter）也称非毒性甲状腺肿，指甲状腺功能基本正常的非肿瘤性、非炎性的弥漫性或结节性甲状腺肿大，分为地方性及散发性两大类。地方性甲状腺肿是指由于生活环境缺碘引起的甲状腺肿，其分布有明显的地区性，也是单纯性甲状腺肿的常见原因。散发性甲状腺肿是指发生在地方性甲状腺肿非流行区的甲状腺肿，可由于遗传、生理情况变化、自身免疫、饮食等多种因素所致，有时可能找不到明确的病因。

甲状腺肿的患病率因检查方法的差异而明显不同。采用超声检查法比物理检查法发现甲状腺肿的患病率显著增高，结节存在率也明显增加。大多数临床诊断的弥漫性甲状腺肿在超声检查中都被发现为结节性甲状腺肿。不同地区甲状腺肿的患病率也不相同。

【病因和发病机制】

单纯性甲状腺肿的基本发病过程是甲状腺滤泡上皮细胞增生，形成新的滤泡，随着滤泡数目增加，甲状腺体积增大，出现甲状腺肿。

甲状腺肿是由于某种原因导致甲状腺合成、分泌甲状腺激素减少或利用障碍，机体通过代偿增加TSH分泌，刺激甲状腺滤泡上皮细胞增生，从而增加甲状腺激素的合成，使甲状腺功能维持在正常水平。患者表现为甲状腺肿大和摄碘功能增强，但血中甲状腺激素水平正常。当甲状腺激素需要量增加时，甲状腺肿大更为明显。

1. 碘缺乏　最常见。正常成人适宜的碘摄入量为 $150\sim300\mu g/d$。在内陆山区，食物、土壤及饮用水中碘含量达不到最低需要量，致使当地居民甲状腺激素合成原料不足，激发TSH代偿性分泌，促进甲状腺代偿性增生而发病。此外，碘相对缺乏，如青春发育期、妊娠期、哺乳期及寒冷、创伤、感染、精神刺激等因素，均可加重或诱发甲状腺肿，可能是由于在这些情况下人体需要甲状腺激素增加，使碘的供应相对不足。

2. 高碘　高碘也能引起甲状腺肿，可能是因为摄入过多的碘，占用过氧化物酶的功能基，使甲状腺激素的合成和释放减少，导致血液中甲状腺激素水平下降。

3. 先天缺陷　某些个体甲状腺激素受体对激素不敏感或由于甲状腺中部分酶活性的先天性缺陷出现甲状腺激素相对不足，而导致代偿性甲状腺肿的发生。

4. 甲状腺生长免疫球蛋白（TGIs）　其作用与TSH类似，可刺激甲状腺生长，但对甲状腺内腺苷酸环化酶没有活化作用，不能增加甲状腺激素合成和分泌，不引起功能亢进。可称之为自身免疫性非毒性甲状腺肿，往往可查到本人及家族成员其他自身免疫的证据。

5. 食物、水、药物　某些食物如卷心菜、核桃、木薯以及含钙或含氟过多的饮水等，可直接引起甲状腺肿或使原有甲状腺肿加重。木薯中含大量的硫氰酸盐，硫氰酸盐可抑制甲状腺摄取碘。一些药物含有大量碘，如胺碘酮；有些药物可以抑制甲状腺内碘的浓聚或有机化，而抑制甲状腺激素的合成，如对氨水杨酸、过氯酸钾、保泰松、磺胺类、硫脲类、锂盐、钴盐、高氯酸盐等。

6. 遗传因素　流行病学、家系研究提示遗传易感性在某些单纯性甲状腺肿的发病中起作用。

7. 细胞因子和生长因子　某些细胞因子和生长因子促进或介导单纯性甲状腺肿的形成。

【临床表现】

单纯性甲状腺肿患者多数无自觉症状，常于体格检查时或患者自己或家人发现颈部增粗。女性发病较男性多见，是男性的7～9倍。

地方性甲状腺肿早期为弥漫性肿大，逐渐进展可呈多结节性肿大。甲状腺光滑、质地软硬不一，与周围组织不粘连，也不累及周围淋巴结。轻者无症状或有颈部不适感。甲状腺肿大明显时或胸骨后甲状腺肿可压迫气管、食管、喉返神经等引起咳嗽、憋气、呼吸困难、吞咽困难、声音嘶哑，还可出现 Horner 综合征、上腔静脉阻塞综合征及阳性 Pemberton 征（抬高手臂，上腔静脉阻塞情况加重）等。

散发性甲状腺肿多呈轻中度弥漫性肿大，很少有巨大者，质地较软，晚期可有结节，青春期、妊娠期、哺乳期较多见，少数人在精神紧张或月经期有一时性加重的表现。

甲状腺功能多数正常，严重地方性甲状腺肿可因甲状腺激素生成不足导致呆小病及甲状腺功能减退症，部分结节具有自主性可发生甲状腺功能亢进症（毒性结节性甲状腺肿），尤其在碘充足后易发生。

多发结节可合并结节内或囊内出血，导致结节在短期内快速长大、疼痛、压痛明显，疼痛在短期内多自行缓解。

【实验室和其他检查】

1. 血清甲状腺激素多正常。T_3/T_4 比值可增高，可能反映了甲状腺球蛋白碘化缺陷。
2. 血清 TSH 多正常。存在甲状腺功能亢进时则 TSH 下降，伴随甲状腺功能减退时 TSH 可上升。
3. 尿碘排泄率不同程度降低。
4. 甲状腺 ^{131}I 摄取率　一般升高，碘补充足量后可恢复正常。摄取率升高但无高峰前移，可被 T_3 抑制，如存在功能自主性结节则不受 T_3 的抑制。
5. 甲状腺核素扫描　早期放射性核素分布均匀，晚期不均匀，可伴有功能性或无功能性结节。
6. 血清抗甲状腺球蛋白抗体（TgAb）和血清抗过氧化物酶抗体（TPOAb）水平正常，血清甲状腺刺激免疫球蛋白（TSI）也正常。
7. 血清甲状腺球蛋白常升高，但缺乏特异性。
8. 甲状腺针吸细胞学检查有助于确诊。
9. 超声检查　了解甲状腺的大小和结节的情况，随诊对药物治疗的反应。
10. X 线检查　主要包括气管及上纵隔，明确有无气管受压、移位。
11. CT 和 MRI 检查　检查胸骨后甲状腺肿优于超声检查，当怀疑有胸骨后甲状腺肿时，可行 CT 和 MRI 检查。

【诊断与鉴别诊断】

根据临床症状和体征，结合实验室检查的结果可以做出诊断。诊断单纯性甲状腺肿应行甲状腺自身抗体检测及针吸细胞学检查，除外急性、亚急性、自身免疫性甲状腺炎和甲状腺肿瘤导致的甲状腺肿大。鉴别诊断主要包括：

1. 非甲状腺疾病致颈部肿大　检查时肿大的甲状腺随吞咽移动。除临床查体外，行颈部超声和/或甲状腺核素扫描检查，可协助诊断。
2. 自身免疫性甲状腺炎　早期可仅有甲状腺肿大，甲状腺质地坚韧，触之不均匀感，一般为轻中度肿大，无疼痛。早期甲状腺功能正常，TgAb、TPOAb 阳性，甲状腺穿刺细胞学检查有助于鉴别。
3. Graves 病　可在弥漫性非毒性甲状腺肿的基础上发生，在甲状腺毒症非活动阶段，两者不易鉴别。Graves 病可伴有血管杂音及震颤，TRAb、TSAb 可为阳性。
4. 甲状腺癌　甲状腺癌早期除甲状腺结节外可无任何症状，此时与甲状腺肿尤其是结节性甲状腺肿鉴别困难，甲状腺穿刺对诊断有帮助。

【治疗】

治疗方案取决于病因及临床表现。缺碘地区需适当补碘。中度以上甲状腺肿可酌情给予甲状腺激素。严重压迫或怀疑恶性病变可手术治疗。放射性碘安全有效，年长者可考虑应用。青春期、妊娠期、哺乳期甲状腺肿不必处理。

1. **定期随诊** 甲状腺轻度肿大且无局部压迫症状者，可定期随访，行甲状腺超声检查和甲状腺功能检查等。注意甲状腺大小、结节以及甲状腺功能状态的变化。

2. **碘** 可缩小甲状腺。轻度弥漫性地方性甲状腺肿，口服碘化钾 10～30mg/d，或复方碘溶液 3～5 滴/日。

3. **甲状腺激素** 适用于中度以上甲状腺肿。补充甲状腺激素以抑制 TSH 分泌。治疗期间应定期监测血清 TSH 水平，目前推荐应以血清 TSH 抑制到正常低限水平（0.5～1.0mU/L）为宜，避免过度抑制，以防引起或加重骨质疏松及心脏异常。停药后易复发，故主张长期应用。左甲状腺素100～200μg/d，或 1.5～2.0μg/（kg·d），清晨顿服。干甲状腺片 40～120mg/d，分次口服。应用甲状腺激素制剂，应从小剂量开始，逐渐加量，对于有心血管疾病和老年患者应少量应用，通常 $L-T_4$ 每日 0.1～0.125mg。

4. **手术** 适用于甲状腺明显肿大有压迫症状，药物治疗无缓解，有美容要求，或怀疑癌变者。术后应用甲状腺激素可能对预防复发有作用。

5. **^{131}碘** 可使肿大的甲状腺不同程度的缩小，安全有效。不能耐受手术的老年患者或手术后复发者可考虑应用。但永久性甲减的发生不容忽视，选择时需权衡利弊。^{131}碘治疗后应定期随诊。巨大甲状腺肿和胸骨后甲状腺肿应避免使用^{131}碘治疗。

（卢桂芝）

第九章 甲状腺功能亢进症

甲状腺毒症（thyrotoxicosis）是指血循环中甲状腺激素过多，引起以神经、循环、消化等系统兴奋性增高和代谢亢进为主要表现的一组临床综合征。甲状腺毒症主要分为甲状腺功能亢进和无甲状腺功能亢进两大类（表7-9-1）。其中由于甲状腺腺体本身功能亢进，合成和分泌甲状腺激素增加所导致的甲状腺毒症称为甲状腺功能亢进症（hyperthyroidism，简称甲亢）。其常见的病因包括：Graves病、结节性甲状腺肿伴甲亢（多结节性毒性甲状腺肿）、甲状腺自主性高功能腺瘤等。甲状腺腺体功能不亢进的甲状腺毒症，是指因炎症引起甲状腺滤泡破坏，储存的甲状腺激素进入循环，其原因包括亚急性甲状腺炎、无痛性甲状腺炎等。本章主要介绍的是Graves病。

表 7-9-1 甲状腺毒症的病因分类

与甲状腺功能亢进症相关	
过度刺激甲状腺	Graves病
	垂体TSH瘤
	滋养层肿瘤（绒毛膜癌、葡萄胎等）产生具有TSH活性的绒毛膜促性腺激素（HCG）
有自主功能的甲状腺结节	甲状腺自主性高功能腺瘤，多结节性毒性甲状腺肿
	甲状腺癌，很少见
与甲状腺功能亢进症无关	
甲状腺炎症	亚急性甲状腺炎、无痛性甲状腺炎、产后甲状腺炎等
	药物导致的甲状腺炎（胺碘酮）
外源性甲状腺激素	甲状腺激素替代过量
异位甲状腺组织	甲状腺癌转移
	卵巢甲状腺肿（畸胎瘤包含有功能的甲状腺组织）

Graves 病

Graves病（Graves'disease，GD）又称毒性弥漫性甲状腺肿、von Basedow病，是器官特异性自身免疫性疾病。临床表现为甲状腺毒症，其以甲状腺弥漫性肿大、浸润性眼病、浸润性皮肤病、肢端病为特征，可单独出现，也可两种或多种表现同时存在。

2010年中华医学会内分泌学分会甲状腺学组公布的我国十城市甲状腺疾病流行病学调查结果显示甲状腺功能亢进（甲亢）患病率为1.1%，而GD是甲亢最常见的病因，占所有甲亢病因中的85%。各年龄组均可患病，20～40岁为发病高峰。女性发病率高于男性，达7～10倍。

【病因和发病机制】

本病是一种器官特异性的自身免疫疾病，是自身免疫性甲状腺病（autoimmune thyroid disease，AITD）的组成部分。AITD还包括慢性淋巴细胞性甲状腺炎、产后甲状腺炎等。GD患者患恶性贫血、系统性红斑狼疮、Addison病等其他自身免疫疾病的风险增加。目前较为公认的GD的发病机制包括以下方面：

1. **遗传** 遗传因素与本病的发生、复发、对药物的反应及永久性缓解等有一定相关性。本病与

HLA-B8、-DR3等多种组型相关,且具有地区及种族差异。目前研究较多的基因包括促甲状腺激素(thyrotropin,或thyroid stimulating hormone,TSH)受体基因、细胞毒性T淋巴细胞抗原4(cytotoxic T lymphocyte antigen 4,CTLA-4)基因、甲状腺球蛋白(thyroglobulin,Tg)基因等。

2. 自身免疫 自身免疫在本病发病机制中起重要作用。最主要的免疫异常是抑制性T淋巴细胞(Ts细胞)功能缺陷,辅助性T淋巴细胞(Th细胞)由于缺乏抑制作用功能相对增强,而T细胞具有辅助B淋巴细胞合成甲状腺自身抗体的作用。GD患者血清中最重要的抗体是TSH受体抗体(TSH receptor antibody,TRAb)。目前已明确,产生自身抗体的主要场所是浸润甲状腺的淋巴细胞等炎性细胞及甲状腺外组织淋巴结、骨髓等。TRAb具有异质性,分为兴奋性及阻断性两大类,即TSH受体刺激抗体(TSHR-stimulating antibody,TSAb)及TSH受体阻断抗体(TSHR-blocking antibody,TBAb)。TSAb可持续刺激甲状腺合成和分泌甲状腺激素,进而抑制垂体分泌的TSH。80%～100%未治疗GD患者血清中TSAb阳性,该抗体可作为GD诊断、判断预后和抗甲状腺药物停药的指标。GD患者血清中可有刺激性和阻断性两种抗体并存,其甲状腺功能状态取决于何种抗体占优。

除TRAb外,50%～90%的GD患者血清中也存在其他针对甲状腺的自身抗体,如甲状腺球蛋白抗体(thyroglobulin antibody,TgAb)、甲状腺过氧化物酶抗体(thyroid peroxidase antibody,TPOAb)、针对钠碘转运体(sodium iodide symporter,NIS)的抗体(NISAb)等。此外GD的细胞免疫研究近来进展很快,甲状腺细胞可产生多种细胞因子参与免疫反应。

浸润性突眼,即Graves眼病(Graves' ophthalmopathy,GO),病因与眶后组织的自身免疫炎症反应有关。Graves眼病的自身抗原可能是TSH受体、眼肌膜蛋白、眼肌蛋白等,HLA、吸烟等也参与发病。淋巴细胞可识别这些抗原,并释放细胞因子INF-γ、TNF-α、β、IL-1α等,表达热休克蛋白、细胞间黏附分子等,促使眼球后及皮下炎性细胞浸润,成纤维细胞增殖,分泌亲水性的葡萄糖胺聚糖(GAG)聚集于眶后、肌肉及皮下等组织,造成受累组织水肿及功能损伤,最终导致萎缩及纤维化形成。

3. 环境因素 在甲状腺自身免疫存在的情况下,环境因素可以加重自身免疫反应的程度,加快疾病进程。环境因素包括感染、应激、碘的摄入和吸烟等因素。

(1) 感染:致病微生物可通过诱导自身抗原的表达和修饰、模拟自身分子、多克隆激活T淋巴细胞、诱导MHC抗原分子在甲状腺上皮细胞异常表达等多种机制,诱发、维持和促进自身免疫反应。有研究提示结肠炎Yersinia菌对TSH受体亲和力较高,机体感染后,可产生TSH受体抗体而致病。

(2) 应激:创伤、严重精神刺激等均可通过下丘脑-垂体-肾上腺轴及非特异性抗原机制破坏机体免疫稳定性。应激开始时促肾上腺皮质激素释放激素(CRH)-促肾上腺皮质激素(ACTH)-皮质醇系统对免疫细胞产生强烈作用使机体处于急性免疫抑制状态,而在应激过后,具有遗传易感性者可因免疫监护及调节功能异常而出现代偿过度使免疫反应加重而发病。

(3) 碘:碘摄入量与甲状腺疾病的关系呈U型曲线,即碘缺乏与碘过量均可使甲状腺疾病的发生率升高,在碘充足地区GD发生率远远高于碘缺乏区。可能与碘诱导HLA-Ⅱ类抗原表达、增加甲状腺球蛋白(Tg)的抗原性等有关。

(4) 甲状腺组织创伤、甲状腺炎症所释放的甲状腺成分,刺激TSAb产生,可诱发GD。

此外多项研究也已表明吸烟是GD、桥本甲状腺炎的危险因素。

【病理】

甲状腺腺体表面光滑,弥漫性增生,也可呈分叶状或结节性增生。质地多柔软,或如橡皮样。光镜检查示:①滤泡细胞明显增生,呈立方形或高柱状,可形成乳头状突起伸向滤泡腔。②滤泡腔内胶质减少,沿滤泡顶部边缘形成吸收空泡。③滤泡间不同程度淋巴细胞、浆细胞浸润。偶尔形成生发中心。细胞学检查可见大量胞浆宽阔,疏松的成堆或散在的滤泡细胞,胞核大,着色浅。PAS染色可见大量阳性颗粒存在于胞浆中。

【病理生理】

甲状腺素即四碘甲腺原氨酸（T_4）全部由甲状腺分泌，而三碘甲腺原氨酸（T_3）仅有20%直接来自甲状腺，其余约80%在外周组织中由 T_4 经脱碘代谢转化而来。T_3 是甲状腺激素在组织实现生物作用的活性形式。甲状腺激素的主要作用是促进物质和能量代谢，促进生长和发育。因此当甲状腺激素过多时，可能出现各个器官和组织受累的表现。

【临床表现】

GD临床过程可有明显异质性：治疗数年不缓解、自发性缓解或周期性发作的患者均不乏其人。临床表现主要是由循环中甲状腺激素过多引起，其症状和体征的严重程度与病史长短、激素升高的程度和病人年龄等因素相关。本病女性多见。在男性发病年龄可偏大，程度偏重，更易发生眼病及周期性麻痹。

1. 甲状腺毒症的症状：见表7-9-2。

表7-9-2 甲状腺毒症的症状

高代谢症候群	怕热、多汗、低热；皮肤温暖、潮湿；体重减轻、甚至恶液质
精神神经系统	神经质、焦虑、失眠；重则可发生偏执、轻躁狂症、精神分裂症；或淡漠、抑郁
呼吸系统	呼吸困难
心血管系统	心悸、可出现阵发性室上性心动过速、阵发性或持续性心房纤颤；偶尔可发生缓慢性心律失常 心脏病变严重者称为甲亢性心脏病（详见特殊类型甲亢）
消化系统	多食易饥、大便频数，重者可有脂肪泻；肝功能异常，偶有肝大、黄疸；少数食欲减退、厌食、恶心、呕吐
肾脏	多尿、烦渴
生殖系统	妇女月经稀发，量少，闭经少见。生育能力下降，易流产 男性阳痿，乳腺发育
造血系统	可有低色素性贫血、或合并恶性贫血；白细胞总数及粒细胞数可降低，淋巴细胞比例增加 血小板寿命可缩短。GD易合并血小板减少性紫癜
肌肉/骨骼系统	甲状腺毒症性肌病：近端肌群（肩胛带及骨盆带肌群等）无力、可伴肌肉萎缩，表现为梳头困难、蹲起困难 重症肌无力：主要累及眼部肌群，有眼睑下垂、眼球运动障碍和复视，晨轻暮重。甲亢并不直接引起重症肌无力。二者均为自身免疫性疾病，可先后或同时出现 周期性麻痹（详见特殊类型甲亢） 骨质疏松，重则病理性骨折，久病、老年患者多见

2. 甲状腺毒症的体征，见表7-9-3。

表7-9-3 甲状腺毒症的体征

一般状况	基础代谢率增加，可出现低热，体重减轻（尽管食欲增加），甲亢面容
皮肤	温暖、潮湿、多汗；头发细；脱发；色素沉着；GD患者可出现浸润性皮肤病（详见GD特征性表现）
头部及眼耳鼻	眼裂增大、眼睑挛缩、眼球突出、伸舌细颤
颈部	甲状腺肿大（详见GD特征性表现）
胸部及心脏	男子乳腺发育、呼吸急促、心动过速（安静时心率常≥100次/分）、心脏有杂音、心律不齐，脉压增宽，周围血管征可阳性
腹部	肠鸣音活跃
四肢	水肿、杵状指、甲剥离、伸手细颤（常常为双侧）
神经系统	腱反射活跃
肌肉骨骼系统	身高变矮、近躯体肌群无力、低钾性周期性麻痹
精神	焦虑、易激惹、抑郁、失眠

3. GD特征性表现

(1) 甲状腺肿大：呈弥漫性肿大，多数对称，质地软，久病较硬或呈橡皮感，肿大程度与甲亢严重程度无关，无压痛。甲状腺上下极可以触及震颤，闻及血管杂音，杂音可为动脉性、连续性或静脉性。

(2) 浸润性眼病：甲亢相关性眼病（thyroid associated ophthalmopathy，TAO），依据发病机制可分为两种类型：①一类系甲亢本身引起交感神经兴奋性增强，由眼外肌及提上睑肌张力增高所致。可完全恢复，称为非浸润性突眼（也称为干性、单纯性、良性突眼）。突眼度≤18mm，可有轻度眼干、眼胀，或无症状，仅眼征阳性。②另一类为自身免疫所致，由于眼外肌炎症水肿及眼周结缔组织和脂肪增加所引起的眼部异常，称浸润性突眼或Graves眼病（GO），为GD所特有。突眼度>18mm，畏光、迎风或遇冷流泪、角膜溃疡、感染、眼痛、结膜水肿、肉阜水肿、视野缺损、视盘水肿、静脉充血、眼球半脱位。可合并眼肌麻痹、斜视、复视，重则眼球固定、视神经受压及全眼球炎，可失明。约半数GD患者有眼病表现，眼病的严重程度与甲亢程度无关。少数病人无甲状腺毒症表现或在眼病之后发生，仅有浸润性突眼称为甲状腺功能正常型Graves眼病。

(3) 浸润性皮肤病：局限性黏液性水肿，以胫骨前多见，常称之为胫前黏液性水肿（pretibial myxedema），偶尔发生在面部、手背、肘部或手术瘢痕处。非可凹性，局部皮肤变硬、增厚，如台阶状明显高出皮面，表面凹凸不平，似橘皮样，或结节样或斑丘疹样皮疹，逐渐融合成片，开始发红，以后颜色转暗，重则呈象皮腿样。

(4) 肢端病：少数患者可见到指端软组织肿胀，外形似杵状指和肥大性骨关节病变，但血循环不增加。X线检查示病变区有广泛性、对称性骨膜下新骨形成似肥皂泡样粗糙突起，有时局部皮肤增粗增厚，称为甲亢肢端病。

4. 几种特殊类型的甲亢

(1) 甲状腺功能亢进性心脏病（甲亢性心脏病）：老年、多结节性毒性甲状腺肿患者多见。无其他原因可解释的心脏增大（全心、左心或右心增大）、充血性心力衰竭、严重心律失常（快速性房性心律失常，偶有心脏传导阻滞）、心绞痛或心肌梗死，在甲亢控制后心脏病情好转称甲亢性心脏病。

(2) 淡漠型甲亢（apathetic hyperthyroidism）：老年多见，隐匿起病。高代谢、眼病及甲状腺肿大均可不明显。可表现为嗜睡、反应迟钝、心动过缓、厌食、腹泻、恶液质，或以慢性肌病、甲亢性心脏病表现为主。易发生甲状腺毒症危象。

(3) 甲状腺毒症性周期性麻痹（thyrotoxic periodic paralysis，TPP）：以东方国家及南美洲青年男性多见。其发病诱因、临床经过与一般低钾性周期性麻痹很相似。与甲亢程度可不平行，或为甲亢首发症状。常夜间发作，对称性肢体软瘫，重则呼吸肌麻痹甚至窒息。劳累、饮酒、高钠、高碳水化合物摄入或使用糖皮质激素、胰岛素、排钾利尿剂等诱发或加重。严重低血钾导致心室纤颤可危及生命。轻者持续数小时至数十小时，休息或自发缓解，严重需补钾控制发作。随甲亢治疗，发作停止，甲亢复发则麻痹再现。

(4) 甲状腺毒症危象（thyroid crisis）：甲状腺功能亢进症未控制或未经治疗，在各种不利诱因下导致病情急剧加重，危及生命，称甲状腺毒症危象。随着对该病的积极治疗和早期识别，目前死亡率约为20%。诱因包括：感染、合并严重全身疾病、精神重创、手术准备不充分、中断治疗、妊娠、产科意外等。临床表现为：①T≥39℃，大量出汗。②心率≥140次/分，可伴心房颤动或扑动。③消化道症状：厌食、恶心、呕吐、腹痛、失水、休克。④精神症状：焦虑、烦躁不安、偶有精神病样发作；或嗜睡、淡漠、谵妄、木僵、昏迷。⑤易合并充血性心力衰竭、肺水肿、黄疸、严重感染、败血症等。

【实验室检查】

1. 血清TSH和甲状腺激素　TSH是国际上公认的诊断甲亢的首选指标。目前国内普遍采用的为免疫放射法及免疫化学发光法，灵敏度为0.01～0.02mU/L，一般甲亢患者TSH<0.1mU/L。但

垂体性甲亢 TSH 不降低或升高。

正常情况下，循环中 T_4 约 99.98% 与特异的血浆蛋白相结合，包括甲状腺素结合球蛋白（thyroxine binding globulin，TBG）、甲状腺素结合前白蛋白（TBPA）以及白蛋白（Alb）。循环中 T_4 仅有 0.02% 为游离状态（FT_4）；循环中 T_3 的 99.7% 特异性与 TBG 结合，约 0.3% 为游离状态（FT_3）。结合型甲状腺激素是激素的贮存和运输形式；游离型甲状腺激素则是甲状腺激素的活性部分，直接反映甲状腺的功能状态，不受血清 TBG 浓度变化的影响。结合型与游离型之和为总 T_4（TT_4）、总 T_3（TT_3）。凡是能引起血清 TBG 水平变化的因素均可影响 TT_4、TT_3 的测定结果，尤其对 TT_4 的影响较大（表 7-9-4）。理论上讲，血清 FT_4 和 FT_3 测定不受 TBG 浓度变化影响，较 TT_4、TT_3 测定有更好的敏感性和特异性。但因血中 FT_4、FT_3 含量甚微，测定方法学上许多问题尚待解决，测定结果的稳定性不如 TT_4、TT_3。所以 TT_4、TT_3 的测定仍然是判断甲状腺功能的主要指标。甲亢早期可先有 T_3 增高，且部分患者仅有 T_3 增高（T_3 型甲亢），故 T_3 较 T_4 更为敏感和重要。少数患者（如老年人淡漠型甲亢）也可仅有 T_4 增高（T_4 型甲亢）。

表 7-9-4 影响 TBG 水平的因素

TBG 升高	TBG 下降
妊娠	使用雄激素
新生儿	使用大量的糖皮质激素
口服避孕药和其他来源的雌激素	库欣综合征
他莫昔芬	肾病综合征
病毒性肝炎	药物性，如苯妥英
胆汁性肝硬化	遗传性低 TBG 血症
遗传性高 TBG 血症	

2. 甲状腺自身抗体测定　临床常用的是 TSH 受体抗体（TRAb）、甲状腺过氧化物酶抗体（TPOAb）和甲状腺球蛋白抗体（TgAb）。

TSAb 是 GD 的致病性抗体。因测定条件复杂，TSAb 和 TBAb 未能在临床广泛使用。而未治疗的 GD 患者血清中的 TRAb 主要为 TSAb，因此 TRAb 的测定应用广泛：①初发 GD 患者 60%~90% 阳性，"甲状腺功能正常的 Graves 眼病"可以阳性。②对预测抗甲状腺药物治疗后甲亢复发有一定意义。③对于有 GD 或 GD 病史的妊娠妇女，有助于预测胎儿或新生儿甲亢发生的可能性。

TPOAb 和 TgAb 的阳性率在 GD 患者血清中也显著升高，持续高滴度的 TgAb 和 TPOAb 常提示以后发生自发性甲状腺功能减退（甲减）的可能性较大。

3. TRH 兴奋试验　甲亢时 T_3、T_4 增高，反馈抑制 TSH，故 TSH 不受 TRH 兴奋。静脉注射 TRH 后 TSH 有升高反应可排除 GD，如 TSH 不升高，见于甲亢、甲状腺功能正常的 Graves 眼病、垂体疾病伴 TSH 分泌不足等。

4. 甲状腺摄^{131}I 功能试验　正常值为 3 小时 5%~25%，24 小时 20%~45%，24 小时出现高峰。甲亢患者总摄碘量增加，且高峰前移。由于甲状腺激素测定的普遍开展及 TSH 检测敏感度的提高，甲状腺摄^{131}I 功能试验已不作为甲亢诊断的常用指标。T_3 抑制试验也基本摒弃。但是甲状腺摄^{131}I 功能试验对甲状腺毒症的原因仍有鉴别意义。如摄^{131}I 率降低可能为甲状腺炎引起的甲状腺毒症或外源甲状腺激素引起的甲亢。采用放射性碘治疗甲亢时，计算放射性碘剂量需要做本试验。

5. T_3 抑制试验　主要用于鉴别甲状腺肿伴摄^{131}I 率增高是甲亢或非毒性甲状腺肿所致，也可预测停药后复发可能性。服用 T_3 后，正常人及单纯性甲状腺肿患者摄碘率下降 50% 以上；甲亢患者不被抑制，摄碘率下降<50%。伴有冠心病、甲亢性心脏病等患者禁用本项试验。

6. 甲状腺核素显像　主要用于对可触及的甲状腺结节性质的判定，对多结节性毒性甲状腺肿和高功能腺瘤的诊断意义较大（表 7-9-5）。部分药物可影响摄^{131}I率，孕妇及哺乳期妇女禁止作本测定。

表 7-9-5 甲状腺疾病的放射性核素显像

疾病	显像结果
Graves 病	腺体增大 均一的放射性核素摄取增加
甲状腺炎（如亚急性甲状腺炎）	低摄取或不摄取
毒性结节	一个单独的高摄取区
人为的甲状腺毒症	甲状腺摄取受抑

7. 影像学检查　超声波可观察甲状腺大小、形态及结节以及甲状腺血流情况。眶CT、MRI等有助于鉴别眼眶或眼球后病变性质。肢端病X线表现为广泛、对称、不规则性骨膜下骨形成，指、掌骨"气泡样"花边征。

8. 甲状腺针吸细胞学（fine needle aspiration cytopathology，FNAC）检查　可明确甲状腺病理损害为功能亢进或甲状腺炎所致。

9. 肝脏功能指标　ALT、ALP可增高；胆红素可轻度升高。

10. 其他　血脂降低。餐后高血糖，可促发或加重IGT及糖尿病。白细胞计数正常低限，淋巴细胞比例相对增高，血小板计数在正常低限。

【诊断和鉴别诊断】

1. 诊断　GD的诊断思路为：①依据甲状腺激素水平确定有无甲状腺毒症；②确定是否是甲亢；③确定甲亢的病因，如GD等。血中 TT_3（FT_3）及/或 TT_4（FT_4）增高，符合甲状腺毒症。TSH降低，支持甲状腺疾病引起。有GD特征性表现如弥漫性甲状腺肿、浸润性突眼、浸润性皮肤病或甲状腺肢端病之一和/或TRAb（TSAb）阳性可诊断GD。

2. 鉴别诊断

(1) 高功能腺瘤或多结节性毒性甲状腺肿：除临床有甲亢表现外，触诊甲状腺有单结节或多结节。甲状腺核素显像，多结节性毒性甲状腺肿的患者可见核素分布不均，增强和减弱区呈灶状分布；甲状腺自身性高功能腺瘤则仅在肿瘤区有核素增强，其他区域的核素分布稀疏。

(2) 非毒性甲状腺肿：甲状腺呈弥漫性或结节性肿大，^{131}I摄取率高但不伴高峰前移，且能够被 T_3 所抑制。对TRH反应正常。甲状腺功能均正常或 T_4 偏低，或 T_3 偏高，又或TSH偏高。

(3) 无痛性甲状腺炎：甲状腺肿大或不大，可有高代谢的各种临床表现，但甲状腺无杂音，无突眼，甲状腺吸^{131}I率降低与 T_3、T_4 增高相分离为其特征。

(4) 嗜铬细胞瘤：可有心悸、多汗、消瘦等高代谢症状及体征，但以异常增高的血压及其伴随症状更为突出，甲状腺无肿大，甲状腺功能正常，儿茶酚胺及其代谢产物增高，肾上腺影像学检查可明确诊断。

(5) 神经官能症：可有心悸、出汗、怕热、失眠、粗大肌肉震颤等表现，但无突眼，甲状腺功能正常。

(6) 其他：老年甲亢注意与老年性及其他年龄相关性心脏病、结核病、恶性肿瘤、抑郁症等鉴别。对一般药物难以控制的快速心房纤颤均应想到本病。突眼尤其单侧者应与眶内肿瘤鉴别。

【治疗】

目前针对甲亢的治疗主要采用以下三种方式：①抗甲状腺药物；②手术；③放射碘治疗。

1. 一般治疗　蛋白质、热量及维生素应充足。充分休息，适当使用镇静催眠剂。

2. 药物治疗

(1) 抗甲状腺药物：效果肯定，不会产生永久性甲减，为初始治疗之首选，治疗 GD 的缓解率 30%～70%，其复发率高，疗程长。抗甲状腺药物分硫脲及咪唑两类。硫脲类的代表药物有甲硫氧嘧啶 (MTU) 及丙硫氧嘧啶 (propylthiouracil，PTU)。咪唑类有甲巯咪唑 (methimazole，MMI；他巴唑，Tapazole) 及甲亢平 (CMZ)。

1) 作用机制：①抑制甲状腺过氧化酶，抑制酪氨酸碘化及碘化酪氨酸缩合，阻断甲状腺激素合成；②抑制免疫球蛋白及细胞因子的生成、氧自由基释放，使致病抗体滴度下降及转阴；③PTU 可抑制 5′脱碘酶，使 T_4 转变 T_3 减少。

2) 剂量与疗程：MMI 30～45mg/d 或 PTU 300～450mg/d，分 3 次口服，至症状消失，血中甲状腺激素水平接近正常后逐渐减量。大约每 2～4 周减药一次，每次 MMI 减量 5～10mg/d (PTU 50～100mg/d)，减至最低有效剂量时维持治疗，MMI 为 5～10mg/d，PTU 为 50～100mg/d，总疗程一般为 1～1.5 年。治疗中应监测甲状腺激素的水平。因为 TSH 的变化滞后于甲状腺激素水平，因此不能用 TSH 作为治疗目标。

3) 副作用：详见表 7-9-6。抗甲状腺药物的副作用一般发生在治疗的前几周至前几个月内。副作用常常轻微而通常不需停药。粒细胞缺乏症（外周血中性粒细胞绝对计数 $<0.5\times10^9/L$），是一种严重但罕见的副作用，发生于 0.1%～0.5% 的患者。往往突然发生且为致命性。多数病例发生在最初治疗的 90 天内或再次用药的 1～2 个月内，也可发生在服药的任何时间。MMI 和 PTU 发生概率相当。停药指征：WBC$<3.0\times10^9/L$，粒细胞$<1.5\times10^9/L$。初始抗甲状腺药物治疗中，每 1～2 周复查白细胞，出现咽痛、发热、口腔溃疡等应立即检测白细胞。中毒性肝病的发生率为 0.1%～0.2%。多在用药后 3 周发生，表现为变态反应性肝炎，转氨酶显著上升，死亡率高达 25%～30%。另外甲亢本身也有转氨酶增高。所以在应用抗甲状腺药物前需检查基础的肝功能，以区别是否是药物的副作用。还有一种罕见的 MMI 导致的胆汁淤积性肝病。此外，抗甲状腺药物可引起抗中性粒细胞胞浆抗体 (antineutrophil cytoplasmic antibodies，ANCA) 阳性的血管炎，已报道病例中约 90% 与服用 PTU 有关，MMI 和 CMZ 也有个案报道。这些患者的血清中大多数存在抗髓过氧化物酶抗体 (anti-myeloperoxidase antineutrophil cytoplasmic antibodies，MPO-ANCA)，并可能出现类似原发性 ANCA 相关血管炎的临床表现，如发热、关节痛、肾功能异常、皮肤溃疡、咯血等。

表 7-9-6 抗甲状腺药物的副作用

较轻的副作用	较重的副作用
常见 (1%～5%)	少见
皮疹	粒细胞缺乏症
荨麻疹	血管炎，狼疮样综合征
关节痛	罕见
发热	再生障碍性贫血
一过性的白细胞减少症	血小板减少症
少见	肝炎 (PTU)、肝坏死
胃肠道	胆汁淤积性肝炎 (MMI)
味觉和嗅觉异常	低凝血酶原
关节炎	低血糖 (MMI)
脱发	剥脱性皮炎

4) 抗甲状腺药物的停用指征：①甲亢症状完全缓解、甲状腺肿缩小、局部杂音消失，甲状腺功能持续稳定。②所需抗甲状腺药物维持剂量很小（咪唑类 5～10mg 或硫脲类 50～100mg/d）。③TRAb（主要为 TSAb）转阴。④T_3 抑制试验正常。⑤TRH 兴奋试验正常。

30%～40% 抗甲状腺药物治疗的患者在停药后 10 年保持甲状腺功能正常。年轻患者，甲状腺明显肿大、眼病或在诊断时血清 TRAb 水平很高时，达到永久缓解的可能性低。复发最常发生于停药的第 1 年。

(2) 左甲状腺素钠（L-T_4）：在治疗过程中出现甲状腺功能减退或甲状腺明显增大时可酌情加用甲状腺制剂，左甲状腺素钠（L-T_4）25～50μg/d 或干甲状腺片 20～60mg/d。

(3) 有机碘剂：①暂时性抑制甲状腺激素合成与释放。②大剂量时抑制 T_4 转变为 T_3。③减少甲状腺局部血流。上述作用仅维持 2～3 周，久之作用脱逸，反因增加甲状腺内激素贮存而影响抗甲状腺药物疗效。仅用于术前准备及甲状腺毒症危象。

(4) β 肾上腺素能受体阻滞剂：阻断 β 受体，小剂量（30～80mg/d）可改善交感神经兴奋症状。大剂量（普萘洛尔 160mg/d 以上）阻断 T_4 向 T_3 转变。用于抗甲状腺辅助治疗、甲状腺毒症危象、甲状腺毒性周期性麻痹、放射性碘治疗前后及术前准备等。选择性 $β_1$ 受体阻滞剂可用于支气管哮喘伴随患者。

3. 手术　切除抗体生成场所，减少功能性甲状腺组织。适用于甲状腺较大有压迫症状、单结节或多结节性毒性甲状腺、怀疑恶性病变、药物治疗复发、胸骨后甲状腺肿伴甲亢等以及儿童甲亢用抗甲状腺药物治疗效果差者。术前需抗甲状腺药物、碘剂等充分准备，以免诱发甲状腺毒症危象。进展性浸润性突眼、严重心、肺、肝、肾疾患、年老体弱、妊娠早期（≤3 个月）及晚期（≥7 个月）不适宜手术治疗。术前准备：药物控制至心率<80 次/分，甲状腺功能正常后，分次口服复方碘溶液：10～15 滴/日，7～10 天后手术。手术并发症包括：出血窒息、声带麻痹、永久性甲减、甲状旁腺功能减退等。

4. 放射性碘　放射性^{131}I 释放 β 射线，选择性破坏甲状腺组织，使功能性甲状腺组织减少，甲状腺内抗体生成减少。适用于 25 岁以上、不能或不愿长期药物及手术治疗、治疗后复发、单结节或多结节性毒性甲状腺肿等。禁用于妊娠、哺乳、严重肝、肾功能不良、活动性结核、重症浸润性突眼、甲状腺毒症危象、白细胞<$3×10^9$/L 等。现已明确：①此法安全简便，费用低，效益高，总有效率达 95%，复发率小于 1%。②未增加患者甲状腺癌和白血病等癌症的发病率。③不影响病人的生育能力和遗传缺陷。

特点：一次服药，安全。但起效慢，6 周～3 个月甲状腺功能正常，如需第 2 次治疗应在 6 个月之后。并发症：永久性甲减的发生率随年龄递增。放射性甲状腺炎可发生于治疗后 7～10 天，极少数诱发甲状腺毒症危象。治疗前需抗甲状腺药物治疗 1～3 个月至症状减轻，必要时在治疗后 1～2 周继续服用抗甲状腺药物至放射疗效发生后停用。

5. 特殊类型甲亢的治疗

(1) 甲亢合并周期性麻痹的治疗：先进行抗甲状腺药物治疗，辅以普萘洛尔，依据发作时症状轻重采用口服或静脉补钾，症状缓解后可继续维持钾的补充，以避免再发作，避免诱因。选择时机采用手术或放射性碘治疗。

(2) 甲状腺毒症危象防治：积极治疗甲亢，避免及预防应激情况发生。充分作好术前准备。出现应激，需尽早有效予以控制，密切监测甲状腺功能，强化治疗。甲亢危象的诊断主要依靠临床表现综合判断。临床高度疑似本症及有危象前兆者应按甲亢危象处理。

1) 抑制甲状腺激素合成：首选 PTU，因为该药可以阻断外周组织 T_4 向具有生物活性的 T_3 转换。首剂 600mg 口服或经胃管注入，此后 200～300mg，q4～6h，以后每日 450～600mg，分次给予，应用其他抗甲状腺药物剂量相当。症状缓解后减至常规剂量。

2) 阻止已合成的甲状腺激素释放入血，大剂量碘剂并可抑制 T_3 与其受体结合。服用 PTU 后

1~2小时给予有机碘剂：碘化钾，5滴，q6h；或碘萄酸（ipodate），0.5g，bid；严重者静脉点滴碘化钠，0.25g，q6h，随治疗好转逐渐减量，疗程一般3~7日。不耐受碘剂者可短期使用碳酸锂0.5~1.5g/d，分次口服。

3）糖皮质激素：有助于提高应激能力，大剂量可抑制T_4向T_3转变及抑制甲状腺激素释放入血。氢化可的松100mg静脉滴注，q6~8h；或地塞米松2mg，q6h。

4）阻断儿茶酚胺作用：如无禁忌，选用β肾上腺素能受体阻滞剂，口服普萘洛尔40~80mg，q6~8h；或稀释后缓慢静脉注射1~2mg，视需要重复3~5次，拉贝洛尔等短效制剂更安全。有心力衰竭者禁用。

5）支持对症治疗：提供足够热量及维生素、维持水电解质平衡、吸氧、物理降温（忌用乙酰水杨酸，因可与TBG结合释放游离甲状腺激素，大剂量并可增加代谢率），必要时需使用镇静剂或人工冬眠、抗感染、纠正休克、监测心肾功能。

6）清除循环甲状腺激素：上述方法无效时，可紧急透析或血浆置换使血中甲状腺激素浓度迅速降低。

(3) 甲状腺相关眼病的治疗：见表7-9-7。

表7-9-7 甲状腺相关眼病的治疗

轻中度
保持正常甲状腺功能，避免发生甲状腺功能减退
低盐饮食，戒烟，避光，高枕卧位
人工泪液，夜间眼膏
必要时使用利尿剂
重度（不宜手术或放射性碘治疗）
糖皮质激素
其他免疫抑制剂，如环孢素A，环磷酰胺，甲氨蝶呤，免疫球蛋白等
长效生长抑素类似物
球后或垂体放射治疗
其他：睑缘缝合术（结膜膨出，角膜暴露严重者），血浆置换术等，以上措施无效时可使用
病情稳定
眼外肌手术纠正复视
眶减压术
眦成形术

（高　莹　高燕明）

第十章 甲状腺功能减退症

甲状腺功能减退症（hypothyroidism，简称甲减）是由于甲状腺激素合成和分泌减少或组织利用不足导致的全身代谢减低综合征。全身各系统均可受累，其特征为全身代谢缓慢、器官功能降低及全身黏液性水肿。

因发病年龄和甲状腺受损伤程度不同而有不同的临床特点，胎儿、婴儿和幼儿患甲减会出现生长发育落后，可以导致永久不可逆的神经系统及脑发育障碍，称为克汀病；成年人甲减主要表现为不同程度的黏液性水肿，伴随各系统器官功能不同程度的下降，治疗后可恢复。

【病因和分类】

临床甲减的患病率普通人群约1.0%，女性较男性多见，随年龄增加而上升。

临床通常根据病变部位分类，见表7-10-1。

1. 原发性甲减（primary hypothyroidism） 由于甲状腺腺体本身病变引起的甲减，此类甲减占全部甲减的95%以上。原发性甲减的病因中自身免疫、甲状腺手术和甲状腺功能亢进症（甲亢）^{131}I治疗三大病因占90%以上。

2. 继发性甲减（secondary hypothyroidism） 又称中枢性甲减，是由于下丘脑或垂体病变引起的促甲状腺激素释放激素（TRH）或者促甲状腺素（TSH）产生和分泌减少所致的甲减，垂体外照射、垂体大腺瘤、颅咽管瘤及产后大出血是中枢性甲减较常见原因。

3. 甲状腺激素抵抗综合征（resistance to thyroid hormones） 由于甲状腺激素在外周组织实现生物效应障碍引起的甲减。

表 7-10-1 甲状腺功能减退症的病因

原发性甲状腺功能减退症	继发性甲状腺功能减退症
自身免疫性	下丘脑功能异常
桥本甲状腺炎	肿瘤
医源性	结核感染
^{131}I治疗后	结节病
甲状腺次全切或全切术后	朗格汉斯细胞组织细胞增生症
药物介导	血色病
碘缺乏	放射治疗后
碘过量	垂体功能异常
锂	肿瘤
胺碘酮	垂体外科手术
抗甲状腺药物	产后垂体坏死
先天性	特发性垂体炎症
甲状腺缺如	Cushing综合征
甲状腺发育不良	放射治疗后
生物合成缺陷	

【临床表现】

临床表现因起病年龄及甲状腺功能低下的严重程度不同而不同。

（一）婴幼儿甲减

也称为克汀病，表现为喂食困难、肌张力低下、少动、后囟门不闭、黏液性水肿面容和手脚，如果治疗不及时则可出现智力障碍，学习失能，矮身材，骨龄延迟，青春期延迟。

（二）成人甲减

轻者无明显主诉，重者出现黏液性水肿昏迷。患者通常在确诊前诉乏力，懒惰，淡漠和体重渐进性增加，黏液性水肿和甲减面容。

1. 一般表现　疲乏，无力，体重增加，畏寒，皮肤干燥粗糙、脱屑、少汗，低体温，淡漠，面色苍白蜡黄，声音嘶哑，吐字不清，鼻舌唇肥大增厚，毛发稀疏脱落（尤其眉毛外1/3），黏液性水肿。由于高胡萝卜素血症，手脚皮肤呈黄色。

2. 精神神经系统　言语及反应缓慢，记忆力下降，智力减退，嗜睡，偏执，抑郁，焦虑，小脑受累时共济失调，眼球震颤，肢体麻木，刺痛，腕管综合征，肌腱反射延迟。

3. 运动系统　肌无力或强直、僵硬，肌震挛，肌萎缩或肥大，可引起甲减性肌病，导致肌酶的增加，关节疼痛或积液。

4. 心血管系统　心肌黏液性水肿导致心肌收缩力下降，心排血量下降，心音低钝，心动过缓，脉压变窄，心电图示低电压，左心室扩大，心包积液，称为甲减性心脏病。冠心病在本病中高发。容易伴发高血压。

5. 消化系统　食欲不振，腹胀，顽固性便秘，严重者出现肠梗阻或黏液水肿性巨结肠。

6. 呼吸系统　通气及弥散功能均可降低，睡眠呼吸暂停，严重者低氧血症及高碳酸血症。

7. 其他系统　各类贫血均可见，通常为轻中度正细胞正色素性贫血。轻度蛋白尿，尿浓缩功能轻度受损。性欲减退，阳痿，月经过多，溢乳，不育。

8. 甲状腺　自身免疫性甲状腺炎所致甲状腺不同程度增大，质地韧如橡皮，可伴有结节或表面不平。甲状腺萎缩时不能触及。缺碘引起的甲减往往是甲状腺增大弥漫性或结节状，质地不一。

【实验室检查】

1. 一般化验检查　可发现轻中度贫血，血清三酰甘油、总胆固醇、LDL-C增高，HDL-C降低，血清CK、LDH增高。

2. 甲状腺功能检查　血清TSH和总T_4（TT_4）、游离T_4（FT_4）是诊断甲减的第一线指标。原发性甲减血清TSH增高，TT_4和FT_4均降低。TSH增高是原发性甲减最敏感的指标。仅TSH增高，TT_4和FT_4均正常，称之为亚临床甲减。TSH的增高水平，TT_4和FT_4降低的水平与病情程度相关。

3. 病因学检查

(1) TSH增高，T_4降低，提示原发性甲减。

(2) TSH减低，T_4降低，提示继发性甲减。

(3) TGAb和TPOAb阳性提示甲减是由自身免疫性甲状腺疾病所致。

(4) TRH兴奋试验：用于鉴别下丘脑病变所致甲减还是垂体性甲减。TRH给药后TSH缓慢上升呈延迟反应提示病变在下丘脑；反应减低或无反应，说明病变在垂体或垂体储备能力差。如果TSH高，T_4降低，TRH给药后TSH反应过度提示病变在甲状腺，为原发性甲减，但一般原发性甲减无需做此试验。

4. 甲状腺针吸细胞学检查　可明确甲状腺炎、甲状腺肿等。

5. 影像学检查　鞍区MRI、CT，甲状腺超声可发现占位性病变。

【诊断】

典型病人根据症状、体征，结合实验室检查容易确诊。更多的病人临床症状不够典型则需要想到本病可能，及时行甲状腺功能测定明确诊断。确诊甲减后，要做病因诊断和定位诊断。

表 7-10-2 甲减部位的鉴别诊断见表

甲减部位的诊断鉴别

分类	T_3、FT_3	T_4、FT_4	TSH	TRH 兴奋试验
正常甲状腺功能	正常	正常	正常	正常
原发性甲减	正常或降低	降低	升高	反应过度
继发性甲减	正常或降低	降低	正常或降低	延迟或无反应
激素抵抗综合征	升高	升高	升高	正常或增高

【鉴别诊断】

1. 水肿 主要要与特发性水肿鉴别。特发性水肿常与月经周期有关,也易发生于更年期。常伴尿少,随着利尿剂的应用,每日体重可有较大范围波动。临床上找不到器质性疾病的证据。

2. 贫血 应与其他原因的贫血鉴别。

3. 心包积液 需与其他原因的心包积液鉴别。

4. 泌乳或蝶鞍增大 应与垂体肿瘤鉴别。

5. 非甲状腺疾病引起的甲状腺功能异常综合征 也称低 T_3 综合征,多见于严重的全身性疾病,创伤和心理疾病,其血清 T_3 降低,rT_3 升高,TSH 大多正常,也可有 TSH 降低或升高,是机体保护性机制,一般不需治疗。

【治疗】

1. 治疗目标 临床甲减症状和体征消失,TSH、TT_4、FT_4 维持在正常范围。

2. 治疗药物和剂量 左甲状腺素（L-T_4）是本病的主要替代药物。一般需要终身替代。治疗的剂量取决于患者的病情、年龄、体重和个体差异。成年患者 L-T_4 替代剂量 50～200μg/d,平均 125μg/d。按照体重计算的剂量是 1.6～1.8μg/（kg·d）,儿童需要较高剂量约 2.0μg/（kg·d）,老年患者则需要较低剂量约 1.0μg/（kg·d）,妊娠时的替代剂量需要增加 30%～50%,甲状腺癌术后的患者需要剂量约 2.2μg/（kg·d）。L-T_4 的半衰期是 7 天,所以可以每天早晨服药一次。

3. 服药方法 L-T_4 起始的剂量和达到完全替代剂量所需的时间要根据年龄、体重和心脏状况而定。小于 50 岁,既往无心脏病史患者可以尽快达到完全替代剂量,大于 50 岁患者服用 L-T_4 前要常规检查心脏状态,一般从 25～50μg/d 开始,每 1～2 周增加 25μg,直到达到治疗目标。患缺血性心脏病者起始剂量宜小,调整剂量宜慢,防止诱发和加重心脏病。补充甲状腺激素,重新建立下丘脑-垂体-甲状腺轴的平衡一般需要 4～6 周的时间,所以治疗初期,每间隔 4～6 周测定相关激素指标,然后根据检查结果调整 L-T_4 剂量,直到达到治疗目标。治疗达标后,仍需要每 6～12 个月复查一次激素指标。

【黏液性水肿昏迷】

黏液性水肿昏迷是甲状腺功能减退症的重症类型,多见于老年患者,通常因感染、寒冷、创伤、手术、麻醉、应用镇静剂等引发或伴发其他严重疾病。临床表现为嗜睡,精神异常,木僵,皮肤苍白,低体温,心动过缓,昏迷,呼吸衰竭和心力衰竭等。预后差,死亡率高达 20%。

治疗：①去除诱因,治疗原发病,保温、保暖,改善呼吸状况,保持水电解质平衡,维持血压。②补充甲状腺激素：L-T_4 300～400μg 立即静脉注射,之后 50～100μg/d 静脉注射,直至患者可以口服后换用片剂。如果没有 L-T_4 注射剂可将 L-T_4 片剂磨碎后由胃管鼻饲。如果症状无改善,可用 T_3 静脉注射,10μg 每 4 小时一次,或者 25μg 每 8 小时一次。黏液性水肿昏迷时 T_4 向 T_3 转换受到严重抑制,口服制剂肠道吸收差。补充甲状腺激素过急、过快可以诱发和加重心力衰竭。③补充糖皮质激素：静脉滴注氢化可的松 150～300mg/d,病情好转逐渐减量并停用。

（袁振芳）

第十一章 甲状腺炎

甲状腺炎（thyroiditis）是一组由感染、自身免疫或其他原因所导致的甲状腺炎症性疾病，其特征性表现是甲状腺滤泡结构破坏，但由于病因不同，其组织学特征、临床表现和预后差异很大。

甲状腺炎有多种分类方法，按发病急缓分为急性、亚急性和慢性甲状腺炎；按病因分为感染性、自身免疫性、损伤性和放射性甲状腺炎等；根据组织病理学表现可分为化脓性、肉芽肿性、淋巴细胞性和纤维性甲状腺炎等。

第一节 亚急性甲状腺炎

亚急性甲状腺炎（subacute thyroiditis），又称亚急性肉芽肿性甲状腺炎、（假）巨细胞甲状腺炎、非感染性甲状腺炎、移行性甲状腺炎和 De Quervain 甲状腺炎，国外文献报告本病约占甲状腺疾患的 0.5%～6.2%。发生率为每年 4.9 人/10 万人，男女发病比例为 1：4.3，30～50 岁女性为发病高峰。

【病因和发病机制】

病因未明，多数患者在上呼吸道感染后发病，发病时患者血清可有某种病毒抗体滴度升高，认为可能是由甲状腺的病毒感染引起。多种病毒如柯萨奇病毒、腮腺炎病毒、流感病毒和腺病毒感染与本病有关，但也可发生于非病毒感染（如 Q 热或疟疾等）之后。近年发现，疾病活动期患者血循环中可出现各种抗甲状腺自身抗体，并存在针对甲状腺抗原的致敏 T 淋巴细胞，不除外自身免疫异常与发病有关。另有文献报告遗传因素可能参与发病，与 HLA-B35 基因相关。

【临床表现】

常在病毒感染 1～3 周后发病，有季节性发病趋势，夏秋季为发病高峰，不同地区有发病聚集倾向，起病和临床表现多样。

1. 前驱症状　多有上呼吸道感染症状，如发热、畏寒、咽痛、倦怠、乏力、肌肉疼痛和声音嘶哑等，起病 3～4 天达高峰，可伴高热。可伴有颈部淋巴结肿大。

2. 甲状腺部位疼痛　为本病特征性表现，疼痛程度不等，范围不定，逐渐或突然发生，常向颌下、耳后、咽喉、颏、枕和胸背等处放射，转颈、咀嚼和吞咽动作可使疼痛加重。

3. 甲状腺肿大　病变甲状腺弥漫或不对称性轻、中度增大，质地坚硬，触痛明显。病变范围不一，常先累及一叶，逐渐扩大或扩展到另一叶，多数伴结节，无震颤及杂音。

4. 与甲状腺功能变化相关的临床表现　可分为三个阶段：①甲状腺毒症阶段：发病初期50%～75%患者可出现体重减轻、怕热和心动过速等症状，历时约 3～8 周。②甲状腺功能减退阶段：约 25%患者在甲状腺激素合成功能尚未恢复之前进入功能减退阶段，出现水肿、怕冷和便秘等症状。③甲状腺功能恢复阶段：本病多为自限性，多数患者数周至数月内甲状腺功能恢复正常，仅少数患者遗留永久性甲状腺功能减退。少数患者反复迁延，持续 1～2 年。2%～4%患者复发，极少数反复发作。

【实验室检查】

1. 红细胞沉降率　病程早期明显增快，>50mm/h 有利本病的诊断，但 ESR 不快也不能除外本病。

2. 甲状腺功能检查　甲状腺毒症期呈现血清 T_4、T_3、FT_4 和 FT_3 升高，TSH 分泌受抑制，而甲状腺摄碘率降低（常低于 2%）的双向分离现象。这是由于炎症使甲状腺滤泡细胞破坏，储存的甲状腺激素释放入血循环，反馈抑制垂体 TSH 分泌，甲状腺摄碘功能减退，同时甲状腺炎症也损害了甲状腺摄碘功能。随着甲状腺滤泡上皮细胞破坏加重，储存的激素释放殆尽，会出现一过性甲减，血清T_4、T_3水平降低，TSH水平升高。而当炎症消退，甲状腺滤泡上皮细胞恢复，甲状腺激素水平和甲状腺摄碘率逐渐恢复正常。

3. 甲状腺细针穿刺和细胞学检查（FNAC） 早期典型细胞学涂片可见多核巨细胞、片状上皮样细胞和不同程度炎性细胞；晚期往往见不到典型表现。

4. 甲状腺核素扫描（^{99m}Tc或^{123}I） 早期甲状腺无摄取或摄取低下对诊断有帮助。

5. 彩色多普勒超声检查 一种无创快速的检查方法，对鉴别诊断有重要意义。疾病早期，肿大的甲状腺组织血运不增加，彩色多普勒超声显示为低回声区；而恢复阶段，超声显示为血运轻度增加的等回声区；病情缓解后血运恢复正常。

6. 其他检查 早期白细胞计数轻中度升高，中性粒细胞正常或稍高，偶见淋巴细胞增高。TgAb、TPOAb阴性或水平很低。血清甲状腺球蛋白（Tg）水平明显增高，与甲状腺破坏程度相一致，且恢复很慢。

【诊断及鉴别诊断】

根据甲状腺肿大、疼痛、质地坚硬和明显触痛，伴有发热等全身症状，发病前有上呼吸道感染史，血沉显著增快，血清甲状腺激素水平升高与甲状腺摄碘率降低的双向分离现象可诊断本病。但需与以下疾病鉴别：

1. 急性化脓性甲状腺炎 甲状腺局部或邻近组织红肿热痛，全身炎症反应明显，有时可找到邻近或远处感染灶。白细胞计数明显增高，伴中性粒细胞核左移。甲状腺功能及摄碘率多数正常。

2. 甲状腺囊肿或结节性甲状腺肿急性出血 多在用力活动后突然出现甲状腺疼痛，无全身症状，出血部位伴有波动感。血沉和甲状腺功能正常。甲状腺超声显示甲状腺包块内有液性暗区，对诊断有帮助。

3. 桥本甲状腺炎 多数为无痛性甲状腺肿大，少数病例可有甲状腺疼痛、触痛，活动期血沉可轻度升高，并可出现短暂甲状腺毒症和摄碘率降低。但无全身症状，血清TgAb、TPOAb滴度明显增高。

4. 无痛性甲状腺炎 本病是桥本甲状腺炎的变异型，是自身免疫甲状腺炎的一个类型。有甲状腺肿，临床表现经历甲状腺毒症、甲状腺功能低下和甲状腺功能恢复三期，与亚急性甲状腺炎相似。但本病无全身症状，无甲状腺疼痛，血沉不增快，必要时可行FNAC鉴别，本病可见局灶性淋巴细胞浸润。

【治疗】

1. 一般治疗 以减轻炎症反应及缓解疼痛为目的。本病有自限性特点，症状轻者可适当休息，不予特殊处理或给予非甾体抗炎剂，如阿司匹林（1～3g/d）或吲哚美辛（75～150mg/d），分次口服，疗程1～2周。

2. 糖皮质激素治疗 适用于全身症状严重、持续高热、甲状腺肿大且疼痛剧烈、非甾体抗炎药物治疗无效者，可迅速缓解疼痛，减轻全身症状。初始泼尼松20～40mg/d，维持1～2周，根据症状、体征及血沉变化逐渐减少剂量，总疗程6～8周以上。过快减量和过早停药可使病情反复，应注意避免。停药或减量过程中出现反复者再次用药，仍然有效。

3. 甲状腺功能异常的治疗 甲状腺毒症明显者，可使用β受体阻滞剂。由于本病并无甲状腺激素过量生成，故不需使用抗甲状腺药物治疗。甲状腺功能减低明显且持续时间久者，可使用甲状腺激素治疗，但由于TSH降低不利于甲状腺细胞恢复，故宜短期、小量使用。永久性甲状腺功能减退者需甲状腺激素长期替代治疗。

第二节 亚急性无痛性甲状腺炎

亚急性无痛性甲状腺炎（subacute painless thyrroiditis）又称亚急性淋巴细胞性甲状腺炎（subacute lymphocytic thyroiditis)、寂静性甲状腺炎和非典型甲状腺炎。也有学者将产后甲状腺炎、胺碘酮致甲状腺炎和干扰素α致甲状腺炎等归入此类甲状腺炎。任何年龄均可发病，30～50 岁多发。男女比例为 1：(2～15)。

【病因和发病机制】

病因可能与自身免疫有关，被认为是自身免疫性甲状腺炎的一个类型。与桥本甲状腺炎相似，淋巴细胞浸润是本病的显著病理学特征，甲状腺组织内 B 淋巴细胞增加，抑制性 T 淋巴细胞减少。50%患者血循环中存在甲状腺自身抗体。本病发病与 HLA-DR3、DR5 相关，可与其他自身免疫性疾病如干燥综合征、系统性红斑狼疮和自身免疫性肾上腺皮质功能减退症等共存。除自身免疫因素外，感染因素也可能参与发病。

【临床表现】

1. 无痛性甲状腺肿大　甲状腺轻度弥漫性肿大，无疼痛及触痛是其特征。甲状腺质地较硬，可有结节或无结节，无血管杂音。1/3 患者甲状腺持续肿大。

2. 甲状腺功能变化　典型病人表现类似亚急性甲状腺炎，分为甲状腺毒症期、甲状腺功能减低期和恢复期三个阶段。50%患者仅表现为甲状腺毒症，不经过甲减期甲状腺功能即恢复正常。约 40%患者进入为期 2～9 个月的甲减期，其严重程度与 TPOAb 滴度直接相关。若甲减期持续 6 个月以上，成为永久性甲减可能性较大。10 年后约 20%病人存在持续性甲减，10%～15%复发。

【实验室检查】

1. ^{131}碘摄取率　甲状腺毒症阶段^{131}碘摄取率<3%是重要的诊断依据，恢复阶段甲状腺摄碘率逐渐回升。

2. 甲状腺激素测定　血清 T_3、T_4 水平在甲状腺毒症期升高，甲减期减低，恢复期逐渐恢复正常。

3. 甲状腺球蛋白和自身抗体　在甲状腺毒症症状出现之前甲状腺球蛋白即明显升高，可持续至 2 年。约半数以上患者 TgAb、TPOAb 阳性，TPOAb 增高常更明显。少数病人血中存在甲状腺刺激抗体（TSAb）或甲状腺刺激阻断抗体（TSBAb）。

4. 甲状腺超声　甲状腺弥漫或局灶性低回声。

5. 甲状腺核素扫描（^{99m}Tc 或^{123}I）　甲状腺无摄取或摄取低下对诊断有帮助。

6. 甲状腺细针穿刺细胞学检查（fine-needle aspiration cytology，FNAC）　可见弥漫或局灶淋巴细胞浸润，无肉芽肿或纤维化形成。

【鉴别诊断】

本病很难与无突眼、甲状腺肿大不显著的 Graves 病鉴别，后者病程较长，甲状腺毒症症状更明显，甲状腺摄取碘率增高伴高峰前移。必要时可行 FANC 加以鉴别。

【治疗】

患者症状多轻微短暂，一般不需要特殊治疗。甲状腺毒症是由于甲状腺滤泡受到破坏使甲状腺激素溢出至血循环所致，β受体阻滞剂或镇静剂可缓解大部分病人的临床症状，故不需要应用抗甲状腺药物，禁用手术及放射性碘治疗。甲减期如症状明显或持续时间长，可短期小量应用甲状腺激素，数月后停用。永久性甲减者需终生替代治疗。糖皮质激素虽可缩短甲状腺毒症病程，但不能预防甲减的发生，一般不主张使用。

本病有复发倾向，甲状腺抗体滴度逐渐升高者有发生甲减的潜在危险，需在临床缓解后数年内定期监测甲状腺功能。

第三节　慢性淋巴细胞性甲状腺炎

慢性淋巴细胞性甲状腺炎（chronic lymphocytic thyroiditis，CLT），又称自身免疫性甲状腺炎

(autoimmune thyroiditis,AIT),包括两个临床类型,即伴有甲状腺肿大的桥本甲状腺炎（Hashimoto's thyroiditis,HT）和甲状腺萎缩的萎缩性甲状腺炎（atrophic thyroiditis,AT）。HT是甲状腺炎中最常见的临床类型,由日本学者Hashimoto于1912年首先报道。本病多见于女性患者,有报道女性发病率是男性的15～20倍,女性人群的患病率高达1/30～1/10。各年龄均可发病,但高发年龄在30～50岁,且随年龄越加,患病率增高。

【病因和发病机制】

本病的发生是遗传和环境因素共同作用的结果,有家族聚集倾向,HLA基因部分决定了本病的遗传易感性,特别是甲状腺自身抗体的产生与常染色体显性遗传有关。

本病可与其他自身免疫性疾病如恶性贫血、干燥综合征、慢性活动性肝炎、系统性红斑狼疮（SLE）等并存,目前公认的病因是自身免疫——主要是辅助性T细胞（Th1）免疫功能异常,但促使本病发生的机制迄今尚未明确。可能由于T淋巴细胞亚群的功能失衡,尤其是抑制性T淋巴细胞的遗传性缺陷,使其对B淋巴细胞形成自身抗体不能发挥正常抑制作用,由此导致甲状腺自身抗体的形成,患者血清中多出现针对甲状腺组织的特异性抗体（TgAb或TPOAb）和甲状腺刺激阻断抗体（TSBAb）等。甲状腺组织中有大量淋巴细胞与浆细胞浸润,淋巴细胞产生不同的细胞因子参与发病。此外,抗体依赖性细胞毒作用（ADCC）、抗原-抗体复合物激活NK细胞作用、补体损伤作用以及Th1型细胞因子的作用也都参与了甲状腺细胞损伤的过程。

感染和膳食中碘化物是本病发生的两个环境因素。有研究显示Yersinia细菌的小肠、结肠感染与本病的发病有关。碘化物对甲状腺炎的发病也有作用,在碘缺乏地区和富含碘的地区,HT甲状腺炎的发病率均升高。在饮水中加碘,CLT的发生率明显增加,甲状腺损害明显加重;Tg碘化后,T细胞增殖,自身免疫反应加重。

【病理】

1. 肉眼所见 甲状腺多呈弥漫性对称性肿大,少数可不对称。体积可较正常增大4～5倍。包膜完整增厚,与周围组织很少粘连。质地坚韧或橡皮样,表面呈结节状或分叶状。

2. 细胞学表现 镜检可见病变甲状腺组织中淋巴细胞和浆细胞呈弥散性浸润。腺体破坏后,一方面代偿地形成新的滤泡,另一方面被破坏的腺体又释放抗原,进一步刺激免疫反应,促进淋巴细胞的增殖,因而,在甲状腺内形成具有生发中心的淋巴滤泡。甲状腺上皮细胞出现不同阶段的形态学变化,早期有部分滤泡增生,滤泡腔内胶质多;随着病变的进展,滤泡变小和萎缩,腔内胶质减少,其上皮细胞肿胀增大,胞浆呈明显的嗜酸染色反应,称为Askanazy细胞或Hürthle细胞,进而细胞失去正常形态,滤泡结构破坏,间质有纤维组织增生,并形成间隔,但包膜常无累及。

【临床表现】

HT起病隐匿,进展缓慢,早期的临床表现常不典型。典型临床表现为中年女性,病史较长,甲状腺呈弥漫性、分叶状或结节性肿大,发展慢,质地硬韧,表面不光滑,与周围组织无粘连。全身症状不明显,常有咽部不适或轻度咽下困难,有时有颈部压迫感。偶有局部疼痛与触痛。随病程延长,甲状腺组织破坏出现功能低下,患者表现为怕冷、心动过缓、便秘甚至黏液性水肿等典型甲状腺功能低下症状及体征。少数患者可以出现甲状腺相关眼病,其甲状腺功能可以正常、减低或亢进。AT则常以甲减为首发症状就诊,患者除甲状腺无肿大以外,其他表现类似HT。

HT与Graves病可以并存,称为桥本甲状腺毒症（Hashitoxicosis）。血清中存在甲状腺刺激抗体（TSAb）和甲状腺过氧化物酶抗体（TPOAb）,组织学上兼有HT和Graves病两种表现。临床上表现为甲亢和甲减交替出现,可能与刺激性抗体或阻断性抗体占主导作用有关。当TSAb占主导地位时,刺激未受到自身免疫炎症破坏的甲状腺组织,使甲状腺激素合成释放增加。但由于甲状腺组织不断破坏,或TSH阻断抗体的影响,最终表现为甲状腺功能减低。甲亢症状与Graves病类似,自觉症状可较单纯Graves病时轻,需正规抗甲状腺药物治疗,但治疗中易发生甲状腺功能低下,一般不宜手术或同位素治疗,因为容易发生永久性甲减。也有部分患者发现为一过性甲状腺毒症,源于甲状腺滤泡破坏，甲状腺激素释放入血所致。

HT 与 AT 患者也可同时伴有其他自身免疫性疾病。HT 与 AT 可以成为内分泌多腺体自身免疫综合征Ⅱ型的一个组成成分，即甲减、1 型糖尿病、甲状腺旁腺功能减退症、肾上腺皮质功能减退症。近年来还发现了与本病相关的自身免疫性甲状腺炎相关性脑炎（桥本脑病）、甲状腺淀粉样变和淋巴细胞性间质性肺炎。

【辅助检查】

1. 甲状腺功能　在疾病早期，多数 HT 患者甲状腺功能正常，以后随着病程进展，发展为亚临床甲减（FT_4 正常，TSH 升高），最后表现为临床甲减（FT_4 减低，TSH 升高）。部分患者可出现甲亢与甲减交替的病程。约 20% 患者有甲减表现，伴甲亢表现者不到 5%。

2. 甲状腺自身抗体　TgAb 和 TPOAb 滴度持续明显升高是本病的特征之一。尤其在出现甲减以前，抗体阳性是诊断本病的唯一依据。抗体阳性持续时间较长，可达数年或数十年。有些病人抗体滴度波动很大，有时可降至正常。TgAb 具有与 TPOAb 相同的意义，文献报告本病 TgAb 的阳性率为 80%，TPOAb 的阳性率为 97%。但年轻患者抗体阳性率较低。日本学者发现 TPOAb 的滴度与甲状腺淋巴细胞浸润的程度密切相关，持续较高滴度患者进展为甲减的速度快。10% 的 HT 患者和 20% 的 AT 患者血循环中可以检测到 TSAb。

3. 甲状腺超声检查　HT 显示甲状腺肿大，弥漫性回声不均，可伴多发性低回声区域或甲状腺结节。AT 则呈现甲状腺萎缩的特征。

4. 甲状腺细针穿刺细胞学（FNAC）　诊断本病很少采用，但具有确诊价值，主要用于 HT 与结节性甲状腺肿等疾病相鉴别。

5. 甲状腺摄碘率　早期可以正常，甲状腺滤泡细胞破坏后降低。伴发 Graves 病可以增高。本项检查对诊断并没有实际意义。

6. 过氯酸钾释放试验　50%～70% 的 HT 患者为阳性，提示本病甲状腺组织存在碘有机化障碍。由于本试验具有较高的假阳性率，临床不推荐常规使用。

7. 甲状腺核素显像　可显示不规则浓集与稀疏区域，边界不清，或呈"冷"结节改变。

【诊断及鉴别诊断】

典型的自身免疫性甲状腺炎诊断不难，但临床不典型病例容易漏诊或误诊。凡是弥漫性甲状腺肿大，质地较韧，特别是伴峡部锥体叶肿大，不论甲状腺功能有否改变，都应怀疑 HT。如血清 TPOAb 和 TgAb 阳性，诊断即可成立。对于抗体滴度不高者，FNAC 有确诊价值。伴临床甲减或亚临床甲减进一步支持诊断。

临床以甲减首诊，触诊和超声检查甲状腺无肿大或萎缩，血清 TPOAb 和 TgAb 阳性，即可诊断 AT。

【鉴别诊断】

CLT 与其他甲状腺疾病的鉴别诊断一般不困难，前者甲状腺抗体滴度升高，而后者少见。

1. 结节性甲状腺肿　有地区流行病史，肿大的甲状腺质地较软，甲状腺功能正常，甲状腺自身抗体阴性或低滴度。超声检查显示甲状腺多发性囊实性结节。FNAC 有助于两者鉴别，HT 可见淋巴细胞浸润，巨噬细胞多见，少量的滤泡上皮细胞表现为 Hürthle 细胞的形态；结节性甲状腺肿则为增生的滤泡上皮细胞，没有淋巴细胞浸润。

2. 甲状腺癌　甲状腺明显肿大，质硬伴结节者需要与甲状腺癌鉴别。但是分化型甲状腺癌多以结节首发，不伴甲状腺肿，抗体阴性，FNAC 检查结果示恶性病变。

【治疗】

CLT 临床确诊后，根据甲状腺功能状态、甲状腺大小及有无临床症状决定是否治疗。

1. 随访　如果甲状腺功能正常，甲状腺肿大不明显，没有明显临床症状，随访是 HT 与 AT 处理的主要措施。一般每半年到一年随访一次，主要检查甲状腺功能和甲状腺自身抗体，必要时可行甲状腺超声检查。提倡低碘饮食，但尚无证据说明可以阻止本病病情的进展。

2. 甲状腺功能异常的处理　HT伴有临床甲减者应长期服用甲状腺激素替代治疗，一般从小剂量开始，逐渐增加剂量，直到甲状腺开始缩小，血TSH降至正常。伴有亚临床甲减患者治疗同上，但剂量宜小，有研究观察亚临床甲减患者$L-T_4$治疗1年后，约24%患者甲状腺功能恢复正常，$L-T_4$可以减量或停用。

伴有甲亢的患者应选择抗甲状腺药物治疗，方法同Graves病治疗，但应注意治疗过程中容易发生甲减。一过性甲亢可以给予β受体阻滞剂对症治疗。一般不用^{131}I治疗或手术治疗。

3. 甲状腺肿的处理　对于没有甲减者，$L-T_4$可能具有减小甲状腺肿的作用，对年轻患者效果明显。在CLT基础上伴有甲状腺结节的患者需要定期追踪甲状腺结节的形态变化。甲状腺肿大显著、局部疼痛、有气管压迫症状或结节呈进行性增大的患者，经内科治疗无效，可以考虑手术切除。术后往往发生甲减，需要甲状腺激素长期替代治疗。

4. TPOAb阳性孕妇的处理　对于妊娠前已知TPOAb阳性的妇女，必须在孕前检查甲状腺功能，确认甲状腺功能正常后才可以怀孕。对于妊娠前TPOAb阳性伴临床或亚临床甲减的妇女，必须纠正甲状腺功能至正常才能怀孕。妊娠期间需定期复查甲状腺功能，一旦发生甲减或低T_4血症，应当立即给予$L-T_4$治疗或增加$L-T_4$剂量，否则会导致对胎儿甲状腺激素供应不足，影响其神经发育。妊娠期患者$L-T_4$剂量需要增加25%~50%。应当强调的是由于妊娠期的生理变化，甲状腺功能指标的参考值范围发生变化，需要采用妊娠期特异性的参考值范围，一般认为妊娠的血清TSH参考值范围是：妊娠1~3个月0.3~2.5ImU/L；妊娠4~10个月0.3~3.0ImU/L。

第四节　产后甲状腺炎

产后甲状腺炎（postpartum thyroiditis，PPT）是指妇女分娩或流产后一年内出现一过性或永久性甲状腺功能异常综合征，是自身免疫性甲状腺炎（AIT）的一个类型，又称为自身免疫性产后甲状腺炎。典型临床特征为产后暂时性无痛性甲状腺肿大伴有甲状腺功能异常，甲状腺摄碘率降低，血TPOAb滴度升高，甲状腺病理呈淋巴细胞性甲状腺炎表现。PPT患病率为1.1%~21.1%，在碘充足地区平均患病率约为7%。我国学者报告PPT的患病率是11.9%。

【病因及发病机制】

目前认为PPT是一种自身免疫性淋巴细胞性甲状腺炎，妊娠是PPT的重要诱发因素。妊娠期母体存在免疫耐受，分娩后免疫抑制机制解除，出现暂时性免疫反弹，引发一系列免疫反应，使潜在的AIT转变为临床形式。甲状腺自身抗体与PPT的相关性已得到公认，TPOAb阳性的妇女有40%~60%发生本病，TPOAb阳性妇女发生PPT的危险性是TPOAb阴性妇女的20倍，所以TPOAb是预测妊娠妇女发生PPT的重要指标。PPT与TPOAb的这种相关性说明患者存在潜在的AIT。

过量的碘摄入也是诱发PPT的危险因素。轻度碘缺乏地区补碘后，亚临床PPT患者患病率增加，可能机制是补碘治疗后使缺碘机体体液免疫系统功能暂时增强，导致自身免疫损伤。

吸烟也是诱发PPT的危险因素，英国的一项病例对照研究发现每天吸烟20支以上的妇女PPT发病率显著增加。此外，遗传因素也可能参与PPT的发病，20%~25%的PPT患者一级亲属中有自身免疫性疾病，提示PPT可能与免疫遗传缺陷有关。PPT患者中HLA DR3、DR4和DR5阳性率较高，HLA DR抗原编码基因异常可能在发病中起作用。

【临床表现及转归】

PPT的临床特征是在产后1年内出现甲状腺形态和功能异常，表现为无痛性甲状腺肿大，甲状腺功能亢进或减低，持续时间可短暂或持久，少数患者仅表现为甲状腺肿。根据发生的甲状腺功能异常情况，PPT可分为三个亚型，即甲亢甲减双相型、甲亢单相型和甲减单相型。临床中，甲亢甲减双相型占42.9%，甲亢单相型占45.7%，甲减单相型占11.4%。甲亢甲减双相型是PPT典型的临床过程。

甲亢症状出现早，发生在产后1～6个月（通常在3个月内），维持1～2个月。表现为心悸、乏力、怕热、体重下降、记忆力减退、情绪激动和神经质等症状。产生的原因是甲状腺组织被炎症破坏后，甲状腺激素漏出，导致甲状腺毒症。甲亢症状一般在6个月内消失或转为甲减，部分患者甲亢期后恢复正常。

甲减期发生在产后3～8个月（通常在6个月左右），持续4～6个月。表现为肌肉关节疼痛和僵硬、疲乏无力、注意力不集中、食欲减退、水肿、体重增加和便秘等症状。产生的原因系甲状腺滤泡上皮细胞被炎症损伤后，甲状腺激素合成减少。多数患者甲减持续数月后可自行缓解，25%～30%的患者甲减持续3～4年，部分患者发生永久性甲减，多伴有TPOAb阳性。少数病例可以在PPT恢复后3～10年发生甲减。最近文献报道TPOAb滴度高、仅出现甲减阶段或B超持续低回声的患者易发展为永久性甲减，应进行长期随访，每半年检查一次甲状腺功能。

PPT患者在产后半月至4个月发生甲状腺肿大，多为轻中度弥漫性肿大，质地中等，无触痛。超声显示低回声或低回声结节。肿大的甲状腺可以自然缩小或持续存在。

【辅助检查】

1. 甲状腺功能和^{131}I摄取率　甲亢期特征性表现是血清甲状腺激素水平与^{131}I摄取率呈现"双向分离"现象，即血清T_4、T_3水平升高，^{131}I摄取率显著降低。甲减期血清TSH水平逐渐升高，血清甲状腺激素水平下降。恢复期甲状腺激素水平和^{131}I摄取率逐渐恢复至正常。

2. 甲状腺自身抗体　血清TPOAb和TgAb均可阳性，90%PPT患者TPOAb阳性，且其滴度与病情严重程度相关。随着病情恢复，TPOAb和TgAb滴度逐渐下降、转阴，部分患者TPOAb持续阳性，易发生永久性甲减，应注意随访。甲状腺受体抗体（TRAb）多为阴性，有助于与产后Graves病鉴别。

3. 甲状腺B超检查　表现为低回声，持续性低回声提示甲状腺自身免疫破坏持续存在。

4. 甲状腺细针穿刺细胞学检查　可见甲状腺弥漫或局灶淋巴细胞浸润，但不形成生发中心。

【诊断及鉴别诊断】

妊娠前或妊娠期甲状腺肿大及TPOAb滴度高，有AITD家族史的患者是PTT的高危人群，如果在产后1年内出现甲状腺肿大及甲状腺功能亢进或减低的临床症状，可以表现为甲亢甲减双相型、甲亢单相型和甲减单相型三种形式，经实验室检查除外产后Graves病后即可诊断为PPT。需与以下疾病鉴别：

1. 产后Graves病　Graves病在产后容易加重或复发，需与PTT鉴别。主要有三个鉴别点：①产后Graves病常有产前的Graves病史或伴有Graves病特征性表现，如浸润性突眼等，甲亢症状较重；②^{131}I摄取率：甲亢期PPT减低，产后Graves病增高，但是受哺乳限制患者不能做^{131}I摄取率；③TSH受体抗体（TRAb）：产后Graves病阳性，PPT则为阴性。

2. 亚急性甲状腺炎　PPT发病前无上呼吸道感染病史，无甲状腺疼痛和压痛，血沉不快，甲状腺自身抗体阳性，甲状腺病理显示淋巴细胞浸润，但无肉芽肿形成。PPT与无痛性亚急性甲状腺炎鉴别非常困难，两者是否为同一疾病尚有争论，但PPT多发生在产后是其特征。

3. 桥本甲状腺炎　两者较难鉴别，但多数HT在产前已有症状或被诊断，不具有PTT自然病程变化，详细了解病史和长期随访有助于鉴别。

【治疗】

多数PPT病例呈现自限性过程，病情较轻者可不予以治疗，症状明显者给予药物对症治疗。甲亢期不需要服用抗甲状腺药物，症状严重者可给予β受体阻滞剂等对症治疗。甲减期血清TSH<10mIU/L时不需要甲状腺激素替代治疗，TSH可以自行恢复，症状明显或发生临床甲减者可给予替代治疗治疗，进入恢复期，甲状腺功能恢复正常后可停药。患PPT的妇女在产后5～10年内发生永

久性甲减的危险性明显增加,建议每年监测TSH,一旦发生甲减,应及时治疗。如果计划再次妊娠,首先要确认甲状腺功能正常后再妊娠,妊娠期和产后也要定期检测甲状腺功能,PTT患者再次妊娠可以复发。

(张俊清)

第十二章 甲状腺肿瘤

甲状腺肿瘤分良性和恶性两大类,最常见的良性肿瘤是甲状腺腺瘤(thyroid adenoma),最常见的恶性肿瘤是甲状腺腺癌(thyroid carcinoma)。

第一节 甲状腺腺瘤

【病因和发病机制】

甲状腺腺瘤(thyroid adenoma)多见于40岁以下中青年,散发,无地区流行,女性多于男性。多起源于滤泡组织,是最常见的甲状腺良性肿瘤。多为滤泡状腺瘤,乳头状腺瘤较少见,畸胎瘤则罕见。病因和发病机制不明。

【病理】

甲状腺良性肿瘤组织学上分滤泡状腺瘤(follicular adenoma)和乳头状腺瘤(papillary adenoma)两种,滤泡状腺瘤最常见,有完整包膜,可分为胚胎型、胎儿型、胶质型和嗜酸细胞瘤型。乳头状腺瘤较少见,多呈囊性,因可能为恶性与乳头状癌不易区分,无论手术或病理检查时均应慎重。

【病理生理】

甲状腺良性肿瘤多无功能,部分(发生率约20%)可表现为自主性高功能腺瘤,同位素扫描为热结节,甚至能产生严重的甲状腺功能亢进症状。

【临床表现】

多见于40岁以下女性,为颈部单发肿块,圆形或椭圆形,质韧、表面光滑,检查时随吞咽上下活动,不伴颈部淋巴结肿大。通常生长缓慢,无任何自觉不适,存在数年可不被发现,常于体检时偶然发现,较大时可有压迫症状。乳头状腺瘤可因囊壁血管破裂而发生囊内出血,肿瘤体积在短期内迅速增大,局部有胀痛。

【实验室检查和其他检查】

1. **实验室检查** 甲状腺功能正常,抗甲状腺球蛋白抗体(TG)、抗微粒体抗体(TM)、Tg均正常。

2. **B型超声** 辨别甲状腺结节单发或多发,囊实性,形状是否规则,边界是否清楚,有无细小钙化和血流情况。

3. **同位素扫描** 应用^{131}碘或^{99}锝扫描,一般呈温结节,囊性变时可呈凉或冷结节,高功能时为热结节。

4. **穿刺活检** 是手术前最准确的诊断方法。

【诊断与鉴别诊断】

1. 确诊依据

(1) 20~39岁青壮年,出现无自觉症状的颈前肿块。

(2) 甲状腺内触及单发圆形肿物,随吞咽上下活动,不伴颈部淋巴结肿大。

(3) 甲状腺功能正常,可伴有甲亢,TG、TM、Tg均正常。

(4) B型超声检查为甲状腺单发结节,且无异常血流。

2. 鉴别诊断

(1) 结节性甲状腺肿:临床鉴别主要看结节是单发还是多发,但有时术前很难判断,术后病理才能做出准确诊断。甲状腺多发性腺瘤少见,要与结节性甲状腺肿鉴别,前者肿瘤多具完整包膜,其周围为正常的甲状腺组织。单发结节临床上常难以区别，可根据以下几点加以鉴别：①结节性甲状腺肿常见于流行区。②腺瘤经过数年，结节仍保持单发；而结节性甲状腺肿经过一段时间后，多演变为多发结节。③组织学上腺瘤有完整包膜，周围组织正常，分界明显；而结节性甲状腺肿的单发结节包膜常不完整。

(2) 慢性甲状腺炎：局灶性慢性甲状腺炎或慢性甲状腺炎伴有结节时很难鉴别，但慢性甲状腺炎常表现为甲状腺整体较硬，伴有 TG、TM 升高。

(3) 甲状腺腺癌：甲状腺腺癌生长较快，质地较硬，可伴有颈部淋巴结肿大，常有 Tg 升高。B型超声表现为形状不规则，边界不清，并有细小钙化和血流的单发肿物。但有时腺瘤与甲状腺腺癌很难区别，穿刺活检是一种有用的诊断手段。

【治疗】

由于甲状腺腺瘤有 20% 引起甲亢 10% 发生癌变的可能，故确诊后应手术切除。手术应将腺瘤及周围 1cm 宽的正常甲状腺组织整块切除或行患侧腺叶的一叶切除术。对于多发性腺瘤涉及两叶者，可做双侧腺叶大部切除。标本应立即行冰冻切片病理检查，以判定有无恶变。

第二节 甲状腺癌

【病因和发病机制】

甲状腺癌 (thyroid carcinoma) 是甲状腺最常见的恶性肿瘤，发病率因国家和地区而不同，占全身恶性肿瘤的 0.2%（男）～1%（女）；发病率为 3.6～6.0/10 万。在我国约占全身恶性肿瘤的 1%，近年有增长趋势，女性多见，发病年龄不同于一般癌肿多发于老年人的特点，从儿童到老年人都可发生，青壮年占大多数。病因可能与放射线照射有关。

【病理】

根据其病理形态分为以下两种类型，分化型甲状腺癌 (differentiated thyroid carcinoma) 和未分化癌 (anaplastic thyroid carcinoma)。分化型甲状腺癌包括乳头状腺癌、滤泡状腺癌和髓样癌。

1. 乳头状腺癌 (papillary carcinoma)　起源于滤泡上皮细胞，约占成人甲状腺癌的 60% 和儿童的全部，多见于 30～45 岁女性，肿瘤生长缓慢，属低度恶性，约 80% 肿瘤为多中心性，约 1/3 累及双侧甲状腺。较早便可出现颈淋巴结转移，血行转移较少，预后较好。

2. 滤泡状腺癌 (follicular carcinoma)　起源于滤泡上皮细胞，约占 20%，常见于 50 岁左右中年人，肿瘤生长较快，属中度恶性，且有侵犯血管倾向，1/3 可经血行转移到肺、肝和骨及中枢神经系统，淋巴结转移仅占 10%，预后较乳头状癌差。

3. 髓样癌 (medullary carcinoma)　来源于滤泡旁降钙素 (calcitonin) 分泌细胞 (C 细胞)，还可分泌 5-HT、ACTH 及前列腺素等，可产生类癌综合征。占 5%～10%，癌细胞排列呈巢状或囊状，无乳头及滤泡结构，呈未分化状，其特点是胞浆内有嗜酸性颗粒及间质有淀粉样物质。恶性程度中等，较早出现区域性淋巴结转移，且可血行转移，预后不如乳头状癌，但较未分化癌好。

4. 未分化癌 (anaplastic carcinoma)　是恶性程度最高的甲状腺肿瘤，占 10%～15%，多见于 70 岁左右老年人，病情发展迅速，约 1/2 病例早期即有颈淋巴结转移，除侵犯喉返神经、气管、食管外，并常经血行转移至肺、骨等处。预后很差，平均存活 3～6 个月，一年存活率仅 5%～15%。

【临床表现】

甲状腺发现肿块，质地硬而固定，表面不平，是各型癌的共同表现。腺体在吞咽时移动性小。未分化癌可在短期内出现上述症状，除肿块增长明显外，可伴有侵犯周围组织的特性。病变发展可产生各种压迫及浸润症状，如声音嘶哑、呼吸、吞咽困难及 Horner 征等，侵犯颈丛神经可出现耳、枕、肩疼痛，还可出现局部淋巴结及远处器官转移表现。颈部淋巴结转移在未分化癌发生较早。有些甲状腺肿块不明显，因发现骨、肺等转移灶就诊。因此，当颈部发现硬而固定的淋巴结和骨骼有原发灶不明的转移时，应想到甲状腺癌的可能。

髓样癌中5%~10%有明显家族史，是常染色体显性遗传病，应检查其他内分泌腺，排除Ⅱ型多发性内分泌腺瘤综合征（MEN-Ⅱ）的可能。对合并家族史和出现腹泻、心悸、脸面潮红和血钙降低者要注意检查血降钙素和甲状腺。

【实验室检查和其他检查】

1. 实验室检查　甲状腺功能正常，TG、TM均正常。Tg可升高。

2. B型超声检查　多数显示实性低回声结节，此检查能协助判断甲状腺大小，结节部位及大小，形状是否规则，边界是否清楚，有无细小钙化和血流，是否伴有颈淋巴结肿大，有经验的医生诊断价值很大。

3. 同位素扫描　应用 ^{131}I 或 ^{99}锝扫描，一般呈冷结节。因为仅10%冷结节为恶性，诊断价值不大。

4. 影像学检查　颈部X线检查可见沙粒样钙化及观察肿瘤对气管压迫状况，CT及MRI能更清楚定位病变范围及与周围结构的关系。

5. 针吸细胞学检查或空芯针穿刺活检　是甲状腺癌术前最准确的诊断方法，对肿瘤直径1~4cm的诊断正确率达90%以上，但对滤泡状癌仅40%正确，因为滤泡肿瘤很难区分良、恶性。

【诊断和鉴别诊断】

1. 确诊依据

（1）发现甲状腺单发结节，质硬不光滑，生长较快，或与周围器官粘连、固定，或有压迫症状者，伴颈淋巴结肿大、喉返神经麻痹或有颈部放射史者；或存在多年的甲状腺肿块，在短期内迅速增大者，均应怀疑为甲状腺癌。

（2）在甲状腺多发性结节中发现一个坚硬结节；甲状腺本身出现不对称肿大或硬结，且增大迅速或固定，应考虑甲状腺癌的可能。但有些甲状腺乳头状腺癌的肿块可以很柔软、光滑，活动度也很大。钙化严重的腺瘤、结节性甲状腺肿以及硬化性甲状腺炎质地较硬，易误诊为甲状腺癌。甲状腺癌的囊变率也随其结节增大而增高。

（3）甲状腺功能和TG、TM均正常，但Tg可升高。血清降钙素升高可诊断甲状腺髓样癌。

（4）甲状腺扫描只能反映结节的形态及摄取同位素功能，不能确定其性质。核素分布的缺损与肿瘤的大小有关，有时功能减损的肿瘤图像可被正常甲状腺组织所掩盖。另外，少数甲状腺癌显示为热结节。

（5）B型超声：有经验的医生诊断价值大，甲状腺癌多表现为单发实性结节，形状欠规则，边界不清楚，有细小钙化和血流。可伴有多发性颈部淋巴结肿大。

（6）影像学检查：颈部X线检查可见沙粒样钙化及观察肿瘤对气管压迫状况，CT及MRI能更清楚定位病变范围及与周围结构的关系。

（7）针吸细胞学检查：是推荐的术前诊断方法，可发现癌细胞。但部分病例仍需术中冰冻病理检查确诊。

2. 鉴别诊断

（1）甲状腺腺瘤：甲状腺单发结节，生长缓慢，囊内出血时肿瘤可迅速增大，随后逐渐缩小，症状减轻。肿块相对光滑，随吞咽活动度好，很少伴有颈部淋巴结肿大。

（2）结节性甲状腺肿：临床鉴别主要看结节是单发还是多发，结节性甲状腺肿双侧甲状腺均有结节，较光滑，病史较长，极少有喉返神经受压症状，很少伴有颈部淋巴结肿大。

（3）慢性甲状腺炎：甲状腺癌应注意与慢性淋巴细胞性甲状腺炎鉴别，后者表现为甲状腺弥散性肿大，腺体坚硬，表面较平，无明显结节，常可触及肿大的锥体叶，虽也可出现压迫气管、食管，引起呼吸困难和吞咽困难，但一般不压迫喉返神经或颈交感神经节，无声嘶现象，很少伴有颈部淋巴结肿大。血清中抗甲状腺球蛋白抗体（TG）及抗微粒体抗体（TM）水平常增高。鉴别困难时行穿刺细胞学检查。

3. 临床分期　1987年国际抗癌联盟提出，分化型（乳头状、滤泡状）甲状腺癌病人的年龄在分期中起十分重要的作用。美国癌肿协会将分界定为诊断时年龄45岁，两组患者的预后明显不同。以下是AJCC第七版有关分化型甲状腺癌的分期（表7-12-1，表7-12-2）。

表 7-12-1　乳头状及滤泡状甲状腺癌的临床分期

分期	45岁以下	45岁及以上
Ⅰ期	任何TN，M_0	$T_1 N_0 M_0$
Ⅱ期	任何TN，M_1	$T_2 N_0 M_0$
Ⅲ期		$T_3 N_0 M_0$，$T_1 N_{1a} M_0$，$T_2 N_{1a} M_0$，$T_3 N_{1a} M_0$
ⅣA期		$T_{4a} N_0 M_0$，$T_{4a} N_{1a} M_0$，$T_1 N_{1b} M_0$，$T_2 N_{1b} M_0$
		$T_3 N_{1b} M_0$，$T_{4a} N_{1b} M_0$
ⅣB期		T_{4b}，任何N，M_0
ⅣC期		任何TN，M_1

表 7-12-2　甲状腺髓样癌的临床分期

分期	所有年龄组
Ⅰ期	$T_1 N_0 M_0$
Ⅱ期	$T_2 N_0 M_0$　$T_3 N_0 M_0$
Ⅲ期	$T_1 N_{1a} M_0$，$T_2 N_{1a} M_0$，$T_3 N_{1a} M_0$
ⅣA期	$T_{4a} N_0 M_0$，$T_{4a} N_{1a} M_0$，$T_1 N_{1b} M_0$，$T_2 N_{1b} M_0$
	$T_3 N_{1b} M_0$，$T_{4a} N_{1b} M_0$
ⅣB期	T_{4b}，任何N，M_0
ⅣC期	任何TN，M_1

T 原发肿瘤：Tx 无法测定；T_0 未发现原发肿瘤；T_1 肿瘤限于甲状腺，最大直径≤2cm；T_{1a} 肿瘤限于甲状腺，最大直径≤1cm；T_{1b} 肿瘤限于甲状腺，最大直径＞1cm且≤2cm；T_2 肿瘤限于甲状腺，最大直径＞2cm且≤4cm；T_3 肿瘤限于甲状腺，最大直径＞4cm，或肿瘤不论大小，甲状腺被膜有微小浸润（如浸润到甲状腺周围的肌肉或甲状腺周围软组织）；T_{4a} 疾病进展中期 肿瘤不论大小，超出甲状腺被膜，浸润到皮下软组织、喉、气管、食管或喉返神经；T_{4b} 疾病进展晚期，肿瘤浸润到脊椎前筋膜、颈动脉包膜或纵隔血管

N 区域淋巴结：N_x 区域淋巴结无法评估；N_0 未发现区域淋巴结转移；N_1 区域淋巴结转移；N_{1a} 转移到第四组淋巴结（气管前、气管旁及喉前/Delphian淋巴结）；N_{1b} 转移到单侧、双侧或对侧颈部（第ⅠⅡⅢⅣ或Ⅴ组）或咽后或上纵隔淋巴结（第Ⅶ组）

M 远处转移：M_0 无远处转移；M_1 有远处转移

【治疗】

手术是除未分化癌以外各型甲状腺癌的主要治疗方式，并辅助应用核素、甲状腺激素及放射外照射等治疗。

1. 手术治疗　甲状腺癌的手术治疗包括甲状腺本身的手术，以及颈淋巴结清扫。

甲状腺的切除范围目前仍有分歧，范围最小的为腺叶加峡部切除，最大至甲状腺全切除。近来不少学者认为年龄是划分高危、低危的重要因素，并根据高危、低危分组选择治疗原则。对低危组病人采用腺叶及峡部切除，若切缘无肿瘤，即可达到治疗目的。对高危组病人如高度侵袭性乳头状、滤泡状癌，明显多灶性，两侧颈部淋巴结肿大，或肿瘤侵犯周围颈部组织或有远处转移者，则采取双侧腺叶全切除术为宜。

颈部淋巴结清扫的手术效果固然可以肯定，但病人的生活质量可能受到影响。所以目前多不主张作预防性颈部淋巴结清扫。一般对低危组病人，若手术时未触及肿大淋巴结，可不作颈部淋巴结清

扫。如发现肿大淋巴结，应切除后作快速病理检查，证实为淋巴结转移者，可作中央区颈部淋巴结清扫或改良颈部淋巴结清扫。前者指清除颈总动脉内侧、甲状腺周围、气管食管沟之间及上纵隔的淋巴结组织。后者指保留胸锁乳突肌、颈内静脉及副神经的颈淋巴结清扫。对高危组病人应作改良颈淋巴结清扫，若病期较晚，颈淋巴结受侵范围广，则应作传统颈淋巴结清扫。

甲状腺髓样癌则采用双甲状腺全切除或同时清除颈部淋巴结，疗效仍较好。

甲状腺未分化癌恶性程度高，发展迅速，发病 2~3 个月后即出现压迫症状或远处转移，故一般不采用手术治疗。但近年也有主张若早期能切除也可切除后在行其他治疗。

2. 内分泌治疗　乳头状腺癌和滤泡状腺癌均有 TSH 受体，TSH 通过其受体能促进甲状腺癌的生长。外源性甲状腺素可以抑制 TSH 的分泌，从而消除刺激肿瘤生长的因素，甲状腺乳头状癌和滤泡状癌术后用左旋甲状腺素，每天 50~400μg，并定期测定血浆 T_3、T_4 和 TSH，以此调整用药剂量。一般剂量掌握在保持 TSH 低水平，但不引起甲亢。对髓样癌和未分化癌无效。

3. 放射性核素治疗　对乳头状腺癌、滤泡状腺癌，一般在甲状腺全切术后应用[131]碘治疗残余癌灶或转移病灶。

4. 放射外照射治疗　主要用于未分化型甲状腺癌。

5. 化学治疗　对分化良好的甲状腺癌无效，可作为不能手术者的姑息治疗及远处转移治疗的一种补充，或试用于未分化癌。目前最有效的单药为紫杉类，但效果尚待评定。

（赵建新）

第十三章 库欣综合征

库欣综合征（Cushing 综合征，Cushing's syndrone）又称皮质醇增多症（hypercortisolism），1912 年由 Harvey Cushing 首先报道，因此以他的名字命名。库欣综合征是由各种病因引起肾上腺皮质长期分泌过量皮质醇所致的症候群的总称，其中最多见者为垂体分泌过量促肾上腺皮质激素（ACTH）伴肾上腺皮质增生的临床类型，称为库欣病（Cushing's disease）。

【病因分类】

表 7-13-1　Cushing 综合征的病因分类

ACTH 依赖性
　库欣病：垂体 ACTH 产生过多致双侧肾上腺增生，多为微腺瘤，少数为大腺瘤
　异位 ACTH 综合征：继发于产生 ACTH 的非内分泌性肿瘤（支气管肺癌、胸腺类癌、胰腺癌、支气管类癌等）

ACTH 非依赖性
　肾上腺腺瘤
　肾上腺腺癌
　双侧肾上腺大结节性增生
　双侧肾上腺小结节性增生
　　散发性
　　家族性（Carney 综合征）

外源性、医源性原因
　长期应用糖皮质激素或 ACTH

【临床表现】

典型的库欣综合征的临床表现主要是由于皮质醇分泌过多引起蛋白质、脂肪、糖、电解质代谢的严重紊乱及干扰了其他激素的分泌。

（一）向心性肥胖

躯干（胸、腹）肥胖而四肢相对瘦小是本病的特征。满月脸伴有多血质面容、水牛背及悬垂腹；由于皮质醇促进蛋白质分解，抑制蛋白质合成，使机体处于负氮平衡，以致皮肤变薄、毛细血管脆性增加，易有瘀斑；腹部出现宽大紫纹。

（二）心血管系统

高血压一般为轻至中度，相关因素包括肾素-血管紧张素系统被激活，对血管活性物质加压反应增强，伴有脱氧皮质酮和皮质酮等弱盐皮质激素的分泌增加，以及皮质醇有潴钠排钾的作用，使体内总钠量增加，血容量扩大等。血压上升伴有轻度水肿。长期高血压可并发左心室肥大、心力衰竭及脑血管意外。

（三）精神、神经系统

可有情绪不稳定、兴奋、烦躁、失眠等症状，严重者可出现类似躁狂抑郁或精神分裂症样的表现。神经系统表现近端肌肉无力、下蹲后起立困难。

（四）代谢障碍

大量皮质醇促进肝糖原异生、肝葡萄糖输出增加，并拮抗胰岛素的作用，抑制或减少葡萄糖利用，导致血糖升高。可出现糖耐量减低，甚至出现类固醇性糖尿病。部分肾上腺皮质腺癌和异位 ACTH 综合征患者可出现低血钾性碱中毒，尿钾增加。病程长者可伴有骨质疏松、骨折。儿童患者生长发育受抑制。

(五) 对感染抵抗力减弱

长期皮质醇分泌增多使免疫功能减弱,易发生感染,肺部感染多见;化脓性细菌感染不容易局限,可发展为蜂窝织炎、菌血症、甚至败血症。因炎症反应不显著,易于漏诊而造成严重后果。皮肤常出现真菌感染,如甲癣及体癣等。

(六) 性功能障碍

女性患者因肾上腺雄激素产生过多及皮质醇对垂体促性腺激素的抑制作用,表现为月经失调或停经。多毛、痤疮、可有男性化表现,如出现,要警惕肾上腺皮质腺癌。男性表现为性欲减退、勃起功能障碍。

异位 ACTH 综合征可无库欣综合征的特征性表现,但伴有皮肤色素沉着、疲乏无力、水肿和低血钾性碱中毒。是由于异位分泌 ACTH 肿瘤的恶性程度高,进展快,病程短,不易发展为库欣综合征。各种主要临床表现的出现频率见表 7-13-2。

表 7-13-2 Cushing 综合征中症状和体征的发生率

症状或体征	出现频率(%)
向心性肥胖	79~97
多血质	50~94
糖耐量受损	39~90
无力及近端性肌病	29~90
高血压	74~87
心理改变	31~86
瘀斑	23~84
女子多毛	64~81
月经稀发或闭经	55~80
阳痿	55~80
痤疮、皮肤多油	26~80
紫纹	51~71
水肿	28~60
背痛、病理性骨折	40~50
多饮、多尿	25~44
肾结石	15~19
色素沉着	4~16
头痛	0~47
突眼	0~33
花斑癣	0~30
腹痛	0~21

【临床表现】

(一) Cushing 病

最常见,约占 Cushing 综合征的 70%,多见于成人,女性多于男性。垂体病变 80% 为微腺瘤(直径<10mm),约 10% 为大腺瘤,可伴有肿瘤占位的症状及视交叉受压的表现;少数为恶性肿瘤伴远处转移;还有少数患者垂体无腺瘤,而呈 ACTH 细胞增生,推测可能是因为下丘脑功能紊乱所致。

双侧肾上腺增生，少数患者呈结节性增生。

（二）异位 ACTH 综合征

临床上根据疾病的进展可分为两型：①缓慢进展型：肿瘤恶性度较低，如类癌，病程长，可持续数年，临床表现及实验室检查类似库欣病；②迅速进展型：肿瘤恶性度高，发展快，一般不出现典型 Cushing 综合征表现，血 ACTH，血、尿皮质醇明显升高。

（三）肾上腺皮质腺瘤

约占 Cushing 综合征的 15%~20%，多见于成人，男性相对较多见。腺瘤呈圆形或椭圆形，包膜完整，直径多为 3~4cm。起病缓慢，多毛及雄激素增多表现少见。

（四）肾上腺皮质腺癌

占 Cushing 综合征的 5% 以下，病情重，进展快。瘤体较大，直径多大于 5cm，肿瘤浸润可穿过包膜，晚期可有远处转移。呈重度 Cushing 综合征表现，因雄激素增多，女性呈多毛、痤疮、阴蒂肥大等男性化表现，常伴有低血钾性碱中毒。

【实验室检查与诊断】

Cushing 综合征的诊断一般分两步：①功能诊断，即确定是否为库欣综合征；②明确库欣综合征的病因。

（一）功能诊断

确定库欣综合征必须有高皮质醇血症的实验室依据：

1. **血皮质醇测定** 正常人血浆皮质醇水平在早 8 点最高，下午 4 点为最高值的一半，午夜零点最低，具有明显的昼夜节律。而库欣综合征皮质醇多高于正常，且昼夜分泌节律消失，后者比单次测定更有意义。

2. **24 小时尿游离皮质醇（UFC）测定** 多数升高，可连续留两日尿标本分别测定，取二者平均值。因其能反映 24 小时血皮质醇分泌总量，并可避免血皮质醇的瞬时变化，对诊断有较大价值，是比较敏感的指标。

3. **24 小时尿 17-羟皮质类固醇（17-OHCS）** 其意义与 UFC 相似。

4. **小剂量地塞米松抑制试验** 确定是否为库欣综合征必需的筛选试验。口服地塞米松 0.5mg，Q6h，连服两日，于第二日测定 24 小时尿游离皮质醇，若单纯性肥胖者，其水平较基线减少 50% 以上，而库欣综合征常不能抑制到 50% 以下。

（二）病因诊断

库欣综合征的病因诊断对治疗方法的选择非常重要，常用的方法有：

1. **大剂量地塞米松抑制试验** 是目前用于库欣综合征病因诊断最常用的方法。口服地塞米松 2mg，Q6h，连服 2 日，用以鉴别肾上腺皮质增生与肿瘤，库欣病患者绝大多数 UFC（或 17-OHCS）、血皮质醇可被抑制到基线水平的 50% 以下；肾上腺腺瘤或腺癌患者一般不能被抑制；而异位 ACTH 综合征患者大多不被抑制。

2. **血 ACTH 测定** 肾上腺皮质腺瘤或腺癌患者，血浆 ACTH 水平降低或测不出，因肾上腺肿瘤自主分泌大量皮质醇，严重抑制了垂体 ACHT 的分泌；而 ACTH 依赖性的库欣病和异位 ACTH 综合征患者，其血浆 ACTH 水平均有不同程度的升高。因此，血 ACTH 测定对鉴别 ACTH 依赖性和非依赖性有肯定的意义。

3. **CRH 兴奋试验** 在临床表现与影像学检查不能鉴别垂体 ACTH 瘤和异位 ACTH 综合征，可静脉注射羊 CRH 100μg 或 1μg/kg，库欣病患者血 ACTH 及皮质醇水平均显著上升，超过正常人反应，升高在 50% 以上，而异位 ACTH 综合征患者多无反应。

4. **岩下窦静脉导管分段取血测 ACTH 或 ACTH 相关肽** 对异位 ACTH 综合征和库欣病的鉴别定位有意义，若岩下窦血 ACTH 高于外周血 2 倍以上，提示库欣病。

5. **影像学检查** 对库欣综合征的病因鉴别和肿瘤定位是必不可少的。首先应确定肾上腺是否有肿瘤，目前肾上腺 B 型超声及 CT 检查已为首选。CT 的灵敏度很高，直径 1cm 以上的肿瘤一般不会漏诊；肾上腺 B 型超声可以发现大多数肾上腺肿瘤，能够筛查肾上腺是否增大，有无占位病变。肾上腺放射性核素 ^{131}I 胆固醇扫描对区别双侧肾上腺增生还是单侧肾上腺肿瘤有益。有人报告，用放射性核素扫描的方法对肾上腺意外瘤中发现亚临床型库欣综合征是最敏感的方法。垂体 CT 扫描的目的在于确定垂体瘤的位置和大小。其发现率明显高于 X 线检查，为 60%。而蝶鞍磁共振（MRI）检查优于 CT。若疑为异位 ACTH 分泌瘤，胸部 X 线检查应列入常规。其他应注意胰腺、肝及性腺等，但异位 ACTH 综合征原发部位远不止这些，需结合临床决定检查部位，还应注意是否有其他脏器的转移。

表 7-13-3　不同病因 Cushing 综合征的实验室及影像学检查鉴别诊断

	垂体 Cushing 病	肾上腺皮质腺瘤	肾上腺皮质癌	异位 ACTH 综合征
血、尿皮质醇	轻中度升高	轻中度升高	重度升高	较肾上腺癌更高
血浆 ACTH 测定	高于正常	降低	降低	明显增高，低度恶性者可轻度增高
尿 17-羟类固醇	一般中度增多	同 Cushing 病	明显增高	较肾上腺癌更高
尿 17-酮类固醇	中度增多	可为正常或增高	明显增高	明显增高
大剂量地塞米松抑制试验	多数能被抑制，少数不能被抑制	不能被抑制	不能被抑制	不能被抑制，少数可被抑制
ACTH 兴奋试验*	有反应，高于正常	约半数无反应，半数有反应	绝大多数无反应	有反应，少数异位 ACTH 分泌量特别大者无反应
低血钾性碱中毒	严重者可有	无	常有	常有
蝶鞍 X 线片	小部分可有蝶鞍扩大	不扩大	不扩大	不扩大
蝶鞍区 CT、MRI	大多数为微腺瘤，少数为大腺瘤	无垂体瘤表现	无垂体瘤表现	无垂体瘤表现
放射性 ^{131}I 胆固醇肾上腺扫描	双侧显像，增大	瘤侧显像、增大	癌侧显像，或不显影	双侧显像、增大
肾上腺超声、CT、MRI	双侧增大	显示肿瘤	显示肿瘤	双侧增大

* ACTH 25U，溶于 5% 葡萄糖液 500ml 中，静脉滴注 8 小时，共 2 天，正常人的尿 17-羟或尿游离皮质醇较基础值增加 1 倍以上。

【鉴别诊断】

1. 单纯性肥胖　可伴有高血压、糖耐量受损、月经减少或闭经，腹部可有较细紫纹，尿游离皮质醇水平也可正常或轻度升高。但一般单纯性肥胖者为全身性而非躯干性，血皮质醇的昼夜节律正常，小剂量地塞米松抑制试验能够被抑制，可资鉴别。

2. 慢性酒精中毒　患者的尿皮质醇轻度升高、皮质醇水平的昼夜节律不明显以及小剂量地塞米松试验不能抑制。戒酒后这些检查结果往往恢复正常。

3. 抑郁症　与慢性酒精中毒相似，患者的尿皮质醇轻度升高、皮质醇水平的昼夜节律不明显以及小剂量地塞米松试验不能抑制。与酒精中毒者相反，抑郁症患者没有 Cushing 综合征的症状和体征。随着抗抑郁治疗及情绪的改善，上述检查均可恢复。

4. 医源性 Cushing 综合征　由应用糖皮质类固醇或其他能与糖皮质类固醇受体结合的类固醇如甲地孕酮所致，从体征上不能与内源性肾上腺皮质功能亢进相鉴别，但可通过详细询问病史、治疗情况及测定基础状态下的血或尿皮质醇水平进行鉴别。

【亚临床库欣综合征】

随着影像学技术的发展，肾上腺占位性病变的检出率逐渐提高（即所谓肾上腺偶发瘤），其中5%～20%的腺瘤分泌糖皮质激素，但这类患者缺乏库欣综合征的典型临床表现。通常对这些自主分泌糖皮质激素而没有典型库欣综合征临床表现者称为亚临床库欣综合征（subclinical cushing's syndrome，SCS）。由于为亚临床病变，因此患者血、尿皮质醇升高程度不如典型的库欣综合征患者明显，但亦可出现均匀性肥胖、高血压及糖代谢紊乱等高皮质醇分泌相关的临床表现。目前对亚临床库欣综合征的诊断标准还存在争议。评估这类患者的第一步是利用适当的筛查试验，如测定血、唾液皮质醇，24小时尿游离皮质醇，以及通过地塞米松抑制试验（3mg而不是1mg或2mg，以减少假阳性结果）评价肾上腺皮质功能。确定诊断则需要大剂量地塞米松抑制试验来明确。然而，80%～90%的偶发瘤为无功能性肿瘤。

【治疗及预后】

（一）治疗原则

理想的治疗应达到：①纠正高皮质醇血症，使之达到正常水平，既不过高也不过低；②解除造成高皮质醇血症的原发病因。病因不同，库欣综合征的治疗方法有不同的选择。

1. 库欣病

(1) 经蝶窦切除垂体微腺瘤：是治疗本病的首选疗法。因手术不经颅腔，创伤小、比较安全、并发症少。大部分患者摘除腺瘤后可治愈，治愈率80%～90%，少数患者术后可复发。术后可发生暂时性垂体肾上腺皮质功能不足，需补充糖皮质激素，直至垂体肾上腺功能恢复正常。

(2) 垂体大腺瘤：需作开颅手术，尽可能切除肿瘤，但因往往不能完全切除，为避免复发，可在术后辅以放射治疗。

(3) 肾上腺增生切除术：如经蝶窦手术未能发现或某种原因不能做垂体手术，对病情严重者，宜做一侧肾上腺全切，另一侧肾上腺大部分切除，或双侧全切加肾上腺自体移植，术后替代治疗，并予以垂体放疗。如不作垂体放疗，术后发生Nelson综合征的可能性较大，表现为皮肤黏膜色素沉着，血浆ACTH明显升高，并可出现垂体瘤或原有垂体瘤增大。

(4) 放射治疗：垂体放疗对库欣病是一种重要的辅助治疗。除儿童外，垂体放疗极少作为初次治疗。但因放疗出现治疗效果较慢（6个月以上），常要与药物治疗合用。

2. 肾上腺皮质腺瘤　多为单侧，行手术切除，可获根治。腺瘤可采用腹腔镜技术予以切除。该方法创伤小、术后恢复快。由于有对侧肾上腺萎缩的可能性，腺瘤摘除后患者会有一过性肾上腺皮质功能减退，须补充小量糖皮质激素，约半年至一年逐渐减量，最后停药。

3. 肾上腺皮质腺癌　早期诊断，在远处转移前将肿瘤切除，可获良好的效果。如已有远处转移，手术切除原发肿瘤的效果不佳。尽管手术干预，大多数肾上腺癌患者于诊断后3年内死亡。肿瘤最常转移至肝和肺。

4. 异位ACTH综合征　应治疗原发性恶性肿瘤，视具体病情采用手术、放疗和化疗。如能根治，Cushing综合征可以缓解；如不能根治，则需要用肾上腺皮质激素合成阻滞药。

（二）药物治疗

对于手术失败或无法手术、恶性肿瘤晚期的患者，药物治疗能够缓解病情。也可用于术前准备。治疗药物主要分为两类，一类作用于肾上腺皮质，以抑制皮质醇合成为主；另一类作用于下丘脑-垂体，抑制ACTH分泌。

1. 皮质醇合成抑制剂

(1) 米托坦（mitotane，O，P-DDD）：可使肾上腺皮质束状带及网状带细胞萎缩、出血、细胞坏死，但不影响球状带；因此，醛固酮分泌不受影响。主要用于肾上腺癌的治疗。开始时剂量2～6g/d，分3～4次口服，必要时可增至8～10g/d，直到临床缓解或达到最大耐受量，以后再减至无明显不良反应的维持量。不良反应有胃肠道反应、嗜睡、眩晕、头痛、乏力等。

(2) 美替拉酮（metyrapone, SU-4885）：能抑制肾上腺皮质 11β-羟化酶，从而抑制皮质醇的生物合成，2~6g/d，分 3~4 次口服。不良反应有食欲减退、恶心、呕吐、头晕、头痛等。

(3) 氨基导眠能（aminoglutethimide）：该药能抑制胆固醇转变为孕烯醇酮，故皮质激素合成受阻，对肾上腺癌不能根治的病例有一定疗效，用量为 0.75~1.0g/d，分次口服。

(4) 酮康唑（ketoconazole）：抑制皮质醇合成过程的多种酶，开始时 0.2~1.0g/d，维持量 0.6~0.8g/d。治疗过程中需观察肝功能，少数患者可出现严重肝功能损害。

2. 作用于垂体的药物

(1) 维甲酸：能抑制 ACTH 编码基因 POMC 的转录因子 AP1 和 Nur 的转录活性，从而减少 ACTH 生成。

(2) 帕瑞肽（SOM230）：是一种与生长抑素受体亚型 5 有高亲和力的生长抑素类似物，其疗效优于奥曲肽。

(3) 卡麦角林：是多巴胺受体拮抗剂，与溴隐停相比，卡麦角林能更特异地与多巴胺 D_2 受体结合，耐受性好，安全。

【Cushing 综合征患者围术期的处理】

一旦切除垂体或肾上腺病变，皮质醇分泌量锐减，有发生急性肾上腺皮质功能不全的危险，故手术前后必需予以处理。于麻醉前静脉注射氢化可的松 100mg，以后每 6 小时一次 100mg，术后第二日减至 200mg/d，第三日逐渐减量至 150mg/d，约 5~7 天可视病情改为口服生理维持量。剂量和疗程应根据疾病的病因、术后的一般情况、临床表现及肾上腺皮质功能检查而定。

【预后】

库欣综合征很少有报告能自发缓解。经有效治疗后，病情可在数月后好转。如病程过久，肾血管若有不可逆的损害，则血压不易恢复到正常。库欣病患者治疗后疗效不一，应定期随访有无复发，或有无肾上腺皮质功能减退。腺瘤如早期切除，预后良好。癌的疗效取决于是否早期发现及能否完全切除。

（王艳荣）

第十四章 原发性醛固酮增多症

原发性醛固酮增多症（primary aldosteronism，简称原醛症）是以体内醛固酮分泌增多和肾素分泌受抑制的综合征。醛固酮分泌是自主性的或部分自主性的；肾素分泌受抑制是继发于醛固酮的分泌增多，临床以高血压、低血钾为特征。1954年Conn首先选报道一例分泌醛固酮的肾上腺皮质腺瘤经手术切除获得治疗，故又称之为Conn综合征。

【流行病学】

原醛症是一种继发性高血压，在高血压人群中的患病率为0.5%～2%。但是，随着筛选方法的进步，近年采用血浆醛固酮/血浆肾素活性比值对血钾正常的高血压病患者进行筛查，发现10%以上为原发性醛固酮增多症。该病的发年龄高峰为30～50岁，国外报告的最小年龄3岁，最大年龄75岁。国内目前已经报告数百例，年龄最小的12岁，最大70岁。女性病人较男性稍多，男女之比约为1∶(1.2～1.5)，国外有文献报告1∶2.3。

【分类与发病机制】

1. 肾上腺腺瘤 约占原醛症的70%，多为单侧，左侧略多于右侧，肿瘤直径平均1.8cm。

2. 醛固酮腺癌 单一产生醛固酮的恶性肿瘤，仅占不到原醛症的3%，一般生化检查与激素反应腺癌较腺瘤明显，在该症进展时合并有皮质醇增多或雄激素、雌激素增多。

3. 原发性肾上腺增生 占原醛症6%～7%，肾上腺为双侧性肾上腺结节性增生，其确切病因尚不清楚。

4. 特发性肾上腺皮质增生 是原醛症中另一常见病因 占原醛症的10%～40%，双侧肾上腺球状带增生，有时伴结节。有人认为特发性增生的病因不在肾上腺本身，是由垂体前叶分泌的醛固酮刺激因素，一种分子量为26 000的糖蛋白兴奋醛固酮的释放。

5. 糖皮质激素抑制性原醛症 多见于青年男性，呈家族性染色体显性遗传。原发缺陷是由于来自11β-羟化酶调节区基因复制与束状带醛固酮合成酶基因密码序列不等交叉融合所致形成的一种11β-羟化酶与醛固酮合成酶嵌合体。导致醛固酮合成酶在束状带异位表达，并受ACTH调控。此类患者每日服地塞米松1～2mg，2～3周后血压下降，低钾改善，血浆肾素活性上升。

6. 异位醛固酮增多症 甚为罕见。可发生在肾或卵巢的恶性肿瘤，其生化表现与产生醛固酮的肾上腺肿瘤相同，即高醛固酮、低肾素及高18-羟皮质酮，不受体位变化的影响。摘除此肿瘤则患者血压、醛固酮、肾素及18-羟皮质酮均恢复正常。

【临床表现】

1. 高血压 高血压是最主要和最早出现的症状，一般呈良性经过，多数为中等程度高血压，但病程长时，有的病人舒张血压可高达16～20kPa（120～150mmHg），少数病人表现为恶性高血压。高血压的原因是由于醛固酮增加血容量，并增加了血管对去甲肾上腺素敏感性所致。用一般降压药常无明显疗效。病程长者可出现高血压的心、脑、肾损害，但其眼底改变常与高血压程度不平行；眼底视网膜病变轻微，出血罕见。

2. 高尿钾、低血钾 原醛症病人因肾小管排钾过多，80%～90%的病人有自发性低血钾（2.0～3.5mmol/L）。也有部分病人血钾正常，但进高钠饮食或服用含利尿剂的降压药物后诱发低血钾。由于低血钾症，临床上可出现肌无力、软瘫、周期性麻痹、心律失常、心电图出现u波或ST-T改变等；长期低血钾可致肾小管空泡变性，尿浓缩功能差，病人可有多尿伴口渴，尿比重偏低，且夜尿量大于日尿量，常继发泌尿系统感染，病情严重者可出现肾功能损害。

3. 其他 由于醛固酮增多，使肾小管对Na^+的重吸收增强，而对K^+及H^+的排泌增加，除可导致高尿钾、低血钾外，还可产生细胞外液碱中毒；醛固酮增多使得肾排 Ca^{2+}、Mg^{2+} 离子也增加，同时因碱中毒使游离钙减少而使病人出现手足抽搐、肢端麻木等。

低血钾抑制胰岛素分泌，约半数病人可发生葡萄糖耐量低减，甚至可以出现糖尿病。此外，原醛症病人虽有钠潴留，血容量增多，但由于有"钠逸脱"作用，而无水肿。

GSH 病人多数有家族史，常在青少年时发病，有明显的遗传倾向，儿童期发病则影响其生长发育。

【筛选诊断】

对高血压病人常规查血钾，进行原醛症的筛选试验，并对下述高血压病人应考虑原醛症的诊断。

1. 自发性低血钾（血清钾＜3.5mmol/L）。
2. 中重度低血钾（血清钾＜3.0mmol/L）。
3. 服用常规剂量的噻嗪类利尿剂而诱发严重低血钾，并且补充大量钾盐仍难以纠正。
4. 停用利尿剂 4 周内血清钾仍不能恢复正常。
5. 除外其他继发性原因的难治性高血压。

从伴有自发或诱发性低血钾的高血压病人中可发现原醛症，但是也有一部分病人无低血钾，文献报告有 7%～38% 的原醛症病人及大多数 GSH 病人的基础血清钾浓度正常，因此血钾正常不能除外原醛症。此外，在 10%～20% 已证实有肿瘤的原醛症病人中，即使给予短期盐负荷，也可不出现低血钾。

【确定诊断】

1. **尿醛固酮测定** 24 小时尿醛固酮量高于正常。
2. **血浆醛固酮测定** 平卧至少 4 个小时，于上午 8 时及立位活动 2～4 小时后各取血测血浆醛固酮。正常人血浆醛固酮 4～12ng/dl，立位活动 2～4 小时后，因肾血流量下降，促使肾素-血管紧张素分泌增加，醛固酮分泌增多。腺瘤患者血浆醛固酮＞25ng/dl，90% 的患者立位后，血浆醛固酮无明显改变或减少，这是因为醛固酮分泌过多，血容量扩张，对肾素-血管紧张素系统强烈抑制，立位未能使肾素增加。多数增生患者血浆醛固酮常增加（＜25ng/dl），于立位时肾素增加导致醛固酮分泌增加。
3. **静脉输注盐水试验** 于 2～4 小时静脉输入等渗盐水 2 000ml，输液前后分别取血测醛固酮与皮质醇。原发性高血压病人细胞外液容量扩张，可使血醛固酮远远下降，但该实验不能使腺瘤或增生患者血醛固酮降至正常范围，本试验可明确鉴别低肾素型高血压醛固酮增多。亦相当于高钠试验，仅适用于无明显低血钾，而临床高度怀疑为原醛症的患者。
4. **卡托普利试验** 卡托普利可阻断血管紧张素Ⅰ向Ⅱ的转化，从而减少醛固酮分泌。方法是清晨空腹（口服卡托普利 50mg）、90 分钟后分别取血测醛固酮，原发性高血压患者服卡托普利后血浆醛固酮明显抑制，而原醛症患者血浆醛固酮不受抑制。
5. **螺内酯试验** 螺内酯能拮抗醛固酮对肾小管的作用。每日口服螺内酯 300～400mg（微粒型），2～3 周后血压下降，血钾上升，则可初步诊断本病。本病患者对服用螺内酯反应良好者预示手术治疗后血压恢复的可能性大。
6. **其他类固醇测定** 血浆 18-羟皮质酮、皮质酮、去氧皮质酮测定，腺瘤患者三者均显著升高，而特醛症患者三者可正常或轻度升高，其中以 18-羟皮质酮鉴别诊断价值最高。

原发性醛固酮增多症之病因中，以腺瘤最多，特发性醛固酮增多症次之，原发性醛固酮增生症减少，因此，腺瘤与特发性醛固酮增多症之鉴别比较重要。Opocher 报告原发性醛固酮增多症 113 例，其中腺瘤与特发性醛固酮增多症最常见，各占 51% 与 44%。两组患者高血压水平相仿，腺瘤患者中低血钾较多见，血浆醛固酮水平较高，且大多数患者对立位醛固酮与静输 ATII 无反应（立位与静脉输 ATII 血浆醛固酮未升高）。而在特发性醛固酮增多症中均有反应。但偶尔亦可见到肾素反应性腺瘤（立位引起血浆肾素变化使醛固酮明显升高），大多数腺瘤患者，口服卡托普利，未能降低血浆醛固酮，腺瘤患者血浆 18-羟皮质酮较高。

7. 腺瘤定位检查

(1) 肾上腺 CT 或 MRI 显像：CT 为首选的无创性定位方法，采用连续薄层（2～3mm）及注射造影剂增强扫描，阳性率明显提高，能准确地诊断 7mm 直径以上的肿瘤。MRI 诊断醛固酮瘤并不优于 CT 扫描，其价格昂贵，对较小的醛固酮瘤的诊断阳性率亦低于 CT 扫描，故临床上不应作为首选的定位方法。

(2) 肾上腺静脉造影和肾上腺静脉插管：取血样，测醛固酮和皮质醇。肾上腺静脉插管有一定技术难度（尤很难进入右肾静脉），并可致一些并发症（如静脉栓塞等）。若肿瘤直径＞1cm，目前用 CT 或 MRI 较易做出判断，除非 CT 和 MRI 尚无法确认和识别，而生化指标又提示 APA，才考虑采用此法。在单侧 APA，肿瘤侧静脉所取血样的醛固酮显著升高而对侧血却与周围血循环中醛固酮水平相仿。

(3) 放射性碘化胆固醇肾上腺扫描和显像：应用 ^{131}I 或 ^{35}Se-6-硒-甲基胆固醇作肾上腺显像，可区分 APA 和 IHA。用 DXM 预处理后，应用 β-^{131}I-甲基碘-19-异胆固醇（NP-59）可进一步提高诊断的准确性。如患者预先服用过螺内酯会影响显像，应停药 6 周以上。DXM 用量一般较大（1mg 一日 4 次），并应给予复方碘液或 KI 封闭甲状腺。

三种定位方法相对诊断准确性为：CT 73%～82%，肾上腺静脉插管取样 95%，胆固醇显像 51%～72%。

【鉴别诊断】

1. 原发性高血压　高血压患者服用噻嗪类利尿剂可出现低血钾症，此时应停服利尿剂 2～3 周。血钾可恢复正常，必要时可同时测血浆醛固酮与肾素，做卡托普利实验以鉴别。

2. 继发性醛固酮增多症　表现为肾血管性高血压、肾素瘤等，呈高肾素与高醛固酮水平。

3. Liddle 综合征　是一种常染色体显性遗传家族性疾病，为先天性肾小管吸收钠增多致高血钠，低血钾。而肾素与醛固酮正常，氨苯蝶啶治疗有效。

4. 先天性肾上腺皮质增生症　在肾上腺类固醇合成过程中，由于 11β 或 17α-羟化酶缺乏，醛固酮合成减少，而去氧皮质酮、皮质酮、18-羟去氧皮质酮及 18-羟皮质酮生成增多。去氧皮质醇为强盐皮质激素，从而导致高血压与低血钾。同时有性激素合成障碍以及性腺发育异常，表现为原发闭经，假两性畸形等。

【治疗】

方案确定取决于原醛症的病因和患者对药物的反应。

1. 手术治疗　腺瘤多进行一侧肾上腺腺瘤切除。特醛症做肾上腺大部切除，术后疗效差，目前宜采用服药物治疗。原发性肾上腺增生症可行肾上腺大部切除术，手术效果较好。

术前准备，服用螺内酯 200～400mg/d，直至血压及血钾正常，约需 1～2 个月，此药的主要作用是阻断醛固酮与盐皮质激素受体的结合，待血压与血钾正常后渐减至维持量。此药耐受性好，副作用为皮疹、阳痿、乳房增大及上腹部不适。

腺瘤摘除后，血钾渐恢复正常。大部分患者（60%～89%）血压亦降至正常，其余患者高血压只需要一种或两种降压药即可控制。术后仍持续性高血压的原因是患者手术时年龄较大，术前高血压存在时间较长，已有血管病变或螺内酯试验已显示血压降低不满意者。

近年来通过腹腔镜做肾上腺肿瘤摘除，术后创伤小，术后恢复快，但要求术者有较丰富的经验与技巧。

2. 药物治疗　手术禁忌者可服用螺内酯治疗，200～400mg/d 4～6 周，渐减至维持量。通常血钾恢复正常较快，而血压往往要数周以上才逐渐下降。长期服用螺内酯 75～100mg/d 可维持血压正常，若出现药物副作用为乳腺发育，月经失调等，可改用氨苯蝶啶或阿米洛利。药物治疗同时应予低钠饮食。

降压药除螺内酯外，还可用钙通道阻滞剂硝苯地平、尼群地平等，亦可用血管紧张素转换酶抑制剂如卡托普利、依那普利等。

地塞米松 1~2mg/d，可治疗糖皮质激素抑制性醛固酮增多症，一般应用 3~4 周后症状缓解，血钾上升，有时血压较难恢复正常，可加用钙通道阻滞剂。

(陈颖丽)

第十五章 肾上腺皮质功能减退症

肾上腺皮质功能减退症（adrenocortical hypofunction）可分为原发性和继发性，肾上腺皮质的病变导致皮质醇分泌不足为原发性肾上腺皮质功能减退症，亦称为 Addison 病（Addison's disease），垂体 ACTH 分泌不足或下丘脑分泌 CRH 不足可导致继发性肾上腺皮质功能减退症。两者的区别在于 ACTH 水平和盐皮质激素水平，原发性肾上腺皮质功能减退 ACTH 水平增高，同时常合并盐皮质激素水平的下降；继发性肾上腺皮质功能减退症 ACTH 水平下降，肾素-血管紧张素-醛固酮系统水平正常。本节主要讨论原发性肾上腺皮质功能不全。

原发性肾上腺皮质功能减退症罕见，国外报道 100 万人口中有 40～110 人发病。此病特点为治疗相对容易，但临床症状以非特异表现为主，容易误诊，如延误诊断和治疗可导致患者死亡。

【病因和发病机制】

1. 病因　常见原因为自身免疫性疾病、感染等，少见原因为恶性肿瘤转移、浸润性疾病（淀粉性变、血色病等）等。

自身免疫性疾病是原发性肾上腺皮质功能减退症的最常见原因，在西方国家占 70%。病理检查肾上腺皮质萎缩，呈广泛的透明样变，常伴有大量淋巴细胞、浆细胞和单核细胞浸润，髓质大多正常，75% 的患者可检测到肾上腺自身抗体。可以局限于肾上腺，也可以是多发性腺体自身免疫综合征的一部分（polyglandular autoimmune syndrome，PGA），PGA 可分为Ⅰ型和Ⅱ型，Ⅰ型为染色体隐性遗传性疾病，包括有皮肤念珠菌感染、肾上腺皮质功能减退症、原发性甲状旁腺功能减退症和卵巢功能早衰；Ⅱ型主要包括 1 型糖尿病、慢性淋巴细胞性甲状腺炎和肾上腺皮质功能减退症。

感染主要为结核感染，真菌感染也有报道，在获得性免疫缺陷综合征（AIDS）患者中可因各种机会性感染如巨细胞病毒、分枝杆菌或隐球菌感染导致肾上腺皮质功能低下。20 世纪 60 年代以前结核感染是 Addison 病的主要原因，占病因的 80% 以上，近年来随着结核感染的控制而逐步减少，但在结核病高发的国家和地区仍是 Addison 病的主要原因。患者体内多有结核灶，常见的是肺结核，其余还有肾、肠、骨和淋巴结核，多无明显临床症状。肾上腺逐步被破坏，包括肾上腺皮质和髓质，肾上腺早期 CT 或 MRI 检查可增大，随之发生干酪化和纤维化，最终萎缩，X 线检查半数肾上腺区可有钙化点阴影。

由于肾上腺有充足的血液供应，是恶性肿瘤转移的好发部位，其中以支气管肺癌及乳腺癌向肾上腺转移的发生率最高。尸检表明在已扩散的肺癌和乳腺癌中 40%～60% 有肾上腺的转移，黑色素瘤中 30%、胃癌、直肠癌中 14%～29% 有肾上腺的转移，淋巴瘤也常侵犯肾上腺。肾上腺转移癌导致的肾上腺功能不全的发生临床上并不多见，可能是由于肾上腺功能的破坏是逐步发生，且容易被肿瘤的症状所掩盖。

2. 发病机制　肾上腺皮质的破坏可导致肾上腺皮质功能减退，通常这种破坏涉及肾上腺皮质的三个条带，包括分泌盐皮质激素的球状带、分泌糖皮质激素的束状带和分泌性激素的网状带。约 90% 的肾上腺皮质破坏后才会出现临床症状和体征的改变，故此病初期临床症状不明显，常在应激下才出现肾上腺激素分泌不足的症状，以糖皮质激素分泌不足症状为主，随着病程而逐步加重。

糖皮质激素分泌不足可导致糖异生减弱，出现低血糖，还可引起胃蛋白酶及胃酸分泌减少，出现食欲不振、恶心、呕吐等消化道症状，应激能力下降易患感冒和其他感染。盐皮质激素分泌不足使尿钠排出增加，钾排出减少，造成血钠、血氯浓度下降，血钾升高，患者明显脱水、循环血容量下降，导致低血压的发生。皮质醇亦有轻度的排钠、排水储钾的作用，进一步加剧了低血压的发生。皮质醇的下降，导致对垂体分泌 ACTH 的反馈抑制作用减弱，ACTH 水平增加，ACTH 与 MSH 结构有相同之处，可引起皮肤和黏膜下黑色素沉着。色素沉着是原发性肾上腺皮质功能减退症和继发性肾上腺皮质功能减退症的重要鉴别点。

【临床表现】

隐匿起病，症状轻重不一，取决于肾上腺功能破坏的程度和速度，应激情况下加重，可导致肾上腺危象的发生。原发性肾上腺皮质功能减退症临床表现主要为糖皮质激素缺乏、盐皮质激素缺乏、性激素缺乏的症状和ACTH水平升高导致的皮肤变黑或色素沉着。常见的临床症状和体征为乏力、体重减轻、消化道症状、头晕、色素沉着及低血压等。

1. 乏力　乏力常常是全身性，而不是局限于某些肌肉，运动或站立后加剧，休息后缓解。

2. 体重减轻　几乎可见于100%患者。

3. 消化道症状　包括食欲减少、恶心、呕吐、便秘、腹痛、腹泻等，或腹泻便秘交替，胃镜和肠镜的检查为正常，但胃排空时间可延迟，严重的呕吐或腹痛即可诱发肾上腺危象，也是肾上腺危象发生的前兆之一。

4. 头晕　可表现为站立性眩晕，严重时可出现晕厥。

5. 低血压　多数时候有低血压，尤其是直立性低血压较常见。

6. 低血糖表现　多出现在空腹或饥饿状态下，由于耐受患者可无明显的交感神经兴奋状态。

7. 色素沉重　大部分人有色素沉着，色素沉着出现最早，且具有特征性，好发部位为暴露部位如脸部、颈部、手背、踝部、肘部、瘢痕处、掌纹、黏膜（口腔、阴道、外阴）、舌尖、乳晕与指甲等亦是常见部位。

8. 腋毛与阴毛脱落　肾上腺皮质网状带分泌性激素，在女性雄激素主要在肾上腺产生，受损后女性可有腋毛与阴毛脱落，而男性并不明显。

9. 肾上腺危象　肾上腺皮质功能减退未得到及时治疗者或在应急情况下可出现肾上腺危象。肾上腺危象可表现为低血压、脱水、恶心、呕吐、腹痛，严重时呈急腹症，或表现为严重低血糖、高热等，一旦出现上述情况如抢救不及时可导致患者死亡。

【实验室检查】

1. 生化检查　可有低血钠、高血钾，血肌酐与尿素氮一般正常，空腹血糖大多偏低。葡萄糖耐量试验呈低平曲线。

2. 激素检查　包括血皮质醇，24小时尿17羟类固醇、17酮类固醇和24小时尿游离皮质醇低于正常水平或在正常低限，ACTH水平增高。醛固酮水平下降，血浆睾酮水平男性正常，女性降低。

3. ACTH兴奋试验　用来测定肾上腺皮质储备功能，是诊断Addison病的主要试验。ACTH 25U溶于生理盐水500ml，均匀8小时静脉注入，于对照日和测定日留取24小时尿测定尿17羟类固醇和尿游离皮质醇，Addison病患者反应低下，尿17羟类固醇小于10mg/24h，尿游离皮质醇小于200μg/24h。继发性肾上腺皮质功能低下，ACTH刺激3日后，24小时尿17羟类固醇逐日升高达对照值3倍以上，呈延迟反应，此点可用来鉴别原发性和继发性肾上腺皮质功能减退症。也可采用快速$ACTH_{1\sim24}$（tetracosactin，替可克肽）兴奋试验，不需空腹，肌注或静注$ACTH_{1\sim24}$ 0.25mg，注药前与后30min取血测皮质醇。正常者基础皮质醇>5μg/dl，30min增加7μg/dl以上或高峰>20μg/dl，肾上腺皮质功能低下者基础值低于正常或正常低限，刺激后皮质醇小于20μg/dl。

【诊断和鉴别诊断】

1. 诊断　本病患者特征性表现为皮肤与黏膜的色素沉着，实验室检查皮质醇水平低，ACTH水平高，ACTH兴奋试验最具诊断价值。

2. 鉴别诊断　应与其他引起皮肤色素沉着疾病相鉴别。

（1）血色病：含铁血色素沉着于皮肤，常伴肝大、糖尿病等。

（2）黑变病：为理化因素造成的色素代谢障碍性疾病，好发于面部及颈部。

（3）黏膜黑斑-肠息肉症：先天性常染色体显性遗传性疾，患者回肠、空肠有多发性腺瘤样息肉。

(4) 慢性肝病、慢性肾病。

上述疾病可导致皮肤变黑或黑色素沉着，但实验室检查皮质醇均在正常范围内。

【治疗】

原发性肾上腺皮质功能不全的主要治疗方法为糖皮质激素和盐皮质激素的替代。应对患者进行教育，此病为一终身疾病，需终身服药治疗，如轻易停药或减药可导致肾上腺危象的发生，如有呕吐或腹泻导致激素吸收不良，应立即就诊给予静脉注射糖皮质激素。在应激状态下应增加药量，糖皮质激素剂量轻度应激时应加倍，重度应激时增加 5～10 倍。

1. 糖皮质激素的替代治疗　补充日常生理剂量的糖皮质激素，氢化可的松（皮质醇）20～35mg/d、醋酸可的松（皮质素）25～37.5mg/d。泼尼松（去氢皮质素）、泼尼松龙（去氢皮质醇）各为 5～7.5mg/d。通常每日清晨服一日量的 2/3，下午服一日量的 1/3，以模拟正常的糖皮质激素的生理节奏，下午服用的时间要早，因正常情况下午 6 点以后至夜间皮质醇的分泌很少。因氢化可的松有一定的储钠作用，故为首选治疗，醋酸可的松本身无活性，需要在肝转化为氢化可的松发挥作用，故肝疾病患者慎用。

判断糖皮质激素替代剂量是否合适主要依赖患者的临床症状是否得到改善，应给予维持能使患者感觉良好的最低剂量，替代治疗后血和尿的皮质醇水平和 ACTH 水平仅作参考。

2. 盐皮质激素的替代　盐摄入要充分，每日 10～15g，氢化可的松有一定的储钠作用，当饮食中有充足盐摄入时可以不补充盐皮质激素。如在盐摄入充足情况下补充糖皮质激素后仍有低血压、低血钠时应补充盐皮质激素。

盐皮质激素可采用 9α-氟氢可的松 0.05～0.2mg，清晨一次服用，或醋酸去氧皮质酮油剂 2.5～5mg，每日或隔日肌注一次，或三甲基醋酸去氧皮质酮，为长效制剂，每 3～4 周肌注 50～100mg。为避免出现盐皮质激素的副作用，应从小剂量开始，初步调整，应根据有无站立性低血压、卧位和站立位血压、血钾和血浆肾素水平来确定合适剂量。

3. 肾上腺危象的治疗　一旦疑诊为肾上腺危象应立即予以治疗，进一步的确诊试验应在病人恢复后进行（如 ACTH 兴奋试验），应即刻给予氢化可的松静点，首剂 100mg 30 秒内静脉推注，随后 100mg 静脉点滴，Q6h，第一日 300～400mg，待病情好转，氢化可的松剂量可减半，后逐步减量，3～4 日后可改为口服用药。在补充糖皮质激素的同时应注意纠正脱水和电解质紊乱，补液量应根据脱水程度、病人年龄及心脏情况而定，一般头 24 小时补液 2 000～3 000ml。消除诱因和给予支持治疗。

（杨建梅）

第十六章 嗜铬细胞瘤

嗜铬细胞瘤（pheochromocytoma）是源于肾上腺髓质的肿瘤，可产生、贮存并分泌儿茶酚胺。嗜铬细胞瘤是继发性高血压的病因之一，在高血压人群中的患病率为 0.05%～0.2%，持续性或阵发性血压升高是其最常见的表现。嗜铬细胞瘤可发生于任何年龄，以 20～50 岁多见，男女患病率无明显差异。

机体内的嗜铬细胞包括肾上腺髓质细胞和肾上腺外的交感神经副神经节细胞，均源于外胚层的神经嵴细胞，具有神经内分泌功能。肾上腺髓质是特殊的交感神经副神经节。以往，嗜铬细胞瘤泛指机体内所有部位的嗜铬细胞所发生的肿瘤，2004 年，WHO 发布的肿瘤分类明确规定了嗜铬细胞瘤是起源于肾上腺髓质嗜铬细胞的肿瘤，即肾上腺内的副神经节瘤（paraganglioma），而肾上腺外的嗜铬细胞所发生的肿瘤则称为肾上腺外副神经节瘤。

【病因和发病机制】

嗜铬细胞瘤分为散发性和遗传性两大类型。在后一种类型中，原癌基因 *RET*（rearranged during transfection）突变与多发性内分泌腺瘤病 2 型（multiple endocrine neoplasia，MEN 2）相关；*VHL* 基因突变引起 von Hippel-Lindau（VHL）综合征；*NF1*（neurofibromatosis type 1，*NF1*）基因与 von Recklinghausen's 病相关；编码琥珀酸脱氢酶亚单位（succinate dehydrogenase subunits，*SDH*）D 和 B 的基因突变与家族性嗜铬细胞瘤或副神经节瘤相关，*SDHD* 和 *SDHB* 基因突变患者通常表现为肾上腺外肿瘤和多发性肿瘤，*SDHB* 基因突变提示发展为恶性肿瘤的可能性较高。以往认为遗传性嗜铬细胞瘤占 10%，近期研究发现散发性患者中 20%～30% 存在上述基因的突变。

【病理】

双侧肾上腺的嗜铬细胞瘤发生率无明显差异。嗜铬细胞瘤在成人中大多为单侧性，双侧性约占 10%，多为遗传型或儿童患者。副神经节瘤主要位于腹部，与腹腔肠系膜上神经节和肠系膜下神经节相伴随，多在腹主动脉旁、肾门、膀胱及直肠后；腹外者罕见于后纵隔、心脏及颈部。嗜铬细胞瘤血供丰富，直径可由 1～2cm 至 20～25cm，大多数直径小于 10cm，重量小于 100g。形状多为圆形或椭圆形，肿瘤较大时瘤体内常有坏死、出血及囊性变。显微镜下肿瘤由大的、多角形的嗜铬细胞组成，细胞排列成巢状或索状，胞浆丰富，电子显微镜下可见富含肾上腺素和去甲肾上腺素的细胞分泌颗粒。约 10% 的嗜铬细胞瘤为恶性，但从临床和组织学表现很难确定为恶性，良恶性嗜铬细胞瘤的鉴别主要取决于是否出现远处转移、肿瘤有无包膜浸润及血管中是否有瘤细胞栓子形成。此外，含有大量非整倍体细胞或四倍体细胞的肿瘤恶性可能性较大。

【临床表现】

嗜铬细胞瘤的临床表现主要与儿茶酚胺分泌有关，以心血管症状为主，兼有其他系统的表现。

(一) 心血管系统

1. 高血压　高血压是嗜铬细胞瘤病人最常见的临床表现，由于肿瘤分泌儿茶酚胺的方式不同，高血压可表现为阵发性、持续性或在持续性高血压的基础上阵发性加重。阵发性高血压为其特征性表现，发作时血压骤升，收缩压可高达 200～300mmHg，舒张压也明显升高，可高达 150～180mmHg。伴随症状包括剧烈头痛、心悸、大汗、心动过速、心前区疼痛、面色苍白、四肢发凉、恶心、呕吐、焦虑及恐惧感等，并可出现眼底视网膜出血、渗出、视乳头水肿以致失明，特别严重者可并发急性左心力衰竭或脑血管意外。发作性头痛、心悸、出汗被称为"嗜铬细胞瘤三联征"。发作终止后可出现皮肤潮红、全身发热、流涎、瞳孔缩小等迷走神经兴奋的症状。阵发性高血压的诱发因素包括情绪激动、体位变动、压迫腹部、大小便、创伤及麻醉诱导等。发作持续时间一般为数分钟，长者可达 1～

2小时或1至数天，发作次数少者数月一次，多则一日数次，随着病情发展，发作渐频、时间延长，部分患者可发展为持续性高血压伴阵发性加重。嗜铬细胞瘤患者高血压发作时，一般降压药无明显疗效。

2. 低血压、休克　少数患者血压增高不明显，甚至出现低血压，严重者可出现休克，直立性低血压也常见，还可有高血压与低血压交替出现。发生低血压的原因多于肿瘤坏死出血导致儿茶酚胺释放锐减所致。大量儿茶酚胺也可引起血管强烈收缩，微血管壁缺血、缺氧，通透性增高，血浆外渗，有效血容量降低，引起血压降低。此外，大量儿茶酚胺可引起心肌炎和心肌坏死，诱发严重的心律失常、心力衰竭及心肌梗死，导致心输出量锐减，诱发心源性休克，称为"儿茶酚胺心肌病"。

（二）其他临床表现

1. 腹部肿块　嗜铬细胞瘤体积一般较大，部分可在腹部检查时触及，但触诊时应轻柔，以防引起高血压发作。当按压腹部出现血压明显升高，则提示嗜铬细胞瘤的可能。

2. 消化道症状　儿茶酚胺可使胃肠道蠕动减弱，引起便秘、腹胀，甚至结肠扩张，还可出现肠梗死、出血、穿孔，进而引起急腹症。儿茶酚胺可使胆囊收缩减弱，引起胆汁潴留和胆石症。如肿瘤位于盆腔或直肠附近，用力排便时腹压增高可诱发高血压发作。

3. 泌尿系统　长期严重的高血压可引起肾血管受损、蛋白尿及肾功能不全。膀胱副神经节瘤患者于尿液充盈时、排尿或排尿后刺激瘤体释放儿茶酚胺引起高血压发作，有时可出现排尿性晕厥。

4. 代谢紊乱　儿茶酚胺可使基础代谢率上升，发作时可有发热，甚至出现类似甲状腺功能亢进症的表现，体重减轻多见。

5. 伴随的临床综合征　嗜铬细胞瘤可伴有其他特定类型的内分泌肿瘤。例如，MEN2A型主要包括嗜铬细胞瘤、甲状腺髓样癌及甲状旁腺功能亢进症，MEN2B型除嗜铬细胞瘤和甲状腺髓样癌外，神经瘤是其特征性的表现。

【实验室检查】

（一）生化检查

1. 血、尿儿茶酚胺测定　血儿茶酚胺水平升高有助于嗜铬细胞瘤的诊断，但血浆儿茶酚胺受多种生理、病理及药物因素的影响，所测定的标本只能代表单个的时间点，假阳性率较高。血浆儿茶酚胺>2ng/ml可肯定本病，如儿茶酚胺前体物质多巴胺浓度明显升高则肿瘤的恶性可能性大。尿儿茶酚胺比血儿茶酚胺更准确地反映了体内儿茶酚胺的合成情况。2%~5%的儿茶酚胺以原形形式从尿中排出，其中80%为去甲肾上腺素，约20%为肾上腺素。由于部分嗜铬细胞瘤只分泌少量儿茶酚胺，或间歇性分泌儿茶酚胺，因此并非全部嗜铬细胞瘤患者均有血、尿儿茶酚胺水平升高，但大多数嗜铬细胞瘤患者尿儿茶酚胺明显升高，多高于100μg/24h。少数阵发性高血压的患者，其儿茶酚胺为阵发性分泌，需要收集发作时一段时间内的尿（如2~4小时）测定儿茶酚胺。

2. 尿3-甲氧基-4-羟基苦杏仁酸（VMA）测定　VMA是肾上腺素和去甲肾上腺素的最终代谢产物，本病患者多>9mg/24h。如瘤体较大，大部分儿茶酚胺在瘤体内被代谢，故主要释放儿茶酚胺的代谢产物如VMA入血；如瘤体较小，则主要释放儿茶酚胺入血，尿VMA相对正常。

3. 甲氧基肾上腺素（MN）和甲氧基去甲肾上腺素（NMN）测定　儿茶酚胺在嗜铬细胞内代谢为MN和NMN，其释放不呈间歇性。血浆或尿液中MN和NMN的检测对诊断嗜铬细胞瘤的敏感性优于儿茶酚胺。若MN达到正常值上限的2.5倍即1.4pmol/ml，或者NMN水平达到正常值上限4倍即2.5 pmol/mL，诊断嗜铬细胞瘤的特异性可达100%。

（二）药理试验

1. 激发试验　包括胰高糖素、磷酸组胺及酪胺等激发试验。可在血压正常或发作间歇期进行，如血压升高则不宜采用。胰高糖素有刺激儿茶酚胺分泌的作用，实验时注射0.5~1.0mg，分别采集注射前和注射后3分钟的血标本，如注射后血儿茶酚胺浓度为注射前的3倍或以上，或>2ng/ml可确诊本病。实验时准备酚妥拉明，以备血压明显升高时使用。

2. 阻滞试验　包括酚妥拉明试验和可乐定试验。常用于血压高于160/90mmHg或血浆儿茶酚胺在1～2ng/ml之间的可疑嗜铬细胞瘤患者。酚妥拉明是肾上腺素能受体阻滞剂，可使本病患者血压迅速下降。先测定基础血压，静脉注射5mg酚妥拉明，注射后3分钟内每30秒测定血压一次，以后每1～2分钟测定血压一次，共15～30分钟。如注射后2分钟内血压迅速下降，幅度>35/25mmHg，并持续时间为3～5分钟，则支持嗜铬细胞瘤的诊断。

随着诊断技术的进步，药理试验目前已很少采用。

（三）影像学检查

当临床表现和生化检测高度提示嗜铬细胞瘤时，应进一步行影像学检查以明确肿瘤的定位。当患者有相关遗传性疾病史时，即使生化检测不十分支持诊断，仍应进行影像学检查。

1. B超　是简便易行费用低的影像学检查方法，可用于儿童或孕妇嗜铬细胞瘤的诊断，可发现直径较大的肿瘤，但其敏感性和特异性均很低。

2. CT或MRI　除了儿童、孕妇或造影剂过敏者外，CT可作为首选的定位诊断方法。CT对于诊断肾上腺嗜铬细胞瘤的敏感性为85%～94%，排除嗜铬细胞瘤诊断的特异性为29%～50%；而利用对比增强CT或延迟对比增强CT，其敏感性和特异性可分别达到98%和92%。MRI对于明确肿瘤与周围血管的关系有优势，对于诊断肾上腺嗜铬细胞瘤的敏感性为90%，排除嗜铬细胞瘤诊断的特异性为50%左右。

3. ^{123}I或^{131}I-间碘苄胍（MIBG）　MIBG可被嗜铬细胞瘤组织特异摄取，^{123}I-MIBG显像的敏感性为83%～100%，特异性高达95%～100%；与^{123}I相比，^{131}I的半衰期较长，其发射的γ射线能量较强，^{131}I-MIBG显像的敏感性为77%～90%，特异性95%～100%。MIBG显像还可区分嗜铬细胞瘤和其他性质的占位性病灶，明确多发病灶和转移病灶的位置。

4. 正电子发射体层摄影术（PET）　PET检查是新兴的检查方法，但费用昂贵，不作为首选的定位诊断方法，但可用于上述检查方法不能明确诊断的患者。^{18}F-脱氧葡萄糖PET显像中，恶性嗜铬细胞瘤可浓聚更多的^{18}F-脱氧葡萄糖。

5. 生长抑素受体显像　良性嗜铬细胞瘤多为阴性，但恶性或有转移的嗜铬细胞瘤为阳性者较多。

【诊断和鉴别诊断】

如能得到正确诊断和治疗，嗜铬细胞瘤可被治愈，但多数嗜铬细胞瘤在临床上并未被怀疑，所以诊断的关键是考虑到本病的可能性。

根据患者阵发性或持续性高血压的临床表现，如有血或尿儿茶酚胺或其代谢产物升高，则诊断基本明确，必要时进行药理实验协助诊断，最后采用CT、MRI、MIBG显像等影像学检查进行定位诊断。

嗜铬细胞瘤主要应与以下疾病进行鉴别诊断：原发性高血压、各种原因的继发性高血压、甲状腺功能亢进症、低血糖症、更年期综合征、冠心病、自主神经功能障碍、肾上腺髓质增生等。

对于发病年龄较小的患者，肾上腺外肿瘤和多发性肿瘤，亲属死于无法解释的心血管事件，或伴有其他相关疾病，如甲状腺髓样癌和甲状旁腺功能亢进症等，则提示有遗传性嗜铬细胞瘤的可能性，应进行基因检测，主要包括*RET*、*VHL*、*NF1*、*SDHD*及*SDHB*等基因。

【治疗】

目前尚无药物可以长期良好控制嗜铬细胞瘤引起的高血压，因此手术治疗为首选，多学科密切配合才能取得满意的手术效果。

（一）内科治疗

为避免麻醉、术中挤压及切除肿瘤时的血压波动以至诱发高血压危象和休克，术前2周应常规给予药物治疗，控制血压和临床症状，常用的药物包括：

1. α肾上腺素能受体阻滞剂

(1) 酚苄明：是非选择性α受体阻滞剂，半衰期为12小时，作用时间长，控制血压平稳。初始剂量为10mg，每日2次，多数患者服40~80mg/d才能使血压得到控制。一般在术前至少2周开始服用，使阵发性高血压的发作频率明显减少，发作程度明显减轻，或无高血压发作；持续性高血压的病人血压控制到正常或接近正常。酚苄明的副作用主要包括鼻黏膜充血、心动过速、直立性低血压等。

(2) 酚妥拉明：也是一种非选择性α受体阻滞剂，作用迅速，静脉应用，常用于高血压危象或在术中控制血压。

(3) 选择性$α_1$受体阻滞剂：包括哌唑嗪、特拉唑嗪、多沙唑嗪等，均为选择性突触后$α_1$受体阻滞剂。起始使用小剂量以避免体位性低血压，如多沙唑嗪控释片，自每日4mg起使用，根据血压情况，可逐渐加量至每日16mg。

2. β肾上腺素能受体阻滞剂 在应用α受体阻滞剂后有心动过速的患者，可加用β受体阻滞剂，如普萘洛尔和阿替洛尔等。在使用β受体阻滞剂前，必须先使用α受体阻滞剂。

3. 其他 应用上述药物后血压仍控制不佳，可加用钙通道阻滞剂和血管紧张素转换酶抑制剂。硝普钠可直接作用于血管平滑肌，是一种有力的血管扩张剂，主要用于嗜铬细胞瘤高血压危象或术中血压持续升高者。α甲基对位酪氨酸为酪氨酸羟化酶的竞争性抑制剂，可阻断儿茶酚胺的合成。

(二) 手术中处理

术中如出现高血压发作可静脉滴注酚妥拉明或硝普钠，如出现心率显著增加或心律失常，可静脉注射小剂量普萘洛尔、艾司洛尔、其他抗心律失常药物如利多卡因等。当肿瘤切除后，血中儿茶酚胺浓度急剧下降，血管床扩张，血容量锐减，常导致低血压发生，应停用α受体阻滞剂，补充全血或血浆。

(三) 手术后治疗

患者在术后2周应复查生化指标，以明确是否存在残余的肿瘤。术后儿茶酚胺正常的患者并不能排除残留微小病灶的可能，因此患者长期规律的随访是必要的。如术后高血压持续存在，应考虑合并原发性高血压或长期高血压致血管或肾受损。

(四) 恶性嗜铬细胞瘤的治疗

尽量手术切除，对于不能完全切除或术后复发并有局部浸润或远处转移者，需长期服用α受体阻滞剂等药物尽可能控制血压，可加用α甲基对位酪氨酸阻断儿茶酚胺的合成。恶性嗜铬细胞瘤对放疗和化疗不敏感，对于骨转移病灶，可采取外照射治疗；环磷酰胺、长春新碱加达卡巴嗪的化疗方案能缓解50%患者的症状，但缓解通常不超过2年；^{131}I-MIBG治疗可取得一定疗效。

【预后】

手术切除肿瘤后，嗜铬细胞瘤引起的高血压大部分可缓解，术后1~2周儿茶酚胺可恢复正常。非恶性嗜铬细胞瘤术后5年生存率超过95%，恶性嗜铬细胞瘤5年生存率不足50%。

(刘国强 洪天配)

第十七章 原发性甲状旁腺功能亢进症

甲状旁腺功能亢进症（hyperparathyroidism，简称甲旁亢）是一组以甲状旁腺激素（parathyroid hormone，PTH）分泌过多为特征的临床疾病，分为原发性、继发性和三发性三种：①原发性甲状旁腺功能亢进症（primary hyperparathyroidism）是由于甲状旁腺本身病变引起甲状旁腺激素合成、分泌过多，见于甲状旁腺腺瘤、增生或腺癌。②继发性甲状旁腺功能亢进症（secondary hyperparathyroidism）是由于各种原因所致的低钙血症，刺激甲状旁腺使之增生、肥大，从而分泌过多的PTH。多见于严重肾功能不全、骨软化症和小肠吸收不良等疾病。③三发性甲状旁腺功能亢进症是在继发性甲状旁腺功能亢进症未被有效控制的基础上，甲状旁腺腺体长期受到低血钙的刺激，部分增生组织转变为腺瘤，自主地分泌过多的PTH。主要见于慢性肾病、肾脏移植术后。本章主要论述原发性甲状旁腺功能亢进症。

【病因和发病机制】

原发性甲状旁腺功能亢进症是由于甲状旁腺腺瘤、增生肥大或腺癌引起PTH分泌过多致钙磷代谢异常（高血钙、低血磷）的一种全身性疾病，其主要临床表现为广泛的骨质吸收、反复发作的泌尿系结石、消化性溃疡和精神神经症状。

目前发病机制尚不完全明了，部分研究发现甲状旁腺细胞基因突变引起肿瘤抑制基因（tumor suppressor gene）缺失可导致甲状旁腺腺瘤和增生。部分病例（约3%）系多发性内分泌腺瘤病，为常染色体显性遗传。

【病理】

1. 甲状旁腺　原发性甲旁亢的甲状旁腺组织的病理有三种：

(1) 甲状旁腺腺瘤：占80%~90%，大多（85%）累及单个腺体，少数（5%）可累及两个或两个以上腺体。腺瘤也可发生于纵隔、食管后的异位甲状旁腺内。腺瘤体积一般较小，有完整的包膜。镜下可分成主细胞型、透明细胞型和嗜酸细胞型。

(2) 甲状旁腺增生、肥大：占10%~15%，病变大多同时累及四个腺体。增生的腺体外形不规则，无包膜。但有时增生组织周围可形成假包膜，易误认为多发性甲状旁腺腺瘤。镜下主要为透明细胞型。

(3) 腺癌：较少见（约1%）。腺体与周围组织粘连，有包膜和血管的浸润，有转移（常见于肺，其次为肝和骨骼）可考虑为腺癌。镜下可见肿瘤细胞浸润、核分裂等。

2. 骨骼　主要表现为骨质吸收、骨量减少，病变加重可出现骨骼畸形、纤维性囊性骨炎、多发性病理性骨折，多累及颅骨、四肢长骨和锁骨。

3. 其他内分泌腺体　约3%的病例系多发性内分泌腺瘤病（multiple endocrine neoplasia，MEN）。MEN Ⅰ型为甲旁亢（90%~97%，以增生为多见）合并胰腺肿瘤（30%~80%）和垂体瘤（15%~50%）。MEN Ⅱ型为甲旁亢（≥30%，也以增生多见）合并甲状腺髓样癌（>90%）和嗜铬细胞瘤（50%~80%）。

【病理生理】

1. 高血钙、高尿钙

(1) 由于甲状旁腺大量分泌PTH，导致骨钙溶解入血，引起高钙血症。

(2) PTH在肾促进 $25\text{-}(OH)D_3$ 转化 $1,25\text{-}(OH)_2D_3$，后者促进肾小管和肠道对钙的吸收，导

致高血钙。

(3) PTH 抑制肾小管重吸收碳酸氢盐,可引起高氯性酸中毒,导致血游离钙增加,同时增加骨盐溶解,进一步加重高钙血症。

(4) 由于 PTH 分泌呈自主性,升高的血钙不能抑制 PTH 的分泌,故血钙持续增高。如肾功能完好,当血钙浓度超过肾阈时,尿钙排出。当血钙高于正常时,尿钙排泄量增多而出现高尿钙。

2. 低血磷、高尿磷　PTH 在肾脏抑制近端肾小管对磷的回吸收,导致高尿磷、低血磷。

3. 尿路结石和肾钙盐沉积症　由于钙和磷自尿排出增加,导致磷酸钙和草酸钙盐沉积而形成尿路结石或肾钙盐沉着症(nephrocalcinosis)。此外 PTH 抑制肾小管重吸收碳酸氢盐,使尿呈碱性,进一步促使肾结石的形成。易合并尿路感染,可导致肾功能损害,晚期发展为尿毒症时血磷往往升高而血钙反而降低。

4. 骨质吸收　过多的 PTH 加速骨质的吸收和破坏,长期进展可发生纤维囊性骨炎(棕色瘤)。

5. 消化性溃疡和急性胰腺炎　高浓度钙离子可刺激胃泌素的分泌,进而导致胃酸分泌增加,形成高胃酸性多发性胃十二指肠溃疡;高浓度钙离子易沉着于有碱性胰液的胰管和胰腺内,胰管发生阻塞并激活胰管内胰蛋白酶原,引起胰腺自身消化和氧化应激反应,发生急性胰腺炎。

6. 异位(迁徙性)钙化　血钙过高还可导致钙在软组织沉积,如软骨、关节滑膜、肌腱、韧带、肺、胸膜、动脉壁、皮肤等,如发生在肌腱与软骨,可引起关节部位疼痛。

【临床表现】

本病多见于 20~50 岁的成年人,男女比例为 1:(2~4)。本病起病缓慢,有以屡发肾结石为首要表现的,也有以骨痛为主要表现的;也可始终无症状而仅表现为血清钙磷异常和 PTH 升高的。本病的主要临床表现有:

(一) 高血钙症状

高血钙可影响多个系统:

1. 消化系统　高血钙可导致胃肠蠕动缓慢,引起食欲不振、腹胀、消化不良、便秘、恶心、呕吐;5%~10%的患者有急性或慢性胰腺炎发作;也可引起顽固性消化性溃疡,除十二指肠球部外,还可发生胃窦、十二指肠球后溃疡甚至十二指肠降段、横段或空肠上段等处溃疡。

2. 中枢神经系统　可出现淡漠、记忆力减退、烦躁、多疑、性格改变、抑郁、嗜睡、情绪不稳定、失眠等。少数患者可出现明显精神症状如幻觉、狂躁,甚至木僵或昏迷。

3. 神经肌肉系统　患者易疲劳、四肢肌肉软弱无力,以近端肌肉为著,重者发生肌萎缩,活动受限,肌肉活检或肌电图检查呈肌源性肌损害。肌病有明显的可逆性,症状在甲状旁腺手术治疗后消失。

4. 心血管系统　可出现心律失常(心动过缓、心律不齐),心电图示 QT 间期缩短。

(二) 骨骼系统症状

早期可出现骨痛伴局部压痛,常见于腰背部、髋部、胸肋部或四肢。后期主要表现为纤维囊性骨炎,可出现骨骼畸形与病理性骨折。可表现为身长缩短、四肢骨弯曲、活动受限、行走困难、甚至卧床不起。部分患者可出现骨囊肿(棕色瘤),好发于颌骨、肋骨、锁骨外 1/3 端及长骨,该处常易发生骨折。

(三) 泌尿系统症状

1. 肾小管浓缩功能受损　长期高血钙可影响肾小管的浓缩功能,出现多尿、夜尿、烦渴、多饮等症状。

2. 泌尿系结石　结石主要由草酸钙和磷酸钙组成,临床表现为肾绞痛与血尿。本病所致尿路结石的特点为多发性、双侧性和反复发作性,结石常具有短期内增多、增大等活动性现象。容易继发尿路感染或引起尿路梗阻。晚期则发生肾功能不全。

3. 肾钙盐沉着症　肾小管和肾实质钙质沉着症也可导致肾功能逐渐减损,最后可引起肾功能不全。

(四) 其他

1. 软组织钙化 影响肌腱、软骨等处，可引起非特异性关节痛，累及手指关节。
2. 皮肤钙盐沉积 可引起皮肤瘙痒。
3. 甲旁亢患者可有家族史，常为 MEN 的一部分，可与垂体瘤及胰腺肿瘤同时存在，即 MEN Ⅰ 型；也可与嗜铬细胞瘤及甲状腺髓样癌同时存在，即 MEN Ⅱ 型（可参见相关章节）。

(五) 高钙危象

严重病例可出现重度高钙血症，伴明显脱水，常因急性心衰或肾衰竭而猝死。在临床上，当血钙 ≥3.75mmol/L 时必须按高钙危象紧急处理。常见诱因为老年患者伴肾衰、少尿、感染及其他应激等。

【实验室及辅助检查】

(一) 血液检查

1. 血清钙 血钙增高对诊断最有意义。血清总钙多次超过 2.75mmol/L 或血清游离钙超过 1.28mmol/L 应高度怀疑本病。由于发病早期患者的血钙可呈波动性升高，因此对于疑似原发性甲旁亢的患者，若血钙不高时应多次反复测定。如多次测定血清钙值正常，则要注意是否合并维生素 D 缺乏、骨软化症、肾功能不全或低白蛋白血症，后者血清总钙值正常，但血清游离钙常增高。血清游离钙测定较血清总钙测定对诊断更为敏感和正确。
2. 血清磷 低磷血症（<1.0mmol/L）为本病的特征之一。但在肾功能不全时血清磷可正常或升高。
3. 血清 PTH 测定血清 PTH 可直接了解甲状旁腺的功能，血 PTH 的升高程度与血钙浓度、肿瘤大小和病情严重程度相平行。测定 PTH 的方法有测定血中氨基端、中间段、羧基端 PTH 和全分子 PTH。免疫放射法（immunoradiometric assay，IRMA）测定全分子 PTH 的敏感性与特异性均较高，是原发性甲旁亢的主要诊断依据。正常范围为 1~10pmol/L，正常均值为 3.42pmol/L。
4. 血碱性磷酸酶 单纯表现为尿路结石者，早期可正常，但有骨病表现者几乎均升高。
5. 其他 $1,25-(OH)_2D_3$ 升高，血氯常升高，血 HCO_3^- 常降低，可出现代谢性酸中毒。

(二) 尿液检查

1. 24 小时尿钙 排泄量增加。但合并骨软化时尿钙不高；当血清钙低于 2.87mmol/L 时，尿钙增加可不明显。
2. 24 小时尿磷 排泄量增加。由于饮食等因素的影响，诊断意义不如高尿钙。
3. 其他 尿中 40%~50% 的 cAMP 来自肾小管上皮细胞，其含量受 PTH 调节。原发性甲旁亢时尿总 cAMP 排出量增加，成功切除甲状旁腺腺瘤后 1 小时及明显下降。尿羟脯氨酸常增加，与血清碱性磷酸酶增高一样，均提示明显的骨骼受累。

(三) 皮质醇抑制试验

超生理剂量的糖皮质激素可抑制肠道钙吸收及拮抗维生素 D 的作用，边缘病例通过上述检查手段不能确诊时可行该试验协助诊断。给予患者波尼松 30mg/d（分次口服），连续 10 天，原发性甲旁亢的患者血清钙不下降，其他原因引起的高钙血症如结节病、多发性骨髓瘤、维生素 D 中毒等的血清钙明显下降。

(四) 影像学检查

1. 甲状旁腺术前定位检查 术前定位诊断对于提高手术成功率具有极其重要的意义。颈部 B 超检查简便可靠，可作为首选检查，但对于病变过小（<5mm）的甲状旁腺肿块或胸骨后异位甲状旁腺无诊断价值。颈部/纵隔 CT/MRI 可协助定位诊断。但上述检查的敏感性均低于核素（$^{99m}TC-MIBI$）双时相显像，尤其对于多发性甲状旁腺病变及异位甲状旁腺病变核素（$^{99m}TC-MIBI$）双时相显像有较大的诊断价值。

2. **骨骼 X 线表现** 与病变的严重程度相关。主要表现有：

(1) 骨膜下骨吸收、弥漫性骨质脱钙：以指骨内侧骨膜下皮质吸收、颅骨斑点状脱钙、牙槽骨板吸收为本病的好发病变，有助于诊断。

(2) 骨囊肿样变化：纤维性囊性骨炎在骨的局部形成大小不等的透亮区，以长骨骨干多见。由于这种病变需要 3～5 年甚至更久的时间才能形成，而多数患者早期得到诊断，因此目前很少发现这种影像学改变。

(3) 骨折和（或）骨畸形：广泛性骨质脱钙、骨质疏松、病理性骨折、骨骼畸形。

3. **腹平片** 可见到肾或输尿管结石、肾钙化，诊断均有价值。

(五) 骨密度测定

显示尺桡骨远端、股骨等的骨密度降低、骨质疏松。

【诊断与鉴别诊断】

(一) 甲旁亢的定性诊断

本病的定性诊断主要根据临床表现和实验室检查。如患者有反复发作的尿路结石、骨痛、消化性溃疡常规治疗无效、自发性骨折或年轻人的骨质疏松症、骨骼 X 线摄片有骨质吸收、脱钙等特征性表现时应疑为本症，实验室检查血清 PTH 增高伴高钙血症是本症的重要诊断依据。如同时有尿钙、尿磷增多、血磷降低则更为典型。轻型和早期病例需结合血清游离钙测定和骨密度检查协助诊断。

(二) 甲状旁腺病变的定位诊断

定性诊断确立之后，尚需定位诊断，包括颈部超声检查、放射性核素检查、颈部和纵隔 CT/MRI 扫描等。因有 5%～10% 的甲状旁腺腺瘤处于异常位置，因此仔细的定位检查对于手术治疗非常重要。

(三) 鉴别诊断

1. **恶性肿瘤** 恶性肿瘤不论有无转移，常可出现高钙血症。包括恶性肿瘤体液性高钙血症和局部骨溶解性高钙血症。前者见于肺癌、肾癌及其他部位的鳞状细胞癌，肿瘤组织分泌一种蛋白质，可与 PTH 受体结合，产生与 PTH 相似的作用，称为甲状旁腺激素相关性多肽（PTHRP），从而引起高钙血症与低磷血症。后者主要见于发生骨转移的乳腺癌、淋巴瘤、白血病等，癌细胞产生的破骨刺激因子直接作用于骨表面导致高钙血症。但恶性肿瘤引起的高钙血症者其血清 PTH 常降低或不能测得，且常有原发恶性肿瘤的临床表现，病情进展快，症状严重，可与原发性甲旁亢相鉴别。如能将肿瘤切除，血清钙可下降。但有时肿瘤部位较隐匿，尚未出现症状时即可出现高钙血症。因此，原因不明的高血钙必须除外恶性肿瘤的可能性。

2. **继发性和三发性甲旁亢** 继发性甲旁亢是由于低钙、高磷或低维生素 D 引起的 PTH 过多分泌。多见于慢性肾功能不全及维生素 D 缺乏症。继发性甲旁亢患者血清 PTH 可明显增高，但血清钙常降低，可结合病史与原发性甲旁亢鉴别。长期低血钙导致甲状旁腺自主性分泌 PTH 和高钙血症，见于肾移植术后的三发性甲旁亢，根据病史与疾病过程（从低血钙到高血钙）可与原发性甲旁亢鉴别。

3. **药物** 长期应用噻嗪类利尿药也可引起轻度高钙血症，但停药后可恢复正常。

4. **其他疾病引起的高钙血症** 多发性骨髓瘤、结节病、维生素 D 过量等均可出现高钙血症，但这些疾病血 PTH 正常或降低，高血钙可被皮质醇抑制。而原发性甲旁亢血清 PTH 增高且高血钙不被皮质醇抑制。此外，多发性骨髓瘤血中球蛋白及特异的免疫球蛋白增高、尿本-周蛋白阳性、骨髓可见瘤细胞；结节病血浆球蛋白升高、胸片有特征性改变；维生素 D 过量有明确的病史；因此结合这些疾病的特殊病史和实验室检查不难鉴别。

5. **甲状腺功能亢进症** 由于甲状腺激素水平升高导致骨吸收增加，部分患者可出现轻度高钙血症伴骨质疏松。但该症 PTH 多降低或正常，结合甲状腺功能亢进症的特殊临床表现较易鉴别。如果血钙持续升高，血 PTH 也升高，应注意甲状腺功能亢进症合并甲旁亢的可能。

6. 代谢性骨病

(1) 原发性骨质疏松症：也可出现骨痛和骨密度降低，需要与原发性甲旁亢引起的继发性骨质疏松相鉴别。本症血清钙、磷、碱性磷酸酶均正常，且牙槽骨板、颅骨和指骨无原发性甲旁亢的特征性骨吸收增加的改变。

(2) 骨软化症：本症特征为血钙磷正常或降低，血碱性磷酸酶和PTH均增高，尿钙磷排出减少。骨骼X线有椎体双凹变形、假骨折等特征性表现。

(3) 肾性骨营养不良：本症的骨骼病变有纤维性囊性骨炎、骨硬化、骨软化和骨质疏松四种。鉴别要点血钙降低或正常、血磷升高、尿钙排出减少或正常并伴有明显的肾功能损害。

7. 家族性低尿钙性高钙血症　临床少见。本病由于常染色体基因突变导致甲状旁腺和肾小管细胞膜上钙感受器和受体发生异常，肾对钙排出减少。其特点为：血清钙轻度增高、血磷正常或降低、血清PTH正常或增高、尿钙降低（<2.5mmol/24h）。本病一般无症状，无需治疗。鉴别要点为良性高钙血症家族史和尿钙降低。

【治疗】

有症状或有并发症的原发性甲旁亢患者一经确诊若无手术禁忌证原则上应行手术治疗。至于无症状者是否需手术仍存在分歧。若高钙血症极轻微，或年老、体弱不能进行手术，可试用药物治疗并追踪观察。

(一) 手术探查和治疗

原发性甲状旁腺功能亢进症的经典手术方法是双侧颈部探查术，其主要优点是术后复发率低，但存在手术时间长、创伤大、并发症多等缺点。随着现代影像学技术的发展，病变的定位越来越准确，双侧颈部探查术逐渐减少用，而主要用于术前定位不清、旁腺增生、疑有恶变或合并其他颈部疾病者。由于80%～85%的原发性甲状旁腺功能亢进症是单发的甲状旁腺腺瘤引起，在准确术前定位下，目前多数学者主张行单侧颈部探查术。手术探查时，无论肿瘤或增生均应仔细探查所有的甲状旁腺腺体，以免手术失败。术中常规冰冻切片鉴定。如为腺瘤，应摘除腺瘤。如为增生，则应切除三个腺体，第四个腺体（最小的旁腺）切除50%左右。如为腺癌，则宜作根治手术。如果术前不能定位、术中常规探查阴性时，要想到异位甲状旁腺的可能。异位甲状旁腺大多位于纵隔，可沿甲状腺下动脉分支搜寻，有时包埋在甲状腺中。手术遗漏、病变的甲状旁腺移位、增生的甲状旁腺切除不足或复发者需考虑再次手术。

如手术成功，血清PTH及血、尿钙、磷异常可获得纠正。24小时内血清钙即开始下降，常在3～5天内下降至正常低值或出现低钙血症，但一般不严重。大部分病人在1～2个月之内血钙可恢复至2mmol/L以上。血磷浓度于术后近期进一步降低，尿磷排量甚少，甚至达零。1周内血磷可恢复正常。术后血清碱性磷酸酶在骨骼修补期间可长期持续升高。

术后需注意由于PTH水平骤然减低引起的低钙血症，轻者手、足、唇和面部发麻，重者则出现手足搐搦。由于肠道钙吸收良好，轻者只需给予高钙饮食或口服钙剂。但术前碱磷酶很高又有纤维囊性骨炎的患者，由于"骨饥饿"可继发严重的低钙血症（常<1.75mmol/L）；此外剩留的甲状旁腺血液供应发生障碍者，术后也可出现严重低钙血症。如血清钙持续在2mmol/L以下，可出现Chvostek征与Trousseau征。反复出现口唇麻木和手足搐搦者需静脉注射10%葡萄糖酸钙10～20ml。必要时，一日内可重复2～3次，或30～50ml溶于500～1000ml（5%）葡萄糖溶液中静脉滴注。滴注速度取决于低钙症状的程度与患者对治疗的反应。补充钙量是否足够，应根据神经肌肉应激性和血钙值来衡量。如2～3天内仍不能控制症状，可加用维生素D制剂。可用骨化三醇0.25～1.0μg/d起始，以后酌情减少用量，该药起效快，可在24～96小时内使血钙水平上升，3～6天血钙升至正常。如补钙后血钙正常但仍有搐搦或顽固持久的低钙血症，应想到同时伴有低镁血症（<0.5mmol/L）的可能，需考虑补镁（10%硫酸镁10ml肌内注射，每日3次，或3～5g/d静脉滴注并监测血镁）。

（二）内科治疗

对于部分无症状的原发性甲旁亢患者若血清钙<3mmol/L、肾功能正常、年龄在50岁以上者，可定期随访并采取内科治疗。包括多饮水，避免高钙饮食，忌用噻嗪类利尿剂和碱性药物，适量运动。每3～6个月就诊一次询问和检查甲旁亢的有关症状和体征并全面复查与甲旁亢有关的实验室指标。在内科随访的过程中如有下列情况则需手术治疗：①有骨吸收病变的X线表现或骨密度降低；②活动性尿路结石；③肾功能减退；④血清钙水平≥3mmol/L；⑤iPTH（血清免疫活性PTH）较正常增高2倍以上；⑥严重的精神病、溃疡病、胰腺炎等。

西咪替丁能阻滞PTH的合成和分泌，使血钙降至正常，但停药后可出现反跳性升高。可试用于手术禁忌的患者。

（三）其他

甲状旁腺术后对于骨病和尿路结石仍需进一步处理。

（四）高钙危象的处理

高钙危象指甲旁亢患者由于重度高钙血症（血清钙>3.75mmol/L）而危及生命。表现为乏力、恶心、呕吐、脱水、神志改变甚至昏迷。必须予以紧急处理。

1. **生理盐水** 根据失水情况和心肾功能补充生理盐水，开始每2～4小时静滴1L，每天给4～6L。补充生理盐水一方面可纠正失水，同时因多量钠从尿中排出而促使钙从尿中排出。

2. **二膦酸盐** 为骨质吸收抑制剂，可予帕米膦酸钠60mg，静脉滴注，用1次，或30mg每天滴注1次，连用2天。应用时以10ml注射用水稀释，加入1000ml液体（生理盐水或5%葡萄糖液）中静脉滴注。不可用含钙的液体，如林格（Ringers'）注射液。多数患者于3～7天血钙可降至正常，作用可持续数周。

3. **利尿剂** 在充分补充血容量的基础上给予呋塞米40～60mg静脉注射，促使尿钙排出。补液和利尿可导致镁与钾的丧失，应注意监测并适当补充，防止电解质和酸碱平衡紊乱。

4. **降钙素** 可抑制骨质吸收，2～8U/（kg·d）皮下或肌内注射。

5. **血液透析或腹膜透析** 可迅速降低血钙。当血清钙降至3.25mmol/L以下时，则较相对安全。

6. **糖皮质激素（氢化可的松或地塞米松）** 静滴或静注。

【预后】

血清钙水平是判断手术是否成功的指标。手术成功者，高钙血症和高PTH血症被纠正，不再形成新的泌尿系统结石，但已形成的泌尿系结石不会消失，已造成的肾功能损害和高血压也不易恢复。术后1～2周骨痛开始减轻，6～12个月症状明显改善，骨结构修复需2～4年或更久。随着骨骼病变的改善，血清碱磷酶逐渐下降。

（高蕾丽）

第十八章 甲状旁腺功能减退症

甲状旁腺功能减退症（hypoparathyroidism，简称甲旁减）是指因甲状旁腺素（PTH）分泌不足和（或）靶组织细胞对PTH反应缺陷而引起的一组临床综合征。临床类型有：特发性甲旁减、继发性甲旁减、低血镁性甲旁减、假性甲旁减等。

【病因及发病机制】

自甲状旁腺至靶组织细胞之间的任何一个环节的障碍均可引起甲旁减，包括PTH合成减少、分泌减少、作用受阻三类原因。

1. **特发性甲旁减**（idiopathic hypoparathyroidism，IHP） PTH分泌减少。以儿童常见，也可见于成人。目前病因尚未明确，有家族性和散发性两种。前者可有家族史，伴有性联隐性遗传或常染色体隐性或显性遗传。约1/3患者血中可检出甲状旁腺抗体，并可伴有抗肾上腺、甲状腺或胃壁细胞抗体，说明本病可能与甲状旁腺自身免疫破坏致PTH分泌减少有关。还可伴有其他自身免疫病，如原发性甲状腺功能减退症、恶性贫血、特发性肾上腺皮质萎缩所致的Addison病等。

2. **继发性甲旁减**（secondary hypoparathyroidism） PTH合成分泌减少。主要是由于甲状腺或颈部手术误将甲状旁腺切除或损伤所致，也可因甲状旁腺手术或颈部放射治疗而引起。血中PTH水平降低致钙磷代谢紊乱。因手术出血、水肿、血液供给不足或神经损伤所致者，其功能可逐渐恢复。此外甲状旁腺被转移癌、淀粉样变、结核病、结节病、血色病等病变破坏时亦可引起甲旁减。

3. **低血镁性甲旁减** PTH合成分泌减少、作用受阻。由于肠道吸收缺陷或肾小管镁再吸收缺陷而产生低镁血症。因为镁离子为释放PTH所必需，严重低镁血症可暂时性抑制PTH分泌，引起可逆的甲旁减。补充镁后，血清PTH立即增加。低镁血症还可影响PTH对周围组织的作用。

4. **假性甲旁减**（pseudohypoparathyroidism，PHP） PTH作用受阻。由于PTH受体或受体后缺陷，使靶器官（骨、肾）组织细胞对生物活性的PTH无反应，称为假性甲旁减。本病为一种遗传性疾病，有家族发病倾向，呈常染色体显性或隐性遗传。突变通过母亲遗传，男女发病率为1∶2。病因为G蛋白α亚基基因突变、PTH受体突变、腺苷环化酶或G蛋白缺陷。临床可出现多种类型的先天畸形及缺陷。

【病理】

颈部外科手术后发生的甲旁减可见残留腺体呈萎缩及变性改变；特发性甲旁减可见甲状旁腺有淋巴细胞浸润和纤维化，病因未明者腺体外观虽正常，但腺细胞大部分为脂肪细胞所代替。

【病理生理】

1. **低血钙、低尿钙**

(1) 由于PTH生成和分泌不足，破骨作用减弱，骨钙动员和释放减少。

(2) 因PTH不足致$1,25(OH)_2D_3$生成减少；同时肾排磷减少，血磷升高，抑制近曲小管合成$1,25(OH)_2D_3$生成减少，故肠道钙吸收减少。

(3) 肾小管钙重吸收降低而尿钙排出相对增加，血钙进一步降低。

(4) 当血清钙降至约1.75mmol/L以下时，尿钙浓度显著降低甚至测不出。

2. **高血磷、低尿磷** PTH不足，肾小管对磷回吸收增加，血磷增高，尿磷降低。

3. **神经肌肉兴奋性增加** 血清钙浓度降低主要是钙离子浓度降低，当达到一定严重程度时，神经肌肉兴奋性增加，可出现麻木刺痛、手足搐搦，甚至惊厥。

4. **其他** 高血磷携带钙离子向骨和软组织沉积，骨转换减慢，部分病人骨密度增加，脑血管壁和皮下可有钙盐沉着，脑内钙化以基底神经节部位最为明显。长期低钙血症可引起白内障、皮肤粗糙、毛发稀少、指甲干裂等外胚层病变。

【临床表现】

(一) 神经肌肉应激性增加

神经肌肉症状取决于低钙血症的程度、血钙下降的速度和持续的时间。轻者仅有感觉异常，指端或嘴部麻木、刺痛，随后出现面部肌肉痉挛和手足搐搦，呈典型的"助产士"手型，即双侧拇指强烈内收、掌指关节屈曲，指骨间关节伸展，腕、肘关节屈曲呈鹰爪状。有时下肢膝关节与髋关节伸直，双足呈强直性伸展。发作时可有疼痛，但由于形状可怕，患者常异常惊恐而过度换气，导致呼吸性碱中毒，致血清游离钙进一步降低，加重手足搐搦。手足搐搦发作时也可伴有自主神经功能紊乱，如出汗、喉痉挛、喘鸣以及胆、肠、膀胱平滑肌痉挛等。感染、过劳和情绪等因素可诱发发作。女性在月经期前后更易发作。有些轻症或久病患者不一定出现手足搐搦，其神经肌肉兴奋性增高主要表现为面神经叩击征（Chvostek 征）和束臂加压试验（Trousseau 征）阳性，称为隐性搐搦。长期慢性低钙血症还可引起锥体外系神经症状，包括典型的帕金森病的表现。

(二) 精神神经症状

有些患者，特别是儿童可出现惊厥或癫痫样全身抽搐，如不伴有手足搐搦，常可误诊为癫痫大发作。长期慢性低钙血症还可引起锥体外系神经症状，包括典型的帕金森病的表现，纠正低血钙可使症状改善。慢性甲旁减患者可出现精神症状，包括烦躁、焦虑、易激动、记忆力减退、抑郁或精神病。

(三) 外胚层组织营养变性

低钙性白内障较为常，常累及双眼，严重影响视力。还可出现皮肤干燥脱屑、指（趾）甲变脆、粗糙以及毛发易脱落等。儿童期发病患者常有智力发育迟缓和牙齿发育障碍。

(四) 其他

病程长、病情重者可出现骨骼疼痛，以腰背和髋部多见。可出现胃肠道功能紊乱，如恶心、呕吐、腹痛和便秘。脑基底节、其他软组织、肌腱、脊柱旁韧带等均可发现转移性钙化。低钙血症还可导致心律失常和甲状旁腺功能减退性心肌病。

【实验室和辅助检查】

(一) 血液检查

1. 血钙　多次测定血清总钙＜2.0mmol/L。血钙过低者宜同时测定血浆蛋白质，以除外因蛋白质浓度低下而引起的该总量减低。

2. 血磷　多数患者血清磷增高，部分正常。

3. 血清碱性磷酸酶　正常。

4. 血 PTH　多数低于正常，也可以在正常范围，因低钙血症对甲状旁腺是一强烈刺激，当血清总钙≤1.88mmol/L 时，血 PTH 值应增加 5~10 倍，所以低钙血症时，如血 PTH 在正常范围，仍属甲状旁腺功能减退。因此，检测血 PTH 时应同时测血钙，两者一并分析。

5. 血 $1,25-(OH)_2D_3$　明显降低。

6. 血镁　低血镁型甲旁减患者血镁降低。

(二) 尿液检查

尿钙、尿磷排出量减少。

(三) Ellsworth-Howard 试验

静注外源性 PTH 测定注射前、后尿 cAMP 及尿磷，可根据不同反应鉴别甲旁减的不同类型。

(四) 影像学检查

脑 CT 检查：90% 的甲旁减患者表现为脑实质内多发钙化，发生机制尚未完全明确，可能与长期低钙血症及血管通透性增加有关，也可能是脑组织发生病理性水潴留导致钙盐在脑实质内沉积所致；高血磷可携带钙离子自骨沉积到软组织。由于基底节区毛细血管丰富、排列紧密，故钙盐优先沉积于此处。脑基底节（苍白球、壳核和尾状核）钙化常对称性分布。脑 CT 检查显示脑钙化非常敏感，其发现率较头颅 X 线平片高。脑内钙化的程度和范围与病程有关。

（五）其他检查

1. 骨密度　正常或增加。
2. 心电图检查　可发现 QT 时间延长，主要为 ST 段延长，伴异常 T 波。
3. 脑电图　可出现癫痫样波。血清钙纠正后，心、脑电图改变也随之消失。

【诊断与鉴别诊断】

根据反复发作的手足搐搦、Chvostek 征和 Trousseau 征阳性、低血钙、高血磷且能排除肾功能不全，甲旁减的诊断基本可以确定；如血清 PTH 测定结果明显降低或不能测得，或滴注外源性 PTH 后尿磷与尿 cAMP 显著增加，可以肯定诊断。

手术后继发性甲旁减根据病史容易确定；特发性甲旁减临床上常无明显病因，可有家族史。特发性甲旁减尚需与下列疾病鉴别：

1. 假性甲状旁腺功能减退症（pseudohypoparathyroidism，PHP）　是一种罕见的家族性遗传性疾病，呈常染色体显性或隐性遗传，同样具有低血钙、高血磷的生化特征。但该症由于 PTH 受体或受体后缺陷，周围器官对 PTH 无反应（PTH 抵抗），PTH 分泌增加，此点易与特发性甲旁减鉴别。此外该症还伴有多种先天畸形和骨骼发育缺陷，典型患者可表现为生长发育异常、智力发育迟缓、体态矮胖、脸圆、颈短等，可见掌骨（跖骨）缩短，特别是对称性第 4 与第 5 掌骨缩短。

假性甲旁减又可分为 Ⅰ 型与 Ⅱ 型。静脉滴注 PTH（尿 cAMP 排量测定给予 PTH 300 单位；尿磷测定给予 PTH 200 单位）后，尿 cAMP 与尿磷不增加（仍低）为 Ⅰ 型；尿 cAMP 增加，但尿磷不增加为 Ⅱ 型。以 Ⅰ 型最常见，又可分为 Ⅰa、Ⅰb、Ⅰc 三个亚型。Ⅰa 型又称为 Albright 遗传性骨营养不良症（Albright hereditary osteodystrophy，AHO），是 PHP 的主要类型，体外测定表明 Ⅰa 型中刺激性 G 蛋白亚基（Gs）活性下降。Ⅰc 未发现 Gs 有缺陷。Ⅰa、Ⅰc 型患者常伴 AHO 体型［矮胖身材、圆脸、掌（跖）骨短粗、指（趾）短宽以及营养发育异常的其他特征］，Ⅰb 型表型正常。本病的治疗基本上与特发性甲状旁腺功能减退症相同。

2. 严重低镁血症（血清镁低于 0.5mmol/L，正常范围为 0.62～1.0 mmol/L）　由于肠道吸收缺陷或肾小管镁的再吸收缺陷而产生低镁血症。患者也可出现低血钙与手足搐搦。血清 PTH 可降低或不能测得。但低镁纠正后，低钙血症迅即恢复，血清 PTH 也随之正常。

3. 其他

(1) 维生素 D 缺乏症：该病血磷正常或降低，血碱磷酶升高，骨骼 X 线呈佝偻病改变。

(2) 慢性肾功能不全：可有低血钙、高血磷，但同时有氮质血症和代谢性酸中毒。

(3) 各种原因所致代谢性或呼吸性碱中毒：由于游离钙与血清蛋白结合增加，使血钙降低而出现症状，但具有碱中毒和原发病的表现。

(4) 癫痫：真性癫痫的病人不伴有低钙血症和高磷血症，而以癫痫发作为主要表现的甲旁减患者，应用抗癫痫药不能控制发作，反而加重病情。

(5) 软骨病：也可出现手足搐搦和低钙血症，但血磷正常或降低，血碱磷酶升高，骨密度降低，骨盆或长骨有假骨折等典型软骨病的征象。

【治疗】

治疗目的是消除低钙血症所造成的神经精神症状，控制病变的进一步发展。

1. 急性低钙血症搐搦发作期　当发生手足搐搦、喉痉挛、哮喘、惊厥或癫痫样大发作时，即刻静脉注射 10% 葡萄糖酸钙 10～20ml，缓慢静脉注射（10 分钟左右），必要时 4～6 小时后重复注射，每日酌情 1～3 次不等。搐搦严重、难以缓解者可采用持续静脉滴注钙剂。定期检测血清钙水平，使之维持在 >2.00mmol/L 即可，避免发生高钙血症，以免出现致死性心律失常。若发作严重可短期内辅以镇静剂地西泮或苯妥英钠肌内注射，以迅速控制搐搦与痉挛。

2. 急性低钙血症搐搦发作间歇期　治疗的目的是维持血钙在正常浓度，降低血磷，防治搐搦。

(1) 一般治疗：宜进高钙低磷饮食，不宜多食乳制品、蛋黄、肉类食物。

(2) 钙剂：应长期口服元素钙 1~3g/d，维持血钙接近正常水平。孕妇、乳母、小儿酌加。血钙升高后，磷肾阈相应降低，尿磷排出增加，血磷随之下降，常不需使用降低血磷的药物（磷结合剂）。

(3) 维生素 D 及其活性代谢产物：轻症甲旁减患者，经补充钙与限制磷的治疗后，血清钙可基本保持正常，症状控制。症状较重者须加用维生素 D 制剂，常用剂量为：维生素 D_2 2万~10万 IU/d；或 1α-$(OH)D_3$ 1.5~4.0μg/d；1,25-$(OH)_2D_3$ 0.5~2.0μg/d。甲旁减时肾 1α 羟化作用减弱，外源性维生素 D 转变为活性维生素 D 的过程受阻，故普通维生素 D 需要较大剂量，且起效慢、清除慢，停药后作用消失需 2 周至 4 个月。羟化的活性维生素 D 疗效迅速且较稳定，口服较方便，停药后 3~6 天作用即消失，但价格较贵。如果经济条件允许，最好选用有活性的 1,25-$(OH)_2D_3$，肾功能不全者首选该药。用药期间应定期复查血钙、血磷、24 小时尿钙水平，及时调整剂量。避免高钙血症、泌尿系结石及维生素 D 过量中毒的发生。一般血钙控制在 2.13~2.25mmol/L 较为理想。

(4) 镁剂：对严重或症状性低镁血症者（全身性癫痫发作，血镁<0.5mmol/L），应立即补充镁，剂量视血镁降低程度而定。低镁血症纠正后，低钙血症也可能随之好转。

(5) 甲状旁腺移植：在人、犬和大鼠中甲状旁腺已成功地被自家移植，但异体移植只在大鼠中获成功。

【预后与预防】

在颈部、甲状腺及甲状旁腺手术时，避免甲状旁腺损伤或切除过多，以预防继发性甲旁减的发生。及早诊断甲旁减并给予长期有效的治疗可减少晚期并发症的发生。血清钙维持或接近正常水平可改善患者的视力和神经症状。

（高蕾丽）

第十九章 多发性内分泌腺瘤病

多发性内分泌腺瘤病（multiple endocrine neoplasia，MEN）可分为两种类型：MEN1 和 MEN2 型，后者可再分为三个亚型：MEN2A，MEN2B 和家族性甲状腺髓样癌（MTC）。MEN 是一个多种内分泌组织发生多种肿瘤的综合征，2 个或 2 个以上内分泌腺体受累，常家族聚集发病，常染色体显性遗传，但也有小部分散发者。MEN1 是 menin 基因突变造成的，而 MEN2 主要是 *RET* 基因突变造成。MEN 临床表现多样且复杂。有些病人既有 MEN1 的表现，又有 MEN2 的表现，以"重叠"综合征的形式出现。

第一节 多发性内分泌腺瘤病 1 型

MEN 1 的特征为甲状旁腺、胰岛细胞和垂体三个内分泌腺体中 2 个或 2 个以上受累，又称 Wermer 综合征，同时可能伴有肾上腺皮质肿瘤、类癌、面部血管纤维瘤、胶原瘤、脂肪瘤等。在一个随机的尸解研究中发现，MEN1 发生率为 0.25%，而在原发性甲状旁腺功能亢进症者的发生率更高。几乎各个年龄段均可患病（8~81 岁），到 50 岁左右大部分患者均会出现临床表现。随着基因诊断技术的发展，越来越多的家族成员被筛查并在早期被诊断。每个 MEN 1 患者可能经历 2 次或更多次手术治疗，而且复发率和潜在受累器官新发肿瘤的可能性均很高，由此带来甲状旁腺功能减退，垂体功能减退和胰腺内外分泌功能不全的并发症也相应增加，因此 MEN1 是最富有挑战性的 MEN 综合征。

【甲状旁腺增生或腺瘤】

原发性甲状旁腺功能亢进是 MEN 1 中最常见的特征，95% 以上的 MEN1 患者会出现这一改变，病人常表现为无症状性高钙血症，或尿石症、囊性纤维性骨炎，或高血钙相关症状如多尿、多饮、便秘、烦躁不安等。实验室检测可发现高血钙同时伴有甲状旁腺素水平升高。多个甲状旁腺增生是早期最常见的病理改变，如果诊断较晚病程较长者，腺瘤样改变可占一定优势。腺瘤所致散发性甲旁亢病例在手术治疗后 85% 以上得到长期缓解，但 MEN1 甲状旁腺手术后约 50% 患者 10 年后再次出现高钙血症。甲状旁腺功能亢进症所致高钙血症可加重同时存在的胃泌素瘤患者血胃泌素升高水平。

【肠道和胰腺内分泌瘤】

MEN1 中胰岛细胞肿瘤的发生率在 30%~80%，包括有功能的和无功能的。其中大部分伴过量的激素分泌，如胃泌素、胰岛素、胰高糖素或血管活性肠肽（VIP），有时同时存在多种细胞增生，同时出现多种激素分泌过多，引起复杂的临床表现。胃泌素瘤，常伴 Zollinger-Ellison 综合征，占 MEN1 胰岛细胞瘤 50% 以上，由于反复多发性消化性溃疡及由此导致的胃穿孔是 MEN1 主要的致死致残原因。除此之外，还可伴有反流性食管炎、分泌性腹泻、吞咽困难和腹痛等症状。此种胃泌素瘤可位于胰腺内和十二指肠黏膜下。诊断主要根据高胃泌素血症伴高胃酸分泌，据此与低胃酸伴高胃泌素血症疾病相鉴别（如慢性萎缩性胃炎等）。60%~70% 的 MEN1 者的胃泌素瘤位于十二指肠壁内，常为多中心，有时瘤体小，定位较困难。高分辨 CT 及 MRI 可检出大的占位性病变，受累淋巴结和肝转移性病灶，内镜超声对发现十二指肠内的胃泌素瘤有重要价值，可以发现直径 5mm 以内的病变。另外，选择性动脉注射胰泌素后肝静脉采血测胃泌素以及放射性核素标记奥曲肽扫描也有一定帮助。MEN1 中，胰岛素瘤是第二常见的胰岛细胞肿瘤，在 MEN1 中发生率约占功能性胰岛肿瘤的 35%，临床特征与散发性胰岛素瘤并无差别，诊断主要根据空腹低血糖症和不适当的血清胰岛素和 C 肽水平升高来确定。MEN1 中胰岛素瘤常为多中心发生，有近 25% 为恶性，即使只发现一个单个肿瘤，在胰腺的其他部位存在细胞增生或微腺瘤的可能性。MEN1 中胰岛素瘤亦常为多中心性，定位亦较困难，内镜超声检查、选择性滴注钙剂后肝静脉采血测胰岛素等有助于定位。胰升糖素瘤（glucagonoma）在 MEN 中并不常见，尽管 50% 以上的 MEN1 患者的胰高糖素水平升高，常位于胰尾。临床上主要表现为高血糖，特征性皮疹（坏死性转移性红斑）、厌食、舌炎、贫血、腹泻、静脉血栓和肺动脉栓塞。MEN1 胰高糖素瘤的最常见表现是高血糖，少部分患者出现皮肤改变。舒血管肠肽瘤（vipomas），表现为水泻综合征，为分泌性水样泻，低钾血症，低氯血症，酸中毒和低血容量，血清 VIP 水平升高。但部分类癌也可有水泻综合征表现。

【垂体瘤】

50% 以上的 MEN1 患者存在垂体瘤，常多中心发生，临床上表现为闭经、泌乳、肢端肥大或 Cushing 综合征。催乳素瘤（约 60%）是最常见的垂体瘤，也是 MEN1 中第三常见的临床表现。约 25% 分泌生长激素，3% 分泌 ACTH，剩余为无功能瘤。MEN1 中垂体瘤甚少为恶性，其诊断、治疗同于散发性病例。

【其他相关肿瘤】

MEN1 患者可能在甲状旁腺、胰腺和垂体以外的其他器官发生肿瘤，如类癌、肾上腺皮质肿瘤、面部血管纤维瘤、胶原瘤、甲状腺瘤和脂肪瘤。类癌，在 MEN1 中更常见，可位于支气管、胃肠道、胰腺或胸腺。大多数患者无症状，直到出现肝转移才出现潮红和腹泻等表现。无症状肾上腺皮质肿瘤在 MEN1 中可高达 40%，大多数是无功能的，少数为醛固酮瘤，或 Cushing 综合征等功能性肿瘤。脂肪瘤大约占 20%～30% 患者，常多发。高达 25% 的出现甲状腺肿瘤，如甲状腺腺瘤、甲状腺癌等。

【发病的分子机制】

MEN1 基因最初被通过连锁分析方法定位在染色体 11q13，后来通过定位克隆的策略被确定为致病基因，menin 编码一个 610 个氨基酸的蛋白质，称为"多发性内分泌腺瘤蛋白"（menin），是一抑瘤基因，在成人和胎儿的中枢系统、肝、肺、睾丸和胎儿胸腺广泛表达，参与了许多与肿瘤发生有关的信号转导通路，在染色质修饰、细胞周期调控，基因组完整性方面起一定作用，这些均与肿瘤表型有关。MEN1 肿瘤发生是通过"两次打击"机制来实现的，生殖细胞的一个拷贝基因发生突变（可遗传）为第一次"打击"，体细胞正常等位基因缺失为第二次打击。生殖细胞 menin 突变主要是无义突变或移框突变，导致基因失活。基因突变可以发生在整个基因，目前已经发现上千个突变。一个患者通过遗传获得一个拷贝的基因突变，当相关组织体细胞的另一个拷贝基因也发生突变时，就会导致细胞增殖，发生肿瘤，这是"两次打击"致肿瘤抑制基因功能丧失致瘤的模型。

【治疗】

MEN1 中甲状旁腺功能亢进症的治疗疗效要比散发性甲状腺功能亢进症差，主要是由于很高的复发率，复发主要是原来似乎正常的甲状旁腺发生病变或原来的肿瘤残余。复发率的高低主要决定于：MEN1 临床或基因诊断，外科医生的经验，手术时机，术中诊断（术中病理和 PTH 测定）和外科手术策略的选择。手术治疗主要目的是永久地纠正高钙血症，避免持续的甲状旁腺功能减退，便于今后复发的外科治疗。手术策略有多种，有主张切除 3 个甲状旁腺，另一个切除一半，留下半个甲状旁腺，也有主张作 4 个甲状旁腺全切除，将外表上最接近正常的一个腺体的一半移植于一侧习惯上非主要使用的前臂肌肉中。临床上采取何种手术策略，目前仍存在争论，因为尚缺乏随机对照临床试验结果提供依据。

【基因诊断和咨询】

对患 MEN1 者的家族成员应作全面的病史采集及体检。简单的方法是检测血总钙和离子钙浓度。此外催乳素、生长激素、ACTH、皮质醇、胃泌素及空腹血糖测定也有助于发现受累内分泌腺体异常。既然 MEN1 是一种常染色体显性遗传病，menin 基因突变检测有重要价值，即使在散发病例也如此，不仅有助于疾病诊断，更重要是在更早期筛选出患者，早期诊断早期干预，从而改善预后。从目前报告的基因突变看，分布在整个基因的各个区域，因此基因检测需要通过 DNA 直接测序筛查全部外显子和拼接区，所需费用已大大降低。虽然目前 menin 基因突变检测尚不能广泛在临床应用，但随着病人和医生对检测技术的认识，临床应用也必将逐步推进。

第二节 多发性内分泌腺瘤病 2 型

MEN2 又被称为 Sipple 综合征，是指一个病人同时出现甲状腺髓样癌（MCT），单侧或双侧嗜铬细胞瘤（PHEO）和其他不同内分泌组织的增生或肿瘤。MEN2 有两种表现形式，即散发性和家族性，又可分为三种亚型 MEN2A，MEN2B 和家族性甲状腺髓样癌（FMCT）。全世界报道的家系估计有 500~1000 个，患病率大约在 1∶30 000，其中 80% 是 MEN2A。

MEN2A 的特征是同时患有 MCT，单侧或双侧 PHEO（见于 50% 病例）和甲状旁腺细胞增生或腺瘤导致的原发性甲状旁腺功能亢进症（见于 15%~30% 病例）。通常，MCT 是最早出现的临床表现，5~25 岁时可出现生化异常，少数病人会伴有皮肤苔藓样淀粉变或 ACTH 分泌增多。苔藓样皮肤病变常位于上背部，可在 MCT 前出现。另外，有些患者还伴有先天性巨结肠症。

MEN2B 侵袭性最强，大约占所有 MEN2 的 5%，常在更早期（10 岁前）出现 MCT、PHEO、多发神经瘤和或胃肠道黏膜弥漫性神经节细胞瘤，但不伴甲状旁腺功能亢进症。胃肠道神经节瘤会导致腹胀、巨结肠、便秘或腹泻。这类患者还表现有发育异常，如上半身和下半身比例降低、骨骼畸形、关节松弛、马方样体态等。跟 MEN2A 相比，MEN2B 致死率和致残率更高。

【家族性甲状腺髓样癌】

在家族性甲状腺髓样癌（FMCT）时，MCT 是唯一的临床表现。在同一个家系中，至少有 4 个成员只患有 MCT。跟 MEN2A 和 MEN2B 相比，FMCT 的临床过程的良性程度更高一些，大多数病例的预后相对较好。

【甲状腺髓样癌】

甲状腺髓样癌（MCT）起源于甲状腺的滤泡旁降钙素细胞（C 细胞），在大多数家系中是最早出现的临床表现，几乎存在于所有 MEN2 患者中。其严重程度按 MEN2B，MEN2A 和 FMCT 顺序依次降低。MCT 多中心发生，首先出现 C 细胞增生，数年后发展为 MCT。MCT 有局部淋巴结转移和远处（肝，骨骼和肺）转移倾向。在 MEN2A，通常 5~25 岁时出现生化异常，15~25 岁时可出现颈部肿块和疼痛。MCT 广泛转移的患者可出现腹泻，往往与血浆降钙素升高有关。在 MEN2B，MCT 的侵袭性更强，常提前 10 年发病，早期即可出现转移。MCT 常伴血降钙素升高（不论基础还是五肽胃泌素或钙刺激后）。降钙素检测可提高 MCT 的早期诊断率，对手术疗效，术后复发评价有重要价值。

【嗜铬细胞瘤】

肾上腺嗜铬细胞瘤（PHEO）可见于 50% 的 MEN2 患者，几乎均为良性病变，50%~80% 患者存在于两侧肾上腺。通常，在 25% 的病例中，PHEO 是最早出现，而 35% 病例是 MCT 和 PHEO 同时被发现。临床上 PHEO 表现为高血压、阵发性头痛、心悸、紧张和多汗。嗜铬细胞瘤手术治疗应该安排在其他手术前，以防术中发生危象。肾上腺髓质功能的评价主要通过血尿儿茶酚胺及其代谢产物的测定，建议每年进行评估，一旦发现异常，进一步进行肿瘤定位，方法包括 CT 和 MRI。^{123}I-MIGB 显像可以发现多部位，肾上腺外 PHEO，腹腔镜手术切除是有效的治疗方法，术后终生随访。

【甲状旁腺功能亢进症】

20%~30% 的 MEN2A 患者出现甲状旁腺功能亢进症，大多数病例并无症状。诊断主要根据血钙水平升高伴有高 PTH 水平。手术是最有效的治疗方法，甲状旁腺次全切或甲状旁腺全切加甲状旁腺组织自体移植是常用策略。由于存在复发的可能，所有患者均应长期检测。

【分子机制】

1993年，MEN2的致病基因被确定为 *RET*。*RET* 基因位于染色体10q12.2，有21个外显子，编码跨膜酪氨酸激酶受体蛋白。RET蛋白是神经营养因子结合复合体的亚单位。在甲状腺、肾上腺、肠内部神经系等多种组织中表达。*RET* 由细胞外区，单一跨膜区和细胞内区构成。细胞外区含有一个半胱氨酸富集区，细胞内区含有两个酪氨酸激酶区，有12个以上的自身磷酸化位点。98%的MEN2患者 *RET* 基因有突变存在，主要发生在8，10，11，13，14，15和16号外显子，位于富半胱氨酸区和酪氨酸激酶区，导致突变受体酪氨酸激酶被持续活化。基因型和表现型之间存在很强的相关性，93%~98%的MEN2A和80%~96%FMCT由外显子10和11错义突变引起。大多数MEN2B由细胞内酪氨酸激酶区突变所致。

【治疗】

甲状腺髓样癌应进行甲状腺全切术，及中心淋巴结切除。手术前需要评价肾上腺髓质功能，排查嗜铬细胞瘤，如果同时存在嗜铬细胞瘤，应优先行手术，并注意双侧嗜铬细胞瘤可能。检测血降钙素水平有助于评价手术疗效，肿瘤复发和癌肿转移。已有转移者，无法根治，行姑息性手术。化疗及放疗仅考虑用于晚期患者。

【基因诊断和咨询】

MEN2是一种单基因病，为常染色体显性遗传，每个患者均有50%的可能性将缺陷基因传递给后代。MTC是最早期的表现，也是致死致残的主要原因。由于其早期转移倾向，早期诊断尤为重要，降钙素检测提高了早期诊断率，随着 *RET* 基因的发现，基于DNA的 *RET* 基因突变检测可在疾病更早期做出诊断，适时进行甲状腺全切，大大改善预后。对患MEN2者的家族成员应及早进行基因检测。不同的基因突变往往存在不同的临床过程，对于制订个体化的治疗措施有重要价值。

（韩学尧）

第二十章 伴瘤内分泌综合征

恶性肿瘤可产生内分泌激素或与激素作用类似的生物活性物质而引起一系列临床表现，称为伴瘤内分泌综合征，或异位激素综合征。这些肿瘤包括内分泌腺和非内分泌腺肿瘤，有时产生不仅一种激素，增加了临床表现的复杂性。异位激素分泌存在一些共性：①内分泌腺外肿瘤的激素分泌很少被抑制，但胸腺和肺脏类癌分泌 ACTH 例外，可被抑制。②腺外肿瘤分泌的激素效应低，在疾病晚期临床表现才比较明显，不能作为早期诊断标志物。③腺外肿瘤缺少加工肽类激素的能力，分泌的激素常是大分子，不完全加工，活性降低。④某些肿瘤分泌的生物活性物质的作用与某些内分泌激素类似，临床表现与激素分泌过多难以区分。⑤某些糖蛋白激素如促卵泡生成素（FSH），促黄体生成素（LH）和促甲状腺素很少由垂体外肿瘤产生，而 hCG 常由非滋养细胞肿瘤分泌。⑥胰腺外肿瘤分泌胰岛素的情况非常罕见。⑦类固醇和甲状腺素一般不被内分泌腺外肿瘤分泌，而 1,25 羟维生素 D_3 可由淋巴瘤分泌。

【伴瘤内分泌综合征的发病机制】

伴瘤综合征的病因和发病机制尚不清楚，目前认为可能有几种机制：①基因去抑制，正常细胞多数基因受到抑制不再表达，在肿瘤发生过程中，某些受抑制的基因去除了抑制，具有了分泌释放异位激素的能力。②APUD（amine precursor uptake and decarboxylation）系统是来源于神经嵴的内分泌细胞，弥散在许多器官及内分泌腺体内，能够从细胞外摄取胺的前体，并通过细胞内氨基脱羧酶的作用，使胺前体形成相应的胺（如多巴胺、5-羟色胺等）和多肽激素，具有共同的组织结构。分泌异位激素的肿瘤大部分起源于此类细胞。③癌基因可直接激活某一激素的基因转录和表达。④某些组织正常情况下可产生少量激素，在发生肿瘤时合成分泌更多的激素，从而引起综合征。

【伴瘤内分泌综合征的诊断】

伴瘤内分泌综合征的诊断主要根据：①存在激素分泌增多的临床表现，且与肿瘤相关；②血或尿中激素水平不适当地升高；③绝大多数激素分泌不能被抑制，呈自主性；④排除其他可引起该综合征的原因；⑤肿瘤切除或负荷减轻后，内分泌综合征得以缓解；⑥其他证据：在肿瘤组织中可检测到激素和激素的 mRNA，培养的肿瘤细胞分泌这种激素，肿瘤的动静脉存在激素水平梯度。

【伴瘤高钙血症】

高钙血症是最常见的恶性肿瘤内分泌并发症，大约 5% 恶性肿瘤会出现高钙血症。恶性肿瘤引起的高钙血症常起病快，可引起意识模糊、恶心、呕吐、多尿、脱水。高钙血症往往在肿瘤晚期出现，诊断并不困难，但预后较差。导致高钙血症的肿瘤很多，其中最常见的是肺癌、乳腺癌、多发性骨髓瘤，占 50% 以上病例，其他较常见的肿瘤有肾癌等。胃肠道和前列腺肿瘤不是高钙血症的常见原因。这些恶性肿瘤存在多种导致高钙血症的机制，包括：①肿瘤分泌甲状旁腺激素相关蛋白（PTHrP），大约 80% 的实体瘤患者升高，与 PTH 共享同一受体，通过增加骨吸收，增加肾钙吸收引起高钙血症，促进肾排泄磷引起低磷血症。②骨化三醇 [$1,25-(OH)_2D_3$] 的产生增多：约 50% 合并高钙血症的淋巴瘤患者血清 $1,25-(OH)_2D_3$ 不适当升高，淋巴瘤组织可使 $25-(OH)D_3$ 转化为骨化三醇增加，而引起高钙血症，其他肉芽肿性病变，如结节病也可通过这一机制引起高钙血症。③PTH，甲状旁腺外肿瘤分泌 PTH 增多导致高钙血症，非常少见。④骨溶解：主要是因为破骨细胞被激活，与骨溶解相关的细胞因子分泌增加，这些细胞因子包括白介素 1、白介素 6、肿瘤坏死因子 α 以及 PTHrP。

肿瘤相关高钙血症的诊断并不困难，因为这时的肿瘤已处晚期，临床症状已经非常明显。需要注意的是要排除间断性原发性甲状旁腺功能亢进症。肿瘤相关性高钙血症，PTH 被抑制伴低磷血症，有助于诊断。

肿瘤相关性高钙血症，起病急，病情重，治疗上除了治疗原发病（肿瘤）外，主要通过补液利尿，使用二磷酸盐和降钙素。多发性骨髓瘤和淋巴瘤引起的高钙血症，对糖皮质激素反应较好。

【异位ACTH综合征】

异位ACTH综合征占库欣综合征的5%~10%，主要见于支气管肺部肿瘤（约占50%以上）、类癌、胰岛癌、甲状腺髓样癌、嗜铬细胞瘤、神经母细胞瘤、胃肠道、生殖系统和前列腺等肿瘤。肿瘤分泌过量的ACTH，引起双侧肾上腺皮质增生，或肿瘤分泌促ACTH释放激素样物质，促进垂体分泌释放过量的ACTH，最终导致皮质醇增多，且不被大剂量地塞米松抑制。临床表现随肿瘤恶性程度高低或病程长短而不同，高度恶性肿瘤（如燕麦细胞癌），由于病程短，库欣综合征的症状多不明显，而主要表现为高血压、水肿、皮肤色素沉着，低钾血症和糖尿病。恶性程度不高的肿瘤（如类癌），病程较长，病情相对轻，可表现为典型的库欣综合征。诊断及处理参阅相关章节。

【抗利尿激素不适当分泌综合征】

是由肿瘤组织分泌抗利尿激素（ADH）或具有抗利尿作用的多肽物质引起的综合征。常见肿瘤包括肺癌支气管类癌、十二指癌、胰腺癌、结肠癌、前列腺癌、胸腺癌等。其中肺癌主要是燕麦细胞癌、未分化小细胞癌、鳞状细胞癌、腺棘皮癌。临床上表现为低钠血症（常<130mmol/L），高尿钠（常>30mmol/L），血浆渗透压降低（<270mOsm/L），尿渗透压超过血浆渗透压，血ADH水平升高，无肾疾病、甲状腺和肾上腺功能减退。患者可出现厌食，恶心，呕吐，无力，嗜睡和精神意识障碍，甚至死亡。治疗上，除了病因治疗外，应限制水摄入，每日限制在800~1000ml，严重者可给予呋塞米和输注高张氯化钠溶液，但应注意输注速度，以防过快输注引起神经脱髓鞘改变。

【伴瘤低血糖症】

许多胰外肿瘤可伴发低血糖症。这些肿瘤包括原发性肝癌、纤维肉瘤、间皮瘤、神经纤维瘤、支气管癌、胆管癌、肾上腺癌等。胰外肿瘤发生低血糖的机制并非是因为肿瘤分泌胰岛素，而是与分泌IGF-2有关，后者与胰岛素受体结合并将其激活，起到与胰岛素同样的作用，导致低血糖的发生。另外，肿瘤过度生长消耗大量的营养物质也促进了低血糖症的发生。临床表现与胰岛素瘤所致低血糖症相似，发作多见于饥饿或空腹，需要多次进食防止或减少发生。发作时血糖甚低，但血胰岛素和C肽含量也低，依此可与胰岛素分泌过多引起的低血糖症（如胰岛素瘤）相鉴别。治疗上主要是积极治疗肿瘤和低血糖发作时的对症治疗。

【异位人绒毛膜促性腺激素综合征】

异位人绒毛膜促性腺激素（HCG）分泌综合征多见于男性，肿瘤分泌过多HCG而刺激激素产生，见于肺癌、肝癌、肾癌、肾上腺皮质癌等。临床上可表现为性早熟，男子乳腺发育，不规则子宫出血，HCG与TSH受体存在低亲和力结合，高浓度HCG可激活TSH受体而引起甲状腺功能亢进症。治疗的关键是切除原发性肿瘤。

【其他伴瘤内分泌综合征】

临床上尚有一些少见的伴瘤综合征，也应引起注意。一些垂体外肿瘤（如类癌）可分泌生长激素释放激素（GHRH），或直接分泌生长激素而引起肢端肥大症。一些肿瘤（如肺癌、肝癌、肾上腺皮质癌等）可分泌肾素，可引起高血压、低血钾和继发性醛固酮增多症。另外，有些肿瘤（如肺癌和肾癌）可分泌催乳素引起女性闭经和溢乳，男性功能障碍和乳房发育，分泌促红细胞生成素的肿瘤可引起红细胞增多症。

（韩学尧）

第二十一章 糖 尿 病

糖尿病（diabetes mellitus，DM）是一种由多种病因引起的代谢性疾病，由于胰岛素分泌和（或）作用缺陷导致慢性高血糖伴碳水化合物、脂肪和蛋白质代谢紊乱。糖尿病的慢性高血糖可引起长期多系统（尤其是眼、肾脏、神经、心脏和血管）的损害、功能减退及衰竭；严重时可发生急性代谢紊乱，如糖尿病酮症酸中毒（DKA）、非酮症性高渗状态等。

糖尿病的发生过程包含了多种发病机制。胰岛素分泌不足和（或）靶器官对胰岛素反应减弱导致胰岛素在靶器官的作用缺陷是导致代谢紊乱的基础。

随着人们生活方式的改变以及人口老化，全球的糖尿病的患病率迅速增加。据世界卫生组织（WHO）估计，到2025年，全球糖尿病患者将从1995年的1.35亿增加到3亿。我国1979—1980年调查成人糖尿病患病率为1%；1994—1995年调查成人糖尿病患病率为2.5%；2000—2001年调查成人糖尿病患病率为5.5%；2007—2008年调查成年糖尿病患病率已达9.7%。糖尿病已成为严重威胁人类健康、造成巨大的社会经济负担的公共卫生问题。

【糖尿病分型】

1999年WHO糖尿病专家委员会提出了糖尿病的分型标准：

1. 1型糖尿病（T1DM） 胰岛β细胞破坏，有酮症酸中毒倾向，占糖尿病中的5%～10%。

(1) 自身免疫性：急性型及缓发型。

(2) 特发性：病因学及病理生理学过程不详。

2. 2型糖尿病（T2DM） 主要类型是以胰岛素抵抗为主伴胰岛素分泌缺陷，占糖尿病中的90%～95%。

3. 其他特殊类型糖尿病

(1) β细胞的基因缺陷：①β细胞功能的单基因缺陷，常表现为青年发病的高血糖，即青年人中的成年发病型糖尿病（maturity-onset diabetes mellitus of the young，MODY）。在目前发现的6种亚型中，最常见的类型是12号染色体上肝细胞核因子1α（HNF-1α）基因突变（MODY3）；其次是发生于7号染色体短臂上的葡萄糖激酶基因突变（MODY2）；少见类型见于其他转录因子的基因突变，包括：肝细胞核因子4α（HNF-4α）、肝细胞核因子1β（HNF-1β）、胰岛素启动子（IPF）-1和神经源性分化因子1（Neuro D_1）的基因突变，分别命名为MODY1，MODY5、MODY4和MODY6。②线粒体基因突变糖尿病，最常见的类型是tRNA Leucine基因3243位点的A→G突变。

(2) 胰岛素作用的基因缺陷：胰岛素受体基因突变，Leprechaunism综合征、Rabson-Mendenhall综合征以及伴胰岛素抵抗的脂肪萎缩型糖尿病。

(3) 胰腺外分泌疾病：胰腺炎、创伤、胰腺切除术、感染、胰腺癌等。

(4) 内分泌病：拮抗胰岛素作用的激素分泌过多的疾病，包括：肢端肥大症、库欣综合征、胰高糖素瘤、嗜铬细胞瘤。生长抑素瘤和醛固酮瘤引起的低钾血症可抑制胰岛素分泌而导致糖尿病。

(5) 药物或化学品所致糖尿病：毒鼠药Vacor和抗寄生虫药物喷他脒可永久破坏β细胞。烟酸和糖皮质激素导致胰岛素作用受损。其他药物包括：甲状腺激素、二氮嗪、β肾上腺素受体激动剂、噻嗪类利尿药、苯妥英钠、α-干扰素等。

(6) 感染：先天性风疹、柯萨奇病毒B、巨细胞病毒、腺病毒、腮腺炎病毒等。

(7) 不常见的免疫介导糖尿病：僵人（stiff-man）综合征、抗胰岛素受体抗体导致的糖尿病等。

(8) 其他与糖尿病相关的遗传综合征：Down综合征、Klinefelter综合征、Turner综合征、Wolfram综合征等。

4. 妊娠糖尿病（GDM） 妊娠期间发现的任何程度的葡萄糖不耐受。

【糖尿病高危状态】

在达到糖尿病诊断标准之前，糖尿病患者会经历一个血糖高于正常的过程，称为"葡萄糖调节受损"（IGR）或"糖尿病前期"，包括空腹血糖受损（IFG）和（或）葡萄糖耐量受损（IGT）。在糖尿病高危人群中进行积极的生活方式干预可以预防或延缓糖尿病的发生。

【病因和发病机制】

虽然糖尿病的病因和发病机制至今尚未完全阐明，但目前已知遗传因素及环境因素是糖尿病发病的重要病因。

(一) 1型糖尿病

绝大多数T1DM是自身免疫性疾病，患者体内可以检测到多种自身抗体，包括胰岛细胞自身抗体、胰岛素自身抗体、GAD自身抗体、酪氨酸激酶IA-2和IA2β自身抗体等。1型糖尿病与HLA-DQA和HLA-DQB基因关联，并且受HLA-DRB基因影响。这些等位基因与1型糖尿病的发病起促进或保护作用。环境因素包括某些病毒感染诱发自身免疫反应、和饮食因素（如缺乏母乳喂养）等。

(二) 2型糖尿病

T2DM遗传因素和环境因素共同作用的结果，目前所定义的T2DM仍存在异质性。T2DM是多基因遗传病，其参与发病的基因及其对发病的影响程度尚未完全明确。在遗传易感性的背景下，随着年龄的增加、饮食中过多碳水化合物和脂肪类的摄入以及缺乏体力活动所引起的肥胖，都可促进T2DM的发病。

【病理生理学机制】

参与糖尿病发病的主要病理生理学机制包括胰岛素抵抗和β细胞功能缺陷。

1. 胰岛素抵抗 指胰岛素作用的靶器官（主要是肝脏、肌肉和脂肪组织）对胰岛素作用的敏感性降低，从而减弱胰岛素降低机体血糖的作用。以胰岛素抵抗为主的T2DM患者多伴有肥胖，肥胖即可导致一定程度的胰岛素抵抗。

2. β细胞功能缺陷 T2DM早期，患者胰岛素水平往往正常或者升高，这是因为胰岛β细胞为代偿胰岛素抵抗而分泌胰岛素增加，但胰岛素的分泌量仍低于同等胰岛素抵抗条件下正常人的胰岛素分泌。随着血糖水平的增加，β细胞分泌胰岛素逐渐降低。

【临床表现】

(一) 代谢紊乱的表现

高血糖引起渗透性利尿，患者表现为多尿且夜尿增多明显、口渴、多饮；由于葡萄糖利用障碍，脂肪和蛋白质分解增多，患者表现为体重下降和消瘦，乏力，消瘦，易饥，多食，儿童生长发育受阻。女性可因真菌性阴道炎出现外阴瘙痒。血糖升高较快的患者因晶体渗透压改变而引起屈光改变而出现视力模糊。血糖升高缓慢的患者往往无任何症状，仅于检测血糖时发现糖尿病。

一般而言，在自身免疫性T1DM中，青少年患者往往起病急且症状重，严重者以酮症酸中毒昏迷就诊；而成人隐匿性自身免疫性糖尿病（latent autoimmune diabetes in adults, LADA）患者起病相对缓慢，体型多正常或消瘦，发病后很快需要用胰岛素控制血糖。

T2DM多见于成年人，发病缓慢，症状轻或无症状。有时以糖尿病慢性并发症就诊。早期不需要胰岛素治疗，随着病程进展，最后发展为需要胰岛素治疗。T2DM患者常有糖尿病家族史，伴有肥胖、血脂异常、高血压等代谢综合征表现。

(二) 并发症和伴发病的表现

参见下文。

【并发症】

(一) 急性严重代谢紊乱

包括糖尿病酮症酸中毒和高血糖高渗状态。

（二）感染

皮肤感染包括疖、痈、足癣等。女性常见真菌性阴道炎及尿路感染，男性可发生龟头炎。糖尿病合并肺结核的发生率较非糖尿病者高。

（三）慢性并发症

高血糖引起的氧化应激是糖尿病慢性并发症发生的重要机制。主要的慢性并发症包括大血管病变和微血管病变。

1. 以动脉粥样硬化为特征的糖尿病大血管病变主要表现为冠心病、缺血性或出血性脑血管病、肾动脉硬化、外周动脉硬化等。

2. 微血管病变包括糖尿病肾病、视网膜病变和糖尿病神经病变。

（1）糖尿病肾病：是T1DM患者的主要死亡原因，随着糖尿病病程的延长，糖尿病肾病的发病率增高。但是，糖尿病肾病的发生还与遗传因素有关。T1DM肾损害的发生、发展可分五期，目前T2DM肾病沿用该分期：①Ⅰ期：肾体积增大，肾小球滤过率（GFR）升高，严格控制血糖可使肾小球滤过率接近正常。②Ⅱ期：此期尿白蛋白排泄率间歇性增高（如运动后、应激状态），GFR轻度增高。③Ⅲ期：隐性糖尿病肾病，T1DM发病5年后可出现微量白蛋白尿，即尿白蛋白排泄率（UAER）持续在$20\sim200\mu g/min$（正常$<10\mu g/min$），相当于尿白蛋白/肌酐比率$30\sim299\mu g/mg$，GFR正常或高于正常，血压逐渐升高。④Ⅳ期：临床肾病，出现大量白蛋白尿，$UAER>200\mu g/min$，相当于尿白蛋白/肌酐比率$\geq300\mu g/mg$或尿蛋白总量$>0.5g/24h$，GFR下降。⑤Ⅴ期：尿毒症，UAER降低，血肌酐升高，血压升高。

（2）糖尿病性视网膜病变：是20~74岁人群中失明的主要原因之一。视网膜改变可分为六期，分属两大类。Ⅰ期：微血管瘤、出血点；Ⅱ期：硬性渗出；Ⅲ期：软性渗出。Ⅰ~Ⅲ期称为为背景性视网膜病变。Ⅳ期：新生血管形成、玻璃体积血；Ⅴ期：纤维血管增殖、玻璃体机化；Ⅵ期：牵拉性视网膜脱离和失明。Ⅳ~Ⅵ期称为增殖性视网膜病变（PDR）。

（3）糖尿病性神经病变：常见的有周围神经病变和自主神经病变。周围神经病变表现为对称性肢端感觉异常、痛觉过敏、肌力减弱、腱反射减弱、音叉震动感减弱或消失。体感诱发电位可发现无症状的感觉和运动神经传导速度减慢。自主神经病变可影响消化系统，表现为排汗异常（无汗、少汗或多汗），胃排空延迟（胃轻瘫），腹泻和便秘交替等；影响到心血管系统，表现为直立性低血压、心动过速、心率变异性降低等；影响到泌尿生殖系统，表现为残尿量增加、尿失禁、尿潴留、阳痿等。

3. 糖尿病足是非创伤性截肢的重要原因之一，由下肢神经病变、血管病变和感染共同导致。严重者表现为足部溃疡和坏疽。

【实验室检查】

（一）糖尿病的诊断和血糖的控制情况

1. 尿糖测定　尿葡萄糖阳性是诊断糖尿病的线索之一，正常人血糖10mmol/L以上时出现尿糖阳性（肾糖阈），因此可以用尿糖定性判断血糖的高低。但是，肾糖阈升高（如肾脏疾病）或降低（如妊娠）都会影响通过尿糖对血糖水平的判断，因此尿糖定性不能作为糖尿病的诊断标准。

2. 口服葡萄糖耐量试验（OGTT）　测定血糖是诊断糖尿病的"金标准"。血糖值反映的是瞬间血糖状态，常用葡萄糖氧化酶法测定。糖尿病诊断需测定静脉血浆血糖，糖尿病治疗过程中可以通过毛细血管血糖测定了解血糖控制情况。

OGTT应在清晨空腹8~14小时后进行，成人口服溶于250~300ml水中的75g无水葡萄糖或82.5g一水葡萄糖，5分钟内饮完；儿童服糖量按每公斤体重1.75g计算，总量不超过75g。分别于空腹及开始饮葡萄糖水后2小时测静脉血浆葡萄糖。

3. 糖化血红蛋白（HbA1）和糖化血清白蛋白　HbA1是葡萄糖与血红蛋白的氨基发生非酶催化反应的产物，HbA1C（A1C）是最为主要的糖化血红蛋白，由于红细胞的寿命约为120天，因此A1C反映患者近8~12周的平均血糖水平。不同实验室之间其参考值有一定差异，一般为4%~6%。

A1C是糖尿病控制情况的主要监测指标,随着A1C水平的增高,糖尿病并发症的发生风险增加。最近,ADA(2010)提出将A1C≥6.5%作为糖尿病的诊断标准之一。血清白蛋白也可与葡萄糖发生非酶催化的糖化反应糖化白蛋白,白蛋白半衰期为19天,故糖化白蛋白反映了患者近2～3周内总的血糖水平。

(二)胰岛β细胞功能检查

血糖的水平直接反映了胰岛β细胞的功能,高血糖提示胰岛β细胞功能的降低。此外,在OGTT试验中测定多个时间点的胰岛素和C肽水平有助于评估胰岛β细胞功能。

1. 胰岛素释放试验　正常人空腹基础血浆胰岛素为35～145pmol/L(5～20mU/L),口服75g无水葡萄糖后,胰岛素在30～60分钟上升至高峰,峰值为基础值5～10倍,3～4小时恢复到基础水平。

2. C肽释放试验　基础值约400pmol/L,30～60分钟出现高峰,峰值为基础值5～6倍。C肽测定不受外源性胰岛素的影响,可用于正在使用胰岛素的患者β细胞功能的检查。

(三)并发症检查

包括血脂、肝肾功能、心脏、肝、肾、眼底及神经系统的检查。血糖明显升高时需进行酮体、电解质、血气分析等检查。

(四)自身抗体的检查

GAD抗体、胰岛细胞自身抗体、胰岛素自身抗体等检测有助于糖尿病分型。

【诊断与鉴别诊断】

(一)诊断

当患者主诉某些症状如口渴、尿量增多、反复感染、体重降低时,应考虑到糖尿病的可能并进行空腹和糖负荷后2h血糖的测定。

WHO糖尿病专家委员会提出的糖尿病和IGR诊断标准(1999)如下:

1. 糖尿病诊断是基于空腹(FPG)、任意时间或OGTT中2小时血糖值(2hPG)。空腹指至少8小时内无热量摄入。任意时间指一日内任何时间,无论上一次进餐的时间。OGTT采用75g无水葡萄糖负荷。糖尿病症状指多尿、口渴和难以解释的体重下降。

2. FPG≥7.0mmol/L(126mg/dl),或OGTT 2h PG≥11.1mmol/L(200mg/dl),或糖尿病症状加任意时间血浆葡萄糖≥11.1mmol/L(200mg/dl)应诊断糖尿病。当没有显著的高血糖时,上述标准需在另一天重复一次以确定糖尿病的诊断。

3. FPG 6.1～6.9mmol/L(110～125mg/dl)诊断为IFG;OGTT 2hPG 7.8～11.0mmol/L(140～199mg/dl)诊断为为IGT。

4. 儿童糖尿病诊断标准与成人相同。

(二)鉴别诊断

需鉴别T1DM和T2DM,根据发病年龄、起病缓急、症状轻重、酮症酸中毒倾向、是否超重或肥胖、是否依赖胰岛素治疗、是否有糖尿病家族史,结合自身抗体检测进行鉴别。

继发性于肢端肥大症(或巨人症)、库欣综合征、嗜铬细胞瘤等内分泌疾病的糖尿病,具有特殊的症状和体征,一般不难鉴别。

【治疗】

糖尿病的治疗目标包括消除症状、防止或延缓并发症的发生,降低病死率,提高患者生活质量。糖尿病的治疗原则包括:医学营养治疗、运动疗法、血糖监测、药物治疗和糖尿病教育。糖尿病的治疗是综合治疗,除严格控制血糖外,要积极调节血脂紊乱、严格控制血压、抗血小板治疗、控制体重、限制饮酒和戒烟。

(一)糖尿病健康教育

包括对糖尿病对医务人员、患者及其家属的教育。应让患者和家属了解糖尿病的危害和糖尿病并发症的防治知识,学会自我监测血糖、饮食和运动治疗的方法、胰岛素注射的方法、足部的检查和护理,低血糖的预防和处理等。

(二) 医学营养治疗

医学营养治疗 (medical nutrition therapy, MNT) 是糖尿病治疗的基础。

1. 计算总热量　用简易公式计算理想体重 [理想体重 (kg) =身高 (cm) -105],根据理想体重和日常活动,计算每日所需总热量。成年人休息状态下维持体重所需的热量是每日每公斤理想体重 25~30kcal,如果肥胖的糖尿病患者达到减轻体重的目的,每天摄入的热量应在此基础上减少 500kcal,每月体重应减轻 2~4kg。随着体力活动的增加,摄入的热量酌情增加。儿童、孕妇、乳母、营养不良和消瘦以及伴有消耗性疾病者应酌情增加。

2. 碳水化合物饮食应占总热量的 50%~60%。蛋白质摄入量成人每日每公斤理想体重 0.8~1.2g,儿童、孕妇、乳母、营养不良或伴有消耗性疾病者增至 1.5~2.0g,伴有糖尿病肾病而肾功能正常者应限制至 0.8g,血肌酐升高者应限制在 0.6g。脂肪约占总热量 30%。

3. 按每克糖类、蛋白质产热 4kcal,每克脂肪产热 9kcal,将热量换算为食品后制订食谱,可按每日三餐分配为 1/5、2/5、2/5 或 1/3、1/3、1/3。

(三) 体育锻炼

规律的体育锻炼有助于减轻体重和改善胰岛素抵抗、改善高血压和血脂紊乱。运动时应注意预防低血糖反应。

(四) 血糖和并发症监测

定期监测血糖,建议使用胰岛素治疗的患者应用便携式血糖计进行自我监测血糖 (SMBG)。每 3 个月复查 A1C,了解血糖控制的平均水平以及时调整治疗方案。每年进行 1~2 次并发症的评估。

(五) 口服药物治疗

1. 磺脲类和格列奈类

(1) 磺脲类 (sulfonylureas, SUs):第一代 SUs 如甲苯磺丁脲 (tolbutamide, D-860)、氯磺丙脲 (chlorpropamide) 等已很少应用;第二代 SUs 有格列本脲 (glibenclamide)、格列吡嗪 (glipizide)、格列齐特 (gliclazide)、格列喹酮 (gliquidone) 和格列美脲 (glimepiride) 等。

SUs 的主要作用为刺激胰岛 β 细胞分泌胰岛素,其作用部位是胰岛 β 细胞膜上的 ATP 敏感的钾离子通道 (K_{ATP})。

1) 适应证:应用于新诊断的 T2DM 非肥胖患者,与其他作用机制不同的口服降糖药联合应用。15%~20% 的患者治疗反应不佳,为原发失效;初始治疗有效者以每年 5%~10% 的速度发生继发失效。

2) 禁忌证:T1DM,需要胰岛素治疗的 T2DM,孕妇、哺乳期妇女,应激状态需要胰岛素治疗者,对 SUs 过敏或有严重不良反应者等。

3) 不良反应:最主要的不良反应为低血糖反应;其他包括体重增加、胃肠道反应等。

(2) 格列奈类:此类药物也作用在 K_{ATP},结合位点与 SUs 不同,作用快速,低血糖发生率较磺脲类药物低。包括瑞格列奈 (repaglinide) 和那格列奈 (nateglinide)。禁忌证与 SUs 相同。于餐前口服。

2. 双胍类 (biguanides)　包括苯乙双胍和二甲双胍。二甲双胍是目前治疗 T2DM 的一线用药,用于肥胖或体重指数正常的 T2DM 患者。目前应用的二甲双胍是通过激活一磷酸腺苷活化的蛋白激酶 (AMPK) 起效。单独用药一般不引起低血糖。

(1) 适应证:无消瘦的 T2DM 患者一线用药,可单独使用或联合其他药物使用。此外,可用于胰岛素治疗的 T1DM 患者。

(2) 禁忌证:①缺氧性疾病或状态,如心功能不全、COPD;②血清肌酐在 133μmol/L 以上者;③糖尿病需要胰岛素治疗者,不单独使用本药;④对药物过敏或有严重不良反应者。

(3) 不良反应：胃肠道反应最为常见，最严重的副作用为乳酸性酸中毒，二甲双胍罕见。

3. **噻唑烷二酮类**（thiazolidinediones，TZDs） 通过激活过氧化物酶体增殖物激活受体 γ（PPARγ）起作用。主要的副作用包括水肿、心力衰竭和骨折。不用于心功能不全的患者。主要的药物包括罗格列酮（rosiglitazone）和吡格列酮（pioglitazone），前者由于对心血管系统的副作用现已少用。

4. **α葡萄糖苷酶抑制剂** 小肠黏膜刷状缘的α葡萄糖苷酶将食物中的多糖和双糖分解为葡萄糖，葡萄糖再由小肠吸收。α葡萄糖苷酶抑制剂通过抑制α-葡萄糖苷酶，从而延缓碳水化合物吸收，降低餐后高血糖。常见的副作用为胃肠道反应，如腹胀和排气增多。单独应用不引起低血糖。不宜用于有胃肠道疾病者、孕妇、哺乳期妇女和儿童。包括阿卡波糖（acarbose）：主要抑制α-淀粉酶；以及伏格列波糖：主要抑制麦芽糖酶和蔗糖酶。

5. **DPP-4抑制剂和GLP-1类似物** GLP-1是位于消化道的胰高糖素样多肽-1，具有葡萄糖依赖的刺激胰岛素分泌的作用。天然的GLP-1半衰期短，在肠道很快被二肽基肽酶（DPP-4）分解。DPP-4抑制剂抑制了DPP-4，延长了天然GLP-1的作用时间，目前上市的有西格列汀（sitagliptin），口服给药。GLP-1类似物通过改变氨基酸种类或序列延长半衰期，需皮下注射给药，目前上市的包括艾塞那肽（exenatide）和利拉鲁肽（liraglutide）。

（六）胰岛素治疗

1. **适应证** ①T1DM；②糖尿病急性并发症：糖尿病酮症酸中毒、高血糖高渗状态和乳酸性酸中毒；③各种严重的糖尿病慢性并发症；④手术、妊娠和分娩；⑤T2DM β细胞功能明显减退者。

2. **不良反应** 最主要的不良反应是低血糖反应，其他包括过敏反应、皮下脂肪萎缩。注射初期，由于晶状体屈光度改变，可出现暂时的视物模糊，多见于治疗开始时血糖较高的患者。

3. **胰岛素** 其制剂按作用起效快慢和维持时间，胰岛素制剂可分为短效、中效和长效三类。短效胰岛素皮下注射后30分钟起效，高峰时间在注射后2～4小时，持续时间短，约6～8小时，主要用于控制餐后血糖。短效胰岛素是唯一可经静脉注射的胰岛素，亦可用于持续皮下胰岛素输注（continuous subcutaneous insulin infusion，CSII）。低精蛋白胰岛素（neutral protamine Hagedorn，NPH，中性精蛋白胰岛素）是中效胰岛素，用以控制空腹血糖，皮下注射后1～3小时起效，高峰时间在注射后6～8小时，持续时间短，约16～18小时。长效胰岛素制剂来源于猪胰岛素。中效胰岛素和短效胰岛素按一定比例混合（70:30或50:50）成为预混胰岛素制剂，优点是注射次数减少，每日2次注射即可覆盖全天的基础胰岛素和餐时胰岛素的补充，缺点是由于睡前的NPH在预混制剂中需要提前至晚餐前注射，夜间低血糖的发生率增加。

按照来源，胰岛素制剂包括基因重组人胰岛素和猪胰岛素。人胰岛素比动物来源的胰岛素较少引起免疫反应。

胰岛素类似物是通过改变氨基酸序列或种类，从而改变胰岛素作用特性的制剂，包括：

（1）速效胰岛素类似物：赖脯胰岛素（insulin lispro）和门冬胰岛素（insulin aspart），于进餐前注射，起效快、作用时间短。

（2）长效胰岛素类似物：包括甘精胰岛素（insulin glargine）和地特胰岛素（Detemir），主要用于控制空腹血糖，由于几乎没有峰值，低血糖发生率较NPH低。

4. **胰岛素使用应根据患者体重和血糖水平，从小剂量开始，逐渐调整剂量。**

（1）1型糖尿病：患者由于胰岛β细胞功能差、患者相对年轻，应采用每日3～4次的强化胰岛素治疗，即三餐前皮下注射短效胰岛素（或速效胰岛素类似物），睡前注射中效胰岛素（或长效胰岛素类似物）。部分T1DM患者在胰岛素治疗后一段时间内病情部分或完全缓解，胰岛素剂量减少甚至停用，称为"蜜月期"，通常持续数周至数月。

（2）2型糖尿病：胰岛素仅作为补充治疗，用于病程较长，口服药物继发失效的患者。部分2型糖尿病患者起病时血糖明显增高，伴有或不伴有酮症，也可先进行胰岛素强化治疗，血糖控制后，高血糖对胰岛β细胞的毒性作用接触，自身胰岛β细胞功能部分恢复，再换用口服降糖药物治疗。胰岛素补充治疗的方案可以为每天1次睡前NPH皮下注射，或1～2次预混制剂早、晚餐前注射，对于病程长、年龄大的2型糖尿病患者，由于多存在心脑血管并发症，对低血糖感知差，血糖不宜控制过于严格，可采用此类胰岛素补充治疗方案。对于血糖控制差的年轻患者可考虑每日多次胰岛素强化治疗。

部分患者胰岛素治疗后空腹血糖仍高，可能的原因为：①夜间胰岛素作用不足，需增加睡前胰岛素剂量；②"黎明现象"（dawn phenomenon）：夜间血糖控制良好，仅于黎明短时间内出现高血糖，一般认为是清晨皮质醇、生长激素等胰岛素拮抗素激素分泌增多所致，轻者可提前早餐前皮下胰岛素注射及早餐，重者需持续皮下胰岛素输注（CSII）治疗；③Somogyi效应：夜间发生低血糖，体内胰岛素拮抗素激素分泌增加，清晨出现低血糖后的高血糖反应，此时应减少睡前胰岛素的注射剂量。对空腹血糖增高的患者进行夜间0点及3点的血糖监测有助于了解高血糖的原因并进行治疗方案的调整。

CSII是采用胰岛素泵控制胰岛素的输注速度，胰岛素泵通过导管向腹部皮下持续泵入短效胰岛素。目前已有在腹部皮下同时置入血糖感受装置，实时通过动态血糖监测调整胰岛素输注剂量。胰岛素泵安装后需定期消毒针头置入部位和更换导管和针头。

（七）糖尿病慢性并发症的防治原则

预防糖尿病慢性并发症的重要原则是综合治疗，积极控制多种大血管病变和微血管病变的危险因素，除控制血糖外，要严格控制血压、调节脂代谢紊乱、抗血小板治疗（例如阿司匹林）、控制体重、戒烟和限制饮酒。糖尿病高血压、血脂紊乱和大血管病变的治疗原则与非糖尿病患者相似，但控制要求更为严格。糖尿病患者血压应控制在130/80mmHg以下，如尿蛋白排泄量达到1g/24h，血压应控制低于125/75mmHg，治疗过程中要避免过快降压导致器官灌注不足。糖尿病患者LDL-C治疗应控制在<2.6mmol/L（100mg/dl）。糖尿病肾病患者良好的血糖和血压控制可延缓GFR的下降速度，早期肾病应用血管紧张素转换酶抑制剂（ACEI）或血管紧张素Ⅱ受体阻滞剂（ARB）除可降低血压外，还可减轻微量白蛋白尿；大量白蛋白尿期（Ⅳ期）要开始低蛋白饮食，肾功能正常的患者，饮食蛋白量为每天每公斤体重0.8g，GFR下降后进一步减至0.6g，加用复方α-酮酸。糖尿病眼底病变应由专科医生筛查和治疗，必要时应用激光光凝治疗，争取保存视力。血糖和血压的良好控制有助于预防和延缓糖尿病神经病变，教育患者保护和每天检查足部有助于预防和控制糖尿病足的发生发展。

【预防】

在各级政府机构的领导和公共卫生机构的组织下，在专科医师的支持和参与下，共同对全社会进行糖尿病知识的宣教工作。向全社会宣传健康的生活方式，在糖尿病高危人群中通过积极的生活方式干预预防糖尿病的发生。

一、糖尿病酮症酸中毒

糖尿病酮症酸中毒（diabetic ketoacidosis，DKA）为最常见的糖尿病急症，轻者仅表现为糖尿病酮症，而血pH值正常；严重者出现意识障碍，发生糖尿病酮症酸中毒昏迷。酮体包括β羟丁酸、乙酰乙酸和丙酮，为酸性代谢产物。糖尿病病情严重时，胰岛素缺乏，机体不能有效利用葡萄糖，脂肪代偿分解增加以供给机体所需能量，脂肪酸在肝经β氧化产生大量乙酰辅酶A。由于糖代谢紊乱，草酰乙酸不足，乙酰辅酶A不能进入三羧酸循环氧化供能而缩合成酮体。

【诱因】

T1DM患者由于胰岛素绝对缺乏，有自发酮症倾向，可以以酮症酸中毒昏迷起病。T2DM患者在一定诱因作用下也可发生酮症。常见诱因有感染、胰岛素治疗中断或不适当减量、饮食不当、各种应激，有时无明显诱因。

【病理生理】

（一）酸中毒

各种酸性代谢产物的增加使血 pH 值降低，导致低体温、心肌收缩力降低和外周循环障碍。当血 pH 降至 7.2 以下时，刺激呼吸中枢引起呼吸加深加快；低至 7.1～7.0 时，可抑制呼吸中枢和中枢神经功能。

（二）严重失水

高血糖和各种酸性代谢产物引起渗透性利尿，酸中毒引起的呼吸加深加快带走大量水分，厌食使水分摄入减少、恶心、呕吐及感染性发热导致进一步失水。

（三）电解质平衡紊乱

渗透性利尿同时使钠、钾等电解质大量丢失，厌食使电解质摄入减少、恶心、呕吐进一步丢失电解质，引起缺钾等电解质代谢紊乱。在酸中毒尚未纠正时，由于血 pH 降低以及胰岛素绝对缺乏，K^+ 从细胞内转移至细胞外，加之失水导致血液浓缩、血钾浓度可正常甚或增高。随着治疗中胰岛素的补充、酸中毒的纠正、血容量增加，可出现严重低血钾，诱发心律失常，甚至心脏骤停。

（四）携带氧系统失常

酸中毒时，血红蛋白与氧亲和力减弱，血氧离解曲线右移，释放氧增加，起代偿作用。如果过快纠正酸中毒，机体失去这一代偿作用，组织缺氧加重，严重时引起脑水肿。

（五）周围循环衰竭和肾障碍

严重失水和血容量减少持续存在可导致肾灌注量减少，出现少尿或无尿，严重者发生急性肾衰竭，还可发生低血容量性休克。

（六）中枢神经功能障碍

严重酸中毒和可导致脑血流不足及水肿、中枢神经功能障碍。过快纠正酸中毒可能导致脑水肿，血糖下降过快可能加重中枢神经功能障碍。

【临床表现】

在感染、应激状态等诱因下，患者表现为多饮、多尿、口渴等症状加重。之后出现恶心、呕吐，多尿、口干、头痛、嗜睡，呼吸深快，呼气中有烂苹果味（丙酮）；后期严重失水，尿量减少、眼眶下陷、皮肤黏膜干燥，血压下降、心率加快、四肢厥冷；晚期有不同程度的意识障碍、反射迟钝、消失，昏迷。少数患者表现以腹痛起病，需与其他原因的腹痛进行鉴别。

【实验室检查】

（一）尿

尿糖强阳性，尿酮体阳性。

（二）血

血糖增高，一般为 16.7～33.3mmol/L（300～600mg/dl）。血 β-羟丁酸升高，血 HCO_3^- 降低，CO_2 结合力降低。酸中毒失代偿后血气分析显示血 pH 下降。血钾可以正常、降低或偏高，治疗后若补钾不足可显著降低。血钠、血氯降低，血尿素氮偏高。血浆渗透压轻度上升。即使无合并感染，也可出现白细胞数及中性粒细胞比例升高。

【诊断与鉴别诊断】

对于原因不明的恶心、呕吐、酸中毒、失水、休克、昏迷的患者，不论有无糖尿病病史，均应想到本病的可能性。应询问相关病史和糖尿病常见的临床表现，同时检查毛细血管血糖、尿糖、尿酮，查静脉血浆血糖、血 β-羟丁酸、尿素氮、肌酐、电解质、血气分析等明确诊断。鉴别诊断包括：①其他类型糖尿病昏迷：低血糖昏迷、高血糖高渗状态、乳酸性酸中毒。②其他疾病所致昏迷：尿毒症、肝性脑病、脑卒中等。

【治疗】

积极治疗糖尿病，消除酮症酸中毒诱因，是主要的预防措施。

对于仅有酮症的患者,如无明显胃肠道反应,可给予胰岛素及口服补充液体,根据血糖水平整胰岛素治疗,酮体逐渐消失;对酮症酸中毒患者应立即抢救,根据临床情况和末梢血糖、尿糖、尿酮测定作出初步诊断后即开始治疗,治疗前需抽取静脉血送生化检测血糖、血电解质、β-羟丁酸等。

治疗原则:尽快补液以恢复血容量,补充胰岛素降低血糖,纠正电解质及酸碱平衡失调,寻找和消除诱因,防治并发症,降低病死率。

(一)补液

通常使用生理盐水。DKA失水量可达体重10%以上,根据患者体重和失水程度估计失水量,开始时输液速度较快,在1～2小时内输入0.9%氯化钠1000～2000ml,前4小时输入所计算失水量1/3的液体,24小时输液量一般为4000～6000ml。如输液仍不能有效升高血压,应输入胶体溶液并采用其他抗休克措施。以后根据血压、心率、每小时尿量、末梢循环情况及有无发热、吐泻等决定输液量和速度。老年患者及有心肾疾病患者必要时监测中心静脉压,一般每4～6小时输液1000ml。血糖在13.9mmol/L(250mg/dl)以上时采用生理盐水补液,当血糖下降至13.9mmol/L(250mg/dl)时改用5%葡萄糖液,根据血糖情况和血糖下降速度,每2～4g葡萄糖加入1U短效胰岛素。在初始治疗阶段,补液速度快于胰岛素输注速度,补液需另建输液通路进行。

(二)胰岛素治疗

采用小剂量(短效)胰岛素静脉滴注,每小时每公斤体重给予0.1U胰岛素。通常将短效胰岛素加入生理盐水中持续静脉滴注(应另建输液途径),剂量均为每小时每公斤体重0.1U。重症患者应酌情静脉注射首次负荷剂量10～20U胰岛素。血糖下降速度一般以每小时约降低3.9～6.1mmol/L(70～110mg/dl)为宜,每1～2小时复查血糖,过快的血糖下降可能引起低血糖反应。若在补足液量的情况下2小时后血糖下降不明显,提示患者对胰岛素敏感性较低,胰岛素剂量应增加。当血糖降至13.9mmol/L时开始输入5%葡萄糖溶液,并按比例加入胰岛素,此时仍需每2～3小时复查血糖,调节输液中胰岛素的比例。只有在碳水化合物保证能量供给的条件下,脂肪分解才能得到抑制,因此在治疗过程中应注意碳水化合物的补充,鼓励患者进食,餐前皮下注射短效胰岛素,由于胃肠道反应不能进食者根据血糖水平增加静脉葡萄糖输入量。

(三)纠正电解质及酸碱平衡失调

多数患者经输液和胰岛素治疗后,酮体水平下降,酸中毒纠正,一般不必补碱。但严重的酸中毒影响多器官功能,危及生命,应给予相应治疗,补碱指征为血pH<7.1,HCO_3^-<5mmol/L。应采用等渗碳酸氢钠(1.25%～1.4%)溶液。将5%碳酸氢钠84ml加注射用水至300ml配成1.4%等渗溶液,一般仅给1～2次。过多过快补碱可造成组织缺氧加重、低钾血症、脑水肿等。

DKA患者失钾总量可达300～1000mmol。由于酸中毒、血容量减少和胰岛素缺乏,治疗前的血钾水平不能真实反映体内缺钾程度,补钾应根据血钾、尿量和肾功能:治疗前血钾低于正常,立即开始补钾,前2～4小时通过静脉输液每小时补钾约13～20mmol/L(相当于氯化钾1.0～1.5g);血钾正常、尿量>40ml/h,也立即开始补钾;血钾正常、尿量<30ml/h,暂缓补钾,待尿量增加后再开始补钾;血钾高于正常,暂缓补钾并密切监测血钾。头24小时内可补氯化钾达6～8g或以上,加入静脉输液补钾(每500ml液体加入1.5g氯化钾)与口服补钾结合。根据血钾水平和尿量调整补钾量。病情恢复后仍应继续口服钾盐数天。

(四)处理诱因和防治并发症

在抢救过程中同时治疗感染等诱因,预防心、脑、肾等脏器功能衰竭。

1. **休克** 严重的休克治疗后不能纠正者,应注意有无感染等伴发病并给予相应治疗。
2. **严重感染** 是本病常见诱因。因DKA可引起低体温和血白细胞数升高,故不能以有无发热或血象改变来判断,应积极查找和处理感染因素。
3. **心力衰竭** 补液过多可导致心力衰竭和肺水肿,应注意预防。可根据血压、心率、尿量等调整输液量和速度。血钾过低、过高均可引起严重心律失常,宜用心电图监护,及时治疗。

4. 肾衰竭　治疗过程中应密切监测尿量和肾功能变化，及时处理肾血流灌注不足。

5. 脑水肿　脑水肿常与脑缺氧、补碱不当、补液速度过快和血糖下降过快等有关。如经治疗后，血糖有所下降，酸中毒改善，但昏迷反而加重，或虽然一度清醒，但烦躁、心率快、血压偏高、肌张力增高，应考虑脑水肿的可能。可给予地塞米松和呋塞米治疗。

（五）护理

应按时清洁口腔、皮肤，预防褥疮和继发性感染。观察病情变化，记录生命体征、神志、出入量等。每1～2小时测血糖，4～6小时复查肌酐、电解质和酸碱平衡指标等。

二、高血糖高渗状态

高血糖高渗状态（hyperglycemic hyperosmolar status，HHS），是糖尿病急性代谢紊乱的另一临床类型，以意识障碍或昏迷、严重高血糖、高血浆渗透压、脱水为特点，无明显酮症酸中毒，部分患者可无昏迷，部分患者可伴有酮症。多见于老年糖尿病患者，原来无糖尿病病史，或仅有轻度症状，用饮食控制或口服降糖药治疗。

常见诱因包括急性感染和各种应激状态，饮食不当，水摄入不足或失水，使用糖皮质激素或利尿剂等。

本病起病缓慢，初期表现为多尿、多饮，可伴有食欲减退。之后逐渐出现严重脱水和神经精神症状，患者反应迟钝、烦躁或淡漠、嗜睡，逐渐出现昏迷、抽搐，晚期尿少甚至无尿。就诊时呈严重脱水、休克，可有神经系统损害的定位体征。与DKA相比，失水更为严重、神经精神症状更为突出。

实验室检查：血糖达到或超过33.3mmol/L（一般为33.3～66.8mmol/L），有效血浆渗透压[$2\times(Na^++K^+)$（mmol/L）+血糖（mmol/L）]达到或超过320mOsm/L（一般为320～430mOsm/L）。血钠正常或增高，尿酮体阴性或弱阳性，一般无明显酸中毒，可与DKA鉴别，但二者亦可同时存在。

临床上遇有原因不明的脱水、休克、意识障碍及昏迷均应想到本病可能性，尤其是血压低而尿量多者，不论有无糖尿病史，均应进行有关检查以肯定或排除本病。

治疗原则同DKA。本症失水比DKA更为严重，可达体重10%～15%，输液要更为积极小心，24小时补液量可达6000～10000ml。目前多主张治疗开始时用等渗溶液如0.9%氯化钠。休克患者应另予以血浆或全血。如无休克或休克已纠正，在输入生理盐水后血浆渗透压高于350mOsm/L，血钠高于155mmol/L，可考虑输入适量低渗溶液如0.45%或0.6%氯化钠。视病情可考虑同时给予胃肠道补液。当血糖下降至16.7mmol/L时开始输入5%葡萄糖液并按每2～4g葡萄糖加入1U胰岛素。胰岛素治疗方法与DKA相似，以每小时每公斤体重0.1U的速率静脉滴注胰岛素。注意补钾，一般不补碱。处理诱因、防治并发症和护理均与DKA相同。

（周翔海）

第二十二章 低血糖症

低血糖症（hypoglycemia）是一组由多种病因引起的以血中葡萄糖浓度过低为特点的综合征。一般以血浆葡萄糖浓度低于 2.8mmol/L 作为低血糖症的标准，临床症状主要为交感神经兴奋症状，但有些患者可以耐受很低的血糖而无症状。

【病因、发病机制及分类】

按照低血糖症的发生与进食的关系分为空腹低血糖和餐后低血糖。空腹低血糖的常见病因为胰岛β细胞异常（胰岛细胞瘤、胰岛细胞增生），药物性（胰岛素、磺脲类降糖药），升糖激素缺乏（原发性肾上腺皮质功能减退、垂体前叶功能减退），胰外肿瘤（间质组织肿瘤和上皮组织肿瘤），严重肝肾功能不全及营养不良，自身免疫性低血糖。餐后低血糖的常见病因为胃大部切除术后低血糖，糖尿病早期反应性低血糖，反应性（功能性）低血糖。

【病理生理和临床表现】

低血糖对机体的影响以神经系统为主，因为神经细胞没有糖原储备，脑细胞所需要的能量，几乎完全来自血糖。血糖降低时，大脑虽然能利用酮体，但是酮体的形成需要一定时间，所以急性低血糖时能量缺乏会对大脑造成损害。低血糖发生时，激发交感神经系统释放肾上腺素、去甲肾上腺素和一些肽类物质，从而产生多汗、饥饿感、心悸、手抖等症状。此时胰高血糖素、肾上腺素、生长激素、皮质醇等升糖激素被激活而升高，所以在某些情况下（如糖尿病）低血糖后由于这些升糖激素的升高可以出现低血糖后的高血糖反应。

低血糖的临床表现分为自主神经兴奋症状和中枢神经系统症状。自主神经系统症状包括出汗、饥饿感、乏力、心率加快、震颤、收缩压增高等。中枢神经系统症状包括精神行为异常、抽搐、意识改变，轻者表现为嗜睡、意识模糊，严重者可出现昏迷。如果低血糖严重并且持续，可导致死亡。

【实验室检查】

1. 血糖　血糖测定时低血糖最基本的检查。临床上如果出现低血糖症状和体征时血糖低于 2.8mmol/L，补充葡萄糖后血糖升高同时临床表现缓解（Whipple 三联征），可以确诊存在低血糖症。

2. 胰岛素　胰岛素的测定对低血糖的鉴别诊断，尤其是胰岛素瘤的诊断非常重要，在低血糖发作时同时留取血标本测定血糖和血清胰岛素。正常人血糖降低时胰岛素分泌减少或停止，而胰岛素瘤患者低血糖发作时胰岛素呈现不适当的分泌增多。用于判断胰岛素分泌过多的指标有：

（1）胰岛素释放指数：是指胰岛素（$\mu U/ml$）与同时测定的血糖值（mg/dl）的比值。一般正常人胰岛素释放指数<0.3，>0.4 为异常，胰岛素瘤患者常>1.0。

（2）低血糖时胰岛素绝对值：如果测定胰岛素的放射免疫法（RIA）灵敏度为 $5\mu U/ml$，那么血糖<2.8mmol/L 时相应的胰岛素浓度>$6\mu U/ml$，则提示低血糖为胰岛素分泌过多所致。

（3）72 小时饥饿试验：72 小时饥饿试验是低血糖症的经典诊断试验。患者如有低血糖病史，但就诊时血糖不低者，都应该入院进行该试验，以明确是否存在低血糖，并探讨低血糖的病因，明确是否胰岛素分泌过多所致。如果患者在试验过程中出现低血糖症状或体征，并且血糖<2.8mmol/L 时即可结束试验；禁食达 72 小时而未出现低血糖，也结束试验。正常人禁食后血糖会有所降低，但不会出现低血糖及其症状和体征。

（4）5 小时口服葡萄糖耐量试验（OGTT）：被用于餐后低血糖的诊断。

【诊断和鉴别诊断】

低血糖症的临床表现是非特异性的，个体间差异也较大，一般根据 Whipple 三联征（指有典型的临床表现，包括交感神经兴奋症状或中枢神经系统症状；发作时血糖<2.8mmol/L；口服或静脉补充

葡萄糖或皮下注射胰高血糖素后症状缓解）确定低血糖症的诊断。

低血糖症的病因诊断是关键。临床上最常见的是糖尿病患者胰岛素、促胰岛素分泌药物治疗过程中发生的低血糖。常见引起低血糖症的疾病包括：

1. **胰岛素瘤** 胰岛素瘤患者临床上以反复发作的空腹低血糖症为特征，起病缓慢，反复发作，症状呈进行性加重。患者为了预防症状发作常常有预防性多食，以致患者体重常有增加。

几乎所有胰岛素瘤都位于胰腺实质内，异位胰岛素瘤罕见，偶见于十二指肠壁、肝门、胰腺附近等部位。临床上常通过腹部 B 超检查、CT 检查做定位诊断。

2. **糖尿病患者治疗过程中出现的低血糖** 是临床上最常见的低血糖症，糖尿病患者血糖<3.9mmol/L 即可诊断为低血糖，并应进行处理。低血糖时促胰岛素分泌药物和胰岛素治疗过程中较常发生的不良反应。常见的诱因有：促胰岛素分泌药物和胰岛素剂量过大、进食过少或误餐、运动量增加、饮酒后、肾功能不全等。

3. **肝源性低血糖** 肝是内源性葡萄糖生成的主要场所，维持正常的空腹血糖水平需要肝结构和功能的完整，各种原因造成肝组织破坏时，肝糖原的储存和分解、糖异生作用减弱，往往在进食不足、消耗过多时出现低血糖。

4. **胰外肿瘤性低血糖** 一些间质组织肿瘤（纤维肉瘤、间皮瘤、横纹肌肉瘤、平滑肌肉瘤、脂肪瘤、神经纤维瘤、淋巴肉瘤等）和上皮细胞肿瘤（肝癌、肾上腺皮质肿瘤、胰腺及胆管肿瘤、肺支气管癌、卵巢癌、消化道类癌、胃肠癌等）也可引起低血糖，多为空腹低血糖，有时可表现为餐后低血糖。

5. **自身免疫性低血糖** 非常罕见，是由于自身免疫、自身抗体作用而引起的空腹或餐后低血糖。临床上表现为空腹或餐后晚期低血糖，有时是难治的空腹低血糖，但常常是自限性的。可合并其他自身免疫性疾病，如 Graves 病、系统性红斑狼疮等。血清中胰岛素自身抗体（IAA）或抗胰岛素受体抗体阳性。

6. **酒精性低血糖症** 由酒精中毒引起的低血糖综合征称为酒精性低血糖症。分为两种情况：一种为餐后酒精性低血糖症，见于饮酒后 3～4 小时，是刺激胰岛素分泌所致；另一种为空腹大量饮酒后不吃食物，在饮酒后空腹 8～12 小时出现低血糖症。

7. **胃大部切除术后低血糖** 胃切除术后营养性低血糖是快速胃排空后所导致的高胰岛素血症的结果。针对低血糖，肾上腺系统过度活跃引起症状。治疗包括小量多餐，使碳水化合物不至于太快吸收，进食一些脂肪和蛋白质类食物会减少低血糖症的发生。

8. **早期糖尿病性反应性低血糖** 这类情况以胰腺 B 细胞胰岛素释放延迟为特征，导致在糖耐量试验中早期出现高血糖。为对抗这种高血糖，过度的胰岛素释放致使在摄入葡萄糖 4～5 小时后出现晚发低血糖。这类病人与摄糖后 2～3 小时发生低血糖的患者不同，他们一般肥胖且有糖尿病家族史。多见于糖耐量异常和早期 2 型糖尿病。

9. **内分泌疾病导致升糖激素分泌不足** 单一的升糖激素缺乏如生长激素缺乏、肾上腺皮质功能低下、甲状腺功能减退、儿茶酚胺缺乏（肾上腺切除后仅补充糖皮质激素）或垂体前叶功能减退等很少出现低血糖。但空腹时间过长、运动、妊娠、饮酒或感染、创伤、手术等应激情况诱发危象时则容易发生低血糖。

【治疗】

根据低血糖症的病因进行治疗。胰岛素瘤应尽早手术；糖尿病治疗过程中出现的低血糖应该调整饮食、运动和药物剂量；据文献报道，糖皮质激素对自身免疫性低血糖症治疗有效；酒精性低血糖症患者尽量避免饮酒，或少量饮酒后及时进食；早期糖尿病性反应性低血糖患者应该少量、多次，定时进餐，高蛋白饮食和减少碳水化合物的摄入措施对这类病人有效。

(朱 宇)

第二十三章 血脂异常和脂蛋白异常血症

高脂血症（hyperlipidemia）是指血浆中总胆固醇（total cholesterol，TC）和/或三酰甘油（triglyceride，TG）水平升高。由于胆固醇和三酰甘油都是疏水性物质，不能直接在血液中被转运，也不能直接进入组织细胞中，故它们必须与特殊的蛋白质即载脂蛋白（apoprotein，apo）结合形成脂蛋白才能被运输至组织进行代谢。所以，高脂血症实际上是血浆中某一类或某几类脂蛋白水平升高的表现，严格说应称为高脂蛋白血症（hyperlipoproteinemia）。近年来，由于逐渐认识到血浆中高密度脂蛋白胆固醇（high density lipoprotein-cholesterol，HDL-C）降低也是一种血脂代谢紊乱，因而采用血脂代谢异常［简称血脂异常（dyslipidemia）］来反映血脂代谢紊乱的状态则更为全面准确。血脂异常主要包括：血清低密度脂蛋白胆固醇（low-density lipoprotein-cholesterol，LDL-C）水平过高和/或 TC 水平过高；血清 TG 水平过高；血清 HDL-C 水平过低。2007 年 5 月发表的《中国成人血脂异常防治指南》（简称《指南》）适合在我国人群中使用，其较我国 1997 年的"血脂异常防治建议"危险分层更加积极，较美国 2004 年更新的"国家胆固醇教育计划成人治疗组第三次报告"（简称 ATP Ⅲ）简单实用。通过对"第二次中国临床血脂控制现状多中心协作研究"中的 2 094 例患者的调查发现，我国目前调脂药物的应用对象发生了很大变化，调脂治疗的目的已不单纯是为了降低胆固醇。临床血脂控制状况与各防治指南要求相距仍甚远，特别是高危和极高危患者。要进一步改善我国临床血脂控制状况，药物种类、药物剂量、联合治疗和治疗性生活方式改变等多方面均需要进一步提高。

【生理】

(一) 血脂的代谢与调节

血脂是血浆中中性脂质（胆固醇和三酰甘油）和类脂（磷脂、糖脂、固醇、类固醇）的总称，其广泛存在于人体中。一般来说，与临床密切相关的血脂主要是胆固醇和三酰甘油，其中胆固醇主要用于合成细胞膜、类固醇激素和胆汁酸，而三酰甘油则主要参与人体内能量代谢。

1. 胆固醇的代谢与调节　人体约含胆固醇 140g，广泛分布于全身各组织中，大约 1/4 分布在脑及神经组织中，肝、肾、肠等内脏及皮肤、脂肪组织中含较多的胆固醇，其中以肝最多。肾上腺、卵巢等合成类固醇激素的内分泌腺胆固醇含量较高，而肌肉组织含量较低。

除成年动物脑组织及成熟红细胞外，几乎全身各组织均可合成胆固醇，其中肝是合成胆固醇的主要场所，乙酰 CoA 是其合成的原料，羟甲基戊二酸单酰 CoA 还原酶（HMG CoA 还原酶）是其合成的限速酶。胆固醇的合成受以下因素调节：饥饿与禁食可抑制肝合成胆固醇，而高糖高饱和脂肪膳食后，肝 HMG CoA 还原酶活性增加，胆固醇合成增加；胆固醇可反馈抑制肝胆固醇的合成；胰岛素和甲状腺素能诱导肝 HMG CoA 还原酶合成，从而增加胆固醇的合成，胰高血糖素和皮质醇则能抑制并降低 HMG CoA 还原酶的活性，从而减少胆固醇的合成。胆固醇的转化包括转变为胆汁酸，转化为类固醇激素以及 7-脱氢胆固醇。

2. 三酰甘油的代谢与调节　三酰甘油是机体储存能量的形式，大部分组织均可以利用三酰甘油分解产物供给能量，同时肝、脂肪等组织还可以进行三酰甘油的合成，并在脂肪组织中贮存。

肝、脂肪组织及小肠是合成三酰甘油的主要场所，以肝的合成能力最强。合成三酰甘油所需的甘油及脂酸主要由葡萄糖代谢提供。食物脂肪消化吸收后以乳糜微粒（chylomicron，CM）形式进入血液循环，运送至脂肪组织或肝，其脂酸亦可用于合成脂肪。

储存于脂肪细胞中的脂肪，被脂肪酶逐步水解为游离脂酸及甘油并释放入血以供其他组织氧化利用，此过程即为脂肪动员，在脂肪动员中起重要调节作用的是脂肪细胞内激素敏感性三酰甘油脂肪酶，它是脂肪分解的限速酶。能促进脂肪动员的激素称为脂解激素，如肾上腺素、去甲肾上腺素、胰高血糖素等，而胰岛素、前列腺素 E_2 及烟酸等抑制脂肪的动员，对抗脂解激素的作用。

(二) 脂蛋白的代谢与调节

脂蛋白主要是由胆固醇、三酰甘油、磷脂和蛋白质组成，绝大多数是在肝脏和小肠组织中合成并主要经肝脏进行分解代谢。应用超速离心法可以将血浆脂蛋白分为：CM、极低密度脂蛋白（very-low-density lipoprotein，VLDL）、中间密度脂蛋白（intermediate-density lipoprotein，IDL）、低密度脂蛋白（low-density lipoprotein，LDL）和高密度脂蛋白（high-density lipoprotein，HDL）。这五类脂蛋白按照上述顺序密度依次增加而颗粒则依次变小。此外，后来还发现一种脂蛋白称作脂蛋白（a）[lipoprotein（a），Lp（a）]，其化学结构与 LDL 很相似，仅多含一个载脂蛋白（a）。人血浆脂蛋白的物理特性、来源及功能列于表 7-23-1。

表 7-23-1 血浆脂蛋白的物理特性、来源及功能

分类	水合密度 (g/ml)	颗粒大小 (nm)	主要脂质	主要载脂蛋白	来源	功能
CM	<0.95	80~500	三酰甘油	apo B_{48}、apo AⅠ、apo AⅡ	小肠合成	将食物中的三酰甘油和胆固醇从小肠转运至其他组织
VLDL	<1.006	30~80	三酰甘油	apo B_{100}、apo E、apo Cs	肝脏合成	转运三酰甘油至外周组织，经脂酶水解后释放游离脂肪酸
IDL	1.006~1.019	27~30	三酰甘油、胆固醇	apo B_{100}、apo E	VLDL 中三酰甘油经脂酶水解后形成	属 LDL 前体，部分经肝脏摄取
LDL	1.019~1.063	20~27	胆固醇	apo B_{100}	VLDL 和 IDL 中三酰甘油经脂酶水解后形成	胆固醇的主要载体，经 LDL 受体介导摄取而被外周组织利用，与冠心病直接相关
HDL	1.063~1.21	5~17	磷脂，胆固醇	apo AⅠ、apo AⅡ、apo Cs	肝脏和小肠合成，CM 和 VLDL 脂解后表面物衍生	促进胆固醇从外周组织移去、转运胆固醇至肝脏或其他组织再分布，HDL 与冠心病负相关
LP（a）	1.05~1.12	26	胆固醇	apo B_{100}、LP（a）	肝脏合成后与 LDL 形成复合物	可能与冠心病相关

【病理生理】

冠心病与血脂异常：冠心病是由遗传和环境两方面因素所致的慢性疾病，目前已知的最主要的致病性危险因素有：LDL-C 升高、HDL-C 降低、吸烟、高血压和糖尿病等。血浆胆固醇水平升高是冠心病的主要独立危险因素。

糖尿病与血脂异常：糖尿病患者往往在疾病的亚临床期就已存在血脂异常，表现为血浆 TG、VLDL、游离脂肪酸水平升高，HDL-C 水平下降，持续性餐后高脂血症以及 LDL-C 水平轻度升高，小而密低密度脂蛋白和小而密高密度脂蛋白均增加。糖尿病伴发血脂异常的机制目前认为主要与下列因素有关：①血糖控制不良；②高胰岛素血症和胰岛素抵抗；③脂肪酸和脂代谢异常。

【分类】

目前有关血脂异常的分类较为繁杂，归纳起来有三种分类方法，现归纳如下：

(一) 继发性或原发性高脂血症

继发性高脂血症是指由于全身系统性疾病所引起的血脂异常。可引起血脂升高的系统性疾病主要有糖尿病、肾病综合征、甲状腺功能减退症，其他疾病有肾衰竭、肝疾病、系统性红斑狼疮、糖原累积症、骨髓瘤、脂肪萎缩症、急性卟啉病、多囊卵巢综合征等。此外，某些药物如利尿剂、β-受体阻

滞剂、糖皮质激素等也可能引起继发性血脂升高。在排除了继发性高脂血症后，即可诊断为原发性高脂血症。已知部分原发性高脂血症是由于先天性基因缺陷所致，例如 LDL 受体基因缺陷引起家族性高胆固醇血症等；而另一部分原发性高脂血症的病因目前还不清楚。

（二）高脂蛋白血症的表型分型法

世界卫生组织（WHO）制订了高脂蛋白血症分型，共分为 6 型，如Ⅰ、Ⅱa、Ⅱb、Ⅲ、Ⅳ和Ⅴ型。这种分型方法对指导临床上诊断和治疗血脂异常有很大的帮助，但也存在不足之处，其最明显的缺点是过于繁杂。从实用角度出发，血脂异常可进行简易的临床分型（表 7-23-2）。

表 7-23-2　血脂异常的临床分型

分型	TC	TG	HDL-C	相当于 WHO 表型
高胆固醇血症	增高			Ⅱa
高三酰甘油血症		增高		Ⅳ、Ⅰ
混合型高脂血症	增高	增高		Ⅱb、Ⅲ、Ⅳ、Ⅴ
低高密度脂蛋白血症			降低	

（三）高脂血症的基因分型法

随着分子生物学的迅速发展，人们对高脂血症的认识已逐步深入到基因水平。已经发现有相当一部分高脂血症患者存在单一或多个遗传基因的缺陷。由于基因缺陷所致的高脂血症多具有家族聚积性，有明显的遗传倾向，故临床上通常称为家族性高脂血症（表 7-23-3）。

表 7-23-3　家族性高脂血症

疾病名称	血清 TC 浓度	血清 TG 浓度
家族性高胆固醇血症	中至重度升高	正常或轻度升高
家族性 apo B 缺陷症	中至重度升高	正常或轻度升高
家族性混合型高脂血症	中度升高	中度升高
家族性异常 β 脂蛋白血症	中至重度升高	中至重度升高
多基因家族性高胆固醇血症	轻至中度升高	正常或轻度升高
家族性脂蛋白（a）血症	正常或升高	正常或升高
家族性高三酰甘油血症	正常	中至重度升高

【临床表现】

血脂异常的早期临床表现并不明显，某些继发性血脂异常，如甲状腺功能低下、糖尿病、痛风、酒精中毒、肾病综合征及阻塞性肝胆疾病主要表现为原发疾病的症状和体征。故对血脂增高者应详细询问其是否有持续的血脂异常和早发的冠心病家族史等。

长期血脂异常的临床表现主要包括因脂质在真皮内沉积所引起的皮肤改变和脂质在血管内皮沉积所引起的动脉粥样硬化而出现的心、脑及周围血管疾病。

1.脂质在真皮内沉积所引起的黄色瘤　桔黄色或棕红色的局限性皮肤隆起，可呈结节、斑块或丘疹等形状，质地较柔软。其中最常见的是扁平黄色瘤。①扁平黄色瘤：常见于睑周，又称睑黄色瘤，表现为眼睑周围处的桔黄色略高出皮面的扁平片状瘤，边界清楚，质地柔软，也可泛发于面、颈、躯干和肢体等处，见于各种脂质代谢异常。②掌皱纹黄色瘤：分布于手掌及手指间皱褶处的浅条状扁平黄色瘤，呈桔黄色轻度凸起，主要是 VLDL 残粒增加所致。③结节性黄色瘤：发展缓慢，好发于身体的伸侧如肘、膝、指节伸处以及髋、踝、臀等部位。为圆形结节，大小不一，边界清楚，早期质地较柔软，后期由于损害纤维化，质地变硬。主要见于家族性异常 β-脂蛋白血症或家族性高胆固醇血症。④肌腱黄色瘤：是一种特殊的结节状黄色瘤，为圆或卵圆形质硬皮下结节，发生在肌腱部位，常见于跟腱、手或足背伸侧肌腱、膝部股直肌和肩三角肌腱等处。此种黄色瘤常是家族性高胆固醇血症的较为特征性的表现。⑤结节疹性黄色瘤：好发于肘部四肢伸侧和臀部，皮损常在短期内成批出现，呈结节状有融合趋势。瘤的皮肤呈桔黄色，伴有炎性基底。主要见于家族性异常β-脂蛋白血症。⑥疹性黄色瘤：为针头大小的桔黄色丘疹，个别呈棕黄色，常伴有炎性基底。主要见于高三酰甘油血症。

2. 脂性角膜弓　出现于角膜边缘的灰白色混浊的环，尤其以家族性高胆固醇血症者多见，但特异性不强。也可见于一些老年人，故又称老年环。

3. 眼底改变　由于严重的乳糜微粒血症，大颗粒的脂蛋白沉积在血管壁上，引起光散射，使视网膜血管出现特征性的鲑鱼网样改变。见于严重的高三酰甘油血症。

4. 跟腱增粗　由于血清总胆固醇长期升高沉积于跟腱，患者足部侧位 X 光可见跟腱影增粗至 9mm 以上，病人长距离行走时可引起足痛。

5. 脂质在血管内皮沉积所引起的动脉粥样硬化　病人出现脑力和体力衰退，触诊浅表动脉可发现血管增粗、变长，迂曲和硬度增加，按受累动脉部位的不同，可表现为冠状动脉粥样硬化，脑动脉粥样硬化，肾动脉粥样硬化，肠系膜动脉粥样硬化和四肢动脉粥样硬化。

6. 其他表现　长期高脂血症可引起肥胖、脂肪肝以及胰腺炎的反复发作，并与胰岛素抵抗、冠心病和糖尿病的发病相关。

【实验室检查】

血脂异常的诊断及分型主要是依靠实验室检查。

1. 观察血清外观　将血清放置4℃过夜，当血清中富含 TG 的 CM 或 VLDL 含量增多时，由于它们颗粒直径较大，折光性强，在光线照射下血清呈均匀混浊；当血清上部出现"奶油层"时，说明比重较轻的 CM 含量多上浮于表面。若血清中的 CM 和 VLDL 含量正常，则血清是澄清的。

2. 测定空腹状态下血浆或血清 TC、TG、LDL-C 以及 HDL-C 浓度　当血清 TG 浓度≤4.0mmol/L（350mg/dl）时，血清 LDL-C 浓度也可用 Friedewald 公式计算，公式为 LDL-C (mmol/L)=TC-HDL-C-TG/2.2 或 LDL-C (mg/dl)=TC-HDL-C-TG/5。

3. 脂蛋白电泳　将血清放入琼脂糖电泳板上通电后，其移动距原点由远至近依次为α带即 HDL、前β带即 VLDL、β带即 IDL 和 LDL、原点不移动即 CM。当血清中某些脂蛋白含量增多时，电泳板上相应区带就深染，其他区带浅染或不染，此方法为半定量分析，结果变异较大，可靠性欠佳，目前已不常用。

4. 超速离心技术　利用此技术将血浆脂蛋白分离，然后分别测定各类脂蛋白中胆固醇和三酰甘油浓度，此方法是诊断血脂异常最理想的方法，但是其仪器设备昂贵，技术操作繁杂，在一般的临床实验室中难以做到。

5. 血液标本的采集　受检者在取血化验前的最后一餐忌用高脂食物、忌酒，空腹 12～14 小时取静脉血送检。取血前应避免剧烈运动。

【诊断和鉴别诊断】

详细询问病史，包括个人饮食和生活习惯、有无引起继发性血脂异常的相关疾病、引起血脂异常的药物应用史以及家族史。体格检查需全面、系统，并注意有无黄色瘤、脂性角膜弓和脂性眼底改变等。

血脂检查的重点对象包括：①已有冠心病、脑血管病或周围动脉粥样硬化病者；②有高血压、糖尿病、肥胖、吸烟者；③有冠心病或动脉粥样硬化家族史者，尤其是直系亲属中有早发冠心病或其他动脉粥样硬化证据者；④有皮肤黄色瘤者；⑤有家族性高脂血症者。

从早发现、早预防的角度出发，建议 20 岁以上的成年人至少每 5 年测定一次空腹血脂；40 岁以上男性和绝经期后女性每年测定血脂；对于缺血性心血管疾病及其高危人群，则应每 3～6 个月测定一次；对于因缺血性心血管病住院治疗的患者应在入院时或24小时内检测血脂。首次检查发现血脂异常者应在2~4周内复查，若仍属异常则可确立诊断。

血脂异常的诊断标准采用《指南》中的我国人群的血脂合适水平及分层标准（表7-23-4）。

表7-23-4 我国人群的血脂合适水平及分层标准

分层	血脂项目 mmol/L（mg/dl）			
	TC	LDL-C	HDL-C	TG
合适范围	<5.18 （200）	<3.37 （130）	≥1.04 （40）	<1.70 （150）
边缘升高	5.18~6.19 （200~239）	3.37~4.12 （130~159）		1.70~2.25 （150~199）
升高	≥6.22 （240）	≥4.14 （160）	≥1.55 （60）	≥2.26 （200）
降低			<1.04 （40）	

【治疗】

(一) 治疗目标及原则

1. 血脂异常治疗最主要的目的是为了防治冠心病，所以应根据是否已有冠心病或冠心病等危症、有无高血压以及有无其他心血管病危险因素，结合血脂水平对心血管病的发病危险进行全面的评价，以决定治疗措施及血脂的目标水平（表7-23-5）。

表7-23-5 血脂异常危险分层方案

危险分层	TC 5.18~6.19mmol/L （200~239mg/dl）或 LDL-C 3.37~4.12mmol/L （130~159mg/dl）	TC≥6.22mmol/L （240mg/dl）或 LDL-C≥4.14mmol/L （160mg/dl）
无高血压且其他危险因素数<3	低危	低危
高血压或其他危险因素≥3	低危	中危
高血压且其他危险因素数≥1	中危	高危
冠心病及其等危症	高危	高危

冠心病包括：急性冠状动脉综合征（包括不稳定性心绞痛和急性心肌梗死）、稳定性心绞痛、陈旧性心肌梗死、有客观证据的心肌缺血、冠状动脉介入治疗及旁路移植术后患者。

冠心病等危症是指非冠心病者10年内发生主要冠状动脉事件的危险与已患冠心病者同等，新发和复发缺血性心血管事件的危险大于15%，以下情况属于冠心病等危症：①有临床表现的冠状动脉以外动脉的动脉粥样硬化，包括缺血性脑卒中、周围动脉疾病、腹主动脉瘤和症状性颈动脉病（如短暂性脑缺血）等；②糖尿病；③有多种危险因素其发生主要冠状动脉事件的危险相当于已确立的冠心病，心肌梗死或冠心病死亡的10年危险大于20%。

血脂异常以外具有独立作用的心血管病主要危险因素包括：①高血压（血压≥140/90mmHg或已接受降压药物治疗）；②吸烟；③低HDL-C血症 [HDL-C<1.04mmol/L（40mg/dl）]；④肥胖 [体重指数（BMI）≥28kg/m²]；⑤早发缺血性心血管病家族史（一级男性亲属发病时<55岁或一级女性亲属发病时<65岁）；⑥年龄（男性≥45岁，女性≥55岁）。其中HDL-C是能够降低心血管病发病危险的因素，也称"保护性因素"，当个体的HDL-C水平≥1.55mmol/L（60mg/dl）时，综合

危险评估时其他危险因素的数目减"1"。

此外，代谢综合征的存在也增加了心血管病的发生危险。在 2004 年 CDS 建议的基础上，对中国人代谢综合征判断标准的组分量化指标进行修订如下：具备以下的三项或三项以上：①BMI≥25kg/m^2 和/或腰围>90cm（男），>80cm（女）；②血三酰甘油≥1.70mmol/L（150mg/dl）；③血 HDL-C<1.04mmol/L（40mg/dl）；④血压≥130/85mmHg；⑤空腹血糖≥6.1mmol/L（110mg/dl）或糖负荷后 2 小时血糖≥7.8mmol/L（140mg/dl）或有糖尿病史。

其他心血管主要危险因素还包括缺乏体力活动和致粥样硬化性饮食（主要指高饱和脂肪和高胆固醇膳食模式），这两项是缺血性心血管病发病过程中的更上游的危险因素。

2. 根据血脂异常患者心血管病危险等级指导临床治疗措施及决定 TC 和 LDL-C 的目标水平（表 7-23-6）。血清 TG 及 HDL-C 的理想水平是 TG<1.70mmol/L（150mg/dl），HDL-C≥1.04mmol/L（40mg/dl）。对于极高危患者无论年龄多大，LDL-C 均应降至<1.8mmol/L，强化调脂治疗能明显降低心血管事件发生率。但是，既往研究发现，在冠心病慢性心衰的患者中，低 TC 水平与病死率相关，国外亦有研究发现较高水平的 TG 对各种病因引起的心衰预后有利。

表 7-23-6 血脂异常患者开始调脂治疗的 TC 和 LDL-C 值及其目标值 mmol/L（mg/dl）

危险等级	TLC 开始	药物治疗开始	治疗目标值
低危：10 年危险性<5%	TC≥6.22（240） LDL-C≥4.14（160）	TC≥6.99（270） LDL-C≥4.92（190）	TC<6.22（240） LDL-C<4.14（160）
中危：10 年危险性 5%~10%	TC≥5.18（200） LDL-C≥3.37（130）	TC≥6.22（240） LDL-C≥4.14（160）	TC<5.18（200） LDL-C<3.37（130）
高危：CHD 或 CHD 等危症，或 10 年危险性 10%~15%	TC≥4.14（160） LDL-C≥2.59（100）	TC≥4.14（160） LDL-C≥2.59（100）	C<4.14（160） LDL-C<2.59（100）
极高危：急性冠状动脉综合征或缺血性心血管病合并糖尿病	TC≥3.11（120） LDL-C≥2.07（80）	TC≥4.14（160） LDL-C≥2.07（80）	TC<3.11（120） LDL-C<2.07（80）

3. 血脂异常的治疗措施包括药物治疗和非药物治疗，其中非药物治疗措施包括治疗性生活方式改变（therapeutic life-style change，TLC）、外科手术、血液净化和基因治疗等。

（二）治疗性生活方式改变

TLC 这个概念是由《指南》提出的，主要内容包括：减少饱和脂肪酸和胆固醇的摄入；选择能够降低 LDL-C 的食物；减轻体重；增加有规律的体力活动；采取针对其他心血管病危险因素的措施如戒烟、限盐以降低血压。TLC 实施方案如下：

1. 首诊发现血脂异常时应立即开始必要的 TLC，主要是减少摄入饱和脂肪酸和胆固醇，也鼓励开始轻、中度的体力活动。

2. 在 TLC 进行约 6~8 周后，应监测患者的血脂水平，如果已达标或有明显改善，应继续进行 TLC。否则，可通过如下手段来强化降脂。首先，对膳食治疗再强化；其次，选用能降低 LDL-C 的植物固醇。也可以通过选择食物来增加膳食纤维的摄入。含膳食纤维高的食物主要包括全谷类食物、水果、蔬菜及各种豆类。

3. TLC 再进行约 6~8 周后，应再次监测患者的血脂水平，如已达标，继续保持强化 TLC。如血脂继续向目标方向改善，仍应继续 TLC，不应启动药物治疗。如检测结果表明不可能仅靠 TLC 达标，应考虑加用药物治疗。

4. 经过上述 2 个 TLC 疗程后，如果患者有代谢综合征，应开始针对代谢综合征的 TLC。代谢综合征一线治疗主要是减肥和增加体力活动。

5. 在达到满意疗效后，定期监测患者的依从性。在 TLC 的第 1 年，大约每 4~6 个月应随诊 1 次，以后每 6~12 个月随诊 1 次。对于加用药物治疗的患者，更应经常随访。

（三）药物治疗

临床上常用的调脂药物主要有以下几类：①他汀类；②贝特类；③烟酸及其衍生物；④胆酸螯合剂；⑤胆固醇吸收抑制剂；⑥普罗布考；⑦n-3 多不饱和脂肪酸等。

1. 他汀类　他汀类药物是 HMG-CoA 还原酶抑制剂。此类药物通过竞争性抑制内源性胆固醇合成限速酶 HMG-CoA 还原酶，阻断细胞内羟甲戊酸代谢途径，使细胞内胆固醇合成减少，从而代偿性上调细胞膜表面（主要为肝细胞）LDL 受体数量和活性，加速摄取血浆中的 LDL，最终导致 LDL 和其他富含 apo B 的脂蛋白颗粒包括 IDL 和 VLDL 的摄入和分解加速。因此他汀类药物能显著降低 TC、LDL-C 和 apo B，也可降低 TG 和轻度升高 HDL-C。他汀类药物除具有调节血脂作用外，还具有延缓动脉粥样硬化、抗炎、保护神经和抗血栓等作用，其可通过调节蛋白激酶活性、促进过氧化物酶体增生激活受体 γ 的表达和活化及抑制核转录因子-κB 的激活发挥抗氧化和抗炎等多种途径直接减轻胰岛素抵抗和胰岛 β 细胞的凋亡。Afilalo 等荟萃分析显示，他汀类药物治疗使老年冠心病患者显著获益。

目前已在临床上应用的他汀类药物及其每天剂量范围为：洛伐他汀（lovastatin）10~80mg，辛伐他汀（simvastatin）5~40mg，普伐他汀（pravastatin）10~40mg，氟伐他汀（fluvastatin）10~40mg，阿托伐他汀（atorvastatin）10~80mg，瑞舒伐他汀（rosuvastatin）10~20mg 等。除阿托伐他汀可在任何时间服药外，其余制剂均为晚上一次口服。国产血脂康胶囊中的主要成分是洛伐他汀。

他汀类药物不良反应较轻，少数患者出现胃肠道反应如便秘、腹胀、消化不良、腹痛等；约有 2% 的患者出现肝功能异常，转氨酶升高；少数患者会出现肌肉疼痛、血清肌酸激酶升高，极少严重者发生横纹肌溶解而致急性肾衰竭。目前诊断横纹肌溶解最主要的依据为肌无力、肌痛症状和血清肌酸激酶水平升至正常高限的 10 倍以上。此类药物不宜与环孢素、雷公藤、环磷酰胺、大环内酯类抗生素以及吡咯类抗真菌药（如酮康唑）等合用。孕妇忌用，儿童、哺乳期妇女和准备生育的妇女不宜服用。服用该药期间应定期监测肝转氨酶和肌酸激酶。

2. 贝特类　又称苯氧芳酸类，作为人工合成的过氧化物酶体增生激活型受体 α（PPARα）的配体，贝特类能激活核膜上的 PPARα，刺激 LPL、apo AⅠ和 apo AⅡ基因表达，抑制 apo Ⅲ基因表达，增强 LPL 的脂解活性，有利于去除血液循环中富含 TG 的脂蛋白，降低血浆 TG 和提高 HDL-C 水平，促进胆固醇逆向转运。适应证为高三酰甘油血症或以三酰甘油升高为主的混合型高脂血症和低 HDL-C 血症。临床上可供选择的贝特类药物有：非诺贝特（fenofibrate）0.1g，每天 3 次或微粒型 0.2g，每天 1 次；苯扎贝特（bezafibrate）0.2g，每天 3 次或缓释型 0.4g，每晚 1 次。吉非贝齐（gemfibrozil）和氯贝丁酯（clofibrate）因副作用大，临床上已很少应用。常见不良反应为胃肠道反应如消化不良、胆石症等；可见皮疹、血白细胞减少；少数出现一过性肝转氨酶和肌酸激酶升高。贝特类能增强抗凝药物作用，两药合用时需调整抗凝药物剂量。禁用于肝肾功能不良者以及儿童、孕妇和哺乳期妇女。由于贝特类单用或与他汀类合用时也可发生肝功能异常和肌病，所以服用该药期间也应定期监测肝转氨酶和肌酸激酶。

3. 烟酸及其衍生物　烟酸属 B 族维生素，其用量超过作为维生素使用的剂量时，可有明显的调节血脂的作用。其降脂作用机制尚未十分明确，可能与抑制脂肪组织脂解和减少肝脏中 VLDL 合成和分泌有关。其调脂作用主要表现在降低血清 TG、VLDL-C、TC 和 LDL-C，轻度升高 HDL-C。适应证为高三酰甘油血症、低 HDL-C 血症或以三酰甘油升高为主的混合型高脂血症。烟酸有速释剂和缓释剂两种剂型，速释剂不良反应明显，难以耐受，现多已不用。烟酸（nicotinic acid）缓释片 0.2g，每天 3 次口服，渐增至 1~2g/d；阿昔莫司（acipimox，氧甲吡嗪）0.25g，每天 1~3 次，餐后口服。烟酸类常见不良反应有面部潮红、皮肤瘙痒和消化道不适等，严重的不良反应是使消化性溃疡活化，加重溃疡病，还能加重糖尿病及引起痛风，偶见肝功能损害。此类药物的绝对禁忌证为慢性肝病和严重痛风，相对禁忌证为溃疡病、糖尿病和高尿酸血症。缓释型制剂的不良反应轻，易耐受。

4. **胆酸螯合剂** 属碱性阴离子交换树脂，在肠道内与胆酸不可逆结合，阻碍胆酸的肠肝循环，促进胆酸随粪便排出，阻断胆汁酸中胆固醇的重吸收。通过反馈机制刺激肝细胞膜表面的 LDL 受体，加速血液中 LDL 清除，降低血清 LDL-C 水平。适应证为高胆固醇血症或以胆固醇升高为主的混合型高脂血症。主要制剂及每天剂量范围为：考来烯胺（cholestyramine，消胆胺）4～16g，考来替哌（colestipol，降胆宁）5～20g，从小剂量开始，1～3 个月内达最大耐受量。常见不良反应为胃肠道反应如恶心、呕吐、腹胀、腹痛、便秘。此类药物会影响某些药物的吸收，如叶酸、地高辛、贝特类、他汀类、抗生素、甲状腺素、脂溶性维生素等，可在服用本类药物前 1～4 小时或 4 小时后服其他药物，必要时补充维生素 A、D、K。此类药物的绝对禁忌证为异常 β 脂蛋白血症和 TG＞4.52mmol/L（400mg/dl），相对禁忌证为 TG＞2.26mmol/L（200mg/dl）。

5. **胆固醇吸收抑制剂** 依折麦布（ezetimibe）是一种新型调脂药，为胆固醇吸收抑制剂。口服后被迅速吸收，结合成依折麦布-葡萄糖苷酸，作用于小肠细胞刷状缘，抑制胆固醇和植物固醇吸收。由于减少胆固醇向肝脏释放，促进肝脏 LDL 受体合成，又加速了 LDL 的代谢。此药物可降低血清 LDL-C 水平，适应证为高胆固醇血症或以胆固醇升高为主的混合型高脂血症，单独用药或与他汀类联合治疗。常用剂量为 10mg，每天 1 次。常见不良反应为头痛和恶心，极少数患者可见肝转氨酶和肌酸激酶升高，相对于他汀类来说，合并用药不会增加肌病的危险。

6. **普罗布考（probucol）** 通过渗入到脂蛋白颗粒中影响脂蛋白代谢，从而产生调脂作用。可降低 TC 和 LDL-C，而 HDL-C 也明显降低，有些研究认为此药物虽改变了 HDL-C 的结构和代谢功能，但其逆向转运胆固醇的功能得到提高，因此更有利于 HDL-C 发挥抗动脉粥样硬化的作用。适应证为高胆固醇血症，尤其是纯合子型家族性高胆固醇血症。常用剂量为 0.5g，每天 2 次口服。常见不良反应为恶心、腹泻、消化不良等，亦可引起嗜酸性粒细胞增多，血尿酸浓度增高。最严重的不良反应为引起 QT 间期延长，但极为少见。

7. **n-3 多不饱和脂肪酸** n-3（ω-3）长链多不饱和脂肪酸主要为二十碳戊烯酸（EPA）和二十二碳己烯酸（DHA），二者为海鱼油的主要成分，可降低 TG 和轻度升高 HDL-C，对 TC 和 LDL-C 无影响。其调节血脂的机制尚不十分明了，可能抑制肝内脂质及脂蛋白的合成，促进胆固醇从粪便中排出。适应证为高三酰甘油血症或以三酰甘油升高为主的混合型高脂血症。常用剂量为 0.5～1g，每天 3 次口服。该类制剂无明显不良反应，鱼油腥味所致恶心较常见。有出血倾向者禁用。

（四）其他治疗措施

血液净化治疗包括免疫吸附法、灌注滤过法以及肝素体外 LDL 沉淀法，均为选择性去除血清 LDL 的方法，能降低 TC、LDL-C，但不能降低 TG，也不能升高 HDL-C。此措施为有创治疗，价格昂贵，需每周重复一次，因此仅用于极个别对他汀类药物过敏或不能耐受者以及罕见的纯合子家族性高胆固醇血症患者。外科手术治疗包括部分回肠末段切除术、门腔静脉分流术和肝脏移植术等，以上方法均为高创伤、高风险、高费用，故一般情况下尽量不选用手术方法。基因治疗可能成为未来根治基因缺陷所致血脂异常的有效方法，但目前技术尚不成熟。

【预防】

普及健康教育，并应与心血管病、糖尿病等慢性病防治的健康宣教相结合，使人们充分意识到保持血脂水平正常的重要性和必要性。提倡科学膳食，均衡饮食，增加体力活动和体育运动，戒烟限酒，保持良好规律的生活习惯。注重心理健康，保持乐观豁达的生活态度。定期进行健康体检有助于及早检出血脂异常，早期干预，及时治疗。

（郭立新）

第二十四章 肥 胖 症

肥胖症（obesity）是一组常见的代谢性疾病。当人体进食热量多于消耗热量时，多余的热量以脂肪形式储存于体内，其量超过正常生理需要量，且达到一定程度时就演变为肥胖症。

【病因和发病机制】

肥胖症的发病过程是由于能量摄入增加及（或）能量消耗减少导致能量正平衡，过剩的能量以脂肪的形式逐渐积累于体内的过程。引起肥胖症的因素大致可分为遗传因素和环境因素两类。

遗传因素如 Bardet-Biedl 综合征（临床表现为肥胖、智能低下、视网膜色素变性、多指畸形及性功能低下等）以及 Prader-Willi 综合征（临床表现为肥胖、智能低下、性发育障碍及肌张力减退等）。

环境因素包括膳食因素、缺乏体力活动、戒烟、饮酒等。

有些药物可促使体重增加，如精神病治疗药吩噻嗪类、丁酰苯类；三环类抗抑郁药；抗癫痫药丙戊酸钠、卡马西平；激素类糖皮质激素、孕酮类避孕药等。

有些内分泌疾病可伴肥胖，如下丘脑性肥胖，库欣综合征，甲状腺功能减退症，多囊卵巢综合征，胰岛细胞瘤，生长激素缺乏，妊娠及绝经等。

【临床表现】

亚洲人群的体型和文化与欧美国家有显著差别，亚洲人的肥胖也有自身的特点。随着中国经济的发展，体力活动减少，膳食结构西方化，膳食中饱和脂肪增加，纤维素减少，超重和肥胖日益增加。超重和肥胖在我国的流行特点如下：城市高于农村，经济发达地区高于不发达地区，北方高于南方，多数地区女性高于男性。

肥胖症的临床表现随不同病因而异，继发性肥胖者除肥胖外具有原发病的症状。单纯性肥胖可见于任何年龄，幼年型者自幼肥胖；成年型者多于 20～25 岁起病，但临床以 40～50 岁的中年女性多见。轻度肥胖者常无症状，中重度肥胖者可有以下症候群：

1. 肺泡低换气综合征（Pick-Wickian 综合征） 患者胸腹部脂肪较多，腹壁增厚，横隔抬高，换气困难，有 CO_2 潴留和缺氧，以致气促，严重者可发生继发性红细胞增多症、肺动脉高压，形成慢性肺心病和心力衰竭。

2. 心血管系统综合征 重度肥胖者由于脂肪组织中血管增多，有效循环血容量、心输出量及心脏负担均增高，可伴有高血压、动脉粥样硬化，进一步加重心脏负担，引起左心室肥大，严重者可导致左心功能衰竭。

3. 内分泌代谢紊乱 肥胖可引起糖耐量减低或糖尿病，脂代谢紊乱及动脉粥样硬化等异常。

【诊断、分级与鉴别诊断】

1. 体重指数（BMI） 体重指数是与体内脂肪总量密切相关的指标，它考虑了体重和身高两个因素。计算方法为：体重（kg）/身高（m^2），单位是（kg/m^2）。体重指数简单容易测量，且不受性别的影响，它主要反映全身性超重和肥胖。

2. 腰围 腰围是反映脂肪总量和脂肪分布的综合指标。WHO 推荐的测量方法是：被测者站立，双脚分开 25～30cm，体重均匀分配。测量位置在水平位髂前上棘和第 12 肋下缘连线的中点。

3. 腰臀比 是腰围和臀围的比值。臀围是环绕臀部最突出点测出的身体水平周径。

腰臀比是早期研究中预测肥胖的指标，腰围较腰臀比更简单可靠，目前更倾向于用腰围代替腰臀比预测中心性肥胖。

1997 年 WHO 发布了对成年人的 BMI 的分级标准，18.5～24.9（kg/m^2）为正常范围，25～29.9（kg/m^2）为超重，≥30（kg/m^2）为肥胖。

1999年又发布了亚太地区肥胖及其治疗的定义：BMI 18.5～22.9（kg/m²）为正常范围，23～24.9（kg/m²）为超重，≥25（kg/m²）为肥胖。

我国肥胖工作专家组发布了中国肥胖的定义，BMI 24～27.9（kg/m²）为超重，≥28（kg/m²）为肥胖。

肥胖症确定后可结合病史、体征和实验室检查等，鉴别是单纯性肥胖还是继发性肥胖症。如合并有高血压、向心性肥胖、紫纹等伴有血、尿皮质醇增高者，应和皮质醇增多症进行鉴别，可行小剂量地塞米松抑制试验。代谢率偏低者，应行甲状腺功能检查，以明确是否为甲状腺机能减退症。有腺垂体功能减退或伴有下丘脑综合征者，应进行垂体及靶腺的内分泌检查。女性患者闭经、不育、多毛者应除外多囊卵巢综合征。

此外，须注意有无糖尿病、高血压、脂代谢异常、冠心病、动脉粥样硬化、痛风、睡眠呼吸暂停综合征、胆石症等并发症。

【治疗】

肥胖本身常见的症状包括：气喘、疲劳、睡眠障碍、腰痛、髋关节和膝关节疼痛、抑郁等。肥胖妇女的月经失调如月经过多、月经过少以及不孕都很常见。肥胖所引起的相关合并症包括：糖尿病、高血压、血脂代谢异常、冠心病、睡眠呼吸暂停综合征、麻醉和手术的危险增加、肿瘤（如结肠癌、乳腺癌、子宫癌卵巢癌和前列腺癌）发病风险增加等。

减轻体重可迅速改善负重和代谢病症状及其临床后果。一般情况下，体重减轻5～10kg，肥胖的症状就会消失，大多数危险因素得到纠正。伴随减重首先得到改善的症状是多汗、气喘、疲劳。只有心绞痛而无冠心病的肥胖患者，体重减轻5%，心绞痛就会好转。两个月内体重减轻7kg者，月经过多、过少等月经失调和不育症就会得到改善。关节病和背痛也会好转。

随着体重的减少，高血脂、高血压、高血糖这些指标可得到相应的改善。体重减轻5～10kg的超重患者中，80%的患者至少有一个心血管病危险因素（高血压、高胆固醇、低HDL）得到显著改善。

（一）饮食疗法：合理营养膳食

1997年由中国营养学会提出的《中国居民膳食指南》指出8条膳食指南：食物多样，谷类为主；多吃水果、蔬菜和薯类；常吃奶类、豆类或豆制品；经常吃适量的鱼、禽蛋、瘦肉，少吃肥肉和荤油；食量与体力活动要平衡，保持适宜体重；吃清淡少盐的膳食；如饮酒应限量；吃清洁卫生、不变质的食物。

中国营养学会的平衡膳食宝塔建议的平均每人每日各类食物摄入量为：谷类300～500g；蔬菜类400～500g，水果类100～200g；畜禽肉类50～100g，鱼虾类50g，蛋类25～50g；奶类及奶制品100g，豆类及豆制品50g；油脂类25g。

与肥胖有关的营养原则：尽可能平均分配每日的摄食量、不应漏餐；膳食量应当充足，避免餐间点心；膳食热量中，脂类和油类应≤20%～30%；总能量中55%～65%为碳水化合物；总能量中蛋白质≤15%；鼓励食用新鲜水果、蔬菜和粗粮；限制饮酒；每日摄入食盐量<10g。

（二）运动疗法

每周3次以上、共150分钟以上的中等程度的有氧运动对治疗肥胖有效。但是在治疗过程中，要注意因人而异，特别是70岁以上的老人、合并冠心病和脑血管病的患者、骨质疏松患者等，一方面他们适宜低强度的运动（如散步或慢走），运动时间不宜过长；另一方面，在运动过程中要预防摔倒和受伤。

（三）药物治疗

目前推荐使用的减体重药物为酯酶抑制药-奥利司他，本药不作用于中枢神经系统，不引起厌食。奥利司他抑制胃、羧酸酯、脂蛋白和胰腺脂肪酶，当与这些脂肪酶中活性丝氨酸残基以共价键结合后，可使其失活，灭活后的脂酶不能将饮食中的脂质消化为可被人体吸收的三酰甘油。脂质吸收减少，体内热卡吸收减少而使体重下降。1998年以来，本药减肥效应已经多个双盲、随机和有安慰剂对照的大型临床试验证实。

本药口服后基本不吸收，无拟交感胺厌食药所引起的各类中枢系统不良反应，最常见的是脂质排泄增多引起的胃肠道症状如油便、腹痛等，约有95%患者可出现这类反应。大多数患者在连续服药4周后，这类不良反应可逐渐消失，仅少数患者的反应症状可持续6个月或更长时间。为减轻反应，可采用低脂饮食（小于日热卡的30%）。本药不得用于胆汁郁积症和有营养吸收障碍患者，但至今为止，尚未发现因使用本药引起的胆石症。少数患者用药后尿草酸盐排泄增多，有草盐钙结石史患者慎用。有研究报道奥利司他用于心力衰竭的肥胖患者或青少年肥胖患者的治疗取得了满意效果。

（四）手术治疗

近年来，外科手术也被应用到肥胖的治疗中。这些手术包括胃旁路术、胃分流术、胃绑扎术，并且多数采用腹腔镜技术。与开腹手术相比，腹腔镜手术创伤小、愈合快、住院时间短、围术期的并发症发生率低。经过外科手术后，不仅肥胖得以减轻，与之相关的疾病如糖尿病等病情也得以减轻。但是手术后的长期效果还有待研究。

（朱　宇）

第二十五章 痛 风

痛风（gout）为嘌呤代谢紊乱和（或）尿酸排泄障碍所致血尿酸增高的一组临床症候群。其临床特征是高尿酸血症（hyperuricemia），表现为反复发作的关节炎、痛风石沉积和特征性的关节畸形，可累及肾引起慢性间质性肾炎和尿酸性肾石病。在临床上，高尿酸血症主要见于慢性酒精中毒、肥胖和代谢综合征。

痛风曾一度被认为是极少见的疾病，且多流行于欧美国家，但随着社会富裕程度的提高，饮食结构的改善，饮食行为所导致的营养相关性疾病日益增加，痛风作为其中一员，如同肥胖、糖尿病、高血压一样，呈现进一步增加的趋势，尤其在发展中国家。痛风在世界各地均有发病，因种族和地区不同而有差异，饮食与饮酒、职业与环境、受教育程度、个人智能和社会地位等均影响其发病。此外血尿酸水平不仅增加了痛风的患病率，而且也增加了心血管疾病的发病风险。我国对痛风及高尿酸血症的研究源于20世纪50年代，但至80年代才有较为系统的病例研究报告。我国台湾地区是痛风的高发地区，18周岁以上的土著居民痛风的患病率为11.7%。欧美地区痛风的患病人数约占总人口的0.13%～0.37%，年患病率为0.20‰～0.35‰。早在希波克拉底时代，人们就发现了痛风的发生与年龄、性别有关，即男性患病时年龄较轻，而女性多发生在绝经期以后。不同年龄组间痛风发病有明显的差异，原发性痛风多见于中年人，占90%以上，40～50周岁为发病高峰，平均发病年龄为44周岁，而在儿童和老年患者中继发性痛风患病率较高。原发性痛风患病率在男女两性之间也存在差异，男女痛风之比为20:1；男女高尿酸血症之比为2:1，痛风的高发年龄男性为50～59周岁，平均为48周岁，女性在50周岁以后。研究显示，高尿酸血症和痛风也是心肌梗死和外周血管病变的危险因素之一。

【病因和发病机制】

尿酸是嘌呤代谢的终产物，主要由细胞代谢分解核酸和其他嘌呤类化合物以及食物中的嘌呤经酶的作用分解而来。人体内，内源性尿酸占总尿酸的80%。

嘌呤代谢的速度受磷酸核糖焦磷酸（PRPP）、谷氨酰胺、鸟嘌呤核苷酸、腺嘌呤核苷酸和次黄嘌呤核苷酸对酶的负反馈控制来调节，如图7-25-1。人体内尿酸生成的速度主要决定于细胞内PRPP

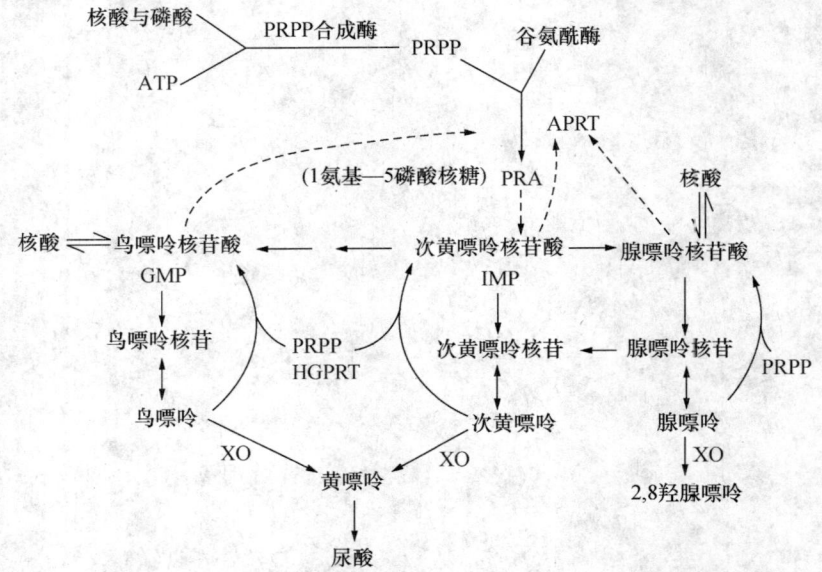

图7-25-1 嘌呤代谢和调节机制

的浓度，而 PRPP 合成酶、磷酸核糖焦磷酸酰胺移换酶（PRPPAT）、次黄嘌呤-鸟嘌呤磷酸核糖转移酶（HPRT）和黄嘌呤氧化酶对尿酸的生成又起着重要的作用。

高尿酸血症痛风可分为原发性和继发性两大类（表 7-25-1）。

表 7-25-1 高尿酸血症和痛风的病因分类

病因	尿酸代谢紊乱	遗传性
原发性		
1. 特发性（99%以上），原因未明		
（1）尿尿酸排泄正常（80%～90%）	肾清除降低伴或不伴生成过多	多基因遗传
（2）尿尿酸排泄增多（10%～20%）	生成过多伴或不伴肾脏清除降低	多基因遗传
2. 特异性酶或代谢缺陷（1%以下）		
（1）PRPP 合酶活性增加	生成过多	X 伴性遗传
（2）PRPPAT 增多或活性增高	生成过多	X 伴性遗传
（3）HPRT 部分缺乏	生成过多	X 伴性遗传
（4）黄嘌呤氧化酶活性增高	生成过多	多基因遗传
继发性		
1. 伴有嘌呤生成增多		
（1）HPRT 完全缺乏	生成过多；Lesch-Nyhan 综合征	X 伴性遗传
（2）葡萄糖-6-磷酸酶缺乏	生成过多和肾清除降低；糖原累积病	常染色体隐性遗传
2. 伴有核酸转换增多	生成增加，如肿瘤，血液系统疾病	
3. 伴有肾排泄尿酸减少	引起肾功能降低的物质存在；药物或内源性代谢产物引起肾小管分泌抑制和（或）重吸收增加	

PRPP：磷酸核糖焦磷酸；PRPPAT：磷酸核糖焦磷酸酰胺移换酶；HPRT：次黄嘌呤-鸟嘌呤磷酸核糖转移酶

一、原发性高尿酸血症

（一）肾排尿酸减少

痛风患者中 80%～90% 的个体具有尿酸排泄障碍，而尿酸的生成大多数正常。肾小球滤出的尿酸减少、肾小管排泌尿酸减少或重吸收增加，均可导致尿酸排泄减少，引起高尿酸血症。其中大部分由于肾小管排泌尿酸能力下降，少数为肾小球滤过减少或肾小管重吸收增加。其病因为多基因遗传变异，具体机制尚待阐明。

（二）尿酸生成增多

若经过 5 天的限制嘌呤饮食（<3mg/d）后，24 小时尿中的尿酸排泄量超过 3.57mmol（600mg），提示可能存在体内尿酸生成增多的情况。仅有 10% 以内的患者是由于尿酸生成增多所致高尿酸血症，原因主要为嘌呤代谢酶缺陷。酶缺陷的部位可能有：①PRPP 合酶活性增高，PRPP 的生成增多；②HPRT 缺陷，鸟嘌呤转变为鸟嘌呤核苷酸以及次黄嘌呤转变为次黄嘌呤核苷酸减少，减弱了其对嘌呤代谢的负反馈作用；③PRPPAT 增多或活性增高降低嘌呤核苷酸的负反馈抑制作用，使 1-氨基-5-磷酸核糖的生成增多；④黄嘌呤氧化酶活性增加，加速次黄嘌呤转变为黄嘌呤以及黄嘌呤转变为尿酸。

（三）家族性肾病伴高尿酸血症

是一种常染色体显性遗传疾病，与 UMOD 基因突变有关。主要表现是高尿酸血症、痛风、肾功能不全和高血压，但表现不均一。肾损害以间质性肾病为特点。

二、继发性高尿酸血症

(一) 继发于先天性代谢性疾病

一些先天性的代谢紊乱,如 Lesch-Nyhan 综合征因存在 HPRT 缺陷,导致次黄嘌呤和鸟嘌呤转化为次黄嘌呤核苷酸和鸟嘌呤核苷酸受阻,引起 PRPP 蓄积,使尿酸的生成增多;糖原贮积症 1 型是由于葡萄糖-6-磷酸酶的缺陷,使磷酸戊糖途径代偿性增强,导致 PRPP 产生增多,并可同时伴有肾排泄尿酸较少,引起高尿酸血症。

(二) 继发于其他系统性疾病

骨髓增生性疾病如白血病、多发性骨髓瘤、淋巴瘤、红细胞增多症、溶血性贫血、癌症等可导致细胞的增殖加速,肿瘤的化疗和(或)放疗后引起机体细胞大量破坏,均可使核酸的转换增加,造成尿酸的产生增多。

慢性肾小球肾炎、肾盂肾炎、多囊肾、铅中毒、高血压晚期等由于肾小球的滤过功能减退,使尿中的尿酸排泄减少,引起血尿酸浓度升高。慢性铅中毒可造成肾小管的损害而使尿酸的排泄减少。

在糖尿病酸中毒、乳酸性酸中毒及酒精性酮症等情况下,可产生过多的 β-羟丁酸、游离脂肪酸、乳酸等有机酸,从而抑制肾小管的尿酸排泌,可出现一过性的高尿酸血症,但一般不会引起急性关节炎的发作。

(三) 继发于某些药物

噻嗪类利尿剂、呋塞米、乙胺丁醇、小剂量阿司匹林、烟酸、乙醇等药物可竞争性抑制肾小管排泌尿酸而引起高尿酸血症。有 30%~84% 的肾移植患者可发生高尿酸血症,可能与长期使用免疫抑制剂而抑制肾小管尿酸的排泄有关。

(四) 其他

酒精和铁对尿酸的合成与排泄以及关节炎症的发生发展均有明显的影响。饥饿对脂肪分解增多,可抑制肾小管排泌尿酸,引起一过性高尿酸血症。

【病理和病理生理】

(一) 痛风性关节炎

痛风性关节炎是因尿酸盐在关节和关节周围组织以结晶形式沉积而引起的急性炎症反应。局部损伤、寒冷、剧烈运动、酗酒使血尿酸达到饱和浓度以上时,血浆清蛋白及 α_1 和 α_2 球蛋白减少,局部组织 pH 值和温度降低,尿酸盐的溶解度下降,尿酸盐容易以无定形或微小结晶的形式析出并沉积于组织中,尿酸盐被白细胞所吞噬,引起细胞死亡而释放溶酶体酶类,导致急性关节炎症,产生关节肿痛。滑膜内衬细胞也参与炎症过程,释放出白三烯 B_4 (LTB_4),白介素-1,6,8 (IL-1,6,8),前列腺素 E_2,溶酶体酶,血浆素,肿瘤坏死因子 (TNF-α) 等细胞因子导致局部炎症反应和发热等全身反应。

下肢关节尤其是跖趾关节,常为痛风性关节炎的好发部位。最容易发生尿酸盐沉积的组织为关节软骨,可引起软骨退行性改变,晚期可导致关节僵硬和关节畸形(图 7-25-2)。

(二) 痛风石

痛风特征性损害是痛风石,它是含一个结晶水的尿酸单钠细针状结晶的沉淀物,周围被反应性单核细胞、上皮肉芽肿异质体和巨大细胞所围绕着。尿酸盐结晶为水溶性,当组织用非水性固定剂(如无水酒精)处理,结晶可被保存。痛风石常见于关节软骨、滑膜、腱鞘以及其他关节周围结构、骨骺、皮肤皮下层和肾间质部位。关节软骨是尿酸盐最常见

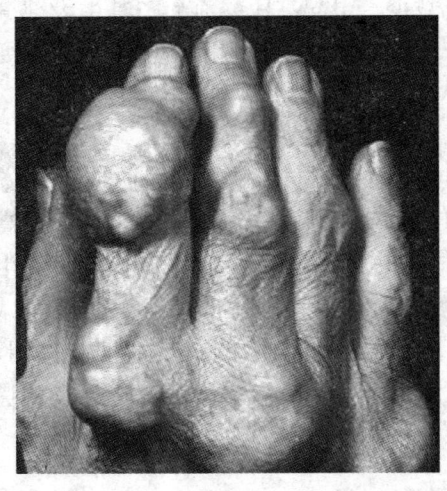

图 7-25-2 慢性痛风性关节炎的手部表现
照片显示了痛风患者手部的多发性痛风结节。

的沉积地方，甚至有时是唯一的沉积处。尽管沉积物在表面，但实际上是嵌入到细胞基质内。X线摄片常见的穿凿样的骨损害代表骨髓痛风石沉积物，它可通过在软骨的缺损与关节表面的尿酸盐层相连（图7-25-3）。在椎体，尿酸盐沉积物侵蚀邻近椎间盘的骨髓腔，同时也侵蚀椎间盘。

所有这些尿酸盐沉积处均富含蛋白多糖，当蛋白多糖组成后，起着吸引和溶解尿酸盐的作用，且在其代谢转换过程中释放出尿酸盐，这可解释痛风石的发生和分布部位。痛风石引起组织炎症反应不像急性痛风发作时由结晶在滑膜腔中引起的那样剧烈，而仅是轻度炎症反应。尿酸盐结晶刺激关节间质细胞产生胶原酶和前列腺素 E_2，这两者在关节破坏中均起一定作用。

（三）痛风性肾病变

痛风肾唯一特征性的组织学表现仅是在肾髓质或乳头处有尿酸盐结晶，其周围有圆形细胞和巨大细胞反应。在痛风患者的尸解中这些表现的比率较高，并常伴有急性和慢性间质炎症性改变、纤维化、肾小管萎缩、肾小球硬化和肾小动脉硬化，最早期肾脏改变使间质反应和肾小管损害。在无痛

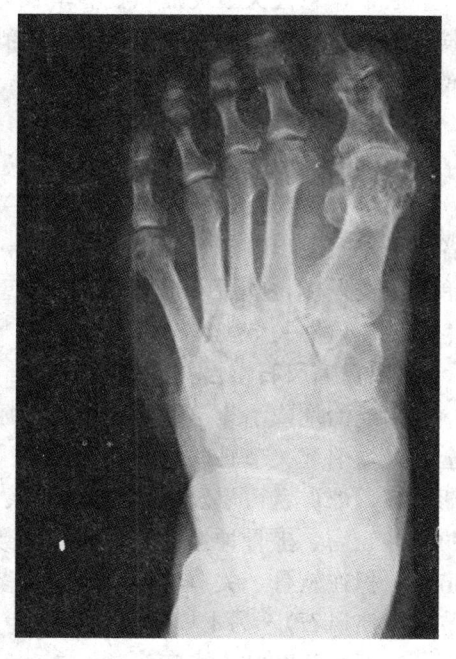

图 7-25-3　慢性痛风性关节炎的痛风石

风石的肾，间质反应一般不损害髓质和近髓质的皮质。尽管在痛风中肾石病常见，但一般较轻且进展缓慢。间质性肾病的原因仍未明了。如果缺乏与高尿酸血症有关的结晶样沉积物，甚至间质性肾病也难以确定。其他可能的因素包括肾动脉硬化、尿酸性肾石病、尿道感染、老化以及铅中毒等。结晶样沉积物可发生在远曲小管和集合管。其组成成分可能是尿酸，并与管内尿酸浓度和尿液pH有关；它们可导致近曲小管扩张和萎缩。间质内沉积物的成分是尿酸钠，它的形成与血浆和间质液中升高的尿酸盐浓度有关。

【临床表现】

原发性痛风发病高峰年龄为40岁左右，以男性患者多见，女性约占5%，多见于更年期后发病，常有家族遗传史。根据不同的临床表现，可将痛风分为无症状期、急性关节炎期、间歇期和慢性关节炎期四个阶段。

（一）无症状期

仅有血尿酸持续性或波动性升高，无任何临床表现。由无症状的高尿酸血症发展至临床痛风，一般需历时数年至数十年，有些可终身不出现症状。但随年龄增长，出现痛风的比率增加。通常，高尿酸血症的程度及持续时间与痛风症状的出现密切相关。导致高尿酸血症进展为临床痛风的确切机制尚不清楚。多数情况下，长期无症状的高尿酸血症一般不会引起痛风性肾病或肾石病。此外，无症状的高尿酸血症还可反映胰岛素诱导的肾小管对尿酸重吸收情况，故可作为监测胰岛素抵抗和肾血管疾病的一项观察指标。

（二）急性关节炎期

典型的发作起病急骤，多数患者发病前无先兆症状。常有以下特点：①于夜间突然发病，并可因疼痛而惊醒。症状一般在数小时内发展至高峰，受累关节及周围软组织突然出现红、肿、热、痛和功能障碍症状。②患者可出现发热、头痛等症状。伴有血白细胞增高，血沉增快。③初发本病呈自限性，经过数天或数周可自行缓解。④伴有高尿酸血症。⑤关节液白细胞内有尿酸盐结晶，或痛风石针吸活检有尿酸盐结晶，是确诊本病的依据。初次发病时绝大多数仅侵犯单个关节，其中以踇趾关节和第一跖趾关节最常见，偶尔可同时发生多关节炎。大关节受累时可伴有关节腔积液。症状反复发作可累及多个关节。

通常，急性关节炎症状在春季较为多见，秋季发病者相对较少。关节局部的损伤如扭伤、穿鞋过紧、长途步行及外科手术、饥饿、饮酒、进食高嘌呤食物、过度疲劳、寒冷、受凉、感染等均可诱发痛风性关节炎的急性发作。

(三) 间歇期

急性痛风性关节炎发作缓解后，患者症状可以全部消失，关节活动完全恢复正常，此阶段称为间歇期，可持续数月至数年。患者受累关节局部皮肤出现瘙痒和脱屑为本病的特征性表现，但仅部分患者可见。多数患者于1年内症状复发，其后每年发作数次或数年发作一次。少数患者可终生仅有一次单关节炎发作，其后不再复发。个别患者发病后也可无明显的间歇期，关节炎症状长期存在，直至发生慢性痛风性关节炎。

(四) 痛风石慢性关节炎期

未经治疗或治疗不规则的患者，尿酸盐在关节内沉积增多，炎症反复发作进入慢性阶段而不能完全消失，引起关节骨质侵蚀缺损及周围组织纤维化，使关节发生僵硬畸形、活动受限，受累关节可逐渐增多，严重者可累及肩、髋、脊柱、骶髂、胸锁、下颌等关节及肋软骨。患者可有肩背痛、胸痛、肋间神经痛、坐骨神经痛等表现，少数可发生腕管综合征。此外，持续高尿酸血症导致尿酸盐结晶析出并沉积在软骨、关节滑膜、肌腱及多种软组织等处，形成黄白色，大小不一的隆起赘生物即痛风结节（或痛风石），为本期常见的特征性表现。痛风石一般位于皮下结缔组织，为无痛性的黄白色赘生物，以耳廓及跖趾、指间、掌指、肘等关节较为常见。浅表的痛风石表面皮肤受损发生破溃而排出白色粉末状的尿酸盐结晶，溃疡常常难以愈合，但由于尿酸盐具有抑菌作用，一般很少发生继发性感染。此外，痛风石可浸润肌腱和脊柱，导致肌腱断裂、脊椎压缩和脊髓神经压迫。产生时间较短的质软痛风石在限制嘌呤饮食、应用降尿酸药物后，可以逐渐缩小甚至消失，但可产生时间长的、质硬结节，由于其纤维增生，故不易消失。

【实验室和其他检查】

(一) 血液检查

1. **血尿酸测定** 尿酸作为嘌呤代谢的最终产物，主要由肾排出体外。当肾小球滤过功能受损时，尿酸即潴留于血中，故血尿酸不仅对诊断痛风有帮助，而且是诊断肾损害严重程度的敏感指标。

尿酸通常采用尿酸酶法进行测定，男性正常值为 380～420μmol/L (6.4～7mg/dl)，女性为 300μmol/L (5mg/dl)。影响血尿酸水平的因素较多，患者血尿酸水平与临床表现严重程度并不一定完全平行，甚至有少数处于关节炎急性发作期的患者其血尿酸浓度可以正常。应在清晨空腹抽血检查血中尿酸（即空腹8小时以上）。进餐，尤其是高嘌呤饮食可使血尿酸偏高。患者在抽血前1周，应停服影响尿酸排泄的药物。抽血前避免剧烈运动，因为剧烈运动可使血尿酸增高。由于血尿酸有时呈波动性，一次检查正常不能排出高尿酸血症，必要时应反复进行。

虽然尿酸值越高者患痛风的概率越大，但仍有高达30%的痛风患者尿酸值在正常范围。另外，急性痛风关节炎发作的前、中和后期，人体血液中的尿酸含量可以没有大幅度的变化，这是由于身体通过自我调节加速了尿酸的排出。

2. **酶活性测定** 可测定患者红细胞中PRPP合酶、PRPPAT、HPRT及黄嘌呤氧化酶的活性，将有助于确定酶缺陷部位。

3. **其他** 关节炎发作期间可有外周血白细胞增多，血沉加快。尿酸性肾病影响肾小球滤过功能时，可出现血尿素氮和肌酐的升高。

(二) 尿尿酸测定

尿液中尿酸浓度，在痛风所致的肾损害中有重要作用。尿尿酸的测定可用磷钨酸还原法和尿酸酶-过氧化物酶偶联法。通过尿液检查可了解尿酸排泄情况，有利于指导临床合理用药。

正常人经过5天限制嘌呤饮食后，24小时尿尿酸排泄量一般不超过3.57mmol (600mg)。由于急性发作期尿酸盐与炎症的利尿作用，患者尿尿酸排泄增多，因而此项检查对诊断痛风意义不大。但

24小时尿尿酸排泄增多有助于痛风性肾病与慢性肾小球肾炎所致肾衰竭的鉴别。有尿酸性结石形成时，尿中可出现红细胞和尿酸盐结晶。尿酸盐结晶阻塞尿路引起急性肾衰竭时，24小时尿尿酸与肌酐的比值常＞1.0。

（三）滑囊液检查

滑囊液晶体分析是痛风诊断的重要方法。通过关节腔穿刺术抽取滑囊液，在显微镜下可发现白细胞中有针形尿酸钠结晶（图7-25-4）。关节炎急性发作期的检出率一般在95%以上。此外，滑囊液的白细胞计数一般在$(1\sim 7)\times 10^9/L$之间，主要为分叶核粒细胞。无论接受治疗与否，绝大多数间歇期的患者进行关节滑囊液检查，仍可见尿酸钠晶体。

（四）痛风石活检

对表皮下的痛风结节可行组织活检，通过偏振光显微镜可发现其中有大量的尿酸盐结晶。也可通过紫尿酸铵试验、尿酸酶分解及紫外线分光光度计测定等方法分析活检组织中的化学成分。

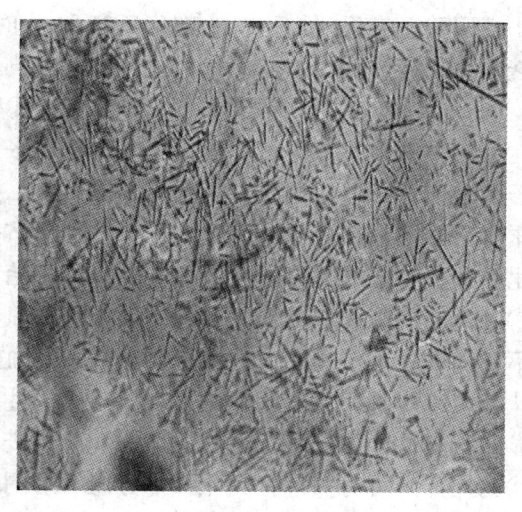

图7-25-4　痛风患者关节腔积液中大量针样的结晶体

（五）肾检查

1. 肾穿刺活检　痛风常累及肾，使其体积变小，肾穿刺活检可见被膜腔下肾表面有颗粒及颗粒瘢痕，皮质变薄，髓质和椎体内有小的白色针状物，呈放射状的白线表示有尿酸钠结晶（MSU）沉着，椎体减少，尿道可察见肾内尿酸盐结石，显微镜下肾小球可呈形态，或者部分改变，也可呈完全玻璃样改变。

2. 腹部平片　可见肾内尿酸结石，透光，平片上不显影。但如果发生钙化，肾区或相应部位可见结石阴影。长期慢性痛风的患者腹部平片可见肾影缩小，此时常有明显的肾功能损害。

3. 静脉肾盂造影　如果发现静脉注射造影剂10分钟后摄片两侧肾影密度增高，至20、40分钟后，仅两侧肾实质密度增高，肾盂、肾盏不能清楚显影，输尿管上段隐约显影，说明肾脏功能较差，排空延迟。

（六）特殊检查

采用高效液相电化学分析（HPLC-ED）测定唾液中的尿酸含量，同时与单个或多个电极的安培电化学测定系统比较，发现唾液中的尿酸可作为诊断的一个参考依据。

【诊断与鉴别诊断】

（一）诊断

以下为1997年美国风湿病协会的拟诊标准：

1. 多为中年肥胖男性，少数见于绝经后女性，男女之比为20:1。
2. 主要侵犯周围单一关节，常反复发作，首次发作多为第一跖趾关节，此后可累及跗、踝、指、腕关节，呈游走性。
3. 起病突然，关节红肿热痛，活动受限，一天内可达高峰，晨轻暮重。
4. 反复发作，关节肥厚畸形僵硬。
5. 在耳廓关节附近骨骼中，腱鞘软骨内，皮下组织等可存在痛风结节。
6. 高尿酸血症，血尿酸大于$420\mu mol/L$（7mg/dl）。
7. 发作可自行终止。
8. 对秋水仙碱反应特别好。
9. X线摄片检查可见关节附近骨质中有整齐的穿凿样圆形缺损。

(二) 鉴别诊断

本病需与下列可累及关节的疾病进行鉴别：

1. **原发性痛风与继发性痛风的鉴别** 继发性痛风具有以下特点：①青少年、女性和老年人多见；②高尿酸血症程度较重；③部分患者24小时尿尿酸排出增多；④肾受累多见，甚至可以发生急性肾衰竭；⑤痛风性关节炎症状往往较轻或不典型；⑥可能有明确的相关用药史。

2. **关节炎** ①类风湿性关节炎：一般以青、中年女性多见，好发于四肢的小关节，表现为游走性、对称性多关节炎，受累关节呈梭形肿胀，常伴有晨僵现象，反复发作可引起关节畸形。类风湿因子多为阳性，但血尿酸不高。X线摄片可见关节面粗糙；关节间隙狭窄，晚期可有关节面融合，但骨质穿凿样缺损不如痛风明显。②化脓性关节炎与创伤性关节炎：创伤性关节炎一般都有关节外伤史，化脓性关节炎的关节滑囊液可培养出致病菌，两者的血尿酸均不高，关节滑囊液检查无尿酸盐结晶。③关节周围蜂窝织炎：关节周围软组织明显红肿，畏寒、发热等全身症状较为突出，但关节疼痛往往不如痛风显著，周围血白细胞明显增高，血尿酸正常。④假性痛风：关节软骨矿化所致，多见于用甲状腺素进行替代治疗的老年人，女性较男性多见，膝关节为最常受累的关节。关节炎症状发作常无明显的季节性，血尿酸正常。关节滑囊液检查可发现有焦磷酸钙结晶或磷灰石，X线摄片可见软骨呈线状钙化，尚可有关节旁钙化。部分患者可同时合并痛风，则有血尿酸浓度升高，关节滑囊液检查可见尿酸盐和焦磷酸钙两种结晶。⑤银屑病关节炎：常累及远端的指（趾）间关节、掌指关节、跖趾关节，少数可累及脊柱和骶髂关节，表现为非对称性关节炎，可有晨僵现象。约20%的患者可伴有血尿酸增高，有时难以与痛风相区别。X线摄片可见关节间隙增宽，骨质增生与破坏可同时存在，末节指（趾）远端呈铅笔尖或帽状。⑥其他关节炎：急性关节炎期尚需与系统性红斑狼疮、复发性关节炎及Reiter综合征鉴别，慢性关节炎期还应与肥大性骨关节病、创伤性及化脓性关节炎的后遗症等进行鉴别。通常，血尿酸测定有助于以上疾病的鉴别诊断。

3. **磷酸二氢钙沉着症**（calcium pyrophosphate dehydrate crystal deposition disease, CPPDCD）痛风应与CPPDCD鉴别，后者主要累及掌指关节，但也可以发生在头颈部和腰椎。

【治疗】

原发性痛风目前尚无根治方法，但通过控制高尿酸血症通常可有效地减少发作，使病情逆转。本病的治疗目标为：①尽快终止急性关节炎发作；②预防关节炎复发；③慢性高尿酸血症者的治疗目标是使血尿酸维持在360μmol/L（6.0mg/dl）以下；④控制尿酸性肾病与肾石病，保护肾功能。

(一) 一般治疗

控制饮食总热量；限制饮酒和高嘌呤食物，如动物的内脏（心、肝、肾、脑），部分鱼类，牡蛎，牛羊肉等；每天饮水2000ml以上以增加尿酸的排泄；慎用抑制尿酸排泄的药物；避免诱发因素和积极治疗相关疾病等。

(二) 无症状期的处理

对无临床症状的高尿酸血症一般无需进行药物治疗，但应适当进行生活方式的调整，以降低血尿酸水平。此期的患者尚需定期进行血尿酸浓度监测，以确保血尿酸水平经常控制在正常范围之内。对经饮食控制等非药物治疗血尿酸浓度仍超过475μmol/L（8.0mg/dl），24小时尿尿酸排泄量>6.54mmol，或有明显家族史者，即使未出现关节炎、痛风石、肾石病等临床表现，也应使用降低尿酸的药物，使血尿酸水平维持在正常范围之内。同时应注意避免各种诱发急性关节炎的因素。

(三) 急性关节炎期的治疗

此期的治疗目的是迅速终止关节炎发作。首先应绝对卧床休息，抬高患肢，避免受累关节负重，持续至关节疼痛缓解后72小时方可逐渐恢复活动。同时，应尽早予以药物治疗使症状缓解。延迟用药会导致药物疗效降低。

1. **秋水仙碱** 对控制痛风急性发作具有非常显著的疗效，为痛风急性关节炎期的首选用药。它的作用机制包括对化学因子的调控、前列腺素的合成和中性粒细胞及内皮细胞黏附分子的抑制作用，而这些黏附分子参与了关节炎症的发生和发展。该药常规剂量为成人每次 0.5mg，每小时 1 次；或每次 1mg，每 2 小时 1 次，直至关节疼痛缓解或出现恶心、呕吐、腹泻等胃肠道不良反应时停药。达到治疗量一般为 3～5mg，48 小时内剂量不得超过 7mg。通常用药后 6～12 小时内可使症状减轻，约 80% 的患者在 24～48 小时内症状可完全缓解。对口服秋水仙碱后消化道反应剧烈者，可将 1～2mg 秋水仙碱溶于 10～20ml 生理盐水中，于 5～10 分钟内缓慢静脉注射，以避免该药对胃肠道的刺激。其后可根据病情需要，每隔 6～8 小时注射 1mg，24 小时内总量不超过 4mg。有肾功能减退者，24 小时总剂量应控制在 3mg 以内。值得注意的是，如果静脉注射时药物外漏，可引起组织坏死。对于尚不能确诊的关节炎，可选用秋水仙碱进行诊断性治疗。

除了胃肠道的不良反应以外，部分患者使用秋水仙碱治疗后，可发生骨髓抑制、肝功能损害、脱发、精神抑郁、上行性麻痹、呼吸抑制等。因此，有骨髓抑制及肝肾功能损害者使用该药时，剂量应减半，并密切观察不良反应的情况。秋水仙碱的不良反应与药物的剂量有关，口服较静脉注射安全性高。极少数患者使用秋水仙碱后，可发生急性心功能衰竭和严重的室性心律失常而导致死亡。反复应用秋水仙碱控制痛风或家族型地中海热症状后，可抑制成骨细胞矿化功能，导致骨矿化不良和骨折不愈合，有时还可引起异位骨化。

2. 非甾体类抗炎剂（nonsteroidal anti-inflammatory drug，NSAID）　无并发症的急性痛风性关节炎发作可首选非甾体类抗炎药物，特别是不能耐受秋水仙碱的患者尤为适用。非甾体类抗炎剂与秋水仙碱合用，可增强止痛效果。此类药物应在餐后服用，以减轻药物对胃肠道的刺激。常用的药物包括有吲哚美辛，开始时剂量为 50mg，每 6 小时 1 次。症状减轻后逐渐减为 25mg，每日 2～3 次；或布洛芬，0.2～0.4g，每日 2～3 次，通常可使症状 2～3 天内得到控制。

3. 糖皮质激素　一般使用秋水仙碱或非甾体类消炎镇痛药物治疗急性痛风性关节炎均有效，不必全身性应用促肾上腺皮质激素（ACTH）或糖皮质激素。尽管上述药物急性关节炎发作具有迅速的缓解作用，但停药后症状容易复发，且长期服用易致糖尿病、高血压病等并发症，故不宜长期应用。仅适用于少数急性痛风反复发作十分严重的患者，对于秋水仙碱、非甾体类抗炎药治疗无效或有禁忌证者可考虑短期使用。糖皮质激素具有很强的抗炎作用，对各种因素（包括细菌性、化学性、机械性和过敏性等）所引起的炎症反应，均有明显抑制作用。一般用泼尼松 10mg，每日 3 次；或地塞米松 10～20mg 静脉点滴，应用 3～5 日症状缓解后逐渐减量至停药，以免症状复发。减量应慢，以免出现"反跳"现象。严重的精神病和癫痫、溃疡病、骨折、创伤修复期、角膜溃疡、肾上腺皮质功能亢进症、严重的高血压、糖尿病、孕妇、水痘、真菌感染等患者禁用。

4. 其他药物　少数关节疼痛剧烈者，可口服可待因或肌内注射哌替啶。降低血尿酸的药物在用药早期可使进入血液中的尿酸增多，有诱发急性关节炎的可能，故在痛风急性期不宜使用。

（四）慢性期的治疗

间歇期及无症状高尿酸血症的治疗，目的是使血尿酸维持在正常范围内，以预防急性关节炎的发作，防止痛风结节及泌尿系结石发生与发展，使病情长期稳定。因此，降低血尿酸药物为本期治疗的主要用药，治疗目标为血尿酸水平维持在 360μmol/L（6mg/dl）以下。应用降低血尿酸药物的适应证包括：①经饮食控制后血尿酸仍超过 416μmol/L（7mg/dl）者；②每年急性发作在 2 次以上者；③有痛风石或尿酸盐沉积的 X 线证据者；④有肾石病或肾功能损害者。

降低血尿酸的药物主要包括抑制尿酸合成与促进尿酸排泄两大类，通常根据患者的肾功能及 24 小时尿酸排泄量的情况进行药物选择。对肾功能正常、24 小时尿尿酸排泄量<3.75mmol 者，可选用促进尿酸排泄的药物；如果患者的肾功能减退或 24 小时尿尿酸排泄量>3.75mmol，则应用抑制尿酸合成的药物。

1. 抑制尿酸合成药物

(1) 别嘌醇（allopurinol）：为黄嘌呤氧化酶的抑制剂，可控制高尿酸血症。适用于：①原发性和继发性高尿酸血症，尤其是尿酸生成过多引起的高尿酸血症；②反复发作或慢性痛风者；③痛风石；④尿酸性肾结石和（或）尿酸性肾病；⑤伴有肾功能不全的高尿酸血症。该药主要通过抑制黄嘌呤氧化酶，使次黄嘌呤和黄嘌呤不能转换为尿酸。药物进入体内后，一方面被逐渐氧化，生成易溶于水的异黄嘌呤，随尿液排出；另一方面在有 PRPP 存在的情况下，可转变成相应的核苷酸，使 PRPP 的消耗增加，并可抑制 PRPPAT，使尿酸的合成进一步减少。因而可迅速降低血尿酸浓度，抑制痛风石及尿酸性结石的形成。别嘌醇与促进尿酸排泄药物合用可加快血尿酸降低的速度，并动员沉积在组织中的尿酸盐，使痛风石溶解。

成人常用剂量为 100mg，2～4 次/日。每周可递增 50～100mg，至每日 200～300mg，分 2～3 次服用。每 2 周检测血和尿尿酸水平，如已经达到正常水平，则不再增量，如仍高可再递增。但最大量一般不大于每日 600mg。

该药不良反应患病率为 5%～20%，其中约有半数需要停药，停药后一般均能恢复正常。少数患者有发热、过敏性皮疹、腹痛、腹泻、白细胞和血小板较少等症状。通常，不良反应多见于有肾功能不全者，因此伴有肾功能损害的患者，使用时剂量应酌情减少。

尽管别嘌醇排泄并不会随年龄增长而逐渐减少，但其活性代谢产物氧嘌醇的排泄量与年龄呈负相关，因而老年患者用药后更容易发生不良反应。

（2）非布司他（febuxostat）：一种选择性的黄嘌呤氧化酶抑制剂，较别嘌醇降低血尿酸的作用更显著。每日 1 次，常用剂量为 10～100mg/d，最大剂量为 240mg/d。该药的主要不良反应包括腹泻、恶心、呕吐等消化道反应，也有关于该药能增加心血管事件发生的不良反应的报道。此外，该药慎用于肾功能不全的患者。

2. 促进尿酸排泄药物　此类药物主要通过抑制肾小管对尿酸的重吸收，增加尿尿酸排泄而降低血尿酸。适用于肾功能正常、每日尿尿酸排泄不多的患者。对于 24 小时尿尿酸排泄＞3.57mmol（60mg）或已有尿酸性结石形成者，有可能造成尿路阻塞或促进尿酸性结石的形成，故不宜使用。为避免用药后因尿中的尿酸排泄急剧增多而引起肾损害及肾石病，用药时应注意从小剂量开始。在使用排尿酸药物治疗时，应每日服用碳酸氢钠以碱化尿液；并注意多饮水，以利于尿酸的排出。该类药物包括有：①丙磺舒（probenecid）：初始剂量为 0.25g，2 次/日。服用 2 周后增至 0.5g，3 次/日。最大剂量不应超过 2g/日。②磺吡酮（sulfinpyrazone）：该药不良反应较少，一般初始剂量为 50mg，每日 2 次。后逐渐增至 100mg，每日 3 次，最大剂量为 600mg/d。③苯溴马隆（benzbromarone）：具有较强的利尿酸作用。常用剂量为 25～100mg，1 次/日。

3. 其他治疗　伴有肥胖、高血压、冠心病、尿路感染、肾衰竭等疾病的患者，需进行相应治疗。关节活动有障碍者，可适当进行理疗。有关节畸形者可通过手术矫形。

如果用一般药物控制血尿酸的效果不理想，尤其对于伴有血脂异常和高血压病的患者，可使用血管紧张素Ⅱ受体拮抗剂、非诺贝特或阿托伐他汀治疗，目前这些药物的作用机制尚不清楚，可能与促进肾小管对尿酸排泌的作用有关。

（五）继发性痛风的治疗

继发性高尿酸血症及痛风的治疗最关键的是积极治疗原发病，因为原发病往往比痛风更严重、预后更差。一般的治疗原则是：①积极治疗原发病；②在治疗原发病同时，仔细分析、比较后选择药物和治疗手段；③尽快控制急性痛风性关节炎的发作；④一般首选抑制尿酸合成的药物；⑤一般不提倡使用促尿酸排泄药物；⑥肾移植术后高尿酸血症在较长时间内可以无任何症状，但不能忽视对痛风和尿路结石的预防及对血尿酸的控制；⑦控制饮食，限制嘌呤摄入和忌酒；⑧多饮水和服用碳酸氢钠等，积极稀释和碱化尿液；⑨注意生活习惯，避免饥饿、劳累、感染和其他刺激；⑩积极治疗原发性高血压、糖尿病、肥胖症等并发症，减少高胰岛素血症的影响。

（郭立新）

第二十六章 骨质疏松症

骨质疏松症（osteoporosis，OP）是一种以骨量降低和骨组织微结构破坏，导致骨脆性增加，易发生骨折为特征的代谢性骨病。2001年美国国立卫生研究院（NIH）提出补充：骨质疏松症是以骨强度下降、骨折风险性增加为特征的骨骼系统疾病，骨强度反映骨骼的两个主要方面，即骨矿密度和骨质量。

该病可发生于不同性别和任何年龄，但多见于绝经后妇女和老年男性。骨质疏松症分为原发性和继发性二大类。

（一）原发性骨质疏松症

分为绝经后骨质疏松症（Ⅰ型）、老年性骨质疏松症（Ⅱ型）和特发性骨质疏松（包括青少年型）三种。绝经后骨质疏松症一般发生在妇女绝经后5～10年内；老年性骨质疏松症一般指老人70岁后发生的骨质疏松；特发性骨质疏松主要发生在青少年，病因尚不明。

（二）继发性骨质疏松症

由于某些疾病和状况引发的骨质疏松称为继发性骨质疏松症，可见于以下情况：

1. **分泌代谢疾病** 甲状旁腺功能亢进症、甲状腺功能亢进症、皮质醇增多症、垂体瘤、腺垂体功能减退症、性腺功能减退症、糖尿病等。
2. **结缔组织疾病** 系统性红斑狼疮、类风湿性关节炎、干燥综合征、皮肌炎、混合性结缔组织病等。
3. 慢性肾脏疾病导致肾性骨营养不良（1α 羟化酶活性降低）。
4. 胃肠疾病和营养性疾病。
5. **血液系统疾病** 白血病、淋巴瘤、多发性骨髓瘤、戈谢病（Gaucher disease）和骨髓异常增生综合征等。
6. **神经肌肉系统疾病** 各种原因所致的偏瘫、截瘫、运动功能障碍、肌营养不良症、僵人综合征和肌强直综合征等。
7. 长期制动或太空旅行。
8. 器官移植术后。
9. **药物及毒物** 糖皮质激素、免疫抑制剂、肝素、抗惊厥药、抗癌药、含铝抗酸剂、甲状腺激素、慢性氟中毒、促性腺激素释放激素类似物或肾衰竭用透析液等。

本章主要介绍原发性骨质疏松症。

【病因及发病机制】

骨骼系统是人体的重要器官，骨组织通过不断的代谢更新称为骨重建（bone remodeling），以维持其正常的功能形态。随着年龄的增长，中老年人由于骨骼成分的丢失，使骨重建渐处于负平衡状态，一方面由于破骨细胞的活性增加使骨量丢失增多，另一方面成骨细胞功能的衰减导致骨量形成减少，这是骨质疏松发生的细胞学基础。引起中老年人骨质丢失的因素复杂，认为与下列因素有关。

1. 老年人性激素分泌逐渐减少是导致骨质疏松症的重要原因。女性绝经后雌激素水平突然下降，致使骨量丢失加速。同样雄激素也是调节骨代谢重要激素，具有促进骨基质蛋白合成作用。
2. 随年龄的增长，钙调节激素即降钙素（CT）、甲状旁腺激素（PTH）及 $1,25(OH)_2D_3$ 的分泌失调致使骨代谢紊乱。老年人肾功能显著下降，导致血磷升高，继发性使PTH上升，促进骨吸收增加，骨钙流失。老年人肾脏内 1α 羟化酶活性下降，使 $1,25(OH)_2D_3$ 合成减少，使肠钙吸收下降，又反馈性引起PTH分泌上升。

3. 老年人由于消化功能降低，蛋白质、钙、磷、维生素及微量元素摄入不足。蛋白质摄入不足会减少胰岛素样生长因子1（IGF-1）而影响骨骼的完整性。老年人牙齿缺失较多，蔬菜、水果、瘦肉不易咀嚼，摄入量减少，呈现"负钙平衡"，并且维生素D摄入也不足，反馈性致PTH分泌增加，加速骨钙溶解和骨量丢失。且老年人户外运动减少，因日照减少，使维生素D合成降低；运动减少也使骨矿含量减少，导致骨质疏松症。

导致骨质疏松症的主要危险因素包括：老龄、雌激素缺乏、脆性骨折或脆性骨折家族史，低体重，少活动、光照不足、跌倒。不良生活习惯包括：吸烟、酗酒、长期饮用咖啡或碳酸饮料，钙、维生素D、蛋白质摄入不足，以及长期服用糖皮质激素等。

【流行病学】

骨质疏松症多发生于老年人和绝经后妇女，中国是全球人口最多的国家，而且随着人均寿命的提高，中国也正在步入老年化社会。

骨质疏松性骨折中以髋部骨折最常见和最严重，也是绝经后妇女最主要的健康问题之一。据Cooper等流行病学调查显示，髋部骨折在美国女性的年发病率已达25万例；男性的年发病率为女性的一半。全球髋部骨折的年发病率呈显著上升趋势，全球发病率将由1990年的166万例增至2050年的626万例。1990年北美洲、欧洲、拉丁美洲和亚洲的髋部骨折发病率分别为40万、40万、10万和60万例，预计到2050年，这些地区的髋部骨折年发病率将分别达到80万、70万、60万和300万例。其中最引人注目的是：亚洲的年发病人数将占全球总发病例数的近一半。发生髋部骨折后，约有20%的患者在一年内将再次发生骨折。若能在骨折后得到恰当的抗骨质疏松药物治疗，再次发生骨折的危险性可减少50%。

骨质疏松性骨折会引起绝经后妇女的死亡率显著升高，Cauley JA发表的资料总结了骨折干预试验（FIT）中6459名年龄55～81岁的绝经后妇女，平均随访3.8年后的结果。发生任何临床骨折后的死亡危险性升高2倍，其中主要是髋骨骨折和椎骨骨折，髋骨骨折后死亡率升高7倍，而椎骨骨折后死亡率升高达9倍。因此，在防治骨质疏松症方面，我们将面临非常巨大的挑战。

【临床表现】

多数骨质疏松症患者早期无明显自觉症状，往往在骨折发生后，或经X线或骨密度检查时才发现已有骨质疏松改变。

1. 疼痛　疼痛是骨质疏松症最常见的主要症状，以腰背酸痛多见，占疼痛患者中的70%～80%。疼痛沿脊柱向两侧扩散，仰卧或坐位时疼痛减轻，直立时后伸或久立、久坐时疼痛加剧；日间疼痛轻，夜间和清晨醒来时加重；弯腰、肌肉运动、咳嗽、大便用力时加重。严重时翻身、起坐及行走有困难，活动受限。新近胸腰椎压缩性骨折，亦可产生急性疼痛，相应部位的脊柱棘突可有强烈压痛及叩击痛。

2. 脊柱变形　可有身高缩短、驼背，多在疼痛后出现。脊椎椎体前部为松质骨组成，而负重量大，尤其第T_{11}、T_{12}及L_3椎体，容易被压缩变形，使脊柱前倾，形成驼背，严重者出现胸廓畸形，心肺功能受到影响和腹部脏器受压等。老年人骨质疏松时椎体压缩，身长可缩短4～12cm。

3. 骨折　骨折是骨质疏松症最常见和最严重的并发症，轻度外伤或日常活动发生的骨折为脆性骨折。发生脆性骨折的常见部位为胸、腰椎、髋部、桡、尺骨远端和肱骨近端，其他部位亦可发生骨折。发生过一次脆性骨折后，再次发生骨折的风险增加2～3倍。

【诊断与鉴别诊断】

(一) 诊断

1. 骨量的测定

(1) 骨矿含量和骨密度（BMD）测量：BMD测量是判断骨量减低或骨质疏松的重要手段，X线摄片是一种较易普及的检查方法，但其敏感性差，只有当骨量下降30%以上才能显示改变，临床主要用于骨质疏松性骨折的诊断。CT和MRI对椎体骨折和微细骨折有较大诊断价值。MRI对鉴别新鲜和陈旧性椎体骨折有较大意义。目前骨矿含量和骨密度（BMD）测量包括双能 X 线吸收法（DXA）、定量超声测定法（QUS）、定量 CT（QCT）、显微 CT（Micro CT）等。但目前国际上公认的最准确的 BMD 测量方法仍然是双能 X 线吸收法（dual energy X-ray absorptiometry，DXA），且以其测定值作为骨质疏松症的诊断标准。

（2）根据世界卫生组织（WHO）推荐的诊断标准，基于 DXA 测定：骨密度值低于同性别、同种族健康成人的骨峰值不足 1 个标准差属正常（T-Score＞－1.0）；降低 1~2.5 个标准差为骨量低下（骨量减少）（－1.0≥T-Score＞－2.5）；降低程度等于和大于 2.5 个标准差为骨质疏松（T-Score≤－2.5），骨密度降低程度符合骨质疏松诊断标准，同时伴有一处或多处骨折时为严重骨质疏松。应用 DXA 测定骨密度要严格按照质量控制要求。临床上常用的推荐测量部位是 L_1~L_4 和股骨颈，诊断时要结合临床情况进行分析。

2. 骨转换生化指标　测定骨生化指标有助于判断骨代谢状态及骨更新率的快慢，对骨质疏松症的诊断和鉴别诊断有重要意义。

（1）骨形成指标包括：血清骨特异性碱性磷酸酶、骨钙素（BGP）、Ⅰ型前胶原羧基端前肽（PICP）。

（2）骨吸收指标包括：尿钙/肌酐比值，尿胶原吡啶啉（PYr）和脱氧吡啶啉（DPYr），血浆抗酒石酸酸性磷酸酶（TRAP），血或尿Ⅰ型前胶原 C 端肽、N 端肽（CTX、NTX）等。

骨转换生化指标在绝经后妇女和骨质疏松症患者，不论是骨吸收指标还是骨形成指标均有30%~50%的升高，并且骨吸收指标比骨形成指标变化更明显。而在甲旁亢、多发性骨髓瘤、骨转移肿瘤患者则有更大的变化。测定骨转换生化指标有助于判断骨更新率的快慢，对骨质疏松症的鉴别诊断，对观察药物治疗影响，指导和及时修正治疗方案均有重要意义。

3. 骨质疏松症的诊断要点

临床上用于诊断骨质疏松症的通用指标是：发生了脆性骨折及（或）骨密度减低。

（1）脆性骨折：发生过脆性骨折临床上即可诊断骨质疏松症。

（2）骨密度测定：双能 X 线吸收法（DXA）检查示腰椎或髋骨 BMD≤－2.5 个标准差（T-Score）诊为骨质疏松症。

（3）对于骨量减低患者虽然尚不够骨质疏松症的诊断，但需分析其存在的 OP 危险因素，如高龄、早绝经、低体重、脆性骨折家族史、吸烟、制动、长期卧床、服用糖皮质激素及其他可影响骨代谢的疾病等。在评估骨质疏松症和骨质疏松症性骨折的风险的基础上考虑相应的治疗方案。

（4）诊断原发性骨质疏松症前必须排除继发性骨质疏松或其他疾病引发的病理性骨折。

（二）鉴别诊断

根据诊断和鉴别诊断的需要可选择检测血尿常规，肝肾功能，血糖、钙、磷、性激素、25（OH）D_3 和甲状旁腺激素（PTH）等，以除外继发性骨质疏松症和其他骨代谢疾病。如：①骨软化症：由于骨基质矿化障碍，多见于儿童佝偻病，成年人发病见于慢性肾衰竭、维生素 D 缺乏和低磷酸盐血症。②甲状旁腺功能亢进症：原发性甲旁亢见于甲状旁腺肿瘤或增生。③多发性骨髓瘤：异常球蛋白血症和骨髓浆细胞超过 20% 可鉴别。④其他内分泌疾病均因本身的原发病表现较明显，鉴别不难。

【治疗】

骨质疏松症的治疗包括基础治疗和抗骨质疏松治疗。

（一）基础措施

1. 调整生活方式　给予富含钙、低盐和适量蛋白质的均衡膳食；适当户外活动，有助于骨健康的体育锻炼和康复治疗；避免嗜烟、酗酒和慎用影响骨代谢的药物；采取防止跌倒的各种措施等。

2. 骨健康基本补充剂

（1）钙剂：钙是骨骼的重要组成部分，人体 99% 的钙存在于骨骼和牙齿。我国营养学会推荐成人每日钙摄入量不少于 800mg 元素钙,如果饮食中钙供给不足,需选用钙剂补充。绝经后妇女和老年人每日钙摄入推荐量为 1000～1500mg,中国人平均每日饮食钙摄入约 400mg,故每日应再补充元素钙 500～600mg。各种钙剂含钙量不一,应选择含钙量高、吸收率高、副作用少的药物。分次餐后服用效果较好,钙和维生素 D 补充过多可以引起尿钙排出增多,易形成尿路结石。监测尿钙不大于 300mg/d 为宜。

(2) 维生素 D 及其衍生物:维生素 D 作为机体必需营养成分及激素,在维持机体钙、磷代谢平衡起着重要作用。维生素 D 可促进小肠和肾小管对钙的吸收。维生素 D 缺乏会导致继发性甲状旁腺功能亢进,增加骨的吸收,从而引起或加重骨质疏松。成年人推荐维生素 D 剂量为 400～1 000U(10～20μg)/d。老年人更适宜选用活性维生素 D,包括 1α(OH)D_3（α-骨化醇）和 1,25(OH)$_2$$D_3$（骨化三醇）,这些维生素 D 的衍生物不受肝、肾功不全的影响,在体内直接发挥生物学效应。常用剂量为骨化三醇剂量 0.25～0.5μg/d 或 α-骨化醇 0.25～0.75μg/d。

维生素 D 和活性维生素 D 与钙剂一样是防治骨质疏松症的基础用药,在治疗骨质疏松症时,应与其他抗骨质疏松药物联合应用。单独使用对骨质疏松症的治疗有限。还需定期监测血清 25(OH)D_3 或血钙和尿钙,酌情调整剂量。

(二) 抗骨质疏松药物治疗

骨质疏松症的治疗仅局限于上述钙剂和维生素 D 等基础用药是不够的,针对病因还应该选用抗骨吸收药物和促骨形成药物。抗骨质疏松药物治疗的适应证包括:已有骨质疏松症（T≤-2.5）或已发生过脆性骨折;或已有骨量减少（-2.5<T≤-1.0）并伴有骨质疏松症危险因素（包括骨转换加速）者。

1. 抗骨吸收药物

(1) 双膦酸盐类:该类药物可有效抑制破骨细胞活性,降低骨转换率。可明显提高腰椎和髋部骨密度,显著降低椎体及髋部等部位骨折发生的危险。用于治疗骨质疏松症的常用双膦酸盐有阿仑膦酸钠（alendronate）、利塞膦酸钠（residronate）、唑来膦酸钠（zoledronic acid）等。

(2) 降钙素类（calcitonin）:能抑制破骨细胞的生物活性和减少破骨细胞的数量。可预防骨量丢失并增加骨量。目前应用于临床的有鲑鱼降钙素和鳗鱼降钙素类似物。能降低骨质疏松患者的椎体骨折发生率。能明显缓解骨痛,鲑鱼降钙素除注射剂外还有鼻喷剂,少数患者应用降钙素可有面部潮红、恶心等不良反应,偶有过敏现象。

(3) 选择性雌激素受体调节剂（SERMs）:该类药选择性地作用于雌激素的靶器官,与雌激素受体结合,在骨骼有雌激素的作用,有效抑制破骨细胞活性,降低骨转换至妇女绝经前水平;在乳房和子宫则有雌激素的拮抗作用,不刺激子宫内膜和乳腺增生,能降低雌激素受体阳性浸润性乳癌的发生率。目前骨质疏松症治疗的主要有雷洛昔芬（raloxifene）60mg/d。

(4) 雌激素类:绝经后骨质疏松症主要病因是由于绝经后妇女雌激素水平下降引起的骨钙流失而防治绝经后骨质疏松症。临床研究已证明雌激素或雌孕激素补充疗法（ERT 或 HRT）能降低骨质疏松性骨折的发生危险。但需评估子宫内膜癌和乳腺癌的风险。

2. 促进骨形成药物

重组人甲状旁腺激素 [rhPTH (1-34)]:甲状旁腺激素是最主要的钙磷调节激素,大剂量的 PTH 可促进骨吸收,增加骨转换率,而小剂量 PTH 则促进骨形成。随机双盲对照试验证实,每日小剂量 rhPTH (1-34) 注射有促进骨形成的作用,能有效地治疗绝经后严重骨质疏松,增加骨密度,降低椎体和非椎体骨折发生的危险。该药已于 2002 年由美国 FDA 批准用于骨质疏松症治疗。

3. 其他药物

(1) 锶盐:雷奈酸锶（strontium ranelate, Portelos）是另一类抗骨质疏松药物,具有刺激骨形成、抑制骨重吸收的双重作用,能降低骨折风险,增强骨强度与骨密度。用于治疗绝经后骨质疏松症,以降低发生椎骨和髋骨骨折的危险。

（2）大豆异黄酮：可以影响大鼠的骨代谢标志物和骨密度，给予低骨量绝经后妇女口服依普黄酮（7-异丙氧基-异黄酮，Ipriflavone）治疗骨质疏松症已有报道，但其效果尚缺乏临床试验的证据。

【预后】

随着人类预期寿命延长，中国也开始进入老龄化社会，骨质疏松症将成为更加严重的公共卫生问题。因此，骨质疏松症及其骨折的防治，适当的运动和均衡的营养饮食在骨质疏松症的防治中起有重要的作用。对于骨质疏松症和骨质疏松性骨折高风险人群给予早期的抗骨质疏松治疗应受到更多的关注，以改善绝经后妇女和老年人的生活质量。

（胡肇衡）

参考文献

[1] Lewis E. Braverman, Robert D. Utiger. Werner and Ingbar's the Thyroid：A Fundamental and Clinical Text. Philadelphia：Lippincott-Raven Publishers，1996.
[2] 王海燕主编. 内科学. 北京：北京大学医学出版社，2005.
[3] Kronenberg HM, Melmed S, Polonsky KS, et al. Williams Textbook of Endocrinology. Philadelphia：W. B. Saunders Company，2008.
[4] 张树基，罗明绮. 水、电解质、酸碱平衡失调的判定与处理. 北京：北京大学医学出版社，2005.
[5] 王海燕主编. 肾脏病学. 第3版. 北京：人民卫生出版社，2009.
[6] 陈灏珠主编. 实用内科学. 第12版. 北京：人民卫生出版社，2005.
[7] Pascal Richette, Thomas Bardin. Gout, Lancet, 2010, 375：318-328.

第八篇 风湿性疾病

第一章 总 论

风湿性疾病（rheumatic diseases）简称风湿病，是指一大类目前病因各不相同，发病机制尚不清楚，但都累及骨、关节及其周围软组织，如肌肉、肌腱、滑囊、筋膜、韧带、神经等的一组疾病。其病因多种多样，包括感染性、免疫性、代谢性、退行性、遗传性、内分泌性、肿瘤性等。风湿（rheuma）一词最早见于公元前400年《希波克拉底全集》中《人体解剖》一书，原意为"流动"的意思，因此古代认为，风湿病是一种湿冷的液体自头部流至关节腔或其他部位引起的疼痛性疾病。如今人们对风湿病的认识已与最初的概念相去甚远，风湿病学的内容也在不断扩展，但风湿病一词却沿用至今。

【风湿病的范畴和分类】

风湿病涉及的范围很广，目前较公认的临床分类是1993年美国风湿病学会（American College of Rheumatology，ACR）根据病因、发病机制和病变部位进行的分类，将风湿病分为10个类别，100多种疾病。表8-1-1是对这一分类的简单归纳。

表8-1-1 风湿病的范畴和分类

	疾病种类	疾病举例
1	弥漫性结缔组织病	RA、SLE、SSc、PM/DM、pSS、血管炎病、重叠综合征等
2	脊柱关节病	AS、Reiter综合征、银屑病关节炎、未分化脊柱关节病等
3	退行性变	OA
4	与代谢和内分泌相关的风湿病	痛风、假性痛风等
5	和感染相关的风湿病	反应性关节炎、风湿热等
6	肿瘤相关的风湿病	滑膜瘤、多发性骨髓瘤、转移瘤等
7	神经血管疾病	神经性关节病、压迫性神经病变、雷诺病等
8	骨与软骨病变	骨质疏松、肥大性骨关节病、弥漫性原发性骨肥厚等
9	非关节性风湿病	关节周围病变、椎间盘病变等
10	其他有关节症状的疾病	周期性风湿病、间歇性关节积液等

注：RA：类风湿关节炎；SLE：系统性红斑狼疮；PM/DM：多肌炎/皮肌炎；pSS：原发性干燥综合征；AS：强直性脊柱炎；OA：骨关节炎

【病理】

风湿病的病理改变分为炎症性病变和非炎症性病变，不同的疾病其病变出现在不同的靶组织即受损最突出的部位，表8-1-2为常见风湿病的病理特点。

【临床表现】

1. 病史采集　详细的病史采集是判断患者情况最重要也是最有效的方法。对于大多数风湿病，80%的诊断是根据病史做出的。

患者的一般情况如年龄性别方面可以为诊断提供线索，如强直性脊柱炎（AS）多见于年轻男性；系统性红斑狼疮（SLE）多见于中青年女性；痛风多见于中老年男性，很少累及绝经前妇女；骨关节炎（OA）多见于中老年者；风湿性多肌痛几乎仅见于50岁以上的老年人。

对于关节症状，要明确发作的类型、诱因、病程长短以及疾病类型和进展情况，如急性单关节炎多提示感染、晶体性关节炎或外伤。受累关节的分布对于明确关节疾病的种类有着重要意义。如手足小关节对称性多关节炎是类风湿关节炎（RA）的典型特征，而下肢大关节的非对称性受累通常是脊柱关节病的表现。疼痛的部位和性质可能是提示诊断的重要证据，如第一跖趾关节严重的急性炎症高度提示痛风性关节炎。既往史要注意询问那些可能对关节疾病有严重影响或有可能相关的特殊疾病的情况，如银屑病史、炎症性肠病病史、特殊用药史、如能诱发狼疮的药物，他汀类药物可能引起肌炎，β受体阻滞剂可诱发雷诺现象等。

表 8-1-2　常见风湿病的病理特点

病名	靶器官病变	
	炎症性	非炎症性
OA		关节软骨变性
SSc		皮下纤维组织增生
PM/DM	肌炎	
SLE	小血管炎	
pSS	外分泌腺炎	
RA	滑膜炎	
AS	附着点炎	
血管炎病	不同大小的动静脉炎	
痛风	关节腔炎症	

要记住我们的治疗对象是患者，而不是实验室检查结果，虽然实验室、影像学检查以及病理数据可以给疾病的诊断带来很大的帮助，但并不能取代详细的病史采集和体格检查。

2. 风湿病的常见临床表现

（1）发热：是风湿病的常见症状，可为低热、中等度发热，也可为高热，往往可表现为不规则的发热，一般无寒战，抗生素无效，同时血沉快，如 SLE、脂膜炎等均可以发热为首发症状。

（2）关节肌肉疼痛、肿胀：是风湿病的主要症状。风湿病的疼痛中，起源于关节及其附属结构的疼痛最为常见，然而肢体和躯干部位的疼痛也可见于内脏和神经系统病变。关节痛、颈肩痛、腰背痛、足跟痛往往是风湿病的主要表现，有时还伴有关节的肿胀。如 RA 常有对称性的关节肿痛，手指关节、腕关节尤为明显；AS 有腰背痛，休息时加重，可伴有足跟痛、眼炎；风湿性多肌痛有颈肩痛、肢带肌的疼痛及肌无力伴晨僵。常见关节炎的特点见表 8-1-3。

表 8-1-3　常见关节炎的特点

关节	RA	AS	OA	痛风	SLE
周围关节炎	有	有	有	有	有
起病	缓	缓	缓	急	不定
首发	PIP、MCP、腕	膝、髋、踝	膝腰 DIP	第一跖趾关节	手关节或其他部位
疼痛性质	持续，休息后加重	休息后加重	活动后加重	疼痛剧烈，夜间重	不定或其他部位
肿胀性质	软组织为主	软组织为主	骨性肥大	红、肿、热	少见
畸形	常见	部分	小部分	少见	偶见
演变	对称性多关节炎	不对称性下肢大关节炎少关节炎	负重关节症状明显	反复发作	
脊柱炎和（或）骶髂关节病变	偶有	必有，功能受限	腰椎增生	无	无

(3) 皮肤黏膜表现：风湿病常累及多个系统，皮肤黏膜损害很常见，特别是结缔组织病，皮肤是一个重要的靶器官。如 SLE 的面部蝶形红斑，亚急性皮肤型红斑狼疮和风湿热常见的环形红斑，皮肌炎患者的眶周紫红色斑，Gottron 征，各种涉及小血管的血管炎引起的紫癜样皮疹、类风湿结节、风湿热的皮下结节、结节病的皮下结节、结节性红斑、各种弥漫性结缔组织病伴发的雷诺现象、"狼疮发"、网状青斑、贝赫切特病的口腔外阴溃疡等都是常见的较为特异的皮肤黏膜表现。

(4) 多系统损害：有些风湿病特别是弥漫性结缔组织病如 SLE、RA 等可有多个器官的损害，如表现为心脏炎、肾损害、血液系统、呼吸系统、消化系统等。常见弥漫性结缔组织病的特异性临床表现见表 8-1-4。

表 8-1-4　常见弥漫性结缔组织病的特异性临床表现

病名	特异性表现
SLE	蝶形红斑，蛋白尿，溶血性贫血，血小板减少，多发性浆膜炎
pSS	口、眼干，猖獗性龋齿，肾小管性酸中毒，高球蛋白血症
DM	上眼睑紫红斑，Gottron 征，"V"字区皮疹，肌无力
SSc	雷诺现象，指端缺血性溃疡，硬指，皮肤硬肿失去弹性
Wegener 肉芽肿	鞍鼻，肺部迁移性浸润影或空洞
大动脉炎	无脉，颈部、腹部血管杂音
贝赫切特病	口腔溃疡，外阴溃疡，针刺反应

【相关检查】

1. 一般检查　包括血常规、尿常规、肝肾功能检查，对于疾病的严重程度的判断、疾病活动性的判断及治疗后药物副作用的监测都很重要。红细胞沉降率（erythrocyte sedimentation rate, ESR）简称血沉，是病情活动程度的指标。血沉增快，应该考虑以下风湿科的病理性因素：①各种炎症性风湿病病情活动：如 RA、AS、各种血管炎等，风湿性多肌痛患者血沉明显增快。②各种原因导致的高球蛋白血症（hyperglobuinaemia）：SLE、SS、系统性硬化症等所致的高球蛋白血症等。C 反应蛋白（C-reactive protein, CRP）的临床意义与血沉相同，但不受红细胞、血红蛋白、脂质和年龄等因素的影响，是反映炎症、感染和疗效的良好指标。

2. 自身抗体检查

(1) 类风湿因子（rheumatoid factor, RF）：RF 是体内产生的以变性 IgG 为抗原的一种抗体。因为这种抗体首先发现于 RA 患者，并在 RA 患者血清中滴度较高，且持续时间较长，因此被命名为 RF。RF 并不是 RA 的特异性自身抗体。随年龄的增高，正常人群的阳性率可增高，年龄超过 75 岁的老年人，RF 阳性率为 2%～25%。RF 可出现于多种疾病，如自身免疫性疾病，包括 RA、SLE、pSS、PM/DM 等；感染性疾病包括感染性心内膜炎、结核、传染性肝炎、血吸虫病等；非感染性疾病包括弥漫性肺间质纤维化、肝硬化、慢性活动型肝炎、结节病、巨球蛋白血症等都可以检测到 RF。

(2) 抗角蛋白抗体谱：是一组不同于 RF 的、对 RA 有一定特异性的自身抗体。包括抗核周因子、抗角蛋白抗体、抗聚角蛋白微丝蛋白抗体等，而环瓜氨酸肽（cyclic citrullinated peptide, CCP）是聚角蛋白微丝蛋白的主要抗原，抗环瓜氨酸肽抗体（抗 CCP 抗体）对 RA 诊断的特异性高（90.4%～98%），有助于 RA 的早期诊断，可能与 RA 的活动性相关，在临床应用比较广泛。

(3) 抗中性粒细胞胞浆抗体（antineutrophil cytoplasmic antibodies, ANCA）：ANCA 的相应抗原为丝氨酸蛋白酶、髓过氧化酶和一些少见的抗原如弹性蛋白酶等，是系统性坏死性血管炎的血清标志物。ANCA 对于血管炎疾病的鉴别诊断及预后估计均有价值，而且是疾病活动的指标。ANCA 相关性疾病见表 8-1-5。

表 8-1-5　ANCA 相关性疾病

ANCA 型	胞浆内抗原	疾病（敏感性）
c-ANCA	蛋白酶3（丝氨酸蛋白酶）	韦格纳肉芽肿（30%~90%）
pANCA	髓过氧化酶阳性	特发性新月体肾炎
		变应性肉芽肿性血管炎
		显微镜下多血管炎
	髓过氧化酶阴性	克罗恩病（75%）
		溃疡性结肠炎（20%）
		慢性活动型肝炎（75%）
		原发性硬化性胆管炎（70%）
		原发性胆汁性肝硬化（30%）
		正常对照（5%）

（4）抗磷脂抗体（antiphospholipid antibody）：包括心磷脂抗体、狼疮抗凝物、梅毒血清试验假阳性等。抗磷脂抗体与血小板减少、动静脉血栓、习惯性流产相关，常出现于抗磷脂综合征和 SLE 患者中。

（5）抗核抗体谱（antinuclear antibody，ANAs）：是抗核酸和核蛋白抗体的总称。ANAs 的检测可看作是结缔组织病的筛选试验。根据细胞核内各种成分的理化特性和分布部位及临床意义，将 ANAs 分成抗 DNA 抗体、抗组蛋白抗体、抗非组蛋白抗体和抗核仁抗体四类。抗 DNA 抗体包括抗单链 DNA（ssDNA）抗体和抗双链 DNA 抗体（dsDNA 抗体）。抗 ssDNA 抗体在多种疾病中及正常人血清中存在，无特异性。抗 dsDNA 抗体对诊断 SLE 有较高的特异性，且与 SLE 的活动相平行，并可作为疗效判定的指标。抗组蛋白抗体可以在多种自身免疫性结缔组织病中出现，其中药物性狼疮的阳性率达 90% 以上。抗非组蛋白抗体是指可被盐水提取的可溶性抗原（extractable nuclear antigen，ENA）抗体，对弥漫性结缔组织病的诊断尤为重要，但与疾病的严重程度及其活动度无明显关系，包括抗 PM-1、抗 rRNP、抗 Sm、抗 RNP、抗 SSA、抗 SSB、抗 Scl-70、抗 Jo-1 抗体等。ANA 与弥漫性结缔组织病的相关性见表 8-1-6。

表 8-1-6　ANA 与弥漫性结缔组织病的相关性

ANA	相关疾病
抗 dsDNA 抗体	SLE 特异性高
抗组蛋白抗体	药物性狼疮，SLE，RA
抗 Sm 抗体	SLE 标记性抗体
抗 U1RNP 抗体	MCTD，SLE，SSc
抗 SSA/Ro 抗体	SS，SLE
抗 SSB/La 抗体	SS，SLE
抗 Scl-70 抗体	SSc 标记性抗体
抗着丝点抗体	SSc 标记性抗体
抗 Jo-1 抗体	PM 标记性抗体

3. 补体检查　测定补体有助于 SLE 和血管炎的诊断、活动性判断和疗效判定。SLE 活动期时常伴有补体的下降。

4. 人类白细胞抗原-B27（human leucocyte antigen-B27，HLA-B27）　HLA-B27 与有中轴关节

受累的脊柱关节病有密切关联,可为脊柱关节病的诊断提供线索。表 8-1-7 为 HLA-B27 在不同人群的阳性率。

表 8-1-7　HLA-B27 在不同人群的阳性率

AS	90%
Reiter 综合征	80%
反应性关节炎	80%
虹睫炎	50%
RA,OA,正常人群	10%

5. **滑液检查**　滑液在一定程度上可以反映关节的炎症程度,滑液的白细胞计数有助于区分非炎性、炎性和化脓性关节炎。当怀疑关节内有感染时,应及时作关节穿刺,以早期明确诊断,及时治疗,因为这对改善感染性关节炎的预后十分重要。另外,对诊断不明的单关节或多关节炎,也应进行滑液检查,为诊断及鉴别诊断提供线索。关节炎的滑液分析的特点见表 8-1-8。

表 8-1-8　关节炎的滑液分析

疾病	白细胞数($\times 10^6$/L)	分类	偏振光显微镜下
OA	<1 000～2 000	单核细胞、淋巴细胞	
创伤性关节炎	<1 000～2 000	单核细胞、淋巴细胞	
RA	5 000～50 000	中性粒细胞	
Gout	5 000～75 000	中性粒细胞	尿酸盐结晶
CPPD	5 000～75 000	中性粒细胞	CPPD 结晶
化脓性关节炎	50 000～100 000 以上	中性粒细胞	

6. **关节影像学检查**　X 线检查是最常用的影像学诊断方法,有助于关节炎的诊断和鉴别诊断,亦能随访了解关节病变的演变。常见风湿病的特异性影像学表现见表 8-1-9。其他的影像学检查还包括关节 CT,其在骶髂关节炎的诊断和分级中应用最为广泛;MRI 对肌肉、韧带、肌腱、滑膜、软骨、骨的成像有其特点,对软组织损伤、缺血性骨坏死、骨髓炎、脊柱病变,以及早期微小的骨侵蚀是灵敏可靠的方法。放射性核素骨扫描通常可提供炎性关节炎、骨肿瘤的信息,但特异性较差。

表 8-1-9　常见风湿病的特异性影像学表现

疾病	特异性影像学特点
RA	手足小关节最常受累,关节周围软组织梭形肿胀、关节近旁骨质疏松、关节边缘骨质侵蚀
AS	脊柱竹节样变,椎体方形变,肌腱附着点骨受侵蚀
PsA	软组织腊肠样改变,笔帽样畸形
皮肌炎	软组织线形或囊样聚集的钙化灶
硬皮病	软组织钙化、末端骨端呈截断样吸收
OA	关节面硬化、关节边缘骨刺、关节鼠、软骨下囊性变
痛风	穿凿样骨破坏,"悬垂边缘"
假性痛风	多发性对称性透明软骨和纤维软骨的线形钙化

7. 病理 活组织检查所见的病理改变对风湿病的诊断和治疗都有重要作用。如肾组织活检对狼疮肾炎的病理分型，肌活检对于炎性肌病，唇腺活检对于 SS 的诊断等都有重要意义。

【治疗】

大多数风湿病的共同特点是慢性病程和严重程度的异质性，因此没有哪一种治疗可以适用于所有诊断，因此治疗方案的选择必须遵循个体化的原则。治疗的原则是早期诊断和尽早合理、联合用药。

1. 患者教育 风湿病大多是慢性疾病，病程长，难以治愈，需要长期治疗，定期随访。患者往往承受着疾病对躯体的损害和巨大的心理、社会压力，而药物治疗也需要患者的理解和配合，因此对患者的教育就显得尤为重要。应通过良好的医患沟通，减轻患者的心理压力从而达到既增强患者战胜疾病的信心，又能提高患者抵抗外来干扰的能力。

2. 药物治疗 风湿病治疗药物包括非甾体抗炎药、糖皮质激素、病情缓解抗风湿药等。

（1）非甾体抗炎药：临床应用广泛，对关节肌肉疼痛的对症治疗有较好效果，但不能改变疾病的病程。此类药物可抑制环氧化酶，从而抑制花生四烯酸转化为前列腺素，从而产生抗炎止痛解热的作用，临床上常用的有布洛芬、萘普生、双氯酚酸、阿司匹林、吲哚美辛、塞来昔布、依托考昔等。最常见的副作用为胃肠道反应和肾损害。

（2）病情缓解抗风湿药（disease-modifying antirheumatic drugs，DMARDs）：是一组有不同化学结构的药物或生物制剂，可以延缓病情的进展，包括非生物 DMARDs 和生物 DMARDs。非生物 DMARDs 的主要作用机制见表 8-1-10。生物 DMARDs 包括肿瘤坏死因子（tumor necrosis factor-α，TNF-α）拮抗剂、白细胞介素-1（interleukin-1，IL-1）拮抗剂和抗 CD-20 单克隆抗体等，可以阻断风湿病免疫反应中的某个环节而起到特异性靶向治疗作用，是近年来治疗风湿病的重要进展。已有多种药物应用于临床。

表 8-1-10 非生物 DMARDs 的主要作用机制

药名	作用机制
SSZ	在肠道分解为 5-氨基水杨酸和磺胺吡啶，前者抑制前列腺素并清除吞噬细胞释放的致炎性氧离子
金制剂	抑制单核-巨噬细胞分泌 IL-1
抗疟药	通过改变细胞溶酶体的 pH，减弱巨噬细胞的抗原递呈功能和 IL-1 的分泌，也减少淋巴细胞活化
青霉胺	通过巯基改变 T 细胞、NK 细胞、单核细胞膜受体性能，改变细胞反应性
AZA	干扰腺嘌呤、鸟嘌呤核苷酸的合成，使活化淋巴细胞合成和生长受阻
MTX	通过抑制二氢叶酸还原酶抑制嘌呤、嘧啶核苷酸的合成，使活化淋巴细胞合成和生长受阻
来氟米特	其活性代谢物通过抑制二氢乳清酸脱氢酶抑制嘧啶核苷酸的合成，使活化淋巴细胞合成生长受阻
CTX	交联 DNA 和蛋白质使细胞生长受阻
吗替麦考酚酯	其活性代谢物通过抑制次黄嘌呤单核苷酸脱氢酶抑制鸟嘌呤核苷酸，使活化淋巴细胞合成生长受阻
环孢素	通过抑制 IL-2 的合成和释放，抑制、改变 T 细胞的生长和反应
雷公藤总苷	抑制淋巴细胞，抑制免疫球蛋白，抑制前列腺素

（3）糖皮质激素：糖皮质激素广泛应用于各种风湿病的治疗，如作为各种弥漫性结缔组织病 SLE、PM/DM、血管炎等的基础用药，作为 RA 等关节疾病的过渡治疗，近年来也有人提出激素能延缓 RA 的放射学进展，有 DMARDs 的作用；激素还可以局部应用，如关节腔注射、鞘内注射治疗等。本类药物具有强有力的抗炎、抗过敏作用，明显地改善了 SLE 等结缔组织病的预后，但仍不能根治这些疾病。其众多的副作用随剂量加大及疗程延长而增加，主要为继发感染、向心性肥胖、糖尿病、动脉硬化、上消化道出血、无菌性骨坏死等。故应权衡效益和风险，慎重用药。糖皮质激素类药

物抗炎作用、药代动力学（半衰期）的比较见表 8-1-11。

表 8-1-11 糖皮质激素类药物抗炎作用、药代动力学（半衰期）的比较

激素			抗炎强度	等效剂量	药理半衰期（h）	血浆半衰期（min）
无氟激素	短效	氢化可的松	1	20	8～12	90
		泼尼松	4	5	12～36	60
	中效	泼尼松龙	4	5	12～36	200
		甲泼尼龙	5	4	12～36	180
含氟激素	长效	去炎松	5	4	24～48	300
		地塞米松	25	0.75	36～72	100～300

3. **辅助性治疗** 静脉注射免疫球蛋白、血浆置换、自体干细胞移植等有一定疗效，可以用于重症和难治的风湿病患者。

物理治疗、康复治疗、职业训练、心理治疗等也是风湿病综合治疗措施中不可缺少的部分。

（赵彦萍 张志毅）

第二章 类风湿关节炎

类风湿关节炎（rheumatoid arthritis，RA）是一种常见的以对称性累及手足小关节的慢性多关节炎为主要临床表现的全身性、异质性自身免疫性疾病。主要的病理改变为关节滑膜的慢性炎症，血管翳形成，软骨和软骨下骨破坏，最终造成关节畸形和强直，功能丧失。因此早期诊断、早期治疗至关重要。RA分布于世界各地，患病率约为0.5%～1%，是造成人类丧失劳动力和致残的主要原因之一，我国RA的患病率为0.32%～0.36%。流行病学资料显示，RA可发生于任何年龄，多发于35～50岁，男女比例为1：3。

【病因和发病机制】

RA的病因和发病机制目前还不完全清楚，可能与遗传因素、环境因素、免疫异常有关。

1. 遗传易感性　近年研究表明，RA与主要组织相容性复合体-Ⅱ抗原分子人白细胞抗原-DR4（HLA-DR4）有很强的相关性。HLA-DRB1等位基因在DR β链的第三超可变区域的70～74残基处有一共同的氨基酸序列，被称为RA的易感性抗原决定簇或"RA表位"。此序列在很多RA相关的DR基因中都存在，包括DR4、DR14及DR1。该易感性抗原决定簇还可能影响疾病的严重程度，与疾病的关节外损害及侵袭性病变相关。流行病学调查显示，RA的发病与遗传因素密切相关。有调查显示单卵双生子同时患RA的概率为12%～30%，而双卵孪生子同患RA的概率只有4%。RA患者的一级亲属发生RA的概率为11%。遗传学研究也表明RA的发病与HLA-DR4相关。

2. 环境因素　多项研究表明，某些感染因素的刺激可能与RA的发生有关。与RA相关的感染因素可能是支原体、EB病毒、巨细胞病毒、细小病毒和风疹病毒等。一些感染因素影响RA的发病和病情进展的可能机制为：①活化T细胞和巨噬细胞并释放细胞因子；②活化B细胞产生自身抗体；③感染因素的某些成分和人体自身抗原通过分子模拟而引起自身免疫反应的产生。

3. 免疫紊乱　免疫功能紊乱被认为是RA主要的发病机制，是以活化的$CD4^+$T细胞和MHC-Ⅱ型阳性的抗原递呈细胞浸润滑膜关节为特点的。滑膜关节组织的某些特殊成分或体内产生的内源性物质也可能作为自身抗原被APC呈递活化$CD4^+$T细胞，启动特异性免疫应答，导致相应的关节炎症状。在病程中T细胞因受到体内外不同抗原的刺激而活化增殖，滑膜的巨噬细胞也因抗原而活化，使各种细胞因子增多，促使滑膜处于慢性炎症状态。其中细胞因子IL-1和TNF-α在炎症的发生和发展中具有非常重要的作用。目前认为IL-1是参与RA进展期关节破坏的典型前炎症细胞因子，而TNF-α在RA的炎症反应过程中起着"中心犯罪"的作用。

可见，RA是遗传易感因素、环境因素及免疫系统失调等各种因素综合作用的结果。

【病理】

1. 滑膜炎　滑膜炎是RA的基本病理改变。急性期滑膜及附近的关节囊充血、水肿、增厚，关节腔内出现混浊的积液，关节软组织出现明显肿胀。慢性期炎症逐渐消退，渗出逐渐吸收，出现肉芽组织增生和血管翳形成。新生的毛细血管及纤维结缔组织增生和机化，使滑膜不规则增厚，并形成许多小绒毛状突起伸向关节腔。如炎症反复发作，新生的肉芽组织可逐渐向软骨边缘部扩展，形成血管翳，继而侵蚀和破坏关节软骨。病变反复发作1～2年后，即可见软骨下骨的破坏和骨质疏松，出现小囊状改变，严重者可导致病理性骨折，随着病变的进一步发展，滑膜表面反复渗出、机化、瘢痕形成，关节囊增厚，关节面发生纤维性粘连，从而形成纤维性关节强直。如果伴有钙盐沉积和骨质增生，则可形成骨性关节强直。此时关节腔狭窄乃至消失，关节囊纤维化，再加上邻近的肌腱韧带松弛、瘢痕收缩和肌肉痉挛，最终导致关节挛缩、半脱位及全脱位，造成关节畸形、关节功能减退或全部丧失。

2. 血管炎 是RA患者关节外表现的主要病理基础，可发生在RA患者关节外的任何组织。类风湿结节是重要的关节外病变之一，结节中心部是纤维素样坏死组织和含有IgG免疫复合物的无结构物质，周围是呈栅状排列的成纤维细胞，外周浸润着单核细胞、淋巴细胞及浆细胞，形成典型的纤维肉芽组织。类风湿血管炎可表现为多种形式，如皮肤血管炎、小静脉炎、白细胞破碎性血管炎、末端动脉内膜增生和纤维化等。

【临床表现】

RA的临床表现多种多样，从主要的关节症状到关节外多系统均可受累。55%～65%的患者隐匿起病，最初症状常表现为乏力、倦怠、低热、周身不适、弥漫性肌肉骨骼疼痛、手弥漫性肿胀等非特异症状，随后累及关节。少数则有较急剧的起病，在数天内出现多个关节肿痛。

1. 关节表现 弥漫性、对称性累及周围小关节的关节疼痛和肿胀是RA最常见的临床表现，常伴有晨僵。大多数患者以手部关节病变为首发症状，最常累及腕关节、掌指关节、近端指间关节，其次累及足趾、膝、踝、肘、肩等关节。所谓晨僵是指患者早晨起床或睡醒之后，出现关节僵硬，活动受限，持续时间至少1小时者意义较大。出现晨僵的原因是由于在睡眠或运动减少时，水肿液蓄积在炎性组织，使关节周围组织肿胀所至。患者活动后，随着肌肉的收缩，水肿液被淋巴管和小静脉吸收，晨僵也随之缓解。晨僵出现在95%以上的RA患者。晨僵持续时间和关节炎症的程度呈正比，可作为病情活动指标之一，只是主观性较强。关节畸形见于较晚期患者，关节周围肌肉的萎缩、痉挛则使畸形更为加重。最为常见的晚期关节畸形是腕和肘关节强直、掌指关节的半脱位、手指向尺侧偏斜和呈"天鹅颈"（swan neck）样及"纽扣花"（boutonniere）样畸形。重症患者关节呈纤维性或骨性强直失去关节功能，致使生活不能自理。RA对脊柱的影响几乎均局限于颈椎，寰枢关节是最易累及的颈椎关节，可发生向前、向后及垂直方向的半脱位，出现颈部向枕部的放射性疼痛，转头时症状加重。25%的患者累及颞颌关节，早期表现为讲话或咀嚼时疼痛加重，严重者有张口受限。关节功能障碍关节肿痛和结构破坏都引起关节的活动障碍。ACR将因RA而影响了生活的程度分为四级，即Ⅰ级：能照常进行日常生活和各项工作；Ⅱ级：可进行一般的日常生活和某种职业工作，但参与其他项目活动受限；Ⅲ级：可进行一般的日常生活，但参与某种职业工作或其他项目活动受限；Ⅳ级：日常生活的自理和参与工作的能力均受限。

2. 关节外表现 RA虽以关节受累为主要特征，但也常出现各种关节外表现。

(1) 类风湿结节：是本病较常见的关节外表现，可见于20%～30%的患者，多位于关节隆突部及受压部位的皮下，如前臂伸面、肘鹰嘴突附近、枕部、跟腱等处。其大小不一，结节直径由数毫米至数厘米、质硬、无压痛、对称性分布。此外，几乎所有脏器如心、肺、眼等均可出现类风湿结节。其存在提示病情的活动。

(2) 类风湿血管炎：体格检查能观察到指甲下或指端出现的小血管炎，其表现和滑膜炎的活动性无直接相关性，少数引起局部组织的缺血性坏死。眼受累多为巩膜炎，严重者因巩膜软化而影响视力。

(3) 肺：肺受累很常见，其中男性多于女性，有时可为首发症状。肺间质病变是最常见的肺病变，见于约30%的患者，逐渐出现气短和肺功能不全，少数出现慢性纤维性肺泡炎则预后较差。肺功能和肺影像学检查异常，特别是高分辨CT有助于早期诊断。肺内出现可单个或多个结节，为肺内的类风湿结节表现。结节有时可液化，咳出后形成空洞。Caplan综合征是指尘肺患者合并RA时易出现大量肺结节，也称类风湿性尘肺病。临床和胸部X线表现类似肺内的类风湿结节，数量多，较大，可突然出现并伴关节症状加重。病理检查结节中心坏死区内含有粉尘。胸膜炎见于约10%的患者，为单侧或双侧性的少量胸腔积液，偶尔为大量胸腔积液。肺动脉高压亦不少见，一部分是肺内动脉病变所致，另一部分为肺间质病变引起。

(4) 心脏受累：心脏受累以心包炎最常见，多见于RF阳性、有类风湿结节的患者，但多数患者无相关临床表现。通过超声心动图检查约30%患者出现少量心包积液。

(5) 神经系统：神经受压是 RA 患者出现神经系统病变的常见原因。受压的周围神经病变与相应关节的滑膜炎的严重程度相关。最常受累的神经有正中神经、尺神经以及桡神经，神经系统的受累可以根据临床症状和神经定位来诊断，如正中神经在腕关节处受压而出现腕管综合征。

(6) 血液系统：患者的贫血程度通常和病情活动度相关，尤其是和关节的炎症程度相关。RA 患者的贫血一般是正细胞正色素性贫血，本病出现小细胞低色素性贫血时，贫血可因病变本身或因服用非甾体抗炎药而造成胃肠道长期少量出血所致；此外，与慢性疾病性贫血的发病机制有关，在患者的炎症得以控制后，贫血也可以得以改善。Felty 综合征是指 RA 患者伴有脾大、中性粒细胞减少，有的甚至有贫血和血小板减少。

(7) 干燥综合征：约 30%～40% 的患者继发干燥综合征，临床上症状往往较轻。

【相关检查】

1. 一般检查　血常规常提示轻至中度贫血。活动期可有血小板增高。白细胞计数及分类多正常。血沉和 C 反应蛋白是疾病活动的指标，活动期常有增高。

2. 自身抗体

(1) 类风湿因子（rheumatoid factor，RF）：RF 是抗变性 IgG 分子 Fc 片断的自身抗体，约 80% RA 患者可出现 RF，可分为 IgM、IgG 和 IgA 型 RF。在常规临床工作中主要检测 IgM 型 RF，它见于约 70% 的患者血清，其滴度一般与本病的活动性和严重性呈比例。但 RF 并非 RA 的特异性抗体，还可见于 SS、SLE 等其他结缔组织病以及病毒性肝炎、结核等慢性感染的患者，甚至在 5% 的正常人也可以出现低滴度的 RF，因此 RF 阳性者必须结合临床表现，方能诊断本病。

(2) 抗角蛋白抗体谱：有抗核周因子（APF）抗体、抗角蛋白抗体（AKA）、抗聚角蛋白微丝蛋白抗体（AFA）和抗环瓜氨酸肽（CCP）抗体。这组抗体的靶抗原为细胞基质的聚角蛋白微丝蛋白（filaggrin），环瓜氨酸肽是该抗原中主要的成分，因此抗 CCP 抗体在此抗体谱中对 RA 的诊断敏感性和特异性高，已在临床中普遍使用。这些抗体有助于 RA 的早期诊断，尤其是对血清 RF 阴性、临床症状不典型的患者。

3. 关节影像学检查　影像学是评估 RA 关节结构破坏的重要方法，X 线平片对 RA 诊断、关节病变分期、病变演变的监测均很重要。初诊至少应摄双手正位片，早期可见关节周围软组织梭形肿胀、关节端骨质疏松（Ⅰ期）；进而关节间隙变窄（Ⅱ期）；关节面出现虫蚀样改变（Ⅲ期）；晚期可见关节半脱位和关节破坏后的纤维性和骨性强直（Ⅳ期）。诊断应有骨侵蚀或肯定的局限性或受累关节近旁骨质疏松。但普通 X 线检查对早期 RA 诊断并没有帮助。CT 的分辨率明显优于普通 X 线检查，所以 CT 可以发现普通 X 线检查难以发现的病变，特别是高分辨 CT 可准确诊断出关节软骨细小的病变，对早期 RA 轻微骨质破坏诊断很有价值。MRI 是检查早期骨吸收和骨侵蚀最灵敏的手段。超声检查对判断滑膜炎和软骨轻微病变有一定帮助，适用于髋、膝、腕关节的检查。

【诊断和鉴别诊断】

1. 诊断　目前 RA 的诊断仍沿用 1987 年 ACR 修订的分类标准：①关节内或关节周围晨僵持续至少 1 小时；②至少同时有 3 个关节区软组织肿或积液；③腕、掌指、近端指间关节区中，至少 1 个关节区肿胀；④对称性关节炎；⑤有类风湿结节；⑥血清 RF 阳性（所用方法正常人群中不超过 5% 阳性）；⑦X 线片改变至少有骨质疏松和关节间隙狭窄。符合以上 7 项中 4 项者可诊断为 RA（第 1 至第 4 项病程至少持续 6 周）。

上述分类标准不仅适用于大规模的流行病学调查、药物验证等病例的选择，在临床医疗工作中也以此作为诊断标准，但容易遗漏一些早期或不典型的患者，主要有以下原因：一是早期 RA 多数只有关节炎的表现，缺乏影像学的支持。二是 RF 并非 RA 的特异性抗体，而且有 20%～30% RA 患者 RF 阴性。再者不少其他疾病早期也表现为关节炎。

2. 鉴别诊断　一些其他结缔组织病和全身感染可以表现出与 RA 类似的临床症状，需要进行鉴别。

(1) SLE 等其他弥漫性结缔组织病：可表现为对称性多关节炎，可以与 RA 极其相似，但 SLE 导致的关节炎通常是非侵蚀性的，很少引起骨质的破坏，SLE 的其他临床表现及特异性血清学检查可以提示诊断。系统性硬化症、多发性肌炎和皮肌炎，系统性血管炎如结节性多动脉炎、韦格纳肉芽肿等均可表现为多关节炎，要注意鉴别。

(2) 脊柱关节病：包括 PsA，反应性关节炎以及炎症性肠病相关性关节炎，外周关节常表现为不对称的、大关节单关节炎或寡关节炎，伴骶髂关节及下腰部受累。PsA 手部小关节受累常呈非对称性，病变以远端指间关节为主，可与 RA 相区别。其他典型的临床表现还包括银屑病皮疹，尿道炎，肌腱端炎等有助诊断。特别应注意与 RF 血清阴性型 RA 的鉴别。

(3) 多关节痛风或假性痛风：可被误诊为 RA。有过急性单关节炎发作病史，血清尿酸水平升高，偏振光显微镜下发现滑液中有特征性的结晶，可明确诊断。

(4) 骨关节炎（OA）：为退行性骨关节病，本病多见于 50 岁以上者。本身很容易与 RA 相鉴别。常累及负重关节，活动后加重，休息后缓解。手指 OA 常被误诊为 RA，尤其在远端指间关节出现赫伯登（Heberden）结节和近端指关节出现布夏尔（Bouchard）结节时易被视为滑膜炎。

(5) 感染性关节炎：病毒性关节炎例如风疹性或风疹疫苗诱导的关节炎，乙型肝炎病毒，RF 阳性混合性冷球蛋白血症的丙型肝炎病毒，常为自限性对称性多关节炎。常持续数日至数月。仔细询问近期接触史以及根据血清学检测结果可诊断明确。

【治疗】

尽管人们早已认识到 RA 的致残性，但由于病因及发病机制尚未完全阐明，因此目前 RA 仍无根治和预防的办法。治疗的原则是控制关节炎症，减轻患者痛苦；控制病情进展，阻止关节破坏；促进关节修复，改善关节功能。近年来的研究发现，RA 滑膜炎在最初 1~2 年内进展迅速，50% 的关节软骨及骨破坏在此期发生，因此治疗时机非常重要，早期积极、合理治疗是减少致残、改善预后的关键。众所周知，RA 是一种异质性疾病，临床表现、对治疗的反应以及预后转归都有很大不同，治疗也应遵循个体化治疗原则。

治疗措施包括：一般治疗、药物治疗、外科手术治疗，其中以药物治疗最为重要。

1. 一般治疗

(1) 患者教育：RA 是一种慢性疾病，要坚持长期治疗才能有效控制疾病的进展，预防残疾。因此对患者及家属进行有关疾病知识的宣教，鼓励患者树立长期与疾病作斗争的信心是治疗成功的重要因素。要按时服药，定期复查。

(2) 休息和锻炼：掌握休息与锻炼的时机和平衡是很有必要的。功能锻炼是缓解期很好的治疗手段，对预后非常重要，通过关节锻炼可以增强肌力，保存患者的活动能力，防止关节挛缩、强直及肌肉萎缩。但在关节炎急性发作期，应卧床休息，活动量宜从小到大，时间从短到长，次数从少到多，功能锻炼要循序渐进、持之以恒。

2. 药物治疗

(1) 非甾体抗炎药（nonsteroidal antiinflammatory drugs，NSAIDs）：是指一大类在化学结构上属不同类别，但具有共同药理作用（解热、镇痛、抗炎）的药物，是改善关节炎症状的常用药物，但不能控制病情进展，常在疾病治疗初期及活动期时应用。最常见的副反应是相关的胃肠道并发症。无论选择何种 NSAIDs，都可能出现胃肠道不良反应，使用中必须加以注意，剂量都应个体化；只有在一种 NSAIDs 足量使用 1~2 周后无效才更改为另一种；应避免两种或两种以上 NSAIDs 同时服用，因其疗效不叠加，而不良反应增多；老年人宜选用半衰期短的 NSAIDs 药物，对有溃疡病史的老年人，宜服用选择性环氧化酶（cyclooxygenase-2，COX-2）抑制剂以减少胃肠道的不良反应。

(2) 病情缓解抗风湿药（disease-modifying antirheumatic drugs，DMARDs）：该类药物起效慢，能够控制 RA 病情的进展，是治疗 RA 的主要药物。常被称为治疗 RA 的"二线药"。分为非生物 DMARDs 和生物 DMARDs。非生物 DMARDs 包括甲氨蝶呤、来氟米特、羟氯喹、柳氮磺吡啶、米诺环素、金制剂、青霉胺、硫唑嘌呤等。生物 DMARDs 包括英夫利昔单抗（infliximab）、依那西普（etanercept）和阿达木单抗（adalimumab）、利妥昔单抗（rituximab）、阿贝西普（abatacept）、阿那白滞素（anakinra）等。

1）非生物的 DMARDs

①甲氨蝶呤（methotrexate，MTX）：为二氢叶酸还原酶的抑制剂，可引起细胞内叶酸缺乏，使核蛋白合成减少，从而抑制细胞增殖和复制。是目前国内外治疗 RA 的首选药物之一，在 RA 一般主张小剂量及长疗程，每周 7.5~20mg，一次口服、静注或肌注。最大剂量每周不超过 30mg。通常在用药 3~8 周后即可起效。常见的副作用有腹泻、食欲不振、口炎、恶心、呕吐、白细胞减少、血小板减少、肝功能障碍、头痛、全身倦怠、脱发、肝及肺纤维化等，发现这些副作用时应停药。营养不良者及孕妇禁用此药。服用者应定期查血象及肝肾功能。小剂量叶酸或亚叶酸与 MTX 同时使用，可减少 MTX 的毒副作用而不影响疗效。

②来氟米特（leflunomide，LEF）：是近年来一种新型的治疗 RA 的改变病情类药物，属于异恶唑类化合物，口服后在体内转化为活性代谢产物 A771726，通过抑制二氢乳清酸脱氢酶活性，抑制嘧啶的合成，减少 T 细胞增殖而发挥作用。由于来氟米特半衰期较长，建议间隔 24 小时给药。为了快速达到稳态血药浓度，开始治疗的最初 3 天给予负荷剂量一日 50mg，之后给予维持剂量一日 20mg。副作用主要有腹泻、瘙痒、可逆性转氨酶升高、脱发、皮疹等。

③柳氮磺吡啶（sulfasalazine，SSZ）：SSZ 的代谢物具有抗炎和免疫抑制作用，能减轻关节局部炎症和晨僵，对 RA 有缓解作用，1~2 个月起效，长期服用耐受性良好，一般从小剂量开始，逐渐递增至每日 2~3g。副作用包括恶心、腹泻、食欲不振、精子产量减少、白细胞偏低，皮疹、头痛和肝酶升高，但一般停药或减量后可逐渐恢复正常。因本药含有磺胺，有过敏史者，避免服用。须定期检查血象和肝肾功能。

④羟氯喹（hydroxychloroquine，HCQ）：HCQ 原用于治疗疟疾，易进入细胞核和溶酶体，其细胞内浓度高、治疗效果好。常用剂量为 0.2~0.4g/d。可由小量开始，1~2 周后增至足量。不良反应有恶心、呕吐、头痛、肌无力、皮疹及白细胞减少，偶有视网膜病变，可见典型的 Bull 眼睛病变，视野从周围向中间变窄至视野完全丧失。建议在使用期间每半年至一年检查一次眼底。

⑤米诺环素（minocycline，MIN）：化学名为二甲胺四环素，或称美满霉素。该药是一种四环素类抗生素，但主要是通过多途径的免疫调节和抗炎作用发挥对 RA 的治疗作用。用法是 100mg，每日两次，不良反应少见且轻微，主要不良反应为消化道症状、头晕和皮疹，对于早期轻症患者有着较好疗效，并可能是难治性 RA 患者的一种选择。该药在国外应用比较广泛，但在在国内的应用尚少，其治疗作用及不良反应还有待进一步观察。

⑥其他：金制剂、青霉胺（D-penicillamine）、硫唑嘌呤（azathioprine，AZA）由于其不良反应较明显，现已少用。环孢素 A（cyclosporin A）、环磷酰胺（cyclophosphamide，CTX）较少用于 RA，在多种药物治疗难以缓解病情的特殊情况下或合并血管炎的病例，可酌情使用。

2）生物 DMARDs

①TNF 抑制剂：目前已经被美国食品和药品监督管理局批准治疗 RA 的 TNF 抑制剂有 3 种：英夫利昔单抗（infliximab）是人/鼠嵌合的抗 TNFα 单克隆抗体，其中 75% 为人源化，25% 为鼠源化，推荐剂量是首剂 3mg/kg，然后分别在第 2 周和第 6 周给药（3mg/kg），以后每隔 8 周给药（3mg/kg）。应用英夫利昔单抗时必须给予 MTX 用于降低人抗嵌合体抗体的产生。依那西普（entanercept）是一种完全人源化的重组可溶性 TNF p75 受体，推荐剂量是 25mg，每周 2 次，皮下注射。阿达木单抗（adalimumab）人源化的抗 TNFα 单克隆抗体，推荐剂量是 40mg，皮下注射给药，在 RA 患者每隔 2 周给药能产生最好的疗效。几项多中心随机双盲对照研究表明 TNF 抑制剂可以显著改善病情，特别是与 MTX 合用时，疗效显著优于单用 MTX 或 TNF 抑制剂。TNF 抑制剂最值得注意的不良反应是严重感染和肿瘤。严重感染包括有肾盂肾炎、支气管炎、化脓性关节炎、蜂窝组织炎、骨髓炎、腹部脓肿、结核和败血症等。

②利妥昔单抗（rituximab）：是一种能清除表达 CD20 的 B 细胞的嵌合型单克隆抗体。对活动性 RA 患者进行的临床试验证实，与抗 TNF 制剂相比，1 个周期 2 次输注（隔 1 周）利妥昔单抗联合每周 1 次的 MTX，可产生持续的临床疗效，并可能减缓关节结构的破坏。

③阿贝西普（abatacept）：近年的研究发现，细胞毒 T 细胞相关抗原 4（cytotoxic T lymphocyte associated antigen 4，CTLA4）是一种重要的免疫调节因子，可通过 T 细胞共刺激途径抑制免疫反应。CTLA4-Ig 是一种将 CTLA4 的胞外区与 IgG1 的 Fc 段融合构建的可溶性蛋白，可抑制免疫反应。阿贝西普是第 1 个应用于临床的 CTLA4-Ig 药物，可明显改善 RA 患者的临床症状，抑制关节破坏，提高生活质量，尤其是对其他免疫抑制药如 MTX、TNF-α 拮抗药等效果不佳的难治性 RA 患者，必要时可予阿贝西普联用非生物 DMARD 治疗，但其不良反应值得关注，使用联合用药方案前应权衡利弊。

（3）糖皮质激素（glucocorticoid，简称激素）：应用于临床已有 50 年，但有关在 RA 治疗中的效益/风险比和最佳治疗方案仍有较大争论。激素是 RA 治疗中的"双刃剑"。若用法得当，激素可有效地减轻炎症、缓解病情，否则可引起明显的副作用。一般来说，激素不作为治疗 RA 的首选药物。近年的研究认为，小剂量（≤7.5mg/d）泼尼松可缓解 RA 患者的关节症状，减缓关节的侵蚀性改变，并作为 DMARDs 起效前的"桥梁"作用，或 NSAIDs 疗效不满意时的短期措施。对于类风湿血管炎如多发性单神经炎、Felty 综合征、类风湿肺及浆膜炎等亦可选用激素治疗。关节腔注射激素有利于减轻关节炎症状，改善关节功能。但一年内不宜超过 3 次。过多的关节腔穿刺除了并发感染外，还可发生类固醇晶体性关节炎。

（4）植物药制剂

1）雷公藤：雷公藤多苷 30～60mg/d，分 3 次饭后服。主要不良反应是性腺抑制，导致精子生成减少、男性不育和女性闭经。雷公藤还可以引起纳差、恶心、呕吐、腹痛、腹泻等，可有骨髓抑制作用，出现贫血、白细胞及血小板减少，并有可逆性肝酶升高和血肌酐清除率下降，其他不良反应包括皮疹、色素沉着、口腔溃疡、指甲变软、脱发、口干、心悸、胸闷、头疼、失眠等。

2）青藤碱：青藤碱 20mg，饭前口服，每次 1～4 片，每日 3 次。常见不良反应有皮肤瘙痒、皮疹等过敏反应，少数患者出现白细胞减少。

3）白芍总苷：常用剂量为 600mg，每日 2～3 次。毒副作用小，其不良反应有大便次数增多，轻度腹痛，纳差等。

DMARDs 联合治疗适用于病情较重，病程较长或有预后不良因素的患者，并不是每个 RA 患者均必须联合治疗。MTX+HCQ，MTX+SSZ，MTX+LEF，SSZ+HCQ 和 SSZ+HCQ+MTX。有预后不良因素的患者（如有关节外表现、血清中高滴度自身抗体，或有早期关节破坏征象者）不主张两种生物制剂联合应用。

3. 矫形外科治疗 对晚期病例可行关节成形术或人工关节置换以减轻疼痛，矫正畸形，改进关节功能和提高生活质量。

【预后】

RA 的病因和发病机制尚未完全阐明，其预后与自然病程、治疗的早晚和合理性有关。该病病程在一年内自行缓解者为 10%；10%～15% 的患者，由于发病急骤，受累关节较多，病情严重或关节外病变严重，终因治疗困难，丧失工作和自理生活的能力；约有 80% 的患者长期呈慢性过程，久治不愈，有局限性关节功能明显障碍。

目前尚无准确预测预后的指标，可能的因素包括：男性比女性预后好；发病年龄晚者较发病年龄早者预后好；起病时关节受累数多，或有跖趾关节受累，或病程中累及关节数大于 20 个预后差；持续高滴度 RF 阳性、持续血沉增快、C 反应蛋白增高、血嗜酸性粒细胞增多均提示预后差，有严重全身症状、发热、贫血、乏力和关节外表现（类风湿结节、巩膜炎、间质性肺病、心包疾病、系统性血管炎等内脏损伤），常常预后不良。另外，治疗的早晚和治疗方案的合理性对预后有重要的影响。

与本病有关的死亡原因主要有：内脏血管炎、感染和淀粉样变等。

第三章 系统性红斑狼疮

系统性红斑狼疮（systemic lupus erythematosus，SLE）是一种病因未明的、自身免疫介导的、以免疫性炎症为突出表现的弥漫性结缔组织病。主要临床特征为血清中出现以 ANA 为代表的多种自身抗体和多器官受累。SLE 患者病情轻重及病程长短具有异质性，自然病程有的表现为临床症状迁延多年，有的则表现为急性危及生命的严重病变。好发于育龄期女性，多见于 15～45 岁，女：男为 (7～9)：1，我国 SLE 的患病率为 70/10 万人，妇女中则高达 113/10 万人。

【病因和发病机制】

SLE 的病因和发病机制至今尚不完全清楚。目前认为，SLE 的发病与遗传、性激素、环境因素、药物等有关。

1. **遗传因素** SLE 同卵双胎共患率为 25%～70%，在一、二级亲属中 SLE 患病率则为 5%～13%；SLE 患者的子女中，SLE 的发病率约 5%；SLE 患者家属中常发现有 ANA 阳性、高 γ 球蛋白血症、SLE 或其他自身免疫疾病，这些均提示了 SLE 与遗传的关联。近年大量研究表明 SLE 的发病是多基因相互作用的结果。

2. **性激素** 育龄期女性的 SLE 发病率明显高于同年龄段的男性，也高于青春期以前的儿童和老年女性。SLE 患者体内雌性激素水平增高，雄性激素降低及催乳素水平增高可能与 SLE 的病情活动有关，妊娠后期和产后哺乳期常出现病情加重亦可能与体内的雌激素和催乳素水平有关。

3. **紫外线** 日光照射可以使 SLE 皮疹加重、引起疾病活动，被称为光敏感现象。紫外线可以使上皮细胞核的 DNA 解聚为胸腺嘧啶二聚体，后者具有很强的抗原性，可刺激机体的免疫系统产生大量自身抗体。使 SLE 患者出现光敏感主要是波长为 290～320nm 的紫外线 B，这种紫外线可以透过云雾层和玻璃，因此即使夏季的阴天，SLE 患者户外活动也需注意对紫外线的防护。

4. **药物性狼疮** 含有芳香族胺基团或联胺基团的药物（如肼苯达嗪、普鲁卡因酰胺、磺胺类药物等）可以诱发药物性狼疮。在许多药物诱导性狼疮患者中可检测到抗组蛋白抗体，可能的原因为这些药物具有与组蛋白类似的结构。药物性狼疮的临床表现和部分血清学特征类似 SLE，但内脏很少受累。

5. **其他** 临床上 SLE 患者常常因为感染，特别是上呼吸道感染而诱发 SLE 疾病活动。许多间接的证据提示 SLE 可能与某些感染因素有关，尤其是病毒感染，并可能通过分子模拟或超抗原作用，破坏自身免疫耐受。

在 SLE 受累器官的血管壁的纤维蛋白样沉积物中含有可以产生针对许多自身抗原的自身抗体。自身抗体增高的一个原因可能与 B 淋巴细胞多克隆活化可致免疫球蛋白水平升高有关。自身抗体水平增高，尤其是抗 dsDNA 抗体，可形成循环和组织结合型免疫复合物，引起补体固定、炎性细胞募集，从而导致组织损伤。另外，由一些蛋白质进行调节，包括 fas 和 bcl-2 等引起的 SLE 凋亡失调控可致正常情况下本应在形成前即凋亡的自身反应性淋巴细胞存活。巨噬细胞吞噬和处理免疫复合物功能的障碍也有报道。暴露于日光紫外线可使 SLE 症状恶化，可能是通过核物质损害引起 DNA 释放并与循环抗 dsDNA 抗体形成复合物。

【病理】

SLE 的受损组织光镜下病理可见：①结缔组织的纤维蛋白样变性：是由免疫复合物和纤维蛋白构成的嗜酸性物质沉积于结缔组织所致；②结缔组织的基质发生黏液性水肿；③坏死性血管炎。

SLE 特征性的病理改变为：①苏木紫小体：由 ANA 与细胞核结合，使之变性形成嗜酸性团块；②"洋葱皮样"病变：小动脉周围有显著向心性纤维增生，明显表现于脾中央动脉以及心瓣膜的结缔组织，反复发生纤维蛋白样变性，形成赘生物。③疣状心内膜炎：疣状心内膜炎是心瓣膜的结缔组织反复发生纤维蛋白样变性，而形成的疣状赘生物，但目前临床已经相当少见。SLE 免疫病理包括皮肤狼疮带试验，表现为非阳光暴露部位皮肤的表皮与真皮交界处有免疫球蛋白（IgG、IgM、IgA 等）和补体（C3c、C1q 等）沉积。狼疮性肾炎的肾免疫荧光表现为"满堂亮"，即可以在免疫荧光显微镜下看到多种免疫球蛋白和补体成分沉积。另外，肾间质、沿肾小管基底膜及肾小管上皮细胞核有时也可以见到免疫荧光阳性。肾病理如肾小球细胞增殖性改变、纤维素样坏死、核碎裂、细胞性新月体、透明栓子、金属环、炎细胞浸润，肾小管间质的炎症等均提示狼疮肾炎活动；而肾小球硬化、纤维性新月体，肾小管萎缩和间质纤维化则是狼疮肾炎慢性指标。国际肾脏病学会/肾脏病理学会（ISN/RPS）狼疮性肾炎分型（2003 年）病理分型见表 8-3-1。

表 8-3-1　国际肾病学会/肾病理学会（ISN/RPS）狼疮性肾炎分型（2003 年）

分型	病理表现
Ⅰ	轻微膜性 LN
	光镜正常，免疫荧光和电镜可见系膜区免疫复合物沉积
Ⅱ	系膜增殖性 LN
	光镜：系膜细胞增殖和系膜基质增多，伴系膜区免疫复合物沉积，光镜下无上皮侧内皮下沉积；免疫荧光：外周血管袢可见散在孤立性沉积物；电镜：外周血管袢可见散在孤立性沉积物
Ⅲ	局灶性 LN
	病变累及<50%的肾小球，病变包括活动性和硬化性病变，活动性病变常表现为节段性内皮细胞增殖，可伴袢坏死和新月体形成，内皮下沉积物往往是节段性分布。根据病变性质：活动性（A）表现为局灶增生型 LN；活动性/慢性硬化性（A/C），表现为局灶增生硬化性肾炎；慢性硬化性（C），表现为局灶硬化性肾炎
Ⅳ	弥漫节段性（Ⅳ-S）或弥漫性球性（Ⅳ-G）LN
	病变呈节段性或球性分布，毛细血管内或毛细血管外增殖性病变，伴弥漫内皮下沉积物伴或不伴系膜增殖性病变。ⅣS（A）为活动性节段增生性 LN，ⅣG（A）为活动性球性增生性 LN，ⅣS（AC）为活动性伴慢性节段增生硬化性 LN，ⅣG（AC）为活动性伴慢性球性增生硬化性 LN，ⅣS（C）为慢性节段硬化性 LN，ⅣG（C）慢性球性硬化性 LN
Ⅴ	膜性 LN
	光镜：球性或节段性上皮侧免疫性沉积物，常同时伴系膜区沉积及不同程度的系膜细胞增殖。如果见到内皮下沉积物，根据沉积范围，应考虑Ⅲ型合并Ⅴ型或Ⅵ型合并Ⅴ型 LN 的诊断。免疫荧光：上皮下散在免疫复合物沉积。电镜：上皮下散在免疫复合物沉积。慢性化病变：包括节段和球性硬化，无增殖性病变。如果肾小球硬化病变的性质提示它的形成与增殖、袢坏死或新月体有关，应考虑Ⅲ型合并Ⅴ型及Ⅳ型合并Ⅴ型的可能
Ⅵ	终末硬化性 LN
	≥90%的肾小球表现为球性硬化，且不伴任何活动性病变

【临床表现】

SLE 临床表现复杂多样。多数呈隐匿起病，开始仅累及 1~2 个系统，表现为发热、关节炎、皮疹、隐匿性肾炎、血小板减少性紫癜等，部分患者长期稳定在亚临床状态或轻型狼疮，另有部分患者可由轻型突然转变为重症狼疮，大多数患者则由轻型逐渐出现多系统损害；也有部分患者发病时就累及多个系统，甚至表现为狼疮危象。多数 SLE 患者的自然病程表现为病情的加重与缓解交替。

1. 全身表现　SLE 患者常常出现发热，多为低至中度发热，可能是 SLE 活动的表现，但应除外感染因素，尤其是在免疫抑制治疗中出现的发热，更需警惕结核、真菌等感染的可能。乏力是 SLE 常见的症状，常是狼疮活动的先兆。

2. 皮肤与黏膜　SLE的皮肤损害包括光敏感、脱发、手足掌面和甲周红斑、盘状红斑、结节性红斑、脂膜炎、网状青斑和雷诺现象等。在鼻梁和双颧颊部呈蝶形分布的红斑是SLE特征性的改变，通常这种红斑不累及鼻唇沟。SLE皮疹无明显瘙痒，接受激素和免疫抑制剂治疗的SLE患者，若出现不明原因局部皮肤灼痛，有可能是带状疱疹的前兆。SLE口腔溃疡或黏膜糜烂亦很常见，在免疫抑制和/或抗生素治疗后的口腔糜烂，应注意口腔真菌感染。

3. 关节和肌肉　SLE中关节炎和关节痛可达95%以上，可先于其他系统损害几个月至几年出现，常出现对称性多关节疼痛、肿胀，通常不引起骨质破坏，但是少数患者可以出现关节畸形。激素治疗中的SLE患者出现髋关节区域隐痛不适，需注意无菌性股骨头坏死的可能。SLE可出现肌痛和肌无力，少数可有肌酶谱的增高。对于长期服用激素的患者，要除外激素性肌病的可能。

4. 肾　狼疮性肾炎（lupus nephritis，LN）是SLE最常见和严重的临床表现，肾小球、肾小管及肾血管均可受累，表现为蛋白尿、血尿、管型尿，乃至肾衰竭。50%~70%的SLE病程中会出现临床肾受累，肾活检显示几乎所有SLE均有病理学改变。LN对SLE预后影响甚大，肾衰竭是SLE的主要死亡原因之一。活动性指标高者，肾损害进展较快，但积极治疗可以逆转；慢性指标提示肾不可逆的损害程度，药物治疗只能减缓而不能逆转慢性指数的继续升高。

5. 神经系统　又称神经精神狼疮。中枢神经系统表现包括无菌性脑膜炎、脑血管病、脱髓鞘综合征、头痛、运动障碍、脊髓病、癫痫发作、急性精神错乱、焦虑、认知障碍、情绪失调、精神障碍等；周围神经系统表现包括吉兰-巴雷综合征、自主神经系统功能紊乱、单神经病变、重症肌无力、脑神经病变、神经丛病变、多发性神经病变等。存在一种或一种以上上述表现，并除外感染、药物等继发因素的情况，结合影像学、脑脊液、脑电图等检查可诊断神经精神狼疮。以弥漫性的高级皮层功能障碍为表现的神经精神狼疮，多与抗神经元抗体、抗核糖体P蛋白抗体相关；有局灶性神经定位体征的神经精神狼疮，又可进一步分为两种情况，一种伴有抗磷脂抗体阳性，另一种常有全身血管炎表现和明显病情活动。横贯性脊髓炎可出现感觉平面障碍、截瘫、括约肌功能障碍、病理征阳性等，脊髓的磁共振检查可明确诊断。虽然横贯性脊髓炎在SLE不多见，但是一旦发生，应尽早积极治疗，否则可以造成不可逆的损伤。

6. 血液系统　SLE常出现贫血和/或白细胞减少和/或血小板减少。白细胞减少常为淋巴细胞减少，贫血可能为慢性缺铁性贫血或肾性贫血。短期内出现重度贫血常是自身免疫性溶血所致，多有网织红细胞升高，Coomb's试验阳性。SLE的白细胞减少，一般发生在治疗前或疾病复发时，多数对激素治疗敏感；细胞毒药物所致的白细胞减少，其发生与用药相关，停药后可逐渐恢复。血小板减少与血小板抗体、抗磷脂抗体以及骨髓巨核细胞成熟障碍有关。部分患者可出现淋巴结肿大和/或脾大。

7. 肺　SLE常出现胸膜炎或肺实质病变。如合并胸腔积液，其性质多为渗出液。年轻患者的渗出性浆膜腔积液，除外结核后应注意SLE的可能性。SLE肺实质浸润的放射学特征是阴影分布较广、易变，而咳嗽症状相对较轻，痰量较少，一般不咳黄色黏稠痰，如果SLE患者出现明显的咳嗽、黏稠痰或黄痰，则提示呼吸道感染。结核感染在SLE表现常呈不典型性。持续性发热的患者，应警惕血行播散性肺结核的可能，因此，应每周拍摄胸部X线片，必要时应行肺高分辨率CT（HRCT）检查，并给予痰及支气管-肺泡灌洗液的涂片和培养，以明确诊断。SLE所引起的肺间质性病变主要为处于急性和亚急性期的肺间质磨玻璃样改变和慢性肺间质纤维化，临床表现为活动后气促、干咳、低氧血症，肺功能检查常显示弥散功能下降。少数病情危重者、伴有肺动脉高压者或血管炎累及支气管黏膜者可出现咯血。SLE如出现弥漫性出血性肺泡炎，则死亡率极高。SLE还可出现肺动脉高压、肺栓塞、肺萎缩综合征（shrinking-lung syndrome）。

8. 心脏　心脏受累可发生在瓣膜、心包、心肌或传导系统等任何部位。SLE患者常出现心包炎，表现为心包积液，但心脏压塞少见。SLE可有心肌炎、心律失常，多数情况下SLE的心肌损害不太严重，但是在重症的SLE，可伴有心功能不全，为预后不良指征。在心脏超声检查中有时可发现二尖瓣或主动脉瓣的疣状心内膜炎（Libman-Sack心内膜炎），病理表现为瓣膜赘生物，应注意其与感染性心内膜炎的区别，疣状心内膜炎瓣膜赘生物最常见于二尖瓣后叶的心室侧，且并不引起心脏杂音性质的改变。通常疣状心内膜炎不引起临床症状，但可以脱落引起栓塞，或并发感染性心内膜炎。冠状动脉受累，可表现为心绞痛和心电图 ST-T 改变，甚至出现急性心肌梗死。

9. 消化系统　SLE 可出现恶心、呕吐、腹痛、腹泻或便秘，其中以腹泻较常见，可伴有蛋白丢失性肠炎，并引起低蛋白血症。活动期 SLE 可出现肠系膜血管炎，其表现类似急腹症，甚至被误诊为胃穿孔、肠梗阻而手术探查。SLE 肠系膜血管炎尚缺乏有力的辅助检查手段，腹部 CT 可表现为小肠壁增厚伴水肿，肠袢扩张伴肠系膜血管强化等间接征象。SLE 常见肝酶增高，仅少数出现严重肝损害和黄疸。SLE 还可并发急性胰腺炎。

10. 其他　SLE 的眼部受累包括结膜炎、葡萄膜炎、眼底改变、视神经病变等。眼底改变包括出血、视乳头水肿、视网膜渗出等，视神经病变可以导致突然失明。SLE 常伴有继发性干燥综合征，表现为口干、眼干等外分泌腺受累，抗 SSA、SSB 抗体阳性等。SLE 还可并发抗磷脂综合征，表现为动静脉血栓形成、血小板减少、流产等。有的甚至可并发灾难性抗磷脂综合征，表现为短期内（几天到几周）进行性出现大量血栓形成，累及中枢神经系统、肺、肾和心脏等重要器官，并可造成器官衰竭及死亡。

【实验室检查及特殊检查】

1. 一般检查　活动期 SLE 的血细胞三系中可有贫血和/或白细胞减少和/或血小板减少；尿检中出现尿蛋白、红细胞、白细胞、管型尿等。血沉在活动期常增高；而 C 反应蛋白通常不高，合并感染或关节炎较突出者可出现 C 反应蛋白明显增高；血清补体 C3、C4 水平下降，与 SLE 活动度呈负相关，常可作为病情活动性和治疗反应的监测指标之一。SLE 还常出现高 γ 球蛋白血症。

2. ANAs 和其他自身抗体

(1) ANAs：ANAs 是自身抗体的一个"家族"。既往认为 ANAs 是包括一系列针对细胞核中抗原成分的自身抗体。目前广义的 ANA 的定义是指抗细胞内所有抗原成分的自身抗体的总称。目前将 ANAs 分为五大类，包括抗 DNA 抗体、抗组蛋白抗体、抗非组蛋白抗体、抗核仁抗体和抗其他细胞成分抗体。免疫荧光方法检查 ANA 是 SLE 的筛选检查。对 SLE 的诊断敏感性为 95%，特异性相对较低为 65%。除 SLE 之外，其他结缔组织病的血清中也常存在 ANA，一些慢性感染也可出现低滴度的 ANA。因此 ANA 检测不是诊断 SLE 的特异性抗体，但是 ANA 阴性的患者，其诊断 SLE 的可能性仅为 3%。抗双链 DNA（dsDNA）抗体对 SLE 的诊断特异性为 95%，敏感性为 70%，它与疾病活动性及预后有关，因此，部分患者病情缓解后，其 dsDNA 抗体可能会消失。抗 Sm 抗体对 SLE 的诊断特异性高达 99%，但敏感性仅为 25% 左右，该抗体的存在与疾病活动性无明显关系。抗核糖体 P 蛋白（rRNP）抗体与 SLE 的精神症状有关。抗核小体抗体、抗增殖性核抗原抗体也是 SLE 的特异性抗体。抗单链 DNA、抗组蛋白、抗 u_1RNP、抗 SSA 和抗 SSB 等抗体也可出现于 SLE 的血清中。抗 SSA 抗体与继发 SS、新生儿狼疮有关，但其诊断特异性低，因为这些抗体也见于其他自身免疫性疾病。抗组蛋白抗体与药物性狼疮有关。

(2) 其他自身抗体：包括与抗磷脂抗体综合征有关的抗磷脂抗体（包括抗心磷脂抗体和狼疮抗凝物）；与溶血性贫血有关的抗红细胞抗体；与血小板减少有关的抗血小板抗体；与神经精神性狼疮有关的抗神经元抗体等。SLE 患者还常出现血清 RF 阳性。

3. 病理学检查　SLE 的免疫病理学检查包括皮肤狼疮带试验、肾的病理活检等。肾活检对狼疮肾炎的诊断、治疗和预后估计都有价值，尤其对指导治疗有重要意义。

【诊断和鉴别诊断】

1. 诊断标准　目前普遍采用 ACR1997 年修订的 SLE 分类标准（表 8-3-2）。SLE 分类标准的 11 项中，符合 4 项或 4 项以上者，在除外感染、肿瘤和其他结缔组织病后，可诊断 SLE。其敏感性和特异性均较高，分别为 95% 和 85%。11 条分类标准中，免疫学异常和高滴度 ANA 对于诊断更具有意义。一旦患者免疫学异常，即便临床诊断不够条件，也应密切随访，以便尽早作出诊断和及早治疗。

表 8-3-2　ACR1997 年修订的 SLE 分类标准

1.	颊部红斑	固定红斑，扁平或高起，在两颧突出部位
2.	盘状红斑	片状高起于皮肤的红斑，黏附有角质脱屑和毛囊栓；陈旧病变可发生萎缩性瘢痕
3.	光过敏	对日光有明显的反应，引起皮疹，从病史中得知或医生观察到
4.	口腔溃疡	经医生观察到的口腔或鼻咽部溃疡，一般为无痛性
5.	关节炎	非侵蚀性关节炎，累及 2 个或更多的外周关节，有压痛，肿胀或积液
6.	浆膜炎	胸膜炎或心包炎
7.	肾脏病变	尿蛋白＞0.5g/24h 或＋＋＋，或管型（红细胞、血红蛋白、颗粒或混合管型）
8.	神经病变	癫痫发作或精神病，除外药物或已知的代谢紊乱
9.	血液学疾病	溶血性贫血，或白细胞减少，或淋巴细胞减少，或血小板减少
10.	免疫学异常	抗 dsDNA 抗体阳性，或抗 Sm 抗体阳性，或抗磷脂抗体阳性（后者包括抗心磷脂抗体，或狼疮抗凝物阳性，或至少持续 6 个月的梅毒血清试验假阳性三者之一）
11.	ANA	在任何时候和未用药物诱发"药物性狼疮"的情况下，ANA 滴度异常

2. SLE 病情活动性和病情轻重程度的评估

（1）SLE 活动性表现：各种 SLE 新近出现的临床症状，均可提示疾病的活动。国际上通用的几个 SLE 活动性判断标准包括：SLE 病情活动指数（systemic lupus erythematosus disease activity index，SLEDAI）、狼疮活动测量标准（systemic lupus activity measure，SLAM）、欧洲统一狼疮损伤指数（European consensus lupus damage index，ECLAM）和大不列颠群岛狼疮评估组指数（British Isles lupus assessment group，BILAG）。其中以 SLEDAI 最为常用（表 8-3-3），其理论总积分为 105 分，但实际绝大多数患者积分小于 45。

表 8-3-3　SLEDAI 积分

积分	临床表现
8	癫痫发作：最近开始发作的，除外代谢、感染、药物所致
8	精神症状：严重紊乱干扰正常活动。除外尿毒症、药物影响
8	器质性脑病：智力的改变伴定向力、记忆力或其他智力功能的损害并出现反复不定的临床症状，至少同时有以下两项：感觉紊乱、不连贯的松散语言、失眠或白天瞌睡、精神运动性活动↑或↓。除外代谢、感染、药物所致
8	视觉障碍：SLE 视网膜病变，除外高血压、感染、药物所致
8	脑神经病变：累及脑神经的新出现的感觉、运动神经病变
8	狼疮性头痛：严重持续性头痛，麻醉性止痛药无效
8	脑血管意外：新出现的脑血管意外。应除外动脉硬化
8	脉管炎：溃疡、坏疽、有触痛的手指小结节、甲周碎片状梗死、出血或经活检、血管造影证实
4	关节炎：2 个以上关节痛和炎性体征（压痛、肿胀、渗出）
4	肌炎：近端肌痛或无力伴 CPK↑，或肌电图改变或活检证实
4	管型尿：HB、颗粒管型或 RBC 管型
4	血尿：＞5 个 RBC/HP，除外结石、感染和其他原因
4	蛋白尿：＞0.5g/24h，新出现或近期↑
4	脓尿：＞5 个 WBC/HP，除外感染

续表

积分	临床表现
2	脱发：新出现或复发的异常斑片状或弥散性脱发
2	新出现皮疹：新出现或复发的炎症性皮疹
2	黏膜溃疡：新出现或复发的口腔或鼻黏膜溃疡
2	胸膜炎：胸膜炎性胸痛伴胸膜摩擦音、渗出或胸膜肥厚
1	发热：体温大于或等于38℃，排除感染原因
1	血小板减少：小于 $100 \times 10^9/L$
1	白细胞减少：小于 $3.0 \times 10^9/L$，排除药物原因

SLEDAI 积分对 SLE 病情的判断：0～4 分基本无活动，5～9 分轻度活动，10～14 分中度活动，≥15 重度活动。

(2) SLE 病情轻重程度的评估

1) 轻型 SLE：诊断明确或高度怀疑 SLE，表现为原因不明的反复发热，抗炎退热治疗往往无效；多发和反复发作的关节痛/关节炎，往往持续多年而不产生畸形；持续性或反复发作的胸膜炎/心包炎；抗生素或抗结核治疗不能治愈的肺炎；不能用其他原因解释的皮疹/网状青紫/雷诺现象；肾疾病或持续不明原因的蛋白尿；血小板减少性紫癜或溶血性贫血；不明原因的肝炎；反复自然流产或深静脉血栓形成或脑卒中发作，但是病情稳定，呈非致命性；SLE 可累及的器官（包括肾、血液系统、肺、心脏、消化系统、中枢神经系统、皮肤、关节）功能正常或稳定；无明显 SLE 治疗药物的毒副反应。

2) 重型 SLE：指有重要脏器受累及并影响其功能的情况（表 8-3-4）。

狼疮危象则是指急性的危及生命的重型 SLE。后者常包括急进性狼疮性肾炎、严重的中枢神经系统损害、严重的溶血性贫血、严重的血小板减少性紫癜、严重心脏损害、严重狼疮性肺炎、严重狼疮性肝炎、严重的血管炎等。

表 8-3-4 重型 SLE

1. 心脏	冠状动脉血管受累，Libman-Sacks 心内膜炎，心肌炎，心脏压塞，恶性高血压
2. 肺	肺动脉高压，肺出血，肺炎，肺栓塞，肺萎缩，肺间质纤维化
3. 消化系统	肠系膜血管炎，胰腺炎
4. 血液系统	溶血性贫血，粒细胞减少（WBC<$1.0 \times 10^9/L$），血小板减少（<$50 \times 10^9/L$），血栓性血小板减少性紫癜，动静脉血栓形成
5. 肾	肾小球肾炎持续不缓解，急进性肾小球肾炎，肾病综合征
6. 神经系统	抽搐，急性意识障碍，昏迷，脑卒中，横贯性脊髓炎，单神经炎/多神经炎，精神性发作，脱髓鞘综合征
7. 其他	包括皮肤血管炎，弥漫性严重的皮损、溃疡、大疱，肌炎，非感染性高热有衰竭表现等

【治疗】

1. 一般治疗

(1) 健康教育：正确认识疾病，消除恐惧心理，规律用药，长期随访。避免过多的紫外光直接照射，使用防紫外线用品，避免过度疲劳。

(2) 对症治疗和去除各种影响疾病预后的因素，如注意控制高血压，防治各种感染等。

2. 药物治疗　到目前为止，还没有根治 SLE 的办法，但恰当合理的治疗可以使大多数患者达到病情缓解。因此强调早期诊断和早期治疗，以避免或延缓不可逆的组织脏器的病理损害。SLE 是一种高度异质性的疾病，临床医生应根据病情的轻重程度，既要考虑药物的毒副反应，又要懂得药物的作用机制，掌握好治疗的风险与效益之比，进行个体化治疗。

(1) 轻型 SLE 的治疗：轻型的 SLE，虽有狼疮活动，但症状轻微，仅表现光过敏、皮疹、关节炎或轻度浆膜炎，而无明显内脏损害者。可以选择以下治疗药物：

1) 非甾类抗炎药（NSAIDs）：可用于控制关节炎、肌肉疼痛、发热等。

2) 抗疟药：可控制皮疹和减轻光敏感，常用氯喹 0.25g/d，或 HCQ 0.4g/d，分两次服。主要不良反应是眼底病变，用药前及用药后 6 个月应检查眼底，有视力明显下降者，应检查眼底，明确原因。另外有心脏病史者，特别是心动过缓或有传导阻滞者禁用抗疟药。

3) 小剂量激素（如泼尼松≤10mg/d）可减轻症状。

4) 权衡利弊必要时可用 AZA、MTX 或 CTX 等免疫抑制剂。

(2) 重型 SLE 的治疗：治疗主要分两个阶段，即诱导缓解和巩固治疗阶段。诱导缓解目的在于迅速控制病情，阻止或逆转内脏损害，力求疾病完全缓解（包括血清学、症状和受损器官的功能恢复），但应注意免疫抑制剂的副作用，尤其是感染、性腺抑制等。多数患者的诱导缓解期需要半年至1年。

1) 糖皮质激素：糖皮质激素具有强大的抗炎作用和免疫抑制作用，是治疗 SLE 的基础用药。糖皮质激素主要是通过与靶细胞胞浆内的糖皮质激素受体（GR）结合，产生信号传递，最终发挥其生物学作用。糖皮质激素可以稳定和延长细胞膜的静止时相，抑制吞噬细胞功能；稳定溶酶体膜，防止溶酶体酶的释放；干扰补体激活，减少炎症介质的产生；抑制炎症细胞的活化；减少炎症组织的粘连及瘢痕形成。因此，糖皮质激素对免疫细胞的许多功能及对免疫反应的多个环节均有抑制作用，尤以对细胞免疫的抑制作用突出，在大剂量时还能够明显抑制体液免疫，使抗体生成减少，超大剂量则可有直接的淋巴细胞溶解作用。由于不同的激素剂量的药理作用有所侧重，病情和患者间对激素的敏感性有差异，临床用药要个体化。一般来说，重型 SLE 的标准剂量是泼尼松 1mg/（kg·d），病情稳定后 2～8 周内，开始以每 1～2 周减 10% 的速度逐渐减量，减至泼尼松 0.5mg/（kg·d）后，减药速度可按病情适当调慢；如果病情允许，维持治疗的激素剂量尽量小于泼尼松 10mg/d。在减药过程中，如果病情不稳定，可暂时维持原剂量不变或酌情增加剂量或加用免疫抑制剂联合治疗。

2) 环磷酰胺（cyclophosphamide，CTX）：CTX 为氮芥的衍生物，是主要作用于 S 期的细胞周期特异性烷化剂，抑制 T、B 淋巴细胞增殖，在治疗早期首先抑制 B 淋巴细胞；抑制淋巴母细胞对抗原刺激的反应；降低血清免疫球蛋白水平，减少抗体产生和有丝分裂原介导的免疫球蛋白的产生，发挥细胞毒作用。其对体液免疫的抑制作用较强，在狼疮性肾炎和血管炎的患者中，CTX 与激素联合治疗是阻止和逆转病变的发展，改善远期预后的首选方案。目前普遍采用的标准 CTX 冲击疗法是：$0.8～1.0g/m^2$，每 3～4 周 1 次。多数患者 6～12 个月可以缓解病情而进入巩固治疗阶段，还常需要继续 CTX 冲击治疗，逐渐延长用药间歇期，至约 3 个月一次维持数年。过去认为 CTX 累积剂量不应超过 9～12g 以上，新近的研究提示，CTX 累积剂量可以至 30g 以上，可以使 LN 的远期疗效更为巩固，且安全性并未由此降低。治疗中应注意避免白细胞过低，一般要求白细胞不低于 $3.0×10^9/L$。CTX 冲击治疗对白细胞影响有一定规律，一次大剂量 CTX 进入体内，第 3 天左右白细胞开始下降，7～14 天至低谷，之后白细胞逐渐上升，至 21 天左右恢复正常。对于间隔期少于 3 周者，更应密切注意监测血象。大剂量冲击前必须先查血常规。由于 CTX 的敏感性存在个体差异，治疗时应根据年龄、体质、病情和病程灵活掌握剂量和冲击间隔期。

近年来，国内外研究者对 CTX 用药方案提出了小剂量冲击的观点。Laurence 等的系列研究表明，与 CTX 800～1000mg/m^2，每月一次大剂量冲击相比，CTX 400～500mg/m^2，每 2 周一次小剂量冲击，对难治性 LN 有显著疗效，且不良反应较少。

CTX 冲击治疗的副作用主要包括：白细胞减少、诱发感染、性腺抑制（尤其是女性的卵巢功能衰竭）、胃肠道反应、脱发、肝功能损害、出血性膀胱炎，少见远期致癌作用。在应用本品的 24h 内患者应该多饮水，尽量在早晨用药，以避免含毒性代谢产物的尿液在膀胱中存留。在每天输 CTX 前 4h 与最后一次输 CTX 后 6h 内大量补液尤为重要，加强利尿，必要时使用呋塞米，使尿量在 150～

200ml/h，碱化尿液，尿 pH 维持在 7~8。

3) AZA：在控制肾和神经系统病变效果较差，而对浆膜炎、血液系统损害、皮疹等较好。用法 1~2.5mg/（kg·d），常用剂量 50~100mg/d，分 1~2 次口服。副作用包括：骨髓抑制、胃肠道反应、肝功能损害等。少数对 AZA 极敏感者用药短期就可出现严重脱发和骨髓抑制，引起严重粒细胞和血小板缺乏症，轻者停药后血象多在 2~3 周内恢复正常，重者则需按粒细胞缺乏或急性再障处理。以后不宜再用。

4) MTX：主要用于关节炎、肌炎、浆膜炎和皮肤损害为主的 SLE。副作用有胃肠道反应、骨髓抑制、口腔溃疡、肝功能损害、脱发、性腺抑制等，偶见 MTX 导致肺炎和肺间质纤维化。

5) 环孢素：可特异性抑制 T 淋巴细胞 IL-2 的产生，发挥选择性的细胞免疫抑制作用，是一种非细胞毒免疫抑制剂。对狼疮肾炎有效，可用环孢素 3~5mg/（kg·d），分两次口服。用药期间注意肝、肾功能及高血压、高尿酸血症、高血钾等。

6) 吗替麦考酚酯：为次黄嘌呤单核苷酸脱氢酶的抑制剂，可抑制嘌呤从头合成途径，从而抑制淋巴细胞活化。吗替麦考酚酯治疗狼疮性肾炎有效，能够有效的控制 LN 活动。每日剂量 10~30mg/kg，分 2 次口服。

7) 生物制剂：抗 CD20 单抗通过影响 B 淋巴细胞 Ca^{2+} 的跨膜传导而调节 B 淋巴细胞增殖和分化，抑制 B 淋巴细胞的成熟和分化。可以使部分难治性重症 SLE 患者得到临床缓解，且耐受性好。

(3) 狼疮危象的治疗：治疗目的在于挽救患者生命、保护重要脏器、防止后遗症。通常需要大剂量甲泼尼龙（methylprednisolone, MP）冲击（MP 1000mg/d 静脉注射，应用 3~5 天）及静脉注射免疫球蛋白（intravenous immunoglobulin, IVIG）冲击治疗，同时针对受累脏器给予对症和支持治疗，随后给予诱导缓解和维持巩固治疗。

1) 急进性肾小球肾炎：临床表现为急进行性少尿、水肿、蛋白尿、血尿，低蛋白血症、贫血，肾功能进行性下降、血压升高、高血钾、代谢性酸中毒等。B 超示肾脏体积常增大，肾脏病理往往呈新月体肾炎。治疗包括纠正水电解质酸碱平衡紊乱，低蛋白血症，防治感染，纠正高血压、心力衰竭等合并症，保护重要脏器，必要时需要透析支持治疗。在评估 SLE 活动性和全身情况和有无治疗反指征的同时，应抓紧时机肾穿，判断病理类型和急慢性指标，制订治疗方案。对明显活动、非肾脏纤维化/硬化等不可逆病变为主的患者，应积极使用激素 [泼尼松≥2mg/（kg·d）]，必要时可使用大剂量 MP 冲击疗法。亦可加用 CTX 冲击治疗。

2) 神经精神狼疮：弥漫性神经精神狼疮在控制 SLE 的基础药物上强调对症治疗，包括抗精神病药物（与精神科医生配合），癫痫大发作或癫痫持续状态时需积极抗癫痫治疗，注意加强护理。ACL 相关神经精神狼疮，应加用抗凝、抗血小板聚集药物。有全身血管炎表现的明显活动证据，应用大剂量 MP 冲击治疗。中枢狼疮包括横贯性脊髓炎在内，可试用地塞米松加 MTX 鞘内注射治疗，每周 1 次，共 2~3 次。

3) 重症血小板减少性紫癜：血小板 $<20\times10^9/L$，有自发出血倾向，常规激素治疗无效 [1mg/（kg·d）] 时，应加大激素用量用至 2mg/（kg·d）以上。还可静脉滴注长春新碱（VcR）1mg，qw×（3~6）次。重症者可给予静脉输注大剂量人体免疫球蛋白（IVIG）0.4g/（kg·d），连续 3~5 天为 1 个疗程。无骨髓增生低下的重症血小板减少性紫癜还可试用其他免疫抑制剂，如 CTX、环孢素等。其他药物包括达那唑、他莫昔芬、维生素 C 等，如内科保守治疗无效，可考虑脾切除术。

4) 弥散性出血性肺泡炎和急性重症肺间质病变：部分弥散性出血性肺泡炎的患者起病可无咯血，支气管镜有助于明确诊断。本病极易合并感染，常同时有大量蛋白尿，预后很差，死亡率极高。可给予大剂量 MP 冲击治疗，IVIG，血浆置换等。

5) 严重的肠系膜血管炎：治疗目的为加强肠外营养支持，防治合并感染，避免不必要的手术、探查。应使用 2mg/（kg·d）以上激素控制病情，同时注意水电解质酸碱平衡，一旦并发肠坏死、穿孔、中毒性肠麻痹，应及时手术治疗。

3. **特殊治疗** 血浆置换、免疫吸附等方法可以辅助治疗 SLE，取得一定的疗效，尤其是免疫吸附对难治性 SLE 疗效肯定。值得注意的是免疫吸附必须联合免疫抑制剂治疗才能取得良好的远期效果，因此不能滥用。造血干细胞移植（hematopoietic stem cell transplantation，HSCT）不失为部分难治性 SLE 患者的一种治疗选择。

4. **SLE 合并抗磷脂综合征** 目前认为 APS 的治疗原则是在治疗原发病的基础上进行对症处理及防治血栓和流产的再发，原发性 APS 一般不需要大剂量激素治疗，除非合并有血小板减少和溶血性贫血等特殊情况。对抗体阳性无症状的患者无需抗凝治疗，但可用药预防血栓的发生。常用药物有华法林、阿司匹林、肝素或低相对分子质量肝素（LMWH）、HCQ 等。灾难性抗磷脂综合征除了抗凝治疗外，联合激素、CTX、血浆置换和大剂量丙种球蛋白治疗以降低或去除抗体，可提高患者的生存率。

5. **妊娠生育** SLE 对妊娠的不良影响主要表现为异常妊娠，常见的有流产、早产、死产及胎儿宫内营养不良所致宫内胎儿发育迟缓，但大多数 SLE 患者在疾病控制后，可以安全地妊娠生育。患者病情缓解稳定 1 年后，泼尼松维持量小于 10mg/d，停用细胞毒药物（如 AZA、CTX、MTX 等）6 个月以上，无重要脏器病变，可考虑允许妊娠。活动性肾脏病变或血肌酐高于 176.8μmol/L，均属妊娠禁忌证，合并心包、心脏、肺严重病变的患者也不宜妊娠。对于有习惯性流产病史和抗磷脂抗体阳性的孕妇，主张口服小剂量阿司匹林（100mg/d），和/或小剂量肝素抗凝，防止流产或死胎。

【预后】

与过去相比，SLE 的预后已显著提高。5 年存活率可达到 90%，10 年存活率可达到 80%。急性期患者的死亡原因主要是 SLE 的多脏器严重损害和感染，尤其见于狼疮性肾炎和神经精神性狼疮，慢性肾功能不全和药物（尤其是长期使用大剂量激素）的副反应以及冠状动脉粥样硬化性心脏病、感染等，是 SLE 远期死亡的主要原因。血肌酐浓度进行性增高、持续性蛋白尿（≥3.5g/24h）及血尿、贫血、高血压、肾脏病理慢性指数高等是狼疮性肾炎预后不良的指征。

（赵彦萍　张志毅）

第四章 血清阴性脊柱关节病

第一节 概 论

血清阴性脊柱关节病（seronegative spondyloanthropathis），或称脊柱关节病（spondyloarthropathies，SpA），是指以中轴、外周关节以及关节周围组织慢性进展性炎症为主要表现的一组疾病。强直性脊柱炎（ankylosing spondylitis，AS）是血清阴性脊柱关节病的原型，这组疾病还包括赖特综合征（Reiter's syndrome，RS）、银屑病关节炎（psoriatic arthritis，PsA）、炎性肠病性关节病（enteropathic arthropathy）、反应性关节炎（reactive arthritis，ReA）以及其他分类未定的脊柱关节病（undifferentiated spondylarthropathies，uSpA）。本组疾病的共同特点为：①血清 RF 阴性；②伴或不伴脊柱炎的骶髂关节炎；③非对称性外周关节炎；④附着点病变；⑤不同程度家族聚集倾向；⑥与人白细胞相关抗原 B27（HLA-B27）不同程度相关；⑦临床表现常相互重叠。

目前国际上采用的血清阴性脊柱关节病诊断标准有：1990 年欧洲脊柱关节病研究组（ESSG）标准（表 8-4-1）；Amor 提出的分类标准（表 8-4-2）；Mau 提出的脊柱关节病早期诊断标准（表8-4-3）。

表 8-4-1 欧洲脊柱关节病研究组（ESSG）脊柱关节病分类标准

炎性脊柱痛或滑膜炎（非对称性，以下肢关节受累为主）伴以下任何一项或多项：
1. 阳性家族史
2. 银屑病
3. 炎性肠病
4. 交替性臀部痛
5. 韧带附着点炎症
6. 骶髂关节炎
7. 在关节炎发生前一个月内的尿道炎、子宫颈炎或急性腹泻

表 8-4-2 Amor 脊柱关节病诊断标准（1990 年）

项目	积分
夜间腰背痛或腰背晨僵	1
非对称性少关节炎	2
臀区痛	单侧1分，双侧2分
腊肠样指或趾	2
虹膜炎	2
足跟痛或有肯定的肌腱端炎	2
关节炎伴或一个月前患非淋菌性尿道炎	1
关节炎伴或一个月前患急性腹泻	1
有银屑病或龟头炎或炎症性肠病病史	2
X 线示骶髂关节炎（双侧≥2 级，单侧≥3 级）	3
HLA-B27 阳性或一级家属中有 AS、赖特综合征、银屑病、葡萄膜炎或慢性结肠病	2
用非甾体抗炎药后症状改善，停药后复发	2

积满 6 分者可诊断为脊柱关节病。

表 8-4-3　Mau 脊柱关节病早期诊断标准

项目	积分
HLA-B27 阳性	1.5
炎性脊柱痛	1
自发或骶髂关节加压后引发的腰痛放射至臀、大腿后侧	1
自发或加压后胸痛，或扩胸受限（≤2.5cm）	1
周围关节痛或足跟痛	1
前虹膜炎	1
脊柱或腰椎活动受限	1
血沉增快（50 岁以下，ESR>15mm/h；50 岁以上，ESR 男>20mm/h，ESR 女>30mm/h）	1
X 线示骨赘、方形椎体、桶状胸、椎体骨突关节或肋椎骨横突关节受累	1

积分>3.5 可作诊断。

第二节　强直性脊柱炎

强直性脊柱炎（ankylosing spondylitis，AS）是脊柱关节病的一种亚型，主要侵犯中轴关节，以骶髂关节炎为标志，也可累及内脏及其他组织。AS 多见于青少年，有明显家族聚集现象，与人类白细胞抗原-B27（human leucocyte antigen-B27，HLA-B27）密切相关，典型病例 X 线片表现为骶髂关节明显破坏，后期脊柱可呈"竹节样"变化。本病的患病率各地报告不同。一般认为在 0.2% 左右。我国 20 世纪 80 年代以来进行的人群调查结果，AS 的患病率在 0.3% 左右。

【病因和发病机制】

病因目前还不清楚。一般认为是遗传因素和环境因素相互作用所致。AS 是一种具高度遗传性的疾病，HLA-B27 是主要的疾病易感基因，与该病存在明确的相关性，但是只有 1%～5% 的 HLA-B27 阳性个体会发生 AS。有证据表明其他基因也参与了疾病发生。在 AS 患者中 HLA-B27 阳性率可高达 90% 以上，且在 AS 患者的一级亲属中约有 50% 其抗原为阳性，而在普通人中仅有 3% 为阳性。同卵双生子发病一致率高达 63%。环境因素可能是普遍存在的，细菌感染与 HLA-B27 之间的作用可能是一个关键因素，多与某些肠道革兰阴性杆菌感染相关。

发病机制尚不明确，60% 以上的 AS 患者出现肠道感染，环境因素可能引发了 AS 慢性炎症。HLA-B27 分子有关序列和细菌可能通过某种机制相互作用。病原体如某些肠道革兰阴性杆菌和 HLA-B27 分子存在共同的抗原决定簇，免疫系统在抗击外来抗原时不能识别自我而导致持续免疫反应，这就是"分子模拟学说"。但这并不能完全解释所有 AS 的病因。

【病理】

骶髂关节炎是 AS 的最早病理表现之一，也是其病理标志。病理表现为滑膜炎，组织学上可见滑膜增生和疏松结缔组织淋巴细胞、巨噬细胞及浆细胞聚集浸润。软骨表面侵蚀，之后出现软骨变性、破坏，骨骼的侵蚀，逐渐被退变的纤维软骨替代。后期因纤维化关节间隙变窄甚至消失，即骨性强直。

脊柱可出现椎间盘纤维环和椎骨边缘肉芽组织形成，最后受累部位钙化、新骨形成。纤维环最终被骨替代，出现椎体方形变、韧带钙化，进一步发展形成竹节样脊柱。

肌腱端炎指肌腱、韧带、关节囊等附着于骨的部位炎症、纤维化以至骨化。多见于跟腱、跖筋膜、胸肋连接等部位。

【临床表现】

多数患者隐匿起病，男性多见。发病年龄多在 10～30 岁，80% 患者在 30 岁以内首次出现症状，仅5%患者在45岁以后发病。16岁以下发病者称幼年型AS，临床表现常不典型。

1. **关节表现**　早期症状常为腰骶部疼痛或不适，初发部位在腰部者占35%~57%，也可表现为臀部、腹股沟酸痛或不适，症状可向下肢放射而类似"坐骨神经痛"。开始可为单侧或间断性，以后逐渐变成持续性、双侧受累。

其次较常见的早期症状是背部发僵，以晨起或久坐后起立时明显，在湿冷环境中可加重，活动后可减轻。有些患者夜间睡眠可受疼痛影响，严重者会痛醒，需下床活动后方能重新入睡。

约半数患者以外周关节如髋、膝、踝关节炎症为首发症状，高达75%的患者在病程中出现外周关节病变。非对称性、少数关节或单关节以及下肢大关节的关节炎为本病外周关节炎的特征。在儿童或青少年起病的患者，髋关节受累更常见，并较其他关节受累更易致残，疾病的晚期常出现髋关节的屈曲挛缩，甚至股骨头坏死。

肌腱附着点炎所致的胸肋连接、脊椎骨突、坐骨结节以及足跟等部位疼痛也很常见。典型表现为腰椎各方向活动受限，胸廓活动度降低，胸痛并在咳嗽、深吸气或打喷嚏时加重。

随着病情进展，整个脊柱可发生强直。先是脊椎前突消失，进而呈驼背畸形、颈椎活动受限。胸肋连接融合，胸廓硬变，呼吸靠膈肌运动。

早期阳性体征为骶髂关节和椎旁肌肉压痛，脊柱前屈、后伸、侧弯和转动受限，胸廓活动度减低等。

骶髂关节检查常用下肢"4"字试验。方法：患者仰卧，一侧膝关节屈曲并将足跟置于伸直的另一膝上（双腿呈"4"字状）。检查者一手压直腿侧髂嵴，另一手压屈曲的膝。如屈腿侧骶髂部出现疼痛，提示存在骶髂关节病变。

指地距试验：双腿直立同时以手指触地，观察手指与地的距离。此试验不能完全评估脊柱活动度，因为良好的髋关节功能可以代偿腰椎运动的明显受限。

Schober试验：用于检查腰椎活动度。方法：在患者髂后上棘连线中点向上10cm及向下5cm标记，令患者弯腰（保持双腿直立），测量上下两个标记间距离，正常移动增加距离在5cm以上，小于4cm者为阳性。

胸廓活动度检查：在第四肋间隙水平（女性乳房下缘）测量深吸气和深呼气之胸围差，小于5cm为异常。

枕墙距检查：患者直立，足跟、臀、背贴墙，收颌，眼平视，测量枕骨结节与墙之间的水平距离，正常为0，颈僵直和（或）胸椎段畸形后凸者该距离增加至几厘米以上，枕部不能贴壁。

2. **关节外表现**　最常见关节外症状为急性眼葡萄膜炎。多单侧急性发作，主要症状包括流泪、畏光、眼痛和视物模糊。葡萄膜炎发作常为自限性，4~8周后缓解。

心血管系统受累可无症状，主要包括主动脉根部的慢性非特异性炎和心传导系统失常等。主动脉根炎可导致主动脉瓣及室间隔的纤维增殖，主动脉瓣闭锁不全或房室传导阻滞，出现进行性加重的心功能不全。某些患者可因完全性心脏传导阻滞而出现阿斯综合征，需植入起搏器治疗。

少数患者会出现肺上叶纤维化，并伴有囊肿形成及实质破坏，是一种晚期关节外表现。神经、肌肉症状如下肢麻木、神经根性疼痛、感觉异常及肌肉萎缩等也不少见。晚期病例常伴严重骨质疏松，易发生骨折。AS也可合并肾病，主要是IgA肾病，可引起血尿。

【相关检查】

75%以上患者活动期可有血沉增快，C反应蛋白升高，轻至中度免疫球蛋白升高。部分患者会出现肌酸激酶的增高。约90%的患者HLA-B27阳性。

骨盆正位片仍是AS基本的放射学检查手段，除观察骶髂关节外，还可以观察双侧髋关节及耻骨联合等部位。骶髂关节炎是最早最持久的X线征象。病变为双侧对称性，表现为软骨下骨板模糊、锯齿样破坏、骨硬化。数年后出现骶髂关节骨性强直。脊柱受累在X线表现为密度增高影和随后的骨吸收，可观察到韧带钙化、脊柱"竹节样"变、锥体方形变以及椎小关节模糊和脊柱生理屈度改变等，由于脊柱强直和活动减少，常出现脊柱骨质疏松。

骶髂关节 X 线表现分级：0 级为正常；Ⅰ级为可疑；Ⅱ级为轻度异常，可见局限性侵蚀、硬化，但关节间隙正常；Ⅲ级为明显异常，存在侵蚀、硬化、关节间隙增宽或狭窄、部分强直等一项或一项以上改变；Ⅳ级为严重异常，表现为完全性关节强直。

CT 分辨力高，层面无干扰，为观察骶髂关节提供了有效而准确的手段，其敏感性高于 X 线片有利于早期诊断，对常规 X 线难以确诊的病例，提倡行 CT 检查有利于明确诊断。

近年来发现放射性核素骨显像要比 X 线片和 CT 更敏感，平均早 3～6 个月。可提高早期 X 线甚至 CT 尚无改变的 AS 的诊断率。此外，全身骨显像还能发现骶髂关节以外的病变，如胸锁关节、颈、胸、腰椎、跟腱等，为临床提供 AS 及其病情活动的影像学证据。

骶髂关节 MRI 检查能较好显示软骨变化，因此能比 CT 更早期发现骶髂关节周围组织水肿、炎症。但价格较贵尚难普及，且尚缺乏国际广泛认可的评价标准，其在观察骨皮质侵蚀、缺损方面敏感性不如 CT，目前认为，MRI 检查作为诊断手段，仅限于 CT 不能确诊的早期（0、Ⅰ级）骶髂关节炎。

骶髂关节穿刺活检能在骶髂关节出现影像学改变之前观察到软骨和其他结构是否存在病变，可提供更直接的诊断依据，并与结核等感染性疾病进行鉴别。

【诊断和鉴别诊断】

1. 诊断　AS 的诊断依据包括家族史、症状、关节和关节外体征及骶髂关节的影像学表现等方面。常用 1966 年纽约标准或 1984 年的修订纽约分类标准。

1966 年纽约标准

(1) 临床标准：①腰椎前屈、后伸、侧弯三个方向活动受限；②腰骶部或腰椎疼痛；③第四肋间隙测量胸廓活动度<2.5cm。

(2) 诊断：①肯定 AS：双侧Ⅲ～Ⅳ级骶髂关节炎伴一项（及以上）临床标准，或单侧Ⅲ～Ⅳ级或双侧Ⅱ级骶髂关节炎伴第①或②＋③项临床标准者。②可能 AS：双侧Ⅲ～Ⅳ级骶髂关节炎而不伴临床标准者。

1984 年修订的纽约标准

(1) 临床标准：①腰痛、晨僵 3 个月以上，活动改善，休息无改善；②腰椎额状面和矢状面活动受限；③胸廓活动度低于相应年龄、性别的正常人。

(2) 放射学标准（骶髂关节炎分级同上）：双侧≥Ⅱ级或单侧Ⅲ～Ⅳ级骶髂关节炎。

(3) 诊断：①肯定 AS：符合放射学标准和 1 项（及以上）临床标准者。②可能性 AS：符合 3 项临床标准，或符合放射学标准而不伴任何临床标准者。

实践证明，以上两个标准均过于严格，因为患者出现明确的放射学改变及腰椎、胸廓活动度降低，疾病已非早期。此外，国内外研究表明，15%～50% 的患者以外周关节炎为首发症状或主要临床表现，以上两个标准均未将其包括在内。

2. 鉴别诊断　慢性腰痛、僵硬感是十分常见的临床症状，各个年龄均可发生，且人群中腰痛极为常见，最常见原因是机械性非炎性腰背痛，机械性疼痛一般在活动时加重，休息时减轻，不伴脊柱侧弯活动受限，血沉常不快，X 线检查无骶髂关节炎。而 AS 是炎性腰背痛。炎性腰背痛的特点包括：①背部疼痛不适发生在 40 岁以前；②缓慢发病；③症状持续至少 3 个月；④背痛伴发晨僵；⑤背部不适在活动后减轻或消失。以上 5 条符合 4 条可诊断为炎性腰背痛。此外，感染、骨质疏松、骨氟中毒、甲状旁腺功能减退症以及肿瘤所致的腰痛也应注意鉴别。

对青壮年来说，外伤性腰痛和椎间盘病较为多见。外伤性腰痛有明确的外伤史，休息有利缓解症状，活动则使症状加重，不难鉴别。有时腰椎间盘病和本病临床上不容易鉴别，腰椎 CT 可肯定或除外之。

早期、尤以外周关节炎为首发症状者应与 RA 鉴别，可行 RF、HLA-B27 以及有关影像学检查。

致密性骨炎最常见于青年女性，出现局限于髂骨面的骨硬化，在 X 线呈特征性扇形分布的高密度区，HLA-B27 通常阴性。

【治疗】

目前尚无根治 AS 的方法。治疗目标是：①控制炎症、缓解症状；②防止脊柱、髋关节僵直畸形或保留最佳功能位置；③避免治疗所致副作用。

1. 一般治疗　患者教育很重要。本病为慢性疾病，需要坚持长期治疗，定期随访。患者应注意立、坐、卧正确姿势，睡硬板床、去枕平卧，最好是仰卧或伸背俯卧，避免过度负重和剧烈运动。坚持脊柱、胸廓、髋关节活动，定期做治疗性体育锻炼可减少或防止畸形和残疾。游泳是 AS 患者最好的运动方式。

2. 药物治疗

（1）非甾体抗炎药（NSAIDs）：对 NSAIDs 反应良好是 AS 区别于其他腰腿疾患的特点之一。

NSAIDs 是目前治疗 AS 的主要药物。可减轻疼痛和晨僵，改善脊柱或外周关节疾病的症状。NSAIDs 的主要问题仍是胃肠道副作用和肾损伤。医生应根据患者的具体情况进行选择。

（2）病情缓解抗风湿药（DMARDs）

1）柳氮磺吡啶（sulfasalazine，SSZ）：SSZ 对伴外周关节炎的 AS 有效，对以中轴关节炎为主的 AS 疗效还有争论。磺胺过敏者禁用。可从较低剂量开始，逐渐加量，每日剂量 2~4g，分 2~3 次服用。与用量有关的副作用有恶心、呕吐、头痛、全身不适等症状。其不良反应主要是胃肠不适、肝损伤、肺间质纤维化及骨髓抑制等，应定期复查血常规和肝功等。用法与 RA 一致。

2）沙利度胺（thalidomide）：有特异性免疫调节作用，作用机制主要与抑制 TNF-α 有关。有研究证实沙利度胺对难治性 AS 有良好的有效性与耐受性。初始剂量 50mg/d，以后每 10 天增加一倍，至 200mg/d，睡前服用。其主要不良反应包括困倦、口苦和口干等。妊娠期妇女禁用。

3）来氟米特（leflunomide）：虽然广泛应用于 AS 的治疗，但疗效还有待于进一步肯定。

4）生物制剂：近年来，TNF-α 拮抗剂已应用于临床，包括英夫利昔（infliximab）、依那西普（etanercept）。TNF-α 拮抗剂能有效控制 AS 的症状，延缓病情的进展，并能阻止骨破坏的进程，可改善多数难治性 AS 患者的症状与体征、维持关节功能和改善生活质量等。由于生物制剂较昂贵，应严格掌握适应证，并密切观察病情，根据患者的经济情况选择药物。副作用包括注射部位反应、对感染特别是结核的易感性或潜在结核活动危险增加等。

（3）糖皮质激素：由于糖皮质激素不能改变 AS 的病程，而 AS 病程较长，长期使用皮质激素弊大于利，故除急性虹膜睫状体炎以及个别伴对 NSAIDs 治疗顽抗的严重外周关节炎，需局部注射或口服者外，激素在 AS 治疗中的地位有限。

CT 导引下行骶髂关节腔内糖皮质激素注射治疗 AS 是近年来临床应用的一种新治疗方法，对骶髂关节疼痛疗效肯定，适用于以下腰痛为主要症状，对非甾体抗炎药疗效差或不能耐受其副作用的患者，目前此种治疗仅作为补充治疗手段，患者注射后仍需使用慢作用药物治疗。

（4）其他：帕米膦酸钠（pamidronate disodium）是一种二膦酸盐类药物，有抑制骨再吸收作用，最近发现其可抑制 TNF-α、IL-1、IL-6 等细胞因子，抑制体内炎症反应。有研究表明帕米膦酸钠可改善 AS 的脊柱症状，可使活动性 AS 患者受益，提示骨质也是 AS 治疗的一个靶点。其副作用主要是静脉注射后轻微的关节痛及肌痛、发热等。

有疲劳、焦虑、抑郁情绪的患者，可试用抗抑郁治疗。

3. 外科治疗　主要用于髋关节强直和脊柱畸形的晚期患者。全髋关节置换术已能部分或完全阻止残疾的发生。

【预后】

本病以自发缓解和加重为特征，不危及生命，通常为良性过程，但可致残，影响患者的正常生活和工作。

第三节 银屑病关节炎

银屑病关节炎（psoriatic arthritis，PsA）是一种与银屑病相关的炎性关节病。血清 RF 阴性，与 HLA-B27 相关。大多数 PsA 患者病程呈良性进展，但仍有少部分患者发展为严重而持续的或残毁型关节炎。平均发病年龄 30～55 岁。

【发病机制】

PsA 的确切病因不清，遗传、免疫、环境因素被认为是参与发病的重要因素。

【临床表现】

1. 关节表现　PsA 是一种全身性炎症性疾病，多呈隐袭发病，约 1/3 呈急性起病，一般具有关节和关节外表现。PsA 可累及全身的大小关节，以手足小关节和膝关节受累最为多见。根据患者关节表现，可将 PsA 分为 5 型：①非对称性少关节炎型：此型最为常见，约占 70%。多累及手和足的小关节，膝、髋、踝、腕关节亦可受累。②对称性多关节炎型：此型占 15%，与 RA 不易区分，一般受侵犯的关节数目不及 RA 广泛，畸形程度比后者轻。③远端指间关节型：此型占 5%，为 PsA 的典型表现，通常与银屑病指甲病变有关。④残毁型关节炎：此型占 5%，为 PsA 最严重的类型。受累的关节发生骨溶解，指节常有"套叠"现象及严重的示指缩短畸形。⑤脊柱受累型：脊柱炎可见于 20%～40% 的患者，可表现为非对称性骶髂关节炎或沿脊柱呈不规则孤立散在分布的缘下韧带骨赘。该型与 HLA-B27 密切相关。临床上有时可以见到以上各型并存的现象。伴远端指（趾）间关节受累的少关节炎和屈肌腱鞘炎（腊肠指/趾）是 PsA 区别于其他关节炎的典型表现。以寡关节炎型为主要表现时，除影响远端指（趾）间关节外，往往累及下肢关节，以膝关节、踝关节多见，常不对称。

2. 关节外表现　PsA 的关节外表现包括：①皮肤病变：PsA 患者多在关节炎发生之前出现典型的银屑病皮损，但部分患者银屑病发生在关节炎之后。②指甲病变：指甲异常是 PsA 的特征，见于 90% 的 PsA 患者，而在只有皮肤改变的银屑病患者占 41%。最常见的甲损害包括顶针样凹陷，甲板增厚、混浊、失去光泽，白甲，表面常高低不平有横沟及纵脊，甲下角质增生，甲剥离等。③眼睛受累：表现为结膜炎或虹膜炎，见于 7%～33% 的患者。④其他少见的表现包括主动脉瓣关闭不全、肺纤维化和淀粉样变性。

【实验室和其他检查】

无特异性实验室检查。RF 通常阴性。

PsA 特征性的放射学表现包括：无明显骨质疏松的侵蚀性关节炎；远端指（趾）间关节的侵蚀性破坏性病变；指（趾）末端可有骨溶解而变细、变尖，呈铅笔头样。末节指（趾）骨近端除有骨侵蚀外，可有骨质增生、膨大，如果有第二节指（趾）骨远端变细，可形成特征性的"笔帽征"。严重者由骨溶解逐渐发展成关节完全破坏或关节强直，脊柱受累者可出现非对称性骶髂关节炎、脊柱韧带骨赘形成等改变。

【诊断】

目前国际上还没有被广泛认可的 PsA 诊断标准。当银屑病或银屑病指甲病变患者出现血清阴性外周关节炎，可考虑诊断。对有关节炎而无皮疹或指甲病变的患者诊断比较困难，需要仔细排除其他疾病并定期随诊。

【治疗】

1. 一般治疗　适当休息，避免过度疲劳和关节损伤，注意关节功能锻炼，戒烟、酒和刺激性食物。

2. 非甾类抗炎药（NSAIDs）　适用于轻、中度活动性关节炎者，具有抗炎、止痛、退热和消肿作用，但对皮损和关节破坏无效。治疗剂量应个体化。

3. 一般不主张应用激素。

4. DMARDs 可选用 MTX、SSZ、环孢素、来氟米特、金制剂等，对病情严重、发展迅速或对传统 DMARDs 疗效不佳的患者还可应用 TNF-α 拮抗剂等生物制剂。

（赵彦萍　张志毅）

第五章 特发性炎症性肌病

特发性炎症性肌病（idiopathic inflammatory myositis，IIM）是病因未明的以四肢近端肌无力为主要表现的一组骨骼肌非化脓性弥漫性炎性疾病。可伴发肿瘤和其他结缔组织病，常累及多种器官。根据病理和临床表现的不同又分为多种亚型，包括：①多发性肌炎（polymyositis，PM）；②皮肌炎（dermatomyositis，DM）；③其他结缔组织病伴发 PM 或 DM；④恶性肿瘤相关性 PM 或 DM；⑤儿童皮肌炎（juvenile dermatomyositis）；⑥包涵体肌炎（inclusion body myositis，IBM）；⑦无肌病性皮肌炎（amyopathic dermatomyositis）。本病患病率大约为 2~10/10 万人口，可发生于任何年龄，但其发病有两个高峰，即 5~15 岁儿童和 45~60 岁成人。肿瘤相关性 PM 或 DM 与包涵体肌炎常发生于 60 岁左右。其中包涵体肌炎男性约为女性的 2 倍，而其他炎症性肌病女性患病率为男性的 2 倍。成人 PM 与 DM 约占特发性炎症性肌病的 70% 左右。

【病因】

本病病因目前不完全清楚，多认为是由免疫介导的，在某些遗传易感背景下，感染与非感染环境因素所诱发的一组疾病。

1. 遗传因素　有研究表明 PM 和 DM 的患者中具有 HLA-DR3 和 HLA-B8 的概率较正常人高。
2. 感染　多项研究表明感染因素与 PM/DM 有关。目前研究比较多的是病毒感染，给新生的瑞士鼠注射柯萨奇（Coxsackie）病毒 B_1 或给成熟的 BALB/C 鼠注射心肌炎病毒 221A，可产生剂量依赖的 PM 模型。本症患者肌细胞中曾分离出柯萨奇 A_2 病毒，也见到黏病毒、细小病毒的包涵体。但迄今尚无以病毒为感染源的流行病学根据。
3. 免疫异常　本组疾病常可检测到高水平的自身抗体，如肌炎特异性抗体（myositis specific antibody，MSA），其中 J_0-1 抗体最常见。患者血清中存在抗肌球蛋白抗体、免疫补体，抗核因子，肌肉血管壁上有 IgG、IgM 及补体的沉积物，均提示免疫复合物引起血管损害。

【病理】

肌活检的形态学改变有肌纤维溶解、断裂，肌纤维间炎性细胞浸润和肌束周围萎缩；肌组织内炎症细胞浸润，以淋巴细胞为主，小血管栓塞，毛细血管内皮增厚肿胀和毛细血管小动脉、静脉和毛细血管网的闭塞，血管壁有免疫球蛋白和补体的沉积，引起肌细胞膜的溶解，在未损害的肌纤维基质部和结缔组织中可见 IgG 的沉积。其中，细胞免疫在 PM 的发病中起主要作用，PM 为抗原直接作用主要组织相容性复合体（MHC）-1 限制性细胞毒性介导的免疫反应，典型的浸润细胞为 $CD8^+$ T 细胞，常聚集于肌纤维周围的肌内膜区。在 DM 发病中体液免疫起更大作用，主要为 B 细胞和 $CD4^+$ T 细胞浸润肌束膜、肌外膜和和血管周围，肌束周围的萎缩更常见于 DM。

皮肤病理改变无显著特异性，主要表现为表皮轻度棘层增厚或萎缩，基底细胞液化变性。直接免疫荧光检查在真皮表皮交界处见灶性免疫球蛋白和补体沉积。

IBM 主要病理特点是肌浆或肌核内有管状细丝包涵体。

【临床表现】

发病多数为缓慢起病，少数呈急性或亚急性发病，部分病例发病有前驱症状，如不规则发热、雷诺现象、倦怠乏力、关节痛等，皮肤和肌肉症状为本病的两组主要症状，主要临床表现是对称性四肢近端肌无力、肌痛，皮肤损害往往先于肌肉数周或数年发病，少数先有肌病，部分两者同时发病。肌力判定有助于对肌肉受损的程度、范围作出估算，从肌力的变化可以得知肌炎的活动度和所用药物的疗效。

1. PM　常隐袭起病，病情于数周、数月甚至数年发展至高峰。近端肢体肌无力为其主要临床表现，有些患者伴有自发性肌痛与肌肉压痛，骨盆带肌受累时出现髋周及大腿无力，难以蹲下或起立，肩胛带肌群受累时双臂难以上举，半数发生颈部肌肉无力，四肢远端肌群受累者少见，眼肌及面部肌肉几乎不受影响。10%～30%患者出现吞咽困难，食物反流，为食管上部及咽部肌肉受累所致，X线钡剂造影可见食管梨状窝钡剂潴留。

约30%患者有肺间质改变，表现为急性间质性肺炎、急性肺间质纤维化。临床表现有发热、干咳、呼吸困难、发绀、可闻及肺部细湿啰音，X线检查在急性期可见毛玻璃状、颗粒状、结节状及网状阴影。在晚期肺纤维化X线检查可见蜂窝状或轮状阴影。部分患者为慢性过程，临床表现隐匿，缓慢出现进行性呼吸困难伴干咳。肺功能测定为限制性通气功能障碍及弥散功能障碍。肺纤维化发展迅速是本病死亡的重要原因之一。

心脏可以受累，多数症状轻微。心肌受累，心肌内炎性细胞浸润，间质水肿和变性，局灶性坏死，心室肥厚，可出现心律失常，充血性心力衰竭，亦可出现心包炎。心电图和超声心动图检测约2/3患者出现异常，其中以ST-T改变最为常见，其次为心脏传导阻滞、心房颤动、期前收缩、少到中量的心包积液。

肾脏病变很少见，少数PM/DM患者可有局灶性增殖性肾小球肾炎，出现蛋白尿、血尿，但大多数患者肾功能正常。出现罕见的暴发型表现如横纹肌溶解，可导致急性肾小管坏死、急性肾衰竭。

一般认为CK水平升高，表明肌炎未得到有效控制或复发。CK水平下降，表明肌炎逐渐好转。但是，CK水平与肌力可以不平行。无论好转或复发，肌力的改变均要滞后1个月左右。

肌力的恢复往往表明病情好转，但是在诊治延误的慢性肌炎中，由于肌萎缩和纤维化，肌力难以恢复至正常水平，此时不应单根据肌力而增加用药剂量。

2. DM　除皮疹外DM的所有临床表现和PM相同。皮疹可出现在肌炎之前、同时或之后，皮疹与肌肉受累程度常不平行。典型皮疹包括：①Gottron征，即四肢肘、膝关节伸侧面和内踝附近、掌指关节、指间关节伸面紫红色丘疹，逐渐融合成斑片，有毛细血管扩张、色素减退，上覆细小鳞屑。②以上眼睑为中心的眶周水肿性紫红色斑（heliotrope rash），可为一侧或两侧，常伴眶周水肿和近睑处毛细血管扩张。③颈前及上胸部"V"字形红色皮疹。④肩颈后皮疹（披肩征，shawl sign）。⑤部分患者双手外侧掌面皮肤出现角化、裂纹，皮肤粗糙脱屑，如同技术工人的手，称"技工手"。此外，甲根皱襞可见不规则增厚，毛细血管扩张性红斑，其上常见瘀点。本病皮疹通常无瘙痒及疼痛，缓解期皮疹可完全消失或遗留皮肤萎缩、色素沉着或脱失、毛细血管扩张或皮下钙化，皮疹多为暂时性，但可反复发作。光敏感可见于75%～80%的DM患者，这些患者的皮疹多见于身体曝光的部位，受日光照射后皮疹增多或加重。

3. 恶性肿瘤相关性PM/DM　约8%PM/DM伴发恶性肿瘤，40岁以上PM/DM患者恶性肿瘤发生率达20%～40%。PM/DM可先于恶性肿瘤1～2年出现，也可同时或晚于肿瘤发生。本类疾病少有各种自身抗体，预后较差。常见肿瘤是肺癌、卵巢癌、乳腺癌、胃肠道癌和淋巴瘤。肿瘤切除后肌炎症状可改善。

4. 儿童DM　本病在任何年龄都可发病，但以5～9岁时发病率最高。与成人不同的是：起病较急，肌肉水肿、疼痛明显，软组织钙化多见（在皮肤、肌肉、筋膜中有弥漫或局限性发生钙质沉着，较成人为常见），病较重，有广泛的累及皮肤、皮下组织、神经、胃肠道的坏死性血管炎，造成相应组织的损伤和症状。

5. 其他结缔组织病伴发的PM/DM　炎症性肌病可继发于SLE、系统性硬皮病、SS、混合性结缔组织病、RA、系统性血管炎等其他结缔组织病，其特点是易发生雷诺现象、肌痛、关节炎、高滴度ANA、抗U_1RNP抗体阳性，组织病理学改变比单独PM/DM表现轻，对糖皮质激素治疗反应佳。典型PM/DM与SLE、系统性硬皮病或RA同时存在时为"重叠综合征"，病情重、预后差。

6. IBM　男性好发，男女比例为3:1。包涵体肌炎起病隐匿，缓慢进展，四肢远、近端肌肉均可累及，可呈非对称性，无肌痛，通常腱反射减弱或消失，可有心血管受累，以高血压为最常见。少数患者可有感觉异常。吞咽困难较常见，后者多由食管上段和环咽部肌肉功能障碍所致。对激素和免疫抑制剂反应差是其特点之一。

7. 无肌病性 DM　DM 中约 10% 的患者临床及活组织检查证实有 DM 皮肤改变，但临床及实验室检查无肌炎表现，称为无肌病性 DM。可能是 DM 早期，或是一种亚临床类型 DM，目前尚无定论。

【辅助检查】

1. 一般检查　血常规可见白细胞增高，血沉增快，血肌酸增高，肌酐下降，血清肌红蛋白增高，尿肌酸排泄增多。

2. 血清肌酶谱　肌酸激酶（creatine kinase, CK）、醛缩酶（ALD）、天门冬酸氨基转移酶（AST）、丙氨酸氨基转移酶（ALT）、乳酸脱氢酶（LDH）增高，尤以 CK 升高最敏感。CK 可以用来判断病情的进展情况和治疗效果，但是与肌无力的严重性并不完全平行。在疾病加重时，往往是 CK 先升高，几周或几个月后才出现肌无力的症状。相反，在疾病好转时，CK 降至正常或接近正常几周后才出现肌力改善。由于这些酶也广泛存在于肝、心、肾等脏器中，因此对肌炎诊断虽然敏感性高，但特异性不强，应注意鉴别。约有 5% 的肌炎患者在病程中 CK 一直正常，有报道显示，CK 正常患者伴恶性肿瘤的可能性大。肌炎可伴有肝脏的损害，故经治疗后如 CK 下降而其他酶如 AST、ALT 改变不明显时需具体分析。

3. 自身抗体　大部分患者 ANA 阳性，部分患者 RF 阳性。如伴发 SLE 者可检出抗 nRNP 及抗 Sm 抗体，伴发系统性硬化症者可检出抗 Scl-70 抗体，伴发 SS 者可检出抗 SSA 和抗 SSB 抗体。近年还发现了一类肌炎特异性抗体（MSA）：①抗氨酰 tRNA 合成酶抗体（抗 J_0-1、EJ、PL-12、PL-7 和 OJ 抗体），其中检出率较高的为抗 J_0-1 抗体。抗 J_0-1 抗体在 PM 的阳性率为 25.0%，在 DM 为 7.1%，亦可见于重叠综合征尤其伴有 SS 患者，与间质性肺部疾患密切关联。②抗 Mi-2 抗体：主要见于 DM，特异性较强，在 DM 的阳性率为 8%~20%。儿童型 DM 及伴恶性肿瘤的 DM 偶见。此抗体阳性者 95% 可见皮疹，但少见肺间质病变，预后较好。③抗 SRP 抗体：抗 SRP 抗体阳性的患者临床表现与抗氨酰 tRNA 合成酶抗体阴性者相似：起病急、肌炎重，有心悸，男性多见，对治疗反应差。此抗体阳性虽对 PM 更具特异性，但仅见于不到 5% 的 PM。

4. 肌电图　可早期发现肌源性病变，对肌源性和神经性损害有鉴别诊断价值。本病约 90% 病例出现肌电图异常，典型肌电图呈肌源性损害：表现为低波幅，短程多相波；插入电位活动增强，表现为自发性纤颤波，正锐波；自发性奇异高频放电。小部分患者表现为神经源性损害，可能肌膜易激惹性增高所致，并不代表一定是原发性神经源性病变，也可能是由于肌肉内神经小分支的受累或者肌纤维节段性坏死而导致部分正常的运动终板隔离而出现失神经性的改变。

5. 肌活检　近 90% 病例呈典型肌炎病理改变；光镜下 PM/DM 的病理表现主要有：肌纤维变性，萎缩，灶性或散在性肌纤维坏死；肌膜核增多及核内移。肌纤维再生，间质结缔组织增多；炎性细胞浸润。伴或不伴有吞噬现象。PM 主要表现为散在肌纤维萎缩，束内散在或灶性坏死。DM 以束周萎缩多见，束边灶性坏死，炎性浸润在 PM 组表现为肌内膜炎，而 DM 以肌束周间质血管炎更为多见。电镜下的超微结构主要表现为：激活的淋巴细胞浸润，肌丝坏死溶解，吞噬现象，肌纤维内线粒体、糖原颗粒、脂滴明显增多。PM 的毛细血管改变轻微，而 DM 毛细血管改变较明显，主要有微管网状结构病变、内皮细胞浆膜消失、胞浆内异常细胞器等。免疫病理学检查有利于进一步诊断。另外，部分病例肌活检呈非典型变化，甚至正常。

【诊断和鉴别诊断】

1. 诊断　由于本病缺乏特异性体征和检查，应根据病史、临床表现、辅助检查并除外其他疾病进行诊断。关于 PM/DM 的诊断有几种标准，如 Bohan 标准、世界卫生组织（WHO）诊断标准和日本厚生省的诊断标准等。总结起来有如下五条：①典型对称性四肢近端肌无力；②肌酶谱升高；③肌电图示肌源性损害；④肌活检异常；⑤特征性皮肤改变。以上 5 条全具备为典型 DM。仅具备前 4 条为 PM。前 4 条具备 2 条加皮疹为"很可能 DM"。具备前 4 条中 3 条为"很可能 PM"。前 4 条中 1 条加皮疹为"可能 DM"。仅具备前 4 条中 2 条者为"可能 PM"。

2. **鉴别诊断** 本病需与以下疾病鉴别：

(1) 运动神经元病：肌无力从肢体远端开始，进行性肌萎缩，无肌痛，肌电图为神经源性损害。

(2) 重症肌无力：为全身弥漫性肌无力，在进行性持久或反复运动后肌力明显下降，血清肌酶、肌活检正常，血清抗乙酰胆碱受体（AchR）抗体阳性，新斯的明试验有助诊断。

(3) 肌营养不良症：肌无力从肢体远端开始，无肌压痛，有遗传家族史。

(4) 风湿性多肌痛：发病年龄常大于 50 岁，表现为颈、肩胛带及骨盆带等近端肌群疼痛、乏力及僵硬，血沉可增快，肌酶、肌电图及肌肉活检正常，糖皮质激素治疗有明显疗效。

(5) 感染性肌病：肌病与病毒、细菌、寄生虫感染相关，表现为感染后出现肌痛、肌无力。

(6) 内分泌异常所致肌病：甲状腺功能亢进引起的周期性瘫痪，以双下肢乏力多见，为对称性，伴肌痛，活动后加重，发作时出现低血钾，补钾后肌肉症状缓解；甲状腺功能减退所致肌病，主要表现为肌无力，也可出现进行性肌萎缩，常见为嚼肌、胸锁乳突肌、股四头肌及手的肌肉，肌肉收缩后弛缓延长，握拳后放松缓慢。

(7) 代谢性肌病：PM 还应与线粒体病、嘌呤代谢紊乱、脂代谢紊乱和碳水化合物代谢紊乱等肌病相鉴别。

(8) 其他：还应与药物所致肌病鉴别，如大剂量激素长期使用所致肌病，肌痛从下肢开始，肌酶正常；青霉胺长期使用引起的重症肌无力等；乙醇、氯喹或 HCQ、可卡因、秋水仙碱等均可引起中毒性肌病。

【治疗】

炎症性肌病的治疗应遵循个体化原则，治疗开始前应对患者的临床表现进行全面评估。一般来说，PM 对治疗反应较差；DM 的治疗反应较好，肌力可恢复，复发少；与其他结缔组织病伴发的肌炎对治疗反应很好，肌力恢复快，较少复发；包涵体肌炎对治疗反应相对较差。治疗方案的制订应根据患者的病史、主诉、体征及辅助检查进行综合考虑。一般而言，治疗开始得越早，治疗效果越好。

1. **一般治疗** 急性期需卧床休息，但应早期进行被动运动和功能训练，随着肌炎好转，应逐渐增加运动量，以促进肌力恢复。给以高热量、高蛋白饮食，避免感染。DM 患者避光或防光，因为紫外线可加重皮损。

2. **药物治疗**

(1) 糖皮质激素：糖皮质激素是治疗炎症性肌病的基础用药。在初发 2 个月内进行激素治疗，疗效最好。所以在疾病的早期或急性期主张大剂量应用，以尽早控制病情。含氟皮质激素如地塞米松易引起激素性肌炎，不宜使用。通常成人开始剂量为泼尼松 1～2mg/（kg·d）。轻者可早晨一次口服，重者可分 3 次口服。4～6 周或更长时间肌力改善和肌酶降至正常水平时方可递减激素。起初每 1～2 周减 5mg。减至 30mg 时，每 1～2 周减 2.5mg。减至 15mg 时，每 2～4 周减 1.25mg。总的原则是先快后慢，先多后少。每次减量前，都应根据患者的主诉、体征和化验对患者进行评估。一般疗程 2 年以上，最后可停药。部分患者停药后复发，需重新治疗；如 5 年不复发，则复发可能性很小。对伴有严重的并发症，如严重吞咽困难、心肌受累或急性肺泡炎的患者，可采用甲泼尼龙每日 800～1000mg，静脉滴注，连用 3 天的冲击治疗。接着改用泼尼松 80mg/d，维持治疗，以后减量程序同口服。

糖皮质激素可引起骨质疏松，长期大剂量者可引起股骨头坏死及压缩性骨折，应辅以钙和维生素 D；必要时给予降钙素治疗；对有糖尿病的患者，服用糖皮质激素易加重高血糖，因而应监测血糖，尽早应用免疫抑制剂，以减少激素用量。对于合并感染的患者应积极抗感染治疗，但一般不主张用抗生素长期预防感染。

如患者在激素治疗过程中，激素未减量而病情突然加重，应考虑以下原因：

1) 病情加重，治疗过程中由于感染等因素往往会使病情出现反复，一般会同时伴有肌酶的升高。

2) 激素性肌病，特别是用含氟的糖皮质激素时更容易发生，因此 DM 患者应避免使用含氟的激素如地塞米松等。

3) 低钾血症，大剂量糖皮质激素可能会导致低钾，可同时伴有腹胀等症状，应定期查血钾，心电图检查也可提示诊断。

4) 大剂量糖皮质激素导致分解代谢增强而蛋白摄入不足时，也可能导致肌力减退。

约 1/3 病例对糖皮质激素治疗效应不佳。已消瘦且肌肉挛缩的患者应用激素无效。在大多数患者，疾病活动期为 2～3 年，需维持治疗以防止复发。激素治疗失败的病例大多因为停药过早，没有维持治疗，或因激素副作用大，被迫停药，或因诊断不正确。

(2) 免疫抑制剂：对于激素治疗无效的病例，或虽对激素治疗有效，但因副作用较大不能耐受的病例，以及激素减量易复发的病例，应考虑加用免疫抑制剂，其中常用的为 MTX、CTX 和 AZA。对于严重病例主张早期应用免疫抑制剂与糖皮质激素联合治疗。这样可以增进疗效，减少复发，还能减少激素用量，从而减轻激素的副作用。

1) 甲氨蝶呤 (methotrexate)：MTX 用于肌炎的治疗已有近 50 年的经验，剂量为成人每周 10～15mg 口服或加生理盐水 20ml，静脉缓慢推注，口服与静脉注射有同样的疗效。若无不良反应可逐渐加量至最大剂量每周 30mg。待病情平稳后，根据患者情况，剂量可酌减，维持用药数月至数年，过早停药，可引起复发。MTX 也可以应用于儿童。MTX 与糖皮质激素的联合用药，可使肌力、肌酶得到明显改善，还可减少激素的用量，从而减轻其副作用，因而一般提倡早期应用。

MTX 的不良反应较少，主要包括恶心、呕吐、转氨酶升高、黏膜溃疡、骨髓抑制、肝、肺纤维化等。在用药期间，应了解肝功能、血常规等有关情况，至于已有轻度肺间质纤维化，再用 MTX 治疗会不会加重肺间质纤维化，目前尚无定论。

2) CTX：CTX 治疗肌炎尚存在争议。国内使用 CTX 治疗 PM/DM 较多。对 MTX 不能耐受或不满意者可改用 CTX 50～100mg/d 口服，亦多与泼尼松联合应用，剂量为 1～2mg/（kg·d），口服，对重症者，可以 0.8～1g 静脉冲击治疗。研究表明对伴有神经系统改变的患者应用 CTX 可取得一定疗效。不良反应主要有骨髓抑制、血细胞减少、出血性膀胱炎、卵巢毒性、诱发恶性肿瘤等。用药期间，需监测血常规，肝功能等。

3) 硫唑嘌呤 (azathioprine)：AZA 是嘌呤的拟似物，在体内转化为有活性的 6-巯基嘌呤而起抑制核酸合成的作用。它可抑制 T 细胞和 B 细胞功能，并使淋巴细胞减少，与糖皮质激素联合用药，疗效明显优于单用激素，且可减少激素的剂量。但该药起效慢，一般都在 3 个月后。通常剂量为 1.5～2.5mg/（kg·d），每日最大剂量为 150mg。主要不良反应有骨髓抑制，胃肠道反应和转氨酶升高等。

4) 环孢素 A（CSA）：用于难治性患者。主要用于治疗抵抗患者，几周内疗效显著。不良反应要密切注意其高血压及肾毒性作用。

5) 氯喹：对 DM 皮损有一定疗效，应注意视网膜毒性。

3. 其他治疗　对激素和免疫抑制剂治疗都无效及病情特重者可施行血浆置换疗法。其机制为能迅速清除血内大量存在的抗体等物质而快速改善病情。值得注意的是为防反跳常同时合用免疫抑制。此外，IVIG 治疗炎性肌病的报道越来越多，目前认为其作用机制可能与抑制自身抗体产生，结合抗原，抑制免疫细胞功能，抑制 TNF-α 有关。临床显示它对 DM 有效，对改善 PM 的肌力有一定作用，但有心、肾功能不全、高凝状态患者慎用。

【预后】

PM/DM 的 5 年生存率为 70%～80%，多数患者呈慢性渐进性病程，预后较好，2～3 年逐渐趋向恢复。病变程度严重、有重要脏器受累、反复发作或迁延不愈、激素抵抗及合并肿瘤的 PM/DM 患者预后差，而合并其他结缔组织病者预后较好。患者多死于肺部感染、肺纤维化和心肌病变。

第六章　干燥综合征

干燥综合征（Sjogren's syndrome，SS）又名自身免疫性外分泌腺体上皮细胞炎或自身免疫性外分泌腺病，是一个主要累及外分泌腺体的慢性炎症性自身免疫病。临床上除因唾液腺和泪腺受损出现口干、眼干外，尚有其他外分泌腺体及器官受累的多系统损害症状。血清学特点是有多种自身抗体和高免疫球蛋白血症。SS分为原发性和继发性两类。原发性干燥综合征（primary Sjogren's syndrome，pSS）指不具另一诊断明确的结缔组织病的SS。继发性SS是指发生于另一诊断明确的弥漫性结缔组织病的SS，如继发于SLE、RA、系统性硬化症等。本节主要叙述pSS。pSS在我国人群的患病率为0.3%～0.7%，在老年人群中患病率为3%～4%，女性患者明显多于男性。

【病因和发病机制】

pSS的病因至今不清，一般认为是在某些遗传背景基础上，在各种外界因素作用下，导致机体细胞免疫和体液免疫的异常反应，通过各种细胞因子和炎症介质造成组织损伤。

1. 遗传因素　流行病学调查显示pSS具有家族聚集倾向，遗传学研究显示pSS患者HLA-B8、DR3、DRw52基因的阳性率显著高于正常人。

2. 感染因素　病毒感染可能诱发本病，目前认为EB病毒、丙型肝炎病毒、反转录病毒（如HIV病毒、人类T淋巴细胞白血病病毒）与此病相关。研究证实EB病毒能刺激B细胞增生及产生免疫球蛋白，并在pSS患者的唾液腺、泪腺、肾标本上检测出EB病毒及其DNA基因。另外部分艾滋病患者可出现SS的表现。感染过程中病毒通过分子交叉模拟，使易感人群或其组织隐蔽抗原暴露而成为自身抗原，诱发自身免疫反应。T、B淋巴细胞增殖，后者活化为浆细胞，产生大量免疫球蛋白及自身抗体，使唾液腺和泪腺等组织发生炎症和破坏性病变。

3. 内分泌因素　雌激素能活化B淋巴细胞，增加血清催乳素水平，参与免疫反应。雌激素水平的升高可能与本病有关。

【病理】

SS主要累及柱状上皮细胞构成的外分泌腺。以唾液腺和泪腺的病变为代表，病理特点为腺体间质中有大量淋巴细胞浸润、腺体导管管腔扩张和狭窄等，小唾液腺的上皮细胞则有破坏和萎缩，功能受到严重损害。类似病变亦可累及其他系统的外分泌腺体，如皮肤、呼吸道黏膜、胃肠道黏膜、阴道黏膜以及内脏器官具有外分泌腺体结构的组织，包括肾小管、胆小管、胰腺管等。

血管炎也是本病的一个基本病变，包括小血管壁或血管周围炎症细胞浸润，有时管腔出现栓塞，局部组织供血不足。

上述两种病变尤其是外分泌腺体炎症是造成本病特异性临床表现的基础。

【临床表现】

pSS最常见于中老年女性，大多起病隐匿，进展缓慢。口眼干燥是最常见的首发症状，也有少数患者早期仅表现为疲劳、乏力等非特异性症状，内脏病变程度轻且不特异，容易误诊或漏诊。

1. 外分泌腺体表现

（1）浅表外分泌腺病变

1）口干燥症：70%～80%患者有口干，但不一定都是首发症状，严重者因口腔黏膜、牙齿和舌发黏以致不论白天黑夜，均需频频饮水，进固体食物时必须伴水或流食送下等。由于唾液减少，半数以上患者出现多个不易控制的龋齿，先是牙齿逐渐变黑，继而小片脱落，牙龋洞迅速扩大致无法修补，最终牙脱落只剩残根，称为"猖獗性龋齿"，是本病的特征之一。腮腺或颌下腺反复、双侧交替肿大，伴有疼痛和压痛，有时还有发热。对部分有腮腺持续性肿大者应警惕有恶性淋巴瘤的可能。舌受累后出现舌干、舌痛、皲裂、舌乳头萎缩，口腔黏膜易出现溃疡或继发感染。

2）干燥性角结膜炎：因泪腺分泌的黏蛋白减少而出现眼干涩、异物感、泪少等症状，严重者哭时无泪。部分患者有眼睑缘反复化脓性感染、结膜炎、角膜炎等。

3）皮肤汗腺、鼻黏膜腺体、阴道腺体等局部外分泌腺体，都可能遭受破坏而出现分泌功能下降的症状。

（2）内脏外分泌腺病变

1）呼吸系统：患者鼻腔干燥、无鼻涕、咽部干燥、声音嘶哑、干咳、无痰或痰不易咯出，易并发气管炎、支气管炎、支气管肺炎、纤维性肺泡炎、间质性肺炎、肺不张、胸膜炎。pSS患者以肺部间质性病变为主，60%~70%患者肺功能异常，40%患者的肺X线片显示肺间质病变。重者出现咳嗽、呼吸困难，少数患者可因呼吸衰竭死亡。

2）消化系统：胃肠道可以出现萎缩性胃炎、胃酸减少、消化不良等非特异性症状。肝脏的胆汁分泌与排泄也属于外分泌系统，因此同唾液腺、泪腺等其他外分泌腺相同为自身免疫反应的靶器官。肝脏损害也不少见，肝功能损害临床谱从黄疸到无临床症状不等。部分患者合并自身免疫性肝病，其中以原发性胆汁性肝硬化（primary biliary cirrhosis，PBC）多见。PBC与SS的关系目前多有争论。一般认为与PBC伴发的SS为继发性SS，血清学阳性率低于pSS。慢性胰腺炎亦非罕见。

3）泌尿系统：国内报道30%~50%患者有肾损害，主要累及远端肾小管，表现为因Ⅰ型肾小管酸中毒而引起的低钾性麻痹，严重者出现肾钙化、肾结石、肾性骨软化症及为肾性尿崩症。通过氯化铵负荷试验可以看到约50%患者有亚临床型肾小管酸中毒，近端肾小管损害较少见。极少患者出现较明显的肾小球损害，临床表现为大量蛋白尿、低蛋白血症甚至肾功能不全。

2. 外分泌腺体外表现

（1）皮肤黏膜：病理基础为局部血管的受累，由于高球蛋白血症，可出现紫癜样皮疹，呈米粒大小、压之不褪色、边界清楚的红点，多见于下肢，分批出现，每批持续10天左右，自行消退，可遗留有色素沉着。少数患者可见结节红斑样皮疹、荨麻疹样皮疹、口腔溃疡、外阴溃疡及雷诺现象等。

（2）骨骼肌肉：约70%患者有关节痛，少部分出现关节炎。大小关节均可受累，对称或非对称性，极少出现关节畸形和功能障碍。小部分患者出现肌炎，有肌无力、肌酶谱升高和肌电图的改变。

（3）神经系统：5%的患者因血管炎累及神经系统，包括中枢神经系统和周围神经系统，周围神经受累较多。神经系统受损的表现多样，如癫痫样发作、精神症状及意识障碍、偏瘫、偏盲、共济失调、脑神经病变、麻木、疼痛、末梢感觉异常、腕管综合征及腱反射低下等。

（4）血液系统：本病可出现白细胞减少或/和血小板减少，血小板低下严重者可出现出血。本病发生淋巴瘤的危险性国外报道比正常人群高约44倍，当患者出现持续腮腺肿大、紫癜、白细胞减少、冷球蛋白血症及低C4水平提示可能发展为淋巴瘤。

【相关检查】

1. 一般检查 血常规可有白细胞、红细胞及血小板减少。90%患者血沉增快。尿常规pH值多次>6则有必要进一步检查有无肾小管酸中毒。

2. 免疫学检查

（1）高球蛋白血症：约有半数病例白蛋白减少和多株峰型球蛋白增高。三种免疫球蛋白都可升高，以IgG最明显。

（2）自身抗体：大多数ANA阳性，抗SSA抗体是本病中最常见的自身抗体，见于70%的患者；抗SSB抗体特异性最高，是本病的标记抗体，见于45%的患者。约75%患者RF阳性，常为IgM型。近年来国内外研究均证明，SS患者血清中存在抗α-胞衬蛋白（α-fodrin）抗体、抗胆碱能M_3型受体抗体，具有很高的特异性和较高的敏感性，被应用于可疑SS患者的诊断。

3. 泪腺检查

（1）Schirmer（滤纸）试验：用滤纸测定泪流量，以5mm×35mm滤纸，在5mm处折弯，放入下结膜囊内,5min后观察泪液湿润滤纸长度,正常人为>10mm/5min,≤5mm/5min即阳性。

(2) 角膜染色：用2%荧光素或1%刚果红或1%孟加拉玫瑰红溶液滴眼后即用生理盐水洗去,检查角膜和球结膜,双眼各自的染点>10个表示有损坏的角膜和结膜细胞,即阳性。

(3) 泪膜破碎时间（BUT）：正常人>10s,≤10s即阳性。

4. 唾液腺检查

(1) 唾液流率测定：以中空导管相连的小吸盘,以负压吸附于单侧腮腺导管开口处收集唾液,正常>0.5ml/min,即一侧腺体10min内分泌出唾液<5ml为阳性。

(2) 腮腺造影：用40%碘油造影,观察腺体形态、有无破坏与萎缩、造影剂在腮腺内停留时间、腮腺导管狭窄或扩张。异常者可见末端腺体造影剂外溢呈点状、球状的阴影。

(3) 唾液腺核素检查：腮腺同位素 ^{131} 碘或 ^{99m} 锝扫描,观察放射活性的分布情况,其排泌和浓集有无迟缓或降低,以了解分泌功能。唾腺吸收、浓聚、排出核素功能差即异常。

(4) 唇腺活检组织学检查：取表面正常,至少包含4个腺体小叶的唇腺活检。在4mm² 组织内有50个淋巴细胞聚集则称为一个灶,凡示有淋巴细胞灶≥1者为阳性。

【诊断和鉴别诊断】

1. 诊断　2002年SS国际分类（诊断）标准见表8-6-1,表8-6-2。

表8-6-1　SS分类标准的项目

Ⅰ.口腔症状：3项中有1项或1项以上
　1. 每日感口干持续3个月以上
　2. 成年后腮腺反复或持续肿大
　3. 吞咽干性食物时需用水帮助
Ⅱ.眼部症状：3项中有1项或1项以上
　1. 每日感到不能忍受的眼干持续3个月以上
　2. 有反复的砂子进眼或砂磨感觉
　3. 每日需用人工泪液3次或3次以上
Ⅲ.眼部体征：下述检查任1项或1项以上阳性
　1. Schirmer试验（+）（≤5mm/5min）
　2. 角膜染色（+）（≥4 van Bijsterveld计分法）
Ⅳ.组织学检查：下唇腺病理示淋巴细胞灶≥1（指4mm² 组织内至少有50个淋巴细胞聚集于唇腺间质者为一个灶）
Ⅴ.唾液腺受损：下述检查任1项或1项以上阳性
　1. 唾液流率（+）（≤1.5ml/15min）
　2. 腮腺造影（+）
　3. 唾液腺同位素检查（+）
Ⅵ.自身抗体：抗SSA或抗SSB（双扩散法）（+）

表8-6-2　上述项目的具体分类

1. 原发性SS：无任何潜在疾病的情况下,有下述2条则可诊断：
　(1) 符合表8-6-1中4条或4条以上,但必须含有条目Ⅳ（组织学检查）和/或条目Ⅵ（自身抗体）
　(2) 条目Ⅲ、Ⅳ、Ⅴ、Ⅵ 4条中任3条阳性
2. 继发性SS：有潜在的疾病（如任一结缔组织病）,而符合表8-6-1的Ⅰ和Ⅱ中任1条,同时符合条目Ⅲ、Ⅳ、Ⅴ中任2条
3. 必须除外：颈头面部放疗史,丙肝病毒感染,AIDS,淋巴瘤,结节病,移植物抗宿主疾病,抗乙酰胆碱药的应用（如阿托品、莨菪碱、溴丙胺太林、颠茄等）

2. 鉴别诊断

(1) SLE：SS多出现在中老年妇女，发热，尤其是高热的不多见，无蝶形红斑，口眼干明显，肾小管酸中毒为其常见而主要的肾受损表现，高球蛋白血症明显，可以出现高球蛋白血症性紫癜样皮疹，低补体血症少见，预后良好。

(2) RA：SS的关节炎症状远不如RA明显和严重，一般为非侵蚀性，极少有骨质破坏、畸形和功能受限。RA者很少出现抗SSA和抗SSB抗体。

(3) 非自身免疫病的口干，如老年性腺体功能下降、糖尿病性或药物性则有赖于病史及各个病的自身特点以鉴别。

【治疗】

本病目前尚无根治方法。治疗目的主要是改善症状，控制和延缓组织器官损害的进展，以及治疗继发性感染。

针对口眼干燥症，应嘱患者戒烟酒，保持口腔清洁，勤漱口，减少龋齿和口腔继发感染的可能。避免服用引起口眼干的抗胆碱能和抗组胺类的药物。人工替代品如人工泪液、人工唾液可以改善症状。有些眼膏也可用于保护角膜。M_3受体激动剂如匹罗卡品能刺激尚未破坏的腺体分泌，为新一代改善口、眼干的药物。肌肉、关节痛者可用非甾体抗炎药。肾小管酸中毒引起的低钾可采用静脉补钾，有的患者需终身服用，以防低血钾再次发生。多数患者低血钾纠正后可以正常生活和工作。系统损害者应按受损器官及严重程度而进行治疗。对合并有神经系统损害、肾小球肾炎、肺间质性病变、肝脏损害、肌炎、造血系统损害尤其是血小板降低等的患者则要给予糖皮质激素治疗，用法与SLE治疗相似。对于病情进展迅速、脏器损害严重者可合用免疫抑制剂如MTX、CTX、AZA、HCQ等。出现恶性淋巴瘤者宜积极、及时地进行联合化疗。

【预后】

本病进展缓慢，大多预后较好。内脏损害中出现中枢神经病变、进行性肺间质纤维化、肾功不全或伴恶性淋巴瘤者预后较差。

第七章 血管炎病

第一节 血管炎概论

血管炎（vasculitides）指因血管壁炎症和坏死而导致多系统损害的一组自身免疫病，分为原发性和继发性。继发性血管炎是指血管炎继发于另一确诊的疾病，包括感染、肿瘤、弥漫性结缔组织病如系统性红斑狼疮、干燥综合征、类风湿性关节炎等。原发性血管炎是指不合并有另一种已明确的疾病的系统性血管炎，即指本章所叙述的血管炎病。

【分类】

血管炎病的病因、发病机制不完全清楚，临床症状又多重叠，缺乏一致的病理改变，至今尚未有一个令人满意的分类。临床应用较多的是 1993 年 Chapel Hill 会议根据受累血管的大小对系统性血管炎进行的命名和分类，见表 8-7-1。

表 8-7-1 血管炎病分类

大血管血管炎	小血管血管炎
巨细胞（颞）动脉炎	Wegener 肉芽肿
大动脉炎	变应性肉芽肿血管炎
中血管血管炎	显微镜下多血管炎
结节性多动脉炎	过敏性紫癜
川崎病	原发性冷球蛋白血症血管炎
	皮肤白细胞破碎性血管炎

【病因和发病机制】

1. 病因　不完全清楚。有遗传基础、潜在免疫异常的易感者，通过环境中的微生物、毒素等促发血管炎的发生。部分病毒性肝炎患者除有肝病变外，尚有血管炎表现。结节性多动脉炎患者 10% 有乙型肝炎病毒感染，混合型冷球蛋白血症患者 80% 有丙型肝炎病毒感染。另外人免疫缺陷病毒（HIV）及巨细胞病毒（CMV）感染者亦可出现血管炎表现。60%～70% 的 Wegener 肉芽肿患者是金黄色葡萄球菌的带菌者。川崎病的发生可能与金黄色葡萄球菌和链球菌感染有关。各种微生物通过 T 淋巴细胞 Vβ 链基因促发 T、B 淋巴细胞活化而导致血管炎病。可以看出，不同的血管炎病有不同的遗传基础并与环境中不同微生物相关。

2. 发病机制　发病机制复杂，涉及炎症细胞、细胞因子、黏附分子、内皮细胞、抗体、补体多种成分。

（1）抗中性粒细胞胞浆抗体（antineutrophil cytoplasmic antibodies，ANCA）：ANCA 是第一个被证实与血管炎病相关的自身抗体。ANCA 的靶抗原为中性粒细胞胞浆内各种成分，包括丝氨酸蛋白酶 3（PR3）、髓过氧化物酶（MPO）、弹性蛋白酶、乳铁蛋白等，其中 PR3 和 MPO 是主要的靶抗原。ANCA 通过以下过程引起小血管的炎症：当中性粒细胞被外来或自身抗原攻击后，巨噬细胞所释放的细胞因子（TNF、IL-1）将其胞浆内的靶抗原（PR3、MPO）转移到细胞膜表面，部分被中性粒细胞释放到细胞外，在黏附分子作用下附着于血管内皮细胞的表面，而形成的 ANCA 与之相结合，导致中性粒细胞脱颗粒、出现反应性氧分子、释放蛋白溶解酶等过程，使局部血管受到损害。因此，ANCA 除了是诊断小血管炎的标记外，尚参与了血管炎的发病。

(2) 抗内皮细胞抗体（anti-endothelial cell antibody，AECA）：AECA 出现在多种血管炎病，如大动脉炎、川崎病、Wegener 肉芽肿、显微镜下多血管炎等。它通过补体途径或抗体介导的细胞毒反应，导致内皮细胞持续或进一步的损伤。

(3) 免疫复合物：免疫复合物并非导致组织损伤的直接原因，而是始动因素。相关的抗原抗体免疫复合物在血管壁的沉积引起炎症反应，如冷球蛋白血症、过敏性紫癜等。

【病理】

血管炎的基本病理改变是：血管壁各种炎细胞浸润，包括中性粒细胞、淋巴细胞、巨噬细胞等。除变应性肉芽肿性血管炎外，嗜酸性粒细胞浸润很少见。管壁的弹力层和平滑肌层受损形成动脉瘤和血管的扩张，这种病变见于累及带肌层动脉的血管炎病。管壁各层纤维素样增生和内皮细胞增生可造成血管腔狭窄。各种血管炎病血管病理改变有重叠性。上述病理改变往往不出现在所有同样大小的血管，即使在同一受累的血管，其病变也常呈节段性，这些都影响了病理活检的诊断价值。免疫荧光检查可为诊断提供一定的帮助。在血管炎病的肾损害，其肾组织很少有免疫球蛋白和（或）补体沉积，故在免疫荧光检查时不出现荧光阳性的结果。

【临床表现】

血管炎病的临床表现复杂多样且无特异性，主要取决于受累血管的类型、分布和病变性质。起病可隐匿或急剧，病情轻重亦不相同。较常见的表现有发热、多系统损害，尤其是肾损害、肺损害、肢体或脏器缺血或淤血的表现、皮肤紫癜或结节性坏死性皮疹、多发性单神经炎、关节肌肉疼痛等。各种血管炎临床表现差异极大，并可互相重叠。各种血管炎的特异性表现见以下各节。

【相关检查】

1. ANCA 临床测定 ANCA 的方法有两种：一为间接免疫荧光法（indirect immunofluorescence，IIF），另一为酶联免疫吸附试验（enzyme linked immunosorbent assay，ELISA）。前者如中性粒细胞胞浆呈荧光阳性则称为 cANCA 阳性，如中性粒细胞的细胞核周围呈荧光阳性，则为 pANCA 阳性。cANCA 阳性者在 ELISA 法测定时往往呈 PR3 抗体阳性，即 PR3-ANCA 阳性。pANCA 阳性者以 ELISA 法测定时往往呈 MPO 抗体阳性，即 MPO-ANCA 阳性。另有部分 IIF-ANCA 阳性，但 ELISA 法阴性，则为非 PR3、非 MPO 抗体，有可能是针对胞浆中的其他成分。结合临床表现，IIF 法的血清 ANCA 阳性有利于血管炎的诊断。在 ANCA 阳性中约 75% 为 pANCA。cANCA 阳性多见于 Wegener 肉芽肿的急性期和复发活动期，通过进一步的检测，Wegener 肉芽肿 65%~70% 呈抗 PR3 抗体阳性。pANCA 特异性较差，经 ELISA 法鉴定抗 MPO 抗体阳性占优势，其中约 40% 的抗 MPO 抗体阳性者符合显微镜下多血管炎诊断，另有约 40% 为其他疾病如溃疡性结肠炎、SLE、SS、RA 等。另有 60% 以上 IIF 法 ANCA 阳性，但不论抗 PR3 或 MPO 抗体均为阴性。由此可见，ANCA 阳性者进一步测定 PR3 抗体和 MPO 抗体有助于小血管炎的诊断和鉴别诊断。在中、大血管炎中极少有 ANCA 阳性者。Wegener 肉芽肿、显微镜下多血管炎、变应性肉芽肿血管炎统称为 ANCA 相关性血管炎。

2. AECA AECA 参与多种疾病的发病，尤以与血管炎的关系密切。在 Wegener 肉芽肿中，AECA 滴度的消长与疾病活动性相关；在川崎病中，AECA 可作为标记抗体，具有诊断意义，而且其滴度与病情的活动亦成正相关。AECA 具有多种检测方法，现在临床多使用 ELISA 检测 AECA 的 IgM 抗体。

3. 病理 受累组织的活检是血管炎得以确诊的金标准之一。在病理标本中能找到血管壁或周围炎症性改变及特点：如受累血管大小、种类；血管病理性质：肉芽肿样、坏死性、栓塞性等；免疫荧光镜检所示管壁免疫复合物种类，这些对血管炎的鉴别诊断也有极大帮助。然而，未见阳性发现的组织活检不能排除血管炎的可能。

4. 血管造影 对大、中血管病变者有极大帮助，如大动脉炎和 GCA。除诊断外，此法尚是了解病变范围最确切可靠的方法。肠系膜动脉或其他中动脉的动脉瘤等血管炎的特征对诊断结节性多动脉炎可提供有力的证据。

5. **血管彩色多普勒** 是一种非创伤性检查，宜于检查较浅表血管管腔的狭窄和管壁状况，且可在病程中进行随诊、比较。其不足之处是其准确性不如血管造影，且与检查者的经验有关。

【诊断】

血管炎病诊断较困难，需根据临床表现、实验室检查、病理活检及影像学资料等综合判断，以确定血管炎的类型及病变范围。

【治疗】

血管炎的治疗原则是早期诊断、早期治疗。糖皮质激素是血管炎病的基础治疗，其剂量及用法因血管炎病变部位而异。凡有肾、肺、心脏及其他重要内脏受累者，则除糖皮质激素外，及早加用免疫抑制剂。免疫抑制剂中最常用的为CTX，疗效较明确，唯不良反应多且严重，应用过程中必须密切随诊患者的血常规、肝功能、性腺功能等。其他常用免疫抑制剂有MTX、环孢素等。急性期和危重者可进行血浆置换、IVIG。与感染有关的血管炎，如乙型肝炎病毒相关的结节性多动脉炎宜积极治疗乙型病毒性肝炎。

血管炎病病程呈复发与缓解交替，因此治疗要根据不同病期进行调整。

【预后】

血管炎病的预后与受累血管大小、种类、部位有关。重要器官的小动脉或微动脉受累者预后差。早期诊治是改善预后的关键。

第二节 大 动 脉 炎

大动脉炎（Takayasu arteritis，TA）是指累及主动脉及其主要分支的慢性非特异性炎症引起的不同部位动脉狭窄或闭塞，少数也可引起动脉扩张或动脉瘤，出现相应部位缺血表现。历史上有不同的病名描述本病，如无脉症、主动脉弓综合征、高安病等。

本病好发于亚洲、中东地区，西欧与北美少见。发病年龄多为5～45岁，平均年龄为22岁，约90%患者在30岁以内发病。多见于年轻女性，男女之比日本为1∶9.4，中国则为1∶3.2。

本病病因未明，多认为与遗传因素、内分泌异常、感染（链球菌、结核分枝杆菌、病毒等）后机体发生免疫功能紊乱以及细胞因子的炎症反应有关。

【病理】

基本病变呈急性渗出、慢性非特异性炎症和肉芽肿表现。主要累及弹力动脉，如主动脉及其主要分支、肺动脉、冠状动脉等。约84%患者病变侵及2支以上动脉，以主动脉分支起始部较显著，从动脉中层及外膜开始波及内膜的全层动脉壁病变，呈节段性而不规则的增生和纤维化，受累动脉管腔有不同程度狭窄或闭塞，偶尔合并血栓形成。部分动脉壁弹力纤维和平滑肌断裂，动脉壁变薄，使该处动脉局限性扩张或形成动脉瘤。

【临床表现】

起病时可有周身不适、易疲劳、发热、食欲不振、多汗、体重下降等全身症状和血管狭窄或闭塞后导致的组织或器官缺血症状。根据受累动脉的不同，临床常见类型如下：

1. **头臂动脉型（主动脉弓综合征）** 颈动脉和椎动脉狭窄引起头部不同程度缺血，表现为头晕、眩晕、头痛、视物昏花、咀嚼无力等，患者可反复晕厥、抽搐、失语、偏瘫。上肢缺血可出现单侧或双侧上肢无力、发凉、酸痛、麻木。体格检查可发现颈动脉、桡动脉、肱动脉搏动减弱或消失，颈部、锁骨上、下窝可闻及血管杂音。患侧上肢动脉血压低于健侧10mmHg以上。

2. **胸腹主动脉型** 由于下肢缺血出现双下肢无力、发凉、酸痛、易疲劳和间歇性跛行等。肾动脉开口处狭窄，因肾缺血而出现高血压、头痛、头晕。体格检查可于背部、腹部闻及血管杂音，下肢血压＜上肢血压。

3. 广泛型　具有上述两种类型的表现与相应体征。

4. 肺动脉型　上述三型约50%病例可同时合并肺动脉受累，尚未见单纯肺动脉受累者。临床可见心悸、气短，肺动脉瓣区可闻及杂音和第二音亢进，晚期可并发肺动脉高压。

5. 其他　累及冠状动脉开口处，可出现心绞痛，甚至心肌梗死。累及肠系膜动脉可有腹痛等腹部症状。

【辅助检查】

1. 实验室检查　可见血沉快，C反应蛋白增高，ASO增高，血常规白细胞高等，但特异性差。血清AECA及抗主动脉抗体阳性对诊断有一定帮助。

2. 胸部X线检查　可见轻度左心室扩大，升主动脉扩张、膨隆，降主动脉内收、不光滑等。

3. 眼底检查　眼组织对缺血反应敏感，因血管狭窄头部供血减少，可出现各种眼部症状，尤其眼底变化最多见，如视网膜脉络膜炎，视网膜、玻璃体出血，甚至可见典型高安病眼底改变（视神经乳头周围动静脉花冠状吻合）。

4. 彩色多普勒超声　可探及主动脉及其主要分支狭窄、闭塞或瘤样扩张及血流速度改变等。

5. 血管造影　可作动脉造影、数字减影血管造影（DSA）、磁共振血管成像（MRA）等检查以确定血管病变部位与程度。

【诊断】

典型病例诊断不难，凡年轻女性具有下列表现一种以上者应怀疑本病：①单侧或双侧肢体出现缺血症状，伴患侧动脉搏动减弱或消失，血压降低或测不出；②脑动脉缺血症状，伴单侧或双侧颈动脉搏动减弱或消失，颈部闻及血管杂音；③近期发生高血压或顽固性高血压，伴有腹部血管杂音（肾动脉周围）；④不明原因低热，伴血管杂音及四肢脉搏异常；⑤典型高安病眼底改变。凡具有上述一条或一条以上者应做相应的辅助检查以明确诊断。

1990年美国风湿病学会（ACR）关于大动脉炎分类标准如下：①发病年龄≤40岁；②肢体间歇性跛行；③一侧或双侧肱动脉搏动减弱；④双上肢收缩压差＞10mmHg；⑤一侧或双侧锁骨下动脉或腹主动脉区闻及血管杂音；⑥动脉造影异常。符合上述6条中3条者可诊断本病，但需除外先天性主动脉狭窄、肾动脉纤维肌性发育不良（fibromuscular dysplasia，FMD）、动脉粥样硬化、血栓闭塞性脉管炎、贝赫切特病、结节性多动脉炎及胸廓出口综合征。

【治疗】

如有感染积极控制感染。对活动期患者可用泼尼松龙15~60mg/d，病情好转后递减，直至病情稳定，5~15mg/d维持。对糖皮质激素疗效不佳者可与免疫抑制剂合用，常用MTX，每周1次口服或静注5~20mg。其次还可选用CTX、AZA、雷公藤总苷等。对静止期患者，因重要血管狭窄、闭塞，影响脏器供血可考虑手术治疗，如介入治疗、人工血管重建术、内膜血栓清除术、肾切除术、血管搭桥术等。对症治疗可用周围血管扩张药、改善微循环药物、抗血小板药物、降压药等。

【预后】

本病多缓慢起病，受累动脉易形成侧支循环，因此只要不累及重要脏器供血，多数患者预后良好。5年生存率为93.8%，10年生存率为90.9%，常见死亡原因为脑出血，其次为手术并发症、肾衰竭及心力衰竭。

第三节　巨细胞动脉炎

巨细胞动脉炎（giant cell arteritis，GCA）又称颞动脉炎（temporal arteritis），是一种病因未明的中动脉与大动脉血管炎，常累及一个或多个颈动脉分支，尤其是颞动脉，典型表现呈颞侧头痛、间歇性下颌运动障碍和视力障碍三联征。本病多见于老年人，50岁以上人群发病率从0.49/10万人到27.3/10万人，患病率地区性差异甚大，以北欧和美国明尼苏达州的奥姆斯特德地区发病率最高。女性发病明显高于男性,约为(2~4):1。GCA 多合并风湿性多肌痛(polymyalgia rheumatica, PMR),是西方老年人最常见的血管炎病。PMR 年发病率为 52.5/10 万人,我国有关本病报道不多,可能与漏诊有关。

【病理】

GCA 主要受累血管为起源于主动脉弓的分支动脉,颞浅动脉最常受累,其次是椎动脉、眼动脉及后睫状动脉,病理改变为肉芽肿性动脉炎,可见到血管壁全层的白细胞浸润,一般呈节段性或斑片状分布,常有内膜增生和内弹力层断裂。于中层与内膜交界处可见巨细胞,病变血管可见血栓形成,致使血管腔狭窄闭合。

【临床表现】

GCA 发病年龄在 50 岁以上,起病多缓慢,偶有突然发病,全身症状类似"流感",可有发热、全身不适、疲劳、关节肌肉疼痛、体重减轻等。70% 患者表现为特异性头痛,累及一侧或双侧颞部,伴头皮触痛,局部可有红斑,颞浅动脉增粗变硬,呈结节状,有压痛,偶尔枕后、颜面及耳后动脉亦可受累。30% 患者有头颈动脉缺血症状,表现为视力障碍、复视、眼肌麻痹,甚至失明、听力减退、眩晕、颞颌部间歇性运动障碍(长时间咀嚼或谈话时,患侧颞颌部明显疼痛、无力,休息后可消失)。15% 患者主动脉弓及其分支受累,可出现上肢缺血表现,出现麻木、无力、脉弱或无脉,血压降低或测不清,双上肢血压不等,颈部及锁骨上、下窝可闻及血管杂音。40%~60% 患者伴有风湿性多肌痛(PMR)。PMR 临床表现为颈部、肩胛带、骨盆带肌肉酸痛和晨僵,但肌压痛及肌力减弱不显著,肌活检、肌酶谱、肌电图均正常,有别于多发性肌炎。

【实验室检查】

血沉明显增快,可有贫血,C 反应蛋白、血清 IgG 和补体水平可升高。

【诊断】

50 岁以上老年人一侧或双侧颞部头痛,颞浅动脉搏动减弱或消失,动脉增粗、变硬,活检为肉芽肿性动脉炎可确诊 GCA。ACR 1990 年关于 GCA 分类的诊断标准为:①发病年龄≥50 岁;②新近出现的头痛;③颞动脉有压痛,搏动减弱(非因动脉粥样硬化);④血沉≥50mm/h;⑤颞动脉活检示血管炎,表现以单个核细胞为主的浸润或肉芽肿性炎症,并且常有多核巨细胞。具备 3 条即可诊断 GCA。

【治疗与预后】

本病对糖皮质激素反应十分敏感,泼尼松龙 40~60mg/d,1 周内症状可消失,1 个月后逐渐减量到 7.5~10mg/d,维持 1~2 年,大多数患者可完全缓解。本病预后良好。但激素减量过快易复发,有激素抵抗者可合并应用免疫抑制剂(如 MTX、CTX、AZA 等)。

第四节 结节性多动脉炎

结节性多动脉炎(polyarteritis nodosa,PAN)是一种累及中、小动脉的坏死性血管炎。迄今病因与发病机制不清,是一少见疾病。结节性多动脉炎可累及人体任何器官,但以皮肤、关节、外周神经、胃肠道和肾血管受累最为常见。

【病理】

一般表现为中、小动脉的局灶性全层坏死性血管炎,病变好发于血管分叉处。机体任何部位动脉均可受累,但却很少累及肺和脾动脉。急性期血管炎症损伤的特点主要表现为纤维素样坏死和多种炎症细胞浸润。正常血管壁结构被完全破坏,同时可见动脉瘤和血栓形成。

【临床表现】

结节性多动脉炎的临床表现多种多样,有的只表现为轻微的局限性病变,有的却表现为严重的全身多器官受损,并迅速恶化,甚至死亡。全身症状可有发热、疲劳不适,食欲不振,体重下降等。根据受累器官不同可出现相应的临床表现。皮肤表现约见于25%~52%患者,可有血管性紫癜、结节红斑样皮肤结节、网状青斑、远端指(趾)缺血或坏死及雷诺现象等。46%~63%患者可有关节炎或关节痛、肌痛和间歇性跛行。36%~72%患者有神经系统受累,以外周神经受累为主,偶有脑组织血管炎。外周神经炎表现为多发性单神经炎和多神经炎。根据受累的神经部位不同而出现不同症状,如肢体感觉异常、腕下垂、足下垂等。临床上有30%~60%患者出现不同程度的肾损害,常表现为较严重的高血压及轻到中度的氮质血症。可出现轻中度的蛋白尿和血尿,肾血管的病变可导致肾的多发性梗死,一般无肾小球肾炎表现,与显微镜下多血管炎肾损害不同。胃肠道损害常见腹痛、腹泻、恶心、呕吐、肠梗死和穿孔、胃肠道出血、肝功能异常等。心脏表现可有心脏扩大、心律失常、心绞痛,甚至可发生心肌梗死、心力衰竭。肺部很少受累。尸检发现80%的男性患者有附睾和睾丸受累,但临床表现睾丸疼痛和硬结肿胀者并不多见。

【辅助检查】

1. 实验室检查 一般无特异性,可见轻度贫血、白细胞轻度升高,尿液检查可见蛋白尿、血尿、管型尿,还可见血沉增快、C反应蛋白增高、白蛋白下降、球蛋白升高、ANCA阴性、部分病例HBsAg阳性。

2. 血管造影 常见有肾、肝、肠系膜及其他内脏器官的中、小动脉有微小动脉瘤形成和节段性狭窄。

3. 病理 在临床或动脉造影可疑病变部位进行病理活检,有助于诊断。

【诊断】

结节性多动脉炎初始临床表现各不相同,又缺少特征性表现,早期不易确诊。因此发现可疑病例应尽早做病理活检和血管造影,进行综合分析、诊断。1990年ACR分类标准见表8-7-2。在10项中有3项阳性者即可诊断为结节性多动脉炎。但在诊断时应排除其他结缔组织病并发的血管炎。

表8-7-2 ACR关于结节性多动脉炎的分类标准

标 准	定 义
1. 体重下降	病初即有,无节食或其他因素
2. 网状青斑	四肢或躯干呈斑点及网状斑
3. 睾丸痛或触痛	并非由于感染、外伤或其他因素所致
4. 肌痛、无力或下肢触痛	弥漫性肌痛(不包括肩部、骨盆带肌)或肌无力,或小腿肌肉压痛
5. 单神经炎或多发性神经炎	单神经炎、多发性单神经炎或多神经炎的出现
6. 舒张压≥90mmHg	出现舒张压≥90mmHg的高血压
7. 尿素氮或肌酐升高	血尿素氮≥14.3mmol/L,或血肌酐≥133μmol/L,非因脱水或阻塞所致
8. 乙型肝炎病毒	HBsAg阳性或HBsAb阳性
9. 动脉造影异常	显示内脏动脉闭塞或动脉瘤,除外其他原因引起
10. 中小动脉活检	血管壁有中性粒细胞或中性粒细胞、单核细胞浸润

【治疗】

糖皮质激素为治疗本病首选药物,泼尼松1.0mg/(kg·d),病情缓解后逐渐减量维持。对糖皮质激素抵抗者或属重症病例应联合使用CTX 2mg/(kg·d)口服或静脉大剂量冲击治疗。对有HBV感染者不宜用CTX,可用糖皮质激素合并抗病毒药阿糖腺苷与干扰素α治疗。

【预后】

结节性多动脉炎预后取决于是否有内脏和中枢神经系统的受累及病变严重程度。未经治疗者预后差,其5年生存率<15%,多数患者死亡发生于疾病的第一年,若能积极合理治疗10年生存率可达83%。

第五节 显微镜下多血管炎

显微镜下多血管炎（microscopic polyangiitis，MPA）是一种主要累及小血管（小动脉、微小静脉、微小动脉和毛细血管）的系统性血管炎，常见受累器官为肾与肺，无或很少有免疫复合物沉积于血管壁。

【病理】

MPA 在组织病理学上表现为以小动脉、微小动脉、微小静脉和毛细血管受累为主，但也可有中、小动脉受累。主要表现为局灶性坏死性的全层血管炎，病变部位可见纤维素样坏死和多种细胞（中性粒细胞、淋巴细胞、嗜酸性粒细胞）的浸润。肾的病变除有肾小血管的炎症改变外，主要表现为坏死性新月体肾小球肾炎，是其特征性改变之一，因无免疫复合物沉积而不同于 SLE 的肾病变。另一特征是肺毛细血管炎。

【临床表现】

本病平均发病年龄为 50 岁，男女之比为 1.8：1，多数患者有全身症状如发热、关节痛、肌痛、皮疹、乏力、食欲不振和体重下降。约 78% 患者有肾受累，特点为急性肾小球肾炎，表现为镜下血尿和红细胞管型尿、蛋白尿、不经治疗急剧恶化可出现肾功能不全。约 50% 患者肺受累，可见肺部浸润、结节等，表现为咯血，上呼吸道症状少见。有 57.6% 患者神经系统受累，最常累及腓神经、桡神经、尺神经等，表现为受累神经分布区麻木和疼痛，继之发生运动和感觉障碍。

【实验室检查】

血常规可见正细胞正色素性贫血、白细胞总数和中性粒细胞可正常或增高，血小板增高。尿液检查见有镜下血尿、各种管型及蛋白尿。肾功能异常很常见。急性期血沉增快，C 反应蛋白增高，C3、C4 正常。84.6% 的患者抗中性粒细胞胞浆抗体（ANCA）阳性，大部分为 pANCA 阳性，少部分为 cANCA 阳性。

【诊断】

本病尚无统一的诊断标准，对不明原因发热或肺受累、肾受累的中老年患者应考虑 MPA 的诊断，应尽早进行 ANCA 检查及肾组织活检，有利于早期诊断。

【治疗与预后】

一般应首选糖皮质激素及 CTX 的联合治疗，由于本病肾受累常见且严重，多主张大剂量糖皮质激素加 CTX 联合治疗。其他治疗包括大剂量静脉免疫球蛋白治疗、血浆置换、透析治疗等。本病预后取决于肾衰竭程度，文献报告 5 年生存率 38%～80%，引起死亡的主要原因为感染、肾衰竭和肺出血。

第六节 变应性肉芽肿血管炎

变应性肉芽肿血管炎是以过敏性哮喘、嗜酸性粒细胞增多、发热和全身性肉芽肿血管炎为特征的疾病，又称 Churg-Strauss 综合征（Churg-Strauss syndrome，CSS）。其病理学特点是坏死性血管炎，组织中有嗜酸性粒细胞浸润和结缔组织肉芽肿形成。本病较少见，确切患病率不清。

【临床表现】

可发生于任何年龄，平均发病年龄为 44 岁，男女之比为 1.3：1。疾病早期除发热、全身不适、体重减轻等全身症状外，较特异症状为呼吸道过敏反应（如过敏性鼻炎、鼻窦炎、支气管哮喘等）；其次为血管炎表现，如皮肤可见瘀斑、紫癜或溃疡；周围神经病变如单神经或多神经病变；腹部器官缺血或梗死所致腹痛、腹泻、腹部包块。胃肠道、尿道或前列腺可见嗜酸性粒细胞肉芽肿，肾损害较轻。

【实验室检查】

大部分患者均有外周血嗜酸性粒细胞增多,部分患者血清IgE升高,补体成分多正常,尿常规可有蛋白尿和红细胞管型。约2/3患者ANCA阳性,且多为pANCA。X线检查可见一过性片状或结节性肺浸润,或弥漫性间质性病变。病变组织活检多见坏死性微小肉芽肿,常伴有嗜酸性粒细胞浸润。

【诊断】

成人如出现变应性鼻炎和哮喘、嗜酸粒细胞增多及脏器受累者应考虑CSS的诊断。ACR1990年CSS分类标准为:①哮喘;②外周血嗜酸性粒细胞增多,>10%(白细胞分类);③单发性或多发性单神经病变或多神经病变;④游走性或一过性肺浸润;⑤鼻窦病变;⑥血管外嗜酸性粒细胞浸润。凡具备上述4条或4条以上者可诊断。应注意与结节性多动脉炎、超敏性血管炎、Wegener肉芽肿、慢性嗜酸粒细胞性肺炎等鉴别。

【治疗与预后】

治疗首选糖皮质激素。大剂量糖皮质激素1~2mg/(kg·d)的应用,使本病预后明显改善,5年生存率从25%上升至50%以上。病情较重或合并主要器官功能受损者可联合使用糖皮质激素和免疫抑制剂如CTX、AZA等。对重症患者可静脉注射甲泼尼龙0.5~1g/d,连用3~5天后改为泼尼松40~60mg/d口服8周左右,酌情减量,维持治疗。CSS主要死于充血性心力衰竭和心肌梗死。哮喘发作频繁及全身血管炎进展迅速者预后不佳。

第七节 韦格纳肉芽肿

韦格纳肉芽肿(Wegener肉芽肿,Wegener's granulomatosis,WG)是一种坏死性肉芽肿血管炎,病变累及全身小动脉、静脉及毛细血管,上、下呼吸道及肾最常受累。

本病病因未明,其发病率为每年0.4/10万人,任何年龄均可发病,30~50岁多见,男女比1.6:1,早期病变有时只限于上呼吸道某一局部,常易误诊。

【临床表现】

1. 早期表现 为全身性非特异性症状,如发热、全身不适、体重减轻、关节痛和肌痛等。

2. 特异性表现

(1) 上呼吸道:70%以上患者的上呼吸道最先受累,表现为慢性鼻炎、鼻窦炎,症状有鼻塞、鼻窦部疼痛、脓性或血性分泌物。病情加重时可见鼻咽部溃疡、鼻咽部骨与软骨破坏引起鼻中隔或软腭穿孔,甚至鞍鼻畸形。气管受累常导致气管狭窄。

(2) 肺部表现:肺病变见于70%~80%患者,可致咳嗽、咯血、胸痛和呼吸困难,约34%患者出现迁移性或多发性肺病变,X线检查可见中下肺野结节和浸润,有的呈空洞,20%可见胸腔积液,肺功检查示肺活量和弥散功能下降。

(3) 肾病变:约70%~80%患者在病程中出现不同程度的肾小球肾炎,常见的表现为血尿、蛋白尿、细胞管型,重者可因进行性肾病变导致肾衰竭。

(4) 其他表现:①眼病变(52%):眶部血管炎表现为结膜炎、角膜溃疡、巩膜炎、葡萄膜炎及视神经病变,15%~20%眼球突出;②可因咽鼓管阻塞致中耳炎,可见脓性分泌物,神经性耳聋和传导障碍;③皮肤病变(46%):可见紫癜、溃疡、疱疹和皮下结节;④心脏受累(8%):可见心包炎、心肌炎和冠状动脉炎;⑤病程中约25%~50%患者可出现神经系统损害,表现为单神经炎、末梢神经炎、癫痫发作或精神异常。

【相关检查】

1. 实验室检查 血沉增快、白细胞升高、轻度贫血等均为非特异性改变。在典型病例(上、下呼吸道肉芽肿血管炎伴肾小球肾炎),大约90%为cANCA阳性,而缺乏肾病变者其阳性率降至70%,病情缓解时cANCA滴度下降甚或转阴。其他血管炎及结缔组织病cANCA阳性率甚低,因此该抗体可作为本病诊断与治疗观察的重要参考指标。

2. 组织病理 鼻窦及鼻病变组织活检示坏死性肉芽肿和（或）血管炎。血管炎类型可多种多样，常呈节段性坏死性血管炎，病变累及小动脉、微小动脉、小静脉、毛细血管及其周围组织。肾活检示局灶性节段坏死性肾小球肾炎。皮肤活检示白细胞破碎性血管炎。

【诊断及鉴别诊断】

对临床表现有上、下呼吸道病变与肾小球肾炎三联征者，实验室检查 cANCA 阳性，组织病理检查呈坏死性肉芽肿炎者可确诊（表 8-7-3）。

表 8-7-3 美国风湿病学会 1990 年 Wegener 肉芽肿分类诊断标准

1. 鼻或口腔炎症	痛或无痛性口腔溃疡，脓性或血性鼻分泌物
2. 胸部 X 线异常	胸片示结节、固定浸润灶或空洞
3. 尿沉渣异常	镜下血尿（>5 个红细胞/HP），或红细胞管型
4. 病理	动脉壁、动脉周围或血管外部区域有肉芽肿炎症

注：有 2 项阳性即可诊断 Wegener 肉芽肿

但有时只有二联征或仅局限某一部位病变，组织病理不典型或不能进行活检时，则诊断有一定困难，常需与败血症，特别是真菌和分枝杆菌感染、淋巴瘤性肉芽肿、变应性肉芽肿血管炎、肺出血-肾炎综合征（Goodpasture syndrome）及中线恶性网状细胞增多症等鉴别。

【治疗与预后】

对轻型或局限型早期病例可单用糖皮质激素治疗，若疗效不佳应尽早使用 CTX。对有肾受累或下呼吸道病变者，开始治疗即应联合应用糖皮质激素与 CTX。泼尼松（龙）1~2mg/(kg·d)，至少用药 4 周，症状缓解后逐渐减量维持。对危重症可用大剂量甲泼尼龙冲击治疗。CTX 是治疗本病首选的免疫抑制剂，常用剂量为 2mg/(kg·d)，口服或静脉注射，多数患者需 CTX 和糖皮质激素联合治疗，可改善器官功能、延长生存期，对慢性活动患者可单用 CTX。对 CTX 不能耐受者可选用 MTX，每周一次，每次 15~25mg，维持至病情缓解。对上述治疗效果不佳者可试用环孢素、雷公藤总苷等。

本病早期诊断，合理治疗，使预后有了明显改观，80% 患者存活时间已超过 5 年，若延误诊断，未经合理治疗者，死亡率仍很高。

第八节 贝赫切特病

贝赫切特病（Behcet's disease, BD），也称为白塞病，是一种慢性病程、以多种症状反复发作为临床表现的系统性血管炎，可以同时或先后影响人体各器官，累及某些系统时，预后不良。由于患有该病时，口、眼、生殖器常被累及，也被称为"口-眼-生殖器三联征"，由土耳其医师 Behcet 首次系统描述该病。世界各地均有报道，但从地域分布看，多见于日本、中东及地中海一带，与古丝绸之路巧合，故亦有称"丝绸之路病"。发病率在各国乃至同一国家不同地区差别较大，为 0.3~10/10 万。

【病因及发病机制】

本病病因与发病机制不明。可能与遗传及感染因素有关。

【病理】

受累部位如皮肤黏膜、视网膜、消化道、肺、脑等部位可以见到血管炎改变，因所有口径的血管均可以受累，常被称为"全程血管炎"。

【临床表现】

1. 溃疡 包括口腔溃疡和生殖器溃疡。口腔溃疡几乎在所有患者中出现，并多为首发症状，每年至少发作 3 次，为唇、牙龈、颊黏膜、舌及咽等部位的痛性溃疡，单发或多发，亦可为疱疹样，可在1～2周自行愈合，一般不留瘢痕，但可反复发生。生殖器溃疡发生率为78%，男性位于阴囊、阴茎和环肛门周围区域，女性位于外阴、阴道口，一般比口腔溃疡更深、更痛，持续时间更长，1～3周内渐消退且遗留瘢痕，但复发较口腔溃疡少。

2. **皮肤表现** 最常见的表现为假性毛囊炎和结节红斑样皮肤损害，约半数患者可出现。前者在男性患者中多见，多在下肢，亦可在面、颈、胸、背部出现。后者在女性多见，为下肢痛性结节，可在病程中多次出现，持续数周。另外，尚有丘疹、大疱、肢端坏死等皮损。而针刺试验后出现的非特异性高敏反应则是作为一项具诊断意义的皮肤表现，即在针刺处48h后出现的无菌性红色丘疹、脓疱疹>2mm。

3. **眼** 可出现各类眼部受累症状，发生率为43%～72%，包括前、后、中色素膜炎，玻璃体炎，视网膜炎，白内障，青光眼，视网膜水肿，视盘水肿，视网膜剥离，黄斑退变，动静脉栓塞等。其中约25%的患者可导致失明。前房积脓虽可短暂缓解，但常反复发生，是较常见的失明原因。

4. **关节炎及关节痛** 30%～50%的患者出现关节痛和外周关节炎。外周关节炎可以为单关节、少关节或多关节，主要影响下肢，一般不引起关节破坏或畸形，极少为慢性过程。34%的贝赫切特病患者可出现骶髂关节炎。

5. **血管损害** 从大血管到毛细血管均可累及，静脉较多见。主要分4类：动脉闭塞、动脉瘤、静脉栓塞、静脉曲张。临床报道较多见者为深静脉血栓、浅表血栓性静脉炎、静脉曲张、动脉栓塞、动脉瘤、布-加综合征（Budd-Chiari syndrome），甲皱微循环亦发现半数病例有瘀点。而动脉瘤是一种有潜在危险的并发症，一旦破裂出血，病死率高。

6. **神经系统** 见于3%～10%的患者。男性高于女性，运动神经障碍多于感觉神经障碍。中枢神经受累可以为局灶或弥漫性病变的症状，症状较复杂，可表现为急性脑膜脑炎的症状，亦有表现为头痛、癫痫，常和广泛的血管炎、颅内压增高有关，局灶定位症状可出现锥体束征、脑干损害、延髓小脑症状、精神障碍。神经病变的复发率和死亡率都很高。

7. **消化道** 以消化道溃疡最常见，可出现于食管、胃、肠道的任何部位，单发或多发，主要症状为腹泻，严重者溃疡可出血、穿孔，引起较严重的并发症。

8. **其他** 肺受累不多见，可表现为肺的结核样空洞、肺动脉高压、胸膜炎、肺门淋巴结病变、肺动脉瘤和肺栓塞，临床可出现反复的呼吸困难、咳嗽、胸痛、咯血和发热。泌尿系统可以表现为血尿、蛋白尿，多为一过性，男性附睾炎是较特异的症状，部分患者可出现发热、全身淋巴结肿大等症状。

【实验室检查】

本病无特异性血清学检查，血沉可增快，40%患者PPD呈强阳性。ANA谱、ANCA等检查均阴性，可为鉴别诊断提供依据。

皮肤针刺反应是较为特异的试验，以无菌针头斜行刺入皮内，48h后观察结果，局部皮肤出现红丘疹或红丘疹伴有白疱疹为阳性。

【诊断】

由于本病无特异性的病理学和实验室诊断指标，其诊断有赖于临床医师对各种症状表现进行综合分析后作出判断。而本病临床谱广，症状出现的多少及时间出现的先后均易使一些复杂、不典型的病例漏诊、误诊。可多采用1989年国际白塞病委员会的国际诊断标准，详见表8-7-4。

【治疗】

目前尚无根治的办法。

非甾体抗炎药对关节炎有效，秋水仙碱对结节性红斑有效，沙利度胺对口腔溃疡有较好的疗效。如发生内脏的血管炎，主要应用糖皮质激素和免疫抑制剂，用法与其他血管炎类似。

表 8-7-4　1989 年国际白塞病委员会的国际诊断标准

1. 反复口腔溃疡：由医师观察到或患者诉说有阿弗他溃疡或疱疹样溃疡，1 年内至少发作 3 次，加上以下 4 项中的两项即可诊断贝赫切特病
2. 反复生殖器溃疡：阿弗他溃疡或瘢痕，由医师观察到或由患者诉说
3. 眼病变：前或后色素膜炎或裂隙灯下见到玻璃体内有细胞或由眼科医师观察到的视网膜血管炎
4. 皮肤病变：结节性红斑、假性毛囊炎、丘疹性脓疱或由医师观察到的青春期后出现的痤疮样结节（患者未用过糖皮质激素）
5. 针刺试验：24～48h 内由医师观察到局部有红肿或脓点

其他与本病相关并有利于本病诊断的症状：关节痛（关节炎）、皮下栓塞性静脉炎、深部静脉栓塞、动脉栓塞和（或）动脉瘤、中枢神经系统病变、消化道溃疡、附睾炎和家族史

【预后】

大部分患者预后良好。出现眼病者可导致视力下降，甚至失明。胃肠道溃疡可引起出血、穿孔、肠瘘、感染等严重并发症，中枢神经系统病变者死亡率较高，还有部分患者因动脉瘤破裂、心肌梗死等出现猝死。

（赵彦萍　张志毅）

第八章 系统性硬化病

系统性硬化病（systemic sclerosis，SSc），曾称硬皮病（scleroderma）、进行性系统性硬化，是以小血管功能、结构异常及皮肤、内脏等组织纤维化为特征的系统性自身免疫疾病。根据病因、皮肤病变范围和性质，以及是否出现内脏病变，将硬皮病进行分类，见表8-8-1。临床表现为皮肤弥漫性或局限性增厚，并伴有不同程度的内脏器官受累，这是与局限性硬皮病的主要区别；而且内脏受累较多、较重，病变进展较快，预后较差。在我国结缔组织病中的发病率仅次于类风湿性关节炎、红斑狼疮而居第三位。在本病患者的血清中可出现多种、特异性的自身抗体。发病高发年龄30～50岁；女性发病率显著高于男性，群体发病率为5万～10万分之一。

【病因和发病机制】

一般认为本病是在遗传背景的基础上，各种外界因素的刺激作用导致免疫系统激活、血管痉挛、内皮细胞损伤、纤维增生和胶原沉积。反过来，胶原沉积又加速免疫系统激活，形成无休止的激活损伤循环，引起结缔组织代谢及血管异常，最终导致血管壁和组织纤维化。

【病理】

受累组织广泛的血管病变、胶原增殖、纤维化，是本病的病理特点。

1. 皮肤　血管病变主要见于小动脉、微动脉和毛细血管。由于血管壁内皮细胞和成纤维细胞增生，以致管腔狭窄，血流淤滞，至晚期指（趾）血管数量明显减少。皮肤早期可见真皮层胶原纤维水肿与增生，弹性纤维断裂，血管壁水肿，有淋巴细胞、单核或（和）巨噬细胞、浆细胞散在浸润。随着病情进展，水肿消退，真皮层胶原纤维增多，有许多突起伸入皮下组织使之与皮肤紧密粘连，表皮变薄，脂肪组织与汗腺萎缩减少。

2. 消化道与肺　随着病情进展，水肿消退，胶原纤维明显增多，表皮变薄，附件萎缩，小动脉玻璃样化。表现为黏膜变薄，弥漫性间质纤维化，食管、肺可见类似变化。

表8-8-1　硬皮病和相关疾病的分类

1. 系统性硬化病（systemic sclerosis，SS）
 (1) 弥漫型皮肤病变（diffuse cutaneous disease）
 (2) 局限型皮肤病变（limited cutaneous disease）
 (3) CREST综合征（CREST syndrome）
 (4) Sine硬皮病（Sine scleroderma）
2. 局限性硬皮病（localized scleroderma）
 (1) 硬斑病（morphea）
 (2) 带状硬皮病（linear scleroderma）
 (3) 硬斑病伴偏面萎缩（morphea with facial hemiatrophy 或 En coup de sabre）
 (4) 点滴状硬皮病（guttate morphea）
3. 硬皮病样疾病（scleroderma-like disorders）
 (1) 嗜酸性筋膜炎（eosinophilic fasciitis）
 (2) 嗜酸性粒细胞增多-肌痛综合征（eosinophilic-myalgia syndrome）

3. 心脏　可见心肌纤维变性和间质纤维化，血管周围尤其明显。纤维化累及传导系统可引起房室传导障碍和心律失常。可见冠状动脉小血管壁增厚和心包纤维素样渗出。

4. 骨骼肌肉系统　伴关节炎者滑膜改变同早期类风湿性关节炎的滑膜病变，有厚层纤维素覆盖为特点。后期表现为滑膜纤维化，以及腱鞘、筋膜表面纤维沉积。

5. 肾　病变包括小叶间动脉内皮增生，入球小动脉和肾小球纤维蛋白样坏死，肾小球基底膜增厚，肾皮质梗死和肾小球纤维化等。

【临床表现】

1. 早期表现　最常见的早期表现是雷诺现象和隐袭性肢端和面部肿胀增厚。70％的病例首发症为雷诺现象，雷诺现象可先于硬皮病的其他症状（手指肿胀、关节炎、内脏受累）1～2年或与其他症状同时发生。多关节病同样也是突出的早期症状。胃肠道功能紊乱（胃烧灼感和吞咽困难）或呼吸系统症状等偶尔也是本病的首发症状。患者起病前可有不规则发热、食欲减退、体重下降等。

2. 皮肤病变　为本病标志性特点，呈对称性。一般先见于手指及面部，然后向躯干蔓延。典型皮肤病变一般经过三个时期，即肿胀期、硬化期、萎缩期。①肿胀期：皮肤病变一般先出现于手指和脸上，压上去没有凹陷，有些患者可有皮肤红斑、皮肤瘙痒，患者常常觉得手胀像香肠一样，活动不灵活，手背肿胀，逐渐波及前臂。②硬化期：皮肤逐渐变厚、变硬，手指像被皮革裹住，皮肤不能像正常人一样容易被提起，两手不能握紧拳头。皮肤病变可以逐渐向手臂、颈部、上胸部、腹部及背部蔓延，双下肢很少受累。面部皮肤受损造成正常面纹消失，使面容刻板，鼻尖变小，鼻翼萎缩变软，嘴唇变薄、内收、口周有皱褶，张口度变小，称"面具脸"，为本病特征性表现之一。③萎缩期：经5～10年后进入萎缩期。皮肤萎缩，变得光滑但显得很薄，紧紧贴在皮下的骨面上，关节屈曲挛缩不能伸直，还可出现皮肤溃疡，很痛且不易愈合。皮肤变硬变薄，皮纹消失，毛发脱落。硬皮部位常有色素沉着，间以脱色白斑，也可有毛细血管扩张，皮下组织钙化，指端由于缺血导致指垫组织丧失，出现下陷、溃疡、瘢痕，指骨溶解、吸收。

3. 骨和关节病变　60%～80%病例关节周围肌腱、筋膜、皮肤纤维化可引起关节疼痛。多关节痛和肌肉疼痛常为早期症状，也可出现明显的关节炎。约29%的患者可能有侵蚀性关节病。由于皮肤增厚且与其下关节紧贴致使关节挛缩和功能受限。由于腱鞘纤维化，当受累关节主动或被动运动时，在腕、踝、膝处可觉察到皮革样摩擦感。长期慢性指（趾）缺血可发生指端骨溶解。X线表现关节间隙狭窄和关节面骨硬化。由于肠道吸收不良、废用及血流灌注减少，常有骨质疏松。晚期由于皮肤和腱鞘纤维化，发生挛缩而使关节僵硬固定在畸形位置，关节屈曲处皮肤可发生溃疡。主要见于指间关节，但大关节也可发生。皮肤严重受累者常有肌无力，多为失用性肌萎缩所致。已有累及肌肉者，有以下两种类型：一为无或仅轻度肌酶升高，病理表现为肌纤维被纤维组织代替而无炎症细胞浸润；另一种则为典型PM表现。

4. 肺病变　最早出现的症状为活动后气短。咳嗽为晚期症状。最常见的肺部病变为肺间质纤维化，导致肺功能下降以至通气障碍表现为：弥散功能减退；最大呼气中期流速减慢；残气/闭合气量增加。常规胸片显示蜂窝状变化。早期病变在高分辨CT最为敏感。另一较多的病变是肺动脉高压。肺动脉高压常缓慢进展，除非到后期严重的不可逆病变出现，一般临床不易察觉。无创性的超声心动检查可发现早期肺动脉高压。尸解显示约29%～47%患者有中小肺动脉内膜增生和中膜黏液瘤样变化。心导管检查发现33%患者有肺动脉高压。肺间质纤维化多见于弥散型，而肺动脉高压则多见于有严重雷诺现象者。肺部病变是本病常见死亡原因之一。

5. 胃肠道病变　约70%患者出现消化道异常。食管出现排出时间延长，食管括约肌压及食管下段咽下压下降，表现为吞咽食物后有发噎感，以及饱餐后随即躺下的食管的烧灼感、夜间胸骨后痛，这些均为食管下段功能失调、括约肌受损所致，早期常不能引起患者注意。反流性食管炎还可引起狭窄。吞钡透视可见食管蠕动减弱、消失，以至整个食管扩张或僵硬。十二指肠与空肠、结肠均可受累，因全胃肠低动力症，使蠕动缓慢、肠道扩张，肠道憩室，肠内容物淤滞，有利于细菌繁殖而导致吸收不良综合征。偶有憩室穿孔而出现急腹症，以及肛门括约肌受损而引起的大便失禁。

6. 心脏病变　病理检查80%患者有片状心肌纤维化。包括心包、心肌、心传导系统病变，发生率各为15%左右，多见于晚期患者，与心肌纤维化有关。临床表现为气短、胸闷、心悸、水肿。可有室性奔马律、窦性心动过速、充血性心力衰竭，偶可闻及心包摩擦音。超声心动图显示约半数病例有心包积液，最常见为缓慢发展的无症状心包积液，发生率为30%～40%。伴心包摩擦音或大量心包积液的急性心包炎少见。心肌受损多见于弥漫皮肤型。有肺动脉高压者可导致肺心病。有心肌病变及肺动脉高压者预后差。

7. 肾病变　肾脏损害见于15%～20%患者，是SSc的主要死亡原因之一，提示预后不佳。多见于弥漫皮肤型的早期（起病4年内）。主要因为小动脉内皮细胞增生导致肾缺血、肾功能受损。表现为蛋白尿、镜下血尿、高血压、内生肌酐清除率下降、氮质血症等。硬皮病的肾病变以叶间动脉、弓形动脉及小动脉最著,硬皮病肾病变临床表现不一,部分患者有多年皮肤及其他内脏受累而无肾损害临床现象;有些患者在病程中出现肾危象,即突然发生严重高血压,急进性肾衰竭,如不及时处理,常于数周内死于心力衰竭及尿毒症。肾危象的预测因素有下列几点:①系统性硬皮病;②病程小于4年;③疾病进展快;④抗RNA多聚酶Ⅲ抗体阳性;⑤血清肾素水平突然升高。

8. 其他　SS发生率很高。本病与胆汁性肝硬化及自身免疫性肝炎相关密切。约半数出现甲状腺抗体,可伴甲状腺功能低下。系统性硬化还可引起其他系统损害,如神经系统的周围神经病、三叉神经痛;部分患者出现抗甲状腺抗体,可伴有甲状腺功能低下等。总之,系统性硬化是一种累及全身多系统的AID,临床上可有多系统损害,因此,对出现的相应症状应引起早期重视。

CREST综合征指手指软组织钙化(calcinosis)、雷诺现象(Raynaud's phenomenon)、食管运动功能障碍(esophageal dysmotility)、硬指(sclerodacryly)及毛细血管扩张(telangiectasis),为本病的一种特殊类型,抗着丝点抗体(anticentromere antibody, ACA)阳性率高,预后相对较好,10年生存率70%以上。

【实验室检查】

70%患者ANA阳性。抗Scl-70抗体为弥漫型硬皮病的标记性抗体,见于20%~40%病例。ACA阳性患者往往倾向于有皮肤毛细血管扩张和皮下钙质沉积,多见于局限型,尤其在CREST综合征较多见。抗RNP、抗PM-Scl、抗SSA抗体、RF亦可出现。皮肤活检可见胶原纤维膨胀及纤维化。

【诊断和鉴别诊断】

1. 诊断　一般采用1980年ACR关于系统硬化症的分类标准。

(1) 主要指标：近端硬皮病：对称性手指及手掌指或跖趾近端皮肤增厚、紧硬,不易提起。类似皮肤改变同时累及肢体的全部、颜面、颈部和躯干。

(2) 次要指标：指端硬化：硬皮改变仅限于手指；指端凹陷性瘢痕或指垫变薄：由于缺血指端有下陷区,指垫组织丧失；双肺底纤维化：标准X线胸片双下肺出现网状条索、结节、密度增加,亦可呈弥漫斑点状或蜂窝状,并已确定不是由原发于肺部疾病所致。具备上述主要指标或≥2个次要指标者,可诊断为SSc。诊断SSc后,再根据皮损分布和其他临床特点,进一步分为弥漫型、局限型或CREST综合征。

2. 鉴别诊断　SSc应注意与下述情况鉴别。

(1) 局限性硬皮病：特点为皮肤界限清楚的斑片状(硬斑病)或条状(线状硬皮病)硬皮改变,主要见于四肢。累及皮肤和深部组织而无内脏和血清学改变。

(2) 嗜酸性筋膜炎：多见于青年人,剧烈运动后发病表现为四肢皮肤肿胀,绷紧并伴有肌肉压痛、松弛。无雷诺现象,无内脏病变,ANA阴性,血嗜酸性粒细胞增加。皮肤活检也可鉴别。

(3) 其他：还应与混合性结缔组织病、硬肿病等疾病进行鉴别。另外,注意除外由某些化学物质如氯化乙烯、三氯乙烯、环氧聚合物树脂等、药物如博莱霉素等以及其他疾病如肢端肥大症、淀粉样变性、类癌综合征所导致的类似硬皮病的皮肤改变(假性硬皮病)。

【治疗】

目前尚没有特效药物。皮肤损害累及范围和病变程度为诊断本病和判断预后的重要标志,而重要脏器累及的广泛性和严重程度决定它的预后。早期诊断和早期治疗,可以阻止疾病的进展并获得良好的临床疗效。由于患者的临床表现差异较大,病情的进展各有不同,因此应根据个体化原则选择相应的治疗方案。

1. 雷诺现象的预防和治疗　由于雷诺现象是由寒冷或情绪激动诱发的指(趾)端血管的痉挛和缺血引起,因此系统性硬化症的患者在日常生活中应注意肢体保暖,避免受凉、情绪紧张、激动。吸烟可加重血管的痉挛,患者应戒烟。钙通道阻滞剂是治疗雷诺现象的主要药物,以其扩血管作用来缓解症状。常用药物为硝苯地平,伊洛前列素是前列环素的稳定同类物,可使血管扩张,抑制血小板聚集,增加微血管容量,改善皮肤微循环,从而减轻雷诺现象,并有减轻皮肤紧张的作用。血管紧张素

Ⅱ受体拮抗剂氯沙坦，能有效改善雷诺现象的发作频率和严重程度，且耐受性好。

2. 皮肤硬化的治疗　注意局部皮肤护理，应避免过多洗澡而引起皮肤干燥，并使用含羊毛脂的保湿乳剂。常用治疗皮肤硬化的药物有 D-青霉胺、秋水仙碱、依地酸钙钠（EDTA）等。

（1）D-青霉胺：可以抑制胶原纤维的合成和连接，减少不溶性胶原，同时具有免疫调节作用，长期应用可使皮肤软化，可用于有硬化前期表现和肺间质纤维化的患者，用法为由每日 250mg 开始，缓慢增加到每日 500～1250mg，至少服 6～12 个月，病情稳定后可减量维持。副作用主要为胃肠道反应，其次为肾损害，可以出现血尿和蛋白尿，也可出现白细胞和血小板减少。

（2）秋水仙碱：可以抑制胶原的异常代谢，抑制胶原的生成和堆积，有抗纤维化的作用，从而减缓皮肤硬化的过程。对于皮肤硬化、雷诺现象、食管病变的治疗有效，用法一般每天 0.5～1mg。该药对晚期硬皮病的皮肤、肌肉、骨骼病变的进展无阻断作用，也不能阻止肺功能的恶化。且长期应用可能引起骨髓、肝脏等的严重副作用，故临床上少用。

（3）改善微循环的药物还有丹参及低分子右旋糖酐注射液，对皮肤硬化、关节僵硬及疼痛有一定的作用。另外依地酸钙钠（EDTA）对软化皮肤有一定疗效。

3. 内脏损害时的治疗　非甾体抗炎药可用于控制疼痛，包括关节炎和肌肉痛的治疗，只能缓解症状，暂时控制炎症，并不能防止严重的屈曲性痉挛和关节破坏。

一般认为，糖皮质激素效果不显著，不能阻止皮肤硬化的发展，对炎性肌病、间质性肺炎、心肌病变、心包积液有一定的疗效。在早期水肿期、对有症状的浆膜炎、顽固性关节炎、肌痛和腱鞘病变疼痛及皮肤的硬肿期应用小剂量激素亦有一定效果。对于血管损害和组织纤维化无效，大剂量应用时副作用大，尤其是对已有肾损害的患者易加重血管损害，甚至引起急性肾衰竭，故使用时需慎重，使用剂量及疗程应个体化，依据临床表现而定。

免疫抑制剂疗效不肯定。如 AZA、环孢素、来氟米特、他克莫司（tacrolimus）、吗替麦考酚酯（mycophenolate mofetil）、CTX 等。对于病情进展快，伴有系统损害的患者，应给予免疫抑制剂，剂量需个体化。

4. 其他对症治疗　有吞咽困难和反流的患者，可以用少食多餐及配合体位疗法来缓解症状；药物治疗可应用胃黏膜保护剂、质子泵抑制剂来减轻反酸，莫沙必利可加快胃肠蠕动，促进排空，对胃肠吸收不良症状，使用较为广谱的抗生素如氨苄西林治疗可以得到明显的改善。

血管紧张素转化酶抑制剂（angiotensin-converting enzyme inhibitor，ACEI）对于肾损害的治疗有较好的效果，并可抑制血压，控制肾功能不全的进展，尤其是早期的患者。常用的为卡托普利，每 8h 一次，每次 12.5～25mg，在血压监测下与硝苯地平，哌唑嗪合用。

目前 SSc 的治疗缺乏根治办法，但早期 SSc 治疗可缓解、控制疾病的发展。SSc 晚期出现纤维化，治疗上困难相对较大。其他可根据情况给予相应的治疗。

【预后】

本病的自然病程差异甚大。预后与脏器的受损密切相关，凡有心、肾损害者预后差。总的来说，SSc 患者在患病 10 年内的死亡率较普通人群的死亡率高 4 倍。10 年生存率在弥漫皮肤型为 55%，在局限皮肤型为 75%。

（赵彦萍　张志毅）

第九章 骨关节炎

骨关节炎（osteoarthritis，OA），也称骨关节病、退行性关节病，是由于关节软骨退行性变和继发性骨质增生，导致关节症状和体征的一组疾病。OA 好发于负重关节，如颈椎、腰椎、髋关节、膝关节、踝关节、手等。分为原发性（特发性）OA 和继发性 OA。原发性 OA 多发生于中老年人，无明确诱因。继发性 OA 亦可发生于青壮年，可继发于创伤、炎症、关节不稳定、慢性反复的积累性劳损或先天性疾病等。患病率和性别、年龄等因素有关，以中老年患者多见，45 岁以下男女患病率无明显差别，45~65 岁女性患病率为 30%，65 岁以上达到 68%，髋关节 OA 高龄男性多于女性，手 OA 则多见于老年女性。本章主要讨论原发性 OA。

【病因和发病机制】

OA 的病因和发病机制尚不完全清楚，可能与以下因素有关。

1. 年龄 目前认为增龄是 OA 危险因素中最强相关的一个。随着年龄的增长，关节的接触面积逐渐增加、关节负重分布发生改变等，最终导致软骨细胞损伤、软骨破坏。

2. 遗传因素 有研究表明，某些易感基因和基因变异与 OA 有关，有 Heberden 结节和 Bouchard 结节的患者多有家族聚集倾向。

3. 肥胖 肥胖增加了负重关节的负荷，导致身体姿势及步态的改变，影响了关节的生物力学，促进了 OA 的发生。

4. 炎症 多种细胞因子的参与导致了关节炎性改变，也可能是 OA 发生的一个因素。

5. 其他因素 如关节的过度使用、创伤、性激素等，与 OA 的发生都有一定关系。

【病理】

OA 可以累及软骨、滑膜、关节囊和软骨下骨板。关节修复不良和结构破坏是其主要病理特点。

1. 关节软骨 软骨变性为本病特征性病理改变，也是最基本的病理改变。初期表现为软骨局灶性软化，继而出现小片脱落，表面不光滑，关节软骨变薄。软骨大片脱落可致软骨下骨板暴露。关节边缘软骨过度增生，产生软骨性骨赘，软骨性骨赘骨化形成骨赘。

2. 骨质改变 软骨下骨板暴露后，由于关节运动磨损，骨质逐渐硬化，称"象牙样变"。关节软骨下骨髓内骨质增生、骨板囊性变等。本病软骨下骨板囊性变可能为软骨或软骨下骨板压力异常、局部骨质挫伤、坏死或压力增高，关节液被挤入骨内所致，与 RA 血管翳侵入所致骨囊性变不同。

3. 滑膜改变 滑膜细胞吞噬落入滑膜的软骨小碎片可引起滑膜炎的改变。早期可有充血、炎性细胞浸润，后期滑膜可呈绒毛样增生。

【临床表现】

1. OA 的共同表现 可以表现为关节疼痛、肿胀、压痛、晨僵、骨摩擦感、关节畸形及活动受限等。关节疼痛为最主要的症状，早期关节活动后出现疼痛、酸胀、不适，休息后可以减轻或消失。疼痛缓慢进展，呈轻度至中度间歇性疼痛。随后疼痛逐渐加重，呈持续性，夜间可痛醒，受累关节做被动活动亦可诱发疼痛。关节压痛常局限于损伤严重的关节，关节肿胀可由关节积液、滑囊增厚、软骨及骨边缘增生，向外生长所致，后期呈骨性肥大，部分患者可扪及骨赘，偶尔伴半脱位。晨僵时间较短，一般不超过 30min，可有短暂的关节胶化（articular gelling）现象，即关节从静止到活动有一段不灵活的时间，如久坐后站立行走，需站立片刻并缓慢活动一会儿才能迈步等。关节活动时可出现骨摩擦感，一般是由关节表面粗糙不平引起。

2. 各部位 OA 的特点

（1）手关节：受累部位以远端指间关节多见，也可见于近端指间关节，掌指关节极少受累。典型手 OA 的畸形包括赫伯登（Heberden）结节（手远端指间关节背面的骨性突出物）、布夏尔（Bouchard）结节（手近端指间关节背面的骨性突出物）。手部多个结节及近端和（或）远端指间关节水平样弯曲可形成手指蛇样畸形。第一腕掌关节常受累，关节局部疼痛、肿胀和第一掌骨底部压痛。第一掌骨底部骨质增生、隆起、肥大，使手部呈"方形手"外观。当腱鞘受累时，还可造成弹响指或扳机指。另外，多角骨和舟骨也常受累，造成腕部疼痛、压痛、肿胀和活动受限。

(2) 膝关节：表现为膝关节疼痛、酸胀、无力，长距离行走、剧烈运动、受凉或阴雨天气时加重，关节有局限性压痛及骨赘所致的骨肥大。有时伴有关节积液，关节活动时有骨响声及摩擦音。关节附近肌腱和韧带破坏或关节炎症病变，骨赘形成及关节内游离体可导致关节活动受限，致使持物、行走和下蹲困难。

(3) 髋关节：多见于男性，疼痛隐匿发生，可放射至臀外侧、腹股沟和大腿内侧，也可只表现为髋痛。体格检查可见不同程度的活动受限和跛行。

(4) 足关节：以第一跖趾关节最常见，因穿紧鞋或高跟鞋而加重。局部关节外形不规则，有局部结节，常有压痛。随后出现第一趾外翻畸形，活动受限。

(5) 颈椎：常出现颈椎局部疼痛、压痛、活动受限，少数可引起头颈或肩部疼痛。脊神经根、脊髓、椎动脉受压可引起相应症状。

(6) 腰椎：是 OA 的好发部位，以第 3、4 腰椎最常受累。引起腰椎及腰部软组织酸痛、胀痛、僵硬与疲乏感，弯腰受限，严重者压迫坐骨神经。

临床表现随累及关节而异，一般起病隐匿，进展缓慢。主要临床表现是关节疼痛、肿胀、僵硬、功能障碍等。

【相关检查】

无特异的实验室指标。血沉、C 反应蛋白大多正常或轻度升高，RF 及 ANA 阴性。关节液检查呈轻度炎性改变，滑液量增多，一般呈淡黄色、透明，时有浑浊和血性渗出，黏度正常，凝固实验正常，白细胞总数 $<2\times10^6/L$，多形核白细胞比例常低于白细胞总数的 15%。

X 线检查表现为非对称性关节间隙变窄，软骨下骨硬化和囊性变，关节边缘的骨质增生和骨赘形成，关节内游离体，关节变形及半脱位等。对早期 OA 诊断价值甚微。

CT 检查多用于脊柱 OA，特别是椎间盘病变，能够早期诊断，其价值优于 X 线。

核磁共振显像检查可以显示早期关节软骨、半月板、交叉韧带以及关节周围其他组织病变，可提高 OA 的早期诊断率。

超声检查能反映 OA 早期的病理改变，在软组织方面比 X 线有优势，对提高软骨和关节下骨质侵蚀性破坏的检出率有较高价值，可提高早期诊断率。

关节镜检查可直接发现关节各种病变及对关节功能障碍的影响，直接观察各种组织变化，进行病理学检查。

【诊断和鉴别诊断】

1. 诊断 根据症状和放射学表现，诊断不难。美国风湿病学会 1986 年、1990 年、1991 年修订的膝、手和髋关节 OA 分类标准见表 8-9-1。

2. 鉴别诊断 外周关节 OA 应与 RA、PsA、假性痛风等鉴别；髋关节 OA 应与髋关节结核、股骨头无菌性坏死鉴别；中轴关节 OA 应与脊柱关节病鉴别。

【治疗】

治疗的目的是减轻症状，改善或恢复关节功能。总体治疗原则是非药物与药物治疗相结合，必要时手术治疗，治疗应遵循个体化原则。

1. 一般治疗 是药物治疗及手术治疗的基础。嘱患者改变生活方式，适量活动，减少不合理的运动，避免不良姿势，避免长时间跑、跳、蹲，减少或避免爬楼梯，减肥，有氧锻炼（如游泳、骑车等），进行关节功能训练、肌力训练等。注意减少受累关节负重，可采用手杖、拐杖、助行器等。还可根据 OA 所伴发的内翻或外翻畸形情况，采用相应的矫形支具或矫形鞋，以平衡各关节面的负荷。热疗、水疗、超声波、针灸、按摩、牵引、经皮神经电刺激等物理治疗可起到增加局部血液循环、减轻炎症反应的作用。

表 8-9-1 美国风湿病学会膝、手、髋关节 OA 分类标准

膝 临床标准
  ①1 个月来大多数日子膝痛
  ②关节活动时有响声
  ③晨僵≤30 分钟
  ④年龄≥38 岁
  ⑤膝关节骨性肿胀伴弹响
  ⑥膝关节骨性肿胀不伴弹响
  符合①②③④或①②③⑤或①⑥者可诊断 OA

临床加 X 线标准
  ①1 个月来大多数日子膝痛
  ②X 线关节边缘骨赘
  ③滑液检查符合 OA（至少符合：透明、黏性、WBC$<2\times10^6$/L 中的两项）
  ④不能查滑液者，年龄≥40 岁
  ⑤晨僵≤30 分钟
  ⑥关节活动时弹响
  符合①②或①③⑤⑥或①④⑤⑥者可诊断 OA

手 临床标准
  ①1 个月来大多数日子手疼痛或僵硬*
  ②10 个指定关节中硬性组织肿大≥2 个*
  ③掌指关节肿胀≤2 个*
  ④1 个以上远端指间关节肿胀*
  ⑤10 个指定关节中 1 个或 1 个以上畸形*
  符合①②③④或①②③⑤者可诊断 OA

髋 临床标准
  ①1 个月来大多数日子髋关节痛
  ②髋关节内旋≤15 度
  ③髋关节内旋>15 度
  ④ESR≤45mm/h
  ⑤ESR 未查，髋屈曲≤115 度
  ⑥晨僵≤60 分钟
  ⑦年龄>50 岁
  符合①②④或①②⑤或①③⑥⑦者可诊断 OA

临床和 X 线标准
  ①1 个月来大多数日子髋关节痛
  ②ESR≤20mm/h
  ③X 线股骨头和（或）髋臼骨赘
  ④X 线髋关节间隙狭窄
  符合①②③或①②④或①③④者可诊断 OA

* 10 个指定关节包括双侧第 2、3 指远端和近端指间关节及第 1 腕掌关节

2. 药物治疗

(1) 外用药物治疗：局部外用药可以有效缓解关节轻中度疼痛，且不良反应轻微。可使用非甾体抗炎药（NSAIDs）的乳胶剂、膏剂、贴剂和非 NSAIDs 擦剂（辣椒碱等）。

(2) 全身镇痛药物：用药前进行风险评估，关注潜在内科疾病风险，剂量个体化，尽量使用最低有效剂量。

1) 关节轻中度疼痛可选用对乙酰氨基酚，每日最大剂量不超过 4g。

2) 对乙酰氨基酚治疗效果不佳的患者，可根据具体情况使用 NSAIDs（表 8-9-2）。如果患者胃肠道不良反应的危险性较高，可选用非选择性 NSAIDs 加用质子泵抑制剂或米索前列醇等胃黏膜保护剂，或选用 COX-2 选择性抑制剂。在应用 COX-2 选择性抑制剂时，也应注意它可能存在的促进心血管事件发生的风险。

3) 其他镇痛药物：NSAIDs 治疗无效或不耐受的 OA 患者，可使用曲马多、阿片类镇痛剂，或对乙酰氨基酚与阿片类的复方制剂。

表 8-9-2　常用于 OA 治疗的 NSAIDs

分类	英文	半衰期（h）	每日总剂量（mg）	每次剂量（mg）	次/日
丙酸衍生物					
布洛芬	ibuprofen	2	1 200~2 400	400~600	3~4
萘普生	naproxen	14	500~1 000	250~500	2
洛索洛芬	loxoprofen	1.2	180	60	3
苯酰酸衍生物					
双氯芬酸	diclofenac	2	75~150	25~50	2~3
吲哚酰酸类					
舒林酸	sulindac	18	400	200	2
阿西美辛	acemetacin	3	90~180	30~60	3
吡喃羧酸类					
依托度酸	etodolac	8.3	400~1 000	400~1 000	1
非酸性类					
萘丁美酮	nabumetone	24	1 000~2 000	1 000	1~2
昔康类					
美洛昔康	meloxicam	20	7.5~15	7.5~15	1
磺酰苯胺类					
尼美舒利	nimesulide	2~5	400	100~200	2
昔布类					
塞来昔布	celecoxib	11	200	100~200	1~2

(3) 关节腔注射：如口服药物治疗效果不显著，可联合关节腔注射透明质酸钠等黏弹性补充剂，注射前应抽吸关节液。对不能耐受 NSAIDs 药物治疗的严重 OA、关节症状明显者，可行关节腔内注射糖皮质激素，但不主张随意选用关节腔及多次反复注射。

(4) 改善病情类药物及软骨保护剂：该类药具有降低基质金属蛋白酶（MMP）、胶原酶活性的作用，一般起效较慢，不良反应小。

1) 硫酸氨基葡萄糖：外源性硫酸氨基葡萄糖可以直接补充软骨基质，减缓软骨降解，抑制软骨的破坏，刺激软骨细胞蛋白多糖合成，发挥抗炎和促进软骨再生修复的作用。

2）双醋瑞因：通过抑制 IL-1 和氧自由基的产生和释放，抑制 MMP 的活性及稳定溶酶体膜而发挥抗炎及对关节软骨的保护作用。

3）其他的药物：还包括葡糖胺聚糖、S2 腺苷蛋氨酸、多西环素等，但这些药物的确切疗效仍待进一步的观察。

（5）其他药物治疗：老年性 OA 患者，常伴有骨质疏松，软骨下骨板质量的改变也可能加速软骨的破坏，进而引起继发性骨质增生，因此在治疗老年性 OA 的同时应进行抗骨质疏松治疗。

3. 外科治疗 对于严重关节畸形及功能障碍的 OA 可外科治疗。可进行游离体摘除术、关节清理术、截骨术、关节融合术、人工关节置换术等。

【预后】

大多数患者预后良好，严重关节畸形和功能障碍者仅属少数。

（赵彦萍　张志毅）

第九篇 危重病医学

第一章 总 论

危重病医学（critical care medicine，intensive care medicine）是一门探讨危重症患者病理生理变化，提供监护和器官功能支持、具有多个临床学科相互交叉和渗透的跨专业或跨学科的新型临床医学学科。危重症患者即指患有直接威胁生命或易发生致命性并发症疾病的患者，他们可能存在一个或多个器官功能障碍或衰竭。危重病医学是在重症监护治疗病房（intensive care unit，ICU）的基础上发展起来的。重症监护治疗病房作为医院的一个独立医疗单位，已成为衡量一个医院综合医疗水平的重要标志。危重病医学属于急诊医学（emergency medicine）范畴。

【发展简史】

最初，危重病医学救治的概念起源于克里米亚战争（Crimean War）期间，当时由于缺乏监护医疗技术，伤员病死率高达42%。19世纪50年代，弗洛伦斯·南丁格尔（Florence Nightingale）率领38名护士到达土耳其前线，将手术后的危重症伤病员集中安置在靠近护士站的地方，采取了隔离等监护措施，以避免伤口交叉感染和传染病（特别是伤寒和霍乱）的发生，使危重症伤员病死率明显下降。1923年，Dandy在美国Hopkins医院脑外科建立第一个神经外科重症监护治疗病房，当时称术后恢复室（recovery room），这不但促进了医学专业化发展，而且使危重症患者得到集中管理。20世纪50年代初，丹麦发生脊髓灰质炎流行，患者出现呼吸衰竭促使通气支持得到了应用和发展。哥本哈根Blegdam医院Ibsen医生建立一个105张病床的抢救单位，给患者进行人工通气，使患者病死率从90%降至25%。随后建立了世界上第一个综合重症监护治疗病房，其包括由多个专业组成的专家队伍，最初处理的是破伤风引起的呼吸衰竭患者。当时，这个由多学科参与和集中使用先进医疗设备来治疗危重症患者的新颖形式就是重症监护治疗病房的雏形。1958年，美国巴的摩尔（Beltimore）医院麻醉科医师Safar首先建立起一个专业监护单位，正式起名为重症监护治疗病房。随后英格兰Southampton医院和加拿大Toronto医院相继开设呼吸重症监护治疗病房。1962年美国Bethany医院最早创立冠心病重症监护治疗病房（coronary care unit，CCU），使许多心肌梗死患者的治疗获得了显著疗效。由于进行持续心电监测，能及时发现和治疗急性心肌梗死患者发生的心律失常，大大提高了心律失常复苏的成功率，此时提出了危重症监护（critical care）的概念。1963年，美国Safar教授首次开设危重病医学培训课程。1970年美国危重病医学会作为一个独立的学术团体宣告成立。20世纪80年代是重症监护治疗病房飞跃发展时期，除综合性重症监护治疗病房外，各专科相继建立重症监护治疗病房以适应本学科发展，如新生儿重症监护治疗病房（neonatal intensive care unit）、儿科重症监护治疗病房（pediatric intensive care unit，PICU）、心胸外科重症监护治疗病房（thoracic surgical intensive care unit）、呼吸科重症监护治疗病房（respiratory intensive care unit）和神经科重症监护治疗病房（neuroscience critical care unit，NCCU）等专科重症监护治疗病房。在危重病临床医学发展的同时，也相继出现了不少类型的危重病医学相关杂志和组织。1991年，美国危重病医学会又制订了危重病的研究范围。20世纪90年代，美国重症监护治疗病房的数量居世界各国之首。医院中的重症监护治疗病房在急危重症患者的治疗中已经起有不可替代的作用，大大降低了危重症患者病死率。

我国于20世纪70年代初在个别医院也出现了ICU的雏形，80年代开始出现较为正规的重症监护治疗病房。1980年中国成立危重病急救医学委员会筹委会。1986年成立了中华医学会急诊医学学会（Chinese Association of Emergency Medicine），下设10个专业学组，其中包括院外急救、复苏医学和危重病医学等。1989年我国卫生部颁布医院评审标准，将是否建立重症监护治疗病房作为医院等级的评审标准。这为危重病医学发展提供了组织上的保证。1997年6月国务院学位委员会和国家教育委员会将急诊医学划归为二级临床学科。

重症监护治疗病房和危重病医学的诞生和发展，给危重症患者带来了希望和曙光，同时人们也认识到先进监护治疗设备与专业技术的重要性。因此，在逐步了解到呼吸循环衰竭患者发病机制的基础上，出现了一系列急救复苏和器官功能支持技术（如气管内插管或切开、胸外心脏按压、心脏除颤、起搏技术、机械通气和床旁血液透析等）。先进监护技术（如血气分析、心电监测、床边心导管和影像学检查等）的开展和应用，大大促进了危重病医学发展。

【危重病医学的特点】

(一) 危重病医学与传统医学的区别

传统医学的专业分科是以单一器官或系统为研究对象，在诊治过程中往往忽视人是一个整体。危重病医学则是以研究多器官和系统疾病为目的，高度重视患者发病中的病理生理过程，根据监测获得定量资料对病情进行科学的综合分析和判断，通观全局地制订出治疗方案。危重症监护是危重病医学的精髓，是与传统医学的一个重要区别。对危重症患者由院前的基础生命支持阶段到进入重症监护治疗病房进行全过程严密有效"监护"。现在"监护"的概念已扩展到在传统医学中所有能威胁生命的疾病或相关情况。通过对危重症患者进行"监护"能及时发现重要器官衰竭的病理生理学变化，进行相关生命支持使患者度过危险期，以赢得抢救时间，挽救生命。因此，将危重症患者集中于重症监护治疗病房进行监护和治疗，一方面可以节省人力和物力，另一方面可以明显提高抢救成功率。

(二) 危重病医学的研究范畴

1. 研究内容　危重病医学打破传统医学以器官为主的分科模式，其所研究的内容不仅限于某种疾病，而是研究器官与器官之间的相互关系，研究多种致病因素引起的复杂临床综合征（如 SIRS、ARDS、DIC 和 MODS 等）。它着重探讨危重症患者的病理生理学变化、监护和治疗，防止并发症。

20 世纪 40～50 年代的研究发现，对创伤性休克进行止血和扩容后，仍有不少伤员死亡，随后提出休克微循环理论，通过改善休克患者体液分布提高疗效。20 世纪 50～60 年代心肺复苏技术的出现和开展，使心脏骤停患者得以复生。继之，血液透析和血液净化技术大大改善了急性肾衰竭患者的预后。20 世纪 70 年代，人们认识到急性呼吸窘迫综合征（也称休克肺），又推动了呼吸机治疗技术的研究。目前，危重病医学又转向从细胞和分子水平研究全身炎症反应综合征、脓毒性休克和多器官功能障碍综合征的发生和发展，拓宽了危重病医学研究的范畴。

2. 危重病评分系统　重症监护治疗病房常需要对危重症患者进行疾病严重度评分。疾病严重度评分系统（severity-of-illness scoring systems）是应用定量方法来评估患者病情的一种方法，这是危重病医学临床首先采用由定量代替定性来评估患者病情的一大进展。目前临床应用最多的是急性生理和慢性健康评分系统Ⅱ（acute physiology and chronic health evaluationⅡ，APACHEⅡ）和急性生理评分系统（simplified acute physiology score，SAPS）。这些评分系统均可用于判断危重症病人预后。所有的疾病严重度评分系统均包括常规参数，如年龄、生命体征以及呼吸、肾、神经系统功能和慢性病评价。危重病评分系统的临床应用改变了过去医生对患者病情判断的盲目性。但这些评分系统不能预测危重症患者的个体存活性，所以临床上不能根据评分系统直接指导治疗和进行临床决策，只能作为医生进行临床决策时的补充资料。

(三) 重症监护治疗病房

重症监护的概念是指对危重症患者多个器官系统采取及时高质量监护和能获取多种医学参数，以最大限度维持患者生存或提高康复后生命质量的一种新型医学监护模式。

1. 重症监护治疗病房概念　重症监护治疗病房是危重病医学的发源地，也是危重病医学的重要医疗、教学和科研基地。重症监护治疗病房集中了医院内最危重但有可能抢救成功的患者，具有危重病医学理论知识和精湛急诊医疗技术、训练有素、临床经验丰富、有高度责任心和应变能力的专业人才，应用快速的诊断方法、先进的监测设备和手段，对危重症患者进行全面、实时动态、科学定量的监测和记录，以了解危重症患者病理生理学变化，进行综合判断分析，制订严密的治疗方案，抓住救治的"黄金时刻",采取积极有效治疗措施,并以特有的高质量护理来挽救患者生命。故一个现代化的重症监护治疗病房又堪称"医院中的医院"(hospital in hospital)。

2. 重症监护治疗病房类型　重症监护治疗病房可分为"综合型"和"专科型"两种。综合型重症监护治疗病房适合于我国绝大多数医院。建立综合型重症监护治疗病房病源充足,能合理利用医疗资源,减少卫生资源浪费,便于管理和积累经验,有利于危重病医学人才培养和专业水平的发展提高。当前不少医院将"急诊-综合型重症监护治疗病房"一体化管理,减少医疗环节,缩短抢救时间,争取救治时机,提高危重症患者生存率,减少致残率。建立综合型重症监护治疗病房是发展危重病医学的必由之路。

专科型重症监护治疗病房是专科建设的延伸和发展,适应于专科医院或专科特色明显的临床学科(如烧伤科、儿科、移植科和神经外科等)。专科型重症监护治疗病房建设可以促进学科的发展。但是,由于各学科水平相近,病源分布比较分散,任何一个学科单独成立重症监护治疗病房都不足以支持其生存和发展。

3. 重症监护治疗病房设置　重症监护治疗病房是一个独立的医疗阵地,必须具有专业的人才梯队、齐全的监护治疗设备和辅助的教学科研设施。

(1) 人员配备要求:①人员配备:重症监护治疗病房专科医师固定编制人数与床位数之比为(0.8~1):1。在日常工作中,可吸收部分轮科或进修医师。医师应包括高、中和初级医师,每个管理单元必须至少配备一名具有高级职称的医师全面负责医疗工作。护士固定编制人数与床位数之比为(2.5~3):1。还可根据工作需要,配备适当数量的医疗辅助人员,如技术人员、仪器保管和维修人员、护工和清洁工等。②对专业人员要求:医师应经过规范化的相关学科轮转、危重病医学相关理论知识和技术培训,熟悉临床药理学知识和伦理学概念。在掌握常见临床监护和治疗技术外,尚能独立完成人工气道建立与管理、心肺复苏术、机械通气技术、心脏电复律与电除颤术、临时心脏起搏和血液净化技术;深静脉或动脉置管技术、血流动力学监测技术;胸膜腔穿刺术、心包穿刺术和纤维支气管镜技术等。

护士不仅要具有急诊基础知识、多专科医疗护理技能,还应具备从事危重病医学的强健体魄、应变能力和无私奉献的精神,必须经过严格专业培训考核合格后独立上岗。

(2) 床位和布局:床位数应达医院总床位数的2‰~3‰,床单元面积应达$15m^2$~$20m^2$。在不足200张病床的医院中,通常只建立一个综合重症监护治疗病房。通常,重症监护治疗病房分为治疗区和非治疗区,便于工作,防止交叉感染。

(3) 设备配置:应配备适合危重症患者使用的多功能病床,同时配备血气分析、床旁监护系统(如心电监测仪和有创压力监测装置)等,进行心电、血压、脉搏及血氧饱和度等监测。常备的治疗设备有气管内插管或切开器械、心脏除颤器、起搏器、人工呼吸机和血液净化装置等。

4. 收治对象和转出标准

(1) 收治对象:重症监护治疗病房收治那些生命体征不稳定、存在易导致器官衰竭发生的高危因素和慢性器官功能不全急性恶化但有恢复希望的患者,患者的特点是病变涉及系统多、病情重、变化快和预后差。所收治的各系统疾病如下:①循环系统:心搏骤停或复苏后生命体征不稳定、各种类型的休克、急性心力衰竭、急性心肌梗死和不稳定型心绞痛、严重心律失常和高血压危象等;②呼吸系统:急性呼吸功能不全、急性呼吸窘迫综合征(acute respiratory distress syndrome,ARDS)、慢性呼吸功能不全需进行机械通气治疗者和急性肺栓塞;③神经系统:急性颅脑损伤合并意识障碍及呼吸道阻塞、中枢神经系统或神经肌肉疾病致肌无力、吉兰-巴雷综合征或周期性麻痹等所致呼吸衰竭者和癫痫持续状态患者;④消化系统:急性重症胰腺炎或合并器官功能障碍或衰竭、应激性溃疡综合征(stress ulcer syndrome)、上消化道大出血和腹腔感染所致全身炎症反应综合征(systemic inflammatory response syndrome,SIRS)/脓毒症和脓毒性休克患者;⑤内分泌和代谢:糖尿病酮症酸中毒并发血流动力学不稳定、高渗高血糖非酮症综合征、严重水电解质酸碱平衡代谢失常、内分泌代谢危象

(如甲状腺功能亢进危象/减退危象和肾上腺危象）患者；⑥泌尿系统：急性肾衰竭；⑦其他：严重创伤、多发伤伴生命体征不稳定或重要器官功能不全者、大手术围术期需进行监护和治疗、电击伤（electrical injury）、淹溺（drowning）、自缢、中暑（heat illness）、妊娠中毒症、弥散性血管内凝血（disseminated intravascular coagulation，DIC）和严重感染并发器官功能障碍（multiple organ dysfunction）或衰竭（multiple organ failure）患者。

慢性消耗性疾病的终末状态、不可逆性疾病和不能从重症监护治疗中获得益处患者，通常不在收治范围。

(2) 转出标准：经重症监护治疗后符合以下条件患者，可转出到康复病房或相关专科继续治疗：①病人意识清楚，并且肌力、肌张力及咳嗽吞咽反射恢复，四肢活动无障碍（不包括既往偏瘫、卒中者）时；②脱离呼吸机后自主呼吸平稳，面罩/鼻导管吸氧，血氧饱和度或动脉血气正常时；③血流动力学稳定和无致命性心律失常时；④植物生存状态患者，虽然带气管切开套管，但是自主呼吸平稳，不需机械通气时。

5. 重症监护治疗病房任务 重症监护治疗病房是收治医院中危重症患者的集中管理单位。重症监护治疗病房的基本任务是监测危重症患者生命体征变化、维持重要器官功能和各器官间平衡，预防高危患者序贯发生多器官功能障碍综合征（multiple organ dysfunction syndrome，MODS）。通过对危重症患者实施生命体征监护和支持治疗，度过危险期，达到恢复或痊愈。

【危重病医学发展方向】

危重病医学是临床医学中一个新的发展迅速的领域，有许多问题尚待在实践中进一步研究探索。在我国，近期内的任务将包括：①危重病医学在医学科学领域内的定位；②进一步研究和探讨重症监护治疗病房的医疗范畴和功能；③不断引进和开展创新监测和治疗技术；④规范危重症患者的监测治疗和护理；⑤探讨科学评定危重症患者病情的方法和客观评估疗效的标准；⑥建立危重症患者网络化管理中心和病例资料收集管理和远程会诊制度；⑦建立投资-效益评估体系，合理利用医疗资源；⑧制订危重病医学教学大纲和对从事该专业的人员建立危重病医学课程培训、考核与晋升制度；⑨加强危重病医学的基础和临床科学研究工作，强调临床医学与基础医学相结合。

(寿松涛　崔书章)

第二章 水电解质和酸碱平衡代谢失常

体液（body fluid）是机体的重要组成部分。体液含量随性别、年龄、胖瘦和疾病不同而有变化。正常人体水分女性约占体重50%，男性占体重60%。年龄越大，体液所占体重比例越小。肥胖者较消瘦者体液含量少。体液包括细胞外液（extracellular fluid，ECF）和细胞内液（intracellular fluid，ICF）。细胞外液（包括血浆和组织间液）约占体重的20%，其中血浆5%，组织间液15%；细胞内液约占体重的40%（图9-2-1）。细胞内液是细胞内各种生物化学反应的场所，细胞外液是细胞生活环境，即内环境（internal environment）。细胞内液和细胞外液平衡是维持人体器官功能正常的重要保证。体液中溶质或颗粒物质浓度被称为渗透浓度（osmolity），正常范围为280～310mmol/L。细胞内外液的溶质浓度决定细胞内外渗透压（osmotic pressure）。有些溶质（如尿素）不影响水

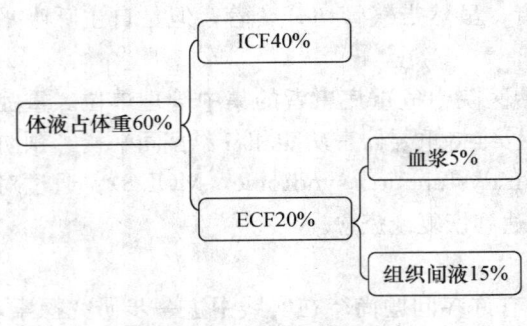

图9-2-1 体液容量及分布

的跨膜移动，被称为无效溶质。各部分体液之间不断进行物质交换，但各体液之间的比例、成分和酸碱度始终保持相对稳定。通常，水、电解质和酸碱平衡代谢失常是指机体内环境的变化，主要是细胞外液中血浆的变化。

第一节 水电解质代谢平衡调节

人体水的摄入与排出保持相对平衡。每人的生活环境及条件、饮食习惯和饮水量不同，体内水含量变化较大，摄水量主要受渴感和食欲影响。血浆渗透浓度升高刺激下丘脑前外侧的渗透压感受器，引起渴感。食欲受下丘脑摄食中枢（feeding center）和饱中枢（satiety center）调控。由于人体尿的最大渗透浓度为1200mmol/L，每天至少需要500ml尿液才能将体内代谢产生的大约600mmol溶质（废物）排出。正常人每天需水量2000～2500ml，其中饮水约1500ml，食物含水约750ml，内生水250ml。正常人每日尿量约1000～2000ml。以尿和粪（约100ml）形式排出的水为显性失水（sensible water loss）；经皮肤出汗（约500ml）和呼出气（约400ml）形式排出的水为隐性失水（insensible water loss）（图9-2-2）。细胞内外水代谢平衡主要受晶体渗透压调节。血管和组织间液之间液体移动按照Starling定律进行，即有效滤过压（effective filtration pressure）=（毛细血管静水压+组织胶体渗透压）-（组织静水压+血浆胶体渗透压）。

人体内电解质主要是指体液中的无机盐（见表9-2-1，表9-2-2）。体液中的电解质对维持人体内环境稳定和酸碱平衡起有重要作用。ICF和ECF中阴、阳离子总量相等而呈电中性。ECF的阳离子以Na^+为主，阴离子以Cl^-和HCO_3^-为主。ICF的阳离子以K^+为主，阴离子以HPO_4^{2-}和蛋白质负离子为主。血浆与组织间液二者的电解质组成及含量较为接近，血浆中蛋白质含量远远超过组织间液。这种差别有利于血浆与组织间液之间水交换。

正常血浆渗透压=2（Na^++K^+）+葡萄糖+尿素氮（mmol/L）。体液中Na^+含量是维持渗透压平衡的主要因素，它所产生的渗透压约占总渗透压的50%。

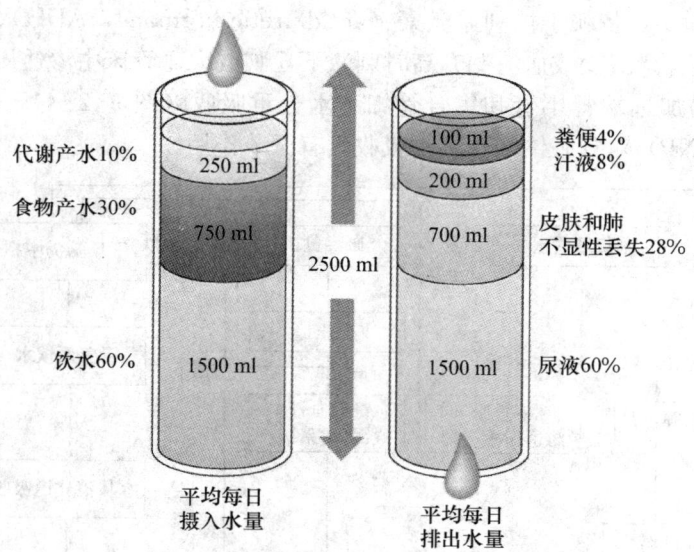

图 9-2-2 人体每日摄入和排出水量

表 9-2-1 人体体液中电解质分布

电解质		血浆 (mmol/L)	组织间液 (mmol/L)	细胞内液 (mmol/L)
阳离子	Na^+	142	147.0	15
	K^+	5	4.0	150
	Ca^{2+}	5	2.5	2
	Mg^{2+}	3	2.0	27
阴离子	HCO_3^-	27	30.0	10
	Cl^-	103	114.0	1
	HPO_4^{2-}	2	2.0	100
	SO_4^{2-}	1	1.0	20
	有机酸根	6	7.5	
	蛋白质	16	1.0	63
总量		155/155	155.5/155.5	194/194

表 9-2-2 每日消化液分泌量（ml）及其电解质浓度（mmol/L）

消化液	每日分泌量	H^+	Na^+	K^+	Cl^-	HCO_3^-
唾液	1 500		9	25	10	12~18
胃液	2 000	0~90	40~100	10~45	50~140	0~5
胆汁	700		135~145	5	80~110	35
胰液	800		135~185	5	50~70	90
小肠液	>3 000		105~135	5~20	100~120	20~30
总量	>8 000		正常仅 150ml 随粪排出			

腹泻、呕吐时→水电解质、酸碱平衡失调。不同消化液丢失可引起不同后果。

人体水摄入调节主要依赖神经调节，当机体血容量减少 10%~15%、血浆渗透压升高 1%~2% 或口腔黏膜局部干燥时，通过渗透压感受器和肾素-血管紧张素系统刺激下丘脑渴中枢（thirst center），引起渴感，增加水摄入。当水摄入后由消化道吸收，口腔黏膜湿润，血浆渗透压降低，渴感消失（图9-2-3）。水排泄主要依赖于抗利尿激素（antidiuretic hormone，ADH）、醛固酮和肾的调节，当血浆渗透压增高、血容量减少或血清钠升高时刺激下丘脑或大血管床中渗透压感受器，刺激垂体后叶分泌抗利尿激素，增加远端肾小管和集合管细胞水分重吸收（图9-2-4）。此外，心钠素（atrial natriuretic peptide，ANP）对肾脏钠和水的重吸收具有调节作用。

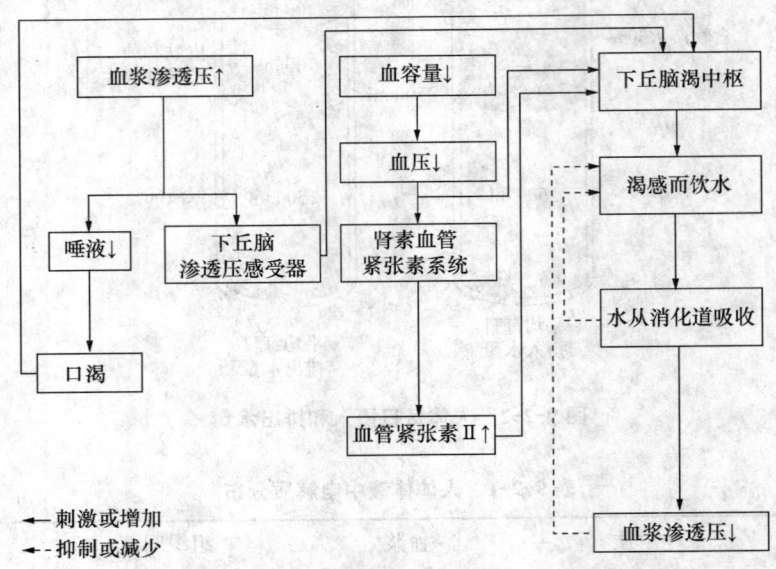

图9-2-3　血容量和渗透压调节机制示意图

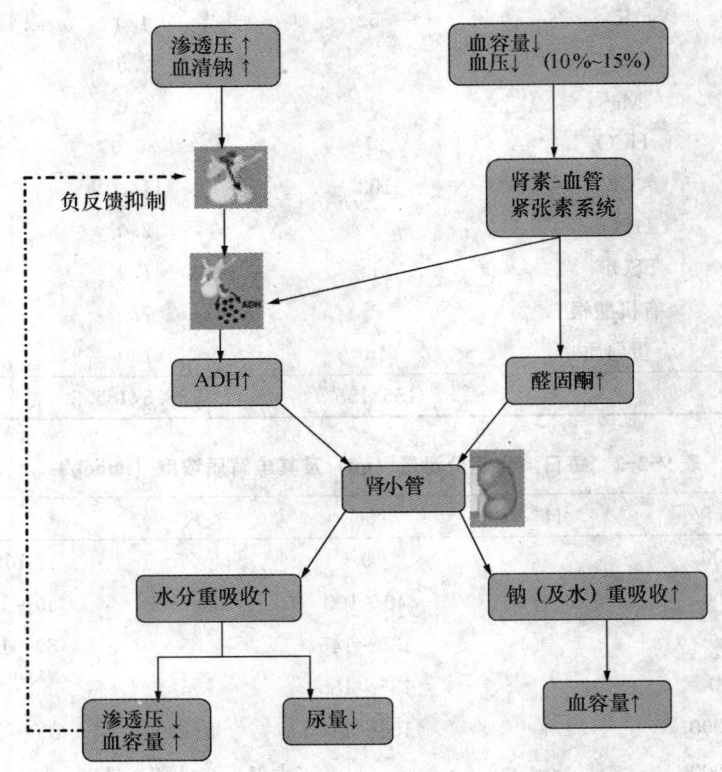

图9-2-4　水代谢调节示意图

（吴红花　寿松涛）

第二节 水、钠代谢失常

临床上，水和钠代谢失常同时发生，常见为失水（dehydration）、水过多（water excess）、低钠血症（hyponatremia）和高钠血症（hypernatremia）。

一、失水

失水是指体液丢失，造成血容量减少，包括水分子和相关溶质分子减少。失水时，临床上根据血清钠浓度高低分为等渗性失水（isotonic dehydration）、低渗性失水（hypotonic dehydration）和高渗性失水（hypertonic dehydration）。三种失水引起的细胞内外液容量和电解质变化不同（图9-2-5）。

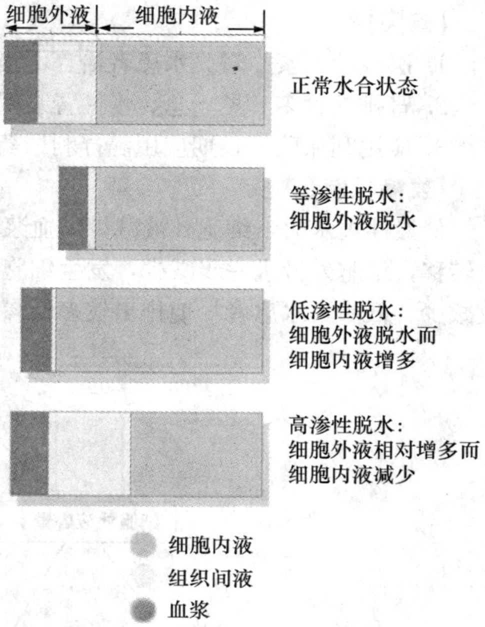

（一）等渗性失水

等渗性失水是临床最常见的失水类型。等渗性失水患者，表现为身体内水和钠成比例丢失，血清钠浓度和血浆渗透压保持在正常范围。

【病因和发病机制】

1. 病因

（1）消化道水丢失：大量呕吐、腹泻、胃肠引流或肠胰胆瘘等。

（2）第三腔隙体液潴留：第三腔隙（third space）包括胸膜腔、心包腔、腹膜腔等。如腹膜炎时腹膜腔积液、胰腺炎时腹膜后渗液和肠梗阻时肠腔积液等。

（3）大失血：此时血浆中水和电解质按比例丢失。

（4）肾丢失：肾小管功能减退或尿崩症患者，由于肾小管浓缩和/或重吸收功能减退，引起水丢失过多。

图 9-2-5 三种不同类型失水体液变化情况

2. 发病机制 等渗性失水主要是细胞外液丢失，导致血容量减少，出现低血容量表现。由于血浆晶体渗透压在正常范围，细胞内液变化不大。血容量减少刺激颈动脉窦和主动脉弓压力感受器，激活交感神经和肾素-血管紧张素-醛固酮系统，使水、钠重吸收增加。交感神经活性增强一方面促进近曲肾小管钠重吸收，另一方面增加入球小动脉血管张力，肾小球滤过率降低。

【临床表现】

主要是由于电解质代谢失常和组织低灌注引起的非特异性表现，如乏力、直立位眩晕、恶心、少尿、厌食，但无口渴；皮肤干燥、松弛、舌干燥、眼窝下陷，脉搏快而弱。轻度失水（失水量为体重的2%~3%）时，一般无细胞外液容量不足表现；当体液丢失达体重4%~6%时，出现器官灌注不足症状，如尿少等；体液丢失达体重的7%~14%时，出现低血容量休克表现。胃液丢失为主时，可伴有代谢性碱中毒。

【诊断】

主要根据详细病史和临床表现。实验室检查用于证实和支持临床诊断。血液浓缩表现（如红细胞、血红蛋白或血细胞比容增加）；血清钠和氯浓度在正常范围。尿液检查提示尿比重增加。

【治疗】

治疗目的是恢复正常血容量。在积极治疗原发病的同时，应补充已丢失水的量、生理需要量和继续丢失水的量。轻度失水者，口服补液。重度失水者，静脉补液。首次补液量为所需量的1/2，随后根据患者临床监测指标,决定补液种类、量和速度,不能仅根据既往丢失水的量。通常,首选生理盐水。生理盐水扩容效果好,输注生理盐水 1L 能使血容量扩充 300ml。5% 葡萄糖溶液 1L 仅能使血容量扩充 100~150ml。估计补液量方法有两种:根据发病前后体重变化情况估计补液量;根据血细胞比容(Hct)计算[补液量(L)=Hct 上升值/Hct 正常值×体重(kg)×0.2]。第 1 小时内补液速度要快,通常给予 1 000~2 000ml。

(二) 低渗性失水

低渗性失水时失钠多于失水,血清钠低于 135mmol/L,血浆渗透压低于 280mmol/L。

【病因】

1. 医源性因素 对失水患者治疗不当,等渗或高渗性失水治疗时补水过多,氯化钠补充不足。
2. 肾排钠过多 见于急、慢性肾衰竭多尿期、肾小管酸中毒和失盐性肾炎等。
3. 应用利尿药 长期应用髓袢利尿药,尿钠排出增多。

【发病机制】

低渗性失水时,细胞外液减少,血浆渗透压降低。由于细胞内外渗透压差别,细胞外液水向细胞内转移,细胞外液进一步减少,发生细胞水肿。血浆渗透压降低,抗利尿激素释放减少,肾脏水重吸收减少。低渗失水患者早期排出较多低渗尿(图 9-2-6)。

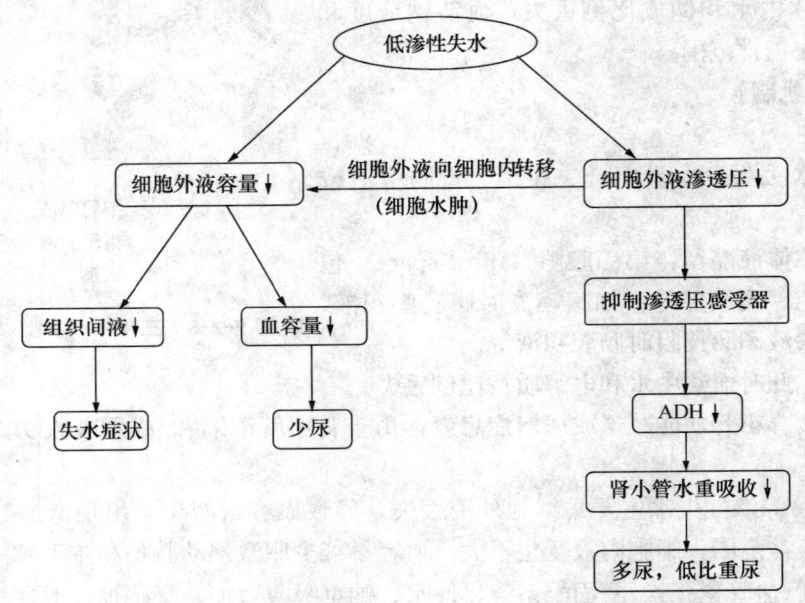

图 9-2-6 低渗性失水病生理变化

【临床表现】

患者无渴感,常见头晕、视物模糊、软弱无力;皮肤黏膜失水征明显,脉细数,甚至神志不清。与失钠性低钠血症患者相似(见低钠血症节)。

【诊断】

①病史及表现;②血清钠低于 135mmol/L;③红细胞计数、血红蛋白、血细胞比容、血非蛋白氮或血尿素氮增高;④尿比重常低于 1.010。

【治疗】

①病因治疗;②静脉输注含盐溶液或高渗盐水。

(三) 高渗性失水

失水多于失钠,血清钠大于 145mmol/L,血浆渗透压在 310mmol/L 以上。

【病因】

1. 水摄入不足　见于昏迷、吞咽困难、拒食患者或脑外伤、脑卒中患者渴感中枢或渗透压感受器不敏感引起水摄入不足。

2. 失水过多　①肾丢失：尿崩症、糖尿病酮症酸中毒、高渗高血糖非酮症综合征或高钙血症患者常导致大量尿中水丢失；②肾外丢失：由于呼出气和汗液电解质含量低，含水量高，通气过度和出汗过多患者，补液量不足时，均可导致高渗性失水。见于高温、剧烈运动、高热大量出汗及哮喘持续状态、过度换气、气管切开患者。

3. 细胞外水转移　剧烈运动或惊厥等患者由于分解代谢增强，细胞内小分子代谢物增多，细胞内渗透压增高，细胞外水向细胞内转移所致。

【发病机制】

高渗失水时，血浆渗透压升高，细胞内液向细胞外转移，导致细胞失水。渗透压升高刺激渗透压感受器，引起口渴，同时刺激ADH释放，促进肾小管重吸收水分增多，出现少尿和高比重尿（图9-2-7）。

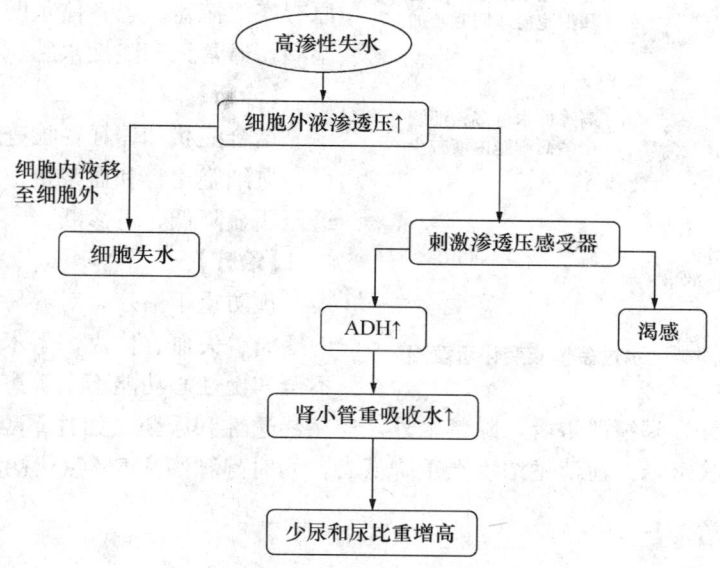

图9-2-7　高渗性失水病生理变化

【临床表现】

1. 轻度失水　除口渴外，无其他症状，缺水量为体重的2%~4%。

2. 中度失水　失水量达体重4%~6%。极度口渴、声音嘶哑、乏力、心率加快、少尿、尿比重高；唇干舌燥、皮肤弹性差、眼窝下陷，常出现烦躁。

3. 重度失水　失水量达体重的7%~14%。脑细胞失水严重，出现躁狂、幻觉、谵妄、甚至昏迷。体温中枢神经细胞失水，出现失水热。失水达15%时，患者出现高渗昏迷、无尿和急性肾衰竭。

【诊断】

①病史临床表现；②尿比重增高；③血清钠>145mmol/L；④红细胞计数、血红蛋白、血细胞比容轻度增高。

【治疗】

①尽早去除病因；②补充水分，不能经口补充者，可以经静脉滴注5%葡萄糖溶液或0.45%氯化钠溶液；③虽血清钠升高，但体内总钠量仍有减少，故失水改善后，应适当地补充钠盐；④尿量达40ml/h后应补充钾盐；⑤经补液后酸中毒仍未能完全纠正者，给予碳酸氢钠；⑥尿崩症患者应限制钠摄入，同时应用小剂量噻嗪类利尿药。

二、水过多

水过多（water excess）是指体内水过多潴留。如果进入细胞水过多，则导致细胞水中毒（water intoxication）。临床上可分为细胞等渗、低渗和高渗性水过多。不同水过多情况时，细胞内外水合状态也不同（图9-2-8）。

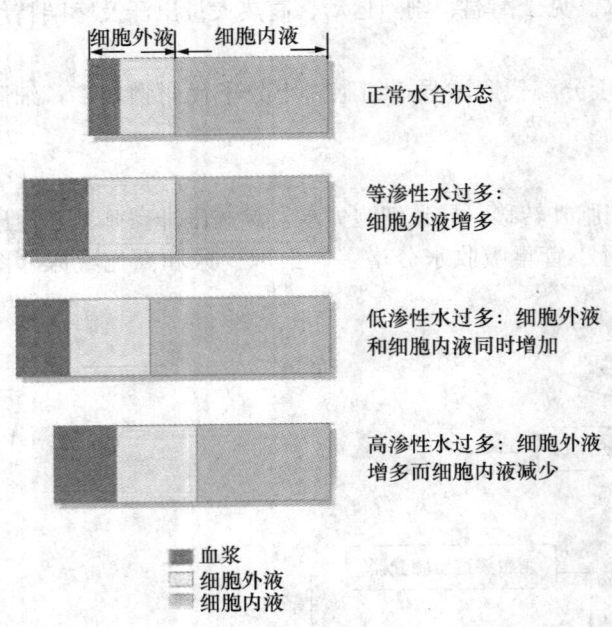

图9-2-8 三种不同类型水过多体液变化示意图

【临床表现】

1. 急性水中毒　脑细胞肿胀或脑组织水肿导致颅内压增高，引起各种神经精神症状：头晕、失语、精神错乱、定向力失常、嗜睡、躁动、惊厥或谵妄，甚至昏迷。有时可发生脑疝死亡。

2. 慢性水中毒　恶心、呕吐、软弱无力和嗜睡等。有时唾液及泪液增多。上述表现有时被原有疾病掩盖。患者体重明显增加，皮肤苍白而湿润，通常无凹陷性水肿。

【诊断】

结合症状和体征，检查红细胞计数、血红蛋白、血细胞比容和血浆蛋白浓度均降低，血浆渗透压明显降低，可诊断。

【治疗】

预防重于治疗。对容易引起抗利尿激素增多的疼痛、失血、休克、手术及创伤、急性肾功能不全和慢性心功能不全等患者，应严格限制液体入量，防止发生水中毒。病情严重者，除禁水外，应用渗透性利尿药（如甘露醇或山梨醇）静脉快速滴注，也可静脉注射呋塞米。血清钠浓度严重降低者，同时静脉滴注5%氯化钠溶液。

三、钠代谢异常

（一）低钠血症

低钠血症是指血清钠浓度低于135mmol/L，并常伴有血浆渗透压降低的病生理状态。低钠血症常与多种疾病和某些药物应用，引起体内水排出障碍有关。

【病因和发病机制】

多数情况低钠血症是由于水过多和/或钠丢失引起。

1. 缺钠性低钠血症　常见于大量出汗、呕吐、腹泻、肠瘘或消化道梗阻患者。肾钠丢失时，见于应用利尿药、失盐性肾炎、醛固酮减少或非少尿性急性肾小管坏死患者。

2. 稀释性低钠血症　见于神经性烦渴、抗利尿激素分泌失调综合征（syndrome of inappropriate antidiuretic hormone secretion，SIADH）、心力衰竭、肝硬化或肾病综合征患者。

3. 假性低钠血症　可见于严重高脂血症、高蛋白血症或高糖血症患者。应用20%甘露醇等渗透性利尿药时，可引起血浆渗透压正常或增高性低钠血症。

【临床表现】

低钠血症临床表现取决于低钠血的发生速度和血清钠下降程度。患者主要表现头痛、呕吐和神志改变。

1. 轻度　通常无明显症状，或有时出现乏力、头晕和手足麻木，但渴感不明显。

2. 中度　除上述症状外，尚有恶心、呕吐、脉细数、血压下降或降低、浅静脉萎陷、头痛、嗜睡或昏睡等。

3. 重度　患者神志不清、抽搐或木僵，腱反射减弱或消失。血清钠快速降至120mmol/L以下，可出现休克和昏迷。

【诊断】

低钠血症不是一种疾病，而是多种疾病的表现。可根据病史和体征确定病因（图9-2-9）。以下实验室指标有助于鉴别诊断：①血浆渗透压；②尿渗透压；③尿钠浓度；④尿钾浓度。

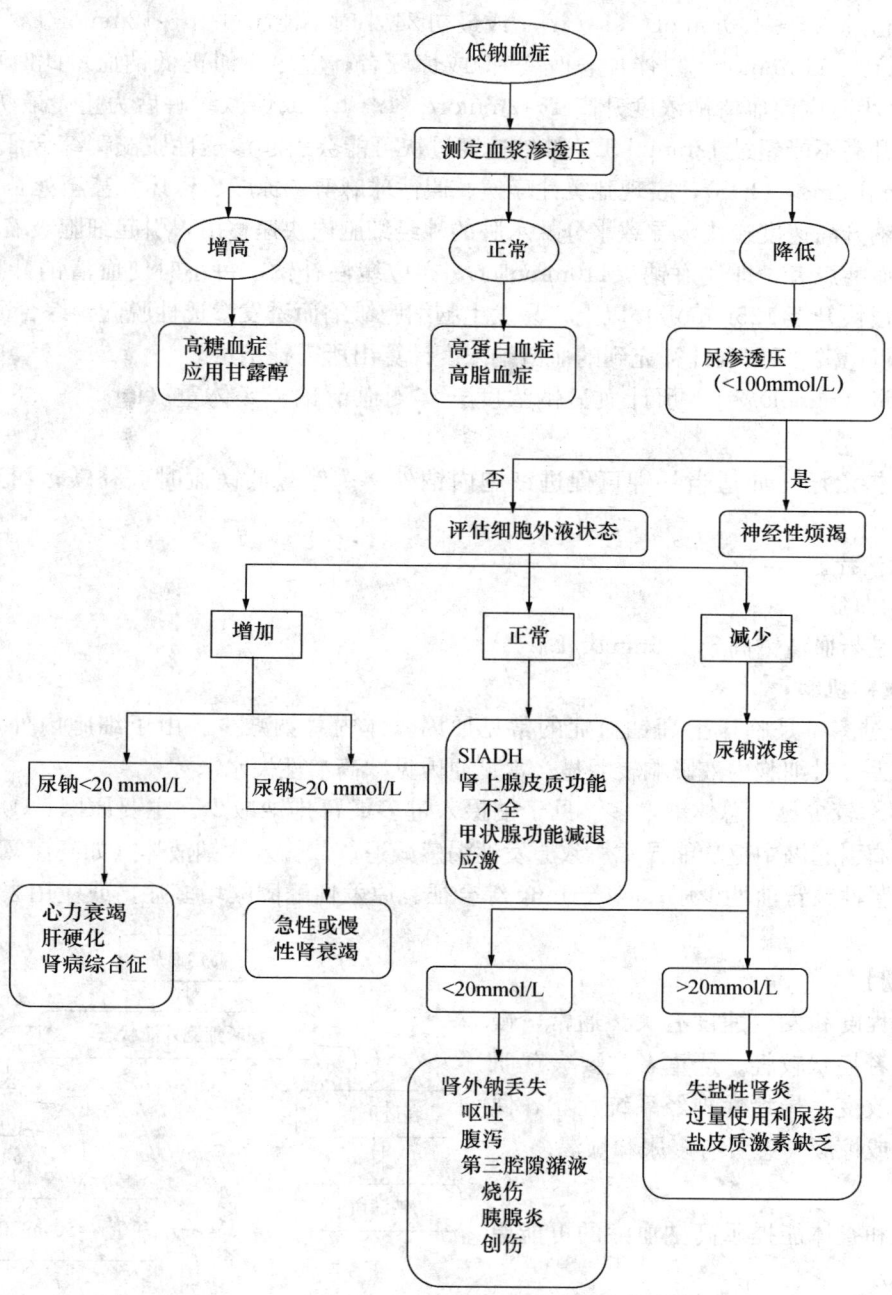

图9-2-9　低钠血症诊断流程

【治疗】

低钠血症是否需要治疗取决于血钠降低的程度及发病的缓急。症状性低钠血症患者需迅速处理。治疗目的是升高血清钠浓度、纠正脑细胞水肿和治疗原发病因。

1. 治疗措施

(1) 限制水摄入：对于稀释性低钠血症患者应限制水、钠摄入，水摄入量应少于尿量。

(2) 应用髓袢利尿药：利尿药促进水排出多于钠的排出。

(3) 补充钠丢失：低钠血症伴有细胞外液减少又无症状患者，可口服补充等渗盐水。

1) 补钠速度：补钠速度取决于患者症状。发病急、低钠血症严重的患者，需应用高张盐水。血清钠<120mmol/L 持续较久可引起永久性中枢神经系统损害，甚至死亡。无症状患者补钠时血清钠浓度升高不能超过 0.5~1.0mmol/（L·h），或最初 24 小时不能超过 10~12mmol/L。急性或严重低钠血（Na^+<110~115mmol/L）伴神志改变和/或惊厥者，应尽快纠正低钠血。此时可应用高张盐水，最初 3~4 小时应使血清钠浓度升高 1~2mmol/（L·h）或惊厥缓解后为止。最初 24 小时补钠量后血钠浓度升高不能超过 12mmol/L。补钠速度过快可能会引起渗透性脱髓鞘综合征（osmotic demyelination syndrome，ODS），表现弛缓性瘫痪、假性球麻痹、惊厥、昏迷，甚至死亡。该综合征发病可能与血清钠升高速度过快，导致水分从水肿的神经细胞内快速移出，引起细胞皱缩，髓鞘断裂有关。慢性低钠血症患者，即使血钠<110mmol/L，亦应缓慢补钠，每小时使血清钠升高 0.5mmol/L 为宜，如血钠很快升至 125mmol/L 以上，易发生脑细胞皱缩而诱发渗透性脱髓鞘综合征。

2) 补钠量计算：根据预计补充到的血清钠浓度计算出所需补钠量。

所需补钠量（mmol）＝（预计血清钠浓度－实测血清钠）×体重（kg）×0.6（女性患者为 0.5）。

2. 对症支持治疗　如适当补钾可促进细胞内钠外移；伴有低镁血时应补镁；纠正酸碱平衡失常等。

3. 原发病治疗。

（二）高钠血症

高钠血症是指血清钠高于 145mmol/L。

【病因和发病机制】

1. 水丢失过多　是临床上高钠血症的常见原因。体内总钠减少。由于细胞内外水分布比例为 2∶1，单纯水丢失对细胞内液影响较明显。常见原因见"高渗性失水"。

2. 钠潴留　较少见。总体钠增多。见于钠摄入过多或肾排钠减少。主要原因：①颅脑外伤、脑血管意外和肿瘤引起渴中枢功能异常所致原发性渴感减退；②输入含钠液体（如高渗氯化钠、碳酸氢钠）过多；③肾性或肾前性少尿；④Cushing 综合征、原发性醛固酮增多症，或应用去氧皮质酮及钠摄入过多等。

【临床表现】

与高钠血程度和发生速度有关。通常，慢性高钠血症患者症状较轻。严重者主要表现肌肉无力、意识改变、局灶性神经系统症状，偶尔可出现昏迷或惊厥。患者有多尿和烦渴。

【诊断】

详细病史和查体能提示高钠血症的可能原因（图 9-2-10）。

【治疗】

治疗目的是恢复细胞外液量，纠正体内缺水，阻止水分进一步丢失。

1. 补充水量　可根据下述公式计算补水量：

缺水量＝[（血清钠－140）×总体水]/140

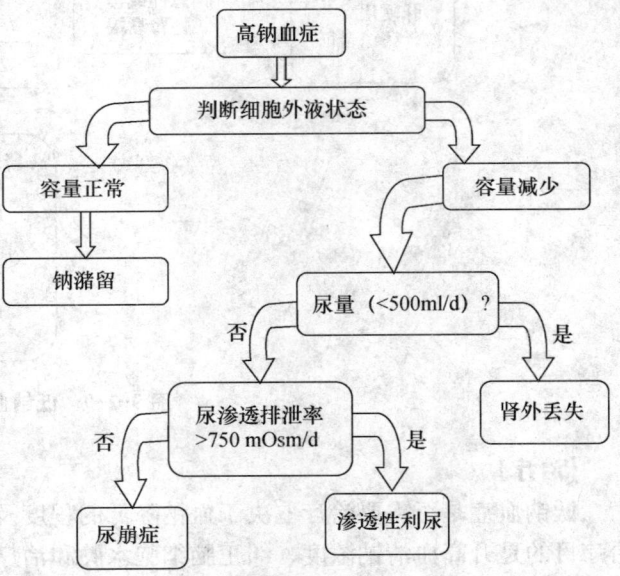

图 9-2-10　高钠血症的诊断流程

男、女患者因水丢失出现高钠血症时，他们的总体水已分别丢失约10%。补水时尚应考虑水的继续丢失量。

2. 补水速度 应在48~72小时内缓慢补充水丢失，否则有可能引起脑细胞肿胀，造成永久性神经系统损伤。血清钠浓度降低速度不能超过0.5mmol/（L·h），最初24小时不能超过12mmol/L。

3. 补水途径 补水最安全的途径是经口或鼻胃管给予。

（吴红花　寿松涛）

第三节　钾代谢失常

钾是细胞内的主要阳离子。正常血清钾为3.5~5.5mmol/L，细胞内为150mmol/L。细胞内外钾之比为（35~38）:1。成年人每日需要供给钾40~120mmol或1mmol/kg。钾主要由肾排出。肾排钾量主要受血清钾浓度和醛固酮调节。

一、低钾血症

血清钾低于3.5mmol/L称为低钾血症（hypokalemia），血清钾降低1mmol/L表示总体钾减少200~400mmol。

【病因】

1. 摄入不足 长期进食不足、接受肠外营养（parenteral nutrition，PN）或全胃肠外营养（total parenteral nutrition，TPN）治疗者钾盐补充不足。

2. 丢失过多 ①呕吐、腹泻、持续胃肠减压、肠瘘、结肠绒毛状腺瘤或输尿管乙状结肠吻合术等；②长时间应用呋塞米等利尿药；③醛固酮增多症、Cushing综合征或Bartter综合征；④糖尿病酮症酸中毒、近端肾小管酸中毒。

3. 分布异常 代谢性碱中毒；维生素B_{12}、叶酸或胰岛素治疗；周期性低钾麻痹。

【临床表现】

临床表现与低钾血的严重程度有关。

1. 神经-肌肉系统 血清钾<3mmol/L时，患者常出现肌痛、双下肢无力、腱反射减弱或消失，甚至瘫痪。累及呼吸肌时出现呼吸困难或呼吸衰竭。有的患者发生吞咽困难、进食或饮水时呛咳。累及平滑肌者，可出现麻痹性肠梗阻等。

2. 心脏 低钾血可导致心肌细胞和传导系统功能异常。典型的心电图改变为：T波低平、双相或倒置，ST段降低，明显U波和QU间期延长。严重者，出现PR增宽，QRS波幅度降低和增宽（图9-2-11），甚至猝死。低钾血患者应用强心苷类药时，容易发生中毒。

3. 酸碱平衡失常 低钾血症患者常出现低钾性碱中毒和反常性酸性尿。

【诊断】

低钾血症诊断程序包括病史、症状、体征和血清钾测定（图9-2-12）。实验室血清钾测定是确诊的必备条件。严重缺水患者伴低钾血时，因血液浓缩，起初血清钾降低可不明显，纠正缺水后即可出现明显低钾血。此外，低钾血合并严重酸中毒时，钾由细胞内液移出，可掩盖低钾血。

【治疗】

治疗目的是减少钾丢失和纠正钾缺乏。除周期性低钾麻痹外，因细胞内转移引起的低钾血很少需要静脉补钾。口服补钾最安全。严重低钾血症或不能经口补钾的患者，应静脉补钾。静脉补钾时，通常氯化钾应加入生理盐水中输入，与葡萄糖一起输注有可能加重低钾血。静脉液体中最大钾浓度不应超过40mmol/L，输注速度不能超过20mmol/h。静脉快速补钾时，应严密监测心电图、血清钾浓度和临床表现。

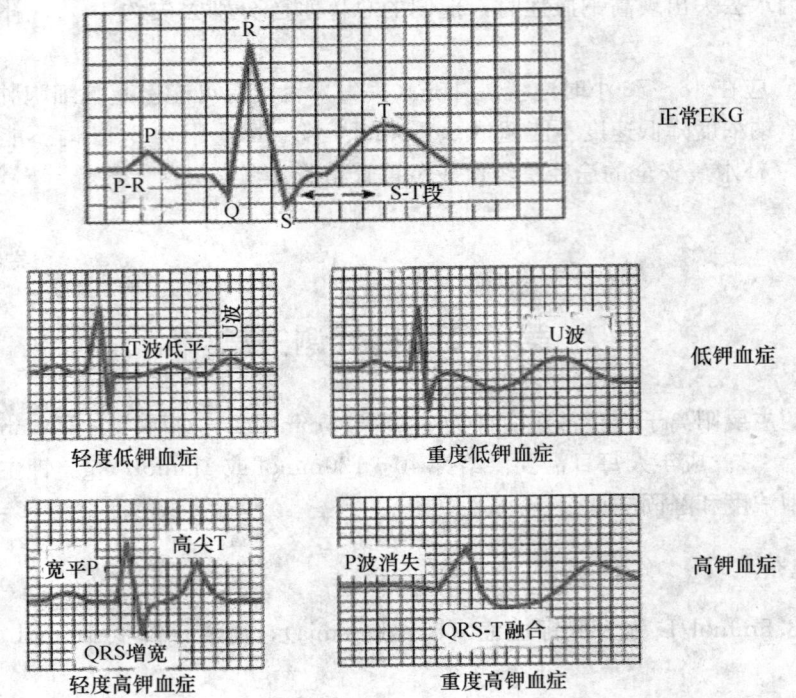

图 9-2-11 钾代谢失常心电图表现

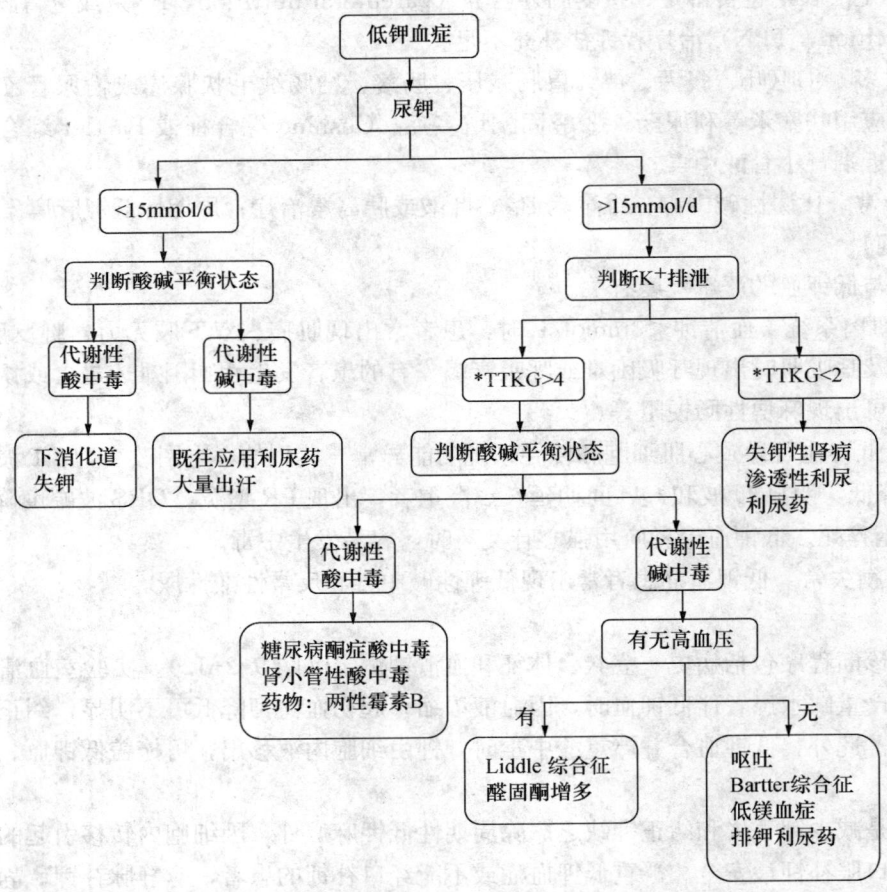

*TTKG(经肾小管尿钾梯度)=(尿钾浓度/血清钾浓度)÷(尿渗透压/血浆渗透压)

图 9-2-12 低钾血症诊断流程

二、高钾血症

血清钾超过 5.5mmol/L 时称为高钾血症（hyperkalemia）。

【病因】

1. 摄入过多　口服或静脉输注氯化钾、服用含钾药或大量输入库存血液。
2. 排出减少　是临床上发生高钾血症的主要原因。
（1）肾衰竭：急或慢性肾衰竭患者出现少尿或无尿时影响体钾排出。
（2）保钾利尿药：如长时间应用氨苯蝶啶和醛固酮受体拮抗剂螺内酯等。
（3）醛固酮生成减少：见于低肾素-低醛固酮综合征患者，由于血醛固酮水平降低，肾脏保钠排钾作用减退所致。
（4）皮质醇生成减少：肾上腺皮质功能减退患者由于皮质醇生成减少，体钾排出减少可导致高钾血症。
3. 组织破坏　急性溶血、严重挤压伤、组织坏死、横纹肌溶解症或肿瘤溶解综合征等患者，由于细胞内钾含量较高，释放入血引起高钾血。
4. 分布异常　见于严重代谢性酸中毒和应用琥珀酰胆碱及精氨酸等治疗的患者，上述情况造成细胞内外钾异常分布。

【临床表现】

高钾血可损害神经-肌肉系统和心脏等。

1. 神经-肌肉系统　可出现感觉异常、四肢无力，甚至弛缓性麻痹。神志模糊或淡漠；累及呼吸肌时，即可发生呼吸衰竭。
2. 心脏　高钾血症时心电图常出现窦性停搏、窦房阻滞、房室传导阻滞、心室颤动或心电静止表现。血清钾超过 6.0mmol/L 时，T 波呈基底狭窄高尖，QT 间期缩短；血清钾 7.0～9.0mmol/L 时，PR 间期延长，P 波扁平或消失，QRS 波增宽，R 波振幅降低，S 波加深，ST 段压低；血清钾超过 9.0mmol/L 时，QRS 波群增宽与 T 波融合呈正弦波，甚至心脏停搏表现。心电图表现对高钾血症有辅助诊断价值。高钾血主要影响心肌收缩功能，心脏停搏时常处于舒张期。

【诊断】

有引起高钾血症原因的患者，血清钾＞5.5mmol/L 时即可确诊。临床表现仅供参考，心电图表现有诊断价值，同时也可作为了解血清钾升高程度和观察疗效的重要参考。此外，诊断时应除外假性高钾血，如采血时止血带过紧造成组织损伤或标本溶血等引起的高钾血。血液酸碱状态影响血清钾浓度，碱中毒时血清钾浓度降低，酸中毒时血清钾浓度升高。

【治疗】

治疗方法取决于高钾血症严重程度。

1. 对抗高钾血作用

（1）静脉注射钙剂：血清钾＞7.0mmol/L 或有高钾血症心电图改变时，静脉注射 10%葡萄糖酸钙 10ml，据情 5～10 分钟后重复注射。也可应用 10%氯化钙 5ml，但需经中心静脉途径用药。

（2）胰岛素：胰岛素能促进血钾进入细胞内，可暂时降低血清钾浓度。通常与葡萄糖一起静脉输注。常规胰岛素：葡萄糖为 1：（3～4）。15～30 分钟起效，作用持续数小时。

（3）碳酸氢钠溶液：静脉输注碳酸氢钠溶液能促进钾向细胞内转移，降低血清钾浓度。特别适用于酸中毒伴有血清钾＞5.5mmol/L 患者。应用等渗碳酸氢钠溶液（134mmol/L）100～200ml 静脉输注。

（4）β_2 受体激动药：肾衰竭伴有高钾血患者不能耐受大量液体和含钠溶液输入时，可应用 β_2 受体激动药（如吸入沙丁胺醇）促进血钾向细胞内转移，30 分钟起效，可使血清钾浓度降低 0.5～1.5mmol/L，作用维持 2～4 小时。

2. 促进钾排出

(1) 利尿药：肾功能正常者，联合应用髓袢利尿药和噻嗪类利尿药增强钾从肾脏排出。呋塞米 20~40mg 静脉注射。

(2) 阳离子交换树脂：应用聚苯乙烯磺酸钠在肠道内与钾交换后排出。聚苯乙烯磺酸钠 15~50g 加入 20% 山梨醇 50~100ml 口服，1~2 小时内使血清钾降低 0.5~1.0mmol/L，作用维持 4~6 小时；或聚苯乙烯磺酸钠 20~50g 与 20% 山梨醇 200ml 混合 30 分钟内灌入保留灌肠。术后患者应避免应用山梨醇，以免发生结肠坏死。

(3) 血液透析：是降低血清钾最快而有效的方法。主要用于急性肾衰竭和对保守措施无效的严重高钾血症患者。腹膜透析也可降低血清钾，但其效果仅为血液透析效果的 15%~20%。

3. 原发病治疗 停止一切含钾物质的摄入及输入。对于急性肾衰竭或溶血患者应积极进行治疗。

（吴红花 寿松涛）

第四节 酸碱平衡代谢失常

机体对酸碱负荷有强大缓冲能力和调节功能。在许多病理情况下，机体对酸碱负荷缓冲代偿能力减退或丧失时即可发生酸碱平衡代谢失常。动脉血酸碱度（或 pH 值）的高低取决于血浆 HCO_3^-/H_2CO_3 浓度比。根据动脉血酸碱度变化可以将酸碱平衡代谢失常分为两大类：动脉血 pH 值降低称为酸血症（acidemia）；动脉血 pH 值升高称为碱血症（alkalemia）。血浆 HCO_3^- 含量主要受代谢性因素影响，动脉血 HCO_3^- 浓度原发性降低或增高引起的酸碱平衡代谢失常分别称为代谢性酸中毒（metabolic acidosis）和代谢性碱中毒（metabolic alkalosis）。动脉血 H_2CO_3 含量主要受呼吸性因素影响，动脉血 H_2CO_3 浓度原发性增高或降低引起的酸碱平衡代谢失常分别称为呼吸性酸中毒（respiratory acidosis）和呼吸性碱中毒（respiratory alkalosis）。在单纯性酸中毒或碱中毒时，虽然体内酸性或碱性物质含量已超出正常范围，由于机体自身调节功能，使得动脉血 pH 值仍在正常范围，此时分别称为代偿性酸中毒（compensated acidosis）或代偿性碱中毒（compensated alkalosis）。如果机体自身调节功能不能维持动脉血 pH 值在正常范围，动脉血 pH 值高于正常范围称为失代偿性碱中毒（uncompensated alkalosis），低于正常范围称为失代偿性酸中毒（uncompensated acidosis）。

临床上，患者不仅可以存在单纯性酸碱平衡代谢失常（simple acid-base disturbance），同时还可以存在两种或两种以上酸碱平衡代谢失常，此时称为混合性酸碱平衡代谢失常（mixed acid-base disturbance）。

一、酸碱平衡代谢调节及诊断

(一) 体内酸碱物质来源

能释放出 H^+ 的化学物质称为酸，能接受 H^+ 的化学物质称为碱。体液中的酸性或碱性物质主要是机体组织细胞在物质新陈代谢过程中产生的。

体内的酸性物质主要来源于糖、脂类及蛋白质等的分解代谢，少量来自于某些食物及药物。酸性物质可分为挥发性酸和非挥发性酸两大类。

1. 挥发性酸 挥发性酸即 H_2CO_3。正常成人每日由糖、脂类和蛋白质分解代谢产生约 350L（15mol）的二氧化碳。生成的二氧化碳主要在红细胞内碳酸酐酶（carbonic anhydrase，CA）催化下与水结合生成 H_2CO_3。H_2CO_3 随血液循环运至肺部后重新分解成二氧化碳并呼出体外，故 H_2CO_3 称为挥发性酸。

2. 非挥发性酸 体内代谢过程中还可产生一些有机酸和无机酸，如核酸、磷脂和磷蛋白分解产生磷酸，糖代谢产生丙酮酸和乳酸，脂肪酸产生酮体，含硫氨基酸产生的硫酸等。这些酸性物质不能由肺呼出，必须经肾随尿排出体外。所以上述酸又称为非挥发性酸或固定酸。正常人体内每天产生的固定酸约为50~100mmol。固定酸还可来自某些食物，如醋酸、柠檬酸等。此外摄入的某些药物，如阿司匹林和水杨酸等也增加体内非挥发性酸的含量。

碱性物质主要来源于植物性食物，如蔬菜和水果。食物中有机酸根在体内氧化生成二氧化碳和水，剩下的 Na^+、K^+ 则与 HCO_3^- 结合生成碳酸氢盐。此外，体内碱性物质尚可来源于某些药物，如碳酸氢钠等。

正常情况下，体内产生的酸性物质多于碱性物质，故机体的调节系统在酸碱平衡代谢调节中，对酸的缓冲调节能力较大。

（二）酸碱平衡调节系统

人体酸碱平衡调节系统包括：血液缓冲系统、肺、肾和组织细胞（图9-2-13）。

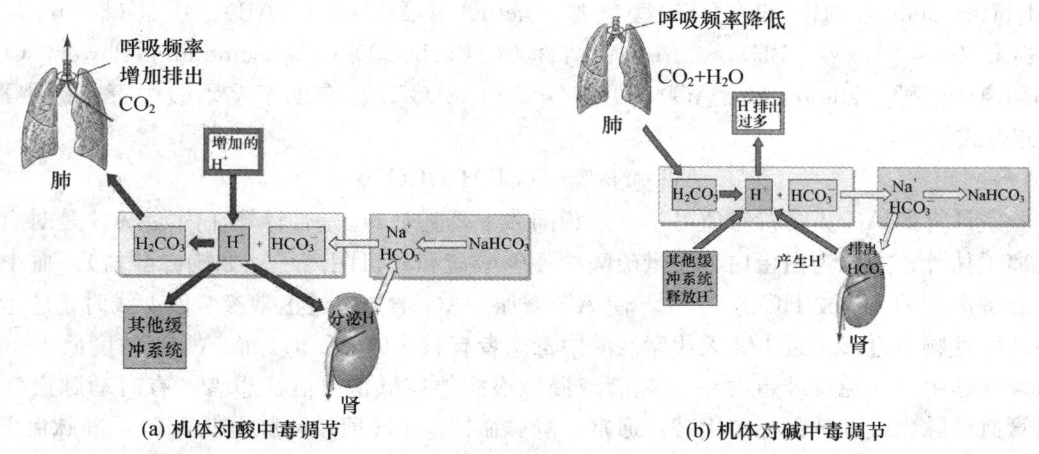

图 9-2-13　机体对酸碱平衡的调节

1. **血液缓冲系统**　由弱酸和其共轭碱构成具有缓冲酸或碱能力的混合调节体系。

血液中缓冲对：$NaHCO_3/H_2CO_3$；Na_2HPO_4/NaH_2PO_4；Na-蛋白质/H-蛋白质。

红细胞中缓冲对：$KHCO_3/H_2CO_3$；K_2HPO_4/KH_2PO_4；KHb/HHb；$KHbO_2/HHbO_2$。

碳酸氢盐缓冲对主要缓冲非挥发性酸与碱；血红蛋白缓冲对主要缓冲挥发性酸；血浆 $NaHCO_3/H_2CO_3$ 缓冲能力强，是体内最重要缓冲体系。其中血液 H_2CO_3 浓度可通过体液中物理溶解的 CO_2 进行调节。血液 $NaHCO_3$ 浓度则可通过肾脏调节维持相对恒定。

正常时，只要维持血液缓冲碱/缓冲酸比值为 20：1，就可以维持血液 pH 值不变。该缓冲系统反应迅速，但缓冲作用持续时间短。

体液 pH 值主要取决于 $[HCO_3^-]/[H_2CO_3]$ 的比值。

$$H-H 方程：pH = pKa + \lg\frac{[NaHCO_3]}{[H_2CO_3]}$$
$$= 6.1 + \lg 24/1.2$$
$$= 6.1 + \lg 20/1 = 6.1 + 1.3 = 7.4$$

2. **肺**　肺通过呼吸频度和深度调节血液中 CO_2 分压，使 $[HCO_3^-]/[H_2CO_3]$ 比值维持在 20/1，动脉血 pH 维持在 7.35~7.45。肺只能通过增加或降低通气来调节缓冲对中 H_2CO_3 浓度，缓冲对中 HCO_3^- 浓度主要通过肾调节。肺对 H_2CO_3 产生的 CO_2 调节作用最强，30分钟即达高峰。动脉血 pH 变化时通过刺激颈动脉体和延髓中枢化学感受器代偿。这两种感受器影响呼吸运动，触发分钟通气量改变。动脉血 pH 降低时，刺激呼吸中枢增加分钟通气量，降低 $PaCO_2$，使动脉血 pH 趋于正常。反之，动脉血 pH 升高时，抑制通气，升高 $PaCO_2$，使动脉血 pH 趋于正常。

3. **肾**　肾通过排出血中的固定酸来调节血 HCO_3^- 浓度，维持动脉血 pH 值相对稳定。肾对酸碱平衡代谢失常时急性代偿作用不大，对动脉血 pH 变化不能即刻发生反应。肾排出固定酸和保碱作用较强，但起效慢，持续性酸中毒发生 6~12 小时后才能引起肾 H^+ 排出（主要以铵、NH_4^+ 形式，伴碳酸氢盐潴留、HCO_3^- 重吸收）。相反，发生碱血症 6 小时后肾即能排出碳酸氢盐并重吸收以有机酸形式存在的 H^+，从而使动脉血 pH 趋于正常。

4. 组织细胞　主要通过细胞膜内外离子交换维持细胞外液 [H^+] 稳定，如：H^+-K^+、H^+-Na^+、Na^+-K^+ 交换。其调节酸碱平衡代谢失常作用强，多在出现酸碱平衡代谢失常 3~4 小时起作用，但易发生电解质代谢失常。肝细胞通过合成尿素清除 NH_3。骨盐也参与机体酸碱平衡代谢调节。

（三）诊断

1. 酸碱平衡代谢指标　临床酸碱平衡代谢失常主要根据动脉血 pH 值测定诊断。反映机体酸碱平衡代谢失常的常用指标有动脉血酸碱度（pH）、动脉血二氧化碳分压（$PaCO_2$）、标准碳酸氢盐（standard bicarbonate，SB）和实际碳酸氢盐（actual bicarbonate，AB）、缓冲碱（buffer base，BB）、碱剩余（base excess，BE）、二氧化碳结合力（Carbon Dioxide Combining Power，CO_2CP）、电解质和阴离子间隙（anion gap，AG），见表 9-2-3。AG 计算有助于鉴别酸中毒或碱中毒类型。AG 计算方程式如下：

$$AG = Na^+ - (Cl^- + HCO_3^-)$$

各实验室计算的 AG 正常参考值可不完全相同（主要基于 K^+ 是否计算在内）。AG 是对血浆中未测定的阴离子估计，主要为白蛋白、少量硫酸盐、磷酸盐和有机阴离子（如枸橼酸盐）。血中有机酸过多时，分解产生的 H^+ 被 HCO_3^- 中和，使 AG 增加。AG 增加超过正常参考值上线时，应考虑到血中有机酸或酸性物质过多。近 1/3 无代谢性酸中毒患者有较小的 AG 值。血 AG 液浓度低于 3mmol/L 时应注意排除锂中毒、免疫球蛋白 G 骨髓瘤或慢性疾病伴有低蛋白血症患者。有时动脉血气测定可用毛细血管血动脉化或静脉血标本代替。通常，静脉血标本 pH 值较动脉血低 0.05，静脉血 PCO_2 较动脉血高 5~6mmHg。

2. 代偿变化　当机体出现酸碱平衡代谢失常时，通过调节系统调节，以维持血 pH 值在正常范围。代谢因素引起的非挥发性酸增加或减少时，主要由呼吸系统进行调节。相反，呼吸因素引起的酸中毒或碱中毒，主要由肾脏进行调节。其代偿程度可由经验公式进行计算（表 9-2-4）。通过比较预计值和实际测定值判断是单纯性还是混合性酸碱平衡代谢失常。

3. 酸碱平衡代谢失常诊断注意事项　酸碱平衡代谢失常诊断需要考虑是否真正存在酸碱平衡代谢失常、原发性酸碱代谢失常类型、单纯型或混合型及主要原因。酸碱平衡代谢失常主要分为以下五种类型：

（1）代谢性酸中毒：根据 AG 值又可分为 AG 增高型和 AG 正常型酸中毒。

（2）代谢性碱中毒：根据给予生理盐水（氯离子）后能否缓解分为对氯反应性及对氯耐受性两大类代谢性碱中毒。

（3）呼吸性酸中毒：按病程可分为急性呼吸性酸中毒和慢性呼吸性酸中毒。

（4）呼吸性碱中毒：按病程可分为急性和慢性呼吸性碱中毒。

（5）混合型酸碱平衡紊乱：可细分为分为酸碱一致性和酸碱混合型。

二、单纯性酸碱平衡代谢失常

单纯性酸碱平衡代谢失常可分为代谢性酸中毒、呼吸性酸中毒、代谢性碱中毒和呼吸性碱中毒。

（一）代谢性酸中毒

代谢性酸中毒是指细胞外液 H^+ 浓度增加和（或）HCO_3^- 丢失引起的以血浆 HCO_3^- 减少为特征的酸碱平衡代谢失常。代谢性酸中毒分为 AG 增高型（血氯正常）和 AG 正常型（血氯升高）两类（图 9-2-14）。

表 9-2-3 酸碱平衡常用指标和临床意义

常用指标	中文名称	概念	正常参考值	临床意义	备注
pH			7.35~7.45，平均7.40	升高：失代偿碱中毒 降低：失代偿酸中毒 正常：代偿酸碱中毒、正常、相消性酸碱平衡代谢失常	
$PaCO_2$	动脉血二氧化碳分压	血浆中物理溶解状态 CO_2 分子张力	35~45mmHg 平均40mmHg	呼吸性指标 升高：呼酸或代偿后代碱 降低：呼碱或代偿后代酸	
SB	标准碳酸氢盐	全血在标准条件下（$PaCO_2$ = 40mmHg，温度38℃，血红蛋白氧饱和度为100%）时血浆 HCO_3^- 浓度	22~27mmHg 平均24mmHg	升高：代碱或肾代偿后呼酸 降低：代酸或肾代偿后呼碱	
AB	实际碳酸氢盐	隔绝空气条件下，在实际 $PaCO_2$、体温和血氧饱和度条件下，血浆 HCO_3^- 浓度	正常人 AB 和 SB 相等	SB↓AB↓：代酸 SB↑AB↑：代碱 （AB和SB差值反映呼吸因素） SB：N AB>SB：CO_2潴留，呼酸 SB：N AB<SB：CO_2排出过多，呼碱	N：正常
BB	缓冲碱	血中具有缓冲作用阴离子（Hb^-、HbO_2、Pr^- 和 HPO_4^{2-}）的总和	45~52mmol/L 平均48mmol/L	升高：代碱 降低：代酸	
BE	碱剩余或碱缺失	标准条件下，将1L全血或血浆滴定到pH7.4所需酸或碱量	-3.0~+3.0	BE负值↑：代酸 BE正值↑：代碱	酸滴定BE为正值碱滴定BE为负值
AG	AG	血未测定阴离子与未测定阳离子差值	12±2mmol/L	AG↑：固定酸增多如：磷酸盐、硫酸盐潴留、乳酸堆积、酮体过多及水杨酸中毒、甲醇中毒等 AG↓：常见于低蛋白血	

表 9-2-4 酸碱平衡代谢失常预计代偿程度

酸碱失常		预计代偿
代酸		预计 PCO_2=1.5×（HCO_3^- 测定值）+8±2（需12~36小时代偿完全）
代碱		HCO_3^- 每增加 1mmol/L，PCO_2 增加 0.5mmHg
呼酸	急性	PCO_2 每增加 10mmHg，HCO_3^- 增加 1mmol/L
	慢性（24~36小时）	PCO_2 每增加 10mmHg，HCO_3^- 增加 3~5mmol/L
呼碱	急性	PCO_2 每降低 10mmHg，HCO_3^- 降低 1~2mmol/L
	慢性（24~36小时）	PCO_2 每降低 10mmHg，HCO_3^- 降低 5mmol/L

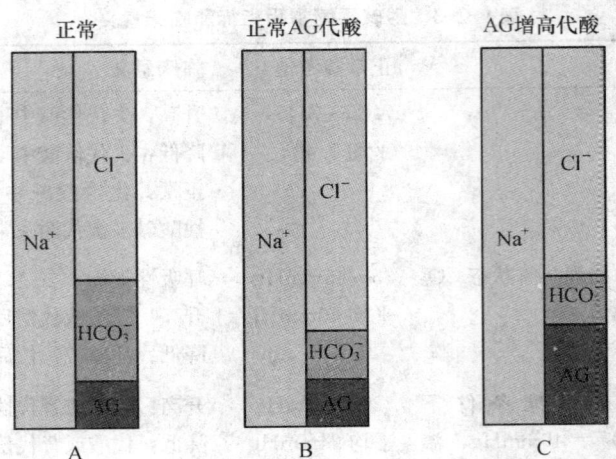

图 9-2-14　正常和代谢性酸中毒时 AG 值变化
A. 正常情况；B. AG 值正常高血氯型代谢性酸中毒；C. AG 值增高正常血氯型代谢性酸中毒

【病因和发病机制】

机体产生 H^+ 过多或肾泌 H^+ 障碍是引起代谢性酸中毒的两个基本原因。

1. **阴离子间隙增大型代谢性酸中毒**　可包括急诊常见的横纹肌溶解、酒精中毒、异烟肼中毒等任何血浆固定酸浓度增加，AG 就增大。此时血浆 HCO_3^- 浓度降低，血浆 Cl^- 浓度无明显变化，发生 AG 增大型正常血氯性酸中毒。在 AG 增大型代谢性酸中毒时，$\triangle AG = \triangle [HCO_3^-]$。

(1) 乳酸酸中毒：见于缺氧（休克、肺水肿或严重贫血等）、肝病（乳酸利用障碍）、糖尿病、一氧化碳中毒或氰化物中毒等。发生乳酸酸中毒时，由于机体缓冲作用而使血浆 HCO_3^- 浓度降低，AG 值增大，但血氯浓度正常。

(2) 酮症酸中毒：见于糖尿病、饥饿或酒精中毒等。血酮体包括 β-羟丁酸、乙酰乙酸和丙酮酸，其中 β-羟丁酸和乙酰乙酸在血浆中释放出 H^+，血浆 HCO_3^- 与 H^+ 结合缓冲后，血浆 HCO_3^- 浓度降低。

(3) 尿毒症性酸中毒：肾小球滤过率降低，体内非挥发性酸性代谢产物不能由尿液中正常排出，特别是硫酸、磷酸等在体内积蓄，使血浆中未测定的阴离子增加，血浆 HCO_3^- 浓度下降或降低。

(4) 水杨酸中毒：大量摄入水杨酸盐引起。

2. **阴离子间隙正常型代谢性酸中毒**　血浆 HCO_3^- 浓度原发性减少引起的代谢性酸中毒（失碱性代酸），同时血 Cl^- 浓度代偿性增高，AG 无变化，称为 AG 正常型高氯血性酸中毒。在该型酸中毒时，$\triangle [HCO_3^-] = \triangle [Cl^-]$。

(1) 消化道丢失 HCO_3^-：肠液、胰液和胆汁 HCO_3^- 浓度都高于血液。因此，严重腹泻、小肠与胆道瘘管和肠引流术等均可引起 HCO_3^- 大量丢失而使血氯代偿性升高。AG 值正常。

(2) 尿液碳酸氢盐排出过多：常见于：①轻、中度慢性肾衰竭：因肾小管上皮细胞功能减退，泌 H^+ 和泌 NH_4^+ 减少，碳酸氢钠重吸收减少而排出增多；②近端肾小管性酸中毒：近曲小管上皮细胞产生 H^+ 能力减弱，近曲小管内 H^+-Na^+ 交换和 HCO_3^- 重吸收减少，肾小管氯化钠重吸收相应增加，大量 HCO_3^- 随尿排出，尿液呈碱性；③远端肾小管性酸中毒：远曲小管上皮细胞泌 H^+ 障碍，体内 H^+ 滞留，尿液不能被酸化（尿 pH＞6.0）。同时，HCO_3^- 却不断随尿排出，发生轻至中度 AG 正常型高血氯性酸中毒；④应用碳酸酐酶抑制药：因抑制肾小管上皮细胞内碳酸酐酶的活性，细胞内 H_2CO_3 生成减少，结果使 H^+ 分泌和 HCO_3^- 重吸收减少；⑤含氯酸性药摄入过多：血 Cl^- 增多，促使近曲小管以氯化钠形式重吸收 Na^+ 增多，远曲小管内 Na^+ 含量减少，因而 H^+-Na^+ 交换减少，HCO_3^- 回吸收减少，经缓冲作用又可消耗 HCO_3^-，导致 AG 正常型高血氯性酸中毒。大量输注生盐水也可引起 AG 正常型高血氯性酸中毒。

【机体代偿调节】

1. 血液缓冲作用　血浆中代谢产生过多 H^+ 立即与 HCO_3^- 和非 HCO_3^- 缓冲碱（如 Na_2HPO_4 等）结合被缓冲，不断消耗 HCO_3^- 及缓冲碱：$HCO_3^- + H^+ \rightarrow H_2CO_3 \rightarrow CO_2 + H_2O$。血 CO_2 由肺排出，血中 HCO_3^- 不断地被消耗。

2. 细胞内外离子交换和细胞内液缓冲　代谢性酸中毒时，随着细胞外液 H^+ 浓度增加，过多 H^+ 可透过细胞膜进入细胞内，与细胞内液缓冲对（如 $HPO_4^{2-}/H_2PO_4^-$、Hb^-/HHb 等）发生缓冲反应：$H^+ + HPO_4^{2-} \rightarrow H_2PO_4^-$；$H^+ + Hb^- \rightarrow HHb$。

当细胞外液 H^+ 大量进入细胞内液，为维持电荷平衡，细胞内液 K^+ 转移到细胞外液，引起血清钾浓度增高。

3. 肺代偿　兴奋延髓呼吸中枢，引起呼吸加深、加快。随着肺通气量增加，二氧化碳排出增多，血 H_2CO_3 浓度下降，在一定程度上，维持 $[HCO_3^-]/[H_2CO_3]$ 比值。

4. 肾代偿　酸中毒时，肾小管上皮细胞内碳酸酐酶、谷氨酰胺酶活性增强。肾脏代偿调节作用主要表现为：肾小管排泌 H^+、HCO_3^- 重吸收增加；肾小管产氨增多、排泌 NH_4^+ 增多。

【酸碱指标变化】

反映代谢因素的指标（如 SB、AB、BB）均降低，BE 负值增大；反映呼吸因素的指标 $PaCO_2$ 可因机体代偿而降低；血 pH 降低（机体失代偿）或在正常范围（完全代偿）。

【对机体影响】

代谢性酸中毒主要引起心血管系统和中枢神经系统功能障碍。严重酸中毒时，对骨骼也有一定影响。

1. 心血管系统　严重代谢性酸中毒时可引起心律失常、心肌收缩力减弱和心血管系统对儿茶酚胺反应性降低。

（1）心律失常：代谢性酸中毒所致心律失常与血清钾升高有密切相关。严重高钾血时可引起心脏传导阻滞、心室颤动或心脏停搏。

（2）心肌收缩力减弱：Ca^{2+} 是心肌兴奋-收缩偶联因子。严重酸中毒时，由于 H^+ 与 Ca^{2+} 竞争，使心肌收缩力减弱。

（3）心血管系统对儿茶酚胺敏感性降低：血 H^+ 浓度增加降低阻力血管（微动脉、小动脉和毛细血管前括约肌）对儿茶酚胺反应性，血管扩张，血压下降或休克。

2. 中枢神经系统　严重代谢性酸中毒时，患者主要表现为肌肉软弱无力、感觉迟钝，严重者可出现意识障碍、嗜睡或昏迷等，最后可因呼吸中枢和血管运动中枢麻痹死亡。其发生机制可能与酸中毒时，谷氨酸脱羧酶活性增强，抑制性神经递质 γ-氨基丁酸生成增多和酸中毒影响氧化磷酸化导致 ATP 生成减少，脑组织能量供应不足有关。

【治疗】

治疗原则为预防和治疗原发病，纠正水、电解质代谢失常，恢复有效循环血量，改善肾功能和补充碱性药物。

1. 应用碱性药　口服或静脉给予碳酸氢钠溶液，逐渐使血 HCO_3^- 浓度恢复正常。下述公式能计算用量：$NaHCO_3$（mmol）=25－（测定的 HCO_3^-）×[体重（kg）/2]。首先补充总量的 1/2，根据患者反应和实验室检查再确定 $NaHCO_3$ 进一步用量。严重酸中毒（血 pH<7.20）患者，静脉输注碳酸氢钠溶液 50~100mmol，30~45 分钟输入。其他碱性药物如乳酸钠在体内结合 H^+ 也常用来治疗代谢性酸中毒，但乳酸酸中毒和肝损害患者慎用。治疗过程中应监测血清电解质浓度，特别是血清钾浓度，随着血 pH 增高，血清钾浓度降低。

2. 治疗原发病　代谢性酸中毒是原发病的一个病理生理过程，积极治疗原发病是关键。

【附】乳酸酸中毒

乳酸酸中毒（lactic acidosis）是血浆乳酸浓度持续>5mmol/L，并伴有血 pH 值降低的代谢性酸中毒。各种原因（如休克、心力衰竭、严重贫血或肺水肿等）引起组织低灌注，导致乳酸生成增多（A 型）和乳酸利用或清除障碍（B 型）（如糖尿病、恶性肿瘤、肾或肝衰竭、严重感染、癫痫、AIDS 病和药物或毒物中毒等）均可导致乳酸酸中毒。其发病机制是糖酵解过程加强，乳酸生成增多，氧化不足导致乳酸堆积，引起血乳酸浓度升高。乳酸酸中毒是多器官衰竭的最危险因素，病死率很高。

正常人血乳酸浓度为 1.0mmol/L±0.5mmol/L。乳酸由丙酮酸还原而成，是糖中间代谢产物，当缺氧或丙酮酸未氧化时即还原为乳酸。血乳酸浓度增加（>2mmol/L）不伴血 pH 值降低时，称高乳酸血症（hyperlactacidemia）。

乳酸酸中毒无特异性临床表现，常被原发病掩盖。轻者仅表现呼吸增快；严重者出现疲乏无力、恶心呕吐、呼吸深大和血压下降或降低，甚至意识模糊或昏迷等；实验室检查血乳酸水平超过 5mmol/L，血 pH<7.35。

乳酸酸中毒的治疗原则是治疗原发病和支持治疗。A 型乳酸酸中毒患者恢复器官灌注是治疗的主要目的。严重乳酸酸中毒（pH<7.15）患者可静脉输注碳酸氢钠溶液，逐渐使血 pH 值升至 7.2。

（二）呼吸性酸中毒

呼吸性酸中毒（respiratory acidosis）因呼吸功能障碍或衰竭引起体内二氧化碳潴留为特征的酸碱平衡代谢失常。

【病因和发病机制】

二氧化碳排出障碍或二氧化碳吸入过多。临床上以肺通气功能障碍引起的二氧化碳排出障碍多见。

1. 呼吸中枢抑制　颅脑损伤、脑炎、脑血管意外及麻醉药、镇静药过量或中毒等均可因呼吸中枢抑制而导致肺通气功能不足，引起体内二氧化碳潴留。呼吸中枢抑制常发生急性呼吸性酸中毒。

2. 呼吸肌麻痹　严重急性脊髓灰质炎、重症肌无力、有机磷农药中毒、严重低钾血症等患者，由于呼吸肌瘫痪无力而使呼吸运动失去动力，导致体内二氧化碳潴留发生呼吸性酸中毒。

3. 呼吸道阻塞　严重喉头水肿、痉挛、气管异物、气管内大量分泌物或呕吐物堵塞呼吸道，均可引起肺泡通气功能障碍而致急性呼吸性酸中毒。

4. 胸廓、胸腔疾患　严重气胸、胸腔大量积液、严重胸部创伤和某些胸廓畸形等，均可影响肺通气功能而使体内二氧化碳潴留。

5. 肺部疾患　慢性阻塞性肺疾病合并肺感染是临床上呼吸性酸中毒最常见原因。严重肺炎、肺水肿患者亦可发生呼吸性酸中毒。

6. 其他原因　二氧化碳吸入过多或呼吸机使用不当。

【机体代偿调节】

1. 细胞内外离子交换和细胞内液缓冲　该代偿作用是急性呼吸性酸中毒主要代偿方式。

（1）H_2CO_3 解离后释放出 H^+ 和 HCO_3^-，其中 H^+ 可进入细胞内。细胞外液大量 H^+ 进入细胞内液与细胞内液钾进行交换，其结果引起细胞外液钾浓度增高。

（2）血浆中二氧化碳急剧增加可通过弥散作用进入红细胞，并在碳酸酐酶催化下很快生成 H_2CO_3。H_2CO_3 又进一步解离为 $H^+ + HCO_3^-$，H^+ 可与血红蛋白结合为 HHb，而 HCO_3^- 则自红细胞逸出，与血浆氯发生交换，结果血氯浓度降低，同时 HCO_3^- 浓度升高。

2. 肺代偿　呼吸性酸中毒本身多是由肺部疾病引起，因此肺往往不能发挥代偿调节作用。

3. 肾代偿　急性呼吸酸中毒时，肾来不及代偿。慢性呼吸性酸中毒时，肾是主要代偿方式，随着 $PaCO_2$ 升高和 H^+ 浓度增加，可使肾小管上皮细胞内碳酸酐酶和谷氨酰胺酶活性增高，肾小管产生 NH_3 和排泌 H^+ 和 NH_4^+ 增加，肾小管重吸收碳酸氢钠增多。$PaCO_2$ 每增加 10mmHg，血浆 $[HCO_3^-]$ 约增加 3.5mmol/L。此反应代偿作用极佳，使 pH 近乎正常。

【酸碱指标变化】

反映呼吸性因素的指标增高：$PaCO_2$>6.5kPa（47mmHg），血 AB 增高、AB>SB；反映代谢性因素的指标则因肾是否参与代偿而变化。急性呼吸性酸中毒时，血 pH 值常小于 7.35。由于肾来不及代偿，反映代谢性因素的指标（如血 SB、BE、BB）可在正常范围或轻度升高。慢性呼吸性酸中毒时，由于肾参与了代偿，则血 SB 和 BB 增高，BE 正值增大，血 pH<7.35（机体失代偿）或在正常范围（机体完全代偿）。

【对机体影响】

呼吸性酸中毒对机体影响主要表现为中枢神经系统和心血管系统功能障碍。

1. 中枢神经系统 严重呼吸性酸中毒时，由于高二氧化碳血对大脑皮层的抑制作用，患者常发生"肺性脑病"，患者早期可出现持续头痛、焦虑不安，进一步发展可有精神错乱、谵妄、震颤、嗜睡和昏迷。

2. 心血管系统 与代谢性酸中毒相似，呼吸性酸中毒也可引起心律失常、心肌收缩力减弱和心血管系统对儿茶酚胺的反应性降低等。

【治疗】

1. 原发病治疗 积极治疗原发病。解痉、祛痰和抗感染等。

2. 改善通气功能 保持呼吸道畅通，以利于二氧化碳排出。必要时可做气管内插管、气管切开或应用呼吸机辅助通气。

3. 低流量供氧 该类患者应予持续低流量吸氧。高浓度吸氧会抑制呼吸中枢，使通气进一步下降而加重二氧化碳潴留和引起二氧化碳麻醉。

4. 碱性药物 严重呼吸性酸中毒患者，必须保证足够通气情况下才考虑应用碳酸氢钠。因为碳酸氢钠与 H^+ 起缓冲作用后可产生 H_2CO_3，加重病情。

(三) 代谢性碱中毒

代谢性碱中毒患者表现血浆 HCO_3^- 浓度原发性升高和血 pH 升高。

【病因和发病机制】

1. 胃肠道氢离子丢失过多 常见于幽门梗阻或高位肠梗阻引起剧烈呕吐和胃肠引流等导致大量胃液中氯离子丢失所致。此时肠液中 HCO_3^- 不能与胃液盐酸中和，而由小肠黏膜大量吸收入血，使血浆 HCO_3^- 浓度升高引起代谢性碱中毒。胃液丧失常伴有 Cl^- 和 K^+ 丢失，故可引起低氯血和低钾血，后两者又可加重代谢性碱中毒。

2. 肾氢离子丢失过多

(1) 应用利尿药：呋塞米（速尿）、依他尼酸（利尿酸）等利尿药能抑制近端小管对 Na^+ 和 Cl^- 重吸收，使 Na^+ 和 Cl^- 排泄增加而起利尿作用。由于近端小管重吸收 Na^+ 减少，使远曲小管内 Na^+ 浓度增高，导致 H^+-Na^+ 交换加强。由于 H^+-Na^+ 交换加强，肾小管重吸收 HCO_3^- 增加。血浆 HCO_3^- 浓度增高，而血浆 Cl^- 则以氯化铵形式由尿液排出增多，发生低氯性碱中毒。在补充生理盐水后，低氯性碱中毒可以纠正，故又称为"氯反应性碱中毒"（chloride reactive alkalosis），患者尿 Cl^- 水平<10mmol/L。

(2) 盐皮质激素分泌过多：原发性盐皮质激素（醛固酮）过多时，增加肾远曲小管和集合管对 Na^+ 和水的重吸收，并促进 K^+ 和 H^+ 排出。因此，醛固酮过多可导致 H^+ 经肾丢失和碳酸氢钠重吸收增加，引起代谢性碱中毒，同时还可引起低钾血症。此时，补充生理盐水也不能纠正，所以称为"对氯无反应性碱中毒"（chloride unreactive alkalosis），该类患者尿 Cl^- 水平>10mmol/L。

(3) 体钾缺乏：机体缺钾可引起代谢性碱中毒。低钾血症时，细胞外液 K^+ 浓度降低，细胞内 K^+ 向细胞外转移，而细胞外液中 H^+ 向细胞内移动；同时，肾小管上皮细胞 K^+ 缺乏可导致 H^+ 排泌增多，H^+-Na^+ 交换增加，HCO_3^- 重吸收增加，引起代谢性碱中毒。低钾血代谢性碱中毒患者尿液呈酸性，故称为反常性酸性尿。治疗时需补充钾盐，单独应用氯化钠溶液不能纠正这类代谢性碱中毒。

3. 碱性物质摄入过多 常见于长期服用过多碳酸氢钠的溃疡病患者，由于消化性溃疡治疗新药的出现，此种原因所致的碱中毒现已罕见。输入大量碳酸氢钠和库存血引起医源性代谢性碱中毒仍可见，因为库存血中抗凝剂枸橼酸盐经代谢可产生过多 HCO_3^-。

【机体代偿调节】

1. 血液缓冲作用　血液对碱中毒的缓冲作用较小。大多数缓冲系统组成成分中，碱性成分远多于酸性成分（如 HCO_3^-/H_2CO_3 比值为 20/1）。因此，血液对碱性物质增多的缓冲能力有限。细胞外液 H^+ 浓度降低时，OH^- 升高，OH^- 可被缓冲系统弱酸中和：

$$OH^- + H_2CO_3 \rightarrow HCO_3^- + H_2O$$

$$OH^- + HPr \rightarrow Pr^- + H_2O$$

2. 细胞内外离子交换　细胞外液 H^+ 浓度降低时，细胞内 H^+ 逸出进行补充。细胞外 K^+ 进入细胞内而使细胞外液 K^+ 浓度降低。故碱中毒常伴有低钾血症。

3. 肺代偿调节　代谢性碱中毒时，细胞外液 HCO_3^- 浓度和pH值增高。细胞外液 H^+ 浓度降低，抑制呼吸中枢，使呼吸运动变浅变慢、肺泡通气量减少和二氧化碳排出减少，血浆 H_2CO_3 浓度上升，使 HCO_3^-/H_2CO_3 比值接近 20/1。但是，肺代偿调节有一定限度，且受其他因素影响。浅慢呼吸可以提高 $PaCO_2$，同时也引起 PaO_2 下降，后者降到一定程度（$PaO_2 < 8kPa$），反而兴奋呼吸中枢。

4. 肾代偿调节　代谢性碱中毒时，肾代偿调节具有重要作用。血浆 H^+ 减少和pH值升高使肾小管上皮细胞内碳酸酐酶和谷氨酰胺酶活性降低，引起肾小管分泌 H^+ 和 NH_4^+ 减少，HCO_3^- 重吸收降低。因此，代谢性碱中毒时，肾泌 H^+ 减少和 HCO_3^- 排出增加，使尿液呈碱性。低钾性碱中毒时，肾小管泌 K^+ 减少而泌 H^+ 增加，尿液呈酸性。

【酸碱指标变化】

反映代谢因素的指标（如SB、AB、BB）均增大，BE正值增大；反映呼吸因素的指标 $PaCO_2$ 可因机体代偿活动而增加。完全代偿时，血pH值可在正常范围内，失代偿时，血 $pH > 7.45$。

【对机体影响】

代谢性碱中毒患者缺乏典型症状或体征，临床表现往往被原发疾病所掩盖。但在严重代谢性碱中毒时，可出现以下表现：

1. 中枢神经系统功能障碍　患者表现烦躁不安、谵妄或精神错乱等中枢神经系统兴奋性增高表现。

2. 神经肌肉应激性增高　血清钙以游离钙与结合钙两种形式存在，而血pH值可影响二者之间相互转变。血清游离钙能稳定细胞膜电位，对神经肌肉应激性有抑制作用。代谢性碱中毒时，虽然血清总钙不变，但血清游离钙减少，神经肌肉应激性增高。患者常见手足抽搐、面部和肢体肌肉抽动、肌反射亢进和惊厥等。

3. 低钾血　碱中毒时，细胞外液 H^+ 浓度降低，细胞内 H^+ 外溢，细胞外 K^+ 内移；同时，肾小管上皮细胞排 H^+ 减少。因此，H^+-Na^+ 交换减少，而 K^+-Na^+ 交换增多，肾排 K^+ 增多，导致低钾血。

【治疗】

1. 原发病治疗　积极去除代谢性碱中毒的原因。

2. 氯反应性碱中毒　对于轻、中度氯反应性碱中毒患者，静脉输注 NaCl 和 KCl 溶液，同时输注生理盐水补充血容量。严重患者，适量给予弱酸性或酸性药，如稀盐酸、氯化铵或精氨酸溶液。伴有水肿患者，应用碳酸酐酶抑制药乙酰唑胺增加 $NaHCO_3$ 排出。肾衰竭伴有严重代谢性碱中毒患者，应行透析治疗。

3. 氯抵抗性碱中毒　氯抵抗性碱中毒患者通常补充氯化钠无效。盐皮质激素过多引起低钾时，应用醛固酮拮抗药螺内酯和补钾治疗，少用髓袢或噻嗪类利尿药。氯和钾丢失过多者，补钾能逆转 H^+ 向细胞内转移。

（四）呼吸性碱中毒

呼吸性碱中毒主要是由于肺通气过度引起血浆 H_2CO_3 浓度原发性减少为特征的酸碱平衡代谢

失常。

【病因和发病机制】

过度通气是发生呼吸性碱中毒的基本机制。常见原因：

1. 缺氧 如肺炎和肺水肿等患者可因 PaO_2 降低反射性引起呼吸中枢兴奋，出现深快呼吸，二氧化碳排出增多。

2. 精神性通气过度 如癔病患者发作或小儿哭闹时可出现过度通气。

3. 中枢神经系统疾病 脑血管意外、脑炎、脑外伤或脑肿瘤患者常出现过度通气。

4. 药物 如摄入水杨酸或氨等时，可直接刺激呼吸中枢增强通气。

5. 代谢亢进 如甲状腺功能亢进症和高热等患者，由于机体代谢增强和体温升高可刺激呼吸中枢，致呼吸加深、加快。

6. 呼吸机使用不当 预置潮气量过大或呼吸频率过快，会人为引起通气量过大而发生急性呼吸性碱中毒。

【机体代偿调节】

1. 细胞内外离子交换和细胞内液缓冲 ①H^+-K^+ 交换：急性呼吸性碱中毒时，细胞外液 H_2CO_3 浓度降低，HCO_3^- 浓度相对增高，细胞内 H^+ 外溢，与 HCO_3^- 结合形成 H_2CO_3，血浆 H_2CO_3 浓度增加。细胞内液 H^+ 外溢时，细胞外液 K^+ 内移，可造成细胞外液钾浓度降低；②HCO_3^--Cl^- 交换：急性呼吸性碱中毒时，血浆 HCO_3^- 浓度增高，血浆 HCO_3^- 可与红细胞内 Cl^- 进行交换。HCO_3^- 进入红细胞后，可与红细胞内 H^+ 结合形成 H_2CO_3 并释放出二氧化碳。二氧化碳可自红细胞进入血浆形成 H_2CO_3，血浆 H_2CO_3 浓度升高。由于 HCO_3^--Cl^- 交换，可造成血浆 Cl^- 浓度增高。

2. 呼吸系统代偿 血浆 H^+ 浓度降低抑制呼吸中枢，造成呼吸浅慢，肺泡通气量降低，二氧化碳排出减少，增加 $PaCO_2$ 和血浆 H_2CO_3 浓度，有利于维持 HCO_3^-/H_2CO_3 正常比值。此时，肺代偿调节能力是有限的。

3. 肾代偿 肾代偿是慢性呼吸性碱中毒主要代偿方式。急性呼吸性碱中毒，肾脏来不及代偿。慢性呼吸性碱中毒时，$PaCO_2$ 降低，血浆 H^+ 浓度降低，肾小管上皮细胞内碳酸酐酶和谷氨酰胺酶活性降低。因此，肾小管产生 NH_3、排泌 H^+ 及 NH_4^+ 减少，肾小管重吸收 H_2CO_3 减少。

【酸碱指标变化】

反映呼吸性因素的指标如 $PaCO_2 < 4.66kPa$（35mmHg）和 AB、SB 降低，AB<SB。反映代谢性因素的指标则因肾脏是否参与代偿而发生不同变化。急性呼吸性碱中毒患者，由于肾来不及代偿，反映代谢性因素的指标（如 SB、BE、BB）可在正常范围或轻度降低，血 pH>7.45。慢性呼吸性碱中毒患者，由于肾参与代偿，则 SB、BB 降低，BE 负值增大。机体完全代偿时，血 pH 值可在正常范围。机体失去代偿能力时，血 pH>7.45。

【对机体影响】

1. 中枢神经系统功能障碍 急性呼吸性碱中毒时，中枢神经系统功能障碍除与 γ-氨基丁酸含量减少和缺氧有关外，还与低碳酸血症引起的脑血管收缩、脑血流量减少有关。患者易出现头痛、眩晕、易激动和抽搐等症状，严重者出现昏迷。

2. 神经肌肉兴奋性增高 与血游离钙浓度降低有关。

3. 低钾血 低钾血与细胞外液 K^+ 内移及肾排 K^+ 增多有关。

【治疗】

1. 原发病治疗 去除引起通气过度的原因。

2. 吸入含二氧化碳气体 急性呼吸性碱中毒患者可予吸入 5% 二氧化碳混合气体，或应用重复呼吸面罩使 CO_2 潴留，提高 $PaCO_2$，纠正呼碱。

3. 对症处理 明显缺氧者，吸氧。精神性过度通气引起抽搐患者静脉注射 10% 葡萄糖酸钙。缺钾明显者，补充钾盐。苯二氮䓬类治疗有助于缓解疼痛、呼吸机通气过度、焦虑或可卡因、甲基苯丙胺中毒引起的呼吸性碱中毒。

三、混合性酸碱平衡代谢失常

重症监护治疗病房中的危重症患者常存在多重酸碱平衡代谢失常。双重酸碱平衡代谢失常可分为酸碱一致性和酸碱相消性。此外还有三重酸碱平衡代谢失常。

(一) 双重酸碱平衡代谢失常

1. 酸碱一致性双重酸碱平衡代谢失常

(1) 呼酸合并代酸：常见于心肺骤停、严重肺水肿和中枢抑制药中毒患者。

(2) 代碱合并呼碱：常见于肝衰竭应用利尿药患者和放置有鼻胃管引流的机械通气患者。

2. 酸碱相消性双重酸碱平衡代谢失常

(1) 呼酸合并代碱：常见于慢性肺部疾病患者应用利尿药长期治疗患者。

(2) 呼碱合并代酸：脓毒症高热合并休克、肾衰竭或水杨酸中毒患者。

(3) 代酸合并代碱：肾衰竭合并呕吐或休克合并呕吐患者。

(二) 三重酸碱平衡代谢失常

主要有两种形式：呼酸、代酸合并代碱和呼碱、代酸合并代碱。

判断酸碱平衡失常的基本原则包括：①以动脉血 pH 值判断酸血症或碱血症；②以原发疾病或合并症判断是呼吸性还是代谢性酸碱平衡代谢失常；③根据代偿情况和病史判断是单纯性还是混合性酸碱平衡代谢失常。

（董爱梅　寿松涛）

第三章 休克综合征

休克（shock）是多种原因引起的重要组织或器官低灌注导致广泛细胞功能障碍为特征的一组临床综合征，主要表现为低血压或脉压差减小、心动过速、少尿、精神状态改变和不同程度器官功能障碍或衰竭。严重而持久的氧供和氧需失衡可导致不可逆的细胞损伤，只有迅速恢复氧供才能逆转休克状态。

休克是 shock 的译音，最初表示人体受伤后的一种危重状态。20 世纪 60 年代，人们认识到休克发生的关键在于血流而非血压，微循环障碍为休克的主要病理生理学改变。70 年代之后，人们逐步认识到氧供需平衡失常与休克预后密切相关。休克治疗的关键是尽快恢复重要组织和器官的氧供。

【病因和分类】

为便于休克患者处理，临床上根据病因和血流动力学改变将休克分为低血容量休克（hypovolemic shock）、心源性休克（cardiogenic shock）、分布性休克（distributive shock）和心外梗阻性休克（extracardiac obstructive shock）四种类型（表 9-3-1）。

表 9-3-1 休克分类

低血容量休克
  全血容量丢失
    显性丢失：创伤、胃肠道出血或咯血
    隐性丢失：血气胸、腹腔出血、腹膜后出血、夹层动脉瘤破裂或骨折
  血浆容量丢失
    富含蛋白质的体液丢失：烧伤或剥脱性皮炎
  失水
    胃肠丢失：呕吐或腹泻等
    肾丢失：重症糖尿病、肾上腺皮质功能减退、过度利尿治疗
    皮肤丢失：大量出汗

心源性休克
  心肌损伤或抑制：急性心肌梗死、心肌炎或可卡因中毒
  影响射血的机械性因素：乳头肌或腱索断裂致二尖瓣反流、室间隔或游离壁破裂、主动脉缩窄或肥厚型心肌病致左室流出道梗阻
  心律失常：严重心动过速或过缓、心脏阻滞或心室颤动

分布性休克
  神经源性休克：脊髓损伤、脑损伤或严重自主神经功能障碍
  脓毒性休克
  过敏性休克
  药物过量或中毒：麻醉药、巴比妥或血管扩张药等
  内分泌性休克：肾上腺皮质功能减退或甲状腺危象

心外梗阻性休克
  舒张期充盈异常（心脏前负荷降低）
    胸内压增加：张力性气胸、正压通气或哮喘持续状态
    心脏顺应性降低：心脏压塞、缩窄性心包炎
  收缩期异常（心脏后负荷增加）
    右室：大块肺栓塞、急性肺动脉高压
    左室：主动脉夹层

1. **低血容量休克** 失血或呕吐、腹泻、利尿、烧伤和腹水形成等体液丢失可使血管内容量减少、前负荷降低、左室充盈不足而发生低血容量休克，表现为左、右室舒张末容量和压力降低，每搏量（SV）和心排血量减少。由于外周血管收缩和低灌注，末梢皮肤湿冷，形成低排高阻型休克，又称冷休克（cold shock）。低血容量的严重程度与血容量丢失的多少、速度和血管对容量丢失的代偿收缩反应及肾对水、钠回吸收能力有关。正常人血容量急剧丢失10%以上，超过代偿能力即可发生休克。老年人或体弱多病患者，由于对急剧血容量减少的代偿能力降低，即使容量减少不足10%也可发生休克。

2. **心源性休克** 心源性休克是由于心肌损伤或射血机械因素异常导致严重心力衰竭所致。左室梗死面积超过40%时常发生休克。5%～10%急性心肌梗死患者发生心源性休克。心源性休克主要机制有：①心室游离壁破裂；②机械缺损引起严重反流；③严重心律失常；④严重心肌功能障碍。心源性休克病死率与患者年龄、梗死范围、血流动力学失代偿程度及是否恢复早期再灌注直接有关。年龄>65岁、射血分数（EF）<35%、梗死面积大（MB-CPK>160IU/L）及有陈旧性心肌梗死和合并糖尿病患者，易发生心源性休克。

心率是心排血量的决定因素之一。下壁心肌梗死后，心脏迷走神经反射引起心动过缓和低血压，也可引起心源性休克。室上性心动过速时会严重影响心房收缩能力，如已存在心功能损害、循环容量不足或心室僵硬度增加，易发生低心排血量休克。

表9-3-2 脓毒性休克危险因素

宿主因素
高龄
营养不良
身体衰弱
酗酒或吸毒
慢性器官衰竭
诊治相关因素
有创性检查
有创性治疗
手术
药物（抗生素、细胞毒药物或类固醇）

3. **分布性休克** 脓毒性休克、过敏性休克、神经源性休克和内分泌性休克均属分布性休克。脓毒性休克是分布性休克的常见原因。革兰阴性菌、阳性菌，病毒、真菌、立克次体和寄生虫感染都可以引起脓毒性休克。脓毒性休克临床表现与感染的病原体无关。脓毒性休克危险因素见表9-3-2。

临床上，脓毒性休克是引起多器官功能障碍或衰竭的常见原因。分布性休克因血管扩张引起血容量相对不足所致。早期心排血量正常或升高，表现手足温暖，又称暖休克（warm shock）。分布性休克晚期，由于儿茶酚胺大量分泌和5-羟色胺等血管活性物质释放，外周血管强烈收缩，血管阻力增加。同时，心肌抑制因子释放，心肌收缩减弱，心排血量减少，最终发展为低排高阻型冷休克。

4. **心外梗阻性休克** 心外梗阻性休克是由于循环血流受阻引起心脏舒张期充盈障碍或收缩功能降低，导致心排血量异常和低血压。心脏压塞是心室充盈受损的典型病因。心脏创伤、心脏破裂或心包炎症使心包腔液体或血液填充，心包腔内压力升高，心室舒张受限，心室和心房腔充盈受阻，静脉回流减少，心搏出量明显降低引起休克。

大面积肺动脉栓塞时，血凝块阻塞肺动脉，右室后负荷增加，右室射血受阻；弥散性小栓子栓塞肺动脉引起介质释放，肺血管发生强烈收缩，右室射血受阻，导致休克发生。张力性气胸患者，胸腔内压力升高，静脉回流减少，导致心排血量明显减少发生休克。主动脉严重缩窄时，左室壁张力增高，射血阻力增加，心肌氧耗增加，心排血量减少导致休克。

有时在临床上不能将休克患者明确分类，可能为多种因素参与发病，称为混合性休克（mixed shock）。各种类型休克之间关系见图9-3-1。

【发病机制】

不同类型的休克发病机制有所不同（图9-3-2）。心源性休克、低血容量休克和心外梗阻性休克时，主要是因为心排血量减少导致组织低灌注所致；分布性休克是因系统血管阻力降低所致。但是，

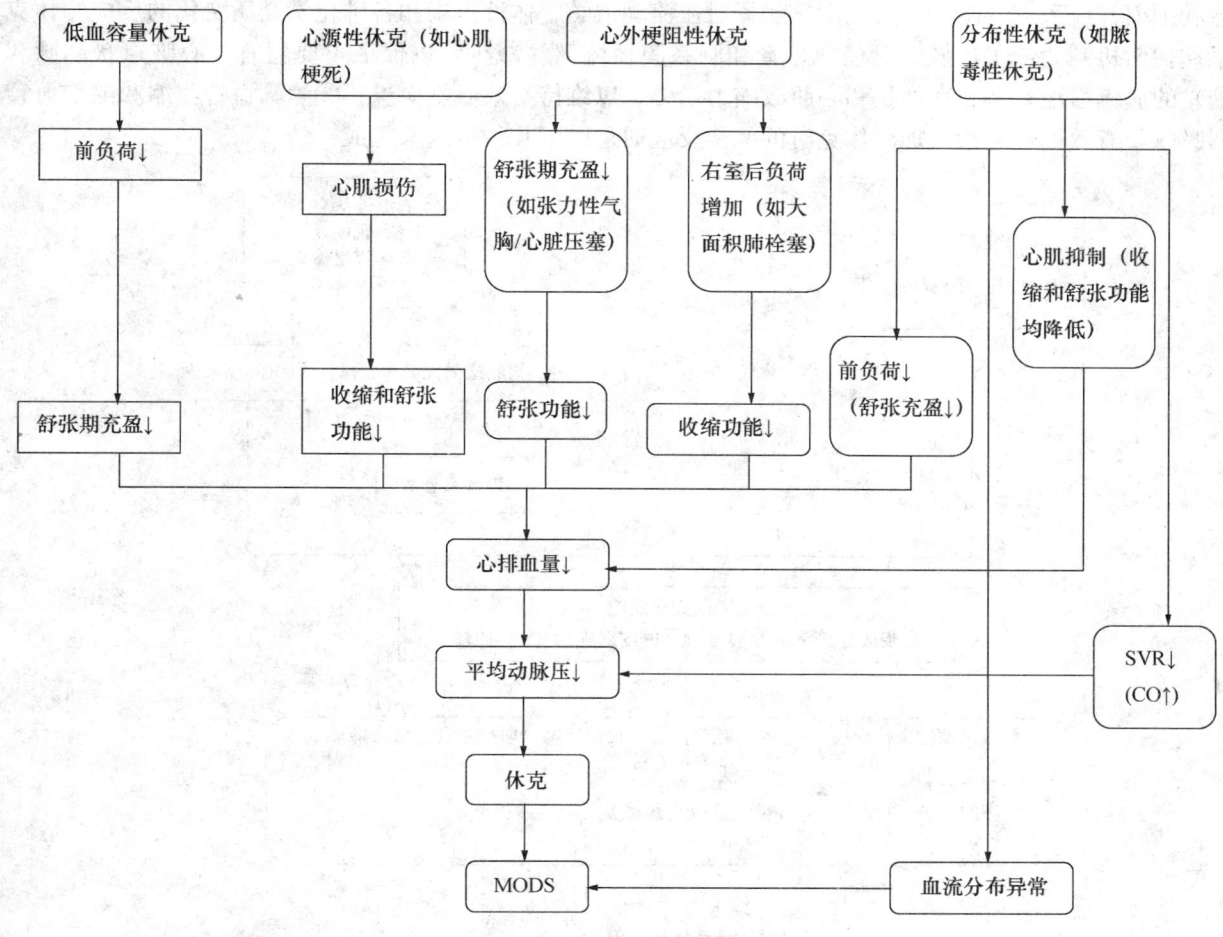

图 9-3-1 休克分类及其相互间关系

各种类型休克的共同发病机制是有效循环容量减少导致重要器官血流灌注不足，发生急性微循环障碍，最终引起细胞损伤和功能障碍（彩图 9-3-3）。

（一）休克代偿与失代偿机制

通常，临床上将休克过程分为三期：

代偿期（compensatory stage）。又称休克早期，主要为微循环（包括小动脉、微动脉、后微动脉、毛细血管前括约肌、微静脉和小静脉）的小血管收缩，关闭的毛细血管增多，血液经动-静脉短路和直接通路迅速流入微静脉。此期机体组织和器官缺血缺氧，但是代偿功能正常，无重要器官损害。如能及时纠正原发病，患者完全可以恢复。

可逆性失代偿期（reversible decompensatory stage）。此期进入休克期。微循环毛细血管前括约肌扩张，真毛细血管开放数目增多，微静脉端血流缓慢和血液淤滞，内脏器官微循环发生淤血性缺氧，出现细胞功能损害和器官功能障碍。如果进行积极有效治疗，休克尚能逆转，虽然患者恢复时间较长，但常能存活。

失代偿期（decompensatory stage）。又称休克晚期或不可逆性休克期（irreversible shock stage）。微循环的毛细血管前括约肌麻痹性扩张，对血管活性药无反应，发生微循环衰竭（microcirculatory faiure）。微循环血流停止，血细胞黏附、聚集和微血栓形成，代谢性酸中毒严重，发生弥散性血管内凝血（disseminated intravascular coagulation，DIC）和器官衰竭（organ failure）。即使加强监护治疗，也不能逆转休克进展，因此又称为难治性休克（refractory shock）。

1. 代偿机制　除脓毒性休克外，其他类型休克机体的代偿反应相似。休克时机体代偿反应主要依赖于循环系统（右心房、肺动脉、主动脉弓、颈动脉窦和内脏血管）和肾脏（球旁器）的压力感受器和中枢神经系统（髓质）的化学感受器对血流动力学、体液因素和各种化学介质变化的反应。休克早期代偿机制为：①皮肤、骨骼肌、肾和肠系膜血流灌注减少，以保证重要器官（心脏冠状动脉和脑）的血流灌注；②心率增快和心肌收缩力增强，以维持有效心排血量；③静脉血管收缩和毛细血管回吸收，有效循环容量增加。休克时的代偿反应通过以下几种机制来完成：

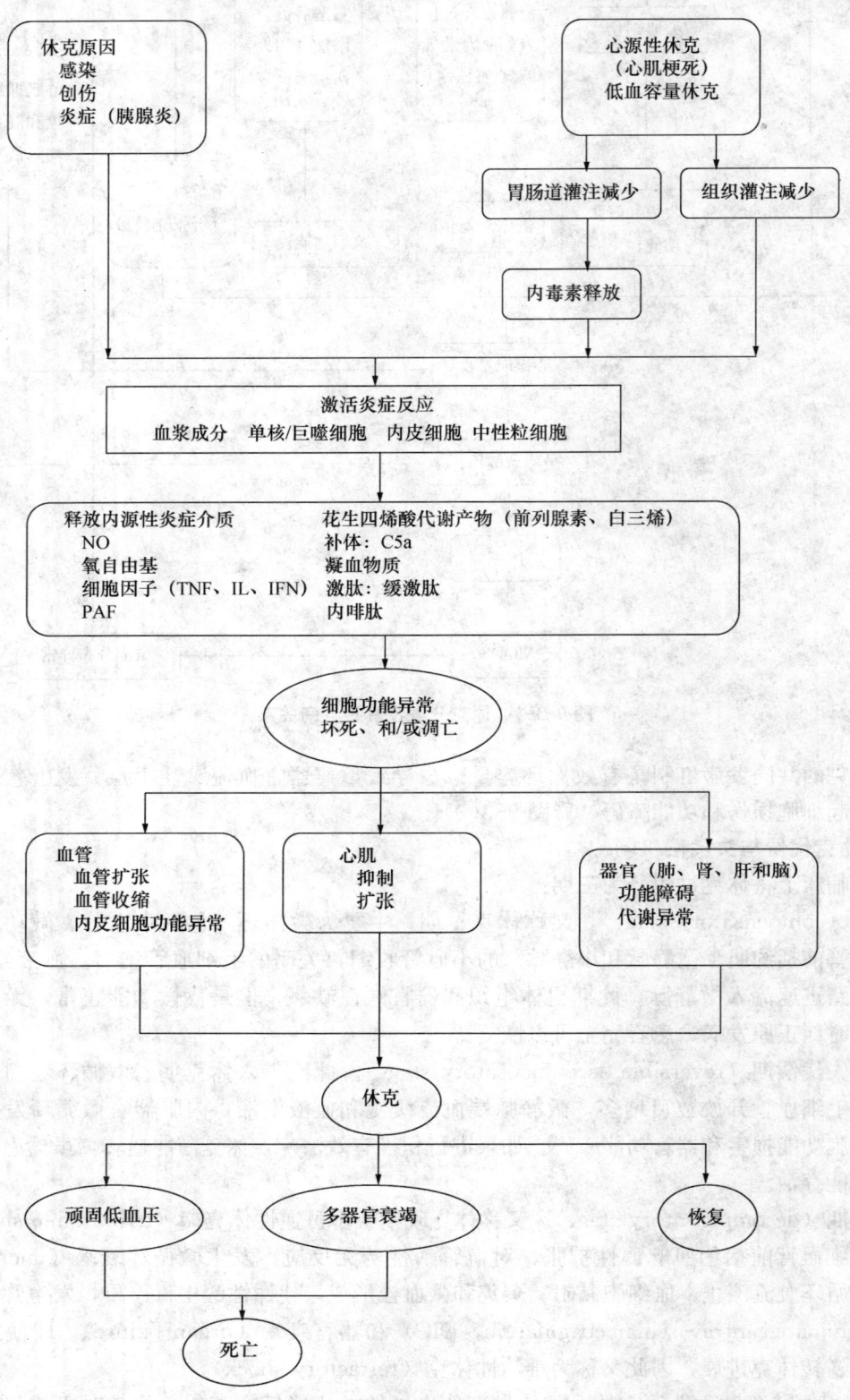

图 9-3-2　不同类型休克发病机制

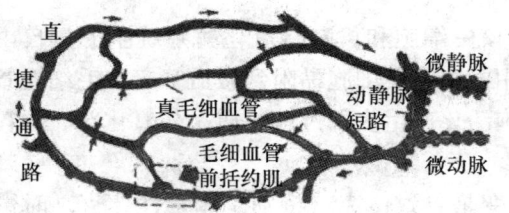
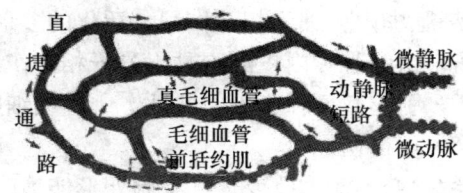

A.休克早期（缺血缺氧期）微循环变化　　B.休克期（淤血缺氧期）微循环变化

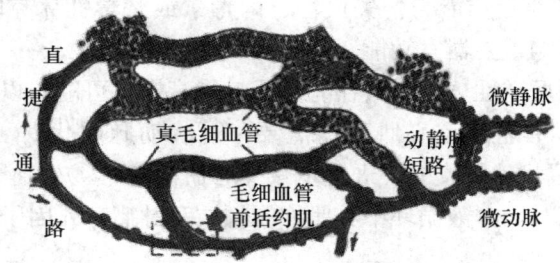

C.休克晚期（微循环衰竭期）微循环变化

彩图9-3-3　休克各期微循环变化

（1）自主神经系统：休克早期，血容量减少、心排血量减少及动脉压下降刺激颈动脉窦、主动脉体、内脏血管床和右心房压力感受器，使交感-肾上腺髓质系统兴奋性明显增高。交感神经兴奋性增高引起儿茶酚胺大量分泌入血，出现：①动脉血管床收缩和外周血管阻力增加，骨骼肌和内脏血流减少，使循环中的血液重新分布到重要器官；②心率增快和心肌收缩力增强；③静脉容量血管（特别是内脏血管床）收缩，迅速增加回心血量；④肾上腺髓质激素（肾上腺素和去甲肾上腺素）释放，激活肾素-血管紧张素轴，分泌体液性物质进一步参与血压调节。

（2）肾素-血管紧张素和精氨酸加压素：除交感-肾上腺轴外，肾素-血管紧张素和垂体后叶释放的精氨酸加压素（arginine vasopressin，AVP）对休克患者血压维持具有重要作用。休克时，肾脏球旁细胞分泌肾素，在肾素酶作用下生成血管紧张素Ⅰ（十肽），在血管紧张素转换酶作用下血管紧张素Ⅰ转变成血管紧张素Ⅱ（八肽）。血管紧张素Ⅱ主要作用：①通过增加肠系膜动脉血管张力升高或维持血压；②促进垂体后叶释放精氨酸加压素；③刺激肾上腺髓质释放儿茶酚胺，增强心肌收缩力；④兴奋肾上腺轴，增加醛固酮分泌，促进水、钠潴留。精氨酸加压素是一种肽类激素，能增加内脏和其他血管床阻力，在机体发生低血容量休克时有急性代偿作用。

（3）毛细血管回吸收：休克代偿期，前毛细血管收缩，导致毛细血管流体静压降低和毛细血管床减少。毛细血管流体静压降低，液体从间质流向微血管；毛细血管床减少，经毛细血管滤过物质减少，毛细血管胶体渗透压不变或升高，液体重吸收入血管。此外，早期代谢改变释放葡萄糖和糖酵解产物进入间质，细胞外液渗透压增高，导致细胞脱水，间质腔容量扩大及压力增加，间质腔流体静压升高，血管内容量进一步恢复。这种通过流体静压和渗透压改变增加血管内容量的过程称为经毛细血管回流，是休克时重要代偿机制。

2. 失代偿机制　休克持续时间过长，将发生严重血流动力学异常和广泛细胞坏死，休克进入不可逆期或失代偿期。

（1）外周血管张力丧失：外周血管张力丧失，不能代偿性收缩，出现持续性低血压，进一步加重心肌和中枢神经系统缺血缺氧。

（2）微循环衰竭：休克晚期，前毛细血管与后毛细血管阻力比值失常，毛细血管通透性增强和血小板及白细胞聚集堵塞毛细血管网，导致微循环衰竭。

1）毛细血管通透性增加：休克晚期组胺、缓激肽、血小板活化因子、白三烯和细胞因子等介质释放，毛细血管通透性增加。

2）白细胞和内皮细胞相互作用：活化的多形核白细胞和黄嘌呤氧化酶系统生成氧自由基引起血管内皮损伤。白细胞和内皮细胞黏附分子相互作用，中性粒细胞黏附到微血管床，毛细血管血流明显减少或中断，引起微循环衰竭。此外，中性粒细胞活化产生多种毒性物质（如氧化剂、颗粒酶等）引起毛细血管内皮损伤。

3）红细胞变形能力改变：红细胞变形能力改变是导致休克（特别是脓毒性休克）时微循环衰竭的因素之一。人类正常红细胞直径为 $7\sim9\mu m$，毛细血管直径为 $4.5\mu m$。因此，正常微循环维持有赖于红细胞通过毛细血管网时的变形能力。失血性、内毒素或脓毒性休克时，由于红细胞变形能力降低，常导致微循环衰竭，影响重要器官功能。

(3) 心肌功能衰竭：不可逆性休克时常伴有心肌功能衰竭，可能与以下因素有关：①休克时舒张压下降引起冠脉灌注不足，不能满足心肌代谢需要，冠状动脉硬化时更严重；②休克时脂类介质（PAF 和 LT）的释放引起冠状动脉收缩，进一步减少心肌灌注；③失血性休克时冠状动脉血管自主调节功能受损。此外，休克时，血液循环中心肌抑制物质和肿瘤坏死因子也能抑制心肌功能，促发心力衰竭。

(二) 氧释放和氧耗障碍

氧释放（oxygen delivery，DO_2）是指组织在单位时间内能获取的氧量（即左室每分钟向组织输送的氧量），其由血红蛋白（Hb）浓度、动脉氧含量（arterial oxygen content，CaO_2）和心排血量（CO）三个因素决定：$DO_2=CO\times CaO_2\times 10$，其中 $CaO_2=SaO_2\times Hb$。氧耗（oxygen consumption，VO_2）是指组织在单位时间内利用的氧量。氧耗量能反映机体氧需量和组织代谢情况，但氧耗量并不总是等于氧需量，组织不可能从血液中提取全部所需氧。正常情况下，氧耗由代谢需要决定，而不受其获取能力限制。动脉血流经组织时，大约消耗 25%的氧，回到右心的静脉血氧饱和度为 75%。代谢需要恒定时，氧释放减少，氧耗增至最大值。氧释放降至临界水平以下，氧消耗随之减少。当氧供不能满足氧需时，机体首先代偿反应是增加心排血量。当氧耗依赖氧释放时，无氧代谢产生乳酸增多，发生代谢性酸中毒，混合静脉血氧饱和度降至 50%以下。机体存在严重缺氧时，细胞内贮存的高能磷酸键减少，细胞膜泵功能改变，导致生物膜去极化、细胞水肿、细胞内 Ca^{2+} 浓度调节紊乱和细胞膜完整性丧失，最终导致细胞死亡。

(三) 休克时细胞的改变

休克的最终结局是细胞功能障碍。休克早期，代偿机制被激活以恢复重要器官灌注。发生失代偿后，组织灌注严重持续减少导致细胞膜损伤、溶酶体酶漏出、细胞内能量减少，引起细胞死亡。重要器官丧失大量细胞，发展成不可逆性休克。休克时，由于细胞缺血、炎症介质和氧自由基作用引起细胞功能障碍。

1. **细胞缺血** 心源性休克时，细胞缺血是细胞损伤的主要原因。低血容量、组织灌注不足和缺氧引起糖酵解增强，导致细胞内能量物质减少，引起细胞内酸中毒、乳酸聚集、离子泵功能障碍、糖代谢和酶反应异常。线粒体超微结构损伤可引起细胞凋亡。

2. **炎症介质** 休克时，炎症介质是细胞损伤的重要原因（图 9-3-2）。炎症反应是损伤或感染时机体的生理性反应，炎症介质过度表达引起细胞和器官损伤。

3. **氧自由基** 是缺血再灌注后释放的氧代谢产物，能灭活蛋白质，损伤 DNA，诱导细胞膜脂质过氧化，导致细胞溶解和组织损伤。

近来研究表明，休克时基因表达变化在细胞损伤中起有一定作用。热休克蛋白可能启动细胞凋亡过程。

(四) 休克对器官代谢影响

1. **肺** 休克早期，受缩血管物质刺激，发生过度通气，出现呼吸急促，每分通气量增加出现低碳酸血。肺血流减少使生理死腔加大。过度通气增加呼吸做功，同时血流灌注减少，最终发生呼吸肌疲劳。休克晚期，由于纤维素-中性粒细胞聚集在肺毛细血管床，肺泡和肺间质发生炎症反应，含蛋白物质渗出到肺泡腔内，发生肺不张和急性呼吸窘迫综合征。呼吸肌疲劳以及脑灌注不足引起的中枢抑制导致严重低氧血症和呼吸性酸中毒。

2. 心脏　休克时常见心功能障碍，心源性休克时更为突出。休克时，血中儿茶酚胺水平急剧升高，心率增快，心肌需氧量增加。心源性休克时加重心肌缺血，而心肌缺血又进一步降低心排血量，形成恶性循环。脓毒性休克和低血容量休克时，心肌抑制物质（如肿瘤坏死因子α、白介素-1和血小板活化因子等）和β受体下调降低心肌收缩力。心肌摄氧能力下降时，心肌代谢底物-游离脂肪酸转变为乳酸，抑制心肌功能。心律失常时，心泵功能恶化。

3. 肾　在休克代偿反应中肾起重要作用。休克早期血管收缩，维持肾小球灌注。严重休克持续时间较长时，可发生急性肾小管坏死。肾髓质不能维持高渗状态，肾浓缩能力降低。急性肾衰竭是休克的主要并发症。

4. 胃肠道　休克时，肠黏膜屏障功能受损，导致细菌易位，肠源性微生物及细菌毒素（LPS）吸收进入血流，引起脓毒症。细菌易位尚可导致不可逆性休克。内脏缺血/再灌注后，大量氧自由基产生和释放，引起应激性溃疡和胃肠道功能障碍。胃黏膜内酸中毒是内脏缺血的标志，可作为休克时组织缺氧的敏感指标，预示多器官功能障碍的发生。

5. 肝　肝是缺血后易受损伤的器官。休克时，肝动脉和门静脉血流减少，最易发生肝内胆汁淤积。持续缺氧或低灌注可导致严重肝功能异常，偶可发生大面积中心小叶型肝坏死（又称休克肝），血胆红素和转氨酶升高（8～10倍）。脓毒性休克时由于炎症介质和细菌毒素作用可引起胆小管功能异常，导致胆红素和转氨酶升高。由于肝合成功能障碍，血浆白蛋白和凝血因子降低。

6. 中枢神经系统　正常人平均动脉压降至50～60mmHg（6.67～8kPa）时，常发生最大限度的脑血管扩张。脓毒性休克时，即使平均动脉压不低，炎症介质亦可引起神经系统功能异常。休克时主要表现为意识状态变化，可出现意识混乱，甚至昏迷。

7. 皮肤和黏膜　休克早期，交感神经兴奋性增强导致外周血管广泛收缩和汗腺活动增强，表现出冷汗、皮肤黏膜苍白、湿冷和花斑状改变；休克晚期出现皮肤发绀。脓毒性休克或脊髓创伤时，血管扩张作用超过血管收缩，皮肤温暖和潮红。

8. 血液系统　由于扩容或免疫性因素，休克患者常表现血小板减少，常发生弥散性血管内凝血。脓毒性休克患者常存在血浆蛋白C减少。

9. 免疫系统　休克患者常存在严重的免疫功能异常。巨噬细胞、T和B淋巴细胞、中性粒细胞功能异常是休克晚期死亡的重要原因之一。

10. 代谢　休克时胰岛素抵抗是导致高血糖的主要原因。休克早期，儿茶酚胺、胰高血糖素和皮质醇分泌增加，促进糖原异生，使血糖水平升高。同时，脂肪和碳水化合物分解代谢受抑制，蛋白质分解增强，机体处于负氮平衡。休克晚期，由于糖原消耗和肝脏合成葡萄糖减少，可引起低血糖。

【临床表现】

各种类型休克症状和体征基本相同，主要表现为少尿、低血压、脉搏细数无力、呼吸增快、意识模糊、皮肤湿冷或网状青斑和毛细血管再充盈时间＞2秒等。

(一) 低血压

低血压是休克患者的主要体征。成年人平均动脉压低于60mmHg称为低血压；原有高血压患者，其平均动脉压较前下降50mmHg时，即使平均动脉压高于60mmHg也为低血压；慢性低血压患者，平均动脉压低于50mmHg为低血压。

(二) 生命体征体位性改变

直立位时，脉率增加超过15次/分并伴有收缩压下降超过20mmHg者，提示血管内容量不足；如果直立位心率增快但不伴有低血压者，提示血管内容量轻度减少。心动过速虽无特异性，但是轻、中度休克患者常出现心动过速。血容量正常合并自主神经病变或服用降压药者，也可出现直立位低血压。

（三）肾上腺素能反应

常见于早期休克患者，表现面色苍白、出冷汗、脉搏细数和焦虑不安，有时实验室检查可发现应激性血糖水平升高。

（四）精神状态改变

早期休克患者，精神状态可以正常。随着休克进展，依次表现为焦虑不安、精神错乱、表情淡漠或嗜睡状，甚至昏迷。

【诊断和鉴别诊断】

（一）休克诊断

如不提高警惕，早期休克常不易诊断。当存在休克原因时，出现心率和呼吸频率增快伴有血压降低、尿量减少，并有不同程度精神或神志改变时就不难诊断。

（二）休克严重程度判断

1. 轻度休克　仅有非重要器官和组织（皮肤、脂肪、骨骼肌和骨骼）灌注减少和肾上腺素能反应表现，可有轻度呼吸性碱中毒，无或仅有轻度代谢性酸中毒。

2. 中度休克　有重要器官低灌注表现：如尿量明显减少，低于 0.5ml/（kg·h），神志淡漠及不同程度意识障碍，失代偿性代谢性酸中毒等。

3. 重度休克　常出现弥散性血管内凝血和多器官衰竭表现。

（三）休克病因学诊断

1. 低血容量休克　有大失血或体液丢失（如腹泻、呕吐）的患者，出现皮肤苍白湿冷、心动过速、血压降低和尿少及不同程度意识状态改变时，常为严重低血容量休克。其严重程度与体液丢失速度和丢失量有关。血容量丢失 10%，即可出现心动过速和脉压减小；血容量减少 20%~25%，可出现休克和重要器官灌注减少表现；血容量丢失 40% 以上，可出现重要器官功能障碍或衰竭，严重代谢性酸中毒和血乳酸浓度升高，可导致死亡。急性大失血数小时后血细胞比容或血红蛋白浓度下降。

2. 心源性休克　有心肌梗死、心肌炎、心脏压塞或严重心律失常等病因学基础，休克临床表现和相关实验室检查（如心电图、血清心肌酶、床旁超声心动图及有创血流动力学）的证据，通常诊断并不困难。

3. 分布性休克　可由多种原因引起，最常见是脓毒性休克。

（1）脓毒性休克

1) 症状和体征：脓毒性休克患者常出现心动过速，真菌感染所致者可表现心动过缓。休克早期，血压正常或轻度升高、脉压增大、皮肤潮红、四肢温暖，同时有发热、寒战等。随着休克进展，出现重要器官低灌注的临床表现。

2) 实验室检查：①血常规检查：可有白细胞 $>12×10^9$/L 或 $<4×10^9$/L，不成熟杆状核 $>10\%$、血小板减少；②细菌学：血、脓性分泌物或体液培养发现致病菌；③动脉血气分析：休克早期显示原发性代谢性酸中毒和呼吸性碱中毒，休克晚期显示呼吸性酸中毒合并代谢性酸中毒；④血流动力学改变：休克早期表现心排血量增加（8~15L/min）、平均动脉压和中心静脉压下降或无变化，肺毛细血管楔压和外周血管阻力（<800dyne/s·cm^{-5}）下降，静脉血氧饱和度升高；休克晚期则出现心排血量、平均动脉压、中心静脉压、肺动脉压、静脉血氧饱和度降低及外周血管阻力增加（>1200dyne/s·cm^{-5}）。

（2）过敏性休克：接触某种致敏源后，迅速发生呼吸困难、支气管喘鸣、心动过速和低血压，也可有皮肤过敏表现。动脉血气表现动脉氧分压和和动脉氧饱和度降低。

（3）神经源性休克：发生于创伤、强烈精神刺激、剧烈疼痛、全身或脊髓麻醉、应用交感神经阻滞药后。如患者无其他休克原因，出现低血压、心动过缓、皮肤干燥和温暖，可考虑神经源性休克。

4. 心外梗阻性休克　此种类型休克与心源性休克的血流动力学参数相似，但发病过程不同。心外梗阻性休克血流动力学参数变化与血流受阻部位及发生速度有关。心肌梗死心脏破裂，心包腔内液体达150ml即可发生休克。继发于肿瘤或慢性心包炎症的心脏压塞患者，由于心包腔内液体积聚缓慢，有时积液达到1 000~2 000ml才出现心脏压塞的休克表现。床旁超声心动图检查有诊断价值。

【治疗】

休克患者处理原则：迅速识别，积极复苏；对症支持，明确病因；治疗病因和并发症（图9-3-4）。治疗目的旨在稳定血流动力学，保证重要组织和器官灌注，尽可能祛除病因。治疗的终点见表9-3-3。

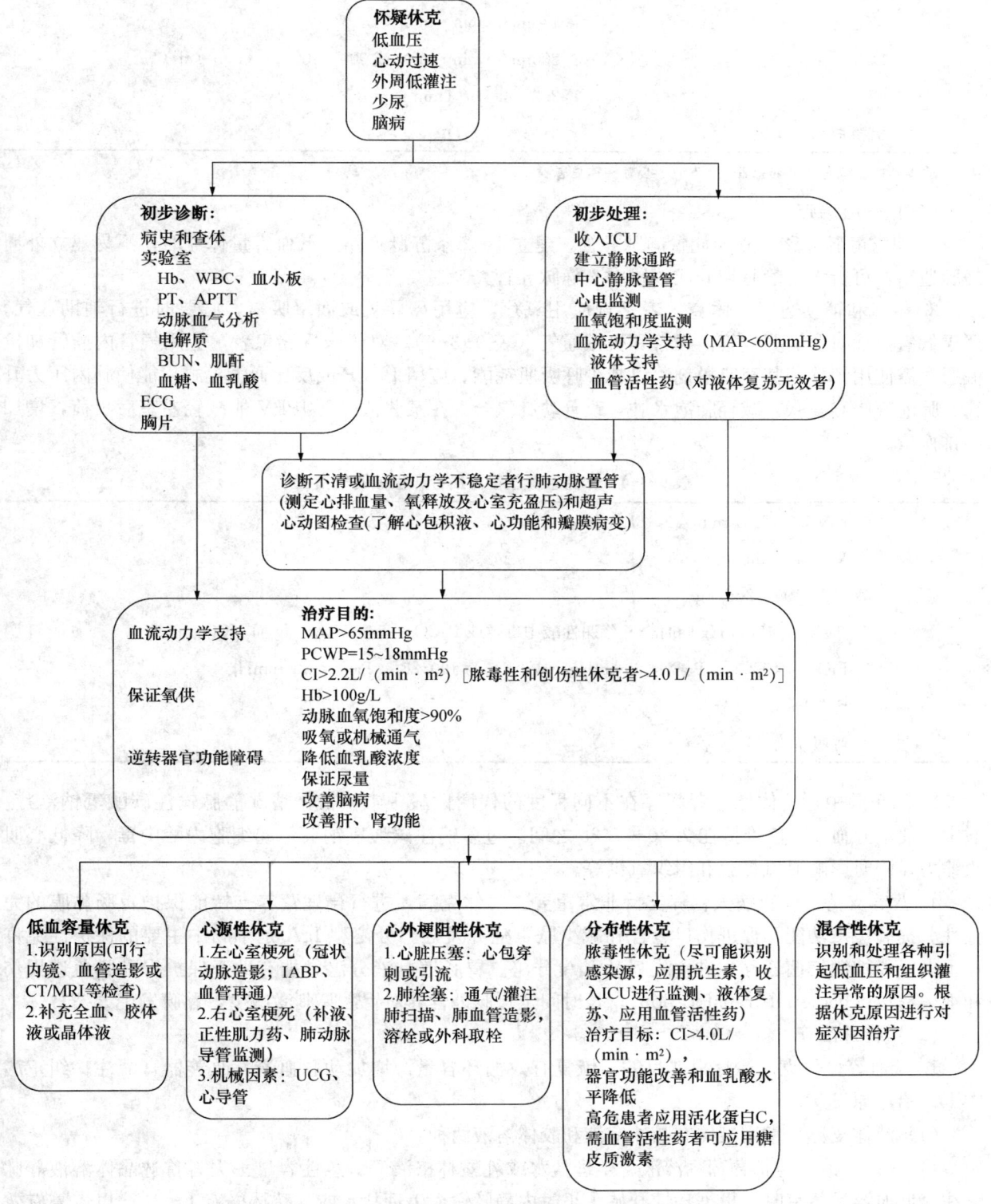

图9-3-4　休克的诊断和处理流程图

表 9-3-3 休克治疗终点

HR	<100 次/分
CVP	8~12mmHg
PCWP	10~12.5mmHg 或 17.5~20mmHg*
血乳酸	<2mmol/L
VO_2	≥170ml/(min·m²)
DO_2	>800ml/(min·m²) 或 300~400ml/(min·m²)★
CI	≥2.2~4.5L/(min·m²)
氧摄取率	<31%

* 适于高血压或左室衰竭患者　★ 适于心源性休克患者

(一) 一般治疗

1. 建立静脉通路　立即放置静脉导管,建立 1~2 条静脉通路。低血容量休克时,不易建立外周静脉通路,可行大隐静脉切开或放置中心静脉导管。

2. 供氧和辅助通气　休克患者常规应用氧疗,应用鼻导管或面罩吸氧,必要时进行辅助通气。严重低氧血症时,需要气管内插管和机械通气 (表 9-3-4)。对于未昏迷患者,应用气管内插管和机械通气需使用镇静药甚至肌松剂,以减少呼吸肌耗能。应用 PEEP 或反比通气模式,能使肺内压力升高、肺泡膨胀和复张,减轻肺泡水肿,改善动脉氧合。在某些情况下 IPPV 能减轻左室后负荷,增加心排血量。

表 9-3-4 休克患者气管内插管和机械通气指征

MV<9~12L/min 或 >18L/min
V_T<4~5ml/kg
VC<10~12ml/kg
$PaCO_2$>45mmHg 同时合并代谢性酸中毒,或 $PaCO_2$>50~55mmHg 而 HCO_3^- 正常
FiO_2 为 40% 时,PaO_2<60mmHg;或 FiO_2 为 100% 时,PaO_2<200mmHg
f>30~35 次/分
呼吸费力

3. 纠正酸中毒　休克患者都存在不同程度的代谢性酸中毒,根据情况静脉输注碳酸氢钠治疗。通常,使动脉血 pH 值维持在 7.20~7.25 之间。过多输注碳酸氢钠会引起细胞内酸中毒,降低心肌收缩力,同时影响血氧释放和组织氧供等。

4. 营养支持　休克病人营养支持非常重要。对休克病人进行合理营养支持能保护胃肠黏膜的完整性、提高免疫功能、促进伤口愈合和减少脓毒症并发症。分泌型 IgA 是小肠中主要的保护性免疫球蛋白,能抑制细菌迁移。进食能刺激 IgA 分泌。胃肠道黏液分泌增加有助于保护胃黏膜免遭损伤和细菌易位 (bacterial translocation)。长时间全胃肠外营养对胃黏膜刺激减少,黏膜发生萎缩。

(二) 特殊治疗

1. 低血容量休克　治疗根本目的:恢复有效循环容量,增加动脉血流,改善器官灌注;纠正酸中毒;治疗原发病。

(1) 液体复苏:常用液体有晶体溶液和胶体溶液两种。

1) 晶体溶液:包括葡萄糖溶液、生理盐水或乳酸林格液等。急性容量丢失者首选晶体溶液静脉输注。低血容量休克时,根据病情开始 1 小时内静脉输入生理盐水或乳酸林格液 1~2L,以恢复有效循环容量。但应预防肺水肿和高氯性酸中毒。持续血流动力学不稳定者,应注意有无体液继续丢失。

烧伤或头部创伤患者需要适当限制液体入量，可输注高张盐水扩容，以减少输入的液体总量。

2) 胶体溶液：循证医学表明，应用胶体溶液较晶体溶液无明显益处，反而会增加创伤性休克患者的病死率。如果持续性失血和血红蛋白浓度≤100g/L时，应输入全血。

(2) 血管活性药：在恢复血容量后血压仍不能维持时，可应用血管活性药（如多巴酚丁胺或多巴胺等）以提高心室收缩力。对于难治性休克患者，在血容量恢复后应用多巴酚丁胺或多巴胺等药无效时，可试用去甲肾上腺素升高血压，但应用时间不宜太长。

(3) 病因治疗：创伤或胃肠道失血者应尽早手术治疗。

2. 心源性休克　心源性休克患者预后差。治疗目的旨在减少急性心肌缺血，迅速恢复器官灌注；提高主动脉舒张压和冠状动脉血流，改善心肌氧供；降低心肌耗氧量；维持心排血量，降低外周血管阻力。

(1) 止痛：剧烈胸痛者应用吗啡，缓解肺充血，减少心肌氧耗。

(2) 急性肺水肿：心源性休克者肺毛细血管楔压需维持在15～18mmHg之间，超过20mmHg会发生肺水肿。治疗包括：①高流量鼻导管吸氧，严重者面罩或呼吸机持续加压给氧；②吗啡：2～5mg，静脉或肌注，具有镇静和减轻心脏负荷作用；③呋塞米：0.5～1.0mg/kg，静脉注射，4小时后据情重复治疗，具有利尿和静脉扩张作用；④硝酸甘油：静脉输注初始量10μg/min，然后每10分钟调整剂量，每次增加5～10μg，出现疗效时为止。

(3) 维持血压：应用血管活性药维持平均动脉压≥60mmHg。①多巴胺：低剂量2～5μg/（kg·min）能增加肾脏血流和肾小球滤过率，提高心率和心肌收缩力；中剂量5～10μg/（kg·min）增加心率、心肌收缩力和心排血量，增加肾脏血流量和尿量，对少尿患者有益；剂量>10μg/（kg·min）时能提高心率和血压；②多巴酚丁胺：用于急性心肌梗死合并心源性休克或心肺旁路术后治疗，2～10μg/（kg·min）静脉输注；③去甲肾上腺素：用于其他方法治疗无效（不能使平均动脉压>50mmHg）时，以2～8μg/min静脉滴注。

(4) 冠脉血管再通：急性心肌梗死所致心源性休克者，早期血管再通优于药物治疗。可使住院病死率由80%～90%降至50%～60%（表9-3-5）。

1) 溶栓治疗：大面积急性心肌梗死时，应用尿激酶或阿替普酶（alteplase）溶栓治疗。

2) 冠心病介入治疗：经皮冠状动脉成形术（percutaneous coronary interventions，PCI）较溶栓治疗有效，血管再通率达70%。PCI对严重弥散性多血管病变者效果差。

3) 紧急主动脉-冠状动脉旁路移植术（CABG）：该术效果取决于开始治疗时休克发生时间。休克后18小时内手术者预后较佳。

表9-3-5　心源性休克不同疗法比较

治疗方法	住院病死率（%）
正性肌力支持	90%
溶栓治疗	80%～90%
IABP	80%
CABG	50%～60%
PCI（成功）	50%～60%
（不成功）	80%～90%

IABP：主动脉内球囊反搏
CABG：主动脉-冠状动脉旁路移植术
PCI：经皮冠状动脉成形术

(5) 其他治疗

1) 电复律或超速起搏：对于严重缓慢心律失常患者阿托品治疗无效时，根据病情行临时心脏起搏治疗；严重快速心律失常者抗心律失常药无效时，可选用电复律或超速起搏。

2) 主动脉内球囊反搏：主动脉内球囊反搏（IABP）能降低后负荷、增加冠状动脉血流、降低心率、增加心搏量，可使心排血量增加10%～20%，能缓解心肌缺血和胸痛。主要并发症是下肢动脉缺血、动脉夹层、血栓形成或出血。

3) 左室或双室辅助装置：休克早期应用双室辅助装置有效。随着装置的改进，能够对紧急血管重建失败或不能立即进行血管重建等待心脏移植患者提供长期血流动力学支持。

3. 脓毒性休克　脓毒性休克患者治疗应尽快处理感染灶，消灭病原菌，及时进行循环和呼吸支持，治疗原发病。

(1) 抗生素：病原菌未明的脓毒性休克患者，可经验性应用广谱抗生素治疗。病原菌明确者，选用相应抗生素。腹腔感染时，加用抗厌氧菌药物。疗程为 10~14 天。

(2) 清除感染灶：抗生素治疗后，及时清除感染灶。感染灶明确者应尽快清除或引流，感染灶不明确者应仔细寻找。

(3) 支持治疗

1) 循环支持：脓毒性休克患者由于发热和弥散性毛细血管渗漏，多数存在循环容量不足，用抗生素前应给予循环支持。①液体复苏：如果平均动脉压低于 50mmHg 时，心脑血管失去自身调节，发生冠状动脉和脑血管灌流不足。因此，液体复苏应维持平均动脉压在 60mmHg 以上或中心静脉压 8~12mmHg。液体复苏时，首先快速静脉输注 500~2 000ml 晶体溶液。如果血浆蛋白<20g/L，应输入 25% 白蛋白提高血管内胶体渗透压。中心静脉血氧饱和度不足 70% 时，输注浓缩红细胞或全血，维持血细胞比容在 30% 或血红蛋白在 100g/L 以上，以保证氧输送。治疗期间监测肺毛细血管楔压，维持肺毛细血管楔压在 12~18mmHg (1.6~2.4kPa)。②升压药：脓毒性休克与其他类型的分布性休克一样，对扩容治疗反应较差，常需应用升压药和正性肌力药（如多巴胺、多巴酚丁胺、肾上腺素和去甲肾上腺素）。多巴胺开始输注速度为 4~5μg/(kg·min)，逐渐增加至 10~15μg/(kg·min)。多巴胺无效或发生心律失常时，可用去甲肾上腺素，0.05~0.2μg/(kg·min)，同时加用小剂量 [1~2μg/(kg·min)] 多巴胺能增加肾脏血流。平均动脉压、中心静脉压和血细胞比容正常，而中心静脉血氧饱和度不足 70% 者，可使用多巴酚丁胺 2.5~20μg/(kg·min)。

2) 呼吸支持：脓毒症时，肺毛细血管内皮损伤、通透性增加，发生间质或肺泡水肿，使 V/Q 比例失调，导致呼吸衰竭。初期可经鼻导管给氧，必要时机械通气，保护性肺通气可以降低急性肺损伤或急性呼吸窘迫综合征患者病死率。

3) 营养支持：脓毒症患者存在高分解状态，应给予适当营养支持。所供热能为 20~25kcal/(kg·d)。过量碳水化合物产生过多二氧化碳对呼吸衰竭患者不利，可用长链脂肪酸补充部分热能。增加蛋白质供应以维持氮平衡。肠道营养可预防应激性溃疡和肠道细菌易位。

(4) 其他

1) 潜在肾上腺皮质功能不全者：对于顽固性脓毒性休克患者，应注意合并潜在肾上腺皮质功能不全（即 ACTH 刺激试验，血清皮质醇升高≤9μg/L）。此时，应用氢化可的松 50mg 静脉注射，每 6 小时一次，联合氟氢可的松 50μg/d，连续 7 天，可改善预后。

2) 抗凝治疗：重组人活化蛋白 C (recombinant human activated protein C) 可用于治疗严重脓毒症或脓毒性休克伴有凝血功能障碍的患者。美国 FDA 推荐应用于 APACHE Ⅱ≥25、年龄≥18 周岁和出血危险低的危重症患者。重组人活化蛋白 C 应用剂量为 20μg/(kg·h)，静脉输注 96 小时，改善凝血和器官功能，降低炎性标志物，改善预后。应用重组人活化蛋白 C 过程中，应监测凝血功能。

4. 心外梗阻性休克　心外梗阻性休克患者的主要治疗是解除梗阻。心脏压塞者立即行心包腔穿刺抽液或心包腔引流；张力性气胸所致者，行胸膜腔穿刺抽气或闭式引流。肺血栓栓塞者应予溶栓治疗。积极内科治疗无效者或有溶栓禁忌的大面积的肺动脉血栓患者，可行紧急肺动脉血栓取出术。

【监测】

(一) 生命体征监测

常规监测心率、血压、呼吸频率、体温和神志情况。心率增快提示血容量不足或心脏受损，焦虑、疼痛或感染发热等也可引起心率增快。血压是判断血流动力学最常用的参数，血压正常才能维持重要器官灌注。心排血量明显减少 40 分钟后，血压开始下降。因此，血压不是反映休克的最敏感指标。心率、脉压差和尿量改变是休克早期敏感指标。脉压主要反映心脏每搏量和主动脉或大动脉的顺应性，正常约为 40mmHg (5.3kPa)。心排血量发生变化时，脉压改变先于收缩压。

（二）尿量及其成分

对休克患者应放置 Foley 尿管监测尿量，正常尿流率＞0.5ml/（kg·h）。尿排出量低于 30ml/h，提示血容量不足、肾血流减少或肾实质损害。低血容量休克时，常表现低尿钠和尿液渗透压升高，尿比重增加。

（三）心电监测

常规心电监测有助于病因诊断，能及时发现急性心肌梗死和严重心律失常。

（四）动脉血气分析

休克患者应常规进行动脉血气分析（PaO_2、$PaCO_2$ 和 pH）和血乳酸浓度监测。进行动脉血气分析能指导治疗、观察疗效和判断病情。严重低氧血症和高碳酸血症患者，应行气管内插管和机械通气。

（五）血乳酸水平测定

乳酸是葡萄糖无氧酵解的终末产物。正常情况下，动脉血乳酸浓度为 0.5～1mmol/L。血乳酸浓度介于 2～5mmol/L 为高乳酸血。如果血乳酸浓度持续超过 5.0mmol/L，并伴有血 pH 值低于 7.35 或血浆碳酸盐浓度低于 22mmol/L 时称为乳酸酸中毒。乳酸主要在肝清除，肝功能损害时血乳酸浓度也可升高。休克时，血乳酸浓度升高与缺氧正相关。创伤性休克治疗后 12 小时，血乳酸浓度持续升高者易发生多器官衰竭。连续监测血乳酸浓度能判断患者预后。

（六）有创血流动力学监测

1. 动脉压　动脉置管进行有创血压监测能实时准确反映血压动态改变，尚能从动脉置管中抽取血样测定血红蛋白、乳酸浓度和进行动脉血气分析等。

2. 中心静脉压　正常参考值为 2～6mmHg（0.27～0.8kPa）。中心静脉压测定有助于早期诊断低血容量休克，尚能与心脏压塞或张力性气胸鉴别。中心静脉压在 4～12mmHg（0.5～1.5kPa）时不能鉴别低血容量休克与其他类型休克。中心静脉压＞12mmHg（1.5kPa）提示心功能不全或输液量过多。但应注意，影响中心静脉压的因素较多。

3. 肺动脉导管　Swan-Ganz 导管用以测定心排血量，尚能测定中心静脉压、肺毛细血管楔压和混合静脉血氧饱和度。通过血流动力学监测指导液体复苏和血管活性药及正性肌力药应用。肺毛细血管楔压过高时可迅速发生肺水肿，损害氧合及氧输送。

（七）鼻胃管放置

放置鼻胃管用以观察胃液隐血或胃出血情况，能提早发现应激性溃疡。

【预后】

休克预后取决于病因、严重程度、持续时间、患者的年龄及基础疾病。动脉血压、心排血量和血乳酸浓度对休克患者预后有判断价值。血乳酸浓度超过 5mmol/L，心源性休克病死率达 90%，其他类型休克病死率也随血乳酸水平升高而增加。休克患者发生多器官衰竭时病死率超过 60%。

（柴艳芬　崔书章）

第四章 多器官功能障碍综合征

多器官功能障碍综合征（multiple organ dysfunction syndrome，MODS）是指脓毒症、脓毒性休克或严重创伤等患者同时或短时间内相继出现两个或两个以上器官功能障碍。多器官功能障碍综合征是危重症患者的常见并发症，具有极高的病死率。尽管近年对多器官功能障碍综合征的临床和基础研究取得很大进展，新的治疗方法不断出现，但其病死率仍高达30%～90%。

第二次世界大战以前，失血性休克和感染是严重创伤患者首要致死原因。20世纪40年代后，随着液体复苏和支持治疗技术（透析疗法、机械辅助呼吸和静脉营养等）的发展，休克患者虽能够度过早期休克而存活下来，但仍面临随后发生的器官功能障碍或衰竭的威胁。

1973年，外科医生Tilney等报道18例腹主动脉瘤破裂修复术成功后相继发生多个器官功能衰竭致死，并首次称之为序贯性系统衰竭（sequential system failure）。随后，许多临床医生发现在严重创伤和手术后有类似情况发生。1977年，Eiseman等将其改称为多器官衰竭（multiple organ failure，MOF），并对其概念和诊断标准进行了介绍，指出多器官衰竭患者病死率达70%，同时发现脓毒症与多器官衰竭发生有关。此后十余年，多器官衰竭被普遍接受。1991年，美国胸科医师学会（ACCP）和危重病医学会（SCCM）在美国召开联合会议，将多器官衰竭更名为多器官功能障碍综合征，更准确反映了该综合征进行性和可逆性特点。

【病因和发病机制】

（一）病因

多器官功能障碍综合征常发生在严重创伤、烧伤、大失血、严重感染和某些医源性因素（如大手术、大量输血等）时，其中严重感染和创伤是引起多器官功能障碍综合征的主要原因。1991年ACCP/SCCM联席会上明确了全身炎症反应综合征（systemic inflammation reaction syndrome，SIRS）和脓毒症（sepsis）等概念，提出全身炎症反应综合征是由感染或非感染因素引起，具备以下两项以上者可以诊断：①体温＞38℃或＜36℃；②HR＞90次/分；③呼吸频率＞20次/分或PCO_2＜30mmHg；④WBC＞$12.0×10^9$/L或＜$4.0×10^9$/L或杆状核细胞＞10%。感染引起的全身炎症反应称脓毒症。脓毒症患者除具备前述全身炎症反应综合征标准外，同时血培养应为阳性。2001年12月，美国危重病医学会（SCCM）、欧洲重症监护学会（ESICM）、美国胸科医师协会（ACCP）、美国胸科学会（ATS）及外科感染学会（SIS）在美国华盛顿召开联席会议，共同讨论与重新评价1991年ACCP/SCCM提出的脓毒症及其相关术语的定义和诊断标准等问题（参见表9-4-1）。

脓毒症是危重症患者发生多器官功能障碍综合征的主要原因，但既不能肯定脓毒症引起多器官功能障碍综合征，也不能完全解释其与全身炎症反应综合征相关的多器官功能障碍综合征临床表现。例如，死于多器官功能障碍综合征的创伤患者，尽管临床表现类似脓毒症状态，但实际上由脓毒症引起者不足50%。因此，全身炎症反应综合征是机体对各种刺激产生的一种全身炎症反应（图9-4-1）。轻度感染或无感染者都可发生多器官功能障碍综合征。感染引起的多器官功能障碍综合征经有效抗生素治疗后也不能逆转器官衰竭。非感染与感染引起的多器官功能障碍综合征患者病理生理学表现相同。细菌及其代谢产物引起组织损伤能促发宿主的炎症反应，但感染严重程度与临床炎症反应关系不大。一旦启动宿主炎症反应过程，炎症反应失去控制即可发生多器官功能障碍综合征。临床发生多器官功能障碍综合征的常见危险因素见表9-4-2。

表 9-4-1 脓毒症新诊断标准

一般表现	发热或低体温（体温＞38.3℃ 或＜36℃） 心率＞90 次/分或＞同年龄正常值＋2SD，呼吸加快，意识状态改变 明显水肿或液体正平衡（＞20ml/kg，超过 24h） 无糖尿病情况下血糖升高 [血糖＞7.7mmol/L（120mg/dl）]
炎症指标	白细胞增高（＞12×10^9/L）或 白细胞降低（＜4.0×10^9/L 或白细胞正常，但不成熟，杆状核＞10%） 血浆 CRP 水平＞正常值＋2SD，血浆降钙素原水平＞正常值＋2SD
血流动力学指标	动脉血压低（收缩压＜90mmHg，平均动脉压＜70mmHg，或收缩压下降＞40mmHg，或＜同龄正常值－2SD） 混合静脉血氧饱和度（SvO$_2$）＞70% 心脏指数＞3.5L/（min·m^2）
器官功能障碍	氧合指数降低（PaO$_2$/FiO$_2$＜300） 急性少尿 [尿量＜0.5ml/（kg·h），至少 2 小时]，血肌酐升高＞44.2μmol/L（0.5mg/dl） 凝血异常（INR＞1.5 或 APTT＞60 秒，血小板＜100×10^9/L） 肠梗阻（肠鸣音消失），血胆红素升高 [血浆总胆红素＞70mmol/L（4mg/dl）]
组织灌注	高乳酸血＞2mmol/L，毛细血管再充盈时间延长

PaO$_2$/FiO$_2$：动脉血氧分压/吸入氧浓度；INR：国际标准化比率；APTT：活化部分凝血活酶时间

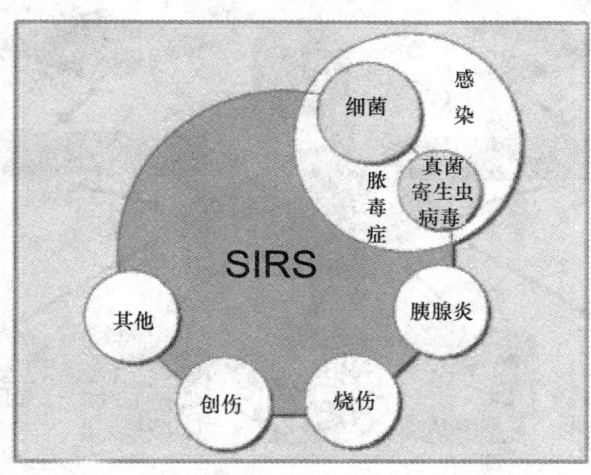

图 9-4-1 感染、脓毒症和 SIRS 之间的关系

（二）发病机制

由于多器官功能障碍综合征发病机制较为复杂，长期以来，尽管进行大量动物实验和临床研究，仍未能阐明其发病机制。机体在不同致病因素（如休克、严重感染、创伤、烧伤或大手术等）作用下，解剖、生理互不相同的器官相继或同时发生功能衰竭，使人们联想到是否血液循环中有共同的细胞或体液因子参与了多器官功能障碍综合征的发病。有人将多器官功能障碍综合征看作是机体免疫和炎症反应失调。20 世纪 90 年代以来，随着细胞生物学和分子生物学技术的发展和进步，人们对多器官功能障碍综合征的认识从整体和器官水平转向细胞、分子乃至基因水

表 9-4-2 发生 MODS 的危险因素

原发疾病严重
严重创伤（创伤严重度评分＞25）
年龄＞65 岁（创伤患者年龄＞55 岁）
脓毒症或感染（入院时）
持续性低血压
不适当 DO$_2$/VO$_2$：血乳酸浓度持续升高
大手术
心肺及搭桥术中主动脉钳夹时间＞1.5h
肝功能异常
长期酗酒

平，从炎症反应、细胞凋亡、基因调控及信号转导等方面进一步探讨多器官功能障碍综合征的发病机制，并取得深入进展。有多种机制参与多器官功能障碍综合征发病，每种机制在不同阶段可能起到不同作用。

1. **炎症反应和抗炎症反应** 炎症反应是机体对各种刺激的重要防御反应。目前认为，全身炎症反应综合征是机体遭受感染或创伤刺激后，细菌、毒素及创伤激活大量炎症细胞，释放许多促炎介质（proinflammatory mediators），如肿瘤坏死因子（tumor necrosis factor，TNF-α）、白细胞介素-1（interleukins-1，IL-1）、IL-2、IL-6、IL-8、血小板活化因子（PAF）、花生四烯酸、白三烯、磷脂酶 A_2（PLA_2）、血栓素 A_2、β-内啡呔和血管通透性因子等入血引起的失控性炎症反应。在炎症反应同时，体内产生抗炎介质（anti-inflammatory mediators），如可溶性 TNF 受体、IL-1 受体拮抗剂、IL-4、IL-10、IL-11 和 IL-13 等。抗炎介质有利于控制炎症介质产生，使炎症反应趋于自限过程，阻止炎症发展，这是机体的一种代偿反应。但是，内源性抗炎介质产生过多入血后，使机体免疫功能受到严重抑制，产生代偿性抗炎反应综合征（compensatory anti-inflammatory response syndrome，CARS），从而增加机体对感染的易感性。糖皮质激素和儿茶酚胺是对抗抗炎介质的主要内分泌激素。当体内炎症介质和抗炎介质保持平衡时，机体内环境稳定，即不会引起器官功能障碍。否则，出现细胞因子级联效应，可引起组织细胞损伤，内环境紊乱，器官功能障碍。促炎反应占优势，表现为全身炎症反应综合征或"免疫亢进"，抗炎反应占优势，表现为 CARS 或"免疫麻痹"，使机体对外来打击反应降低，对感染的易感性增加，加剧脓毒症（图 9-4-2）。多器官功能障碍综合征是促炎反应（即 SIRS）与抗炎反应（即 CARS）失衡的结果。

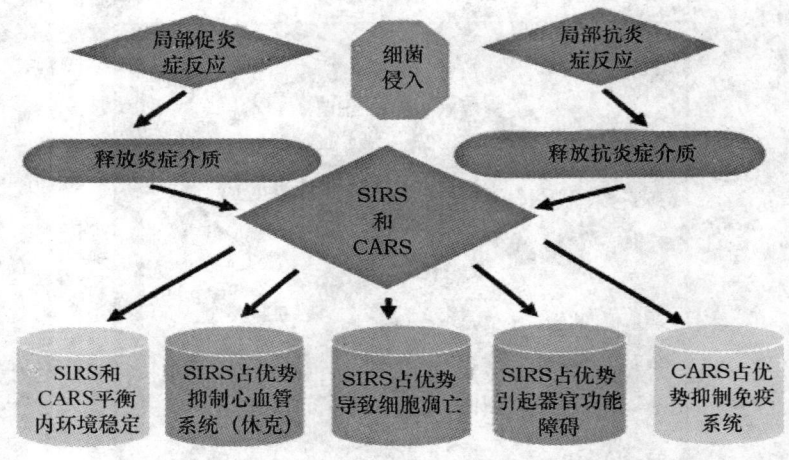

图 9-4-2 SIRS 和 CARS 在脓毒症发病中的作用

2. **微循环障碍和缺血再灌注理论** 各种休克和复苏后引起重要器官微循环障碍及再灌注损伤是多器官功能障碍综合征发生的基本环节。器官微循环障碍和再灌注损伤通过多种环节引起多器官功能障碍综合征（图 9-4-3）。

(1) 组织氧代谢障碍：脓毒症和多器官功能障碍综合征患者存在微循环和细胞线粒体功能损害，导致氧输送（DO_2）和氧耗（VO_2）异常。正常人体内大多数组织氧耗由代谢要求决定，不依赖氧释放。氧释放轻度减少时，通过增加氧摄取来维持氧耗。当氧输送降低到一定程度时，氧耗则依赖氧释放。氧耗转变成依赖氧输送的临界点称病理性氧供依赖（pathologic supply dependence，图 9-4-4）。氧输送与氧耗之间这种双相关系称作氧调节器（oxygen regulator）。脓毒症和急性呼吸窘迫综合征患者氧耗依赖氧输送的范围较大，即病理性氧供依赖性。此时在细胞水平无氧代谢增强，发生组织细胞乳酸酸中毒。此外，多种血管活性物质（如花生四烯酸代谢产物血栓素 A_2、白三烯、血小板活化因子和内皮素等）释放，以及一氧化氮和前列腺素 E_2 等的舒张血管作用，均能诱发或加剧全身微循环障碍，促进多器官功能障碍综合征发生。

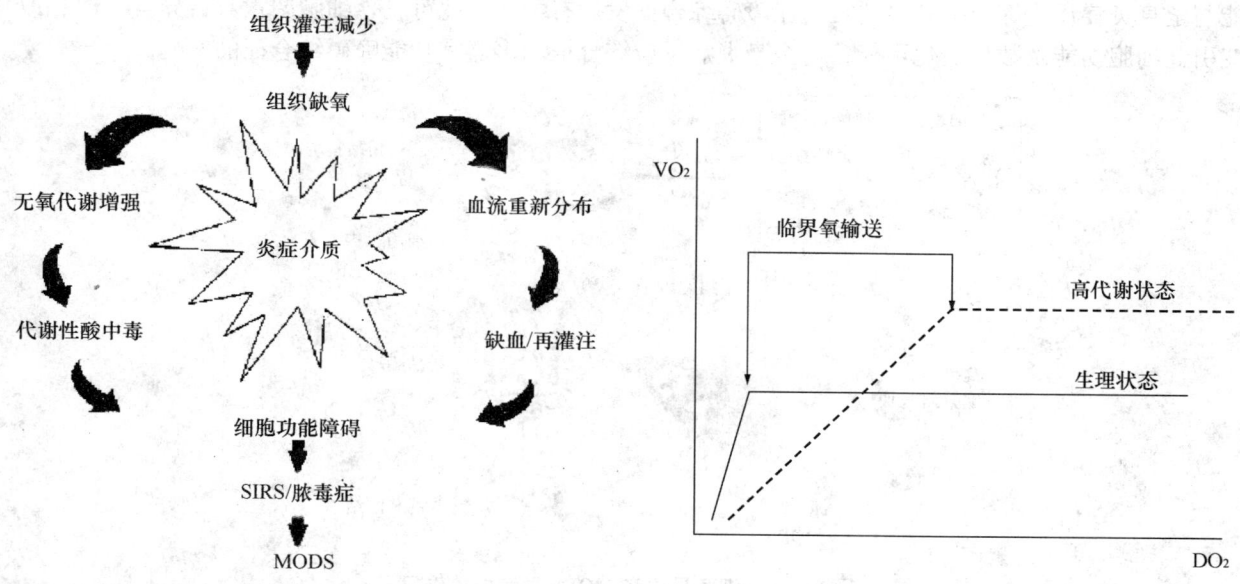

图 9-4-3　缺血、缺氧在 MODS 发生中的作用　　　　图 9-4-4　氧输送和氧耗关系

(2) 氧自由基损伤：大量临床和实验研究表明，在缺血-再灌注过程中氧自由基最早来源于内皮细胞。氧自由基激活补体，促使中性粒细胞和单核细胞活化，释放更多氧自由基，氧自由基又可进一步加重内皮细胞损伤。

(3) 血管内皮细胞损伤：血管内皮细胞损伤后引起毛细血管通透性增高，促凝作用增强，使抗凝与促凝之间平衡破坏，血栓形成。血栓形成又可加重血管内皮细胞损伤，使产生的内皮素与一氧化氮之间失去平衡，引起血管舒缩调节功能异常，器官微循环灌注障碍和器官损害。

3. 肠源性理论　1987 年，Deitch 认识到肠道是多器官功能障碍综合征的始动器官。胃肠道黏膜血管解剖特点使它更易受应激激素损害。小肠绒毛营养血管呈发夹状，顶端营养较差。肠黏膜及绒毛的血流分别占全胃肠道的 80% 和 60%，如全身血容量下降 10%，则全胃肠道血流量下降 40%。应激状态下，小肠对缺血-再灌注特别敏感，易产生内毒素扩散和细胞因子释放。此外，75% 的肝脏血供来自门静脉系统，门静脉系统血流压力梯度小，血管平滑肌以 α 受体占优势，应激激素儿茶酚胺能使肝脏血流大大减少。

肠道是机体最大细菌和毒素库，由于应激、禁食或抑酸药应用不合理等，常导致肠道菌群失调，屏障功能破坏，动力丧失，表现为肠黏膜萎缩、破损，肠黏膜通透性增高，细菌和毒素可通过有或无破损的肠黏膜易位到肠系膜淋巴结或其他远处器官，此称为细菌易位（bacteria translocation）。细菌易位促发全身炎症反应综合征，进而发展为多器官功能障碍综合征（图 9-4-5）。全身炎症反应综合征又可加重肠黏膜屏障功能损害。因此，肠道既可能是全身炎症反应综合征的始动器官，又是全身炎症反应综合征的靶器官。肠道屏障功能损伤与多器官功能障碍综合征互为因果。

4. 二次打击理论　该理论认为，如果把创伤、休克和感染等早期致病因素视为第一次打击，激活免疫细胞和炎症细胞产生炎症介质参与早期炎症反应。此后，如果病情进展中再次出现致病因素侵袭，形成二次打击（second hit）。此次打击特点是对原有炎症及应激反应的放大效应，即使打击强度小于首次打击，也能引起处于激发状态炎症细胞的强烈反应，从而释放更多细胞因子和炎症介质，如此导致"二级"、"三级"或更多的炎症介质产生，形成"瀑布样反应"。这种失控炎症反应不断发展，最终导致组织细胞损伤和多器官功能障碍综合征（图 9-4-6）。

5. 细胞凋亡理论　细胞凋亡是由基因调控的细胞主动"自杀"过程。细胞凋亡可发生在生理或病理状态下，具有独特形态学（如凋亡小体）和生物化学特征（如特征性 DNA 梯带）。研究发现，全身炎症反应综合征患者外周血中性粒细胞凋亡延迟，血清中有抗凋亡因子。中性粒细胞凋亡延迟可能与全身炎症反应综合征和多器官功能障碍综合征发病有关。由此可见，细胞凋亡数目异常或时相改变引起细胞功能及数量变化可能参与全身炎症反应综合征和多器官功能障碍综合征的发病。

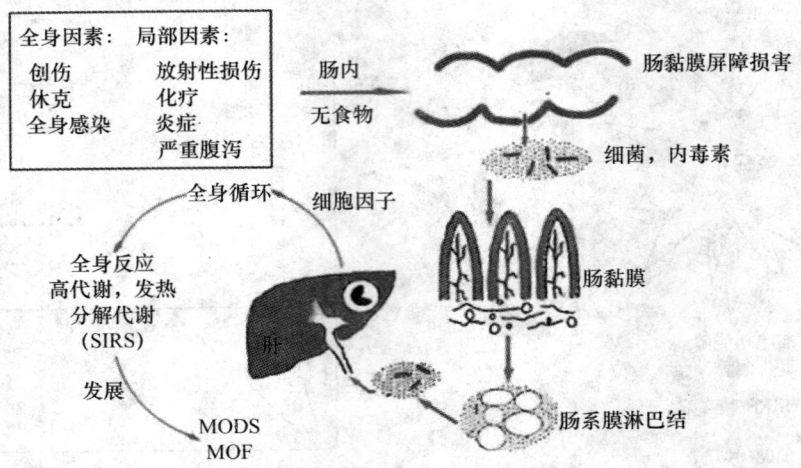

图9-4-5 细菌易位在MODS发病中的作用

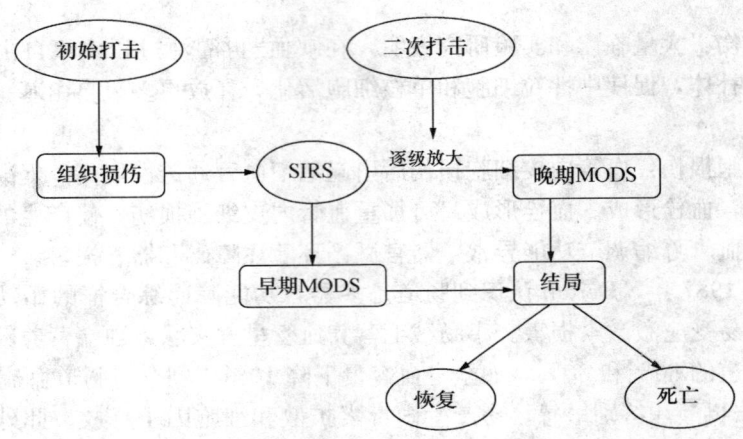

图9-4-6 MODS发病过程的二次打击理论

【临床特征】

1. 原发器官损伤到器官功能障碍有一定时间间隔，引起器官损伤的致病因素常为突发性。发生功能障碍或衰竭的器官通常并不直接源于原发损伤。多器官功能障碍综合征临床表现很大程度上取决于器官损伤是来源于单次打击还是多次打击。虽然发生器官衰竭常为序贯性变化，呈多米诺效应，但无统一规律。这种器官衰竭序贯性发生提示多器官功能障碍综合征临床表现不同。

2. 并非所有多器官功能障碍综合征患者都有细菌学证据，30%以上患者临床及尸检未见感染灶。因此，治疗感染未必能提高患者生存率。

3. 多器官功能障碍综合征累及健康器官，发病急，病情变化快，病死率高。

4. 多器官功能障碍综合征缺乏特征性病理改变，受累器官仅是急性炎症反应（如炎性细胞浸润等），与严重临床表现不相符合，一旦恢复，临床不留任何后遗症。

5. 休克、感染和损伤与多器官功能障碍综合征关系密切，并且是常见致病原因。

6. 多器官功能障碍综合征患者常伴有高代谢状态，代谢率可达正常1.5倍。

【诊断和鉴别诊断】

严重慢性疾病（肝或肾功能不全）、AIDS和免疫抑制药治疗患者等是发生脓毒症和多器官功能障碍综合征高危人群。

目前，多器官功能障碍综合征尚无统一诊断标准。APACHE Ⅱ评分系统提出五个器官系统衰竭诊断标准，后来又补充肝衰竭诊断标准，其中各项生理参数异常至少持续24~48小时（表9-4-3）。

表 9-4-3　器官衰竭 APACHE Ⅱ 修正标准

心血管功能衰竭（存在下述标准的一项或多项）
　　HR≤54次/分
　　MAP≤50mmHg（收缩压≤60mmHg）
　　出现室性心动过速和/或室颤
　　血 pH≤7.24 和 $PaCO_2$≤40mmHg、CI＜2.2L/（min·m²）
　　心力衰竭（胸片和临床肺水肿证据）
呼吸衰竭（存在下述标准的一项或多项）
　　呼吸频率≤5次/分或＞40次/分
　　$PaCO_2$≥50mmHg，pH＜7.35
　　$P_{(A-a)}O_2$≥350mmHg [$P_{(A-a)}O_2 = 713 \times F_iO_2 - PaCO_2 - PaO_2$]
　　需依赖机械通气（如 CPAP）
肾衰竭（存在下述标准的一项或多项）
　　尿量≤400ml/d
　　BUN≥36mmol/L（或≥100mg/dl）
　　血 Cr≥310μmol/L（≥3.5mg/dl），慢性肾衰者血 Cr 达入院前2倍
血液系统衰竭（存在下述标准的一项或多项）
　　WBC≤1.0×10⁹/L
　　血小板≤20.0×10⁹/L
　　Hct≤20%（无活动性出血时）
神经系统衰竭
　　Glasgow 昏迷评分≤6（未用镇静药）
肝衰竭
　　血胆红素＞103μmol/L
　　PT 超过对照4秒（未用全身抗凝药）
　　肝性脑病
胃肠道衰竭（存在一项或多项）
　　应激性溃疡
　　无石性胆囊炎
　　胰腺炎

上述评分系统不能体现器官衰竭演变过程。1995年，Marshall 等对多器官功能障碍综合征患者的心、肺、肾及肝、血液和中枢神经系统每日进行评价，以预测预后（表9-4-4），但也存在不足。

多器官功能障碍综合征早期，内皮细胞损伤能释放血管性血友病因子相关抗原（von Willebrand factor-antigen，vWf-Ag）。早期急性呼吸窘迫综合征或多器官功能障碍综合征患者血 vWf-Ag 水平明显升高。如果血 vWf-Ag＞450 能预测急性呼吸窘迫综合征，其敏感性和特异性分别达87%和77%。

患者发病前存在潜在器官功能障碍时，特别是发生药物中毒、脓毒症、创伤或手术后，临床表现类似多器官功能障碍综合征，应注意鉴别。

表 9-4-4 器官功能障碍评价

器官、系统	评价指标	器官功能障碍程度		
		轻度	中度	重度
肺	PaO_2/FiO_2、机械通气天数	$PaO_2/FiO_2>250$	PaO_2/FiO_2 150~250	$PaO_2/FiO_2<150$、机械通气5天以上
肾	血Cr（$\mu mol/L$）、CCr、BUN、是否需透析	血Cr<150	血Cr 150~300	血Cr>300、需透析治疗
肝	胆红素（$\mu mol/L$）、白蛋白、胆固醇、ALT、AST、γ-GT、ALP、血氨	胆红素<30	胆红素30~80、转氨酶升高或ALP升高2倍	胆红素>80，血氨升高
胃肠道	应激性溃疡、出血、胃管引流液量（ml/d）、肠内营养相关腹泻、无石性胆囊炎、胰腺炎	腹泻、引流量<300ml/d	引流量300~1000ml/d	引流量>1000ml/d、上消化道出血、无石性胆囊炎、胰腺炎
心脏	心律失常、肺毛细血管楔压、平均动脉压、射血分数	肺毛细血管楔压16~20mmHg、HR<140次/分或血管活性药维持平均动脉压	多巴胺或多巴酚丁胺维持心排血量和肺毛细血管楔压	需血管活性药（多巴胺、肾上腺素、去甲肾上腺素）维持平均动脉压在80mmHg
CNS	Glasgow昏迷评分	13~14	10~12	≤9
血液	血小板计数、PT、APTT、FDP	血小板>60×10^9/L	血小板（20~60）×10^9/L，PT、APTT轻度延长	血小板<20×10^9/L、DIC
代谢	胰岛素用量（U/h）	≤1	2~4	≥5
免疫	迟发型超敏反应（DTH）、淋巴细胞增殖率、院内感染	DTH反应降低	皮肤过敏	皮肤过敏、反复感染
伤口愈合情况	伤口感染情况、肉芽组织形成情况	伤口感染	肉芽组织形成障碍	褥疮、伤口裂开

【治疗】

多器官功能障碍综合征发病急、进展快和病死率高，是危重病医学领域中一个难题。目前对多器官功能障碍综合征患者尚无特异性治疗手段，主要是对症和支持治疗。

（一）液体复苏

应根据病因进行液体复苏，低血容量患者应积极静脉补充（晶体或胶体）液体。目前，多数人主张应用晶体液扩容，既能增加血管内容量，也能补充组织间液。大失血患者进行输血，维持血细胞比容在25%~35%。评价液体复苏最好的指标是患者神志、血压、尿量、肾功能及酸碱代谢状态。液体复苏后，为防止器官再灌注损伤，应给予抗氧化剂和细胞保护剂，如别嘌呤醇、维生素C、维生素E和钙通道阻滞药。

（二）血管活性药

经液体复苏后血压仍不恢复者，需应用多巴胺升高血压，更适于非心源性休克患者，始用小剂量2~5μg/（kg·min），据情调节用量。

（三）控制和预防感染

1. 合理使用抗生素　对怀疑脓毒症者，应立即进行血培养或其他标本培养。在未获得病原菌前给予广谱抗生素，72小时后判断其疗效。获得病原菌后，根据药敏结果更换抗生素。

2. 加强病房管理　加强病房管理，严格无菌操作。工作人员"带菌的手"是交叉感染重要原因，洗手是切断传播的有效方法。对应用的医疗设备和用品（如麻醉机和呼吸机管道系统、湿化器、超声雾化器等）严格进行消毒。

（四）免疫治疗

近来发现，重组人活化蛋白 C 能抑制血栓和炎症反应，应用活化蛋白 C 能明显降低患者病死率。

（五）器官功能支持

1. 循环支持　多器官功能障碍综合征患者易发生急性左心功能不全或急性肺水肿。应给予降低心脏前、后负荷和增强心肌收缩力的治疗，有条件时可采用机械辅助循环。

2. 呼吸支持　脓毒症患者发生多器官功能障碍综合征时常首先损伤肺，导致急性呼吸衰竭。

（1）保持气道通畅：解除支气管痉挛和应用祛痰剂稀释痰液。有时需要气管内插管和气管造口术。

（2）氧疗：氧疗目的在于提高血氧含量，可经鼻导管或面罩吸氧，必要时应用机械通气。

（3）机械通气：对于急性呼吸窘迫综合征患者尽早使用机械通气，呼气末正压（PEEP）是较理想的通气模式，但要注意血流动力学的变化。应用呼吸机的患者，同时应注意纠正贫血和低蛋白血，加强营养支持和纠正电解质及酸碱平衡代谢失常，为脱机创造条件。

3. 肾支持　对于急性肾衰竭患者，要维持血压，保证肾脏灌注。

（1）少尿期：①严格限制水分摄入；②防止高钾血症；③控制高氮质血症和酸中毒。

（2）多尿期：注意纠正水和电解质平衡代谢失常，特别是失水、低钠血症和低钾血症。

（3）恢复期：注意营养支持和避免药物对肾的损害，减轻肾负担。有些患者可转为慢性肾功能不全。

4. 肝脏支持　肝衰竭患者尚无特效治疗手段，只能采取一些支持措施使得肝细胞赢得恢复和再生时间。

（1）补充适当热量、蛋白质及能量物质（辅酶 A/ATP），纠正低蛋白血。

（2）避免应用对肝有损害的药物。

（3）肝脏替代疗法：有条件时应用人工肝或肝脏移植等。

5. 营养支持　营养支持是治疗多器官功能障碍综合征的基本手段。多器官功能障碍综合征患者常存在高代谢状态和严重营养不良。提供适当营养支持，加速器官功能恢复。尽可能采取肠内营养支持，以减少胆汁淤积，保护胃肠黏膜屏障功能。营养支持时应避免葡萄糖过多，开始每日可给予非蛋白热量 146kJ/kg 和氨基酸 2~3g/kg；防止必需脂肪酸缺乏，静脉脂肪乳剂供能应占总热量的 30%~40%。

（六）抗炎治疗

多数抗炎制剂仅有预防炎症反应而无治疗作用。2008年国际严重脓毒症和脓毒性休克治疗指南推荐，液体复苏和血管活性药治疗无效的脓毒性休克患者可小剂量应用氢化可的松（<300mg/d）。

【预后】

多器官功能障碍综合征患者各器官衰竭依次发生时间见表9-4-5。某一器官功能障碍影响远隔器官功能。多器官功能障碍综合征患者预后与衰竭器官数目及其持续时间密切相关。急性器官系统衰竭数目和 APACHE Ⅱ 积分是脓毒症所致多器官功能障碍综合征患者死亡的决定因素。据国内外文献报道，多器官功能障碍综合征患者病死率为 62.5%~85%。由于各地区多器官功能障碍综合征诊断标准不统一，其病死率差异较大。有报道，2个器官者病死率为 60%；3个器官者为 75%；4个或4个以上者为 100%。多器官功能障碍综合征各器官障碍发生频率和顺序依次为肺、胃肠和肾。肾功能障碍患者

表 9-4-5　器官衰竭发生时间

器官	器官衰竭发生时间（d）
肺	2~3
血液	3~5
肾	4~5
肝	6~7
脑	7~9

病死率平均为 79%，肺功能障碍为 68%，胃肠功能障碍 59%；肝功能障碍 55%；凝血功能障碍 44%。如果伴有严重感染，则病死率明显增加。

但对于全身炎症反应综合征或脓毒症患者应进行严密临床监测，以期尽早发现器官功能障碍，采取有效措施，早期干预，可减缓或阻断病程进展，提高抢救成功率。

（寿松涛　崔书章）

第五章　心脏骤停与心肺脑复苏

第一节　心脏骤停

心脏骤停（sudden cardiac arrest）是指患者心脏突然停止搏动，导致有效心泵功能和循环中止，引起全身组织严重缺血和缺氧。猝死是指平素看来身体健康或病情稳定者，突然发生意想不到的心脏停搏和/或呼吸停止导致的临床死亡状态。

猝死分心脏性猝死（sudden cardiac death，SCD）和非心脏性猝死两类。心脏性猝死（或称心脏骤停）是指平素貌似健康的人或在病情显著改善过程中的患者，因心脏原因引起意想不到的突然死亡。心脏骤停是猝死（sudden death）的主要原因。心脏性猝死约占猝死的70%。在心脏性猝死的病因中，冠心病约占70%，其他各种心脏病（如心肌病、心肌炎、二尖瓣脱垂和主动脉瓣疾病等）约占20%，5%～10%无器质性心脏病变者是由于交感神经过度兴奋导致大量释放儿茶酚胺所致。

20世纪60年代国际心脏病学会和WHO提出猝死是指突然发生症状及出现体征后24小时内未预料到的死亡。20世纪70年代，WHO又重新规定猝死的定义，即平素健康或病情平稳正在康复的患者6小时内发生意想不到的非暴力性死亡。20世纪80年代Goldstein提出猝死是指症状出现后1小时内的死亡。目前，我国多采用WHO有关猝死的诊断标准。但从猝死的突发和意外性而言，多数心脏病专家将1小时作为心脏性猝死的时间标准。

新生儿和6个月内的婴儿是发生猝死的高峰年龄，随后迅速下降，30岁后又逐渐增高，45～75岁是发生猝死的第二个高峰年龄段，大约为每年1～2/1 000。

心跳和呼吸停止4～6分钟，机体重要组织和器官发生缺血而无细胞死亡，尚有心肺脑复苏的机会，此阶段称临床死亡。如不进行迅速有效心肺复苏，常会导致患者不可逆性细胞死亡，即生物学死亡。如果延迟进行心肺复苏即使侥幸存活者，也会遗留脑和其他重要器官不可逆性损害。

【病因】

（一）心血管系统疾病

1. 冠状动脉疾病　冠状动脉粥样硬化、痉挛、血管炎、栓塞或先天畸形等。
2. 心肌病和心肌炎　肥厚型心肌病、扩张型心肌病、限制型心肌病及各种感染或非感染性心肌炎等。
3. 心脏瓣膜病　风湿性或先天性瓣膜病手术或未手术纠正者。
4. 心脏压塞　炎症或癌症引起者。
5. 心脏传导系统疾病　长Q-T综合征，预激综合征（Wolf-Parkinson-White Syndrome）或无器质性心脏病变而突发的电生理紊乱（如原发性室颤）。

（二）呼吸系统疾病

重症肺炎及呼吸道阻塞时，由于严重低氧血症和应激引起高儿茶酚胺血导致心脏骤停；重度持续哮喘患者，应用β_2受体激动药时常引起呼吸和心脏骤停。

（三）神经系统疾病

交感-副交感神经系统平衡失调是心律失常发生的基础，特别是同时存在电解质代谢失常时，更易发生心律失常。交感神经功能失调所致Q-T间期延长可引起猝死。研究证明，刺激大脑皮层、下丘脑后部和左侧星状神经节使交感神经过度兴奋，能降低室颤阈值，发生猝死。精神紧张、情绪波动等精神因素也可导致冠状动脉痉挛发生猝死。脑梗死或蛛网膜下腔出血伴发自主神经功能障碍，引起心脏除极和复极异常,导致心脏骤停。心肌梗死后心率变异性降低易发生心室颤动和猝死。上述情况说明神经系统功能失调在心脏性猝死中起重要作用。中枢神经系统感染引起颅内压升高也可导致心脏骤停,但常发生在症状出现后 24 小时内。

(四) 电解质平衡和内分泌代谢失常

严重低钾血症或低镁血症均可诱发室性心动过速和心室颤动导致猝死。肾上腺皮质功能不全时可致高钾血症、甲状腺功能低下可致 Q-T 间期延长及严重酸中毒时细胞内外电解质分布异常都可导致室颤阈值降低,发生猝死。

(五) 中毒和药物

洋地黄、抗心律失常药、可卡因、甲苯、酒精、氯仿和三环抗抑郁药等中毒可致严重致命心律失常而致猝死。各种抗心律失常药(如ⅠA类和Ⅲ类的胺碘酮)又可诱发心律失常,特别是 Q-T 间期延长和尖端扭转型室性心动过速致猝死。

(六) 创伤

严重创伤均可导致心脏骤停。一是创伤后应激引起应激激素(儿茶酚胺、肾上腺糖皮质激素、甲状腺激素和生长激素等)大量分泌导致内分泌代谢紊乱和致炎及抗炎因子失衡并发多器官衰竭,二是肢体骨折继发急性肺栓塞导致猝死。

【病理生理】

(一) 心脏骤停时的心电变化

心脏骤停时,约 70% 患者显示心室颤动(ventricular fibrillation),约 30% 为心脏停搏(cardiac arrest 或 asystole)和无脉性电活动(pulseless eletrical activity, PEA;曾称电-机械分离,eletro-mechanical dissociation, EMD),见图 9-5-1。

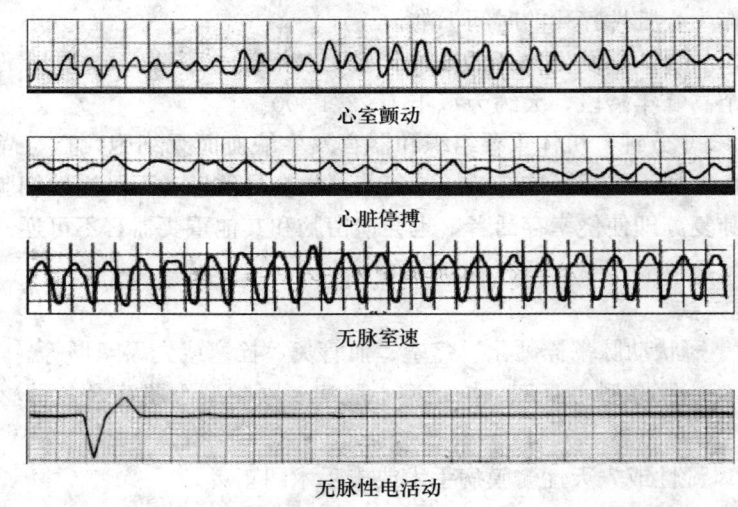

图 9-5-1 心脏骤停心电图表现

1. 心室颤动

(1) 缺血性心脏病:冠心病心肌缺血或心肌梗死患者,交感神经兴奋性增强和细胞外液血钾浓度升高,心肌自律性增强和室颤阈降低易发生心室颤动。

(2) 心肌病:扩张型心肌病患者心肌细胞动作电位平台期延长,在低钾血症、低钙血症和低镁血症等电解质平衡代谢失常、酸中毒或抗心律失常药影响下极易发生心室颤动。

2. 缓慢性心律失常或心脏停搏　缓慢性心律失常可以是心脏骤停的起始心律,也可是患者临终前的终末心律。缓慢性心律失常或心脏停搏常见原因有缺氧、高碳酸血症、高钾血、药物(如洋地黄、受体阻断药、钙通道阻滞药或抗心律失常药物等)作用、中毒和毒素(如一氧化碳中毒、铅中毒等)及迷走反射等引起。

3. **无脉电活动** 无脉电活动是指从心电图上可以显示心肌细胞电活动图像，但无有效心肌收缩产生的大动脉搏动。

通常，将无脉电活动分为三类：①正常张力型PEA：心肌有基线水平的收缩，但无脉搏；②假性PEA：心肌有微弱收缩，可以通过有创方法或超声探查出主动脉内压力变化；③真性PEA：即电机械分离，有心肌电活动，但无机械性收缩，心电图显示有或无心房波，QRS间期小于或大于0.12秒，呈单向波。

无脉电活动发生机制是因心肌细胞缺氧、心肌细胞内酸中毒、心肌细胞三磷酸腺苷（ATP）利用障碍和心肌细胞钙离子内流受阻导致心肌兴奋-收缩脱偶联所致。

（二）重要器官病理生理学变化

1. **心脏** 心脏是高耗氧耗能器官，虽然心脏重量仅约占体重的0.4%，但其耗氧量却占人体基础代谢的7%~20%，全身组织由动脉血中平均摄氧量为动脉血氧含量的22%，而心肌摄氧量高达71%。心脏骤停时，冠状动脉血供即停止，心肌处于无氧代谢状态。心肌缺血、缺氧10秒钟内其代谢底物耗竭，完全失去收缩能力。常温下，心肌缺血3~4分钟后，心肌细胞内磷酸肌酸含量约为正常的1/3~1/4；缺血8~10分钟内，心肌细胞内磷酸肌酸几乎全部耗尽，完全失去收缩能力。如能在3~4分钟内恢复心搏，心肌供血改善，心肌收缩力可以迅速恢复；8~10分钟内恢复心肌供血，仍可能恢复收缩功能；10分钟以上恢复心搏，心肌损伤则不能完全恢复。

2. **肺** 肺毛细血管极为丰富，血流阻力很小，肺循环压仅为体循环压1/6，血液循环丰富。为维持正常气体交换，肺平均通气/血流比值应保持0.8左右。心脏骤停后很快出现呼吸停止，引起组织缺氧、二氧化碳潴留、血乳酸蓄积。心脏骤停迅速复苏后，肺循环可以恢复。

3. **脑** 脑也是高耗氧器官，每100g脑组织血流量约为45~60ml/min，较其他器官组织高18~20倍。如每100g脑组织血流量低于20ml/min时，即出现脑功能损害，低于8~10ml/min即可导致不可逆性脑损害。大脑血流中断6~10秒钟内意识丧失，30秒脑组织内葡萄糖消耗75%，60秒内葡萄糖完全消耗，4~6分钟全部储存能量耗竭殆尽。此时，脑细胞发生死亡。

脑复苏的关键是尽快开始心脏复苏，从而改善脑供血供氧和代谢，促进脑复苏。但需注意，在体循环恢复后尚可发生脑组织再灌注损伤和脑水肿。

【临床表现】

（一）症状和体征

心脏骤停患者主要表现为神经和循环系统症状和体征。约有2/3患者于发病前数天、数小时或数分钟出现一些非特异性症状或体征，如胸痛、胸闷、心悸、气短、无力或胃肠道不适等，有些患者心电图或动态心电图检查可发现频发多源室性早搏，以上情况常不易引起医生或患者注意。有的患者无任何先兆，瞬间即发生心脏骤停，典型表现为：

1. **意识突然丧失** 可以发生在任何情况下。多出现在心脏停搏后10秒内，由于脑血流急剧减少导致意识丧失，或伴有短阵全身性抽搐，持续数分钟，眼球偏斜。心脏停搏后大约3分钟，大脑皮质细胞发生不可逆性改变。这与发病前患者的健康状态和发病环境有关，如在寒冷环境脑细胞死亡时间延迟。

2. **动脉搏动消失** 发现不明原因的突然意识丧失者应首先触摸有无大动脉（如颈、肱或股动脉）搏动，如无动脉搏动，即为心脏骤停。

3. **呼吸停止** 通常心脏停搏数秒钟后呼吸停止。有的表现呼吸频率突然减慢，有的呈叹息样呼吸，后即停止，皮肤黏膜发绀。

4. **瞳孔散大** 此为心脏骤停后的继发体征，常出现在心脏停搏后30~60秒内，约105秒后扩大到极限。心脏骤停患者临床体征与出现时间见表9-5-1。

表 9-5-1 心脏骤停体征出现时间

体 征	心脏骤停后时间
突发意识丧失	6～10 秒
大动脉搏动消失	即刻
叹息样呼吸或呼吸停止	可在心脏停搏前、后或同时
心音消失	有时不易判断
瞳孔散大	30～60 秒
皮肤黏膜发绀	30 秒后

(二) 心电图改变

心脏骤停患者的心电图表现心室颤动、心脏停搏和无脉电活动。

1. **心室颤动** 心脏骤停早期患者，约 70% 为心室颤动。
2. **心脏停搏** 多出现在心脏骤停 3～5 分钟时，复苏成功率较心室颤动者低。
3. **无脉电活动** 多为严重心肌损伤的后果，常为左心室泵衰竭终末期表现。此外，也见于低血容量、张力性气胸和心脏压塞患者，如非以上原因引起者，复苏困难，预后差。

【诊断】

(一) 心脏骤停的高危因素

中老年人、有吸烟史、高血脂、糖尿病、高血压、左心室肥厚和非特异性心电图异常是发生心脏性猝死的高危因素。炎症标志物（如 C-反应蛋白）可用来预测冠状动脉粥样斑块的稳定性。有以下临床或实验室异常者易发生心脏性猝死：

1. 不稳定型心绞痛或急性心肌梗死并发心律失常者。
2. 致命性心律失常及潜在致命性心律失常患者。
   (1) 致命性心律失常：心律失常伴血流动力学异常者。
   (2) 急性心肌梗死、心力衰竭或电解质紊乱并发室早二联律、R-on-T 现象、多形性或多源性室早和 Q-T 间期延长的室早患者。
   (3) 并发特征性心电图改变患者：①ST 段缺血性压低：压低越明显提示心内膜下缺血越严重，越易发生猝死；②ST 段抬高及 T 波直立高耸：提示冠状动脉主干痉挛性闭塞，常为变异型心绞痛或急性心肌梗死超早期表现；③急性心肌梗死后 ST 段持久抬高，提示并发室壁瘤。
3. **左室射血分数（LVEF）降低** 冠心病患者 LVEF 低于 40%，心脏性猝死发生率增加 5～10 倍。
4. **心率变异性（heart rate variability，HRV）** 近年来，国内外常用心率变异性来预测猝死。心率变异性有时域（time domain）及频域（frequency domain）两种，前者应用较多。心率变异性有助于预测冠心病患者自主神经系统功能状态。当交感神经张力增高及副交感神经张力降低时表现为心率变异性指数增加，反之，交感神经张力降低及副交感神经张力增高时表现为心率变异性指数减小。心肌电稳定性依赖于自主神经系统张力的平衡。冠心病患者心肌缺血时损伤心脏自主神经系统。副交感神经张力降低，交感神经张力增加，即可导致心电活动不稳定和室颤阈值降低，发生心室颤动。
5. **Q-T 离散度** Q-T 离散度是近年用于预测心脏性猝死的方法。心肌缺血、炎症、坏死或其他心肌损伤时，心肌不应期长短不一，Q-T 间期长短不等，因而容易发生微折返，导致心室颤动。
6. **晚电位检查** 心室晚电位阳性患者只见于心室有微折返时。
7. **心肺复苏成功患者** 心肺复苏成功后，40% 患者在 24～48 小时内再次发生心脏骤停，因此必须防治复苏后心律失常。

(二) 临床表现

遇有突发意识丧失、呼吸断续或停止和大动脉（颈、肱或股动脉）搏动消失患者即可诊断心脏骤停。心脏骤停应在30秒内做出诊断，诊断后立即进行心肺脑复苏。

【治疗】

详见本章第二节。

【预防】

1. 积极开展冠心病的二级预防

(1) 应用阿司匹林和血管紧张素转化酶抑制药。

(2) 积极控制血压和应用β受体阻滞药。

(3) 控制吸烟和调节血脂。

(4) 控制糖尿病和改变不良饮食习惯。

(5) 适当运动和接受健康教育。

2. 改善心肌缺血　主要服用硝酸酯类药；为减少用药次数，可应用长效制剂。为减少耐药性，每天应有数小时的无硝酸盐期。

3. 防治冠脉痉挛　应用长效钙通道阻滞剂。

4. 纠正电解质平衡代谢失常　补充钾盐及镁盐，尤其是镁盐有助于促进细胞内外钾平衡。

5. 合理应用抗心律失常和洋地黄类药。

第二节　心肺脑复苏

【概述】

(一) 概念

广义的复苏 (resuscitation) 概念指一切为了抢救生命而采取的医疗措施，包括对心脏骤停、休克、严重心律失常、呼吸停止、窒息、高热、中毒或严重创伤等患者的救治。临床上所说的复苏狭义概念是指心肺复苏。心肺复苏是指应用机械、生理和药理学方法使心跳呼吸骤停患者迅速恢复生命体征的急救措施。虽然现代心肺复苏技术能使心跳呼吸骤停患者的生命得以维持，但是对过去以心跳、呼吸停止作为判断死亡的标准有了新的争论。1968年哈佛医学院提出"脑死亡"的概念和标准，使人们对生命伦理学的认识产生了新的飞跃。复苏的最终目的不仅是使患者获得生存，而且还要改善和提高生命质量。1970年，Safar提出"可逆性脑死亡"的概念。从此，脑复苏的重要性逐渐被人们所认识，现在将脑复苏视为心肺复苏的最终目的。现在人们已经懂得，复苏一开始就应注重脑保护，故心肺复苏扩展为心肺脑复苏 (cardiopulmonary cerebral resuscitation, CPCR)。

急救复苏的方法包括人工呼吸、心脏按压、气管内插管或气管造口、电除颤、电复律、心脏起搏、人工辅助循环、机械辅助呼吸、血液透析以及降温等措施。

(二) 心肺脑复苏历史

1878年，Boehm动物实验成功进行体外心肺复苏。1892年，Maass应用胸外心脏按压成功复苏氯仿中毒引起心脏停搏的患者。1955年，我国王永昶教授应用胸外心脏按压成功复苏手术麻醉过程中的心脏骤停患者。1956年，Zoll首次应用交流电体外电除颤成功终止室性心动过速和心室颤动。1958年，Safar发现，口对口人工呼吸可增加潮气量和血氧饱和度。1960年，Kowenhoven发展了现代体外心肺复苏技术。1961年，Lown等发明R波（触发的）同步电复律技术。20世纪70年代由心肺复苏扩展到心肺脑复苏。从此，在心肺复苏过程中越来越重视脑保护或脑复苏，认识到保持完善脑功能的重要性，心肺脑复苏已成为现代急诊医学的重要组成部分。2000年2月，"国际心肺复苏和心血管急救 (emergency cardiac care, ECC) 指南会议"颁布了第一部国际性复苏指南。经过数年循证医学研究，2005年12月又发布了《2005年心肺复苏和心血管急救国际指南》。现代心肺脑复苏技术的形成、发展和广泛临床应用，使得许多心脏骤停的患者重新获得了新生。同时，作为急诊学中的一个专业，复苏学也逐渐在危重病医学临床实践中成熟和完善。

(三) 迅速复苏的理论基础

人体大脑是高度分化和耗氧最多的器官，对缺氧最为敏感。脑组织重量只占身体重量的 2%，其血流量却占心排血量的 15%，耗氧量则占全身耗氧量的 20%。心脏骤停即刻胸外心脏按压产生平均动脉压仅为正常的 13.5%，脑血流为正常的 7.7%，心肌血流为正常的 3.35%。如果心脏停跳 1 分钟后开始胸外心脏按压，则平均动脉压仅为正常的 4.1%，脑血流为正常的 3.5%；3 分钟后开始胸外心脏按压，则平均动脉压仅为正常的 3.6%，脑血流仅及正常的 2.35%。心脏骤停 4~6 分钟后脑细胞发生不可逆性损害，10 分钟后脑细胞死亡。因此，为避免脑细胞死亡，必须在心跳骤停 4~6 分钟内立即进行现场心肺复苏术。1992 年美国心脏协会（AHA）制订的《心肺复苏与心血管急救国际指南》中正式引入"生存链"（chain of survival）的概念（图 9-5-2），即早期呼救、早期心肺复苏、早期除颤和早期进一步生命支持。

图 9-5-2　生存链

"2005 年心肺复苏和心血管急救国际指南会议"提出，除根据意识、脉搏、呼吸和循环体征判断心脏骤停外，如果患者仅有临终呼吸即可判断心脏骤停，立即开始心肺复苏。只有争取尽早开始心肺复苏，才能保护大脑功能不受损害，提高生命质量。

【复苏步骤】

心肺脑复苏包括基础生命支持（basic life support，BLS）、进一步生命支持（advanced life support，ALS）和长程生命支持（prolonged life support，PLS，或称复苏后处理）三部分。上述心肺脑复苏步骤不能机械性完全按先后顺序进行，往往需同时穿插进行，不能截然分开。

(一) 基础生命支持

发现猝死者后，立即启动急诊医疗服务系统（emergency medical service system，EMSS），与此同时立即进行复苏急救。通过徒手（院外）和/或应用心脏电除颤（院内或有条件时）来维持呼吸和有效心排血量，保证重要器官灌注。主要措施包括开通气道、人工呼吸、胸外按压（external chest compression）和电除颤。基础生命支持阶段在心肺脑复苏中占重要地位，是脑能否复苏成功的关键（图 9-5-3）。

1. **复苏体位**　置患者仰卧位于坚实平面（地板或垫硬板）上，疑有颈椎外伤者，搬动时应防止颈部扭曲。头部与躯干呈水平位，解开衣领及裤带。施救者应跪于患者一侧。

2. **开放气道**　进行人工呼吸前要保持呼吸道通畅。

（1）气道阻塞原因：意识丧失者，由于下颌、颈和舌等肌肉无力，舌根后坠和会厌下坠，舌根和会厌塌向咽后壁阻塞气道，产生"阀门效应"。

（2）开放气道方法（图 9-5-4）：①去除气道异物：用手指缠上纱布挖出或钩取口腔内异物或呕吐物等；②仰头举颏法：将患者颏部向前抬起，头后仰，气道开放；③双手抬颌法：用双手从两侧抓紧患者双下颌并托起上提，使头后仰，下颌骨向前上方抬高，开放气道。此法适用于颈部有外伤者。

3. **人工呼吸**　人工呼吸是用人工方法（手法或机械）借外力来推动肺、膈肌或胸廓运动，使气体被动进出肺。具体方法：

（1）口对口法：口对口人工呼吸是施救者用力把气体吹入患者肺，使肺间歇性膨胀，以维持肺泡通气和氧合作用。在保持气道开放的同时，施救者用压在患者前额的拇指和食指，捏住患者鼻孔，用双唇包严患者口唇，以防漏气，深吸一口气后，然后 1~1.5 秒钟内将气体吹入。连续进行两次吹气，

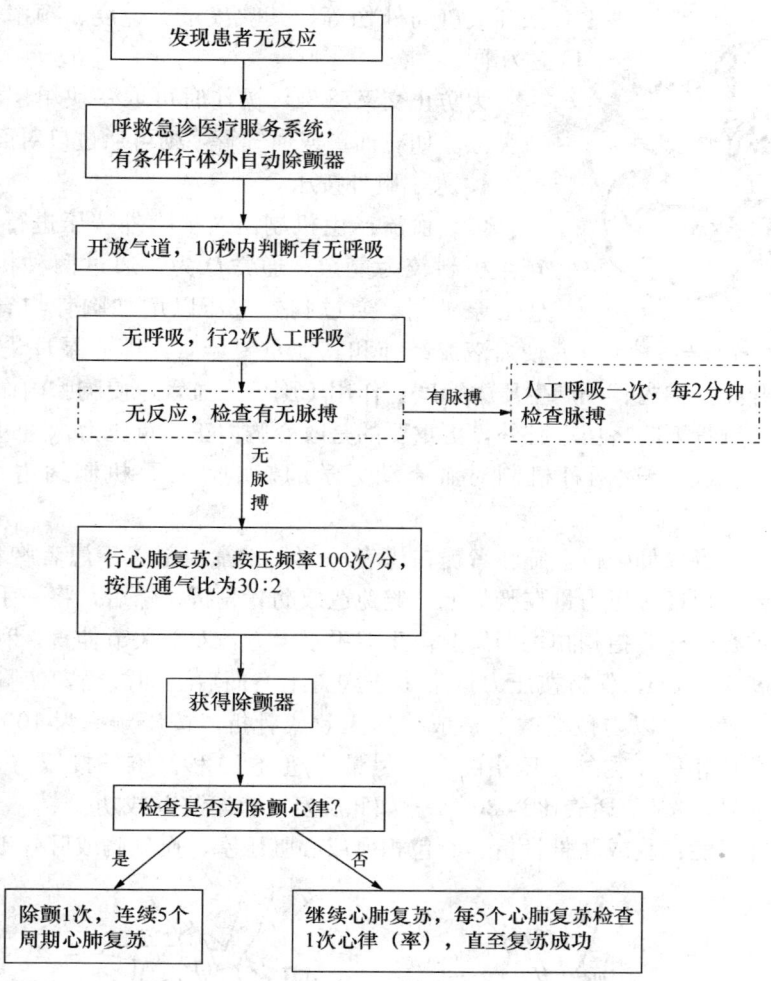

图 9-5-3 成人基础生命支持流程（虚框内为专业人员实施复苏程序和步骤）

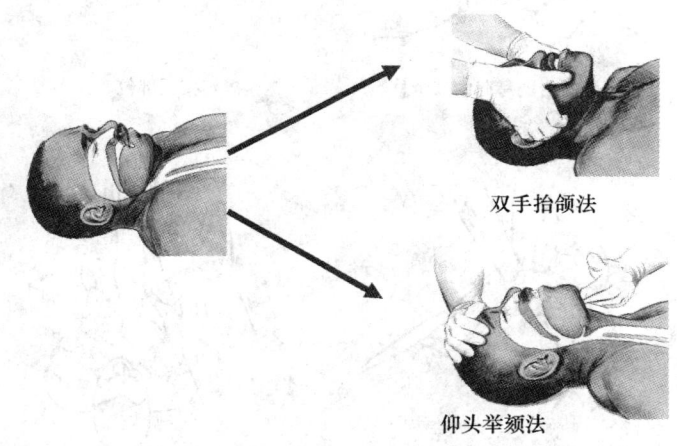

图 9-5-4 开放气道方法

同时观察患者胸部。如吹气时患者胸部有起伏，吹气有效。每次吹气量约为 800~1 200ml。正常人过度换气后，呼出气氧含量高达 16%~21%，二氧化碳浓度仅为 2%。该方法可使患者动脉血氧饱和度在 90% 以上。

（2）口对鼻法：口对鼻吹气（图 9-5-5）一般用于不适宜口对口吹气的情况，如牙关紧闭口不能

图 9-5-5 口对鼻人工呼吸

张开或口周外伤等。其吹气量、速度、频率与口对口人工呼吸法相同。

为防止交叉感染,操作时可取一块单层纱布覆盖在患者口或鼻上。如有面罩或通气管,则可通过口对面罩或通气管吹气。

4. 人工胸外按压

(1) 血流产生机制:人工胸外按压进行心脏复苏时,血流产生机制较为复杂。通常认为,通过两种机制支持血液循环:①心泵机制:通过胸外按压以增加胸骨与脊柱间心脏内压力,使血液流经肺和其他重要器官,即心泵理论;②胸泵机制:胸外按压使胸内压力升高,胸内、外产生压力梯度,作用于胸腔内血管,使胸腔内血液流出,即胸泵机制。胸外按压时,除胸骨下陷挤压心脏外,更重要的是改变胸内正、负压力,通过虹吸作用增加静脉回心血量和心脏排血量。上述两种机制对血流动力学的影响,心泵机制约占 20%,胸泵机制约占 80%。

(2) 按压方法:患者取仰卧位,施救者跪在患者一侧,手掌根部置于患者胸骨中下 1/3 交界处,与胸骨长轴方向一致,保证按压力量在胸骨上,避免造成肋骨骨折。然后,将一手放在定位掌根的手背上,使两手掌根重叠,双手指相扣,两肩要位于双手正上方,双肘关节伸直,利用上身重量垂直下压,将胸骨下压幅度 3~5cm,保持按压力量集中于胸骨上,而后迅即放松,使胸廓自行复位。放松时,手掌根不可离开胸壁,以防位置改变造成按压无效或骨折。按压频率为 100 次/分(图9-5-6),按压与放松时间要大致相等。胸外按压中断时间尽量不超过 10 秒。胸外按压与人工呼吸同时进行。单人或双人进行复苏时,按压/通气比为 30∶2。如此反复,直至复苏成功。

(3) 胸外按压并发症:胸或肋骨骨折、心包积血或心脏压塞、血气胸或肝脾破裂等。

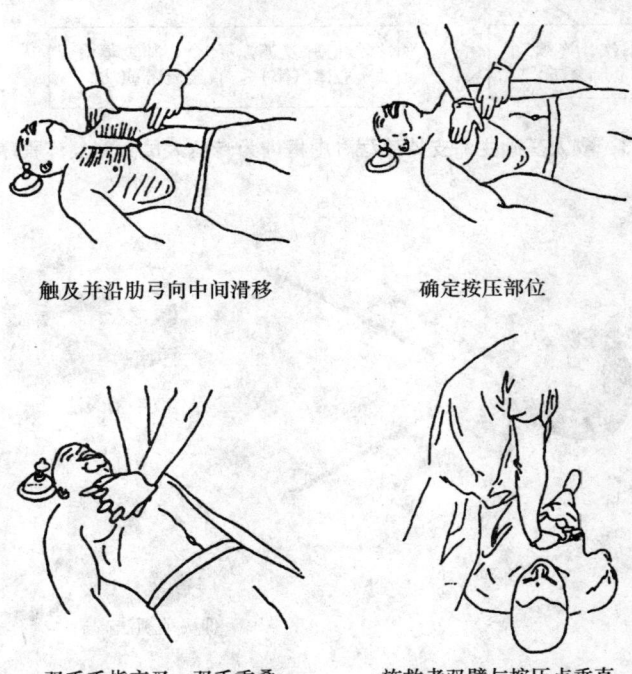

触及并沿肋弓向中间滑移　　确定按压部位

双手手指交叉,双手重叠　　施救者双臂与按压点垂直

图 9-5-6 胸外心脏按压示意图

5. 除颤

(1) 电除颤:由于医疗条件所限,原来电除颤仅用于进一步生命支持阶段。现在由于急救医疗条件改善,电除颤应用越早越好,可以用于现场复苏。自动体外除颤器(automated external defibrillators,AED)现在已较广泛用于现场复苏,选用双相波电除颤器电能 150~200J,单相波电除颤器电

能 150～200J。由于心室颤动是心脏骤停常见原因，如有条件，对于任何心脏骤停患者一旦发现，应立即进行体外心脏电除颤，再结合心肺复苏效果较好。AED 便于携带，操作容易，尚能自动识别心脏骤停患者心电图表现及进行复苏过程中心电图监测。

（2）胸部拳击除颤：在目击或监护下的心脏骤停患者出现扭转型室性心动过速、心室颤动，而手边无除颤器时可行胸部拳击除颤。具体方法为，目击者右手握拳从距胸骨正上方 20～30cm 高度用拳小鱼肌侧快速向心脏骤停患者胸骨中部捶击 1 次，一次拳击可产生 5～14J 能量，有时能使心脏起搏或终止异位心律。

6. 效果判断 根据患者瞳孔、面色、神志、脉搏和呼吸情况评价复苏效果。瞳孔由大变小、面色转红、按压时可触及大动脉搏动、有知觉反射或出现自主呼吸时提示复苏有效。

（二）进一步生命支持

在基础生命支持的基础上，运用专业救护设备和急救技术，建立并维持有效通气和血液循环，继续进一步生命支持。其中主要包括氧疗、建立人工气道、机械通气、循环支持和药物治疗。

1. 通气和给氧 对于没有自主呼吸者，可应用口咽通气管、鼻咽通气管、气管内插管、环甲膜穿刺或气管造口，以保证气道通畅。气管内插管是保持气道通畅最可靠的方法，并有助于防止误吸，利于气道吸引或气管内给药。有条件时，应尽早行气管内插管。插管应在 30 秒内完成，避免中断心肺复苏时间太长。应用面罩或球囊给患者通气供氧。严重低氧血患者，气管内插管后应用呼吸机通气给氧。

2. 循环支持

（1）建立静脉通路：建立静脉通路为进一步生命支持提供基本给药途径。为在复苏时不中断胸外心脏按压，首选肘前或颈外静脉。

（2）心电监护：使用心电监护仪或除颤心电示波仪为患者进行连续心电监测，及时发现心律失常。

（3）电除颤：院前心脏骤停患者中 2/3 是心室颤动引起的，及时有效电除颤是复苏成功的关键。

3. 复苏用药 心脏停搏时，静脉给药目的是维持基础复苏效果，纠正机体内环境紊乱，保护重要器官功能。

（1）血管活性药物：①肾上腺素：为心肺复苏的首选药物。美国心脏病学会推荐肾上腺素剂量，成人标准剂量为每次 1.0mg，每 3～5 分钟给药 1 次，称标准剂量肾上腺素（standard dose epinephrine）；或自动加量给药（即 1mg～3mg～5mg）或中等剂量每次 2～5mg；大剂量肾上腺素，0.2mg/kg。鉴于肾上腺素不良反应及目前尚无统一给药标准，多主张心肺脑复苏时应用标准剂量肾上腺素，或自动加量给药，即 1mg～3mg～5mg；或中等剂量每次 2～5mg。如果建立静脉通路前已行气管内插管，可将肾上腺素 1mg 加入生理盐水 10ml 稀释后经气管内注入给药，吸收良好。②血管升压素：血管升压素与肾上腺素作用相同，治疗心室颤动和无脉性电活动时可作为肾上腺素的替代品，只推荐给药一次 40U 静脉注射。

（2）抗心律失常药：①利多卡因：I$_B$ 类抗心律失常药物，是急性冠脉综合征引起的室性心动过速或心室颤动患者治疗的首选药。复苏中推荐剂量为 1.0～1.5mg/kg，静脉注射，无效时 3～5 分钟重复给药，总量达 3mg/kg 时仍无效，换用胺碘酮。②胺碘酮或溴苄胺：用于肾上腺素和电除颤无效，或电除颤后反复发生心室颤动或无脉室性心动过速者。胺碘酮负荷量 150mg，10 分钟内注入，无效时重复应用。静脉维持量 1mg/min，6 小时后减至 0.5mg/min，每日总量不超过 2000mg。③阿托品：是胆碱能神经阻滞药，特别适用于缓慢无脉性电活动及心脏停搏患者。阿托品 1.0mg，静脉注射，无效时 3～5 分钟后可重复，最大用量 0.04mg/kg。阿托品还能抑制腺体分泌，缓解支气管痉挛，有利于保持呼吸道通畅和肺通气。

（3）碱性药应用：心脏骤停发生代谢性酸中毒常用碳酸氢钠纠正。但是，心脏骤停后最初 10 分钟内，主要表现呼吸性酸中毒，如果未能建立有效通气支持，输入碳酸氢钠不能通过血脑屏障，解离

后 CO_2 迅速通过血脑屏障，加重颅内酸中毒和脑水肿。心肺复苏超过 10 分钟发生代谢性酸中毒时，应给予 1mmol/kg 静脉输注，根据血气分析结果调整用量。

4. **给药途径** ①静脉内给药：包括中心静脉和外周静脉两种途径。中心静脉给药达到药峰浓度（Cmax）时间、幅度及药效明显优于外周静脉。事实上，中心静脉给药途径难以普遍应用，常选用上肢近心端静脉。弹丸式静脉注射给药，后注射生理盐水 20ml 以促进药物循环。注射药后胸外按压 30～60 秒。②气管内给药：经气管内给药吸收良好，药效肯定。美国心脏病学会推荐气管内给药剂量为静脉的 2～2.5 倍。肾上腺素、利多卡因或阿托品等用生理盐水 10ml 稀释后可经气管内滴入。③心腔内给药：心腔内注射给药需中断心脏按压，不易成功注入左室腔，并发症多。目前已不再应用此途径。④经骨髓腔途径：实验研究，复苏时经骨髓腔注入给药可复苏心搏，但尚需临床研究。

（三）长程生命支持

或称复苏后处理或脑复苏。心肺复苏成功后，除有效维持循环、呼吸功能和寻找心脏骤停原因外，应重点进行脑复苏和加强监护治疗。脑复苏的主要原则为：纠正脑水肿；降低脑代谢；促进脑再灌通及纠正可能引起继发性脑损害的全身和局部因素。

1. **寻找心脏骤停原因** 寻求引起心脏骤停原因，并进行积极治疗。如急性心肌梗死的血管再通（溶栓药或手术）治疗或心脏压塞时心包腔穿刺抽液等。

2. **脑复苏** 心肺复苏后，脑血流恢复分为四个阶段：①即刻脑血低灌流和无复流：心脏复苏后，出现即刻低灌流和无复流现象（no-reflow phenomenon）。无复流随缺血时间延长而延长，循环停止 15～30 分钟，44%～50% 大脑切面无再灌流。原因可能为血液循环停止，血液黏度升高，血液流变学改变，血管内皮缺氧肿胀，血管痉挛和血管微血栓形成等。②初期脑血高灌流：复苏后 3～30 分钟出现高灌流，与肾上腺素作用引起脑血管阻力突然下降有关。脑缺血 1 分钟时，高灌流在 10 分钟左右出现；脑缺血 30 分钟后，高灌流在 60 分钟左右出现。③延迟性脑血低灌流：此阶段可持续 45～60 分钟或更长时间。此现象是由于血管主动收缩或呈痉挛状态，也可能与血管周围胶质细胞和血管内膜水肿所致循环障碍有关。④脑血正常灌流：约在心肺复苏后第 3 天脑血灌流趋于正常，但血液仍处于高凝状态。

（1）纠正脑水肿

1）治疗性低温：治疗性低温能降低脑代谢率和缓解脑水肿，对脑缺血有保护作用，有利于脑损伤恢复。体温每降低 1℃，氧耗下降 6.7%，颅内压下降 5.5%。心肺复苏后，无论患者体温正常或升高，均必须将体温降至亚冬眠（35℃左右）或冬眠（32℃左右）水平。降温除可保护缺氧的脑组织外，尚可减少颅内出血。此外，低温也有增加血液黏稠度、减少心排血量和易遭受感染之弊端。

2）脱水：是减轻脑水肿和降低颅内压的主要措施，有助于脑功能的恢复。20% 甘露醇 1.5～2.0g/kg 或 25% 山梨醇（1～2g/kg）30～60 分钟静脉输入，每天 2～4 次。联合应用呋塞米 20～40mg，需要时可增至 100～200mg，静脉滴注。脱水治疗时，应注意失水过多。

3）保持血浆渗透压：25% 白蛋白 20～40ml 静脉输注，维持血浆白蛋白在 30g/L 以上，有助于改善脑水肿。

4）糖皮质激素：能稳定细胞膜，缓解脑水肿，有助于维持血脑屏障完整性。早期短时应用对脑复苏有益。通常，氢化可的松 200～300mg 或地塞米松 0.2mg/kg 加 5% 葡萄糖 500ml 静脉输注，每 6 小时重复 0.1mg/kg，疗程 3～4 天。

（2）高压氧治疗：提高血氧分压，增加脑组织氧含量，改善脑缺氧和脑水肿。血氧浓度增高还能刺激血管收缩，减少脑血流量，降低颅内压，改善脑循环和脑组织供血。

（3）保护脑功能：①促代谢药：应用 ATP、精氨酸辅酶 A 和辅酶 Q_{10} 等能为脑细胞提供能量。②钙通道阻滞药：如尼莫地平、维拉帕米或利多氟嗪等能解除脑血管痉挛，对脑缺血后再灌注损伤有保护作用。③氧自由基清除剂：甘露醇、维生素 E、维生素 C 具有清除氧自由基作用。川芎、参麦注射液或丹参注射液等中药都可抑制氧自由基触发的脂质过氧化过程，增强脑细胞抗氧化能力，减少血栓索产生，减轻再灌注后脑细胞损伤。

3. 监护和支持治疗

（1）维持水电解质和酸碱平衡：纠正脱水、电解质和酸碱平衡代谢失常是保证复苏成功和预防发生再次心脏骤停的重要条件。

（2）呼吸支持：复苏成功后，患者仍可有不同程度呼吸功能障碍，应严密监测血氧饱和度或动脉血气，保证氧供。

（3）防治肺感染：肺感染是心肺脑复苏后主要并发症。及早进行体位引流、排痰和缓解气管痉挛，有指征时应用抗生素。

（4）防治急性肾衰竭：心脏骤停时间较长或复苏后持续低血压时，易发生急性肾衰竭，多见于原有肾脏病变的老年患者。急性肾缺血所致的肾衰竭，恢复时间较长。由于患者应用脱水药和利尿药，尿量正常或增多，应检测血肌酐（非少尿型急性肾衰）。预防应注意维持有效心脏和血液循环功能，避免应用对肾有损害的药。急性肾衰竭必要时需进行血液透析治疗。

（5）预防应激性溃疡出血：应激性溃疡出血是复苏后的常见并发症。对复苏后胃肠蠕动功能不良的患者应插入鼻胃管监测胃液 pH 和潜血情况，常规应用抗酸药和胃黏膜保护药，预防应激性溃疡和出血。

（6）预防弥散性血管内凝血：心脏骤停血液循环中断，组织缺血缺氧损伤及复苏后再灌注损伤，细胞因子释放，凝血因子活跃亢进，血液常处在高凝状态。因此，应注意出凝血功能检测。需要时应用抗血小板药，预防血栓形成。

（柴艳芬　崔书章）

参考文献

1. 崔书章，柴艳芬. 监护治疗室. //林治瑾主编. 临床麻醉学. 天津：天津科学技术出版社，1992.
2. 郭仓，崔书章，王家池. 内科基本功. 天津：天津科学技术出版社，1999.
3. 崔书章，寿松涛，柴艳芬. 实用危重病医学. 天津：天津科学技术出版社，2003.
4. Irwin RS, Rippe JM. Irwin and Rippe's intensive care medicine. 6th ed. Philadelphia：Lippincott Williams & Wilkins，2008.
5. Goldman L, Ausiello D. Cecil medicine. 23rd ed. Philadelphia：Saunders，2008.
6. Guyton AC, Hall JE. Textbook of Medical Physiology. 11th ed. Beijing：Peking University Medical Press，2007.
7. 王德炳主译. 临床内科学. 北京：北京大学医学出版社，2008.
8. Kasper DL, Fauci AS, Longo DL, et al. Harrison's principles of internal medicine. 16th ed. New York：McGraw-Hill，2005.
9. Schlichting D, McCollam JS. Recognizing and managing severe sepsis：a common and deadly threat. South Med J，2007，100（6）：594-600.
10. Papathanassoglou, Elizabeth DE, Bozas, et al. Multiple organ dysfunction syndrome pathogenesis and care：a complex systems theory perspective. Nursing in Critical Care，2008，13（5）：249-259.
11. Nguyen HB, Corbett SW, Menes K. Early. Goal-directed therapy, corticosteroid, and recombinant human activated protein C for the treatment of severe sepsis and septic shock in the emergency department. Acad Emerg Med，2006，13（1）：109-113.
12. 2005 American Heart Association Guidelines for Cardiopulmonary Resuscitation and Emergency Cardiovascular Care. Circulation，2005，112（24 suppl）：IV1-IV203.

第十篇　理化因素所致疾病

第一章 物理因素所致疾病

第一节 中暑

中暑（heat illness）是在高温和湿热天气时发生体温调节中枢（thermotaxic center）功能障碍、汗腺功能衰竭和水电解质代谢平衡失常的一组疾病。通常根据发病机制和临床表现将中暑分为：热痉挛（heat cramp）、热衰竭（heat exhaustion）和热（日）射病（heat stroke）三种临床类型。热痉挛患者主要表现腓肠肌痛性痉挛，体温（body temperature）正常。热衰竭是热痉挛的继续和发展，由脱水、血容量不足引起循环衰竭，发生虚脱，或称热晕厥（heat syncope）。热（日）射病是在湿热环境中发生的一种急性体温调节衰竭综合征，是热衰竭的后果，表现为高热、昏迷、抽搐及多器官衰竭（multiple organ failure）。

【体温调节与适应】

（一）体温调节

下丘脑体温调节（thermoregulation）中枢能控制产热（heat production）和散热（heat loss）平衡，维持人体体温相对恒定和昼夜节律性。正常直肠温度（rectal temperature）波动于 36.9℃～37.9℃，腋窝温度（axillary temperature）波动于 36℃～37.4℃。

1. 产热　人体产热主要来自体内产热代谢过程，运动和寒战也能产生热量。气温在 28℃左右时，静息状态下人体产热主要来自基础代谢（basal metabolism）。基础代谢产热 50～60kcal/（h·m^2），躯干及内脏产生的热量占 56%。步行时产热 350kcal/h，剧烈运动时产热 600～900kcal/h，运动时肌肉产热占 90%。

2. 散热　人体与环境之间存在温差是发生热交换的基础。体表面积、外周血管张力和皮下组织厚度影响热交换。体温升高时，下丘脑刺激自主神经系统引起血管张力降低、皮肤血管扩张，皮肤血流量由正常的 0.2～0.5L/min 增加至 7～8L/min，机体深部的热量大量转移到皮肤发生散热。人体皮肤通过以下四种方式散热：①辐射（radiation）：此种散热方式约占散热量的 60%，是人体在常温（15℃～25℃）下散热的主要方式。人体表面温度与周围环境温度差决定散热速度和散热量；②蒸发（evaporation）：常温下蒸发散热约占散热量的 25%，是高温环境下人体的主要散热方式。环境湿度超过 75% 时，蒸发散热减少；湿度在 90%～95% 时，机体即不能通过蒸发方式来散热；③对流（convection）：约占散热量的 12%，是人体皮肤通过空气中水分子流动来散热。此种散热速度取决于空气流速；④传导（conduction）：约占散热量的 3%，是两种物体表面相互接触后的散热方式。人体皮肤与温度较低物体接触后，即将热量直接传递给与之接触的温度较低物体。传导散热快慢与物体特性有关，如水较空气热传导性强。人体皮肤与水直接接触后，较空气散热速度增加 20～30 倍。此外，人体排粪和排尿时也可丢失极少部分热量，但对体温的降低不起主要作用。

辐射、对流和传导被称为"干性"热交换机制。机体既可通过这三种方式散热，也可从环境中吸收热量。蒸发仅起散热作用。

（二）热适应

热适应是人体为能够妥善处理热应激（heat stress）在炎热环境中反复规律锻炼的结果。正常人每日暴露高温环境 1～4 小时，生理性热适应需 7～14 天。生理性热适应后，能够逐渐产生对抗高温环境的代偿能力，表现心排血量（cardiac output）和出汗量（每小时 1～3L）增加；醛固酮分泌增加使汗液和尿液钠浓度（20～50mmol/L）降低以维持有效血容量；有氧代谢增加、能量利用增多，产热减少。完全适应后出汗散热量为正常的 2 倍。此时，心率减慢、中心体温（core temperature）降低、血浆容量增加、运动耐受时间延长。对高温环境未适应者无上述代偿能力。体力活动时，内源性产热每小时 300～900kcal。在有利于汗液蒸发情况下，每小时散热 500～600kcal。在产热增加（如剧烈运动）情况下，体温调节功能健全的年轻人也可发生中暑。精神病、昏迷患者及老年人因体温调节功能障碍及随意调节能力减退，不能灵活躲避高温环境和据情改变生活方式，环境温度升高时易发生中暑。

热适应是暂时的，随着热暴露终止而丧失。

【病因和发病机制】

中暑主要是因患者对高温环境适应能力减退所致。在气温超过 32℃和湿度超过 60％时，健康青壮年人在无热适应及防暑降温措施情况下，长时间进行强体力活动时极易发生中暑。在室温高、通风不良环境中，年老体弱、久病卧床、肥胖或产褥期妇女也可发生中暑。促发中暑因素有：

（一）外源性热量获取过多

多发生在环境温度升高时，常见于老年人、身体衰弱、慢性酒精中毒者。在高热环境长时间从事强体力活动者，如运动员、新兵、矿工、炼钢工人、建筑工人、消防队员及灾难救助人员为中暑高危人群。热浪期、直接日晒、居住在高楼上层和无空调环境的人群，发生中暑危险性明显增加。日光照射时体热可增加 100～150kcal/h。在美国，1980 年夏季热浪期间，居住在无空调环境的人群中暑发生率为空调环境人群的 49 倍。每日在空调环境停留 2 小时，中暑发生率明显降低。

（二）内源性产热增加

体力活动、发热性疾病和药物是内源性产热（endogenous heat production）的三种常见原因。剧烈运动和强体力劳动通过内源性产热使体温迅速升高。运动员进行高强度训练时每小时产热 1033kcal，使体温升高 0.3℃。癫痫状态、精神抑制药源性恶性综合征（neuroleptic malignant syndrome）也可使内源性产热增加。

发热性疾病是引起中心体温升高最常见原因，其与环境高温引起中心体温升高机制完全不同。感染或炎症激活免疫细胞产生致热源，重置下丘脑体温调节中枢调定点（set point），机体通过寒战等产热机制维持新调定点。甲状腺功能亢进症和嗜铬细胞瘤也可导致内源性产热增加。

某些药物可通过各种机制增加产热。苯丙胺和可卡因引起肌肉活动增加；麦角酰二乙胺（lysergic acid diethylamide）和苯环己哌啶（phencyclidine）作用于中枢神经系统引起高代谢状态；水杨酸盐干扰氧化磷酸化作用，通过氧化脂肪和葡萄糖释放热能。

（三）散热功能障碍

环境温度超过体温和湿度较大时，人体散热减少或停止。脱水、过度肥胖、穿透气不良的衣服、心血管功能障碍、中枢神经系统病变及应用某些药物都可影响散热。

1. 脂肪组织增加　过度肥胖者，血管分布密度下降，皮肤血流减少，限制散热。脂肪组织含水量较少，热交换面积减少。

2. 疾病　慢性心血管疾病，对高热环境引起的热应激代偿能力降低。热应激可导致心律失常、心肌梗死、心力衰竭加重中暑。

3. 汗腺功能障碍或衰竭　如囊性纤维化、硬皮病、先天性汗腺缺乏症、广泛皮肤烧伤后瘢痕形成、痱子等常可累及汗腺，减少散热。

4. 脱水　脱水会减少皮肤血流和出汗率、损害心血管功能和体温调节，降低机体散热能力。脱水使体重每减轻 1％，体温升高 0.1℃～0.5℃。

5. 药物　许多药物影响散热。抗胆碱药损害出汗反应；利尿药引起血容量减少和心排血量降低，出汗减少；酚噻嗪类使中枢性多巴胺耗竭、干扰下丘脑体温调节中枢，并具有拟胆碱能作用；应用能减低心血管系统对热应激反应的药（如β受体阻断药、钙通道阻滞药或α受体激动药），使外周血流和出汗减少；拟交感神经药使皮肤血管收缩，减少出汗；酒精抑制 ADH 分泌导致脱水，减少散热。

此外，酗酒尚能影响人躲避高温环境的反应能力。内源性内啡肽和糖皮质激素有利于人体热适应。长期滥用海洛因、可卡因或乙醇能破坏内啡肽对高热的反应，易发生中暑。

6. 衣服　是妨碍热交换的重要因素。厚实、透气不良衣服影响热传导和皮肤汗液蒸发，皮肤-衣服-大气环境温度之间的蒸气压梯度决定皮肤汗液蒸发量。

（四）中暑对人体各系统影响

人体中暑时，体温过度升高（如中心体温在 41℃～42℃）时，就会对机体组织和细胞产生损伤作用，引起重要组织和器官的细胞酶变性、线粒体功能障碍、细胞膜稳定性丧失和有氧代谢途径中断，发生多器官功能障碍或多器官功能衰竭。

1. 中枢神经系统　中枢神经系统（特别是大脑皮层的灰质）对中暑高热尤为敏感，持续高热能使大脑皮层和脊髓细胞死亡，导致脑水肿、点状出血、颅内压升高，甚至昏迷。高热毒性能使小脑浦肯野细胞功能发生障碍，早期常出现构语障碍、共济失调或辨距不良。日射病患者，其脑脊液外观黄变，蛋白质含量增加和淋巴细胞增多。

2. 心血管系统　中暑患者，由于不同程度脱水、血管扩张和外周血管阻力降低，常发生血压下降或低血压，心率增快，心排血量增多。直肠温度每升高 1℃，心排血量每分钟增加 3L。体温过高还可引起心肌缺血、坏死，促发心律失常、心功能减退或心力衰竭，进一步影响散热。

3. 呼吸系统　中暑高热患者，呼吸频率增快，通气量增加，持续时间较长时，可出现代偿性呼吸性碱中毒。严重中暑患者，肺血管内皮损伤引起急性呼吸窘迫综合征（acute respiratory distress syndrome，ARDS）。

4. 水和电解质代谢　健康人，出汗量最大速率为 1.5L/h。人体经过热适应后，出汗速率是正常情况下的 2 倍。大量出汗常会引起体内水分和钠丢失。劳力性热射病患者，由于肌肉细胞严重损伤或溶解，血钾和血磷水平升高；血钙水平降低，2～3 周后可恢复正常或升高，可能与甲状旁腺激素分泌增多有关。

5. 肾　劳力性和非劳力性热射病患者，发生急性肾衰竭者分别为 35% 和 5%，其患病率随中暑后存活时间延长而增加。急性肾衰竭是由于脱水、横纹肌溶解、低灌注、溶血产物生成过多和尿酸盐肾病所致。

6. 消化系统　热射病时，高热对肠道直接热毒性作用和血流灌注相对减少引起缺血性肠溃疡，也可发生大出血。热射病时早期可有血肝转氨酶升高，2～3 天后几乎每例患者都会发生不同程度肝坏死（hepatic necrosis）和胆汁淤积（cholestasis）。

7. 血液系统　中暑时，血白细胞计数明显升高。由于脱水，会引起血液浓缩和血液黏稠度增加。有报道，24% 患者易发生血栓。严重者，2～3 天后出现不同程度弥散性血管内凝血，是因高热直接破坏血小板、凝血因子合成减少、血管内皮损伤和坏死细胞产物激活凝血连锁反应所致。弥散性血管内凝血常使心、肺、脑、肾和胃肠道并发症加重或恶化。

8. 内分泌系统　劳力性热射病患者由于代谢消耗增加，可发生低血糖和严重代谢性酸中毒。90% 非劳力性热射病患者血皮质醇和血糖水平升高，血生长激素和醛固酮水平也升高。

9. 肌肉　劳力性热射病患者常出现严重肌肉组织损伤和溶解，血肌酸激酶水平升高。非劳力性热射病患者很少见有肌肉组织损伤。

【病理】

对致死病例尸检发现，小脑和大脑皮质神经细胞坏死。心脏检查，发现局灶性心肌细胞溶解、出血和坏死，心外膜、心内膜和瓣膜组织有出血。劳力性热射病致死者常见肌肉组织变性和坏死。肝细胞有不同程度坏死和胆汁淤积。肾上腺皮质可见出血。

【临床表现】

中暑前驱症状有头痛、眩晕、疲劳，出汗量不一定减少。

(一) 热痉挛

在高温环境下进行剧烈运动和大量出汗后出现肌肉痛性痉挛，可在运动期间或停止活动数小时后发生，主要累及骨骼肌，以腓肠肌最常见，持续 1～3 分钟后缓解。症状与大量出汗导致严重体钠丢失和过度通气有关。血清钠降低和血液浓缩。热痉挛为一自限性过程，可为热射病的早期表现。该病患者体温无明显升高。

(二) 热衰竭

严重热应激时，由于体液和体钠丢失过多，又不能及时补充，表现以脱水、缺钠或等渗性液丢失伴心血管系统体征为特征。常见于老年人、儿童、慢性疾病患者及长时间在高温环境从事重体力活动而未充分补充水分和钠盐者。患者有明显口渴感、疲乏、无力、眩晕、恶心、呕吐、头痛及多汗。可有心动过速、直立性低血压或晕厥、呼吸增快、肌肉痉挛性疼痛等脱水体征，但神志正常。体温正常，也可高达 40℃。实验室检查均有不同程度血细胞比容增高；轻度氮质血症或肝功能异常。根据脱水程度不同，患者常出现高钠血症。热衰竭可以是热痉挛和热射病的中介过程，如治疗不及时可发展成为热射病。

(三) 热射病

是体温调节机制衰竭引起的一种致命性急症。其特征性表现为高热（＞40℃）和神志障碍。根据发病机制不同将热射病分为劳力性热射病和非劳力性或典型性热射病。

1. 劳力性热射病　主要由内源性产热增加所致。多见于健康青、壮年人。常发生在高温、湿度较大和无风天气进行重体力劳动、剧烈运动或新兵军训时。高热、出汗、昏迷，心率可达 160～180 次/分，脉压差增大。此种患者常发生急性肝细胞坏死、横纹肌溶解、急性肾衰竭、乳酸酸中毒和致命性高钾血症。热射病是引起运动员死亡的重要原因，仅次于头部和脊髓损伤。

2. 非劳力性热射病　主要是在高温环境下获取外源性热增加和散热减少所致。大多数典型性热射病患者原有慢性疾病，如心力衰竭、糖尿病、慢性酒精中毒、应用利尿药或抗胆碱药等。老年人和居住处通风不良者为高危人群。80% 患者年龄在 65 岁以上，城市居民多见，多发生于居住无空调环境者。其他高危人群包括皮肤疾病、精神分裂症、帕金森病及偏瘫或截瘫患者。该病常发生在夏季热浪期，环境温度超过 32℃ 或室温在 27℃ 以上和湿度较大时。此类患者早期常感觉疲乏、无力、头痛、头晕、恶心或多汗等，继而发展为典型性热射病，表现高热、无汗和昏迷三联征。直肠温度常在 41℃ 以上，最高可达 46.5℃，常出现谵妄、昏迷和癫痫发作，瞳孔对称缩小，终末期瞳孔散大。患者常出现低血压、心律失常及心力衰竭，呼吸频率可达 60 次/分。有弥散性血管内凝血者，常在发病后 24 小时左右死亡。热浪期热射病病死率最高。

【实验室和其他检查】

对于中暑患者，应常规进行肝和肾功能、肌酶和动脉血气分析。如血清天门冬氨酸转移酶（AST）、丙氨酸氨基转移酶（ALT）、乳酸脱氢酶（LDH）和肌酸激酶。有凝血功能异常时，应考虑弥散性血管内凝血。怀疑颅内出血或感染时，应行脑 CT 和脑脊液检查。

【诊断与鉴别诊断】

(一) 诊断

在炎热夏季热浪期，对于任何高热、昏迷和抽搐患者都应首先考虑中暑。该病患者直肠温度常在 41℃ 以上。典型患者，尚有无汗和多器官功能障碍。

(二) 鉴别诊断

诊断中暑前，应与中枢神经系统感染、脑血管意外、脓毒症、甲状腺危象、糖尿病酮症酸中毒合并感染、药物热、斑疹伤寒或恶性高热等鉴别。

1. 恶性高热　见于某些遗传性易感者。此种患者常在进行全身麻醉时迅速发生严重高热、肌肉强直和酸中毒。治疗包括应用 1，8-二蒽醌降低肌浆网内 Ca^{2+}、降温和支持治疗。

2. 精神抑制药源性恶性综合征　是以自主神经及锥体外系功能障碍和高热为特征的一种罕见情

况。表现为呼吸困难、心动过速、血压波动（收缩压从180mmHg到40mmHg）、多汗和尿失禁；紧张性精神症行为、严重运动失调、构音障碍、肌肉强直和高热。氟哌啶醇可诱发此综合征，发病与脑多巴胺受体受阻滞有关。氟哌啶醇尚能抑制口渴，加重病情。应用1，8-二蒽醌和降体温支持治疗。

3. 药物热　抗胆碱药和拟交感神经药过量可引起致命性高热。

4. 脑血管意外　缺血型脑卒中累及脑体温调节中枢、脑室或蛛网膜下腔出血都可引起体温升高。头颅CT、MRI和腰穿检查有助于鉴别。

【治疗】

不同类型中暑，治疗大致相同。

（一）降温治疗

热射病病死率高达70%。降温速度决定预后，迅速、有效降温治疗可使病死率降至5%~18%。最好在1小时内使直肠温度降至37.8℃~38.9℃。

1. 体外降温　应迅速将患者转移到通风良好的低温环境，脱去衣服，进行皮肤肌肉按摩，促进散热。转运中暑患者的救护车应安装空调。对无循环功能障碍年轻患者，可用冰水擦浴或将躯体浸入27℃~30℃水中降温。冰水浸浴是一种古老的降温方法，并不较其他物理降温方法有效。需要心电监护和除颤者禁止浸浴。当中心体温降至39℃时应减慢降温速度，防止发生寒战。对循环虚脱者可采用蒸发散热降温，如用15℃冷水反复擦浴皮肤和同时应用电风扇或空调。

2. 体内降温　应用体外降温方法无效时，改用冰盐水进行胃或直肠灌洗，或用20℃无菌生理盐水进行腹膜腔灌洗、血液透析或体外循环，将自体血液体外冷却后再输入体内。

3. 药物降温　中暑高热时，药物降温无效。但是，对于出现寒战患者应用氯丙嗪能抑制机体产热。氯丙嗪25~50mg加入到500ml液体中，静脉输注1~2小时。用药前，首先保证液体入量和纠正脱水。低血压和肝功能障碍者禁用。用药过程中严密监测血压。

（二）并发症治疗

1. 昏迷　必要时行气管内插管，保持呼吸道通畅。脑水肿和颅内压增高引起昏迷者，静脉输注甘露醇1~2g/kg，30~60分钟内输入。有癫痫发作时，静脉给予地西泮。

2. 低血压　静脉输注生理盐水或乳酸林格液恢复血容量，升高血压。需要时，静脉滴注异丙肾上腺素提高血压。勿用血管收缩药，以防影响皮肤散热和增加心脏后负荷。

3. 肝肾衰竭　应用H_2受体拮抗药或质子泵阻滞药预防肝肾衰竭时应激性溃疡所致的上消化道出血。急性肾衰竭时，静脉甘露醇保护肾脏灌注，也可行血液透析治疗。肝衰竭者，有条件时可行肝移植。

（三）监测

1. 体温　在降温治疗期间，应严密监测中心体温下降的速度。治疗后第1小时，体温下降的快慢能决定患者的预后。

2. 尿量　患者尿量是一个重要的生命参数，以此来了解肾脏功能。对于危重患者，都应置Foley导尿管监测尿量。经治疗后，应使尿流量保持在每小时30ml以上。

3. 凝血功能　中暑高热常易发生弥散性血管内凝血，应严密监测凝血酶原时间（PT）、部分凝血活酶时间（APTT）、血小板计数和纤维蛋白原（fibrinogen）。

【预后】

中暑患者的恢复取决于有效的诊断和治疗。体温高于41.1℃的中暑患者常易发生休克，严重中暑患者病死率为20%~70%。50岁以上患者高达80%。体温高度和持续时间直接影响患者预后。神经系统、肝、肾和肌肉组织损伤程度及血乳酸水平是影响预后的主要因素。昏迷、横纹肌溶解或弥散性血管内凝血者预后不良。通常，中暑患者体温复常后神经功能也很快恢复，有些患者可遗留有轻度神经功能障碍。有肌肉组织损伤者，肌无力可持续数月。肝、肾衰竭者可以完全恢复。也有报道，体温超过46.5℃的中暑患者经积极治疗后存活。

【预防】

1. 夏季应进行防暑宣传教育和普及防暑知识。改善年老多病患者及产褥期妇女居住环境。发现中暑先兆，及时治疗，防止病情进展。

2. 对从事高温作业者应进行健康检查，进入高温环境前要有热适应过程，并要注意改善工作环境和劳动条件，要劳逸结合，充分供给含钾、镁、钙盐的防暑饮料。

3. 暑热天气，尽量减少外出，避免高温时段（10：00～18：00）在户外活动或作业。注意穿浅色、宽松和透气衣服。注意休息，合理营养膳食，充分补充不含咖啡因或酒精的防暑饮料。

4. 中暑恢复后数周内，应避免烈日下暴晒和剧烈活动。

（柴艳芬　崔书章）

第二节　淹　溺

淹溺（drowning）是指人淹没于水或其他液体中，液体充塞呼吸道及肺泡或反射性引起喉痉挛发生窒息和缺氧导致临床死亡的状态。近乎淹溺（near drowning）指救出后呈暂时性窒息，但尚有大动脉搏动。淹溺后经紧急心肺复苏存活者也归属于近乎淹溺。

淹溺是意外死亡的主要原因之一，常见于儿童和青少年。全世界每年溺死者约40万人。美国每年溺死者约4000余人。淹溺多见于夏季。淡水淹溺较海水淹溺常见，多发生在浴缸、游泳池和江河湖泊等，在沿海国家和地区海水淹溺更常见。据统计，近乎淹溺者较淹溺者多3～5倍，男女比例3∶1。

【病因和发病机制】

（一）病因

淹溺可发生于初学游泳者；游泳时间过长发生低血糖或过度换气致呼吸性碱中毒、肌痉挛；癫痫、晕厥及其他心脑疾病患者游泳或盆浴时疾病发作；水上运动、跳水或潜水意外（头颈或脊髓损伤）；划船、冰上活动、钓鱼等意外落水；冬泳前饮酒或游泳前服用其他药物；载有乘客船只及车辆意外落水、洪水灾害或投水自杀等。

（二）发病机制

溺水后对生命构成主要威胁的是呼吸衰竭和缺血性神经系统损害。溺水即刻至数秒钟内，溺水者并非马上发生意识丧失，而呈现为高度恐慌，屏气呼吸在水中挣扎，称自发性屏气期，引起潜水反射（呼吸暂停、心动过缓、外周血管剧烈收缩），以保证心脏和大脑血液供应；随即出现高碳酸血症和低氧血症，刺激呼吸中枢转变为非自发性吸气期。喉部肌肉松弛吸入大量水分（22ml/kg）充塞呼吸道和肺泡发生窒息，称为湿性淹溺（wet drowning）。10%～20%淹溺者因惊慌、恐惧、骤然寒冷等强烈刺激引起喉痉挛导致窒息，呼吸道和肺泡很少或无水吸入，称为干性淹溺（dry drowning）。二者虽然机制不同，但最终共同途径均为严重缺氧。非自发性吸气期数秒钟后发生呼吸停止，心脏停搏和神志丧失。如在不可逆性脑损害发生前重建通气，有希望完全恢复。根据淹没的介质不同，分为淡水淹溺和海水淹溺：

1. 淡水淹溺　淡水淹溺（fresh water drowning）时，淡水较人体血浆渗透压低，吸入肺泡后经肺毛细血管很快进入血循环，使血容量迅速增加，严重者发生溶血，导致高钾血症和血游离血红蛋白异常升高。高钾血症可致心脏停搏，过量游离血红蛋白可引起急性肾小管坏死，进而导致急性肾衰竭。淡水吸入重要临床意义是肺损伤，使肺泡表面活性物质灭活、肺顺应性下降、肺泡塌陷萎缩、通气/血流比值失调。即使迅速复苏，肺损伤过程也继续进展，出现广泛肺水肿或微小肺不张。

2. 海水淹溺　海水淹溺（salt water drowning）时，由于海水含3.5%氯化钠及大量钙盐和镁盐，是高渗性液体。吸入海水较淡水在肺泡内停留时间长，不能被迅速吸收到血液循环。反之，能使血液中的水进入肺泡腔，产生肺水肿、肺内分流、减少气体交换、出现低氧血症。此外，海水对肺泡上皮及肺毛细血管内皮细胞有化学损伤作用，促发肺水肿。海水淹溺后有短暂性血容量减少、血压降低和血液浓缩，但无明显肺泡塌陷。因气道和肺泡内充满液体妨碍正常氧合作用而发生缺氧。

淡水或海水淹溺，均可引起肺顺应性降低、肺水肿、肺内分流、严重低氧血症和混合性酸中毒。大多数淹溺者猝死原因是严重心律失常。冰水淹溺迅速致死原因常为寒战刺激迷走神经兴奋引起心动过缓、心脏停搏或体温急剧降低引起神志丧失，加速死亡。

【病理】

溺死者双肺含水量多，重量增加，并伴有不同程度出血、水肿、肺泡壁破裂。约70%溺死者肺内吸入有呕吐物、泥沙和水生植物等。部分溺死者还可出现肺泡上皮细胞脱落、出血、透明膜形成和急性炎性渗出以及脑水肿、弥漫性神经源性损害和急性肾小管坏死。

【临床表现】

近乎淹溺患者临床表现与溺水持续时间长短、吸入液体量及性质、重要器官损害程度及范围有关。淹溺患者处于临床死亡状态时，表现为神志丧失、呼吸停止及大动脉搏动消失。

（一）症状

近乎淹溺者可有头痛、视觉障碍、剧烈咳嗽、胸痛、呼吸困难，咳粉红色泡沫样痰。海水淹溺者口渴明显，最初数小时可有寒战、发热。

（二）体征

皮肤发绀、颜面肿胀、球结膜充血、口鼻充满泡沫或血性泡沫样液体和泥污。近乎淹溺者常出现精神状态改变，烦躁不安、抽搐、昏睡、昏迷和肌张力增加；呼吸表浅、急促或停止；肺部可听到干湿性啰音，偶尔有喘鸣音；心律失常、心音微弱、四肢厥冷；胃内积水致胃扩张者，可见上腹部膨隆。如淹溺在冰冷的水中，可发生低温综合征。跳水时意外淹溺者，有时可发现头部或颈椎等部位损伤。

溺水获救24～48小时后可并发脑水肿、肺部感染、急性呼吸窘迫综合征、溶血性贫血、弥散性血管内凝血和急性肾衰竭等，出现相应的临床表现。

【实验室和其他检查】

（一）血和尿检查

淹溺者常有白细胞总数与中性粒细胞均增高。由于缺氧，短期内可有蛋白尿及管型尿。淡水淹溺可出现血液稀释，引起低钠血和低氯血；溶血时引起血钾增高，血和尿中出现游离血红蛋白。海水淹溺可出现短暂性血液浓缩，轻度高钠血或高氯血，并可伴血钙、血镁升高，血钾变化不大。幸存者，10～30分钟后恢复正常血容量和电解质浓度。淡水或海水淹溺罕见致命性电解质紊乱，溶血或急性肾衰竭时常出现严重高钾血症。重者出现弥散性血管内凝血的监测指标异常。

（二）动脉血气分析

几乎所有患者都有不同程度低氧血症，大部分患者显示重度低氧血症、高碳酸血症和混合性酸中毒。

（三）心电图检查

常见的心电图改变是窦性心动过速和非特异性ST-T变化，并且数小时内恢复正常。有时出现室性心律失常和完全性心脏传导阻滞等。

（四）X线检查

最初胸片可无异常发现，随后常显示斑片状浸润影，有时出现典型肺水肿征象。患者住院后12～24小时吸收好转或病情恶化。约20%病例胸片无异常发现。怀疑有颈椎或其他部位骨骼损伤时应进行相关部位X线检查。

【治疗】

（一）现场急救

对溺水者的抢救，必须分秒必争。将溺水者尽快从水中救出，迅速清除口鼻腔中污水、污物、分泌物及其他异物，保持气道通畅，并给予吸氧。疑有水阻塞呼吸道者，应迅速采用头低俯卧位，按压背部倒出呼吸道和胃内积水，但要尽量缩短控水时间，以免延误心肺复苏。对于昏迷和呼吸停止者应进行口对口人工呼吸和供氧，有条件时进行气管内插管。心跳停止者应立即进行胸外心脏按压。复苏期间常会发生呕吐，注意防止呕吐物吸入气道。如患者体温过低，应注意保暖。同时应检查有无头部及脊髓损伤，尤其针对跳水、潜水或冲浪者。在抢救同时，应尽快组织送医院。转运患者过程中，不应停止心肺复苏。

(二) 院内处理

进入医院后，自主呼吸和心跳未恢复者继续进行心肺复苏，呼吸和心跳已恢复者给予进一步生命支持。所有近乎淹溺者应收住监护病房至少观察24~48小时，预防并发症。无低氧血症或神经系统并发症者，出院随访。

1. 供氧　所有患者均应供给氧气，吸入高浓度氧或高压氧治疗。高压氧可提高血氧张力和增加血氧扩散，使血液和组织氧含量增多，对溺水造成的组织缺氧，尤其是脑缺氧有较好疗效。如果PaO_2低于60mmHg，应当气管内插管和机械通气。插管患者通常需要给予呼气末正压通气或持续气道正压通气。清醒无呕吐者可给予经鼻或面罩持续气道正压通气或其他无创通气。

2. 复温　如遇冰水淹溺体温过低者，可采用体外或体内复温措施。

3. 脑复苏　心肺复苏后，若意识不恢复，应尽快采用物理降温或辅以药物，如氯丙嗪、异丙嗪等降低体温，使肛温维持在30℃~32℃，以减少脑组织耗氧量，保护大脑功能。颅内压增高者应适当增加通气，维持$PaCO_2$ 25~30mmHg。呼气末正压通气能升高颅内压，慎用。同时，静脉输注20%甘露醇降低颅内压、缓解脑水肿。

4. 纠正水电解质和酸碱失衡　淡水淹溺者，如血浆钠浓度过低，可静脉输注3%的盐水或输全血或红细胞以纠正血液稀释和防止红细胞溶解。低钙时可用10%葡萄糖酸钙液。代谢性酸中毒可静脉输注5%碳酸氢钠。海水淹溺者，可静脉输注5%葡萄糖或血浆以稀释浓缩的血液和增加血容量，勿输盐水。

5. 防治并发症　对合并惊厥、心律失常、低血压、肺水肿、急性呼吸窘迫综合征、急性消化道出血、急性肾衰竭、弥散性血管内凝血和感染者进行相应治疗。无感染者，不应常规预防应用抗生素。

【预后】

决定淹溺预后的关键因素是淹溺时间、水温、淹溺者年龄及健康状况、救治是否及时正确。从水中救起到出现自主呼吸时间越短，预后越好。最初1小时治疗有效，神志恢复者预后好。冷水淹溺时，组织耗氧量减少，外周血管收缩，有更多的动脉血供应心脏和大脑，延长了可能生存的时间。80%~90%近乎淹溺者经院内治疗后存活而无后遗症。昏迷的近乎淹溺者中约20%遗留永久性神经系统后遗症。常见的有不同程度脑功能不全、强直性四肢瘫痪、锥体外系综合征、视神经萎缩及周围性神经肌肉损害。

【预防】

预防是减少淹溺死亡的最重要的手段。

1. 加强对儿童、体弱者、老人和有癫痫、心脏病等病史人群的监护。这些人游泳时应在限定区域和有救生员或其他会游泳人员在场陪同。

2. 尽早教会儿童游泳，经常进行游泳和水上自救、互救知识技能训练。

3. 避免在浅水区跳水、潜泳。进行水上活动时应穿救生衣。

4. 水上运动前不要饮酒，酒精能损害判断能力和自我保护能力。

（袁志明　崔书章）

第三节 冻 僵

低体温（hypothermia）是指中心体温（core temperature）低于35℃。冻僵（frozen stiff）又称为意外低体温（accidental hypothermia），它是由于寒冷环境引起以心血管和中枢神经系统异常为主要改变的全身性疾病。严重患者常可危及生命。寒冷导致的冻伤（frostbite）或组织坏死不在其范畴。

【病因和发病机制】

（一）病因

冻僵发病可分为两种情况：①健康人长时间暴露于寒冷环境而发病。这种情况多见于长时间在寒冷环境中作业、训练、运动（如登山）、娱乐而缺乏良好自我保护者，或是意外事故导致长期寒冷暴露者。酗酒后暴露于寒冷环境者更易引起冻僵。②患者因为身体虚弱或疾病而原本存在内环境紊乱，在外界温度骤然降低时也可能发生冻僵。这种情况多见于老年人、身体衰弱或合并慢性疾病者（如心血管疾病、皮肤病、脑血管疾病、智力低下、黏液性水肿，垂体功能减退或酒精中毒等）。

（二）发病机制

通常人体体温相对恒定，以便适应正常的机体代谢需要。人体体温是在体温调节中枢调控下通过多种因素参与保持相对恒定的。人体在寒冷环境时，通过热效应调节系统发挥作用以维持体温的相对稳定，但是当人体的调节机制不能适应长时间的低温环境时，就不能维持相对稳定的体温来满足机体代谢需要。当体温低于35℃以下时，就会发生器官功能障碍而出现相应临床表现。

冻僵的严重程度通常与暴露寒冷环境的温度、湿度、风速、暴露时间长短、身体暴露部位情况和机体营养状态等有关。根据中心体温下降的程度，可将冻僵分为轻度（35℃～32℃）、中度（32℃～28℃）和重度（<28℃）。

【病理生理】

冻僵时的病理生理改变取决于患者体温降低的程度。轻度冻僵时，机体呈现兴奋状态，表现为交感神经兴奋性增强和外周血管收缩。当体温降至32℃以下，机体器官功能及代谢呈现进行性降低，导致氧利用和二氧化碳生成减少。

表 10-1-1 低体温的心电图变化

T波倒置
PR、QRS及QT间期延长
肌颤干扰
Osborn波（J波）
心律失常：
　　窦性心动过缓
　　房颤或房扑
　　结性心律
　　房室传导阻滞
　　室性期前收缩
　　室颤
　　心脏停搏

1. 心血管系统　在冻僵的初期兴奋阶段，心率、心排血量和血压均升高。随着体温下降，心率、心排血量和血压均降低。心电图可出现特征性J波（如图10-1-1所示，又称Osborn波，是心电图QRS波末端出现缓慢、正向的电位偏离），或表现为致命性心律失常（表10-1-1）。

体温低于30℃时，患者可能会出现心律失常，典型的顺序是从窦性心动过缓发展到房颤伴慢心室率，再到室颤，最后发展至心脏停搏。低体温时心肌处于易激惹状态，任何能够刺激心脏的操作或行为（包括粗鲁的搬运、胸外按压等）均可能诱发室颤，这一点在临床处理时应格外注意。

2. 呼吸系统　低体温时，最初表现为呼吸频率增快，随着体温降低，出现呼吸频率和潮气量进行性下降。由于寒冷导致的支气管黏液分泌增多以及咳嗽反射减少，容易出现吸入性肺炎。另外，低体温使氧离曲线左移，氧释放减少。

3. 中枢神经系统　低体温时，随着体温降低，患者可出现进行性意识障碍。发展顺序为轻度共济失调、意识错乱、昏睡以及昏迷。瞳孔可散大固定。这些变化均与大脑缺血、缺氧有关。

4. 泌尿系统　低体温时，肾浓缩功能降低，尿量增多，导致血容量严重减少。由于存在肾浓缩

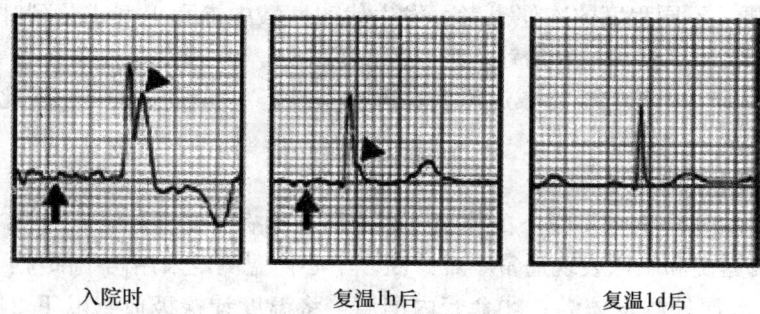

图 10-1-1 该图显示冻僵患者心电图 J 波,复温过程中 J 波波幅逐渐减小,24h 后消失。由于寒战引起的基线震动现象在患者的中心体温恢复正常后消失

功能低下,尿量和尿比重不能准确反映血容量和患者的循环状态。低体温患者容易出现横纹肌溶解,由于肌红蛋白尿和肾灌注减低,会导致急性肾衰竭。血浆向血管外转移也使血管内容量丢失。

5. 血液系统 低体温时,血液浓缩、血黏度增加以及循环恶化可导致血管内血栓形成,并由此引发栓塞并发症。组织凝血活酶释放入血可引发 DIC,这在复温过程中更容易发生。寒冷可抑制血小板功能和凝血反应,患者容易合并出血。低体温患者在临床上可以出现明显的凝血障碍,但常规的凝血检查(37℃)却往往正常。

6. 内分泌系统 低体温对内分泌功能影响较小。除非既往合并肾上腺或甲状腺功能减低,患者血中肾上腺激素和甲状腺激素的水平往往正常或升高,低血糖较为常见。

7. 酸碱代谢 低体温时,酸碱失衡很常见,但无固定模式,以呼吸性或代谢性酸中毒最为常见,其原因是严重缺氧、二氧化碳潴留以及寒战和组织灌注不良引起的乳酸增多。

8. 消化系统 低体温患者可合并胰腺炎,既可表现为单纯的高淀粉酶血症,也可出现胰腺坏死。寒冷时肝功能受到抑制,代谢和解毒作用减弱,从而使药物很容易蓄积达到中毒剂量。

【临床表现】

一般来说,冻僵患者的症状与体征取决于病情的严重程度,但个体差异较大。

1. 轻度冻僵 初期为兴奋阶段,可出现寒战、心动过速、呼吸急促和周围血管收缩等反应。如低体温持续存在,可出现表情淡漠、语言含糊不清、共济失调以及判断力降低等。轻度冻僵患者有时表现反常暴露,即患者在中心体温下降情况下反而将衣服脱去。在低体温患者中,这种现象并非少见,有时患者可被误认为有性攻击倾向。

2. 中度冻僵 患者可出现意识水平下降、心动过缓、房性心律失常、呼吸减慢、神经反射迟钝及瞳孔散大;此时寒战反应消失,心电图可出现特征性 J 波,其发生率低于 50%,但应注意除外肌颤干扰引起的类似心电图改变。

3. 重度冻僵 患者常出现昏迷、室性心律失常、肺水肿、少尿、瞳孔反射消失和呼吸心跳停止。

【并发症】

冻僵并发症主要有横纹肌溶解、肺水肿、应激性溃疡、胰腺炎、心肌梗死、脑血管意外及深部静脉血栓形成等。

【实验室和其他检查】

1. 全血细胞计数 随着中心体温下降,外周血中血小板减少,血细胞比容轻度升高。

2. 凝血功能检查 冻僵患者可出现凝血机制障碍,应常规进行凝血功能检测。

3. 血糖 对所有意识障碍患者,都应常规进行血糖检查。通常患者血糖水平降低。

4. 电解质分析 因患者心输出量减少或横纹肌溶解,可导致少尿型肾衰竭,血钾水平常有不同程度升高。

5. 心电图 常见的心电图变化见表 10-1-1。

6. 动脉血气分析　不同程度的冻僵患者可发生代谢性酸中毒和Ⅰ型或Ⅱ型呼吸衰竭，进行动脉血气分析检查有助于判断病情和指导治疗。

7. 甲状腺功能测定　甲状腺机能减退患者在寒冷条件下更易发生冻僵，因此对冻僵患者也可常规进行甲状腺功能测定。

【诊断与鉴别诊断】

因普通体温计很难测出 34.4℃ 以下的体温，因此诊断本病需要有一支能测 28℃～42℃ 的体温计。根据长期寒冷环境暴露史和临床表现通常不难诊断。中心体温测定采用两个部位：①直肠测温：应将温度计探极插入 15cm 深处测定体温；②食管内测温：将温度计探极放置喉下 24cm 深处测取体温。任何低血压、昏迷患者的鉴别诊断中要考虑低体温，并寻求易发因素。

【治疗】

（一）现场治疗

迅速将患者移至温暖环境；脱去潮湿衣服，用毛毯或棉被包裹身体，以防止热量继续丢失；搬动时需谨慎，避免诱发室颤和骨折；发生心脏骤停时，应立即进行复苏措施。由于低体温对大脑具有保护作用，因此对心搏呼吸停止的冻僵患者尽可能延长复苏时间。

（二）院内治疗

1. 急救治疗

（1）有灌注心律：治疗重点仍是复温。室上性心律失常通常在复温期间或 24 小时内可自行转复。

（2）无灌注心律：心脏骤停患者需要 CPR，但治疗方式有所调整。由于低体温患者的脉搏、呼吸缓慢或难以触及，因此急救人员可在 30～45 秒钟内先评估呼吸，再检查脉搏。如无呼吸，立即人工吹气。如有可能，在给气囊-面罩通气期间，给湿热（42℃～46℃）氧气吸入。对低体温患者气管插管指征的掌握与正常体温患者相同，但动作要轻柔。如无脉搏或无循环体征，立即开始胸外按压。如发生室颤，立即给电除颤（360J），如不成功，应在复温治疗（中心体温达到 30℃）后再行除颤。体温低于 30℃ 时，心脏对心血管药物、起搏器及除颤可能无反应。如体温＞30℃，可静脉用药，但应延长给药时间间隔，以免蓄积中毒。

表 10-1-2　复温技术

被动复温
移开寒冷环境
保暖措施，如棉被或毛毯
主动体外复温
温水浸浴
加热毯（40℃）
辐射加热
强力空气加热
主动体内复温（40℃）
吸入加热气体
输注加热液体
胃肠道灌洗
膀胱灌洗
腹腔灌洗
胸腔灌洗
体外循环复温
纵隔灌洗

2. 复温措施　常见复温技术见表 10-1-2。复温速度应根据患者的情况而定，临床上通常同时应用一种以上的复温措施。

（1）被动复温：与主动复温相比，这种缓慢的被动复温更符合生理学原理，但前提是患者的体温调节机制必须完好。主要适用于轻度冻僵患者，中、重度患者往往需要采取主动复温。

（2）主动体外复温：主动体外复温措施能有效、快速地升高体温。但复温过快要防止低血压（周围血管扩张所致）及体温"后降效应"（复温过程中由于外周血管扩张，温度低的外周血液流向中心使中心体温进一步下降所致）。另外，在复温过程中可能会出现复温性酸中毒或加重组织缺氧。对末梢循环较差的患者，特别是心脏停搏者，体外复温可能无效。

（3）主动体内复温：与主动体外复温相比，主动体内复温在理论上具有优越性：内部器官（包括心脏）优先复温，降低心肌易激惹性；避免外周血管扩张，降低复温性休克和酸中毒的发生率。但多为有创性操作，有些复温措施（如纵隔灌洗及体外循环加温）仅适用于心脏骤停者。

吸入加温气体（空气或氧气）或输注加温液体操作简便，且并发症少，适用于所有低体温患者。但温度最好控制在40~42℃左右，温度过高（>50℃）会引起气道灼伤和血管内溶血。

3. 支持治疗

（1）恢复意识：冻僵患者合并意识障碍时，给予维生素 B_1 100mg，肌注；纳洛酮 2.0mg 及葡萄糖 25g 静脉输注。

（2）维持内环境稳定：静脉输注加温的液体既能复温，又能起到扩容纠正脱水。冻僵患者肝脏不能有效代谢，应避免应用乳酸林格液扩容。动脉血 pH 值低于 7.1 时，可静脉输注碳酸氢钠。

4. 治疗原发病　如患者合并基础疾病，如心脏病、营养不良、甲状腺功能减退及肾上腺功能减退等，应给予相应治疗。营养不良及长期饮酒者常存在维生素 B_1 缺乏，如不纠正，在复温过程中易发生急性缺血性脑灰质炎（Wernicke 脑病），因此要静脉补充维生素 B_1。除非合并肾上腺功能减退或黏液水肿性昏迷，不常规应用糖皮质激素。

5. 治疗并发症　针对冻僵出现的并发症，应给予相应处理。

【预后】

本病预后与患者基础健康状况有关。如未合并严重感染或其他可威胁生命的基础疾病，单纯因寒冷引起的冻僵病死率非常低。冻僵患者中心体温在 14.2℃ 及心脏停搏长达 6.5 小时尚有复苏成功者。

【预防】

采取合理的保暖措施是预防冻僵的根本手段。

（朱继红）

第四节　高　原　病

高原是指海拔 2500m 以上的地区。高原病（diseases of high altitude）是指人体对低气压和低氧环境不适应引起机体产生与缺氧有关的疾病。通常，根据高原病临床表现分为急性高原病和慢性高原反应。我国青藏高原是世界上海拔（4000m 以上）最高、面积最大的高原，居住人口大约 1500 万左右。随着西部大开发的战略任务的实施，在高原地区经济建设的带动作用下，进入高原地区的人群与日俱增。高原病对居住在高原人群的健康造成了不同程度的损伤，成为严重阻碍高原地区生产力发展的主要因素之一。因此，如何提高人类在高原地区的健康水平，防治高原病的发生，对开发高原、建设高原具有重要的战略意义。

急性高原病

急性高原病（acute mountain sickness，AMS）是人体突然暴露于低氧环境后产生的各种病理生理性反应，是高原地区的常见病。急性高原病可分为急性高原反应、高原肺水肿和高原脑水肿。急性高原病患病率与上山速度、海拔高度、停留时间以及体质等有关。一般而言，平原人快速进入海拔 3000m 以上高原时即可出现急性高原病，但经 3~19 天的适应，症状逐渐消失。

一、急性高原反应

【发病机制】

（一）肺泡通气不足

缺氧可刺激颈动脉体的外周化学感受器，致肺通气量增加、肺泡氧分压升高、动脉血氧饱和度增加，从而使机体摄取较多的氧。然而，有些人特别是那些易患急性高原病者，对低氧通气反应减弱，出现肺泡通气不足（hypoventilation）。导致肺通气不足的原因可能是由于原发性呼吸驱动减弱，或由于继发性通气抑制。急性高原病易感者与非易感者相比，当急进 4800m 高原时，前者的肺通气量和动脉血氧饱和度下降，呼气末 PCO_2 增高，出现严重急性高原反应，提示在平原通气反应低的人进入高原后易发生急性高原病。低氧通气反应高低是预测急性高原病的有效指标之一。

（二）体液潴留和体液重分配

体液潴留与抗利尿激素（anti-diuretic hormone，ADH）分泌有关。抗利尿激素分泌增多导致远端肾小管和集合管中水分重吸收增加，从而出现水肿、尿少。急性高原病易感者进入高原时肾素和醛固酮的水平明显增高。肾素由肾小球旁细胞合成和分泌，在由肝脏中形成的血管紧张素原的作用下降解为血管紧张素Ⅰ，后者在血管紧张素转化酶的作用下形成血管紧张素Ⅱ。血管紧张素Ⅱ可引起周围血管收缩，并作用于肾上腺皮质促使醛固酮分泌，从而增加钠离子在肾小管的重吸收和钠水潴留。缺氧也可刺激交感神经释放儿茶酚胺使肾血管收缩，致肾血流量降低，尿液生成减少。因此，患者的尿少与肾小球滤过率降低也有关。

（三）颅内压增高

急性高原反应常出现恶心、呕吐、头痛及夜间周期性呼吸等症状，这些症状与颅内压升高有关。严重的缺氧可改变脑血流动力学，使血-脑屏障的氧感受器通道失调而导致血管性或间质性脑水肿。其原因为低氧性脑血管扩张，使脑血流量增加，致血管通透性增高，血液水分从血管移入间质，出现间质性水肿。

【临床表现】

（一）症状

常见的症状有头痛，失眠，食欲减退，疲倦，呼吸困难等。头痛是最常见的症状，夜间或早晨起床时疼痛加重。胃肠道的症状为消化不良，食欲不振，腹胀。严重者有恶心、呕吐、甚至腹痛症状。

（二）体征

急性高原反应无特殊体征。通常可出现口唇、指（趾）甲床发绀。心率可速可缓，但多数人心跳加快或出现阵发性心动过速，并偶有早搏。

【诊断与鉴别诊断】

（一）诊断

目前国际上对急性高原病的诊断一律用国际高原病会议制订的急性高原病临床症状计分法（AMS-score）。该计分法是根据患者的临床表现对每一个症状进行自身打分（self-reported score），然后通过综合评分进行客观诊断（表10-1-3）。

表10-1-3 急性高原病临床症状计分法

1. 头痛	2. 胃肠道症状	3. 疲乏和/或虚弱	4. 头晕
0 无头痛	0 无症状	0 无疲乏	0 无头晕
1 轻度头痛	1 食欲差或恶心	1 轻微乏力或虚弱	1 轻度头晕
2 中度头痛	2 中度恶心或呕吐	2 中度乏力或虚弱	2 中度头晕
3 重度	3 严重恶心和呕吐	3 严重乏力或虚弱	3 重度头晕
5. 睡眠障碍	6. 精神状况改变	7. 共济失调	8. 周围性水肿
0 睡眠与平常一样	0 无任何改变	0 无共济失调	0 无水肿
1 睡眠不如平常	1 嗜睡/倦怠	1 能维持平衡	1 局部水肿
2 易惊醒，睡眠差	2 抑郁/模糊	2 走路不稳	2 全身水肿
3 夜间不能入睡	3 昏睡/轻昏迷	3 步行易摔倒	
	4 昏迷	4 不能站立	

根据上述自身症状计分值，将每个人的体力活动量评价为：0分，活动量正常；1分，轻度降低；2分，中度降低；3分，严重降低，即卧床不起。症状计分值>4分者可考虑为急性高原病。

（二）鉴别诊断

急性高原反应主要与流行性感冒进行鉴别。急性高原反应一般不发烧，无上呼吸道症状，无肌肉痛。

【治疗】

轻型患者无特殊治疗，多数人在12～36小时内症状自然减轻或消失。对症状持续甚至恶化者需要酌情处理，其治疗原则是：

1. 休息　休息是重要的治疗措施，过度活动可使症状加重。因此，对轻型者要减少活动量，适当休息；对中、重型患者应予以卧床休息。急性高原反应患者可以继续留在高原，但要密切观察病情变化，一旦出现急性高原性肺水肿或脑水肿先兆时，可考虑送回低海拔处。

2. 吸氧　吸氧对治疗高原反应很重要，但对急性高原反应的效果比预期的要小。间断性低流量吸氧有可能延长机体高原的适应过程。故轻、中型患者原则上不宜吸氧，但对特别重者夜间应予低流量吸氧，一般每分钟1～2L为合适。

3. 镇静和止痛　对于精神紧张、烦躁不安、心动过速者可酌情使用镇静剂。一般可选地西泮5mg口服，氯丙嗪0.3～0.5mg口服，每日3次。此类药可抑制呼吸中枢，加重缺氧，故应严格掌握用药指征，尤其在夜间更要慎用。严重头痛者可口服去痛片，每次1～2片。

4. 利尿药　本病的发生与体内水分潴留有关，因而如何有效而合理地应用利尿药，视为防治高原病的重要手段。常用的利尿药有：乙酰唑胺（acetazolamide），它的疗效主要与利尿和增加肺通气有关。乙酰唑胺主要是用于预防急性高原病，如上山前24小时口服乙酰唑胺125～250mg，每日2次，或每24小时口服500mg。安体舒通（spironolactone）一般上山前或到达高原后口服25mg，每日1～2次。

5. 中草药　中医理论认为，高原病为"气"不足所致，如气虚、血虚、气滞、血瘀症等。目前经研究筛选出的抗缺氧的中草药有党参、红景天、刺五加、异叶青兰、黄芪、茯苓和冬虫夏草等。这些药虽能不同程度地提高人体对缺氧的耐力，但至今尚无一种被国际公认或已广泛用于治疗高原病的药。

【预防】

对易感性的预测虽做了大量的探索，但尚未发现较理想的方法。低氧通气反应、肺阻抗微分波、肺弥散能力、最大运动后的氧饱和度的变化等，对预测高原病有一定价值。目前认为，阶梯式上山是预防急性高原病的最稳妥、最安全的方法。注意防寒保温，主张多用高碳水化合物饮食。

二、高原肺水肿

高原肺水肿（high altitude pulmonary edema，HAPE）以发病急、病情进展迅速为特点，如能及时诊断与治疗，完全能够治愈。高原肺水肿的患病率取决于上山的速度、海拔高度以及到达高原后所从事体力活动的强度等因素。通常本病易发生于初入高原者，但高原久居者去平原地区短期居住后重返高原，或从一个高原转到另一更高海拔地区时也易发病。海拔高度、上山速度与本病的发生率呈正比。

【发病机制】

（一）肺动脉高压

经右心导管检查，高原肺水肿无论发病初期或恢复期，其肺动脉压明显高于海拔高度相同的正常人，而且有些易感者的肺循环压可超过体循环压。因此，肺动脉高压是发生本病的基本因素。低氧性肺血管收缩引起肺血管床不均匀阻塞，致使区域性微循环血流量减少或阻塞。然而，未被阻塞区域的毛细血管易受肺高压和高流量影响而被动性扩张、血量增多、血流加速，致使毛细血管血容量及压力增高，液体漏出。由于肺微循环压突然升高可直接损伤血管内皮细胞和/或肺泡上皮细胞，导致血管通透性增加。

（二）肺内高灌注

1. 急性缺氧引起交感神经兴奋，外周血管收缩，血流重新分布，使肺血流量明显增加。

2. 缺氧使肺肌性小动脉不均匀收缩，而非肌性血管如毛细血管前细小动脉因受肺动脉高压的冲击而扩张，因而使该区血流增多，出现肺内高灌流。

3. 因凝血及纤溶机制障碍，使肺细小动脉和毛细血管内微血栓形成，血流被阻断，致使肺的全部血液转移至未被阻塞的区域，造成局部毛细血管的血流量及压力突然增加，水分向间质及肺泡渗出。

【病理】

高原肺水肿主要病理改变为肺水肿，肺栓塞和肺梗死。肺组织高度充血和水肿，肺的重量显著增加。气管和支气管内充满粉红色泡沫液体，肺泡腔充满水肿液，肺泡壁增厚。肺小动脉和毛细血管扩张、充血及破裂，管腔内广泛性微血栓形成。肺泡内纤维蛋白渗出及透明膜形成，与新生儿肺透明膜相似。

【临床表现】

(一) 症状

本病一般在到达高原 24～72 小时内发病。常在急性高原反应的基础上进一步出现极度疲乏、严重头痛、胸闷、心悸、恶心、呕吐，呼吸困难和频繁干咳等，夜间加重难以入睡。随着病情的发展，呼吸困难加剧，少数患者不能平卧呈端坐呼吸，咳出泡沫痰，初为白色或淡黄色，后即变为粉红色，量多者可从口腔和鼻孔内涌出。

(二) 体征

最重要的体征为肺部听到捻发音和湿性啰音。啰音以双肺底部最多见，但也可只出现在单侧。肺动脉瓣区第二心音亢进，部分患者心前区可听到 2～3 级收缩期杂音。右心衰竭时，颈静脉怒张，水肿，肝大并有压痛。

【实验室和其他检查】

(一) 胸部 X 线检查

早期为肺纹理增粗，边缘模糊不清，肺野透光度减低。随着病情的进一步发展，肺门阴影扩大，肺门周围及肺野内出现散在点片状或云雾浸润阴影，常呈弥漫性不规则分布，以右侧中野多见。很少有胸腔积液和 Kerley 线。肺动脉圆锥凸出，主肺动脉和右肺动脉直径增大。

(二) 心电图检查

较常见的改变是：

1. 心电轴右偏。
2. 尖峰型 P 波常出现在 Ⅱ、Ⅲ、aVF 和 $V_1 \sim V_2$ 导联。
3. 不完全性右束支传导阻滞和右心室肥厚。

(三) 血流动力学检查

1. 肺动脉压力升高，吸入 100% 氧肺动脉压迅速下降，但不会降到正常值。
2. 肺动脉楔压正常或轻度降低。
3. 肺小动脉阻力增加。

(四) 其他检查

大约 50% 以上患者的白细胞总数及嗜中性粒细胞轻度增高。血红蛋白和血细胞比容可轻度增高，与血液浓缩有关。动脉血气分析表现为显著的低氧血症、呼吸性碱中毒及肺内分流等气体交换异常。

【诊断与鉴别诊断】

(一) 诊断

凡快速进入海拔 3 000m 以上高原者，出现剧烈头痛、极度疲乏、严重发绀、呼吸困难（安静时）、咳白色或粉红色泡沫痰，双肺部听到湿性啰音，胸部 X 线有点片状或云雾浸润阴影，诊断即可成立。

（二）鉴别诊断

本病易与肺炎或肺部感染混淆。通常，肺炎常有高热，中毒症状明显，白细胞数增高，有黄色或铁锈色痰；而高原肺水肿，白细胞增高不显著，有典型白色或粉红色泡沫痰，肺部阴影等X线典型特征。

【治疗】

早期诊断是有效治疗的关键。在发达国家，由于高山急救设施先进，一旦发生肺水肿就可迅速转移到低海拔地区。在我国青藏高原，主张就地抢救，以免因长途转送，路途颠簸或因供氧中断而致患者死于途中。

1. 氧疗　吸入高浓度、高流量氧是挽救患者的关键。100%氧，以4～8L/min吸入。当患者有大量泡沫痰时，可用祛泡沫剂（如50%～70%乙醇或二甲硅油）。有条件也可用高压氧舱治疗。

2. 药物治疗

（1）氨茶碱：是治疗高原肺水肿很有效的药物，可降低肺动脉压，有强心利尿、扩张支气管平滑肌的作用。首次量为5～6mg/kg，稀释于40ml 25%～50%葡萄糖中行缓慢静脉注射。

（2）利尿药：它能减少血容量，减轻右心负荷，降低肺血管阻力。呋塞米20mg稀释于25%葡萄糖40ml静注。

（3）血管扩张药：硝苯地平能阻滞血管平滑肌钙内流，降低血管阻力，改善微循环。用法为270mg/d。酚妥拉明是α-受体阻滞药，可扩张体循环小动脉和大静脉，有正性肌力作用。用法为5～10mg稀释于20～40ml 50%葡萄糖缓慢静注。

（4）糖皮质激素：高原肺水肿患者肾上腺皮质功能可能是低下的，故对一些严重患者使用糖皮质激素治疗，效果良好。它可稳定血管内皮细胞及肺泡上皮细胞功能，降低毛细血管通透性，解除支气管痉挛，促进肺内渗出液的吸收。氢化可的松200～300mg静滴，或地塞米松10～20mg静滴。

（5）吗啡：曾有人提出吗啡可抑制呼吸中枢，故应禁用。但在实践中发现，有些危重患者使用后效果很好。该药具有消除焦虑和不安，降低中心静脉压，减少肺血容量，减轻心室负荷的作用。因此，对烦躁不安，剧烈咳嗽，咯大量泡沫痰，劳力性呼吸的严重患者可使用吗啡。但对有嗜睡、休克、呼吸不规则的患者则不宜使用吗啡。用法为5～15mg皮下或肌肉注射。

【预防】

本病的预防与急性高原反应相同。

三、高原脑水肿

高原脑水肿（high altitude cerebral edema，HACE）是由急性缺氧引起的中枢神经系统功能严重障碍。其特点为发病急，临床表现以严重头痛、呕吐、共济失调、进行性意识障碍为特征。病理改变主要有脑组织缺血或缺氧性损伤，脑循环障碍，因而发生脑水肿。若治疗不当，常危及生命。高原脑水肿的发生率明显低于高原肺水肿，而且常合并于高原肺水肿。

【发病机制】

高原脑水肿发病机制很复杂，主要变化是缺氧引起的脑间质水肿和脑细胞肿胀。

（一）脑细胞毒性水肿

脑细胞毒性水肿（cytotoxic edema）主要是由严重缺氧引起的脑细胞能量不足使离子泵功能减弱，导致钠在细胞内潴留所致。人体进入海拔6 200m高原时，脑细胞Na^+-K^+-ATP出现下调。严重缺氧可导致脑细胞能量代谢障碍，高能氧化磷酸化过程减弱，其结果既可降低细胞膜的离子转运，又可增强无氧酵解，乳酸产生增多，致脑血管扩张，血流量增加。缺氧也可直接作用于血管内皮细胞，释放扩血管因子，使小动脉平滑肌舒张，血流及血容量增高，血管渗透性增加。由于脑毛细血管渗透压增高，血浆内的胶体物质、离子、水分子从细胞外移入细胞内，出现脑细胞渗透性肿胀（osmotic swelling）。脑组织肿胀及脑容积增加，一方面可压迫周围小血管，使局部血液循环不足；另一方面因血管压力增高，致毛细血管机械性损伤而局部供血不足，出现灶性脑缺血。

(二) 血管性脑水肿

血管性脑水肿（vasculogenic edema）是因毛细血管压升高引起的血-脑屏障机械性损伤而导致血管壁的通透性增加，致液体渗出血管壁外而进入脑间质，发生脑间质的水肿（详见急性高原反应）。患者颅内压可升高，脑MRI检查表现为大脑白质水肿。

【病理】

病理学特点为大脑表面及脑底血管扩张，充血及水肿。脑实质如灰质、白质、胼胝体和小脑有点状出血灶。显微镜下神经细胞肿胀、变形，边缘不清，染色模糊，脑血管壁钙化。

【临床表现】

(一) 症状

临床表现为一系列神经精神症状，最常见的症状是头痛、呕吐、嗜睡、共济失调和昏迷。根据本病的发生与发展，高原脑水肿分为昏迷前期（轻型脑水肿）和昏迷期（重型脑水肿）。多数患者于昏迷前有严重的急性高原病症状，如剧烈头痛，频繁呕吐，呼吸困难，精神萎靡，嗜睡，反应迟钝，随即转为昏迷，表现为患者面色苍白、四肢发凉、意识丧失、剧烈呕吐、大小便失禁。严重者可并发脑出血，心力衰竭、休克、肺水肿和严重感染等症状，如不及时抢救，则预后不良。

(二) 体征

早期无特殊的神经系统体征，腱反射多数正常，瞳孔对光反射存在。严重患者可出现肢体张力异常，单侧或双侧伸肌趾反射阳性，颈强直、瞳孔不等大。对光反应迟钝或消失等。

【实验室和其他检查】

(一) 眼底检查

大约85%的患者有不同程度的眼底改变，表现为静脉扩张、动静脉比例增高，点状、片状或火焰状出血，视网膜水肿、出血和视乳头水肿。

(二) CT和MRI检查

表现为脑室容量降低，脑实质密度增强，大脑白质水肿，尤其是胼胝体最明显。

【诊断与鉴别诊断】

凡因急性缺氧引起中枢神经系统功能障碍，严重头痛、呕吐、嗜睡、共济失调和昏迷等脑水肿的临床特征者即可诊断。早期诊断十分重要，对那些急性高原病症状无法缓解且呈进行性加重者，应警惕高原脑水肿的发生。本病应与颅内感染、一氧化碳中毒、脑出血和癫痫病等相鉴别。

【治疗】

本病多半发生在较高的海拔地区，这些地区交通及医疗条件较差。因此，如何早期诊断就地抢救非常重要。

1. 患者必须绝对卧床休息，减少氧耗。
2. 高浓度高流量吸氧，有条件者可使用高压气囊或高压氧舱。
3. 地塞米松 20~40mg 静滴。
4. 降低颅内压 20%甘露醇 250ml，静滴，每日2次。
5. 呋塞米 20mg 稀释于 25%葡萄糖 20ml 中静注。
6. 降温 降温能减少脑血流量，降低脑代谢率，促进受伤细胞功能恢复。可使用体表冰袋，冰帽或冰水灌肠等法降温。

【预后】

本病发病时间较短，得到及时治疗者在12~24小时内苏醒。一般预后良好，无后遗症。

【预防】

本症的预防与急性高原反应预防相同。

慢性高原病

慢性高原病（chronic mountain sickness，CMS）是长期居住在海拔2 500m以上的高原居民对低氧环境不能适应所致，以红细胞过多增生、肺动脉高压和低氧血症为特征的疾患。该病广泛存在于全世界高海拔地区，如南美洲秘鲁、玻利维亚、北美洲科罗拉多和我国青藏高原地区。慢性高原病于1925年由Monge首次最早报道，故又称之Monge病。以往，对慢性高原病的认识远不如急性高原病，缺乏明确的定义，命名和分型混淆，诊断标准不统一。2004年，在青海召开的第六届国际高原医学大会上，统一了慢性高原病的命名和分型，制订了诊断标准，并命名为"青海标准"。目前将慢性高原病分为慢性高原病（Monge病）和高原性肺动脉高压（高原心脏病）等。

一、慢性高原病

慢性高原病即Monge病，临床上以红细胞增多、低氧血症为特征。慢性高原病患病率与海拔高度、性别及种族等有关。一般来讲，本病以移居者发病最高，但世居者也可发生，男性高于女性。世居者的患病率显著低于移居者。高原地区吸烟者的患病率比非吸烟者高3倍，而且海拔越高，吸烟量越大，越易发病。高原地区肥胖、夜间睡眠呼吸紊乱等也易诱发红细胞增生过度。

【发病机制】

（一）呼吸驱动减弱

在同一海拔高度，慢性高原病患者与正常人相比，低氧通气反应斜率降低，而潮气末PCO_2增高。提示慢性高原病患者肺泡通气不足，其原因可能与呼吸驱动减弱有关，即周围或/和中枢化学感受器对低氧反应减弱。然而，HVR的钝化与慢性高原病之间的因果关系尚不清楚，与遗传是否有关是值得深入探讨的新课题。

（二）红细胞生成素作用

缺氧无论是低压性（高原）或血源性（贫血）均可刺激红细胞生成素（erythropoietin，EPO）生成。急进高原最初红细胞生成素浓度显著升高，经2～4天的低氧适应后可下降，但不会降到平原值，说明肾对红细胞生成素有反馈调节（feedback regulation）作用。当肾氧感受器受到低氧刺激后，肾小管间质纤维细胞分泌红细胞生成素，并刺激骨髓的原始细胞，促使核红细胞的分裂，加速红细胞的成熟，因而血液中红细胞数增多。其结果，一方面增加血红蛋白的携氧能力，提高氧传递，改善组织缺氧；另一方面如果血细胞比容超过65%时，则显著增加血液黏滞度，血流缓慢，血液在微循环淤滞，甚至发生血栓，使氧的传递受阻，于是加重了组织缺氧。因此，在缺氧环境下，红细胞生成素的分泌过度可能是红细胞过度增生的重要因素。

（三）血红蛋白-氧亲和力降低

血液运输的氧大约97%与Hb结合，存在于红细胞内。氧与Hb的结合和解离是可逆反应。在氧合或氧离过程中，由于Hb的构象不同可形成氧离曲线。氧离曲线受pH、PCO_2、温度和2,3-二磷酸甘油酸（2,3-DPG）的影响，其中2,3-DPG尤为重要。急进高原后2,3-DPG浓度明显升高，这是机体对低氧适应的代偿表现。2,3-DPG浓度升高虽提高了氧传递，使组织摄氧增多，但它的异常升高可造成肺部游离血红蛋白减少、血氧亲和力显著降低，使血液从肺泡摄氧困难，致SaO_2下降，其结果又促使2,3-DPG合成进一步增加，使SaO_2进一步降低，由此形成了恶性循环。因此，2,3-DPG的过高是人体对高原适应不良的表现之一。

【病理】

慢性高原病的病理损害十分广泛，为多系统性改变，其中心、脑和肺的受累最多见，损害的程度也严重。脑的表现是脑底及软脑膜的血管扩张充血，并有脑内点状或片状出血。肺表面呈暗红色，质地较实；肺泡壁增厚，泡腔扩大。肺毛细血管高度扩张淤血，肺小动脉肌层增厚，管腔内血栓形成。其他脏器如肾上腺、消化道、肾及脾等也可发生出血，血栓形成及组织坏死等。

【临床表现】

（一）症状

本病多呈慢性经过，无明确的发病时间，一般发生在移居高原1年之内。最常见症状是头痛、头晕、气短、乏力、记忆力减退。脱离低氧环境返回平原后，症状逐渐消失，但再返高原时又可复发。

（二）体征

发绀是本症的主要征象，表现在口唇、面颊部、指（趾）甲甲床等部位呈青紫色，面部毛细血管扩张呈紫红色条纹，形成了本症特有的面容，即"高原多血面容"。眼结合膜高度充血，舌质紫色舌苔厚而干裂，舌咽黏膜呈黑或青紫色。

【实验室和其他检查】

（一）血象检查

慢性高原病国际诊断标准是：血红蛋白男性≥210g/L、女性≥190g/L。白细胞总数及分类均在正常范围，血小板与同海拔高度健康人相同。

（二）骨髓检查

主要特点为红系增生旺盛，红系占有核细胞的33.3%，以中晚幼红细胞为主。粒细胞及巨核细胞系统无明显变化。

（三）胃镜检查

胃镜及病理学的变化，表现为慢性糜烂性胃炎，慢性浅表性胃炎和胃窦部线形溃疡等。显微镜下可见胃黏膜出血或出血斑，呈水肿样变，黏膜糜烂坏死。少数胃组织有轻度肠上皮化生和增生性改变。

（四）血气和肺功能检查

血气分析表现为显著的低氧血症和相对性高碳酸血症。与同海拔高度正常人相比，患者pH和PaO_2降低，$PaCO_2$和$A-aDO_2$增高。肺功能除了小气道功能轻度异常外，其他无明显变化。

【诊断与鉴别诊断】

（一）诊断

目前国际上对慢性高原病的诊断一律使用2004年第六届国际高原医学会议制订的"青海标准"。该标准包括：

1. 生活在海拔2500m以上地区的人，出现高原环境不适应症状。
2. 根据临床症状进行自身打分，并做症状计分（CMS-score），见表10-1-4。

表10-1-4 慢性高原病症状计分

1. 气喘和心悸	2. 失眠	3. 发绀	4. 血管扩张
0 无气喘/心悸	0 睡眠正常	0 无发绀	0 无血管扩张
1 轻度气喘/心悸	1 不能正常入眠	1 轻微发绀	1 轻度血管扩张
2 中度气喘/心悸	2 睡眠不足，时睡时醒	2 中度发绀	2 中度血管扩张
3 重度气喘/心悸	3 无法入眠	3 重度发绀	3 重度血管扩张
5. 感觉异常	6. 头痛	7. 耳鸣	8. 血红蛋白
0 无感觉异常	0 无头痛	0 无耳鸣	0 男性 Hb<210g/L 女性 Hb<190g/L
1 轻度感觉异常	1 轻度头痛	1 轻度耳鸣	
2 中度感觉异常	2 中度头痛	2 中度耳鸣	3 男性 Hb≥210g/L 女性 Hb≥190g/L
3 重度感觉异常	3 重度头痛	3 重度耳鸣	

根据以上症状和Hb的计分等级，对慢性高原病的诊断及判定其严重度可计分为：0~5分，无慢性高原病，6~10分，轻度慢性高原病，11~14分，中度慢性高原病，≥15重度慢性高原病。

（二）鉴别诊断

1. 继发性红细胞增多症　主要由慢性气管炎、肺气肿、发绀型先天性心脏病、胸廓畸形等引起的红细胞增多症。

2. 真性红细胞增多症　本病多数在50岁以上人易患，无原发病及病因可查，移居平原不能恢复，血氧饱和度正常，无多血面容；骨髓改变为全造血系增生，脾大。

【治疗】

（一）改善缺氧

1. 间歇吸氧　可使用鼻导管或面罩行低流量吸氧，一般1～2L/min为宜，每次2小时，每日2次。

2. 高压氧舱（或高压氧袋）　一般来讲，用高压氧舱（袋）可增加动脉血氧含量，提高血氧饱和度，改善临床症状。然而，患者虽在高压氧舱内病理症状发生明显改善，但出舱后数小时或次日症状又复发，血流动力学指标无改善。故对慢性高原病高压氧舱的近期或远期疗效需进一步观察。

（二）放血疗法

若血红蛋白＞250g/L，红细胞压积＞70%时，并且有血管栓塞或脑缺血先兆者可考虑放血治疗。一般每次静脉放血300ml，每周1次，4次为一个疗程。放血后应输入生理盐水，右旋糖酐或血浆。本疗法仅在短期内改善症状，并对预防各种继发病有效，故只用于重型患者。

（三）中药

中医中药治疗各类高原病是我国特有的优势，用中医治疗慢性高原病也取得了良好的效果。根据中医辨证，本症以血淤气滞为主症，治疗以活血化淤，尤以行气活血为主。

（四）转至低海拔处或平原

对血液学三项指标（Hb、Hct、RBC）特别高，并有合并症的重症患者，或每次重返高原时病情逐渐加重者，应尽早脱离低氧环境，转至平原或较低海拔地区。

二、高原性肺动脉高压

高原性肺动脉高压（high altitude pulmonary hypertension，HAPH）或高原心脏病（high altitude heart disease，HAHD）是指居住在海拔2500m以上的人，静息时肺动脉平均压超过30mmHg，或收缩压超过50mmHg者。肺动脉压可通过右心导管或超声心动图进行测定。高原性肺动脉高压多发生于平原人移居高原或由中度海拔到更高海拔处的居民，其患病率随海拔高度的升高而增高。

【发病机制】

经临床和动物模型的研究证实，高原性肺动脉高压患者的肺动脉压有异常升高。长期持久的低氧性肺血管收缩和肺动脉高压使右心后负荷逐渐加重，并发生右心室代偿性肥厚，当病程继续发展心脏储备力进一步减退，最终导致右心衰竭。关于低氧性肺血管收缩的机制，虽进行了许多卓有成效的研究，但确切的机制尚未明晰。目前较公认的看法是：

（一）血管活性物质

肺对血管活性物质的控制和调节具有独特的作用。肺血管内皮细胞是分泌和合成血管活性物质的重要场所，可合成并释放具有舒缩血管作用的两类物质，其对血管张力有重要调控作用，在舒张血管方面最重要的是前列环素和一氧化氮；而在收缩血管方面有内皮素和血管紧张素Ⅱ。高原缺氧可损伤肺血管内皮细胞，抑制舒血管物的释放。

（二）细胞膜离子通道

已知细胞膜离子通透性的变化，以及由此而引起的离子跨膜电位，对肺血管舒缩起重要作用。体内血氧分压的高低可调节离子通道的活性；离子的变化对肺血管各有不同的作用，如细胞内K^+浓度增加可舒张血管，而Ca^{2+}浓度的增加能收缩血管。细胞外K^+和Ca^{2+}在平滑肌细胞膜上有竞争性抑制作用。低氧可抑制肺动脉平滑肌细胞膜的K^+内流，细胞膜静息电位去极化及Ca^{2+}内流加速，致使

细胞内游离 Ca^{2+} 浓度增加，从而促使肺血管平滑肌收缩，肺动脉压增高。

（三）肺血管重塑

长期严重缺氧使肺小动脉中层肥厚及无平滑肌的细小动脉（直径＜100μm）肌性化。慢性肺性缺氧所致的肺血管重塑主要表现在血管平滑肌细胞（vascular smooth muscle cell）的增殖或游走（proliferation or migration），但它的机制尚存在不同的观点和理论。有人认为，缺氧可直接损伤内皮细胞，减少内源性血管扩张剂（PGI_2，NO 等）的合成，并释放某些生长因子（ET-1，VEGF）促使血管平滑肌细胞增殖。

【病理】

病理学的主要特点是心脏体积增大，重量增加；右心室重量占全心的 67%（正常为 30%），肺小动脉中层增厚，血管内膜纤维化，中小肺动脉广泛阻塞性血栓形成。光镜显示：心肌特别是右室乳头肌和右心室壁有严重肌纤维变性、坏死、钙盐沉积及瘢痕形成。电镜显示：肌原纤维溶解、破坏、线粒体肿胀空化，有的可见致密颗粒，内质网扩张和糖原颗粒减少等。肺血管的改变，表现在肺小动脉中层肥厚及无平滑肌的细小动脉（直径＜100μm）肌性化。

【临床表现】

（一）症状

小儿与成人高原性肺动脉高压的临床表现有所不同，小儿发病较早，病程进展快；而成人起病缓慢，出现症状较晚。小儿早期症状为烦躁不安、夜啼不眠、食欲不振、咳嗽、口唇发绀、呼吸急促、心率加快、水肿、尿少、消化道功能紊乱；成人发病缓慢，症状逐渐加重，早期仅有慢性高原反应及轻度肺动脉高压的表现。随着病情的进一步发展，可出现心悸、胸闷、呼吸困难。

（二）体征

小儿发育一般较差，呼吸急促，鼻翼煽动，口唇发绀明显，心率增快，心界扩大；多数患儿于心前区或三尖瓣区可闻及 2~3 级收缩期吹风样杂音，肺动脉第二音亢进或分裂。当出现右心衰竭时，肝大，下肢水肿，颈静脉怒张。部分患者有杵状指，口唇、指甲甲床发绀，血压多为正常；心界轻度扩大，心率加快，少数患者心动过缓，心尖部闻及 2 级吹风样收缩期杂音，个别患者出现舒张期隆隆样杂音。

【实验室和其他检查】

（一）心电图

以右心室肥厚为主要表现，电轴右偏，极度顺钟向转位。尖峰形 P 波，完全或不全性右束支传导阻滞，右室肥厚伴有心肌劳损等。

（二）肺功能

临床上有时高原肺水肿与肺心病较易混淆，前者是慢性缺氧引起的肺血管损伤性疾病，而后者是由支气管及其周围组织的慢性炎症所致的气道阻塞性疾病，故肺功能检查对两者的鉴别具有重要价值。

（三）超声心动图

多普勒超声心动图是最理想的无创伤性定量化诊断肺动脉高压的方法。主要表现为右室流出道扩张，右室内径增大，右室流出道增宽而左房内径无明显变化，右室流出道与左房内径比值增大；右室前壁厚度也增加。

（四）X 线检查

多数患者肺血增多和肺淤血可同时存在，有的病例肺门影扩大，肺纹理增加。心脏改变为肺动脉段凸，圆锥膨隆，有的甚至呈动脉瘤样凸；右心房和/或右心室增大，心脏呈二尖瓣型，右下肺动脉外径增宽。个别患者左、右心室都增大。

【诊断与鉴别诊断】

（一）诊断

居住在海拔 2 500m 以上地区的成人和儿童，出现对高原环境不适应的临床症状，肺动脉平均压 ≥30mmHg，或收缩压≥50mmHg，右心室肥大，有中度低氧血症，血红蛋白轻度增高或正常范围。转至平原或海拔低处病情缓解，肺动脉压下降，心功能恢复正常。

（二）鉴别诊断

1. 先天性心脏病　高原地区先心病特别是动脉导管未闭的患病率很高，而且易与小儿高原肺水肿混淆。

2. 肺心病　肺心病和高原肺水肿在某些方面极为相似，在鉴别上有一定困难。但前者有慢性咳嗽史，肺通气功能显著异常，而后者的肺功能基本正常。

3. 原发性肺动脉高压　本病少见，病情呈进行性加重，脱离高原环境病情亦不缓解。

【治疗】

（一）氧疗

吸氧的目的是纠正缺氧，提高血氧饱和度，改善心功能。给氧依病情采用间断或持续低流量吸氧，一般不采用高浓度给氧。给氧以 PaO_2 提高到 50mmHg，SaO_2 提高到 85% 以上为宜。

（二）强心和利尿

有心力衰竭者宜选用强心药，常用西地兰 0.2~0.4mg 静注，1~2 次/天；地高辛 0.2~0.4mg 口服，每日 2~3 次。常用利尿药：双氢克尿噻 25mg 口服，每日 3 次；呋塞米 40~60mg 静脉注射；利尿酸钠 25~50mg 静脉注射。

（三）降低肺动脉压

氨茶碱 0.1~0.2g，口服，每日 3 次；或 0.25g 稀释于 50% 葡萄糖 40ml，静脉注射。酚妥拉明 5~10mg 稀释于 50% 葡萄糖 40ml，缓慢静注。

（四）脱离高原环境

对有明显心脏扩大、肺动脉高压和心功能不全者应考虑转至平原或较低海拔地区治疗。

（格日力）

第五节　电　击　伤

一定量的电流（current flow）或电能量（静电）通过人体引起组织不同程度损伤或器官功能障碍甚至死亡称为电击伤（electrical injury）。电击包括低压电（<380V）、高压电（>1 000V）和超高压电（或雷击，10 000万 V，或电流 30 万 A）电击三种类型。

【病因和发病机制】

（一）病因

成人电击伤大多数都发生于工作环境中。而儿童电击伤则主要发生在家里，常见的情况是小孩用嘴咬电线、往插线孔里塞些小东西、接触裸露的低压电线或带电电器以及触摸户外的高压电线。

（二）发病机制

电击伤的发生主要是由于电流对细胞膜和血管平滑肌的直接损伤，以及在电流通过人体组织的时候电能对心电活动的转复作用，电击通过产热和电化学作用引起人体器官生理功能障碍和组织损伤。人体在电流通过时即成为电路中部分导体，可发生电击伤。电击伤可通过四种机制引起组织损害：直接接触，传导，电弧及继发的燃烧伤。电击伤性质与严重程度与电流类型、电流强度、电压（electric voltages）高低、触电部位电阻（electric resistance）、电流通过途径和时间有关。

1. 电流类型　通常交流电（alternating current）较直流电（direct current）对人体伤害大。交流电重复发放纤颤性颤动样刺激，在很低的电流 50～100mA 时能产生心室纤维颤动，引起肌肉强直性收缩，导致触电者无法自己脱离电源。家用低频（50～60Hz）交流电较高频电流危险，更易导致心脏骤停及昏迷。60～100mA 交流电经胸即能引起心室颤动，300～500mA 直流电才引起心室颤动。人体对交流电敏感性为直流电的 3～4 倍。

2. 电流强度　电流强度越大产生的热和化学效应就越大。1～2mA 以上电流才能引起皮肤、深部组织和器官烧伤。血管和神经组织易受损伤。60Hz 交流电时手的阈值约为 1.1mA，触电后有刺痛感或肌肉震颤；2～4mA 以上出现肌肉收缩，收缩强度随电流增加而增强。交流电放开电流约为 15mA，15mA 以上电流触电者即不能脱离开电源，20mA 可出现窒息，30～40mA 可诱发心室颤动。电击不同部位时产生电流的密度也不同。在一些部位如肢体，因为横断面积小，电流密度较高，组织破坏较为严重。在一些大的部位如躯干，横断面积大，电流的密度下降，通常不易产生深部组织的损伤。

3. 电压　低电压的电击往往导致接触表面的损伤，多累及皮肤及皮下组织，偶尔可损伤皮下的肌肉及骨骼。高压及超高压电击不仅限于接触部位的直接损伤，也通过机体传导电流引起组织损伤。电压极高时，会产生电荷转移，产生电弧，温度可达 3 000℃，产生不同类型的电弧伤甚至破坏，波及延髓中枢引起呼吸停止和心脏停搏。

4. 触电部位电阻　身体不同组织的水分和电解质含量不同，触电部位电阻大小也不同。触电部位电阻依次增高的组织为神经、血液、肌肉、内脏、皮肤、肌腱、脂肪和骨骼。组织触电部位电阻低者，通过电流容量大损害严重。皮肤是电流通过的第一个屏障同时也是深部组织的有效绝缘体。当与电接触产生电流时，可导致皮肤凝固性坏死及变干。电压较低时，接触表面的皮肤变焦，中止电流限制损伤的进一步扩展。当高电压电击时，电流克服了皮肤层的阻力，进入深部组织。除了骨骼以外，其他深部组织都如同容量传导器一样，对电流基本无阻挡。烧焦组织可以看作是电绝缘体。烧焦部位的触电部位电阻显著增加，可中止电流。因为骨骼触电部位电阻较大，比周围的其他软组织温度升高较多。所以，与骨骼相邻的肌肉及神经损伤最为严重，但在临床上不易发现。

5. 电流通过途径　电流通过心脏或中枢神经系统时常产生致命后果。电流经过双手时猝死发生率约为经过手到脚时的 3 倍。如果电流经心导管或起搏电极到心脏，不足 1mA 也可引起心室颤动。

6. 电流通过身体的时间　触电时间较长，组织破坏严重。低压电击时电流持续时间不足 4min，呼吸停止后可恢复；持续 4min 以上时，呼吸停止即不易复苏。但是如果在心脏，即使时间较短也可以出现致命性的后果。

最近的研究显示，除电流热损伤以外，电流也可以直接引起的细胞膜结构及电成分的改变，特别是在电击早期。实验显示与电流直接接触，即便温度轻度增加也可以引起横纹肌溶解及神经组织溶解。

【病理】

尸检发现，触电即刻死亡者可见局灶性烧伤和全身瘀斑样出血。存活数日后死亡者脑或脊髓充血、水肿和局灶性坏死。触电处可见血管损伤、血栓形成、肌肉水肿和凝固性坏死。镜下发现，广泛肌肉组织破坏后释放肌球蛋白引起肾小管坏死。在心脏骤停的患者中发现在心肌及窦房结及房室结等特异性组织出现局灶性坏死，在冠状动脉周围的平滑肌也可出现收缩带坏死。

【临床表现】

触电后临床表现取决于上述多种因素，轻者仅有瞬间感觉异常、痛性肌肉收缩、惊恐、面色苍白、头痛、头晕、心悸等；重者可立刻死亡。高压电击伤常波及多个器官系统。许多表面看来并不严重的电烧伤在住院期间症状更为明显。所以对于电击伤的患者需要详尽的询问病史及检查。触电引起的许多损伤不只是局部表现电烧伤，也可出现其他临床表现。

（一）心肺骤停

电击或雷击后可引起患者突然心肺骤停。患者可能会出现窒息、全身花斑、意识丧失和由于室颤或心室停顿而出现心脏骤停。呼吸的停止可能由于以下多种机制：

1. 电流通过大脑引起延髓呼吸中枢抑制。
2. 触电时膈肌和胸壁肌群出现强直性收缩。
3. 在电击中止后,可能会出现数分钟的延迟性呼吸肌麻痹。

如果呼吸停止持续存在,可能会发生低氧性心脏骤停。

心肺骤停是电击损伤即刻死亡的主要原因。室颤或心室停顿可能是电击的直接结果。在接触高压或低压电流时可能会导致其他严重的心律失常,包括可以引起室颤的室速。高压电击特别是雷击时,常引起心脏呼吸骤停及神志丧失。如不及时复苏则会发生死亡。电击后24~48h常出现神经源性肺水肿。10%~30%患者有心肌和传导系统损害,心电图显示心律失常、心肌梗死和非特异性ST段降低图形。心律失常较为短暂,而传导障碍及梗死图形可长期存在。心功能测试及冠脉造影显示这些持久出现心电图异常与生理异常并不匹配。

(二) 烧伤

高压电击时电流进出部位常见严重烧伤(burn wound),烧伤处组织炭化或坏死成洞,组织解剖结构清楚。烧伤处常继发细菌感染,电击周围烧伤较轻。如有衣服点燃,可出现与触电部位无关的大面积皮肤烧伤。高压电流损伤时常发生前臂腔隙综合征。因肌肉组织损伤、水肿和坏死,肌肉筋膜下组织压力增加,甚至当血运良好时,也可出现神经血管受压体征:脉搏减弱、感觉及痛觉消失,常需筋膜切开术。

(三) 急性肾衰竭

体表和组织烧伤处丢失液体量多或低估了电击烧伤的范围,补液量不足时可出现低血容量休克。直接肾损伤、大量肌组织坏死产生肌球蛋白尿、溶血后血红蛋白尿损伤肾小管常导致急性肾衰竭,早期出现少尿、无尿或红棕色尿。大量肌组织坏死和急性肾衰竭会产生致命性高钾血症。

(四) 神经系统病变

电击后数日或数周在远离击伤部位可出现中枢和外周神经系统病变:上升性或横断性脊髓炎(transverse myelitis)、多神经炎综合征(polyneuritis syndrome)、偏瘫及相关综合征。运动神经较感觉神经损伤常见。相关异常有些不能缓解。即刻出现的脊髓症状是暂时的,容易恢复。延迟发生的脊髓损伤常为持久性或部分逆转。复苏后幸存者可遗留有定向力丧失和癫痫发作。

(五) 骨折

触电后大肌群强直性收缩可发生脊椎压缩性骨折或肩关节脱位,由高处坠地可发生长骨骨折。

(六) 内部器官损伤

电击伤导致主要脏器的损伤往往是电击部位体壁下的重要器官。因为躯体容量较四肢大,使电流在较低触电部位电阻下分布到大的横断面积,通常很少直接损伤内部器官。住院期间可出现肝、胰和肠道功能障碍,而这些往往是患者内在疾病的体现而并非是电击伤所致。

(七) 其他

大约半数电击者有单侧或双侧鼓膜破裂;视力障碍,单侧或双侧白内障。孕妇电击后常发生流产或死胎。

【治疗】

(一) 立即切断电源

发现触电后,迅速切断电源,应用绝缘物使患者与电源断离。避免用手直接救援触电者。

(二) 心肺复苏

对心脏停搏和呼吸停止者立即进行心肺复苏,以减少并发症和后遗症。电击伤特别是雷击伤对心肺复苏的反应较好。电击48小时内,所有电击患者都应进行心电监测,如果心律失常仍存在,还需继续监测。根据心律失常性质选用相应药物治疗。如急性期过后,还要进行心脏系统的其他相关检查。

(三) 液体治疗

对低血容量休克或严重组织破坏的患者，进行快速的静脉输液来抗休克和矫正进行性的液体丢失。补充的液体要充分，以维持足量的尿液而使肌球蛋白、钾和其他组织破坏的副产物易于排出。可能会出现组织损伤相关的渗透性增加，因此在损伤部位可能会出现局部组织水肿。

(四) 急性肾衰竭治疗

应用乳酸林格液恢复循环容量，维持适当尿排出量（50～75ml/h）。有肌球蛋白尿者，尿排出量维持在 100～150ml/h。如果严重肌球蛋白尿或增加输液速度后尿排出量无增加时，在 1L 乳酸钠林格液中加入 12.5g 甘露醇，同时静脉输注碳酸氢钠碱化尿液，预防急性肾衰竭。有指征者应进行血液透析。

(五) 外科治疗

由于电热灼伤和基础的组织损伤可能需要外科治疗，应该尽早咨询对电损伤治疗有丰富经验的医生。

(六) 并发症治疗

电击伤患者数月及数年后可发生一些晚期并发症。同皮肤烧伤的患者一样，电击伤约半数患者可发生创伤后紧张综合征。还可发生肌肉挛缩，胆石症；约 6% 患者还可发生白内障。

(朱继红)

第二章 化学因素所致疾病

第一节 中毒概论

【概述】

中毒（poisoning）是指化学物进入人体，在效应部位积累到一定量而产生损害的全身性疾病。能引起中毒的化学物称为毒物（poison）。根据接触毒物的毒性、剂量和时间，可将中毒分为急性中毒（acute poisoning）和慢性中毒（chronic poisoning）两类。急性中毒是指短时间内摄入大量毒物所致，其发病急、症状重、病情变化快，救治不及时常可危及生命；慢性中毒是指小量毒物多次或反复缓慢进入人体蓄积引起，其发病缓慢、症状轻、多无特异性表现，容易误诊或漏诊。

2000年统计，世界上约有3000多万种天然和合成化学物，其中60余万种具有商业用途，日常接触的化学物种类约8万种。在美国，每年约有400万名中毒患者，其中30万需住院治疗，住院患者病死率为0.2%~0.5%。

近年来，我国中毒和伤害已居主要死因的前5位。城市居民中毒和伤害发生率为18/10万，农村为69.22/10万。中毒致死占总死亡的10.7‰。我国农业部从2002年8月1日始正式实施《农药限制使用管理规定》，明令禁止使用六六六、滴滴涕等。在蔬菜、果树、茶叶和中草药上不能使用和限制使用甲胺磷、磷胺等农药。停止受理新增甲拌磷等11种高毒、剧毒农药。

【病因和发病机制】

（一）病因

西欧和北美儿童中毒常见原因是家用化学物、药物和一氧化碳（carbon oxygen）。成年人主要中毒原因是镇痛药、抗精神病药和某些巴比妥类及非巴比妥类催眠药。发展中国家儿童常见中毒原因是石蜡、中药制剂、蛇咬伤和昆虫叮咬，成年人中毒死亡的主要原因是意外或故意摄入农业杀虫药。

我国引起中毒的主要毒物为镇静催眠药物、杀虫剂和抗精神病药，其次为一氧化碳、食物或酒精等。城市急性中毒者常见毒物为镇静催眠类药物；农村为有机磷杀虫药。

1. 生产性中毒　在农药、化肥、药物、各种化学试剂或工业用原料生产、保管、运输、发放和使用过程中，违反安全操作和防护规章制度，与毒物密切接触引起中毒。

2. 生活或公害性中毒　生活性中毒是急性中毒的常见原因，包括意外中毒（accidental poisoning），如用药过量、误食、误服；故意中毒（deliberate self-poisoning）或自杀；非故意中毒（non-deliberate self-poisoning），如滥用（abuse）或成瘾（addiction）；谋害（homicidal poisoning）等。公害性中毒指接触毒物污染的环境或食用毒物污染的水源或食物，如未经净化的工业废水、废渣土或毒物排放入河流，战争中应用的军用毒剂等。

（二）毒物的吸收、代谢和排出

毒物可通过胃肠道、呼吸道、皮肤、黏膜吸收或经肌肉、静脉注射等途径进入人体。生产性中毒时，毒物多是以粉尘、烟雾、蒸汽或气体（如一氧化碳）形式经呼吸道吸入后，通过肺泡进入血液发生的中毒。生活或公害性中毒时，毒物（如药物、有机磷农药、污染的食物或水等）主要经口摄入或经呼吸道、皮肤黏膜进入体内；毒虫叮咬或咬伤时，毒液可经伤口进入体内。

毒物经不同途径吸收入血后分布于全身，在肝脏内经氧化、还原、水解、结合等进行代谢。大多数毒物代谢后毒性降低，此为解毒过程。少数毒物代谢后毒性增强，如对硫磷氧化后变为毒性更强的对氧磷。

气体和易挥发毒物吸收后，一部分以原形由呼吸道排出，大多数由肾排出。很多含重金属（如铅、汞、锰）元素的毒物及生物碱由消化道排出。少数经皮肤排出的毒物，有时可引起皮炎。铅、汞、砷等尚可由乳汁排出。有些毒物进入体内排出缓慢，在某些器官或组织内蓄积，发生慢性中毒。

（三）中毒机制

不同毒物中毒机制也不同，有些毒物通过多种中毒机制对机体产生中毒作用。

1. 局部腐蚀作用 例如强酸或强碱中毒所接触的组织在数秒钟即可引起细胞变性和坏死。

2. 阻碍氧的摄取、转运和利用 一氧化碳、硫化氢、氰化物等窒息性毒物通过不同途径阻碍氧的吸收、运输或利用，使机体组织和器官发生缺氧。脑和心肌对缺氧最敏感，易发生损伤。

3. 破坏细胞生物膜 有机溶剂和吸入性麻醉药亲脂性强。脑组织和细胞膜脂类含量高，上述毒物与膜的脂质相溶或结合，改变膜的通透性或引起细胞膜结构改变，影响电位差，产生重复后放，引起僵直性瘫痪。

4. 抑制或破坏酶的活性 许多毒物或其代谢物通过抑制或破坏酶的活性对机体产生毒性作用：如有机磷杀虫药通过抑制体内胆碱酯酶活性产生中毒反应；氰化物中毒与氧化型细胞色素氧化酶结合形成氰化高铁细胞色素氧化酶发生组织细胞缺氧；重金属抑制含巯基酶的活性等。

5. 干扰细胞或细胞器生理功能 四氯化碳进入体内经酶催化生成三氯甲烷自由基（CCl_3^-），使肝细胞膜中不饱和脂肪酸发生脂质过氧化，引起肝细胞坏死。酚类（如甲酚、五氯酚或二硝基酚等）属于细胞原浆毒物，使蛋白质发生变性和沉淀，对各种细胞有直接损伤作用，破坏线粒体功能，阻碍三磷腺苷生成。

6. 竞争受体 阿托品通过竞争性阻断毒蕈碱受体产生毒性作用。

7. 影响代谢 抗肿瘤药干扰 DNA 和 RNA 合成，从而影响蛋白质合成。二硝基苯酚类影响能量代谢，刺激细胞葡萄糖氧化过程继而抑制磷酰化过程，导致产热增加。

（四）影响毒物作用的因素

1. 毒物理化性质 毒物的理化性质与其毒性密切相关。挥发性越强和溶解度越大的毒物，分散在空气中毒物微粒愈小，就很容易经肺吸入，然后迅速溶解入血，发生中毒。

2. 个体对毒物的抵抗性 中毒个体对毒物的敏感性常与其性别、年龄、营养、健康状况和生活习惯等因素有关。例如，平时营养健康状况良好的青年男性抗毒力增强。同样情况下，营养健康状况较差的女性或老年人更易发生中毒，并且预后不良。

3. 毒物入体途径 毒物进入体内途径对毒性作用有重要影响，其中经静脉途径的毒物发生中毒起效快，对机体毒性作用强，症状严重，预后差。

【临床表现】

通常中毒数分钟至 1 小时内出现症状，数小时内病情发展达到高峰。

（一）症状和体征

1. 眼部

（1）瞳孔扩大：见于抗胆碱类、抗组胺类、醚、氯仿、可卡因、樟脑、乌头碱和苯等中毒。

（2）瞳孔缩小：见于有机磷杀虫药、氨基甲酸酯类杀虫药、毒蕈、阿片、毛果芸香碱和安眠药等中毒。

（3）眼球震颤：苯环己哌啶、苯妥因、锂、乙醇、甲苯和苯丙氨酯等中毒。

2. 神经系统

（1）精神障碍：根据引起中毒的药量、个体的反应、就诊时间等不同，出现的精神障碍程度也不同。见于强安定类、抗抑郁药、镇静催眠药、抗胆碱能药、抗惊厥药和铅、砷、有机溶剂中毒或戒断综合征等。

（2）昏迷：常见于麻醉药、镇静催眠药、窒息性毒物（如一氧化碳、氰化物）、有机磷杀虫药、毒蕈中毒和胰岛素过量等。

(3) 惊厥：见于窒息性毒物、可卡因、异烟肼、茶碱、苯丙胺、有机磷、氰化物、番木鳖碱或白果等中毒。

(4) 躁狂：常见于糖皮质激素、左旋多巴和其他拟多巴胺类药、异丙肼和拟交感胺类等中毒。

(5) 谵妄：见于阿托品、乙醇、甲醇、汞、锰、毒蕈和苯等中毒。

3. 循环系统

(1) 心律失常：Ⅰ类或Ⅲ类抗心律失常药、金刚烷胺、氟化物、重金属、钾镁盐、去甲哌替啶、有机磷杀虫药、抗精神病药和抗疟药中毒可引起折返性心动过速；β受体阻断药、钙通道阻滞药、洋地黄类、有机磷杀虫药和α受体兴奋药过量或中毒可出现房室传导阻滞或缓慢性心律失常。

(2) 高血压：见于拟交感神经药（如可卡因、苯丙胺、苯丙醇胺）、抗胆碱药及苯环乙哌啶等中毒和蝎或毒蜘蛛叮咬后。

(3) 休克：三氧化二砷中毒引起剧烈呕吐、腹泻导致血容量减少；强酸、强碱引起大面积严重化学灼伤导致大量血浆渗出，引起血容量减少；巴比妥类、三氧化二砷等中毒抑制血管舒缩中枢引起周围血管扩张产生有效血容量相对不足；吐根碱、锑或砷等中毒损害心肌，导致心排血量减少。

4. 呼吸系统

(1) 呼出气味：有些毒物中毒后，患者呼出气具有特殊气味（表10-2-1），以此可协助诊断。

(2) 哮喘：β受体阻断药、胆碱能兴奋药、造影剂、肌松药或静脉麻醉药等可引起支气管痉挛，出现哮喘症状。

(3) 肺水肿：窒息性气体、安妥、磷化锌或有机磷杀虫药等中毒可引起肺水肿。

(4) 发绀：麻醉药、有机溶剂等中毒后抑制呼吸中枢；刺激性气体中毒易发生肺水肿出现缺氧和发绀。

表 10-2-1 毒物与气味

气味	相关毒物
水果香味	乙醇、丙酮、异丙醇、卤代烃
梨味	水合氯醛、副醛
苦杏仁味	氰化物
辛辣味	氯乙烯戊烯炔醇
蒜味	砷、有机磷、黄磷、硒、碲
鱼腥味	锌或磷化铝
臭鸡蛋味	二硫龙、硫化氢（低浓度）、N-乙酰半胱氨酸
胶味	甲苯
煤油或二甲苯	含对硫磷或有机磷杀虫药
鞋油味	硝基苯

5. 消化系统

(1) 食管损伤：四环素、左氧环素、缓释氯化钾片或非甾体抗炎药等可刺激食管黏膜，引起食管黏膜损伤。

(2) 急性胰腺炎：见于硫唑嘌呤、地丹诺辛、雌激素、四环素、噻嗪类、丙戊酸或磺胺中毒等。此外，西咪替丁或糖皮质激素等中毒也可能引起急性胰腺炎。

(3) 中毒性肝病：见于对乙酰氨基酚、乙醇、卤代烃、重金属或毒蕈碱中毒。

(4) 黄疸：四氯化碳、蛇毒、磷和毒蕈中毒损害肝脏可致黄疸。

6. 泌尿系统

(1) 尿色异常：红色尿提示摄入利福平或苯茚二酮；血尿提示摄入引起止凝血功能障碍的毒物；含亚甲蓝的药可使尿液呈蓝或绿色；酚或甲酚中毒患者，尿液呈灰色；苯胺染料、萘、酚、奎宁和亚硝酸盐中毒患者，尿液呈棕黑色。

(2) 急性肾小管坏死：严重一氧化碳、四氯化碳、百草枯或升汞等中毒时也可出现急性肾小管坏死。

(3) 急性肾衰竭：见于乙二醇、萘、硼酸、甲苯、酚、四氯乙烯、镉、铬、砷化物和一些毒素等中毒。有的患者出现多器官功能障碍。

7. 代谢系统

(1) 电解质平衡失常：洋地黄类、$β_2$受体阻断药等可抑制K^+进入细胞，引起高钾血症；保钾利尿药、非甾体抗炎药、血管紧张素转换酶抑制药、$β_2$受体兴奋药、氨茶碱或胰岛素等可引起低钾血症；锂、苯妥因和乙醇中毒可导致高钠血症；氯磺丙脲、卡马西平可引起低钠血症。

(2) 低血糖：乙醇、β受体阻断药、降糖药、奎尼丁或水杨酸类中毒患者可出现低血糖。

(3) 高血糖：丙酮、β受体兴奋药、钙通道阻滞药和茶碱类中毒患者可出现高血糖。

(4) 缺氧：刺激性气体或窒息性毒物（如氰化物和一氧化碳等）中毒患者常发生严重缺氧。

(5) 呼吸性碱中毒：水杨酸类严重中毒患者常出现呼吸性碱中毒。

(6) 代谢性酸中毒：乙醇、乙二醇或阿司匹林中毒代谢性酸中毒。

8. 血液系统 砷化氢、苯胺或硝基苯等中毒可引起溶血性贫血；氯霉素、抗癌药或苯等中毒可引起白细胞减少和再生障碍性贫血；阿司匹林、氯霉素、氢氯噻嗪或抗癌药中毒引起血小板数量和质量异常；肝素、水杨酸类或蛇毒中毒引起凝血功能障碍导致出血；亚硝酸盐、苯胺和硝基苯等中毒产生高铁血红蛋白血出现黏膜发绀。

9. 其他

(1) 局部灼伤：常见于强酸、强碱、甲醛和来苏水等腐蚀性毒物灼伤。

(2) 发热：见于麻黄碱、奎宁、苯丙胺、三环类抗抑郁药、茶碱、抗组胺类或二硝基苯酚中毒。

(3) 脱发：见于铊、砷、维生素 A 过量和金、铅、硼酸或硫氰化物毒物等中毒。

上述症状可同时或单独存在。为便于及时诊断和处理，临床上将急性中毒的某些具有诊断意义的一组临床中毒综合征称为急性中毒综合征（acute poisoning syndrome）（表 10-2-2）。

表 10-2-2 急性中毒综合征

中毒毒物	中毒综合征	症状和体征
抗胆碱药、抗组胺药、抗帕金森药、金刚烷胺、地西泮、抗抑郁药、抗痉挛药和有毒植物	抗胆碱能药中毒综合征	高热、谵妄、皮肤干燥发红、瞳孔扩大、血压升高、心动过速、肠鸣音减少和尿潴留
可卡因、苯丙胺、甲基苯丙胺及其衍生物、苯丙醇胺、麻黄素	拟交感药中毒综合征	高热、多汗、偏执、妄想、瞳孔扩大、血压升高、心动过速和反射亢进
阿片、镇静药、巴比妥类、乙醇、苯二氮䓬类等	阿片、镇静药或乙醇中毒综合征	体温或血压降低、昏迷、瞳孔缩小、心率慢、呼吸抑制、肺水肿、肠鸣音减少和反射减低
有机磷或氨基甲酸酯杀虫药、毒蕈碱	胆碱能中毒综合征	出汗、流涎、痰多、惊厥、瞳孔缩小、腹痛、呕吐、二便失禁、心律失常、肺水肿、肌无力或震颤
阿司匹林、冬青油	水杨酸类中毒综合征	意识改变、呼吸性碱中毒或代谢性酸中毒、呼吸深快、心动过速、出汗、恶心和呕吐，心搏或呼吸停止
胰岛素、磺脲类降糖药	低血糖综合征	出汗、心悸、饥饿感、头晕、头痛、震颤、异常行为、惊厥、昏迷等

根据临床表现可将中毒程度分为四级（表 10-2-3）。

(二) 实验室和其他检查发现

实验室检查有助于诊断，但不能鉴别所有毒物中毒。

1. 尿液 疑有中毒者，留取尿液进行肉眼和显微镜检查。显微镜血尿或蛋白尿提示肾损害性毒物中毒。结晶尿提示扑痫酮或某些磺胺类药中毒。

2. 血液

(1) 血液生化：出现血液电解质、血糖异常或肝（如血转氨酶、胆红素升高）、肾（如血肌酐、尿素氮升高）功能障碍时寻求相关毒物中毒。

表 10-2-3　中毒程度分级

中毒程度	症状和体征	
	兴奋药中毒	抑制药中毒
1级	焦虑、激动、瞳孔扩大、震颤和反射亢进、发热、血压升高、心率快	意识模糊、共济失调、能执行口头指令、昏睡
2级	呼吸急促、精神错乱、躁动不安	浅昏迷、脑干和深部腱反射存在
3级	高热、谵妄、幻觉和快速心律失常	中度昏迷、部分反射消失
4级	惊厥、昏迷、循环衰竭	深昏迷、反射消失

（2）动脉血气分析：有一些毒物中毒后会出现不同程度的动脉血气异常改变。此外，中毒昏迷患者应常规监测动脉血气分析。

3. 心电图　心电图检查发现心律失常提示能损伤心肌的毒物中毒。

4. X线检查　摄入重金属（如砷、铁、铅、汞和铊）盐或碘化物等时，腹部X线检查能发现毒物的影像证据。吸入有毒气体（氨气、氯气、硫化氢、一氧化氮、光气或二氧化硫）、金属氧化物、多聚体化合物烟雾或浓酸、醛、烃、异氰酸盐及汞蒸汽时，胸部X线检查可发现肺弥散性或斑片状浸润影像。对于昏迷或惊厥患者来说，X线检查发现肺炎影像或头CT发现脑水肿或脑出血也可为中毒所致，也可为并发症或合并症。

5. 毒物分析　毒物分析特异性强，敏感性低。对于中毒患者，尽可能收集血、尿、胃内容物或呕吐物等标本进行毒物分析鉴定。对乙酰氨基酚、水杨酸类、甲醇、乙二醇、锂、铁、百草枯、地高辛、茶碱类、氰化物、亚硝酸盐、一氧化碳和有机磷杀虫药能通过血液标本直接或间接测定诊断。血浓度低、排泄快、分布广的化学物（如巴比妥类、苯二氮䓬类、镇静催眠药、三环类抗抑郁药、抗组胺药和酚噻嗪）中毒时，尿液毒物测定优于血毒物测定。

【诊断】

中毒引起的症状和体征常无特异性，因此常易误诊或漏诊。出现以下情况应考虑急性中毒：①多人先后或同时出现相同临床表现；②平素健康者，突然出现常见病无法解释的症状和体征，或发生多器官功能障碍；③有发生中毒环境或诱因者。怀疑中毒时，应详细询问病史，包括了解工作时毒物接触史、有无摄入污染食物、水源或环境，近期服药史。询问毒物接触时间、途径、摄入量及发病前所处的环境。了解出现症状或体征的时间与接触毒物时间的关系。无明确毒物接触史、故意隐瞒病史者、老年人、失语或昏迷患者、误服或误治者、慢性或隐匿性中毒者和被谋杀者常不易询问到病史，此时应询问患者亲属、朋友、同事、邻居或目击者，应详细了解患者发病前精神状态、用药、饮酒和进食情况、家庭经济情况和社会关系等。检查发病现场，如患者衣物、卧室、厨房、冰箱和室内垃圾有无药瓶或盛放毒物容器等。根据病史、结合症状和体征、毒物测定及患者对解毒药的疗效，在排除其他具有相似症状的疾病后，即可做出诊断。

由于毒物种类繁多，毒物分析可能出现假阳性或假阴性，因此毒理学分析不能替代医师的临床思维和判断，不能盲目将毒物分析报告作为唯一诊断依据。

【治疗】

(一) 治疗原则

对严重中毒患者终止继续接触毒物，进行紧急复苏，同时尽快清除胃肠道尚未吸收的毒物，应用解毒药和对症支持治疗，监护和预防并发症。

(二) 治疗措施

1. 现场处理　迅速撤离现场，脱离中毒环境，转移到空气新鲜的地方，终止继续接触毒物。立即清除口腔内毒物、脱去被毒物污染的衣服。皮肤污染者，应用清水、盐水或稀释肥皂水反复冲洗，至少15分钟，特别注意毛发、指甲缝及皮肤皱褶处。眼部污染者，用生理盐水或清水500ml冲洗角膜 15~20 分钟。酸或碱性化学物污染时，冲洗后应使眼泪 pH 值恢复至 7.0。

2. 紧急复苏

（1）呼吸支持：急性中毒昏迷患者常因气道阻塞致死。对昏迷患者首先应清除口腔内呕吐物或气道内分泌物、移除假牙和防止舌后坠，保持呼吸道通畅。无咳嗽反射者，应进行气管内插管。通气不良和缺氧者给予辅助通气和氧疗，改善氧合状态。对于中毒患者，在体内毒物尚未排出前不宜应用呼吸兴奋药（如尼可刹米或多沙普仑），因易诱发惊厥或心律失常。

（2）循环支持：中毒患者易出现循环衰竭或休克，应常规进行心电和脉搏血氧饱和度监测。发现低血压或休克时，应快速静脉输注晶体液、血浆或其代用品。无效时，静脉滴注多巴胺或多巴酚丁胺，维持循环功能。

（3）昏迷和惊厥治疗：立即进行床旁血糖测定。如有低血糖，立即静脉注射 50% 葡萄糖溶液 40ml。严重营养不良和乙醇中毒引起昏迷者，维生素 B_1 100mg 肌肉注射。麻醉药中毒昏迷者，纳洛酮 0.01mg/kg 静脉注射，2~3 分钟后重复给药，用量可达 10mg。阿片类中毒时，纳洛酮用量要大，反复给药。安定类药物中毒昏迷者，立即应用氟马西尼或氟马尼治疗逆转，0.2~0.3mg，静脉注射（30 秒钟以上）。1 分钟未清醒时，可重复上述用量，直到患者清醒，或总用量达 2mg 为止。

由于中毒患者常发生缺氧、高碳酸血、低血压和低血糖，特别是心脏骤停复苏后的患者常出现脑水肿和颅内压增高，发生惊厥。在应用地塞米松和甘露醇治疗降低颅内压的同时，地西泮 5~10mg（或 0.1~0.2mg/kg），静脉注射；无效时，苯妥英钠 15~18mg/kg（50mg/min）静脉滴注；或苯巴比妥 100~200mg/次，肌肉或静脉注射，必要时 4~6 小时重复给药。

3. 清除未吸收入血毒物 患者生命体征稳定后，给予催吐（emesis）、洗胃（gastric lavage）、活性炭（activated charcoal）、导泻（catharsis）或全肠道灌洗法（whole-bowel irrigation），以清除未吸收的毒物。

（1）催吐：服毒物 4~6 小时未昏迷者，可应用催吐法：①用手指、筷子或压舌板刺激咽后壁或舌根处诱发呕吐，或饮温水 200~300ml 后，再行催吐。如此反复进行，直至呕出液体清亮为止；②药物催吐：吐根糖浆 15~20ml，加水 200ml，口服。20 分钟后无呕吐时，重复上述剂量。

催吐和洗胃可增加患者误吸危险，而且临床效果不明显，目前不作为中毒患者常规治疗方法。除非能在患者摄入毒物 1 小时内洗胃，或摄入不能被活性炭吸附的毒物时。昏迷、惊厥、无呕吐反射、处于休克状态、严重心脏疾病或摄入腐蚀性毒物者，禁用催吐法。

（2）洗胃：摄入液体毒物时，在洗胃前先通过鼻胃管抽吸移除毒物再进一步洗胃。

1）适应证：口服致命性毒物 1~2 小时内者；摄入吸收缓慢的毒物、胃蠕动功能减弱或消失时，服毒 4~6 小时者；摄入无解毒药的毒物；或摄入活性炭不易吸附的毒物时，尽早开始洗胃。昏迷患者无气道保护功能，必需洗胃时应先行气管内插管，以防胃内容物误吸。

2）禁忌证：摄入腐蚀性强的毒物或硫氢化合物、有消化道出血或穿孔危险、严重食管静脉曲张、严重心脏病和休克状态未纠正者禁忌洗胃。

3）选用洗胃液：根据毒物种类选用洗胃液：①胃黏膜保护剂：如牛奶、蛋清或米汤等有保护胃黏膜作用，适用于吞服腐蚀性毒物者；②溶剂：饮入脂溶性毒物（如汽油、煤油等）时，可向胃内注入液体石蜡（150~200ml），以阻止毒物吸收，然后再洗胃；③解毒药：解毒药能与胃内未吸收的毒物起中和、氧化或沉淀作用，使毒物失去毒性。高锰酸钾溶液（1:5000）可使毒蕈类生物碱氧化解毒；④中和剂：利用酸碱中和的原理来进行治疗。吞服强酸时可用弱碱（如镁乳、氢氧化铝凝胶等）中和；吞服强碱可用弱酸（如稀醋、果汁）中和；碘中毒时用淀粉溶液（米汤、面糊、1%~10% 淀粉）中和；⑤沉淀剂：乳酸钙或葡萄糖酸钙溶液能与氟化物或草酸盐作用生成氟化钙或草酸钙沉淀解毒。2%~5% 硫酸钠与可溶性钡盐作用生成不溶性硫酸钡。生理盐水与硝酸银作用生成氯化银。30%~50% 鞣酸能沉淀阿朴吗啡、铝、铅或银盐等；⑥温水：用于毒物不明的中毒者。

4）方法：洗胃时，应置患者于左侧卧位，头低脚高。选用粗大胃管，涂石蜡油润滑后，经口或鼻腔插入40～50cm。试抽胃液或迅速向胃管内注入适量空气，如在胃部听到咕噜声，证明胃管在胃内。然后抽出全部胃液，送毒物分析检查。然后，每次注入温水（37℃～38℃）200～300ml灌洗，随后立即抽出。如此反复交替进行，直至胃液清亮或无特殊气味时为止。有时需用数升灌洗液才能达到要求。

(3) 吸附肠道毒物：活性炭是一种安全、有效的口服吸附剂，能吸附大多数毒物，增强洗胃效果。对摄入毒性强、量小的毒物时最有效。但不能吸附酒精、甲醇、硼酸、氰化物、锂、铁、铅、马拉硫磷、烃类和腐蚀性物质（如强酸和强碱）。摄入毒物1～2小时内应用效果最好。严重中毒者，催吐或洗胃后，给予活性炭50～100g混悬液，在4～8小时内经胃管分次注入150～200g。多次应用活性炭：每次20～50g，每2～6小时经口或胃管给予，能促进已吸收毒物排出，称为"肠道透析"。该法适用于不易吸收或已吸收需经肝胆循环或内脏循环排出的药物（如三环类抗抑郁药、地高辛、苯乙哌啶酮）和吸收后能再弥散进入胃肠道的药物（如茶碱、苯巴比妥等）中毒。

多次应用活性炭易引起呕吐、误吸、便秘和小肠梗阻。

(4) 导泻：导泻可减少肠道毒物的停留和吸收，但不能降低病死率。常用的泻药有枸橼酸镁、硫酸镁、硫酸钠、磷酸二钠和山梨醇。10%枸橼酸镁或硫酸镁150～250ml，口服或由胃管注入。昏迷或肾衰竭者不宜用含镁化合物。山梨醇较盐类导泻效果好，能改变活性炭的口感和其致便秘不良作用。山梨醇（常用量为1g/kg），可与首次活性炭一起应用。应用导泻药过程中，应严密监测患者水和电解质平衡。严重电解质平衡失常、摄入腐蚀性毒物、严重腹泻、机械性或非机械性肠梗阻和近期肠道手术者不宜导泻。有机磷杀虫药中毒患者，应用大剂量阿托品治疗时，导泻药无效。

(5) 全肠道灌洗法：是一种快速有效去除肠道毒物的方法，能在4～6小时内清空肠道。应用不被吸收的渗透性物质，如高分子聚乙二醇等渗电解质溶液（PEG-ELS）灌洗，加速肠道毒物排出，减少吸收。以2L/h灌注速度经口或鼻胃管注入，直至流出液与灌入液外观相同为止，通常需2～6小时。适用于严重、中毒时间（>4小时）长、活性炭不易吸附或含金属（铅、锂、钾等）元素或吸收缓慢的毒物的清醒患者。胃肠道病变（梗阻、出血、穿孔）或功能障碍和呼吸功能障碍者不宜行全肠道灌洗法。

4. 解毒药 随着新的特效解毒药问世及中毒原因的变化，应用解毒药已成为急诊处理中毒患者重要方法之一。已知某种毒物中毒，早期（1小时内）应用解毒药能明显改善预后。未明确某种毒物中毒或中毒超过药物作用时间时不宜应用。约5%毒物或药物过量有相应解毒药（表10-2-4）。应用解毒药时应注意病情变化。

5. 促进已吸收毒物排出 主要方法有强化利尿、透析和血液灌流。

(1) 强化利尿和改变尿液酸碱度：强化利尿主要用于以原形从肾脏排出的毒物中毒，促使毒物排出。方法为：①快速大量补液和利尿：根据血电解质和渗透压情况选用不同液体。无脑或肺水肿时，每小时补液500～1000ml，同时给予呋塞米20～80mg静脉注射；②碱化尿液：弱酸性化合物（如水杨酸、苯巴比妥等）中毒时，静脉给予碳酸氢钠。先用碳酸氢钠（1～2mmol/kg）静脉注射，再用碳酸氢钠150ml（44mmol/50ml）加入5%葡萄糖溶液850ml静脉输注，每小时监测尿pH，维持尿液pH7.5～8.0。同时注意补钾，以免出现低钾血。尿pH达8.0能加速毒物排出；③酸化尿液：弱碱性毒物（苯丙胺、士的宁、苯环己哌啶）中毒时，尿液pH<5.0能加速毒物排出。应用维生素C 4～8g/d或氯化铵2.75mmol/kg，每6小时一次，静脉输注可使尿液碱化。横纹肌溶解病人不推荐酸化尿液来促进弱碱性药物排出。急性肾衰竭患者不宜应用强化利尿。

(2) 透析：应用血液透析或腹膜透析指征：①严重中毒患者；②中毒后昏迷时间较长的患者；③常规治疗病情无好转的患者；④水溶性较强的毒物中毒患者；⑤毒物血浆蛋白结合率低或半衰期长的毒物中毒。中毒12小时内透析效果较好。有绝对血液透析指征的毒物中毒有甲醇、乙二醇或锂盐中毒。对腹膜透析可能有效的毒物包括：阿司匹林、酒精和醇、2,4-双氯苯氧酸、普鲁卡因酰胺、硼酸、硼酸盐和溴化盐。大部分金属（如铅、汞、镉、砷、铊等）盐、百枯草和心血管药中毒，无透析指征。腹膜透析指征同血液透析，但效果不如后者。脂溶性强的毒物（如短效巴比妥类、格鲁米特和有机磷杀虫药）透析效果不好。氯酸盐、重铬酸盐中毒引起急性肾衰竭时，应行血液透析。

表 10-2-4　常用解毒药

毒物	解毒药
有机磷	解磷定、阿托品
苯二氮䓬类	氟马西尼
β受体阻断药	高血糖素
钙通道阻滞药	钙
抗胆碱药	毒扁豆碱
镇痛药	纳洛酮
对乙酰氨基酚	乙酰半胱氨酸
异烟肼	维生素 B_6
甲醇、乙二醇	乙醇、叶酸、4-甲基吡唑
硫化氢	亚硝酸钠
氰化物	亚硝酸钠、亚硝酸异戊酯、硫代硫酸钠
重金属	螯合剂
亚硝酸盐	亚甲蓝
三环抗抑郁症药	碳酸氢钠
一氧化碳	氧气
氢氟酸	钙
洋地黄类	洋地黄特异抗体（FAB）
箭毒	新斯的明
钙盐	镁盐
肉毒	多价抗肉毒血清

（3）血液灌流：是指中毒患者血液通过装有活性炭或树脂的灌流柱吸附血中毒物后，再将血液回输到患者体内。血液灌流指征：①氨茶碱、苯巴比妥和氨甲酸盐中毒时；②脂溶性高的毒物；③与血浆蛋白结合率高的毒物。血液灌流时，常可引起血小板、白细胞、凝血因子、二价阳离子减少和低血糖，应予以监测和纠正。血液灌流不能纠正电解质和酸碱平衡失常。

6. 对症支持和预防并发症　大多数毒物中毒后，并无有效解毒药。对于此种中毒患者，要进行严密观察、监测和对症支持治疗。昏迷者，应注意保暖，放置导尿管监测尿量；鼻饲营养或胃肠外营养；保持充分液体入量，促进毒物排泄；维持循环容量、纠正电解质和酸碱平衡失常；出现感染或其他并发症（如心、肾衰竭）时，积极采取相应治疗措施。

（寿松涛　崔书章）

第二节　有机磷杀虫药中毒

有机磷杀虫药是我国应用较多的一类广谱杀虫药。自 20 世纪 50 年代有机磷杀虫药（organophosphorous insecticides）生产使用以来，由于效果好，对环境和人体影响小，逐渐替代有机氯杀虫药。据不完全统计，世界上能合成有效的有机磷杀虫药几百种，其中大量生产的有40余种。由于使用有机磷杀虫药广泛，有机磷杀虫药中毒（organophosphorous insecticides poisoning）事件仍不少见。但由于其对人畜皆有毒性或致死作用，所以在使用过程中不断被淘汰。中华人民共和国农业部公告第632号规定，自2007年1月1日起，全面禁止在国内销售和在农业上使用甲胺磷、对硫磷、甲基对硫磷、久效磷和磷胺等5种高毒有机磷农药。本节主要介绍有机磷杀虫药中毒。有机磷杀虫药与其他杀虫药混合使用时，应注意发生混合性中毒。

【病因和发病机制】

（一）病因

有机磷杀虫药通常经皮肤、胃肠道和呼吸道黏膜吸收引起中毒。常见中毒原因有以下几类：

1. 生产性中毒　在生产、包装、保管、运输或使用过程中操作错误或防护不当引起中毒。

2. 生活性中毒　误服、摄入污染的水源或食物，自杀，灭蚤、灭虱药液浸湿衣服、被褥，发生中毒。

急性中毒常见于生活性中毒，生产性中毒多为慢性中毒。

（二）发病机制

1. 毒理作用　有机磷杀虫药结构不同，毒性不同，其毒性和剂量呈对数关系。我国有机磷杀虫药毒性按大鼠急性经口 LD_{50} 分为以下四类：

（1）剧毒类：$LD_{50} < 10mg/kg$，如甲拌磷（phorate，3911）、内吸磷（demeton，1059）、对硫磷（parathion，1605）。

（2）高毒类：LD_{50} 10～100mg/kg，如氧乐果（omethoate）、敌敌畏（dichlorvos，DDVP）、甲基对硫磷（methyl parathion）、甲胺磷（methamidophos）和溴苯磷（leptophos，或对溴磷）。

（3）中度毒类：LD_{50} 100～1 000mg/kg，如乐果（dimethoate）、乙硫磷（ethion）、敌百虫（trichlorfon）、除线磷（dichlofenthion）和倍硫磷（fenthion）等。

（4）低毒类：LD_{50} 1 000～5 000mg/kg，如马拉硫磷（malathion）和双硫磷（temephos）等。

2. 理化特性和代谢　有机磷杀虫药大都呈油状或结晶状，淡黄色或棕色，稍有挥发性，具有蒜味。除敌百虫外，一般难溶于水，不易溶于多种有机溶剂，在碱性条件下易分解失效。常用剂型有乳剂、油剂和粉剂等。

有机磷杀虫药吸收后迅速分布全身各器官，肝脏含量最高，其次为肾、肺和脾，肌肉和脑组织中含量最少。也可通过胎盘屏障进入胎体。有机磷杀虫药在体内与生物大分子结合，在肝经肝细胞微粒体氧化酶系统进行生物转化，通过氧化、水解、脱氨、脱烷基、还原和侧链变化等反应，形成多种代谢产物，氧化后代谢产物毒性常增强，水解后毒性降低。如对硫磷氧化成对氧磷后毒性更高，后者对胆碱酯酶抑制作用较前者强300倍。内吸磷氧化后首先形成亚砜，其对胆碱酯酶抑制力增强5倍。有机磷杀虫药代谢产物为离子化合物，水溶性强，吸收后6～12小时血浓度达高峰，24小时内迅速经尿液排出，少量通过肺排泄，48小时完全由体内排出。

3. 中毒机制　体内胆碱酯酶有两种，即真性胆碱酯酶和假性胆碱酯酶。真性胆碱酯酶主要存在于中枢神经系统灰质、红细胞、交感神经节和运动终板中，对乙酰胆碱作用的特异性高，水解作用强；假性胆碱酯酶广泛存在于神经胶质细胞、血浆、肝、肾、肠黏膜下层和一些腺体中，对乙酰胆碱作用的特异性低，能水解丁酰胆碱等，严重肝损害时活性降低。有机磷杀虫药进入体内后，主要通过与体内胆碱酯酶酯解部位的丝氨酸羟基结合，形成难以水解的磷酰化胆碱酯酶，使胆碱酯酶丧失水解乙酰胆碱的功能，导致体内大量乙酰胆碱蓄积引起中毒。有机磷杀虫药也可直接作用于乙酰胆碱受体。乙酰胆碱是中枢神经系统、自主神经系统和交感神经系统的一种重要神经递质。胆碱能神经包括全部副交感神经的节后纤维、自主神经节前纤维、小部分交感神经节后纤维和运动神经。乙酰胆碱在上述部位蓄积后，引起胆碱能神经先兴奋后抑制，临床上出现一系列毒蕈碱（muscarine，M）样、烟碱（nicotine，N）样和中枢神经系统功能异常的症状。严重患者常因昏迷和呼吸衰竭死亡。磷酰化胆碱酯酶有三种转归：重活化、老化和自活化。有机磷杀虫药中毒后，重活化的重要措施是及时应用胆碱酯酶复活药（如解磷定等）治疗。有机磷杀虫药与胆碱酯酶结合后24~48小时即发生不可逆状态，称胆碱酯酶老化。老化的胆碱酯酶即不可逆转，胆碱酯酶复活药治疗无效，需等待新生红细胞胆碱酯酶出现后才能发挥自身活性。

【临床表现】

临床表现与有机磷杀虫药种类、中毒途径、剂量及患者发病前生理状态有关。口服中毒者10分钟~2小时发病；吸入者30分钟发病；经皮肤吸收者2~6小时发病，很少超过12小时。倍硫磷、除线磷和溴苯磷等脂溶性杀虫药中毒后，症状出现较晚。对硫磷（1605）经肝代谢成毒性更强的对氧磷，中毒后发病缓慢和症状持续时间较长。

（一）急性中毒

因乙酰胆碱分布及作用广泛，有机磷杀虫药急性中毒表现多样化。轻度中毒主要表现M样症状；中度中毒表现M样和N样症状；重度中毒时，M、N样症状和中枢神经系统症状并存。

1. M样症状　中毒后出现最早，是有机磷杀虫药中毒的主要表现。主要因副交感神经末梢兴奋引起平滑肌痉挛和外分泌腺分泌增强引起流泪、流涕、视物模糊、瞳孔缩小、多汗、流涎、呕吐、腹痛、腹泻、二便失禁、心率减慢、咳嗽、气急、呼吸道分泌物增多、支气管痉挛、两肺干性啰音，严重者可发生肺水肿或呼吸衰竭死亡。有时Oddi括约肌痉挛可促发急性胰腺炎。

2. N样症状　在横纹肌-肌肉接头处乙酰胆碱过度蓄积和刺激，使面、眼、舌、四肢和全身横纹肌纤维束颤动。颤动先从小肌肉群开始，逐渐发展到全身肌肉强直性痉挛，继而发生肌力减退和瘫痪。呼吸肌麻痹时引起周围性呼吸衰竭。交感神经和肾上腺髓质兴奋引起心动过速、血压增高，随后血压降低。

3. 中枢神经系统症状　中枢神经系统受乙酰胆碱刺激后可有头晕、头痛、烦躁不安、谵妄、共济失调、惊厥或昏迷。

临床上根据病情将急性中毒分为轻度、中度和重度（表10-2-5）。

表10-2-5　急性中毒分类

	轻度	中度	重度
症状和体征	头晕、头痛、疲乏、无力、视物模糊、胸闷、恶心、呕吐、多汗	腹痛、腹泻、流涎、语言不清、不能行走、瞳孔缩小、肌束纤颤	惊厥、昏迷、肺水肿
胆碱酯酶活性	<50%	10%~20%	<10%

（二）迟发性神经病

有机磷杀虫药中毒患者急性中毒症状消失后2~3周可发生迟发性神经病（delayed neuropathy）。主要表现下肢肌肉迟缓性瘫痪，也有报道双侧咽神经麻痹。此病变为沃勒变性（Wallerian degeneration），即指已与营养中枢断离的神经纤维脂肪变性和继发性长神经元脱髓鞘。与有机磷杀虫药抑制神经病靶酯酶（neuropathy target esterase，NTE）有关。

（三）中间综合征

中间综合征（intermediate syndrome）是指5%~10%中毒患者在有机磷杀虫药急性中毒症状缓解后和迟发性神经病发生前，亦即在急性中毒后1~4天临床出现颈屈肌、脑神经支配的肌肉、肢体近端肌和呼吸肌瘫痪，通常4~18天缓解，严重者发生呼吸衰竭需机械辅助通气，或死于呼吸衰竭。以脂溶性有机磷杀虫药中毒者多见。尽早给予解毒药和支持治疗可预防该综合征发生。中间综合征首先由印度和斯里兰卡学者报道，可能与遗传因素对毒物代谢方式和神经系统对毒物反应的影响有关。西方国家少见，与早期应用肟制剂治疗有关。

其发生机制可能与体内有机磷杀虫药排出延迟、体内再分布或解毒药用量不足，使胆碱酯酶长时间受抑制，引起神经肌肉接头处突触后功能障碍有关。

【实验室和其他检查】
(一) 血胆碱酯酶活性测定

血胆碱酯酶活性测定是诊断有机磷杀虫药中毒的特异性指标，能反映中毒患者病情严重程度、治疗效果及预后。红细胞胆碱酯酶活性稳定，其功能与神经系统胆碱酯酶相同。未经治疗的有机磷杀虫药中毒患者，红细胞胆碱酯酶活性需要1~4个月才能恢复正常。假性胆碱酯酶对有机磷杀虫药敏感，但其活性丧失后恢复较快，最迟1~3周即可恢复。血中假性胆碱酯酶水平与有机磷杀虫药中毒患者的预后关系不大。对于有机磷杀虫药中毒者，应反复测定血浆和红细胞中胆碱酯酶活性。停用解磷定后每天测定胆碱酯酶活性，连续3天。

(二) 有机磷杀虫药代谢产物测定

对硝基酚是多种有机磷杀虫药的代谢产物，中毒后可在尿中出现。敌百虫中毒时尿中出现三氯乙醇。对于怀疑有机磷杀虫药中毒患者，测定尿中有无对硝基酚或三氯乙醇有助于相关毒物中毒的诊断。

(三) 其他检查

常规实验室检查无诊断价值，有时有鉴别诊断价值。重度中毒患者胸部X线检查能发现肺水肿。ECG随中毒程度不同而不同，常见室性心律失常、尖端扭转型室性心动过速、心脏传导阻滞和QT间期延长。

疑有迟发性神经病时应检查肌电图、神经传导功能，并与其他神经疾病鉴别。

【诊断及鉴别诊断】
(一) 诊断

有机磷农药接触史、呼出气有大蒜味、有肌束纤颤时提示有机磷杀虫药中毒。无明确病史，又缺乏典型临床表现时诊断困难。通常具备以下条件时可做出诊断：①具有胆碱能症状；②接触有机磷杀虫药后12小时内发病，脂溶性高的毒物（如倍硫磷）中毒可超过12小时；③血浆和红细胞胆碱酯酶活性降低50%以上；④应用阿托品治疗后M样症状缓解。

(二) 鉴别诊断

毒蕈碱和河豚毒中毒患者表现与有机磷杀虫药中毒类似。M样症状明显时应注意与哮喘、慢性阻塞性肺病急性期、心源性肺水肿和急性胃肠炎鉴别。N样症状占优势时应与其他原因引起的交感神经系统兴奋性增高疾病鉴别。

【治疗】

有机磷杀虫药中毒治疗原则为：紧急复苏、清除毒物、应用解毒药、消除乙酰胆碱蓄积和恢复胆碱酯酶活性。老化的胆碱酯酶，应用胆碱酯酶复活药治疗无效。轻度中毒者去除污染毒物后连续监测24小时，在胆碱酯酶活力恢复前避免再次接触毒物；重度中毒者，应收入重症监护病房，等待症状消失后停药，至少观察3~7天。

(一) 紧急处理

出现呼吸抑制者迅速进行气管内插管，清除气道内分泌物，保持气道通畅，给氧，建立静脉通道，实施心电监护、血氧饱和度监护。呼吸衰竭者，应用机械辅助通气。肺水肿时，静脉给予阿托品，不能应用氨茶碱和吗啡。心脏停搏时立即体外心脏复苏。脑水肿昏迷时，静脉输注甘露醇和糖皮质激素。经积极处理无缺氧引起脑损伤的患者，常在10天内恢复。重度中毒者处理不及时常在24小时内死亡。

(二) 清除毒物

立即脱离现场，脱去污染的衣服，用肥皂水（敌百虫中毒时禁用）彻底清洗污染的皮肤、毛发、手部（先剪去指甲），避免擦伤刺激皮肤。毒物污染眼时，除敌百虫污染需用清水清洗外，其他毒物污染均先用2%碳酸氢钠冲洗，再用生理盐水冲洗至少10分钟，冲洗后滴入1%的阿托品。口服中毒者6小时内应用清水、生理盐水、2%碳酸氢钠（禁用于敌百虫中毒时，因碱性溶液能使敌百虫转化成毒性更强的敌敌畏）或 1/5 000 高锰酸钾溶液（硫代磷酸酯类中毒如对硫磷中毒时忌用）反复洗胃，直至洗出液清亮为止。

(三) 解毒药

在积极迅速彻底清除体内尚未吸收毒物的同时，还应据情即刻使用胆碱酯酶复能药和胆碱受体阻断药治疗。药物治疗要尽早、足量、联合和重复给予，治疗中应密切观察患者对治疗的反应，择时减量或停药。

1. **胆碱酯酶复能药** 此类药物包括碘解磷定、氯解磷定、双复磷和双解磷。临床常用解磷定（表 10-2-6）。解磷定能分解磷酰化胆碱酯酶，恢复胆碱酯酶活性，缓解 M 样、N 样和中枢神经系统症状。中毒时间达 24~48 小时者，胆碱酯酶复合物老化，解磷定无效。临床怀疑有机磷杀虫药中毒时应迅速应用解磷定（表 10-2-6）治疗。脂溶性有机磷杀虫药体内代谢持续数天到数周，出现迟发表现不是应用解磷定的禁忌证。

表 10-2-6 解毒药用量表

药名	轻度中毒	中度中毒	重度中毒
胆碱酯酶复能药			
氯解磷定 (g)	0.5~0.75	0.75~1.5	1.5~2.0
碘解磷定 (g)	0.4	0.8~1.2	1.0~1.6
双复磷 (g)	0.125~0.25	0.5	0.5~0.75
抗胆碱药			
阿托品 (mg)	2~4	5~10	10~20

胆碱酯酶复能药对 N 样症状治疗效果较好，如能迅速控制肌束颤动，但对各种有机磷杀虫药疗效并不完全相同。如解磷定对内吸磷、马拉硫磷和对硫磷中毒疗效较好，对敌百虫、敌敌畏中毒疗效较差，对乐果中毒无效。乐果中毒后形成的磷酰化胆碱酯酶几乎不可逆，同时乐果乳剂含有苯，也可发生苯中毒。双复磷对敌敌畏及敌百虫中毒效果较解磷定好。

2. **胆碱受体阻断药** 体内胆碱受体分为 M 和 N 二类。M 受体又分三个亚型：M_1、M_2 和 M_3。肺组织有 M_1 受体，心肌为 M_2 受体，平滑肌和腺体上主要有 M_3 受体；N 受体又分 N_1 和 N_2 二个亚型。神经节和节后神经元是 N_1 受体，骨骼肌上是 N_2 受体。临床上应用的胆碱受体阻断药 (cholinoceptor blocking drugs) 分 M 胆碱受体阻断药和 N 胆碱受体阻断药两类。

(1) M 胆碱受体阻断药：又称外周性抗胆碱能药。代表药有阿托品和山莨菪碱，能缓解 M 样症状，对 N 受体无明显作用。通常选用阿托品（表 10-2-6）。阿托品能阻断乙酰胆碱对副交感神经和中枢神经系统 M 受体作用，缓解 M 样症状、兴奋呼吸中枢。对 N 样症状、恢复胆碱酯酶活性及晚期呼吸肌麻痹无效。应用阿托品要及时、足量和反复使用。应用阿托品过程中要密切观察心率、瞳孔、神志变化和尿潴留情况，据情调整剂量或延长给药间隔时间。患者 M 样症状消失后，应减少阿托品用量。患者出现口干、皮肤干燥、心率增快（90~100 次/分）和肺湿啰音消失时已达阿托品化 (atropinization)。此时，迅速减量，并延长给药间隔时间。如出现瞳孔明显扩大、神志模糊、烦躁不安、抽搐、昏迷和尿潴留等为阿托品中毒，立即停用阿托品，并采取相应解毒措施。严重心动过速和高热者禁用阿托品。

(2) N 胆碱受体阻断药：对中枢 M 和 N 受体作用强，又称中枢性抗胆碱能药。这类药对外周 M 受体作用较弱。代表药有东莨菪碱、苯那辛、苄托品或丙环定等。

盐酸戊乙奎醚 (penehyclidine，长托宁) 对外周 M 受体和中枢 M、N 受体均有作用，但选择性作用于 M_1、M_3 受体亚型，对 M_2 受体作用极弱，对心率无明显影响。该药较阿托品作用强，有效剂量小，作用时间（半衰期约 6~8 小时）长，不良反应少。首次用药需与氯解磷定合用。

3. **联合用药** 根据有机磷杀虫药中毒程度,采取不同用药方法。轻度有机磷杀虫药中毒单独应用胆碱酯酶复活药;中、重度中毒患者联合应用阿托品和解磷定。联合用药时,适当减少阿托品用量。通常用药后 10~40 分钟后,肌无力、肌颤和 M 样症状减轻。

4. **复方制剂** 是胆碱受体阻断药和胆碱酯酶复能药组成的复方制剂,应用比较方便。

对于重度中毒患者,症状消失后,单用较小药量的胆碱受体阻断药维持观察。等待全血胆碱酯酶活力升至正常的 50%~60% 后再停药观察。通常至少观察 3~7 天再出院。

(四) 纳洛酮

在应用胆碱酯酶复活药和抗胆碱药基础上,为阻断有机磷引起的呼吸抑制,缓解脑水肿和昏迷,静脉给予纳洛酮有一定疗效。

(五) 对症支持治疗

对于有机磷杀虫药重度中毒患者,常有一些并发症或合并症,如酸中毒、低钾血症、严重心律失常、呼吸衰竭、脑水肿或脓毒血症等。应予相应治疗复苏措施。对于合并严重呼吸或循环衰竭时,如不积极处理,应用的解毒药尚未发挥作用前,已成为患者的死亡原因。积极给予吸氧、纠正酸中毒和电解质平衡失常,同时要进行心电和氧饱和度监测。昏迷患者,应放置和保留尿管,特别是胆碱受体阻断药的应用更会加重尿潴留。

【预防】

对于从事有机磷杀虫药生产、运输和使用的人员应进行有关安全防护知识的教育。严格执行有机磷杀虫药管理制度,加强生产、运输、保管和使用方面的安全保护措施,普及急性有机磷杀虫药中毒的防治知识。

(寿松涛 崔书章)

第三节 急性一氧化碳中毒

在生产和生活中,含碳物质不完全燃烧即可产生一氧化碳(carbon monoxide),如炼钢、炼焦、矿井放炮和内燃机排出的废气等。在生产或生活中,如果暴露在含有较高浓度一氧化碳环境中通风不良或防护不当时即可发生一氧化碳中毒。

【病因和发病机制】

过多吸入燃料燃烧不完全释放到空气中的一氧化碳是中毒的常见原因。家庭冬季取暖应用的煤炉产生的一氧化碳或煤气管道泄漏,则是生活中一氧化碳中毒的最常见原因。此外,尚有吸入汽车尾气、大量吸入香烟燃烧产生的烟雾,封闭空间煤气设备产气吸入。在化学工业中,合成光气和甲醇等都需要一氧化碳作为原料,一氧化碳意外泄漏也可发生中毒。

一氧化碳经呼吸道吸入后,立即与血红蛋白结合成碳氧血红蛋白。一氧化碳与血红蛋白的亲和力较氧大 200~300 倍,碳氧血红蛋白解离速度却很慢,仅为氧合血红蛋白 1/3 600。碳氧血红蛋白不仅不能携带氧,而且还影响氧合血红蛋白的解离,阻碍氧的释放和传递,导致低氧血症,引起组织缺氧。一氧化碳可与肌球蛋白结合,影响细胞内氧弥散,损害线粒体功能。急性一氧化碳中毒导致脑缺氧后,脑血管迅速发生麻痹扩张,脑容积增大。脑内神经细胞三磷腺苷很快耗尽,钠钾泵不能运转,细胞内钠离子积累过多,结果导致严重的细胞内水肿。血管内皮细胞肿胀,造成脑血液循环障碍,进一步加剧脑组织缺血、缺氧。由于酸性代谢产物增多及血脑屏障通透性增高,发生细胞间质水肿。由于缺氧和脑水肿后的脑血液循环障碍,可促使血栓形成、缺血性软化或广泛的神经脱髓鞘变,致使一部分急性一氧化碳中毒的患者经假愈期后,又出现多种神经精神症状的迟发性脑病。血红蛋白解离曲线左移,意味着它也降低氧的解离。

【病理】

急性一氧化碳中毒在24小时内死亡者，血液呈樱桃红色。各器官充血、水肿和点状出血。昏迷数日后死亡者，脑组织充血水肿明显，苍白球出现软化灶，大脑皮质可有坏死灶，海马区因血管供应少，受累明显。小脑有细胞变性。有少数患者大脑半球白质可发生散在性、局灶性脱髓鞘病变。心肌可见缺血性损害或心内膜下多发性梗死。

【临床表现】

（一）急性中毒

急性一氧化碳中毒的症状与血液中碳氧血红蛋白浓度关系密切，同时与患者中毒之前的健康状况，如是否伴随心血管系统或神经系统疾病，以及与中毒发生当时患者的耗氧情况有关。可以粗略地把中毒程度分为轻、中、重三级。

1. 轻度中毒　患者有头痛、眩晕、乏力、心悸、恶心、呕吐及视物模糊。皮肤、口腔黏膜、甲床偶可呈现樱桃红色。脱离中毒环境吸入新鲜空气或吸入氧气，症状将很快消失。轻度一氧化碳中毒者碳氧血红蛋白约在10%～20%。长期低浓度接触一氧化碳可出现头晕、头痛、失眠、乏力、记忆力减退等症状。

2. 中度中毒　患者出现呼吸及心率加快，四肢张力增强，意识障碍程度可至昏迷，对疼痛刺激可有反应，瞳孔对光反射和角膜反射迟钝，腱反射减弱。经过吸氧治疗可以恢复正常，并且无明显并发症。中度一氧化碳中毒者碳氧血红蛋白约在30%～40%。

3. 重度中毒　患者处于深昏迷状态，各种反射消失。患者可呈去大脑皮层状态。常有多脏器功能损害和衰竭的表现。如严重的心肌损害、心肌梗死、心律失常、肺水肿，呼吸衰竭，上消化道出血，严重的神经系统损害等。部分病例可并发筋膜间隙综合征，如受压部位出现皮肤大水疱和红肿及感觉运动障碍等症状。肢体受压迫部位可发生肌肉坏死（横纹肌溶解症），释放的肌球蛋白可引起急性肾小管坏死或肾衰竭。重度中毒患者病死率高，最终多因呼吸循环衰竭而死亡。幸存者多有不同程度后遗症。严重一氧化碳中毒时碳氧血红蛋白约在50%以上。

（二）迟发脑病

3%～30%严重的一氧化碳中毒患者抢救治疗清醒后，经过大约2～60天的假愈期后出现迟发性脑病（delayed encephalopathy）的症状，表现为痴呆木僵、定向障碍、行为异常、谵妄等，也可出现震颤麻痹综合征，以及偏瘫、癫痫、失语、失明和感觉运动障碍等症状。

【实验室和其他检查】

1. 血碳氧血红蛋白测定　血碳氧血红蛋白测定是诊断一氧化碳中毒的特异性指标。血碳氧血红蛋白不仅能反映一氧化碳暴露时间长短，也可作为判断一氧化碳中毒严重程度的指标。但需早期及时取血测定才有诊断价值，如脱离中毒环境8小时后测定则诊断价值不大。

2. 动脉血气分析　如果未合并慢性阻塞性肺病者，单纯急性一氧化碳中毒患者 PaO_2 和 SaO_2 常轻度降低，$PaCO_2$ 正常或轻度降低。中毒时间较长者，常呈代谢性酸中毒，血 pH 和剩余碱降低。

3. 脑电图检查　一氧化碳中毒时可见弥漫性低波幅慢波。大脑诱发电位异常。脑电图表现和临床病情不一定呈平行关系。脑电图改变较临床表现有延迟。

4. 颅脑 CT 检查　为除外同时合并的脑血管疾病（如脑出血、脑梗死等），特别是有高血压的老年患者，应进行头部 CT 检查。急性期显示脑水肿改变，可见脑部有病理性密度减低区。2周后可出现大脑皮层下白质广泛脱髓鞘改变、基底核区苍白球梗死、软化灶。

5. 颅脑 MRI 检查　可有脑细胞肿胀、髓鞘脱失、梗死及软化灶等表现。

【诊断及鉴别诊断】

根据吸入高浓度一氧化碳的接触史，急性发生的中枢神经损害的症状和体征，结合碳氧血红蛋白测定的结果，容易做出诊断。职业性一氧化碳中毒多为意外事故，接触史比较明确。疑有生活性中毒者，应询问发病时的环境情况及同室其他人有无同样症状等。

病史询问有困难时，急性一氧化碳中毒应与脑血管意外、脑震荡、脑膜脑炎、糖尿病酮症酸中毒以及其他中毒引起的昏迷相鉴别。血液碳氧血红蛋白测定是有价值的诊断指标，但要求在脱离中毒现场8小时以内尽早抽取静脉血。因为脱离现场数小时后碳氧血红蛋白即逐渐消失。正常人血液中碳氧血红蛋白含量可达5%～10%，轻度一氧化碳中毒者碳氧血红蛋白约在10%～20%，中度中毒30%～40%，严重中毒时约在50%以上。但碳氧血红蛋白含量与临床症状之间可不完全呈平行关系。

【治疗】

治疗原则为积极纠正缺氧和防治脑水肿；终止一氧化碳吸入，迅速将患者脱离中毒现场，转移到空气新鲜的地方。此后血碳氧血红蛋白解离，一氧化碳可经肺呼出。患者应卧床休息，保暖，保持呼吸道通畅。

(一) 纠正缺氧

迅速纠正缺氧状态。吸氧以提高吸入气中的氧分压。吸入含5% CO_2 的氧气可加速碳氧血红蛋白的解离，增加一氧化碳的排出。清醒患者可应用呼吸面罩吸入纯氧，氧流量10L/min，治疗至症状缓解和碳氧血红蛋白水平低于5%。对昏迷或有昏迷史的患者，以及出现明显心血管系统症状、碳氧血红蛋白含量明显增高（一般>25%）者应给予2～3个大气压的高压氧治疗。高压氧舱治疗能增加血液中溶解氧，提高动脉血氧分压，使毛细血管内的氧容易向细胞内弥散，迅速纠正组织缺氧的有效率达95%～100%。提高肺泡氧分压，可加速碳氧血红蛋白的解离，促进一氧化碳清除，其清除速率较未吸氧时快10倍，较常规吸氧时快2倍。高压氧治疗不仅可以缩短病程，降低病死率，而且还可减少或防止迟发性脑病的发生。应当注意，孕妇血碳氧血红蛋白浓度达到15%就应给予高压氧治疗。胎儿血红蛋白与一氧化碳亲和力高，孕妇血碳氧血红蛋白水平恢复正常后，胎儿仍可长时间缺氧。呼吸停止者，应及时进行机械通气。危重患者可考虑血浆置换。

(二) 防治脑水肿

急性中毒后2～4小时即可出现脑水肿，24～48小时达高峰，可持续多天。应及早应用高渗脱水药（每次给予20%甘露醇1～2g/kg体重，以10ml/min速度静脉滴注，症状缓解后渐减量）、利尿药和糖皮质激素（如地塞米松20～40mg/d）等药物，以防治脑水肿，促进脑血液循环，维持呼吸循环功能。如有频繁抽搐、脑性高热者，给予地西泮10～20mg，静脉注射。抽搐停止后可实施人工冬眠疗法。

(三) 促进脑细胞代谢

应用能量合剂，常用药物有三磷腺苷、辅酶A、细胞色素C、大量维生素C、γ-氨酪酸以及胞磷胆碱等。

(四) 防治并发症和后发症

经抢救清醒后，应卧床休息，密切观察2周，对症处理，及时发现并治疗迟发性脑病。昏迷期间护理工作十分重要。保持呼吸道通畅，要有气道监测和保护措施，必要时气管切开。翻身拍背防治褥疮和坠积性肺炎。维持水、电解质平衡。科学营养，根据患者的情况选择胃肠外或胃肠内营养方式。对于发热患者给予冰袋物理降温等措施，必要时可以使用冬眠药物。

【预后】

轻度中毒可完全恢复。重症患者昏迷时间过长者，多提示预后严重，但也有不少患者仍能恢复。迟发脑病恢复较慢，有少数可留有持久性症状。

【预防】

加强预防一氧化碳中毒的宣传。居室内火炉要安装烟囱，烟囱室内结构要严密，室外应通风良好。厂矿应认真执行安全操作规程。煤气发生炉和管道要经常检修以防漏气。有一氧化碳的车间和场所要加强通风。加强矿井下空气中一氧化碳浓度的监测和报警。进入高浓度一氧化碳的环境内执行紧急任务时，要带好特制的一氧化碳防毒面具。经常测定工厂空气中的一氧化碳浓度。我国规定生产环境空气中最高容许一氧化碳浓度为30mg/m³。

(陈旭岩)

第四节 镇静催眠药中毒

镇静催眠药是一类消除躁动情绪，促进生理睡眠的中枢神经系统抑制剂，一次服用大剂量可引起急性镇静催眠药中毒（acute sedative-hypnotic poisoning），中毒量可麻醉延髓中枢导致呼吸麻痹而死亡。长期滥用镇静催眠药可因耐药性和依赖性而导致慢性中毒。长期用药后突然减量或停药可引起戒断综合征（withdrawal syndrome）。

美国中毒控制中心1996年年度报告显示：苯二氮䓬类单独或合并其他药物中毒共计39 029例，尽管苯二氮䓬类药物中毒很少引起死亡，但由于滥用或注射过量可导致呼吸抑制及血压过低危及生命，近年来苯二氮䓬类中毒的死亡率呈上升趋势。巴比妥类药物的滥用在20世纪70年代达到高峰。在随后20年中，苯二氮䓬类药物的应用，巴比妥类药物相关病死率迅速下降。但自1990年以来，美国人群尤其是青少年滥用巴比妥类较为严重，并习惯与可卡因、甲基苯丙胺混用。该中心1997年年度报道：5 628例巴比妥类中毒患者有近一半是故意服用过量药物，并最终导致54例死亡。

【病因和发病机制】

（一）病因

1950年以前常用的镇静催眠药是巴比妥类，20世纪50年代以后开始使用非巴比妥类药，1960年开始应用抗焦虑药物苯二氮䓬类，1990年以后，巴比妥类逐渐被苯二氮䓬类取代镇静催眠药分为：

1. 苯二氮䓬类（benzodiazepines） 临床常用的苯二氮䓬类有20余种，虽然它们结构相似，但不同衍生物之间抗焦虑、镇静、催眠、抗惊厥、肌肉松弛和安定作用有其侧重。根据药物半衰期（$t_{1/2}$）长短分为以下三类：

（1）长效类（半衰期>30小时）：如氯氮（chlordiazepoxide，利眠宁）、地西泮（diazepam，安定）和氟西泮（flurazepam，氟安定）。

（2）中效类（半衰期6~30小时）：如阿普唑仑和奥沙西泮（oxazepam，去甲羟基安定）。

（3）短效类（半衰期<6小时）：如三唑仑（triazolam）、三唑苯二氮和替马西泮。

2. 巴比妥类（barbiturates） 根据服药后睡眠时间分为如下三类：

（1）长效类：如巴比妥、苯巴比妥（鲁米那）。

（2）中效类：如戊巴比妥、异戊巴比妥（阿米妥）。

（3）短效类：如司可巴比妥（速可眠）、硫喷妥钠（戊硫巴比妥钠）。

3. 非巴比妥非苯二氮䓬类 水合氯醛、格鲁米特（glutethimide，导眠能）、甲喹酮（methaqualone，安眠酮）、甲丙氨脂（meprobamate，眠尔通）。

4. 吩噻嗪类 吩噻嗪类（抗精神病药）又称强安定药或神经阻断剂。按侧链结构不同分为三类：

（1）脂肪族：如氯丙嗪（chlorpromazine，冬眠灵）。

（2）哌啶类：如硫利达嗪（甲硫达嗪）。

（3）哌嗪类：如奋乃静（羟哌氯丙嗪）、氟奋乃静（氟非拉嗪）和三氟拉嗪（甲哌氟丙嗪）。

（二）发病机制

1. 中毒机制 苯二氮䓬类中枢神经抑制作用与增强γ-氨基丁酸（GABA）能神经功能有关。脑内的苯二氮䓬受体主要分布在皮质，其次为边缘系统和中脑，再次为脑干和脊髓。这种分布状况与中枢抑制性递质GABA受体的分布基本一致。在神经突触后膜表面有由GABA受体、苯二氮䓬受体、氯离子通道组成的大分子复合体。苯二氮䓬类与其受体结合后，可加强GABA与GABA受体结合的亲和力，使与GABA受体偶联的氯离子通道开放而增强GABA对突触后的抑制功能。

巴比妥类对GABA能神经有与苯二氮䓬类相似的作用，但由于两者在中枢神经系统的分布有所不同，作用也有所差异。苯二氮䓬类主要选择作用于边缘系统，影响情绪和记忆力。巴比妥类分布广泛，能抑制丙酮酸氧化酶系统，但主要阻断脑干网状结构上行激活系统的传导机能，使大脑皮层发生弥漫性抑制而引起意识障碍，对中枢神经系统的抑制有剂量-效应关系。随着剂量的增加，其作用可由镇静、催眠到麻醉，大剂量可直接麻痹延髓呼吸中枢及血管运动中枢。非巴比妥非苯二氮䓬类镇静催眠药物对中枢神经系统有与巴比妥类相似的作用。

吩噻嗪类药物主要作用于网状结构，通过抑制中枢神经系统多巴胺受体，减少邻苯二酚氨的生成，从而减轻焦虑紧张、幻觉妄想和病理性思维等精神症状。也可抑制脑干血管运动中枢和呕吐反射、阻断α肾上腺素能受体、抗组胺及抗胆碱能等作用。

2. 耐受性、依赖性和戒断综合征　各类镇静催眠药物均可产生耐受性和依赖性，长期用药后突然减量或停药都可引起戒断综合征，但发生机制尚未完全阐明。长期服用苯二氮䓬类使苯二氮䓬类受体减少（下调），是发生耐受的原因之一。突然停药时，发生苯二氮䓬受体密度上调而出现戒断综合征，临床表现为焦虑和睡眠障碍。巴比妥类、非巴比妥类发生耐受性、依赖性和戒断综合征的情况更为严重，停用巴比妥类会出现躁动和癫痫样发作。镇静催眠药间可有交叉耐受，致死量不因产生耐受性而有所改变。

【药代动力学】

镇静催眠药均为脂溶性，其吸收、分布、代谢、排出过程及起效时间和作用时间，都与药物的脂溶性有关。脂溶性强的药物易通过血脑屏障，作用于中枢神经系统，起效快，药效短。多数镇静催眠药及其代谢产物可以通过胎盘屏障，也可由乳汁排泄。已有报告哺乳期妇女反复使用较大剂量镇静催眠药，药物可在乳儿体内积蓄，乳儿会出现嗜睡和体重减轻等不良反应。

苯二氮䓬类口服吸收较快，约1小时达血药浓度峰值，肌肉注射吸收缓慢且不规则。药物血浆蛋白结合率较高，脑脊液中浓度约与血清游离药物浓度相等。此类药物主要在肝脏进行生物转化，在体内的代谢过程易受肝功能影响，老年人或同时饮酒可以使药物半衰期延长。苯二氮䓬类及其代谢产物最终均与葡萄糖醛酸结合而失活，经肾排出。

口服巴比妥类，自肠道吸收较快。脂溶性高者（如司可巴比妥）容易进入脑组织，起效快；脂溶性低者（如苯巴比妥）则起效慢。中及短效类药物主要经肝脏代谢，因此作用维持时间短。苯巴比妥主要经肾排出，因肾小管的再吸收，排泄较慢，故作用较持久。发生毒性作用时，中、短效巴比妥类血药浓度 $>30mg/L$，长效巴比妥类血药浓度为 $80\sim100mg/L$。

吩噻嗪类药物口服后肠道吸收很不稳定，吸收后分布于全身组织，以脑及肺组织中含量最多。主要经肝脏代谢。药物大部分以葡萄糖醛酸盐或硫氧化合物形式排泄，排泄时间较长，半衰期为10～20小时，作用可持续几天。

【临床表现】

（一）急性中毒

1. 苯二氮䓬类中毒　中枢神经系统抑制较轻，无明显特异性，主要症状是嗜睡、眩晕、言语含糊不清、意识模糊和共济失调。老年体弱者易有晕厥。很少出现严重的症状如长时间深度昏迷和呼吸抑制等，如果出现上述症状，应考虑同时服用了其他镇静催眠药或酒类等。

2. 巴比妥类中毒　单次服用大剂量巴比妥类可抑制中枢神经系统功能，症状严重程度与剂量有关。

（1）轻、中度中毒：嗜睡、情绪不稳定、注意力不集中、记忆力减退、共济失调、步态不稳、发音含糊不清和眼球震颤。

（2）重度中毒：进行性中枢神经系统抑制，由嗜睡到深昏迷。呼吸抑制由呼吸浅慢到呼吸停止，可发生低血压及休克，为急性期死亡的主要原因，体温下降常见。肌张力下降，腱反射消失，胃肠蠕动减慢，皮肤可起大疱。长期昏迷者可并发肺炎、肺水肿、成人呼吸窘迫综合征、脑水肿、肾衰竭而威胁生命。

3. 非巴比妥非苯二氮䓬类中毒

（1）水合氯醛中毒：过量服用后2～3小时出现明显的中毒症状，呼出气体有梨样气味，初期瞳孔缩小，后期可扩大。急性中毒除了中枢神经系统抑制作用表现外，还有抑制血管运动中枢和心脏功能的作用，可有明显的血管扩张，血压下降，体温降低，休克，晕厥及心律失常等表现。病程较长者可出现肝肾功能损害。

(2) 格鲁米特中毒：意识障碍有周期性波动，共济失调，严重者可有抽搐、昏迷。有抗胆碱能神经症状，如视物模糊、瞳孔扩大、对光反射迟钝、尿潴留等。循环系统抑制作用突出，多表现为肺水肿、低血压、休克等。

(3) 甲喹酮中毒：可有明显的呼吸抑制，出现锥体束征如肌张力增强、腱反射亢进、抽搐，严重者可出现癫痫大发作。部分患者可出现心动过速、血压降低等改变。

(4) 甲丙氨酯中毒：中毒表现与巴比妥类药物中毒相似，严重者可出现心动过速、血压降低及休克，甚至昏迷。中毒剂量在不同的患者差别较大。

4. 吩噻嗪类中毒　本类药物的治疗剂量范围较大，过量引起死亡的情况不多，一般认为当单次剂量达 2～4g 时，可有急性中毒反应。中毒后最常见表现为锥体外系反应。

(1) 震颤麻痹综合征。

(2) 静坐不能。

(3) 急性肌张力障碍反应，如斜颈、吞咽困难、牙关紧闭和行动迟缓等。尚可有心动过速、直立性低血压、口干、无汗和尿潴留发生。

此外，尚表现有体温调节障碍（低温或高温）、血压下降甚至休克、昏迷、呼吸抑制，但全身抽搐少见。中毒患者有心律失常，心电图上常见 PR 及 QT 间期延长、ST 段和 T 波变化，偶见 QRS 增宽。

对氯丙嗪类药物过敏的患者，服药后可引起剥脱性皮炎、粒细胞缺乏症及胆汁淤积性肝炎而死亡。

表 10-2-7　急性中毒临床分级

分级	神志	体征	其他
轻度中毒	嗜睡	各种反射存在	眼球震颤
中度中毒	浅昏迷	腱反射亢进	呼吸浅慢
		角膜反射、咽反射存在	血压正常
重度中毒	深昏迷	各种反射消失	呼吸不规则
			血压降低
			少尿或无尿

(二) 慢性中毒

长期滥用大量催眠药的患者可发生慢性中毒，可出现精神症状与躯体症状：

1. 精神症状

(1) 意识障碍和轻躁狂状态：出现一过性躁动不安或意识朦胧状态。兴奋、欣快、易疲乏等。

(2) 智能障碍：记忆力、计算力、理解力均有明显下降，工作学习能力减退。

(3) 人格改变：患者丧失家庭和社会责任感及进取心。

2. 躯体症状　食欲、性欲减退、肢体震颤、步态不稳等。

(三) 戒断综合征

长期应用任何种类的镇静催眠药均可引起药物的依赖、耐受及戒断综合征。过去认为使用治疗量的镇静催眠药不会引起戒断综合征，1981 年有研究发现在长期使用小剂量镇静催眠药的患者停药后也会出现戒断综合征。1983 年有学者建议将戒断综合征分为两型：

1. 轻症　应用治疗量镇静催眠药 3 个月以上的患者，15%～44%停药后逐渐出现焦虑、易激动、失眠、头痛、厌食、无力和震颤。2～3日症状达到高峰，可出现恶心、呕吐和肌肉痉挛。

2. 重症　患者用药量多在治疗量5倍以上，时间超过1个月。突然停药后1～2日，有的药物停用7～8日后出现癫痫样发作，有时出现幻觉、妄想、定向力丧失、高热和谵妄，数日至3周内恢复。用药量大、时间长而骤然停药者症状严重。

滥用巴比妥类者停药后发病较多、较早且症状较重，出现癫痫样发作及轻躁狂状态者较多。突然停用短效巴比妥药物比停用长效巴比妥类药物临床症状更为严重。滥用苯二氮䓬类者停药后发病较晚，甚至可在停止服用苯二氮䓬类药的1周之后才出现症状。此时症状往往较轻，以焦虑和失眠为主，有时难以判断。

【实验室和其他检查】

1. 血液、尿液、呕吐物及洗胃液中药物的定性及定量测定　对诊断有参考意义。因活性代谢产物半衰期及药物排出速度具有个体差异，苯二氮䓬类血药浓度测定对诊断帮助不大。巴比妥类中毒者呕吐物和尿中可测出巴比妥酸，其血药浓度的测定有助于判断病情。氯丙嗪中毒尿样加氯化高铁-硫酸试液呈紫色反应。

2. 动脉血气分析　可以了解呼吸抑制的程度。

3. 血液生化检查　如血糖、尿素氮、肌酐和电解质等，可协助判断机体损害情况。

【诊断与鉴别诊断】

(一) 诊断

1. 急性中毒

(1) 有口服或注射镇静催眠药过量史。

(2) 典型的临床表现如意识障碍、呼吸抑制等。

(3) 辅助检查：患者呕吐物、洗胃液、尿液分析或血药浓度检测出镇静催眠药。

2. 慢性中毒　长期大量应用镇静催眠药，出现轻度共济失调和精神症状。

3. 戒断综合征　长期应用镇静催眠药，突然停药或快速减量后出现焦虑、失眠、谵妄和癫痫发作等表现。

(二) 鉴别诊断

镇静催眠药中毒应与以下疾病鉴别：

1. 急性中毒应与其他导致昏迷的疾病相鉴别。询问有无高血压病、糖尿病、陈旧脑血管病、癫痫、肝病、肾病、慢性阻塞性肺病等既往史以及一氧化碳、酒精、有机溶剂等毒物接触史。查体应注意有无头部外伤、脑膜刺激征、偏瘫、发绀等体征。行头颅CT、脑电图、血气分析、血糖、肝功能、肾功能以及毒理检测等必要的检查综合评估与相关疾病鉴别诊断。

2. 慢性中毒应与精神心理疾病如躁狂抑郁症，以及酒精或毒品的慢性中毒相鉴别。躁狂抑郁症可通过精神心理科会诊加以鉴别。酒精或毒品的慢性中毒可以通过询问病史及毒理检查鉴别。

3. 戒断综合征应与原发性癫痫、精神分裂症、酒精及毒品的戒断症状等相鉴别。既往有癫痫发作史、精神分裂症史、有长期酗酒和戒酒史或有毒品戒断史可以协助鉴别诊断。

【治疗】

(一) 急性中毒的治疗

治疗原则为迅速促进毒物排出和代谢，维持重要器官功能。

1. 维持昏迷患者器官功能

(1) 保持气道通畅：深昏迷患者主张早期气管插管，保证吸入足够的氧和排出二氧化碳，对于吩噻嗪类中毒患者尤为重要。

(2) 维持循环功能：急性中毒多由于血管扩张出现低血压，应输液补充血容量。如无效可考虑给予适量多巴胺，参考剂量为10～20μg/(kg·min)。应注意在吩噻嗪类中毒时很少使用拟交感神经药物，必要时可考虑重酒石酸间羟胺及盐酸去氧肾上腺素（新福林）等α受体兴奋药，并且应避免使用

β受体兴奋药,如异丙肾上腺素、多巴胺以免加重低血压。如出现心律失常,酌情给予抗心律失常药。吩噻嗪类中毒所致的心律失常应选用 Ib 类抗心律失常药（如利多卡因等）,而避免选用 Ia 类药（如奎尼丁,普鲁卡因等）,否则将加重心肌毒性作用。

(3) 促进意识恢复:镇静催眠药中毒在洗胃、导泻、纠正水、电解质和酸碱平衡等治疗基础上仍出现以下任一情况时,考虑酌情使用苏醒剂或中枢兴奋药:①患者有深度昏迷,处于完全无反应状态;②有明显呼吸衰竭;③积极抢救 48 小时,仍昏迷不醒。具体方法如下:加用纳洛酮,轻度 0.4~0.8mg,中度 0.8~1.2mg,重度中毒 1.2~2mg 静注,可根据病情隔 15min 重复一次,这样可使患者恢复清醒所需的时间明显缩短,心率加快,血压升高,因此也可作为抢救镇静催眠药急性中毒的首选药。吩噻嗪类中毒中枢神经系统抑制较重时可用苯丙胺、苯甲酸钠咖啡因（安钠加）等。如进入昏迷状态,可用盐酸哌醋甲酯（利他林）40~100mg 肌注,必要时每半小时至 1 小时重复应用,直至苏醒。如有震颤麻痹综合征可选用盐酸苯海索（安坦）、氢溴酸东莨菪碱等;若有肌肉痉挛及肌张力障碍,可用苯海拉明 25~50mg 口服或 20~40mg 肌注。

(4) 保肝治疗:如有肝脏损害,应用葡萄糖醛酸（肝泰乐）100~200mg,一日 1~2 次静脉注射;大量维生素 C 静脉输注。

2. 清除毒物

(1) 洗胃、催吐、导泻。

(2) 活性炭:对吸附各种镇静催眠药有效。

(3) 强力利尿、碱化尿液:用呋塞米和静脉注射碱性液,可促进毒物由肾排出。但只对长效巴比妥类（如苯巴比妥）有效,对短效巴比妥类、吩噻嗪类药物由于在血中蛋白结合率较高,强化利尿排除毒物的意义不大。

(4) 血液净化:血液透析、腹膜透析、血液灌流。对严重的中效巴比妥中毒或肾功能不全的患者,可考虑通过透析来排除体内过多的毒物。短效巴比妥类由于与蛋白结合且主要在肝代谢,透析效果不理想。病情严重或肝功能不全时可试用活性炭树脂血液灌流。吩噻嗪类中毒时,若病情急需,可考虑腹膜或血液透析,但因药物在体内各组织分布较广,疗效不肯定。苯二氮䓬类血液净化无效。

3. 特效解毒疗法 氟马西尼（flumazenil）是苯二氮䓬类拮抗剂,能通过竞争抑制苯二氮䓬受体而阻断该类药物的中枢神经抑制作用。剂量:0.2mg 缓慢静脉注射,需要时重复注射,总量可达 2mg。该药的使用能够降低苯二氮䓬类中毒患者的气管插管率,并且可以作为苯二氮䓬类中毒可疑病例的一种鉴别手段。巴比妥类中毒、吩噻嗪类中毒无特效解毒药,以对症及支持治疗为主。

4. 治疗并发症

(1) 肺炎:昏迷患者可发生肺炎,应常翻身拍背,定期吸痰。针对病原菌给予抗生素治疗。

(2) 皮肤大疱:防止肢体压迫,清洁皮肤,保护创面。

(3) 急性肾衰竭:多由休克所致,应及时纠正休克。少尿期或已进入无尿期应注意水、电解质平衡。

(二) 慢性中毒的治疗原则

1. 逐步缓慢减少药量,最终停用镇静催眠药。

2. 请精神科医师会诊,进行心理治疗。

(三) 戒断综合征

戒断综合征的治疗是用足量镇静催眠药控制戒断症状,病情稳定后逐渐减少药量以至停药。在出现癫痫发作的病例中应该优先治疗癫痫发作。减轻临床症状的具体方法是将原来用的短效药换成长效药如地西泮或苯巴比妥。可用原来的同一类药物,也可换成另一类药物。例如苯巴比妥 60~120mg 口服,每小时重复一次,或地西泮 20mg 口服,以后每小时 10mg,直至戒断症状消失。由此计算出所需一日总量,将此量分为 3~4 次口服。情况稳定 2 天后,可逐渐减少剂量。每次给药前观察患者,如不出现戒断症状,即可减少药量 5%~10%。一般 10~15 天内可逐渐停药,如出现谵妄可静脉注射地西泮使患者安静。躁动状态使用抑制剂可能引起呼吸骤停，使用应谨慎。另外，为患者提供全面的支持治疗包括提供安静的治疗环境也是相当重要的。

【预后】

一般情况下，轻、中度中毒对症支持治疗是足够的，在 24~48 小时内可恢复。重度中毒患者可能需要 3~5 天才能恢复意识，病死率低于 5%。

【护理与预防】

（一）护理

对昏迷患者应密切观察，精心护理；保暖；每 2 小时翻身 1 次，以防吸入性肺炎；保持呼吸道通畅，必要时气管插管或行气管切开术。

（二）预防

镇静催眠药的处方、使用和保管应严加管理，特别是对情绪不稳定和精神不正常的人应慎重用药。加强宣教，防止药物的依赖性。长期服用大量催眠药的人，不能突然停药，应逐渐减量后停药。

（付 研）

第五节 急性酒精中毒

酒精（alcohol）又称乙醇（ethanol），是一种烃类羟基衍生物，为无色、易燃和易挥发液体，具有醇香气味。急性酒精中毒（acute alcoholic intoxication）或称急性乙醇中毒（acute ethanol intoxication），俗称醉酒（drunkenness），是指一次饮入过量酒精或酒类饮料引起的中枢神经系统由兴奋转为抑制状态，严重者可出现昏迷、呼吸抑制和休克。

【病因和发病机制】

（一）病因

酒中有效成分为乙醇。通常酒有三种类型：蒸馏酒、发酵酒和配制酒。如白酒、烧酒、大曲酒、白兰地、威士忌为蒸馏酒，乙醇量高达 40%~60%；果酒、啤酒和黄酒为发酵酒，乙醇量常低于 20%；以蒸馏酒或发酵酒为酒基，加入添加剂（如糖、果汁或水果、香精、药料、色素等）配制，成为配制酒，此类酒乙醇含量较低。日常生活中，人们将酒作为一种特殊嗜好性饮料，饮用过量即可发生急性中毒。急性酒精中毒常为烈性酒引起。偶有因接触吸入大量乙醇蒸气而致中毒者，但甚为罕见。

（二）发病机制

1. 乙醇代谢 饮酒后乙醇 25% 由胃吸收，75% 由小肠吸收。乙醇吸收速度受酒类饮料的类型、含乙醇浓度、饮酒速度和胃排空状态等因素影响。含 20% 乙醇的酒类吸收最快。空腹饮酒后 5min 血中即有乙醇，30~60min 吸收达高峰。胃内食物能延迟胃对乙醇的吸收。胃内乙醇浓度过高能引起幽门痉挛，使胃乙醇排空减慢、肠吸收延迟。胃内乙醇排空加速使小肠吸收速度加快。长期饮酒者，乙醇吸收更快。女性较男性血乙醇峰浓度高，这可能与女性肝脏首过效应和胃黏膜乙醇脱氢酶活性降低有关。

乙醇吸收入血后，迅速分布于全身组织。90%~98% 乙醇在肝代谢分解，其余由肾、肺及皮肤以原形排出体外，约 3% 乙醇由尿液排出。饮酒 8 小时后尿液中即无乙醇。乙醇在肝由乙醇脱氢酶氧化为乙醛，再由胞浆或线粒体内乙醛脱氢酶氧化成乙酸。乙酸转化为乙酰辅酶 A 进入三羧酸循环生成水和二氧化碳。约 10% 乙醇由微粒体乙醇氧化系统氧化，极少部分由过氧化氢酶氧化。长期大量饮酒者，体内还原型烟酰胺腺嘌呤二核苷酸/烟酰胺腺嘌呤二核苷酸（NADH/NAD）比值增高，微粒体乙醇氧化系统活性增强，乙醇代谢加速。影响乙醇代谢的因素有性别、年龄、体重、烟酒嗜好、营养状况、饮食情况、胃肠及肝脏功能状态等。不同个体乙醇代谢速度 [90~360mg/（L·h）] 明显差异，非嗜酒者为 100～200mg/(L·h)，嗜酒者为 360mg/(L·h)。健康人一次饮用乙醇 70～80g 即可出现急性中毒症状，如果一次饮用 250～500g 即可致死。通常，健康非饮酒者乙醇的血液致死浓度约为 4.6g/L；非嗜酒者血乙醇中毒浓度为 0.5～1.5g/L，血乙醇浓度为 5g/L 时可致命；嗜酒者血乙醇浓度为 3～4g/L 也可无明显镇静作用。

2. 急性中毒机制

(1) 中枢神经系统作用：乙醇具有脂溶性，可迅速透过大脑神经细胞膜，并作用于膜上的某些酶而影响细胞功能。血乙醇浓度较低时出现兴奋作用，这是由于乙醇作用于大脑细胞突触后膜苯二氮䓬-γ-氨基丁酸受体，从而抑制 γ-氨基丁酸（GABA）对脑的抑制作用。血乙醇浓度增高，作用于小脑，引起共济失调，作用于网状结构，引起昏睡和昏迷。极高浓度乙醇抑制延髓中枢，引起呼吸、循环功能衰竭或死亡。乙醇代谢产物乙醛可引起神经兴奋和行为改变。大量乙醛可引起脑和其他组织器官损伤。此外，由于血管扩张及缺氧可导致脑水肿。

(2) 代谢异常：进入体内的乙醇在肝细胞内代谢生成大量还原型烟酰胺腺嘌呤二核苷酸，使 NADH/NAD 比值增加，影响依赖烟酰胺腺嘌呤二核苷酸的代谢反应。如果急性酒精中毒患者体内糖异生发生障碍时，常出现严重低血糖反应，血乳酸浓度增高和血酮体蓄积，发生代谢性酸中毒。

(3) 心脏作用：急性酒精中毒后，由于乙醇对心肌细胞的机械和电生理影响，也可使心率增快、心排血量增加，收缩压升高和舒张压下降，脉压加大。严重者，心肌耗氧量增多，加重心肌损害，使左室收缩功能下降。冠心病者，即使摄入中等量乙醇（血浓度 50mg/dl）也可引起心排血量和血压下降。嗜酒者发生急性酒精中毒时，更能明显加重心肌抑制。心力衰竭者发生乙醇中毒时，可出现房性（多为心房颤动）或室性心律失常。

(4) 局部刺激：可引起食管炎和胃炎。

【临床表现】

乙醇中毒的症状和体征包括言语模糊、眼球震颤、脱抑制行为、中枢神经系统抑制、运动协调性和控制性下降；血压降低，也可以出现反射性心动过速。出现低血压时，尚应寻找乙醇中毒以外原因。急性中毒死亡通常是由意外伤害引起的，如酒后驾车导致的车祸。

血浆乙醇水平与中毒程度的相关性很差。非习惯饮酒个体其血浆乙醇浓度达到 400～500mg/dl 时即可死于呼吸抑制；酒精依赖者血浓度 400mg/dl 时仅出现轻度中毒症状。

症状与饮酒量和血乙醇浓度以及个人耐受性有关，临床分为三期：

1. 兴奋期 表现为头痛、头晕、欣快感、健谈、情绪不稳定，可有粗鲁行为或攻击行动，喜怒无常，易感情用事，也可沉默寡语、孤僻或嗜睡。驾车易发生车祸。

2. 共济失调期 表现言语不清、视物模糊、复视、眼球震颤、行动笨拙、步态不稳和共济失调，也可出现恶心、呕吐和困倦。

3. 昏迷期 表现昏睡、颜面苍白，皮肤湿冷，心率增快、血压降低、呼吸减慢并有鼾音，严重者呈深昏迷，大小便失禁，抽搐，瞳孔散大，可因呼吸和循环衰竭致死。

酒精耐受者，醉酒清醒后常无明显不适。无酒精耐受者醉酒清醒后，可仍有头痛、头晕、恶心和震颤等。对于重症酒精中毒患者，应注意低血糖表现。急性酒精中毒后发生急性肌病的患者，可表现肌肉肿胀、疼痛或伴有肌球蛋白尿。

【实验室和其他检查】

1. 血清乙醇浓度测定 急性酒精中毒时呼出气中乙醇浓度与血清乙醇浓度相当。
2. 动脉血气分析 可见轻度代谢性酸中毒。
3. 血液生化检查 可见低血糖和低钾血等。
4. 心电图 可出现心律失常或心肌损害的心电图改变。
5. 头颅 CT 严重酒精中毒患者发生头部外伤或有局部神经病学体征时，应进行 CT 检查除外颅内病变（如硬膜下血肿、脑膜炎）。

【诊断与鉴别诊断】
（一）诊断

根据以下几点即可作出诊断：①过量饮酒史；②呼出气及呕吐物中有浓厚酒味；③有醉酒的临床表现及发病经过，由兴奋期转入共济失调期至昏迷期；④从血、尿、胃内容物及呼出气中可定性检测出乙醇。

（二）鉴别诊断

通常急性酒精中毒容易诊断。发生昏迷的患者尚应与镇静催眠药或阿片类药物中毒、一氧化碳中毒、低血糖昏迷、肝性脑病、中枢神经系统感染、颅脑外伤和脑血管疾病相鉴别。

【治疗】

1. 洗胃或导泻　由于乙醇吸收较快，洗胃和导泻一般意义不大。如为2小时内的中毒者，可考虑洗胃。清醒者用催吐法；神志障碍或昏睡者，行气管内插管后洗胃，预防吸入性肺炎；如同时服用其他毒物时，可予以活性碳吸附或导泻。

2. 轻者无需特殊处理，兴奋躁动的患者必要时加以约束。

3. 有共济失调者应严格限制活动，以免发生外伤。对烦躁不安或过度兴奋者，可用小剂量地西泮，避免用吗啡、氯丙嗪、苯巴比妥等对呼吸有抑制作用的药物。

4. 昏迷者应迅速治疗，严密监测各项生命体征，如神志、血压、脉搏、呼吸和体温，直到患者神志恢复和临床状态稳定。

（1）维持呼吸功能：保证气道通畅、供氧，必要时行气管内插管或机械通气辅助呼吸。

（2）维持循环功能：给予静脉输液维持有效循环血量。

（3）应用纳洛酮：纳洛酮能使血乙醇浓度明显下降，逆转乙醇中毒对中枢的抑制作用，可作为急性酒精中毒昏迷患者的非特异性催醒药，有助于缩短昏迷时间。兴奋期纳洛酮0.4mg肌肉注射；共济失调期0.4~0.8mg肌肉注射；昏睡昏迷期0.8~1.2mg静脉注射，45~90min后可重复使用，直至神志清醒。

5. 血液透析　血乙醇浓度超过500mg/dl时，应考虑血液透析。

6. 支持治疗　注意保暖，给予足够热量和B族维生素及保肝药物，维持水、电解质和酸碱平衡。

7. 防治并发症　对合并脑水肿、心律失常、肺感染、胰腺炎者进行相应治疗。

【预后】

急性酒精中毒经治疗能生存超过24小时多能恢复。若有心、肺、肝、肾病变者，昏迷长达10小时以上，或血中乙醇浓度>400mg/dl者，预后较差。酒后开车发生车祸可导致死亡。

（袁志明　崔书章）

第六节　毒蛇咬伤中毒

毒蛇咬伤（venomous snake bite）中毒是指毒蛇咬伤引起的局部损伤和蛇毒吸收所引起的全身中毒（intoxication）症状。世界上蛇的种类大约有近3500种，毒蛇不足10%。我国现有蛇类近200种，其中毒蛇有50多种，隶属于4科25属，对人畜生命危害较大的毒蛇主要有10余种。包括眼镜蛇科的眼镜蛇、眼镜王蛇、金环蛇、银环蛇；海蛇科的海蛇；蝰蛇科的蝰蛇及蝮蛇科的蝮蛇、尖吻蝮（五步蛇）、竹叶青、烙铁头（龟壳花蛇）等。其分布以沿海到平原、丘陵和低山区较多，海拔在1000米以上的山区较少，海拔在4000米以上的高山地区基本上没有蛇类分布。长江以南分布以眼镜蛇科为主，蝮蛇南北方均常见，海蛇科主要分布在沿海地区。我国按蛇咬伤发生的区域划分可分为高发区、中发区、低发区和偶发区。受伤者大多是农民、渔民、野外工作或从事毒蛇研究的工作人员。毒蛇咬伤多发生在4~10月之间，咬伤部位主要是四肢。全世界每年有数十万人被毒蛇咬伤，印度全年蛇伤人数达30万～40万人，死亡3万多人。以前美国的毒蛇咬伤死亡率是25%，由于抗蛇毒血清的普及应用和及时治疗，死亡率已下降到0.5%。我国统计资料显示，每年毒蛇咬伤患者达10万人次，其中73%为中青年；蛇咬伤死亡率为5%～10%，有剧毒的眼镜王蛇的咬伤死亡率高达90%以上；蛇咬伤致肢体功能残疾者占25%～30%。国内有报道，运用抗蛇毒血清及综合治疗毒蛇咬伤的治愈率为98.4%，死亡率为1.6%，致残率为0.5%。

【病因和发病机制】

毒蛇毒腺分泌的蛇毒（snake venom）呈半透明黏稠状液体，微酸性，是由蛋白质、多肽类、金属离子和多种酶组成的混合物。其主要成分包括神经毒（neurotoxic）、心脏毒（cardiotoxic）、细胞毒（cytotoxic）和血液毒（hematotoxic）等。毒蛇咬人后，由毒腺分泌的蛇毒经排毒导管、毒牙通过伤口注入人体组织，沿淋巴及血液循环扩散至全身，引起中毒症状。蛇毒在体内分布于各个组织，肾最多，经过肝分解后由肾排泄，毒素的作用可以持续数天，72小时后可被大部分排出。这也是临床上排除蛇伤威胁生命的可靠时限。

一条毒蛇毒腺含毒液0.1～1.5ml，较大的毒蛇约含5ml。每次咬伤可排出一半毒液。眼镜蛇科和海蛇科蛇毒可以阻断突触前和（或）突触后神经肌肉传导，引起肌肉迟缓性瘫痪，产生神经肌肉毒作用。α-环蛇毒是突触后神经毒，因高浓度的筒箭毒碱对该毒素组分的效应有部分对抗作用，因此认为该组分是作用于突触后膜的乙酰胆碱受体，阻断神经肌肉接头传递。并可以与运动终板的乙酰胆碱受体结合，从而抑制乙酰胆碱效应。海蛇咬伤后产生大量肌球蛋白和钾离子，造成肌肉损害，引起中毒症状。

蛇毒中一些成分可以激活凝血因子X、V。尖吻蝮蛇毒中有组分具有类似凝血酶作用，可促进血液凝固，大量凝血因子消耗可以触发和加重弥散性血管内凝血（DIC）。蝮蛇毒组分还含有一种纤维蛋白水解酶，裂解纤维蛋白，引起凝血障碍。蝰蛇和眼镜蛇蛇毒中磷脂酶A_2有血液毒作用，能破坏红细胞，引起溶血。

蝮蛇科和响尾蛇科的毒液组分含有蛋白水解酶和低分子多肽，造成局部血管壁的损伤、水肿、出血和坏死。蛋白质中的磷脂酶A_2能水解卵磷脂的酯键，释放溶血卵磷脂，后者使损伤组织释放组胺、5-羟色胺和缓激肽，造成伤口局部组织的水肿、炎症反应和疼痛。透明质酸激酶能裂解酸性黏多糖，降低了结缔组织强度，损害毛细血管内皮细胞，引起血管壁通透性改变，使血浆和红细胞外渗，促进蛇毒扩散。许多蛇毒含有金属蛋白酶，引起咬伤部位组织损伤和肌肉和骨骼坏死。

根据临床表现，上述毒素在临床上被归入血液循环毒、神经毒、混合毒三大类。

【临床表现】

蛇咬伤后所排出的上述混合毒素比例差异，临床表现也不同。部分毒蛇咬伤后，只有局部咬痕，不出现中毒症状，此种情况称为"干咬"。国外统计干咬占25%，国内占10%～20%左右。毒蛇咬伤后，全身中毒症状出现的快慢和严重程度主要与吸收的蛇毒组分分子量大小有关，海蛇科蛇毒分子小，咬伤后迅速进入血循环，出现症状快。蝰蛇毒分子大，吸收慢，症状出现较晚。另外，中毒症状还与蛇大小、咬伤部位、注入蛇毒量、受伤者体表面积、健康状况、患者易感性和现场伤口处置情况相关。

（一）局部表现

毒蛇咬伤后，伤口处剧痛、麻木、肿胀和出血。毒蛇咬伤后，多数在4～6小时局部出现瘀斑、水疱或出血性水疱，并有大量液体渗出。12小时后，出现组织、皮肤坏死。但在严重中毒时，上述症状可在10～30分钟就出现；若不治疗，水肿发展迅速并可在数小时内累及整个肢体；可出现区域性淋巴管炎和淋巴结肿大、触痛并伴有受伤部位表面体温升高。眼镜蛇咬伤后，局部反应较轻，仅有轻度麻木、疼痛和出血。海蛇咬伤部位可无疼痛和水肿。

（二）全身表现

1. 血循毒型　血循毒是对血液毒与循环毒的简称，常见于蝰蛇、竹叶青、尖吻蝮蛇及烙铁头等毒蛇咬伤。主要为血液及循环系统中毒表现。发病较急，局部伤口变化快，渐进性加重，肿胀发展快；迅速出现全身中毒症状。患者口中有异样金属味道，烦躁不安、发热、谵妄；气短、胸闷、呼吸困难，呼吸功能衰竭；全身广泛性出血，如血尿、鼻出血、咯血、呕血和便血等。严重者出现黄疸、少尿或无尿、心律失常和血压下降，引起循环衰竭和急性肾衰竭。

2. 神经毒型　主要表现为神经系统损害症状，常见于银环蛇、金环蛇和海蛇咬伤所引起。临床特点是蛇毒吸收快，局部症状不明显，病情发展慢，容易被忽视，一旦出现全身中毒症状，则病情危重。咬伤后1~3小时始出现症状，表现为眼睑下垂、复视；张口及吞咽困难、四肢无力、声音嘶哑、共济失调、牙关紧闭；恶心、呕吐、腹痛等。严重患者四肢瘫痪、惊厥、进行性呼吸困难、昏迷、休克、死亡等。海蛇咬伤者则可引起横纹肌瘫痪和肌红蛋白尿，病程相对较短，若能度过1~2天的危险期，没有其他并发症，很快痊愈。

3. 混合毒型　见于眼镜蛇、眼镜王蛇、蝮蛇等咬伤。临床特点为发病急，具有神经毒型与血循毒型中毒的混合症状。伤肢肿胀迅速扩散；头晕、视物模糊、复视、眼睑下垂、全身肌肉疼痛无力、牙关紧闭、语言障碍、吞咽困难、颈项强直；心动过速、心律失常、循环情况不稳；呼吸困难、呼吸麻痹；血红蛋白尿或肌红蛋白尿、少尿或无尿；严重者可有惊厥、昏迷、休克等。

【实验室和其他检查】

采用酶联免疫法（ELISA）可以检测到患者伤口渗液、血清和尿液中特异蛇毒抗原。可以有中性粒细胞增多 [（20~30）×10^9/L]，血小板计数减少。严重患者出现血色素降低。凝血酶原时间（PT）和部分凝血活酶时间（APTT）延长、血纤维蛋白及纤维蛋白原减少、纤维蛋白降解产物（FDP）增加。生化指标的异常，可见到肝肾功能受损、心肌损伤等表现。

【诊断】

有与蛇接触史，毒蛇咬伤局部多有两个牙痕（少数情况下为一个，或者三个牙痕），伴有伤口局部和全身表现（表10-2-8）。有条件者进行实验室检查，确定蛇毒中毒和种类。并可以与虫咬伤鉴别。

表10-2-8　有毒蛇与无毒蛇咬伤症状的鉴别表

	无毒蛇咬伤	毒蛇咬伤
局部疼痛	疼痛不明显	剧烈、灼热、疼痛明显加剧（神经毒蛇除外）
伤口出血	出血少或不出血，无瘀斑或血疱	常出血不止，周围皮肤有瘀斑或血疱（神经毒蛇除外）
肿胀发展	无肿胀或稍肿，无扩大	肿胀严重，迅速扩展（神经毒蛇除外）
淋巴结	不肿大无触痛	附近淋巴结肿，触痛
组织坏死	伤口有时感染，无坏死	局部皮肤发紫，坏死甚至溃疡（神经毒蛇除外）
全身症状	精神紧张、可出现虚脱无其他症状	头晕，视物模糊，复视，疲倦，胸闷，腹痛，广泛内外出血，休克，昏迷，甚至器官衰竭

【治疗】

蛇咬伤后，一时无法确定是否是毒蛇咬伤情况下，均需按毒蛇咬伤原则处理，需送急诊科观察治疗。病情危重患者，应收住重症监护治疗病房。

（一）伤口处置

1. 制动　毒蛇咬伤后，为减少毒素吸收，患者要保持安静，不要惊慌和剧烈活动，患肢位置低于心脏位置。

2. 捆扎近心端　伤口局部使用宽弹力绷带绷扎，以阻断表浅静脉和淋巴管循环，缠绕的绷带下面应该能够放入一个手指，因为动脉血流受阻有可能增加组织坏死。也可用其他代用品捆扎。捆扎时间超过45分钟后，可放松1~2分钟换部位捆扎。接受抗蛇毒血清或伤口治疗时，方可取下捆扎物品。

3. 清创和排毒　毒蛇咬伤后，要立即切开排毒，切开深度到皮肤全层，不宜过深。无吸引器时，可由周围向伤口挤压 20～30 分钟，可排出 40%～60% 毒素。咬伤 5 分钟内的伤口局部使用一种负压吸引装置，专用吸引器 Sawyer 可以在咬伤部位产生 750mmHg 压力，使用 30 分钟能吸出部分毒素。用口吸吮，有可能因为口腔内吸收而产生中毒症状，尤其是在口腔黏膜或牙龈有损伤时。传统切开的方法，例如局部十字切开，放入冰水等并没有显示出有效作用，使用 1∶5000 高锰酸钾溶液、净水或盐水冲洗伤口，或再用 2% 过氧化氢溶液洗涤伤口后，盖上敷料。延时切开对蝰蛇、尖吻蝮蛇伤口可以形成切口严重出血的风险，处置要慎重。

4. 利多卡因局部封闭　伤口剧烈疼痛者，可用 1%～2% 利多卡因浓度 10ml 局部封闭。

5. 破坏毒素　根据局部反应范围大小，用胰蛋白酶 2000～5000U 加 0.25%～0.5% 普鲁卡因或蒸馏水稀释后，做局部环形封闭。胰蛋白酶可以分解各种蛋白质或肽类毒素，应及时应用，重症患者可以重复局部注射。

6. 预防破伤风　毒蛇口腔内常污染破伤风梭菌，因此患者不管是否接受过免疫接种，均需要接受破伤风抗毒素 1500U 或破伤风免疫球蛋白治疗进行预防。

（二）对症治疗

1. 补液　出现低血压或休克患者，需要迅速静脉输注复方氯化钠或葡萄糖生理盐水，维持血压。必要时可输入白蛋白或血浆代用品，尽快恢复血容量。即使未出现明显血流动力学改变者，也可静脉输注 10% 葡萄糖或生理盐水，每天 500～1500ml。

2. 抗感染　蛇咬伤后约 3% 会继发感染，伤口愈合时间较长，早期经过扩创处理，应常规使用青霉素，80 万单位，肌注，6～12 小时一次。如合并其他感染可根据情况选用抗生素。对肾有损害的药物如卡那霉素、链霉素或磺胺类药应慎用或不用。如果一周后伤口无坏死，不伴全身情况，可不用抗生素，局部换药处理。

3. 糖皮质激素　糖皮质激素对机体有一定的保护作用，减少蛇毒反应，地塞米松 10～20mg 或者氢化可的松 100～400mg，加入液体静脉输注，3～5 天。

（三）应用抗蛇毒血清

对抗蛇毒血清（antivenin）的研究已有 100 多年的历史，目前已有 60 多种蛇毒有了抗蛇毒血清，现有单价、双价和多价的制品近百种。20 世纪 60 年代以后，我国陆续成功研制了抗眼镜蛇毒血清、精制抗蝮蛇毒血清、抗银环蛇毒血清、抗金环蛇毒、抗蝰蛇毒血清、抗五步蛇毒血清，得到明确的临床疗效。

抗蛇毒血清已应用了 35 年，大约 75% 患者需要接受抗蛇毒血清治疗。毒蛇咬伤后，应用越早越好，最好是在 4 小时内，24 小时内者均可应用，中毒严重者在 72 小时后应用仍有效。多价抗蛇毒血清（antivenin crotalidae polyvalent）可用于治疗各种毒蛇咬伤。能确定毒蛇种类者，应用单价抗蛇毒血清治疗，其特异性强。

1. 局部应用　对明确上述毒蛇咬伤，反应又非常严重时，可用抗毒血清稀释局部封闭使用。

2. 静脉应用　用前先做皮肤试验，取 0.1ml 抗蛇毒血清加 1.9ml 生理盐水稀释 20 倍，在前臂掌侧皮内注射 0.1ml，经 20～30 分钟，注射部位如皮丘在 2cm 以内，且皮丘周围无红晕及蜘蛛足者为阴性，可静脉滴注。皮试阳性或阳性可疑者，应采取脱敏注射法。因为皮肤试验存在着 10%～36% 假阴性，即使阴性者也需要密切观察病情变化。

单价抗蛇毒血清有较高的过敏发生率，有时这种过敏反应较毒蛇咬伤危险还高。多价抗蛇毒血清急性过敏发生率是 23%～56%。延迟型血清反应发生率也很高。

抗蛇毒血清的过敏处理：立即应用地塞米松 20～40mg，加入生理盐水 20ml 中静脉注射或滴注；或氢化可的松琥珀酸钠 100～200mg 或氢化可的松 100～200mg 加入生理盐水 40ml 中静脉注射滴注。

（四）重症监护治疗

对于伤口局部肿胀发展速度快，伴有弥散性血管内凝血、呼吸肌麻痹、急性肾衰竭患者应立即收住重症监护治疗病房，进行严密观察、监护和积极复苏措施，保护、支持和恢复重要器官功能。例如，呼吸肌麻痹患者应用呼吸机支持；急性肾衰竭者，根据情况进行早期血液透析、血浆置换等对于恢复肾功能，维持血液出凝血功能等有肯定效果。

（五）中医治疗

蛇药种类较多，例如群生蛇药、上海蛇药、云南蛇药、广东蛇药、福建蛇药、季得胜蛇药等。民间也常用七叶一枝花、八角莲、半边莲、田基黄、白花蛇舌草、白叶藤、两面针、青木香、鬼针草、黄药子等。可取以上鲜草数种，等量，洗净，捣烂取汁，每次40~50ml口服，每日4~6次，取其渣敷伤口周围。通常采用当地蛇药治疗，效果较好。中药往往既可外用，也可口服，两者结合应用效果较好。

【预后】

早期应用抗蛇毒血清治疗，蛇毒咬伤的死亡率明显降低。严重的神经毒型中毒导致呼吸肌麻痹、呼吸衰竭是早期死亡原因。血循毒作用出现弥散性血管内凝血、急性肾功能不全、低血容量性休克者预后不良；死亡的主要原因是急性肾功能不全、DIC和多器官功能障碍。发生致命性低血压或休克者只占7%。在四肢功能部位咬伤的患者，毒蛇伤口愈合时间较长，处置不当会增加致残风险，有1%~5%患者会留下肢体功能残疾。只有局部症状，而无全身症状患者，血液毒型毒蛇咬伤者需要医院观察至少12小时以上。神经毒型毒蛇咬伤者，需要观察至少24小时以上，在确认肢体局部症状没有向近端进展、全身中毒症状和实验室凝血功能异常没有进行性加重时方可出院。

【预防与自救】

预防与自救十分重要，主要是针对毒蛇接触人群、农民、渔民、野外工作人员、野外旅游者和毒蛇研究人员进行宣传教育，了解毒蛇的生活习惯；应该远离毒蛇穴居地；不要在蛇经常出没的水域游泳；通过毒蛇活动区时应该带防护高靴，带防护手套；行进间要打草惊蛇；要学会毒蛇咬伤后的自救互救方法和技术，对伤口进行迅速正确的处置会影响毒蛇咬伤的预后。

（何忠杰）

第七节　植物性食物中毒

一、毒蕈中毒

毒蕈又称毒蘑菇、毒菌或毒茸等。目前在我国发现的毒蕈大约有200种，其中能够致死的有20余种，中毒者多为误食所致。毒蕈中含有的各种毒素可以引发各种症状，因为一种毒蕈中可以含有不同毒素，而一种毒素可以存在于不同的毒蕈中，所以中毒后临床表现比较复杂。

【病因和发病机制】

毒蕈中毒的常见原因为误采和误食。毒蕈中毒后发病机制取较为复杂，是由于不同毒蕈中可含有同一毒素，同一毒蕈中可含有不同毒素。根据误食毒蕈中毒后毒素作用机制，通常分为四种类型。

（一）胃肠炎型

由含有胃肠毒素的毒蕈引起，包括红网牛肝菌、毒粉褶菌和小毒蝇菇等。这些刺激性物质造成胃肠黏膜充血、水肿和出血，引起的临床症状轻重不一。

（二）神经精神型

引起此型的毒蕈主要包括毒红菇、红网牛肝菌、光盖伞属、丝盖伞属等，其分别含有的毒素包括毒蝇碱、蟾蜍素、光盖伞素和致幻素等。毒蝇碱类似毛果芸香碱，具有抗胆碱能作用，能兴奋副交感神经系统，使胃肠平滑肌蠕动亢进，以及其他由副交感神经兴奋引起的各个脏器异常表现。蟾蜍素是色氨酸类化合物，中毒后出现组胺类似的反应。光盖伞和蟾蜍素还可以引起视觉、听觉和味觉上的错误，甚至情绪异常。而致幻素是有别于蟾蜍素和光盖伞的另外一种致幻物质。在食入牛肝菌属的蘑菇后可以出现狂笑、谵语、行动不稳等异常，个别还会出现小人国幻觉，甚至精神异常的表现。

(三) 血液毒型

是一类导致大量红细胞破坏、溶血表现的毒素，例如鹿花菌素、毒伞溶血素和马鞍酸等，一般含于鹿花蕈、纹缘毒伞等毒蕈中。这类毒素破坏红细胞和含有肌红蛋白的肌肉组织，甚至对心肌组织也具有毒性作用。肌肉溶解后血液中肌红蛋白增多可以造成肾的损害，引起急性肾衰竭，活检显示肾小管扩张和上皮细胞变扁、平坦，肾间质呈现水肿，恢复后的患者肾间质呈纤维化表现。

(四) 中毒性肝病型

造成此型中毒的毒蕈包括白毒伞、毒伞和鳞柄白毒伞（又称为毒蛾膏），这类毒蕈含有毒伞肽和毒肽，属于环肽类中分子物质，化学性比较稳定，耐高温和干燥，一般烹调并不能将其破坏，食入一只50g的毒伞即可使人致死。毒肽的作用部位主要是肝细胞的内质网，食入大量含有毒肽类的毒蕈可以在1～2小时内引起死亡。而毒伞肽直接作用于细胞核，其抑制RNA聚合酶，减少肝糖原的生成，导致肝细胞的迅速坏死，也可造成心、肾和脑组织损害，毒肽的作用相对较慢，一次大量食入毒蕈者常常在15小时内死亡。毒伞肽的毒力是毒肽的10～20倍。在我国南方，灰花纹鹅膏和亚稀褶黑菇是引起中毒死亡的主要毒蕈。此型中毒病情凶险，病死率较高。

【临床表现】

中毒后的临床表现因为食入的毒蕈种类不同而各异，一般是以某个系统的症状为主，兼有其他系统的表现。早期都可以表现有消化道症状，而严重的患者还可出现多脏器功能障碍的表现。有少数患者表现复杂而分型困难，根据常见表现一般分为以下4型：

(一) 胃肠炎型

食入毒蕈后出现症状的潜伏期较短，一般为0.5～6小时。表现为腹痛、腹泻、恶心和剧烈的呕吐，轻者持续时间短，恢复较快。严重者因为呕吐和腹泻重，持续时间长，引起严重的脱水和电解质紊乱、低血容量，甚至造成休克而死亡。轻型的胃肠炎型中毒一般预后较好。

(二) 神经、精神型

发病的潜伏期一般是1～6小时，除了胃肠道症状之外，还会出现毒蕈样症状，例如出汗、流泪、流涎、心动过缓和瞳孔缩小等，少数患者可出现谵妄、幻觉，甚至被害幻想而杀人或自杀等，或其他类似精神分裂症样的表现。还有些患者以癫痫症状为特点，脑电图检查可发现δ波和θ波，并有较多的棘波、尖波等癫痫病所具有的脑电图特征。

(三) 中毒性肝炎型

患者在出现胃肠道症状后可以有1～2天的假愈期，这时患者只是感到有些乏力，没有明显的其他不适，但血清转氨酶水平已经开始升高。此后逐渐出现腹部不适、食欲不振、肝区疼痛，恶心、呕吐；肝大，压痛，并逐渐出现黄疸和出血；凝血酶原时间延长。轻者经过治疗2～3周后进入恢复期，少数患者因为肝昏迷、消化道大出血和呼吸衰竭而死亡。死亡患者的肝显著缩小，切面呈槟榔状，有大片的肝细胞坏死，肝细胞索支架塌陷，肝小叶结构破坏，肝窦扩张，星状细胞增生或有肝细胞脂肪变性等。此型患者以肝损害最为严重，也可以伴有其他脏器，包括脑、心和肾的损伤。少数患者还可以出现少尿、蛋白尿、血尿、管型尿，甚至无尿等急性肾功能不全的表现，血清肌酐、尿素氮明显升高，也可表现为心律失常等心肌炎的症状。

(四) 中毒性溶血型

此型的潜伏期一般稍长，在发病1～2天后出现进行性贫血、血红蛋白尿，伴有逐渐加重的黄疸。因红细胞溶解，肌肉溶解引起急性肾功能不全和肝脏的损害，危及生命。少数致继发性血小板减少，而出现出血倾向。

【诊断及鉴别诊断】

根据病史，有采摘和食用非正常渠道获得鲜蘑菇史，同食者群体相继发病，首先出现消化道症状，且症状类似，即要考虑毒蕈中毒。将食余的蘑菇进行化学鉴定，或试验性喂食动物，可证实其毒性而做出诊断。根据临床特点和发病经过做出临床分型诊断，有助于治疗和判断患者预后。因为多数患者有呕吐和腹泻等症状，需要与急性胃肠炎、痢疾和消化不良相鉴别。尤其是个体发病者。有黄疸和肝大者需要与病毒性肝炎鉴别。在鉴别诊断时询问食用史十分重要。

【治疗】

（一）清除体内毒物

用 1:5000 的高锰酸钾溶液、1‰~4‰的鞣酸溶液、0.5%活性炭悬浮液或浓茶水进行洗胃。剧烈呕吐者可以不必洗胃，给予口服活性炭 1~2g/kg。口服硫酸镁 30g 导泻，或洗胃结束后从胃管内注入。也可用温肥皂水进行高位灌肠，尤其是已经食入 24 小时以上的患者，以清除肠内毒物。输液利尿有利于血液中已经吸收毒物的代谢排出。对严重的患者，及合并有脏器功能衰竭的患者进行血液灌流和血液透析治疗。

（二）解毒药

抗胆碱类药物的应用，主要是应用阿托品对抗毒蕈碱样症状，根据病情皮下注射 0.5~1.0mg，每 15 分钟一次，直至瞳孔扩大，光反应迟钝，心率增快；症状控制后，减少阿托品应用剂量，并延长给药间隔时间。病情严重的患者也可首先静脉给药，待病情控制后改为肌肉注射。阿托品有助于缓解腹痛、恶心和呕吐的症状，对心肌损害出现的房室传导阻滞也具有一定的作用。巯基类络合剂，毒伞、白毒伞等毒蕈中毒用阿托品治疗常差，一般选用巯基类络合剂治疗，其可以结合毒素，切断毒素中的硫醚键，使毒素的毒性减弱，甚至恢复部分已与毒素结合的酶的活力，从而减轻对机体的损害，保护体内巯基酶的活力。常用药物包括：5%二巯丙磺钠溶液 5ml 肌肉注射，或加入 20ml 葡萄糖溶液中缓慢静脉注射，轻者每日 2 次，严重者每 6 小时一次，症状缓解后改为每日 2 次，5~7 天为一疗程。二巯丁二钠 0.5~1g，首次加倍。用注射用水 10~20ml 稀释后缓慢静脉注射，每 1~2 小时一次，用 4~5 次后，改为每 6 小时一次，症状缓解后改为每日注射 2 次，5~7 天为一疗程。

（三）对症治疗

糖皮质激素适用于溶血型毒蕈中毒及其他重症中毒病例，特别是有中毒性心肌炎、中毒性脑炎、严重肝损害并有出血倾向的患者。用细胞色素 C 改善中毒症状；应用维生素 K_1 增加凝血因子的合成，以防止弥散性血管内凝血的发生。出现溶血症状的患者，加用 5%的碳酸氢钠 250ml 静脉滴注，每天 1~2 次。对各型中毒的肠胃炎期，应积极补液，纠正脱水、酸中毒和电解质紊乱。对有严重肝损害者应给予肝细胞生长素，促进肝细胞的修复。对有精神症状或有惊厥者应予镇静或抗惊厥治疗。对中毒性精神症状者，应注意监护，防止发生伤人或自伤。

【预后】

中毒患者的预后取决于摄入毒蕈的种类，摄入量和中毒后就诊时间等，一般老人和儿童对毒蕈的耐受性差，病情经过严重而预后不良。中毒性肝炎型病例的死亡率高，达 50%~90%。其他各型经过积极治疗，多数预后较好。

【预防】

不宜随便采摘和食用野生蕈。毒蕈一般色彩鲜艳，有斑、疣、沟裂和蕈环、蕈托，或外观奇异。但没有经验的人很难将其与无毒蕈区别，建议一旦发生中毒现象，对同食尚未发病的人也应采取措施，例如洗胃、催吐等排毒治疗，可以防止发病或减轻症状。

二、乌头碱类植物中毒

乌头是毛茛科植物乌头的块根，乌头碱中毒多数是因为过量服用了含有乌头碱的中药引起，主要表现为对神经系统和心脏有麻痹作用的临床症状。

【病因和发病机制】

其植物的主根是乌头，支根为附子。同科的植物还包括草乌头、搜山虎、铁棒锤、黄花乌头和落地金钱等。乌头的全部均有毒性，其毒性依次为根、种子、叶。其主要化学成分是生物碱，包括乌头碱、中乌头碱、次乌头碱、苯甲酰中乌头原碱、氨基酚、消旋去甲乌药碱等二萜类生物碱，经过炮制的乌头，其生物碱含量降低。经煎煮后，乌头碱分解成毒性较低的苯酰乌头原碱和乙酸。煎煮3~4小时后乌头碱几乎全部分解。中毒剂量依次为川乌3~90g、乌头碱0.2mg、乌头碱的致死量是2~4mg。炮制不当或误服过量是造成中毒的主要原因，也可经过破损的皮肤吸收中毒。用乌头浸酒饮用也是中毒的原因之一。

乌头碱对神经系统的作用主要是先兴奋后麻醉，对心脏是通过刺激迷走神经抑制窦房结、房室结和对心肌的直接作用，从而导致各种心律失常。乌头碱具有强心作用，使心肌收缩力增强，然而因其致心律失常作用的结果会使心脏射血减少，甚至心脏停搏。乌头碱具有舒张血管的作用，使血压降低；也有报道，高浓度的乌头碱具有收缩血管作用。

【临床表现】

口服中毒者可在数分钟内出现中毒症状，部分在数小时后发病，大约50%患者在30分钟内发病。轻者表现为四肢麻木、颤抖而不能活动，并逐渐累及全身。头昏、视力模糊、言语不清、恶心、呕吐、流涎、胸部紧迫感。严重者在此症状基础上，还表现为出汗、烦躁不安、四肢痉挛、呼吸困难、频繁咳嗽、口唇发绀和肺内湿啰音等；还可感胸闷、心悸、心慌气短，有心动过缓或过速、室性早搏、血压下降、面色苍白、四肢厥冷和心功能不全的表现；心电图可见多源性期前收缩、房室传导阻滞。患者可因为抽搐、室颤、室性停搏或呼吸衰竭而死亡。

【诊断】

有服用乌头类药物史，煎煮时间过短，生服或与酒浸泡服用者。很快出现循环系统和神经系统症状。心电图表现为心动过缓，多源性早搏、房室传导阻滞、低电压、ST段改变和T波低平等。

【治疗】

(一) 立即催吐、洗胃

选用吐根糖浆、1:5000高锰酸钾溶液，或生理盐水进行洗胃。洗胃后给予胃管内注入活性炭悬液，成年人用50~100g，儿童1~2g/kg。对就诊比较晚的患者应给予2%的盐水高位灌肠。

(二) 抗心律失常治疗

心率缓慢的患者给予阿托品0.5~1.0mg静脉注射，每15~30分钟一次。轻者可以用1.0~2.0mg皮下或肌肉注射，4~6次/天，直至心律恢复正常。阿托品除了具有抗心律失常作用之外，对缓解流涎和呕吐具有积极的作用。有频发室性早搏或阵发性室性心动过速者可应用利多卡因50~100mg稀释后静脉输注，如果效果不明显，可用原1/2的剂量再次注入，随后以1mg/ml的浓度持续静脉滴入，注意静脉注射1小时内最大负荷量为4.5mg/kg（或300mg）。也可选用胺碘酮，按照5mg/kg的剂量，加入250ml液体中静脉滴注20分钟以上，24小时内可以重复2~3次。出现尖端扭转型室速者，一般需要直流电除颤治疗。缓慢型心律失常，包括严重房室传导阻滞，应用阿托品效果不满意者可使用异丙肾上腺素，甚至加用临时起搏器治疗。

(三) 对症治疗

有呼吸困难者给予吸氧和呼吸兴奋剂，根据情况及时加用机械通气治疗。对昏迷的患者加强护理，有痉挛症状者及时应用镇静剂。对低血压休克的患者积极补液，既可以补充血容量，还有利于毒物的排出。

三、发芽马铃薯中毒

马铃薯又称土豆或山芋，是人们经常食用的食品，未成熟的马铃薯或已经发芽的根部含有有毒物质，食入后可引起中毒。

【病因和发病机制】

未成熟的青紫皮和发芽的马铃薯含有毒茄碱、龙葵碱、糜蛋白酶、胰蛋白酶和细胞凝集素等。龙葵碱具有溶血性和腐蚀性，对神经系统尤其是呼吸中枢具有抑制作用。紫皮马铃薯或发芽马铃薯含有龙葵碱达25~60mg，最高可达430mg，是成熟马铃薯的数十倍。这类物质遇醋酸极易分解，且溶于水，高热和煮透可以使毒性降低。

【临床表现】

食入后可在10分钟至数小时发病。先有咽喉部痒和灼热感，随后出现恶心、呕吐、腹痛和腹泻等消化道症状。轻的患者一般1~2天可以恢复。严重的患者出现兴奋不安等神经症状，逐渐出现抽搐、昏迷，甚至因呼吸中枢抑制而死亡。

【治疗】

立即用1:5000的高锰酸钾或浓茶洗胃。洗胃后口服液体石蜡或食用油导泻。尽可能排出肠道未吸收的毒物。没有特效的解毒药物，主要针对症状治疗，呕吐、腹泻严重的患者及早补液，纠正脱水和电解质紊乱。存在呼吸困难的患者给予吸氧和呼吸兴奋剂治疗，必要时应用机械通气，等待毒物的排出和症状恢复后停用呼吸机。

【预后】

预后与食入量和就诊时间有关，有少数中毒死亡的病例报道，但及早就诊，多数患者预后较好。

【预防】

不食用未成熟的青紫皮和发芽马铃薯，少量发芽的马铃薯应深挖去发芽的根部，放入水中浸泡30分钟以上，经充分煮透方可食用，但不要食用汤汁，在烹饪时加入少许食用醋，可促进毒物分解，从而减少毒性。

四、亚硝酸盐中毒

多数是由于进食较多腌制的咸菜、蒸锅水引起中毒，也有因为误食工业用防冻剂-亚硝酸盐引起中毒。

【病因和发病机制】

新鲜腌制的咸菜和变质的韭菜、菠菜、萝卜等蔬菜中含有较多的硝酸盐，在肠道细菌的作用下变成亚硝酸盐，被肠道吸收后中毒。亚硝酸盐是一种氧化剂，在体内可以使含有二价铁的血红蛋白氧化成含有三价铁的高铁血红蛋白，丧失携氧能力，当血液中高铁血红蛋白达到20%以上时，既可引起组织缺氧，从而出现症状。因为脑组织对缺氧最为敏感，容易出现神经系统损害的表现。

【临床表现】

食入后可在数分钟至3小时内发病，轻者表现为心慌、气短、呼吸困难和口唇呈现特有的巧克力色等；重者可出现虚汗、休克和昏迷，全身皮服呈巧克力色改变，甚至因心肌损害、脑神经损害而死亡。

【治疗】

发现中毒的患者，应立即给予吸高浓度的氧，轻症的患者休息，口服含糖的饮料和维生素C即可，可在1~3天内恢复。严重者可用氧化还原剂亚甲蓝（美蓝）治疗，其可以将高铁血红蛋白还原成血红蛋白，用1%的亚甲蓝溶液5~10ml，稀释于25%葡萄糖溶液20~40ml中静脉滴注，一般可以在30~60分钟皮肤颜色消退，如果1小时后青紫仍然没有消退者，可以重复上述剂量。昏迷的患者可给予阿片受体拮抗药纳洛酮治疗，出现呼吸抑制者在应用呼吸兴奋剂效果不满意者应及早应用机械通气治疗。

【预后】

多数患者预后较好，少数食入量大且就诊较晚的患者，因高铁血红蛋白过高可致严重缺氧和休克而死亡。

【预防】

避免食用陈腐的蔬菜、新鲜腌制的咸菜,尤其是腌制 5~8 天的咸菜中含有的硝酸盐量最高。因为工业用防冻剂亚硝酸盐与食用盐十分相似,具有类似的咸味,容易误食,对其应严加管理。

(王旭东)

参考文献

1. 陆再英、钟南山主编. 内科学. 第七版. 北京:人民卫生出版社,2008.
2. Kasper DL, Braunwald E, Fauci AS, et al. Harrison's principles of internal medicine. 16th ed. New York: McGraw-Hill, 2005.
3. Goldman L, Ausiello D. Cecil Textbook of Medicine. 23rd ed. Philadelphia: Saunders Company, 2008.
4. Stone CK, Humphries R. Current Diagnosis & Treatment Emergency Medicine, 6th ed. New York: McGraw-Hill, 2008.
5. Ge RL, Hackett P. Life on the Qinghai-Tibetan plateau. Beijing: Peking University Medical Press, 2007.
6. 任引津. 实用急性中毒全书. 北京:人民卫生出版社,2006.
7. 何忠杰,任国军,张宪等. 北方城市蛇伤的网络防治调查. 中国全科医学杂志,2007,10(17):1453-1455.
8. KRAPEZ JR, COLE P. The management of acute poisoning. Anaesthesia, 2008, 32 (5): 494-498.
9. Roberts DM, Aaron CK. Management of acute organophosphorus pesticide poisoning. BMJ, 2007, 334 (7594): 629-634.
10. Peter J, John G. Management of acute organophosphorus pesticide poisoning. Lancet, 2008, 371 (9631): 2170-2170.

索　引

Alport 综合征（Alport syndrome）　522，570
Bartter 综合征（Bartter syndrome）　574
Churg-Strauss 综合征（Churg-Strauss syndrome，CSS）　916
Conn 综合征（Conn syndrome）　806
CT 肺动脉造影（computed tomographic pulmonary arteriography，CTPA）　91
Fabry 病（Fabry disease）　572
Gitelman 综合征（Gitelman syndrome）　575
Gordon 综合征（Gordon syndrome）　575
Graves 病（Graves'disease，GD）　775
Hamman-Rich 综合征（Hamman-Rich Syndrome）　118
HIV 相关肾病（HIV associated nephropathy，HIVAN）　547
IgA 肾病（IgA nephropathy）　531
Liddle 综合征（Liddle syndrome）　575
Ménétriér 病（Ménétriér disease）　399
SLE 病情活动指数（systemic lupus erythematosus disease activity index，SLEDAI）　889
Wegener 肉芽肿（Wegener's granulomatosis，WG）　917
Williams 综合征（Williams syndrome）　245
Wolf-Parkinson-White 综合征（WPW 综合征）　218

A
艾森门格综合征（Eisenmenger's syndrome）　244

B
白血病（leukemia）　667
伴癌综合征（paraneoplastic syndrome）　470
贝赫切特病（Behcet's disease，BD）　918
钡剂食管排空指数（esophageal emptying index）　391
贲门失弛缓症（achalasia）　388
闭塞性细支气管炎伴机化性肺炎（bronchiolitis obliterans organizing pneumonia，BOOP）　117
变异型心绞痛（prinzmetal variant angina pectoris）　277
变应性支气管肺曲菌病（allergic bronchopulmonary aspergillosis，ABPA）　128
病情缓解抗风湿药（disease-modifying antirheumatic drugs，DMARDs）　882
病态窦房结综合征（sick sinus syndrome，SSS）　208
薄基底膜肾病（thin basement membrane nephropathy，TBMN）　571
不稳定型心绞痛（unstable angina pectoris）　277
布夏尔结节（Bouchard nodule）　926

C
产后甲状腺炎（postpartum thyroiditis，PPT）　792
肠结核（intestinal tuberculosis）　432
肠易激综合征（irritable bowel syndrome，IBS）　446
常染色体显性遗传型多囊肾（autosomal dominant polycystic kidney disease，ADPKD）　575
常染色体隐性遗传型多囊肾（autosomal recessive polycystic kidney disease，ARPKD）　576
陈旧性心肌梗死（old myocardial infarction，OMI）　283
出血（hemorrhage）　386
出血性膀胱炎（hemorrhagic cystitis，HC）　742
出血性疾病（hemorrhagic disease）　710
初发劳力型心绞痛（recent onset angina pectoris）　277
垂体瘤（pituitary tumors）　750
垂体性侏儒症（pituitary dwarfism）　761

D
大不列颠群岛狼疮评估组指数（British Isles Lupus Assessment Group，BILAG）　889
大肠癌（carcinoma of large intestine）　440
大动脉炎（Takayasu arteritis，TA）　912
单纯肺动脉狭窄（isolated pulmonic stenosis）　242
单纯性甲状腺肿（simple goiter）　772
蛋白尿（proteinuria）　516
低密度脂蛋白胆固醇（low-density lipoprotein-cholesterol，LDL-C）　845
低体温（hypothermia）　1002
低通气综合征（hypoventilation syndrome）　156
低血糖症（hypoglycemia）　843
骶髂关节炎（sacroiliitis）　895
地中海贫血（Mediterranean anemia）　648
电击伤（electrical injury）　1015
动脉导管未闭（patent ductus arteriosus，PDA）　239
动脉粥样硬化性肾动脉狭窄（atherosclerotic renal artery stenosis，ARAS）　560
动态血压监测（ambulatory blood pressure monitoring，ABPM）　254
冻僵（frozen stiff）　1002
窦房传导阻滞（sinoatrial block）　207
窦性停搏（sinus pause or sinus arrest）　207
窦性心动过缓（sinus bradycardia）　206
窦性心动过速（sinus tachycardia）　206
窦性心律不齐（sinus arrhythmia）　207

毒蛇咬伤（venomous snake bite） 1041
多瓣膜病（multivalvular heart disease） 325
多发性骨髓瘤（multiple myeloma） 698
多发性肌炎（polymyositis） 901
多发性内分泌腺瘤病（multiple endocrine neoplasia, MEN） 827
多器官功能障碍综合征（multiple organ dysfunction syndrome, MODS） 972

E

恶化劳力型心绞痛（accelerated angina pectoris） 277
恶性高血压（malignant hypertension） 265
恶性高血压肾硬化症（malignant hypertensive nephrosclerosis） 559
二尖瓣关闭不全（mitral incompetence, MI） 317
二尖瓣狭窄（mitral stenosis, MS） 312

F

法洛四联症（tetralogy of Fallot） 243
反食（regurgitation） 389
房室传导阻滞（atrioventricular block） 227, 296
房室交界区性期前收缩（premature atrioventricular junctional beats） 213
房室交界区逸搏（AV junctional escape beats） 214
房室结内折返性心动过速（atrioventricular nodal reentrant tachycardia, AVNRT） 215
房室折返性心动过速（atrioventricular reentrant tachycardia, AVRT） 216
房性期前收缩（atrial premature beats） 209
房性心动过速（atrial tachycardia） 210
仿真内镜（virtual endoscopy, VE） 504
非ST抬高型心肌梗死（non-ST-elevated myocardial infarction, NSTEMI） 282
非霍奇金淋巴瘤（non-Hodgkin lymphoma, NHL） 690
非特异性间质性肺炎（nonspecific interstitial pneumonia, NSIP） 116
非甾体抗炎药（nonsteroidal antiinflammatory drugs, NSAIDs） 882
非阵发性交界性心动过速（nonparoxysmal AV junctional tachycardia） 214
肥厚型心肌病（hypertrophic cardiomyopathy, HCM） 340
肥厚性高酸分泌性胃病（hypertrophic hypersecretory gastropathy） 399
肥胖症（obesity） 853
肺癌（lung cancer） 131
肺动脉瓣关闭不全（pulmonary valve incompetence, PI） 324
肺动脉瓣狭窄（pulmonary valve stenosis, PS） 323
肺动脉高压（pulmonary hypertension, PH） 97

肺动脉造影（pulmonary arteriography, PA） 92
肺结核病（pulmonary tuberculosis, pulmonary TB） 48
肺淋巴管平滑肌瘤病（PLAM） 129
肺毛细血管嵌压（pulmonary wedge capillary pressure, PWCP） 284
肺泡蛋白沉积症（PAP） 130
肺栓塞（pulmonary embolism, PE） 88
肺血栓栓塞症（pulmonary thromboembolism, PTE） 88
肺炎（Pneumonia） 25
肺源性心脏病（cor pulmonale） 100
风湿性疾病（rheumatic diseases） 872
复苏（resuscitation） 985
副癌综合征（paraneoplastic syndrome） 415
腹膜透析（peritoneal dialysis, PD） 599, 603
腹膜炎（peritonitis） 603

G

干燥综合征（Sjogren's syndrome, SS） 906
肝肺综合征（hepatopulmonary syndrome, HPS） 465
肝静脉闭塞病（hepatic veno-occlusive disease, HVOD） 742
肝肾综合征（hepatorenal syndrome, HRS） 464
肝性脑病（hepatic encephalopathy, HE） 464, 476
肝硬化（hepatic cirrhosis） 460, 469
感染性心内膜炎（infective endocarditis, IE） 328
高密度脂蛋白胆固醇（high density lipoprotein-cholesterol, HDL-C） 845
高尿酸血症（hyperuricemia） 856
高通气综合征（hyperventilation syndrome） 157
高血压急症（hypertensive emergencies） 264
高血压脑病（hypertensive encephalopathy） 265
高血压肾硬化症（hypertensive nephrosclerosis） 559
高血压危象（hypertensive crises） 264
高血压亚急症（hypertensive urgencies） 264
高原病（diseases of high altitude） 1005
高原肺水肿（high altitude pulmonary edema, HAPE） 1007
高原脑水肿（high altitude cerebral edema, HACE） 1009
高原心脏病（high altitude heart disease, HAHD） 1013
高原性肺动脉高压（high altitude pulmonary hypertension, HAPH） 1013
高脂蛋白血症（hyperlipoproteinemia） 845
高脂血症（hyperlipidemia） 845
功能性便秘（functional constipation） 449
功能性胃肠病（functional gastrointestinal disorders, FGIDs） 443
功能性消化不良（functional dyspepsia, FD） 444
骨关节炎（osteoarthritis, OA） 925
骨软化症（osteomalacia） 594
骨髓增生异常综合征（myelodysplastic syndromes,

MDS) 661
骨髓增殖性肿瘤（myeloproliferative neoplasms, MPNs） 702
骨质疏松症（osteoporosis, OP） 865
冠状动脉性心脏病（coronary artery disease, CAD） 267
冠状动脉造影（coronary angiography, CAG） 298
冠状动脉粥样硬化性心脏病（coronary atherosclerotic heart disease） 267
冠状动脉综合征（acute coronary syndrome, ACS） 282
硅沉着病（silicosis） 129
过敏性肺炎（hypersensitivity pneumonitis） 125
过敏性紫癜（allergic purpura） 714

H

赫伯登结节（Heberden nodule） 926
红细胞平均体积（mean corpuscular volume, MCV） 613
红细胞平均血红蛋白含量（mean corpuscular hemoglobin, MCH） 613
红细胞平均血红蛋白浓度（mean corpuscular hemoglobin concentration, MCHC） 613
红细胞渗透脆性（erythrocyte osmotic fragility） 644
红细胞渗透脆性试验（erythrocyte osmotic fragility test） 646
呼吸困难（dyspnea） 162
呼吸衰竭（respiratory failure） 159
化学性胃炎（chemical gastritis） 399
霍奇金淋巴瘤（Hodgkin lymphoma, HL） 685

J

急进性肾小球肾炎（rapidly progressive glomerulonephritis, RPGN） 519
急性肺水肿（acute pulmonary edema） 187, 315
急性肺损伤（acute lung injury, ALI） 165
急性风湿热（acute rheumatic fever, ARF） 326
急性冠脉综合征（acute coronary syndrome, ACS） 278
急性呼吸窘迫综合征（acute respiratory distress syndrome, ARDS） 165
急性呼吸衰竭（acute respiratory failure） 159
急性结节病（Löfgren's syndrome） 121
急性酒精中毒（acute alcoholic intoxication） 1039
急性淋巴细胞白血病（acute lymphoblastic leukemia, ALL） 673
急性气管-支气管炎（acute tracheobronchitis） 23
急性上呼吸道感染（acute upper respiratory tract infection） 19
急性肾衰竭（acute renal failure, ARF） 584
急性肾损伤（acute kidney injury, AKI） 584
急性肾小球肾炎（acute glomerulonephritis） 517
急性肾炎综合征（acute nephritic syndrome） 517
急性肾盂肾炎（acute pyelonephritis） 580
急性髓细胞白血病（acute myeloid leukemia, AML） 667
急性胃炎（acute gastritis） 393
急性心包炎（acute pericarditis） 350
急性心肌梗死（acute myocardial infarction, AMI） 282
急性心力衰竭（acute heart failure） 185, 202
急性胰腺炎（acute pancreatitis, AP） 481
急性再生障碍贫血（acute aplastic anemia, AAA） 628
急性镇静催眠药中毒（acute sedative-hypnotic poisoning） 1034
急性中毒综合征（acute poisoning syndrome） 1022
继发性高血压（secondary hypertension） 251
加速性心室自主节律（accelerated idioventricular rhythm, AIVR） 225
家族性扩张型心肌病（familial dilated cardiomyopathy） 339
甲状旁腺功能减退症（hypoparathyroidism） 823
甲状旁腺功能亢进症（hyperparathyroidism） 817
甲状腺癌（thyroid carcinoma） 796
甲状腺毒症（thyrotoxicosis） 775
甲状腺功能减退症（hypothyroidism） 784
甲状腺功能亢进症（hyperthyroidism） 775
甲状腺腺癌（thyroid carcinoma） 795
甲状腺腺瘤（thyroid adenoma） 795
甲状腺炎（thyroiditis） 787
尖端扭转型室性心动过速（torsades de pointes, TdP） 225
间质性肺炎（interstitial pneumonitis, IP） 743
胶囊内镜（capsule endoscopy, CE） 504
结核病（tuberculosis） 48
结核病控制策略（directly observed treatment short-course, DOTS） 56
结核性腹膜炎（tuberculous peritonitis） 435
结核性胸膜炎（tuberculosis pleurisy） 55, 59, 146
结节病（sarcoidosis） 119
结节性多动脉炎（polyarteritis nodosa, PAN） 914
戒断综合征（withdrawal syndrome） 1034
经皮肺动脉瓣球囊扩张术（PBPV） 247
经皮冠状动脉介入治疗（percutaneous coronary intervention, PCI） 300
经皮冠状动脉球囊成形术（percutaneous transluminal coronary angioplasty, PTCA） 301
经皮球囊二尖瓣成形术（percutaneous balloon mitral valvuloplasty, PBMV） 316
经皮主动脉瓣球囊扩张术（PBAV） 248
精氨酸加压素（arginine vasopressin, AVP） 184
酒精性心肌病（alcoholic cardiomyopathy） 345
局灶性节段性肾小球硬化（FSGS） 526

巨大肥厚性胃炎（giant hypertrophic gastritis） 399
巨人症（gigantism） 754
巨细胞动脉炎（giant cell arteritis, GCA） 913
巨幼细胞贫血（megaloblastic anemia, MA） 623

K

抗 Sm 抗体 888
抗核抗体谱（antinuclear antibody, ANAs） 875
抗利尿激素分泌失调综合征（syndrome of inappropriate antidiuretic hormone secretion, SIADH） 768
抗磷脂抗体（antiphospholipid antibody） 875
抗中性粒细胞胞浆抗体（antineutrophil cytoplasmic antibodies, ANCA） 874
克罗恩病（Crohn's disease, CD） 421, 427
克山病（Keshan disease） 347
库欣综合征（Cushing 综合征, Cushing's syndrome） 800
溃疡型肠结核（ulcerative form） 432
溃疡性结肠炎（ulcerative colitis, UC） 421, 422
扩张型心肌病（dilated cardiomyopathy, DCM） 336

L

狼疮活动测量标准（systemic lupus activity measure, SLAM） 889
狼疮危象（lupous crisis） 890
狼疮性肾炎（lupus nephritis, LN） 534
类风湿关节炎（rheumatoid arthritis, RA） 879
类风湿因子（rheumatoid factor, RF） 874, 881
冷抗体型自身免疫性溶血性贫血（cold antibody autoimmune hemolytic anemia） 653
粒细胞缺乏症（agranulocytosis） 657
连续性肾脏替代疗法（continuous renal replacement therapy, CRRT） 604
良性高血压肾硬化症（benign hypertensive nephrosclerosis） 559
淋巴瘤（lymphoma） 685
流行性感冒（influenza） 20
吕弗勒综合征（Löffler's syndrome） 128

M

慢性病毒性肝炎（chronic virus hepatitis） 453
慢性肝炎（chronic hepatitis） 452
慢性高原病（chronic mountain sickness, CMS） 1011
慢性冠状动脉性心脏病（chronic coronary artery disease, CAD） 272
慢性呼吸衰竭（chronic respiratory failure） 160
慢性间质性肾炎（CIN） 553
慢性粒细胞白血病（chronic myelogenous leukemia, CML） 678
慢性淋巴细胞白血病（chronic lymphocytic leukemia, CLL） 682
慢性淋巴细胞性甲状腺炎（chronic lymphocytic thyroiditis, CLT） 789
慢性马兜铃酸肾病（chronic aristolochic acid nephropathy, CAAN） 553
慢性肾衰竭（chronic renal failure, CRF） 590
慢性肾小球肾炎（chronic glomerulonephritis） 521
慢性肾盂肾炎（chronic pyelonephritis） 580
慢性肾脏病（chronic kidney disease, CKD） 508
慢性特发性中性粒细胞减少症（chronic idiopathic neutropenia） 657
慢性胃炎（chronic gastritis） 393, 394
慢性心力衰竭（chronic heart failure） 185, 187
慢性胰腺炎（chronic pancreatitis, CP） 490
慢性再生障碍贫血（chronic aplastic anemia, CAA） 628
慢性阻塞性肺疾病（chronic obstructive pulmonary disease, COPD） 61
门静脉高压（portal hypertension） 462
弥漫性实质性肺疾病（diffuse parenchymal lung disease, DPLD） 108
弥散性血管内凝血（disseminated intravascular coagulation, DIC） 724
膜性肾病（membranous nephropathy, MN） 526

N

钠尿素（natriuretic peptide） 183
内科学（medicine） 2
内皮素（endothelin） 184
尿崩症（diabete insipidus, DI） 764
尿路感染（urinary tract infection, UTI） 578
颞动脉炎（temporal arteritis） 913
脓毒症（sepsis） 972

O

欧洲统一狼疮损伤指数（European consensus lupus damage index, ECLAM） 889
呕吐（vomiting） 386

P

皮肌炎（dermatomyositis） 901
皮质醇增多症（hypercortisolism） 800
贫血（anemia） 612
葡萄糖-6-磷酸脱氢酶（G6PD）缺乏（glucose-6-phosphate dehydrogenase deficiency） 645

Q

气道高反应性（airway hyperresponsiveness, AHR） 75
气胸（pneumothorax） 148
器质性消化不良（organic dyspepsia, OD） 444
强直性脊柱炎（ankylosing spondylitis, AS） 895
全身炎症反应综合征（systemic inflammation reaction syndrome, SIRS） 972

缺铁性贫血（iron deficient anemia，IDA） 618
缺血性肾脏病（ischemic kidney） 563
缺血性心肌病（ischemic cardiomyopathy） 346
缺血性心脏病（ischemic heart distase，IHD） 267

R

热带型肺嗜酸性粒细胞增多症（tropical pulmonary eosinophilia） 128
人感染高致病性禽流感 A（H5N1）［avian influenza A/（H5N1）］ 37
人类白细胞抗原-B27（human leucocyte antigen-B27，HLA-B27） 875，895
溶血性贫血（hemolytic anemia） 635

S

三尖瓣关闭不全（tricuspid incompetence，TI） 322
三尖瓣狭窄（tricuspid stenosis，TS） 320
社区获得性肺炎（community acquired pneumonia，CAP） 29
射频消融（radio frequency ablation） 235
肾病综合征（nephrotic syndrome，NS） 524
肾淀粉样变性病（renal amyloidosis） 540
肾动脉栓塞（renal artery embolism） 567
肾动脉狭窄（renal artery stenosis） 563
肾动脉血栓（renal artery thrombosis） 567
肾结核（renal tuberculosis） 581
肾静脉血栓（renal vein thrombosis，RVT） 567
肾上腺皮质功能减退症（adrenocortical hypofunction） 810
肾小管酸中毒（renal tubular acidosis，RTA） 556
肾脏替代治疗（renal replacement therapy，RRT） 599
肾综合征出血热（hemorrhagic fever with renal syndrome，HFRS） 546
渗出-缩窄性心包炎（effusive-constrictive pericarditis） 354
生长激素缺乏性侏儒症（growth hormone deficiency，GHD） 761
食管癌（carcinoma of the esophagus） 384，390
食管裂孔疝（hiatus hernia） 382
食管外表现（extraesophageal manifestations） 389
食管炎（esophagitis） 389
食物反流（regurgitation） 386
室上性心律失常（supraventricular arrhythmia） 296
室性期前收缩（premature ventricular beats） 221
室性心动过速（ventricular tachycardia） 222
室性心律失常（ventricular arrhythmia） 295
嗜铬细胞瘤（pheochromocytoma） 813
收缩性心力衰竭（systolic heart failure） 186
舒张性心力衰竭（diastolic heart failure） 186
输血（blood transfusion） 616，633，732
输血反应（transfusion reaction） 734

双气囊内镜（double-balloon enteroscopy，DBE） 504
睡眠呼吸暂停/低通气综合征（sleep apnea hypopnea syndrome，SAHS） 152
缩窄性心包炎（constrictive pericarditis） 353

T

糖尿病（diabetes mellitus，DM） 833
糖尿病肾病（diabetic nephropathy，DN） 537
糖尿病酮症酸中毒（diabetic ketoacidosis，DKA） 839
糖尿病性心肌病（diabetes mellitus cardiomyopathy） 346
特发性肺动脉高压（idiopathic pulmonary artery hypertension，IPAH） 98
特发性肺含铁血黄素沉着症（idiopathic hemosiderosis，IPH） 130
特发性肺纤维化（idiopathic pulmonary fibrosis，IPF） 113
特发性血小板减少性紫癜（idiopathic thrombocytopenic purpura，ITP） 715
特发性炎症性肌病（idiopathic inflammatory myositis，IIM） 901
特异性心肌病（specific cardiomyopathies） 345
同种免疫新生儿中性粒细胞减少症（alloimmune neonatal neutropenia） 657
痛风（gout） 856
吞咽困难（dysphagia） 386，389

W

外源性过敏性肺泡炎（extrinsic allergic alveolitis，EAA） 124
危重病医学（critical care medicine，intensive care medicine） 932
危重症监护（critical care） 932
危重症医学（critical care medicine） 14
微小病变型肾病（MCD） 525
围生期心肌病（peripartum cardiomyopathy） 346
胃癌（gastric cancer） 413
胃食管反流病（gastroesophageal reflux disease，GERD） 377
胃炎（gastritis） 393
温抗体型自身免疫性溶血性贫血（warm antibody autoimmune hemolytic anemia） 652
文氏阻滞（Wenckebach block） 208
稳定型心绞痛（stable angina pectoris） 277
无创正压通气（non-invasive positive pressure ventilation，NIPPV） 164
无症状菌尿（asymptomatic bacteriuria） 578，580
无症状性或隐匿性心肌缺血（asymptomatic or silent myocardial ischemia） 278
无症状性血尿或（和）蛋白尿（asymptomatic hematuria and/or proteinuria） 523

X

吸入性肺炎（aspiration pneumonia；inhalation pneumonia） 390
系统性红斑狼疮（systemic lupus erythematosus, SLE） 885
先天性肾病综合征（congenital nephrotic syndrome, CNS） 573
显微镜下多血管炎（microscopic polyangiitis, MPA） 916
限制型心肌病（restrictive cardiomyopathy） 343
腺垂体功能减退症（hypopituitarism） 757
消化不良（dyspepsia） 444
消化道出血（gastrointestinal hemorrhage） 500
消化性溃疡（peptic ulcer） 401
心电生理检查（electrophysiological study, EPS） 234
心房颤动（atrial fibrillation） 211，315
心房间隔缺损（atrial septal defect，ASD） 238
心房扑动（atrial flutter, AF） 212
心肺脑复苏（cardiopulmonary cerebral resuscitation, CPCR） 985
心肌病（cardiomyopathy） 336
心肌梗死（myocardial infarction） 282
心肌梗死后心绞痛（post infarction angina pectoris） 277
心肌炎（myocarditis） 347
心肌重构（myocardium remodeling） 184
心绞痛（angina pectoris） 272
心律失常（arrhythmia） 205
心排血指数（cardiac index, CI） 284
心室间隔缺损（ventricular septal defect，VSD） 240
心室扑动与颤动（ventricular flutter and ventricular fibrillation） 226
心室重构（ventricular remodeling） 184
心血管病（cardiovascular disease，CVD） 178
心血管神经症（cardiovascular neurosis） 366
心血管医学（cardiovascular medicine） 178
心脏X综合征（cardiac X syndrome） 279
心脏起搏器（cardiac pacemaker） 236
心脏压塞（pericardial tamponade） 352
心脏移植（cardiac transplantation） 201
心脏再同步化治疗（cardiac resynchronization therapy, CRT） 339
心脏骤停（sudden cardiac arrest） 981
新月体性肾小球肾炎（crescentic glomerulonephritis） 520
胸骨后疼痛（retrosternal pain） 386，389
胸膜肿瘤（pleural neoplasms） 150
休克（shock） 959
血管性血友病（von Willebrand disease, vWD） 721
血管炎（vasculitides） 910
血清阴性脊柱关节病（seronegative spondylarthropathis） 894
血栓栓塞（thromboembolism） 729
血液透析（hemodialysis, HD） 599，600
血友病（hemophilia） 719
循证医学（evidence based medicine） 2

Y

亚急性甲状腺炎（subacute thyroiditis） 787
亚急性淋巴细胞性甲状腺炎（subacute lymphocytic thyroiditis） 788
亚急性无痛性甲状腺炎（subacute painless thyroiditis） 788
烟草（tabacco） 171
烟草依赖（tabacco dependence） 172
淹溺（drowning） 999
严重急性呼吸综合征（severe acute respiratory syndrome，SARS） 40
炎症性肠病（inflammatory bowel disease, IBD） 421
药物性心肌病（drug-induced cardiomyopathy） 346
医学营养治疗（medical nutrition therapy, MNT） 837
医院获得性肺炎（hospital acquired pneumonia, HAP） 33
胰腺癌（pancreatic carcinoma） 496
胰腺坏死（pancreatic necrosis） 484
胰腺假性囊肿（pseudocyst） 484
胰腺脓肿（pancreatic abscess） 484
移植物抗宿主病（graft versus host disease, GVHD） 740
遗传性球形红细胞增多症（hereditary spherocytosis） 644
乙型肝炎病毒（hepatitis B virus, HBV） 453
异常血红蛋白病（hemoglobinopathy） 648
银屑病关节炎（psoriatic arthritis, PsA） 899
隐源性机化性肺炎（cryptogenic organizing pneumonia, COP） 117
隐源性纤维化性肺泡炎（cryptogenic fibrosing alveolitis, CFA） 113
有机磷杀虫药（organophosphorous insecticides） 1026
有机磷杀虫药中毒（organophosphorous insecticides poisoning） 1027
预激综合征（preexcitation syndrome） 218
原发性肺结核（primary tuberculosis） 53
原发性肝癌（primary carcinoma of the liver） 469
原发性高血压（primary hypertension，PH） 251
原发性骨髓纤维化（primary myelofibrosis, PMF） 707
原发性甲状旁腺功能亢进症（primary hyperparathyroidism） 817
原发性醛固酮增多症（primary aldosteronism） 806
原发性血小板增多症（essential thromboythemia, ET） 705
原发性支气管源性癌（primary bronchogenic carcinoma） 131

Z

再生障碍性贫血（再障）（aplastic anemia, AA） 628

造血干细胞（hemopoietic stem cell）629
造血干细胞移植（hematopoietic stem cell transplantation, HSCT）737
增生型肠结核（hypertrophic form）432
阵发性室上性心动过速（paroxysmal supraventricular tachycardia, PSVT）215
阵发性睡眠性血红蛋白尿（paroxysmal nocturnal hemoglobinuria, PNH）654
真性红细胞增多症（polycythemia vera, PV）702
镇痛药肾病（analgesic nephropathy）555
支气管扩张症（bronchiectasis）44
支气管哮喘（bronchial asthma）74
肢端肥大症（acromegaly）754
植入型心律转复除颤器（implantable cardioverter defibrillator, ICD）339
指甲-髌骨综合征（Nail-Patella syndrome, NPS）572
致心律失常型右室心肌病（arrhythmogenic right ventricular cardiomyopathy, ARVC）344
中毒（poisoning）1019
中枢性睡眠呼吸暂停综合征（central sleep apnea syndrome, CSAS）155
中暑（heat illness）994
中性粒细胞减少症（neutropenia）657

终末期肾脏病（end stage renal disease, ESRD）599
肿瘤相关性肾小球疾病（glomerular lesions associated with neoplasia）547
重症监护治疗病房（intensive care unit, ICU）14, 932
主动脉瓣关闭不全（aortic incompetence, AI）308
主动脉瓣狭窄（aortic stenosis, AS）304
主动脉窦动脉瘤（aortic sinus aneurysm）246
主动脉夹层（aortic dissection）355
主动脉口狭窄（aortic stenosis）245
主动脉内气囊反搏（IABP）200
主动脉缩窄（coarctation of the aorta）244
紫癜（purpura）714
自发型心绞痛（spontaneous angina pectoris）277
自身免疫性肝炎（autoimmune hepatitis, AIH）457
自身免疫性甲状腺炎（autoimmune thyroiditis, AIT）789
自身免疫性溶血性贫血（autoimmune hemolytic anemia, AIHA）651
自身免疫性中性粒细胞减少症（autoimmune neutropenia）658
阻塞性睡眠呼吸暂停低通气综合征（obstructive sleep apnea hypopnea syndrome, OSAHS）152
左心室流出道梗阻（congenital left ventricular outflow obstruction）245

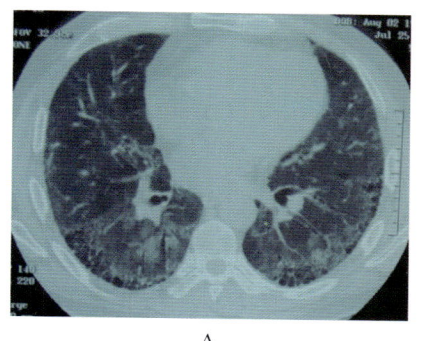
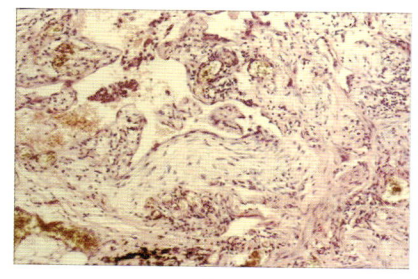

彩图 2-10-5　特发性肺纤维化的 HRCT 与病理改变

A：胸部 HRCT 显示两下肺外带胸膜下分布为主的网格蜂窝影，伴多发囊腔形成和牵拉性支气管扩张；B：组织病理学显示肺泡间隔增宽伴炎症细胞浸润和纤维组织增生，密集的纤维瘢痕区伴散在的成纤维细胞灶（HE×200）

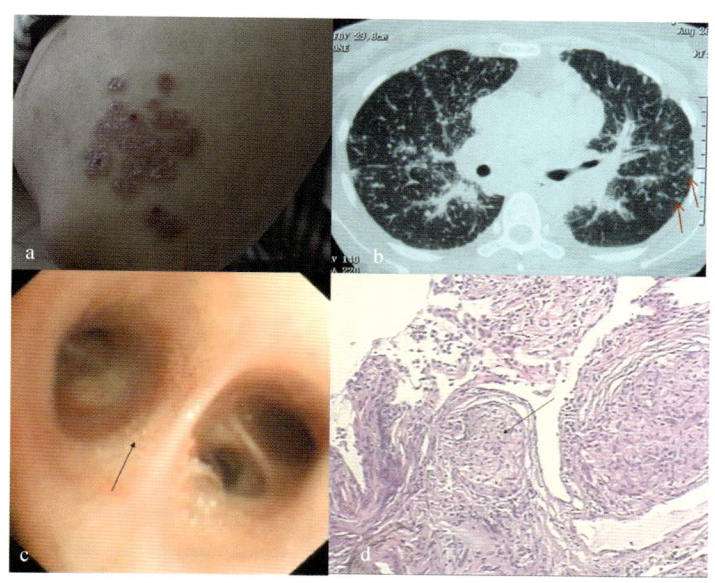

彩图 2-10-6　女性患者，36 岁，皮肤结节 16 个月，咳嗽、活动后气短 8 个月，诊断结节病

a：上肢伸侧皮肤结节；b：胸部 HRCT 显示许多微小结节沿淋巴管走行，位于支气管血管旁间质，小叶间隔和胸膜下。纵隔和肺门淋巴结肿大；c：纤维支气管镜检查显示支气管黏膜结节；d：TBLB 显示类上皮细胞组成的肉芽肿，无干酪样坏死，HE×100

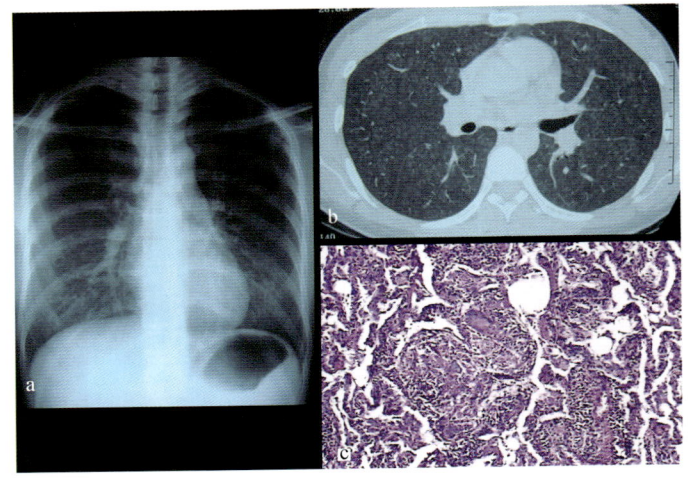

彩图 2-10-8 女性患者，31 岁，活动后呼吸困难 1 个月，家里养鸽子 20 只，诊断亚急性外源性过敏性肺泡炎

a：胸片显示双肺弥漫性分布的边界不清的结节影，中下叶肺病变更明显；b：胸部 HRCT 显示弥漫性分布的边界不清的模糊小结节影沿小叶中心和细支气管周围分布；c：TBLB 显示肉芽肿和淋巴细胞性细支气管炎，HE×200

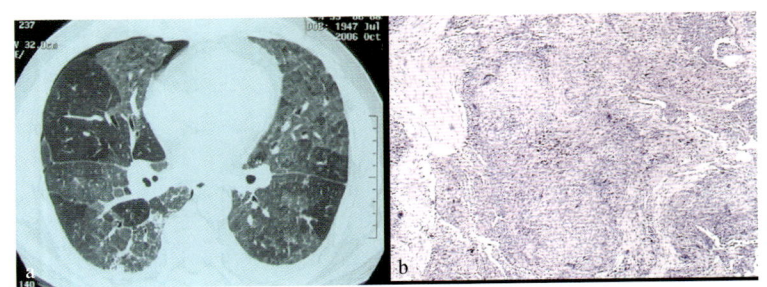

彩图 2-10-9 男性患者，61 岁，嗜养鸽子 100 只，共 10 年。出现活动后气短进行性加重 3 年，伴少许咳嗽。诊断慢性外源性过敏性肺泡炎

a：弥散分布的斑片磨玻璃样变伴小叶间隔增厚，气体陷闭征及小叶中心分布的小结节影；b：胸腔镜肺活检组织病理显示肉芽肿、细支气管炎和 UIP 样改变

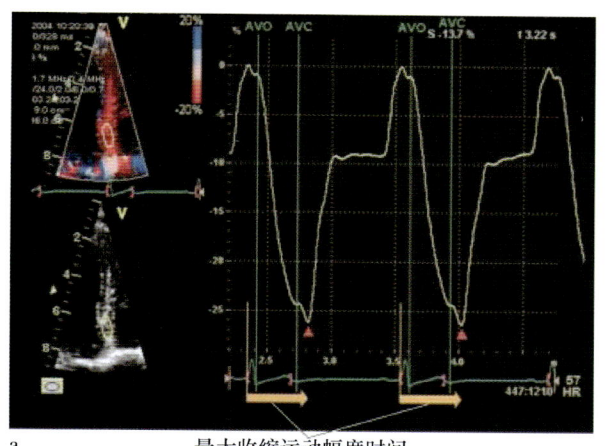
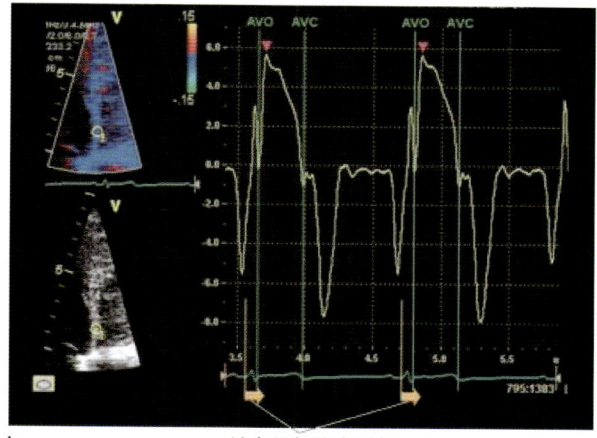

a　　　　最大收缩运动幅度时间　　　　　　　　　b　　　　最大组织速度时间

彩图 3-2-6　通过组织速度和运动幅度显像，测量心室内的不同步运动

a. 心尖四腔心切面记录的室间隔基节运动幅度。最大收缩运动幅度时间从 QRS 波起点测量到最大负值包括收缩期后的缩减术。当心肌缩减最大时，负性的运动幅度达到高峰。b. 记录室间隔基节组织速度。最大收缩速度是射血期间的正性波。最大组织速度时间从 QRS 波起点测量到正峰速度。时间间隔分成 2 到 12 段以测定心室内不同步运动

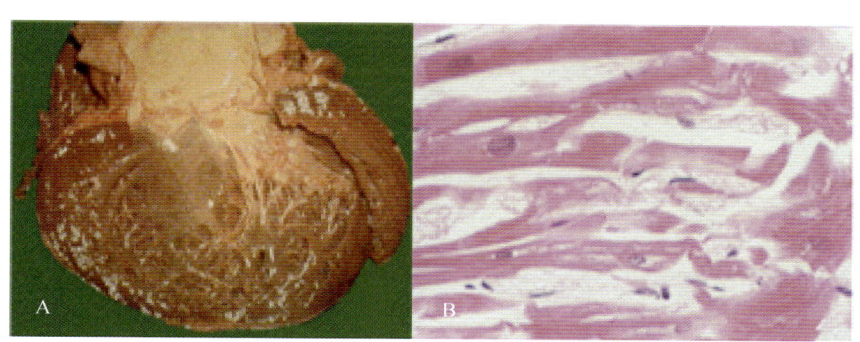

彩图 3-9-1　扩张型心肌病病理

A. 肉眼观：心室明显扩大，乳头肌扁平，肉柱呈多层交织架桥状，心尖部变薄，整个心脏呈球形。B. 光镜下：心肌纤维呈不均匀肥大，细胞核增大、浓染和畸形，间质纤维化

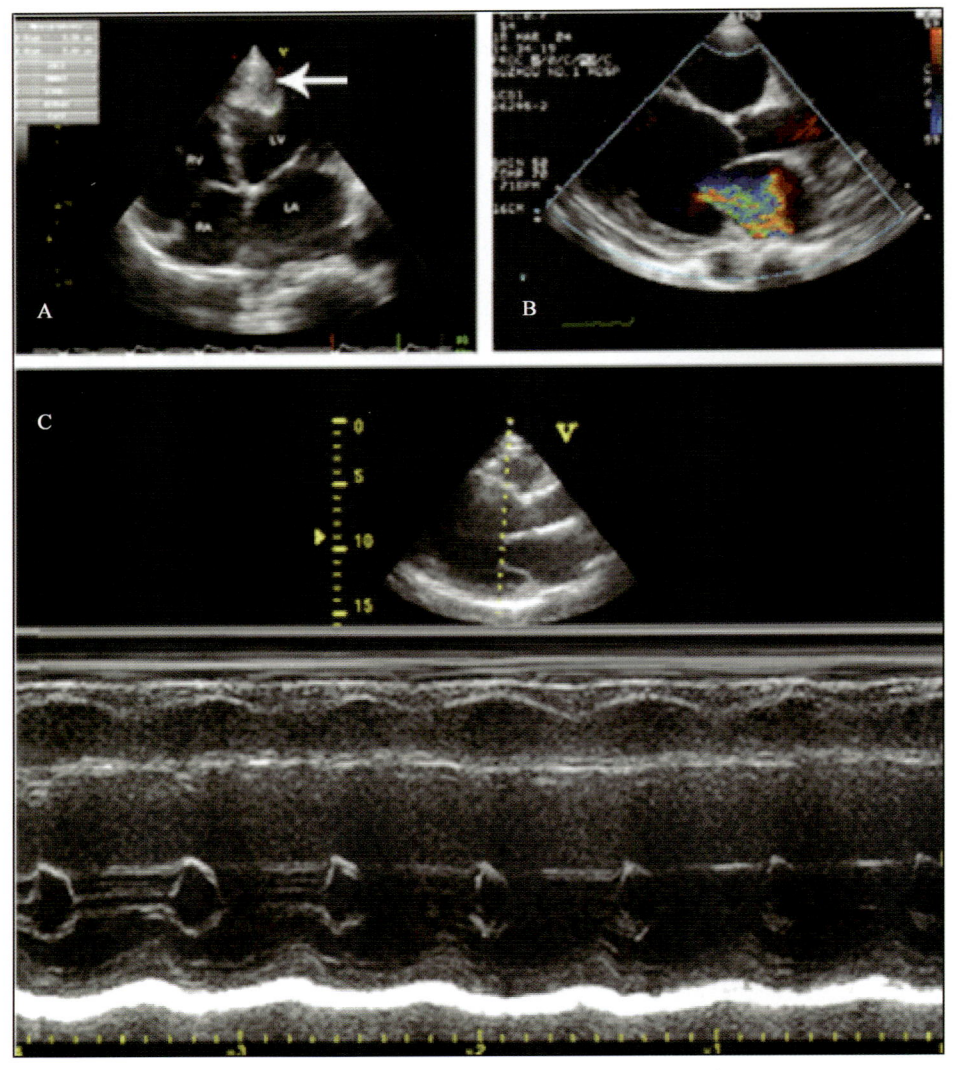

彩图 3-9-3　扩张型心肌病超声心动图表现

A. 二维超声：各心腔均增大，左心室心尖部血栓形成（箭头所示）。B. 彩色多普勒：二尖瓣反流。C. M型超声：二尖瓣活动幅度降低，活动曲线呈"钻石样"改变

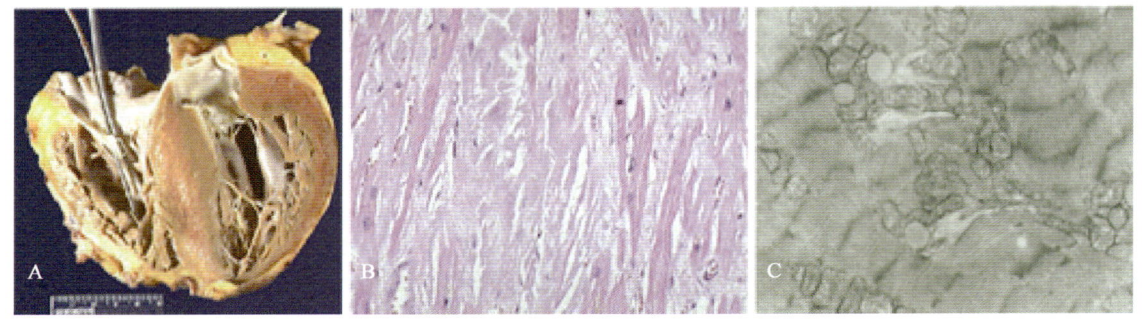

彩图 3-9-4　肥厚型心肌病病理

A. 肉眼观：心脏重量明显增加，室间隔和左心室壁显著肥厚，左心室心腔狭小。B. 光镜下：心肌纤维显著肥大，排列紊乱，心肌细胞核大深染可呈多形性畸形，心肌间质胶原纤维增生。C. 电镜：心肌细胞明显变形，细胞核增大，肌原纤维排列紊乱，线粒体肿胀、增生，溶酶体增多

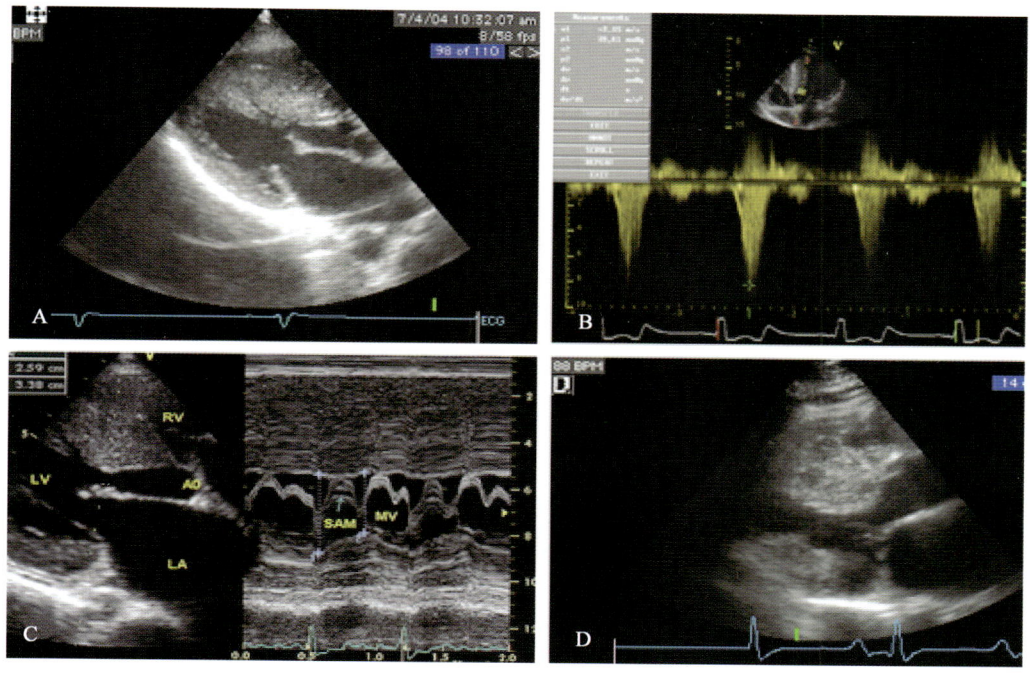

彩图 3-9-6　肥厚型心肌病超声心动图

A. 二维超声：室间隔非对称性肥厚。B. 多普勒超声：左心室流出道血流加速，频谱形态似匕首状。C. M 型超声：室间隔明显增厚，二尖瓣收缩期前移，形成 SAM 征。D. 二维超声：二尖瓣前叶收缩期前移贴近流出道

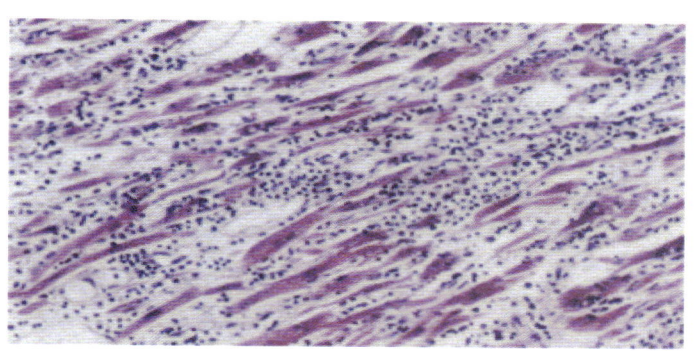

彩图 3-9-7　病毒性心肌炎病理表现

心肌间质可见炎细胞浸润，以单核细胞和淋巴细胞为主，多位于间质及小血管周围或心肌纤维变性、坏死处

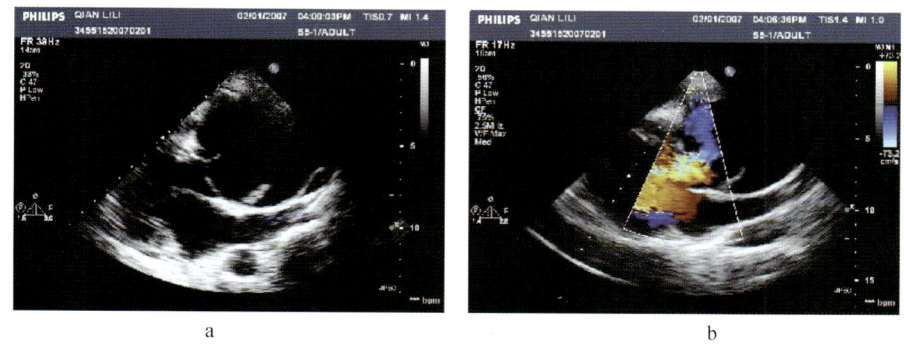

彩图 3-11-4　主动脉夹层的经胸超声心动图改变

马方综合征，DeBakey I 型急性主动脉夹层患者。a. 胸骨旁长轴，主动脉瓣窦（AS）明显扩大，左心房（LA）受压变小。主动脉后壁可见内膜撕裂（D），无冠瓣脱垂（N）。b. 彩色多普勒显示主动脉瓣严重反流

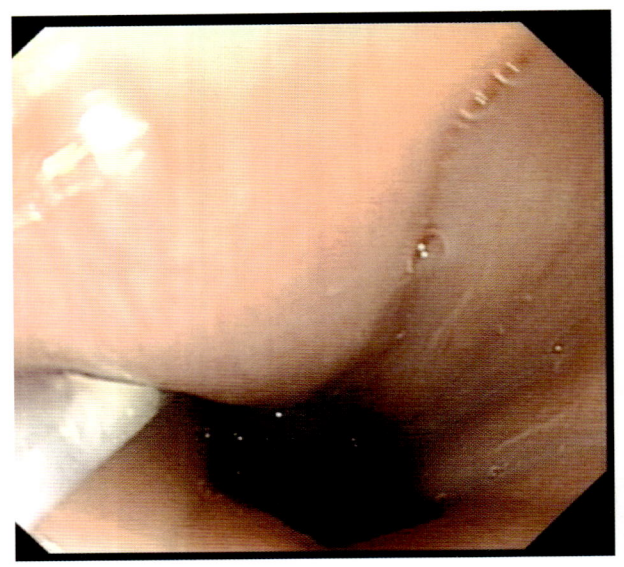

彩图 4-2-4　贲门失弛缓内镜下肉毒碱注射治疗

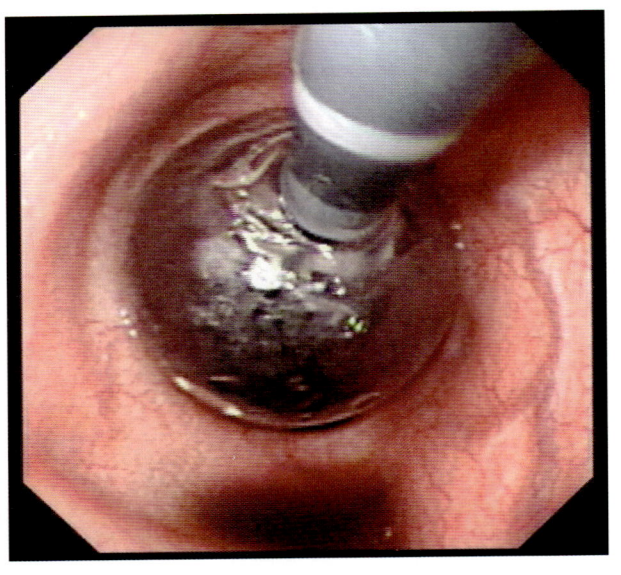

彩图 4-2-5　贲门失弛缓球囊扩张

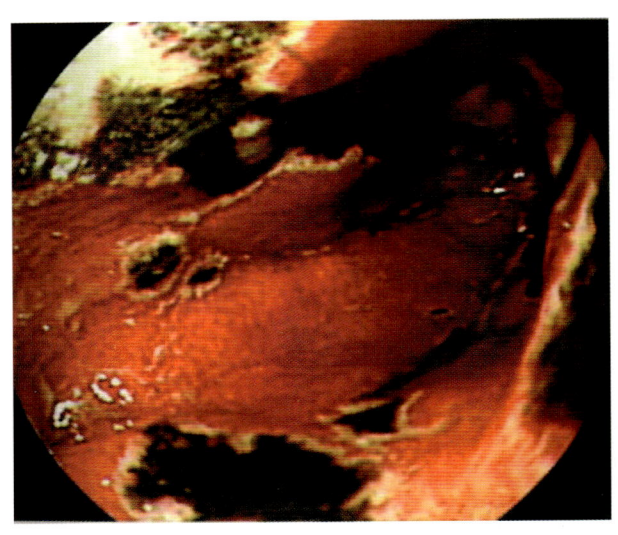

彩图 4-3-1　急性糜烂出血性胃炎

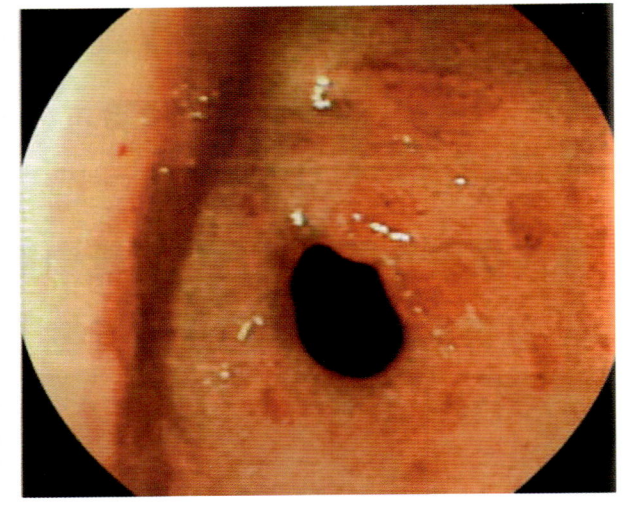

彩图 4-3-3　慢性非萎缩性胃炎

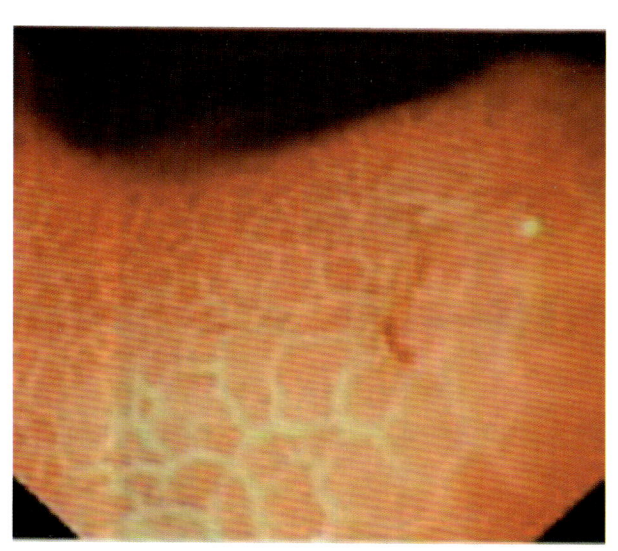

彩图 4-3-4　慢性萎缩性胃炎

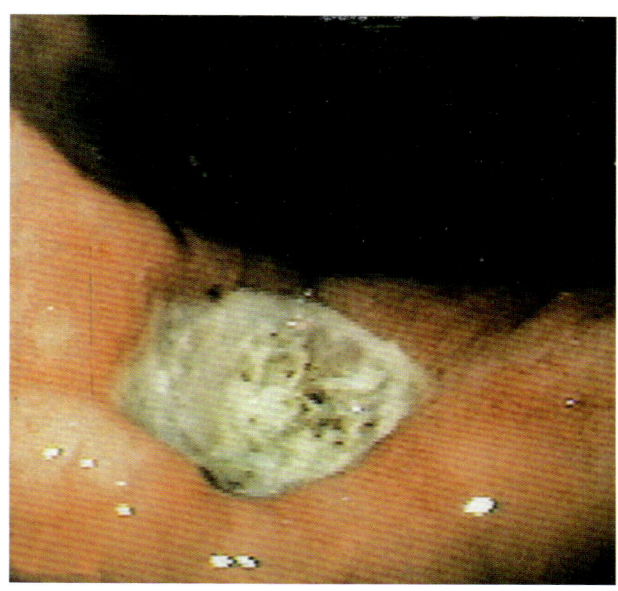

彩图 4-4-2　胃角溃疡

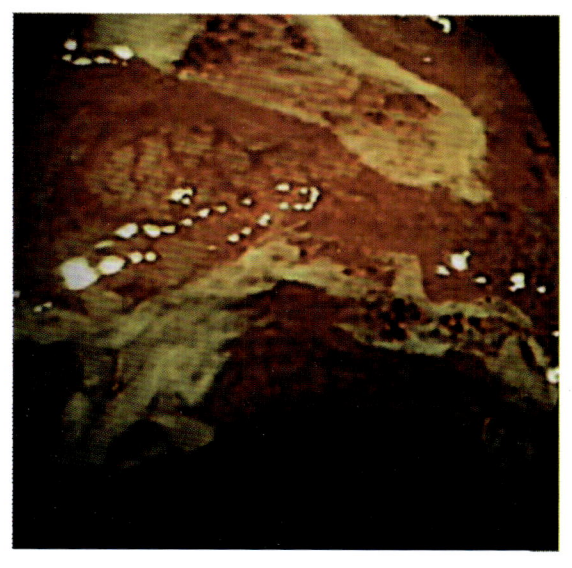

彩图 4-6-1　UC 早期肠镜图像

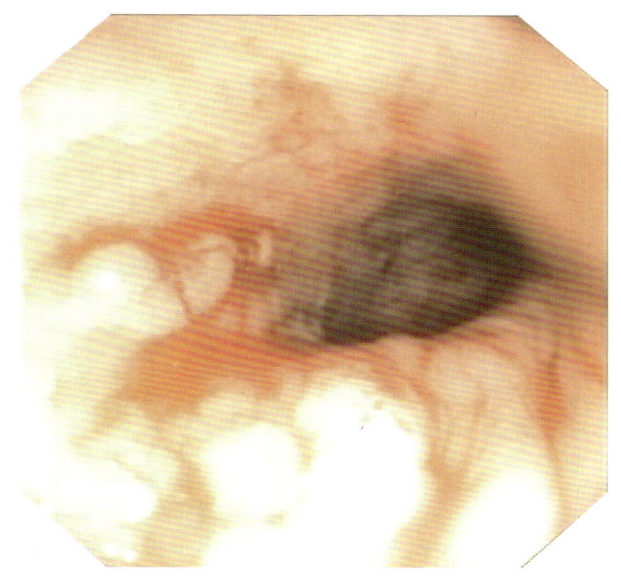

彩图 4-6-5　内镜见肠管纵行溃疡

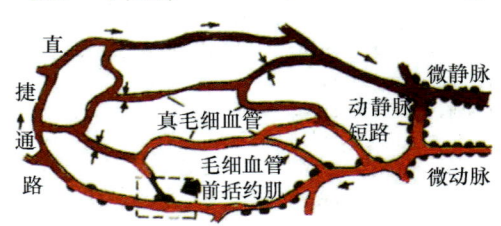
A. 休克早期（缺血缺氧期）微循环变化

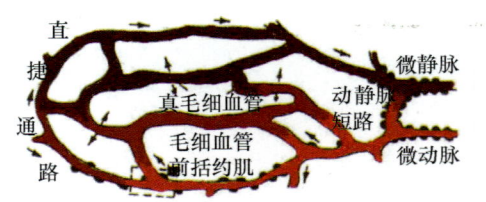
B. 休克期（淤血缺氧期）微循环变化

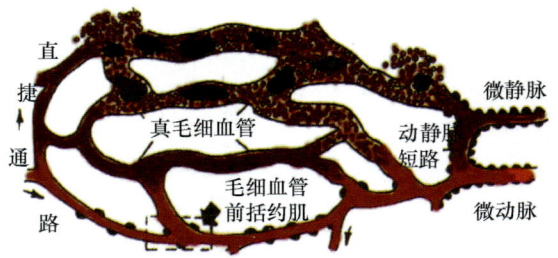
C. 休克晚期（微循环衰竭期）微循环变化

彩图 9-3-3　休克各期微循环变化